北京大學《儒藏》編纂與研究中心 編

《儒藏》精華編選刊

性理大全書 一

〔明〕胡廣 等撰
程林 彭榮 校點

北京大學出版社
PEKING UNIVERSITY PRESS

圖書在版編目(CIP)數據

性理大全書：全四册 /（明）胡廣等撰；北京大學《儒藏》編纂與研究中心編. —北京：北京大學出版社，2024.1

（《儒藏》精華編選刊）

ISBN 978-7-301-34659-4

Ⅰ.①性… Ⅱ.①胡…②北… Ⅲ.①理学－中国－宋代②理学－中国－元代 Ⅳ.①B244

中國國家版本館CIP數據核字（2023）第229084號

書　　名	性理大全書 XINGLI DAQUANSHU
著作責任者	〔明〕胡廣　等撰 程林　彭榮　校點 北京大學《儒藏》編纂與研究中心　編
策劃統籌	馬辛民
責任編輯	陳軍燕
標準書號	ISBN 978-7-301-34659-4
出版發行	北京大學出版社
地　　址	北京市海淀區成府路205號　100871
網　　址	http://www.pup.cn　新浪微博：@北京大學出版社
電子郵箱	編輯部 dj@pup.cn　總編室 zpup@pup.cn
電　　話	郵購部 010-62752015　發行部 010-62750672 編輯部 010-62756449
印 刷 者	三河市北燕印裝有限公司
經 銷 者	新華書店
	650毫米×980毫米　16開本　137印張　1500千字 2024年1月第1版　2024年1月第1次印刷
定　　價	498.00元（全四册）

目録

第一册

性理大全書卷之三……一三四

性理大全書卷之四……一六六

性理大全書卷之五……一九七

第二册

第三册

第四册

校點説明

《性理大全書》(又名《性理大全》)七十卷，明永樂十三年(一四一五)翰林院學士兼左春坊大學士、奉政大夫胡廣率楊榮、金幼孜等文臣奉旨編纂而成。胡廣(一三七〇—一四一八)，字光大，吉水(今屬江西)人。建文二年(一四〇〇)廷試，朱允炆親擢爲第一。成祖朱棣即位，擢爲侍講，改侍讀，遷右春坊右庶子。永樂五年進翰林學士，兼左春坊大學士。十四年進文淵閣大學士。十六年五月卒，年四十九，贈禮部尚書，謚「文穆」。仁宗立，加贈太子少師。楊榮(一三七一—一四四〇)，字勉仁，建安(今福建建甌)人。建文二年進士，授翰林編修。成祖即位，入文淵閣。歷四朝三十餘年，《明史》稱其「久居密勿，輔導功多」。與楊士奇、楊溥並稱「三楊」，爲有明一代賢臣。金幼孜(一三六八—一四三二)，名善，以字行，新淦(今江西峽江)人。建文二年進士，授户科給事中。成祖即位，改翰林檢討，與解縉等同直文淵閣，遷侍講。永樂五年遷右諭德，兼侍講。永樂十八年，與楊榮並進文淵閣大學士。

胡廣、楊榮、金幼孜三人皆建文朝靖難之役所選進士，而見用於朱棣者，通曉經術，爲朱棣經筵之臣。永樂十二年（一四一四），朱棣命三人領銜纂修五經、四書、性理《大全》。十三年，《性理大全書》成。三人受命編纂的五經、四書、性理《大全》，以程朱理學爲宗旨，薈萃宋元諸儒之説，以著有明一代士大夫學問根柢之所由，具有官方科舉教材之意義。

《性理大全書》博採宋元時期重要的思想家，主要是理學家，如周敦頤、二程、邵雍、張載、胡瑗、司馬光、二蘇、黄庭堅、朱熹、張栻、吕祖謙、陸九淵等凡一百二十餘人之著作、言論，綴輯而成。前二十五卷摘取宋儒重要著作，附以諸家論説：卷一爲《太極圖》，卷二、三爲《通書》，卷四《西銘》，卷五、六《正蒙》，卷七至卷十三《皇極經世書》，卷十四至卷十七《易學啓蒙》，卷十八至卷二十一《家禮》，卷二十二、二十三《律吕新書》，卷二十四、二十五《洪範皇極内篇》。此下四十五卷則依條目分類採輯，分别爲：「理氣」，「鬼神」，「性理」，「道統」，「諸儒」，「學」，「諸子」，「歷代」，「君道」，「治道」，「詩文」。全書以理學爲條貫，朱子學爲中心，文理條備，粲然可觀，是理學入門及博覽的必備書。

《性理大全書》在有明一代流行甚廣，版本繁複，僅《中國古籍善本總目》《善本書目》著録的明代善本就有二十餘種（不包括抄本），自永樂十三年内府刻本（以下簡稱「内府本」）始，遍弘治、嘉靖、隆慶、萬曆諸朝，尤以嘉靖朝版本最多。除《性理大全書》之書名外，還有《新刊性理大全書》《新刊憲臺釐正性理大全》《新刻京本性理大全書》《新刻九我李太史校正大方性理全書》等名目。

據《中國古籍善本總目》記載，清代名爲《性理大全書》的版本有兩種：康熙十二年（一六七三）内府刻本，此本在明内府本基礎上重修、校訂，爲區别起見，以下簡稱「重修本」；文淵閣四庫全書本（以下簡稱「四庫本」），此本乃據重修本抄寫而成，但基於重修本對内府本的校訂仍有訛誤，故此本亦有改正重修本之處。此外，康熙四十二年（一七〇三）詒燕齋刻本、康熙五十年刻本等，均以《新刻性理大全（書）》爲名，係民間刊刻。康熙五十四年，李光地等奉命在《性理大全書》基礎上編成《性理精義》十二卷，此後各種抄本、寫本、刻本延至光緒年間。蓋《精義》之編纂，乃因修纂者以爲《大全》「頗繁碎而失綱要，是以三百年來精熟此書者鮮，是反以多爲病也」（《性理精義》序）。故《精義》全部内容都集中在理學家對性、理的討論上，而删去《大全》所收録的理學家論歷代政治、臧否人物的言論，其政治與文化之意圖昭然可見。

本次校點，以永樂十三年之内府本爲底本，以康熙十二年重修本爲通校本，參校以文淵閣四庫本。校記中，凡出「重修本」而無「四庫本」者，一般都表示四庫本與重修本同；僅有「四庫本」而無「重修本」者，則明示此異文爲四庫本獨有。由於此書爲綴輯而成，與所引原書出入較多，故整理時於有疑問之處，則以所引原書之傳世本校之，斟酌損益，其版本在具體校記中交代，此處不具述。

本書由程林、彭榮二人合作校點：卷一至卷三十，卷三十五至卷四十，由彭榮校點；卷三十一至卷三十四，卷四十一至卷七十，由程林校點。由於校點者水平有限，錯誤在所難免，敬祈方家批評指正。

校點者　程　林　彭　榮

御製性理大全書序

朕惟昔者聖王繼天立極，以道治天下。自伏羲、神農、黄帝、堯、舜、禹、湯、文、武相傳授受，上以是命之，下以是承之，率能致雍熙悠久之盛者，不越乎道以爲治也。下及秦漢以來，或治或否，或久或近，率不能如古昔之盛者，或忽之而不行，或行之而不純，所以天下卒無善治，人不得以蒙至治之澤，可勝歎哉！夫道之在天下，無古今之殊。人之稟受於天者，亦無古今之異。何後世治亂得失，與古昔相距之遼絶歟？此無他，道之不明不行故也。道之不明不行，夫豈道之病哉！其爲世道之責孰得而辭焉？夫知世道之責在己，則必能任斯道之重而不敢忽。如此，則道豈有不明不行，而世豈有不治也哉！

朕纘承皇考太祖高皇帝鴻基，即位以來，孳孳圖治，恒慮任君師治教之重，惟恐弗逮。切思帝王之治，一本於道。所謂道者，人倫日用之理，初非有待於外也。厥初聖人未生，道在天地。聖人既生，道在聖人。聖人已往，道在六經。六經者，聖人爲治之迹也。六經之道明，則天地聖人之心可見，而至治之功可成。六經之道不明，則人之心術不正，而邪説暴行侵尋蠹害。欲求善治，烏可得乎？朕爲此懼，乃者命儒臣編脩五經四書，集諸家傳註而爲《大全》。凡有發明經義者取之，悖於經旨者去之。又輯先儒成書及其論議格言輔翼五經四書有裨於斯道者，類編爲帙，名曰《性理大全書》。編成來進，總二百二十九卷。朕間閲之，廣大悉備，如江河之有源委，山川之有條理。於是聖賢之道粲然而復明，所謂「考諸三王而不繆，建諸天地而不悖，質諸鬼神而無疑，百世以俟聖人而不惑」。大哉，聖人之道乎！豈得而私之？遂命工悉以鋟梓，頒布天下，使天下之人獲覩經書之全，探見聖賢之蘊。由是窮理以明道，立誠以達本。脩之於身，行之於家，用之於國，而達之天下，使家不異政，國不殊俗。大回淳古之風，以紹先王之統，以成熙皥之治，將必有賴於斯焉，遂書以爲序。

永樂十三年十月初一日

進書表

翰林院學士兼左春坊大學士奉政大夫臣胡廣、奉政大夫右春坊右庶子兼翰林院侍講臣楊榮、奉直大夫右春坊右諭德兼翰林院侍講臣金幼孜等：兹者伏蒙皇帝陛下命臣等文學之臣，編輯《五經四書大全》及《性理大全書》。今編輯已成，謹謄寫總二百二十九卷，裝潢成帙進呈。臣廣等誠惶誠恐，稽首頓首上言。伏以六經之道昭如日星，經緯乎天地，貫徹乎古今，放之則彌六合，卷之則退藏於密，用之於身而身脩，行之於家而家齊，推之於國而國治，施之於天下而天下平。蓋世必窮經而後道明，未有舍經而能治理者也。是以聖王垂憲必資道以開人，賢哲肇基必稽古以作範。故伏羲則河圖而演畫，大禹因洛書而錫疇。孔子删《詩》《書》，脩《春秋》，寓一王之法。周公陳王業，制禮樂，弘百世之規。況乎精一執中之傳，尤重丁寧告戒之旨，如斯顯跡，昭然可觀。自王道既衰，異説蠭起。燔烈秦火之餘，穿鑿漢儒之弊。其間存者，不絶如絲，莫能究其指歸，一切趨於苟且。夤緣放習，鮮克正之。於乎！聖人之道不行，而百世無善治；聖人之學不傳，而千載無真儒。遂令往轍之難尋，益發前脩之永歎。夫否必有泰，晦必有明。繇夫濂、洛、關、閩之學興，而後堯、舜、禹、湯之道著，悉埽蓁蕪之蔽，大開正學之宗。不幸屢阨狂言，既揚復抑，又因循數百年之間，卒莫能會其説于一，蓋必有待於今日者矣。天啓聖明誕膺景運太祖高皇帝天縱之聖，以武功定天下，以文教興太平。首建學校，頒賜書籍，作養人材，茂隆政治。四海内外，翕然同風，欽惟皇帝陛下，文武聖神，聰明睿知，纘承大統，紹述鴻勳。成功盛德，雖三皇而無以加。事業文章，與二儀而同其大。治已至而猶以爲未至，功已成而猶以爲未成。體道謙沖，遊心高遠，乃者涣起宸斷，脩輯六經，恢拓道統之源流，大振斯文之委靡。發舒幽賾，鉤纂精玄。博采先儒之格言，以爲前聖之輔翼。合衆途於一軌，會萬理於一原。地負海涵，天晴日曒。以是而興教化，以是而正人心。使夫已斷不續之墜緒，復屬而復聯。已晦不明之藴微，復彰而復著。肇建自古所無之制作，纘述自古所無之事功。非惟備覽於經筵，實欲頒布於天下。俾人皆由於正路，而學不惑於他岐。家孔孟而户程朱，必獲真儒之用。佩道德而服仁義，咸趨聖域之歸。頓回太古之淳風，一洗相沿之陋習，焕然極備，猗歟盛哉。竊嘗觀之，周衰道廢，汲汲皇皇，以斯道維持世教者，惟師儒君子而已。未有大有爲之君能倡明六經之道，紹承先聖之統如今日者。此皇帝陛下所以卓冠百王，超越千古者也。臣廣等一介書生，粗知章句。大學賢關，渾未造其閫奥。圓冠句屨，固慚列於章縫。幸逢熙洽之時，謬忝校讎之任。每受成於指教，亦何假於施爲。樂覩就編，豈勝歡慶。與天下而同惠，於萬古

而有光。尊所聞，行所知，求不負於教育。正其誼，明其道，期補報於昇平。無任瞻天仰
聖，激切屏營之至，謹奉表隨進以聞。
永樂十三年九月十五日翰林院學士兼左春坊大學士奉政大夫臣胡廣等謹上表。

先儒姓氏

周子，惇頤，濂溪，茂叔。

程子，顥，伯淳，明道。頤，正叔，伊川。

邵子，雍，康節，堯夫。

張子，載，横渠，子厚。

安定胡氏，瑗，翼之。

涑水司馬氏，光，温公，君實。

眉山蘇氏，軾，子瞻，東坡。轍，子由，潁濱。

山谷黄氏，庭堅，魯直。

滎陽呂氏，希哲，原明。

嵩山晁氏，以道，説之。

王氏，巖叟。

元城劉氏，安世，器之。

廣平游氏，酢，定夫。

上蔡謝氏，良佐，顯道。

劉氏，質夫。

李氏，端伯。

藍田呂氏，大忠，進伯。大臨，與叔。

京兆呂氏，大鈞，和叔。

蘇氏，昞，季明。

范氏，育。

龜山楊氏，時，中立。

河東侯氏，仲良，師聖。

壽安張氏，繹，思叔。

和靖尹氏，焞，彦明。

華陽范氏，祖禹，淳夫。

河間劉氏，立之，安禮。

永嘉劉氏，安節，元承。　河南朱氏，光庭，公掞。❶

東平馬氏，伸。　邵氏，伯温。

河間邢氏，恕，和叔。　武夷胡氏，安國，文定，康侯。

致堂胡氏，寅，明仲。　五峰胡氏，宏，仁仲。

陳氏，恬，叔易。　陳氏，淵。

馮氏，忠恕。　祁氏，寬。

吕氏，稽中。　吕氏，堅中。

吕氏，本中。　章氏，憲。

張氏，湣。　歐陽氏，棐。

豫章羅氏，仲素。　延平李氏，侗，愿中。

韋齋朱氏，松，喬年。　屏山劉氏，子翬。

朱子，熹，晦菴，元晦。　樂菴李氏，衡，彦平，江都。

南軒張氏，栻，敬夫。　象山陸氏，九淵，子静。

默齋游氏，九言。　東萊吕氏，祖謙，伯恭。

勉齋黄氏，榦，直卿。　三山陳氏，祥道。

❶「公掞」，原作「掞」，重修本作「校」，今據《宋史》改。

雲莊劉氏，爚，晦伯。西山蔡氏，元定，季通。

節齋蔡氏，淵，伯靜。九峰蔡氏，沈，仲默。

觀物張氏，行成，文饒。北溪陳氏，淳，安卿。

果齋李氏，方子，正叔。潛室陳氏，埴，器之。

盤澗董氏，銖，叔重。北山陳氏，孔碩，膚仲。

范陽張氏，九成，子韶。廖氏，子晦。

吴氏，壽昌。山陽度氏，正，性善。

慈湖楊氏，簡，敬仲。西山真氏，德秀，景元。

鶴山魏氏，華父，了翁。平菴項氏，安世，平甫。

彭氏，長庚。祝氏，涇。

進齋徐氏，幾，子與。思齋翁氏，泳，永叔。

覺軒蔡氏，模，仲覺。萍鄉胡氏，安之，叔器。

天台謝氏，無楙。平巖葉氏，采，仲圭。

雙峰饒氏，魯，仲元。楊氏，復。

李氏，士英。建安熊氏，剛大，勿軒。

臧氏，格。孟氏，康。

魯齋彭氏，習軒吴氏。

庸齋許氏，仲翔。長樂陳氏，櫟。

鍾氏，過。　黄氏，巖孫。

黄氏，瑞節。　謝氏，方叔。

魯齋許氏，衡，平仲。　玉齋胡氏，方平。

董氏，訒。　吴郡李氏，韶。

陳氏，協。　雙湖胡氏，一桂，庭芳。

高氏，　鄭氏，

周氏，坦。　劉氏，垓孫。

劉氏，璋。　臨川吴氏，澄，草廬，幼清。

李氏，希濂。　牧菴姚氏，燧。

元氏，明善。　邵菴虞氏，集，伯生。

揭氏，傒斯。　古洲馬氏，

耶律氏，有尚。　圭齋歐陽氏，玄，元功。

陳氏，剛。　黄氏，溍，晉卿。

纂修名録❶

今奉勅纂修

翰林院學士兼左春坊大學士奉政大夫臣胡廣
奉政大夫右春坊右庶子兼翰林院侍講臣楊榮
奉直大夫右春坊右諭德兼翰林院侍講臣金幼孜
翰林院脩撰承務郎臣蕭時中
翰林院脩撰承務郎臣陳循
翰林院編脩文林郎臣周述
翰林院編脩文林郎臣陳全
翰林院編脩文林郎臣林誌
翰林院編脩承事郎臣李貞
翰林院編脩承事郎臣陳景著
翰林院檢討從仕郎臣余學夔
翰林院檢討從仕郎臣劉永清
翰林院檢討從仕郎臣黄壽生
翰林院檢討從仕郎臣陳用
翰林院檢討從仕郎臣陳璲
翰林院五經博士迪功郎臣王進
翰林院典籍脩職佐郎臣黄約仲
翰林院庶吉士臣涂順

❶ 此標題原無，今補。

奉議大夫禮部郎中臣王羽
奉議大夫兵部郎中臣童謨
奉訓大夫禮部員外郎臣吴福
奉直大夫北京行部員外郎臣吴嘉静
承直郎禮部主事臣黄裳
承德郎刑部主事臣段民
承直郎刑部主事臣洪順
承直郎刑部主事臣沈升
承德郎刑部主事臣章敞
承德郎刑部主事臣楊勉
承德郎刑部主事臣周忱
承德郎刑部主事臣吾紳
文林郎廣東道監察御史臣陳道潛
承事郎大理寺評事臣王選
文林郎太常寺博士臣黄福

脩職郎太醫院御醫臣趙友同
迪功佐郎北京國子監博士臣王復原
泉州府儒學教授臣曾振
常州府儒學教授臣廖思敬
蘄州儒學學正臣傅舟
濟陽縣儒學教諭臣杜觀
善化縣儒學教諭臣顔敬守
常州府儒學訓導臣彭子斐
鎮江府儒學訓導臣留季安

性理大全書卷之一

太極圖

朱子曰：《太極圖》者，濂溪先生之所作也。先生姓周氏，名惇實，字茂叔。後避英宗舊名，改惇頤。家世道州營道縣濂溪之上。博學力行，聞道甚早，遇事剛果，有古人風。爲政精密嚴恕，務盡道理。嘗作《太極圖》《通書》《易通》數十篇。襟懷飄灑，雅有高趣，尤樂佳山水。廬山之麓有溪焉，先生濯纓而樂之。因寓以濂溪之號，而築書堂於其上。又曰：先生之學，其妙具於《太極》一圖，《通書》之言亦皆此圖之藴。而程先生兄弟語及性命之際，亦未嘗不因其說。觀《通書》之《誠》《動静》《理性命》等章，及程氏書李仲通銘、程邵公志、顔子好學論等篇，則可見矣。潘清逸誌先生之墓，敘所著書，特以作《太極圖》爲稱首，然則此《圖》當爲先生書首不疑也。然先生既手以授二程，本因附《書》後，傳者見其如此，遂誤以《圖》爲《書》之卒章，不復釐正，使先生立象盡意之微指暗而不明，而驟讀《通書》者亦復不知有所總攝，此則諸本之失也。又嘗讀朱内翰震《進易說表》，謂此圖之傳，自陳摶、种放、穆脩而來，而五峰胡氏作序，又以爲先生非止爲种、穆之學者，此特其學之一師耳，非其至者也。夫以先生之學之妙，不出此圖。以爲得之於人，則決非种、穆所及。以爲非其至者，則先生之學又何以加於此圖哉？是以竊嘗疑之，及得誌文玫之，然後知其果先生所自作，而非有受於人者，二公蓋有未嘗見此誌而云云耳。

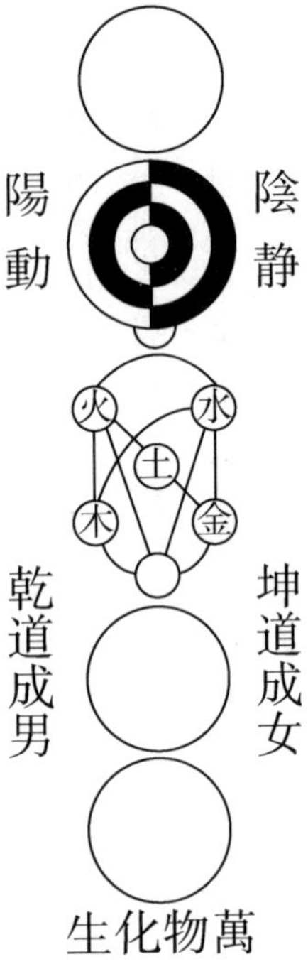

○，此所謂無極而太極也，所以動而陽、靜而陰之本體也。然非有以離乎陰陽也，即陰陽而指其本體不雜乎陰陽而爲言耳。◎，此○之動而陽、靜而陰也。中○者，其本體也。◐者，陽之動也，○之用所以行也。◑者，陰之靜也，○之體所以立也。◑者，◐之根也。◐者，◑之根也。，此陽變陰合而生水火木金土也。⺄者，陽之變也。⺁者，陰之合也。㊌陰盛，故居右。㊋陽盛，故居左。㊍陽穉，故次火。㊎陰穉，故次水。㊏沖氣，故居中。而水火之)(交系乎上，陰根陽、陽根陰也。水而木，木而火，火而土，土而金，金而復水，如環無端，五氣布、四時行也。，五行一陰陽，五殊二實無餘欠也。陰

陽一太極，精粗本末無彼此也。太極本無極，上天之載無聲臭也。五行之生，各一其性，氣殊質異，各一其○，無假借也。⊙，此無極、二五所以妙合而無間也。○乾男坤女，以氣化者言也。各一其性，而男女一太極也。○萬物化生，以形化者言也。各一其性，而萬物一太極也。此以上引説解剥圖體，此以下據圖推盡説意。惟人也得其秀而最靈，則所謂人○者於是乎在矣。然形，◑之爲也。神，◐之發也。五性，水火土木金之德也。善惡，男女之分也。萬事，萬物之象也。此天下之動所以紛綸交錯，而吉凶悔吝所由以生也。惟聖人者又得夫秀之精一，而有以全乎○之體用者也。是以一動一靜，各臻其極，而天下之故常感通乎寂然不動之中。蓋中也、仁也、感也，所謂◐也，○之用所以行也。正也、義也、寂也，所謂◑也，○之體所以立也。中正仁義，渾然全體，而靜者常爲主焉，則人○於是乎立，而○◎水火土木金天地、日月、四時、鬼神有所不能違矣。君子之戒慎恐懼，所以脩此而吉也。小人之放僻邪侈，所以悖此而凶也。天地人之道，各一○也。陽也、剛也、仁也，所謂◐也，物之始也。陰也、柔也、義也，所謂◑也，物之終也。此所謂易也。而三極之道立焉，實則一○也。故曰「易有太極」，◎之謂也。

朱子曰：《太極圖》只是一箇實理，一以貫之。○太極一圈，便是一畫，只是撒開了引教長一畫。○「無極而太極」，上一圈則是太極，但挑出在上。○「無極而太極」，此五字添減一字不得。○「無極而太極」，不是太極之外別有無極，無中自有此理。「無極而太極」，此「而」字輕，無次序故也。○「無極而太極」，只是説無形而有理。所謂太極者，只二氣五行之理，非別有物爲太極也。○以理言之，則不可謂之有。以物言之，則不可謂之無。○「無極而太極」，正謂無此形狀而有此道理耳。○「無極而太極」，正恐人將太極做一箇有形象底看，故又説無極，言只是此理也。○「無極而太極」，只是一句，如「沖漠無朕」，畢竟是上面無形象，然却實有此理，圖上自分曉。○問：無極且得做無形無象説？曰：雖無形，却有理。又問：無極太極只是一物？曰：本是一物，被他恁地説，却似兩物。○無極是有理而無形，如性何嘗有形？太極是五行陰陽之理皆有，不是空底物事，若是空時，如釋氏説性相似。○無極是道理之極至，總天地萬物之理便是太極。○問：無極而太極固是一物，有積漸否？曰：無積漸。曰：上言無極，下言太極，竊疑上言無窮無極，下言至此方極。曰：無極者無形，太極者有理也。周子恐人把作一物看，故云無極。曰：太極既無形，氣象如何？曰：只是理。○太極只是極至，更無去處了。至高至妙，至精至神，是没去處。濂溪恐人道太極有形，故曰「無極而太極」，是無之中有箇極至之理。○問：「無極而太極」因「而」字故生陸氏議論。曰：「而」字自分明。下云「動而生陽，静而生陰」，説一「生」字，便見其自太極來。今曰「而」，則只是一理。○老子之言有無，以有無爲二。周子之言有無，以有無爲一。○謂之「無極」，正以其無方所形狀，以爲在無物之前，而未嘗不立於有物之後；

以爲在陰陽之外，而未嘗不行於陰陽之中；以爲通貫全體，無乎不在，則又初無聲臭影響之可言也。○不言無極，則太極同於一物，而不足爲萬化之根；不言太極，則無極淪於空寂，而不能爲萬物之根。只此一句，便見其下語精密微妙無窮，而向下所説許多道理，條貫脈絡，井井不亂，只今便在目前，而亘古亘今，攧撲不破。○天地之間，只有動静兩端，循環不已，更無餘事，此之謂易。而其動其静，則必有所以動静之理，是則所謂太極者也。○「無極而太極」，人都想象有箇光明閃爍底物在那裏，却不知本是説無這物事，只是有箇理能如此動静而已。○動静非太極，而所以動静者乃太極也。故謂「非動静外别有太極」則可，謂「動静便是太極之道」則不可。○問：「太極動而生陽」，是有這動之理便能「動而生陽」否？曰：有這動之理便是「動而生陽」，有這静之理便是「静而生陰」。既動，則理又在動之中。既静，則理又在静之中。曰：動静是氣也，有這理爲氣之主，氣便能如此否？曰：是也。既有理，便有氣。既有氣，則理又在乎氣之中。○太極生陰陽，理生氣也。陰陽既生，則太極在其中，理復在氣之内也。○所謂太極者，便只在陰陽裏；所謂陰陽者，便只在太極裏。今人説是陰陽上别有一箇無形無影底是太極，非也。○太極是箇藏頭物事，動時屬陽，而未動時又屬陰了。○太極無方所，無形體，無地位可頓放。若以未發時言之，未發却只是静。動静陰陽皆只是形而下者，然動亦太極之動，静亦太極之静，但動静非太極耳。故周子以無極言之。○謂太極含動静，以本體而言也。謂太極有動静，以流行而言也。若謂太極便是動静，則是形而上下者不可分，而「易有太極」之言亦贅矣。○太極分開只是兩箇陰陽，括盡了天下物事。○問：陰陽便是太極否？曰：某解《圖》云：「然非有以離乎陰陽也，即陰陽而指其本體不雜乎陰陽而爲言耳。」此句當子細看。今於某解説句尚未通，如何論太極？○問：「即陰陽而指其本體不雜乎陰陽而言之」，是於道有定位處指之否？曰：然。「一陰一陽之謂道」亦是此意。○性猶太極也，心猶陰陽也，太極只在陰陽之中，非能離陰陽也。然至論太極，則太極自是太極，陰陽自是陰陽，惟性與心亦然。所謂一而二，二而一也。○纔説太極，便帶著陰陽，纔説性，便帶著氣。不帶著陰陽與氣，太極與性那裏收附？然要得分明，又不可不拆開説。○問：孟子言性與伊川如何？曰：孟子是剔出言性之本，伊川是兼氣質而言，要之不可離也。所以程子云：「論性不論氣不備，論氣不論性不明。」而某於《太極圖解》亦云：「所謂太極者，不離乎陰陽而爲言，亦不雜乎陰陽而爲言。」○無極只是無形狀，太極只是至理，理不外乎氣。若説截然在陰陽五行之先，及在陰陽五行之中，便是理與氣判爲二物矣。○兩邊生者，即是陰根陽，陽根陰，這箇有對。從中出者無對。○問：太極兼動静而言。曰：不是太極兼動静，太極有動静也。○問：動静是太極動静，是陰陽動静？曰：是理動静。曰：如此則太極有模樣。曰：無。○問：南軒云：「太極之體至静。」如何？曰：不是。問：又云：「所謂至静者，貫乎已發未發而言。」如何？曰：如此却成一不正當尖斜太極。○問：太極，理也，理如何動静？有形則有動静，太極無形，恐不可以動静言。曰：理有動静，故氣有動静。若理無動静，則氣何自而有動静乎？○未發者，太極之静，已發者，太極之動。○未發之前，太極之静而陰也。已發之後，太極之動而陽也。其未發也，敬爲之主，而義已具。其已發也，必主於義，而敬行焉。則何間斷之有哉。○太極只是天地萬物之理，未有天地之先，畢竟先有此理。「動而生陽」亦只是理，「静而生陰」亦只是理。○無極者，只是説這道理當初元無一物，只是有此理而已。此箇道理便會動而生陽、静而生陰。○問：先有理，抑先有氣？曰：理未嘗離乎氣，然理形而上者，氣形而下者，自形而上下言，豈無先後？理無形，氣便有查滓。○問：理在先，氣在後？曰：理與氣本無先後之可言，但推上去時，却如理在先，氣在後相似。又問：理在氣中，發見處如何？曰：如陰陽五行錯綜不失端緒便是理，若氣不結聚時，理亦無所附著。○問：「太極動而生陽，静而生陰」，見得理先而氣後。曰：二者有則俱有。又問：未有一物之時如何？曰：是有天下公共之理，未有一物所具之理。○「動而生陽，静而生陰」，動即太極之動，静即太極之静，動而後生陽，静而後生陰，生此陰陽之氣。謂之「動而生」「静而生」，則有漸次也。○「太極動而生陽，静而生陰」，不是動後方生陽。蓋纔動便屬陽，纔静便屬陰。動而生陽，其初本是静，静之上又須動矣，所謂「動静無端」。今且自動而生陽處看去。○問：動然後生陽，則是以動爲主矣。曰：纔動便生陽，不是動了而後生。這箇只得且從動上説起。其實此之所以動，又生於静，上面之静又生於動，此理只循環生去。○太極自是函動静之理，却不可以動静分體用。蓋静即太極之體也，動即太極之用也。○太極未動之前便是陰，陰静之中自有陽之根，陽動之中又有陰之根。動之所以必静者，根乎陰故也。静之所以必動者，根乎陽故也。○陰陽只是一氣，陰氣流行即爲陽，陽氣凝聚即爲陰，非真有二物相對也。此理甚明。○問：陽何以言「變」，陰何以言「合」？曰：陽動而陰隨之，故言變、合。

○「陽變陰合」，初生水火，水火，氣也。流動閃爍，其體尚虚，其成形猶未定。次生木金，則確然有定形矣。水火初是自生，木金則資於土。五行之屬，皆從土中旋生出來。○天地生物，先其輕清，以及重濁。天一生水，地二生火，二物在五行中最輕清。金木又重於水火。土又重於金木。○就原頭定體上説，則未分五行時，只謂之陰陽；未分五性時，只謂之健順。及分而言之，則陽爲木、火，陰爲金、水；健爲仁、禮，順爲義、智。○問：陰盛何以居右，陽盛何以居左？曰：左右但以陰陽之分耳。又問：木陽穉故次火，金陰穉故次水，豈以水生木，土生金耶？曰：以四時之序推之可見。○水質陰而性本陽，火質陽而性本陰。水外暗而内明，以其根於陽也。火外明而内暗，以其根於陰也。《太極圖》陽動之中有黑底，陰静之中有白底是也。横渠言「陰陽之静，互藏其宅」，正此意也。○火中有黑，陽中陰也。水外黑而中却明者，陰中陽也。故水謂之陽亦得，火謂之陰亦得。○陰陽，氣也，生此五行之質。天地生物，五行獨先，地即是土，土便包容許多金木之類。天地之間，何事而非五行？五行陰陽七者衮合，便是生物底材料。「五氣順布」，四時生焉。金木水火，分屬春夏秋冬，土則寄旺四季。如春屬木，而清明後十八日即是土寄旺之時。每季寄旺十八日，共七十二日。惟夏季十八日，土爲氣最旺，❶故能生秋金也。以圖象攷之，木生火、金生水之類，各有小畫相牽聯，而火生土，土生金，獨穿乎土之内，餘則從旁而過，爲可見矣。○五行

❶「爲氣」，原作「氣爲」，今據四庫本改。

之生非有先後，如數一二三四五，自然有先後次序。○總而言之只是陰陽，分而言之有五。○「五行一陰陽也」，舍五行無別討陰陽處。如甲乙屬木，甲便是陽，乙便是陰。丙丁屬火，丙便是陽，丁便是陰。不須更説陰陽，而陰陽在其中矣。○自見在事物而觀之，則陰陽函太極；推原其本，則太極生陰陽。○問：既曰太極，又有箇無極，如何？曰：太極本無極，要去就中看得這意出方見得。○「五行一陰陽，陰陽一太極」，則非太極之後别生二、五，而二、五之上先有太極也。「無極而太極」，「太極本無極」，則非無極之後别生太極，而太極之上先有無極也。○「五行一陰陽也，陰陽一太極也，太極本無極也。」此當思無有陰陽而無太極底時節。若以爲止是陰陽，陰陽却是形而下者。若專以理言，則太極又不曾與陰陽相離。正當沈潛玩索，將圖象意思抽開細看，又復合而觀之。某解此云：「非有離乎陰陽也，即陰陽而指其本體不雜乎陰陽而爲言也。」此句自有三節意思，更宜深考。《通書》云：「静而無動，動而無静，物也。動而無動，静而無静，神也。」當即此兼看。○太極云者，合天地萬物之理而一名之耳。以其無器與形而天地萬物之理無不在是，故曰「無極而太極」。以其具天地萬物之理而無器與形，故曰「太極本無極」。是豈離乎生民日用之常，而自爲一物哉。○問：無極、太極，本非二物。曰：「無極而太極」，而無極之中，萬象森列，不可謂之無矣。「太極本無極」，則太極之體，沖漠無眹，不可謂之有矣。○問：先生答書言「陰陽五行之爲性，各是一氣所稟，而性則一也」，兩性字同否？曰：一般。又曰：同者理也，不同者氣也。又曰：他所以道「五行之生，各一其性」。又問：莫是木自是木，火自是火，而其理則一？曰：且如這光，也有在硯蓋上底，也有在墨上底，其光則一也。○纔生五行，便被氣質拘定，各爲一物，亦各有一性，而太極無不在也。○問：「五行之生，各一其性」，理同否？曰：同，而氣質異。曰：既説氣質異，則理不相通。曰：固然。仁作義不得，義作仁不得。○問：「五行之生，各一其性」，「五性感動而善惡分」，此「性」字是兼氣稟言之否？曰：性離氣稟不得，有氣稟，性方存在裏面。無氣稟，性便無所寄搭了。稟得氣清者，性便在清氣之中，這清氣不隔蔽那善。稟得氣濁者，性又在濁氣之中，爲濁氣所蔽。「五行之生，各一其性」，這又隨物各具去了。○金木水火土，雖曰五行各一其性，然一物又各具五行之理，不可不知。康節曾細推來。○問：五行均得太極否？曰：均。曰：人具五行，物只得一行。曰：物亦具有五行，只是得五行之偏者耳。○氣是那初稟底，質是成這模樣子底。○氣質之性，只是此理墮在氣質之中，故隨氣質而自爲一性也，周子所謂「各一其性」者。向使元無本然之性，則氣質之性從何處得來？○問：氣之所聚，理亦聚焉，然理終爲主，此即所謂「妙合」也。曰：然。○成男成女，萬物化生，而無極之妙未嘗不在是焉。○問：「萬物各具一太極」，此是以理言，以氣言？曰：以理言。○太極非是別爲一物。即陰陽而在陰陽，即五行而在五行，即萬物而在萬物，只是一箇理而已。因其極至，故名曰太極。○問：太極便是人心之至理。曰：事事物物皆有箇極，是道理之極至。或曰：如君之仁，臣之敬，便是極。曰：此是一事一物之極。總天地萬物之理，便是太極。○太極只是箇極好至善底道理，人人有一太極，物物有一太極。周子所謂「太極」，是天地人物萬善至好底表德。○問：自「太極」以至「萬物化生」，只是一箇圈子，何嘗有異？曰：人物本同，氣稟有異故不同。○問：靈處是心抑是性？曰：靈處只是心，不是性，性只是理。○

知覺是心之靈。○「形既生矣」，形體，陰之爲也。「神發知矣」，神知，陽之爲也。蓋陰主翕，凡斂聚成就者，陰爲之也。陽主闢，凡發暢揮散者，皆陽爲之也。○在天只是陰陽五行，在人得之只是剛柔五常之性，而其氣便是春夏秋冬，❶其物便是金木水火土，其理便是仁義禮智信。○仁義禮智信之性，即水火金木土之理。木仁，金義，火禮，水智，各有所主，獨土無位，又爲四行之實，故信亦無位，而爲四德之實也。○問：仁義禮智之四德，又添信字謂之五性，如何？曰：信是誠實此四者。實有此仁，實有此義，與禮智皆然。如五行之有土，非土則不足以載四者。又如土於四時，各寄王十八日。或謂「王於戊己」，然季夏乃土之本宫，故尤王夏末。《月令》載中央土者，以此故也。○天地之間，陰陽而已。以人分之，則男女也。以事言之，則善惡也。何適而不得其類哉。○或以爲善惡爲男女之分，或以爲陰陽之事。凡此兩件相對説者，無非陰陽之理。分陰陽而言之，或説善惡，或説男女，看他如何使。故善惡可以言陰陽，亦可以言男女。○吉凶相對，而悔吝在其中。悔自凶而趨吉，吝自吉以向凶。○人之所稟，又有昏明清濁之異，故上知、生知之資，是氣清明純粹，而無一毫昏濁，所以生知安行，不待學而能，如堯舜是也。○聖人之生，其稟受渾然，氣質清明純粹，全是此理，更不待脩爲而與天爲一。○聖人表裏精粗無不昭徹，其形骸雖是人，只是一團天理。○問：周子言仁義中正亦甚大，今乃自偏言，止是屬於陽動陰静。曰：不可如此看，反覆皆可。○問：仁義禮智體用之别。曰：自陰

❶「而」，原闕，今據重修本補。

陽上看下來，仁禮屬陽，義智屬陰，仁禮是用，義智是體。春夏是陽，秋冬是陰。只將仁義説，則春作夏長，仁也；秋斂冬藏，義也。若將仁義禮智説，則春，仁也；夏，禮也；秋，義也；冬，智也。仁禮是敷施出來底，義是肅殺果斷底，智便是收藏底。○中、正、仁、義分屬動静，而聖人則主於静。蓋正所以能中，義所以能仁。克己復禮，義也，義故能仁。《易》言利貞者，性情也。元亨是發用處，必至於利貞乃見乾之實體，萬物到秋冬收斂成實，方見得他本質，故曰性情。此亦主静之説也。○「主静」云者，以其相資之勢言之，則動有資於静，而静無資於動。如乾不專一則不能直遂，坤不翕聚則不能發散，龍蛇不蟄則無以奮，尺蠖不屈則無以伸，亦天理之必然也。○《太極》首言性命之源，用力處却在脩吉悖凶，其本則主於静。○小而言之，飢食渴飲，出作入息，大而言之，君臣父子，夫婦朋友，無非是天地之事，只是這一箇道理。所以君子脩之便吉，小人悖之便凶。這物事機關一下撥轉後，便攔它不住，如水車相似，才踏發這機，便住不得。所以聖賢一日二日萬機，兢兢業業，如臨深淵，如履薄冰，只是大化恁地流行，隨得是便好，隨得不是便遏他不住。存心養性，所以事天也，夭壽不貳，脩身以俟之，所以立命也。○太極只是天地萬物之理，在天地則天地中有太極，在萬物則萬物中各有一太極。○問：仁是柔，如何屬剛，義是剛，如何却屬柔？曰：仁剛陽是一樣意思，義柔陰是一樣意思。蓋仁本是柔物事，發出却剛，但看萬物發生時便恁地奮迅出來，有剛底意思。義本是剛底物事，發出來却柔，但看萬物肅殺時便恁地收斂憔悴，有柔底意思。又問：揚子云：「於仁也剛，於義也柔。」如何？曰：仁體柔而用剛，義體剛而用柔。曰：此豈所謂陽根陰、陰根陽耶？曰：然。○極，至也。三極，天地人之至理，三才各一太極也。○易者，陰陽之變，太極者，其理也。○「易有太極」者，象數未形而其理已具之稱，形器既具而其理無眹之目。○太極之義，正謂理之極致耳。有是理即有是物，無先後次第之可言，故曰「易有太極」，則是太極乃在陰陽之中，而非在陰陽之外也。○周子説太極，和陰陽衮説，《易》中便擡起説。周子言：「太極動而生陽，静而生陰。」動時便是陽之太極，静時便是陰之太極，蓋太極即在陰陽裹。如「易有太極，是生兩儀」，則先從實理處説。若論其生則俱生，太極依舊在陰陽裹。但言其次序，須有這實理，方始有陰陽也，其理則一。○「易有太極」，便是下面兩儀、四象、八卦。自三百八十四爻總爲六十四，自六十四總爲八卦，自八卦總爲四象，自四象總爲兩儀，自兩儀總爲太極。以物論之，易之有太極，如木之根，浮圖之頂，是有形之極。太極却不是一物，無方所頓放，是無形之極。故周子曰「無極而太極」，是他説得有功處。夫太極之所以爲太極，却不離乎兩儀、四象、八卦。如「一陰一陽之謂道」，指一陰一陽爲道則不可，而道則不離乎陰陽也。○易，變易也，兼指一動一静、已發未發而言之也。太極者，性情之妙也，乃一動一静、未發已發之理也。故曰「易有太極」，言即其動静闔闢而皆有此理也。○或問太極。曰：未發便是理，已發便是情，如「動而生陽」便是情。○勉齋黄氏曰：極之得名，以屋之脊棟爲一屋之中居高處，盡爲衆木之總會，四方之尊仰，而舉一屋之木莫能加焉，故極之義雖訓爲至，而實則以有方所、形狀而指名也。如北極、皇極、爾極、民極之類，皆取諸此。然皆以物之有方所、形狀，適似於極，而具極之義，故以極明之。以物喻物，蓋無難曉。惟《大傳》以易之至理在易之中，爲衆理之總會、萬化之本原，而舉天下之理莫能加焉，其義莫可得名，而有類於極，於是取「極」名之而係以「太」，則其尊而無對，又非它極之比也。然則「太極」者，特假是物以名是理。雖因其有方所、形狀以名，而非有方所、形狀之可求。雖與他書所用「極」字取義略同，而以實喻虚，以有喻無，所喻在於言外，其意則異。周子有見於此，恐夫人以它書閑字之例求之，則或未免滯於方所、形狀而失聖人取喻之意，故爲之言曰「無極而太極」。蓋其措辭之法，猶曰「無形而至形」，「無方而大方」，欲人知夫非有是極而謂之太極，亦特托於極以明理耳。又曰：太極本無極也。蓋謂之極，則有方所、形狀矣，故又反而言之，謂無極云耳。本非有極之實，欲人不以方所、形狀求，而當以意會於此，其反覆推本聖人所以言太極之意，最爲明白。後之讀者，字義不明，而以「中」訓極，已爲失之；然又不知極字但爲取喻，而遽以理言，故不惟理不可無，於周子無極之語有所難通，且太極之爲至理，其辭已足而加以無極，則誠似於贅者矣。因見象山論無極書，正應不能察此而輒肆於麤辨，爲之竊歎，故著其説如此云。○未有五行，只得唤做陰陽。既有五行，則陰陽在五行之中矣。○太極只是極至之理，不可形容，聖賢只説到一陰一陽處住。只是箇一陰一陽底道理，所以天地寒暑、晝夜、生死，千變萬化，都只是一樣。分而言之，則一物各具一陰陽。合而言之，則萬物總具一陰陽耳。○北溪陳氏曰：所謂「無極而太極」，「而」字只輕接過，不可就此句中間截作兩截看。「無極」只是説理無形狀、無方體，正猶言「無聲無臭」之類。「太」之爲言甚也，「太極」是極至之甚，無可得而形容，故以「太」名之。○太極之所以爲極至者，言此理至中至正，至精至粹，至神至妙，至矣盡矣，不可以復加矣，故强名之曰「極」。○未有天地萬物，先有此理，然此理不是懸空在那裏，纔有天地萬物之理，便有天地萬物之氣，纔有天地萬物之氣，則此理便全在天地萬物之中。周子所謂「太極動而生陽，靜而生陰」，是有這動之理，便能動而生陽，纔動而生陽，則是理便已具於陽動之中；有這靜之理，便能靜而生陰，纔靜而生陰，則是理便已具於陰靜之中。然則纔有理便有氣，纔有氣則理便全在這氣裏面，那相接處全無些小縫罅，如何分得孰爲先，孰爲後？所謂「動靜無端，陰陽無始」。分別得先後，便偏去一邊，非渾淪極至之物。○分而爲五，非有欠。合而爲一，非有餘。○言太極渾淪之妙用，自無而入於有，自有而復於無，又只是渾淪一無極也。○五者謂之五常，亦謂之五性。然造化上推，原來只是五行之德。仁在五行爲木之神，在人性爲仁。義在五行爲金之神，在人性爲義。禮在五行爲火之神，在人性爲禮。智在五行爲水之神，在人性爲智。人性中只有仁、義、禮、智四位，却無信位。如五行木位東，金位西，火位南，水位北，而土無定位，只寄處於四位之中。木屬春，火屬夏，金屬秋，水屬冬，而土無專氣，只分王於四季之間。四行無土，便都無所該載，猶仁義禮智無信，便都不實了，則仁義禮智之實理便是信。信却易曉，仁義禮智須逐件看得分明，又要合聚看得脈絡不亂。○問：智是知得確定，在五行何以屬水？曰：水清明可鑑似智，又是造化之根本。凡天地間萬物，皆得水方生。只看地下泉脈滋潤，何物不資之以生。亦猶萬事非智不可，須知得確定方能成。此水於萬物所以成始而成終，而智亦萬事之所以成終而成始也。○聖人一心，渾淪太極之全體，而酬酢萬變，無非太極流行之用。學問功夫，須從萬事萬物中串過，湊合成一渾淪大本，中散爲萬事萬物，使無少窒礙，然後實體得渾淪至極者在我，而大用不差矣。○太極只是渾淪極至之理，非可以氣形言。古經書説太極，惟見於《易·繫辭傳》曰「易有太極」。易只是陰陽變化，其所以爲陰陽變化之理，則太極也。○三極之道。三極云者，只是三才極至之理，其謂之三極者，以是三才之中各具一太極，而太極之妙無不流行於三才之中也。外此，百家諸子都説屬氣形去，差了。如《漢志》謂「太極函三爲一」，乃是指做天地人三箇氣形已具而渾淪未判底物。老子説「有物混成，先天地生」，此正是指太極。莊子謂「道在太極之先」，所謂「太極」，亦是指三才未判渾淪底物，而道又別是一箇懸空底物，在太極之先，則道與太極分爲二矣。不知道即是太極，道是以理之通行者而言，太極是以理之極至者而言，何嘗有二理耶。○萍鄉胡氏曰：先師文公有云：「無極即是無形，太極即是有理。」今雖多爲之詞，無以易此言矣。然則邵子所謂「道爲太極，心爲太極」，何耶？曰：先師所釋，以名義言之也。邵子「道爲太極」，以流行者言之也。「心爲太極」，以統會者言之也。流行者，萬物各具一理；統會者，萬理同出一原。不知統會，無以操存；不識流行，無以處物。○節齋蔡氏曰：「易有太極」，易，變易也，夫子所謂無體之易也。太極，至極也，言變易無體而有至極之理也。先儒皆以太極二字便爲萬化之原，而於易之一字，但目爲《易》書。故周子《太極圖説》特以「無極而太極」發明「易有太極」之旨。其所謂「無極而太極」者，蓋亦言其無體之易而有至極之理也。是其無極之真，實有得於夫子之一言。而或以爲周子妄加者，繆也。○夫子言「有」者，主易而爲言也。周子言「無」者，主太極而爲言也。主易則易無體，故曰「有」。主太極則太極有眹，故曰無。曰有曰無，由所主不同耳，然其理未嘗不同也。或曰：夫子何爲主易，而周子何爲主太極？曰：夫子贊《易》，則當主易，周子作《太極圖》，則當主太極，又何疑焉。○西山真氏曰：「無極而太極」，豈太極之上別有所謂無極哉？ 不過謂無形無象而至理存焉耳。 蓋極者，至極之理也。 窮天下之物，可尊可貴，孰有加於此者，故曰太極也。 世之人以北辰爲天極，以屋脊爲屋極，此皆有形而可見者。 周子恐人亦以太極爲一物，故以「無極」二字加於其上，猶言本無一物，只有此理也。 自陰陽以下，則麗乎形氣矣。 陰陽未動之前，則是此理，豈有物之可名耶？ 即吾一心而觀之：方喜怒哀樂之未發也，渾然一性而已，無形無象之中，萬理畢具，非所謂無極而太極乎。 ○黄氏巖孫曰：《通書》云：「水陰根陽，火陽根陰。」注：「水陰也，而生於一，則本乎陽。 火陽也，而生於二，則本乎陰。」正圖、書相表裏之意。 又云：「五殊二實」，亦當與此參觀。

無極而太極。

上天之載，無聲無臭，而實造化之樞紐，品彙之根柢也，故曰「無極而太極」。 非太極之外，復有無極也。

問：《太極解》引「上天之載，無聲無臭」，此「上天之載」只是太極否？ 朱子曰：蒼蒼者是上天，理在「載」字上。 ○原極之所以得名，蓋取樞極之義。 聖人謂之太極者，所以指夫天地萬物之根也。 周子因之，而又謂之無極者，所以著夫無聲無臭之妙也。 ○問：明道言「人生而静以上不容説」，則周子之所謂無極也，不可容言也。 若太極，則性之謂也。 太極固純是善，自無極而言，則只可謂之繼。 明道之言，所以發明周子之意也。 曰：周子所謂「無極而太極」，非謂太極之上别有無極也，但言太極非有物耳，如云「上天之載，無聲無臭」。 故下文云「無極之真，二五之精」。 既言無極，則不復別舉太極也。

若如今說，則此處豈不欠一「太極」字耶？○問：「無極而太極」如何。曰：子細看便見得。問：先生之意，莫正是以無極、太極爲理？曰：此非某之說，他道理自如此，著自家私意不得。太極無形象，只是理。他自有這箇道理，自家私著一字不得。○問：「無極而太極」，極是極至無餘之謂，無極是無之至，至無之中乃至有存焉，故云「無極而太極」。曰：本只是箇太極，只爲這本來都無物事，故說「無極而太極」。如公說無極，恁地說却好，但太極說不去。曰：有字便是太字地位。曰：將有字訓太字不得。太極只是箇理。曰：至無之中乃萬理之至有也。曰：亦得。○問：既曰「易有太極」，則不可謂之無，濂溪乃有無極之說，何也？曰：有太極是有此理，無極是無形器、方體可求。兩儀有象，太極則無象。○問：邵先生說無極之前，無極如何說前？曰：邵子就圖上說循環之意。自姤至坤，是陰含陽。自復至乾，是陽分陰。復、坤之間，乃無極。自坤反姤，是無極之前。大凡讀書，不要般涉，但溫尋舊底不妨，不可將新底來攙。○「無極而太極」，不是說有箇物事光輝輝地在那裏，只是說這裏當初皆無一物，❶只有此理而已。既有此理，便有此氣。既有此氣，便分陰陽，以此生許多物事。惟其理有許多，故物亦有許多。○「上天之載，無聲無臭」，是就有中說無。「無極而太極」，是就無中說有。若實見得，說有說無，或先或後，都無妨礙。○南軒張氏曰：必曰「無極而太極」者，所以明動静之本，著天地之根，兼有無，貫顯微，該體用者也。必有見乎此，而後知太極之妙不可以方所求也。其義深矣。

---

❶「初」，重修本作「中」。

○勉齋黄氏曰：《太極圖説》云「無極而太極」者，非老氏之出無入有與佛之所謂空也，乃斯道之本體，萬化之領會，而子思所謂天命之性，而《孟子》所謂生之謂性也。《通書》統論之曰：「誠者聖人之本也，大哉乾元，萬物資始，誠之源也。乾道變化，各正性命，誠斯立焉，純粹至善者也。」此所以發明無極而太極，原始而要其終也。既又引《易》之《繫辭》而明之曰：「『一陰一陽之謂道，繼之者善也，成之者性也。』元亨，誠之通。利貞，誠之復。大哉易也，性命之源乎。」蓋沖漠無眹之中，萬象森然已具，而無所虧欠。天之所以覆，地之所以載，日月之所以照，鬼神之所以幽，風雷之所以變，江河之所以流，性命之所以正，倫理之所以著，人之所以爲聖人，本末上下，貫乎一理，其實然而不可易者歟！○北溪陳氏曰：無極之説，始於誰乎？柳子曰：「無極之極。」康節《先天圖説》亦曰：「無極之前，陰含陽也。有極之後，陽分陰也。」是周子以前已有無極之説矣。但其主意各不同。柳子、康節是以氣言，周子則專以理言之耳。○理雖無形狀、方體，萬化無不以爲之根柢樞紐。以其渾淪極至之甚，故謂之太極。文公解此句，所謂「上天之載，無聲無臭」，是解「無極」二字，所謂「萬化之樞紐，品彙之根柢」，是解「太極」二字，又結以「非太極之外復有無極也」，多少是分明。○「無聲臭」，只是無形狀，若少有聲臭，便涉形狀，落方體，不得謂之無極矣。文公解用「無聲臭」語，是説二字之大義，詞不迫切而其理自曉。○或問：所謂「無極而太極」者，亦可得而聞其説之詳乎？雙峰饒氏曰：難言也，姑以名義推之。所謂太極者，蓋天理之尊號云爾。極者，至極之義，樞紐根柢之名，世之常言所謂樞極、根極是也。聖人以陰陽五行，闔闢不窮，而此理爲闔闢之主，如户之有樞紐；男女萬物，生生不息，而此理爲生生之本，如木之有根柢；至其在人，則萬善之所以生，萬事之所以定者，亦莫非此理爲之根柢，爲之樞紐焉，是故謂之極。太者，大無以加之稱，言其爲天下之大樞紐，大根柢也。然凡謂之極者，如南極、北極、屋極、商邑四方之極之類，皆有形狀之可見，方所之可指，而此極獨無形狀，無方所，故周子復加「無極」二字以明之。以其無樞紐、根柢之形，而實爲天下之大樞紐、大根柢也，故曰「無極而太極」。以其爲天下之大樞紐、大根柢，而初非有樞紐、根柢之形也，故曰「太極本無極也」。此雖名義之粗，然先儒嘗云：「讀書之法，當先曉其文義。文義既通，然後可以求其意。」學者苟知此義，而於日用之間端莊靜一，以養之於未發之時，而驗之於已發之際，則是理之妙，或者亦可以默識矣。

太極動而生陽，動極而靜，靜而生陰，靜極復動。一動一靜，互爲其根，分陰分陽，兩儀立焉。

太極之有動靜，是天命之流行也，所謂「一陰一陽之謂道」。誠者，聖人之本，物之終始，而命之道也。其動也，誠之通也，繼之者善，萬物之所資以始也。其靜也，誠之復也，成之者性，萬物各正其性命也。「動極而靜，靜極復動，一動一靜，互爲其根」，命之所以流行而不已也。「動而生陽，靜而生陰，分陰分陽，兩儀立焉」，分之所以一定而不移也。蓋太極者，本然之妙也；動靜者，所乘之機也。太極，形而上之道也。陰陽，形而下之器也。是以自其著者而觀之，則動靜不同時，陰陽不同位，而太極無不在焉。自其微者而觀之，則沖漠無眹，而動静陰陽之理已悉具於其中矣。雖然，推之於前而不見其始之合，引之於後而不見其終之離也。故程子曰：「動静無端，陰陽無始。非知道者，孰能識之。」

朱子問「太極動而生陽」。延平李氏曰：此只是理，做已發看不得。又問：既言「動而生陽」，即與復卦一陽生而見天地之心何異？竊恐動而生陽，即天地之喜怒哀樂發處，於此即見天地之心；二氣交感，化生萬物，即人物之喜怒哀樂發處，於此即見人物之心。如此做兩節看，不知得否？曰：「太極動而生陽」，至理之源，只是動静闔闢。至於終萬物，始萬物，亦只是此理一貫也。到得二氣交感，化生萬物時，又就人物上推，亦只是此理。《中庸》以喜怒哀樂未發已發言之，又就人身上推尋，至於見得大本達道處，又衮同只是此理。此理就人身上推尋，若不於未發已發處看，即何緣知之？蓋就天地之本源與人物上推來，不得不異，此所以於「動而生陽」難以爲喜怒哀樂已發言之。在天地，只是理也。今欲作兩節看，切恐差了。復卦「見天地之心」，先儒以爲静見天地之心，伊川先生以爲動乃見，此恐便是動而生陽之理。然於復卦發出此一段示人，又於初爻以顔子不遠復爲之，此只要示人無間斷之意。人與天理一也，就此理上皆收攝來，與天地合其德，與日月合其明，與四時合其序，與鬼神合其吉凶，皆其度内爾。○朱子曰：静者，性之所以立也。動者，命之所以行也。然其實則静亦動之息爾。故一動一静，皆命之行，而行乎動静者，乃性之真也，故曰「天命之謂性」。○陰陽迭運者，氣也，其理則所謂道。○問：「一陰一陽之謂道」是太極否？曰：陰陽只是陰陽，道是太極，蓋所以一陰一陽者也。○問：「一陰一陽之謂道」，陰陽，氣也，所以陰陽，道也。道也者，陰陽之理也。曰：此説得之。

○陰陽何以謂之道？當離合看。○「一陰一陽之謂道」，則陰陽是氣不是道，所以爲陰陽者乃道也。若只言「陰陽之謂道」，則陰陽是道。今曰「一陰一陽」，則是一陰了又一陽，往來循環不已者乃道也。○《大傳》既曰「形而上者謂之道」矣，而又曰「一陰一陽之謂道」，此豈直以陰陽爲形而上者哉，正所以見一陰一陽雖屬形器，然其所以一陰而一陽者，是乃道體之所爲也。故語道體之至極，則謂之太極；語太極之流行，則謂之道。雖有二名，初無兩體。○以理言之，則天地之間至實而無一息之妄，故自古至今無一物之不實，而一物之中，自始至終皆實理之所爲也。以心言之，而聖人之心亦至實而無一息之妄，故從生至死，無一事之不實，而一事之中，自始至終，皆實心之所爲也。此所謂「誠者物之終始」者然也。○問：「誠者聖人之本。」曰：此言本領之本。聖人之所以聖者，誠而已。○問：「誠者物之終始，而命之道也。」曰：誠是實理，徹上徹下只是這箇，生物都從那上做來。萬物流形天地之間，都是那底做。○有此理則有此物，徹頭徹尾，皆是此理。所謂未有無此理而有此物也。○太極如一本生上分而爲枝榦，又分而生花生葉，生生不窮。到得成果子裏而又有生生無窮之理生將出去，又是無限箇太極，更無停息。只是到成果實時，又却略少歇也，不是生到這裏自合少止。所謂終始萬物，莫盛乎艮，艮止是生息之意。○「誠者物之終始」，却是事物之實理，始終無有間斷。自開闢以來，以至人物消盡，只是如此。在人之心，苟誠實無僞，則徹頭徹尾無非此理。一有間斷處，即非誠矣。凡有一物，則其成也必有所始，其壞也必有所終。而其所以始者，實理之至而向於有也，其所以終者，實理之盡而向於無也。此誠所以爲物之終始。○「誠之通」是造化流行未有成立之初，所謂「繼之者善」。

「誠之復」是萬物已得此理而皆有所歸藏之時，所謂「成之者性」。在人，則「感而遂通」者誠之通，「寂然不動」者誠之復。○流行造化處是善，凝成於我處是性。繼是接續綿綿之意，成是凝成有主之意。○「繼之者善」，繼之爲義，接續之意，言既有此道理，其接續此道理以生萬物者莫非善，而物之成形，即各具此理而爲性也。○「繼」字便是動之頭。若只一開一闔而無繼，便是闔殺了。○問：繼是動靜之間否？曰：是静之終，動之始也。且如四時，到得冬月，萬物都歸窠了，若不會生，來年便都息了。蓋是貞復生元，無窮如此。○只是這一箇物事，所以萬物到秋冬時各自收斂閉藏，忽然一下春來，各自發越條暢，這只是一氣。一箇消，一箇息，只如人相似。方其嘿時便是静，及其語時便是動。那箇滿山青黄碧緑，無非是這太極。所以仁者見之謂之仁，智者見之謂之智，百姓日用而不知，是那一陰一陽之謂道，繼之者善也，成之者性也。「繼之者善」是動處，「成之者性」是静處。繼之者善是流行出來，成之者性則各自成箇物事。繼善便是元亨，成性便是利貞。及至成之者性，各自成箇物事，恰似造化都無可做了。及至春來，又流行出來，又是「繼之者善」。譬如禾穀，則秋斂冬藏，千條萬穟，各自成一箇物事，及至春又各自發生出。以至人物，以至禽獸，皆是如此。且如人方在胞胎中，受父母之氣，則是「繼之者善」。及其生出，又自成一箇物事，則是「成之者性」也。既成其性，又自繼善，只是這一箇物事。今年一生了，明年又生一副，當物事來，又繼之者善，又成之者性，只是這一箇物事衮將去。所以「仁者見之謂之仁」，只是見那發生處；「智者見之謂之智」，只是見那收斂處；「百姓日用而不知」，便是不知所謂發生，亦不知所謂收斂，醉生夢死而已。周先生《太極》《通書》，只是衮這幾句。

《易》之爲義，也只是如此，只是陰陽交錯千變萬化，皆從此出。○「太極動而生陽」，元未有物，且是如此動盪，所謂化育流行也，便是繼之者善。「静而生陰」，陰主凝結，然後萬物各正性命，方是成之者性。○問：「繼之者善也，成之者性也」，竊謂妙合之始便是繼；「乾道成男，坤道成女」便是成。曰：動而生陽之時，便有繼底意，及至静而生陰，方是成。六十四卦之序，至復而繼。○問：《太極圖解》曰：「動而生陽，誠之通也，繼之者善，萬物之所以資始也。静而生陰，誠之復也，成之者性，萬物各正其性命也。」夫無極之真，誠也。動而生陽，静而生陰，動静不息，而萬物繼此以出與因此以成者，皆誠之著，固無有不善者，亦無非性也，似不可分陰陽而爲辭。如以資始爲繫於陽，以正性命爲繫於陰，則若有獨陽而生，獨陰而成者矣。詳究先生之意，必謂陽根於陰，陰根於陽，陰陽元不相離如此，而非得於言表者不能喻此也。曰：繼善成性分屬陰陽，乃《通書》首章之意，但熟讀之自可見矣。蓋天地變化不爲無陰，然物之未形則屬乎陽。物正其性不爲無陽，然形器已定則屬乎陰。嘗謂張忠定公語云「公事未著字以前屬陽，著字以後屬陰」，似亦窺見其意。○問：繼之者善之時，此所謂性善。至成之者性，然後氣質各異，方説得善惡。曰：既謂之性，則終是未可分善惡。○問：《太極解》何以先動而後静，先體而後用，先感而後寂？曰：在陰陽言，則用在陽而體在陰，然動静無端，陰陽無始，不可分先後。今此只是就起處言之，畢竟動前又是静，用前又是體；感前又是寂，陽前又是陰，而寂前又是感，静前又是動。將何者爲先後？不可只道今日動便爲始，而昨日静更不説也。如鼻息，言呼吸則辭順，不可道「吸呼」，畢竟呼前又是吸，吸前又是呼。○動極復静，静極復動，還當把那箇做劈初頭始得。今説「太極動而生陽」，是且把眼前即今箇動斬截便説起，其實那動以前又是静，静以前又是動。如今日一晝過了便是夜，夜過了又只是明日晝，即今晝以前又有夜了，昨夜以前又有晝了。即今要説時日起，也只是把今日建子説起，其實這箇子以前豈是無子。○當初元無一物，只有此理。有此理，便會動而生陽，静而生陰，静極復動，動極復静，循環流轉。其實理無窮，氣亦與之無窮。自有天地，便有這物事在這裏流轉。一日有一日之運，一月有一月之運，一歲有一歲之運，只是這箇物事衮衮將出，如水車相似，一箇起，一箇倒，一箇上，一箇下。其動也便是仁是中，其静也便是正是義。不動則静，不静則動。如人不語則嘿，不嘿則語，中間更無空缺處。○問：太極始於陽動乎？曰：陰静是太極之本，然陰静又自陽動而生。一動一静，便是一箇闔闢之大者，推而上之，更無窮極，不可以本始言。○問理與氣。曰：有此理便有此氣，但理是本。而今且從理上説起。如云「太極動而生陽，動極而静，静而生陰」，不成動以前便無静了。程子曰「動静無端」，此亦且是自那動處説起。若論著，動以前又有静，静以前又有動。○問：太極主静之説，是先静後動否？曰：動静無端，陰陽無始。雖是合下静，静而後動。若細推時，未静時須先動來。所謂如環無端，互爲其根。謂如在人，人之動作及其成就却只在静，便如渾淪未判之時，亦須曾明盛一番來，只是這道理層層流轉，不可窮詰。《太極圖》中盡之。動極生静，亦非是又別有一箇静來繼此動，但動極則自然静，静極則自然動。推而上之，没理會處。○問：太極之有動静，是静先動後否？曰：一動一静，循環無端。無静不成動，無動不成静。譬如鼻息，無時不嘘，無時不吸。嘘盡則生吸，吸盡則生嘘，理自如此。○「太極動而生陽，静而生陰」，非是動而後有陽，静而後有陰，截然爲兩段，先有此而後有彼也。只太極之動便是陽，静便是陰。方其動時則不見静，方其静時則不見動，然「動而生陽」亦只是且從此説起，陽動以上更有在。程子所謂「動静無端，陰陽無始」，於此可見。○陰陽本無始，但以陽動陰静相對言，則陽爲先，陰爲後，陽爲始，陰爲終。猶一歲以正月爲更端，其實姑始於此耳。歲首以前，非截然别爲一段事。則是其循環錯綜，不可以先後始終言，亦可見矣。○「動静無端，陰陽無始」，本不可以先後言，然就中間截斷言之，則不得不言其有先後也。如太極動而生陽，則其未動之前固已嘗静矣。静極復動，則已静之後固必有動矣。就此看又有先後也。○「太極動而生陽」，只是如一長物，不免就中間截斷説。其實動之前未嘗無静，静之前又未嘗無動。如「繼之者善也」，亦是就此説起。譬之俗語謂今日爲頭，已前底更不受理意思。○「一動一静，互爲其根」，動而静，静而動，闔闢往來，更無休息。「分陰分陽，兩儀立焉」，兩儀是天地，與畫卦兩儀意思又别。動静如晝夜，陰陽如東西南北，分從四方去。一動一静以時言，分陰分陽以位言。方渾淪未判，陰陽之氣混合幽暗。及其既分，中間放得寬闊光朗，而兩儀始立。邵康節以十二萬九千六百年爲一元，則是十二萬九千六百年之前，又是一箇大闔闢，更以上亦復如此，直是動静無端，陰陽無始。小者大之影，只晝夜便可見。五峰所謂「一氣大息，震蕩無垠，海宇變動，山渤川湮，人物消盡，舊跡大滅，是謂洪荒之世」。嘗見高山有螺蚌殻或生石中，此石即舊日之土，螺蚌即水中之物，下者却變而爲高，柔者却變而爲剛。此事思之至深，有可驗者。○陰陽有箇流行底，有箇定位底。「一動一静，互爲其根」是流行底，寒暑往來是也。「分陰分陽，兩儀立焉」是定位底，天地四方是也。易有兩義，一曰變易，便是流行底，一曰交易，便是對峙底。○陰陽若論流行底，則只是一箇，對峙底，則兩箇。○陰陽作一箇看亦得，做兩箇看亦得。若論流行底，則只一箇消長而已，如「一動一静互爲其根」是也。若對峙底，則有兩箇，「分陰分陽兩儀立焉」是也。若論對立底，無一物無陰陽，如至微之物也有箇背面。若説流行處，却只是一氣。○問：必至於「互爲其根」方分陰陽。曰：從動静便分。問：「分陰分陽」是帶上句？曰：然。○問：「太極動而生陽，静而生陰，静極復動」，則動復生陽，静復生陰。不知分陰陽以立兩儀，在静極復動之前，爲復在後？曰：動而生陽，静而生陰，則陰陽分而兩儀立矣。「静極復動」以後，所以明混闢不窮之妙。○程子所謂「無截然爲陰爲陽之理」，即周子所謂「互爲其根」也。程子所謂「升降生殺之大分」，即周子所謂「分陰分陽」也。二句相須，其義始備。○問：《太極圖》兩儀中有地，五行中又有土，如何分别？曰：地言其大概，土是地之形質。○問：「分陰分陽，兩儀立焉」，分之所以一定而不可移也，不知名分之分，性分之分。曰：分猶定位耳。○問：如何是所乘之機？曰：理搭於氣而行。○問：「有此理，然後有此氣。」曰：此本無先後之可言，然必推其所從來，則須説先有此理。然理又非别爲一物，即存乎是氣之中。無是氣，則是理亦無掛搭處。○《圖解》云：「動静者所乘之機」，識者謂此語最精。蓋太極是理，陰陽是氣，理無形而氣有迹，氣既有動静，則所載之理亦安得無動静。○問：太極只是理，理不可以動静言，惟動而生陽，静而生陰，理寓於氣，不能無動静。「所乘之機」，乘如乘載之乘，其動静者，乃乘載在氣上，不覺動了静，静了又動。曰：然。○太極，理也。動静，氣也。氣行則理亦行，二者常相依而未嘗相離也。○

陽動陰静，非太極動静，只是理有動静。理不可見，因陰陽而後知。理搭在陰陽上，如人跨馬相似。馬所以載人，人所以乘馬，馬之一出一入，人亦與之一出一入。蓋一動一静，而太極之妙未嘗不在焉，此所謂「所乘之機」，無極、二五所以妙合而凝也。○問：動静者所乘之機。曰：機，氣機也。又曰：機是關捩子，踏著動底機，便挑撥得那静底，踏著静底機，便挑撥得那動底。○某向以太極爲體，動静爲用，其言固有病。後已改之曰：「太極者，本然之妙也；動静者，所乘之機也。」此則庶幾近之。○天地之間，有理有氣，理也者，形而上之道也，生物之本也；氣也者，形而下之器也，生物之具也。○問：太極一陰一陽。曰：一陰一陽，道也。陰陽，器也。○問：陰陽氣也，何以謂形而下者？曰：既曰氣，便是有箇物事，此謂形而下者。○問：形而上下，如何以形言？曰：此言最的當。設若以有形無形言之，便是物與理相間斷了。所以程子謂欄截得分明者，只是上下之間，分别得一箇界止分明。器亦道，道亦器，有分别而不相離也。○形而上者，無形無影，是理。形而下者，有形有狀，是器。然有此器則有此理，有此理則有此器，未嘗相離。却不是於形器之外别有所謂理。○形而上底虚，渾是道理。形而下底實，便是器。這箇分别得精切。明道説「惟此語截得上下分明」。○問：明道云：「陰陽亦形而下者，而曰道，只此兩句截得上下分明。」截字莫作斷字誤？曰：正是截字。形而上、形而下，只就形處離合分明，此正是界至處。若只説作在上在下，便成兩截矣。○問：伊川言「形而上者謂之道，形而下者謂之器，須著如此説」。曰：這是伊川見得分明，故云「須著如此説」。形而上者是理，形而下者是物，如此開説，方見分明如此了，方説得道不離乎器，器不遠乎道處。如人君須止於仁，爲人臣止於敬，爲人子止於孝，爲人父止於慈，這是道理合如此。今人不解，恁地說，更不索性兩邊說，怎生說得通。○可見底是器，不可見底是道。理是道，物是器。○器亦道，道亦器也。道未嘗離乎器，只是器之理。如這人身是器，語言動作便是人之理。理只在器上，理與器未嘗相離。○「形而上者謂之道，形而下者謂之器」，這箇在人看始得。推器爲道固不得，離器於道亦不得。且如此火是器，自有道在裏。○理則一而已矣，其形者則謂之器。然而道非器不形，器非道不立，蓋陰陽亦器也，而所以陰陽者道也。是以陰陽往來不息，而聖人指是以明道之全體也。此「一陰一陽之謂道」之說也。問：道，理也。陰陽，氣也。何故以陰陽爲道？曰：「形而上者謂之道，形而下者謂之器」，明道以爲須著如此說。然道亦器，器亦道也，道未嘗離乎器，道只是器之理。如這交椅是器，可坐便是交椅之理。如這人身是器，語言動作便是人之理。理只是器，理與器未嘗相離，所以「一陰一陽之謂道」。曰：何謂一？曰：道。如一闔一闢謂之變。只是一陰了又一陽，此便是道。寒了又暑，暑了又寒，這道理循環不已，「維天之命，於穆不已」，萬古只如此。○道是道理，事事物物皆有箇道理。器是形迹，事事物物亦皆有箇形迹。有道須有器，有器須有道，物必有則。○形而上者，指理而言。形而下者，指事物而言。事事物物皆有其理，事物可見而其理難知，即事即物，便要見此理。大學之道，不曰「窮理」而曰「格物」，只是使人就實處究竟。○天地，形而下者。乾坤，形而上者。天地，乾坤之形殼。乾坤，天地之性情。○形而上者是理，纔有作用便是形而下者。問：陰陽如何是形而下者？曰：一物便有陰陽，寒暖生殺皆見得。事物雖大，是形而下者。理雖小，是形而上者。○凡有形有象者皆器也，其所以爲是器之理者則道也。所謂始終、晦明、奇耦之屬，皆陰陽所爲之器，獨其所以爲是器之理，如目之明，耳之聰，父之慈，子之孝，乃爲道耳。○「動静無端，陰陽無始。」説道有，有無底在前。説道無，有有底在前。是循環物事。○「動静無端，陰陽無始。」今以太極觀之，雖曰動而生陽，畢竟未動之前須静，静之前又須動。推而上之，何自而見其端與始。○問：「動静無端，陰陽無始。」那箇動又從上面静生下，上面静又從上面動生來，今姑把這箇説起。曰：然。曰：「太極動而生陽，静而生陰」，未動以前是如何？曰：只是理。曰：固是理，只不當對動言。曰：未動即是静，未静又即是動，未動又即是静。伊川云：「動静無端，陰陽無始，惟知道者識之。」○問：「動静無端，陰陽無始。」曰：這不可説道有箇始，他那有始之前，畢竟是箇甚麽。○動之前有静，静之前又有動，推而上之，其始無端，推而下之，以至未來之際，其卒無終。○「動静無端，陰陽無始」，看來只是一箇實理。○氣無始無終，且從元處説起。元之前又是貞了，如子時是今日，子之前又是昨日之亥，無空缺時。○仁爲四端之首，而智則能成終成始。猶元雖四德之長，然元不生於元而生於貞。蓋天地之化，不翕聚則不能發散，理固然也。仁智交際之間，乃萬化之機軸。此理循環不窮，脗合無間，程子所謂「動静無端，陰陽無始」者，此也。○「動静無端，陰陽無始」，天道也。始於陽，成於陰，本於静，流於動，人道也。然陽復本於陰，静復根於動，其動静亦無端，其陰陽亦無始，則人蓋未始離乎天，而天亦未始離乎人也。○勉齋黄氏曰：「太極動而生陽」，不成太極在一處，陰陽在一處。生動静底便是陰陽，陰陽都是這氣拍塞，即無些子空缺處。人愚見天在上，地在下，便道中間有空缺處，不知天地間逼拶都實，吾身之外都是氣。如脱了衣服便覺寒冷，是這氣襲人。舊嘗寓一間屋，兩頭都垂簾，揭起這一箇，那一箇也掣動，這是氣捊出。横渠云「知虚空即氣，無無」是如此，又云「所以致中和，便天地位，萬物育」，只是如此。〇「太極動而生陽，静而生陰。」太極不是會動静底物，動静，陰陽也。所以《圖解》云：「動静者，所乘之機也。」「所乘之機」四字最難看。舊蔡季通對朱先生問所乘之機如何下得恁地好，先生微笑。大抵只看太極乘著什麽機。乘著動機便動，乘著静機便静，那太極却不自會動静。既是陰陽，如何又説生陰生陽？曰：生陰生陽，亦猶陽生陰生。太極隨陰陽而爲動静，陰陽則於動静而見其生，不是太極在這邊動，陽在那邊生。譬如蟻在磨盤上一般，磨動則蟻隨他動，磨止則蟻隨他止。蟻隨磨轉，而因蟻之動静可以見磨之動静。〇天道是理，陰陽五行是氣。合而言之，氣即是理，「一陰一陽之謂道」也。分而言之，理自爲理，氣自爲氣，形而上下是也。〇一陰便是静，一陽便是動。道是太極，誠是太極。「其動也」「其静也」二條上，合動静説，此分動静説。「動極而静」以下，又换形了，一箇説流行底，一箇説定分底。蓋太極而下，上文解圖周匝，此下文又衮説箇太極與陰陽。「自其著而觀之」，著是陰陽。「自其微而觀之」，微是太極。問：既太極、陰陽不是二物，如何又有微有著？曰：須看「觀」字。是我去他裏面拆看，却非他有兩箇頭面。又曰：「所乘之機」一句最妙。又曰：此既言氣與理合，「雖然」以下，言雖是恁地，却那裏見他入頭處？所以不見他合，不見他離，正以其動静無端，陰陽無始。下面若有縫，這太極也須漏出了。〇「太極動而生陽，動極而静，静而生陰，静極復動。一動一静，互爲其根，分陰分陽，兩儀立焉。」妄意謂此非老氏有生於無與佛氏之所謂妄也。一必有兩，體必有用，動必有静。

動静迭興而分陰陽，變化之所由生也。即《通書》之言析而求之，若曰「元亨誠之通，利貞誠之復」，蓋元者始而亨者也，太極之動也；利貞者性情也，動極而静，静極復動也。又曰：「聖人之道，仁義中正而已矣。」又曰：「動而正曰道，用而和曰德。」觸類而長之，其此之謂乎。○太極本體難以形容，緣氣察理，遡流求源，則可知矣。一静一動，静動初終，此氣之流也，是孰爲之哉？理也。天其運乎，地其處也，日月其争於其所乎。孰主張是，孰綱維是？主張綱維，理之謂乎！有是理，故有是氣。理如此，則氣亦如此。此體用所以一源，顯微所以無間也。嗚呼，深哉！○北溪陳氏曰：以造化言之，如天地間生成萬物，自古及今，無一物之不實。散殊上下，自古有是，到今亦有是，非古有而今無。皆是實理之所爲，大而觀之，自太始而至萬古，莫不皆然。若就物觀之，其徹始徹終亦只是一實理如此。姑以一株花論來：春氣流注到，則萌蘗生花，春氣盡則花亦盡。又單就一花蘂論：氣實行到此，則花便開，氣消則花便謝，亦盡了。方其花萌蘗，此實理之初也。至到謝而盡處，此實理之終也。○誠者，本就天道論，「維天之命，於穆不已」，只是一箇誠。天道流行，自古及今，無一毫之妄。暑往則寒來，日往則月來，春生了便夏長，秋殺了便冬藏。元亨利貞，終始循環，萬古常如此，皆是真實道理爲之主宰。如天行一日一夜一周而又過一度，與日月星辰之運行躔度萬古不差，皆是真實道理如此。又就果木觀之：甜者萬古甜，苦者萬古苦，青者萬古常青，白者萬古常白，紅者萬古常紅，紫者萬古常紫，圓者萬古常圓，缺者萬古常缺。一花一葉，文縷相等對，萬古常然，無一毫差錯。便待人力十分安排撰作來，終不相似，都是真實道理自然而然。○道只是人事之理耳。「形而上者謂之道，形而下者謂之器。」自有形而上者言之，其隱然不可見底則謂之道。自有形而下者言之，其顯然可見底則謂之器。其實道不離乎器，道只是器之理。人事有形狀處都謂之器，人事中之理便是道。道無形狀可見，所以明道曰：「道亦器也，器亦道也，須著如此説，方截得上下分明。」○道非是外事物有箇空虛底，其實道不離乎物，若離物則無所謂道。且如君臣有義，義底是道，君臣是器。若要看義底道理，須就君臣上看，不成脱了君臣之外，别有所謂義。父子有親，親底是道，父子是器。若要看親底道理，須就父子上看，不成脱了父子之外，别有所謂親。即夫婦而夫婦在所别，即長幼而長幼在所序，即朋友而朋友在所信，非外夫婦、長幼、朋友而有所謂别、序與信。聖門之學，無一不實。老氏清虛厭事，佛氏屏棄人事，都是把道理做事物頂頭玄妙底物看，把人事做下面粗底，便都要擺脱去了。○理不外乎氣，若説截然在陰陽五行之先，及在陰陽五行之中，便成理與氣爲二物矣。○節齋蔡氏曰：形，謂動而可見之時。自此而上無體，故以道名之。自此而下有體，故以器名之。○前謂「太極，形而上之道也，陰陽，形而下之器也」，此分道器而言也。後謂「動静不同時，陰陽不同位，而太極無不在焉」，此乃所謂器即道也。又謂「沖漠無眹，而動静陰陽之理已悉具於中矣」，此乃所謂道即器也。蓋不分上下，則恐人惟以可見者爲始。不合道器，則恐人陷老氏精粗之謬。故須著如此説耳。程子之意，恐亦不過如此。苟惟以爲太極只在陰陽中而已，則「器亦道也」一句已足，又何必重複耶。○主太極而言，則太極在陰陽之先。主陰陽而言，則太極在陰陽之内。蓋自陰陽未生之時而言，則所謂太極者其理已具。自陰陽既生之時而言，則所謂太極者即在乎陰陽之中也。謂陰陽之上别有太極，常爲陰陽主者，固爲陷於列子不生不化之謬。而獨執夫太極只在陰陽之中之説者，則又失其根柢樞紐之所爲，而大本有所不識，其害有不可勝言者。○西山真氏曰：凡天地之物有形有象者皆器也，其理便在其中。大而天地亦形而下者，乾坤乃形而上者。日月星辰、風雨霜露亦形而下者，其理即形而上者。以身言之，身之形體皆形而下者，曰性曰心之理乃形而上者。至於一物一器，莫不皆然。且如燈燭者，器也，其所以能照物，形而上之理也。且如椅卓，器也，而其用，理也。天下未嘗有無理之器、無器之理。即器以求之，則理在其中。如即天地則有健順之理，即形體則有性情之理，精粗本末，初不相離。若舍器而求理，未有不蹈於空虚之境，非吾儒之實學也。○平巖葉氏曰：「動而生陽，動極而靜，靜而生陰，靜極復動」者，言太極流行之妙相推於無窮也。「一動一靜，互爲其根，分陰分陽，兩儀立焉」者，言二氣對待之體一定而不易也。邵子云「用起天地先，體立天地後」，是也。然詳而分之，則動而生陽，靜而生陰者，是流行之中定分未嘗亂也。一動一靜，互爲其根者，是對待之中妙用實相流通也。○黄氏巖孫曰：程子云：「離了陰陽便無道。陰陽，氣也，所以陰陽者是道也。氣是形而下者，道是形而上者。」又云：「道非陰陽也，所以一陰一陽者，道也，如一闔一闢謂之變。」又云：「陰陽形而下者，而曰道者，惟此語截得上下最分明，元來只是此道，要在人默而識之也。」又云：「形而上爲道，形而下爲器，須著如此説。器亦道，道亦器，但得道在，不繫今與後，已與人。」又云：「誠者物之終始，猶俗語徹頭徹尾。」胡氏云：「誠者，命之道乎。」此言誠者，即所謂太極也。○臨川吴氏曰：太極無動靜，動靜者，氣機也。氣機一動，則太極亦動。氣機一靜，則太極亦靜。故朱子釋《太極圖》曰：「太極之有動靜，是天命之流行也。」

此是爲周子分解。太極不當言動静，以天命之有流行，故只得以動静言也。又曰：「太極者本然之妙也，動静者所乘之機也。」機猶弩牙，弩弦乘此機，如乘馬之乘。機動則弦發，機静則弦不發。氣動則太極亦動，氣静則太極亦静。太極之乘此氣，猶弩弦之乘機也。故曰「動静者所乘之機」，謂其所乘之氣機有動静，而太極本然之妙無動静也。然弩弦與弩機却是兩物，太極與此氣非有兩物，只是主宰此氣者便是，非别有一物在氣中而主宰之也。機字是借物爲喻，不可以辭害意。

陽變陰合，而生水火木金土，五氣順布，四時行焉。

有太極，則一動一静而兩儀分。有陰陽，則一變一合而五行具。然五行者，質具於地而氣行於天者也。以質而語其生之序，則曰水火木金土，而水木陽也，火金陰也。以氣而語其行之序，則曰木火土金水，而木火陽也，金水陰也。又統而言之，則氣陽而質陰也。又錯而言之，則動陽而静陰也。蓋五行之變至於不可窮，然無適而非陰陽之道，至其所以爲陰陽者，則又無適而非太極之本然也，夫豈有所虧欠間隔哉。

朱子曰：一片底便是分作兩片底，兩片底便是分作五片底。做這萬物、四時、五行，只是從那太極中來。太極只是一箇理，迤邐分做兩箇氣，裏面動底是陽，静底是陰。又分做五氣，又散爲萬物。○問：「以質而語其生之序」，此豈就圖而指其序耶？而水木何以謂之陽，火金何以謂之陰？曰：天一生水，地二生火，天三生木，地四生金。一、三，陽也。二、四，陰也。問：「以氣而語其行之序，則木火土金水」，此豈即其運用處而言之耶？而木火何以謂之陽，金水何以謂之陰？曰：此以四時而言。春夏爲陽，秋冬爲陰。○問：「以質而語其生之序」，不是相生否？只是陽變而助陰，故生水，陰合而陽盛，故生火，木金各從其類，故在左右。曰：「水陰根陽，火陽根陰」，錯綜而生，其端是天一生水，地二生火，天三生木，地四生金。到得運行處，便水生木，木生火，火生土，土生金，金又生水，水又生木，循環相生。又如甲乙丙丁戊己庚辛壬癸，都是這箇物事。○陰陽二氣，更無停息。如金木水火土是五行，分了又三屬陽，二屬陰，然而各又有一陰一陽。如甲便是木之陽，乙便是木之陰。丙便是火之陽，丁便是火之陰。只是這箇陰陽，更無休息。形質屬陰，其氣屬陽。金銀坑有金礦銀礦便是陰，其光氣爲陽。○統言陰陽，只有兩端，而陰中自分陰陽，陽中亦有陰陽。「乾道成男，坤道成女」，男雖屬陽，而不可謂其無陰，女雖屬陰，亦不可謂其無陽。人身氣屬陽，而氣有陰陽；血屬陰，而血有陰陽。至如五行。天一生水，陽生陰也，而壬癸屬水，壬是陽，癸是陰。地二生火，陰生陽也，而丙丁屬火，丙是陽，丁是陰。○陰陽動静，以大體言，而春夏是動，屬陽，秋冬是静，屬陰。就一日言之，晝陽而動，夜陰而静。就一時一刻言之，無時而不動静，無時而不陰陽。曰：陰陽無處無之，横看豎看皆可見。横看則左陽而右陰，豎看則上陽而下陰。仰手爲陽，覆手則爲陰。向明處爲陽，背明處則爲陰。《正蒙》云：「陰陽之氣，循環迭至，聚散相盪，升降相求，絪緼相揉，相兼相制，欲一之不能。」蓋謂是也。○「陰陽」雖是兩字，然只是一氣之消息。一進一退，一消一長。進處便是陽，退處便是陰。長處便是陽，消處便是陰。只是這一氣之消長，做出古今天地間無限事。所以陰陽做一箇説亦得，做兩箇説亦得。○問：聖人所以因陰陽説出許多道理，而所説之理皆不離乎陰陽者，蓋緣所以爲陰陽者元本於實然之理。曰：陰陽是氣，纔有此理，便有此氣，纔有此氣，便有此理。天下萬事萬物，何者不出於此理，何者不出於陰陽。○南軒張氏曰：新安朱熹云：「太極立，則陽動陰静而兩儀分。兩儀分，則陽變陰合而五行具。五行者，質具於地，而氣行乎天者也。」語至於是，則造化之功用無餘藴矣。然此亦推本其所自來，非以爲至此而始具也。○勉齋黄氏曰：「陽變陰合，而生水火木金土，五氣順布，四時行焉。」妄意謂陰陽分，兩儀立矣。陽中之陽，陰中之陰，變合相得，而五位成質。横渠先生云：「水火，氣也。故炎上潤下，與陰陽相爲升降，土不得而制焉。木金者，土之華實，其性有水火之雜。故木之爲物，水漬而得生，火然而不離，蓋得土之浮華於水火之交也。金之爲物，得火之精於土之燥，得水之精於土之濡，❶故水火相得而不相害，鑠之則反流而不耗，蓋得土之精實於水火之際也。土者，物之所以成始成終者也，地之質也，化之終也，水火之所以升降，物兼體而不遺者也。」即是而參之，五行之生，一陰陽之所爲也。木之氣盛於東，於時爲春。火之氣盛於南，於時爲夏。土之氣盛於中央，而寄旺於四時之戊己，而獨盛於季夏之時。金之氣盛於西，而於時爲秋。水之氣盛於北，而於時爲冬。春夏秋冬而氣以成此五物者，同出而異名者也。四時之行即五氣之流通，五氣之流通即一氣之妙用，非截然一彼一此也。《通書》云：「動而無静，静而無動，物也；動而無動，静而無静，神也。動而無動，静而無静，非不動不静也。物則不通，神妙萬物。」此以明太極動而生陽，以至四時行焉，無非神之所爲也。又云：

❶「水」、「土」，原作「木」、「水」，今據重修本改。

「水陰根陽，火陽根陰，五行陰陽，陰陽太極，四時運行，萬物終始，混兮闢兮，其無窮兮。」以明五行之生，四時之行，百物之産，一太極而已矣。其然乎？豈其然乎？○問：「陽變陰合而生水火木金土」，次序如何？曰：水與火對生，木與金對生。因云：這裏有兩項看。如作建寅看時，則木火是陽，金水是陰，此以行之序論。如作建子看時，則水木是陽，火金是陰，此以生之序論。大概冬春夏可以謂之陽，夏秋冬可以謂之陰。因云：《太極圖解》有一處可疑。圖以水陰盛故居右，火陽盛故居左，金陰穉故次水，木陽穉故次火，此是説生之序。下文却説「水木，陽也；火金，陰也」，却以此爲陽，彼爲陰。論來物之初生，自是幼嫩。如陽始生爲水尚柔弱，到生木已强盛。陰始生火尚微，到生金已成質。如此則水爲陽穉，木爲陽盛；火爲陰穉，金爲陰盛。不知《圖解》所指是如何。後請問，云：《圖解》所分，恐是解剥圖體，言其居左居右之位次否？晦庵先生云：舊也如此看，只是水而木，木而火以下，畢竟是説行之序，這畢竟是説生之序，畢竟是可疑。○五行之序，以質之所生而言，則水本是陽之濕氣，以其初動爲陰所陷而不得遂，故水陰勝。火本是陰之燥氣，以其初動爲陽所揜而不得達，故火陽勝。蓋生之者微，成之者盛，生之者形之始，成之者形之終也。然各以偏勝也，故雖有形而未成質，以氣升降，土不得而制焉。木則陽之濕氣寖多，以感於陰而舒，故發而爲木。其質柔，其性煖。金則陰之燥氣寖多，以感於陽而縮，故結而爲金。其質剛，其性寒。土則陰陽之氣各盛，相交相搏，凝而成質。以氣之行而言，則一陰一陽，往來相代。木火金水云者，各就其中而分老、少耳，故其序各由少而老。土則分旺四季，而位居中者也。此五者，序若參差，而造化所以爲發育之具，實並行而不相悖。蓋質則陰陽交錯凝合而成，氣則陰陽兩端循環不已。質曰水火木金，蓋以陰陽相間言，猶曰東西南北，所謂對待者也。氣曰木火金水，蓋以陰陽相因言，猶曰東南西北，所謂流行者也。質雖一定而不易，氣則變化而無窮，所謂易也。○五行生之序，則曰水火木金土。行之序，則曰木火土金水。何故造物却有此兩樣？看來只是一理。生之序便是行之序。元初只是一箇水，水煖後便成火，此兩箇是母。木者水之子，金者火之子。冬是太陰，春是少陽，夏是太陽，秋是少陰。從冬起來，故水木火金自成次序。以水生木，以火生金，故生之序便是行之序也。孔子言：「精氣爲物。」精便是水，氣便是火。子産曰：「物生始化曰魄，陽曰魂。」魄便是精之靈，魂便是氣之靈。水便生木，火便生金，在人一身，初只是生腎水，又生心火，腎水上生木肝，心火上生肺金，造化只是如此，何嘗有兩樣來。天一生水，地二生火，天三生木，地四生金，此便是造化本原。其後流行，亦只如此。四時之序，不過二天二地而已。所以《洪範》亦只説水木火金土，謂之五行，則行之序亦是如此也。以此可見造化之端倪，物本生之始。○五行有生數，有行數，不知何故初生是一樣，流行又是一樣。「其爲物不二，則其生物不測。」易簡之義，恐不如此。故嘗疑其只是一樣。及以造化之本原參之，人物之生育，初無兩樣，只是水木火金土，便是次序。古人欲分别陰陽造化之殊，故以水火木金土爲言耳。自一至十之數，特言奇耦多寡耳，非謂次第如此也。蓋積實之數，非次第之數也。天得奇而爲水，故曰一生水。一之極而爲三，故曰三生木。一極爲三，以一運之，圓而生三，故一而爲三也。地得耦而爲火，故曰二生火。二之極而爲四，故曰四生金。二極爲四，以二周之，方而爲四，故二而爲四也。水者初生之陽，木者極盛之陽，火者初生之陰，金者極盛之陰。陽極而生陰，陰極而生陽，故但當以水木火金土爲次序也。自初生至流行，皆是如此。若要看陰陽奇耦，一初一盛，則當曰水火木金土，非謂次序如此也。今以爲第一生水，第二生火，第三生木，第四生金，以爲次序，則誤矣。水木火金土，五行之序也。水火木金土，分其奇耦初盛而爲言也。以此觀之，只是一樣，初無兩樣也。所謂一二三四，但言一多一少，多之極，少之極也，初非以次序而言。猶人言一文兩文，非謂第一名第二名也。果以次序而言之，則一生水而未成水，必至五行俱足，猶待第六而後成水；二生火而未成火，必待五行俱足，又成就了水，然後第七而後成火耶？如此則全不成造化，亦不成義理矣。六之成水也，猶坎之爲卦也，一陽居中，天一生水也，地六包於外，陽少陰多而水始成。七之成火也，猶離之爲卦也，一陰居中，天七包於外，陰少陽多而火始成。坎屬陽而離爲陰，以其在內者爲生，在外者成之也。若以次序言，全不成義理矣。又曰：五行之序，某欲作三句斷之曰：「論得數奇耦多寡，則曰水火木金土。論始生之序，則曰水木火金土。論相生之序，則曰木火土金水。」如此其庶幾乎。〇太極不可名狀，因陰陽而後見。一動一靜，一晝一夜，以至於一生一死，一呼一吸，無往而非二也。因陰陽之二，而反以求之，太極之所以爲陰陽者，亦不出乎二也。非其本體之二，何以使末流無往而不二哉。然二也，各有本末，各有終始，故二分爲四，而五行立矣。蓋一陽分而爲木火，一陰分而爲金水。木者火之始，火者木之終。金者水之始，水者金之終。物各有終始，未有有始而無終，有終而無始者。二各有終始，則二分爲四矣。知二之無不四也，則知其所以爲是四者，亦道之本體。非其本體之四，何以使物之無不四哉？故二與四，天下之物無不然，則亦足以見道體之本然也。雖爲太極，不可名狀，此亦可以見其端倪矣。「體用一原，顯微無間」，要當以是觀之。塞天地，貫古今，無往不然。仁義禮智，特就人心而立名耳。○北溪陳氏曰：本只是一氣，分來有陰陽，又分來有五行。二與五只管分合運行去，萬古生生不息，不止是箇氣，必有主宰之者，曰理是也。理在其中爲之樞紐，故大化流行，生生未嘗止息。○平巖葉氏曰：水火木金土者，陰陽生五行之序也。木火土金水者，五行自相生之序也。問：五行之生，與五行之相生，其序不同，何也？曰：五行之生也，蓋二氣之交，變合而各成。天一生水，地二生火，天三生木，地四生金，天五生土，所謂「陽變陰合而生水火木金土」是也。五行之相生也，蓋一氣之推，循環相因，木生火，火生土，土生金，金生水，水復生木，所謂「五氣順布四時行焉」是也。曰：其所以有是二端，何也？曰：二氣變合而生者，原於對待之體也。一氣循環而生者，本於流行之用也。○黄氏巖孫曰：程子云：「凡有氣莫非天，凡有形莫非地。」

五行一陰陽也，陰陽一太極也，太極本無極也。五行之生也，各一其性。

五行具，則造化發育之具無不備矣，故又即此而推本之，以明其渾然一體，莫非無極之妙，而無極之妙亦未嘗不各具於一物之中也。蓋五行異質，四時異氣，而皆不能外乎陰陽。陰陽異位，動靜異時，而皆不能離乎太極。至於所以爲太極者，又初無聲臭之可言，是性之本體然也。天下豈有性外之物哉。然五行之生，隨其氣質而所稟不同，所謂「各一其性」也。各一其性，則渾然太極之全體無不各具於一物之中，而性之無所不在又可見矣。

朱子曰：太極、陰陽、五行，只將元亨利貞看甚好。太極是元亨利貞都在上面。陰陽是利貞是陰，元亨是陽。五行是元是木，亨是火，利是金，貞是水。○陰陽是氣，五行是質。有這質，所以做得物事出來。五行雖是質，他又有五行之氣，做這物事方自然。却是陰陽二氣截做這五箇，不是陰陽外別有五行。○問：《太極圖》所謂太極，莫便是性否？曰：然。此即理也。○天下無性外之物。有此物即有此性，無此物則無此性。○問：程先生說道「天下無性外之物」。曰：如云「天地間只是箇感應」，又如云「誠者物之終始」。○問：「枯槁之物亦有性」，是如何？曰：惟是他合下有此理，故云「天下無性外之物」。○問：「各一其性」固是指五行之氣質。然水之潤下，火之炎上，木之曲直，金之從革，土之稼穡，此但可見其氣質之性所稟不同，却如何見得「太極之全體無不各具於一物之中，而性之無不在也」？曰：氣質是陰陽五行所爲，性即太極之全體。但論氣質之性，則此全體墮在氣質之中，非別爲一性也。又問：反復思之，誠非別有一性，然觀聖賢說性，有是指義理而言者，有是指氣稟而言者，却不容無分別。敬謹誨語謂陰陽五行所爲性，即太極之全體，始悟周子所謂各一其性，專是主理而言。蓋五行之氣質不同，人所共知也。而太極之理無乎不具，人所未必知也。今傳文云：「五行之生，隨其氣質而所稟不同，所謂各一其性也。」這「性」字當指氣而言。「各一其性，則渾然太極之全體無不具於一物之中，而性之無所不在又可見矣。」這「性」字當指理而言。一段之間，文義頗相合，恐讀者莫知所適從。曰：陰陽五行之爲性，各是一氣所稟，而性則一也。○南軒張氏曰：五行生質雖有不同，然太極之理未嘗不存也，故曰「各一其性」。五行各一其性，則爲仁義禮智信之理，而五行各專其一焉。○

性之本一而已矣，而其流行發見，則人物所稟有萬不同焉，蓋何莫而不由於太極，亦何莫而不具於太極，是其本之一也。然有太極則有二氣、五行，絪緼交感，其變不齊，故其發見於人物者，未嘗不各具於其氣稟之内。故原其性之本一，而察其流行之各異。知其流行之各異，而本之一者初未嘗不究也。而後可與論性矣。故程子曰：「論性不論氣不備，論氣不論性不明。」蓋論性而不及氣，則昧夫人物之分，而太極之用不行矣。論氣而不及性，則迷夫大本之一，而太極之體不立矣。○勉齋黄氏曰：「五行一陰陽也，陰陽一太極也，太極本無極也。」妄意謂此三言者，即所謂「混兮闢兮」也，懼學者支離其説，故又舉而言之。前之言，原始而要其終。今之言，遡流而窮其源。五行陰陽，同一太極而不相妨也。○北溪陳氏曰：天下豈有性外之物而不統於吾心是理之中也哉？理之所在，大極於無際而無不通，細入於無倫而無不貫，前後乎萬古而無不徹。○平巖葉氏曰：此《圖》即《繫辭》「易有太極，是生兩儀，兩儀生四象」之義而推明之也。但《易》以卦爻言，《圖》以造化言，卦爻固所以擬造化也。

無極之真，二五之精，妙合而凝。乾道成男，坤道成女，二氣交感，化生萬物。萬物生生而變化無窮焉。

夫天下無性外之物，而性無不在，此無極、二、五所以混融而無間者也，所謂「妙合」者也。「真」以理言，無妄之謂也。「精」以氣言，不二之名也。凝者，聚也。氣聚而成形也。蓋性爲之主，而陰陽五行爲之經緯錯綜，又各以類凝聚而成形焉。陽而健者成男，則父之道也。陰而順者成女，則母之道也。是人物之始以氣化而生者也。氣聚成形，則形交氣感，遂以形化，而人物生生變化無窮矣。自男女而觀之，則男女各一其性，而男女一太極也。自萬物而觀之，則萬物各一其性，而萬物一太極也。蓋合而言之，萬物統體一太極也；分而言之，一物各具一太極也。所謂「天下無性外之物而性無不在」者，於此尤可以見其全矣。子思子曰：「君子語大，天下莫能載焉。語小，天下莫能破焉。」此之謂也。

問：周子言無極之真，却又不言太極如何。朱子曰：無極之真已該得太極在其中，真字便是太極。○「無極之真，二五之精，妙合而凝」，此數句甚妙，是氣與理合而成性也。○問《太極圖》。曰：以人身言之，呼吸之氣便是陰陽，軀體血肉便是五行，其性便是理。○真者，理也。精者，氣也。理與氣合，故能成形。○天道流行，發育萬物，其所以爲造化者，陰陽五行而已。而其所謂陰陽五行者，又必有是理而後有是氣。及其生物，則又因是氣之聚而後有是形。故人物之生，必得是理，然後可以爲健順。仁義禮智之性，必得是氣，然後有以爲魂魄、五藏、百骸之身。周子所謂「二五之精，妙合而凝」，正謂是也。○無極是理，二五是氣。無極之理便是性。性爲之主，而二氣五行經緯錯綜於其間也。凝，只是此氣結聚，自然生物。若不如此結聚，亦何由造化得萬物出來。○先有理後有氣，先有氣後有理，皆不可得而推究。以意度之，則疑此氣是依傍這理行。及此氣之聚，則理亦在焉。蓋氣則能凝聚造作，理却無情意，無計度，無造作。即此氣凝聚處，理便在其中。○天以陰陽五行化生萬物，氣以成形，而理亦賦焉。○氣化，是當初一箇人無種後自生出來底。形化，却是有此一箇人後乃生生不窮底。○問：氣化，形化。男女之生在氣化否？曰：凝結成男女。因甚得如此？都是陰陽，無物不是陰陽。○問：《易》言「有萬物然後有男女」，此《圖》却先言乾成男，坤成女，方始萬物化生，如何？曰：《太極》所説乃生物之初，陰陽之精自凝結成兩箇，蓋是氣化而生。如蝨子自然爆出來，既有此兩箇，一牝一牡，後來却從種子漸漸生去，便是以形化。萬物皆然。故曰「二五之精，妙合而凝」。○「乾道成男，坤道成女」，通人物言之，在物如牝牡之類，在植物亦有男女。如有牝麻，及竹有雌雄之類，皆離陰陽剛柔不得。○問氣化形化。曰：此是總言人物。物自有牝牡，只是人不能察耳。○天地之初如何討箇種？自是氣蒸結成兩箇人，後方生許多物事。所以先説乾道成男，坤道成女，後方説化生萬物。當初若無那兩箇人，如今如何有許多人？那兩箇人便似而今人身上蝨，自然變化出來。○天地生氣，其序固如此。《遺書》言氣化處可見。○天下莫能載，是無外。天下莫能破，是無内。謂如物有至小而可破作兩者，是中著得一物在。若云無内，則是至小，更不容破了。○南軒張氏曰：朱元晦云「有是性，則有陰陽五行，有陰陽五行，則有人物生生而無窮焉」，凡此皆無極之具者也。陰陽五行經緯錯綜，混融無間，其合妙矣。於是陰陽又各以類凝結而成象焉。陽而健者父之道，五行之所以布其氣也。陰而順者母之道，五行之所以成其質也。是乃天地所以施生之本。男女所以爲男女者，非指男女之身而言也。男女雖分，然貫一太極而已。於是二氣交感，陽施陰生，而萬物各隨氣質以正性命，陰陽五行之類有萬不同，其本亦一太極而已。○勉齋黄氏曰：夫所謂「五行之生，各一其性」者，言五行之成質，雖其別有五，而各具一太極也。「無極之真，二五之精，妙合而凝」者，無極之實理具於二氣、五行之精，相摩相盪而妙合凝聚也。「乾道成男，坤道成女，二氣交感，化生萬物」者，言無極之真、二五之精既妙合凝聚，則男女之象已分，而二氣交感，化生萬物，如《易》所謂「天地絪緼，萬物化醇，男女構精，萬物化生」也。繼之曰「萬物生生而變化無窮焉」，言天命流行而不息，萬物形化而無窮也。蓋生生不窮之理，沖漠於太極之先，成象成形於化生之際，而無一毫之間斷也。《通書》云：「二氣五行，化生萬物。五殊二實，二本則一。是萬爲一，一實萬分。萬一各正，小大有定。」其此之謂乎。○氣虛而形實，虛者聚而後實者成。如人氣噓呵而後成水也。○北溪陳氏曰：總而言之，只是渾淪一箇理，是一箇太極。分而言之，則天地萬物各具此理，是各各有一太極，又都渾淪無欠缺處。自其分而言，成許多，此道理似散了。就萬物上總論，則萬物體統渾淪，又只是一箇太極。人得此理聚於吾心，則心爲太極。所以邵子曰「道爲太極」，又曰「心爲太極」。謂道爲太極者，言道即太極，無二理也。謂心爲太極者，只是萬理總會於吾心，此心渾淪是一箇理爾。只這道理流行出而應事接物，千條萬緒，各得其理之當然，則是又各一太極。就萬物總言，其實依舊只是一理，是渾淪一太極也。譬如一大塊水銀，恁地圓，散而爲萬萬小塊，箇箇皆圓。合萬萬小塊復爲一大塊，依舊又恁地圓。陳幾叟「月落萬川，處處皆圓」之譬，亦正如此。此太極所以立乎天地萬物之表，而行乎天地萬物之中，在萬古無極之前，而貫於萬古無極之後，自萬古而上，極萬古而下，看來又只是渾淪一箇理，總爲一太極耳。此理流行處處皆圓，無一處欠缺，纔有一處欠缺便偏了，不得謂之太極。太極本體本自圓也。○潛室陳氏曰：「氣化」謂未有種類之初，以陰陽之氣合而生；「形化」謂既有種類之後，以牝牡之形合而生，皆兼人物言之。○西山真氏曰：「萬物各具一理，萬理同出一原。」所謂萬理一原者，太極也。太極者，乃萬理總會之名。有理即有氣，分而二則爲陰陽，分而五則爲五行，萬事萬物，皆原於此。人與物得之則爲性，性者，即太極也。仁義即陰陽，仁義禮智信即五行也。萬物各具一理，是物物一太極也。萬理同出一原，是萬物統體一太極也。○平巖葉氏曰：《繫辭》「天地絪緼，萬物化醇」，氣化也；「男女構精，萬物化生」，形化也。《圖説》蓋本諸此。○黄氏巖孫曰：程子云：「隕石無種，種於氣。麟亦無種，亦氣化。厥初生民亦如是。至如海濱露出沙灘，便有百蟲、禽獸、草木無種而生，此猶是人所見。若海中島嶼稍大，人不及者，安知其無種之人不生於其間？若已有人類，則必無氣化之人。」或問：人初生時，還以氣化否？曰：此必燭理，當徐論之。且如海上忽露出一沙島，便有草木生。有土而生草木，不足怪。既有草木，自然禽獸生焉。問：先生語録中云「焉知海島無氣化之人」，如何？曰：是近人處固無，須是極遠處有不可知。曰：今天下未有無父母之人，古有氣化，今無氣化，何也？曰：有兩般。有全是氣化而生者，若腐草化爲螢是也。既是氣化，到合化時自化。有氣化生之後而種生者，且如人身上著新衣服，過幾日便有蟣蝨生其間，此氣化也，氣既化後更不化，便以種生去。此理甚明。又云：萬物之始，氣化而已。既形氣相禪，則形化長而氣化消。

惟人也得其秀而最靈，形既生矣，神發知矣，五性感動而善惡分，萬事出矣。

此言衆人具動静之理而常失之於動也。蓋人物之生，莫不有太極之道焉。然陰陽五行，氣質交運，而人之所稟，獨得其秀，故其心爲最靈，而有以不失其性之全，所謂天地之心而人之極也。然形生於陰，神發於陽，五常之性感物而動，而陽善陰惡又以類分，而五性之殊，散爲萬事。蓋二氣五行，化生萬物，其在人者又如此。自非聖人全體太極，有以定之，則欲動情勝，利害相攻，人極不立，而違禽獸不遠矣。

朱子曰：得五行之秀者爲人，只説五行而不言陰陽者，蓋做這人須是五行方做得成。然陰陽便在五行中，所以周子云「五行一陰陽也」。舍五行無别討陰陽處，如甲乙屬木，甲便是陽，乙便是陰，丙丁屬火，丙便是陽，丁便是陰，不須更説陰陽，而陰陽在其中矣。或曰：如言四時而不言寒暑耳。曰：然。○問：自太極一動而爲陰陽，以至於爲五行，爲萬物，無有不善，在人則纔動便差，是如何？曰：造化亦有差處，如冬熱夏寒，所生人有厚薄，有善惡。不知自甚處差將來，便没理會了。又問：惟人纔動便有差，故聖人主静以立人極歟？曰：然。○二氣五行，交感萬變，故人物之生，有精粗之不同。自一氣而言，則人物皆受是氣而生。自精粗而言，則人得其氣之正且通者，物得其氣之偏且塞者。惟人得其正，故是理通而無所塞。物得其偏，故是理塞而無所知。且如人頭圓象天，足方象地，平正端直，以其受天地之正氣，所以識道理，有知識。物受天地之偏氣，所以禽獸横生，草木頭生向下，尾反在上，物之間有知者，不過只通得一路。如烏之知孝，獺之知祭，犬但能守禦，牛但能耕而已。人則無不知，無不能。人所以與物異者，所争者此耳。○問：先生云：「論萬物之一原，則理同而氣異。觀萬物之異體，則氣猶相近而理絶不同。」曰：氣相近，如知寒知煖，識飢識飽，好生惡死，趨利避害，人與物都一般。理不同，如蜂蟻之君臣，只是他義上有一點子明，虎狼之父子，只是他仁上有一點子明，其他更推不去。○問：人物皆稟天地之理以爲性，皆受天地之氣以爲形。若人稟之不同，固是氣有昏明厚薄之異。若在物言之，不知是所稟之理便有不全耶，亦是緣氣稟之昏蔽故如此耶？曰：惟其所受之氣只有許多，故其理亦只有許多。如犬馬形氣如此，故只會得如此事。又問：物物各一太極，則是理無不全也？曰：以理言之則無不全，以氣言之則不能無偏。○得其氣之精英者爲人，得其查滓者爲物。生氣流行，一衮而出，初不道付其全氣與人，減下一等與物也，但稟受隨其所得。物既昏塞矣，而昏塞之中亦有輕重。昏塞尤甚者，於氣之查滓中，又復稟得查滓之甚者耳。○只一箇陰陽五行之氣衮在天地中，精英者爲人，查滓者爲物。精英之中又精英者爲聖爲賢，精英之中查滓者爲愚不肖。○有有血氣知覺者，人獸是也。有無血氣知覺而但有生氣者，草木是也。有生氣已絶而但有形質臭味者，枯槁是也。是雖其分之殊，而其理則未嘗不同。但以其分之殊，則其理之在是者不能不異，故人爲最靈而備有五常之性，禽獸則昏而不能備，草木、枯槁則又并與其知覺者而無焉。但其所以爲是物之理，則未嘗不具耳。○以氣言之，則知覺運動，人與物若不異也。以理言之，則仁義禮智之稟，豈物之所得而與哉？此人之性所以無不善，而爲萬物之靈也。○草木之生，自有一箇神，他自不能生。在人則心便是，所謂「形既生矣，神發知矣」是也。○金木水火土，各一其性，則爲仁義禮智信之理。五行各專其一，人則兼備此性而無不善。及其感動，則中節者爲善，不中節者爲不善也。○問：《通書》多説幾，《太極圖》却無此意。曰：五性感動，善惡未分處便是。○陰陽有以動静言者，有以善惡言者，此箇道理在人如何看。○問：五性感動而善惡分。曰：天地之性，是理也。纔到有陰陽五行處，便有氣質之性，於此便有昏明厚薄之殊。得其秀而最靈，乃氣質以後之事。○問：陰陽都將做好說也得，以陽爲善陰爲惡亦得。曰：陽善陰惡，聖賢如此說處極多。○以陰陽善惡論之，則陰陽之正皆善也，其沴皆惡也。以象類言之，則陽善而陰惡。問：孟子言：「乃若其情，則可以爲善。」而周子有「五性感動而善惡分」，以善惡於動處並言，不同，如何？曰：情未必皆善，然本則可以爲善而不可以爲惡。惟反其情，故爲惡。孟子言其正，周子則兼其正與反者而言也。○太極便是性，動靜陰陽是心，金木水火土是仁義禮智信，化生萬物是萬事。○或問：有陰陽便有善惡。曰：陰陽五行皆善。又曰：陰陽之理皆善。又曰：合下只有善，惡是後一截事。又曰：豎起看皆善，橫看後一截方有惡。又曰：氣有善惡，理却皆善。○孟子云：「人之所以異於禽獸者幾希。」人物之所以異，只是爭些子。若更不能存得，則與禽獸無異矣。○以氣質有蔽之心，接乎事物無窮之變，則其目之欲色，耳之欲聲，口之欲味，鼻之欲臭，四肢之欲安佚，所以害乎其德者，又豈可勝言也哉。二者相因，反覆深固，是以此德之明日益昏昧，而此心之靈，其所知者不過情欲利害之私而已。是則雖曰有人之形，而實何以遠於禽獸。○南軒張氏曰：人之性，不能不感物而動。感物而動固性之常，然而善惡自此分，萬事自此出矣。五性感動，動而心不宰，則情流而不知止，性以陷溺矣，所以爲惡也。譬之水：發而無泥滓之雜，則固水之本然者。泥滓或參焉，則汩之矣。雖汩之，而水之本然者自在也。故貴於澄之以復其初而已。人雖流於惡，其本然者亦豈遂亡乎？此聖人所以有教也。○太極混淪，生化之根，闔闢二氣，樞紐群動，惟物由乎其間而莫之知，惟人則能知之矣。人之所以能知者，以其爲天地之心，太極之動，發見周流，備乎己也。然則心體不既廣大矣乎。○北溪陳氏曰：太極只是理，理本圓，故太極之理本渾淪。理無形狀，無界限間隔，故萬物無不各具得太極，而太極之本體各各無不渾淪。惟人氣正且通，爲萬物之靈，能通得渾淪之體。物氣偏且塞，不如人之靈，雖有渾淪之體，不能通耳。然人類中亦惟聖人、大賢，然後真能通得渾淪之體。一種下愚底人，其昏頑却與物無異，則又正中之偏，通中之塞者。一種靈禽、仁獸，其性與人甚相近，則有偏中之正，塞中之通者。細推之，有不能以言盡。○問：感物而動，或發於理義之公，或發於血氣之私，這裏便分善惡。曰：非發於血氣之私便爲惡，乃發後流而爲惡耳。○若就人品類論，則上天所付皆一般，而人隨所值，又各有清濁、厚薄之不齊。如聖人稟氣至清，所以合下便能生知。賦質至粹，所以合下便能安行。如堯、舜既得其至清至粹，爲聰明神聖，又得氣之清高而寬厚者，所以貴爲天子，富有四海。至於享國皆百餘歲，是又得氣之最長者。如夫子亦得至清至粹，合下便生知安行。然天地大氣到那時已衰微，所以夫子稟得不高不厚，止栖栖爲一旅人。而所得之氣又不甚長，僅得中壽七十餘歲，不如堯舜之高。自聖人而下，各有分數。顏子亦清明純粹，亞於聖人，只緣稟氣得不長，所以夭死。大抵得氣之清者，不隔蔽那理義，便露呈昭著。如銀盞中滿貯清水，自然透見盞底銀花甚分明，若未嘗有水然。賢人得清氣多，濁氣少，清中微有些查滓在，未便能昏蔽得他，所以聰明也易開發。自大賢而下，或清濁相半，或清底少濁底多，昏蔽得厚了，如盞底銀花子看不見。欲見得，須十分加澄治之功。若能力學者，解變化氣質，轉昏爲明。有一般人稟氣清明，於理義上儘看得出，而行爲不篤，不能乘載得道理，多雜詭譎，是又賦質不粹。此如井泉甚清，貯在銀盞裏面亦透底清徹，但泉脈從淤土惡木根中穿過來，味不純甘，以之煮白米則成赤飯，煎白水則成赤湯，煎茶則酸澀，是有惡味夾雜了。又有一般人，生下來於世味一切簡淡，所爲甚純正，但與説到道理處，全發不來，是又賦質純粹而稟氣不清。此如井泉脈味純甘絶佳，而有泥土渾濁了，終不透瑩。如温公恭儉力行，篤信好古，是甚次第正大資質。只緣少那至清之氣，識見不高明。二程屢將理義發他，一向偏執固滯，更發不上，甚爲二程所不滿。又有一般人，甚好説道理，只是執拗自立一家意見，是稟氣清中被箇一條戾氣來衝拗了。如泉脈出來甚清，却被一條别水横衝破了。及或遭巉岩石頭横截衝激，不帖順了，反成險惡之流。看來人生氣稟，是有多少般様。或相倍蓰，或相什百，或相千萬，不可以一律齊。畢竟清明純粹恰好底極爲難得，所以聖賢少而愚不肖者多。

聖人定之以中正仁義聖人之道，仁義中正而已矣。而主静，無欲故静。立人極焉。故聖人與天地合其德，日月合其明，四時合其序，鬼神合其吉凶。

此言聖人全動静之德，而常本之於静也。蓋人稟陰陽五行之秀氣以生，而聖人之生，又得其秀之秀者。是以其行之也中，其處之也正，其發之也仁，其裁之也義。蓋一動一静，莫不有以全夫太極之道而無所虧焉，則向之所謂欲動情勝，利害相攻者，於此乎定矣。然静者，誠之復，而性之貞也。苟非此心寂然，無欲而静，則又何以酬酢事物之變，而一天下之動哉？故聖人中正仁義，動静周流，而其動也必主乎静，此其所以成位乎中，而天地、日月、四時、鬼神有所不能違也。蓋必體立而後用有以行。若程子論乾坤動静，而曰「不專一則不能直遂，不翕聚則不能發散」，亦此意爾。

問聖人定之以仁義中正而主静。朱子曰：此是聖人脩道之謂教處。○人雖不能不動，而立人極者必主乎静。惟主乎静，則其著於動也無不中節，而不失其本然之體矣。○性之分，雖屬乎静，而其藴則該動静而不偏。故《樂記》以静言性則可，遂以静字形容天地之妙則不可。○人性雖同，稟氣不能無偏重。有得木氣重者，則惻隱之心常多，羞惡、辭讓、是非之心爲其所塞而不發。有得金氣重者，則羞惡之心常多，而惻隱、辭讓、是非之心爲其所塞而不發。水火亦然。唯陰陽合德，五性全備，然後中正而爲聖人也。○聖人立人極，不説「仁義禮智」，却説「仁義中正」，中正即禮智，中正尤親切。中是禮之得宜處，正是智之正當處。自氣化一節以下，又節節應前面《圖説》。「仁義中正」，應五行也。○問：周子不言禮知而言中正，如何？曰：禮知説得猶寬，中正則切而實矣。且謂之禮，尚或有不中節處。若謂之中，則無過不及，無非禮之禮，乃節文恰好處也。謂之知，尚或有正不正。若謂之正，則是非端的分明，乃智之實也。○問：何以不言禮智而言中正？莫是此《圖》本爲發明易道，故但言中正，是否？曰：亦不知是如何，但中正二字較有力。○問：中正即禮智，何以不直言禮智而曰中正？曰：禮智字不似中正字却實且定。中者，禮之極。正者，智之體。正是智親切處。智於四德屬貞，伊川解貞字謂「正而固也」，一正字未盡，必兼固字，所謂「智之實，知斯二者弗去是也」。知是端的，真知如此，便是正。弗去便是固。所以正字較親切。○問：智與正何以相契？曰：只是真見得是非便是正，不正便不唤做智了。又問：只是真見得是，真見得非。若以是爲非，以非爲是，便不是正否？曰：是。○問：「處之也正，裁之也義」，處與裁二字義頗相近。曰：然。處是居之，裁是就事上裁度。又曰：處字作居字即分曉。○動則此理行，此動中之太極也。静則此理存，此静中之太極也。○問：「聖人定之以中正仁義而主静」，是聖人自定，是定天下之人？曰：此承上文「惟人也得其秀而最靈」言之。形生神發，五性感動而善惡分，故定之以中正仁義而主静，以立人極。○「元亨誠之通」，動也。「利貞誠之復」，静也。元者，動之端也，本乎静。貞者，静之質也，著乎動。一動一静，循環無端，而貞也者，萬物之所以成終而成始也。○問「無欲故静」。曰：欲動情勝，則不能静。○問：「中正仁義而主静」，中、仁是動，正、義是静。如先生解曰：「非此心無欲而静，則何以酬酢事物之變，而一天下之動哉？」今於此心寂然無欲而静處，欲見所謂正、義者，何以見？曰：見理之定體便是。○衆人所以失之者，以其不能全得仁義中正之極。而聖人全體太極，無所虧缺，故其定之也，乃所以一天下之動，而爲之教化，制其情慾，使之有以檢押相率而趨於善也。○問「聖人定之以中正仁義而主静」。曰：「中正仁義」皆謂發用處。正者中之質，義者仁之斷。中則無過不及，隨時以取中。正則當然之定理。仁則惻隱、慈愛之處。義則裁制、斷決之事。主静者，主正與義也。正、義便是利、貞，中是亨，仁是元。○問「聖人定之以中正仁義」。曰：本無先後，此四字配金木水火而言。中有禮底道理，正有智底道理。如乾之元亨利貞，元即仁，亨即中，利即義，貞即正，皆是此理。至於主静，是以正與義爲體，中與仁爲用。聖人只是主静，自有動底道理。譬如人説話，也須是沉默，然後可以説話。蓋沉默中便有箇言語底意思。○周子之言主靜，乃就中正仁義而言。以正對中，則中爲重。以義配仁，則仁爲本。非四者之外別有主靜一段事也。○中、正、仁、義，這四箇物事常在這裏流轉，然常靠著箇靜底做本。若無夜，則做晝不分曉。無秋冬，則做得春夏不長茂。且如人終日應接，歸來歇霎時却出去，則便分外精神。如春夏生、長，若一向恁地去，却有甚了期？元氣也須解竭，所謂「復，其見天地之心乎」。又曰：中、仁是動，正、義是靜，《通書》都是恁地説，如云禮先而樂後之類皆是。○主靜，看「夜氣」一章可見。○問：「聖人定之以中正仁義」，所以主靜者，以其本靜。靜極而動，動極復靜。靜也者，物之終始也。萬物始乎靜，終乎靜，故聖人主靜。曰：若如此則倚於一偏矣。伊川云「動靜無端，陰陽無始」，動靜理均，但靜字勢重耳，更宜深玩之。○問：「太極動而生陽」，是陽先動也。今《解》云「必體立而後用有以行」，如何？曰：體自先有。下言「靜而生陰」，只是説相生無窮爾。○中正仁義而已矣，言生之序，以配水火木金也。又曰：仁義中正而已矣，以聖人之心言之，猶孟子言仁義禮智也。○問：仁義中正，竊謂仁義指實德而言，中正指體段而言。然嘗疑性之德有四端，而聖賢多獨舉仁義，不及禮智，何也？曰：中正即是禮智。○問：自太極之動言之，則仁爲剛，義爲柔。自一物中陰陽言之，則仁之用柔，義之用剛。不知如此説得否？曰：也是如此。仁便有箇流動發越之意，然其用則慈柔。義便有箇商量從宜之義，然其用則決裂。○「主靜」二字，乃言聖人之事，蓋承上文「定之以中正仁義」而言，以明四者之中，又自有賓主耳。觀此則學者用功固自有次序，須先有箇立脚處，方可省察，就此進步。非謂靜處全不用力，但須如此方可用得力耳。○大凡人須是沉靜，周先生所以有主靜之説。如蒙、艮二卦，皆有静止之體。○或説：江西所説主静，看其語是要不消主這静，只我這裏動也静，静也静。曰：若如其言，天自春了夏，夏了秋，秋了冬，自然如此，也不須要輔相裁成始得。○或問：「智者動，仁者静」，如《太極圖説》，則智爲静，仁爲動，如何？曰：且自體當到不相礙處方是。良久曰：這物事直看一様，横看一様。子貢説學不厭爲智，教不倦爲仁，子思却言成己爲仁，成物爲智。仁固有安静意思，然施行却有運用之意。又曰：智是潛伏淵深底道理，至發出則有運用，然至於運用各當其理而不可易處，又不專於動。○南軒張氏曰：天地之德，日月之所以明，四時之所以序，鬼神之所以吉凶，皆是理也。聖人得太極之道而備諸躬，則其合也，豈在外乎？蓋其理不越乎此而已。學聖者，盍亦勉夫脩道之教乎。脩之之要，其惟敬乎。太極之妙，不可以臆度而力致也，惟當一本於敬以涵養之。既發之際，則因其端而致夫察之之功。未發之時，則即其體而不失其存之之妙。則其所以省察者，乃所以著存養之理，而其所以存養者厚，則省察者益明矣。此敬之功也，所謂主静者也。○問：「聖人定之以中正仁義而主静」，《解》云：「正、義是静。」正、義如何謂之静？勉齋黄氏曰：是向這裏裁一裁便住。又問：此是聖人主静工夫。學者要主静時，莫是向事物上各得箇當然之則，便是主静否？曰：「主静」下小注云「無欲故静」，須就裏面下工夫。今人終日紛擾，心不定疊，也須著片時去那裏静坐收這心。不專一則不能直遂，不翕聚則不能發散。但看天地之間，冬間纔温燠，陽氣發洩得盡了，來歲生物必不十分暢茂，也多有疫癘之氣。若是凝肅藏閉，大寒極凍，方藏得許多氣，一發出，便自充塞，萬物自是箇箇長茂。人亦如此。孟子言夜氣，亦是如此。日間固不可不存，若於早晨清明未接物時纔存養得，日間也自别。○北溪陳氏曰：禮者心之敬，而天理之節文也。仁中有箇敬，油然自生便是理，見於應接便自然有箇節文。節則無太過，文則無不及。如作事太質，無文采，是失之不及。末節繁文太盛，是流於太過。天理之節文，乃恰好處。恰好處便是合當如此，更無太過，更無不及，當然而然，便即是中。故《太極圖》説「仁義中正」，以中字代禮字，尤見親切。○《圖》説「中正仁義」，而注脚又言「仁義中正」，互而言之，以見此理之循環無端，不可執定以孰爲先孰爲後也。亦猶四時之春夏秋冬，或言秋冬春夏，以此見氣之動静無端，陰陽無始也。○果齋李氏曰：人生而静，性之本體湛然無欲，斯能主静，此立極之要領也。○西山真氏曰：大凡有體而後有用。如天地造化，發生於春夏，而斂藏於秋冬。發生是用，斂藏是體。自十月純坤，陽氣既盡，不知者謂生氣已熄，不知斂藏者乃所以爲發生之根。自此霜雪凝固，草木凋落，蟲蛇伏藏，微陽雖生於下，隱而未露，一年造化實基於此。惟冬間斂藏凝固，然後春來發生有力。所以冬暖無霜雪，則來歲五穀不登，正以陽氣發洩之故也。人之一心亦是如此。須是平居湛然虚静，如秋冬之祕藏，皆不發露，渾然一理，無所偏倚，然後應事方不差錯，如春夏之發生，物物得所。若静時先已紛擾，則動時豈能中節？故周子以主静爲本，程子以主敬爲本，皆此理也。○問：周子不言禮智而言中正，何也？平巖葉氏曰：此《圖》辭義悉出於《易》，《易》本陰陽而推之人事，其德曰仁義，其用曰中正，要不越陰陽之兩端而已。仁義而匪中正，則仁爲姑息，義爲忍刻之類，故《易》尤重中正。○或問「定之以中正仁義而主静」。雙峰饒氏曰：中正仁義，性之四德。中即禮，正即智也。然不曰禮智而曰中正者，蓋仁義禮智專以性之未發者言，如孟子之所云，而中正仁義則以性之周流乎動静者言，若乾、坤之元亨利貞也。以未發者言，則四者各專一德，而其發也爲四端。以周流動静者言，則名雖有四，而實則一太極之流行也。故中者，動而無過不及之名，極之用也。正者，静而不偏不倚之謂，極之體也。中見於事，正主乎中，確乎其不可移易，若户之有樞，車之有管轄，天之有南北極也。定萬事以立人極，莫先乎此。仁者主於生育，所以流通乎物我，而發揮其功用，故由静而應於動，由體而達於用者，仁之事也。義者主於收斂，所以裁成夫事物，而斷割乎彼我，故動極而歸於静，用畢而反其體者，義之事也。二者中正之機括，而極之妙用也。四者之在吾心，動静周流，如環無端，亦猶天地之五氣順布而四時行也。然是極之理根於所性，其體本真而静，苟有一毫之私欲雜乎其中，則利害相攻，思慮錯擾，而本然之體已失其正，其何以能汎應曲當，而使用之各得其中哉？唯聖人之心，天理渾然，無少私欲，故能寂然不動，以爲感而遂通之本，此「定之以中正仁義而主静」之説也。學者不學聖人則已，欲學聖人，可不於此而用力哉。○陰陽分而五行具，男女交而萬物生，而太極之理無乎不在。及乎形神感而五性動，善惡分而萬事出，非聖人定之以中正仁義，則人極有所不立矣。何則？蓋「立天之道，曰陰與陽。立地之道，曰柔與剛。立人之道，曰仁與義」。陰陽，氣也；柔剛，質也，形而下者也。仁義，性也，形而上者也。故自天地言之，則器即道，道即器，本無精粗之間、善惡之殊，而陰陽五行之運，男女萬物之生，隨其氣質之所在，莫不各一太極。至於人，則稟氣有昏明，賦質有淑慝，而人欲之私或得以害其天理之正。苟非有盡性者出乎其間，以爲天下之標的，而使凡氣質之不齊者有所取則焉，則人欲勝而天理滅矣。此人極之立，所以惟盡其性以盡人之性者能之，而氣質有所不與歟？元公周先生生於聖道不傳千五百年之後，一旦建圖屬書，剖發幽祕，直指無極、太極，以明道體，而天地之所以運化，人物之所以生育者，莫不森然畢具於其中。至於人極之立，則蔽之以「中正仁義而主静」之一言，而天下之動亦得以「貞夫一」，此其發明三極之藴，以上繼洙泗之絶，下啓河洛之傳，使天下後世復見天地萬物之大全，復聞聖賢脩己治人之心法者，幾與伏羲始畫八卦同功，可謂盛矣。○黄氏巖孫曰：程子云：「乾，陽也，不動則不剛。其静也專，其動也直，不專一則不能直遂。坤，陰也，不静則不柔。其静也翕，其動也闢，不翕聚則不能發散。」

君子脩之吉，小人悖之凶。

聖人太極之全體，一動一静，無適而非中正仁義之極，蓋不假脩爲而自然也。未至此而脩之，君子之所以吉也。不知此而悖之，小人之所以凶也。脩之悖之，亦在乎敬肆之間而已矣。敬則欲寡而理明，寡之又寡，以至於無，則静虚動直，而聖可學矣。

朱子曰：以事言之，則有動有静。以心言之，則周流貫徹，其工夫初無間斷也，但以静爲本耳。周子所謂主静者，亦是此意。但言静則偏，故程子只説敬。○濂溪言主静，静字只好作「敬」字看，故又言「無欲故静」。若以爲虚静，則恐入釋老去。○南軒張氏曰：「君子脩之吉」者，順理之謂吉也。「小人悖之凶」者，逆理之謂凶也。順理則平直坦易而無悔，非吉乎？逆理則艱難險阻而有礙，非凶乎？○西山真氏曰：朱子嘗謂：「『聖人定之以中正仁義而主静』，要人静定其心，自作主宰。程子又恐只管静去，與事物不相交涉，却説箇敬。」有問周先生説静與程先生説敬，義同而意異否？曰：「程子是怕人不得他静字意，便似入禪坐定。周子之説，只是『無欲故静』，其意大抵以静爲主。」朱子發明二先生意如此。至其爲論，有云：「明道教人静坐，李先生亦教人静坐，須静坐始能收斂。」又云：「始學工夫，須是静坐則本原定。」又云：「心於未遇事時須是静，臨事方用便有氣力。如當静時不静，思慮散亂，及至臨事，已先倦了。伊川解静專處云：『不專一則不能直遂，閑時須是收斂，做事便有精神。』」又云：「心要精一，方静時便湛然在此，不得困頓，如鏡樣，遇事時方好。」又云：「爲學工夫須要静，静多不妨，才静，事都見得。然總是一箇敬。」又云：「主静所以養其動。」又云：「静者養動之根。」又云：「主静，『夜氣』一章可見。」以上數條，蓋祖周子主静之説也。至其門人以静坐工夫與役役應接不同爲問，則答之云：「不必如此，反成坐馳。但收斂勿令放逸，到窮理精後，自然思量，不至妄動，凡所云爲莫非至理，亦何必兀然静坐然後爲持敬。」又云：「明道説静坐可以爲學，上蔡亦言『多著静不妨』，此説終是少偏，才偏便做病。道理自有動時，自有静時，學者只是『敬以直内，義以方外』，見得世間無處不是道理，不必專於静處求。所以伊川謂只用敬，不用静，便説得平。」又云：「不可特地將静坐做一件工夫，但著一敬字，通貫動静，則於二者之間自無間斷處。」又云：「存養之功，不專在静坐時。須於日用動静之間，無處不下工夫，乃無間斷爾。」又云：「無事静坐，有事應酬，隨時隨處無非自己身心運用，但常自提撕，勿與俱往，便是工夫。事物之來，豈以漠然不應爲是耶？」其答南軒書云：「來教謂『言静則溺於虚無』。然此二字，如佛老之論則誠有此患，若以天理觀之，則動之不能無静，猶静之不能無動也。静之不可不養，猶動之不可不察也。❶但見得一動一静，互爲其根，敬義夾持，不容間斷之意，則雖下静字，元非死物，至静之中自有動之端焉，是乃所以見天地之心者，而先王之所以至日閉關。蓋當此之時，則安静以養乎此爾。固非遠事絶物，閉目兀坐，而偏於静之謂。但未接物時，便有敬以主乎其中，則事至物來，善端昭著，所以察之者益精明爾。來教又謂某言以静爲本，不若遂言以敬爲本。此固然也。然敬字工夫通貫動静，而必以静爲本。今若遂易爲『敬』，雖若完全，然却不見敬之所施有先有後，則亦未得爲的當也。至於來教所謂『要須静以涵動之所本，察夫動以見静之所存，動静相須，體用不離，而後爲無滲漏也』。此數言卓然意語俱到，謹以書之左席，出入觀省。」以上數條，則又本程子主敬之説，而不專主於静也。

故曰：「立天之道曰陰與陽，立地之道曰柔與剛，立人之道曰仁與義。」又曰：「原始反終，故知死生之説。」

陰陽成象，天道之所以立也。剛柔成質，地道之所以立也。仁義成德，人道之所以立也。道一而已，隨事著見，故有三才之别，而於其中又各有體用之分焉，其實則一太極也。陽也，剛也，仁也，物之始也。陰也，柔也，義也，物之終也。能原其始而知所以生，則反其終而知所以死矣。此天地之間，綱紀造化流行古今不言之妙，聖人作《易》，其大意蓋不

❶ 下「不」，原脱，今據文淵閣四庫全書本《讀書記》卷一九補。

出此，故引之以證其說。

朱子曰：「立天之道曰陰與陽」，是以氣言。「立地之道曰柔與剛」，是以質言。「立人之道曰仁與義」，是以理言。○陰陽以氣言，剛柔則有形質可見矣。至仁與義，則又合氣與形，而理具焉。然亦一而已矣。蓋陰陽者，陽中之陰陽。柔剛者，陰中之陰陽也。仁義者，陰陽合氣，剛柔成質，而是理始爲人道之極也。然仁爲陽剛，義爲陰柔。仁主發生，義主收斂。故其分屬如此。或問：揚子雲云「君子於仁也柔，於義也剛」，蓋取其相濟而相爲用之意。曰：仁體剛而用柔，義體柔而用剛。○問：「立天之道曰陰與陽，立地之道曰柔與剛，立人之道曰仁與義」，則仁當屬陰。曰：仁何嘗屬陰。袁機仲力爭要以仁屬陰，引揚子之言爲證，殊不知仁之定體自是屬陽。至論君子所學，則又就那地位上説，如何拘得。○如《易》中説「立天之道曰陰與陽，立地之道曰柔與剛，立人之道曰仁與義」，解者多以仁爲柔，義爲剛，非也。却是以仁爲剛，義爲柔。蓋仁是箇發出來底，便硬而强。義便是收斂向裏底，外面見之便是柔。○陰陽、剛柔、仁義，看來當曰義與仁，而以仁對陽。仁若不是陽剛，如何做得許多造化？義雖剛，却主收斂，仁却主發舒，這是陽中之陰，陰中之陽，互爲其根之意。且如今日用賞罰。到賜予人，自是無疑，便做將去。若是刑殺時，便遲疑，不肯果決做。這見得陽舒陰斂，仁屬陽，義屬陰處。○仁義禮智四者之中，仁義是箇對立底關鍵。蓋仁，仁也，而禮則仁之著。義，義也，而知則義之藏。猶春夏秋冬雖爲四時，然春夏皆陽之屬也，秋冬皆陰之屬也。故曰：「立天之道曰陰與陽，立地之道曰柔與剛，立人之道曰仁與義。」是知天地之道，不兩則不能以立，故端雖有四，而立之者則兩耳。○陽主進而陰主退，陽主息而陰主消，進而息者其氣强，消而退者其氣弱，此陰陽之所以爲柔剛也。陽剛温厚，居東南，主春夏，而以作長爲事。陰柔嚴凝，居西北，主秋冬，而以斂藏爲事。作長爲生，斂藏爲殺，此剛柔之所以爲仁義也。以此觀之，則陰陽、剛柔、仁義之位，豈不曉然？而彼揚子所謂「於仁也柔，於義也剛」者，乃自其用處末流言之，蓋亦所謂陽中之陰，陰中之陽，固不妨自爲一義，但不可離乎此而論之耳。○問：仁爲用，義爲體。若以體統論之，仁却是體，義却是用。曰：是仁爲體、義爲用。大抵仁義中又各有體用。○仁存諸心，性之所以爲體也。義制乎事，性之所以爲用也。然又有説焉：以其性而言之，則皆體也。以其情而言之，則皆用也。以陰陽言之，則義體而仁用也。以存心制事言之，則仁體而義用也。錯綜交羅，惟其所當，而莫不各有條理存焉。○問：「原始反終，故知死生之説。」曰：人未死，如何知得死之説？只是原其始之理，將後面摺轉來看便見得。以此之有，知彼之無。○問：「原始反終」之「反」。曰：「反」如摺轉來，謂方推原其始，却摺轉來看其終。原字反字，皆就人説。反，如回頭之意。○且如造化周流，未著形質，便是形而上者屬陽。才麗於形質，爲人物，爲金木水火土，便轉動不得，便是形而下者屬陰。若是陽時，自有多少流行變動在。及至成物，一成而不返。謂如人之初生屬陽，只管有長。及至長成，便只有衰。此氣逐漸衰減，至於衰盡則死矣。周子所謂「原始反終」，只於衰盡處可見反終之理。○周子《太極》之書，如《易》六十四卦，一一有定理，毫髮不差。自首至尾，不出陰陽二端而已。始處是有生之初，終處是已定之理。始有處説生，已定處説死，不復變動矣。○問：天地之化，雖則生生不窮，然而有聚必有散，有生必有死。能原始而知其聚而生，則必知其後必散而死。能知其生也得於氣化之自然，初無精神寄寓於太虚之中，則知其死也無氣而俱散，無復更有形象尚留於冥漠之内。曰：死便是都散無了。○南軒張氏曰：天之陰陽，地之柔剛，人之仁義，皆太極之藴然也。人而居仁由義，則人道立而天道流行矣。夫萬物本乎五行，五行本乎陰陽，陰陽本乎太極，而太極本無極也。則原始之義，其趣味豈有窮乎，始終一理也。知始則知終矣。古今、死生、晝夜、語默無不然也。非謂死生之説别爲一事也，只此理而已。○勉齋黄氏曰：天之道不外乎陰陽，寒暑、往來之類是也。地之道不外乎柔剛，山川、流峙之類是也。人之道不外乎仁義，事親、從兄之類是也。陰陽以氣言，剛柔以質言，仁義以理言，雖若有所不同，然仁者陽剛之理也，義者陰柔之理也，其實則一而已。天地亦大矣，人以藐然之身，乃與天地立爲三，至其爲道，又與天地混然而無間，其可不知所以自立哉。非陽剛陰柔，雖天地不能以自立。不仁不義，則亦不可謂之人矣。不謂之人，則與禽獸奚異哉。由仁義則與天地並立而無間，由不仁不義則無以自别於禽獸，學者其亦知所擇矣。○「惟人也得其秀而最靈，形既生矣，神發知矣，五性感動而善惡分，萬事出矣」，此即人而明太極之理，與前之言一致也。蓋盈天地之間者惟萬物，而人居萬物之一。物之感人，人之應物，無時不然。其擴充運用，正三綱，明五教，序萬事，窮理盡性以至於命，致中和，贊化育，參天地而相爲無窮者，聖人也，故繼之曰「聖人定之以中正仁義而主静，立人極焉」，又引《易》之辭以明之曰「故聖人與天地合其德，日月合其明，四時合其序，鬼神合其吉凶」，以此見聖人與太極爲一也。而其所以然之妙，則原於主静焉。聖人立極，固不假脩爲而後能。然推本其經綸之所自，因其用以言其體，則有在乎是也。主静云者，非不動也，猶《易》所謂「君子敬以直内，義以方外，敬義立而德不孤」。敬義固未嘗相逆也，而敬爲之體也。《中庸》曰：「喜怒哀樂之未發謂之中，發而皆中節謂之和。中也者，天下之大本。和也者，天下之達道。」中和固未嘗相違也，而中爲之體也。是亦無極而太極之意，初非有先後次序也。又懼夫學者指爲聖人之事，高遠微妙而不可及，則又繼之曰「君子脩之吉，小人悖之凶」，庶乎其不自暴自棄，改過遷善而趨吉避凶，主一無適而克己復禮，真積力久，行著習察，忽不自知其自至於貫通處，則是亦聖人矣，吉孰大焉？苟惟拒之以不信，絶之以不爲，窮人欲，滅天理，其禍可勝言哉。玩吉凶之二辭，何其爲天下後世憂之深，言之切如是乎。又引《繫辭》以明三才之本曰：「立天之道曰陰與陽，立地之道曰柔與剛，立人之道曰仁與義。」於以見此理之所寓，雖有陰陽、柔剛、仁義之名，而其立處無以異也。○「原始要終，故知生死之説」，此申無極而太極，太極本無極之理，使人知生死本非二事。而老氏謂長生久視，佛氏謂輪迴不息，能脱是則無生滅者，皆誕也。横渠曰：「物之初生，氣日至而滋息。物之既盈，氣日反而游散。至之謂神，以其伸也。反之謂鬼，以其歸也。」此之謂夫。○北溪陳氏曰：人生得天地之氣以爲體，得天地之理以爲性。原其始而知所以生，則要其終而知所以死。古人謂「得正而斃」，謂「朝聞道而夕死可矣」，只緣受得許多道理，須知得盡得，便自無愧，到死時亦只是這二五之氣，聽其自消化而已。所謂安死順生，與天地同其變化，這箇便是與造物爲徒。纔有私慾，有私愛，割捨不斷，便與大化相咈。○平巖葉氏曰：「一陰一陽之謂道」，道即太極也。在天以氣言曰陰陽，在地以形言曰柔剛，在人以德言曰仁義，此太極之體所以立也。死生者，物之終始也。

知死生之説，則盡二氣流行之妙矣，此太極之用所以行也。凡此二端，發明太極之全體大用，故引以結證一圖之義。○黄氏巖孫曰：程子云：「原始則足以知其終，反終則足以知其始。死生之説，如是而已矣。故以春爲始而原之，其必有冬。以冬爲終而反之，其必有春。死生者，其與是類也。」又云：「但窮得，則自知死生之説，不須將死生别做一箇道理求。」又云：「人能原始知得生理，便能要終知得死理。若不明得，便雖千萬般安排著，亦不濟事。」又云：「近取諸身，百理皆具。屈伸往來之義，只於鼻息之間見之。屈伸往來只是理，不必將既屈之氣復爲方伸之氣。生生之理自然不息，如《復》言『七日來復』，其間元不斷續，陽已復生。物極必返，其理須如此。有生便有死，有始便有終。」又云：「若謂既返之氣復將爲方伸之氣，必資於此，則殊與天地之化不相似。天地之化，自然生生不窮，更何復資於既斃之形、既返之氣以爲造化？近取諸身，其開闔往來見之鼻息，然不必須假吸復入以爲呼。氣則自然生，人氣之生，生於真元，天之氣亦自然生生不窮。至如海水，因陽盛而涸，及陰盛而生，亦不是將已涸之氣却生。水自然能生，往來屈伸只此理也。盛則便有衰，晝則便有夜，往則便有來。天地間如洪鑪，何物不銷鑠了。」又答或問鬼神之理云：「理會得『精氣爲物，游魂爲變』與『原始要終』之説，便能知也。須是於『原』字上用工夫。」

大哉《易》也，斯其至矣。

《易》之爲書，廣大悉備，然語其至極，則此圖盡之，其指豈不深哉。抑嘗聞之：程子昆弟之學於周子也，周子手是圖以授之。程子之言性與天道，多出於此，然卒未嘗明以此圖示人，是則必有微意焉。學者亦不可以不知也。

朱子曰：《太極圖》明《易》中大概綱領意思而已。○「大哉《易》也」，只是言陰陽、剛柔、仁義，及言「原始反終故知死生之説」而止。人之生死，亦只陰陽之氣屈伸往來耳。○問：《太極圖》，周先生手授二程先生者也。今二程先生之所講論答問，獨未嘗及此圖，何耶？曰：二程先生雖不及此圖，然其説固多本之矣。試嘗攷之，當自可見也。○問：伊川因何而見道。曰：他説求之六經而得，但也是於濂溪處見得箇大道理，占地位了。○《太極圖》説陰陽五行之變不齊，二程因此始推出氣質之性。○周子《太極圖》却有氣質底意思，程子之論，又自《太極圖》中見出來也。○問：明道、濂溪俱高，不如伊川精切。曰：明道説話超邁，不如伊川説得的確。濂溪也精密，不知其他書如何，但今所説這些子，無一字差錯。○或言二程之於濂溪，亦若橫渠之於范文正耳。先覺相傳之秘，非後學所能窺測。誦其詩，讀其書，則周、范之造詣固殊，而程、張之契悟亦異。如曰「仲尼、顔子所樂」，「吟風詠月以歸」，皆是當時口傳心授，的當親切處。後來二先生舉似後學，亦不將作第二義看。然則《行狀》所謂「反求之六經然後得之」者，特語夫功用之大全耳。至其入處則自濂溪，不可誣也。若橫渠之於文正，則異於是。蓋當時粗發其端而已。「受學」乃先生自言，此豈自誣者耶？○汪端明嘗言：二程之學，非全資於周先生。蓋《通書》人多忽略，不曾考究。今觀《通書》皆是發明太極，書雖不多，而統紀已盡。二程蓋得其傳，但二程之業廣耳。○問：明道之學，後來固别，但其本自濂溪發之，只是此理推廣之耳，但不如後來程門受業之多。曰：當時既未有人知，無人往復，只得如此。○節齋蔡氏曰：《圖説》皆本於《易》。

生陰生陽，即兩儀之義也。五行之用，即天地數五之義也。二氣之化，萬物之生，聖人與合之事，三才立道之數，始終生死之説，無非取於《易》者。

論曰：愚既爲此説，讀者病其分裂已甚，辯詰紛然。苦於酬應之不給也，故總而論之。大抵難者，或謂不當以繼善成性分陰陽，或謂不當以太極陰陽分道器，或謂不當以仁義中正分體用，或謂不當言一物各具一太極。又有謂體用一源，不可言體立而後用行者。又有謂仁爲統體，不可偏指爲陽動者。又有謂仁義中正之分，不當反其類者。是數者之説亦皆有理，然惜其於聖賢之意，皆得其一而遺其二也。夫道體之全，渾然一致，而精粗、本末、内外、賓主之分，粲然於其中，有不可以毫釐差者。此聖賢之言，所以或離或合，或異或同，而乃所以爲道體之全也。今徒知所謂渾然者之爲大而樂言之，而不知夫所謂粲然者之未始相離也，是以信同疑異，喜合惡離，其論每陷於一偏，卒爲無星之稱，無寸之尺而已，豈不誤哉。夫善之與性，不可謂有二物，明矣。然繼之者善，自其陰陽變化而言也；成之者性，自夫人物稟受而言也。陰陽變化流行而未始有窮，陽之動也；人物稟受一定而不可復易，陰之静也。以此辨之，則亦安得無二者之分哉？然性善，形而上者也；陰陽，形而下者也。周子之意，亦豈直指善爲陽，而性爲陰哉？但語其分，則以爲當屬之此耳。陰陽、太極，不可謂有二理，必矣。然太極無象而陰陽有氣，則亦安得而無上下之殊哉。此其所以爲道器之别也。故程子曰：「形而上爲道，形而下爲器，須著如此説。然器亦道也，道亦器也。」得此意而推之，則庶乎其不偏矣。仁義中正，同乎一理者也，而析爲體用，誠若有未安者。然仁者善之長也，中者嘉之會也，義者利之宜也，正者貞之體也；而元亨者，誠之通也，利貞者，誠之復也，是則安得爲無體用之分哉？萬物之生，同一太極者也，而謂其各具，則亦有可疑者。然一物之中，天理完具，不相假借，不相陵奪，此統之所以有宗，會之所以有元也，是則安得不曰各具一理哉。若夫所謂體用一源者，程子之言蓋已密矣。其曰「體用一源」者，以至微之理言之，則沖漠無眹而萬象昭然已具也。其曰「顯微無間」者，以至著之象言之，則即事即物而此理無乎不在也。言理則先體而後用，蓋舉體而用之理已具，是所以爲一源也。言事則先顯而後微，蓋即事而理之體可見，是所以爲無間也。然則所謂一源者，是豈漫無精粗先後之可言哉？況既曰體立而後用行，則亦不嫌於先有此而後有彼矣。所謂仁爲統體者，則程子所謂「專言之而包四者」是也。然其言蓋曰「四德之元，猶五常之仁，偏言則一事，專言則包四者」，則是仁之所以包夫四者，固未嘗離夫偏言之一事，亦未有不識夫偏言之一事，而可以驟語夫專言之統體者也。況此《圖》以仁配義，而復以中正參焉，又與陰陽、剛柔爲類，則亦不得爲專言之矣。安得遽以夫統體者言之，而昧夫陰陽、動静之别哉。至於中之爲用，則以無過不及者言之，而非指所謂未發之中也。仁不爲體，則亦以偏言一事者言之，而非指所謂專言之仁也。對此而言，則正者所以爲中之榦，而義者所以爲仁之質，又可知矣。其爲體用，亦豈爲無説哉。大抵周子之爲是書，語意峻潔而混成，條理精密而疎暢。讀者誠能虛心一意，反復潛玩，而毋以先入之説亂焉，則庶幾其有得乎周子之心，而無疑於紛紛之説矣。

問：以太極之動爲誠之通，麗乎陽，而「繼之者善」屬焉。静爲誠之復，麗乎陰，而「成之者性」屬焉。其説本乎《通書》，而或者猶疑周子之言本無分隸之意。朱子曰：此義但虛心味之，久當自見。若以先入爲主，則辨説紛拏，無時可通矣。○仁義自分體用，是一般説。仁義中正分體用，又是一般説。偏言、專言者，只説仁便是體，才説義便是用，就中分出一箇道理。如人家有兄弟，只説户頭，止言兄足矣。才説弟，便更别有一人。仁義中正只屬五行，爲其配元亨利貞也。元是亨之始，亨是元之盡。利是貞之始，貞是利之盡。故曰「元亨誠之通，利貞誠之復」。○問：「中也，仁也，感也，所謂陽者，太極之用所以行。正也，義也，寂也，所謂陰者，太極之體所以立。」或疑如此分配，漸至於支離穿鑿。曰：但虛心味之，久當自見。○中、仁言用，正、義言體。義便有裁斷一定之體。○中正仁義之説，若謂四者皆有動静，則周子於此更列四者之目爲剩語矣。熟玩四字指意，自有動静，其於道理極是分明。蓋此四字便是元亨利貞，一通一復，豈得爲無動静乎？近日深玩此理，覺得一語一嘿，起居無非太極之理，正不須以分别爲嫌也。○「體用一源」者，自理而觀，則理爲體，象爲用，而理中有象，是一源也。「顯微無間」者，自象而觀，則象爲顯，理爲微，而象中有理，是無間也。且既曰有理而後有象，則理象便非一物，故伊川但言其一源與無間耳。其實體用、顯微之分，則不能無也。○體用是兩物而不相離，故可以言一源。○一心之中，仁義禮智各有界限，而其性情體用，又自各有分別。須是見得分明，然後就此四者之中，又見得仁義兩字是箇大界限。如天地造化，四序流行，而其實不過一陰一陽而已。於此見得分明，然後就此又見得仁字是箇生底意思，通貫周流於四者之中。仁固是仁之本體也，義固是仁之斷制也，禮則仁之節文也，智則仁之分别也。正如春之生氣貫徹四時，春則生之生也，夏則生之長也，秋則生之斂也，冬則生之藏也。故程子謂「四德之元，猶五常之仁，偏言則一事，專言則包四者」，正謂此也。孔子只言仁，以其專言者言之也，故但言仁而義禮智皆在其中。孟子兼言義，以其偏言者言之也，然亦不是於孔子所言之外添入一箇義字，但於一理之中分別出來耳。其又兼言禮智，亦是如此。蓋禮是仁之著，智是義之藏，而仁之一字，未嘗不流行乎四者之中也。○「太極本無極」，要去就中看這箇意出方得。今只要去討他不是處與他鬭，而今只管去檢點古人不是處，道自家底是，便是識見不長。問：要得理明，不得不如此。曰：且可去放開胸懷讀書，看得道理明徹，自然無歉吝之病，無物我之私，自然快活。○西山真氏曰：大率此理，自文公盡發其秘，已洞然無疑。所慮學者欲自立一等新奇之論，而於文公之言反致疑焉。不知此老先生是用幾年之功，沉潛反覆，參貫融液，然後發出以示人。今讀其書，未能究竟底蘊，已先疑其說之未盡，所以愈惑亂而無所明也。○黄氏巖孫曰：尹和靖問：「《易傳序》云：『至微者理也，至著者象也，體用一源，顯微無間』，莫太洩露天機否？」

程子曰：「如此分明説破，猶自人不解悟。」又朱子云：「沖漠無眹，萬象森然已具，未應不是先，已應不是後，正説體用一源之意。」

熹既爲此説，嘗録以寄廣漢張敬夫。敬夫以書來曰：「二先生所與門人講論問答之言，見於書者詳矣。其於《西銘》，蓋屢言之，至此圖則未嘗一言及也。謂其必有微意，是則固然。然所謂微意者，果何謂耶？」熹竊謂以爲此圖立象盡意，剖析幽微，周子蓋不得已而作也。觀其手授之意，蓋以爲惟程子爲能當之，至程子而不言，則疑其未有能受之者爾。夫既未能默識於言意之表，則馳心空妙，入耳出口，其弊必有不勝言者。近年已覺頗有此弊矣。觀其答張閎中論《易傳》成書，深患無受之者，及《東見録》中論横渠清虚一大之説，「使人向别處走，不若且只道敬」，則其意亦可見矣。若《西銘》則推人以之天，即近以明遠，於學者日用最爲親切，非若此書詳於性命之原，而略於進爲之目，有不可以驟而語者也。孔子雅言《詩》《書》執禮，而於《易》則鮮及焉，其意亦猶此耳。韓子曰：「堯、舜之利民也大，禹之慮民也深。」熹於周子、程子亦云。既以復於敬夫，因記其説於此。乾道癸巳四月既望熹謹書。

問：先生謂程子不以《太極圖》授門人，蓋以未有能受之者。然而孔門亦未嘗以此語顔、曾，是如何？朱子曰：焉知其不曾説？曰：顔、曾做工夫處，只是切己做將去。曰：此亦何嘗不切己，皆非在外，乃我所固有也。曰：言此恐徒長人億度私想之見。曰：理會不得者固如此。若理會得者，莫非在我，便可受用，何億度之有。○問：程氏未嘗明以此圖示人，今乃遽爲之説以傳之，是豈先生之意耶？曰：當時此書未行，故可隱，今日流布已廣，若不説破，却令後生枉生疑惑，故不得已而爲之説爾。○《太極圖》未嘗隱於人，然人之識太極者，只是於禪學中認得箇昭昭靈靈能作用底，便謂此是太極，而不知所謂太極，乃天地萬物自然之理，亘古亘今，攧撲不破者也。○學者雖看《易》，聖人不曾教學者看《易》。《詩》《書》執禮皆以爲教，獨不及《易》。至於「假我數年，卒以學《易》」，乃是聖人自説，非學者事。蓋《易》是箇極難理會底物事，非他書比。如古者先王順《詩》《書》《禮》《樂》以造士，只是以此，亦不及於易。○易是箇無形影底物，不如且先讀《詩》《書》《禮》却緊要。○子所雅言《詩》《書》執禮，未始及《易》。夫子常所教人只是如此。今人便先爲一種玄妙之説。○黄氏巖孫曰：張閎中以書問程伊川先生《易傳》不傳，先生答云：「《易傳》未傳，自量精力未衰，尚冀有少進爾。然亦不必直待身後。覺老耄則傳矣。書雖未出，學未嘗不傳也，第患無受之者爾。」又吕與叔東見程先生，先生語之曰：「横渠教人，本只是謂世學膠固，故説一箇清虚一大。只圖得人稍損得没去就道理來。然而人又更别處走。今日且只道敬。」

太極圖附録

總　論

朱子曰：伏羲作易，自一畫以下，文王演易，自乾元以下，皆未嘗言太極也，而孔子言之。孔子贊易，自太極以下，未嘗言無極也，而周子言之。先聖後聖，豈不同條而共貫哉。○「無極」二字乃周子灼見道體，迥出常情，勇往直前説出人不敢説底道理，今後之學者曉然見得太極之妙，不屬有無，不落方體，真得千聖以來不傳之秘。○先生之精，因圖以示。先生之蘊，因圖以發。而其所謂「無極而太極」云者，又一圖之綱領，所以明夫道之未始有物，而實爲萬物之根柢也。夫豈以爲太極之上，復有所謂無極哉？近世讀者不足以識此，而或妄議之，既以爲先生病。史氏之傳先生者，乃增其語曰「自無極而爲太極」，則又無所依據而重以病夫先生。○戊申六月在玉山邂逅洪景盧内翰，借得所脩國史中有濂溪、程、張等傳，盡載《太極圖説》。蓋濂溪於是始得立傳，作史者於此爲有功矣。然此《説》本語首句但云「無極而太極」，不知其何所據而增此「自」「爲」二字也。夫以本文之意，親切渾全，明白如此，而淺見之士猶或妄有譏議。若增此字，其爲前脩之累，啓後學之疑，益以甚矣。

謂當請而改之，而或者以爲不可。昔蘇子容特以爲父辯謗之故，請刊國史所記草頭木脚之語，神祖猶俯從之，況此乃百世道術淵源之所繫耶。正當援此爲例，則無不可改之理矣。○濂溪《太極圖》，首尾相因，脈絡貫通。首言陰陽變化之原，其後即以人所稟受明之。自「惟人也得其秀而最靈」，純粹至善之性也，是所謂太極也。「形生神發」，則陽動陰靜之爲也。「五性感動」，則陽變陰合而生水火木金土之性也。「善惡分」，則成男成女之象也。「萬事出」，則萬物化生之象也。至「聖人定之以中正仁義而主靜，立人極焉」，則又有得乎太極之全體，而與天地混合無間矣。故下文又言天地、日月、四時、鬼神四者無不合也。○太極之旨，周子立象於前，爲説於後，互相發明，平正洞達，絶無毫髮可疑。而舊傳《圖》《説》，皆有謬誤。幸其失於此者，猶或有存於彼，是以向來得以參互考證，改而正之。凡所更改，皆有據依，非出於己意之私也。○周子喫緊爲人，特著《太極》之書以明道體之極致，而其所説用工夫處，只説「定之以中正仁義而主靜」，「君子脩之吉」而已，未嘗使人日用之間，必求見此「無極之真」而固守之也。蓋原此理之所自來，雖極微妙，萬事萬化皆自此中流出，而實無形象之可指，故曰「無極」耳。若論工夫，則只「中正仁義」便是理會此事處，非是别有一段根原工夫，又在講學、應事之外也。○凡看道理，要見大頭腦處分明，下面節節只是此理散爲萬殊。如孔子教人，雖是逐事説箇道理，未嘗説出大頭腦處，然四方八面合聚湊來，也自見得箇大頭腦。若孟子便已指出教人，周子説出太極，又是大段分明指出矣。且如惻隱之端，從此處推將去，則是此心之仁，仁即四德之元，元即太極之動處。如此節節推將去，亦自見得大頭腦處。若看得太極處分明，則盡見得天下許多道理條件皆自此出，事事物物上皆有此箇道理，元無虧欠也。○《太極圖》，某若不分明别出許多節次出來，如何看得。但未知後人果能如此子細去看否。○周子《太極圖》，經許多人不與他思量出。自某逐一與他思索，方得他如此精密。○今人多疑濂溪之學出於希夷，某曰：「濂溪書具存，如《太極圖》，希夷如何有此説。」

南軒張氏曰：先生崛起千載之後，獨得微指於殘編斷簡之中，推本太極，以及乎陰陽五行之流布，人物之所以生化。於是知人之爲至靈，而性之爲至善，萬物有其宗，萬事循其則。舉而措之，可見先王之所以爲治者，非私知之所出。孔孟之意，于以復明。

山陽度氏曰：正始讀晦庵先生所釋《太極圖説》，莫得其義，然時時覽而思之，不敢廢。其後十有餘年，讀之既久，然後始知所謂上之一圈者，太極本然之妙也。及其動静既分，陰陽既形，而其所謂上之一圈者常在乎其中，蓋本然之妙未始相離也。至於陰陽變合而生五行，水火木金土各具一圈者，所謂「分而言之，一物一太極」也。水而木，木而火，火而土，土而金，復會於一圈者，所謂「合而言之，五行一太極也」。然其指五行之合也，總水火木金而不及土者，蓋土行四氣，舉是四者以該之，兩儀生四象之義也。其下一圈爲乾男坤女者，所謂「男女一太極」也。又其下之一圈爲萬物化生者，所謂「萬物一太極」也。以見太極之妙，流行於天地之間者，無乎不在而無物不然也。然太極本然之妙，初無方所之可名，無聲臭之可議，學者之求之，其將何以求之哉？亦求之此心而已矣。學者誠能自識其心，反而求之日用之間，則將有可得而言者。夫寂然不動，喜怒哀樂之未發者，此心之體，而太極本然之妙於是乎在也。感而遂通，喜怒哀樂之既發者，此心之用，而太極本然之妙於是而流行也。然已發者可見，而未發者不可見。已發者可聞，而未發者不可聞。學者於此深體而默識之，因其可見以推其不可見，因其可聞以推其不可聞，庶乎融會貫通，太極本然之妙可求，而心極亦庶乎可立矣。或者不知致察乎此，而於所謂無極云者真以爲無，而以爲周子立言之病，失之遠矣。先生嘗語正曰：「萬物生於五行，五行生於陰陽，陰陽生於太極，其理至此而極。」正當時聞之，心中釋然，若有以見夫理之所以然，名之所以立者。先生又曰：「乾道成男，坤道成女，何也？此程子所謂『海上無人之境，而人忽生乎其間』者，此天地生物之始，禮家所謂感生之道也。」又曰：「生天生地，成鬼成帝，即太極動靜生陰陽之義。」蓋先生晚年，表裏洞然，事理俱融，凡諸子百家一言一行之合於道者，亦無不察，況聖門之要旨哉。遂寧傅耆伯成未第時嘗從周子遊，而接其議論。先生聞之，嘗令正訪其子孫而求其遺文焉。在吾鄉時，傳嘗有書謝其所寄《姤説》，其後在永州又有書謝其所寄《改定同人説》，但傳之書藁無恙，而周子之易説則不可復見耳。聞之先生：「今之《通書》本名《易通》，則六十四卦疑皆有其説。」今考其書，獨有乾、損、益、家人、睽、復、無妄、蒙、艮等説，而亦無所謂姤説、同人説者，則其書之散逸亦多矣，可不惜哉！夫《太極》者，所以發明此心之妙用也。《通書》者，又所以發明太極之妙用也。然其言辭之高深，義理之微密，有非後學可以驟而窺者。今先生既已反復論辯，究極其説，章通句解，無復可疑者，其所以望於後之學者至矣。正也輒不自量，併以其聞之先生者附之于此，學者其亦熟復而深味之哉。

謝氏方叔曰：道之大，原出於天而具於人心，其大無外，其小無内，蓋混然一太極也。自伏羲繼天立極，因河圖以畫八卦，天地定位而乾、坤列，山澤通氣而艮、兑列，雷風相薄而震、巽列，水火不相射而坎、離列。自震而乾爲數往，自巽而坤爲知來。八倍爲十六，十六倍爲三十二，三十二倍爲六十四，天地鬼神之奥，萬事萬物之理，森然畢備。此伏羲先天之易所以爲萬古斯文之鼻祖也。神農氏之取益、噬嗑者以是，黄帝、堯、舜之取乾、坤至夬者以是，夏連山、商歸藏亦以是。雖其作用不同，其實同一太極也。降及中古，文王繫卦，周公繫爻，《易》於是乎有辭。孔子生於周末，晚作十翼，先天後天互相發明，其紀載於《詩》《書》，其發揮於禮樂，其筆削於《春秋》，大本大原，曾不外此。去聖浸遠，世之諸儒或汩於訓詁詞章之末，或溺於權謀功利之習，甚至薄蝕於虛無寂滅之教，其斲喪天理滋甚。更千百年，至我國朝，天啓斯道，始有濂溪周先生獨傳千載不傳之秘，上祖先天之易，著《太極》一圖。所謂「太極」云者，蓋本於「易有太極」，而陰陽、五行、人物由此而生，即「太極生兩儀，兩儀生四象，四象生八卦」之謂也。自太極分陰陽，陰陽分五行，五行分四時，皆指太極之在造化者。自無極、二、五之妙合，而推萬物之化生。自人物之並生，而別人心之最靈。自五性之感動，而明聖人之立極。此皆指太極之在品彙者。自其在造化者言之，則即天地可以推太極動静之妙，故曰：「立天之道曰陰與陽，立地之道曰柔與剛。」自其在品彙者言之，惟聖人會太極動静之全，故曰：「立人之道曰仁與義。」終始不窮，流行今古，此所謂六爻之動，三極之道也。六爻之中，五、上爲天，三、四爲人，初、二爲地。統而言之，三極同一太極；析而言之，三極各一太極。故周子於《圖説》之終，斷之曰：「大哉《易》也，斯其至矣。」此周子作圖之本意也。至於《易通》之書，則又與此圖相爲表裏。伊洛道喪，傳者多失其真。中興以來，復有考亭朱先生上接聖賢相傳之道統，著書立言，私淑後學。其《本義》《啓蒙》諸書，皆所以闡揚乎太極之理。言造化之樞紐，所以明陰陽、五行一太極。言品彙之根柢，所以明男女、萬物一太極。其曰：「『上天之載，無聲無臭』。」則周子「無極而太極」之意，非駕空鑿虛之説也。又曰：「非太極之外，復有無極。」則周子「太極本無極」之意，非疊牀架屋之説也。太極得朱子表章而益明，可謂有大造於萬世學者矣。

黄氏瑞節曰：朱子於書無不緒正，而周子二書解，在乾道九年已脱藁，至淳熙十五年始出以授學者。慶元五年三月將終之前五日，猶爲諸生講《太極圖》至夜分，則其於是書蓋終身焉。然與陸氏兄弟往復争辯以此，與林侍郎栗論不合得劾以此，最後臺臣排擊僞學，有張貴謨者指論《太極圖説》之非，遂決去以終其身亦以此。嗚呼，先生講授一意，分更分漏，開示學者，惟恐一毫之不明且盡也。而人之好異，亦可畏哉。後之讀是書者，其知先生苦心云。

論太極圖與諸書同異

朱子曰：伏羲畫卦，只就陰陽以下。孔子又就陰陽上發出太極，康節又道須信畫前元有易，濂溪《太極圖》又有許多詳備。○問：《太極圖》自一而二，自二而五，即推至於萬物。《易》則自一而二，自二而四，自四而八，自八而十六，自十六而三十二，自三十二而六十四，然後萬物之理備。《西銘》則止言陰陽。《洪範》則止言五行。或略或詳皆不同，何也？曰：理一也，人所見有詳略耳。然道理亦未始不相值也。○問《先天》《太極》二圖。曰：《先天》乃伏羲本圖，非康節所自作。雖無言語，而所該甚廣。凡今《易》中一字一義，無不自其中流出者。《太極》卻是濂溪自作，發明《易》中大概綱領意思而已。故論其格局，則《太極》不如《先天》之大而詳；論其義理，則《先天》不如《太極》之精而約。蓋合下規模不同，而《太極》終在《先天》範圍之内，又不若彼之自然，不假思慮安排也。若以數言之，則先天之數自一而二，自二而四，自四而八，以爲八卦。太極之數亦自一而二，剛柔。自二而四，剛善剛惡，柔善柔惡。遂加其一，中。以爲五行，而遂下及於萬物。蓋物理本同，而象數亦無二致，但推得有大小詳略耳。○先天之説，亦是太極散爲六十四卦、三百八十四爻，而一卦一爻莫不具一太極。其各具一太極處，又有許多道理，須虚心平氣，就事觀理，不可只就圖想像思惟也。○問：劉子所謂「天地之中」，即周子所謂太極否？曰：只一般，但名不同。「中」只是恰好處。《書》「惟皇上帝，降衷于下民」亦只是恰好處。「極」不是「中」，極之爲物，只是「在中」。如這燭臺，中央簪處便是極，從這裏比到那裏也恰好，不曾加些，從那裏比到這裏也恰好，不曾減些。○問：濂溪作《太極圖》，發明造化之原。横渠作《西銘》，揭示進爲之方。然二先生之學，不知所造爲孰深。曰：此未易窺測。然亦非學者所當輕議也。○問：《近思録》載横渠論氣二章，其説與《太極圖》動静陰陽之説相出入。然横渠立論，不一而足，似不若周子之言有本末次第也。曰：横渠論氣，與《西銘》《太極》，各是發明一事，不可以此而廢彼，優劣亦不當輕議也。○問：横渠太虚之説本是説無極，却只説得無字。

曰：無極是該虛實清濁而言。「無極」字落在中間，「太虛」字落在一邊了，便是難説。聖人熟了，説出便恁地平正。而今把意思去形容他，却有時偏了。○太極是箇大底物事，四方上下曰宇，古往今來曰宙。無一箇物似宇様大，四方去無極，上下去無極，是多少大。無一箇物似宙様長遠，亘古亘今，往來不窮。自家心下須常認得這意思。問：此是誰語？曰：此是古人語。象山常要説此語，但他説便只是這箇，又不用裹面許多節拍，却只守得箇空蕩蕩底。公更看横渠《西銘》，初看有許多節拍却似狹，充其量是甚麽様大。○問：康節所謂「一陽初動處，萬物未生時」。曰：某嘗謂康節之學與周子、程子所説小有不同。康節於那陰陽相接處看得分曉，故多舉此處爲説，不似周子説「無極而太極」與「五行一陰陽，陰陽一太極」，如此周遍。若如周子、程子之説，則康節所説在其中矣。康節是指貞元之間言之，不似周子、程子説得活，「體用一原，顯微無間」。

性理大全書卷之二

通書一

《通書》者，濂溪夫子之所作也。夫子姓周氏，名惇頤，字茂叔。自少即以學行有聞於世，而莫或知其師傳之所自，獨以河南兩程夫子嘗受學焉，而得孔孟不傳之正統，則其淵源因可概見。然所以指夫仲尼、顏子之樂，而發其吟風弄月之趣者，亦不可得而悉聞矣。所著之書又多散失，獨此一篇，本號《易通》，與《太極圖説》並出程氏，以傳於世，而其爲説實相表裏。大抵推一理、二氣、五行之分合，以紀綱道體之精微，決道義、文辭、利禄之取舍，以振起俗學之卑陋。至論所以入德之方，經世之具，又皆親切簡要，不爲空言。顧其宏綱大用，既非秦、漢以來諸儒所及，而其條理之密，意味之深，又非今世學者所能驟而窺也。是以程氏既没而傳者鮮焉。其知之者，不過以爲用意高遠而已。熹自蚤歲即幸得其遺編而伏讀之，初蓋茫然不知其所謂，而甚或不能以句。壯歲獲遊延平先生之門，然後始得聞其説之一二。比年以來，潛玩既久，乃若粗有得焉。雖其宏綱大用所不敢知，然於其章句文字之間，則有以實見其條理之愈密，意味之愈深，而不我欺也。顧自始讀以至于今，歲月幾何，倏焉三紀。慨前哲之益遠，懼妙旨之無傳，竊不自量，輒爲注釋。雖知凡近不足以發夫子之精蘊，然創通大義以俟後之君子，則萬一其庶幾焉。淳熙丁未九月甲辰後學朱熹謹記。

誠上第一

誠者聖人之本。

誠者，至實而無妄之謂，天所賦，物所受之正理也。人皆有之，而聖人之所以聖者無他焉，以其獨能全此而已。此書與《太極圖》相表裏，「誠」即所謂太極也。

朱子曰：誠是實理自然，不假脩爲者也。○誠是自然底實。○此言本領之本。聖人所以聖者，誠而已。○勉齋黄氏曰：誠即是實。如一箇物，看頭透尾，裏面充足，無一毫空缺處。○北溪陳氏曰：誠字，後世都説差了。到程子方云「無妄之謂誠」，字義始明。至朱子又增兩字，曰「真實無妄之謂誠」，尤見分曉。

大哉乾元，萬物資始，誠之源也。

此上二句，引《易》以明之。乾者，純陽之卦，其義爲健，乃天德之别名也。元，始也。資，取也。言乾道之元，萬物所取以爲始者，乃實理流出以賦於人之本，如水之有源，即《圖》之陽動也。

乾道變化，各正性命，誠斯立焉。

此上二句，亦《易》文。天所賦爲命，物所受爲性。言乾道變化，而萬物各得受其所賦之正，則實理於是而各爲一物之主矣。即《圖》之陰静也。

朱子曰：「大哉乾元，萬物資始」，乃「繼之者善」也。「乾道變化，各正性命」，乃「成之者性」也。這段是説天地生成萬物之意，却不是説人性上事。○「大哉乾元，萬物資始，誠之源也」，此統言一箇流行本源。「乾道變化，各正性命」，誠之流行出來，各自有箇安頓處。如爲人也是這箇誠，爲物也是這箇誠，故曰「誠斯立焉」。譬如水，其出只是一源，及其流出來千派萬别，也只是這箇水。○問：朱先生謂此書與《太極圖》相表裏，誠即所謂太極也。「大哉乾元，萬物資始，誠之源也」，即《圖》之陽動。「乾道變化，各正性命，誠斯立焉」，即《圖》之陰静。如何？勉齋黄氏曰：陰陽有以對待而言者，一上一下，一東一西，此以對待言也。有以流行言者，一晝一夜，一春一夏，此以流行言也。《太極圖》之言陰陽，其以流行而言者歟？故曰「誠之源」，又曰「《圖》之陽動」；曰「誠之立」，又曰「《圖》之陰静」。誠，理也。陰陽，氣也。理與氣未嘗相離，故言誠而又言陰陽也。○問：「誠之源也」是説誠之用，「誠斯立焉」是説誠之體。却先言用而後言體，何也？曰：體用不可分先後，自不相妨。如一語一默，一晝一夜，春夏了方秋冬，不成説秋冬了方説春夏。今看箇物，把陰做頭也不得。○他這話是看得《易》精貫後，故說出許多道理。

純粹至善者也。

純，不雜也。粹，無疵也。此言天之所賦，物之所受，皆實理之本然，無不善之雜也。

問：「純粹至善者也」與「繼之者善」同否？朱子曰：此是繳上二句，却與「繼之者善」不同。○如說「純粹至善」，却是統言道理，通繳上文。○問：「純粹至善者也」，「至善」二字與《大學》中「至善」同否？曰：「純粹至善」，猶曰「純粹而至善云耳」。「至善」與《大學》理同。

故曰：「一陰一陽之謂道，繼之者善也，成之者性也。」

此亦《易》文。陰陽，氣也，形而下者也。所以一陰一陽者，理也，形而上者也。「道」即理之謂也。「繼之者」，氣之方出而未有所成之謂也。「善」則理之方行而未有所立之名也。陽之屬也，誠之源也。「成」則物之已成。「性」則理之已立者也。陰之屬也，誠之立也。

問：《誠上》篇舉「一陰一陽之謂道」三句，是證上文否？朱子曰：固是。「一陰一陽之謂道」一句，通證「誠之源」「誠斯立焉」二節。「繼之者善」又證「誠之源」一節，「成之者性」又證「誠斯立焉」一節。○「一陰一陽之謂道」，太極也。「繼之者善」，生生不已之意，屬陽。「成之者性」，各正性命之意，屬陰。此書第一章可見。○問：此篇舉《易》「一陰一陽之謂道，繼之者善也，成之者性也」三句。曰：繼、成二字，皆接那氣底意思說。善、性二字，皆只說理。但「繼之者善」，方是天理流行處。「成之者性」，便是已成形有分段了。○問「繼之者善屬陽，成之者性屬陰」。曰：方造化周流，未著形質，便是屬陽。才麗形質，爲人物，爲金木水火土，轉動不得，便是屬陰。若是陽時，自有多少流行變動在。及至成物，一成而不返。○道具於陰而行於陽。「繼」言其發也，蓋謂化育之功，陽之事也。「成」言其具也。「性」謂物之所受，言物生則有性，而各具是道也，陰之事也。○問「一陰一陽之謂道，繼之者善也，成之者性也」。曰：以一日言之，則晝陽而夜陰。以一月言之，則望前爲陽，望後爲陰。以一歲言之，則春夏爲陽，秋冬爲陰。自古至今，恁地衮將去，只是這箇陰陽，是孰使之然也？乃道也。從此句下又分兩脚。此氣之動，爲人爲物，渾是一箇道理，故未生人物以前，此理本善，所以謂「繼之者善」，此則屬陽。氣質既定，爲人爲物，所以謂「成之者性」，此則屬陰。○問：「繼之者善，成之者性」，注中何以分繼、善、成、性爲四截？曰：繼、成屬氣，善、性屬理。性已兼理、氣，善則專屬理。○理受於太極，氣受於陰陽五行。○問：「繼善成性」，解云「陽之屬，陰之屬」，如何？勉齋黄氏曰：此言陰之分，陽之分，未説陰陽。又問：「繼之者善」是未有成立時，於《圖》上見得否？曰：這裏本無時節，只是要畫與人看，便須如此。其實動静無端，陰陽無始，那裏有箇時節。如一日之間，晝是陽，夜是陰。如子時前四刻是繼善，後四刻是成性。如陽前陰後，少間又陰在前陽在後。這箇變化無窮，所以伊川云：「天地之間，只有箇感與應，更有甚事。」且如自家亦恁地，而今見箇事，自家起念去做時，這是「繼之者善」。少間做後十分結裹得他了，這是「成之者性」。人便即是天，「天體物而不遺，猶仁體事而無不在」。「體物」是爲物之骨子。一箇物裏，都有一箇天。人之於事，無一箇事裏無一箇仁。天之所以成萬物，仁之所以成萬事，都一般。○問：「繼善成性」，朱先生以「善者理之方行，爲陽之屬。成則物之已成，爲陰之屬」，不知所謂。曰：但以四序觀之則可見。「大哉乾元，萬物資始」，春夏之謂也。「乾道變化，各正性命」，秋冬之謂也。春夏理之方生，故爲陽之屬。秋冬物之已成，故爲陰之屬。○北溪陳氏曰：孟子道性善，從何而來？夫子《易·繫》曰：「一陰一陽之謂道，繼之者善也，成之者性也。」所以一陰一陽之理者爲道，止是統説箇太極之本體。繼此者爲善，乃是就其間説造化流行，生育賦予，更無別物，只是箇善而已。此是太極之動而陽時。所謂善者，以實理言，即道之方行者也。至成此者爲性，是説一物受得此善底道理去各成箇性耳。是太極之静而陰時。此性字與善字相對，是即所謂善而理之已定者也。繼、成字與陰、陽字相應，是指氣而言。善、性字與道字相應，是指理而言。此夫子所謂「善」，是就一物未生之前造化原頭處説，「善」乃重字，爲實物。若孟子所謂「性善」，則是就「成之者性」處説，是生以後事，「善」乃輕字，言此性之純粹至善耳。其實由造化原頭處有是「繼之者善」，然後「成之者性」時方能如此之善。則孟子之所謂善，實淵源於夫子所謂善，而非有二本也。《易》二言，周子此書及程子説已明備矣。詳見《太極圖解》。

元亨，誠之通。利貞，誠之復。

元，始。亨，通。利，遂。貞，正。乾之四德也。通者，方出而賦於物，善之繼也。復者，各得而藏於己，性之成也。此於圖已爲五行之性矣。

問：「元亨誠之通」便是陽動，「利貞誠之復」便是陰静。注却云「此已是五行之性」，如何？朱子曰：五行便是陰陽，但此處已分作四。○「繼之者善」，造化流行，萬物方資以始而未實也。「成之者性」，物生已實，造化與物各藏其用而無所爲也。在人，則「感物而動」者通也，「寂然不動」者復也。以此推之，圖象隱然，不言而喻矣。四德則陰陽各二，而誠無不貫，安得不謂五行之性乎。○陽動是元亨，陰静是利貞，但五行在陰陽之下，人物在五行之下，如何説繼善成性？曰：陰陽流於五行之中而出，五行無非陰陽。○「誠之通」，是造化流行未有成立之初，所謂「繼之者善」。「誠之復」，是萬物已得此理而皆有所歸藏之時，所謂「成之者性」。○問：「元亨誠之通，利貞誠之復」，元亨是春夏，利貞是秋冬，生氣既散，何以謂之收斂？曰：其氣既散，收斂者乃其理耳。曰：冬間地下氣暖，便也是氣收斂在内。曰：上面氣自散了，下面暖底乃自是生來，却不是已散之氣復爲生氣也。○「繼之者善也」，元亨是氣之方行而未著於物也，是上一截事。「成之者性也」，利貞是氣之能成一物也，是下一截事。○元亨利貞，理也。有這四段，氣也。有這四段，理便在氣中，兩箇不曾相離。若是説時，則有那未涉於氣底四德。要就於氣上看也得。所以伊川説：「元者物之始，亨者物之長，利者物之實，貞者物之成。」這雖是就氣上説，然理便在其中。伊川這説話改不得。謂有是氣，則理便具。所以伊川只恁地説，便可見得物裏面便有這理。若要親切，莫若只就自家身上看。惻隱須有惻隱底根子，羞惡須有羞惡底根子，這便是仁義禮智，便是元亨利貞。孟子所以只得恁地説，更無説處。仁義禮智似一箇包子，裏面合下都具了，一理渾然，非有先後。元亨利貞便是如此。不是道有元之時，有亨之時。○乾元者始而亨，是生出去。利貞是收斂凝聚，方見性情。所以周子言：「元亨誠之通，利貞誠之復。」○元亨利貞無間斷處，貞了又元。今日子時前，便是昨日亥時。物有夏秋冬生底，是到這裏方感得生氣，他自有箇小小元亨利貞。氣無始無終，且從元處説起。元之前又是貞了。○元字便是生物之仁，到得亨便是彰著，利便是結聚，貞便是收斂。既無形迹，又須復生。至如半夜子時，此物雖存，猶未動在。到寅、卯便生，巳、午便著，申、酉便結，亥、子、丑便實。及至寅，又生也。那箇只管運轉，一歲有一歲之運，一月有一月之運，一日有一日之運，一時有一時之運。雖一息之微，亦有四箇段子恁地運轉。但元只是始初，未至於著。如所謂怵惕惻隱，存於人心自恁惻惻地，未至大段發出。○元亨利貞，是一箇道理之大綱目，須當時復將來子細研究。如濂溪此書，只是反覆説這一箇道理。蓋那裏雖千變萬化，千條萬緒，只是這一箇做將去。○「元亨誠之通」，通即發用。「利貞誠之復」，復即本體也。○問：「利貞誠之復」，如先生注下言「復如伏藏」。曰：「復」只是回來。這箇是周先生添這一句。孔子只説「乾道變化，各正性命」。又曰：這箇物事流行到這裏住著，便立在這裏。既立在這裏，則又從這裏做起。○濂溪與伊川説「復」字差不同。濂溪就歸處説，如云「利貞誠之復」，「誠心復其不善之動而已矣」，皆是就歸處説。伊川却正就動處説。如元亨利貞，濂溪就利貞上説復字，伊川就元字頭説復字，二説只是所指地頭不同，道理只一般。○南軒張氏謂梁世榮曰：看得此章如何。世榮答以「此又《太極圖解》之要旨也」。曰：「元亨誠之通，利貞誠之復」，「通」「復」二字尤爲緊要。方其通，也是這箇。及其復，也是這箇。今之人，其動也未嘗通，其静也未嘗復。某只説得如此，公自去推。○北溪陳氏曰：若就造化上論，則天命之大目，只是元亨利貞。此四者就氣上論也得，就理上論也得。就氣上論，則物之初生處爲元，於時爲春。物之發達處爲亨，於時爲夏。物之成遂處爲利，於時爲秋。物之斂藏處爲貞，於時爲冬。貞者，正而固也。自其生意之已定而言，故謂之「正」，自其斂藏者而言，故謂之「固」。就理上論，則元者生理之始，亨者生理之通，利者生理之遂，貞者生理之固。○性之大目，只是仁義禮智四者而已。得天命之元，在我謂之仁。得天命之亨，在我謂之禮。得天命之利，在我謂之義。得天命之貞，在我謂之智。故文公云：「元亨利貞，天道之常。仁義禮智，人性之綱。」○臨川吴氏曰：「元亨誠之通」者，春生夏長之時，陽之動也，於此而見太極之用焉。「利貞誠之復」者，秋收冬藏之時，陰之静也，於此而見太極之體焉。此造化之體用動静也。至若朱子所謂「本然未發者實理之體，善應而不測者實理之用」，此則就人身上言，與造化之動静體用又不同。蓋造化之運，動極而静，静極而動，動静互根，歲歲有常，萬古不易，其動静各有定時。至若人心之或與物接，或不與物接，初無定時。或動多而静少，或静多而動少，非如天地之動静有常度也。

大哉易也，性命之源乎！

易者，交錯代换之名，卦爻之立，由是而已。天地之間，陰陽交錯而實理流行，一賦一受於其中，亦猶是也。

朱子曰：易字有二義，有變易，有交易。問：交易、變易之義如何。曰：交易是陽交於陰，陰交於陽，是卦圖上底。如「天地定位，山澤通氣」云云是也。變易是陽變陰，陰變陽，老陽變爲少陰，老陰變爲少陽。如晝夜寒暑、屈伸往來是也。○「易」有兩義，一是變易，便是流行底；一是交易，便是對待底。○問：《正義》云：「易者變化之總號，代换之殊稱，乃陰陽二氣生生不息之理。」此數句亦説得好。

曰：天地之間，别有甚事？只是陰與陽兩箇字，看是甚麽物事都離不得。只就身上體看，纔開眼，不是陰便是陽，不是仁便是義，不是剛便是柔。自家要做向前便是陽，纔收退便是陰。意思纔動便是陽，纔静便是陰。未消别看，只一動一静，便是陰陽。伏羲只因此畫卦示人。〇《説卦》云「窮理盡性以至於命」，言聖人作《易》，窮天下之理，盡人物之性，而合於天道，所以説「性命之源」。〇「誠者聖人之本」，言太極。「大哉乾元，萬物資始，誠之源」，言陰陽五行。「乾道變化，各正性命，誠斯立焉」，言氣化。「純粹至善者」通繳上文。「故曰一陰一陽之謂道」，解「誠者聖人之本」。「繼之者善也」，解「大哉乾元」以下。「成之者性也」，解「乾道變化」以下。「元亨誠之通」，言流行處。「利貞誠之復」，言學者用力處。「大哉易也，性命之源」，又通繳上文。〇勉齋黄氏曰：「故曰」以下三句，是引《易》來説，結上三節。向後乃贊《易》之語。又曰：而今讀書，須以身體之，不可徒泥紙上語。如此篇説「誠」，只是實。「誠者聖人之本」，是言聖人之所以爲聖，以其全是實理而已。下文又不説聖人，只説箇實理。「大哉乾元」以下，只把春夏秋冬來看。春夏之時，萬物都有生意，蕃育長茂，這是那實理流出之源。秋冬間，萬物成實，箇箇物裏面都是這實理。「各正性命」，是一箇物正一箇性命去。如柑成柑，橘成橘，箇箇都實。「元亨誠之通」，是春夏生長意思。「利貞誠之復」，是秋冬成實意思。「一陰一陽之謂道」，陰便是秋冬，陽便是春夏，只這箇便是道。陰陽流行，道便在其中，不成别有箇道。「繼之者善」，則是那「誠之通」，未有成立，只唤做善。「成之者性」，則是那「誠之復」，已有成立，方唤做性。「大哉易也，性命之源乎」，易便是一陰一陽，命則是繼之者，性則是成之者。看來繼善成性，只是箇頭尾。

誠下第二

聖，誠而已矣。

聖人之所以聖，不過全此實理而已。即所謂太極者也。

朱子曰：天無不實，寒便是寒，暑便是暑，更不待使他恁地。聖人仁便真箇是仁，義便真箇是義，無不實處。○誠之爲言實也。然經、傳用之，各有所指。周子所謂「誠者，聖人之本」，蓋指實理而言之也。所謂「聖，誠而已矣」，即《中庸》所謂「惟天下至誠者」，指人之實有此理而言也。○聖人氣質清純，渾然天理，初無人欲之私以病之，是以仁則表裏皆仁，而無一毫之不仁，義則表裏皆義，而無一毫之不義。○西山真氏曰：天之春而夏，夏而秋，秋而冬，晝而夜，夜而晝，循環運轉，一息不停，以其誠也。聖人之自壯至老，自始而終，無一息之懈，亦以其誠也。

誠，五常之本，百行之源也。

五常：仁義禮智信，五行之性也。百行：孝悌忠順之屬，❶萬物之象也。實理全，則五常不虧而百行脩矣。

問：誠是五常之本。朱子曰：誠是通體地盤。○問：「誠，五常之本」，此實理，於其中又分此五者之

❶「順」，重修本作「信」。

用。曰：然。

靜無而動有，至正而明達也。

方靜而陰，誠固未嘗無也，以其未形而謂之無耳。及動而陽，誠非至此而後有也，以其可見而謂之有耳。「靜無」則至正而已，「動有」然後明與達者可見也。

問：心本是箇動物，不審未發之前，全是寂然而靜，還是靜中有動意？朱子曰：不是靜中有動意。周子謂「靜無而動有」，不是無，以其未形而謂之無；非因動而後有，以其可見而謂之有耳。方其靜時，動之理只在。伊川謂：「當中時，耳無聞，目無見，但見聞之理在始得。」及動時，又只是這靜底耳。○某近看《中庸》「鬼神」一章，切謂此章正是發明「顯微無間」，只是一理處。且如鬼神有甚形迹，然人却自然有畏敬之心，以承祭祀，便如真有一物在上下左右。此理亦有甚形迹，然人却自然有秉彝之性，才存主著，這裏便自見得許多道理，參前倚衡，雖欲頃刻離而遁之而不可得。只爲至誠貫徹，實有是理，無端無方，無二無雜。方其未感，❶寂然不動。及其既感，無所不通。濂溪翁所謂「靜無而動有，至正而明達」者，於此亦可以見之。○人自有生，即有知識。事物交來，應接不暇，其間初無頃刻停息，舉世皆然也。然所謂未發之中，寂然不動者，豈以日用流行者爲已發，而指夫暫與休息，不與事接爲未發時耶？嘗試求之：泯然無覺之中，似非虛明應物之體。而幾微之際，一有覺焉，則又便爲已發，而

---

❶「未」，原作「才」，今據重修本改。

非寂然不動之謂。於是退而驗之日用之間，凡感之而通，觸之而覺，蓋有渾然全體，應物而不窮者，是乃天命流行生生不已之機。雖一日之間，常起常滅，而其寂然之本體則未嘗不寂然也。❶所謂未發，如是而已。夫豈別有一物，限於一時，拘於一處，而可以謂之中哉？周子論至誠，則曰「靜無而動有」，亦足以驗大本之無所不在矣。

五常、百行非誠，非也，邪暗塞也。

非誠，則五常、百行皆無其實，所謂「不誠無物」者也。靜而不正，故邪。動而不明不達，故暗且塞。

朱子曰：誠苟不存，則非正而邪，非明而暗，非達而塞。學聖希天，惟在存誠。誠存，則五常、百行皆自然無一不備也。○理一也，以其實有，故謂之誠。以其體言，則有仁義禮智之實。以其用言，則有惻隱、羞惡、恭敬、是非之實。故曰：「五常、百行非誠，非也。」蓋無其實矣，又安得有是名乎！

故誠則無事矣。

誠則衆理自然無一不備，不待思勉而從容中道矣。

北溪陳氏曰：聖人純是天理，合下無欠缺處，渾然無變動，徹內外本末皆是實，無一毫之妄，不待思而自得，此生知也。不待勉而自中，此安行也。且如人行路，須是照管方行出路中。不然，則蹉向邊去。

❶「而」，重修本作「是」。

聖人如不看路，自然在路中間行，所謂從容無不中道，此天道也。

至易而行難。

實理自然故易。人僞奪之故難。

果而確，無難焉。

果者，陽之決。確者，陰之守。決之勇，守之固，則人僞不能奪之矣。

朱子曰：德輶如毛，民鮮克舉之，孔子所謂克己最難也。❶ 周子亦曰：「至易而行難，果而確，無難焉。」蓋輕故易，重故難。知其易，故行之必果。知其難，則守之宜確。能果能確，則又何難之有。○問：「果而確」，「果者陽決，確者陰守」。曰：此是一事，而首尾相應。果而不確，即無所守。確而不果，則無所決。二者不可偏廢，猶陰陽不可相無也。又因論良心與私欲交戰，須立定脚根戰退他。因舉濂溪説「果而確，無難焉」，須是果敢勝得私欲，方確然守得這道理不遷變。

故曰：「一日克己復禮，天下歸仁焉。」

克去己私，復由天理，天下之至難也。然其機可一日而決，其效至於天下歸仁，果確之無難如此。

朱子曰：克己復禮，則事事皆是。天下之人，聞之見之，莫不皆與其爲仁也。○仁者，本心之全德。

❶「己」，原作「正」，今據重修本改。

克，勝也。己，謂身之私欲也。復，反也。禮者，天理之節文也。爲仁者，所以全其心之德也。蓋心之全德，莫非天理，而亦不能不壞於人欲。故爲仁者必有以勝私欲而復於禮，則事皆天理，而本心之德復全於我矣。歸，猶「與」也。又言一日克己復禮，則天下之人皆與其仁。極言其效之甚速而至大也。○上章言太極、陰陽、五行，下章言太極之在人者。○上章言聖人之誠即天道之誠，下章言思誠者人之道也。

誠幾德第三

誠無爲，

實理自然，何爲之有？即太極也。

幾善惡。

幾者，動之微，善惡之所由分也。蓋動於人心之微，則天理固當發見，而人欲亦已萌乎其間矣。此陰陽之象也。

問：看此一段，與《太極圖》相表裏。朱子曰：然。周子一書，都是説這道理。○問：「誠無爲，幾善惡」如何。曰：誠是當然合有這道理，所謂「寂然不動」者。幾便是動了，或向善，或向惡。○「誠無爲。」誠，實理也。無爲，猶「寂然不動」也。實理該貫動静，而其本體則無爲也。「幾善惡。」幾者，動之微。動則有爲而善惡形矣。誠無爲，則善而已。動而有爲，則有善有惡。○誠是實理，無所作爲，便是「天命之謂性」，「喜怒哀樂未發之謂中」。幾者動之微，微動之初，是非善惡於此可見。一念之生，不是善便是惡。○「誠無爲」，只是常存得這箇道理在這裏，方始見得幾，方始識得善惡。若此心放而不存，一向反覆顛錯了，如何別認得善惡？濂溪言「誠無爲，幾善惡」，纔誠便行其所無事，而幾有善惡之分。於此之時，宜常窮察，識得是非。其初乃毫忽之微，至其窮察之久，漸見克越之大，天然有箇道理開裂在這裏，此幾微之決，善惡之分也。若於此分明，則物格而知至，知至而意誠，意誠而心正、身脩而家齊、國治、天下平。如激湍水，自已不得。如田單火牛，自止不住。○問：既誠而無爲，則恐未有惡。若學者之心，其幾安得無惡。曰：當其未感，五行具備，豈有不善。及其應事，纔有照管不到處，這便是惡。古之聖賢，戰戰兢兢過了一生，正謂此也。顔子有不善未嘗不知，亦是如此。○幾是動之微，是欲動未動之間，便有善惡。須就這處理會。若至於發著之甚，則亦不濟事矣。所以聖賢説「戒慎乎其所不睹，恐懼乎其所不聞」，又説「慎其獨」，都是要就這處理會。蓋幾微之際，大是要切。○濂溪説得的當。數數拈出幾字，要當如此。又曰：幾是要得且於日用處省察，善便存放這裏，惡便去而不爲，便是自家切己處。○天理、人欲之分只争些子，故周子只管説幾字。然辨之又不可不早，故横渠每説「豫」字。○極力説箇「幾」字，儘有警發人處。近則公私邪正，遠則廢興存亡，只於此處看破，便幹轉了。此是日用第一親切功夫。精粗隱顯，一時穿透。堯、舜所謂「惟精惟一」，孔子所謂「克己復禮」，便是此事。○問：注云：「動於人心之微，則天理固當發見，而人欲亦已萌。」天理便是道心，人欲便是人心否？曰：然。○：問周子曰：「誠無爲，幾善惡。」此明人心未發之體，而指其未發之端，蓋欲學者致察於萌動之微，知所決擇而去取之，以不失乎本心之體而已。或疑以謂有類於胡子「同體異用」之云者，遂妄以意揣量爲圖如後：

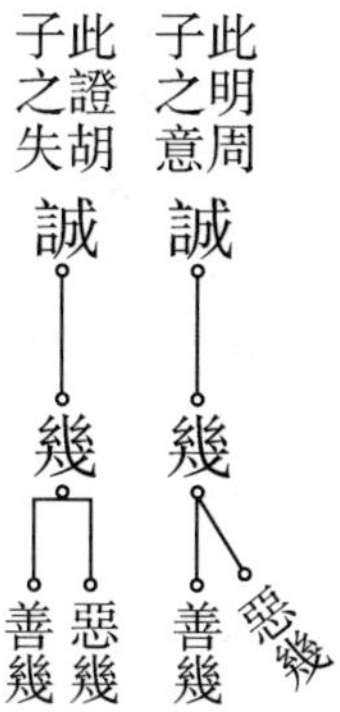

善惡雖相對，當分賓主。天理、人欲雖分派，必省宗孽。自誠之動而之善，則如木之自本而榦，自榦而末，上下相達，則道心之發見，天理之流行，此心之本主，而誠之正宗也。其或旁榮側秀，若寄生疣贅者，此雖亦誠之動，而人心之發見，私欲之流行，所謂惡也。非心之固有，蓋客寓也。非誠之正宗，蓋庶孽也。苟辨之不早，擇之不精，則客或乘主，孽或代宗矣。學者能於萌動幾微之間，而察其所發之向背，凡其直出者爲天理，旁出者爲人欲；直出者爲善，旁出者爲惡；直出者固有，旁出者横生；直出者有本，旁出者無源；直出者順，旁出者逆；直出者正，旁出者邪。而吾於直出者利導之，旁出者遏絶之。功力既至，則此心之發，自然出於一途，而保有天命矣。於此可以見未發之前有善無惡，而程子所謂「不是性中元有此兩物相對而生」，又云「凡言善惡皆先善而後惡」，蓋謂此也。若以善惡爲東西相對，彼此角立，則天理、人欲同出一源，未發之前已具此兩端，所謂「天命之謂性」，亦甚汙雜矣。此胡氏「同體異用」之意也。曰：此説得之。○或問：「誠無爲，幾善惡」，誠爲太極，幾之動爲陰陽。陽爲善，陰如何便是惡？潛室陳氏曰：陽大陰小，陽貴陰賤，陽明陰暗，陽清陰濁，有善惡之類焉。周子此言，是以人心説太極。當其誠實無妄，此實理即爲太極。才動，便善惡生焉。「幾者動之微」，蓋欲於其萌動而蚤辨之，使之有善而無惡也。

德，愛曰仁，宜曰義，理曰禮，通曰智，守曰信。

道之得於心者謂之德，其別有是五者之用，而因以名其體焉，即五行之性也。

問：以誠配太極，以善惡配陰陽，以五常配五行，此固然。但「陽變陰合而生水火木金土」，則五常必不可謂共出於善惡也。此似只是説得善之一脚。朱子曰：此書從頭是配合，但此處却不甚似。如所謂剛善剛惡、柔善柔惡，則確然是也。○「幾善惡」，便是心之所發處有箇善有箇惡了。德便只是善底。爲聖爲賢，只是這材料做。○問：「誠無爲」至「守曰信」。曰：誠是實理，無所作爲，便是「天命之謂性」，「喜怒哀樂未發謂之中」。幾者動之微，微動之初，是非善惡於此可見。一念之生，不是善，便是惡。孟子曰「道二，仁與不仁而已矣」是也。德者，人之得於身有此五者而已。仁義禮智信者，德之體。愛、宜、理、通、守者，德之用。理，謂有條理。通，謂通達。守，謂確實。此三句就人身而言。誠，性也。幾，情也。德，兼情性而言也。○當寂然不動時，便是「誠無爲」。有感而動，即有善惡。幾是動處。大凡人性不能不動，但要頓放得是。於其所動處頓放得是時，便是「德，愛曰仁，宜曰義」。頓放得不是時，便一切反是。人性豈有不動，但須於中分得天理、人欲時方是。○元來誠、幾、德便是太極、二、五。此老些子活計盡在裏許。前後知他讀了幾過，都不曾見此意思，於此益知讀書之難也。

性焉安焉之謂聖，

性者，獨得於天。安者，本全於己。聖者，大而化之之稱。此不待學問勉强而誠無不立，幾無不明，德無不備者也。

復焉執焉之謂賢，

復者，反而至之。執者，保而持之。賢者，才德過人之稱。此思誠研幾，以成其德，而有以守之者也。

問："「性者獨得於天」，如何言「獨得」？"朱子曰："此言聖人合下清明完具，無所虧欠。此是人所獨得者。此對了復字説。復者，已失而反其初，便與聖人獨得處不同。安字對了執字説。執是執持，安是自然。○性此理而「安焉」者，聖也。復此理而「執焉」者，賢也。

發微不可見，充周不可窮之謂神。

發之微妙而不可見，充之周徧而不可窮，則聖人之妙用而不可知者也。

朱子曰："「發微不可見，充周不可窮之謂神」，言其發也微妙而不可見，其充也周徧而不可窮。「發」字「充」字就人看，如「性焉安焉」「復焉執焉」，皆是人如此。微不可見，周不可窮，却是理如此。神只是聖之事，非聖外又有一箇神，别是箇地位也。○神，即聖人之德，妙而不可測者也。非聖人之上，復有所謂神人也。發，動也。微，幽也。言其不疾而速，一念方萌，而至理已具，所以微而不可見也。充，廣也。周，徧也。言其不行而至，蓋隨其所寓而理無不到，所以周而不可窮也。此三句就人所到地位而言，即盡夫上三句之理，而所到有淺深也。「性焉安焉之謂聖」，是就聖人性分上説。「發微不可見，充周不可窮之謂神」，是他人見其不可測耳。○勉齋黄氏曰：誠、幾、德，此一段文理粲然，只把體用二箇字來讀他便見。誠是體，幾是用。仁、義、禮、智、信是體，愛、宜理、通、守是用。誠、幾只是德譬來做。在誠爲仁，則在幾爲愛。在誠爲義，則在幾爲宜。「性焉，復焉，發微不可見」是體，「安焉，執焉，充周不可窮」是用。性，如「堯、舜性之」也。復，如「湯、武反之」也。是既失了，却再復得。安而行之，不恁地辛苦。執，則是「擇善而固執」，須恁地把捉。「發」是源頭底，「充」是流出底。其發也微而不可見，其充也周而不可窮，是謂神，指「聖而不可知」者也。○問：誠者實然之理，仁義禮智信五者皆實理也，自然至善，無所謂惡。幾者動之微，於是始有善惡之分。善則得是五者之理，惡則失是五者之理。所謂德者，是理之得於心者也。以實理言之，無聖賢、衆人之異。幾有善惡，然後有聖賢衆人之分。德者惟聖賢有之，故於此下只言聖賢而不言衆人。至於發之微，充之周，則又惟聖者能之，故於此只言聖人之神，而不及賢人也。曰：所説大概得之，但其間曲折更有合細講處。誠，性也，未發也。幾，情也，已發也。仁義禮智信，性也。愛宜理通守，情也。「曰」者，因情以明性。性也、復也、發微也，主性而言。安也、執也、充周也，主情而言。聖賢體是德於性情之間，淺深之分如此。周子之言，簡實精要，非知道者，孰能言之。○問：周子言「愛曰仁」者，愛，情也；仁，性也。情，用也。性，體也。此《書解》所謂「因用以名其體」也。孟子既言「惻隱之心，仁之端也」，只此「端」字，便見「因用以明體」。謂之端，則如木之有萌芽而已發也。曰：所解周子之意得之。○問：誠、幾、德，朱子解以「誠無爲」比太極，「幾善惡」配陰陽之象，德則曰「即五行之性」。如此觀之，理却貫通。答曰：以誠、幾、德配太極、陰陽、五行，此亦要看得活。活則處處皆通，不活則處處喚做不是不得，喚做是亦不得，在人自曉會耳。○問：「之謂聖」，「之謂賢」，「之謂神」三句。曰：聖、賢、神三字，自是就所到之地位而言。若曰此聖人、此賢人、此神人也。

聖第四

寂然不動者，誠也。感而遂通者，神也。動而未形，有無之間者，幾也。

本然而未發者，實理之體。善應而不測者，實理之用。動静體用之間，介然有頃之際，則實理發見之端，而衆事吉凶之兆也。

朱子曰：「寂然不動者誠也」，又曰「大哉乾元，萬物資始，誠之源也」，須知此「大哉乾元，萬物資始」以上，更有「寂然不動」。○「幾善惡」者，言衆人者也。「動而未形，有無之間」者，言聖人毫釐發動處，此理無不見。「寂然不動」者，誠也。至其微動處，即是幾，幾在誠、神之間。○問：誠、神、幾，在學者則當如何。曰：隨處做工夫。然本在誠，著力在幾。存主處是誠，發用處是神。幾則在二者之間。幾最緊要。○「幾」雖已感，却是方感之初。「通」則直到末梢皆是通也。如推其極，到「協和萬邦，黎民於變時雍」亦只是通也。「幾」只在起頭一些子。○問：「幾」如何是「動静體用之間」？曰：似有而未有之時，在人識之爾。○勉齋黄氏曰：《太極圖》中只説「動而生陽，静而生陰」，此又説箇「幾」。此是動静之間，又有此一項。

誠精故明，神應故妙，幾微故幽。

清明在躬，志氣如神，精而明也。不疾而速，不行而至，應而妙也。理雖已萌，事則未著，微而幽也。

誠、神、幾，曰聖人。

「性焉安焉」，則精明應妙，而有以洞其幽微矣。

問：「誠精故明」，先生引「清明在躬，志氣如神」釋之，却是「自明而誠」。朱子曰：便是看得文字麤疎。周子説精字最好。誠精者，直是無些夾雜。如一塊銀，更無銅鉛，便是通透好銀，故只當以清明釋之。「志氣如神」即是「至誠之道可以前知」之意。○問：言神者五，其義同否？曰：當隨所在看。曰：神只是以妙言之否？曰：是。且説「感而遂通者神也」，横渠謂「一故神，兩在故不測」。因指造化而言曰：忽然在這裏，又忽然在那裏，便是神。曰：在人言之則如何？曰：知覺便是神。觸其手則手知痛，觸其足則足知痛，便是「神應故妙」。○節齋蔡氏曰：誠，寂也，静也，而具動静之理。神，感也，動也，而妙動静之機。蓋誠爲神本，神爲誠用，本不動而用動，故誠則静意多，神則動意多。要其實，則各兼動静陰陽也。幾者，誠將發而爲神之始也，在静無動有之間。雖動而微，亦未可見，實爲神之端也。

慎動第五

動而正曰道，

動之所以正，以其合乎衆所共由之道也。

用而和曰德。

用之所以和，以其得道於身而無所待於外也。

朱子曰：「動而正曰道」，言動而必正曰道，否則非也。「用而和曰德」，「德」有熟而不喫力之意。○問：動而不正，不可謂道。用而不和，不可謂德。曰：此兩句緊要在正字、和字上。○問：「動而正曰道，用而和曰德」，却是自「動」「用」言。「曰」者，猶言合也。若看做道德題目，却難通。曰：然。是自人身上説。○「正」是理動而得其正，理便是道。若動而不正，便不是道。「和」亦只是順理。用而和順，便是得此理於身。若用而不和順，則不得此理於身。故下云：「匪仁，匪義，匪禮，匪智，匪信，悉邪也。」只是此理。故又曰：「君子慎動。」

匪仁，匪義，匪禮，匪智，匪信，悉邪也。

所謂道者，五常而已。非此，則其動也邪矣。

邪動，辱也。甚焉，害也。

無得於道，則其用不和矣。

故君子愼動。

動必以正，則和在其中矣。

問：「動而正曰道，用而和曰德。匪仁，匪義，匪禮，匪智，匪信，悉邪也。」以《太極圖》配之，五常配五行，則道、德配陰陽，德陰而道陽也。朱子曰：亦有此理。○勉齋黄氏曰：主静，審幾，愼動，三者循環，與孟子夜氣、平旦之氣、旦晝所爲相似。○節齋蔡氏曰：道即太極流行之道，德即五性之德。「動而正」即前所謂「幾」也。「用而和」即後所謂「中節」也。

道第六

聖人之道，仁義中正而已矣。

中即禮，正即智，《圖解》備矣。

守之貴，

天德在我，何貴如之。

行之利，

順理而行，何往不利。

廓之配天地。

充其本然並立之全體而已矣。

豈不易簡，豈爲難知？

道體本然，故易簡。人所固有，故易知。

不守，不行，不廓耳。

言爲之則是，而嘆學者自失其幾也。

師　第　七

或問曰：曷爲天下善？曰：師。曰：何謂也？曰：性者，剛柔善惡中而已矣。

此所謂性，以氣稟而言也。

問「性者剛柔善惡中而已」。朱子曰：此性便是言氣質之性。四者之中，去却剛惡、柔惡，却於剛、柔二善中擇中而主焉。○太極之數，自一而二，剛柔也。自一而四，剛善、剛惡，柔善、柔惡也。遂加其一，中也。以爲五行。○所謂「天命之謂性」者，是就人身中指出這箇是天命之性，不雜氣稟者而言爾。若纔說性時，便是夾氣稟而言，所以程子云：「纔說性時，便已不是性也。」濂溪說：「性者，剛柔善惡中而已矣。」濂溪說性，只是此五者。他又自有說仁義禮智底性時。若論氣稟之性，則不出五者。然氣稟底性，便只是那四端底性，非別有一種性也。所謂「剛柔善惡中」者，天下之性固不出此五者，然細推之，極多般樣，千般百種，不可窮究，但不離此五者爾。○問：濂溪論性自氣稟言，却是上面已説太極，誠不妨。如孔子云：「性相近，習相遠。」不成是不識。如荀、楊便不可。曰：然。他已説純粹至善。○人之氣稟有偏，而所見亦不同。如氣稟剛底人，則見事剛處多，而處事失之太剛。柔底人，見事柔處多，而處事失之太柔。須先克治氣稟偏處。○問：惡是氣稟，如何云「亦不可不謂之性」？曰：既是氣稟惡，便牽引那性不好。蓋性只是搭附在氣稟上。○性只是理，然無那天氣地質，則此理没安頓處。但得氣之清明，則不蔽固，此理順發出來。蔽固少者，發出來天理勝。蔽固多者，則私欲勝。便見得本原之性無有不善，只被氣質來昏濁，則隔了。學以反之，則天地之性存矣。故説性須兼氣質方備。○論天地之性，則專指理而言。論氣質之性，則以理與氣雜而言之。○問：天地之性既善，則氣稟之性如何不善？曰：理固無不善，纔賦於氣質，便有清濁、偏正、剛柔、緩急之不同。蓋氣强而理弱，管攝他不得。○天地間只有一箇道理，性便是理。人之所以有善有惡，只緣氣質之稟各有清濁。○問氣質之性。曰：性譬之水。本皆清也，以浄器盛之則清，以汙濁之器盛之則臭濁，然本然之清未嘗不在。但既臭濁，卒乍也難得他便清。故「雖愚必明，雖柔必强」，也煞用氣力，然後可至此。○問：「形而後有氣質之性」，其所以有善惡之不同，何也？勉齋黄氏曰：氣有偏正，則所受之理隨而偏正。氣有昏明，則所受之理隨而昏明。木之氣盛，則金之氣衰，故仁常多而義常少。金之氣盛，則木之氣衰，故義常多而仁常少。若此者，氣質之性有善惡也。曰：既言「氣質之性有善惡」，則不復有天地之性矣。子思子又有「未發之中」，何也？曰：性固爲氣質所雜矣，然方其未發也，此心湛然，物欲不生，則氣雖偏而理自正，氣雖昏而理自明，氣雖有贏乏而理則無勝負。及其感物而動，則或氣動而理隨之，或理動而氣挾之，由是至善之性聽命於氣，善惡由之而判矣。此未發之前，天地之性純粹至善，而子思之所謂「中」也。《記》曰：「人生而静，天之性也。」程子曰：「其本也真而静，其未發也五性具焉。」則理固有寂感，而静則其本也。動則有萬變之不同焉。愚嘗以是質之先師矣，答曰：「未發之前，氣不用事，所以有善而無惡。」至哉此言也。○北溪陳氏曰：天所命於人以是理，本有善而無惡，故人所受以爲性，亦本善而無惡。孟子道性善，是專就大本上説來，説得極親切，只是不曾發出氣稟一段，所以起後世紛紛之論。蓋人之所以有萬殊不齊，只緣氣稟不同。這氣只是陰陽、五行之氣，如陽性剛，陰性柔，火性燥，水性潤，金性寒，木性温，土性厚。七者夾雜，便是參差不齊。所以人隨所值，便有許多般樣。然這氣運來運去，參差不齊之時多，真元會合之時少。如一歲之間，極寒極暑陰晦之時多，不寒不暑，光風霽月之時少，最難值好時節。人生值此不齊之氣，如有一等人非常剛烈，是值陽氣多；有一等人極是軟弱，是值陰氣多；有人躁暴忿戾，是又值陽氣之惡者；有人狡譎姦險，此又值陰氣之惡者；有人性圓，一撥便轉；也有一等極愚拗，雖一句善言亦説不入。都是氣稟如此。陽氣中有善惡，陰氣中亦有善惡。如此書問剛善、剛惡、柔善、柔惡之類，不是陰陽氣本惡，只是分合轉移，齊不齊中，便自然成粹駁善惡耳。因氣有粹駁，便有賢愚。氣雖不齊，而大本則一，雖下愚亦可變而爲善。然工夫最難，非百倍其功者不能，故子思曰：「人一能之，己百之。人十能之，己千之。果能此道，雖愚必明，雖柔必强。」正爲此耳。○西山真氏曰：性之不能離乎氣，猶水之不能離乎土也。雖不雜乎氣，而氣汩之，則不能不惡矣。雖不雜乎土，而土汩之，則不能不濁耳。然清者其先，而濁者其後也。善者其先，而惡者其後也。先善者，本然之性也。後惡者，形而後有者也。故所謂善者，超然於降衷之初。而所謂惡者，雜出於有形之後。其非相對而並出也昭昭矣。張子曰：「形而後有氣質之性，善反之，則天地之性存焉。故氣質之性，君子有弗性者焉。」程子曰：「性即理也。天下之理，原其所自來，未有不善。喜怒哀樂未發，何嘗不善？發而皆中節，則無往而不善。凡言善惡，皆先善而後惡。言吉凶，皆先吉而後凶。言是非，皆先是而後非。」觀二先生之言，則本然之性與氣質之性，其先後、主賓、純駁之辨，皆判然矣。

不達。曰：剛善爲義，爲直，爲斷，爲嚴毅，爲幹固；惡爲猛，爲隘，爲彊梁。柔善爲慈，爲順，爲巽；惡爲懦弱，爲無斷，爲邪佞。

剛柔固陰陽之大分，而其中又各有陰陽以爲善惡之分焉。惡者固爲非正，而善者亦未必皆得乎中也。

朱子曰：二氣五行，始何嘗不正。只衮來衮去，便有不正。如陽爲剛躁，陰爲重濁之類。○問：人有剛柔過於中，如何？曰：只爲見彼善於此，剛果勝柔，故一向剛。周子曰：「剛善爲義，爲直，爲斷，爲嚴毅，爲幹固；惡爲猛，爲隘，爲彊梁。」須如此別方可。問：何以制之，使歸於善？曰：須於中求之。○自暴者，便是剛惡之所爲。自棄者，便是柔惡之所爲。

惟中也者，和也，中節也，天下之達道也，聖人之事也。

此以得性之正而言也。然其以和爲中，與《中庸》不合。蓋就已發無過不及者而言之。如《書》所謂「允執厥中」者也。

朱子曰：「中也者，和也，天下之達道也」，别人不敢恁地説。「君子而時中」便是恁地看。○「中庸」之「中」，是兼以其發而中節，無過不及者得名，故周子曰：「惟中也者，和也，中節也，天下之達道也。」若不識得此理，則周子之言更解不得。所以程子謂「中者天下之正道」。《中庸章句》以中庸之中實兼中和之義，《論語集註》以中者不偏不倚，無過不及之名，皆此意也。○問：註「中」字處引「允執厥中」。曰：此只是無過不及之中，書、傳中所言皆如此。只有喜怒哀樂未發之中一處，是以體言。到「中庸」字，亦非專言體，便有無過不及之意。○或問：子思子言「中和」如此，而周子之言則曰「中者和也，中節也，天下之達道也」，乃舉中而合之於和，然則又將何以爲天下之大本耶？曰：子思之所謂中，以未發而言也。周子之所謂中，以時中而言也。學者涵泳而别識之，見其並行而不相悖焉者，可也。○北溪陳氏曰：中有二義，有已發之中，有未發之中。未發是就性上説，已發是就事上説。已發之中，當喜而喜，當怒而怒，那恰好處無過不及便是中。此中即所謂和也。所以周子亦曰：「中也者，和也。」是指已發之中而言也。

故聖人立教，俾人自易其惡，自至其中而止矣。

易其惡，則剛柔皆善，有嚴毅、慈順之德，而無彊梁、懦弱之病矣。至其中，則其或爲嚴毅，或爲慈順也，又皆中節而無太過不及之偏矣。

朱子曰：「剛柔」一段，亦須看且先易其惡。既易其惡，則至其中在人。○人性本善，然有生下來善底，有生下來便惡底，此是氣稟不同。人之爲學，却是要變化那氣稟。然極難變化，如氣稟偏於剛，則一向剛暴，偏於柔，則一向柔弱之類。人一向推托道氣稟不好，不向前又不得；一向不察這氣稟之害，只昏昏地又不得。須知氣稟之要害，力去用功克治，裁其勝而歸於中，乃可。○問：子路不能變化氣質。曰：言之非難，政懼行之不易，是以難輕言爾。周子有言：「聖人立教，俾人自易其惡，自至其中而止矣。」切意如子路者，可謂能易其惡矣。若至其中一節工夫，則難。雖夫子每每提撕，未見其有用力處也。○所喻氣質過剛，未能自克，而欲求其所以轉移變化之道。夫知其所偏而欲勝之，在吾日用之間，屢省而痛懲之耳。故周子有「自易其惡，自至其中」之説，豈他人之所得而與於其間哉。○黄氏巖孫曰：張子云：「爲學大益，在自求變化氣質。」程子曰：「學至氣質變，方是有功。」皆此意也。

故先覺覺後覺，闇者求於明，而師道立矣。

師者，所以攻人之惡，正人之不中而已矣。

師道立，則善人多。善人多，則朝廷正而天下治矣。

此所以爲天下善也。○此章所言剛柔，即《易》之兩儀。各加善惡，即《易》之四象。《易》又加倍以爲八卦，而此書及《圖》則止於四象，以爲火水金木而即其中以爲土。蓋道體則一，而人之所見詳略不同。但於本體不差，則並行而不悖矣。

問：四象、剛柔善惡，皆是陰陽。朱子曰：然。○問：解云：「剛柔即《易》之兩儀，各加善惡即《易》之四象，《易》又加倍以爲八卦，而此書及《圖》則止於四象。」疑「善惡」二字是虚字，如《易》八卦之「吉凶」也。今先生解以善惡配四象，如何？曰：凡物具兩端，如此扇便有面有背，凡物皆然。自一人之心言之，則有善惡在其中，便是兩物。周子只説到五行住，其理亦只消如此説，自多説不得。包括萬有，舉歸於此。康節却推到八卦，太陽、太陰、少陽、少陰。太陽太陰各有一陰一陽，少陽少陰亦有一陰一陽，是分爲八卦也。觀此，則此書所説可知矣。○前輩所見各異，邵康節須是二、四、八，周子只是二、四，中添一土爲五行。如剛柔添善惡，又添中於其間是也。○問：解云：「止於四象，以爲水火金木。」如何。曰：周子只推到五行。如邵康節又從一分爲二，極推之至於八萬四千。縱横變動，無所不可。如漢儒將十二辟卦分十二月，康節推又别。

幸第八

人之生，不幸不聞過，大不幸無恥。

不聞過，人不告也。無恥，我不仁也。

必有恥，則可教聞過，則可賢。

有恥，則能發憤而受教。聞過，則知所改而爲賢。然不可教，則雖聞過而未必能改矣。以此見無恥之不幸爲尤大也。

朱子曰：「人之生，不幸不聞過，大不幸無恥。」此兩句只是一項事。知恥是由内心以生，聞過是得之於外。人須知恥，方能聞過而改。故恥爲重。

思第九

《洪範》曰：「思曰睿，睿作聖。」

睿，通也。

無思，本也。思通，用也。幾動於彼，誠動於此，無思而無不通，爲聖人。

無思，誠也。思通，神也。所謂「誠、神、幾，曰聖人」也。

問：「無思，本也。思通，用也。無思而無不通爲聖人。」不知聖人是有思耶，無思耶？朱子曰：無思而無不通是聖人。必思而後無不通，是睿。又問：聖人寂然不動，是無思。纔感便通，特應之耳。曰：聖人也不是塊然由人撥後方動，如莊子云「推而行，曳而止」之類。只是纔思便動，不待大故地思索耳。又問：如此則是無事時都無所思，事至時纔思而便通耳。曰：然。

不思則不能通微，不睿則不能無不通。是則無不通生於通微，通微生於思。

通微，睿也。無不通，聖也。

朱子曰：睿只訓通，對智而言。智是體，睿是深通處。

故思者，聖功之本，而吉凶之機也。

思之至，可以作聖而無不通。其次亦可以見幾通微而不陷於凶咎。

朱子曰：幾是事之端緒。有端緒方有討頭處，這方是用得思。

《易》曰：「君子見幾而作，不俟終日。」

睿也。

又曰：「知幾其神乎！」

聖也。

朱子曰：「思」一章，「幾」「機」二字無異義。舉《易》一句者，特斷章取義以解上文。〇節齋蔡氏曰：言學聖之事。睿，即「通微」也。「無思，本也」，言聖人無思，則自然幾動而至於神，故曰「本」。「思通，用也」，言學聖人者則當思誠，然後知幾而至於神，故曰「用」。「幾動於彼，誠動於此，無思而無不通，爲聖人」，言聖之幾，自然而動，不待思而無不通，所謂神也。「通微」，幾也；「無不通」，神也，此言君子思誠然後見幾，幾動方能至神，故思者作聖之功也。言作聖之功全，在幾、神，故舉《易》合幾與神結之。上兩句説幾字，下一句説幾而神也。舉《易》一句者，特斷章取義以解上文。

志學章第十

聖希天，賢希聖，士希賢。

希，望也。字本作「睎」。

問：「『聖希天』，若論聖人自是與天相似了，得非聖人未嘗自以爲聖，雖已至聖處，而猶戒慎恐懼，未嘗頃刻忘所法則否？」朱子曰：「天自是天，人自是人，人終是如何得似天？自是用法天。明王奉若天道，無非法天者。大事大法天，小事小法天。」

伊尹、顔淵，大賢也。伊尹恥其君不爲堯、舜。一夫不得其所，若撻于市。顔淵不遷怒，不貳過，三月不違仁。

説見《書》及《論語》，皆賢人之事也。

朱子曰：遷，移也。貳，復也。怒於甲者不移於乙，過於前者不復於後，顔子克己之功至於如此。又曰：三月，言其久。仁者，心之德。心不違仁者，無私欲而有其德也。

志伊尹之所志，學顔子之所學。

此言士希賢也。

問：「『志伊尹之所志，學顔子之所學』，所謂志者，便是志於行道否？」朱子曰：「『志伊尹之所志』不是志於私。大抵古人之學，本是欲行。伊尹耕於有莘之野，樂堯、舜之道，凡所以治國平天下者無不理會。但方處畎畝之時，不敢言必於大用耳。及三聘幡然，便一向如此做去，此是堯、舜事業。看二《典》之書，堯、舜所以卷舒作用，直如此熟。」因問：「向曾説『用之則行，舍之則藏，惟我與爾有是夫』，此非專爲用舍行藏。凡所謂治國平天下之具，惟夫子、顔子有之。用之則抱持而往，不用卷而懷之。」曰：「不敢如此說。若如此說，則是孔、顔胸次無些洒落底氣象，只是學得許多骨董，將去治天下。又如龜山説伊尹樂堯、舜之道，只是出作入息，饑食渴飲而已。即是伊尹在莘野時，全無些能解，及至伐夏救民，逐旋叫唤起來。皆説得一邊事。今世又有一般人，只是飽食煖衣無外慕，便如此涵養去。須是一一理會去。○問：「志伊尹之志」，乃是志於行。曰：只是不志於私。今人仕宦只爲禄。伊尹却禄之天下弗顧，繫馬千駟弗視也。又曰：雖志於行道，看自家所學元未有本領，如何便能舉而措之天下？又須有那地位。若身處貧賤，又如何行？然亦必自脩身始。脩身齊家，然後達之天下也。又曰：此箇道理，緣爲家家分得一分，不是一人所獨得而專者。經世濟物，古人有這箇心。若只是我自理會得，自卷而懷之，却是私。○「志伊尹之所志，學顔子之所學」，志固是要立得大，然其中又有先後緩急之序。「致廣大而盡精微。」若曰未到伊尹田地做未得，不成塊然都不思量天下之事。若是見州郡所行事有不可人意，或民遭酷虐，自家寧不惻然動心？若是朝夕憂慮，以天下國家爲念，又那裏教你怎地來？或曰：聖賢憂世之志，樂天之誠，蓋有並行而不相悖者。如此方得？曰：然。今人若不塊然不以天下爲志，便又切切然理會不干己事。如世間一樣學問，專理會典故世務，便是如此。「古之欲明明德於天下者」，合下學便是學此事。既曰「欲明明德於天下」，不成只恁地空説。裏面有幾多工夫。○問：「學顔子之所學」，一本作「顔淵」，孰是？曰：顔淵底須是。○勉齋黄氏曰：才説爲學，便以伊尹、顔子並言，若非爲己務實之論。蓋人之心量，自是有許多事，不然則褊狹了。然又不可不知輕重先後。故伊尹則曰「志」，顔子則曰「學」。《大學》既言「明德」，便言「新民」，聖賢無一偏之學。又曰：

顔子是「明德」，伊尹是「新民」，本非二事也。

過則聖，及則賢，不及則亦不失於令名。

三者隨其所用之淺深，以爲所至之近遠。「不失令名」，以其有爲善之實也。○胡氏曰：周子患人以發策決科、榮身肥家、希世取寵爲事也，故曰：「志伊尹之所志。」患人以廣聞見、工文詞、矜智能、慕空寂爲事也，故曰「學顔子之所學」。人能志此志而學此事，則知此書之包括至大，而其用無窮矣。

問：「過則聖，及則賢」，若過於顔子，則工夫又更純細，此固易見。不知過伊尹時如何説？朱子曰：只是更加些從容而已，過之便似孔子。伊尹終是有擔當底意思多。

順化第十一

天以陽生萬物，以陰成萬物。生，仁也。成，義也。

陰陽以氣言，仁義以道言，詳已見《圖解》矣。

朱子曰：仁義如陰陽，只是一氣。陽是正長底氣，陰是方消底氣。仁便是方消底義，義便是收回底仁。○問：「春作夏長，仁也。秋斂冬藏，義也。」此亦所謂天道、人道之立歟？曰：此即此書二氣、五行之説。○舒而爲陽，慘而爲陰，孰非天地生物之心哉？仁義之於人，亦猶是已。若仁義而有窮，則是天道之陰陽亦有窮也，而可乎？

故聖人在上，以仁育萬物，以義正萬民。

所謂定之以仁義。

天道行而萬物順，聖德脩而萬民化。大順大化，不見其迹，莫知其然之謂神。

天地、聖人，其道一也。

故天下之衆，本在一人。道豈遠乎哉，術豈多乎哉？

天下之本在君，君之道在心，心之術在仁義。

治第十二

十室之邑，人人提耳而教且不及，況天下之廣，兆民之衆哉？曰純其心而已矣。

純者，不雜之謂。心，謂人君之心。

北溪陳氏曰：凡物一色謂之純。

仁義禮智四者，動静、言貌視聽無違之謂純。

仁義禮智，五行之德也。動静，陰陽之用。而言貌視聽，五行之事也。德不言信，事不言思者，欲其不違，則固以思爲主，而必求是四者之實矣。

心純，則賢才輔。

君取人以身，臣道合而從也。

賢才輔，則天下治。

衆賢各任其職，則不待人人提耳而教矣。

純心要矣，用賢急焉。

心不純則不能用賢，不用賢則無以宣化。

禮樂第十三

禮，理也。樂，和也。

禮，陰也。樂，陽也。

黄氏巖孫曰：《禮記》云：「樂由陽來者也，禮由陰作者也。」即此意。

陰陽理而後和。君君，臣臣，父父，子子，兄兄，弟弟，夫夫，婦婦，萬物各得其理然後和。故禮先而樂後。

此「定之以中正仁義而主静」之意。程子「論敬則自然和樂」，亦此理也。學者不知持敬，而務爲和樂，鮮不流於慢者。

朱子曰：禮樂必相須。然所謂樂者，亦不過胸中無事而自和樂爾。非是著意放開，一路欲其和樂也。然欲胸中無事，非敬不能。故程子曰：「敬則自然和樂。」而周子亦以爲禮先而樂後。此可見也。○問：周子禮樂説如何？曰：也須先是嚴敬方有和。若直是盡得敬，不會不和。如臣子入朝，自然極其恭敬，也自和。這不待勉强如此，只是他情願如此，便自和。君君，臣臣，父父，子子，兄兄，弟弟，夫婦朋友，各得其位，這自然和。若君失其所以爲君，臣失其所以爲臣，這如何會和？如諸公在此坐，都恁地收斂，這便是和。若退去自放肆，或乖争，便是不和。此章説得最好。○問：「禮之用，和爲貴」，解者多以和爲樂，某思以和爲樂，恐未穩。須於禮中自求所謂和，乃可。因問之長上，或設喻曰：「所謂禮者，猶天尊地卑而乾坤定，卑高以陳而貴賤位，截然甚嚴也。及其用，則天道下濟而光明，地道卑而上行，此豈非和乎？亦恐只是影説，畢竟禮中之和不可見。如《曲禮》條目甚詳，不知何者爲和。」曰：和固不可便指爲樂，然乃樂之所由生。所設喻亦甚當。如《曲禮》之目，皆禮也。然皆理義之所宜，人情之所安，行之而上下親疎各得其所，豈非和乎？又曰：無禮之節，則無樂之和。惟有節而後有和也。○問：周子以禮先於樂，而《樂記》以樂爲先，與濂溪異。曰：他却將兩者分開了。○北溪陳氏曰：禮樂不是判然兩物，不相干涉。禮只是箇序，樂只是箇和。纔有序，便順而和。失序，便乖戾而不和。如父子、君臣、夫婦、兄弟，所以相戕相賊，相怨相仇，如彼其不和者，都緣先無箇父子、君臣、兄弟、夫婦之禮，無親、義、序、别便如此。○禮樂無所不在，所謂「明則有禮樂，幽則有鬼神」，如何離得？如盜賊至無道，亦須上下有統屬，此便是禮意。纔有統屬，便自相聽從，這便是樂底意。又如行路人，兩箇同行，纔存長少次序，長先少後，便相和順而無争。其所以有争鬭處，皆緣無箇少長之序。於此却見「禮先而樂後」。

務實第十四

實勝，善也。名勝，恥也。故君子進德脩業，孳孳不息，務實勝也。德業有未著，則恐恐然畏人知，遠恥也。小人則僞而已。故君子日休，小人日憂。

實脩而無名勝之恥，故休。名勝而無實脩之善，故憂。

程子曰：學者須是務實，不要近名。有意近名，則爲僞也，大本已失，更學何事？爲名與爲利，清濁雖不同，然其利心則一也。又曰：有實則有名，名實一物也。若夫好名者，則徇名爲虚矣。如「君子疾没世而名不稱」，謂無善可稱耳，非徇名也。

愛敬第十五

有善不及，

設問人或有善而我不能及，則如之何。

曰：不及則學焉。

答言當學其善而已。

問曰：有不善。

問人有不善，則何以處之。

曰：不善則告之不善，且勸曰庶幾有改乎，斯爲君子。

答言人有不善則告之以不善而勸其改。告之者，恐其不知此事之爲不善也。勸之者，恐其不知不善之可改而爲善也。

有善一，不善二，則學其一而勸其二。

亦答詞也。言人有善惡之雜，則學其善而勸其惡。

有語曰：斯人有是之不善，非大惡也。則曰：孰無過焉？知其不能改，改則爲君子矣。不改爲惡，惡者天惡之，彼豈無畏耶？烏知其不能改。

此亦答言。聞人有過，雖不得見而告勸之，亦當答之以此，冀其或聞而自改也。有心悖理謂之惡，無心失理謂之過。

西山真氏曰：過雖聖賢不能無，知其爲過而速改，則無矣。蓋無心而誤，則謂之過。有心而爲，則謂之惡。不待别爲不善方謂之惡，只如過不改是有心，便謂之惡。

故君子悉有衆善，無弗愛且敬焉。

善無不學，故悉有衆善。惡無不勸，故不棄一人於惡。不棄一人於惡，則無所不用其愛敬矣。

動静第十六

動而無静，静而無動，物也。

有形則滯於一偏。

動而無動，静而無静，神也。

神則不離於形，而不囿於形矣。

動而無動，静而無静，非不動不静也。

動中有静，静中有動。

物則不通，神妙萬物。

結上文，起下意。

問：「動而無静，静而無動，物也。静而無静，動而無動，神也。」所謂物者，人在其中否？朱子曰：人在其中。問：所謂神者，是天地之造化否？曰：神者，即此理也。問：物則拘於有形，人則動而有静，静而有動，如何却同萬物而言？曰：人固是静中動，動中静，亦謂之物。凡言物者，指形氣有定體而言，然自有一箇變通底在其中。須是知器即道，道即器，莫離道而言器，可也。凡物皆有此理，且如這竹椅固是一器，到其適用處便有箇道在其中。○此章「動而無静，静而無動，物也」，此言形而下之器也。形而下者則不能通，故方其動時則無了那静，方其静時則無了那動。如水只是水，火只是火。就人言之，語則不默，默則不語。以物言之，飛則不植，植則不飛是也。「動而無動，静而無静，非不動不静」，此言形而上之理也。理則神而莫測。方其動時，未嘗不静，故曰「無動」。方其静時，未嘗不動，故曰「無静」。静中有動，動中有静，静而能動，動而能静。陽中有陰，陰中有陽，錯綜無窮是也。下曰：「水陰根陽，火陽根陰。」水陰、火陽，物也，形而下者也。所以根陰根陽，理也，形而上者也。黄幹云：兼兩意言之方備。言理之動静，則静中有動，動中有静，其體也；静而能動，動而能静，其用也。言物之動静，則動者無静，静者無動，其體也；動者則不能静，静者則不能動，其用也。○問：「動而無動，静而無静，神也」，此理如何。曰：此説「動而生陽，動極而静，静而生陰，静極復動」。此自有箇神在其間，不屬陰，不屬陽，故曰：「陰陽不測之謂神。」且如晝動夜静，晝固是屬動，然在晝間，神不與之俱動；夜固是屬静，然在夜間，神不與之俱静。神又自是神，神却管得晝夜，晝夜却管不得那神。蓋神妙萬物，自是超然於形器之表，貫動静而言，其體常如是而已矣。如説「水陰根陽，火陽根陰」，已是有形象底，是説粗底了。○所謂神者，初不離乎物，如天地，物也。天之收斂豈專乎動，地之發生豈專乎静，此即神也。○動静二字相對，不能相無，乃天理之自然，非人力之所能爲也。若不與動對，則不名爲静。不與静對，亦不名爲動矣。但衆人之動，則流於動而無静。衆人之静，則淪於静而無動。此周子所謂「物則不通」也。惟聖人無人欲之私，而全乎天理，是以其動也，靜之理未嘗亡；其靜也，動之機未嘗息。此周子所謂「神妙萬物」也。

水陰根陽，火陽根陰。

水，陰也，而生於一，則本乎陽也。火，陽也，而生於二，則本乎陰也。所謂「神妙萬物」者如此。

或問神。朱子曰：神在天地間，所以妙萬物者。如水爲陰則根陽，火爲陽則根陰。

五行陰陽，陰陽太極。

此即所謂「五行一陰陽，陰陽一太極」者，以神妙萬物之體而言也。一云：承上文而言，自五而一也。

四時運行，萬物終始。

此即所謂「五氣順布，四時行焉」。無極、二、五，妙合而凝者，以神妙萬物之用而言也。一云：四時，即五行也。反上文而言，自五而萬也。

朱子曰：「四時行焉，萬物終始。」若道有箇物時，又無形骸。若道無箇物時，又怎生會恁地。

混兮闢兮，其無窮兮。

體本則一，故曰「混」。用散而殊，故曰「闢」。一動一靜，其運如循環之無窮，此兼舉其體用而言也。一云：混，合也。自五而一，動而静，陽而陰也。闢，開也。自五而萬，静而動，陰而陽也。一合一開，如循環之無端，而天地之造化無窮矣。○此章發明《圖》意，更宜參考。

朱子曰：「混」言太極，「闢」言爲陰陽、五行以後。故末句曰：「其無窮兮。」言既闢之後，爲陰陽五行，以後爲萬物，無窮盡也。○或問：周子之語，言「合」胡不自萬而一，言「開」胡不自一而萬？勉齋黄氏曰：周子之言造化至五行處，是一關隔。自五行而上屬乎造化，自五行而下屬乎人物。所以《太極圖》説到「四時行焉」，却説轉從五行説太極，又從五行之生説各一其性，説出至變化無窮。蓋天地造化，分陰分陽，至五行而止。五行既具，則由是而生人、物也。有太極便有陰陽，有陰陽便有五行，三者初無斷際。至此若不説合，却恐將作三件物事認了。所以合而謂之「妙合」，非昔開而今合，莫之合而合也。至於五行既凝而後有男女，男女既交而後生萬物，此却是有次第。故有五行而下，節節開説，然其理氣未嘗有異，則恐未嘗不合也。

樂上第十七

古者聖王制禮法，脩教化，三綱正，九疇敘，百姓大和，萬物咸若。

綱，網上大繩也。三綱者，夫爲妻綱，父爲子綱，君爲臣綱也。疇，類也。九疇，見《洪範》。若，順也。此所謂「理而後和」也。

乃作樂以宣八風之氣，以平天下之情。

八音以宣八方之風，見《國語》。宣，所以達其理之分。平，所以節其和之流。

黄氏瑞節曰：東北方條風，東方明庶風，東南方清明風，南方景風，西南方凉風，西方閶闔風，西北方不周風，北方廣莫風。

故樂聲淡而不傷，和而不淫。入其耳，感其心，莫不淡且和焉。淡則欲心平，和則躁心釋。淡者，理之發。和者，和之爲。先淡後和，亦主静之意也。然古聖賢之論樂，曰和而已。此所謂淡，蓋以今樂形之，而後見其本於莊正齊肅之意耳。

朱子曰：欲於「齊肅之意」下，添「故希簡而寂寥」六字。

優柔平中，德之盛也。天下化中，治之至也。是謂道配天地，古之極也。

欲心平，故平中。躁心釋，故優柔。言聖人作樂，功化之盛如此。或云「化中」當作「化成」。

朱子曰：「優柔平中」，中字於動用上説。明道云：「惟精惟一，所以至之。允執厥中，所以行之。」即此意。然只云「於動用上説」，却覺未盡。不若云：「於動用上該本體説。」

後世禮法不脩，政刑苛紊，縱欲敗度，下民困苦。謂古樂不足聽也，代變新聲，妖淫愁怨，導欲增悲，不能自止。故有賊君棄父，輕生敗倫，不可禁者矣。

廢禮敗度，故其聲不淡而妖淫。政苛民困，故其聲不和而愁怨。妖淫，故導欲而至於輕生敗倫。愁怨，故增悲而至於賊君棄父。

嗚呼！樂者，古以平心，今以助欲。古以宣化，今以長怨。

古今之異，淡與不淡，和與不和而已。

朱子曰：此章極可觀，有條理。只是淡與不淡，和與不和，前輩所見各異。

不復古禮，不變今樂，而欲至治者，遠矣。

復古禮，然後可以變今樂。

樂中第十八

樂者，本乎政也。政善民安，則天下之心和。故聖人作樂以宣暢其和心，達于天地，天地之氣感而大和焉。天地和，則萬物順，故神祇格，鳥獸馴。

聖人之樂，既非無因而强作，而其制作之妙，又能真得其聲氣之元。故其志氣天人，交相感動，而其效至此。

問「聲氣之元」。朱子曰：律曆家最重這元聲。元聲定，向下都定。元聲纔差，向下都差。古人制度，今皆無復存者。只這些道理，人尚說得去。法度却杜撰不得。且如樂，今皆不可復考。今人只會說得「凡音之生，由人心也。人心之動，物使之然也」。到得制度，便說不去。問：註云：「制作之妙，真有以得其聲氣之元。」不知今時尚可尋究否？ 曰：今所争，秪是黄鍾一宫耳。這裏高則都高，這裏低則都低，蓋難得其中耳。

樂下第十九

樂聲淡則聽心平，樂辭善則歌者慕，故風移而俗易矣。妖聲豔辭之化也亦然。

朱子曰：聖王爲政，以寬爲本，而今反欲其嚴，正如古樂以和爲主，而周子反欲其淡。蓋今之所謂寬者乃縱弛，所謂和者乃哇淫，非古之所謂寬與和者。❶故必以是矯之，乃得其平耳。

聖學第二十

聖可學乎？ 曰可。 曰有要乎？ 曰有。 請聞焉。 曰：一爲要。 一者，無欲也。 無欲，則静虚動直。 静虚則明，明則通。 動直則公，公則溥。 明通公溥，庶矣乎。

此章之指最爲要切，然其辭義明白，不煩訓解。 學者能深玩而力行之，則有以知無極之真，兩儀四象之本，皆不外乎此心，而日用間自無别用力處矣。

❶「所」，原無，今據重修本補。

朱子曰：一，即所謂太極。静虚，即陰静。動直，即陽動。明通公溥，便是五行。大抵周子之書，纔説起，便都貫串太極許多道理。○周子只説「一者無欲也」，這話頭高，卒急難湊泊。常人如何便得無欲？故伊川只説箇敬字，教人只就敬上睚去，庶幾執捉得定，有箇下手處。○問：周子云：「一爲要。一者，無欲也。」如何？曰：「一者無欲」，一便是無欲。今試看無欲之時，心豈不一。又問：比程子「主一之謂敬」如何？曰：無欲與敬字一般，比敬字分外分明。要之持敬頗似費力，不如無欲撇脱。人只爲有欲，此心便千頭萬緒。此章之言，甚爲切要。○問：「聖可學乎，一爲要。」曰：這是分明底一，不是鶻突底一。問：如何是鶻突底一？曰：須是理會得敬落著處。若只塊然守一箇敬字，便不成箇敬。這箇亦只是説箇大概。明通，在己也。公溥，接物也。須是就静虚中涵養始得明通，方能公溥。若便要公溥，定不解得。静虚明通，「精義入神」也。動直公溥，「利用安身」也。○問：一是純一，静虚是此心如明鑑止水，無一毫私欲填於中，故其動也，無非從天理流行，無一毫私欲撓之。静虚是體，動直是用。曰：也是如此。静虚易看，動直難看。静虚，只是伊川云「中有主則虚，虚則邪不能入」是也。若物來奪之則實，實則暗，暗則塞。動直，則是其動也，更無所礙。若少有私欲，便礙，便曲，要恁地做又不恁地做，便自有窒礙，便不是直。曲則私，私則狹。又曰：無繫累故虚，無委曲故直。○問：明通公溥，於四象何所配。曰：只是春夏秋冬模樣。曰：明是配冬否？曰：似是就動處説。曰：便似元否？曰：是。然這處亦是偶然相合，不是正恁地説。○問：「明通公溥，庶矣乎」，舊見劉砥所記先生語，以明配水，通配木，公配火，溥配金。溥何以配金？曰：溥如何以配金？溥正是配水。此四字只依春夏秋冬之序相配將去。明配木、仁、元。通配火、禮、亨。公配金、義、利。溥配水、智、貞。想是他記錯了。○明通者，静而動。公溥者，動而静。○在人言之，則明是曉得事物，通是透徹無窒礙；公是正無偏陂，溥是溥徧萬事。又曰：所謂「誠立明通」，意又别。彼處以「明」字爲重，「立」如「三十而立」，「通」則不惑、知天命、耳順也。○勉齋黄氏曰：「一爲要」，一字有數樣。如作左右看，則一爲「純一」之一。如作前後看，則一爲「專一」之一。此所謂一，是純一不雜之謂也。譬如一物恁地光潔，更無些物塵汙了他。但看下文言無欲是一，静虚虚也是一，動直直也是一。何謂無欲？只是純然是箇天理，無一點私欲。此須作兩路看。莫非欲也，飲食男女，人之大欲，此不待説。須看面前許多物，苟有一念掛著底，都是欲，如一切嗜好之類。此是一路。又須識得，欲不待沉溺其中而後謂之欲。程子云：「纔有所向便是欲。」這箇甚微，纔起念慮便是欲，譬如止水上打一動相似。若到酒池肉林，已狼當了。無欲則自湛然，一物不留，故静便虚。未發時，這虚靈知覺如明鏡止水，恁地虚。動便直，做事時只有一路直出，那裏有偏曲路徑。纔虚便明，明則見道理透徹，故通。直便公，公自是無物我，故溥。又曰：通者明之極，溥者公之極。○「静虚動直」，「動」字當就念慮之萌上看，不可就視聽言動上看。念慮之萌既直，則視聽言動自無非禮。今以視聽言動爲動直，則念慮之萌處有所略矣。故動静當以心言也。「虚」「直」兩字亦當子細體認。虚者，此心湛然，外物不能入，故虚。直者，循理而發，外邪不能撓，故直。敬則静虚，亦能動直。敬該動静者也。今但言静虚，則偏矣。心在則動皆直，心不在則動皆邪，此兩句却得之。○北溪陳氏曰：一者，是表裏俱一，純徹無二。少有纖毫私欲，便二矣。内一則静虚，外一則動直。而明通公溥，則又無時不一也。一者，此心渾然太極之體。無欲者，心體粹然無極之真。静虚者，體之未發，豁然絶無一物之累，陰之性也。動直者，用之流行，坦然由中道而出，陽之情也。

性理大全書卷之三

通　書　二

公明第二十一

公於己者公於人，未有不公於己而能公於人也。

此爲不勝己私，而欲任法以裁物者發。

明不至則疑生。明，無疑也。謂能疑爲明，何啻千里！

此爲不能先覺，而欲以逆、詐、億、不信爲明者發。然明與疑正相南北，何啻千里之不相及乎！

朱子曰：人有詐、不信，吾之明足以知之，是之謂先覺。彼未必詐，未必不信，而逆以詐、不信待之，此則不可。周子云「明則不疑」，凡事之多疑，皆生於不明。如以察爲明，皆主暗也，唐德宗之流是也。如放齊稱胤子朱啓明，而堯知其嚚訟。堯之明有以知之，是先覺也。

理性命第二十二

厥彰厥微，匪靈弗瑩。

此言理也。陽明陰晦，非人心太極之至靈，孰能明之？

朱子曰：彰，言道之顯。微，言道之隱。匪靈弗瑩，言彰與微，須靈乃能了然照見，無滯礙也。此三句是言理。別一本「靈」作「虚」，義短。○厥彰厥微，只是説理。理有大小精粗，如人事中自有難曉底道理。如君仁臣忠，父慈子孝，此理甚顯然。若陰陽性命，鬼神往來，則不亦微乎？

剛善剛惡，柔亦如之，中焉止矣。

此言性也。説見第七篇，即五行之理也。

二氣五行，化生萬物。五殊二實，二本則一。是萬爲一，一實萬分。萬一各正，小大有定。

此言命也。二氣五行，天之所以賦受萬物而生之者也。自其末以緣本，則五行之異本二氣之實，二氣之實又本一理之極，是合萬物而言之，爲一太極而已也。自其本而之末，則一理之實而萬物分之以爲體，故萬物之中各有一太極，而小大之物莫不各有一定之分也。○此章十六章意同。

問五殊二實。朱子曰：分而言之有五，總而言之只是陰陽。○自下推而上去，五行只是二氣，二氣又只是一理。自上推而下來，只是這一箇理。萬物分之以爲體，萬物之中又各具一理。所以「乾道變化，各正性命」。然總又只是一箇理，❶此理處處皆渾淪。如一粒粟生爲苗，苗便生花，花便結實，又成氣還復本形。一穗有百粒，每粒箇箇完全，又將這百粒去種，每粒又各成百粒。生生只管不已，初間只是這一粒分去。物物各有理，總只是一理。○夫「陰陽五行，化生萬物。五殊二實，二本則一」。如千部文字，字字如此好，面面如此好。人道是聖人逐一寫得如此，聖人告之曰：「不如此，我只是一箇印板印將去。」○「萬一各正，小大有定。」言萬箇是一箇，一箇是萬箇。蓋統體一太極，然又一物各具一太極。所謂「萬一各正」，猶言「各正性命」也。○問：註云：「自其本以之末，則一理之實而萬物分之以爲體，故萬物各具一太極。」如此說，則是太極有分裂乎？曰：本只是一太極，而萬物各有稟受，又自各全具一太極爾。如月在天只一而已，及散在江湖，則隨處而見，不可謂月分也。○問：此章何以下「分」字？曰：不是割成片去，只如月映萬川相似。○《中庸》曰：如天之無不覆蓋，如地之無不持載。此是一箇大底包在，中間又有四時錯行，日月代明，自有細小去處。「道並行而不相悖，萬物並育而不相害。」並行並育便是那天地之覆載底，不相悖、不相害便是那錯行代明底。「小德川流」是説那細小底，「大德敦化」是說那大底。大底包小底，小底分大底。千五百年間不知人如何讀書，這都似不理會得這箇道理。又曰：「一實萬分，萬一各正」，便是理一分殊處。○問：「五殊二實」，「一實萬

❶ 「只」，原無，今據《朱子語類》卷九四補。

分」。二謂陰陽，一謂太極，然否？曰：二氣一理，而皆以「實」目之者，蓋曰此皆實有之理，而强爲之名耳。曰：五、二、一、萬皆實字，殊、實、實、分皆虚字。以此推之，則所謂二實、一實者不相礙也。○周子此章，其首二句言理，次三句言性，次八句言命。故其章内無此三字，而特以三字名其章以表之，則章内之言固已各有所屬矣。蓋其所謂靈，所謂一者，乃爲太極。而所謂中者，乃氣稟之得中，與剛善剛惡、柔善柔惡者爲五性，而屬乎五行，初未嘗以是爲太極也。

顔子第二十三

顔子一簞食，一瓢飲，在陋巷，人不堪其憂，而不改其樂。

説見《論語》。

夫富貴，人所愛也。顔子不愛不求，而樂乎貧者，獨何心哉？

設問以發其端。

天地間有至貴至愛可求而異乎彼者，見其大而忘其小焉爾。

「至愛」之間當有「富可」二字。所謂「至貴至富可愛可求」者，即周子之教程子「每令尋仲尼、顔子樂處，所樂何事」者也。然學者當深思而實體之，不可但以言語解會而已。

問：顔子不改其樂，是私欲既去，一心之中便是天理流行，無有止息，此乃至富至貴之理。舉天下之物無以尚之，豈不大有可樂？　朱子曰：周子所謂至貴至富，乃是對貧賤而言。今引此説恐淺，只是私欲未去。如口之於味，耳之於聲，皆是欲。得其欲，即是私欲，反爲所累，何足樂？若不得其欲，只管求之，其心亦不樂。惟是私欲既去，天理流行，動静語默，日用之間，無非天理，胸中廓然，豈不可樂？此與貧窶自不相干，故不以此而害其樂。○問：顏子之樂只是天地間至富至貴底道理，樂去求之否？曰：非也。此一下未可便知，須是窮究萬理要極徹。又曰：程子謂：「將這身來放在萬物中一例看，大小大快活」，又謂：「人於天地間並無窒礙處，大小大快活。」此便是顏子樂處。這道理在天地間須是直窮到底，至纖至悉，十分透徹，無有不盡，則與萬物爲一，無所窒礙，胸中泰然，豈有不樂？○顏子胸中自有樂地，雖貧窶不以累其心，不是將那不以貧窶累心底做樂。○顏子不改其樂，是他功夫到後自有樂處，與富貴貧賤了不相關，自是改他不得。○顏子之樂，其實却只是平日許多功夫到此成就，見處通透無隔礙，行處純熟無齟齬，便自然快活，不是别有一項功夫理會此事也。○問：顏子不改其樂，莫是樂箇貧否？　曰：顏子私欲克盡，故樂，却不是專樂箇貧。須知他不干貧事，元自有箇樂始得。○問：顏子樂處。曰：未到他地位，如何便能知得他樂處。且要得就他實下功夫處做，下梢亦須會到他樂時節。○問：孔、顏所樂何事？　曰：不要去孔、顏身上問，只去自家身上討。○要尋樂處，只是自去尋。尋到那極苦澀處，這便是好消息來。尋到那意思不好處，這便是樂底意思來。却無不做工夫自然樂底道理。如今做工夫只是平常恁地理會，不要把做差異了去做。○問：學者看文字如何？對曰：方思量顏子樂處。曰：不用思量，他只是「博我以文，約我以禮」，然後見得天理分明。日用間禮義純熟，不被人欲來苦楚，自恁地快活。如今且去博文約禮，便自見得。若只索之杳冥之際，何益？只要著實用功。○問：尋孔、顏樂處。曰：先賢到樂處，已自成就向上了，非幼學所能求。況今師非濂溪，友非二程，所以説此事却似莽廣，不如且就聖賢著實用功處求之。如克己復禮，致謹於視、聽、言、動之間，久之當自純熟充達向上處。○問：程子云：「使顏子以道爲樂，則非顏子矣。」然而此章又却言以道爲樂？曰：顏子之樂，非是自家有箇道至富至貴，只管把來弄後樂，見得這道理後自然樂。故曰：「見其大則心泰，心泰則無不足，無不足則富貴貧賤處之一也。」○問：顏樂之説，程子答鮮于侁之問，其意何也？曰：程子蓋曰，顏子之心無少私欲，天理渾然，是以日用動静之間，從容自得而無適不樂，不待以道爲可樂，然後樂也。○問：周子令程子尋顏子所樂何事，而周子、程子終不言，先生以爲所樂何事？曰：人之所以不樂者，有私意耳。克己之私，則樂矣。故程子云：「人能克己，則心廣體胖，仰不愧俯不怍，其樂可知。有息則餒矣。」○程子之言，但謂聖賢之心與道爲一，故無適而不樂。若以道爲一物而樂之，則心與道二，非所以爲顏子爾。○顏子之貧如此，而處之泰然，不以害其樂，故夫子深嘆美之。程子云：「顏子之樂，非樂簞瓢陋巷也。不以貧窶累其心而改其所樂也。故夫子稱其賢。」又云：「簞瓢陋巷非可樂，蓋自有其樂爾。『其』字當玩味，自有深意。」又云：「昔受學於周茂叔，每令尋仲尼、顏子樂處，所樂何事？」按程子之言引而不發，蓋欲學者深思而自得之。今不敢妄爲之説，學者但當從事於博文約禮之誨，以至於欲罷不能而竭其才，則庶乎有以得之矣。○問：顏子之樂與浩然之氣如何？曰：也是此意，但浩然之氣説得較麤。又問：説樂道便不是，如何？曰：

才説樂道，只是冒罩説，不曾説得親切。又問：伊川所謂「其字當玩味」，是如何？曰：是元有此樂。○西山真氏曰：《集註》所引程子三説，皆不説出顏子之樂是如何樂，其末却令學者於博文約禮上用功。博文約禮亦有何樂？程、朱二先生似若有所隱而不以告人者，其實無所隱而告人之深也。又嘗有人謂顏子所樂者道，程子以爲非。由今觀之，「所樂者道」之言豈不有理？而程子乃非之，何也？蓋道只是當然之理而已，非有一物事可以玩弄而娛悦也。若云「所樂者道」，則吾身與道各爲一物，未到混融無間之地，豈足以語聖賢之樂哉？顏子工夫乃從博文約禮上用力。博文者，言於天下之理無不窮究，而用功之廣也。約禮者，言以禮檢束其身，而用力之要也。博文者，格物致知之事也。約禮者，克己復禮之事也。內外精粗，二者並進，則此身此心皆與理爲一。從容游泳於天理之中，雖簞瓢陋巷不知其爲貧，萬鍾九鼎不知其爲富，此乃顏子之樂也。程、朱二先生恐人只想像顏子之樂，而不知實用其功，雖日談顏子之樂，何益於我？故程子全然不露，只使人自思而得之。朱先生又恐人無下手處，特説出博文約禮四字，令學者從此用功。真積力久，自然有得，至於欲罷不能之地，而顏子之樂可以庶幾矣。

見其大則心泰，心泰則無不足，無不足則富貴貧賤處之一也，處之一則能化而齊，故顏子亞聖。

齊字意複，恐或有誤。或曰：化，大而化也；齊，齊於聖也；亞，則將齊而未至之名也。

程子曰：聖人則不思而得，不勉而中。顏子則必思而後得，必勉而後中，其與聖人相去一息。所未至者，守之也，非化之也。○問：見其大則心泰，周子何故就見上説？朱子曰：見便是識此味。○問：顏子能化而齊。曰：此與大而化之之化異，但言消化却貧賤富貴之念方能齊，齊亦一之意。○大而化之，只是謂理與己一。其未化者，如人操尺度量物，用之尚未免有差。若至於化者，則己便是尺度，尺度便是己。顏子正在此，若化則便是仲尼也。

師友上第二十四

天地間至尊者道，至貴者德而已矣。至難得者人，人而至難得者，道德有於身而已矣。此略承上章之意，其理雖明，然人心蔽於物欲，鮮克知之，故周子每言之詳焉。

求人至難得者有於身，非師友則不可得也已。

是以君子必隆師而親友。

師友下第二十五

道義者，身有之則貴且尊。

周子於此一意而屢言之，非複出也，其丁寧之意切矣。

人生而蒙，長無師友則愚，是道義由師友有之。

此處恐更有「由師友」字屬下句。而得貴且尊，其義不亦重乎！其聚不亦樂乎！此重此樂，人亦少知之者。

過第二十六

仲由喜聞過，令名無窮焉。今人有過，不喜人規，如護疾而忌醫，寧滅其身而無悟也。噫！

程子曰：子路亦百世之師也，人告之以有過則喜。○朱子曰：喜其得聞而改之，其勇於自脩如此。

勢第二十七

天下，勢而已矣。勢，輕重也。

一輕一重，則勢必趨於重，而輕愈輕、重愈重矣。

問：太王翦商，是有此事否？朱子曰：此不可考矣。要之，周自日前積累以來，其勢日大。又當商家無道之時，天下趨周，其勢自爾。周子曰：「天下，勢而已矣。勢，輕重也。」周家基業日大，其勢已重，民又趨之，其勢愈重。此重則彼自輕，勢也。

極重不可反，識其重而亟反之，可也。

重未極而識之，則猶可反也。

問：「極重不可反，識其重而亟反之。」何也？朱子曰：是說天下之勢。如秦至始皇强大，六國便不可敵。東漢之末宦官權重，便不可除。紹興初只斬陳少陽，便成江左之勢。極重則反之也難，識其重之機而反之則易。

反之，力也。識不早，力不易也。

反之在於人力，而力之難易，又在識之早晚。

力而不競，天也。不識不力，人也。

不識，則不知用力。不力，則雖識無補。

天乎？人也。何尤！

問勢之不可反者，果天之所爲乎？若非天而出於人之所爲，則亦無所歸罪矣。

文辭第二十八

文所以載道也。輪轅飾而人弗庸，徒飾也，況虚車乎？

文所以載道，猶車所以載物。故爲車者必飾其輪轅，爲文者必善其詞説，皆欲人之愛而用之。然我飾之而人不用，則猶爲虚飾而無益於實。況不載物之車，不載道之文，雖美其飾，亦何爲乎？

黄氏巖孫曰：輪，車輪。轅，車横木，縛軛以駕牛者。

文辭，藝也。道德，實也。篤其實而藝者書之，美則愛，愛則傳焉。賢者得以學而至之，是爲教。故曰：「言之無文，行之不遠。」

此猶車載物而輪轅飾也。

然不賢者，雖父兄臨之，師保勉之，不學也，强之不從也。

此猶車已飾而人不用也。

不知務道德，而第以文辭爲能者，藝焉而已。噫，弊也久矣！

此猶車不載物，而徒美其飾也。○或疑有德者必有言，則不待藝而後其文可傳矣。周子此章似猶别以文辭爲一事而用力焉，何也？曰：人之才德偏有長短，其或意中了了，而言不足以發之，則亦不能傳於遠矣。故孔子曰：「辭達而已矣。」程子亦言：「《西銘》，吾得其意，但無子厚筆力，不能作耳。」正謂此也。然言或可少而德不可無，有德而有言者常多，有德而不能言者常少。學者先務，亦勉於德而已矣。

或問：作文害道否？程子曰：害也。凡爲文，不專意則不工，若專意則志局於此，又安能與天地同其大也？《書》曰「玩物喪志」，爲文亦玩物也。吕與叔有詩曰：「學如元凱方成癖，文似相如始類俳。獨立孔門無一事，只輸顔子得心齋。」此詩甚好。古之學者惟務養情性，其他則不學。今爲文者，專務章句，悦人耳目。既務悦人，非俳優而何？問：古者學爲文否？曰：人見六經，便謂聖人亦作文。不知聖人亦攄發胸中之藴，自成文耳。所謂「有德者必有言」也。曰：游、夏稱文學，何也？曰：游、夏亦何嘗秉筆爲詞章也。且如「觀乎天文以察時變，觀乎人文以化成天下」。此豈詞章之文也。○朱子曰：此一章大意，「輪轅飾而人弗庸，徒飾也」。言有載道之實而人弗用也，况虚車乎？此不載道之文也。自「篤其實」至「行之不遠」，則是輪轅飾而人之庸之者也。自「不賢者」至「强之不從也」，是弗庸者也。自「不知務道德」至「藝焉而已」，則虚車也。

聖藴第二十九

不憤不啓，不悱不發。舉一隅不以三隅反，則不復也。

説見《論語》。言聖人之教，必當其可而不輕發也。

朱子曰：憤者，心求通而未得之意。悱者，口欲言而未能之貌。啓，謂開其意。發，謂達其辭。物之有四隅者，舉一可知其三。反者，還以相證之義。欲學者勉於用力，以爲受教之地也。程子云：憤、悱，誠意之見於色辭者也。待其誠至而後告之。既告之，又必待其自得，乃復告爾。又云：不待憤悱而發，則知之不能堅固。待其憤悱而發，則沛然矣。

子曰：「予欲無言。天何言哉？四時行焉，百物生焉。」

説亦見《論語》。言聖人之道有不待言而顯者，故其言如此。

朱子曰：學者多以語言觀聖人，而不察其天理流行之實有不待言而著者，是以徒得其言而不得其所以言，故夫子發此以警之。又曰：四時行，百物生，莫非天理發見流行之實，不待言而可見。聖人一動一静，莫非妙道精義之發，亦天而已，豈待言而顯哉？程子云：孔子之道，譬如日星之明，猶患門人未能盡曉，故曰「予欲無言」。若顔子則便默識，其他則未免疑問，故曰「小子何述」，又曰「天何言哉？四時行焉，百物生焉」。則可謂至明白矣。○節齋蔡氏曰：四時行，百物生，莫非天理流行發見之實。學者玩此而有得焉，不惟見聖人一動一静，純乎天理之妙，不待言而顯。便當反之於踐履事爲之實，俛焉孳孳，庶幾有得乎。希聖希天之事，更玩四時行、百物生，尤見其體用一原，陰陽之理運行不息，而萬物各遂其生之妙，聖人亦天而已。

然則聖人之藴，微顔子殆不可見。發聖人之藴，教萬世無窮者，顔子也。聖同天，不亦深乎！

藴，中所畜之名也。仲尼無迹，顔子微有迹。故孔子之教既不輕發，又未嘗自言其道之藴，而學者唯顔子爲得其全。故因其進脩之迹，而後孔子之藴可見。猶天不言，而四時行、百物生也。

朱子曰：夫子之道如天，惟顔子得之。夫子許多大意思，盡在顔子身上發見。譬如天地生一瑞物，即此物上盡可以見天地純粹之氣。謂之發者，乃亦「足以發」之發，不必待顔子言而後謂之發也。顔子所以發聖人之藴，恐不可以一事言。蓋聖人全體大用，無不一一於顔子身上發見也。

常人有一聞知，恐人不速知其有也。急人知而名也，薄亦甚矣。

聖凡異品，高下懸絶，有不待校而明者。其言此者，正以深厚之極，警夫淺薄之尤耳。然於聖人言深，常人言薄者，深則厚，淺則薄，上言首，下言尾，互文以明之也。

精藴第三十

聖人之精，畫卦以示。聖人之藴，因卦以發。卦不畫，聖人之精不可得而見。微卦，聖人之藴殆不可悉得而聞。

精者，精微之意，畫前之易，至約之理也。伏羲畫卦，專以明此而已。藴，謂凡卦中之所有，如吉凶消長之理，進退存亡之道，至廣之業也。有卦則因以形矣。

朱子曰：聖人之精，畫卦以示。聖人之藴，因卦以發。濂溪看《易》却看得活。○《易》未有許多道理，因有此卦，遂將許多道理搭在上面，所謂因卦以發者也。○精與藴字不同。精是精微之意，藴是包許多道理。問：伏羲始畫，而其藴亦已發見於此否？曰：謂之已具於此則可，謂之已發見於此則不可。方其初畫也，未有乾四德意思，到文王始推出來。然文王、孔子雖能推出意思，而其道理亦不出伏羲始畫之中，故謂之藴。藴如「衣敝藴袍」之藴，是包得在裏面。○問：《序卦》以爲非聖人之藴，信乎？

曰：先儒亦以爲非聖人之藴。某以爲非聖人之精則可，謂之非聖人之藴則不可。周子分精與藴字甚分明。《序卦》却正是《易》之藴，事事夾雜，都在裏面。問：何謂《易》之精？曰：如「易有太極，是生兩儀，兩儀生四象，四象生八卦」，便是《易》之精。問：如《序卦》中亦見消長進退之義，喚作不是精不得。曰：此正是事事夾雜有在裏面，正是藴。須是自一箇生出來以至於無窮，便是精。○精是聖人本意，藴是偏傍帶來道理。如《春秋》，聖人本意只是載那事，要見世變，禮樂征伐自諸侯出，臣弑其君，子弑其父，如此而已。就那事上見得是非、美惡、曲折，便是因卦以發底。如「易有太極，是生兩儀，兩儀生四象，四象生八卦」，皆是因陰陽之定自然如此畫出，全無安排，此是聖人本意底。如《彖辭》《文言》《繫辭》等孔子之言，皆是因卦而發底，不可一例作重看。○精，謂心之精微也。藴，謂德所藴蓄也。

《易》何止五經之源，其天地鬼神之奥乎！陰陽有自然之變，卦畫有自然之體，此《易》之爲書，所以爲文字之祖、義理之宗也。然不止此，蓋凡管於陰陽者，雖天地之大、鬼神之幽，其理莫不具於卦畫之中焉。此聖人之精藴，所以必於此而寄之也。

朱子曰：天地是體，鬼神是用。鬼神只是陰陽二氣屈伸。如春夏是神，秋冬是鬼。晝是神，夜是鬼。息底是神，消底是鬼。生是神，死是鬼。鼻息呼是神，吸是鬼。語是神，默是鬼。

乾損益動第三十一

君子乾乾不息於誠，然必懲忿窒慾，遷善改過而後至。乾之用其善是，損、益之大莫是過。聖人之旨深哉！

此以乾卦爻詞、損、益《大象》發明思誠之方。蓋乾乾不息者，體也。去惡進善者，用也。無體則用無以行，無用則體無所措，故以三卦合而言之。或曰「其」字亦是「莫」字。

朱子曰：此章第一句言「乾乾不息」，而第二句言「損」，第三句言「益」者，蓋以解第一句。若要不息，須著去忿慾而有所遷改。中間「乾之用其善是」，「其」一字疑是「莫」字。蓋與下兩句相對。若只是「其」字，則無義理，説不通。○遷善改過是脩德中緊要事，蓋只脩德而不遷善改過，亦不能得長進。「君子乾乾不息於誠」，便是脩德底事。下面便是接説遷善改過底事，與《論語》「德之不脩」章意正相類。又曰：遷善改過，又是兩項。遷善便是有六七分是了，遷而就教十分是者。改過則是十分不是，全然要改。此遷善、改過之别。○損益之義大矣！聖人獨有取於懲忿窒慾，遷善改過，何哉？蓋正心脩身者，學問之大端，而齊家、治國、平天下之本也。古之學者無一念不在身心之中，後之學者無一念不在身心之外，此賢愚之所由分，而聖賢之所爲深戒也。○懲忿如摧山，窒慾如填壑。○遷善當如風之速，改過當如雷之決。

吉凶悔吝生乎動。噫，吉一而已，動可不慎乎！

四者一善而三惡，故人之所值福常少而禍常多，不可不謹。○此章論《易》所謂聖人之藴。

問：此章前面懲忿窒慾，遷善改過，皆是自脩底事。後面忽説動者，何故？朱子曰：所謂懲忿窒慾，遷善改過，皆是動上有這般過失。須於方動之前審之，方無凶、悔、吝，所以再説箇動。

家人睽復无妄第三十二

治天下有本，身之謂也。治天下有則，家之謂也。

則，謂物之可視以爲法者，猶俗言則例、則樣也。

本必端，端本，誠心而已矣。則必善，善則，和親而已矣。

心不誠則身不可正，親不和則家不可齊。

家難而天下易，家親而天下疏也。

親者難處，疏者易裁。然不先其難，亦未有能其易者。

家人離，必起於婦人，故睽次家人，以二女同居而志不同行也。

睽次家人，《易》卦之序。「二女」以下，睽《彖傳》文。二女，謂睽卦兑下離上，兑少女，離中女也。陰柔之性，外和悦而内猜嫌，故同居而異志。

堯所以釐降二女于嬀汭，舜可禪乎？吾兹試矣。

釐，理也。降，下也。嬀，水名。汭，水北，舜所居也。堯理治下嫁二女於舜，將以試舜而授之天下也。

是治天下觀于家，治家觀身而已矣。身端，心誠之謂也。誠心，復其不善之動而已矣。

不善之動息於外，則善心之生於内者無不實矣。

朱子曰：誠心，復其不善之動而已。只是不善之動消於外，則善心實於内。操則存，捨則亡，只是操得此心便存。〇西山真氏曰：心不誠，則私意邪念紛紛交作，欲身之脩，得乎？親不和，則閨門乖戾，情意隔絶，欲家之正，得乎？夫治家之難，所以甚於治國者，門内尚恩，易於揜義，世之人固有勉於治外者矣。至其處家，則或狃於妻妾之私，或牽於骨肉之愛，鮮克以正自檢者，而人君尤甚焉。漢高帝能誅秦蹙項，而不能割戚姬、如意之寵。唐太宗能取孤隋，攘群盗，而閨門慚德顧不免焉。蓋疏則公道易行，親則私情易溺，此其所以難也。不先其難，未有能其易者。漢、唐之君立本作則既已如此，何怪其治天下不及三代哉！夫女子陰柔之性，鮮不妬忌而險詖者，故二女同居，則猜間易生。堯欲試舜，必降以二女者，能處二女，則能處天下矣。舜之身正而刑家如此，故堯禪以天下而不疑也。身之所以正者，由其心之誠。誠者無他，不善之萌動于中，則亟反之而已。誠者，天理之真。妄者，人爲之僞。妄去則誠存矣，誠存則身正，身正則家治，推之天下，猶運之掌也。

不善之動，妄也。妄復則无妄矣，无妄則誠矣。

程子曰：无妄之謂誠。

故无妄次復，而曰「先王以茂對時育萬物」，深哉！

无妄次復，亦卦之序。「先王」以下，引无妄卦《大象》以明「對時育物」，唯至誠者能之，而贊其旨之深也。○此章發明四卦，亦皆所謂聖人之藴。

富貴第三十三

君子以道充爲貴，身安爲富，故常泰無不足。而銖視軒冕，塵視金玉，其重無加焉爾。

此理易明而屢言之，欲人有以真知道義之重，而不爲外物所移也。

朱子曰：周先生言道至貴者，不一而足。蓋是見世間愚輩爲外物所摇動，如墮在火坑中，不忍見他，故如是説不一。世人心不在殼子裏面，如發狂相似，只是自不覺也。

陋第三十四

聖人之道，入乎耳，存乎心，藴之爲德行，行之爲事業。彼以文辭而已者，陋矣！

意同上章。欲人真知道德之重，而不溺於文辭之陋也。

程子曰：聖賢之言，不得已也。蓋有是言，則是理明。無是言，則天下之理有闕焉。如彼耒耜陶冶之器一不制，則生人之道有不足矣。聖賢之言雖欲已得乎，然其包涵盡天下之理，亦甚約也。後之人始執卷則以文章爲先，而其所爲動多於聖人，然有之無所補，無之無所闕，乃無用之贅言也。不止贅而已，既不得其要，則離真失正，反害於道心矣。○朱子曰：古之聖賢其文可謂盛矣，然初豈有意學爲如是之文哉？有是實於中，則必有是文於外。如天有是氣，則必有日月星辰之光耀。地有是形，則必有山川草木之行列。聖賢之心既有是精明純粹之實，以磅礴充塞乎其内，則其著見於外者，亦必自然條理分明，光輝發越而不可掩，蓋不必托於言語，著於簡册而後謂之文。但自一身接於萬事，凡其語默，人所可得而見者，無適而非文也。姑舉其最而言，則《易》之卦畫，《書》之記言，《詩》之詠歌，《春秋》之述事，與夫《禮》之威儀，《樂》之節奏，皆已列爲六經而垂萬世。其文之盛，後世固莫能及。然其所以盛而不可及者，豈無所自來？而世亦莫之識已。○又嘗答學者曰：諸詩固佳，但此等亦是枉費工夫，不切自己底事。莫論爲學治己治人有多少事在，如天文地理、禮樂制度、軍旅刑法，皆是著實有用事業，無非自己本分内事。古人六藝之教，所以游其心者，正在於此。其與空言以較工拙於篇牘之間者，其損益相萬矣。○黄氏巖孫曰：此章當與文辭章參觀。

擬議第三十五

至誠則動，動則變，變則化，故曰「擬之而後言，議之而後動，擬議以成其變化」。

《中庸》《易大傳》所指不同，今合而言之，未詳其義。或曰：至誠者，實理之自然。擬議者，所以誠之之事也。

朱子曰：動是方感動他。變則已改其舊俗，然尚有痕瑕在。化則都消化了，無復痕迹矣。○問：「擬之而後言，議之而後動」，是一言一行皆即《易》而擬之否？曰：然。○這變化是就人動作處説。

刑第三十六

天以春生萬物，止之以秋。物之生也，既成矣，不止則過焉，故得秋以成。聖人之法天，以政養萬民，肅之以刑。民之盛也，欲動情動，利害相攻，不止則賊滅無倫焉，故得刑以治。意與十一章略同。

朱子曰：聖人之心涵養發生，真與天地同德。品物或自逆于理以干天誅，則夫輕重取舍之間，亦自有決然不易之理。如天地四時之運，寒涼肅殺常居其半，而涵育發生之心，未始不流行乎其間。

情僞微曖，其變千狀，苟非中正明達果斷者，不能治也。訟卦曰「利見大人」，以剛得中也。噬嗑曰「利用獄」，以動而明也。

中正，本也。明斷，用也。然非明則斷無以施，非斷則明無所用，二者又自有先後也。訟之中兼乎正，噬嗑之明兼乎達。訟之剛，噬嗑之動，即果斷之謂也。

南軒張氏曰：夫中正者，仁之所存。而明達者，知之所行。果斷者，又勇之所施也。以是詳刑，本末具矣。

嗚呼！天下之廣，主刑者民之司命也，任用可不慎乎？

公第三十七

聖人之道，至公而已矣。或曰：何謂也？曰：天地至公而已矣。

孔子上第三十八

《春秋》正王道，明大法也，孔子爲後世王者而脩也。亂臣賊子誅死者於前，所以懼生者於後也。宜乎萬世無窮王祀夫子，報德報功之無盡焉。

孔子下第三十九

道德高厚，教化無窮，實與天地參而四時同，其惟孔子乎！

道高如天者，陽也。德厚如地者，陰也。教化無窮如四時者，五行也。孔子其太極乎！

黄氏巖孫曰：按周子《邵州新遷學釋菜祝辭》曰：「惟夫子道德高厚，教化無窮，實與天地參而四時同。」與此章全同。

蒙艮第四十

童蒙求我，我正果行，如筮焉。筮，叩神也。再三則瀆矣，瀆則不告也。

此通下三節，雜引蒙卦《彖》《象》而釋其義。童，稚也。蒙，暗也。我，謂師也。筮，揲蓍以決吉凶也。言童蒙之人來求於我，以發其蒙，而我以正道果決彼之所行，如筮者叩神以決疑，而神告之吉凶以果決其所行也。叩神求師，專一則明。如初筮則告，二三則惑，故神不告以吉凶，師亦不當決其所行也。

山下出泉，静而清也。汩則亂，亂不決也。

「山下出泉」，《大象》文。山静泉清，有以全其未發之善，故其行可果。汩，再三也。亂，瀆也。不決，不告也。蓋汩則不静，亂則不清，既不能保其未發之善，則告之不足以果其所行，而反滋其惑，不如不告之爲愈也。

朱子曰：泉水之始出者，必行而有漸也。

慎哉，其惟時中乎！

時中者，《彖傳》文，教當其可之謂也。初則告，瀆則不告，静而清則決之，汩而亂則不決，皆時中也。

艮其背，背非見也。静則止，止非爲也，爲不止矣。其道也深乎！

此一節引艮卦之《象》而釋之。艮，止也。背，非有見之地也。艮其背者，止於不見之地也。止於不見之地則静，静則止而無爲。一有爲之之心，則非止之道矣。○此章發明二卦，皆所謂聖人之藴而主静之意矣。

問：蒙，學者之事，始之之意也。艮，成德之事，終之之事也。朱子曰：周子之意當是如此，然於此亦可見主静之意。○静者爲主，故以蒙、艮終焉。○問：艮其背，背非見也。曰：只如非禮勿視，非謂耳無所聞、目無所見也。姦聲亂色不留聰明，淫樂慝禮不接心術，艮其背者只如此耳。程子解「艮其背」，謂止於其所不見，恐如此説費力。所謂背者，只是所當止也。看下文「艮其止」，止字解背字，所以謂之止其所。艮其背只是止於其所當止，如人君止於仁，人臣止於敬之類。人之四肢皆能動，惟背不動，有止之象。「艮其背」，是止於其所當止之地。「不獲其身，行其庭，不見其人。」萬物各止其所了，便都純是理也，不見有己，也不見有人，都只是箇理。○問：「止非爲也，爲不止矣」，何謂也？曰：止便是不作爲，爲便不是止。曰：止是以心言否？曰：是。又曰：《易傳》「内欲不萌，外物不接」，亦即是這止。○黄氏巖孫曰：按《傳耆家集》，「濂溪在吾州嘗以《姤説》示之，其後在零陵又以所改《同人説》寄之，二説當即所謂《易通》《易説》者」。今其書獨有乾、損、益、家人、睽、復、無妄、蒙、艮等説，則諸卦之散逸者多矣，豈不可惜也哉？

右周子《太極圖》并《説》一篇，《通書》四十章。世傳舊本遺文九篇，遺事十五條，事狀一篇，熹所集次，皆已校定可繕寫。熹按：先生之書，近歲以來，其傳既益廣矣，然皆不能無繆誤。惟長沙、建安板本爲庶幾焉，而猶頗有所未盡也。蓋先生之學之奥，其可以象告者，莫備於《太極》之一圖。若《通書》之言，蓋皆所以發明其藴，而「誠」「動静」「理性命」等章爲尤著。程氏之書亦皆祖述其意，而《李仲通銘》《程邵公誌》《顔子好學論》等篇，乃或并其語而道之。故清逸潘公誌先生之墓，而敘其所著之書，特以作《太極圖》爲首稱，而後乃以《易説》《易通》繫之，其知此矣。按：漢上朱震子發言陳摶以太極圖傳种放，放傳穆脩，脩傳先生。衡山胡宏仁仲則以种、穆之傳，特先生所學之一師，而非其至者。武當祁寬居之又謂，圖象乃先生指畫以語二程，而未嘗有所爲書。此蓋皆未見潘誌而言。若胡氏之説則又未考乎先生之學之奥，始卒不外乎此圖也。先生《易説》久矣不傳於世，向見兩本，皆非是。其一《卦説》，乃陳忠肅公所著，其一《繫辭説》，又皆佛老陳腐之談。其甚陋而可笑者，若曰「易之冒天下之道也，猶狙公之罔衆狙也」。觀此，則其決非先生所爲可知矣。《易通》疑即《通書》，蓋《易説》既依經以解義，此則通論其大旨而不係於經者也。特不知其去「易」而爲今名，始於何時爾。然諸本皆附於《通書》之後，讀者遂誤以爲書之卒章，使先生立象之微旨暗而不明。驟而語夫《通書》者，亦不知其綱領之在是也。長沙本既未及有所是正，而《通書》乃因胡氏所定，章次先後，輒頗有所移易。又刊去章目，而别以「周子曰」加之，皆非先生之舊。若「理性命」章之類，則一去其目，而遂不可曉。其所附見銘、碣、詩文，視他本則詳矣。然亦或不能有以發明於先生之道，而徒爲重複。故建安本特據潘誌，置《圖》篇端，而《書》之次序名章亦復其舊。又即潘誌及蒲左丞、孔司封、黄太史所記先生行事之實，删去重複，參互考訂，合爲事狀一篇。其大者，如蒲碣云「屠姦剪弊，如快刀健斧」。而潘誌云「精密嚴恕，務盡道理」。蒲碣但云「母未葬」，而潘公所爲《鄭夫人誌》，乃爲「水齧其墓而改葬」。若此之類，皆從潘誌。而蒲碣又云「慨然欲有所施，以見於世」，又云「益思以奇自名」，又云「以朝廷躐等見用，奮發感厲」。皆非知先生者之言。又載先生稱頌新政，反覆數十言，恐亦非實。若此之類，今皆削去。至於道學之微，有諸君子所不及知者，則又一以程氏及其門人之言爲正，以爲先生之書之言之行，於此亦略可見矣。然後得臨汀楊方本以校，而知其舛陋猶有未盡正者。如「柔如之」當作「柔亦如之」，「師友」一章當爲二章之類。又得何君營道《詩序》及諸嘗遊春陵者之言，而知《事狀》所敘濂溪命名之説，有失其本意者。何君《序》見《遺事》篇内。又按：廣漢張栻所跋先生手帖，據先生《家譜》云：「濂溪隱居在營道縣榮樂鄉鍾貴里石塘橋西。濂蓋溪之舊名，先生寓之廬阜，以示不忘其本之意。」而邵武鄒旉爲熹言，嘗至其處，溪之原委自爲上下保，先生故居在下保，其地又别自號爲樓田。而「濂溪」之爲字，則疑其出於唐刺史元結七泉之遺俗也。今按江州濂溪之西亦有石塘橋，見於陳令舉《廬山記》，疑亦先生所寓之名云。覆校舊編，而知筆削之際，亦有當録而誤遺之者。如蒲碣自言：初見先生于合州，相語三日夜，退而歎曰：「世乃有斯人邪！」而孔文仲亦有祭文序先生洪州時事，曰「公時甚少，玉色金聲，從容和毅，一府盡傾」之語。蒲碣又稱其「孤風遠操，寓懷於塵埃之外，常有高棲遐遁之意」。亦足以證其前所謂「以奇自見」等語之謬。又讀張忠定公語，而知所論希夷、种、穆之傳亦有未盡其曲折者。按：張忠定公嘗從希夷學，而其論公事之有陰陽，頗與《圖説》意合。竊疑是説之傳，固有端緒，至於先生而後得之於心，而天地萬物之理，鉅細幽明，高下精粗，無所不貫，於是始爲此圖以發其秘耳。嘗欲别加是正，以補其闕，而病未能也。茲乃被命假守南康，遂獲嗣守先生之遺教於百有餘年之後。顧德弗類，慚懼已深，瞻仰高山，益切瘖歎。因取舊帙，復加更定，而附著其説如此。鋟板學官，以與同志之士共覽觀焉。新安朱熹謹書。

五峰胡氏曰：《通書》四十章，周子之所述也。粤若稽古。孔子述三五之道，立百王繼世之法。孟軻氏闢楊墨，推明孔子之澤，以爲萬世不斬。人謂孟氏功不在禹下。今周子啓程氏兄弟以千古不傳之妙，其功蓋在孔孟之間矣。人見其書之約也，而不知其道之大也。見其文之質也，而不知其義之精也。見其言之淡也，而不知其味之長也。○此書皆發端以示人者，度越諸子，直與《易》《書》《詩》《春秋》《語》《孟》同流行乎天下。○朱子曰：《通書》文雖高簡，而體實淵慤，且其所論不出乎脩己治人之事，未嘗劇談無極之先、文字之外也。○問：《通書》便可以上接《語》《孟》。曰：比《語》《孟》較分曉精深結構得密，《語》《孟》較説得闊。○周子《通書》，此近世道學之原也。而其言簡質如此，與世之指天畫地，喝風罵雨者氣象不侔。○五峰刻《通書》，却去了所有篇名，而於每篇首加一「周子曰」字。有去了本篇名，如「理性命」章者，煞不可理會。蓋「厥彰厥微，匪靈弗瑩」，是説理。「剛善剛惡，柔亦如之，中焉止矣」，是説性。自此以下却説命。章内全無此三字，及所加「周子曰」三字，又却是本所無者。問：五峰於《通書》何故輒以己意加損？曰：他病痛多。○河圖出而八卦畫，洛書呈而九疇敘。孔子於斯文興喪，未嘗不推之於天。若濂溪先生者，其天之所畀而得乎斯道之傳者與？不繇師傳，默契道體，建《圖》屬《書》，根極領要。當時見而知之有程氏者，遂擴大而推明之。使夫天理之微，人情之著，事物之衆，鬼神之幽，莫不洞然畢貫于一，而周公、孔子、孟子之傳，焕然復明於世。○先生之言，高極乎無極、太極之妙，而其實不離乎日用之間。幽探乎陰陽、五行之賾，而其實不離乎仁義禮智、剛柔善惡之際。其體用之一原，顯微之無間，秦、漢以來，誠未有臻斯理者，而其實則不外乎六經、《論語》《中庸》《大學》《七篇》之所傳也。○濂溪先生奮乎百世之下，深探聖賢之奥，疏觀造化之源，而獨心得之。立象著書，闡發幽秘，辭義雖約，而天人性命之微，脩己治人之要，莫不畢舉。二程先生既親見之而得其傳，於是其學遂行於世。○濂溪之《圖》與《書》雖其簡古淵源，未易究測，然其大指則不過語諸學者講學致思，以窮天地萬物之理，而勝其私以復焉。其施則善始於家而達之天下，其具則復古禮，變今樂，政以養民，而刑以肅之也。是乃所謂伊尹之志，顔子之學，而程氏傳之以覺斯人者，亦豈有以外乎日用之間哉？○《通書》一部皆是解太極，説這道理，自一而二，二而五。如「誠無爲，幾善惡，德」以下，便配著太極、陰陽、五行，須是子細看。○《通書》《太極》之旨，更宜虚心熟玩，乃見鄙説一字不可易處。政使濂溪復生，亦必莞爾而笑也。○周子之言，稱得輕重，極是合宜。○近世知濂溪甚淺，如吕氏《童蒙訓》記其「嘗著《通書》，而用意高遠」。夫《通書》《太極》之説，所以明天理之根源，究萬物之始終，豈用意而求之？又何高下遠近之可道哉！○西山真氏曰：自《湯誥》論「降衷」，詩人賦「物則」，人知性之出於天，而未知其爲善也。「繼善成性」見於繫《易》，「性無不善」述於《七篇》，人知性之善而未知所以善也。周子因群聖之已言而推其所未言者，於《圖》發「無極」「二五」之妙，於《書》闡「誠源」「誠立」之指。昔也太極自爲太極，今知吾身自有太極矣。昔也乾元自爲乾元，今知吾心即乾元矣。有一性則有五常，有五常則有百善。循源而流，不假人力，道之全體焕然復明者，周子之功也。○黄氏瑞節曰：周子二書真所謂吐辭爲經者，朱子之解是書也，亦如解經然。蓋朱子之追事周子也，猶周子之追事吾孔孟也，無一字不服膺焉耳。嘗徧求其《易説》而不可得，僅令門人度正訪周子之友傳者之子孫，求所寄《姤説》《同人説》，亦已不可見矣。世之相去百有餘年，而其書散逸難合如此哉！或謂「無極」二字出於老、列，或謂圖得之穆脩，或謂當時指畫以示二程而未嘗有所爲書。或謂二程言論文字至多，未嘗一及「無極」字，疑非周子所爲。或謂周子，陸詵婿也，説見司馬温公《涑水記聞》，一篤實長厚人也，安知無所傳授？或謂周子與胡文定公同師鶴林寺僧壽涯，是皆强求其所自出，而於二書未知深信者。朱子一言以斷之曰：「不由師傳，默契道體。」於是周子上承孔孟之説遂定，而二書與《語》《孟》並行矣。

通書後録

先生名張宗範之亭曰「養心」，而爲之説曰：孟子曰：「養心莫善於寡欲。其爲人也寡欲，雖有不存焉者，寡矣。其爲人也多欲，雖有存焉者，寡矣。」予謂養心不止於寡而存爾。蓋寡焉以至於無，無則誠立明通。誠立，賢也。明通，聖也。是聖賢非性生，必養心而至之。養心之善有大焉如此，存乎其人而已。

誠立，謂實體安固。明通，則實用流行。立如三十而立之立，通則不惑、知命而鄉乎耳順矣。

朱子曰：周子恐人以寡欲爲便了，故言不止於寡欲而已，必至於無而後可耳。然無底工夫則由於能寡欲，到無欲非聖人不能也。或問：欲字如何？曰：不同。此寡欲則是合不當如此者，如私欲之類。若是飢而欲食，渴而欲飲，則此欲亦豈能無？但亦是合當如此者。

荀子曰：養心莫善於誠。先生曰：荀子元不識誠。明道程先生曰：既誠矣，心安用養耶？

朱子曰：誠，實也，到這裏已成就了。此心純一於理，徹底皆實，無夾雜，亦無虛僞，決定恁地，又何用養耶？

明道先生曰：昔受學於周茂叔，每令尋仲尼、顏子樂處，所樂何事？

明道先生曰：自再見周茂叔後，吟風弄月以歸，有「吾與點也」之意。

明道先生曰：吾年十六七時，好田獵。既見茂叔，則自謂已無此好矣。茂叔曰：「何言之易也！但此心潛隱未發，一日萌動，復如初矣。」後十二年，復見獵者，不覺有喜心，乃知果未也。

明道先生曰：周茂叔窗前草不除去，問之，云：「與自家意思一般。」子厚觀驢鳴，亦謂如此。

伊川程先生見康節邵先生，伊川指食卓而問曰：「此卓安在地上，不知天地安在何處？」康節爲之極論其理，以至六合之外。伊川歎曰：「平生唯見周茂叔論至此。」

此康節之子伯温所記。但云「極論」，而不言其所謂云何。今按康節之書有曰：「天何依？」曰：「依乎地。」曰：「地何附？」曰：「附乎天。」曰：「天地何所依附？」曰：「自相依附。天依形，地附氣。其形也有涯，其氣也無涯。」竊恐當時康節所論，與伊川所聞於周先生者，亦當如此。因附見之云。

太史黄公庭堅曰：舂陵周茂叔，人品甚高，胸中灑落，如光風霽月。

延平先生每誦此言，以爲善形容有道者氣象。

明道先生識其子端慤之壙曰：夫動静者，陰陽之本。况五氣交運，則益參差不齊矣。賦生之類，宜其雜糅者衆，而精一者間或值焉。以其間值之難，則其數或不能長，亦宜矣。

此一節全用《太極圖》及《通書》中意，故以附之。後三節放此。

明道先生銘其友李仲通之墓曰：二氣交運兮，五行順施。剛柔雜糅兮，美惡不齊。稟生之類兮，偏駁其宜。有鍾粹美兮，會元之期。聖雖學作兮，所貴者資。便儇皎厲兮，去道遠而。

伊川先生作《顔子所好何學論》曰：天地儲精，得五行之粹者爲人。其本也真而静，其未發也五性具焉，曰仁義禮智信。形既生矣，外物觸其形而動於中矣。其中動而七情出焉，曰喜怒哀懼愛惡欲。情既熾而益蕩，其性鑿矣。故覺者約其情使合於中，正其心，養其性而已。然必明諸心，知所往，然後力行以求至焉。若顔子之非禮勿視、聽、言、動，不遷怒、貳過，則其好之之篤、學之之道也。

黄氏瑞節曰：此論乃程夫子十八歲所作。

程先生曰：二氣五行，剛柔萬殊。聖人所由惟一理，人須要復其初。

性理大全書卷之四

西　銘

朱子曰：橫渠姓張，名載，字子厚，秦人也。學古力行，篤志好禮，爲關中士子宗師。嘗於學堂雙牖左書《砭愚》，右書《訂頑》。伊川先生曰：是啓争端。改曰《東銘》《西銘》。二銘雖同出於一時之作，然其詞義之所指，氣象之所及，淺深廣狹，判然不同。是以程門專以《西銘》開示學者，而於《東銘》則未嘗言。蓋學者誠於《西銘》之言，反復玩味而有以自得之，則心廣理明，意味自别。若《東銘》，則雖分别長傲遂非之失於毫釐之間，所以開警後學亦不爲不切，然意味有窮，而於下學功夫蓋猶有未盡者。又安得與《西銘》徹上徹下、一以貫之之旨同日語哉。

乾稱父，坤稱母，予兹藐焉，乃混然中處。

天，陽也。以至健而位乎上，父道也。地，陰也。以至順而位乎下，母道也。人禀氣於天，賦形於地，以藐然之身，混合無間而位乎中，子道也。然不曰「天地」而曰「乾坤」者，天地其形體也，乾坤其性情也。乾者，健而無息之謂，萬物之所資以始者也。坤者，順而有常之謂，萬物之所資以生者也。是乃天地之所以爲天地，而父母乎萬物者，故指而言之。

朱子曰：須子細看他説理一而分殊。而今道天地不是父母，父母不是天地不得，分明是一理。「乾道成男，坤道成女」，則凡天下之男皆乾之氣，凡天下之女皆坤之氣。從這裏便徹上徹下，都即是一箇氣，都透過了。○自一家言之，父母是一家之父母。自天下言之，天地是天下之父母。○《西銘》自首至末，皆是理一分殊。乾父坤母，固是一理。分而言之，便見乾坤自乾坤，父母自父母。惟「稱」字便見異也。○乾稱父坤稱母，厲聲言一稱字。○混然中處，言混合無間。蓋此身便是從天地來。○人之一身，固是父母所生。然父母之所以爲父母者，即是乾坤。若以父母而言，則一物各一父母。若以乾坤而言，則萬物同一父母矣。萬物既同一父母，則吾體之所以爲體者，豈非「天地之塞」，吾性之所以爲性者，豈非「天地之帥」哉？古之君子惟其見得道理真實如此，所以親親而仁民，仁民而愛物。推其所爲，以至於能以天下爲一家，中國爲一人，而非意之也。今若必謂人物只是父母所生，更與乾坤都無干涉，其所以有取於《西銘》者，但取其姑爲宏闊廣大之言，以形容仁體，破有我之私而已。則是所謂仁體者，全是虛名，初無實體，而小己之私却是實理，合有分別；聖賢於此，却初不見義理，只見利害，而妄以己意造作言語，以增飾其所無，破壞其所有也。○某所論《西銘》之意，正爲長者以横渠之言不當謂乾坤實爲父母，而以「膠固」斥之。故竊疑之，以爲若如長者之意，則是人物實無所資於天地，恐有所未安爾。今來誨猶以横渠只是假借之言，而未察父母之與乾坤，雖其分之有殊，而初未嘗有二體。但其分之殊，則又不得不辨也。○西山真氏曰：《西銘》推事親之心以事天，蓋父母生我者也，而所以生之者，天地也。天賦以氣，地賦以形。父母固我之父母也，天地亦我之父母也。朱子曰：父母者，一身之父母也。天地者，人與物，己與人皆共以爲父母者也。父母之生我也，四肢百骸，無一不全。必能全其身之形，然後爲不忝於父母。天地之生我也，五常百善，無一不備。必能全其性之理，然後爲不負於天地。故仁人事親如事天，事天如事親。此又《西銘》之妙指，不可以不知也。

故天地之塞吾其體，天地之帥吾其性。

乾陽坤陰，此天地之氣，塞乎兩間，而人物之所資以爲體者也。故曰「天地之塞吾其體」。乾健坤順，此天地之志，爲氣之帥，而人物之所得以爲性者也。故曰「天地之帥吾其性」。深察乎此，則父乾母坤，混然中處之實可見矣。

朱子曰：《西銘》大要在「天地之塞吾其體，天地之帥吾其性」兩句上。塞是說氣，孟子所謂「以直養而無害，則塞乎天地之間」，❶即用這箇「塞」字。張子此篇，大抵皆古人說話集來。○塞只是氣，吾之體即天地之氣。帥是主宰，乃天地之常理也。吾之性即天地之理。○問：「天地之塞」，如何是塞？曰：「塞」與「帥」字皆張子用字妙處。塞乃孟子「塞天地之間」，體乃孟子「氣體之充」者。有一毫不滿之處，則非塞矣。帥乃志氣之帥，而有主宰之意。此《西銘》借用孟子論浩然之氣處。若不是此二句

❶「則」，原作「而」，今據重修本改。

爲之關紐，則下文言同胞，言兄弟等句，在他人中物，皆與我初何干涉？其謂之兄弟、同胞，乃是此一理與我相爲貫通。故上説父母，下説兄弟，皆是其血脉過度處。《西銘》解塞、帥二字，只説大概。若要説盡，須用起疏注可也。○問：「天地之帥吾其性」，先生解以乾健坤順爲天地之志，天地安得有志？曰：「復，其見天地之心」，天地之情可見，安得謂天地無心情乎？或問：福善禍淫，天之志否？曰：程先生説天地以生物爲心最好。此乃是無心之心也。○「天地之塞」似亦著「擴充」字未得。但謂充滿乎天地之間莫非氣，而吾所得以爲形骸者皆此氣耳。「天地之帥」，則天地之心，而理在其中也。○問：《西銘》之義。曰：他緊要血脉，盡在「天地之塞吾其體，天地之帥吾其性」兩句上。上面「乾稱父」至「混然中處」是頭，下面「民吾同胞，物吾與也」便是箇項。下面便撒開説許多「大君吾父母宗子」云云，盡是從「民吾同胞，物吾與也」説來。到得「知化則善述其事，窮神則善繼其志」，這志便只是那「天地之帥吾其性」底志。爲人子便要述得父之事，而繼得父之志，如此方是事親。如事天，便要述得天之事，繼得天之志，方是事天。若是違了此道理，便是天之悖德之子。若害了這仁，便是天之賊子。若是濟惡不悛，便是天之不才之子。若能踐形，便是克肖之子。這意思血脉，都是從「天地之塞吾其體，天地之帥吾其性」説，緊要都是這兩句。若不是此兩句，則天自是天，我自是我，有何干涉？或問：此兩句便是理一處否？曰：然。○問：近見一士人云：聞之先生，「吾其體」，「吾其性」，「其」字有我去承當之意。今考經中初無是説。曰：承當之説，不記有無此語。然實下承當字不得。然當時只是説得稟受之意，渠記得不子細也。○問：「天地之塞吾其體」，塞者，日月之往來，寒暑之迭更，與夫星辰之運行，山川之融結。又五行質之所具，氣之所行，無非塞乎天地者。曰：塞字意得之。○且逐日自把身心來體察，便見得吾身便是天地之塞，❶吾性便是天地之帥。○問：先生解《西銘》「天地之塞」作窒塞之塞，如何？曰：後來又改了，只作充塞。横渠不妄下字，各有來處。○向要到雲谷，自下上山，半塗大雨，通身皆濕。得到地頭，因思著「天地之塞吾其體，天地之帥吾其性」。時季通及某人同在那裏。某因各人解此兩句，自亦作兩句解。後來看也自説得著，所以迤邐便作《西銘》等解。○北溪陳氏曰：性只是理。人之生，不成只空得箇理，須有箇形骸，方載得此理。其實理不外乎氣，得天地之氣成這形，得天地之理成這性。所以横渠曰：「天地之塞吾其體，天地之帥吾其性。」塞字只是就孟子「浩然之氣塞乎天地」句掇一字來説氣，帥字只是就孟子「志氣之帥」句掇一字來説理。

民吾同胞，物吾與也。

人物並生於天地之間，其所資以爲體者，皆天地之塞。其所得以爲性者，皆天地之帥也。然體有偏正之殊，故其於性也不無明暗之異。惟人也，得其形氣之正，是以其心最靈，而有以通乎性命之全體；於並生之中，又爲同類而最貴焉。故曰「同胞」。則其視之也，皆如己之兄弟矣。物則得夫形氣之偏，而不能通乎性命之全，故與我不同類，而不若人之貴。然原其體、性之所自，是亦本之天地，而未嘗不同也。故曰「吾與」。則其視之也，亦

❶「塞」，原作「性」，今據《朱子語類》卷九八改。

如己之儕輩矣。惟同胞也，故以天下爲一家，中國爲一人，如下文之云。惟吾與也，故凡有形於天地之間者，若動若植，有情無情，莫不有以若其性，遂其宜焉。此儒者之道，所以必至於參天地，贊化育，然後爲功用之全，而非有所强於外也。

朱子曰：通是一氣，初無間隔。「民吾同胞，物吾與也。」萬物雖皆天地所生，而人獨得天地之正氣，故人爲最靈，故「民吾同胞」。物則亦我之儕輩，孟子所謂「親親而仁民，仁民而愛物」，其等差自然如此。大抵即事親者以明事天。○問：《西銘》理一分殊，莫是「民吾同胞，物吾與也」之意否？曰：民、物固是分殊，須是就民、物中又各知得分殊。不是伊川説破，也難理會。然看久自覺裏面有分別。○問：「物吾與也」，莫是「黨與」之與否？曰：然。○西山真氏曰：凡生於天壤之間者，莫非天地之子，而吾之同氣者也。是之謂「理一」。然親者吾之同體，民者吾之同類，而物則異類矣。是之謂「分殊」。以其理一，故仁愛之施無不徧。以其分殊，故仁愛之施則有差。○黄巖孫曰：程子云：「所以謂萬物一體者，皆有此理。只爲從那裏來。『生生之謂易』，生則一時生，皆完此理。人則能推，物則氣昏，推不得，不可道他物不得有也。人只爲自私，將自家軀殼上頭起意，故看得道理小了他底。放這身來，都在萬物中一例看，大小大快活。」

大君者，吾父母宗子。其大臣，宗子之家相也。尊高年，所以長其長。慈孤弱，所以幼其幼。聖其合德，賢其秀也。凡天下疲癃殘疾惸獨鰥寡，皆吾兄弟之顛連而無告者也。

乾父坤母而人生其中，則凡天下之人，皆天地之子矣。然繼承天地，統理人物，則大君而已，故爲父母之宗子。輔佐大君，綱紀衆事，則大臣而已，故爲宗子之家相。

朱子曰：《西銘》狀仁之體，元自昭著。以昧者不見，故假父母、宗子、家相等名以曉譬之。初未嘗謂與乾坤都無干涉，而姑爲是言以形容之也。○人皆天地之子，而大君乃其適長子，所謂「宗子有君道」者也，故曰「大君者乃吾父母之宗子」爾。非如所謂「既爲父母，又降而爲子」也。問：宗子如何是適長子？曰：此正以繼禰之宗爲喻爾。繼禰之宗，兄弟宗之，非父母之適長子而何？

天下之老，一也，故凡尊天下之高年者，乃所以長吾之長。天下之幼，一也，故凡慈天下之孤弱者，乃所以幼吾之幼。聖人與天地合其德，是兄弟之合德乎父母者也。賢者才德過於常人，是兄弟之秀出乎等夷者也。是皆以天地之子言之，則凡天下之疲癃殘疾惸獨鰥寡，非吾兄弟無告者而何哉？

朱子曰：許多人物生於天地之間，同此一氣，同此一性，便是吾兄弟黨與。大小等級之不同，便是親疎遠近之分。○「凡天下疲癃殘疾惸獨鰥寡，吾兄弟顛連而無告者也」，君子之爲政，且要主張這一等人。

于時保之，子之翼也。樂且不憂，純乎孝者也。

畏天以自保者，猶其敬親之至也。樂天而不憂者，猶其愛親之純也。

朱子曰：《西銘》首論天地萬物與我同體之意，固極宏大，然其所論事天功夫，則自「于時保之」以下方極親切。○問：《西銘》自「乾稱父，坤稱母」至「民吾同胞，物吾與也」處，是仁之體。「于時保之」以下是做工夫處。曰：若言同胞吾與了，便説著博施濟衆却不是，所以只教人做工夫處，只在敬與恐懼，故曰：「于時保之，子之翼也。」能常敬而恐懼，則這箇道理自在。

違曰悖德，害仁曰賊。濟惡者不才，其踐形惟肖者也。

不循天理而徇人欲者，不愛其親而愛他人也，故謂之悖德。戕滅天理，自絶本根者，賊殺其親，大逆無道也，故謂之賊。長惡不悛，不可教訓者，世濟其凶，增其惡名也，故謂之不才。若夫盡人之性而有以充人之形，則與天地相似而不違矣，故謂之肖。

朱子曰：人之有形有色，無不各有自然之理，所謂天性也。踐，如踐言之踐，蓋衆人有是形而不能盡其理，故無以踐其形。惟聖人有是形，又能盡其理，然後可以踐其形而無慊也。〇西山真氏曰：天之予我以是理也，莫非至善，而我悖之，即天之不才子也。具人之形而能盡人之理，即天之克肖子也。

知化，則善述其事。窮神，則善繼其志。

孝子善繼人之志，善述人之事者也。聖人知變化之道，則所行者無非天地之事矣。通神明之德，則所存者無非天地之心矣。此二者，皆樂天踐形之事也。

問：「知化則善述其事，窮神則善繼其志」，其旨如何？朱子曰：聖人之於天地，如孝子之於父母。化者，天地之用一過而無迹者也。知之，則天地之用在我，如子之述父事也。神者，天地之心常存而不測者也。窮之，則天地之心在我，如子之繼父志也。得其心，而後可以語其用，故曰「窮神知化」，而《中庸》曰「致中和，天地位焉，萬物育焉」，亦此之謂歟。〇如知得恁地便生，知得恁地便死，知得恁地便消，知得恁地便長，此皆是繼天地之志。隨他恁地進退、消長、盈虛，與時偕行，小而言之，飢食渴飲，出作入息，大而言之，君臣便有義，父子便有仁，此都是述天地之事。化底是氣，故喚做天地之事。神底是理，故喚做天地之志。窮神者，窺見天地之志，這箇無形無迹。那化底却又都見得。○陳氏曰：神是天地之心，化是天地之用。窮神，以至到言。知化，非見聞之知。如知化育之知，乃默契之謂耳。

不愧屋漏爲無忝，存心養性爲匪懈。

《孝經》引《詩》曰：「無忝爾所生。」故事天者，仰不愧，俯不怍，則不忝乎天地矣。又曰：「夙夜匪懈。」故事天者，存其心，養其性，則不懈乎事天矣。此二者，畏天之事，而君子所以求踐夫形者也。

惡旨酒，崇伯子之顧養。育英才，潁封人之錫類。

好飲酒而不顧父母之養者，不孝也。故遏人欲如禹之惡旨酒，則所以顧天之養者，至矣。性者萬物之一源，非有我之得私也。故育英才如潁考叔之及莊公，則所以永錫爾類者，廣矣。

不弛勞而底豫，舜其功也。無所逃而待烹，申生其恭也。

舜盡事親之道而瞽叟底豫，其功大矣。故事天者盡事天之道，而天心豫焉，則亦天之舜也。申生無所逃而待烹，其恭至矣。故事天者夭壽不貳，而脩身以俟之，則亦天之申生也。

體其受而歸全者，參乎。勇於從而順令者，伯奇也。

父母全而生之，子全而歸之，若曾子之啓手啓足，則體其所受乎親者而歸其全也。況天之所以與我者，無一善之不備，亦全而生之也。故事天者能體其所受於天者而全歸之，則亦天之曾子矣。子於父母，東西南北，唯令之從，若伯奇之履霜中野，則勇於從而順令也。況天之所以命我者，吉凶禍福，非有人欲之私。故事天者能勇於從而順受其正，則亦天之伯奇矣。

問：自「惡旨酒」至「勇於從令」，此六聖賢事，可見理一分殊乎？朱子曰：惡旨酒、育英才是事天，顧養及錫類則是事親。每一句皆存兩義，推類可見。○問：「穎封人之錫類，申生其恭」，二子皆不能無失處，豈能盡得孝道？曰：《西銘》本不是説孝，只是説事天，但推事親之心以事天耳。二子就此處論之，誠是如此。蓋事親却未免有正不正處，若天道純然，則無正不正之處，只是推此心以奉事之耳。○問：《西銘》「無所逃而待烹」，申生未盡此道，何故取之？曰：天不到得似獻公也。人有妄，天則無妄。若教自家死，便是理合如此，只得聽受之耳。○問：申生之不去，伯奇之自沈，皆陷父於惡，非中道也，而取之與舜、曾同，何也？曰：舜之底豫，贊化育也，故曰功。申生待烹，順受而已，故曰恭。曾子歸全，全其所以與我者，終身之仁也。伯奇順令，順其所以使我者，一事之仁也。伯奇，尹吉甫之子。其事不知據何書爲實，自沈恐未可盡信。然彼所事者人也，人則有妄，故有陷父之失。此所事者天也，天豈有妄，而又何陷邪？《西銘》大率借彼以明此，不可著迹論也。○黄巖孫曰：《履霜操》，伯奇所作也。吉甫聽後妻之言逐之，伯奇編水荷而衣，採楟花而食，清朝履霜，自傷無罪見逐，乃援琴而歌，曲終投河而死。《家語》曰：曾參遺妻，告其子曰：「高宗以後妻殺孝己，尹吉甫以後妻殺伯奇。」伯奇事後母至孝，而後母譖之，伯奇乃亡走山林。《説苑》王國子奇事與此正同，必有一誤。○又按：程子《遺書》問舜與曾子之孝優劣如何，曰：《家語》載耘瓜事，雖不可信，却有此義理。曾子耘瓜，誤斬其根。曾皙建大杖以擊其背。曾子仆地，不知人事。良久而蘇，欣然起進曰：「大人用力教參，得無疾乎？」乃退，援琴而歌，使知體康。孔子聞而怒。曾子至孝如此，亦有這些失處。若是舜，百事事父母，只殺他不得。又問：如申生待烹之事如何？曰：此只是恭，若舜須逃也。

富貴福澤，將厚吾之生也。貧賤憂戚，庸玉女於成也。

富貴福澤，所以大奉於我，而使吾之爲善也輕。貧賤憂戚，所以拂亂於我，而使吾之爲志也篤。天地之於人，父母之於子，其設心豈有異哉？故君子之事天也，以周公之富而不至於驕，以顔子之貧而不改其樂。其事親也，愛之則喜而弗忘，惡之則懼而無怨，其心亦一而已矣。

朱子曰：敬天當如敬親，戰戰兢兢，無所不至。愛天當如愛親，無所不順。天之生我，安頓得好，令我富貴崇高，便如父母愛我，當喜而不忘。安頓得不好，令我貧賤憂戚，便如父母欲成就我，當勞而不怨。○西山真氏曰：禍福吉凶之來，當順受其正。天之福澤我者，非私我也，予之以爲善之資，乃所以厚其責。譬之事親，則父母愛之，喜而不忘也。天之憂戚我者，非厄我也，將以拂亂其心志，而增其所不能。譬之事親，則父母惡之，懼而不怨也。即此推之，親即天也，天即親也。其所以事之者，豈容有二哉。

存吾順事，没吾寧也。

孝子之身，存則其事親者，不違其志而已；没則安而無所愧於親也。仁人之身，存則其事天者，不逆其理而已；没則安而無所愧於天也。蓋所謂朝聞夕死，「吾得正而斃焉」者。故張子之銘以是終焉。

問：「存吾順事，没吾寧也。」朱子曰：二句所論甚當。舊説誤矣。然以上句富貴貧賤之語例之，則亦不可太相連説。今改云：「孝子之身，存則其事親也，不違其志而已；没則安而無所愧於親也。仁人之身，存則其事天也，不逆其理而已；没則安而無所愧於天也。蓋所謂『夭壽不貳，而脩身以俟之』者。故張子之銘以是終焉。」似得張子之本意。○黄巖孫曰：「其事親也」兩「也」字，今作「者」字。所謂「夭壽不貳，而脩身以俟之者」，今作「朝聞夕死，吾得正而斃焉者」。

論曰：天地之間，理一而已。然「乾道成男，坤道成女，二氣交感，化生萬物」，則其大小之分，親疎之等，至於十百千萬而不能齊也。不有聖賢者出，孰能合其異而反其同哉？

《西銘》之作，意蓋如此。程子以爲「明理一而分殊」，可謂一言以蔽之矣。蓋以乾爲父，以坤爲母，有生之類，無物不然，所謂理一也。而人物之生，血脉之屬，各親其親，各子其子，則其分亦安得而不殊哉。一統而萬殊，則雖天下一家，中國一人，而不流於兼愛之敝。萬殊而一貫，則雖親疎異情，貴賤異等，而不梏於爲我之私。此《西銘》之大指也。觀其推親親之厚以大無我之公，因事親之誠以明事天之道，蓋無適而非所謂「分立而推理一」也。夫豈專以民吾同胞，長長幼幼爲理一，而必默識於言意之表，然後知其分之殊哉？且所謂「稱物平施」者，正謂稱物之宜，以平吾之施云爾。若無稱物之義，則亦何以知夫所施之平哉？龜山第二書蓋欲發明此意，然言不盡而理有餘也。故愚得因其説而遂言之如此。同志之士，幸相與折衷焉。

熹既爲此解，後得尹氏書云：「楊中立荅伊川先生論《西銘》書，有『釋然無惑』之語，先生讀之曰：『楊時也未釋然。』」乃知此論所疑第二書之説，先生蓋亦未之許也。然《龜山語録》有曰：「《西銘》理一而分殊。知其理一，所以爲仁。知其分殊，所以爲義。所謂分殊，猶孟子言『親親而仁民，仁民而愛物』。其分不同，故所施不能無差等耳。或曰：如是，則體用果離而爲二矣。曰：用未嘗離體也。以人觀之，四肢百骸具於一身者，體也。至其用處，則首不可以加屨，足不可以納冠。蓋即體而言而分已在其中矣。」此論分別異同，各有歸趣，大非答書之比。豈其年高德盛，而所見始益精與？因復表而出之，以明答書之説，誠有未釋然者，而龜山所見蓋不終於此而已也。乾道壬辰孟冬朔旦熹謹書。

龜山楊氏上程子書曰：竊謂道之不明，知者過之。《西銘》之書，其幾於過乎。昔之問仁於孔子者多矣，雖顔子、仲弓之徒，所以告之者，不過求仁之方耳。至於仁之體，未嘗言也。孟子曰：「仁，人心也。義，人路也。」言仁之最親，無如此者。然亦體用兩言之，未聞如《西銘》之説也。孔、孟豈有隱哉？蓋不敢過之，以起後學之弊也。且墨氏之兼愛，固仁者之事也。其流遂至於無父，豈墨氏之罪哉？孟子力攻之，必歸罪於墨子者，正其本也。故君子言必慮其所終，行必稽其所敝，正謂此耳。《西銘》發明聖人之微意至深，然而言體而不及用，恐其流遂至於兼愛。則後世有聖賢者出，推本而論之，未免歸罪於横渠也。時竊妄意此書蓋西人共守而謹行之者，欲得先生一言，推明其用，與《西銘》並行。庶乎體用兼明，使學者免於流蕩也。横渠之學，造極天人之藴，非後學所能窺測。然所疑如此，故輒言之。先生以謂如何？程子曰：前所寄《史論》十篇，其意甚正。才一觀，便爲人借去。俟更子細。《西銘》之論則未然。横渠之言誠有過者，乃在《正蒙》。《西銘》之爲書，推理以存義，擴先聖所未發，與孟子性善、養氣之論同功。二者亦前聖所未發，豈墨氏之比哉！《西銘》明理一而分殊，墨氏則二本而無分。老幼及人，理一也。愛無差等，本二也。分殊之敝，私勝而失仁；無分之罪，兼愛而無義。分立而推理一，以正私勝之流，仁之方也。無别而迷兼愛，至於無父之極，義之賊也。子比而同之，過矣。且謂「言體而不及用」。彼欲使人推而行之，本爲用也，反謂不及，不亦異乎？龜山第二書曰：辱示

《西銘》微旨，伏讀竟日，曉然具悉，如侍几席親訓誨也。時昔從明道，即授以《西銘》使讀之。尋繹累日，乃若有得，於是始知爲學之大方。固將終身佩服，豈敢妄疑其失，比同於墨氏。前書所論《西銘》之書，以民爲同胞，長其長，幼其幼，以鰥寡孤獨爲兄弟之無告，蓋所謂明理一也。然其辭無親親之殺，非明者嘿識於言意之表，烏知所謂理一而分殊哉？故竊恐其流遂至兼愛，非謂《西銘》之書爲兼愛而發，與墨氏同也。古之人所以大過人者無他，善推其所爲而已。「老吾老以及人之老，幼吾幼以及人之幼」，所謂推之也。孔子曰：「老者安之，少者懷之。」則無事乎推矣。無事乎推者，理一故也。理一而分殊，故聖人稱物平施，茲所以爲仁之至，義之盡也歟？何謂稱物？遠近親疎各當其分，所謂稱也。何謂平施？所以施之其心一焉，所謂平也。時昔者竊意《西銘》之書，有平施之心，無稱物之義，故曰「言體而不及用」，蓋指仁義爲説也。故仁之過，其敝無分，無分則妨義。義之過，其流自私，自私則害仁。害仁，則楊氏之爲我也。妨義，則墨氏之兼愛也。二者其失雖殊，其得罪於聖人則均矣。《西銘》之旨，隱奥難知，固前聖所未發也。前書所論，竊謂過之者，疑其辭有未達耳。今得先生開諭丁寧，傳之學者，自當釋然無惑也。○延平李氏答朱子書曰：來論：「仁是心之正理，能發能用底一箇端緒。如胎育包涵，其中生氣無不純備。而流動發生，自然之機，又無頃刻停息。憤盈發洩，觸處貫通。體用相循，初無間斷。」此説推廣得甚好。但又云：「人之所以爲人而異乎禽獸者，以是而已。若犬之性，牛之性，則不得而與焉。」若如此説恐有礙。蓋天地中所生物，本源則一。雖禽獸草木，生理亦無頃刻停息間斷者。但人得其秀而最靈。五常，中和之氣所聚，禽獸得其偏而已，此其所以異也。若謂「流動發生，自然之機，與夫無頃刻停息間斷」，即禽獸之體，亦自如此。若以爲此理惟人獨得之，即恐推測體認處未精，於他處便見差也。又云「須體認到此純一不雜處，方見渾然與物同體氣象」一段，語却無病。又云「從此推出，分殊合宜處便是義」以下數句，莫不由此。而「仁一以貫之，蓋五常百行，無往而非仁也」，此説大概是。然細推之，却似不曾體認得伊川所謂「理一而分殊」，龜山云「知其理一，所以爲仁，知其分殊，所以爲義」之意。蓋全在「知」字上用著力。謝上蔡《語録》云：「不仁便是死漢，不識痛癢了。」仁字只是有知覺了了之體段。若於此不下工夫令透徹，即何因見得本源毫髮之分殊哉？若於此不了了，即體用不能兼舉矣。此正是本源體用兼舉處。人道之立，正在於此。仁之一字，正如四德之元。而仁義兩字，正如立天道之陰陽，立地道之柔剛，皆包攝在此二字爾。○朱子問：昨謂仁之一字，乃人之所以爲人而異乎禽獸者，先生不以爲然。某因以先生之言思之，而得其説。竊謂天地生物，本乎一源。人與禽獸草木之生，莫不各具此理。其一體之中，即無絲毫欠剩。其一氣之運，亦無頃刻停息。所謂仁也。延平李氏曰：有有血氣者，有無血氣者，更體究此處。又問：氣有清濁，故稟有偏正。惟人得其正，故能知其本具此理而存之，而見其爲仁。物得其偏，故雖具此理而不自知，而無以見其爲仁。然則仁之爲仁，人與物不得不同。知仁之爲仁而存之，人與物不得不異。故伊川夫子既言理一分殊，而龜山又有知其理一、知其分殊之説，而先生以爲全在「知」字上用著力，恐亦是此意否？曰：大概得之。又問：詳伊川之語推測之，竊謂「理一而分殊」此一句言理之本然，故盡在性分之内，本體未發時看。曰：須是兼本體已發未發時看，合内外爲可。又問：

合而言之，則莫非此理。然其中無一物之不該，便自有許多差别，雖散殊錯揉不可名狀，而纖毫之間，同異畢顯，所以理一而分殊也。「知其理一所以爲仁，知其分殊所以爲義」，此二句乃是於發用處該攝本體而言，因此端緒而下工夫以推尋之處也。大抵仁者，正是天理流動之機。以其包容和粹，涵育融漾，不可名貌，故特謂之仁。其中自然文理密察，各有定體處便是義。只此二字，包括人道已盡。義固不能出乎仁之外，仁亦不離乎義之内也。然則理一而分殊者，乃是本然之仁義。前此乃以從此推出。分殊合宜處爲義，失之遠矣。曰：「推測」一段甚密，爲得之。加以涵養，何患不見道也。○或問：《西銘》理一而分殊，知其理一所以爲仁，知其分殊所以爲義。朱子曰：仁只是流出來底便是仁，各自成一箇物事底便是義。仁只是那流行底，義是合當做處。仁只是發出來底，及至發出來有截然不可亂處便是義。且如愛其親，愛兄弟，愛親戚，愛鄉里，愛宗族，推而大之以至於天下國家，只是這一箇愛流出來。而愛之中，便有許多等差。且如敬，只是這一箇敬，便有許多合當敬底。如敬長敬賢，便有許多分别。○問：龜山説「知其理一所以爲仁，知其分殊所以爲義」，仁便是體，義便是用否？曰：仁只是流出來底，義是合當做底。如水流動處是仁，流爲江河，匯爲池沼，便是義。如惻隱之心便是仁。愛父母，愛兄弟，愛鄉黨，愛朋友，自有許多等差便是義。且如敬，只是一箇敬。到敬君，敬長，敬賢，便有許多般樣。禮也是如此。如天子七廟，諸侯五廟，這箇便是禮。其或七或五之不同，便是義。禮是理之節文，義便是事之所宜處。吕與叔説天命之謂性，自斬而總，喪服異等，而九族之情無所憾，自王公至皁隸，儀章異制，而上下之分莫敢争，自是天性合如此。且如一堂有十房父子，到得父各慈其子，子各孝其父，而人不嫌者，自是合如此也。其慈其孝，這便是仁。各親其親，各子其子，這便是義。這箇物事分不得。流出來便是仁，仁打一動，義、禮、智便隨在這裏了。不是要仁使時，義却留在後面，少間放出來使。其實只是一箇道理。論著界分，便有許多分別。

始予作《太極》《西銘》二解，未嘗敢出以示人也。近見儒者多議兩書之失，或乃未嘗通其文義，而妄肆詆訶。予竊悼焉，因出此解以示學徒，使廣其傳。庶幾讀者由辭以得意，而知其未可以輕議也。淳熙戊申二月己巳晦翁題。

西銘總論

程子曰：《訂頑》之言，極純無雜，秦、漢以來學者所未到。

《訂頑》一篇，意極完備，乃仁之體也。學者其體此意，令有諸己，其地位已高。到此地位，自別有見處。不可窮高極遠，恐於道無補也。

問：「《訂頑》意極完備，乃仁之體。」此篇只發明萬物爲一之意，如何見得仁體？北溪陳氏曰：非指與萬物爲一處爲仁之體，乃言天理流行無間爲仁之體也。又問：此下云「實有諸己，其地位已高。到此地位，自別有見處，不可窮高極遠」。曰：見得此理渾然無間，實有諸己後，日用酬酢，無往而非此理，更有何事？更何用窮高極遠。

《訂頑》立心，便可達天德。

學者須先識仁。仁者渾然與物同體。義、禮、知、信皆仁也。識得此理，以誠敬存之而已。不須防檢，不須窮索。若心懈則有防，心苟不懈，何防之有？理有未得，故須窮索。存久自明，安待窮索？此道與物無對，大不足以名之。天地之用皆我之用，孟子言「萬物皆備於我」。須反身而誠，乃爲大樂。若反身未誠，則猶是二物有對，以己合彼，終未有之，又安得樂？《訂頑》意思，乃備言此體。以此意存之，更有何事？「必有事焉而勿正，心勿忘，勿助長。」未嘗致纖毫之力，此其存之之道。若存得，便合有得。蓋良知良能元不喪失，以昔日習心未除，却須存養此心，久則可奪舊習。此理至約，惟患不能守。既能體之而樂，亦不患不能守也。

朱子曰：明道「學者須先識仁」一段説話極好，只是説得太廣，學者難入。○北溪陳氏曰：明道此一段説話乃地位高者之事，學者取此甚遠。在學者工夫，只從克己復禮入爲最要。此工夫徹上徹下，無所不宜。問：「物」字是人物，是事物？曰：仁者與物同體，只是言其理之一爾。人物與事物，非判然絶異，事物只自人物而出。凡己與人物接，方有許多事物出來。若於己獨立時，初無甚多事。此「物」字皆可以包言。所謂「《訂頑》備言此體」者，亦只是言其理之一爾。○延平李氏答朱子曰：所云見《語録》中有「仁者渾然與物同體」一句，即認得《西銘》意旨。所見路脉甚正，宜以是推廣求之。然要見一視同仁氣象却不難，須是理會分殊。雖毫髮不可失，方是儒者氣象。

《西銘》某得此意，只是須得子厚如此筆力，他人無緣做得。孟子以後，未有人及此。得此文字，省多少言語。要之仁孝之理備乎此。須臾而不於此，則便不仁不孝也。

游酢於《西銘》，讀之已能不逆於心，言語外立得箇意思，便能道《中庸》矣。

問：游氏讀《西銘》，曰：「此《中庸》之理也。」是言人物體性之所自來否？北溪陳氏曰：不止是言體性之所自來。須兼事天節目言之。皆是日用切己之實，無過無不及，所以謂「《中庸》之理」也。○西山真氏曰：昔游先生見《西銘》，即涣然不逆於心，曰：「此《中庸》之理也。」明道先生稱其能求之語言之外。近世學者或未諭其旨。愚謂《中庸》綱領，在性、道、教三言，而終篇之義，無非教人以全天命之性。《西銘》綱領，亦只在其體、其性之二言，而終篇反復推明，亦欲人不失乾父坤母之所賦予者，爲天地克肖之子而已。故游先生以爲即《中庸》之理也。豈不信哉。

孟子之後，只有《原道》一篇。其間言語固多病，然大要儘近理。若《西銘》則是《原道》之宗祖也。《原道》却只說道，元未到《西銘》意思。據子厚之文，醇然無出此文也。自孟子後，蓋未見此書。

或問：伊川謂《西銘》，《原道》之宗祖，如何？朱子曰：《西銘》更從上面說來。《原道》言「率性之謂道」，《西銘》連「天命之謂性」說了。○問：《原道》上數句如何？曰：首句極不是。「定名」「虛位」却不妨。有仁之道、義之道，仁之德、義之德，故曰「虛位」。大要未說到上頭。故伊川言《西銘》，《原道》

之宗祖。○韓子於道，見其大體規模極分明，但未能究其所從來，而體察操履處皆不細密。其排佛老，亦據其所見而言之耳。程先生說《西銘》乃《原道》宗祖，此言可以推其深淺也。○韓退之却見得又較活，亦只是見得第二層，上面一層却不曾見得。大概諸子之病，皆是如此，都只是見得下面一層，源頭處都不曉。所以伊川說《西銘》是《原道》之宗祖，蓋謂此也。

問：《西銘》如何。曰：此橫渠文之粹者也。曰：充得盡時如何。曰：聖人也。橫渠能充盡否？曰：言有兩端。有有德之言，有造道之言。有德之言說自己事，如聖人言聖人事也。造道之言則知足以知此，如賢人說聖人事也。橫渠道儘高，言儘醇，自孟子後，儒者都無他見識。

《西銘》明理一而分殊。

朱子曰：《西銘》要句句見理一而分殊。○《西銘》本不曾說理一分殊，因人疑，後方說此一句。○《西銘》通體是一箇理一分殊，一句是一箇理一分殊。只先看「乾稱父」三字，一篇中錯綜此意。○問：《西銘》言理一處，某頗見之。言分殊處，却未見。曰：有父有母，有宗子、家相，此即分殊也。○問：看《西銘》覺得句句是理一分殊。曰：合下便有一箇理一分殊，從頭至尾又有一箇理一分殊，是逐句恁地。又曰：合下一箇理一分殊，截作兩截，只是一箇天人。又問：他說「乾稱父，坤稱母，予茲藐焉，乃混然中處」，如此則是三箇。曰：「混然中處」則便是一箇。許多物事都在我身中，更那裏去討一箇乾坤。○問：《西銘》理一而分殊。曰：今人只說得中間五六句理一而分殊。據某看時，「乾稱父，坤稱母」直至「存吾順事，没吾寧也」，句句皆是理一分殊。喚做乾稱、坤稱，便是分殊。如云「知化則善述其事」，是我述其事。「窮神則善繼其志」，是我繼其志。又如「存吾順事，没吾寧也」，以自家父母言之，生當順事之，死當安寧之；以天地言之，生能順事而無所違拂，死則安寧也。此皆是分殊處。逐句渾淪看，便見理一。當中横截斷看，便見分殊。因問：如先生復論云：「推親親之厚以大無我之公，因事親之誠以明事天之道。」看此二句，足以包括《西銘》之統體，可見得理一分殊處分曉。曰：然。

○《西銘》一篇，始末皆是理一分殊。以乾爲父，坤爲母，便是理一而分殊。「予兹藐焉，混然中處」，便是分殊而理一。「天地之塞吾其體，天地之帥吾其性」，分殊而理一。「民吾同胞，物吾與也」，理一而分殊。逐句推之，莫不皆然。某於篇末亦嘗發此意。乾父坤母，皆是以天地之大喻一家之小。乾坤是天地之大，父母是一家之小。大君、大臣是大，宗子、家相是小。類皆如此推之。舊嘗看此，寫作旁通圖子，分爲二截，上下推布，亦甚分明。○《西銘》大綱是理一，而分自爾殊。然有二説：自天地言之，其中固自有分别；自萬殊觀之，其中又自有分别。不可認是一理了，只衮做一看。這裏各自有等級差别。且如人之一家，自有等級之别。所以乾則稱父，坤則稱母。不可棄了自家父母，却把乾坤做自家父母看。且如「民吾同胞」，與自家兄弟同胞又自别。龜山疑其兼愛，想亦未深曉《西銘》之意。

○問：《西銘》理一而分殊，若大君、宗子，大臣、家相，與民、物等，皆是分殊處否？曰：也是如此，但這有兩種看。這是一直看下，更須横截看。若只恁地看，怕淺了。且如「乾稱父，坤稱母」，道是父母，固是天氣而地質，然與自家父母自是有箇親踈，從這處便理一分殊了。等而下之，以至爲大君、爲宗子，爲大臣、爲家相，其理則一，其分未嘗不殊。「民吾同胞」，「同胞」裏面便有理一分殊底意。「物吾與也」，「吾與」裏面也有理一分殊底意。無不如此看。見伊川説這意較多。龜山便正是疑同胞吾與爲近於墨氏之兼愛，不知他同胞吾與裏面，便自分箇理一分殊了。如公所説，恁地分别分殊，殊得也不多。這處若不細分别，直是與墨氏兼愛一般。○問：《西銘》句句是理一分殊，亦只是事天事親分否？曰：是。「乾稱父，坤稱母」，只下「稱」字便别。這箇有直説底意思，有横説底意思，理一而分殊。龜山説得又别，他只是以「民吾同胞，物吾與」及長長幼幼爲理一分殊。曰：龜山是直説底意思否？曰：是。然龜山只説得頭一小截，伊川意則闊大，統一篇言之。曰：何謂横説底意思？曰：「乾稱父，坤稱母」便是這箇，不是即那事親底便是事天底。曰：横渠只是借那事親底來形容那事天底做箇樣子否？曰：是。○《西銘》之書，横渠先生所以示人至爲深切。而伊川先生又以「理一而分殊」者贊之。言雖至約，而理則無餘矣。蓋乾之爲父，坤之爲母，所謂理一者也。然乾坤者，天下之父母也。父母者，一身之父母也。則其分不得而不殊矣。故以民爲同胞，物爲吾與也。自其天下之父母者言之，所謂理一者也。然謂之「民」，則非真以爲吾之同胞。謂之「物」，則非真以爲吾之同類矣。此自其一身之父母者言之，所謂分殊者也。又況其曰同胞，曰吾與，曰宗子，曰家相，曰老，曰幼，曰聖，曰賢，曰顛連而無告，則於其中間又有如是等差之殊哉；但其所謂理一者，貫乎分殊之中，而未始相離耳。此天地自然，古今不易之理，而二夫子始發明之。○問：謝艮齋説《西銘》理一分殊，在上之人當理會理一，在下之人當理會分殊。如此是分《西銘》做兩節了，艮齋看得《西銘》錯。曰：然。

横渠之言，不能無失。若《西銘》一篇，誰説得到此。今以管窺天，固是見北斗。别處雖不得見，不可謂不是也。

或問：横渠清、虚、一、大之説，又要兼清濁、虚實。朱子曰：渠初云清、虚、一、大，爲伊川詰難，乃云清兼濁，虚兼實，一兼二，大兼小。渠本要説形而上，反成形而下，最是於此處不分明。如《參兩》云：「以參爲陽，兩爲陰。陽有太極，陰無太極。」他要强索精思，必得於己，而其差如此。又問：横渠云「太虚即氣」，乃是指理爲虚，似非形而下。曰：縱指理爲虚，亦如何夾氣作一處？問：《西銘》所見又的當，何故却於此差？曰：伊川云：「譬如以管窺天，四旁雖不見，而其見處甚分明。」渠他處見錯，獨於《西銘》見得。

弘而不毅則難立，毅而不弘則無以居之。《西銘》言弘之道。

觀張子厚所作《西銘》，能養浩然之氣者也。

和靖尹氏曰：見伊川後，半年方得《大學》《西銘》看。

道夫問：尹彦明見伊川後，半年方得《大學》《西銘》看，此意如何？朱子曰：也是教他自就切己處思量。自看平時箇是不是，未便把那書與之讀耳。又問：如此，則末後以此二書併授之，還是以尹子已得此意，還是以二書互相發故？曰：他好把《西銘》與學者讀，也是教他知天地間有箇道理恁地開闊。○尹和靖從伊川半年後，方得見《西銘》《大學》，不知那半年是在做甚麽？想見只是且教他聽説話。曾光祖云：也是初入其門，未知次第，驟時與他看未得。曰：豈不是如此。

人本與天地一般大，只爲人自小了。若能自處以天地之心爲心，便是與天地同體。《西銘》備載此意。顏子克己，便是能盡此道。

龜山楊氏曰：《西銘》只是發明一箇事天底道理。所謂事天者，循天理而已。《西銘》會古人用心要處爲文，正如杜順作《法界觀》樣。《西銘》只是要學者求仁而已。

朱子曰：《西銘》前一段如棋盤，後一段如人下棋。

勉齋黃氏曰：嘗記師説：「《西銘》自『乾稱』處以下，至『顛連無告』，如棋局。『子之翼也』以下，如人下棋。」未曉其意。後因思之，方知其然。「乾父坤母」至「混然中處」，此四句是綱領，言天地，人之父母，人，天地之子也。天地之塞、帥爲吾之體、性，言吾所以爲天地之子之實。「民吾同胞」至「顛連無告」，言民、物並生天地之間，則皆天地之子，而吾之兄弟黨與，特有差等之殊。吾既爲天地之子，則必當全吾體，養吾性，愛敬吾兄弟黨與，然後可以爲孝子。不然，則謂之悖逆之子。「于時保之」以下，即言人子盡孝之道，以明人之所以事天之道，所以全吾體，養吾性，愛敬吾兄弟黨與之道，盡於此矣。

《西銘》一篇，首三句似人破義題。天地之帥、之塞兩句，恰似做原題，乃一篇緊要處。「民吾同胞」至「顛連而無告者也」，乃統論如此。「于時保之」以下是做工夫處。《西銘》有箇直劈下底道理，又有箇横截斷底道理。

勉齋黄氏曰：竊意當時語意，似謂每句直下而觀之，事天事親之理皆在焉。全篇中斷而觀之，則上專是事天，下專是事親，各有攸屬。

問：《西銘》仁孝之理。曰：他不是説孝，是將這孝來形容這仁。事親底道理，便是事天底樣子。

朱子曰：道理只是一箇道理，中間句句段段只説事親事天。○問：《西銘》只是言仁孝、繼志、述事。曰：是。以父母比乾坤，主意不是説孝，只是以人所易見者明其所難曉耳。○因事親之誠，以明事天之道，只是譬喻出來。下面一句事親，一句事天，如匪懈、無忝是事親，不愧屋漏、存心養性是事天。下面説事親，兼常變而言。如曾子是常，舜、伯奇之徒皆是變。此在人事言者如此。天道則不然，直是順之。無有不合者。○徐子融曰：先生曰：「事親是事天底樣子。」只此一句，説盡《西銘》之意矣。

《西銘》之書，指吾體、性之所自來，以明父乾母坤之實，極樂天踐形、窮神知化之妙，以至於無一行之不慊而没身焉。故伊川先生以爲充得盡時便是聖人，恐非專爲始學者一時所見而發也。

横渠之意，直借此以明彼，以見天地之間，隨大隨小，此理未嘗不同耳。其言則固爲學者而設。若大賢以上，又豈須説耶？伊川嘗言：「若是聖人，則乾坤二卦亦不消得。」正謂此也。

所論《西銘》名虚而理實，此語甚善。名雖假借，然其理則未嘗有少異也。若本無此理，則又如之何而可强假耶。

横渠《西銘》，初看有許多節，却似狹。充其量，是甚麽様大。合下便有箇乾健坤順意思。自家身已便如此，形體便是這箇物事，性便是這箇物事，同胞是如此，吾與是如此，主腦便是如此。「尊高年，所以長其長。慈孤弱，所以幼其幼。」又是做工夫處。後面節節如此。「于時保之，子之翼也」，「樂且不憂，純乎孝者也」，其品節次第又如此。横渠説這般話，體用兼備，豈似他人只説得一邊。問：自其節目言之，便是各正性命。充其量而言之，便是流行不息。曰：然。

又語林夔孫曰：公既久在此，可將一件文字與衆人共理會。夔孫請所看文字。曰：且將《西銘》看。及看畢，夔孫依先生所解説過。先生曰：而今解得分曉了便易看。

南軒張氏曰：《西銘》謂以乾爲父，坤爲母，有生之類無不皆然，所謂理一也。而人物之生，血脉之屬，各親其親，各子其子，則其分亦安得而不殊哉。是則然矣。然即其理一之中，乾則爲父，坤則爲母，民則爲同胞，物則爲吾與，若此之類，分固未嘗不具焉。龜山所謂用未嘗離體者，蓋有見於此也，似更須説破耳。

人之有是身也，則易以私，私則失其正理矣。《西銘》之作，唯患夫勝私之流也，故推明理之一以示人。理則一，而其分森然，自不可易。惟識夫理一，乃見其分之殊。明其分殊，則所謂理之一者，斯周流而無敝矣。此仁義之道所以常相須也。學者存此意，涵泳體察，求仁之要也。

天地位而萬物散殊，其親疎皆有一定之勢。然不知理一，則私意將勝，而其流敝將至於不相管攝而害夫仁。故《西銘》因其分之立，而明其理之本一，所謂「以止私勝之流，仁之方也」。雖推其理之一，而其分森然者自不可亂，義蓋所以存也。大抵儒者之道，爲仁之至，義之盡者。仁立則義存，義精而後仁之體爲無敝也。

如以民爲同胞，謂尊高年爲老其老，慈孤弱爲幼其幼，是推其理一，而其分殊固自在也。故曰：「分立而推理一，以止私勝之流，仁之方也。」若龜山以無事乎推爲理一，且引聖人「老者安之，少者懷之」爲説，恐未知《西銘》推理一之指也。

雙峰饒氏曰：《西銘》一書，規模宏大，而條理精密，有非片言之所能盡。然其大指，不過中分爲兩節。前一節明人爲天地之子，後一節言人事天地，當如子之事父母。何謂人爲天地之子？蓋人受天地之氣以生而有是性，猶子受父母之氣以生而有是身。父母之氣即天地之氣也。分而言之，人各一父母也。合而言之，舉天下同一父母也。人知父母之爲父母，而不知天地之爲大父母，故以人而視天地，常漠然與己如不相關。人於天地既漠然如不相關，則其所存所發，宜乎無適而非己私，而欲其順天理遏人欲，以全天地賦予之本然，亦難矣。此《西銘》之作，所以首因人之良知而推廣之。言天以至健而始萬物，則父之道也；地以至順而成萬物，則母之道也；吾以藐然之身生於其間，稟天地之氣以爲形，而懷天地之理以爲性，豈非子之道乎？其下繼之以民吾同胞，物吾黨與，而同胞之中，復推其大君者爲宗子，大臣者爲宗子之家相，高年者爲兄，孤弱者爲弟，聖者爲兄弟之合德乎父母，賢者爲兄弟之秀出乎等夷，疲癃殘疾、惸獨鰥寡者，爲兄弟之顛連而無告者，則皆所以著夫並生天地之間而與我同類者，雖有貴賤、貧富、長幼、賢愚之不齊，而均之爲天地之子也。故知並生天地之間而與我同類者均之爲天地之子，則天地爲吾之父母也，豈不昭昭矣乎。曰：前一節明人爲天地之子。何謂人事天地當如子之事父母？蓋子受父母之氣以生，則子之身即父母之身。人受天地之氣以生，則人之性亦即天地之性。子之身即父母之身，故事親者不可不知所以保愛其身。人之性即天地之性，則事天者亦豈可不知所以保養其性邪？此《西銘》之作，所以既明人爲天地之子，而復因事親之孝，以明事天之道也。樂天者，不思不勉，而順行乎此性，猶人子愛親之純而能愛其身者也。畏天者，戰戰兢兢，以保持乎此性，猶人子敬親之至而能敬其身者也。若夫徇私以違乎理，縱欲以害其仁，無能改於氣稟之惡而復增益之，則是反此性而爲天地悖德賊親不才之子矣。盡此性而能踐其形者，其惟天地克肖之子乎。窮神知化，樂天踐形者之事也。存心養性而不愧屋漏，畏天以求踐乎形者之事也。以此脩身，則爲顧養。以此及人，則爲錫類。以此處常而盡其道，則爲底豫，爲歸全。以此處變而不失其道，則爲待烹，爲順令。愛惡逆順，處之若一，生順死安，兩無所憾，事親而至於是，則可以爲孝子；事天而至於是，豈不可以爲仁人乎！故曰：後一節言人之事天地，當如子之事父母。此篇之指，大略如此。朱夫子所謂「推親親之厚以大無我之公，因事親之誠以明事天之道」，亦此意也。嗚呼。繼志述事，孝子之所以事親也。存心養性，君子之所以事天也。事親事天，雖若兩事，然事親者，即所以爲事天之推；而善事天者，乃所以爲善事其親者也。

臨川吴氏曰：天地者，吾之父母也。父母者，吾之天地也。天即父，父即天。地即母，母即地。人事天地，當如事父母。子事父母，當如事天地。保者，持守此理而不敢違，賢人也。樂者，從容順理而自然中，聖人也。蓋是理即天地之理，而天地即吾之父母也。持守而不敢違吾父母之理，非子之翼敬者乎？從容而自然順吾父母之理，非孝之極純者乎？不愛其親而愛他人者謂之悖德。天理者，父母所以與我者也。而乃違之，是不愛其親也。賊仁者謂之賊。仁者，父母所以與我之心德也。而乃害之，是戕其親也。世濟其惡，增其惡名，則是父母之不才子矣。若能踐其所以得五行秀，爲萬物靈者之形，則是與天地相似，而克肖乎父母矣。知者，聖人踐形惟肖，有以默契乎是理，非但聞見之知也。化，則天地化育之事。乾道變化，發育萬物，各正性命者。知得天地化育之事，則吾亦能爲天地之事，是善述吾父母所爲之事矣。窮者，聖人窮理盡性，有以究極乎是理，而知之無不盡也。神，則天地神妙之心，維天之命，至誠無息，於穆不已者。窮得天地神妙之心，則吾亦能心天地之心，是善繼吾父母所存之志矣。此造聖之終事，踐形惟肖者之盛德，所謂「樂且不憂，純乎孝者也」。不愧屋漏者，己私克盡，心自然存，性得其養，雖於屋漏之奥，尚無愧怍之事，夫其無愧於天，則是無忝辱所生之父母也。存心養性者，用力克己，惕然惟恐有愧於天，操而不舍其主於身之心，順而不害其具於心之理，存心養性所以事天，夫其不怠於存養此天理，則是不懈怠於事父母也。此作聖之始事，學踐形惟肖者之工夫，所謂「于時保之，子之翼也」。然知化者必能窮神，窮神然後能知化。不愧屋漏者必能存心養性，存心養性然後能不愧屋漏。善述事者必能繼志，善繼志者然後能述事。無忝者必能匪懈，匪懈然後能無忝。存心養性然後有以不愧屋漏，不愧屋漏然後可以至於窮神。窮神然後有以知化，匪懈然後有以無忝，無忝然後可以至於善繼志，善繼志者然後可以善述事也。

性理大全書卷之五

正蒙一

門人范育序曰：張夫子之爲此書也，有六經之所未載，聖人之所未言。蓋道一而已，語上極乎高明，語下涉乎形器，語大至於無間，語小入於無眹。一有窒而不通，則於理爲妄。《正蒙》之言，高者抑之，卑者舉之，虚者實之，礙者通之，衆者一之，合者散之，要之立乎大中至正之矩。天之所以運，地之所以載，日月之所以明，鬼神之所以幽，風雲之所以變，江河之所以流。物理以辨，人倫以正。造端者微，成能者著。知德者崇，就業者廣。本末上下，貫乎一道。過乎此者，淫遁之狂言也。不及乎此者，邪詖之卑説也。推而放諸有形而准，推而放諸無形而准。推而放諸至動而准，推而放諸至静而准。無不包矣，無不盡矣。無大可過矣，無細可遺矣。言若是乎其極矣，道若是乎其至矣。聖人復起，無有間乎斯言矣。○門人蘇昞序曰：先生著《正蒙》書數萬言，一日從容請曰：敢以區别成誦何如？先生曰：吾之作是書也，譬之枯株，根本枝葉莫不悉備，充榮之者，其在人功而已。又如晬盤示兒，百物具在，顧取者如何爾。於是輒就其編，會歸義例，略効《論語》《孟子》篇次章句，以類相從，爲十七篇。○吕汲公曰：先生云：此書吾積年致思之所得，其言殆合於前聖與。大要發端示人而已。其觸廣之，則有待於學者。正如老木一株，枝别固多，所少者潤澤華葉爾。○程子曰：横渠之言誠有過者，乃在《正蒙》。○子厚以清、虛、一、大名天道，是以器言，非形而上者。○横渠立清、虛、一、大爲萬物之源，恐未安。須兼清濁、虛實乃可言神。道體物不遺，不應有方所。○龜山楊氏曰：《正蒙》之書，關中學者尊信之，與《論語》等。其徒未嘗輕以示人，蓋恐未信者不惟無益，徒增其鄙慢爾。如《西銘》一篇，伊川謂與孟子性善、養氣之論同功，皆前聖所未發也。詳味之，乃見其用意之深。性命之説，雖揚雄猶未能造其藩籬，況他人乎？而世儒易言之，多見其妄也。孔子曰：「五十而知天命。」以孔子之聖，猶待五十而後知，則所知蓋有未易言者，非止如世儒之説也。學者當求之聖人，不當徒爲空言而已。○五峰胡氏曰：先生極天地陰陽之本，窮神化，一天人，所以息邪説而正人心，故自號其書曰《正蒙》。其志大，其慮深且遠矣。○朱子曰：横渠作《正蒙》時，或夜裏默坐徹曉，其勇如此。故其書規模廣大，欲盡窮萬物之理。○《正蒙》精深，難窺測。要其本原，則不出六經、《語》《孟》。且熟讀《語》《孟》，以程門諸公之説求之，涵泳其間，當自有得，然後此等文字可循次而及，方見好處。如今不須雜博。却不濟事，無收拾也。若果於此有味，則世間一種無緊要文字，皆是妄言綺語，自無工夫看得矣。○《正蒙》所論道體，覺得源頭有未是處。故伊川云：「過處乃在《正蒙》。」答書之中云：「非明睿所照，而考索至此。」蓋横渠却只是一向苦思求將向前去，却欠涵泳以待其義理自形見處。如云：「由氣化有道之名。」説得是好，終是生受辛苦。聖賢便不如此説。試教明道説便不同。如以太虛、太和爲道體，却只是説得形而下者，皆是「發而皆中節謂之和」處。○《正蒙》説道體處，如太和、太虛、虛空云者，止是説氣，説聚散處，其流乃是箇大輪迴。蓋其思慮攷索所至，非性分自然之知。若語道理，惟是周子説「無極而太極」最好。如「由太虛有天之名，由氣化有道之名，合虛與氣有性之名，合性與知覺有心之名」亦説得有理。「由氣化有道之名」，如所謂「率性之謂道」是也。然使明道形容此理，必不如此説。伊川所謂「橫渠之言，誠有過者，乃在《正蒙》」，「以清、虛、一、大爲萬物之原，有未安」等語，概可見矣。〇黃瑞節曰：朱子掇取周子、張子、程子之書爲《近思録》，凡六百一十二條。自《正蒙》來者二十六條。又於《正蒙》中表章《西銘》自爲一書。嘗述靜春劉氏之説曰：宋有四篇文字，《太極圖》《西銘》《易傳序》《春秋傳序》是也。二序，伊川程子之筆云。

太和篇第一

太和所謂道，中涵浮沉、升降、動靜相感之性，是生絪緼相盪，勝負屈伸之始。其來也幾微易簡，其究也廣大堅固。起知於易者乾乎，效法於簡者坤乎。散殊而可象爲氣，清通而不可象爲神。不如野馬絪緼，不足謂之太和。語道者知此謂之知道，學《易》者見此謂之見易。不如是，雖周公才美，其智不足稱也已。

朱子曰：此以太和狀道體，與「發而中節之和」無異。

太虛無形，氣之本體。其聚其散，變化之客形爾。至靜無感，性之淵源。有識有知，物交之客感爾。客感客形與無感無形，惟盡性者一之。

朱子曰：客感客形與無感無形，未免分截作兩段事。聖人不如此説，只説形而上、形而下而已。

天地之氣，雖聚散攻取百塗，然其爲理也，順而不妄。氣之爲物，散入無形，適得吾體；聚爲有象，不失吾常。太虚不能無氣，氣不能不聚而爲萬物，萬物不能不散而爲太虚。循是出入，是皆不得已而然也。然則聖人盡道其間，兼體而不累者，存神其至矣。彼語寂滅者往而不反，徇生執有者物而不化，二者雖有間矣，以言乎失道則均焉。

聚亦吾體，散亦吾體，知死之不亡者，可與言性矣。

知虚空即氣，則有無、隱顯、神化、性命通一無二。顧聚散出入，形不形，能推本所從來，則深於《易》者也。若謂虚能生氣，則虚無窮，氣有限，體用殊絶，入老氏有生於無自然之論，不識所謂有無混一之常。若謂萬象爲太虚中所見之物，則物與虚不相資，形自形，性自性，形性天人不相待而有，陷於浮屠以山河大地爲見病之説。此道不明，正由懵者略知體虚空爲性，不知本天道爲用。反以人見之小，因緣天地。明有不盡，則誣世界乾坤爲幻化；幽明不能舉其要，遂躐等妄意而然。不悟一陰一陽，範圍天地，通乎晝夜，三極大中之矩。遂使儒、佛、老、莊混然一途。語天道性命者，不罔於恍惚夢幻，則定以有生於無爲窮高極微之論。入德之途，不知擇術而求，多見其蔽於詖而陷於淫矣。

氣坱然太虚，升降飛揚，未嘗止息，《易》所謂「絪緼」，莊生所謂「生物以息相吹」野馬者歟？此虛實動静之機，陰陽剛柔之始。浮而上者陽之清，降而下者陰之濁。其感遇聚散，爲風雨，爲雪霜，萬品之流形，山川之融結，糟粕煨燼，無非教也。

朱子曰：「坱然太虛」，此張子所謂「虛空即氣」也。蓋天在四畔，地居其中。減得一尺地，遂有一尺氣。但人不見耳。此是未成形者。及至浮而上，降而下，則已成形者。若融結、糟粕、煨燼，即是氣之查滓。要之皆是示人以理。○升降飛揚，所以生人物者未嘗止息。但人不見耳。○問：言機言始，莫是説理否？曰：此本只是説氣，理自在其中。一動一静，便是機處。○問：「始」字之義如何。曰：「始」是如生物底母子相似，萬物都從這裏生出去。「升降飛揚」，便合這「虛實動静」兩句。所以虛實動静、陰陽剛柔者，便是這升降飛揚者爲之，非兩般也。○「無非教也」，教便是説理。《禮記》中「天道至教，聖人至德」與孔子「予欲無言」，天地與聖人都一般，精底都從粗底上發見，道理都從氣上流行。雖至粗底物，無非是道理發見，天地與聖人皆然。此等言語，都是經煅煉底語，須熟念細看。

氣聚則離明得施而有形，氣不聚則離明不得施而無形。方其聚也，安得不謂之客？方其散也，安得遽謂之無？故聖人仰觀俯察，但云「知幽明之故」，不云「知有無之故」。盈天地之間者，法象而已。文理之察，非離不相覩也。方其形也，有以知幽之因。方其不形也，有以知明之故。

或問朱子曰：離明何謂也？曰：此説似難曉。有作日光説，有作目説。看來只是氣聚則目得而見，不聚則不得而見，《易》所謂「離爲目」是也。○形之時，其幽之因已在此。不形之際，其明之故已在此。聚者散之因，散者聚之故。

氣之聚散於太虛，猶冰凝釋於水。知太虛即氣，則無無。故聖人語性與天道之極，盡於參伍之神，變易而已。諸子淺妄，有有無之分，非窮理之學也。

太虛爲清，清則無礙，無礙故神。反清爲濁，濁則礙，礙則形。

程子曰：神氣相極，周而無餘。謂氣外有神，神外有氣，是兩之也。清者爲神，濁者何獨非神乎？○問：太虛之説，本是説無極，却是説得「無」字。朱子曰：無極是該貫虛實、清濁而言。「無極」字落在中間，「太虛」字落在一邊了，便是難説。聖人熟了，説出便恁地平正。而今把意思去形容他，却有時偏了。明道説氣外無神，神外無氣，謂清者爲神，則濁者非神乎？後來亦有人與横渠説，横渠却云清者可以該濁，虛者可以該實。却不知形而上者還他是理，形而下者還他是氣。既説是虛，便是與實對了。既説是清，便是與濁對了。

凡氣，清則通，昏則壅。清極則神，故聚而有間，則風行而聲聞具達，清之驗與。不行而至，通之極與。

由太虛有天之名，由氣化有道之名，合虛與氣有性之名，合性與知覺有心之名。

朱子曰：本只是一箇太虛，漸細分得密爾。且太虛便是四者之總體，而不離乎四者而言。「由氣化有道之名」，氣化是陰陽造化，寒暑晝夜，雨露霜雪，山川木石，金水火土皆是。只此便是太虛，但雜却氣化説。雖雜氣化説，而實不離乎太虛，未説到人物各具當然之理處。「合虛與氣有性之名」，有這氣，道理便隨在裏面，無此氣，則道理無安頓處。如水中月，須是有此水方映得月。心之知覺，又是那氣之虚靈底。聰明視聽、作爲運用皆是。有這知覺，方運用得這道理。所以張子説人能弘道，是「心能盡性」；非道弘人，「是性不知檢其心」。邵子説「心者性之郛郭」。此等語皆秦、漢以下人道不到。○「由太虚有天之名」，都是箇自然底。「由氣化有道之名」，是虚底物在實上見，無形底因有形而見。氣有形而虚無迹，以有形之氣具無迹之理，故謂之性也。○「由太虚有天之名，合虚與氣有性之名」，是「天命之謂性」管此兩句。「由氣化有道之名」是「率性之謂道」管此一句。「合性與知覺有心之名」，此又是「天命之謂性」這下管此一句。○潛室陳氏曰：四者本是一理，但所由之名異耳。從太虚上看，則謂之天，天爲太極是也。從氣上看，則謂之道，一陰一陽之道是也。從虚與氣合上看，則謂之性，天命之性是也。從性與知覺合上看，知覺是血氣動物，則謂之心。其實一理爾。

鬼神者，二氣之良能也。聖者，至誠得天之謂。神者，太虚妙應之目。凡天地法象，皆神化之糟粕爾。

朱子曰：伊川謂「鬼神者造化之迹」，却不如横渠所謂「二氣之良能」。蓋程説固好，但只渾淪在這裏。張説分明便見有箇陰陽在。問：良能之義。曰：只是二氣之自然者耳。屈伸往來，是二氣自然能如此。問：伸是神，屈是鬼否？曰：氣之方來皆屬陽，是神。氣之反皆屬陰，是鬼。午前是神，午後是鬼。初一以後是神，十六以後是鬼。草木方發生是神，凋落是鬼。人自少至壯是神，衰老是鬼。嘘是神，吸是鬼。風雷鼓動是神，收斂是鬼。○上蔡謝氏曰：横渠説得别，這箇便是天地間妙用。

天道不窮，寒暑已。衆動不窮，屈伸已。鬼神之實，不越二端而已矣。

兩不立則一不可見，一不可見則兩之用息。兩體者，虛實也，動静也，聚散也，清濁也。

其究一而已。

感而後有通，不有兩則無一，故聖人以剛柔立本。乾坤毁則無以見易。

游氣紛擾，合而成質者，生人物之萬殊。其陰陽兩端，循環不已者，立天地之大義。

朱子曰：此一段專説氣，未及言理。「游氣紛擾」，此言氣到此已是查滓麤濁者，去生人物，蓋氣之用也。「動静兩端」説氣之本，上章言「坱然太虚」一段，亦是發明此意。○陰陽即氣也，豈陰陽之外復有游氣耶？所謂游氣者，指其所以賦與萬物。一物各得一箇性命，便有一箇形質，此皆氣合而成之也。○陰陽循環如磨，游氣紛擾如磨中出者。《易》曰：「陰陽相摩，八卦相盪。鼓之以雷霆，潤之以風雨。日月運行，一寒一暑。」此陰陽之循環也。「乾道成男，坤道成女」，此游氣之紛擾也。○「循環不已」者，乾道變化也。「合而成質」者，各正性命也。○晝夜運而無息，便是陰陽之兩端。其四邊散出紛擾者，便是游氣，以生人物之萬殊。如麪磨相似，其四邊只管層層散出。天地之氣，運轉無已，只管層層生出人物，其中有麤有細，如人物有偏有正。○游，是散殊。比如一箇水車，一上一下，兩邊只管衮轉，這便是「循環不已，立天地之大義」底。一上一下，只管衮轉，中間帶得水灌溉得所在，便是「生人物之萬殊」。天地之間，二氣只管運轉，不知不覺生出一箇人，不知不覺又生出一箇物。即他這箇斡轉，便是生物時節。○游氣，是氣之發散生物底氣。游，亦流行之意。紛擾者，參錯不齊。既生物，便是游氣。若是生物常運行而不息者，二氣初無增損也。○此固是一物，但渠所説「游氣紛擾，合而成質」，恰是指陰陽交會言之。「陰陽兩端，循環不已」，却是指那分開底説。蓋陰陽只管混了闢，闢了混，故周子云：「混兮闢兮，其無窮兮。」○游氣是裏面底，譬如一箇扇相似。扇便是「立天地之大義」底，扇出風來便是「生人物」底。

日月相推而明生，寒暑相推而歲成，神、易無方體，一陰一陽，陰陽不測，皆所謂通乎晝夜之道也。

晝夜者，天之一息乎。寒暑者，天之晝夜乎。天道春秋分而氣易，猶人一寤寐而魂交。魂交成夢，百感紛紜，對寤而言，一身之晝夜也。氣交爲春，萬物糅錯，對秋而言，天之晝夜也。氣本之虛，則湛本無形。感而生，則聚而有象。有象斯有對，對必反其爲。有反斯有仇，仇必和而解。故愛惡之情同出於太虛，而卒歸於物欲。倏而生，忽而成，不容有毫髮之間，其神矣夫。

造化所成，無一物相肖者。以是知萬物雖多，其實一物無無陰陽者。以是知天地變化，二端而已。

萬物形色，神之糟粕。性與天道云者，易而已矣。心所以萬殊者，感外物爲不一也。天大無外，其爲感者，絪緼二端而已。

物之所以相感者，利用出入，莫知其鄉，一萬物之妙者與。氣與志，天與人，有交勝之理。聖人在上而下民咨，氣壹之動志也。鳳凰儀，志壹之動氣也。

參兩篇第二

地所以兩，分剛柔、男女而效之法也。天所以參，一太極、兩儀而象之性也。

一物兩體，氣也。一故神，兩在故不測。兩故化。推行於一。此天之所以參也。

朱子曰：此語極精。「一故神」，自註云「兩在故不測」。只是這一物，周行乎事物之間。如陰陽屈伸，往來上下，以至於行乎十百千萬之中，無非這一箇物事。所以謂「兩在故不測」。「兩故化」，自註云「推行於一」。凡天下之事，一不能化，惟兩而後能化。且如一陰一陽，始能化生萬物。雖是兩，要之亦推行乎此一爾。○一，是一箇道理，却有兩端，用處不同。譬如陰陽，陰中有陽，陽中有陰。陽極生陰，陰極生陽。所以神化無窮。○兩者，陰陽消長，進退非一，則陰陽消長無自而見。非陰陽消長，則一不可得而見。○一故神。譬之人身，四體皆一物，故觸之而無不覺，不待心使至此而後覺也。此所謂「感而遂通，不行而至，不疾而速」也。發於心，達於氣，天地與吾身共只是一團物事。所謂鬼神者，只是自家氣。自家心下思慮纔動，這氣即敷於外，自然有所感通。

地純陰，凝聚於中。天浮陽，運旋於外。此天地之常體也。恒星不動，純繫乎天，與浮陽運旋而不窮者也。日、月、五星，逆天而行，并包乎地者也。地在氣中，雖順天左旋，其所繫辰象隨之稍遲，則反移徙而右爾。間有緩速不齊者，七政之性殊也。月陰精，反乎陽者也。故其右行最速。日爲陽精，然其質本陰，故其右行雖緩，亦不純繫乎天。如恒星不動，金水附日，前後進退而行者，其理精深，存乎物感可知矣。鎮星地類，然根本五行。雖其行最緩，亦不純繫乎地也。火者亦陰質，爲陽萃焉。然其氣比日而微，故其遲倍日。惟木乃歲一盛衰，故歲歷一辰。辰者，日月一交之次，有歲之象也。

黄瑞節曰：此段日月右行之説，與後段異同，未詳。

凡圜轉之物，動必有機。既謂之機，則動非自外也。古今謂天左旋，此直至粗之論爾，不考日月出没、恒星昏曉之變。愚謂在天而運者，惟七曜而已。恒星所以爲晝夜者，直以地氣乘機，左旋於中，故使恒星河漢因一作回。北爲南。日月因天隱見，太虛無體，則無以驗其遷動於外也。

天左旋，處其中者順之，少遲則反右矣。

或問朱子曰：天道左旋，日月右行，如何？曰：自疏家有此説，人皆守定。張子説日月皆是左旋，説得好。蓋天行甚健。一日一夜，周三百六十五度四分度之一，又進過一度。日行速，健次於天。一日一夜，周三百六十五度四分度之一，起度端，終度端，無贏縮正恰好。被天進一度，則日爲退一度。二日天進二度，則日爲退二度。趲天不上，積至三百六十五日四分日之一，則天所進過之度，又恰周得本數。而日所退之度，亦恰退盡本數。遂與天會而成一年。月行遲，一日一夜，三百六十五度四分度之一行不盡，比天爲退了十三度十九分度之七，至二十七日半强而一周天與初躔合。又行二日有奇，爲二十九日半强與日會。進數爲順天而左，退數爲逆天而右。曆家以進數難算，只以退數算之，此是截法，故謂之右行，取其易見日月之度爾。乃云「日行遲，月行速」。此錯説也。曆家若順算，則算著那相去處度數多。今以其相近處言，故易算。蔡季通云：西域有《九執曆》，是順算。○天無體，二十八宿便是天體，隨天而定。日月與五星則皆隨天左轉，而緩急各不同，不隨天而定也。横渠少遲則反右之説極精。如以一大輪在外，一小輪載日月在内，大輪轉急，小輪轉慢。雖都是左轉，只有急有慢，便覺日月似右轉了。《禮記·月令》疏云：「二十八宿及諸星皆循天左行，一日一夜一周天，一周天之外更行一度。」其説可證也。

地，物也。天，神也。物無踰神之理。顧有地斯有天，若其配然爾。

朱子曰：天包乎地，天之氣又行乎地之中，故横渠云地對天不過。

地有升降，日有脩短。地雖凝聚不散之物，然二氣升降其間，相從而不已也。陽日上，地日降而下者，虚也。陽日降，地日進而上者，盈也。此一歲寒暑之候也。至於一晝夜之盈虚升降，則以海水潮汐驗之爲信。然間有小大之差，則繫日月朔望，其精相感。

邵子曰：海潮者，地之喘息也。所以應月者，從其類也。○朱子曰：天地之間，東西爲緯，南北爲經。故子、午、卯、酉爲四方之正位。而潮之進退，以月至此位爲節爾。○黄瑞節曰：此段「地有升降，日有倏短」及證以海水潮汐之候，皆用舊説。今考先儒皆謂地在天中，水環地外，四遊升降，不越三萬里。春遊過東方五千里，其下降如其數。秋遊過西方五千里，其上升如其數。夏遊在南，故日在其上。冬遊過北，故日在其南。此冬夏晝夜之長短，因地有升降而然。人處地上，如在舟中。但見岸之移，而不知舟之轉也。至於論潮，則謂天包水，水承地，而一元之氣升降於太空之中，地乘水力，與元氣相爲升降。氣升而地沉，則海水溢上而爲潮。氣降而地浮，則海水縮而爲汐。一晝一夜，陰陽之氣再升再降，故一日之間潮汐皆再。其説與地有四遊相爲表裏。然以渾天術觀之，天形斜倚，半在地上。北極出地三十六度，其南五十五度，正當地之中。又其南十二度爲夏至之日道，天在地上最高，故晝長。又其南二十四度爲春秋分之日道，天在地上稍低，故晝夜平。又其南二十四度爲冬至之日道，天在地上最低，故晝短。其南下入地纔三十一度而已。此晝夜長短，乃天體高低自然之理，非因地之升降也。潮汐消長，則惟余襄公《海潮圖序》最明。蓋潮之消息，皆繫於月。月臨卯、酉，則潮漲乎東西。月臨子、午，則潮平乎南北。晝夜之運，日行一度，月行十三度有奇，故太陰西没之期常緩於太陽三刻有奇。潮信之來，率亦如是。自朔至望，常緩一夜潮。自望至晦，復緩一晝潮。朔望前後，月行差疾，故晦前三日潮勢長，朔後三日潮勢大。望亦如之。月弦之際，月行差遲。故潮之去來，勢亦稍小。一月則潮盛於朔望之後，一歲則潮盛於春秋之中。春夏晝潮常大，秋冬夜潮常大。蓋歲之有春秋，猶月之有朔望，天地之常數也。此潮之消息，乃繫乎月之進退，亦非因地之浮沉也。張子特用舊説而未之易耳，因附見之。

日質本陰，月質本陽，故於朔望之際，精魄反交，則光爲之食矣。

朱子曰：曆家説天有五道，而今且將黄、赤道説。天正如一圓匣相似。赤道是那匣子相合縫處，在天之中。黄道一半在赤道之内，一半在赤道之外，東西兩處與赤道相交。度却是將天横分爲許多度數，會時是日月在黄道、赤道十字路頭相交處相撞著。望時是月與日正相向，如一箇在子，一箇在午。日所以食於朔者，月常在下，日常在上。既是相會，被月在下面遮了日，故日食。望時月食，謂之闇虚。蓋火日外影，其中實闇。到望時，恰當著其中闇處，故月食。至明中有闇虚，其闇至微。望時月與之正對無分毫相差，月爲闇虚所射，故食。○黄瑞節曰：《春秋》疏云：「日月同處，則日被月映而形魄不見，故食。朔則交會，故食必在朔。然而每朔皆會，應每月皆食。」杜預云：「日月動物，雖行度有大量，不能不小有盈縮。故雖有交會而不食者，或有頻交而食者。」又云：「日月異道，交互相錯。月之一周，必半在日道裏，從外而入内；半在日道表，從内而出外。或六入七出，或七入六出。凡十三出入而與日會。曆家謂之交道。通而計之，一百七十三日有餘而有一交。」唐一行《日議》云：「日行黄道，月有九道。其所行之道，遇交則有薄蝕之變也。至於合朔如合璧，則不食。其交不軌道，則食也。故驗日食者，必以日躔月道之交驗之耳。」五代王朴云：「自古相傳，皆謂近交則日月有食。殊不知日月之相掩，與闇虚之相射，其理有異。」今據諸家之説，所謂九道者，青道二，赤道二，白道二，黑道二，與黄道而九也。月不行黄道，止行其餘八道。但此八道，皆斜出入於黄道之内外，故謂之九道耳。月一歲凡十三次經天，則二十六次出入於黄道之内外。一次經天，則一次入一次出也。或六次入七次出，或七次入六次出，各十三出入也。此二十六次出入於黄道之時，有二十四次皆不與日會，惟有兩次與日會。故疏云通計一百七十三日有餘而有一交也。於此時方有食。然而有食有不食者，或日月同道之際，道有分數，故食亦有分數；或小有盈縮，遂從邊而過，故有不食也。《吕氏詩記·十月之交篇》載孔疏之説亦然。若以定法論之，一歲兩交當兩食。而春秋二百四十二年，日食三十六。唐二百九十年，食百餘。何也？此杜預所謂：「有雖交會而不食者，或有頻交而食者也。」朱子與王朴之説合。日月之相掩，與闇虚之所射，是日月食之理也。

虧盈法，月於人爲近，日遠在外，故月受日光常在於外。人視其終初，如鈎之曲。及其中天也，如半璧然。此虧盈之驗也。

朱子曰：曆家舊説：「月朔則去日漸遠，故魄死而明生。既望則去日漸近，故魄生而明死。至明而朔，則又遠日而明復生，所謂死而復育也。」此説誤矣。若果如此，則未望之前，西近東遠，而始生之明當在月東。既望之後，東近西遠，而未死之明却在月西矣。安得未望載魄於西，既望終魄於東，而遡日以爲明乎？故惟近世沈括之説得之。蓋括之言曰：「月本無光，猶一銀丸。日曜之乃光耳。光之初生，日在其旁，故光側而所見纔如鈎。日漸遠，則斜照而光稍滿。大抵如一彈丸，以粉塗其半，側視之則粉處如鈎，對視之則正圓也。」近歲王普又申其説：「月生明之夕，但見其一鈎。至日月相望，而人處其中，方得見其全明。必有神人能凌倒景，旁日月，而往參其間，則雖弦晦之時，亦復見其全明，而與望夕無異耳。」以此觀之，則知月光常滿，但自人所立處視之，有偏有正，故見其光有盈有虧，非既死而復生也。○古今皆言月有闕，惟沈存中云無闕。蓋晦日，則與日相疊了。或從上過，或從下過，皆不受光。至初三方漸漸離開了。人在下面側看見，則其光闕。至望日，則月與日正相對，人在中間正看見，則其光方圓。○問：月中影是地影否？曰：前輩有此説。日月在天，如兩鏡相照，而地居其中，四旁皆空水也。故月中微黑之處，乃鏡中天地之影，略有形似而非真有物也。○問：弦之義。曰：上弦是月盈及一半，如弓之上弦。下弦是月虧了一半，如弓之下弦。又問：是四分取半否？曰：二分二至，亦是四分取半。曆家謂「紓前縮後，近一遠三」。以天之圍言之，上弦與下弦時，月日相看，皆四分天之一。○黄瑞節曰：「紓前縮後」云者，曆家謂春分月弦東井日在奎，秋分月弦南斗日在角，月在前，日在後也。「近一遠三」云者，曆家以周天爲四分，近一分，遠三分也。

月所位者陽，故受日之光，不受日之精。相望中弦，則光爲之食。精之不可以二也。

日月雖以形相物，考其道，則有施受、健順之差焉。星、月、金、水受光於火日，陰受而陽施也。

陰陽之精，互藏其宅，則各得其所安。故日月之形，萬古不變。若陰陽之氣，則循環迭至，聚散相盪，升降相求，絪緼相揉。蓋相兼相制，欲一之而不能。此其所以屈伸無方，運行不息，莫或使之。不曰性命之理，謂之何哉？

或問：程子曰：「陰陽之精，互藏其宅。」然乎？曰：此言甚有味，由人如何看。水離物不得，故水有離之象。火能入物，故火有坎之象。

日月得天，得自然之理也，非蒼蒼之形也。

閏餘生於朔，不盡周天之氣。而世傳交食法與閏異術，蓋有不知而作者爾。

朱子曰：「周天之氣」，謂二十四氣也。月有大小，朔不得盡此氣，而一歲日子足矣，故置閏。○天體至圓，周圍三百六十五度四分度之一。繞地左旋，常一日一周而過一度。日麗天而少遲，一日繞地一周無餘，而常不及天一度。積三百六十五日九百四十分日之二百三十五，而與天會，是一歲日行之數也。月麗天而尤遲，一日常不及天十三度十九分度之七，積二十九日九百四十分日之四百九十九，而與日會。十二會，得全日三百四十八。餘分之積，五千九百八十八。如日法九百四十而一得六，不盡三百四十八，通計得日三百五十四九百四十分日之三百四十八，是一歲月行之數也。歲有十二月，月有三十日，三百六十日，歲之常數也。故日行而多五日九百四十分日之二百三十五者，爲氣盈。月行而少五日九百四十分日之五百九十二者，爲朔虚。合氣盈朔虚，而閏生焉。一歲閏，率則十日九百四十分日之八百二十七。三歲一閏，則三十二日九百四十分日之六百單一。五歲再閏，則五十四日九百四十分日之三百七十五。十有九歲七閏，則氣、朔分齊，是爲一章。○黄瑞節曰：曆家以一日爲九百四十分。所謂九百四十分日之二百三十五者，是一日内二百三十五分也。所謂餘分之積五千九百八十八者，一會餘四百九十九，十二會乘之，得五千九百八十八也。所謂如日法九百四十而一者，如算日之法以九百四十分爲一日也。得六者，得六日也。不盡三百四十八者，將餘分五千九百八十八除之，六日外猶餘三百四十八分也。日行積三百六十五日九百四十分日之二百，三十五與天會，是一歲三百六十日，而日行多五日又二百三十五分也。月行積三百五十四日九百四十分日之三百四十八，爲十二會。是一歲三百六十日，而月行少五日又五百九十二分也。將日行所多五日又二百三十五分合月行所少五日又五百九十二分，通得十日又八百二十七分，一歲之閏率也。三歲一閏，合三歲之間日行所多、月行所少，通得三十二日又六百單一分也。五歲再閏，合五歲之間日行所多、月行所少，通得五十四日又三百七十五分也。十九歲七閏，合十九歲日行所多、月行所少，通得整日一百九十。每歲餘分八百二十七，以十九乘之，得一萬五千七百一十三；以日法九百四十分而一除之，得十六日。猶餘六百七十三分，并一百九十日，通二百單六日又六百七十三分也。今爲七閏月，每月二十九日，通二百單三日。每月餘分四百九十九分，以七乘之，得三千四百九十二。以日法九百四十分而一除之，得三日，猶餘六百七十三分。并二百單三日，通二百單六日又六百七十三分也。所謂氣、朔分齊者，十九年合氣盈朔虛，得二百單六日，不盡六百七十三分。七閏月，亦二百單六日，不盡六百七十三分。氣之分與朔之分，至十九年而皆齊。此所謂「氣、朔分齊，而爲一章」也。

陽之德主於遂，陰之德主於閉。

陰性凝聚，陽性發散。陰聚之，陽必散之。其勢均散。陽爲陰累，則相持爲雨而降。陰爲陽得，則飄揚爲雲而升。故雲物班布太虛者，陰爲風驅，斂聚而未散者也。凡陰氣凝聚，陽在内者不得出，則奮擊而爲雷霆。陽在外者不得入，則周旋不舍而爲風。其聚有遠近虛實，故雷風有小大暴緩。和而散，則爲霜雪雨露。不和而散，則爲戾氣曀霾。陰常散緩，受交於陽，則風雨調，寒暑正。

朱子曰：此一段見得陰陽之情。陽氣正升，忽遇陰氣，則相持而下爲雨。蓋陽氣輕，陰氣重，故陽氣爲陰氣壓墜而下也。陰氣正升，忽遇陽氣，則助之飛騰而上爲雲也。陽氣伏於陰氣之内不得出，故爆開而爲雷也。陰氣凝結於内，陽氣欲入不得，故旋繞其外不已而爲風，至吹散陰氣盡乃已也。戾氣飛雹之類，曀霾黄霧之類，皆陰陽邪惡不正之氣。所以雹水穢濁，或青黑色。

天象者，陽中之陰。風霆者，陰中之陽。

雷霆感動雖速，然其所由來亦漸爾。能窮神化所從來，德之盛者歟。

火日外光，能直而施。金水内光，能闢而受。受者隨材各得，施者所應無窮。神與形，天與地之道歟。

木曰曲直，能既曲而反申也。金曰從革，一從革而不能自反也。水火，氣也，故炎上潤下，與陰陽升降，土不得而制焉。木金者，土之華實也，其性有水火之雜。故木之爲物，水漬則生，火然而不離也，蓋得土之浮華於水火之交也。金之爲物，得火之精於土之燥，得水之精於水之濡，故水火相待而不相害，鑠之反流而不耗，蓋得土之精實於水火之際也。土者，物之所以成始而成終也，地之質也，化之終也，水火之所以升降，物兼體而不遺者也。

朱子曰：五行之説，《正蒙》一段説得最好，不輕下一字。○問：陰陽五行如何。曰：康節説得法密，橫渠説得理透。○問：金木水火體質屬土。曰：《正蒙》有一説好。只金與木之體質屬土，水與火却不屬土。○陰以陽爲質，陽以陰爲質。水内明而外暗，火内暗而外明。○西山真氏曰：日火外景，金水内景，本《淮南子》之説。道家謂：「日火揚光於外，故日有食，火有滅。金水潛光於内，故無窮。」以此爲養生之法，收視反觀，潛神不曜。

冰者，陰凝而陽未勝也。火者，陽麗而陰未盡也。火之炎，人之蒸，有影無形，能散而不能受。光者其氣陽也。

陽陷於陰爲水，附於陰爲火。

天道篇第三

天道四時行，百物生，無非至教。聖人之動，無非至德。夫何言哉。

天體物不遺，猶仁體事無不在也。禮儀三百，威儀三千，無一物而非仁也。「昊天曰明，及爾出王。昊天曰旦，及爾游衍。」無一物之不體也。

朱子曰：此數句從赤心片片説出來，荀、揚豈能到。體物，猶言爲物之體也。蓋物物有箇天理。體事，謂事事是仁做出來。如「禮儀三百，威儀三千」，須得仁以爲骨子。凡言體，便是做他那骨子。本是言物以天爲體，事以仁爲體，緣須著從上説，故如此下語。體物爲物之體，猶言幹事爲事之幹也。出王之王音往，言往來游衍，無非是理。無一物之不體，猶言無一物不將這箇做骨。

上天之載，有感必通。聖人之爲，得爲而爲之也。

天不言而四時行，聖人神道設教而天下服。誠於此，動於彼，神之道與。成變化，行鬼神，成行，陰陽之氣而已矣。韓本有此一段。

天不言而信，神不怒而威。誠故信，無私故威。

天之不測謂神，神而有常謂天。

運於無形之謂道，形而下者不足以言之。

「鼓萬物而不與聖人同憂」，天道也。聖不可知也。無心之妙，非有心所及也。

不見而章，已誠而明也。不動而變，神而化也。無爲而成，爲物不貳也。

已誠而明，故能不見而章，不動而變，無爲而成。

富有廣大，不禦之盛與，日新悠久，無疆之道與？

天之知物，不以耳目心思，然知之之理過於耳目心思。天視聽以民，明威以民，故《詩》《書》所謂帝、天之命，主於民心而已焉。

或問朱子曰：所謂「帝天之命，主於民心」。曰：皆此理也。民心之所向，即天心之所存也。

「化而裁之存乎變。」存四時之變，則周歲之化可裁。存晝夜之變，則百刻之化可裁。

「推而行之存乎通。」推四時而行，則能存周歲之通；推晝夜而行，則能存百刻之通。「神而明之，存乎其人。」不知上天之載，當存文王。「默而成之，存乎德行。」學者常存德性，則自然默成而信矣。存文王則知天載之神，存衆人則知物性之神。

谷之神也有限，故不能通天下之聲。聖人之神惟天，故能周萬物而知。

聖人有感無隱，正猶天道之神。

形而上者，得意斯得名，得名斯得象。不得名，非得象者也。故語道至於不能象，則名言亡矣。

世人知道之自然，未始識自然之爲體爾。

有天德，然後天地之道可一言而盡。

正明不爲日月所眩，正觀不爲天地所遷。

神化篇第四

神天德，化天道。德其體，道其用。一於氣而已。

神無方，易無體，大且一而已爾。

虚明一作靜。照鑑，神之明也。無遠近幽深，利用出入，神之充塞無間也。

天下之動，神鼓之也。辭不鼓舞，則不足以盡神。

鬼神，往來屈伸之義。故天曰神，地曰示，人曰鬼。神示者，歸之始。歸往者，來之終。○朱子曰：《説文》「示」字，以有所示爲義，故「視」字從示。天之氣生而不息，故曰神。地之氣顯然示人，故曰示。一説，一而大謂之天，二而小謂之地。二而小，即示字也。天曰神，地曰示者，蓋其氣未嘗或息也。人鬼，則其氣有所歸矣。

形而上者，得辭斯得象矣。神爲不測，故緩辭不足以盡神。化爲難知，故急辭不足以體化。

朱子曰：神自是急底物事，緩辭如何形容之。如「陰陽不測之謂神」，「神無方，易無體」，皆是急辭。化是漸漸而化，若急辭以形容之則不可。

氣有陰陽，推行有漸爲化，合一不測爲神。其在人也，知義用利，則神化之事備矣。德盛者，窮神則知不足道，知化則義不足云。天之化也運諸氣，人之化也順夫時。非氣非時，則化之名何有？化之實何施？《中庸》曰「至誠爲能化」，孟子曰「大而化之」，皆以其德合陰陽，與天地同流而無不通也。所謂氣也者，非待其蒸鬱凝聚，接於目而後知之。苟健順動止，浩然湛然之得言，皆可名之象爾。然則象若非氣，指何爲象？時若非象，指何爲時？世人取釋氏銷礙入空，學者舍惡趨善以爲化，此直可爲始學遺累者薄乎云爾，豈天道神化所同語也哉。

朱子曰：「神化」二字，雖程子説得亦不甚分明，惟是横渠推出來曰：「推行有漸爲化，合一不測爲神。」又曰：「一故神，兩在故不測。」言兩在者，或在陰，或在陽。在陰時全體都是陰，在陽時全體都是陽。化是逐一挨將去底，一日復一日，一月復一月，節節挨將去，便成一年，這是化。○問：「象若非氣，指何爲象？時若非象，指何爲時？」曰：且如天地日月，若無這氣，何以撑拄得成這象？象無晦明，何以别其爲晝夜？無寒暑，何以别其爲冬夏？

變則化，由粗入精也。「化而裁之謂之變」，以著顯微也。「谷神不死」，故能微顯而不揜。

鬼神常不死，故誠不可揜。人有是心在隱微，必乘間而見，故君子雖處幽獨，防亦不懈。

神化者，天之良能非人能，故大而位天德，然後能窮神知化。

「大」可爲也，「大而化」不可爲也，在熟而已。《易》謂「窮神知化」，乃德盛仁熟之致，非智力能强也。

「大而化之」，能不勉而大也。不已而天，則不測而神矣。

先後天而不違，順至理以推行，知無不合也。雖然，得聖人之任者皆可勉而至，猶不害於未化爾。大幾聖矣，化則位乎天德矣。

大則不驕，化則不吝。

無我而後大，大成性而後聖，聖位天德不可致知謂神。故神也者，聖而不可知。

見幾則義明，動而不括則用利，屈伸順理則身安而德滋。窮神知化，與天爲一，豈有我所能勉哉？乃德盛而自致爾。「精義入神」，事豫吾内，求利吾外也。「利用安身」，素利吾外，致養吾内也。「窮神知化」，乃養盛自致，非思勉之能强。故崇德而外，君子未或致知也。

朱子曰：精熟義理而造於神，事素定乎内，而乃所以求利乎外也。通達其用而身得其安，素利乎外，而乃所以致養其内也。蓋内外相應之理。○入神，是入至於微妙處。此却似向内做工夫，非是作用於外，然乃所以致用於外也。故嘗謂門人曰：「吾學既得於心，則修其辭命。辭無差，然後斷事。斷事無失，吾乃沛然。精義入神者，豫而已。」横渠可謂「精義入神」。

神不可致思，存焉可也。化不可助長，順焉可也。存虚明，久至德，順變化，達時中，仁之至，義之盡也。知微知彰，不舍而繼其善，然後可以成之性矣。

聖不可知者，乃天德良能。立心求之，則不可得而知之。

聖不可知謂神。莊生繆妄，又謂有神人焉。

惟神爲能變化，以其一天下之動也。人能知變化之道，其必知神之爲也。

見易，則神其幾矣。

「知幾其神」，由經正以貫之，則寧用終日，斷可識矣。幾者，象見而未形也。形則涉乎明，不待神而後知也。「吉之先見」云者，順性命，則所先皆吉也。

知神而後能饗帝饗親，見易而後能知神。是故不聞性與天道，而能制禮作樂者，末矣。

精義入神，豫之至也。

徇物喪心，人化物而滅天理者乎。存神過化，忘物累而順性命者乎。

敦厚而不化，有體而無用也。化而自失焉，徇物而喪己也。大德敦化，然後仁智一而聖人之事備。性性爲能存神，物物爲能過化。

西山真氏曰：「過化存神」，此四字本出《孟子》。過化，謂聖人凡所經歷處人皆化之。存神，謂其中所存神妙。正意只是如此。至横渠先生乃謂「性性爲能存神，物物爲能過化」。下性字，指本然者而言。上性字，是謂我能全其性，而不爲情所蕩而失其性，則其所存者神妙而不可測。下物字，指事物而言。上物字，指我之應物而言。謂物物各自有理，我隨其理以應之，物各付物，不以己之私意參乎其間，則事過弗留，如冰之釋，如風之休。後來諸老先生多本其説，獨文公不以爲然者，蓋《孟子》之意未説到如此深故也。文公解經，每務平實如此。然横渠先生之説，亦不可不知也。

無我然後得正己之盡。存神然後妙應物之感。範圍天地之化而不過，過則溺於空，淪於靜。既不能存夫神，又不能知夫化矣。

旁行不流，圓神不倚也。百姓日用而不知，溺於流也。

義以反經爲本，經正則精。仁以敦化爲深，化行則顯。義入神，動一靜也。仁敦化，靜一動也。仁敦化則無體，義入神則無方。

動物篇第五

動物本諸天，以呼吸爲聚散之漸。植物本諸地，以陰陽升降爲聚散之漸。物之初生，氣日至而滋息。物生既盈，氣日反而游散。至之謂神，以其申也。反之爲鬼，以其歸也。

朱子曰：此息只是生息之息，非止息之息。孟子言「日夜之所息」，程子謂「息字有二義」，愚謂只是生息。○「至之謂神，反之謂鬼」，固是。然雷風山澤亦有神，今之廟貌亦謂之神，亦以方伸之氣爲言耳。此處要錯綜周徧而觀之。伸中有屈，屈中有伸。伸中有屈，如人有魄是也。屈中有伸，如鬼而有靈是也。○人死便是歸，「祖考來格」便是神。

氣於人生而不離，死而游散者，謂魂。聚成形質，雖死而不散者，謂魄。

海水凝則冰，浮則漚。然冰之才，漚之性，其存其亡，海不得而與焉。推是足以究死生之說。伊川程子改「與」爲「有」。

有息者根於天，不息者根於地。根於天者不滯於用。根於地者滯於方，此動植之分也。生有先後，所以爲天序。小大高下相並而相形焉，是謂天秩。天之生物也有序，物之既形也有秩。知序然後經正，知秩然後禮行。

凡物能相感者，鬼神施受之性也。不能感者，鬼神亦體之而化矣。

物無孤立之理，非同異、屈伸、終始以發明之，則雖物非物也。事有始卒乃成，非同異、有無相感，則不見其成。不見其成，則雖物非物。故一屈伸相感而利生焉。

獨見獨聞雖小異，怪也，出於疾與妄也。共見共聞雖大異，誠也，出陰陽之正也。

賢才出，國將昌，子孫才族將大。

人之有息，蓋剛柔相摩，乾坤闔闢之象也。

寤，形開而志交諸外也。夢，形閉而氣專乎内也。寤所以知新於耳目，夢所以緣舊於習心。醫謂「飢夢取飽夢與」。凡寤夢所感，專語氣於五藏之變，容有取焉爾。

聲者，形氣相軋而成兩氣者，谷響雷聲之類。兩形者，桴鼓叩擊之類。形軋氣，羽扇敲矢之類。氣軋形，人聲笙簧之類。是皆物感之良能，人皆習知而不察者爾。

形也，聲也，臭也，味也，温涼也，動静也，六者莫不有五行之别，同異之變，皆帝則之必察者歟。

誠明篇第六

誠明所知，乃天德良知，非聞見小知而已。

天人異用，不足以言誠。天人異知，不足以盡明。所謂誠明者，性與天道，不見乎小大之別也。

義命合一存乎理，仁智合一存乎聖，動静合一存乎神，陰陽合一存乎道，性與天道合一存乎誠。

天所以長久不已之道，乃所謂誠。仁人孝子所以事天誠身，不過不已於仁孝而已。故君子誠之爲貴。

誠有是物，則有終有始。僞實不有，何終始之有？故曰「不誠無物」。

自明誠，由窮理而盡性也。自誠明，由盡性而窮理也。

性者，萬物之一源，非有我之得私也。惟大人爲能盡其道，是故立必俱立，知必周知，愛必兼愛，成不獨成。彼自蔽塞而不知順吾理者，則亦末如之何矣。

朱子曰：所謂性者，人物之所同得，非惟己有是，人亦有是。非惟人有是，物亦有是。

天能爲性，人謀爲能。大人盡性，不以天能爲能，而以人謀爲能。故曰「天地設位，聖人成能」。

盡性，然後知生無所得，則死無所喪。

未嘗無之謂體，體之謂性。

天所性者通極於道，氣之昏明不足以蔽之。天所命者通極於性，遇之吉凶不足以戕之。不免乎蔽之、戕之者，未之學也。性通乎氣之外，命行乎氣之內。氣無內外，假有形而言爾。故思知人不可不知天。盡其性，然後能至於命。

知性知天，則陰陽鬼神皆吾分內爾。

天性在人，正猶水性之在冰。凝釋雖異，爲物一也。受光有小大昏明，其照納不二也。問：冰水之説，何謂近釋氏？朱子曰：「水性在冰」，只是凍凝成箇冰，有甚造化？及其釋，則這冰復歸於水，便有迹了，與「天性在人」自不同。猶程子器受日光之説便是否？曰：是。除了器，日光便不見，却無形了。

天良能本吾良能，顧爲有我所喪爾。明天人之本無二。

上達反天理，下達徇人欲者與。

性其總，合兩也。命其受，有則也。不極總之要，則不至受之分。盡性窮理而不可變，乃吾則也。天所自不能已者謂命，不能無感者謂性。雖然，聖人猶不以所可憂而同其無憂者，有相之道存乎我也。

或問朱子曰：「物所不能無感謂性。」曰：有此性，自是因物有感。見於君臣父子、日用事物當然處，皆感也。所謂「感而遂通」是也。此句對了「天所不能自已謂命」。蓋此理自無息止時，晝夜寒暑，無一時停，故逝者如斯，而程子謂「與道爲體」。這道理，古今晝夜無須臾息，故曰「不能已」。〇問：性只是理，安能感？恐此語只可名心否？曰：橫渠此言雖未親切，然感固是心；所以感者，亦是此心中有此理方能感。

湛一，氣之本。攻取，氣之欲。口腹於飲食，鼻舌於臭味，皆攻取之性也。知德者屬厭而已，不以嗜欲累其心，不以小害大，末喪本焉爾。

問：「湛一氣之本，攻取氣之欲。」朱子曰：湛一，是未感物之時，湛然純一，此是氣之本。攻取，如目之欲色，耳之欲聲，便是氣之欲。曰：攻取是攻取那物否？曰：是。

心能盡性，人能弘道也。性不知檢其心，非道弘人也。

盡其性，能盡人物之性。至於命者，亦能至人物之命。莫不性諸道，命諸天。我體物未嘗遺，物體我知其不遺也。至於命，然後能成己成物，不失其道。

以生爲性，既不通晝夜之道，且人與物等。故告子之妄，不可不詆。

性於人無不善，繫其善反不善反而已。過天地之化，不善反者也。命於人無不正，繫其順與不順而已。行險以僥倖，不順命者也。

形而後有氣質之性。善反之，則天地之性存焉。故氣質之性，君子有弗性者焉。

朱子曰：天地之性，則太極本然之妙，萬殊之一本也。氣質之性，則二氣交運而生，一本而萬殊也。○天地之性是理也，纔到有陰陽五行處，便有氣質之性，於此便有昏明厚薄之殊。○論天地之性，則專指理而言。論氣質之性，則以理與氣雜而言之。○氣質，陰陽五行所爲性，即太極之全體。但論氣質之性，即此體墮在氣質之中爾，非別有一性也。○氣質之説，起於張、程，極有功於聖門，有補於後學。前此未曾有人説到。故張、程之説立，則諸子之説泯矣。○勉齋黄氏曰：自孟子言性善，而荀卿言性惡，揚雄言善惡混，韓文公言三品。及至横渠張子分爲天地之性、氣質之性，然後諸子之説始定。蓋自其理而言之，不雜乎氣質而爲言，則是天地賦與萬物之本然者，而寓乎氣質之中也。故其言曰：「善反之，則天地之性存焉。」蓋謂天地之性未嘗離乎氣質之中也。其以天地爲言，特指其純粹至善，乃天地賦予之本然也。曰：形而後有氣質之性，其所以有善惡之不同，何也？曰：氣有偏正，則所受之理隨而偏正。氣有昏明，則所受之理隨而昏明。木之氣盛，則金之氣衰，故仁常多而義常少。金之氣盛，則木之氣衰，故義常多而仁常少。若此者，氣質之性有善惡也。曰：既言氣質之性有善惡，則不復有天地之性也。子思子又有未發之中，何也？曰：性固爲氣質所雜矣，然方其未發也，此心湛然，物欲不生，則氣雖偏而理自正，氣雖昏而理自明。氣雖有贏乏，而理則無勝負。及其感物而動，則或氣動而理隨之，或理動而氣挾之。由是，至善之理聽命於氣，善惡由之而判矣。此未發之前，天地之性純粹至善，而子思之所謂中也。《記》曰：「人生而静，天之性也。」程子曰：「其本也真而静，其未發也五性具焉。」則理固有寂感，而静則其本也，動則有萬變之不同焉。愚嘗以是而質之先師矣，答曰：「未發之前，氣不用事，所以有善而無惡。」至哉此言也。○西山真氏曰：張子有言：「爲學大益，在自求變化氣質。」此即所謂「善反之」者也。程子亦曰：「學至氣質變，方是有功。」亦是張子之意。

人之剛柔緩急，有才與不才，氣之偏也。天本參和不偏。養其氣，反之本而不偏，則盡性而天矣。性未成則善惡混，故亹亹而繼善者，斯爲善矣。惡盡去則善因以亡，故舍曰「善」而曰「成之者性」。

德不勝氣，性命於氣。德勝其氣，性命於德。窮理盡性，則性天德，命天理。氣之不可變者，獨死生脩夭而已。故論死生則曰「有命」，以言其氣也。語富貴則曰「在天」，以言其理也。此大德所以必受命，易簡理得而成位乎天地之中也。所謂天理也者，能悦諸心，能通天下之志之理也。能使天下悦且通，則天下必歸焉。不歸焉者，所乘所遇之不同，如仲尼與繼世之君也。舜、禹有天下而不與焉者，正謂天理馴致，非氣稟當然，非志意所與也。必曰舜、禹云者，餘非乘勢，則求焉者也。

朱子曰：張子只是説性與氣皆從上面流下來，自家之德若不能有以勝其氣，則秖是承當得他那所賦之氣。若是德有以勝其氣，則我之所以受其賦予者皆是德。故窮理盡性，則我之所受皆天之德，其所以賦予我者皆天之理，氣之不可變者，惟死生脩夭而已。蓋死生脩夭、富貴貧賤，這却還他氣。至「義之於君臣，仁之於父子，所謂命也，有性焉，君子不謂命也」，這箇却須由我不由他。○「性命於氣」，是性命都由氣，則性不能全其本然，命不能順其自然。「性命於德」，是性命都由德，則性能全天德，命能順天理。○問：先生舊説「性命於氣」之命，爲「聽命」之命。今以命與性字平説，所以後面分言「性天德，命天理」。不知如何？曰：命字較輕。問：若將性、命作兩字看，當云性、命皆由於氣，由於德。曰：横渠文字自如此。○問：「窮理盡性，則性天德，命天理。」這處性命如何分别？曰：性是以其定者而言，命是以其流行者而言。命便是水恁地流底。性便是將椀盛得來。大椀盛得多，小椀盛得少。浄潔椀盛得清，汙漫椀盛得濁。○潛室陳氏曰：義理不勝氣稟，則性與命皆隨氣稟中去，所以多不善。若義理勝氣稟，則性與命皆向義理中來，所以爲善。德，謂義理之性。氣，謂血氣之性。學問之道無他，不過欲以義理勝血氣。

利者爲神，滯者爲物。是故風雷有象，不速於心。心禦見聞，不弘於性。

上智、下愚，習與性相遠既甚而不可變者也。

纖惡必除，善斯成性矣。察惡未盡，雖善必粗矣。

「不識不知，順帝之則。」有思慮知識，則喪其天矣。君子所性，與天地同流異行而已焉。

「在帝左右」，察天理而左右也。天理者，時義而已。君子教人，舉天理以示之而已。其行已也，述天理而時措之也。

和樂，道之端乎。和則可大，樂則可久。天地之性，久大而已矣。

莫非天也。陽明勝，則德性用。陰濁勝，則物欲行。領惡而全好者，其必由學乎。

朱子曰：只將自家意思體驗，便見得人心虛静，自然清明。纔爲物欲所蔽，便暗了。此陰濁所以勝也。

不誠不莊，可謂之盡性窮理乎？性之德也，未嘗僞且慢。故知不免乎僞慢者，未嘗知其性也。

勉而後誠莊，非性也。不勉而誠莊，所謂不言而信，不怒而威者與？

生直理順，則吉凶莫非正也。不直其生者，非幸福於回，則免難於苟也。

「屈信相感而利生」，感以誠也。「情僞相感而利害生」，雜之僞也。至誠則順理而利，僞則不循理而害。順性命之理，則所謂吉凶莫非正也。逆理則凶爲自取，吉其險幸也。

「莫非命也，順受其正。」順性命之理，則得性命之正。滅理窮欲，人爲之招也。

大心篇第七

大其心，則能體天下之物。物有未體，則心爲有外。世人之心，止於聞見之狹。聖人盡性，不以見聞梏其心，其視天下無一物非我。孟子謂盡心則知性知天，以此。天大無外，故有外之心，不足以合天心。見聞之知，乃物交而知，非德性所知。德性所知，不萌於見聞。

朱子曰：體，猶「仁體事而無不在」，言心理流行，脉絡貫通，無有不到。苟一物有未體，則便有不到處，包括不盡，是心爲有外。蓋私意間隔，而物我對立，則雖至親，且未必能無外矣。○問體之義。曰：此是置心在物中，究見其理。如格物致知之意。與體用之體不同。○問：「不以聞見梏其心。」曰：此是說聖人盡性事。今人理會學，先於見聞上做工夫到，然後脱然貫通。蓋尋常見聞一事，只知得一箇道理。若到貫通，便都是一理。曾子是已。○盡心，則只是極其大。心極其大，則知性知天，而無有外之心矣。然孟子之意，只是說窮理之至，則心自然極其全體而無餘，非是要大其心而後知性、知天也。○問：如何是「有外之心」？曰：只是有私意，便内外扞格，只見得自家身己，凡物皆不與己相關，便是有外之心。○問：如何是「不足以合天心」？曰：天大無外，物無不包。物理所在，一有所遺，則吾心爲有外，便與天心不相似。○横渠此說固好，然只管如此說，相將便無規矩，無歸着，此心便瞥入虚空裏去了。夫子爲萬世道德之宗，都說得語意平易。從得夫子之言，便是無外之實。○西山真氏曰：朱子云云，蓋慮其弊至此，學者未可以是疑張子之說也。

由象識心，徇象喪心。知象者心。存象之心，亦象而已。謂之心，可乎？

人謂己有知，由耳目有受也。人之有受，由内外之合也。知合内外於耳目之外，則其知也，過人遠矣。

天之明，莫大於日，故有目接之，不知其幾萬里之高也。天之聲，莫大於雷霆，故有耳屬之，莫知其幾萬里之遠也。天之不禦，莫大於太虛，故心知廓之，莫究其極也。人病其以耳目見聞累其心，而不務盡其心，故思盡其心者，必知心所從來而後能。

耳目雖爲性累，然合内外之德，知其爲啓之之要也。

成吾身者，天之神也。不知以性成身，而自謂因身發智，貪天功爲己力，吾不知其知也。民何知哉？因物同異相形，萬變相感，耳目内外之合，貪天功而自謂己知爾。

體物體身，道之本也。身而體道，其爲人也大矣。道能物身，故大不能物身而累於身，則藐乎其卑矣。

朱子曰：非以身體道，蓋是主於義理。只知有義理，却將身只做物樣看待，謂如先理會身上利害是非，便是以身體道；如顔子非禮勿視，便只知有禮，不知有己耳。只是有義理，直把自家作無物看。伊川亦云：「除却身，只是理。」懸空只是箇義理。

能以天體身，則能體物也不疑。

成心忘，然後可與進於道。成心者，私意也。

化則無成心矣。成心者，意之謂與。

無成心者，時中而已矣。

心存無盡性之理，故聖不可知謂神。此章言心者，亦指私心爲言也。

以我視物則我大，以道體物、我則道大。故君子之大也，大於道。大於我者，容不免狂而已。

燭天理如向明，萬象無所隱。窮人欲如專顧影間，區區於一物之中爾。

釋氏不知天命，而以心法起滅天地。以小緣大，以末緣本。其不能窮而謂之幻妄，真所謂疑冰者歟。夏蟲疑冰，以其不識。

釋氏妄意天性，而不知範圍天用。反以六根之微，因緣天地。明不能盡，則誣天地日月爲幻妄。蔽其用於一身之小，溺其志於虛空之大。此所以語大語小，流遁失中。其過於大也，塵芥六合。其蔽於小也，夢幻人世。謂之窮理，可乎？不知窮理，而謂盡性，可乎？謂之無不知，可乎？塵芥六合，謂天地爲有窮也。夢幻人世，明不能究所從也。

中正篇第八

中正，然後貫天下之道。此君子之所以大居正也。蓋得正，則得所止。得所止，則可以弘而至於大。樂正子、顔淵，知欲仁矣。樂正子不致其學，足以爲善人、信人，志於仁，無惡而已。顔子好學不倦，合仁與智，具體聖人，獨未至聖人之止爾。

學者中道而立，則有位以弘之。無中道而弘，則窮大而失其居。失其居，則無地以崇其德，與不及者同。此顔子所以克己研幾，必欲用其極也。未至聖而不已，故仲尼賢其進。未得中而不居，故惜夫未見其止也。

黄瑞節曰：張子所引《論語》「未見其止」，其説與舊解不同。舊解對進而言，則止爲已義。張子以止爲聖人之極功，故言顔子「未至聖人之止」，未詳是否。

大中至正之極，文必能致其用，約必能感而通。未至於此，其視聖人，恍惚前後，不可爲之像，此顔子之嘆乎。

「可欲之謂善」，志仁則無惡也。誠善於心之謂信，充内形外之謂美，塞乎天地之謂大，大能成性之謂聖，天地同流，陰陽不測之謂神。

高明不可窮，博厚不可極，則中道不可識。蓋顔子之嘆也。

君子之道，成身成性以爲功者也。未至於聖，皆行而未成之地爾。

大而未化，未能有其大。化而後能有其大。

知德以大中爲極，可謂知至矣。擇中庸而固執之，乃至之之漸也。惟知學然後能勉，能勉，然後日進而不息可期矣。

體正，則不待矯而弘。未正必矯，矯而得中，然後可大。故致曲於誠者，必變而後化。

極其大，而後中可求。止其中，而後大可有。

大亦聖之任。雖非清和一體之偏，猶未忘於勉而大爾。若聖人，則性與天道無所勉焉。

無所雜者，清之極。無所異者，和之極。勉而清，非聖人之清。勉而和，非聖人之和。所謂聖者，不勉不思而至焉者也。

勉蓋未能安也。思蓋未能有也。

不尊德性，則學問從而不道。不致廣大，則精微無所立其誠。不極高明，則擇乎中庸失時措之宜矣。

絶四之外，心可存處，蓋必有事焉，而聖不可知也。

不得已當爲而爲之，雖殺人皆義也。有心爲之，雖善皆意也。正己而物正，大人也。正己而正物，猶不免有意之累也。有意爲善，利之也，假之也。無意爲善，性之也，由之也。有意在善，且爲未盡，況有意於未善耶？仲尼絶四，自始學至成德，竭兩端之教也。

不得已而後爲，至於不得爲而止，斯智矣夫。

意，有思也。必，有待也。固，不化也。我，有方也。四者有一焉，則與天地爲不相似。

天理一貫，則無意、必、固、我之鑿。意、必、固、我一物存焉，非誠也。四者盡去，則直養而無害矣。

妄去，然後得所止。得所止，然後得所養而進於大矣。無所感而起，妄也。感而通，誠也。計度而知，昏也。不思而得，素也。

事豫則立，必有教以先之。盡教之善，必精義以研之。精義入神，然後立斯立，動斯和矣。

志道，則進據者不止矣。依仁，則小者可游，而不失和矣。

志學，然後可與適道。强禮，然後可與立。不惑，然後可與權。

博文以集義，集義以正經，正經然後一以貫天下之道。

將窮理而不順理，將精義而不徙義，欲資深且習察，吾不知其智也。

知、仁、勇，天下之達德。雖本之有差，及所以知之成之則一也。蓋謂仁者，以生知、以安行此五者。智者，以學知、以利行此五者。勇者，以困知、以勉行此五者。

中心安仁，無欲而好仁，無畏而惡不仁，天下一人而已。惟責己一身當然爾。

行之篤者，敦篤云乎哉。如天道不已而然，篤之至也。

君子於天下，達善，達不善，無物我之私。循理者共悦之，不循理者共改之。改之者，過雖在人如在己，不忘自訟。共悦者，善雖在己，蓋取諸人而爲，必以與人焉。善以天下，不善以天下，是謂達善達不善。

善人云者，志於仁而未致其學，能無惡而已。君子名之必可言也如是。

善人，欲仁而未致其學者也。欲仁，故雖不踐成法，亦不陷於惡，有諸己也。不入於室，由不學，故無自而入聖人之室也。

惡不仁，故不善未嘗不知。徒好仁而不惡不仁，則習不察，行不著。是故徒善未必盡義，徒是未必盡仁。好仁而惡不仁，然後盡仁義之道。

篤信好學。篤信不好學，不越爲善人信士而已。好德如好色，好仁爲甚矣。見過而内自訟，惡不仁而不使加乎其身，惡不仁爲甚矣。學者不如是不足以成身，故孔子未見其人，必嘆曰「已矣乎」，思之甚也。

孫其志於仁則得仁，孫其志於義則得義，惟其敏而已。

博文約禮，由至著入至簡，故可使不得叛而去。温故知新，多識前言往行以畜德，繹舊業而知新，蓋思昔未至而今至，緣舊所見聞而察來，皆其義也。

責己者，當知天下國家無皆非之理，故學至於不尤人，學之至也。

聞而不疑，則傳言之。見而不殆，則學行之。中人之德也。聞斯行，好學之徒也。見而識其善，而未果於行，愈於不知者爾。世有不知而作者，蓋鑿也，妄也，夫子所不敢也，故曰「我無是也」。

以能問不能，以多問寡，私淑艾以教人，隱而未見之仁也。

爲山平地，此仲尼所以惜顔回未至，蓋與互鄉之進也。

學者四失，爲人則失多，好高則失寡，不察則易，苦難則止。

學者捨禮義，則飽食終日，無所猷爲，與下民一致，所事不踰衣食之間，燕游之樂爾。

以心求道，正猶以己知人。終不若彼自立彼爲不思而得也。

考求迹合以免罪戾者，畏罪之人也。故曰「考道以爲無失」。

儒者窮理，故率性可以謂之道。浮圖不知窮理，而自謂之性，故其説不可推而行。

致曲不貳，則德有定體。體象誠定，則文節著見。一曲致文，則餘善兼照。明能兼照，則必將徙義。誠能徙義，則德自通變。能通其變，則圓神無滯。有不知則有知，無不知則無知。是以鄙夫有問，仲尼竭兩端而空空。《易》無思無爲，受命乃如響。聖人一言盡天下之道，雖鄙夫有問，必竭兩端而告之。然問者隨才分各足，未必能兩端之盡也。

教人者，必知至學之難易，知人之美惡。當知誰可先傳此，誰將後倦此。若洒掃應對，乃幼而遜弟之事，長後教之，人必倦弊。惟聖人於大德，有始有卒，故事無大小，莫不處極。今始學之人，未必能繼，妄以大道教之，是誣也。

知至學之難易，知德也。知其美惡，知人也。知其人且知德，故能教人使入德。仲尼所以問同而答異，以此。

蒙以養正。使蒙者不失其正，教人者之功也。盡其道，其惟聖人乎！

洪鐘未嘗有聲，由扣乃有聲。聖人未嘗有知，由問乃有知。

有如時雨之化者，當其可，乘其間而施之，不待彼有求有爲而後教之也。

志常繼則罕譬而喻，言易入則微而臧。

凡學，官先事，士先志。謂有官者先教之事，未官者使正其志焉。志者，教之大倫而言也。道以德者，運於物外使自化也。故諭人者，先其意而遜其志可也。蓋志意兩言，則志公而意私爾。

朱子曰：志者，心之所之，是一直去底。意，又是志之經營往來底。凡營爲謀度，皆意也。

能使不仁者仁，仁之施厚矣。故聖人并答仁智以「舉直錯諸枉」。

以責人之心責己則盡道，所謂「君子之道四，丘未能一焉」者也。以愛己之心愛人，則盡仁，所謂「施諸己而不願，亦勿施於人」者也。以衆人望人，則易從，所謂「以人治人，改而止」者也。此君子所以責己、責人、愛人之三術也。

有受教之心，雖蠻貊可教。爲道既異，雖黨類難相爲謀。

大人所存，蓋必以天下爲度。故孟子教人，雖貨色之欲，親長之私，達諸天下而後已。子而孚化之，衆好者翼飛之，則吾道行矣。

性理大全書卷之六

正　蒙　二

至當篇第九

至當之謂德，百順之謂福。德者福之基，福者德之致。無入而非百順，故君子樂得其道。

循天下之理之謂道，得天下之理之謂德，故曰：易簡之善配至德。

「大德敦化」，仁智合一，厚且化也。「小德川流」，淵泉時出之也。大德不踰閑，小德出入可也。大者器，則小者不器矣。

德者，得也，凡有性質而可有者也。

日新之謂盛德，過而不有，不凝滯於心，知之細也。

浩然無害，則天地合德。照無偏繫，則日月合明。天地同流，則四時合序。酬酢不倚，則鬼神合吉凶。天地合德，日月合明，然後能無方體。能無方體，然後能無我。

禮器則藏諸身，用無不利。禮運云者，語其達也。禮器云者，語其成也。達與成，體與用之道。合體與用，大人之事備矣。禮器不泥於小者，則無非禮之禮，非義之義。蓋大者器，則出入小者莫非時中也。子夏謂「大德不踰閑，小德出入可也」，斯之謂爾。

禮器則大矣，脩性而非小成者歟？運則化矣，達順而樂，亦至焉爾。

「萬物皆備於我」，言萬物皆有素於我也。「反身而誠」，謂行無不慊於心，則「樂莫大焉」。

未能如玉，不足以成德。未能成德，不足以孚天下。脩己以安人。脩己而不安人，不行乎妻子，況可愾於天下。

正己而不求於人，不願乎外之盛者與。

仁道有本。近譬諸身，推以及人，乃其方也。必欲博施濟衆，擴之天下，施之無窮，必有聖人之才，能弘其道。

制行以己，非所以同乎人。

必物之同者，己則異矣。必物之是者，己則非矣。

能通天下之志者，爲能感人心。聖人同乎人而無我，故和平天下，莫盛於感人心。

道遠人則不仁。

易簡理得，則知幾。知幾然後經可正。天下達道五，其生民之大經乎。經正則道前定，事豫立，不疑其所行。利用安身之要莫先焉。

性天經然後仁義行，故曰有父子君臣上下，然後禮義有所錯。

仁通極其性，故能致養而靜以安義，致行其知，故能盡文而動以變。

義，仁之動也。流於義者，於仁或傷。仁，體之常也。過於仁者，於義或害。

立不易方，安於仁而已乎。

安所遇而敦仁，故其愛有常心。有常心，則物被常愛也。

大海無潤，因暍者有潤。至仁無恩，因不足者有恩。樂天安土，所居而安，不累於物也。

愛人，然後能保其身。助寡則親戚畔之。能保其身，則不擇地而安。不能有其身，則資安處以置之。不擇地而安，蓋所達者大矣。大達於天，則成性成身矣。

上達則樂天，樂天則不怨。下學則治己，治己則無尤。

不知來物，不足以利用。不通晝夜，未足以樂天。聖人成其德不私其身，故乾乾自强，所以成之於天爾。

君子於仁聖，爲不厭，誨不倦，然且自謂不能，蓋所以爲能也。能不過人，故與人争能，以能病人。大則天地合德，自不見其能也。

君子之道達諸天，故聖人有所不能。夫婦之智淆諸物，故大人有所不與。匹夫匹婦，非天之聰明，不成其爲人。聖人，天聰明之盡者爾。

大人者，有容物，無去物；有愛物，無徇物，天之道。然天以直養萬物，代天而理物者，曲成而不害其直，斯盡道矣。

志大，則才大、事業大。故曰「可大」，又曰「富有」。志久，則氣久、德性久。故曰「可久」，又曰「日新」。

清爲異物，和爲徇物。

金和而玉節之，則不過。知運而貞一之，則不流。道所以可久可大，以其肖天地而不離也。與天地不相似，其違道也遠矣。

久者，一之純。大者，兼之富。

大則直不絞，方不劌，故不習而無不利。

易簡，然後能知險阻。易簡理得，然後一以貫天下之道。易簡故能説諸心，知險阻故能研諸慮，知幾爲能以屈爲伸。

君子無所争。彼伸則我屈，知也。彼屈則吾不伸而伸矣，又何争。無不容，然後盡屈伸之道。至虚，則無所不伸矣。君子無所争，知幾於屈伸之感而已。精義入神，交伸於不争之地，順莫甚焉，利莫大焉。

「天下何思何慮？」明屈伸之變，斯盡之矣。

勝兵之勝，勝在至柔，明屈伸之神爾。

敬斯有立，有立斯有爲。

敬，禮之輿也。不敬則禮不行。

恭敬、撙節、退讓以明禮，仁之至也，愛道之極也。

己不勉明，則人無從倡，道無從弘，教無從成矣。

禮，直斯清，撓斯昏，和斯利，樂斯安。

將致用者，幾不可緩。思進德者，徙義必精。此君子所以立多凶多懼之地，乾乾德業不少懈於趨時也。

「動静不失其時」，義之極也。義極則光明著見，唯其時物，前定而不疚。

有吉凶利害然後人謀作，大業生。若無施不宜，則何業之有？

「天下何思何慮？」行其所無事，斯可矣。

知崇天也，形而上也。通晝夜而知，其知崇矣。知及之而不以禮性之，非己有也。故知禮成性而道義出，如天地位而易行。知德之難言，知之至也。孟子謂「我於辭命則不能」，又謂浩然之氣難言。《易》謂「不言而信，存乎德行」，又以尚辭爲聖人之道。非知德，達乎是哉？闇然，脩於隱也。的然，著於外也。

作者篇第十

作者七人：伏羲、神農、黄帝、堯、舜、禹、湯，制法興王之道，非有述於人者也。以知人爲難，故不輕去未彰之罪。以安民爲難，故不輕變未厭之君。及舜而去之，堯君德故得以厚吾終，舜臣德故不敢不虔其始。稽衆舍己，堯也。與人爲善，舜也。聞善言則拜，禹也。用人惟己，改過不吝，湯也。不聞亦式，不諫亦入，文王也。

別生分類，孟子所謂「明庶物，察人倫」者與？象憂喜，舜亦憂喜，所過者化也，與人爲善也，隱惡也，所覺者先也。好問，好察邇言，隱惡揚善，與人爲善，象憂亦憂，象喜亦喜，皆行其所無事也。過化也。不藏怒也。不宿怨也。

舜之孝，湯武之武，雖順逆不同，其爲不幸均矣。明庶物，察人倫，然後能精義致用，性其仁而行。湯放桀，有慚德而不敢赦，執中之難也如是。天下有道而已，在人在己不見其間也，立賢無方也如是。

立賢無方，此湯所以公天下而不疑。周公所以于其身望道而必吾見也。疑周公上有「坐以待旦」四字。

黄瑞節曰：「于」與「迂」同。出《文王世子》。

「帝臣不蔽」，言桀有罪，己不敢違天縱赦。既已克之，今天下莫非上帝之臣，善惡皆不可揜，惟帝擇而命之，己不敢不聽。

虞芮質厥成，訟獄者不之紂而之文王。文王之生，所以縻縶於天下，由多助於四友之臣爾。

「以杞包瓜」，文王事紂之道也。厚下以防中潰，盡人謀而聽天命者與。

上天之載，無聲臭可象，正惟儀刑文王，當冥契天德，而萬邦信悦。故《易》曰：「神而明之，存乎其人。」不以聲色爲政，不革命爲有中國，嘿順帝則而天下自歸者，其惟文王乎。

黄瑞節曰：張子用《詩》語而以「不革」爲不革命，未詳是否。

可願可欲，雖聖人之知，不越盡其才以勉焉而已。故君子之道四，雖孔子自謂未能。博施濟衆，脩己安百姓，堯舜病諸，是知人能有願有欲，不能窮其願、欲。

周有八士，記善人之富也。

重耳婉而不直，小白直而不婉。

魯政之弊，馭法者非其人而已。齊因管仲，遂併壞其法，故必再變而後至於道。

孟子以智之於賢者爲有命。如晏嬰，知矣，而獨不智於仲尼，非天命耶？

山楶藻棁爲藏龜之室，祀爰居之義，同歸於不智宜矣。

使民義，不害不能教。愛猶衆人之母，不害使之義。禮樂不興，僑之病與？

獻子者忘其勢，五人者忘人之勢。不資其勢而利其有，然後能忘人之勢。若五人者有獻子之勢，則反爲獻子之所賤矣。

顓臾主祀東蒙，既魯地，則是已在邦域之中矣。雖非魯臣，乃吾事社稷之臣也。

三十篇第十一

三十器於禮，非强立之謂也。四十精義致用，時措而不疑。五十窮理盡性至天之命，然不可自謂之至，故曰「知」。六十盡人物之性，聲入心通。七十與天同德，不思不勉，從容中道。

常人之學，日益而不自知也。仲尼學、行、習、察異於他人，故自十五至於七十，化而知裁，其德進之盛者與。

窮理盡性，然後至於命。盡人物之性，然後耳順，與天地參。無意、必、固、我，然後範圍天地之化，從心而不踰矩。老而安死，然後不夢周公。

從心莫如夢。夢見周公，志也。不夢，欲不踰矩也，不願乎外也，順之至也，老而安死也。故曰：「吾衰也久矣。」

困而不知變，民斯爲下矣。不待困而喻，賢者之常也。困之進人也，爲德辨，爲感速。孟子謂人有德慧術知者存乎疢疾以此。自古困於内無如舜，困於外無如孔子。以孔子之聖，而下學於困，則其蒙難正志，聖德日躋，必有人所不及知而天獨知之者矣。故曰「莫知我也夫，知我者其天乎」。

「立斯立，道斯行，綏斯來，動斯和」，從欲風動，神而化也。仲尼生於周，從周禮，故公旦法壞，夢寐不忘爲東周之意。使其繼周而王，則其損益可知矣。

滔滔忘反者，天下莫不然，如何變易之？「天下有道，丘不與易」，知天下無道而不隱者，道不遠人。且聖人之仁，不以無道必天下而棄之也。

仁者先事後得，先難後獲。故君子事事則得食。不以事事，雖有粟，吾得而食諸？仲尼少也，國人不知，委吏，乘田，得而食之矣。及德備道尊，至是邦必聞其政，雖欲仕貧，無從以得之。今召我者，而豈徒哉，庶幾得以事事矣。而又絶之，是誠繫滯如匏瓜不食之物也。

不待備而勉於禮樂，先進於禮樂者也。備而後至於禮樂，後進於禮樂者也。仲尼以貧賤者必待文備而後進，則於禮樂終不可得而行矣，故自謂野人而必爲，所謂「不願乎其外」也。

功業不試，則人所見者，藝而已。

鳳至圖出，文明之祥。伏羲、舜、文之瑞不至，則夫子之文章知其已矣。

魯禮文闕失，不以仲尼正之，如有馬者不借人以乘習。不曰「禮文」而曰「史之闕文」者，祝史所任，儀章器數而已。舉近者而言約也。

師摯之始，樂失其次，徒洋洋盈耳而已焉。夫子自衛反魯，一嘗治之，其後伶人賤工識樂之正。及魯益下衰，三桓僭妄，自大師以下，皆知散之四方，逾河蹈海以去亂。聖人俄頃之助，功化如此。「用我者期月而可」，豈虛語哉。

「與與如也」，君或在朝在廟，容色不忘向君也。君召使擯，趨進，翼如。此翼如左右在君也。没階，趨進，翼如。張拱而翔。賓不顧矣，相君送賓，賓去，則白曰：「賓不顧而去矣。」紓君敬也。

上堂如揖，恭也。下堂如授，其容紓也。

冉子請粟與原思爲宰，見聖人之用財也。

聖人於物無畔援，雖佛肸、南子，苟以是心至，教之在我爾。不爲已甚也如是。

子欲居九夷。不遇於中國，庶遇於九夷，中國之陋爲可知。欲居九夷，言忠信，行篤敬，雖蠻貊之邦可行，何陋之有？

栖栖者，依依其君而不能忘也。固，猶不回也。

仲尼應問，雖叩兩端而竭，然言必因人爲變化。所貴乎聖人之詞者，以其知變化也。

富而可求也，雖執鞭之士吾亦爲之。不憚卑以求富，求之有可致之道也。然得乃有命，是求無益於得也。

愛人以德，喻於義者常多，故罕及於利。盡性者方能至命。未達之人，告之無益，故不以亟言。仁大難名，人未易及，故言之亦鮮。

顏子於天下，有不善未嘗不知，知之未嘗復行。故怒於人者，不使加乎其身。愧於己者，不輒貳之於後也。顏子之徒，隱而未見，行而未成，故曰：「吾聞其語，而未見其人也。」

「用則行，舍則藏，惟我與爾有是夫。」顔子龍德而隱，故遯世不見知而不悔，與聖者同。龍德，聖脩之極也。顔子之進，則欲一朝而至焉，可謂好學也已矣。

「回非助我者」，無疑問也。有疑問，則吾得以感通其故，而達夫異同者矣。

「放鄭聲，遠佞人」，顔回爲邦，禮樂法度，不必教之。惟損益三代，蓋所以告之也。法立而能守，則德可久，業可大。鄭聲、佞人，能使爲邦者喪所以守，故放、遠之。

「天下有道則見，無道則隱」，「君子疾没世而名不稱」。蓋士而懷居，不可以爲士。必也去無道，就有道。遇有道而貧且賤，君子恥之。舉天下無道，然後窮居獨善，不見知而不悔，《中庸》所謂「惟聖者能之」。仲尼所以獨許顔回「惟我與爾爲有是也」。

仲由樂善，故車馬、衣裘喜與賢者共敝。顔子樂進，故願無伐善施勞。聖人樂天，故合内外而成其仁。

子路禮樂文章，未足盡爲政之道。以其重然諾，言爲衆信，故片言可以折獄。如《易》所謂「利用折獄」、「利用刑人」，皆非爻卦盛德。適能是而已焉。

顔淵從師進德於孔子之門，孟子命世脩業於戰國之際，此所以潛、見之不同。

犂牛之子雖無全純，然使其色騂且角，縱不爲大祀所取，次祀、小祀終必取之。言大者苟立，人所不棄也。

有德篇第十二

有德者必有言，能爲有也。志於仁而無惡，能爲無也。

行脩言道，則當爲人取。不務徇物，强施以引取乎人，故往教妄説，皆取人之弊也。

言不必信，行不必果，志正深遠，不務硜硜信其小者。

辭取意達則止，多或反害也。

君子寧言之不顧，不規規於非義之信。寧身被困辱，不徇人以非禮之恭。寧孤立無助，不失親於可賤之人。三者知和而能以禮節之也，與上有子之言，文相屬而不相蒙者。

凡《論語》《孟子》發明前文，義各未盡者，皆挈之。他皆放此。

德主天下之善。善原天下之一。善同歸治，故王心一言必主德，故王言大。

言有教，動有法。晝有爲，宵有得。息有養，瞬有存。

朱子曰：此語極好。君子終日乾乾，不可食息間，亦不必終日讀書。或静坐存養亦是。天地之生物，以四時運動。春生夏長，固是不息。及至秋冬凋落，亦只藏於其中，故明年復生。若使秋冬已絶，則來春無緣復有生意。學者常喚令此心不死，則日有進。○一息之間亦有養，一瞬之間亦有存。如「造次必於是，顛沛必於是」之意。但説得太緊。

君子於民，導使爲德，而禁其爲非，不大望於愚者之道與？禮謂「道民以言，禁民以行」，斯之謂爾。

無徵而言取不信，啓詐妄之道也。杞、宋不足徵，吾言則不言。周足徵則從之。故無徵不信，君子不言。

便僻，足恭。善柔，令色。便佞，巧言。

節禮、樂，不使流離相勝，能進、反以爲文也。

程子曰：禮之與樂，只在進反之間，便得性情之正。○朱子曰：《樂記》云：「禮主其減，樂主其盈。禮減而進，以進爲文。樂盈而反，以反爲文。」減是退讓撙節收斂底意思，是禮之體本如此，然非人之所樂，故須進步向前著力去做，故以進爲文。盈是舒暢發越快滿底意思，是樂之體本如此，然易至於流蕩，却須收拾向裏，故以反爲文。

驕樂，侈靡。宴樂，宴安。

言形則卜如響，以是知蔽固之私心，不能嘿然以達於性與天道。

人道知所先後，則恭不勞，慎不葸，勇不亂，直不絞，民化而歸厚矣。

膚受陽也，其行陰也。象生法必效，故君子重夫剛者。

歸罪爲尤，罪己爲悔。「言寡尤」者，不以言得罪於人也。

「己所不欲，勿施於人」，能恕己以仁人也。「在邦無怨，在家無怨」，己雖不施不欲於人，然人施於己能無怨也。

敬而無失，與人接而當也。恭而有禮，不爲非禮之恭也。

聚百順以事君親，故曰「孝者畜也」，又曰「畜君者，好君也」。

事父母，先意承志。故能辨志意之異，然後能教人。

程子曰：意與志異。志是所存處，意是發動處。如「先意承志」，自不同也。

藝者，日爲之，分義。涉而不有，過而不存，故曰「游」。

天下有道，道隨身出。天下無道，身隨道屈。

安土，不懷居也。有爲而重遷，無爲而輕遷，皆懷居也。

「老而不死是爲賊。」幼不率教，長無循述，老不安死，三者皆賊生之道也。

樂驕樂，則佚欲。樂宴樂，則不能徙義。

「不僭不賊」，其「不忮不求」之謂乎？

不穿窬，義也。謂非其有而取之曰盜，亦義也。惻隱，仁也。如天，亦仁也。故擴而充之，不可勝用。

自養薄於人，私也，厚於人，私也。稱其才，隨其等，無驕吝之弊，斯得之矣。

罪己則無尤。

困辱非憂，取困辱爲憂。榮利非樂，忘榮利爲樂。

勇者不懼，死且不避，而反不安貧，則其勇將何施耶？不足稱也。仁者愛人，彼不仁而疾之深，其仁不足稱也。皆迷謬不思之甚，故仲尼率歸諸亂云。

擠人者，人擠之。侮人者，人侮之。出乎爾者反乎爾，理也。執不得反，亦理也。

克己行法爲賢，樂己可法爲聖。聖與賢，迹相近而心之所至有差焉。辟世者，依乎中庸，没世不遇而無嫌。辟地者，不懷居以害仁。辟色者，遠恥於將形。辟言者，免害於禍辱。此爲士清濁淹速之殊也。辟世、辟地，雖聖人亦同。然憂樂於中，與賢者、其次者爲異。故曰「迹相近而心之所至者不同」。

進賢如不得已，將使卑踰尊，疏踰戚之意，與《表記》所謂「事君難進而易退則位有序，易進而難退則亂也」相表裏。

弓調而後求勁焉，馬服而後求良焉。士必慤而後智能者。不慤而多能，譬之豺狼，不可近。

谷神能象其聲而應之，非謂能報以律吕之變也。猶卜筮叩以是言，則報以是物而已。《易》所謂「同聲相應」是也。王弼謂「命吕者律」，語聲之變，非此之謂也。

「行前定而不疚」，光明也。「大人虎變」，夫何疚之有。

言從作乂，名正，其言易知，人易從。聖人不患爲政難，患民難喻。

有司篇第十三

有司，政之綱紀也。始爲政者，未暇論其賢否，必先正之。求得賢才而後舉之。

爲政不以德，人不附且勞。

子之不欲，雖賞之不竊。欲生於不足，則民盜。能使無欲，則民不爲盜。假設以子不欲之物賞子，使竊其所不欲，子必不竊。故爲政者，在乎足民，使無所不足，不見可欲，而盜必息矣。

爲政必身倡之，且不愛其勞，又益之以不倦。

天子討而不伐，諸侯伐而不討。故雖湯、武之舉，不謂之討而謂之伐。陳恒弑君，孔子請討之，此必因周制，鄰有弑逆，諸侯當不請而討。孟子又謂：「征者上伐下，敵國不相征。」然湯十一征，非賜鈇鉞。則征討之名，至周始定乎？

「野九一而助」，郊之外助也。「國中什一使自賦」，郊門之内，通謂之國中，田不井授，故使什而自賦其一也。

道千乘之國，不及禮樂刑政，而云「節用而愛人，使民以時」。言能如是則法行，不能如是則法不徒行。禮樂刑政，亦制數而已爾。

富而不治，不若貧而治。大而不察，不若小而察。

報者，天下之利，率德而致。善有勸，不善有沮，皆天下之利也。

小人私己，利於不治。君子公物，利於治。

大易篇第十四

《大易》不言有無，言有無，諸子之陋也。

《易》語天地、陰陽、情僞，至隱賾而不可惡也。諸子馳騁説辭，窮高極幽，而知德者厭其言。故言爲非難，使君子樂取之爲貴。

《易》一物而三才。陰陽，氣也，而謂之天。剛柔，質也，而謂之地。仁義，德也，而謂之人。

《易》爲君子謀，不爲小人謀。故撰德於卦，雖爻有小大，及繫辭其爻，必諭之以君子之義。一本「大」作「又」，無「其爻」二字。

一物而兩體，其太極之謂與？陰陽天道，象之成也。剛柔地道，法之效也。仁義人道，性之立也。三才兩之，莫不有乾坤之道。

陰陽、剛柔、仁義之本立，而後知趨時應變。故「乾坤毁，則無以見易」。六爻各盡利而動，所以順陰陽、剛柔、仁義，性命之理也。故曰：「六爻之動，三極之道也。」

陽偏體衆陰，衆陰共事一陽，理也。是故二君共一民，一民事二君，上與下皆小人之道也。一君而體二民，二民而宗一君，上與下皆君子之道也。

吉凶、變化、悔吝、剛柔，易之四象與？悔吝由贏不足而生，亦兩而已。

尚辭，則言無所苟。尚變，則動必精義。尚象，則法必致用。尚占，則謀必知來。四者非知神之所爲，孰能與於此。

《易》非天下之至精，則詞不足待天下之問。非深，不足通天下之志。非通變極數，則文不足以成物，象不足以制器，幾不足以成務。非周知兼體，則其神不能通天下之故，不疾而速，不行而至。

「示人吉凶」，其道顯矣。「知來藏往」，其德行神矣。語蓍龜之用也。

顯道者，危使平，易使傾，懼以終始，其要無咎之道也。神德行者，寂然不動，冥會於萬化之感，而莫知爲之者也。受命如響，故可與酬酢。曲盡鬼謀，故可以佑神。

開物於幾先，故曰「知來」。明患而弭其故，故曰「藏往」。極數知來，前知也。前知其變，有道術以通之，君子所以措於民者遠矣。

潔静精微，不累其迹，知足而不賊，則於《易》深矣。

天下之理得，元也。會而通，亨也。説諸心，利也。一天下之動，貞也。

乾之四德，終始萬物。迎之隨之，不見其首尾，然後推本而言，當父母萬物。

《彖》明「萬物資始」，故不得不以元配乾。坤其偶也，故不得不以元配坤。

仁統天下之善，禮嘉天下之會，義公天下之利，信一天下之動。

六爻擬議，各正性命。故乾德旁通，不失太和，而利且貞也。

顔氏求龍德正中而未見其止，故擇中庸，得一善則拳拳服膺，嘆夫子之忽焉前後也。

乾三、四，位過中，重剛，庸言庸行不足以濟之。雖大人之盛，有所不安。外趨變化，内正性命，故其危其疑艱於見德者，時不得舍也。九五，大人化矣，天德位矣，成性聖矣。故既曰「利見大人」，又曰「聖人作而萬物覩」。亢龍，以位畫爲言。若聖人則不失其正，何亢之有？

聖人用中之極，不勉而中，有大之極，不爲其大。大人望之，所謂絶塵而奔，峻極于天，不可階而升者也。

《乾》之九五曰：「飛龍在天，利見大人。」乃大人造位天德，成性躋聖者爾。若夫受命首出，則所性不存焉。故不曰「位乎君位」而曰「位乎天德」，不曰「大人君矣」而曰「大人造也」。潛室陳氏曰：横渠此説，不要作得時位大人看，要作孔子看。所謂「君有君用，臣有臣用，聖人有聖人用，學者有學者用」，此善學《易》者。若專指爲堯、舜、湯、武，則不識《易》矣。

庸言庸行，蓋天下經德達道。大人之德施於是者溥矣。天下之文明於是者著矣。然非窮變化之神，以時措之宜，則或陷於非禮之禮、非義之義。此顔子所以求龍德正中，乾乾進德，思處其極，未敢以方體之常安吾止也。

惟君子爲能與時消息，順性命，躬天德，而誠行之也。精義時措，故能保合太和，健利且貞。孟子所謂始終條理、集大成於聖智者與？《易》曰：「大明終始，六位時成，時乘六龍以御天。乾道變化，各正性命。保合太和，乃利貞。」其此之謂乎。

成性則躋聖而位天德。乾九二正位於内卦之中，有君德矣，而非上治也。九五言上治者，言乎天之德，聖人之性，故捨曰「君」而謂之「天」，見大人德與位之皆造也。

大而得易簡之理，當成位乎天地之中，時舍而不受命，乾九二有焉。及夫化而聖矣，造而位天德矣，則富貴不足以言之。

樂則行之，憂則違之，主於求吾志而已。無所求於外，故善世博化，龍德而見者也。若潛而未見，則爲己而已，未暇及人者也。

成德爲行。德成自信，則不疑所行，日見乎外可也。

乾九三修辭立誠，非繼日待旦如周公，不足以終其業。九四以陽居陰，故曰「在淵」。能不忘於躍，乃可免咎。非爲邪也，終其義也。

至健而易，至順而簡，故其險其阻，不可階而升，不可勉而至。仲尼猶天，九五「飛龍在天」，其致一也。

坤至柔而動也剛，乃積大勢成而然也。

乾至健無體爲感速，故「易知」。坤至順不煩其施普，故「簡能」。

坤先迷不知所從，故失道。後能順聽，則得其常矣。

造化之功，發乎動，畢達乎順，形諸明，養諸容載，遂乎説潤，勝乎健，不匱乎勞，終始乎止。

健、動、陷、止，剛之象。順、麗、入、説，柔之體。

巽爲木，萌於下，滋於上。爲繩直，順以達也。爲工，巧且順也。爲白，所遇而從也。爲長、爲高，木之性也。爲臭，風也，入也。於人爲寡髮、廣顙，躁人之象也。

坎爲血卦，周流而勞，血之象也。爲赤，其色也。

離爲乾卦，於木爲科上槁，附且躁也。

艮爲小石，堅難入也。爲徑路，通或寡也。或，一本作「且」字。

兑爲附決，内實則外附必決也。爲毁折，物成則上柔者必折也。

坤爲文，衆色也。爲衆，容載廣也。

乾爲大赤，其正色也。爲冰，健極而寒甚也。

震爲萑葦，爲蒼莨竹，爲旉，皆蕃鮮也。

一陷溺而不得出爲坎，一附麗而不能去爲離。

艮，一陽爲主於兩陰之上，各得其位，而其勢止也。《易》言「光明」者多艮之象，著則明之義也。

蒙無遽亨之理，由九二循循行時中之亨也。

「不終日，貞吉」，言疾正則吉也。仲尼以六二以陰居陰，獨無累於四，故其介如石。雖體柔順，以其在中而静，何俟終日，必知幾而正矣。

坎「維心亨」，故「行有尚」。外雖積險，苟處之心亨不疑，則雖難必濟，而「往有功」也。

中孚，上巽施之，下悦承之，其中必有感化而出焉者。蓋孚者，覆乳之象，有必生之理。

物因雷動，雷動不妄，則物亦不妄，故曰「物與无妄」。

静之動也，無休息之期，故地雷爲卦，言「反」又言「復」。終則有始，循環無窮，人指其化而裁之爾。深其反也，幾其復也，故曰「反復其道」，又曰「出入無疾」。

益，長裕而不設，益以實也。妄加以不誠之益，非益也。

井渫而不食，强施行，惻然且不售，作《易》者之嘆與？

闔户，静密也。闢户，動達也。形開而目覩耳聞，受於陽也。

辭各指其所之，聖人之情也。指之以趨時盡利，順性命之理，臻三極之道也。能從之，則不陷於凶悔矣。所謂「變動以利言」者也。然爻有攻取愛惡，本情素動，因生吉凶、悔吝而不可變者，乃所謂「吉凶以情遷」者也。能深存《繫辭》所命，則二者之動見矣。又有義命當吉當凶，當否當亨者，聖人不使避凶趨吉，一以貞勝而不顧。如「大人否亨」，「有隕自天」，「過涉滅頂，凶，无咎」，損、益「龜不克違」，及「其命亂也」之類。三者情異，不可不察。

因爻象之既動，明吉凶於未形，故曰：「爻象動乎内，吉凶見乎外。」

富有者，大無外也。日新者，久無窮也。顯其聚也，隱其散也。顯且隱，幽明所以存乎象。聚且散，推盪所以妙乎神。

變化進退之象云者，進退之動也微，必驗之於變化之著。故察進退之理爲難，察變化之象爲易。

「憂悔吝者存乎介」，欲觀易象之小疵，宜存志静，知所動之幾微也。往之爲義，有已往有方往，臨文者不可不察。

樂器篇第十五

樂器有相，周、召之治與？其有雅，太公之志乎？雅者，正也。直己而行正也。故訊疾蹈厲者，太公之事耶？《詩》亦有《雅》，亦正言而直歌之，無隱諷譎諫之巧也。

《象武》，武王初有天下，象文王武功之舞，歌《維清》以奏之。成童學之。《大武》，武王没，嗣王象武王之功之舞，歌武以奏之。冠者舞之。《酌》，周公没，嗣王以武功之成由周公，告其成於宗廟之歌也。十三舞焉。

興己之善，觀人之志。群而思無邪，怨而止禮義。入可事親，出可事君。但言君父，舉其重者也。

志至詩至，有象必可名，有名斯有體，故禮亦至焉。

幽贊天地之道，非聖人而能哉。詩人謂「后稷之穡，有相之道」，贊化育之一端也。

禮矯實求稱，或文或質，居物後而不可常也。他人才未美，故絢飾之以文。莊姜才甚美，乃更絢之用質素。下文「繪事後素」，素謂其材。字雖同，而義施各異。故設色之工，材黄白者，必繪以青赤；材赤黑，必絢以粉素。

「陟降庭止」，上下無常，非爲邪也。進德脩業，欲及時也。「在帝左右」，所謂欲及時者與。

潛室陳氏曰：一陟一降，初無定所，此言上下無常，而常若有所見於庭。真有物臨之者，豈非存誠無邪之驗邪？「在帝左右」，天理無時離吾身，豈非進脩欲及時邪？

江沱之媵以類行，而欲喪朋，故無怨。嫡以類行，而不能喪其朋，故不以媵備數。卒能自悔，得安貞之吉，乃終有慶，而「其嘯也歌」。

采枲耳，議酒食，女子所以奉賓祭、厚君親者足矣。又思酌使臣之勞，推及求賢審官，王季、文王之心豈是過歟？

《甘棠》，初能使民不忍去，中能使民不忍傷，卒能使民知心敬而不瀆之以拜。非善教寖明，能取是於民哉？

「振振」，勸使勉也。「歸哉歸哉」，序其情也。

《卷耳》，念臣下小勞則思小飲之，大勞則思大飲之，甚則知其怨苦嘘嘆。婦人能此，則險詖私謁害政之心，知其無也。

綢直如髮，貧者紒縰無餘，順其髮而直韜之爾。

《蓼蕭》《裳華》「有譽處兮」，皆謂君接己温厚，則下情得伸，讒毁不入，而美名可保也。

《商頌》「顧予烝嘗，湯孫之將」，言祖考來顧，以助湯孫也。

「鄂不韡韡」，兄弟之見不致文於初，本諸誠也。

《采苓》之詩，舍旃則無然，爲言則求所得，所譽必有所試，厚之至也。

簡，略也，無所難也。甚則不恭焉。賢者仕禄，非迫於飢寒，不恭莫甚焉。「簡兮簡兮」，雖刺時君不用，然爲士者不能無太簡之譏。故詩人陳其容色之盛，善御之强，與夫君子由房由敖，不語其材武者異矣。

「破我斧」，「缺我斨」，言四國首亂，烏能有爲，徒破缺我斧斨而已。周公征而安之，愛人之至也。

《伐柯》，言正當加禮於周公，取人以身也。其終見《書》「予小子其新逆」。

《九罭》，言王見周公，當大其禮命，則大人可致也。

《狼跋》，美周公不失其聖，卒能感人心於和平也。

《甫田》「歲取十千」，一成之田九萬畝，公取十千畝，九一之法也。

后稷之生，當在堯、舜之中年，而《詩》云「上帝不寧」，疑在堯時。高辛子孫爲二王後，而詩人稱帝爾。

唐棣，枝類棘，枝隨節屈曲，則其華一偏一反，左右相矯，因得全體均正。偏喻管、蔡失道，反喻周公誅殛。言我豈不思兄弟之愛，以權宜合義，主在遠者爾。《唐棣》本文王之詩，此一章周公制作，序己情而加之。仲尼以不必常存而去之。

朱子曰：《唐棣》自是一篇詩，與《常棣》别，且是兩般物。夫子止是取下面兩句，云人但不思，思則何遠之有？不與上文通。漢儒合爲一章，故誤認偏其反而爲反經合道也。○黄瑞節曰：張子誤以《唐棣》爲《常棣》，又誤襲漢儒之失。然以爲仲尼去之，甚善。蓋删《詩》也。

日出而陰升自西，日迎而會之，雨之候也。喻婚姻之得禮者也。日西矣，而陰生於東，喻婚姻之失道者也。

鶴鳴而子和，言出之善者與？鶴鳴魚潛，畏聲聞之不臧者與？

「鴥彼晨風，鬱彼北林」，晨風雖摯擊之鳥，猶時得退而依深林而止也。

《漸漸之石》，言「有豕白蹢，烝涉波矣」。豕之負塗曳泥，其常性也。今豕足皆白，衆與涉波而去，水患之多爲可知也。

「君子所貴乎道者三」，猶「王天下有三重焉」。言也，動也，行也。

耈造德降，則民誠和而鳳可致。故鳴鳥聞，所以爲和氣之應也。

九疇次敘，民資以生，莫先天材，故首曰「五行」。君天下必先正己，故次「五事」。己正然後邦得而治，故次「八政」。政不時舉必昏，故次「五紀」。五紀明然後時措得中，故次「建皇極」。求大中不可不知權，故次「三德」。權必有疑，故次「稽疑」。可徵然後疑決，故次「庶徵」。福極徵然後可不勞而治，故九以「嚮勸」終焉。五爲數中，故皇極處之。權過中而合義者也，故「三德」處六。

親親尊尊，又曰「親親尊賢」。義雖各施，然而親均則尊其尊，尊均則親其親，爲可矣。若親均尊均，則齒不可以不先。此施於有親者不疑。若尊賢之等，則於親尊之殺，必有權而後行。急親、賢爲堯、舜之道。然則親之賢者先得之於疎之賢者爲必然。堯明俊德於九族而九族睦，章俊德於百姓而萬邦協，黎民雍。皐陶亦以惇敘九族，庶明勵翼，爲邇可遠之道。則九族勉敬之人固先明之，然後遠者可次敘而及。《大學》謂「克明俊德」爲自明其德，不若孔氏之註愈。

義民，安分之良民而已。俊民，俊德之民也。官能，則準牧無義民。治昏，則俊民用微。

五言，樂語歌詠五德之言也。

「卜不習吉」，言卜官將占，先決問人心有疑乃卜，無疑則否。「朕志無疑，人謀僉同」，故無所用卜。鬼神必依，龜筮必從，故不必卜筮，玩習其吉以瀆神也。

衍忒未分，有悔吝之防，此卜筮之所由作也。

王禘篇第十六

《禮》「不王不禘」，則知諸侯歲闕一祭，爲不禘明矣。至周以祠爲春，以禴爲夏。宗廟歲六享，則二享、四祭爲六矣。諸侯不禘，其四享歟？夏、商諸侯，夏特一祫。《王制》謂「礿則不禘，禘則不嘗」，假其名以見時祀之數爾。作《記》者不知文之害意，過矣。

禘於夏、周爲春、夏，嘗於夏、商爲秋、冬。作《記》者交舉，以二氣對互而言爾。享嘗云者，享爲追享、朝享，禘亦其一爾。嘗以配享，亦對舉秋冬而言也。夏、商以禘爲時祭，知追享之必在夏也。然則夏、商天子歲乃五享，禘列四祭，并祫而五也。周改禘爲禴，則天子享六，諸侯不禘，又歲闕一祭，則亦四而已矣。《王制》所謂「天子犆礿、祫禘、祫嘗、祫烝」。既以禘爲時祭，則祫可同時而舉。礿以物薄而犆。嘗從舊。「諸侯礿犆，如天子。禘一犆一祫」，言於夏禘之時，正爲一祭，特一祫而已。然則「不王不禘」又著見於此矣。下又云「嘗祫、烝祫」，則嘗烝且祫無疑矣。若周制亦當闕一時之祭，則當云：「諸侯祠則不禴，禴則不嘗。」

黄瑞節曰：禘、祫之説不一，《禮記》方、鄭二家皆非是，往往因《王制》所説四時祭名有所謂禘，遂例以大禘釋之。張子云「假其名以見時祀之數」，此語最明。今考以禘爲四時之祭之一，惟《王制》有此。

蓋禘，天子大祭也。祭始祖自出之帝於始祖之廟，而以始祖配之，只祭此二位，其禮極嚴。祫有二：有時祫，有大祫。時祫者，祭始祖與親廟，而不及祧廟也。大祫者，三年而祫，則合已毁未毁之廟而祭于始祖之廟也。毁廟，即祧廟也。方氏分祧、毁爲二，非也。《王制》所謂「祫禘」，與「大禘」之禘不同。張子所云「假禘之名以見數」是已。「天子犆礿」者，春祭時物不備，故每廟特祭，不遷主於祖廟也。「祫禘、祫嘗、祫烝」者，夏、秋、冬三時之祭，禮物可備，故皆合群主於祖廟也，天子之禮也。諸侯下天子一等，故春之礿犆、秋之嘗祫、冬之烝祫，皆與天子同。惟夏之禘，則或一犆焉，或一祫焉也。張子云「不王不禘，又著見於此」，此釋《王制》説也。○犆，音特。礿、禴通。

庶子不祭祖，不止言王考而已。明其宗也。明宗子當祭也。不祭禰，以父爲親之極甚者，故又發此文。明其宗也。庶子不爲長子斬，不繼祖與禰故也。此以服言，不以祭言，故又發此條。

「庶子不祭殤與無後者」，註「不祭殤者，父之庶」，蓋以殤未足語世數，特以己不祭禰，故不祭之。「不祭無後者，祖之庶也」，雖無後，以其成人備世數，當祔祖以祭之。己不祭祖，故不得而祭之也。「祖庶之殤，則自祭之也」，言庶孫則得祭其子之殤者，以己爲其祖矣，無所祔之也。「凡所祭殤者唯適子」，此據《禮》「天子下祭殤五，皆適子適孫之類」。故知凡殤非適，皆不當特祭，惟當從祖祔食。「無後者」，謂昆弟諸父殤與無後者。如祖廟在小宗之家，祭之如在大宗。見《曾子問》註。

黄瑞節曰：《禮記·喪服小記》篇：「庶子不祭祖者，明其宗也。庶子不爲長子斬，不繼祖與禰故也。庶子不祭殤與無後者，殤與無後者從祖祔食。庶子不祭禰者，明其宗也。」鄭氏註云：「不祭殤者，父之庶也。不祭無後者，祖之庶也。此二者當從祖祔食，而已不祭祖，無所食之也。共其牲物，而宗子主其禮焉。祖庶之殤則自祭之。凡所祭殤者，惟適子耳。無後者，謂昆弟諸父也。宗子之諸父無後者，爲墠祭之。」《曾子問》篇曰：「凡殤與無後者，祭於宗子之家。」鄭氏註云：「言祭於宗子之家者，有異居之道也。凡祖廟在小宗之家，祭之亦然。」〇大宗、小宗，説見《家禮》。

殷而上七廟，自祖考而下五，并遠廟爲祧者二，無不遷之太祖廟。至周有百世不毁之祖，則三昭、三穆，四爲親廟，二爲文、武二世室，并始祖而七。諸侯無二祧故五。大夫無不遷之祖，則一昭一穆，與祖考而三。故以祖考通謂爲太祖。若祫，則請於其君，并高祖干祫之。干祫之，不當祫而特祫之也。孔註《王制》，謂周制亦粗及之而不詳爾。

朱子《禘祫議》曰：《王制》天子七廟，三昭三穆，與太祖之廟而七。諸侯、大夫、士降殺以兩。而《祭法》又有「適士二廟，官師一廟」之文。大抵士無二祖，而皆及其祖考也。鄭氏曰：夏五廟，商六廟，周七廟。今按，《商書》已云「七世之廟」，鄭説恐非。顔師古曰：「父爲昭，子爲穆，孫復爲昭。」昭，明也。穆，美也。後以晉室諱昭，故學者改昭爲韶。其制，皆在中門外之左，外爲都宫，内各有寢廟，别有門垣，太祖在北。左昭右穆，以次而南。晉博士孫毓議。天子太祖，百世不遷。一昭一穆爲宗，亦百世不遷。宗，亦曰「世室」，亦曰「祧」。鄭註《周禮》「守祧」曰，宗亦曰祧，亦曰世室。《周禮》有守祧之官，鄭氏曰「遠廟爲祧」，「周爲文、武之廟，遷主藏焉」。又曰：「遷主所藏曰祧。先公之遷主，藏于太祖后稷之廟。先王之遷主，藏於文、武之廟。」群穆於文，群昭於武。《明堂位》有文世室、武世室，鄭氏曰：「世室者，不毁之名也。」二昭二穆爲四親廟。高祖以上，親盡則毁而遞遷。昭常爲昭，穆常爲穆。昭之二廟親盡，則毁而遷其主于昭之宗。曾祖遷于昭之二，新入廟者祔于昭之三，而高祖及祖在穆如故。穆廟親盡放此。新死者如當爲昭，則祔於昭之近廟。而自近廟遷其祖於昭之次廟，而於主祭者爲曾祖。自次廟遷其高祖于昭之世室，蓋於主祭者爲五世而親盡故也。其穆之兩廟如故不動，其次廟於主祭者爲高祖，其近廟於主祭者爲祖也。主祭者没，則祔于穆之近廟，而遞遷其上放此。凡毁廟遷主，改塗易檐，示有所變，非盡毁也。見《穀梁傳》及註。諸侯則無二宗，大夫又無二廟，其遷毁之次，則與天子同。但毁廟之主，藏於太祖。《儀禮》所謂「以其班祔」，《檀弓》所謂「祔于祖父」者也。《曲禮》云：「君子抱孫不抱子。」此言孫可以爲王父尸，子不可以爲父尸。鄭氏云：「以孫與祖，昭穆同也。」周制自后稷爲太祖，不窋爲昭，鞠爲穆。以下十二世至太王復爲穆，十三世至王季復爲昭，十四世至文王又爲穆，十五世至武王又爲昭。故《書》稱文王爲穆考，《詩》稱武王爲昭考，而《左氏傳》曰：「太伯虞仲，太王之昭也。虢仲、虢叔，王季之穆也」，又曰：「管、蔡、魯、衛，文之昭也。邘、晉、應、韓，武之穆也。」蓋其次序一定，百世不易。雖文王在右，武王在左，嫌於倒置，而諸廟别有門垣，足以各全其尊，初不以左右祊也。

爲尊卑也。三代之制，其詳雖不得聞，然其大略不過如此。

「鋪筵設同几」，疑左右几。一云交鬼神異於人，故夫婦而同几。求之或於室，或於祊也。

黄瑞節曰：《禮記·祭統》篇曰：「鋪筵設同几，爲依神也。詔祝於室，而出于祊，此交神明之道也。」鄭氏註云：「同之爲言詷也。祭者以其妃配，亦不特几也。詔祝，告事於尸也。出於祊，謂索祭也。」

○《張子語録》「鋪筵設同几」，只設一位，以其精神合也。○祊，伯更反。詷，作貢反。

祭社稷五祀百神者，以百神之功，報天之德爾。故以天事鬼神，事之至也，理之盡也。

「天子因生以賜姓，諸侯以字爲謚」，蓋以尊統上，卑統下之義。

「天子因生以賜姓」，難以命於下之人，亦尊統上之道也。

朱子曰：姓，是大總腦處。氏，是後來次第分別處。如魯本姬姓，其後有孟氏、季氏，同爲姬姓而氏有不同。諸侯以字爲謚，切恐「謚」本「氏」字傳寫之訛。先儒承訛解將去，義理不通。如舜生溈汭，武王遂賜胡公滿爲溈姓，即因生賜姓。如鄭之國氏，本子國之後，駟氏本子駟之後，即以字爲氏，因以爲族。杜預點「諸侯以字」爲句，亦是强解。

據《玉藻》，疑天子聽朔於明堂，諸侯則於太廟，就藏朔之處，告祖而行。受命祖廟，作龜禰宫，次序之宜。

公之士，及大夫之衆臣，爲「衆臣」。公之卿大夫、卿大夫之室老，及家邑之士，爲「貴臣」。上言「公士」，所以别士於公者也。下言「室老士」，所以别士於家者也。衆臣不以杖即位，疑義與庶子同。

「適士」，疑諸侯薦於天子之士，及王朝爵命之通名。蓋三命方受位天子之朝，一命、再命，受職受服者，疑官長自辟除，未有位於王朝，故謂之「官師」而已。

「小事則專達」，蓋得自達於其君，不俟聞於長者，《禮》所謂「達官」者也。所謂「達官之長」者，得自達之長也。所謂「官師」者，次其長者也。然則達官之長，必三命而上者。官師，則中士而再命者。庶士，則一命爲可知。

黄瑞節曰：《周禮》六官之屬，皆曰「大事則從其長，小事則專達」。

賜官，使臣其屬也。若卿大夫以室老士爲貴臣，未賜官，則不得臣其士也。

祖廟未毁，教於公宫，則知諸侯於有服族人，亦引而親之如家人焉。

「下而飲」者，不勝者自下堂而受飲也。「其争也」，争爲謙讓而已。

君子之射，以中爲勝，不必以貫革爲勝。侯以布，鵠以革，其不貫革而墜於地者，中鵠爲可知矣。此「爲力不同科」之一也。

「知死而不知生，傷而不弔」，畏、壓、溺可傷尤甚，故特致哀死者，不弔生者以異之。且

「如何不淑」之詞，無所施焉。

博依、善依，永而歌樂之也。雜服，雜習於制數服近之文也。

《春秋》大要天子之事也，故曰：「知我者，其惟《春秋》乎。罪我者，其惟《春秋》乎。」

「苗而不秀者」，與下「不足畏也」爲一說。

乾稱篇第十七取《西銘》首句爲篇名。今自爲一書，不復載。

凡可狀皆有也，凡有皆象也，凡象皆氣也。氣之性本虛而神，則神與性乃氣所固有，此鬼神所以體物而不可遺也。至誠，天性也。不息，天命也。人能至誠，則性盡而神可窮矣。不息，則命行而化可知矣。學未至知化，非真得也。舍氣有象否？非象有意否？

有無虛實通爲一物者，性也。不能爲一，非盡性也。飲食男女，皆性也，是烏可滅。然則有無皆性也，是豈無對？莊老浮屠爲此說久矣，果暢真理乎？

天包載萬物於內，所感所性，乾坤陰陽二端而已。無內外之合，無耳目之引取，與人物蕞然異矣。人能盡性知天，不爲蕞然起見，則幾矣。

有無一，內外合，庸、聖同。此人心之所自來也。若聖人，則不專以聞見爲心，故能不專以聞見爲用。無所不感者，虛也。感即合也，咸也。以萬物本一，故一能合異。以其能合異，故謂之感。若非有異，則無合。天性，乾坤陰陽也。二端故有感，本一故能合。天地生萬物，所受雖不同，皆無須臾之不感。所謂性即天道也。

感者性之神，性者感之體。在天在人，其究一也。惟屈伸、動靜、終始之能一也。故所以妙萬物而謂之神，通萬物而謂之道，體萬物而謂之性。

至虛之實，實而不固。至靜之動，動而不窮。實而不固，則一而散。動而不窮，則往且來。

性通極於無，氣其一物爾。命稟同於性，遇乃適然焉。人一己百，人十己千。然有不至，猶難語性，可以言氣。行同報異，猶難語命，可以言遇。

浮屠明鬼，謂有識之死，受生循環，遂厭苦求免，可謂知鬼乎？以人生爲妄，可謂知人乎？天人一物，輒生取舍，可謂知天乎？孔、孟所謂天，彼所謂道，惑者指「游魂爲變」爲輪迴，未之思也。《大學》當先知天德。知天德則知聖人，知鬼神。今浮屠極論要歸，必謂死生轉流，非得道不免，謂之悟道可乎？悟則有義有命，均死生，一天人。惟知晝夜，通陰陽，體之不二。自其說熾傳中國，儒者未容窺聖學門牆，已爲引取，淪胥其間，指爲大道。其俗達之天下，致善惡、知愚、男女臧獲，人人著信。使英才間氣，生則溺耳目恬習之事，長則師世儒宗尚之言，遂冥然被驅，因謂聖人可不脩而至，大道可不學而知。故未識聖人，心已謂不必求其迹。未見君子，志已謂不必事其文。此人倫所以不察，庶物所以不明，治所以忽，德所以亂。異言滿耳，上無禮以防其僞，下無學以稽其弊。自古詖淫邪遁之詞，翕然並興，一出於佛氏之門者，千五百年。自非獨立不懼，精一自信，有大過人之才，何以正立其間，與之較是非，計得失？

釋氏語實際，乃知道者所謂誠也，天德也。其語到實際，則以人生爲幻妄，有爲爲疣贅，以世界爲蔭濁，遂厭而不有，遺而弗存。就使得之，乃誠而惡明者也。儒者則因明致誠，因誠致明，故天人合一，致學而可以成聖，得天而未始遺人。《易》所謂不遺、不流、不過者也。彼語雖似是，觀其發本要歸，與吾儒二本殊歸矣。道一而已。此是則彼非，此非則彼是，固不當同日而語。其言流遁失守，窮大則淫，推行則詖，致曲則邪。求之一卷之中，此弊數數有之。大率知晝夜陰陽則能一性命，❶能知性命則能知聖人，知鬼神。彼欲直語太虛，不以晝夜陰陽累其心，則是未始見易。未始見易，則雖欲免陰陽晝夜之累，末由也已。易且不見，又烏能更語真際？捨真際而談鬼神，妄也。所謂實際，彼徒能語之而已，未始心解也。

---

❶「一」，重修本作「知」。

《易》謂「原始反終，故知死生之説」者，謂原始而知生，則求其終而知死必矣。此夫子所以直季路之問而不隱也。

體不偏滯，乃可謂無方無體。偏滯於晝夜陰陽者，物也。若道則兼體而無累也。以其兼體，故曰「一陰一陽」，又曰「陰陽不測」，又曰「一闔一闢」，又曰「通乎晝夜」。語其推行故曰「道」，語其不測故曰「神」，語其生生故曰「易」。其實一物，指事異名爾。

大率天之爲德，虚而善應。其應非思慮聰明可求，故謂之神。老氏況諸谷，以此。

太虚者，氣之體。氣有陰陽屈伸相感之無窮，故神之應也無窮。其散無數，故神之應也無數。雖無窮，其實湛然。雖無數，其實一而已。陰陽之氣，散則萬殊，人莫知其一也。合則混然，人不見其殊也。形聚爲物，形潰反原。反原者，其「游魂爲變」與？所謂變者，對聚散存亡爲文，非如螢雀之化，指前後身而爲説也。

益物必誠，如天之生物，日進日息。自益必誠，如川之方至，日增日得。施之妄，學之不勤，欲自益且益人，難矣哉。《易》曰「益長裕而不設」，信夫。

將修己，必先厚重以自持。厚重知學，德乃進而不固矣。忠信進德，惟尚友而急賢。欲勝己者親，無如改過之不吝。

戲言，出於思也。戲動，作於謀也。發乎聲，見乎四支，謂非己心，不明也。欲人無己疑，不能也。過言，非心也。過動，非誠也。失於聲，繆迷其四體，謂己當然，自誣也。欲他人己從，誣人也。或者以出於心者歸咎爲己戲，失於思者自誣爲己誠，不知戒其出汝者，歸咎其不出汝者，長傲且遂非，不知孰甚焉！

程子答張子書云：所論大概有苦心極力之象，而無寬裕温柔之氣。非明睿所照，而考索至此。故意屢偏而言多窒，小出入時有之。明所照者，如目所覩，纖微盡識之矣。考索至者，如揣料於物，見彷彿爾，能無差乎？更望完養思慮，涵泳義理，他日自當條暢。又曰：子厚謹嚴，纔謹嚴，便有迫切意象，無寬舒之意。○朱子曰：此章即《東銘》，正如今法書所謂「故失」兩字。因作圖子與《西銘》對看。○伊川云：「非明睿所照，而考索至此。」蓋横渠却是一向苦思求將向前去，却欠涵泳，以待其義理自形見處。○答江仲謀論《正蒙》書曰：道之極致，物我固爲一矣。然豈獨物我之間驗之，蓋天地、鬼神、幽明、隱顯、本末、精粗，無不通貫而爲一也。《正蒙》之旨不外是。然聖賢言之，亦已多矣。《正蒙》之作，復何爲乎？恐須反覆研究其説，求其所以一者而合之。於其所謂一者，必銖銖而較之，至於鈞而必合，寸寸而度之，至於丈而不差，然後爲得也。○黄瑞節曰：張子有《文集》，諸《經説》《語録》，皆其門人記録之書，朱子取以入《近思録》，凡八十條。惟《正蒙》乃其手所撰著云。○又按，東萊吕氏云：「《知言》勝《正蒙》。」朱子曰：「《正蒙》規模大，《知言》小。」《知言》蓋五峰胡氏所撰云。

性理大全書卷之七

皇極經世書一

邵伯温曰：《皇極經世書》凡十二卷。其一之二，則總元、會、運、世之數，《易》所謂「天地之數」也。三之四，以會經運，列世數與歲甲子，下紀帝堯至于五代歷年表，以見天下離合治亂之迹，以天時而驗人事者也。五之六，以運經世，列世數與歲甲子，下紀自帝堯至于五代書，傳所載興廢治亂得失邪正之迹，以人事而驗天時者也。自七之十，則以陰陽剛柔之數，窮律吕聲音之數；以律吕聲音之數，窮動植飛走之數，《易》所謂萬物之數也。其十一之十二，則論《皇極經世》之所以爲書，窮日月星辰、飛走動植之數，以盡天地萬物之理；述皇帝王霸之事，以明大中至正之道。陰陽之消長，古今之治亂，較然可見矣。故書謂之《皇極經世》，篇謂之《觀物》焉。〇西山蔡氏曰：《皇極經世》之書，康節先生以爲先天之學。其道一本於伏羲卦圖，但其用字立文，自爲一家。引經引義，别爲一説。故學者多所疑惑。要當且以康節之書反覆涵泳，使倫類精熟，脉絡通貫，然後有得。若其宗要，則明道先生所謂「加一倍法」也。是故由用而之體，則自一而二，自二而四，自四而八，自八而十六，自十六而三十二，自三十二而六十四。即體而之用，則自六十四而三十二，自三十二而十六，自十六而八，自八而四，自四而二，自二而一。一者，太極也。所謂「一動一静之間者」也。蓋嘗謂體天地之撰者，至於《易》而止矣，不可以有加矣。揚氏之《太玄》八十一首，關氏之《洞極》二十七象，司馬氏之《潛虚》五十五行，皆不知而作者也。天奇地耦之畫，陽九陰六之數，四千九十有六之變，萬有一千五百二十之策，有以加乎此哉？康節之學，雖作用不同，而其實則伏羲所畫之卦也。故其書以日月星辰、水火土石盡天地之體用，以暑寒晝夜、雨風露雷盡天地之變化，以性情形體、走飛草木盡萬物之感應，以元會運世、歲月日辰盡天地之終始，以皇帝王霸、《易》《書》《詩》《春秋》盡聖賢之事業。自秦、漢以來，一人而已耳。

嵩山晁氏曰：邵雍堯夫，隱居博學，尤精於《易》，能前知來物。撰《皇極經世書》，以元經會，以運經世。起於堯即位之元年甲辰，終於周顯德五年己未，編年紀興亡治亂以符其學。世稱康節之易，先天之嗣也。有《觀物内》《外》篇。《内篇解》則其子伯温所著也。○趙氏震曰：《皇極經世書》，元、會、運、世六卷，凡三十四篇，如《易》之上經。聲、音、律、吕四卷，凡十六篇，如《易》之下經。《觀物》十二篇之文，所以暢二數之義，如《易》之有《繫辭》焉。夫道不囿於數，而數實該乎道。昔之負才氣者，雖使十年不仕而事於數，康節殆未之許。吁！是豈易言也哉。

按本書六十二篇，并門弟子所記《外篇上》《下》，通六十有四篇。其首三十四篇，則以元、會、運、世相經，横列甲子，繫歲紀事，以驗夫天時、人事之得失。其次十六篇，則以聲、音、律、吕更唱迭和，爲圖三千八百四十，以窮夫萬物之數。其後内、外十四篇之文，則皆所以敷暢前二數之義也。然前之二數，邵伯温氏嘗著《一元消長》等圖以括其要約，後西山蔡氏因其圖而推衍之，著爲《經世指要》一書，足以盡了五十篇之義，而晦庵朱子謂其於康節之書推究縝密矣。故今不復具載康節全書，但取蔡氏《指要》諸圖，增以諸家釋例，纂爲二卷，列於内、外十四篇之首。庶幾觀者即圖以明其數，因文以求其理，則由約可以該博。復以《漁樵問答》及《無名公傳》附於後者，因其文意與是書有相發明故也。

纂圖指要上

西山蔡氏曰：龍馬負圖，伏羲因之以畫八卦，重之爲六十四卦。初未有文字，但陽奇陰耦，卦畫次序而已，今世所傳《伏羲八卦圖》以圓函方者是也。康節曰：「上古聖人皆有易，但作用不同。今之《易》，文王之易也，故謂之《周易》。」若然，則所謂三易者，皆本於伏羲之圖，而取象繫辭以定吉凶者名不同耳。《連山》首艮，《歸藏》首坤，《周易》首乾。《連山》《歸藏》雖不傳，意其作用必與《周易》大異。然作用雖異，其爲道則同一太極也。《皇極經世》之書，命數定象，自爲一家，古所未有，學者所未見。然亦皆出於伏羲卦畫奇耦之序，其爲道亦同一太極也。今以《伏羲卦圖》列之於前，而以《皇極經世》疏之於後，則大略可見矣。

伏羲始畫八卦圖

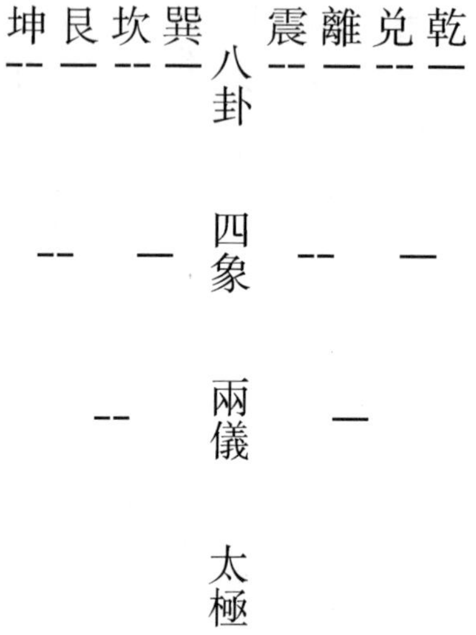

西山蔡氏曰：《大傳》曰：「《易》有太極，是生兩儀。兩儀生四象，四象生八卦。八卦定吉凶，吉凶生大業。」其法自一而二，自二而四，自四而八。實則太極判而爲陰陽，陰陽之中又有陰陽，出於自然，不待智營而力索也。其敘首乾而尾坤者，以陰陽先後爲數也。

八卦正位圖

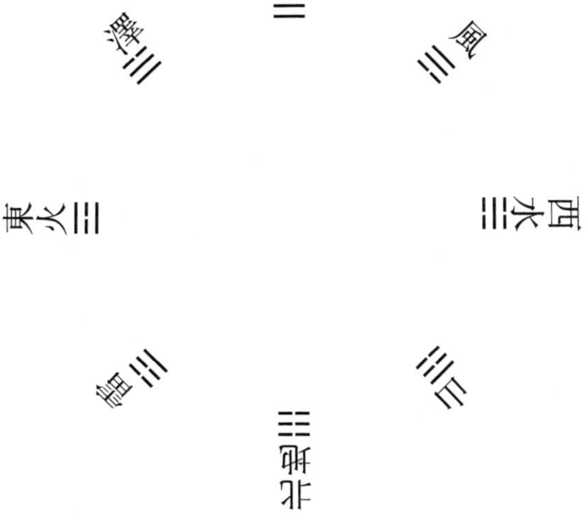

邵伯温曰：先君云：天地定位，乾與坤對也。山澤通氣，艮與兑對也。雷風相薄，震與巽對也。水火不相射，離與坎對也。此伏羲之易也。乾之初交於坤之初得震，故爲長男。

坤之初交於乾之初得巽，故爲長女。乾之二交於坤之二得坎，故爲中男。坤之二交於乾之二得離，故爲中女。乾之上交於坤之上得艮，爲少男。坤之上交於乾之上得兑，爲少女。乾、坤，大父母也，故能生八卦。復、姤，小父母也，故能生六十四卦。復之初九交於姤之初六得一陽，姤之初六交於復之初九得一陰。復之二交於姤之二得二陽，姤之二交於復之二得二陰。復之三交於姤之三得四陽，姤之三交於復之三得四陰。復之四交於姤之四得八陽，姤之四交於復之四得八陰。復之五交於姤之五得十六陽，姤之五交於復之五得十六陰。復之上交於姤之上得三十二陽，姤之上交於復之上得三十二陰。陰陽男女皆得順行，此所以生六十四卦也。○西山蔡氏曰：《大傳》曰：「天地定位，山澤通氣，雷風相薄，水火不相射，八卦相錯，數往者順，知來者逆。是故《易》，逆數也。」其法自子中至午中爲陽。初四爻皆陽中，前二爻皆陰，後二爻皆陽；上一爻爲陰，二爻爲陽，三爻爲陰，四爻爲陽。自午中至子中爲陰。初四爻皆陰中，前二爻爲陽，後二爻爲陰；上一爻爲陽，二爻爲陰，三爻爲陽，四爻爲陰。在陽中，上二爻則先陰而後陽，陽生於陰也。在陰中，上二爻則先陽而後陰，陰生於陽也。其敘始震終坤者，以陰陽消息爲數也。

八卦重爲六十四卦圖

乾 ䷀
夬 ䷪
大有 ䷍
大壯 ䷡
小畜 ䷈
需 ䷄
大畜 ䷙
泰 ䷊
履 ䷉
兌 ䷹
睽 ䷥
歸妹 ䷵
中孚 ䷼

節 ䷻
損 ䷨
臨 ䷒
同人 ䷌
革 ䷰
離 ䷝
豐 ䷶
家人 ䷤
既濟 ䷾
賁 ䷕
明夷 ䷣
无妄 ䷘
隨 ䷐

噬嗑

震

益

屯

頤

復

姤

大過

鼎

恒

巽

井

蠱

升

訟

困

未濟

解

渙

坎

蒙

師

遯

咸

旅

小過

漸

蹇

艮

謙

否 ䷋

萃 ䷬

晉 ䷢

豫 ䷏

觀 ䷓

比 ䷇

剥 ䷖

坤 ䷁

西山蔡氏曰：八卦重而爲六十四卦，一卦之上各有八卦也。實則自八而十六，自十六而三十二，自三十二而六十四也。《大傳》曰「因而重之，爻在其中矣」者是也。此陰陽流行之數，前三十二卦爲陽，後三十二卦爲陰。古往今來者也。

六十四卦方圓圖

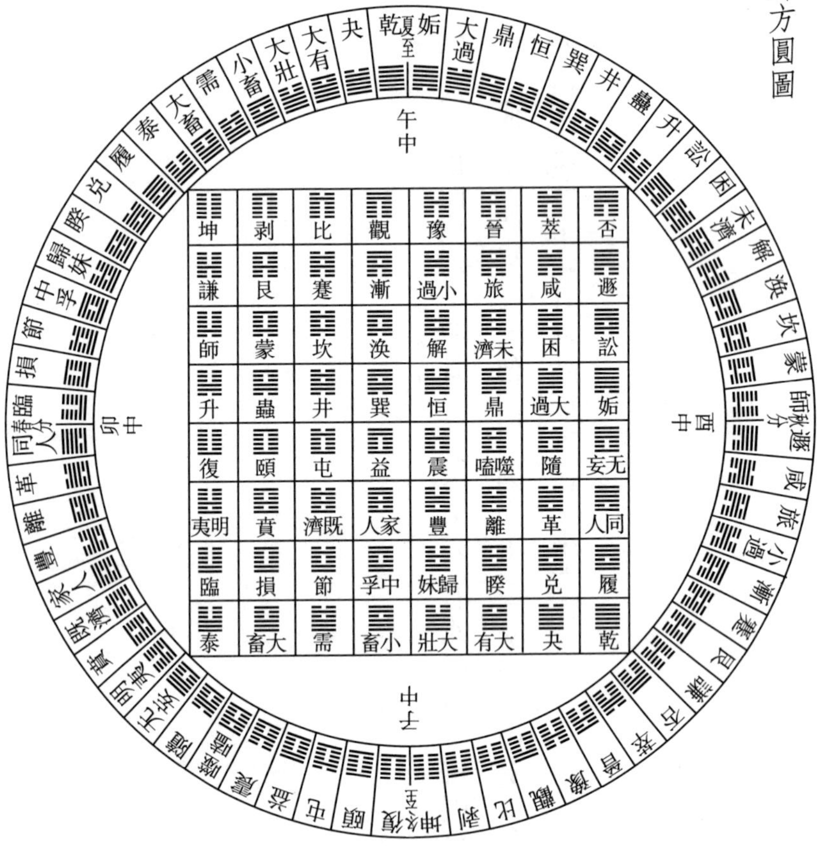
午中
酉中
子中
卯中
夏至
秋分
冬至
春分
乾 夬 大有 大壯 小畜 需 大畜 泰 履 兑 睽 歸妹 中孚 節 損 臨 同人 革 離 豐 家人 既濟 賁 明夷 无妄 隨 噬嗑 震 益 屯 頤 復
姤 大過 鼎 恒 巽 井 蠱 升 訟 困 未濟 解 渙 坎 蒙 師 遯 咸 旅 小過 漸 蹇 艮 謙 否 萃 晉 豫 觀 比 剥 坤
坤 剥 比 觀 豫 晉 萃 否
謙 艮 蹇 漸 小過 旅 咸 遯
師 蒙 坎 渙 解 未濟 困 訟
升 蠱 井 巽 恒 鼎 大過 姤
復 頤 屯 益 震 噬嗑 隨 无妄
明夷 賁 既濟 家人 豐 離 革 同人
臨 損 節 中孚 歸妹 睽 兑 履
泰 大畜 需 小畜 大壯 大有 夬 乾

邵伯温曰：先君曰：上世聖人皆有易，作用不同，其道一也。今之《易經》，文王之易也，故謂之曰《周易》。伏羲之易，無文字語言，獨有卦畫次序而已，孔子於《繫辭》實述之矣。圓者爲天，方者爲地，天地之理皆在是也。○西山蔡氏曰：六十四卦圓布者，乾盡午中，坤盡子中，離盡卯中，坎盡酉中。陽生於子中，極於午中。陰生於午中，極於子中。其陽在南，其陰在北。方布者，乾始於西北，坤盡於東南。其陽在北，其陰在南。此二者，陰陽對待之數。圓於外者爲陽，方於中者爲陰。圓者動而爲天，方者静而爲地者也。

陽九陰六用數圖

老陽用九數。

四因九得三十有六，是爲老陽之數。

老陰用六數。

四因六得二十有四，是爲老陰之數。

六因三十有六得二百一十有六，是爲乾卦之數。

六因二十有四得一百四十有四，是爲坤卦之數。

以二百一十有六合一百四十有四，得三百六十，爲一朞之數。月日時同。

陽爻一百九十二，以三十二因二百一十有六，得六千九百一十有二之數。

陰爻一百九十二，以三十二因一百四十有四，得四千六百有八之數。六十四卦中三百八十四爻，陰陽各居其半，故用三十二因之。

以六千九百一十有二合四千六百有八，得萬有一千五百二十，是爲萬物之數。

少陽數七。

少陰數八。

四因七得二十有八，是爲少陽之數。

四因八得三十有二，是爲少陰之數。

六因二十有八得一百六十有八，是爲乾卦之數。

六因三十有二得一百九十有二，是爲坤卦之數。

以一百六十有八合一百九十有二，亦得三百六十，是爲一朞之數。

陽爻一百九十二，以三十二因一百六十有八，得五千三百七十有六之數。

陰爻一百九十二，以三十二因一百九十有二，得六千一百四十有四之數。

數。以五千三百七十有六合六千一百四十有四，亦得萬有一千五百二十，是爲萬物之數。聖人所以不書者，以《周易》用九、六而不用七、八也。

朱子曰：二篇之策當萬物之數者，不是萬物盡於此數，只是取象自一而萬，以萬數來當萬物之數耳。

性理大全書卷之八

皇極經世書二

纂圖指要下

經世衍易圖

太陽⚊
太陰⚋
少陽⚊
少陰⚋
少剛⚊
少柔⚋
太剛⚊
太柔⚋

陽⚊
陰⚋
剛⚊
柔⚋

動⚊
一動一靜之間
靜⚋

西山蔡氏曰：「一動一靜之間」者，《易》之所謂「太極」也。動靜者，《易》所謂「兩儀」也。陰陽剛柔者，《易》所謂「四象」也。太陽、太陰、少陽、少陰、少剛、少柔、太剛、太柔者，《易》所謂「八卦」也。

經世天地四象圖

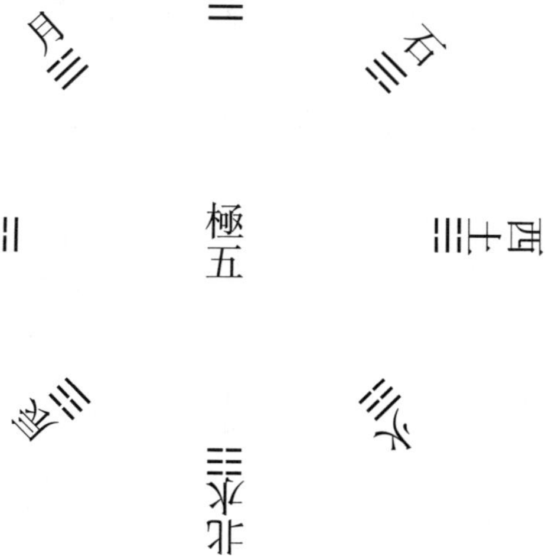

太陽	日	暑	性
	目	元	皇
太陰	月	寒	情
	耳	會	帝
少陽	星	晝	形
	鼻	運	王
少陰	辰	夜	體
	口	世	伯
少剛	石	雷	木
	色	歲	易
少柔	土	露	草
	聲	月	書
太剛	火	風	飛
	氣	日	詩
太柔	水	雨	走
	味	辰	春秋

西山蔡氏曰：動者爲天，天有陰陽，陽者動之始，陰者動之極。陰陽之中又各有陰陽，故有太陽太陰、少陽少陰。太陽爲日，太陰爲月，少陽爲星，少陰爲辰，是爲天之四象。日爲暑，月爲寒，星爲晝，辰爲夜，四者天之所變也。暑變物之性，寒變物之情，晝變物之形，夜變物之體，萬物之所以感於天之變也。静者爲地，地有柔剛，柔者静之始，剛者静之極。剛柔之中又有剛柔，故有太剛太柔、少剛少柔。太柔爲水，太剛爲火，少柔爲土，少剛爲石，是爲地之四象。水爲雨，火爲風，土爲露，石爲雷，四者地之所以化也。雨化物之走，風化物之飛，露化物之草，雷化物之木，萬物之所以應於地之化也。暑變走飛草木之性，寒變走飛草木之情，晝變走飛草木之形，夜變走飛草木之體；雨化性情形體之走，風化性情形體之飛，露化性情形體之草，雷化性情形體之木：天地變化，參伍錯綜而生萬物也。萬物之感於天之變，性者善目，情者善耳，形者善鼻，體者善口。萬物應於地之化，飛者善色，走者善聲，木者善氣，草者善味。蓋其所感、應有不同，故其所善亦有異。至於人，則得天地之全，暑、寒、晝、夜無不變，雨、風、露、雷無不化，性、情、形、體無不感，走、飛、草、木無不應，目善萬物之色，耳善萬物之聲，鼻善萬物之氣，口善萬物之味。蓋天地萬物皆陰陽剛柔之分，人則兼備乎陰陽剛柔，故靈於萬物而能與天地參也。人而能與天地參，故天地之變有元、會、運、世，而人事之變亦有皇、帝、王、伯。元會運世有春夏秋冬，爲生、長、收、藏。皇帝王伯有《易》《書》

《詩》《春秋》，爲道、德、功、力。是故元會運世、春夏秋冬、生長收藏，各相因而爲十六；皇帝王伯、《易》《書》《詩》《春秋》、道德功力，亦各相因而爲十六。十六者，四象相因之數也。凡天地之變化，萬物之感應，古今之因革損益，皆不出乎十六，十六而天地之道畢矣。故物之巨細，人之聖愚，亦以一、十、百、千四者相因而爲十六。千千之物爲細物，千千之民爲至愚。一一之物爲巨物，一一之民爲聖人。蓋人者，萬物之最靈。聖人者，又人倫之至也。自天地觀萬物，則萬物爲萬物。自太極觀天地，則天地亦物也。人而盡太極之道，則能範圍天地，曲成萬物，而造化在我矣。故其説曰：一動一静，天地之至妙歟？一動一静之間，天地人之至妙歟？一動一静之間者，非動非静而主乎動静，所謂太極也。又曰：思慮未起，鬼神莫知，不由乎我，更由乎誰？所謂範圍天地，曲成萬物，造化在我者也。蓋超乎形器，非數之能及矣。雖然，是亦數也。伊川先生曰：「數學至康節方及理。」康節之數，先生未之學。至其本原，則亦不出乎先生之説矣。

經世天地始終之數圖

一一	乾一　元之元　日之日　乾之乾
一二	夬十二　元之會　日之月　乾之兑
一三	大有三百六十　元之運　日之星　乾之離
一四	大壯四千三百二十　元之世　日之辰　乾之震
一五	小畜一十二萬九千六百　元之歲　日之石　乾之巽
一六	需一百五十五萬五千二百　元之月　日之土　乾之坎
二一	履十二　會之元　月之日　兑之乾
二二	兑一百四十四　會之會　月之月　兑之兑
二三	睽四千三百二十　會之運　月之星　兑之離
二四	歸妹五萬一千八百四十　會之世　月之辰　兑之震
二五	中孚一百五十五萬五千二百　會之歲　月之石　兑之巽
二六	節一千八百六十六萬二千四百　會之月　月之土　兑之坎

一七	一八	三一	三二	三三	三四	三五
大畜 元之日 日之火 乾之艮 四千六百六十五萬六千	泰 元之辰 日之水 乾之坤 五萬五千九百八十七萬二千	同人 運之元 星之日 離之乾 三百六十	革 運之會 星之月 離之兌 四千三百二十	離 運之運 星之星 離之離 一十二萬九千六百	豐 運之世 星之辰 離之震 一百五十五萬五千二百	家人 運之歲 星之石 離之巽 四千六百六十五萬六千
二七	二八	四一	四二	四三	四四	四五
損 會之日 月之火 兌之艮 五萬五千九百八十七萬二千	臨 會之辰 月之水 兌之坤 六十七萬一千八百四十六萬四千	无妄 世之元 辰之日 震之乾 四千三百二十	隨 世之會 辰之月 震之兌 五萬一千八百四十	噬嗑 世之運 辰之星 震之離 一百五十五萬五千二百	震 世之世 辰之辰 震之震 一千八百六十六萬二千四百	益 世之歲 辰之石 震之巽 五萬五千九百八十七萬二千

六三	七三	八三	一五	二五	三五	四五
既濟	賁	明夷	姤	大過	鼎	恒
運之月 星之土 離之坎	運之日 星之火 離之艮	運之辰 星之水 離之坤	歲之元 石之日 巽之乾	歲之會 石之月 巽之兌	歲之運 石之星 巽之離	歲之世 石之辰 巽之震
五萬五千九百八十七萬二千	一百六十七萬九千六百一十六萬	二千一十五萬五千三百九十二萬	一十二萬九千六百	一百五十五萬五千二百	四千六百六十五萬六千	五萬五千九百八十七萬二千

六四	七四	八四	一六	二六	三六	四六
屯	頤	復	訟	困	未濟	解
世之月 辰之土 震之坎	世之日 辰之火 震之艮	世之辰 辰之水 震之坤	月之元 土之日 坎之乾	月之會 土之月 坎之兌	月之運 土之星 坎之離	月之世 土之辰 坎之震
六十七萬一千八百四十六萬四千	二千一十五萬五千三百九十二萬	二萬四千一百八十六萬四千七百四萬	一百五十五萬五千二百	一千八百六十六萬二千四百	五萬五千九百八十七萬二千	六十七萬一千八百四十六萬四千

五五	六五	七五	八五	一七	二七	三七
巽 歲之歲 石之石 巽之巽 一百六十七萬九千六百一十六萬	井 歲之月 石之土 巽之坎 二千一十五萬五千三百九十二萬	蠱 歲之日 石之火 巽之艮 六萬四百六十六萬一千七百六十萬	升 歲之辰 石之水 巽之坤 七十二萬五千五百九十四萬一千一百二十萬	遯 日之元 火之日 艮之乾 四千六百六十五萬六千	咸 日之會 火之月 艮之兌 五萬五千九百八十七萬二千	旅 日之運 火之星 艮之離 一百六十七萬九千六百一十六萬
五六	六六	七六	八六	一八	二八	三八
渙 月之歲 土之石 坎之巽 二千一十五萬五千三百九十二萬	坎 月之月 土之土 坎之坎 二萬四千一百八十六萬四千七百四萬	蒙 月之日 土之火 坎之艮 七十二萬五千五百九十四萬一千一百二十萬	師 月之辰 土之水 坎之坤 八百七十萬七千一百二十九萬三千四百四十萬	否 辰之元 水之日 坤之乾 五萬五千九百八十七萬二千	萃 辰之會 水之月 坤之兌 六十七萬一千八百四十六萬四千	晉 辰之運 水之星 坤之離 二千一十五萬五千三百九十二萬

卦位	卦	注	數
四七	小過	日之世　火之辰　艮之震	二千一十五萬五千三百九十二萬
五七	漸	日之歲　火之石　艮之巽	六萬四百六十六萬一千七百六十萬
六七	蹇	日之月　火之土　艮之坎	七十二萬五千五百九十四萬一千二百二十萬
七七	艮	日之日　火之火　艮之艮	二百一十七萬六千七百八十二萬三千三百六十萬
八七	謙	日之辰　火之水　艮之坤	二千六百一十三萬一千三百八十八萬三百二十萬
四八	豫	辰之世　水之辰　坤之震	二萬四千一百八十六萬四千七百四萬
五八	觀	辰之歲　水之石　坤之巽	七十二萬五千五百九十四萬一千一百二十萬
六八	比	辰之月　水之土　坤之坎	八百七十萬七千一百二十九萬三千四百四十萬
七八	剝	辰之日　水之火　坤之艮	二千六百十二萬一千三百八十八萬三百二十萬
八八	坤	辰之辰　水之水　坤之坤	三萬一千三百四十五萬六千六百五十六萬三千八百四十萬

邵伯温曰：陽一陰二，故陽之生陰，二而六之爲十二；陰之生陽，三而十之爲三十。又曰：以日經日爲元之元，其數一，日之數一故也。以日經月爲元之會，其數十二，月之數十二故也。以日經星爲元之運，其數三百六十，星之數三百六十故也。以日經辰爲元之世，其數四千三百二十，辰之數四千三百二十故也。○西山蔡氏曰：天地之數窮于八八，故元

會運世、歲月日辰之數極于六十四也。陽數以三十起者，一月有三十日，一世有三十年也。陰數以十二起者，一日有十二辰，一歲有十二月也。天地之數至于八八而遂窮乎？曰：窮則變，變則生，蓋生生而不窮者也。元會運世即歲月日辰，日月星辰即水火土石，猶形影聲響也。故《經世》舉元會運世而不及歲月日辰，舉日月星辰而不及水火土石也。

黄氏瑞節曰：《經世》天地始終之數，以十二、三十反覆乘之也。元之元一，元之會十二，是以十二乘一也。元之運三百六十，是以三十乘十二也。元之世四千三百二十，是以十二乘三百六十也。會之元以下放此。《經世》之元、會、運、世、歲、月、日、辰，即《易》之乾、兑、離、震、巽、坎、艮、坤也。元之元，即乾之乾。元之會，即乾之兑。元之運，即乾之離。元之世，即乾之震。元之歲，即乾之巽。元之月，即乾之坎。元之日，即乾之艮。元之辰，即乾之坤。會之元以下放此。

經世六十四卦數圖即先天圖

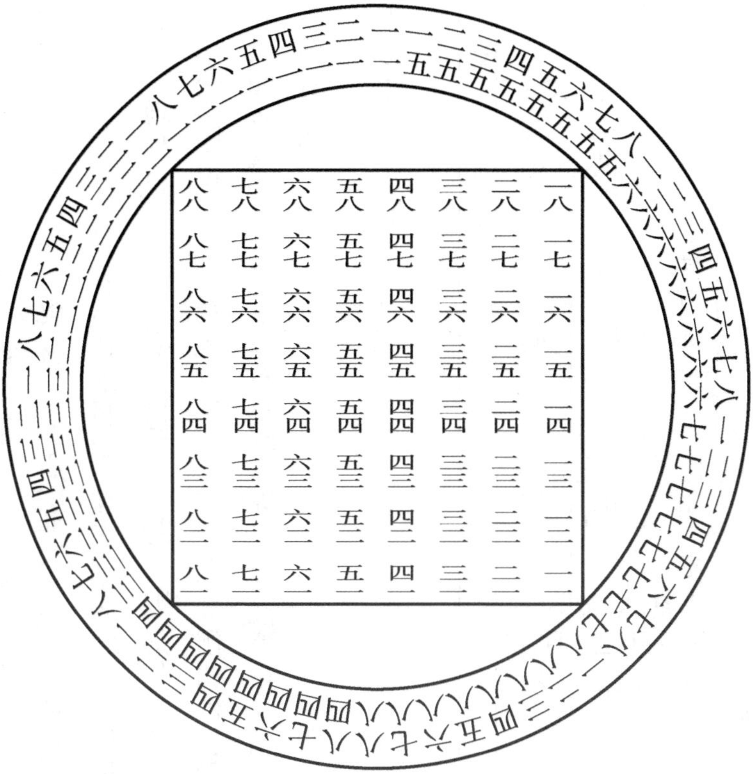

邵伯温曰：乾之數一，兌之數二，離之數三，震之數四，巽之數五，坎之數六，艮之數七，坤之數八，交相重而爲六十四焉。乾、兌、離、震，在天爲陽，在地爲剛，在天則居東南，在地則居西北。巽、坎、艮、坤，在天爲陰，在地爲柔，在天則居西北，在地則居東南。陰陽相錯，天文也。剛柔相交，地理也。○西山蔡氏曰：八卦之數，乾一，兌二，離三，震四，巽五，坎六，艮七，坤八，先天之序也。一一爲乾以至八八爲坤，參伍錯綜，無不備也。圓者爲天，方者爲地，一、二、三、四爲陽，五、六、七、八爲陰，即《先天圖》也。一一起于南，八八終于北者，以少爲息，多爲消也。

經世一元消長之數圖 朞數

元	日 甲			
會	月 子一	月 丑二	月 寅三	月 卯四
運	星 三十	星 六十	星 九十	星 一百二十
世	辰 三百六十	辰 七百二十	辰 一千八十	辰 一千四百四十
	年 一萬八百	年 二萬一千六百	年 三萬二千四百	年 四萬三千二百
	復 ䷗	臨 ䷒	泰 ䷊	大壯 ䷡
			開物 星之己七十六	

夬 ䷪	月 辰五	星 一百五十	辰 一千八百	年 五萬四千	
乾 ䷀	月 巳六	星 一百八十	辰 二千一百六十	年 六萬四千八百	唐堯始，星之癸一百八十，辰二千一百五十七
姤 ䷫	月 午七	星 二百一十	辰 二千五百二十	年 七萬五千六百	夏、殷、周、秦、兩漢、兩晉、十六國、南北朝、隋、唐、五代、宋
遯 ䷠	月 未八	星 二百四十	辰 二千八百八十	年 八萬六千四百	
否 ䷋	月 申九	星 二百七十	辰 三千二百四十	年 九萬七千二百	
觀 ䷓	月 酉十	星 三百	辰 三千六百	年 一十萬八千	
剝 ䷖	月 戌十一	星 三百三十	辰 三千九百六十	年 一十一萬八千八百	閉物 星之戌三百一十五
坤 ䷁	月 亥十二	星 三百六十	辰 四千三百二十	年 一十二萬九千六百	

邵伯温曰：日爲元，元之數一。月爲會，會之數十二。星爲運，運之數三百六十。辰爲世，世之數四千三百二十。則是一元統十二會，三百六十運，四千三百二十世。一世三十年，則一十二萬九千六百年。一十二萬九千六百年是爲一元之數。一元在大化之中，猶一年也。自元之元至辰之元，自元之辰至辰之辰，而後數窮矣。窮則變，變則生，蓋生生而不窮也。《經世》但著一元之數，舉一隅而已。引而伸之，則窮天地之數可知矣。日甲，日之數一歲一周。月子至亥，月之數十二歲十二周也。星三百六十，隨天而轉，日一周，歲三百六十周也。一日十二辰，積一歲之辰，則歲四千三百二十辰也。自子至巳作息，自午至亥作消。作息則陽進而陰退，作消則陰進而陽退。開物於月之寅，星之己七十有六。閉物於月之戌，星之戌三百一十有五。月至巳之終，當辰之二千一百六十爲陽極，陰陽之餘，空各六。月至亥之終，當辰之四千三百二十爲陰極，陰陽之餘，空各六。凡二十有四，以當《易》六十四卦、三百八十四爻之數焉。除四正卦凡六，四六二十四，三百八十有四去其二十有四，則所存者三百六十也。四正卦，謂乾、坤、坎、離居四方之正位，反復不變，故謂之四正。《經世》一元之運數，舉成數焉，消息盈虧之法在其間矣，所以藏諸用也。唐堯起於月之巳，星之癸一百八十，辰之二千一百五十七。推而上之，堯得天地之中數也。故孔子贊堯曰：「唯天爲大，唯堯則之，蕩蕩乎民無得名焉，巍巍乎其有成功，焕乎其有文章。」揚雄亦謂「法始乎伏羲而成乎堯」。蓋自極治之盛，莫過乎堯。先乎此者有所未至，後乎此者有所不及。考之曆數，稽之天時，質之人事，若合符節。嗚呼盛哉。○西山蔡氏曰：一元之數，即一歲之數也。一元有十二會，三百六十運，四千三百二十世，猶一歲十二月，三百六十日，四千三百二十辰也。前六會爲息，後六會爲消，即一歲之自子至巳爲息，自午至亥爲消。開物於星之七十六，猶歲之驚蟄也。閉物於三百一十五，猶歲之立冬也。一元有十二萬九千六百歲，一會有十二萬九千六百月，一運有十二萬九千六百日，一世有十二萬九千六百辰，皆自然之數，非有所牽合也。或曰：氣盈於三百六十六，朔虚於三百五十四，今《經世》之數概以三百六十爲率，何也？曰：所以藏諸用也，消息盈虚之法在其間矣。唐堯始於星之癸一百八十，辰之二千一百五十七，何也？曰：以今日天地之運，日月五星之行，推而上之，因以得之也。嗟夫，《皇極》一元之運，始於日甲月子、星甲辰子者，豈特曆數之用而已哉？一陽初動，萬物未生，是聖人所以見天地之心，又以範圍天地，曲成萬物者也。非元氣之會，聰明過人者，其孰與此？豈特曆數之用而已哉。又曰：元會運世之數，大而不可見；分釐絲毫之數，小而不可察。所可得而數者，即日月星辰而知之也。一世有三十歲，一月有三十日，故歲與日之數三十。一歲有十二月，一日有十二辰，故月與辰之數十二。自歲、月、日、辰之數推而上之，得元、會、運、世之數；推而下之，得分、釐、絲、毫之數。三十與十二反覆相乘爲三百六十，故元、會、運、世、歲、月、日、辰八者之數皆三百六十。以三百六十乘三百六十爲十二萬九千六百，故元有十二萬九千六百歲，會有十二萬九千六百月，運有十二萬九千六百日，世有十二萬九千六百辰；歲有十二萬九千六百分，月有十二萬九千六百釐，日有十二萬九千六百毫，辰有十二萬九千六百絲。皆天地自然，非假智營力索，而天地之運、日月之行、氣朔之盈虛、五星之伏見，朓朒屈伸，交食淺深之數，莫不由此。由漢以來，以曆數名家者，惟《太初》《大衍》耳。惟《太初》以四千六百一十七歲爲元，以八十一爲分。《大衍》之曆，乃以一百六十三億七千四百五十九萬五千二百爲元，三千四十爲分。皆附會牽合，以此求天地之數，安得無差？

朱子曰：《經世書》以十二辟卦管十二會，綳定時節，却就中推吉凶消長。堯時正是乾卦九五。○論十二卦，則陽始於子而終於巳，陰始於午而終於亥。論四時之氣，則陽始於寅而終於未，陰始於申而終於丑。此二説者雖若小差，而所争不過二位。蓋子位一陽雖生，而未出乎地。至寅位泰卦，則三陽之生，方出地上，而温厚之氣從此始焉。巳位乾卦，六陽雖極，而温厚之氣未終，故午位一陰雖生而未害於陽，必至未位遯卦而後温厚之氣始盡也。其午位陰已生，而嚴凝之氣及申方始，亥位六陰雖極，而嚴凝之氣至丑方盡，義亦放此。蓋地中之氣難見而地上之氣易識，故周人以建子爲正，雖得天統，而孔子之論爲邦，乃以夏時爲正，蓋取其陰陽始終之著明也。按圖以推，其説可見。○邵子《皇極經世書》以元統十二會爲一元，一萬八百年爲一會。初間一萬八百年而天始開，又一萬八百年而地始成，又一萬八百年而人始生。邵子於寅上方始註一「開物」字，蓋初間未有物，只是氣塞。及天開些子後，便有一塊查滓在其中漸漸凝結而成地，初則溶軟，後漸堅實。今山形自高而下，便如水漾沙之勢，以此知必是先有天方有地。有天地交感，方始生出物來。○問：天開於子，地闢於丑，人生於寅，其説是如何？曰：此是邵子《皇極經世》中説，今不可知。他只是以數推得如此。他説寅上生物，是到其上方有人物也。有一元、十二會、三十運、十二世。十二萬九千六百年爲一元。歲月日時、元會運世，皆自十二而三十，自三十而十二。至堯時，會在巳、午之間，今漸及未矣。至戌上説「閉物」，到那裏則不復有人物矣。問：不知人物消磨盡時，天地壞也不壞？曰：也須一場鶻突。既有形氣，如何得不壞？但一箇壞了便有一箇生得來。○黄氏瑞節曰：《一元消長圖》蓋以本書約之也。今詳本書，日甲一位爲一元，該十二萬九千六百年，此一元總數也。其所以得一元之數者，由十二會積之也。月子一位爲一會，該一萬八百年，至月亥十二位爲十二會，該十二萬九千六百年，屬上日甲統之也。其所以得十二會之數者，由三十運積之也。星甲一位爲一運，該三百六十年，至三十位爲三十運，該一萬八百年，屬上月子統之，過此屬月丑統之。其所以得三十運之數者，由十二世積之也。辰子一位爲一世，該三十年，至辰亥十二位爲十二世，該三百六十年，屬上星甲統之，過此屬星乙統之。蓋由世積而爲運，運積而爲會，會積而爲元，即由時積而爲日，日積而爲月，月積而爲歲也。邵伯温所謂「一元之數，在天地之間猶一年」是已。然邵子此數何從而知其始，何從而知其終耶？善乎西山先生之言曰：

「以今日天地之運、日月五星之行推而上之，因以得之也。」故曰：堯得天地之中數。斯言何謂也？蓋堯之時在日甲月巳星癸辰申，當十二萬九千六百年之半，以上爲六萬四千八百年之已往，以下爲六萬四千八百年之方來，是以謂中數也。堯而後，可遞而推矣。○元氏明善曰：禹即位後八年得甲子，初入午會。前至元元年甲子，初入午會第十一運。從天開甲子至泰定甲子，得六萬八千八百二十一年。○臨川吴氏曰：一元凡十二萬九千六百歲，分爲十二會，一會計一萬八百歲。天地之運，至戌會之中爲閉物，兩間人物俱無矣。如是又五千四百年而戌會終。自亥會始，五千四百年，當亥會之中，而地之重濁凝結者悉皆融散，與輕清之天混合爲一，故曰渾沌。清濁之混逐漸轉甚，又五千四百年而亥會終，昏暗極矣，是天地之一終也。貞下起元，又肇一初，爲子會之始，仍是混沌。是謂「太始」，言一元之始也。是謂「太一」，言清濁之氣混合爲一而未分也。自此逐漸開明，又五千四百年當子會之中，輕清之氣騰上，有日有月，有星有辰。日、月、星、辰四者成象而共爲天。又五千四百年當子會之終，故曰「天開於子」。濁氣雖摶在中間，然未凝結堅實，故未有地。又五千四百年，當丑會之中，重濁之氣凝結者，始堅實而成土石。濕潤之氣爲水，流而不凝。燥烈之氣爲火，顯而不隱。水、火、土、石四者成形而共爲地，故曰「地闢於丑」。又五千四百年而丑會終。又自寅會之始，五千四百年當寅會之中，兩間人物始生，故曰「人生於寅」也。

日日聲平闢	水水音開清
多良千刀妻	古黑安夫卜東
宮心●●●	乃走思■■■
日日聲七下唱地之用	水水音九上和天之用
音一百五十二是謂平	聲一百一十二是謂開
聲闢音平聲闢音一千六十四	音清聲開音清聲一千八
日日聲平之一闢	水水音開之一清
開音清和律 一之一 一音古字和一聲至十聲	平聲闢唱呂 一之一 一音至十二音一聲多字唱
一之二 二音黑字和一聲至十聲	一之二 一音至十二音二聲良字唱
一之三 三音安字和一聲至十聲	一之三 一音至十二音三聲千字唱

一之四 四音夫字和一聲至十聲	一之四 一音至十二音四聲刀字唱
一之五 五音卜字和一聲至十聲	一之五 一音至十二音五聲妻字唱
一之六 六音東字和一聲至十聲	一之六 一音至十二音六聲宮字唱
一之七 七音乃字和一聲至十聲	一之七 一音至十二音七聲心字唱
一之八 八音走字和一聲至十聲	一之八 一音至十二音
一之九 九音思字和一聲至十聲	一之九 一音至十二音
一之十 一聲至十聲	一之十 一音至十二音
一之十一 一聲至十聲	
一之十二 一聲至十聲	

日月聲平翕	水火音開濁
禾光元毛衰	□黃□父步兑
龍○●●●	内自寺■■■
日月聲七下唱地之用	水火音九上和天之用
音一百五十二是謂平	聲一百一十二是謂開
聲翕音平聲翕音一千六十四	音濁聲開音濁聲一千八
日月聲平之二翕	水火音開之二濁
開音濁和律 二之一 一音□字和一聲至十聲	平聲翕唱呂 二之一 一音至十二音一聲禾字唱
二之二 二音黃字和	二之二 二聲光字唱

二之三 三音□字和	二之三 三聲元字唱
二之四 四音父字和	二之四 四聲毛字唱
二之五 五音步字和	二之五 五聲衰字唱
二之六 六音兑字和	二之六 六聲龍字唱
二之七 七音内字和	二之七 七聲○字唱
二之八 八音自字和	二之八
二之九 九音寺字和	二之九
二之十	二之十
二之十一	
二之十二	

日星聲平闢	開丁臣牛○	魚男●●●	日星聲七下唱地之用	音一百五十二是謂平	聲闢音平聲闢音一千六十四	日星聲平之三闢	開音清和律 三之一 一音坤字和一聲至十聲	三之二 二音五字和
水土音開清	坤五母武普土	老草□■■■	水土音九上和天之用	聲一百一十二是謂開	音清聲開音清聲一千八	水土音開之三清	平聲闢唱呂 三之一 一音至十二音一聲開字唱	三之二 二聲丁字唱

三之三 三音母字和	三之三 三聲臣字唱
三之四 四音武字和	三之四 四聲牛字唱
三之五 五音普字和	三之五 五聲○字唱
三之六 六音土字和	三之六 六聲魚字唱
三之七 七音老字和	三之七 七聲男字唱
三之八 八音草字和	三之八
三之九 九音□字和	三之九
三之十	三之十
三之十一	
三之十二	

日辰聲平翕	水石音開濁
回兄君○龜	□吾目文旁同
烏○●●●	鹿曹□■■■
日辰聲七下唱地之用	水石音九上和天之用
音一百五十二是謂平	聲一百一十二是謂開
聲翕音平聲翕音一千六十四	音濁聲開音濁聲一千八
日辰聲平之四翕	水石音開之四濁
開音濁和律 四之一 一音□字和 一聲至十聲	平聲翕唱呂 四之一 一音至十二音 一聲回字唱
四之二 二音吾字和	四之二 二聲兄字唱

四之三 三音目字和	四之三 三聲君字唱
四之四 四音文字和	四之四 四聲○字唱
四之五 五音旁字和	四之五 五聲龜字唱
四之六 六音同字和	四之六 六聲烏字唱
四之七 七音鹿字和	四之七 七聲○字唱
四之八 八音曹字和	四之八
四之九 九音□字和	四之九
四之十	四之十
四之十一	
四之十二	

月日聲上闢	火水音發清
可兩典早子	甲花亞法百丹
孔審●●●	妳哉三山莊卓
月日聲七下唱地之用	火水音十二上和天之
音一百五十二是謂上	用聲一百一十二是謂
聲闢音上聲闢音一千六十四	發音清聲發音清聲一千三百四十四
月日聲上之一闢	火水音發之一清
發音清和律　一之一　一音甲字和一聲至十聲	上聲闢唱呂　一之一　一音至十二音一聲可字唱
一之二　二音花字和	一之二　二聲兩字唱

一之三 三音亞字和	一之三 三聲典字唱
一之四 四音法字和	一之四 四聲早字唱
一之五 五音百字和	一之五 五聲子字唱
一之六 六音丹字和	一之六 六聲孔字唱
一之七 七音妳字和	一之七 七聲審字唱
一之八 八音哉字和	一之八
一之九 九音三字和	一之九
一之十 十音山字和	一之十
一之十一 十一音莊字和	
一之十二 十二音卓字和	

月月聲上翕	火火音發濁
火廣犬寶○	□華爻凡白大
甬○●●●	南在□士乍宅
月月聲七下唱地之用	火火音十二上和天之
音一百五十二是謂上	用聲一百一十二是謂
聲翕音上聲翕音一千六十四	發音濁聲發音濁聲一千三百四十四
月月聲上之二翕	火火音發之二濁
發音濁和律 二之一 一音口字和一聲至十聲	上聲翕唱呂 二之一 一音至十二音一聲火字唱
二之二 二音華字和	二之二 二聲廣字唱
二之三 三音爻字和❶	二之三 三聲犬字唱

❶「音」，原作「百」，今據四庫本改。

二之四 四音凡字和	二之四 四聲寶字唱
二之五 五音白字和	二之五 五聲○字唱
二之六 六音大字和	二之六 六聲甬字唱
二之七 七音南字和	二之七 七聲○字唱
二之八 八音在字和	二之八
二之九 九音口字和	二之九
二之十 十音士字和	二之十
二之十一 十一音乍字和	
二之十二 十二音宅字和❶	

❶「十二」，原作「十三」，今據四庫本改。

月星聲上闢	火土音發清
宰井引斗○	巧瓦馬晩扑貪
鼠坎●●●	冷采□□叉拆
月星聲七下唱地之用	火土音十二上和天之
音一百五十二是謂上	用聲一百一十二是謂
聲闢音上聲闢音一千六十四	發音清聲發音清聲一千三百四十四
月星聲上之三闢	火土音發之三清
發音清和律 三之一 一音巧字和一聲至十聲	上聲闢唱呂 三之一 一音至十二音一聲宰字唱
三之二 二音瓦字和	三之二 二聲井字唱

三之三 三音馬字和	三之三 三聲引字唱
三之四 四音晚字和	三之四 四聲斗字唱
三之五 五音扑字和	三之五 五聲○字唱
三之六 六音貪字和	三之六 六聲鼠字唱
三之七 七音冷字和	三之七 七聲坎字唱
三之八 八音采字和	三之八
三之九 九音□字和	三之九
三之十 十音□字和	三之十
三之十一 十一音叉字和	
三之十二 十二音拆字和	

月辰聲上翕	火石音發濁
每永允○水	□牙皃萬排覃
虎○●●●	犖才□□崇茶
月辰聲七下唱地之用	火石音十二上和天之
音一百五十二是謂上	用聲一百一十二是謂
聲翕音上聲翕音一千六十四	發音濁聲發音濁聲一千三百四十四
月辰聲上之四翕	火石音發之四濁
發音濁和律　四之一　一音□字和一聲至十聲	上聲翕唱呂　四之一　一音至十二音一聲每字唱
四之二　二音牙字和	四之二　二聲永字唱

四之三 三音兒字和	四之三 三聲允字唱
四之四 四音萬字和	四之四 四聲○字唱
四之五 五音排字和	四之五 五聲水字唱
四之六 六音覃字和	四之六 六聲虎字唱
四之七 七音犖字和	四之七 七聲○字唱
四之八 八音才字和	四之八
四之九 九音□字和	四之九
四之十 十音□字和	四之十
四之十一 十一音崇字和	
四之十二 十二音茶字和	

星日聲去闢	土水音收清
个向旦孝四	九香乙□丙帝
衆禁●●●	女足星手震中
星日聲七下唱地之用	土水音十二上和天之
音一百五十二是謂去	用聲一百一十二是謂
聲闢音去聲闢音一千六十四	收音清聲收音清聲一千三百四十四
星日聲去之一闢	土水音收之一清
收音清和律 一之一 一音九字和一聲至十聲	去聲闢唱呂 一之一 一音至十二音一聲个字唱
一之二 二音香字和	一之二 二聲向字唱

一之三 三音乙字和	一之三 三聲旦字唱
一之四 四音□字和	一之四 四聲孝字唱
一之五 五音丙字和	一之五 五聲四字唱
一之六 六音帝字和	一之六 六聲衆字唱
一之七 七音女字和	一之七 七聲禁字唱
一之八 八音足字和	一之八
一之九 九音星字和	一之九
一之十 十音手字和	一之十
一之十一 十一音震字和	
一之十二 十二音中字和	

星月聲去翕	土火音收濁
化況半報帥	近雄王□萉第
用○●●●	年匠象石□直
星月聲七下唱地之用	土火音十二上和天之
音一百五十二是謂去	用聲一百一十二是謂
聲翕音去聲翕音一千六十四	收音濁聲收音濁聲一千三百四十四
星月聲去之二翕	土火音收之二濁
收音濁和律 二之一 一音近字和 一聲至十聲	去聲翕唱呂 二之一 一音至十二音 一聲化字唱
二之二 二音雄字和	二之二 二聲況字唱

二之三 三音王字和	二之三 三聲半字唱
二之四 四音□字和	二之四 四聲報字唱
二之五 五音精字和	二之五 五聲帥字唱
二之六 六音第字和	二之六 六聲用字唱
二之七 七音年字和	二之七 七聲○字唱
二之八 八音匠字和	二之八
二之九 九音象字和	二之九
二之十 十音石字和	二之十
二之十一 十一音□字和	
二之十二 十二音直字和	

星星聲去闢

愛亘艮奏○

去欠●●●

星星聲七下唱地之用

音一百五十二是謂去

聲闢音去聲闢音一千六十四

星星聲去之三闢

收音清和律 三之一 一音丘字和一聲至十聲

三之二 二音仰字和

土土音收清

丘仰美□品天

呂七□耳赤丑

土土音十二上和天之

用聲一百一十二是謂

收音清聲收音清聲一千三百四十四

土土音收之三清

去聲闢唱呂 三之一 一音至十二音一聲愛字唱

三之二 二聲亘字唱

三之三 三音美字和	三之三 三聲艮字唱
三之四 四音□字和	三之四 四聲奏字唱
三之五 五音品字和	三之五 五聲○字唱
三之六 六音天字和	三之六 六聲去字唱
三之七 七音吕字和	三之七 七聲欠字唱
三之八 八音七字和	三之八
三之九 九音□字和	三之九
三之十 十音耳字和	三之十
三之十一 十一音赤字和	
三之十二 十二音丑字和	

星辰聲去翕	土石音收濁
退瑩巽○貴	乾月眉□平田
兔○●●●	離全□二辰呈
星辰聲七下唱地之用	土石音十二上和天之
音一百五十二是謂去	用聲一百一十二是謂
聲翕音去聲翕音一千六十四	收音濁聲收音濁聲一千三百四十四
星辰聲去之四翕	土石音收之四濁
收音濁和律 四之一 一音乾字和一聲至十聲	去聲翕唱呂 四之一 一音至十二音一聲退字唱
四之二 二音月字和	四之二 二聲瑩字唱

四之三 三音眉字和	四之三 三聲巽字唱
四之四 四音□字和	四之四 四聲○字唱
四之五 五音平字和	四之五 五聲貴字唱
四之六 六音田字和	四之六 六聲兔字唱
四之七 七音離字和	四之七 七聲○字唱
四之八 八音全字和	四之八
四之九 九音□字和	四之九
四之十 十音二字和	四之十
四之十一 十一音辰字和	
四之十二 十二音呈字和	

辰日聲入闢	石水音閉清
舌○○岳日	癸血一飛必■
○○●●●	■■■■■■
辰日聲七下唱地之用	石水音五上和天之用
音一百五十二是謂入	聲一百一十二是謂閉
聲闢音入聲闢音一千六十四	音清聲閉音清聲五百六十
辰日聲入之一闢	石水音閉之一清
閉音清和律 一之一 一音癸字和一聲至十聲	入聲闢唱呂 一之一 一音至十二音一聲舌字唱
一之二 二音血字和	一之二 二聲○字唱

一之三 三音一字和	一之三 三聲○字唱
一之四 四音飛字和	一之四 四聲岳字唱
一之五 五音必字和	一之五 五聲日字唱
一之六	一之六 六聲○字唱
一之七	一之七 七聲○字唱
一之八	一之八
一之九	一之九
一之十	一之十
一之十一	
一之十二	

辰月聲入翕	石火音閉濁
八○○霍骨	揆賢寅吠鼻■
○十●●●	■■■■■■
辰月聲七下唱地之用	石火音五上和天之用
音一百五十二是謂入	聲一百一十二是謂閉
聲翕音入聲翕音一千六十四	音濁聲閉音濁聲五百六十
辰月聲入之二翕	石火音閉之二濁
閉音濁和律　二之一　一音揆字和一聲至十聲	入聲翕唱呂　二之一　一音至十二音一聲八字唱
二之二　二音賢字和	二之二　二聲○字唱

二之三 三音寅字和	二之三 三聲○字唱
二之四 四音吠字和	二之四 四聲霍字唱
二之五 五音鼻字和	二之五 五聲骨字唱
二之六	二之六 六聲○字唱
二之七	二之七 七聲十字唱
二之八	二之八
二之九	二之九
二之十	二之十
二之十一	
二之十二	

辰星聲入闢	石土音閉清
○○○六德	弁□米尾匹■
○○●●●	■■■■■■
辰星聲七下唱地之用	石土音五上和天之用
音一百五十二是謂入	聲一百一十二是謂閉
聲闢音入聲闢音一千六十四	音清聲閉音清聲五百六十
辰星聲入之三闢	石土音閉之三清
閉音清和律　三之一　一音弁字和一聲至十聲	入聲闢唱呂　三之一　一音至十二音一聲○字唱
三之二　二音□字和	三之二　二聲○字唱

三之三 三音米字和	三之三 三聲○字唱
三之四 四音尾字和	三之四 四聲六字唱
三之五 五音匹字和	三之五 五聲德字唱
三之六	三之六 六聲○字唱
三之七	三之七 七聲○字唱
三之八	三之八
三之九	三之九
三之十	三之十
三之十一	
三之十二	

辰辰聲入翕	石石音閉濁
○○○玉北	蚪堯民未瓶■
○妾●●●	■■■■■■
辰辰聲七下唱地之用	石石音五上和天之用
音一百五十二是謂入	聲一百一十二是謂閉
聲翕音入聲翕音一千六十四	音濁聲閉音濁聲五百六十
辰辰聲入之四翕	石石音閉之四濁
閉音濁和律 四之一 一音蚪字和一聲至十聲	入聲翕唱呂 四之一 一音至十二音一聲○字唱
四之二 二音堯字和	四之二 二聲○字唱

四之三　三音民字和	四之三　三聲○字唱
四之四　四音未字和	四之四　四聲玉字唱
四之五　五音瓶字和	四之五　五聲北字唱
四之六	四之六　六聲○字唱
四之七	四之七　七聲妾字唱
四之八	四之八
四之九	四之九
四之十	四之十
四之十一	
四之十二	

													正
六	聲	五	聲	四	聲	三	聲	二	聲	一			聲
龍宮	龜○	衰妻	○牛	毛刀	君臣	元千	兄丁	光良	回開	禾多	日	平	
甬孔	水○	○子	○斗	寶早	允引	犬典	永井	廣兩	每宰	火可	月	上	
用衆	貴○	帥四	○奏	報孝	巽艮	半旦	瑩亘	況向	退愛	化个	星	去	
○○	北德	骨日	玉六	霍岳	○○	○○	○○	○○	○○	八舌	辰	入	

													正
音	五	音	四	音	三	音	二	音	一	音			音
兑東	旁普	步卜	文武	父夫	目毋	□安	吾五	黄黑	□坤	□古	水	開	
大丹	排扑	白百	萬晚	凡法	皃馬	爻亞	牙瓦	華花	□巧	□甲	火	發	
弟帝	平品	犕丙	□□	□□	眉美	王乙	月仰	雄香	乾丘	近九	土	收	
■■	瓶匹	鼻必	未尾	吠飛	民米	寅一	堯□	賢血	蚪弃	揆癸	石	閉	

				聲	十	聲	九	聲	八	聲	七	聲
				●●	●●	●●	●●	●●	●●	○男	○心	烏魚
				●●	●●	●●	●●	●●	●●	○坎	○審	虎鼠
				●●	●●	●●	●●	●●	●●	○欠	○禁	兔去
				●●	●●	●●	●●	●●	●●	妾○	十○	○○

十二	音	十一	音	十	音	九	音	八	音	七	音	六
■■	■■	■■	■■	■■	■■	□□	寺思	曹草	自走	鹿老	内乃	同土
茶拆	宅卓	崇叉	乍莊	□□	士山	□□	□三	才采	在哉	犖冷	南妳	覃貪
呈丑	直中	辰赤	□震	二耳	石手	□□	象星	全七	匠足	離吕	年女	田天
■■	■■	■■	■■	■■	■■	■■	■■	■■	■■	■■	■■	■■

邵伯温曰：太陽之數十，少陽之數十，太剛之數十，少剛之數十。太陽、少陽、太剛、少剛之數凡四十。太陰之數十二，少陰之數十二，太柔之數十二，少柔之數十二。太陰、少陰、太柔、少柔之數凡四十有八。以四因四十得一百六十，以四因四十八得一百九十二，以一百六十因一百九十二得三萬七百二十，是謂動植之全數。一百六十内去太陰、少陰、太柔、少柔之體數四十八，得一百一十二，一百九十二内去太陽、少陽、太剛、少剛之體數四十，得一百五十二，是謂動植之用數。以一百一十二唱一百五十二，得一萬七千二十四，以一萬七千二十四唱一萬七千二十四，得二萬八千九百八十一萬六千五百七十六，是謂動植之通數。物有聲色氣味，可考而見，唯聲爲甚。有一物則有一聲，有聲則有音，有律則有吕，故窮聲、音、律、吕以窮萬物之數。數亦以四爲本，本乎四象故也。自四象而爲八卦，自八卦而爲六十四，天地萬物之數備于其間矣。此與前元、會、運、世其法同。日日聲，即元之元、日之日也。日月聲，即元之會、日之月也。日星聲，則元之運、日之星也。日辰聲，則元之世、日之辰也。自餘皆可以類推之也。○西山蔡氏曰：凡太陽、太剛、少陽、少剛之體數皆十，康節曰：陽數一，衍之爲十。又日、月、星、辰四象相因而爲十六，以十因十六爲一百六十。凡太陰、太柔、少陰、少柔之體數皆十二，康節曰：陰數二，衍之爲十二。又水、火、土、石四象相因亦爲十六，以十二因十六爲一百九十二，爲日、月、星、辰、水、火、土、石之體。以一百六十因一百九十二，得三萬七百二十，爲動。以一百九十二因一百六十，亦得三萬七百二十，爲植。是爲動植之全數。於一百六十中去太陰、少陰、太柔、少柔之體數四十八，得一百一十二，爲日、月、星、辰之用數。於一百九十二中去太陽、少陽、太剛、少剛之體數四十，得一百五十二，爲水、火、土、石之用數。以一百一十二因一百五十二，得一萬七千二十四，爲動物之用數。一百五十二因一百一十二，亦得一萬七千二十四，爲植物之用數。又以一萬七千二十四乘一萬七千二十四，得二萬八千九百八十一萬六千五百七十六，爲動植通數。凡日月星辰、暑寒晝夜、性情形體、耳目口鼻、元會運世、皇帝王伯之數皆百六十，水火土石、雨風露雷、走飛草木、色聲氣味、歲月日辰、《易》《書》《詩》《春秋》之數皆一百九十二。其去體得用，宛轉相因，同一法也。物有色、聲、氣、味，唯聲爲盛，且可以書別，故以正聲之平、上、去、入，正音之開、發、收、閉，列而爲圖，以見聲音之全數。其○，有其聲而無其字者也。其□，有其音而無其字者也。但以上下聲音調之，則自可通。其●，即所去之四十八。其■，即所去之四十也。陽數用十，陰數用十二者，即《易》之「陽數用九，陰數用六」也。○鍾氏過曰：右圖，天之體數四十，地之體數四十八。天數以日月星辰相因爲一百六十，地數以水火土石相因爲一百九十二。於天數内去地之體數四十八，得一百一十二，是謂天之用聲。於地數内去天之體數四十，得一百五十二，是謂地之用音。凡日月星辰四象爲聲，水火土石四象爲音。聲有清濁，音有闢翕。遇奇數，則聲爲清，音爲闢。遇偶數，則聲爲濁，音爲翕。聲皆爲律，音皆爲呂。以律唱呂，以呂和律。天之用聲別以平上去入者一百一十二，皆以開發收閉之音和之。地之用音別以開發收閉者一百五十二，皆以平上去入之聲唱之。據圖觀之，直看則第一字爲日聲水音，第二字爲月聲火音，第三字爲星聲土音，第四字爲辰聲石音；横看則第一行爲日聲水音，第二行爲月聲火音，第三行爲星聲土音，第四行爲辰聲石音。

鍾氏過曰：伊川丈人云：「音非有異同，人有異同。人非有異同，方有異同。」謂風土殊而呼吸異故也。東方之音在齒舌，南方之音在脣舌，西方之音在噩舌，北方之音在喉舌。便于喉者不利于脣，便于齒者不利于噩。由是訛正牽乎僻論，是非出乎曲説，繁然殽亂于天下矣。不有正聲正音，烏能正之哉？噫！聲音之生也久矣，其必待人而後正者耶？人能正而復有待者耶？知其説者，從天地之道而不爲私焉，始可與言聲音者矣。天有陰陽，地有剛柔。律有闢翕，呂有唱和。一陰一陽交而日、月、星、辰備焉，一柔一剛交而金、木、水、火備焉。一闢一翕交而平、上、去、入備焉，一唱一和交而開、發、收、閉備焉。日月星辰備而萬情生焉，金木水火備而萬形成焉，平上去入備而萬聲生焉，開發收閉備而萬音生焉。律隨天而變，呂隨地而化，闢隨陽而出，翕隨陰而入；唱隨剛而上，和隨柔而下。然後律呂隨音，宫、徵、角、羽之道各得其正矣。陽生日，陰生月，剛生星，柔生辰；剛生金，柔生土，陽生火，陰生水。日、月、星、辰、金、土、火、水而天地正焉。是知律吕聲音之道可以行天地矣。日生目，月生耳，星生鼻，辰生口；金生氣，土生味，火生色，水生聲。目、耳、鼻、口、氣、味、色、聲正而人道正焉。是知律呂聲音之道可以行人事矣。目之體數十，耳之體數十二。鼻之體數十，口之體數十二。氣之體數十，味之體數十二。色之體數十，聲之體數十二。進目、鼻、氣、色之體數，退耳、口、味、聲之體數，是爲正律之用數。進耳、口、味、聲之體數，退目、鼻、氣、色之體數，是爲正呂之用數。以正律之用數協正呂之用數，是謂正音之用數。以正呂之用數和正律之用數，是謂正聲之用數。正律之用數一百一十二，正呂之用數一百五十二。正聲之用數萬有七千二十四，正音之用數萬有七千二十四。律感呂而聲生焉，呂感律而音生焉。律呂與天地同和，聲音與律呂同順，是故古之聖王，見天地萬物之情暢，然後作樂以崇之，命工以和之，以詩言志，以歌永言，以聲依永，以律和聲。此所謂「八音克諧而百獸率舞，人神以和而鳳凰來儀」，則是學也，豈直言釋音文義而已哉。○祝氏涇曰：宮、商、角、徵、羽，分太、少爲十聲，管以十干。六律、六呂合爲十二音，管以十二支，攝之以聲音之字母二百六十四。聲分平、上、去、入，音分開發收閉。鋪布悉備，爲圖三千八百四十。圖各十六聲、十六音，總三萬四千四十八音、聲。蓋取天聲有字無字與無聲字一百六十位，地音有字無字與無音字一百九十二位，衍忒而成之。聲之位，去不用之四十八，止百十二，所以括唐韻之内、外八轉而分平、上、去、入也；音之位去不用之四十，止百五十二，所以括切字母脣、舌、牙、齒、喉而分開、發、收、閉也。謂之無聲，百六十位中有位而調不出者；謂之無音，百九十二位中有位而切不出者。以聲音統攝萬物之變，及於無聲無音則備矣。其間有聲有音，雖無字，皆洪纖高下，遂其生育者也。若有聲而無音，有音而無聲，則天地不相唱和，獨陽不生，獨陰不成，圖有其位，實無其物也。聲音字母二百六十四，相交而互變，始於一萬七千二十四，極於二萬八千九百八十一萬六千五百七十六以取掛一之二百五十六卦，以觀天地萬物之進退、盈虛、消長也。〇上官氏萬里曰：自胡僧了義以三十六字爲翻切母，奪造化之巧。司馬公《指掌圖》爲四聲等字，蒙古韻以一聲該四聲，皆不出了義區域，蓋但欲爲翻切用而未及於物理也。惟《皇極》用聲音之法，超越前古。以聲起數，以數合卦，而萬物可得而推矣。詳見祝氏《鈐》，而祝氏又或與康節有異同處。〇彭氏長庚曰：鄭夾漈云：「四聲爲經，七音爲緯。江左之儒爲韻書，知縱有四聲，而不知衡有七音。縱成經，衡成緯。經緯不交，所以失立韻之源。」今考《經世書》，聲爲律，音爲呂。律爲唱，呂爲和。一經一緯，一縱一衡，❶而聲音之全數具矣。聲有十，音有十二者，如甲至癸十，子至亥十二也。於聲之用數中去音之體數四十八，於音之用數中去聲之體數四十者，如天數無十，地數無一也。以聲配音而切韻生焉，翕闢清濁辨焉，三萬四千四十八音聲在其中矣。天下之聲既具，而天下之色若臭若味，皆在其中矣。此所以爲萬物之數也。〇黄氏瑞節曰：邵子之書，伯温略發其微，至祝氏而其説詳，其用異，蔡氏蓋由博而之約也。右《四象體用圖》取本書隱括爲凡例。今以本書詳之，日月星辰四象爲聲，日月星辰又自相加。水火土石四象爲音，水火土石又自相加。亦如八卦相加爲六十四也。其爲圖凡三十二。平上去入各聲爲四圖，共一十六圖。開發收閉各音爲四圖，共一十六圖。

---

❶ 「衡」，重修本作「横」。

聲之數，每圖一千六十四。十六圖共一萬七千二十四。音之數，間有出入，十六圖亦一萬七千二十四。蓋平上去入、開發收閉，分布細推以得之也。蔡氏取十聲爲十圖，取十二音爲十二圖。如第一聲圖多字平聲，而可个舌上去入三聲隨之矣；第一音圖古字開音，而甲九癸發收閉三音隨之矣。至於一萬七千二十四之數，但以一百十二因一百五十二，以一百五十二因一百十二而得之，亦合。此其所以爲自然之妙也。若夫以聲起數，以數合卦，則具祝氏《鈐》，而邵子未言，蔡氏未用云。

邵伯温系述曰：至大之謂「皇」，至中之謂「極」，至正之謂「經」，至變之謂「世」。大中至正，應變無方之謂道。以道明道，道非可明。以物明道，道斯見矣。物者道之形體也，生於道而道之所成也。道變而爲物，物化而爲道。由是知道亦物也，物亦道也，孰知其辨哉？故善觀道者必以物，善觀物者必以道。謂得道而忘物則可矣，必欲遠物而求道，不亦妄乎？有物之大莫若天地，然則天地安從生？道生天地，而太極者，道之全體也。「太極生兩儀」，兩儀形之判也。「兩儀生四象」，四象生而後天地之道備焉。「立天之道曰陰與陽，立地之道曰柔與剛」，陰陽變於上而日、月、星、辰生焉，剛柔化於下而水、火、土、石成焉。日月星辰成象於天，水火土石成體於地。象動於上而萬時生焉，體交於下而萬物成焉。時有消、長、盈、虛，物有動、植、飛、走。消長盈虛者，時之變也。動植飛走者，物之類也。時以變起，物以類應。時之與物，有數存焉。數者何也，道之運也，理之會也，陰陽之度也，萬物之紀也。定於幽而驗於明，藏於微而顯於著，所以成變化而行鬼神者也。道生一，一爲太極。一生二，二爲兩儀。二生四，四爲四象。四生八，八爲八卦。八卦生六十四，六十四具而後天地萬物之道備矣。天地萬物莫不以一爲本。原於一而衍之以爲萬，窮天下之數而復歸于一。一者何也，天地之心也，造化之源也。日爲元，元者氣之始也，其數一。月爲會，會者數之交也，其數十二。星爲運，運者時之行也，其數三百六十。辰爲世，世者變之終也，其數四千三百二十。觀一歲之數，則一元之數覩矣。以大運而觀一元，則一元，一歲之大者也。以一元而觀一歲，則一歲，一元之小者也。一元統十二會，三百六十運，四千三百二十世，歲、月、日、時各有數焉。一歲統十二月，三百六十日，四千三百二十時，刻、分、毫、釐、絲、忽眇没亦有數焉。皆統於元而宗於一，終始往來而不窮。在天則爲消長盈虚，在人則爲治亂興廢，皆不能逃乎數也。太陽爲日，太陰爲月，少陽爲星，少陰爲辰；太剛爲火，太柔爲水，少剛爲石，少柔爲土。陽之數十，陰之數十二；剛之數十，柔之數十二。太陽、少陽、太剛、少剛之本數凡四十，太陰、少陰、太柔、少柔之本數凡四十有八。四而因之得一百有六十，是謂太陽、少陽、太剛、少剛之體數。得一百九十有二，是謂太陰、少陰、太柔、少柔之體數。以陰陽剛柔之體數互相進退，是謂太陽、少陽、太剛、少剛、太陰、少陰、太柔、少柔之用數。太陽、少陽、太剛、少剛之用數一百一十二，太陰、少陰、太柔、少柔之用數一百五十二。以陰陽剛柔之用數更唱迭和，各得萬有七千二十四，是謂日、月、星、辰、水、火、土、石變化之數。日月星辰之變數，水火土石之化數，是謂動植之數。以日月星辰、水火土石變化之數再相唱和，得二萬八千九百八十一萬六千五百七十六，是謂動植之通數。本數者，數之始也。體數者，數之成也。用數者，數之變也。致用則體數退矣。體數退，則本數藏矣。體退而本藏，則變化見矣，故謂之變化之數。變化者，生生不窮之謂也。萬物者，動植之謂也，故謂之動植之數。萬物之數滋而生焉，故謂之動植之通數。有數則有物，數盡則物窮矣。有物則有數，物窮則數盡矣。然數無終盡，數盡則復。物無終窮，物窮則變。變故能通，復故能久。日月星辰，變乎暑、寒、晝、夜者也。水火土石，化乎雨、風、露、雷者也。暑寒晝夜，天之變而唱乎地者也。雨風露雷，地之化而和乎天者也。一唱一和而後物生焉。暑寒晝夜，變乎性、情、形、體者也。雨風露雷，化乎走、飛、草、木者也。性情形體，本乎天而感乎地者也。走飛草木，本乎地而應乎天者也。一感一應而後物成焉。一唱一和，一感一應者，天地之道，萬物之情也。天地之道，萬物之情，其唯誠之謂乎！凡在天地之間，蠻夷華夏皆人也，動植飛走皆物也。人各有品，物各有類。品類之間，有理有數存焉。推之於天地而後萬物之理昭焉，賾之於陰陽而後萬物之數覩焉。天氣下降，地氣上躋，❶陽唱於前，陰和於後，然後物生焉。天地有至美，陰陽有至精，物之得者或粹或駁，或淳或漓，故萬物之類或巨或細，或惡或良，或正或邪，或柔或剛，咸其自取之耳。至于聲、色、形、氣，各以其類而得焉。可考而知，聲音爲甚。聲者陽也，而生于天。音者陰也，而出乎地。知聲、音之數而後萬物之數覩矣。知聲、音之理而後萬物之理得矣。人之有類，亦由物之有類也。人類之數，亦由物類之數也。備天地，兼萬物，而合德于太極者，其唯人乎。日用而不知者，百姓也。反身而誠之者，君子也。因性而由之者，聖人也。故聖人以天地爲一體，萬物爲一身，善救而不棄，曲成而不遺，以成能其中焉。生物之道，天類屬陽，地類屬陰。陽爲動，陰爲植。陽之陽爲飛，陰之陰爲走。動而飛者親上，走而植者親下。天有至粹，地有至精，人類得之則爲明哲，飛類得之則爲鸞鳳，走類得之則爲麒麟，介類得之則爲龜龍，草類得之則爲芝蘭，木類得之則爲松柏，石類得之則爲金玉，萬物莫不以其類而有得者焉。天有至戾，地有至幽，人類得之則爲妖孽，飛類得之則爲梟鴆，走類得之則爲虎狼，介類得之則爲虺蜴，草類得之則爲至毒，木類得之則爲不材，石類得之則爲礓礫，萬物亦莫不以其類而有得者焉。「天地絪緼，萬物化醇」，言致一也。感應之不一，則氣不粹。

❶「躋」，重修本作「騰」。

氣不粹，則生物不美。是故致治之世，則賢人衆多，龜龍游於沼，鳳鳥翔于庭，天降甘露，地出醴泉，百穀用成，庶草蕃廡，順氣之應也。衰亂之世則反此，逆氣之應也。逆順之應，由人心之感焉。故古之聖人自昭明德，協和萬邦，災害不生，禍亂不作，日月星辰不忒其序，風雨晦暘不失其常，山川鬼神以寧，鳥獸魚鼈咸若，天人之際，安可忽哉？大哉時之與事乎，聖人所以極深而研幾也。時者天也，事者人也。時動而事起，天運而人從，猶形行而影會，聲發而響應歟。時行而不留，天運而不停。違之則害，逆之則凶。故聖人與天並行而不逆，與時俱逝而不違，是以「自天祐之，吉無不利」。時不能違天，物不能違時，聖人不能違物。時不能違天，故天運而必變；物不能違時，故時變而必化；聖人不能違物，故物化而必順。聖人唯不能違物，故天亦不能違聖人，是以「先天而天弗違，後天而奉天時」。天之時，由人之事乎。人之事，由天之時乎。故天有是時，則人有是事。人有是事，則天有是時。興事而應時者，其惟人乎。有其時而無其人，則時不足以應。有其人而無其時，則事不足以興。有其人而無其時，則有之矣。有其時而無其人，蓋未之有也。故消息盈虚者，天之時也。治亂興廢者，人之事也。有消長盈虚而後有春夏秋冬，有治亂興廢而後有皇帝王伯。唐虞者，其中天而興乎。堯、舜者，其應運而生乎。何天時人事之相驗歟！先之者則未之或至，後之者則無以尚之，其猶夏之將至，日之向中乎？故聖人删《書》，斷自唐虞，時之盛也；脩經始於周平，道之衰也。故聖人懼之以二百四十二年之事，繫之以萬世之法。法者何也，君臣、父子、夫婦，人道之大倫也。性之者聖人也，誠之者君子也。違之者小人也，亡之者禽獸也。興之則爲治，廢之則爲亂。用之則爲中國，舍之則爲夷狄。五伯去王也遠矣，不猶愈於狄乎？當世之諸侯去伯也遠矣，鄰於狄也不亦近乎？微聖人之生，《春秋》之作，則天下後世之人，其被髮左衽矣。《春秋》有天道焉，有地道焉，有人道焉，王者舉而用之，則帝王之功豈難致哉。

性理大全書卷之九

皇極經世書三 邵伯温解

觀物内篇之一

物之大者無若天地，然而亦有所盡也。

乾，陽物也。坤，陰物也。乾坤謂之物，則天地亦物也。天地，有物之大者耳。既謂之物，則亦有所盡也。然有所謂悠久、無疆者，固未嘗盡也。

天之大，陰陽盡之矣。地之大，剛柔盡之矣。

「立天之道曰陰與陽，立地之道曰柔與剛」，天地之道，不過陰陽剛柔而已。

陰陽盡而四時成焉，剛柔盡而四維成焉。夫四時、四維者，天地至大之謂也。

陰陽消長而爲寒暑，一寒一暑而四時成焉。剛柔交錯而有夷險，一夷一險而四維成焉。四時者天之道，四維者地之理也。萬物由是而生，由是而成也。萬物由是而生，由是而成，斯所以爲大者也。

凡言大者，無得而過之也，亦未始以大爲自得，故能成其大。豈不謂至偉至偉者歟？

「大哉乾元，萬物資始」，「至哉坤元，萬物資生」。物之資始資生，可謂大矣。然不自以爲大，故能成其大也。

天，生于動者也。地，生于靜者也。一動一靜交，而天地之道盡之矣。動之始則陽生焉，動之極則陰生焉。一陰一陽交，而天之用盡之矣。靜之始則柔生焉，靜之極則剛生焉。一剛一柔交，而地之用盡之矣。

天圓，故主動。地方，故主靜。動之始則陽生，本乎動者也。天雖主動，動之極則陰生，有時而靜矣。靜之始則柔生，本乎靜者也。地雖主靜，靜之極則剛生，有時而動矣。此所謂「一動一靜交而天地之道盡之矣」。蓋言其體，則天動而地靜；言其用，則天有陰陽，陰靜而陽動也，地有柔剛，柔靜而剛動也，是天地皆有動靜也。此所謂「一陰一陽交而天之用盡之矣」，「一剛一柔交而地之用盡之矣」。

動之大者謂之太陽，動之小者謂之少陽。靜之大者謂之太陰，靜之小者謂之少陰。

統言之則曰陰、陽、剛、柔，陰陽剛柔又有小大，則爲太陽少陽、太陰少陰、太剛少剛、太柔少柔也。

太陽爲日。

日者至陽之精也，故太陽爲日。在地則爲火。《先天圖》以乾爲日，乾之位在正南。

太陰爲月。

月者至陰之精，得日氣而有光，故太陰爲月。在地則爲水。《先天圖》以兑爲月，兑之位在東南。

少陽爲星。

星者日之餘，有光而見，故少陽爲星。在地則爲石。《先天圖》以離爲星，離之位在正東。

少陰爲辰。

辰者天之土，不見而屬陰，故少陰爲辰。在地則爲土。《先天圖》以震爲辰，震之位在東北。日月星辰交，而天之體盡之矣。

太柔爲水。

水者天下至柔之物也，其性潤下，故太柔爲水。在天則爲月。《先天圖》以坤爲水，坤之位在正北。

太剛爲火。

火者天下至剛之物也，其性炎烈，故太剛爲火。在天則爲日。《先天圖》以艮爲火，艮之位在西北。

少柔爲土。

土之爲物亦柔也，其性輭緩，故少柔爲土。在天則爲辰。《先天圖》以坎爲土，坎之位在正西。

少剛爲石。

石亦剛物也，其性堅，故少剛爲石。在天則爲星。《先天圖》以巽爲石，巽之位在西南。此圖，《繫辭》所謂「天地定位，山澤通氣，雷風相薄，水火不相射」是也。此所謂伏羲八卦也。或曰：《皇極經世》捨金木水火土而用水火土石，何也？曰：日月星辰，天之四象也。水火土石，地之四體也。金木水火土者，五行也。四象四體，先天也。五行，後天也。先天，後天之所自出也。水火土石，五行之所自出也。水火土石，本體也。金木水火土，致用也。以其致用，故謂之五行，行乎天地之間者也。水火土石，蓋五行在其間矣。金出於石而木生於土，有石而後有金，有土然後有木。金者從革而後成，木者植物之一類也。是豈捨五行而不用哉？五行在其間者，此之謂也。《皇極經世》用水火土石，以其本體也。《洪範》用金木水火土，以其致用也。皆有所主，其歸則一。或曰：《先天圖》八卦次序與所爲之物，與《周易》不同，何也？曰：《先天圖》八卦次序，始於乾而終於坤，此先天也，伏羲八卦也。《周易》自「帝出乎震」至「成言乎艮」，此文王八卦也。非獨八卦如此，六十四卦亦不同也。伏羲易無文字，獨有卦圖陰陽消長而已，孔子於《繫辭》亦嘗言之矣。聖人立法不同，其道則相爲先後終始，而未嘗不同也。此皆有至理，在乎信道者詳考焉。

水火土石交而地之體盡之矣。

混成一體，謂之太極。太極既判，初有儀形，謂之兩儀。兩儀又判而爲陰、陽、剛、柔，謂之四象。四象又判而爲太陽、少陽、太陰、少陰、太剛、少剛、太柔、少柔而成八卦。太陽、少陽、太陰、少陰成象於天而爲日、月、星、辰，太剛、少剛、太柔、少柔成形於地而爲水、火、土、石。八者具備，然後天地之體備矣。天地之體備，而後變化生成萬物也。所謂八者，亦本乎四而已。在天成象，日也。在地成形，火也。陽燧取於日而得火，火與日本乎一體也。在天成象，月也。在地成形，水也。方諸取於月而得水，水與月本乎一體也。在天成象，星也。在地成形，石也。星隕而爲石，❶石與星本乎一體也。在天成象，辰也。在地成形，土也。自日月星之外，高而蒼蒼者皆辰也。自水火石之外，廣而厚者皆土也。

❶「爲」，重修本作「成」。

辰與土本乎一體也。天地之間猶形影聲響之相應，象見乎上，體必應乎下，皆自然之理也。蓋日月星辰猶人之有耳目口鼻，水火土石猶人之有血氣骨肉，故謂之天地之體。陰陽剛柔則猶人之精神，而所以主耳目口鼻、血氣骨肉者也，故謂之天地之用。夫太極者，在天地之先而不爲先，在天地之後而不爲後，終天地而未嘗終，始天地而未嘗始，與天地萬物圓融和會而未嘗有先後始終者也。有太極，則兩儀、四象、八卦以至於天地萬物固已備矣。非謂今日有太極而明日方有兩儀，後日乃有四象、八卦也。雖謂之曰「太極生兩儀，兩儀生四象，四象生八卦」，其實一時具足。如有形則有影，有一則有二有三，以至於無窮皆然。是故知太極者，有物之先本已混成，有物之後未嘗虧損，自古及今，無時不存，無時不在。萬物無所不稟則謂之曰「命」，萬物無所不本則謂之曰「性」，萬物無所不主則謂之曰「天」，萬物無所不生則謂之曰「心」，其實一也。古之聖人，窮理盡性以至于命，盡心知性以知天，存心養性以事天，皆本乎此也。

日爲暑。

太陽爲日，暑亦至陽之氣也。

月爲寒。

太陰爲月，寒亦至陰之氣也。

星爲晝。

少陽爲星，晝亦屬陽。

辰爲夜。

少陰爲辰，夜亦屬陰。

暑寒晝夜交而天之變盡之矣。

日月星辰交而後有暑寒晝夜之變，有暑寒晝夜之變而後歲成焉。

水爲雨。

雨者，水氣之所化。

火爲風。

風者，火氣之所化。

土爲露。

露者，土氣之所化。

石爲雷。

雷者，石氣之所化。然四者又交相化焉，故雨有水雨，有火雨，有土雨，有石雨。水雨則爲霶霈之雨，火雨則爲苦暴之雨，土雨則爲霡霂之雨，石雨則爲雹凍之雨。所感之氣如此，皆可以類推也。

雨風露雷交而地之化盡之矣。

水火土石交而後有雨風露雷之化，有雨風露雷之化而後物生焉。

暑變物之性。

物之性屬陽，故爲暑之所變。

寒變物之情。

物之情屬陰，故爲寒之所變。

晝變物之形。

形可見，故屬陽，爲晝之所變。

夜變物之體。

體有質，故屬陰，爲夜之所變。

性情形體交而動植之感盡之矣。

性情形體交而後有動植之感，感者唱也，陽唱乎陰也。

雨化物之走。

雨潤下，故走之類感雨而化。

風化物之飛。

風飄揚，故飛之類感風而化。

露化物之草。

露濡潤，故草之類感露而化。

雷化物之木。

雷奮迅而出，故木之類感雷而化。然飛、走、草、木又更相交錯而化，如木之類亦有木之木，有木之草，木之飛，木之走。其他皆可以類推也。

走飛草木交而動植之應盡之矣。

走飛草木交而後有動植之應，應者和也，陰和乎陽也。性情形體，本乎天者也。飛走草木，本乎地者也。本乎天者有感焉，本乎地者有應焉。一感一應，天地之道，萬物之理也。

走，感暑而變者性之走也，感寒而變者情之走也，感晝而變者形之走也，感夜而變者體之走也。飛，感暑而變者性之飛也，感寒而變者情之飛也，感晝而變者形之飛也，感夜而變者體之飛也。草，感暑而變者性之草也，感寒而變者情之草也，感晝而變者形之草也，感夜而變者體之草也。木，感暑而變者性之木也，感寒而變者情之木也，感晝而變者形之木也，感夜而變者體之木也。性，應雨而化者走之性也，應風而化者飛之性也，應露而化者草之性也，應雷而化者木之性也。情，應雨而化者走之情也，應風而化者飛之情也，應露而化者草之情也，應雷而化者木之情也。形，應雨而化者走之形也，應風而化者飛之形也，應露而化者草之形也，應雷而化者木之形也。體，應雨而化者走之體也，應風而化者飛之體也，應露而化者草之體也，應雷而化者木之體也。

天地之生物，所以萬殊而不同者，以感應之交錯也。感應之交錯，所以謂之變化也。《易》曰：「方以類聚，物以群分。」此之謂也。

性之走善色，情之走善聲，形之走善氣，體之走善味。性之飛善色，情之飛善聲，形之飛善氣，體之飛善味。性之草善色，情之草善聲，形之草善氣，體之草善味。性之木善色，情之木善聲，形之木善氣，體之木善味。走之性善耳，飛之性善目，草之性善口，木之性善鼻。走之情善耳，飛之情善目，草之情善口，木之情善鼻。走之形善耳，飛之形善目，草之形善口，木之形善鼻。走之體善耳，飛之體善目，草之體善口，木之體善鼻。

物有聲色氣味，人有耳目口鼻，此又言人物之有所合也。天地之生物，皆以其類而有所合焉。

夫人也者，暑寒晝夜無不變，雨風露雷無不化，性情形體無不感，飛走草木無不應。所以目善萬物之色，耳善萬物之聲，鼻善萬物之氣，口善萬物之味。靈于萬物，不亦宜乎！暑寒晝夜無所不變，雨風露雷無所不化，性情形體無所不感，飛走草木無所不應，然後能生而爲人。故唯人爲能目善萬物之色，耳善萬物之聲，鼻善萬物之氣，口善萬物之味。不獨耳、目、口、鼻能善萬物之聲、色、氣、味，而心之官又能善萬物之理，此所以靈于萬物也。蓋天地巨物也，分而爲萬物，萬物各得天地之一端。能備天地，兼萬物者，人之謂也。故能與天地並立而爲三才。孟子曰「萬物皆備於我」，「唯聖人然後能踐形」。能踐形，則能反身而誠之，求諸己而天下之理得矣。衆人則日用而不知，役於萬物而喪其良貴，雖謂之人，曾何異於物哉。

觀物内篇之二

人之所以能靈于萬物者，謂其目能收萬物之色，耳能收萬物之聲，鼻能收萬物之氣，口能收萬物之味。聲色氣味者，萬物之體也。目耳鼻口者，萬人之用也。

人有耳目口鼻，物有聲色氣味。人之耳目口鼻能收物之聲色氣味者，蓋以人之與物本乎天地之一氣，同乎天地之一體也。是故聖人盡己之性，能盡人之性，盡人之性，能盡物之性。己之與人，人之與物，本乎一道故也。

體無定用，惟變是用。用無定體，惟化是體。體用交而人物之道于是乎備矣。

體本無體，故惟化是體。用本無用，故惟變是用。體用變化，天地之至妙者也。自非聖人，孰能與於此。

然則人亦物也，聖亦人也。有一物之物，有十物之物，有百物之物，有千物之物，有萬物之物，有億物之物，有兆物之物。生一一之物，當兆物之物者，豈非人乎？有一人之人，有十人之人，有百人之人，有千人之人，有萬人之人，有億人之人，有兆人之人。生一一之人，當兆人之人者，豈非聖乎？是知人也者，物之至者也。聖也者，人之至者也。物之至者始得謂之物之物也，人之至者始得謂之人之人也。夫物之物者，至物之謂也。人之人者，至人之謂也。以一至物而當一至人，則非聖而何？人謂之不聖，則吾不信也。

物有巨細，人有賢愚。有一物之物，有十物之物，有百物之物，有千物之物，有萬物之物，有億物之物，有兆物之物，物之巨細如此。生一一之物能當兆物者，人之謂也。言人能兼兆物也。有一人之人，有十人之人，有百人之人，有千人之人，有萬人之人，有億人之人，有兆人之人，人之賢愚如此。生一一之人能當兆人者，聖人之謂也。言聖人能兼兆人也。聖人非徒能兼兆人，又能兼兆物。能兼兆物、兆人，又能兼天地者，聖人之謂也。兼兆物則謂之至物，兼兆人則謂之至人。至物者，物之物也。至人者，人之人也。以一至物當一至人，則謂之聖人。麒麟之於走獸，鳳凰之於飛鳥，物之至者也。聖人之於人，人之至者也。天下之物，或相倍蓰，或相千萬，物之不齊，物之情也。物之不齊如此，唯聖人能盡之者，以能兼兆物，兼兆人，又能兼天地故也。

何哉？謂其能以一心觀萬心，一身觀萬身，一物觀萬物，一世觀萬世者焉。天下人之心，一人之心是也，故能以一心觀萬心。天下人之身，一人之身是也，故能以一身觀萬身。萬物之理，一物之理是也，故能以一物觀萬物。萬世之事，一世之事是也，故能以一世觀萬世。聖人能兼天地人物，又能兼古今，故能如此。

又謂其能以心代天意，口代天言，手代天工，身代天事者焉。聖人心合天意，言行皆與天合，故能以心代天意，口代天言，手代天工，身代天事。天地以無心爲心，天何所容心哉？故唯能無心而後能代天意。「天何言哉？四時行焉，百物生焉。天何言哉？」故唯能無言而後能代天言。「雲行雨施，品物流形」，天何爲哉？故唯能無爲，而後能代天工、天事焉。

又謂其能以上識天時，下盡地理，中盡物情，通照人事者焉。知陰陽消長之道，故能上識天時。知剛柔夷險之理，故能下盡地理，知巨細品類之别，故能中盡物情。達利害成敗之幾，故能通照人事。

又謂其能以彌綸天地，出入造化，進退今古，表裏人物者焉。

能與天地參，故能彌綸天地。能顯諸仁，藏諸用，故能出入造化。能通乎晝夜之道，故能進退古今。能盡人之性以盡物之性，故能表裏人物。

噫。聖人者，非世世而效聖焉，吾不得而目見之也。雖然，吾不得而目見之，察其心，觀其迹，探其體，潛其用，雖億萬千年，亦可以理知之也。

聖人不世出也，故曰非世世而效聖焉。察心，觀迹，探體，潛用，先聖後聖，其道一也。或見而知之，或聞而知之，故雖億千萬年，亦可以理知之，猶旦暮之間也。

人或告我曰：天地之外別有天地萬物，異乎此天地萬物。則吾不得而知之。非唯吾不得而知之也，聖人亦不得而知之也。凡言知者，謂其心得而知之也。言言者，謂其口得而言之也。既心尚不得而知之，口又惡得而言之乎？以心不可得知而知之，是謂妄知也。以口不可得言而言之，是謂妄言也。吾又安能從妄人而行妄知、妄言者乎？

天地萬物皆一本，故雖萬殊，理無異致。乾坤之道，簡易而已。易簡而天下之理得矣。妄言、妄知者，不知易簡之道，奮私智肆邪説以滅天理，孟子所謂惡夫鑿者也。

觀物内篇之三

《易》曰：「窮理盡性以至於命。」所以謂之理者，物之理也。所以謂之性者，天之性也。所以謂之命者，處理、性者也。所以能處理、性者，非道而何？

理、性、命皆一也。「至於命」，則理、性之所處矣。三者皆在於道，故曰「所以能處理、性者，非道而何」？

是知道爲天地之本，

道生天地，故道爲天地之本。

天地爲萬物之本。

天地生萬物，故天地爲萬物之本。

以天地觀萬物，則萬物爲物。以道觀天地，則天地亦爲萬物。

道生天地，故道爲天地之本。以道觀天地，則天地爲道之物也。天地生萬物，故天地爲萬物之本。以天地觀萬物，則萬物爲天地之物也。道則無有邊際，天地則有盡，有盡則所以爲道之物也。天地則無不覆載，物則有窮，有窮則所以爲天地之物也。

道之道盡之于天矣，

有道然後有天，天本乎道者也。

天之道盡之于地矣，

有天然後有地，地本乎天者也。

天地之道盡之于物矣，

有天地然後有萬物，物本乎天地者也。

天地萬物之道盡之于人矣。

人者天地五行之秀氣，受天地之中以生，爲萬物之至靈而備天地萬物者也，故能配天地而命萬物。

人能知其天地萬物之道所以盡于人者，然後能盡民也。

唯聖人能知天地萬物之道皆備於我，❶能知天地萬物之道皆備於我，則能盡天下之理。

能盡天下之理，則能盡民，而後可以治民矣。

天之能盡物，則謂之曰「昊天」。

天之於物無不發生，故能盡物。

❶「於」，原無，今據重修本及下文補。

人之能盡民，則謂之曰「聖人」。

聖人之於人也，無不仁愛，故能盡人。謂昊天能異乎萬物，則非所以謂之昊天也。謂聖人能異乎萬民，則非所以謂之聖人也。萬民與萬物同，則聖人固不異乎昊天者矣。然則聖人與昊天爲一道。聖人與昊天爲一道，則萬民與萬物亦可以爲一道也。一世之萬民與一世之萬物既可以爲一道，則萬世之萬民與萬世之萬物亦可以爲一道也明矣。

昊天之與萬物同乎一道，故不異乎萬物。聖人之與萬民同乎一道，故不異乎萬民。萬民與萬物同乎一道，則聖人與昊天亦同乎一道矣。一世之萬物與一世之萬民同乎一道，則萬世之萬物與萬世之萬民亦同乎一道矣。天下無二道，聖人無兩心。物也，民也，聖人也，天也，其道一也。故古之聖人以一心而推萬心，以一物而觀萬物，以一世而知萬世者，蓋由斯道也。

夫昊天之盡物，聖人之盡民，皆有四府焉。昊天之四府者，春夏秋冬之謂也，陰陽升降于其間矣。聖人之四府者，《易》《書》《詩》《春秋》之謂也，禮樂污隆于其間矣。春爲生物之府，夏爲長物之府，秋爲收物之府，冬爲藏物之府。號物之庶謂之萬，雖曰萬之又萬，其庶能出此昊天之四府者乎？《易》爲生民之府，《書》爲長民之府，《詩》爲收民之府，《春秋》爲藏民之府。號民之庶謂之萬，雖曰萬之又萬，其庶能出此聖人之四府者乎？昊天之四府者，時也。聖人之四府者，經也。昊天以時授人，聖人以經法天。天人之事，當如何哉。

昊天以四府盡物，聖人以四府盡民。天之四府，時也；聖人之四府，經也。天時聖經，相因而成。天時則陰陽升降而爲春夏秋冬，聖經則禮樂汙隆而爲《易》《書》《詩》《春秋》。春、夏、秋、冬、《易》《書》《詩》《春秋》，皆有生、長、收、藏之道。其道更相爲消長汙隆，萬物萬民盡于其間矣。故皆謂之曰「四府」。

觀物内篇之四

觀春則知《易》之所存乎。《易》者，三皇之事業也。三皇之時如春。

觀夏則知《書》之所存乎。《書》者，五帝之事業也。五帝之時如夏。

觀秋則知《詩》之所存乎。《詩》者，三王之事業也。三王之時如秋。

觀冬則知《春秋》之所存乎。

《春秋》者，五伯之事業也。五伯之時如冬。

《易》之《易》者，生生之謂也。《易》之《書》者，生長之謂也。《易》之《詩》者，生收之謂也。《易》之《春秋》者，生藏之謂也。《書》之《易》者，長生之謂也。《書》之《書》者，長長之謂也。《書》之《詩》者，長收之謂也。《書》之《春秋》者，長藏之謂也。《詩》之《易》者，收生之謂也。《詩》之《書》者，收長之謂也。《詩》之《詩》者，收收之謂也。《詩》之《春秋》者，收藏之謂也。《春秋》之《易》者，藏生之謂也。《春秋》之《書》者，藏長之謂也。《春秋》之《詩》者，藏收之謂也。《春秋》之《春秋》者，藏藏之謂也。

天時迭爲消長，聖經更爲污隆，其道如此。可以意會，不可以言求也。

生生者，脩夫意者也。生長者，脩夫言者也。生收者，脩夫象者也。生藏者，脩夫數者也。長生者，脩夫仁者也。長長者，脩夫禮者也。長收者，脩夫義者也。長藏者，脩夫智者也。收生者，脩夫性者也。收長者，脩夫情者也。收收者，脩夫形者也。收藏者，脩夫體者也。藏生者，脩夫聖者也。藏長者，脩夫賢者也。藏收者，脩夫才者也。藏藏者，脩夫術者也。

意、言、象、數，言其本末。仁、義、禮、智，言其先後。性、情、形、體，言其大小。聖、賢、才、術，言其優劣。

脩夫意者，三皇之謂也。脩夫言者，五帝之謂也。脩夫象者，三王之謂也。脩夫數者，五伯之謂也。

皇、帝、王、伯之道如此。

脩夫仁者，有虞之謂也。脩夫禮者，有夏之謂也。脩夫義者，有商之謂也。脩夫智者，有周之謂也。

仁、義、禮、智，在人則與性俱生，在時則有先後之序。

脩夫性者，文王之謂也。脩夫情者，武王之謂也。脩夫形者，周公之謂也。脩夫體者，召公之謂也。

德有大小，則化有淺深。

脩夫聖者，秦穆之謂也。脩夫賢者，晉文之謂也。脩夫才者，齊桓之謂也。脩夫術者，楚莊之謂也。

秦穆改過自誓，得聖之事而已。

皇、帝、王、伯者，《易》之體也。虞、夏、商、周者，《書》之體也。文、武、周、召者，《詩》之體也。秦、晉、齊、楚者，《春秋》之體也。

「《易》以道陰陽」，陰陽消長唯其時而已，故皇、帝、王、伯所以爲《易》之體也。「《書》以道事」，帝王之迹存焉，故虞、夏、商、周所以爲《書》之體也。「《詩》以道志」，始於二《南》而終於《雅》《頌》，故文、武、周、召所以爲《詩》之體也。「《春秋》以道名分」，至於五伯，名分亂矣，仲尼以《春秋》正其名分，《春秋》皆五伯之事也，故秦、晉、齊、楚者，《春秋》之體也。意、言、象、數者，《易》之用也。仁、義、禮、智者，《書》之用也。性、情、形、體者，《詩》之用也。聖、賢、才、術者，《春秋》之用也。

三皇脩夫意，五帝脩夫言，三王脩夫象，五伯脩夫數。《易》具是四者，故意、言、象、數爲《易》之用。有虞脩夫仁，有夏脩夫禮，有商脩夫義，有周脩夫智。故仁、義、禮、智爲《書》之用。文王脩夫性，武王脩夫情，周公脩夫形，召公脩夫體。故性、情、形、體爲《詩》之用。秦穆脩夫聖，晉文脩夫賢，齊桓脩夫才，楚莊脩夫術。故聖、賢、才、術所以爲《春秋》之用也。

用也者，心也。體也者，迹也。心迹之間有權存焉者，聖人之事也。

心無所在而無所不在，❶故以用言。迹有方所，故以體言。心迹、體用之間有權存焉，則所謂「體無定用，唯變是用；用無定體，唯化是體」者也。如是，則心迹體用俱以泯矣。文中子所謂適，造者不知其殊也，唯聖人爲能盡之。竊嘗論之：心迹之義大矣哉。聖人方

❶「心」上，原有「起」字，字體不同，當係後人讀書時標注字，今據重修本、四庫本删。

其寂然不動，則烏有所謂心迹者焉？雖鬼神莫得而窺也。及其酬酢應變，吉凶與民同患，則心迹於是乎判矣。莊子所謂迹者，人之所履，豈其所履哉？❶信斯言也。徒徇聖人之迹而不達聖人之心，是皆膠柱鼓瑟，刻舟記劍者也。❷蓋天下之理一涉于事物，則必有迹，有迹則有方所。若聖人之心，則無所在，亦無所不在，無方所者也。古之善學聖人者，❸求其心而不求其迹。如曾子謂孔子言喪欲速貧，死欲速朽，有子獨以謂非君子之言，有爲而言之也。苟直以其言爲然，而不知其所以言，則失聖人之心矣。是泥乎迹者也。若有子，可謂能知聖人之心者也。古人有以不學柳下惠而學柳下惠者，亦此之類也。嗚呼，不知聖人之心，而徒徇聖人之迹，則害於道。害於道者，楊墨之徒是也，學者宜有以辨之。竊聖人之迹而爲姦爲惡者，則害於國家。害於國家者，莽卓之徒是也，人君宜有以辨之。學者不知辨，則卒至於無父無君；人君不知辨，則至於竊國弑君。嗚呼！自非聖智，其孰能辨之哉。

❶「所履」，疑當作「所以履」。

❷「記」，重修本作「求」。

❸「古」，原爲後人讀書時標注字「止」所遮蓋，今據重修本恢復。

三皇同意而異化，五帝同言而異教，三王同象而異勸，五伯同數而異率。同意而異化者必以道。以道化民者，民亦以道歸之，故尚自然。夫自然者，無爲無有之謂也。無爲者，非不爲也，不固爲者也，故能廣。無有者，非不有也，不固有者也，故能大。廣大悉備而不固爲固有者，其惟三皇乎！是故知能以道化天下者，天下亦以道歸焉。所以聖人有言曰：「我無爲而民自化，我無事而民自富，我好静而民自正，我無欲而民自朴。」其斯之謂歟？

含容不顯之謂意。意在理中，永見乎迹者也。任理則無爲，所以爲三皇。帝則有教，有教則有言。王則事功著，故有象。伯則任智力，故曰「同數而異率」。任理無爲，天何言哉，以道化天下者也。以道化天下，故天下以道歸焉。

三皇同仁而異化，五帝同禮而異教，三王同義而異勸，五伯同智而異率。同禮而異教者必以德。以德教民者，民亦以德歸之，故尚讓。夫讓也者，先人後己之謂也。以天下授人而不爲輕，若素無之也。受人之天下而不爲重，若素有之也。若素無素有者，謂不己無己有之也。若己無己有，則舉一毛以取與于人，猶有貪鄙之心生焉，而況天下者乎？能知其天下之天下，非己之天下者，其惟五帝乎！是故知能以德教天下者，天下亦以德歸焉。所以聖人有言曰：「垂衣裳而天下治，蓋取諸乾坤。」其斯之謂歟？

并包徧覆之謂仁，三皇之道也。帝則有儀有物，故曰「同禮而異教」。王則有刑有政，故曰「同義而異勸」。伯則智力相尚，故曰「同智而異率」。有儀有物，以德教天下者也，故天下以德歸焉。

三皇同性而異化，五帝同情而異教，三王同形而異勸，五伯同體而異率。同形而異勸者必以功。以功勸民者，民亦以功歸之，故尚政。夫政也者，正也，以正正夫不正之謂也。天下之正莫如利民焉，天下之不正莫如害民焉。能利民者正，則謂之曰王矣。能害民者不正，則謂之曰賊矣。以利除害，安有去王耶？以王去賊，安有弑君耶？是故知王者正也。能以功正天下之不正者，天下亦以功歸焉。所以聖人有言曰：「天地革而四時成，湯武革命，順乎天而應乎人。」其斯之謂歟？

皇盡性而已。帝則見於事矣，故曰「同情」。王則法度備，故曰「同形」。伯則威力窮極矣，故曰「同體」。法度備則形見于天下矣。形見于天下，以功勸天下者也。以功勸天下，故天下以功歸焉。

三皇同聖而異化，五帝同賢而異教，三王同才而異勸，五伯同術而異率。同術而異率者必以力。以力率民者，民亦以力歸之，故尚争。夫争也者，争夫利者也。取與利，不以義，然後謂之争。小争交以言，大争交以兵，争夫强弱者也。猶借夫名焉者，謂之曲直。名也者，命物正事之稱也。利也者，養人成務之具也。名不以仁，無以守業。利不以義，無以居功。

利不以功居，名不以業守，則亂矣，民所以必争之也。五伯者，借虚名以争實利者也。帝不足則王，王不足則伯，伯又不足，則夷狄矣。若然，則五伯不謂無功于中國，語其王則未也，過夷狄則遠矣。周之東遷，文、武之功德于是乎盡矣。猶能維持二十四君，王室不絶如綫，夷狄不敢屠害中原者，猶五伯借名之力也。是故知能以力率天下者，天下亦以力歸焉。所以聖人有言曰：「眇能視，跛能履，履虎尾，咥人，凶，武人爲于大君。」其斯之謂歟？

三皇之治不見形迹，莫得而名焉，故不言而民自化。其道則同，其所以爲化則異，故曰「同聖而異化」。五帝則有言有教，故曰「同賢而異教」。五帝固聖矣，而謂之同賢者，其道則聖，其事則已見乎迹，方之於三皇之道則爲賢也。三王興事造業，❶唯恐不及，故曰「同才而異勸」。五伯則詭譎相勝，無所不至，然猶假乎正也，故曰「同術而異率」。五伯以術以率，則專用變詐威力矣，故天下以力歸焉。力有强弱，故尚争。尚争者，争乎利者也。五伯争利而猶假虚名者，尚有所畏憚也。然名不以仁，利不以義，此所以爲伯也。王者則唯仁義而已，五伯雖不若王，猶能有功于時，過於夷狄遠矣。周之東遷，與滅亡無異，尚能維持數百年者，蓋由五伯有尊王室之名也。能以力率天下，有尊王室之名，是猶

❶「造」，重修本作「創」。

「眇能視，跛能履，履虎尾，咥人，凶，武人爲于大君」者也。履之九三，以剛處剛者也。以剛處剛而不中，故有「武人爲于大君」之象。伯者之事有類于此。

夫意也者，盡物之性也。言也者，盡物之情也。象也者，盡物之形也。數也者，盡物之體也。仁也者，盡人之聖也。禮也者，盡人之賢也。義也者，盡人之才也。智也者，盡人之術也。盡物之性者謂之道，盡物之情者謂之德，盡物之形者謂之功，盡物之體者謂之力。盡人之聖者謂之化，盡人之賢者謂之教，盡人之才者謂之勸，盡人之術者謂之率。

意、言、象、數，性、情、形、體，仁、義、禮、智，聖、賢、才、術，道、德、功、力，化、教、勸、率，此皇、帝、王、伯之事，皆相因而成者也。

道德功力者，存乎體者也。化教勸率者，存乎用者也。體用之間，有變存焉者，聖人之業也。夫變也者，昊天生萬物之謂也。權也者，聖人生萬民之謂也。非生物，非生民，而得謂之權變乎？

有道德功力而後有化教勸率。道德功力不同，故化教勸率有異，時使之然也。存乎體者，言乎其體也。存乎用者，言乎其用也。體用之間有權存焉者，變以隨時也。變以隨時者，聖人之事也。天道不變，生成息矣。聖人無權，教化隳矣。非生物，非生民，而謂之權變，則一歸于詐而已矣，惡孰大焉，得謂之權變乎？

觀物内篇之五

善化天下者，止于盡道而已。善教天下者，止于盡德而已。善勸天下者，止于盡功而已。善率天下者，止于盡力而已。以道德功力爲化者，乃謂之皇矣。以道德功力爲教者，乃謂之帝矣。以道德功力爲勸者，乃謂之王矣。以道德功力爲率者，乃謂之伯矣。

化、教、勸、率，道、德、功、力，皇、帝、王、伯之事也。時異則人異，人異則事異，故不同如此。

以化教勸率爲道者，乃謂之《易》矣。以化教勸率爲德者，乃謂之《書》矣。以化教勸率爲功者，乃謂之《詩》矣。以化教勸率爲力者，乃謂之《春秋》矣。此四者，天地始則始焉，天地終則終焉，始終隨乎天地者也。

皇、帝、王、伯，時也。《易》《書》《詩》《春秋》，經也。天時聖經，相爲表裏，皆相因而成也。

夫古今者，在天地之間，猶旦暮也。以今觀今，則謂之今矣；以後觀今，則今亦謂之古矣。以今觀古，則謂之古矣；以古自觀，則古亦謂之今矣。是知古亦未必爲古，今亦未必爲今，皆自我而觀之也。安知千古之前，萬古之後，其人不自我而觀之也。

有今故有古，有古故有今。以今觀今，則謂之今；以後觀今，則今亦謂之古矣。如是，則今亦未必爲今也。以今觀古，則謂之古矣；以古自觀，則古亦謂之今矣。如是，則古亦未必爲古也。古亦未必爲古，今亦未必爲今，皆自我而觀之也。自我而觀之者，觀之以道也。以道觀之，則何古今之有焉？無古無今，則古今猶旦暮之間也。聖人通乎晝夜之道而知。能通晝夜之道，則能通古今。能通古今，則能通萬世。故雖千古之前，萬古之後，皆可以自我而觀之也。

若然，則皇帝王伯者，聖人之時也。《易》《書》《詩》《春秋》者，聖人之經也。

天時聖經不異，唯聖人爲能知時作經，以爲民極。

時有消長，經有因革。時有消長，否、泰盡之矣。經有因革，損、益盡之矣。

時有消長，故有否、泰。經有因革，故有損、益。非聖人不能體消長，知損益。

否泰盡而體用分，損益盡而心迹判。體與用分，心與迹判，聖人之事業于是乎備矣。

時有否泰之異，故體用於是乎分。事有損益之異，故心迹於是乎判。聖人之事業，在乎體用心迹之間。體用心迹之間，蓋有權與變存焉。知權與變，然後能盡體用心迹。體用心迹，一也。因時而有所分判，然未嘗分判也，卒歸乎一而已矣。

所以自古當世之君天下者，其命有四焉。一曰正命，二曰受命，三曰改命，四曰攝命。正命者，因而因者也。受命者，因而革者也。改命者，革而因者也。攝命者，革而革者也。因而因者，長而長者也。因而革者，長而消者也。革而因者，消而長者也。革而革者，消而消者也。

正命，天命之也。受命，人授之也。人授之者，受之於人也，如《書》所謂「正月上日，受終于文祖」是也。改命，有所改革，如《易》所謂「湯武革命」是也。其事雖不同，皆天也。攝命者，以臣行君之事者也。此明皇、帝、王、伯之事也。因而因，則無爲而已。因而革，舜循堯道而有所變以隨時也。革而因者，武王伐商，乃反商政，政由舊是也。革而革者，時變之極，則一切變矣。長而長爲春，長而消爲夏，消而長爲秋，消而消爲冬。時之消長，其變如此。

革而革者，一世之事業也。革而因者，十世之事業也。因而革者，百世之事業也。因而因者，千世之事業也。可以因則因，可以革則革者，萬世之事業也。一世之事業者，非五伯之道而何？十世之事業者，非三王之道而何？百世之事業者，非五帝之道而何？千世之事業者，非三皇之道而何？萬世之事業者，非仲尼之道而何？是知皇、帝、王、伯者，命世之謂也。仲尼者，不世之謂也。

伯以力服人。以力服人者，止于其身，故其事業一世而已。王者以功及民。以功及民者其效遠，故其事業可以至于十世。帝以德教民。以德教民者得其心，漸民也深，故其事業可以至于百世。皇以道化民。道能久，故其事業可以至于千世。可因則因，可革則革，通萬世而無弊者，孔子之事業也。故孟子謂：「生民以來，未有夫子也。」命世，謂得位而在上者也。不世，謂不得位而在下者也。雖然，孔子不得位而在下，其道實出帝王之上，而能用乎皇、帝、王、伯者也，故孟子謂孔子集大成者也。

仲尼曰：「殷因於夏禮，所損益可知也。周因於殷禮，所損益可知也。其或繼周者，雖百世可知也。」夫如是，則何止于百世而已哉？億千萬世皆可得而知之也。

商、周，革命者也，而亦有所因。故商因於夏禮，周因於商禮。禹、湯、武王皆聖人也，其道則同，不得不因；其時則異，不得不革。故皆有所損益。唯聖人不苟同，亦不苟異，與時偕行，知所損益，以一世而知萬世，故雖億千萬年皆可得而知之，何止于百世可知而已。所以可得而知之者，豈有他哉，以理知之故也。

人皆知仲尼之爲仲尼，不知仲尼之所以爲仲尼。不欲知仲尼之所以爲仲尼則已，如其必欲知仲尼之所以爲仲尼，則捨天地，將奚之焉？人皆知天地之爲天地，不知天地之所以爲天地。不欲知天地之所以爲天地則已，如其必欲知天地之所以爲天地，則捨動靜，將奚之焉？

仲尼之道不異天地，欲知仲尼，觀天地則知仲尼矣。天地之道，不過動靜而已。欲知天地，觀動静則知天地矣。「立天之道曰陰與陽，立地之道曰柔與剛」，陰陽剛柔者，動静之本也。然天地何嘗有心於動静哉？蓋時焉而已矣。仲尼之不異天地，亦時焉而已矣。故孟子謂：「孔子聖之時者也。」

夫一動一静者，天地至妙者歟？夫一動一静之間者，天地人之至妙至妙者歟？是故知仲尼之所以能盡三才之道者，謂其行無轍迹也。故有言曰：「予欲無言」，又曰：「天何言哉，四時行焉，百物生焉。」其斯之謂歟？

一動一静者，❶天地之妙用也。一動一静之間者，天地人之妙用也。陽闢而爲動，陰闔而爲静，所謂「一動一静」者也。不役乎動，不滯乎静，非動非静而主乎動静者，「一動一静之間」者也。自静而觀動，自動而觀静，則有所謂動静。方静而動，方動而静，不拘於動静，則非動非静者也。《易》曰：「復，其見天地之心乎。」天地之心，蓋於動静之間有以見之。夫天地之心於此而見之，聖人之心即天地之心也，亦於此而見之，雖顛沛造次，未嘗離乎此也。《中庸》曰：「道不可須臾離也，可離非道也。」退藏於密，則以此洗心焉；吉凶與民同患，則以此齋戒焉。夫所謂「密」，所謂「齋戒」者，其在動静之間乎？此天地之至

❶「一動」上，原有「起」字，字體不同，當係後人讀書時標注字，今據重修本、四庫本删。

妙至妙者也。聖人作《易》，蓋本於此。世儒昧於《易》本，❶不見天地之心。見其一陽初復，遂以動爲天地之心，乃謂「天地以生物爲心」。噫。天地之心，何止於動而生物哉？見其五陰在上，遂以静爲天地之心，乃謂動復則静，行復則止。噫。天地之心，何止於静而止哉？爲虚無之論者，則曰：「天地以無心爲心。」噫。天地之心一歸于無，則造化息矣。蓋天地之心，不可以有無言而未嘗有無，亦未嘗離乎有無者也；不可以動静言而未嘗動静，亦未嘗離乎動静者也。故於動静之間有以見之。然動静之間，間不容髮，豈有間乎？唯其無間，所以爲動静之間也。獨揚子雲知《易》之本以作《玄》，始于中首，象中孚，次以周首，象復。「中者天下之大本」，所謂天地之心也，故其首辭曰：「陽氣潛萌于黄鐘之宫，信無不在其中。」天地之道，可謂至信矣。所謂信者，有以見天地之心乎，在人則誠也。故天地、聖人之心，至信至誠，悠久而不息，所以爲天地人之至妙至妙者也。雖然，天地之心所可見者，亦不過乎因時順理而已。因時順理，所以謂之道也。聖人由道而行，豈有轍迹哉？嗚呼。所謂動静之間者，千聖之所歸，萬生之所息。能至此，則可以知變化之道，可以知死生之説。不能至此，則非所以謂之聖人也。不能知此，則非所

❶「世」，原爲後人讀書時標注字「止」所遮蓋，今據重修本恢復。

以謂之賢人也。外于此者，皆邪説妄行也。先君《皇極經世書》蓋本於此，所以《觀物》篇首明天地動静，而此又明動静之間，天地人之至妙至妙者焉。學者欲求其至，在乎默而識之，不可以言傳也。

觀物内篇之六

孔子贊《易》自羲、軒而下，序《書》自堯、舜而下，删《詩》自文、武而下，脩《春秋》自桓、文而下。自羲、軒而下，祖三皇也。自堯、舜而下，宗五帝也。自文、武而下，子三王也。自桓、文而下，孫五伯也。

《易》《書》《詩》《春秋》，皇帝王伯，聖人之事業盡在于是矣。仲尼祖三皇，宗五帝，子三王，孫五伯，其道大德尊如此。《中庸》曰「仲尼祖述堯、舜」而不曰「三皇」，尊之而不可以言名也；「憲章文武」而不及五伯，卑之而有所不足道也。此則兼舉之矣。「孫五伯」，可謂卑之也。然聖人作《春秋》，雖五伯猶或取之，以其有功于一時也。故曰：「桓公九合諸侯，不以兵車，管仲之力也。微管仲，吾其被髮左袵矣。」聖人之心公天下也如此。《春秋》者，聖人之刑賞也。五伯雖得罪於聖人，及其有功，亦在所不掩也。嗚呼。治天下者，賞善刑惡能如聖人之心以公天下，則四海之内，無思不服。儻徇好惡之私，則刑賞濫矣。刑賞濫而天下未有不亂者也。

祖三皇，尚賢也。宗五帝，亦尚賢也。三皇尚賢以道，五帝尚賢以德。子三王，尚親也。孫五伯，亦尚親也。三王尚親以功，五伯尚親以力。

三皇五帝之治皆尚賢者也，而三皇以道，五帝以德。三王五伯之治皆尚親者也，❶而三王以功，五伯以力。以道則爲化，以德則爲教；以功則爲勸，以力則爲率。道德則無親疎之間，功力則有違從之異。然而力率天下而親之，則狹矣。此皇、帝、王、伯之所以分也。

嗚呼！時之既往，億千萬年。時之未來，亦億千萬年。仲尼中間生而爲人，何祖宗之寡而子孫之多邪？所以重贊堯、舜，至禹曰：「禹，吾無間然矣。」

時之既往，時之未來，皆有億萬之數，所以爲古今也。「仲尼在古今之間，何祖宗之寡，子孫之多？」謂治世少而亂世多，聖君少而庸君多也。三王方三皇、五帝，時雖不同，然固已鮮矣。後世不止雜乎伯，而伯亦有所不足也。仲尼贊堯則曰：「唯天爲大，唯堯則之。」贊舜則曰：「君哉舜也，無爲而治者，其舜也歟。」至禹則曰：「菲飲食而致孝乎鬼神，惡衣服而致美乎黻冕，卑宮室而盡力乎溝洫，禹，吾無間然矣。」文王則曰：「三分天下有其二，

---

❶ 「三」，原作「二」，今據重修本改。

以服事殷，周之德，可謂至德也已。」湯、武則曰：「順乎天而應乎人。」嗚呼！文王之德與舜、禹並，可謂至矣。

仲尼後禹千五百餘年，今之後仲尼又千五百餘年。雖不敢比仲尼上贊堯、舜、禹，豈不敢比孟子上贊仲尼乎？

仲尼後禹千五百餘年，今之後仲尼又千五百餘年。蓋道之相傳，無古今之異。仲尼，傳堯、舜、禹者也。孟子，傳仲尼者也。吾先君子，蓋學孔、孟者也。

人謂仲尼惜乎無土，吾獨以爲不然。獨夫以百畝爲土，大夫以百里爲土，諸侯以四境爲土，天子以九州爲土，仲尼以萬世爲土。若然，則孟子言「自生民以來，未有如孔子也」，斯亦未爲之過矣。

一夫之土百畝而已，大夫之土百里而已，諸侯之土四境而已，天子之土九州而已，皆有窮極者矣。仲尼之道，通萬萬世而無弊，萬世之所尊者也，故曰「仲尼以萬世爲土」。非特萬世也，亘古今，窮天地，一人而已。故孟子曰：「自生民以來，未有夫子也。」

夫人不能自富，必待天與其富然後能富。人不能自貴，必待天與其貴然後能貴。若然，則富貴在天也，不在人也。有求而得之者，有求而不得者矣，是繫乎天者也。功德在人也，不在天也。可脩而得之，不脩則不得，是非繫乎天也，繫乎人者也。夫人之能求而得富貴者，求其可得者也。非其可得者，非所以能求之也。昧者不知，求而得之，則謂其己之能得也，故矜之；求而失之，則謂其人之不與也，故怨之。如知其己之所以能得，人之所以能與，則天下安有不知量之人邪？

富貴在天，不可求而得。功德在人，所可脩而至。不可求而得，故必曰「有命」。所可脩而至，故不可不勉。世之人不務脩其所可至而務求其所不可得，惑之甚也。故未得之，則患得之。既得之，則患失之。得之則矜誇，失之則怨懟。苟能知己得之、人與之皆天也，如是，則安有不知量之人哉。

天下至富也，天子至貴也，豈可妄意求而得之也？雖曰天命，亦未始不由積功累行。聖君艱難以成之，庸君暴虐以壞之，是天歟？是人歟？是知人作之咎，固難逃已。天降之災，禳之奚益？積功累行，君子常分，非有求而然也。有求而然者，所謂利乎仁者也。君子安有餘事于其間哉？然而有幸有不幸者，始可以語命也已。

「聖人之大寶曰位」，天實命之，故堯命舜「天之曆數在爾躬」，舜亦以此命禹。天位豈容求而得者。不可求而得，況可以不道而取之邪？此篇戒亂臣賊子，使之知天命之可畏也。「積功累行」，人之所當爲，君子豈有求而然？必自積行累功以得之。不積行累功以得之者或有之矣，終亦必亡而已。積行累功而不得者亦有之矣，君子乃謂之命也已。

夏禹以功有天下，夏桀以虐失天下。殷湯以功有天下，殷紂以虐失天下。周武以功有天下，周幽以虐失天下。三者雖時不同，其成敗之形一也。

夏禹、商湯、周武，其功德在民深矣，其創法垂統至矣。後世子孫，雖中才之君，能保惜其基業，謹守其法度，兢兢業業而勿失，雖百世可也。夏則太康已失邦，而其後有桀。商太甲已不明，而其後有紂。周昭王已南征不返，而其後有幽、厲。《詩》云：「赫赫宗周，褒姒滅之。」蓋周至幽、厲，雖曰未亡，其實亡矣。獨以文、武之澤未斬，國之典刑尚存，故至赧王而後失之。其祖宗之艱難積累以得之，其後亡國敗家之人庸愚暴虐以失之，若出一塗。《書》曰：「爲善不同，同歸于治。爲惡不同，同歸于亂。」此之謂也。

平王東遷，無功以復王業。赧王西走，無虐以喪王室。威令不逮一小國諸侯，仰存于五伯而已，此又奚足道哉。

平王東遷，文武之業盡矣，故無功以復王室。赧王西走，危亡之勢極矣，故無虐以喪王室。皆不足道也。竊嘗論之：桀、紂、幽、厲皆暴君也，自平王至赧皆庸君也。庸、暴雖殊，皆足以亡其國。然暴君身爲不善，其亡也速，其爲天下害也淺。庸君未必能爲大惡，而天下之爲惡者皆得以肆其惡，其亡也緩，其爲天下害也深。故桀、紂身爲不善，湯、武誅放而天下寧。幽、厲亦可謂暴矣，獨以文、武之澤未泯，止亡其身而國之未亡，幸也。

自平至赧，無顯著之惡而其庸則甚矣，其後有五伯，有戰國，有暴秦，民墜塗炭五百餘年而天下受其害，至漢而後始定。考之歷代，亦莫不然。西漢自元成而下，皆庸君也，卒致新室之亂。幸天下未厭漢，光武中興。東漢自桓、靈而下，皆庸君也，卒致董卓之亂。而後有三國，有南北朝，又分而爲十六國，羯胡腥羶，瀆污中原，民墜塗炭，又四百餘年而天下受其害，至隋而後始定。隋煬帝，暴君也，身爲不善以亡其國，不旋踵有唐以興而天下寧。唐自肅宗而下，多庸君也，當時藩鎮固已暴横于外，宦豎又且擅權于内，其後有五季，又分而爲十國，皆得以肆其惡，民墜塗炭又二百年，至本朝而後大定。則暴君之爲天下害也淺，庸君之爲天下害也深，概可見矣。

但時無真王者出焉，雖有虚名與杞、宋，其誰曰少異是時也，《春秋》之作，不亦宜乎？當是時也，天下無王矣。孔子之作《春秋》，所以明王道而存王者之禮法也。使之得位，則行之矣。孟子告齊、梁之君亦必以王道者，以此也。

仲尼脩經周平王之時，《書》終于晉文侯，《詩》列爲王國風，《春秋》始于魯隱公，《易》盡于未濟卦。

孟子曰：「王者之迹熄而後《詩》亡，《詩》亡然後《春秋》作。」周平之時，王者之迹熄矣，故《春秋》之所以作也。《書》終於文侯之命，「周之東遷，晉、鄭焉依」，文侯猶知尊周，有功于時，故聖人取之。始于《典》《謨》，終之以《文侯之命》與《秦誓》，則其時其事可知之矣。王者之迹熄而《雅》《頌》不作，周室之微不絶如綫，四郊之外皆非己有，與一小國亦何以異，所存獨王者之虚名耳。故《黍離》之詩，列于《國風》也。《春秋》始于魯隱。魯，周公之國，周公之禮樂典章具在于魯。至隱公之世，周公之業衰矣，此《春秋》之所以始隱，又當周平之時也。《易》終于未濟卦，一治一亂而未始有窮也。

予非知仲尼者，學爲仲尼者也。禮樂征伐自天子出，而出自諸侯，天子之重去矣。宗周之功德自文、武出，而出自幽、厲，文、武之基息矣。由是犬戎得以侮中國，周之諸侯非一獨晉能攘去戎狄，徙王東都洛邑，用存王國，爲天下伯者之倡，秬鬯圭瓚之錫，其能免乎？

聖人，人倫之至。能盡君君、臣臣、父父、子子、兄兄、弟弟、夫夫、婦婦之道，正心誠身以治天下國家，此蓋孔子之志也。禮樂征伐，威福之大柄也。臣下得而擅之，則人君之權移于下矣。蓋由君非其君，臣非其臣，欲不亂，其可得乎？周之幽、厲，小人而乘君子之器者也，盜斯奪之矣，故犬戎得以侮中國。晉文侯獨能攘戎狄而遷周于洛，知有君臣之義，未同於夷狄，其功亦可尚矣。此《書》所以有《文侯之命》也。

傳稱子貢欲去魯告朔之餼羊，孔子曰：「賜也，爾愛其羊，我愛其禮。」是知名存實亡者，猶愈于名實俱亡者矣。禮雖廢而羊存，則後世安知有不復行禮者矣。晉文公尊王雖用虚名，猶能力使天下諸侯知有周天子，而不敢以兵加之也。及晉之衰也，秦由是敢滅周。斯「愛禮」之言，信不誣矣。

孔子之時，魯國告朔之禮廢已久矣，而餼羊猶存。子貢獨見其禮已久廢，餼羊徒有虚名，故欲去之。聖人用心深遠，以謂「爾愛其羊，我愛其禮」。禮雖廢而羊猶存，後世安知不有因其羊而行禮，循其名而求其實者乎？豈不愈於羊禮俱廢，名實皆亡者也。故晉文公有尊王之名，而尚能有功一時，所以聖人亦取之也。孟子謂：「好名之人，能讓千乘之國。」好名之人，於道雖爲未至，已能讓千乘之國，則與夫見利忘義，貪取苟得，無所顧藉者，蓋有間矣。或曰：好名之人，矯僞不情，烏足貴哉？愚獨不然，矯僞爲善，豈不賢於矯僞爲惡者乎？竊嘗論之：爲人君者能知堯、舜之名爲可好，則莫不願爲堯、舜。好之而不已，行之而彌久，是亦堯、舜而已。爲人臣者能知稷、契之名爲可好，則莫不願爲稷、契。好之而不已，行之而彌久，是亦稷、契而已。志於道者能知孔、顔之名爲可好，好之而不已，行之而彌久，是亦孔、顔而已。嗚呼！名者，治世脩身之具也，烏可一日闕於天下。但患人不知所以好之耳，豈不貴哉。

齊景公嘗一日問政于孔子，孔子對曰：「君君，臣臣，父父，子子。」公曰：「善哉。信如君不君，臣不臣，父不父，子不子，雖有粟，吾得而食諸？」是時也，諸侯僭天子，陪臣執國命，禄去公室，政出私門。景公自不能上奉周天子，欲其臣下奉己，不亦難乎？厥後齊祚卒爲田氏所移。夫齊之有田氏者，亦猶晉之有三家者，❶亦猶周之有五伯也。韓、趙、魏之于晉也，既立其功，又分其地；既卑其主，又專其國。田氏之于齊也，既得其禄，又專其政；既殺其君，又移其祚。其如天下之事，豈無漸乎？履霜之戒，寧不思乎？

君臣父子，天下之達道，人之大倫，所以維持天下者以此。用之則治，捨之則亂，古今一也。周之衰，三綱五常絶矣。篡君弑父，無所不至，以君臣父子之道不明故也。諸侯既僭天子矣，大夫安得不僭諸侯？大夫既僭諸侯矣，陪臣安得不僭大夫？故雖管仲，「邦君樹塞門，管氏亦樹塞門；邦君爲兩君之好有反坫，管氏亦有反坫」。管氏猶不知禮，況其餘乎。其甚則魯之三家以雍徹，用八佾舞于庭，是以陪臣僭天子也。陪臣而僭天子，況於執國命乎？始於僭踰，卒於攘奪，勢必然也。故田氏之於齊，韓、趙、魏之於晉，終逐其君而盜其國。嚮使齊、晉之君不敢僭周，則所謂田氏與三大夫者，其敢逐其君而盜其國乎？上之所好，下必有甚焉，出乎爾者反乎爾，不思之甚矣。《易》曰：「履霜，堅冰至。」君子方履霜之時，固已知堅冰之必至，宜辨之早也。

❶「者」，重修本作「也」。

傳稱王者往也，能往天下者可以王也。周之衰也，諸侯不朝天子久矣。及楚預中國會盟，仲尼始進爵爲子。其僭王也，不亦陋乎。

楚蠻夷之國，《春秋》書曰「楚子」，而僭王，僭之甚者也。

夫以力勝人者，人亦以力勝之。吳嘗破越而有輕楚之心，及其破楚，又有驕齊之志。貪婪攻取，不顧德義，侵侮齊、晉，專以夷狄爲事，遂復爲越所滅。越又不監之，其後復爲楚所滅。楚又不監之，其後復爲秦所滅。秦又不監之，其後復爲漢所代。恃强凌弱，與虎豹何以異乎？非所以謂之中國義理之師也。

吳、楚、秦、越皆蠻夷之國，恃强凌弱，不顧德義，方之齊、晉，有間矣。

宋之爲國也，爵高而力卑者乎。盟不度德，會不量力，區區與諸侯並驅中原，恥居其後。其于伯也，不亦難乎？

宋襄公亦嘗主盟而衰弱無術，不足道也。

周之同姓諸侯而克永世者，獨有燕在焉。燕處北陸之地，去中原特遠。苟不隨韓、趙、魏、齊、楚較利刃，争虚名，則足以養德待時，觀諸侯之變。秦雖虎狼，亦未易加害。延十五六年後，天下事未可知也。

燕居朔方，固爲强大，與齊、趙相抗。苟不與諸國争勝負，而脩召公之政以治其國，有可以興王之理也。而乃遣一刺客，以入暴秦，自取滅亡，可哀也已。

中原之地方九千里，古不加多而今不加少，然而有祚長祚短、地大地小者，攻守異故也。自三代以降，漢、唐爲盛。秦界于周、漢之間矣。秦始盛于穆公，中于孝公，終于始皇。起于西夷，遷于岐山，徙于咸陽。兵瀆宇内，血流天下，吞吐四海，庚革今古。❶雖不能比德三代，非晉、隋可同年而語也。其祚之不永，得非用法太酷，殺人之多乎？所以仲尼序《書》終于《秦誓》一事，其言不亦遠乎？

秦穆公能改過自誓，伯之優者也，故序《書》上自《典》《誥》，下及《秦誓》。聖人猶取之而不廢，是亦「不得中行而與之，必也狂狷乎」之義也。王者不作，近於王道者，雖一善必録，聖人之心如此。然終于《秦誓》，則世之盛衰，道之污隆可知之矣。穆公有此一善可稱，宜乎國以盛强。其後始皇并吞海内，而乃尚刑好殺，止於二世以取滅亡，蓋秦夷狄之國，尚刑好殺，乃其所習。又況本以商鞅之法，其貽謀慘刻少恩，有自來矣。

夫好生者，生之徒也。好殺者，死之徒也。周之好生也以義，漢之好生也亦以義。秦之好殺也以利，楚之好殺也亦以利。周之好生也以義，而漢且不及。秦之好殺也以利，而楚又

---

❶「庚」，重修本作「更」。

過之。天之道、人之情，又奚擇于周、秦、漢、楚哉？擇乎善惡而已。是知善也者，無敵于天下，而天下共善之。惡也者，亦無敵于天下，而天下亦共惡之。天之道、人之情，又奚擇于周、秦、漢、楚哉？擇于善惡而已。

仁者好生，不仁者好殺。好生者王，好殺者亡。好生者天祐之，人愛之。好殺者天怒之，人惡之。周、漢以好生而興，秦、楚以好殺而廢。天之興、廢，人之去、就，在乎仁與不仁而已。

性理大全書卷之十

皇極經世書四

觀物内篇之七

昔者孔子語堯、舜則曰「垂衣裳而天下治」，語湯、武則曰「順乎天而應乎人」。斯言可以該古今帝王受命之理也。堯禪舜以德，舜禪禹以功。以德，帝也。以功，亦帝也。然而德下一等，則入于功矣。湯伐桀以放，武伐紂以殺。以放，王也。以殺，亦王也。然而放下一等，則入于殺矣。是知時有消長，事有因革，前聖後聖，非出於一途哉。

堯、舜禪讓，湯、武征伐，其事則異，其道則同。以德以功，以放以殺，時之消長、事之因革不同如此。至於征伐放殺，非聖人之所欲，蓋有不得已者焉。聖人所同者心，所異者跡，故前聖後聖，非出於一途，而聖人求乎心之所同，而不求乎跡之所同。苟姑同乎跡而不同乎心，則爲姦爲惡，何所不至？不可不辨也。然所謂下一等者，孔子序《書》，贊堯、舜、禹亦有詳略。謂：「韶盡美矣，又盡善也；武盡美矣，未盡善也。」聖人蓋有深意焉。

天與人相爲表裏。天有陰陽，人有邪正。邪正之由，繫乎上之所好也。上好德則民用正，上好佞則民用邪。邪正之由，有自來矣。雖聖君在上不能無小人，是難其爲小人。雖庸君在上不能無君子，是難其爲君子。自古聖君之盛，未有如唐堯之世，君子何其多邪？時非無小人也，是難其爲小人也，故君子多也，所以雖有四凶不能肆其惡。自古庸君之盛未有如殷紂之世，小人何其多邪？時非無君子也，是難其爲君子，故小人多也，所以雖有三仁不能遂其善。是知君擇臣，臣擇君者，是繫乎人也。❶君得臣，臣得君者，是非繫乎天者也。

天與人常相須而成者也。天有陰陽，人有邪正。正爲君子，邪爲小人。君子、小人相爲盛衰，猶陰陽之相爲消長。聖人之於《易》，否、泰言之詳矣。且治世非無小人也，亂世非無君子也。君子在內，小人在外，所以爲泰而天下治矣。君子在外，小人在內，所以爲否而天下亂矣。君子、小人無世無之，在乎人君所好所用而已。人君好德，則民用正而君子進，小人退矣。人君好佞，則民用邪而小人進，君子退矣。唐堯之時非無小人也，君子

---

❶ 「人」下，重修本有「者」字。

在内而衆，小人在外而寡，則小人不勝君子也，故雖有四凶亦不能害君子。商紂之世非無君子也，君子在外而寡，小人在内而衆，則君子不能勝小人也，故雖有三仁而不能去小人。所謂内外者，不獨在位在野而已，但信而任之則爲内，疎而遠之則爲外。上好正而信任君子，則小人遠矣，不必待屏絶誅竄而後爲外也。上好邪而信任小人，則君子遠矣，不必待斥逐放棄而後爲外也。所謂小人者，聖人亦未嘗疾之已甚也，但使君子在上，小人在下，各得其所而已。君子在上則足以制小人，小人在下則順以從君子，如是則天下未有不治者也。若夫疾惡而不能去，去惡而無其術者，適所以致禍亂之道也。嗚呼！君子、小人用與不用，實繫上之所好。上之所好，實繫天下治亂，可不慎哉！

賢愚人之本性，利害民之常情。虞舜陶于河濱，傅説築于巖下，天下皆知其賢而百執事不爲之舉者，利害使之然也。吁！利害叢于中而矛戟森于外，又安知有虞舜之聖而傅説之賢哉？河濱非禪位之所，巖下非求相之方。昔也在億萬人之下，而今也在億萬人之上，相去一何遠之甚也。然而必此云者，貴有名者也。

唐堯之舉舜，商宗之用説，蓋有素矣。猶歷試諸難，稽之夢卜，所以厭天下之心也。雖舜之聖、説之賢，苟爲利害所蔽，人亦安知其聖、賢哉？故堯、高宗不得不如此，貴乎有名也。

《易》曰：「坎，有孚，維心亨，行有尚。」中正行險，往且有功，雖危無咎，能自信故也。伊尹以之。是知古之人患名過實者有之矣。其間有幸與不幸者，雖聖人，人力有不及者矣。伊尹行冢宰，居責成之地，借使避放君之名，豈曰不忠乎？則天下之事去矣，又安能正嗣君，成終始之大忠者乎？吁！若委寄于匪人，三年之間，其如嗣君何？則天下之事亦去矣，又安有伊尹也？「坎有孚，維心亨」，不亦近之乎？

有伊尹之位，有伊尹之時，有伊尹之德，有伊尹之心，忠於社稷，公於天下，則可。雖曰「放君」，所不避也。苟無其位，無其時，無其德，無其心，不忠不公，則爲篡也，烏可哉。故必如《坎》之「維心亨，行有尚」，而後可以濟乎坎也。

《易》曰：「由豫，大有得。勿疑，朋盍簪。」剛健主豫，動而有應，群疑乃亡，能自彊故也。周公以之。是知聖人不能使人無謗，能處謗者也。周公居總己，當任重之地，借使避滅親之名，豈曰不孝乎？則天下之事去矣，又安能保嗣君，成終始之大孝者乎？吁！若委寄于匪人，七年之間，其如嗣君何？則天下之事亦去矣，又安有周公也？「由豫，大有得。勿疑，朋盍簪」，不亦近之乎？

有周公之位，有周公之時，有周公之德，有周公之心，忠於社稷，公於天下，則可。雖曰誅兄放弟，所不避也。苟無其位，無其時，無其德，無其心，不忠不公，則是大惡也，烏可哉。

故必如《豫》之「大有得，勿疑，朋盍簪」，而後可以主豫也。

夫天下將治，則人必尚行也。天下將亂，則人必尚言也。尚行則篤實之風行焉，尚言則詭譎之風行焉。天下將治，則人必尚義也。天下將亂，則人必尚利也。尚義則謙讓之風行焉，尚利則攘奪之風行焉。

治世務本，故尚行。亂世務末，故尚言。務本則君子之事也，故篤實之風所以行也；務末則小人之事也，故譎詐之風所以行也。治世樂與，故尚義。亂世樂取，故尚利。尚義則君子之事也，故謙讓之風所以行也。尚利則小人之事也，故攘奪之風所以行也。皆本乎上之所好與夫君子、小人之進退而已。

三王尚行者也，五伯尚言者也。尚行者必入于義也，尚言者必入于利也。義利之相去，一何遠之如是耶。

三王用忠信以行實事，故尚行。五伯用譎詐以假虛名，故尚言。所尚不同如此，王、伯之所以異也。

是知言之于口，不若行之于身。行之于身，不若盡之于心。言之于口，人得而聞之。行之于身，人得而見之。盡之于心，神得而知之。人之聰明猶不可欺，況神之聰明乎？是知無愧于口，不若無愧于身，無愧于身，不若無愧于心。無口過易，無身過難。無身過易，無心過難。既無心過，何難之有？吁，安得無心過之人而與之語心哉！是故知聖人所以能立于無過之地者，謂其善事于心者也。

君子言之不出，恥躬之不逮。故徒言之，不若躬行之。行之者，或安而行之，或利而行之，或勉强而行之。安而行之者，行之以無事，盡于心者也。孟子所謂「舜由仁義行」者是也。利而行之，勉强而行之者，雖曰「行之」，而心或有所未盡，故不若盡心之爲善也。既能行之，久而必有所至，及其成功則一矣。言之于口，則人得而聞之。行之于身，則人得而見之。盡之于心，則神得而知之。所謂盡之于心者，默而成之，不言而信者也。不言而信，則神得而知之者也。故君子不欺暗室，不愧屋漏，以神之聰明不可欺也。無愧于口，不若無愧于身。無愧于身，不若無愧于心，謂行之于身不若盡之于心也。無口過易，能慎言語則無口過矣。無身過難，能踐履則無身過矣。無身過易，無心過難，既無心過，何難之有？所謂心過者，不必待見於事爲之際，思慮一萌，苟離于道，是爲過矣。既無心過，何思何慮？寂然不動，感而遂通，何難之有也。能無心過者，其惟聖人乎！「聖人與天地合其德，與日月合其明，與四時合其序，與鬼神合其吉凶」，何過之有？未至於聖人，則未能無過。故孔子謂顏淵爲好學，則曰「不貳過」，又曰「有不善未嘗不知，知之未嘗復行」，始可以謂之無身過者也。及其問仁，則告之以「非禮勿視，非禮勿聽，非禮勿言，非禮勿動」。至於非禮勿動，則使之進於無心過之地也。故又曰：「回也其心三月不違仁。」夫心有一所動而在乎非禮，則遠于仁矣。顔子至於三月不違仁，則幾于聖者也。此道之妙，不可以言傳，學者當盡心焉。

觀物内篇之八

仲尼曰：「韶盡美矣，又盡善也。武盡美矣，未盡善也。」又曰：「管仲相桓公，霸諸侯，一匡天下，民到于今受其賜。微管仲，吾其被髪左衽矣。」是知武王雖不逮舜之盡善盡美，以其解天下之倒懸，則下于舜一等耳。桓公雖不逮武之應天順人，以其霸諸侯，一匡天下，則高于狄亦遠矣。以武比舜，則不能無過；比桓，則不能無功。以桓比狄，則不能無功；比武，則不能無過。漢氏宜立乎桓、武之間矣。

此言帝王之異。霸之於王固遠，然亦有功于時，故聖人猶取之。漢不純乎王，而雜乎霸者也。舜、武皆聖人也，所以異者，時不同故也。

是時也，非會天下民厭秦之暴且甚，雖十劉季、百子房，其如人心未易何？

人君所恃以安者，人心而已。人心既去，一夫而已。故《書》謂之獨夫紂也。

且古今之時則異也，而民好生惡死之心非異也。自古殺人之多，未有如秦之甚，天下安有不厭之乎？ 夫殺人之多不必以刃，謂天下之人無生路可移也。 而又況以刃多殺天下之人乎。

得民心以仁，失民心以不仁。 仁者好生，不仁者好殺。 以虐政殺之，以白刃殺之，其殺一也。 然白刃之所殺猶有能免者，虐政之所殺，則無所逃矣。 故虐政甚於白刃也。 己殺之，使人殺之，其殺一也。 己殺之，所殺猶寡。 使人殺之，則所殺者衆矣。 故使人殺之甚於己殺之也。 使人殺之，謂以虐政殺之也。 以虐政殺之者，謂天下之人無生路可趨也。 故虐政甚於白刃也。 又況既以虐政殺之，而又加之以白刃殺之耶？ 于是時也，天下之生靈墜于塗炭可知之矣。

秦二世，萬乘也，求爲黔首而不能得。 漢劉季，匹夫也，免爲元首而不能已。 萬乘與匹夫，相去有間矣。 然而有時而代之者，謂其天下之利害有所懸之耳。

利民則匹夫可以爲元首，害民則元首欲爲匹夫而不能。 利害之間如此，可不畏哉，可不慎哉。

天之道，非禍萬乘而福匹夫也，謂其禍無道而福有道也。 人之情，非去萬乘而就匹夫也，謂其去無道而就有道也。 萬乘與匹夫，相去有間矣。 然而有時而代之者，謂其直以天下之利害有所懸之耳。

天之禍福，視民之去就。民之去就，視君之仁與不仁。君之仁與不仁，在乎利民害民而已。利民則天降之福，害民則天降之禍。人君始于利民害民，而天之禍福卒及其身，及其子孫。可不畏哉，可不慎哉。

日既没矣，月既望矣，星不能不希矣。非星之希，是星難乎其爲光矣。能爲其光者，不亦希乎？漢、唐既創業矣，吕、武既擅權矣，臣不能不希矣。非臣之希，是臣難乎其爲忠矣。能爲其忠者，不亦希乎？

忠臣之節見於危難，故曰「不亦希乎」。

是知任天下事易，死天下事難。死天下事易，成天下事難。苟成之，又何計乎死與生也。如其不成，雖死奚益？況其有正與不正者乎？與其死于不正，孰若生于正？與其生于不正，孰若死于正？在乎忠與智者之一擇焉。死固可惜，貴乎成天下之事也。如其敗天下之事，一死奚以塞責？生固可愛，貴乎成天下之事也。如其敗天下之事，一生何以收功？

任天下之事，易於死天下之事。死天下之事，易於成天下之事。故聖人貴成天下之事而不計乎死與生也。生而敗天下之事，生以奚益。死而不能成天下之事，死以奚益。生也，死也，君子未嘗有所擇。所擇者，正與不正而已。不正而死，不若正而生。不正而生，不若正而死。「君子無求生以害仁」，不貴乎苟生以敗天下之事也。「有殺身以成仁」，貴乎成天下之事而死之以正也。至于死，則非君子之所得已。不得已而死，死而能有所成，則死猶生也，故君子必死之。雖然，唯聖人無死地。無死地者，不獨能知幾，而又且見于未萌也。所以能見於未萌者，以明乎理故也。如舜不爲象所害，孔子不爲匡人、桓魋所殺是也。凡能爲人所害所殺者，謂之仁謂之難則可，不可以謂之聖也。然聖人非臨難苟免，蓋不至于苟免之地也。苟不能見於未萌，不幸而至于難，權輕重而義有所在，死其所當死，亦聖人之所許也。若子路之死於蒯聵，可以死可以無死，死傷勇者也。故孔子謂：「柴也其來乎？由也其死矣。」孔子不以柴之來爲非，則知由之死未爲是也。方子路之未死，孔子已謂：「若由也，不得其死然。」則知子路之死，聖人之所不取也。「子畏於匡，顔淵後。孔子曰：『吾以女爲死矣。』顔淵曰：『子在，回何敢死。』」使孔子死於匡，則顔淵必死之矣。若顔淵，可謂知所事，知所死矣。後世之人不明義理，不擇所事，而死於其難者，有之矣，是特犬馬之忠而已。比之賣主以爲利者固有間，然皆不得其死者也。嗚呼！君子之出處，所與所事，實死生之所繫，可不擇哉！

噫！能成天下之事，又能不失其正而生者，非漢之留侯、唐之梁公而何？微斯二人，則漢、唐之祚或幾乎移矣，豈若虛生虛死者焉？夫虛生虛死者，譬之蕭艾，忠于智者不由乎

其間矣。❶

留侯、梁公於漢、唐，其功大矣。古之成大事者，不務爲區區之小忠以投人之耳目，志於遠者大者而已。

觀物内篇之九

仲尼曰：「善人爲邦百年，亦可以勝殘去殺。」誠哉是言也。自極亂至于極治，必三變矣。變極亂爲極治，亦必有漸，故必至于三變也。

三皇之法無殺，五伯之法無生。伯一變至于王矣，王一變至于帝矣，帝一變至于皇矣。其于生也，非百年而何？

古者謂三十年爲一世。天時、人事更一世則變。變極治而爲極亂，變極亂而爲極治，皆有漸次。世變至于三，則幾百年也。

是知三皇之世如春，五帝之世如夏，三王之世如秋，五伯之世如冬。如春，温如也。如夏，燠如也。如秋，凄如也。如冬，洌如也。

❶「于」，文淵閣四庫全書本《皇極經世書》作「與」，宜從。

皇、帝、王、伯，春、夏、秋、冬，其時如此。温、燠、凄、冽，其變如此。春夏秋冬者，昊天之時也。《易》《書》《詩》《春秋》者，聖人之經也。天時不差，則歲功成矣。聖經不忒，則君德成矣。

天時聖經，其道一也。歲功君德，由此而成也。

天有常時，聖有常經。行之正，則正矣。行之邪，則邪矣。邪正之間有道在焉，行之正則謂之正道，行之邪則謂之邪道。邪正由人乎，由天乎。

君子則正，小人則邪。邪正在人，而所以使邪正之得行則在天，故曰：「由人乎，由天乎。」君子、小人，正道、邪道，猶天之有消息盈虚，消息盈虚莫非天也。雖曰天，亦由乎人也。故聖人獨責於人，盡人事而後可以言天也。苟一切歸之於天，則人事廢矣。是猶未嘗播種耕耘而罪歲者也。

天由道而生，地由道而成。物由道而形，人由道而行。天地人物則異也，其于由道一也。嘗謂萬物莫不由之之謂道。天地人物，皆由乎道者也。

夫道也者，道也。道無形，行之則見于事矣。如道路之道，坦然使千億萬年行之，人知其歸者也。

道無形跡，故名之曰道，以謂如道路之道。名之曰道，則已在乎形跡之間矣。然則道果何在乎？《易》曰："一陰一陽之謂道。"孟子曰："萬物莫不由之之謂道。"又曰："道若大路然。"使天下之人由此而求之也。聖人語道止可至此，在學者潛心焉。既由乎道，則知所歸矣。

或曰：君子道長，則小人道消。君子道消，則小人道長。長者是，則消者非也。消者是，則長者非也。何以知正道、邪道之然乎？吁！賊夫人之論也。有君子之道，有小人之道。君子、小人之進退，猶陰陽之消長也。一陰一陽，一消一長，天之道也。然聖人未嘗不助陽而抑陰，進君子而退小人。蓋陽之與君子，助而進之猶不足。陰之與小人，抑而退之猶不能。人事不可以不盡，人事既盡，其成敗則繫乎天，非人力之所及也。故治亂，天也。君子不謂之天，有人事存焉故也。

不曰君行君事，臣行臣事，父行父事，子行子事，夫行夫事，妻行妻事，君子行君子事，小人行小人事，中國行中國事，夷狄行夷狄事，謂之正道；君行臣事，臣行君事，父行子事，子行父事，夫行妻事，妻行夫事，君子行小人事，小人行君子事，中國行夷狄事，夷狄行中國事，謂之邪道。

君行君事，臣行臣事，父行父事，子行子事，夫行夫事，妻行妻事，君子行君子事，小人行小人事，中國行中國事，夷狄行夷狄事，則上下各得其所而天下治矣，故謂之正道。反此則亂矣，故謂之邪道。

至于三代之世治，未有不治人倫之爲道也。三代之世亂，未有不亂人倫之爲道也。後世之慕三代之治世者，未有不正人倫者也。後世之慕三代之亂世者，未有不亂人倫者也。所以謂之人倫者，尊卑上下皆得其理而已。得其理則治，失其理則亂。治則興，亂則亡，自古皆然也。嗚呼！人倫不明而欲治天下，其可得乎？堯以是傳之舜，舜以是傳之禹。三代之聖君，莫不由此以治天下。孔、孟莫不以此垂教於萬世。「楊氏爲我，是無君也。墨氏兼愛，是無父也。無父無君，是禽獸也。」爲我、兼愛，豈不美哉？其弊則至於無父無君，爲天下之害也大矣。

自三代而下，漢、唐爲盛，未始不由治而興，亂而亡，況其不盛于漢唐者乎？三代之盛王皆由明人倫而興，其後世皆由廢人倫而亡。漢、唐不逮三代之盛，其興也亦莫不由此而興，其亡也亦莫不由此而亡。如唐之太宗，人倫已不甚明矣，故其後世數致禍亂。嗚呼。有天下者，人之大倫，其可廢乎？捨是則與禽獸夷狄奚擇。夷狄之相殘，禽獸之相食，以無人倫故也。

其興也，又未始不由君道盛，父道盛，夫道盛，君子之道盛，中國之道盛；其亡也，又未始不由臣道盛，子道盛，妻道盛，小人之道盛，夷狄之道盛。

臣不尊君，子不順父，妻不從夫，夷狄之淩中國，小人之勝君子，皆亂之道也。噫，二道對行，何故治世少而亂世多邪，君子少而小人多邪？曰：豈不知陽一而陰二乎？亂世多而治世少，小人多而君子少，由天之陰陽。陽數奇而陰數耦，陰常多於陽而陽常少於陰，故君子之進也常難而退也常易，小人之進也常易而退也常難，理如是也。天地尚由是道而生，況其人與物乎？人者，物之至靈者也。物之靈未若人之靈，尚由是道而生，又況人靈于物者乎。是知人亦物也，以其至靈，故特謂之人也。

天地人物皆由道而生。人，靈於物者也。靈於物，故能宰萬物。

觀物内篇之十

日經天之元，月經天之會，星經天之運，辰經天之世。以日經日，則元之元可知之矣。以日經月，則元之會可知之矣。以日經星，則元之運可知之矣。以日經辰，則元之世可知之矣。以月經日，則會之元可知之矣。以月經月，則會之會可知之矣。以月經星，則會之運可知之矣。以月經辰，則會之世可知之矣。以星經日，則運之元可知之矣。以星經月，則運之會可知之矣。以星經星，則運之運可知之矣。以星經辰，則運之世可知之矣。以辰經日，則世之元可知之矣。以辰經月，則世之會可知之矣。以辰經星，則世之運可知之矣。以辰經辰，則世之世可知之矣。

《皇極經世》則日月星辰、元會運世以相經，而皆有數存焉。元之元一，元之會十二，元之運三百六十，元之世四千三百二十。會之元十二，會之會一百四十四，會之運四千三百二十，會之世五萬一千八百四十。演運之元三百六十，運之會四千三百二十，運之運一十二萬九千六百，運之世一百五十五萬五千二百。世之元四千三百二十，世之會五萬一千八百四十，世之運一百五十五萬五千二百，世之世一千八百六十六萬二千四百。

以日經日爲元之元，其數一，日之數一故也。以日經月爲元之會，其數十二，月之數十二故也。以日經星爲元之運，其數三百六十，星之數三百六十故也。以日經辰爲元之世，其數四千三百二十，辰之數四千三百二十故也。則是日爲元，月爲會，星爲運，辰爲世，此《皇極經世》一元之數也。一元象一年，十二會象十二月，三百六十運象三百六十日，四千三百二十世象四千三百二十時也。蓋一年有十二月，三百六十日，四千三百二十時故也。《經世》一元十二會，三百六十運，四千三百二十世。一世三十年，是爲一十二萬九千六百年，是爲《皇極經世》一元之數。一元在大化之間，猶一年也。自元之元更相變而至于辰之元，自元之辰更相變而至于辰之辰，而後數窮矣。窮則變，變則生，生而不窮也。《皇極經世》但著一元之數，使人引而伸之，可至于終而復始也。其法皆以十二、三十相乘。十二、三十，日月之數也。其數見于前，此不復詳。其消息盈虧之説不著于書，使人求而得之，蓋藏諸用也。此《易》所謂天地之數也。

元之元，以春行春之時也。元之會，以春行夏之時也。元之運，以春行秋之時也。元之世，以春行冬之時也。會之元，以夏行春之時也。會之會，以夏行夏之時也。會之運，以夏行秋之時也。會之世，以夏行冬之時也。運之元，以秋行春之時也。運之會，以秋行夏之時也。運之運，以秋行秋之時也。運之世，以秋行冬之時也。世之元，以冬行春之時也。世之會，以冬行夏之時也。世之運，以冬行秋之時也。世之世，以冬行冬之時也。

春夏秋冬一歲之運，其變如此。在大運亦然，不過乎陰陽消長而已。

皇之皇，以道行道之事也。皇之帝，以道行德之事也。皇之王，以道行功之事也。皇之伯，以道行力之事也。帝之皇，以德行道之事也。帝之帝，以德行德之事也。帝之王，以德行功之事也。帝之伯，以德行力之事也。王之皇，以功行道之事也。王之帝，以功行德之事也。王之王，以功行功之事也。王之伯，以功行力之事也。伯之皇，以力行道之事也。伯之帝，以力行德之事也。伯之王，以力行功之事也。伯之伯，以力行力之事也。

皇帝王伯一世之事，其道如此。在萬世亦然，不過乎因革而已。

時有消長，事有因革，非聖人無以盡之。所以仲尼曰：「可與共學，未可與適道。可與適道，未可與立。可與立，未可與權。」是知千萬世之時，千萬世之經，豈可畫地而輕言哉。

時有消長，事有因革。消長之有變，因革之有權。千萬世之時，千萬世之事，非變非權，其孰能盡之。能盡權變者，其惟聖人乎。賢人則猶有所未盡也。小人而曰權變，則詐而已矣。

三皇，春也。五帝，夏也。三王，秋也。五伯，冬也。七國，冬之餘冽也。漢王而不足，晉伯而有餘。三國，伯之雄者也。十六國，伯之叢者也。南五代，伯之借乘也。北五朝，伯之傳舍也。隋，晉之子也。唐，漢之弟也。隋季諸郡之伯，江漢之餘波也。唐季諸鎮之伯，日月之餘光也。後五代之伯，日未出之星也。

三皇不言而化，故於時爲春。五帝典章備矣，故於時爲夏。三王法度成矣，故於時爲秋。五伯刑殺尚矣，故於時爲冬。得時之正者，皇、帝、王、伯而已。漢雜乎伯，故王而不足。晉劣於漢，故伯而有餘。三國，伯之盛强者也。自十六國至于南、北朝，皆不足乎伯者也。隋方之於晉，猶父子也。唐方之於漢，猶兄弟也。皆不足于王而雜乎伯者也。隋季諸郡，唐季諸鎮，及乎五季，皆不足道也。故曰「江漢之餘波」，「日月之餘光」，「日未出之星也」。

自帝堯至于今，上下三千餘年，前後百有餘世。《書》、傳可明紀者，四海之内，九州之間，或合或離，或治或隳，或强或羸，或唱或隨，未始有兼世而能一其風俗者。吁！古者謂三十年爲一世，豈徒然哉。俟化之必洽，教之必浹，民之情始可以一變矣。苟有命世之人，繼世而興焉，則雖民如夷狄，三變而帝道可舉。惜乎時無百年之世，世無百年之人。比其有代，則賢之與不肖，何止于相半也。時之難，不其然乎！人之難，不其然乎！

上論歷代之治，此又論治世少，亂世多。蓋自堯、舜以來，一治一亂，興廢之間，不過一二世，而其風已衰矣。自極亂而至極治，俟化之必洽，教之必浹，天下始一變矣。古者謂三十年爲一世，不獨天時之變如此，在人事一變，亦非三十年則不可。苟有命世之人繼世而興，雖民如夷狄，三變而帝道可舉。三變則百年矣，故必百年而後功成治定也。然時無百年之世，世無百年之人。比其有代，子孫又未必皆賢，而不克嗣述者多矣。時之難如此，人之難又如此，則治世所以少，而亂世所以多也。

觀物内篇之十一

太陽之體數十，太陰之體數十二。少陽之體數十，少陰之體數十二。少剛之體數十，少柔之體數十二。太剛之體數十，太柔之體數十二。進太陽、少陽、太剛、少剛之體數，退太陰、少陰、太柔、少柔之體數，是謂太陽、少陽、太剛、少剛之用數。進太陰、少陰、太柔、少柔之體數，退太陽、少陽、太剛、少剛之體數，是謂太陰、少陰、太柔、少柔之用數。太陽、少陽、太剛、少剛之體數一百六十，太陰、少陰、太柔、少柔之體數一百九十二。太陽、少陽、太剛、少剛之用數一百一十二，太陰、少陰、太柔、少柔之用數一百五十二。以太陽、少陽、太剛、少剛之用數唱太陰、少陰、太柔、少柔之用數，是謂日、月、星、辰之變數。以太陰、少陰、太柔、少柔之用數，和太陽、少陽、太剛、少剛之用數，是謂水、火、土、石之化數。日、月、星、辰之變數一萬七千二十四，謂之動數。水、火、土、石之化數一萬七千二十四，謂之植數。再唱，和日月星辰、水火土石之變、化通數二萬八千九百八十一萬六千五百七十六，謂之動植通數。

日爲太陽，其數十。月爲太陰，其數十二。星爲少陽，其數十。辰爲少陰，其數十二。石爲少剛，其數十。土爲少柔，其數十二。火爲太剛，其數十。水爲太柔，其數十二。太陽、少陽、太剛、少剛之本數四十，太陰、少陰、太柔、少柔之本數四十有八。以四因四十，得一百六十；以四因四十八，得一百九十二，是謂太陽、少陽、太陰、少陰、太剛、少剛、太柔、少柔之體數。一百六十數之内退四十八，得一百一十二；一百九十二數内退四十，得一百五十二，是謂太陽、少陽、太陰、少陰、太剛、少剛、太柔、少柔之用數也。陰陽剛柔互相進退，去其體數而所存者謂之用數。陰陽剛柔所以相進退者，陽中有陰，陰中有陽，剛中有柔，柔中有剛，天地交際之道也。以一百一十二因一百五十二，得一萬七千二十四，謂之水火土石之化數。以一百五十二因一百一十二，得一萬七千二十四，謂之日月星辰之變數。變數謂之動數，化數謂之植數。以一萬七千二十四因一萬七千二十四，得二萬八千九百八十一萬六千五百七十六，是謂動植之通數。此《易》所謂萬物之數也。或曰：經世之數與大衍之數不同，何也？曰：《易》用九、六，《經世》用十、十二。用十、十二，用極數也。十去其一則九矣，十二分而爲二則六矣。故日陽也，止于十。月陰也，止于十二。此之謂極數。大衍、經世皆本於四，四者，四象之數也。故大衍四，四因九得三十六，是爲乾一爻之策數。四因六得二十四，是爲坤一爻之策數。六因三十六得二百一十有六，是爲乾一卦之策數。六因二十四得百四十有四，是爲坤一卦之策數。乾、坤之策，凡三百六十也。三十二因二百一十六得六千九百一十有二，是爲三十二陽卦之策數。三十二因百四十有四得四千六百有八，是爲三十二陰卦之策數。合二篇之策，凡萬有一千五百二十也。如《太玄》之數則用三數。聖賢立法不同，其所以爲數則一也。

日月星辰者，變乎暑寒晝夜者也。水火土石者，化乎雨風露雷者也。暑寒晝夜者，變乎性情形體者也。雨風露雷者，化乎走飛草木者也。暑變飛走木草之性，寒變飛走木草之情，晝變飛走木草之形，夜變飛走木草之體。雨化性情形體之走，風化性情形體之飛，露化性情形體之草，雷化性情形體之木。

有日月星辰則有暑寒晝夜，蓋日爲暑，月爲寒，星爲晝，辰爲夜也。有水火土石則有雨風露雷，蓋水爲雨，火爲風，土爲露，石爲雷也。有暑寒晝夜則有性情形體，蓋暑變物之性，寒變物之情，晝變物之形，夜變物之體也。有雨風露雷則有飛走木草，蓋雨化物之走，風化物之飛，露化物之草，雷化物之木也。暑寒晝夜、雨風露雷又相交感而變化焉，此萬物之所以生也。

性情形體者，本乎天者也。飛走木草者，本乎地者也。本乎天者，分陰分陽之謂也。本乎地者，分柔分剛之謂也。夫分陰分陽，分柔分剛者，天地萬物之謂也。備天地萬物者，人之謂也。

天地陰陽，萬物由之以生。人備天地萬物而靈于萬物者也。

觀物内篇之十二

有日日之物者也，有日月之物者也，有日星之物者也，有日辰之物者也。有月日之物者也，有月月之物者也，有月星之物者也，有月辰之物者也。有星日之物者也，有星月之物者也，有星星之物者也，有星辰之物者也。有辰日之物者也，有辰月之物者也，有辰星之物者也，有辰辰之物者也。

日日之物，太陽之太陽者也。日月之物，太陽之太陰者也。日星之物，太陽之少陽者也。日辰之物，太陽之少陰者也。月日之物，太陰之太陽者也。月月之物，太陰之太陰者也。月星之物，太陰之少陽者也。月辰之物，太陰之少陰者也。星日之物，少陽之太陽者也。星月之物，少陽之太陰者也。星星之物，少陽之少陽者也。星辰之物，少陽之少陰者也。辰日之物，少陰之太陽者也。辰月之物，少陰之太陰者也。辰星之物，少陰之少陽者也。辰辰之物，少陰之少陰者也。物之感化如此。

日日物者，飛飛也。日月物者，飛走也。日星物者，飛木也。日辰物者，飛草也。月日物者，走飛也。月月物者，走走也。月星物者，走木也。月辰物者，走草也。星日物者，木飛也。星月物者，木走也。星星物者，木木也。星辰物者，木草也。辰日物者，草飛也。辰月物者，草走也。辰星物者，草木也。辰辰物者，草草也。

飛飛者，飛之捷者也。飛走者，飛而走者也。飛木者，飛而類乎木者也。飛草者，飛而類乎草者也。走飛者，走而飛者也。走走者，走而走者也。走木者，走而類乎木者也。走草者，走而類乎草者也。木飛者，木之類乎飛者也。木走者，木之類乎走者也。木木者，木之木者也。木草者，木之類乎草者也。草飛者，草之類乎飛者也。草走者，草之類乎走者也。草木者，草之類乎木者也。草草者，草之草者也。物之氣類如此。

有皇皇之民者也，有皇帝之民者也，有皇王之民者也，有皇伯之民者也。有帝皇之民者也，有帝帝之民者也，有帝王之民者也，有帝伯之民者也。有王皇之民者也，有王帝之民者也，有王王之民者也，有王伯之民者也。有伯皇之民者也，有伯帝之民者也，有伯王之民者也，有伯伯之民者也。

無爲之謂皇，尚德之謂帝，尚功之謂王，尚力之謂伯。皇皇之民者，皇之皇者也。皇帝之民者，皇之帝者也。皇王之民者，皇之王者也。皇伯之民者，皇之伯者也。帝皇之民者，帝之皇者也。帝帝之民者，帝之帝者也。帝王之民者，帝之王者也。帝伯之民者，帝之伯者也。王皇之民者，王之皇者也。王帝之民者，王之帝者也。王王之民者，王之王者也。王伯之民者，王之伯者也。伯皇之民者，伯之皇者也。伯帝之民者，伯之帝者也。伯王之民者，伯之王者也。伯伯之民者，伯之伯者也。均爲皇也，均爲帝也，均爲王也，均爲伯也，其世變污隆不同如此。

皇皇民者，士士也。皇帝民者，士農也。皇王民者，士工也。皇伯民者，士商也。帝皇民者，農士也。帝帝民者，農農也。帝王民者，農工也。帝伯民者，農商也。王皇民者，工士也。王帝民者，工農也。王王民者，工工也。王伯民者，工商也。伯皇民者，商士也。伯帝民者，商農也。伯王民者，商工也。伯伯民者，商商也。

由道之謂士，務本之謂農，興作之謂工，趨利之謂商。皇、帝、王、伯世變不同如此，故士、農、工、商，民俗之澆淳不同如此。

飛飛物者，性性也。飛走物者，性情也。飛木物者，性形也。飛草物者，性體也。走飛物者，情性也。走走物者，情情也。走木物者，情形也。走草物者，情體也。木飛物者，形性也。木走物者，形情也。木木物者，形形也。木草物者，形體也。草飛物者，體性也。草走物者，體情也。草木物者，體形也。草草物者，體體也。

性、情、形、體有同異，所以物之有氣類也。

士士民者，仁仁也。士農民者，仁禮也。士工民者，仁義也。士商民者，仁智也。農士民者，禮仁也。農農民者，禮禮也。農工民者，禮義也。農商民者，禮智也。工士民者，義仁也。工農民者，義禮也。工工民者，義義也。工商民者，義智也。商士民者，智仁也。商農民者，智禮也。商工民者，智義也。商商民者，智智也。

仁、義、禮、智有等差，民俗之所以不同也。

飛飛之物一之一，飛走之物一之十，飛木之物一之百，飛草之物一之千。走飛之物十之一，走走之物十之十，走木之物十之百，走草之物十之千。木飛之物百之一，木走之物百之十，木木之物百之百，木草之物百之千。草飛之物千之一，草走之物千之十，草木之物千之百，草草之物千之千。

飛飛之物一之一，謂爲一物而兼兆物者也。自此各有等差，以至於草草之物，物之極細者也，故爲千之千。物之巨細如此。

士士之民一之一，士農之民一之十，士工之民一之百，士商之民一之千。農士之民十之一，農農之民十之十，農工之民十之百，農商之民十之千。工士之民百之一，工農之民百之十，工工之民百之百，工商之民百之千。商士之民千之一，商農之民千之十，商工之民千之百，商商之民千之千。

士士之民一之一，謂爲一人而兼兆人者也。自此各有等差，以至於商商之民，民之極細者也。故爲千之千，人之賢愚如此。

一一之飛當兆物，一十之飛當億物，一百之飛當萬物，一千之飛當千物。十一之走當億物，十十之走當萬物，十百之走當千物，十千之走當百物。百一之木當萬物，百十之木當千物，百百之木當百物，百千之木當十物。千一之草當千物，千十之草當百物，千百之草當十物，千千之草當一物。

此物之所以有巨細也。

一一之士當兆民，一十之士當億民，一百之士當萬民，一千之士當千民。十一之農當億民，❶十十之農當萬民，十百之農當千民，十千之農當百民。百一之工當萬民，百十之工當千民，百百之工當百民，百千之工當十民。千一之商當千民，千十之商當百民，千百之商當十民，千千之商當一民。

此人之所以有賢愚也。

爲一一之物能當兆物者，非巨物而何。爲一一之民能當兆民者，非巨民而何。爲千千之物能分一物者，非細物而何。爲千千之民能分一民者，非細民而何。

爲一一之物能當兆物者，謂以一物而可以兼兆物，物之至者也。爲一一之民能當兆民者，謂以一民而可以兼兆民，人之至者也。爲千千之物而分一物者，物之細者也。爲千千之民而分一民者，人之細者也。

固知物有大小，民有賢愚。移昊天生兆物之德而生兆民，則豈不謂至神者乎？移昊天養兆物之功而養兆民，則豈不謂至聖者乎？吾而今而後知踐跡爲大，非大聖大神之人，豈有

❶「十一」，原互乙，今據重修本乙正。

不負於天地者矣。

物有巨細，民有賢愚，皆由所稟而然。萬物各得天地之一端，萬物之中，復有巨細。人能兼萬物而亦有賢愚之異，猶物之有巨細也。聖人則既兼兆物矣，又能兼兆民。非獨兼人兼物也，又能兼天地。能兼天地，故能彌綸天地。能兼兆物，故能曲成萬物。能兼兆民，故能通天下之志。此所以能生兆物，養兆民也。人之一身，實具天地萬物。唯聖人則能反身而誠，踐而履之。如是，則不負于天地矣。

夫所以謂之觀物者，非以目觀之也。非觀之以目而觀之以心也，非觀之以心而觀之以理也。

以目觀物，見物之形。以心觀物，見物之情。以理觀物，盡物之性。

天下之物莫不有理焉，莫不有性焉，莫不有命焉。所以謂之理者，窮之而後可知也。所以謂之性者，盡之而後可知也。所以謂之命者，至之而後可知也。此三知者，天下之真知也。雖聖人無以過之也，而過之者非所以謂之聖人也。

窮理盡性以至于命，是謂真知。聖人亦不過如是而已矣。

夫鑑之所以能爲明者，謂其能不隱萬物之形也。雖然，鑑之能不隱萬物之形，未若水之能一萬物之形也。雖然，水之能一萬物之形，又未若聖人能一萬物之情也。聖人之所以能一萬物之情者，謂其聖人之能反觀也。

鑑以金爲之，工出人手，鎔冶模範有所不同，則其明之照物有時乎差矣，故不若水之爲明，出於自然也。水能照表，不能照裏，微風過之，清明動於上，重濁亂于下，則不得大形之正矣，故不若聖人之明也。聖人之明，表裏洞照，幽明必燭，天下之物無出之者，以其能反觀也。能反觀者，以萬物皆備於我，自我而觀之也。自我而觀物，則能物物而不物於物。不物於物，故能以物觀物。能以物觀物者，能無我故也。

所以謂之反觀者，不以我觀物也。不以我觀物者，以物觀物之謂也。既能以物觀物，又安有我於其間哉？

能明乎理，則能反觀。能反觀，則能無我。不以我觀物者，能無我故也。爲天下之害者莫大乎有我，有我則無自而可矣。世之人所以至於以是爲非，以非爲是，以善爲惡，以惡爲善，以治爲亂，以亂爲治，以君子爲小人，以小人爲君子，顛倒錯亂無所不至者，皆以「我」爲之蔽也。故君子之患在蔽於我，衆人之患在蔽於物。蔽於我蔽於物，君子衆人雖不同，其害道一也。

是知我亦人也，人亦我也。我與人皆物也。

人之生也，同乎天地。我之與人，人之與物，本乎一道。故聖人盡己之性以盡人之性，盡人之性以盡物之性；親親而仁民，仁民而愛物；老吾老以及人之老，幼吾幼以及人之幼。其趨利避害，好生惡死之心，我之與人，人之與物，未嘗異也。一有我於其間，則責於己無所不恕，責於人無所不備；施於己無所不厚，施於人無所不薄。推是心以往，則無所不至，是皆聖人之罪人也。

此所以能用天下之目爲己之目，其目無所不觀矣。用天下之耳爲己之耳，其耳無所不聽矣。用天下之口爲己之口，其口無所不言矣。用天下之心爲己之心，其心無所不謀矣。夫天下之觀，其于見也不亦廣乎。天下之聽，其于聞也不亦遠乎。天下之言，其于論也不亦高乎。天下之謀，其于樂也不亦大乎。

聖人能同乎天。能同乎天，故能同乎人。能同乎人，故能用天下之目爲己之目，天下之耳爲己之耳，天下之口爲己之口，天下之心爲己之心。孟子曰大舜善與人同，所以能明四目，達四聰，蓋由斯道也。

夫其見至廣，其聞至遠，其論至高，其樂至大。能爲至廣、至遠、至高、至大之事而中無一爲焉，豈不謂至神至聖者乎？非唯吾謂之至神至聖者乎，而天下謂之至神至聖者乎。非唯一時之天下謂之至神至聖者乎，而千萬世之天下謂之至神至聖者乎。過此以往，未之或知也已。

此篇明觀物之大旨。所以謂之觀物者，天地亦物也，而況於己乎。己亦物矣，而況於人乎。人亦物矣，而況於物乎。夫天地人物至于一己皆同乎物矣，然後能觀物。觀物之旨，不亦深乎！天地之大，有生之類，皆物也。物皆有理，自非有道者，其孰能觀之哉。所以謂之觀物者，非以目觀之，而觀之以心也。非觀之以心，而觀之以理也。以目觀物者，見於前而忘其後，得於近而遺於遠，烏足以盡天下之物哉。以心觀物者，有所忿懥則不得其正，有所恐懼則不得其正，有所好樂則不得其正，有所憂患則不得其正，烏足以盡天下之物哉。以理觀物，則是是非非，善善惡惡，無遠無近，無前無後，無得而逃於吾之所觀矣。無得而逃於吾之所觀，則天下之理皆得矣。天下之理皆得，所以能窮理盡性以至於命也。理者窮之而後知，性者盡之而後知，命者至之而後知。此三知者，聖人之真知也。知是三者，則其於天下之事何所不知矣。夫鑑之能不隱萬物之形，不若水之能一萬物之形。水之能一萬物之形，不若聖人之能一萬物之情。聖人之能一萬物之情，以其能反觀也。所以謂之反觀者，不以我觀物也。不以我觀物者，以物觀物之謂也。如是，則以身觀身，以家觀家，以國觀國，以天下觀天下，亦從而可知矣。且我亦人也，則烏有所謂我哉？我與人皆物也，則烏有所謂物哉？無物無人無我矣，然後能用天下之目爲己之目，用天下之耳爲己之耳，用天下之口爲己之口，用天下之心爲己之心。能合天下之耳、目、心、口，其於聞、見、謀、論，不亦廣、大、高、遠乎？ 唯其用天下聞見謀論以爲聞見謀論，則夫何爲哉，無爲而已矣。 故曰：「能爲至廣、至遠、至高、至大之事而中無一爲焉，豈不謂至神至聖者乎？」如是，則天下之能事畢矣。 故曰：「過此以往，未之或知也。」

性理大全書卷之十一

皇極經世書五

觀物外篇上

邵伯温曰：康節先君既捐館，門弟子記其平生之言，合二卷。雖以次筆授，不能無小失，然足以發明成書者爲多，故名之曰《觀物外篇》。〇張氏㟤曰：先生《觀物》有内外篇。内篇，先生所著之書也。外篇，門弟子所記先生之言也。内篇理深而數略，外篇數詳而理顯。學先天者，當自外篇始。

天數五，地數五，合而爲十，數之全也。天以一而變四，地以一而變四，四者有體也，而其一者無體也。是謂有無之極也。天之體數四而用者三，不用者一也。地之體數四而用者三，不用者一也。是故無體之一，以況自然也。不用之一，以況道也。用之者三，以況天地人也。

體者八變，用者六變，是以八卦之象，不易者四，反易者二，以六卦變而成八也。重卦之象不易者八，反易者二十八，以三十六變而成六十四也。故爻止于六，卦盡于八，策窮于三十六，而重卦極于六十四也。卦成于八，重于六十四。爻成于六，策窮于三十六，而重于三百八十四也。

天有四時，一時四月，一月四十日。四四十六而各去其一，是以一時三月，一月三十日也。四時，體數也。三月、三十日，用數也。體雖具四而其一常不用也，故用者止于三而極于九也。體數常偶，故有四，有十二。用數常奇，故有三，有九。大數不足而小數常盈者，何也，以其大者不可見而小者可見也。故時止乎四，月止乎三，而日盈乎十也。是以人之支體有四而指有十也。

天見乎南而潛乎北，極于六而餘于七，是以人知其前，昧其後，而略其左右也。

天體數四而用三，地體數四而用三。天尅地，地尅天，而尅者在地，猶晝之餘分在夜也。是以天三而地四。天有三辰，地有四行也。然地之大且見且隱，其餘分之謂耶？

天有二正，地有二正，而共用二變以成八卦也。天有四正，地有四正，共用二十八變以成六十四卦也。是以小成之卦正者四，變者二，共六卦也。大成之卦正者八，變者二十八，共三十六卦也。乾、坤、離、坎爲三十六卦之祖也，兑、震、巽、艮爲二十八卦之祖也。

乾七子，兑六子，離五子，震四子，巽三子，坎二子，艮一子。坤全陰，故無子。乾七子，坤六子，兑五子，艮四子，離三子，坎二子，震一子。巽剛，故無子。

乾、坤七變，是以晝夜之極不過七分也。兑、艮六變，是以月止于六，共爲十二也。離、坎五變，是以日止于五，共爲十也。震、巽四變，是以體止于四，共爲八也。

卦之正變共三十六，而爻又有二百一十六，則用數之策也。三十六去四，則三十二也，又去四，則二十八也，又去四，則二十四也。故卦數三十二位，去四而言之也。天數二十八位，去八而言之也。地數二十四位，去十二而言之也。四者，乾、坤、離、坎也。八者，并頤、孚、大小過也。十二者，兑、震、泰、既濟也。

日有八位而用止于七，去乾而言之也。月有八位用止于六，去兑而言之也。星有八位用止于五，去離而言之也。辰有八位用止于四，去震而言之也。

日有八位而數止于七，去泰而言之。

月自兑起者，月不能及日之數也。故十二月常餘十二日也。

陽無十，故不足于後。陰無一，故不足于首。

乾，陽中陽，不可變，故一年止舉十二月也。震，陰中陰，不可變，故一日止十二時不可見也。兑，陽中陰；離，陰中陽，皆可變，故日月之數可分也。是陰數以十二起，陽數以三十起，常存二六也。

舉年見月，舉月見日，舉日見時，陽統陰也。是天四變含地四變，日之變含月與星辰之變也。是以一卦含四卦也。

日一位，月一位，星一位，辰一位。日有四位，月有四位，星有四位，辰有四位，四四有十六位，此一變而日月之數窮矣。

天有四變，地有四變。變有長也，有消也。十有六變而天地之數窮矣。日起於一，月起於二，星起於三，辰起於四。引而伸之，陽數常六，陰數常二，而大小之運窮。

三百六十變爲十二萬九千六百，十二萬九千六百變爲一百六十七億九千六百一十六萬，一百六十七億九千六百一十六萬變爲二萬八千二百一十一兆九百九十萬七千四百五十六億。以三百六十爲時，以一十二萬九千六百爲日，以一百六十七億九千六百一十六萬爲月，以二萬八千二百一十一兆九百九十萬七千四百五十六億爲年，則大小運之數立矣。二萬八千二百一十一兆九百九十萬七千四百五十六億分而爲十二，前六爲長，後六爲消，以當一年十二月之數而進退三百六十日矣。一百六十七億九千六百一十六萬分而爲十以當一月三十日之數，❶隨大運之消長而進退六十日矣。十二萬九千六百分而爲十二以當一

❶「三」，原無，今據《皇極經世書》補。

日十二時之數，而進退六日矣。三百六十以當一時之數，隨小運之進退以當晝夜之時也。十六變之數去其交數，取其用數，得二萬八千二百一十一兆九百九十一萬七千四百五十六億。二萬八千二百一十一兆九百九十一萬七千四百五十六億分而爲十二限，前六限爲長，後六限爲消，每限得二十億九千九百六十八萬之一百六十七億九千六百一十六萬，每一百六十七億九千六百一十六萬年開一分，進六十日也。六限開六分，進三百六十日也。猶有餘分之一，故開七分進三百六十六日也。其退亦若是矣。十二萬九千六百去其三者，交數也。取其七者，用數也。用數三而成于六，加餘分故有七也。七之得九萬七百二十年，半之得四萬五千三百六十年，以進六日也。日有晝夜，數有朓朒，以成十有二日也。每三千六百年進一日，凡四萬三千二百年進十有二日也。餘二千一百六十年以進餘分之六，合交數之二千一百六十年，共進十有二分以爲閏也。故小運之變凡六十，而成三百六十有六日也。

乾爲一。乾之五爻分而爲大有，以當三百六十之數也。乾之四爻分而爲小畜，以當十二萬九千六百之數也。乾之三爻分而爲履，以當一百六十七億九千六百一十六萬之數也。乾之二爻分而爲同人，以當二萬八千二百一十一兆九百九十萬七千四百五十六億之數也。乾之初爻分而爲姤，以當七秭九千五百八十六萬六千一百一十垓九千九百四十六萬四千八京八千四百三十九萬一千九百三十六兆之數也。是謂分數也。分大爲小，皆自上而下，故以陽數當之。如一分爲十二，十二分爲三百六十也。

天統乎體，故八變而終于十六。地分乎用，故六變而終于十二。天起於一，而終于七秭九千五百八十六萬六千一百一十垓九千九百四十六萬四千八京八千四百三十九萬一千九百三十六兆。地起於十二，而終于二百四秭六千九百八十萬七千三百八十一垓五千四百九十一萬八千四百九十九兆七百二十萬億也。

一生二爲夬，當十二之數也。二生四爲大壯，當四千三百二十之數也。四生八爲泰，當五億五千九百八十七萬二千之數也。八生十六爲臨，當九百四十四兆三千六百九十萬六千九百一十五億二千萬之數也。十六生三十二爲復，當二千六百五十二萬八千八百七十垓三千六百六十四萬八千八百京二千九百四十七萬九千七百三十一兆二千萬億之數也。三十二生六十四爲坤，當無極之數也。是謂長數也。長小爲大，皆自下而上，故以陰數當之。

有地然後有二，有二然後有晝夜。二三以變，錯綜而成，故易以二而生，數以十二而變，而一非數也。非數而數以之成也。天行不息，未嘗有晝夜，人居地上以爲晝夜，故以地上之數爲人之用也。

天自臨以上，地自師以上，運數也。天自同人以下，地自剥以下，年數也。運數則在天者也，年數則在地者也。天自賁以上，地自艮以上，用數也。天自明夷以下，地自否以下，交數也。天自震以上，地自晉以上，有數也。天自益以下，地自豫以下，無數也。

天之有數，起乾而止震，餘入于無者，天辰不見也。地去一而起十二者，地火常潛也。故天以體爲基而常隱其基，地以用爲本而常藏其用也。一時止于三月，一月止于三十日，皆去其辰數也。是以八八之卦六十四而不變者八，可變者七。七八五十六，其義亦由此矣。

陽爻，晝數也。陰爻，夜數也。天地相銜，陰陽相交，故晝夜相離，剛柔相錯。春夏，陽也，故晝數多夜數少。秋冬，陰也，故晝數少夜數多。

體數之策三百八十四，去乾、坤、離、坎之策，爲用數三百六十。體數之用二百七十，去乾與離、坎之策，爲用數之用二百五十二也。體數之用二百七十，其一百五十六爲陽，一百一十四爲陰。去離之策，得一百五十二陽、一百一十二陰，爲實用之數也。蓋陽去離而用乾，陰去坤而用坎也。是以天之陽策一百一十二，去其陰也。地之陰策一百一十二，陽策四十，去其南北之陽也。極南大暑，極北大寒，物不能生，是以去之也。其四十，爲天之餘分也。陽侵陰，晝侵夜，是以在地也。合之爲一百五十二陽、一百一十二陰也。陽去乾之策，陰去坎之策，得一百四十四陽、一百八陰，爲用數之用也。陽三十六，三之爲一百八。陰三十六，三之爲一百八。三陽三陰，陰陽各半也。陽有餘分之一爲三十六，合之爲一百四十四陽、一百八陰也。故體數之用二百七十而實用者二百六十四，用數之用二百五十二也。卦有六十四而用止于三十六，爻有三百八十四而用止于二百一十有六也。六十四分而爲二百五十六，是以一卦去其初、上之爻亦二百五十六也。此生物之數也。故離、坎爲生物之主，以離四陽、坎四陰，故生物者必四也。陽一百一十二，陰一百一十二，去其離、坎之爻，則二百一十六也，陰陽之四十共爲二百五十六也。是以八卦用六爻，乾、坤主之也。六爻用四位，離、坎主之也。故天之昏曉不生物，而日中生物。地之南北不生物，而中央生物也。體數何爲者也，生物者也。用數何爲者也，運行者也。運行者天也，生物者地也。天以獨運，故以用數自相乘，而以用數之用爲生物之時也。地耦而生，故以體數之用陽乘陰，爲生物之數也。天數三，故六六而又六之，是以乾之策二百一十六。地數兩，故十二而十二之，是以坤之策百四十有四也。乾用九，故三其八爲二十四而九之，亦二百一十有六；兩其八爲十六而九之，亦百四十有四也。坤用六，故三其十二爲三十六而六之，亦二百一十有六也。兩其十二爲二十四而六之，亦百四十有四也。坤以十二之二十四，六之，六之，六之一與半爲乾之餘分，則乾得一百五十二，坤得一百八也。

陽四卦十二爻，八陽四陰。以三十六乘其陽，以二十四乘其陰，則三百八十四也。

卦之反對，皆六陽六陰也。在《易》則六陽六陰者十有二對也。去四正者，八陽四陰、八陰四陽者各六對也，十陽二陰、十陰二陽者各三對也。

體有三百八十四而用止于三百六十，何也？以乾、坤、坎、離之不用也。乾、坤、離、坎之不用，何也？乾坤離坎之不用，所以成三百六十之用也。故萬物變易而四者不變也。夫惟不變，是以能變也。用止于三百六十而有三百六十六，何也？數之贏也。數之贏則何用也？乾之全用也。乾、坤不用，則離、坎用半也。乾全用者何也？陽主贏也。乾、坤不用者何也？獨陽不生，專陰不成也。離、坎用半何也？離東坎西，當陰陽之半，爲春秋、晝夜之門也。或用乾，或用離、坎，何也？主陽而言之，故用乾也；主贏分而言之，則陽侵陰，晝侵夜，故用離、坎也。陽主贏，故乾全用也。陰主虛，故坤全不用也。陽侵陰，陰侵陽，故離、坎用半也。是以天之南全見，而北全不見，東西各半見也。離、坎陰陽之限也，故離當寅，坎當申。而數常踰之者，蓋陰陽之溢也。然用數不過乎寅，爻數不過乎申。或離當卯，坎當酉。乾四十八而四分之一分爲陰所尅，坤四十八而四分之一分爲所尅之陽也。故乾得三十六，而坤得十二也。陽主進，是以進之爲三百六十日。陰主消，是以十二月消十二日也。順數之，乾一，兑二，離三，震四，巽五，坎六，艮七，坤八。逆數之，震一，離、兑二，乾三，巽四，坎、艮五，坤六也。乾四十八，兑三十，離二十四，震十，坤十二，艮二十，坎三十六，巽四十。乾三十六，坤十二，離、兑、巽二十八，坎、艮、震二十。兑、離、巽宜更思之。

圓數有一，方數有二，奇耦之義也。六即一也。十二即二也。天圓而地方，圓之數起一而積六，方之數起一而積八，變之則起四而積十二也。六者常以六變，八者常以八變，而十二者亦以八變，自然之道也。八者，天地之體也。六者，天之用也。十二者，地之用也。天變方爲圓而常存其一，地分一爲四而常執其方。天變其體而不變其用也，地變其用而不變其體也。六者并其一而爲七，十二者并其四而爲十六也。陽主進，故天并其一而爲七；陰主退，故地去其四而止於十二也。是陽常存一而陰常晦一也。故天地之體止於八，而天之用極於七，地之用止于十二也。圓者刓方以爲用，故一變四，四去其一則三也。三變九，九去其三則六也。方者引圓以爲體，故一變三，并之四也。四變十二，并之十六也。故用數成於三而極於六，體數成於四而極於十六也。是以圓者徑一而圍三，起一而積六。方者分一而爲四，分四而爲十六。皆自然之道也。

一役二以生三，三去其一則二也。三生九，九去其一則八也。去其三則六也。故一役三，三復役二也。三役九，九復役八與六也。是以二生四，八生十六，六生十二也。三并一則爲四，九并三則爲十二，十二又并四則爲十六。故四以一爲本，三爲用。十二以三爲本，九爲用。十六以四爲本，十二爲用。更思之。

陽尊而神，尊故役物，神故藏用，是以道生天地萬物而不自見也。天地萬物亦取法乎道矣。

陽者道之用，陰者道之體。陽用陰，陰用陽。以陽爲用則尊陰，以陰爲用則尊陽也。陰幾於道，故以況道也。

六變而三十六矣，八變而成六十四矣，十二變而成三百八十四矣。六六而變之，八八六十四變而成三百八十四矣。八八而變之，七七四十九變而成三百八十四矣。

圓者六變。六六而進之，故六十變而三百六十矣。方者八變，故八八而成六十四矣。陽主進，是以進之爲六十也。

圓者，星也。曆紀之數，其肇於此乎？方者，土也。畫州井地之法，其倣於此乎？蓋圓者河圖之數，方者洛書之文，故羲、文因之而造《易》，禹、箕敘之而作《範》也。

蓍數不以六而以七，何也，并其餘分也。去其餘分則六，故策數三十六也。是以五十者，六十四卦閏歲之策也。其用四十有九，六十四卦一歲之策也。歸奇掛一，猶一歲之閏也。卦直去四者何也，天變而地効之。是以蓍去一則卦去四也。

圓者徑一圍三，重之則六。方者徑一圍四，重之則八也。

裁方而爲圓，天之所以運行。分大而爲小，地之所以生化。故天用六變，地用四變也。

一八爲九，裁爲七。八裁爲六，十六裁爲十二，二十四裁爲十八，三十二裁爲二十四，四十裁爲三十，四十八裁爲三十六，五十六裁爲四十二，六十四裁爲四十八也。一分爲四，八分爲三十二，十六分爲六十四，以至九十六分爲三百八十四也。

一生六，六生十二，十二生十八，十八生二十四，二十四生三十，三十生三十六。引而伸之，六十變而生三百六十矣。此運行之數也。四生十二，十二生二十，二十生二十八，二十八生三十六，此生物之數也。故乾之陽策三十六，兑、離、巽之陽策二十八，震、坎、艮之陽策二十，坤之陽策十二也。

圓者一變則生六，去一則五也。二變則生十二，去二則十也。三變則生十八，去三則十五也。四變則二十四，去四則二十也。五變則三十，去五則二十五也。六變則三十六，去六則三十也。是以存之則六六，去之則五五也。五則四而存一也，四則三而存一也，二則一而存一也。故一生二，去一則一也。二生三，去一則二也。三生四，去一則三也。四生五，去一則四也。是故二以一爲本，三以二爲本，四以三爲本，五以四爲本，六以五爲本也。更思之。方者一變而爲四，四生八，并四而爲十二。八生十二，并八而爲二十。十二生十六，并十二而爲二十八。十六生二十，并十六而爲三十六也。一生三，并而爲四也。十二生二十，并而爲三十二也。二十八生三十六，并而爲六十四也。更思之。

《易》之大衍，何數也，聖人之倚數也。天數二十五，合之爲五十。地數三十，合之爲六十。故曰「五位相得而各有合」也。五十者，蓍之數也。六十者，卦數也。五者蓍之小衍也，故五十爲大衍也。八者卦之小成，則六十四爲大成也。蓍德圓，以況天之數，故七七四十九也。五十者，存一而言之也。卦德方，以況地之數，故八八六十四也。六十者，去四而言之也。蓍者，用數也。卦者，體數也。用以體爲基，故存一也。體以用爲本，故去四也。圓者本一，方者本四，故蓍存一而卦去四也。蓍之用數七，并其餘分，亦存一之義也。掛其一，亦去一之義也。蓍之用數掛一以象三，其餘四十八，則一卦之策也。四其十二爲四十八也。十二去三而用九，四三十二，所去之策也。四九三十六，所用之策也，以當乾之三十六陽爻也。十二去五而用七，四五二十，所去之策也。四七二十八，所用之策也，以當兑、離之二十八陽爻也。十二去六而用六，四六二十四，所去之策也。四六二十四，所用之策也，以當坤之半二十四陰爻也。十二去四而用八，四四十六，所去之策也。四八三十二，所用之策也，以當艮、坎之二十四爻，并上卦之八陰爲三十二爻也。是故七、九爲陽，六、八爲陰也。九者陽之極數，六者陰之極數。數極則反，故爲卦之變也。震、巽無策者，以當不用之數。天以剛爲德，故柔者不見。地以柔爲體，故剛者不生。是震、巽不用也。或先艮、離後兑、離。乾用九，故其策九也。四之者，以應四時，一時九十日也。坤用六，故其策亦六也。

奇數四，有一有二有三有四也。策數四，有六有七有八有九。合而爲八數，以應方數之八變也。歸奇合掛之數有六，謂五與四四也，九與八八也，五與四八也，九與四八也，五與八八也，九與四四也，以應圓數之六變也。

奇數極於四而五不用，策數極於九而十不用。五則一也，十則二也，故去五十而用四十九也。奇不用五，策不用十，有無之極也。以況自然之數也。

卦有六十四而用止六十者，何也？六十卦者，三百六十爻也。故甲子止于六十也。六甲而天道窮矣，是以策數應之。三十六與二十四，合之則六十也。三十二與二十八，合之亦六十也。

乾四十八，坤十二。震二十，巽四十。離、兑三十二，坎、艮二十八。合之爲六十。蓍之數全，故陽策三十六與二十八合之爲六十四也。卦數去其四，故陰策二十四與三十二合之爲五十六也。

九進之爲三十六，皆陽數也，故爲陽中之陽。七進之爲二十八，先陽而後陰也，故爲陽中之陰。六進之爲二十四，皆陰數也，故爲陰中之陰。八進之爲三十二，先陰而後陽也，故爲陰中之陽。蓍四，進之則百。卦四，進之則百二十。百則十也，百二十則十二也。

歸奇合掛之數，得五與四四，則策數四九也。得九與八八，則策數四六也。得五與八八，得九與四八，則策數皆四七也。得九與四四，得五與四八，則策數皆四八也。爲九者，一變以應乾也。爲六者，一變以應坤也。爲七者，二變以應兑與離也。爲八者，二變以應艮與坎也。五與四四去掛一之數，則四八三十二也。九與八八去掛一之數，則四六二十四也。五與八八、九與四八去掛一之數，則四五二十也。九與四四、五與四八去掛一之數，則四四十六也。故去其三、四、五、六之數，以成九、八、七、六之策也。

天一地二，天三地四，天五地六，天七地八，天九地十。參伍以變，錯綜其數也。如天地之相銜，晝夜之相交也。一者數之始，而非數也，故二二爲四，三三爲九，四四爲十六，五五爲二十五，六六爲三十六，七七爲四十九，八八爲六十四，九九爲八十一，而一不可變也。百則十也，十則一也，亦不可變也。是故數去其一而極于九，皆用其變者也。五五二十五，天數也。六六三十六，乾之策數也。七七四十九，大衍之用數也。八八六十四，卦數也。九九八十一，《玄》《範》之數也。

大衍之數，其算法之源乎！是以算數之起，不過乎方圓曲直也。

陰無一，陽無十。

乘數，生數也。除數，消數也。算法雖多，不出乎此矣。

陽得陰而生，陰得陽而成，故蓍數四而九，卦數四而十也。猶幹支之相錯，幹以六終而支以五終也。

三四十二也，二六亦十二也。二其十二，二十四也。三八亦二十四也，四六亦二十四也。三其十二，三十六也。四九亦三十六也，六六亦三十六也。四其十二，四十八也。三其十六，亦四十八也。六八亦四十八也。五其十二，六十也。三其二十，亦六十也。六其十，亦六十也。皆自然之相符也。此蓋陰數分其陽數耳，是以相因也。如月初一全作十二也。二十四氣、七十二候之數，亦可因以明之。

四九三十六也，六六三十六也，陽六而又兼陰六之半，是以九也。故以數言之，陰陽各三也。以三爻言之，天地人各三也。陰陽之中各有天地人，天地人之中各有陰陽，故「參天兩地而倚數」也。

太極既分，兩儀立矣。陽下交於陰，陰上交於陽，四象生矣。陽交於陰，陰交於陽，而生天之四象。剛交於柔，柔交於剛，而生地之四象。於是八卦成矣。八卦相錯，然後萬物生焉。是故一分爲二，二分爲四，四分爲八，八分爲十六，十六分爲三十二，三十二分爲六十四。故曰：「分陰分陽，迭用柔剛，《易》六位而成章也。」十分爲百，百分爲千，千分爲萬，猶根之有幹，幹之有枝，枝之有葉，愈大則愈小，愈細則愈繁。合之斯爲一，衍之斯爲萬。

是故乾以分之，坤以翕之，震以長之，巽以消之。長則分，分則消，消則翕也。❶

乾、坤定位也，震、巽一交也，兑、離、坎、艮再交也。故震陽少而陰尚多也，巽陰少而陽尚多也。兑、離陽浸多也，坎、艮陰浸多也。是以辰與火不見也。

一氣分而爲陰陽，判得陽之多者爲天，判得陰之多者爲地。是故陰陽半而形質具焉，陰陽偏而性情分焉。形質又分，則多陽者爲剛也，多陰者爲柔也。性情又分，則多陽者陽之極也，多陰者陰之極也。

兑、離、巽，得陽之多者也。艮、坎、震，得陰之多者也。是以爲天地用也。乾陽極，坤陰極，是以不用也。

乾四分取一以與坤，坤四分取一以奉乾。乾坤合而生六子，三男皆陽也，三女皆陰也。兑分一陽以與艮，坎分一陰以奉離，震、巽以二相易。合而言之，陰陽各半，是以水火相生而相尅，然後既成萬物也。

乾、坤之名位不可易也。坎、離名可易而位不可易也。震、巽位可易而名不可易也。兑、艮名與位皆可易也。離肖乾，坎肖坤，中孚肖乾，頤肖離，小過肖坤，大過肖坎。是以

---

❶「翕」，原作「分」，今據《皇極經世書》改。

乾、坤、離、坎、中孚、頤、大過、小過皆不可易者也。離在天而當夜，故陽中有陰也。坎在地而當晝，故陰中有陽也。震始交陰而陽生，巽始消陽而陰生。兑陽長也，艮陰長也。震、兑在天之陰也，巽、艮在地之陽也。故震、兑上陰而下陽，巽、艮上陽而下陰。天以始生言之，故陰上而陽下，交泰之義也。地以既成言之，故陽上而陰下，尊卑之位也。

乾坤定上下之位，離坎列左右之門。天地之所闔闢，日月之所出入。是以春夏秋冬、晦朔弦望、晝夜長短、行度盈縮，莫不由乎此矣。

無極之前，陰含陽也。有象之後，陽分陰也。陰爲陽之母，陽爲陰之父，故母孕長男而爲復，父生長女而爲姤。是以陽始於復，陰始於姤也。

性非體不成，體非性不生。陽以陰爲體，陰以陽爲體。動者性也，静者體也。在天則陽動而陰静，在地則陽静而陰動。性得體而静，體隨性而動。是以陽舒而陰疾也。更詳之。

陽不能獨立，必得陰而後立，故陽以陰爲基。陰不能自見，必待陽而後見，故陰以陽爲唱。陽知其始而享其成，陰效其法而終其勞。

陽能知而陰不能知，陽能見而陰不能見也。能知能見者爲有，故陽性有而陰性無也。陽有所不徧而陰無所不徧也。陽有去而陰常居也。無不徧而常居者爲實，故陽體虚而陰體實也。

自下而上謂之升，自上而下謂之降。升者，生也。降者，消也。故陽生於下而陰生於上，是以萬物皆反生。陰生陽，陽生陰，陰復生陽，陽復生陰，是以循環而無窮也。

天地之本，其起於中乎！是以乾坤交變而不離乎中，人居天地之中，心居人之中，日中則盛，月中則盈，故君子貴中也。

本一氣也，生則爲陽，消則爲陰，故二者一而已矣，六者三而已矣，八者四而已矣。是以言天而不言地，言君而不言臣，言父而不言子，言夫而不言婦也。然天得地而萬物生，君得臣而萬化行，父得子、夫得婦而家道成。故有一則有二，有二則有四，有三則有六，有四則有八。

陰陽生而分二儀，二儀交而生四象，四象交而成八卦，八卦交而生萬物。故二儀生天地之類，四象定天地之體。四象生八卦之類，八卦定日月之體。八卦生萬物之類，重卦定萬物之體。類者，生之序也。體者，象之交也。推類者必本乎生，觀體者必由乎象。生則未來而逆推，象則既成而順觀。是故日月一類也，同出而異處也，異處而同象也。推此以往，物曷逃哉。

天變時而地應物。時則陰變而陽應，物則陽變而陰應。故時可逆知，物必順成。則是以陽迎而陰隨，陰逆而陽順。語其體，則天分而爲地，地分而爲萬物，而道不可分也。其終則萬物歸地，地歸天，天歸道。是以君子貴道也。

有變則必有應也。故變于內者應于外，變于外者應于內，變于下者應于上，變于上者應于下也。天變而日應之，故變者從天而應者法日也。是以日紀乎星，月會於辰，水生於土，火潛於石。飛者棲木，走者依草。心肺之相聯，肝膽之相屬，無他，變應之道也。

本乎天者親上，本乎地者親下。故變之與應，常反對也。

陽交於陰而生，蹄角之類也。剛交於柔而生，根核之類也。陰交於陽而生，羽翼之類也。柔交於剛而生，枝幹之類也。天交於地，地交於天，故有羽而走者，足而騰者，草中有木，木中有草也。各以類而推之，則生物之類不逃數矣。走者便於下，飛者利於上，從其類也。

陸中之物水中必具者，猶影象也。陸多走水多飛者，交也。是故巨于陸者必細于水，巨于水者必細于陸也。

虎豹之毛猶草也，鷹鸇之羽猶木也。

木者星之子，是以果實象之。

葉，陰也。華實，陽也。枝葉軟而根榦堅也。

人之骨巨而體繁，木之榦巨而葉繁，應天地之數也。

動者體橫，植者體縱，人宜橫而反縱也。

飛者有翅，走者有趾。人之兩手，翅也。兩足，趾也。

飛者食木，走者食草。人皆兼之，而又食飛、走也，故最貴於萬物也。

體必交而後生，故陽與剛交而生心、肺，陽與柔交而生肝、膽，柔與陰交而生腎與膀胱，剛與陰交而生脾、胃。心生目，膽生耳，脾生鼻，腎生口，肺生骨，肝生肉，胃生髓，膀胱生血。故乾爲心，兑爲脾，離爲膽，震爲腎；坤爲血，艮爲肉，坎爲髓，巽爲骨，泰爲目，中孚爲鼻，既濟爲耳，頤爲口；大過爲肺，未濟爲胃，小過爲肝，否爲膀胱。

天地有八象，人有十六象，何也？合天地而生人，合父母而生子，故有十六象也。

心居肺，膽居肝，何也？言性者必歸之天，言體者必歸之地。地中有天，石中有火，是以心、膽象之也。心、膽之倒懸，何也？草木者地之本體也，人與草木反生，是以倒懸也。

口目橫而鼻縱，何也？體必交也，故動者宜縱而反橫，植者宜橫而反縱，皆交也。

天有四時，地有四方，人有四支。是以指節可以觀天，掌文可以察地，天地之理具乎指掌矣，可不貴之哉。

神統於心，氣統於腎，形統於首。形氣交而神主乎其中，三才之道也。

人之四肢各有脉也。一脉三部，一部三候，以應天數也。

心藏神，腎藏精，脾藏魂，膽藏魄，胃受物而化之，傳氣於肺，傳血於肝，而傳水穀於脬腸矣。

天圓而地方。天南高而北下，是以望之如倚蓋焉。地東南下，西北高，是以東南多水，西北多山也。天覆地，地載天，天地相函，故天上有地，地上有天。

天渾渾於上而不可測也，故觀斗數以占天也。斗之所建，天之行也。魁建子，杓建寅，星以寅爲晝也。斗有七星，是以晝不過乎十分也。更詳之。

天行所以爲晝夜，日行所以爲寒暑。夏淺冬深，天地之交也。左旋右行，天日之交也。

日朝在東，夕在西，隨天之行也。夏在北，冬在南，隨天之交也。天一周而超一星，應日之行也。春酉正，夏午正，秋卯正，冬子正，應日之交也。

日以遲爲進，月以疾爲退。日月一會而加半日減半日，是以爲閏餘也。日一大運而進六日，月一大運而退六日，是以爲閏差也。

日行陽度則贏，行陰度則縮，賓主之道也。月去日則明生而遲，近日則魄生而疾，君臣之義也。陽消則生陰，故日下而月西出也。陰盛則敵陽，故日望而月東出也。天爲父，日爲子，故天左旋日右行。日爲夫，月爲婦，故日東出月西生也。

日月相食，數之交也。日望月則月食，月掩日則日食，猶水火之相尅也。是以君子用智，小人用力。

日隨天而轉，月隨日而行，星隨月而見。故星法月，月法日，日法天。天半明半晦，日半贏半縮，月半盈半虧，星半動半静，陰陽之義也。

天晝夜常見，日見於晝，月見於夜而半不見，星半見於夜，貴賤之等也。月，晝可見也，故爲陽中之陰。星，夜可見也，故爲陰中之陽。天奇而地耦，是以占天文者觀星而已，察地理者觀山水而已。觀星而天體見矣，觀山水而地體見矣。天體容物，地體負物，是故體歸於道也。

極南大暑，極北大寒，故南融而北結，萬物之死地也。夏則日隨斗而北，冬則日隨斗而南，故天地交而寒暑和，寒暑和而物乃生也。

天以剛爲德，故柔者不見。地以柔爲體，故剛者不生。是以震、巽天之陽也。地陰也，有陽而陰效之。故至陰者辰也，至陽者日也，皆在乎天，而地則水火而已。是以地上皆有質之物，陰伏陽而形質生，陽伏陰而性情生，是以陽生陰，陰生陽，陽尅陰，陰尅陽。陽之不可伏者不見於地，陰之不可尅者不見於天。伏陽之少者其體必柔，是以畏陽而爲陽所用。伏陽之多者其體必剛，是以禦陽而爲陰所用。故水火動而隨陽，土石静而隨陰也。一説云：陰效陽而能伏，是以辰在天，而地之四物皆有所主也。

陽生陰，故水先成。陰生陽，故火後成。陰陽相生也，體性相須也，是以陽去則陰竭，陰盡則陽滅。

金、火相守則流，火、木相得則然，從其類也。

水遇寒則結，遇火則竭，從其所勝也。

陽得陰而爲雨，陰得陽而爲風。剛得柔而爲雲，柔得剛而爲雷。無陰則不能爲雨，無陽則不能爲雷。雨柔也，而屬陰。陰不能獨立，故待陽而後興。雷剛也，屬體。體不能自用，必待陽而後發也。

有意必有言，有言必有象，有象必有數。數立則象生，象生則言著，言著則意顯。象數，則筌蹄也。言意，則魚兔也。得魚兔而謂必由筌蹄可也，舍筌蹄而求魚兔，則未見其得也。天變而人效之，故元亨利貞，《易》之變也。人行而天應之，故吉凶悔吝，《易》之應也。以元亨爲變，則利貞爲應。以吉凶爲應，則悔吝爲變。元則吉，吉則利應之。亨則凶，凶則應之以貞。悔則吉，吝則凶。是以變中有應，應中有變也。變中之應，天道也，故元爲變則亨應之，利爲變則應之以貞。應中之變，人事也，故變則凶，應則吉，變則吝，應則悔也。悔者吉之先，而吝者凶之本，是以君子從天不從人。元者，春也，仁也。春者時之始，仁者德之長。時則未盛而德足以長人，故言德而不言時。亨者，夏也，禮也。夏者時之盛，禮者德之文。盛則必衰而文不足救之，故言時而不言德。故曰：大哉乾元，而上九有悔也。利者，秋也，義也。秋者時之成，義者德之方。萬物方成而獲利，義者不通於利，故言時而不言德也。貞者，冬也，智也。冬者時之末，智者德之衰。正則吉，不正則凶，故言德而不言時也。故曰：利貞者性情也。

至哉文王之作《易》也，其得天地之用乎。故乾坤交而爲泰，坎離交而爲既濟也。乾生於子，坤生於午，坎終於寅，離終於申，以應天之時也。置乾於西北，退坤於西南，長子用事而長女代母，坎、離得位，兑、艮爲耦，以應地之方也。王者之法，其盡於是矣。

乾、坤，天地之本。離、坎，天地之用。是以《易》始於乾、坤，中於離、坎，終於既、未濟，而泰、否爲上經之中，咸、恒爲下經之首，皆言乎其用也。

坤統三女於西南，乾統三男於東北。上經起於三，下經終於四，皆交泰之義也。故易者，用也。乾用九，坤用六，大衍用四十九，而「潛龍勿用」也。大哉用乎，吾於此見聖人之心矣。

道生天，天生地。及其功成而身退，故子繼父禪，是以乾退一位也。

乾坤交而爲泰，變而爲雜卦也。

乾、坤、坎、離爲上篇之用，兑、艮、巽、震爲下篇之用也。頤、中孚、大過、小過爲二篇之正也。

易者，一陰一陽之謂也。震、兑始交者也，故當朝夕之位。離、坎交之極者也，故當子午之位。巽、艮雖不交而陰陽猶雜也，故當用中之偏位。乾、坤純陰陽也，故當不用之位。

乾坤縱而六子橫，《易》之本也。震兑橫而六卦縱，《易》之用也。

象起於形，數起於質，名起於言，意起於用。天下之數出於理，違乎理則入於術。世人以數而入術，故失於理也。

天下之事皆以道致之，則休戚不能至矣。

天之陽在南而陰在北，地之陰在南而陽在北，人之陽在上而陰在下，既交則陽下而陰上。

天以理盡而不可以形盡，渾天之術，以形盡天，可乎？

辰數十二，日月交會謂之辰。辰，天之體也。天之體，無物之氣也。

「精義入神以致用也」，不精義則不能入神，不能入神則不能致用也。

爲治之道必通其變，不可以膠柱，猶春之時不可行冬之令也。

陽數一，衍之爲十，十干之類是也。陰數二，衍之爲十二，十二支、十二月之類是也。

元亨利貞之德，各包吉凶悔吝之事。雖行乎德，若違于時，亦或凶矣。

初與上同，然上亢不及初之進也。二與五同，然二之陰中不及五之陽中也。三與四同，然三處下卦之上，不若四之近君也。

天之陽在南，故日處之。地之剛在北，故山處之。所以地高西北，天高東南也。

天之神棲乎日，人之神發乎目。人之神，寤則棲心，寐則棲腎，所以象天也，晝夜之道也。

雲行雨施，電發雷震，亦各從其類也。

吹噴噓呵、風雨雲霧雷，言相類也。

萬物各有太極、兩儀、四象、八卦之次，亦有古今之象。

雲有水火土石之異，他類亦然。

二至相去，東西之度凡一百八十，南北之度凡六十。

冬至之月，所行如夏至之日。夏至之月，所行如冬至之日。

四正者，乾坤坎離也。觀其象，無反覆之變，所以爲正也。

陽在陰中，陽逆行。陰在陽中，陰逆行。陽在陽中，陰在陰中，則皆順行。此真至之理，按《圖》可見之矣。

自然而然不得而更者，内象内數也，他皆外象外數也。

草類之細入于坤。

五行之木，萬物之類也。五行之金，出乎石也。故火、水、土、石不及金、木，金、木生其間也。

得天氣者動，得地氣者静。

陽之類圓，成形則方。陰之類方，成形則圓。

天道之變，王道之權也。

夫卦各有性有體，然皆不離乾坤之門，如萬物受性于天，而各爲其性也。在人則爲人之性，在禽獸則爲禽獸之性，在草木則爲草木之性。

天以氣爲主，體爲次。地以體爲主，氣爲次。在天在地者亦如之。

氣則養性，性則乘氣。故氣存則性存，性動則氣動也。

堯之前，先天也。堯之後，後天也。後天乃效法耳。

天之象數則可得而推，如其神用則不可得而測也。

木之支榦，土、石之所成，所以不易。葉花，水、火之所成，故變而易也。

自然而然者，天也。唯聖人能索之。效法者，人也。若時行時止，雖人也，亦天。

生者性，天也。成者形，地也。

日入地中，搆精之象也。

體四而變六，兼神與氣也。氣變必六，故三百六十也。

凡事爲之極，幾十之七，則可止矣。蓋夏至之日止于六十，兼之以晨昏，分可辨色矣，庶幾乎十之七也。

東赤，南白，西黄，北黑，此正色也。驗之于曉、午、暮、夜之時，可見之矣。

《圖》雖無文，《先天圖》也。吾終日言而未嘗離乎是，蓋天地萬物之理盡在其中矣。

冬至之子中，陰之極。春分之卯中，陽之中。夏至之午中，陽之極。秋分之酉中，陰之中。凡三百六十，中分之則一百八十，此二至二分相去之數也。

陽中有陰，陰中有陽，天之道也。陽中之陽，日也，暑之道也。陽中之陰，月也。以其陽之類，故能見于晝。陰中之陽，星也，所以見于夜。陰中之陰，辰也，天壤也。

氣一而已，主之者乾也。神亦一而已，乘氣而變化，能出入于有無死生之間，無方而不測者也。

干者，幹之義，陽也。支者，枝之義，陰也。干十而支十二，是陽數中有陰，陰數中有陽也。

不知乾，無以知性命之理。

時然後言，乃應變而言，言不在我也。

仁配天地謂之人，唯仁者真可謂之人矣。

生而成，成而生，易之道也。

氣者，神之宅也。體者，氣之宅也。

魚者，水之族也。蟲者，風之族也。

天六地四。天以氣爲質，而以神爲神。地以質爲質，而以氣爲神。唯人兼乎萬物而爲萬物之靈。如禽獸之聲，以其類而各能得其一。無所不能者人也。推之他事，亦莫不然。唯人得天地日月交之用，他類則不能也。人之生，真可謂之貴矣。天地與其貴而不自貴，是悖天地之理，不祥莫大焉。目口舌也。凸而耳鼻竅。竅者受臭嗅氣，物或不能閉之。凸者視色別味，物則能閉之也。四者雖象于一，而各備其四矣。燈之明暗之境，日月之象也。

月者日之影也，情者性之影也。心性而膽情，性神而情鬼。

水者火之地，火者水之氣。黑者白之地，寒者暑之地。

心爲太極，又曰：道爲太極。

形可分，神不可分。

草伏之獸，毛如草之莖。林棲之鳥，羽如林之葉。類使之然也。

陰事太半，蓋陽一而陰二也。

冬至之後爲呼，夏至之後爲吸，此天地一歲之呼吸也。

木結實而種之，又成是木而結是實。木非舊木也，此木之神不二也。此實生生之理也。

性理大全書卷之十二

皇極經世書六

觀物外篇下

以物喜物，以物悲物，此「發而中節」者也。

石之花，鹽消之類是也。水之木，珊瑚之類是也。

水之物無異乎陸之物，各有寒熱之性，大較則陸爲陽中之陰，而水爲陰中之陽。

日月星辰共爲天，水火土石共爲地，耳目鼻口共爲首，髓血骨肉共爲身，此乃五之數。

火生於無，水生於有。

不我物則能物物。

辰至日爲生，日至辰爲用。蓋順爲生而逆爲用也。

易有三百八十四爻，真天文也。

鷹鵰之類食生，而雞鳧之類不專食生，虎豹之類食生，而猫犬之類食生又食穀。以類推之，從可知矣。

馬牛皆陰類，細分之，則馬爲陽而牛爲陰。

飛之類喜風而敏于飛上，走之類喜土而利于走下。

禽、蟲之卵，果穀之類也。穀之類多子，蟲之類亦然。

蠶之類，今歲蛾而子，來歲則子而蠶。蕪菁之類，今歲根而苗，來歲則苗而子。

天地之氣運，北而南則治，南而北則亂。亂久則復北而南矣。天道人事皆然。推之歷代，可見消長之理也。

任我則情，情則蔽，蔽則昏矣。因物則性，性則神，神則明矣。

潛天潛地，不行而至，不爲陰陽所攝者，神也。

在水者不瞑，在風者瞑。走之類上睫接下，飛之類下睫接上。類使之然也。

在水而鱗鬣，飛之類也。龜、獺之類，走之類也。

夫四象若錯綜而用之，日月，天之陰陽；水火，地之陰陽；星辰，天之剛柔；土石，地之剛柔。

天之孽，十之一不可違。人之孽，十之九不可逭。

陽主舒長，陰主慘急。日入盈度，陰從于陽。日入縮度，陽從于陰。

飛之走，雞、凫之類是也。走之飛，龍、馬之屬是也。

先天之學，心也。後天之學，迹也。出入有無死生者，道也。

神無所在，無所不在。至人與他心通者，以其本于一也。道與一，神之强名也。以神爲神者，至言也。

身地也，本乎静。所以能動者，氣血使之然也。

天地生萬物，聖人生萬民。

生生長類，天地成功。别生分類，聖人成能。

神者人之主。將寐在脾，熟寐在腎。將寤在肝，又言在膽。正寤在心。

以物觀物，性也。以我觀物，情也。性公而明，情偏而暗。

陽主闢而出，陰主翕而入。

日在于水則生，離則死，交與不交之謂也。

陰對陽爲二，然陽來則生，陽去則死。天地萬物生死主于陽，則歸之于一也。

神無方而性有質。

發于性則見于情，發于情則見于色，以類而應也。

天地之大痞在夏，人之神則存于心。

以天地生萬物，則以萬物爲萬物。以道生天地，則天地亦萬物也。

水之族以陰爲主，陽次之。陸之類以陽爲主，陰次之。故水類出水則死，風類入水則死。然有出入之類者，龜、蟹、鵝、鳧之類是也。

天地之交十之三。

一變而二，二變而四，三變而八卦成矣。四變而十有六，五變而三十有二，六變而六十四卦備矣。

天火，無體之火也。地火，有體之火也。

人之貴，兼乎萬類。自重而得其貴，所以能用萬類。

凡人之善惡形于言，發于行，人始得而知之。但萌諸心，發于慮，鬼神已得而知之矣。此君子所以愼獨也。

氣變而形化。

人之類備乎萬物之性。

火無體，因物以爲體。金石之火烈于草木之火者，因物而然也。

氣形盛則魂魄盛，氣形衰則魂魄亦從而衰矣。魂隨氣而變，魄隨形而止。故形在則魄存，形化則魄散。

人之神則天地之神。人之自欺，所以欺天地。可不慎哉。

人之畏鬼，亦猶鬼之畏人。人積善而陽多，鬼益畏之矣。積惡而陰多，鬼弗畏之矣。大人者與鬼神合其吉凶，夫何畏之有？

至理之學，非至誠則不至。

物理之學或有所不通，不可以强通。强通則有我，有我則失理而入於術矣。

星爲日之餘，辰爲月之餘。

星之至微如塵沙者，隕而爲堆阜。

心一而不分，則能應萬變。此君子所以虚心而不動也。

藏者，天行也。府者，地行也。天地並行，則配爲八卦。

聖人利物而無我。

明則有日月，幽則有鬼神。

《易》有真數，三而已。參天者三三而九，兩地者倍三而六。

八卦相錯者，相交錯而成六十四也。

夫易根于乾、坤而生于姤、復，蓋剛交柔而爲復，柔交剛而爲姤，自兹而無窮矣。

《素問》《陰苻》，七國時書也。

夫聖人六經，渾然無跡，如天道焉。故《春秋》録實事，而善惡形于其中矣。

《中庸》之法，自中者天也，自外者人也。

韻法，開閉者律天，清濁者呂地。

韻法，先閉後開者，春也。純開者，夏也。先開後閉者，秋也。冬則閉而無聲。

《素問·密語》之類，於術之理，可謂至也。

「顯諸仁，藏諸用」，孟子善藏其用乎！

「寂然不動」，反本復静，坤之時也。「感而遂通天下之故」，陽動于中，間不容髮，復之義也。

莊、荀之徒失之辯。

東爲春聲，陽爲夏聲，此見作韻者亦有所至也。銜、凡，冬聲也。

不見動而動，妄也。動于否之時是也。見動而動，則爲「無妄」。然所以有災者，陽微而無應也。有應而動則爲「益」矣。

「精氣爲物」，形也。「遊魂爲變」，神也。又曰：「精氣爲物」，體也。「遊魂爲變」，用也。

君子之學以潤身爲本，其治人應物皆餘事也。

剸劇者，才力也。明辯者，智識也。寬弘者，德器也。三者不可闕一。

無德者責人怨人，易滿，滿則止也。

龍能大能小，然亦有制之者，受制於陰陽之氣。得時則能變化，變變則不能也。

伯夷義不食周粟，至餓且死，止得爲仁而已。

三人行，亦有師焉，至于友一鄉之賢、天下之賢，以天下爲未足，又至於上論古人，無以加焉。

義重則内重，利重則外重。

兑，説也。其他説，皆有所害，惟朋友講習，無説於此，故言其極者也。

能循天理動者，造化在我也。

學不際天人，不足以謂之學。

君子於《易》，玩象，玩數，玩辭，玩意。

能醫人能醫之疾，不得謂之良醫。醫人之所不能醫者，天下之良醫也。能處人所不能處之事，則能爲人所不能爲之事也。

人患乎自滿，滿則止也。故禹不自滿假所以爲賢。雖學亦當常若不足，不可臨深以爲高也。

人苟用心，必有所得。獨有多寡之異，智識之有淺深也。

理窮而後知性，性盡而後知命，命知而後知至。

凡處失在得之先，則得亦不喜。若處得在失之先，則失難處矣，必至於隕穫。

人必有德器，然後喜怒皆不妄。爲卿相，爲匹夫，以至學問高天下，亦若無有也。

人必内重，内重則外輕。苟内輕必外重，好利好名，無所不至。

得天理者不獨潤身，亦能潤心。不獨潤心，至於性命亦潤。

天下言讀書者不少，能讀書者少。若得天理真樂，何書不可讀，何堅不可破，何理不可精？

曆不能無差。今之學曆者，但知曆法，不知曆理。能布算者，洛下閎也。能推步者，甘公、石公也。洛下閎但知曆法，楊雄知曆法，又知曆理。

一歲之閏，六陰六陽。三年三十六日，故三年一閏。五年六十日，故五歲再閏。天時、地理、人事，三者知之不易。

資性，得之天也。學問，得之人也。資性由内出者也，學問由外入者也。自誠明，性也。自明誠，學也。顔子不遷怒，不貳過，遷怒貳過皆情也，非性也。不至於性命，不足以謂之好學。

伯夷、柳下惠得聖人之一端。伯夷得聖人之清，柳下惠得聖人之和。孔子時清時和，時行時止，故得聖人之時。

《太玄》九日當兩卦，餘一卦當四日半。

楊雄作《玄》，可謂見天地之心者也。

用兵之道，必待人民富，倉廩實，府庫充，兵强名正，天時順，地利得，然後可舉。

易無體也。曰：既有典常，則是有體也。恐遂以爲有體，故曰「不可爲典要」。既有典常，常也。不可爲典要，變也。

莊周雄辯，數千年一人而已。如庖丁解牛曰「躕躕四顧」，孔子觀吕梁之水曰「蹈水之道無私」，皆至理之言也。

老子五千言，大抵皆明物理。

今有人登兩臺，兩臺皆等，則不見其高。一臺高，然後知其卑下者也。

學不至於樂，不可謂之學。

一國、一家、一身皆同。能處一身，則能處一家。能處一家，則能處一國。能處一國，則能處天下。心爲身本，家爲國本，國爲天下本。心能運身，苟心所不欲，身能行乎？

人之精神，貴藏而用之。苟衒於外，則鮮有不敗者。如利刄，物來則剸之。若恃刄之利而求割乎物，則刄與物俱傷矣。

言發于真誠，則心不勞而逸，人久而信之。作僞任數，一時或可以欺人，持久必敗。人貴有德。小人有才者有之矣，故才不可恃，德不可有。

天地日月，悠久而已。故人當存乎遠，不可見其近。

君子處畎畝，則行畎畝之事。居廟堂，則行廟堂之事。故無入不自得。

智數或能施于一朝，蓋有時而窮。惟至誠與天地同久，天地無，則至誠可息。苟天地不能無，則至誠亦不息也。

室中造車，天下可行，軌轍合故也。苟順義理，合人情，日月所照皆可行也。

中庸非天降地出，揆物之理，度人之情，行其所安，是爲得矣。

斂天下之智爲智，斂天下之善爲善，則廣矣。自用則小。

漢儒以反經合道爲權，得一端者也。權所以平物之輕重，聖人行權，酌其輕重而行之，合其宜而已。故執中無權者猶爲偏也。王通言「《春秋》王道之權」，非王通莫能及此。故權，在一身則有一身之權，在一鄉則有一鄉之權，以至於天下則有天下之權。用雖不同，其權一也。

夫弓固有强弱，然一弓二人張之，則有力者以爲弓弱，無力者以爲弓强。故有力者不以己之力有餘而以爲弓弱，無力者不以己之力不足而以爲弓强，何不思之甚也。一弓非有强弱也，二人之力强弱不同也。今有食一杯在前，二人大餒而見之，若相讓，則均得食矣。相奪則爭，非徒爭之而已，或不得其食矣。此二者皆人之情也，知之者鮮。知此，則天下之事皆如是也。

夫《易》者，聖人長君子、消小人之具也。及其長也，闢之於未然。及其消也，闔之於未然。一消一長，一闔一闢，渾渾然無跡，非天下之至神，其孰能與於此。

大過，本末弱也。必有大德大位，然後可救。常分有可過者，有不可過者。有大德大位，可過者也，伊周其人也，不可懼也。有大德無大位，不可過也，孔孟其人也，不可悶也。其位不勝德邪？大哉位乎，待才用之宅也。

復次剥，明治生於亂乎。姤次夬，明亂生於治乎。時哉時哉，未有剥而不復，未有夬而不姤者。防乎其防，邦家其長，子孫其昌。是以聖人貴未然之防，是謂《易》之大綱。

先天學，心法也。故《圖》皆自中起，萬化萬事，生乎心也。

先天學主乎誠。至誠可以通神明，不誠則不可以得道。

《先天圖》中，環中也。

事必量力，量力故能久。

所行之路不可不寬，寬則少礙。

知《易》者不必引用講解，是爲知《易》。孟子之言，未嘗及《易》，其間易道存焉，但人見之者鮮耳。人能用易，是爲知《易》。如孟子，可謂善用易者也。

學以人事爲大。今之經典，古之人事也。

《春秋》三傳之外，陸淳、啖助可以兼治。

所謂皇、帝、王、霸者，非獨謂三皇、五帝、三王、五霸而已，但用無爲則皇也，用恩信則帝也，用公正則王也，用智力則霸也。霸以下則夷狄。夷狄而下，是禽獸也。

季札之才近伯夷。

叔向、子産、晏子之才相等埒。

管仲用智數，晚識物理，大抵才力過人也。

五霸者，功之首，罪之魁也。《春秋》者，孔子之刑書也。功過不相掩。聖人先褒其功，後貶其罪。故罪人有功，亦必録之，不可不恕也。

「始作兩觀。」始者，貶之也，誅其舊無也。「初獻六羽」，初者，褒之也，以其舊僭八佾也。

某人受《春秋》於尹師魯，師魯受於穆伯長。某人後復攻伯長曰：《春秋》無褒，皆是貶也。田述古曰：孫復亦云《春秋》有貶而無褒。曰：《春秋》禮法廢，君臣亂，其間有能爲小善者，安得不進之也。况五霸實有功於天下。且五霸固不及於王，不猶愈於夷狄乎？安得不與之也？治《春秋》者不辨名實，不定五霸之功過，則未可言治《春秋》。先定五霸之功過而治《春秋》，則大意立。若事事求之，則無緒矣。

凡人爲學，失於自主張太過。

平王名雖王，實不及一小國之諸侯。齊、晉雖侯，而實僭王。此《春秋》之名實也。「子貢欲去告朔之餼羊」，羊，名也，禮，實也。名存而實亡，猶愈於名實俱亡。苟存其名，安知後世無王者作，是以有所待也。

秦繆公有功於周，能遷善改過，爲霸者之最。晉文侯世世勤王，遷平王於洛，次之。齊桓公九合諸侯，不以兵車，又次之。楚莊强大，又次之。宋襄公雖霸而力微，會諸侯而爲楚所執，不足論也。治《春秋》者，不先定四國之功過，則事無統理，不得聖人之心矣。《春秋》之間，有功者未見大於四國者，有過者亦未見大於四國者也。故四國功之首，罪之魁也。人言《春秋》非性命書，非也。至于書「郊牛之口傷，改卜牛，又死，猶三望」，此因魯事而貶之也。聖人何容心哉，無我故也。豈非由性命而發言也？又曰：《春秋》皆因事而襃貶，豈容人特立私意哉？人但知《春秋》，聖人之筆削，爲天下之至公，不知聖人之所以爲公也。如因牛傷則知魯之僭郊，因初獻六羽則知舊僭八佾，因新作雉門則知舊無雉門，皆非聖人有意於其間。故曰：《春秋》盡性之書也。

《春秋》爲君弱臣强而作，故謂之名分之書。

聖人之難，在不失仁義忠信而成事業。何如則可？在於絶四。

有馬者借人乘之，舍己以從人也。

或問："才難"何謂也？曰：臨大事然後見才之難也。曰：何獨言才？曰：才者，天之良質也。學者，所以成其才也。曰：古人有不由學問而能立功業者，何必曰學？曰：周勃、霍光能成大事，唯其無學，故未盡善也。人而無學，則不能燭理。不能燭理，則固執而不通。人有出人之才，必以剛克。中剛則足以立事業，處患難。若用於他，反爲邪惡。故孔子以申棖爲焉得剛，既有慾心，必無剛也。

"君子喻於義"，賢人也。"小人喻於利"而已。義利兼忘者，唯聖人能之。君子畏義而有所不爲，小人直不畏耳。聖人則動不踰矩，何義之畏乎！

顔子不貳過，孔子曰"有不善未嘗不知，知之未嘗復行"是也。是一而不再也。韓愈以爲將發於心而便能絶去，是過與顔子也。過與是爲私意，焉能至於道哉？或曰：與善不亦愈於與惡乎？曰：聖人則不如是。私心過與，善惡同矣。

爲學養心，患在不由直道。去利欲，由直道，任至誠，則無所不通。天地之道，直而已。

當以直求之。若用智數，由逕以求之，是屈天地而狥人欲也，不亦難乎。

事無巨細，皆有天人之理。脩身，人也。遇不遇，天也。得失不動心，所以順天也。行險僥倖，是逆天也。求之者人也，得之與否天也。得失不動心，所以順天也。强取必得，是逆天理也。逆天理者，患禍必至。

魯之兩觀，郊天、大禘，皆非禮也。諸侯苟有四時之禘，以爲常祭可也；至於五年大禘，不可爲也。

「仲弓可使南面」，可使從政也。

「誰能出不由户」，户，道也。未有不由道而能濟者也。不由户者，開穴隙之類是也。

「多聞，擇其善者而從之。」雖多聞，必擇善而從之。「多見而識之」，識，别也。雖多見，必有以别之。

或問：「顯諸仁，藏諸用。」曰：若日月之照臨，四時之成歲，是「顯諸仁」也。其度數之然，而不知其所以然，是「藏諸用」也。

洛下閎改《顓頊曆》爲《太初曆》，子雲準《太初》而作《太玄》，凡八十一卦，九分共二卦，凡一五隔一四。細分之，則四分半當一卦。氣起於中心，故首中卦。

「參天兩地而倚數」，非天地之正數也。倚者，擬也。擬天地正數而生也。

元亨利貞，變易不常，天道之變也。吉凶悔吝，變易不定，人道之應也。

鬼神者，無形而有用，其情狀可得而知也。於用則可見之矣。若人之耳、目、鼻、口、手、足，草木之枝、葉、華、實、顔、色，皆鬼神之所爲也。福善禍淫，主之者誰邪？聰明正直，有之者誰邪？不疾而速，不行而至，任之者誰邪？皆鬼神之情狀也。

《易》有意、象，立意皆所以明象。統下三者：有言象，不擬物而直言以明事。有像象，擬一物以明意。有數象，七日、八月、三年、十年之類是也。

《易》之數，窮天地終始。或曰：天地亦有終始乎，曰：既有消長，豈無終始？天地雖大，是亦形器，乃二物也。

《易》有内象，理致是也。有外象，指定一物而不變者是也。

在人則乾道成男，坤道成女。在物則乾道成陽，坤道成陰。

「神無方而易無體」，滯於一方則不能變化，非神也。有定體則不能變通，非易也。易雖有體，體者象也。假象以見體，而本無體也。

「一陰一陽之謂道」，道無聲無形，不可得而見者也。故假道路之道而爲名。人之有行，必由乎道。一陰一陽，天地之道也。物由是而生，由是而成者也。

事無大小，皆有道在其間。能安分則謂之道，不能安分謂之非道。「顯諸仁」者，天地生萬物之功，則人可得而見也。所以造萬物，則人不可得而見，是「藏諸用」也。

正音律數行至于七而止者，以夏至之日出於寅而入於戌，亥、子、丑三時則日入于地而目無所見。此三數不行者，所以比於三時也。故生物之數亦然。非數之不行也，有數而不見也。

月體本黑，受日之光而白。

水在人之身爲血，土在人之身爲肉。

經綸天地之謂才，遠舉必至之謂志，并包含容之謂量。

六虚者，六位也。虚以待變動之事也。

有形則有體，有性則有情。

天主用，地主體。聖人主用，百姓主體。故日用而不知。

膽與腎同陰，心與脾同陽。心主目，脾主鼻。

陽中陽，日也。陽中陰，月也。陰中陽，星也。陰中陰，辰也。柔中柔，水也。柔中剛，火也。剛中柔，土也。剛中剛，石也。

法始乎伏羲，成乎堯，革於三王，極于五霸，絶于秦。萬世治亂之迹，無以逃此矣。

日爲心，月爲膽，星爲脾，辰爲腎，藏也。石爲肺，土爲肝，火爲胃，水爲膀胱，府也。

《易》之生數一十二萬九千六百，總爲四千三百二十世，此消長之大數。演三十年之辰數，即其數也。歲三百六十日，得四千三百二十辰。以三十乘之，得其數矣。凡甲子甲午爲世首，此爲經世之數，始于日甲、月子、星甲、辰子。又云：此《經世》日甲之數，月子、星甲、辰子從之也。

鼻之氣目見之，口之言耳聞之，以類應也。

倚蓋之説，崐崘四垂而爲海，推之理則不然。夫地直方而静，豈得如圓動之天乎？

海潮者，地之喘息也。所以應月者，從其類也。

十干，天也。十二支，地也。支干配天地之用也。

動物自首生，植物自根生。自首生，命在首。自根生，命在根。

神者，易之主也，所以無方。易者，神之用也，所以無體。

循理則爲常，理之外則爲異矣。

風類水類，小大相反。

震爲龍。一陽動於二陰之下，震也。重淵之下有動物者，豈非龍乎？

一十百千萬億爲奇，天之數。二十百二十千二百萬二千億二萬爲偶，地之數也。

天之陽在東南，日、月居之。地之陰在西北，火、石處之。

火以性爲主，體次之。水以體爲主，性次之。

陽性而陰情，性神而情鬼。

起震終艮一節，明文王八卦也。天地定位一節，明伏羲八卦也。八卦相錯者，明交錯而成六十四也。

數往者順。若順天而行，是左旋也，皆已生之卦也，故云「數往」也。知來者逆。若逆天而行，是右行也，皆未生之卦也，故云「知來」也。夫《易》之數，由逆而成矣。此一節直解《圖》意，若「逆知四時」之謂也。

《堯典》朞三百六旬有六日。夫日之餘盈也六，則月之餘縮也亦六。若去日月之餘十二，則有三百五十四，乃日行之數。以十二除之，則得二十九日。

五十分之則爲十，若「三天」兩之則爲六，「兩地」又兩之則爲四，此天地分太極之數也。天之變六。六其六得三十六，爲乾一爻之數也。積六爻之策，共得二百一十有六，爲乾之策。六其四，得二十四，爲坤一爻之策。積六爻之數，共得一百四十有四，爲坤之策。積二篇之策，乃萬有一千五百二十也。

《素問》「肺主皮毛」，心脉脾肉，肝筋腎骨，上而下，外而内也。心血腎骨，交法也。交即用也。

《易》始于三皇，《書》始于二帝，《詩》始于三王，《春秋》始于五霸。

乾爲天之類，本象也；爲金之類，列象也。

《易》之首于乾坤，中于坎離，終于水火之交不交，皆至理也。

天地並行則藏府配，四藏天，四府地也。

自乾、坤至坎、離，以天道也。自咸、恒至既濟、❶未濟，以人事也。

太極一也，不動，生二，二則神也。

火生濕，水生燥。

神生數，數生象，象生器。

太極不動，性也。發則神，神則數，數則象，象則器。器之變，復歸於神也。

復至乾凡百有二十陽，姤至坤凡八十陽。姤至坤凡百有二十陰，復至乾凡八十陰。

乾奇也，陽也，❷健也，故天下之健莫如天。坤耦也，陰也，順也，故天下之順莫如地，所以順天也。震，起也，一陽起也。起，動也。故天下之動莫如雷。坎，陷也，一陽陷於二陰。

❶ 「恒」，原避宋真宗諱作「常」，今據重修本改。

❷ 「陽也」二字，原無，今據重修本補。

陷，下也。故天下之下莫如水。艮，止也，一陽於是而止也。故天下之止莫如山。巽，入也，一陰入二陽之下，故天下之入莫如風。離，麗也，一陰離於二陽，其卦錯然成文而華麗也。天下之麗莫如火，故又爲附麗之麗。兑，説也，一陰出於外而説於物，故天下之説莫如澤。

火内暗而外明，故離陽在外。火之用，用外也。水外暗而内明，故坎陽在内。水之用，用内也。

人謀，人也。鬼謀，天也。天人同謀而皆可，則事成而吉也。

湯放桀，武王伐紂，而不以爲弑者，若孟子言：「男女授受不親，禮也。嫂溺，則援之以手，權也。」故孔子既尊夷、齊，亦與湯、武。夷、齊仁也，湯、武義也。唯湯、武則可，非湯、武是篡也。

諸卦不交於乾、坤者，則生於否、泰。否、泰，乾、坤之交也。乾坤起自奇偶，奇偶生自太極。

自泰至否，其間則有蠱矣。自否至泰，其間則有隨矣。

天使我有是之謂命，命之在我之謂性，性之在物之謂理。

變從時而便天下之事，不失禮之大經，變從時而順天下之理，不失義之大權者，君子之道也。

朔易，以陽氣自北方而生，至北方而盡，謂變易循環也。

春陽得權，故多旱。秋陰得權，故多雨。

元有二：有生天地之始，太極也。有萬物之中各有始者，生之本也。

五星之説，自甘公、石公始也。

天地之心者，生萬物之本也。天地之情者，情狀也。與鬼神之情狀同。

天有五辰，日月星辰與天而爲五。地有五行，金木水火與土而爲五。

有温泉而無寒火，陰能從陽而陽不能從陰也。

有雷則有電，有電則有風。

木之堅，非雷不能震。草之柔，非露不能潤。

人智强則物智弱。

陽數於三百六十上盈，陰數於三百六十上縮。

人爲萬物之靈，寄類於走。走，陰也，故百有二十。

雨生於水，露生於土，雷生於石，電生於火。電與風同爲陽之極，故有電必有風。

莊子與惠子遊於濠梁之上，莊子曰：「儵魚出遊從容，是魚樂也。」此「盡己之性能盡物之性」也。非魚則然，天下之物皆然。若莊子者，可謂善通物矣。

莊子著《盜跖》篇，所以明至惡雖至聖亦莫能化。蓋上智與下愚不移故也。

魯國之儒一人者，謂孔子也。

老子，知易之體者也。

天下之事始過於重，猶卒於輕，始過於厚，猶卒於薄。況始以輕，始以薄者乎？故鮮失之重，多失之輕。鮮失之厚，多失之薄。是以君子不患過乎重，常患過乎輕。不患過乎厚，常患過乎薄也。

莊子齊物，未免乎較量。較量則争，争則不平，不平則不和。無思無爲者，神妙致一之地也。所謂「一以貫之」，「聖人以此洗心，退藏於密」。

當仁，不讓於師者，進人之道也。

秦穆公伐鄭，敗而有悔過自誓之言，此非止霸者之事，幾於王道。能悔則無過矣。此聖人所以録於《書》末也。

劉絢問無爲。對曰：時然後言，人不厭其言。樂然後笑，人不厭其笑。義然後取，人不厭其取。此所謂無爲也。

瞽瞍殺人，舜視棄天下猶棄敝屣也，竊負而逃，遵海濱而處，終身訢然，樂而忘天下。

聖人雖天下之大，不能易天性之愛。

文中子曰：「易樂者必多哀，輕施者必好奪。」或曰：「天下皆争利棄義，吾獨若之何？」子曰：「舍其所争，取其所棄，不亦君子乎？」若此之類，禮義之言也。「心迹之判久矣。」若此之類，造化之言也。

莊子氣豪，若吕梁之事，言之至者也。《盜跖》言事之無可奈何者，雖聖人亦莫如之何。《漁父》言事之不可强者，雖聖人亦不可强。此言有爲無爲之理，順理則無爲，强則有爲也。

金須百鍊然後精，人亦如此。

佛氏棄君臣、父子、夫婦之道，豈自然之理哉！

志於道者，統而言之。志者，潛心之謂也。德者，得於己，有形故可據。德主於仁，故曰依。

莊子曰：「庖人雖不治庖，尸祝不越樽俎而代之。」此「君子思不出其位，素位而行」之意也。

晉狐射姑殺陽處父，《春秋》書「晉殺其大夫陽處父」，上漏言也。君不密則失臣，故書國殺。

人得中和之氣則剛柔均，陽多則偏剛，陰多則偏柔。

人之爲道，當至於鬼神不能窺處，是爲至矣。

「作《易》者，其知盜乎。」聖人知天下萬物之理，而一以貫之。

大羹可和，玄酒可漓，則是造化亦可和可漓也。

有一日之物，有一月之物，有一時之物，有一歲之物，有十歲之物，至於百、千、萬，皆有之。天地亦物也，亦有數焉。雀三年之物，馬三十年之物。凡飛走之物，皆可以數推。人百有二十年之物。

太極，道之極也。太玄，道之玄也。太素，色之本也。太一，數之始也。太初，事之初也。其成功則一也。

易地而處，則無我也。

陰者陽之影，鬼者人之影也。

氣以六變，體以四分。

以尊降卑曰「臨」，以上觀下曰「觀」。

毋意，毋必，毋固，毋我。合而言之則一，分而言之則二。合而言之則二，分而言之則四。始於有意，成於有我。有意然後有必，必生於意。有固然後有我，我生於固。意有心，必先期，固不化，我有己也。

記問之學，未足以爲事業。

智哉留侯，善藏其用。

思慮一萌，鬼神得而知之矣。故君子不可不慎獨。

時然後言，言不在我也。

學在不止，故王通云：没身而已。

誠者主性之具，無端無方者也。

性理大全書卷之十三

皇極經世書七

外　書

漁樵問對

嵩山晁氏曰：邵雍堯夫設爲問答，以論陰陽化育之端、性命道德之奥云。

漁者垂釣于伊水之上，樵者過之，弛檐息肩坐于磐石之上而問于漁者曰：魚可鈎取乎？曰然。曰：鈎非餌可乎？曰否。曰：非鈎也，餌也，魚利食而見害，人利魚而蒙利，其利同也，其害異也。敢問何故。漁者曰：子樵者也，與吾異治，安得侵吾事乎？然亦可以爲子試言之。彼之利，猶此之利也。彼之害，亦猶此之害也。子知其小，未知其大。魚之利食，吾亦利乎食也。魚之害食，吾亦害乎食也。子知魚終日得食爲利，又安知魚終日不得食不爲害？如是，則食之害也重，而鈎之害也輕。子知吾終日得魚爲利，又安知吾終日不得魚不爲害也？　如是，則吾之害也重，魚之害也輕。以魚之一身當人之一食，則魚之害多矣。以人之一身當魚之一食，則人之害亦多矣，又安知釣乎大江大海則無易地之患焉？　魚利乎水，人利乎陸。水與陸異，其利一也。魚害乎餌，人害乎財。餌與財異，其害一也。又何必分乎彼此哉。子之言，體也，獨不知用爾。樵者又問曰：魚可生食乎？　曰：烹之可也。曰：必吾薪濟子之魚乎？　曰然。曰：吾知有用乎子矣。曰：然則子知子之薪能濟吾之魚，不知子之薪所以能濟吾之魚也。薪之能濟魚久矣，不待子而後知。苟世未知火之能用薪，則子之薪雖積丘山，獨且奈何哉。樵者曰：願聞其方。曰：火生于動，水生于靜。動静之相生，水火之相息。水火，用。草木，體也。用生于利，體生于害。利害見乎情，體用隱乎性。一性一情，聖人成能。子之薪，猶吾之魚。微火，則皆爲腐臭朽壤而無所用矣，又安能養人七尺之軀哉？　樵者曰：火之功大於薪，固已知之矣。敢問善灼物何必待薪而後傳。漁者曰：薪，火之體也。火，薪之用也。火無體，待薪然後爲體。薪無用，待火然後爲用。是故凡有體之物，皆可焚之矣。曰：水有體乎？　曰然。曰：火能焚水乎？　曰：火之性能迎而不能隨，故滅。水之體能隨而不能迎，故熱。是故有温泉而無寒火，相息之謂也。曰：火之道生於用，亦有體乎？　曰：火以用爲本，以體爲末，故動。水以體爲本，以用爲末，故静。是火亦有體，水亦有用也。故能相濟，又能相息。非獨水火則然，天下之事皆然，在乎用之何如爾。樵者曰：用可得聞乎？曰：可以意得者，物之性也。可以言傳者，物之情也。可以象求者，物之形也。可以數取者，物之體也。用也者，妙萬物爲言者也，可以意得而不可以言傳。曰：不可以言傳，則子惡得而知之乎？曰：吾所以得而知之者，固不能言傳。非獨吾不能傳之以言，聖人亦不能傳之以言也。曰：聖人既不能傳之以言，則六經非言也邪？曰：時然後言，何言之有？樵者贊曰：天地之道備於人，萬物之道備於身，衆妙之道備於神，天下之能事畢矣，又何思何慮？吾而今而後知事心踐形之爲大，不及子之門，幾至於殆矣。乃析薪烹魚而食之，飫而論《易》。

漁者與樵者遊於伊水之上，漁者歎曰：熙熙乎萬物之多，未始有雜。吾知遊乎天地之間，萬物皆可以無心而致之矣。非子則吾孰與歸焉。樵者曰：敢問無心致天地萬物之方。漁者曰：無心者，無意之謂也。無意之意，不我物也。不我物，然後能物物。曰：何謂我，何謂物？曰：以我徇物，則我亦物也。以物徇我，則物亦我也。我、物皆致，意由是明。天地亦萬物也，何天地之有焉？萬物亦天地也，何萬物之有焉？萬物亦我也，何萬物之有焉？我亦萬物也，何我之有焉？何物不我，何我不物。如是，則可以宰天地，可以司鬼神，而況於人乎，況於物乎？

樵者問漁者曰：天何依？曰：依乎地。地何附？曰：附乎天。曰：然則天地何依何附？曰：自相依附。天依形，地附氣。其形也有涯，其氣也無涯。有無之相生，形氣之相息，終則有始，終始之間，天地之所存乎。天以用爲本，以體爲末。地以體爲本，以用爲末。利用出入之謂神，名體有無之謂聖。唯神與聖能參乎天地者也。小人則日用而不知，故有害生實喪之患也。夫名也者，實之客也。利也者，害之主也。名生於不足，利喪於有餘。害生於有餘，實喪於不足。此理之常也。養身者必以利，貪夫則以身徇利，故有害生焉。立身必以名，衆人則以身徇名，故有實喪焉。竊人之財謂之盜。其始取之也，唯恐其不多也。及其敗露也，唯恐其多矣。夫賄之與贓一物也，而兩名者，利與害故也。竊人之美謂之徼。其始取之，唯恐其不多也。及其敗露也，唯恐其多矣。夫譽與毁一事也，而兩名者，名與實故也。凡言朝者，萃名之所也。市者，聚利之地也。能不以争處乎其間，雖一日九遷，一貨十倍，何害生實喪之有耶？是知争也者，取利之端也。讓也者，趨名之本也。利至則害生，名興則實喪。利至名興，而無害生實喪之患，唯有德者能之。天依地，地附天，豈相遠哉！

漁者謂樵者曰：天下將治，則人必尚行也。天下將亂，則人必尚言也。尚行，則篤實之風行焉。尚言，則詭譎之風行焉。天下將治，則人必尚義也。天下將亂，則人必尚利也。尚義，則謙讓之風行焉。尚利，則攘奪之風行焉。三王尚行者也，五霸尚言者也。尚行者必入於義，尚言者必入於利也。義利之相去，一何如是之遠耶？是知言之于口，不若行之于身。行之于身，不若盡之于心。言之于口，人得而聞之。行之于身，人得而見之。盡之于心，神得而知之。人之聰明猶不可欺，況神之聰明乎？是知無愧于口，不若無愧于身；無愧于身，不若無愧于心。無口過易，無身過難；無身過易，無心過難。既無心過，何難之有？吁！安得無心過之人與之語心哉。

漁者謂樵者曰：子知觀天地萬物之道乎？樵者曰：未也，願聞其方。漁者曰：夫所以謂之觀物者，非以目觀之也。非觀之以目而觀之以心也。非觀之以心而觀之以理也。天下之物，莫不有理焉，莫不有性焉，莫不有命焉。所以謂之理者，窮之而後可知也。所以謂之性者，盡之而後可知也。所以謂之命者，至之而後可知也。此三知者，天下之真知也，雖聖人無以過之也。而過之者，非所以謂之聖人也。夫鑑之所以能爲明者，謂其能不隱萬物之形也。雖然，鑑之能不隱萬物之形，未若水之能一萬物之形也。雖然，水之能一萬物之形，又未若聖人之能一萬物之情也。聖人之所以能一萬物之情者，謂其聖人之能反觀也。所以謂之反觀者，不以我觀物也。不以我觀物者，以物觀物之謂也。既能以物觀物，又安有我於其間哉？是知我亦人也，人亦我也，我與人皆物也。此所以能用天下之目爲己之目，其目無所不觀矣。用天下之耳爲己之耳，其耳無所不聽矣。用天下之口爲己之口，其口無所不言矣。用天下之心爲己之心，其心無所不謀矣。夫天下之觀，其于見也，不亦廣乎？天下之聽，其于聞也，不亦遠乎？天下之言，其于論也，不亦高乎？天下之謀，其于樂也，不亦大乎？夫其見至廣，其聞至遠，其論至高，其樂至大。能爲至廣、至遠、至高、至大之事，而中無一爲焉，豈不謂至神至聖者乎！非唯吾謂之至神至聖者乎，而天下謂之至神至聖者乎。非唯一時之天下謂之至神至聖者乎，而千萬世之天下謂之至神至聖者乎。過此以往，未之或知也已。

樵者問漁者曰：子以何道而得魚？曰：吾以六物具而得魚。曰：六物具也，豈由天乎？曰：具六物而得魚者，人也。具六物而所以得魚者，非人也。樵者未達，請問其方。漁者曰：六物者，竿也、綸也、浮也、沉也、鈎也、餌也。一不具，則魚不可得。然而六物具而不得魚者，非人也。六物具而不得魚者有焉，未有六物不具而得魚者也。是知具六物者，人也。得魚與不得魚者，天也。六物不具而不得魚者，非天也，人也。

樵者曰：人有禱鬼神而求福者，福可禱而求耶？求之而可得耶？敢問其所以。曰：語善惡者，人也。禍福者，天也。天道福善而禍淫，鬼神其能違天乎？自作之咎，固難逃已。天降之災，禳之奚益？脩德積善，君子常分，安有餘事於其間哉。樵者曰：有爲善而遇禍，有爲惡而獲福者，何也？漁者曰：有幸與不幸也。幸不幸，命也。當不當，分也。一命一分，人其逃乎？曰：何謂分，何謂命。曰：小人之遇福，非分也，有命也。當禍，分也，非命也。君子之遇禍，非分也，有命也。當福，分也，非命也。

漁者謂樵者曰：人之所謂親，莫如父子也。人之所謂踈，莫如路人也。利害在心，則父子過路人遠矣。父子之道，天性也，利害猶或奪之，況非天性者乎？夫利害之移人如是之深也，可不慎乎？路人之相逢則過之，固無相害之心焉，無利害在前故也。有利害在前，則路人與父子又奚擇焉？路人之能相交以義，又何況父子之親乎？夫義者讓之本也，利者争之端也。讓則有仁，争則有害。仁與害，何相去之遠也。堯、舜亦人也，桀、紂亦人也。人與人同而仁與害異爾。仁因義而起，害因利而生。利不以義，則臣弑其君者有焉，子弑其父者有焉，豈若路人之相逢，一日而交袂于中逵者哉。

樵者謂漁者曰：吾嘗負薪矣，舉百斤而無傷吾之身，加十斤則遂傷吾之身，敢問何故？漁者曰：樵則吾不知之矣。以吾之事觀之，則易地皆然。吾嘗釣而得大魚，與吾交戰。欲棄之，則不能捨。欲取之，則未能勝。終日而後獲，幾有没溺之患矣，非直有身傷之患耶。魚與薪則異也，其貪而爲傷則一也。百斤，力分之内者也。十斤，力分之外者也。力分之外，雖一毫猶且爲害，而況十斤乎？吾之貪魚，亦何以異子之貪薪乎？樵者歎曰：吾而今而後知量力而動者，智矣哉。

樵者謂漁者曰：子可謂知易之道矣。吾敢問「易有太極」，太極何物也？曰：無爲之本也。「太極生兩儀」，兩儀，天地之謂乎？曰：兩儀天地之祖也，非止爲天地而已也。太極分而爲二，先得一爲一，後得一爲二。一、二謂兩儀。曰：「兩儀生四象」，四象，何物也？曰：《大象》謂陰、陽、剛、柔。有陰陽然後可以生天，有剛柔然後可以生地。立功之本，於斯爲極。曰：「四象生八卦」，八卦，何謂也？曰：謂乾、坤、離、坎、兑、艮、震、巽之謂也。迭相盛衰，終始於其間矣。因而重之，則六十四由是而生也，而易之道始備矣。

樵者問漁者曰：復，何以見天地之心乎？曰：先陽已盡，後陽始生，則天地始生之際，中則當日月始周之際，末則當星辰終始之際。萬物死生，寒暑代謝，晝夜遷變，非此無以見之。當天地窮極之所必變，變則通，通則久。故《象》言「先王以至日閉關，商旅不行，后不省方」，順天故也。

樵者謂漁者曰：「无妄災也」，敢問其故。曰：妄則欺也，得之必有禍。欺，有妄也。順天而動，有禍及者，非禍也，災也。猶農有思豐而不勤稼穡者，其荒也，不亦禍乎？農有勤稼穡而復敗諸水旱者，其荒也，不亦災乎？故《象》言「先王以茂對時，育萬物」，貴不妄也。

樵者問曰：姤，何也？曰：姤，遇也，柔遇剛也。與夬正反。夬始逼壯，姤始遇壯。陰始遇陽，故稱姤焉。觀其姤，天地之心亦可見矣。聖人以德化及此，罔有不昌。故《象》言

「施命誥四方」。履霜之慎，其在此也。

漁者謂樵者曰：春爲陽始，夏爲陽極，秋爲陰始，冬爲陰極。陽始則温，陽極則熱。陰始則涼，陰極則寒。温則生物，熱則長物。涼則收物，寒則殺物。皆一氣，其別而爲四焉。其生萬物也亦然。

樵者問漁者曰：人之所以能靈于萬物者，何以知其然耶？漁者對曰：謂其目能收萬物之色，耳能收萬物之聲，鼻能收萬物之氣，口能收萬物之味。聲色氣味者，萬物之體也。目耳鼻口者，萬人之用也。體無定用，惟變是用。用無定體，惟化是體。體用交而人物之道於是乎備矣。然則人亦物也，聖人亦人也。有一物之物，有十物之物，有百物之物，有千物之物，有萬物之物，有億物之物，有兆物之物。生一一之物，當兆物之物者，豈非人乎？有一人之人，有十人之人，有百人之人，有千人之人，有萬人之人，有億人之人，有兆人之人。生一一之人，當兆人之人者，豈非聖乎？是知人也者，物之至者也。聖也者，❶人之至者也。物之至者，始得謂之物之物也。人之至者，始得謂之人之人也。夫物之至者，至物之謂也。而人之至者，至人之謂也。以一至物而當一至人，則非聖而何？人謂之不聖，則

---

❶「也」，重修本作「人」。

吾不信也。何哉？謂其能以一心觀萬心，一身觀萬身，一物觀萬物，一世觀萬世者焉。又謂其能以心代天意，口代天言，手代天工，身代天事者焉。又謂其能以上識天時，下盡地理，中盡物情，通照人事者焉。又謂其能以彌綸天地，出入造化，進退今古，表裏人物者焉。噫！聖人者，非世世而效聖焉，吾不得而目見之也。雖然，吾不得而目見之，察其心，觀其跡，探其體，潛其用，雖億萬年亦可以理知之也。人或告我曰：天地之外別有天地萬物，異乎此天地萬物，則吾不得而知已。非唯吾不得而知之也，聖人亦不得而知之也。凡言知者，謂其心得而知之也。言言者，謂其口得而言之也。既心尚不得而知之，口又惡得而言之乎？以心不可得知而知之，是謂妄知也。以口不可得言而言之，是謂妄言也。吾又安能從妄人而行妄知、妄言者乎？

漁者謂樵者曰：仲尼有言曰：「殷因於夏禮，所損益可知也。周因於殷禮，所損益可知也。其或繼周者，雖百世可知也。」夫如是，則何止千百世而已哉，億千萬世皆可得而知之也。人皆知仲尼之爲仲尼，不知仲尼之所以爲仲尼。不欲知仲尼之所以爲仲尼則已，如其必欲知仲尼之所以爲仲尼，則捨天地將奚之焉？人皆知天地之爲天地，不知天地之所以爲天地。不欲知天地之所以爲天地則已，如其必欲知天地之所以爲天地，則捨動靜將奚之焉？夫一動一静者，天地之至妙者與。夫一動一静之間者，天地人之至妙至妙者與。是知仲尼之所以盡三才之道者，謂其行無轍跡也。故有言曰：「予欲無言」，又曰：「天何言哉，四時行焉，百物生焉。」其此之謂與？

漁者謂樵者曰：大哉權之與變乎，非聖人無以盡之。變然後知天地之消長，權然後知天下之輕重。消長，時也。輕重，事也。時有否泰，事有損益。聖人不知隨時否泰之道，奚由知變之所爲乎？聖人不知隨時損益之道，奚由知權之所爲乎？運消長者變也，處輕重者權也。是知權之與變，聖人之一道耳。

樵者謂漁者曰：人謂死而有知，有諸？曰：有之。曰：何以知其然？曰：以人知之。曰：何者謂之人？曰：目耳鼻口、心膽脾腎之氣全，謂之人。心之靈曰神，膽之靈曰魄，脾之靈曰魂，腎之靈曰精。心之神發乎目，則謂之視。腎之精發乎耳，則謂之聽。脾之魂發乎鼻，則謂之臭。膽之魄發乎口，則謂之言。八者具備，然後謂之人。夫人者，天地萬物之秀氣也。然而亦有不中者，各求其類也。若全得人類，則謂之曰全人之人。夫全類者，天地萬物之中氣也，謂之曰全德之人也。全德之人者，人之人者也。夫人之人者，仁人之謂也，唯全人然後能當之。人之生也，謂其氣行。人之死也，謂其形返。氣行則神魂交，形返則精魄存。神魂行于天，精魄返于地。行于天則謂之曰陽行，返于地則謂之曰陰返。陽行則晝見而夜伏者也，陰返則夜見而晝伏者也。是故知日者月之形也，月者日之影也。陽者陰之形也，陰者陽之影也。人者鬼之形也，鬼者人之影也。人謂鬼無形而無知者，吾不信也。

漁者問樵者曰：小人可絶乎？曰：不可。君子稟陽正氣而生，小人稟陰邪氣而生。無陰則陽不成，無小人則君子亦不成。唯以盛衰乎其間也。陽六分，則陰四分。陰六分，則陽四分。陽陰相半，則各五分矣。由是知君子、小人之時有盛衰也。治世則君子六分，君子六分則小人四分，小人固不勝君子矣。亂世則反是。君君，臣臣，父父，子子，兄兄，弟弟，夫夫，婦婦，謂各安其分也。君不君，臣不臣，父不父，子不子，兄不兄，弟不弟，夫不夫，婦不婦，謂各失其分也。此則由世治世亂使之然也。君子常行勝言，小人常言勝行。故世治則篤實之士多，世亂則緣飾之士衆。篤實鮮不成事，緣飾鮮不敗事。成多國興，敗多國亡。家亦由是而興亡也。夫興家興國之人，與亡國亡家之人，相去一何遠哉。

樵者問漁者曰：人所謂才者，有利焉，有害焉者，何也？漁者曰：才一也，利害二也。有才之正者，有才之不正者。才之正者，利乎人而及乎身者也。才之不正者，利乎身而害乎人者也。曰：不正則安得謂之才？曰：人所不能而能之，安得不謂之才。聖人所以惜乎才之難者，謂其能成天下之事而歸之正者寡也。若不能歸之以正，才則才矣，難乎語其仁也。譬猶藥之療疾也，毒藥亦有時而用也，可一而不可再也。疾愈則速已，不已則殺人矣。平藥則常日而用之可也，重疾非所以能治也。能驅重疾而無害人之毒者，古今人所謂良藥也。《易》曰：「大君有命，開國承家，小人勿用。」如是，則小人亦有時而用之。時平治定，用之則否。《詩》云：「它山之石，可以攻玉。」其小人之才乎。

樵者謂漁者曰：國家之興亡，與夫才之邪正，則固得聞命矣。然則何不擇其人而用之？漁者曰：擇臣者君也，擇君者臣也。賢愚各從其類而爲。奈何有堯、舜之君，必有堯、舜之臣；有桀、紂之君，必有桀、紂之臣。堯、舜之臣生乎桀、紂之世，猶桀、紂之臣生乎堯、舜之世，必非其所用也。雖欲爲禍爲福，其能行乎？夫上之所好，下必好之，其若影響，豈待驅率而然耶？上好義，則下必好義，而不義者遠矣。上好利，則下必好利，而不利者遠矣。好利者衆，則天下日削矣。好義者衆，則天下日盛矣。日盛則昌，日削則亡。盛之與削，昌之與亡，豈其遠乎？在上之所好耳。夫治世何嘗無小人，亂世何嘗無君子。不用，則善惡何由而行也。樵者曰：善人常寡而不善人常衆，治世常少而亂世常多，何以知其然耶？曰：觀之於物，何物不然。譬諸五穀，耘之而不苗者有矣。蓬莠不耘而猶生，耘之而求其盡也，亦末如之何矣。由是知君子小人之道，有自來矣。君子見善則喜之，見不善則遠之。小人見善則疾之，見不善則喜之。善惡各從其類也。君子見善則就之，見不善則違之。小人見善則違之，見不善則就之。君子見義則遷，見利則止。小人見義則止，見利則遷。遷義則利人，遷利則害人。利人與害人，相去一何遠耶？家與國一也，其興也，君子常多而小人常鮮；其亡也，小人常多而君子常鮮。君子多，而去之者小人也。小人多，而去之者君子也。君子好生，小人好殺。好生則世治，好殺則世亂。君子好義，小人好利。治世則好義，亂世則好利，其理一也。釣者談已，樵者曰：吾聞古有伏羲，今日如覩其面焉。拜而謝之，及旦而去。

無名公傳

無名公，生于冀方，長于冀方，老于豫方，終于豫方。年十歲，求學于里人，遂盡里人之情，已之滓十去其一二矣。年二十，求學于鄉人，遂盡鄉人之情，已之滓十去其三四矣。年三十，求學于國人，遂盡國人之情，已之滓十去其五六矣。年四十，求學于古人，遂盡古人一作「今」。之情，已之滓十去其七八矣。年五十，求學于天地，遂盡天地之情，欲求已之滓無得而去矣。始則里人疑其僻，問于鄉人，鄉人曰：斯人善與人群，安得謂之僻。既而鄉人疑其泛，問于國人，國人曰：斯人不妄與人交，安得謂之泛。既而國人疑其陋，問于四方之人，四方之人曰：斯人不一有「能」字。器，安得謂之陋。既而四方之人又疑之，質之于古今之人，古今之人終始無可與同者，又問之于天地，天地不對。當是之時，四方之人迷亂不復得知，因號爲無名公。夫無名者，不可得而名也。凡物有形則可器，可器斯可名。然則斯人無體乎？曰：有體，有體而無迹者也。斯人無用乎？曰：有用，有用而無心者也。夫有迹有心者，斯可得而知也。無心無跡者，雖鬼神亦不可得而知，不可得而名，況於人乎？故其詩曰：「思慮未起，鬼神莫知。不由乎我，更由乎誰？」能造萬物者，天地也。能造天地者，太極也。太極者，其可得而名乎？可得而知乎？故强名之曰「太極」。太極者，其無名之謂乎。故嘗自爲之贊曰：「借爾面貌，假爾形骸，弄丸餘暇，丸謂太極。閒往閒來。」人告之以脩福，對曰：未嘗爲不善。人告之以禳災，對曰：未嘗妄祭。故其詩曰：「禍如許免人須諂，福若待求天可量。」又曰：「中孚起信寧須禱，无妄生災未易禳。」性喜飲酒，嘗命之曰「太和湯」。所飲不多，微醺而罷，不喜過醉。故其詩曰：「性喜飲酒，飲喜微酡。飲未微酡，口先吟哦。吟哦不足，遂及浩歌。浩歌不足，無可奈何。」所寢之室謂之「安樂窩」，不求過美，惟求冬燠夏涼。遇有睡思則就枕。故其詩曰：「牆高于肩，室大于斗。布被暖餘，藜羹飽後。氣吐胸中，充塞宇宙。」其與人交，雖賤必洽，終身無甘壞，未嘗作皺眉事，故人皆得其歡心。見貴人，未嘗曲奉。見不善人，未嘗急去。見善人，未之知也，未嘗急合。故其詩曰：「風月情懷，江湖性氣。色斯其舉，翔而後至。無賤無貧，無富無貴。無將無迎，無拘無忌。」聞人之謗未嘗怒，聞人之譽未嘗喜，聞人言人之惡未嘗和，聞人言人之善則就而和之，又從而喜之，故其詩曰：「樂見善人，樂聞善事。樂道善言，樂行善意。聞人之惡，如負芒刺。聞人之善，如佩蘭蕙。」家貧，未嘗求于人。人饋之，雖寡必受。故其詩曰：「窘未嘗憂，飲不至醉。收天下春，歸之肝肺。」朝廷授之官，雖不强免，亦不强起。晚有二子，教之以仁義，授之以六經。舉世尚虚談，未嘗掛一言。舉世尚奇事，未嘗立異行。故其詩曰：「不佞禪伯，不諛方士。不出户庭，直游天地。」家素業儒，口未嘗不道儒言，身未嘗不行儒行。故其詩曰：「心無妄思，足無妄走。人無妄交，物無妄受。炎炎論之，甘處其陋。綽綽言之，無出其右。羲、軒之書，未嘗去手。堯、舜之談，未嘗離口。當中和天，同樂易友。吟自在詩，飲歡喜酒。百年升平，不爲不偶。七十康强，不爲不壽。」此其無名公之行乎。

附　録

程子曰：昔七十子學於仲尼，其傳可見者，惟曾子所以告子思，而子思所以授孟子者耳。其餘門人，各以其材之所宜者爲學。雖同尊聖人，所因而入者，門户則衆矣。況後此千餘歲，師道不立，學者莫知適從。獨康節先生之學爲有傳也。先生得之李挺之，挺之得之穆伯長。推其源流，遠有端緒。今穆、李之言及其行事概可見矣，而先生淳一不雜，汪洋浩大，乃其所自得者多矣。然而名其學者，豈所謂門户之衆，各有所因而入者歟？語成德者，昔難其居。若先生之道，就其至而論之，可謂安且成矣。先生有書六十卷，命曰《皇極經世》。

上蔡謝氏曰：堯夫易數甚精，自來推長曆者至久必差，惟堯夫不然，指一二近事，當面可驗。明道云：「欲要傳與某兄弟，某兄弟那得功夫，要學須是二十年功夫。」明道聞説甚熟，一日因監試無事，以其説推算之，皆合。出謂堯夫曰：「堯夫之數，只是加一倍法，以此知《太玄》都不濟事。」堯夫驚撫其背曰：「大哥你恁聰明。」伊川謂堯夫：「知易數爲知天？知易理爲知天？」堯夫云：「須還知易理爲知天。」因説今年雷起甚處，伊川云：「堯夫怎知某便知？」又問甚處起，伊川云：「起處起。」堯夫愕然。它日，伊川問明道曰：「加倍之數如何？」曰：「都忘之矣。」因歎其心無偏繫如此。

張氏崏曰：康節先生治《易》《書》《詩》《春秋》之學，窮意言象數之藴、皇帝王霸之道。著書十餘萬言，研精極思三十年。觀天地之消長，推日月之盈縮，考陰陽之度數，察剛柔之形體。故經之以元，紀之以會，始之以運，終之以世。又斷自唐、虞訖于五代，本諸天道，質以人事，興廢治亂，靡所不載。其辭約，其義廣，其書著，其旨隱。嗚呼！美矣至矣，天下之能事畢矣。

龜山楊氏曰：《皇極》之書，皆孔子之所未言者。然其論古今治亂成敗之變，若合符節，故不敢略之。恨未得其門而入耳。○康節先天之學不傳於世，非妙契天地之心，不足以知此。某蓋嘗翫之，而陋識淺聞，未足以叩其關鍵。八卦有定位，而先天以乾、巽居南，坤、震居北，離、兑居東，坎、艮居西。又以十數分配八卦，獨艮、坎同爲三數，此必有説也。以爻當期，其原出於《繫辭》。而以星日氣候分布諸爻，《易》未有也。其流詳於緯書，世傳《稽覽圖》是也。揚子草《玄》，蓋用此耳。卦氣起於中孚，冬至卦也，《太玄》以中準之。其次復卦，《太玄》以周準之。升，大寒卦也，《太玄》以干準之。今之曆書亦然。則自漢迄今，同用此説也。而先生以復爲冬至，噬嗑爲大寒，又謂八卦與文王異，若此類皆莫能曉也。康節之學，究極天人之藴，翫味之久，未能窺其端倪，況敢議其是非耶。

朱子曰：《皇極經世》之書，乃一元統十二會，一會統三十運，一運統十二世，一世統三十年。一年統十二月，一月統三十日，一日統十二辰。是十二與三十迭爲用也。故季通以十二萬九千六百之數爲日分。○問《易》與《經世書》同異。曰：《易》是卜筮。《經世》是推步，是一分爲二，二分爲四，四分爲八，八分爲十六，十六分爲三十二，又從裏面細推去。○問：《經世書》水、火、土、石，石只是金否？曰：它分天地間物事皆是四，如日月星辰、水火土石、雨風露雷，皆是相配。又問：金生水，如石中出水是否？曰：金是堅凝之物，到這裏堅實後，自拶得水出來。又問：伯温解《經世書》如何？曰：它也只是説將去，那裏面曲折精微也未必曉得。康節當時只説與王某，不曾説與伯温模樣。○《皇極經世》紀年甚有法。史家多言秦廢太后，逐穰侯。《經世書》只言秦奪宣太后權。伯恭極取之，蓋實不曾廢。○康節之書固自是好，而季通推得來又甚縝密。若見於用，不知果如何，恐當絶勝諸家也。○問：康節數學。曰：且未須理會數，自是有此理。有生便有死，有盛必有衰。且如一朵花，含蘂時是將開，略放時是正盛，爛熳時是衰謝。又如看人，即其氣之盛衰，便可以知其生死。蓋其學本於明理，故明道謂其「觀天地之運化，然後頹乎其順，浩然其歸」。若曰渠能知未來事，則與世間占覆之術何異？其去道遠矣。其知康節者末矣。蓋他玩得此理熟了，事物到面前便見，更不待思量。○康節以四起數，疊疊推去，自《易》以後無人做得一物如此整齊，包括得盡。想它每見一物，便成四片了。但才到二分以上便怕。乾卦方終，便知有箇姤卦來。蓋緣它於起處推將來，至交接處看得分曉。輔廣云：先生前日説康節之學與周子、程子少異處，莫正在此否？若是聖人，則處乾時自有箇處乾底道理，處姤時自有箇處姤底道理否？曰然。又問：先生説邵堯夫看天下物皆成四片。如此，則聖人看天下物皆成兩片也？曰：也是如此，只是陰陽而已。○問：康節云「道爲太極」，又云「心爲太極」。道指天地萬物自然之理而言，心指人得是理以爲一身之主而言？曰：固是。但太極只是箇一而無對者。○康節云：「一動一静者天地之妙也，一動一静之間者，天地人之妙也。」蓋天只是動，地只是静。到得人，便兼動静，是妙於天地處。故曰人者天地之心。論人之形，雖只是器，言其運用處，却是道理。○康節云：「無極之前陰含陽也，有象之後陽分陰也。」陽占却陰分數。○康節云：「思慮未起，鬼神莫知。不由乎我，更由乎誰？」此間有術者，人來問事，心下默念，則它説相應。有人故意思别事，不念及此，則其説便不應。問姓幾畫，口中默數則它説便著，不數者説不著。○問：康節學到不惑處否？曰：康節又别是一般。聖人知天命以理，它只是以術。然到得術之精處，亦非術之所能盡。然其初只術耳。○康節數學源流於陳希夷。康節天資極高，其學只是術數學。後人有聰明能算亦可以推。建陽舊有一村僧，宗元。一日走上徑山，住得七八十日，悟禪而歸。其人聰明能算法，看《經世書》皆略略領會得。○康節，看這人須極會處置事。被它神閒氣定，不動聲氣，須處置得精明。它氣質本來清明，又養得來純厚，又不曾枉用了心。它用那心時，都在緊要上用。被它静極了，看得天下之事理精明。嘗於百原深山中闢書齋，獨處其中，王勝之常乘月訪之，必見其燈下正襟危坐。雖夜深亦如之。若不是養得至静之極，如何見得道理如此精明。只是它做得出來，須差異。季通嘗云：康節若做，定是四公、八辟、十六侯、三十二卿、六十四大夫，都是加倍法。想得是如此。想見它看見天下之事，才上手來便成四截了。其先後緩急，莫不有定。動中機會，事到面前，便處置得下矣。康節甚喜張子房，以爲子房善藏其用。以老子爲得易之體，以孟子爲得易之用，合二者而用之，想見善處事。問：不知真箇用時如何？曰：先時説了，須差異。須有些機權術數也。○康節之學似揚子雲。《太玄》擬《易》，方、州、部、家皆自三數推之，「玄」爲之首。一以生三，爲三方。三生九，爲九州。九生二十七，爲二十七部。九九乘之，斯爲八十一家。首之以八十一，所以準六十四卦。贊之以七百二十有九，所以準三百八十四爻。無非以三數推之。康節之數則是加倍之法。○康節其初想只是看得「太極生兩儀，兩儀生四象」，心只管在那上面轉。久之理透，想得一舉眼便成四片。其法，四之外又有四焉。凡物才過到二之半時便煩惱了，蓋已漸趨於衰也。謂如見花方蓓蕾，則知其將盛。既開，則知其將衰。其理不過如此。謂如今日戌時，從此推上去，至未有天地之始。從此推下去，至人消物盡之時。蓋理在數内，數又在理内。康節是它見得一箇盛衰消長之理，故能知之。若只説它知得甚事，如歐陽叔弼定謚之類，此知康節之淺陋者也。程先生有一柬説《先天圖》，甚有理，可試往聽它説看。觀其意，甚不把當事。然自有《易》以來，只有康節説一箇物事如此齊整。如揚子雲《太玄》，便令星補湊得可笑。若不補，又却欠四分之一。補得來，又却多四分之三。如潛虚之數用五，只似如今算位一般。其直一畫則五也，下横一畫則爲六，横二畫則爲七，蓋亦補湊之書也。

鶴山魏氏曰：邵子平生之書，其心術之精微，在《皇極經世》。其宣寄情意，在《擊壤集》。凡歷乎吾前，皇王帝霸之興替，春秋冬夏之代謝，陰陽五行之運化，風雲月露之霽曀，山川草木之榮悴，惟意所驅，周流貫徹，融液擺落。蓋左右逢源，略無毫髮凝滯倚著之意。嗚呼，真所謂風流人豪者與！或曰：揆以聖人之中，若弗合也。「天何言哉？四時行焉，百物生焉。」聖人之動静語默，無非至教。雖常以示人，而平易坦明，不若是之多言也。「老者安之，朋友信之，少者懷之。」聖人之心量，直與天地萬物上下同流。雖無時不樂，而寬舒和平，不若是之多言也。曰：是則然矣。宇宙之間，飛潛動植，晦明流峙，夫孰非吾事？若有以察之，參前倚衡，造次顛沛，觸處呈露，凡皆精義妙道之發焉者。脱斯須之不在，則芸芸並驅，日夜雜揉，相代乎前，顧於吾何有焉。若邵子者，使猶得從游於舞雩之下，浴沂詠歸，毋寧使曾晳獨見稱於聖人也與？洙、泗已矣，秦、漢以來諸儒無此氣象。讀者當自得之。

黄氏瑞節曰：邵子於揚氏《太玄》，嘗謂其見天地之心，而其書遠過《太玄》之上。究而言之，皆原於《易》，書中引而不發。邵伯温云：「古今之數皆始於一，而《皇極》之數實本於伏羲之先天。」得之矣。西山先生始終以《易》疏其説，於是微顯闡幽，其説大著。學者由蔡氏而知《經世》，由《經世》而知《易》，默而通之可也。

北京大學《儒藏》編纂與研究中心　編

《儒藏》精華編選刊

性理大全書（二）

〔明〕胡廣　等撰

程林　彭榮　校點

北京大學出版社
PEKING UNIVERSITY PRESS

性理大全書卷之十四

易学啓蒙一

聖人觀象以畫卦，揲蓍以命爻，使天下後世之人皆有以決嫌疑，定猶豫，而不迷於吉凶悔吝之塗，其功可謂盛矣。然其爲卦也，自本而榦，自榦而支，其勢若有所迫而自不能已。其爲蓍也，分合進退，從横逆順，亦無往而不相值焉。是豈聖人心思智慮之所得爲也哉。特氣數之自然形於法象，見於《圖》《書》者，有以啓於其心而假手焉耳。近世學者類喜談《易》而不察乎此，其專於文義者，既支離散漫而無所根著；其涉於象數者，又皆牽合傅會，而或以爲出於聖人心思智慮之所爲也。若是者，予竊病焉，因與同志頗輯舊聞，爲書四篇，以示初學，使毋疑於其説云。淳熙丙午莫春既望，雲臺真逸手記。

朱子曰：《易》之一書，最不易讀。某作《啓蒙》，正爲見人説得支離。竊謂《易》中所説象數，聖人所已言者，不過如此。今學者但曉得此數條，則於《易》略通大體，而象數亦皆有用。此外紛紛，皆不須理會矣。其第二篇，論太極、兩儀、四象之屬尤精。誠得其説，則知聖人畫卦不假纖豪思慮計度，而所謂畫前有易者，信非虚語也。○某一生只看得《大學》《啓蒙》兩件文字透，見得前賢所未到處。○《啓蒙》初間只因看歐陽公集内或問《易》「大衍」，遂將來考算得出。○看《啓蒙》，方見得聖人一部《易》皆是假借虚設之辭。蓋緣天下之理，若正説出，便只作一件用。唯以象言，則當卜筮之時看是甚事，都來應得。○鶴山魏氏曰：朱文公易，得於邵子爲多。蓋不讀邵易，則茫不知《啓蒙》《本義》之所以作。

本圖書第一

河圖

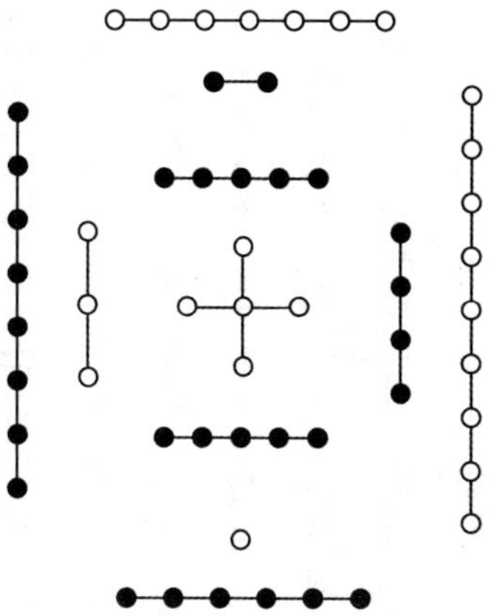

洛書

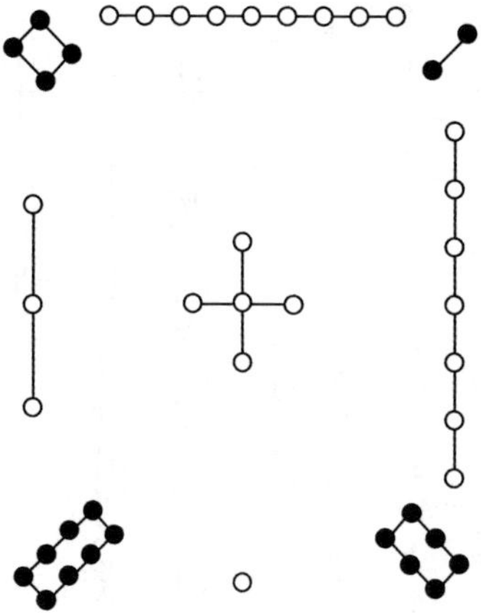

《易大傳》曰：「河出圖，洛出書，聖人則之。」

孔安國云：《河圖》者，伏羲氏王天下，龍馬出河，遂則其文以畫八卦。《洛書》者，禹治水時，神龜負文而列於背，有數至九，禹遂因而第之以成九類。

程子曰：孔子感麟而作《春秋》，麟不出，《春秋》豈不作？大抵須有發端處。如畫八卦，因見《河圖》《洛書》。果無圖、書，八卦亦須作。因見賣兔者，曰：聖人見《河圖》《洛書》而畫八卦，然何必圖、書，只看此兔亦可作八卦，數便在中可起。古聖人只取神物之至者耳。○朱子曰：其以《河圖》《洛書》爲不足信，自歐陽公以來已有此説，然終無奈。《顧命》《繫辭》《論語》皆有此言，而諸儒所傳二圖之數，雖有交互，而無乖戾。順數逆推，縱横曲直，皆有明法，不可得而破除也。○《河圖》與《易》之天一地十者合，而載天地五十有五之數，則固《易》之所自出也。《洛書》與《洪範》之初一至次九者合，而具九疇之數，則固《範》之所自出也。《繫辭》雖不言伏羲受《河圖》以作《易》，然所謂仰觀俯察，遠求近取，安知《河圖》非其中一事耶？大抵聖人制作所由，初非一端。然其法象之規模，必有最親切處。如鴻荒之世，天地之間，陰陽之氣雖各有象，然初未嘗有數也。至於《河圖》之出，然後五十有五之數，奇偶生成，粲然可見。此其所以深發聖人之獨智，又非泛然氣象之所可得而擬也。是以仰觀俯察，遠求近取，至此而後兩儀、四象、八卦之陰陽奇偶可得而言。雖《繫辭》所論聖人作《易》之由者非一，而不害其得此而後決之也。○玉齋胡氏曰：龍馬，《周禮·夏官》馬八尺以上爲龍，言馬之特異如龍也。漢武帝元狩三年得神馬於渥洼水中，亦此之類。神龜，《大戴禮》曰：「甲蟲三百六十而神龜爲之長。」

劉歆云：伏羲氏繼天而王，受《河圖》而畫之，八卦是也。禹治洪水，賜《洛書》，❶法而陳之，九疇是也。《河圖》《洛書》相爲經緯，八卦、九章相爲表裏。

潛室陳氏曰：經緯之説，非是以上下爲經，左右爲緯。大抵經言其正，緯言其變，而二圖互爲正變。主《河圖》而言，則《河圖》爲正，《洛書》爲變。主《洛書》而言，則《洛書》爲正，而《河圖》又爲變。要之，天地間不過一陰一陽以兩其五行，而太極常居其中。二圖雖縱横變動，要只是參互呈見，此所以謂之相爲經緯也。表裏之説亦然。蓋《河圖》不但可以畫卦，亦可以明疇。《洛書》不特可以明疇，亦可以畫卦。但當時聖人各因一事以垂法後世。伏羲但據《河圖》而畫卦，大禹但據《洛書》而明疇。要之伏羲之畫卦，❷其表爲八卦而其裏固可以爲疇，大禹之敘疇，其表爲九疇而其裏固可以爲卦，此所以謂之相爲表裏也。

關子明云：《河圖》之文，七前，六後，八左，九右。《洛書》之文，九前，一後，三左，七右，四前左，二前右，八後左，六後右。

朱子曰：讀《大戴禮書》，又得一證甚明。其《明堂》篇有二、九、四、七、五、三、六、一、八之語，而鄭氏注

---

❶「賜」，重修本作「錫」。

❷上「之」，重修本作「知」。

云：「法龜文也。」然則漢人固以九數者爲《洛書》矣。

邵子曰：圓者，星也。曆紀之數，其肇於此乎。曆法合二始以定剛柔，二中以定律曆，二終以紀閏餘，是所謂曆紀也。方者，土也。畫州井地之法，其放於此乎。州有九，井九百畝，是所謂畫州井地也。蓋圓者，《河圖》之數；方者，《洛書》之文。故羲、文因之而造《易》，禹、箕敘之而作《範》也。蔡元定曰：古今傳記，自孔安國、劉向父子、班固，皆以爲《河圖》授羲，《洛書》錫禹。關子明、邵康節皆以十爲《河圖》，九爲《洛書》。蓋《大傳》既陳天地五十有五之數，《洪範》又明言「天乃錫禹洪範九疇」，而九宮之數，戴九履一，左三右七，二四爲肩，六八爲足，正龜背之象也。惟劉牧意見以九爲《河圖》，十爲《洛書》，託言出於希夷。既與諸儒舊説不合，又引《大傳》以爲二者皆出於伏羲之世。其易置《圖》《書》，並無明驗。但謂伏羲兼取《圖》《書》，則《易》《範》之數誠相表裏爲可疑耳。其實天地之理一而已矣，雖時有古今先後之不同，而其理則不容於有二也。故伏羲但據《河圖》以作《易》，則不必預見《洛書》而已逆與之合矣。大禹但據《洛書》以作《範》，則亦不必追考《河圖》而已暗與之符矣。其所以然者何哉？誠以此理之外，無復它理故也。然不特此耳，律呂有五聲十二律，而其相乘之數究於六十。日名有十幹十二支，而其相乘之數亦究於六十。二者皆出於《易》之後，其起數又各不同，然與《易》之陰陽策數多少自相配合，皆爲六十者，無不若合符契也。下至《運氣》《參同》《太一》之屬，雖不足道，然亦無不相通，蓋自然之理也。假令今世復有圖書者出，其數亦必相符，可謂伏羲有取於今日而作《易》乎？《大傳》所謂「河出圖，洛出書，聖人則之」者，亦汎言聖人作《易》作《範》，其原皆出於天之意。如言「以卜筮者尚其占」，與「莫大乎蓍龜」之類，《易》之書豈有龜與卜之法乎，亦言其理無二而已爾。

朱子曰：二始者，一二也。一奇故爲剛，二偶故爲柔。二中者，五六也。五者十干，六者十二辰也。二終者，九與十也。閏餘之法以一十九歲爲一章，姑借其説以明十數之爲《河圖》耳。又曰：圓者星也，圓者《河圖》之數，言無那四角底，其形便圓。又曰：《河圖》既無那四隅，則比之《洛書》固亦爲圓矣。方者土也，方者《洛書》之文，言畫州井地之所依倣而作者也。《書·禹貢》禹别九州，冀北，揚南，青東，梁西，兖東北，雍西北，徐東南，荆西南，豫中也。孟子言周家井地之制，井九百畝，其中爲公田，八家各私百畝，❶同養公田，是皆法《洛書》之九數也。○西山蔡氏曰：天下之萬聲，出於一闔一闢。天下之萬理，出於一動一静。天下之萬數，出於一奇一偶。天下之萬象，出於一方一圓。○平庵項氏曰：戴九履一，乃《乾鑿度》九宫之法。自有《易》以來，諸易師未有以爲河圖者，至宋劉牧方兩易之。關子明《洞極經》亦然。按唐李鼎祚《集解易》，盡備前世諸儒之説，獨無所謂關子明者，蓋宋阮逸僞作也。其説見後山陳氏《談叢》。○黄氏瑞節曰：楊鼎卿彙六經爲《圖》，唐仲友輯《經世圖譜》，並守劉牧之説，猶未是正云。○玉齋胡氏曰：唐《律曆志》，僧一行作曆本議云：天數始於一，地數始於二，合二始以定剛柔。天數中於五，地數中於六，合二中以定律曆。天數終於九，地數終於十，合二終以紀閏餘。天有五音，所以司日也。地有六律，所以司辰也。○前漢《律曆志》云：天之中數五，五爲聲。地

❶ 「各」，重修本作「皆」。

之中數六，六爲律。聲者，宫、商、角、徵、羽也。律有二，陽律爲律，陰律爲吕。律以統氣類物，曰黄鍾、太簇、姑洗、蕤賓、夷則、無射是也。其制截竹爲筒，陰陽各六，以節五聲之上下。每律吕以五聲加之，則以五乘十二，以十二乘五，是爲六十。十干，自甲至癸。十二支，自子至亥。支、幹相乘，亦爲六十。陰陽老少策數配合爲六十者，老陽策數三十六，老陰策數二十四，合爲六十。少陽策數二十八，少陰策數三十二，亦合爲六十也。運氣見《黄帝·素問》。五運者，甲己化土，乙庚化金，丙辛化水，丁壬化木，戊癸化火是也。六氣者，子午少陰君火司天爲主氣，寅申少陽相火司天爲主氣，丑未太陰濕土司天爲主氣，卯酉陽明燥金司天爲主氣，辰戌太陽寒水司天爲主氣，巳亥厥陰風木司天爲主氣是也。以運、氣相乘言之，甲丙戊庚壬爲陽，加於子午寅申辰戌，計三十日。乙丁己辛癸爲陰，加於丑未卯酉巳亥，計三十日。總陰陽支幹是爲六十也。《參同》乃修養之書，後漢魏伯陽所作，以乾坤爲爐鼎，坎離爲金刀大藥，所用以爲火候者六十卦也。太乙，日家有《太一統紀》之書，其説蓋亦主於六十也。

天一，地二。天三，地四。天五，地六。天七，地八。天九，地十。天數五，地數五，五位相得而各有合。天數二十有五，地數三十，凡天地之數五十有五，此所以成變化而行鬼神也。

此一節夫子所以發明《河圖》之數也。天地之間，一氣而已。分而爲二則爲陰陽，而五行造化萬物始終，無不管於是焉。故《河圖》之位，一與六共宗而居乎北，二與七爲朋而居乎南，三與八同道而居乎東，四與九爲友而居乎西，五與十相守而居乎中。蓋其所以爲數者，不過一陰一陽，一奇一偶，以兩其五行而已。所謂天者，陽之輕清而位乎上者也。所謂地者，陰之重濁而位乎下者也。陽數奇，故一三五七九皆屬乎天，所謂「天數五」也。陰數偶，故二四六八十皆屬乎地，所謂「地數五」也。天數地數各以類而相求，所謂「五位之相得」者然也。天以一生水，而地以六成之。地以二生火，而天以七成之。天以三生木，而地以八成之。地以四生金，而天以九成之。天以五生土，而地以十成之。此又其所謂「各有合」焉者也。積五奇而爲二十五，積五偶而爲三十，合是二者而爲五十有五，此《河圖》之全數，皆夫子之意而諸儒之説也。

朱子曰：五行有以質而語其生之序者，則曰水火木金土，有以氣而語其行之序者，則曰木火土金水。水陰根陽，火陽根陰，錯綜而生。其端是天一生水，地二生火，天三生木，地四生金。到得運行處，便水生木，木生火，火生土，土生金，金又生水，水又生木，循環相生。又曰：陽變陰合，初生水火。水火，氣也。流動閃爍，其體尚虚，其成形猶未定。次生木金，則確然有定形矣。又曰：大抵天地生物，先其輕清，以及重濁。天一生水，地二生火，二物在五行中最輕清。金木復重於水火，土又重於金木。或曰：土寄旺於四季，各十八日，何獨火生土，而土生金也？曰：夏季十八日，土氣爲最旺，故能生秋金也。○勉齋黄氏曰：自一至十，特言奇偶之多寡爾，初非以次序而言。天得奇而爲水，故曰「一生水」。一之極而爲三，故曰「三生木」。地得偶而爲火，故曰「二生火」。二之極而爲四，故曰「四生金」。何也？一極爲三，以一運之圓而成三，故一而三也。二極爲四，以二周之方而成四，故二而四也。如果以次序言，則一生水而未成水，必至五行俱足，猶待第六而後成水。二生火而未成火，必待五行俱足，然後第七而成火耶？如此，則全不成造化，亦不成義理矣。六之成水也，猶坎之爲卦也。一陽居中，「天一生水」也。地六包於外，陽少陰多而水始盛成。七之成火也，猶離之爲卦也。一陰居中，「地二生火」也。天七包於外，陰少陽多而火始盛成。坎屬陽而離屬陰，以其內者爲主，而在外者成之也。又曰：只以造化本原及人物之初生驗之，便自可合。天一生水，水便有形，人生精血湊合成體，亦若造化之有水也。地二生火，火便有氣，人有此體，便能爲聲聲者，氣之所爲，亦若造化之有火也。水陰而火陽，貌亦屬陰而言亦屬陽也。水火雖有形質，然乃造化之初。故水但能潤，火但能炎，其形質終是輕清。至若天三生木，地四生金，則形質已全具矣。亦如人身耳目既具，則人之形成矣。木陽而金陰，亦猶視陽而聽陰也。又曰：《洪範》五行、五事，皆以造化之初，及人物始生言之也。造化之初，天一生水而三生木，地二生火而四生金，蓋以陰陽之氣一濕一燥而爲水火，濕極燥極而爲木與金也。人物始生，精與氣耳。《大傳》曰：「精氣爲物。」子産曰：「物生始化曰魄，既生魄陽曰魂。」此皆精妙之語。精濕而氣燥，精實而氣虚，精沉而氣浮，故精爲貌而氣爲言。精之盛者濕之極，故爲木，爲肝，爲視。氣之盛者燥之極，故爲金，爲肺，爲聽。大抵貌與視屬精，故精衰而目暗。言與聽屬氣，故氣塞而耳聾。此曉然易見者也。又曰：耳屬金，是誠可疑。醫家以耳屬腎，以肺屬金。然配與屬不同。屬者，管屬之謂。配者，比並之謂。論其管屬，則耳屬於腎。取其比並，則聽比於金也。又曰：水火木金有兩項看。如作行之序看，則木火是陽，金水是陰。行於春夏爲陽，行於秋冬爲陰。如作生之序看，則水木是陽，火金是陰。生於天一、天三爲陽，生於地二、地四爲陰。因云：《太極圖解》有一處可疑。《圖》以水陰盛，故居右，火陽盛，故居左，金陰穉，故次水，木陽穉，故次火。此是説生之序。下文却説：「水木，陽也。火金，陰也。」却以水爲陽，火爲陰。論來物之初生，自是幼嫩。如陽始生爲水尚柔弱，到生木已强盛。陰始生爲火尚微，到生金已成質。如此，則水爲陽穉，木爲陽盛，火爲陰穉，金爲陰盛也。○雲莊劉氏曰：水，陰也，生於天一。火，陽也，生於地二。是其方生之始，陰陽互根，故其運行，水居子位極陰之方，而陽已生於子。火居午位極陽之方，而陰已生於午。若木生於天三，❶專屬陽，故其行於春亦屬陽。金生於地四，專屬陰，故其行於秋亦屬陰。不可以陰陽互言矣。蓋水火未離乎氣，陰陽交合之初，其氣自有互根之妙。木則陽之發達，金則陰之收斂，而有定質矣。此其所以與水火不同也。○思齋翁氏曰：水火木金不得土，不能各成一器，何以見之？且天一生水，一得五便爲水之成。地二生火，二得五便爲火之成。天三生木，三得五便爲木之成。地四生金，四得五便爲金之成。皆本於中五之土也。又曰：《河圖》陰陽之位，生數爲主而成數配之。東北陽方，則主之以奇而與合者偶。西南陰方，則主之以偶而與合者奇也。○玉齋胡氏曰：一陰一陽，以生成言也。一奇一偶，一三五七九爲奇，二四六八十爲偶也。陰陽奇偶之合，則一六爲水，二七爲火，三八爲木，四九爲金，五十爲土。故其在十干，則木有甲乙，火有丙丁，土有戊己，金有庚辛，水有壬癸，所謂兩其五行也。

❶「三」，原作「二」，今據重修本改。

「五位相得」，謂一與二，三與四，五與六，七與八，九與十，各以奇偶爲類而相得。「各有合」，謂一與六，二與七，三與八，四與九，五與十，皆兩相合也。朱子云：「『相得』如兄弟，『有合』如夫婦。」蓋以「相得」，則取其奇偶之相爲次第，辨其類而不容紊也。「有合」，則取其奇偶之相爲生成，合其類而不容間也。相得、有合四字，該盡《河圖》之數。又云：相得、有合在十干，甲乙木，丙丁火，戊己土，庚辛金，壬癸水，便是「相得」。甲與己合，乙與庚合，丙與辛合，丁與壬合，戊與癸合，便是「各有合」也。

至於《洛書》，則雖夫子之所未言，然其象其説，已具於前。有以通之，則劉歆所謂「經緯表裏」者可見矣。

或曰：《河圖》《洛書》之位與數，其所以不同，何也？曰：《河圖》以五生數統五成數而同處其方，蓋揭其全以示人而道其常，數之體也。《洛書》以五奇數統四偶數而各居其所，蓋主於陽以統陰而肇其變，數之用也。

節齋蔡氏曰：《河圖》數偶，偶者静，静以動爲用。故《河圖》之行合皆奇。一合六，二合七，三合八，四合九，五合十。是故《易》之吉凶生乎動，蓋静者必動而後生也。《洛書》數奇，奇者動，動以静爲用。故《洛書》之位合皆偶。一合九，二合八，三合七，四合六。是故《範》之吉凶見乎静，蓋動者必静而後成也。〇九峰蔡氏曰：《河圖》體圓而用方，聖人以之而畫卦。《洛書》體方而用圓，聖人以之而敘疇。卦者，陰陽之象也。疇者，五行之數也。象非偶不立，數非奇不行。奇偶之分，象數之始也。陰陽、五行，固非二體。八卦、九疇，亦非二致。理一分殊，非深於造化者，安能識之。又曰：《河圖》非無奇也，而用則存乎偶。《洛書》非無偶也，而用則存乎奇。偶者陰陽之對待乎，奇者五行之迭運乎。對待者不能孤，迭運者不可窮。天地之形，四時之行，人物之生，萬化之凝，其妙矣乎。○潛室陳氏曰：《河圖》以生數統成數，《洛書》以奇數統偶數，若不相似也。然一必配六，二必配七，三必配八，四必配九，五必居中而配十，《圖》《書》未嘗不相似。《河圖》之生成同方，《洛書》之奇偶異位，若不相似也。然同方者有内外之分，是《河圖》猶《洛書》也。異位者有比肩之義，是《洛書》亦猶《河圖》也。又如《河圖》則備數之全，《洛書》則缺數之十，此疑若相戾也。然《河圖》之全數，乃皆自五而來。一得五而爲六，二得五而爲七，三得五而爲八，四得五而爲九。至其所謂十者，乃五得五而爲十，其實未嘗有十也。八卦全不用十，《洛書》雖曰缺十，而皆有含十之義。一對九而含十，二對八而含十，三對七而含十，四對六而含十。十常夾居五之兩端，與《河圖》頗相類，是亦未嘗無十也。○雲莊劉氏曰：《河圖》者，陰陽生成之合。《洛書》者，陰陽奇偶之分。以質而論，則分而各居其所，是對待之定體也。以氣而論，則合而同處其方，是流行之妙用也。然氣質二者初不相離，有分則必有合，有合則必有分，所謂推之於前不見其始之合，引之於後不見其終之離，又不可以拘泥而觀之也。○黄氏瑞節曰：九峰蔡氏譔《皇極内篇》，數爲一書，以爲《易》更四聖而象已著，《範》錫神禹而數不傳。於是有《範數圖》，有八十一章，六千五百六十一變。西山真氏云蔡氏《範數》與三聖之《易》同功者，是也。○玉齋胡氏曰：《河圖》以生成分陰陽，以五生數之陽統五成數之陰，而同處其方。陽内陰外，生成相合，交泰之義也。《洛書》以奇偶分陰陽，以五奇數之陽統四偶數之陰，而各居其所。陽正陰偏，奇偶既分，尊卑之位也。

《河圖》數十，十者對待以立其體，故爲常。《洛書》數九，九者流行以致其用，故爲變也。常變之説，朱子特各舉所重者爲言，非謂《河圖》專於常，有體而無用，《洛書》專於變，有用而無體也。自《河圖》四象之合者觀之，象之列於四方者，各當其所處之位，此其體之常。象之處于西南者，不恊夫所生之卦，又爲用之變矣。伏羲則其變者以作《易》，即横圖卦畫之成而究圓圖卦氣之運，則知四象分爲八卦，陰之老少不動而陽之老少迭遷，此主變也，豈拘於常者乎？自《洛書》四象之分者觀之，象之居于西南者，不當其所處之位，此其用之變。象之列于四方者，悉恊夫所生之卦，又爲體之常矣。大禹則其常者以作《範》，因武王「彝倫攸敘」之問，以究箕子「天錫禹疇」之對，則知四象分爲九疇，陽居四正，則配四陽之卦以爲陰之宰，陰居四隅，則配四陰之卦以爲陽之輔，此主常也，豈撓於變者乎？

曰：其皆以五居中者，何也？曰：凡數之始，一陰一陽而已矣。陽之象圓，圓者徑一而圍三。陰之象方，方者徑一而圍四。圍三者以一爲一，故參其一陽而爲三。圍四者以二爲一，故兩其一陰而爲二。是所謂「參天兩地」者也。三二之合，則爲五矣。此《河圖》《洛書》之數所以皆以五爲中也。

節齋蔡氏曰：天數奇，以一爲一故三。地數偶，以二爲一故兩。卦畫亦然。陽奇爲一，而陰偶爲二也。

○玉齋胡氏曰：陽之數奇而屬乎天，其象爲圓。圓者，取其動也。凡物之圓者，其直徑則一而横圍則三。若陽則其數以一爲一而用其全。擬之於象，實圍三，而三各一奇，皆在所用，故曰「參天」。陰之數偶而屬乎地，其象爲方。方者，取其静也。凡物之方者，其直徑則一而横圍則四。若陰則其數以二爲一而用其半。擬之於象，實圍四，而四合二偶，半在所用，故曰「兩地」。夫數始於陰陽，倚於參兩。參兩之合則爲五，此《圖》《書》之數所以皆以五居中也。陽大陰小，陽饒陰乏，故陽得用全而陰惟用半。其尊陽之義，實昉於此矣。或問：參天兩地，舊説以爲五生數中天參地兩，不知其説如何？朱子云：如此却是三天二地，不見「參兩」之意。參天者，參之以三；兩地者，兩之以二也。又云：一箇天，參之而爲三。一箇地，兩之而爲二。三三爲九，三二爲六。兩其三，一其二，爲八。兩其二，一其三，爲七。此又七、八、九、六之數所由起也。

然《河圖》以生數爲主，故其中之所以爲五者，亦具五生數之象焉。其下一點，天一之象也。其上一點，地二之象也。其左一點，天三之象也。其右一點，地四之象也。其中一點，天五之象也。《洛書》以奇數爲主，故其中之所以爲五者，亦具五奇數之象焉。其下一點，亦天一之象也。其左一點，亦天三之象也。其中一點，亦天五之象也。其右一點，則天七之象也。其上一點，則天九之象也。

玉齋胡氏曰：《圖》之五，具五生數之象。《書》之五，具五奇數之象。蓋皆以其所主者言之。有主必有賓，而《圖》之成數與《書》之偶數，亦各具於中央之五數矣。《圖》之中五下一點既具天一之象，則一與六合，而地六之成數自不能離乎天之一矣。以至二、三、四、五皆然。如是，則《河圖》由一與六，以至五與十，生、成相合，而五十五之全數盡具於中央五數之中。《書》之中五下一點既具天一之象，以至上一點既具天九之象，則一與二、三與四、七與六、九與八，奇偶亦相爲脗合，而四十五之全數亦盡具於中央之五數矣。豈可惟以五數拘之哉？

其數與位，皆三同而二異。蓋陽不可易而陰可易。成數雖陽，固亦生之陰也。

雲莊劉氏曰：《圖》之一三五七九皆奇數，陽也。而一三五之位不易，七九之位易者，亦以天地之間陽動主變故也。然陽於北、東則不動，於西、南則互遷者，蓋北、東陽始生之方，西、南陽極盛之方。陽主進，數又必進於極而後變也。○玉齋胡氏曰：數，則《河圖》自一至十，《洛書》自一至九之數。位，則東西南北中央之位，皆三同而二異者，《圖》《書》之一六皆在北，二八皆在東，五皆在中，三者之位數皆同也。《圖》之二七在南，而《書》則二七在西。《圖》之四九在西，而《書》則四九在南。二者之位、數皆異也。「陽不可易」，專指一三五。「陰可易」，統指二七四九。「成數雖陽」，指七九。「固亦生之陰」，指七爲二生數之陰，九爲四生數之陰也。二四以生數言雖屬陽，然以偶數言則屬陰，不得謂之陽矣，故不可易。七九以奇數言雖屬陽，然以成數言，只可謂之陰矣，故可易。其曰「成數雖陽固亦生之陰」，不曰「生數雖陰固亦成之陽」者，蓋但主陰可易而言也。

曰：中央之五，既爲五數之象矣，然其爲數也奈何？曰：以數言之，通乎一圖，由内及外，固各有積實可紀之數矣。然《河圖》之一二三四，各居其五象本方之外，而六七八九十者又各因五而得數，以附于其生數之外。《洛書》之一三七九亦各居其五象本方之外，而二四六八者又各因其類以附于奇數之側。蓋中者爲主而外者爲客，正者爲君而側者爲臣，亦各有條而不紊也。

董銖問曰：夫《河圖》之數，不過一奇一偶相錯而已。故太陽之位，即太陰之數；太陰之位，即太陽之數。見其迭陰迭陽，陰陽相錯，所以爲生、成也。天五地十居中，地十亦天五之成數。蓋一二三四已含六七八九者，以五乘之故也。蓋數不過五也。《洛書》之用一二三四以對九八七六，其數亦不過十。蓋太陽占第一位，已含太陽之數。少陰占第二位，已含少陰之數。少陽占第三位，已含少陽之數。太陰占第四位，已含太陰之數。雖其陰陽各自爲數，然五數居中。太陽居一，得五而成六。少陰居二，得五而成七。少陽居三，得五而成八。太陰居四，得五而成九。則與《河圖》一陰一陽相錯而爲生、成之數者，亦無以異也。不知可如此看否？朱子答曰：所論甚當。《河圖》相錯之説尤佳。○覺軒蔡氏曰：一二三四爲四象之位，六七八九爲四象之數，《河圖》位與數常相錯。然五數居中，一得五而爲六，二得五而爲七，三得五而爲八，四得五而爲九。各居其方，雖相錯而未嘗不相對也。《洛書》位與數常相對，然五數居中，一得五而爲後右之六，二得五而爲右之七，三得五而爲後左之八，四得五而爲前之九。縱横交綜，雖相對而未嘗不相錯也。○玉齋胡氏曰：在《圖》者陽生陰成，在《書》者陽奇陰偶，而皆以陽爲尊也。《圖》之數十，積之爲五十有五。《書》之數九，積之爲四十有五。皆可以紀其實也。然以中五計之，《圖》之一二三四者，生數之陽也，各居其中五本來方位之外。六七八九十者，成數之陰也，又各因五而得數以附于五生數之外。中者爲主，則外者爲客矣。《書》之一三七九者，四奇數之陽也，各居其中五本來方位之外。而二四六八者，四偶數之陰也，又各從其類以附于四奇數之側。正者爲君，則側者爲臣矣。造化貴陽而賤陰，假《圖》《書》以顯其理，出於自然之妙，非可容一毫智力抑揚於其間也。

曰：其多寡之不同，何也？曰：《河圖》主全，故極於十而奇偶之位均。論其積實，然後見其偶贏而奇乏也。《洛書》主變，故極於九而其位與實皆奇贏而偶乏也。必皆虛其中也，然後陰陽之數均於二十而無偏耳。

玉齋胡氏曰：《河圖》偶贏而奇乏者，地三十，天二十五也。《洛書》奇贏而偶乏者，天二十五，地二十也。《河圖》虛其中之十五，《洛書》虛其中之五，則陰陽之數均於二十矣。

曰：其序之不同，何也？曰：《河圖》以生出之次言之，則始下，次上，次左，次右，以復于中，而又始于下也。以運行之次言之，則始東，次南，次中，次西，次北，左旋一周而又始于東也。其生數之在內者，則陽居下左而陰居上右也。其成數之在外者，則陰居下左而陽居上右也。《洛書》之次，其陽數，則首北，次東，次中，次西，次南。其陰數，則首西南，次東南，次西北，次東北也。合而言之，則首北，次西南，次東，次東南，次中，次西北，次西，次東北，而究于南也。其運行，則水克火，火克金，金克木，木克土，右旋一周而土復克水也。是亦各有說矣。

思齋翁氏曰：《河圖》運行之序，自北而東，左旋相生，固也。然對待之位，則北方一六水克南方二七火，西方四九金克東方三八木，而相克者已寓於相生之中。《洛書》運行之序，自北而西，右轉相克，固也。然對待之位，則東南方四九金生西北方一六水，東北方三八木生西南方二七火，其相生者已寓於相克之中。蓋造化之運，生而不克，則生者無從而裁制。克而不生，則克者亦有時而間斷。此《圖》《書》生成之妙，未嘗不各自全備也。○玉齋胡氏曰：《河圖》生出生成之序，與《洛書》奇偶次序，皆錯雜取義。唯運行次序，《河圖》則左旋相生，《洛書》則右轉相克，一六爲水，二七爲火，三八爲木，四九爲金，五十爲土。《河圖》則水生木，木生火，火生土，土生金，左旋一周而金復生水也。《洛書》則水克火，火克金，金克木，木克土，右轉一周而土復克水也。

曰：其七八九六之數不同，何也？曰：《河圖》六七八九既附于生數之外矣，此陰陽老少進退饒乏之正也。其九者，生數一三五之積也，故自北而東，自東而西，以成於四之外。其六者，生數二四之積也，故自南而西，自西而北，以成於一之外。七則九之自西而南者也，八則六之自北而東者也，此又陰陽老少互藏其宅之變也。《洛書》之縱横十五，而七八九六迭爲消長，虚五分十，而一含九，二含八，三含七，四含六，則參伍錯綜，無適而不遇其合焉。此變化無窮之所以爲妙也。

玉齋胡氏曰：此一節專言《圖》《書》七八九六之數，以分陰陽之老少也。七九爲陽，陽主進，由少陽七而進七之上爲八，故踰八而進於九，九則進之極，更無去處了，故九爲老陽。六八爲陰，陰主退，由少陰八而退八之下爲七，故踰七而退於六，六則退之極，更無轉處了，故六爲老陰。進則饒，故老陽饒於八，少陽饒於六。退則乏，故老陰乏於七，少陰乏於九。進而饒者陽之常，退而乏者陰之常，此所謂正也。以言其變，老陽數九，由一三五積而成於四之外。四，老陰之位也。老陰數六，由二四積而成於一之外。一，老陽之位也。此二老互藏其宅之變也。七八則非由積數而成。七與九皆陽，故少陽七自九來而居於二之上。二，少陰之位也。八與六皆陰，故少陰八自六來而居於三之上。三，少陽之位也。此二少互藏其宅之變也。其在《洛書》，雖縱横有十五之數，實皆七八九六之迭爲消長。一得五爲六，而與南方之九迭爲消長。四得五爲九，而與西北之六迭爲消長。三得五爲八，而與西方之七迭爲消長。二得五爲七，而與東北之八迭爲消長。大抵數之進者爲長，退者爲消。長者退則又消，消者進則又長。六進爲九，則九長而六消。九退爲六，則九反消而六又長矣。七進爲八，則八長而七消。八退爲七，則八反消而七又長矣。虚五分十者，虚中五之外，則縱横皆十。以其十者分之，則九者十分一之餘，八者十分二之餘，七者十分三之餘，六者十分四之餘也。參伍錯綜，無適而不遇七八九六之合焉。此所謂變化無窮之妙也。又因是推之：《圖》《書》之文，七與八，九與六，每相聯屬。《河圖》則二少位東南，二老位西北。一居南，内含東外之八。三居東，内含南外之七。一居北，内含西外之九。四居西，内含北外之六。《洛書》則一得五成六而合九，四得五成九而合六，二得五成七而合八，三得五成八而合七。又如二四成六而九居中，一八成九而六在旁，二六成八而七處内，三四成七而八在下。是亦九六七八無適而不遇其合也。

曰：然則聖人之則之也，奈何？曰：則《河圖》者，虚其中。則《洛書》者，總其實也。河圖之虚五與十者，太極也。奇數二十，偶數二十者，兩儀也。以一二三四爲六七八九者，四象也。析四方之合以爲乾坤離坎，補四偶之空以爲兑震巽艮者，八卦也。《洛書》之實，其一爲五行，其二爲五事，其三爲八政，其四爲五紀，其五爲皇極，其六爲三德，其七爲稽疑，其八爲庶徵，其九爲福極。其位與數，尤曉然矣。

朱子曰：《洛書》本文只有四十五點，班固云六十五字皆《洛書》本文。古字畫少，恐或有模様，但今無所考。漢儒此説未是，恐只是以義起之，不是數如此。蓋皆以天道人事參互言之。五行最急，故第一。五事又參之，故第二。身既脩，可推之於政，故八政次之。政既成，又驗之於天道，故五紀次之。又繼之以皇極居五，蓋能推五行，正五事，用八政，脩五紀，乃可以建極也。六三德，乃是權衡此皇極者也。德既脩矣，稽疑、庶徵繼之者，著其驗也。又繼之以福極，則善惡之效至是不可加矣。皇極非大中也，皇乃天子，極乃極至，言「皇建此極」也。○九峰蔡氏曰：五行不言用，无適而非用也。皇極不言數，非可以數明也。苟明乎此，則大禹敘疇之旨得矣。○玉齋胡氏曰：伏羲則《河圖》以作《易》也，《圖》之數十，積之爲五十有五。虚其中十與五者，象太極也。而其散布於外者凡四十，以一三七九爲陽儀者二十，以二四六八爲陰儀者二十，此則之以生兩儀也。以一二三四之位而爲六七八九之象，此則之以生四象也。析二七之合，則七居南爲乾，而二補東南隅之空以爲兑；析三八之合，則八居東爲離，而三補東北隅之空以爲震；析四九之合，則九居西爲坎，而四補西南隅之空以爲巽；析一六之合，則六居北爲坤，而一補西北隅之空以爲艮者，此則之以成八卦也。然聖人之則《河圖》也，亦因横圖卦畫之成以發圓圖卦氣之運耳。本《河圖》以爲先天横圖，則卦畫之成者，老陽居一分之爲乾、兑，少陰居二分之爲離、震，少陽居三分之爲巽、坎，老陰居四分之爲艮、坤。本《河圖》以爲先天圓圖，則卦氣之運者，老陰居北，少陰居東，所以分而爲艮、坤、離、震者，此四卦固无以異於横圖也。少陽居南，宜爲巽、坎而乃爲乾、兑，老陽居西，宜爲乾、兑而乃爲巽、坎，此四卦實有異於横圖矣。其故何哉？蓋《河圖》二象之居于東北者，陰之老少也。陰主静而守其常，故水木各一其象，不能他有所兼。一六居北爲水，其於卦也爲艮、坤，不得爲離、震矣。二、八居東爲木，其於卦也爲離、震，不得爲艮、坤矣。陰所以小也，所以居窮冬相錯而爲冬與春之卦也。《河圖》二象之居于西南者，陽之老少也。陽主動而通其變，故金火互通其象，實能兩有所兼。乾居南方火位，《説卦》曰「乾爲金」，坎居西方金位，而《説卦》曰「坎爲赤」，故四、九居西爲金，其於卦也本爲乾、兑，而亦得爲巽、坎矣。二、七居南爲火，其於卦也本爲巽、坎，而亦得爲乾、兑矣。陽所以爲大也，所以居大夏相錯而爲夏與秋之卦也。體《河圖》以爲先天圓圖，其卦氣之運，分陰分陽有如此者。聖人所以作《易》者，寧不可見也哉。大禹之則《洛書》以作《範》也，未必拘拘於書之位次以定疇之先後。然自一至九之數，實有以默啓聖人作《範》之心。故自初一之五行，包天地自然之數。餘八法，則是大禹參酌天時人事而類之，不必盡協於火、木、金、土之位也。

曰：《洛書》而虚其中，則亦太極也。奇偶各居二十，則亦兩儀也。一二三四而含九八七六，縱横十五而互爲七八九六，則亦四象也。四方之正以爲乾坤離坎，四隅之偏以爲兑震巽艮，則亦八卦也。《河圖》之一六爲水，二七爲火，三八爲木，四九爲金，五十爲土，則固《洪範》之五行。而五十有五者，又九疇之子目也。是則《洛書》固可以爲《易》，而《河圖》亦可以爲《範》矣。且又安知《圖》之不爲《書》，《書》之不爲《圖》也耶？

玉齋胡氏曰：「四方爲乾坤離坎，四隅爲兑震巽艮」者，蓋一、六老陰之數，而畫卦爲艮、坤，艮居六，坤居一也。三、八少陰之數，而畫卦爲離、震，離居三，震居八也。四、九老陽之數，而畫卦爲乾、兑，乾居九，兑居四也。二、七少陽之數，而畫卦爲巽、坎，巽居二，坎居七也。此《洛書》亦可以爲八卦也。「九疇子目」者，五行五，五事五，八政八，五紀五，皇極一，三德三，稽疑七，庶徵十，福極十一，總五十五也。

曰：是其時雖有先後，數雖有多寡，然其爲理則一而已。但《易》乃伏羲之所先得乎《圖》，而初無所待於《書》。《範》則大禹之所獨得乎《書》，而未必追考於《圖》耳。且以《河圖》而虚十，則《洛書》四十有五之數也。虚五，則大衍五十之數也。積五與十，則《洛書》縱横十五之數也。以五乘十，以十乘五，則又皆大衍之數也。《洛書》之五，又自含五而得十，而通爲大衍之數矣。積五與十，則得十五而通爲《河圖》之數矣。苟明乎此，則横斜曲直，無所不通，而《河圖》《洛書》又豈有先後彼此之間哉。

玉齋胡氏曰：「《洛書》之五，又自含五而得十」者，下一點含天一之象，上一點含地二之象，左一點含天三之象，右一點含地四之象，中一點含天五之象。所謂「五自含五而得十，通在外四十爲大衍之數，積五與十而得十五」者，以其所含之五積之，則含五與十而爲十五，通在外四十而爲《河圖》五十五也。

性理大全書卷之十五

易學啓蒙二

原卦畫第二

古者包羲氏之王天下也，仰則觀象於天，俯則觀法於地，觀鳥獸之文與地之宜，近取諸身，遠取諸物，於是始作八卦，以通神明之德，以類萬物之情。

易有太極，是生兩儀。兩儀生四象，四象生八卦。

《大傳》又言包羲畫卦所取如此，則《易》非獨以《河圖》而作也。蓋盈天地之間莫非太極陰陽之妙，聖人於此仰觀俯察，遠求近取，固有以超然而默契於其心矣。故自兩儀之未分也，渾然太極，而兩儀、四象、六十四卦之理已粲然於其中。自太極而分兩儀，則太極固太極也，兩儀固兩儀也。自兩儀而分四象，則兩儀又爲太極，而四象又爲兩儀矣。自是而推之，由四而八，由八而十六，由十六而三十二，由三十二而六十四，以至于百千萬億之無窮。雖其見於摹畫者，若有先後而出於人爲，然其已定之形，已成之勢，則固已具於渾然之中，而不容毫髮思慮作爲於其間也。程子所謂「加一倍法」者，可謂一言以蔽之。而邵子所謂「畫前有易」者，又可見其真不妄矣。世儒於此或不之察，往往以爲聖人作《易》，蓋極其心思探索之巧而得之。甚者至謂凡卦之畫，必由蓍而後得，其誤益以甚矣。

朱子曰：伏羲觀鳥獸之文與地之宜，那時未有文字，只是仰觀俯察而已。想聖人心細，雖以鳥獸羽毛之微，也盡察得有陰陽。今人心粗，如何見得。或曰：伊川見兔，曰：「察此亦可以畫卦。」便是此義。曰：就這一端上亦可以見。凡草木鳥獸，無不有陰陽。○王昭素云：「與地」之間，諸本多有「天」字。俯仰遠近，所取不一，然不過以驗陰陽消息兩端而已。○太極、兩儀、四象、八卦，此乃《易》學綱領，開卷第一義。孔子發明伏羲畫卦自然之形體。孔子而後，千載不傳，惟康節、明道二先生知之。蓋康節始傳先天之學而得其説，且以此爲伏羲之易也。《説卦》「天地定位」一章，《先天圖》乾一至坤八之序，皆本於此。然康節猶不肯大段説破。《易》之心髓，全在此處，不敢容易輕説，其意非偶然也。明道以爲加一倍法，其發明孔子之言又可謂最切要矣。○節齋蔡氏曰：聖人之卦，精可以通神明之德，粗可以類萬物之情。神明之德，不可見者也，故曰「通」。萬物之情，可見者也，故曰「類」。○雲莊劉氏曰：《易》畫生於太極，故其理爲天下之至精。《易》畫原於《圖》《書》，故其數爲天下之至變。太極，理也，形而上者也，必有所依而後立。故雖不雜乎《圖》《書》之數，而亦不離乎《圖》《書》之數。則《圖》《書》之數以作《易》，而太極之理行乎其中矣。《繫辭》論聖人作《易》之由，又有及於觀察求取，則雖非獨以

《圖》《書》而作，其實因《圖》《書》之數而後決之耳。太極爲理之原，《圖》《書》爲數之祖。理之與數，本非有二致也。合而觀之，斯可矣。○玉齋胡氏曰：「仰則觀象於天」，即所謂「仰以觀於天文」，日月星辰皆是也。「俯則觀法於地」，即所謂「俯以察於地理」，山林川澤皆是也。「鳥獸之文」，羽毛之屬。「地之宜」，草木之屬。「神明之德」，如健順動止之性。「萬物之情」，如雷風山澤之象也。朱子云：「畫卦只是一分爲二，節節如此以至於無窮。」蓋以凡一爲極，凡兩爲儀。所謂一者，非專指生兩儀之太極。所謂兩者，非專指太極所生之兩儀。兩儀分爲四象，則兩儀爲一而四象爲兩矣。四象分爲八卦，則四象爲一而八卦又爲兩矣。自是推之，以至於不窮，皆此一之分爲兩爾。

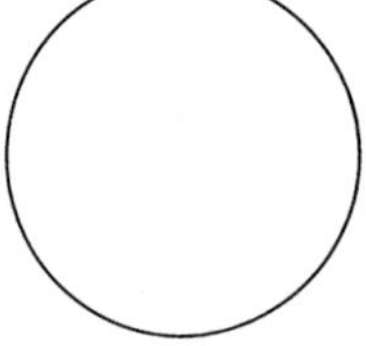

易有太極，

太極者，象數未形而其理已具之稱，形器已具而其理无眹之目。在《河圖》《洛書》，皆虛中之象也。周子曰「无極而太極」，邵子曰「道爲太極」，又曰「心爲太極」，此之謂也。

玉齋胡氏曰：畫前之易，一太極耳。横圖所該儀、象、卦以至六十四者，皆自此而生也。「象數未形」者，言《圖》《書》未出，卦畫未立。「而其理已具」者，言所以爲是兩儀、四象、八卦之理，已渾然備具，所謂不雜乎陰陽之太極也。「形器已具」者，言《圖》《書》既出，卦畫既立。「而其理无眹」者，言雖有是儀、象、卦之畫，而其所以然之理又初无聲臭之可求，所謂不離乎陰陽之太極也。「《圖》《書》虛中」見前篇。

陽儀 ⚊

陰儀 ⚋

是生兩儀。

太極之判，始生一奇一偶，而爲一畫者二，是爲兩儀。其數則陽一而陰二。在《河圖》《洛書》，則奇偶是也。周子所謂「太極動而生陽，動極而靜。靜而生陰，靜極復動。一動一靜，互爲其根。分陰分陽，兩儀立焉」，邵子所謂「一分爲二」者，皆謂此也。

玉齋胡氏曰：朱子答程可久云：如所論兩儀有曰「乾之畫奇，坤之畫偶」。只此「乾坤」字便未穩當。蓋儀，匹也，如俗語所謂一雙、一對云耳。自此再變至第三畫，八卦已成，方有乾坤之名。當其爲一畫之時，方有一奇一偶，只可謂之陰陽，未得謂之乾坤也。

太陽一 ⚌

少陰二 ⚍

少陽三 ⚎

太陰四 ⚏

兩儀生四象，

兩儀之上各生一奇一偶，而爲二畫者四，是謂四象。其位則太陽一，少陰二，少陽三，太陰四。其數則太陽九，少陰八，少陽七，太陰六。以《河圖》言之，則六者，一而得於五者也；七者，二而得於五者也；八者，三而得於五者也；九者，四而得於五者也。以《洛書》言之，則九者，十分一之餘也；八者，十分二之餘也；七者，十分三之餘也；六者，十分四之餘也。周子所謂「水火木金」，邵子所謂「二分爲四」者，皆謂此也。

玉齋胡氏曰：「兩儀生四象」者，陽儀上生一畫陽⚌，謂之太陽一象，又生一畫陰⚍，謂之少陰一象。陰儀上生一畫陽⚎，謂之少陽一象，又生一畫陰⚏，謂之太陰一象。朱子云：「一陰一陽有各生一陰一陽之象。」或問其義。云：「一物上自各有陰陽，如人之男女，陰陽已具，逐人身上又各有這陰陽。血是陰，氣是陽。如晝夜之間，晝爲陽，夜爲陰。而晝自午後又爲陰，夜自子後又屬陽。此便是陰陽有各生陰陽之象。陰陽各生陰陽，則是四象也。」其此之謂矣。四象既立，太陽居一含九，少陰居二含八，少陽居三含七，太陰居四含六。朱子云：「因一二三四，便見九八七六，最妙。蓋數不過十，無如此恰好。這皆是造化自然，都遏他不住。惟此義先儒未曾發。」《圖》《書》六七八九之象，見前篇。《太極圖》以水陰盛爲太陰，火陽盛爲太陽，木陽稺爲少陽，金陰稺爲少陰。其分太少陰陽，雖與此不盡合，姑借其説以明水火木金爲四象耳。○朱子答或問云：所謂「兩儀爲乾坤初爻，四象爲乾坤初二相錯而成」，則恐立言有未瑩者。蓋方其爲兩儀，則未有四象也。方其爲四象，則未有八卦也。安得先有乾坤之名，初二之辨哉？兩儀只可謂之陰陽，四象方有太、少之别。其序以太陽、少陰、少陽、太陰爲次。此序既定，遞升而倍之，適得乾一，兑二，離三，震四，巽五，坎六，艮七，坤八之序也。

四象生八卦。

乾一 ☰　兑二 ☱　離三 ☲　震四 ☳

巽五 ☴　坎六 ☵　艮七 ☶　坤八 ☷

四象之上各生一奇一偶，而爲三畫者八，於是三才略具，而有八卦之名矣。其位則乾一，兑二，離三，震四，巽五，坎六，艮七，坤八。在《河圖》，則乾坤離坎分居四實，兑震巽艮分居四虛。在《洛書》則乾坤離坎分居四方，兑震巽艮分居四隅。《周禮》所謂「三《易》經卦皆八」，《大傳》所謂「八卦成列」，邵子所謂「四分爲八」者，皆指此而言也。

玉齋胡氏曰：朱子云：「四象生八卦者，太陽之上生一陽，則爲☰而名乾，生一陰則爲☱而名兌。少陰之上生一陽，則爲☲而名離，生一陰，則爲☳而名震。少陽之上生一陽，則爲☴而名巽，生一陰，則爲☵而名坎。太陰之上生一陽，則爲☶而名艮，生一陰，則爲☷而名坤。」所謂「乾一，兑二，離三，震四，巽五，坎六，艮七，坤八」者，蓋謂此也。《圖》《書》分八卦，詳見前篇。《周禮》太卜掌三《易》之法，夏曰《連山》，商曰《歸藏》，周曰《周易》，其經卦皆八也。○又按，朱子曰：「太陰、太陽交而生艮、兑，少陰、少陽交而生震、巽。坎、離不交，各得本畫。坎、離之交，在第二畫兩儀生四象時交了。老陽過去交陰，老陰過來交陽，便是兑、艮上第三畫。少陰、少陽交，便是震、巽上第三畫。所以知其如此者，他這位次相挨傍。蓋以太陽過去交太陰，則生艮上爻之陽。太陰過來交太陽，則生兑上爻之陰。乾、坤不言交而生者，以上爻陽生於太陽，陰生於太陰，於交之義無取也。」少陰交少陽，則生震上爻之陰。少陽交少陰，則生巽上爻之陽。坎、離不交，各得本畫者，離之上得陽儀之陽，坎之上得陰儀之陰，亦非交而生也。坎、離之交在第二畫生四象時交者，陽儀交陰儀而生坎中爻之陽，陰儀交陽儀而生離中爻之陰也。此所以四象生八卦，獨兑、艮、震、巽交而乾、坤、坎、離不交也。位次相挨傍者，兑、乾、艮、坤、震、巽六卦位次皆相挨也。又盤澗董氏云：「自兩儀生四象，則太陽、太陰不動而少陰、少陽則交。自四象生八卦，則乾、坤、震、巽不動而兑、離、坎、艮則交。蓋二老不動者，陽儀還生陽之象，陰儀還生陰之象。二少則交者，陽儀乃生陰之象，陰儀乃生陽之象也。乾、坤、震、巽不動者，陽象還生陽爻，陰象還生陰爻。兑、離、艮、坎則交者，陽象乃生陰爻，陰象乃成陽爻也。」此與朱子前説不同。參互求之，其義益備。要之，此皆就四象、八卦已成者推其相交之妙。若論其初畫時，一齊俱定，本非有俟於交而生也。

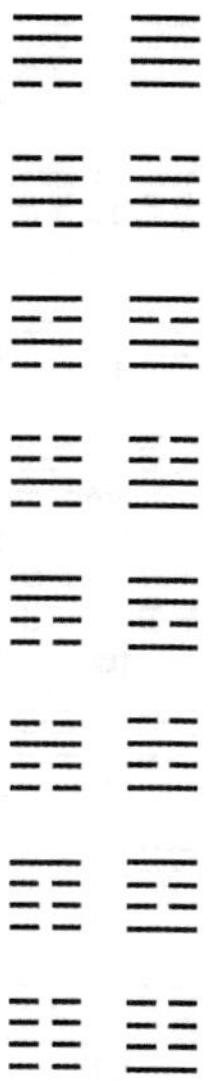

八卦之上各生一奇一偶，而爲四畫者十六，於經无見。邵子所謂「八分爲十六」者是也。又爲兩儀之上各加八卦，又爲八卦之上各加兩儀也。

玉齋胡氏曰：兩儀之上各加八卦者，以八陽八陰爲兩儀，是第一畫爲兩儀也。兩儀之上各有八卦，陽儀八卦，陰儀八卦，二八一十有六，是爲上三畫皆八卦也。八卦之上各加兩儀者，乾、兑、離、震、巽、坎、艮、坤各二卦，每二卦之上各有一奇一偶爲兩儀，是自第三畫爲八卦。八卦之上各有兩儀，亦自八分爲十六，第四畫皆兩儀也。

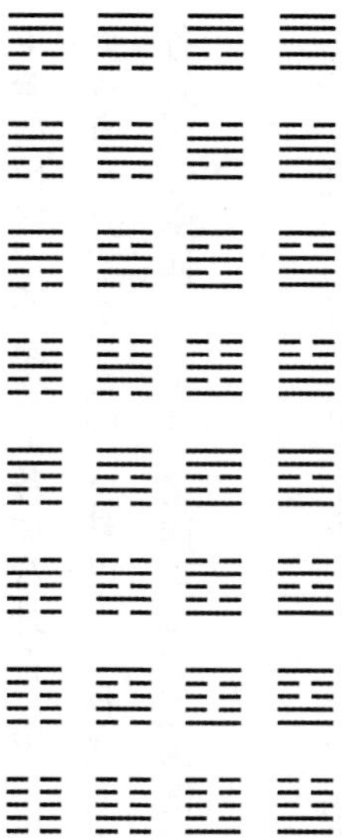

四畫之上各生一奇一偶，而爲五畫者三十二，邵子所謂「十六分爲三十二」者是也。又爲

四象之上各加八卦，又爲八卦之上各加四象也。

玉齋胡氏曰：四象之上各加八卦者，第一畫十六陽十六陰爲兩儀，第二畫各八陽八陰爲四象，四象之上各有八卦，上三畫皆八卦也。八卦之上各加四象者，下三畫乾、兑、離、震、巽、坎、艮、坤各四卦，上各有兩奇兩偶，爲兩儀，第四畫也；每兩儀之上各有一奇一偶，爲四象，第五畫也。

乾	夬	大有	大壯	小畜	需	大畜	泰
履	兑	睽	歸妹	中孚	節	損	臨
同人	革	離	豐	家人	既濟	賁	明夷
无妄	隨	噬嗑	震	益	屯	頤	復
姤	大過	鼎	恒	巽	井	蠱	升
訟	困	未濟	解	渙	坎	蒙	師
遯	咸	旅	小過	漸	蹇	艮	謙
否	萃	晉	豫	觀	比	剥	坤

五畫之上各生一奇一偶，而爲六畫者六十四，則兼三才而兩之，而八卦之乘八卦亦周，於

是六十四卦之名立而易道大成矣。《周禮》所謂「三《易》之別皆六十有四」，《大傳》所謂「因而重之，爻在其中矣」，邵子所謂「三十二分爲六十四」者是也。若於其上各卦又各生一奇一偶，則爲七畫者百二十八矣。七畫之上又各生一奇一偶，則爲八畫者二百五十六矣。八畫之上又各生一奇一偶，❶則爲九畫者五百十二矣。九畫之上又各生一奇一偶，則爲十畫者千二十四矣。十畫之上又各生一奇一偶，則爲十一畫者二千四十八矣。十一畫之上又各生一奇一偶，則爲十二畫者四千九十六矣。此焦貢《易林》變卦之數，蓋以六十四乘六十四也。今不復爲圖於此，而略見第四篇中。若自十二畫上又各生一奇一偶，累至二十四畫，則成千六百七十七萬七千二百一十六變。以四千九十六自相乘，其數亦與此合。引而伸之，蓋未知其所終極也。雖未見其用處，然亦足以見易道之無窮矣。

玉齋胡氏曰：朱子答袁機仲云：「第六畫者，八卦之八卦也。」又云：「聖人當初亦不恁地思量，只是畫一箇陽，一箇陰。只管恁地去，自一而二，二而四，四而八，八而十六，十六而三十二，三十二而六十四，既成箇物事，自然如此齊整。皆是天地本然之妙元如此，但略假聖人手畫出來。」至哉言矣。

❶「畫」，原作「卦」，今據《易學啓蒙通釋》改。

朱子曰：凡此非某之説，乃康節之説。非康節之説，乃希夷之説。非希夷之説，乃孔子之説。但當日諸儒既失其傳，而方外之流陰相付受以爲丹竈之術，至於希夷、康節，乃反之於《易》，而後其説始得復明於世。然與今《周易》次第行列多不同者，故聞者創見而不之信，只據見行《周易》，緣文生義，穿鑿破碎，有不勝其杜譔者。此《啓蒙》之書所爲作也。若能虚心遜志以求其通曉，玩之久熟，則天地變化之神，陰陽消長之妙，自將瞭然於心目之間，而有以識其奥矣。○《易》中七八九六之數，向來只從揲蓍處推起。雖亦脗合，然終覺曲折太多，不甚簡易，疑非所以得數之原。因看四象次第，偶得其説，極爲捷徑。蓋因一二三四，便見六七八九。老陽位一便含九，少陰位二便含八，少陽位三便含七，老陰位四便含六，數不過十。惟此一義，先儒未曾發。先儒但説中間進退而已。○太極、兩儀、四象、八卦，生出次第，位置行列，不待安排而粲然有序。以至於第四分而爲十六，第五分而爲三十二，第六分而爲六十四，則其因而重之，亦不待用意推排，而與前之三分焉者未嘗不脗合也。比之并累三陽以爲乾，連疊三陰以爲坤，然後以意交錯而成六子，又先畫八卦於内，復畫八卦於外，以旋相加而爲六十四卦者，其出於天理之自然，與人爲之造作，蓋不同矣。○四象之名，所包甚廣。大抵須以兩畫相重，四位成列者爲正，而一二三四者，其位之次也；七八九六者，其數之實也。其以陰陽剛柔分之者，合天地而言也。其以陰陽太、少分之者，專以天道而言也。若專以地道言之，則剛柔又自有太、少矣。推而廣之，縱横錯綜，凡是一物，無不各有四者之象，不但此數者而已矣。

伏羲八卦圖

伏羲六十四卦圖

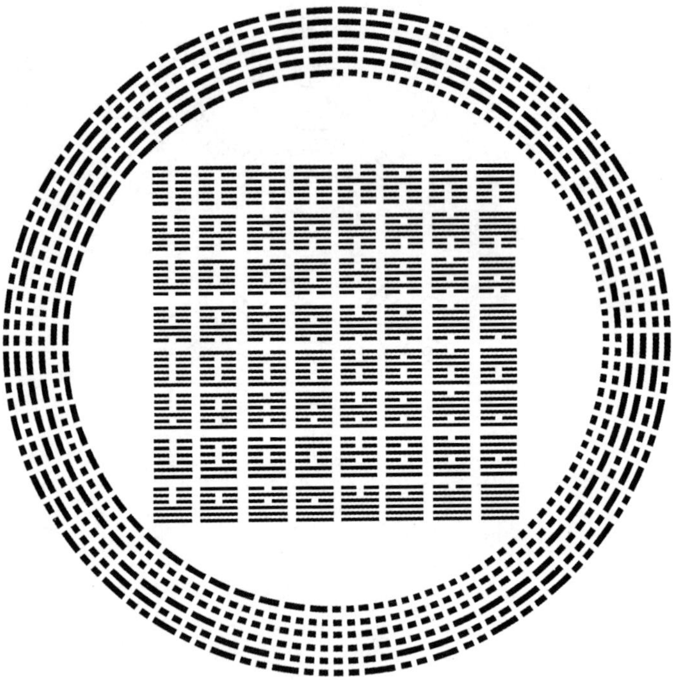

朱子曰：自有《易》以來，只有邵子説得此圖如此齊整。如揚雄《太玄》便零星補湊得可笑，若不補，又却欠四分之一；補得來，又却多四分之三。如《潛虛》之數用五，只似如今算位一般。其直一畫則五也，下横一畫則爲六，横二畫則爲七，蓋亦補湊之書也。○《先天圖》直是精微，不起於邵子，希夷以前元有，只是祕而不傳，次第是方士輩所相傳授。《參同契》中所言亦有些意思。○黄氏瑞節曰：《先天圖》與《太極圖》同時而出，周、邵二子不相聞，則二圖亦不相通，此勿論也。陳瑩中云：「司馬文正與康節同時友善，而未嘗有一言及先天之學。」邵伯温云：「伊川在康節時，於先天之學非不問，不語之也。」即二先生之論，則《先天圖》在當時豈猶未甚著耶？陳瑩中云：「先天之學以心爲本，其在《經世書》者，康節之餘事耳。」又云：「闡先聖之幽，微先天之顯，不在康節之書乎？」然則朱子以前，表章尊敬此圖者，了翁爲有見也。○又按會稽嚴氏譔《先天圖義》，蓋取先天之圓圖分爲二十四，又取方圖分爲二十四。其説曰：「乾一，兑二，離三，震四，巽五，坎六，艮七，坤八。大分小分，内分外分，横分直分，左分右分，正分斜分，不差毫釐，無往不合。已撮取入諸書圖類云。」

天地定位，山澤通氣，雷風相薄，水火不相射。八卦相錯，數往者順，知來者逆，是故《易》逆數也。

雷以動之，風以散之，雨以潤之，日以烜之，艮以止之，兑以説之，乾以君之，坤以藏之。

邵子曰：此一節明伏羲八卦也。「八卦相錯」者，明交相錯而成六十四也。「數往者順」，若順天而行，是左旋也。皆已生之卦也，故云「數往」也。「知來者逆」，若逆天而行，是右行也。皆未生之卦也，故云「知來」也。夫《易》之數，由逆而成矣。此一節直解圖意，若逆知四時之謂也。以横圖觀之，有乾一而後有兑二，有兑二而後有離三，有離三而後有震四，有震四而巽五，坎六、艮七、坤八亦以次而生焉，此《易》之所以成也。而圓圖之左方，自震之初爲冬至，離、兑之中爲春分，以至於乾之末而交夏至焉，皆進而得其已生之卦，猶自今日而追數昨日也。故曰：「數往者順。」其右方自巽之初爲夏至，坎、艮之中爲秋分，以至於坤之末而交冬至焉，皆進而得其未生之卦，猶自今日而逆計來日也。故曰：「知來者逆。」然本《易》之所以成，則其先後始終，如横圖及圓圖右方之序而已。故曰：「《易》逆數也。」

朱子曰：若自乾一横排至坤八，此則全是自然。故《説卦》云：「《易》逆數也。」皆自已生以得未生之卦。若如圓圖，則須如此，方見陰陽消長次第。震一陽，離、兑二陽，乾三陽。巽一陰，坎、艮二陰，坤三陰。雖似稍涉安排，然亦莫非自然之理。自冬至至夏至爲順，蓋與前逆數者相反。皆自未生而反得已生之卦。自夏至至冬至爲逆，蓋與前逆數者同。其左右與今天文説左右不同。蓋從中而分，其初若有左右之勢爾。自北而東爲左，自南而西爲右。○潛室陳氏曰：卦圖始生，只如横圖自乾一至坤八，六十四卦皆用一倍法，兩兩生去。雖未生出，數可逆加，故曰「《易》逆數也」。若交一轉過而爲圓圖，却從中間數去，不從乾一數而從震四數，自震至乾皆是得其已生之卦。卦本從乾生至震，今却從震數至乾，是「數往」也。既交乾後，自巽至坤，這一半是元生次序，仍是未生之卦，故言「知來者逆」，謂正合圖本生法，可逆數而知也。

○玉齋胡氏曰：邵子云：「《易》之數由逆而成，若逆知四時之謂也。」此論横圖之序。自乾至坤，皆未生之卦也。所謂未生者，自卦之未畫者推之。蓋太陽未交以前，乾未生也。自其上生一奇則爲乾，而兑猶未生也。然其生之勢不容已，不必太陽上生一偶，方知其爲兑，已可即乾而逆推兑於未生之前，知其必爲兑矣。少陰未交以前，離猶未生也。自其上生一奇則爲離，而震猶未生也。然其生之勢亦不容已，不必少陰上生一偶，方知其爲震，已可即離而逆推震於未生之前，知其必爲震矣。自巽五至坤八，其所推者亦然。如自春而推夏，知春之後必爲夏。自夏而推秋，知夏之後必爲秋。自秋而推冬，知秋之後必爲冬。所謂「若逆知四時之謂」者，此也。邵子據經文解釋，則先圓圖而後及於横圖。朱子釋邵子之説，則先自横圖而論者，誠以横圖可以見卦畫之立，圓圖可以見卦氣之行。所謂圓圖者，其實即横圖規而圓之耳。朱子嘗答葉永卿云：「《先天圖》須先將六十四卦畫作一横圖，則震、巽、復、姤正在中間。先自震、復而却行以至於乾，乃自巽、姤而順行以至於坤，便成圓圖。而春夏秋冬、晦朔弦望、晝夜昏旦，皆有次第，此作圖之大旨也。」數往知來之説，大抵以卦畫之已生者爲往，未生者爲來，亦當先以横圖觀之，而後其義可見。横圖之前一截列於圓圖之左方者，乾一，兑二，離三，震四，而運行之序，則始於震。既有震矣，則乾、兑、離之已生者可見。由是自震之初爲冬至，離、兑之中爲春分，以至乾之末而交夏至焉，是皆進而得其已生之卦也。天道左旋，此四卦旋於方之左，若順天而行。所以數之者，豈不如今日追數昨日之順而易乎？横圖之後一截列於圓圖之右方者，巽五，坎六，艮七，坤八，而運行之序則始於巽。方其有巽，則坎、艮、坤之未生亦可見。由是自巽之初爲夏至，坎、艮之中爲秋分，以至坤之末而交冬至焉，是皆進而得其未生之卦也。天道非右行，此四卦行於方之右，若逆天而行。所以知之者，豈不如今日逆計來日之難乎？要之數往知來之説，以陰陽之節候次第觀之，皆自微而至著。以人之推測言之，亦因微而識著。何則？震、巽本同居横圖之中，今以横圖中分而成圓圖，則震乃居圓圖之北，爲陽之始，巽乃居圓圖之南，爲陰之始。各相對望而不復同處其中，此陰陽之逆順，自復、姤而始，其勢已於微而判矣。況曰數曰知，皆是就人而言，亦皆是各據震、巽地頭而論。以此求之，則往來逆順之旨居然可見矣。若論其初，則易畫之所以成，其先後始終，不過如横圖之始乾終坤，及圓圖右方自巽至坤之序而已。是皆以逆而成也。故曰：「此一節直解圖意，若逆知四時之謂也。」〇嘗因邵子子半之説推之，以卦分配節候，復爲冬至子之半。頤、屯、益爲小寒丑之初，震、噬嗑、隨爲大寒丑之半。无妄、明夷爲立春寅之初，賁、既濟、家人爲雨水寅之半。豐、離、革爲驚蟄卯之初，同人、臨爲春分卯之半。損、節、中孚爲清明辰之初，歸妹、睽、兑爲穀雨辰之半。履、泰爲立夏巳之初，大畜、需、小畜爲小滿巳之半。大壯、大有、夬爲芒種午之初，至乾之末交夏至午之半焉。此三十二卦，皆進而得夫震、離、兑、乾已生之卦也。姤爲春分午之半。大過、鼎、恒爲小暑未之初，巽、井、蠱爲大暑未之半。升、訟爲立秋申之初，困、未濟、解爲處暑申之半。涣、坎、蒙爲白露酉之初，師、遯爲秋分酉之半。咸、旅、小過爲寒露戌之初，蹇、漸、艮爲霜降戌之半。謙、否爲立冬亥之初，萃、晉、豫爲小雪亥之半。觀、比、剥爲大雪子之初，至坤之末交冬至子之半焉。此三十二卦，皆進而得夫巽、坎、艮、坤未生之卦也。二分、二至、四立，總爲八節，每節各計兩卦。如坤、復爲冬至，无妄、明夷爲立春，同人、臨爲春分之類是也。如十六氣，每氣各計三卦。如頤、屯、益爲小寒，至觀、比、剥爲大雪之類是也。八節計十六卦，十六氣計四十八卦，合之爲六十四卦。此以卦配氣者然也。○又按，周謨問：「先天卦氣相接皆是左旋，蓋乾接以巽初，姤卦便是一陰生。坤接以巽初，復卦便是一陽生。自復卦一陽生，十一月。盡震四離三一十六卦，然後得臨卦。十二月。又盡兑二凡八卦，然後得泰卦，正月。又隔四卦得大壯，二月。又隔大有一卦得夬。三月。夬接乾，乾接姤，自姤卦一陰生，五月。盡巽五坎六一十六卦，然後得遯卦。六月。又盡艮七凡八卦，然後得否卦。七月。又隔四卦得觀，八月。又隔比一卦得剥。九月。剥接坤，十月。坤接復。周而復始，循環无端。卦氣左旋，而一歲十二月之卦皆得其序。但陰陽初生，各歷十六卦而後一月，又歷八卦再得一月，至陰陽將極處，只歷四卦爲一月，又歷一卦，遂一併三卦相接。其初如此之踈，其末如此之密，此陰陽盈縮當然之理歟？然此《圖》於復卦之下書曰『冬至子中』，於姤卦之下書曰『夏至午中』，此固无可疑者。獨於臨卦之下書曰『春分卯中』，則臨卦本爲十二月之卦，而春分合在泰卦之下。於遯卦之下書曰『秋分酉中』，則遯卦本爲六月之卦，而秋分合在否卦之下。是固有不可曉者。」朱子答云：「伏羲易自是伏羲說話，文王易自是文王說話，固不可交互求合。所看先天卦氣盈縮極子細，某亦嘗如此理會來，而未得其說。陰陽初生，其氣中固緩。然不應如此之踈，其後又却如此之密。大抵此圖布置皆出乎自然，不應无說，當更思之。」愚謂前說以復爲冬至子半推之，凡二十四氣，在諸卦皆各有所屬。此朱子所謂「伏羲說話」也。周謨所問十二月卦氣不同，朱子所謂「自是文王說話，不可交互求合」也。❶又嘗曰：「《先天圖》八卦各自

❶「合」下，重修本有「之意」二字。

爲一節，不論月氣先後。」斯言盡之矣，尚何疑之有。但朱子謂卦氣盈縮不應无説，愚嘗反覆思之，竊謂先即内八卦以推十二月之卦，獨坎、離各八卦无預於月分者，坎第三畫陰在陽上，離第三畫陽在陰上，非陰陽之以次而生者，故不可當月分。若夫震、巽，陰陽之初生者也，一陽一陰在下，故各八卦當十一月與五月。艮、兑，陰陽之浸長者也，二陽二陰在下，故各八卦當十二月與六月。乾、坤，陰陽之極盛者也，三陽三陰之全，故乾八卦當正月至四月，坤八卦當七月至十月。陰陽之初生者宜緩矣，又以坎、離間之，故不期踈而愈踈。其浸長者宜稍速矣，又踰於坎、離之間，故視震、巽爲稍密。至於三陽之乾，陽氣方出地上，温厚之氣浸浸用事，故四陽盛之月皆聚於乾。三陰之坤，陰氣方入秋初，嚴凝之氣浸浸用事，故四陰盛之月皆聚於坤。雖欲其踈，亦不可得也。此或可以見卦氣盈縮之由矣。

又曰：太極既分，兩儀立矣。陽上交於陰，陰下交於陽，而四象生矣。陽交於陰，陰交於陽，而生天之四象。剛交於柔，柔交於剛，而生地之四象。八卦相錯，而後萬物生焉。故一分爲二，二分爲四，四分爲八，八分爲十六，十六分爲三十二，三十二分爲六十四。猶根之有榦，榦之有枝，愈大則愈小，愈細則愈繁。

朱子曰：程子云：「聖人始畫八卦，三才之道備矣。因而重之，以盡天下之變，故六畫而成卦。」或疑此説却是聖人始畫八卦，每卦便是三畫，聖人因而重之爲六畫，似與邵子一分爲二而至六十四爲六畫其説不同。曰：程子之意，只云三畫上疊成六畫，八卦上疊成六十四耳，與邵子説誠異。蓋康節此意不曾説與程子，程子亦不曾問之，故一向只隨他所見去。但程子説聖人始畫八卦，不知聖人畫八卦時先畫甚卦，此處便曉不得。〇玉齋胡氏曰：此一節申明八卦相錯而爲六十四卦，有此圓圖也。邵子《經世》演《易》圖，以一動一靜之間爲太極，以動靜分兩儀，以陰陽剛柔分四象，以太陽、太陰、少陽、少陰分乾兑離震爲天四象，以少剛、少柔、太剛、太柔分巽坎艮坤爲地四象，所謂八卦也。動而陽，靜而陰，「太極生兩儀」也。一奇爲陽儀，居圖左方，一偶爲陰儀，居圖右方。左爲下，故自下而上交於陰而生陰陽二象。右爲上，故自上而下交於陽而生剛柔二象。「兩儀生四象」也。陰交於陽而生乾一爲太陽，兑二爲太陰。陽交於陰而生離三爲少陽，震四爲少陰。此四卦者，皆自陽儀中來，故爲天之四象。柔交於剛而生巽五爲少剛，坎六爲少柔。剛交於柔而生艮七爲太剛，坤八爲太柔。此四卦者，皆自陰儀中來，故爲地之四象。「四象生八卦」也。「八卦相錯而後萬物生焉。」一卦之上各加八卦以相間錯，則六十四卦成矣。朱子云：「陰陽是陽中之陰陽，剛柔是陰中之剛柔。剛柔以質言，是有箇物了，見得剛底柔底。陰陽以氣言。」〇朱子又釋此以答袁機仲云：此下四節通論伏羲六十四卦圓圖。「太極既分，兩儀立矣。」此一節以第一爻而言。左一奇爲陽，右一偶爲陰，所謂兩儀者也。今此一奇爲左三十二卦之初爻，一偶爲右三十二卦之初爻，乃以累變而分，非本即有此六十四段也。後放此。「陽上交於陰，陰下交於陽，而四象生矣。」此一節以第一爻生第二爻而言也。陽下之半上交於陰上之半，則生陰中第二爻之一奇一偶而爲少陽、太陰矣。陰上之半下交於陽下之半，則生陽中第二爻之一奇一偶而爲太陽、少陰矣。所謂「兩儀生四象」也。太陽一奇，今分爲左上十六卦之第二爻。少陰一偶，今分爲右下十六卦之第二爻。少陽、太陰其分放此，而初爻之二亦分爲四矣。「陽交於陰，陰交於陽，而生天之四象。剛交於柔，柔交於剛，而生地之四象。」此一節以第二爻生第三爻言也。陽，謂太陽。陰，謂太陰。剛，謂少陽。柔，謂少陰。太陽之下半交於太陰之上半，則生太陰中第三爻之一奇一偶而爲艮爲坤矣。太陰之上半交於太陽之下半則生太陽中第三爻之一奇一偶而爲乾爲兑矣。少陽之上半交於少陰之下半，則生少陰中第三爻之一奇一偶而爲離爲震矣。少陰之下半交於少陽之上半，則生少陽中第三爻之一奇一偶而爲巽爲坎矣。此所謂「四象生八卦」也。乾一奇，今分爲八卦之第三爻。坤一偶，今分爲八卦之第三爻。餘皆放此。而初爻、二爻之四，今又分爲八矣。乾兑艮坤生於二太，故爲天之四象。離震巽坎生於二少，故爲地之四象。「八卦相錯而後萬物生焉。」一卦之上各加八卦以相間錯，則六十四卦成矣。然第三爻之相交，則生第四爻之一奇一偶，於是一奇一偶各爲四卦之第四爻，而下三爻亦分爲十六矣。第四爻又相交，則生第五爻之一奇一偶，於是一奇一偶各爲二卦之第五爻，而下四爻亦分爲三十二矣。第五爻又相交，則生第六爻之一奇一偶，於是一奇一偶各爲二卦之第六爻，而下五爻亦分爲六十四矣。蓋八卦相乘爲六十四，而自三畫以上，三加一倍以至六畫，則三畫者亦加一倍，而卦體横分亦爲六十四矣。二數殊塗，不約而會，如合符節，不差豪釐，正是《易》之妙處。又曰：此段雖通論圓圖，實先以横圖自兩儀至六十四者明之。所謂二數者，指横圖所生與圓圖所分而言。二數相參，皆不約而合也。嘗合邵子、朱子之説考之，邵子以太陽爲陽，少陰爲陰，少陽爲剛，太陰爲柔，此四象也。朱子釋之，乃曰陽爲太陽，陰爲太陰，剛爲少陽，柔爲少陰。其言陽與剛同而言陰與柔異，何也？邵子以太陽爲乾，太陰爲兑，少陽爲離，少陰爲震，四卦天四象；少剛爲巽，少柔爲坎，太剛爲艮，太柔爲坤，四卦地四象。天地各四象，此八卦也。朱子釋之，乃曰：「乾兑艮坤生於二太，故爲天四象。離震巽坎生於二少，故爲地四象。」其言乾兑巽坎同，而言離震艮坤異，何也？蓋四象八卦之位，邵子以陰、陽、剛、柔四字分之，朱子唯以陰、陽二字明之。其論四象既殊，則論八卦亦異。邵子以乾兑離震爲天四象者，以此四卦自陽儀中來；以巽坎艮坤爲地四象者，以此四卦自陰儀中來。朱子則以乾兑艮坤生於太陽、太陰，故屬其象於天；離震巽坎生於少陰、少陽，故屬其象於地。二者各有不同也。但詳玩邵子本意，謂陰陽相交者，指陽儀中之陰陽；剛柔相交者，指陰儀中之剛柔。是以老交少，少交老，而生天、地四象，其機混然而無間。朱子易陽爲太陽，陰爲太陰，剛爲少陽，柔爲少陰，二太相交而生天四象，二少相交而生地四象，其分粲然而有别。朱子之説，雖非邵子本意，然因是可以知圖之分陰分陽者，以交易而成，象之或老或少，初不易其分也。朱子嘗言：「文王後天八卦，震東，兑西，爲長少相合於正方；巽東南，艮東北，爲長少相合於偏方，以長少之合爲非其偶。必若伏羲先天八卦，震以長男而合陰長之巽，爲雷風不相悖。艮以少男而合陰少之兑，爲山澤通氣。以長合長，少合少，爲得其偶。」又言：「无伏羲底，做文王底不成。其歸却在伏羲上。」今邵子説四象之交，即文王之説也。朱子説四象之交，即伏羲之説也。觀朱子説，實廣邵子未盡之意。而觀邵子説者，亦庶乎有折衷矣。下文朱子復舉邵子説曰：「震、兑在天之陰，巽、艮在地之陽。」則於彼處只據邵説而不以己意混之者，又可見也。

是故乾以分之，坤以翕之，震以長之，巽以消之。長則分，分則消，消則翕也。乾坤定位也。震巽一交也。兌離坎艮再交也。故震陽少而陰尚多也，巽陰少而陽尚多也，兌、離陽浸多也，坎、艮陰浸多也。

玉齋胡氏曰：震者長之始，雷以動之也。歷離、兑而乾，則長之極而爲陰陽之分限矣，乾以君之也。巽者消之始，風以散之也。歷坎、艮而坤，則消之極而爲純陰之翕聚矣，坤以藏之也。此所以長則分，分則消，消則翕，翕則復爲長而循環無端也。乾至陽也，居上而臨下，故曰「君」，以震離兑之陽得乾而有所君宰。坤至陰也，居下而括終，故曰「藏」，以巽坎艮之陰得坤而有所歸宿。然謂乾以分之，則動而陽者乾也，静而陰者亦乾也，乾實分陰陽而无不君宰也。朱子嘗言：「天地之間，本一氣之流行而有動静耳。以其流行之體統而言，則但謂之乾而无所不包。以動静分之，然後有陰陽剛柔之别。」正此意也。夫如是，則諸卦皆乾之所君宰。聖人特以「君」言之，造化貴陽之大義，聖人扶陽之至意昭昭矣。乾坤以陰陽之純，定上下之位。震一交，兑、離再交，由一陽之交以至二陽之交也。巽一交，坎、艮再交，由一陰之交以至二陰之交也。故初交爲震，則陽尚少。再交爲離、兑，則陽浸多矣。初交爲巽，則陰尚少。再交爲坎、艮，則陰浸多矣。

又曰：無極之前，陰含陽也。有象之後，陽分陰也。陰爲陽之母，陽爲陰之父。故母孕長男而爲復，父生長女而爲姤。是以陽起於復，而陰起於姤也。

或問：無極如何説前？朱子曰：邵子就《圖》上説循環之意。自姤至坤是陰含陽，自復至乾是陽分陰，坤、復之間乃無極，自坤反姤是無極之前。問：「無極之前」，既有前後，須有有無。曰：本無間斷。

問：《先天圖》陰陽自兩邊生，若將坤爲太極，與太極不同，如何？曰：他自據他意思説，即不曾契勘濂溪底。若論他太極，中間虛者便是。他亦自説《圖》從「中」起。他兩邊生，即是陰根陽，陽根陰，這箇有對。從「中」出者即無對。○進齋徐氏曰：「無極之前陰含陽也」，言自巽消而至坤翕，静之妙也。「有象之後陽分陰也」，言自震長而至乾分，動之妙也。陰含陽，故曰「母孕」。陽分陰，故曰「父生」。朱子云「坤、復之間乃無極」，其論密矣。又詩曰：「忽然夜半一聲雷，萬户千門次第開。若識無中含有象，許君親見伏羲來。」「無中含有象」即坤、復之間無極而太極也。○玉齋胡氏曰：朱子言「就《圖》上説循環之意」者，蓋以右一邊屬陰而陰中有陽，故自一陰之姤至六陰之坤，皆是以陰而含陽。陰主翕，其翕聚者，所以含畜此陽也。左一邊屬陽而陽中有陰，故自一陽之復至六陽之乾，皆是以陽而分陰。陽主闢，其發散者，所以分布此陰也。「坤、復之間乃爲無極」，蓋以一動一静之間，一無聲無臭之理而已。自坤而反觀，則推之於前以至於姤，故爲「無極之前」。自復而順數，則引之於後以至於乾，故爲「有象之後」。四卦之循環，蓋未見其終窮也。「陰爲陽之母」，謂坤爲復之母，故生復也。「陽爲陰之父」，謂乾爲姤之父，故生姤也。圖分陰陽，復、姤爲陰陽之起處。故曰「乾、坤爲大父母，復、姤爲小父母」也。

又曰：震始交陰而陽生，巽始消陽而陰生。兑，陽長也。艮，陰長也。震、兑在天之陰也，巽、艮在地之陽也。故震、兑上陰而下陽，巽、艮上陽而下陰。天以始生言之，故陰上而陽下，交泰之義也。地以既成言之，故陽上而陰下，尊卑之位也。乾、坤定上下之位，坎、離列左右之門。天地之所闔闢，日月之所出入，春夏秋冬、晦朔弦望、晝夜長短、行度盈縮，莫不由乎此矣。

朱子曰：「震始交陰而陽生」，是説圓圖震與坤接而一陽生也。「巽始消陽而陰生」，是説圓圖巽與乾接而一陰生也。○進齋徐氏曰：一氣循環，自復至乾爲陽，生物之始也，故震、兑陰上而陽下，爲交泰之義，蓋主動而言，太極之用所以行。自姤至坤爲陰，成物之終也，故巽、艮陽上而陰下，爲尊卑之位，蓋主静而言，太極之體所以立也。○思齋翁氏曰：卯爲日門，太陽所生。酉爲月門，太陰所生。不但日月出入於此，大而天地之開物雖始於寅，至卯而門彌闢。閉物雖始於戌，至酉而門已闔。一歲而春夏秋冬，一月而晦朔弦望，一日而晝夜行度，莫不由乎左右之門。所以極贊坎、離功用之大也。○玉齋胡氏曰：此一節先論震巽艮兑四維之卦，而後及於乾坤坎離四正之位。「震始交陰而陽生」，以震接坤言也。至兑二陽，則爲陽之長。「巽始消陽而陰生」，以巽接乾言也。至艮二陰，則爲陰之長。震、兑在天之陰者，邵子以震爲天之少陰，兑爲天之太陰。惟其爲陰，故陰爻皆在上而陽爻皆在下。天以生物爲主，始生之初，非交泰不能，故陰上陽下而取交泰之義。巽、艮在地之陽者，邵子以巽爲地之少剛，艮爲地之太剛。惟其爲剛，故陽爻皆在上而陰爻皆在下。地以成物爲主，既成之後，則尊卑定，故陰下陽上而取尊卑之位。「乾、坤定上下之位」，天地之所闔闢也。「坎、離列左右之門」，日月之所出入也。歲而春夏秋冬，月而晦朔弦望，日而晝夜行度，莫不胥此焉出，豈拘拘爻畫陰陽之間哉。

又曰：乾四十八而四分之，一分爲陰所剋也。坤四十八而四分之，一分爲所剋之陽也。

故乾得三十六，而坤得十二也。兑、離以下更思之。○今按兑、離二十八陽，二十陰。震二十陽，二十八陰。艮、坎二十八陰，二十陽。巽二十陰，二十八陽。

玉齋胡氏曰：「乾四十八」者，内卦爲乾，自乾至泰八卦，陰陽爻共四十八畫也。「四分之」者，以四十八分爲四分，每分計十二畫也。乾至泰計三十六畫陽，十二畫陰，是陽占四分之三，内一分爲陰所克也。「坤四十八」者，内卦爲坤，自否至坤八卦，陰陽爻共四十八畫也。「四分之」者，以四十八分爲四分，每分計十二畫也。否至坤計三十六畫陰，十二畫陽，是陰占四分之三，内一分爲所克之陽也。故乾得三十六陽而坤得十二陽者，蓋乾固以陽爲主，而坤亦以陽爲主也。可見天道貴陽賤陰，聖人扶陽抑陰之義。邵子得之耳。程子論復之陽長而曰：「陰亦然，聖人不言者，正與此合。」兑八卦自履至臨，離八卦自同人至明夷，各計二十八陽，共五十六陽；各計二十陰，共四十陰。則其四十者，爲陰所克也。震八卦自無妄至復計二十陽，二十八陰，則二十八爲陰所克也。艮八卦自遯至謙，坎八卦自訟至師，各計二十八陰，共五十六陰；各計二十陽，共四十陽。則其四十者，爲所克之陽也。巽八卦自姤至升，計二十陰，二十八陽，則二十八者，爲所克之陽也。是兑離震得七十六陽，巽坎艮得四十八陽也。

又曰：乾坤縱而六子橫，《易》之本也。

玉齋胡氏曰：圓圖南北爲縱，東西、東南、西北、西南、東北爲横。八卦對待以立其體，《易》之本也。

又曰：陽在陰中，陽逆行。陰在陽中，陰逆行。陽在陽中，陰在陰中，則皆順行。此真至之理，按《圖》可見之矣。

朱子曰：圓圖左屬陽，右屬陰。坤無陽，艮、坎一陽，巽二陽，爲陽在陰中逆行。乾无陰，兑、離一陰，震二陰，爲陰在陽中逆行。震一陽，離、兑二陽，乾三陽，爲陽在陽中順行。巽一陰，坎、艮二陰，坤三陰，爲陰在陰中順行。此皆以内八卦三畫陰陽言也。若以外八卦推之，陰陽逆順行亦然。右方外卦四節皆首乾終坤，四坤无陽，自四艮各一陽逆行而至於乾之三陽，其陽皆自下而上，亦陽在陰中陽逆行也。左方外卦四節亦首乾終坤，四乾無陰，自四兑各一陰逆行而至於坤之三陰，其陰皆自上而下，亦陰在陽中陰逆行也。左方外卦四坤无陽，自四艮各一陽順行而至於乾之三陽，其陽皆自下而上，亦陽在陽中陽順行也。右方外卦四乾无陰，自四兑各一陰順行而至於坤之三陰，皆自上而下，亦陰在陰中陰順行也。以逆順之説推之，陰陽各居本方，則陽自下而上，陰自上而下，皆爲順。若陰陽互居其方，則陽自上而下，陰自下而上，皆爲逆。此自然之勢，固自有真至之理也。○思齋翁氏曰：先天圓圖左陽右陰，左三十二卦陽，始於復之初九，歷十六變而二陽臨，又八變而三陽泰，又三變而四陽大壯，又一變而五陽夬，而乾以君之，陽之進也。始緩而終速，其進也以漸，所謂陽在陽中順也。陽主升，自下而升亦順也。復至无妄二十陽，明夷至同人二十八陽，臨至履亦二十八陽，乾至泰三十六陽。二十者陽之微，二十八陽之著，三十六陽之盛。陽在北則微，在東則著，在南則盛，亦順也。陽順而陰逆，不言可知矣。陽在右方三十二卦則反是。故曰：「真至之理，按《圖》可見也。」

又曰：復至乾，凡百一十有二陽。姤至坤，凡八十陽。姤至坤，凡百一十有二陰。復至乾，凡八十陰。

玉齋胡氏曰：《圖》之陰陽，在兩邊正相等。自復至乾居圖之左，陽方也，故陽多而陰少。自姤至坤居圖之右，陰方也，故陰多而陽少。左邊一畫陽，便對右邊一畫陰。左邊一畫陰，便對右邊一畫陽。對待以立體，而陰陽各居其半也。由此觀之，天地間陰陽各居其半，本無截然爲陽，截然爲陰之理。但造化貴陽賤陰，聖人扶陽抑陰，故於消長之際、淑慝之分，又不能不致其區別爾，豈容以概論哉。

又曰：坎、離者，陰陽之限也。故離當寅，坎當申。而數常踰之者，陰陽之溢也。然用數不過乎中也。此更宜思離當卯，坎當酉，但以坤爲子半可見矣。

西山蔡氏曰：此論陰陽往來皆以馴致，不截然爲陰爲陽也。以坎、離而言，離中當卯，坎中當酉，然離之所生已起於寅，震中。坎之所生已起於申巽中。矣。故邵子謂離當寅，坎當申也。坤當子半，乾當午半，即離卯坎酉之謂也。○玉齋胡氏曰：「坎、離陰陽之限」者，就寅、申而言也。以四時論之：春爲陽而始於寅，是離當寅而爲陽之限；秋爲陰而始於申，是坎當申而爲陰之限也。「數常踰之」者，離雖當寅而盡於卯中，坎雖當申而盡於酉中，是踰寅申之限，而爲陰陽之溢矣。「然用數不過乎中」者，蓋邵子以卯、酉爲陰陽之溢，則其所謂中者，是取寅、申而不取卯、酉也。陽之用始於寅，陰之用始於申。蓋子位陽雖生而未出乎地，至寅則溫厚之氣始用事。巳位陰雖生而未害於陽，至申則嚴凝之氣始用事。是所謂用數仍不過乎寅、申之中也。夫以離當寅，坎當申推之，則乾當巳，坤當亥，兌當卯、辰，震當子、丑，巽當午、未，艮當酉、戌，皆數之不及，而邵子以爲中者也。又以離當卯，坎當酉，坤爲子半推之，則乾當午，坤當子，兌當辰、巳，震當丑、寅，巽當未、申，艮當戌、亥，皆四方之中、四隅之會處，而邵子以爲「數嘗踰之者」也。此即邵子怕處其盛之意。

又曰：先天學，心法也。故《圖》皆自中起，萬化萬事生于心也。

玉齋胡氏曰：此明《圖》之所謂太極也。《圖》從中起者，心法也。心爲太極，而萬化萬事生於心。《圖》之中亦爲太極，而儀象卦生于中也。林學履問：「《圖》皆從中起，萬化萬事生于心」，何也？朱子云：其中間白處便是太極，三十二陽、三十二陰便是兩儀，十六陰、十六陽便是四象，八陰八陽便是八卦。

又曰：《圖》雖無文，吾終日言而未嘗離乎是。蓋天地萬物之理盡在其中矣。

玉齋胡氏曰：或問：「《圖》雖無文，吾終日言而未嘗離乎是，何也？」朱子云：「一日有一日之運，一月有一月之運，一歲有一歲之運。大而天地之始終，小而人物之生死，遠而古今之世變，皆不外乎此。只是一箇盈虛消息之理。本是箇小底，變成大底。到那大處，又變成小底。如納甲法，乾納甲、壬，坤納乙、癸，艮納丙，兑納丁，震納庚，巽納辛，坎納戊，離納己，亦是這箇。又如道家以坎、離爲真水火，爲六卦之主，而六卦爲坎、離之用。自月初三爲震，上弦爲兑，望日爲乾，望後爲巽，下弦爲艮，晦日爲坤，亦不外此。」又云：「乾之一爻屬戊，坤之一爻屬巳，留戊就巳方成坎、離。蓋乾、坤是大父母，坎、離是小父母。又如《火珠林》占得一屯卦，則初九是庚子，六二是庚寅，六三是庚辰，六四是戊申，九五是戊戌，上六是戊子，亦都是這箇。」又云：「《先天圖》今所寫者，是以一歲之運言之，推而至於元會運世十二萬九千六百歲，亦只是恁地道理。小而一日一時亦只是這圈子，都從復上推起去。」朱子之意，蓋謂自有《先天圖》以後，如納甲法、道家脩養法，下至《火珠林》占筮等書，莫不自《先天圖》出。此所謂

「天地萬物之理盡在其中」也。邵子嘗自贊云：「弄環餘暇，時往時來。」又云：「自從會得環中意，閒氣胸中一點無。」其有得於《圖》者如此。朱子贊之云：「天挺人豪，英邁蓋世。駕風鞭霆，歷覽無際。手探月窟，足躡天根。閒中今古，静裏乾坤。」可謂形容盡之矣。今歷引其言，而終之以《圖》爲心法，《圖》皆從中起，且以爲天地萬物之理盡在其中，則其學之得於心，心之根於理者，又豈徒象數云乎哉！○按《易本義》云：伏羲四圖，三畫、六畫、橫圖、圓圖。其説皆出邵氏。蓋邵氏得之李之才，之才得之穆脩，脩得之希夷先生陳摶，所謂先天之學也。朱子答黄勉齋書云：「《先天》乃伏羲本圖，非康節所自作。雖无言語而所該甚廣。今《易》中一字一義，无不自其中流出。」以上總説四圖。○又云：「《易》是互相博易之義，觀《先天圖》便可見。東邊一畫陰，便對西邊一畫陽。蓋東一邊本皆是陽，西一邊本皆是陰。東邊陰畫都自西邊來，西邊陽畫都自東邊來。姤在西，是東邊五畫陽過。復在東，是西邊五畫陰過。互相博易而成。易之變雖多般，然此是第一變。」又云：「左邊百九十二爻本皆陽，右邊百九十二爻本皆陰。陽中有陰，陰中有陽，便是陽往交易陰，陰來交易陽。兩邊各各相對，其實非此往彼來，只其象如此。」邵子詩云：「耳目聰明男子身，洪鈞賦予不爲貧。因探月窟方知物，未躡天根豈識人。乾遇巽時觀月窟，地逢雷處見天根。天根月窟閒來往，三十六宫都是春。」朱子贊之亦云：「手探月窟，足躡天根。」池陽何巨源問詩并贊云：「莫是説陰陽否？」朱子答云：「《先天圖》自復至乾，陽也。自姤至坤，陰也。陽主人，陰主物。手探足躡，亦無甚意義，但復在下，姤在上，上故言手探，下故言足躡。天根月窟，指復、姤二卦，乃是説他《圖》之所從起處。」三十六宫之説，邵子嘗言八卦之象，不易者四，乾坤坎離。反易者二，震反爲艮，巽反爲兑，本是四卦，以反易爲二卦。以六變而成八也。重卦之象，不易者八，乾、坤、坎、離、頤、中孚、大小過。反易者二十八，如屯反爲蒙之類。本五十六卦，反易只二十八卦。以三十六變爲六十四也。張行成云：天地間唯「一」無對，唯「中」無對。乾坤，陰陽之一；坎離，陰陽之中。頤、大過似乾坤之一，中孚、小過似坎離之中，所以皆無對。其餘五十六卦不純乎一與中者，則有對也。劉砥問云：「都是春，蓋云天理流行而已常周流其間之意否？」朱子云：「是。」以上説圓圖。○邵子又詩云：「天地定位，否泰反類。山澤通氣，咸損見義。雷風相薄，恒益起意。水火相射，既濟未濟。四象相交，成十六事。八卦相盪，爲六十四。」朱子釋之云：此是釋方圖中兩交股底。且如西北角乾，東北角坤，是「天地定位」，便對東南角泰，西南角否。次乾是兑，次坤是艮，是「山澤通氣」，便對次否之咸、次泰之損。後四卦亦如此，共十六事。後四卦謂次兑是離，次艮是坎，是「水火相射」，便對次損之既濟、次咸之未濟。次離是震，次坎是巽，是「雷風相薄」，便對次既濟之益、次未濟之恒是也。以上説方圖。

○《易本義》云：此圖圓布者，乾盡午中，坤盡子中，離盡卯中，坎盡酉中。陽生於子中，極於午中。陰生於午中，極於子中。其陽在南，其陰在北。方布者，乾始於西北，坤盡於東南。其陽在北，其陰在南。此二者陰陽對待之數。圓於外者爲陽，方於中者爲陰。圓者動而爲天，方者静而爲地也。圓圖乾在南，坤在北。方圖坤在南，乾在北。乾位陽畫之聚爲多，坤位陰畫之聚爲多，此陰陽之各以類而聚也，亦莫不有自然之法象焉。又云：圓圖象天，一順一逆，流行中有對待，如震八卦對巽八卦之類。方圖象地，有逆无順，定位中有對待，四角相對，如乾八卦對坤八卦之類。此則方圓圖之辨也。

圓圖象天者，天圓而動，包乎地外。方圖象地者，地方而静，囿乎天中。圓圖者，天道之陰陽。方圖者，地道之柔剛。震離兑乾爲天之陽、地之剛。巽坎艮坤爲天之陰、地之柔。地道承天而行，以地之柔剛應天之陰陽，同一理也。特在天者一逆一順，卦氣所以運，在地者惟主乎逆，卦畫所以成耳。

以上總說方圓圖。○此以上數條，《啓蒙》未盡述，今附見于此，亦可互相發矣。

文王八卦圖

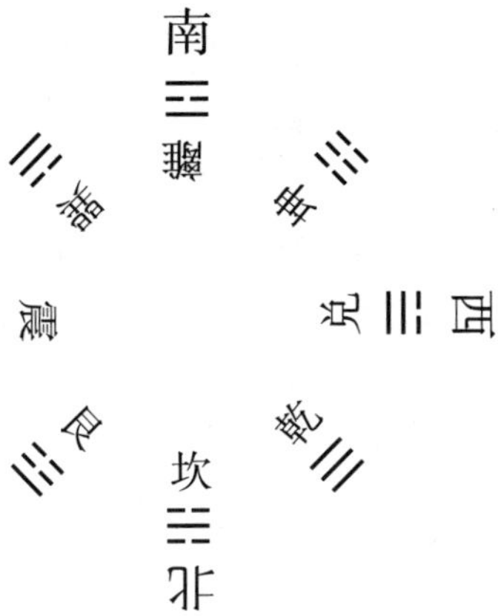

朱子曰：據邵氏說，先天者，伏羲所畫之易也；後天者，文王所演之易也。伏羲之易初無文字，只有一圖以寓其象數，而天地萬物之理、陰陽始終之變具焉。文王之易即今之《周易》，而孔子所爲作傳者是也。孔子既因文王之易以作傳，則其所論固當專以文王之易爲主。然不推本伏羲始畫之易，只從中半説起，不識向上根原矣。故《十翼》之中，如八卦成列、因而重之，太極、兩儀、四象、八卦，而天地、山澤、雷風、水火之類，皆本伏羲畫卦之意。而今《啓蒙·原卦畫》一篇亦分兩義，伏羲在前，文王在後。必欲知聖人作易之本，則當考伏羲之畫。若只欲知今《易》書文義，則但求文王之經、孔子之傳足矣。兩者初不相妨，而亦不可以相雜也。○自初未有畫時説到六畫滿處者，邵子所謂先天之學也。卦成之後，各因一義推説，邵子所謂後天之學也。今如夫子《繫辭》《説卦》三才、六位之説，即所謂後天者也。先天、後天既各自爲一義，而後天説中取義又不同。彼此自不相妨，不可執一而廢百也。如一索再索之説，初間畫卦時也不是恁地，只是畫成八卦後便見有此象耳，皆所謂後天之學。○潛室陳氏曰：伏羲易以生出爲次，文王易以反對爲次。乾、坤純體，坎、離正體，頤、大過、小過、中孚雜體中之正者，此八卦，不可反而兩相對。餘五十六卦爲雜體，兩相反以爲對於雜。然紛錯之中，自有井然不紊之統紀者，此其所以爲妙也。

帝出乎震，齊乎巽，相見乎離，致役乎坤，説言乎兑，戰乎乾，勞乎坎，成言乎艮。萬物出乎震，震，東方也。齊乎巽，巽，東南也。齊也者，言萬物之絜齊也。離也者，明也。萬物皆相見，南方之卦也。聖人南面而聽天下，嚮明而治，蓋取諸此也。坤也者，地也。萬物皆致養焉，故曰「致役乎坤」。兑，正秋也。萬物之所説也，故曰「説言乎兑」。戰乎乾，乾，西北之卦也，言陰陽相薄也。坎者水也，正北方之卦也，勞卦也，萬物之所歸也，故曰「勞乎坎」。

艮，東北之卦也，萬物之所成終而所成始也，故曰「成言乎艮」。神也者，妙萬物而爲言者也。動萬物者莫疾乎雷，橈萬物者莫疾乎風，燥萬物者莫熯乎火，説萬物者莫説乎澤，潤萬物者莫潤乎水，終萬物、始萬物者莫盛乎艮。故水火相逮，雷風不相悖，山澤通氣，然後能變化既成萬物也。

邵子曰：此一節明文王八卦也。〇又曰：至哉文王之作《易》也，其得天地之用乎！故乾坤交而爲泰，坎離交而爲既濟也。乾生於子，坤生於午，坎終於寅，離終於申，以應天之時也。置乾於西北，退坤於西南，長子用事，而長女代母，坎離得位，而兑艮爲耦，以應地之方也。王者文王也。其盡於是矣。此言文王改易伏羲卦圖之意也。蓋自乾南、坤北而交，則乾北、坤南而爲泰矣。自離東、坎西而交，則離西、坎東而爲既濟矣。乾坤之交者，自其所已成而反其所由生也。故再變則乾退乎西北，坤退乎西南也。坎離之變者，東自上而西，西自下而東也。故乾坤既退，則離得乾位，而坎得坤位也。震用事者，發生於東方。巽代母者，長養於東南也。

朱子曰：太極、兩儀、四象、八卦者，伏羲畫卦之法也。《説卦》「天地定位，山澤通氣，雷風相薄，水火不相射，八卦相錯」者，伏羲所畫八卦之位也。「帝出乎震」以下，文王即伏羲已成之卦而推義類之辭也。〇上文兩段，説伏羲卦位。自「帝出乎震」以下，説文王卦位。自「神也者」以下有兩段，前一段乃文王卦位，後一段乃伏羲卦位。恐夫子之意，以爲伏羲、文王所定方位不同如此。然生育萬物既如文王所次，則其方位非如伏羲所定，亦不能變化既成萬物。但後段却除了乾、坤，恐着一句「神也者妙萬物而爲言」引起，則乾、坤在其中矣。蔡季通云：伏羲八卦，是數之自然。文王八卦，乃是見之於用。或謂先天乃模寫天地之所以然，純乎天理者也；後天乃整頓天地所當然之理，合以人事。此意固自然。先天豈非人事，後天亦是天理之自然。顧有明體致用之不同，二者不可相無。故夫子釋「帝出乎震」一章，又以先天説六子之用也。邵子以「帝出乎震」爲文王所定，今觀《連山》首艮，以萬物成終成始，恐亦古有此矣。○雲莊劉氏曰：八卦之象各一，而水則有二。合先、後天卦位觀之，實周於東南西北，以天地之間水爲最多也。然坎爲水而兑止爲澤者，以坎乃陽水，陽主動，江河之流是也。兑乃陰水，陰主静，湖海之滙是也。朱先生嘗謂坎水塞其下流，則爲兑澤。愚亦謂兑澤疏其隄防，則爲坎水。其實一水而已，特以坎陽兑陰而有水、澤之分也。○玉齋胡氏曰：乾南、坤北、離東、坎西者，先天卦位。乾、坤由南、北而交，坤南乾北，則坤上乾下，故交而爲泰也。離、坎由東、西而交，坎東離西，則坎上離下，故交而爲既濟也。先天卦乾居午而云「生於子」者，以乾陽始生於復，復，子之半也。坤居子而云「生於午」者，以坤陰始生於姤，姤，午之半也。午，乾之所已成。今下而交坤於子，是反其所由生也。子，坤之所已成。今上而交乾於午，是反其所由生也。故再變而爲後天卦，則乾退西北，坤退西南也。先天卦離當寅而云「終於申」者，申乃坎之位，離交坎而終於申也。坎當申而云「終於寅」者，寅乃離之位，坎交離而終於寅也。東者離之本位，其變則交於坎而向西，是東自上而西也。西者坎之本位，其變則交於離而向東，是西自下而東也。故再變而爲後天卦。乾、坤既退，則離上而得乾位，坎下而得坤位也。震代父始事而發生於東方，巽代母繼事而長養於東南也。先天主乾坤坎離之交，其交也，將變而无定位，天時之不窮也，故曰「應天」。後天主坎離震兑之交，其交也，不變而有定位，地方而有常也，故曰「應地」。由先天卦而爲後天卦，此文王作《易》所以得天地之用，而邵子以「至哉」之辭贊之也。雖然，此邵子、朱子之所已言者，而其所未言者尤當竟也。先天卦乾以君言，則所主者在乾。後天卦震以帝言，則所主者又在震。何哉？此正夫子發明羲、文尊陽之意也。蓋乾爲震之父，震爲乾之子。以統臨謂之君，則統天者莫如乾，而先天卦位宗一乾也。此乾方用事，則震居東北而緩其用也。以主宰謂之帝，主器者莫若長子，而後天卦位宗一震也。此乾不用，則震居正東而司其用也。先天所重者在正南，後天所重者在正東。如此，則文王改易伏羲卦圖，均一尊陽之心，可見矣。

又曰：易者，一陰一陽之謂也。震、兑始交者也，故當朝夕之位。坎、離交之極者也，故當子午之位。巽、艮不交而陰陽猶雜也，故當用中之偏。乾、坤純陽純陰也，故當不用之位也。

西山蔡氏曰：此一節論陰陽以易位爲交。陽本在上，陰本在下。艮一陽在上，巽一陰在下，故云不交。震一陽在下，兑一陰在上，故爲始交。坎陽在中，離陰在中，故爲交之極。春陽之始，故震居之。秋陰之始，故兑居之。夏陽極陰生，故離居之。冬陰極陽生，故坎居之。艮一陽二陰，巽二陽一陰，猶有用。乾純陽，坤純陰，不爲用。東方爲陽主用，西方爲陰不用，故乾、坤居西隅，艮、巽居東隅也。乾、艮爲陽，坤、巽爲陰。北爲地之陽，南爲地之陰，故乾、艮居北而巽、坤居南也。○思齋翁氏曰：坎、離是乾、坤中爻之交。在八卦位中，只有東西南北四正位，位之極好。先天則位坎離以卯酉，後天則位坎離以子午也。只此四位，陽中有陰，陰中有陽，皆是羲、文微意。○玉齋胡氏曰：一陰一陽居正，則相對而有交易之義。居偏，則不對而於交之義无取。後天八卦正而對者，震兑坎離。偏而不對者，乾坤艮巽。故在東西南北者，相對則取其交，而在東北、東南、西北、西南者，不對則不取其交也。自其交者論之，震東、兑西爲交之始，當卯酉之中，朝夕之位也。離南、坎北爲交之極，當子午之位，天地之中也。自其不交者論之，巽、艮居南、北之東，比於乾坤陰陽爲尤雜，故巽稍向用而艮全未用，所以爲當用中之偏。乾、坤居南、北之西，比於巽艮爲陰陽之純，所謂「父母既老而退處於不用之地也」。

又曰：兑離巽，得陽之多者也。艮坎震，得陰之多者也。是以爲天地用也。乾極陽，坤極陰，是以不用也。

雲莊劉氏曰：兑離巽陰卦，宜多陰而反多陽。艮坎震陽卦，宜多陽而反多陰。何也？蓋三男乃坤求於乾，各得乾一陽而成，本皆坤體，故多陰。三女乃乾求於坤，各得坤一陰而成，本皆乾體，故多陽。多陽多陰者，各得乾坤之一體。極陽極陰者，乃乾坤之全體。乾坤雖不用，而六卦之用无往而非乾坤之用矣。○玉齋胡氏曰：此承上文而言六子得陰陽之多而致用，乾坤陰陽之極而不用也。陰卦多陽，故兑離巽得陽之多。陽卦多陰，故艮坎震得陰之多。是以各司天地之用，而生成萬物也。至於乾極陽、坤極陰，極則止而不復用矣。然六子之用即乾坤之用也。

又曰：震兑横而六卦縱，《易》之用也。嘗考此《圖》而更爲之説曰：震東兑西者，陽主進，故以長爲先而位乎左，陰主退，故以少爲貴而位乎右也。坎北者，進之中也。離南者，退之中也。男北而女南者，互藏其宅也。四者皆當四方之正位，而爲用事之卦。然震兑始而坎離終，震兑輕而坎離重也。乾西北、坤西南者，父母既老而退居不用之地也。然母親而父尊，故坤猶半用而乾全不用也。艮東北、巽東南者，少男進之後而長女退之先，故亦皆不用也。然男未就傅，女將有行，故巽稍向用而艮全未用也。四者皆居四隅不正之位，然居東者未用而居西者不復用也。故下文歷舉六子而不數乾坤。至其水火雷風山澤之相偶，則又用伏羲卦云。

玉齋胡氏曰：前論先天八卦有縱横爲《易》之本，故此論後天八卦亦有縱横爲《易》之用也。先天八卦圓圖，乾南坤北，於象爲縱也。離東、坎西、震東北、巽西南、兑東南、艮西北，於象皆爲横矣。後天八卦圓圖，震東兑西，於象爲横也。離南、坎北、艮東北、巽東南、坤西南、乾西北，於象皆爲縱矣。先後天縱横不齊者，蓋先天對待以立其本，而所重在乾坤；後天流行以致其用，而所重在震兑。先天有乾坤之縱以定南北之位，然後六子之横布列於東西者倚之以爲主，是相爲對待以立本也。後天有震兑之横以當春秋之分，然後六卦之縱其成全於冬夏者資之以爲始，是迭爲流行以致用也。本立用行，先、後天所以可相有而不可相無也。或曰：上文既以震兑離坎交而當用，巽艮不交而未用，乾坤純而不用，又統論六子致用，乾坤不用，至此則并乾坤皆以爲《易》之用，何也？蓋就後天八卦論乾坤，則終於不用。若合先後天八卦，而論先天所以立《易》之本，後天所以致《易》之用，則皆謂之入用矣。況後天乾坤雖云不用，而有六子以致用，則用者雖在六子，不用而主其用者實在乾坤，豈荒於无用哉！故亦皆以用言也。○自「震東兑西」至「坎離重也」爲一節，專論震兑離坎居四方之正位，而爲用事之卦。震居東爲陽主乎進，兑居西爲陰主乎退，而東西之位以定。離居南爲退之中，坎居北爲進之中，而南北之位以成。離得乾位以陰卦居陽，坎得坤位以陽卦居陰，男女之互藏其宅也。震當生育之始，兑當收成之始，離當長養之終，坎當歸藏之終。當其始者其責輕，當其終者其責重也。自「乾西北」至「不復用也」爲一節，專論四隅之卦。乾坤以父母之老不復用，巽艮以男女之長少而未用。坤西南猶半用者，謂其當長養收成之交，母道當親也。乾西北全不用者，謂其當嚴凝主静之候，父道常尊也。艮東北，巽東南者，以進退之先後定之。男未就傅，少而未習其事。女將有行，長而可以任其事也。故巽稍用而艮全未用也。然四卦固皆四隅，而居東方生育之位者特未用，居西方收成之位者全不用矣。自「故下文歷舉六子」以下爲一節，是總上兩節，論六子致用而乾坤不用也。謂之曰「不數乾坤」者，以致用在六子，故不復及之耳。而其下文仍用伏羲卦次者，沿流溯源，不容以後天而遺先天也。問：且如雷風水火山澤，自不可唤做神。朱子云：神也者，乃其所以動所以撓者也。又云：「水火相逮」一段，與上面「水火不相射」同，又自是伏羲卦。又云：上言「六子用文王八卦之位」者，以六子之主時成用而言，故以四時爲序而用文王後天之序。下言「六子用伏羲八卦之位」者，推六子之所以主時成用而言，故以陰陽交合爲義而用伏羲八卦之序。蓋陰陽以其偶合，即六子之用行，所以能變化盡成萬物也。蓋後天八卦以四時進退爲序，先天八卦以陰陽交合爲義。四時進退者，用之所以行也，故不以卦位之非其偶爲拘。陰陽交合者，體之所以立也，故必以卦位之得其偶爲主。要之先天以其偶合而八卦之體立，則後天雖不以其偶合而六子之用自行。此變化既成萬物，固歸之文王卦次，而所以變化既成萬物者，實歸之伏羲卦次也。不然，聖人論伏羲卦次之後，何爲必申之以「然後能變化既成萬物」歟？

乾健也，坤順也，震動也，巽入也，坎陷也，離麗也，艮止也，兑説也。

程子曰：凡陽在下者，動之象。在中者，陷之象。在上，止之象。陰在下者，入之象。在中者，麗之象。在上，説之象。

玉齋胡氏曰：此以八卦之性情爲言。一陽起於二陰之下則爲動，墮於二陰之中則爲陷，終於二陰之上則爲止。一陰伏於二陽之下則爲入，附於二陽之中則爲麗，見於二陽之上則爲説。純於陽爲健，純於陰爲順也。

乾爲馬，坤爲牛，震爲龍，巽爲雞，坎爲豕，離爲雉，艮爲狗，兑爲羊。

此「遠取諸物」之象。

乾爲首，坤爲腹，震爲足，巽爲股，坎爲耳，離爲目，艮爲手，兑爲口。

此「近取諸身」之象。

朱子曰：伏羲畫八卦，只此數畫，該盡天下萬物之理。學者於言上會得者淺，於象上會得者深。王輔嗣、伊川皆不信象，伊川説象只似譬喻樣説。郭子和云：「不獨是天地雷風水火山澤謂之象，只是卦畫

便是象。」亦説得好。鄭東卿專取象，如以鼎爲鼎，革爲爐，小過爲飛鳥，亦有義理，但盡欲如此牽合附會，便踈脱。學者須先理會得正當道理了，然後於此等발小零碎處收拾以相資益，不爲無補。程沙隨以井卦有「井谷射鮒」一句，遂説井有蝦蟆之象，其穿鑿一至於此。某嘗作《易象説》，大率以簡治繁，不以繁御簡。然《易》之取象各有不同，却亦有難理會者。如「乾爲馬」，而乾之卦却專説龍之類是也。或問：孔子專以義理説《易》，如何？曰：自上世傳流至此，象數已分明，不須更説，故孔子只於義理上。程伊川亦從孔子。今人既不知象數，但知孔子説，只是説得半截，不見上面來歷。

乾天也，故稱乎父。坤地也，故稱乎母。震一索而得男，故謂之長男。巽一索而得女，故謂之長女。坎再索而得男，故謂之中男。離再索而得女，故謂之中女。艮三索而得男，故謂之少男。兑三索而得女，故謂之少女。

今按坤求於乾，得其初九而爲震，故曰「一索而得男」。乾求於坤，得其初六而爲巽，故曰「一索而得女」。坤再求而得乾之九二以爲坎，故曰「再索而得男」。乾再求而得坤之六二以爲離，故曰「再索而得女」。坤三求而得乾之九三以爲艮，故曰「三索而得男」。乾三求而得坤之六三以爲兑，故曰「三索而得女」。

玉齋胡氏曰：朱子云：「乾索於坤而得女，坤索於乾而得男。初間畫卦時不是恁地，只是畫卦後便見有此象耳。」愚謂三男，陽也，乾之似也，乃歸之於坤求而後得；三女，陰也，坤之似也，乃歸之於乾求而後得，何也？蓋三男本坤體，各得乾一陽而成，此陽根於陰，故歸之坤也。三女本乾體，各得坤一陰而成，此陰根於陽，故歸之乾也。邵子云：「母孕長男而爲復，父生長女而爲姤。」陰陽互根之義可見矣。

凡此數節，皆文王觀於已成之卦而推其未明之象以爲説。邵子所謂「後天之學，入用之位」者也。

玉齋胡氏曰：此總論「乾健也」以下四節之旨也。○嘗合先後天之易而參之《圖》《書》矣。伏羲先天之易，固以《河圖》爲本，而其卦位未嘗不與《洛書》合。且以乾南、兑東南，則老陽四九之位也。離東、震東北，則少陽三八之位也。巽西南、坎西，則少陰二七之位也。艮西北、坤北，則老陰一六之位也。其卦實與《洛書》合焉。文王後天之易雖但本之伏羲，然亦未嘗不與《河圖》合。且以坎離當南、北之正，子、午之中，則兩卦各當夫水火之一象。離當地二天七之火而居南，坎當天一地六之水而居北。外此六卦，則每卦共當一象。震者木之生，當天三之木於東；❶巽者木之成，當地八之木於東南。兑者金之生，當地四之金於西；乾者金之成，當天九之金於西北。艮者土之生，當天五之土於東北；坤者土之成，當地十之土於西南。坤、艮所以獨配夫中宫之五、十者，以土實寄旺於四季，无乎不在，故配夫中數耳。其卦實與《河圖》合焉。原其初，伏羲但據《河圖》以作易，未必預見於《書》。文王但據先天八卦以爲後天八卦，未必追考於《圖》。而方位既成，自默相符合。于以見天地之間，《河》《洛》自然之數，其與聖人心意之所爲，自有不期合而合者，此理之所必同也，不可不察焉。

---

❶「三」，原作「二」，今據重修本改。

性理大全書卷之十六

易學啓蒙三

明蓍策第三

大衍之數五十，

《河圖》《洛書》之中數皆五衍之，而各極其數以至於十，則合爲五十矣。

玉齋胡氏曰：《大傳》云：「天生神物，聖人則之。」又云：「是興神物，以前民用。」又云：「聖人幽贊於神明而生蓍。」「神物」謂蓍，蓍一根百莖，可當大衍之數者二，是五十者，大衍之蓍數也。以《圖》《書》中宫之數衍之亦爲五十，而與蓍數合。《圖》《書》中數計五箇一，衍而推極之，爲五箇十。一者數之始，十者數之終。「極」即終也。《圖》《書》中五，下一點爲第一，本身已自是一數，衍而極之，後面只有箇九。以一合九爲十矣。上一點爲第二，本身已自是二數，衍而極之，後面只有箇八。以二合八爲十矣。左右中各一點皆然。自一點小衍之爲十，合五點大衍之通爲五十也。盤澗董氏問云：「竊謂天地之數不過五而已。五者數之祖也。《河圖》《洛書》皆五居中而爲數祖宗。大衍之數五十者，即此五數衍而乘之，各極其數而合爲五十也。是五也，於五行爲土，於五常爲信。水火木金不得土，不能各成一器。仁義禮智不實有之，亦不能各成一德。此五所以爲數之宗也。不知是否？」朱子答云：「此說是。」

《河圖》積數五十五，其五十者皆因五而後得，獨五爲五十所因而自無所因，故虛之，則但爲五十。又五十五之中，其四十者分爲陰陽老少之數，而其五與十者無所爲，則又以五乘十，以十乘五，而亦皆爲五十矣。《洛書》積數四十五，而其四十者散布於外而分陰陽老少之數，唯五居中而無所爲，則亦自含五數而并爲五十矣。

朱子曰：「大衍之數五十」云者，以天地之數五十有五，除出金木水火土五數并天一，便用四十九。數家之說多不同，此說却分曉。一說三天兩地則是已虛了天一之數，便只用天三對地二。一說五是生數之極，十是成數之極，以五乘十亦是五十，以十乘五亦是五十。一說數始於一，成於五，小衍之而成十，大衍而成五十。一說五奇五偶成五十五。一說天三地二合而爲五位，每位各衍之爲十，故曰大衍。皆通。大概聖人說這數，不只是說得一路，自然有許多通透去。今以前一說推之，天地之所以爲數，不過五而已。五者數之祖也。蓋三天兩地，三陽而二陰，三二各陰陽錯而數之，所以爲數五也。是故三其三，三其二，而爲老陽、老陰之數。兩其三，一其二，而爲少陰之數。兩其二，一其三，而爲少陽之數。皆五數也。《河圖》自天一至地十積數凡五十有五，而其五十者皆因五而後得，故五虛中，若無所爲，而實乃五十之所以爲五十也。一得五而成六，二得五而成七，三得五而成八，四得五而成九，五得五而成十。無此五數，則五十者何自來耶？《洛書》自一五行至九五福，積數凡四十有五，而其四十者亦皆因五而後得，故五亦虛中，若無所爲，而實乃四十之所以爲四十也。一、六共宗而爲太陽之位數，二、七共朋而爲少陰之位數，三、八成友而爲少陽之位數，四、九同道而爲太陰之位數。不得此五數，何以成此四十耶？即是觀之，《河圖》《洛書》皆五居中而爲數宗祖。大衍之數五十者，即此五數衍而乘之，各極其十，則合爲五十也。是故五數散布於外爲五十，而爲《河圖》之數；散布於外爲四十，而爲《洛書》之數；衍而極之爲五十，而爲大衍之數；皆自此五數始耳。○玉齋胡氏曰：《河圖》五十因五而後得者，一得五爲六，一、六合七。二得五爲七，二、七合九。三得五爲八，三、八合十一。四得五爲九，四、九合十三。五得五爲十。總爲五十，是皆因五而後得也。五自無所因，故虛之，則四圍之數但爲五十。以五乘十，以十乘五，而爲五十者，以五乘十是爲五箇十，以十乘五是爲十箇五，乘乘取義，皆可以爲五十。《洛書》中五亦自含五而并爲五十者，天地間只有十數，統舉中央五數，自可以含得後面五數而成十，并四圍四十，亦合爲五十也。蓋言《圖》《書》之數，無往而不與大衍之數合者如此。

其用四十有九，

大衍之數五十，而蓍一根百莖，可當大衍之數者二。故揲蓍之法，取五十莖爲一握，置其一不用以象太極，而其當用之策凡四十有九。蓋兩儀體具而未分之象也。

雲莊劉氏曰：蓍之數七，七七而四十九。卦之數八，八八而六十四。七數奇，故其德圓而神。八數偶，故其德方以知。以是知卦不自變，因蓍而後變。此四十九蓍必言「用」者，有蓍之用乃可以用卦也。

乾坤二用爲諸卦陰陽爻之通例，亦因蓍而後有用耳。若有卦而無蓍，何以通其變而爲事哉。此庖羲氏畫卦之後，必幽贊於神明而生蓍，其以此歟？○玉齋胡氏曰：《説文》云：「蓍，蒿屬，《易》以爲數。天子九尺，諸侯七尺，大夫五尺，士三尺。」《龜策傳》云：「天下和平，王道得而蓍莖長丈，其叢生滿百莖，下有神龜守之，上有雲氣覆之。」趙彦肅《易解》欲以四十九莖握而未分爲太極之象，朱子答云：「恐未穩當。蓋太極形而上者也，兩、三、四、五形而下者也。若四十九蓍可合而命之曰太極之象，則兩、三、四、五亦可合而命之曰太極之體矣。蓋太極雖不外乎陰陽五行，而亦不離乎陰陽五行。與其以握而未分者象太極，反不若以一策不用者象之爲無病也。」又云：「虚天一，故用四十九策。」又云：「參天兩地，便是虚去天一，只用天參對地二爾。」愚謂一爲太極，虚一所以見太極之無不存。其不用者，所以爲用之原歟？

分而爲二以象兩，掛一以象三，揲之以四以象四時，歸奇於扐以象閏，五歲再閏，故再扐而後掛。

掛者，懸於小指之間。揲者，以大指、食指間而别之。奇，謂餘數。扐者，扐於中三指之兩間也。蓍凡四十有九，信手中分，各置一手以象兩儀，而掛右手一策於左手小指之間以象三才。遂以四揲左手之策以象四時，而歸其餘數於左手第四指間以象閏。又以四揲右手之策而再歸其餘數於左手第三指間以象再閏，五歲之象。掛一，一也。揲左，二也。扐左，三也。揲右，四也。扐右，五也。是謂一變。其掛扐之數，不五即九。

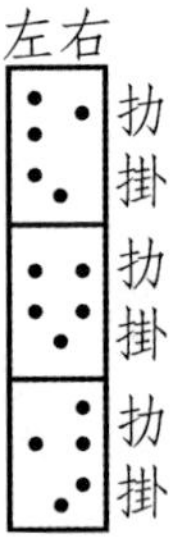

得五者三，所謂奇也。五除掛一即四，以四約之爲一故爲奇，即兩儀之陽數也。

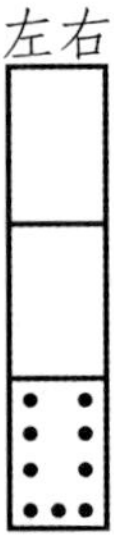

得九者一，所謂偶也。九除掛一即八，以四約之爲二故爲偶，即兩儀之陰數也。

玉齋胡氏曰：左手象天，右手象地，此「象兩」也。掛一所以象人而配天地，此「象三」也。四四揲而數之，此「象四時」也。揲蓍五節内有再扐，所以象五歲内有再閏。掛一象一歲，揲左象二歲，歸奇於左爲一扐象三歲一閏，揲右象四歲，歸奇於右爲再扐象五歲再閏。後掛者，再扐之後，復以所餘之蓍合而爲一，爲第二變再分、再掛、再扐也。不言分二、揲四、歸奇，獨言「而後掛」者，明第二變之不可以不掛也。○「得五者三」，蓋以第一變右手餘三則左手餘一，右手餘二則左手餘二，右手餘一則左手餘三。以右手之三、二、一，湊左手之一、二、三，併掛一之數而各成其五，則成五者凡三矣。凡初揲而可得五者，有此三樣也。「得九者一」，蓋以第一變右手餘四，則左手亦餘四，併掛一之數爲九，初揲而可得九者，只有此一樣也。朱子云：「以四約之者，揲之以四之義也。」又云：「凡四爲奇，是一箇四也。凡八爲偶，是兩箇四也。」一箇四爲一故爲奇，即兩儀之陽數；兩箇四爲二故爲偶，即兩儀之陰數也。

一變之後，除前餘數，復合其見存之策，或四十，或四十四，分掛揲歸如前法，是謂再變。

其掛扐者，不四則八。

得四者二，所謂奇也。不去掛一，餘同前義。

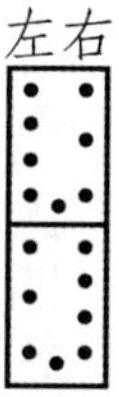

得八者二，所謂偶也。不去掛一，餘同前義。

玉齋胡氏曰：「前餘數」，即一變掛扐之數。「見存之策」，即一變過揲之數。掛扐除九，則過揲存四十。掛扐除五，則過揲存四十四。掛扐之數不四則八，左三則右必一，❶左一則右必二，左三則右必四，左四則右必三，通掛一之數爲四與八也。○得四者二，即右一左二通掛一爲四，右二左一通掛一亦爲四，是得四者凡有二樣也。得八者二，則右四左三通掛一爲八，右三左四通掛一亦爲八，是得八者凡有二樣也。奇偶之説同上。

再變之後，除前兩次餘數，復合其見存之策，或四十，或三十六，或三十二，分掛揲歸如前法，是謂三變。其掛扐者，如再變例。

玉齋胡氏曰：「前兩次餘數」，即一變、再變掛扐之數。「見存之策」，即再變過揲之數。掛扐若兩次除五、四，則過揲存四十。掛扐若兩次除九、四及五、八，則過揲存三十六。掛扐若兩次除九、八，則過揲

❶「左三」，據文義，當作「左二」。

存三十二。

三變既畢，乃合三變，視其掛扐之奇、偶，以分所遇陰陽之老、少，是爲一爻。

玉齋胡氏曰：掛扐四五爲奇，九八爲偶。三奇爲老陽，遇老陽者其爻爲□，所謂重也。二奇一偶爲少陰，遇少陰者其爻爲--，所謂拆也。二偶一奇爲少陽，遇少陽者其爻爲—，所謂單也。三偶爲老陰，遇老陰者其爻爲×，所謂交也。

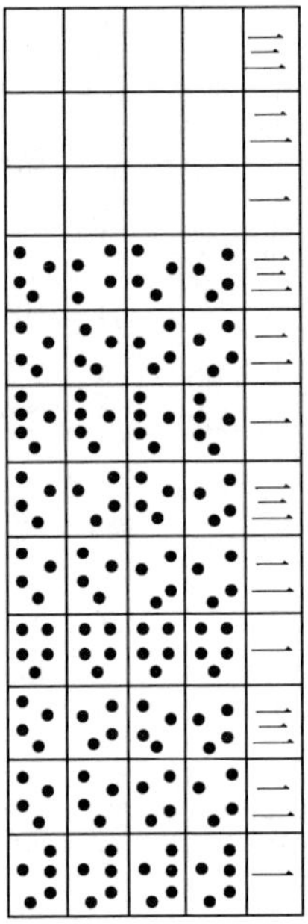

右三奇爲老陽者凡十有二。掛扐之數十有三，除初掛之一爲十有二，以四約而三分之爲一者三。一奇象圓而圍三，故三三之中各復有三，而積三三之數則爲九。過揲之數三十有六，以四約之亦得九焉。掛扐除一，四分四十有八而得其一也，一其十二而三其四也，九之母也。過揲之數，四分四十八而得其三也，三其十二而九其四也，九之子也。皆徑一而圍三也。即四象太陽居一含九之數也。

黄氏瑞節曰：此圖當分十二截看。凡三奇有十二樣，後放此。圖解再言十二者，是起別數。○玉齋胡氏曰：已下四圖別老少掛扐之數，而圖説又兼及過揲之數也。此圖明老陽掛扐之策，一箇五，兩箇四，是爲三奇。「凡十有二」者，言老陽之數其變凡十二樣也。掛扐之數十有三，除初掛之一爲十有二，以四約其十二策之數而以三變分之，每一變計四數也。「爲一者三」，謂一箇四策爲一，一即四也，即奇也，故不言四而言一；合三變則爲一者凡三，謂爲四者凡三也。「一奇象圓而圍三」，本參天之義，是於四策之中取一策以象圓，而以三策爲圍三而用其全，此一之中復有三也，如是而象圓圍三者凡三焉。合三奇用其全者而言，則三一之中各復有三∴∴∴，積三三⋯⋯⋯爲老陽之九。以四約過揲三十六，亦得四箇九也。○「掛扐除一，四分四十八而得其一」者，以四十九策除初掛之一，而四分四十八策，計四箇十二。於其中得一箇十二，是爲四分中之一分，「一其十二而三其四」也。一箇十二亦「徑一」之義，三箇四亦「圍三」之義，即上文三三之數，只是一箇九，故爲九之母。過揲之數以四十八而四分之，亦計四箇十二。於其中得三箇十二，是得四分中之三分，「三其十二而九其四」也。即上文三十六之數，以四約之，却是四箇九，故爲九之子。一箇十二亦「徑一」之義，九箇四亦「圍三」之義，即四象中太陽占第一位而含九之數。特揲蓍逐爻各有老少之數，觀其變與不變以爲占，而由太極加倍以生者，則老少在第二爻方見，此又不可不知也。

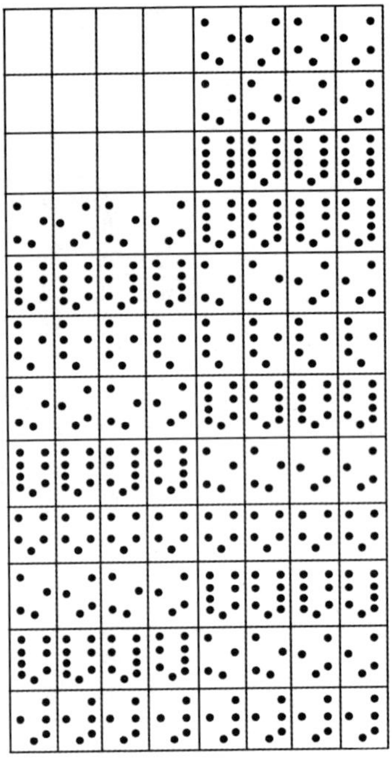

右兩奇一偶，以偶爲主，爲少陰者凡二十有八。掛扐之數十有七，除初掛之一爲十有六，以四約而三分之爲一者二，爲二者一。一奇象圓而用其全，故二二之中各復有三。二偶象方而用其半，故一二之中復有二焉。而積二三、一二之數則爲八。過揲之數三十有二，以四約之，亦得八焉。掛扐除一，四其四也。自一其十二者而進四也，八之母也。過揲之數，八其四也。自三其十二者而退四也，八之子也。即四象少陰居二含八之數也。

玉齋胡氏曰：此圖明少陰掛扐之策一箇九、兩箇四或一箇五、一箇四、一箇八，是爲「兩奇一偶」。「凡二十有八」者，言少陰之數其變凡二十八樣也。掛扐之數十有七，除初掛之一則爲十有六，以四約其十六策之數而以三變分之，兩變計四數，一變計八數也。「爲一者二」，謂一箇四策爲一，一即四也，即奇也，故不言四而言一；合二變則爲一者凡二，謂爲四者凡二也。「爲二者一」，謂二箇四策爲二，二即八也，即偶也，故不言八而言二；只一變則爲二者凡一，謂爲八者凡一也。「一奇象圓而用全」，亦本參天之義，是於二變各四策全用，而於其中各取一策以象圓，而各以三策爲圍三而用其全，故二一之中各復有三。「二偶象方而用半」，亦本兩地之義，是於一變八策中去其四不用，而於所存四策中取二策以象方，而以二策爲圍四而用其半，故二之中復有二。積二三、一二爲少陰之八，以四約過揲三十二，亦得四箇八也。○掛扐十七，除初掛之一而以四約之，則四其四爲十六。「自一其十二而進四」，蓋自老陽之十二進四而變爲少陰，即上文「積二三、❶一二之數」，只是一箇八，故爲八之母。過揲三十二，以四約之爲四八三十二。自三其十二者而退四，亦自老陽之三十六退四而得三十二，即上文四約三十二之數，却是四箇八，故爲八之子。即四象中少陰，占第二位，而含八之數。餘悉同前義。

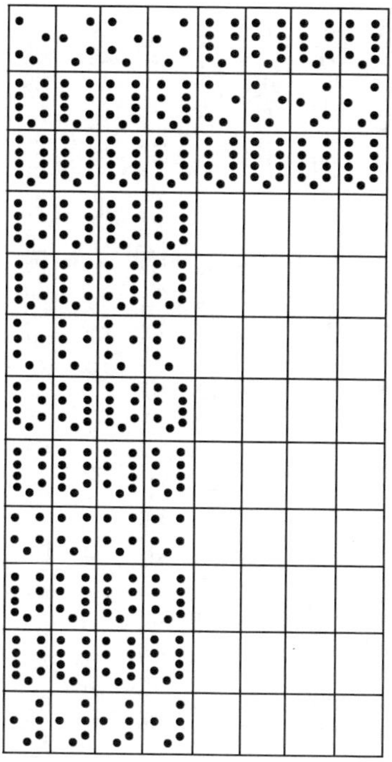

右兩偶一奇，以奇爲主，爲少陽者凡二十。掛扐之數二十有一，除初掛之一爲二十，以四

❶「二三」，原作「三三」，今據上下文改。

約而三分之，爲二者二，爲一者一。二偶象方而用其半，故二二之中各復有二。一奇象圓而用其全，故一一之中復有三焉。而積二二、一三之數則爲七。過揲之數二十有八，以四約之亦得七焉。掛扐除一，五其四也。自兩其十二者而退四也，七之母也。過揲之數，七其四也。自兩其十二者而進四也，七之子也。即四象少陽居三含七之數也。

玉齋胡氏曰：此圖明少陽掛扐之策。兩箇八、一箇五，或一箇九、一箇八、一箇四，是爲「兩偶一奇」。「凡二十」者，言少陽之數其變凡二十樣也。掛扐之數二十一，除初掛之一爲二十，以四約其二十策之數，而以三變分之，兩變計八數，一變計四數也。「爲二者二」，謂二箇四策爲二，二即八也，即偶也，故不言八而言二；合二變則爲二者凡二，謂爲八者凡二也。「爲一者一」，謂一箇四爲一，一即四也，即奇也，故不言四而言一；只一變則爲一者凡一，謂爲四者凡一也。「二偶象方而用其半」，亦本兩地之義，是於二變各八策中，各去其四不用，而於各存四策中各取二策以象方，而各以二策爲圍四而用半，故二二之中各復有二⁞⁞。「一奇象圓而用其全」，亦本參天之義，是一變四策全用，而於其中取一策以象圓，而以三策爲圍三而用全，故一一之中復有三⁂。積二二、一三∷⋯爲少陽之七，以四約過揲二十八，亦得四箇七也。○掛扐二十一，除初掛之一，而以四約之，則四其五而爲二十。自兩其十二者而退四，蓋自老陰之二十四退四而變爲少陽，即上文「積二二、一三之數」，只是一箇七，故爲七之母。過揲二十八，以四約之爲四七二十八。自兩其十二者而進四，亦自老陰之二十四進四而得二十八，即上文以四約二十八之數，却是四箇七，故爲七之子。即四象中少陽，占第三位，而含七之數。餘悉同前義。

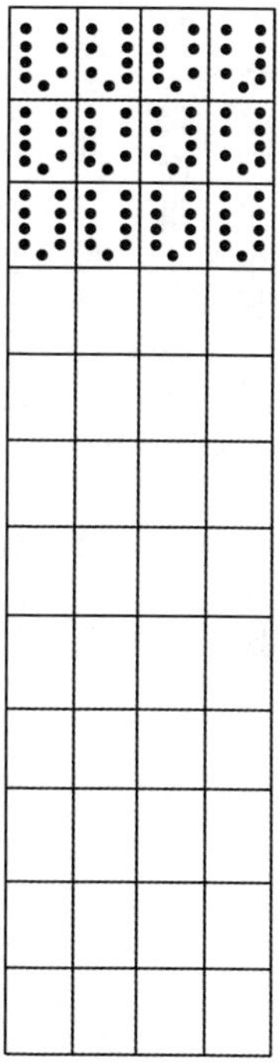

右三偶爲老陰者四。掛扐之數二十有五，除初掛之一，爲二十有四。以四約而三分之，爲二者三。二偶象方而用其半，故三二之中各復有二，而積三二之數則爲六。過揲之數亦二十有四，以四約之亦得六焉。掛扐除一，六之母也。過揲之數，六之子也。四分四十有八而各得其二也，兩其十二而六其四也，皆圍四而用半也。即四象太陰居四含六之數也。

或問：揲蓍之法，虛一、分二、掛一、揲四、歸奇，其第一揲不五則九，第二揲不四則八，計其奇數以定陰陽老少，去其初掛之一，何也？西山蔡氏答曰：虛一、分二、掛一、揲四、歸奇，乃天地四時之生萬物也。其奇數、策數，以定陰陽老少，乃萬物正性命於天地也。生蓍以分二掛一爲體，揲四歸奇爲用。立卦以奇數爲體，策數爲用。在天地則虛其一而用四十九，在萬物則又掛其一而用四十八，此聖人所以知變化之道也。〇蓍之奇數老陽十二、老陰四、少陽二十、少陰二十八，合六十有四。三十二爲陽，老陽十二，少陽二十。三十二爲陰。老陰四，少陰二十八。其十六，則老陽、老陰也。老陽十二，老陰四。其四十八，則少陽、少陰也。少陽二十，少陰二十八。老陽老陰，乾坤之象也。二、八也。少陽少陰，六子之象也。

六八也。○老陽之變皆四也。十二變。老陰之變皆八也。四變。少陽之變，一四、十二變。兩八。八變。少陰之變，一八、四變。兩四。二十四變。老陽、少陽得奇策之本數，而老陰之奇二十四，以少陽之奇損之則得四；少陰之奇十六，以老陽之奇益之則得二十八。故陽者君道，首出庶物；陰者臣道，無成而代有終也。○玉齋胡氏曰：此圖明老陰掛扐之策，一箇九，兩箇八，是爲「三偶」。凡「四」者，言老陰之數其變凡四樣也。掛扐之數二十五，除初掛之一爲二十四，以四約其二十四數，而以三變分之，每一變計八數也。「爲二者三」，謂四箇四策爲二，二即八也，即偶也，故不言八而言二；合三變則爲二者凡三，謂爲八者凡三也。「二偶象方而用半」，本兩地之義，是於三變八策中各去四不用，而於各所存四策中各取二策以象方，而各以二策爲圍四而用半，此二之中復有二也。如是而象方圍四者凡三焉。合三偶用半者而言，則三二之中各復有二。積三二爲老陰之六，以四約過揲二十四，亦得四箇六也。○掛扐除一爲六之母者，積其三二之數爲一箇六也。過揲爲六之子者，四約過揲之數，爲四箇六也。「四分四十八」，掛扐得二分，爲兩箇十二；過揲得二分，亦兩箇十二：六其四也。兩其十二亦圍四之義，六其四亦用半之義，則四象中太陰占第四位而含六之數。餘悉同前義。○按《本圖書》篇有曰：「陽之象圓，圓者徑一而圍三。陰之象方，方者徑一而圍四。圍三者以一爲一，故參其一陽而爲三。圍四者以二爲一，故兩其一陰而爲二。」以此參之，揲蓍之法，其三變之中掛扐之數，一奇象圓而用其全，是以四策皆用四，而四策中以一奇象圓，餘三奇爲陽用其全。陽以一爲一，故參其一陽而爲三，非參天歟？二偶象方而用其半，是以八策只用四，而四策中以二策象方，餘二策爲陰用其半。陰以二爲一，故兩其一陰而爲二，非兩地歟？及揲之三變也，因掛扐以見過揲，則參兩尤有可言者。以參天言：老陽掛扐三奇十二，象圓用全，參其三奇爲九也；過揲四九三十六，亦參其十二也。以兩地言：老陰掛扐三偶二十四，象方用半，兩其三偶爲六也；過揲四六二十四，則亦兩其十二也。以參天兩地言：少陽掛扐兩偶一奇爲二十，象方用半，兩其二偶爲四，象圓用全，參其一奇爲三，合而爲七；過揲四七二十八，則亦兩其八，參其四也。以參天兩地言：少陰掛扐兩奇一偶爲十六，象圓用全，參其兩奇爲六，象方用半，兩其一偶爲二，合而爲八也；過揲四八三十二，則亦參其八，兩其四也。二老陰陽之純，分參天兩地而得之。二少陰陽之雜，合參天兩地而得之。此占法所以爲妙也。

〇又按，前四圖皆因掛扐之數以論過揲之數，已無可疑。但掛扐之數尤有當辨者，請得而究論之：掛扐全數列於四圍者，老陽十二而變數亦十二，少陽二十而變數亦二十，至於老陰則二十四而變數惟止於四，少陰十六而變數乃有二十八，此其故何哉？嘗以西山蔡先生之説證之，其論陰陽老少掛扐之數，有曰：「老陽少陽得奇策之本數，而老陰之策二十四，以少陽之奇二十損之而得四；少陰之奇十六，以老陽之奇十二益之而得二十八。故陽者君道，首出庶物，陰者臣道，無成而代有終也。」其意蓋謂老陽之掛扐本十二，自老陽變爲少陰也，雖以其十二益之，而仍得其本數之十二，是老陽雖以其十二致益於少陰，而奇之本數不見其或少。少陽之掛扐本二十，自少陽由老陰而變也，雖得其十二之益，而仍不越乎本數之二十焉，是少陽雖受益於老陰之二十，而奇之本數亦不見其或多。此老陽、少陽所以得奇策之本數也。至於陰則有不可與陽等者矣。老陰本二十四，以其二十爲少陽所損，故其數之變僅存其四，是爲少陽所損而多者浸少也。少陰本十六，其餘十二爲老陽所益，故其數之變乃得二十有八，是爲老陽所益而少者浸多也。此老陰、少陰所以於奇策之本數有損益也。是知陽者君道，首出庶物，其於奇策之本數不見其或盈而或縮。陰者臣道，无成而代有終，其於奇策之本數未免因陽以爲之損益矣。此陽得制陰，陰必從陽。惟其從陽也，故其數之多也或爲陽所損，其數之少也或爲陽所益。惟其制陰也，故可以損陰之多而爲少，可以益陰之少而爲多。而其本數之一定者，初未嘗有損益也。以是觀之，陽尊陰卑之義，蓋可見矣。○又嘗觀掛扐之數，極其變則六十四，而其中實該八卦之象。老陽三變皆奇，乾三畫純陽之象也。老陰三變皆偶，坤三畫純陰之象也。至於少陰則該三女之象，其乾索於坤而變爲巽、離、兑乎。少陽則該三男之象，其坤索於乾而變爲震、坎、艮乎。少陰者陰之穉，其變則二十有八。以四約而七分之，初變得偶者凡一，巽之一陰在下也；第二變得偶者凡三，離之一陰在中也；第三變得偶者凡三，兑之一陰在上也。合其一、一、二、三，則七其四而爲二十八矣。少陽者陽之穉，其變則有二十。以四約而五分之，初變得奇者凡三，震之一陽在下也；第二變得奇者凡一，坎之一陽在中也；第三變得奇者凡一，艮之一陽在上也。合其一三、二、一，則五其四而爲二十矣。要之二老則陽實陰虚，故老陽多而老陰少；二少則陽少陰多，故少陽少而少陰多也。然陽固少矣，而長男則未嘗少，其變有三肖父而得陽實之義。至於中、少二男，則惟各得一變之象。是長男之陽不可少，而所以成其少者，男之中與少也。陰固多矣，而長女則未嘗多，其變惟一肖母而得陰虚之義。至於中、少二女，則反各得三變之象。是長女之陰不可多，而所以成其多者，女之中與少也。此長男代父而長女代母，所以其變數皆擬乾坤；而中與少則或不及乎父，或有踰於母。此又陰陽之變不可執一拘也。此其一變而得兩儀之象，再變而得四象之象，三變而得八卦之象，互之爲六十四變，而八卦之象又可以該六十四卦之象。其自然之妙，莫不各有法象也。

凡此四者，皆以三變皆掛之法得之。蓋《經》曰「再扐而後掛」，又曰「四營而成易」，其指甚明。注疏雖不詳説，然劉禹錫所記僧一行、畢中和、顧象之説，亦已備矣。近世諸儒乃有前一變獨掛，後二變不掛之説。考之於《經》，乃爲六扐而後掛，不應五歲再閏之義。且後兩變又止三營，蓋已誤矣。

玉齋胡氏曰：按王輔嗣註云：❶「分而爲二，一營也。掛一象三，二營也。揲之以四，三營也。歸奇於扐，四營也。」孔穎達疏云：「再扐而後掛者，既分天於左手，地於右手，乃四四揲天之數，最末之餘歸之，合於掛扐之一處，是一扐也。又以四四揲地之數，最末之餘又合於前所歸之扐而總扐之，是再扐而後掛也。」劉禹錫《辨易九六論》云：「畢中和之學，其傳原於一行禪師。」一行唐開元時所作《大衍曆本議》云：「綜盈虛之數，五歲而再閏。」蓋其衍法皆以再扐而後掛也。畢中和有《揲法》，其言三揲皆掛，正合四營之義。朱子亦謂：「畢氏《揲法》，視疏義爲詳。」顧象之説未詳。禹錫又自言：「揲法第一指餘一益三，餘二益二，餘三益一，餘四益四。第二指餘一益二，餘二益一，餘三益四，餘四益三。第

❶ 「王」，原作「五」，今據重修本改。

三指與第二指同。」此可以見三變皆掛矣。近世儒者若郭雍所著《蓍卦辨疑》，專以前一變獨掛，後二變不掛，其載横渠先生之言曰：「『再扐而後掛』，每成一爻而後掛也，謂第二、第三揲不掛也。」且謂横渠之言，所以明註疏之失。朱子辨之曰：「此説大誤，恐非横渠之言也。再扐者，一變之中左右再揲而再扐也。一掛再揲再扐而當五歲，蓋一掛再揲當其不閏之年，而再扐當其再閏之歲也。『而後掛』者，一變既成，又合見存之策，分二掛一以起後變之端也。今曰第一變掛，而第二、第三變不掛，遂以當掛之變爲掛而象閏，以不掛之變爲扐而當不閏之歲，則與《大傳》所云『掛一象三，再扐象閏』者全不相應矣。且不數第一變之再扐，而以第二、第三變爲再扐，又使第二、第三變中止有三營而不足乎成易之數，且於陰陽老少之數亦多有不合者。」其載伊川先生之説曰：「再以左右手分而爲二，更不重掛奇。」朱子辨之曰：「此説尤多可疑。然郭氏云『本无文字』，則其傳授之際，不無差舛，宜矣。」又云：「第二、第三揲雖不掛，亦有四八之變，蓋不必掛也。」朱子辨之曰：「所以不可不掛者，有兩説。蓋三變之中，前一變屬陽，故其餘五九皆奇數；後二變屬陰，故其餘四八皆偶數。屬陽者爲陽三而爲陰一，皆圍三徑一之術。屬陰者爲陰二而爲陽二，皆以圍四用半之術也。是皆以三變皆掛之法得之，後兩變不掛，則不得也。三變之後，其可爲老陽者十二，可爲老陰者四，可爲少陰者二十八，可爲少陽者二十，雖多寡之不同，而皆有法象。是亦以三變皆掛之法得之，而後兩變不掛則不得也。郭氏僅見第二、第三變可以不掛之一端耳，而遂執以爲説，夫豈知其掛與不掛之爲得失乃如此哉。大抵郭氏他説偏滯雖多，而其爲法尚無甚戾。獨此一義，所差雖小，而深有害於成卦變爻之法，尤不可不辨。」愚嘗考之，第一變獨掛，後二變不掛，非特爲六扐而後掛，三營而成易，於再扐四營之義不協。且後二變不掛，其數雖亦不四則八，而所以爲四八者實有不同。蓋掛則所謂四者，左手餘一，則右手餘二；左手餘二，則右手餘一。不掛則左手餘一，右手餘三；左手餘二，右手餘二；左手餘三，右手餘一。此四之所以不同也。掛則所謂八者，左手餘四，右手餘三；左手餘三，右手餘四。不掛則左手餘四，右手亦餘四。此八之所以不同也。三變之後，陰陽變數皆參差不齊，無復自然之法象矣，其可哉！

且用舊法，則三變之中又以前一變爲奇，後二變爲偶。奇，故其餘五、九。偶，故其餘四、八。餘五、九者，五三而九一，亦圍三徑一之義也。餘四、八者，四、八皆二，亦圍四用半之義也。三變之後，老者陽饒而陰乏，少者陽少而陰多，亦皆有自然之法象焉。蔡元定曰：按五十之蓍，虛一分二，掛一揲四，爲奇者三，爲偶者二，是天三地二自然之數。而三揲之變，老陽老陰之數本皆八，合之得十六。陰陽以老爲動，而陰性本静，故以四歸于老陽，此老陰之數所以四，老陽之數所以十二也。少陽少陰之數本皆二十四，合之四十八。陰陽以少爲静，而陽性本動，故以四歸於少陰，此少陽之數所以二十，而少陰之數所以二十八也。陽用老而不用少，故六十四變，所用者十二變、十六變。又以四約之，陽用其三，陰用其一。蓋一奇一偶對待者，陰陽之體。陽三陰一，一饒一乏者，陰陽之用。故四時春夏秋生物，而冬不生物；天地東西南可見，而北不可見；人之瞻視亦前與左右可見，而背不可見也。不然，則以四十九蓍虛一分二，掛一揲四，則爲奇者二，爲偶者二，而老陽得八，老陰得八，少陽得二十四，少陰得二十四，不亦善乎？聖人之智豈不及此？而其取此而不取彼者，誠以陰陽之體數常均，用數則陽三而陰一也。

朱子曰：初一變得五者三，得九者一，故曰「餘五九者五三而九一」。後二變得四者二，得八者二，故曰「餘四八者四八皆二」。三變之後爲老陽者十有二，老陰四，故曰「陽饒而陰乏」；少陽二十，少陰二十八，故曰「陽少而陰多」。○沈氏《筆談》云：「易象九爲老陽，七爲少陽，八爲少陰，六爲老陰。其九七八六之數，皆有所從來，得之自然，非意之所配也。凡歸餘之數，有多有少。多爲陰，如爻之偶。少爲陽，如爻之奇。三少，乾也，故曰老陽。九揲而得之，故其數九，其策三十六。兩多一少，則一少爲之主，震坎艮也，故皆謂之少陽。少在初爲震，中爲坎，末爲艮，皆七揲而得之，故其數七，其策二十有八。三多，坤也，故曰老陰。六揲而得之，故其數六，其策二十有四。兩少一多，則一多爲之主，巽離兑也，故皆謂之少陰。多在初謂之巽，中爲離，末爲兑，皆八揲而得之，故其數八，其策三十有二。」諸家揲蓍説，惟《筆談》簡而盡。孔穎達非不曉揲法者，但爲之不熟，故其言之易差，然其於大數亦不差也。畢中和視疏義爲詳。柳子厚詆劉夢得以爲膚末於學者，誤矣。畢論三揲皆掛一，正合四營之義。惟以三揲之掛扐，分措於三指間，爲小誤，然於其大數亦不差也。其言「餘一益三」之屬，乃夢得立文太簡之誤，使讀者疑其不出於自然而出於人意耳。此與孔氏之説不可不正，然恐亦不可不原其情也。○蔡氏所謂以四十九蓍虚一分二，掛一揲四者，蓋謂虚一外止用四十八，分掛揲之餘爲奇偶各二，老陽、老陰變數各八，少陰、少陽變數各二十四，合爲六十四，八掛各得八焉。然此乃奇偶對待，加倍而得者，體數也。若天三地二，衍而爲五十者，用數也。蓋體數常均，用數則陽饒而陰乏也，此正造化之妙。若陰陽同科，老少一例，是體數，非用數也。○玉齋胡氏曰：舊法與今所用之法，四十九蓍虛一、分二、掛一、揲四、歸奇，初无以異，而三變之分得五者三，得四者二，得九者一，得八者二，亦莫不同。但其於第一變，以或五或九者皆爲奇，第二、第三變以或四或八者皆爲偶，與今所論五、四爲奇，九、八爲偶者有不同耳。舊法所分，蓋以前一變在先而屬奇，故其餘五九亦奇數也；後二變在後而屬偶，故其餘四八亦偶數也。不過因其數以分奇偶，初未嘗遽以此奇偶而定陰陽。然以餘五、九者爲奇，則五三，九一，亦有圍三徑一之義。以餘四、八者爲偶，則四、八皆二，亦有圍四用半之義。況三變之後，老陽十二，老陰四，少陽二十，少陰二十八，其饒乏多寡，自然之法象，初不害其本同也。朱子特舉此説，所以深明三變皆掛之得，以證上文近世後二變不掛之失。又以起下文「若用近世之法，三變之餘，皆爲圍三徑一之義，而無復奇偶之分」，以辨明其誤也。○揲蓍之法，所謂奇三而偶二者，朱子嘗釋之于卷末云：「卷内蔡氏説爲奇者三，爲偶者二。蓋凡初揲左手餘一、餘二、餘三皆爲奇，餘四者爲偶。至再揲、三揲則餘三者亦爲偶，故云奇三而偶二也。」二老本皆八，二少本皆二十四者，其實非揲蓍有此例。蓋亦以天地之間，陰陽各居其半，本無多寡之殊。以六十四卦言之，陽卦三十二，陰卦三十二。以三百八十四爻言之，陽爻百九十二，陰爻百九十二。夫如是，則以陰陽老少而均之，二老皆八，合之得十六；二少皆二十四，合之得四十八。亦言其體數對待，一奇一偶本如此而已。至於揲蓍而見於用，用二老而不用二少。然其爲數之饒乏多寡，實有不可概論者。是以三揲之變，老者陽饒而陰乏，少者陽少而陰多。二老以陽之動爲主，故老陰以其四歸于老陽，而老陽得十二，老陰得四也。二少以陰之静爲主，故少陽以其四歸于少陰，而少陰得二十八，少陽得二十也。合之計六十四變。此則合老少之變以推二老之用。因揲蓍而後見也。體數常均者，合陰陽老少之本數而言，故一奇一偶對待者，陰陽之體也。用數則陽三而陰一者，於六十四變之中取其十六變者爲用，又於十六變之中以四約之，則老陽十二而用其三，老陰四而用其一，是一饒一乏爲陰陽之用也。即此推之，蔡氏之言了然矣。邵子云：「天有四時，一時四月，一月四十日。四四十六而各去其一，是以一時三月，一月三十日也。四時，體數也。三月、三十日，用數也。體雖具四而其一常不用也，故用者止于三而極于九也。」以此證蔡氏之説，則一時必无四月，一月必无四十日，老陽老陰必无本皆八之數，少陽少陰必无本皆二十八之數。所以爲此言者，亦指其體數之常均耳。至於用數，則一時三月，一月三十日，陽用其三而陰用其一，又豈可得而强同哉。要之蔡氏損益之説，視此又較明白云。

若用近世之法，則三變之餘皆爲圍三徑一之義，而無復奇偶之分。三變之後，爲老陽、少陰者皆二十七，爲少陽者九，爲老陰者一，又皆參差不齊，而無復自然之法象。此足以見其説之誤矣。

黄氏瑞節曰：此乃沙隨程氏之説。第二、三變不掛，則十八變之間多不得老陰也。○玉齋胡氏曰：舊法三變皆掛，則初變五三九一，爲圍三徑一之義。後二變四八皆二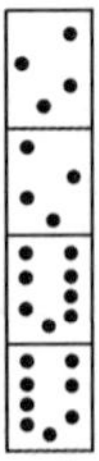，而爲圍四用半之義。今後二變不掛，則皆四三八一，並如前一變之五三、九一，而

无復後二變之四八皆二，故惟有圍三徑一之術，而无圍四用半之術也，尚安有奇偶之分哉？是以三變之後，老少變數雖有六十四，而參差不齊，无自然之法象矣。今爲圖以附于卷後，庶觀者易見其誤云。

至於陰陽老少之所以然者，則請復得而通論之：蓋四十九策除初掛之一而爲四十八，以四約之爲十二，以十二約之爲四。故其揲之一變也，掛扐之數一其四者爲奇，兩其四者爲偶。其三變也，掛扐之數三其四，一其十二，而過揲之數九其四，三其十二者爲老陽。掛扐、過揲之數皆六其四，兩其十二者爲老陰。自老陽之掛扐而增一四，則是四其四也，一其十二而又進一四也。自其過揲者而損一四，則是八其四也，三其十二而損一四也。此所謂少陰者也。自老陰之掛扐而損一四，則是五其四也，兩其十二而去一四也。自其過揲而增一四，則是七其四也，兩其十二而進一四也。此所謂少陽者也。二老者，陰陽之極也。二極之間相距之數凡十有二，而三分之。自陽之極而進其掛扐，退其過揲，各至於三之一，則爲少陰。自陰之極而退其掛扐，進其過揲，各至於三之一，則爲少陽。

朱子曰：老陽掛扐之數十二而老陰二十四，老陽過揲之數三十六而老陰二十四，其相距之數凡十二而三分之。老陽掛扐之數十二而少陰則十有六，是少陰進其掛扐者四，而於二老相距之數得三之一。老陽過揲之數三十六而少陰三十二，是少陰退其過揲者四，而於二老相距之數亦得三之一。若少陽之於老陰，退其掛扐者四，進其過揲者四，而於二老相距之數亦得三之一焉。○西山蔡氏曰：四十九蓍，去掛一之蓍則四十八，以四約之爲十二，以十二約之爲四。四與十二，十二與四，宛轉相因爲四十八。四十八者，蓍之所以變化，故其數之成四與十二，自然相爲經緯也。老陽奇數十二，以十二約之得一，則⚊之象也；以四約之得三，則☰之象也。老陰奇數二十四，以十二約之得二，則⚋之象也；以四約之得六，則☷之象也。老陽策數三十六，以十二約之得三，則三天之象也；以四約之得九，則用九之象也。老陰策數二十四，以十二約之得二，則兩地之象也；以四約之得六，則用六之象也。少陽奇數二十，以十二約之得一餘八，由老陰而息，蓋陽之未成者也；以四約之得五，則☳☵☶之象也。少陰奇數十六，以十二約之得一餘四，由老陽而消，蓋陰之未成者也；以四約之得四，則☴☲☱之象也。少陽策數二十八，以十二約之得二餘四，由老陰而息，蓋陽之未成者也；以四約之得七，則不用之七也。少陰策數三十二，以十二約之得二餘八，由老陽而消，蓋陰之未成者也；以四約之得八，則不用之八也。老陽之奇數進十二，則老陰之奇數也；策數退十二，則老陰之策數也。老陰之奇數退十二，則老陽之奇數也；策數進十二，則老陽之策數也。少陽之奇數進十二，則少陰之策數也；策數退十二，則少陰之奇數也。少陰之奇數進十二，則少陽之策數也；策數退十二，則少陽之奇數也。老陽之奇數進四，則少陰之奇數也；策數退四，則少陰之策數也。老陰之奇數退四，則少陽之奇數也；策數進四，則少陽之策數也。少陽之奇數退四，則少陰之奇數也；策數進四，則少陰之策數也。少陰之奇數進四，則少陽之奇數也；策數退四，則少陽之策數也。少陽之奇以十二約之餘八，策數以十二約之餘四，蓋老陰之變陽未成也。少陰之奇以十二約之餘四，策數以十二約之餘八，蓋老陽之變陰未成也。此《易》之所以用九用六，不用七與八也。或曰：八卦，乾坤即老陽老陰也，震坎艮、巽離兑即少陽少陰也。八卦乾坤不用，而震坎艮、巽離兑致用，蓍法乃不用七八而用九六，何也？曰：八卦主尊卑，蓍主動静，故不同也。○玉齋胡氏曰：老陽掛扐十二，老陰掛扐二十四。老陽過揲三十六，老陰過揲二十四。其間相距各隔十二也。自老陽變爲少陰，以其掛扐十二，進一四則爲少陰掛扐十六；以其過揲三十六，退一四則爲少陰過揲三十二。自老陰變爲少陽，以其掛扐二十四，退一四則爲少陽掛扐二十；以其過揲二十四，進一四則爲少陽過揲二十八。此所謂二極之間，相距之數凡十有二，掛扐、過揲皆進退以四而成二少者如此。各至於三之一者，以十二分爲三分，其進退各至於三分中一分而成二少也。一分，指四數言。

老陽居一而含九，故其掛扐十二爲最少，而過揲三十六爲最多。少陰居二而含八，故其掛扐十六爲次少，而過揲三十二爲次多。少陽居三而含七，故其掛扐二十爲稍多，而過揲二十八爲稍少。老陰居四而含六，故其掛扐二十四爲極多，而過揲亦二十四爲極少。蓋陽奇而陰偶，是以掛扐之數，老陽極少，老陰極多，而二少者一進一退而交於中焉，此其以少爲貴者也。陽實而陰虚，是以過揲之數，老陽極多，老陰極少，而二少者亦一進一退而交於中焉，此其以多爲貴者也。

朱子曰：少陰掛扐十六，比老陽十二爲進四。少陽掛扐二十，比老陰二十四爲退四。少陰過揲三十二，比老陽三十六爲退四。少陽過揲二十八，比老陰二十四爲進四。故皆曰「一進一退而交於中」。○玉齋胡氏曰：老陽居一含九，少陽居三含七，其位與數皆奇。老陰居四含六，少陰居二含八，其位與數皆偶。主陽之奇而言，則掛扐以少爲貴，故老陽極少，少陰次少；而老陰掛扐極多，少陰掛扐次多者，不能以並乎陽之少也。老陽、少陽位數皆奇，奇則一而實。老陰、少陰位數皆偶，偶則二而虚。主陽之實而言，則過揲以多爲貴，故老陽極多，少陽次多；而老陰過揲極少，少陰過揲次少者，不能以並乎陽之多也。壹皆以陽之奇與實者爲主，其尊陽之義可見矣。二少掛扐、過揲皆一進一退而交於二老之中者，即上文「二老進退各至於三之一，以成二少」之義。

凡此，不唯陰之與陽既爲二物而迭爲消長，而其一物之中，此二端者又各自爲一物而迭爲消長。其相與低昂如權衡，其相與判合如符契，固有非人之私智所能取舍而有無者。

玉齋胡氏曰：「陰陽二物」，指二老言。「迭爲消長」，指掛扐、過揲言。同一掛扐也，老陽以長而變爲少陰，老陰則以消而變爲少陽。同一過揲也，老陽以消而變爲少陰，老陰則以長而變爲少陽。此迭爲消長以成二少也。「一物」，指或爲老陽一物，或爲老陰一物言。「二端」，指掛扐、過揲言。且以老陽一物論之，老陽掛扐十二，視少陰掛扐十六消矣；少陰掛扐十六，視老陽掛扐十二則爲長焉。老陽過揲三十六，視少陰過揲三十二長矣；少陰過揲三十二，視老陽過揲三十六則爲消焉。掛扐長則過揲消，過揲長則掛扐消，推之老陰一物之中亦然。「相與低昂如權衡」，陽長則陽昂而陰低，陰長則陰昂而陽低，如權衡之有輕重也。「相與判合如符契」，合焉而陰陽二物迭爲消長，判焉而一物之中又各自有消長，如符契之有判合也。因其相與之義，究其迭爲之旨，其自然之妙，豈容人力於其間哉！

而況掛扐之數乃七、八、九、六之原，而過揲之數乃七、八、九、六之委，其勢又有輕重之不同。而或者乃欲廢置掛扐，而獨以過揲之數爲斷，則是舍本而取末，去約以就煩，而不知其不可也，豈不誤哉！

雲莊劉氏曰：掛扐之數所以不可廢置者，有兩儀、三才、四時、閏餘之象焉。使聖人當時若不以掛扐爲主，將四十有九之蓍分二之後，去其一足矣，何必掛之以象三才？揲左之後，去其所餘之奇足矣，何必扐之以象閏？揲右之後，又去其所餘之奇足矣，何必再扐之以象再閏？所以然者，正欲以掛扐爲主也。若夫乾坤之策以過揲紀之，而不及掛扐者，畢竟過揲之數皆四十九蓍中之策，以掛扐定爻之老少，復以過揲紀爻之策數，則蓍之全數於卦爻皆有用矣。如必欲廢置掛扐，盡用過揲，是爲不知本之論也。其誤可勝言哉？○玉齋胡氏曰：有過揲必先有掛扐，掛扐所以爲七、八、九、六之原。有掛扐而後有過揲，過揲所以爲七、八、九、六之委。朱子辨郭氏云：「四十九蓍，蓍之全數也。以其全而揲之，則其前爲掛扐，其後爲過揲。以四乘掛扐之數，必得過揲之策。以四除過揲之策，必得掛扐之數。其自然之妙，如牝牡之相銜，如符契之相合，可以相勝而不可以相无。且其前後相因，固有次第，而掛扐之數所以爲七、八、九、六，又有非偶然者，皆不可以不察也。今於掛扐之策既不知其所自來，而以爲无所預於揲法，徒守過揲之數以爲正策，而亦不知正策之所自來也。其欲增損全數以明掛扐之可廢，是又不知其不可相無之説，其失益以甚矣。」又答郭氏書云：「過揲之數雖先得之，然其數衆而繁。

歸奇之數雖後得之，然其數寡而約。紀數之法，以約御繁，不以衆制寡。故先儒舊説專以多少決陰陽之老少，而過揲之數亦冥會焉，初非有異説也。然七八九六所以爲陰陽之老少者，其説本於《圖》《書》，定於四象，其歸奇之數，亦因揲而得之耳。大抵《河圖》《洛書》者，七八九六之祖也。四象之形體次第者，其父也。歸奇之奇偶方圓者，其子也。過揲而以四乘之者，其孫也。今自歸奇以上皆棄而不録，而獨以過揲四乘之數爲説，恐未究象數之本原也。」按此二條説掛扐、過揲本末先後，最爲精密，所以正郭氏之誤，無餘説矣。此節所謂「或者」，正指郭氏言也。

邵子曰：五與四、四，去掛一之數，則四三十二也。九與八、八，去掛一之數，則四六二十四也。五與八、八，九與四、八，去掛一之數，則四五二十也。九與四、四，五與四、八，去掛一之數，則四四十六也。故去其三、四、五、六之數，以成九、八、七、六之策，此之謂也。

朱子曰：邵子此條是説陰陽老少掛扐之數，《啓蒙》引之者，蓋以證掛扐之數乃七、八、九、六之原。以掛扐、歸奇言之，老陽得三四，少陰得四四，少陽得五四，老陰得六四。今不用三、四、五、六之數，而以奇偶取徑一圍三、圍四用半之義者，以成七、八、九、六之策故也。〇玉齋胡氏曰：老陽掛扐十三，去初掛一爲十二。老陰掛扐二十五，去初掛一爲二十四。少陽掛扐二十一，去初掛一爲二十。少陰掛扐十七，去初掛一爲十六。此去初掛之一以驗奇偶多寡之所由分也。奇偶既分，用數斯判。奇圓用全而徑一圍三，偶方用半而徑一圍四。是以老陽掛扐三奇，十二全用，又於三奇內去一策以象圓，而三一之中各復有三，積三三之數爲九，是去三以成九也。少陰掛扐兩奇一偶十六，兩奇全用，故四策各全用；一偶用半，故八策只用四，亦用十二。於兩奇内去一數以象圓，而二一之中各復有三；於一偶内去二數以象方，而一二之中復有二；積二三、一二之策爲八，是去四以成八也。少陽掛扐兩偶一奇二十，一奇用全，故四策全用；兩偶用半，故八策各用四，亦用十二。於一奇内去一數以象圓，而一之中復有三；於兩偶内各去二數以象方，而三二之中各復有二；積一三、二二之策爲七，是去五以成七也。老陰掛扐三偶二十四，用半亦只用十二，又於三偶内各去二數以象方，而三二之中各復有二，積三二之策爲六，是去六以成六也。此去三、四、五、六之數以成九、八、七、六之策也。是知老少掛扐去初掛之後，多寡雖不同，而用全、用半均不過十二之數。以其十二者去三則成九，去四則成八，去五則成七，去六則成六。十二乃老陽掛扐之數也，豈是皆以老陽之數爲準，而去取以成九、八、七、六焉。其尊陽之意，又可見於此矣。

一爻已成，再合四十九策，復分掛、揲、歸以成一變，每三變而成一爻，並如前法。

朱子曰：今按四象之數，乃天地之間自然之理。其在《河圖》《洛書》各有定位，故聖人畫卦自兩而生，有畫以見其象，有位以定其次，有數以積其實，其爲四象也久矣。至於揲蓍，然後掛扐之奇偶方圓有以兆之於前，過揲之數有以乘之於後，而九六七八之數隱然於其中。未畫之前，先有此象數。聖人畫卦時依樣畫出，揲蓍者又隨其所得掛扐、過揲之數以合焉。非是元無實體，而畫卦、揲蓍之際，旋次安排出來也。○老少於《經》固無明文，然揲蓍之法以奇偶分之，然後爻之陰陽可得而辨；又於其中各以老少分之，然後爻之陰陽變與不變可得而分。《經》之用九、用六，正謂此也。若其無此，則終日揲蓍，不知合得何卦？正使得卦，不知當用何爻？○九六之說，嘗謂五行成數，去其地十之土而不用，則七、八、九、六而已。陽奇陰偶，故七、九爲陽，六、八爲陰。陽進陰退，故九、六爲老，而七、八爲少。陽極於九，則退八而爲陰。陰極於六，則進七而爲陽。一進一退，循環無端。龜山所謂「參之爲三，兩之爲六」，乃康節以三爲真數，故以三兩乘之而得九、六之數也。○多少之說，雖不《經》見，然其實以一約四，以奇爲少，以偶爲多而已。九、八者，兩其四也，陰之偶也，故謂之多。五、四者，一其四也，陽之奇也，故謂之少。奇陽體圓，其法徑一圍三而用其全，故少之數三。偶陰體方，其法徑一圍四而用其半，故多之數二。歸奇積三三而爲九，則其過揲者四之而爲三十六矣。歸奇積三二而爲六，則其過揲者四之而爲二十四矣。○二老變之說無他，到極處了無去處只得變。九上更去不得了，只得回來做八。六下來便是五生數了，亦去不得，所以却去做七。○揲蓍雖是一小事，自孔子來千五百年，人都理會不得。唐人雖說得有病，大體理會得是。近來說得大乖，自郭子和始。子和以掛一爲奇，以揲之餘爲扐，又不用老少，只用三十六、三十二、二十八、二十四爲策數，以爲聖人從來只說陰陽，不曾說老少。不知既無老少，則七、八、九、六皆無用，又何以爲卦？又以第一揲扐爲扐，第二第三揲不掛爲扐，第四又掛。如此則無五年再閏，是六年再閏也。○或問：蓍之爲用，不知蓍是伏羲從來設，是後之聖人設？若謂伏羲只以心之所得者畫出，元未有蓍，則畫卦如何用？曰：想自有一物如蓍，未可知。但不可道伏羲將揲蓍來立卦。如今時俗只把三銅錢求卦，亦可也。

乾之策二百一十有六，坤之策百四十有四，凡三百有六十，當期之日。

乾之策二百一十有六者，積六爻之策各三十六而得之也。坤之策百四十有四者，積六爻之策各二十有四而得之也。凡三百六十者，合二百一十有六、百四十有四而得之也。當期之日者，每月三十日，合十二月爲三百六十也。蓋以氣言之，則有三百六十六日。以朔言之，則有三百五十四日。今舉氣盈、朔虚之中數而言，故曰三百有六十也。然少陽之策二十八，積乾六爻之策則一百六十八；少陰之策三十二，積坤六爻之策則一百九十二。此獨以老陰陽之策爲言者，以《易》用九、六，不用七、八也。然二少之合，亦三百有六十。

玉齋胡氏曰：策，指過揲之策。乾坤二老之策足以當期之數，二少之策亦足以當期之數。《易》以九、六名爻，故言老而不言少。朱子答程可久云：「不可專指乾坤之爻爲老陽老陰，其實六爻之爲陰陽者，老少錯雜。《大傳》以六爻乘二老言，故云乾之策二百一十六，坤之策百四十四，凡三百六十。然爲六子諸卦者，亦互有老少焉。以策數合之，亦三百六十。若便以乾坤皆爲老陰陽，六子皆爲少陰陽，則恐未安也。」三百六十當期之日，期者周也，謂周一歲也。以氣言，則有三百六十六日。以朔言，則有三百五十四日。今云三百六十者，比之氣盈則少六日，不得謂之盈；比之朔虚則多六日，不得謂之虚。是蓋於氣朔盈虚之間指其數之中者爲言也。乾坤之策合之爲三百六十，亦正足以當期之數也。○按閏法始於《堯典》云：「朞三百六旬有六日，以閏月定四時成歲。」朱子云：「天體至圓，周圍三百六十五度四分度之一。繞地左旋，常一日一周而過一度。日麗天而少遲，故日一日亦繞地一周而在天爲不及一度。積三百六十五日九百四十分日之二百三十五，而與天會，是一歲日行之數也。月麗天而尤遲，一日常不及天十三度十九分度之七，積二十九日九百四十分日之四百九十九，而與日會。十二會得全日三百四十八，餘分之積五千九百八十八，如日法九百四十而一得六不盡三百四十八，通計得三百五十四日九百四十分日之三百四十八，是一歲月行之數也。歲有十二月，月有三十日。三百六十者，一歲之常數也。故日與天會而多五日二百三十五分者，爲氣盈。月與日會而少五日五百九十二分者，爲朔虛。合氣盈朔虛而閏生焉，故一歲閏率十日九百四十分日之八百二十七，三歲一閏則三十二日九百四十分日之六百一，五歲再閏則五十四日九百四十分日之二百七十五，十九歲七閏則氣、朔分齊，是爲一章也。」愚謂天體圓如彈丸，半覆地上，半在地下。以二十八宿分周天之度，共爲三百六十五度四分度之一。朱子云「天無體，只二十八宿便是體」是也。四分度之一者，天行每一度，計九百四十分。分爲四分，則計四箇二百三十五分而得其四分之一也。天行過一度者，天行健，一日一夜周天三百六十五度四分度之一，而又過一度也。朱子云：「日月皆從角起。日則一日運一周，依舊只到那角上。天則周了又過那角些子，日日累將去，到一年便與日會。」又云：「而今若就天裏看時，只是行得三百六十五度四分度之一。若把天外來説，則是一日過了一度。季通嘗言：論日月，則在天裏。論天，則在太虛空裏。若去那太虛空裏觀天，自是日日衮得不在舊時處。」所謂日之二百三十五者，在天爲度，在歲爲日。天有三百六十五度四分度之一，歲亦有三百六十五日四分日之一也。天一度有九百四十分，歲一日亦有九百四十分。均以四分分之，每分計二百三十五分，是天與日所行之餘分也。

所謂二百三十五者，即四分度之一耳。日與天會者，一朞內二十四氣，必有三百六十六日，雖遇置閏年亦同。如自今年冬至至來年冬至前一日，必三百六十六日也。日與天在來年冬至三百六十六日上會而成一歲也。十九分度之七者，以九百四十分分爲十九分，每分計四十九分四釐七毫六絲八秒。十九分內中取七分，總爲三百四十六分三釐一毫五忽七絲六秒，此月行一日不及天與日常度之餘分也。如是，則月行一日不及日十二度三百四十六分半，每月積至二十九日四百九十九分上，其不及日者三百六十五度二百三十五分，則日所進過之度恰周得本數，而月所不及之度亦退盡本數，恰恰與日會而成一月。合十二箇二十九日，計全日三百四十八。十二箇四百九十九分，積五千九百八十八。以日法九百四十分除之，得六日零三百四十八。通計三百五十四日三百四十八分，此一歲月行之常數也。月與日會處，係於每月二十九日四百九十九分上會。如正月斗柄指寅，寅與亥合，日月則會於亥，其辰爲陬訾。二月斗柄指卯，卯與戌合，日月則會於戌，其辰爲降婁。積十二會皆於斗柄所指之宮，合宮上會也。三百六十爲一歲之常數者，以五行之氣言之，各旺七十二日，則五其七十二爲三百六十。以六甲之數言之，每甲六十，六其六十亦三百六十。以乾、坤二篇之策言之，乾二百一十六，坤百四十四，亦合三百六十，所謂一歲之常數也。氣，則二十四氣。自今年冬至至來年冬至前一日，計三百六十五日二百三十五分，是於三百六十日外多五日二百三十五分者爲氣盈。朔，則十二月朔。自今年十一月初一至來年十一月初一前一日，計三百五十四日三百四十八分，是於三百六十日內少五日五百九十二分者爲朔虛。合氣盈、朔虛而閏生者，一歲閏，積氣朔之數計十日八百二十七分；三歲一閏，積氣朔之數三箇十日八百二十七分，計三十二日六百單一分；五歲再閏，積氣朔之數五箇十日八百二十七分，計五十四日二百七十五分。但五歲内無再閏，而《易·繫》乃有「五歲再閏」之文者，蓋以氣盈六日，朔虚六日，而再閏在五歲内者，舉成數也。氣盈五日二百三十五分，朔虚五日五百九十二分，而再閏在六歲内者，舉本數也。十九歲七閏爲一章者，蓋九爲天數之終，十爲地數之終，十九歲而天地之數俱終，故當七閏也。自一歲餘十日零八百二十七分，積十九年得全日一百九十日零分，積一萬五千七百一十三分。以日法九百四十分除之，計成日一十六日零六百七十三分，通前所得全日，總計二百單六日零六百七十三分。將此數於十九年内分作七箇閏月，計三七二百一十日内少三日二百六十七分。七閏月之中合除此三日二百六十七分，均作三箇月小盡正恰好。故氣、朔分齊，定是冬至在十一月朔，是爲至、朔同日而爲一章之歲也。嘗論之：日月皆麗乎天者也，日之行比天只不及一度，月之行乃不及日十二度，何哉？蓋天秉陽而在上，日爲陽之精，月爲陰之精也。造化之間，陽大陰小，陽饒陰乏，陽得兼陰，陰不得兼陽。此日行所以常過，月行所以常不及也。且一歲朔虚五日五百九十二分，固月之所不及行者矣。氣盈五日二百三十五分，亦月之所不及行者也。使日之運常有餘，月之運常不足，不置閏以齊之，積之三年，春之一月入于夏，子之一月入于丑矣。又至於三失閏，則春季皆入於夏；十二失閏，子年皆入于丑矣。何以成造化之功哉？故聖人作曆，必歸餘於閏以補月行不及於日之數，則月之行也，始可與一歲日與天會之數相參爲一，至十九年而氣、朔分齊，無毫髮之差矣。聖人財成輔相之功，豈淺淺哉！或云：曆家之説，則以爲日行遲，一日行一度；月行速，一日行十二度十九分度之七，何也？曰：陳安卿嘗問天道左旋，自東而西，日月右行，則如何。朱子云：「横渠説日月皆是左旋，説得好。蓋天行甚健，一日一夜周天三百六十五度四分度之一，而又過一度。日行速，健次於天，一日一夜周天三百六十五度四分度之一正恰好。被天進一度，則日却成每日退了一度。積至三百六十五日四分日之一，則天所進過之度又恰周得本數，而日所不及之度亦恰退盡本數，遂與天會而成一年。月行遲，一日一夜三百六十五度四分度之一行不盡，比之天却成退了十三度有奇。進數爲順天而左，退數爲逆天而右。曆家以進數難算，只以退數算之，故謂之右行，且曰日行遲，月行速也。然則日行却得其正。」愚謂欲知日速月遲，其迹有易見者。且日月會於晦朔之間，初一日晚最好看起。日纔西墜，微茫之月亦隨之而墜矣。至初二便相隔微闊，初三生明以後相去漸遠。一日遠似一日，直至十五，日月對望，則是日行速，進而遠至半天，月行遲，退而不及亦遠半天矣。自十六至月晦，日行全遠盡一天，月行全不及亦盡一天，即所謂「日進盡本數，月退盡半數而復相會」也。

二篇之策，萬有一千五百二十，當萬物之數也。

二篇者，上下經六十四卦也。其陽爻百九十二，每爻各三十六策，積之得六千九百一十二。陰爻百九十二，每爻二十四策，積之得四千六百八。又合二者爲萬有一千五百二十也。若爲少陽，則每爻二十八策，凡五千三百七十六；少陰則每爻三十二策，凡六千一百四十四。合之亦爲萬一千五百二十也。

西山蔡氏曰：此即過揲之蓍，大衍之終也。策，即蓍也。乾一爻三十六策，六爻二百一十六策。坤一爻二十四策，六爻百四十有四策。此陰陽自然之數，聖人立大衍之法以倚之，所謂「參天兩地而倚數」也。天地之運，大小皆極于三百六十。大衍乾坤之策當期之日，真所謂與天地相似者也。陽爻一百九十二，每爻三十六策，積之得六千九百一十二策。陰爻一百九十二，每爻二十四策，積之得四千六百八策。二篇之策，分陰爻陽爻爲二也。合之則萬有一千五百二十，以當萬物之數。此天地流行之數，歲月日時之積也。詳見《經世指要》上篇。〇玉齋胡氏曰：二篇之策足以當萬物之數，二老之策固然，二少之策亦然也。

是故四營而成易，十有八變而成卦。八卦而小成，引而伸之，觸類而長之，天下之能事畢矣。

四營者，四次經營也。分二者，第一營也。掛一者，第二營也。揲四者，第三營也。歸奇者，第四營也。易，變易也，謂揲之一變也。四營成變，三變成爻。一變而得兩儀之象，再變而得四象之象，三變而得八卦之象。一爻而得兩儀之畫，二爻而得四象之畫，三爻而得八卦之畫，四爻成而得其十六者之一，五爻成而得其三十二者之一，至於積七十二營而成十有八變，則六爻見而得乎六十四卦之一矣。然方其三十六營而九變也，已得三畫，而八卦之名可見，則内卦之爲貞者立矣。此所謂「八卦而小成」者也。自是而往，引而伸之，又三十六營，九變以成三畫而再得小成之卦者一，則外卦之爲悔者亦備矣。六爻成，内外卦備，六十四卦之别可見，然後視其爻之變與不變而觸類以長焉，則天下之事，其吉凶悔吝皆不越乎此矣。

朱子曰：「四營而成易」，「易」字只是箇變字，四度經營方成一變。若説「易之一變」却不可，這處未下得「卦」字，亦未下得「爻」字，只下得「易」字。○西山蔡氏曰：易者，未入用也。變者，已入用也。○玉齋胡氏曰：「一變而得兩儀之象」至「三變而得八卦之象」，蓋一爻以三變而成，猶八卦以三畫而成，故以爲象也。「一變而得兩儀之象」，謂得五者象陽儀，得九者象陰儀也。「再變而得四象之象」，謂得五、四者象太陽，得五、八者象少陰，得九、四者象少陽，得九、八者象太陰。「三變而得八卦之象」，謂得五、四、四者象乾，得五、四、八者象兑，得五、八、四者象離，得五、八、八者象震，得九、四、四者象巽，得九、四、八者象坎，得九、八、四者象艮，得九、八、八者象坤。其逐變皆彷彿近似於儀、象、卦而未有其畫，故惟以其象言之。「一爻而得兩儀之畫」，謂初揲而得⚊者爲陽之儀，必自乾至復三十二卦；得⚋者爲陰之儀，必自姤至坤三十二卦也。「二爻而得四象之畫」，謂再揲而得⚌者爲太陽，必自乾至臨十六卦；得⚍者爲少陰，必自同人至復十六卦；得⚎者爲少陽，必自姤至師十六卦；得⚏者爲太陰，必自遯至坤十六卦也。「三爻而得八卦之畫」，謂三揲而得☰者爲乾，必自乾至泰八卦；得☱者爲兑，必自履至臨八卦也。餘放此。「四爻而得十六者之一」，謂四揲而得四爻，則得⚊⚊⚊⚊者必自乾至大壯四卦，得⚋⚊⚊⚊者必自小畜至泰四卦，餘放此，所謂十六卦中一卦也。「五爻而得三十二者之一」，謂五揲而得五爻，則得⚊⚊⚊⚊⚊者非乾則夬，得⚋⚊⚊⚊⚊者非大有則大壯，餘放此，所謂三十二卦中一卦也。以至六揲而得六爻，則一卦於是乎成，而六十四卦之中各隨所遇而得其一矣。朱子屢言揲蓍求卦之法，謂一爻成只有三十二卦，二爻成只有十六卦，三爻成只有八卦，四爻成只有四卦，五爻成只有二卦，六爻既成一卦乃定者，此之謂也。或問：内卦爲貞，外卦爲悔，如何？朱子云：貞悔出《洪範》。貞看來是正，悔是過意。凡悔字都是過了方悔。這悔字是過底意思，下三爻便是正卦，上三爻似過多了，恐是如此。又云：内卦爲貞，外卦爲悔。因説生物只有初時好，凡物皆然。康節愛説。又云：康節看物事便成四箇，渠只怕處其盛。且如看花，方其蓓蕾向盛也半開，漸盛正開，太盛則衰矣。人之勢焰者必衰，强壯者必死。康節一見便能知之，觸類以長。朱子謂：如占得這一卦，則就上面推看。如乾則推其爲圜，爲君，爲父之類。觸其類於彼，而長其見於此，則舉天下之事，或吉或凶，或自悔而趨吉，或自吝而向凶者，皆可以決諸此而無復疑矣。

顯道神德行，是故可與酬酢，可與祐神矣。

道因辭顯，行以數神。酬酢者，言幽明之相應，如賓主之相交也。祐神者，言有以佑助神化之功也。○卷内蔡氏説爲奇者三，爲偶者二。蓋凡初揲左手餘一餘二餘三皆爲奇，餘四爲偶。至再揲三揲，則餘三者亦爲偶。故曰奇三而偶二也。

朱子曰：道是無形底物事，因卦詞説出來道這是吉這是凶，這是可爲這是不可爲，此「道因詞顯」也。又曰：德行是人做底事，因數推出來方知得這非是人硬恁地做，都是神之所爲。又曰：德行是人事，却須決於蓍，此「行以數神」也。幽明之相應，如賓主之相交者，「幽」言蓍也，「明」言人也。蓍與人之相應無異於賓主之交相酬酢也。方揲之初，則人爲主而蓍爲賓。既揲之後，則蓍爲主而人爲賓。又曰：神不能自説吉凶與人，必待蓍而後見，皆佑助於神也。○《繫辭》言蓍法，大抵只是解其大略。想别有文字，今不可見。但如「天數五，地數五」，此是舊文。「五位相得而各有合」是孔子解文。「天數二十有五，地數三十，凡天地之數五十有五」，此是舊文。「此所以成變化而行鬼神」，此是孔子解文。「分而爲二」是本文，「以象兩」是解。「掛一」「揲之以四」「歸奇於扐」皆是本文。「以象三」「以象四時」「以象閏」之類，皆解文也。「乾之策二百一十有六，坤之策百四十有四」，孔子則斷之以「當期之日」。「二篇之策萬有一千五百二十」，孔子則斷之以「當萬物之數」。於此可見。○黄氏瑞節曰：大衍之説，朱、蔡可謂備矣。武陵丁氏云：「朱子以五乘十之説，於諸家爲近。至於四十有九，率不過歸之虚一而已，未有得夫五十數與四十九之全者。」於是萃五十七家之説爲《稽衍》，而自爲《原衍》《翼衍》凡三卷。其説曰：「有以先天、兩儀、四象、八卦，合四十九所虚之一，是爲太極者。有謂四十九與五十皆天地之數，各再自乘而以中數自乘除之者。二説似矣而未也。蓋天地之數各五，合而衍之，通得九位。一與二爲三，二與三爲五，三與四爲七，四與五爲九，五與六爲十一，六與七爲十三，七與八爲十五，八與九爲十七，九與十爲十九。九位各有奇，而五位各有偶。置其五位之偶，是爲五十，大衍之體數也。存其九位之奇，則得四十有九，大衍之用數也。一居其中不用，而左右之位各四，有掛一、分二、揲四之象焉。」丁氏之説，又出朱、蔡之外，備之備也。已撮其圖入諸書圖類，大略附此，以見朱子所謂「聖人説數，不只説得一路，自然有許多通透」，信矣。

性理大全書卷之十七

易学啓蒙四

考變占第四

朱子曰：《易》中先儒舊説皆不可廢，但互體、五行、納甲、飛伏之類，未及致思耳。卦變獨於《彖傳》之詞有用故也。○卦變所謂剛來、柔進之類，亦是就卦已成後用意推説，以此爲自彼卦而來耳，非真先有彼而後方有此卦也。古注説賁卦自泰卦而來，先儒非之，以爲乾坤合而爲泰，豈有泰復爲賁之理。殊不知若論伏羲畫卦，則六十四卦一時都了，雖乾、坤亦無能生諸卦之理。若如文王、孔子之説，則縱横曲直，反復相生，無所不可。要在看得活路，無所拘泥，則無不通耳。○潛室陳氏曰：伊川正是破否泰卦變之説，故以卦變皆從乾坤來。蓋《易》中卦變多是三陽三陰，類於否泰。與其主否泰，寧主乾坤。乾坤猶卦之母，否泰則甚無義。若知諸卦皆可變之説，則知主乾坤者猶非，况否泰乎。蓋卦變之法，每一卦皆可變爲六十四卦，如賁之變，或主内卦，則自損而來；或主外卦，則自既濟而來。此晦翁之通例，不必三陽三陰，皆可推。程子之例，可稱於三陽三陰之卦，或三畫不等者，即推之不通。若曉通例，即一卦可變爲六十四卦，卦卦皆然，所謂易也。若只乾坤二變，則非變矣。

乾卦用九，見群龍无首，吉。《象》曰：用九，天德不可爲首也。坤卦用六，利永貞。《象》曰：用六永貞，以大終也。

用九用六者，變卦之凡例也。言凡陽爻皆用九而不用七，陰爻皆用六而不用八。用九，故老陽變爲少陰。用六，故老陰變爲少陽。不用七、八，故少陽、少陰不變。獨於乾坤二卦言之者，以其在諸卦之首，又爲純陽、純陰之卦也。聖人因繫以辭，使遇乾而六爻皆九，遇坤而六爻皆六者，即此而占之。蓋「群龍無首」，則陽皆變陰之象；「利永貞」，則陰皆變陽之義也。餘見六爻變例。歐陽子曰：乾坤之用九用六，何謂也？曰：乾爻七、九，坤爻八、六，九、六變而七、八无爲。易道占其變，故以其所占者名爻，不謂六爻皆九、六也。及其筮也，七、八常多而九、六常少，有無九、六者焉，此不可以不釋也。六十四卦皆然。特於乾坤見之，則餘可知耳。○愚按：此説發明先儒所未到，最爲有功。其論七、八多而九、六少，又見當時占法，三變皆掛，如一行説。

朱子曰：陽爲大，陰爲小。如大過、小過之類，皆是以陰陽而言。坤六爻皆陰，其始本小，到此陰皆變爲陽矣，所以謂「以大終也」，言始小而終大也。○凡得乾而六爻純九，得坤而六爻純六者，皆當直就此例占其所繫之辭，不必更看所變之卦。《左傳》蔡墨所謂「乾之坤曰見群龍无首」者，可以見其一隅也。蓋「群龍无首」，即坤之牝馬先迷也；「利永貞」，即乾之不言所利也。○見群龍，謂值此六爻皆九也。无首，謂陽變而陰也。剛而能柔故吉，而聖人因之以發明剛而不過爲用剛之道也。凡揲而六爻皆九者，則以此辭占之。蔡氏引此，杜註亦如此説。○七、八、九、六，雖是逐爻之數，然全卦七、八，則當占本卦辭。三爻七、八，則當占兩卦辭。全卦九、六，則當占之卦辭。○進齋徐氏曰：六爻皆用九，則乾變之坤。九者剛健之極，天德也。「天德不可爲首」，指卦變言，即坤无首之義，非謂乾剛有所不足也。善用九者，物極必變，剛而能柔，不爲物先，用坤道也。○玉齋胡氏曰：群龍，六龍也。筮得六爻皆用老陽之九，則變而之坤。既變而坤，故不可爲首。首，先也。坤爲首，則先迷矣。永貞，陽也。筮得六爻皆用老陰之六，則變而之乾。既變而乾，故以大終。大，陽也。《易》中稱大爲陽也。「乾爻七、九，坤爻八、六」者，蓋謂遇乾而變者爲老陽之九，其間亦有不變而爲少陰之七者；遇坤而變者爲老陰之六，其間亦有不變而爲少陰之八者。「七、八常多，九、六常少」者，七、八每易遇，以其或奇或偶之不齊，故常多也。九、六每難遇，以其老陽必三奇，老陰必三偶，故常少也。「又見當時占法三變皆掛」者，蓋三變皆掛，則少陽二十，少陰二十八爲易遇，老陽十二爲難遇。後二變不掛，則老陽二十七，遇之甚易矣。

凡卦六爻皆不變，則占本卦彖辭而以内卦爲貞，外卦爲悔。彖辭爲卦下之辭。孔成子筮立衛公子元，遇屯曰「利建侯」；秦伯伐晉，筮之遇蠱曰「貞風也，其悔山也」。

潛室陳氏曰：貞、悔字皆從卜。○玉齋胡氏曰：朱子云：「陽用九而不用七。且如占得純乾卦皆七數，這却不是變底，他未當得九，未在這爻裏面，所以只就占上面彖辭，他亦然。」以内卦爲貞，外卦爲悔者，朱子云：「貞是事之始，悔是事之終。貞是事之主，悔是事之客。貞是事在我底，悔是應人底。」

今統占本卦彖辭而分内外卦爲貞悔者，大抵筮法有變卦，則以本卦爲貞，之卦爲悔。无變卦，則以内卦爲貞，外卦爲悔。此又是兼内外卦體推斷。如貞風悔山之類，是以貞爲我，悔爲彼也。論貞、悔，詳見前篇末。○《左》昭七年，衛卿孔成子欲立公子元，筮之遇屯，以示子朝。子朝曰：「元亨，且其繇辭曰『利建侯』，子其建之。」成子遂立元，即靈公也。○僖十五年，秦伯伐晉，卜徒父筮之，吉。其卦遇蠱：「貞風也，悔山也。歲云秋矣，我落其實而取其材，所以克也。實落材亡，不敗何待？」遂獲晉侯以歸。

一爻變，則以本卦變爻辭占。沙隨程氏曰：畢萬遇屯之比，初九變也。蔡墨遇乾之同人，九二變也。晉文公遇大有之睽，九三變也。陳敬仲遇觀之否，六四變也。南蒯遇坤之比，六五變也。晉獻公遇歸妹之睽，上六變也。

玉齋胡氏曰：一爻變者凡六卦，有圖在後。如第一圖以乾爲本卦，一爻變自姤至夬；以坤爲本卦，一爻變自復至剥是也。餘放此。沙隨所舉六事，皆各得一爻變。就本卦變爻占，其例觀後注可見。○《左》閔元年，畢萬筮仕於晉，遇屯之比，辛廖占之曰：吉孰大焉，其必蕃昌，公侯之卦也。○昭二十九年秋，龍見於絳郊。魏獻子問於蔡墨，墨曰：乾之同人，九二變也。○僖二十五年，晉文公將納王，使卜偃筮之，遇大有之睽，曰：公用享于天子之卦，戰克而王享，吉孰大焉？○莊二十二年，陳厲公生敬仲，使周史筮之，遇觀之否，曰：是謂觀國之光，利用賓于王，此其代陳有國乎？○昭十二年，南蒯將叛，筮遇坤之比曰「黄裳元吉」，以爲大吉。子服惠伯曰：忠信之事則可，不然必敗。後蒯果敗。○

僖十五年，晉獻公筮嫁伯姬於秦，遇歸妹之睽，史蘇占之曰：不吉，其繇曰「士刲羊」，亦无衁也，「女承筐」，亦无貺也。

二爻變，則以本卦二變爻辭占，仍以上爻爲主。經、傳無文，今以例推之當如此。

玉齋胡氏曰：二爻變者凡十五卦，如第一圖以乾爲本卦，二爻變自臨至觀是也。後放此。朱子云：凡變須就其變之極處看，所以以上爻爲主。不變者是其常，只順其先後，所以以下爻爲主。亦如陰陽老少之義，老者變之極，少者只順其初。又云：二爻變者下至上而極，二爻不變者下便是不變之本，故以之爲主。又云：卦是從下生，占事都有一箇先後首尾。

三爻變，則占本卦及之卦之彖辭而以本卦爲貞，之卦爲悔；前十卦主貞，後十卦主悔。凡三爻變者通二十卦，有圖在後。○沙隨程氏曰：晉公子重耳筮得國，遇貞屯悔豫皆八，蓋初與四、五凡三爻變也。初與五用九變，四用六變。其不變者，二、三、上在兩卦皆爲八，故云皆八。而司空季子占之曰：皆利建侯。

玉齋胡氏曰：三爻變者凡二十卦。如第一圖以乾爲本卦，三爻變自否至泰。以坤爲本卦，三爻變自泰至否是也。後放此。所以占本卦及之卦彖辭者，蓋變至三爻，則所變爻與不變爻，六爻平分。故就兩卦彖辭占，而以本卦爲貞，之卦爲悔也。前十卦主貞，後十卦主悔者，且如乾三爻變，自否至恒爲前十卦，自益至泰爲後十卦。如坤三爻變，自泰至益爲前十卦，自恒至否爲後十卦。若所得變卦在前十卦內，雖占兩卦彖辭，却以本卦貞爲主，是重在本卦彖辭占也。若所得變卦在後十卦內，雖亦占兩卦彖辭，却以變卦悔爲主，是重在變卦彖辭占也。司空季子所占屯、豫皆利建侯，其例可見。朱子云：三爻變，則所主者不一，故以兩卦彖辭占。又云：所以到那三爻變，第三十二卦以後，占變卦彖辭者无也。到這裏時，離那本卦分數多了。到四畫五畫，則更多矣。○《國語》晉公子重耳筮得國，親筮之曰：「尚有晉國？」得貞屯悔豫皆八。司空季子曰：「吉。是在《周易》，皆利建侯。我命筮曰：尚有晉國？告我曰：利建侯。得國之務也。」

四爻變，則以之卦二不變爻占，仍以下爻爲主。經、傳亦無文，今以例推之當如此。

玉齋胡氏曰：四爻變凡十五卦。如第一圖以乾爲本卦，四爻變自觀至臨。以坤爲本卦，四爻變自大壯至遯是也。後放此。

五爻變，則以之卦不變爻占。穆姜往東宮，筮遇艮之八。史曰：是謂艮之隨。蓋五爻皆變，唯二得八，故不變也。法宜以「係小子，失丈夫」爲占，而史妄引隨之彖辭以對，則非也。

朱子曰：艮之隨，惟六二一爻不變，餘五爻盡變。變者，遇九、六也。不變者，遇八也。筮法以少爲卦主，變者五而定者一，故以八爲占，而曰「艮之八」。○玉齋胡氏曰：五爻變凡六卦。如第一圖以乾爲本卦，五爻變自剥至復。以坤爲本卦，五爻變自夬至姤是也。後放此。○《左》襄九年，穆姜始往東宮，筮之遇艮之八。史曰：「是謂艮之隨，隨其出也，君必速出。」姜曰：「亡。是於《周易》曰：隨元亨利貞。有四德者，隨而無咎。我皆無之，豈隨也哉？必死於此，弗得出矣。」按穆姜魯成公母，姜淫僑如，欲廢成公，故徙居太子宮也。筮遇艮之八者，艮五爻皆變，惟六二少陰八不變。不云「之隨」而云

「之八」者，八指隨之六二言也。以之卦不變爻占，則重在六二，故云之八者。史妄引隨之彖辭以對，故又不云「之八」而云「之隨」耳。

首」，即坤之牝馬先迷也。坤之「利永貞」，即乾之不言所利也。

六爻變，則乾坤占二用，餘卦占之卦彖辭。蔡墨曰「乾之坤，曰見群龍无首，吉」是也。然「群龍无

玉齋胡氏曰：六爻變只一卦。如第一圖以乾爲本卦，六爻盡變則爲坤。以坤爲本卦，六爻盡變則爲乾是也。後放此。乾坤占用九用六之辭，餘卦无二用可占，故占之卦彖辭也。朱子云：遇乾而六爻皆變則爲陰，故有群龍无首之象，即坤利牝馬之貞也。言群龍而却无頭，剛而能柔，則吉也。牝馬順而健行者，故坤利此以爲貞。先迷，陽先陰後，以陰而先陽則迷矣。又云：遇坤而六爻皆變則爲陽，故有利永貞之象，即乾之元亨利貞也。不言所利者，貞也。○《左》昭二十九年，蔡墨答魏獻子曰：「乾之坤，曰見群龍无首，吉。」蓋言六爻皆變之占也。

於是一卦可變六十四卦，而四千九十六卦在其中矣。所謂「引而伸之，觸類而長之，天下之能事畢矣」，豈不信哉！今以六十四卦之變，列爲三十二圖。得初卦者，自初而終，自上而下。得末卦者，自終而初，自下而上。變在第三十二卦以前者，占本卦爻之辭。變在第三十二卦以後者，占變卦爻之辭。凡言初終上下者，據圖而言。言第幾卦前後者，從本卦起。

朱子曰：變在三十二卦以前，占本卦辭。變在三十二卦以後，占之卦辭。蓋一爻、二爻變在三十二卦之前，四爻、五爻、六爻變在三十二卦之後，此甚易見。獨三爻變者凡二十卦，十卦在三十二卦之前，

十卦在三十二卦之後。然占法三爻變者雖占兩卦象辭，而變在前十卦者主貞，變在後十卦者主悔。貞是本卦，悔是變卦，故概以三十二卦前後言之。○雲莊劉氏曰：筮法占卦爻之辭，然其辭與事應者，吉凶固自可見。又有不相應者，吉凶何自而決？蓋人於辭上會者淺，於象上會者深。伏羲教人卜筮亦有卦而已。隨其所遇，求之卦體、卦象、卦變，无不應矣。文王、周公之辭雖以明卦，然辭之所該終有限，故有時而不應。必如《左傳》及《國語》所載，占卦體、卦象、卦變，又推互體，始足以濟辭之所不及，而爲吉凶之前知耳。讀《易》者不可不察也。○黄氏瑞節曰：所謂初末、上下、前後者，朱子借此以起例耳，非卦有初末、上下、前後也。假如得初卦者，以初爲初，得末卦者，又以末爲初矣。逆而觀之也。又如前三十二卦，以前爲前。後三十二卦，又以後爲前矣。覆而觀之也。此三十二圖，所以反復爲六十四圖也。○玉齋胡氏曰：三十二圖初終上下，各主首末兩卦爲本卦，反復變易，隨所遇老陽老陰而一卦可變六十四卦，共四千九十六卦，皆在六十四卦所變之中。引伸觸類，人謀鬼謀，百姓與能，而天下之能事備於此矣。得初卦者，自初而終，自上而下。如得乾卦者，自變姤初六至坤上六之類。得末卦者，自終而初，自下而上。如得坤卦者自變復初九至乾上九之類。後放此。三十二卦前後者，如乾自姤至恒，坤自復至益爲三十二卦之前。皆占本卦爻辭者，即所謂一爻、二爻，以至三爻之變前十卦，皆以本卦爲占也。如乾自益至坤，坤自恒至乾爲三十二卦之後。皆占變卦爻辭者，即所謂三爻之變後十卦，以至四、五、上爻變皆以之卦爲占也。然而必以三十二卦爲限，以在前者主貞，在後者主悔，亦取其中也。變在三十二卦之前，則正適其中，故皆主貞卦以爲占。變在三十二卦之後，則便過其中，故皆主悔卦以爲占也。

	剝				觀						否				遯	姤	**乾**
	比	頤	蒙	艮	晉	損		益		渙	漸	大畜	中孚	无妄	訟	同人	
	豫	屯	坎	蹇	萃	節	賁	噬嗑	蠱	未濟	旅	需	睽	家人	巽	履	
	謙	震	解	小過		歸妹	既濟	隨	井	困	咸	大壯	兌	離	鼎	小畜	
	師	明夷	升			泰	豐		恒					革	大過	大有	
坤	復	臨														夬	

	頤				益						无妄				同人	乾	**姤**
	屯	剝	損	賁	噬嗑	蒙		觀		中孚	家人	蠱	渙	否	履	遯	
	震	比	節	既濟	隨	坎	艮	晉	大畜	睽	離	井	未濟	漸	小畜	訟	
	明夷	豫	歸妹	豐		解	蹇	萃	需	兌	革	恒	困	旅	大有	巽	
	臨	謙	泰			升	小過		大壯					咸	夬	鼎	
復	坤	師														大過	

	蒙				渙						訟				姤	遯	同人
	坎	損	剝	蠱	未濟	頤		中孚		觀	巽	賁	益	履	否	乾	
	解	節	比	井	困	屯	大畜	睽	艮	晉	鼎	既濟	噬嗑	小畜	漸	无妄	
	升	歸妹	豫	恒		震	需	兌	蹇	萃	大過	豐	隨	大有	旅	家人	
	坤	泰	謙			明夷	大壯		小過					夬	咸	離	
師	臨	復														革	

	艮				漸						遯				否	訟	履
	蹇	賁	蠱	剝	旅	大畜		家人		巽	觀	損	小畜	同人	姤	无妄	
	小過	既濟	井	比	咸	需	頤	離	蒙	鼎	晉	節	大有	益	渙	乾	
	坤	豐	恒	豫		大壯	屯	革	坎	大過	萃	歸妹	夬	噬嗑	未濟	中孚	
	升	復	師			臨	震		解					隨	困	睽	
謙	明夷	泰														兌	

小畜					
巽	家人	中孚	乾	大畜	需
漸	渙	姤	蠱	井	
	益	同人	賁	既濟	
	履	損	節		
	大有	夬	泰		
觀	遯	艮	蹇		
	訟	蒙	坎		
		鼎	大過	升	
	无妄	頤	屯		
		離	革	明夷	
	睽	兌	臨	大壯	
否	剥	比			
	旅	咸	謙		
	未濟	困	師	恒	
	噬嗑	隨	復	豐	歸妹
晉	萃	坤	小過	解	震
					豫

大有					
鼎	離	睽	大畜	乾	大壯
旅	未濟	蠱	姤	恒	
	噬嗑	賁	同人	豐	
	損	履	歸妹		
	小畜	泰	夬		
晉	艮	遯	小過		
	蒙	訟	解		
		巽	升	大過	
	頤	无妄	震		
		家人	明夷	革	
	中孚	臨	兌	需	
剥	否	豫			
	漸	謙	咸		
	渙	師	困	井	
	益	復	隨	既濟	節
觀	坤	萃	蹇	坎	屯
					比

	坤				比						萃				咸	大過	**夬**
	觀	復	師	謙	豫	臨		屯		坎	蹇	泰	節	隨	困	革	
	晉	益	渙	漸	否	中孚	明夷	震	升	解	小過	小畜	歸妹	既濟	井	兌	
	艮	噬嗑	未濟	旅		睽	家人	无妄	巽	訟	遯	大有	履	豐	恒	需	
	蒙	賁	蠱			大畜	離		鼎					同人	姤	大壯	
剝	頤	損														乾	

	損				中孚						履				乾	同人	**遯**
	節	蒙	頤	大畜	睽	剝		渙		益	小畜	艮	觀	訟	无妄	姤	
	歸妹	坎	屯	需	兌	比	蠱	未濟	賁	噬嗑	大有	蹇	晉	巽	家人	否	
	泰	解	震	大壯		豫	井	困	既濟	隨	夬	小過	萃	鼎	離	漸	
	復	升	明夷			謙	恒		豐					大過	革	旅	
臨	師	坤														咸	

	賁				家人						同人				无妄	履	訟
	既濟	艮	大畜	頤	離	蠱		漸		小畜	益	蒙	巽	遯	乾	否	
	豐	蹇	需	屯	革	井	剥	旅	損	大有	噬嗑	坎	鼎	觀	中孚	姤	
	復	小過	大壯	震		恒	比	咸	節	夬	隨	解	大過	晉	睽	渙	
	泰	坤	臨			師	豫		歸妹					萃	兌	未濟❶	
明夷	謙	升														困	

	噬嗑				无妄						益				家人	小畜	巽
	隨	晉	睽	離	頤	未濟		否		履	同人	鼎	訟	觀	中孚	漸	
	復	萃	兌	革	屯	困	旅	剥	大有	損	賁	大過	蒙	遯	乾	渙	
	豐	坤	臨	明夷		師	咸	比	夬	節	既濟	升	坎	艮	大畜	姤	
	歸妹	小過	大壯			恒	謙		泰					蹇	需	蠱	
震	豫	解														井	

❶「未濟」，原作「睽」，今據圖義及重修本改。

鼎					
大有	旅	未濟	蠱	姤	恒
離	睽	大畜	乾	大壯	
	晉	艮	遯	小過	
	蒙	訟	解		
	巽	升	大過		
噬嗑	賁	同人	豐		
	損	履	歸妹		
		小畜	泰	夬	
	剝	否	豫		
		漸	謙	咸	
	渙	師	困	井	
頤	无妄	震			
	家人	明夷	革		
	中孚	臨	兌	需	
	觀	坤	萃	蹇	坎
益	復	隨	既濟	節	比
					屯

大過					
夬	咸	困	井	恒	姤
革	兌	需	大壯	乾	
	萃	蹇	小過	遯	
	坎	解	訟		
	升	巽	鼎		
隨	既濟	豐	同人		
	節	歸妹	履		
		泰	小畜	大有	
	比	豫	否		
		謙	漸	旅	
	師	渙	未濟	蠱	
屯	震	无妄			
	明夷	家人	離		
	臨	中孚	睽	大畜	
	坤	觀	晉	艮	蒙
復	益	噬嗑	賁	損	剝
					頤

	蠱				巽						姤				訟	否	**无妄**
	井	大畜	艮	蒙	鼎	賁		小畜		漸	渙	頤	家人	乾	遯	履	
	恒	需	蹇	坎	大過	既濟	損	大有	剥	旅	未濟	屯	離	中孚	觀	同人	
	師	大壯	小過	解		豐	節	夬	比	咸	困	震	革	睽	晉	益	
	謙	臨	坤			復	歸妹		豫					兌	萃	噬嗑	
升	泰	明夷														隨	

	未濟				訟						渙				巽	漸	**家人**
	困	睽	晉	鼎	蒙	噬嗑		履		否	姤	離	无妄	中孚	觀	小畜	
	師	兌	萃	大過	坎	隨	大有	損	旅	剥	蠱	革	頤	乾	遯	益	
	恒	臨	坤	升		復	夬	節	咸	比	井	明夷	屯	大畜	艮	同人	
	豫	大壯	小過			豐	泰		謙					需	蹇	賁	
解	歸妹	震														既濟	

	渙				蒙						未濟				鼎	旅	**離**
	師	中孚	觀	巽	訟	益		損		剝	蠱	家人	頤	睽	晉	大有	
	困	臨	坤	升	解	復	小畜	履	漸	否	姤	明夷	无妄	大畜	艮	噬嗑	
	井	兌	萃	大過		隨	泰	歸妹	謙	豫	恒	革	震	乾	遯	賁	
	比	需	蹇			既濟	夬		咸					大壯	小過	同人	
坎	節	屯														豐	

	師				坎						困				大過	咸	**革**
	渙	臨	坤	升	解	復		節		比	井	明夷	屯	兌	萃	夬	
	未濟	中孚	觀	巽	訟	益	泰	歸妹	謙	豫	恒	家人	震	需	蹇	隨	
	蠱	睽	晉	鼎		噬嗑	小畜	履	漸	否	姤	離	无妄	大壯	小過	既濟	
	剝	大畜	艮			賁	大有		旅					乾	遯	豐	
蒙	損	頤														同人	

中孚					
渙	益	小畜	履	損	節
觀	巽	訟	蒙	坎	
	家人	无妄	頤	屯	
	乾	大畜	需		
	睽	兌	臨		
漸	否	剝	比		
	姤	蠱	井		
		未濟	困	師	
	同人	賁	既濟		
		噬嗑	隨	復	
	大有	夬	泰	歸妹	
遯	艮	蹇			
	晉	萃	坤		
	鼎	大過	升	解	
	離	革	明夷	震	大壯
旅	咸	謙	豫	恒	豐
					小過

睽					
未濟	噬嗑	大有	損	履	歸妹
晉	鼎	蒙	訟	解	
	離	頤	无妄	震	
	大畜	乾	大壯		
	中孚	臨	兌		
旅	剝	否	豫		
	蠱	姤	恒		
		渙	師	困	
	賁	同人	豐		
		益	復	隨	
	小畜	泰	夬	節	
艮	遯	小過			
	觀	坤	萃		
	巽	升	大過	坎	
	家人	明夷	革	屯	需
漸	謙	咸	比	井	既濟
					蹇

	謙				蹇						咸				萃	困	兌
	漸	明夷	升	坤	小過	泰		既濟		井	比	臨	需	革	大過	隨	
	旅	家人	巽	觀	遯	小畜	復	豐	師	恒	豫	中孚	大壯	屯	坎	夬	
	剥	離	鼎	晉		大有	益	同人	渙	姤	否	睽	乾	震	解	節	
	蠱	頤	蒙			損	噬嗑		未濟					无妄	訟	歸妹	
艮	賁	大畜														履	

	否				晉						剥				艮	蠱	大畜
	豫	无妄	訟	遯	觀	履		噬嗑		未濟	旅	乾	睽	頤	蒙	賁	
	比	震	解	小過	坤	歸妹	同人	益	姤	渙	漸	大壯	中孚	離	鼎	損	
	咸	屯	坎	蹇		節	豐	復	恒	師	謙	需	臨	家人	巽	大有	
	困	革	大過			夬	既濟		井					明夷	升	小畜	
萃	隨	兌														泰	

需					
井	既濟	節	夬	泰	小畜
蹇	坎	大過	升	巽	
	屯	革	明夷	家人	
	兌	臨	中孚		
	大壯	乾	大畜		
比	咸	謙	漸		
	困	師	渙		
		恒	姤	蠱	
	隨	復	益		
		豐	同人	賁	
	歸妹	履	損	大有	
萃	坤	觀			
	小過	遯	艮		
	解	訟	蒙	鼎	
	震	无妄	頤	離	睽
豫	否	剥	旅	未濟	噬嗑
					晉

大壯					
恒	豐	歸妹	泰	夬	大有
小過	解	升	大過	鼎	
	震	明夷	革	離	
	臨	兌	睽		
	需	大畜	乾		
豫	謙	咸	旅		
	師	困	未濟		
		井	蠱	姤	
	復	隨	噬嗑		
		既濟	賁	同人	
	節	損	履	小畜	
坤	萃	晉			
	蹇	艮	遯		
	坎	蒙	訟	巽	
	屯	頤	无妄	家人	中孚
比	剥	否	漸	渙	益
					觀

	大畜				小畜						乾				履	无妄	否
	需	蠱	賁	損	大有	艮		巽		家人	中孚	剝	漸	姤	同人	訟	
	大壯	井	既濟	節	夬	蹇	蒙	鼎	頤	離	睽	比	旅	渙	益	遯	
	臨	恒	豐	歸妹		小過	坎	大過	屯	革	兌	豫	咸	未濟	噬嗑	觀	
	明夷	師	復			坤	解		震					困	隨	晉	
泰	升	謙														萃	

	睽				履						中孚				小畜	家人	漸
	兌	既濟	噬嗑	大有	損	晉		訟		无妄	乾	旅	否	渙	益	巽	
	臨	困	隨	夬	節	萃	鼎	蒙	離	頤	大畜	咸	剝	姤	同人	觀	
	大壯	師	復	泰		坤	大過	坎	革	屯	需	謙	比	蠱	賁	遯	
	震	恒	豐			小過	升		明夷					井	既濟	艮	
歸妹	解	豫														蹇	

旅	離	大有				睽						損				中孚	
	鼎	噬嗑	未濟	剥	漸	大畜	頤		蒙		觀	履	小畜	益	渙	臨	
	晉	賁	蠱	否	謙	乾	无妄	家人	訟	巽	坤	歸妹	泰	復	師	兌	
	艮	同人	姤	豫	咸	大壯	震	明夷	解	升	萃		夬	隨	困	需	
	遯	豐	恒					革		大過	蹇			既濟	井	屯	
	小過														比	坎	節

咸	革	夬				兌						節				臨	
	大過	隨	困	比	謙	需	屯		坎		坤	歸妹	泰	復	師	中孚	
	萃	既濟	井	豫	漸	大壯	震	明夷	解	升	觀	履	小畜	益	渙	睽	
	蹇	豐	恒	否	旅	乾	无妄	家人	訟	巽	晉		大有	噬嗑	未濟	大畜	
	小過	同人	姤					離		鼎	艮			賁	蠱	頤	
	遯														剥	蒙	損

渙	中孚	益				家人						同人				離	
	觀	小畜	漸	姤	未濟	无妄	乾		遯		鼎	賁	噬嗑	大有	旅	革	
	巽	履	否	蠱	困	頤	大畜	睽	艮	晉	大過	既濟	隨	夬	咸	明夷	
	訟	損	剝	井	師	屯	需	兌	蹇	萃	升		復	泰	謙	震	
	蒙	節	比					臨		坤	解			歸妹	豫	大壯	
	坎														恒	小過	豐

未濟	睽	噬嗑				離						賁				家人	
	晉	大有	旅	蠱	渙	頤	大畜		❶艮		巽	同人	益	小畜	漸	明夷	
	鼎	損	剝	姤	師	无妄	乾	中孚	遯	觀	升	豐	復	泰	謙	革	
	蒙	履	否	恒	困	震	大壯	臨	小過	坤	大過		隨	夬	咸	屯	
	訟	歸妹	豫					兌		萃	坎			節	比	需	
	解														井	蹇	既濟

❶「䷳」，原作「䷹」，今據康熙年間《朱子遺書二刻》本《易學啓蒙》改。

困					
兑	萃	大過	坎	解	訟
隨	夬	節	歸妹	履	
	咸	比	豫	否	
	井	恒	姤		
	師	渙	未濟		
革	屯	震	无妄		
	需	大壯	乾		
		臨	中孚	睽	
	蹇	小過	遯		
		坤	觀	晉	
	升	巽	鼎	蒙	
既濟	豐	同人			
	復	益	噬嗑		
	泰	小畜	大有	損	
	謙	漸	旅	剥	蠱
明夷	家人	離	頤	大畜	艮
					賁

蠱					
大畜	艮	蒙	鼎	巽	升
賁	損	大有	小畜	泰	
	剥	旅	漸	謙	
	未濟	渙	師		
	姤	恒	井		
頤	離	家人	明夷		
	睽	中孚	臨		
		乾	大壯	需	
	晉	觀	坤		
		遯	小過	蹇	
	訟	解	坎	大過	
噬嗑	益	復			
	同人	豐	既濟		
	履	歸妹	節	夬	
	否	豫	比	咸	困
无妄	震	屯	革	兑	萃
					隨

	震				隨						屯				既濟	需	**井**
	无妄	豫	歸妹	豐	復	解		萃		兌	革	恒	困	比	節	蹇	
	頤	否	履	同人	益	訟	小過	坤	大壯	臨	明夷	姤	師	咸	夬	坎	
	離	剥	損	賁		蒙	遯	觀	乾	中孚	家人	蠱	渙	謙	泰	大過	
	睽	旅	大有			鼎	艮		大畜					漸	小畜	升	
噬嗑	晉	未濟														巽	

	屯				復						震				豐	大壯	**恒**
	頤	比	節	既濟	隨	坎		坤		臨	明夷	井	師	豫	歸妹	小過	
	无妄	剥	損	賁	噬嗑	蒙	蹇	萃	需	兌	革	蠱	困	謙	泰	解	
	家人	否	履	同人		訟	艮	晉	大畜	睽	離	姤	未濟	咸	夬	升	
	中孚	漸	小畜			巽	遯		乾					旅	大有	大過	
益	觀	渙														鼎	

以上三十二圖，反復之，則爲六十四圖。圖以一卦爲主，而各具六十四卦。凡四千九十六卦，與焦贛《易林》合。然其條理精密，則有先儒所未發者，覽者詳之。

玉齋胡氏曰：三十二圖反復其變，悉如乾坤二卦變圖例。每圖各以第一卦爲本卦順變將去，則自初而終，自上而下，是由乾以至於坤，反之則又以末一卦爲本卦逆變轉來，則自終而初，自下而上，是由坤以至於乾。一順一逆，每圖遂以兩卦爲本卦，而成兩圖矣。合三十二圖，反復則爲六十四圖矣。然三十二圖先後次第，皆本於乾坤卦變，只以第一圖觀之可見。如以乾爲本卦，則次姤，次同人，以至於恒，計三十二卦，今各爲三十二圖之第一卦，而次第不紊矣。如以坤爲本卦，則次復，次師，以至於益，計三十二卦，今各爲三十二圖之末一卦，而次第亦不紊矣。此乃卦畫變圖之妙也。

玉齋胡氏通釋附圖

伏羲則《河圖》以作易圖

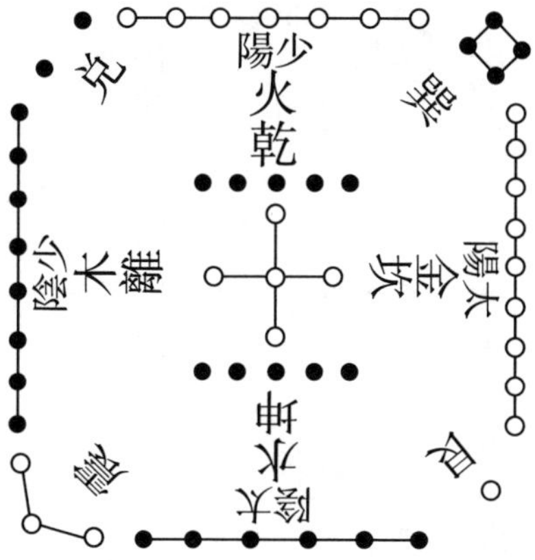

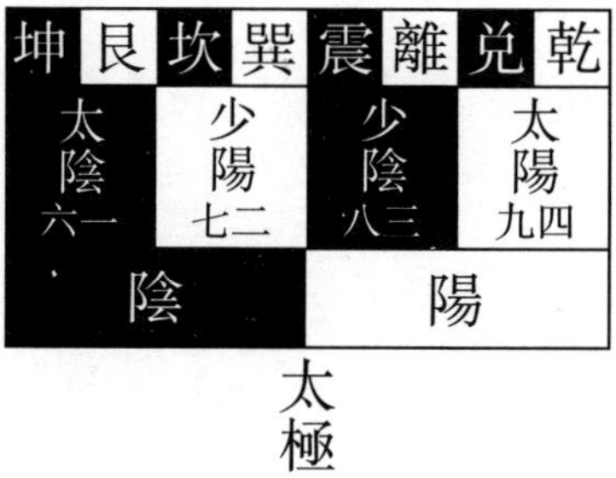

横圖者，卦畫之成。圓圖者，卦氣之運。以卦配數，離震艮坤同而乾兑巽坎異者，以陰之老少主静而守其常，陽之老少主動而通其變故也。

大禹則《洛書》以作範圖

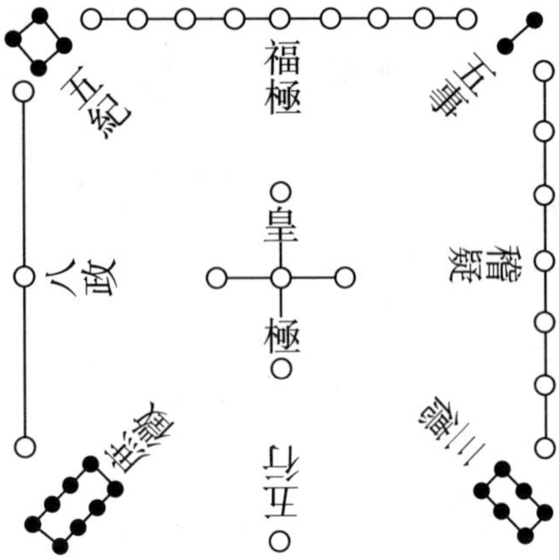

《書·洪範》：天乃錫禹洪範九疇，彝倫攸序。初一曰五行，次二曰敬用五事，次三曰農用八政，次四曰協用五紀，次五曰建用皇極，次六曰乂用三德，次七曰明用稽疑，次八曰念用庶徵，次九曰嚮用五福、威用六極。

《洪範》九疇配九宮之數，朱子之論備矣。詳見《本圖書》篇。上同。

先天八卦合《洛書》數圖

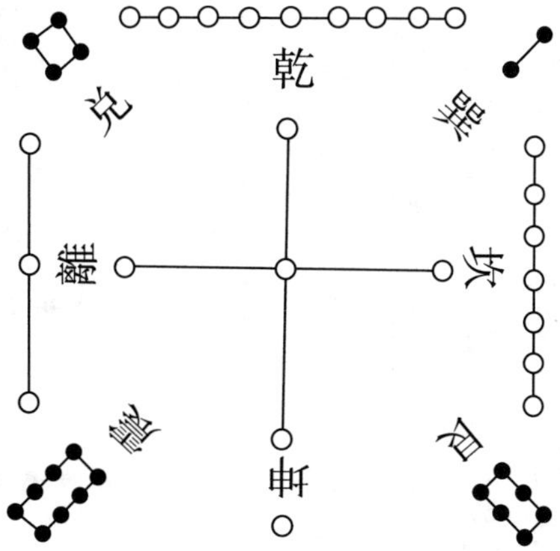

先天八卦，乾兑生於老陽之四、九，離震生於少陰之三、八，巽坎生於少陽之二、七，艮坤生於老陰之一、六。其卦未嘗不與《洛書》之位數合，詳見《原卦畫》篇末。下同。

後天八卦合《河圖》數圖

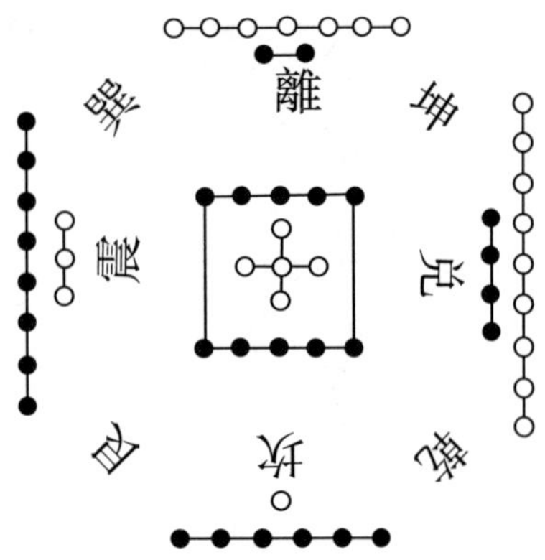

後天八卦，坎一、六水，離二、七火，震巽三、八木，乾兑四、九金，坤艮五、十土。其卦未嘗不與《河圖》之位數合，此《圖》《書》所以相爲經緯，而先、後天亦有相爲表裏之妙也。

朱子曰：《先天圖》一邊本都是陽，一邊本都是陰。陽中有陰，陰中有陽，便是陽往交易陰，陰來交易陽。兩邊各各相對，其實非此往彼來，只其象如此。又曰：如乾、夬、大有、大壯、小畜、需、大畜、泰，内體皆乾是一貞，外體八卦是八悔。餘倣此。

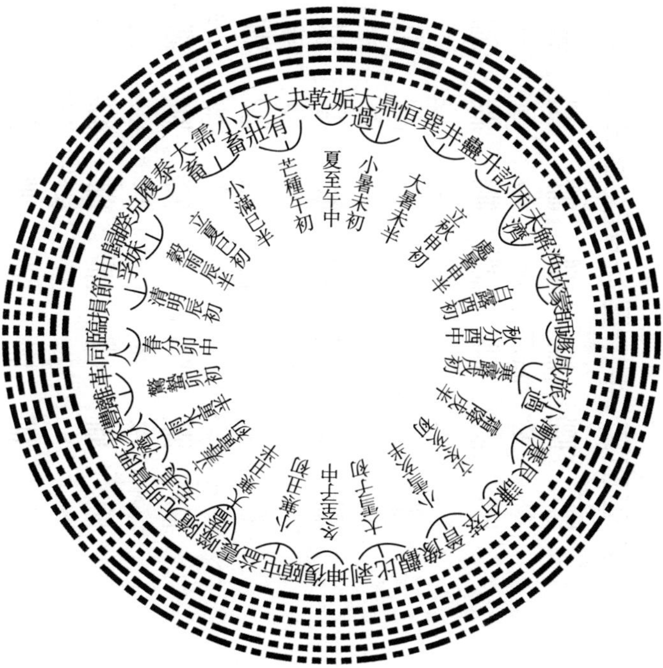

嘗因邵子冬至子半之説推之，則六十四卦分配節氣，二至、二分、四立總爲八節，每節各兩卦；外十六氣每氣各三卦，合之爲六十四卦也。詳見《原卦畫》篇。

伏羲六十四卦方圖

否䷋	遯䷠	訟䷅	姤䷫	无妄䷘	同人䷌	履䷉	乾䷀
萃䷬	咸䷞	困䷮	大過䷛	隨䷐	革䷰	兑䷹	夬䷪
晉䷢	旅䷷	未濟䷿	鼎䷱	噬嗑䷔	離䷝	睽䷥	大有䷍
豫䷏	小過䷽	解䷧	恒䷟	震䷲	豐䷶	歸妹䷵	大壯䷡
觀䷓	漸䷴	涣䷺	巽䷸	益䷩	家人䷤	中孚䷼	小畜䷈
比䷇	蹇䷦	坎䷜	井䷯	屯䷂	既濟䷾	節䷻	需䷄
剥䷖	艮䷳	蒙䷃	蠱䷑	頤䷚	賁䷕	損䷨	大畜䷙
坤䷁	謙䷎	師䷆	升䷭	復䷗	明夷䷣	臨䷒	泰䷊

朱子嘗欲取出圓圖中方圖在外，庶圓圖虚中以象太極。今考方圖乾、坤、艮、兑、坎、

離、震、巽，八卦之正也。泰、否、咸、損、既、未濟、恒、益，即乾、坤、艮、兑、坎、離、震、巽之交不交也。圓圖乾居南，今轉而居西北。内乾八卦居北，外乾八卦居西。坤居北，今轉而居東南。内坤八卦居南，外坤八卦居東。而艮、兑、坎、離、震、巽皆易其位。于以見方圖不特有一定之位，而有變動交易之義也。詳見《原卦畫》篇末。

此圓圖布者，乾盡午中，坤盡子中，離盡卯中，坎盡酉中。陽生於子中，極於午中。陰生於午中，極於子中。其陽在南，其陰在北。方布者，乾始於西北，坤盡於東南，其陽在北，其陰在南。此二者，陰陽對待之數。圓於外者爲陽，方於中者爲陰。圓者動而爲天，方者静而爲地者也。

邵子天地四象圖

邵子《經世演易圖》，以太陽爲乾，太陰爲兑，少陽爲離，少陰爲震，此四卦自陽儀中來，故爲天四象。少剛爲巽，少柔爲坎，太剛爲艮，太柔爲坤，此四卦自陰儀中來，故爲地四象。詳見《原卦畫》篇。下同。

朱子天地四象圖

朱子釋邵子説，以乾、兑、艮、坤生於二太，故爲天四象。離、震、巽、坎生於二少，故爲地四象。但以太陽爲陽，太陰爲陰，少陽爲剛，少陰爲柔，不復就八卦上分陰陽剛柔，與邵子本意不同，自爲一説也。

掛扐過揲總圖

老陽

掛扐十三去初掛一十二

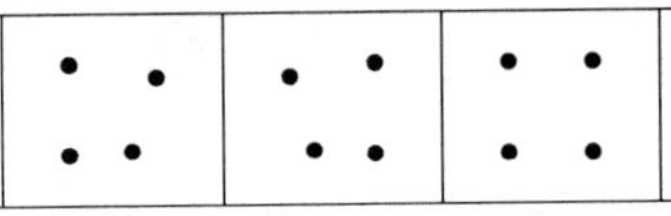

四約三分爲一者三

四約，以四策約之。三分，以十二策分爲三。一即四與奇。爲一者三，即爲四者凡三也。

三一各復有三爲九之母

此一字指一策言。三一者，謂於上圖三箇四策中各取一策於其上，而三箇一策中各復有三策也。

過揲三十六

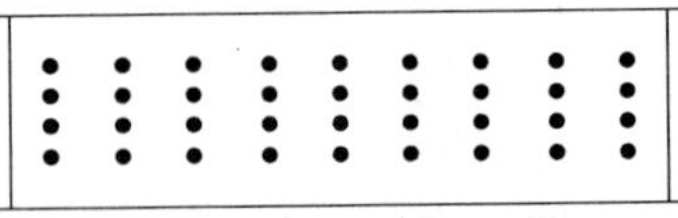

四約得九爲九之子

四約計九箇四，亦爲四箇九。四九三十六，九之子也。

少陰

掛扐十七去初掛一十六

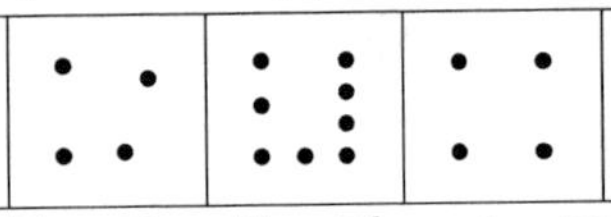

四約三分爲一者二爲二者一

四約三分同上。爲一者二，計兩箇四也。爲二者一，計一箇八也。二即八也，即偶也。

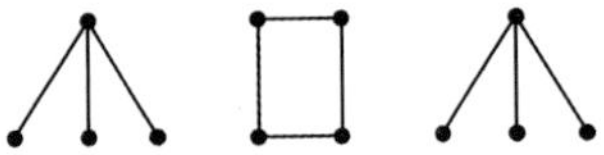

二一各有三一二復有二爲八之母

二一，兩箇四。各有三，同前。二二，謂於上圖八策中去四不用，於用四中取二策在上，而二策中復有一也。

過揲三十二

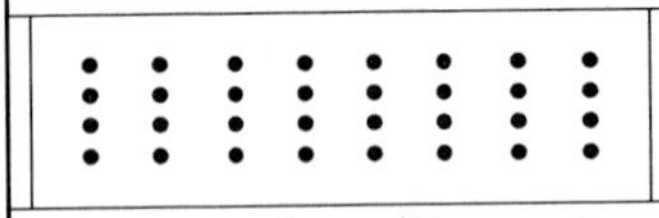

四約得八爲八之子

四約計八箇四，亦爲四箇八。四八三十二，八之子也。

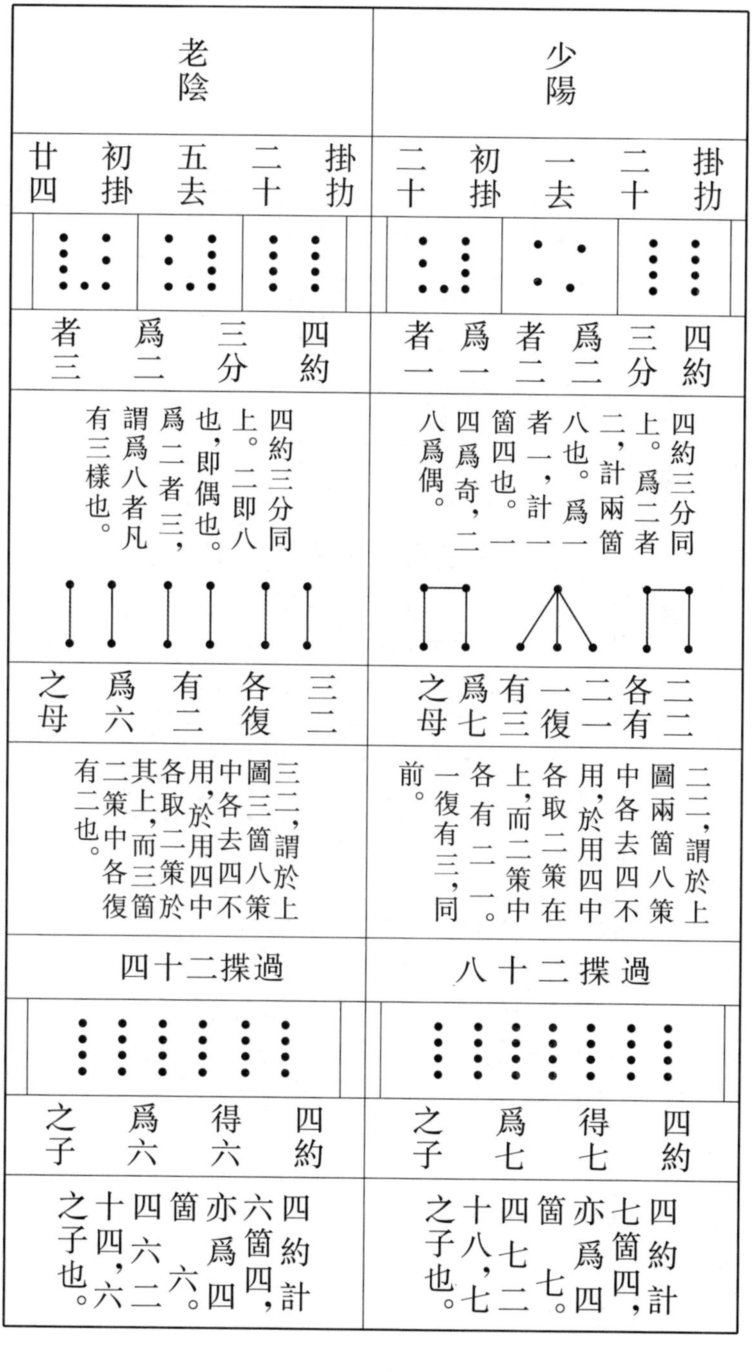
老陰
掛扐二十五，去初掛廿四
四約三分，爲二者三
四約三分同上。二即八也，即偶也。爲二者三，謂爲八者凡有三様也。
三二各復有二，爲六之母
三二，謂於圖三箇八策上中各去四不用，於用四中各取二策於其上，而三箇二策中各復有二也。
過揲二十四
四約得六，爲六之子
四約計六箇四，亦爲四六。四六二十四，六之子也。
少陽
掛扐二十一，去初掛二十
四約三分，爲二者二，爲一者一
四約三分同上。爲二者二，計兩箇八也。爲一者一，計一箇四也。一四爲奇，二八爲偶。
二二各有二一，一復有三，爲七之母
二二，謂於上圖兩箇八策中各去四不用，於用四中各取二策在上，而二策中各有二一。一復有三，同前。
過揲二十八
四約得七，爲七之子
四約計七箇四，亦爲四七。四七二十八，七之子也。

按朱子掛扐圖、四圖説并及過揲之數，今總爲一圖。蓍之全數，除初掛一外，粲然可見矣。詳見《明蓍策》篇。

近世揲蓍後二變不掛圖

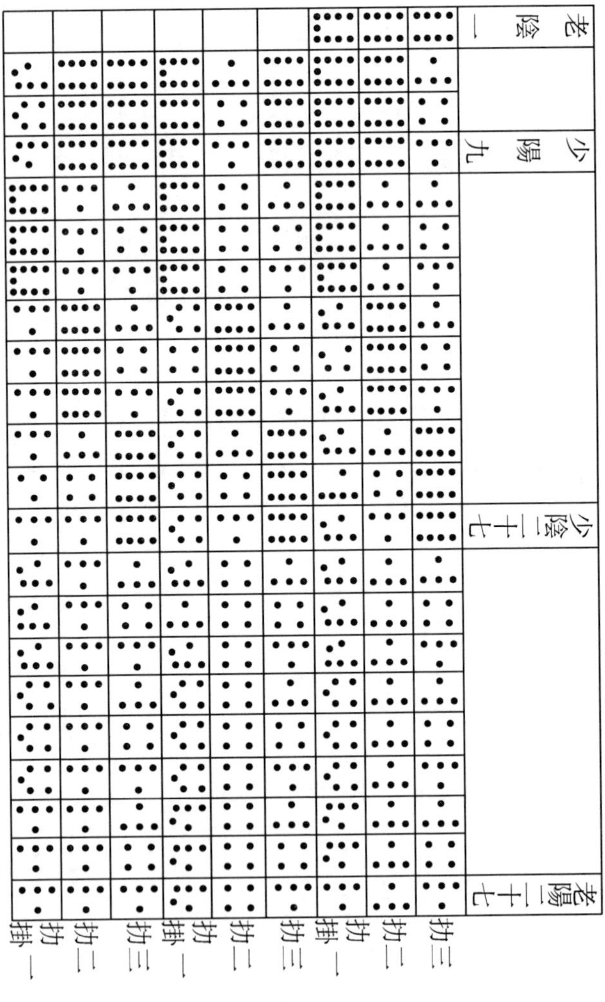

老陽二十七
少陰二十七
少陽九
老陰一
扐三
扐二
扐一掛一
扐三
扐二
扐一掛一
扐三
扐二
扐一掛一

此係近世之法。前一變獨掛，後二變不掛，故老陽少陰變數皆二十七，少陽變數九，老陰變數一，无復自然之法象也。詳見《明蓍策》篇。

按第一變獨掛，後二變不掛，非特爲六扐而後掛，三營而成易，於再扐四營之義不恊。

且後二變不掛，其數雖亦不四則八，而所以爲四、八者實有不同。蓋掛，則所謂四者，左手餘一，則右手餘二；左手餘二，則右手餘一。不掛，則左手餘一，右手餘三；左手餘二，右手餘二；左手餘三，右手餘一。此四之所以不同也。三變之後，陰陽變動皆參差不齊，无復自然之法象矣。其可哉？因爲圖以明之。

右十圖附見于此，初學得之以明篇内本文之義，亦庶幾乎易見云。

性理大全書卷之十八

家禮一

家廟之圖

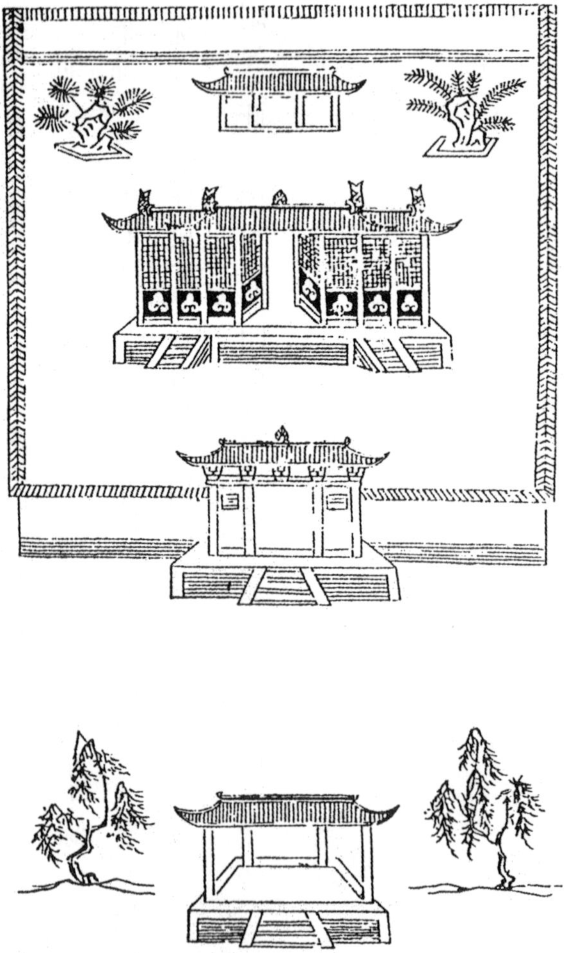

祠堂之圖

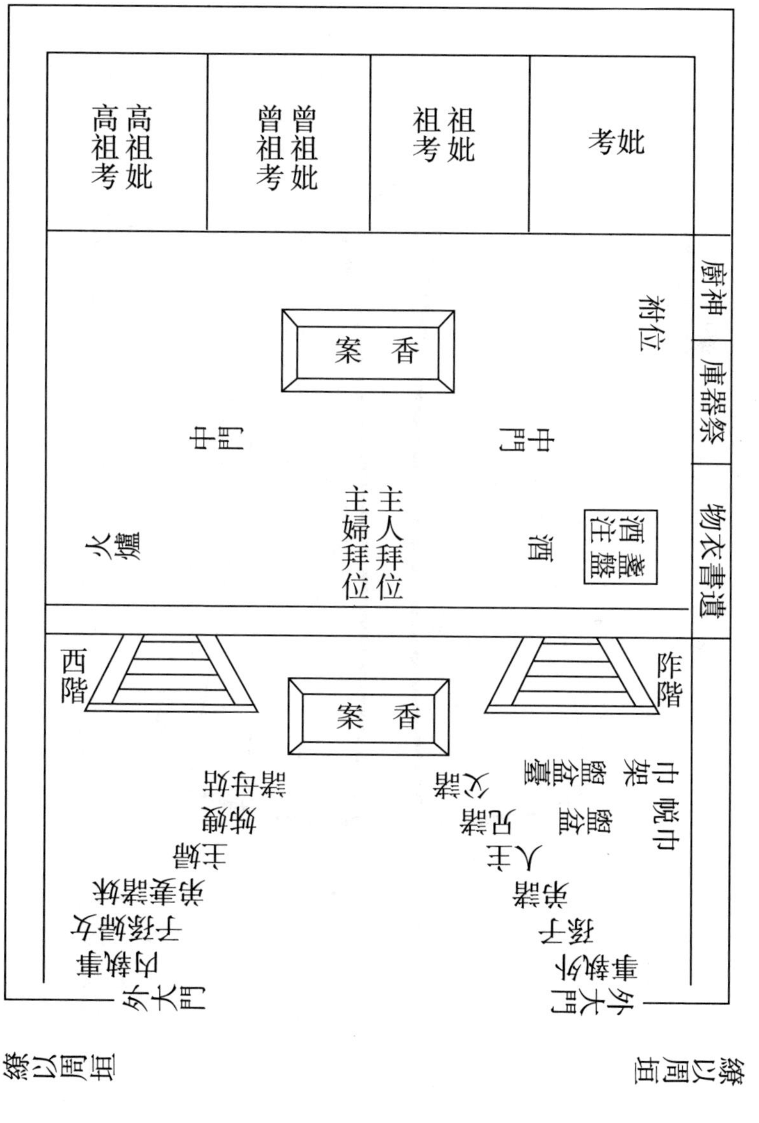
高祖妣
高祖考
曾祖妣
曾祖考
祖妣
祖考
考妣
廚神
祭器庫
遺書衣物
祔位
香案
中門
中門
主人拜位
主婦拜位
酒
酒注
盞盤
火爐
阼階
西階
香案
巾架
盥盆臺
帨巾
盥盆
諸父
諸兄
主人
諸弟
子孫
外執事
外大門
諸母姑
嫂姊
主婦
諸妻弟妹
子孫婦女
內執事
外大門
繚以周垣
繚以周垣

深衣前圖

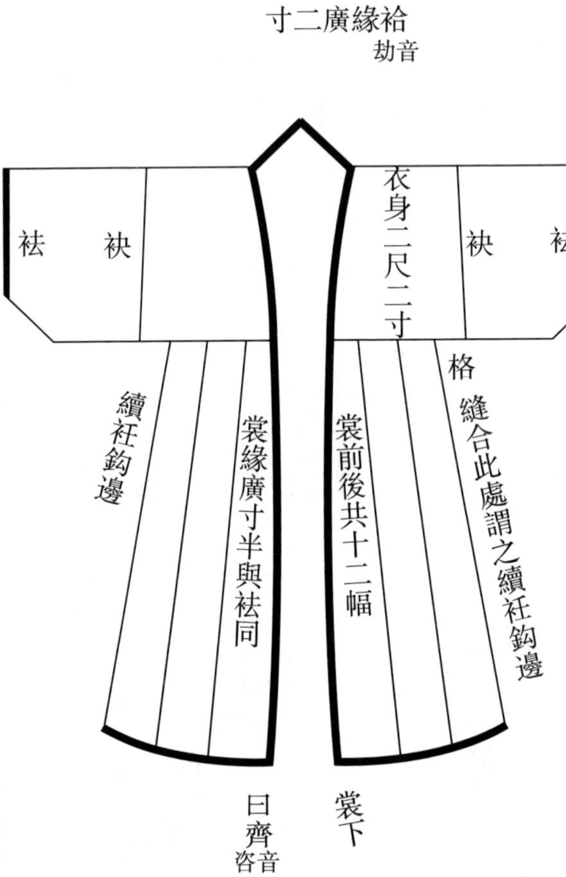

袪，袖口也。尺有二寸，圍之則二尺有四寸，緣廣寸半。

深衣後圖

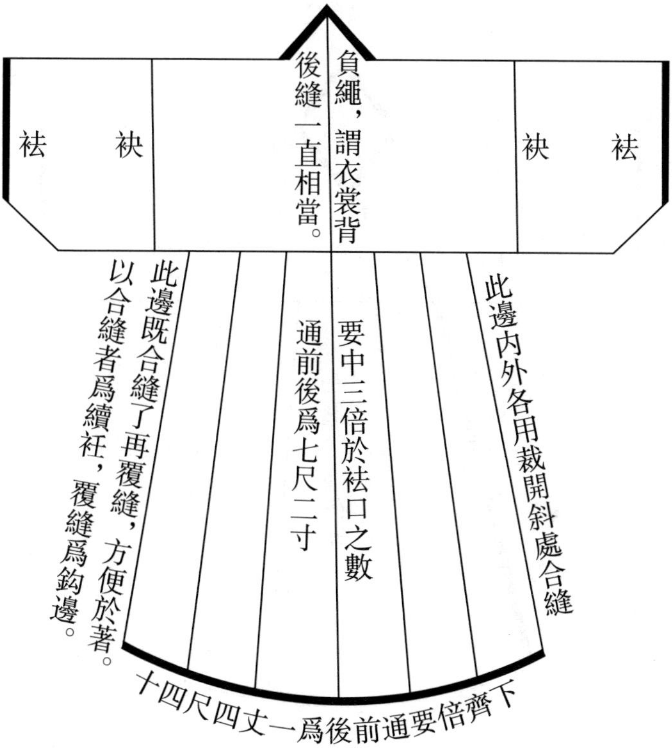
袪
袂
後縫一直相當。
負繩，謂衣裳背
袂
袪
此邊既合縫了再覆縫，方便於著。
以合縫者爲續衽，覆縫爲鈎邊。
通前後爲七尺二寸
要中三倍於袪口之數
此邊内外各用裁開斜處合縫
下齊倍要通前後爲一丈四尺四寸

著深衣前兩襟相掩圖

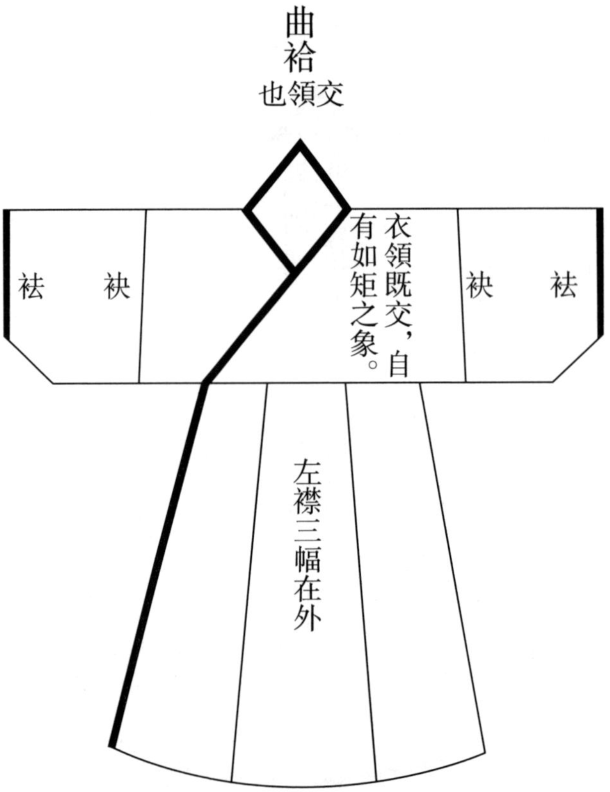

裁衣前法　裁衣後法

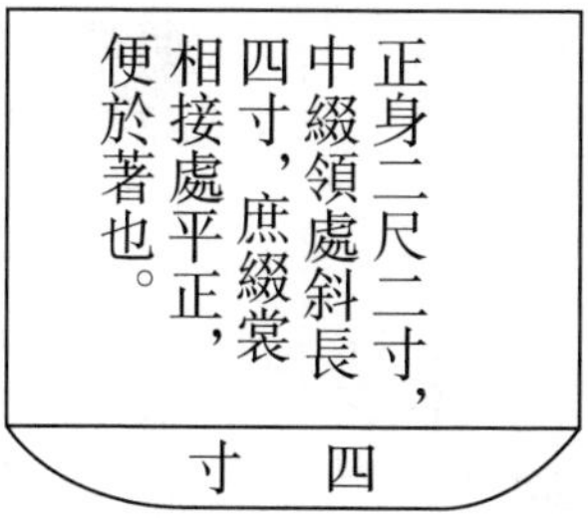
正身二尺二寸，
中綴領處斜長
四寸，庶綴裳
相接處平正，
便於著也。
四寸

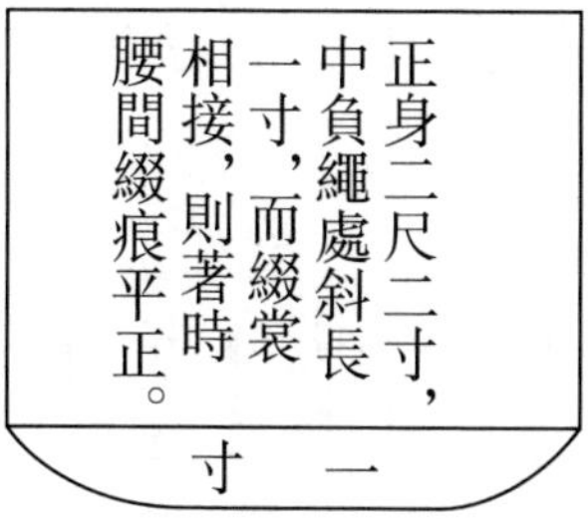
正身二尺二寸，
中負繩處斜長
一寸，而綴裳
相接，則著時
腰間綴痕平正。
一寸

曲裾裁制

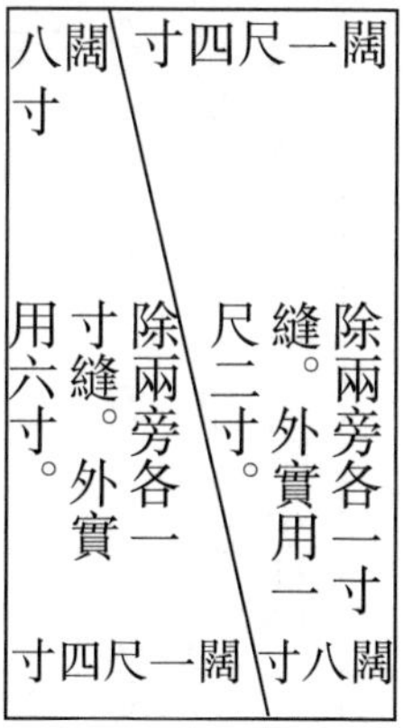
闊一尺四寸
闊八寸
除兩旁各一寸
縫。外實用一
尺二寸。
除兩旁各一
寸縫。外實
用六寸。
闊八寸
闊一尺四寸

曲裾成制

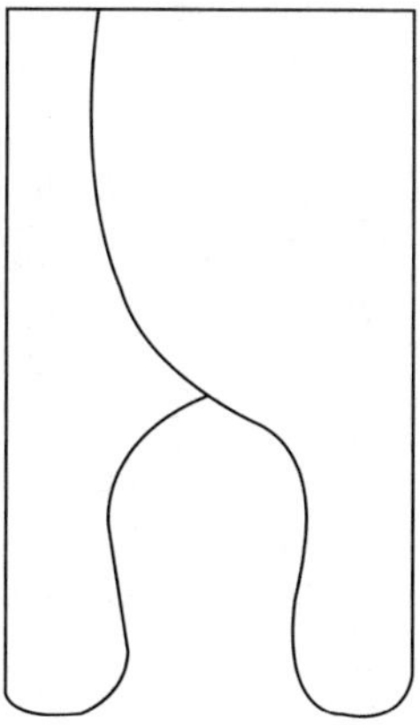

曲裾縫制

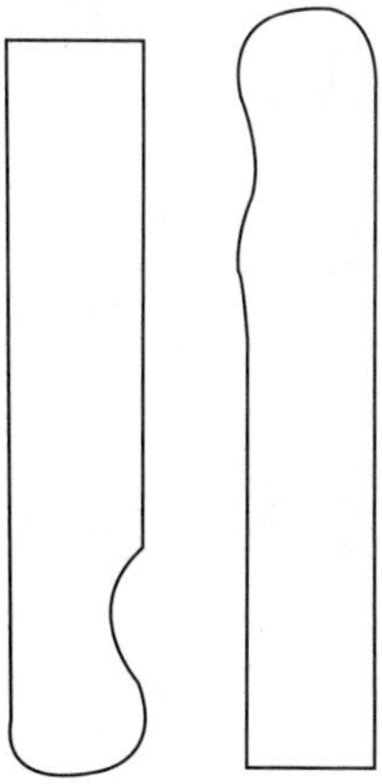

深衣冠履之圖

《玉藻》云：「天子素帶、朱裏、終辟。諸侯素帶、終辟。大夫素帶，辟垂。」註云：「大夫辟其紐及末，士辟其末而已。」○按：終，充也。辟，緣也。充辟，謂盡緣之也。紐，兩耳也。天子以素爲帶，以朱爲裏，從腰後至紳皆緣之也。諸侯亦然，但不朱裏耳。大夫緣其兩耳及紳，腰後則不緣也。士惟緣其紳，腰及兩耳皆不緣也。

糊紙爲之武，高寸許，廣三寸，袤四寸。上爲五梁，廣如武之袤，而長八寸，跨頂前後，下著於武。屈其兩端各半寸，自外向内而黑漆之。武之兩旁半寸之上竅以受笄，笄用齒、骨凡白物。○王普《制度》云：緇布冠，用烏紗漆爲之，不如紙尤堅硬。

用黑繒六尺許，中屈之。右邊就屈處爲橫幗，左邊反屈之。自幗左四五寸間斜縫，向左圓曲而下，遂循左邊至于兩末，復反所縫餘繒，使之向裏，以幗當額前裹之。至兩耳旁各綴一帶，廣二寸，長二尺，自巾外過頂後相結而垂之。

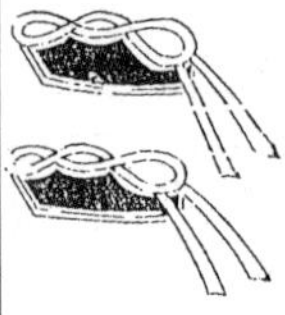

深衣用白屨，狀如今之履。絇、音劬。繶、音益。純、音準。綦音忌。四者以緇。絇者謂屨頭屈修或繒爲鼻。❶繶者縫中紃音旬。也。純謂屨口緣也。綦所以繫屨也。或用黑屨白純，禮亦宜然。

❶「修」，疑當作「條」。

筵于東序少北，此《冠義》所謂「冠於阼」也。少北者，主人位在東序端，辟主人也。

行冠禮圖

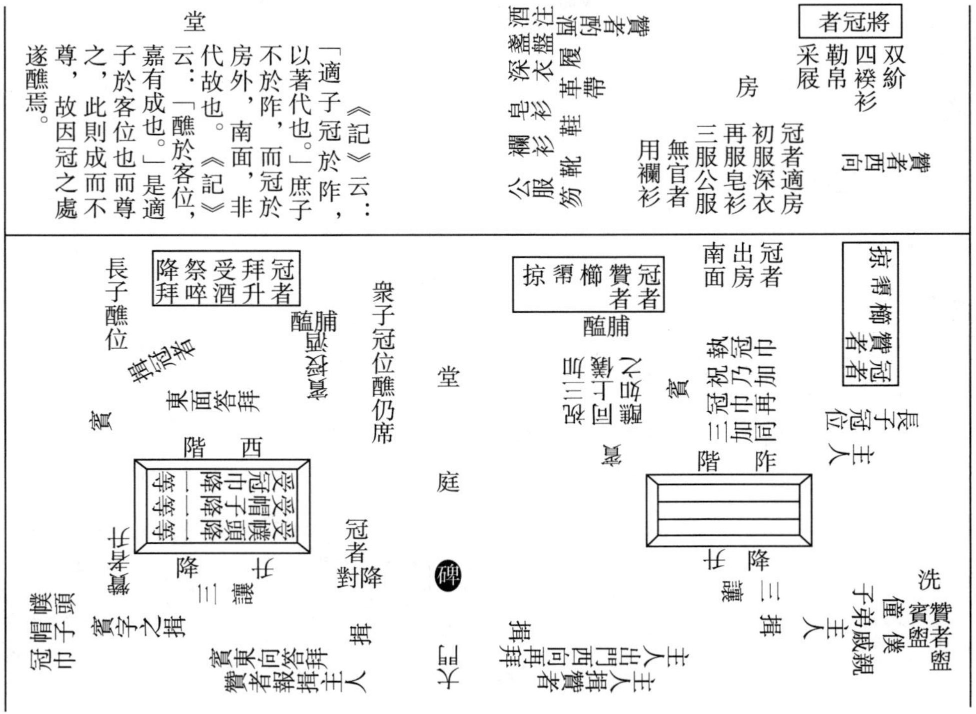

筵于堂少西，堂西乃賓客之位，此《冠義》所謂「醴於客位」也。賈《疏》云：「必以西爲客位者，地道尊右故也。」

昏禮親迎之圖

（圖：昏禮親迎之圖，標註如下）

- 父醴女
- 女從者 衫玄
- 姆 女繡補 次純衣
  宵衣 纚筓
- 几筵
- 父正戒女
- 婿笄衣
- 女母之
- 主人不降送
- 姆 出立
  出房外
- 奠贄
- 揖
- 母戒女不降
- 婦從 壻降出
- 庶母及門內
- 申父母之命
- 三襲
- 主人
- 揖 揖 揖
- 揖
- 主人
- 奠贄揖
- 婿
- 主人
- 主人乘車
- 婦從車
- 繡袡
- 弁爵
- 玄端裳
- 答拜
- 壻從車
- 先矣
- 再拜
- 云端之

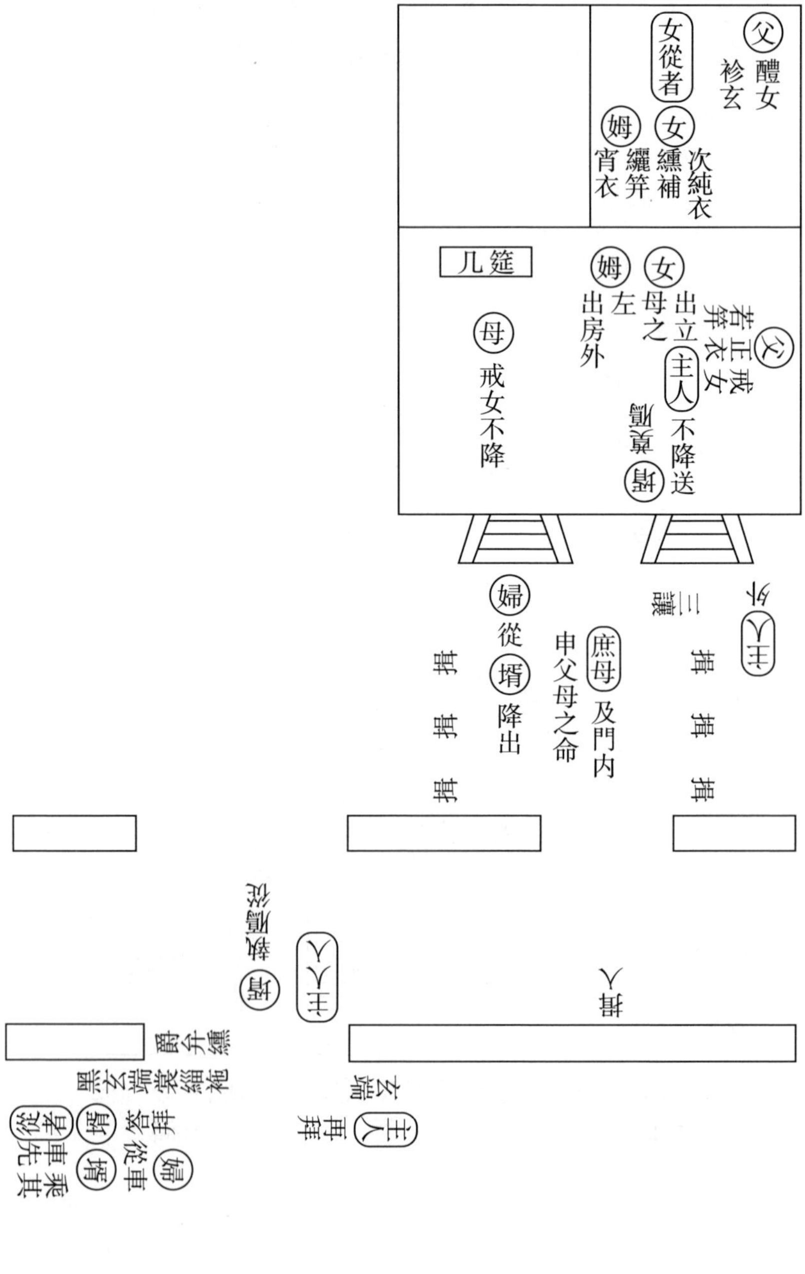

衿鞶篋笥楎椸圖

篋

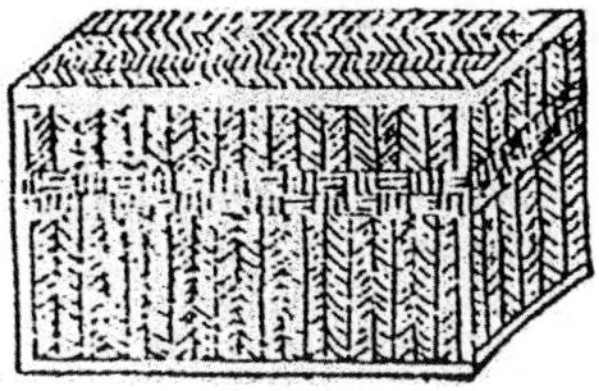

衿鞶

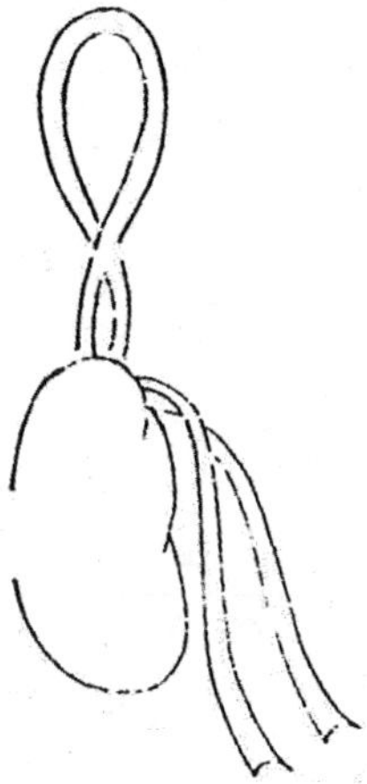

笥

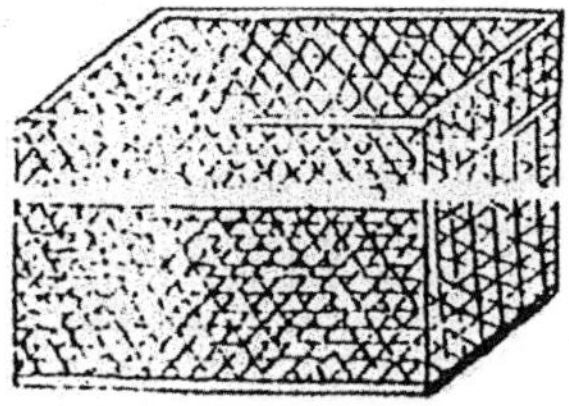

楎

椸

小斂圖

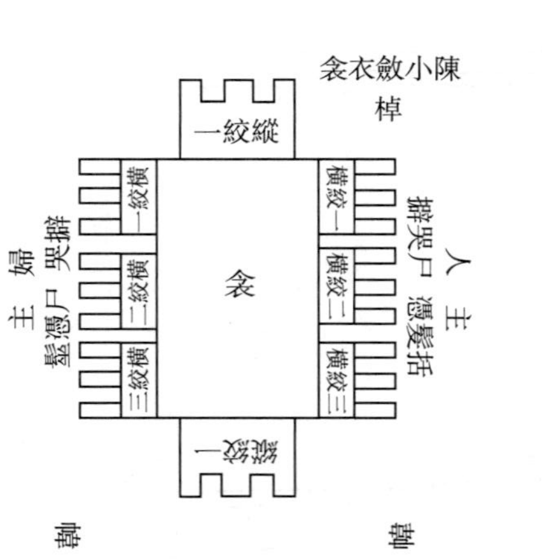

新拭巾 潔滌盆 盥盆 盥盆 奠饌 盃注 棹臺棹 帨巾 帨巾

小斂，先布絞之橫者三於尸牀，次布絞之縱者一於其上，次布衾於絞之上，次布小斂衣於衾之上，然後遷尸其上。舒絹疊衣以藉其首，卷兩端以補兩肩空處，又卷衣夾其兩脛，以餘衣掩尸，左衽裹之以衾。別又以衾覆之。俟將大斂，然後去覆衾而結絞。先結縱者，後結橫者。

襲含哭位之圖

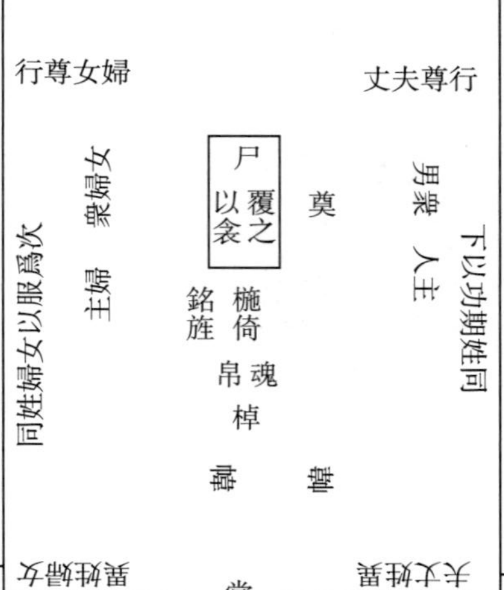

襲衣陳

韈、勒帛之類，袍襖、汗衫、袴、深衣、大帶、履、幎目帛、握手帛、幅巾一。充耳二。冒二，上曰質，下曰殺。

含飯陳

浴巾一

沐巾一

櫛一

米實于椀

錢三實于小箱

大斂圖

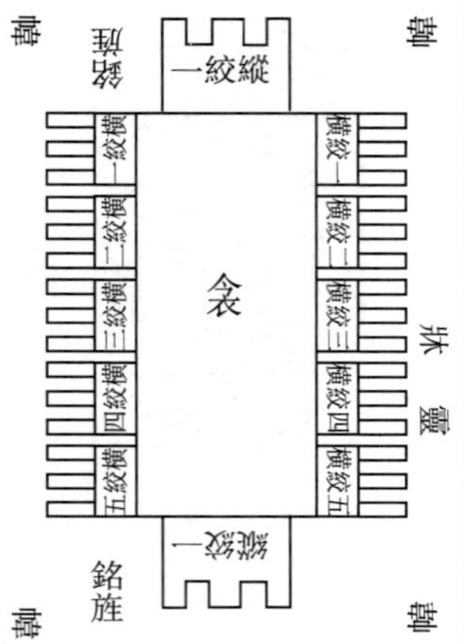

陳大斂衣衾

衣無常數，衾用有綿者。

大斂，先布絞之橫者五於棺中，次布絞之縱者於其上，次布衾之有綿者於其上，各垂其裔於四外，然後遷尸其中。又揣其空闕處，卷衣塞之，務令充實。以衾先掩足，次掩首，次掩左，次掩右。結絞先結縱者，次結橫者。

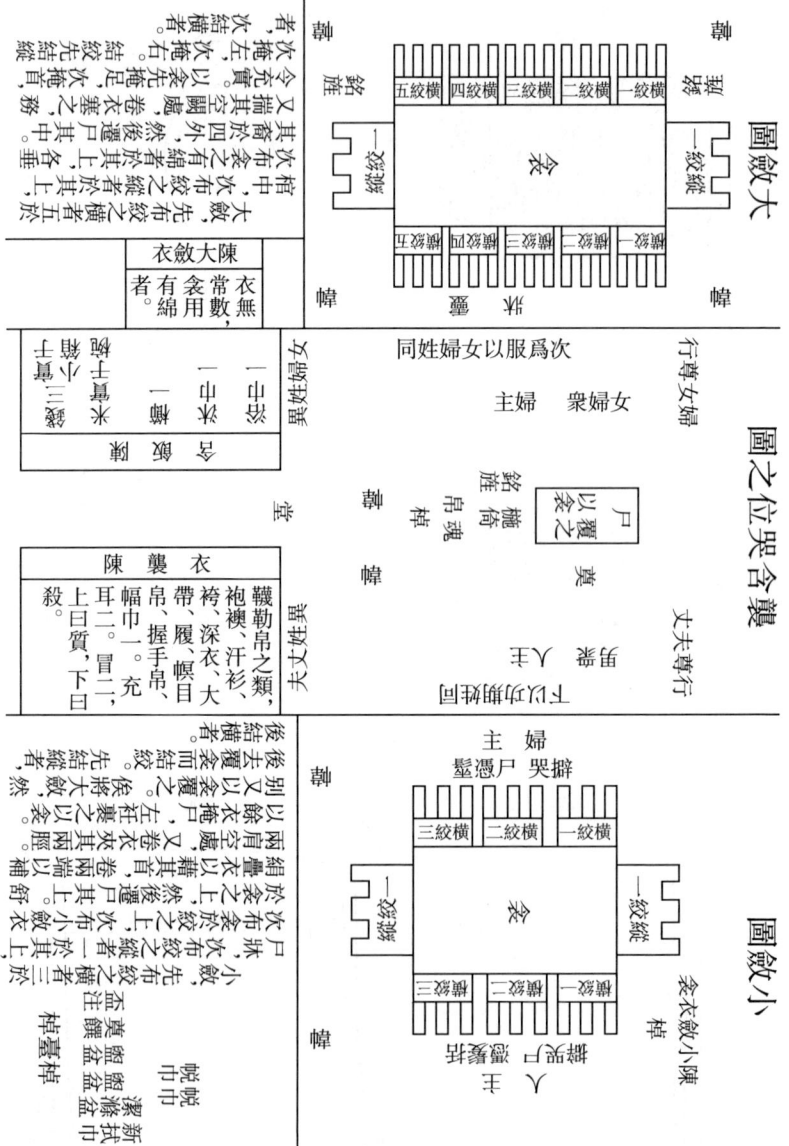

喪服圖式

反摺向前圖

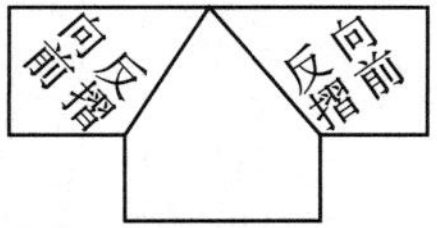

裁辟領四寸圖

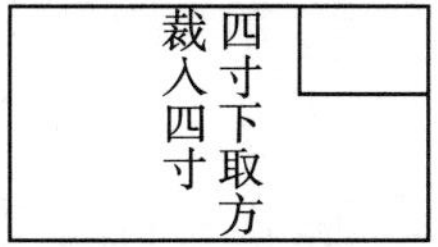

別用布橫長一尺六寸，廣八寸，塞闊中，爲領圖。

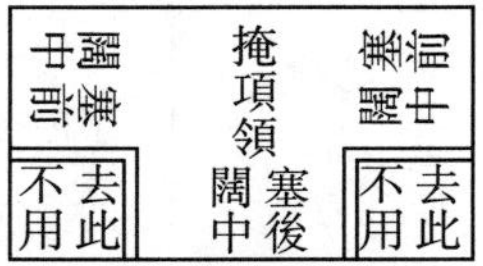

反摺辟領四寸爲左右適之圖

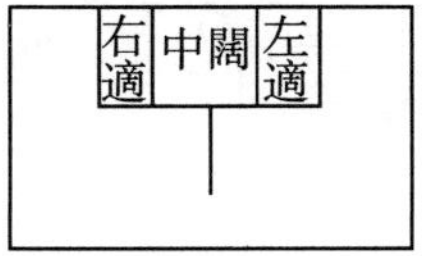

裁衽圖　兩衽相疊之圖

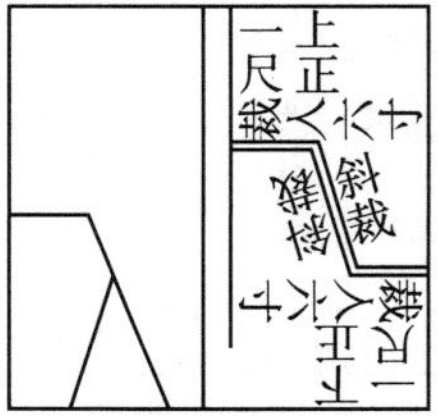

裳制

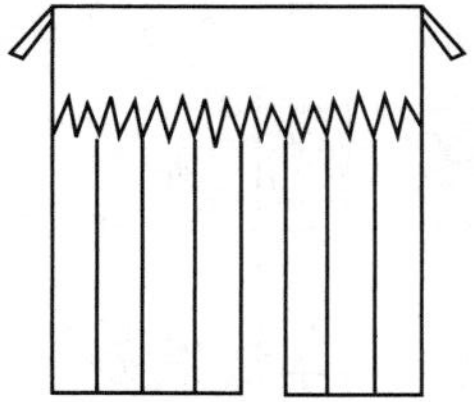

後四幅　前三幅

前衰，後負版，左右適。惟子爲父母用之，其餘不用者不裁。闊中當如常式。

加領於衣前圖

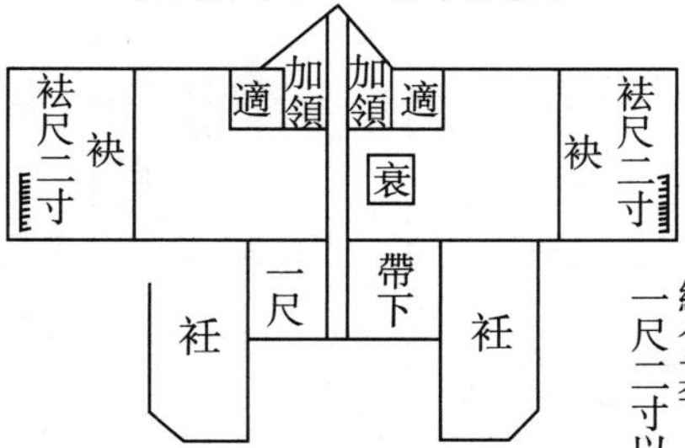

縫合其下一尺，留上一尺二寸以爲袖口。

加領於衣後圖

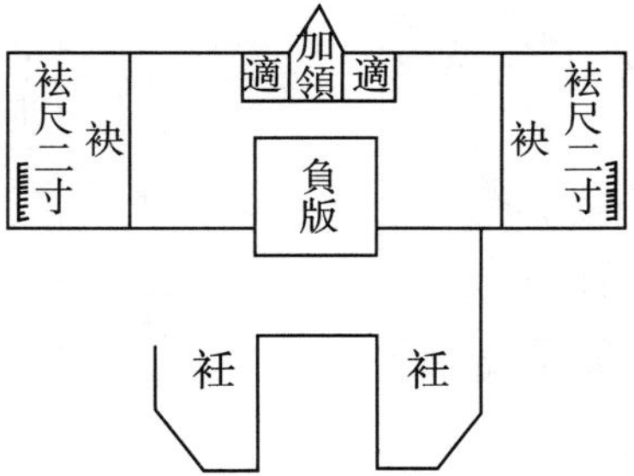

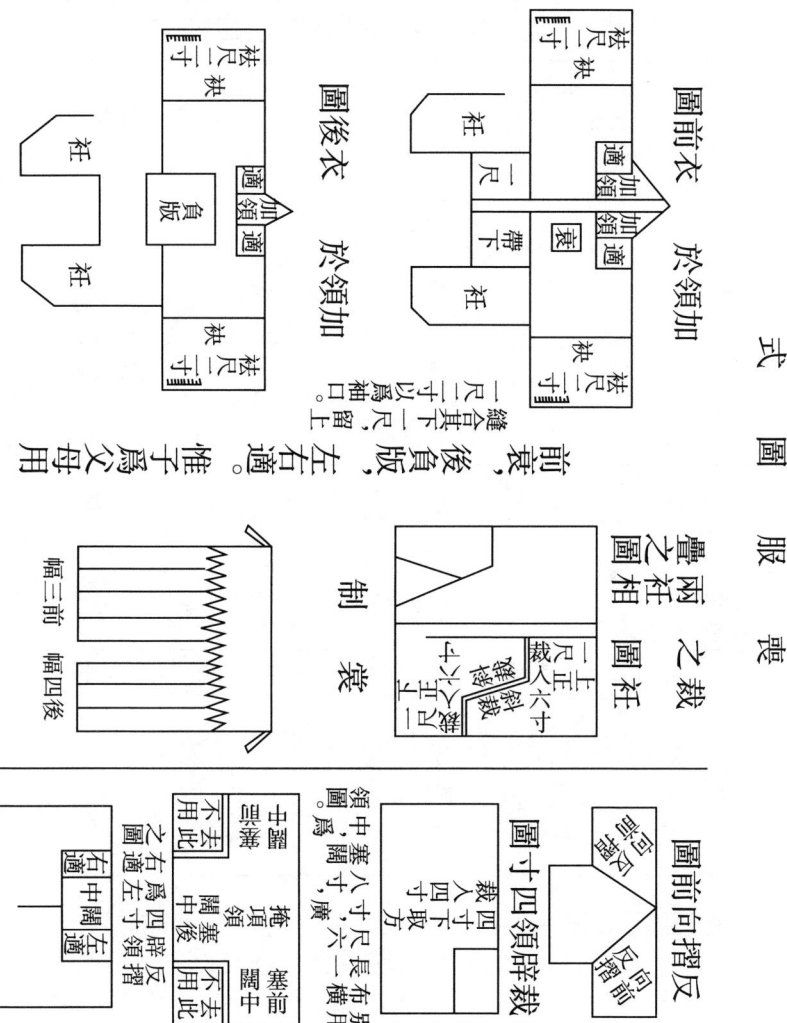

《士喪禮》疏曰：「麻在首、在腰皆曰『絰』。」分而言之，首曰絰，腰曰帶。○問絰、帶之制。朱先生曰：首絰大一搤，只是拇指與第二指一圍。腰絰較小，絞帶又小於腰絰。腰絰象大帶，兩頭長，垂下。絞帶象革帶，一頭有彄子，以一頭串於中而束之。

冠絰絞帶圖式

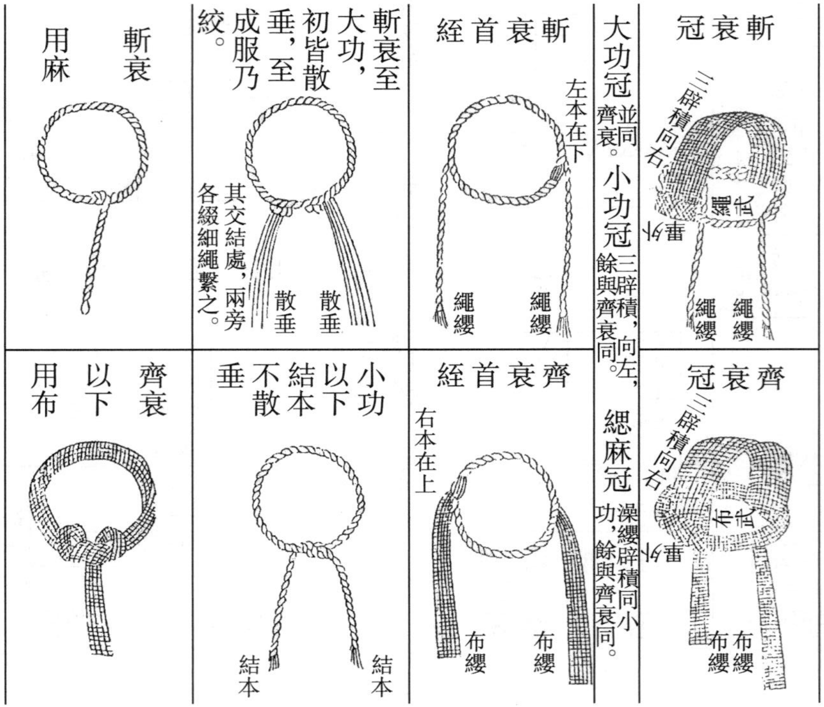

朱先生曰：首絰右本在上者，齊衰絰之制，以麻根處著頭右邊，而從額前向左圍向頭後，却就右邊元麻根處相接，以麻尾藏在麻根之下，麻根搭在麻尾之上，有纓者以其加於冠外，須著纓方不脫落也。

斬衰杖屨圖

苴杖

菅屨

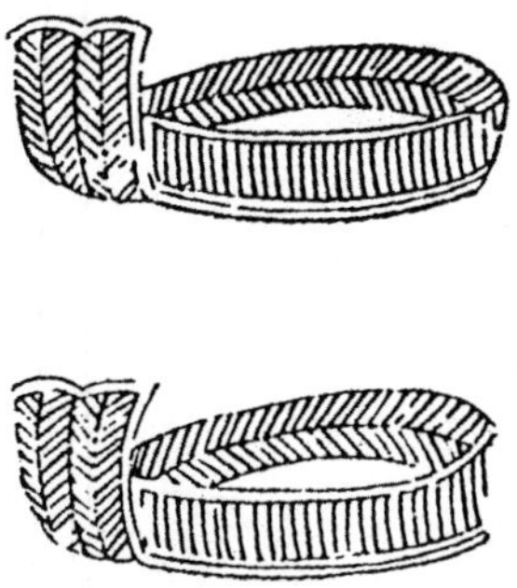

喪祭器

苞

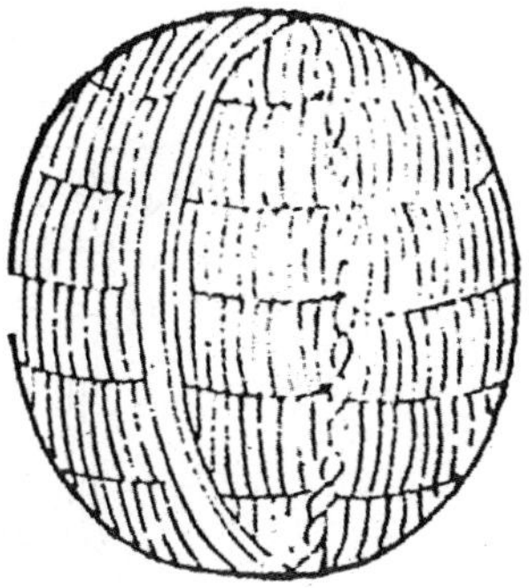

筲

齊衰杖屨圖

疏屨　　　　削杖

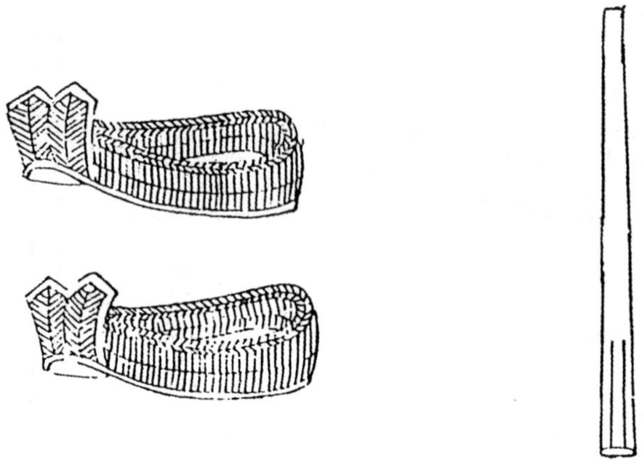

具之圖

竹格

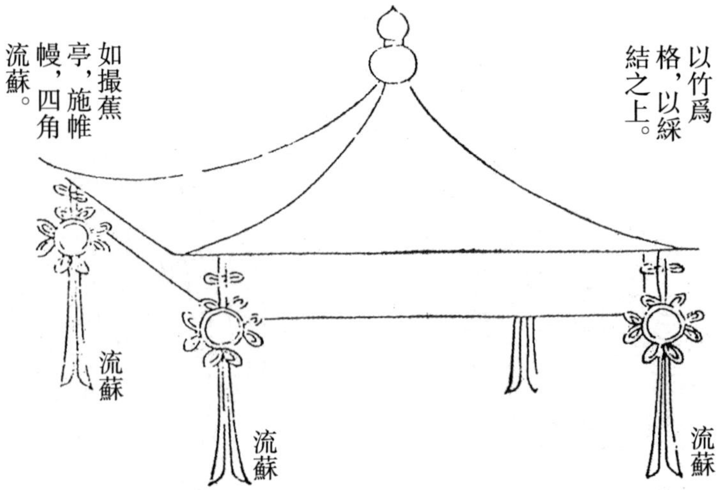
以竹爲格，以綵結之上。
如撮蕉亭，施帷幔，四角流蘇。
流蘇
流蘇
流蘇

喪轝之圖

翣

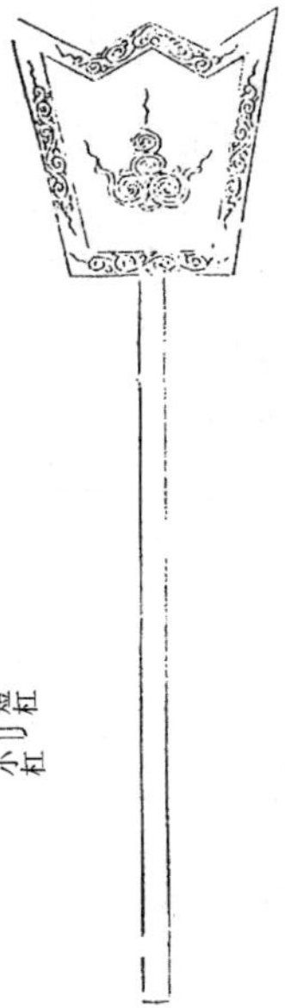

《喪大記》：「君飾棺，黼翣二，黻翣二，畫翣二，皆戴圭。大夫士戴綏。」註：「車行，持之以障。車既窆，樹於壙中障柩。」尺度、畫制、戴，本章註。

兩長杠上加伏兔，附杠處爲員鑿。別作小方牀載柩。旁立兩柱，柱外施員枘入鑿中，兩柱近上更爲方柄，加橫扃。扃兩頭出柱外者更加小扃。杠兩頭施橫杠，橫杠上施短杠，短杠更加小杠。

大轝

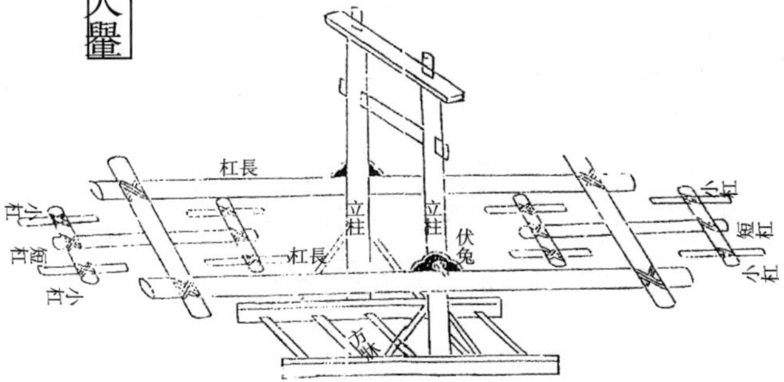

十一

柳車之制，具見三家《禮圖》及《書儀》註中。然《書儀》云：「今既難備，略設帷幰花頭等，不必繁華高大。」今《家禮》從俗爲轝，且爲竹格，已有其制，用以作圖，易柳車云。

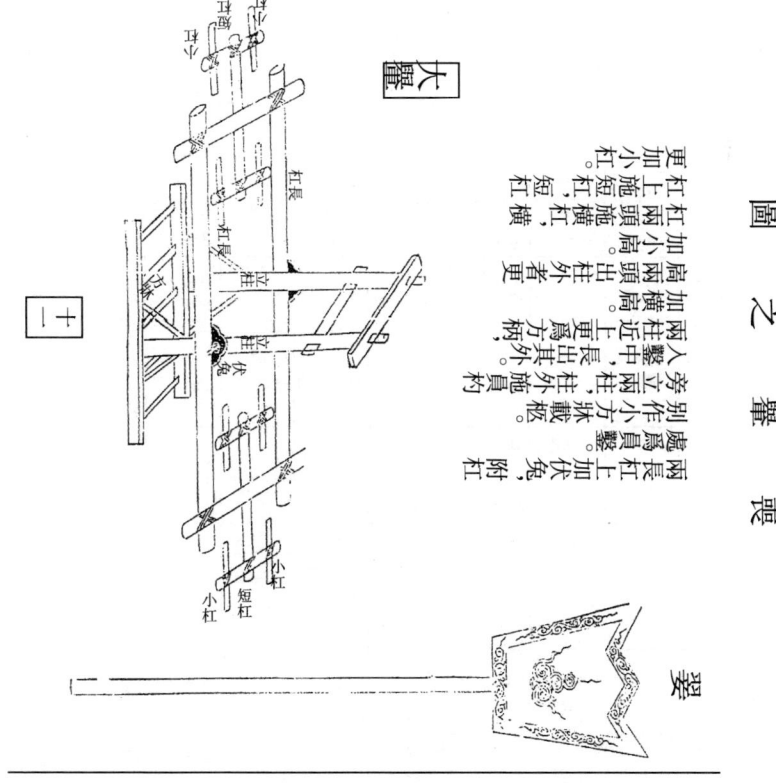

圖之服五宗本

				高祖父 齊衰三月 高祖母 齊衰三月				
			曾祖姑 緦麻 嫁無	曾祖父 齊衰五月 曾祖母 齊衰五月	曾祖伯叔父母 緦麻			
		從祖姑 緦麻 嫁無	祖姑 小功 嫁無	祖父 齊衰不杖期 祖母 齊衰不杖期	祖伯叔父母 小功	從祖伯叔父母 緦麻		
	再從姑 緦麻 嫁無	從姑 小功 嫁緦麻	姑 不杖期 嫁小功	父 斬衰三年 母 齊衰三年	伯叔父母 不杖期	從伯叔父母 小功	再從伯叔父母 緦麻	
三從姊妹 緦麻 嫁無	再從姊妹 小功 嫁緦麻	從姊妹 大功 嫁緦麻	姊妹 不杖期 嫁大功	己 妻 齊衰杖期 父母在則不杖	兄弟 不杖期 妻小功	從父兄弟 大功 妻無	再從兄弟 小功 妻無	三從兄弟 緦麻 妻無
	再從姪女 緦麻 嫁無	從姪女 小功 嫁緦麻	姪女 不杖期 嫁大功	長三年 長婦期 子 婦 衆子期 婦大功	姪 不杖期 妻大功	從姪 小功 妻緦麻	再從姪 緦麻 妻無	
		從姪孫女 緦麻 嫁無	姪孫女 小功 嫁緦麻	適不杖 庶大功 孫 孫婦 適婦小功 庶婦緦麻	姪孫 小功 婦緦麻	從姪孫 緦麻 婦無		
			曾姪孫女 緦麻 嫁無	曾孫 緦麻 曾孫婦 無服	曾姪孫 緦麻 婦無			
				玄孫 緦麻 玄孫婦 無服				

嫡孫父卒爲祖，若曾、高祖承重者斬衰三年，爲祖母，曾、高祖母承重者齊衰三年。

姑姊妹女子，子在室服並與男子同，嫁反者亦同。適人無夫與子者，爲其兄弟姊妹及兄弟之子不杖期。

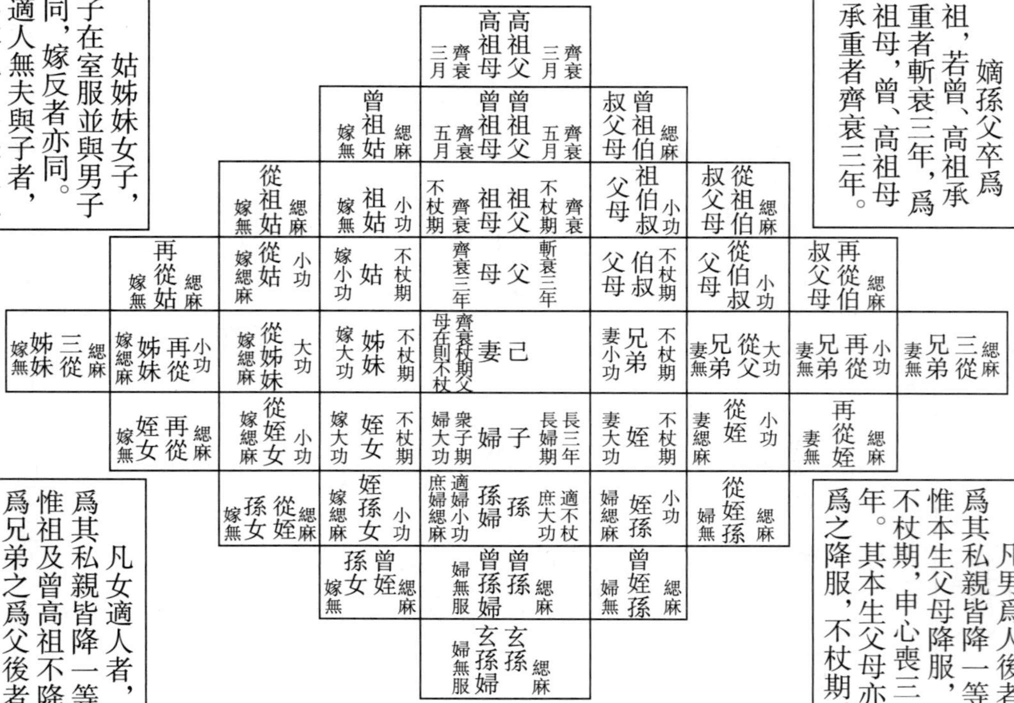

凡男爲人後者，爲其私親皆降一等。惟本生父母降服，不杖期，申心喪三年。其本生父母亦爲之降服，不杖期。

凡女適人者，爲其私親皆降一等。惟祖及曾高祖不降。爲兄弟之爲父後者不降，爲兄弟姪之妻不降。

三父八母服制之圖

繼父

【同居】繼父，父子皆無大功以上親，乃義服，不杖期。【不同居】謂先隨母嫁繼父同居，後異。或雖同居而繼父有子，已有大功已上親，服齊衰三月。【元不同居】則無服。【附】異父同母之兄弟姊妹各服小功五月。

嫡母

妾生子謂父正室曰「嫡母」，正服齊衰三年。母與嫡子亦報服。○為衆子則服不杖期。○庶子為嫡母之父母兄弟姊妹小功，母死不服。

繼母

謂父再娶之母，義服齊衰三年。○繼母為長子報服齊衰三年。○為衆子乃服不杖期。○繼母出則無服。○若父卒，繼母嫁，而已從之，乃服杖期。繼母報服不杖期。○母出，為繼母之兄弟姊妹小功。

庶母

謂父妾之有子者，衆子謂之義服緦麻。○士之庶子為其母齊衰三年，為父後則降。○庶子為父後者，為其母緦，而為其母之父母兄弟姊妹則無服。○庶子之子，為父之母不杖期，而為祖後則無服。○庶母為其子、為君之衆子齊衰不杖期。○為君之長子齊衰三年。○妾為君斬衰三年。○為女君，為其父母不杖期。○庶母慈己者，謂自小乳養己者，義服小功。

慈母

謂庶子無母，而父命他妾之無子者慈己也。同親母，義服齊衰三年。不命則小功。

乳母

謂小乳哺，曰乳母，義服緦麻。

養母

謂養同宗及三歲以下遺棄之子者，與親母同正服齊衰三年。

出母

謂被父離棄，降服杖期。母為子降服不杖期。○子為父後者則不服。○女適人，為出母乃降服大功。母為女亦報服。

嫁母

謂父亡，母再嫁，降服杖期。母為子乃服不杖期。○女子已適人者，乃服大功。母為女報服。○子為父後者不服。○前夫之子從已嫁者，服不杖期。

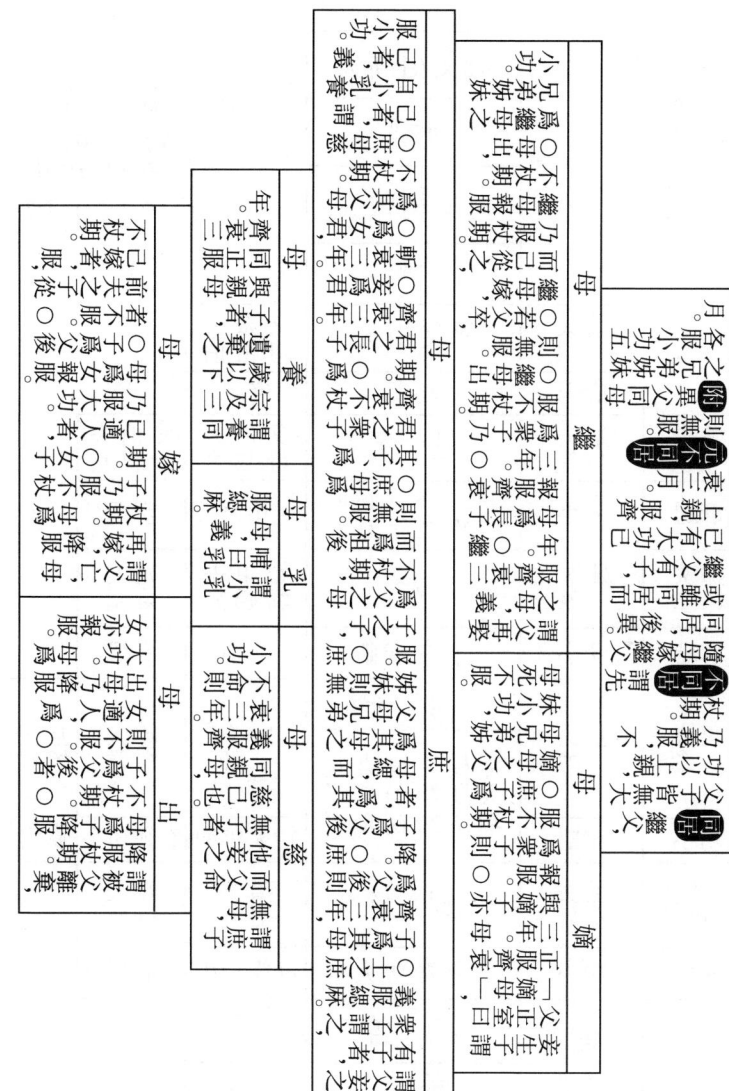

妻爲夫黨服圖

夫爲祖、曾、高祖及祖母、曾、高祖母承重者，並從夫服。

夫爲人後，其妻爲本生舅姑服大功。

			夫高祖父母			
			緦麻			
			夫曾祖父母			
			緦麻			
		夫祖姑	夫祖父母	夫伯叔祖父母		
		緦麻	大功	緦麻		
	夫堂姑	夫親姑	舅姑	夫之伯叔父母	夫堂伯叔父母	
	緦麻	小功	斬衰三年 齊衰三年	大功	緦麻	
	夫堂姊妹	夫姊妹	夫	夫兄弟娣姒婦	夫堂兄弟	
	緦麻	小功	斬衰三年	小功	緦麻	
夫從堂姪女	夫堂姪女	夫姪女	子婦 長子齊衰三年衆子杖期嫡婦杖期衆婦大功	夫姪婦	夫堂姪婦	夫從堂姪
緦麻	小功	期年		期年大功	小功緦麻	緦麻
	夫堂姪孫女	夫姪孫女	孫婦	夫姪孫婦	夫堂姪孫	
	緦麻	小功	大功緦麻	小功緦麻	緦麻	
		夫曾姪孫女	曾孫	夫曾姪孫		
		緦麻	緦麻	緦麻		
			元孫			
			緦麻			

外族母黨妻黨服圖

	外祖父母 小功 婦人爲夫外祖父母緦麻	
從母 小功 母之姊妹 婦人爲大從母緦麻	妻父母 緦麻 妻亡別娶亦同 妻親母雖嫁出猶服	舅 小功 母之兄弟 婦人爲夫之舅緦麻
從母之子 緦麻 兩姨兄弟姊妹謂從母之子也	己身	舅姑之子 緦麻 姑之子曰外兄弟 舅之子曰內兄弟
甥女 小功 姊妹之女曰甥女	壻 緦麻	甥 小功 婦緦麻 姊妹之子曰甥
	外孫 緦麻 女之子也 婦服並同	

神主式

《禮經》及《家禮》舊本於高祖考上皆用「皇」字。大德年間，省部禁止，回避皇字。今用「顯」可也。

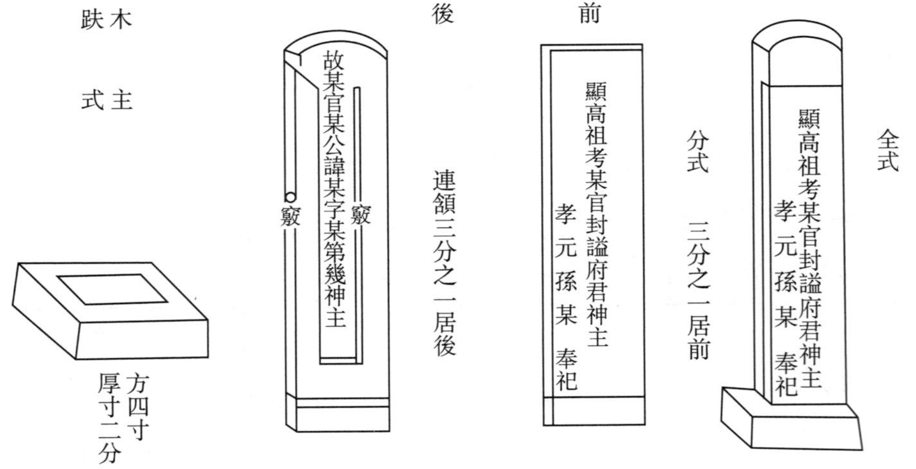

伊川先生云 作主用栗，取法於時、日、月、辰。趺方四寸，象歲之四時。高尺有二寸，象十二月。身博三十分，象月之日。厚十二分，象日之辰。身、趺皆厚一寸二分。剡上五分爲圓首。寸之下勒前爲頷而判之，一居前，二居後。前四分，後八分。陷中以書爵、姓、名、行，書曰「故某官某公諱某字某第幾神主」，陷中長六寸，闊一寸。合之植於趺，身出趺上一尺八分，并趺高一尺二寸。竅其旁以通中，如身厚三之一，謂圓徑四分。居二分之上，謂在七寸二分之上。粉塗其前，以書屬稱，「屬」謂高、曾祖考，「稱」謂官或號，「行」如處士、秀才、幾郎、幾公。旁題主祀之名。曰「孝子某奉祀」。加贈、易世則筆滌而更之，水以灑廟牆。外改中不改。

櫝韜藉式

按《書儀》云：「版下有趺，韜之以囊，藉之以褥，府君、夫人共爲一匣。」而無其式。今以見於司馬家廟者圖之。

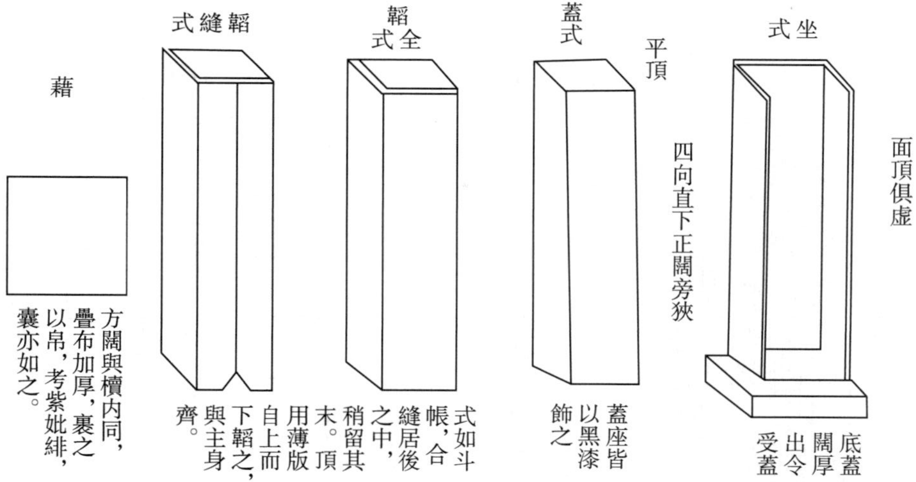

程先生木主之制取象甚精，可以爲萬世法。然用其制者多失其真，往往不攷用尺之長短故也。❶蓋周尺當今省尺七寸五分弱，而程氏《文集》與温公《書儀》多誤註爲五寸五分弱。而所謂省尺者，亦莫知其爲何尺。時舉舊嘗質之晦翁先生，答云：省尺乃是京尺。

温公有圖子，所謂「三司布帛尺」者是也。繼從會稽司馬侍郎家求得此圖，其間有古尺數等。周尺居其右，三司布帛尺居其左。以周尺校之布帛尺，正是七寸五分弱，於是造主之制始定。今不敢自隱，因圖主式及二尺長短而著伊川之説於其旁，庶幾用其制者可以曉然無惑也。嘉定癸酉季秋乙卯，臨海潘時舉、仲善父識。

❶「用」，宋刻本《家禮》作「周」。

櫝式

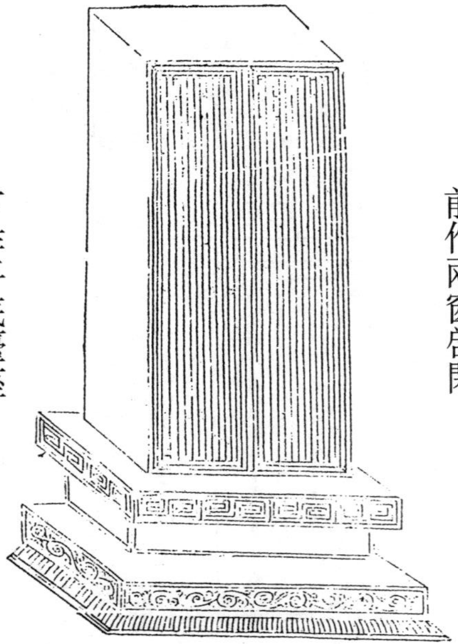

尺式

當今省尺五寸五分弱。

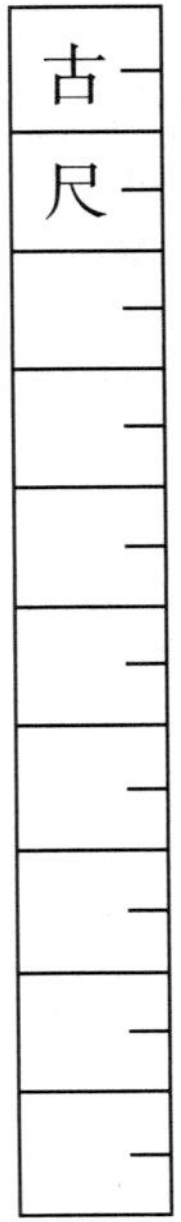

當三司布帛尺七寸五分弱，當浙尺八寸四分。

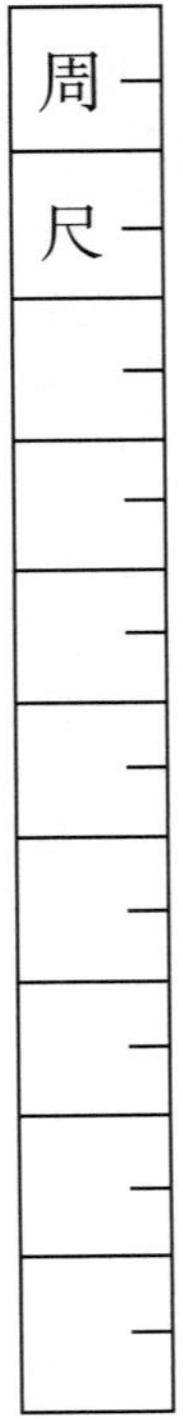

神主用周尺，亦見南軒家所刻本。

三司布帛尺

比上周尺更加三寸四分。

即是省尺，又名京尺，當周尺一尺三寸四分，當浙尺一尺一寸三分。

右司馬公家石刻本

大宗小宗圖

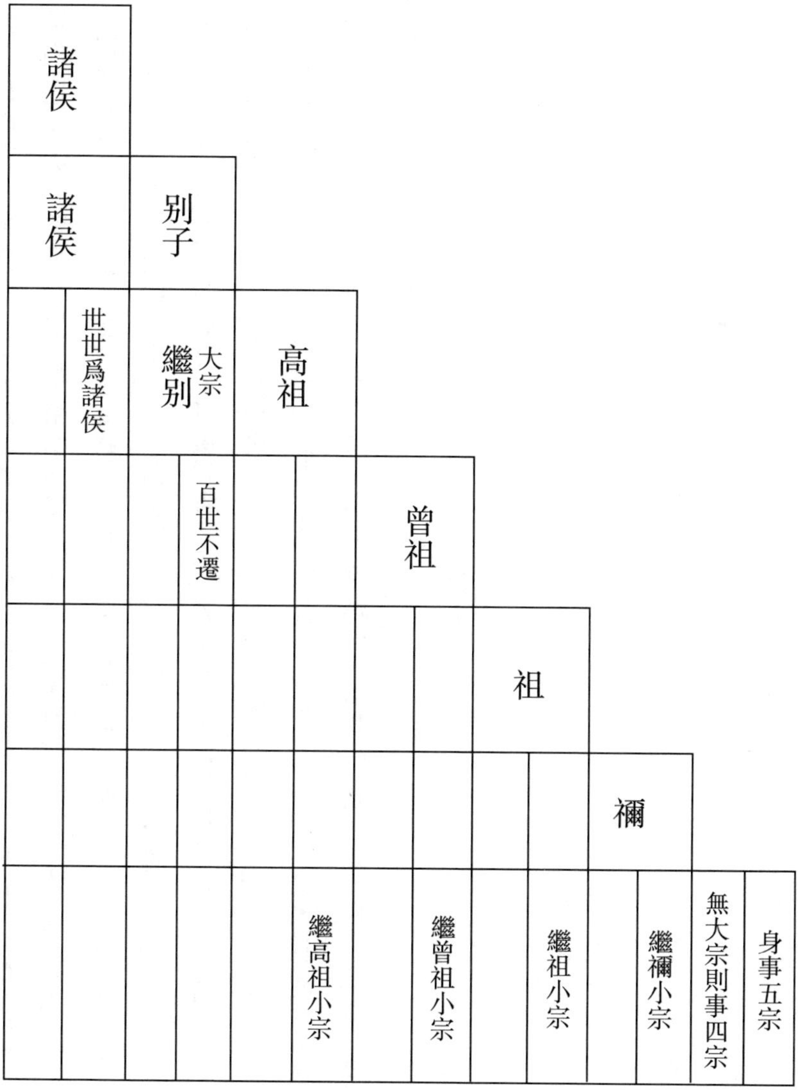
諸侯
諸侯
別子
世世爲諸侯
繼別
大宗
高祖
百世不遷
曾祖
祖
禰
繼高祖小宗
繼曾祖小宗
繼祖小宗
繼禰小宗
無大宗則事四宗
身事五宗

劉氏垓孫曰：吕汲公《家祭儀》曰：「古者小宗有四，有繼禰之宗、繼祖之宗、繼曾祖之宗、繼高祖之宗，所以主祭祀而統族人。後世宗法既廢，散無所統，祭祀之禮，家自行之。支子不能不祭，祭不必告於宗子。今宗法雖未易復，而宗子主祭之義略可舉行。宗子爲士，庶子爲大夫，以上牲祭於宗子之家。故今議家廟雖因支子而立，亦宗子主其祭，而用其支子命數所得之禮，可合禮意。」○先生曰：祭祀須是用宗子法方不亂。不然，前面必有不可處置者。○父在主祭，子出仕宦，不得祭。父没，宗子主祭，庶子出仕宦，祭時其禮亦合減殺，不得同宗子。○宗子只得立適，雖庶長立不得。若無適子，則亦立庶子所謂「世子之同母弟」。世子是適。若世子死，則立世子之親弟，亦是次適也，是庶子不得立也。○大宗法既立不得，亦當立小宗法。祭自高祖以下，親盡則請出高祖就伯叔位，服未盡者祭之。嫂則别處，後其子私祭之。今世禮全亂了。

正寢時祭之圖

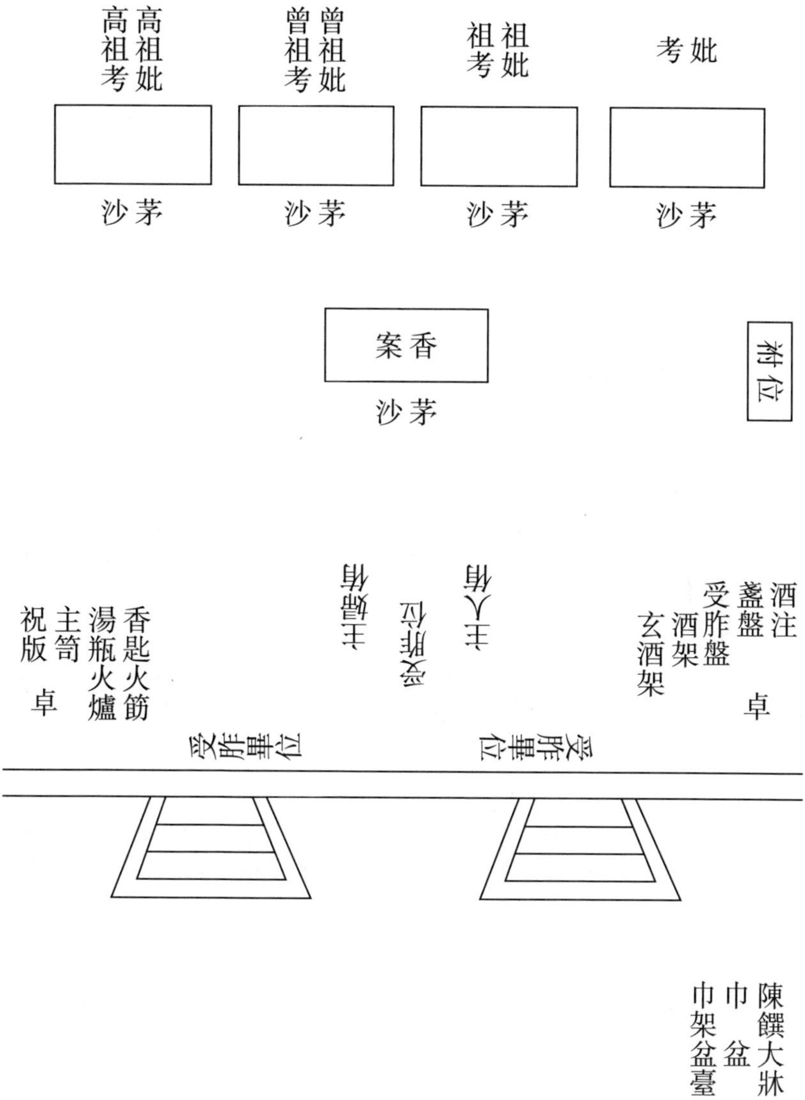
高祖妣
高祖考
曾祖妣
曾祖考
祖妣
祖考
妣
考
茅沙
茅沙
茅沙
茅沙
香案
茅沙
祔位
主人位
受胙位
主婦位
酒注
盞盤
受胙盤
酒架
玄酒架
卓
香匙火筯
湯瓶火爐
主箚
祝版
卓
受胙畢位
受胙畢位
陳饌大牀
巾盆
巾架盆臺

每位設饌之圖

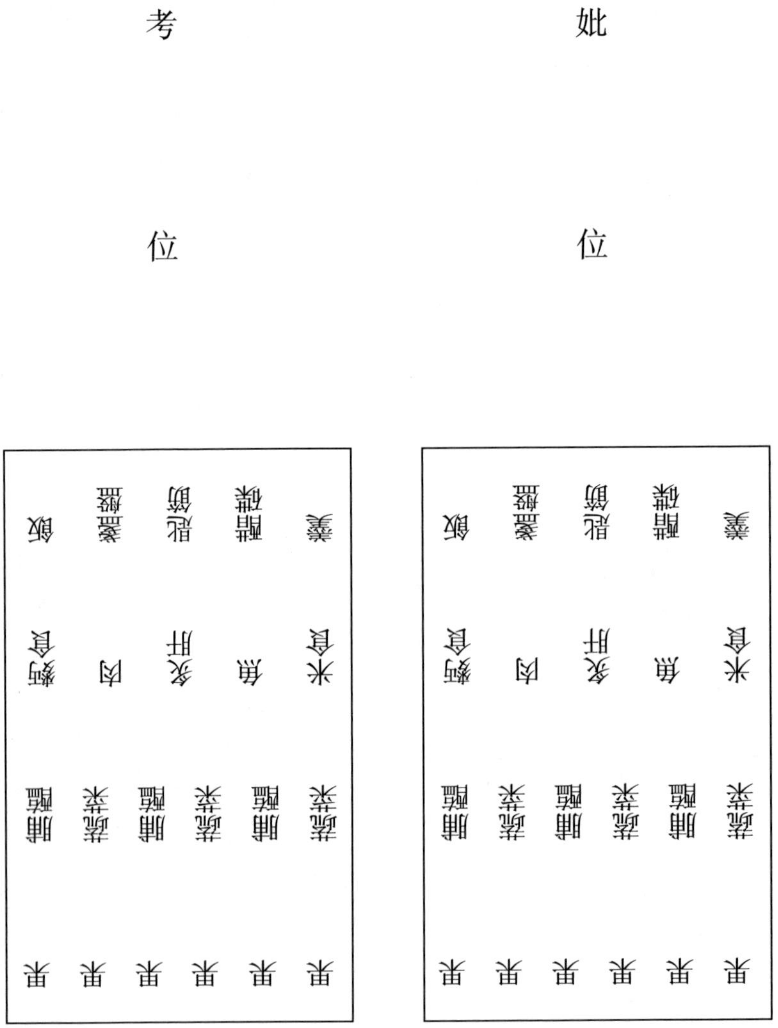

性理大全書卷之十九

家禮　二

凡禮，有本有文。自其施於家者言之，則名分之守、愛敬之實，其本也。冠昏喪祭、儀章度數者，其文也。其本者有家日用之常體，固不可以一日而不脩。其文又皆所以紀綱人道之始終，雖其行之有時，施之有所，然非講之素明，習之素熟，則其臨事之際，亦無以合宜而應節，是亦不可一日而不講且習焉者也。三代之際，《禮經》備矣。然其存於今者，宫廬器服之制、出入起居之節，皆已不宜於世。世之君子雖或酌以古今之變，更爲一時之法，然亦或詳或略，無所折衷。至或遺其本而務其末，緩於實而急於文。自有志好禮之士，猶或不能舉其要，而困於貧窶者，尤患其終不能有以及於禮也。熹之愚，蓋兩病焉。是以嘗獨究觀古今之籍，因其大體之不可變者，而少加損益於其間，以爲一家之書。大抵謹名分、崇愛敬以爲之本。至其施行之際，則又略浮文，敷本實，以竊自附於孔子「從先進」之遺意。誠願得與同志之士熟講而勉行之，庶幾古人所以脩身齊家之道、謹終追遠之心猶可以復見，而於國家所以崇化導民之意，亦或有小補云。

楊氏復曰：先生服母喪，參酌古今，咸盡其變，因成喪、葬、祭禮。又推之於冠、昏，名曰《家禮》。既成，爲一童行竊之以逃。先生易簀，其書始出行於世。今按先生所定家鄉邦國王朝禮，專以《儀禮》爲經。及自述《家禮》，則又通之以古今之宜。故冠禮則多取司馬氏，昏禮則參諸司馬氏、程氏，喪禮本之司馬氏，後又以高氏爲最善。及論祔、遷則取横渠遺命，治喪則以《書儀》疎略而用《儀禮》。祭禮兼用司馬氏、程氏，而先後所見又有不同。節祠則以韓魏公所行者爲法。若夫明大宗、小宗之法，以寓愛禮存羊之意，此又《家禮》之大義所繫，蓋諸書所未暇及，而先生於此尤拳拳也。惜其書既亡，至先生没而後出，不及再脩以幸萬世。於是竊取先生平日去取折衷之言有以發明《家禮》之意者，若《昏禮》親迎用温公，入門以後則從伊川之類是也。有後來議論始定，若《祭禮》祭始祖、初祖而後不祭之類是也。有不用疏家之説，若《深衣》「續衽鉤邊」是也。有用先儒舊義，與經傳不同，若喪服辟領、婦人不杖之類是也。凡此悉附於逐條之下云。

通禮此篇所著，皆所謂有家日用之常體，不可一日而不脩者。

祠堂此章本合在《祭禮》篇，今以報本反始之心、尊祖敬宗之意，實有家名分之守，所以開業傳世之本也。故特著此，冠于篇端，使覽者知所以先立乎其大者，而凡後篇所以周旋、升降、出入、向背之曲折，亦有所據以攷焉。然古之廟制不見於經，且今士庶人之賤，亦有所不得爲者，故特以「祠堂」名之，而其制度亦多用俗禮云。

司馬温公曰：宋仁宗時，嘗詔聽太子少傅以上皆立家廟，而有司終不爲之定制度。惟文潞公立廟於西京，他人皆莫之立。故今但以影堂言之。○朱子曰：古命士得立家廟。家廟之制，内立寢廟，中立正廟，外立門，四面牆圍之。非命士，止祭於堂上，只祭考妣。伊川謂「無貴賤皆祭自高祖而下，但祭有豐殺踈數不同」。廟向南，坐皆東嚮。伊川於此不審，乃云廟皆東向，祖先位面東，自廳側直入其所，反轉面西入廟中。其制非是。古人所以廟面東向坐者，蓋户在東，牖在西，坐於一邊，乃是奥處也。○嘗欲立一家廟，小五架屋，以後架作一長龕堂，以板隔截作四龕堂，堂置位牌，堂外用簾子。小小祭祀時，亦可只就其處。大祭祀則請出，或堂或廳上皆可。○唐大臣皆立廟於京師。宋朝惟文潞公法唐杜佑制，立一廟在西京。雖如韓司馬家亦不曾立廟。杜佑廟，祖、宗時尚在長安。○劉氏垓孫曰：伊川先生云：「古者庶人祭於寢，士大夫祭於廟，庶人無廟，可立影堂。」今文公先生乃曰祠堂者，蓋以伊川先生謂祭時不可用影，故改影堂曰祠堂云。

君子將營宫室，先立祠堂於正寢之東，祠堂之制三間，外爲中門，中門外爲兩階，皆三級。東曰阼階，西曰西階。階下隨地廣狹，以屋覆之，令可容家衆敘立。又爲遺書、衣物、祭器庫及神廚於其東，繚以周垣，別爲外門，常加扃閉。若家貧地狹，則止立一間，不立廚庫，而東西壁下置立兩櫃，西藏遺書、衣物，東藏祭器亦可。正寢，謂前堂也。地狹則於廳事之東亦可。○凡祠堂所在之宅，宗子世守之，不得分析。○凡屋之制，不問何向背，但以前爲南，後爲北，左爲東，右爲西。後皆放此。爲四龕以奉先世神主。祠堂之内，以近北一架爲四龕，每龕内置一卓。大宗及繼高祖之小宗，則高祖居西，曾祖次之，祖次之，父次之。繼曾祖之小宗，則不敢祭高祖而虚其西龕一。繼祖之小宗，則不敢祭曾祖而虚其西龕二。繼禰之小宗，則不敢祭祖而虛其西龕三。若大宗世數未滿，則亦虛其西龕，如小宗之制。神主皆藏於櫝中，置於卓上，南向。龕外各垂小簾，簾外設香卓於堂中，置香爐、香盒於其上。兩階之間，又設香卓，亦如之。非嫡長子則不敢祭其父。若與嫡長同居，則死而後其子孫爲立祠堂於私室，且隨所繼世數爲龕，俟其出而異居，乃備其制。若生而異居，則預於其地立齋以居，如祠堂之制，死則因以爲祠堂。○主式見《喪禮》及前圖。

程子曰：管攝天下人心，收宗族，厚風俗，使人不忘本，須是明譜系，收世族，立宗子法。宗子法壞，則人不知來處，以至流轉四方，往往親未絶，不相識。又曰：今無宗子，故朝廷無世臣。若立宗子法，則人知尊祖重本。人既重本，則朝廷之勢自尊。古者子弟從父兄，今父兄從子弟，由不知本也。○宗子法廢，後世譜牒尚有遺風。譜牒又廢，人家不知來處，無百年之家。骨肉無統，雖至親，恩亦薄。○張子曰：宗法若立，則人各知來處，朝廷大有所益。或問：朝廷何所益？曰：公卿各保其家，忠義豈有不立？忠義既立，朝廷豈有不固？○司馬温公曰：所以西上者，神道尚右故也。○或問：廟主自西而列。朱子曰：此也不是古禮。○問：諸侯廟制，太祖居北而南向，昭廟二在其東南，穆廟二在其西南，皆南北相重，不知當時每廟一室，或共一室各爲位也？曰：古廟制自太祖而下，各是一室。陸農師《禮象圖》可考。西漢時高祖廟、文帝顧成廟各在一處，但無法度，不同一處。至東漢明帝謙貶，不敢自當立廟，祔於光武廟，其後遂以爲例。至唐太廟及群臣家廟，悉如今制，以西爲上也。至禰處謂之東廟。今太廟之制亦然。○《大傳》云：「別子爲祖，繼別爲宗，繼禰者爲小宗。有百世不遷之宗，有五世則遷之宗。」何也？君適長爲世子，繼先君正統，自母弟以下皆不得宗。其次適爲別子，不得禰其父，又不可宗嗣君，又不可無統屬，故死後立爲大宗之祖，所謂「別子爲祖」也。其適子繼之則爲大宗，直下相傳，百世不遷。別子若有庶子，又不敢禰別子，死後立爲小宗之祖，其長子繼之則爲小宗，五世則遷。別子者，謂諸侯之弟，別於正適，故稱別子也。爲祖者，自與後世爲始祖，謂此別子子孫爲卿大夫，立此別子爲始祖也。繼別爲宗，謂別子之世世長子當繼別子，與族人爲不遷之宗也。繼禰者爲小宗，「禰」謂別子之庶子，以庶子所生長子繼此庶子，與兄弟爲小宗也。五世則遷者，上從高祖，下至玄孫之子，高祖廟毁，不復相宗，又別立宗也。然別子之後，族人衆多。或繼高祖者與三從兄弟爲宗，至子五世。或繼曾祖者與再從兄弟爲宗，至孫五世。或繼祖者與同堂兄弟爲宗，至曾孫五世。或繼禰者與親兄弟爲宗，至玄孫五世。皆自小宗之祖以降而言也。魯季友乃桓公別子所自出，故爲一族之大宗。滕，文之昭。武王爲天子，以次則周公爲長，故滕謂魯爲宗國。又有有大宗而無小宗者，皆適，則不立小宗也。有有小宗而無大宗者，無適，則不立大宗也。今法，長子死，則主父喪用次子，不用姪。若宗子法立，則用長子之子。○楊氏復曰：先生云：人家族衆，或主祭者不可以祭及叔伯父之類，則須令其嗣子別得祭之。今且説同居，同出於曾祖，便有從兄弟及再從兄弟，祭時主於主祭者，其他或子不得祭其父母。若恁地衮做一處祭不得。要好，則主祭之嫡孫當一日祭其曾祖，及祖及父，餘子孫與祭。次日却令次位子孫自祭其祖及父，又次日却令次位子孫自祭其父，❶此却有古宗法意。

---

❶「令」下，《朱子語類》卷九〇有「又」字。

古今祭禮，這般處皆有之。今要如宗法祭祀之禮，須是在上之家，先就宗室及世族家行之，做箇樣子，方可使以下士大夫行之。○排祖先時，以客位西邊爲上，高祖第一，高祖母次之。只是正排看正面，不曾對排。曾祖、祖、父皆然。其中有伯叔、伯叔母、兄弟、嫂婦，無人主祭而我爲祭者，各以昭穆論。○黄氏瑞節曰：神主位次，放宗法也。今依本註，姑以小宗法明之。小宗有四：繼高祖之小宗者身爲玄孫，及祀小宗之祖爲高祖，而曾祖、祖、父次之。繼曾祖之小宗者身爲曾孫，及祀小宗之祖爲曾祖，而以上吾不得祀矣。繼祖之小宗者身爲孫，及祀小宗之祖爲祖，而以上不得祀矣。繼禰之小宗者身爲子，小宗之祖爲禰，而以上不得祀矣。不得祀者，以上爲大宗之祖，吾不得而祀之也。大宗亦然。先君世子大宗而下，又不得而祀之也。朱子云：「宗法須宗室及世族之家先行之，方使以下士大夫行之。」然《家禮》以宗法爲主，所謂非嫡長子不敢祭其父，皆是意也。至於冠昏喪祭，莫不以宗法行其間云。

旁親之無後者，以其班祔。伯叔祖父、母祔于高祖，伯叔父、母祔于曾祖。妻若兄弟，若兄弟之妻祔于祖。子姪祔于父。皆西向，主櫝並如正位。姪之父自立祠堂，則遷而從之。○程子曰：無服之殤不祭。下殤之祭，終父母之身。中殤之祭，終兄弟之身。長殤之祭，終兄弟之子之身。成人而無後者，其祭終兄弟之孫之身。此皆以義起者也。

楊氏復曰：按祔位謂旁親無後，及卑幼先亡者。祭禮纔祭高祖畢，即使人酌獻祔于高祖者。曾祖、祖、考皆然。故祝文説以某人祔食尚饗。詳見後《祭禮》篇「四時祭」條。○劉氏垓孫曰：先生云：如祔祭伯叔，則祔于曾祖之傍一邊，在位牌西邊安。伯叔母，則祔曾祖母東邊安。兄弟、嫂、妻、婦，則祔于祖母之傍。伊川云曾祖兄弟無主者亦不祭，不知何所據而云。伊川云：只是義起也。○遇大時節，請祖先祭于堂或廳上，坐次亦如在廟時排定。祔祭旁親者，右丈夫，左婦女，坐以就裏爲大。凡祔於此者，不從昭穆了，只以男女左右大小分排。在廟却各從昭穆祔。

置祭田，初立祠堂，則計見田，每龕取其二十之一以爲祭田。親盡則以爲墓田。後凡正位、祔位，皆放此。宗子主之，以給祭用。上世初未置田，則合墓下子孫之田，計數而割之，皆立約聞官，不得典賣。具祭器，牀席、倚卓、盥盆、火爐、酒食之器，隨其合用之數，皆具貯於庫中而封鎖之，不得他用。無庫則貯於櫃中。不可貯者，列於外門之内。主人晨謁於大門之内，主人，謂宗子，主此堂之祭者。晨謁，深衣焚香再拜。出入必告。主人、主婦近出，則入大門瞻禮，而行歸亦如之。經宿而歸，則焚香再拜。遠出經旬以上，則再拜焚香，告云「某將適某所，敢告」，又再拜。而行歸亦如之，但告云「某今日歸自某所，敢見」。經月而歸，則開中門，立於階下再拜，升自阼階，焚香告畢，再拜。降，復位，再拜。餘人亦然，但不開中門。○凡主婦，謂主人之妻。○凡升降，惟主人由阼階。主婦及餘人，雖尊長亦由西階。○凡拜，男子再拜，則婦人四拜，謂之俠拜。其男女相答拜亦然。正、至、朔、望則參。正、至、朔、望，前一日，灑掃齋宿，厥明夙興，開門軸簾。每龕設新果一大盤於卓上，每位茶盞、托，酒盞、盤各一，於神主櫝前。設束茅、聚沙於香卓前。别設一卓於阼階上，置酒注、盞、盤一於其上，酒一瓶於其西。盥盆、帨巾各二，於阼階下東南。有臺架者在西，爲主人親屬所盥。無者在東，爲執事者所盥。巾皆在北。主人以下盛服，入門就位。主人北面於阼階下，主婦北面於西階下。主人有母，則特位於主婦之前。主人有諸父諸兄，則特位於主人之右少前，重行西上。有諸母、姑、嫂、姊，則特位主婦之左少前，重行東上。諸弟在主人之右少退。子孫、外執事者在主人之後，重行西上。主人弟之妻及諸妹，在主婦之左少退。子孫婦女、内執事者在主婦之後，重行東上。立定，主人盥，帨，升，搢笏，啓櫝，奉諸考神主置於櫝前。主婦盥，帨，升，奉諸妣神主置于考東。次出祔主亦如之。命長子、長婦或長女盥帨升，分出諸祔主之卑者亦如之。皆畢。主婦以下先降復位。主人詣香卓前，降神，搢笏，焚香，再拜，少退立。執事者盥帨升，開瓶實酒于注，一人奉注詣主人之右，一人執盞盤詣主人之左。主人跪，執事者皆跪。主人受注斟酒，反注，取盞盤奉之。左執盤，右執盞，酹于茅上，以盞盤授執事者，出笏，俛伏，興。少退，再拜，降，復位，與在位者皆再拜。參神。主人升，搢笏，執注斟酒，先正位，次祔位，次命長子斟諸祔位之卑者。主婦升，執茶筅，執事者執湯瓶隨之，點茶如前。命長婦或長女亦如之。子、婦、執事者先降復位。主人出笏，與主婦分立於香卓之前東西，再拜，降，復位，與在位者皆再拜，辭神而退。○冬至，則祭始祖畢，行禮如上儀。○望日不設酒，不出主。主人點茶，長子佐之，先降，主人立於香卓之南，再拜乃降。餘如上儀。○準《禮》，「舅没則姑老」，不預於祭。又曰：「支子不祭。」故今專以世嫡宗子夫婦爲主人主婦，其有母及諸父母兄嫂者，則設特位於前如此。○凡言盛服者，有官則幞頭、公服、帶、靴、笏。進士，則幞頭、襴衫、帶。處士，則幞頭、皂衫、帶。無官者通用帽子、衫、帶。又不能具，則或深衣，或涼衫。有官者亦通服帽子以下，但不爲盛服。婦人則假髻、大衣、長裙。女在室者冠子、背子。衆妾假髻、背子。

楊氏復曰：先生云：元旦，則在官者有朝謁之禮，恐不得專精於祭事。某鄉里却止於除夕前三四日行事，此亦更在斟酌也。○劉氏璋曰：司馬温公註《影堂雜儀》：「凡月朔則執事者於影堂裝香，具茶酒、常食數品，主人以下皆盛服，男女左右敘立如常儀。主人主婦親出祖考以下祝版置於位，焚香，主人以下俱再拜。執事者斟祖考前茶酒，以授主人，主人搢笏，跪，酹茶酒。執笏，俛伏，興。帥男女俱再拜。次酹祖妣以下皆徧，納祠版，出，徹。月望不設食，不出祠版，餘如朔儀。影堂門無事常閉，每旦子孫詣影堂前唱喏，出外、歸亦然。若出外再宿以上，歸則入影堂再拜。將遠適，及遷官，凡大事則盥手焚香，以其事告，退各再拜。有時新之物，則先薦于影堂。忌日則去華飾之服，薦酒食如月朔，不飲酒，不食肉，思慕如居喪。《禮》：「君子有終身之喪，忌日之謂也。」舊儀，不見客受弔，於禮無之。今不取。遇水火盜賊，則先救先公遺文，次祠版，次影，然後救家財。」

俗節則獻以時食。節，如清明、寒食、重午、中元、重陽之類，凡鄉俗所尚者。食，如角黍，凡其節之所尚者，薦以大盤，間以蔬果，禮如正、至、朔日之儀。

問：俗節之祭如何？朱子曰：韓魏公處得好，謂之「節祠殺於正祭」。但七月十五日用浮屠設素饌祭，某不用。○又答張南軒曰：今日俗節，古所無有，故古人雖不祭而情亦自安。今人既以此爲重，至於是日，必具殽羞相宴樂，而其節物亦各有宜。故世俗之情，至於是日，不能不思其祖考，而復以其物享之。雖非禮之正，然亦人情之不能已者。且古人不祭則不敢以燕，況今於此俗節既已據經而廢祭，而生者則飲食宴樂隨俗自如，非事死如事生，事亡如事存之意也。又曰：朔旦家廟用酒果，望旦用茶。重午、中元、元日之類，皆名俗節。大祭時每位用四味請出木主。俗節小祭，只就家廟，止二味。朔旦、俗節，酒止一上，斟一盃。○楊氏復曰：時祭之外，各因鄉俗之舊，以其所尚之時、所用之物，奉以大盤，陳於廟中，而以告朔之禮奠焉，則庶幾合乎隆殺之節，而盡乎委曲之情，可行於久遠而無疑矣。

有事則告。如正、至、朔日之儀。但獻茶酒，再拜訖，主婦先降復位，主人立於香卓之南，祝執版立於主人之左，跪讀之，畢，興。主人再拜，降，復位。餘並同。○告授官祝版云：「維年歲月朔日，孝子某官某，敢昭告于故某親某官封謚府君、故某親某封某氏。某以某月某日蒙恩授某官，奉承先訓，獲霑祿位，餘慶所及，不勝感慕。謹以酒果，用伸虔告。謹告。」貶降則言：「貶某官，荒墜先訓，皇恐無地。」「謹以」後同。若弟子則言「某之某某」，餘同。○告追贈，則止告所贈之龕。別設香卓於龕前，又設一卓於其東，置浄水、粉盞、刷子、硯、墨、筆於其上，餘並同。但祝版云：「奉某月某日制書，贈故某親某官，故某親某封。某奉承先訓，竊位于朝，祗奉恩慶，有此褒贈。祿不及養，摧咽難勝。」「謹以」後同。若因事特贈，則別爲文以叙其意。告畢，再拜。主人進，奉主置卓上，執事者洗去舊字，別塗以粉，俟乾，命善書者改題所贈官封。陷中不改。洗水以灑祠堂之四壁。主人奉主置故處，乃降，復位。後同。○主人生嫡長子，則滿月而見，如上儀。但不用祝。主人立於香卓之前，告曰：「某之婦某氏，以某月某日生子名某，敢見。」告畢，立於香卓東南，西向。主婦抱子進，立於兩階之間，再拜。主人乃降，復位。後同。○冠、昏則見本篇。❶○凡言祝版者，用版長一尺，高五寸，以紙書文黏於其上。畢則揭而焚之。其首尾皆如前。但於故高祖考、故高祖妣，自稱孝元

❶「則」，宋刻本《家禮》作「別」。

孫。於故曾祖考、故曾祖妣，自稱孝曾孫。於故祖考、故祖妣，自稱孝孫。於故考、故妣，自稱孝子。有官封謚，則皆稱之。無則以生時行第稱號加于府君之上。妣曰「某氏夫人」。凡自稱，非宗子不言「孝」。○告事之祝，四代共爲一版。自稱，以其最尊者爲主，止告正位，不告祔位。茶酒則并設之。

朱子曰：焚黄，近世行之墓次，不知於禮何據。張魏公贈謚只告于廟，疑爲得體。但今世皆告墓，恐未免隨俗耳。○楊氏復曰：按先生《文集》有《焚黄祝文》，云「告于家廟」，亦不云「告墓」也。

或有水火盗賊，則先救祠堂，遷神主、遺書，次及祭器，然後及家財。易世，則改題主而遞遷之。改題「遞遷」，禮見《喪禮》「大祥」章。大宗之家，始祖親盡，則藏其主於墓所，而大宗猶主其墓田以奉其墓祭，歲率宗人一祭之，百世不改。其第二世以下祖親盡，及小宗之家高祖親盡，則遷其主而埋之。其墓田則諸位迭掌，而歲率其子孫一祭之，亦百世不改也。

或問：而今士庶亦有始基之祖，莫亦只祭得四代，但四代以上，則可不祭否？朱子曰：而今祭四代已爲僭。古者官師亦只祭得二代。若是始基之祖，想亦只存得墓祭。○楊氏復曰：此章云：「始祖親盡，則藏其主於墓所。」《喪禮》「大祥」章亦云：「若有親盡之祖，而其别子也，則祝版云云，告畢而遷于墓所，不埋。」夫藏其主於墓所而不埋，則墓所必有祠堂，以奉墓祭。

深衣制度此章本在冠禮之後，今以前章已有其文，又平日之常服，故次前章。

朱子曰：去古益遠，其冠服制度僅存而可見者，獨有此耳。然遠方士子亦所罕見，往往人自爲制，詭異不經，近於服妖，甚可歎也。

裁用白細布，度用指尺。中指中節爲寸。

司馬温公曰：凡尺寸皆當用周尺度之。周尺一尺，當今省尺五寸五分弱。○楊氏復曰：《説文》云：「周制寸、尺、咫、尋，皆以人之體爲法。」

衣全四幅，其長過脇，下屬於裳。用布二幅，中屈下垂，前後共爲四幅，如今之直領衫，但不裁破腋下。❶其下過脇而屬於裳處約圍七尺二寸，每幅屬裳三幅。裳交解十二幅，上屬於衣，其長及踝。用布六幅，每幅裁爲二幅，一頭廣，一頭狹。狹頭當廣頭之半。以狹頭向上而連其縫以屬於衣，其屬衣處約圍七尺二寸。每三幅屬衣一幅，其下邊及踝處約圍丈四尺四寸。圓袂，用布二幅，各中屈之，如衣之長。屬於衣之左右，而縫合其下以爲袂。其本之廣，如衣之長，而漸圓殺之以至袂口，則其徑一尺二寸。

楊氏復曰：左右袂各用布一幅屬於衣。又按《深衣》篇云：「袂之長短，反屈之及肘。」夫袂之長短，以反屈及肘爲準則，不以一幅爲拘。

方領，兩襟相掩，衽在腋下，則兩領之會自方。曲裾，用布一幅，如裳之長，交解裁之，如裳之制。但以廣頭向上，布邊向外，左掩其右，交映垂之，如燕尾狀。又稍裁其內旁太半之下，令漸如魚腹，而末爲鳥喙，內向綴於裳之右旁。《禮記·深衣》「續衽鉤邊」，鄭註：「鉤邊，若今曲裾。」

---

❶「腋」，原作「服」，今據四庫本改。

蔡氏淵曰：司馬所載方領與續衽鉤邊之制，引證雖詳而不得古意，先生病之，嘗以理玩經文與身服之宜，而得其説。謂方領者，只是衣領既交，自有如矩之象。謂續衽鉤邊者，只是連續裳旁，無前後幅之縫，左右交鉤即爲鉤邊，非有别布一幅，裁之如鉤而綴于裳旁也。方領之説，先生已修之《家禮》矣，而續衽鉤邊則未及修焉。○楊氏復曰：《深衣》制度，惟「續衽鉤邊」一節難考。按《禮記·玉藻》「深衣」疏，皇氏、熊氏、孔氏三説皆不同。皇氏以喪服之衽，廣頭在上，深衣之衽，廣頭在下，喪服與深衣二者相對爲衽。孔氏以衣下屬幅而下，裳上屬幅而上，衣裳二者相對爲衽。此其不同者一也。皇氏以衽爲裳之兩旁皆有，孔氏以衽爲裳之一邊所有，此其不同者二也。皇氏所謂廣頭在上爲喪服之衽者，熊氏又以此爲齊、祭服之衽。一以爲吉服之衽，一以爲凶服之衽，此其不同者三也。《家禮》以深衣續衽之制，兩廣頭向上，似與皇氏喪服之衽、熊氏齊、祭服之衽相類，此爲可疑。是以先生晚歲所服深衣，去《家禮》舊説曲裾之制而不用，蓋有深意，恨未得聞其説之詳也。及得蔡淵所聞，始知先師所以去舊説曲裾之意。復又取《禮記·深衣篇》熟讀之，始知鄭康成註「續衽」二字，文義甚明，特疏家亂之耳。按鄭註曰：「續，猶屬也。衽，在裳旁者也。屬連之不殊裳前後也。」鄭註之意，蓋謂凡裳前三幅，後四幅。夫既分前後，則其旁兩幅分開而不相屬，惟深衣裳十二幅交裂裁之，皆名爲衽。見《玉藻》「衽當旁」註。所謂續衽者，指在裳旁兩幅言之，謂屬連裳旁兩幅，不殊裳前後也。疏家不詳考其文義，但見「衽在裳旁」一句，意謂别用布一幅，裁之如鉤而垂於裳旁。妄生穿鑿，紛紛異同，愈多愈亂。自漢至今二千餘年，讀者皆求之於「别用一幅布」之中，而註之本義爲其掩蓋而不可見。夫疏所以釋註也。

今推尋鄭註本文，其義如此，而皇氏、熊氏等所釋其謬如彼，皆可以一掃而去之矣。先師晚歲知疏家之失，而未及修定，愚故著鄭註於《家禮・深衣》「曲裾」之下，以破疏家之謬，且以見先師晚歲已定之説云。○劉氏璋曰：深衣之制，用白細布，鍛濯灰治，使之和熟。其人肥大，則布幅隨而闊。瘦細，則幅隨而狹。不必拘於尺寸。裳十二幅以應十有二月。袂圜，應規。袂，袖口也。曲袷如矩，應方。曲袷者，交領也。負繩及踝，應直。負繩，謂背後縫上下相當，而取直如繩之正，非謂用縫爲負繩也。踝，足跟也。及踝者，裳止其足，取「長無被土」之義。下齊如權衡，應平。裳下曰「齊」。音咨。齊，緝也。取齊如字。平若衡，而無低昂參差也。規、矩、繩、權、衡，五法已施，故聖人服之，先王貴之，可以爲文，可以爲武，可以擯相，可以治軍旅。自士以上，深衣爲之次。庶人吉服，深衣而已。夫事尊者，蓋以多飾爲孝。具大父母，衣純音準。以繢。胡對切。純，緣也。繢，畫也。畫五采以爲文，相次而畫。後人有以織錦爲純，以代繢文者。具父母，衣純以青。孤子純以素。今用黑繒，以從簡易也。

黑緣，緣用黑繒，領表裏各二寸。袂口、裳邊表裏各一寸半。袂口布外别此緣之廣。大帶，帶用白繒，廣四寸，夾縫之，其長圍腰而結於前，再繚之爲兩耳，乃垂其餘爲紳，下與裳齊。以黑繒飾其紳，復以五采條廣三分約其相結之處，長與紳齊。緇冠，糊紙爲之武，高寸許，廣三寸，袤四寸。上爲五梁，廣如武之袤，而長八寸，跨頂前後，下著於武，屈其兩端各半寸，自外向内，而黑漆之。武之兩旁半寸之上，竅以受笄。笄用齒、骨凡白物。幅巾，用黑繒六尺許，中屈之。右邊就屈處爲横幨，左邊反屈之。自幨左四五寸間斜縫，向左圓曲而下，遂循左邊至于兩末，復反所縫餘繒，使之向裏，以幨當額前裹之。至兩鬢旁各綴一帶，廣二寸，長二尺，自巾外過頂後相結而垂之。黑履。白絇、繶、純、綦。劉氏垓孫曰：履之有絇，謂履頭以絛爲鼻，或用繒一寸屈之爲絇。所以受繫穿貫者也。繶，謂履縫中紃音旬。也。以白絲爲下緣，故謂之繶。純者，飾也。綦屬於跟，所以繫履者也。

司馬氏居家雜儀此章本在《昏禮》之後。今按此乃家居平日之事，所以正倫理，篤恩愛者，其本皆在於此。必能行此，然後其儀章度數有可觀焉。不然，則節文雖具，而本實無取，君子所不貴也。故亦列於首篇，使覽者知所先焉。

凡爲家長，必謹守禮法以御群子弟及家衆，分之以職，謂使之掌倉廩、廐庫、庖廚、舍業、田園之類。授之以事，謂朝夕所幹及非常之事。而責其成功。制財用之節，量入以爲出，稱家之有無，以給上下之衣食及吉凶之費，皆有品節而莫不均壹。裁省冗費，禁止奢華，常須稍存贏餘，以備不虞。

凡諸卑幼，事無大小，毋得專行，必咨禀於家長。《易》曰：「家人有嚴君焉，父母之謂也。」安有嚴君在上，而其下敢直行自恣不顧者乎？雖非父母，當時爲家長者，亦當咨禀而行之，則號令出於一人，家政始可得而治矣。

凡爲子爲婦者，毋得蓄私財。俸禄及田宅所入，盡歸之父母舅姑，當用則請而用之，不敢私假，不敢私與。《内則》曰：「子婦無私貨，無私蓄，無私器，不敢私假，不敢私與。婦或賜之飲食、衣服、布帛、佩帨、茝蘭，則受而獻諸舅姑。舅姑受之則喜，如新受賜。若反賜之則辭。不得命，如更受賜，藏之以待乏。」鄭康成曰：「待舅姑之乏也。不得命者，不見許也。」又曰：「婦若有私親兄弟將與之，則必復請其故，賜而後與之。」夫人子之身，父母之身也。身且不敢自有，況敢有財帛乎？若父子異財，互相假借，則是有子富而父母貧者，父母飢而子飽者。賈誼所謂「借父耰鉏，慮有德色。母取箕箒，立而誶語」。不孝不義，孰甚於此。茝，昌改切。耰音憂。誶音碎。

凡子事父母，孫事祖父母同。婦事舅姑，孫婦亦同。天欲明，咸起，盥，音管，洗手也。漱，櫛，阻瑟切，梳頭也。總，所以束髮，今之頭𢄙。具冠帶。丈夫帽子、衫、帶。婦人冠子、背子。昧爽，謂天明暗相交之際。適父母舅姑之所省問。丈夫唱喏，婦人道萬福，仍問侍者夜來安否何如。侍者曰安，乃退。其或不安節，則侍者以告。此即禮之「晨省」也。父母舅姑起，子供藥物，藥物乃關身之切務，人子當親自檢數，調煮供進，不可但委婢僕。脱若有誤，即其禍不測。婦具晨羞，俗謂點心。《易》曰「在中饋」，《詩》云「惟酒食是議」。凡烹調飲膳，婦人之職也。近年婦女驕倨，皆不肯入庖廚。今縱不親執刀匕，亦當檢校監視，務令精潔。供具畢，乃退，各從其事。將食，婦請所欲於家長，謂父母、舅姑，或當時家長也。卑幼各不得恣所欲。退，具而供之。尊長舉筯，子婦乃各退就食。丈夫婦人各設食於他所，依長幼而坐，其飲食必均壹。幼子又食於他所，亦依長幼席地而坐，男坐於左，女坐於右。及夕食亦如之。既夜，父母舅姑將寢，則安置而退。丈夫唱喏，婦女道安置。此即禮之「昏定」也。居閑無事，則侍於父母舅姑之所，容貌必恭，執事必謹，言語應對必下氣怡聲。出入起居，必謹扶衛之，不敢涕唾喧呼於父母舅姑之側。父母舅姑不命之坐不敢坐，不命之退不敢退。

凡子受父母之命，必籍記而佩之，時省而速行之，事畢則返命焉。或所命有不可行者，則和色柔聲，具是非利害而白之，待父母之許，然後改之。若不許，苟於事無大害者，亦當曲從。若以父母之命爲非，而直行己志，雖所執皆是，猶爲不順之子，况未必是乎！

凡父母有過，下氣怡色，柔聲以諫。諫若不入，起敬起孝，悦則復諫。不悦，與其得罪於鄉黨州閭，寧熟諫。父母怒，不悦而撻之流血，不敢疾怨，起敬起孝。

楊氏復曰：父母有過，下氣怡聲以諫，所謂「幾諫」也。父母怒而撻之，猶不敢怨，况下於此者乎？諫不入，起敬起孝。諫而怒，亦起敬起孝。敬孝之外，豈容有他念哉？是説也，聖人著之《論語》矣。

凡爲人子弟者，不敢以貴富加於父兄宗族。加，謂恃其富貴，不率卑幼之禮。

凡爲人子者，出必告，反必面。有賓客，不敢坐於正廳。有賓客，坐於書院。無書院則坐於廳之旁側。升降不敢由東階，上下馬不敢當廳。凡事不敢自擬於其父。

楊氏復曰：告，工毒反。告與面同。反言面者，從外來，宜知親之顔色安否。爲人親者，無一念而忘其子，故有倚閭倚門之望。爲人子者，無一念而忘其親，故有出告、反面之禮。生則出告、反面，没則告行、飲至。事亡如事存也。

凡父母舅姑有疾，子婦無故不離側，親調嘗藥餌而供之。父母有疾，子色不滿容，不戲笑，不宴遊。舍置餘事，專以迎醫、檢方、合藥爲務。疾已復初。《顏氏家訓》曰，父母有疾，子拜醫以求藥。蓋以醫者親之存亡所繫，豈可傲忽也。

凡子事父母，父母所愛亦當愛之，所敬亦當敬之。至於犬馬盡然，而況於人乎！楊氏復曰：孝子愛敬之心無所不至，故父母之所愛敬者，雖犬馬之賤亦愛敬之，況人乎哉。故舉其尤者言之。若兄若弟，吾父母之所愛也，吾其可以不愛乎？若薄之，是薄吾父母也。若親若賢，吾父母之所敬也，吾其可不敬之乎？若嫚之，是嫚吾父母也。推類而長，莫不皆然。若晉武惑馮紞之讒，不思太后之言而踈齊王攸；唐高宗溺武氏之寵，不念太宗顧託之命而殺長孫無忌，皆《禮經》之罪人也。

凡子事父母，樂其心，不違其志。樂其耳目，安其寢處。以其飲食忠養之。幼事長，賤事貴，皆倣此。

劉氏璋曰：樂其心者，謂左右侍養也，晨昏定省也，出入從遊也，起居奉侍也，必當賾討其心之所好者、所惡者何在。苟非悖乎大義，則蔑不可從，所以安固老者之行以適其氣也。樂其耳目者，非聲色之末也。善言常入於親耳，善行常悦於親目，皆所以樂之也。安其寢處者，謂堂室庭除必完潔，簟席、氈褥、衾枕、帳幄必修治之類。

凡子婦未敬未孝，不可遽有憎疾，姑教之。若不可教，然後怒之。若不可怒，然後笞之。屢笞而終不改，子放婦出，然亦不明言其犯禮也。子甚宜其妻，父母不悦，出。子不宜其妻，父母曰：是善事我。子行夫婦之禮焉，没身不衰。

凡爲宫室必辨内外，深宫固門。内外不共井，不共浴堂，不共厠。男治外事，女治内事。男子晝無故不處私室，婦人無故不窺中門。男子夜行以燭，婦人有故出中門，必擁蔽其面。如蓋頭、面帽之類。男僕非有繕修及有大故，謂水火盜賊之類。不入中門。入中門，婦人必避之。不可避，亦謂如水火盜賊之類。亦必以袖遮其面。女僕無故不出中門，有故出中門，亦必擁蔽其面。雖小婢亦然。鈴下蒼頭，但主通内外之言，傳致内外之物，毋得輒升堂室，入庖廚。

凡卑幼於尊長，晨亦省問，夜亦安置。丈夫唱喏，婦人道萬福、安置。坐而尊長過之則起，出遇尊長於塗則下馬。不見尊長，經再宿以上則再拜，五宿以上則四拜。賀冬至、正旦六拜。朔、望四拜。凡拜數，或尊長臨時減而止之，則從尊長之命。吾家同居宗族衆多，冬至、朔、望聚於堂上，此假設南面之堂。若宅舍異制，臨時從宜。丈夫處左西上，婦人處右東上，左右謂家長之左右。皆北向，共爲一列，各以長幼爲序，婦以夫之長幼爲序，不以身之長幼爲序。共拜家長畢。長兄立於門之左，長姊立於門之右，皆南向。諸弟妹以次拜訖，各就列。丈夫西上，婦人東上，共受卑幼拜。以宗族多，若人人致拜，則不勝煩勞，故同列共受之。受拜訖，先退。後輩立受拜於門東西，如前輩之儀。若卑幼自遠方至，見尊長，遇尊長三人以上同處者，先共再拜，敘寒暄問起居訖，又三再拜而止。晨夜唱喏、萬福、安置。若尊長三人以上同處，亦三而止，所以避煩也。

凡受女壻及外甥拜，立而扶之。扶謂搊策。外孫則立而受之可也。

凡節序及非時家宴，上壽於家長，卑幼盛服序立，如朔望之儀。先再拜。子弟之最長者一人進立於家長之前，幼者一人搢笏，執酒盞立於其左，一人搢笏，執酒注立於其右。長者搢笏，跪斟酒，祝曰：「伏願某官備膺五福，保族宜家。」尊長飲畢，授幼者盞注，反其故處。長者出笏，俛伏興，退，與卑幼皆再拜。家長命諸卑幼坐，皆再拜而坐。家長命侍者偏酢諸卑幼，諸卑幼皆起，序立如前，俱再拜就坐。飲訖，家長命易服，皆退，易便服，還復就坐。

凡子始生，若爲之求乳母，必擇良家婦人稍温謹者。乳母不良，非惟敗亂家法，兼令所飼之子性行亦類之。子能食，飼之，教以右手。子能言，教之自名，及唱喏、萬福、安置。稍有知，則教之以恭敬尊長。有不識尊卑長幼者，則嚴訶禁之。古有胎教，況於已生。子始生未有知，固舉以禮，況於已有知。孔子曰：幼成若天性，習慣如自然。《顔氏家訓》曰：「教婦初來，教子嬰孩。」故於其始有知，不可不使之知尊卑長幼之禮。若侮詈父母，毆擊兄姊，父母不加訶禁，反笑而獎之，彼既未辨好惡，謂禮當然。及其既長，習以成性，乃怒而禁之，不可復制。於是父疾其子，子怨其父，殘忍悖逆，無所不至。蓋父母無深識遠慮，不能防微杜漸，溺於小慈，養成其惡故也。六歲，教之數謂一十百千萬。與方名。謂東西南北。男子始習書字，女子始習女工之小者。七歲，男女不同席，不共食。始誦《孝經》《論語》，雖女子亦宜誦之。自七歲以下謂之孺子，早寢晏起，食無時。八歲，出入門户及即席飲食，必後長者。始教之以謙讓。男子誦《尚書》，女子不出中門。九歲，男子誦《春秋》及諸史，始爲之講解，使曉義理。女子亦爲之講解《論語》《孝經》及《列女傳》《女戒》之類，略曉大意。古之賢女，無不觀圖史以自鑑，如曹大家之徒，皆精通經術，議論明正。今人或教女子以作歌詩，執俗樂，殊非所宜也。十歲，男子出就外傅，居宿於外。讀《詩》《禮》，傅爲之講解，使知仁義禮知信。自是以往，可以讀《孟》《荀》《揚子》，博觀群書。凡所讀書，必擇其精要者而讀之。如《禮記·學記》《大學》《中庸》《樂記》之類。他書倣此。其異端非聖賢之書，傅宜禁之，勿使妄觀，以惑亂其志。觀書皆通，始可學文辭。女子則教以婉娩婉音晚。婉娩，柔順貌。聽從及女工之大者。女工，謂蠶桑、織績、裁縫及爲飲膳，不惟正是婦人之職，兼欲使之知衣食所來之艱難，不敢恣爲奢麗。至於纂組華巧之物，亦不必習也。未冠、笄者，質明而起，總角，靧靧音悔，洗面也。面，以見尊長，佐長者供養。祭祀則佐執酒食。若既冠、笄，則皆責以成人之禮，不得復言童幼矣。

凡内外僕妾，雞初鳴，咸起，櫛、總、盥、漱，衣服。男僕灑掃廳事及庭。鈴下蒼頭灑掃中庭。女僕灑掃堂室，設倚卓，陳盥、漱、櫛、靧之具。主父主母既起，則拂牀襞襞音壁，疊衣也。衾，侍立左右，以備使令。退而具飲食。得間，則浣濯紉縫，先公後私。及夜則復拂牀展衾。當晝，内外僕妾惟主人之命，各從其事，以供百役。

凡女僕，同輩謂兄弟所使。謂長者爲姊，後輩謂諸子舍所使。謂前輩爲姨。《内則》云：雖婢妾，衣服飲食，必後長者。鄭康成曰：人貴賤不可以無禮，故使之序長幼。務相雍睦。其有鬬争者，主父主母聞之，即訶禁之。不止，即杖之。理曲者杖多。一止一不止，獨杖不止者。

凡男僕，有忠信可任者重其禄，能幹家事次之。其專務欺詐，背公徇私，屢爲盜竊，弄權犯上者，逐之。

凡女僕，年滿不願留者縱之，勤舊少過者資而嫁之。其兩面二舌，飾虛造讒，離間骨肉者逐之。屢爲盜竊者逐之。放蕩不謹者逐之。有離叛之志者逐之。

冠禮

冠

楊氏復曰：有言《書儀》中冠禮簡易可行者。先生曰：不獨《書儀》，古冠禮亦自簡易。

男子年十五至二十皆可冠，司馬温公曰：古者二十而冠，皆所以責成人之禮。蓋將責爲人子、爲人弟、爲人臣、爲人少者之行於其人，故其禮不可以不重也。近世以來，人情輕薄，過十歲而總角者少矣。彼責以四者之行，豈知之哉？往往自幼至長，愚騃若一，由不知成人之道故也。今雖未能遽革，且自十五以上，俟其能通《孝經》《論語》，粗知禮義，然後冠之，其亦可也。必父母無朞以上喪，始可行之。大功未葬亦不可行。前期三日，主人告于祠堂，古禮筮日，今不能然，但正月内擇一日可也。主人，謂冠者之祖父，自爲繼高祖之宗子者。若非宗子，則必繼高祖之宗子主之。有故，則命其次宗子，若其父自主之。告禮見「祠堂」章。祝版前同，但云「某之子某，若某之某親之子某，年漸長成，將以某月某日加冠於其首」，「謹以」後同。若族人以宗子之命自冠其子，其祝版亦以宗子爲主，曰「使介子某」。○若宗子已孤而自冠，則亦自爲主人，祝版前同，但云「某將以某月某日加冠於首」，「謹以」後同。戒賓。古禮筮賓，今不能然，但擇朋友賢而有禮者一人可也。是日主人深衣詣其門，所戒者出見，如常儀。啜茶畢，戒者起言曰：「某有子某，若某子某親有子某，將加冠於其首，願吾子之教之也。」對曰：「某不敏，恐不能供事，以病吾子，敢辭。」戒者曰：「願吾子之終教之也。」對曰：「吾子重有命，某敢不從。」地遠，則書初請之辭爲書，遣子弟致之。所戒者辭。使者固請，乃許而復書曰：「吾子有命，某敢不從。」○若宗子自冠，則戒辭但曰：「某將加冠於首。」後同。前一日宿賓，遣子弟以書致辭曰：「來日某將加冠於子某若某親某子某之首，吾子將莅之，敢宿，某上某人。」答書曰：「某敢不夙興，某上某人。」○若宗子自冠，則辭之所改，如其戒賓。陳設，設盥帨於廳事，如祠堂之儀。以帟幕爲房於廳事之東北。或廳事無兩階，則以堊畫而分之。後放此。

司馬溫公曰：古禮謹嚴之事，皆行之於廟。今人既少家廟，其影堂亦褊隘，難以行禮，但冠於外廳，笄在中堂可也。《士冠禮》：「設洗直於東榮，南北以堂深，水在洗東。」今私家無罍洗，故但用盥盆帨巾而已。盥，濯手也。帨，手巾也。廳事無兩階，則分其中央，以東者爲阼階，西者爲賓階。無室無房，則暫以帟幕截其北爲室，其東北爲房。此皆據廳堂南向者言之。○劉氏璋曰：《冠義》曰：「冠禮筮日筮賓，所以敬冠事。」冠者，禮之始也，嘉事之重者也。是故古者重冠。重冠故行之於廟者，所以尊重事。尊重事而不敢擅重事，所以自卑而尊先祖也。

厥明夙興，陳冠服。有官者，公服、帶、靴、笏。無官者，襴衫、帶、靴。通用皂衫、深衣、大帶、履、櫛、纚、掠，皆卓子陳于房中，東領北上。酒注、盞、盤，亦以卓子陳于服北。幞頭、帽子、冠、笄、巾各以一盤盛之，蒙以帕，以卓子陳于西階下。執事者一人守之。長子則布席于阼階上之東，少北，西向。衆子則少西，南向。○宗子自冠，則如長子之席少南。

程子曰：今行冠禮，若制古服而冠，冠了又不常著，却是僞也。必須用時之服。

主人以下序立。主人以下，盛服就位。主人阼階下少東西向。子弟、親戚、僮僕在其後，重行西向北上。擇子弟親戚習禮者一人爲儐，立於門外西向。將冠者雙紒，四襈衫，勒帛，采履，在房中南面。若非宗子之子，則其父立於主人之右，尊則少進，卑則少退。○宗子自冠則服如將冠者，而就主人之位。賓至，主人迎入，升堂，賓自擇其子弟親戚習禮者爲贊冠者，俱盛服至門外東面立，贊者在右少退。儐者入告主人，主人出門左，西向，再拜。賓答拜。主人揖贊者，贊者報揖。主人遂揖而行。賓、贊從之。入門，分庭而行，揖讓而至階，又揖讓而升。主人由阼階先升，少東西向。賓由西階繼升，少西東向。贊者盥帨，由西階升，立於房中西向。儐者筵于東序少北，西面。將冠者出房，南面。○若非宗子之子，則其父從出迎賓，入從主人，後賓而升，立於主人之右。如前。賓揖將冠者就席，爲加冠巾。冠者適房，服深衣，納履出。賓揖將冠者出房，立于席右，向席。贊者取櫛、纚、掠置于席左，興，立於將冠者之左。賓揖將冠者即席西向跪。贊者即席如其向跪，爲之櫛，合紒施掠。賓乃降。主人亦降。賓盥畢。主人揖，升，復位。執事者以冠巾盤進。賓降一等受冠笄，執之，正容徐詣將冠者前，向之，祝曰：「吉月令日，始加元服。棄爾幼志，順爾成德。壽考維祺，以介景福。」乃跪加之。贊者以巾跪進。賓受加之，興，復位，揖冠者適房，釋四襈衫，服深衣，加大帶，納履，出房，正容南向立良久。○若宗子自冠，則賓揖之就席，賓降盥畢，主人不降。餘並同。

楊氏復曰：《書儀》始加以巾，《家禮》又先以冠笄乃加巾者，蓋冠笄正是古禮。

再加帽子，服皁衫、革帶，繫鞋。賓揖冠者即席跪，執事者以帽子盤進。賓降二等受之，執以詣冠者前，祝之曰：「吉月令辰，乃申爾服。謹爾威儀，淑慎爾德。眉壽永年，享受遐福。」乃跪加之，興，復位。揖冠者適房，釋深衣，服皁衫、革帶，繫鞋，出房立。

楊氏復曰：《儀禮》《書儀》再加，賓盥如初。

三加幞頭，公服、革帶，納靴，執笏，若襴衫，納靴。禮如再加，惟執事者以幞頭盤進，賓降没階受之，祝辭曰：「以歲之正，以月之令，咸加爾服。兄弟具在，以成厥德。黄耇無疆，受天之慶。」贊者徹帽，賓乃加幞頭。執事者受帽，徹櫛，入于房。餘並同。

楊氏復曰：《儀禮》《書儀》三加，賓盥如初。

乃醮。長子則儐者改席于堂中間，少西，南向。衆子則仍故席。贊者酌酒于房中，出房立于冠者之左。賓揖冠者就席右，南向，乃取酒就席前，北向，祝之曰：「旨酒既清，嘉薦令芳。拜受祭之，以定爾祥。承天之休，壽考不忘。」冠者再拜升席，南向受盞。賓復位，東向答拜。冠者進席前跪，祭酒，興，就席末跪啐酒，興，降席，授贊者盞，南向再拜。賓東向答拜。冠者遂拜贊者。贊者、賓左東向少退答拜。

司馬温公曰：古者冠用醴，或用酒。醴則一獻，酒則三醮。今私家無醴，以酒代之，但改醴辭「甘醴惟厚」爲「旨酒既清」耳。所以從簡。○劉氏垓孫曰：其曰醮者，即《禮記》所謂「醮於客位，加有成也」。

賓字冠者，賓降階東向。主人降階西向，冠者降自西階少東，南向，賓字之曰：「禮儀既備，令月吉日，昭告爾字。爰字孔嘉，髦士攸宜。宜之于嘏，永受保之。曰伯某父。」仲、叔、季，唯所當。冠者對曰：「某雖不敏，敢不夙夜祗奉。」賓或別作辭命以字之之意，亦可。出就次。賓請退，主人請禮賓。賓出就次。

主人以冠者見于祠堂。如「祠堂」章內生子而見之儀。但改告辭曰：「某之子某，若某親某之子某，今日冠畢，敢見。」冠者進立於兩階間，再拜。餘並同。○若宗子自冠，則改辭曰：「某今日冠畢，敢見。」遂再拜，降復位。餘並同。○若冠者私室有曾祖、祖以下祠堂，則各因其宗子而見。自爲繼曾祖以下之宗，則自見。

冠者見于尊長。父母堂中南面坐，諸叔父兄在東序，諸叔父南向，諸兄西向。諸婦女在西序，諸叔母姑南向，諸姊嫂東向。冠者北向拜父母，父母爲之起。同居有尊長，則父母以冠者詣其室拜之，尊長爲之起。還就東、西序，每列再拜，應答。拜者答。若非宗子之子，則先見宗子及諸尊於父者於堂，乃就私室，見於父母及餘親。○若宗子自冠，有母則見于母，如儀。族人宗之者，皆來見於堂上，宗子西向拜其尊長，每列再拜。受卑幼者拜。

司馬温公曰：《冠義》曰：「見於母，母拜之。見於兄弟，兄弟拜之。成人而與爲禮也。」今則難行，但於拜時，母爲之起立可也。下見諸父及兄倣此。

乃禮賓。主人以酒饌延賓及儐贊者，酧之以幣而拜謝之。幣多少隨宜，賓贊有差。

司馬温公曰：「《士冠禮》乃禮賓以一獻之禮。」註：「一獻者，獻酢酧賓，主人各兩爵而禮成。」又曰：

「主人酧賓束帛儷皮。」註：「束帛，十端也。儷皮，兩鹿皮也。」又曰：「贊者皆與，贊冠者爲介。」註：「介，賓之輔，以贊爲之，尊之也。《鄉飲酒禮》：『賢者爲賓，其次爲介。』」又曰：「賓出，主人送于門外，再拜，歸賓俎。」註：「使人歸諸賓家也。今慮貧家不能辦，故務從簡易。」

冠者遂出見于鄉先生及父之執友。冠者拜，先生、執友皆答拜。若有誨之，則對如對賓之辭，且拜之，先生、執友不答拜。

笄

女子許嫁，笄，年十五，雖未許嫁亦笄。母爲主。宗子、主婦則於中堂。非宗子而與宗子同居，則於私室。與宗子不同居，則如上儀。前期三日戒賓，一日宿賓，賓亦擇親姻婦女之賢而有禮者爲之。以牋紙書其辭，使人致之。辭如冠禮，但「子」作「女」，「冠」作「笄」，「吾子」作「某親」或「某封」。○凡婦人自稱於己之尊長則曰「兒」，卑幼則以屬。於夫黨尊長則曰「新婦」，卑幼則曰「老婦」。非親戚而往來者，各以其黨爲稱。後放此。陳設。如冠禮，但於中堂布席如衆子之位。厥明陳服，如冠禮，但用背子、冠笄。序立。主婦如主人之位，將笄者雙紒衫子，房中南面。賓至，主婦迎入升堂。如冠禮，但不用贊者。主婦升自阼階。賓爲將笄者加冠笄。適房，服背子。略如冠禮，但祝用始加之辭，不能則省。乃醮。如冠禮，辭亦同。乃字。如冠禮，但改祝辭「髦士」爲「女士」。乃禮賓。皆如冠儀。

程子曰：冠禮廢，天下無成人。或欲如魯襄公十二而冠，此不可。冠所以責成人事，十二年非可責之時。既冠矣，且不責以成人事，則終其身不以成人望之也。徒行此節文何益？雖天子、諸侯，亦必二十而冠。○劉氏璋曰：笄，今簪也。婦人之首飾也。女子笄，則當許嫁之時。然嫁止於二十，以其二十而不嫁，則爲非禮。

昏禮

議昏

男子年十六至三十，女子年十四至二十，司馬温公曰：古者男三十而娶，女二十而嫁。今令文男年十五，女年十三以上，並聽昏嫁。今爲此説，所以參古今之道，酌禮令之中，順天地之理，合人情之宜也。身及主昏者無朞以上喪，乃可成昏。大功未葬，亦不可主昏。○凡主昏，如冠禮主人之法。但宗子自昏，則以族人之長爲主。必先使媒氏往來通言，俟女氏許之，然後納采。司馬温公曰：凡議昏姻，當先察其壻與婦之性行，及家法何如，勿苟慕其富貴。壻苟賢矣，今雖貧賤，安知異時不富貴乎？苟爲不肖，今雖富盛，安知異時不貧賤乎？婦者，家之所由盛衰也。苟慕其一時之富貴而娶之，彼挾其富貴，鮮有不輕其夫而傲其舅姑，養成驕妬之性。異日爲患，庸有極乎？借使因婦財以致富，依婦勢以取貴，苟有丈夫之志氣者，能無媿乎？又世俗好於襁褓童幼之時輕許爲昏，亦有指腹爲昏者。及其既長，或不肖無賴，或身有惡疾，或家貧凍餒，或喪服相仍，或從宦遠方，遂至棄信負約，速獄致訟者，多矣。是以先祖太尉嘗曰：「吾家男女，必俟既長，然後議昏。既通書，不數月，必成昏。」故終身無此悔，乃子孫所當法也。

納　采納其采擇之禮，即今世俗所謂言定也。

主人具書，主人，即主昏者。書用牋紙，如世俗之禮。若族人之子，則其父具書告于宗子。夙興，奉以告祠堂。如告冠儀。其祝版前同，但云：「某之子某，若某之某親之子某，年已長成，未有伉儷，已議娶某官某郡姓名之女，今日納采，不勝感愴。」「謹以」後同。○若宗子自昏，則自告。乃使子弟爲使者如女氏，女氏主人出見使者，使者盛服如女氏。女氏亦宗子爲主，主人盛服出見使者。非宗子之女，則其父位於主人之右，尊則少進，卑則少退。啜茶畢。使者起致辭曰：「吾子有惠貺室某也，某之某親某官有先人之禮，使某請納采。」從者以書進，使者以書授主人。主人對曰：「某之子若妹姪孫惷愚，又弗能教，吾子命之，某不敢辭。」北向再拜。使者避不答拜。使者請退俟命，出就次。若許嫁者於主人爲姑姊，則不云「惷愚，又弗能教」，餘辭並同。遂奉書以告于祠堂。如壻家之儀。祝版前同，但云：「某之第幾女，若某親某之第幾女，年漸長成，已許嫁某官某郡姓名之子，若某親某，今日納采，不勝感愴。」「謹以」後同。出以復書授使者，遂禮之。主人出，延使者升堂，授以復書。使者受之，請退。主人請禮賓，乃以酒饌禮使者。使者至是始與主人交拜揖，如常日賓客之禮。其從者亦禮之別室，皆酧以幣。使者復命壻氏，主人復以告于祠堂。不用祝。

納　幣古禮有問名、納吉，今不能盡用，止用納采、納幣，以從簡便。

納幣，幣用色繒，貧富隨宜，少不過兩，多不踰十。今人更用釵釧、羊酒、果實之屬，亦可。具書，遣使如女氏。女氏受書，復書，禮賓。使者復命。並同納采之儀。禮如納采，但不告廟。使者致辭，改「采」爲「幣」。從者以書、幣進，使者以書授主人。主人對曰：「吾子順先典貺某重禮，某不敢辭，敢不承命。」乃受書。執事者受幣，主人再拜，使者避之。復進請命。主人授以復書。餘並同。

楊氏復曰：昏禮有納采、問名、納吉、納徵、請期、親迎六禮。《家禮》略去問名、納吉，止用納采、納幣，以從簡便。但親迎以前更有請期一節，有不可得而略者，今以例推之。請期，具書，遣使如女氏，女氏受書，復書，禮賓。使者復命。並同納采之儀。使者致辭曰：「吾子有賜命，某既申受命矣，使某也請吉日。」主人曰：「某既前受命矣，惟命是聽。」賓曰：「某命某聽命於吾子。」主人曰：「某固惟命是聽。」賓曰：「某受命，吾子不許，某敢不告期。」曰某日。主人曰：「某敢不謹須。」餘並同。

親　迎

朱子曰：親迎之禮，恐從伊川之說爲是。近則迎於其國，遠則迎於其館。○今妻家遠，要行禮，一則令妻家就近處設一處，却就彼往迎，歸館行禮。一則妻家出至一處，壻即就彼迎歸至家成禮。○有問昏禮：今有士人對俗人結姻，士人欲行昏禮，而彼家不從，如何？曰：這也只得宛轉使人去與他商量。

但古禮也省徑，人何苦不行。

前期一日，女氏使人張陳其壻之室。世俗謂之鋪房。然所張陳者，但氈褥、帳幔、帷幙應用之物。其衣服鎖之篋笥，不必陳也。○司馬温公曰：文中子曰：「昏娶而論財，夷虜之道也。」夫昏姻者，所以合二姓之好，上以事宗廟，下以繼後世也。今世俗之貪鄙者，將娶婦，先問資裝之厚薄；將嫁女，先問聘財之多少。至於立契約云「某物若干，某物若干」，以求售其女者，亦有既嫁而復欺紿負約者。是乃駔儈賣婢鬻奴之法，豈得謂之士大夫昏姻哉！其舅姑既被欺紿，則殘虐其婦，以攄其忿。由是愛其女者，務厚其資裝，以悦其舅姑者。殊不知彼貪鄙之人，不可盈厭。資裝既竭，則安用汝女哉？於是質其女以責貨於女氏，貨有盡而責無窮。故昏姻之家，往往終爲仇讎矣。是以世俗生男則喜，生女則戚，至有不舉其女者，用此故也。然則議昏姻有及於財者，皆勿與爲昏姻，可也。厥明，壻家設位于室中，設倚、卓子兩位，東西相向。蔬果、盤盞、匕筯，如賓客之禮。酒壺在東位之後，又以卓子置合巹一於其南，又南北設二盥盆勺於室東隅，又設酒壺盞注於室外或別室，以飲從者。○巹音謹，以小匏一，判而兩之。女家設次于外。○

初昏，壻盛服。世俗新壻帶花勝，擁蔽其面，殊失丈夫之容體，勿用可也。

朱子曰：昏禮用命服，乃是古禮。如士乘墨車而執鴈，皆大夫之禮也。冠帶只是燕服，非所以重正昏禮，不若從古之爲正。○黄氏瑞節曰：士昏禮謂之「攝盛」，蓋以士而服大夫之服，乘大夫之車，則當執大夫之贄也。

主人告于祠堂，如納采儀。祝版前同，但云：「某之子某，若某親之子某，將以今日親迎于某官某郡某氏，不勝感愴。」「謹以」後同。○若宗子自昏則自告。

朱子曰：《儀禮》雖無娶妻告廟之文，而《左傳》曰：「圍布几筵，告於莊、共之廟。」是古人亦有告廟之禮。問：今婦人入門即廟見，蓋舉世行之。近見鄉里諸賢頗信左氏先配後祖之説。豈後世紛紛之言不足據，莫若從古爲正否？曰：左氏固難盡信，然其後説親迎處，亦有「布几筵，告廟而來」之説，恐所謂後祖者，譏其失此禮耳。

遂醮其子而命之迎。先以卓子設酒注盤盞於堂上，主人盛服坐於堂之東序，西向。設壻席於其西北，南向。壻升自西階，立於席西，南向。贊者取盞斟酒，執之詣壻席前，壻再拜升席南向，受盞，跪，祭酒，興。就席末跪，啐酒，興，降席，西授贊者盞，又再拜。進詣父坐前，東向跪。父命之曰：「往迎爾相，承我宗事。勉率以敬，若則有常。」壻曰：「諾。惟恐不堪，不敢忘命。」俛伏興，出。非宗子之子，則宗子告于祠堂，而其父醮于私室，如儀，但改「宗事」爲「家事」。○若宗子已孤而自昏，則不用此禮。

司馬温公曰：贊者，兩家各擇親戚婦人習於禮者爲之。凡壻及婦人行禮，皆贊者相導之。

壻出乘馬，以二燭前導。至女家，俟于次。壻下馬于大門外，入俟于次。女家主人告于祠堂，如納采儀。祝版前同，但云：「某之第幾女，若某親某之第幾女，將以今日歸于某官某郡姓名，不勝感愴。」「謹以」後同。遂醮其女而命之。女盛飾，姆相之，立於室外南向。父坐東序西向，母坐西序東向。設女席於母之東北，南向。贊者醮以酒，如壻禮。姆導女出於母左，父起命之曰：「敬之戒之，夙夜無違舅姑之命。」母送至西階上，爲之整冠斂帔，命之曰：「勉之敬之，夙夜無違爾閨門之禮。」諸母姑嫂姊送至于中門之內，爲之整裙衫，申以父母之命曰：「謹聽爾父母之言，夙夜無愆。」非宗子之女，則宗子告于祠堂，而其父醮於私室如儀。**主人出迎，壻入奠鴈。**主人迎壻于門外，揖讓以入。壻執鴈以從，至于廳事。主人升自阼階，立西向，壻升自西階，北向跪，置鴈於地。主人侍者受之，壻俛伏興，再拜。主人不答拜。若族人之女，則其父從主人出迎，立於其右，尊則少進，卑則少退。○凡贄用生鴈，左首以生色繒交絡之。無則刻木爲之。取其順陰陽往來之義。程子曰：「取其不再偶也。」

問：主人揖壻入，壻北面而拜，主人不答拜，何也？朱子曰：乃爲奠鴈而拜，主人自不應答拜。

姆奉女出登車，姆奉女出中門，壻揖之，降自西階。主人不降。壻遂出，女從之。壻舉轎簾以俟，姆辭曰：「未教，不足與爲禮也。」女乃登車。**壻乘馬先婦車。**婦車亦以二燭前導。

司馬温公曰：男率女，女從男，夫婦剛柔之義自此始也。

至其家，導婦以入。壻至家，立于廳事，俟婦下車，揖之，導以入。**壻婦交拜，**婦從者布壻席於東方，壻從者布婦席於西方。壻盥于南，婦從者沃之，進帨。婦盥于北，壻從者沃之，進帨。壻揖婦就席，婦拜，壻答拜。

司馬温公曰：從者皆以其家女僕爲之。女從者沃壻盥於南，壻從者沃女盥於北。夫婦始接，情有廉恥，從者交導其志。○女子與丈夫爲禮，則俠音夾。拜。男子以再拜爲禮，女子以四拜爲禮。古無壻婦交拜之儀，今從俗。

就坐，飲食畢，壻出。壻揖婦就坐，壻東婦西。從者斟酒設饌，壻婦祭酒，舉殽。又斟酒，壻揖婦舉飲，不祭，無殽。又取巹分置壻婦之前斟酒，壻揖婦舉飲，不祭，無殽。壻出就他室。姆與婦留室中。徹饌置室外，設席。壻從者餕婦之餘，婦從者餕壻之餘。

司馬温公曰：古者同牢之禮，壻在西，東面；婦在東，西面。蓋古人尚右，故壻在西，尊之也。今人既尚左，且從俗。○劉氏璋曰：《儀禮》疏云：「巹，謂半瓢。❶以一匏分爲兩瓢，謂之巹。壻之與婦各執一片以酳，故云『合巹而酳』。」○《昏義》曰：「婦至，壻揖婦以入，共牢而食，合巹而酳，所以合體同尊卑，以親之也。」

復入，脱服，燭出。壻脱服，婦從者受之；婦脱服，壻從者受之。○司馬温公曰：古詩云「結髮爲夫婦」，言自小年束髮即爲夫婦，猶李廣言「結髮與匈奴戰」也。今世俗昏姻乃有結髮之禮，謬誤可笑，勿用可也。

主人禮賓。男賓於外廳，女賓於中堂。古禮：明日饗從者。今從俗。

司馬温公曰：不用樂。註云：《曾子問》曰：「娶婦之家，三日不舉樂，思嗣親也。」今俗昏禮用樂，殊爲非禮。

婦見舅姑

明日夙興，婦見于舅姑。婦夙興盛服俟見。舅姑坐於堂上，東西相向，各置卓子於前。家人男女少於舅姑者立於兩序，如冠禮之敘。婦進立於阼階下，北面拜舅。升，奠贄幣于卓子上。舅撫之，侍者以

❶「半」，原作「牢」，今據《儀禮經傳通解》卷二改。

入。婦降又拜畢，詣西階下北面拜姑。升，奠贄幣。姑舉以授侍者，婦降又拜。○若非宗子之子，而與宗子同居，則先行此禮於舅姑之私室。與宗子不同居，則如上儀。

司馬温公曰：古者拜于堂上，今拜于下，恭也。可從衆。

舅姑禮之。如父母醮女之儀。婦見于諸尊長，婦既受禮，降自西階。同居有尊於舅姑者，則舅姑以婦見於其室，如見舅姑之禮。還拜諸尊長于兩序，如冠禮，無贄。小郎小姑皆相拜。非宗子之子而與宗子同居，則既受禮，詣其堂上拜之，如舅姑禮，而還見于兩序。其宗子及尊長不同居，則廟見而後往。若冢婦則饋于舅姑。是日食時，婦家具盛饌酒壺。婦從者設蔬果卓子于堂上舅姑之前，設盥盆于阼階東南，帨架在東。舅姑就坐，婦盥，升自西階，洗盞斟酒，置舅卓子上，降，俟舅飲畢又拜。遂獻姑，進酒，姑受飲畢，婦降拜。遂執饌升，薦于舅姑之前，侍立姑後，以俟卒食，徹飯。侍者徹饌，分置別室。婦就餕姑之餘。婦從者餕舅之餘。壻從者又餕婦之餘。非宗子之子，則於私室如儀。

司馬温公曰：《士昏禮》：「婦盥，饋特豚合升側載。」註：側載者，右胖載之舅俎，左胖載之姑俎。今恐貧者不辦殺特，故但具盛饌而已。

舅姑饗之。如禮婦之儀。禮畢，舅姑先降自西階。婦降自阼階。

廟　見

三日，主人以婦見于祠堂。古者三月而廟見，今以其太遠，改用三日。如子冠而見之儀。但告辭曰：「子某之婦某氏敢見。」餘並同。

壻見婦之父母

明日，壻往見婦之父母。婦父迎送揖讓如客禮，拜即跪而扶之。入見婦母，婦母闔門左扉，立于門内，壻拜于門外。皆有幣。婦父非宗子，即先見宗子夫婦，不用幣。如上儀。然後見婦之父母。次見婦黨諸親。不用幣。婦女相見如上儀。婦家禮壻如常儀。親迎之夕，不當見婦母及諸親，及設酒饌，以婦未見舅姑故也。

程子曰：「昏禮不用樂，幽陰之義」，此説非是。昏禮豈是幽陰。但古人重此大禮，嚴肅其事，不用樂也。「昏禮不賀，人之序也」，此説却是。婦質明而見舅姑，成婦也。三日而後宴樂，禮畢也。宴不以夜，禮也。〇朱子曰：人著書，只是自入些己意，便做病。司馬與伊川定昏禮，都依《儀禮》，只略改一處，便不是古人意。司馬云：「親迎，奠鴈，見主昏者即出。」伊川却教拜了，又入堂拜大男小女。伊川非是。伊川云：「婦至次日見舅姑，三月廟見。」司馬却説婦入門即拜影堂，司馬非是。蓋親迎不見妻父母者，婦未見舅姑也。入門不見舅姑者，未成婦也。今親迎用温公，入門以後用伊川，三月廟見改爲三日云。

性理大全書卷之二十

家禮三

喪禮

初終

疾病，遷居正寢，凡疾病，遷居正寢。内外安静，以俟氣絶。男子不絶於婦人之手。婦人不絶於男子之手。既絶乃哭。

司馬温公曰：疾病，謂疾甚時也。近世孫宣公臨薨，遷于外寢。蓋君子謹終，不得不爾也。○高氏曰：「廢牀，寢於地。」註：「人始生在地，故廢牀，寢於地，庶其生氣之復也。」本出《儀禮》及《禮記·喪大記》。○劉氏璋曰：凡人病危篤，氣微難節，乃屬纊以俟氣絶。纊，乃今之新綿，易爲摇動，置口鼻之上以爲候也。

復。侍者一人以死者之上服嘗經衣者，左執領，右執要，自前榮升屋中霤。北面招以衣，三呼曰：「某人復。」畢。卷衣降，覆尸上。男女哭擗無數。○上服，謂有官則公服，無官則襴衫、皂衫、深衣。婦人大袖、背子。呼某人者，從生時之號。

司馬温公曰：《士喪禮》：「復者一人升自前東榮，中屋北面，招以衣，曰『皐某復』三。」註：「皐，長聲也。」今升屋而號，慮其驚衆，但就寢庭之南。男子稱名，婦人稱字。或稱官封，或依常時所稱。○高氏曰：今淮南風俗，民有暴死，則使數人升其居屋，及於路傍遍呼之，亦有蘇活者，豈復之餘意歟？○劉氏璋曰：《喪大記》曰：「凡復，男子稱名，女人稱字。」復聲必三者，禮成於三也。

立喪主、凡主人，謂長子。無則長孫承重，以奉饋奠。其與賓客爲禮，則同居之親且尊者主之。

司馬温公曰：《奔喪》曰：「凡喪，父在，父爲主。」註：「與賓客爲禮，宜使尊者。」○「父没，兄弟同居，各主其喪。」註：「各爲妻子之喪爲主也。」○「親同，長者主之。」註：「昆弟之喪，宗子主之。」○「不同，親者主之。」註：「從父昆弟之喪也。」《雜記》曰：「姑姊妹其夫死而夫黨無兄弟，使夫之族人主喪，妻之黨雖親弗主。夫若無族矣，則前後家、東西家。無有則里尹主之。」《喪大記》曰：「喪有無後，無無主。」若子孫有喪而祖父主之，子孫執喪，祖父拜賓。

主婦、謂亡者之妻，無則主喪者之妻。**護喪、**以子弟知禮能幹者爲之。凡喪事皆稟之。**司書、司貨。**以子弟或吏僕爲之。**乃易服不食。**妻子婦妾皆去冠及上服，被髮。男子扱上衽，徒跣。餘有服者皆去華飾。爲人後者，爲本生父母及女子已嫁者，皆不被髮徒跣。諸子三日不食。期九月之喪三不食。五月、三月之喪再不食。親戚隣里爲糜粥以食之。尊長强之，少食可也。○扱上衽，謂插衣前襟之帶。華飾，謂錦繡紅紫、金玉珠翠之類。**治棺。**護喪命匠擇木爲棺。油杉爲上，柏次之，土杉爲下。其制方直，頭大足小，僅取容身，勿令高大及爲虛簷高足。内外皆用灰漆，内仍用瀝青溶瀉，厚半寸以上，以煉熟秫米灰鋪其底，厚四寸許，加七星板，底四隅各釘大鐵環，動則以大索貫而舉之。○司馬溫公曰：棺欲厚，然太厚則重而難以致遠。又不必高大占地，使壙中寬，易致摧毁，宜深戒之。椁雖聖人所制，自古用之。然板木歲久，終歸腐爛，徒使壙中寬大，不能牢固。不若不用之爲愈也。孔子葬鯉，有棺而無椁，又許貧者還葬而無椁。今不欲用，非爲貧也，乃欲保安亡者爾。○程子曰：雜書有松脂入地，千年爲茯苓，萬年爲琥珀之説。蓋物莫久於此，故以塗棺。古人已有用之者。

高氏曰：伊川先生謂棺之合縫以松脂塗之，則縫固而木堅。註云：「松脂與木性相入，而又利水。」蓋今人所謂瀝青者是也，須以少蚌粉、黄蠟、清油合煎之乃可用。不然則裂矣。其棺椁之間，亦宜以此灌之。○胡氏泳曰：松脂塗縫之説未然。先生葬時，蔡氏兄弟主用松脂，嘗問用黄蠟、麻油否。答云：用油、蠟則松脂不得全其性矣。此言有理。但彭止堂作《訓蒙》云：「灌以松脂，宜於北方；江南用之，適爲蟻房。」彭必有攷，更詳之。○劉氏璋曰：凡送死之道，唯棺與椁爲親身之物，孝子所宜盡之。初喪之日，擇木爲棺，恐倉卒未得其木，灰漆亦未能堅完。或值暑月，尸難久留。古者國君即位而爲椑，蒲力切。歲一漆之。今人亦有生時自爲壽器者。此乃猶行其道，非豫凶事也。其木油杉及栢爲上。毋事高大以圖美觀。惟棺周於身，椁周於棺足矣。棺内外皆用布裹漆，務令堅實。余嘗見前人葬墓掩壙之後，即以松脂溶化灌於棺外，其厚尺餘。後爲人侵掘，松脂歲久凝結愈堅，斧斤不能加，得免大患。今有葬者用之，可謂宜矣。

訃告于親戚僚友。護喪、司書爲之發書。若無，則主人自訃親戚，不訃僚友。自餘書問悉停。以書來弔者，並須卒哭後答之。

沐浴　襲　奠　爲位　飯含

執事者設幃及牀，遷尸，掘坎，執事者以幃障卧内。侍者設牀於尸牀前，縱置之。施簀去薦，設席枕，遷尸其上，南首。覆以衾。掘坎于屏處潔地。陳襲衣、以桌子陳于堂前東壁下，西領南上。幅巾一。充耳二，用白纊如棗核大，所以塞耳者也。幎目帛方尺二寸，所以覆面者也。握手用帛長尺二寸，廣五寸，所以裹手者也。深衣一。大帶一。履二。袍襖、汗衫、袴襪、勒帛、裹肚之類，隨所用之多少。

楊氏復曰：《儀禮·士喪》「襲三稱」，衣單、複具曰稱。三稱者，爵弁服、皮弁服、褖衣。「設冒櫜之」，註云：「冒，韜尸者，制如直囊。上曰質，下曰殺。其用之先以殺韜足而上，後以質韜首而下齊手。君錦冒黼殺，綴旁七。大夫玄冒黼殺，綴旁五。士緇冒赬殺，綴旁三。凡冒質長與手齊，殺三尺。」○劉氏璋曰：古者人死不冠，但以帛裹其首，謂之掩。《士喪禮》：「掩練帛，廣終幅，五尺，❶析其末。」註：「掩，裹首也。析其末，爲將結於頤下，又還結於項中。」蓋以襲斂主於保庇肌體，貴於柔軟緊實，冠則磊嵬難安。況今幞頭以鐵爲脚，長三四尺。帽用漆紗爲之，上有虛簷。置於棺中，何由安帖？莫若襲以常服，上加幅巾、深衣、大帶及履。既合於古，又便於事。幅巾，所以當掩也，其制如今之暖帽。深衣、

---

❶「五」上，《儀禮·士喪禮》有「長」字。

帶、履自有制度。若無深衣、帶、履，止用衫、勒帛、鞋亦可。其幞頭、腰帶、靴、笏，俟葬時安於棺上可也。○幎目，用緇方尺二寸，充之以絮，四角有繫，於後結之。握手，用玄纁長尺二寸，廣五寸。令裹親膚，據從手内置之，長尺二寸，中掩之，手纔相對也。兩端各有繫，先以一端繞掔一匝，還從上自貫。又以一端向上鉤中指，反與繞掔者結於掌後節也。

沐浴、飯含之具。以桌子陳于堂前西壁下，南上。錢三，實于小箱。米二升，以新水淅令精，實于盌。櫛一。沐巾一。浴巾二，上下體各用其一也。乃沐浴，侍者以湯入。主人以下皆出帷外，北面。侍者沐髮，櫛之。晞以巾，撮爲髻。抗衾而浴，拭以巾。剪爪。其沐浴餘水，并巾、櫛，棄于坎而埋之。襲。侍者別設襲牀於幃外。施薦席褥枕。先置大帶、深衣、袍襖、汗衫、袴襪、勒帛、裹肚之類於其上。遂舉以入，置浴牀之西。遷尸於其上。悉去病時衣，及復衣。易以新衣，但未著幅巾、深衣、履。徙尸牀置堂中間。卑幼則各於室中間。餘言在堂者放此。乃設奠。執事者以桌子置脯醢，升自阼階。祝盥手，洗盞，斟酒奠于尸東，當肩，巾之。○祝以親戚爲之。

劉氏璋曰：《士喪禮》：「復者降，楔齒綴足，即奠脯醢與酒于尸東。」鄭註：「鬼神無象，設奠以憑依之。」《開元禮》五品以上如《士喪禮》，六品以下襲而後奠。今不以官品高下，沐浴正尸然後設奠，於事爲宜。奠，謂斟酒奉至桌上而不酹。主人虞祭，然後親奠酹。巾者，以辟塵蠅也。

主人以下爲位而哭。主人坐於牀東奠北，衆男應服三年者坐其下，皆藉以稾。同姓期功以下各以服次坐于其後，皆西向南上。尊行以長幼坐于牀東北壁下，南向西上，藉以席薦。主婦、衆婦女坐于牀西，藉以稾。同姓婦女以服爲次坐于其後，皆東向南上。尊行以長幼坐于牀西北壁下，南向東上，藉以席薦。妾婢立於婦女之後，別設幃以障內外。異姓之親，丈夫坐於幃外之東，北向，西上。婦人坐於帷外之西，北向，東上。皆藉以席。以服爲行，無服在後。○若內喪，則同姓丈夫尊卑坐于幃外之東，北向，西上。異姓丈夫坐于帷外之西，北向，東上。○三年之喪，夜則寢於尸旁，藉稾枕塊。羸病者藉以草薦可也。期以下，寢於側近。男女異室，外親歸家可也。乃飯含。主人哭盡哀，左袒，自前扱於腰之右。盥手執箱以入。侍者一人插匙于米盌，執以從，置于尸西。徹枕，以幎巾入覆面。主人就尸東由足而西，牀上坐，東面舉巾，以匙抄米實于尸口之右，并實一錢。又於左於中亦如之。主人襲所袒衣，復位。侍者卒襲，覆以衾。加幅巾、充耳，設幎目，納履。乃襲深衣，結大帶，設握手。乃覆以衾。

司馬温公曰：古者死之明日小斂，又明日大斂。顛倒衣裳，使之正方，束以絞紟，韜以衾冒，皆所以保其肌體也。今世俗有襲而無大小斂，所闕多矣。然古者士襲衣三稱，大夫五稱，諸侯七稱，公九稱。小斂，尊卑通用十九稱。大斂，士三十稱，大夫五十稱，君百稱。此非貧者所辦也。今從簡易，襲用衣一稱。小大斂則據死者所有之衣，及親友所襚之衣，隨宜用之。若衣多，不必盡用也。高氏曰：禮，士襲衣三稱，而子羔之襲也，衣三稱。孔子之喪，公西赤掌殯葬焉，襲衣十一稱，加朝服一。《雜記》曰：「士襲九稱。」蓋襲數之不同如此。大抵衣衾惟欲其厚耳。衣衾之所以厚者，豈徒以設飾哉，蓋人死斯惡之矣。聖人不忍言也，但制爲典禮，使厚其衣衾而已。今世之襲者，不知此意。或止用單袷一稱。雖富貴之家，衣衾畢備，皆不以襲斂。又不能謹藏。古人遺衣裳，必置於靈座，既而藏於廟中。乃或相與分之，甚至輒計直貿易以充喪費。徒加功於無用，擯財於無謂，而所以附其身者，曾不之慮。嗚呼，又孰若用以襲斂，而使亡者獲厚庇於九泉之下哉！○楊氏復曰：按高氏一用《禮經》，而襲、斂用衣之多。故襲有冒，小斂有布絞，大斂有布絞、布紟。所以保其肌體者固矣。司馬公欲從簡易，而襲、斂用衣之少，故小斂雖有布絞，而襲則無冒，大斂則無絞紟。此爲踈略。先生初述《家禮》，皆取司馬公《書儀》。後與學者論禮，以高氏《喪禮》爲最善。遺命治喪，俾用《儀禮》。此可以見其去取折衷之意矣。況夫古者襲斂用衣之多，故古有襚禮。衣服曰襚。《士喪禮》：「親者襚，庶兄弟襚，朋友襚，又君使人襚。」今世俗有襲而無大小斂，故襚禮亦從而廢，惜哉。然欲悉從高氏之説，則誠非貧者所能辦，有如司馬公之所慮者，但當量其力之所及可也。愚故於襲、小斂、大斂之下，悉述《儀禮》，并高氏之説，以備參攷。

靈座　魂帛　銘旌

置靈座，設魂帛，設椸於尸南，覆以帕，置倚卓其前，結白絹爲魂帛置倚上。設香爐、合盞，注酒果於卓子上。侍者朝夕設櫛頮奉養之具，皆如平生。○司馬温公曰：古者鑿木爲重，以主其神，今令式亦有之。然士民之家未嘗識也。故用束帛依神，謂之魂帛，亦古禮之遺意也。世俗皆畫影置於魂帛之後，男子生時有畫像，用之猶無所謂。至於婦人生時深居閨門，出則乘輜軿，擁蔽其面，既死，豈可使畫工直入深室，揭掩面之帛，執筆訾相，畫其容貌？此殊爲非禮。又世俗或用冠帽衣履裝飾如人狀，此尤鄙俚，不可從也。

問重。朱子曰：《三禮圖》有畫像可攷。然且如司馬公之説，亦自合時之宜，不必過泥於古也。○楊氏復曰：禮，大夫無主者，束帛依神。司馬公用魂帛，蓋取束帛依神之意。高氏曰：古人遺衣裳必置於靈座，既而藏於廟中，恐當從此說。以遺衣裳置於靈座，而加魂帛於其上可也。

立銘旌，以絳帛爲銘旌，廣終幅。三品以上九尺，五品以下八尺，六品以下七尺。書曰：「某官某公之柩。」無官即隨其生時所稱。以竹爲杠，如其長，倚於靈座之右。

司馬温公曰：銘旌設跗，立於殯東。註：「跗，杠足也，其制如傘架。」

不作佛事。司馬温公曰：世俗信浮屠誑誘，於始死及七七日、百日、朞年、再朞、除喪飯僧，設道場，或作水陸大會，寫經造像，修建塔廟，云：「爲死者滅彌天罪惡，必生天堂，受種種快樂，不爲者必入地獄，剉燒舂磨，受無邊波吒之苦。」殊不知人生含氣血，知痛癢，或剪爪剃髮，從而燒斫之，已不知苦。況於死者形神相離，形則入於黄壤，朽腐消滅，與木石等。神則飄若風火，不知何之。借使剉燒舂磨，豈復知之？且浮屠所謂天堂地獄者，計亦以勸善而懲惡也。苟不以至公行之，雖鬼可得而治乎？是以唐廬州刺史李舟與妹書曰：「天堂無則已，有則君子登。地獄無則已，有則小人入。」世人親死而禱浮屠，是不以其親爲君子，而爲積惡有罪之小人也，何待其親之不厚哉！就使其親實積惡有罪，豈賂浮屠所能免乎？此則中智所共知，而舉世滔滔信奉之，何其易惑而難曉也。甚者至有傾家破産然後已。與其如此，曷若早賣田營墓而葬之乎？彼天堂地獄，若果有之，當與天地俱生。自佛法未入中國之前，人死而復生者亦有之矣，何故無一人誤入地獄，見閻羅等十王者耶？不學者固不足與言，讀書知古者，亦可以少悟矣。執友親厚之人，至是入哭可也。主人未成服而來哭者，當服深衣，臨尸哭盡哀，出拜靈座，上香再拜，遂弔。主人相向哭盡哀。主人以哭對無辭。

小斂袒　括髮　免　髽　奠　代哭

厥明，謂死之明日。執事者陳小斂衣衾，以卓子陳于堂東壁下，據死者所有之衣，隨宜用之。若多則不必盡用也。衾用複者。絞，横者三，縱者一。皆以細布或綵一幅，而析其兩端爲三。横者取足以周身相結，縱者取足以掩首至足而結於身中。

高氏曰：襲衣所以衣尸，斂衣則包之而已。此襲斂之辨也。○小斂衣尚少，但用全幅細布，析其末而用之。凡斂欲方，半在尸下，半在尸上。故散衣有倒者，惟祭服不倒。凡鋪斂衣，皆以絞紟爲先。小斂美者在内，故次布散衣，後布祭服。大斂美者在外，故次布祭服，後布散衣也。○斂以衣爲主。小斂之衣必以十九稱，大斂之衣多至五十稱。夫既襲之後，而斂衣若此之多，故非絞以束之，則不能以堅實矣。凡物束縛緊急，則細小而堅實。夫然故衣衾足以朽肉，而形體深秘，可以使人之勿惡也。今之喪者衣斂既薄，絞冒不施，懼夫形體之露也，遽納之於棺，乃以入棺爲小斂，蓋棺爲大斂。入棺既在始襲之時，蓋棺又在成服之日，則是小斂大斂之禮皆廢矣。○楊氏復曰：按《儀禮·士喪》，小斂衣十九稱，「絞横三縮一，廣終幅，析其末」。註云：「絞，所以收束衣服爲堅急也，以布爲之。縮，縱也。横者三幅，縱者一幅，析其末，令可結也。」

設奠，設卓子于阼階東南，置奠饌及盞注于其上，巾之。設盥盆、帨巾各二于饌東。其東有臺者，祝所盥也。其西無臺者，執事者所盥也。別以卓子設潔滌盆、新拭巾於其東，所以洗盞拭盞也。此一節至遣並同。具括髮麻、免布、髽麻。括髮，謂麻繩撮髻，又以布爲頭帬也。免，謂裂布或縫絹廣寸，自項向前交於額上，却遶髻，如著掠頭也。髽，亦用麻繩撮髻，竹木爲簪也。設之皆于別室。設小斂牀、布絞衾衣。設小斂牀，施薦席褥于西階之西。鋪絞衾衣，舉之升自西階，置于尸南。先布絞之横者三於下以備周身相結，乃布縱者一於上以備掩首及足也。衣或顛或倒，但取正方，唯上衣不倒。乃遷襲奠，執事者遷置靈座西南，俟設新奠乃去之。後凡奠皆放此。遂小斂。侍者盥手舉尸，男女共扶助之。遷于小斂牀上，先去枕，而舒絹疊衣以藉其首。仍卷兩端以補兩肩空處，又卷衣夾其兩脛，取其正方。然後以餘衣掩尸。左衽不紐，裹之以衾，而未結以絞，未掩其面。蓋孝子猶俟其復生，欲時見其面故也。斂畢，別覆以衾。主人、主婦憑尸哭擗，主人西向憑尸哭擗。主婦東向亦如之。○凡子於父母憑之，父母於子、夫於妻執之。婦於舅姑奉之，舅於婦撫之。於昆弟執之。凡憑尸，父母先，妻子後。袒、括髮、免、髽于別室。男子斬衰者袒、括髮，齊衰以下至同五世祖者，皆袒、免于別室。婦人髽于別室。

司馬温公曰：古禮，袒者，皆當肉袒。免者，皆當露髮。今袒者止袒上衣，免者惟主人不冠，齊衰以下去帽，著頭巾，加免於其上，亦可也。婦人髽也，當去冠梳。○楊氏復曰：小斂變服，斬衰者袒、括髮。今人無袒、括髮一節，何也？緣世俗以襲爲小斂，故失此變服一節。在禮，聞喪奔喪，入門詣柩前再拜，哭盡哀，乃就東方去冠及上服，被髮徒跣，如始喪之儀。詣殯東面坐哭盡哀，乃就東方袒、括髮，又哭盡哀，如小斂之儀。明日後日朝夕哭，猶袒、括髮，至家四日乃成服。夫奔喪，禮之變也，猶謹其序，而況處禮之常，可欠小斂一節，又無袒、括髮乎？此則孝子知禮者所當謹而不可忽也。

還遷尸牀于堂中，執事者徹襲牀，遷尸其處。哭者復位，尊長坐，卑幼立。乃奠。祝帥、執事者盥手舉饌，升自阼階，至靈座前。祝焚香，洗盞，斟酒奠之。卑幼者皆再拜。侍者巾之。主人以下哭盡哀，乃代哭不絶聲。

大斂

厥明，小斂之明日，死之第三日也。○司馬温公曰：《禮》曰「三日而斂」者，俟其復生也。三日而不生，則亦不生矣。故以三日爲之禮也。今貧者喪具或未辦，或漆棺未乾，雖過三日亦無傷也。世俗以陰陽拘忌，擇日而斂。盛暑之際，至有汁出蟲流，豈不悖哉。執事者陳大斂衣衾，以卓子陳于堂東壁下，衣無常數，衾用有綿者。

高氏曰：大斂之絞，縮者三，蓋取一幅布裂爲三片也。横者五，蓋取布二幅裂爲六片而用五也。以大斂衣多，故每幅三析用之，以爲堅之急也。衾凡二，一覆之，一藉之。○楊氏復曰：《儀禮·士喪》大斂衣三十稱，「紟不在算，不必盡用」。註云：「紟，單被也。」小斂衣數，自天子達。大斂則異矣。大斂布絞，縮者三，横者五。」

設奠具，如小斂之儀。舉棺入置于堂中少西。執事者先遷靈座及小斂奠於旁側。役者舉棺以入，置于牀西，承以兩凳。若卑幼則於別室。役者出，侍者先置衾于棺中，垂其裔於四外。○司馬温公曰：

周人殯于西階之上。今堂室異制，或狹小，故但於堂中少西而已。今世俗多殯於僧舍，無人守視，往往以年月未利，踰數十年不葬。或爲盜賊所發，或爲僧所棄。不孝之罪，孰大於此。乃大斂。侍者與子孫婦女俱盥手，掩首結絞，共舉尸納于棺中，實生時所落齒髮及所剪爪于棺角，又揣其空缺處卷衣塞之，務令充實，不可搖動。謹勿以金玉珍玩置棺中，啓盜賊心。收衾先掩足，次掩首，次掩左，次掩右，令棺中平滿。主人、主婦憑哭盡哀，婦人退入幕中，乃召匠加蓋下釘。徹牀，覆柩以衣。祝取銘旌設跗于柩東，復設靈座於故處，留婦人兩人守之。○司馬温公曰：凡動尸舉棺，哭擗無算。然殯斂之際，亦當輟哭臨視，務令安固，不可但哭而已。○按古者大斂而殯，既大斂則累墼塗之。今或漆棺未乾，又南方土多螻蟻，不可塗殯，故從其便。設靈牀于柩東。牀帳、薦席、屏枕、衣被之屬皆如平生時。乃設奠，如小斂之儀。主人以下各歸喪次，中門之外，擇朴陋之室，爲丈夫喪次。斬衰，寢苫枕塊，不脱絰帶，不與人坐焉。非時見乎母也，不及中門。齊衰，寢席。大功以下異居者，既殯而歸，居宿於外三月而復寢。婦人次于中門之内别室，或居殯側，去帷帳、衾褥之華麗者，不得輒至男子喪次。止代哭者。

成　服

厥明，大斂之明日，死之第四日也。五服之人各服其服，入就位，然後朝哭，相弔如儀。

楊氏復曰：三日大斂，可以成服矣，必四日而後成服，何也？大斂雖畢，人子不忍死其親，故不忍遽成服，必四日而後成服也。《禮》：「生與來日，死與往日。」取此義也。

其服之制，一曰斬衰三年，斬，不緝也。衣裳皆用極麄生布，旁及下際皆不緝也。衣縫向外。裳前三幅，後四幅，縫内向，前後不連。每幅作三輒，輒謂屈其兩邊相著而空其中也。衣長過腰，足以掩裳上際，縫外向。背有負版，用布方尺八寸，綴於領下垂之。前當心有衰，用布長六寸，廣四寸，綴於左衿之前。左右有辟領，各用布方八寸，屈其兩頭相著，爲廣四寸，綴於領下。在負版兩旁各攙負版一寸。兩腋之下有衽，各用布三尺五寸，上下各留一尺正方，一尺之外，上於左旁裁入六寸，下於右旁裁入六寸，便於盡處相望斜裁。却以兩方左右相沓，綴於衣兩旁，垂之向下，狀如燕尾，以掩裳旁際也。冠比衣裳用布稍細，紙糊爲材，廣三寸，長足跨頂，前後裹以布，爲三輒，皆向右縱縫之。用麻繩一條，從額上約之至項後交過前，各至耳結之以爲武。屈冠兩頭入武内，向外反屈之，縫於武。武之餘繩垂下爲纓，結於頤下。首絰以有子麻爲之，其圍九寸。麻本在左。從額前向右圍之，從頂過後，以其末加於本上，又以繩爲纓以固之，如冠之制。腰絰大七寸有餘，兩股相交，兩頭結之，各存麻本。散垂三尺，其交結處兩旁各綴細繩繫之。絞帶用有子麻繩一條，大半腰絰，中屈之爲兩股，各一尺餘，乃合之，其大如絰，圍腰，從左過後至前，乃以其右端穿兩股間，而反插於右，在絰之下。〇苴杖用竹，高齊心，本在下。屨亦粗麻爲之。婦人則用極粗生布爲大袖、長裙、蓋頭，皆不緝。布頭帤、竹釵、麻屨。衆妾則以背子代大袖。凡婦人皆不杖。其正服則子爲父也。其加服，則嫡孫父卒，爲祖若曾、高祖承重者也。父爲嫡子當爲後者也。其義服，則婦爲舅也。夫承重則從服也。爲人後者，爲所後父也，爲所後祖承重也。夫爲人後則妻從服也。妻爲夫也，妾爲君也。

問：周制有大宗之禮，立嫡以爲後，故父爲長子三年。今大宗之禮廢，無立嫡之法，而子各得以爲後。則長子、少子不異，庶子不得爲長子三年，不必然也。父爲長子三年，亦不可以嫡庶論也。朱子曰：宗法雖未能立，然服制自當從古，是亦愛禮存羊之意，不可妄有改易也。如漢時宗子法已廢，然其詔令猶云「賜民當爲父後者爵一級」，是此禮猶在也，豈可謂宗法廢，而庶子皆得爲父後者乎？○楊氏復曰：喪服制度，惟辟領一節，沿襲差誤，自《通典》始。按《喪服記》云：「衣二尺有二寸。」蓋指衣身自領至腰之長而言之也。用布八尺八寸，中斷以分左右，爲四尺四寸者二。又取四尺四寸者二，中摺以分前後爲二尺二寸者四。此即尋常度衣身之常法也。合二尺二寸者四，疊爲四重，從一角當領處四寸下取方裁入四寸，乃《記》所謂「適博四寸」，註疏所謂「辟領四寸」是也。按鄭註云：「適，辟領也。」則兩物即一物也。今《記》曰「適」，註疏又曰「辟領」，何爲而異其名也？辟猶開也，從一角當領處取方裁開入四寸，故曰辟領。以此辟領四寸反摺向外，加兩肩上，以爲左右適，故曰適。乃疏所謂「兩相向外各四寸」是也。辟領四寸，既反摺向外加兩肩上以爲左右適，故後之左右各有四寸，虛處當脊而相並，謂之闊中；前之左右各有四寸，虛處當肩而相對，亦謂之闊中。乃疏所謂「闊中八寸」是也。此則衣身所用布之處，與裁之之法也。註又云「加辟領八寸，而又倍之」者，謂別用布一尺六寸以塞前後之闊中也。布一條縱長一尺六寸，橫闊八寸，又縱摺而中分之。其下一半裁斷，左右兩端各四寸，除去不用，只留中間八寸，以加後之闊中元裁辟領各四寸處，而塞其缺當脊之相並處，此所謂「加辟領八寸」是也。其上一半全一尺六寸不裁，以布之中間從項上分左右對摺，向前垂下，以加於前之闊中，與元裁斷處當肩相對處相接，以爲左右領也。夫下一半加於後之闊中者，用布八寸，而上一半從項而下，以加前之闊中也。又倍之而爲一尺六寸焉，此所謂「而又倍之」者是也。此則衣領所用之布與裁之之法也。古者衣服吉凶異制，故衰服領與吉服領不同，而其制如此也。註又云「凡用布一丈四寸」者，衣身八尺八寸，衣領一尺六寸，合爲一丈四寸也。此是用布正數。又當少寬其布，以爲針縫之用。然此即衣身與衣領之數，若負衰帶下及兩衽，又在此數之外矣。但領必有袷，此布何從出乎？曰：衣領用布闊八寸，而長一尺六寸。古者布幅闊二尺二寸，除衣領用布闊八寸之外，更餘闊一尺四寸，而長一尺六寸，可以分作三條施於袷而適足，無餘欠也。《通典》以辟領爲適，本用註疏，又自謂《喪服記》文難曉，而用臆説以參之。既别用布以爲辟領，又不言制領所用何布，又不計衣身、衣領用布之數，失之矣。但知衣身八尺八寸之外，又别用布一尺六寸以爲領，凡用布共一丈四寸，則文義不待辨而自明矣。○又按《喪服記》及註云：「袂二尺二寸。」緣衣身二尺二寸，故左右兩袂亦二尺二寸，欲使縱横皆正方也。《喪服記》又云：「袪尺二寸。」袪者，袖口也。袂二尺二寸，縫合其下一尺，留上一尺二寸以爲袖口也。○又按《喪服記》云：「衣帶下尺。」緣古者上衣下裳，分别上下，不相侵越。衣身二尺二寸僅至腰而止，無以掩裳上際，故於衣帶之下，用縱布一尺上屬於衣，横繞於腰，則以腰之闊狹爲準，所以掩裳上際，而後綴兩衽於其旁也。○度用指尺，中指中節爲寸。首絰、腰絰圍九寸、七寸之類亦同。○菅屨，《儀禮》註：「菅屨，菲屨也。」《家禮》云：「屨以粗麻爲之。」恐當從《儀禮》爲正。○《儀禮》：「妻爲夫，妾爲君，女子子在室爲父，布總、箭笄、髽、衰三年。」以《家禮》參攷之。《儀禮》小斂婦人髽于室，以麻爲髽。《家禮》小斂婦人用麻繩撮髻爲髽，其制同。《儀禮》：「婦人成服，布總六寸。」謂出紒後所垂者六寸。「箭笄長尺。」《家禮》：「婦人成服、布頭𦈢、竹釵。」所謂布頭𦈢，即《儀禮》之布總也。所謂竹釵，即《儀禮》之箭笄也。凡喪服，上曰衰，下曰裳。《儀禮》婦人但言衰不言裳者，「婦人不殊裳，衰如男子衰，下如深衣，無帶下尺，無衽」。夫「衰如男子衰」，未知備負版、辟領之制與否？「下如深衣」，未知裳用十二幅與否？此雖無文可明，但衣身必二尺二寸，袂必屬幅，裳必上屬於衣，裳旁兩幅必相連屬，此所以衣不用帶下尺，裳旁不用衽也。今攷《家禮》則不用此制，婦人用大袖、長裙、蓋頭，男子衰服純用古制，而婦人不用古制，此則未詳。《儀禮》：「婦人有絰帶。」絰，首絰也。帶，腰帶也。圍之大小無明文，大約與男子同。卒哭，丈夫去麻帶，服葛帶，而首絰不變。婦人以葛爲首絰，而麻帶不變。既練，男子除絰，婦人除帶。其謹於絰帶變除之節若此。《家禮》婦人並無絰帶之文，當以《禮經》爲正。○「喪服斬衰」，《傳》曰：「童子何以不杖？不能病也。婦人何以不杖？不能病也。」疏曰：「童子不杖，此庶童子也。」《問喪》云「童子當室，則免而杖矣」，謂適子也。「婦人不杖」，亦謂童子婦人。若成人婦人，正杖。《喪大記》云：「三日，子、夫人杖，五日，大夫、世婦杖。」諸經皆有婦人杖。又如：「姑在爲夫杖，母爲長子杖。」按《喪服小記》云：「女子子在室，爲父母，其主喪者不杖，則子一人杖。」鄭云：「『女子子在室』，亦童子也。無男昆弟，使同姓爲攝主不杖，『則子一人杖』謂長女也。許嫁及二十而笄，笄爲成人，成人，正杖也。」是其童女爲喪主，則亦杖矣。愚按《家禮》用《書儀》服制，婦人皆不杖，與《問喪》《喪大記》《喪服小記》不同，恨未得質正。○劉氏璋曰：衰服之制，前言已載。惟裳制則未之詳。按司馬溫公曰：古者五服皆用布，以升數爲別，其以八十縷爲一升。又，衰裳，《記》曰：「凡衰外削幅，裳内削幅，幅三袧。」疏曰：「『衰外削幅』者，謂縫之邊幅向外。『裳内削幅』者，謂縫之邊幅向内。『有幅三袧』者，據裳而言，用布七幅，幅二尺二寸，兩畔各去一寸爲削幅，則二七十四尺，❶若不辟積其腰中，則束身不得就。」

❶「四」上，原有「四丈」二字，今據《儀禮疏》卷三四刪。

故一幅布凡三處屬之。又禮惟斬衰不緝，餘衰皆緝之。緝必外向，所以別其吉服也。○又杖屨一節，按《三家禮》云：「斬衰苴杖，竹也，爲父。所以杖用竹者，父是子之天，竹圓亦象天。内外有節，象子爲父亦有内外之痛。又貫四時而不變，子之爲父亦經寒温而不改。故用之也。菅屨，謂以菅草爲屨。《毛傳》云：『野菅也。已漚爲菅。』又云：『菅菲外納。』則周公時謂之屨，子夏時謂菲。『外納』者，外其飾，向外編之也。」○黄氏瑞節曰：先生長子塾卒，以繼體服斬衰。禮謂之加服，俗謂之報服也。

二曰齊衰三年。齊，緝也。其衣裳冠制，並如斬衰，但用次等麄生布，緝其旁及下際。冠以布爲武及纓。首絰以無子麻爲之，大七寸餘，本在右，末繫本下。布纓。腰絰大五寸餘。絞帶以布爲之，而屈其右端尺餘。杖以桐爲之，上圓下方。婦人服同斬衰，但布用次等爲異。後皆倣此。其正服，則子爲母也。士之庶子爲其母同，而爲父後則降也。其加服，則嫡孫父卒，爲祖母若曾、高祖母承重者也；母爲嫡子當爲後者也。其義服，則婦爲姑也，夫承重則從服也；爲繼母也；爲慈母，謂庶子無母而父命他妾之無子者慈己也；繼母爲長子也；妾爲君之長子也。

楊氏復曰：按《儀禮》「補服」條，當增：「祖父卒而後爲祖母後者也，爲所後者之妻若子也。」○劉氏璋曰：齊衰削杖，桐也。爲母。按《三家禮》云：「桐者，言同也。取内心悲痛，同於父也。以外無節，象家無二尊，外屈於天。削之使下方者，取母象於地也。」「疏屨者，粗屨也。疏，讀如不熟之疏，草也。斬衰重而言菅，以見草體，舉其惡貌。齊衰輕而言疏，舉草之總稱也。」「不杖」章言：「麻屨，齊衰三月與大功同。繩屨小功，緦麻輕，又没其屨號。」麻屨，註云：「不用草。」○凡言杖者，皆下本，順其性也。高下各齊其心，其大小如腰絰。

杖期、服制同上。但又用次等生布。其正服，則嫡孫父卒祖在，爲祖母也。其降服，則爲嫁母、出母也。其義服，則爲父卒繼母嫁而已從之者也，夫爲妻也。子爲父後則爲出母、嫁母無服。繼母出則無服也。

楊氏復曰：按齊衰、杖期，恐當添：「爲所後者之妻若子也。祖父在，嫡孫爲祖母也。」據先生《儀禮經傳》「補服」條修。首一條已具「齊衰三年」下。

不杖期、服制同上。但不杖，又用次等生布。其正服，則爲祖父母，女雖適人，不降也；庶子之子爲父之母，而爲祖後則不服也；爲伯叔父也；爲兄弟也；爲衆子男女也；爲兄弟之子也；爲姑姊妹女在室，及適人而無夫與子者也；婦人無夫與子者，爲其兄弟姊妹及兄弟之子也；妾爲其子也。其加服，則爲嫡孫，若曾、玄孫當爲後者也；女適人者，爲兄弟之爲父後者也。其降服，則嫁母、出母爲其子；子雖爲父後猶服也；妾爲其父母也。其義服，則繼母、嫁母爲前夫之子從己者也；爲伯叔母也；爲夫兄弟之子也；繼父同居，父子皆無大功之親者也；妾爲女君也；妾爲君之衆子也；舅姑爲嫡婦也。

楊氏復曰：按「不杖期」註，正服當添一條：「姊妹既嫁，相爲服也。」〇其義服當添一條：「父母在，則爲妻不杖也。」〇按爲人後者，爲其父母報。女子子適人者，爲其父母。此是不杖期大節目，何以不書也？蓋此條在後「凡男爲人後者，與女適人者，爲其私親皆降一等」中，故不見於此。

五月、服制同上。其正服，則爲曾祖父母。女適人者不降也。三月，服制同上。其正服，則爲高祖父母。女適人者不降也。其義服，則繼父不同居者，謂先同今異，或雖同居而繼父有子，已有大功以上親者也。其元不同居者則不服。

楊氏復曰：按《儀禮》「補服」條，當增：「爲所後者之祖父母若子也。」

三曰大功九月，服制同上。但用稍粗熟布，無負版、衰、辟領。首絰五寸餘，腰絰四寸餘。其正服則爲從父兄弟姊妹，謂伯叔父之子也。爲衆孫男女也。其義服，則爲衆子婦也。爲兄弟子之婦也。爲夫之祖父母、伯叔父母、兄弟子之婦也。夫爲人後者，其妻爲本生舅姑也。

楊氏復曰：《儀禮》註云：「前有衰，後有負版，左右有辟領，孝子哀戚之心無所不在。」疏云：「衰者，孝子有哀摧之志。負者，負其悲哀。適者，指適緣於父母，不念餘事。」○又按，註疏釋衰、負版、辟領三者之義，惟子爲父母用之，旁親則不用也。《家禮》至大功乃無衰、負版、辟領者，蓋《家禮》乃初年本也。後先生之家所行之禮，旁親皆無衰、負版、辟領。若此之類，皆從後來議論之定者爲正。○大功九月，恐當添：「爲同母異父之昆弟也，或曰爲外祖母也。」據先生《儀禮經傳》「補服」條修，同母異父之昆弟本子游答公叔木之問，以同父同母則服期。今但同母而是親者血屬，故降一等。蓋恩繼於母，不繼於父。若子夏答狄儀以爲齊衰，則過矣。故註疏家以大功爲是。外祖母，只據魯莊公爲齊王姬服大功。《檀弓》或曰外祖母也。今《家禮》以外祖父母爲小功正服，則當以《家禮》爲正。○劉氏垓孫曰：沈存中説喪服中曾祖齊衰服，曾祖以上皆謂之曾祖。恐是如此。如此則皆合有齊衰三月服。看來高祖死，豈有不爲服之禮？須合行齊衰三月也。伊川頃言祖父母喪，須是不赴舉。後來不曾行。今法令雖無明文，看來爲士者爲祖父母期服内不當赴舉。今人齊衰用布太細，又大功小功皆用苧布，恐皆非禮。大功須用市中所賣火麻布稍細者，或熟麻布亦可。小功須用虔布之屬。古者布帛精粗，皆有升數，❶所以説

❶「有」，原作「用」，今據《朱子語類》卷八五改。

「布帛精粗不中數，不鬻於市」。今更無此制，聽民之所爲。所以倉卒難得中度者，只得買來自以意擇製之耳。

四曰小功五月，服制同上。但用稍熟細布，冠左縫，首絰四寸餘，腰絰三寸餘。其正服，則爲從祖祖父、從祖祖姑，謂祖之兄弟姊妹也。爲兄弟之孫。爲從祖父、從祖姑，謂從祖祖父之子，父之從父兄弟姊妹也。爲從父兄弟之子也。爲從祖兄弟姊妹，謂從祖父之子，所謂再從兄弟姊妹者也。爲外祖父母，謂母之父母也。爲舅，謂母之兄弟也。爲甥也，謂姊妹之子也。爲從母，謂母之姊妹也。爲同母異父之兄弟姊妹也。其義服，則爲從祖祖母也。爲夫兄弟之孫也。爲從祖母也。爲夫從兄弟之子也。爲夫之姑姊妹，適人者不降也。女爲兄弟姪之妻，已適人亦不降也。爲娣姒婦，謂兄弟之妻相名，長婦謂次婦曰娣婦，娣婦謂長婦曰姒婦也。庶子爲嫡母之父母兄弟姊妹，嫡母死，則不服也。母出，則爲繼母之父母兄弟姊妹也。爲庶母慈己者，謂庶母之乳養己者也。爲嫡孫，若曾玄孫之當爲後者之婦，其姑在則否也。爲兄弟之妻也。爲夫之兄弟也。

楊氏復曰：按《儀禮》「補服」條，當增：「爲所後者妻之父母，若子也。姑爲適婦不爲舅後者也。諸侯爲嫡孫之婦也。」

五曰緦麻三月。服制同上。但用極細熟布。首絰三寸，腰絰二寸，並用熟麻。纓亦如之。其正服，則爲族曾祖父、族曾祖姑，謂曾祖之兄弟姊妹也。爲兄弟之曾孫也。爲族祖父、族祖姑，謂族曾祖父之子也。爲從父兄弟之孫也。爲族父族姑，謂族祖父之子也。爲從祖兄弟之子也。爲族兄弟姊妹，謂族父之子，所謂三從兄弟姊妹也。爲曾孫、玄孫也。爲外孫也。爲從母兄弟姊妹，謂從母之子也。爲外兄弟，謂姑之子也。爲内兄弟，謂舅之子也。其降服，則庶子爲父後者爲其母，而爲其母之父母兄弟姊妹則無服也。其義服，則爲族曾祖母也。爲夫兄弟之曾孫也。爲族祖母也。爲夫從兄弟之孫也。爲族母也。爲夫從祖兄弟之子也。爲庶孫之婦也。士爲庶母，謂父妾之有子者也。爲乳母也。爲壻也。爲妻之父母，妻亡而別娶亦同，即妻之親母雖嫁出猶服也。爲夫之曾祖高祖也。爲夫之從祖祖父母也。爲兄弟孫之婦也。爲夫兄弟孫之婦也。爲夫之從祖父母也。爲從父兄弟子之婦也。爲夫從兄弟子之婦也。爲夫從父兄弟之妻也。爲夫之從父姊妹，適人者不降也。爲夫之外祖父母也。爲夫之從母及舅也。爲外孫婦也。女爲姊妹之子婦也，爲甥婦也。

楊氏復曰：當增：「爲同爨也。爲朋友也。爲改葬也。大夫爲貴妾也。士爲妾有子也。」按《通典》，漢戴德云：「以朋友有同道之恩，故加麻三月。」晉曹述初問：「有仁人義士矜幼携養積年，爲之制服，當無疑耶？」徐邈答曰：「禮緣情耳，同爨緦，朋友麻。」又按《儀禮》「補服」條：「同爨，謂以同居生，於禮可許，既同爨而食，合有緦麻之親。」「改葬，謂墳墓以他故崩壞，將亡失尸柩也。言改葬者，明棺物毁敗，改設之如葬時也。此臣爲君也，子爲父也，妻爲夫也」，餘無服。「必服緦者，親見尸柩，不可以無服。緦三月而除之」，謂葬時服之。又按《通典》戴德云：「制緦麻具而葬，葬而除，謂子爲父，妻妾爲夫，臣爲君，孫爲祖後者也。其餘親皆弔服。」魏王肅云：「非父母無服。無服則弔服加麻。」「士妾有子而爲之緦，無子則已」，謂士卑，妾無男女則不服，不別貴賤也。大夫貴妾，雖無子猶服之，故「大夫爲貴妾緦，是别貴賤也」。○劉氏垓孫曰：司馬公《書儀》斬衰古制，而功緦又不古制，此却可疑。蓋古者五服皆用麻，但布有差等。皆用冠絰，但功緦之絰小耳。今人吉服不古，而凶服古，亦無意思。今俗喪服之制，下用横布作襴，惟斬衰用不得。

凡爲殤服，以次降一等。凡年十九至十六爲長殤，十五至十二爲中殤，十一至八歲爲下殤。應服期者，長殤降服大功九月，中殤七月，下殤小功五月。應服大功以下，以次降等。不滿八歲，爲無服之殤，哭之以日易月。生未三月則不哭也。男子已娶，女子許嫁，皆不爲殤。凡男爲人後、女適人者，爲其私親皆降一等。私親之爲之也，亦然。女適人者降服。未滿被出，則服其本服。已除，則不復服也。○凡婦服夫黨，當喪而出則除之。○凡妾爲其私親，則如衆人。

司馬温公曰：《喪服小記》云：「爲父母喪，未練而出則三年。既練而出則已。未練而返則期。既練而返則遂之。」

成服之日，主人及兄弟始食粥。諸子食粥，妻妾及期九月疏食水飲，不食菜果。五月、三月者飲酒食肉，不與宴樂。自是無故不出。若以喪事及不得已而出入，則乘樸馬布鞍，素轎布簾。凡重喪未除而遭輕喪，則制其服而哭之。月朔設位，服其服而哭之。既畢，返重服。其除之也，亦服輕服。若除重喪而輕服未除，則服輕服以終其餘日。

問：從母之夫，舅之妻，皆無服，何也？朱子曰：先王制禮，父族四，故由父而上爲從曾祖服緦麻。姑之子、姊妹之子、女子之子皆有服，皆由父而推之故也。母族三，母之父、母之母、母之兄弟。恩止於舅，故從母之夫、舅之妻，皆不爲服，推不去故也。妻族二，妻之父、妻之母。乍看時似乎雜亂無紀，子細看則皆有義存焉。又言：呂與叔集中一婦人墓誌，凡遇功緦之喪，皆蔬食終其月，此可爲法。○問：喪禮衣服之類，逐時換去，如葬後換葛衫，小祥後換練布之類，今之墨縗可便於出入，而不合於《禮經》，如何？曰：若能不出，則不服之亦好。但要出外治事，則只得服之。○問：居喪，爲尊長强之以酒，當如何？曰：若不得辭，則勉徇其意亦無害，但不可至沾醉，食已復初可也。問：坐客有歌唱者，如之何？曰：當起避。○楊氏復曰：心喪三年。按《儀禮》「父在，爲母期」。註：「子於母雖爲父屈而期，心喪猶三年。」唐前上元元年，武后上表，請父在爲母終三年之喪。○《禮記》師心喪三年。○今《服制》令庶子爲後者，爲其母緦，亦解官申心喪三年。○母出及嫁，爲父後者雖不服，申心喪三年。○爲人後者爲其父母不杖期，亦解官申心喪三年。○嫡孫，祖在，爲祖母齊衰杖期，雖期除，仍心喪三年。先生曰：喪禮須從《儀禮》爲正。如父在，爲母期，非是薄於母，只爲尊在其父，不可復尊在母。然亦須心喪三年。這般處皆是大項事，不是小節目。後來都失了。而今國家法爲所生父母皆心喪三年，此意甚好。○又按，先生此書雖自《儀禮》中出，其於國家之法未嘗遺也。前章所論爲所生父母心喪，概可見矣。五服年月之制，既已備載，則式假一條，恐亦當補入。今《喪葬》《假寧格》，非在職遭喪，期三十日，大功二十日，小功十五日，緦麻七日，降而絶服三日。無服之殤，期五日，大功三日，小功二日，緦麻一日。葬，期五日，大功三日，小功二日，緦麻一日。除服，期三日，大功二日，小功緦麻一日。○在職遭喪，期七日，大功五日，小功緦麻三日，降而絶服之殤一日。本宗及同居無服之親之喪一日。改葬期以下親一日。私忌在職、非在職，祖父母、父母並一日。逮事高、曾同。

朝夕哭奠　上食

朝奠，每日晨起，主人以下皆服其服入就位，尊長坐哭，卑者立哭。侍者設盥櫛之具于靈牀側，奉魂帛出就靈座，然後朝奠。執事者設蔬果脯醢。祝盥手焚香斟酒。主人以下再拜，哭盡哀。劉氏璋曰：凡奠用脯醢者，蓋古人家常有之。如無，別具饌數器亦可。夫朝夕奠者，謂陰陽交接之時思其親也。朝奠將至，然後徹夕奠。夕奠將至，然後徹朝奠。各用罩子。若暑月恐臭敗，則設饌如食頃去之，止留茶酒果屬，仍罩之。

食時上食，如朝奠儀。夕奠。如朝奠儀。畢，主人以下奉魂帛入就靈座，哭盡哀。哭無時。朝夕之間，哀至則哭於喪次。朔日則於朝奠設饌。饌用肉魚麪米，食、羹、飯各一器。禮如朝奠之儀。問：母喪，朔祭，子爲主。朱子曰：「凡喪，父在父爲主」，則父在，子無主喪之禮也。又曰「父没，兄弟同居，各主其喪」。註云：「各爲妻子之喪爲主也。」則是凡妻之喪，夫自爲主也。今以子爲喪主，似未安。〇高氏曰：若遇朔望節序，則具盛饌，其品物比朝夕奠差衆。《禮》疏曰：「士則月望不盛奠，唯朔奠而已。」〇楊氏復曰：按初喪「立喪主」條：「凡主人，謂長子，無則長孫承重以奉饋奠。」今乃謂父在父爲主，父在，子無主喪之禮。二説不同，何也？蓋長子主喪以奉饋奠，以子爲母喪，恩重服重故也。朔奠則父爲主者，朔，殷奠，以尊者爲主也。《喪服小記》曰：「婦之喪，虞卒哭，其夫若子主之。」虞卒哭，皆是殷祭。故其夫主之，亦謂父在父爲主也。朔祭父爲主，義與虞卒哭同。

有新物則薦之。如上食儀。劉氏璋曰：孝子之心，事死如事生，斯須不忘其親也。如遇五穀、百果一應新熟之物，必以薦之。如上奠儀。凡靈座之間，除金銀酒器之外，盡用素器，不用金銀錢飾，以主人有哀素之心故也。

弔　奠　賻

凡弔皆素服，幞頭、衫帶皆以白生絹爲之。問：今弔人用橫烏，此禮如何？朱子曰：此是玄冠以弔，正與孔子所謂「羔裘玄冠不以弔」者相反。

奠用香、茶、燭、酒、果，有狀，或用食物，即別爲文。賻用錢帛。有狀，惟親友分厚者有之。司馬温公曰：東漢徐穉每爲諸公所辟，雖不就，有死喪負笈赴弔。嘗於家豫炙雞一隻，以一兩綿絮漬酒中暴乾以裹雞，徑到所赴冢隧外，以水漬絮，使有酒氣，汁米飯，❶白茅爲藉。以雞置前。醊酒畢，留謁則去。不見喪主。然則奠貴哀誠，酒食不必豐腆也。

具刺通名，賓主皆有官，則具門狀。否則名紙題其陰面，先使人通之，與禮物俱入。入哭奠訖，乃弔而退。既通名，喪家炷火燃燭布席，皆哭以俟。護喪出迎賓，賓入至廳事，進揖曰：「竊聞某人傾背，不

❶「汁」，《後漢書・徐穉傳》作「斗」，四部叢刊景宋本《六臣注文選》卷五五作「升」。

勝驚怛，敢請入酹，并伸慰禮。」護喪引賓入，至靈座前哭盡哀，再拜焚香，跪酹茶酒。俛伏興。護喪止哭者。祝跪讀祭文，奠賻狀於賓之右，畢，興。賓主皆哭盡哀。賓再拜。主人哭出，西向稽顙再拜。賓亦哭，東向答拜。進曰：「不意凶變，某親某官，奄忽傾背，伏惟哀慕，何以堪處。」主人對曰：「某罪逆深重，禍延某親，伏蒙奠酹，并賜臨慰，不勝哀感。」又再拜。賓答拜。又相向哭盡哀。賓先止，寬譬主人曰：「脩短有數，痛毒奈何，願抑孝思，俯從禮制。」乃揖而出。主人哭而入。護喪送至廳事，茶湯而退。主人以下止哭。○若亡者官尊，即云「薨逝」。稍尊即云「捐館」。生者官尊，則云「奄棄榮養」。存亡俱無官，即云「色養」。若尊長拜賓，禮亦同此。惟其辭各如啓狀之式，見卷末。

司馬温公曰：凡弔人者，必易去華盛之服，有哀戚之容。若賓與亡者爲執友，則入酹。婦人非親戚，與其子爲執友，嘗升堂拜母者，則不入酹。凡弔及送喪者，問其所乏，分導營辦。貧者爲之執紼負土之類，毋擾及其飲食財貨可也。○高氏曰：既謂之奠，而乃燒香酹酒，則非奠矣。世俗承習久矣，非禮也。○又曰：喪禮，賓不答拜。凡非弔喪，無不答拜者。胡先生《書儀》曰：「若弔人是平交，則落一膝，展手策之，以表半答。若孝子尊，弔人卑，則側身避位，候孝子伏次，卑者即跪，還須詳緩去就，無令跪伏與孝子齊。」○楊氏復曰：按程子、張子與朱先生後來之說，奠謂安置也。奠酒則安置於神座前，既獻則徹去。奠而有酹者，初酌酒則傾少酒于茅，代神祭也。今人直以奠爲酹，而盡傾之於地，非也。高氏之説亦然。與此條所謂入酹、跪酹似相牴牾。蓋《家禮》乃初年本，當以後來已定之説爲正。詳見《祭禮》「降神」條。○又曰：按弔禮，主人拜賓，賓不答拜，此何義也？蓋弔賓來，有哭拜或奠禮。

主人拜賓以謝之，此賓所以不答拜也。故高氏書有半答跪還之禮。凡禮必有義，不可苟也。《書儀》《家禮》從俗，有賓答拜之文。亦是主人拜賓，賓不敢當，乃答拜。今世俗弔賓來見几筵哭拜，主人亦拜，謂代亡者答拜，非禮也。既而賓弔主人，又相與交拜，亦非禮也。

聞喪　奔喪　治葬

始聞親喪，哭，親，謂父母也。以哭答使者，又哭盡哀，問故。易服。裂布爲四脚白布衫，繩帶，麻屨。遂行。日行百里，不以夜行。雖哀戚，猶辟害也。道中哀至則哭，哭避市邑喧繁之處。〇司馬温公曰：今人奔喪，及從柩行者，遇城邑則哭，過則止，是飾詐之道也。望其州境，其縣境，其城，其家，皆哭。家不在城，望其鄉哭。入門詣柩前再拜，再變服，就位哭。初變服，如初喪，柩東西向，坐哭盡哀。又變服，如大小斂亦如之。後四日成服。與家人相弔，賓至拜之如初。若未得行，則爲位不奠。設椅子一枚，以代尸柩，左右前後設位哭如儀。但不設奠。若喪側無子孫，則此中設奠如儀。變服。亦以聞後之第四日。在道至家，皆如上儀。若喪側無子孫，則在道，朝夕爲位設奠，至家，但不變服，其相弔拜賓如儀。若既葬，則先之墓哭拜。之墓者，望墓哭。至墓哭拜，如在家之儀。未成服者，變服於墓。歸家詣靈座前哭拜，四日成服如儀。已成服者亦然，但不變服。齊衰以下聞喪，爲位而哭。尊長於正堂，卑幼於别室。〇司馬温公曰：今人皆擇日舉哀，凡悲哀之至，在初聞喪即當哭之，何暇擇日。但法令有不得於州縣公廨舉哀之文，則在官者當哭於僧舍。其他皆哭於本家可也。若奔喪，則至家成服。奔喪者，釋去華盛之服，裝辦即行。既至，齊衰望鄉而哭，大功望門而哭，小功以下至門而哭。入門詣柩前哭，再拜，成服就位，哭弔如儀。若不奔喪，則四日成服。不奔喪者，齊衰三日中，朝夕爲位會哭。四日之朝成服亦如之。大功以下，始聞喪爲位會哭。四日成服亦如之。皆每月朔爲位會哭，月數既滿，次月之朔，乃爲位會哭而除之。其間哀至則哭可也。

三月而葬，前期擇地之可葬者。司馬温公曰：古者天子七月，諸侯五月，大夫三月，士踰月而葬。今五服年月，敕王公以下皆三月而葬。然世俗信葬師之説，既擇年月日時，又擇山水形勢，以爲子孫貧富、貴賤、賢愚、壽夭盡繫於此。而其爲術又多不同，爭論紛紜，無時可決。至有終身不葬，或累世不葬，或子孫衰替忘失處所，遂棄捐不葬者。正使殯葬實能致人禍福，爲子孫者，亦豈忍使其親臭腐暴露而自求其利邪？悖禮傷義，無過於此。然孝子之心，慮患深遠，恐淺則爲人所抇，音骨。深則濕潤速朽，故必求土厚水深之地而葬之，所以不可不擇也。或問：家貧鄉遠不能歸葬，則如之何？公曰：子游問喪具，夫子曰：「稱家之有無。」子游曰：「有無惡音烏。乎齊？」子細切。夫子曰：「有，毋過禮。苟無矣，斂手足形還葬，懸棺而窆，彼驗切。人豈有非之者哉？」昔廉范千里負喪，郭平自賣營墓，豈待豐富然後葬其親哉？在禮，未葬不變服，食粥，居廬，寢苫枕塊，蓋閔親之未有所歸，故寢食不安。奈何舍之出游，食稻衣錦，不知其何以爲心哉？世人又有遊宦没於遠方，子孫火焚其柩，收燼歸葬者。夫孝子愛親之肌體，故斂而藏之。殘毀他人之尸，在律猶嚴，況子孫乃悖謬如此。其始蓋出於羌胡之俗，浸染中華，行之既久，習以爲常，見者恬然，曾莫之怪，豈不哀哉。延陵季子適齊，其子死，葬於嬴博之間，孔子以爲合禮。必也不能歸葬，葬于其地可也，豈不猶愈於焚之哉？○程子曰：「卜其宅兆」，卜其地之美惡也。非陰陽家所謂禍福者也。地之美，則其神靈安，其子孫盛，若培壅其根，而枝葉茂，理固然矣。地之惡者則反是。然則曷謂地之美者？土色之光潤，草木之茂盛，乃其驗也。父祖子孫同氣，彼安則此安，彼危則此危，亦其理也。而拘忌者惑以擇地之方位，決日之吉凶，不亦泥乎？甚者不以奉先爲計，而專以利後爲慮，尤非孝子安厝之用心也。惟五患者不得不謹，須使他日不爲道路，不爲城郭，不爲溝池，不爲貴勢所奪，不爲耕犂所及也。一本云：所謂五患者，溝渠，道路，避村落，遠井窑。○按，古者葬地、葬日皆決於卜筮。今人不曉占法，且從俗擇之，可也。

擇日，開塋域，祠后土。主人既朝哭，帥執事者於所得地掘穴。四隅外其壤，掘中南其壤，各立一標。當南門立兩標。擇遠親或賓客一人告后土氏。祝帥執事者設位於中標之左，南向，設盞注、酒果、脯醢於其前，又設盥盆、帨巾二於其東南。其東有臺架，告者所盥。其西無者，執事者所盥也。告者吉服入，立於神位之前，北向。執事者在其後東上。皆再拜。告者與執事者皆盥帨。執事者一人取酒注，西向跪，一人取盞東向跪。告者斟酒反注，取盞酹于神位前，俛伏興，少退立。祝執版立於告者之左，東向跪讀之，曰：「維某年歲月朔日子某官姓名，敢告于后土氏之神：今爲某官姓名，營建宅兆，神其保佑，俾無後艱。謹以清酌、脯醢祇薦于神，尚饗。」訖，復位。告者再拜。祝及執事者皆再拜。徹，出。主人若歸，則靈座前哭再拜。後倣此。

司馬温公曰：莅卜，或命筮者，擇遠親或賓客爲之。及祝、執事者，皆吉冠素服。註云：非純吉，亦非純凶。素服者，但徹去華采珠金之飾而已。

遂穿壙，司馬温公曰：今人葬有二法。有穿地直下爲壙，而懸棺以窆者。有鑿隧道旁穿土室，而攛柩於其中者。按古者唯天子得爲隧道，其他皆直下爲壙，而懸棺以窆。今當以此爲法。其穿地宜狹而深，狹則不崩損，深則盜難近也。

問合葬夫妻之位。朱子曰：某初葬亡室時，只存東畔一位，亦不曾考禮是如何。陳安卿云：地道以右爲尊，恐男當居右。曰：祭時以西爲上，則葬時亦當如此方是。○人家墓壙棺槨，切不可太大。當使壙僅能容槨，槨僅能容棺乃善。去年此間陳家墳墓遭發掘者，皆緣壙中太闊。其不能發者，皆是壙中狹小，無著脚手處，此不可不知也。此間墳墓山脚低卸，故盜易入。問：墳與墓何别？曰：墓想是塋域，墳即封土隆起者。《光武紀》云：「爲墳但取其稍高，四邊能走水足矣。」古人墳極高大，壙中容得人行，也没意思。今法令一品以上，墳得高一丈二尺，亦自儘高矣。李守約云：墳墓所以遭發掘者，亦陰陽家之説有以啓之。蓋凡發掘者，皆以葬淺之故。若深一二丈，自無此患。古禮葬亦許深。曰：不然。深葬有水。嘗見興化、漳泉間墳墓甚高，問之則曰：棺只浮在土上，深者僅有一半入地，半在地上，所以不得不高其封。後來見福州人舉移舊墓，稍深者無不有水，方知興化、漳泉淺葬者，蓋防水爾。北方地土深厚，深葬不妨，豈可同也？

作灰隔，穿壙既畢，先布炭末於壙底，築實厚二三寸，然後布石灰、細沙、黄土拌匀者於其上，灰三分，二者各一可也。築實厚二三尺，别用薄板爲灰隔，如椁之狀。内以瀝青塗之，厚三寸許，中取容棺。牆高於棺四寸許，置於灰上。乃於四旁旋下四物，亦以薄板隔之，炭末居外，三物居內，如底之厚。築之既實，則旋抽其板近上，復下炭灰等而築之，及牆之平而止。蓋既不用槨，則無以容瀝青，故爲此制。又炭禦木根，辟水蟻。石灰得沙而實，得土而黏，歲久結而爲全石，螻蟻盜賊皆不得進也。○程子曰：古人之葬，欲比化者不使土親膚。今奇玩之物，尚保藏固密，以防損汙，況親之遺骨當何如哉？世俗淺識，惟欲不見而已。又有求速化之說者，是豈知必誠必信之義？且非欲求其不化也，未化之間，保藏當如是爾。

問：槨外可用灰雜沙土否？朱子曰：只純用炭末，置之槨外，槨內實以和沙石灰。或曰：可純用灰否？曰：純灰恐不實，須雜以篩過細沙，久之灰沙相乳入，其堅如石。槨外四圍上下，一切實以炭末，約厚七八寸許。既辟濕氣，免水患，又截樹根不入。樹根遇炭皆生轉去，以此見炭灰之妙。蓋炭是死物無情，故樹根不入也。《抱朴子》曰：「炭入地千年不變。」問：范家用黃泥拌石灰實槨外，如何？曰：不可。黃泥久之亦能引樹根。又問：古人用瀝青，恐地氣蒸熱，瀝青溶化，棺有偏陷，却不便。曰：不曾親見用瀝青利害。但書傳間多言用者，不知如何。○禮，壙中用生體之屬，久之必潰爛，却引蟲蟻，非所以爲亡者慮久遠也。古人壙中置物甚多，以某觀之。禮文之意大備，則防患之意反不足。要之只當防慮久遠，毋使土親膚而已。其他禮文皆可略也。又如古者棺不釘，不用漆粘。而今灰漆如此堅密，猶有蟻子入去，❶何況不使釘漆？此皆不可行。○楊氏復曰：先生答廖子晦曰：所問葬

❶「有」，原作「自」，今據重修本改。

法，後來講究木槨瀝青，似亦無益。但於穴底先鋪炭屑築之，厚一寸許，其上即鋪沙灰，四傍即用炭屑，側厚一寸許，下與先所鋪者相接。築之既平，然後安石槨於其上。四傍又下三物如前。槨底及棺四傍上面，復用沙灰實之。俟滿加蓋。復布沙灰，而加炭屑於其上，然後以土築之。盈坎而止。蓋沙灰以隔螻蟻，愈厚愈佳。頃嘗見籍溪先生說：「嘗見用灰葬者，後因遷葬，則見灰已化爲石矣。」炭屑則以隔木根之自外至者，亦里人改葬所親見。故須令常在沙灰之外，四面周密，都無縫罅，然後可以爲固。但法中不許用石槨。故此不敢用全石，只以數片合成，庶幾不戾法意耳。

刻誌石，用石二片，其一爲蓋，刻云「某官某公之墓」。無官則書其字曰「某君某甫」。其一爲底，刻云「某官某公諱某字某某州某縣人，考諱某某官，母氏某封，某年月日生」，敘歷官遷次，某年月日終，某年月日葬于某鄉某里某處。娶某氏，某人之女。子男某某官，女適某官某人。婦人夫在則蓋云「某官姓名某封某氏之墓」。無封則云「妻」。夫無官，則書夫之姓名。夫亡則云「某官某公某封某氏」。夫無官則云「某君某甫妻某氏」。其底敘年若干適某氏，因夫、子致封號。無則否。葬之日以二石字面相向，而以鐵束束之，埋之壙前近地面三四尺間。蓋慮異時陵谷變遷，或誤爲人所動，而此石先見，則人有知其姓名者，庶能爲掩之也。造明器，刻木爲車馬僕從侍女，各執奉養之物，象平生而小。准令五品、六品三十事。七品、八品二十事。非陞朝官十五事。下帳，謂牀帳、茵席、椅卓之類，亦象平生而小。苞，竹掩一，以盛遣奠餘脯。

劉氏璋曰：《既夕禮》：「苞二，所以裹奠羊豕之肉。」註云：「用便易者，謂茅長難用，裁取三尺一道編之。」

筲、竹器五，以盛五穀。

司馬温公曰：今但以小甕貯五穀各五升可也。○劉氏璋曰：《既夕禮》：「筲三，容與簋同。盛黍稷麥，其實皆瀹。」註云：「皆湛之以湯，神之所享，不用食道，所以爲敬。」

甖、甆器三，以盛酒、醯、醢。○司馬温公曰：自明器以下，俟實土及半，乃於其旁穿便房以貯之。○按此雖古人不忍死其親之意，然實非有用之物。且脯肉腐敗，生蟲聚蟻，尤爲非便。雖不用可也。大轝、古者柳車，制度甚詳。今不能然，但從俗爲之，取其牢固平穩而已。其法用兩長杠，杠上加伏兔，附杠處爲圓鑿。别作小方床以載柩，足高二寸。旁立兩柱，柱外施圓枘令入鑿中，長出其外。枘、鑿之間，須極圓滑，以膏塗之，使其上下之際，柩常適平。兩柱近上，更爲方鑿，加横扃。扃兩頭出柱外者，更加小扃。杠兩頭施横杠，横杠上施短杠，短杠上或更加小杠。仍多作新麻大索以備扎縛。此皆切要實用，不可闕者。但如此制，而以衣覆棺，亦足以少華道路。或更欲加飾，則以竹爲之格，以綵結之，上如撮蕉亭，施帷幔，四角垂流蘇而已。然亦不可太高，恐多罣礙。不須太華，徒爲觀美。若道路遠，決不可爲此虚飾。但多用油單裹柩，以防雨水而已。

朱子曰：某舊爲先人飾棺，考制度作帷幰。延平先生以爲不切。而今禮文覺繁多，使人難行。後聖有作，必是裁減了，方始行得。

翣，以木爲筐，如扇而方，兩角高，廣二尺，高二尺四寸，衣以白布，柄長五尺。黼翣，畫黼。黻翣，畫黻。畫翣，畫雲氣。其緣皆爲雲氣，皆畫以紫，准格。作主。程子曰：作主用栗，趺方四寸，厚寸二分，鑿之洞底以受主身。身高尺二寸，傅三寸，厚寸二分，剡上五分爲圓首。寸之下勒前爲頷而判之，❶四分居前，八分居後。頷下陷中，長六寸，廣一寸，深四分。合之植於趺下，齊竅其旁以通中。圓徑四分居三寸六分之下，下距趺面七寸二分。以粉塗其前面。○司馬温公曰：府君、夫人共爲一櫝。○按古者虞主用桑，將練而後易之以栗。今於此便作栗主以從簡便。或無栗，止用木之堅者。櫝用黑漆，且容一主。夫婦俱入祠堂，乃如司馬氏之制。

程子曰：庶母亦當爲主，但不可入廟，子當祀於私室。主之制度則一。蓋有法象，不可益損。益損則不成矣。○朱子曰：伊川制士庶不用主，只用牌子。看來牌子當如古制，只不消二片相合，及竅其旁以通中。且如今人未仕只用牌子，到任後不中，換了。若是士人只用主，亦無大利害。主式乃伊川先生所制，初非朝廷立法，固無官品之限。萬一繼世無官，亦難遽易。但繼此不當作耳。牌子亦無定制，竊意亦須似主之大小高下，但不爲判合、陷中可也。凡此皆是後賢義起之制。今復以意斟酌，於古禮未有考也。今詳伊川主式書「屬稱」，本註：「屬，謂高、曾祖考。稱，謂官或號。行如處士、秀才、幾郎、幾公之類。」如此則士庶可通用。周尺當省尺七寸五分弱。《程集》與《書儀》誤註五寸五分弱。温公圖以謂三司布帛尺，即省尺。程沙隨尺，即布帛尺。今以周尺校之布帛尺，正是七寸五分弱，然非有聲律高下之差，亦不必屑屑然也。得一書爲據足矣。

---

❶「頷」，本書卷十八《家禮一》作「額」。各有所本。

遷柩　朝祖　奠　賻　陳器　祖奠

發引前一日，因朝奠以遷柩告，設饌如朝奠，祝斟酒訖，北面跪告曰：「今以吉辰遷柩，敢告。」俛伏興。主人以下哭盡哀，再拜。蓋古有啓殯之奠，今既不塗殯，則其禮無所施。又不可全無節文，故爲此禮也。

楊氏復曰：古禮自啓殯至卒哭，更有兩變服之節。啓殯，斬衰男子括髮，婦人髽。蓋小斂括髮，髽。今啓殯亦見尸柩，故變同小斂之節也。此是一節。今既不塗殯，則亦不啓，雖不變服可也。古禮啓殯之後，斬衰男子免，至虞卒哭皆免。此又是一節。《開元禮》「主人及諸子皆去冠絰，以邪布巾帕頭」，亦放古意。《家禮》今皆不用，何也？司馬公曰：「自啓殯至于卒哭，日數甚多，若使五服之親皆不冠而袒免，恐其驚俗，故但各服其服而已。」

奉柩朝于祖。將遷柩，役者入，婦人退避。主人及衆主人輯杖立視。祝以箱奉魂帛前行，詣祠堂前。執事者奉奠及倚卓次之。銘旌次之。役者舉柩次之。主人以下從哭。男子由右，婦人由左，重服在前，輕服在後，服各爲敘。侍者在末。無服之親男居男右，女居女左。皆次主人主婦之後。婦人皆蓋頭。至祠堂前，執事者先布席。役者致柩於其上北首而出。婦人去蓋頭。祝帥執事者設靈座及奠于柩西東向。主人以下就位，立哭盡哀，止。此禮蓋象平生將出，必辭尊者也。

楊氏復曰：按《儀禮》朝祖正柩之後，遂匠始納載柩之車于階間，即《家禮》所謂大轝也。方其朝祖時，又别有輁軸。註云：「輁軸，狀如長牀。」夫輁狀如長牀，則僅可承棺。轉之以軸，輔之以人，故得以朝祖。既正柩，則用夷牀。蓋朝祖時，載柩則有輁軸，正柩則有夷牀。後世皆闕之。今但使役者舉柩，柩既重大，如何可舉？恐非謹之重之之意。若但魂帛朝于祖，亦失遷柩朝祖之本意。恐當從《儀禮》，别制輁軸以朝祖，至祠堂前正柩用夷牀北首。祝帥執事者設靈座及奠于柩西東向。主人以下就位，立哭盡哀，止。○輯，斂也，謂舉之不以拄地也。○《既夕禮》：「遷于祖，正柩于兩楹間。席升，設于柩西。奠設如初。」註：「奠設如初，東面也。不統於柩，神不西面也。不設柩東，東非神位也。」

遂遷于廳事，執事者設帷於廳事。役者入。婦人退避。祝奉魂帛導柩右旋，主人以下男女哭從如前。詣廳事。執事者布席，役者置柩于席上，南首而出。祝設靈座及奠于柩前，南向。主人以下就位坐哭，藉以薦席。乃代哭。如未斂之前。以至發引。親賓致奠賻，如初喪儀。陳器。方相在前，狂夫爲之，❶冠服如道士，執戈揚盾。四品以上，四目爲方相，以下，兩目爲魌頭。次明器、下帳、苞、筲、甖，以牀舁之。次銘旌，去跗執之。次靈車，以奉魂帛香火。次大轝，轝旁有翣，使人執之。

劉氏璋曰：司馬温公《喪禮·陳器》篇内，❷於「下帳」之下，有曰「上服」二字者，註云：「有官則公服、靴、笏、幞頭，無官則襴衫鞋履之類。」又「大轝旁有翣，貴賤有數」，庶人無之。今書雖不曾載，姑附此

---

❶「狂夫」，四庫本作「役夫」。各有所本。

❷「禮」，《書儀》作「儀」。

亦備引用。

日晡時設祖奠。饌如朝奠。祝斟酒訖，北向跪告曰：「永遷之禮，靈辰不留。今奉柩車，式遵祖道。」俛伏興。餘如朝夕奠儀。○司馬温公曰：若柩自他所歸葬，則行日但設朝奠，哭而行。至葬，乃備此及下遣奠禮。

遣　奠

厥明遷柩就轝，轝夫納大轝於中庭，脱柱上横扃。執事者徹祖奠。祝北向跪告曰：「今遷柩就轝，敢告。」遂遷靈座置傍側。婦人退避。召役夫遷柩就轝，乃載。施扃加楔，以索維之，令極牢實。主人從柩哭，降，視載。婦人哭於帷中。載畢，祝帥執事者，遷靈座于柩前，南向。

司馬温公曰：啓殯之日，備布三尺，以鍛濯灰治之布爲之。❶祝御柩，執此以指麾役者。○劉氏璋曰：《儀禮》云：「商祝拂柩用功布幠，火吴切。用夷衾。」註曰：「商祝，祝習商禮者。商人教之以敬於接神。功布，拂去棺上塵土。幠覆之，爲其形露也。夷之言尸也。夷衾，覆尸之衾也。」

乃設遣奠。饌如朝奠。有脯，惟婦人不在。奠畢。執事者徹脯納苞中，置舁牀上。遂徹奠。

楊氏復曰：高氏禮：祝跪告曰：「靈輀既駕，往即幽宅。載陳遣禮，永訣終天。」○載，謂升柩於轝也。

❶「鍛」，原作「盌」，今據《儀禮·士喪禮》鄭注改。

以新組左右束柩於轝，乃以横木楔柩足兩旁，使不動揺。

祝奉魂帛升車焚香。別以箱盛主置帛後，至是婦人乃蓋頭出帷，降階立哭。守舍者哭辭盡哀，再拜而歸，尊長則不拜。

發　引

柩行，方相等前導，如陳器之敘。主人以下男女哭步從。如朝祖之敘。出門則以白幕夾障之。尊長次之，無服之親又次之，賓客又次之。皆乘車馬。親賓或先待於墓所，或出郭哭拜辭歸。親賓設幄於郭外道旁，駐柩而奠。如在家之儀。塗中遇哀則哭。若墓遠，則每舍設靈座於柩前，朝夕哭奠。食時上食。夜則主人兄弟皆宿柩旁，親戚共守衛之。

及墓　下棺　祠后土　題木主　成墳

未至，執事者先設靈幄，在墓道西，南向，有倚卓。親賓次，在靈幄前十數步。男東女西，次北與靈幄相直，❶皆南向。婦人幄。在靈幄後壙西。方相至。以戈擊壙四隅。明器等至。陳於壙東南，北

❶「次」上，宋刻本《家禮》有「女」字。

上。靈車至。祝奉魂帛就幄座，主箱亦置帛後。遂設奠而退。酒果脯醢。柩至。執事者先布席於壙南，柩至，脱載置席上北首。執事者取銘旌，去杠，置柩上。主人男女各就位哭。主人、諸丈夫立於壙東，西向。主婦、諸婦女立於壙西幄内，東向。皆北上，如在塗之儀。賓客拜辭而歸。主人拜之。賓答拜。乃窆。先用木杠横於灰隔之上，乃用索四條穿柩底鐶，不結而下之，至杠上則抽索去之。别摺細布若生絹，兜柩底而下之。更不抽出，但截其餘棄之。若柩無鐶，即用索兜柩底，兩頭放下，至杠上，乃去索，用布如前。大凡下柩，最須詳審用力。不可誤有傾墜動摇。主人兄弟宜輟哭親臨視之，已下，再整柩衣銘旌，令平正。主人贈。玄六，纁四，各長丈八尺。主人奉置柩旁，再拜稽顙。在位者皆哭盡哀。家貧或不能具此數，則玄纁各一可也。其餘金玉寶玩，並不得入壙，以爲亡者之累。加灰隔内外蓋，先度灰隔大小，制薄板一片，旁距四牆，取令脗合。至是加於柩上，更以油灰彌之，然後旋旋少灌瀝青於其上，令其速凝，即不透板。約已厚三寸許，乃加外蓋。實以灰，三物拌匀者居下，炭末居上，各倍於底及四旁之厚。以酒灑而躡實之，恐震柩中，故未敢築，但多用之以俟其實耳。乃實土而漸築之。下土每尺許，即輕手築之，勿令震動柩中。祠后土於墓左。如前儀。祝版前同，但云：「今爲某官封謚窆兹幽宅。」「神其」後同。

劉氏璋曰：爲父母形體在此，故禮其神以安之。

藏明器等，實土及半，乃藏明器、下帳、苞、筲、甖於便房，以版塞其門。下誌石，墓在平地，則於壙内近南先布磚一重，置石其上。又以磚四圍之而覆其上。若墓在山側峻處，則於壙南數尺間掘地深四五尺,依此法埋之。復實以土而堅築之。下土亦以尺許爲準,但須密杵堅築。題主。執事者設卓子於靈座東南,西向。置硯筆墨。對卓置盥盆、帨巾如前。主人立於其前,北向。祝盥手,出主卧置卓上,使善書者盥手西向立,先題陷中。父則曰「故某官某公諱某字某第幾神主」,粉面曰「考某官封謚府君神主」。其下左旁曰「孝子某奉祀」。母則曰「故某封某氏諱某字某第幾神主」,粉面曰「妣某封某氏神主」,旁亦如之。無官封則以生時所稱爲號。題畢,祝奉置靈座,而藏魂帛於箱中以置其後。炷香斟酒,執版出於主人之右,跪讀之。日子同前。但云:「孤子某敢昭告于考某官封謚府君,形歸窀穸,神返室堂,神主既成,伏惟尊靈,舍舊從新,是憑是依。」畢,懷之。興,復位。主人再拜,哭盡哀止。母喪稱「哀子」,後放此。凡有封謚皆稱之。後皆放此。

問:夫在,妻之神主宜書何人奉祀?朱子曰:旁註施於所尊,以下則不必書也。○高氏曰:觀木主之制,旁題主祀之名,而知宗子之法不可廢也。宗子承家主祭,有君之道,諸子不得而抗焉。故禮,支子不祭,祭必告於宗子。宗子爲士,庶子爲大夫,則以上牲祭於宗子之家。其祝詞曰:「孝子某爲介子某薦其常事。」若宗子居于他國,庶子無廟,則望墓爲壇以祭,其祝詞曰:「孝子某使介子某執其常事。」若宗子死,則稱名不稱孝。蓋古人重宗如此。自宗子之法壞,而人不知所自來,以至流轉四方,往往親未絶而有不相識者,是豈教人尊祖收族之道哉!

祝奉神主升車。魂帛箱在其後。執事者徹靈座,遂行。主人以下哭從,如來儀。出墓門,尊長乘車馬,去墓百步許。卑幼亦乘車馬,但留子弟一人監視實土,以至成墳。墳高四尺,立小石碑於其前，亦高四尺，趺高尺許。司馬温公曰：按《令式》墳碑、石獸大小多寡，雖各有品數，然葬者當爲無窮之規。後世見此等物，安知其中不多藏金玉邪？是皆無益於亡者，而反有害。故《令式》又有「貴得同賤，賤不得同貴」之文。然則不若不用之爲愈也。○今按孔子防墓之封，其崇四尺，故取以爲法。用司馬公説別立小碑，但石須闊尺以上，其厚居三之二，圭首而刻其面，如誌之蓋，乃略述其世系名字行實，而刻於其左，轉及後右而周焉。婦人則俟夫葬乃立，面如夫亡誌蓋之刻云。

司馬温公曰：古人有大勳德，勒銘鍾、鼎，藏之宗廟。其葬則有豐碑以下棺耳。秦、漢以來，始命文士褒贊功德，刻之於石，亦謂之碑。降及南朝，復有銘誌，埋之墓中。使其人果大賢邪，則名聞昭顯，衆所稱頌，流播終古，不可掩蔽，豈待碑誌始爲人知。若其不賢也，雖以巧言麗詞，强加采飾，功侔吕望，德比仲尼，徒取譏笑，其誰肯信。碑猶立於墓道，人得見之。誌乃藏於壙中，自非開發莫之睹也。隋文帝子秦王俊薨，府僚請立碑。帝曰：「欲求名，一卷史書足矣，何用碑爲，徒與人作鎮石耳。」此實語也。今既不能免，依其誌文，但可直敘鄉里世家官簿始終而已。季札墓前有石，世稱孔子所篆，云：「嗚呼，有吴延陵季子之墓。」豈在多言，然後人知其賢也。今但刻姓名於墓前，人自知之耳。

反　哭

主人以下奉靈車在塗徐行哭，其反如疑，爲親在彼。哀至則哭。至家哭。望門即哭。祝奉神主入置于靈座。執事者先設靈座於故處。祝奉神主入，就位，櫝之，并出魂帛、❶箱置主後。主人以下哭于廳事。主人以下及門哭入，升自西階，哭于廳事。婦人先入，哭於堂。

朱子曰：「反哭升堂，反諸其所作也。主婦入于室，反諸其所養也」，須知得這意思，則所謂踐其位、行其禮等事行之自安，方見得繼志述事之事。○楊氏復曰：按先生此言，蓋謂古者反哭于廟。「反諸其所作」，謂「親所行禮之處」。「反諸其所養」，謂「親所饋食之處」。皆指反哭于廟而言也。先生《家禮》「反哭于廳事，婦人先入哭于堂」，又與古異者，後世廟制不立，祠堂狹隘，所謂廳事者，乃祭祀之地。主婦饋食亦在此堂也。

遂詣靈座前哭。盡哀止。有弔者拜之，如初。謂賓客之親密者既歸，待反哭而復弔。《檀弓》曰：「反哭之弔也，哀之至也。反而亡焉，失之矣。於是爲甚。」期九月之喪者，飲酒食肉，不與宴樂。小功以下，大功異居者，可以歸。

❶「櫝之并出」，宋刻本《家禮》作「也櫝之并」。

性理大全書卷之二十一

家禮四

喪禮

虞　祭葬之日，日中而虞。或墓遠，則但不出是日可也。若去家經宿以上，則初虞於所館行之。

鄭氏曰：骨肉歸于土，魂氣則無所不之，孝子爲其彷徨，三祭以安之。

朱子曰：未葬時奠而不祭，但酌酒，陳饌，再拜。虞始用祭禮。卒哭謂之吉祭。

主人以下皆沐浴。或已晚不暇，即略自澡潔可也。執事者陳器具饌。盥盆、帨巾各二於西階西，南上。❶東盆有臺，巾有架，西者無之。凡喪禮皆放此。酒瓶并架一於靈座東南，置卓子於其東，設注子及盤盞於其上。火爐、湯瓶於靈座西南，置卓子於其西，設祝版於其上。設蔬果盤盞於靈座前卓上，匕筯

❶「南」上，宋刻本《家禮》有「東」字。

居内當中，酒盞在其西，醋楪居其東，果居外，蔬居果内。實酒于瓶。設香案居堂中，炷火於香爐。束茅聚沙於香案前。具饌如朝奠，陳於堂門外之東。祝出神主于座。主人以下皆入哭。主人及兄弟倚杖於室外，及與祭者皆入哭於靈座前，其位皆北面，以服爲列。重者居前，輕者居後。尊長坐，卑幼立。丈夫處東，西上，婦人處西，東上。逐行各以長幼爲序。侍者在後。降神，祝止哭者。主人降自西階，盥手，帨手，詣靈座前焚香再拜。執事者皆盥、帨。一人開酒實于注，西面跪，以注授主人。主人跪受。一人奉卓上盤盞，東面，跪於主人之左。主人斟酒於盞，以注授執事者。左手取盤，右手執盞，酹之茅上。以盤盞授執事者。俛伏興。少退，再拜，復位。祝進饌，執事者佐之。其設之敘如朝奠。初獻，主人進詣注子卓前，執注北向立。執事者一人取靈座前盤盞立於主人之左。主人斟酒，反注於卓子上，與執事者俱詣靈座前，北向立。主人跪，執事者亦跪，進盤盞。主人受盞，三祭於茅束上，俛伏興。執事者受盞，奉詣靈座前，奠於故處。祝執版出於主人之右，西向跪讀之，前同，但云：「日月不居，奄及初虞。夙興夜處，哀慕不寧。謹以潔牲柔毛，粢盛醴齊，哀薦祫事。尚饗。」祝興。主人哭，再拜。復位，哭止。牲用豕，則曰「剛鬛」。不用牲，則曰「清酌庶羞」。祫，合也。欲其合於先祖也。亞獻，主婦爲之，禮如初。但不讀祝。四拜。終獻，親賓一人，或男或女爲之。禮如亞獻。侑食。執事者執注就添盞中酒。主人以下皆出。祝闔門。主人立於門東，西向。卑幼丈夫在其後，重行，北上。主婦立於門西，東向。卑幼婦女亦如之。尊長休於他所，如食間。

楊氏復曰：《士虞禮》：「無尸者，祝闔牖户如食間。」詳見後「四時祭」禮。

祝啓門。主人以下入哭，辭神。祝進當門，北向噫歆，告啓門三，乃啓門。主人以下入就位。執事者點茶。祝立于主人之右西向，告利成，斂主，匣之，置故處。主人以下哭，再拜，盡哀止，出就次。執事者徹。祝埋魂帛，祝取魂帛，帥執事者埋於屏處潔地。罷朝夕奠。朝夕哭，哀至，哭如初。遇柔日，再虞。乙、丁、己、辛、癸爲柔日，其禮如初虞。惟前期一日陳器具饌，厥明夙興，設蔬果酒饌。質明行事。祝出神主于座，祝詞改「初虞」爲「再虞」，「祫事」爲「虞事」爲異。若墓遠，途中遇柔日，則亦於所館行之。遇剛日，三虞。甲、丙、戊、庚、壬爲剛日，其禮如再虞。惟改「再虞」爲「三虞」，「虞事」爲「成事」。若墓遠，亦途中遇剛日，且闕之。須至家乃可行此祭。

卒哭《檀弓》曰：「卒哭曰成事。是日也，以吉祭易喪祭。」故此祭漸用吉禮。

三虞後，遇剛日卒哭，前期一日，陳器具饌。並同虞祭。惟更設玄酒瓶一於酒瓶之西。厥明夙興，設蔬果酒饌。並同虞祭。唯更取井花水充玄酒。質明，祝出主。同再虞。主人以下皆入哭，降神。並同虞祭。主人、主婦進饌，主人奉魚肉，主婦盥，帨，奉麪米食。主人奉羹，主婦奉飯以進。如虞祭之設。初獻，並同虞祭。惟祝執版出於主人之左，東向跪讀爲異。詞並同虞祭，但改「三虞」爲「卒哭」。「哀薦成事」下云：「來日隮祔于祖考某官府君。尚饗。」○按此云祖考，謂亡者之祖考也。

朱子曰：温公以虞祭讀祝於主人之右，卒哭讀祝於主人之左，蓋得禮意。○楊氏復曰：高氏《禮》，祝進讀祝文曰：❶「日月不居，奄及卒哭。叩地號天，五情糜潰。謹以清酌庶羞，哀薦成事。尚饗。」亞獻，終獻，侑食，闔門，啓門，辭神。並同虞祭。唯祝西階上，東面告利成。自是朝夕之間，哀至不哭。猶朝夕哭。主人兄弟疏食水飲，不食菜果，寢席枕木。

楊氏復曰：按古者既虞、卒哭有受服，練、祥、禫皆有受服。蓋服以表哀，哀漸殺，則服漸輕。然受服數更，近於文繁。今世俗無受服，自始死至大祥，其哀無變，非古也。《書儀》《家禮》從俗而不泥古，所以從簡。

祔《檀弓》曰：「殷既練而祔，周卒哭而祔。孔子善殷。」註曰：「期而神之，人情。」然殷禮既亡，其本末不可考。今三虞、卒哭，皆用周禮次第，則此不得獨從殷禮。

卒哭，明日而祔。卒哭之祭既徹，即陳器具饌，器如卒哭，唯陳之於祠堂。堂狹即於廳事隨便。設亡者祖考妣位於中，南向，西上。設亡者位於其東南，西向。母喪則不設祖考位。酒瓶、玄酒瓶於阼階上。火爐、湯瓶於西階上。具饌如卒哭而三分，母喪則兩分。祖妣二人以上，則以親者。○《雜記》曰：「男子祔于王父則配，女子祔于王母則不配。」註：「有事於尊者，可以及卑。有事於卑者，不敢援尊也。」

高氏曰：若祔妣，則設祖妣及妣之位，更不設祖考位。若父在而祔妣，則不可遞遷祖妣，宜別立室以藏

❶ 上「祝」，四庫本作「記」。

其主，待考同祔。若考妣同祔，則並設祖考及祖妣之位。○胡氏泳曰：高氏别室藏主之説恐未然。先生内子之喪，主只祔在祖妣之傍，此當爲據。楊復曰：父在祔妣，則父爲主，乃是夫祔妻於祖妣。三年喪畢，未遷，尚祔於祖妣。待父他日三年喪畢，遞遷祖考妣，始考妣同遷也。高氏「父在，不可遞遷祖妣」之説亦是，但别室藏主之説則非也。

厥明夙興，設蔬果酒饌。並同卒哭。質明，主人以下哭於靈座前。主人兄弟，皆倚杖于階下，入哭。盡哀止。○按此謂繼祖宗子之喪，其世嫡當爲後者主喪，乃用此禮。若喪主非宗子，則皆以亡者繼祖之宗主此祔祭。○《禮》註云：祔于祖廟，宜使尊者主之。詣祠堂，奉神主出，置于座。祝軸簾，啓櫝，奉所祔祖考之主置于座内。執事者奉祖妣之主置于座，西上。若在他所，則置于西階上卓子上，然後啓櫝。○若喪主非宗子，而與繼祖之宗異居，則宗子爲告于祖，而設虚位以祭。祭訖除之。還，奉新主入祠堂，置于座，主人以下還詣靈座所哭。祝奉主櫝詣祠堂西階上卓子上。主人以下哭從，如從柩之敘。至門止哭。祝啓櫝出主如前儀。若喪主非宗子，則唯喪主、主婦以下還迎。敘立，若宗子自爲喪主，則敘立如虞祭之儀。若喪主非宗子，則宗子、主婦分立兩階之下。喪主在宗子之右，喪主婦在宗子婦之左。長則居前，少則居後。餘亦如虞祭之儀。參神，在位者皆再拜，參祖考妣。降神。若宗子自爲喪主，則喪主行之。若喪主非宗子，則宗子行之。並同卒哭。祝進饌，並同虞祭。初獻，若宗子自爲喪主，則喪主行之。若喪主非宗子，則宗子行之。並同卒哭。但酌獻先詣祖考妣前，日子前同卒哭。祝版但云：「孝子某謹以潔牲柔毛、粢盛醴齊，適于某考某官府君，隮祔孫某官。尚饗。」皆不哭。内喪則云：「某妣某封某氏，隮祔孫婦某封某氏。」次詣亡者前。若宗子自爲喪主，則祝版同前。但云：「薦祔事于先考某官府君，適于某考某官府君。尚饗。」若喪主非宗子，則隨宗子所稱。若亡者於宗子爲卑幼，則宗子不拜。亞獻，終獻。若宗子自爲喪主，則主婦爲亞獻，親賓爲終獻。若喪主非宗子，則喪主爲亞獻，主婦爲終獻。並同卒哭及初獻儀。惟不讀祝。侑食。闔門，啓門，辭神。並同卒哭，但不哭。祝奉主各還故處。祝先納祖考妣神主于龕中，匣之。次納亡者神主西階卓子上，匣之。奉之反于靈座。出門。主人以下哭從如來儀，盡哀止。若喪主非宗子，則哭而先行。宗子亦哭送之。盡哀止。若祭於他所，則祖考妣之主亦如新主納之。

程子曰：喪須三年而祔，若卒哭而祔，則三年却都無事。禮，卒哭猶存朝夕哭。無主在寢，哭於何處？○朱子曰：古者廟有昭穆之次，昭常爲昭，穆常爲穆，故祔新死者于其祖父之廟，則爲告其祖父以當遷他廟，而告新死者以當入此廟之漸也。今公私之廟，皆爲同堂異室，以西爲上之制，而無復左昭右穆之次。一有遞遷，則群室皆遷，而新死者當入于其禰之故室矣。此乃禮之大節，與古不同。而爲禮者猶執祔于祖父之文，似無意義。然欲遂變而祔于禰廟，則又非愛禮存羊意。○楊氏復曰：司馬禮、《家禮》並是既祔之後，主復于寢，所謂「奉主各還故處」也。

小　　祥鄭氏云：祥，吉也。

朞而小祥。自喪至此，不計閏，凡十三月。古者卜日而祭，今止用初忌，以從簡易。大祥倣此。前期一日，主人以下沐浴，陳器具饌。主人率衆丈夫灑掃滌濯，主婦率衆婦女滌釜鼎，具祭饌。他皆如卒哭之禮。設次，陳練服。丈夫、婦人各設次於別所，置練服於其中。男子以練服爲冠，去首絰、負版、辟領、衰。婦人截長裙，不令曳地。應服期者改吉服，然猶盡其月不服金珠錦繡紅紫。唯爲妻者猶服禫，盡十五月而除。

楊氏復曰：按《儀禮・喪服記》載衰、負版、辟領之制甚詳，但有闕文，不言衰、負版、辟領何時而除。司馬公《書儀》云：「既練，男子去首絰、負版、辟領、衰。」故《家禮》據《書儀》云小祥去首絰、負版、辟領、衰。但《禮經》：「既練，男子除首絰，婦人除腰帶。」《家禮》於婦人成服時，並無婦人絰帶之文，此爲疎略。故既練亦不言婦人除帶。當以《禮經》爲正。

厥明夙興，設蔬果酒饌。並同卒哭。質明，祝出主。主人以下入哭。皆如卒哭。但主人倚杖於門外，與期親各服其服而入。若已除服者來預祭，亦釋去華盛之服。皆哭盡哀止。乃出就次，易服，復入哭。祝止之。降神，如卒哭。三獻，如卒哭之儀。祝版同前。但云：「日月不居，奄及小祥。夙興夜處，小心畏忌。不惰其身，哀慕不寧。敢用潔牲柔毛、粢盛醴齊，薦此常事。尚饗。」侑食，闔門，啓門，辭神。皆如卒哭之儀。止朝夕哭。惟朔望，未除服者會哭。其遭喪以來，親戚之未嘗相見者相見，雖已除服，猶哭盡哀，然後叙拜。始食菜果。

問：妻喪踰期主祭。朱子曰：此未有考。但司馬氏大、小祥祭，已除服者皆與祭。則主祭者雖已除服，亦何害於與祭乎？但不可純用吉服，須如弔服及忌日之服可也。

大　祥

再期而大祥。自喪至此，不計閏，凡二十五月，亦止用第二忌日祭。前期一日，沐浴，陳器具饌，皆如小祥。設次，陳禫服。司馬温公曰：丈夫垂脚黲、紗幞頭、黲布衫、布裹角帶，未大祥間暇以出謁者。婦人冠，梳假髻，以鵞黄、青碧、皂白爲衣履，其金珠紅繡皆不可用。

問：子爲母大祥及禫，夫已無服，其祭當如何？朱子曰：今禮，几筵必三年而除，則小祥、大祥之祭，皆夫主之。但小祥之後，夫即除服。大祥之祭，夫亦恐須素服，如巾服可也。但改其祝詞，不必言爲子而祭也。

告遷于祠堂。以酒果告，如朔日之儀。若無親盡之祖，則祝版云云。告畢改題神主，❶如加贈之儀。遞遷而西，虚東一龕以俟新主。若有親盡之祖，而其别子也，則祝版云云，告畢而遷于墓所，不埋。其支子也，而族人有親未盡者，則祝版云云，告畢遷于最長之房，使主其祭。其餘改題、遞遷如前。若親皆已盡，則祝版云云，告畢埋于兩階之間，其餘改題、遞遷如前。厥明行事，皆如小祥之儀。惟祝版改「小祥」曰「大祥」，「常事」曰「祥事」。畢，祝奉神主入于祠堂。主人以下哭從，如祔之敘。至祠堂前哭止。徹靈

❶「告畢」，宋刻本《家禮》作「使其主祭告訖」。

座，斷杖，棄之屏處。奉遷主埋于墓側。始飲酒食肉而復寢。

問：祧主。朱子曰：天子、諸侯有太廟、夾室，則祧主藏於其中。今士人家無此，祧主無可置處。《禮記》説藏於兩階間。今不得已，只埋於墓所。○李繼善問曰：納主之儀，《禮經》未見。《書儀》但言遷祠版匣於影堂，别無祭告之禮。周舜弼以爲昧然歸匣，恐未爲得。先生前云「諸侯三年喪畢皆有祭，但其禮亡，而大夫以下又不可考」。然則今當何所據耶？曰：横渠説三年後祫祭於太廟，因其告祭畢，還主之時，遂奉祧主歸於夾室，遷主、新主皆歸于其廟。此似爲得禮。鄭氏《周禮註》大宗伯享先王處，似亦有此意。而舜弼所疑，與熹所謂三年喪畢有祭者，似亦暗與之合。但既祥而徹几筵，其主且當祔于祖父之廟，俟祫畢然後遷耳。○楊氏復曰：《家禮》祔與遷，皆祥祭一時之事。前期一日，以酒果告訖，改題，遞遷而西，虚東一龕以俟新主。厥明，祥祭畢，奉神主入于祠堂。又按先生與學者書，則祔與遷是兩項事。既祥而徹几筵，其主且當祔于祖父之廟，俟三年喪畢，合祭而後遷。蓋世次迭遷，昭穆繼序，其事至重，豈可無祭告禮，但以酒果告，遽行迭遷乎？在禮，喪三年不祭。故横渠説三年喪畢，祫祭於太廟，因其祭畢還主之時，迭遷神主。用意婉轉，此爲得禮，而先生從之。或者又以大祥除喪，而新主未得祔廟爲疑。竊嘗思之：新主所以未遷廟者，正爲體亡者尊敬祖考之意。祖考未有祭告，豈敢遽遷也？况禮辨昭穆，孫必祔祖。凡合祭時孫常祔祖。今以新主且祔於祖父之廟，有何所疑？當俟告祭前一夕以薦告，遷主畢，乃題神主。厥明合祭畢，奉神主埋於墓所，奉遷主、新主各歸于廟。故並述其説，以俟參考。○高氏告祔遷祝文曰：「年月日，孝曾孫某，罪積不滅，歲及免喪。

世次迭遷，昭穆繼序。先王制禮，不敢不至。」

禫鄭氏曰：澹澹然，平安之意。

大祥之後，中月而禫。間一月也。自喪至此，不計閏，凡二十七月。

司馬温公曰：《士虞禮》「中月而禫」，鄭註云：「中，猶間也。禫，祭名也。自喪至此，凡二十七月。」按魯人有朝祥而暮歌者，子路笑之。夫子曰：「踰月則其善也。」孔子既祥，五日彈琴而不成聲，十日而成笙歌。《檀弓》曰：「祥而縞。」註：「縞冠素紕也。」又曰：「禫徙月樂。」《三年問》曰：「三年之喪，二十五月而畢。」然則所謂中月而禫者，蓋禫祭在祥月之中也。歷代多從鄭説，今律勑三年之喪，皆二十七月而除，不可違也。○朱子曰：二十五月，祥後便禫，看來當如王肅之説，於「是月禫，徙月樂」之説爲順。而今從鄭氏之説，雖是禮宜從厚，然未爲當。

前一月下旬卜日。下旬之首，擇來月三旬各一日，或丁或亥，設卓子于祠堂門外，置香爐、香合、珓、盤子于其上，西向。主人禫服，西向。衆主人次之，少退，北上。子孫在其後，重行，北上。執事者北向，東上。主人炷香熏珓，命以上旬之日，曰：「某將以來月某日，祗薦禫事于先考某官府君。尚饗。」即以珓擲于盤，以一俯一仰爲吉。不吉更命中旬之日。又不吉，則用下旬之日。主人乃入祠堂本龕前再拜。在位者皆再拜。主人焚香。祝執辭立於主人之左，跪告曰：「孝子某，將以來月某日，祗薦禫事于先考某官府君。卜既得吉，敢告。」主人再拜，降，與在位者皆再拜。祝闔門退。若不得吉，則不用「卜既得吉」一句。前期一日，沐浴，設位，陳器具饌。設神位於靈座故處，他如大祥之儀。厥明行事，皆如大祥之儀。但主人以下詣祠堂。祝奉主櫝置于西階卓子上，出主置于座。主人以下皆哭盡哀，三獻不哭。改祝版「大祥」爲「禫祭」，「祥事」爲「禫事」。至辭神乃哭盡哀。送神主至祠堂，不哭。

朱子曰：薦新告朔，吉凶相襲，似不可行，未葬可廢。既葬則使輕服或已除者入廟行禮可也。四時大祭，既葬亦不可行。如韓魏公所謂節祠者，則如薦新行之可也。又曰：家間頃年居喪，於四時正祭則不敢舉，而俗節薦享則以墨衰行之。蓋正祭三獻受胙，非居喪所可行。而俗節則唯普同一獻，不讀祝，不受胙也。○又曰：喪三年不祭。但古人居喪，衰麻之衣不釋於身，哭泣之聲不絶於口，其出入、居處、言語、飲食，皆與平日絶異，故宗廟之祭雖廢，而幽明之間兩無憾焉。今人居喪與古人異，卒哭之後，遂墨其衰，凡出入、居處、言語、飲食，與平日之所爲皆不廢也，而獨廢此一事，恐亦有所未安。竊謂欲處此義者，但當自省所以居喪之禮，果能始卒一一合於《曲禮》，即廢祭無可疑。若他時不免墨衰出入，或其他有所未合者尚多，即卒哭之前，不得已準禮且廢；卒哭之後，可以略倣《左傳》杜註之説，遇四時祭日，以衰服特祀於几筵，用墨衰常祀於家廟可也。○楊氏復曰：先生以子喪，不舉盛祭，就祠堂内致薦，用深衣、幅巾，祭畢反喪服，哭奠子則至慟。

居喪雜儀

《檀弓》曰：「始死，充充如有窮。既殯，瞿瞿如有求而弗得。既葬，皇皇如有望而弗至。

練而慨然，祥而廓然。」「顏丁善居喪。始死，皇皇如有求而弗得。及殯，望望焉如有從而弗及。既葬，慨然如不及其反而息。」《雜記》：「孔子曰：少連、大連善居喪。三日不怠，三月不解，期悲哀，三年憂。」《喪服四制》曰：「仁者可以觀其愛焉。知者可以觀其理焉。彊者可以觀其志焉。禮以治之，義以正之。孝子、弟弟、貞婦，皆可得而察焉。」《曲禮》曰：「居喪未葬，讀喪禮。既葬，讀祭禮。喪復常，讀樂章。」《檀弓》曰：「大功廢業，或曰，大功誦可也。」今居喪但勿讀樂章可也。《雜記》：「三年之喪，言而不語，對而不問。」言，言己事也。爲人說爲語。《喪大記》：「父母之喪，非喪事不言。」「既葬，與人立，君言王事，不言國事。大夫、士言公事，不言家事。」《檀弓》：「高子皋執親之喪，未嘗見齒。」言笑之微。《雜記》：「疏衰之喪，既葬，人請見之則見，不請見人。小功請見人可也。」又：「凡喪，小功以上，非虞、祔、練、祥，無沐浴。」《曲禮》：「頭有創則沐，身有瘍則浴。」《喪服四制》：「百官備，百物具。不言而事行者，扶而起。言而後事行者，杖而起。身自執事而後行者，面垢而已。」凡此皆古禮。今之賢孝君子，必有能盡之者，自餘相時量力而行之可也。

致賻奠狀

具位姓某

某物若干

右謹專送上某人靈筵，聊備賻儀，香茶酒食云「奠儀」。伏惟歆納。謹狀。　年月日具位

姓某狀。

封皮：狀上某官靈筵，具位姓某謹封。

劉氏璋曰：司馬公《書儀》云：亡者官尊，其儀乃如此。若平交及降等，即狀内無年，封皮上用面簽題曰「某人靈筵」，下云「狀謹封」。

謝　狀三年之喪，未卒哭，只令子姪發謝書。

具位姓某

某物若干

右伏蒙尊慈，以某發書者名。某親違世，大官云「薨没」。特賜賻儀。襚奠隨事。下誠平交不用此二字。不任哀感之至。謹具狀上謝。謹狀。餘並同前，但封皮不用「靈筵」二字。

劉氏璋曰：司馬公云：此與所尊敬之儀。如平交則狀内改「尊慈」爲「仁私」，「賜」爲「貺」，去「下誠」字。後云：「謹奉狀陳謝，謹狀。」無年。封皮上用面簽題云「某人」，下云「狀謹封」。

慰人父母亡疏慰嫡孫承重者同。

某頓首再拜言：降等止云「頓首」，平交但云「頓首言」。不意凶變，亡者官尊，即云「邦國不幸」。後皆放此。先某位，無官即云「先府君」，有契即加「幾丈」於「某位府君」之上。○母云「先某封」，無封即云「先夫人」。○承重則云「尊祖考某位，尊祖妣某封」，餘並同。奄棄榮養。亡者官尊，即云「奄捐館舍」，或云「奄忽薨逝」。母封至夫人者，亦云「薨逝」，若生者無官，即云「奄違色養」。承訃驚怛，不能已已。伏惟平交云「恭惟」，降等云「緬惟」。孝心純至，思慕號絶，何可堪居？日月流邁，遽踰旬朔。經時即云「已忽經時」，已葬即云「遽經襄奉」。卒哭、小祥、大祥、禫除各隨其時。哀痛奈何，罔極奈何。不審自罹荼毒，父在母亡，即云「憂苦」。氣力何如？平交云「何似」。伏乞平交云「伏願」，降等云「惟冀」。强加餰粥，已葬則云「疏食」。俯從禮制。某役事所縻，在官即云「職業有守」。未由奔慰。其於憂戀，無任下誠。平交已下，但云「未由奉慰，悲係增深」。謹奉疏。平交云「狀」。伏惟鑑察，平交以下，去此四字。不備，謹疏。平交云「不宣，謹狀」。月日，具位降等用郡望。姓某疏上平交云「狀」。某官大孝。苦前。母亡即云「至孝」。平交以下云「苦次」。封皮：疏上某官大孝，苦前。具位姓某謹封。降等即用面簽云：「某官大孝苦次。郡望姓名狀謹封。」若慰人母亡即云「至孝」。

劉氏璋曰：裴儀云：父母亡，日月遠云「哀前」，平交已下云「哀次」。劉儀云：百日内云「苦次」，百日外

「服次」。如尊則稱「苦前」「服前」。今從劉儀。

重封：疏上平交云「狀」。某官，具位姓某謹封。

父母亡答人慰疏嫡孫承重者同。

某稽顙再拜言：降等云「叩首」，去「言」字。

劉氏璋曰：劉儀：「某叩頭泣血言。」按：「稽顙而後拜」，以頭觸地曰稽顙。三年之禮也，雖於平交、降等者亦如此，但去「言」字。何則？古禮受弔必拜之，不問幼賤故也。

某罪逆深重，不自死滅，禍延先考。母云「先妣」，承重則祖父云「先祖考」，祖母云「先祖妣」。攀號擗踊，五內分崩。叩地叫天，無所逮及。日月不居，奄踰旬朔。隨時同前。酷罰罪苦，父在母亡，即云「偏罰罪深」，父先亡則母與父同。無望生全。即日蒙恩，平交以下去此四字。祗奉几筵，苟存視息。伏蒙尊慈，俯賜慰問，哀感之至，無任下誠。平交云：「仰承仁恩，俯垂慰問。其爲哀感，但切下懷。」降等云：「特承慰問，哀感良深。」○司馬溫公曰：凡遭父母喪，知舊不以書來弔問，是無相恤之心。於禮不當先發書。不得已，須至先發，即刪此四句。未由號訴，不勝隕絶。謹奉疏。降等云「狀」。荒迷不次，謹疏。降等云「狀」。月日，孤子母喪稱「哀子」。俱亡即稱「孤哀子」。承重者稱「孤孫」「哀孫」「孤哀孫」。姓名疏上某位。座前謹空。○平交以下去此二字。

朱子曰：父喪稱「孤子」，母喪稱「哀子」。温公所稱，蓋因今俗以別父母，不欲混并之也。且從之，亦無害。

封皮、重封並同前。但改「具位」爲「孤子」。

慰人祖父母亡啓狀謂非承重者。伯叔父母姑、兄姊弟妹、妻子姪孫同。

某啓。不意凶變，子孫不用此句。尊祖考某位奄忽違世。祖母曰「尊祖妣某封」。無官封有契，已見上。○伯叔父母姑，即加「尊」字。兄姊弟妹加「令」字。降等皆加「賢」字。若彼一等之親有數人，即加行第云「幾某位」。無官云「幾府君」。有契即加「幾丈」「幾兄」於「某位府君」之上。姑、姊妹則稱以夫姓云「某宅尊姑、令姊妹」。○妻則云「賢閤某封」。無封則但云「賢閤」。○子即云「伏承令子幾某位」，姪、孫並同。降等則曰「賢」。無官者稱「秀才」。承訃驚怛，不能已已。妻改「怛」爲「愕」。子孫但云「不勝驚怛」。伏惟恭惟、緬惟見前。孝心純至，哀慟摧裂，何可勝任！伯叔父母姑云「親愛加隆，哀慟沉痛，何可堪勝」。○兄姊弟妹則云「友愛加隆」。○妻則云「伉儷義重，悲悼沉痛」。○子姪孫則云「慈愛隆深，悲慟沉痛」。餘與伯叔父母姑同。孟春猶寒，寒温隨時。不審尊體何似？稍尊云「動止何如」，降等云「所履何似」。伏乞平交以下如前。深自寬抑，以慰慈念。其人無父母即但云「遠誠」，連書不上平。某事役所縻，在官如前。未由趨慰。其於憂想，無任下誠。平交以下如前。謹奉狀，伏惟鑑察。平交如前。不備，平交如前。謹狀。月日，具位姓名狀上某位服前。❶平交云「服次」。

封皮、重封同前。

祖父母亡答人啓狀謂非承重者。伯叔父母姑、兄姊弟妹、妻子姪孫同。

某啓家門凶禍。伯叔父母姑、兄姊弟妹云「家門不幸」。○妻云「私家不幸」。○子姪孫云「私門不幸」。先祖考祖母云「先祖妣」。○伯叔父母云「幾伯叔父母」。○姑云「幾家姑」。○兄姊云「幾家兄」「幾家姊」。○弟妹云「幾舍弟」「幾舍妹」。○妻云「室人」。○子云「小子某」。○姪云「從子某」。○孫曰「幼孫某」。奄忽棄背。兄弟以下云「喪逝」。○子姪孫云「遽爾夭折」。痛苦摧裂，不自勝堪。伯叔父母姑、兄姊弟妹云「摧痛酸苦，不自堪忍」。○妻改「摧痛」爲「悲悼」。○子姪孫改「悲悼」爲「悲念」。伏蒙尊慈，特賜慰問，哀感之至，不任下誠。平交降等如前。孟春猶寒，寒温隨時。伏惟恭惟、緬惟如前。某位尊體起居萬福。平交不用「起居」。降等但云「動止萬福」。某即日侍奉，無父母即不用此句。幸免他苦。未由面訴，徒增哽塞。謹奉狀上平交云「陳」。謝，不備，平交如前。謹狀。月日某郡姓名狀上某位。座前謹空。平交如前。

❶「服前」，原爲小注，今據宋刻本《家禮》改。

封皮、重封如前。

劉氏璋曰：司馬公云：自伯叔父母以下，今人多只用平時往來啓狀，止於小簡中言之。雖亦可行，但裴儀舊有此式。古人風義敦篤當如此，不敢輒刪。

祭　禮

四　時　祭

司馬温公曰：《王制》：「大夫、士有田則祭，無田則薦。」註：「祭以首時，薦以仲月。」○高氏曰：何休云：「有牲曰祭，無牲曰薦。大夫牲用羔，士牲特豚。庶人無常牲，春薦韭，夏薦麥，秋薦黍，冬薦稻。韭以卵，麥以魚，黍以豚，稻以鴈。取其新物相宜。凡庶羞不踰牲。若祭以羊，則不以牛爲羞也。」今人鮮用牲，唯設庶羞而已。

時祭用仲月，前旬卜日。孟春下旬之首，擇仲月三旬各一日，或丁或亥。主人盛服立於祠堂中門外，西向。兄弟立於主人之南，少退，北上。子孫立於主人之後，重行西向，北上。置卓子於主人之前。設香爐、香合、珓珓及盤於其上。主人搢笏，焚香薰珓，而命以上旬之日曰：「某將以來月某日，諏此歲事，適其祖考。尚饗。」即以珓擲于盤，以一俯一仰爲吉。不吉，更卜中旬之日。又不吉，則不復卜，而直用下旬之日。既得日，祝開中門，主人以下北向立，如朔望之位。皆再拜。主人升，焚香再拜。祝執詞跪于主人之左，讀曰：「孝孫某，將以來月某日，祗薦歲事于祖考。卜既得吉，敢告。」用下旬日，則不言「卜既得吉」。主人再拜。降，復位。與在位者皆再拜。祝闔門。主人以下復西向位，執事者立于門西，皆東面，北上。祝立于主人之右，命執事者曰：「孝孫某將以來月某日，祗薦歲事于祖考。有司具脩。」執事者應曰：「諾。」乃退。

司馬温公曰：孟詵《家祭儀》，用二至、二分。然今仕宦者職業既繁，但時至事暇可以祭，則卜筮，亦不必亥日及分、至也。若不暇卜日，則止依孟儀用分、至，於事亦便也。○問：舊嘗收得先生一本《祭儀》，時祭皆用卜日，今聞却用二至、二分祭，是如何？朱子曰：卜日無定，慮有不虔。司馬公云，只用分、至亦可。

前期三日齊戒。前期三日，主人帥衆丈夫致齊于外。主婦帥衆婦女致齊于內。沐浴更衣，飲酒不得至亂，食肉不得茹葷，不弔喪，不聽樂。凡凶穢之事皆不得預。

司馬温公曰：主婦，主人之妻也。禮，舅没則姑老不與於祭。主人、主婦必使長男、長婦爲之。若或自欲與祭，則特位於主婦之前。參神畢，升立於酒壺之北，監視禮儀。或老疾不能久立，則休於他所，俟受胙，復來受胙辭神而已。○劉氏璋曰：《祭義》云：「齊之日，思其居處，思其笑語，思其志意，思其所樂，思其所嗜。齊三日，乃見其所以爲齊者。」專致思於祭祀也。

前一日設位陳器。主人帥衆丈夫深衣，及執事灑掃正寢，洗拭倚卓，務令蠲潔。設高祖考妣位於堂西北壁下，南向。考西妣東，各用一倚一卓而合之。曾祖考妣、祖考妣、考妣以次而東，皆如高祖之位。世各爲位，不屬祔位，皆於東序，西向北上，或兩序相向，其尊者居西。妻以下，則於階下。設香案於堂中，置香爐、香合於其上。束茅聚沙於香案前，及逐位前地上。設酒架於東階上，别置卓子於其東。設酒注一、酹酒盞一、盤一、受胙盤一、匕一、巾一、茶合、茶筅、茶盞托、鹽楪、醋瓶於其上。火爐、湯瓶、香匙、火筯於西階上。别置卓子於其西。設祝版於其上。設盥盤、帨巾各二於阼階下之東，其西者有臺架。又設陳饌大牀于其東。

問：今人不祭高祖，如何？程子曰：高祖自有服，不祭甚非，某家却祭高祖。又曰：自天子至於庶人，五服未嘗有異，皆至高祖。服既如是，祭祀亦須如是。○朱子曰：考諸程子之言，則以爲高祖有服，不可不祭，雖七廟、五廟，亦止於高祖。雖三廟、一廟，以至祭寢，亦必及於高祖。但有疏數之不同耳。疑此最爲得祭祀之本意。今以祭法考之，雖未見祭必及高祖之文，然有月祭、享嘗之别，則古者祭祀以遠近爲疏數，亦可見矣。禮家又言：「大夫有事，省於其君，干祫及其高祖。」此則可爲立三廟而祭及高祖之驗。○古人宗子承家主祭，仕不出鄉，故廟無虚主，而祭必於廟。惟宗子越在他國，則不得祭，而庶子居者代之，祝曰：「孝子某使介子某執其常事。」然猶不敢入廟，特望墓爲壇以祭。蓋其尊祖敬宗之嚴如此。今人主祭者遊宦四方，或貴仕於朝，又非古人越在他國之比。則以其田禄，脩其薦享，尤不可闕。不得以身去國，而使支子代之也。泥古則闊於事情，徇俗則無所品節。必欲酌其中制，適古今之宜，則宗子所在，奉二主以從之，於事爲宜。蓋上不失萃聚祖考精神之義，二主常相從，則精神不分矣。下使宗子得以田禄薦享祖宗，處禮之變而不失其中。所謂「禮雖先王未之有，可以義起」者，蓋如此。但支子所得自主之祭，則當留以奉祀，不得隨宗子而徙也。或謂留影於家，奉祠版而行，恐精神分散，非鬼神所安。而支子私祭上及高、曾，又非所以嚴大宗之正也。○兄弟異居，廟初不異，只合兄祭，而弟與執事，或以物助之爲宜。而相去遠者，則兄家設主，弟不立主，只於祭時旋設位，以紙榜標記逐位，祭畢焚之。如此似亦得禮之變也。

省牲，滌器，具饌。主人帥衆丈夫深衣，省牲莅殺。主婦帥衆婦女背子，滌濯祭器，潔釜鼎，具祭饌。每位果六品，蔬菜及脯醢各三品，肉、魚、饅頭、糕各一盤，羹、飯各一椀，肝各一串，肉各二串。務令精潔，未祭之前，勿令人先食，及爲猫犬蟲鼠所污。

朱子嘗書戒子塾曰：吾不孝，爲先公棄捐，不及供養。事先妣四十年，然愚無識知，所以承顔順色，甚有乖戾。至今思之，常以爲終天之痛，無以自贖。惟有歲時享祀致其謹潔，猶是可著力處。汝輩及新婦等切宜謹戒。凡祭肉臠割之餘，及皮毛之屬，皆當存之，勿令殘穢褻慢，以重吾不孝。○劉氏璋曰：往者士大夫家，婦女皆親滌祭器，造祭饌，以供祭祀。近來婦女驕倨，不肯親入庖廚。雖家有使令之人效役，亦須身親監視，務令精潔。按古禮有省牲、陳祭器等儀。今人祭其先祖，未必皆殺牲。司馬公《祭儀》用時蔬、時果各五品。膾、生肉。炙、乾肉。羹、炒肉。殽、骨頭。軒、音獻，白肉。脯、乾脯。醢、肉醬。庶羞、珍異之味。麪食、餅、饅頭之類。米食，糍糕之類。共不過十五品。今先生品饌異同者，蓋恐一時不能辦集，或家貧則隨鄉土所有，惟蔬果肉麪米食數器亦可。祭器簠簋、籩豆、鼎俎、罍洗之類，豈私家所有？但用平日飲食之器，滌濯嚴潔，竭其孝敬之心，亦足矣。

厥明夙興，設蔬果酒饌。主人以下深衣，及執事者俱詣祭所，盥手，設果楪於逐位卓子南端，蔬菜、脯醢相間次之。設盞盤醋楪于北端，盞西楪東，匙筯居中。設玄酒及酒各一瓶於架上。玄酒，其日取井花水充，在酒之西。熾炭于爐，實水于瓶。主婦背子，炊煖祭饌皆令極熱，以合盛出，置東階下大牀上。質明，奉主就位。主人以下各盛服，盥手，帨手，詣祠堂前。衆丈夫敘立，如告日之儀。主婦西階下北向立。主人有母則特位於主婦之前，諸伯叔母、諸姑繼之。嫂及弟婦、姊妹在主婦之左，其長於主母、主婦者皆少進。子孫婦女、内執事者在主婦之後，重行，皆北向東上立定。主人升自阼階，搢笏焚香，出笏告曰：「孝孫某，今以仲春之月，有事于高祖考某官府君、高祖妣某封某氏、曾祖考某官府君、曾祖妣某封某氏、祖考某官府君、祖妣某封某氏、考某官府君、妣某封某氏。以某親某官府君、某親某封某氏祔食。敢請神主出就正寢，恭伸奠獻。」告辭仲夏秋冬各隨其時。祖考有無官爵封謚，皆如題主之文。祔食，謂旁親無後者，及早逝先亡者。無即不言。告訖，搢笏斂櫝。正位、祔位各置一笥，各以執事者一人捧之。主人出笏前導，主婦從後，卑幼在後，至正寢，置于西階卓子上。主人搢笏啓櫝，奉諸考神主出就位。主婦盥，帨，升，奉諸妣神主亦如之。其祔位則子弟一人奉之。既畢，主人以下皆降，復位。參神，主人以下敘立如祠堂之儀。立定，再拜。若尊長老疾者，休於他所。

司馬温公曰：古之祭者不知神之所在，故灌用鬱鬯，臭陰達于淵泉；蕭合黍稷，臭陽達于牆屋。所以廣求神也。今此禮既難行於士民之家，故但焚香酹酒以代之。○北溪陳氏曰：廖子晦廣州所刊本，「降神」在「參神」之前，不若臨漳傳本「降神」在「參神」之後爲得之。蓋既奉主於其位，則不可虛視其主，而必拜而肅之，故參神宜居於前。至灌則又所以爲將獻而親饗其神之始也，故降神宜居於後。然始祖、先祖之祭，只設虛位而無主，則又當先降而後參，亦不容以是爲拘。

降神，主人升，搢笏焚香，出笏，少退立。執事者一人開酒，取巾拭瓶口，實酒于注。一人取東階桌子上盤盞立于主人之左，一人執注立于主人之右，主人搢笏，跪。奉盤盞者亦跪，進盤盞，主人受之。執注者亦跪，斟酒于盞。主人左手執盤，右手執盞，灌于茅上，以盤盞授執事者，出笏，俛伏興，再拜，降復位。

問：既奠之酒，何以置之？程子曰：古者灌以降神，故以茅縮酌，謂求神於陰陽有無之間，故酒必灌於地。若謂奠酒，則安置在此。今人以澆在地上，甚非也。既獻則徹去可也。○張子曰：奠酒。奠，安置也。若言奠摯、奠枕是也，謂注之於地，非也。○朱子曰：酹酒有兩説。一用鬱鬯灌地以降神，則惟天子、諸侯有之。一是祭酒。蓋古者飲食必祭，今以鬼神自不能祭，故代之祭也。今人雖存其禮而失其義，不可不知。○問：酹酒是少傾，是盡傾？曰：降神是盡傾。○楊氏復曰：此四條，降神酹酒是盡傾。三獻奠酒，不當澆之於地。《家禮》初獻，取高祖妣盞祭之茅上者，代神祭也。禮，祭酒少傾於地，祭食於豆間，皆代神祭也。

進饌，主人升，主婦從之。執事者一人以盤奉魚肉，一人以盤奉米麪食，一人以盤奉羹飯從升。至高祖位前，主人搢笏，奉肉奠于盤盞之南，主婦奉麪食奠于肉西。主人奉魚奠于醋楪之南，主婦奉米食奠于魚東。主人奉羹奠于醋楪之東，主婦奉飯奠于盤盞之西。主人出笏，以次設諸正位，使諸子弟婦女各設祔位。皆畢，主人以下皆降復位。**初獻**，主人升詣高祖位前，執事者一人執酒注立于其右。冬月即先煖之。主人搢笏，奉高祖考盤盞，位前東向立。執事者西向斟酒于盞，主人奉之，奠于故處。次奉高祖妣盤盞亦如之。出笏，位前北向立。執事者二人奉高祖考妣盤盞立于主人之左右，主人搢笏跪，執事者亦跪，主人受高祖考盤盞，右手取盞祭之茅上，以盤盞授執事者，反之故處。受高祖妣盤盞亦如之。出笏，俛伏興，少退立。執事者炙肝于爐，以楪盛之，兄弟之長一人奉之，奠于高祖考妣前匙筯之南。祝取版立於主人之左，跪讀曰：「維年歲月朔日子，孝玄孫某官某，敢昭告于高祖考某官府君、高祖妣某封某氏。氣序流易，時維仲春。追感歲時，不勝永慕。敢以潔牲柔毛、牲用彘則曰「剛鬣」。粢盛醴齊，祗薦歲事。以某親某官府君、某親某封某氏祔食。尚饗。」畢，興，主人再拜，退詣諸位，獻祝如初。每逐位讀祝畢，即兄弟衆男之不爲亞、終獻者，以次分詣本位所祔之位，酌獻如儀，但不讀祝。獻畢皆降復位。執事者以他器徹酒及肝，置盞故處。○曾祖前稱「孝曾孫」，考前稱「孝子」，改「不勝永慕」爲「昊天罔極」。○凡祔者，伯叔祖父祔于高祖，伯叔父祔于曾祖，兄弟祔于祖，子孫祔于考，餘皆倣此。如本位無，即不言以某親祔食。○祖考無官，及改夏秋冬字，皆已見上。

楊氏復曰：司馬公《書儀》：「主人升自阼階，詣酒注所，西向立。執事一人左手奉曾祖考酒盞，右手奉曾祖妣酒盞，一人奉祖考妣酒盞，一人奉考妣酒盞，皆如高祖考妣之次，就主人所。主人搢笏執注，以次斟酒。執事者奉之徐行，反置故處。主人出笏，詣曾祖考妣神座前，北向。執事者一人奉曾祖考酒盞立于主人之左，一人奉曾祖妣酒盞立于主人之右，主人搢笏，跪取曾祖考妣酒酹之，授執事者盞，反故處。乃讀祝。」此其禮與虞禮同。《家禮》則「主人升詣神位前，主人奉祖考妣盤盞，一人執注立于其右斟酒」，此則與虞禮異。竊詳虞禮神位惟一，時祭則神位多。《家禮》：「主人升詣神位前，奉盤盞位前東向立。執事者斟酒，主人奉之奠于故處。次奉祖妣盤盞亦如之。」如此則禮嚴而意專。若《書儀》則時祭與虞祭同，主人詣酒注卓子前，執事者左右手奉兩盤盞，則其禮不嚴；主人執注盡斟諸神位酒，則其意不專。此《家禮》所以不用《書儀》之禮，而又以義起之也。

亞獻，主婦爲之，諸婦女奉炙肉及分獻，如初獻儀，但不讀祝。

朱子曰：祭禮，主人作初獻。未有主婦，則弟得爲亞獻，弟婦爲終獻。○楊氏復曰：按亞獻如初儀，潮州所刊《家禮》云：「惟不祭酒于茅。」潮本所云「不祭酒于茅」是乎？曰：所謂祭酒于茅者，爲神祭也。古者飲食必祭，及祭祖考、祭外神亦爲神祭。少牢饋食禮，主人初獻尸，尸祭酒而後啐酒，卒爵。主婦亞獻尸，尸祭酒而後卒爵。賓長三獻尸，尸祭酒而後卒爵。士虞特牲禮亦然。凡三獻，尸皆祭酒，爲神祭也。鄉射、大射，獲者獻侯，先右箇，次中，次左箇，皆祭酒，爲侯祭也。以此觀之，三獻皆當祭酒于茅。潮本蓋或者以意改之，故與他本不同，失之矣。

終獻，兄弟之長，或長男，或親賓爲之。衆子弟奉炙肉及分獻，如亞獻儀。侑食，主人升，搢笏執注，就斟諸位之酒，皆滿，立於香案之東南。主婦升，扱匙飯中西柄，正筯，立于香案之西南。皆北向，再拜，降復位。闔門，主人以下皆出，祝闔門。無門處即降簾可也。主人立於門東，西向，衆丈夫在其後。主婦立於門西，東向，衆婦女在其後。如有尊長，則少休於他所，此所謂厭也。

楊氏復曰：《士虞禮》：「無尸者，祝闔牖户如食間。」註：「如尸一食九飯之頃也。」又曰：「祝聲三啓户。」註：「聲者，噫歆也。」今祭既無尸，故須設此儀。

啓門，祝聲三噫歆，乃啓門，主人以下皆入，其尊長先休于他所者亦入就位。主人、主婦奉茶，分進于考妣之前。祔位使諸子弟、婦女進之。受胙，執事者設席于香案前，主人就席北面。祝詣高祖考前，舉酒盤盞詣主人之右。主人跪，祝亦跪。主人搢笏受盤盞，祭酒，啐酒。祝取匙并盤，抄取諸位之飯各少許，奉以詣主人之左，嘏于主人曰：「祖考命工祝承致多福于汝孝孫，來汝孝孫，使汝受禄于天，宜稼于田，眉壽永年，勿替引之。」主人置酒于席前，出笏，俛伏興，再拜。搢笏，跪受飯，嘗之，實于左袂，掛袂于季指，取酒卒飲。執事者受盞自右置注旁，受飯自左亦如之。主人執笏，俛伏興，立於東階上，西向。祝立於西階上，東向，告利成，降復位，與在位者皆再拜。主人不拜，降復位。

劉氏璋曰：韓魏公《家祭》云：凡祭，飲福受胙之禮，久已不行。今但以祭餘酒饌，命親屬長幼分飲食之可也。

辭神，主人以下皆再拜。納主，主人、主婦皆升，各奉主納于櫝。主人以笥斂櫝，奉歸祠堂，如來儀。徹，主婦還監，徹酒之在盞注他器中者，皆入于瓶，緘封之，所謂福酒。果蔬肉食並傳于燕器。主婦監滌祭器而藏之。餕。是日主人監分祭胙，品取少許置于合，并酒皆封之，遣僕執書歸胙於親友。遂設席，男女異處，尊行自爲一列，南面，自堂中東西分。首若止一人，則當中而坐，其餘以次相對，分東西向。尊者一人先就坐，衆男敘立，世爲一行，以東爲上，皆再拜。子弟之長者一人少進立。執事者一人執注立于其右，一人執盤盞立于其左。獻者搢笏跪，弟獻則尊者起立，子姪則坐。受注斟酒，反注受盞，祝曰：「祀事既成，祖考嘉饗。伏願某親，備膺五福，保族宜家。」授執盞者，置于尊者之前，長者出笏，尊者舉酒畢，長者俛伏興，退復位，與衆男皆再拜。尊者命取注及長者之盞置于前，自斟之，祝曰：「祀事既成，五福之慶，與汝曹共之。」命執事者以次就位，斟酒皆徧。長者進跪受飲畢，俛伏興，退立。衆男進揖，退立飲。長者與衆男皆再拜。諸婦女獻女尊長於內，如衆男之儀，但不跪。既畢，乃就坐，薦肉食。諸婦女詣堂前獻男尊長壽，男尊長酢之如儀。衆男詣中堂獻女尊長壽，女尊長酢之如儀。乃就坐，薦麪食。內外執事者各獻內外尊長壽，如儀而不酢。遂就斟在坐者徧，侯皆舉，乃再拜退。遂薦米食，然後泛行酒，間以祭饌。酒饌不足，則以他酒他饌益之。將罷，主人頒胙于外僕，主婦頒胙于内執事者，徧及微賤，其日皆盡。受者皆再拜。乃徹席。

楊氏復曰：司馬温公《書儀》曰：「禮，祭事既畢，兄弟及賓迭相獻酬，有無算爵，所以因其接會，使之交恩，定好，優勸之。」今亦取此儀。

凡祭，主於盡愛敬之誠而已。貧則稱家之有無，疾則量筋力而行之。財力可及者，自當如儀。

初　祖惟繼始祖之宗得祭。

問：始祖之祭。朱子曰：古無此，伊川先生以義起。某當初也祭，後來覺得似僭，今不敢祭。○始祖之祭似禘，先祖之祭似祫，今皆不敢祭。

冬至祭始祖。程子曰：此厥初生民之祖也。冬至一陽之始，故象其類而祭之。前期三日齊戒，如時祭之儀。前期一日設位，主人、衆丈夫深衣，帥執事者灑掃祠堂，滌濯器具，設神位於堂中間北壁下，設屏風於其後，食牀於其前。陳器，設火爐於堂中，設炊亨之具于東階下。盥東，炙具在其南。束茅以下，並同時祭。主婦、衆婦女背子，帥執事者滌濯祭器，潔釜鼎，具果楪六、盤三、杅六、小盤三，盞盤匙筯各二，脂盤一，酒注、酹酒盤盞一，受胙盤、匙一。○按此本合用古祭器，今恐私家或不能辦，且用今器，以從簡便。神位用蒲薦加草席，皆有緣，或用紫褥，皆長五尺，闊二尺有半。屏風如枕屏之制，足以圍席三面。食牀以版爲面，長五尺，闊三尺餘，四圍亦以版，高一尺二寸，二寸之下乃施版，面皆黑漆。具饌。晡時殺牲，主人親割毛血爲一盤，首、心、肝、肺爲一盤，脂雜以蒿爲一盤，皆腥之。左胖不用，右胖前足爲三段，脊爲三段，脅爲三條，後足爲三段，去近竅一節不用。凡十二體。飯米一杆，置于一盤。蔬果各六品。切肝一小盤，切肉一小盤。厥明夙興，設蔬果酒饌。主人深衣，帥執事者設玄酒瓶及酒瓶于架上，酒注、酹酒盤盞、受胙盤匙各一於東階卓子上，祝版及脂盤于西階桌子上，匙筯各一於食牀北端之東西，相去二尺五寸，盤盞各一於筯西。果在食牀南端，蔬在其北。毛血腥盤切肝肉皆陳於階下饌牀上。米實階下炊具中，十二體實烹具中，以火爨而熟之，盤一杆六，置饌牀上。質明，盛服就位。如時祭儀。降神，參神，主人盥，升，奉脂盤詣堂中爐前，跪告曰：「孝孫某，今以冬至，有事于始祖考、始祖妣，敢請尊靈降居神位，恭伸奠獻。」遂燎脂于爐炭上，俛伏興，少退立，再拜。執事者開酒，主人跪，酹酒于茅上，❶如時祭之儀。

劉氏璋曰：茅盤用甆匾盂，廣一尺餘，或黑漆小盤，截茅八寸餘作束，束以紅，立于盤內。

進饌，主人升詣神位前。執事者奉毛血腥肉以進，主人受，設之于蔬北西上。執事者出熟肉置于盤，奉以進，主人受，設之腥盤之東。執事者以杆二盛飯，杆二盛肉湆不和者，又以杆二盛肉湆以菜者，奉以進，主人受，設之，飯在盞西，大羹在盞東，鉶羹在大羹東。皆降復位。初獻，如時祭之儀。但主人既俛伏興，兄弟炙肝加鹽，實于小盤以從。祝詞曰：「維年歲月朔日子，孝孫姓名，敢昭告于初祖考、初祖妣。今以中

❶「酒于茅上」，宋刻本《家禮》無此四字。

冬，陽至之始，追惟報本，禮不敢忘。謹以潔牲柔毛，粢盛醴齊，祗薦歲事。尚饗。」亞獻，如時祭之儀。但衆婦炙肉加鹽以從。終獻，如時祭及上儀。侑食，闔門，啓門，受胙，辭神，徹，餕。並如時祭之儀。

先祖繼始祖、高祖之宗得祭。繼始祖之宗則自初祖而下，繼高祖之宗則自先祖而下。

立春祭先祖，程子曰：初祖以下，高祖以上之祖也。立春生物之始，故象其類而祭之。前三日齊戒，如祭始祖之儀。前一日設位，陳器如祭初祖之儀。但設祖考神位于堂中之西，祖妣神位于堂中之東。蔬果楪各十二，大盤六，小盤六。餘並同。

問：《祭禮·立春》云：「祭高祖而上，只設二位。若古人祫祭，須是逐位祭。」朱子曰：本是一氣，若祠堂中各有牌子則不可。○諸侯有四時之祫，畢竟是祭有不及處方如此。如春秋有事于太廟，太廟便是群祧之主皆在其中。

具饌。如祭初祖之儀。但毛血爲一盤，首心爲一盤，肝肺爲一盤，脂膋爲一盤。切肝兩小盤，切肉四小盤。餘並同。厥明夙興，設蔬果酒饌。如祭初祖之儀。但每位匙筯各一，盤盞各二，置階下饌牀上。餘並同。質明盛服就位，降神，參神，如祭始祖之儀。但告詞改「始」爲「先」。餘並同。進饌，如祭初祖之儀。但先詣祖考位，瘞毛血，奉首、心、前足上二節、脊三節、後足上一節。次詣祖妣位，奉肝肺、前足一節、脅三節、後足下一節。餘並同。初獻，如祭初祖之儀。但獻兩位，各俛伏興，當中少立。兄弟炙肝兩小盤以從。祝詞改「初」爲「先」，「中冬陽至」爲「立春生物」，餘並同。亞獻，終獻，如祭初祖之儀。但從炙肉各二小盤。侑食，闔門，啓門，受胙，辭神，徹，餕。並如祭初祖儀。

禰繼禰之宗以上皆得祭，惟支子不祭。

季秋祭禰，程子曰：季秋成物之始，亦象其類而祭之。前一月下旬卜日，如時祭之儀。惟告辭改「孝孫」爲「孝子」，又改「祖考妣」爲「考妣」。若母在，則止云「考」而告于本龕之前。餘並同。前三日齊戒。前一日設位，陳器，如時祭之儀。但止於正寢合設兩位於堂中，西上。香案以下並同。具饌，如時祭之儀，二分。厥明夙興，設蔬果酒饌，如時祭之儀。質明盛服詣祠堂，奉神主出就正寢。如時祭于正寢之儀。但告詞云：「孝子某，今以季秋成物之始，有事于考某官府君、妣某封某氏。」參神，降神，進饌，初獻，如時祭之儀。但祝辭云：「孝子某官某，敢昭告于考某官府君、妣某封某氏。今以季秋，成物之始，感時追慕，昊天罔極。」餘並同。亞獻，終獻，侑食，闔門，啓門，受胙，辭神，納主，徹，餕。並如時祭之儀。

朱子曰：某家舊時時祭外，有冬至、立春、季秋三祭。後以冬至、立春二祭似僭，覺得不安，遂已之。季秋依舊祭禰，而用某生日祭之。適值某生日在季秋。

忌　日

前一日齊戒，如祭禰之儀。設位，如祭禰之儀。但止設一位。陳器，如祭禰之儀。具饌。如祭禰之饌，❶一分。厥明夙興，設蔬果酒饌。如祭禰之儀。質明，主人以下變服。禰則主人兄弟黲紗幞頭、黲布衫、布裹角帶。祖以上則黲紗衫。旁親則皂紗衫。主婦特髻去飾，白大衣、淡黄帔。餘人皆去華盛之服。

問：忌日何服？朱子曰：某只著白絹涼衫、黲巾。問：黲巾以何爲之？曰：紗、絹皆可，某以紗。又問：黲巾之制。曰：如帕複相似，有四隻帶，若當幞頭然。○楊氏復曰：先生母夫人忌日著黲墨布衫，其巾亦然。問：今日服色何謂？曰：豈不聞君子有終身之喪？

詣祠堂，奉神主出就正寢。如祭禰之儀。但告辭云：「今以某親某官府君遠諱之辰，敢請神主出就正寢，恭伸追慕。」餘並同。參神，降神，進饌，初獻，如祭禰之儀。但祝辭云：「歲序遷易，諱日復臨，追遠感時，不勝永慕。」考妣改「不勝永慕」爲「昊天罔極」。旁親云：「諱日復臨，不勝感愴。」若考妣則祝興，主人以下哭盡哀。餘並同。亞獻，終獻，侑食，闔門，啓門，並如祭禰之儀，但不受胙。辭神，納主，徹。並如祭禰之儀，但不哭。是日不飲酒，不食肉，不聽樂，黲巾、素服、素帶以居。夕寢于外。

墓　祭

三月上旬擇日。前一日齊戒，如家祭之儀。具饌。墓上每分如時祭之品，更設魚、肉、米、麪食

---

❶「饌」，宋刻本《家禮》作「儀」。

各一大盤，以祭后土。厥明，灑掃，主人深衣，帥執事者詣墓所再拜。奉行塋域内外，環繞哀省三周。其有草棘，即用刀斧鉏斬芟夷。灑掃訖，復位再拜。又除地於墓左，以祭后土。布席，陳饌。用新潔席陳於墓前，設饌如家祭之儀。參神，降神，初獻，如家祭之儀。但祝辭云：「某親某官府君之墓。氣序流易，雨露既濡。瞻掃封塋，不勝感慕。」餘並同。亞獻，終獻，並以子弟親朋薦之。辭神，乃徹。遂祭后土，布席，陳饌，四盤于席南端，設盤盞匙筯于其北。餘並同上。降神，參神，三獻，同上。但祝辭云：「某官姓名，敢昭告于后土氏之神。某恭脩歲事于某親某官府君之墓。惟時保佑，實賴神休。敢以酒饌，敬伸奠獻。尚饗。」辭神，乃徹而退。

朱子曰：《祭儀》以墓祭節祠爲不可。然先正皆言墓祭不害義理，又節物所尚，古人未有，故止於時祭。今人時節隨俗，燕飲各以其物，祖考生存之日蓋嘗用之。今子孫不廢此，而能恝然於祖宗乎？○改葬，須告廟而後告墓，方啓墓以葬，葬畢，奠而歸，又告廟，哭而後畢，事方穩當。行葬更不必出主，祭告時却出主於寢。○祭祀之禮，亦只得依本子做。誠敬之外，別未有著力處也。○籩豆簠簋之器，乃古人所用，故當時祭享皆用之。今以燕器代祭器，常饌代俎肉，楮錢代幣帛，是亦以平生所用，是謂從宜也。○嘗書戒子云：比見墓祭土神之禮，全然滅裂，吾甚懼焉。既爲先公託體山林，而祀其主者豈可如此？今後可與墓前一樣，菜、果、鮓、脯、飯、茶、湯各一器，以盡吾寧親事神之意，勿令其有隆殺。○劉氏璋曰：周元陽《祭録》曰：「唐開元敕許寒食上墓，同拜掃禮。若拜掃非寒食，則先期卜日。」古者宗子去他國，庶子無廟，孔子許望墓爲壇，以時祭祀，即今之寒食上墓。義或有憑依，不卜日耳。今或羈宦寓於他邦，不及此時拜掃松櫝，則寒食在家亦可祠祭。○夫人死之後，葬形於原野之中，與世隔絶，孝子追慕之心，何有限極。當寒暑變移之際，益用增感。是宜省謁墳墓，以寓時思之敬。今寒食上墓之祭，雖《禮經》無文，世代相傳，寖以成俗。上自萬乘有上陵之禮，下達庶人有上墓之祭。田野道路，士友徧滿。皂隸傭丐之徒，皆得以登父母丘壠。馬醫夏畦之鬼，無有不受子孫追養者。凡祭祀品味，亦稱人家貧富，不貴豐腆，貴在脩潔，罄極誠慤而已。事亡如事存，祭祀之時，此心致敬常在乎祖宗，而祖宗洋洋如在，安得不格我之誠，而歆我之祀乎！○黄氏瑞節曰：南軒張氏次司馬公、張子、程子三家之書，爲《冠昏喪祭禮》五卷。《家禮》蓋參三家之説，酌古今之宜，而大意隱然以宗法爲主，不可以弗講也。然禮書之備，有《儀禮經傳集解》，亦朱子所輯次云。

性理大全書卷之二十二

律呂新書一

古樂之亡久矣。然秦、漢之間，去周未遠，其器與聲猶有存者。故其道雖不行於當世，而其爲法猶未有異論也。逮于東漢之末，以接西晉之初，則已浸多説矣。歷魏、周、齊、隋、唐、五季，論者愈多而法愈不定，爰及我朝，功成治定，理宜有作。建隆、皇祐、元豐之間，蓋亦三致意焉。而和、胡、阮、李、范、馬、劉、楊諸賢之議，終不能以相一也。而況於崇、宣之季，姦諛之會，黥涅之餘，而能有以語夫天地之和哉？丁未南狩，今六十年。神人之憤，猶有未攄，是固不皇於稽古禮文之事。然學士大夫因仍簡陋，遂無復以鐘律爲意者，則已甚矣。吾友建陽蔡君元定季通當此之時，乃獨心好其説而力求之，旁搜遠取，巨細不捐。積之累年，乃若冥契。著書兩卷，凡若干言。予嘗得而讀之，愛其明白而淵深，縝密而通暢，不爲牽合傅會之談，而横斜曲直，如珠之不出於盤。其言雖多出於近世之所未講，而實無一字不本於古人已試之成法。蓋若黄鐘圍徑之數，則漢斛之積分可攷。寸以九分爲法，則

《淮南》、太史、小司馬之説可推。五聲二變之數、變律半聲之例，則杜氏之《通典》具焉。變宮、變徵之不得爲調，則孔氏之《禮》疏因亦可見。至於先求聲氣之元，而因律以生尺，則尤所謂卓然者，而亦班班雜見於兩漢之制、蔡邕之説，與夫國朝會要，以及程子、張子之言。顧讀者不深考。其間雖或有得於此而又不能無失於彼，是以晦蝕紛拏，無復定論。大抵不拘攣於習熟見聞之近，即肆其胸臆，妄爲穿穴，而無所據依。季通乃能奮其獨見，超然遠覽，爬梳剔抉，參互攷尋，用其半生之力，以至於一旦豁然而融會貫通焉，斯亦可謂勤矣。及其著論，則又能推原本根，比次條理，撮取機要，闡究精微。不爲浮詞濫説以汩亂於其間，亦庶幾乎得書之體者。予謂國家行且平定中原，以開中天之運，必將審音協律，以諧神人。當是之時，受詔典領之臣，能得此書而奏之，則東京郊廟之樂，將不待公孫述之瞽師而後備。而參摹四分之書，亦無待乎後世之子雲而後知好之矣。抑季通之爲此書，詞約理明，初非難讀。而讀之者往往未及終篇，輒已欠伸思睡，固無由了其歸趣。獨以予之頑頓不敏，乃能熟復數過而僅得其指意之仿佛。季通於是亦許予爲能知己志者，故屬予以序引，而予不得辭焉。季通更欲均調節族，被之管弦，別爲樂書以究其業。而又以其餘力發揮武侯六十四陳之圖，緒正邵氏《皇極經世》之歷，以大備乎一家之言，其用意亦健矣。予雖老病，黨及見之，則亦豈非千古之一快也哉！淳熙丁未正月朔旦，新安朱熹序。

朱子曰：蔡神與，名發，博學强記，高簡廓落，不能與世俗相俯仰。因去遊四方，聞見益廣，遂於易象、天文、地理三式之説無所不通，而皆能訂其得失。杜門掃軌，專以讀書教子爲事。季通生十年，即教使讀《西銘》。稍長，則示以程氏《語録》、邵氏《經世》、張氏《正蒙》，而語之曰：「此孔、孟正脉也。」季通承厥志，學行之餘，尤邃律歷。討論定著，遂成一家之言。使千古之誤，曠然一新，而遡其源流，皆有成法。是亦足以顯其親於無窮矣。○季通律書，法度甚精，近世諸儒皆莫能及。○季通律書分明是好，却不是臆説，自有按據。○季通理會樂律，大段有心力，看得許多書。○劉文簡公爚曰：先生天資高，聞道早，於書無所不讀，於事無所不講。明陰陽消長之運，達古今盛衰之理，上稽天時，下攷人事。文公嘗曰：人讀易書難，季通讀難書易。又曰：造化微妙，惟深於理者識之，吾與季通言，而未嘗厭也。○西山真氏曰：先生嘗特召，堅辭不起，世謂之「聘君」。聘君以師事文公，而文公顧曰：「季通吾老友也。」凡性與天道之妙，他弟子不得聞者，必以語季通焉。異篇奥傳，微辭邃旨，先令討究而後親折衷之。先生於經無不通，嘗語三子曰：「淵，汝宜紹吾易學。」曰：「沉，汝宜演吾皇極數。」而春秋則以屬知方焉。○黄瑞節曰：按蔡氏祖、子、孫，於斯文可知也。而盛時遠引，三世一轍。朱子云：「蔡神與所以教其子者，不干利禄而開之以聖賢之學，其志識高遠，非世人所及。」西山先生辭聘不起。九峰先生三十歲即棄舉子業，一以聖賢爲師。九峰之子抗始擢進士第，理宗寶祐參政云。○《律吕書》蓋朱、蔡師弟子相與成之者。朱子與西山書云：但用古書、古語或注疏，而以己意附其下方，甚簡約而極周盡。學者一覽，可得梗概。其他推説之泛濫，旁正之異同，不盡載也。

律呂本原

黄鐘第一以《漢志·斛銘文》定。

長九寸，空圍九分，積八百一十分。

按天地之數，始於一，終于十。其一、三、五、七、九爲陽。九者，陽之成也。其二、四、六、八、十爲陰。十者，陰之成也。黄鐘者，陽聲之始，陽氣之動也，故其數九。分寸之數，具于聲氣之元，不可得而見。及斷竹爲管，吹之而聲和，候之而氣應，而後數始形焉。均其長得九寸，審其圍得九分。此章凡言分者，皆十分寸之一。積其實得八百一十分。長九寸，圍九分，積八百一十分，是爲律本。度量衡權，於是而受法。十一律，由是而損益焉。算法置八百一十分，分作九重，每重得九分。圓田術三分益一，得一十二。以開方法除之，得三分四釐六毫强，爲實徑之數，不盡二毫八絲四忽。今求圓積之數，以徑三分四釐六毫自相乘，得十一分九釐七毫一絲六忽。加以開方不盡之數二毫八絲四忽，得一十二分。以管長九十分乘之，得一千八十分爲方積之數。四分取三爲圓積，得八百一十分。

朱子曰：《本原》第一章圍徑之數，此是最大節目，不可草草。又曰：古者只説空圍九分，不説徑三分。蓋不啻三分，猶有奇也。○魯齋彭氏曰：黄鐘律管，有周，有徑，有面冪，有空圍内積，有從長。如《史記》論從長，《律歷志》論從長及積，東漢鄭氏注《月令》論冪，東漢蔡氏《月令章句》論從長，皆不易之論。獨周徑之説，漢以前俱無明文。漢《律歷志》開端未竟，東漢蔡氏始創爲徑三分之説。晉孟氏以後，諸儒續爲徑三分、圍九分之説。宋胡氏、蔡氏又爲徑三分四釐六毫、圍十分三釐八毫之説。然攷之古方圍周徑冪積，率皆未有合。嘗依東漢蔡氏所言徑三分，以《九章·少廣》内祖氏密率乘除，止得空圍内面冪七分七釐奇，乃少一分九十二釐奇；空圍内積實止得六百三十六分奇，乃少一百七十三分奇。如此，則黄鐘之管，無乃太狹。蓋黄鐘空積忽微，若徑内差一忽，即面冪及積所差忽數至多，此東漢蔡氏之説所以不合也。晉孟氏諸儒言徑三分、圍九分，又用徑一圍三之法，雖是古率，然古人大約以此圓田。若以密率推之，徑一則圍三有奇，假如徑七則圍當二十有二。今依孟氏所言徑三分則圍長當九分四釐二毫一秒彊，不但止於九分也。若依九分圍長之數，則徑當止有二分八釐六毫二秒六忽彊，又不及三分也。此晉孟氏諸儒之説所以不合也。宋胡氏不主徑三圍九之説，大意疑其管狹耳。然所言徑長三分四釐六毫，圍長十分三釐八毫，亦用徑一圍三之率。若依所言，三分四釐六毫徑當得圍長十分八釐七毫六秒二忽彊，不但止於十分三釐八毫也。若依十分三釐八毫圍長之數，則徑止得三分三釐奇，又不及三分四釐六毫也。此宋胡氏之説所以不合也。宋蔡氏説徑圍分數與胡氏同。至於算法用圓田術，三分益一，得一十二，開方除之求徑，又以徑相乘，以管長乘之，用三分益一、四分退一之法求冪積。今姑依其説，以九方分平置⊞，又三分益一，以三方分割置於九方分之外如此⊞，共積十二方分。其從横可得三分四釐六毫彊，不盡二毫八絲四忽，的如蔡氏之説。但依此徑以密率相乘，則空圍内面冪不但止得九方分，乃得九方分零四十釐六十毫五十七秒十四忽奇；空圍内積實不但止得八百一十分，乃得八百四十六分五百四十五釐一百四十二秒六百忽奇。如此，則黄鐘之管，無乃太大。細考之，方内之圓所占者不止四分三，圓外之方所當退者又不及四分一，以此知三分益一、四分退一乃虚加實退，算家大約之法，此宋蔡氏之説所以又不能以盡合也。今欲求黄鐘律管從長、周徑、羃積的實定數者，須依蔡氏多截管候氣之説，又以祖氏冲之密率乘除方可。蓋祖冲之乃古今算家之最，而蔡氏多截管候氣之説，實得造律本原，其説有前人未發者。今宜依此説，先多截竹以擬黄鐘之管，或短或長。長短之内，每差纖微，各爲一管，悉以此諸管埋地中，俟冬至時驗之。若諸管之中有氣應者，即取其管而計之，知此管合於造化自然，非人力可爲，即以此管分作九寸，寸作九分，分作九釐，釐作九毫，毫作九秒，秒作九忽，以合八十一終天之數。及元氣運行，自子至亥，得十七萬七千一百四十七之數。凡用此管三分損益，上下相生，由此。又取此管九寸，寸作十分，分作十釐，釐作十毫，毫作十秒，秒作十忽，以合天地五位終於十之數。乃以十乘八十一，得八百一十分。以八百一十分配九十分管，知此管長九十分，空圍中容八百一十分，即十分管長空圍中容九十分，一分管長空圍中容九分。凡求度量衡由此。乃以此管面空圍中所容九分，以平方羃法推之，知一分有百釐，釐有百毫，毫有百秒，秒有百忽。積而計之，一平方分通有面羃一萬萬忽。九平方分通有面羃九萬萬忽。乃以此九萬萬忽依《算經·少廣章》所載宋祖冲之密率乘除，得圓周長的計十分六釐三毫六秒八忽萬分忽之六千三百一十二，又以圓周求徑，計三分三釐八毫四秒四忽萬分忽之五千六百四十五，又以半徑半周相乘，仍得九萬萬忽，内一忽弱。通得面羃九平方分也。既以周徑相乘，復得面羃。如此，則黄鐘之廣與長及空圍内積實皆可計矣。故面羃計九方分，深一分管，則空圍内當有九立方分，深九十分管；計九寸，則空圍內當有八百一十立方分。此即黃鐘一管之實，其數與天地造化無不相合，此算法所以成也。算法既成之後，或以竹，或以銅，別爲之依其長，各作八十一分，以爲十二律相生之法。又依其長作九十分，乃取九十分之分計三分三釐八毫四秒四忽萬分忽之五千六百四十五以合孔徑。如此，則圓、長、面冪與夫空圍內積自然無不諧會。特徑數自八毫以下，非可細分，而算法積忽與秒，不容不然。

黃鐘之實第二以《淮南子》《漢前志》定其寸、分、釐、毫、絲之法，以《律書》生鐘分定。

子一　　黃鐘之律
丑三　　爲絲法
寅九　　爲寸數
卯二十七　　爲毫法
辰八十一　　爲分數
巳二百四十三　　爲釐法
午七百二十九　　爲釐數
未二千一百八十七　　爲分法
申六千五百六十一　　爲毫數
酉一萬九千六百八十三　　爲寸法

戌五萬九千□□四十九　爲絲數

亥一十七萬七千一百四十七黄鐘之實

按黄鐘九寸，以三分爲損益，故以三歷十二辰，得一十七萬七千一百四十七爲黄鐘之實。其十二辰所得之數，在子、寅、辰、午、申、戌六陽辰，爲黄鐘寸、分、釐、毫、絲之數。子爲黄鐘之律，寅爲九寸，辰爲八十一分，午爲七百二十九釐，申爲六千五百六十一毫，戌爲五萬九千四十九絲。在亥、酉、未、巳、卯、丑六陰辰，爲黄鐘寸、分、釐、毫、絲之法。亥爲黄鐘之實，酉之一萬九千六百八十三爲寸，未之二千一百八十七爲分，巳之二百四十三爲釐，卯之二十七爲毫，丑之三爲絲。其寸、分、釐、毫、絲之法，皆用九數。故九絲爲毫，九毫爲釐，九釐爲分，九分爲寸，爲黄鐘。蓋黄鐘之實，一十七萬七千一百四十七之數。以三約之，爲絲者五萬九千四十九。以二十七約之，爲毫者六千五百六十一。以二百四十三約之，爲釐者七百二十九。以二千一百八十七約之，爲分者八十一。以一萬九千六百八十三約之，爲寸者九。由是三分損益，以生十一律焉。或曰：徑圍之分以十爲法，而相生之分，釐、毫、絲以九爲法，何也？曰：以十爲法者，天地之全數也。以九爲法者，因三分損益而立也。全數者即十而取九，相生者約十而爲九。即十而取九者，體之所以立。約十而爲九者，用之所以行。體者所以定中聲，用者所以生十一律也。或問：算到十七萬有餘之數，當何用？朱子曰：以定管之長短而出是聲。大抵考究其法是如此。

黄鐘生十一律第三

子一分

一爲九寸

丑三分二

一爲三寸

寅九分八

一爲一寸

卯二十七分十六

三爲一寸　一爲三分

辰八十一分六十四

九爲一寸　一爲一分

巳二百四十三分一百二十八

二十七爲一寸　三爲一分　　一爲三釐

午七百二十九分五百一十二

八十一爲一寸　九爲一分　一爲一釐

未二千一百八十七分一千二十四

二百四十三爲一寸　二十七爲一分　三爲一釐　一爲三毫

申六千五百六十一分四千九十六

七百二十九爲一寸　八十一爲一分　九爲一釐　一爲一毫

酉一萬九千六百八十三分八千一百九十二

二千一百八十七爲一寸　二百四十三爲一分　二十七爲一釐　三爲一毫　一爲三絲

戌五萬九千四十九分三萬二千七百六十八

六千五百六十一爲一寸　七百二十九爲一分　八十一爲一釐　九爲一毫　一爲一絲

亥一十七萬七千一百四十七分六萬五千五百三十六

一萬九千六百八十三爲一寸　二千一百八十七爲一分　二百四十三爲一釐　二十七爲一毫　三爲一絲　一爲三忽

按黄鐘生十一律，子、寅、辰、午、申、戌六陽辰皆下生，丑、卯、巳、未、酉、亥六陰辰皆上生。其上以三歷十二辰者，皆黄鐘之全數。其下陰數以倍者，即算法倍其實。三分本律而損其一也。陽數以四者，即算法四其實。三分本律而增其一也。六陽辰當位自得，六陰辰則居其衝。其林鐘、南吕、應鐘，三吕在陰，無所增損。其大吕、夾鐘、仲吕，三吕在陽，則用倍數，方與十二月之氣相應。蓋陰之從陽，自然之理也。

習軒吴氏曰：子一分者，數起子得一也。丑三分二者，三其法爲三分，兩其實爲二也。寅九分八者，三其法爲九分，四其實爲八也。以下生者倍其實，以上生者四其實也。其法以子析爲三分，每分五萬九千四十九，丑於三分之中得其二爲十一萬八千九十八，積六寸爲林鐘，此黄鐘之實，三分損一，下生林鐘也。以子一析爲九分，每分得萬九千六百八十三，寅於九分之中得其八爲十五萬七千四百六十四，積八寸爲太簇，此林鐘之實，三分益一，上生太簇也。自卯而下放此。○黄瑞節曰：「其上」云者，十二辰分字以上，如子一分、丑三分是也。「其下」云者，十二辰分字以下，如二八十六是也。其上爲黄鐘全數，其下爲損益相生之數。○此損益數，即下章十二律實數。吴氏算法全載圖類。今舉二律起例附此。○子爲陽辰，黄鐘當位自得也。丑爲未衝，林鐘以未而居丑，居其衝也。他放此。衝，一作衝。餘載後《辨證》。

十二律之實第四

子黄鐘十七萬七千一百四十七

全九寸　半無
丑林鍾十一萬八千□□九十八
全六寸　半三寸不用
寅太簇十五萬七千四百六十四
全八寸　半四寸
卯南吕十□萬四千九百七十六
全五寸三分　半二寸六分不用
辰姑洗十三萬九千九百六十八
全七寸一分　半三寸五分
巳應鐘九萬三千三百一十二
全四寸六分六釐　半二寸三分三釐不用
午蕤賓十二萬四千四百一十六
全六寸二分八釐　半三寸一分四釐
未大吕十六萬五千八百八十八
全八寸三分七釐六毫　半四寸一分八釐三毫

申夷則十一萬□□五百九十二

全五寸五分五釐一毫　半二寸七分二釐五毫

酉夾鐘十四萬七千四百五十六

全七寸四分三釐七毫三絲

半三寸六分六釐三毫六絲

戌無射九萬八千三百□□四

全四寸八分八釐四毫八絲

半二寸四分四釐二毫四絲

亥仲吕十三萬一千□□七十二

全六寸五分八釐三毫四絲六忽餘二算

半三寸二分八釐六毫二絲二忽

按十二律之實約以寸法，則黄鐘、林鐘、太簇得全寸。約以分法，則南吕、姑洗得全分。約以釐法，則應鐘、蕤賓得全釐。約以毫法，則大吕、夷則得全毫。約以絲法，則夾鐘、無射得全絲。至仲吕之實，十三萬一千七十二，以三分之不盡二算，其數不行，此律之所以止於十二也。

變律第五

黄鐘十七萬四千七百六十二小分四百八十六

全八寸七分八釐一毫六絲二忽不用

半四寸三分八釐五毫三絲一忽

林鐘十一萬六千五百□□八小分三百二十四

全五寸八分二釐四毫一絲一忽三初

半二寸八分五釐六毫五絲六初

太簇十五萬五千三百四十四小分四百三十二

全七寸八分二毫四絲四忽七初不用

半三寸八分四釐五毫六絲六忽八初

南吕十□萬三千五百六十三小分四十五

全五寸二分三釐一毫六絲一初六秒

半二寸五分六釐七絲四忽五初三秒

姑洗十三萬八千□□八十四小分六十

全七寸一釐二毫二絲一初二秒不用

半三寸四分五釐一毫一絲一初一秒

應鍾九萬二千□□五十六小分四十

全四寸六分七毫四絲三忽一初四秒餘算

半二寸三分三毫六絲六忽六秒彊不用

按十二律各自爲宫，以生五聲二變。其黄鍾、林鍾、太簇、南吕、姑洗、應鍾六律則能具足。至蕤賓、大吕、夷則、夾鍾、無射、仲吕六律，則取黄鍾、林鍾、太簇、南吕、姑洗、應鍾六律之聲，少下不和，故有變律。變律者，其聲近正而少高於正律也。然仲吕之實一十三萬一千□□七十二，以三分之不盡二算，既不可行，當有以通之。律當變者有六，故置一而六三之，得七百二十九。以七百二十九因仲吕之實十三萬一千□□七十二，爲九千五百五十五萬一千四百八十八。三分益一，再生黄鍾、林鍾、太簇、南吕、姑洗、應鍾六律。又以七百二十九歸之以從十二律之數，紀其餘分以爲忽秒，然後洪纖高下不相奪倫。至應鍾之實六千七百一十□萬八千八百六十四，以三分之又不盡一算，數又不可行，此變律之所以止於六也。變律非正律，故不爲宫也。朱子曰：自黄鍾至仲吕，相生之道至是窮矣，遂復變而上生黄鍾之宫。再生之黄鍾不及九寸，只是八寸有餘。然黄鍾，君象也，非諸宫之所能役，故虚其正而不復用，所用只再生之變者。就再生之變又缺其半。所謂缺其半者，蓋若大吕爲宫，黄鐘爲變宫時，黄鐘管最長，所以只得用其半。其餘宫亦放此。

律生五聲圖第六

宫聲八十一　商聲七十二

角聲六十四　徵聲五十四

羽聲四十八

按黄鐘之數九九八十一，是爲五聲之本。三分損一以下生徵。徵三分益一以上生商。商三分損一以下生羽。羽三分益一以上生角。至角聲之數六十四，以三分之不盡一算，數不可行，此聲之數所以止於五也。或曰：此黄鐘一均五聲之數，他律不然。曰：置本律之實，以九九因之，三分損益以爲五聲。再以本律之實約之，則宫固八十一，商亦七十二，角亦六十四，徵亦五十四，羽亦四十八矣。假令應鐘九萬三千三百一十二，以八十一乘之，得七百五十五萬八千二百七十二爲宫。以九萬三千三百一十二約之，得八十一。三分宫損一，得五百□□三萬八千八百四十八爲徵。以九萬三千三百一十二約之，得五十四。三分徵益一，得六百七十一萬八千四百六十四爲商。以九萬三千三百一十二約之，得七十二。三分商損一，得四百四十七萬八千九百七十六爲羽。以九萬三千三百一十二約之，得四十八。三分羽益一，得五百九十七萬一千九百六十八爲角。以九萬三千三百一十二約之，得六十四。

變聲第七

變宮聲四十二小分六　變徵聲五十六小分八

按五聲宮與商，商與角，徵與羽，相去各一律。至角與徵，羽與宮，相去乃二律。相去一律則音節和，相去二律則音節遠。故角、徵之間近徵收一聲，比徵少下，故謂之變徵。羽、宮之間近宮收一聲，少高於宮，故謂之變宮也。角聲之實六十有四，以三分之不盡一算，既不可行，當有以通之。聲之變者二，故置一而兩，三之得九。以九因角聲之實六十有四，得五百七十六，三分損益再生變徵、變宮二聲。以九歸之，以從五聲之數。存其餘數以爲强弱，至變徵之數五百一十二，以三分之又不盡二算，其數又不行，此變聲所以止於二也。變宮、變徵，宮不成宮，徵不成徵，古人謂之「和繆」，又曰所以濟五聲之不及也。變聲非正，故不爲調也。朱子曰：五聲之序，宮最大而沈濁，羽最細而輕清，商之大次宮，徵之細次羽，而角居四者之中焉。然世之論中聲者，不以角而以宮，何也？曰：凡聲，陽也。自下而上，未及其半，則屬於陰而未暢，故不可用。上而及半，然後屬於陽而始和，故即其始而用之以爲宮。因其每變而益上，則爲商，爲角，爲變徵，爲徵，爲羽，爲變宮，而皆以爲宮之用焉。是以宮之一聲，在五行爲土，在五常爲信，在五事爲思，蓋以其正當衆聲和與未和，用與未用，陰陽際會之中，所以爲盛。若角則雖當五聲之中，而非衆聲之會。且以七均論之，又有變徵以居焉，亦非五聲之所取正也。然自其聲之始和者推而上之，亦至於變宫而止耳。自是以上，❶則又過乎輕清而不可以爲宫。於是就其兩間而細分之，則其別又十有二，以其最大而沈濁者爲黄鐘，以其極細而輕清者爲應鐘。及其旋相爲宫而上下相生，以盡五聲二變之用，則宫聲常不越乎十二之中，而四聲者或時出於其外，以取諸律半聲之管，然後七均備而一調成也。黄鐘之與餘律，其所以爲貴賤者亦然。若諸半聲以上，則又過乎輕清之甚而不可以爲樂矣。蓋黄鐘之宫，始之始，中之中也。十律之宫，始之次，而中少過也。應鐘之宫，始之終，而中已盡也。諸律半聲，過乎輕清，始之外，而中之上也。半聲之外，過乎輕清之甚，則又外之外，上之上，而不可爲樂者也。正如子時初四刻屬前日，正四刻屬後日，其兩日之間，即所謂始之始，中之中也。然則聲自屬陰以下，亦當默有十二正變半律之地以爲中聲之前段，如子初四刻之爲者，但無聲氣之可紀耳。由是論之，則審音之難，不在於聲而在於律，不在於宫而在於黄鐘。蓋不以十二律節之，則無以著夫五聲之實；不得黄鐘之正，則十一律者又無所受以爲本律之宫也。

❶「以」，四庫本作「而」。

八十四聲圖第八

正律墨書　半聲朱書
變律朱書　半聲墨書

十一月	黃鐘宫						
六月	林鐘宫	黃鐘徵					
正月	太簇宫	林鐘徵	黃鐘商				
八月	南吕宫	太簇徵	林鐘商	黃鐘羽			
三月	姑洗宫	南吕徵	太簇商	林鐘羽	黃鐘角		
十月	應鐘宫	姑洗徵	南吕商	太簇羽	林鐘角	黃鐘變宫	
五月	蕤賓宫	應鐘徵	姑洗商	南吕羽	太簇角	林鐘變宫	黃鐘變徵
十二月	大吕宫	蕤賓徵	應鐘商	姑洗羽	南吕角	太簇變宫	林鐘變徵
七月	夷則宫	大吕徵	蕤賓商	應鐘羽	姑洗角	南吕變宫	太簇變徵

二月	夾鐘宮	夷則徵	大呂商	蕤賓羽	應鐘角	姑洗變宮	南呂變徵
九月	無射宮	夾鐘徵	夷則商	大呂羽	蕤賓角	應鐘變宮	姑洗變徵
四月	仲呂宮	無射徵	夾鐘商	夷則羽	大呂角	蕤賓變宮	應鐘變徵
	黃鐘變	仲呂徵	無射商	夾鐘羽	夷則角	大呂變宮	蕤賓變徵
	林鐘變		仲呂商	無射羽	夾鐘角	夷則變宮	大呂變徵
	太簇變			仲呂羽	無射角	夾鐘變宮	夷則變徵
	南呂變				仲呂角	無射變宮	夾鐘變徵
	姑洗變					仲呂變宮	無射變徵
	應鐘變						仲呂變徵

按律呂之數往而不返，故黃鐘不復爲他律役，所用七聲皆正律，無空積忽微。自林鐘而下，則有半聲。大呂、太簇一半聲。夾鐘、姑洗二半聲。蕤賓、林鐘四半聲。夷則、南呂五半聲。無射、應鐘六半聲。仲呂爲十二律之窮，三半聲。自蕤賓而下，則有變律。蕤賓一變律。大呂二變

律。夷則三變律。夾鐘四變律。無射五變律。仲吕六變律。皆有空積忽微，不得其正。故黃鐘獨爲聲氣之元。雖十二律、八十四聲皆黃鐘所生，然黃鐘一均，所謂純粹中之純粹者也。八十四聲，正律六十三，變律二十一。六十三者，九七之數也。二十一者，三七之數也。

或問聲氣之元。朱子曰：律歷家最重這元聲。元聲一定，向下都定。元聲差，下都差。

六十調圖第九以《周禮》、《淮南子》、《禮記》鄭氏註、孔氏《正義》定。

	宮	商	角	變徵	徵	羽	變宮
黃鐘宮	黃正	大正	姑正	蕤正	林正	南正	應正
無射商	無正	黃半變	太半變	姑半變	仲半	林半變	南半變
夷則角	夷正	無正	黃半變	太半變	夾半	仲半	林半變
仲吕徵	仲正	林變	南變	應變	黃半變	太半變	姑半變
夾鐘羽	夾正	仲正	林變	南變	無正	黃半變	太半變

大呂宮	應鐘商	南呂角	蕤賓徵	姑洗羽	太簇宮	黃鐘商	無射角	林鐘徵	仲呂羽	夾鐘宮
大正	應正	南正	蕤正	姑正	太正	黃正	無正	林正	仲正	夾正
夾正	大半	應正	夷正	蕤正	姑正	大正	黃半變	南正	林變	仲正
仲正	夾半	大半	無正	夷正	蕤正	姑正	太半變	應正	南變	林變
林變	仲半	夾半	黃半變	無正	夷正	蕤正	姑半變	大半	應變	南變
夷正	蕤半	姑半	大半	應正	南正	林正	仲半	太半	黃半變	無正
無正	夷半	蕤半	夾半	大半	應正	南正	林半變	姑半	太半變	黃半變
黃半變	無半	夷半	仲半	夾半	大半	應正	南半變	蕤半	姑半變	太半變

大呂商	大正	夾正	仲正	林變	夷正	無正	黃半變
應鐘角	應正	大半	夾半	仲半	蕤半	夷半	無半
夷則徵	夷正	無正	黃半變	太半變	夾半	仲半	林半變
蕤賓羽	蕤正	夷正	無正	黃半變	大半	夾半	仲半
姑洗宮	姑正	蕤正	夷正	無正	應正	大半	夾半
太簇商	太正	姑正	蕤正	夷正	南正	應正	大半
黃鐘角	黃正	太正	姑正	蕤正	林正	南正	應正
南呂徵	南正	應正	大半	夾半	姑半	蕤半	夷半
林鐘羽	林正	南正	應正	大半	太半	姑半	蕤半
仲呂宮	仲正	林變	南變	應變	黃半變	太半變	姑半變
夾鐘商	夾正	仲正	林變	南變	無正	黃半變	太半變

大呂角	大正	夾正	仲正	林變	夷正	無正	黄半變
無射徵	無正	黄半變	太半變	姑半變	仲半	林半變	南半變
夷則羽	夷正	無正	黄半變	太半變	夾半	仲半	林半變
蕤賓宮	蕤正	夷正	無正	黄半變	大半	夾半	仲半
姑洗商	姑正	蕤正	夷正	無正	應正	大半	夾半
太簇角	太正	姑正	蕤正	夷正	南正	應正	大半
應鍾徵	應正	大半	夾半	仲半	蕤半	夷半	無半
南呂羽	南正	應正	大半	夾半	姑半	蕤半	夷半
林鍾宮	林正	南正	應正	大半	太半	姑半	蕤半
仲呂商	仲正	林變	南變	應變	黄半變	太半變	姑半變
夾鍾角	夾正	仲正	林變	南變	無正	黄半變	太半變

黃鐘徵	無射羽	夷則宮	蕤賓商	姑洗角	大呂徵	應鐘羽	南呂宮	林鐘商	仲呂角	太簇徵
黃正	無正	夷正	蕤正	姑正	大正	應正	南正	林正	仲正	太正
太正	黃半變	無正	夷正	蕤正	夾正	大半	應正	南正	林變	姑正
姑正	太半變	黃半變	無正	夷正	仲正	夾半	大半	應正	南變	蕤正
蕤正	姑半變	太半變	黃半變	無正	林變	仲半	夾半	大半	應半	夷正
林正	仲半	夾半	大半	應正	夷正	蕤半	姑半	太半	黃半變	南正
南正	林半變	仲半	夾半	太半	無正	夷半	蕤半	姑半	太半變	應正
應正	南半變	林半變	仲半	夾半	黃半變	無半	夷半	蕤半	姑半變	大半

黃鐘羽	黃正	太正	姑正	蕤正	林正	南正	應正
無射宮	無正	黃半變	太半變	姑半變	仲半	林半變	南半變
夷則商	夷正	無正	黃半變	太半變	夾半	仲半	林半變
蕤賓角	蕤正	夷正	無正	黃半變	太半	夾半	仲半
夾鐘徵	夾正	仲正	林變	南變	無正	黃半變	太半變
大呂羽	大正	夾正	仲正	林變	夷正	無正	黃半變
應鐘宮	應正	大半	夾半	仲半	蕤半	夷半	無半
南呂商	南正	應正	大半	夾半	姑半	蕤半	夷半
林鐘角	林正	南正	應正	大半	太半	姑半	蕤半
姑洗徵	姑正	蕤正	夷正	無正	應正	大半	夾半
太簇羽	太正	姑正	蕤正	夷正	南正	應正	大半

按十二律旋相爲宮，各有七聲，合八十四聲。宮聲十二，商聲十二，角聲十二，徵聲十二，羽聲十二，凡六十聲，爲六十調。其變宮十二，在羽聲之後，宮聲之前。變徵十二，在角聲之後，徵聲之前。宮不成宮，徵不成徵，凡二十四聲，不可爲調。黄鐘宮至夾鐘羽，並用黄鐘起調，黄鐘畢曲。大吕宮至姑洗羽，並用大吕起調，大吕畢曲。太簇宮至仲吕羽，並用太簇起調，太簇畢曲。夾鐘宮至蕤賓羽，並用夾鐘起調，夾鐘畢曲。姑洗宮至林鐘羽，並用姑洗起調，姑洗畢曲。仲吕宮至夷則羽，並用仲吕起調，仲吕畢曲。蕤賓宮至南吕羽，並用蕤賓起調，蕤賓畢曲。林鐘宮至無射羽，並用林鐘起調，林鐘畢曲。夷則宮至應鐘羽，並用夷則起調，夷則畢曲。南吕宮至黄鐘羽，並用南吕起調，南吕畢曲。無射宮至大吕羽，並用無射起調，無射畢曲。應鐘宮至太簇羽，並用應鐘起調，應鐘畢曲。是爲六十調。六十調即十二律也。十二律即一黄鐘也。黄鐘生十二律，十二律生五聲二變，五聲各爲綱紀，以成六十調。六十調皆黄鐘損益之變也。宮、商、角三十六調，老陽也。其徵、羽二十四調，老陰也。調成而陰陽備也。或曰：日辰之數由天五地六錯綜而生，律吕之數由黄鐘九寸損益而生，二者不同。至數之成，則日有六甲，辰有五子，爲六十日；律吕有六律五聲，爲六十調。若合符節，何也？曰：即上文之所謂調成而陰陽備也。夫理必有對待，數之自然也。以天五地六合陰與陽言之，則六甲五子究於六十，其三十六爲陽，二十四爲陰。以黄鍾九寸紀陽不紀陰言之，則六律五聲究於六十，亦三十六爲陽，二十四爲陰。蓋一陽之中，又自有陰陽也。非知天地之化育者，不能與於此。朱子曰：律吕有十二箇，月時只使七箇。若更插一聲，便拗了。○旋宮，且如大吕爲宮，則大吕用黄鍾八十一之數，而三分損一，下生夷則。又用林鍾五十四之數，而三分益一，上生夾鍾。其餘皆然。○旋相爲宮，若到應鍾爲宮，則下四聲都當低去，所以有半聲，亦謂之子聲，近時所謂清聲是也。○樂家大率最忌臣民陵君，故商聲不得過宮聲。○如應鍾爲宮，其聲最短而清。或蕤賓爲之商，則是商聲高似宮聲，爲臣陵君，不可用。遂乃用蕤賓律減半爲清聲以應之。雖然減半，只是此律，故亦能相應也。○若以黄鍾爲宮，則餘律皆順。若以其他律爲宮，便有相陵處。今且以黄鍾言之，自第九宮後四宮，則或爲角，或爲羽，或爲商，或爲徵。若以爲角，則是民陵其君。若以爲商，則是臣陵其君。徵爲事，羽爲物，皆可類推。故製黄鍾四清聲用之，清聲短其律之半，是黄鍾清長四寸半也。若後四宮用黄鍾爲角、徵、商、羽，則以四清聲代之，不可用黄鍾本律，以避陵慢。沈存中云：唯君、臣、民不可相陵，事、物則不必避。

候氣第十

候氣之法，爲室三重，户閉，塗釁必周密，布緹縵室中。以木爲按，每律各一按，内卑外高，從其方位，加律其上，以葭灰實其端，覆以緹素，按曆而候之。氣至則吹灰動素。小動爲氣和，大動爲君弱臣强專政之應，不動爲君嚴猛之應。其升降之數，在冬至則黄鍾九寸，升五分一釐三毫。大寒則大吕八寸三分七釐六毫，升三分七釐六毫。雨水則太簇八寸，升四分五釐一毫六絲。春分則夾鐘七寸四分三釐七毫三絲，升三分三釐七毫三絲。穀雨則姑洗七寸一分，升四分□□五毫四絲三忽。小滿則仲吕六寸五分八釐三毫四絲六忽，升三分□□三毫四絲六忽。夏至則蕤賓六寸二分八釐，升二分八釐。大暑則林鐘六寸，升三分三釐四毫。處暑則夷則五寸五分五釐五毫，升二分五釐五毫。秋分則南吕五寸三分，升三分□□四毫一絲。霜降則無射四寸八分八釐四毫八絲，升二分二釐四毫八絲。小雪則應鐘四寸六分六釐。

按陽生於復，陰生於姤，如環無端。今律吕之數，三分損益，終不復始，何也？曰：陽之升始於子，午雖陰生，而陽之升于上者未已，至亥而後窮上反下。陰之升始于午，子雖陽生，而陰之升于上者亦未已，至巳而後窮上反下。律於陰則不書，故終不復始也。是以升陽之數，自子至巳差彊，在律爲尤彊，在吕爲少弱。自午至亥漸弱，在律爲尤弱，在吕爲差彊。分數多寡雖若不齊，然其絲分毫別，各有條理，此氣之所以飛灰，聲之所以中律也。或曰：「《易》以道陰陽」，而律不書「陰」，何也？曰：《易》者盡天下之變，善與惡無不備也。律者致中和之用，止於至善者也。以聲言之，大而至於雷霆，細而至於蠛蠓，無非聲也。《易》則無不備也，律則寫其所謂黄鐘一聲而已矣。雖有十二律、六十調，然實一黄鐘也。是理也，在聲爲中聲，在氣爲中氣，在人則喜怒哀樂未發與發而中節也。

此聖人所以一天人，贊化育之道也。魯齋彭氏曰：西山蔡氏所述，《禮記·月令章句》蔡邕説也。如邕所云，則是爲十二月律布室内十二辰，若其月氣至，則辰之管灰飛而管空也。然則十二月各當其辰，斜埋地下，入地處卑，出地處高，故云「内卑外高」。黄鐘之管埋於子位，上頭向南。以外諸管，推之可悉知。又《律書》云：以河内葭莩爲灰，宜陽金門山竹爲管。熊氏云：灰實律管，以羅縠覆之，氣至則吹灰動縠矣。又長樂陳氏曰：候氣之法，造室三重，各啓門。爲門之位，外之以子，中之以午，内復以子。揚子所謂「九閉之中」也。蓋布緹縵室中，上圓下方，依辰位埋律管，使其端與地齊，而以薄紗覆之。中秋白露降，採葭莩爲灰加管端，以候氣至灰去。爲氣所動者灰散，爲物所動者灰聚。今採諸説具圖云。

審度第十一

度者，分、寸、尺、丈、引，所以度長短也，生於黄鐘之長。以子穀秬黍中者九十枚度之，一爲一分，凡黍實於管中，則十三黍。三分黍之一而滿一分，積九十分，則千有二百黍矣。故此九十黍之數，與下章千二百黍之數，其實一也。十分爲寸，十寸爲尺，十尺爲丈，十丈爲引。數始於一，終於十者，天地之全數也。律未成之前，有是數而未見。律成而後，數始得以形焉。度之成在律之後，度之數在律之前，故律之長短圍徑，以度之寸分之數而定焉。

嘉量第十二

量者，龠、合、升、斗、斛，所以量多少也，生於黄鐘之容。以子穀秬黍中者一千二百實其龠，以井水准其概，以度數審其容。一龠積八百一十分。合龠爲合，兩龠也，積一千六百二十分。十合爲升，二十龠也，積一萬六千二百分。十升爲斗，百合，二百龠也，積十六萬二千分。十斗爲斛。二千龠，千合，百升也。積一百六十二萬分。

謹權衡第十三

權衡者，銖、兩、斤、鈞、石，所以權輕重也，生於黄鐘之重。以子穀秬黍中者一千二百實其龠，百黍一銖，一龠十二銖，二十四銖爲一兩。兩龠也。十六兩爲斤，三十二龠，三百八十四銖也。三十斤爲鈞。九百六十龠，一萬一千五百二十銖，四百八十兩也。四鈞爲石。三千八百四十龠，四萬六千八十銖，一萬九千二百兩也。

性理大全書卷之二十三

律呂新書二

律呂證辨

造律第一

班固《漢前志》曰：黄帝使伶倫自大夏之西、昆侖之陰，取竹之解谷生其竅厚均者，斷兩節間而吹之，以爲黄鐘之宫。制十二筩以聽鳳之鳴，其雄鳴爲六，雌鳴亦六，比黄鐘之宫而皆可以生之，是爲律本。至治之世，天地之氣合以生風。天地之風氣正，十二律定。○劉昭《漢後志》曰：伏羲作易，紀陽氣之初以爲律法，建日冬至之聲，以黄鐘爲宫，太簇爲商，姑洗爲角，林鐘爲徵，南吕爲羽，應鐘爲變宫，蕤賓爲變徵，此聲氣之元、五音之正也。又曰：截管爲律，吹以攷聲，列以候氣，道之本也。○《國朝會要》曰：古者黄鐘爲萬事根本，故尺量權衡，皆起於黄鐘。至晉、隋間，累黍爲尺，而以制律，容受卒不能合。及平陳得古樂，遂用之。唐興，因聲以制樂，其器雖無法，而其聲猶不失於古。五代之亂，大樂淪散，王朴始用尺定律，而聲與器皆失之。故太祖患其聲高，特減一律。至是又減半律。然太常樂比唐之聲猶高五律，比今燕樂高三律。帝雖勤勞於制作而未得其當者，有司失之於以尺而生律也。按此皆范蜀公之説。○河南程氏曰：黄鐘之聲亦不難定，世自有知音者，將上下聲攷之，既得正，便將黍以實其管，看管實得幾粒，然後推而定法，可也。古法，律管當實千二百粒黍。今羊頭黍不相應，則將數等驗之，看如何大小者方應其數，然後爲正。昔胡先生定樂，取羊頭山黍，用三等篩子篩之，取中等者，特未定也。又曰：以律管定尺，乃是以天地之氣爲準，非秬黍之比也。秬黍積數，在先王時，惟此適與度量合，故可用。今時則不同。○横渠張氏曰：律吕有可求之理。德性淳厚者必能知之。

按律吕散亡，其器不可復見。然古人所以制作之意，則猶可攷也。太史公曰：細若氣，微若聲，聖人因神而存之，雖妙必効。言黄鐘始於聲氣之元也。班固所謂黄帝使伶倫取竹，斷兩節間，吹之以爲黄鐘之宫。又曰：天地之風氣正而十二律定。劉昭所謂伏羲紀陽氣之初以爲律法。又曰：吹以攷聲，列以候氣。皆以聲之清濁、氣之先後求黄鐘者也。是古人制作之意也。夫律長則聲濁而氣先至，極長則不成聲而氣不應。律短則聲清而氣後至，極短則不成聲而氣不應。此其大凡也。今欲求聲氣之中而莫適爲準則，莫若且多截竹，以擬黄鐘之管，或極其短，或極其長，長短之内，每差一分以爲一管，皆即以其長權爲九寸，而度其圍徑如黄鐘之法焉。如是而更迭以吹，則中聲可得。淺深以列，則中氣可驗。苟聲和氣應，則黄鐘之爲黄鐘者信矣。黄鐘者信，則十一律與度、量、衡、權者得矣。後世不知出此，而唯尺之求。晉氏而下，則多求之金石。梁、隋以來，又參之秬黍。下至王朴，剛果自用，遂專恃累黍，而金石亦不復攷矣。夫金石真僞，固難盡信。若秬黍，則歲有凶豐，地有肥瘠，種有長短、小大、圓妥不同，尤不可恃。況古人謂子穀秬黍，中者實其龠。則是先得黄鐘而後度之以黍，不足則易之以大，有餘則易之以小，約九十黍之長中容千二百黍之實，以見周、徑之廣，以生度、量、衡、權之數而已，非律生於黍也。百世之下，欲求百世之前之律者，其亦求之於聲氣之元，而毋必之於秬黍，則得之矣。

律長短圍徑之數第二

司馬遷律書

本文	改正
黄鐘八寸七分一宫	八寸十分一

林鐘五寸七分四角	五寸十分四
太簇七寸七分二商	七寸十分二
南呂四寸七分八徵	四寸十分八
姑洗六寸七分四羽	六寸十分四
應鐘四寸二分三分二羽	四寸二分三分二
蕤賓五寸六分三分一	五寸六分三分二强四百八十六
大呂七寸四分三分一	七寸五分三分二强四百□□五
夷則五寸四分三分二商	五寸□□三分二弱二百一十六
夾鐘六寸一分三分一	六寸七分三分一强一百九十八
無射四寸四分三分二	四寸四分三分二强六百□□二
仲呂五寸九分三分二徵	五寸九分三分二强五百八十一

按《律書》此章所記分寸之法，與他記不同。以難曉，故多誤。蓋取黄鐘之律九寸，一寸九分，凡八十一分。而又以十約之爲寸，故云八寸十分一。本作「七分一」者，誤也。今以相生次序列而正之，其應鐘以下，則有小分。小分以三爲法，如歷家太少餘分强弱耳。其法未密也。今以二千一百八十七爲全分，七百二十九爲三分一，一千四百五十八

爲三分二，餘分之多者爲強，少者爲弱，列於逐律之下，其誤字悉正之。《隋志》引此章中黄鐘、林鐘、太簇、應鐘四律寸分，以爲與班固、司馬彪、鄭氏、蔡邕、杜夔、荀勖所論，雖尺有增減，而十二律之寸數並同，則是時《律書》尚未誤也。及司馬貞《索隱》，始以舊本作七分一爲誤，其誤亦未久也。沈括亦曰：此章七字皆當作十字，誤屈中畫耳。大要《律書》用相生分數。相生之法，以黄鐘爲八十一分。今以十爲寸法，故有八寸一分。《漢》前後《志》及諸家用審度分數。審度之法，以黄鐘之長爲九十分，亦以十爲寸法，故有九十分。法雖不同，其長短則一。故《隋志》云「寸數並同」也。其黄鐘下有「宫」，太簇下有「商」，姑洗下有「羽」，林鐘下有「角」，南吕下有「徵」字。《晉志》論《律書》五音相生，而以宫生角，角生商，商生徵，徵生羽，羽生宫，求其理用，罔見通達者，是也。仲吕下有「徵」，夷則下有「商」，應鐘下有「羽」字。三者未詳，亦疑後人誤增也。下云「上九商、八羽、七角、六宫、五徵」。九者，即是上文聲律數。太簇八寸爲商，姑洗七寸爲羽，林鐘六寸爲角，南吕五寸爲徵，黄鐘九寸爲宫。其曰「宫五徵九」，誤字也。

《漢志》曰：《易》曰：「參天兩地而倚數。」天之數始於一，終於二十五。其義紀之以三，故置一得三。又二十五分之六，凡二十五置終天之數得八十一。以天地五位之合終於十者乘之，爲八百一十分，應歷一統。孟康曰：十九歲爲一章，一統凡八十一章。千五百三十九歲之章數，黄鐘之實也。繇此之義，起十二律之周徑。孟康曰：律孔徑三分，參天數也。圍九分，終天數也。地之數始於二，終於三十。其義紀之以兩，故置一得二，凡三十置終地之數得六十。以地中六數乘之，爲三百六十分，當期之日，林鐘之實也。孟康曰：林鐘長六寸，圍六分。以圍乘長，得三百六十分。人者，繼天順地，序氣成物，統八卦，調八風，理八政，正八節，諧八音，舞八風，監八方，被八荒，以終天地之功。故八八六十四，其義極天地之變。以天地五位之合終於十者乘之，爲六百四十分，以應六十四卦，太簇之實也。孟康曰：太簇長八寸，圍八分，爲積六百四十分也。

按《漢志》以黃鐘、林鐘、太簇三律之長自相乘，又因之以十也。黃鐘長九寸，九九八十一，又以十因之，爲八百一十。林鐘長六寸，六六三十六，又以十因之，爲三百六十。太簇長八寸，八八六十四，又以十因之，爲六百四十。黃鐘應曆一統，林鐘當期之日，太簇應六十四卦，皆倚數配合爲説而已。獨黃鐘云「繇此之義，起十二律之周徑」。蓋黃鐘十其廣之分以爲長，十一其長之分以爲廣，故空圍九分，積八百一十分，其數與此相合。長九寸，積八百一十分，則其周徑可以數起矣。即胡安定所謂「徑三分四釐六毫，圍十分二釐八毫」者是也。孟康不察，乃謂凡律圍徑不同，各以圍乘長而得此數者，蓋未之攷也。

後漢鄭康成《月令註》曰：凡律空圍九分。孔穎達疏曰：諸律雖短長有差，其圍皆以九分爲限。

○蔡邕《銅龠銘》曰：龠，黄鍾之宫長九寸，空圍九分，容秬黍一千二百粒，稱重十二銖，兩之爲一合，三分損益，轉生十一律。《月令章句》曰：古之爲鍾律者，以耳齊其聲。後人不能，則假數以正其度。度正，則音已正矣。鍾以斤兩尺寸中所容受升斗之數爲法，律亦以寸分長短爲度。故曰「黄鍾之管長九寸，徑三分」。其餘皆稍短，雖大小圍數無增減。以度量者可以文載口傳，與衆共知，然不如耳決之明也。○韋昭《周語註》曰：黄鍾之變也，管長九寸，徑三分，圍九分，因而九之，九九八十一，故黄鍾之數立焉。

按鄭康成《月令註》云：「凡律空圍九分。」蔡邕《銅龠銘》亦云：「空圍九分。」蓋空圍中廣九分也。東都之亂，樂律散亡，邕之時未亂，當親見之，又曉解律吕。而《月令章句》云徑三分，何也？孟康、韋昭之時，漢斛雖在而律不存矣。康、昭等不通律吕，故康云黄鍾、林鍾、太簇圍徑各異，昭云黄鍾徑三分，皆無足怪者。隋氏之失，豈康、昭等有以啓之與？不知而作，宜聖人所深戒也。

魏徵《隋志》曰：開皇元年平陳後，牛弘、辛彦之、鄭譯、何妥等參攷古律度合，依時代制律。其黄鍾之管，俱徑三分，長九寸。度自有損益，故聲有高下。圍徑長短與度而差，故容黍不同。今列其數云。

晉前尺黄鍾容黍八百八粒。

梁法尺黄鐘容八百二十八。

梁表尺黄鐘三，其一容九百二十五，其一容九百一十，其一容一千一百二十。

漢官尺黄鐘容九百三十九。

古銀錯題黄鐘龠容一千二百。

宋氏尺即鐵尺，黄鐘凡二，其一容一千二百，其一容一千四十七。

後魏前尺黄鐘容一千一百一十五。

後周玉尺黄鐘容一千二百六十七。

後魏中尺黄鐘容一千五百五十五。

後魏後尺黄鐘容一千八百一十九。

東魏尺黄鐘容二千八百六十九。

萬寶常水尺律母黄鐘容黍一千三百二十。

梁表鐵尺律黄鐘副别者，其長短及口空之圍徑並同，而容黍或多或少，皆是作者旁庣其腹，使有盈虚。

按梁表尺三律與宋氏尺二律，容受不同。史謂「作者旁庣其腹，使有盈虚」，則當時制作之踈，亦可見矣。晉前尺律黄鐘止容八百八黍者，失在於徑三分也。古銀錯與玉尺、玉斗合。玉斗之容受與晉前尺徑三分四釐六毫者不甚相遠，但玉尺律徑不及三分，故其律遂長而尺長於晉前尺一寸五分八釐。蓋自漢、魏而下，造律竟不能成，而度之長短，量之容受，權衡之輕重，皆戾於古，大率皆由徑三分之説誤之也。

本朝胡安定《律吕議》曰：按歷代律吕之制，黄鐘之管長九十黍之廣，積九寸，度之所由起也。容千二百黍，積八百一十分，量之所由起也。重十有二銖，權衡之所由起也。既度、量、權衡皆出於黄鐘之龠，則黄鐘之龠圍徑容受，可取四者之法交相酬驗，使不失其實也。今驗黄鐘律管每長一分内實十三黍，又三分黍之一，圍中容九方分也。後世儒者執守孤法，多不能貫知權、量之法，但制尺求律，便爲堅證。因謂圍九分者，取空圍圓長九分爾。以是圍九分之誤，遂有徑三分之説。若從徑三圍九之法，則黄鐘之管止容九百黍，積止六百七分半。如此，則黄鐘之聲無從而正，權量之法無從而生，周之嘉量、漢之銅斛皆不合其數矣。

按十二律圍徑，自先漢以前傳記並無明文。惟班《志》云黄鐘八百一十分，繇此之義，起十二律之周徑。然其説乃是以律之長自乘而因之以十，蓋配合爲説耳，未可以爲據也。惟《審度》章云：「一黍之廣度之九十分，黄鐘之長一爲一分。」《嘉量》章則以千二百黍實其龠。《謹衡權》章則以千二百黍爲十二銖，則是累九十黍以爲長，積千二百黍以爲廣可見也。夫長九十黍，容千二百黍，則空圍當有九方分，乃是圍十分三釐八毫，徑三分四釐六毫也。每一分容十三黍，又三分黍之一，以九十因之，則一千二百也。又漢《斛銘文》云："「律嘉量方尺，圓其外，庣旁九釐五毫，冪百六十二寸。深尺，積一千六百二十寸，容十斗。」嘉量之法，合龠爲合，十合爲升，十升爲斗，十斗爲石。一石積一千六百二十寸，爲分者一百六十二萬。一斗積一百六十二寸，爲分者十六萬二千。一升積十六寸二分，爲分者一萬六千二百。一合積一寸六分二釐，爲分者一千六百二十。則黄鐘之龠，爲八百一十分，明矣。空圍八百一十分，則長累九十黍，廣容一千二百黍矣。蓋十其廣之分以爲長，十一其長之分以爲廣，自然之數也。自孟康以律之長十之一爲圍之謬，其後韋昭之徒遂皆有徑三分之説，而《隋志》始著以爲定論。然累九十黍，徑三黍，止容黍八百有奇，終與一千二百黍之法兩不相通，而律竟不成。唐因聲制樂，雖近於古，而律亦非是。本朝承襲，皆不能覺。獨胡安定以爲九分者方分也，以破徑三分之法。然所定之律不本於聲氣之元，一取之秬黍，故其度、量、權衡，皆與古不合。又不知變律之法，但見仲吕反生，不及黄鐘之數，乃遷就林鐘已下諸律圍徑，以就黄鐘清聲，以夷則、南吕爲徑三分、圍九分，無射爲徑二分八釐、圍八分四釐，應鐘爲徑二分六釐五毫、圍七分九釐五毫。夫律以空圍之同，故其長短之異可以定聲之高下，而其所以爲廣狹長短者，又莫不有自然之數，非人之所能爲也。今其律之空圍不同如此，則亦不成律矣。遂使十二律之聲，皆不當位，反不如和峴舊樂之爲條理，亦可惜也。房庶以徑三分、周圍九分，累黍容受不能相通，遂廢一黍爲一分之法，而增益班《志》八字以就其說。范蜀公乃從而信之，過矣。

黄鐘之實第三

《淮南子》曰：規始於一。一不生，故分而爲陰陽。陰陽合和而萬物生，故曰「一生二，二生三，三生萬物」。天地三月而爲一時，故祭祀三飯以爲禮，喪紀三踊以爲節，兵重三罕以爲制。三參物，三三如九，故黄鐘之九寸而宫音調。因而九之，九九八十一，故黄鐘之數立焉。黄者土德之色，鐘者氣所種也。日冬至德氣爲土，土色黄，故曰黄鐘。律之數六分爲雌雄，故曰十二鐘，以副十二月。十二各以三成，故置一而十一三之爲積分十七萬七千一百四十七，黄鐘大數立焉。○《前漢志》曰：太極元氣，函三爲一。極，中也。元，始也。行於十二辰，始動於子，參之於丑得三，又參之於寅得九，又參之於卯得二十七，又參之於辰得八十一，又參之於巳得二百四十三，又參之於午得七百二十九，又參之於未得二千一百八十七，又參之於申得六千五百六十一，又參之於酉得萬九千六百八十三，又參之於戌得五萬九千□□四十九，又參之於亥得十七萬七千一百四十七。此陰陽合德，氣鐘於子，化生萬物者也。○《律書》曰：置一而九三之以爲法，實如法得長一寸，凡得九寸，命曰黄鐘之律。

按《淮南子》謂置一而十一三之以爲黄鐘之大數，即此置一而九三之以爲寸法者，其術一也。夫置一而九三之既爲寸法，則七三之爲分法，五三之爲釐法，三三之爲毫法，一三之爲絲法，從可知矣。《律書》獨舉寸法者，蓋已於生鐘分内默具律、❶寸、分、釐、毫、絲之法，而又於此律數之下，指其大者以明凡例也。一三之而得三，三三之而得二十七，五三之而得二百四十三，七三之而得二千一百八十七，九三之而得一萬九千六百八十三。故一萬九千六百八十三以九分之，則爲二千一百八十七。二千一百八十七以九分之，則爲二百四十三。二百四十三以九分之，則爲二十七。二十七以九分之，則爲三。三者，絲法也。九其三，得二十七，則毫法也。九其二十七，得二百四十三，則釐法也。九其二百四十三，得二千一百八十七，則分法也。九其二千一百八十七，得一萬九千六百八十三，則寸法也。一寸九分，一分九釐，一釐九毫，一毫九絲，以之生十一律，以之生五聲二

❶「於生」，重修本互乙。

變。上下乘除，參同契合，無所不通。蓋數之自然也。顧自《淮南》、太史公之後，即無識其意者。如京房之六十律，雖亦用此十七萬七千一百四十七之數，然乃謂不盈寸者十之所得爲分，又不盈分者十之所得爲小分，以其餘爲强弱。不知黄鐘九寸，以三損益，數不出九。苟不盈分者十之，則其奇零無時而能盡。雖泛以强弱該之，而卒無以見强弱之爲幾何，則其數之精微，固有不可得而紀者矣。至於杜佑、胡瑗、范蜀公等，則又不復知有此數，而以意强爲之法。故《通典》則自南吕而下，各自爲法，固不可以見分、釐、毫、絲之實。胡、范則止用八百一十分，乃是以積實生量之數，爲律之長，而其因乘之法亦用十數，故其餘算亦皆棄而不録。蓋非有意於棄之，實其重分累析，至於無數之可紀，故有所不得而録耳。夫自絲以下，雖非目力之所能分，然既有其數，而或一算之差，則法於此而遂變。不以約十爲九之法分之，則有終不可得而齊者。故《淮南》、太史公之書，其論此也已詳，特房等有不察耳。司馬貞《史記索隱》注「黄鐘八寸十分一」云：「律九九八十一，故云八寸十分一。《漢書》云長九寸者，九分之寸也。」此則古人論律，以九分爲寸之明驗也。

三分損益上下相生第四

《吕氏春秋》曰：黄鐘生林鐘，林鐘生太簇，太簇生南吕，南吕生姑洗，姑洗生應鐘，應鐘生蕤賓，蕤賓生大呂，大呂生夷則，夷則生夾鐘，夾鐘生無射，無射生仲呂。三分所生，益之一分以上生。三分所生，去其一分以下生。黄鐘、大呂、太簇、夾鐘、姑洗、仲呂、蕤賓爲上，林鐘、夷則、南呂、無射、應鐘爲下。○《淮南子》曰：黄鐘位子，其數八十一主十一月，下生林鐘。林鐘之數五十四，主六月，上生太簇。太簇之數七十二，主正月，下生南呂。南呂之數四十八，主八月，上生姑洗。姑洗之數六十四，主三月，下生應鐘。應鐘之數四十二，主十月，上生蕤賓。蕤賓之數五十六，主五月，上生大呂。大呂之數七十六，主十二月，下生夷則。夷則之數五十一，主七月，上生夾鐘。夾鐘之數六十八，主二月，下生無射。無射之數四十五，主九月，上生仲呂。仲呂之數六十，主四月，極不生。

按《吕氏》《淮南子》上下相生，與司馬氏《律書》、《漢前志》不同。雖大呂、夾鐘、仲呂用倍數則一，然《吕氏》《淮南》不過以數之多寡爲生之上下，律吕陰陽皆錯亂而無倫，非其本法也。

律書生鐘分

子一分　丑三分二　寅九分八　卯二十七分十六　辰八十一分六十四　巳二百四十三分一百二十八　午七百二十九分五百一十二　未二千一百八十七分一千□□二十四　申六千五百六十一分四千□□九十六　酉一萬九千六百八十三分八千一百九十二　戌

五萬九千□□四十九分三萬二千七百六十八　亥一十七萬七千一百四十七分六萬五千五百三十六

按此即「三分損益，上下相生之數」。其分字以上者，皆黄鐘之全數。子律數，寅寸數，辰分數，午釐數，申毫數，戌絲數。其丑、卯、巳、未、酉、亥則三分律、寸、分、釐、毫、絲之法也。其分字以下者，諸律所取於黄鐘長短之數也。假令子一分，則一爲九寸，是黄鐘之全數。丑三分二，則一爲三寸，三三如九，亦是黄鐘之九寸。二分取其二，故林鐘得六寸。寅九分八，則一爲一寸，亦是黄鐘之九寸。九分取其八，故太簇得八寸。其上下相生之敘，則《晉志》所謂「在六律爲陽，則當位自得而下生於陰。六吕爲陰，則得其所衝而上生於陽」者是也。丑爲林鐘，卯爲南吕，巳爲應鐘，未爲大吕，酉爲夾鐘，亥爲仲吕。大吕、夾鐘、仲吕止得半聲，必用倍數，乃與天地之氣相應。其寸、分、釐、毫、絲皆積九以爲法，詳見上章。

《漢前志》曰：黄鐘三分損一，下生林鐘。三分林鐘益一，上生太簇。三分太簇損一，下生南吕。三分南吕益一，上生姑洗。三分姑洗損一，下生應鐘。三分應鐘益一，上生蕤賓。三分蕤賓損一，下生大吕。三分大吕益一，上生夷則。三分夷則損一，下生夾鐘。三分夾鐘益一，上生無射。三分無射損一，下生仲吕。陰陽相生，自黄鐘始而左旋，八八爲伍。

○《律書》曰：術曰：以下生者倍其實，三其法。上生者四其實，三其法。假令黄鐘九寸下生，則倍其實爲一尺八寸，三其法乃爲六寸，而得林鐘。林鐘六寸上生，則四其實爲二尺四寸，三其法乃爲八寸，而得太簇。他皆倣此。○《漢後志》曰：術曰：陽以圓爲形，其性動。陰以方爲節，其性靜。動者數三，靜者數二。以陽生陰倍之，以陰生陽四之，皆三而一。陽生陰曰下生，陰生陽曰上生。上生不得過黄鐘之清濁，下生不得及黄鐘之數實。皆參天兩地，圓蓋方覆，六耦承奇之道也。黄鐘，律吕之首，而生十一律者也。

和聲第五

《漢前志》曰：黄鐘爲宫，則太簇、姑洗、林鐘、南吕皆以正聲應，無有忽微，不復與他律爲役者，同心一統之義也。非黄鐘而他律，雖當其月自宫者，則其和應之律有空積忽微，不得其正，此黄鐘至尊，亡與並也。

按黄鐘爲十二律之首，他律無大於黄鐘，故其正聲不爲他律役。其半聲當爲四寸五分，而前乃云無者，以十七萬七千一百四十七之數不可分，又三分損益，上下相生之所不及，故亦無所用也。至於大吕之變宫，夾鐘之羽，仲吕之徵，蕤賓之變徵，夷則之角，無射之商，自用變律半聲，非復黄鐘矣。此其所以最尊而爲君之象。然亦非人之所能爲，乃數之自然，他律雖欲役之而不可得也。此一節最爲律吕旋宫用聲之綱領。古人言之已詳。唯杜佑《通典》再生黃鐘之法爲得之，而他人皆不及也。佑説見下條。

《漢後志》京房六十律

黃鐘　子　　黃鐘生林鐘未
林鐘生太簇寅　　太簇生南呂酉
南呂生姑洗辰　　姑洗生應鐘亥
應鐘生蕤賓午　　蕤賓生大呂丑
大呂生夷則申　　夷則生夾鐘卯
夾鐘生無射戌　　無射生仲呂巳
仲呂生執始子　　執始生去滅未
去滅生時息寅　　時息生結躬酉
結躬生變虞辰　　變虞生遲内亥
遲内生盛變午　　盛變生分否丑
分否生解形申　　解形生開時卯
開時生閉掩戌　　閉掩生南中巳
南中生丙盛子　　丙盛生安度未

安度生屈齊寅
歸期生路時辰
未育生離宫午
凌陰生去南申
族嘉生鄰齊戌
内負生分動子
歸嘉生隨時寅
未卯生形始辰
遲時生制時午
少出生分積申
争南生期保戌
物應生質未子
否與生形晉寅
惟汗生依行辰
包育生謙待未

屈齊生歸期酉
路時生未育亥
離宫生凌陰丑
去南生族嘉卯
鄰齊生内負巳
分動生歸嘉未
隨時生未卯酉
形始生遲時亥
制時生少出丑
分積生争南卯
期保生物應巳
質未生否與未
形晉生惟汗酉
依行生包育亥
謙待生未知寅

未知生白呂酉　　白呂生南授辰

南授生分烏亥　　分烏生南事午

按，世之論律者皆以十二律爲循環相生，不知三分損益之數，往而不返。仲呂再生黄鐘，止得八寸七分有奇，不成黄鐘正聲。京房覺其如此，故仲呂再生，别名「執始」。轉生四十八律，其三分損益不盡之算，或棄或增。夫仲呂上生不成黄鐘，京房之見則是矣。至於轉生四十八律，則是不知變律之數止於六者，出於自然，不可復加。雖强加之，而亦無所用也。況律學微妙，其生數立法，正在毫釐秒忽之間。今乃以不盡之算不容損益，遂或棄之，或增之，則其畸贏贅虧之積，亦不得爲此律矣。又依行在辰上生包育，編於黄鐘之次，乃是隔九。其黄鐘、林鐘、太簇、南呂、姑洗，每律統五律。蕤賓、應鐘，每律統四律。大呂、夾鐘、仲呂、夷則、無射，每律統三律。三五不周，多寡不例，其與反生黄鐘，相去五十百步之間耳。意者房之所傳出于焦氏，焦氏卦氣之學，亦去四而爲六十，故其推律亦必求合卦氣之數。不知數之自然在律者不可增，而於卦者不可減也。何承天、劉焯譏房之病，蓋得其一二。然承天與焯，皆欲增林鐘已下十一律之分，使至仲呂反生黄鐘，還得十七萬七千一百四十七之數。如此，則是惟黄鐘一律成律，他十一律皆不應三分損益之數，其失又甚於房矣。可謂目察秋毫而不見其睫也。

杜佑《通典》曰：陳仲儒云：調聲之體，宫、商宜濁，徵、羽宜清。若依公孫崇，止以十二律而云還相爲宫，清濁悉足，非惟未練五調調器之法，至於五聲次第，自是不足。何者？黄鐘爲聲氣之元，其管最長。故以黄鐘爲宫，太簇爲商，林鐘爲徵，則一相順。若均之八音，猶須錯採衆聲，配成其美。若以應鐘爲宫，大吕爲商，蕤賓爲徵，則徵濁而宫清，雖有其韻，不成音曲。若以無射爲宫，則十二律中惟得取仲吕爲徵，其商、角、羽並無其韻。若以仲吕爲宫，則十二律内全無所取。何者？仲吕爲十二律之窮，變律之首也。依京房書，仲吕爲宫，乃以去滅爲商，執始爲徵，然後成韻。而崇乃以仲吕爲宫，猶用林鐘爲商，黄鐘爲徵，何由可諧？

按，仲儒所以攻公孫崇者，當矣。其論應鐘爲宫，大吕爲商，蕤賓爲徵，商、徵皆濁於宫，雖有其韻，不成音曲。又謂仲吕爲宫，則十二律内全無所取，尤爲的切。然仲儒所主，是京氏六十律。不知依行爲宫，包育爲徵，果成音曲乎？果有其韻乎？蓋仲儒知仲吕之反生不可爲黄鐘，而不知變至於六則數窮不生。雖或增或棄，成就使然之數，强生餘律，亦無所用也。

《通典》曰：十二律相生之法，自黄鐘始。黄鐘之管九寸。三分損益，下生林鐘。林鐘上生太簇，太簇下生南吕。南吕上生姑洗，姑洗下生應鐘。應鐘上生蕤賓，蕤賓上生大吕。

大吕下生夷則，夷則上生夾鐘。夾鐘下生無射，無射上生仲吕。仲吕之管長六寸一萬九千六百八十三分寸之萬二千九百七十四。此謂十二律長短相生、一終於仲吕之法。又制十二鐘，以准十二律之正聲。又鳧氏爲鐘，以律計自倍半。以子聲比正聲，則正聲爲倍。以正聲比子聲，則子聲爲半。但先儒釋「用倍聲」有二義：一義云，半十二律正律，爲十二子聲之鐘。二義云，從於仲吕之管寸數，以三分益一上生黄鐘。以所得管之寸數，然後半之以爲子聲之鐘。其爲變正聲之法者，以黄鐘之管正聲九寸，子聲則四寸半。又上下相生之法者，以仲吕之管長六寸一萬九千六百八十三分寸之萬二千九百七十四上生黄鐘，三分益一得八寸五萬九千□□四十九分寸之五萬一千八百九十六，半之得四寸五萬九千□□四十九分寸之二萬五千九百四十八以爲黄鐘。又上下相生以至仲吕，皆以相生所得之律寸數，半之以爲子聲之律。

按此説黄鐘九寸生十一律，有十二子聲，所謂正律、正半律也。又自仲吕上生黄鐘，黄鐘八寸五萬九千□□四十九分寸之五萬一千八百九十六，又生十一律，亦有十二子聲，即所謂變律、變半律也。正、變及半，凡四十八聲上下相生，最得《漢志》所謂「黄鐘不復爲他律役」之意，與《律書》五聲大小次第之法。但變律止於應鐘，雖設而無所用，則其實三十六聲而已。其間陽律不用變聲，而黄鐘又不用正半聲；陰吕不用正半聲，而應鐘又不用變半聲。其實又二十八聲而已。其詳見於前篇之八章。

五聲小大之次第六

《國語》曰：大不踰宮，細不過羽。夫宮，音之主也。第以及羽。○《律書》曰：律數九九八十一以爲宮。三分去一，五十四以爲徵。三分益一，七十二以爲商。三分去一，四十八以爲羽。三分益一，六十四以爲角。○《通典》曰：古之神瞽攷律均聲，必先立黄鐘之均。五聲十二律，起於黄鐘之氣數。黄鐘之管以九寸爲法，度其中氣，明其陽數之極。故用九自乘爲管絲之數。九九八十一數。其增減之法，又以三爲度，以上生者皆三分益一，下生者皆三分去一。宮生徵。三分宮數八十一，則分各二十七。下生者去一，去二十七，餘有五十四以爲徵，故徵數五十四也。徵生商。三分徵數五十四，則分各十八。上生者益一，加十八於五十四，得七十二以爲商，故商數七十二也。商生羽。三分商數七十二，則分各二十四。下生者去其一，去二十四，得四十八以爲羽，故羽數四十八也。羽生角。三分羽數四十八，則分各十六。上生者益一，加十六於四十八，則得六十四以爲角，故角數六十四也。此五聲小大之次也。是黄鐘爲均用五聲之法。以下十一辰，辰各有五聲，其爲宮、商之法亦如之。辰各有五聲，合爲六十聲，是十二律之正聲也。

按宮聲之數八十一，商聲之數七十二，角聲之數六十四，徵聲之數五十四，羽聲之數四十八。是黄鐘一均之數，而十一律於此取法焉。《通典》所謂「以下十一辰，辰各五聲，其爲宫爲商之法亦如之」者是也。夫以十二律之宫長短不同，而其臣民事物，尊卑莫不有序，而不相陵犯，良以是耳。沈括不知此理，乃以爲五十四，在黄鐘爲徵，在夾鐘爲角，在仲吕爲商者，其亦誤矣。俗樂之有清聲，蓋亦略知此意。但不知仲吕反生黄鐘，黄鐘又自林鐘再生太簇，皆爲變律，已非黄鐘、太簇之清聲耳。胡安定知其如此，故於四清聲皆小其圍徑，則黄鐘、太簇二聲雖合，而大吕、夾鐘二聲又非本律之半。且自夷則至應鐘四律，皆以次小其圍徑以就之，遂使十二律、五聲皆有不得其正者，則亦不成樂矣。若李照蜀公止用十二律，則又全然不知此理者也。蓋樂之和者在於三分損益，樂之辨者在於上下相生。若李照蜀公之法，其合於三分損益者則和矣，自夷則已降，則其臣民事物，豈能尊卑有辨而不相陵犯乎？晉荀勖之笛，梁武帝之通，亦不知此而有作者也。

變宫變徵第七

《春秋左氏傳》晏子曰：先王之濟五味，和五聲也，以平其心，成其政也。聲亦如味，一氣，二體，三類，四物，五聲，六律，七音，八風，九歌，以相成也。○《漢前志》曰：《書》曰：予欲聞六律、五聲、八音、七始，詠以出納五言，汝聽。○《淮南子》曰：宫生徵，徵生商，商生羽，羽生角，角生應鐘，不比於正音，故爲和。應鐘生蕤賓，不比於正音，故爲繆。○《通典》注曰：按應鐘爲變宫，蕤賓爲變徵。自殷以前，但有五音。自周以來，加文、武二聲，謂之七聲。五聲爲正，二聲爲變。變者，和也。

按宫與商，商與角，徵與羽，相去皆一律。角與徵，羽與宫，相去獨二律。一律則近而和，二律則遠而不相及。故宫、羽之間有變宫，角、徵之間有變徵，此亦出於自然。《左氏》所謂七音，《漢前志》所謂七始，是也。然五聲者正聲，故以起調畢曲，爲諸聲之綱。至二變聲，則宫不成宫，徵不成徵，不比於正音，但可以濟五聲之所不及而已。然有五音而無二變，亦不可以成樂也。

六十調第八

《周禮》曰：《春官・大司樂》：凡樂，圜鐘爲宫，黄鐘爲角，太簇爲徵，姑洗爲羽，雷鼓、雷鼗、孤竹之管，雲和之琴瑟，《雲門》之舞，冬日至於地上之圜丘奏之。若樂六變，則天神皆降，可得而禮矣。凡樂，函鐘爲宫，太簇爲角，姑洗爲徵，南吕爲羽，靈鼓、靈鼗、孫竹之管，空桑之琴瑟，《咸池》之舞，夏日至於澤中之方丘奏之。若樂八變，則地示皆出，可得而禮矣。凡樂，黄鐘爲宫，大吕爲角，太簇爲徵，應鐘爲羽，路鼓、路鼗、陰竹之管、龍門之琴瑟、《九德》之歌、《九磬》之舞，於宗廟之中奏之。若樂九變，則人鬼可得而禮矣。

按此祭祀之樂，不用商聲，只有宮、角、徵、羽四聲，無變宮、變徵不爲調也。《左氏傳》曰：「中聲以降，五降之後不容彈矣。」夫五降之後更有變宮、變徵，而曰「不容彈」者，以二變之不可爲調也。或問：《周禮·大司樂》説宮、角、徵、羽，與七聲不合，如何？朱子曰：此是降神之樂。如黄鐘爲宮，大吕爲角，太簇爲徵，應鐘爲羽，自是四樂各舉其一者而言之。以大吕爲角，則南吕爲宮。太簇爲徵，則林鐘爲宮。應鐘爲羽，則太簇爲宮。以七聲推之，合如此，注家之説非也。

《禮記·禮運》曰：五聲、六律、十二管，還相爲宮也。鄭氏注曰：五聲，宮商角徵羽也。其管陽曰律，陰曰吕。布十二辰始於黄鐘，管長九寸。下生者三分去一，上生者三分益一，終於仲吕，更相爲宮，凡六十也。孔氏疏曰：黄鐘爲第一宮，下生林鐘爲徵，上生太簇爲商，下生南吕爲羽，上生姑洗爲角。林鐘爲第二宮，上生太簇爲徵，下生南吕爲商，上生姑洗爲羽，下生應鐘爲角。太簇爲第三宮，下生南吕爲徵，上生姑洗爲商，下生應鐘爲羽，上生蕤賓爲角。南吕爲第四宮，上生姑洗爲徵，下生應鐘爲商，上生蕤賓爲羽，上生大吕爲角。姑洗爲第五宮，下生應鐘爲徵，上生蕤賓爲商，上生大吕爲羽，下生夷則爲角。應鐘爲第六宮，上生蕤賓爲徵，上生大吕爲商，下生夷則爲羽，上生夾鐘爲角。蕤賓爲第七宮，上生大吕爲徵，下生夷則爲商，上生夾鐘爲羽，下生無射爲角。大吕爲第八宫，下生夷則爲徵，上生夾鐘爲商，下生無射爲羽，上生仲吕爲角。夷則爲第九宫，上生夾鐘爲徵，下生無射爲商，上生仲吕爲羽，上生黄鐘爲角。夾鐘爲第十宫，下生無射爲徵，上生仲吕爲商，上生黄鐘爲羽，下生林鐘爲角。無射爲第十一宫，上生仲吕爲徵，上生黄鐘爲商，下生林鐘爲羽，上生太簇爲角。仲吕爲第十二宫，上生黄鐘爲徵，下生林鐘爲商，上生太簇爲羽，下生南吕爲角。是十二宫各有五聲，凡六十聲。○《淮南子》曰：一律而五音，十二律而爲六十音。因而六之，六六三十六，故三百六十音，以當一歲之日。故律歷之數，天之道也。

按聲者所以起調畢曲，爲諸聲之綱領。《禮運》所謂「還相爲宫」，所以始於黄鐘，終於南吕也。後世以變宫、變徵參而八十四調，其亦不攷矣。

候氣第九

《後漢志》：候氣之法，爲室三重，户閉，塗釁必周密。布緹縵室中，以木爲按，每律各一，内庳外高，從其方位，加律其上，以葭莩灰抑其内端，按曆而候之。氣至者灰去，其爲氣所動者其灰散，人及風所動者其灰聚。○《隋志》：後齊神武霸府田曹參軍信都芳深有巧思，能以管候氣，仰觀雲色。嘗與人對語，即指天曰：孟春之氣至矣。人往驗管，而飛灰已應。每月所候，言皆無爽。又爲輪扇二十四埋地中，以測二十四氣。每一氣感，則一扇自動，他扇自住，與管灰相應若符契焉。開皇九年平陳後，高祖遣毛爽及蔡子元、于普明等以候節氣，依古於三重密室之内以木爲按十有二具，每取律吕之管，隨十二辰位置于按上，而以土埋之，上平於地，中實葭莩之灰，以輕緹素覆律口。每其月氣至，與律冥符，則灰飛衝素，散出于外。而氣應有早晚，灰飛有多少。或初入月其氣即應，或至中下旬間氣始應者，或灰飛出三五夜而盡，或終月纔飛少許者。高祖異之，以問牛弘。牛弘對曰：「灰飛半出爲和氣吹，灰全出爲猛氣吹，灰不能出爲衰氣吹。和氣應者其政平，猛氣應者其臣縱，衰氣應者其君暴。」高祖駁之曰：「臣縱君暴，其政不平，非日别而月異也。今十二月，於一歲之内應用不同，安得暴君縱臣若斯之甚也？」弘不能對。令爽等草定其法，爽因稽諸故實，以著于篇，名曰《律譜》。其略云：漢興，張蒼定律，乃推五勝之法以爲水德。寔因戰國官失其守，後秦滅學，其道浸微，蒼補綴之，未獲詳究。及孝武創制，乃置協律之官，用李延年以爲都尉，頗解新聲變曲，未達音律之源。至于元帝，自曉音律，郎官京房亦達其妙。於後劉歆典領，奏著其始末，理漸研精。班氏《漢志》，盡歆所出也。司馬彪《志》，並房所出也。至于後漢尺度稍長，魏代杜夔亦制律吕，以之候氣，灰悉不飛。晉光禄大夫荀勖得古銅管，校夔所制，長古四分，方知不調，事由其誤。乃依《周禮》更造古尺，用之定管，聲韻始調。左晉之後，漸又訛謬。至梁武帝時猶有汲冢玉律，宋蒼梧時鑽爲横吹，然其長短厚薄，大體具存。臣先人栖誠學算祖暅，問律於何承天，沈研三紀，頗達其妙。後爲太常丞，典司樂職，乃取玉管及宋太史尺，並以聞奏。詔付大匠，依樣制管。自斯以後，律又飛灰。侯景之亂，臣兄喜於太樂得之。後陳宣帝詣荆州爲質，俄遇梁元帝敗，喜没於周，適欲上聞，陳武帝立，遂以十二管衍爲六十律，私候氣序，並有徵應。至太建乃與均鐘器合。

按律者，陽氣之動，陽聲之始，必聲和氣應，然後可以見天地之心。今不此之先而乃區區於黍之縱横、古錢之大小，其亦難矣。然非精於曆數，則氣節亦未易正也。

度量權衡第十

《周禮》：典瑞璧羨以起度，玉人璧羨度尺，好三寸以爲度。

按《爾雅》曰：「肉倍好謂之璧。」羨，延也。此璧本圓，徑九寸，好三寸，肉六寸，而裁其兩旁各半寸以益上下也。其好三寸，所以爲璧也。裁其兩旁以益上下，所以爲羨也。袤十寸，廣八寸，所以爲度尺也。以爲度者，以爲長短之度也。則周家十寸八寸皆爲尺矣。陳氏曰：以十寸之尺起度，則十尺爲丈，十丈爲引。以八寸之尺起度，則八尺爲尋，倍尋爲常。《説文》曰：人手却十分，動脉爲寸口，十寸爲尺。周制寸、咫、尺、尋、常、仞，皆以人體爲法。

又曰：婦人手八寸謂之咫，周尺也。又曰：丈，丈夫也。周制以八寸爲尺，十尺爲丈。人長八尺，故曰丈夫。

《淮南子》曰：秋分蔈定，蔈定而禾熟。律之數十二，故十二蔈而當一粟，十二粟而當一寸。律以當辰，音以當日。日之數十，故十寸而爲尺，十尺而爲丈。○《説苑》曰：度、量、權衡以粟生之。一粟爲一分，十分爲一寸，十寸爲一尺，十尺爲一丈。○《易緯通卦驗》以十馬尾爲一分。○《孫子算術》曰：蠶所吐絲爲忽，十忽爲一絲，十絲爲一毫，十毫爲一釐，十釐爲一分，十分爲一寸，十寸爲一尺，十尺爲一丈。○《漢前志》曰：度者，分寸尺丈引也，所以度長短也。本起黄鐘之長，以子穀秬黍中者一黍房庶云：得古本《漢書》，「一黍」字下有「之起積一千二百黍」八字。今本《漢書》闕之。之廣度之，九十分黄鐘之長。一爲一分，十分爲寸，十寸爲尺，十尺爲丈，十丈爲引，而五度審矣。

按一黍之廣爲分，故累九十黍爲黄鐘之長，積千二百黍爲黄鐘之廣，古人蓋三五以存法也。自晉、宋以來，儒者論律圍徑，始有同異。至隋因定爲徑三分之説。❶苟徑三分，則九十黍之長止容黍八百有奇，與千二百黍之廣兩不相通矣。房庶不知徑三分之爲

❶「爲」，重修本作「圍」。

誤，乃欲增益《漢志》之文以就其説。范蜀公又從而信之，其過益又甚矣。

《隋志》十五等尺。

一，周尺。《前漢志》，王莽時劉歆銅斛尺。○後漢建武銅尺。○晉荀勖律尺爲晉前尺。○祖冲之所傳銅尺。晉武帝泰始九年，中書監荀勖校太樂八音不和，始知爲後漢至魏尺長於古尺四分有餘。勖乃部著作郎劉恭依《周禮》制尺，所謂古尺也。依古尺更鑄銅律吕以調聲韻，以尺量古器，與本銘尺寸無差。又汲郡盜發魏襄王冢，得古周時玉律及鐘磬，與新律聲韻闇同。于時郡國或得漢時故鐘，吹新律命之皆應。梁武《鐘律緯》云：祖冲之所傳銅尺，其銘曰：「晉泰始十年，中書考古器揆校今尺長四分半，所校古法有七品：一曰姑洗玉律，二曰小吕玉律，三曰西京銅望臬，四曰金錯望臬，五曰銅斛，六曰古錢，七曰建武銅尺。姑洗微强，西京望臬微弱，其餘與此尺同。」銘八十二字。「此尺」者，勖新尺也。今尺者，杜夔尺也。　按「此尺」出於汲冢之律，與劉歆之斛，最爲近古。蓋漢去古未遠，古之律、度、量、權衡猶在也。故班氏所志，無諸家異同之論。王莽之制作雖不足據，然律、度、量、衡當不敢變於古也。自董卓之亂而樂律散亡，故杜夔之律，圍徑差小而尺因以長。荀勖雖定此尺，然其樂聲高急，不知當時律之圍徑又果何如也。後周以玉斗生律，玉斗之容受，則近古矣。然當時以斗制律，圍徑不及三分，其尺遂長於此尺一寸五分八釐。意者後世尺度之差，皆由律圍徑之誤也。今司馬公所傳此尺者，出於王莽之法錢，蓋丁度所奏，高若訥所定者也。雖其年代久遠，輪郭不無消毀，然其大約當尚近之。後之君子有能驗聲氣之元以求之古之律吕者，於此當有考而不可忽也。○二，晉田父玉尺。梁法尺。實比晉前尺一尺七釐。《世説》稱有田父於野地中得周時玉尺，便是天下正尺。荀勖試以校己所造金石絲竹，皆短校一米。梁武帝《鐘律緯》稱從上相傳有周時銅尺一枚，古玉律八枚。檢周尺東昏用爲章信，尺不復存。玉律一口，簫餘定七枚，夾鐘有昔題刻，迺制爲尺以相參驗。取細毫中黍積次訓定，最爲詳密。以新尺制爲四器，名曰「通」。又依新尺爲笛，以命古鐘。按此兩尺長短近同。○三，梁表尺。實比晉前尺一尺二分二釐一毫有奇。蕭吉云：出於司馬法，梁朝刻其度於影表以測影。按此即祖暅所算造銅圭影表者也。○四，漢官尺。晉時始平掘地，得古銅尺。實比晉前尺一尺三分七毫。蕭吉云：漢章帝時零陵文學史奚景於泠道縣舜廟下得玉律，度爲此尺。傳暢晉諸公讚云：荀勖新造鐘律，時人並稱其精密，惟陳留阮咸譏其聲高。後始平掘地得古銅尺，歲久欲腐，以校荀勖今尺，短校四分。時人以咸爲神解。此兩尺長短近同。○五，魏尺。杜夔所用調律，實比晉前尺一尺四分七釐。按劉徽《九章註》云：此尺長於王莽斛尺四分五釐，然即其斛分以二千龠約之，知其律止容七百二十分六釐六毫六絲有奇，則其徑爲三分三釐弱爾。然則其斛分數與王莽斛分雖不同，而其容受多寡相去未懸遠也。○六，晉後尺。實比晉前尺一尺六分二釐。蕭吉云：晉氏江東所用。○七，後魏前尺。實比晉前尺一尺二寸七釐。○八，中尺。實比晉前尺一尺二寸一分一釐。○九，後尺。實比晉前尺一尺二寸八分一釐。後周市尺，開皇官尺，即鐵尺一尺二寸。此後魏初及東西分國，後周未用玉尺之前，雜用此等尺。○十，東後魏尺。實比晉前尺一尺五寸八毫。《魏史·律歷志》云：公孫崇永平中更造新尺，以一黍之長累爲寸法。尋太常卿劉芳受詔脩樂，以秬黍中者一黍之廣即爲一分。而中尉元匡以一黍之廣度黍二縫，以取一分。三家紛競，久不能決。太和十九年，高祖詔以一黍之廣，用成分體九十之黍黄鐘之長，以定銅尺。有司奏從前詔，而芳尺同高祖所制，故遂典脩金石，迄武定未有論律者。○十一，蔡邕銅龠尺。後周玉尺。實比晉前尺一尺一寸五分八釐。從上相承有銅龠一，以銀錯題其銘。見《制律》篇中。祖孝孫云：相承傳是蔡邕銅龠。後周武帝保定中，詔遣盧景宣、長孫紹遠、斛斯徵等累黍造尺，從横不定。後因脩倉掘地，得古玉斗，以爲正器。據斗造律、度、量、衡。因用此尺，大赦，改元天和。百司行用，終於大象之末。其律與蔡邕古龠同。

按銅龠、玉斗，二者當是古之嘉量。當時據斗造尺，但以容受乘除求之。然自魏而下，論律者多惑於三分之徑。今以《隋志》所載玉斗容受，析之爲一十一萬八百分有奇。一斗計二百龠，以二百約之，得五百五十四分有奇爲一龠之分。以算法攷之，其徑不及三分，故其尺律遂長。然權、量與聲，尚相依近也。唐之度、量、權衡與玉斗相符，即此尺爾。〇十二，宋氏尺。錢樂之渾天儀尺，後周鐵尺。實比晉前尺一尺六分四釐。開皇初調鐘律尺，及平陳後調鐘律水尺，此宋代人間所用尺，傳入齊、梁、陳以制樂，制與晉後尺及梁時俗尺、劉曜渾儀尺略相依近，當由人間常用增損訛替之所致也。周建德六年，平齊後即以此同律、度、量，頒于天下，其後宣帝時達奚震及牛弘等議曰：「竊惟權衡、度、量，經邦懋軌，誠須詳求故實，考校得衷。謹尋今之鐵尺，是太祖遣尚書故蘇綽所造。當時檢勘，用爲前周之尺，驗其長短，與宋尺符同，即以調鐘律，并用均田度地。今以上黨羊頭山黍依《漢書·曆志》度之，若以大者稠黍，依數滿尺，實於黄鐘之律，須撼乃容。若以中者累尺，雖復小稀實於黄鐘之律，不動而滿。計此二事之殊，良由消息未善。其於鐵尺，終有一會。且上黨之黍，有異他鄉。其色至烏，其形圓重，用之爲量，定不徒然。正以時有水旱之差，地有肥瘠之異，取黍大小未必得中。按許慎解秬黍體大，本異於常。疑今之大者，正是其中。累百滿尺，即是會古。實龠之外，纔剩十餘。此恐圍徑或差，造律未妙。就如撼動取滿，論理亦通。今勘周漢古錢大小，有合宋氏渾儀尺度。又依《淮南》累粟十二成寸，明先王制法。《索隱》鉤深以律計分，義無差異。《漢書·食貨志》云：黄金方寸，其重一斤。今鑄金校驗，鐵尺爲近。依文據理，符會處多。且平齊之始，已用宣布。今因而爲定，彌合時宜。至於玉尺累黍以廣爲長，累既有剩，實復不滿。尋訪古今，恐不可用。其晉、梁尺量，過爲短小，以黍實管，彌復不容。據律調聲，必致高急。且八音克諧，明王盛軌。同律、度、量，哲后通規。臣等詳校前經，斟量時事，謂用鐵尺，於理爲便。」未及詳定，高祖受終。牛弘、辛彦之、鄭譯、何妥等久議不決。既平陳，一以江東樂爲善，曰：「此華夏舊聲，雖隨俗改變，大體猶是古法。」祖孝孫云：平陳後廢周玉尺律，便用此鐵尺律。以一尺二寸即爲市尺。按此即本朝和峴所用影表尺也。平陳以後蓋用此尺。范蜀公以爲即今大府帛尺，誤矣。〇十三，開皇十年萬寶常所造律吕水尺。實比晉前尺一尺一寸八分六釐。今大樂庫及内出銅律一部，是萬寶常所造，名水尺律。説稱其黄鐘律當鐵尺南吕倍聲。南吕，黄鐘羽也，故謂之水尺律。按萬寶常之律與祖孝孫相近，然亦皆徑三分之法也。〇十四，雜尺。劉曤渾天儀土圭尺。實比晉前尺一尺五分。〇十五，梁朝俗間尺。實比晉前尺一尺七分一釐。按十五等尺，其間多無所取證。所以存而不削者，要見諸代之不同，多由於累黍及圍徑之誤也。

五代王朴準尺，比漢前尺一尺二分。見丁度《表》。〇本朝和峴用景表石尺，比漢前尺一尺六分。見丁度《表》。

太府布帛尺，李照尺。比漢前尺一尺三寸五分。見温公《尺圖》。○阮逸胡瑗尺，横累一百黍。比太府布帛尺七寸八分六氂，與景表尺同。見胡瑗《樂義》。○鄧保信尺，縱累百黍。短於太府尺九分，長於胡瑗尺九分五氂。見鄧保信《奏議》。○大晟樂尺，徽宗皇帝指三節爲三寸。長於王朴尺二寸一分，和峴尺一寸八分弱，阮逸、胡瑗尺一寸七分，短於鄧保信尺三分、太府帛尺四分。見《大晟樂書》。

仁宗景祐三年，丁度等詳定黍尺鐘律。丁度等言：「鄧保信所製尺，用上黨秬黍圓者一黍之長累百而成。又律管一據尺裁九十黍之長，空徑三分，圍九分，容秬黍千二百。遂用黍長爲分，再累成尺。校保信尺律不同，其龠、合、升、斗深闊，推以算法，類皆差舛，不同周、漢量法。阮逸、胡瑗所製，亦上黨秬黍中者累廣求尺，制黄鐘之律。今用再累成尺，比逸所製又復不同。至於律管龠、合、升、斗、斛、豆、區、鬴，亦率類是。蓋黍有圓長大小，而保信所用者圓黍，又首尾相銜。逸等止用大者，故再攷之即不同。尺既有差，故難以定鐘磬。謹詳古今之制，自晉至隋，累黍之法但求尺管，不以權、量參校，故歷代黄鐘之管，容黍之數不同。惟後周掘地得古玉斗，據斗造律，兼制權、量，亦不同周、漢制度。故《漢志》有備數和聲，審度嘉量權衡之説，悉起於黄鐘。今欲數器之制參伍無失，則班《志》積分之法爲近。逸等以大黍累尺，小黍實龠，自戾本法。保信黍尺以長爲分，雖合後魏公孫崇説，然當時已不施用。況保信今尺以圓黍累之，及首尾相銜，又與實龠之黍再累成尺不同。其量器分寸既不合古，即權衡之法不可獨用。」詔悉罷之。又詔丁度等詳定太府寺并鄧保信、阮逸、胡瑗所制四尺。度等言：《漢志》審度之法云，一黍之廣爲分，十分爲寸，十寸爲尺。先儒訓解經籍，多引以爲義。歷世祖襲，著之定令。然而歲有豐儉，地有磽肥。就令一歲之中，一境之内，取黍校驗，亦復不齊。是蓋天之生物，理難均一，古人立法，存其大概爾。故前代制尺非特累黍，必求古雅之器，以黍校焉。晉泰始十年，荀公曾等校定尺度，以調鐘律，是爲晉之前尺。前史稱其意精密。《隋志》所載諸代尺度十有五等，以晉之前尺爲本，以其與姬周之尺、劉歆銅斛尺、建武銅尺相合。竊惟周、漢二代享年永久，聖賢制作，可取則焉。而隋氏鑄毀金石，典正之物，罕復存者矣。夫古物之有分寸，明著史籍，可以酬驗者，惟有法錢而已。周之圜法，歷代曠遠，莫得而詳察之。半兩實重八銖。漢初四銖，其文亦曰「半兩」。孝武之世，始行五銖。下洎隋朝，多以五銖爲號。既歷代尺度屢改，故小大輕重鮮有同者。惟劉歆制銅斛之世所鑄錯刀，并大泉五十，王莽天鳳元年改鑄貨布、貨錢之類，不聞後世復有鑄者。臣等檢詳《漢志》《通典》、唐六典，大泉五十重十二銖，徑一寸二分；錯刀環如大泉，身形如刀，長二寸；貨布重二十五銖，長二寸五分，廣一寸，首長八分有奇，廣八分，足枝長八分，間廣二分，圓好徑二分半；貨泉重五銖，徑一寸。今以大泉、錯刀、貨布、貨泉四物相參校，分寸正同。或有小大輕重與本志微差者，蓋當時盜鑄既多，不必皆中法度。但當校其首足、肉好、長廣，分寸皆合。正史者用之，則銅斛之尺，從而可知矣。有唐享國三百年，其制作法度雖未逮周、漢，然亦可謂治安之世矣。今朝廷必求尺度之中，當依漢錢分寸。若以爲太祖膺圖受禪，創制垂法，嘗詔和峴等用景表尺典脩金石，七十年間薦之郊廟，稽合唐制以示詒謀，則可且依景表舊尺。俟有妙達鐘律之學者，俾攷正以從周、漢之制。王朴律準尺，比漢錢尺寸長二分有奇，比景表尺短四分。既前代未嘗施用，復經太祖朝更易，其逸、瑗、保信照所用太府寺尺，其制彌長，去古彌遠，不可依用。謹攷舊文，再造景表尺一，校漢錢尺二，并大泉、錯刀、貨布、貨泉總十七枚上進。而高若訥卒用漢貨泉度一寸，依《隋書》定尺十五種上之，藏于太常寺。○《周禮》：㮚氏爲量，改煎金錫則不耗。不耗然後權之，權之然後準之，準之然後量之。量之以爲鬴，深尺，内方尺而圓其外，其實一鬴。鄭氏注曰：以其容爲之名也。四升曰豆，四豆曰區，四區曰鬴。鬴，六斗四升也。鬴十則鐘。方尺積千寸，於今粟米法少二升八十一分升之二十二，其數必容鬴，此言方耳。圜其外者，爲之脣。其臀一寸，其實一豆。故書「臀」作「脣」。杜子春云：當爲臀。謂覆之其底深一寸也。其耳三寸，其實一升。耳在旁可舉也。重一鈞。三十斤。聲中黄鐘之宫。

按周鬴容六斗四升，實一千二百八十龠，計一百三萬六千八百分爲一千三十六寸八分。嘗攷漢斛容十斗，實二千龠，計一百六十二萬分爲一千六百二十寸。蓋方尺圓其外，庣旁九釐五毫，故冪百六十二寸，深尺積一千六百二十寸。今攷周家八寸十寸皆爲尺。范蜀公曰：周鬴方尺者八寸之尺，深尺者十寸之尺。方八寸，圓其外庣其旁，則冪一百三寸六分八釐。深十寸，則積一千三十六寸八分，與漢斛同法無疑也。鄭氏云：方尺積千寸。又云：圜其外者爲之脣。二説皆非是。方鄭氏之世，漢斛尚在，豈偶不及見歟？抑鄭氏以爲周鬴之制異於漢斛歟？

《漢志》曰：量者，龠、合、升、斗、斛也。所以量多少也。本起於黄鐘之龠。用度數審其容，以子穀秬黍中者千有二百實其龠，以井水準其概。合龠爲合，十合爲升，十升爲斗，十斗爲斛，而五量嘉矣。其法用銅，方尺而圜其外，旁有庣焉。其上爲斛，其下爲斗。左耳爲升，右耳爲合。龠，其狀似爵，上三下二，參天兩地，圜而函方，左一右二，陰陽之象也。其圜象規，其重二鈞。備氣物之數，合萬有一千五百二十。聲中黄鐘之宫，始於黄鐘而反覆焉。○《隋志》載斛銘曰：律嘉量斛，方尺而圓其外，庣旁九釐五毫，冪百六十二寸，深尺積一千六百二十寸，容十斗。○魏陳留王景元四年，劉徽注《九章·商功》曰：當今大司農斛，圜徑一尺三寸五分五釐，深一尺，積一千四百四十一寸十分寸之三。王莽銅斛於今寸爲深九寸五分五釐，徑一尺三寸六分八釐七毫。以徽計之，於今斛爲容九斗七升四合有奇，比魏斛大而尺長，王莽斛小而尺短也。○祖冲之以圜率攷之，此斛當徑一尺四寸三分六釐一毫九秒二忽，庣旁一分九毫有奇。劉歆庣旁少一釐四毫有奇，歆數術不精之所致也。

按《斛銘文》云：「方尺者，所以起數也。圜其外，循四角而規圜之，其徑當一尺四寸有奇也。庣旁九釐五毫者，徑一尺四寸有奇之數猶未足也。羃百六十二寸者，方尺羃百寸，圜其外每旁約十五寸，合六十寸，庣其旁約二寸也。深尺積一千六百二十者，以十而登也。容十斗者，一寸羃百六十二寸爲容一斗，積十寸容一千六百二十寸爲容十斗也。」《漢志》止言「旁有庣焉」，不言九釐五毫者，數猶有未足也。祖冲之所算云少一釐四毫有奇，是也。胡安定之法積一千六百二十寸，其律是也。范蜀公之法積一千二百五十寸，其律非也。蜀公惑乎徑三分之説，遂生圓分之法。自古算法，無所謂「圓分」也。圓其外以爲之脣，與安定之深一尺六寸二分、蜀公之深一尺二寸五分，其制皆非也。律之圍徑，古無明文。向非因量之積分，則黄鍾之龠亦無由可得其實。自漢以下，律之所以不成者，其失皆此之由也。

《淮南子》曰：十二粟而當一分，十二分而當一銖，十二銖而當半兩。衡有左右，因倍之，故二十四銖爲一兩。天有四時以成一歲，因而四之，四四十六，故十六兩爲一斤。三月而爲一時，三十日爲一月，故三十斤爲一鈞。四時而爲歲，故四鈞爲石。○《漢前志》曰：衡權者，衡，平也，權，重也，衡所以任權而均物平輕重也。本起於黄鐘之重。一龠容千二百黍，重十二銖。兩之爲兩，二十四銖爲兩。十六兩爲斤，一十六斤爲鈞，四鈞爲石。忖爲十八，易有十八變之象也。五權之制，以義立之，以物鈞之。其餘小大之差，以輕重爲宜。圜而環之，令之肉倍好者，周旋無端，終而復始，無窮已也。○隋開皇中，以古斗三升爲一升，以古稱三斤爲一斤，以一尺二寸爲一尺。大業中依復古法。○大唐貞觀中，張文收鑄銅斛、稱、尺、升、合，咸得其數。詔以其副藏於樂署。至武延秀爲太常卿，以爲奇玩，以律與古玉尺、玉斗升合獻焉。開元十七年，將攷宗廟樂，有司請出之。勑唯以銅律付太常，而亡其九管。今正聲有銅律三百五十六，銅斛二，銅稱二，銅甌十四，斛左右耳與臀皆正方，積十而登，以至於斛。銘云：「大唐貞觀十年，歲次玄枵，月旅應鐘。依新令累黍尺定律校龠，成兹嘉量，與古玉斗相符，同律度、量、衡。協律郎張文收奉勑修定。」稱磬銘云：「大唐貞觀，稱同律、度、權衡。」匣上有朱漆，題「稱尺」二字。尺亡，其跡猶存。以今常用度量校之，尺當六之五，衡、量皆三之一。一斛一稱，是文收總章年所造。斛正圓而小，與稱相符也。

按萬寶常之樂，當時以爲近前漢之樂。則是隋代漢律管雖亡，而樂聲猶在也。魏延陵得玉律，當時以漢律較之，所謂黄鐘，乃當太簇。肅宗之時，不應更有漢律。蓋律之聲，調耳。張文收所定度、量、衡權與玉斗相符者，即此聲也。夫後周玉斗，意者必古之嘉量，但無寸分之數。當時造律，特以容受乘除取之。自魏而降，律之圍徑不得其真，多惑於徑三分之説。故當時據斗造律，圍徑既小，其律必長。律長，則尺亦長矣。今以《隋志》所載玉斗分數求之，其黄鐘之管止徑二分七釐七毫有奇，圍八分一釐有奇，冪五分五釐四毫有奇，積五百五十四分有奇。夫容受同，則量與權當與古無異，而樂之聲亦必依近焉。故《會要》云：唐樂器雖無法，而聲不失於古。自王朴以黍定尺，以尺生律，又惑於三分之徑，聲與器始皆失之矣。好古博雅君子，於此蓋不能無憾焉。朱子曰：《禮記注疏》説五聲、六律、十二管還相爲宫處極分明。《漢書》所載甚詳，然不得其要。《史記》所載甚略，却是要緊處。如説律數蓋自然之理，與先天圖一般，更無安排。但數到窮處，又須變而生之，却生變律。《國語》有七聲之説，但韋昭解得無理會。杜佑《通典》所算分數極精，蓋唐以前樂律尚有制度可攷，唐以後都無可攷。胡安定與阮逸、李照議不合。仁宗以胡安定、阮逸《樂書》，令天下名山藏之，意思甚好。司馬公與范蜀公議又不合。司馬比范又低。諸公於《通典》皆似未曾看，只如沈存中《筆談》所攷器數甚精，亦似未曾看。《筆談》所論，過於范、馬遠甚。今世人無曉音律，只憑器論造器，又紛紛如此。是故季通之書，諸儒莫能及也。○廖子晦曰：河出圖，洛出書，而起八卦、九疇之數。聽鳳鳴而生六律、六吕之序。然則黄帝造律一事，與伏羲畫卦、大禹錫疇同功。況度、量、權衡皆起於律，而衡運生規，規生圓，圓生矩，繩直準平，至於定四時，興六樂，悉由是出。故曰：律者萬事之根本，學者詎可廢而不講哉。

性理大全書卷之二十四

洪範皇極内篇一

九峰蔡氏自序曰：體天地之撰者，《易》之象。紀天地之撰者，《範》之數。數者始於一，象者成於二。一者奇，二者偶也。奇者數之所以行，偶者象之所以立。故二而四，四而八。八者，八卦之象也。一而三，三而九。九者，九疇之數也。由是重之，八而六十四，六十四而四千九十六而象備矣。九而八十一，八十一而六千五百六十一而數周矣。《易》更四聖而象已著，《範》錫神禹而數不傳。後之作者，昧象數之原，窒變通之妙，或即象而爲數，或反數而擬象。《洞極》用書，《潛虚》用圖，非無作也，而牽合附會，自然之數益晦蝕焉。嗟夫！天地之所以肇者，數也。人物之所以生者，數也。萬事之所以失得者，亦數也。數之體著於形，數之用妙乎理，非窮神知化，獨立物表者，曷足以與此哉。然數之與象，若異用也，而本則一。若殊途也，而歸則同。不明乎數，不足與語象。不明乎象，不足與語數。二者可以相有，不可以相無也。先君子曰：《洛書》者，數之原也。余讀《洪範》而有感焉，上稽天文，下察地理，中參人物古今之變，窮義理之精微，究興亡之徵兆，微顯闡幽，彝倫所敘，秩然有天地萬物各得其所之妙。歲月侵尋，粗述所見，辭雖未備，而義則著矣。其果有益於世教否乎？皆所不敢知也。雖然，余所樂而玩者，理也。余所言而傳者，數也。若其所以數之妙，則在乎人之自得焉爾。

黄氏瑞節曰：《易》更四聖而象已著，《範》錫神禹而數不傳。九峰蔡氏撰《皇極内篇》數爲一書，於是有範、數圖，有八十一章、六千五百六十一變。西山真氏云蔡氏範數與三聖之易同功者，是也。

洪範皇極圖

洛書

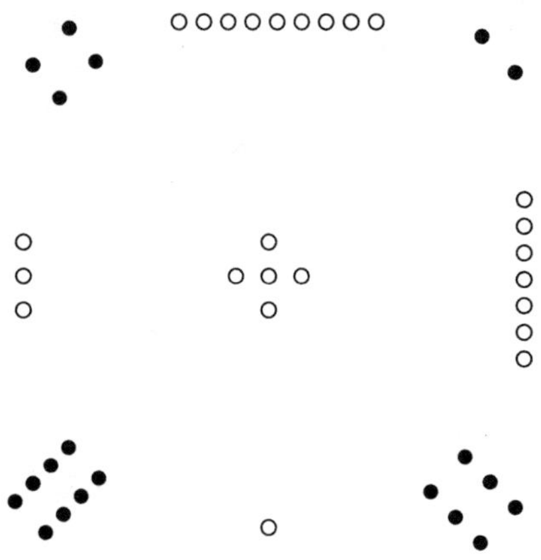

九九圓數圖

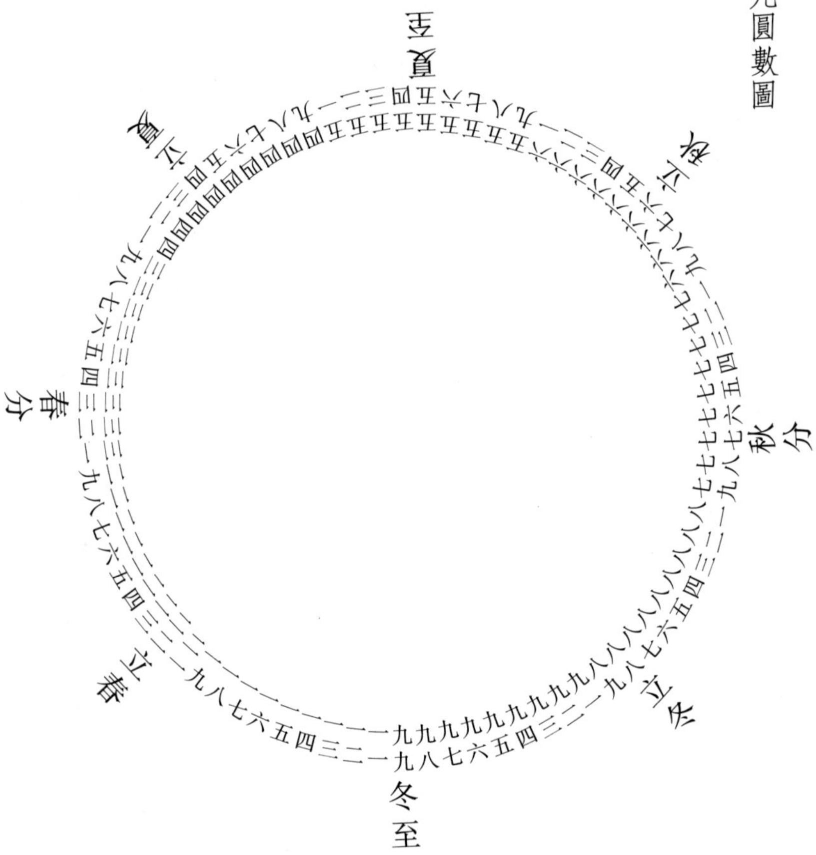

九九方數圖

九九	九八	九七	九六	九五	九四	九三	九二	九一
八九	八八	八七	八六	八五	八四	八三	八二	八一
七九	七八	七七	七六	七五	七四	七三	七二	七一
六九	六八	六七	六六	六五	六四	六三	六二	六一
五九	五八	五七	五六	五五	五四	五三	五二	五一
四九	四八	四七	四六	四五	四四	四三	四二	四一
三九	三八	三七	三六	三五	三四	三三	三二	三一
二九	二八	二七	二六	二五	二四	二三	二二	二一
一九	一八	一七	一六	一五	一四	一三	一二	一一

九九行數圖

一一 冬至
一二
一三
一四
一五
一六
一七
一八
一九
二一
二二 立春
二三
二四
二五
二六
二七
二八
二九
三一
三二
三三 春分
三四
三五
三六
三七
三八

三九
四一
四二
四三
四四立夏
四五
四六
四七
四八
四九
五一
五二
五三
五四
五五夏至

五六
五七
五八
五九
六一
六二
六三
六四
六五
六六立秋
六七
六八
六九
七一
七二

七三
七四
七五
七六
七七秋分
七八
七九
八一
八二
八三
八四
八五
八六

八七
八八立冬
八九
九一
九二
九三
九四
九五
九六
九七
九八
九九冬至

九九積數圖

一	二	三	四	五	六	七	八	九
九	十八	二十七	三十六	四十五	五十四	六十三	七十二	八十一
八十一	百六十二	二百四十三	三百二十四	四百〇〇五	四百八十六	五百六十七	六百四十八	七百二十九
七百二十九	一千四百五十八	二千一百八十七	二千九百一十六	三千六百四十五	四千三百七十四	五千一百〇〇三	五千八百三十二	六千五百六十一

洪範皇極内篇上

造化之爲造化者，幽明屈信而已。天者，明而信者也。地者，幽而屈者也。暑者，明而信者也。寒者，幽而屈者也。晝者，明而信者也。夜者，幽而屈者也。天地也，寒暑也，晝夜也，幽明屈信以成變化者也。是故陽者吐氣，陰者含氣。吐氣者施，含氣者化。陽施陰化而人道立矣，萬物繁矣。陽薄陰，則繞而爲風。陰囚陽，則奮而爲雷。陽和陰，則爲雨爲露。陰和陽，則爲霜爲雪。陰陽不和，則爲戾氣。

沖漠無眹，萬象具矣。動静無端，後則先矣。器根於道，道著器矣。一實萬分，萬復一矣。混兮闢兮，其無窮矣。是故數者，計乎此者也。疇者，等乎此者也。行者，運乎此者也。微而顯，費而幽，神應不測，所以妙乎此者也。

有理斯有氣，有氣斯有形。形生氣化，而生生之理無窮焉。「天地絪緼，萬物化醇。男女搆精，萬物化生。」化生者塞，化醇者賾。覆土之陵，積水之澤，草木魚蟲，孰形孰色？「無極之真，二五之精，妙合而凝」，化化生生，莫測其神，莫知其能。

理之所始，數之所起，微乎微乎，其小無形。昭乎昭乎，其大無垠。微者昭之原，小者大之根。有先有後，孰離孰分。成性存存，道義之門。老氏爲虚，釋氏爲無。刑名失實，陰陽多拘。異端曲學，烏乎不渝哉。

有理斯有氣，氣著而理隱。有氣斯有形，形著而氣隱。人知形之數而不知氣之數，人知氣之數而不知理之數。知理之數，則幾矣。動静可求其端，陰陽可求其始。天地可求其初，萬物可求其紀。鬼神知其所幽，禮樂知其所著。生知所來，死知所去。《易》曰：窮神知化，德之盛也。

智者，君子所以成德之終始也。是故欲知道，不可以不知仁。欲知仁，不可以不知義。欲知義，不可以不知禮。欲知禮，不可以不知數。數者，禮之序也。分於至微，等於至著。聖人之道，知序則幾矣。

人非無知也，而真知爲難。人非無見也，而真見爲難。義之質，人所知也，而犯義者多。禮之文，人所見也，而越禮者衆。以其知之非真知，見之非真見爾。真者，精之極。精則明，明則誠。誠則爲其所爲，不爲其所不爲。如水之寒，火之熱，亦性之而已矣。

物窒而理虚，暗窒而明虚。萬物生於虚明而死於窒暗也，萬事善於虚明而惡於窒暗也。虚明則神，神則聖。聖者，數之通也。窒暗則惑，惑則愚。愚者，數之塞也。

陰陽五行，其體而用，用而體者耶？渾渾淪淪而出入異門，繩繩井井而形色俱泯。合之而知其異，析之而知其同，微之而知其顯，充之而知其不可窮者，其庶矣哉。

陰陽相爲首尾者耶，是故陽順而陰逆，陽長而陰消，陽進而陰退。順者吉而逆者凶耶？長者盛而消者衰耶？進者利而退者鈍耶？周流不窮，道之體也。失得相形，事之紀也。

陰陽非可一言盡也。以清濁言，則清陽而濁陰。以動静言，則動陽而静陰。以升降言，則升陽而降陰。以奇偶言，則奇陽而偶陰。小大高卑，左右後先，向背進退，逆順醜妍，靡物不爾，無時不然。愈析愈微，愈窮愈巡。音沿。陰陽之精，互藏其營。陰陽之氣，循環迭至。陰陽之質，縱横曲直。莫或使之，莫或禦之。

變者化之漸，化者變之成。變化者，陰陽之消長屈伸也。非二則不能久，非一則不能神。

昔者天錫禹洪範九疇也，初一曰五行，次二曰敬用五事，次三曰農用八政，次四曰協用五紀，次五曰建用皇極，次六曰乂用三德，次七曰明用稽疑，次八曰念用庶徵，次九曰嚮用五福、威用六極。

無形者，理也。有形者，物也。陰陽五行，其物也歟？所以陰陽五行，其理也歟？無形之中而具有形之實，有形之實而體無形之妙。故君子語上而不墮於虛無，語下而不泥於形器，中立而不倚，旁行而不流，樂天知命而不憂。

形氣之元，極實先焉。極無不中也，氣或偏矣，形又偏矣。中無不善，偏不善矣。氣之善者十之五，形之善者十之三。三五之中，又有至焉，有不至焉。純乎極者，一而已矣。漸偏則漸駁，氣使然也，形使然也。氣有方，形有體，故中者少而偏者多也。此天下善惡之所由出，失得之所由分，吉凶禍福之所由著歟。

理其至妙矣乎。氣之未形，物之未生，理無不具焉。氣之既形，物之既生，理無不在焉。渾然一體而不見其有餘，物各賦命而不見其不足。無形影可度也，無聲臭可聞也。主萬化，妙萬物，人知其神而不知其所以神。

邵子曰：性者道之形體也。道妙而無形，性則仁義禮智具而體著矣。程子曰：天運而不已，日往則月來，寒往則暑來，水流而不息，物生而不窮，皆與道爲體者也。非性無以見道，非不息亦無以見道。是以君子盡性，而自强不息焉。

朱子曰：太極者，本然之妙也。動静者，所乘之機也。太極，形而上之道也。陰陽，形而下之器也。自形而下者觀之，則動静不同時，陰陽不同位，而太極無不在焉。自形而上者觀之，則沖漠無眹，而動静陰陽之理已悉具於其中矣。雖然，推之於前而不見其始之合，引之於後而不見其終之離也。程子曰：動静無端，陰陽無始，非知道者，孰能識之。

張子曰：鬼神者，二氣之良能也。神者，氣之伸，陽之動也。鬼者，氣之屈，陰之静也。静不能以不動，動則萬物之所從生。動不能以不静，静則萬物之所由復。一往一復，其機蓋有不能自已者焉。

非一則不能成兩，非兩則不能致一。兩者可知而一者難知也。兩者可見而一者難見也。可知可見者，體乎。難知難見者，微乎。

仁義禮智信者，義理之公也，人之所固有。視聽言貌思者，形氣之私也，我之所自生。公者千萬人之所同，私者一人之所獨，是以君子貴同而賤獨。

極建則大本立，極明則大用著。以之齊家而家無不齊，以之治國而國無不治，以之平天下而天下無不平。若是者，天地其合，鬼神其依，龜筮其從。立百世之下，等百世之上，而莫能違也。立百世之上，俟百世之下，而亦莫能違也。

天地之位也，四時之運也，陰陽感而五行播矣。五行，陰陽也。陰陽，五行也。數始冥冥，妙於無形。非體非用，非静非動。動實其幾，用因以隨。動極而静，清濁體正。天施地生，品彙咸亨。各正性命，小大以定。斯數之令，既明而神，是曰聖人。

人心至靈也。虚明之頃，事物之來，是是非非，無不明也。少則昏矣，久則怠矣，又久則棄之矣。無他，形氣之私溺之也。人能超乎形氣，拔乎物欲，達其初心，則天下之理得矣。

天下之理，動者奇而静者偶，行者奇而止者偶。得友者致一，而生物者不二也。數者，彝倫之敘也。無敘，則彝倫斁矣，其如禮樂何哉！

人心動静，情性具焉。性者理之形體，情者性之發動。善其本然，惡其過不及也。存心莫善於敬，進學莫善於知，二者不可廢一也。

人之一心，實爲身主。其體則有仁義禮智之性，其用則有惻隱、羞惡、辭遜、是非之情。方其寂也，渾然在中，無所偏倚，與天地同體，雖鬼神不能窺其幽。及其感也，隨觸隨應，範圍造化，曲成萬物，雖天地不得與其能。天地之大，人猶有憾，故君子語大，天下莫能載焉；語小，天下莫能破焉。至小無内，至大無外。無内，不可分也，孰分之歟？無外，不可窮也，孰窮之歟？斯之斯之，式顯其微。度之度之，莫或其遺。匪神之爲，而妙於斯。

程子曰：「天地之常，以其心普萬物而無心。聖人之常，以其情順萬事而無情。」常之時義大矣哉。

禮義交際，其萬化所入之門耶？東北，萬物之所出也，出則育神西南，萬物之所入也，入則復命。其出也順而生，其入也拂而遂。不觀其出，無以知物之育。不觀其入，無以知物之復。火之克金，水之生木，出入循環，生克嗣續。老彭得之以養身，君子得之以養民，聖人得之而天下和平。

周子曰：厥彰厥微，匪靈弗瑩。剛善剛惡，柔亦如之，中焉止矣。二氣五行，化生萬物。五殊二實，二本則一，一實萬分。萬一各正，小大有定。

明禮而後可與適道，守禮而後可與治民，達禮而後可與言數。非禮之道，老佛之道也。非禮之治，荒唐之説也。非禮之數，京房、郭璞之技也。君子所不由，不爲，不言也。

至一而精，至虚而靈。有動有静，動直静凝。静已而動，動已而静。一静一動，爲屈爲伸，爲鬼爲神。人心至妙，萬化之竅，動静之徼。

天地之化，不翕聚則不能發散。仁智交際，萬化之機軸也。

氣之消息也以漸。氣之息也，形之生也。氣之消也，形之毁也。潤萬物者莫澤乎水，化萬物者莫疾於火。水火者，未離乎氣者也。

數運無形而著有形，智者一之，愚者二焉。數之方生，化育流行。數之已定，物正性命。圓行方止，爲物終始。隨之而無其端也，迎之而無其原也。渾之惟一，析之無極。惟其無極，是以惟一。

二氣之初，理妙於無。無極而太極也。五運迭至，理藏於智。或爲之先，大本其原。或爲之後，復往之間。大本太始，復往無已。二者不同，一而已矣。二氣之神，陰精陽明。消息變化，有立有行。立則形具，行則氣著。上下其儀，先後其施。一行一立，爲闢爲翕。何千萬年，無終窮焉。

洪範皇極内篇中

《河圖》體圓而用方，聖人以之而畫卦。《洛書》體方而用圓，聖人以之而敘疇。卦者，陰陽之象也。疇者，五行之數也。象非耦不立，數非奇不行。奇耦之分，象數之始也。是故以數爲象，則奇零而無用。《太玄》是也。以象爲數，則多耦而難通。《經世書》是也。陰陽五行，固非二體。八卦九疇，亦非二致。理一用殊，非深於造化者，孰能識之。《河圖》非無奇也，而用則存乎耦。《洛書》非無耦也，而用則存乎奇。耦者，陰陽之對待乎。奇者，五行之迭運乎。對待者不能孤，迭運者不可窮。天地之形，四時之成，人物之生，萬化之凝，其妙矣乎。

象以耦爲用者也，有應則吉。數以奇爲用者也，有對則凶。上下，相應之位也。陰陽，相求之理也。中五特立，而當時者獨盛也。是故天地定位，山澤通氣，木盛而金衰，水寒而火囚，理有相須，而物不兩大也。數者，動而之乎静者也。象者，静而之乎動者也。動者用之所以行，静者體之所以立。清濁未判，用實先焉。天地已位，體斯立焉。用既爲體，體復爲用。體用相仍，此天地萬物所以生化而無窮也。

流行者，其陽乎。成性者，其陰乎。陽者，數之生也。陰者，象之成也。陽以三至，陰以倍乘。生生不窮，各以序升。自然而然，有不容已。非智與仁，曷究終始。

言天下之静者存乎正，言天下之動者存乎時。正者，道之常也。時者，因之綱也。是故君子立正以俟時。

數者，所以順性命之理也。一爲水而腎，其德智也。二爲火而心，其德禮也。三爲木而肝，其德仁也。四爲金而肺，其德義也。五爲土而脾，其德信也。

一者，九之祖也。九者，八十一之宗也。圓之而天，方之而地，行之而四時。天所以覆物也，地所以載物也，四時所以成物也。散之無外，卷之無内，體諸造化而不可遺者乎。

一數之周，一歲之運也。九數之重，八節之分也。一一，陽之始也。五五，陰之萌也。三三，陽之中也。七七，陰之中也。二二者，陽之長。四四者，陽之壯。五則陽極矣。六六者，陰之長。八八者，陰之壯。九則陰極矣。一九首尾爲一者，一歲首尾於冬至也，蓋冬至二而餘則一也。

一者數之始也，九者數之終也。一者不變而九者盡變也。三、五、七者，變而少者也。二、四、六、八者，變而偶者也。變之偶者不能以及乎奇，變之少者不能以該乎物。奇偶相參，多寡相函，其惟九數乎。

順數則知物之所始，逆數則知物之所終。數與物，非二體也。始與終，非二致也。大而天地，小而毫末。明而禮樂，幽而鬼神，知數即知物也，知始即知終也。數與物無窮，其誰始而誰終。

數始于一，參於三，究於九，成於八十一，備於六千五百六十一。八十一者，數之小成也。六千五百六十一者，數之大成也。天地之變化，人事之始終，古今之因革，莫不於是著焉。是故一九而九，九九而八十一，八十一而七百二十九。二九十八，十八而百六十二，百六十二而一千四百五十八。三九二十七，二十七而二百四十三，二百四十三而二千一百八十七。四九三十六，三十六而三百二十四，三百二十四而二千九百一十六。五九四十五，四十五而四百有五，四百有五而三千六百四十五。六九五十四，五十四而四百八十六，四百八十六而四千三百七十四。七九六十三，六十三而五百六十七，五百六十七而五千一百有三。八九七十二，七十二而六百四十八，六百四十八而五千八百三十二。九九八十一，八十一而七百二十九，七百二十九而六千五百六十一。列而次之，自一而九，自九而一，一逆一順。一九二八、三七四六，互相變通。五則常中，有吉無凶，禍亡而福隆，君子之所爲宫。是故一變始之始，二變始之中，三變始之終，四變中之始，五變中之中，六變中之終，七變終之始，八變終之中，九變終之終。數以事立，亦以事終。酬酢無常，與時偕通。中者天下之大本乎。自一而九，自九而一，雖歷萬變，而五常中焉。

《洛書》數九而用十，何也？十者數之成也，數成而五行備也。數非九不生，非十不成。九以通之，十以節之。九以行之，十以止之。九者變通之機，十者五行之敘也。方隅對待，中五含五，而十數已具於九數之中矣。以見其體用之不相離而《圖》《書》所以相爲經緯也。

九者生數也，十者成數也。生者方發而未形，成者已具而有體。未形而有形者，變化見也。有體而無體者，其用藏也。是故雨以潤之，暘以熯之，寒以斂之，燠以散之，風以動之。其生物也不測，其成物也不忒。生居物先，成居物後，故能爲奇，故能爲耦。

天下之數，九而究矣。十者，一之變也。百者，十之變也。千者，百之變也。萬者，千之變也。十百千萬皆一也。

先子曰：天數中於五，地數中於六。天有陰陽，故二其五爲一十。合三與七，一與九，亦十也。地有柔剛，故二其六爲十二。合四與八，二與十，亦十二也。十爲干，十二爲支。十干者，五行有陰陽也。十二支者，六氣有柔剛也。十干實五行也。十二支實六氣也。五行六氣，實一氣也。清濁未判，乃天地之所以立。上下定位，又萬物之所以生。故自體言之，則對待而不可缺。自用言之，則往來而不可窮。蓋造化之幾微，聖人之能事也。

物有其則，數者，盡天下之物則也。事有其理，數者，盡天下之事理也。得乎數，則物之則、事之理無不在焉。不明乎數，不明乎善也。不誠乎數，不誠乎身也。故静則察乎數之常，而天下之故無不通。動則達乎數之變，而天下之幾無不獲。

正數者，天地之正氣也，其吉凶也確。間數者，天地之間氣也，其吉凶也雜。其進退消長之道歟？

數由人興，數由人成。萬物皆備於我，咸自取之也。中人以上，達於數者也。中人以下，囿於數者也。聖人因理以著數，天下因數以明理。然則數者，聖人所以教天下後世者也。國家將興，必有禎祥。國家將亡，必有妖孽。善必先知之，不善必先知之。因天下之疑，定天下之志。去惡而就善，舍凶而趨吉。謁焉而無不告也，求焉而無不獲也。利民而不費，濟世而不窮。神化而不測，數之用其大矣哉。

禮儀三百，威儀三千，皆天道之流行也。

箕子曰：皇建其有極，斂時五福，用敷錫厥庶民。惟時厥庶民于汝極，錫汝保極。凡厥庶民，無有淫朋，人無有比德，惟皇作極。無偏無陂，遵王之義。無有作好，遵王之道。無有作惡，遵王之路。無偏無黨，王道蕩蕩。無黨無偏，王道平平。無反無側，王道正直。會其有極，歸其有極。

上焉者，安於數者也。其次守焉，其下悖焉。安焉者謂之聖，守焉者謂之賢，悖之者愚而已矣。是故歷數在躬，不思而得，不勉而中，聖人也。體數之常，不易其方，順時而行，賢人也。逆數越理，亂天之紀，小人之無忌憚也。

義之所當爲而不爲者，非數之所能知也。義之所不當爲而爲者，亦非數之所能知也。非義不占，非疑不占。非疑而占謂之侮，非義而占謂之欺。虛其心，和其志，平其氣，一其聽。有不占也，而事無不應。有不謀也，而用無不成。誠之至焉，神亦至焉，是謂動之以天。

敬者，聖學始終之要。未知，則敬以知之。已知，則敬以行之。不敬，則心無管攝，顛倒眩瞀，安能有所知，有所行乎？

義利不可不明也。不明，則以利爲義，心雖公，亦私耳。天下正理若大路然，一而已。旁蹊曲徑皆私意也。故曰：遵王之道，無有黨偏、偏陂、反側云。

命之流行而不已者，道也。道於天，其陽乎。道於地，其陰乎。道於人，其仁義乎。人者，兼天地而參之者也。是故天覆地承，非聖人不形。天施地生，非聖人不成。天神地靈，非聖人而誰爲貞。

父子有親，君臣有義，夫婦有別，長幼有序，朋友有信，五品遜而太和合，皇極之世也。

堯、舜，父子之衰也。湯、武，君臣之缺也。伏羲、神農，日之中乎。堯、舜、三代，時之中乎。

五行，在天則爲五氣，雨、暘、燠、寒、風也；在地則爲五質，水、火、木、金、土也。天之五氣，雨、暘質也。地之五質，水、火氣也。天交於地而雨、暘爲質，地交於天而水、火爲氣。二變而三不變者，二得陰陽之正而三得陰陽之雜也，故二能變而三不能變也。

五行，二氣之分也。二氣交感，絪緼雜揉，開闔動盪，相生則水木火土金，相克則水火金木土。出明入幽，千變萬化。四時之運，生克著焉。自陰而陽也順，自陽而陰也逆。木之盛也，水實生之。金之成也，火實制之。水之潤下，火之炎上，木之曲直，其德以順而成。金之從革，其德因制而成。自然之理也。順而生者易知，逆而克者難見。曰伏焉，《曆書》曰庚伏。曰伐焉。《律書》曰罰伐。土居其中，因時致旺，四序成功而無名稱焉，其至德矣夫。《月令》增置土行，雖曰中央土，然繫於夏月之後，是以土生於火矣。三季皆一行，而夏之三月獨二行也。近代以一朞之日而五分之，行各七十有二日，以辰戌丑未爲上寄旺之月之方，似矣。然猶未免刻舟之固，是豈足語造化之微也哉。

善養生者，以氣而理形，以理而理氣，理順則氣和，氣和則形和，形和則天地萬物無不和矣。不善養生者反是，理昏於氣，氣梏於形，耳、目、口、鼻徇而私慾勝，好、惡、哀、樂淫而天理亡，其能苟生者，禽獸而已矣。

耳、目、口、鼻、手足之用皆五也。或曰：支指五矣，耳、目、口、鼻何有焉？曰：耳聽五聲，目辨五色，口嘗五味，鼻別五臭。不具於此，何有於彼？手足以形用，耳目口鼻以神用，形用者易知而神用者難識也。

原者，氣之始也。沖者，形之始也。中者，治之極也。用者，物之窒也。終者，事之畢也。原者，仁之先也。用者，義之端也。公者，禮之閑也。戎者，智之刓也。中者，信之完也。原者，近乎中也。伏者，遠乎中也。近者進而遠者退也，近者息而遠者消也。原始反終，故知死生之說也。

原，元吉，幾，君子有終。數曰：原，誠之源也。幾，繼而善也。君子見幾，有終吉也。潛，勿用有攸往，正靜吉。數曰：潛，藏也。勿用有攸往，陽微也。正靜吉，正而靜，所以吉也。君子藏器於身，待時而動，故無不利也。

原之一一，曰君子見幾，不俟終日。數曰：知至至之，可與幾也。中之五五，曰會其有極，歸其有極。數曰：各正性命，保合太和也。❶ 終之九九，曰君子令終，萬福攸降。數曰：知終終之，可與存義也。

❶ 「保」，原無，今據四庫本《洪範皇極内外篇》補。

原之一一者，繼之善也。原之九九者，逆而凶也。當時者盛，失時者窮也。厥相休囚，以類從也。君子時之爲貴。時止時行，時晦時明，萬夫之望。

數終而復乎一，其生生而不窮者也。陰之終，陽之始也。夜之終，晝之始也。歲之終，春之始也。萬物之終，萬物之始也。是故入乎幽者所以出乎明，極乎静者所以根乎動。前天地之終，其後天地之始乎。一者，以乘數終而言，九九八十一也。八十一其八十一而六千五百六十一也。六千五百六十一其六千五百六十一而四千三百〇〇四萬六千七百二十一也。餘倣此。

一者，數之原也。九者，數之究也。十者，行之陰陽也。十二者，氣之柔剛也。原其所始，究其所終，陰陽柔剛，分合錯綜，粲然於天地之間矣。

洪範皇極内篇下

溟漠之間，兆眹之先，數之原也。有儀有象，判一而兩，數之分也。日月星辰垂於上，山嶽川澤奠于下，數之著也。四時迭運而不窮，五氣以序而流通，風雷不測，雨露之澤，萬物形色，數之化也。聖人繼世，經天緯地，立兹人極，稱物平施。父子以親，君臣以義，夫婦以别，長幼以序，朋友以信，數之教也。分天爲九野。中央曰鈞天，其星曰北極，上規七十二里度。東方曰蒼天，其星亢、氐、房、心、尾。東北曰旻天，其星箕斗。北方曰玄天，其星牛、女、虚、危、室。西北曰幽天，其星壁、奎、婁。西方曰昊天，其星胃、昴、畢。西南曰朱天，其星觜、參、井。南方曰炎天，其星鬼、柳、星、張、翼。東南曰陽天，其星翼、軫、角。皆四十有五度半彊。**別地爲九州**，東南曰揚州，其山鎮曰會稽，其澤藪曰具區，其川三江，其浸五湖，其利金、錫、竹、箭，其民二男五女，其畜宜鳥獸，其穀宜稻。正南曰荆州，其山鎮曰衡山，其澤藪曰雲夢，其川江漢，其浸潁湛，其利丹、銀、齒、革，其民一男二女，其畜宜鳥獸，其穀宜稻。河南曰豫州，其山鎮曰華山，❶其澤藪曰圃田，其川滎雒，其浸波溠，其利林、漆、絲、枲，其民二男三女，其畜宜六擾，其穀宜五種。正東曰青州，其山鎮曰沂山，其澤藪曰望諸，其川淮泗，其浸沂沭，其利蒲魚，其民二男二女，其畜宜雞狗，其穀宜稻麥。河東曰兖州，其山鎮曰岱山，其澤藪曰大野，其川河泲，其浸盧維，其利蒲魚，其民二男三女，其畜宜六擾，其穀宜四種。正西曰雍州，其山鎮曰嶽山，❷其澤藪曰弦蒲，其川涇汭，其利玉石，其民三男二女，其畜宜牛馬，其穀宜黍稷。東北方曰幽州，其山鎮曰醫無閭，其澤藪曰貕養，其川河泲，其浸菑時，其利魚鹽，其民一男三女，其畜宜四擾，其穀宜三種。河內曰冀州，其山鎮曰霍山，其澤藪曰楊紆，其川漳，其浸汾潞，其利松栢，其民五男三女，其畜宜牛羊，其穀宜黍稷。正北曰并州，其山鎮曰恒山，其澤藪曰昭餘祁，其川滹沱嘔夷，其浸淶易，其利布帛，其民三男二女，其畜宜五擾，其穀宜五種。**制人爲九行。**《臯陶謨》曰：亦行有九德，亦言其人有德。寬而栗，柔而立，愿而恭，亂而敬，擾而毅，

---

❶「華山」，重修本作「嶽山」。

❷「嶽山」，重修本作「華山」。

直而温，簡而廉，剛而塞，彊而義。彰厥有常，吉哉。日宣三德，夙夜浚明有家。日嚴祇敬六德，亮采有邦。翕受敷施，九德咸事。九品任官。正一品從。正二品從。正三品從。正四品從。正五品從。正六品從。正七品從。正八品從。正九品從。從並同外官各降一等。内外文武官自一品以下並給職田，京官諸司及郡縣又給公廨田，並有差。九井均田。經土地而井牧其田野，九夫爲井，四井爲邑，四邑爲丘，四丘爲甸，四甸爲縣，四縣爲都，以任地事而令貢賦凡税斂之事。九族睦俗。九族，高祖至玄孫之親。舉近以該遠，五服之外，異姓之親亦在其中也。九禮辨分。冠、昏、喪、祭、朝、宗、軍、賓、學。九變成樂。凡樂圜鐘爲宫，黄鐘爲角，太簇爲徵，姑洗爲羽，靁鼓、靁鼗、孤竹之管、雲和之琴瑟、雲門之舞，冬日至於地上之圜丘奏之，若樂六變，天神皆降，可得而禮矣。凡樂函鐘爲宫，太簇爲角，姑洗爲徵，南宫爲羽，靈鼓、靈鼗、孫竹之管、空桑之琴瑟、咸池之舞，夏日至於澤中之方丘奏之，若樂八變，則地示皆出，可得而禮矣。凡樂黄鐘爲宫，大吕爲角，太簇爲徵，應鐘爲羽，路鼓、路鼗、陰竹之管、龍門之琴瑟、九德之歌、九磬之舞，於宗廟之中奏之，若樂九變，則人鬼可得而禮矣。八陣制兵。八陣，四爲正，四爲奇，餘奇爲握奇，或總稱之。先出遊軍定兩端。天有衡，地有軸，前後有衡。風附於天，雲附於地。衡有重列各四隊，前後之衝各二隊。風居四維，故有圓。軸有單列各三隊，前後之衝各三隊。雲居四角，故有方。天居兩端，地居中間。總爲八陣。陣訖，遊軍從後躡敵，或驚其左，或驚其右，聽音望麾以出四奇。天地之前衝爲虎翼，風爲蛇蟠，圍繞之義也。虎居於中，張翼以進。蛇居兩端，向敵而蟠以應之。天地之後衝爲飛龍，雲爲鳥翔，突擊之義也。龍居於中，張翼以進，鳥掖兩端，向敵而翔以應之。虚實二壘皆逐天文、氣候、山川、向背、利害，隨時而行，以正合，以奇勝。黃帝立井田之法，因以制兵，以八爲法。八八六十四而軍制備矣。用八而不用九，所以藏其用也。九刑禁姦。九刑，曰大辟，曰宫，曰剕，曰劓，曰墨，曰流，曰鞭，曰扑，曰贖。九寸爲律。黃鐘長九寸，空圍九分，積八百一十分。子一，丑三，寅九，卯二十七，辰八十一，巳二百四十三，午七百二十九，未二千一百八十七，申六千五百六十一，酉一萬九千六百八十三，戌五萬九千〇〇四十九，亥一十七萬七千一百四十七。蓋黃鐘九寸，以三分爲損益，故以三歷十二辰，得一十七萬七千一百四十七爲鐘之實。其十二辰所得之數，在子、寅、辰、午、申、戌六陽辰爲黃鐘寸、分、釐、毫、絲之數，在亥、酉、未、巳、卯、丑六陰辰爲黃鐘寸、分、釐、毫、絲之法。其寸、分、釐、毫、絲之法，皆用九數。九分造歷。以律起歷，故統元日法八十一。蓋元始黃初九自乘一龠之數得日法。九筮稽疑。一曰巫更，二曰巫咸，三曰巫式，四曰巫目，五曰巫易，六曰巫比，七曰巫祠，八曰巫參，九曰巫環，以辨吉凶。《九章》命算。一曰「方田」，以御田疇界域。二曰「粟米」，以御交質變易。三曰「衰分」，以御貴賤廩稅。四曰「少廣」，以御積冪方圓。五曰「商功」，以御功程積實。六曰「均輸」，以御遠近勞費。七曰「盈朒」，以御隱雜互見。八曰「方程」，以御錯糅正負。九曰「勾股」，以御高深廣遠。九職任萬民。一曰三農生九穀，二曰園圃毓草木，三曰虞衡作山澤之材，四曰藪牧養蕃鳥獸，五曰百工飭化八材，六曰商賈阜通貨賄，七曰嬪婦化治絲枲，八曰臣妾聚斂疏材，九曰閒民無常職，轉移執事。九賦斂財賄。一曰邦中之賦，二曰四郊之賦，三曰邦甸之賦，四曰家削之賦，五曰邦縣之賦，六曰邦都之賦，七曰關市之賦，八曰山澤之賦，九曰幣餘之賦。九式節財用。一曰祭祀之式，二曰賓客之式，三曰喪荒之式，四曰羞服之式，五曰工事之式，六曰幣帛之式，七曰芻秣之式，八曰匪頒之式，九曰好用之式。九府立圜法。太府、玉府、内府、外府、京府、天府、職内、職金、職幣。圜者，謂均而通也。九服辨邦國。王畿之外方五百里曰侯服，又其外方五百里曰甸服，又其外方五百里曰男服，又其外方五百里曰采服，又其外方五百里曰衛服，又其外方五百里曰蠻服，又其外方五百里曰夷服，又其外方五百里曰鎮服，又其外方五百里曰藩服。九命位邦國。一命受職，再命受服，三命受位，四命受器，五命賜則，六命賜官，七命賜國，八命作牧，九命作伯。九儀命邦國。上公之禮，執桓圭九寸，繅藉九寸，冕服九章，建常九斿，樊纓九就，貳車九乘，介九人，禮九牢，其朝位賓主之間九十步，立當車軹，擯者五人，廟中將幣三享，王禮再祼而酢，享禮九獻，食禮九舉，出入五積、三問、三勞。諸侯之禮，執信圭七寸，繅藉七寸，冕服七章，建常七斿，樊纓七就，貳車七乘，介七人，禮七牢，朝位賓主之間七十步，立當前疾，擯者四人，廟中將幣三享，王禮一祼而酢，享禮七獻，食禮七舉，出入四積、再問、再勞。諸伯執躬圭，其他皆如諸侯之禮。諸子執穀璧五寸，繅藉五寸，冕服五章，建常五斿，樊纓五就，貳車五乘，介五人，禮五牢，朝位賓主之間五十步，立當車衡，擯者三人，廟中將幣三享，王禮一祼不酢，享禮五獻，食禮五舉，出入三積、一問、一勞。諸男執蒲璧，其他皆如諸子之禮。九法平邦國。制畿封國，以正邦國。設儀辨位，以等邦國。進賢興功，以作邦國。建牧立監，以維邦國。制軍詰禁，以糾邦國。施貢分職，以任邦國。簡稽鄉民，以用邦國。均守平則，以安邦國。比小事大，以和邦國。九伐正邦國。馮弱犯寡則眚之，賊賢害民則伐之，暴内陵外則壇之，野荒民散則削之，負固不服則侵之，賊殺其親則正之，放弑其君則殘之，犯令陵政則杜之，外内亂、禽獸行則滅之。九貢致邦國之用。一曰祀貢，二曰嬪貢，三曰器貢，四曰幣貢，五曰財貢，六曰貨貢，七曰服貢，八曰斿貢，九曰物貢。

九兩繫邦國之民。一曰牧，以地得民。二曰長，以貴得民。三曰師，以賢得民。四曰儒，以道得民。五曰宗，以族得民。六曰主，以利得民。七曰吏，以治得民。八曰友，以任得民。九曰藪，以富得民。營國九里。制城九雉，九階，九室，九經，九緯。匠人營國方九里，旁三門，國中九經九緯，經塗九軌，左祖右社。面朝後市，市朝一夫。夏后氏世室，堂脩二七，廣四脩一。五室，三四步，四三尺。九階，四旁兩夾窗。白盛。門堂三之二。室三之一。殷人重屋，堂脩七尋，堂崇三尺，四阿重屋。周人明堂，度九尺之筵，東西九筵，南北七筵，堂崇一筵。五室凡室二筵，室中度以几，堂中度以筵，宮中度以尋，野度以步，涂度以軌。廟門容大扃七个，闈門容小扃三个。路門不容乘車之五个。應門二徹三个。內有九室，九嬪居之。外有九室，九卿朝焉。九分其國以爲九分，九卿治之。正宮門阿之制五雉，宮隅之制七雉，城隅之制九雉。經涂九軌，環涂七軌，野涂五軌。門阿之制以爲都城之制。宮隅之制以爲諸侯之城制。環涂以爲諸侯經涂。野涂以爲都經涂。數之度也。孔子曰：爲天下國家有九經，曰脩身也，尊賢也，親親也，敬大臣也，體群臣也，子庶民也，來百工也，柔遠人也，懷諸侯也。脩身則道立，尊賢則不惑，親親則諸父昆弟不怨，敬大臣則不眩，體群臣則士之報禮重，子庶民則百姓勸，來百工則財用足，柔遠人則四方歸之，懷諸侯則天下畏之。齊明盛服，非禮不動，所以脩身也。去讒遠色，賤貨而貴德，所以勸賢也。尊其位，重其禄，同其好惡，所以勸親親也。官盛任使，所以勸大臣也。忠信重禄，所以勸士也。時使薄斂，所以勸百姓也。日省月試，既廩稱事，所以勸百工也。送往迎來，嘉善而矜不能，所以柔遠人也。繼絶世，舉廢國，治亂持危，朝聘以時，厚往而薄來，所以懷諸侯也。凡爲天下國家有九經，所以行之者一也。

昔黄帝使伶倫自大夏之西、昆侖之陰，取竹之解谷生其竅厚均者，斷兩節吹之，以爲黄鐘之宫。制十二筩以聽鳳之鳴，其雄鳴爲六，雌鳴亦六，比黄鐘之宫而皆可以生之，是爲律本。度其長，以子穀秬黍中者九十枚度之，一爲一分，十分爲寸，十寸爲尺，十尺爲丈，十丈爲引。審其容，以千二百黍實之，合龠爲合，十合爲升，十升爲斗，十斗爲斛。權其重，百黍爲一銖，千二百黍爲十二銖，二十四銖爲兩，十六兩爲斤，三十斤爲鈞，四鈞爲石。《書》曰：同律、度、量、衡。《傳》曰：黄鐘爲萬事根本也。

昔者聖人之原數也，以決天下之疑，以成天下之務，以順性命之理。析事辨物，彰往察來，是故天數五，地數六。五六者，天地之中合也。五爲五行，六爲六氣，陽性陰質。五行之性，曰木，曰火，曰土，曰金，曰水。六氣之質，曰胎，曰生，曰壯，曰老，曰死，曰化。木之質也，曰楊柳，曰梅李，曰松栢，曰竹葦，曰禾麥，曰蕈。火之質也，曰木火，曰石火，曰雷火，曰水火，曰蟲火，曰粼。土之質也，曰砂，曰石，曰玉，曰土，曰壤，曰泥。金之質也，曰汞，曰銀，曰金，曰銅，曰鐵，曰鉛。水之質也，曰澗水，曰井水，曰雨水，曰溝渠，曰陂澤，曰湖海。木之物也，曰鯪鯉，曰蛇，曰龍，曰鯉魴，曰小魚，曰鰍。火之物也，曰雞，曰雉，曰鳳，曰鷹隼，曰燕雀，曰蠛蠓。土之物也，曰蟾蜍，曰鼉，曰人，曰蜘蛛，曰蚓，曰鰻。金之物也，曰鹿，曰馬，曰麟，曰虎，曰獺，曰毛蟲。水之物也，曰蠏，曰鱟，曰龜，曰蝦，曰蚌，曰蠣。木之器也，曰疏器門窗，曰琴瑟，曰規，曰算篩，曰耒耜，曰網罟。火之器也，曰登器梯棚，曰文書，曰繩，曰冠冕，曰檯棹，曰屨踊。土之器也，曰腹器筐筥，曰圭璧，曰量，曰舟車，曰盤盂，曰棺槨。金之器也，曰方器斧鉞，曰印節，曰矩，曰弓矢，曰簡册，曰械校。水之器也，曰平器權衡，曰輪磨，曰準，曰鏡匳，曰研椎，曰厠圂。逆順者，事之幾也。吉凶者，事之著也。順而吉者，木爲徵召，爲科名，爲赦恩，爲婚姻，爲産孕，爲財帛。火爲燕集，爲朝覲，爲文書，爲言語，爲歌舞，爲燈燭。土爲工役，爲循常，爲盟約，爲田宅，爲福壽，爲墳墓。金爲賜予，爲按察，爲更革，爲軍旅，爲錢貨，爲刑法。水爲交易，爲遷移，爲征行，爲酒食，爲田獵，爲祭祀。逆而凶者，木爲桎杌，爲驚憂，爲醜惡，爲壓墜，爲夭折，爲産死。火爲公訟，爲顛狂，爲口舌，爲炙灸，爲災焚，爲震燬。土爲反覆，爲欺詐，爲離散，爲貧窮，爲疾病，爲死亡。金爲征役，爲罷免，爲責降，爲争鬬，爲傷損，爲殺戮。水爲盜賊，爲囚獄，爲徒流，爲淫亂，爲呪咀，爲浸溺。

筮者，神之所爲乎。其蓍五十，虛一，分二，掛一，以三揲之，視左右手，歸餘於扐。兩奇爲一，初揲三、一，再揲三、三。兩偶爲二，初揲二、二，再揲四、二。奇偶爲三。初揲四、三，再揲二、一。初揲，綱也。再揲，目也。綱一函三，以虛待目。目一爲一，以實從綱。兩揲而九數具，八操而六千五百六十一之數備矣。分合變化，如環無端。天命人事，由是較焉。吉凶禍福，由是彰焉。大人得之而申福，小人得之而避禍。君子曰：筮者神之所爲乎，大事用年，其次用月，其次用日，其次用時。十二木，徑九分，厚一分。陽刻一，陰刻二者四。陽刻二，陰刻三者四。陽刻三，陰刻一者四。雜取其八，自上而下，自左而右，縱二横四。縱者，九也。横者，一、十、百、千也。餘四不用者，不用之用也。前後相乘而數備矣。

數者，理之時也。辭者，數之義也。吉凶者，辭之斷也。惠迪從逆者，吉凶之決也。氣有醇漓，故數有失得。一成于數，天地不能易之，能易之者，人也。

一吉而九凶，三祥而七災，八休而二咎，四吝而六悔。八數周流，推類而求。五中則平，四害不親。厥或是攖，雜而不純。承平之世，視主廢置。凶咎災吝，有命不摯。

性理大全書卷之二十五

洪範皇極内篇二

天台謝氏無棥曰：圖出河，書出洛。圖爲《易》，書爲《範》。《易》以象，《範》以數。象以偶，數以奇。知有數奇而不知有象偶，是有書而無圖也。知有象偶而不知有數奇，是有圖而無書也。《易》更四聖，其象已著。《範》錫神禹，其數不傳。於是有以數爲象，而奇零無用矣。於是有以象爲數，而多偶難通矣。夫推其極，則卦與疇，象與數，相因爲用，固也。原其初，則卦自卦，疇自疇，象自象，數自數，其可混而一之乎？九峰先生廣西山之家學，暢考亭之師傳，著《皇極内篇》，與《大易》並行。嘗即之而求其數矣，始於一，參於三，究於九，成於八十一，備於六千五百六十一。散之無外，卷之無内，體諸造化而不可遺。其變化無窮，未易以綱舉而條列也。然其吉凶、其悔吝、其災祥休咎，莫不粲然具見於八十有一章。大抵以性命爲端，以禮義爲準。因占設教，即事示戒。欲正而不欲邪，欲中而不欲偏。爲君子謀而不爲小人謀。凡所以揭天理，敘民彝，袪世迷，障人慾者，雖不與《易》同象，而未嘗不與《易》同歸也。其言曰：「天地所以肇，人物所以生，萬事所以得失，皆數也。數之體著於形，數之用妙乎理，非窮神知化，獨立物表者，曷足以與此？」嗚呼！窮神知化，獨立物表，未易言也。九峰先生，其幾是歟？不然，將不知而作，爲《元包》，爲《洞極》，爲《潛虛》，程子謂「有之無所補，無之靡所闕」矣。其何以闡《範》數，配《易》象，補前古之闕文，垂將來之大法乎？亨數弗遐，釋數未備，尚不能無俟於後之君子，是則猶有遺恨焉耳。

皇極内篇數總名

𝍠𝍠 原　𝍠𝍡 潛

𝍠𝍢 守　𝍠𝍣 信

𝍠𝍤 直　𝍠𝍥 蒙

𝍠𝍦 閑　𝍠𝍧 須

𝍠𝍨 厲　𝍡𝍠 成

𝍡𝍡 冲　𝍡𝍢 振

𝍡𝍣 祈　𝍡𝍤 常

𝍡𝍥 柔　𝍡𝍦 易

𝍡𝍧 親　𝍡𝍨 華

𝍡𝍠 見
𝍡𝍢 從
𝍡𝍣 育
𝍡𝍥 興
𝍡𝍧 舒
𝍢𝍡 開
𝍢𝍣 公
𝍢𝍥 章
𝍢𝍦 錫
𝍣𝍠 庶
𝍣𝍢 豫
𝍣𝍣 中
𝍣𝍦 過

𝍡𝍡 獲
𝍡𝍣 交
𝍡𝍥 壯
𝍡𝍧 欣
𝍢𝍠 比
𝍢𝍡 晉
𝍢𝍣 益
𝍢𝍦 盈
𝍢𝍧 靡
𝍣𝍡 決
𝍣𝍣 升
𝍣𝍥 伏
𝍣𝍧 疑

𝍣𝍧寡
𝍥𝍡戾
𝍥𝍣昧
𝍥𝍥用
𝍥𝍧翕
𝍦𝍠迅
𝍦𝍡除
𝍦𝍣疾
𝍦𝍦分
𝍦𝍧收
𝍧𝍡賓
𝍧𝍣堅

𝍥𝍠飾
𝍥𝍢虛
𝍥𝍤損
𝍥𝍦却
𝍥𝍧遠
𝍦𝍡懼
𝍦𝍢弱
𝍦𝍥競
𝍦𝍧訟
𝍧𝍠實
𝍧𝍢危
𝍧𝍤革

𝍨𝍥 報

𝍨𝍦 止

𝍨𝍧 戎

𝍨𝍨 結

𝍨𝍠 養

𝍨𝍡 遇

𝍨𝍢 勝

𝍨𝍣 囚

𝍨𝍣 壬

𝍨𝍥 固

𝍨𝍦 移

𝍨𝍧 墮

𝍨𝍨 終

今列八十一圖于後。

𝍠𝍠原 一之一

原，元吉，幾，君子有慶。數曰：原，誠之源也。幾，繼之善也。君子見幾，有終慶也。

冬至，蚯蚓結

𝍠吉𝍠元 𝍡咎𝍠吉 𝍢祥𝍠吉 𝍣吝𝍠吉 𝍤平𝍠吉 𝍥悔𝍠吉 𝍦灾𝍠吉 𝍧休𝍠吉 𝍨凶𝍠吉

𝍠吉𝍡咎 𝍡咎𝍡咎 𝍢祥𝍡咎 𝍣吝𝍡咎 𝍤平𝍡咎 𝍥悔𝍡咎 𝍦灾𝍡咎 𝍧休𝍡咎 𝍨凶𝍡咎

𝍠吉𝍢祥 𝍡咎𝍢祥 𝍢祥𝍢祥 𝍣吝𝍢祥 𝍤平𝍢祥 𝍥悔𝍢祥 𝍦灾𝍢祥 𝍧休𝍢祥 𝍨凶𝍢祥

𝍠吉𝍣吝 𝍡咎𝍣吝 𝍢祥𝍣吝 𝍣吝𝍣吝 𝍤平𝍣吝 𝍥悔𝍣吝 𝍦灾𝍣吝 𝍧休𝍣吝 𝍨凶𝍣吝

𝍠吉𝍤平 𝍡咎𝍤平 𝍢祥𝍤平 𝍣吝𝍤平 𝍤平𝍤平 𝍥悔𝍤平 𝍦灾𝍤平 𝍧休𝍤平 𝍨凶𝍤平

𝍠吉𝍥悔 𝍡咎𝍥悔 𝍢祥𝍥悔 𝍣吝𝍥悔 𝍤平𝍥悔 𝍥悔𝍥悔 𝍦灾𝍥悔 𝍧休𝍥悔 𝍨凶𝍥悔

𝍠吉𝍦灾 𝍡咎𝍦灾 𝍢祥𝍦灾 𝍣吝𝍦灾 𝍤平𝍦灾 𝍥悔𝍦灾 𝍦灾𝍦灾 𝍧休𝍦灾 𝍨凶𝍦灾

𝍠吉𝍧休 𝍡咎𝍧休 𝍢祥𝍧休 𝍣吝𝍧休 𝍤平𝍧休 𝍥悔𝍧休 𝍦灾𝍧休 𝍧休𝍧休 𝍨凶𝍧休

𝍠吉𝍨凶 𝍡咎𝍨凶 𝍢祥𝍨凶 𝍣吝𝍨凶 𝍤平𝍨凶 𝍥悔𝍨凶 𝍦灾𝍨凶 𝍧休𝍨凶 𝍨凶𝍨大

𝍡𝍠潛　一之二

潛，勿用有攸往，正靜吉。數曰。以下並缺。

𝍠吝　𝍡吉　𝍢咎　𝍣災　𝍤平　𝍥祥　𝍦休　𝍧凶　𝍨悔
𝍠吉　𝍠元　𝍠吉　𝍠吉　𝍠吉　𝍠吉　𝍠吉　𝍠吉　𝍠吉

鹿角解

𝍠吝　𝍡吉　𝍢咎　𝍣災　𝍤平　𝍥祥　𝍦休　𝍧凶　𝍨悔
𝍡咎　𝍡咎　𝍡咎　𝍡咎　𝍡咎　𝍡咎　𝍡咎　𝍡咎　𝍡咎

𝍠吝　𝍡吉　𝍢咎　𝍣災　𝍤平　𝍥祥　𝍦休　𝍧凶　𝍨悔
𝍢祥　𝍢祥　𝍢祥　𝍢祥　𝍢祥　𝍢祥　𝍢祥　𝍢祥　𝍢祥

𝍠吝　𝍡吉　𝍢咎　𝍣災　𝍤平　𝍥祥　𝍦休　𝍧凶　𝍨悔
𝍣吝　𝍣吝　𝍣吝　𝍣吝　𝍣吝　𝍣吝　𝍣吝　𝍣吝　𝍣吝

𝍠吝　𝍡吉　𝍢咎　𝍣災　𝍤平　𝍥祥　𝍦休　𝍧凶　𝍨悔
𝍤平　𝍤平　𝍤平　𝍤平　𝍤平　𝍤平　𝍤平　𝍤平　𝍤平

𝍠吝　𝍡吉　𝍢咎　𝍣災　𝍤平　𝍥祥　𝍦休　𝍧凶　𝍨悔
𝍥悔　𝍥悔　𝍥悔　𝍥悔　𝍥悔　𝍥悔　𝍥悔　𝍥悔　𝍥悔

𝍠吝　𝍡吉　𝍢咎　𝍣災　𝍤平　𝍥祥　𝍦休　𝍧凶　𝍨悔
𝍦災　𝍦災　𝍦災　𝍦災　𝍦災　𝍦災　𝍦災　𝍦災　𝍦災

𝍠吝　𝍡吉　𝍢咎　𝍣災　𝍤平　𝍥祥　𝍦休　𝍧凶　𝍨悔
𝍧休　𝍧休　𝍧休　𝍧休　𝍧休　𝍧休　𝍧休　𝍧休　𝍧休

𝍠吝　𝍡吉　𝍢咎　𝍣災　𝍤平　𝍥祥　𝍦休　𝍧凶　𝍨悔
𝍨凶　𝍨凶　𝍨凶　𝍨凶　𝍨凶　𝍨凶　𝍨凶　𝍨大　𝍨凶

𝍠𝍢守 一之三

守，居正吉，不利有攸往。

𝍠灾𝍠吉	𝍡吝𝍠吉	𝍢吉𝍠元	𝍣休𝍠吉	𝍤平𝍠吉	𝍥咎𝍠吉	𝍦凶𝍠吉	𝍧悔𝍠吉	𝍨祥𝍠吉
𝍠灾𝍡咎	𝍡吝𝍡咎	𝍢吉𝍡咎	𝍣休𝍡咎	𝍤平𝍡咎	𝍥咎𝍡咎	𝍦凶𝍡咎	𝍧悔𝍡咎	𝍨祥𝍡咎
𝍠灾𝍢祥	𝍡吝𝍢祥	水泉動 𝍢吉𝍢祥	𝍣休𝍢祥	𝍤平𝍢祥	𝍥咎𝍢祥	𝍦凶𝍢祥	𝍧悔𝍢祥	𝍨祥𝍢祥
𝍠灾𝍣吝	𝍡吝𝍣吝	𝍢吉𝍣吝	𝍣休𝍣吝	𝍤平𝍣吝	𝍥咎𝍣吝	𝍦凶𝍣吝	𝍧悔𝍣吝	𝍨祥𝍣吝
𝍠灾𝍤平	𝍡吝𝍤平	𝍢吉𝍤平	𝍣休𝍤平	𝍤平𝍤平	𝍥咎𝍤平	𝍦凶𝍤平	𝍧悔𝍤平	𝍨祥𝍤平
𝍠灾𝍥悔	𝍡吝𝍥悔	𝍢吉𝍥悔	𝍣休𝍥悔	𝍤平𝍥悔	𝍥咎𝍥悔	𝍦凶𝍥悔	𝍧悔𝍥悔	𝍨祥𝍥悔
𝍠灾𝍦灾	𝍡吝𝍦灾	𝍢吉𝍦灾	𝍣休𝍦灾	𝍤平𝍦灾	𝍥咎𝍦灾	𝍦凶𝍦灾	𝍧悔𝍦灾	𝍨祥𝍦灾
𝍠灾𝍧休	𝍡吝𝍧休	𝍢吉𝍧休	𝍣休𝍧休	𝍤平𝍧休	𝍥咎𝍧休	𝍦凶𝍧休	𝍧悔𝍧休	𝍨祥𝍧休
𝍠灾𝍨凶	𝍡吝𝍨凶	𝍢吉𝍨凶	𝍣休𝍨凶	𝍤平𝍨凶	𝍥咎𝍨凶	𝍦凶𝍨大	𝍧悔𝍨凶	𝍨祥𝍨凶

𝍣𝍠信一之四

信，中實有孚，利祭祀。

𝍠咎𝍠吉　𝍡祥𝍠吉　𝍢悔𝍠吉　𝍣吉𝍠元　𝍤平𝍠吉　𝍥凶𝍠吉　𝍦吝𝍠吉　𝍧災𝍠吉　𝍨休𝍠吉

𝍠咎𝍡咎　𝍡祥𝍡咎　𝍢悔𝍡咎　𝍣吉𝍡咎　𝍤平𝍡咎　𝍥凶𝍡咎　𝍦吝𝍡咎　𝍧災𝍡咎　𝍨休𝍡咎

𝍠咎𝍢祥　𝍡祥𝍢祥　𝍢悔𝍢祥　𝍣吉𝍢祥　𝍤平𝍢祥　𝍥凶𝍢祥　𝍦吝𝍢祥　𝍧災𝍢祥　𝍨休𝍢祥

小寒，雁北鄉

𝍠咎𝍣吝　𝍡祥𝍣吝　𝍢悔𝍣吝　𝍣吉𝍣吝　𝍤平𝍣吝　𝍥凶𝍣吝　𝍦吝𝍣吝　𝍧災𝍣吝　𝍨休𝍣吝

𝍠咎𝍤平　𝍡祥𝍤平　𝍢悔𝍤平　𝍣吉𝍤平　𝍤平𝍤平　𝍥凶𝍤平　𝍦吝𝍤平　𝍧災𝍤平　𝍨休𝍤平

𝍠咎𝍥悔　𝍡祥𝍥悔　𝍢悔𝍥悔　𝍣吉𝍥悔　𝍤平𝍥悔　𝍥凶𝍥悔　𝍦吝𝍥悔　𝍧災𝍥悔　𝍨休𝍥悔

𝍠咎𝍦災　𝍡祥𝍦災　𝍢悔𝍦災　𝍣吉𝍦災　𝍤平𝍦災　𝍥凶𝍦災　𝍦吝𝍦災　𝍧災𝍦災　𝍨休𝍦災

𝍠咎𝍧休　𝍡祥𝍧休　𝍢悔𝍧休　𝍣吉𝍧休　𝍤平𝍧休　𝍥凶𝍧休　𝍦吝𝍧休　𝍧災𝍧休　𝍨休𝍧休

𝍠咎𝍨凶　𝍡祥𝍨凶　𝍢悔𝍨凶　𝍣吉𝍨凶　𝍤平𝍨凶　𝍥凶𝍨大　𝍦吝𝍨凶　𝍧災𝍨凶　𝍨休𝍨凶

〥〡直一之五

直，有事勿事，敬之吉，正凶，利見大人。

〡平〡吉	〢平〡吉	〣平〡吉	〤平〡吉	〥吉〡元	〦平〡吉	〧平〡吉	〨平〡吉	〩平〡吉
〡平〢咎	〢平〢咎	〣平〢咎	〤平〢咎	〥吉〢咎	〦平〢咎	〧平〢咎	〨平〢咎	〩平〢咎
〡平〣祥	〢平〣祥	〣平〣祥	〤平〣祥	〥吉〣祥	〦平〣祥	〧平〣祥	〨平〣祥	〩平〣祥
〡平〤吝	〢平〤吝	〣平〤吝	〤平〤吝	〥吉〤吝	〦平〤吝	〧平〤吝	〨平〤吝	〩平〤吝
〡平〥平	〢平〥平	〣平〥平	〤平〥平	〥吉〥平 鵲始巢	〦平〥平	〧平〥平	〨平〥平	〩平〥平
〡平〦悔	〢平〦悔	〣平〦悔	〤平〦悔	〥吉〦悔	〦平〦悔	〧平〦悔	〨平〦悔	〩平〦悔
〡平〧災	〢平〧災	〣平〧災	〤平〧災	〥吉〧災	〦平〧災	〧平〧災	〨平〧災	〩平〧災
〡平〨休	〢平〨休	〣平〨休	〤平〨休	〥吉〨休	〦平〨休	〧平〨休	〨平〨休	〩平〨休
〡平〩凶	〢平〩凶	〣平〩凶	〤平〩凶	〥吉〩凶❶	〦平〩凶	〧平〩凶	〨平〩凶	〩平〩凶

❶「吉凶」，四庫本作「大吉」。

𝍠𝍥蒙 一之六

蒙，小事吉。內明外蒙，迫則凶，利敎學。

𝍠休 𝍠吉	𝍡灾 𝍠吉	𝍢吝 𝍠吉	𝍣凶 𝍠吉	𝍤平 𝍠吉	𝍥吉 𝍠元	𝍦悔 𝍠吉	𝍧祥 𝍠吉	𝍨咎 𝍠吉
𝍠休 𝍡咎	𝍡灾 𝍡咎	𝍢吝 𝍡咎	𝍣凶 𝍡咎	𝍤平 𝍡咎	𝍥吉 𝍡咎	𝍦悔 𝍡咎	𝍧祥 𝍡咎	𝍨咎 𝍡咎
𝍠休 𝍢祥	𝍡灾 𝍢祥	𝍢吝 𝍢祥	𝍣凶 𝍢祥	𝍤平 𝍢祥	𝍥吉 𝍢祥	𝍦悔 𝍢祥	𝍧祥 𝍢祥	𝍨咎 𝍢祥
𝍠休 𝍣吝	𝍡灾 𝍣吝	𝍢吝 𝍣吝	𝍣凶 𝍣吝	𝍤平 𝍣吝	𝍥吉 𝍣吝	𝍦悔 𝍣吝	𝍧祥 𝍣吝	𝍨咎 𝍣吝
𝍠休 𝍤平	𝍡灾 𝍤平	𝍢吝 𝍤平	𝍣凶 𝍤平	𝍤平 𝍤平	𝍥吉 𝍤平	𝍦悔 𝍤平	𝍧祥 𝍤平	𝍨咎 𝍤平
𝍠休 𝍥悔	𝍡灾 𝍥悔	𝍢吝 𝍥悔	𝍣凶 𝍥悔	𝍤平 𝍥悔	𝍥吉 雉始鳴 𝍥悔	𝍦悔 𝍥悔	𝍧祥 𝍥悔	𝍨咎 𝍥悔
𝍠休 𝍦灾	𝍡灾 𝍦灾	𝍢吝 𝍦灾	𝍣凶 𝍦灾	𝍤平 𝍦灾	𝍥吉 𝍦灾	𝍦悔 𝍦灾	𝍧祥 𝍦灾	𝍨咎 𝍦灾
𝍠休 𝍧休	𝍡灾 𝍧休	𝍢吝 𝍧休	𝍣凶 𝍧休	𝍤平 𝍧休	𝍥吉 𝍧休	𝍦悔 𝍧休	𝍧祥 𝍧休	𝍨咎 𝍧休
𝍠休 𝍨凶	𝍡灾 𝍨凶	𝍢吝 𝍨凶	𝍣凶 𝍨大	𝍤平 𝍨凶	𝍥吉 𝍨凶	𝍦悔 𝍨凶	𝍧祥 𝍨凶	𝍨咎 𝍨凶

𝍠𝍦閑一之七

閑，厲，利禦寇，勿越勿逐。

𝍠祥𝍠吉　𝍡悔𝍠吉　𝍢凶𝍠吉　𝍣咎𝍠吉　𝍤平𝍠吉　𝍥休𝍠吉　𝍦吉𝍠元　𝍧吝𝍠吉　𝍨災𝍠吉

𝍠祥𝍡咎　𝍡悔𝍡咎　𝍢凶𝍡咎　𝍣咎𝍡咎　𝍤平𝍡咎　𝍥休𝍡咎　𝍦吉𝍡咎　𝍧吝𝍡咎　𝍨災𝍡咎

𝍠祥𝍢祥　𝍡悔𝍢祥　𝍢凶𝍢祥　𝍣咎𝍢祥　𝍤平𝍢祥　𝍥休𝍢祥　𝍦吉𝍢祥　𝍧吝𝍢祥　𝍨災𝍢祥

𝍠祥𝍣吝　𝍡悔𝍣吝　𝍢凶𝍣吝　𝍣咎𝍣吝　𝍤平𝍣吝　𝍥休𝍣吝　𝍦吉𝍣吝　𝍧吝𝍣吝　𝍨災𝍣吝

𝍠祥𝍤平　𝍡悔𝍤平　𝍢凶𝍤平　𝍣咎𝍤平　𝍤平𝍤平　𝍥休𝍤平　𝍦吉𝍤平　𝍧吝𝍤平　𝍨災𝍤平

𝍠祥𝍥悔　𝍡悔𝍥悔　𝍢凶𝍥悔　𝍣咎𝍥悔　𝍤平𝍥悔　𝍥休𝍥悔　𝍦吉𝍥悔　𝍧吝𝍥悔　𝍨災𝍥悔

大寒，雞始乳

𝍠祥𝍦災　𝍡悔𝍦災　𝍢凶𝍦災　𝍣咎𝍦災　𝍤平𝍦災　𝍥休𝍦災　𝍦吉𝍦災　𝍧吝𝍦災　𝍨災𝍦災

𝍠祥𝍧休　𝍡悔𝍧休　𝍢凶𝍧休　𝍣咎𝍧休　𝍤平𝍧休　𝍥休𝍧休　𝍦吉𝍧休　𝍧吝𝍧休　𝍨災𝍧休

𝍠祥𝍨凶　𝍡悔𝍨凶　𝍢凶𝍨大　𝍣咎𝍨凶　𝍤平𝍨凶　𝍥休𝍨凶　𝍦吉𝍨凶　𝍧吝𝍨凶　𝍨災𝍨凶

𝍧𝍠須 一之八

須，有孚，未明，不利攸行，中正有慶。

𝍠悔 𝍠吉	𝍠悔 𝍡咎	𝍠悔 𝍢祥	𝍠悔 𝍣吝	𝍠悔 𝍤平	𝍠悔 𝍥悔	𝍠悔 𝍦灾	𝍠悔 𝍧休	𝍠悔 𝍨凶
𝍡凶 𝍠吉	𝍡凶 𝍡咎	𝍡凶 𝍢祥	𝍡凶 𝍣吝	𝍡凶 𝍤平	𝍡凶 𝍥悔	𝍡凶 𝍦灾	𝍡凶 𝍧休	𝍡凶 𝍨大
𝍢休 𝍠吉	𝍢休 𝍡咎	𝍢休 𝍢祥	𝍢休 𝍣吝	𝍢休 𝍤平	𝍢休 𝍥悔	𝍢休 𝍦灾	𝍢休 𝍧休	𝍢休 𝍨凶
𝍣祥 𝍠吉	𝍣祥 𝍡咎	𝍣祥 𝍢祥	𝍣祥 𝍣吝	𝍣祥 𝍤平	𝍣祥 𝍥悔	𝍣祥 𝍦灾	𝍣祥 𝍧休	𝍣祥 𝍨凶
𝍤平 𝍠吉	𝍤平 𝍡咎	𝍤平 𝍢祥	𝍤平 𝍣吝	𝍤平 𝍤平	𝍤平 𝍥悔	𝍤平 𝍦灾	𝍤平 𝍧休	𝍤平 𝍨凶
𝍥灾 𝍠吉	𝍥灾 𝍡吉	𝍥灾 𝍢祥	𝍥灾 𝍣吝	𝍥灾 𝍤平	𝍥灾 𝍥悔	𝍥灾 𝍦灾	𝍥灾 𝍧休	𝍥灾 𝍨凶
𝍦咎 𝍠吉	𝍦咎 𝍡咎	𝍦咎 𝍢祥	𝍦咎 𝍣吝	𝍦咎 𝍤平	𝍦咎 𝍥悔	𝍦咎 𝍦灾	𝍦咎 𝍧休	𝍦咎 𝍨凶
𝍧吉 𝍠元	𝍧吉 𝍡咎	𝍧吉 𝍢祥	𝍧吉 𝍣吝	𝍧吉 𝍤平	𝍧吉 𝍥悔	𝍧吉 𝍦灾	𝍧吉 𝍧休 征鳥厲疾	𝍧吉 𝍨凶
𝍨吝 𝍠吉	𝍨吝 𝍡咎	𝍨吝 𝍢祥	𝍨吝 𝍣吝	𝍨吝 𝍤平	𝍨吝 𝍥悔	𝍨吝 𝍦灾	𝍨吝 𝍧休	𝍨吝 𝍨凶

𝍨𝍠厲 一之九

厲，征鳥厲疾。無初有終，吉。

𝍠凶 𝍠吉	𝍠凶 𝍡咎	𝍠凶 𝍢祥	𝍠凶 𝍣吝	𝍠凶 𝍤平	𝍠凶 𝍥悔	𝍠凶 𝍦灾	𝍠凶 𝍧休	𝍠凶 𝍨大
𝍡休 𝍠吉	𝍡休 𝍡咎	𝍡休 𝍢祥	𝍡休 𝍣吝	𝍡休 𝍤平	𝍡休 𝍥悔	𝍡休 𝍦灾	𝍡休 𝍧休	𝍡休 𝍨凶
𝍢灾 𝍠吉	𝍢灾 𝍡咎	𝍢灾 𝍢祥	𝍢灾 𝍣吝	𝍢灾 𝍤平	𝍢灾 𝍥悔	𝍢灾 𝍦灾	𝍢灾 𝍧休	𝍢灾 𝍨凶
𝍣悔 𝍠吉	𝍣悔 𝍡咎	𝍣悔 𝍢祥	𝍣悔 𝍣吝	𝍣悔 𝍤平	𝍣悔 𝍥悔	𝍣悔 𝍦灾	𝍣悔 𝍧休	𝍣悔 𝍨凶
𝍤平 𝍠吉	𝍤平 𝍡咎	𝍤平 𝍢祥	𝍤平 𝍣吝	𝍤平 𝍤平	𝍤平 𝍥悔	𝍤平 𝍦灾	𝍤平 𝍧休	𝍤平 𝍨凶
𝍥吝 𝍠吉	𝍥吝 𝍡咎	𝍥吝 𝍢祥	𝍥吝 𝍣吝	𝍥吝 𝍤平	𝍥吝 𝍥悔	𝍥吝 𝍦灾	𝍥吝 𝍧休	𝍥吝 𝍨凶
𝍦祥 𝍠吉	𝍦祥 𝍡咎	𝍦祥 𝍢祥	𝍦祥 𝍣吝	𝍦祥 𝍤平	𝍦祥 𝍥悔	𝍦祥 𝍦灾	𝍦祥 𝍧休	𝍦祥 𝍨凶
𝍧咎 𝍠吉	𝍧咎 𝍡咎	𝍧咎 𝍢祥	𝍧咎 𝍣吝	𝍧咎 𝍤平	𝍧咎 𝍥悔	𝍧咎 𝍦灾	𝍧咎 𝍧休	𝍧咎 𝍨凶
𝍨吉 𝍠元	𝍨吉 𝍡咎	𝍨吉 𝍢祥	𝍨吉 𝍣咎	𝍨吉 𝍤平	𝍨吉 𝍥悔	𝍨吉 𝍦灾	𝍨吉 𝍧休	𝍨吉 𝍨凶

𝍠𝍢成二之一

成，正惠，有終，吉。不利有攸往。勿首事，毀成，凶。

水澤腹堅

𝍠𝍠 吉吝	𝍡𝍠 咎吝	𝍢𝍠 祥吝	𝍣𝍠 吝吝	𝍤𝍠 平吝	𝍥𝍠 悔吝	𝍦𝍠 災吝	𝍧𝍠 休吝	𝍨𝍠 凶吝
𝍠𝍡 吉元	𝍡𝍡 咎吉	𝍢𝍡 祥吉	𝍣𝍡 吝吉	𝍤𝍡 平吉	𝍥𝍡 悔吉	𝍦𝍡 災吉	𝍧𝍡 休吉	𝍨𝍡 凶吉
𝍠𝍢 吉咎	𝍡𝍢 咎咎	𝍢𝍢 祥咎	𝍣𝍢 吝咎	𝍤𝍢 平咎	𝍥𝍢 悔咎	𝍦𝍢 災咎	𝍧𝍢 休咎	𝍨𝍢 凶咎
𝍠𝍣 吉災	𝍡𝍣 咎災	𝍢𝍣 祥災	𝍣𝍣 吝災	𝍤𝍣 平災	𝍥𝍣 悔災	𝍦𝍣 災災	𝍧𝍣 休災	𝍨𝍣 凶災
𝍠𝍤 吉平	𝍡𝍤 咎平	𝍢𝍤 祥平	𝍣𝍤 吝平	𝍤𝍤 平平	𝍥𝍤 悔平	𝍦𝍤 災平	𝍧𝍤 休平	𝍨𝍤 凶平
𝍠𝍥 吉祥	𝍡𝍥 咎祥	𝍢𝍥 祥祥	𝍣𝍥 吝祥	𝍤𝍥 平祥	𝍥𝍥 悔祥	𝍦𝍥 災祥	𝍧𝍥 休祥	𝍨𝍥 凶祥
𝍠𝍦 吉休	𝍡𝍦 咎休	𝍢𝍦 祥休	𝍣𝍦 吝休	𝍤𝍦 平休	𝍥𝍦 悔休	𝍦𝍦 災休	𝍧𝍦 休休	𝍨𝍦 凶休
𝍠𝍧 吉凶	𝍡𝍧 咎凶	𝍢𝍧 祥凶	𝍣𝍧 吝凶	𝍤𝍧 平凶	𝍥𝍧 悔凶	𝍦𝍧 災凶	𝍧𝍧 休凶	𝍨𝍧 凶大
𝍠𝍨 吉悔	𝍡𝍨 咎悔	𝍢𝍨 祥悔	𝍣𝍨 吝悔	𝍤𝍨 平悔	𝍥𝍨 悔悔	𝍦𝍨 災悔	𝍧𝍨 休悔	𝍨𝍨 凶悔

𝍡𝍡冲 二之二

冲，元亨。大君體仁，首出庶物，萬國以寧，無不利。

𝍠吝 𝍡吉 𝍢咎 𝍣災 𝍤平 𝍥祥 𝍦休 𝍧凶 𝍨悔
𝍠吝 𝍠吝 𝍠吝 𝍠吝 𝍠吝 𝍠吝 𝍠吝 𝍠吝 𝍠吝

立春，東風解凍

𝍠吝 𝍡吉 𝍢咎 𝍣災 𝍤平 𝍥祥 𝍦休 𝍧凶 𝍨悔
𝍡元 𝍡吉 𝍡吉 𝍡吉 𝍡吉 𝍡吉 𝍡吉 𝍡吉 𝍡吉

𝍠吝 𝍡吉 𝍢咎 𝍣災 𝍤平 𝍥祥 𝍦休 𝍧凶 𝍨悔
𝍢咎 𝍢咎 𝍢咎 𝍢咎 𝍢咎 𝍢咎 𝍢咎 𝍢咎 𝍢咎

𝍠吝 𝍡吉 𝍢咎 𝍣災 𝍤平 𝍥祥 𝍦休 𝍧凶 𝍨悔
𝍣災 𝍣災 𝍣災 𝍣災 𝍣災 𝍣災 𝍣災 𝍣災 𝍣災

𝍠吝 𝍡吉 𝍢咎 𝍣災 𝍤平 𝍥祥 𝍦休 𝍧凶 𝍨悔
𝍤平 𝍤平 𝍤平 𝍤平 𝍤平 𝍤平 𝍤平 𝍤平 𝍤平

𝍠吝 𝍡吉 𝍢咎 𝍣災 𝍤平 𝍥祥 𝍦休 𝍧凶 𝍨悔
𝍥祥 𝍥祥 𝍥祥 𝍥祥 𝍥祥 𝍥祥 𝍥祥 𝍥祥 𝍥祥

𝍠吝 𝍡吉 𝍢咎 𝍣災 𝍤平 𝍥祥 𝍦休 𝍧凶 𝍨悔
𝍦休 𝍦休 𝍦休 𝍦休 𝍦休 𝍦休 𝍦休 𝍦休 𝍦休

𝍠吝 𝍡吉 𝍢咎 𝍣災 𝍤平 𝍥祥 𝍦休 𝍧凶 𝍨悔
𝍧凶 𝍧凶 𝍧凶 𝍧凶 𝍧凶 𝍧凶 𝍧凶 𝍧大 𝍧凶

𝍠吝 𝍡吉 𝍢咎 𝍣災 𝍤平 𝍥祥 𝍦休 𝍧凶 𝍨悔
𝍨悔 𝍨悔 𝍨悔 𝍨悔 𝍨悔 𝍨悔 𝍨悔 𝍨悔 𝍨悔

𝍢𝍡振二之三

振，宣布文德。率作怠慢，不恭，凶。

𝍠灾 𝍠吝	𝍡吝 𝍠吝	𝍢吉 𝍠吝	𝍣休 𝍠吝	𝍤平 𝍠吝	𝍥咎 𝍠吝	𝍦凶 𝍠吝	𝍧悔 𝍠吝	𝍨祥 𝍠吝
𝍠灾 𝍡吉	𝍡吝 𝍡吉	𝍢吉 𝍡元	𝍣休 𝍡吉	𝍤平 𝍡吉	𝍥咎 𝍡吉	𝍦凶 𝍡吉	𝍧悔 𝍡吉	𝍨祥 𝍡吉
𝍠灾 𝍢咎	𝍡吝 𝍢咎	𝍢吉 𝍢咎	𝍣休 𝍢咎	𝍤平 𝍢咎	𝍥咎 𝍢咎	𝍦凶 𝍢咎	𝍧悔 𝍢咎	𝍨祥 𝍢咎
𝍠灾 𝍣灾	𝍡吝 𝍣灾	𝍢吉 𝍣灾	𝍣休 𝍣灾	𝍤平 𝍣灾	𝍥咎 𝍣灾	𝍦凶 𝍣灾	𝍧悔 𝍣灾	𝍨祥 𝍣灾
𝍠灾 𝍤平	𝍡吝 𝍤平	𝍢吉 𝍤平	𝍣休 𝍤平	𝍤平 𝍤平	𝍥咎 𝍤平	𝍦凶 𝍤平	𝍧悔 𝍤平	𝍨祥 𝍤平
𝍠灾 𝍥祥	𝍡吝 𝍥祥	𝍢吉 𝍥祥	𝍣休 𝍥祥	𝍤平 𝍥祥	𝍥咎 𝍥祥	𝍦凶 𝍥祥	𝍧悔 𝍥祥	𝍨祥 𝍥祥
𝍠灾 𝍦休	𝍡吝 𝍦休	𝍢吉 𝍦休	𝍣休 𝍦休	𝍤平 𝍦休	𝍥咎 𝍦休	𝍦凶 𝍦休	𝍧悔 𝍦休	𝍨祥 𝍦休
𝍠灾 𝍧凶	𝍡吝 𝍧凶	𝍢吉 𝍧凶	𝍣休 𝍧凶	𝍤平 𝍧凶	𝍥咎 𝍧凶	𝍦凶 𝍧大	𝍧悔 𝍧凶	𝍨祥 𝍧凶
𝍠灾 𝍨悔	𝍡吝 𝍨悔	𝍢吉 𝍨悔	𝍣休 𝍨悔	𝍤平 𝍨悔	𝍥咎 𝍨悔	𝍦凶 𝍨悔	𝍧悔 𝍨悔	𝍨祥 𝍨悔

蟄虫始振

𝍤𝍡祈二之四

祈，求而往，無不利，祭祀吉。

𝍠咎 𝍠吝	𝍡祥 𝍠吝	𝍢悔 𝍠吝	𝍣吉 𝍠吝	𝍤平 𝍠吝	𝍥凶 𝍠吝	𝍦吝 𝍠吝	𝍧災 𝍠吝	𝍨休 𝍠吝
𝍠咎 𝍡吉	𝍡祥 𝍡吉	𝍢悔 𝍡吉	𝍣吉 𝍡元	𝍤平 𝍡吉	𝍥凶 𝍡吉	𝍦吝 𝍡吉	𝍧災 𝍡吉	𝍨休 𝍡吉
𝍠咎 𝍢咎	𝍡祥 𝍢咎	𝍢悔 𝍢咎	𝍣吉 𝍢咎	𝍤平 𝍢咎	𝍥凶 𝍢咎	𝍦吝 𝍢咎	𝍧災 𝍢咎	𝍨休 𝍢咎
𝍠咎 𝍣災	𝍡祥 𝍣災	𝍢悔 𝍣災	魚上冰 𝍣吉 𝍣災	𝍤平 𝍣災	𝍥凶 𝍣災	𝍦吝 𝍣災	𝍧災 𝍣災	𝍨休 𝍣災
𝍠咎 𝍤平	𝍡祥 𝍤平	𝍢悔 𝍤平	𝍣吉 𝍤平	𝍤平 𝍤平	𝍥凶 𝍤平	𝍦吝 𝍤平	𝍧災 𝍤平	𝍨休 𝍤平
𝍠咎 𝍥祥	𝍡祥 𝍥祥	𝍢悔 𝍥平	𝍣吉 𝍥祥	𝍤平 𝍥祥	𝍥凶 𝍥祥	𝍦吝 𝍥祥	𝍧災 𝍥祥	𝍨休 𝍥祥
𝍠咎 𝍦休	𝍡祥 𝍦休	𝍢悔 𝍦休	𝍣吉 𝍦休	𝍤平 𝍦休	𝍥凶 𝍦休	𝍦吝 𝍦休	𝍧災 𝍦休	𝍨休 𝍦休
𝍠咎 𝍧凶	𝍡祥 𝍧凶	𝍢悔 𝍧凶	𝍣吉 𝍧凶	𝍤平 𝍧凶	𝍥凶 𝍧大	𝍦吝 𝍧凶	𝍧災 𝍧凶	𝍨休 𝍧凶
𝍠咎 𝍨悔	𝍡祥 𝍨悔	𝍢悔 𝍨悔	𝍣吉 𝍨悔	𝍤平 𝍨悔	𝍥凶 𝍨悔	𝍦吝 𝍨悔	𝍧災 𝍨悔	𝍨休 𝍨悔

𝍡𝍤常二之五

常，元亨，利不息之貞。

𝍠平 𝍠吝	𝍡平 𝍠吝	𝍢平 𝍠吝	𝍣平 𝍠吝	𝍤吉 𝍠吝	𝍥平 𝍠吝	𝍦平 𝍠吝	𝍧平 𝍠吝	𝍨平 𝍠吝
𝍠平 𝍡吉	𝍡平 𝍡吉	𝍢平 𝍡吉	𝍣平 𝍡吉	𝍤吉 𝍡元	𝍥平 𝍡吉	𝍦平 𝍡吉	𝍧平 𝍡吉	𝍨平 𝍡吉
𝍠平 𝍢咎	𝍡平 𝍢咎	𝍢平 𝍢咎	𝍣平 𝍢咎	𝍤吉 𝍢咎	𝍥平 𝍢咎	𝍦平 𝍢咎	𝍧平 𝍢咎	𝍨平 𝍢咎
𝍠平 𝍣灾	𝍡平 𝍣灾	𝍢平 𝍣灾	𝍣平 𝍣灾	𝍤吉 𝍣灾	𝍥平 𝍣灾	𝍦平 𝍣灾	𝍧平 𝍣灾	𝍨平 𝍣灾
𝍠平 𝍤平	𝍡平 𝍤平	𝍢平 𝍤平	𝍣平 𝍤平	𝍤吉 𝍤平 雨水，獺祭魚	𝍥平 𝍤平	𝍦平 𝍤平	𝍧平 𝍤平	𝍨平 𝍤平
𝍠平 𝍥祥	𝍡平 𝍥祥	𝍢平 𝍥祥	𝍣平 𝍥祥	𝍤吉 𝍥祥	𝍥平 𝍥祥	𝍦平 𝍥祥	𝍧平 𝍥祥	𝍨平 𝍥祥
𝍠平 𝍦休	𝍡平 𝍦休	𝍢平 𝍦休	𝍣平 𝍦休	𝍤吉 𝍦休	𝍥平 𝍦休	𝍦平 𝍦休	𝍧平 𝍦休	𝍨平 𝍦休
𝍠平 𝍧凶	𝍡平 𝍧凶	𝍢平 𝍧凶	𝍣平 𝍧凶	𝍤吉 𝍧凶	𝍥平 𝍧凶	𝍦平 𝍧凶	𝍧平 𝍧凶	𝍨平 𝍧凶
𝍠平 𝍨悔	𝍡平 𝍨悔	𝍢平 𝍨悔	𝍣平 𝍨悔	𝍤吉 𝍨悔	𝍥平 𝍨悔	𝍦平 𝍨悔	𝍧平 𝍨悔	𝍨平 𝍨悔

𝍡𝍥柔二之六

柔，惠，利用正。婦人吉，夫子凶。

𝍠休𝍠吝　𝍡灾𝍠吝　𝍢吝𝍠吝　𝍣凶𝍠吝　𝍤平𝍠吝　𝍥吉𝍠吝　𝍦悔𝍠吝　𝍧祥𝍠吝　𝍨咎𝍠吝

𝍠休𝍡吉　𝍡灾𝍡吉　𝍢吝𝍡吉　𝍣凶𝍡吉　𝍤平𝍡吉　𝍥吉𝍡元　𝍦悔𝍡吉　𝍧祥𝍡吉　𝍨咎𝍡吉

𝍠休𝍢咎　𝍡灾𝍢咎　𝍢吝𝍢咎　𝍣凶𝍢咎　𝍤平𝍢咎　𝍥吉𝍢咎　𝍦悔𝍢咎　𝍧祥𝍢咎　𝍨咎𝍢咎

𝍠休𝍣灾　𝍡灾𝍣灾　𝍢吝𝍣灾　𝍣凶𝍣灾　𝍤平𝍣灾　𝍥吉𝍣灾　𝍦悔𝍣灾　𝍧祥𝍣灾　𝍨咎𝍣灾

𝍠休𝍤平　𝍡灾𝍤平　𝍢吝𝍤平　𝍣凶𝍤平　𝍤平𝍤平　𝍥吉𝍤平　𝍦悔𝍤平　𝍧祥𝍤平　𝍨咎𝍤平

𝍠休𝍥祥　𝍡灾𝍥祥　𝍢吝𝍥祥　𝍣凶𝍥祥　𝍤平𝍥祥　鴻鴈來𝍥吉𝍥祥　𝍦悔𝍥祥　𝍧祥𝍥祥　𝍨咎𝍥祥

𝍠休𝍦休　𝍡灾𝍦休　𝍢吝𝍦休　𝍣凶𝍦休　𝍤平𝍦休　𝍥吉𝍦休　𝍦悔𝍦休　𝍧祥𝍦休　𝍨咎𝍦休

𝍠休𝍧凶　𝍡灾𝍧凶　𝍢吝𝍧凶　𝍣凶𝍧大　𝍤平𝍧凶　𝍥吉𝍧凶　𝍦悔𝍧凶　𝍧祥𝍧凶　𝍨咎𝍧凶

𝍠休𝍨悔　𝍡灾𝍨悔　𝍢吝𝍨悔　𝍣凶𝍨悔　𝍤平𝍨悔　𝍥吉𝍨悔　𝍦悔𝍨悔　𝍧祥𝍨悔　𝍨咎𝍨悔

𝍡𝍦易二之七

易，百物順生，庶事順成，平易近民。難險，凶。不利涉大川。

𝍠祥 𝍠吝	𝍡悔 𝍠吝	𝍢凶 𝍠吝	𝍣咎 𝍠吝	𝍤平 𝍠吝	𝍥休 𝍠吝	𝍦吉 𝍠吝	𝍧吝 𝍠吝	𝍨灾 𝍠吝
𝍠祥 𝍡吉	𝍡悔 𝍡吉	𝍢凶 𝍡吉	𝍣咎 𝍡吉	𝍤平 𝍡吉	𝍥休 𝍡吉	𝍦吉 𝍡元	𝍧吝 𝍡吉	𝍨灾 𝍡吉
𝍠祥 𝍢咎	𝍡悔 𝍢咎	𝍢凶 𝍢咎	𝍣咎 𝍢咎	𝍤平 𝍢咎	𝍥休 𝍢咎	𝍦吉 𝍢咎	𝍧吝 𝍢咎	𝍨灾 𝍢咎
𝍠祥 𝍣灾	𝍡悔 𝍣灾	𝍢凶 𝍣灾	𝍣咎 𝍣灾	𝍤平 𝍣灾	𝍥休 𝍣灾	𝍦吉 𝍣灾	𝍧吝 𝍣灾	𝍨灾 𝍣灾
𝍠祥 𝍤平	𝍡悔 𝍤平	𝍢凶 𝍤平	𝍣咎 𝍤平	𝍤平 𝍤平	𝍥休 𝍤平	𝍦吉 𝍤平	𝍧吝 𝍤平	𝍨灾 𝍤平
𝍠祥 𝍥祥	𝍡悔 𝍥祥	𝍢凶 𝍥祥	𝍣咎 𝍥祥	𝍤平 𝍥祥	𝍥休 𝍥祥	𝍦吉 𝍥祥	𝍧吝 𝍥祥	𝍨灾 𝍥祥
𝍠祥 𝍦休	𝍡悔 𝍦休	𝍢凶 𝍦休	𝍣咎 𝍦休	𝍤平 𝍦休	𝍥休 𝍦休	𝍦吉 𝍦休 草木萌動	𝍧吝 𝍦休	𝍨灾 𝍦休
𝍠祥 𝍧凶	𝍡悔 𝍧凶	𝍢凶 𝍧大	𝍣咎 𝍧凶	𝍤平 𝍧凶	𝍥休 𝍧凶	𝍦吉 𝍧凶	𝍧吝 𝍧凶	𝍨灾 𝍧凶
𝍠祥 𝍨悔	𝍡悔 𝍨悔	𝍢凶 𝍨悔	𝍣咎 𝍨悔	𝍤平 𝍨悔	𝍥休 𝍨悔	𝍦吉 𝍨悔	𝍧吝 𝍨悔	𝍨灾 𝍨悔

𝍧𝍡親二之八

親，内和順而外文明，父父子子，兄兄弟弟，夫夫婦婦，上下睦而家道亨。

𝍠悔 𝍠吝	𝍡凶 𝍠吝	𝍢休 𝍠吝	𝍣祥 𝍠吝	𝍤平 𝍠吝	𝍥災 𝍠吝	𝍦咎 𝍠吝	𝍧吉 𝍠吝	𝍨吝 𝍠吝
𝍠悔 𝍡吉	𝍡凶 𝍡吉	𝍢休 𝍡吉	𝍣祥 𝍡吉	𝍤平 𝍡吉	𝍥災 𝍡吉	𝍦咎 𝍡吉	𝍧吉 𝍡元	𝍨吝 𝍡吉
𝍠悔 𝍢咎	𝍡凶 𝍢咎	𝍢休 𝍢咎	𝍣祥 𝍢咎	𝍤平 𝍢咎	𝍥災 𝍢咎	𝍦咎 𝍢咎	𝍧吉 𝍢咎	𝍨吝 𝍢咎
𝍠悔 𝍣災	𝍡凶 𝍣災	𝍢休 𝍣災	𝍣祥 𝍣災	𝍤平 𝍣災	𝍥災 𝍣災	𝍦咎 𝍣災	𝍧吉 𝍣災	𝍨吝 𝍣災
𝍠悔 𝍤平	𝍡凶 𝍤平	𝍢休 𝍤平	𝍣祥 𝍤平	𝍤平 𝍤平	𝍥災 𝍤平	𝍦咎 𝍤平	𝍧吉 𝍤平	𝍨吝 𝍤平
𝍠悔 𝍥祥	𝍡凶 𝍥祥	𝍢休 𝍥祥	𝍣祥 𝍥祥	𝍤平 𝍥祥	𝍥災 𝍥祥	𝍦咎 𝍥祥	𝍧吉 𝍥祥	𝍨吝 𝍥祥
𝍠悔 𝍦休	𝍡凶 𝍦休	𝍢休 𝍦休	𝍣祥 𝍦休	𝍤平 𝍦休	𝍥災 𝍦休	𝍦咎 𝍦休	𝍧吉 𝍦休	𝍨吝 𝍦休
𝍠悔 𝍧凶	𝍡凶 𝍧大	𝍢休 𝍧凶	𝍣祥 𝍧凶	𝍤平 𝍧凶	𝍥災 𝍧凶	𝍦咎 𝍧凶	𝍧吉 𝍧凶 桃始華❶	𝍨吝 𝍧凶
𝍠悔 𝍨悔	𝍡凶 𝍨悔	𝍢休 𝍨悔	𝍣祥 𝍨悔	𝍤平 𝍨悔	𝍥災 𝍨悔	𝍦咎 𝍨悔	𝍧吉 𝍨悔	𝍨吝 𝍨悔

❶「桃」上，四庫本《洪範皇極内外篇》有「驚蟄」二字。

𝍡𝍨華二之九

華，文明以正，利有攸行，不利折獄，木道乃行。

𝍠凶𝍠吝　𝍡休𝍠吝　𝍢灾𝍠吝　𝍣悔𝍠吝　𝍤平𝍠吝　𝍥吝𝍠吝　𝍦祥𝍠吝　𝍧咎𝍠吝　𝍨吉𝍠吝

𝍠凶𝍡吉　𝍡休𝍡吉　𝍢灾𝍡吉　𝍣悔𝍡吉　𝍤平𝍡吉　𝍥吝𝍡吉　𝍦祥𝍡吉　𝍧咎𝍡吉　𝍨吉𝍡元

𝍠凶𝍢咎　𝍡休𝍢咎　𝍢灾𝍢咎　𝍣悔𝍢咎　𝍤平𝍢咎　𝍥吝𝍢咎　𝍦祥𝍢咎　𝍧咎𝍢咎　𝍨吉𝍢咎

𝍠凶𝍣灾　𝍡休𝍣灾　𝍢灾𝍣灾　𝍣悔𝍣灾　𝍤平𝍣灾　𝍥吝𝍣灾　𝍦祥𝍣灾　𝍧咎𝍣灾　𝍨吉𝍣灾

𝍠凶𝍤平　𝍡休𝍤平　𝍢灾𝍤平　𝍣悔𝍤平　𝍤平𝍤平　𝍥吝𝍤平　𝍦祥𝍤平　𝍧咎𝍤平　𝍨吉𝍤平

𝍠凶𝍥祥　𝍡休𝍥祥　𝍢灾𝍥祥　𝍣悔𝍥祥　𝍤平𝍥祥　𝍥吝𝍥祥　𝍦祥𝍥祥　𝍧咎𝍥祥　𝍨吉𝍥祥

𝍠凶𝍦休　𝍡休𝍦休　𝍢灾𝍦休　𝍣悔𝍦休　𝍤平𝍦休　𝍥吝𝍦休　𝍦祥𝍦休　𝍧咎𝍦休　𝍨吉𝍦休

𝍠凶𝍧大　𝍡休𝍧凶　𝍢灾𝍧凶　𝍣悔𝍧凶　𝍤平𝍧凶　𝍥吝𝍧凶　𝍦祥𝍧凶　𝍧咎𝍧凶　𝍨吉𝍧凶

𝍠凶𝍨悔　𝍡休𝍨悔　𝍢灾𝍨悔　𝍣悔𝍨悔　𝍤平𝍨悔　𝍥吝𝍨悔　𝍦祥𝍨悔　𝍧咎𝍨悔　𝍨吉𝍨悔

〣〡見三之一

見，一氣既信，百有著形，睟面盎背，德潤厥身。隱匿，凶。

倉庚鳴

〡吉〡灾	〢咎〡灾	〣祥〡灾	〤吝〡灾	〥平〡灾	〦悔〡灾	〧灾〡灾	〨休〡灾	〩凶〡灾
〡吉〢吝	〢咎〢吝	〣祥〢吝	〤吝〢吝	〥平〢吝	〦悔〢吝	〧灾〢吝	〨休〢吝	〩凶〢吝
〡吉〣元	〢咎〣吉	〣祥〣吉	〤吝〣吉	〥平〣吉	〦悔〣吉	〧灾〣吉	〨休〣吉	〩凶〣吉
〡吉〤休	〢咎〤休	〣祥〤休	〤吝〤休	〥平〤休	〦悔〤休	〧灾〤休	〨休〤休	〩凶〤休
〡吉〥平	〢咎〥平	〣祥〥平	〤吝〥平	〥平〥平	〦悔〥平	〧灾〥平	〨休〥平	〩凶〥平
〡吉〦咎	〢咎〦咎	〣祥〦咎	〤吝〦咎	〥平〦咎	〦悔〦咎	〧灾〦咎	〨休〦咎	〩凶〦咎
〡吉〧凶	〢咎〧凶	〣祥〧凶	〤吝〧凶	〥平〧凶	〦悔〧凶	〧灾〧凶	〨休〧凶	〩凶〧大
〡吉〨悔	〢咎〨悔	〣祥〨悔	〤吝〨悔	〥平〨悔	〦悔〨悔	〧灾〨悔	〨休〨悔	〩凶〨悔
〡吉〩祥	〢咎〩祥	〣祥〩祥	〤吝〩祥	〥平〩祥	〦悔〩祥	〧灾〩祥	〨休〩祥	〩凶〩祥

𝍡𝍢獲三之二

獲，氣質形色，自天有得。君子遷善，小人革面。縱逸，凶。

𝍠吝 𝍡吉 𝍢咎 𝍣災 𝍤平 𝍥祥 𝍦休 𝍧凶 𝍨悔
𝍠災 𝍠災 𝍠災 𝍠災 𝍠災 𝍠災 𝍠災 𝍠災 𝍠災

鷹化爲鴿

𝍠吝 𝍡吉 𝍢咎 𝍣災 𝍤平 𝍥祥 𝍦休 𝍧凶 𝍨悔
𝍡吝 𝍡吝 𝍡吝 𝍡吝 𝍡吝 𝍡吝 𝍡吝 𝍡吝 𝍡吝

𝍠吝 𝍡吉 𝍢咎 𝍣災 𝍤平 𝍥祥 𝍦休 𝍧凶 𝍨悔
𝍢吉 𝍢元 𝍢吉 𝍢吉 𝍢吉 𝍢吉 𝍢吉 𝍢吉 𝍢吉

𝍠吝 𝍡吉 𝍢咎 𝍣災 𝍤平 𝍥祥 𝍦休 𝍧凶 𝍨悔
𝍣休 𝍣休 𝍣休 𝍣休 𝍣休 𝍣休 𝍣休 𝍣休 𝍣休

𝍠吝 𝍡吉 𝍢咎 𝍣災 𝍤平 𝍥祥 𝍦休 𝍧凶 𝍨悔
𝍤平 𝍤平 𝍤平 𝍤平 𝍤平 𝍤平 𝍤平 𝍤平 𝍤平

𝍠吝 𝍡吉 𝍢咎 𝍣災 𝍤平 𝍥祥 𝍦休 𝍧凶 𝍨悔
𝍥咎 𝍥咎 𝍥咎 𝍥咎 𝍥咎 𝍥咎 𝍥咎 𝍥咎 𝍥咎

𝍠吝 𝍡吉 𝍢咎 𝍣災 𝍤平 𝍥祥 𝍦休 𝍧凶 𝍨悔
𝍦凶 𝍦凶 𝍦凶 𝍦凶 𝍦凶 𝍦凶 𝍦凶 𝍦大 𝍦凶

𝍠吝 𝍡吉 𝍢咎 𝍣災 𝍤平 𝍥祥 𝍦休 𝍧凶 𝍨悔
𝍧悔 𝍧悔 𝍧悔 𝍧悔 𝍧悔 𝍧悔 𝍧悔 𝍧悔 𝍧悔

𝍠吝 𝍡吉 𝍢咎 𝍣災 𝍤平 𝍥祥 𝍦休 𝍧凶 𝍨悔
𝍨祥 𝍨祥 𝍨祥 𝍨祥 𝍨祥 𝍨祥 𝍨祥 𝍨祥 𝍨祥

𝍢𝍢從三之三

從，惟從非同，不獲其身，不見其人。利有攸行。

𝍠灾 𝍠灾	𝍠灾 𝍡吝	𝍠灾 𝍢吉	𝍠灾 𝍣休	𝍠灾 𝍤平	𝍠灾 𝍥咎	𝍠灾 𝍦凶	𝍠灾 𝍧悔	𝍠灾 𝍨祥
𝍡吝 𝍠灾	𝍡吝 𝍡吝	𝍡吝 𝍢吉	𝍡吝 𝍣休	𝍡吝 𝍤平	𝍡吝 𝍥咎	𝍡吝 𝍦凶	𝍡吝 𝍧悔	𝍡吝 𝍨祥
𝍢吉 𝍠灾	𝍢吉 𝍡吝	𝍢吉 𝍢元	𝍢吉 𝍣休	𝍢吉 𝍤平	𝍢吉 𝍥咎	𝍢吉 𝍦凶	𝍢吉 𝍧悔	𝍢吉 𝍨祥
𝍣休 𝍠灾	𝍣休 𝍡吝	𝍣休 𝍢吉 春分，乙鳥至	𝍣休 𝍣休	𝍣休 𝍤平	𝍣休 𝍥咎	𝍣休 𝍦凶	𝍣休 𝍧悔	𝍣休 𝍨祥
𝍤平 𝍠灾	𝍤平 𝍡吝	𝍤平 𝍢吉	𝍤平 𝍣休	𝍤平 𝍤平	𝍤平 𝍥咎	𝍤平 𝍦凶	𝍤平 𝍧悔	𝍤平 𝍨祥
𝍥咎 𝍠灾	𝍥咎 𝍡吝	𝍥咎 𝍢吉	𝍥咎 𝍣休	𝍥咎 𝍤平	𝍥咎 𝍥咎	𝍥咎 𝍦凶	𝍥咎 𝍧悔	𝍥咎 𝍨祥
𝍦凶 𝍠灾	𝍦凶 𝍡吝	𝍦凶 𝍢吉	𝍦凶 𝍣休	𝍦凶 𝍤平	𝍦凶 𝍥咎	𝍦凶 𝍦大	𝍦凶 𝍧悔	𝍦凶 𝍨祥
𝍧悔 𝍠灾	𝍧悔 𝍡吝	𝍧悔 𝍢吉	𝍧悔 𝍣休	𝍧悔 𝍤平	𝍧悔 𝍥咎	𝍧悔 𝍦凶	𝍧悔 𝍧悔	𝍧悔 𝍨祥
𝍨祥 𝍠灾	𝍨祥 𝍡吝	𝍨祥 𝍢吉	𝍨祥 𝍣休	𝍨祥 𝍤平	𝍨祥 𝍥咎	𝍨祥 𝍦凶	𝍨祥 𝍧悔	𝍨祥 𝍨祥

𝍣𝍢交三之四

交，唱而和，感而應。涣汗大號，東南得朋。征伐小利。

𝍠咎 𝍠災	𝍠咎 𝍡吝	𝍠咎 𝍢吉	𝍠咎 𝍣休	𝍠咎 𝍤平	𝍠咎 𝍥咎	𝍠咎 𝍦凶	𝍠咎 𝍧悔	𝍠咎 𝍨祥
𝍡祥 𝍠災	𝍡祥 𝍡吝	𝍡祥 𝍢吉	𝍡祥 𝍣休	𝍡祥 𝍤平	𝍡祥 𝍥咎	𝍡祥 𝍦凶	𝍡祥 𝍧悔	𝍡祥 𝍨祥
𝍢悔 𝍠災	𝍢悔 𝍡吝	𝍢悔 𝍢吉	𝍢悔 𝍣休	𝍢悔 𝍤平	𝍢悔 𝍥咎	𝍢悔 𝍦凶	𝍢悔 𝍧悔	𝍢悔 𝍨祥
𝍣吉 𝍠災	𝍣吉 𝍡吝	𝍣吉 𝍢元 雷乃發聲	𝍣吉 𝍣休	𝍣吉 𝍤平	𝍣吉 𝍥咎	𝍣吉 𝍦凶	𝍣吉 𝍧悔	𝍣吉 𝍨祥
𝍤平 𝍠災	𝍤平 𝍡吝	𝍤平 𝍢吉	𝍤平 𝍣休	𝍤平 𝍤平	𝍤平 𝍥咎	𝍤平 𝍦凶	𝍤平 𝍧悔	𝍤平 𝍨祥
𝍥凶 𝍠災	𝍥凶 𝍡吝	𝍥凶 𝍢吉	𝍥凶 𝍣休	𝍥凶 𝍤平	𝍥凶 𝍥咎	𝍥凶 𝍦大	𝍥凶 𝍧悔	𝍥凶 𝍨祥
𝍦吝 𝍠災	𝍦吝 𝍡吝	𝍦吝 𝍢吉	𝍦吝 𝍣休	𝍦吝 𝍤平	𝍦吝 𝍥咎	𝍦吝 𝍦凶	𝍦吝 𝍧悔	𝍦吝 𝍨祥
𝍧災 𝍠災	𝍧災 𝍡吝	𝍧災 𝍢吉	𝍧災 𝍣休	𝍧災 𝍤平	𝍧災 𝍥咎	𝍧災 𝍦凶	𝍧災 𝍧悔	𝍧災 𝍨祥
𝍨休 𝍠災	𝍨休 𝍡吝	𝍨休 𝍢吉	𝍨休 𝍣休	𝍨休 𝍤平	𝍨休 𝍥咎	𝍨休 𝍦凶	𝍨休 𝍧悔	𝍨休 𝍨祥

𝍢𝍤育三之五

育，天地絪緼，萬物化醇，聖人順成。生產，吉。

𝍠平𝍠灾　𝍡平𝍠灾　𝍢平𝍠灾　𝍣平𝍠灾　𝍤吉𝍠灾　𝍥平𝍠灾　𝍦平𝍠灾　𝍧平𝍠灾　𝍨平𝍠灾

𝍠平𝍡吝　𝍡平𝍡吝　𝍢平𝍡吝　𝍣平𝍡吝　𝍤吉𝍡吝　𝍥平𝍡吝　𝍦平𝍡吝　𝍧平𝍡吝　𝍨平𝍡吝

𝍠平𝍢吉　𝍡平𝍢吉　𝍢平𝍢吉　𝍣平𝍢吉　𝍤吉𝍢元　𝍥平𝍢吉　𝍦平𝍢吉　𝍧平𝍢吉　𝍨平𝍢吉

𝍠平𝍣休　𝍡平𝍣休　𝍢平𝍣休　𝍣平𝍣休　𝍤吉𝍣休　𝍥平𝍣休　𝍦平𝍣休　𝍧平𝍣休　𝍨平𝍣休

𝍠平𝍤平　𝍡平𝍤平　𝍢平𝍤平　𝍣平𝍤平　始電𝍤吉𝍤平　𝍥平𝍤平　𝍦平𝍤平　𝍧平𝍤平　𝍨平𝍤平

𝍠平𝍥咎　𝍡平𝍥咎　𝍢平𝍥咎　𝍣平𝍥咎　𝍤吉𝍥咎　𝍥平𝍥咎　𝍦平𝍥咎　𝍧平𝍥咎　𝍨平𝍥咎

𝍠平𝍦凶　𝍡平𝍦凶　𝍢平𝍦凶　𝍣平𝍦凶　𝍤吉𝍦凶　𝍥平𝍦凶　𝍦平𝍦凶　𝍧平𝍦凶　𝍨平𝍦凶

𝍠平𝍧悔　𝍡平𝍧悔　𝍢平𝍧悔　𝍣平𝍧悔　𝍤吉𝍧悔　𝍥平𝍧悔　𝍦平𝍧悔　𝍧平𝍧悔　𝍨平𝍧悔

𝍠平𝍨祥　𝍡平𝍨祥　𝍢平𝍨祥　𝍣平𝍨祥　𝍤吉𝍨祥　𝍥平𝍨祥　𝍦平𝍨祥　𝍧平𝍨祥　𝍨平𝍨祥

𝍢𝍥壯三之六

壯，于正，有攸往，無不利。

𝍠休𝍠災 𝍡災𝍠災 𝍢吝𝍠災 𝍣凶𝍠災 𝍤平𝍠災 𝍥吉𝍠災 𝍦悔𝍠災 𝍧祥𝍠災 𝍨咎𝍠災

𝍠休𝍡吝 𝍡災𝍡吝 𝍢吝𝍡吝 𝍣凶𝍡吝 𝍤平𝍡吝 𝍥吉𝍡吝 𝍦悔𝍡吝 𝍧祥𝍡吝 𝍨咎𝍡吝

𝍠休𝍢吉 𝍡災𝍢吉 𝍢吝𝍢吉 𝍣凶𝍢吉 𝍤平𝍢吉 𝍥吉𝍢元 𝍦悔𝍢吉 𝍧祥𝍢吉 𝍨咎𝍢吉

𝍠休𝍣休 𝍡災𝍣休 𝍢吝𝍣休 𝍣凶𝍣休 𝍤平𝍣休 𝍥吉𝍣休 𝍦悔𝍣休 𝍧祥𝍣休 𝍨咎𝍣休

𝍠休𝍤平 𝍡災𝍤平 𝍢吝𝍤平 𝍣凶𝍤平 𝍤平𝍤平 𝍥吉𝍤平 𝍦悔𝍤平 𝍧祥𝍤平 𝍨咎𝍤平

清明，桐始華

𝍠休𝍥咎 𝍡災𝍥咎 𝍢吝𝍥咎 𝍣凶𝍥咎 𝍤平𝍥咎 𝍥吉𝍥咎 𝍦悔𝍥咎 𝍧祥𝍥咎 𝍨咎𝍥咎

𝍠休𝍦凶 𝍡災𝍦凶 𝍢吝𝍦凶 𝍣凶𝍦大 𝍤平𝍦凶 𝍥吉𝍦凶 𝍦悔𝍦凶 𝍧祥𝍦凶 𝍨咎𝍦凶

𝍠休𝍧悔 𝍡災𝍧悔 𝍢吝𝍧悔 𝍣凶𝍧悔 𝍤平𝍧悔 𝍥吉𝍧悔 𝍦悔𝍧悔 𝍧祥𝍧悔 𝍨咎𝍧悔

𝍠休𝍨祥 𝍡災𝍨祥 𝍢吝𝍨祥 𝍣凶𝍨祥 𝍤平𝍨祥 𝍥吉𝍨祥 𝍦悔𝍨祥 𝍧祥𝍨祥 𝍨咎𝍨祥

𝍦𝍢興三之七

興，吉，利見大人。天下文明，萬邦黎獻，方來不寧。土役無度，凶。

𝍠祥 𝍠灾	𝍡悔 𝍠灾	𝍢凶 𝍠灾	𝍣咎 𝍠灾	𝍤平 𝍠灾	𝍥休 𝍠灾	𝍦吉 𝍠灾	𝍧吝 𝍠灾	𝍨灾 𝍠灾
𝍠祥 𝍡吝	𝍡悔 𝍡吝	𝍢凶 𝍡吝	𝍣咎 𝍡吝	𝍤平 𝍡吝	𝍥休 𝍡吝	𝍦吉 𝍡吝	𝍧吝 𝍡吝	𝍨灾 𝍡吝
𝍠祥 𝍢吉	𝍡悔 𝍢吉	𝍢凶 𝍢吉	𝍣咎 𝍢吉	𝍤平 𝍢吉	𝍥休 𝍢吉	𝍦吉 𝍢元	𝍧吝 𝍢吉	𝍨灾 𝍢吉
𝍠祥 𝍣休	𝍡悔 𝍣休	𝍢凶 𝍣休	𝍣咎 𝍣休	𝍤平 𝍣休	𝍥休 𝍣休	𝍦吉 𝍣休	𝍧吝 𝍣休	𝍨灾 𝍣休
𝍠祥 𝍤平	𝍡悔 𝍤平	𝍢凶 𝍤平	𝍣咎 𝍤平	𝍤平 𝍤平	𝍥休 𝍤平	𝍦吉 𝍤平	𝍧吝 𝍤平	𝍨灾 𝍤平
𝍠祥 𝍥咎	𝍡悔 𝍥咎	𝍢凶 𝍥咎	𝍣咎 𝍥咎	𝍤平 𝍥咎	𝍥休 𝍥咎	𝍦吉 𝍥咎	𝍧吝 𝍥咎	𝍨灾 𝍥咎
𝍠祥 𝍦凶	𝍡悔 𝍦凶	𝍢凶 𝍦大	𝍣咎 𝍦凶	𝍤平 𝍦凶	𝍥休 𝍦凶	𝍦吉 𝍦凶 田鼠化爲鴽	𝍧吝 𝍦凶	𝍨灾 𝍦凶
𝍠祥 𝍧悔	𝍡悔 𝍧悔	𝍢凶 𝍧悔	𝍣咎 𝍧悔	𝍤平 𝍧悔	𝍥休 𝍧悔	𝍦吉 𝍧悔	𝍧吝 𝍧悔	𝍨灾 𝍧悔
𝍠祥 𝍨祥	𝍡悔 𝍨祥	𝍢凶 𝍨祥	𝍣咎 𝍨祥	𝍤平 𝍨祥	𝍥休 𝍨祥	𝍦吉 𝍨祥	𝍧吝 𝍨祥	𝍨灾 𝍨祥

𝍧𝍢欣三之八

欣，氣和時平，萬物向榮，君子樂道，小人樂生。淫於酒，喪其明，凶。

𝍠悔 𝍠灾	𝍡凶 𝍠灾	𝍢休 𝍠灾	𝍣祥 𝍠灾	𝍤平 𝍠灾	𝍥灾 𝍠灾	𝍦咎 𝍠灾	𝍧吉 𝍠灾	𝍨吝 𝍠灾
𝍠悔 𝍡吝	𝍡凶 𝍡吝	𝍢休 𝍡吝	𝍣祥 𝍡吝	𝍤平 𝍡吝	𝍥灾 𝍡吝	𝍦咎 𝍡吝	𝍧吉 𝍡吝	𝍨吝 𝍡吝
𝍠悔 𝍢吉	𝍡凶 𝍢吉	𝍢休 𝍢吉	𝍣祥 𝍢吉	𝍤平 𝍢吉	𝍥灾 𝍢吉	𝍦咎 𝍢吉	𝍧吉 𝍢元	𝍨吝 𝍢吉
𝍠悔 𝍣休	𝍡凶 𝍣休	𝍢休 𝍣休	𝍣祥 𝍣休	𝍤平 𝍣休	𝍥灾 𝍣休	𝍦咎 𝍣休	𝍧吉 𝍣休	𝍨吝 𝍣休
𝍠悔 𝍤平	𝍡凶 𝍤平	𝍢休 𝍤平	𝍣祥 𝍤平	𝍤平 𝍤平	𝍥灾 𝍤平	𝍦咎 𝍤平	𝍧吉 𝍤平	𝍨吝 𝍤平
𝍠悔 𝍥咎	𝍡凶 𝍥咎	𝍢休 𝍥咎	𝍣祥 𝍥咎	𝍤平 𝍥咎	𝍥灾 𝍥咎	𝍦咎 𝍥咎	𝍧吉 𝍥咎	𝍨吝 𝍥咎
𝍠悔 𝍦凶	𝍡凶 𝍦大	𝍢休 𝍦凶	𝍣祥 𝍦凶	𝍤平 𝍦凶	𝍥灾 𝍦凶	𝍦咎 𝍦凶	𝍧吉 𝍦凶	𝍨吝 𝍦凶
𝍠悔 𝍧悔	𝍡凶 𝍧悔	𝍢休 𝍧悔	𝍣祥 𝍧悔	𝍤平 𝍧悔	𝍥灾 𝍧悔	𝍦咎 𝍧悔	𝍧吉 𝍧悔 虹始見	𝍨吝 𝍧悔
𝍠悔 𝍨祥	𝍡凶 𝍨祥	𝍢休 𝍨祥	𝍣祥 𝍨祥	𝍤平 𝍨祥	𝍥灾 𝍨祥	𝍦咎 𝍨祥	𝍧吉 𝍨祥	𝍨吝 𝍨祥

𝍨𝍢舒 三之九

舒，雨露霑濡，草木榮敷，百體以舒，惟仁之腴，無不利。迫近，凶。

𝍠凶𝍠灾　𝍡休𝍠灾　𝍢灾𝍠灾　𝍣悔𝍠灾　𝍤平𝍠灾　𝍥吝𝍠灾　𝍦祥𝍠灾　𝍧咎𝍠灾　𝍨吉𝍠灾

𝍠凶𝍡吝　𝍡休𝍡吝　𝍢灾𝍡吝　𝍣悔𝍡吝　𝍤平𝍡吝　𝍥吝𝍡吝　𝍦祥𝍡吝　𝍧咎𝍡吝　𝍨吉𝍡吝

𝍠凶𝍢吉　𝍡休𝍢吉　𝍢灾𝍢吉　𝍣悔𝍢吉　𝍤平𝍢吉　𝍥吝𝍢吉　𝍦祥𝍢吉　𝍧咎𝍢吉　𝍨吉𝍢元

𝍠凶𝍣休　𝍡休𝍣休　𝍢灾𝍣休　𝍣悔𝍣休　𝍤平𝍣休　𝍥吝𝍣休　𝍦祥𝍣休　𝍧咎𝍣休　𝍨吉𝍣休

𝍠凶𝍤平　𝍡休𝍤平　𝍢灾𝍤平　𝍣悔𝍤平　𝍤平𝍤平　𝍥吝𝍤平　𝍦祥𝍤平　𝍧咎𝍤平　𝍨吉𝍤平

𝍠凶𝍥咎　𝍡休𝍥咎　𝍢灾𝍥咎　𝍣悔𝍥咎　𝍤平𝍥咎　𝍥吝𝍥咎　𝍦祥𝍥咎　𝍧咎𝍥咎　𝍨吉𝍥咎

𝍠凶𝍦大　𝍡休𝍦凶　𝍢灾𝍦凶　𝍣悔𝍦凶　𝍤平𝍦凶　𝍥吝𝍦凶　𝍦祥𝍦凶　𝍧咎𝍦凶　𝍨吉𝍦凶

𝍠凶𝍧悔　𝍡休𝍧悔　𝍢灾𝍧悔　𝍣悔𝍧悔　𝍤平𝍧悔　𝍥吝𝍧悔　𝍦祥𝍧悔　𝍧咎𝍧悔　𝍨吉𝍧悔

𝍠凶𝍨祥　𝍡休𝍨祥　𝍢灾𝍨祥　𝍣悔𝍨祥　𝍤平𝍨祥　𝍥吝𝍨祥　𝍦祥𝍨祥　𝍧咎𝍨祥　𝍨吉𝍨祥

𝍠𝍣比四之一

比，上下相親，左右承鄰，龍見雲升，君子以衆。小人勿用。

谷雨，萍始生

𝍠吉 𝍠咎	𝍡咎 𝍠咎	𝍢祥 𝍠咎	𝍣吝 𝍠咎	𝍤平 𝍠咎	𝍥悔 𝍠咎	𝍦灾 𝍠咎	𝍧休 𝍠咎	𝍨凶 𝍠咎
𝍠吉 𝍡祥	𝍡咎 𝍡祥	𝍢祥 𝍡祥	𝍣吝 𝍡祥	𝍤平 𝍡祥	𝍥悔 𝍡祥	𝍦灾 𝍡祥	𝍧休 𝍡祥	𝍨凶 𝍡祥
𝍠吉 𝍢悔	𝍡咎 𝍢悔	𝍢祥 𝍢悔	𝍣吝 𝍢悔	𝍤平 𝍢悔	𝍥悔 𝍢悔	𝍦灾 𝍢悔	𝍧休 𝍢悔	𝍨凶 𝍢悔
𝍠吉 𝍣元	𝍡咎 𝍣吉	𝍢祥 𝍣吉	𝍣吝 𝍣吉	𝍤平 𝍣吉	𝍥悔 𝍣吉	𝍦灾 𝍣吉	𝍧休 𝍣吉	𝍨凶 𝍣吉
𝍠吉 𝍤平	𝍡咎 𝍤平	𝍢祥 𝍤平	𝍣吝 𝍤平	𝍤平 𝍤平	𝍥悔 𝍤平	𝍦灾 𝍤平	𝍧休 𝍤平	𝍨凶 𝍤平
𝍠吉 𝍥凶	𝍡咎 𝍥凶	𝍢祥 𝍥凶	𝍣吝 𝍥凶	𝍤平 𝍥凶	𝍥悔 𝍥凶	𝍦灾 𝍥凶	𝍧休 𝍥凶	𝍨凶 𝍥大
𝍠吉 𝍦吝	𝍡咎 𝍦吝	𝍢祥 𝍦吝	𝍣吝 𝍦吝	𝍤平 𝍦吝	𝍥悔 𝍦吝	𝍦灾 𝍦吝	𝍧休 𝍦吝	𝍨凶 𝍦吝
𝍠吉 𝍧灾	𝍡咎 𝍧灾	𝍢祥 𝍧灾	𝍣吝 𝍧灾	𝍤平 𝍧灾	𝍥悔 𝍧灾	𝍦灾 𝍧灾	𝍧休 𝍧灾	𝍨凶 𝍧灾
𝍠吉 𝍨休	𝍡咎 𝍨休	𝍢祥 𝍨休	𝍣吝 𝍨休	𝍤平 𝍨休	𝍥悔 𝍨休	𝍦灾 𝍨休	𝍧休 𝍨休	𝍨凶 𝍨休

𝍡𝍣開四之二

開，析民墾田，闢塞通障，利有攸往。閉糶藏葬，凶。

𝍠吝 𝍠咎	𝍡吉 𝍠咎	𝍢咎 𝍠咎	𝍣災 𝍠咎	𝍤平 𝍠咎	𝍥祥 𝍠咎	𝍦休 𝍠咎	𝍧凶 𝍠咎	𝍨悔 𝍠咎
𝍠吝 𝍡祥	𝍡吉 𝍡祥 嗚鳩拂其羽	𝍢咎 𝍡祥	𝍣災 𝍡祥	𝍤平 𝍡祥	𝍥祥 𝍡祥	𝍦休 𝍡祥	𝍧凶 𝍡祥	𝍨悔 𝍡祥
𝍠吝 𝍢悔	𝍡吉 𝍢悔	𝍢咎 𝍢悔	𝍣災 𝍢悔	𝍤平 𝍢悔	𝍥祥 𝍢悔	𝍦休 𝍢悔	𝍧凶 𝍢悔	𝍨悔 𝍢悔
𝍠吝 𝍣吉	𝍡吉 𝍣元	𝍢咎 𝍣吉	𝍣災 𝍣吉	𝍤平 𝍣吉	𝍥祥 𝍣吉	𝍦休 𝍣吉	𝍧凶 𝍣吉	𝍨悔 𝍣吉
𝍠吝 𝍤平	𝍡吉 𝍤平	𝍢咎 𝍤平	𝍣災 𝍤平	𝍤平 𝍤平	𝍥祥 𝍤平	𝍦休 𝍤平	𝍧凶 𝍤平	𝍨悔 𝍤平
𝍠吝 𝍥凶	𝍡吉 𝍥凶	𝍢咎 𝍥凶	𝍣災 𝍥凶	𝍤平 𝍥凶	𝍥祥 𝍥凶	𝍦休 𝍥凶	𝍧凶 𝍥大	𝍨悔 𝍥凶
𝍠吝 𝍦吝	𝍡吉 𝍦吝	𝍢咎 𝍦吝	𝍣災 𝍦吝	𝍤平 𝍦吝	𝍥祥 𝍦吝	𝍦休 𝍦吝	𝍧凶 𝍦吝	𝍨悔 𝍦吝
𝍠吝 𝍧災	𝍡吉 𝍧災	𝍢咎 𝍧災	𝍣災 𝍧災	𝍤平 𝍧災	𝍥祥 𝍧災	𝍦休 𝍧災	𝍧凶 𝍧災	𝍨悔 𝍧災
𝍠吝 𝍨休	𝍡吉 𝍨休	𝍢咎 𝍨休	𝍣災 𝍨休	𝍤平 𝍨休	𝍥祥 𝍨休	𝍦休 𝍨休	𝍧凶 𝍨休	𝍨悔 𝍨休

𝍣𝍢晉四之三

晉，進賢去邪，百工咸理。監工日號，悖于時，凶。蠶桑，吉。

𝍠灾 𝍠咎
𝍡吝 𝍠咎
𝍢吉 𝍠咎
𝍣休 𝍠咎
𝍤平 𝍠咎
𝍥咎 𝍠咎
𝍦凶 𝍠咎
𝍧悔 𝍠咎
𝍨祥 𝍠咎

𝍠灾 𝍡祥
𝍡吝 𝍡祥
𝍢吉 𝍡祥
𝍣休 𝍡祥
𝍤平 𝍡祥
𝍥咎 𝍡祥
𝍦凶 𝍡祥
𝍧悔 𝍡祥
𝍨祥 𝍡祥

𝍠灾 𝍢悔
𝍡吝 𝍢悔
戴勝集于桑
𝍢吉 𝍢悔
𝍣休 𝍢悔
𝍤平 𝍢悔
𝍥咎 𝍢悔
𝍦凶 𝍢悔
𝍧悔 𝍢悔
𝍨祥 𝍢悔

𝍠灾 𝍣吉
𝍡吝 𝍣吉
𝍢吉 𝍣元
𝍣休 𝍣吉
𝍤平 𝍣吉
𝍥咎 𝍣吉
𝍦凶 𝍣吉
𝍧悔 𝍣吉
𝍨祥 𝍣吉

𝍠灾 𝍤平
𝍡吝 𝍤平
𝍢吉 𝍤平
𝍣休 𝍤平
𝍤平 𝍤平
𝍥咎 𝍤平
𝍦凶 𝍤平
𝍧悔 𝍤平
𝍨祥 𝍤平

𝍠灾 𝍥凶
𝍡吝 𝍥凶
𝍢吉 𝍥凶
𝍣休 𝍥凶
𝍤平 𝍥凶
𝍥咎 𝍥凶
𝍦凶 𝍥大
𝍧悔 𝍥凶
𝍨祥 𝍥凶

𝍠灾 𝍦吝
𝍡吝 𝍦吝
𝍢吉 𝍦吝
𝍣休 𝍦吝
𝍤平 𝍦吝
𝍥咎 𝍦吝
𝍦凶 𝍦吝
𝍧悔 𝍦吝
𝍨祥 𝍦吝

𝍠灾 𝍧灾
𝍡吝 𝍧灾
𝍢吉 𝍧灾
𝍣休 𝍧灾
𝍤平 𝍧灾
𝍥咎 𝍧灾
𝍦凶 𝍧灾
𝍧悔 𝍧灾
𝍨祥 𝍧灾

𝍠灾 𝍨休
𝍡吝 𝍨休
𝍢吉 𝍨休
𝍣休 𝍨休
𝍤平 𝍨休
𝍥咎 𝍨休
𝍦凶 𝍨休
𝍧悔 𝍨休
𝍨祥 𝍨休

𝍣𝍣公四之四

公，亨。天高地下，萬物散殊，君子克己，禮復其初。利折獄。

𝍠咎 𝍠咎	𝍡祥 𝍠咎	𝍢悔 ❶𝍠咎	𝍣吉 𝍠咎	𝍤平 𝍠咎	𝍥凶 𝍠咎	𝍦吝 𝍠咎	𝍧災 𝍠咎	𝍨休 𝍠咎
𝍠咎 𝍡祥	𝍡祥 𝍡祥	𝍢悔 𝍡祥	𝍣吉 𝍡祥	𝍤平 𝍡祥	𝍥凶 𝍡祥	𝍦吝 𝍡祥	𝍧災 𝍡祥	𝍨休 𝍡祥
𝍠咎 𝍢悔	𝍡祥 𝍢悔	𝍢悔 𝍢悔	𝍣吉 𝍢悔	𝍤平 𝍢悔	𝍥凶 𝍢悔	𝍦吝 𝍢悔	𝍧災 𝍢悔	𝍨休 𝍢悔
𝍠咎 𝍣吉	𝍡祥 𝍣吉	𝍢悔 𝍣吉	𝍣吉 𝍣元 立夏，螻蟈鳴	𝍤平 𝍣吉	𝍥凶 𝍣吉	𝍦吝 𝍣吉	𝍧災 𝍣吉	𝍨休 𝍣吉
𝍠咎 𝍤平	𝍡祥 𝍤平	𝍢悔 𝍤平	𝍣吉 𝍤平	𝍤平 𝍤平	𝍥凶 𝍤平	𝍦吝 𝍤平	𝍧災 𝍤平	𝍨休 𝍤平
𝍠咎 𝍥凶	𝍡祥 𝍥凶	𝍢悔 𝍥凶	𝍣吉 𝍥凶	𝍤平 𝍥凶	𝍥凶 𝍥大	𝍦吝 𝍥凶	𝍧災 𝍥凶	𝍨休 𝍥凶
𝍠咎 𝍦吝	𝍡祥 𝍦吝	𝍢悔 𝍦吝	𝍣吉 𝍦吝	𝍤平 𝍦吝	𝍥凶 𝍦吝	𝍦吝 𝍦吝	𝍧災 𝍦吝	𝍨休 𝍦吝
𝍠咎 𝍧災	𝍡祥 𝍧災	𝍢悔 𝍧災	𝍣吉 𝍧災	𝍤平 𝍧災	𝍥凶 𝍧災	𝍦吝 𝍧災	𝍧災 𝍧災	𝍨休 𝍧災
𝍠咎 𝍨休	𝍡祥 𝍨休	𝍢悔 𝍨休	𝍣吉 𝍨休	𝍤平 𝍨休	𝍥凶 𝍨休	𝍦吝 𝍨休	𝍧災 𝍨休	𝍨休 𝍨休

❶「祥咎」，原作「吉元」，今據四庫本及《洪範皇極内外篇》改。

𝍣𝍤益四之五

益，友朋方來，敬之終吉。繼長增高，與時偕極。廢惰，凶。

𝍠平 𝍠咎	𝍠平 𝍡祥	𝍠平 𝍢悔	𝍠平 𝍣吉	𝍠平 𝍤平	𝍠平 𝍥凶	𝍠平 𝍦吝	𝍠平 𝍧灾	𝍠平 𝍨休
𝍡平 𝍠咎	𝍡平 𝍡祥	𝍡平 𝍢悔	𝍡平 𝍣吉	𝍡平 𝍤平	𝍡平 𝍥凶	𝍡平 𝍦吝	𝍡平 𝍧灾	𝍡平 𝍨休
𝍢平 𝍠咎	𝍢平 𝍡祥	𝍢平 𝍢悔	𝍢平 𝍣吉	𝍢平 𝍤平	𝍢平 𝍥凶	𝍢平 𝍦吝	𝍢平 𝍧灾	𝍢平 𝍨休
𝍣平 𝍠咎	𝍣平 𝍡祥	𝍣平 𝍢悔	𝍣平 𝍣吉	𝍣平 𝍤平	𝍣平 𝍥凶	𝍣平 𝍦吝	𝍣平 𝍧灾	𝍣平 𝍨休
𝍤吉 𝍠咎	𝍤吉 𝍡祥	𝍤吉 𝍢悔	𝍤吉 𝍣元	蚯蚓出 𝍤吉 𝍤平	𝍤吉 𝍥凶	𝍤吉 𝍦吝	𝍤吉 𝍧灾	𝍤吉 𝍨休
𝍥平 𝍠咎	𝍥平 𝍡祥	𝍥平 𝍢悔	𝍥平 𝍣吉	𝍥平 𝍤平	𝍥平 𝍥凶	𝍥平 𝍦吝	𝍥平 𝍧灾	𝍥平 𝍨休
𝍦平 𝍠咎	𝍦平 𝍡祥	𝍦平 𝍢悔	𝍦平 𝍣吉	𝍦平 𝍤平	𝍦平 𝍥凶	𝍦平 𝍦吝	𝍦平 𝍧灾	𝍦平 𝍨休
𝍧平 𝍠咎	𝍧平 𝍡祥	𝍧平 𝍢悔	𝍧平 𝍣吉	𝍧平 𝍤平	𝍧平 𝍥凶	𝍧平 𝍦吝	𝍧平 𝍧灾	𝍧平 𝍨休
𝍨平 𝍠咎	𝍨平 𝍡祥	𝍨平 𝍢悔	𝍨平 𝍣平	𝍨平 𝍤平	𝍨平 𝍥凶	𝍨平 𝍦吝	𝍨平 𝍧灾	𝍨平 𝍨休

𝍥𝍣章四之六

章，天下文明，赫赫彬彬，大震厥聲。匪正有悔。

𝍠休 𝍡灾 𝍢吝 𝍣凶 𝍤平 𝍥吉 𝍦悔 𝍧祥 𝍨咎
𝍠咎 𝍠咎 𝍠咎 𝍠咎 𝍠咎 𝍠咎 𝍠咎 𝍠咎 𝍠咎

𝍠休 𝍡灾 𝍢吝 𝍣凶 𝍤平 𝍥吉 𝍦悔 𝍧祥 𝍨咎
𝍡祥 𝍡祥 𝍡祥 𝍡祥 𝍡祥 𝍡祥 𝍡祥 𝍡祥 𝍡祥

𝍠祥 𝍡灾 𝍢吝 𝍣凶 𝍤平 𝍥吉 𝍦悔 𝍧祥 𝍨咎
𝍢悔 𝍢悔 𝍢悔 𝍢悔 𝍢悔 𝍢悔 𝍢悔 𝍢悔 𝍢悔

𝍠休 𝍡灾 𝍢吝 𝍣凶 𝍤平 𝍥吉 𝍦悔 𝍧祥 𝍨咎
𝍣吉 𝍣吉 𝍣吉 𝍣吉 𝍣吉 𝍣元 𝍣吉 𝍣吉 𝍣吉

𝍠休 𝍡灾 𝍢吝 𝍣凶 𝍤平 𝍥吉 𝍦悔 𝍧祥 𝍨咎
𝍤平 𝍤平 𝍤平 𝍤平 𝍤平 𝍤平 𝍤平 𝍤平 𝍤平

𝍠休 𝍡灾 𝍢吝 𝍣凶 𝍤平 𝍥吉王瓜生 𝍦悔 𝍧祥 𝍨咎
𝍥凶 𝍥凶 𝍥凶 𝍥大 𝍥凶 𝍥凶 𝍥凶 𝍥凶 𝍥凶

𝍠休 𝍡灾 𝍢吝 𝍣凶 𝍤平 𝍥吉 𝍦悔 𝍧祥 𝍨咎
𝍦吝 𝍦吝 𝍦吝 𝍦吝 𝍦吝 𝍦吝 𝍦吝 𝍦吝 𝍦吝

𝍠休 𝍡灾 𝍢吝 𝍣凶 𝍤平 𝍥吉 𝍦悔 𝍧祥 𝍨咎
𝍧灾 𝍧灾 𝍧灾 𝍧灾 𝍧灾 𝍧灾 𝍧灾 𝍧灾 𝍧灾

𝍠休 𝍡灾 𝍢吝 𝍣凶 𝍤平 𝍥吉 𝍦悔 𝍧祥 𝍨咎
𝍨休 𝍨休 𝍨休 𝍨休 𝍨休 𝍨休 𝍨休 𝍨休 𝍨休

𝍦𝍣盈四之七

盈，生氣流形，品物咸亨。雷雨滿盈，不疑其行。

𝍠祥𝍠咎	𝍡悔𝍠咎	𝍢凶𝍠咎	𝍣咎𝍠咎	𝍤平𝍠咎	𝍥休𝍠咎	𝍦吉𝍠咎	𝍧吝𝍠咎	𝍨灾𝍠咎
𝍠祥𝍡祥	𝍡悔𝍡祥	𝍢凶𝍡祥	𝍣咎𝍡祥	𝍤平𝍡祥	𝍥休𝍡祥	𝍦吉𝍡祥	𝍧吝𝍡祥	𝍨灾𝍡祥
𝍠祥𝍢悔	𝍡悔𝍢悔	𝍢凶𝍢悔	𝍣咎𝍢悔	𝍤平𝍢悔	𝍥休𝍢悔	𝍦吉𝍢悔	𝍧吝𝍢悔	𝍨灾𝍢悔
𝍠祥𝍣吉	𝍡悔𝍣吉	𝍢凶𝍣吉	𝍣咎𝍣吉	𝍤平𝍣吉	𝍥休𝍣吉	𝍦吉𝍣元	𝍧吝𝍣吉	𝍨灾𝍣吉
𝍠祥𝍤平	𝍡悔𝍤平	𝍢凶𝍤平	𝍣咎𝍤平	𝍤平𝍤平	𝍥休𝍤平	𝍦吉𝍤平	𝍧吝𝍤平	𝍨灾𝍤平
𝍠祥𝍥凶	𝍡悔𝍥凶	𝍢凶𝍥大	𝍣咎𝍥凶	𝍤平𝍥凶	𝍥休𝍥凶	𝍦吉𝍥凶	𝍧吝𝍥凶	𝍨灾𝍥凶

小滿，苦菜秀

𝍠祥𝍦吝	𝍡悔𝍦吝	𝍢凶𝍦吝	𝍣咎𝍦吝	𝍤平𝍦吝	𝍥休𝍦吝	𝍦吉𝍦吝	𝍧吝𝍦吝	𝍨灾𝍦吝
𝍠祥𝍧灾	𝍡悔𝍧灾	𝍢凶𝍧灾	𝍣咎𝍧灾	𝍤平𝍧灾	𝍥休𝍧灾	𝍦吉𝍧灾	𝍧吝𝍧灾	𝍨灾𝍧灾
𝍠祥𝍨休	𝍡悔𝍨休	𝍢凶𝍨休	𝍣咎𝍨休	𝍤平𝍨休	𝍥休𝍨休	𝍦吉𝍨休	𝍧吝𝍨休	𝍨灾𝍨休

𝍣𝍧錫　四之八

錫，亨，厲。發爵賜服，慶賞以行。小人勿承，以殃厥身。

𝍠悔 𝍠咎	𝍡凶 𝍠咎	𝍢休 𝍠咎	𝍣祥 𝍠咎	𝍤平 𝍠咎	𝍥灾 𝍠咎	𝍦咎 𝍠咎	𝍧吉 𝍠咎	𝍨吝 𝍠咎
𝍠悔 𝍡祥	𝍡凶 𝍡祥	𝍢休 𝍡祥	𝍣祥 𝍡祥	𝍤平 𝍡祥	𝍥灾 𝍡祥	𝍦咎 𝍡祥	𝍧吉 𝍡祥	𝍨吝 𝍡祥
𝍠悔 𝍢悔	𝍡凶 𝍢悔	𝍢休 𝍢悔	𝍣祥 𝍢悔	𝍤平 𝍢悔	𝍥灾 𝍢悔	𝍦咎 𝍢悔	𝍧吉 𝍢悔	𝍨吝 𝍢悔
𝍠悔 𝍣吉	𝍡凶 𝍣吉	𝍢休 𝍣吉	𝍣祥 𝍣吉	𝍤平 𝍣吉	𝍥灾 𝍣吉	𝍦咎 𝍣吉	𝍧吉 𝍣元	𝍨吝 𝍣吉
𝍠悔 𝍤平	𝍡凶 𝍤平	𝍢休 𝍤平	𝍣祥 𝍤平	𝍤平 𝍤平	𝍥灾 𝍤平	𝍦咎 𝍤平	𝍧吉 𝍤平	𝍨吝 𝍤平
𝍠悔 𝍥凶	𝍡凶 𝍥大	𝍢休 𝍥凶	𝍣祥 𝍥凶	𝍤平 𝍥凶	𝍥灾 𝍥凶	𝍦咎 𝍥凶	𝍧吉 𝍥凶	𝍨吝 𝍥凶
𝍠悔 𝍦吝	𝍡凶 𝍦吝	𝍢休 𝍦吝	𝍣祥 𝍦吝	𝍤平 𝍦吝	𝍥灾 𝍦吝	𝍦咎 𝍦吝	𝍧吉 𝍦吝	𝍨吝 𝍦吝
𝍠悔 𝍧灾	𝍡凶 𝍧灾	𝍢休 𝍧灾	𝍣祥 𝍧灾	𝍤平 𝍧灾	𝍥灾 𝍧灾	𝍦咎 𝍧灾	𝍧吉 𝍧灾 靡草死	𝍨吝 𝍧灾
𝍠悔 𝍨休	𝍡凶 𝍨休	𝍢休 𝍨休	𝍣祥 𝍨休	𝍤平 𝍨休	𝍥灾 𝍨休	𝍦咎 𝍨休	𝍧吉 𝍨休	𝍨吝 𝍨休

𝍨𝍣靡四之九

靡，亨。上下謐寧，來庭來賓，勿徇其名。大人吉，小人吝。疾病凶。

𝍠凶𝍠咎 𝍡休𝍠咎 𝍢灾𝍠咎 𝍣悔𝍠咎 𝍤平𝍠咎 𝍥吝𝍠咎 𝍦祥𝍠咎 𝍧咎𝍠咎 𝍨吉𝍠咎

𝍠凶𝍡祥 𝍡休𝍡祥 𝍢灾𝍡祥 𝍣悔𝍡祥 𝍤平𝍡祥 𝍥吝𝍡祥 𝍦祥𝍡祥 𝍧咎𝍡祥 𝍨吉𝍡祥

𝍠凶𝍢悔 𝍡休𝍢悔 𝍢灾𝍢悔 𝍣悔𝍢悔 𝍤平𝍢悔 𝍥吝𝍢悔 𝍦祥𝍢悔 𝍧咎𝍢悔 𝍨吉𝍢悔

𝍠凶𝍣吉 𝍡休𝍣吉 𝍢灾𝍣吉 𝍣悔𝍣吉 𝍤平𝍣吉 𝍥吝𝍣吉 𝍦祥𝍣吉 𝍧咎𝍣吉 𝍨吉𝍣元

𝍠凶𝍤平 𝍡休𝍤平 𝍢灾𝍤平 𝍣悔𝍤平 𝍤平𝍤平 𝍥吝𝍤平 𝍦祥𝍤平 𝍧咎𝍤平 𝍨吉𝍤平

𝍠凶𝍥大 𝍡休𝍥凶 𝍢灾𝍥凶 𝍣悔𝍥凶 𝍤平𝍥凶 𝍥吝𝍥凶 𝍦祥𝍥凶 𝍧咎𝍥凶 𝍨吉𝍥凶

𝍠凶𝍦吝 𝍡休𝍦吝 𝍢灾𝍦吝 𝍣悔𝍦吝 𝍤平𝍦吝 𝍥吝𝍦吝 𝍦祥𝍦吝 𝍧咎𝍦吝 𝍨吉𝍦吝

𝍠凶𝍧灾 𝍡休𝍧灾 𝍢灾𝍧灾 𝍣悔𝍧灾 𝍤平𝍧灾 𝍥吝𝍧灾 𝍦祥𝍧灾 𝍧咎𝍧灾 𝍨吉𝍧灾

𝍠凶𝍨休 𝍡休𝍨休 𝍢灾𝍨休 𝍣悔𝍨休 𝍤平𝍨休 𝍥吝𝍨休 𝍦祥𝍨休 𝍧咎𝍨休 𝍨吉𝍨休

𝍤𝍠庶五之一

庶，天開地闢，萬物蕃殖。君子所體，利衆不利寡，利公不利私。

麥秋至

𝍠吉 𝍠平	𝍡咎 𝍠平	𝍢祥 𝍠平	𝍣吝 𝍠平	𝍤平 𝍠平	𝍥悔 𝍠平	𝍦災 𝍠平	𝍧休 𝍠平	𝍨凶 𝍠平
𝍠吉 𝍡平	𝍡咎 𝍡平	𝍢祥 𝍡平	𝍣吝 𝍡平	𝍤平 𝍡平	𝍥悔 𝍡平	𝍦災 𝍡平	𝍧休 𝍡平	𝍨凶 𝍡平
𝍠吉 𝍢平	𝍡咎 𝍢平	𝍢祥 𝍢平	𝍣吝 𝍢平	𝍤平 𝍢平	𝍥悔 𝍢平	𝍦災 𝍢平	𝍧休 𝍢平	𝍨凶 𝍢平
𝍠吉 𝍣平	𝍡咎 𝍣平	𝍢祥 𝍣平	𝍣吝 𝍣平	𝍤平 𝍣平	𝍥悔 𝍣平	𝍦災 𝍣平	𝍧休 𝍣平	𝍨凶 𝍣平
𝍠吉 𝍤元	𝍡咎 𝍤吉	𝍢祥 𝍤吉	𝍣吝 𝍤吉	𝍤平 𝍤吉	𝍥悔 𝍤吉	𝍦災 𝍤吉	𝍧休 𝍤吉	𝍨凶 𝍤吉
𝍠吉 𝍥平	𝍡咎 𝍥平	𝍢祥 𝍥平	𝍣吝 𝍥平	𝍤平 𝍥平	𝍥悔 𝍥平	𝍦災 𝍥平	𝍧休 𝍥平	𝍨凶 𝍥平
𝍠吉 𝍦平	𝍡咎 𝍦平	𝍢祥 𝍦平	𝍣吝 𝍦平	𝍤平 𝍦平	𝍥悔 𝍦平	𝍦災 𝍦平	𝍧休 𝍦平	𝍨凶 𝍦平
𝍠吉 𝍧平	𝍡咎 𝍧平	𝍢祥 𝍧平	𝍣吝 𝍧平	𝍤平 𝍧平	𝍥悔 𝍧平	𝍦災 𝍧平	𝍧休 𝍧平	𝍨凶 𝍧平
𝍠吉 𝍨平	𝍡咎 𝍨平	𝍢祥 𝍨平	𝍣吝 𝍨平	𝍤平 𝍨平	𝍥悔 𝍨平	𝍦災 𝍨平	𝍧休 𝍨平	𝍨凶 𝍨平

𝍡𝍤決五之二

決，八元舉用，四凶竄殛，群疑盡釋，無枉不直。利艱正。

𝍠吝	𝍡吉	𝍢咎	𝍣灾	𝍤平	𝍥祥	𝍦休	𝍧凶	𝍨悔
𝍠平	𝍠平	𝍠平	𝍠平	𝍠平	𝍠平	𝍠平	𝍠平	𝍠平

芒種，螳螂生

𝍠吝	𝍡吉	𝍢咎	𝍣灾	𝍤平	𝍥祥	𝍦休	𝍧凶	𝍨悔
𝍡平	𝍡平	𝍡平	𝍡平	𝍡平	𝍡平	𝍡平	𝍡平	𝍡平
𝍠吝	𝍡吉	𝍢咎	𝍣灾	𝍤平	𝍥祥	𝍦休	𝍧凶	𝍨悔
𝍢平	𝍢平	𝍢平	𝍢平	𝍢平	𝍢平	𝍢平	𝍢平	𝍢平
𝍠吝	𝍡吉	𝍢咎	𝍣灾	𝍤平	𝍥祥	𝍦休	𝍧凶	𝍨悔
𝍣平	𝍣平	𝍣平	𝍣平	𝍣平	𝍣平	𝍣平	𝍣平	𝍣平
𝍠吝	𝍡吉	𝍢咎	𝍣灾	𝍤平	𝍥祥	𝍦休	𝍧凶	𝍨悔
𝍤吉	𝍤元	𝍤吉	𝍤吉	𝍤吉	𝍤吉	𝍤吉	𝍤吉	𝍤吉
𝍠吝	𝍡吉	𝍢咎	𝍣灾	𝍤平	𝍥祥	𝍦休	𝍧凶	𝍨悔
𝍥平	𝍥平	𝍥平	𝍥平	𝍥平	𝍥平	𝍥平	𝍥平	𝍥平
𝍠吝	𝍡吉	𝍢咎	𝍣灾	𝍤平	𝍥祥	𝍦休	𝍧凶	𝍨悔
𝍦平	𝍦平	𝍦平	𝍦平	𝍦平	𝍦平	𝍦平	𝍦平	𝍦平
𝍠吝	𝍡吉	𝍢咎	𝍣灾	𝍤平	𝍥祥	𝍦休	𝍧凶	𝍨悔
𝍧平	𝍧平	𝍧平	𝍧平	𝍧平	𝍧平	𝍧平	𝍧平	𝍧平
𝍠吝	𝍡吉	𝍢咎	𝍣灾	𝍤平	𝍥祥	𝍦休	𝍧凶	𝍨悔
𝍨平	𝍨平	𝍨平	𝍨平	𝍨平	𝍨平	𝍨平	𝍨平	𝍨平

𝍢𝍣豫五之三

豫，飲食和樂。君子豫吉，小人豫凶。

𝍠灾𝍠平	𝍠灾𝍡平	𝍠灾𝍢平	𝍠灾𝍣平	𝍠灾𝍤吉	𝍠灾𝍥平	𝍠灾𝍦平	𝍠灾𝍧平	𝍠灾𝍨平
𝍡吝𝍠平	𝍡吝𝍡平	𝍡吝𝍢平	𝍡吝𝍣平	𝍡吝𝍤吉	𝍡吝𝍥平	𝍡吝𝍦平	𝍡吝𝍧平	𝍡吝𝍨平
𝍢吉𝍠平	𝍢吉𝍡平	𝍢吉𝍢平 鸜始鳴	𝍢吉𝍣平	𝍢吉𝍤元	𝍢吉𝍥平	𝍢吉𝍦平	𝍢吉𝍧平	𝍢吉𝍨平
𝍣休𝍠平	𝍣休𝍡平	𝍣休𝍢平	𝍣休𝍣平	𝍣休𝍤吉	𝍣休𝍥平	𝍣休𝍦平	𝍣休𝍧平	𝍣休𝍨平
𝍤平𝍠平	𝍤平𝍡平	𝍤平𝍢平	𝍤平𝍣平	𝍤平𝍤吉	𝍤平𝍥平	𝍤平𝍦平	𝍤平𝍧平	𝍤平𝍨平
𝍥咎𝍠平	𝍥咎𝍡平	𝍥咎𝍢平	𝍥咎𝍣平	𝍥咎𝍤吉	𝍥咎𝍥平	𝍥咎𝍦平	𝍥咎𝍧平	𝍥咎𝍨平
𝍦凶𝍠平	𝍦凶𝍡平	𝍦凶𝍢平	𝍦凶𝍣平	𝍦凶𝍤吉	𝍦凶𝍥平	𝍦凶𝍦平	𝍦凶𝍧平	𝍦凶𝍨平
𝍧悔𝍠平	𝍧悔𝍡平	𝍧悔𝍢平	𝍧悔𝍣平	𝍧悔𝍤吉	𝍧悔𝍥平	𝍧悔𝍦平	𝍧悔𝍧平	𝍧悔𝍨平
𝍨祥𝍠平	𝍨祥𝍡平	𝍨祥𝍢平	𝍨祥𝍣平	𝍨祥𝍤吉	𝍨祥𝍥平	𝍨祥𝍦平	𝍨祥𝍧平	𝍨祥𝍨平

𝍣𝍣升五之四

升，禮明樂行，萬化以成。利見大人。不言有喻，允升大吉。

𝍠咎 𝍠平	𝍡祥 𝍠平	𝍢悔 𝍠平	𝍣吉 𝍠平	𝍤平 𝍠平	𝍥凶 𝍠平	𝍦吝 𝍠平	𝍧災 𝍠平	𝍨休 𝍠平
𝍠咎 𝍡平	𝍡祥 𝍡平	𝍢悔 𝍡平	𝍣吉 𝍡平	𝍤平 𝍡平	𝍥凶 𝍡平	𝍦吝 𝍡平	𝍧災 𝍡平	𝍨休 𝍡平
𝍠咎 𝍢平	𝍡祥 𝍢平	𝍢悔 𝍢平	𝍣吉 𝍢平	𝍤平 𝍢平	𝍥凶 𝍢平	𝍦吝 𝍢平	𝍧災 𝍢平	𝍨休 𝍢平
𝍠咎 𝍣平	𝍡祥 𝍣平	𝍢悔 𝍣平	𝍣吉 𝍣平 反舌無聲	𝍤平 𝍣平	𝍥凶 𝍣平	𝍦吝 𝍣平	𝍧災 𝍣平	𝍨休 𝍣平
𝍠咎 𝍤吉	𝍡祥 𝍤吉	𝍢悔 𝍤吉	𝍣吉 𝍤元	𝍤平 𝍤吉	𝍥凶 𝍤平	𝍦吝 𝍤吉	𝍧災 𝍤吉	𝍨休 𝍤吉
𝍠咎 𝍥平	𝍡祥 𝍥平	𝍢悔 𝍥平	𝍣吉 𝍥平	𝍤平 𝍥平	𝍥凶 𝍥平	𝍦吝 𝍥平	𝍧災 𝍥平	𝍨休 𝍥平
𝍠咎 𝍦平	𝍡祥 𝍦平	𝍢悔 𝍦平	𝍣吉 𝍦平	𝍤平 𝍦平	𝍥凶 𝍦平	𝍦吝 𝍦平	𝍧災 𝍦平	𝍨休 𝍦平
𝍠咎 𝍧平	𝍡祥 𝍧平	𝍢悔 𝍧平	𝍣吉 𝍧平	𝍤平 𝍧平	𝍥凶 𝍧平	𝍦吝 𝍧平	𝍧災 𝍧平	𝍨休 𝍧平
𝍠咎 𝍨平	𝍡祥 𝍨平	𝍢悔 𝍨平	𝍣吉 𝍨平	𝍤平 𝍨平	𝍥凶 𝍨平	𝍦吝 𝍨平	𝍧災 𝍨平	𝍨休 𝍨平

𝍤𝍤中五之五

中，赫赫大明，耀彼四鄰。君子持盈，小人毀成。

𝍠吉𝍠平 𝍡平𝍠平 𝍢祥𝍠平 𝍣平𝍠平 𝍤吉𝍠平 𝍥悔𝍠平 𝍦平𝍠平 𝍧休𝍠平 𝍨平𝍠平

𝍠平𝍡平 𝍡吉𝍡平 𝍢平𝍡平 𝍣平𝍡平 𝍤吉𝍡平 𝍥祥𝍡平 𝍦休𝍡平 𝍧平𝍡平 𝍨悔𝍡平

𝍠平𝍢平 𝍡平𝍢平 𝍢吉𝍢平 𝍣休𝍢平 𝍤吉𝍢平 𝍥平𝍢平 𝍦平𝍢平 𝍧悔𝍢平 𝍨祥𝍢平

𝍠平𝍣平 𝍡祥𝍣平 𝍢悔𝍣平 𝍣吉𝍣平 𝍤吉𝍣平 𝍥平𝍣平 𝍦平𝍣平 𝍧平𝍣平 𝍨休𝍣平

夏至，鹿角解

𝍠平𝍤吉 𝍡平𝍤吉 𝍢平𝍤吉 𝍣平𝍤吉 𝍤吉𝍤元 𝍥平𝍤吉 𝍦平𝍤吉 𝍧平𝍤吉 𝍨平𝍤吉

𝍠休𝍥平 𝍡平𝍥平 𝍢平𝍥平 𝍣平𝍥平 𝍤吉𝍥平 𝍥吉𝍥平 𝍦悔𝍥平 𝍧祥𝍥平 𝍨平𝍥平

𝍠祥𝍦平 𝍡悔𝍦平 𝍢平𝍦平 𝍣平𝍦平 𝍤吉𝍦平 𝍥休𝍦平 𝍦吉𝍦平 𝍧平𝍦平 𝍨平𝍦平

𝍠悔𝍧平 𝍡平𝍧平 𝍢休𝍧平 𝍣祥𝍧平 𝍤吉𝍧平 𝍥平𝍧平 𝍦平𝍧平 𝍧吉𝍧平 𝍨平𝍧平

𝍠平𝍨平 𝍡休𝍨平 𝍢平𝍨平 𝍣悔𝍨平 𝍤吉𝍨平 𝍥平𝍨平 𝍦祥𝍨平 𝍧平𝍨平 𝍨吉𝍨平

𝍥
𝍤伏五之六

伏，不聞不覩，君子戒懼，勿用娶女。利潛師，不利有攸往。

𝍠休 𝍠平	𝍡災 𝍠平	𝍢吝 𝍠平	𝍣凶 𝍠平	𝍤平 𝍠平	𝍥吉 𝍠平	𝍦悔 𝍠平	𝍧祥 𝍠平	𝍨咎 𝍠平
𝍠休 𝍡平	𝍡災 𝍡平	𝍢吝 𝍡平	𝍣凶 𝍡平	𝍤平 𝍡平	𝍥吉 𝍡平	𝍦悔 𝍡平	𝍧祥 𝍡平	𝍨咎 𝍡平
𝍠休 𝍢平	𝍡災 𝍢平	𝍢吝 𝍢平	𝍣凶 𝍢平	𝍤平 𝍢平	𝍥吉 𝍢平	𝍦悔 𝍢平	𝍧祥 𝍢平	𝍨咎 𝍢平
𝍠休 𝍣平	𝍡災 𝍣平	𝍢吝 𝍣平	𝍣凶 𝍣平	𝍤平 𝍣平	𝍥吉 𝍣平	𝍦悔 𝍣平	𝍧祥 𝍣平	𝍨咎 𝍣平
𝍠休 𝍤吉	𝍡災 𝍤吉	𝍢吝 𝍤吉	𝍣凶 𝍤吉	𝍤平 𝍤吉	𝍥吉 𝍤元	𝍦悔 𝍤吉	𝍧祥 𝍤吉	𝍨咎 𝍤吉
𝍠休 𝍥平	𝍡災 𝍥平	𝍢吝 𝍥平	𝍣凶 𝍥平	𝍤平 𝍥平	𝍥吉蟬始鳴 𝍥平	𝍦悔 𝍥平	𝍧祥 𝍥平	𝍨咎 𝍥平
𝍠休 𝍦平	𝍡災 𝍦平	𝍢吝 𝍦平	𝍣凶 𝍦平	𝍤平 𝍦平	𝍥吉 𝍦平	𝍦悔 𝍦平	𝍧祥 𝍦平	𝍨咎 𝍦平
𝍠休 𝍧平	𝍡災 𝍧平	𝍢吝 𝍧平	𝍣凶 𝍧平	𝍤平 𝍧平	𝍥吉 𝍧平	𝍦悔 𝍧平	𝍧祥 𝍧平	𝍨咎 𝍧平
𝍠休 𝍨平	𝍡災 𝍨平	𝍢吝 𝍨平	𝍣凶 𝍨平	𝍤平 𝍨平	𝍥吉 𝍨平	𝍦悔 𝍨平	𝍧祥 𝍨平	𝍨咎 𝍨平

𝍤𝍦過五之七

過，罔淫于樂，君子戒懼。君子過厚，小人過薄。利涉大川。

𝍠祥 𝍠平	𝍡悔 𝍠平	𝍢凶 𝍠平	𝍣咎 𝍠平	𝍤平 𝍠平	𝍥休 𝍠平	𝍦吉 𝍠平	𝍧吝 𝍠平	𝍨災 𝍠平
𝍠祥 𝍡平	𝍡悔 𝍡平	𝍢凶 𝍡平	𝍣咎 𝍡平	𝍤平 𝍡平	𝍥休 𝍡平	𝍦吉 𝍡平	𝍧吝 𝍡平	𝍨災 𝍡平
𝍠祥 𝍢平	𝍡悔 𝍢平	𝍢凶 𝍢平	𝍣咎 𝍢平	𝍤平 𝍢平	𝍥休 𝍢平	𝍦吉 𝍢平	𝍧吝 𝍢平	𝍨災 𝍢平
𝍠祥 𝍣平	𝍡悔 𝍣平	𝍢凶 𝍣平	𝍣咎 𝍣平	𝍤平 𝍣平	𝍥休 𝍣平	𝍦吉 𝍣平	𝍧吝 𝍣平	𝍨災 𝍣平
𝍠祥 𝍤吉	𝍡悔 𝍤吉	𝍢凶 𝍤吉	𝍣咎 𝍤吉	𝍤平 𝍤吉	𝍥休 𝍤吉	𝍦吉 𝍤元	𝍧吝 𝍤吉	𝍨災 𝍤吉
𝍠祥 𝍥平	𝍡悔 𝍥平	𝍢凶 𝍥平	𝍣咎 𝍥平	𝍤平 𝍥平	𝍥休 𝍥平	𝍦吉 𝍥平	𝍧吝 𝍥平	𝍨災 𝍥平
𝍠祥 𝍦平	𝍡悔 𝍦平	𝍢凶 𝍦平	𝍣咎 𝍦平	𝍤平 𝍦平	𝍥休 𝍦平	𝍦吉 𝍦平 半夏生	𝍧吝 𝍦平	𝍨災 𝍦平
𝍠祥 𝍧平	𝍡悔 𝍧平	𝍢凶 𝍧平	𝍣咎 𝍧平	𝍤平 𝍧平	𝍥休 𝍧平	𝍦吉 𝍧平	𝍧吝 𝍧平	𝍨災 𝍧平
𝍠祥 𝍨平	𝍡悔 𝍨平	𝍢凶 𝍨平	𝍣咎 𝍨平	𝍤平 𝍨平	𝍥休 𝍨平	𝍦吉 𝍨平	𝍧吝 𝍨平	𝍨災 𝍨平

𝍤𝍧疑五之八

疑，有間有貳，君子用明，小人用罔。勿用決獄，凶。

𝍠悔 𝍠平	𝍡凶 𝍠平	𝍢休 𝍠平	𝍣祥 𝍠平	𝍤平 𝍠平	𝍥災 𝍠平	𝍦咎 𝍠平	𝍧吉 𝍠平	𝍨吝 𝍠平
𝍠悔 𝍡平	𝍡凶 𝍡平	𝍢休 𝍡平	𝍣祥 𝍡平	𝍤平 𝍡平	𝍥災 𝍡平	𝍦咎 𝍡平	𝍧吉 𝍡平	𝍨吝 𝍡平
𝍠悔 𝍢平	𝍡凶 𝍢平	𝍢休 𝍢平	𝍣祥 𝍢平	𝍤平 𝍢平	𝍥災 𝍢平	𝍦咎 𝍢平	𝍧吉 𝍢平	𝍨吝 𝍢平
𝍠悔 𝍣平	𝍡凶 𝍣平	𝍢休 𝍣平	𝍣祥 𝍣平	𝍤平 𝍣平	𝍥災 𝍣平	𝍦咎 𝍣平	𝍧吉 𝍣平	𝍨吝 𝍣平
𝍠悔 𝍤吉	𝍡凶 𝍤吉	𝍢休 𝍤吉	𝍣祥 𝍤吉	𝍤平 𝍤吉	𝍥災 𝍤吉	𝍦咎 𝍤吉	𝍧吉 𝍤元	𝍨吝 𝍤吉
𝍠悔 𝍥平	𝍡凶 𝍥平	𝍢休 𝍥平	𝍣祥 𝍥平	𝍤平 𝍥平	𝍥災 𝍥平	𝍦咎 𝍥平	𝍧吉 𝍥平	𝍨吝 𝍥平
𝍠悔 𝍦平	𝍡凶 𝍦平	𝍢休 𝍦平	𝍣祥 𝍦平	𝍤平 𝍦平	𝍥災 𝍦平	𝍦咎 𝍦平	𝍧吉 𝍦平	𝍨吝 𝍦平
𝍠悔 𝍧平	𝍡凶 𝍧平	𝍢休 𝍧平	𝍣祥 𝍧平	𝍤平 𝍧平	𝍥災 𝍧平	𝍦咎 𝍧平	𝍧吉 𝍧平	𝍨吝 𝍧平
𝍠悔 𝍨平	𝍡凶 𝍨平	𝍢休 𝍨平	𝍣祥 𝍨平	𝍤平 𝍨平	𝍥災 𝍨平	𝍦咎 𝍨平	𝍧吉 𝍨平	𝍨吝 𝍨平

小暑，温風至

𝍤𝍨寡五之九

寡，宜上不宜下，宜少不宜衆。君子寡過。不利婚媾。

𝍠凶	𝍡休	𝍢災	𝍣悔	𝍤平	𝍥吝	𝍦祥	𝍧咎	𝍨吉
𝍠平	𝍠平	𝍠平	𝍠平	𝍠平	𝍠平	𝍠平	𝍠平	𝍠平
𝍠凶	𝍡休	𝍢災	𝍣悔	𝍤平	𝍥吝	𝍦祥	𝍧咎	𝍨吉
𝍡平	𝍡平	𝍡平	𝍡平	𝍡平	𝍡平	𝍡平	𝍡平	𝍡平
𝍠凶	𝍡休	𝍢災	𝍣悔	𝍤平	𝍥吝	𝍦祥	𝍧咎	𝍨吉
𝍢平	𝍢平	𝍢平	𝍢平	𝍢平	𝍢平	𝍢平	𝍢平	𝍢平
𝍠凶	𝍡休	𝍢災	𝍣悔	𝍤平	𝍥吝	𝍦祥	𝍧咎	𝍨吉
𝍣平	𝍣平	𝍣平	𝍣平	𝍣平	𝍣平	𝍣平	𝍣平	𝍣平
𝍠凶	𝍡休	𝍢災	𝍣悔	𝍤平	𝍥吝	𝍦祥	𝍧咎	𝍨吉
𝍤吉	𝍤吉	𝍤吉	𝍤吉	𝍤吉	𝍤吉	𝍤吉	𝍤吉	𝍤元
𝍠凶	𝍡休	𝍢災	𝍣悔	𝍤平	𝍥吝	𝍦祥	𝍧咎	𝍨吉
𝍥平	𝍥平	𝍥平	𝍥平	𝍥平	𝍥平	𝍥平	𝍥平	𝍥平
𝍠凶	𝍡休	𝍢災	𝍣悔	𝍤平	𝍥吝	𝍦祥	𝍧咎	𝍨吉
𝍦平	𝍦平	𝍦平	𝍦平	𝍦平	𝍦平	𝍦平	𝍦平	𝍦平
𝍠凶	𝍡休	𝍢災	𝍣悔	𝍤平	𝍥吝	𝍦祥	𝍧咎	𝍨吉
𝍧平	𝍧平	𝍧平	𝍧平	𝍧平	𝍧平	𝍧平	𝍧平	𝍧平
𝍠凶	𝍡休	𝍢災	𝍣悔	𝍤平	𝍥吝	𝍦祥	𝍧咎	𝍨吉
𝍨平	𝍨平	𝍨平	𝍨平	𝍨平	𝍨平	𝍨平	𝍨平	𝍨平

𝍠𝍥飾六之一

飾，華文郁郁，貌恭作肅，君子謹獨。

蟋蟀居壁

𝍠吉𝍠休	𝍡咎𝍠休	𝍢祥𝍠休	𝍣吝𝍠休	𝍤平𝍠休	𝍥悔𝍠休	𝍦灾𝍠休	𝍧休𝍠休	𝍨凶𝍠休
𝍠吉𝍡灾	𝍡咎𝍡灾	𝍢祥𝍡灾	𝍣吝𝍡灾	𝍤平𝍡灾	𝍥悔𝍡灾	𝍦灾𝍡灾	𝍧休𝍡灾	𝍨凶𝍡灾
𝍠吉𝍢吝	𝍡咎𝍢吝	𝍢祥𝍢吝	𝍣吝𝍢吝	𝍤平𝍢吝	𝍥悔𝍢吝	𝍦灾𝍢吝	𝍧休𝍢吝	𝍨凶𝍢吝
𝍠吉𝍣凶	𝍡咎𝍣凶	𝍢祥𝍣凶	𝍣吝𝍣凶	𝍤平𝍣凶	𝍥悔𝍣凶	𝍦灾𝍣凶	𝍧休𝍣凶	𝍨凶𝍣大
𝍠吉𝍤平	𝍡咎𝍤平	𝍢祥𝍤平	𝍣吝𝍤平	𝍤平𝍤平	𝍥悔𝍤平	𝍦灾𝍤平	𝍧休𝍤平	𝍨凶𝍤平
𝍠吉𝍥元	𝍡咎𝍥吉	𝍢祥𝍥吉	𝍣吝𝍥吉	𝍤平𝍥吉	𝍥悔𝍥吉	𝍦灾𝍥吉	𝍧休𝍥吉	𝍨凶𝍥吉
𝍠吉𝍦悔	𝍡咎𝍦悔	𝍢祥𝍦悔	𝍣吝𝍦悔	𝍤平𝍦悔	𝍥悔𝍦悔	𝍦灾𝍦悔	𝍧休𝍦悔	𝍨凶𝍦悔
𝍠吉𝍧祥	𝍡咎𝍧祥	𝍢祥𝍧祥	𝍣吝𝍧祥	𝍤平𝍧祥	𝍥悔𝍧祥	𝍦灾𝍧祥	𝍧休𝍧祥	𝍨凶𝍧祥
𝍠吉𝍨咎	𝍡咎𝍨咎	𝍢祥𝍨咎	𝍣吝𝍨咎	𝍤平𝍨咎	𝍥悔𝍨咎	𝍦灾𝍨咎	𝍧休𝍨咎	𝍨凶𝍨咎

𝍥𝍡戾六之二

戾，厲吉。曲能有誠，君子克明。

𝍠吝 𝍡吉 𝍢咎 𝍣灾 𝍤平 𝍥祥 𝍦休 𝍧凶 𝍨悔
𝍠休 𝍠休 𝍠休 𝍠休 𝍠休 𝍠休 𝍠休 𝍠休 𝍠休

鷹乃學習
𝍠吝 𝍡吉 𝍢咎 𝍣灾 𝍤平 𝍥祥 𝍦休 𝍧凶 𝍨悔
𝍡灾 𝍡灾 𝍡灾 𝍡灾 𝍡灾 𝍡灾 𝍡灾 𝍡灾 𝍡灾

𝍠吝 𝍡吉 𝍢咎 𝍣灾 𝍤平 𝍥祥 𝍦休 𝍧凶 𝍨悔
𝍢吝 𝍢吝 𝍢吝 𝍢吝 𝍢吝 𝍢吝 𝍢吝 𝍢吝 𝍢吝

𝍠吝 𝍡吉 𝍢咎 𝍣灾 𝍤平 𝍥祥 𝍦休 𝍧凶 𝍨悔
𝍣凶 𝍣凶 𝍣凶 𝍣凶 𝍣凶 𝍣凶 𝍣凶 𝍣大 𝍣凶

𝍠吝 𝍡吉 𝍢咎 𝍣灾 𝍤平 𝍥祥 𝍦休 𝍧凶 𝍨悔
𝍤平 𝍤平 𝍤平 𝍤平 𝍤平 𝍤平 𝍤平 𝍤平 𝍤平

𝍠吝 𝍡吉 𝍢咎 𝍣灾 𝍤平 𝍥祥 𝍦休 𝍧凶 𝍨悔
𝍥吉 𝍥元 𝍥吉 𝍥吉 𝍥吉 𝍥吉 𝍥吉 𝍥吉 𝍥吉

𝍠吝 𝍡吉 𝍢咎 𝍣灾 𝍤平 𝍥祥 𝍦休 𝍧凶 𝍨悔
𝍦悔 𝍦悔 𝍦悔 𝍦悔 𝍦悔 𝍦悔 𝍦悔 𝍦悔 𝍦悔

𝍠吝 𝍡吉 𝍢咎 𝍣灾 𝍤平 𝍥祥 𝍦休 𝍧凶 𝍨悔
𝍧祥 𝍧祥 𝍧祥 𝍧祥 𝍧祥 𝍧祥 𝍧祥 𝍧祥 𝍧祥

𝍠吝 𝍡吉 𝍢咎 𝍣灾 𝍤平 𝍥祥 𝍦休 𝍧凶 𝍨悔
𝍨咎 𝍨咎 𝍨咎 𝍨咎 𝍨咎 𝍨咎 𝍨咎 𝍨咎 𝍨咎

𝍢𝍥虛 六之三

虛，理明而通，應物不窮。佪慾惟凶。不利爭訟。

𝍠灾𝍠休 𝍡吝𝍠休 𝍢吉𝍠休 𝍣休𝍠休 𝍤平𝍠休 𝍥咎𝍠休 𝍦凶𝍠休 𝍧悔𝍠休 𝍨祥𝍠休

𝍠灾𝍡灾 𝍡吝𝍡灾 𝍢吉𝍡灾 𝍣休𝍡灾 𝍤平𝍡灾 𝍥咎𝍡灾 𝍦凶𝍡灾 𝍧悔𝍡灾 𝍨祥𝍡灾

大暑，腐草爲螢

𝍠灾𝍢吝 𝍡吝𝍢吝 𝍢吉𝍢吝 𝍣休𝍢吝 𝍤平𝍢吝 𝍥咎𝍢吝 𝍦凶𝍢吝 𝍧悔𝍢吝 𝍨祥𝍢吝

𝍠灾𝍣凶 𝍡吝𝍣凶 𝍢吉𝍣凶 𝍣休𝍣凶 𝍤平𝍣凶 𝍥咎𝍣凶 𝍦凶𝍣大 𝍧悔𝍣凶 𝍨祥𝍣凶

𝍠灾𝍤平 𝍡吝𝍤平 𝍢吉𝍤平 𝍣休𝍤平 𝍤平𝍤平 𝍥咎𝍤平 𝍦凶𝍤平 𝍧悔𝍤平 𝍨祥𝍤平

𝍠灾𝍥吉 𝍡吝𝍥吉 𝍢吉𝍥元 𝍣休𝍥吉 𝍤平𝍥吉 𝍥咎𝍥吉 𝍦凶𝍥吉 𝍧悔𝍥吉 𝍨祥𝍥吉

𝍠灾𝍦悔 𝍡吝𝍦悔 𝍢吉𝍦悔 𝍣休𝍦悔 𝍤平𝍦悔 𝍥咎𝍦悔 𝍦凶𝍦悔 𝍧悔𝍦悔 𝍨祥𝍦悔

𝍠灾𝍧祥 𝍡吝𝍧祥 𝍢吉𝍧祥 𝍣休𝍧祥 𝍤平𝍧祥 𝍥咎𝍧祥 𝍦凶𝍧祥 𝍧悔𝍧祥 𝍨祥𝍧祥

𝍠灾𝍨咎 𝍡吝𝍨咎 𝍢吉𝍨咎 𝍣休𝍨咎 𝍤平𝍨咎 𝍥咎𝍨咎 𝍦凶𝍨咎 𝍧悔𝍨咎 𝍨祥𝍨咎

𝍥𝍣 昧 六之四

昧，幽人正吉。闇而章，晦而明。不利折獄。

𝍠咎 𝍠休	𝍡祥 𝍠休	𝍢悔 𝍠休	𝍣吉 𝍠休	𝍤平 𝍠休	𝍥凶 𝍠休	𝍦吝 𝍠休	𝍧灾 𝍠休	𝍨休 𝍠休
𝍠咎 𝍡灾	𝍡祥 𝍡灾	𝍢悔 𝍡灾	𝍣吉 𝍡灾	𝍤平 𝍡灾	𝍥凶 𝍡灾	𝍦吝 𝍡灾	𝍧灾 𝍡灾	𝍨休 𝍡灾
𝍠咎 𝍢吝	𝍡祥 𝍢吝	𝍢悔 𝍢吝	𝍣吉 𝍢吝	𝍤平 𝍢吝	𝍥凶 𝍢吝	𝍦吝 𝍢吝	𝍧灾 𝍢吝	𝍨休 𝍢吝
𝍠咎 𝍣凶	𝍡祥 𝍣凶	𝍢悔 𝍣凶	土潤溽暑 𝍣吉 𝍣凶	𝍤平 𝍣凶	𝍥凶 𝍣大	𝍦吝 𝍣凶	𝍧灾 𝍣凶	𝍨休 𝍣凶
𝍠咎 𝍤平	𝍡祥 𝍤平	𝍢悔 𝍤平	𝍣吉 𝍤平	𝍤平 𝍤平	𝍥凶 𝍤平	𝍦吝 𝍤平	𝍧灾 𝍤平	𝍨休 𝍤平
𝍠咎 𝍥吉	𝍡祥 𝍥吝	𝍢悔 𝍥吉	𝍣吉 𝍥元	𝍤平 𝍥吉	𝍥凶 𝍥吉	𝍦吝 𝍥吉	𝍧灾 𝍥吉	𝍨休 𝍥吉
𝍠咎 𝍦悔	𝍡祥 𝍦悔	𝍢悔 𝍦悔	𝍣吉 𝍦悔	𝍤平 𝍦悔	𝍥凶 𝍦悔	𝍦吝 𝍦悔	𝍧灾 𝍦悔	𝍨休 𝍦悔
𝍠咎 𝍧祥	𝍡祥 𝍧祥	𝍢悔 𝍧祥	𝍣吉 𝍧祥	𝍤平 𝍧祥	𝍥凶 𝍧祥	𝍦吝 𝍧祥	𝍧灾 𝍧祥	𝍨休 𝍧祥
𝍠咎 𝍨咎	𝍡祥 𝍨咎	𝍢悔 𝍨咎	𝍣吉 𝍨咎	𝍤平 𝍨咎	𝍥凶 𝍨咎	𝍦吝 𝍨咎	𝍧灾 𝍨咎	𝍨休 𝍨咎

𝍤𝍥損六之五

損，君子之過，日以削。小人之性，日以斵。遇雨吉，藥餌有喜。

𝍠平𝍠休 𝍡平𝍠休 𝍢平𝍠休 𝍣平𝍠休 𝍤吉𝍠休 𝍥平𝍠休 𝍦平𝍠休 𝍧平𝍠休 𝍨平𝍠休

𝍠平𝍡灾 𝍡平𝍡灾 𝍢平𝍡灾 𝍣平𝍡灾 𝍤吉𝍡灾 𝍥平𝍡灾 𝍦平𝍡灾 𝍧平𝍡灾 𝍨平𝍡灾

𝍠平𝍢吝 𝍡平𝍢吝 𝍢平𝍢吝 𝍣平𝍢吝 𝍤吉𝍢吝 𝍥平𝍢吝 𝍦平𝍢吝 𝍧平𝍢吝 𝍨平𝍢吝

𝍠平𝍣凶 𝍡平𝍣凶 𝍢平𝍣凶 𝍣平𝍣凶 𝍤吉𝍣凶 𝍥平𝍣凶 𝍦平𝍣凶 𝍧平𝍣凶 𝍨平𝍣凶

𝍠平𝍤平 𝍡平𝍤平 𝍢平𝍤平 𝍣平𝍤平 𝍤吉𝍤平大雨時行 𝍥平𝍤平 𝍦平𝍤平 𝍧平𝍤平 𝍨平𝍤平

𝍠平𝍥吉 𝍡平𝍥吉 𝍢平𝍥吉 𝍣平𝍥吉 𝍤吉𝍥元 𝍥平𝍥吉 𝍦平𝍥吉 𝍧平𝍥吉 𝍨平𝍥吉

𝍠平𝍦悔 𝍡平𝍦悔 𝍢平𝍦悔 𝍣平𝍦悔 𝍤吉𝍦悔 𝍥平𝍦悔 𝍦平𝍦悔 𝍧平𝍦悔 𝍨平𝍦悔

𝍠平𝍧祥 𝍡平𝍧祥 𝍢平𝍧祥 𝍣平𝍧祥 𝍤吉𝍧祥 𝍥平𝍧祥 𝍦平𝍧祥 𝍧平𝍧祥 𝍨平𝍧祥

𝍠平𝍨咎 𝍡平𝍨咎 𝍢平𝍨咎 𝍣平𝍨咎 𝍤吉𝍨咎 𝍥平𝍨咎 𝍦平𝍨咎 𝍧平𝍨咎 𝍨平𝍨咎

𝍥𝍥 用六之六

用，利正，有攸往吉。君子喻義，小人喻利。征伐有功，利決獄。

𝍠休 𝍠休	𝍡灾 𝍠休	𝍢吝 𝍠休	𝍣凶 𝍠休	𝍤平 𝍠休	𝍥吉 𝍠休	𝍦悔 𝍠休	𝍧祥 𝍠休	𝍨咎 𝍠休
𝍠休 𝍡灾	𝍡灾 𝍡灾	𝍢吝 𝍡灾	𝍣凶 𝍡灾	𝍤平 𝍡灾	𝍥吉 𝍡灾	𝍦悔 𝍡灾	𝍧祥 𝍡灾	𝍨咎 𝍡灾
𝍠休 𝍢吝	𝍡灾 𝍢吝	𝍢吝 𝍢吝	𝍣凶 𝍢吝	𝍤平 𝍢吝	𝍥吉 𝍢吝	𝍦悔 𝍢吝	𝍧祥 𝍢吝	𝍨咎 𝍢吝
𝍠休 𝍣凶	𝍡灾 𝍣凶	𝍢吝 𝍣凶	𝍣凶 𝍣大	𝍤平 𝍣凶	𝍥吉 𝍣凶	𝍦悔 𝍣凶	𝍧祥 𝍣凶	𝍨咎 𝍣凶
𝍠休 𝍤平	𝍡灾 𝍤平	𝍢吝 𝍤平	𝍣凶 𝍤平	𝍤平 𝍤平	𝍥吉 𝍤平	𝍦悔 𝍤平	𝍧祥 𝍤平	𝍨咎 𝍤平

立秋，涼風至

𝍠休 𝍥吉	𝍡灾 𝍥吉	𝍢吝 𝍥吉	𝍣凶 𝍥吉	𝍤平 𝍥吉	𝍥吉 𝍥元	𝍦悔 𝍥吉	𝍧祥 𝍥吉	𝍨咎 𝍥吉
𝍠休 𝍦悔	𝍡灾 𝍦悔	𝍢吝 𝍦悔	𝍣凶 𝍦悔	𝍤平 𝍦悔	𝍥吉 𝍦悔	𝍦悔 𝍦悔	𝍧祥 𝍦悔	𝍨咎 𝍦悔
𝍠休 𝍧祥	𝍡灾 𝍧祥	𝍢吝 𝍧祥	𝍣凶 𝍧祥	𝍤平 𝍧祥	𝍥吉 𝍧祥	𝍦悔 𝍧祥	𝍧祥 𝍧祥	𝍨咎 𝍧祥
𝍠休 𝍨咎	𝍡灾 𝍨咎	𝍢吝 𝍨咎	𝍣凶 𝍨咎	𝍤平 𝍨咎	𝍥吉 𝍨咎	𝍦悔 𝍨咎	𝍧祥 𝍨咎	𝍨咎 𝍨咎

𝍦𝍥郤六之七

郤，利行遯，反身以誠，不利有攸往。降責勿恤。

𝍠祥𝍠休 𝍡悔𝍠休 𝍢凶𝍠休 𝍣咎𝍠休 𝍤平𝍠休 𝍥休𝍠休 𝍦吉𝍠休 𝍧吝𝍠休 𝍨災𝍠休

𝍠祥𝍡災 𝍡悔𝍡災 𝍢凶𝍡災 𝍣咎𝍡災 𝍤平𝍡災 𝍥休𝍡災 𝍦吉𝍡災 𝍧吝𝍡災 𝍨災𝍡災

𝍠祥𝍢吝 𝍡悔𝍢吝 𝍢凶𝍢吝 𝍣咎𝍢吝 𝍤平𝍢吝 𝍥休𝍢吝 𝍦吉𝍢吝 𝍧吝𝍢吝 𝍨災𝍢吝

𝍠祥𝍣凶 𝍡悔𝍣凶 𝍢凶𝍣大 𝍣咎𝍣凶 𝍤平𝍣凶 𝍥休𝍣凶 𝍦吉𝍣凶 𝍧吝𝍣凶 𝍨災𝍣凶

𝍠祥𝍤平 𝍡悔𝍤平 𝍢凶𝍤平 𝍣咎𝍤平 𝍤平𝍤平 𝍥休𝍤平 𝍦吉𝍤平 𝍧吝𝍤平 𝍨災𝍤平

𝍠祥𝍥吉 𝍡悔𝍥吉 𝍢凶𝍥吉 𝍣咎𝍥吉 𝍤平𝍥吉 𝍥休𝍥吉 𝍦吉𝍥元 𝍧吝𝍥吉 𝍨災𝍥吉

𝍠祥𝍦悔 𝍡悔𝍦悔 𝍢凶𝍦悔 𝍣咎𝍦悔 𝍤平𝍦悔 𝍥休𝍦悔 白露降 𝍦吉𝍦悔 𝍧吝𝍦悔 𝍨災𝍦悔

𝍠祥𝍧祥 𝍡悔𝍧祥 𝍢凶𝍧祥 𝍣咎𝍧祥 𝍤平𝍧祥 𝍥休𝍧祥 𝍦吉𝍧祥 𝍧吝𝍧祥 𝍨災𝍧祥

𝍠祥𝍨咎 𝍡悔𝍨咎 𝍢凶𝍨咎 𝍣咎𝍨咎 𝍤平𝍨咎 𝍥休𝍨咎 𝍦吉𝍨咎 𝍧吝𝍨咎 𝍨災𝍨咎

𝍨𝍥翕六之八

翕，利徵師會同，吉。財聚民散，財散民聚。

𝍠悔𝍠休	𝍡凶𝍠休	𝍢休𝍠休	𝍣祥𝍠休	𝍤平𝍠休	𝍥災𝍠休	𝍦咎𝍠休	𝍧吉𝍠休	𝍨吝𝍠休
𝍠悔𝍡災	𝍡凶𝍡災	𝍢休𝍡災	𝍣祥𝍡災	𝍤平𝍡災	𝍥災𝍡災	𝍦咎𝍡災	𝍧吉𝍡災	𝍨吝𝍡災
𝍠悔𝍢吝	𝍡凶𝍢吝	𝍢休𝍢吝	𝍣祥𝍢吝	𝍤平𝍢吝	𝍥災𝍢吝	𝍦咎𝍢吝	𝍧吉𝍢吝	𝍨吝𝍢吝
𝍠悔𝍣凶	𝍡凶𝍣大	𝍢休𝍣凶	𝍣祥𝍣凶	𝍤平𝍣凶	𝍥災𝍣凶	𝍦咎𝍣凶	𝍧吉𝍣凶	𝍨吝𝍣凶
𝍠悔𝍤平	𝍡凶𝍤平	𝍢休𝍤平	𝍣祥𝍤平	𝍤平𝍤平	𝍥災𝍤平	𝍦咎𝍤平	𝍧吉𝍤平	𝍨吝𝍤平
𝍠悔𝍥吉	𝍡凶𝍥吉	𝍢休𝍥吉	𝍣祥𝍥吉	𝍤平𝍥吉	𝍥災𝍥吉	𝍦咎𝍥吉	𝍧吉𝍥元	𝍨吝𝍥吉
𝍠悔𝍦悔	𝍡凶𝍦悔	𝍢休𝍦悔	𝍣祥𝍦悔	𝍤平𝍦悔	𝍥災𝍦悔	𝍦咎𝍦悔	𝍧吉𝍦悔	𝍨吝𝍦悔
𝍠悔𝍧祥	𝍡凶𝍧祥	𝍢休𝍧祥	𝍣祥𝍧祥	𝍤平𝍧祥	𝍥災𝍧祥	𝍦咎𝍧祥	寒蟬鳴 𝍧吉𝍧祥	𝍨吝𝍧祥
𝍠悔𝍨咎	𝍡凶𝍨咎	𝍢休𝍨咎	𝍣祥𝍨咎	𝍤平𝍨咎	𝍥災𝍨咎	𝍦咎𝍨咎	𝍧吉𝍨咎	𝍨吝𝍨咎

𝍥𝍨遠 六之九

遠，利有攸往，不于其身，于其子孫。不于其家，于其國人。

𝍠凶 𝍠休	𝍠凶 𝍡災	𝍠凶 𝍢吝	𝍠凶 𝍣大	𝍠凶 𝍤平	𝍠凶 𝍥吉	𝍠凶 𝍦悔	𝍠凶 𝍧祥	𝍠凶 𝍨咎
𝍡休 𝍠休	𝍡休 𝍡災	𝍡休 𝍢吝	𝍡休 𝍣凶	𝍡休 𝍤平	𝍡休 𝍥吉	𝍡休 𝍦悔	𝍡休 𝍧祥	𝍡休 𝍨咎
𝍢災 𝍠休	𝍢災 𝍡災	𝍢災 𝍢吝	𝍢災 𝍣凶	𝍢災 𝍤平	𝍢災 𝍥吉	𝍢災 𝍦悔	𝍢災 𝍧祥	𝍢災 𝍨咎
𝍣悔 𝍠休	𝍣悔 𝍡災	𝍣悔 𝍢吝	𝍣悔 𝍣凶	𝍣悔 𝍤平	𝍣悔 𝍥吉	𝍣悔 𝍦悔	𝍣悔 𝍧祥	𝍣悔 𝍨咎
𝍤平 𝍠休	𝍤平 𝍡災	𝍤平 𝍢吝	𝍤平 𝍣凶	𝍤平 𝍤平	𝍤平 𝍥吉	𝍤平 𝍦悔	𝍤平 𝍧祥	𝍤平 𝍨咎
𝍥吝 𝍠休	𝍥吝 𝍡災	𝍥吝 𝍢吝	𝍥吝 𝍣凶	𝍥吝 𝍤平	𝍥吝 𝍥吉	𝍥吝 𝍦悔	𝍥吝 𝍧祥	𝍥吝 𝍨咎
𝍦祥 𝍠休	𝍦祥 𝍡災	𝍦祥 𝍢吝	𝍦祥 𝍣凶	𝍦祥 𝍤平	𝍦祥 𝍥吉	𝍦祥 𝍦悔	𝍦祥 𝍧祥	𝍦祥 𝍨咎
𝍧咎 𝍠休	𝍧咎 𝍡休	𝍧咎 𝍢吝	𝍧咎 𝍣凶	𝍧咎 𝍤平	𝍧咎 𝍥吉	𝍧咎 𝍦悔	𝍧咎 𝍧祥	𝍧咎 𝍨咎
𝍨吉 𝍠休	𝍨吉 𝍡災	𝍨吉 𝍢吝	𝍨吉 𝍣凶	𝍨吉 𝍤平	𝍨吉 𝍥元	𝍨吉 𝍦悔	𝍨吉 𝍧祥	𝍨吉 𝍨咎

〡〧迅七之一

迅，吉。雷風之欻，震撓萬物。君子威德，神化不測。

處暑，鷹乃祭鳥

〡吉 〢咎 〣祥 〤吝 〥平 〦悔 〧災 〨休 〩凶
〡祥 〡祥 〡祥 〡祥 〡祥 〡祥 〡祥 〡祥 〡祥

〡吉 〢咎 〣祥 〤吝 〥平 〦悔 〧災 〨休 〩凶
〢悔 〢悔 〢悔 〢悔 〢悔 〢悔 〢悔 〢悔 〢悔

〡吉 〢咎 〣祥 〤吝 〥平 〦悔 〧災 〨休 〩凶
〣凶 〣凶 〣凶 〣凶 〣凶 〣凶 〣凶 〣凶 〣大

〡吉 〢咎 〣祥 〤吝 〥平 〦悔 〧災 〨休 〩凶
〤咎 〤咎 〤咎 〤咎 〤咎 〤咎 〤咎 〤咎 〤咎

〡吉 〢咎 〣祥 〤吝 〥平 〦悔 〧災 〨休 〩凶
〥平 〥平 〥平 〥平 〥平 〥平 〥平 〥平 〥平

〡吉 〢咎 〣祥 〤吝 〥平 〦悔 〧災 〨休 〩凶
〦休 〦休 〦休 〦休 〦休 〦休 〦休 〦休 〦休

〡吉 〢咎 〣祥 〤吝 〥平 〦悔 〧災 〨休 〩凶
〧元 〧吉 〧吉 〧吉 〧吉 〧吉 〧吉 〧吉 〧吉

〡吉 〢咎 〣祥 〤吝 〥平 〦悔 〧災 〨休 〩凶
〨吝 〨吝 〨吝 〨吝 〨吝 〨吝 〨吝 〨吝 〨吝

〡吉 〢咎 〣祥 〤吝 〥平 〦悔 〧災 〨休 〩凶
〩災 〩災 〩災 〩災 〩災 〩災 〩災 〩災 〩災

〧〢懼七之二

懼，有孚，惕厲，終吉。君子畏命，小人畏令。酒食讌樂，凶。

〡吝〡祥　〢吉〡祥　〣咎〡祥　〤災〡祥　〥平〡祥　〦祥〡祥　〧休〡祥　〨凶〡祥　〩悔〡祥

天地始肅

〡吝〢悔　〢吉〢悔　〣咎〢悔　〤災〢悔　〥平〢悔　〦祥〢悔　〧休〢悔　〨凶〢悔　〩悔〢悔

〡吝〣凶　〢吉〣凶　〣咎〣凶　〤災〣凶　〥平〣凶　〦祥〣凶　〧休〣凶　〨凶〣大　〩悔〣凶

〡吝〤咎　〢吉〤咎　〣咎〤咎　〤災〤咎　〥平〤咎　〦祥〤咎　〧休〤咎　〨凶〤咎　〩悔〤咎

〡吝〥平　〢吉〥平　〣咎〥平　〤災〥平　〥平〥平　〦祥〥平　〧休〥平　〨凶〥平　〩悔〥平

〡吝〦休　〢吉〦休　〣咎〦休　〤災〦休　〥平〦休　〦祥〦休　〧休〦休　〨凶〦休　〩悔〦休

〡吝〧吉　〢吉〧元　〣咎〧吉　〤災〧吉　〥平〧吉　〦祥〧吉　〧休〧吉　〨凶〧吉　〩悔〧吉

〡吝〨吝　〢吉〨吝　〣咎〨吝　〤災〨吝　〥平〨吝　〦祥〨吝　〧休〨吝　〨凶〨吝　〩悔〨吝

〡吝〩災　〢吉〩災　〣咎〩災　〤災〩災　〥平〩災　〦祥〩災　〧休〩災　〨凶〩災　〩悔〩災

𝍦𝍢除七之三

除，稊稗既去，嘉穀斯登。不利作興。君子攸行。

𝍠灾 𝍠祥	𝍡吝 𝍠祥	𝍢吉 𝍠祥	𝍣休 𝍠祥	𝍤平 𝍠祥	𝍥咎 𝍠祥	𝍦凶 𝍠祥	𝍧悔 𝍠祥	𝍨祥 𝍠祥
𝍠灾 𝍡悔	𝍡吝 𝍡悔	𝍢吉 𝍡悔	𝍣休 𝍡悔	𝍤平 𝍡悔	𝍥咎 𝍡悔	𝍦凶 𝍡悔	𝍧悔 𝍡悔	𝍨祥 𝍡悔
𝍠灾 𝍢凶	𝍡吝 𝍢凶	𝍢吉（禾乃登） 𝍢凶	𝍣休 𝍢凶	𝍤平 𝍢凶	𝍥咎 𝍢凶	𝍦凶 𝍢大	𝍧悔 𝍢凶	𝍨祥 𝍢凶
𝍠灾 𝍣咎	𝍡吝 𝍣咎	𝍢吉 𝍣咎	𝍣休 𝍣咎	𝍤平 𝍣咎	𝍥咎 𝍣咎	𝍦凶 𝍣咎	𝍧悔 𝍣咎	𝍨祥 𝍣咎
𝍠灾 𝍤平	𝍡吝 𝍤平	𝍢吉 𝍤平	𝍣休 𝍤平	𝍤平 𝍤平	𝍥咎 𝍤平	𝍦凶 𝍤平	𝍧悔 𝍤平	𝍨祥 𝍤平
𝍠灾 𝍥休	𝍡吝 𝍥休	𝍢吉 𝍥休	𝍣休 𝍥休	𝍤平 𝍥休	𝍥咎 𝍥休	𝍦凶 𝍥休	𝍧悔 𝍥休	𝍨祥 𝍥休
𝍠灾 𝍦吉	𝍡吝 𝍦吉	𝍢吉 𝍦元	𝍣休 𝍦吉	𝍤平 𝍦吉	𝍥咎 𝍦吉	𝍦凶 𝍦吉	𝍧悔 𝍦吉	𝍨祥 𝍦吉
𝍠灾 𝍧吝	𝍡吝 𝍧吝	𝍢吉 𝍧吝	𝍣休 𝍧吝	𝍤平 𝍧吝	𝍥咎 𝍧吝	𝍦凶 𝍧吝	𝍧悔 𝍧吝	𝍨祥 𝍧吝
𝍠灾 𝍨灾	𝍡吝 𝍨灾	𝍢吉 𝍨灾	𝍣休 𝍨灾	𝍤平 𝍨灾	𝍥咎 𝍨灾	𝍦凶 𝍨灾	𝍧悔 𝍨灾	𝍨祥 𝍨灾

𝍣𝍦弱七之四

弱，丈人厲，小子吉。不附不植，附則附失。艱正無咎。

𝍠咎𝍠祥	𝍡祥𝍠祥	𝍢悔𝍠祥	𝍣吉𝍠祥	𝍤平𝍠祥	𝍥凶𝍠祥	𝍦吝𝍠祥	𝍧災𝍠祥	𝍨休𝍠祥
𝍠咎𝍡悔	𝍡祥𝍡悔	𝍢悔𝍡悔	𝍣吉𝍡悔	𝍤平𝍡悔	𝍥凶𝍡悔	𝍦吝𝍡悔	𝍧災𝍡悔	𝍨休𝍡悔
𝍠咎𝍢凶	𝍡祥𝍢凶	𝍢悔𝍢凶	𝍣吉𝍢凶	𝍤平𝍢凶	𝍥凶𝍢大	𝍦吝𝍢凶	𝍧災𝍢凶	𝍨休𝍢凶
𝍠咎𝍣咎	𝍡祥𝍣咎	𝍢悔𝍣咎	𝍣吉𝍣咎	𝍤平𝍣咎	𝍥凶𝍣咎	𝍦吝𝍣咎	𝍧災𝍣咎	𝍨休𝍣咎
𝍠咎𝍤平	𝍡祥𝍤平	𝍢悔𝍤平	𝍣吉𝍤平	𝍤平𝍤平	𝍥凶𝍤平	𝍦吝𝍤平	𝍧災𝍤平	𝍨休𝍤平
𝍠咎𝍥休	𝍡祥𝍥休	𝍢悔𝍥休	𝍣吉𝍥休	𝍤平𝍥休	𝍥凶𝍥休	𝍦吝𝍥休	𝍧災𝍥休	𝍨休𝍥休
𝍠咎𝍦吉	𝍡祥𝍦吉	𝍢悔𝍦吉	𝍣吉𝍦元	𝍤平𝍦吉	𝍥凶𝍦吉	𝍦吝𝍦吉	𝍧災𝍦吉	𝍨休𝍦吉
𝍠咎𝍧吝	𝍡祥𝍧吝	𝍢悔𝍧吝	𝍣吉𝍧吝	𝍤平𝍧吝	𝍥凶𝍧吝	𝍦吝𝍧吝	𝍧災𝍧吝	𝍨休𝍧吝
𝍠咎𝍨災	𝍡祥𝍨災	𝍢悔𝍨災	𝍣吉𝍨災	𝍤平𝍨災	𝍥凶𝍨災	𝍦吝𝍨災	𝍧災𝍨災	𝍨休𝍨災

白露，鴻鴈來

𝍦𝍤疾七之五

疾，節飲食，謹起居，無攸害。

𝍠平 𝍠祥	𝍡平 𝍠祥	𝍢平 𝍠祥	𝍣平 𝍠祥	𝍤吉 𝍠祥	𝍥平 𝍠祥	𝍦平 𝍠祥	𝍧平 𝍠祥	𝍨平 𝍠祥
𝍠平 𝍡悔	𝍡平 𝍡悔	𝍢平 𝍡悔	𝍣平 𝍡悔	𝍤吉 𝍡悔	𝍥平 𝍡悔	𝍦平 𝍡悔	𝍧平 𝍡悔	𝍨平 𝍡悔
𝍠平 𝍢凶	𝍡平 𝍢凶	𝍢平 𝍢凶	𝍣平 𝍢凶	𝍤吉 𝍢凶	𝍥平 𝍢凶	𝍦平 𝍢大	𝍧平 𝍢凶	𝍨平 𝍢凶
𝍠平 𝍣咎	𝍡平 𝍣咎	𝍢平 𝍣咎	𝍣平 𝍣咎	𝍤吉 𝍣咎	𝍥平 𝍣咎	𝍦平 𝍣咎	𝍧平 𝍣咎	𝍨平 𝍣咎
𝍠平 𝍤平	𝍡平 𝍤平	𝍢平 𝍤平	𝍣平 𝍤平	乙鳥歸 𝍤吉 𝍤平	𝍥平 𝍤平	𝍦平 𝍤平	𝍧平 𝍤平	𝍨平 𝍤平
𝍠平 𝍥休	𝍡平 𝍥休	𝍢平 𝍥休	𝍣平 𝍥休	𝍤吉 𝍥休	𝍥平 𝍥休	𝍦平 𝍥休	𝍧平 𝍥休	𝍨平 𝍥休
𝍠平 𝍦吉	𝍡平 𝍦吉	𝍢平 𝍦吉	𝍣平 𝍦吉	𝍤吉 𝍦大	𝍥平 𝍦吉	𝍦平 𝍦吉	𝍧平 𝍦吉	𝍨平 𝍦吉
𝍠平 𝍧吝	𝍡平 𝍧吝	𝍢平 𝍧吝	𝍣平 𝍧吝	𝍤吉 𝍧吝	𝍥平 𝍧吝	𝍦平 𝍧吝	𝍧平 𝍧吝	𝍨平 𝍧吝
𝍠平 𝍨災	𝍡平 𝍨災	𝍢平 𝍨災	𝍣平 𝍨災	𝍤吉 𝍨災	𝍥平 𝍨災	𝍦平 𝍨災	𝍧平 𝍨災	𝍨平 𝍨災

𝍥
𝍦競七之六

競，烏走兔從，麥生茸茸，老夫丰容。争訟逆凶。

𝍠休𝍠祥　𝍡灾𝍠祥　𝍢吝𝍠祥　𝍣凶𝍠祥　𝍤平𝍠祥　𝍥吉𝍠祥　𝍦悔𝍠祥　𝍧祥𝍠祥　𝍨咎𝍠祥

𝍠休𝍡悔　𝍡灾𝍡悔　𝍢吝𝍡悔　𝍣凶𝍡悔　𝍤平𝍡悔　𝍥吉𝍡悔　𝍦悔𝍡悔　𝍧祥𝍡悔　𝍨咎𝍡悔

𝍠休𝍢凶　𝍡灾𝍢凶　𝍢吝𝍢凶　𝍣凶𝍢大　𝍤平𝍢凶　𝍥吉𝍢凶　𝍦悔𝍢凶　𝍧祥𝍢凶　𝍨咎𝍢凶

𝍠休𝍣咎　𝍡灾𝍣咎　𝍢吝𝍣咎　𝍣凶𝍣咎　𝍤平𝍣咎　𝍥吉𝍣咎　𝍦悔𝍣咎　𝍧祥𝍣咎　𝍨咎𝍣咎

𝍠休𝍤平　𝍡灾𝍤平　𝍢吝𝍤平　𝍣凶𝍤平　𝍤平𝍤平　𝍥吉𝍤平　𝍦悔𝍤平　𝍧祥𝍤平　𝍨咎𝍤平

𝍠休𝍥休　𝍡灾𝍥休　𝍢吝𝍥休　𝍣凶𝍥休　𝍤平𝍥休 群烏養羞　𝍥吉𝍥休　𝍦悔𝍥休　𝍧祥𝍥休　𝍨咎𝍥休

𝍠休𝍦吉　𝍡灾𝍦吉　𝍢吝𝍦吉　𝍣凶𝍦吉　𝍤平𝍦吉　𝍥吉𝍦元　𝍦悔𝍦吉　𝍧祥𝍦吉　𝍨咎𝍦吉

𝍠休𝍧吝　𝍡灾𝍧吝　𝍢吝𝍧吝　𝍣凶𝍧吝　𝍤平𝍧吝　𝍥吉𝍧吝　𝍦悔𝍧吝　𝍧祥𝍧吝　𝍨咎𝍧吝

𝍠休𝍨灾　𝍡灾𝍨灾　𝍢吝𝍨灾　𝍣凶𝍨灾　𝍤平𝍨灾　𝍥吉𝍨灾　𝍦悔𝍨灾　𝍧祥𝍨灾　𝍨咎𝍨灾

𝍦𝍦分七之七

分，長短均平，潮駃月盈。君子利正，小人勿乘。

𝍠祥 𝍠祥	𝍡悔 𝍠祥	𝍢凶 𝍠祥	𝍣咎 𝍠祥	𝍤平 𝍠祥	𝍥休 𝍠祥	𝍦吉 𝍠祥	𝍧吝 𝍠祥	𝍨灾 𝍠祥
𝍠祥 𝍡悔	𝍡悔 𝍡悔	𝍢凶 𝍡悔	𝍣咎 𝍡悔	𝍤平 𝍡悔	𝍥休 𝍡悔	𝍦吉 𝍡悔	𝍧吝 𝍡悔	𝍨灾 𝍡悔
𝍠祥 𝍢凶	𝍡悔 𝍢凶	𝍢凶 𝍢大	𝍣咎 𝍢凶	𝍤平 𝍢凶	𝍥休 𝍢凶	𝍦吉 𝍢凶	𝍧吝 𝍢凶	𝍨灾 𝍢凶
𝍠祥 𝍣咎	𝍡悔 𝍣咎	𝍢凶 𝍣咎	𝍣咎 𝍣咎	𝍤平 𝍣咎	𝍥休 𝍣咎	𝍦吉 𝍣咎	𝍧吝 𝍣咎	𝍨灾 𝍣咎
𝍠祥 𝍤平	𝍡悔 𝍤平	𝍢凶 𝍤平	𝍣咎 𝍤平	𝍤平 𝍤平	𝍥休 𝍤平	𝍦吉 𝍤平	𝍧吝 𝍤平	𝍨灾 𝍤平
𝍠祥 𝍥平	𝍡悔 𝍥休	𝍢凶 𝍥休	𝍣咎 𝍥休	𝍤平 𝍥休	𝍥休 𝍥休	𝍦吉 𝍥休	𝍧吝 𝍥休	𝍨灾 𝍥休
𝍠祥 𝍦吉	𝍡悔 𝍦吉	𝍢凶 𝍦吉	𝍣咎 𝍦吉	𝍤平 𝍦吉	𝍥休 𝍦吉	𝍦吉 𝍦元	𝍧吝 𝍦吉	𝍨灾 𝍦吉
𝍠祥 𝍧吝	𝍡悔 𝍧吝	𝍢凶 𝍧吝	𝍣咎 𝍧吝	𝍤平 𝍧吝	𝍥休 𝍧吝	𝍦吉 𝍧吝	𝍧吝 𝍧吝	𝍨灾 𝍧吝
𝍠祥 𝍨灾	𝍡悔 𝍨灾	𝍢凶 𝍨灾	𝍣咎 𝍨灾	𝍤平 𝍨灾	𝍥休 𝍨灾	𝍦吉 𝍨灾	𝍧吝 𝍨灾	𝍨灾 𝍨灾

秋分，雷乃收聲

𝍦𝍧 訟七之八

訟，內訟吉，勿有言，不利有攸往。

𝍠悔 𝍠祥	𝍡凶 𝍠祥	𝍢休 𝍠祥	𝍣祥 𝍠祥	𝍤平 𝍠祥	𝍥災 𝍠祥	𝍦咎 𝍠祥	𝍧吉 𝍠祥	𝍨吝 𝍠祥
𝍠悔 𝍡悔	𝍡凶 𝍡悔	𝍢休 𝍡悔	𝍣祥 𝍡悔	𝍤平 𝍡悔	𝍥災 𝍡悔	𝍦咎 𝍡悔	𝍧吉 𝍡悔	𝍨吝 𝍡悔
𝍠悔 𝍢凶	𝍡凶 𝍢大	𝍢休 𝍢凶	𝍣祥 𝍢凶	𝍤平 𝍢凶	𝍥災 𝍢凶	𝍦咎 𝍢凶	𝍧吉 𝍢凶	𝍨吝 𝍢凶
𝍠悔 𝍣咎	𝍡凶 𝍣咎	𝍢休 𝍣咎	𝍣祥 𝍣咎	𝍤平 𝍣咎	𝍥災 𝍣咎	𝍦咎 𝍣咎	𝍧吉 𝍣咎	𝍨吝 𝍣咎
𝍠悔 𝍤平	𝍡凶 𝍤平	𝍢休 𝍤平	𝍣祥 𝍤平	𝍤平 𝍤平	𝍥災 𝍤平	𝍦咎 𝍤平	𝍧吉 𝍤平	𝍨吝 𝍤平
𝍠悔 𝍥休	𝍡凶 𝍥休	𝍢休 𝍥休	𝍣祥 𝍥休	𝍤平 𝍥休	𝍥災 𝍥休	𝍦咎 𝍥休	𝍧吉 𝍥休	𝍨吝 𝍥休
𝍠悔 𝍦吉	𝍡凶 𝍦吉	𝍢休 𝍦吉	𝍣祥 𝍦吉	𝍤平 𝍦吉	𝍥災 𝍦吉	𝍦咎 𝍦吉	𝍧吉 𝍦元	𝍨吝 𝍦吉
𝍠悔 𝍧吝	𝍡凶 𝍧吝	𝍢休 𝍧吝	𝍣祥 𝍧吝	𝍤平 𝍧吝	𝍥災 𝍧吝	𝍦咎 𝍧吝	𝍧吉 𝍧吝 蟄虫坏户	𝍨吝 𝍧吝
𝍠悔 𝍨災	𝍡凶 𝍨災	𝍢休 𝍨災	𝍣祥 𝍨災	𝍤平 𝍨災	𝍥災 𝍨災	𝍦咎 𝍨災	𝍧吉 𝍨災	𝍨吝 𝍨災

𝍦𝍨收七之九

收，一氣酉揫，百物斂收。君子反身，放心是求。斂藏吉。

𝍠凶𝍠祥	𝍠凶𝍡悔	𝍠凶𝍢大	𝍠凶𝍣咎	𝍠凶𝍤平	𝍠凶𝍥休	𝍠凶𝍦吉	𝍠凶𝍧吝	𝍠凶𝍨灾
𝍡休𝍠祥	𝍡休𝍡悔	𝍡休𝍢凶	𝍡休𝍣咎	𝍡休𝍤平	𝍡休𝍥休	𝍡休𝍦吉	𝍡休𝍧吝	𝍡休𝍨灾
𝍢灾𝍠祥	𝍢灾𝍡悔	𝍢灾𝍢凶	𝍢灾𝍣咎	𝍢灾𝍤平	𝍢灾𝍥休	𝍢灾𝍦吉	𝍢灾𝍧吝	𝍢灾𝍨灾
𝍣悔𝍠祥	𝍣悔𝍡悔	𝍣悔𝍢凶	𝍣悔𝍣咎	𝍣悔𝍤平	𝍣悔𝍥休	𝍣悔𝍦吉	𝍣悔𝍧吝	𝍣悔𝍨灾
𝍤平𝍠祥	𝍤平𝍡悔	𝍤平𝍢凶	𝍤平𝍣咎	𝍤平𝍤平	𝍤平𝍥休	𝍤平𝍦吉	𝍤平𝍧吝	𝍤平𝍨灾
𝍥吝𝍠祥	𝍥吝𝍡悔	𝍥吝𝍢凶	𝍥吝𝍣咎	𝍥吝𝍤平	𝍥吝𝍥休	𝍥吝𝍦吉	𝍥吝𝍧吝	𝍥吝𝍨灾
𝍦祥𝍠祥	𝍦祥𝍡悔	𝍦祥𝍢凶	𝍦祥𝍣咎	𝍦祥𝍤平	𝍦祥𝍥休	𝍦祥𝍦吉	𝍦祥𝍧吝	𝍦祥𝍨灾
𝍧咎𝍠祥	𝍧咎𝍡悔	𝍧咎𝍢凶	𝍧咎𝍣咎	𝍧咎𝍤平	𝍧咎𝍥休	𝍧咎𝍦吉	𝍧咎𝍧吝	𝍧咎𝍨灾
𝍨吉𝍠祥	𝍨吉𝍡悔	𝍨吉𝍢凶	𝍨吉𝍣咎	𝍨吉𝍤平	𝍨吉𝍥休	𝍨吉𝍦元	𝍨吉𝍧吝	𝍨吉𝍨灾

𝍠𝍧實八之一

實，碩果于叢，仁復于宮，應感不窮。永正吉。

水始涸

𝍠吉𝍠悔	𝍠吉𝍡凶	𝍠吉𝍢休	𝍠吉𝍣祥	𝍠吉𝍤平	𝍠吉𝍥災	𝍠吉𝍦咎	𝍠吉𝍧元	𝍠吉𝍨吝
𝍡咎𝍠悔	𝍡咎𝍡凶	𝍡咎𝍢休	𝍡咎𝍣祥	𝍡咎𝍤平	𝍡咎𝍥災	𝍡咎𝍦咎	𝍡咎𝍧吉	𝍡咎𝍨吝
𝍢祥𝍠悔	𝍢祥𝍡凶	𝍢祥𝍢休	𝍢祥𝍣祥	𝍢祥𝍤平	𝍢祥𝍥災	𝍢祥𝍦咎	𝍢祥𝍧吉	𝍢祥𝍨吝
𝍣吝𝍠悔	𝍣吝𝍡凶	𝍣吝𝍢休	𝍣吝𝍣祥	𝍣吝𝍤平	𝍣吝𝍥災	𝍣吝𝍦咎	𝍣吝𝍧吉	𝍣吝𝍨吝
𝍤平𝍠悔	𝍤平𝍡凶	𝍤平𝍢休	𝍤平𝍣祥	𝍤平𝍤平	𝍤平𝍥災	𝍤平𝍦咎	𝍤平𝍧吉	𝍤平𝍨吝
𝍥悔𝍠悔	𝍥悔𝍡凶	𝍥悔𝍢休	𝍥悔𝍣祥	𝍥悔𝍤平	𝍥悔𝍥災	𝍥悔𝍦咎	𝍥悔𝍧吉	𝍥悔𝍨吝
𝍦災𝍠悔	𝍦災𝍡凶	𝍦災𝍢休	𝍦災𝍣祥	𝍦災𝍤平	𝍦災𝍥災	𝍦災𝍦咎	𝍦災𝍧吉	𝍦災𝍨吝
𝍧休𝍠悔	𝍧休𝍡凶	𝍧休𝍢休	𝍧休𝍣祥	𝍧休𝍤平	𝍧休𝍥災	𝍧休𝍦咎	𝍧休𝍧吉	𝍧休𝍨吝
𝍨凶𝍠悔	𝍨凶𝍡大	𝍨凶𝍢休	𝍨凶𝍣祥	𝍨凶𝍤平	𝍨凶𝍥災	𝍨凶𝍦咎	𝍨凶𝍧吉	𝍨凶𝍨吝

𝍡𝍧賓八之二

賓，俊民用章，觀國之光，利賓于王，大有吉慶。

𝍠吝 𝍡吉 𝍢咎 𝍣灾 𝍤平 𝍥祥 𝍦休 𝍧凶 𝍨悔
𝍠悔 𝍠悔 𝍠悔 𝍠悔 𝍠悔 𝍠悔 𝍠悔 𝍠悔 𝍠悔

寒露，鴻鴈來賓

𝍠吝 𝍡吉 𝍢咎 𝍣灾 𝍤平 𝍥祥 𝍦休 𝍧凶 𝍨悔
𝍡凶 𝍡凶 𝍡凶 𝍡凶 𝍡凶 𝍡凶 𝍡凶 𝍡大 𝍡凶

𝍠吝 𝍡吉 𝍢咎 𝍣灾 𝍤平 𝍥祥 𝍦休 𝍧凶 𝍨悔
𝍢休 𝍢休 𝍢休 𝍢休 𝍢休 𝍢休 𝍢休 𝍢休 𝍢休

𝍠吝 𝍡吉 𝍢咎 𝍣灾 𝍤平 𝍥祥 𝍦休 𝍧凶 𝍨悔
𝍣祥 𝍣祥 𝍣祥 𝍣祥 𝍣祥 𝍣祥 𝍣祥 𝍣祥 𝍣祥

𝍠吝 𝍡吉 𝍢咎 𝍣灾 𝍤平 𝍥祥 𝍦休 𝍧凶 𝍨悔
𝍤平 𝍤平 𝍤平 𝍤平 𝍤平 𝍤平 𝍤平 𝍤平 𝍤平

𝍠吝 𝍡吉 𝍢咎 𝍣灾 𝍤平 𝍥祥 𝍦休 𝍧凶 𝍨悔
𝍥灾 𝍥灾 𝍥灾 𝍥灾 𝍥灾 𝍥灾 𝍥灾 𝍥灾 𝍥灾

𝍠吝 𝍡吉 𝍢咎 𝍣灾 𝍤平 𝍥祥 𝍦休 𝍧凶 𝍨悔
𝍦咎 𝍦咎 𝍦咎 𝍦咎 𝍦咎 𝍦咎 𝍦咎 𝍦咎 𝍦咎

𝍠吝 𝍡吉 𝍢咎 𝍣灾 𝍤平 𝍥祥 𝍦休 𝍧凶 𝍨悔
𝍧吉 𝍧元 𝍧吉 𝍧吉 𝍧吉 𝍧吉 𝍧吉 𝍧吉 𝍧吉

𝍠吝 𝍡吉 𝍢咎 𝍣灾 𝍤平 𝍥祥 𝍦休 𝍧凶 𝍨悔
𝍨吝 𝍨吝 𝍨吝 𝍨吝 𝍨吝 𝍨吝 𝍨吝 𝍨吝 𝍨吝

𝍢𝍧危八之三

危，厲無咎。知險而懼，懼不失正，自天有命。不利涉大川。

𝍠灾𝍠悔 𝍡吝𝍠悔 𝍢吉𝍠悔 𝍣休𝍠悔 𝍤平𝍠悔 𝍥咎𝍠悔 𝍦凶𝍠悔 𝍧悔𝍠悔 𝍨祥𝍠悔

𝍠灾𝍡凶 𝍡吝𝍡凶 𝍢吉𝍡凶 𝍣休𝍡凶 𝍤平𝍡凶 𝍥咎𝍡凶 𝍦凶𝍡大 𝍧悔𝍡凶 𝍨祥𝍡凶

雀入水化爲蛤

𝍠灾𝍢休 𝍡吝𝍢休 𝍢吉𝍢休 𝍣休𝍢休 𝍤平𝍢休 𝍥咎𝍢休 𝍦凶𝍢休 𝍧悔𝍢休 𝍨祥𝍢休

𝍠灾𝍣祥 𝍡吝𝍣祥 𝍢吉𝍣祥 𝍣休𝍣祥 𝍤平𝍣祥 𝍥咎𝍣祥 𝍦凶𝍣祥 𝍧悔𝍣祥 𝍨祥𝍣祥

𝍠灾𝍤平 𝍡吝𝍤平 𝍢吉𝍤平 𝍣休𝍤平 𝍤平𝍤平 𝍥咎𝍤平 𝍦凶𝍤平 𝍧悔𝍤平 𝍨祥𝍤平

𝍠灾𝍥灾 𝍡吝𝍥灾 𝍢吉𝍥灾 𝍣休𝍥灾 𝍤平𝍥灾 𝍥咎𝍥灾 𝍦凶𝍥灾 𝍧悔𝍥灾 𝍨祥𝍥灾

𝍠灾𝍦咎 𝍡吝𝍦咎 𝍢吉𝍦咎 𝍣休𝍦咎 𝍤平𝍦咎 𝍥咎𝍦咎 𝍦凶𝍦咎 𝍧悔𝍦咎 𝍨祥𝍦咎

𝍠灾𝍧吉 𝍡吝𝍧吉 𝍢吉𝍧元 𝍣休𝍧吉 𝍤平𝍧吉 𝍥咎𝍧吉 𝍦凶𝍧吉 𝍧悔𝍧吉 𝍨祥𝍧吉

𝍠灾𝍨吝 𝍡吝𝍨吝 𝍢吉𝍨吝 𝍣休𝍨吝 𝍤平𝍨吝 𝍥咎𝍨吝 𝍦凶𝍨吝 𝍧悔𝍨吝 𝍨祥𝍨吝

𝍧𝍣堅八之四

堅，利有攸往。剛健篤實，義之所出，物莫能屈。攻城陷陣凶。

𝍠咎𝍠悔　𝍡祥𝍠悔　𝍢悔𝍠悔　𝍣吉𝍠悔　𝍤平𝍠悔　𝍥凶𝍠悔　𝍦吝𝍠悔　𝍧災𝍠悔　𝍨休𝍠悔

𝍠咎𝍡凶　𝍡祥𝍡凶　𝍢悔𝍡凶　𝍣吉𝍡凶　𝍤平𝍡凶　𝍥凶𝍡大　𝍦吝𝍡凶　𝍧災𝍡凶　𝍨休𝍡凶

𝍠咎𝍢休　𝍡祥𝍢休　𝍢悔𝍢休　𝍣吉𝍢休　𝍤平𝍢休　𝍥凶𝍢休　𝍦吝𝍢休　𝍧災𝍢休　𝍨休𝍢休

鞠有黃華

𝍠咎𝍣祥　𝍡祥𝍣祥　𝍢悔𝍣祥　𝍣吉𝍣祥　𝍤平𝍣祥　𝍥凶𝍣祥　𝍦吝𝍣祥　𝍧災𝍣祥　𝍨休𝍣祥

𝍠咎𝍤平　𝍡祥𝍤平　𝍢悔𝍤平　𝍣吉𝍤平　𝍤平𝍤平　𝍥凶𝍤平　𝍦吝𝍤平　𝍧災𝍤平　𝍨休𝍤平

𝍠咎𝍥災　𝍡祥𝍥災　𝍢悔𝍥災　𝍣吉𝍥災　𝍤平𝍥災　𝍥凶𝍥災　𝍦吝𝍥災　𝍧災𝍥災　𝍨休𝍥災

𝍠咎𝍦咎　𝍡祥𝍦咎　𝍢悔𝍦咎　𝍣吉𝍦咎　𝍤平𝍦咎　𝍥凶𝍦咎　𝍦吝𝍦咎　𝍧災𝍦咎　𝍨休𝍦咎

𝍠咎𝍧吉　𝍡祥𝍧吉　𝍢悔𝍧吉　𝍣吉𝍧元　𝍤平𝍧吉　𝍥凶𝍧吉　𝍦吝𝍧吉　𝍧災𝍧吉　𝍨休𝍧吉

𝍠咎𝍨吝　𝍡祥𝍨吝　𝍢悔𝍨吝　𝍣吉𝍨吝　𝍤平𝍨吝　𝍥凶𝍨吝　𝍦吝𝍨吝　𝍧災𝍨吝　𝍨休𝍨吝

𝍧𝍤革八之五

革，利正。從而革，通不塞，應時而亨，金道乃行。疾病，凶。

𝍠平𝍠悔　𝍡平𝍠悔　𝍢平𝍠悔　𝍣平𝍠悔　𝍤吉𝍠悔　𝍥平𝍠悔　𝍦平𝍠悔　𝍧平𝍠悔　𝍨平𝍠悔

𝍠平𝍡凶　𝍡平𝍡凶　𝍢平𝍡凶　𝍣平𝍡凶　𝍤吉𝍡凶　𝍥平𝍡凶　𝍦平𝍡凶　𝍧平𝍡凶❶　𝍨平𝍡凶

𝍠平𝍢休　𝍡平𝍢休　𝍢平𝍢休　𝍣平𝍢休　𝍤吉𝍢休　𝍥平𝍢休　𝍦平𝍢休　𝍧平𝍢休　𝍨平𝍢休

𝍠平𝍣祥　𝍡平𝍣祥　𝍢平𝍣祥　𝍣平𝍣祥　𝍤吉𝍣祥　𝍥平𝍣祥　𝍦平𝍣祥　𝍧平𝍣祥　𝍨平𝍣祥

𝍠平𝍤平　𝍡平𝍤平　𝍢平𝍤平　𝍣平𝍤平　𝍤吉𝍤平霜降，豺祭獸　𝍥平𝍤平　𝍦平𝍤平　𝍧平𝍤平　𝍨平𝍤平

𝍠平𝍥災　𝍡平𝍥災　𝍢平𝍥災　𝍣平𝍥災　𝍤吉𝍥災　𝍥平𝍥災　𝍦平𝍥災　𝍧平𝍥災　𝍨平𝍥災

𝍠平𝍦咎　𝍡平𝍦咎　𝍢平𝍦咎　𝍣平𝍦咎　𝍤吉𝍦咎　𝍥平𝍦咎　𝍦平𝍦咎　𝍧平𝍦咎　𝍨平𝍦咎

𝍠平𝍧吉　𝍡平𝍧吉　𝍢平𝍧吉　𝍣平𝍧吉　𝍤吉𝍧元　𝍥平𝍧吉　𝍦平𝍧吉　𝍧平𝍧吉　𝍨平𝍧吉

𝍠平𝍨吝　𝍡平𝍨吝　𝍢平𝍨吝　𝍣平𝍨吝　𝍤吉𝍨吝　𝍥平𝍨吝　𝍦平𝍨吝　𝍧平𝍨吝　𝍨平𝍨吝

❶「凶」，原作「大」，今據四庫本改。

𝍧𝍥報 八之六

報，祭祀吉。事不宜先，宜後。君子有慶。

𝍠休 𝍠悔	𝍡災 𝍠悔	𝍢吝 𝍠悔	𝍣凶❶ 𝍠悔	𝍤平 𝍠悔	𝍥吉 𝍠悔	𝍦悔 𝍠悔	𝍧祥 𝍠悔	𝍨咎 𝍠悔
𝍠休 𝍡凶	𝍡災 𝍡凶	𝍢吝 𝍡凶	𝍣凶 𝍡大	𝍤平 𝍡凶	𝍥吉 𝍡凶	𝍦悔 𝍡凶	𝍧祥 𝍡凶	𝍨咎 𝍡凶
𝍠休 𝍢休	𝍡災 𝍢休	𝍢吝 𝍢休	𝍣凶 𝍢休	𝍤平 𝍢休	𝍥吉 𝍢休	𝍦悔 𝍢休	𝍧祥 𝍢休	𝍨咎 𝍢休
𝍠休 𝍣祥	𝍡災 𝍣祥	𝍢吝 𝍣祥	𝍣凶 𝍣祥	𝍤平 𝍣祥	𝍥吉 𝍣祥	𝍦悔 𝍣祥	𝍧祥 𝍣祥	𝍨咎 𝍣祥
𝍠休 𝍤平	𝍡災 𝍤平	𝍢吝 𝍤平	𝍣凶 𝍤平	𝍤平 𝍤平	𝍥吉 𝍤平	𝍦悔 𝍤平	𝍧祥 𝍤平	𝍨咎 𝍤平
𝍠休 𝍥災	𝍡災 𝍥災	𝍢吝 𝍥災	𝍣凶 𝍥災	𝍤平 𝍥災	𝍥吉 𝍥災 草木黃落	𝍦悔 𝍥災	𝍧祥 𝍥災	𝍨咎 𝍥災
𝍠休 𝍦咎	𝍡災 𝍦咎	𝍢吝 𝍦咎	𝍣凶 𝍦咎	𝍤平 𝍦咎	𝍥吉 𝍦咎	𝍦悔 𝍦咎	𝍧祥 𝍦咎	𝍨咎 𝍦咎
𝍠休 𝍧吉	𝍡災 𝍧吉	𝍢吝 𝍧吉	𝍣凶 𝍧吉	𝍤平 𝍧吉	𝍥吉 𝍧元	𝍦悔 𝍧吉	𝍧祥 𝍧吉	𝍨咎 𝍧吉
𝍠休 𝍨吝	𝍡災 𝍨吝	𝍢吝 𝍨吝	𝍣凶 𝍨吝	𝍤平 𝍨吝	𝍥吉 𝍨吝	𝍦悔 𝍨吝	𝍧祥 𝍨吝	𝍨咎 𝍨吝

❶「凶」，原作「吝」，今據四庫本及《洪範皇極内外篇》改。

𝍧𝍦止 八之七

止，父慈子孝，兄友弟恭。思出位越常，凶。征吝。

𝍠祥𝍠悔 𝍡悔𝍠悔 𝍢凶𝍠悔 𝍣咎𝍠悔 𝍤平𝍠悔 𝍥休𝍠悔 𝍦吉𝍠悔 𝍧吝𝍠悔 𝍨灾𝍠悔

𝍠祥𝍡凶 𝍡悔𝍡凶 𝍢凶𝍡大 𝍣咎𝍡凶 𝍤平𝍡凶 𝍥休𝍡凶 𝍦吉𝍡凶 𝍧吝𝍡凶 𝍨灾𝍡凶

𝍠祥𝍢休 𝍡悔𝍢休 𝍢凶𝍢休 𝍣咎𝍢休 𝍤平𝍢休 𝍥休𝍢休 𝍦吉𝍢休 𝍧吝𝍢休 𝍨灾𝍢休

𝍠祥𝍣祥 𝍡悔𝍣祥 𝍢凶𝍣祥 𝍣咎𝍣祥 𝍤平𝍣祥 𝍥休𝍣祥 𝍦吉𝍣祥 𝍧吝𝍣祥 𝍨灾𝍣祥

𝍠祥𝍤平 𝍡悔𝍤平 𝍢凶𝍤平 𝍣咎𝍤平 𝍤平𝍤平 𝍥休𝍤平 𝍦吉𝍤平 𝍧吝𝍤平 𝍨灾𝍤平

𝍠祥𝍥灾 𝍡悔𝍥灾 𝍢凶𝍥灾 𝍣咎𝍥灾 𝍤平𝍥灾 𝍥休𝍥灾 𝍦吉𝍥灾 𝍧吝𝍥灾 𝍨灾𝍥灾

𝍠祥𝍦咎 𝍡悔𝍦咎 𝍢凶𝍦咎 𝍣咎𝍦咎 𝍤平𝍦咎 𝍥休𝍦咎蟄虫咸俯 𝍦吉𝍦咎 𝍧吝𝍦咎 𝍨灾𝍦咎

𝍠祥𝍧吉 𝍡悔𝍧吉 𝍢凶𝍧吉 𝍣咎𝍧吉 𝍤平𝍧吉 𝍥休𝍧吉 𝍦吉𝍧元 𝍧吝𝍧吉 𝍨灾𝍧吉

𝍠祥𝍨吝 𝍡悔𝍨吝 𝍢凶𝍨吝 𝍣咎𝍨吝 𝍤平𝍨吝 𝍥休𝍨吝 𝍦吉𝍨吝 𝍧吝𝍨吝 𝍨灾𝍨吝

𝍧𝍧戎八之八

戎，正吉。戰血玄黄，陽亢有傷。君子克藏，惟知之藏。利征伐。

𝍠祥 𝍠悔	𝍡悔 𝍠悔	𝍢凶 𝍠悔	𝍣咎 𝍠悔	𝍤平 𝍠悔	𝍥休 𝍠悔	𝍦吉 𝍠悔	𝍧吝 𝍠悔	𝍨灾 𝍠悔
𝍠祥 𝍡凶	𝍡悔 𝍡凶	𝍢凶 𝍡大	𝍣咎 𝍡凶	𝍤平 𝍡凶	𝍥休 𝍡凶	𝍦吉 𝍡凶	𝍧吝 𝍡凶	𝍨灾 𝍡凶
𝍠祥 𝍢休	𝍡悔 𝍢休	𝍢凶 𝍢休	𝍣咎 𝍢休	𝍤平 𝍢休	𝍥休 𝍢休	𝍦吉 𝍢休	𝍧吝 𝍢休	𝍨灾 𝍢休
𝍠祥 𝍣祥	𝍡悔 𝍣祥	𝍢凶 𝍣祥	𝍣咎 𝍣祥	𝍤平 𝍣祥	𝍥休 𝍣祥	𝍦吉 𝍣祥	𝍧吝 𝍣祥	𝍨灾 𝍣祥
𝍠祥 𝍤平	𝍡悔 𝍤平	𝍢凶 𝍤平	𝍣咎 𝍤平	𝍤平 𝍤平	𝍥休 𝍤平	𝍦吉 𝍤平	𝍧吝 𝍤平	𝍨灾 𝍤平
𝍠祥 𝍥灾	𝍡悔 𝍥灾	𝍢凶 𝍥灾	𝍣咎 𝍥灾	𝍤平 𝍥灾	𝍥休 𝍥灾	𝍦吉 𝍥灾	𝍧吝 𝍥灾	𝍨灾 𝍥灾
𝍠祥 𝍦咎	𝍡悔 𝍦咎	𝍢凶 𝍦咎	𝍣咎 𝍦咎	𝍤平 𝍦咎	𝍥休 𝍦咎	𝍦吉 𝍦咎	𝍧吝 𝍦咎	𝍨灾 𝍦咎
𝍠祥 𝍧吉	𝍡悔 𝍧吉	𝍢凶 𝍧吉	𝍣咎 𝍧吉	𝍤平 𝍧吉	𝍥休 𝍧吉	𝍦吉 𝍧元	𝍧吝 𝍧吉	𝍨灾 𝍧吉
𝍠祥 𝍨吝	𝍡悔 𝍨吝	𝍢凶 𝍨吝	𝍣咎 𝍨吝	𝍤平 𝍨吝	𝍥休 𝍨吝	𝍦吉 𝍨吝	𝍧吝 𝍨吝	𝍨灾 𝍨吝

立冬，水始冰❶

❶「冰」，《宋元學案》卷六七作「涸」。

𝍧𝍨結八之九

結，百穀其成，❶庶績其凝，履霜堅冰。婚媾吉，爭訟凶。

𝍠凶 𝍠悔	𝍡休 𝍠悔	𝍢灾 𝍠悔	𝍣悔 𝍠悔	𝍤平 𝍠悔	𝍥吝 𝍠悔	𝍦祥 𝍠悔	𝍧咎 𝍠悔	𝍨吉 𝍠悔
𝍠凶 𝍡大	𝍡休 𝍡凶	𝍢灾 𝍡凶	𝍣悔 𝍡凶	𝍤平 𝍡凶	𝍥吝 𝍡凶	𝍦祥 𝍡凶	𝍧咎 𝍡凶	𝍨吉 𝍡凶
𝍠凶 𝍢休	𝍡休 𝍢休	𝍢灾 𝍢休	𝍣悔 𝍢休	𝍤平 𝍢休	𝍥吝 𝍢休	𝍦祥 𝍢休	𝍧咎 𝍢休	𝍨吉 𝍢休
𝍠凶 𝍣祥	𝍡休 𝍣祥	𝍢灾 𝍣祥	𝍣悔 𝍣祥	𝍤平 𝍣祥	𝍥吝 𝍣祥	𝍦祥 𝍣祥	𝍧咎 𝍣祥	𝍨吉 𝍣祥
𝍠凶 𝍤平	𝍡休 𝍤平	𝍢灾 𝍤平	𝍣悔 𝍤平	𝍤平 𝍤平	𝍥吝 𝍤平	𝍦祥 𝍤平	𝍧咎 𝍤平	𝍨吉 𝍤平
𝍠凶 𝍥灾	𝍡休 𝍥灾	𝍢灾 𝍥灾	𝍣悔 𝍥灾	𝍤平 𝍥灾	𝍥吝 𝍥灾	𝍦祥 𝍥灾	𝍧咎 𝍥灾	𝍨吉 𝍥灾
𝍠凶 𝍦咎	𝍡休 𝍦咎	𝍢灾 𝍦咎	𝍣悔 𝍦咎	𝍤平 𝍦咎	𝍥吝 𝍦咎	𝍦祥 𝍦咎	𝍧咎 𝍦咎	𝍨吉 𝍦咎
𝍠凶 𝍧吉	𝍡休 𝍧吉	𝍢灾 𝍧吉	𝍣悔 𝍧吉	𝍤平 𝍧吉	𝍥吝 𝍧吉	𝍦祥 𝍧吉	𝍧咎 𝍧吉	𝍨吉 𝍧元
𝍠凶 𝍨吝	𝍡休 𝍨吝	𝍢灾 𝍨吝	𝍣悔 𝍨吝	𝍤平 𝍨吝	𝍥吝 𝍨吝	𝍦祥 𝍨吝	𝍧咎 𝍨吝	𝍨吉 𝍨吝

❶「穀」，當作「榖」，形近而誤，四庫本作「榖」。

𝍠𝍨養九之一

養，惟心亨，求口實。大人大體，小人小體。

地始涷

𝍠吉 𝍠凶	𝍡咎 𝍠凶	𝍢祥 𝍠凶	𝍣吝 𝍠凶	𝍤平 𝍠凶	𝍥悔 𝍠凶	𝍦灾 𝍠凶	𝍧休 𝍠凶	𝍨凶 𝍠大
𝍠吉 𝍡休	𝍡咎 𝍡休	𝍢祥 𝍡休	𝍣吝 𝍡休	𝍤平 𝍡休	𝍥悔 𝍡休	𝍦灾 𝍡休	𝍧休 𝍡休	𝍨凶 𝍡休
𝍠吉 𝍢灾	𝍡咎 𝍢灾	𝍢祥 𝍢灾	𝍣吝 𝍢灾	𝍤平 𝍢灾	𝍥悔 𝍢灾	𝍦灾 𝍢灾	𝍧休 𝍢灾	𝍨凶 𝍢灾
𝍠吉 𝍣悔	𝍡咎 𝍣悔	𝍢祥 𝍣悔	𝍣吝 𝍣悔	𝍤平 𝍣悔	𝍥悔 𝍣悔	𝍦灾 𝍣悔	𝍧休 𝍣悔	𝍨凶 𝍣悔
𝍠吉 𝍤平	𝍡咎 𝍤平	𝍢祥 𝍤平	𝍣吝 𝍤平	𝍤平 𝍤平	𝍥悔 𝍤平	𝍦灾 𝍤平	𝍧休 𝍤平	𝍨凶 𝍤平
𝍠吉 𝍥吝	𝍡咎 𝍥吝	𝍢祥 𝍥吝	𝍣吝 𝍥吝	𝍤平 𝍥吝	𝍥悔 𝍥吝	𝍦灾 𝍥吝	𝍧休 𝍥吝	𝍨凶 𝍥吝
𝍠吉 𝍦祥	𝍡咎 𝍦祥	𝍢祥 𝍦祥	𝍣吝 𝍦祥	𝍤平 𝍦祥	𝍥悔 𝍦祥	𝍦灾 𝍦祥	𝍧休 𝍦祥	𝍨凶 𝍦祥
𝍠吉 𝍧咎	𝍡咎 𝍧咎	𝍢祥 𝍧咎	𝍣吝 𝍧咎	𝍤平 𝍧咎	𝍥悔 𝍧咎	𝍦灾 𝍧咎	𝍧休 𝍧咎	𝍨凶 𝍧咎
𝍠吉 𝍨元	𝍡咎 𝍨吉	𝍢祥 𝍨吉	𝍣吝 𝍨吉	𝍤平 𝍨吉	𝍥悔 𝍨吉	𝍦灾 𝍨吉	𝍧休 𝍨吉	𝍨凶 𝍨吉

𝍨𝍡遇九之二

遇，吉。非龍非彲，非虎非羆，爲周之師。自天祐之。勿娶女，凶。

𝍠吝 𝍡吉 𝍢咎 𝍣災 𝍤平 𝍥祥 𝍦休 𝍧凶 𝍨悔
𝍠凶 𝍠凶 𝍠凶 𝍠凶 𝍠凶 𝍠凶 𝍠凶 𝍠大 𝍠凶

雉入大水化爲蜃

𝍠吝 𝍡吉 𝍢咎 𝍣災 𝍤平 𝍥祥 𝍦休 𝍧凶 𝍨悔
𝍡休 𝍡休 𝍡休 𝍡休 𝍡休 𝍡休 𝍡休 𝍡休 𝍡休

𝍠吝 𝍡吉 𝍢咎 𝍣災 𝍤平 𝍥祥 𝍦休 𝍧凶 𝍨悔
𝍢災 𝍢災 𝍢災 𝍢災 𝍢災 𝍢災 𝍢災 𝍢災 𝍢災

𝍠吝 𝍡吉 𝍢咎 𝍣災 𝍤平 𝍥祥 𝍦休 𝍧凶 𝍨悔
𝍣悔 𝍣悔 𝍣悔 𝍣悔 𝍣悔 𝍣悔 𝍣悔 𝍣悔 𝍣悔

𝍠吝 𝍡吉 𝍢咎 𝍣災 𝍤平 𝍥祥 𝍦休 𝍧凶 𝍨悔
𝍤平 𝍤平 𝍤平 𝍤平 𝍤平 𝍤平 𝍤平 𝍤平 𝍤平

𝍠吝 𝍡吉 𝍢咎 𝍣災 𝍤平 𝍥祥 𝍦休 𝍧凶 𝍨悔
𝍥吝 𝍥吝 𝍥吝 𝍥吝 𝍥吝 𝍥吝 𝍥吝 𝍥吝 𝍥吝

𝍠吝 𝍡吉 𝍢咎 𝍣災 𝍤平 𝍥祥 𝍦休 𝍧凶 𝍨悔
𝍦祥 𝍦祥 𝍦祥 𝍦祥 𝍦祥 𝍦祥 𝍦祥 𝍦祥 𝍦祥

𝍠吝 𝍡吉 𝍢咎 𝍣災 𝍤平 𝍥祥 𝍦休 𝍧凶 𝍨悔
𝍧咎 𝍧咎 𝍧咎 𝍧咎 𝍧咎 𝍧咎 𝍧咎 𝍧咎 𝍧咎

𝍠吝 𝍡吉 𝍢咎 𝍣災 𝍤平 𝍥祥 𝍦休 𝍧凶 𝍨悔
𝍨吉 𝍨元 𝍨吉 𝍨吉 𝍨吉 𝍨吉 𝍨吉 𝍨吉 𝍨吉

𝍨𝍢勝 九之三

勝，厲，正吉。利涉大川。君子以智，小人以力。

小雪，虹藏不见

𝍠灾 𝍠凶	𝍡吝 𝍠凶	𝍢吉 𝍠凶	𝍣休 𝍠凶	𝍤平 𝍠凶	𝍥咎 𝍠凶	𝍦凶 𝍠大	𝍧悔 𝍠凶	𝍨祥 𝍠凶
𝍠灾 𝍡休	𝍡吝 𝍡休	𝍢吉 𝍡休	𝍣休 𝍡休	𝍤平 𝍡休	𝍥咎 𝍡休	𝍦凶 𝍡休	𝍧悔 𝍡休	𝍨祥 𝍡休
𝍠灾 𝍢灾	𝍡吝 𝍢灾	𝍢吉 𝍢灾	𝍣休 𝍢灾	𝍤平 𝍢灾	𝍥咎 𝍢灾	𝍦凶 𝍢灾	𝍧悔 𝍢灾	𝍨祥 𝍢灾
𝍠灾 𝍣悔	𝍡吝 𝍣悔	𝍢吉 𝍣悔	𝍣休 𝍣悔	𝍤平 𝍣悔	𝍥咎 𝍣悔	𝍦凶 𝍣悔	𝍧悔 𝍣悔	𝍨祥 𝍣悔
𝍠灾 𝍤平	𝍡吝 𝍤平	𝍢吉 𝍤平	𝍣休 𝍤平	𝍤平 𝍤平	𝍥咎 𝍤平	𝍦凶 𝍤平	𝍧悔 𝍤平	𝍨祥 𝍤平
𝍠灾 𝍥吝	𝍡吝 𝍥吝	𝍢吉 𝍥吝	𝍣休 𝍥吝	𝍤平 𝍥吝	𝍥咎 𝍥吝	𝍦凶 𝍥吝	𝍧悔 𝍥吝	𝍨祥 𝍥吝
𝍠灾 𝍦祥	𝍡吝 𝍦祥	𝍢吉 𝍦祥	𝍣休 𝍦祥	𝍤平 𝍦祥	𝍥咎 𝍦祥	𝍦凶 𝍦祥	𝍧悔 𝍦祥	𝍨祥 𝍦祥
𝍠灾 𝍧咎	𝍡吝 𝍧咎	𝍢吉 𝍧咎	𝍣休 𝍧咎	𝍤平 𝍧咎	𝍥咎 𝍧咎	𝍦凶 𝍧咎	𝍧悔 𝍧咎	𝍨祥 𝍧咎
𝍠灾 𝍨吉	𝍡吝 𝍨吉	𝍢吉 𝍨元	𝍣休 𝍨吉	𝍤平 𝍨吉	𝍥咎 𝍨吉	𝍦凶 𝍨吉	𝍧悔 𝍨吉	𝍨祥 𝍨吉

𝍣𝍨囚九之四

囚，厲，利用獄，不利有攸往。

𝍠咎𝍠凶　𝍡祥𝍠凶　𝍢悔𝍠凶　𝍣吉𝍠凶　𝍤平𝍠凶　𝍥凶𝍠大　𝍦吝𝍠凶　𝍧灾𝍠凶　𝍨休𝍠凶

𝍠咎𝍡休　𝍡祥𝍡休　𝍢悔𝍡休　𝍣吉𝍡休　𝍤平𝍡休　𝍥凶𝍡休　𝍦吝𝍡休　𝍧灾𝍡休　𝍨休𝍡休

𝍠咎𝍢灾　𝍡祥𝍢灾　𝍢悔𝍢灾　𝍣吉𝍢灾　𝍤平𝍢灾　𝍥凶𝍢灾　𝍦吝𝍢灾　𝍧灾𝍢灾　𝍨休𝍢灾

天氣上升，地氣下降

𝍠咎𝍣悔　𝍡祥𝍣悔　𝍢悔𝍣悔　𝍣吉𝍣悔　𝍤平𝍣悔　𝍥凶𝍣悔　𝍦吝𝍣悔　𝍧灾𝍣悔　𝍨休𝍣悔

𝍠咎𝍤平　𝍡祥𝍤平　𝍢悔𝍤平　𝍣吉𝍤平　𝍤平𝍤平　𝍥凶𝍤平　𝍦吝𝍤平　𝍧灾𝍤平　𝍨休𝍤平

𝍠咎𝍥吝　𝍡祥𝍥吝　𝍢悔𝍥吝　𝍣吉𝍥吝　𝍤平𝍥吝　𝍥凶𝍥吝　𝍦吝𝍥吝　𝍧灾𝍥吝　𝍨休𝍥吝

𝍠咎𝍦祥　𝍡祥𝍦祥　𝍢悔𝍦祥　𝍣吉𝍦祥　𝍤平𝍦祥　𝍥凶𝍦祥　𝍦吝𝍦祥　𝍧灾𝍦祥　𝍨休𝍦祥

𝍠咎𝍧咎　𝍡祥𝍧咎　𝍢悔𝍧咎　𝍣吉𝍧咎　𝍤平𝍧咎　𝍥凶𝍧咎　𝍦吝𝍧咎　𝍧灾𝍧咎　𝍨休𝍧咎

𝍠咎𝍨吉　𝍡祥𝍨吉　𝍢悔𝍨吉　𝍣吉𝍨元　𝍤平𝍨吉　𝍥凶𝍨吉　𝍦吝𝍨吉　𝍧灾𝍨吉　𝍨休𝍨吉

𝍨𝍤壬九之五

壬，惟水之神，外暗內明。君子休休，小人包羞。姙娠吉。

𝍠平 𝍠凶	𝍡平 𝍠凶	𝍢平 𝍠凶	𝍣平 𝍠凶	𝍤吉 𝍠凶	𝍥平 𝍠凶	𝍦平 𝍠凶	𝍧平 𝍠凶	𝍨平 𝍠凶
𝍠平 𝍡休	𝍡平 𝍡休	𝍢平 𝍡休	𝍣平 𝍡休	𝍤吉 𝍡休	𝍥平 𝍡休	𝍦平 𝍡休	𝍧平 𝍡休	𝍨平 𝍡休
𝍠平 𝍢災	𝍡平 𝍢災	𝍢平 𝍢災	𝍣平 𝍢災	𝍤吉 𝍢災	𝍥平 𝍢災	𝍦平 𝍢災	𝍧平 𝍢災	𝍨平 𝍢災
𝍠平 𝍣悔	𝍡平 𝍣悔	𝍢平 𝍣悔	𝍣平 𝍣悔	𝍤吉 𝍣悔	𝍥平 𝍣悔	𝍦平 𝍣悔	𝍧平 𝍣悔	𝍨平 𝍣悔
𝍠平 𝍤平	𝍡平 𝍤平	𝍢平 𝍤平	𝍣平 𝍤平	閉塞而成冬 𝍤吉 𝍤平	𝍥平 𝍤平	𝍦平 𝍤平	𝍧平 𝍤平	𝍨平 𝍤平
𝍠平 𝍥吝	𝍡平 𝍥吝	𝍢平 𝍥吝	𝍣平 𝍥吝	𝍤吉 𝍥吝	𝍥平 𝍥吝	𝍦平 𝍥吝	𝍧平 𝍥吝	𝍨平 𝍥吝
𝍠平 𝍦祥	𝍡平 𝍦祥	𝍢平 𝍦祥	𝍣平 𝍦祥	𝍤吉 𝍦祥	𝍥平 𝍦祥	𝍦平 𝍦祥	𝍧平 𝍦祥	𝍨平 𝍦祥
𝍠平 𝍧咎	𝍡平 𝍧咎	𝍢平 𝍧咎	𝍣平 𝍧咎	𝍤吉 𝍧咎	𝍥平 𝍧咎	𝍦平 𝍧咎	𝍧平 𝍧咎	𝍨平 𝍧咎
𝍠平 𝍨吉	𝍡平 𝍨吉	𝍢平 𝍨吉	𝍣平 𝍨吉	𝍤吉 𝍨元	𝍥平 𝍨吉	𝍦平 𝍨吉	𝍧平 𝍨吉	𝍨平 𝍨吉

𝍨𝍥固九之六

固，正靜而一，爲物之極。龍蛇之蟄，不知不識，吉。

𝍠休 𝍡灾 𝍢吝 𝍣凶 𝍤平 𝍥吉 𝍦悔 𝍧祥 𝍨咎
𝍠凶 𝍠凶 𝍠凶 𝍠大 𝍠凶 𝍠凶 𝍠凶 𝍠凶 𝍠凶

𝍠休 𝍡灾 𝍢吝 𝍣凶 𝍤平 𝍥吉 𝍦悔 𝍧祥 𝍨咎
𝍡休 𝍡休 𝍡休 𝍡休 𝍡休 𝍡休 𝍡休 𝍡休 𝍡休

𝍠休 𝍡灾 𝍢吝 𝍣凶 𝍤平 𝍥吉 𝍦悔 𝍧祥 𝍨咎
𝍢灾 𝍢灾 𝍢灾 𝍢灾 𝍢灾 𝍢灾 𝍢灾 𝍢灾 𝍢灾

𝍠休 𝍡灾 𝍢吝 𝍣凶 𝍤平 𝍥吉 𝍦悔 𝍧祥 𝍨咎
𝍣悔 𝍣悔 𝍣悔 𝍣悔 𝍣悔 𝍣悔 𝍣悔 𝍣悔 𝍣悔

𝍠休 𝍡灾 𝍢吝 𝍣凶 𝍤平 𝍥吉 𝍦悔 𝍧祥 𝍨咎
𝍤平 𝍤平 𝍤平 𝍤平 𝍤平 𝍤平 𝍤平 𝍤平 𝍤平

大雪，鶡鳥不鳴

𝍠休 𝍡灾 𝍢吝 𝍣凶 𝍤平 𝍥吉 𝍦悔 𝍧祥 𝍨咎
𝍥吝 𝍥吝 𝍥吝 𝍥吝 𝍥吝 𝍥吝 𝍥吝 𝍥吝 𝍥吝

𝍠休 𝍡灾 𝍢吝 𝍣凶 𝍤平 𝍥吉 𝍦悔 𝍧祥 𝍨咎
𝍦祥 𝍦祥 𝍦祥 𝍦祥 𝍦祥 𝍦祥 𝍦祥 𝍦祥 𝍦祥

𝍠休 𝍡灾 𝍢吝 𝍣凶 𝍤平 𝍥吉 𝍦悔 𝍧祥 𝍨咎
𝍧咎 𝍧咎 𝍧咎 𝍧咎 𝍧咎 𝍧咎 𝍧咎 𝍧咎 𝍧咎

𝍠休 𝍡灾 𝍢吝 𝍣凶 𝍤平 𝍥吉 𝍦悔 𝍧祥 𝍨咎
𝍨吉 𝍨吉 𝍨吉 𝍨吉 𝍨吉 𝍨元 𝍨吉 𝍨吉 𝍨吉

𝍨𝍦移九之七

移，功成而退，居亢則悔。利有攸往，守常凶。

𝍠祥𝍠凶　𝍡悔𝍠凶　𝍢凶𝍠大　𝍣咎𝍠凶　𝍤平𝍠凶　𝍥休𝍠凶　𝍦吉𝍠凶　𝍧吝𝍠凶　𝍨災𝍠凶

𝍠祥𝍡休　𝍡悔𝍡休　𝍢凶𝍡休　𝍣咎𝍡休　𝍤平𝍡休　𝍥休𝍡休　𝍦吉𝍡休　𝍧吝𝍡休　𝍨災𝍡休

𝍠祥𝍢災　𝍡悔𝍢災　𝍢凶𝍢災　𝍣咎𝍢災　𝍤平𝍢災　𝍥休𝍢災　𝍦吉𝍢災　𝍧吝𝍢災　𝍨災𝍢災

𝍠祥𝍣悔　𝍡悔𝍣悔　𝍢凶𝍣悔　𝍣咎𝍣悔　𝍤平𝍣悔　𝍥休𝍣悔　𝍦吉𝍣悔　𝍧吝𝍣悔　𝍨災𝍣悔

𝍠祥𝍤平　𝍡悔𝍤平　𝍢凶𝍤平　𝍣咎𝍤平　𝍤平𝍤平　𝍥休𝍤平　𝍦吉𝍤平　𝍧吝𝍤平　𝍨災𝍤平

𝍠祥𝍥吝　𝍡悔𝍥吝　𝍢凶𝍥吝　𝍣咎𝍥吝　𝍤平𝍥吝　𝍥休𝍥吝　𝍦吉𝍥吝　𝍧吝𝍥吝　𝍨災𝍥吝

𝍠祥𝍦祥　𝍡悔𝍦祥　𝍢凶𝍦祥　𝍣咎𝍦祥　𝍤平𝍦祥　𝍥休𝍦祥　𝍦吉𝍦祥（虎始交）　𝍧吝𝍦祥　𝍨災𝍦祥

𝍠祥𝍧咎　𝍡悔𝍧咎　𝍢凶𝍧咎　𝍣咎𝍧咎　𝍤平𝍧咎　𝍥休𝍧咎　𝍦吉𝍧咎　𝍧吝𝍧咎　𝍨災𝍧咎

𝍠祥𝍨吉　𝍡悔𝍨吉　𝍢凶𝍨吉　𝍣咎𝍨吉　𝍤平𝍨吉　𝍥休𝍨吉　𝍦吉𝍨元　𝍧吝𝍨吉　𝍨災𝍨吉

𝍧𝍨墮九之八

墮，物極於上，必復於下。君子下下，吉。

𝍠悔 𝍠凶	𝍡凶 𝍠大	𝍢休 𝍠凶	𝍣祥 𝍠凶	𝍤平 𝍠凶	𝍥災 𝍠凶	𝍦咎 𝍠凶	𝍧吉 𝍠凶	𝍨吝 𝍠凶
𝍠悔 𝍡休	𝍡凶 𝍡休	𝍢休 𝍡休	𝍣祥 𝍡休	𝍤平 𝍡休	𝍥災 𝍡休	𝍦咎 𝍡休	𝍧吉 𝍡休	𝍨吝 𝍡休
𝍠悔 𝍢災	𝍡凶 𝍢災	𝍢休 𝍢災	𝍣祥 𝍢災	𝍤平 𝍢災	𝍥災 𝍢災	𝍦咎 𝍢災	𝍧吉 𝍢災	𝍨吝 𝍢災
𝍠悔 𝍣悔	𝍡凶 𝍣悔	𝍢休 𝍣悔	𝍣祥 𝍣悔	𝍤平 𝍣悔	𝍥災 𝍣悔	𝍦咎 𝍣悔	𝍧吉 𝍣悔	𝍨吝 𝍣悔
𝍠悔 𝍤平	𝍡凶 𝍤平	𝍢休 𝍤平	𝍣祥 𝍤平	𝍤平 𝍤平	𝍥災 𝍤平	𝍦咎 𝍤平	𝍧吉 𝍤平	𝍨吝 𝍤平
𝍠悔 𝍥吝	𝍡凶 𝍥吝	𝍢休 𝍥吝	𝍣祥 𝍥吝	𝍤平 𝍥吝	𝍥災 𝍥吝	𝍦咎 𝍥吝	𝍧吉 𝍥吝	𝍨吝 𝍥吝
𝍠悔 𝍦祥	𝍡凶 𝍦祥	𝍢休 𝍦祥	𝍣祥 𝍦祥	𝍤平 𝍦祥	𝍥災 𝍦祥	𝍦咎 𝍦祥	𝍧吉 𝍦祥 荔挺出	𝍨吝 𝍦祥
𝍠悔 𝍧咎	𝍡凶 𝍧咎	𝍢休 𝍧咎	𝍣祥 𝍧咎	𝍤平 𝍧咎	𝍥災 𝍧咎	𝍦咎 𝍧咎	𝍧吉 𝍧咎	𝍨吝 𝍧咎
𝍠悔 𝍨吉	𝍡凶 𝍨吉	𝍢休 𝍨吉	𝍣祥 𝍨吉	𝍤平 𝍨吉	𝍥災 𝍨吉	𝍦咎 𝍨吉	𝍧吉 𝍨元	𝍨吝 𝍨吉

𝍨𝍨終九之九

終，吉，兹闔之窮，斯闢之通。君子令終。

𝍠凶𝍠大	𝍡休𝍠凶	𝍢灾𝍠凶	𝍣悔𝍠凶	𝍤平𝍠凶	𝍥吝𝍠凶	𝍦祥𝍠凶	𝍧咎𝍠凶	𝍨吉𝍠凶
𝍠凶𝍡休	𝍡休𝍡休	𝍢灾𝍡休	𝍣悔𝍡休	𝍤平𝍡休	𝍥吝𝍡休	𝍦祥𝍡休	𝍧咎𝍡休	𝍨吉𝍡休
𝍠凶𝍢灾	𝍡休𝍢灾	𝍢灾𝍢灾	𝍣悔𝍢灾	𝍤平𝍢灾	𝍥吝𝍢灾	𝍦祥𝍢灾	𝍧咎𝍢灾	𝍨吉𝍢灾
𝍠凶𝍣悔	𝍡休𝍣悔	𝍢灾𝍣悔	𝍣悔𝍣悔	𝍤平𝍣悔	𝍥吝𝍣悔	𝍦祥𝍣悔	𝍧咎𝍣悔	𝍨吉𝍣悔
𝍠凶𝍤平	𝍡休𝍤平	𝍢灾𝍤平	𝍣悔𝍤平	𝍤平𝍤平	𝍥吝𝍤平	𝍦祥𝍤平	𝍧咎𝍤平	𝍨吉𝍤平
𝍠凶𝍥吝	𝍡休𝍥吝	𝍢灾𝍥吝	𝍣悔𝍥吝	𝍤平𝍥吝	𝍥吝𝍥吝	𝍦祥𝍥吝	𝍧咎𝍥吝	𝍨吉𝍥吝
𝍠凶𝍦祥	𝍡休𝍦祥	𝍢灾𝍦祥	𝍣悔𝍦祥	𝍤平𝍦祥	𝍥吝𝍦祥	𝍦祥𝍦祥	𝍧咎𝍦祥	𝍨吉𝍦祥
𝍠凶𝍧咎	𝍡休𝍧咎	𝍢灾𝍧咎	𝍣悔𝍧咎	𝍤平𝍧咎	𝍥吝𝍧咎	𝍦祥𝍧咎	𝍧咎𝍧咎	𝍨吉𝍧咎
𝍠凶𝍨吉	𝍡休𝍨吉	𝍢灾𝍨吉	𝍣悔𝍨吉	𝍤平𝍨吉	𝍥吝𝍨吉	𝍦祥𝍨吉	𝍧咎𝍨吉	𝍨元𝍨吉

五行植物屬圖

	木	火	土	金	水
一陽	楊柳	木火	砂	汞	澗水
二陽	梅李	石火	石	銀	井水
三陽	松柏	雷火	玉	金	雨水
一陰	竹葦	油火	土	銅	溝渠
二陰	禾麥	虫火	壤	鐵	陂澤
三陰	蕈	粼	泥	鉛	湖海

五行動物屬圖

	木	火	土	金	水
一陽	鯪鯉	鴈	蟾蜍	鹿	蠏
二陽	蛇	雞	蚕	馬	鼈
三陽	龍	鳳 鶴	人	麟 猴	龜
一陰	鯉魴	鷹隼	蜘蛛	虎	蝦
二陰	小魚	燕雀	蚓	牛豕	蚌
三陰	鰍	梟 蠛蠓	鰻	毛虫	蠣

五行用物屬圖

	木	火	土	金	水
一陽	疏器門窗	登器梯棚	腹器筐筥	方器斧鉞	平器權衡
二陽	琴瑟	文書	圭璧	印節	輪磨
三陽	規	繩	量	矩	準
一陰	箄篩	筆硯	舟車	弓矢	鏡匳
二陰	耒耜	檯棹	盤盂	簡	研椎
三陰	網罟	履蹋	棺槨	械校	厠溷

五行事類吉圖

	木	火	土	金	水
一陽	徵召	燕集	工役	賜予	交易
二陽	科名	文書	循常	按察	遷移
三陽	恩赦	朝會	盟約	更革	征行
一陰	婚姻	言語	田宅	軍旅	酒食
二陰	產孕	歌舞	福壽	錢貨	田獵
三陰	財帛	燈燭	墳墓	刑法	祭祀

五行事類凶圖

	木	火	土	金	水
一陽	桯杌	公訟	反覆	征役	盜賊
二陽	驚憂	顛狂	欺詐	罷免	囚獄
三陽	醜惡	口舌	離散	責降	徒流
一陰	壓墜	炙灸	貧窮	争鬭	淫亂
二陰	夭折	災焚	疾病	傷損	呪咀
三陰	産死	震燬	死亡	殺戮	浸溺

五行支干圖

	木	火	土	金	水
一陽	甲子 乙丑	丙子 丁丑	戊子 己丑	庚子 辛丑	壬子 癸丑
二陽	甲寅 乙卯	丙寅 丁卯	戊寅 己卯	庚寅 辛卯	壬寅 癸卯
三陽	甲辰 乙巳	丙辰 丁巳	戊辰 己巳	庚辰 辛巳	壬辰 癸巳
一陰	甲午 乙未	丙午 丁未	戊午 己未	庚午 辛未	壬午 癸未
二陰	甲申 乙酉	丙申 丁酉	戊申 己酉	庚申 辛酉	壬申 癸酉
三陰	甲戌 乙亥	丙戌 丁亥	戊戌 己亥	庚戌 辛亥	壬戌 癸亥

五行人體性情圖

	木	火	土	金	水
一陽	喜	樂	慾	怒	哀
二陽	魂	神	意	魄	精
三陽	仁	禮	信	義	智
一陰	臭	色	形	味	聲
二陰	肝	心	脾	肺	腎
三陰	筋	毛	肉	骨	皮

易象之圖

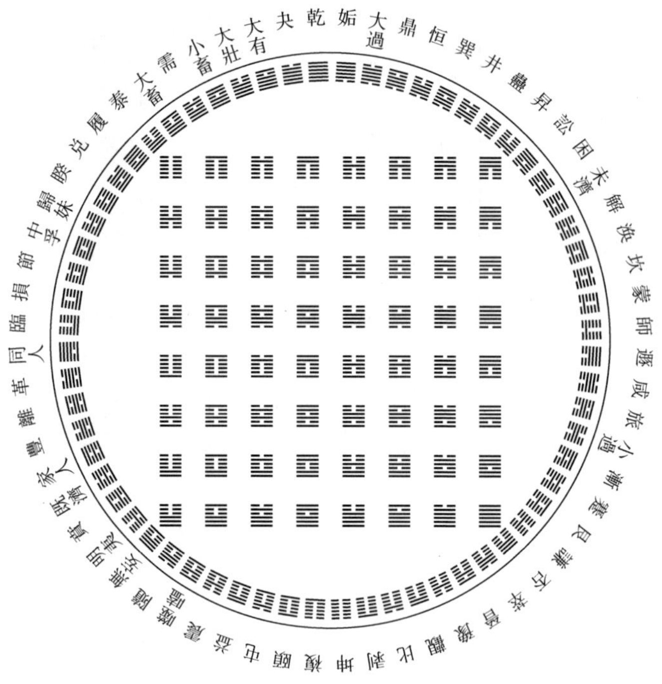

古者包犧氏之王天下也，仰則觀象於天，俯則觀法於地。觀鳥獸之文與地之宜，近取

諸身，遠取諸物，於是始作八卦，以通神明之德，以類萬物之情。

《易》有太極，是生兩儀，兩儀生四象，四象生八卦，八卦定吉凶，吉凶生大業。

天地定位，山澤通氣，雷風相薄，水火不相射。八卦相錯，數往者順，知來者逆，是故易逆數也。

天一地二，天三地四，天五地六，天七地八，天九地十。天數五，地數五，五位相得而各有合。天數二十有五，地數三十，凡天地之數五十有五，此所以成變化而行鬼神也。

範數之圖

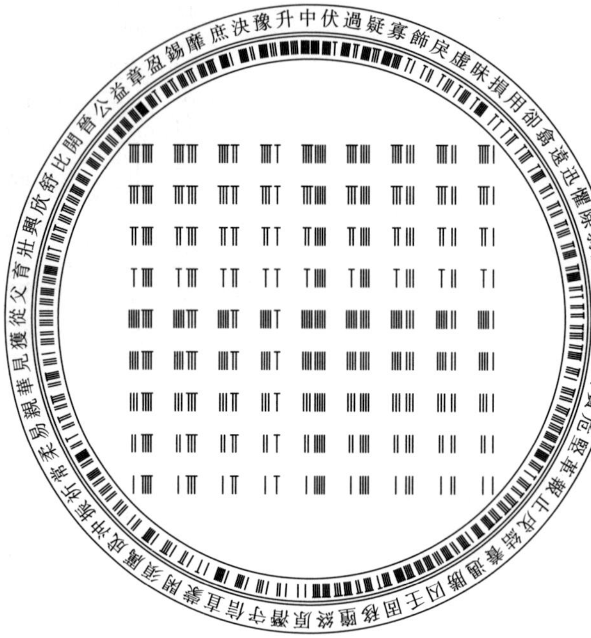

昔者天錫禹洪範九疇也，彝倫攸敘。初一曰五行，次二曰敬用五事，次三曰農用八政，

次四曰協用五紀，次五曰建用皇極，次六曰乂用三德，次七曰明用稽疑，次八曰念用庶徵，次九曰嚮用五福、威用六極。

冲漠無眹，萬象具矣。動静無端，後則先矣。器根於道，道著器矣。一實萬分，萬復一矣。混兮闢兮，其無窮矣。是故數者，計乎此者也。疇者，等乎此者也。行者，運乎此者也。微而顯，費而幽，神應不測，所以妙乎此者也。

一者，九之祖也。九者，八十一之宗也。圓之而天，方之而地，行之而四時。天所以覆物也，地所以載物也，四時所以成物也。散之無外，卷之無内，體諸造化而不可遺者乎。

性理大全書卷之二十六

理氣一

總論

程子曰：有形總是氣，無形只是道。○離陰陽則無道。陰陽，氣也，形而下也。道，太虚也，形而上也。

朱子曰：天地之間，有理有氣。理也者，形而上之道也，生物之本也。氣也者，形而下之器也，生物之具也。是以人物之生必稟此理，然後有性；必稟此氣，然後有形。○有是理，後生是氣。自「一陰一陽之謂道」推來，此性自有仁、義。○天下未有無理之氣，亦未有無氣之理。○先有箇天理了，却有氣，氣積爲質，而性具焉。○人之所以爲人，其理則天地之理，其氣則天地之氣。理無迹，不可見，故於氣觀之。○問：先有理，抑先有氣？曰：理未嘗離乎氣，然理形而上者，氣形而下者。自形而上下言，豈無先後？理無形，氣便粗，有查滓。○理氣本無先後之可言，然必欲推其所從來，則須説先有是理。然理又非別爲一物，即存乎是氣之中，無是氣，則是理亦無掛搭處。氣則爲金木水火，理則爲仁義禮智。○問：理與氣。曰：伊川説得好。曰：理一分殊。合天地萬物而言，只是一箇理，及在人，則又各自有一箇理。又曰：有是理便有是氣，但理是本。而今且從理上説氣，如云「太極動而生陽，動極而静，静而生陰」，不成動已前便無静。程子曰「動静無端」，蓋此亦是且自那動處説起。若論著動以前，又有静，静以前又有動。如云「一陰一陽之謂道，繼之者善也」，這「繼」字便是動之端，若只一開一闔而無繼，便是闔殺了。又問：「繼」是動静之間否？曰：是静之終，動之始也。且如四時，到得冬月萬物都歸窠了，若不生，來年便都息了。蓋是貞復生元，無窮如此。○問：有是理而後有是氣，未有人時，此理何在？曰：也只在這裏。如一海水，或取得一杓，或取得一檐，或取得一椀，都是這海水，但是他爲主，我爲客，他較長久，我得之不久耳。○問：理在氣中發見處如何？曰：如陰陽、五行，錯綜不失條緒，便是理。若氣不結聚時，理亦無所附著。○問先有理後有氣之説。曰：不消如此説。而今知得他合下是先有理後有氣邪？後有理先有氣邪？皆不可得而推究。然以意度之，則疑此氣是依傍這理行，及此氣之聚，則理亦在焉。蓋氣則能凝結造作，理却無情意，無計度，無造作。只此氣凝聚處，理便在其中。且如天地間人物、草木、禽獸，其生也莫不有種，定不會無種了，白地生出一箇物事。這箇都是氣。若理，則只是箇淨潔空闊底世界，無形迹，他却不會造作。氣則能醖釀凝聚生物也。○問：有是理便有是氣，似不可分先後。曰：要之也先有理，只不可説是今日有是理，明日却有是氣。也須有先後。○問：未有天地之先，畢竟是先有理，如何？曰：未有天地之先，畢竟也只是理。有此理，便有此天地。若無此理，便亦無天地，無人無物，都無該載了。有理便有氣，流行發育萬物。曰：發育是理發育之否？曰：有此理，便有此氣流行發育，理無形體。曰：所謂體者是强名否？曰：是。曰：理無極，氣有極否？曰：論其極，將那處做極？○所謂理與氣，決是二物。但在物上看，則二物渾淪，不可分開各在一處，然不害二物之各爲一物也。若在理上看，則雖未有物而已有物之理，然亦但有其理而已，未嘗實有是物也。○問：天地之間，有理有氣。理常不移，而氣不常足。大德必得名、位、壽，理固如此。然孔子無位，顔子夭死，豈非氣使之然耶？竊疑氣雖不同，然聖人在上，以和召和，則氣亦醇正而隨於理。春秋、戰國，刑殺慘酷，❶則氣亦隨之而變，而理反不能勝。此處亦當關於人事否？曰：雖是所感不同，亦是元氣薄了。○問理氣先後。曰：有此理後方有此氣。既有此氣，然後此理有安頓處。大而

❶ 「刑」，原作「形」，今據重修本改。

天地，細而螻蟻，其生皆是如此。又何慮天地之生無所付受耶？要之理之一字，不可以有無論。未有天地之時，便已如此了也。

勉齋黄氏曰：天道是理，陰陽五行是氣。合而言之，氣即是理，一陰一陽之謂道也。分而言之，理自爲理，氣自爲氣，形而上下是也。○理無迹而氣有形，理無際而氣有限，理一本而氣萬殊。故言理之當先乎氣，深思之，則無不通也。○天地生出人物，如大芋頭生出小芋頭。大底有理與氣，一下生出無限小底，却都傳與他去。

北溪陳氏曰：二氣流行，萬古生生不息，不成只是箇空氣？必有主宰之者，曰理是也。理在其中爲之樞紐，故大化流行，生生未嘗止息。所謂「以理言」者，非有離乎氣，只是就氣上指出箇理，不離乎氣而爲言耳。○理不外乎氣。若説截然在陰陽五行之先，及在陰陽五行之中，便成理與氣爲二物矣。

太　極

朱子曰：太極只是一箇「理」字。○問：太極不是未有天地之先有箇渾成之物，是天地萬物之理總名否？曰：太極只是天地萬物之理。在天地言，則天地中有太極；在萬物言，則萬物中各有太極。未有天地之先，畢竟是先有此理。動而生陽亦只是理，靜而生陰亦只是理。○萬物、四時、五行只是從那太極中來。太極只是一箇氣，迤邐分做兩箇氣，裏面動底是陽，静底是陰，又分做五氣，又散爲萬物。○問：《太極解》何以先動而後静，先用而後體，先感而後寂？曰：在陰陽言，則用在陽而體在陰。然動静無端，陰陽無始，不可分先後。今只就起處言之。畢竟動前又是静，用前又是體，感前又是寂，陽前又是陰。而寂前又是感，静前又是動，將何者爲先後？不可只道今日動便爲始，而昨日静更不説也。如鼻息，言呼吸則辭順，不可道吸呼。畢竟呼前又是吸，吸前又是呼。○太極非是别爲一物，即陰陽而在陰陽，即五行而在五行，即萬物而在萬物，只是一箇理而已。因其極至，故名曰太極。若無太極，便不翻了天地。○太極，理也。動静，氣也。氣行則理亦行，二者常相依而未嘗相離也。當初元無一物，只有此理。有此理便會動而生陽，静而生陰，静極復動，動極復静，循環流轉。其實理無窮，氣亦與之無窮。自有天地，便是這物事在這裏流轉。一日有一日之運，一月有一月之運，一歲有一歲之運，只是這箇物事衮將去。○太極未動之前便是陰，陰静之中自有陽之根，陽動之中又有陰之根。動之所以必静者，根乎陰故也。静之所以必動者，根乎陽故也。○太極者，象數未形而其理已具之稱，形器已具而其理無眹之目。○太極自是函動静之理，却不可以動静分體用。蓋静即太極之體也，動即太極之用也。○太極之有動静，是天命之流行也。或疑静處如何流行。曰：惟是一動一静，所以流行。如秋冬之時，謂之不流行，可乎？若謂不能流行，何以謂之「静而生陰」也？觀「生」之一字可見。○自「太極」至「萬物化生」，只是一箇道理包括，非是先有此而後有彼，但統是一箇大原，由體而達用，從微而至著。○動静無端，陰陽無始。本不可以先後言，然就中間截斷言之，則亦不害其有先後也。觀周子所言「太極動而生陽」，則其未動之前固已嘗静矣。又言「静極復動」，則已静之後固必有動矣。如春秋冬夏、元亨利貞，固不能無先後。然不冬則何以爲春，而不貞又何以爲元？就此看之，又自有先後也。

節齋蔡氏曰：主太極而言，則太極在陰陽之先。主陰陽而言，則太極在陰陽之内。時既不同，所主皆異，不可執一而廢一也。蓋自陰陽未生之時而言，則所謂太極者，即在乎陰陽之中也。

西山真氏曰：萬物各具一理，萬理同出一原。所謂萬物一原者，太極也。太極者，乃萬理統會之名。有理即有氣，分而爲二則爲陰陽，分而爲五則爲五行。萬物萬事，皆原於此。人與物得之則爲性，性者即太極也。仁義即陰陽也，仁義禮智信即五行也。萬物各具一理，是物物一太極也；萬理同出一原，是萬物統體一太極也。太極非有形有器之物，只是理之至者，故曰「無極而太極」。

北溪陳氏曰：太極之所以爲極至者，言此理至中至正，至精至粹，至神至妙，至矣盡矣，不可以復加矣,故强名曰極。○太極只是以理言也,理緣何又謂之極? 極,至也。以其在中,有樞極之義。如皇極、北極等皆有在中之義,不可便訓極爲中。蓋極之爲物,常在物之中,四面到此都極至,都去不得。如屋脊梁謂之屋極者,亦只是屋之衆材四面湊合,到此處皆極其中,就此處分出去布爲衆材,四面又皆停匀,無偏剩、偏欠之處。如塔之尖處便是極。如北極,四面星宿皆運轉,惟此不動,所以爲天之樞。若太極云者,乃是就理論。天之所以萬古常運,地之所以萬古常存,人物之所以萬古生生不息,不是各各自恁地,都是理在其中爲之主宰,便自然如此。就其爲天地萬物主宰處論,恁地渾淪極至,故以太極名之。蓋總天地萬物之理,到此湊合,更無去處,及散而爲天地,爲人爲物,又皆一一停匀,無少虧欠,所以謂之太極。○太極只是總天地萬物之理而言,不可離天地萬物之外而别爲之論。纔説離天地萬物而有箇理,便成兩截去了。○未有天地萬物,先有是理。然此理不是懸空在那裏。纔有天地萬物之理,便有天地萬物之氣。纔有天地萬物之氣,則此理便全在天地萬物之中。周子所謂「太極動而生陽,静而生陰」,是有這動之理,便能動而生陽。纔動而生陽,則是理便已具於陽動之中。有這静之理,便能静而生陰。纔静而生陰,則是理便已具於陰静之中。然則纔有理便有氣,纔有氣,理便全在這氣裏面。那相接處全無些子縫罅,如何分得孰爲先孰爲後。所謂「動静無端,陰陽無始」。若分别得先後,便偏在一邊,非渾淪極至之物。

臨川吴氏曰：太極本無體用之分，其流行變化者，皆氣機之闔闢，有静時，有動時。當其静也，太極在其中。以其静也，因以爲太極之體。及其動也，太極亦在其中。以其動也，因以爲太極之用。太極之冲漠無眹，聲臭泯然者，無時而不然，不以動静而有間，而亦何體用之分哉。○開物之前，渾沌太始混元之如此者，太極爲之也。開物之後，有天地有人物如此者，太極爲之也。閉物之後，人銷物盡，天地又合爲渾沌者，亦太極爲之也。太極常常如此，始終一般，無增無減，無分無合。故以未判、已判言太極者，不知道之言也。此類詳見周子《太極圖》下。

天　地

程子曰：凡有氣莫非天，凡有形莫非地。○天地之中，理必相直，則四邊常有空闕處。空闕處如何？地之下豈無天。今所謂地者，特於一作爲。天中一物爾。如雲氣之聚，以其久而不散也，故爲對。凡地動者，只是氣動。凡所指地者，一作損闕處。只是土。土亦一物爾，不可言地。更須要知坤元承天，是地之道也。○天地動静之理，天圜則須轉，地方則須安静。南、北之位，豈可不定下。所以定南、北者，在坎、離也。坎、離又不是人安排得來，莫非自然也。○天地之化，一息不留，疑其速也。然寒暑之變甚漸。○冬至之前，天地閉塞，可謂静矣。日月運行，未嘗息也，則謂之不動可乎？故曰：動静不相離。○天只主施，成之者地也。○天地生物之氣象，可見而不可言。善觀於此者，必知道也。○道則自然生萬物。今夫春生夏長了一番，皆是道之生後來生長，不可道却將既生之氣後來却要生長。道則自然生生不息。○天理生生相續不息，無爲故也。使竭智巧而爲之，未有能不息也。○地氣不上騰，則天氣不下降。天氣降而至於地，地中生物者，皆天氣也。惟無成而代有終者，地之道也。○萬物始生也，鬱結未通，則實塞於天地之間。至於暢茂，則塞意亡矣。○天之所以爲天，本何爲哉？蒼蒼焉耳矣。其所以名之曰天，蓋自然之理也。○《詩》《書》中凡有箇主宰意思者皆言帝，有一箇包函徧覆底意思，則皆言天。○天地之化，雖蕩然無窮，然陰陽之度，寒暑晝夜之變，莫不有常久之道，所以爲中庸也。○天地所以不已，有常久之道也。人能常於可久之道，則與天地合。○天地以虚爲德。至善者，虚也。虚者，天地之祖。天地從虚中來。○或問天帝之異。曰：以形體謂之天，以主宰謂之帝，以至妙謂之神，以功用謂之鬼神，以性情謂之乾，其實一而已，所自而名之者異也。夫天，專言之則道也。○以氣明道，氣亦形而下者耳。○萬物之始，氣化而已。既形氣相禪，則形化長而氣化消。○天地之化，既是二物，必動已不齊。譬之兩扇磨，行便其齒齊不得。齒齊既動，則物之出者何可得齊。轉則齒更不復得齊，從此參差萬變，巧歷不能窮也。○氣之所鍾有偏正，故有人物之殊；有清濁，故有智愚之等。○造化不窮，蓋生氣也。近取諸身，於出入息氣見闔闢往來之理。呼氣既往，往則不反，非吸既往之氣而後爲呼也。○凡物之散，其氣遂盡，無復歸本原之理。天地間如洪鑪，雖生物，銷鑠亦盡，況既散之氣，豈有復在。天地造化又焉用此既散之氣？其造化者自是生氣，此氣之終始開闔，便是《易》「一闔一闢謂之變」。○時所以有古今風氣、人物之異者，何也？氣有淳漓，自然之理。有盛則必有衰，有終則必有始，有晝則必有夜。譬之一片地，始開荒田，則其收穀倍。及其久也，一歲薄於一歲，氣有盛衰故也。至如東、西漢以來，人才、文章皆別，所尚異也。尚所以異，亦由心所以爲心。所以然者，只爲生得來如此。至如春夏秋冬，所生之物各異，其栽培澆灌之宜，亦須各以其時，不可一也。只如均是春生之物，春初生得又別，春中又別，春盡時所生又別。○西北與東南人才不同，氣之厚薄異也。○問：太古之時，人、物同生乎？曰：然。純氣爲人，繁氣爲物乎？曰：然。其所生也無所從受，則氣之所化乎？曰：然。

致堂胡氏曰：夫天非若地之有形也，自地而上無非天者，昔人以積氣名其象，以倚蓋名其形，皆非知天者。莊周氏曰：「天之蒼蒼，其正色邪？」言天無色也。無色則無聲無臭皆舉之矣。日月星辰之繫乎天，非若山川草木之麗乎地也。著明森列，躔度行止，皆氣機自運，莫使之然而然者，無所託也。若其有託，則是以形相屬。一麗乎形，能無壞乎？

朱子曰：天地初間只是陰陽之氣，這一箇氣運行，磨來磨去，磨得急了，便拶許多查滓，裏面無處出，便結成箇地在中央。氣之清者便爲天，爲日月，爲星辰，只在外常周環運轉。地便只在中央不動，不是在下。○天運不息，晝夜輥轉，故地榷在中間。使天有一息之停，則地須陷下。惟天運轉之急，故凝結得許多查滓在中間。地者，氣之查滓也。所以道「輕清者爲天，重濁者爲地」。○問：天有形質否？曰：只是箇旋風，下輭上堅，道家謂之剛風。人常説天有九重，分九處爲號，非也。只是旋有九耳。但下面氣較濁而暗，上面至高處，則至清至明耳。○天地始初混沌未分時，想只有水火二者。水之滓脚便成地。今登高而望群山，皆爲波浪之狀，便是水泛如此。只不知因甚麼時凝了，初間極輭，後來方凝得硬。問：想得如潮水湧起沙相似。曰：然。水之極濁便成地，火之極清便成風、霆、雷、電、日、星之屬。○問：自開闢以來，至今未萬年，不知已前如何？曰：已前亦須如此一番明白來。又問：天地會壞否？曰：不會壞。只是相將人無道極了，便一齊打合，混沌一番，人物都盡，又重新起。又問：生第一箇人時如何？曰：以氣化。二、五之精，合而成形。釋家謂之「化生」。如今物之化生者甚多，如虱然。○方渾淪未判，陰陽之氣混合幽暗。及其既分，中間放得寬闊光朗，而兩儀始立。邵康節以十二萬九千六百年爲一元，則是十二萬九千六百年之前，又是一箇大闔闢，更以上亦復如此。直是動静無端，陰陽無始。小者大之影，只晝夜便可見。五峰所謂：「一氣大息，震蕩無垠，海宇變動，山勃川湮，人物消盡，舊迹大滅，是謂鴻荒之世。」嘗見高山有螺蚌殼，或生石中，此石即舊日之土，螺蚌即水中之物。下者却變而爲高，柔者却變而爲剛，此事思之至深，有可驗者。○問：天地未判時，下面許多都已有否？曰：只是都有此理。天地生物，千萬年古今只不離許多物。○地却是有空缺處，天却四方上下都周匝，無空缺，逼塞滿皆是天。地之四向底下却靠著那天。天包地，其氣無不通，恁地看來渾只是天了。氣却從地中迸出，又見地廣處。○天包乎地，天之氣又行乎地之中。故横渠云：地對天不過。○問：《晉志》論渾天，以爲天外是水，所以浮天而載地，是如何？曰：天外無水，地下是水載。○問：天地之所以高深。曰：天只是氣，非獨是高。只今人在地上，便只見如此高。要之連地下亦是天。又云：世間無一箇物事大，故地恁地大。地只是氣之查滓，故厚而深也。○天地但陰陽之一物，依舊是陰陽之氣所生也。○康節言天依形，地附氣。所以重複而言，不出此意者，惟恐人於天地之外別尋去處故也。天理無外，所以其形有涯而其氣無涯也。爲其氣極緊，故能扛得地住。不然，則墜矣。氣外更須有軀殼甚厚，所以固此氣也。若夫地動，只是一處動，動亦不至遠也。○古今曆家只是推得箇陰陽消長界分爾，如何得似康節説得那「天依地，地附天」，「天地自相依附」，「天依形，地附氣」底幾句。○問：天依地，地依氣。曰：恐人道下面有物。天行急，地閣在中。○問：康節「天地自相依附」之説，某以爲此説與周子《太極圖》、程子「動静無端，陰陽無始」之義一致，非曆家所能窺測。曰：康節之言，大體固如是矣。然曆家之説，亦須考之，方見其細密處。如《禮記·月令》疏及《晉·天文志》皆不可不讀也。○天明則日月不明。天無明，夜半黑淬淬地，天之正色。○天只是一箇大底物，須是大著心腸看他始得。以天運言之，一日固是轉一匝，然又有大轉底時候，不可如此偏滯求也。○天轉也非自東而西，也非旋環、磨轉，却是側轉。○伊川云：「測景以三萬里爲準，若有窮。然有至一邊已及一萬五千里者，而天地之運蓋如初也。」此言蓋誤。所謂升降一萬五千里中者，謂冬、夏日行南陸、北陸之間，相去一萬五千里耳，非謂周天只三萬里。○天之外無窮，而其中央空處有限。天左旋而星拱極，仰觀可見。四遊之説則未可知。然曆家之説，乃以算數得之，非鑿空而言也。若果有之，亦與左旋拱北之説不相妨。如虚空中一圓毬，自内而觀之，其坐向不動而常左旋；自外而觀之，則又一面四遊以薄四表而止也。○問：康節論六合之外，恐無外否。曰：理無内外，六合之形須有内外。日從東畔升，西畔沈，明日又從東畔升。這上面許多，下面亦許多，豈不是六合之内？曆家算氣，只算得到日月星辰運行處，上去更算不得，安得是無内外。○問：天地之心亦靈否？還只是漠然無爲。曰：天地之心不可道是不靈，但不如人恁地思慮。伊川曰：「天地無心而成化，聖人有心而無爲。」○問：天地之心，天地之理。理是道理，心是主宰底意否？曰：心固是主宰底意，然所謂主宰者，即是理也，不是心外别有箇理，理外别有箇心。又問：此心字與帝字相似否？曰：人字似天字，心字似帝字。○問：天地無心，仁便是天地之心。若使其有心，必有思慮，有營爲。天地曷嘗有思慮來？然其所以四時行，百物生者，蓋以其合當如此便如此，不待思惟，此所以爲天地之道。曰：如此則《易》所謂「復其見天地之心」「正大而天地之情可見」又如何？如所説，秖説得他無心處耳。若果無心，則須牛生出馬，桃樹上發李花，他又却自定。程子曰：「以主宰謂之帝，以性情謂之乾。」他這名義自定，心便是他箇主宰處，所以謂「天地以生物爲心」。○天地之間，品物萬形，各有所事，惟天確然於上，地隤然於下，一無所爲，只以生物爲事。故《易》曰「天地之大德曰生」，而程子亦曰「天只是以生爲道」。其論「復見天地之心」，又以動之端言之，其理亦已明矣。然所謂「以生爲道」者，亦非謂將生來做道也。○天地别無勾當，只是以生物爲心。一元之氣運轉流通，略無停間，只是生出許多萬物而已。問：程子謂「天地無心而成化，聖人有心而無爲」。曰：這是説天地無心處。且如四時行，百物生，天地何所容心？至於聖人則順理而已，復何爲哉。所以明道云：「天地之常，以其心普萬物而無心。聖人之常，以其情順萬事而無情。」説得最好。

問：「普萬物」莫是以心周徧而無私否？曰：天地以此心普及萬物，人得之遂爲人之心，物得之遂爲物之心，草木禽獸接著遂爲草木禽獸之心，只是一箇天地之心爾。今須要知得他有心處，又要見得他無心處。只恁定説不得。○萬物生長，是天地無心時；枯槁欲生，是天地有心時。○造化之運，如磨上面常轉而不止。萬物之生，似磨中撒出，有粗有細，自是不齊。又曰：天地之形，如人以兩盌相合，貯水於内，以手常常掉開，則水在内不出，稍住手則水漏矣。○或問：大鈞播物，還是一去便休也，還有去而復來之理？曰：一去便休耳。豈有散而復聚之氣。

西山真氏曰：按楊倞註《荀子》有曰：「天無實形，地之上空虚者皆天也。」

庸齋許氏曰：天地之大，乃陰陽自虚自實，前無始後無終者也。大概有時而混沌，有時而開闢耳。伏羲之前，吾不知其幾混沌而幾開闢矣。所謂混沌而開闢者，以陰陽之運有泰否，陰陽之氣有通塞。方其泰而通也，天以清而浮於上，地以凝而填於下，人物生息繁滋於其中。復有英君誼辟相繼爲主，而人極以立。以兩間之開闢者如此，宜不至於再爲混沌矣。然陰陽之運不能以常泰，陰陽之氣不能以常通。上下或歷千萬百年，或歷數萬年，泰者有時而否，通者有時而塞。至于否塞之極也，則天之清以浮者濁而低，地之凝以填者裂而洩，人物之生息繁滋者亦歇滅而萎敗。當此之時，五行之用皆廢，而水火之性獨悖逆焉。

火不爲離虛之明而偏於沈伏，水不爲坎陷之滿而偏於沸騰，二者雖皆反常，而成天地之混沌者水也。前日之開闢者，至此又成一混沌矣。天地每成一混沌，所不死者，有元氣焉。惟其元氣不死，故陰陽之否者終於泰，陰陽之塞者終於通。或歷數百年，或數千年，❶天之低以濁者又復清而浮，地之裂以洩者又復凝而填，人物之歇滅萎敗者又復生息而繁滋。此陰陽之運氣已泰而通，則前日之混沌者復爲之開闢矣。然天地由開闢而混沌者，固以其漸。由混沌而開闢者，亦以其漸。方開闢之初，又必有聰明神聖者繼天爲王，而人極以復立。伏羲蓋當一開闢之初也。

魯齋許氏曰：天道常於不足處行將去，亦屈伸、消長、乘除、對待之理。天之道損有餘補不足，人則不能合天道也。〇天有寒暑晝夜，物有生榮枯瘁，人有富貴貧賤。風雨露雷，無非教也。富貴福澤、貧賤憂戚，亦無非教也。此天地所以造化萬物，日新無敝者也。〇天道二氣。此一氣消縮，彼一氣便發達。此一氣來，彼一氣必往。無俱往並發之理。陰氣方長，陽便伏，又嚴霜以肅之，使陽氣必伏。

❶「數」上，重修本有「歷」字。

天度曆法附

朱子曰：天有三百六十度，只是天行得過處爲度。天之過處，便是日之退處，日月會爲辰。○天道與日月五星皆是左旋。天道日一周天而常過一度。日亦日一周天，起度端終度端，故比天道常不及一度。月行不及十三度十九分度之七。今人却云月行速，日行遲，此錯説也。但曆家以右旋爲説，取其易見日月之度耳。○天行健，一日一夜一周天過一度。日稍遲一度，月又遲十三度有奇耳。因舉陳元滂云：只似在圓地上走，一人過急一步，一人差不及一步，又一人甚緩差數步也。天行只管差過，故曆法亦只管差。堯時昏、旦星中於午，《月令》差於未，漢、晉以來又差，今比堯時似差及四分之一。古時冬至日在牽牛，今却在斗。○辰，天壤也。每一辰各有幾度，謂如日月宿於角幾度，即所宿處爲辰。○「日月所會是謂辰。」注云「一歲日月十二會，所會爲辰。十一月辰在星紀，十二月辰在元枵」之類，是也。然此特在天之位耳。若以地而言之，則南面而立，其前後左右亦有四方十二辰之位焉。但在地之位一定不易，而在天之象運轉不停。惟天之鶉火加于地之午位，乃與地合而得天運之正耳。○或問：天道左旋，自西而東。日月右行則如何？曰：横渠説日月皆是左旋，説得好。蓋天行甚健，一日一夜周三百六十五度四分度之一，又進過一度。日行速健次於天，一日一夜周三百六十五度四分度之一正恰好。比天進一度，則日爲退一度；二日天進二度，則日爲退二度。積至三百六十五日四分日之一，則天所進過之度又恰周得本數，而日所退之度亦恰退盡本數，遂與天會而成一年。月行遲，一日一夜三百六十五度四分度之一行不盡，比天爲退了十三度有奇。進數爲順天而左，退數爲逆天而右。曆家以進數難算，只以退數算之，故謂之右行，且曰日行遲，月行速。然則日行却得其正。○問：天道左旋，日月星辰右轉。曰：自疏家有此説，人皆守定。某看天上日月星不曾右轉，只是隨天轉。天行健，這箇物事極是轉得速。且如今日日與月、星都在這度上，明日旋一轉，天却過了一度，日遲些，便欠了一度，月又遲些，又欠了十三度。如歲星須一轉争了三十度。要看曆數子細，只是《璇璣》《玉衡》疏中載王蕃《渾天説》一段極精密，便是説一箇現成天地了。其説曰：「天之形狀似鳥卵，地居其中，天包地外，猶殻之裹黄，圓如彈丸，故曰渾天，言其形體渾渾然也。其術以爲天半覆地上，半在地下。其天居地上，見者一百八十二度半强，地下亦然。北極出地上三十六度，南極入地下亦三十六度。而嵩高正當天之中。極南五十五度當嵩高之上，又其南十二度爲夏至之日道，又其南二十四度爲春、秋分之日道，又其南二十四度爲冬至之日道，南下去地三十一度而已。是夏至日北去極六十七度，春、秋分去極九十一度，冬至去極一百一十五度，此其大率也。南、北極持其兩端，其天與日、月、星、宿斜而迴轉也。」〇問：或以爲天是一日一周，日則不及一度，非天過一度也。曰：此説不是。若以爲天是一日一周，則四時中星如何解不同？更是如此，則日日一般，却如何紀歲，把甚麽時節做定限？若以爲天不過而日不及一度，則趲來趲去，將次午時便打三更矣。因取《禮記·月令》疏，指其中説早晚不同及更行一度兩處，曰：此説得甚分明，其他曆書都不如此説。蓋非不曉，但習而不察，更不去子細檢點。而今若就天裏看時，只是行得三百六十五度四分度之一。若把天外來説，則是一日過了一度。蔡季通嘗有言：「論日月則在天裏，論天則在太虚空裏。若去太虚空裏觀那天，自是日月衮得不在舊時處了。天無體，只二十八宿便是天體。日月皆從角起，天亦從角起。日則一日運一周，依舊只到那角上。天則一周了又過角些子，日日累上去，則一年便與日會。」蔡仲默《天説》亦云：「天體至圓，周圍三百六十五度四分度之一，繞地左旋，常一日一周而過一度。日麗天而少遲，故日行一日，亦繞地一周，而在天爲不及一度，積三百六十五日九百四十分日之二百三十五而與天會，是一歲日行之數也。月麗天而尤遲，一日常不及天十三度十九分度之七，積二十九日九百四十分日之四百九十九而與日會。十二會得全日三百四十八，餘分之積又五千九百八十八，如日法九百四十而一得六，不盡三百四十八。通計得日三百五十四九百四十分日之三百四十八，是一歲月行之數也。歲有十二月，月有三十日。三百六十日者，一歲之常數也。故日與天會而多五日九百四十分日之二百三十五者爲氣盈，月與日會而少五日九百四十分日之五百九十二者爲朔虚。合氣盈朔虚而閏生焉，故一歲閏率，則十日九百四十分日之八百二十七。三歲一閏，則三十二日九百四十分日之六百單一。五歲再閏，則五十四日九百四十分日之三百七十五。十有九歲七閏，則氣、朔分齊，是爲一章也。」此説也分明。○問：周天之度，是自然之數，是强分？曰：天左旋，一晝一夜行一周而又過了一度。以其行過處，一日作一度。三百六十五度四分度之一，方是一周。只將南北表看，今日恁時看時有甚星在表邊，明日恁時看這星又差遠，或别是一星了。○問：同度同道。曰：天有黄道，有赤道。天正如一圓匣相似，赤道是那匣子相合縫處，在天之中。黄道一半在赤道之内，一半在赤道之外，東西兩處與赤道相交度，却是將天横分爲許多度數。會時是日月在那黄道赤道十字路頭相交處厮撞著。望時是月與日正相向，如一箇在子，一箇在午，皆同一度。謂如月在畢十一度，日亦在畢十一度，雖同此一度，却南北相向。日所以蝕於朔者，月常在下，日常在上。既是相會，被月在下面遮了日，故日蝕。望時月蝕，固是陰敢與陽敵，然曆家又謂之「暗虚」。蓋火日外影，其中實暗，到望時恰當著其中暗處，故月蝕。○或言嵩山本不當天之中，爲是天形欹側，遂當其中耳。曰：嵩山不是天之中，乃是地之中。黄道、赤道皆在嵩山之北，南極、北極，天之樞紐，只有此處不動，如磨臍然。此是天之中至極處，如人之臍帶也。○問：天有黄、赤二道，沈存中云：「非天實有之，特曆家設色以記日月之行耳。」夫日之所由謂之黄道，史家又謂月有九行，黑道二，出黄道北；赤道二，出黄道南；白道二，出黄道西；青道二，出黄道東；并黄道而九。如此即日月之行，其道各異。況陽用事則日進而北，晝進而長。陰用事則日退而南，晝退而短。月行則春東從青道，夏南從赤道，秋西從白道，冬北從黑道。日月之行，其不同道又如此。然每月合朔，不知何以同度而會於所會之辰，又有或蝕或不蝕。及其行，或高而出黄道之上，或低而出黄道之下，或相近而偪，或差遠而不相值，則皆不蝕。如何？曰：日月道之説，所引皆是。日之南北雖不同，然皆隨黄道而行耳。月道雖不同，然亦常隨黄道而出其旁耳。其合朔時，日月同在一度。其望日，則日月極遠而相對。其上、下弦，則日月近一而遠三。如日在午，則月或在卯，或在酉之類是也。故合朔之時，日月之東西雖同在一度，而月道之南北或差遠於日則不蝕；或南北雖亦相近，而日在内，月在外，則不蝕。此正如一人秉燭，一人執扇，相交而過。一人自内觀之，其兩人相去差遠，則雖扇在内，燭在外，而扇不能掩燭；或秉燭者在内，而執扇者在外，則雖近而扇亦不能掩燭。以此推之，大略可見。○問：北辰之爲天樞，何也？曰：天圓而動，包乎地外。地方而静，處乎天中。故天之形半覆地上，半繞地下，而左旋不息。其樞紐不動之處，則爲南、北極。謂之極者，猶屋脊謂之屋極也。然南極低入地三十六度，故周回七十二度，常隱不見。北極高出地三十六度，故周回七十二度，常見不隱。北極之星，正在常見不隱七十二度之中，常居其所而不動。其傍則諸星隨天左旋，更迭隱見，皆若環繞而歸向之。知此則知天樞之説矣。○問：經星左旋，緯星與日月右旋，是否？曰：今諸家是如此説。横渠説天左旋，日月亦左旋，看來横渠之説極是。只恐人不曉，所以《詩》《傳》只載舊説。或曰：此亦易見。如以一大輪在外，一小輪載日月在內。大輪轉急，小輪轉慢，雖都是左轉，只有急有慢，便覺日月似右轉了。曰：然。但如此則曆家「逆」字皆著改做「順」字，「退」字皆著改做「進」字。

象山陸氏曰：《書》疏云：周天三百六十有五度四分度之一，天體圓如彈丸，北高南下。北極出地上三十六度，南極入地下三十六度。南極去北極直徑一百八十二度强。天體隆曲，正當天之中央。南、北二極中等之處謂之赤道，去南、北極各九十一度。春分日行赤道，從此漸北。夏至行赤道之北二十四度，去北極六十七度，去南極一百一十五度。從夏至以後，日漸南，至秋分還行赤道，與春分同。冬至行赤道之南，去南極六十七度，去北極一百一十五度。其日之行處謂之黄道。又有月行之道與日相近，交路而過，半在日道之裏，半在日道之表，其當交則兩道相合。去極遠處，兩道相去六度。此其日月行道之大略也。○黄道者，日所行也。冬至在斗，出赤道南二十四度。夏至在井，出赤道北二十四度。

秋分交於角，春分交於奎。月有九道，其出入黄道不過六度，當交則合，故曰「交蝕」。交蝕者，月道與黄道交也。

或問：晦翁嘗疑日月右轉不是，以爲天行至健，一日一夜一周却剩一度，日一日一夜恰好，月則不及十三度有奇。與曆家所推大段相反，不知何所見而云爾。潛室陳氏曰：天行日剩一度，出鄭康成。日月俱左旋，聞横渠有此語。但曆家用簡捷超徑法巧算，須用作右旋，却取他背後欠天零數起算，故日只作行一度，月作行十三度有奇，庶乎簡捷超徑，易布算也。

臨川吴氏曰：天與七政，八者皆動。今人只將天做硬盤，却以七政之動在天盤上行。古來曆家蓋非不知七政亦左行，但順行不可算，只得將其逆退與天度相直處算之，因此後遂謂日月、五星逆行也。譬如兩船，使風皆趨北，其一船行緩者見前船之快，但覺自己之船如倒退南行，然其實只是行緩，赶前船不著故也。今當以太虚中作一空盤，却以八者之行較其遲速。天行最速，一日過了太虚空盤一度。鎮星之行，比天稍遲，於太虚盤中雖略過了些子，而不及於天，積二十八箇月則不及天三十度。歲星之行，比鎮星尤遲，其不及於天，積十二箇月，與天争差三十度。熒惑之行，比歲星更遲，其不及於天積六十日，争差三十度。太陽之行，比熒惑又遲，但在太虚之盤中，一日行一周匝，無餘無欠，比天之行，一日不及天一度，積一月則不及天三十度。太白之行稍遲於太陽，但有疾時。遲疾相準，則與太陽同。辰星之行又稍遲於太白，但有疾時。遲速相準，則與太白同。太陰之行最遲，一日所行比天爲差十二三四度。其行遲，故退度最多。今人不曉，以爲逆行，則謂太陰之行最疾也。今次其行之疾遲：天一，土二，木三，火四，日五，金六，水七，月八。天、土、木、火，其行之速過於日，金、水、月，其行之遲又不及日，此其大率也。

程子曰：曆象之法，大抵主於日。日一事正，則其他皆可推。洛下閎作曆，言數百年後當差一日，其差理必然。何承天以其差，遂立歲差法，其法以所差分數攤在所曆之年，看一歲差著幾分，其差後亦不定。獨邵堯夫立差法冠絶古今，却於日月交感之際，以陰陽虧盈求之，遂不差。大抵陰常虧，陽常盈，故只於這一作漲。裏差了。曆上若是通理，所通爲多。堯夫之學，大抵似揚雄，然亦不盡如之。嘗窮味有二萬八千六百，此非人所合和，是自然也。色有二萬八千六百，又非人所染畫得，亦是自然也。獨聲之數，只得一半數不行。蓋聲，陽也，只是於日出地上數得，到日入地下遂數不行，此皆有理。譬之有形斯有影，不可謂今日之影，却收以爲來日之影。此以下論曆法。

元城劉氏與馬永卿論曆法曰：古今曆法各不同，其閏法亦從而異。秦用顓帝之曆，水德王天下，以十月爲歲首。故遇閏年，即閏九月而謂之「後九月」，蓋取《左氏》歸餘於終之意。至於漢初，因而不改。永卿曰：《書》云：「以閏月定四時成歲。」謂之「定四時」，則是四時之間有閏也。曰：非也。蓋謂無閏月，則以春爲夏，以夏爲秋矣，故曰「定四時」。非謂四時之間有閏月也。

朱子曰：古今曆家只推算得箇陰陽消長界分耳。○太史公《曆書》是説太初，然却是顓頊四分曆。劉歆作《三統曆》。唐一行《大衍曆》最詳備，五代王朴《司天考》亦簡嚴，然一行、王朴之曆皆止用之二三年即差。王朴曆是七百二十加去，蔡季通所用，却依康節三百六十數。○今之造曆者無定法，只是赶趁天之行度以求合，或過則損，不及則益，所以多差。因言：古之鐘律，細算寸、分、毫、釐、絲、忽，皆有定法，如合符契，皆自然而然，莫知所起。古之聖人，其思之如是之巧，然皆非私意撰爲之也。意古之曆書，亦必有一定之法，而今亡矣。三代而下，造曆者紛紛，莫有定議，愈精愈密而愈多差，由不得古人一定之法也。蔡季通嘗言：「天之運無常，日、月、星、辰積氣，皆動物也。其行度遲速，或過不及，自是不齊。使我之法，能運乎天而不爲天之所運，則其疎密遲速、或過不及之間，不出乎我。此虚寬之大數，縱有差忒，皆可推而不失矣。何者？以我法之有定，而律彼之無定，自無差也。」季通言非是。天運無定，乃其行度如此。其行之差處，亦是常度。但後之造曆者，其爲數窄狹，而不足以包之爾。○閏餘生於朔不盡周天之氣。周天之氣，謂二十四氣也。月有大小，朔不得盡此氣，而一歲日子足矣，故置閏。○中氣只在本月。若趲得中氣在月盡，後月便當置閏。○曆法，蔡季通説當先論天行，次及七政，此亦未善。要當先論太虛，以見三百六十五度四分度之一，一一定位，然後論天行，以見天度加損虛度之歲分。歲分既定，然後七政乃可齊耳。○或説曆四廢日。曰：只是言相勝者。春是庚辛日，秋是甲乙日。温公《潛虛》亦是此意。○問：曆所以數差，古今豈無人考得精者？曰：便是無人考得精細而不易，所以數差。若考得精密，有箇定數，永不會差。伊川説康節曆不會差，或問康節何以不造曆，曰：「他安肯爲此。」古人曆法疎闊而差少，今曆愈密而愈差。因以兩手量桌邊云：且如這許多闊，分作四段。被他界限闊，便有差，不過只在一段界限之内。縱使極差出第二、三段，亦只在此四界之内，所以容易推測。便有差，容易見。今之曆法，於這四界内分作八界，内又分作十六界，界限愈密則差數愈遠。何故？以界限愈密而踰越多也。其差則一，而古今曆法疎密不同故爾。看來都只是不曾推得定，只是移來湊合天之運行，所以當年合得不差，明後年便差。元不曾推得天運定，只是旋將曆去合那天之行，不及則添些，過則減些以合之，所以一二年又差。如唐一行《大衍曆》，當時最謂精密，只一二年後便差。只有季通説得好：「當初造曆，便合并天運所蹉之度都算在裏，幾年後蹉幾分，幾年後蹉幾度，將這蹉數都算做正數，直推到盡頭。如此，庶幾曆可以正而不差。今人都不曾得箇大統正，只管説天之運行有差。造曆以求合乎天，而曆愈差，元不知天如何會有差。自是天之運行合當如此。」此説極是。不知當初因甚不曾算在裏。但堯、舜以來曆至漢都喪失了，不可考。緣如今是這大總紀不正，所以都無是處。蔡季通算得康節曆。康節曆十二萬九千六百分大故密。今曆家所用，只是萬分曆。萬分曆已自是多了，他如何肯用十二萬分？只是今之曆家又説季通底用不得，不知如何。又曰：一行《大衍曆》比以前曆，他只是做得箇頭勢大，敷衍得闊，其實差數只一般。正如百貫錢脩一料藥，與十文脩一料藥，其不能治病一也。〇問：曆法何以推月之大小？曰：只是以每月二十九日半，九百四十分日之二十九計之，觀其合朔爲如何。如前月大，則後月初二日月生明；前月小，則後月初三日月生明。

象山陸氏曰：曆家所謂朔虚氣盈者，蓋以三十日爲準。朔虚者，自前合朔至後合朔不滿三十日，其不滿之分曰朔虚。氣盈者，一節一氣共三十日有餘分而爲中分，中即氣也。

潛室陳氏曰：《左傳正義》曰：周天三百六十五度四分度之一。日一日行一度。月一日行十三度十九分度之七。計二十七日有餘，月已行天一周。至二十九日過半，即月法二十九日四百九十九分也。又逐及日而與之會，是爲一月。十二月而成歲，一歲氣周有三百六十五日四分日之一。今十二月惟三百五十四日，是少十一日四分之一，未得氣周。細而言之，一歲正少十一日少弱。所以然者，一月有餘分二十九，日法九百四十分，四百七十分爲半日。今有四百九十九分，是餘二十九分。合十二月，餘分三百四十八，是一歲既得三百五十四日，又餘三百四十八分。一日九百四十分，其二百三十五分爲四分日之一。今於餘分三百四十八，內取二百三十五以當四分日之一，仍有一百一十三。其餘整日，惟有十一日。又以餘分一百一十三減之，是一年正餘十日八百二十七分，不成十一日。故謂十一日少弱。一年少十日八百二十七分，積十九年少二百六日六百七十三分少弱，足以當之。古曆十九年爲一章，章有七閏。入章三年閏九月，六年閏六月，九年閏三月，十一年閏十一月，十四年閏八月，十七年閏四月，十九年閏十二月。此據《元首初章》。若於後漸積餘分，大率三十二月則置閏，不必同《初章》。日月運轉於天，如人之行步，故推曆謂之步曆。步曆之始謂之「上元」，必以日月全數爲始，於前更無餘分。以此日爲端首，即十一月甲子夜半朔旦冬至也。故言「履端用始」也。分一周之日爲十二月，則每月當三十日餘。以日月會爲一月，則每月惟二十九日餘。每月參差，氣漸不正，但觀中氣所在，以爲此月之正。取中氣以爲正月。閏前之月，中氣在晦。閏後之月，中氣在朔。無中氣則謂之閏月。故言「舉正於中」也。月朔之與月節，每月剩一日有餘，以所有餘日歸之於終，積成一月則置閏，故言「歸餘於終」也。○問：漢武帝命唐都、洛下閎推算星曆，以爲合於夏正，改用《太初曆》。按自黃帝以前調曆，有《上元》《太初》等曆。今以合夏正而用《太初曆》，然則夏亦用《太初曆》乎否也？曰：曆家推《上元》《太初》，謂四千六百十七歲已盡，都無絲髪餘，重新起曆。是時定十一月甲子朔旦夜半冬至，日月如合璧，五星如連珠，乃新曆之第一日，故謂之「曆元」。漢元封七年，適當其時，故改秦曆用漢曆，改秦正用夏正，非謂夏亦然也。

性理大全書卷之二十七

理氣二

天文

日月

程子曰：日月之爲物，陰陽發見之尤盛者也。○日月之在天，猶人之有目。目無背見，日月無背照也。○天地日月，一也。月受日光而日不爲之虧，然月之光乃日之光也。○日月薄蝕而旋復者，不能奪其常也。○或問：日月有定形，還自氣散別自聚否？曰：此理甚難曉。究其極，則此二説歸于一也。問：月有定魄而日遠於月，月受日光，以人所見爲有盈虧，然否？曰：日月一也，豈有日高於月之理？月若無盈虧，何以成歲。蓋月一分光，則是魄虧一分也。○問：日蝕有常數者也，然治世少而亂世多，豈人事乎？曰：天人之理甚微，非燭理明，其孰能識之。曰：無乃天數、人事交相勝負，有多寡之應耶？曰：似之，未易言也。

朱子曰：月體常圓無闕，但常受日光爲明。初三、四是日在下照月西邊明，人在這邊望，只見在弦光。十五六則日在地下，其光由地四邊而射出，月被其光而明。月中是地影。月，古今人皆言有闕，惟沈存中云無闕。○月無盈闕，人看得有盈闕。蓋晦日則月與日相疊了，至初三方漸漸離開去，人在下面側看見，則其光闕。至望日則月與日正相對，人在中間正看見，則其光方圓。○程子謂日月只是氣到寅上則寅上自光，氣到卯上則卯上自光者，亦未必然。既曰日月，則自是各有一物，方始各有一名。星光亦受於日，但其體微爾。五星之色各異，觀其色則金、木、水、火之名可辨。衆星光芒閃爍，五星獨不如此。衆星亦皆左旋，唯北辰不動，在北極五星之傍一小星是也。蓋此星獨居天軸，四面如輪盤環繞旋轉，此獨爲天之樞紐是也。日月薄蝕，只是二者交會處，二者緊合，所以其光掩没。在朔則爲日蝕，在望則爲月蝕。○邵康節謂日太陽也，月太陰也，星少陽也，辰少陰也，辰非星也。又曰：辰弗集於房。房者，舍也。故十二辰亦謂之十二舍。上辰字謂日月也，所謂三辰。北斗去辰争十二來度。日蝕是日月會合處，月合在日之下，或反在上，故蝕。月蝕是日月正相照。伊川謂月不受日光，意亦相近。蓋陰盛亢陽而不少讓陽故也。又曰：日月會合，故初一、初二月全無光，初三漸開，方微有弦上光，是哉生明也。開後漸亦光，至望則相對，故圓。此後復漸相近，至晦則復合，故暗。月之所以虧盈者此也。○曆家舊説月朔則去日漸遠，故魄死而明生。既望則去日漸近，故魄生而明死。至晦而朔，則又遠日而明復生，所謂死而復育也。此説誤矣。若果如此，則未望之前，西近東遠，而始生之明當在月東。既望之後，東近西遠，而未死之明却在月西矣。安得未望載魄於西，既望終魄於東，而遡日以爲明乎？故唯近世沈括之説乃爲得之。蓋括之言曰：「月本無光，猶一銀丸，日耀之乃光耳。光之初生，日在其傍，故光側，而所見纔如鈎。日漸遠，則斜照而光稍滿。」大抵如一彈丸，以粉塗其半，側視之則粉處如鈎，對視之則正圓也。近歲王普又補其説：「月生明之夕，但見其一鈎。至日月相望而人處其中，方得見其全明。必有神人能凌倒景，傍日月，而往參其間，則雖弦晦之時，亦復見其全明，而與望夕無異耳。」以此觀之，則知月光常滿，但自人所立處視之有偏有正，故見其光有盈有虧，非既死而復生也。若顧兔在腹之間，則世俗桂樹蛙兔之傳，其惑久矣。或者以爲日月在天，如兩鏡相照，而地居其中，四傍皆空水也。故月中微黑之處，乃鏡中大地之影，略有形似而非真有是物也。斯言有理，足破千古之疑矣。○或問：弦、望之義。曰：上弦是月盈及一半，如弓之上弦。下弦是月虧了一半，如弓之下弦。又問：是四分取半否？曰：如二分、二至，也是四分取半。因説：曆家謂紓前縮後，近一遠三，以天之圍言之。上弦與下弦時，月日相看，皆四分天之一。○問：月本無光，受日而有光。蔡季通云：日在地中，月行天上，所以光者，以日氣從地四傍周圍空處迸出，故月受其光。曰：若不如此，月何緣受得日光？方合朔時，日在上，月在下，則月面向天者有光，向地者無光，故人不見。及至望時，月面向人者有光，故見其圓滿。若至弦時，所謂近一遠三，只合有許多光。又曰：月常有一半光。月似水，日照之則水面光倒射壁上，乃月照也。○問：月中黑影是地影否？曰：前輩有此説，看來理或有之。然非地影，乃是地形倒去遮了他光耳。如鏡子中被一物遮住其光，故不甚見也。蓋日以其光加月之魄，中間地是一塊實底物事，故光照不透而有此黑暈也。問：日光從四邊射入月光，何預地事而礙其光？曰：終是被這一塊實底物事隔住，故微有礙耳。○問：月受日光，只是得一邊光？曰：日月相會時，日在月上，不是無光，光都載在上面一邊，故地上無光。到得日月漸漸相遠時，漸擦挫，月光漸漸見於下。到得望時，月光渾在下面一邊。望後又漸漸光向上去。○日蝕是爲月所掩。月蝕是與日爭敵。月饒日些子，方好無蝕。○曆家謂日光以望時遥奪月光，故月蝕。日月交會，日爲月掩則日蝕。然聖人不言「月蝕日」而以「有蝕」爲文者，闕於所不見。○問：日月陰陽之精氣，所謂終古不易，與光景常新者，其判别如何？非以今日已昳之光，復爲來日將升之光。固可略見大化無息而不資於已散之氣也。然竊嘗觀之。日月虧蝕，隨所蝕分數則光没而魄存，是魄常在而光有聚散也。所謂魄者，在天豈有形質耶？或乃氣之所聚，而所謂終古不易者耶？曰：日月之説，沈存中《筆談》中説得好。日蝕時亦非光散，但爲物掩耳。若論其實，須以終古不易者爲體，但其光氣常新耳。然亦非但一日一箇，蓋頃刻不停也。○問：自古以日月之蝕爲災異，如今曆家却自預先算得是，如何？曰：只大約可算，亦自有不合處。曆家有以爲當蝕而不蝕者，有以爲不當蝕而蝕者。○問：月蝕如何？曰：至明中有暗虚，其暗至微。望之時月與之正對，無分毫相差，月爲暗虚所射，故蝕。雖是陽勝陰，畢竟不好。若陰有退避之意，則不相敵而不蝕矣。

或問：日蝕之變，精於數者皆於數十年之前知之，以爲人事之所感召，則天象亦當與時盈虧。潛室陳氏曰：日月交會，日爲月掩則日蝕；日月相望，月與日亢則月蝕。自是行度分道到此交加去處，應當如是。曆家推算，專以此定疎密，本不足爲變異。但天文才遇此際，亦爲陰陽厄會，於人事上必有災戾，故聖人畏之，側身脩行，庶幾可弭災戾也。

西山真氏曰：月，太陰也，本有質而無光。其盈虧也，以受日光之多少。月之朔也始與日合，越三日而明生，八日而上弦其光半，十五日而望其光滿，此所謂三五而盈也。既望而漸虧，二十三日而下弦其虧半，三十日而晦其光盡，此所謂三五而闕也。方其晦也，是謂純陰，故魄存而光泯。至日月合朔而明復生焉。

魯齋許氏曰：天地陰陽精氣爲日、月、星、辰。日月不是有輪郭生成，只是至精之氣到處，便如此光明。陰精無光，故遠近隨日所照。日月行有度數，人身血氣周流亦有度數，天地六氣運轉亦如是，到東方便是春，到南方便是夏，行到處便主一時。日行十二時亦然。萬物都隨他轉，過去便不屬他。

臨川吴氏曰：古今人率謂月盈虧，蓋以人目之所覩者言，而非月之體然也。月之體如彈丸，其遡日者常明，常明則常盈而無虧之時。當其望也，日在月之下，而月之明向下，是以下之人見其體之盈。及其弦也，日在月之側，自下而觀者僅得見其明之半，於是以弦之月爲半虧。及在晦也，日在月之上，而月之明亦向上，自下而觀者悉不見其明之全，於是以晦之月爲全虧。儻能飛步太虚，傍觀于側，則弦之月如望。乘凌倒景，俯視于上，則晦之月亦如望。月之體常盈，而人之目有所不見。以目所不見而遂以爲月體之虧，可乎？知在天有常盈之月，則知人之曰盈曰虧，皆就所見而言爾，曾何損於月哉。

星　辰

程子曰：北辰不動，只不動便是爲氣之主，故爲星之最尊者。

張子曰：五緯，五行之精氣也。所以知者，以天之星辰，獨此五星動。以色言之，又有驗。以心取之，亦有此理。

朱子曰：帝坐惟在紫微者，據北極七十二度常見不隱之中，故有北辰之號，而常居其所。蓋天形運轉，晝夜不息，而此爲之樞，如輪之轂，如磑之臍，雖欲動而不可得，非有意於不動也。若太微之在翼，天市之在尾，攝提之在亢，其南距赤道也皆近，其北距天極也皆遠，則固不容於不動，而不免與二十八宿同其運行矣。故其或東或西，或隱或見，各有度數。仰而觀之，蓋無晷刻之或停也。今曰「是與在紫微者皆居其所而爲不動者四」，則是一天而四樞，一輪而四轂，一磑而四臍也。分寸一移，則其輻裂而瓦碎也無日矣。若之何而能爲運轉之無窮哉？此星家淺事，不足深辨。然或傳寫之誤，則不可以不正也。○緯星是陰中之陽，經星是陽中之陰。蓋五星皆是地上木、火、土、金、水之氣上結而成，却受日光。經星却是陽氣之餘凝結者，疑得也受日光。但經星則閃爍開闔，其光不定。緯星則不然，縱有芒角，其本體之光亦自不動，細視之可見。○水星貼著日行，故半月日見。○天道左旋，日月星並左旋。星不是貼天，天是陰陽之氣在上面，下人看見星隨天去耳。○星有墮地，其光燭天而散者，有變爲石者。○横渠言日月五星亦隨天轉，如二十八宿隨天而定，皆有光芒。五星逆行而動，無光芒。○問：星辰有形質否？曰：無，只是氣之精英凝聚者。或云：如燈光否？曰：然。○問：極星只在天中，而東西南北皆取正於極，而極星皆在其上，何也？曰：只是極星便是北，而天則無定位。○南極上下七十二度，常隱不見。

《唐書》説有人至海上，見南極下有數大星甚明，此亦在七十二度之内。○或問北辰。曰：北辰是天之樞紐中間些子不動處。緣人要取此爲極，不可無箇記認，所以就其傍取一小星，謂之極星。天之樞紐，如門簨子相似，又似箇輪藏心，藏在外面動，心却不動。又問：極星動不動？曰：極星也動，只是他近那辰，故雖動而不覺。如射糖盤子樣，北辰便是中心樁子，極星便是樁底點子，雖是也隨盤轉，緣近樁子，便轉得不覺。向來人説北極便是北辰，皆只説北極不動，至本朝人方推得是。北極只在北辰邊頭，而極星依舊動。

雷　電

程子曰：電者陰陽相軋，雷者陰陽相擊也。○問：人有死於雷霆者，無乃素積不善，常歉然於其心，忽然聞震則懼而死乎？曰：非也，雷震之也。然則雷孰使之？曰：夫爲不善者，惡氣也。赫然而震者，天地之怒氣也。相感而相遇故也。曰：雷電相因，何也？曰：動極則陽形也。是故鑽木戛竹，皆可以得火。夫二物者未嘗有火也，以動而取之故也。擊石火出亦然。惟金不可以得火，至陰之精也。然軋磨既極，則亦能熱矣，陽未嘗無也。

或問：雷霆何爲而然者，有形耶，有神耶？致堂胡氏曰：古人未之言也。然先達大儒亦嘗明其理矣。蓋天地之間，無非陰陽聚散闔闢之所爲也，可以神言，不可以形論。非如異端所謂龍車、石斧、鬼鼓、火鞭，怪誕之難信也。故其言曰：陰氣凝聚，陽在內而不得出，則奮擊而爲雷霆。雖聖人復起，不能易矣。凡聲，陽也，光亦陽也。光發而聲隨之，陽氣奮擊欲出之勢也。電緩小，則震亦緩小。電迅大，則震亦迅大。震電交至，則必有雨。震而不電，電而不震，則無雨。由陰氣凝聚之有疎緩迅密也。曰：世人所得雷斧者何物也？曰：此猶星隕而爲石也。本乎天者氣而非形，偶隕于地則成形矣，然而不盡然也。曰：雷之破山壞廟，折樹殺人者，何也？曰：先儒以爲陰陽之怒氣也。氣鬱而怒，方爾奮擊，偶或值之，則遭震矣。然而不盡然也。曰：電之閃爍激疾，如金蛇飛騰之狀，何謂也？曰：光之發也。惟光耳，適映雲際則如是。不當乎雲之際而在同雲之中，則無是矣。凡天地造化之迹，苟不以理推之，必入于幻怪僞誕之説而終不能明，故君子窮理之爲要也。

朱子曰：雷如今之爆杖，蓋鬱積之極而迸散者也。○雷雖只是氣，但有氣便有形。如蝃蝀本只是薄雨，爲日所照成影，然亦有形，能吸水吸酒。人家有此，或爲妖，或爲祥。○或問：程子謂雷電只是氣相摩軋，是否？曰：然。或以爲有神物。曰：氣聚則須有。然纔過便散。如雷斧之類，亦是氣聚而成者，但已有查滓，便散不得。此亦屬「成之者性」。張子云「其來也幾微易簡，其究也廣大堅固」，即此理也。○問：十月雷鳴。曰：恐發動了陽氣。所以大雪爲豐年之兆者，雪非豐年，蓋爲凝結得陽氣在地，來年發達，生長萬物。

問：雷者陰陽擊搏之氣，然有時而擊人，是豈氣之所爲乎？且擊人之時，有所謂石與火，又有書背字曰「某人有此惡」者，豈其氣又有神物主之耶？南軒張氏曰：横渠有言：「陽在内者爲陰氣所蒙而不得出，則震擊而爲雷霆。」蓋雷霆是天地間義氣，人爲不善，又適與之感會，則雷震之。有所謂火者，氣之擊搏，自有火生也。有所謂石斧者，氣之墜則爲石。星隕亦然。若所謂書字則無是理。曰神物主之者，繆悠之説也。

問：雷者，陰陽二氣相摩而成聲。《春秋》有所謂「震夷伯之廟」，不知陰陽二氣亦能震物也耶？潛室陳氏曰：雷震固是陰陽相薄而成聲，然以陰陽之怒氣與沴氣適相值故震。要之此等陰陽自虚而有，自氣而形，自聲而發，皆摩盪之甚也。故人或見其形，或拾其物，此二氣極摩盪處。小而言之，則人間之灼火。大而言之，則虹霓之氣化，若蛟龍之生物。皆無而爲有也。

西山真氏曰：雷霆雖威，初非爲殺物設也。《易》稱鼓萬物者莫疾乎雷，其與日之烜、雨之潤、風之散同於生物而已。世人惡戾之氣適與之會而震死者有之，非雷霆求以殺之也。

風雨雪雹霜露

程子曰：長安西風而雨，終未曉此理。須是自東自北而風則雨，自南自西則不雨。何者？自東自北皆屬陽，坎卦本陽。陽唱而陰和故雨。自西自南，陰也，陰唱則陽不和。《蝃蝀》之詩曰「朝隮于西，崇朝其雨」，是陽來唱也，故雨。《易》言「密雲不雨，自我西郊」，言自西，則是陰先唱也，故雲雖密而不雨。今西風而雨，恐是山勢使然。○雹者，陰陽相搏之氣，蓋沴氣也。聖人在上無雹，雖有不爲災。

朱子曰：風只如天相似，不住旋轉。今此處無風，蓋或旋在那邊，或旋在上面，都不可知。如夏多南風，冬多北風，此亦可見。○雨如飯甑有蓋，其氣蒸鬱而汗下淋漓則爲雨。如飯甑不蓋，其氣散而不收則爲霧。○龍，水物也，其出而與陽氣交蒸，故能成雨。但尋常雨自是陰陽氣蒸鬱而成，非必龍之爲也。密雲不雨，尚往也。蓋止是下氣上升，所以未能雨。必是上氣蔽蓋無發洩處，方能有雨。横渠《正蒙》論風雷雲雨之説最分曉。○虹非能止雨也，而雨氣至是已薄，亦是日色射散雨氣了。○雪花所以必六出者，蓋只是霰下被猛風拍開，故成六出。如人擲一團爛泥於地，泥必濺開成稜瓣也。又六者陰數，大陰玄精石亦六稜，蓋天地自然之數。○伊川説世間人説雹是蜥蜴做，初恐無是理，看來亦有之，只謂之全是蜥蜴做則不可耳。自有是上面結作成底，也有是蜥蜴做底。昔聞王參議云：「嘗登五臺山，見蜥蜴含水吐之爲雹。」及《夷堅志》載劉法師嘗在隆興府西山見多蜥蜴如手臂大，一日無限入井中飲水皆盡，即吐爲雹。蓋蜥蜴形狀亦如龍，是陰屬，是這氣相感應，使作得他如此。正是陰陽交争之時，所以下雹時必寒。今雹之兩頭皆尖有稜，疑得初間圓，上面陰陽交争打得如此碎了。「雹」字從雨從包，是這氣包住，所以爲雹也。○霜只是露結成，雪只是雨結成。古人説露是星月之氣，不然。今高山頂上，雖晴亦無露。露只是自下蒸上。人言極西高山上亦無雨雪。○高山無霜露却有雪。某嘗登雲谷，晨起穿林薄中，並無露水沾衣，但見煙霞在下，茫然如大洋海，衆山僅露峰尖，煙雲環繞往來，山如移動，天下之奇觀也。或問：高山無霜露，其理如何？曰：上面氣漸清，風漸緊，雖微有霧氣都吹散了，所以不結。若雪則只是雨，遇寒而凝，故高寒處雪先結也。○或問：伊川云露是金之氣，如何？曰：露自是有清肅之氣，古語云「露結爲霜」，今觀之，誠是。然露氣與霜氣不同，露能滋物，而霜殺物也。雪、霜亦有異，霜能殺物而雪不殺物也。雨與露不同，雨氣昏而露氣清也。露與霧不同，露氣肅而霧氣昏也。○天氣降而地氣不接則爲霧，地氣升而天氣不接則爲雺。

勉齋黄氏曰：陰陽和則雨澤作。《詩》不云乎：「習習谷風，以陰以雨。」亦以陰陽和而雨。春之所以雨多者，以當春之時地氣上騰，天氣下降，故蒸滃而成雨。秋亦然。夏則陽亢，冬則陰過，是以多晴。

陰陽

程子曰：陰陽之氣有常存而不散者，日月是也。有消長而無窮者，寒暑是也。○老氏言虚能生氣，非也。陰陽之開闔相因，無有先也，無有後也。可謂今日有陽而後明日有陰，則亦可謂今日有形而後明日有影也。○陰陽於天地間，無截然爲陰爲陽之理，須去參錯。然一箇升降生殺之分不可無也。○冬至一陽生，却須陡寒。正如欲曉而反暗也。陰陽之際，亦不可截然不相接，厮侵過便是道理。天地之間，如是者極多。艮之爲義，終萬物，始萬物，此理最妙，須玩索這箇理。潛室陳氏曰：大率陰陽消長之理，一氣不頓消，不頓長。欲消之氣，却侵帶些在初長之中。初長之氣，却侵帶些在欲消之中。大凡寒暑、晦明之交接頭處，須兩下侵帶些。所以艮居八卦之中，宜只是止萬物。然分於東北之間，一頭接坎之殺氣，固是終萬物。一頭接震之生氣，又爲始萬物。蓋震豈能頓生？惟於殺氣未盡之時，已是侵帶些子氣了，故至震方發生也。○早梅冬至已前發，方一陽未生，然則發生者，何也？其榮其枯，此萬物一箇陰陽升降大節也。然逐枝自有一箇榮枯，分限不齊，此各有一乾坤也。各自有箇消長，只是箇消息。惟其消息，此所以不窮。至如松栢亦不是不彫，只是後彫，彫得不覺，怎少得消息。方夏生長時，却有夏枯者。則冬寒之際有發生之物，何足怪也。○問：張子云：「陰陽之精，互藏其宅。」然乎？

曰：此言甚有味，由人如何看。水離物不得，故水有離之象。火能入物，故火有坎之象。

五峰胡氏曰：觀日月之盈虛，知陰陽之消息。觀陰陽之消息，知聖人之進退。

延平李氏曰：陰陽之精散而萬物得之。凡麗于天，附于地，列于天地之兩間，聚有類，分有群，生者、形者、色者，莫不分繫於陰陽。○陽以燥爲性，以奇爲數，以剛爲體，其爲氣炎，其爲形圓，浮而明，動而吐，皆物於陽者也。陰以濕爲性，以耦爲數，以柔爲體，其爲氣涼，其爲形方，沈而晦，静而翕，皆物於陰者也。

朱子曰：陰陽是氣，五行是質。有這質，所以做得物事出來。五行雖是質，他又有五行之氣，做這物事方得。然却是陰陽二氣截做這五箇，不是陰陽外别有五行。如十干甲乙，甲便是陽，乙便是陰。○五行相爲陰陽，又各自爲陰陽。○天地統是一箇大陰陽，一年又有一年之陰陽，一月又有一月之陰陽，一日、一時皆然。○陰陽只是一氣。陽之退，便是陰之生。不是陽退了又别有箇陰生。○陰陽做一箇看亦得，做兩箇看亦得。做兩箇看，是「分陰分陽，兩儀立焉」。做一箇看，只是一箇消長。○陰陽各有清濁偏正。○陰陽之理，有會處，有分處。○陰陽只是一氣，陰氣流行即爲陽，陽氣凝聚即爲陰，非直有二物相對也。○陰陽生殺，固無間斷，而亦不容並行。○天地間無兩立之理，非陰勝陽，即陽勝陰，無物不然，無時不然。寒暑、晝夜、君子小人、天理人欲。○陰陽不可分先後説。○陽氣只是六層，只管上去。上盡後，下面空闕處便是陰。〇方其有陽，那裏知道有陰。天地間只是一箇氣，自今年冬至到明年冬至，是他一氣周匝。把來切做兩截時，前面底便是陽，後面底便是陰。又切做四截也如此，便是四時。天地間只有六層陽氣，到地面上時，地下便冷了。只是這六位，陽長到那第六位時極了無去處，上面只是漸次消了。上面消了些箇時，下面便生了些箇，那便是陰。這只是箇噓吸，噓是陽，吸是陰。喚做一氣固是如此，然看他日月、男女、牝牡處，方見得無一物無陰陽。如至微之物，也有箇背面。若説流行處，却只是一氣。〇盈天地之間，所以爲造化者，陰陽二氣之終始盛衰而已。陽生於北，長於東，而盛於南。陰始於南，中於西，而終於北。故陽常居左，而以生育長養爲功，其類則爲剛，爲明，爲公，爲義，而凡君子之道屬焉。陰常居右，而以夷傷慘殺爲事，其類則爲柔，爲暗，爲私，爲利，而凡小人之道屬焉。〇以陰陽善惡論之，則陰陽之正皆善也，其沴皆惡也。以象類言，則陽善而陰惡。以動静言，則陽客而陰主。又曰：天地之間，陰陽而已。以人分之，則男女也。以事言之，則善惡也。何適而不得其類哉。〇陰陽有相對言者，如夫婦男女、東西南北是也。有錯綜言者，如晝夜、春夏秋冬、弦望晦朔，一箇間一箇輥去是也。〇問：自十一月至正月方三陽，是陽氣自地上而升否？曰：然。只是陽氣既升之後，看看欲絶，便有陰生。陰氣將盡，便有陽生。其已升之氣便散矣。所謂「消息之理，其來無窮」。又問：

「雷出地奮，豫」之後，六陽一半在地上，一半在地下，是天與地平分否？曰：若謂平分，則天却包著地在。此不必論。

魯齋許氏曰：萬物皆本於陰陽，要去一件去不得。天依地，地附天。如君臣、父子、夫婦皆然。

臨川吴氏曰：陽本實，陰本虚也。陽爲氣，陰爲精。陽成象，陰成形。陽主用，陰主體。則陽反似虚，陰反似實。是不然。天之積氣雖似虚，然其氣急勁如鼓皮，物之大莫能禦，故曰健，曰剛，曰静專，曰動直，則實莫實於天。地之成形雖似實，然其形踈通如肺，氣升降出入其中，故曰順，曰柔，曰静翕，曰動闢，則虚莫虚於地。然則陽實陰虚者，正説也。陽虚陰實者，偏説也。

五　行

周子曰：五行之序，以質之所生而言，則水本是陽之濕氣，以其初動，爲陰所陷而不得遂，故水陰勝。火本是陰之燥氣，以其初動，爲陽所揜而不得達，故火陽勝。蓋生之者微，成之者盛。生之者形之始，成之者形之終也。然各以偏勝也，故雖有形而未成質，以氣升降，土不得而制焉。木則陽之濕氣浸多，以感於陰而舒，故發而爲木，其質柔，其性暖。金則陰之燥氣浸多，以感於陽而縮，故結而爲金，其質剛，其性寒。土則陰陽之氣各盛，相交相搏，凝而成質。以氣之行而言，則一陰一陽往來相代，木火金水云者，各就其中而分老少耳。故其序各由少而老。土則分旺四季，而位居中者也。此五者，序若參差，而造化所以爲發育之具，實並行而不相悖。蓋質則陰陽交錯凝合而成，氣則陰陽兩端循環不已。質曰水火木金，蓋以陰陽相間言，猶曰東西南北，所謂「對待」者也。氣曰木火金水，蓋以陰陽相因言，猶曰東南西北，所謂「流行」者也。質雖一定而不易，氣則變化而無窮，所謂易也。

程子曰：動靜者，陰陽之本也。五氣之運，則參差不齊矣。○或曰：五行一氣也，其本一物耳。曰：五物也。五物備然後生，猶五常一道也。無五則亦無道。然而既曰五矣，則不可混而爲一也。

朱子曰：氣之精英者爲神。金木水火土非神，所以爲金木水火土者是神。在人則爲理，所以爲仁義禮智信者是也。○金木水火土，雖曰五行各一其性，然一物又各具五行之理。○天一自是生水，地二自是生火。生水只是合下便具得濕底意思。木便是生出得一箇軟底，金便是生出得一箇硬底。五行之說，《正蒙》中說得好。又曰：木者，土之精華也。又記曰：水火不出於土，《正蒙》一段說得最好，不胡亂下一字。○水、火清，金、木濁，土又濁。○五行之序，木爲之始，水爲之終，而土爲之中。以《河圖》《洛書》之數言之，則水一木三而土五，皆陽之生數而不可易者也，故得以更迭爲主而爲五行之綱。以德言之，則木爲發生之性，水爲貞静之體，而土又包育之母也。故木之包五行也，以其流通貫徹而無不在也。水之包五行也，以其歸根反本而藏於此也。若夫土，則水、火之所寄，金、木之所資，居中而應四方，一體而載萬類者也。故孔子贊乾之四德，而以「貞」「元」舉其終始。孟子論人之四端而不敢以信者列序於其間，蓋以爲無適而非此也。○陰以陽爲質，陽以陰爲質。水內明而外暗，火內暗而外明。○清明內影，濁明外影。清明金水，濁明火日。○火中有黑，陽中陰也。水外黑洞洞地而中却明者，陰中之陽也。故水謂之陽，火謂之陰亦得。○得五行之秀者爲人，只説五行而不言陰陽者，蓋做這人須是五行方做得成。然陰陽便在五行中，所以周子云「五行一陰陽也」。舍五行無别討陰陽處。如甲乙屬木，甲便是陽，乙便是陰。丙丁屬火，丙便是陽，丁便是陰。不須更説陰陽，而陰陽在其中矣。或曰：如言四時而不言寒暑爾。曰：然。○或問：陰陽、五行之爲性，各是一氣所稟，而性則一也。兩性字同否？曰：一般。又曰：同者理也，不同者氣也。復問：這箇莫是木自是木，火自是火，而其理則一？曰：且如這箇光，也有在硯蓋上底，也有在墨上底，其光則一也。○問：金木水火體質屬土？曰：横渠説得好，只説金與木之體質屬土，水與火則不屬土。問：火附木而生，莫亦屬土？曰：火自是箇虚空中物事。問：只温暖之氣便是火否？曰：然。《正蒙》云：木曰曲直，能既屈而返伸也。金曰從革，一從革而不能自返也。水、火氣也，故炎上潤下，與陰陽升降，土不得而制焉。木、金者，土之華實也，其性有水火之雜。故木之爲物，水漬則生，火然而不離也，蓋得土之浮華於水火之交也。金之爲物，得火之精於土之燥，得水之精於土之濡，故水火相待而不相害，爍之反流而不耗也，蓋得土之精實於水火之際也。土也者，物之所以成始而成終也，地之質也，化之終也，水火之所以升降，物兼體而不遺者也。○問：以質而語其生之序，不是相生否？只是陽變而助陰，故生水。陰合而陽盛，故生火。木、金各從其類，故在左右。曰：水陰根陽，火陽根陰，錯綜而生。其端是天一生水，地二生火，天三生木，地四生金。到得運行處，便水生木，木生火，火生土，土生金，金又生水，水又生木，循環相生。又如甲乙丙丁戊己庚辛壬癸，都是這箇物事。○以氣而語其生之序，則木、火、土、金、水，而木、火陽也，金、水陰也，此豈即其運用處而言之耶？而木、火何以謂之陽，金、水何以謂之陰？曰：此以四時而言，春、夏爲陽，秋、冬爲陰。○問：木之神爲仁，火之神爲禮，如何見得？曰：「神」字猶云「意思」也。且如一枝柴，却如何見得他是仁？只是他意思却是仁。火那裏見得他是禮？却是他意思是禮。○問：二氣五行，造化萬物，一闔一闢，萬變是生。所謂五行之氣，即雷風水火之運耶？又即二氣之參差散殊者耶？先儒謂物物皆具，則人之氣稟有偏重者謂之皆具，可乎？或謂雖物皆具，而就五行之中有得其多者，有得其少者。於此思之，殊茫然未曉。曰：五行之氣，如温涼、寒暑、燥濕、剛柔之類，盈天地之間者皆是。舉一物無不具此五者，但其間有多少分數耳。○陰陽播而爲五行，五行中各有陰陽。甲、乙木，丙、丁火。春屬木，夏屬火。年月日時，無有非五行之氣。甲乙丙丁，又屬陰屬陽。只是二五之氣。人之生，適遇其氣，有得清者，有得濁者，貴賤壽夭皆然，故有參差不齊如此。

李氏希濂曰：近見勉齋黄氏論五行，多所未解。其曰生之序便是行之序，而以《太極圖解》氣質之説爲不然；以《洪範》五行「一曰」「二曰」爲非有次第，但言其得數之多寡；以夏後繼以秋爲火能生金，惟其能生，是以能尅。夫五行一也，而以爲有生與行之異，則誠若近於支離者。然天地之間，未有不以兩而化成者也。以二氣言，則互爲其根者氣也，分陰分陽者質也。以五行言，則有形體而分峙於昭昭之間者，其質也；無形體而默運於冥冥之表者，其氣也。夫豈混然而無别哉。故就質而原其生出之始，則水、火以陰陽之盛而居先，木、金以陰陽之釋而居後，此質之序然也。就氣而探其運行之常，則木、火以陽而居先，金、水以陰而居後，此氣之序然也。質雖以氣而成，然其體一定而不可易。氣雖行乎質之内，而其用則循環而不可窮。二者相次，❶以成造化。今必混而一之，則是天地之間不過輪一

❶「次」，重修本作「須」。

死局，而無經緯錯綜之妙，其爲造化亦小矣。此其一也。五行之生，同出於陰陽，有則俱有，誠若不可以次第言。然水火者，陰陽變合之初，氣之至精且盛者也，故爲五行之先。水陰而根於陽，火陽而根於陰，故水又爲火之先也。有水、火而木、金生焉。木華而疏，金寔而固，故木、金次於水、火，而木又爲金之先也。土則四者之所成終而成始也，故次五焉。《易大傳》自天一至地十，以爲「五位相得而各有合」，正指五行生成之數而言，按之《河圖》可見，而《洪範》五行亦以是爲次，此《河圖》《洛書》所以相爲經緯也。今必削其次第，而但以得多寡爲説，則是以五行之質，水木皆陽之所爲而無與乎陰，火金皆陰之所爲而無與乎陽。既乖生成之序，復戾變合之旨，所謂「五行一陰陽」者，皆爲虛語矣。然勉齋亦云：「初只是一箇水，水暖後便是火，此兩箇是母。木是水之子，金是火之子。」是四者之序亦未嘗無。但所謂「水暖後便是火」，與「金是火之子」，亦未詳其義而恐其未安耳。按：水暖是火，蓋取既生魄陽曰魂之意。但二者恐自不同。此其二也。若火生金之説，則尤不可曉。若以相生爲序，則曰木、火、土、金、水。若以相尅爲序，則當曰水、火、金、木、土。未有其四以生相受，而其一獨以尅相生也。《禮運》曰：「播五行於四時。」周子亦曰：「五氣順布，四時行焉。」是四時之内，固備五行之氣也。惟土無定位，寄旺於四季。辰未戌丑之月，土之所旺也。土旺則皆可以生金矣。然辰、未，陽也。戌、丑，陰也。陽則生，陰則成。辰、未固皆陽也，春木之氣盛，則土爲之傷，夏火之氣盛，則土爲之息。故季夏本土旺之月，而又加之以火，則爲尤旺，故能生金而爲秋。此其相生之序，豈不瞭然甚明也哉。按五行家金生於巳，蓋辰之所生也。但孕育方微，必至季夏然後成體而爲壯耳。今但見夏之後便繼以秋，思而不得其説，遽斷之曰火能生金，竊恐其爲疎矣。《月令》以中央土繼於季夏之後，《素問》於四時之外，以長夏屬土，皆是此意，與十干之序脗合。自炎黄以迄于今，未之有改。周子、朱子蓋皆取之。今一旦創立孤論，以行其獨見，愚恐其不合乎造化本然之體也。

或問：氣行於天，質具於地，則是有氣便有是質，氣如是，質便如是。以氣而語其行之序，則木、火、土、金、水。以質而言其生之序，則水、火、木、金、土。氣之序如此，質之序如此。潛室陳氏曰：五行始生，謂太極流行之後，自氣而成質，自柔而成剛。水最柔，故居一。火差剛，故居次。至木至金至土，則浸堅剛。故《洪範》與《易》言所生之序皆如此。氣則成四時之序，即五行之序也。

臨川吴氏曰：十幹十二支之名立而相配爲六十，不知其所始。世傳黄帝命大撓作甲子，或然也。漢之時，術家以六十之四十八，配《周易》八純卦之六爻，謂之渾天納甲。不過以寅、卯二支爲木，巳、午二支爲火，申、酉二支爲金，亥、子二支爲水，辰、戌、丑、未四支爲土而已。後世所謂納音者，每支五行備，而每行周乎十二支。幹則否。壬癸各二水而四金四木，丙丁各二火而四土四水，戊己各二土而四木四火，庚辛各二金而四木四土，甲乙不爲木而四火四水四金焉。予嘗謂納甲之五行，猶先天之卦；納音之五行，猶後天之卦也。且納音始於誰乎？五行之上曰某水某火某土某金某木者，又始於誰乎？疑末世術家猥瑣之所爲也。

四　時

朱子曰：天有春夏秋冬，地有金木水火，人有仁義禮智，皆以四者相爲用也。○春爲感，夏爲應。秋爲感，冬爲應。若統論，春夏爲感，秋冬爲應，明歲春夏又爲感。○只是一箇道理界破看。以一歲言之，有春夏秋冬。以乾言之，有元亨利貞。以一月言之，有晦朔弦望。以一日言之，有旦晝暮夜。○天地只是一箇春氣，發生之初爲春氣，長得過便爲夏，收斂便爲秋，消縮盡便爲冬，明年又復從春處起。渾然只是一箇發生之氣。

魯齋許氏曰：長生、長春，如何長得？春夏秋冬，寒暑代謝，天之道也。如春可長，亦不足貴矣。○南北東西，是定體相對。春夏秋冬，是流行運用。却便相循環，一體一用。

臨川吴氏曰：風木，冬春之交，北東之維，艮震也。君火，春夏之交，東南之維，震巽也。相火，正夏之時，正南之方，離也。濕土，夏秋之交，南西之維，坤兑也。燥金，秋冬之交，西北之維，兑乾也。寒水，正冬之時，正北之方，坎也。此主氣之定布者也。地初正氣，子中而丑中，震也。地後間氣，丑中而卯中，離也。天前間氣，卯中而巳中，兑也。天中正氣，巳中而未中，乾巽也。天後間氣，未中而酉中，坎也。地前間氣，酉中而亥中，艮也。地終正氣，亥中而子中，坤也。此客氣之加臨者也。主氣土居二火之後，客氣土行二火之間。終艮始艮，後天卦位也。始震終坤，先天卦序也。世以歲氣起大寒者，似協後天終艮始艮之文，然而非也。楊子建以歲氣起冬至者，冥契先天始震終坤之義。子午歲之冬至，起燥金而生丑中之寒水。丑未歲之冬至，起寒水而生丑中之風木。寅申歲起風木，卯酉歲起君火，辰戌歲起濕土，已亥歲起相火，皆肇端於子半。六氣相生，循環不窮，豈歲歲間斷於傳承之際哉。然則終始乎艮者，可以分主氣所居之位，而非可以論客氣所行之序也。○天地陰陽之運，往過來續。木火土金水，始終終始，如環斯循，六氣相生之序也。歲氣起於子中，盡於子中，故曰「冬至子之半，天心無改移」。子午之歲，始冬至燥金三十日，然後禪於寒水，以至相火，日各六十者五，而小雪以後其日三十，復終於燥金。丑未之歲，始冬至寒水三十日，然後禪於風木，以至燥金，日各六十者五，而小雪以後其日三十，復終於寒水。寅申以下皆然。如是六十年，至千萬年，氣序相生而無間。非小寒之末，無所於授，大寒之初，無所於承，隔越一氣，不相接續，而截自大寒爲次年初氣之首也。此造化之妙，内經秘而未發，啓玄子闕而未言，近代楊子建昉推而得之。

地理潮汐附

朱子曰：山河大地初生時，須尚軟在。○《河圖》言崐崘者，地之中也。《素問》曰：「天不足西北，地不滿東南。」註云：「中原地形西北高，東南下。」今百川滿湊，東之滄海，則東西南北高下可知矣。○《水經》云：「崐崘去嵩山五萬里。」❶看來不會如此遠。蓋中國至于闐二萬里，于闐去崐崘無緣更有三萬里。《文昌雜録》記于闐遣使來貢獻，使者自言其西千三百餘里即崐崘山。今中國在崐崘之東南，而天竺諸國在其正南。大抵地形如饅頭，其撚尖則崐崘也。○冀都是正天地中間，好箇風水，山脉從雲中發來。雲中正高脊處，自脊以西之水，則西流入于龍門西河。自脊以東之水，則東流入于海。前面一條黄河環繞。右畔是華山聳立爲虎。自華來至中爲嵩山，是爲前案。遂過去爲泰山聳于左，是爲龍。淮南諸山，是第二重案。江南諸山及五嶺，又爲第三四重案。○堯都中原，風水極佳。左河東太行諸山相繞，海島諸山亦皆相向。右河南繞，直至太山湊海。第二重自蜀中出湖南，出廬

❶「去」，原作「取」，今據重修本改。

山諸山。第三重自五嶺至明越。又黑水之類，自北纏繞至南海。○河東地形極好，乃堯、舜、禹故都，今晉州河中府是也。左右多山，黄河繞之，嵩、華列其前。○河東、河北皆繞太行山。堯、舜、禹所都，皆在太行下。○太行山一千里，河北諸州皆旋其趾，潞州、上黨在山脊最高處。過河時便見太行在半天，如黑雲然。○上黨，即今潞州。《春秋》赤狄潞氏，即其地也。以其地極高，與天爲黨，故曰「上黨」。上黨，太行山之極高處。平陽、晉州、蒲坂，山之盡頭，堯、舜之所都也。河東、河北諸州，如太原、晉陽等處，皆在山之兩邊窠中。山極高闊，伊川云：太行千里一塊石。山後是忻、代諸州。泰山却是太行之虎山。或問：平陽、蒲坂，自堯、舜後何故無人建都？曰：其地磽瘠不生物，人民朴陋儉嗇，故惟堯、舜能都之。後世侈泰，如何都得。○前代所以都關中者，以黄河左右旋繞，所謂「臨不測之淵」是也。近東獨有函谷關一路通山東，故可據以爲險。又關中之山，皆自蜀漢而來，至長安而盡。他録作「關中之山，皆自西而東」。若横山之險，乃山之極高處。横山皆黄石，山不生草木。○東南論都，所以必要都建康者，以建康正諸方水道所凑，一望則諸要害地都在面前，有相應處。臨安如入屋角房中，坐視外面，殊不相應。武昌亦不及建康。然今之武昌，非昔之武昌。吴都武昌，乃今武昌縣，地勢迫窄，只恃前一水爲險耳。鄂州正今之武昌，亦是好形勢，上可以通關陝，中可以向許洛，下可以通山東。若臨安，進只可通得山東及淮北而已。○天下之山，西北最高自關中一支生下函谷，以至嵩少，東盡泰山，此是一支。又自嶓冢、漢水之北生下一支，至揚州而盡。江南諸山，則又自岷山分一支，以盡乎兩浙、閩、廣。○大凡兩山夾行，中間必有水。兩水夾行，中間必有山。江出岷山，岷山夾江兩岸而行，那邊一支去爲江北許多去處，這邊一支爲湖南，又一支爲建康，又一支爲福建、二廣。○岷山之脉，其一支爲衡山者，已盡於九江之西。其一支又南而東度桂嶺者，則包湘源而北經袁潭之境，以盡於廬阜。其一支又南而東度庾嶺者，則包彭蠡之源，以北盡於建康。其一支則又東包浙江之源，而北其首以盡會稽，南其尾以盡乎閩、粤也。○仙霞嶺在信州分水之右，其脊脉發去爲臨安，又發去爲建康。○江西山皆自五嶺、贛上來，自南而北，故皆逆。閩中却是自北而南，故皆順。○閩中之山，多自北來，水皆東南流。江浙之山，多自南來，水多北流。故江浙冬寒夏熱。○荆襄山川平曠，得天地之中，有中原氣象，爲東南交會處。耆舊人物多，最好卜居。但有變，則正是兵交之衝。○蔡伯靖言山本同而末異，水本異而末同。○西北地至高。地之高處，又不在天之中。○地有絶處。唐太宗收至骨利幹，置堅昆都督府。其地夜易曉，夜亦不甚暗。蓋當地絶處，日影所射也。其人髮皆赤。至鐵勒則又北矣。極北之地人甚少，所傳有二千里松木，禁人斫伐。此外龍蛇交雜，不可去。○《通鑑》説有人適外國，夜熟一羊胛而天明，此是地之角尖處。日入地下而此處無所遮蔽，故常光明。及從東出而爲曉，其所經遮蔽處亦不多耳。〇自古無人窮至北海，想北海只挨著天殼邊過。緣北邊地長，其勢北海不甚闊，地之下與地之四邊皆海水周流，地浮在水上與天接，天包水與地。〇海那岸便與天接。或疑百川赴海，而海不溢。曰：蓋是乾了。有人見海邊作旋渦吸水下去者。〇海水無邊，那邊只是氣蓄得在。〇海水未嘗溢者，莊周所謂沃焦土是也。〇柳子云歸墟之泄，非出之天地之外也。但水入於東而復繞於西，又滲縮而升，乃復出於高原而下流於東耳。此其説亦近似矣。然以理驗之，則天地之化，往者消而來者息。非以往者之消，復爲來者之息也。水流東極，氣盡而散，如沃焦釜，無有遺餘。故歸墟尾閭，亦有沃焦之號。非如未盡之水，山澤通氣而流注不窮也。〇女真起處有鴨緑江，傳云天下有三處大水，曰黄河，曰長江，并鴨緑是也。若以浚儀與潁川爲中，則今之襄、漢、淮西等處爲近中。〇問：周公定豫州爲天地之中，東西南北各五千里。今北邊無極而南方交趾便際海，道里長短夐殊，何以云各五千里？曰：此但以中國地段四方相去言之，未説到極邊與際海處。南邊雖近海，然地形則未盡。如海外有島夷諸國，則地猶連屬，彼處海猶有底。至海無底處，地形方盡。周公以土圭測天地之中，則豫州爲中，而南北東西際天各遠許多。至於北遠而南近，則地形有偏爾。所謂「地不滿東南」也。《禹貢》言東西南北各二千五百里，不知周公何以言五千里。今視中國，四方相去無五千里，想他周公且恁大説，教好看。如堯、舜所都冀州之地，去北方甚近，是時中國土地甚狹，想只是略羈縻。至夏、商已後，漸漸開闢。如三苗只在今洞庭、彭蠡、湖湘之間，彼時中國已不能到，三苗所以也負固不服。

東萊吕氏曰：關中是形勢之地，洛是都會之中。欲據形勢須都關中，欲施政令須都洛。

問：阻三面而守之，以一面東制諸侯，此關中之形勢。然漢高道南陽，過酈析，以叩武關，而關中無擊柝之限。既而從山東之師，稍益以關中之士，固守謹關，而項羽破圍入之。及其領漢蜀之封，地形少痿矣，乃由故道以定三秦之壤。夫以天險不可升之勢，而楚、漢分争之始，或自東南而入武關，或自西南而抵陳倉，或自東方而越殽、函，何耶？潛室陳氏曰：自古入關有三道，一自河北入爲正道，項羽、漢光武、安禄山。一自河南入爲間道，漢高祖、桓温、檀道濟、劉裕。一自蜀入爲險道。漢高祖關中由中道入巴蜀爲漢王，已而又從此路出定關中。諸葛亮亦從此出師。關中雖號天險，豈無可入之道。第不比他戰場可長驅而進耳。○問：巴蜀四塞，非進取之地，惟一江陵。然諸葛亮不勸先主都之，及關羽之危，又不聞救之，何也？曰：江陵屬荆州，武侯首陳取荆州之策，先主不能用。其後争之於吴而不得，吴止分數郡以與之。至關羽之敗，并數郡而失之，况得而都之邪？况荆襄爲南北咽喉，在三國爲必争之地，乃戎馬之場，非帝之都也。

九峰蔡氏曰：河北諸山根本脊脉，皆自代北寰武、嵐憲諸州，乘高而來。其脊以西之水，則西流以入龍門、西河之上流。其脊以東之水，則東流而爲桑乾、幽、冀以入于海。其西一支爲壺口、太岳，次一支包汾晉之源，而南出以爲析城、王屋，而又西折以爲雷首。又次一支乃爲太行。又次一支乃爲恒山。此大河北境之山也。其江漢南境之山，則岷山之脉，其北一支爲衡山，而盡於洞庭之西。其南一支度桂嶺，北經袁筠之地，至德安之敷淺原。二支之間，湘水間斷。衡山在湘水西南，敷淺原在湘水東北。孔氏以爲衡山之脉連延而爲敷淺原者，非也。

臨川吴氏曰：天下之山脉起於崐崘，山脉之所起，即水原之所發也。水之發自崐崘者，其原爲最遠，惟中國之河爲然。漢之發原於嶓冢，江之發原於岷山以西，視他水亦可謂遠，而非極於山脉初起之處，則不得與河原並也。故天下有原之水，河爲第一。古人祭川，先河後海，重其原也。

程子曰：今夫海水潮，日出則水涸，是潮退也，其涸者已無也。月出則潮水復生，却不是將已涸之水爲潮。水自然能生也。以下論潮汐。

邵子曰：海潮者，地之喘息也。所以應月者，從其類也。

朱子曰：潮汐之説，余襄公言之尤詳。大抵天地之間，東西爲緯，南北爲經。故子、午、卯、酉爲四方之正位，而潮之進退，以月至此位爲節耳。以氣之消息言之，則子者陰之極而陽之始，午者陽之極而陰之始，卯爲陽中，酉爲陰中也。余襄公安道曰：潮之漲退，海非增減。蓋月之所臨，則水往從之。日月右轉而天左轉，一日一周臨於四極，故月臨卯、酉則水漲乎東、西，月臨子、午則潮平乎南、北。彼竭此盈，往來不絶，皆繫於月。何以知其然乎？夫晝夜之運，日東行一度，月行十三度有奇，故太陰西没之期常緩於日三刻有奇。潮之日緩，其期率亦如是。自朔至望，常緩一夜潮。自望而晦，復緩一晝潮。朔、望前後，月行差疾，故晦前三日潮勢長，朔後三日潮勢大，望亦如之。月弦之際，其行差遲，故潮之去來，亦合沓不盡。盈虚消息，一之於月，陰陽之所以分也。夫春夏晝潮常大，秋冬夜潮常大，蓋春爲陽中，秋爲陰中。歲之有春秋，猶月之有朔望也，故潮之極漲常在春秋之中，潮之極大常在朔望之後，此又天地之常數也。〇潮之遲速大小自有常。舊見明州人説月加子、午則潮長，自有此理。沈存中《筆談》説亦如此，謂月在地子、午之方，初一卯，十五酉。

問：晦翁謂月加子、午則潮長，未識其説。潛室陳氏曰：此説不可曉。今海居者但云月上潮長，月落潮退，誠驗其言，是乃月加卯、酉方位，非子、午也。朔日之潮可驗。朔日月與日會，日才出卯方即潮長，才入酉方即潮又長，是月與日相隨出没。

古洲馬氏曰：《禮祀》日曰朝，致月曰夕。江海之水，朝生爲潮，夕至爲汐。日，太陽也，歷一次而成月。月，太陰也，合於日以起朔。陰陽消息，晦朔弦望，潮汐應焉。由朔至望，明生而爲息。自望及晦，魄見而爲消。水，陰物也，而生於陽。潮汐依日而滋長，隨月而漸移。日起於朔，月盈於望。一朔一望，天西運一周有奇。月東行迎日之所次，月合於地下之中，則日之所次也。故潮平于地下之中而會於月。潮於寅則汐於申，潮於巳則汐於亥。兩辰而盈，兩辰而縮。日百刻，刻爲三分，時得八刻三分刻之一。周天三百六十五度四分度之一，分十二次，次得三十度八十分度之三十五。日行一度，月行十三度有奇，漸遠於日。故潮汐之期，浸移日後六刻三分刻之一。一朝夕而再至，故一晦、朔而再周。朔後三日明生而潮壯，望後三日魄見而汐湧。每歲仲春，月落水生而汐微；仲秋，月明水落而潮倍。減於大寒，極陰而凝。弱於大暑，畏陽而縮。陰陽消長，不失其時，故曰潮信。

北京大學《儒藏》編纂與研究中心 編

《儒藏》精華編選刊

性理大全書 （三）

〔明〕胡廣 等撰

程林 彭榮 校點

北京大學出版社
PEKING UNIVERSITY PRESS

性理大全書卷之二十八

鬼神

總論

程子曰：聚爲精氣，散爲游魂。聚則爲物，散則爲變。觀聚散，則鬼神之情狀著矣。萬物之終始，不越聚散而已。鬼神者，造化之功也。○鬼，是往而不反之義。○物形有大小精粗之不同，神則一而已。○或問：鬼神之有無。曰：吾爲爾言無，則聖人有是言矣。爲爾言有，爾得不於吾言求之乎。

張子曰：天地變化至著至速者，目爲鬼神。所謂吉凶害福、誅殛窺伺，豈天所不能耶？必有耳目口鼻之象而後能之耶？

藍田吕氏曰：萬物之生，莫不有氣。氣也者，神之盛也。莫不有魄。魄也者，鬼之盛也。故人亦鬼神之會爾。鬼神者周流天地之間，無所不在。雖寂然不動，而有感必通。雖無形無聲，而有所謂昭昭不可欺者。

朱子曰：天下大底事自有箇大底根本，小底事亦自有箇緊切處。若見得，天下亦無甚事。如鬼神之事，聖賢説得甚分明，只將《禮》熟讀便見。二程初不説無鬼神，但無而今世俗所謂鬼神耳。古來聖人所制，皆是察見得天地之理如此。○神，伸也。鬼，屈也。如風雨雷電初發時，神也。及至風止雨過，雷住電息，則鬼也。○鬼神不過陰陽消長而已，亭毒化育、風雨晦冥皆是。在人則精是魄，魄者鬼之盛也。氣是魂，魂者神之盛也。精氣聚而爲物，何物而無鬼神。遊魂爲變，魂遊則魄之降可知。○鬼神只是氣，屈伸往來者氣也。天地間無非氣，人之氣與天地之氣常相接，無間斷，人自不見。人心纔動，必達於氣，便與這屈伸往來者相感通。如卜筮之類，皆是心自有此物，只説你心上事，纔動必應也。○問：鬼神有無。曰：此豈卒乍可説。便説，公亦豈能信得及。須於衆理看得漸明，則此惑自解。樊遲問知，子曰：「務民之義，敬鬼神而遠之，可謂知矣。」人且理會合當理會底事，其理會未得底，且推向一邊，待日用常行處理會得透，則鬼神之理將自見得，乃所以爲知也。「未能事人，焉能事鬼」，意亦如此。○問：鬼神便只是此氣否？曰：又是這氣裏面神靈相似。○問：先生説鬼神自有界分，如何？曰：如日爲神，夜爲鬼。生爲神，死爲鬼。豈不是界分。○問：先生前説日爲神夜爲鬼，所以鬼夜出，如何？曰：間有然者，亦不能皆然。夜屬陰，且如妖鳥皆陰類，皆是夜鳴。○雨風露雷、日月晝夜，此鬼神之迹也。此是白日公平正直之鬼神。若所謂有嘯于梁，觸于胸，此則所謂不正邪暗，或有或無，或去或來，或聚或散者。又有所謂禱之而應，祈之而獲，此亦所謂鬼神。同一理也。世間萬事皆此理，但精粗小大之不同爾。又曰：以功用謂之鬼神，即此便見。○鬼神死生之理，定不如世俗所見。然又有其事昭昭，不可以理推者，此等處且莫要理會。○問：理有明未盡處，如何得意誠？且如鬼神事，今是有是無？張仲隆曾至金沙堤見巨人迹，此是如何？或謂册子説，并人傳説，皆不可信，須是親見。某平昔見册子上并人説得滿頭滿耳，只是都不曾自見。曰：只是不曾見，畢竟其理如何。張南軒亦只是硬不信，有時戲説一二。如禹鼎鑄魑魅魍魎之屬，便是有這物。深山大澤，是彼所居處，人往占之，豈不爲祟。問「敬鬼神而遠之」，則亦是言有。但當敬而遠之，自盡其道，便不相關。曰：聖人便只是如此説。嘗以此理問李先生，曰：「此處不須理會。」

南軒張氏曰：鬼神之説，合而言之，來而不測謂之神，往而不返謂之鬼。分而言之，天地、山川、風雷之屬，凡氣之可接者皆曰神，祖考祠饗於廟曰鬼。就人物而言之，聚而生爲神，散而死爲鬼。又就一身而言之，魂氣爲神，體魄爲鬼。凡六經所稱，蓋不越是數端。然一言以蔽之，莫非造化之跡，而語其德則誠而已。昔者季路蓋嘗問事鬼神之説矣，夫子之所以告之者，將使之致知力行而自得之，故示其理而不詳語也。至於後世，異說熾行，譸張爲幻，莫可致詰。流俗眩於怪誕，怵於恐畏，胥靡而從之。聖學不明，雖襲儒衣冠，號爲英才敏識，亦往往習熟崇尚而不以爲異。至於其說之窮，則曰「焉知天地間無有是事」，委諸茫昧而已耳。信夫事之妄而不察夫理之真，於是鬼神之説淪於空虚，而所爲交於幽明者，皆失其理。禮壞而樂廢，人心不正，浮僞日滋，其間所謂因其説而爲善者，亦莫匪私利之流。亂德害教，孰此爲甚。故河南二程子、横渠張子與學者反復講論而不置，夫豈好辯哉，蓋有所不得已也。若夫程子發明感通之妙，張子推極聚散之蘊，所以示來世深矣。學者誠能致知以窮其理，則不爲衆説所咻；克己以去其私，則不爲血氣所動。於其有無是非之故，毫分縷析，了然於中，各有攸當而不亂，然後昔人事鬼神之精意可得而求，德可立而經可正也。不然，辨之不明，守之不固，眩於外而怵於内，一理之蔽，則爲一事之礙，一念之差，則爲一物之誘，聞見雖多，亦鮮不爲異説所溺矣。

北溪陳氏曰：程子云「鬼神者造化之迹」，張子云「鬼神者二氣之良能」，二説皆精切。造化之迹，以陰陽流行著見於天地間言之。良能，言二氣之屈伸往來自然能如此。大抵鬼神只是陰陽二氣。主屈伸往來者言之，神是陽之靈，鬼是陰之靈。「靈」云者，只是自然屈伸往來恁地活爾。自一氣言之，則氣之方伸而來者屬陽爲神，氣之已屈而往者屬陰爲鬼。

如春夏是氣之方長，屬陽爲神；秋冬是氣之已退，屬陰爲鬼。其實二氣亦只是一氣耳。天地間無物不是陰陽。陰陽無所不在，則鬼神亦無所不有。大抵神之爲言伸也，伸是氣之方長者也。鬼之爲言歸也，歸是氣之已退者也。○自天地言之，天屬陽、神也，地屬陰、鬼也。就四時言之，春夏氣之伸屬神，秋冬氣之屈屬鬼。又自晝夜分之，晝屬神，夜屬鬼。就日月言之，日屬神，月屬鬼。又如鼓之以雷霆，潤之以風雨，是氣之伸屬神。及至收斂後，帖然無蹤跡，是氣之歸屬鬼。以一日言之，則早起日方升屬神，午以後漸退屬鬼。以月言之，則月初三生來屬神，到十五以後屬鬼。如草木生枝生葉時屬神，衰落時屬鬼。如潮之來屬神，潮之退屬鬼。凡氣之伸者皆爲陽，屬神。凡氣之屈者皆爲陰，屬鬼。古人論鬼神，大概如此，更在人自體究。

問：先儒謂鬼神造化之迹，又曰二氣之良能。潛室陳氏曰：鬼神只陰陽屈伸之氣，所以爲寒爲暑，爲晝爲夜，爲榮爲枯，有迹可見，此處便是鬼神。蓋陰陽是氣，鬼神是氣之良能流轉活動處，故曰良能。○天地造化，萬物露生于天地之間者，皆造化之迹也。是孰爲之耶？鬼神也。造化之迹，猶言造化之可見者，非粗迹之迹。于今一禽一獸、一花一木，鍾英孕秀，有雕斲繪畫所不能就者，倏忽見于人間，是孰爲之耶？即造化之迹，鬼神也。

西山真氏曰：鬼神之理，雖非始學者所易窮，然亦須識其名義。若以神、示、鬼三字言之，則天之神曰神，以其造化神妙不測也。地之神曰示，以其山川草木，有形可見，顯然示人也。示，古祇字。人之神曰鬼。鬼，謂氣之已屈者也。若以鬼神二字言之，則神者氣之伸，鬼者氣之屈。氣之方伸者屬陽，故爲神。氣之屈者屬陰，故爲鬼。神者伸也，鬼者歸也。且以人之身論之，生則曰人，死則曰鬼，此生死之大分也。然自其生而言之，則自幼而壯，此氣之伸也。自壯而老，自老而死，此又伸而屈也。自其死而言之，則魂遊魄降，寂無形兆，此氣之屈也。及子孫享祀，以誠感之，則又能來格，此又屈而伸也。姑舉人鬼一端如此。至若造化之鬼神，則山澤水火雷風是也。日與電皆火也，月與雨亦水也，此數者合而言之，又只是陰陽二氣而已。陰陽二氣流行於天地之間，萬物賴之以生，賴之以成，此即所謂鬼神也。今人只以塑像、畫像爲鬼神，及以幽暗不可見者爲鬼神，殊不知山峙川流，日照雨潤，雷動風散，乃分明有迹之鬼神。伊川云「鬼神者造化之迹」，又云「鬼神天地之功用」，橫渠云「鬼神二氣之良能」，凡此皆指陰陽而言。天地之氣，即人身之氣。人身之氣，即天地之氣也。

鶴山魏氏曰：鬼神之説尚矣。自聖賢不作，正塗壅底，士不知道，民罔常心，非置諸茫昧，則怵於奇衺。或又諉曰：夫子所不語也，季路所弗知也。吁，是難言也。其果難言也，而聖謨孔彰，實理莫揜，其有獨不可見者乎？天有四時，地載神氣，亘古今，薄宇宙，盪摩而罔息者，孰非鬼神之功用乎？反之吾身，而噓吸之屈伸，視聽之往來，浩乎博哉。妙萬物而無不在也。○宇宙之間，氣之至而伸者爲神，反而歸者爲鬼。其在人焉，則陽魂爲神，陰魄爲鬼。二氣合則魂聚魄凝而生，離則魂升爲神，魄降爲鬼。《易》所謂精氣、遊魂，《記》所謂禮樂、鬼神，夫子所謂物之精、神之著，而子思所謂德之盛、誠之不可掩者，其義蓋若此。而古之聖賢所貴乎知者，亦惟知此而已。

論在人鬼神兼精神魂魄

程子曰：心所感通者只是理也。知天下事有即有，無即無，無古今前後。至如夢寐皆無形，只是有此理。若言涉於形聲之類，則是氣也。物生則氣聚，死則散而歸盡。有聲則須是口，既觸則須是身。其質既壞，又安得有此。乃知無此理，便不可信。○古之言鬼神，不過著於祭祀，亦只是言如聞嘆息之聲，亦不曾道聞如何言語，亦不曾道見如何形狀。如漢武帝之見李夫人，只爲道士先説與在甚處，使端目其地，故想出也。然武帝作詩，亦曰「是邪，非邪」。嘗聞好談鬼神者，皆所未曾聞見，皆是見説。燭理不明，便傳以爲信也。假使實所聞見，亦未足信，或是心病，或是目病。如孔子言人之所信者目，目亦有不足信者邪。此言極善。○楊定鬼神之説，只是道人心有感通。如有人平生不識一字，一日病作，却念得一部杜甫詩，却有此理。天地間事，只是一箇有，一箇無。既有即有，無即無。如杜甫詩者，是世界上實有杜甫詩，故人之心病，及至精一，有箇道理自相感通。以至人心在此，託夢在彼，亦有是理，只是心之感通也。○世間有鬼神馮依言語者，蓋屢見之，未可全不信，此亦有理。「莫見乎隱，莫顯乎微」而已。○神與氣未嘗相離，不以生存，不以死亡。○魂謂精魂，其死也，魂歸于天，消散之意。

張子曰：范巽之嘗言神姦物怪。某以言難之，謂天地之雷霆草木至怪也，以其有定形，故不怪。人之陶冶舟車亦至怪也，以其有定理，故不怪。今言鬼者不可見其形，或云有見者且不定，一難信。又以無形而移變有形之物，此不可以理推，二難信。又嘗推天地之雷霆草木，人莫能爲之。人之陶冶舟車，天地亦莫能爲之。今之言鬼神，以其無形則如天地，言其動作則不異於人，豈謂人死之鬼，反能兼天人之能乎？○今更就世俗之言評之。如人死皆有知，則慈母有深愛其子者，一旦化去，獨不日日憑人言語，託人夢寐存恤之耶？言能福善禍淫，則或小惡反遭重罰，而大憝反享厚福，不可勝數。又謂人之精明者能爲厲，秦皇獨不罪趙高，唐太宗獨不罰武后耶？又謂衆人所傳不可全非，自古聖人獨不傳一言耶？聖人或容不言。自孔、孟而下，荀況、揚雄、王仲淹、韓愈，學亦未能及聖人，亦不見略言者。以爲有，數子又或偶不言。今世之稍信實，亦未嘗有言親見者。

朱子曰：二氣之分，即一氣之運，所謂「一動一静，互爲其根，分陰分陽，兩儀立焉」者也。在人者，以分言之，則精爲陰而氣爲陽，故魄爲鬼而魂爲神；以運言之，則消爲陰而息爲陽，故伸爲神而歸爲鬼。然魂性動，故當其伸時非無魄也，而必以魂爲主。魄性静，故方其歸時非無魂也，而必以魄爲主。則亦初無二理矣。○問：生死鬼神之理。一云：問：鬼神生死雖知得是一理，然未見得端的。曰：「精氣爲物，游魂爲變」，便是生死底道理。未達。曰：精氣凝則爲人，散則爲鬼。又問：精氣凝時，此理便附在氣上否？曰：天道流行，發育萬物，有理而有氣。雖是一時都有，畢竟以理爲主。人得之以有生，氣之清者爲氣，濁者爲質。一云：清者屬陽，濁者屬陰。知覺運動，陽之爲也。形體，陰之爲也。氣曰魂，體曰魄。高誘《淮南子》註曰：「魂者陽之神，魄者陰之神。」所謂神者，以其主乎形氣也。人所以生，精氣聚也。人只有許多氣，須有箇盡時。一云：醫家所謂「陰陽不升降」是也。盡則魂氣歸于天，形魄歸于地而死矣。人將死時，熱氣上出，所謂魂升也；下體漸冷，所謂魄降也。此所以有生必有死，有始必有終也。夫聚散者氣也，若理則只泊在氣上，初不是凝結自爲一物，但人分上所合當然者便是理，不可以聚散言也。然人死雖終歸於散，然亦未便散盡，故祭祀有感格之理。先祖世次遠者，氣之有無不可知。然奉祭祀者既是他子孫，畢竟只是一氣，所以有感通之理。然已散者不復聚。至如伯有爲厲，伊川謂別是一般道理，蓋其人氣未當盡而强死，自是能爲厲。子産爲之立後，使有所歸，遂不爲厲，亦可謂知鬼神之情狀矣。問：伊川言鬼神造化之迹，此豈亦造化之迹乎？曰：皆是也。若論正理，則似樹上忽生出花葉，此便是造化之迹。又如空中忽然有雷霆風雨，皆是也。但人所常見，故不之怪。忽聞鬼嘯、鬼火之屬，則便以爲怪。不知此亦造化之迹，但不是正理，故爲怪異。如《家語》云：「山之怪曰夔魍魎，水之怪曰龍罔象，土之怪羵羊。」皆是氣之雜揉乖戾所生，亦非理之所無也。專以爲無則不可。如冬寒夏熱，此理之正也。有時忽然夏寒冬熱，豈可謂無此理？但既非理之常，便謂之怪。孔子所以不語，學者亦未須理會也。○問：「伯有之事，别是一理」，如何？曰：是别是一理。人之所以病而終盡，則其氣散矣。或遭刑，或忽然而死者，氣猶聚而未散，然亦終於一散。銜冤憤者亦然，故其氣皆不散。○「伯有爲厲之事，自是一理」，謂非生死之常理。人死則氣散，理之常也。他却用物宏，取精多，族大而强死，故其氣未散耳。○問：來而伸者爲神，往而屈者爲鬼，凡陰陽魂魄人之噓吸皆然，不獨死者爲鬼，生者爲神。故横渠云：「神祇者歸之始，歸往者來之終。」曰：此二句正如俗語罵鬼云：「你是已死我，我是未死你。」《楚詞》中說「終古」，亦是此義。《楚詞》云：去終古之所之兮，今逍遥而來東。羌靈魂之欲歸兮，何須臾而忘反。問：既屈之中，恐又自有屈伸。曰：祭祀致得鬼神來格，便是就既屈之氣又能伸也。○問：魂氣則能既屈而伸，若祭祀來格是也。若魄既死，恐不能復伸矣。曰：也能伸，蓋他來則俱來。如祭祀報魂、報魄，求之四方上下，便是皆有感格之理。問：遊魂爲變，聖愚皆一否？曰：然。又問：人之禱天地山川，是以我之有感彼之有。子孫之祭先祖，是以我之有感他之無。曰：神祇之氣，常屈伸而不已；人鬼之氣，則消散而無餘矣。其消散亦有久速之異。人有不伏其死者，所以既死而此氣不散，爲妖爲怪。如人之凶死，及僧道既死，多不散。僧道務養精神，所以凝聚不散。若聖賢則安於死，豈有不散而爲神怪者乎？如黄帝、堯、舜，不聞其既死而爲靈怪也。嘗見輔漢卿説某人死，其氣温温然熏蒸滿室，數日不散，是他氣盛，所以如此。劉元城死時，風雷轟于正寢，雲霧晦冥，少頃辨色，而公已端坐薨矣。他是什麽樣氣魄。曰：莫是元城忠誠感動天地之氣否？曰：只是元城之氣自散爾。他養得此氣剛大，所以散時如此。《祭義》云：「其氣發揚于上爲昭明，焄蒿悽愴，此百物之精也。」此數句説盡了。人死時其魂氣發揚于上。昭明，是人死時自有一般光景。焄蒿，即前所云温温之氣也。悽愴，是一般肅然之氣令人悽愴，如漢武帝時神君來則風肅然是也。此皆萬物之精，既死而散也。〇問：鬼神便是精神魂魄，如何？曰：然。且就這一身看，自會笑語，有許多聰明知識，這是如何得恁地？虚空之中，忽然有風有雨，忽然有雷有電，這是如何得恁地？這都是陰陽相感，都是鬼神。看得到這裏，見一身只是箇軀殼在這裏，内外無非天地陰陽之氣。所以説道「天地之塞吾其體，天地之帥吾其性」。思量來只是一個道理。又曰：如魚之在水，外面水便是肚裏面水。鱖魚肚裏水與鯉魚肚裏水只一般。問：魂魄如何是陰陽？曰：魂如火，魄如水。○只今生人便自一半是神，一半是鬼了。但未死以前則神爲主，已死之後則鬼爲主，縱横在這裏。以屈伸往來之氣言之，則來者爲神，去者爲鬼。以人身言之，則氣爲神，而精爲鬼。然其屈伸往來也，各以漸。○問魂魄。曰：氣質是實底。魂魄是半虛半實底。鬼神是虛分數多，實分數少底。○魄是一點精氣，氣交時便有這神。魂是發揚出來底，如氣之出入息。魄是如水，人之視能明，聽能聰，心能强記底。有這魄，便有這神，不是外面入來。魄是精，魂是氣。魄主静，魂主動。又曰：草木之生，自有個神，它自不能生。在人則心便是，所謂「形既生矣，神發知矣」是也。○問：生魄死魄。曰：古人只説三五而盈，三五而闕，近時人方推得它所以圓闕，乃是魄受光處，魄未嘗無也。人有魄先衰底，有魂先衰底。如某近來覺得重聽多忘，是魄先衰。○先儒言口鼻之嘘吸爲魂，耳目之聰明爲魄，也只説得大概，都更有個母子。這便是坎離水火。煖氣便是魂，冷氣便是魄。魂便是氣之神，魄便是精之神。會思量計度底便是魂，會記當去底便是魄。又曰：見於目而明、耳而聰者，是魄之用。又曰：無魂則魄不能以自存。今人多思慮役役，魂都與魄相離了。○陰陽之始交，天一生水。物生始化曰魄。既生魄，煖者爲魂。先有魄而後有魂，故魄常爲主爲幹。又曰：先輩説魂魄多不同，《左傳》説魄先魂而有，看來也是。以賦形之初言之，必是先有此體象，方有陽氣來附也。○動者，魂也。静者，魄也。動静二字，括盡魂魄。凡能運用作爲，皆魂也，魄則不能也。今人之所以能運動，都是魂使之爾。魂若去，魄則不能也。月之黑暈便是魄，其光者乃日加之光耳，他本無光也。所以説哉生魄，旁死魄。《莊子》曰日火外影，金水内影，此便是魂魄之説。○問：氣之出入者爲魂，耳目之聰明爲魄。然則魄中復有魂，魂中復有魄耶？曰：精氣周流充滿於一身之中，嘘吸、聰明，乃其發而易見者耳。然既周流充滿於一身之中，則鼻之知臭，口之知味，非魄乎？耳目之中皆有煖氣，非魂乎？推之遍體，莫不皆然。○問：先生嘗言體魄自是二物，然則魂氣亦爲兩物耶？曰：將魂氣細推之，亦有精粗。但其爲精粗也甚微，非若體魄之懸殊耳。問：以目言之，目之輪，體也；睛之明，魄也。耳則如何？曰：竅即體也，聰即魄也。又問：月魄之魄，豈只指其光而言之，而其輪則體耶？曰：月不可以體言，只有魂魄耳。月魄即其全體，而光處乃其魂之發也。○魂屬木，魄屬金，所以説三魂七魄，是金、木之數也。○問：人有盡記得一生以來履歷事者，此是「智以藏往」否？曰：此是魄强，所以記得多。○問：魂氣升于天，莫只是消散，其實無物歸于天上否？曰：也是氣散，只是才散便無。如火將滅，也有煙上，只是便散。蓋緣木之性已盡，無以繼之。人之將死便氣散，即是這裏無箇主子，一散便死。大率人之氣常上，且如説話，氣都出上去。○魂散則魄便自沉了。今人説虎死則眼光入地，便是如此。○問：或云氣散而非無。某竊謂人稟得陰陽五行之氣以生，到死後其氣雖散，只反本還原去。曰：不須如此説。若説無，便是索性無了。惟其可以感格得來，故只説得散。要之，散也是無了。又問：燈焰衝上漸漸無去，要之不可謂之無，只是其氣散在此一室之内。曰：只是他有子孫在，便是不可謂之無。○死而氣散，泯然無迹者，是其常道理恁地。有托生者，是偶然聚得氣不散，又怎生去湊著那生氣，便再生。然非其常也。○問「遊魂爲變」，間有爲妖孽者，是如何得未散？曰「遊」字是漸漸散。若是爲妖孽者，多是不得其死，其氣未散，故鬱結而成妖孽。若是尫羸病死底人，這氣消耗盡了方死，豈復更鬱結成妖孽？然不得其死者，久之亦散。如今打麵做糊，中間自有成小塊核不散底，久之漸漸也自會散。横渠云：「物之初生，氣日至而滋息。物之既盈，氣日反而遊散。至之謂神，以其伸也。反之謂鬼，以其歸也。」天下萬物萬事，自古及今，只是箇陰陽消息屈伸。横渠將屈伸説得貫通，上蔡説却似不説得循環意思。○萇弘死三年而化爲碧，此所謂魄也，如虎威之類。弘以忠死，故其氣凝結如此。○問：鬼神魂魄，就一身而總言之，不外乎陰陽二氣而已。然既謂之鬼神，又謂之魂魄，何耶？某竊謂以其屈伸往來而言，故謂之鬼神；以其靈而有知有覺而言，故謂之魂魄。或者乃謂屈伸往來不足以言鬼神。蓋合而言之，則一氣之往來屈伸者是也；分而言之，則神者陽之靈，鬼者陰之靈也。以其可合而言，可分而言，故謂之鬼神。以其可分而言，不可合而言，故謂之魂魄。或又執南軒陽魂爲神，陰魄爲鬼之説，乃謂鬼神魂魄不容更有分別。某竊謂如《中庸或問》雖曰「一氣之屈伸往來」，然屈者爲陰，伸者爲陽，往者爲陰，來者爲陽，而所謂陽之靈者、陰之靈者，亦不過指屈伸往來而爲言也。曰：鬼神通天地間一氣而言，魂魄主於人身而言。方氣之伸，精魄固具，然神爲主。及氣之屈，魂氣雖存，然鬼爲主。氣盡則魄降而純於鬼矣，故人死曰鬼。南軒説不記首尾云何，然只據二句，亦不得爲別矣。○問：聖人凡言鬼神，皆只是以理之屈伸者言也。鬼者屈也，神者伸也。屈者往也，伸者來也。屈伸往來之謂也。至言鬼神禍福凶吉等事，此亦只是以理言。蓋人與鬼神、天地同此一理，而理則無有不善。人能順理則吉，逆理則凶。其於禍福亦然。此豈謂天地、鬼神一一下降於人哉？且如《書》稱天道福善禍淫，《易》言鬼神害盈而福謙，亦只是這箇意思。蓋盈者逆理者也，自當得害。謙者順理者也，自應獲福。自是道理合如此，安有所謂鬼神降之哉？嘗讀《禮記·祭義》，宰我曰：「吾聞鬼神之名，不知其所謂。」孔子曰：「神也者氣之盛也，❶魄也者鬼之盛也。」又曰：「衆生必死，死必歸土，是之謂鬼。骨肉斃于下，陰爲野土；其氣發揚于上爲昭明，君蒿悽愴，百物之精，神之著也。」魄既歸土，此則不問。其曰氣，曰精，曰昭明，又似有物矣。既

❶「神」、「氣」，《禮記·祭義》互乙。

只是理，則安得有所謂氣與昭明者哉？及觀《禮運》論祭祀，則曰：「以嘉魂魄，是謂合莫。」注謂莫，無也，又曰「上通無莫」。此説又似與《祭義》不合。曰：如子所論，是無鬼神也。鬼神固是以理言，然亦不可謂無氣。所以先王祭祀或以燔燎，或以鬱鬯，以其有氣，故以類求之爾。至如禍福吉凶之事，則子之言是也。○横渠所謂物怪神姦不必辨，且只守之不失。如精氣爲物，遊魂爲變，此是理之常也。守之勿失者，以此爲正，且恁地去，他日當自見也。若要之無窮，求之不可知，此又溺於茫昧，不能以常理爲主者也。「伯有爲厲，别是一種道理」，此言其變。如世之妖妄者也。

南軒張氏曰：向在淮上宿一小寺，中夜聞小雞聲以數萬計，起視之，見彌望燈明滿地。問之寺僧，云此舊戰場也，遇天氣陰晦則有此。夫氣不散，則因陰陽蒸薄而有聲。氣自爲聲，於人何預？又曰：鬼神之説，須自窮究真是無疑方得。不然，他人説得分明，亦不濟事。

勉齋黄氏曰：夫人之生，惟精與氣。爲毛骨肉血者精也，爲呼吸冷熱者氣也。然人爲萬物之靈，非木石，故其精其氣莫不各有神焉。精之神謂之魄，氣之神謂之魂。耳目之所以能視聽者，魄爲之也。此心之所以能思慮者，魂爲之也。合魄與魂，乃陰陽之神，而理實具乎其中。惟其魂魄之中有理具焉，是以静則爲仁、義、禮、智之性，動則爲惻隱、羞惡、恭敬、是非之情，胥此焉出也。人須如此分作四節看，方體認得著實。或問：朱文公但將理與氣對看，今先生分作四節，何也？曰：理與氣對，是自天地生物而言。今之説，是自人稟受而言。若但言氣，《大易》何以謂精氣爲神？但言理，横渠何以謂合性與知覺爲心耶？此意玩味當自知之，若以語人，徒起紛紛也。○因論虚靈知覺曰：人只有箇魂與魄。人記事自然記得底是魄，如會恁地搜索思量底這是魂。魂日長一日，魄是稟得來合下恁地。如月之光彩是魂，無光處是魄。魄亦有光，但是藏在裏面。又曰：氣之呼吸爲魂，耳目之精明爲魄。耳目精明，是光藏在裏面。如今人聽得事，何嘗是去聽他，乃是他自入耳裏面來，因透諸心便記得，此是魄。魄主受納，魂主經營，故魄屬陰，魂屬陽。陰凝静，陽發散。○《易》云「精氣爲物」，精是精血，氣是煖氣。有這兩件，方始成得箇好物出來。如人在胞胎中，即是這兩箇物。骨肉肌體是精血一路做出，會呼吸活動是煖氣一路做出。然而精血、煖氣，則自有箇虚靈知覺在裏面。精血之虚靈知覺便是魄，煖氣之虚靈知覺便是魂。這虚靈知覺，又不是一箇虚浮底物，裏面却又具許多道理。故木神曰仁是虚靈知覺，人受木之氣，其虚靈知覺則具仁之理。木便是氣、血，神便即是魂、魄，仁便是箇道理。如此看方是。

北溪陳氏曰：《禮運》言「人者陰陽之交，鬼神之會」，説得亦親切，此真聖賢之遺言，非漢儒所能道也。蓋人受陰陽二氣而生，此身莫非陰陽。如氣陽血陰，脉陽體陰，頭陽足陰，上體爲陽，下體爲陰。至於口之語默，目之寤寐，鼻息之呼吸，手足之屈伸，皆是陰陽分屬。不特人如此，凡萬物皆然。《中庸》所謂「體物而不遺」者，言陰陽二氣爲物之體而無不在耳。天地間無一物不是陰陽，則無一物不是鬼神。○子産謂「人生始化曰魄，既生魄陽曰魂」，斯言亦真得聖賢之遺旨。所謂始化，是胎中略成形時。人初間纔受得氣，便結成箇胚胎模樣是魄。既成魄，便漸漸會動屬陽曰魂。及形既生矣，神發知矣，故人之知覺屬魂，形體屬魄。陽爲魂，陰爲魄。魂者陽之靈而氣之英，魄者陰之靈而體之精。如口鼻呼吸是氣，那靈處便屬魂。視聽是體，那聰明處便屬魄。○就人身上細論，大概陰陽二氣會在吾身之中爲鬼神。以寤寐言，則寤屬陽，寐屬陰。以語默言，則語屬陽，默屬陰。及動静、進退、行止，皆有陰陽。凡屬陽者皆爲魂爲神，凡屬陰者皆爲魄爲鬼。人自孩提至於壯，是氣之伸屬神。中年以後漸漸衰老，是氣之屈屬鬼。以生死論，則生者氣之伸，死者氣之屈。就死上論，則魂之升者爲神，魄之降者爲鬼。魂氣本乎天，故騰上。體魄本乎地，故降下。《書》言「帝乃殂落」，正是此意。殂是魂之升上，落是魄之降下者也。○《易》云：「精氣爲物，遊魂爲變，故知鬼神之情狀。」言陰精陽氣聚而生物，乃神之伸也，而屬乎陽；魂遊魄降散而爲變，乃鬼之歸也，而屬乎陰。鬼神情狀大概不過如此。

西山真氏曰：人之生也，精與氣合而已。精者血之類，是滋養一身者，故屬陰。氣是能知覺運動者，故屬陽。二者合而爲人。精即魄也，目之所以明，耳之所以聰者，即精之爲也，此之謂魄。氣充乎體，凡人心之能思慮、有知識，身之能舉動，與夫勇決敢爲者，即氣之所爲也，此之謂魂。人之少壯也血氣强，血氣强故魂魄盛，此所謂伸。及其老也，血氣既耗，魂魄亦衰，此所謂屈也。既死，則魂升于天以從陽，魄降于地以從陰，所謂各從其類也。魂魄合則生，離則死，故先王制祭享之禮，使爲人子孫者盡誠致敬，以焫蕭之屬求之於陽，灌鬯之屬求之於陰。求之既至，則魂魄雖離而可以復合。故《禮記》曰：「合鬼與神，教之至也。」神指魂而言，鬼指魄而言，此所謂屈而伸也。

論祭祀祖考神祇

程子曰：致敬乎鬼神者，理也。暱鬼神而求焉，斯不智矣。〇古人祭祀用尸極有深意，不可不深思。蓋人之魂氣既散，孝子求神而祭，無尸則不享，無主則不依，故《易》於《涣》《萃》皆言「王假有廟」，即涣散之時事也。魂氣必求其類而依之，人與人既爲類，骨肉又爲一家之類。己與尸各既以潔齊至誠相通，以此求神，宜其享之。後世不知此，直以尊卑之勢，遂不肯行爾。〇祖考來格者，惟至誠爲有感必通。

上蔡謝氏曰：陰陽交而有神，形氣離而有鬼。知此者爲智，事此者爲仁。推仁智之合者，可以制祀典。祀典之意，可者使人格之，不使人致死之；不可者使人遠之，不使人致生之。致生之，故其鬼神；致死之，故其鬼不神。則鬼神之情狀豈不昭昭乎？○動而不已其神乎，滯而有迹其鬼乎！往來不息，神也。摧仆歸根，鬼也。致生之故其鬼神，致死之故其鬼不神，何也？人以爲神則神，以爲不神則不神矣。知死而致生之不智，知死而致死之不仁，聖人所以神明之也。○問：死生之說。曰：人死時氣盡也。曰：有鬼神否？曰：余當時亦曾問明道先生，明道云：「待向你道無來，你怎生信得及。待向你道有來，你但去尋討看。」此便是答底語。又曰：横渠説得來别。這箇便是天地間妙用，須是將來做箇題目入思議始得，講説不濟事。曰：沉魂滯魄影響底事如何？曰：須是自家看得破始得。曰：先王祭享鬼神則甚？曰：是他意思别。三日齊、五日戒，求諸陰陽四方上下，蓋是要集自家精神，所以「假有廟」必於萃與渙言之。如武王伐商，所過名山大川致禱。山川何知，武王禱之者，以此。雖然如是，以爲有亦不可，以爲無亦不可。這裏有妙理，於若有若無之間須斷置得去始得。曰：如此却是鶻突也。曰：不是鶻突，自家要有便有，自家要無便無始得。鬼神在虛空中辟塞滿，觸目皆是，爲他是天地間妙用。祖考精神，便是自家精神。

朱子曰：自天地言之，只是一箇氣。自一身言之，我之氣即祖先之氣，亦只是一箇氣，所以纔感必應。○問：何故天曰神，地曰祇，人曰鬼？曰：此又别。氣之清明者爲神，如日、月、星、辰之類是也，此變化不可測。「祇」本「示」字，以有迹之可示，山、河、草、木是也，比天象又差著。至人則死爲鬼矣。又問：既曰往爲鬼，何故謂祖考來格？曰：此以感而言，所謂來格，亦略有些神底意思。以我之精神感彼之精神，蓋謂此也。祭祀之禮全是如此。且天子祭天地，諸侯祭山川，大夫祭五祀，皆是自家精神抵當得他過，方能感召得他來。如諸侯祭天地，大夫祭山川，便没意思了。○問：祖宗是天地間一箇統氣，因子孫祭享而聚散。曰：這便是上蔡所謂「若要有時便有，若要無時便無」，是皆由乎人矣。鬼神是本有底物事，祖宗亦只是同此一氣，但有箇總腦處。子孫這身在此，祖宗之氣便在此，他是有箇血脉貫通，所以「神不歆非類，民不祀非族」，只爲這氣不相關。如天子祭天地，諸侯祭山川，大夫祭五祀，雖不是我祖宗，然天子者天下之主，諸侯者山川之主，大夫者五祀之主。我主得他，便是他氣又總統在我身上，如此便有箇相關處。○問：上蔡説鬼神云，道有便有，道無便無。初看此二句，與「有其誠則有其神，無其誠則無其神」一般，而先生言上蔡之語未穩，如何？曰：有其誠則有其神，無其誠則無其神，便是合有底，我若誠則有之，不誠則無之。道有便有，道無便無，是合有的當有，無底當無。上蔡而今都説得麤了，合當道「合有底從而有之則有，合無底自是無了便從而無之」。今却只説「道有便有，道無便無」，則不可。○上蔡言鬼神我要有便有，以天地祖考之類；要無便無，以非其鬼而祭之者，你氣一正而行則彼氣皆散矣。○鬼神，上蔡説得好，只覺得陰陽交而有神之説與後神字有些不同，只是他大綱説得極好。如曰「可者使人格之，不使人致死之」，可者，是合當祭，如祖宗父母，這須著盡誠感格之，不要人便做死人看待他。「不可者使人遠之，不使人致生之」，不可者，是不當祭，如閑神野鬼，聖人便要人遠之，不要人做生人看待他。「可者格之」，須要得他來。「不可者遠之」，我不管他，便都無了。○問：上蔡云：「陰陽交而有神，形氣離而有鬼。知此者爲智，事此者爲仁。」上兩句只是説伸而爲神，歸而爲鬼底意思。曰：是如此。問：「事此者爲仁」，只是説能事鬼神者必極其誠敬以感格之，所以爲仁否？曰：然。問：《禮》謂致生爲不知，此謂致生爲知。曰：那只是説明器。如三日齊、七日戒，直是將做箇生底去祭他方得。問：謝又云：「致死之故，其鬼不神。」曰：你心不嚮他，便無了。又問：齊戒只是要團聚自家精神，然自家精神即祖考精神。不知天地、山川、鬼神，亦只以其來處一般否？曰：是如此。天子祭天地，諸侯祭封内山川，是他是主。如古人祭墓，亦只以墓人爲尸。○問：鬼神之義，來教云：「只思上蔡『祖考精神便是自家精神』一句，則可見其苗脉矣。」某嘗讀《太極圖義》有云：「人物之始，以氣化而生者也。氣聚成形，則形交氣感，遂以形化，而人物生生，變化無窮。」是知人物在天地間，其生生不窮者固理也，其聚而生、散而死者則氣也。有是理則有是氣，氣聚於此，則其理亦命於此。今所謂氣者既已化而無有矣，則所謂理者抑於何而寓耶？然吾之此身即祖考之遺體，祖考之所具以爲祖考者，蓋具於我而未嘗亡也。是其魂升魄降，雖已化而無有，然理之根於彼者既無止息，氣之具於我者復無間斷，吾能致精竭誠以求之，此氣既純一而無所雜，則此理自昭著而不可掩，此其苗脉之較然可睹者也。上蔡云三日齊、七日戒，求諸陰陽上下，只是要集自家精神。蓋我之精神即祖考之精神，在我者既集，即是祖考之來格也。然古人於祭祀必立之尸，其義精甚，蓋又是因祖考遺體以凝聚祖考之氣，氣與質合，則其散者庶乎復聚，此教之至也。故曰：「神不歆非類，民不祀非族。」曰：所喻鬼神之説甚精密。大抵人之氣傳於子孫，猶木之氣傳於實也。此實之傳不泯，則其生木雖枯毁無餘，而氣之在此者猶自若也。○鬼神二事，古人誠實，於此處直是見得幽明一致，如在其上下左右。非心知其不然，而姑爲是言以設教也。○問：性即是理，不可以聚散言。聚而生，散而死者，氣而已。所謂精神魂魄、有知有覺者，氣也。故聚則有，散則無。若理則亘古今常存，不復有聚散消長也。曰：只是這箇天地陰陽之氣，人與萬物皆得之。氣聚則爲人，散則爲鬼。然其氣雖已散，這箇天地陰陽之理生生而不窮。祖考之精神魂魄雖已散，而子孫之精神魂魄自有些小相屬，故祭祀之禮盡其誠敬，便可以致得祖考之魂魄。這箇自是難説，看既散後一似都無了，能盡其誠敬便有感格，亦緣是理常只在這裏也。○問：鬼神以祭祀而言，天地山川之屬，分明是一氣流通，而兼以理言之。人之先祖，則大概以理爲主，而亦以氣魄言之。若上古聖賢，則只是專以理言之否？曰：有是理必有是氣，不可分説。都是理，都是氣。那箇不是理，那箇不是氣？又問：上古聖賢所謂氣者，只是天地間公共之氣。若祖考精神，則畢竟是自家精神否？曰：祖考亦只是此公共之氣。此身在天地間，便是理與氣凝聚底。天子統攝天地，負荷天地間事，與天地相關，此心便與天地相通，不可道他是虛氣，與我不相干。如諸侯不當祭天地，與天地不相關，便不能相通。聖賢道在萬世，功在萬世，今行聖賢之道，傳聖賢之心，便是負荷這物事，此氣便與他相通。如釋奠列許多籩豆，設許多禮儀，不成是無此，姑謾爲之。人家子孫負荷祖宗許多基業，此心便與祖考之心相通。《祭義》所謂春禘、秋嘗者，亦以春陽來則神亦來，秋陽退則神亦退，故於是時而設祭。初間聖人亦只是略爲禮以達吾之誠意，後來遂加詳密。○問：人之死也，不知魂魄便散否？曰：固是散。又問：子孫祭祀却有感格者，如何？曰：畢竟子孫是祖宗之氣。他氣雖散，他根却在這裏。盡其誠敬，則亦能呼召得他氣聚在此。如水波漾，後水非前水，後波非前波，然却通只是一水波。子孫之氣與祖考之氣亦是如此。他那箇當下自散了，然他根却在這裏。根既在此，又却能引聚得他那氣在此。此事難説，只要人自看得。問：《下武》詩「三后在天」，先生解云：「在天，言其既没而精神上合于天。」此是如何？曰：便是又有此理。問：恐只是此理上合于天耳。曰：既有此理，便有此氣。又問：想是聖人稟得清明純粹之氣，故其死也，其氣上合于天。曰：也是如此。這事又微妙難説，要人自看得。世間道理有正當易見者，又有變化無常不可窺測者，如此方看得這箇道理活。又如云「文王陟降，在帝左右」。如今若説文王真箇在上帝之左右，真箇有箇上帝如世間所塑之像，固不可。然聖人如此説，便是有此理。問：先生答廖子晦書云：「氣之已散者既化而無有矣，而根於理而日生者則固浩然而無窮也，故上蔡謂我之精神即祖考之精神，蓋謂此也。」且根於理而日生者浩然而無窮，此是説天地氣化之氣否？曰：此氣只一般。《周禮》所謂天神、地示、人鬼，雖有三樣，其實只一般。若説有子孫底引得他氣來，則不成無子孫底他氣便絶無了。他血氣雖不流傳，他那箇亦自浩然日生無窮。如《禮》《書》諸侯因國之祭，祭其國之無主後者，如齊太公封於齊，便用祭甚爽鳩氏、季萴、逢伯陵、蒲姑氏之屬，蓋他先主此國來，禮合祭他。然聖人制禮，惟繼其國者則合祭之，非在其國者便不當祭，便是理合如此。道理合如此，便有此氣。如衛侯夢康叔云「相奪予饗」。蓋衛徙都帝丘，夏后相亦都帝丘，則都其國自合當祭，不祭，宜其如此。又如晉侯夢黄熊入寢門，以爲鯀之神，亦是此類。不成説有子孫底方有感格之理。便使其無子孫，其氣亦未嘗亡也。如今祭勾芒，他更是遠，然既合當祭他，便有些一作此。氣。要之通天地人只是這一氣，所以説洋洋然如在其上，如在其左右。虛空偪塞，無非此理，自要人看得活，難以言曉也。○問：死者精神既散，必須生人祭祀盡誠以聚之，方能凝聚。若相奪予饗事，如伊川所謂「別是一理」否？曰：他夢如此，不知是如何。或是他有這念，便有這夢，也不可知。○問：人祭祖先，是以己之精神去聚彼之精神，可以合聚，蓋爲自家精神便是祖考精神，故能如此。諸侯祭因國之主，與自家不相關，然而也呼喚得他聚，蓋爲天地之氣便是他氣底母，就這母上聚他，故亦可以感通。曰：此謂無主後者，祭時乃可以感動。若有主後者，祭時又也不感通。問：若理不相關，則聚不得他。若理相關，則方可聚得他。曰：是如此。又曰：若不是因國，也感他不得。蓋爲他元是這國之主，自家今主他國土地，他無主後，合是自家祭他，便可感通。○問：鬼神恐有兩樣。天地之間，二氣氤氳，無非鬼神，祭祀交感，是以有感有。人死爲鬼，祭祀交感，是以有感無。曰：是。所以道天神、人鬼。神便是氣之伸，此是常在底。鬼便是氣之屈，便是已散了底。然以精神去合他，又合得在。問：不交感時常在否？曰：若不感而常有，則是有餒鬼矣。○鬼神以主宰言。然以物言不得。又不是如今泥塑底神之類，只是氣。且如祭祀，只是你聚精神以感，祖考是你所承流之氣，故可以感。○問：事鬼神。曰：古人交神明之道，無些子不相接處。古人立尸，便是接鬼神之意。○問：祭祀之理，還是有其誠則有其神，無其誠則無其神否？曰：鬼神之理，即是此心之理。○祭祀之感格或求之陰，或求之陽，各從其類，來則俱來，然非有一物積于空虛之中，以待子孫之求也。但主祭祀者既是他一氣之流傳，則盡其誠敬感格之時，此氣固寓此也。○問：子孫祭祀盡其誠意，以聚祖考精神，不知是合他魂魄，只是感格其魂氣？曰：焫蕭祭脂，所以報氣。灌用鬱鬯，所以招魂。便是合他。所謂「合鬼與神，教之至也」。又問：不知常常恁地，只是祭祀時恁地？曰：但有子孫之氣在，則他便在。然不是祭祀時，如何得他聚？○人死雖是魂魄各自飛散，要之魄又較定，須是招魂來復這魄，要他相合。復，不獨是要他活，是要聚他魂魄，不教散了。聖人教人子孫常常祭祀，也是要去聚得他。○問：祖考精神既散，必須三日齊、七日戒，求諸陽，求諸陰，方得他聚。然其聚也倏忽其聚，到得禱祠既畢，誠敬既散，則又忽然而散？曰：然。○問：祖考精神便是自家精神，故齊戒祭祀，則祖考來格。若祭旁親及子，亦是一氣，猶可推也。至於祭妻及外親，則其精神非親之精神矣，豈於此但以心感之，而不以氣乎？曰：但所祭者，其精神魂魄無不感通。蓋本從一源中流出，初無間隔，雖天地、山川、鬼神亦然也。○問：死者魂氣既散，而立主以主之，亦須聚得些子氣在這裏否？曰：古人自始死弔魂復魄，立重設主，便是常要接續他些子精神在這裏。古有釁龜用牲血，便是覺見那龜久後不靈了，又用些子生氣去接續他。《史記》上《龜筴傳》占春將鷄子就上面開卦，便也是將生氣去接他，便是釁龜之意。又曰：古人立尸，也是將生人生氣去接他。

勉齋黄氏曰：古人奉先追遠之誼至重。生而盡孝，則此身此心無一念不在其親。及親之殁也，升屋而號，設重以祭，則祖考之精神魂魄亦不至於遽散。朝夕之奠，悲慕之情，自有相爲感通而不離者。及其歲月既遠，若未易格，則祖考之氣雖散，而所以爲祖考之氣未嘗不流行於天地之間。祖考之精神雖亡，而吾所受之精神即祖考之精神。以吾受祖考之精神，而交於所以爲祖考之氣，神氣交感，則洋洋然在其上，在其左右者，蓋有必然而不能無者矣。學者但知世間可言可見之理，而稍幽冥難曉，則一切以爲不可信，是以其説率不能合於聖賢之意也。

北溪陳氏曰：古人祭祀，以魂氣歸于天，體魄歸于地，故或求諸陽，或求諸陰。如《祭義》曰：「燔燎羶音馨。薌，音香。見以蕭光，以報氣也。薦黍稷羞、肝肺首心，加以鬱鬯，以報魄也。」《郊特牲》曰：「周人尚臭，灌用鬯臭。鬱合鬯，臭陰達於淵泉，既灌然後迎牲，致陰氣也。蕭合黍、稷，臭陽達於牆屋，故既奠然後焫蕭合羶薌，凡祭謹諸此。」又曰：「祭黍、稷加肺，祭齊加明水，報陰也。取膟膋燔燎升首，報陽也。」所以求鬼神之義，大概亦不過如此。〇人與天地萬物，皆是兩間。公共一箇氣，子孫與祖宗，又是就公共一氣中有箇脉絡相關繫，尤親切。謝上蔡曰：「祖考精神便只是自家精神，故子孫能極盡其誠敬，則己之精神便聚，而祖宗之精神亦聚，便自來格。」今人於祭自己祖宗正合著實處，却都鹵莽，只管外面祀他鬼神必極其誠敬，不知他鬼神與己何相干涉？假如極其誠敬，備其牲牢，若是正神，不歆非類，必無相交接之理。若是淫邪，苟簡竊食而已，亦必無降福之理。○范氏謂有其誠則有其神，無其誠則無其神，此説得最好。誠只是真實無妄，雖以理言，亦以心言。須是有此實理，然後致其誠敬而副以實心，方有此神。苟無實理，雖有實心，亦不歆享。且如季氏不當祭泰山而冒祭，是無此實理矣。假饒極盡其誠敬之心，與神亦不相干涉，泰山之神決不吾享。大概古人祭祀，須是有此實理相關，然後三日齊、七日戒，以聚吾之精神。吾之精神既聚，則所祭者之精神亦聚，必自有來格底道理。

鶴山魏氏曰：或曰，盈宇宙之間，其生生不窮者理也；其聚而生，散而死者氣也。氣聚於此，則其理亦命於此。今氣化而無有矣，而理惡乎寓？曰：是不然。先儒謂：「致生之故其鬼神，致死之故其鬼不神。」古人修其祖廟，陳其宗器，設其裳衣，薦其時食者，將以致其如在之誠，庶幾享之。其昭明焄蒿，悽愴洋洋乎承祀之際者，是皆精誠之攸寓，而實理之不可揜也。

論祭祀神祇

程子曰：俗人酷畏鬼神，久亦不復敬畏。○問：《易》言「知鬼神情狀」，果有情狀否？

曰：有之。又問：既有情狀，必有鬼神矣。曰：《易》説鬼神，便是造化也。又問：如名山大川能興雲致雨，何也？曰：氣之蒸成耳。又問：既有祭，則莫須有神否？曰：只氣便是神也。今人不知此理，纔有水旱，便去廟中祈禱，不知雨露是甚物，從何處出，復於廟中求邪？名山大川能興雲致雨，却都不説著，却只於山川外木土人身上討雨露。木土人身上有雨露邪？又問：莫是人自興妖？曰：只妖亦無，皆人心興之也。世人只因祈禱而有雨，遂指爲靈驗耳。豈知適然。

張子曰：所謂山川門霤之神，與郊社一作祀。天地陰陽之神，有以異乎？《易》謂：「天且不違，而況於鬼神乎？」仲尼以何道而異其稱耶？又謂「遊魂爲變」，魂果何物，其遊也，情狀何如？試求之使無疑，然後可以拒怪神之説，知亡者之歸。此外學素所援據以質成其論者，不可不察，以自祛其疑耳。

或問：鬼神事，伊川以爲造化之迹。但如敬與遠字，却似有跡。不知遠箇甚底？和靖尹氏正色曰：非其鬼而祭之，謟也。又如今人將鬼神來邀福，便是不敬不遠。又曰：鬼神事無他，却只是箇誠。吕堅中曰：如在其上，如在其左右？曰：然。

朱子曰：地祇者，《周禮》作「示」字，只是示見、著見之義。○地之神，只是萬物發生、山川出雲之類。○鬼神若是無時，古人不如是求。七日戒、三日齊，或求諸陽，或求諸陰，須是見得有。如天子祭天地，定是有箇天，有箇地。諸侯祭境内名山大川，定是有箇名山大川。大夫祭五祀，定是有箇門行、户竈、中霤。今廟宇有靈底，亦是山川之氣會聚處。久之被人掘鑿損壞，於是不復有靈，亦是這些氣過了。○問：祭天地山川而用牲、幣、酒、醴者，只是表吾心之誠耶？抑真有氣來格也？曰：若道無物來享時，自家祭甚底？肅然在上，令人奉承敬畏，是甚物。若道真有雲車擁從而來，又妄誕。○問：天神、地示之義。曰：注疏謂天氣常伸謂之神，地道常默以示人謂之示。○問：鬼者陰之靈，神者陽之靈，司命中霤、竈與門行，人之所用者，有動有静，有作有止，故亦有陰陽鬼神之理，古人所以祀之。然否？曰：有此物便有此鬼神，蓋莫非陰陽之所爲也。五祀之神，若細分之，則户竈屬陽，門行屬陰，中霤兼統陰陽。就一事之中，又自有陰陽也。○問：子之祭先祖，固是以氣而求。若祭其他鬼神，則如之何有來享之意否？曰：子之於祖先，固有顯然不易之理。若祭其他，亦祭其所當祭。「祭如在，祭神如神在。」如天子則祭天，是其當祭，亦有氣類，烏得而不來歆乎？諸侯祭社稷，故今祭社亦是從氣類而祭，烏得而不來歆乎？今祭孔子必於學，其氣類亦可想。問：天地山川，是有箇物事則祭之，其神可致。人死氣已散，如何致之？曰：只是一氣。如子孫有箇氣在此，畢竟是因何有此？其所自來，蓋自厥初生民氣化之祖相傳到此，只是此氣。問：祭先賢、先聖如何？曰：有功德在人，人自當報之。古人祀五人帝，只是如此。後世有箇新生底神道，緣衆人心邪向他，他便盛。如狄仁傑只留吴泰伯、伍子胥廟，壞了許多廟，其鬼亦不能爲害。緣是他見得無這物事了。上蔡云：「可者欲人致生之，故其鬼神。不可者欲人致死之，故其鬼不神。」○問：道理有正則有邪，有是則有非，鬼神之事亦然。世間有不正之鬼神，謂其無此理則不可。曰：老子謂「以道莅天下者，其鬼不神」，若是王道脩明，則此等不正之氣都消鑠了。一云：老子云「以道治世則其鬼不神」，此有理。行正當事，人自不作怪。棄常則妖興。

北溪陳氏曰：古人祭天地山川皆立尸，誠以天地山川只是陰陽二氣，用尸要得二氣來聚這尸上，不是徒然歆享。所以用灌用燎，用牲用幣，大要盡吾心之誠敬。誠敬既盡，則天地山川之氣便自聚。○天子是天地之主，天地大氣關繫於一身，極盡其誠敬，則天地之氣關聚有感應處。諸侯是一國之主，只祭境内之名山大川，極盡其誠敬，則山川之氣便聚於此而有感應。皆是各隨其分限小大如此。○「敬鬼神而遠之」，此一語説得圓而盡。如正神能知敬矣，又易失之不能遠。邪神能知遠矣，又易失之不能敬。須是都要敬而遠，遠而敬，始兩盡幽明之義。文公《論語解》説「專用力於人道之所宜，而不惑於鬼神之不可知」，此語示人極爲親切。未能事人，焉能事鬼？須是盡事人之道，則事鬼之道斷無二致，所以發子路者深矣。

論生死

程子曰：死生存亡，皆知所從來，胸中瑩然無疑，止此理爾。孔子言「未知生，焉知死」。蓋略言之，死之事即生是也，更無別理。○凡物參和交感則生，離散不和則死。○合而生，非來也。盡而死，非往也。然而精氣歸於天，形魄歸於地，謂之往亦可矣。○原始則足以知其終，反終則足以知其始。死生之説，如是而已矣。故以春爲始，而原之必有冬。以冬爲終，而反之其必有春。死生者，其與是類也。

五峰胡氏曰：物之生死，理也。理者，萬物之貞也。生聚而可見則爲有，死散而不可見則爲無。見者物之形也，物之理則未嘗有無也。

朱子曰：氣聚則生，氣散則死。○問：死生一理也，死而爲鬼，猶生而爲人也，但有去來幽顯之異耳。如一晝一夜，晦明雖異而天理未嘗變也。曰：死者去而不來，其不變者只是理，非有一物常在而不變也。○問：人死時，只當初稟得許多氣，氣盡則無否？曰：是。曰：如此，則與天地造化不相干。曰：死生有命，當初稟得氣時便定了，便是天地造化。只有許多氣，能保之，亦可延。

魯齋許氏曰：人生天地間，生死常有之理，豈能逃得？却要尋箇不死，寧有是理。

性理大全書卷之二十九

性理一

性命

程子曰：在天曰命，在人曰性，循性曰道。性也，命也，道也，各有所當。○天所賦爲命，物所受爲性。○天之付與之謂命，稟之在我之謂性，見於事物之謂理。理也，性也，命也，三者未嘗有異。窮理則盡性，盡性則知天命矣。天命，猶天道也。以其用而言之，則謂之命。命者，造化之謂也。

張子曰：天授於人則爲命，人受於天則爲性。

龜山楊氏曰：性，天命也。命，天理也。道，則性命之理而已。孟子道性善，蓋原於此。

華陽范氏曰：性者，天所賦於人。命者，人所受於天。

朱子曰：理者，天之體。命者，理之用。性，是人之所受；情，是性之用。○命猶誥勑，性猶職事，情猶施設，心則其人也。○天所賦爲命，物所受爲性。賦者命也，所賦者氣也。受者性也，所受者理也。○聖賢説性命，皆是就實事上説。如言盡性，便是盡得此君臣父子，三綱五常之道而無餘。言養性，便是養得此道而不害。至微之理，至著之事，一以貫之，略無餘欠，非虚語也。○問性命。曰：氣不可謂之性命，但性命因此而立耳。故論天地之性，則專指理言。論氣質之性，則以理與氣雜而言之。非以氣爲性命也。○問：天與命、性與理四者之别，天則就其自然者言之，命則就其流行而賦於物者言之，性則就其全體而萬物所得以爲生者言之，理則就其事事物物各有其則者言之。到得合而言之，則天即理也，命即性也，性即理也。是如此否？曰：然。○問：看道理須尋根原來處，只是就性上看否？曰：如何？曰：天命之性，萬理完具。總其大目則仁、義、禮、智，其中遂分别成許多萬善，大綱只如此。然就其中須件件要徹。曰：固是如此，又須看性所因是如何。曰：當初天地間元有這箇渾然道理，人生稟得便是性。曰：性只是理，萬理之總名。此理亦只是天地間公共之理，稟得來便爲我所有。天之所命，如朝廷指揮差除人去做官，性如官職，官便有職事。

北溪陳氏曰：性即理也。何以不謂之理而謂之性？蓋理是汎言天地間人物公共之理，性是在我之理。只這道理受於天而爲我所有，故謂之性。性字從生從心，是人生來具是理於心，方名之曰性。其大目只是仁、義、禮、智四者而已。得天命之元在我謂之仁，得天命之亨在我謂之禮，得天命之利在我謂之義，得天命之貞在我謂之智。性與命，本非二物。在天謂之命，在人謂之性。故程子曰：「天所賦爲命，人所受爲性。」文公曰：「元、亨、利、貞，天道之常。仁、義、禮、智，人性之綱。」○命一字有二義，有以理言者，有以氣言者，其實理不外乎氣。蓋二氣流行，萬古生生不息，不成只是空箇氣，必有主宰之者，曰理是也。理在其中爲之樞紐，故大化流行，生生未嘗止息。所謂「以理言」者，非有離乎氣，只是就氣上指出箇理不雜乎氣而爲言耳。如「天命之謂性」，「五十知天命」，「窮理盡性至於命」，此等「命」字皆是專指理而言。天命，即天道之流行而賦予於物者。就元、亨、利、貞之理而言，則謂之天道。即此道之流行賦予於物者而言，則謂之天命。如就氣說，却亦有兩般：一般說貧富、貴賤、壽夭、禍福，如所謂「死生有命」與「莫非命也」之命，是乃就受氣之短長厚薄不齊上論，是命分之命。又一般如孟子所謂「仁之於父子，義之於君臣，命也」之命，是又就稟氣之清濁不齊上論，是說人之智愚賢否。若就造化上論，則天命之大目，只是元、亨、利、貞，此四者就氣上論也得，就理上論也得。就氣上論，則物之初生處爲元，於時爲春。物之發達處爲亨，於時爲夏。物之成遂處爲利，於時爲秋。物之斂藏處爲貞，於時爲冬。貞者，正而固也。自其生意之已定者而言，故謂之正。自其斂藏者而言，故謂之固。

就理上論，則元者生理之始，亨者生理之通，利者生理之遂，貞者生理之固。○命，猶令也。天無言做如何命，只是大化流行，氣到這物便生這物，氣到那物又生那物，便是分付命令他一般。

魯齋許氏曰：凡言性者便有命，凡言命者便有性。

臨川吳氏曰：夫善者，天之道也，人之德也。天之道孰爲善？元、亨、利、貞流行四時而謂之命者也。人之德孰爲善？仁、義、禮、智備具一心而謂之性者也。是善也，天所付於人，人所受於天也。天之付於人者公而不私，人之受於天也同而不異。雖或氣質之不齊，而其善則一也。不必皆自誠而明之聖也，不必皆自明而誠之賢也。夫所生之民，無不有是則；人所秉之彝，無不好是德也。人之善也，猶水之下。人之樂於爲善，猶水之樂於就下也。無他，順其自然而已矣。

性

程子曰：民受天地之中以生，天命之謂性也。孟子言性之善，是性之本。孔子言性相近，謂其稟受處不相遠也。人性皆善，所以善者，於四端之情可見。○人之性果惡耶？則聖人何爲能反其性以至於斯也？○稱性之善謂之道，道與性一也。以性之善如此，故謂之性善。性之本謂之命，性之自然者謂之天。自性之有形者謂之心，自性之有動者謂之情。凡此數者皆一也。聖人因事以制名，故不同若此。而後之學者隨文析義，求奇異之説，而去聖人之意遠矣。○自性而行，皆善也。聖人因其善也，則爲仁、義、禮、智、信以名之。以其施之不同也，故爲五者以别之。合而言之皆道，别而言之亦皆道也。舍此而行，是悖其性也，是悖其道也。而世人皆言性也道也與五者異，其亦弗學歟，其亦未體其性也歟，其亦不知道之所存歟！○或曰：某欲以金作器，比性成形。曰：金可以比氣，不可以比性。

邵子曰：性者，道之形體也。道妙而無形，性則仁、義、禮、智具而體著矣。

延平李氏曰：動静、真僞、善惡皆對而言之，是世之所謂動静、真僞、善惡，非性之所謂動静、真僞、善惡也。惟求静於未始有動之先，而性之静可見矣。求真於未始有僞之先，而性之真可見矣。求善於未始有惡之先，而性之善可見矣。○天下之理無異道也，天下之人無異性也。性惟不可見，孟子始以善形之。惟能自性而觀，則其致可求。苟自善而觀，則理一而見二。

朱子性圖

性善 性無不善。

惡 惡不可謂從善中直下來，只是不能善則偏於一邊爲惡。

善 發而中節，無往不善。

朱子曰：性即理也。在心喚做性，在事喚做理。○生之理謂性。○性則純是善底。○性是天生成許多道理，散在處爲性。○性是實理，仁、義、禮、智皆具。○性，天理也。理之所具便是天德，在人識而體之爾。○問：性固是理，然性之得名，是就人生稟得言之否？曰：「繼之者善，成之者性」，這箇理在天地間時，只是善，無有不善者。生物得來方始名曰性，只是這理。○問：先生謂性是未發，善是已發，何也？曰：纔成箇人影子，許多道理便都在那人上。其惻隱便是仁之善，羞惡便是義之善。到動極復靜處，依舊只是理。曰：這善也是性中道理，到此方見否？曰：這須就那地頭看。「繼之者善也，成之者性也。」在天地言，則善在先，性在後，是發出來方生人物。發出來是善，生人物便成箇性。在人言，則性在先，善在後。或舉孟子道性善。曰：此則「性」字重，「善」字輕，非對言也。○問：性既無形，復言以理，理又不可見。曰：父子有父子之理，君臣有君臣之理。○世間只是這箇道理。譬如晝日當空，一念之間合著這道理，則皎然明白，更無纖毫窒礙，故曰「天命之謂性」。不只是這處有，處處皆有。只是尋時，先從自家身上尋起。所以說：「性者道之形體也。」此一句最好。蓋是天下道理尋討將去，那裏不可體驗？只是就自家身上體驗，一性之内便是道之全體。千人萬人，一切萬物，無不是這道理。不特自家有，他也有。不特甲有，乙也有。天下事都恁地。○「性者道之形體，心者性之郛郭。」康節這數句極好。蓋道即理也，如父子有親，君臣有義是也。然非性何以見理之所在，故曰「性者道之形體」。仁、義、禮、智，性也，理也。而具此性者心也，故曰「心者性之郛郭」。○問：性者道之形體。曰：性者人所稟受之實，道者事物當然之理也。事物之理固具於性，但以道言，則沖漠散殊而莫見其實。惟求之於性，然後見其所以爲道之實，初不外乎此也。《中庸》所謂「率性之謂道」，亦以此而言耳。○因言性如何是道之形體。陳淳曰：道是性中之理。曰：道是泛言，性是就自家身上說。道在事物之間，如何見得？只就這裏驗之。一作反身而求。性之所在，則道之所在也。道是在物之理，性是在己之理。然物之理，都在我此理之中。道之骨子便是性。劉砥問：性，物我皆有，恐不可分在己在物否？曰：道雖無所不在，須是就己驗之而後見。如父子有親，君臣有義。若不就己驗之，如何知得是本有？天敘有典，典是天底，自我驗之，方知得五典、五惇。天秩有禮，禮是天底，自我驗之，方知得五禮有庸。陳淳問：心是郛郭，便包了性否？曰：是也。如横渠「心統性情」一句，乃不易之論。孟子説心許多，皆未有似此語端的。子細看便見。其他諸子等書，皆無依稀似此。○問：所謂道之形體，如何？曰：諸先生説這道理，却不似邵子説得最著實。這箇道理纔説出，只是虚空，更無形影。惟是説「性者道之形體」，却見得實有，不須談空説遠，只反諸吾身求之，是實有這箇道理，還是無這箇道理？故嘗曰，欲知此道之實有者，當求之吾性分之内。邵子忽地自説出幾句，最説得好。又曰：天之付與，其理本不可見。其總要却在此。蓋人得之於天地元無欠闕，只是其理却無形象。不於性上體認，如何知得程子謂「其體謂之道，其用謂之神」？而其理屬之人，則謂之性。其體屬之人，則謂之心。其用屬之人，則謂之情。又曰：道是發用處，見於行者方謂之道。性是那道骨子。性是體，道是用。如云「率性之謂道」，亦此意。○答張敬夫曰：性不可以善惡名。蓋善者，無惡之名。夫其所以有好有惡者，特以好善而惡惡耳，初安有不善哉？然則名之以善，又何不可之有？○答胡廣仲曰：天命之性，只以仁、義、禮、智四字言之，最爲端的。率性之道，便是率此之性無非是道，亦離此四字不得。如程子所謂：「仁，性也，孝弟是用也。性中只有仁、義、禮、智而已，曷嘗有孝弟來？」此語亦可見矣。蓋父子之親、兄弟之愛，固性之所有。然在性中只謂之仁，而不謂之父子、兄弟之道也。君臣之分、朋友之交，亦性之所有。然在性中只謂之義，而不謂之君臣、朋友之道也。推此言之，曰禮曰智，無不然者。又曰：伊川云：「天地儲精，得五行之秀者爲人。其本也真而静，其未發也五性具焉，曰仁、義、禮、智、信。形既生矣，外物觸其形而動於中矣。其中動而七情出焉，曰喜、怒、哀、樂、愛、惡、欲。情既熾而益蕩，其性鑿矣。」詳味此數語，與《樂記》之説指意不殊。所謂静者，亦指未感時言耳。當此之時，心之所存，渾是天理，未有人欲之僞，故曰「天之性」。及其感物而動，則是非真妄自此分矣。然非性則亦無自而發，故曰「性之欲」。「動」字與《中庸》「發」字無異，而其是非真妄，特決於有節與無節、中節與不中節之間耳。來教所謂「正要此處識得真妄」，是也。至謂「静字所以形容天性之妙，不可以動静真妄言」，却有疑焉。蓋性無不該，動静之理具焉。若專以静字形容，則反偏却性字矣。既以静爲天性，只謂未感物之前，私欲未萌，渾是天理耳。不必以静字爲性之妙也。真妄又與動静不同。性之爲性，天下莫不具焉，但無妄耳。今乃欲并與其真而無之，此韓公「道無真假」之言，所以見譏於明道也。伊川所謂「其本真而静」者，真、静兩字亦自不同。蓋真則指本體而言，静但言其初未感乎物。明道云：「人生而静之上不容説，纔説性時，便已不是性矣。」蓋人生而静，只是静之未發。但於此可見天性之全，非真以静狀性也。書藁後復補其意曰：如廣仲之言，既以静爲天地之妙，又論性不可以真妄動静言，是《知言》所謂歎美之善而不與惡對者云爾。應之宜曰：「善惡也，真妄也，動静也，一先一後，一彼一此，皆以對待而得名者也。不與惡對，則不名爲善。不與動對，則不名爲靜矣。既非妄，又非真，則亦無物之可指矣。」今不知性之善而未始有惡也，真而未始有妄也，主乎靜而涵乎動也，顧曰「善惡、真妄、動靜，凡有對待，皆可以言性，而對待之外别有無對之善與靜焉，然後可以形容天性之妙」，不亦異乎？當時酬對既不出此，而他所自言亦多曠闕。如論「性無不該，不可專以靜言」，此固是也。然其説當云：「性之分雖屬乎靜，而其藴則該動靜而不偏。」故《樂記》以靜言性則可，如廣仲遂以靜字形容天性之妙則不可。如此則語意圓矣。如論程子真、靜之説，以真爲本體，靜爲未感，此亦是也。然當云：「下文所謂未發，即靜之謂也。所謂五性，即真之謂也。然則仁、義、禮、智、信云者，乃所謂未發之藴而性之真也歟。」如此則文義備矣。○「人生而靜，天之性」者，言人生之初，未有感時，便是渾然天理也。「感物而動，性之欲」者，言及其有感，便是此理之發也。○人生而靜天之性，未嘗不善。感物而動性之欲，此亦未是不善。至於物至知知，然後好惡形焉。好惡無節於内，知誘於外，不能反躬，天理滅矣，方是惡。故聖賢説得惡字煞遲。○答林擇之曰：靜字乃指未感本然言。蓋人生之初未感於物，一性之真湛然而已，豈非當體本然，未嘗不靜乎？惟感於物，是以有動。然所感既息，則未有不復其常者。故嘗以爲，靜者性之貞也。○諸儒論性不同，非是於善惡上不明，乃性字安頓不著。○聖人只是識得性。百家紛紛，只是不識性字。揚子鶻鶻突突，荀子又所謂隔靴爬痒。〇韓子説所以爲性者五，而今之言性者皆雜佛老而言之，所以不能不異，在諸子中最爲近理。蓋如吾儒之言，則性之本體便只是仁、義、禮、智之實。如老佛之言，則先有箇虛空底性，後方旋生此四者出來。不然，亦説性是一箇虛空底物，裏面包得四者。今人却爲不曾曉得自家道理，只見得他説得熟，故如此不能無疑。又纔見説四者爲性之體，便疑實有此四塊之物磊塊其間。皆是錯看了也。須知性之爲體不離此四者，而四者又非有形象方所可撮可摩也。但於渾然一理之中，識得箇意思情狀似有界限，而實亦非有牆壁遮欄分別處也。然此處極難言，故孟子亦只於發處言之，如言四端，又言「乃若其情，則可以爲善」之類，是於發處教人識取。不是本體中元來有此，如何用處發得此物出來？但本體無著摸處，故只可於用處看，便省力耳。

南軒張氏答胡伯逢曰：性善之説，詳程子之言，謂「人生而静以上更不容説，才説性時便已不是性」，繼之曰：「凡人説性，只是説『繼之者善也』，孟子言『人性善』是也。」但請詳味此語，意自可見。大抵性固難言，而惟善可得而名之。此孟子之言所以爲有根柢也。但所謂善者，要人能明之耳。若曰難言而遂不可言，曰不容説而遂不可説，却恐渺茫而無所止也。

東萊吕氏曰：「惟皇上帝，降衷于下民」，天命之謂性也。「若有恒性」，率性之謂道也。

或問：性中具仁、義、禮、智，道德如何？　潛室陳氏曰：行是四者即爲道，得是四者即爲德。

北溪陳氏曰：孟子道性善，從何而來？　孔子《繫辭》曰：「一陰一陽之謂道，繼之者善也，成之者性也。」所以一陰一陽之理者爲道，此是統説箇太極之本體。繼此者爲善，乃是就其間説造化流行生育賦予，更無别物，只是箇善而已，此是太極之動而陽時。所謂善者，以實理言，即道之方行者也。到成此者爲性，是説人物受得此善底道理去各成箇性耳，是太極之静而陰時。此性字與善字相對，是即所謂善而理之已定者也。繼、成字與陰陽字相應，是指氣而言。善、性字與道字相應，是指理而言。此夫子所謂善，是就人物未生之前，造化原頭處説，善乃重字，爲實物。若孟子所謂性善，則是就「成之者性」處説，是人生以後事，善乃輕字，言此性之純粹至善耳。其實由造化原頭處有是繼之者善，然後成之者性時方能如是之善。則孟子之所謂善，實淵源於夫子所謂善者而來，而非有二本也。《易》三言，周子《通書》及程子説已明備矣。至明道又謂「孟子所謂性善者，只是説繼之者善也」，此又是借《易》語移就人分上説，是指四端之發處言之，而非《易》之本旨也。

西山真氏曰：仁、義、禮、智、信之性，古人謂之五常。君臣、父子、夫婦、昆弟、朋友之道，古人亦謂之五常。以性之體而言，則曰仁、義、禮、智、信。以性之用而言，則曰君臣之義、父子之仁、夫婦之別、長幼之序、朋友之信。其實則一而已。天下豈有性外之理哉。

人物之性

程子曰：天降之謂性，率性之謂道者，天降是於下，萬物流形，各正性命，是所謂性也。各正性命而不失，是所謂道也。此亦通人物而言。循性者，馬則爲馬之性，又不做牛底性。牛則爲牛之性，又不爲馬底性。此所謂率性也。人在天地之間，與萬物同流。天幾時分別出是人是物。○無妄，天性也。萬物各得其性，一毫不加損矣。○禽獸與人絶相似，只是不能推。然禽獸之性却自然，不待學，不待教，如營巢養子之類是也。人雖是靈，却斲喪處極多，只有一件嬰兒飲乳是自然，非學也，其他皆誘之也。○孟子言性，當隨文看。不以告子生之謂性爲不然者，此亦性也。被命受生之後謂之性爾，故不同。繼之以「犬之性猶牛之性，牛之性猶人之性歟」，然不害爲一。若乃孟子之言善者，乃極本窮源之性。○鉛鐵性殊，點化爲金，則不辨鉛鐵之性。○人之於性，猶器之受光於日，日本不動之物。

張子曰：天下凡謂之性者，如言金性剛，火性熱，牛之性、馬之性也，莫非固有。○凡物莫不有是性，由通蔽開塞，所以有人物之別；由蔽有厚薄，故有智愚之別。塞者牢不可開，厚者可以開，而開之也難。薄者開之也易，開則達于天道，與聖人一。

藍田吕氏曰：人受天地之中，其生也具有天地之德。柔强昏明之質雖異，其心之所然者皆同。特蔽有淺深，故别而爲昏明；稟有多寡，故分而爲强柔。至於理之所同然，雖聖愚有所不異。盡己之性，則天下之性皆然，故能盡人之性。蔽有淺深，故爲昏明。蔽有開塞，故爲人物。稟有多寡，故爲强柔。稟有偏正，故爲人物。故物之性與人異者幾希。惟塞而不開，故知不若人之明；偏而不正，故才不若人之美。然人有近物之性者，物有近人之性者，亦繫乎此。於人之性開塞偏正無所不盡，則物之性未有不能盡也。己也，人也，物也，莫不盡其性，則天地之化成矣。

河東侯氏曰：萬物資始於天，天所賦與者爲命。命，天之所命也。物受命於天者爲性，物之自有也。草木之不齊，飛走之異稟，然而動者動，植者植，天機自完，豈非性乎？馬之性健而健，牛之性順而順，犬吠盗，雞司晨，不待教而知之，豈非率性乎？

朱子曰：天之生物也，一物與一無妄。○天下無無性之物。蓋有此物則有此性，無此物則無此性。○問：性具仁、義、禮、智。曰：此猶是説「成之者性」。上面更有一陰一陽，繼之者善。只一陰一陽之道，未知做人做物，已具是四者，雖尋常昆蟲之類皆有之，只偏而不全，濁氣間隔。○人物之生，其賦形偏正固自合下不同，然隨其偏正之中，又自有清濁昏明之異。○性者，物之所受。言物生則有性而各具是道也。○物物運動，蠢然若與人無異，而人之仁、義、禮、智之粹然者，物則無也。當時所記改「人之」之字爲「性」字，姑兩存之。○問：人物之性一源，何以有異？曰：人之性論明暗，物之性只是偏塞。暗者可使之明，已偏塞者不可使之通也。横渠言：「凡物莫不有是性，由通蔽開塞，所以有人物之別。」而卒謂塞者牢不可開，厚者可以開而開之也難，薄者開之也易，是也。又問：人之習爲不善，其溺已深者，終不可復反矣。曰：勢極重者不可反，亦在乎識之淺深與其用力之多寡耳。○論萬物之一原，則理同而氣異。觀萬物之異體，則氣猶相近，而理絶不同。或問：「理同而氣異」，此一句是説方付與萬物之初，以其天命流行只是一般，故理同；以其二、五之氣有清濁純駁，故氣異。下句是就萬物已得之後説，以其雖有清濁之不同，而同此二、五之氣，故氣相近；以其昏明開塞之甚遠，故理絶不同。《中庸》是論其方付之初，《集註》是看其已得之後。曰：氣相近，如知寒煖，識飢飽，好生惡死，趨利避害，人與物都一般。理不同，如蜂、蟻之君臣，只是他義上有一點子明。虎、狼之父子，只是他仁上有一點子明。其他更推不去。恰似鏡子，其他處都暗了，中間只有一兩點子光。大凡物事稟得一邊重，便占了其他底。如慈愛底人少斷制，斷制之人多殘忍。蓋仁多便遮了義，義多便遮了那仁。問：所以婦人臨事多怕，亦是氣偏了？曰：婦人之仁，只流從愛上去。○問：人物皆稟天地之理以爲性，皆受天地之氣以爲形。若人品之不同，固是氣有昏明厚薄之異。若在物言之，不知是所稟之理便有不全耶，亦是緣氣稟之昏蔽故如此耶？曰：惟其所受之氣只有許多，故其理亦只有許多。如犬、馬，他這形氣如此，故只會得如此事。又問：物物具一太極，則是理無不全也。曰：謂之全亦可，謂之偏亦可。以理言之，則無不全。以氣言之，一作「以不能推言之」。則不能無偏。故吕與叔謂物之性有近人之性者，如猫相乳之類。人之性有近物之性者。如世上昏愚人。○問：性爲萬物之一源。曰：所謂性者，人物之所同得，非惟己有是而人亦有是，非惟人有是而物亦有是。○問：吕與叔云：「性一也，流形之分有剛柔昏明者，非性也。有三人焉，皆一目而别乎色，一居乎密室，一居乎帷箔之下，一居乎廣廷之中，三人所見昏明各異，豈目不同乎？隨其所居蔽有厚薄爾。」竊謂此言分别得性、氣甚明。若移此語以喻人物之性，亦好。頃嘗以日爲喻，以爲大明當天，萬物咸覩，亦此日耳，蔀屋之下容光必照，亦此日耳。日之全體未嘗有小大，只爲隨其所居而小大不同耳。不知亦可如此喻人物之性否？曰：亦善。○問：氣質有昏濁不同，則天命之性有偏全否？曰：非有偏全。謂如日月之光，若在露地則盡見之，若在蔀屋之下有所蔽塞，有見有不見。昏濁者是氣昏濁了，故自蔽塞，如在蔀屋之下。然在人則蔽塞有可通之理。至於禽獸亦是此性，只被他形體所拘，生得蔽隔之甚，無可通處。至於虎狼之仁，豺獺之祭，蜂蟻之義，却只通這些子，譬如一隙之光。至於獼猴形狀類人，便最靈於他物，只不會説話而已。到得夷狄，便在人與禽獸之間，所以終難改。○性如日光，人物所受之不同，如隙竅之受光有大小也。人物被形質局定了，也是難得開廣。如螻蟻如此小，便只知得君臣之分而已。○或説人物性同。曰：人物性本同，只氣稟異。如水無有不清，傾放白椀中是一般色，及放黑椀中又是一般色，放青椀中又是一般色。又曰：性最難説。要説同亦得，要説異亦得。如隙中之日，隙之長短大小自是不同，然却只是此日。○人物之生，天賦之以此理未嘗不同，但人物之稟受自有異耳。如一江水，你將杓去取，只得一杓，將椀去取，只得一椀。至於一桶一缸，各自隨器量不同，故理亦隨以異。○問：人則能推，物則不能推。曰：謂物無此理不得，只是氣昏，一似都無了。○或問：人物之性，有所謂同者，又有所謂異者。知其所以同，又知其所以異，然後可以論性矣。夫太極動而二氣形，二氣形而萬化生，人與物俱本乎此，則是其所謂同者。而二氣五行絪緼交感，萬變不齊，則是其所謂異者。同者其理也，異者其氣也。必得是理而後有以爲人物之性，則其所謂同然者，固不得而異也。必得是氣而後有以爲人物之形，則所謂異者，亦不得而同也。是以先生於《大學或問》因謂「以其理而言之，則萬物一原，固無人物貴賤之殊。以其氣而言之，則得其正且通者爲人，得其偏且塞者爲物，是以或貴或賤，而有所不能齊」者，蓋以此也。然其氣雖有不齊，而得之以有生者，在人物莫不皆有理。雖有所謂同，而得之以爲性者，人則獨異於物。故爲知覺爲運動者，此氣也。

爲仁義爲禮智者，此理也。知覺運動，人能之，物亦能之，而仁、義、禮、智，則物固有之，而豈能全之乎？告子乃欲指其氣而遺其理，梏於其同者而不知其所謂異者，此所以見闢於孟子。而先生於《集註》則亦以爲以氣言之，則知覺運動，人物若不異。以理言之，則仁義禮智之稟，非物之所能全也。於此則言氣同而理異者，所以見人之爲貴，非物之所能並。於彼則言理同而氣異者，所以見太極之無虧欠，而非有我之所得私也。以是觀之，尚何疑哉。有以《集註》《或問》異同爲疑者，答之如此，未知是否。曰：此論得甚分明，且有條理。

○二氣五行，交感萬變，故人物之生有精粗之不同。自一氣而言之，則人物皆受是氣而生。自精粗而言，則人得其氣之正且通者，物得其氣之偏且塞者。惟人得其正，故是理通而無所塞。物得其偏，故是理塞而無所知。且如人頭圓象天，足方象地，平正端直，以其受天地之正氣，所以識道理，有知識。物受天地之偏氣，所以禽獸横生，草木頭生向下，尾反在上，物之間有知者不過只通得一路，如烏之知孝，獺之知祭，犬但能守禦，牛但能耕而已。人則無不知，無不能。人所以與物異者，所争者此耳。○問：虎狼之父子，蜂蟻之君臣，豺獺之報本，雎鳩之有别。物雖得其一偏，然徹頭徹尾得義理之正。人合下具此天命之全體，乃爲物欲氣稟所昏，反不能如物之能通其一處而全盡，何也？曰：物只有這一處通，便却專。人却事事理會得些，便却泛泛，所以易昏。○問：人與物以氣稟之偏全而不同，不知草木如何？曰：草木之氣又別，他都無知了。○或問：通蔽開塞，張横渠、吕與叔説，孰爲親切？曰：與叔倒分明似横渠之説。看來塞中也有通處，如猿狙之性即靈，猪則全然蠢了，便是通蔽不同處。本乎天者親上，本乎地者親下。如人頭向上，所以最靈。草木頭向下，所以最無知。禽獸之頭横了，所以無知。猿狙稍靈，爲他頭有時也似人，故稍向得上。○問：程子云：「人與物共有此理，只是氣昏，推不得。」此莫只是大綱言其本同出？若論其得此理莫已不同，而曰同，曰既同，則以分人物之性者，却是於通塞上别。如人雖氣稟異而終可同，物則終不可同。然則謂之理同則可，謂之性同則不可。曰：固然。但隨其光明發見處可見，如螻蟻君臣之類。但其稟形既别，則無復與人通之理。如獮猴形與人略似，則便有能解。野狐能人立，故能爲怪。如猪則極昏。如草木之類，荔枝、牡丹乃發出許多精英，此最難曉。○一草一木皆天地和平之氣。○答徐子融曰：程子言「性即理也」，此一句自古無人敢如此道。心則知覺之在人而具此理者也。張子又言：「由太虚有天之名，由氣化有道之名，合虚與氣有性之名，合性與知覺有心之名。」其名義亦甚密，皆不易之至論也。蓋天之生物，其理固無差别，但人物所稟形氣不同，故其心有明暗之殊，而性有全不全之異耳。若所謂仁，則是性中四德之首，非在性外别爲一物，而與性並行也。然唯人心至靈，故能全此四德，而發爲四端。物則氣偏駁而心昏蔽，固有所不能全矣。然其父子之相親，君臣之相統，間亦有僅存而不昧者。然欲其克己復禮以爲仁，善善惡惡以爲義，則有所不能矣。然不可謂無是性也。若生物之無知覺者，則又其形氣偏中之偏者，故理之在是物者，亦隨其形氣而自爲一物之理。雖若不可復論仁、義、禮、智之彷彿，然亦不可謂無是性也。此理甚明，無難曉者。又謂枯槁之物只有氣質之性，而無本然之性。此語猶可笑。若果如此，則是物只有一性，而人却有兩性矣。此語非常醜差，蓋由不知氣質之性，只是此性墮在氣質之中，故隨氣質而自爲一性，正周子所謂「各一其性」者。向使元無本然之性，則此氣質之性又從何處得來耶？况亦非獨周、程、張子之言爲然。如孔子言「成之者性」，又言「各正性命」，何嘗分别某物是有性底，某物是無性底？孟子言山之性、水之性，山水何嘗有知覺耶？若於此看得通透，即知天下無無性之物，除是無物，方無此性。若有此物，即如來喻，木燒爲灰，灰陰爲土，亦有此灰土之氣。既有灰土之氣，即有灰土之性，安得謂枯槁無性也？○徐子融謂枯槁之中有性有氣，故附子熱，大黄寒，此性是氣質之性。陳才卿謂即是本然之性。曰：子融認知覺爲性，故以此爲氣質之性。性即是理。有性即有氣，是他稟得許多氣，故亦只有許多理。才卿謂有性無仁，此説亦是。是他元不曾稟得此道理，惟人則得其全。如動物則又近人之性矣。故吕與叔云：「物有近人之性，人有近物之性。」蓋人亦有昏愚之甚者。然動物雖有知覺，才死，其形骸便腐壞。植物雖無知覺，然其質却堅久難壞。○問：曾見答余方叔書以爲枯槁有理，不知枯槁、瓦礫如何有理？曰：且如大黄、附子亦是枯槁，然大黄不可爲附子，附子不可爲大黄。○問：枯槁之物亦有性，是如何？曰：是他合下有此理。故云：天下無性外之物。因行街云：階磚便有磚之理。因坐云：竹椅便有竹椅之理。枯槁之物，謂之無生意則可，謂之無生理則不可。如朽木無所用，止可付之爨竈，是無生意矣。然燒甚麽木，則是甚麽氣，亦各不同，這是理元如此。○問：竊謂仁、義、禮、智、信元是一本，而仁爲統體，故天下之物有生氣則五者自然完具，無生氣則五者一不存焉，只是説及「本然之性」。先生以爲枯槁之物亦皆有性有氣，此又是以氣質之性廣而備之，使之兼體洞照而不偏耳。曰：天之生物，有有血氣知覺者，人獸是也。有無血氣知覺而但有生氣者，草木是也。有生氣已絶而但有形質臭味者，枯槁是也。是雖其分之殊，而其理則未嘗不同。但以其分之殊，則其理之在是者不能不異。故人爲最靈而備有五常之性，禽獸則昏而不能備，草木枯槁則又并與其知覺者而亡焉，但其所以爲是物之理則未嘗不具耳。若如所謂纔無生氣便無此理，則是天下乃有無性之物，而理之在天下乃有空闕不滿之處也，而可乎？○問：理是人物同得於天者，如物之無情者亦有理否？曰：固是有理。如舟只可行之於水，車只可行之於陸。○草、木都是得陰氣，走、飛都是得陽氣。各分之：草是得陰氣，木是得陽氣，木堅。走獸是得陰氣，飛鳥是得陽氣，故獸伏草而鳥棲木。然獸又有得陽氣者，如猿、猴之類是也。鳥又有得陰氣者，如雉、鵰之類是也。唯草、木都是得陰氣，然却有陰中陽、陽中陰者。○問：動物有知，植物無知，何也？曰：動物有血氣，故能知。植物雖不可言知，然一般生意亦可默見。若戕賊之，便枯悴，不復悦懌，池本作澤。亦似有知者。嘗觀一般花樹，朝日照耀之時欣欣向榮，有這生意，皮包不住，自迸出來。若枯枝老葉，便覺憔悴，蓋氣行已過也。問：此處見得仁意否：曰：只看戕賊之便彫悴，亦是義底意思。○看茄子内一粒是一生性。

樂庵李氏曰：天地之性人爲貴。宇宙之間，一切所有之物，皆具天地之性。虎狼有父子之仁，螻蟻有君臣之義，雎鳩有夫婦之别，鴻鴈有兄弟之序，鶺鴒有朋友之情。若此者，豈非天地之性？而人獨爲貴者，何哉？物得其偏，人得其全也。

南軒張氏曰：太極動而二氣形，二氣形而萬物化生，人與物俱本乎此者也。原物之始，亦豈有不善者哉？其善者天地之性也。而孟子道性善，獨歸之人者，何哉？蓋人稟二氣之正，而物則其繁氣也。人之性善，非被命受生之後而其性旋有是善也。性本善，而人稟夫氣之正，初不隔其全然者耳。若物則爲氣所昏，而不能以自通也。惟人全夫天地之性，故有所主宰而爲人之心，所以異乎庶物者，獨在於此也。

北溪陳氏曰：人物之生，不出乎陰陽五行之氣。本只是一氣，分來有陰陽。陰陽又分來爲五行。二與五則管分合運行，便有參差不齊，有清有濁，有厚有薄。且以人物合論：同是一氣，但人得氣之正，物得氣之偏；人得氣之通，物得氣之塞。且如人形骸却與天地相應，頭圓居上象天，足方居下象地。北極爲天中央却在北，故人百會穴在頂心却向後。日月來往只在天之南，故人之兩眼皆在前。海鹹水所歸在南之下，故人之小便亦在前下。此所以爲得氣之正。如物則禽獸頭横，植物頭向下，枝葉却在上，此皆得氣之偏處。人氣通明，物氣壅塞。人得五行之秀，故爲萬物之靈。物氣塞而不通，如火煙鬱在裏許，所以理義皆不通。○性命只是一箇道理，不分看則不分曉，只管分看不合看，又離了，不相干涉。須是就渾然一理中看得有界分，不相亂。所以謂之命，謂之性者，何故？大抵性只是理。然人之生，不成只空得箇理，須有箇形骸方載得此理。其實理不外乎氣。得天地之氣成這形，得天地之理成這性，所以横渠張子曰「天地之塞吾其體，天地之帥吾其性」。塞字只就孟子「浩然之氣塞乎天地」句掇一字來説氣，帥字只就孟子「志，氣之帥」句掇一字來説理。人與物同得天地之氣以生，天地之氣只一般，因人物受去各不同。人得五行之秀正而通，所以仁義禮智，粹然都與物異。物得氣之偏，爲形骸所拘，所以其理閉塞而不通。人物所以爲理只一般，只是氣有偏正，故理隨之而有通塞耳。

性理大全書卷之三十

性理二

氣質之性

程子曰：生之謂性，性即氣，氣即性，生之謂也。人生氣禀，理有善惡，然不是性中元有此兩物相對而生也。有自幼而善，有自幼而惡，后稷之克岐克嶷，揚食我始生，人知其必滅若敖氏之類。是氣禀有然也。善固性也，然惡亦不可不謂之性也。蓋生之謂性。人生而静以上不容説，纔説性時，便已不是性也。凡人説性，只是説繼之者善也，孟子言人性善是也。夫所謂繼之者善也者，猶水流而就下也。皆水也，有流而至海終無所污，此何煩人力之爲也？有流而未遠固已漸濁，有出而甚遠方有所濁。有濁之多者，有濁之少者。清濁雖不同，然不可以濁者不爲水也。如此，則人不可以不加澄治之功。故用力敏勇則疾清，用力緩怠則遲清。及其清也，則却只是元初水也，亦不是將清來换却濁，亦不是取出濁來置在一隅也。

水之清，則性善之謂也。固不是善與惡在性中爲兩物相對，各自出來。此理，天命也，順而循之則道也，循此而脩之，各得其分，則教也。自天命以至於教，我無加損焉，此舜有天下而不與焉者也。○問：生之謂性與天命之謂性同乎？曰：性字不可一概論。生之謂性，止訓所稟受也。天命之謂性，此言性之理也。今人言天性柔緩、天性剛急，皆生來如此，此訓所稟受也。若性之理也，則無不善。曰天者，自然之理也。○氣之所鍾有偏正，故有人物之殊；有清濁，故有智愚之等。○形易則性易，性非易也，氣使之然也。○問：人性本明，其有蔽，何也？曰：性無不善。其偏蔽者，由氣稟清濁之不齊也。○韓退之説，叔向之母聞揚食我之生，知其必滅宗，此無足怪。其始便稟得惡氣，便有滅宗之理，所以聞其聲而知之也。使其能學以勝其氣，復其性，可無此患。

廣平游氏曰：氣之所值有全有偏，有邪有正，有粹有駁，有厚有薄，然後有上智、下愚、中人之不同也。猶之大塊噫氣，其名爲風。風之所出，無異氣也。而呼者、吸者、叫者、號者，其聲若是不同，以其所託者，物物殊形爾。因其聲之不同而謂有異風，可乎？

龜山楊氏曰：人所資稟固有不同者，若論其本，則無不善。然而善者其常也，亦有時而惡矣。猶人之生也，氣得其和則爲安樂人。及其有疾也，以氣不和而然也。然氣不和非其常，治之而使其和，則反常矣。其常者性也，此孟子所以言性善也。横渠説氣質之性，亦云人之性有剛柔緩急、强弱昏明而已，非謂天地之性然也。今夫水之清者，其常然也。至於湛濁，則沙泥渾之矣。沙泥既去，其清者自若也。是故君子於氣質之性必有以變之，其澄濁而求清之義歟？

或問：人有智愚之品不同，何也？上蔡謝氏曰：氣稟異耳。聖人不忿疾于頑者，憫其所遇氣稟偏駁，不足疾也。然則可變歟？曰：其性本一，安不可變之有。

朱子曰：有天地之性，有氣質之性。天地之性，則太極本然之妙，萬殊之一本也。氣質之性，則二氣交運而生，一本而萬殊也。○天命之謂性，命便是誥劄之類，性便是合當做底職事，如主簿銷注，縣尉巡捕。心便是官人，氣質便是官人所習尚，或寬或猛。情便是當廳處斷事。性只是仁、義、禮、智。所謂天命之與氣質，亦相衮同。才有天命，便有氣質，不能相離。若闕一便生物不得。既有天命，須是有此氣，方能承當得此理。若無此氣，則此理如何頓放？天命之性本未嘗偏，但氣質所稟却有偏處。氣有昏明厚薄之不同，然仁義禮智亦無闕一之理。但若惻隱多，便流爲姑息柔懦。若羞惡多，便有羞惡其所不當羞惡者。且如言光，必有鏡然後有光，必有水然後有光。光便是性，鏡、水便是氣質。若無鏡與水，則光亦散矣。謂如五色，若頓在黑多處便都黑了，入在紅多處便都紅了，却看你稟得氣如何。然此理却只是善。既是此理，如何得惡。所謂惡者，却是氣也。○天命之性，若無氣質，却無安頓處。且如一勺水，非有物盛之，則水無歸著。程子云：「論性不論氣不備，論氣不論性不明，二之則不是。」所以發明千古聖賢未盡之意，甚爲有功。○問：天命之謂性，只是主理言。纔説命，則氣亦在其間矣。非氣則何以爲人物，理何所受。曰：是。○人之所以生，理與氣合而已。天理固浩浩不窮，然非是氣，則雖有是理而無所湊泊。故必二氣交感，凝結生聚，然後是理有所附著。凡人之能言語、動作、思慮、營爲皆氣也，而理存焉。故發而爲孝弟、忠信、仁義、禮智，皆理也。然就人之所稟而言，又有昏明清濁之異。故上智生知之資，是氣清明純粹而無一豪昏濁，所以生知安行，不待學而能，如堯、舜是也。其次則亞於生知，必學而後知，必行而後至。又其次者資稟既偏，又有所蔽，須是痛加工夫，人一己百，人十己千，然後方能及亞於生知者。及進而不已，則成功一也。○性只是理，然無那天氣地質，則此理没安頓處。但得氣之清明則不蔽固，此理順發出來。蔽固少者發出來天理勝，蔽固多者則私欲勝，便見得本原之性無有不善。孟子所謂「性善」，周子所謂「純粹至善」，程子所謂「性之本」與夫反本窮源之性是也。只被氣質有昏濁隔了，故「氣質之性，君子有弗性者焉」。學以反之，則天地之性存矣。故説性須兼氣質説方備。又曰：《皐陶謨》中所論「寬而栗」等九德，皆是論反氣質之意，只不曾説破氣質耳。或問：「寬而栗」等，「而」下一字便是工夫？曰：然。○性非氣質則無所寄，氣非天性則無所成。○問氣質之性。曰：纔説性時，便有些氣質在裏。若無氣質，則這性亦無安頓處。所以繼之者只説得善，到成之者便是性。○論天地之性，則專主理言。論氣質之性，則以理與氣雜而言之。未有此氣，已有此性。氣有不存而性却常在。雖其方在氣中，然氣自是氣，性自是性，亦不相夾雜。至論其偏體於物，無處不在，則又不論氣之精粗，莫不有是理。○若論本原，即有理然後有氣。若論稟賦，則有是氣而後理隨以具。故有是氣則有是理，無是氣則無是理。○性即理也。當然之理無有不善者，故孟子之言性，指性之本而言。然必有所依而立，故氣質之稟，不能無淺深厚薄之别。孔子曰「性相近也」，兼氣質而言。○問：天理變易無窮，由一陰一陽，生生不窮。繼之者善，全是天理，安得不善？孟子言性之本體，以爲善者是也。二氣相軋相取，相合相乖，有平易處，有傾側處，自然有善有惡。故稟氣形者有惡有善，何足怪。語其本，則無不善也。曰：此却無過。○問：人之德性本無不備，而氣稟所賦，鮮有不偏。將性對氣字看，性即是此理。理無不善者，因墮在形氣中，故有不同。所謂氣質之性者，是如此否？曰：固是。但氣稟偏，則理亦欠闕了。○氣質之性，生而知者，氣極清而理無蔽也。學知以下，則氣之清濁有多寡，而理之全闕繫焉。○問：氣質有清濁不同。曰：氣稟之殊，其類不一，非但「清濁」二字而已。今人有聰明事事曉者，其氣清矣，而所爲未必皆中於理，則是其氣不醇也。有謹厚忠信者，其氣醇矣，而所知未必皆達於理，則是其氣不清也。推此求之可見。○人所稟之氣，雖皆是天地之正氣，但衮來衮去，便有昏明厚薄之異。蓋氣是有形之物，纔是有形之物，便自有美有惡也。○問：所謂美惡，恐即《通書》所謂剛柔善惡。竊疑清濁以氣言，剛柔美惡以氣之爲質言。清濁恐屬天，剛柔美惡恐屬地。清濁屬知，美惡屬才。清濁分智愚，美惡分賢不肖。上智則清之純而無不美，大賢則美之全而無不清。上智恐以清言，大賢恐以美言，其實未嘗有偏。若《中庸》稱舜智回賢是也。下此則所謂智者，是得清之多而或不足於美，所謂賢者是得剛柔一偏之善而或不足於清，於是始有賢、智之偏。故其智不得爲上智，其賢不得爲大賢。雖愚不肖，恐亦自有差等。蓋清濁美惡似爲氣質中陰陽之分，陽清陰濁，陽善陰惡，故其氣錯糅萬變，而大要不過此四者，但分數參互不齊，遂有萬殊。曰：陳了翁云「天氣而地質」，前輩已有此説矣。又問：氣之始，有清無濁，有美無惡。濁者清之變，惡者美之變。以其本清本美，故可易之以反其本。然則所謂變化氣質者，似亦所以復其初也。曰：氣之始固無不善，然騰倒到今日，則其雜也久矣。但其運行交錯，則其善惡却各自有會處，此上智下愚之所以分也。○氣升降無時止息，理只附氣。惟氣有昏濁，理亦隨而間隔。○人之氣稟有清濁偏正之殊，故天命之正亦有淺深厚薄之異，要亦不可不謂之性。○問：氣稟在於人身，既復天理，氣稟還去得否？曰：天理明，則彼如何著得。○問：理無不善，則氣稟胡爲有清濁之殊？曰：纔説著氣，便自有寒有熱，有香有臭。○氣質之性便只是天地之性。只是這箇天地之性却從那裏過，好底性如水，氣質之性如著些醬與鹽，便是一般滋味。○性譬之水，本皆清也。以浄器盛之則清，以不浄器盛之則臭，以污泥之器盛之則濁。本然之清未嘗不在，但既臭濁，猝難得便清。故雖愚必明，雖柔必强，也煞用氣力然後能至。○有是理而後有是氣，有是氣則必有是理。但氣稟之清者爲聖爲賢，如寶珠在清泠水中。稟氣之濁者爲愚爲不肖，如珠在濁水中。所謂明明德者，是就濁水中揩拭此珠也。物亦有是理，又如寶珠落在至污濁處。然其所稟，亦間有些明處，就上面便自不昧。問：物之塞得甚者，雖有那珠，如在深泥裏面，更取不出。曰：也是如此。○問：性如日月，氣濁者如雲霧。曰：然。○人性如一團火，煨在灰裏，撥開便明。○人性雖同，稟氣不能無偏重。有得木氣重者，則惻隱之心常多，而羞惡、辭讓、是非之心爲其所塞而不發。有得金氣重者，則羞惡之心常多，而惻隱、辭讓、是非之心爲其所塞而不發。水、火亦然。唯陰陽合德，五性全備，然後中正而爲聖人也。○問：人有敏於外而内不敏，又有敏於内而外不敏，莫是稟氣强弱？曰：不然。《淮南子》云「金水内明，日火外明。」氣偏於内故内明，氣偏於外則外明。○氣稟所拘，只通得一路極多樣。或厚於此而薄於彼，或通於彼而塞於此。有人能盡通天下利害，而不識義理。或工於百工技藝，而不解讀書。或知孝於親，而薄於他人。如明皇友愛諸弟，長枕大被，終身不變。然而爲君則殺其臣，爲父則殺其子，爲夫則殺其妻，便是有所通有所蔽，是他性中只通得一路，故於他處皆礙。也是氣稟，也是利害昏了。○問：以堯爲父而有丹朱，以鯀爲父而有禹，如何？曰：這箇又是二氣、五行交際運行之際有清濁，人適逢其會，所以如此。○問：天地之氣，當其昏明駁雜之時，則其理亦隨而昏明駁雜否？曰：理却只恁地，只是氣自如此。又問：若氣如此，理不如此，則是理與氣相離矣。曰：氣雖是理之所生，然既生出，則理管他不得。如這理寓於氣了，日用間運用都由這箇氣，只是氣强理弱，理管攝他不得。○沈僩問：或謂性所發時無有不善，雖氣稟至惡者亦然。但方發之時，氣一乘之，則有善有不善耳。僩以爲人心初發，有善有惡，所謂「幾善惡」也。初發之時本善而流入於惡者，此固有之。然亦有氣稟昏愚之極而所發皆不善者，如子越椒之類是也。且以中人論之，其所發之不善者固亦多矣，安得謂之無不善邪？曰：不當如此說。如此説得不是。此只當以人品賢愚清濁論。有合下發得善底，也有發得不善底，也有發得善而爲物欲所奪，流入於不善底，極多般樣。今有一樣人，雖無事在這裏坐，他心裏也只思量要做不好事，如蛇虺相似，只欲咬人，他有甚麼發得善？明道説水處最好：「皆水也，有流而至海終無所污，有流而未遠固已漸濁，有流而甚遠方有所濁，有濁之多者，濁之少者。」只可如此説。○人之性皆善，然而有生下來善底，有生下來便惡底，此是氣稟不同。且如天地之運，萬端而無窮，其可見者，日月清明、氣候和正之時。人生而稟此氣，則爲清明渾厚之氣，須做箇好人。若是日月昏暗、寒暑反常，皆是天地之戾氣。人若稟此氣，則爲不好底人，何疑？人之爲學，却是要變化氣稟。然極難變化。如孟子道性善，不言氣稟，只言人皆可以爲堯、舜。若勇猛直前，氣稟之偏自消，功夫自成，故不言氣稟。看來吾性既善，何故不能爲聖賢？却是被這氣稟害。如氣稟偏於剛則一向剛暴，偏於柔則一向柔弱之類。人一向推托道氣稟不好，不向前又不得，一向不察氣稟之害，只昏昏地去，又不得。須知氣稟之害，要力去用功克治，裁其勝而歸於中，乃可。濂溪云，性者剛柔善惡中而已，故聖人立教，俾人自易其惡，自至其中而止矣。○問：蔡季通主張氣質太過。曰：形質也是重。且如水之氣，如何似長江、大河有許多洪流，金之氣如何似一塊鐵恁地硬？形質也是重，被此生壞了後，理終是拗不轉來。又曰：孟子言人所以異於禽獸者幾希，不知人何故與禽獸異？又言「犬之性猶牛之性，牛之性猶人之性與」，不知人何故與牛、犬異？此兩處似欠中間一轉語，須著説是形氣不同，故性亦少異始得。恐孟子見得人性同處自是分曉直截，却於這些子未甚察。又曰：陳了翁云：「氣質之用狹，道學之功大」，與季通説正相反。若論其至，不可只靠一邊。如了翁之説，則何故自古只有許多聖賢？如季通之説，則人皆委之於生質，更不脩爲。須是看人功夫多少如何。若功夫未到，則氣質之性不得不重。若功夫至，則氣質豈得不聽命於義理也？須著如此説方盡。○孔、孟言性之異，略而論之，則夫子雜乎氣質而言之，孟子乃專言其性之理也。雜乎氣質而言之，故不曰「同」而曰「近」。蓋以爲不能無善惡之殊，但未至如其所習之遠耳。以理而言，則上帝之降衷，人心之秉彝，初豈有二理哉。但此理在人，有難以指言者，故孟子之告公都子，但以其才與情者明之。譬如欲觀水之必清，而其源不可到，則亦觀諸流之未遠者，而源之必清可知矣。此二義皆聖賢所罕言者，而近世大儒如河南程先生、横渠張先生嘗發明之，其説甚詳。○問：「孟子言性，與伊川如何？」曰：「不同。孟子是剔出而言性之本，伊川是兼氣質而言，要之不可離也。」○邵浩問曰：「趙書記嘗問浩，『如何是性』？浩對以伊川云：『孟子言「性善」，是極本窮原之性；孔子言「性相近」，是氣質之性。』趙云：『安得有兩様！只有《中庸》説「天命之謂性」，自分明。』曰：「公當初不曾問他：『既謂之善，固無兩般。纔説相近，須有兩様。』便自説不得。因問：天命之謂性，還是極本窮原之性，抑氣質之性？曰：是極本窮原之性。天之所以命只是一般，緣氣質不同，遂有差殊。孟子分明是於人身上挑出天之所命者説與人，要見得本原皆善。○孟子言性只説得本然底，論才亦然。荀、揚、韓諸人雖是論性，其實只説得氣。荀子只見得不好人底性，便説做惡。揚子見半善半惡底人，便説善惡混。韓子見天下有許多般人，所以立爲三品之説。就三子中韓子説又較近，他以仁、義、禮、智爲性，以喜、怒、哀、樂爲情，只是中間過接處少箇氣字。○問：氣質之説，起於何人？曰：此起於張、程，某以爲極有功於聖門，有補於後學，讀之使人深有所感，前此未曾有人説到此。如韓退之《原性》中説三品，説得也是，但不曾分明説是氣質之性耳。性那裏有三品來？孟子説性善，但説得本原處，下面却不曾説得氣質之性，所以亦費分疏。諸子説性惡與善惡混，使張、程之説早出，則這許多説話自不用紛争。故張、程之説立，則諸子之説泯矣。因舉横渠「形而後有氣質之性，善反之，則天地之性存焉，故氣質之性，君子有弗性者焉」，又舉明道云「論性不論氣不備，論氣不論性不明，二之則不是」。且如只説箇仁義禮知是性，世間却有生出來便無狀底，是如何？只是氣稟如此。若不論那氣，這道理便不周匝，所以不備。若只論氣稟，這箇善這箇惡，却不論那一原處只是這箇道理，又却不明。此自孔子、曾子、子思、孟子理會得，後都無人説這道理。○程子云：「生之謂性。性即氣，氣即性，生之謂也。」蓋天之付與萬物者謂之命，物之稟受於天者謂之性。然天命流行，必二氣五行交感凝聚，然後能生物也。性、命，形而上者也，氣則形而下者也。形而上者，一理渾然，無有不善。形而下者，則紛紜雜糅，善惡有所分矣。故人物既生，則即此所稟以生之氣，而天命之性有焉。此程子所以發明告子生之謂性之説，而以性即氣、氣即性者言之也。又曰：「生之謂性」，是生下來唤做性底，便有氣稟夾雜，便不是理底性了。如椀盛水後，人便以椀爲水，水却本清，椀却有浄有不浄。問：「生之謂性」，他這一句且是説稟受處否？曰：是。「性即氣，氣即性」，他這且是袞説。性便是理，氣便是氣，是未分别説。其實理無氣亦無所附。又問：「性即氣，氣即性」，此言人生性與氣混合者？曰：有此氣爲人，則理具於身，方可謂之性。又曰：「性者，渾然天理而已。纔説性時，則已帶氣矣。所謂『離了陰陽更無道』，此中最宜分别。」○程子云：「人生氣稟，理有善惡，然不是性中元有此兩物相對而生也。有自幼而善，有自幼而惡，是氣稟有然也。善固性也，然惡亦不可不謂之性也。」蓋所稟之氣所以必有善惡之殊者，亦性之理也。氣之流行，性爲之主。以其氣之或純或駁而善惡分焉，故非性中本有二物相對也。然氣之惡者，其性亦無不善，故惡亦不可不謂之性也。故先生嘗云：「善惡皆天理。謂之惡者本非惡，但或過或不及便如此。」蓋天下無性外之物，本皆善而流於惡耳。又曰：「人生氣稟，理有善惡」，此「理」字不是説實理，猶云「理當如此」，只作「合」字看。問：「善固性也」固是，若云「惡亦不可不謂之性」，則此理本善，因氣而鵂突，雖是鵂突，然亦是性也？曰：他原頭處都是善。因氣偏，這性便偏了。然此處亦是性。如人渾身都是惻隱而無羞惡，都羞惡而無惻隱，這箇便是惡德。這箇喚做性邪不是。如墨子之心本是惻隱，孟子推其弊到得無父處，這箇便是惡，亦不可不謂之性也。又問：惡是氣稟，如何云「亦不可不謂之性」？曰：既是氣稟惡，便牽引得那性不好。蓋性只是搭附在氣稟上，既是氣稟不好，便和那性壞了。又曰：性本善而今乃惡，亦是此性爲惡所汩。如水爲泥沙所混，不成不喚做水。○程子云：「蓋生之謂性。人生而静以上不容説，纔説性時，便已不是性也。凡人説性，只是説繼之者善也，孟子言人性善是也。夫所謂繼之者善也者，猶水流而就下也。」蓋性則性而已矣，何言語之可形容哉。故善言性者，不過即其發見之端而言之，而性之緼因可默識矣，如孟子之論四端是也。觀水之流而必下，則水之性下可知。觀性之發而必善，則性之緼善亦可知也。又曰：「人生而静以上」，即是人物未生時。人物未生時，只可謂之理，説性未得，此所謂「在天曰命」也。「纔説性時，便已不是性」者，言纔謂之性，便是人生以後，此理已墮在形氣之中，不全是性之本體矣。故曰「便已不是性也」。此所謂「在人曰性」也。大抵人有此形氣，則是此理始具於形氣之中而謂之性。纔是説性，便已涉乎有生而兼乎氣質，不得爲性之本體也。然性之本體亦未嘗雜，要人就此上面見得其本體元未嘗離，亦未嘗雜耳。又曰：性須是箇氣質，方説得箇性字。若人生而静以上，只説得箇天道，下性字不得。所以子貢曰：「夫子之言性與天道，不可得而聞也。」便是如此。所謂「天命之謂性」者，是就人身中指出這箇是天命之性，不雜氣稟者而言爾。若纔説性時，則便是夾氣稟而言。所以説時便已不是性也。濂溪説性者，剛、柔、善、惡、中而已矣。濂溪説性只是此五者，他又自有説仁、義、禮、智底性時。若論氣稟之性，則不出此五者。然氣稟底性，便是那四端底性，非别有一種性也。然所謂剛柔善惡中者，天下之性固不出此五者。然細推之，極多般樣，千般萬種，不可窮究，但不離此五者爾。問：「人生而静以上不容説」，人生而静是説那初生時，更説向上去便只是天命了。曰：所以「大哉乾元，萬物資始」，只説是誠之源也。至「乾道變化，各正性命」，方是性在。「凡人説性，只是説繼之者善也」，便兼氣質了。問：恐只是兼了情？曰：情便兼質了。所以孟子答告子問性，却説「乃若其情，則可以爲善矣」。説仁義禮智，却説惻隱、羞惡、恭敬、是非去。蓋性無形影，情却有實事，只得從情上説入去。又曰：「夫所謂繼之者善也者，猶水流而就下也」，此「繼之者善」指發處而言之也。性之在人，猶水之在山，其清不可得而見也。流出而見其清，然後知其本清也。所以孟子只就見孺子入井皆有怵惕惻隱之心處指以示人，使知性之本善者也。《易》所謂「繼之者善也」在性之先，此所引「繼之者善也」在性之後。蓋《易》以天道之流行者言，此以人性之發見者言。唯天道流行如此，所以人性發見亦如此。若「水之就下」處，當時只是衮説了。蓋水之就下，便是喻性之善。如孟子所謂過顙、在山，雖不是順水之性，然不謂之水不得。這便是前面「惡亦不可不謂之性」之説。○程子云：「皆水也，有流而至海終無所污，此何煩人力之爲也？有流而未遠固已漸濁，有出而甚遠方有所濁。有濁之多者，有濁之少者。清濁雖不同，然不可以濁者不爲水也。如此，則人不可以不加澄治之功。故用力敏勇則疾清，用力緩怠則遲清。及其清也，則却只是元初水也，亦不是將清來換却濁，亦不是取出濁來置在一隅也。水之清，則性善之謂也。固不是善與惡在性中爲兩物相對，各自出來。」此又以水之清濁譬之。水之清者，性之善也。流至海而不污者，氣稟清明自幼而善，聖人性之而全其天者也。流未遠而已濁者，氣稟偏駁之甚，自幼而惡者也。流既遠而方濁者，長而見異物而遷焉，失其赤子之心者也。濁有多少，氣之昏明純駁有淺深也。不可以濁者不爲水，惡亦不可不謂之性也。然則人雖爲氣所昏，流於不善，而性未嘗不在其中。特謂之性，則非其本然。謂之非性，則初不離是。以其如此，故人不可以不加澄治之功。惟能學以勝氣，則知此性渾然，初未嘗壞，所謂元初水也。雖濁而清者存，固非將清來換濁。既清則本無濁，固非取濁置一隅也。如此則其本善而已矣。性中豈有兩物對立而並行也哉？問：以水喻性，謂天道純然一理，便是那水本來清。陰陽五行交錯雜糅而有昏濁，便是那水被泥污了。昏濁可以復清者，只因他母子清。曰：然。那下愚不移底人，却是那臭穢底水。問：也須可以澄治。曰：也減得些分數。因言舊時人嘗裝惠山泉去京師，或時臭了，京師人會洗水，將沙石在筧中，上面傾水從筧中下去，如此十數番，便漸如故。問：物如此更推不去，却似那臭泥相似。曰：是如此。○程子云：「此理，天命也。須而循之，則道也。循此而脩之，各得其分，則教也。自天命以至於教，我無加損焉，此舜有天下而不與焉者也。」蓋此理天命也，該始終本末而言也。脩道雖以人事而言，然其所以脩者，莫非天命之本然，非人私智所能爲也。然非聖人有不能盡，故以舜明之。問：「此理天命也」，他這處方提起以「此理」説，則是純指上面天理而言，不雜氣説。曰：固是。又曰：理離氣不得。而今講學，用心著力，却是用這氣去尋箇道理。又問：「水之清則性善之謂也」至於「舜禹有天下而不與焉者也」一節，是言學者去求道不是外面添，聖人之教人亦不是强人分外做。曰：「此理天命也」一句亦可見。又曰：程子「生之謂性」一段當作三節看。其間有言天命者，有言氣質者。「生之謂性」是一節，「水流就下」是一節，清濁又是一節。横渠云：「形而後有氣質之性，善反之，則天地之性存焉。」將此兩箇性字分别。自「生之謂性」以下，凡説性字者，孰是天地之性，孰是氣質之性，則其理自明矣。

性理大全書卷之三十一

性理三

氣質之性命才附

南軒張氏曰：原性之理無有不善，人物所同也。論性之存乎氣質，則人稟天地之精，五行之秀，固與禽獸草木異。然就人之中不無清濁厚薄之不同，而實亦未嘗不相近也。○學者須是變化氣質，或偏於剛，或偏於柔，必反之。如禽獸是其氣質之偏，不能反也。人若不知自反，則去本性日以遠矣。若變化得過來，只是本性所有，初未嘗增添。故言性者，須分别出氣質之性。○問：人之性，其氣稟有清濁，何也？曰：二氣迭運，參差萬端，而萬物各正性命，夫豈物物而與之哉？氣稟之不同也。雖其氣稟之不同，而其本莫不善，故人貴於能反也。○太極無不善，故性亦無不善，人欲初無體也。《傳》曰：「人生而静，天之性也。感物而動，性之欲也。」直至物至知知，好惡形焉，然後有流而爲惡者，非性所本有也。

或問：自孟子言性善，而荀卿言性惡，揚雄言善惡混，韓文公言三品，及至横渠張子分爲天地之性、氣質之性，然後諸子之説始定。性善者，天地之性也，餘則所謂氣質者也。然嘗疑之。張子所謂氣質之性形而後有，則天地之性乃未受生以前天理之流行者，故又以爲極本窮源之性，又以爲萬物一源。如此則可以謂之命，而不可以謂之性也。程子又有「人生而静以上不容説」之語，又於《好學論》言性之本，而後言形既生矣，則疑若天地之性指命而言。命固善矣，於人性果何預乎？勉齋黄氏曰：程、張之論，非此之謂也。蓋自其理而言之，不雜乎氣質而爲言，則是天地賦與萬物之本然者，而寓乎氣質之中也。故其言曰：「善反之，則天地之性存焉。」蓋謂天地之性未嘗離乎氣質之中也，其以天地爲言，特指其純粹至善，乃天地賦予之本然也。曰：形而後有氣質之性，其所以有善惡之不同，何也？曰：氣有偏正，則所受之理隨而偏正。氣有昏明，則所受之理隨而昏明。木之氣盛，則金之氣衰，故仁常多而義常少。金之氣盛，則木之氣衰，故義常多而仁常少。若此者，氣質之性有善惡也。曰：既言氣質之性有善惡，則不復有天地之性矣。子思子又有未發之中，何也？曰：性固爲氣質所雜矣，然方其未發也，此心湛然，物欲不生，則氣雖偏而理自正，氣雖昏而理自明，氣雖有贏乏，而理則無勝負。及其感物而動，則或氣動而理隨之，或理動而氣挾之，由是至善之理聽命於氣，善惡由之而判矣。此未發之前，天地之性純粹至善，而子思之所謂中也。《記》曰：「人生而静，天之性也。」程子曰：「其本也真而静，其未發也，五性具焉。」則理固有寂感，而静則其本也，動則有萬變之不同焉。愚嘗以是而質之先師矣，答曰：「未發之前，氣不用事，所以有善而無惡。」至哉此言也！○氣有清濁，譬如著些物蔽了，發不出。如柔弱之人見義不爲，爲義之意却在裏面，只是發不出。如燈火使紙罩了，光依舊在裏面，只是發不出來，拆去了紙，便自是光。○天地之間，只是箇陰陽五行，其理則爲健順五常，貫徹古今，充塞宇宙，捨此之外，别無一物，亦無一物不是此理。以人心言之，未發則無不善，已發則善惡形焉。然原其所以爲惡者，亦自此理而發，非是别有箇惡與理不相干也。若别有箇惡與理不相干，却是有性外之物也。《易》以陰陽分君子小人，周子謂性者剛柔善惡。君子小人不同而不出於陰陽，善惡不同而不出於剛柔，蓋天下未有性外之物也。人性本善，氣質之稟一昏一明，一偏一正，故有善惡之不同。其明而正者，則發無不善。昏而偏者，則發有善惡。然其所以爲惡者，亦自此理而發也，故曰惡亦不可不謂之性也。然人性本善，若自一條直路而發，則無不善。故孟子不但言性善，雖才與情，亦皆只謂之善。及其已發而有善有惡者，氣稟不同耳。然其所以爲惡者，亦自此理而發，故惡亦不可不謂之性。孟子所謂莫非命也，程子所謂思慮動作皆天也，張子所謂莫非天也，陽明勝則德性用，陰濁勝則物欲行，亦是此意。○天命之謂性，是天分付與人底謂之性，惟皇上帝降衷于民是也。所降之衷，何嘗不善？此性本無不善，天將箇性與人，便夾了氣與人，氣裹這性，性纔入氣裏面去，便有善有惡，有清有濁，有偏有正。清濁偏正雖氣爲之，然著他夾了，則性亦如此。譬如一泓之水本清，流在沙石上去，其清自若，流在濁泥中去，這清底也濁了，不可以濁底爲不是水。

北溪陳氏曰：天所命於人以是理，本只善而無惡，故人所受以爲性，亦本善而無惡。孟子道性善，是專就大本上説來，説得極親切，只是不曾發出氣稟一段，所以啓後世紛紛之論。蓋人之所以有萬殊不齊，只緣氣稟不同。這氣只是陰陽五行之氣，如陽性剛，陰性柔，火性燥，水性潤，金性寒，木性温，土性遲重。七者夾雜，便有參差不齊，所以人間所值便有許多般樣。然這氣運來運去，自有箇真元之會，如曆法算到本數湊合，所謂日月如合璧，五星如連珠時相似。聖人便是稟得這真元之會來。然天地間參差不齊之時多，真元會合之時少。如一歲間極寒極暑陰晦之時多，不寒不暑光風霽月之時極少，最難得恰好時節，人生多是值此不齊之氣。如有一等人非常剛烈，是值陽氣多；有一等人極是軟弱，是值陰氣多；有人躁暴忿厲，是又值陽氣之惡者；有人狡譎姦險，此又值陰氣之惡者；有人性圓，一撥便轉；也有一等極愚拗，雖一句善言亦説不入，與禽獸無異。都是氣稟如此。陽氣中有善惡，陰氣中亦有善惡，如《通書》所謂剛善剛惡、柔善柔惡之類。不是陰陽氣本惡，只是分合轉移、齊不齊中，便自然成粹駁善惡耳。因氣有駁粹，便有賢愚。氣雖不齊，而大本則一，雖下愚亦可變而爲善。然工夫最難，非百倍其功者不能。故子思曰：「人一能之，己百之。人十能之，己千之。果能此道，雖愚必明，雖柔必强。」正爲此耳。自孟子不説到氣稟，所以荀子便以性爲惡，揚子便以性爲善惡混，韓文公又以爲性有三品，都只是説得氣。近世東坡蘇氏又以爲性未有善惡，五峰胡氏又以爲性無善惡，都只含糊就人與天相接處捉摸，説箇性是天生自然底物，更不曾説得性端的指定是甚底物。直至二程得濂溪先生《太極圖》發端，方始説得分明極至，更無去處。其言曰：「性即理也，理則自堯舜至於塗人一也。」此語最是簡切端的。如孟子説善，善亦只是理，但不若指認理字下得較確定。胡氏看不徹，便謂善者只是贊嘆之辭，又誤了。既是贊嘆，便是那箇是好物方贊嘆，豈有不好物而贊嘆之邪？程子於本性之外，又發出氣稟一段，方見得善惡所由來，故其言曰：「論性不論氣不備，論氣不論性不明。二之則不是也。」蓋只論大本而不及氣稟，則所論有欠闕未備。若只論氣稟而不及大本，便只説得粗底，而道理全然不明。千萬世而下，學者只得按他説，更不可改易。○氣稟之説從何而起，夫子曰：「性相近也，習相遠也。」「惟上智與下愚不移。」此正是説氣質之性。子思子所謂三知三行，及所謂雖愚必明，雖柔必强，亦是説氣質之性，但未分明指出氣質字爲言耳。到二程子始分明指認説出甚詳備，横渠因之又立爲定論，曰：「形而後有氣質之性，善反之，則天地之性存焉。故氣質之性，君子有弗性者焉。」氣質之性是以氣稟言之，天地之性是以大本言之。其實天地之性亦不離氣質之中，只是就那氣質中分別出天地之性，不與相雜爲言耳。○若就人品類論，則上天所賦皆一般，而人隨其所值，又各有清濁之不齊。如聖人得氣至清，所以合下便能生知；賦質至粹，所以合下便能安行。大抵得氣之清者，不隔蔽那義理，便呈露昭著。如銀盞中滿貯清水，自透見盞底銀花子甚分明，若未嘗有水然。賢人得清氣多而濁氣少，清中微有些查滓，止未便能昏蔽得他，所以聰明也易開發。自大賢而下，或清濁相半，或清底少濁底多，昏蔽得厚了，如盞底銀花子看不見，欲見得，須十分加澄治之功。若能力學，也解變化氣質，轉昏爲明。有一般人稟氣清明，於理義上儘看得出，而行爲不篤，不能承載得道理，多雜詭譎去，是又賦質不粹。此如井泉甚清，貯在銀盞裏面亦透底清徹，但泉脉從淤土惡木根中穿過來，味不純甘，以之煮白米則成赤飯，煎白水則成赤湯，煎茶則酸澁，是有惡味夾雜了。又有一般人，生下來於世味一切簡淡，所爲甚純正，但與説到道理處全發不來，是又賦質純粹而稟氣不清。此如井泉脉味純甘絶佳，❶而有泥土渾濁了，終不透瑩。如温公恭儉力行，篤信好古，

❶「如」，原作「好」，今據重修本改。

是甚次第正大資質，只緣少那至清之氣，識見不高明。二程屢將理義發他，一向偏執固滯，更發不上，甚爲二程所不滿。又有一般人，甚好説道理，只是執拗，自立一家意見，是稟氣清中被一條戾氣來衝拗了。如泉出來甚清，却被一條別水横衝破了，及或遭巉巖石頭横截衝激，不帖順去，反成險惡之流。看來人生氣稟是有多少般様，或相倍蓰，或相什百，或相千萬，不可以一律齊。畢竟清明純粹恰好底極爲難得，所以聖賢少而愚不肖者多。

潛室陳氏曰：性者，人心所具之天理。以其稟賦之不齊，故先儒分別出來，謂有義理之性，有氣質之性。仁義禮智者，義理之性也。知覺運動者，氣質之性也。有義理之性而無氣質之性，則義理必無附著。有氣質之性而無義理之性，則無異於枯死之物。故有義理以行乎血氣之中，有血氣以受義理之體，合虛與氣而性全。孟子之時，諸子之言性往往皆於氣質上有見，而遂指氣質作性，但能知其形而下者耳。故孟子答之，只就義理上説，以攻他未曉處。氣質之性，諸子方得於此，孟子所以不復言之。義理之性，諸子未通於此，孟子所以反覆詳説之。程子之説正恐後學死執孟子義理之説，而遺失氣質之性，故并二者而言之，曰：「論性不論氣不備，論氣不論性不明。」程子之論舉其全，孟子之論所以矯諸子之偏。人能即程子之言而達孟子之意，則其不同之意，不辯而自明矣。○識氣質之性，善惡方各有著落，不然則惡從何處生？孟子專説義理之性，專説義理，則惡無所歸，是論性不論氣，孟子之説爲未備。專説氣稟，則善爲無别，是論氣不論性，諸子之論所以不明夫本也。程子兼氣質論性。○問：目視耳聽，此氣質之性也。然視之所以明，聽之所以聰，抑氣質之性邪？抑義理之性邪？曰：目視耳聽，物也。視明聽聰，物之則也。來問可施於物則，不可施於言性。若言性當云：「好聲好色，氣質之性。正聲正色，義理之性。」義理只在氣質中，但外義理而獨徇氣質，則非也。

西山真氏曰：人之氣質有至善而不可移奪者，有善少惡多而易於移奪者，有善多惡少而難於移奪者。又曰：性之不能離乎氣，猶水之不能離乎土也。性雖不雜乎氣而氣汩之，則不能不惡矣。水雖不雜乎土而土汩之，則不能不濁矣。然清者其先，而濁者其後也。善者其先，而惡者其後也。先善者，本然之性也。後惡者，形而後有也。故所謂善者，超然於降衷之初；而所謂惡者，雜出於有形之後。其非相對而並出也，昭昭矣。

平岩葉氏曰：論性之善而不推其氣稟之不同，則何以有上智下愚之不移，故曰不備。論氣質之異而不原其性之皆善，則是不達其本也，故曰不明。然性氣二者，元不相離，判而二之，則亦非矣。

臨川吴氏曰：人得天地之氣而成形，有此氣，即有此理，所有之理謂之性。此理在天地，則元亨利貞是也；其在人而爲性，則仁義禮智是也。性即天理，豈有不善？但人之生也受氣於父之時，既有或清或濁之不同；成質於母之時，又有或美或惡之不同。氣之極清、質之極美者爲上聖，蓋此理在清氣美質之中，本然之真無所污壞。此堯舜之性所以爲至善，而孟子之道性善，所以必稱堯舜以實之也。其氣之至濁、質之至惡者爲下愚，上聖以下，下愚以上，或清或濁，或美或惡，分數多寡，有萬不同。惟其氣濁而質惡，則理在其中者被其拘礙淪染，而非復其本然矣。此性之所以不能皆善，而有萬不同也。孟子道性善，是就氣質中挑出其本然之理而言，然不曾分别性之所以有不善者，因氣質之有濁惡而污壞其性也。故雖與告子言，而終不足以解告子之惑。至今人讀《孟子》，亦見其未有以折倒告子，而使之心服也。蓋孟子但論得理之無不同，不曾論到氣之有不同處，是其言之不備也。不備者謂但説得一邊，不曾説得一邊，不完備也。故曰「論性不論氣不備」，此指孟子之言性而言也。至若荀、揚以性爲惡，以性爲善惡混，與夫世俗言人性寬、性褊、性緩、性急，皆是指氣質之不同者爲性，而不知氣質中之理謂之性，此其見之不明也。不明者謂其不曉得性字，故曰「論氣不論性不明」，此指荀、揚世俗之説性者言也。程子「性即理也」一語，正是鍼砭世俗錯認性字之非，所以爲大有功。張子言：「形而後有氣質之性，善反之，則天地之性存焉。故氣質之性，君子有弗性者焉。」此言最分曉，而觀者不能解其言，反爲所惑，將謂性有兩種。蓋天地之性、氣質之性，兩性字只是一般，非有兩等性也，故曰「二之則不是」。

言人之性本是得天地之理，因有人之形，則所得天地之性局在本人氣質中，所謂形而後有氣質之性也。氣質雖有不同，而本性之善則一。但氣質不清不美者，其本性不免有所污壞，故學者當用反之之功。反之，如「湯武反之也」之「反」，謂反之於身而學焉，以至變化其不清不美之氣質，則天地之性渾然全備，具存於氣質之中，故曰「善反之，則天地之性存焉」。氣質之用小，學問之功大，能學者氣質可變，而不能污壞吾天地本然之性，而吾性非復如前污壞於氣質者矣，故曰：「氣質之性，君子有弗性者焉。」○或問：今世言人性善性惡、性緩性急、性昏性明、性剛性柔者，何也？曰：此氣質之性也。蓋人之生也，天雖賦以是理，而人得之以爲仁義禮智之性。然是性也，實具於五藏内之所謂心者焉，故必賦以是氣，而人得之以爲五藏百骸之身，然後所謂性者有所寓也。是以人之生也，稟氣有厚薄，而形體運動有肥瘠强弱之殊。稟氣有清濁，而材質知覺有愚智昏明之異。是則告子所謂生之謂性，而朱子謂其指人之知覺運動爲性者是也。是性也，實氣也，故張子謂「氣質之性，君子有弗性者焉」。程子亦謂「有自幼而善，有自幼而惡，是氣稟有然也」。斯豈天地本然之性云乎哉？若論天地本然之性，則程子曰「性即理也」，斯言盡之。○天下之清莫如水，先儒以水之清喻性之善。人無有不善之性，則世無有不清之水也。然黄河之水渾渾而流以至于海，竟莫能清者，何也？請循其初，原者水之初也。水原於天而附於地，原之初出，曷嘗不清也哉？出於岩石之地者，瑩然湛然，得以全其本然之清。出於泥塵之地者，自其初出而混於其滓，則原雖清而流不能不濁矣。非水之濁也，地則然也。人之性亦猶是，性原於天而附於人，局於氣質之中。人之氣質不同，猶地之岩石泥塵有不同也。氣質之明粹者，其性自如，岩石之水也；氣質之昏駁者，性從而變，泥塵之水也。水之濁於泥塵者由其地，而原之所自則清也，故流雖濁而有清之之道。河之水甚濁，貯之以器，投之以膠，則泥沉於底而其水可食。甚濁固可使之清也，況其濁不如河之甚者乎？世之學者非惟無以清之，而又有以濁之，性之污壞，豈專係乎有生之初哉？有生之後，日隨所接而增其滋穢，外物之淈多於氣質之滓者，奚翅千萬？不復其原之清，而反益其流之濁，非其性之罪也。雖然，原之清，天也；流之濁，人也。人者克，則天者復，亦在乎用力以清之者何如爾。

程子曰：在天曰命，在人曰性。貴賤壽夭，命也；仁義禮智，亦命也。以下兼論命。○夫動静者，陰陽之本，況五氣交運，則益參差不齊矣。賦生之類，宜其雜糅者衆，而精一者間或值焉。以其間值之難，則其數不能長，亦宜矣。○世之服食欲壽者，其亦大愚矣。夫命者，受之於天，不可增損加益，而欲服食而壽，悲哉！○問：富貴、貧賤、壽夭固有分定，君子先盡其在我者，則富貴、貧賤、壽夭可以命言。若在我者未盡，則貧賤而夭理所當然，富貴而壽是爲徼倖，不可謂之命。曰：雖不可謂之命，然富貴、貧賤、壽夭是亦前定。孟子曰：「求則得之，舍則失之，是求有益於得也，求在我者也。求之有道，得之有命，是求無益於得也，求在外者也。」故君子以義安命，小人以命安義。○或問：命與遇異乎？曰：遇不遇，即命也。曰：長平死者四十萬，其命齊乎？曰：遇白起則命也。有如四海九州之人同日而死也，則亦常事爾。世之人以爲是駭然耳，所見少也。

張子曰：富貴貧賤者，皆命也。今有人均爲勤苦，有富貴者，有終身窮餓者，其富貴者即是幸會也。求而有不得，則是求無益於得也。道義則不可言命，是求在我者也。人一己百，人十己千，如此不至者，猶難罪性，語氣可也。同行報異，猶難語命，語遇可也。氣與遇，性與命，切近矣，猶未易言也。○問：智愚之識殊，疑於有性；善惡之報差，疑於有命。曰：性通極於無，氣其一物爾。命稟同於性，遇乃適然爾。

五峰胡氏曰：貴賤，命也。仁義，性也。人固有遠跡江湖、念絶於名利者矣，然世或求之而不得免。人固有置身市朝、心屬於富貴者矣，然世或舍之而不得進。命之在人，分定于天，不可變也，是以君子貴知命。

朱子曰：性者萬物之原，而氣稟則有清濁，是以有聖愚之異。命者萬物之所同受，而陰陽交運參差不齊，是以五福六極值遇不一。○問：命字有專以理言者，有專以氣言者。曰：也都相離不得。蓋天非氣，無以命於人；人非氣，無以受天所命。○問：先生説命有兩種，一種是貧富貴賤，死生壽夭；一種是清濁偏正，智愚賢不肖。一種屬氣，一種屬理。以某觀之，兩種皆似屬氣。蓋智愚賢不肖，清濁偏正，亦氣之爲也。曰：固然。性則是命之理而已。○問：性分、命分何以別？曰：性分是以理言之，命分是兼氣言之。命分有多寡厚薄之不同，若性分則又都一般，此理聖愚賢否皆同。○問：天命謂性之命，與死生有命之命不同，何也？曰：死生有命之命，是帶氣言之，氣便有稟得多少厚薄之不同。天命謂性之命，是純乎理言之。然天之所命畢竟皆不離乎氣，但《中庸》此句乃是以理言之。孟子謂「性也有命焉」，此性是兼氣稟食色言之；「命也有性焉」，此命是帶氣言之。性善又是超出氣說。○問：顔淵不幸短命，伯牛死曰命矣夫，孔子得之不得曰有命，如此之命與天命謂性之命無分別否？曰：命之正者出於理，命之變者出於氣質，要之皆天所付予。孟子曰：「莫之致而至者，命也。」但當自盡其道，則所值之命皆正命也。因問：如今數家之學，如康節之説謂「皆一定而不可易」，如何？曰：也只是陰陽盛衰消長之理，大數可見，然聖賢不曾主此説。如今人説康節之數，謂他説一事一物皆有成敗之時，都説得膚淺了。○問：「亡之命矣夫」，此命字是就氣稟上説。曰：死生壽夭，固是氣之所稟，只看孟子說「性也有命焉」處便分曉。又問：不知命與知天命之命如何？曰：不同。知天命謂知其理之所自來，譬之於水，人皆知其爲水，聖人則知其發源處。如不知命處，却是説死生壽夭、貧富貴賤之命也。○問：子罕言命，若仁義禮智五常皆是天所命，如貴賤、死生、壽夭之命有不同，如何？曰：都是天所命，稟得精英之氣便爲聖爲賢，便是得理之全，得理之正。稟得清明者便英爽，稟得敦厚者便温和，稟得清高者便貴，稟得豐厚者便富，稟得久長者便壽。稟得衰頽薄濁者便爲愚不肖，爲貧，爲賤，爲夭。天有那氣生一箇人出來，便有許多物隨他來。天之所命固是均一，到氣稟處便有不齊，只看其稟得來如何耳。又問：得清明之氣爲聖賢，昏濁之氣爲愚不肖，氣之厚者爲富貴，薄者爲貧賤，此固然也。然聖人得天地清明中和之氣，宜無所虧欠，而夫子反貧賤，何也？豈時運使然也？抑其所稟亦有不足邪？曰：便是稟得來有不足，他那清明也只管得做聖賢，却管不得那富貴。稟得那高底則貴，稟得厚底則富，稟得長底則壽，貧賤夭者反是。夫子雖得清明者以爲聖人，然稟得那低底薄底，所以貧賤。顔子又不如孔子，又稟得那短底，所以又夭。又問：一陰一陽宜若停匀，則賢不肖宜均，何故君子常少，而小人常多？曰：自是他那物事駁雜，如何得齊？且以撲錢譬之，純者常少，不純者常多，自是他那氣駁雜，或前或後，所以拗不能得他恰好，如何得均平？且以一日言之，或陰或晴，或風或雨，或寒或熱，或清爽或鶻突，一日之間自有許多變，便可見矣。又問：雖是駁雜，然畢竟不過只是一陰一陽二氣而已，如何會恁地不齊？曰：便是不如此。若只是兩箇單底陽陰，則無不齊。緣是他那物事錯糅萬變，所以不能得他恰好。又問：如此，則天地生聖賢又只是偶然，不是有意矣。曰：天地那裏説我特地要生箇聖賢出來？也只是氣數到那裏恰相湊著，所以生出聖賢。及至生出，則若天之有意焉耳。又問：康節云：「陽一而陰二，所以君子少而小人多。」此語是否？曰：也説得來。自是那物事好底少而惡底多。且如面前事，也自是好底事少，惡底事多，其理只一般。○問：人生有壽夭氣也，賢愚亦氣也。今觀盜跖極愚而壽，顔子極賢而夭，如是則壽夭之氣與賢愚之氣容或有異矣。明道誌程邵公墓云：「以其間遇之難，則其數或不能長，亦宜矣。吾兒其得氣之精一，而數之局者歟？」詳味此説，氣有清濁，有短長。其清者固所以爲賢，然雖清而短，故於數亦短。其濁者固所以爲愚，然雖濁而長，故其數亦長。不知果然否？曰：此説得之，貴賤貧富亦是如此。但三代以上，氣數醇濃，故氣之清者必厚必長，而聖賢皆貴，且壽且富，以下反是。○問：富貴有命，如後世鄙夫小人當堯舜三代之世，如何得富貴？曰：當堯舜三代之世不得富貴，在後世則得富貴，便是命。曰：如此，則氣稟不一定。曰：以此氣遇此時，是他命好；不遇此時，便是背。所謂資適逢世是也。如長平死者四十萬，但遇白起便如此，只他相撞著，便是命。○人之稟氣，富貴貧賤長短，皆有定數寓其中。稟得盛者，其中有許多物事，其來無窮。亦無盛而短者，若木生於山，取之或貴而爲棟梁，或賤而爲廁料，皆其生時所稟氣數如此定了。○或指屋柱問云：此理也，曲直性也，所以爲曲直命也。曲直是説氣稟。曰：然。○問：《遺書》論命處注云：「聖人非不知命，然於人事不得不盡。」如何？曰：人固有命，只是不可不順受其正。如知命者不立乎巖牆之下是也。若謂其有命，却去巖牆之下立，萬一到覆壓處，却是專言命不得。人事盡處便是命。○問：伊川、横渠命遇之説。曰：所謂命者，如天子命我作甚官，其官之閑易繁難，甚處做得，甚處做不得，便都是一時命了，自家只得去做。故孟子只説莫非命也，却有箇正與不正。所謂正命者，蓋天之始初命我，如事君忠，事父孝，便有許多條貫在裏。至於有厚薄淺深，這却是氣稟了，然不謂之命不得，只不是正命。如桎梏而死，唤做非命不得，蓋緣他當時稟得箇乖戾之氣，便有此，然謂之正命不得。故君子戰兢如臨深履薄，蓋欲順受其正者，而不受其不正者。且如説當死於水火，不成便自赴水火而死。而今只恁地看，不必去生枝節説命、説遇、説同、説異也。

潛室陳氏曰：有氣質之性命，有義理之性命。由德上發者爲義理，由氣上發者爲氣質。雖其稟賦不同，苟能學問以充之，謂窮理盡性。則向之得於氣質者，今也性皆天德，命皆天理，所謂善反之，則天地之性存焉。

魯齋許氏曰：貧賤、富貴、死生、脩短、禍福稟於氣，皆本乎天也，是一定之分，不可求也。其中有正命，有非正命者。盡其道而不立乎巖牆之下，脩身以待之。然此亦有禍福吉凶、死生脩短來，當以順受。所謂「莫之致而至者皆正命也」，乃係乎天之所爲也。非正命者行險徼幸，行非禮義之事，致於禍害桎梏死者，命亦隨焉，人之自召也。

程子曰：性無不善，其所以不善者，才也。受於天之謂性，稟於氣之謂才。才之善不善，由氣之有偏正也。乃若其性，則無不善矣。今夫木之曲直，其性也；或可以爲車，或可以爲輪，其才也。然而才之不善，亦可以變之，在養其氣以復其善爾。故能持其志，養其氣，亦可以爲善。故孟子曰：「人皆可以爲堯舜。」以下兼論才。○性出於天，才出於氣，氣清則才清，氣濁則才濁。譬猶木焉，曲直者，性也；可以爲棟梁，可以爲榱桷者，才也。才則有善與不善，性則無不善。惟上智與下愚不移，非謂不可移也，而有不移之理。所以不移者只有兩般，爲自暴自棄不肯學也。使其肯學不自暴自棄，安不可移哉？○氣清則才善，氣濁則才惡。稟得至清之氣生者爲聖人，稟得至濁之氣生者爲愚人。如韓愈所言，公都子所問之人是也，然此論生知之聖人。若夫學而知之，氣無清濁，皆可至於善而復性之本，所謂「堯舜性之」，是生知也；「湯武反之」，是學而知也。○今人說有才，乃是言才之美者也。才乃人資質，循性脩之，雖至惡可勝而爲善。○德性謂天賦天資，才之美者也。○「少成若天性，習慣成自然。」雖聖人復出，不易此言。孔子曰「性相近也，習相遠也」，「唯上智與下愚不移」。愚非性也，不能盡其才也。○問：「上智下愚不移」是性否？曰：此是才，須理會得性與才所以分處。又問：「中人以上可以語上，中人以下不可以語上。」是才否？曰：固是。然此只是大綱説，言中人以上可以與之説近上話，中人以下不可與之説近上話也。生之謂性，凡言性處，須看立意如何。且如言人性善，性之本也；生之謂性，論其所稟也。孔子言性相近，若論其本，豈可言相近？只論其所稟也。告子所云固是，爲孟子問他，他説便不是也。「乃若其情，則可以爲善。若夫爲不善，非才之罪。」此言人陷溺其心者，非關才事。才猶言材料，曲可以爲輪，直可以爲梁棟。若是毀鑿壞了，豈關才事？或曰：人才有美惡，豈可言非才之罪？曰：才有美惡者，是舉天下之言也。若説一人之才，如因富歲而賴，因凶歲而暴，豈才質之本然耶？○問：人性本明，因何有蔽？曰：此須索理會也，孟子言人性善是也。雖荀、揚亦不知性，孟子所以獨出諸儒者，以能明性也。性無不善，而有不善者，才也。性即理，理則自堯舜至于塗人，一也。才稟於氣，氣有清濁，稟其清者爲賢，稟其濁者爲愚。又問：愚可變否？曰：可。孔子謂「上智與下愚不移」，然亦有可移之理。惟自暴自棄者，則不移也。曰：下愚所以自暴自棄者，才乎？曰：固是也，然却道他不可移不得。性只一般，豈有不可移？却被他自暴棄，不肯去學，故移不得。使肯學者，亦有可移之理。○問：韓文公、揚雄言性如何？曰：其所言者，才耳。

朱子曰：性者，心之理；情者，心之動。才便是那情之會恁地者。情與才絶相近，但情是遇物而發，路陌曲折恁地去底，才是那會如此底。要之，千頭萬緒皆是從心上來。問：如此，則才與心之用相類。曰：才是心之力，是有氣力去做底。心是管攝主宰者，此心之所以爲大也。心，譬水也；性，水之理也。性所以立乎水之静，情所以行乎水之動，欲則水之流而至於濫也。才者，水之氣力所以能流者，然其流有急有緩，則是才之不同。伊川謂「性稟於天，才稟於氣」是也。○問：性之所以無不善者，以其出於天也。才之所以有善不善，以其出於氣也。要之，性出於天，氣亦出於天，何故便至於此？曰：性是形而上者，氣是形而下者。形而上者全是天理，形而下者只是那查滓。至於形又是查滓至濁者也。❶○問：才出於氣，德出於性。曰：不可。才也是性中出，德也是有是氣而後有是德。人之有才者出來做得事業，也是他性中有了，便出來做得。但温厚篤實便是德，剛明果敢便是才。只爲他氣之所稟者生到那裏多，故爲才。○問：能爲善便是才。曰：能爲善而本善者是才。若云能爲善便是才，則能爲惡亦是才也。○問：人有强弱，由氣有剛柔。若人有技藝之類如何？曰：亦是氣。如今人看五行，亦推測得些小。又問：如才不足，人明得理可爲否？曰：若明得盡，豈不可爲？所謂克念作聖是也，然極難。若只明得一二，如何做得？○孟

❶「又」，原作「文」，今據重修本改。

子説才，皆是指其資質可以爲善處。伊川所謂「才稟於氣，氣清則才清，氣濁則才濁」，此與孟子説才小異，而語意尤密，不可不考。「乃若其情，非才之罪。」以「若」訓「順」者未是，猶言如論其情，非才之罪也。蓋謂情之發有不中節處，不必以爲才之罪爾。退之論才之品有三，性之品有五，其説勝荀、揚諸公多矣。説性之品便以仁義禮智言之，此尤當理。説才之品若如此推究，則有千百種之多，姑言其大概如此。此正是氣質之説，但少一箇氣字耳。

○問：伊川論才與孟子言才，有曰非才之罪也，又曰不能盡其才者也，又曰非天之降才爾殊也，又曰以爲未嘗有才焉。如孟子之意，未嘗以才爲不善，而伊川却説才有善不善。其言曰：「氣清則才善，氣濁則才惡。」又曰：「氣清則才清，氣濁則才濁。」意者以氣質爲才也，以氣質爲才，則才固有善不善之分矣。而孟子却止以才爲善者，何也？曰：孟子與伊川論才則皆是。孟子所謂才，止是指本性而言。性之發用無有不善處，如人之有才事事做得出來。一性之中，萬善完具，發將出來便是才也。便如惻隱羞惡是心也，能惻隱羞惡者才也。如伊川論才，却是指氣質而言也。氣質之性，古人雖不曾與人説著，考之經典却有此意。如《書》云：「人惟萬物之靈，亶聰明，作元后。」與夫「天乃錫王勇智」之説，皆此意也。孔子謂「性相近也，習相遠也」，孟子辯告子生之謂性，亦是説氣質之性。近世被濂溪拈掇出來，而横渠、二程始有氣質之性之説。此伊川論才，所以云有善不善者，蓋主此而言也。

或問曰：韓愈所謂上中下三品者，乃孟子所謂才也。才雖不同，而所以性則一。孟子論性善，固極本窮源之論，至謂非天之降才爾殊，豈才果不殊邪？抑所謂才者乃所謂性也？才是資稟，性是所以然。性固行乎才之中，要不可指才便謂之性。然孟子所以謂之不殊者，何也？南軒張氏曰：孟子之論才，與退之上中下三品之説不同。退之所分三品，只是據氣稟而言耳。孟子論才曰：「非天之降才爾殊也。」又曰：「若夫爲不善，非才之罪也。」蓋善者性也，人之可以爲善者才也，此自不殊。

北溪陳氏曰：才是才質、才能。才質猶言才料質幹，是以體言；才能是會做事底，同這件事，有人會發揮得，有人全發揮不去，便是才不同，是以用言。孟子所謂非才之罪，及天之降才非爾殊等語，皆把才做善底物，他只是以其從性善大本上發來，便見都一般。要説得全備，須如伊川「氣清則才清，氣濁則才惡」之論，方盡。

平岩葉氏曰：性本乎理，理無不善。才本乎氣，氣則不齊，故或以之爲善，或以之爲惡。

性理大全書卷之三十二

性理四

心

程子曰：心，一也。有指體而言者，寂然不動是也；有指用而言者，感而遂通天下之故是也。惟觀其所見如何耳。❶ ○一人之心，即天地之心。○問：仁與心何異？曰：於所主曰心，名其德曰仁。曰：謂仁者心之用乎？曰：不可。曰：然則猶五穀之種待陽氣而生乎？曰：陽氣所發，猶之情也。心猶種焉，其生之德是謂仁也。○心，生道也。有是心，斯具是形以生。惻隱之心，人之生道也，雖桀、跖不得無是以生，但戕賊之以滅天耳。始則不知愛物，俄而至於忍，安之以至於殺，充之以至於好殺，豈人理也哉？○理與心一，而人不

❶「如何」，重修本作「何如」。

能會之爲一。○問：心有限量乎？曰：天下無性外之物，以有限量之形氣，用之不以其道，安能廣大其心也？心則性也，在天爲命，在人爲性，所主爲心，實一道也。通乎道，則何限量之有？必曰有限量，是性外有物乎。○耳目能視聽而不能遠者，氣有限也。心無遠近。○問：心有善惡否？曰：在天爲命，在義爲理，在人爲性，主於身爲心，其實一也。心本善，發於思慮則有善有不善。若既發，則可謂之情，不可謂之心。譬如水至於流而爲派，或行於東，或行於西，却謂之流也。○問：捨則亡，心有亡，何也？曰：否。此只是説心無形體，纔主著事時，便在這裏；纔過了，便不見。如「出入無時，莫知其鄉」，此句亦須要人理會。心豈有出入？亦以操捨而言也。放心謂心本善而流於不善，是放也。○問：《雜説》中以赤子之心爲已發，是否？曰：已發而去道未遠也。曰：大人不失赤子之心，若何？曰：取其純一近道也。曰：赤子之心與聖人之心，若何？曰：聖人之心，明鏡止水。○聖人之心未嘗有在，亦無不在。蓋其道合内外，體萬物。○體會必以心，謂體會非心，於是有心小性大之説。聖人之心與天爲一，或者滯心於智識之間，故自見其小耳。○有主則虚，無主則實，必有所事。○人之身有形體，未必能爲主。若有人爲係虜將去，隨其所處，已有不得與也。唯心，則三軍之衆不可奪也。若并心做主不得，則更有甚。○或問：多怒多驚，何也？曰：主心不定也。○人心作主不定，正如一箇翻車，流轉動摇，無須臾停。所感萬端，又如懸鏡空中，無物不入其中，有甚定形？不學，則却都不察，及有所學，便覺察得是爲害。著一箇意思，則與人成就得箇甚好見識。心若不做一箇主，怎生奈何？張天祺昔常言自約數年，自上著牀，便不得思量事。不思量事後，須强把他這心來制縛，亦須寄寓在一箇形象，皆非自然。司馬君實自謂「吾得術矣，只管念箇中字」，此則又爲中繫縛。且中字亦何形象？若愚夫不思慮，冥然無知，此又過與不及之分也。有人胸中常若有兩人焉，欲爲善，如有惡以爲之間。欲爲不善，又若有羞惡之心者。本無二人，此正交戰之驗也。持其志，使氣不能亂，此大可驗。○心定者，其言重以舒；不定者，其言輕以疾。○人心必有所止，無止則聽於物。惟物之聽，何所往而不妄也？或曰：心在我，既已入於妄矣，將誰使之？曰：心實使之。○人心不得有所繫。○人心常要活，則周流無窮而不滯於一隅。○人必有仁義之心，然後仁與義之氣睟然達於外。故不得於心，勿求於氣可也。○嘗喻以心知天，猶居京師往長安，但知出西門便可到長安，此猶是言作兩處。若要誠實，只在京師便是到長安，更不可別求長安。只心便是天，盡之便知性，知性便知天。一作性便是天。當處便認取，更不可外求。○心具天德，心有不盡處，便是天德處未能盡。何緣知性知天，盡己心，則能盡人盡物，與天地參贊化育，贊則直養之而已。○有人説無心。曰：無心便不是，只當云無私心。○心要在腔子裏。

張子曰：虛心然後能盡心。又曰：虛心則無外以爲累。○心既虛，則公平。公平則是非較然易見，當爲不當爲之事自知。○心大則百物皆通，心小則百物皆病。○心清時常少，亂時常多。其清時，即視明聽聰四體不待羈束而自然恭謹；其亂時反是。如此者何也？蓋用心未熟，客慮多而常心少也，習俗之心未去而實心未全也。有時如失者，只爲心生，若熟後自不然。心不可勞，當存其大者，存之熟後，小者可略。

上蔡謝氏曰：心本一，支離而去者乃意爾。

和靖尹氏曰：横渠云由知覺有心之名，蓋由其知覺强名曰心。又曰：寂然不動，感而遂通天下之故。若只寂然不動，與木石等也。只爲感而遂通，便是知覺，知覺即心也。至於摇扇得凉，是知覺也。譬如睡中人唤己名，則矍然而起，呼他人名則不應，是知覺也。

藍田吕氏曰：赤子之心，良心也，天之所以降衷，民之所以受天地之中也。寂然不動，虛明純一，與天地相似，與神明爲一。《傳》曰「喜怒哀樂之未發謂之中」，其謂此歟？此心自正，不待人而後正，而賢者能勿喪，不爲物欲之所遷動。如衡之平不加以物，如鑑之明不蔽以垢，乃所謂正也。惟先立乎大者，則小者不能奪。如使忿懥恐懼，好惡憂患，一奪其良心，則視聽食息從而失守，欲區區修身以正其外，難矣！○我心所同然，即天理天德。孟子言同然者，恐人有私意蔽之。苟無私意，我心即天心。

延平李氏曰：虛一而静。心方實，則物乘之，物乘之則動；心方動，則氣乘之，氣乘之則惑；惑斯不一矣，則喜怒哀樂皆不中節矣。

朱子曰：惟心無對。○心者，氣之精爽。○心之理是太極，心之動静是陰陽。○趙致道謂心爲太極，林正卿謂心具太極，致道舉以爲問。曰：這般處極細難説。看來心有動静，其體則謂之易，其理則謂之道，其用則謂之神。葉賀孫問：「其體則謂之易」，體是如何？曰：體不是體用之體，恰似説體質之體，猶云其質則謂之易。理即是性，這般所在當活看。如心字，各有地頭説。如孟子云：「仁，人心也。」仁便是人心，這説心是合理説。如説顔子其心三月不違仁，是心爲主而不違乎理，就地頭看始得。○問：五行在人爲五臟，然心却具得五行之理，以心虛靈之故否？曰：心屬火，緣是箇光明發動底物，所以具得許多道理。○問：人心形而上下如何？曰：如肺肝五臟之心，却是實有一物。若今學者所論操舍存亡之心，則自是神明不測。故五臟之心受病，則可用藥補之，這箇心則非菖蒲茯苓所可補也。問：如此，則心之理乃是形而上否？曰：心比性則微有迹，比氣則自然又靈。○問：先生嘗言心不是這一塊，某竊謂滿體皆心也，此特其樞紐耳。曰：不然。此非心也，乃心之神明升降之舍。人有病心者，乃其舍不寧也。凡五臟皆然，心豈無運用？須常在軀殼之内。○問：靈處是心，抑是性？曰：靈處只是心，不是性。性只是理。○虛靈自是心之本體，非我所能虛也。耳目之視聽，所以視聽者，即其心也，豈有形象？然有耳目以視聽之，則猶有形象也。若心之虛靈，何嘗有物？○心官至靈，藏往知來。問：先生前日以揮扇是氣。某後思之，心之所思，耳之所聽，目之所視，手之持，足之履，似非氣之所能到，氣之所運必有以主之者。曰：氣中自有箇靈底物事。○問：知覺是心之靈固如此，抑氣之爲邪？曰：不專是氣，是先有知覺之理，理未知覺。氣聚成形，理與氣合，便能知覺。譬如這燭火是因得這脂膏，便有許多光燄。問：心之發處是氣否？曰：也只是知覺。又曰：所知覺者是理，理不離知覺，知覺不離理。○問：心是知覺，性是理，心與理如何得貫通爲一？曰：不須去貫通，本來貫通。問：如何本來貫通？曰：理無心則無著處。○所覺者，心之理也。能覺者，氣之靈也。○人心但以形氣所感者而言爾，具形氣謂之人，合義理謂之道，有知覺謂之心。又曰：知覺便是心之德。○答游誠之曰：心一而已，所謂覺者亦心也。今以覺求心，以覺用心，紛拏迫切，恐其爲病不但揠苗而已。不若日用之間以敬爲主，而勿忘焉，則自然本心不昧，隨物感通，不待致覺而無不覺矣。故孔子只言克己復禮，而不言致覺用敬。孟子只言操存舍亡，而不言覺存昧亡。謝先生雖喜以覺言仁，然亦曰心有知覺，而不言知覺此心也。請推此以驗之，所論得失自可見矣。○問：覺是人之本心，不容泯没，故乘間發見之時，直是昭著，不與物雜。於此而自識，則本心之體即得其真矣。上蔡謂人須是識其真心，竊恐謂此，然此恐亦隨在而有。蓋此心或昭著於燕閒靜一之時，如孟子言平旦之氣。或發見於事物感動之際，如孟子言人乍見孺子將入井，皆有怵惕惻隱之心。或求之文字而怡然有得，如伊川先生所謂有讀《論語》了後，其中得一兩句喜者。或索之講論而恍然有悟，如夷子聞孟子極論一本之説，遂憮然爲間而受命。凡此恐皆是覺處。若素未有覺之前，但以爲已有是心而求以存之，恐昏隔在此，不知實爲何物，必至覺時，方始識其所以爲心者。既嘗識之，則恐不肯甘心以其虚明不昧之體迷溺於卑汙苟賤之中，此所以汲汲求明益不能已，而其心路已開，亦自有可進步處，與夫茫然未識指趣者大不侔矣。故某竊疑覺爲《小學》《大學》相承之機，不知是否？曰：所論甚精，但覺似少渾厚之意。○答王子合曰：心猶鏡也，但無塵垢之蔽，則本體自明，物來能照。今欲自識此心，是猶欲以鏡自照而見夫鏡也。既無此理，則非別以一心又識一心而何。○「心」字一言以蔽之，曰生而已。天地之大德曰生，人受天地之氣而生，故此心必仁，仁則生矣。○心須兼廣大流行底意看，又須兼生意看。且如程先生言「仁者，天地生物之心」，只天地便廣大，生物便流行，生生不窮。○問：生物之心，我與那物同，便會相感。曰：這生物之心，只是我底觸物便自然感，非是因那物有此心，我方有此心。且赤子不入井、牛不觳觫時，此心何之？須常粧箇赤子入井、牛觳觫在面前，方有此惻隱之心。無那物時，便無此心乎？○問：程子云：「心生道也，人有是心，斯具是形以生。惻隱之心，生道也。」如何？曰：天地生物之心是仁，人之稟賦接得此天地之心，方能有生，故惻隱之心在人亦爲生道也。又曰：惻隱之心乃是得天之心以生，生物便是天之心。○問：「心生道也」一段，上面「心生道」莫是指天地生物之心？下面「惻隱之心人之生道」，莫是指人所得天地之心以爲心？蓋在天只有此理，若無那形質，則此理無安頓處，故曰「有是心，斯具是形以生」。上面猶言繼善，下面猶言成性。曰：上面「心生道也」，全然做天底也不得。蓋理只是一箇渾然底，人與天地渾合無間。○「有是心，斯具是形以生。」是心乃屬天地，未屬我底，❶此乃是衆人者。至下面各正性命，則方是我底，故又曰「惻隱之心，人之生道也」。「仁者，天地生物之心，而人物之所得以爲心。」人未得之，此理亦未嘗不在天地之間，只是人有是心，便自具是理以生。又不可道有心了，却討一物來安頓放裏面，似恁地處難看，須自體認得。○問：程子謂有主則虛，又謂有主則實。曰：有主於中，外邪不能入，便是虛有主於中。理義甚實，便是實。○中有主則實，實則外患不能入，此重在「主」字上。有主則虛，虛則外邪不能入，重在「敬」字上。言敬則自虛静，故邪不得而奸之也。○問：有主則實，又曰有主則虛，如何分别？曰：只是有主於中，外邪不能入。自其有主

❶ 「底」，原作「在」，今據重修本改。

於中言之，則謂之實；自其外邪不入言之，則謂之虛。又曰：若無主於中，則目之欲也從這裏入，耳之欲也從這裏入，鼻之欲也從這裏入。大凡有所欲皆入這裏，便滿了，如何得虛？一云：皆入這裏來，這裏面便滿了。以手指心曰：如何得虛？因舉林擇之作《主一銘》云：有主則虛，神守其都。無主則實，鬼闞其室。又曰：有主則實，既言有主，便已是實了，却似多了一實字。看來這箇實字，謂中有主則外物不能入矣。○問：有主則實，謂人具此實然之理，故實。無主則實，謂人心無主，私欲爲主，故實。曰：心虛則理實，心實則理虛。有主則實，此實字是好，蓋指理而言也。無主則實，此實字是不好，蓋指私欲而言也。以理爲主，則此心虛明，一毫私意著不得。譬如一泓清水，有少許砂土便見。○人心活則周流，無偏係即活。憂患樂好，皆偏係也。○心要活，活是生活之活，對著死說。活是天理，死是人欲。一云：天理存則活，人欲用則死。周流無窮，活便能如此。○問：人心要活，則周流無窮，而不滯於一隅。如何是活？曰：心無私，便可推行。活者，不死之謂。○人心之動，變態不一。所謂五分天理、五分人欲者，特以其善惡交戰而言爾。有先發於天理者，有先發於人欲者，蓋不可以一端盡也。○與張敬夫曰：某謂感於物者，心也。其動者，情也。情根乎性而宰乎心，心爲之宰，則其動也無不中節矣，何人欲之有？惟心不宰而情自動，是以流於人欲，而每不得其正也。然則天理人欲之判，中節不中節之分，特在乎心之宰與不宰，而非情能病之，亦已明矣。蓋雖曰中節，然是亦情也。但其所以中節者，乃心爾。今夫乍見孺子入井，此心之感也；必有怵惕惻隱之心，此情之動也。内交要譽、惡其聲者，心不宰而情之失其正也。怵惕惻隱，乃仁之端，又可以其情之動而遽謂之人欲乎？大抵未感物時，心雖爲已發，然苗裔發見，却未嘗不在動處。必舍是而别求，却恐無下功處也。○問：心有善惡否？曰：心是動底物事，自然有善惡。且如惻隱是善也，見孺子入井而無惻隱之心，便是惡矣。離著善，便是惡。然心之本體未嘗不善，又却不可説惡全不是心。若不是心，是甚麽做出來？古人學問便要窮理致知，直是下工夫消磨惡去，善自然漸次可復。操存是後面事，不是善惡時事。○心無間於已發未發，徹頭徹尾都是，那處截做已發未發？如放僻邪侈，此心亦在，不可謂非心。○問：形體之動，與心相關否？曰：豈不相關？自是心使他動。曰：喜怒哀樂未發之前，形體亦有運動，耳目亦有視聽，此是心已發，抑未發？曰：喜怒哀樂未發，又是一般。然視聽行動，亦是心向那裏。若形體之行動，心都不知，便是心不在。行動都没理會了，説甚未發？未發不是漠然全不省，亦常醒在這裏，不恁地困。○問：惻隱、羞惡、喜怒、哀樂固是心之發，曉然易見處。如未惻隱、羞惡、喜怒、哀樂之前，便是寂然静時，然豈得塊然如槁木？其耳目亦必有自然之聞見，其手足亦必有自然之舉動，不審此時唤作如何？曰：喜怒哀樂未發，只是這心未發耳，其手足運動自是形體如此。○問：人心是箇靈底物。如日間未應接之前，固是寂然未發，於未發中固常恁地惺，不恁瞑然不省。若夜間有夢之時，亦是此心之已動，猶晝之有思。如其不夢，未覺正當大寐之時，此時謂之寂然未發，則全沉沉瞑瞑，萬事不知不省，與木石蓋無異，與死相去亦無幾，不可謂寂然未發。不知此時心體何所安存？所謂靈底何所寄寓？聖人與常人於此時所以異者如何？而學者工夫此時又何以爲驗也？曰：寤寐者，心之動静也。有思無思者，又動中之動静也。有夢無夢者，又静中之動静也。但寤陽而寐陰，寤清而寐濁，寤有主而寐無主，故寂然感通之妙，必於寤而言之。又問：竊謂人生具有陰陽之氣，神發於陽，魄根於陰。心也者，則麗陰陽而乘其氣，無間於動静，即神之所會而爲魄之主也。晝則陰伏藏而陽用事，陽主動，故神運魄隨而爲寤。夜則陽伏藏而陰用事，陰主静，故魄定神蟄而爲寐。神之運，故虚靈知覺之體爅然呈露，有苗裔之可尋，如一陽復後，萬物之有春意焉。此心之寂感，所以爲有主。神之蟄，故虚靈知覺之體沉然潛隱，悄無蹤跡。如純坤之月，萬物之生性不可窺其眹焉。此心之寂感所以不若寤之妙，而於寐也爲無主，然其中實未嘗泯而有不可測者存。呼之則應，驚之則覺，則是亦未嘗無主而未嘗不妙也。故自其大分言之，寤陽而寐陰，而心之所以爲動静也。細而言之，寤之有思者，又動中之動，而爲陽之陽也。無思者，又動中之静，而爲陽之陰也。寐之有夢者，又静中之動，而爲陰之陽也。無夢者，又静中之静，而爲陰之陰也。又錯而言之，則思之有善與惡者，又動中之動，陽明陰濁也。無思而善應與妄應者，又動中之靜，陽明陰濁也。夢中有正與邪者，又靜中之動，陽明陰濁也。無夢而易覺與難覺者，又靜中之靜，陽明陰濁也。一動一靜，循環交錯，聖人與衆人則同。而所以爲陽明陰濁則異，聖人於動靜無不一於清明純粹之主，而衆人則雜焉而不齊。然則人之學力所係，於此亦可以驗矣。曰：得之。○問：覺得閒嘗心存時，神氣清爽，是時視必明，聽必聰，言則有倫，動則有序，有思慮則必專一。若身無所事，則一身之内，如鼻息出入之麤細緩急，血脉流行，間或凝滯者，而有纖微疾癢之處，無不分明。覺得當時别是一般精神，如醉醒寐覺，不知可以言心存否？曰：理固如此，然亦不可如此屑屑計功效也。○問：《遺書》云「心本善，發於思慮，則有善不善」，如何？曰：疑此段微有未穩處。蓋凡事莫非心之所爲，雖放僻邪侈，亦是心之爲也。善惡但如反覆手耳，翻一轉便是惡，止安頓不著，也便是不善。如當惻隱而羞惡，當羞惡而惻隱，便不是。又問：心之用雖有不善，亦不可謂之非心否？曰：然。○問：「心本善，發於思慮則有善不善。」程子之意是指心之本體有善而無惡，及其發處，則不能無善惡也。胡五峰云「人有不仁，心無不仁」，先生以爲下句有病。如顔子其心三月不違仁，是心之仁也。至三月之外，未免少有私欲，心便不仁，豈可直以爲心無不仁乎？某近以先生之意推之，莫是五峰不曾分别得體與發處言之否？曰：只爲他説得不備。若云「人有不仁，心無不仁；心有不仁，心之本體無不仁」，則意方足耳。○問：心既發，則可謂之情，不可謂之心，如何？曰：心是貫徹上下，不可只於一處看。既發則可謂之情，不可謂之心。此句亦未穩。○問：程子云：「心一也，有指體而言者，有指用而言者。」曰：此語與橫渠「心統性情」相似。○心主於身，其所以爲體者，性也；所以爲用者，情也。是以貫乎動静而無不在焉。○心體固本静，然亦不能不動。其用固本善，然亦能流而入於不善。夫其動而流於不善者，固不可謂心體之本然，然亦不可不謂之心也，但其誘於物而然耳。故先聖只説「操則存，存則静，而其動也無不善矣。舍則亡，於是乎有動而流於不善者。出入無時，莫知其鄉」。出者亡也，入者存也，本無一定之時，亦無一定之處，特係於人之操舍如何耳。只此四句，説得心之體用、始終、真妄、邪正，無所不備。又見得此心不操即舍，不出即入，別無閑處可安頓之意。○胡文定公所謂「不起不滅心之體，方起方滅心之用，能常操而有，則雖一日之間，百起百滅，而心固自若」者，自是好語。但讀者當知所謂不起不滅者，非是塊然不動無所知覺也。又非百起百滅之中，別有一物不起不滅也。但此心瑩然，全無私意，是則寂然不動之本體。其順理而起，順理而滅，斯乃所以感而遂通天下之故者云耳。○問：心該誠神，備體用，故能寂而感，感而寂。其寂然不動者，誠也，體也；感而遂通者，神也，用也。體用一源，顯微無間，唯心之謂歟？曰：此説甚善。○問：心無私主，有感皆通。曰：無私主也不是悓悻没理會，只是公。善則好之，惡則惡之；善則賞之，惡則刑之。此是聖人至公至神之化。心無私主，如天地一般，寒則偏天下皆寒，熱則偏天下皆熱，便是有感皆通。又問：心無私主最難。曰：亦是克去己私，心便無私主。心有私主，只是相契者便應，不相契者便不應。如好讀書人，見書便愛；不好讀書人，見書便不愛。○問：《大學或問》中論心處，每每言虛言靈，或言虛明，或言神明。《孟子・盡心》注云「心，人之神明」，竊以爲此等專指心之本體而言。又見孟子舉心之存亡出入，《集註》以爲心之神明不測，竊以爲此兼言心之體用，而盡其始終反覆變態之全。夫其本體之通靈如此，而其變態之神妙又如此，則所以爲是物者，必不囿於形體，而非粗淺血氣之爲。竊疑是人之一身神氣所聚，所以謂之神舍。人而無此，則身與偶人相似。必有此，而後有精神知覺做得箇活物，恐心又是身上精靈底物事，不知可以如此看否？又嘗求所以存是心者，竊見伊川言「人心作主不定，如破屋中禦寇」，又云如一箇翻車，每每教學者做箇主，或云立箇心，又云人心須要定，使他思時方思乃是。明道云人有四百四病，皆不由自家，則是心須教由自家。以此似見得心雖是活物，神明不測，然是自家身上物事，所主在我。收住後放去，放去後又復收回，自家可以自作主宰。但患不自做主，若自家主張著便在，不主張著便走去，及纔尋求著又在。故學者須自爲之主，使此心常有管攝方得。又嘗求所以爲主之實，竊見伊川論如何爲主，敬而已矣。又似見得要自做主宰，須是敬。蓋敬便收束得來謹密，正是著力做主處。不敬便掉放踈散，不復做主了。某於存心工夫，又粗見如此，不知是否？曰：理固如此，然須用其力，不可只做好話説過。又當有以培養之，然後積漸純熟，向上有進步處。○問：心具衆理，心雖昏蔽而所具之理未嘗不在。但當其蔽隔之時，心自爲心，理自爲理，不相賚屬。如一物未格，便覺此一物之理與心不相入，似爲心外之理，而吾心邈然無之。及既格之，便覺彼物之理爲吾心素有之物。夫理在吾心，不以未知而無，不以既知而有。然則所以若内若外者，豈其見之異耶？抑亦本無此事，而某所見之謬耶？曰：極是。○心與理一，不是理在面前爲一物，理便在心之中，心包蓄不住，隨事而發，恰似那藏相似。除了經函裹面點燈，四方八面皆如此光明燦爛，但今人亦少能看得如此。○問：心之爲物，衆理具足，所發之善固出於心，至所發不善皆氣稟物欲之私，亦出於心否？曰：固非心之本體，然亦是出於心也。又問：此所謂人心否？曰：是。問：人心亦兼善惡否？曰：亦兼説。○問：程子以心使心之説，竊謂此二心字只以人心道心判之，自明白。蓋上心字即是道心，專以理義言之也；下心字即是人心，而以形氣言之也。以心使心，則是道心爲一身之主，而人心其聽命也。不審是否？曰：亦是如此。然觀程先生之意，只是説自作主宰耳。○自人心而收之，則是道心；自道心而放之，便是人心。人心如卒徒，道心如將。○飢欲食、渴欲飲者，人心也；得飲食之正者，道心也。須是一心只在道上，少間那人心自降伏得不見了。人心與道心爲一，恰似無了那人心相似。只是要得道心純一，道心都發見在那人心上。○問：人心道心，如飲食男女之欲，出於其正，即道心矣。又如何分別？曰：這箇畢竟是生於血氣。○心定者，其言重以舒。言發於心，心定則言必審，故的確而舒遲。不定則内必紛擾，有不待思而發，故淺易而急迫，此亦志動氣之驗也。○心大則百物皆通，通只是透得那道理去，病則是窒礙了。問：如何是心小則百物皆病？曰：此言狹隘則事有窒礙不行，如仁則流於姑息，義則入於殘暴，皆見此不見彼。○問：横渠云「心要洪放」。又曰「心大則百物皆通，心小則百物皆病」。孫思邈云「膽欲大而心欲小」。竊謂横渠之説是言心之體，思邈之説是言心之用，未知是否？曰：心自有合要大處，有合要小處。若只著題目斷了，則便無可思量矣。○問：心如何能通以道，使無限量？曰：心不是横門硬迸教大得，須是去物欲之蔽，則清明而無不知。窮事物之理，則脱然有貫通處。横渠曰「不以聞見梏其心」，「大其心則能體天下之物」，所謂通之以道便是脱然有貫通處。若只守聞見，便自然狹窄了。○横渠所謂立得心，只是作得主底意思。○問：横渠説客慮多而常心少，習俗之心勝而實心未完。所謂客慮與習俗之心有分别否？曰：也有分别。客慮是泛泛底思慮習俗之心，便是從來習染偏勝底心，實心是義理底心。○問：某嘗著心説云，「維天之命，於穆不已」，所以爲生物之主者，天之心也。人受天命而生，因全得夫天之所以生我者，以爲一身之主，渾然在中，虚靈知覺常昭昭而不昧，生生而不可已，是乃所謂人之心。其體則即所謂元亨利貞之道，具而爲仁義禮智之性，其用則即所謂春夏秋冬之氣，發而爲惻隱、羞惡、辭讓、是非之情。故體雖具於方寸之間，而其所以爲體，則實與天地同其大。萬物蓋無所不備，而無一物出乎是理之外。用雖發乎方寸之間，而其所以爲用，則實與天地相流通。萬事蓋無所不貫，而無一理不行乎事之中。此心之所以爲妙，貫動静，一顯微，徹表裏，始終無間者也。人惟拘於陰陽五行所值之不純，而又重以耳目口鼻四肢之欲爲之累，於是此心始梏於形器之小，不能廓然大同無我，而其靈亦無以主於心矣。人之所以欲全體此心，而常爲一身之主者，必致知之力到，而主敬之功專，使胸中光明瑩浄，超然於氣稟物欲之上。而吾本然之體所與天地同大者，皆有以周徧昭晰，而無一理之不明。本然之用與天地流通者，皆無所隔絶間斷，而無一息之不生。是以方其物之未感也，則此心澄然惺惺，如鑑之虚，如衡之平。蓋真對越乎上帝，而萬理皆有定於其中矣。及夫物之既感也，則妍媸高下之應，皆因彼之自爾。而是理固周流該貫，莫不各止其所，如乾道變化，各正性命，自無分數之差，而亦未嘗與之俱往矣。静而天地之體存，一本而萬殊；動而天地之用達，萬殊而一貫。體常涵用，用不離體，體用渾淪，純是天理，日常呈露於動静間。夫然後向之所以全得於天者在我，真有以復其本，而維天於穆之命亦與之爲不已矣。此人之所以存夫心之大略也。所謂體與天地同其大者，以理言之耳。蓋通天地間惟一實然之理而已，爲造化之樞紐，古今人物之所同得。但人爲物之靈，極是體而全得之，總會於吾心，即所謂性。雖會在吾之心，爲我之性，而與天固未嘗間。此心之所謂仁，即天之元；此心之所謂禮，即天之亨；此心之所謂義，即天之利；此心之所謂智，即天之貞。其實一致，非引而譬之也。天道無外，此心之理亦無外。天道無限量，此心之理亦無限量。天道無一物之不體，而萬物無一之非天，此心之理亦無一物之不體，而萬物無一之非吾心。那箇不是心做，那箇道理不具於心。天下豈有性外之物，而不統於吾心是理之中也哉？但以理言，則爲天地公共不見其切於己，謂之吾心之體，則即理之在我有統屬主宰，而其端可尋也。此心所以至靈至妙，凡理之所至，其思隨之，無所不至。大極於無際而無不通，細入於無倫而無不貫。前乎上古，後乎萬世而無不徹；近在跬步，遠在萬里而無不同。雖至於位天地，育萬物，亦不過充吾心體之本然，而非外爲者。此張子所謂有外之心不足以合天心者也。所謂用與天地相流通者，以是理之流行言之耳。蓋是理在天地間流行圓轉，無一息之停，凡萬物萬事，小大精粗，無一非天理流行。吾心全得是理，而天理之在吾心，亦本無一息不生生，而不與天地相流行。人惟欲淨情達，不隔其所流行，然後常與天地流通耳。且如惻隱一端，近而發於親親之間，親之所以當親，是天命流行者然也，吾但與之流行，而不虧其所親者耳。一或少有虧焉，則天理隔絶於親親之間，而不流行矣。次而及於仁民之際，如老者之所以當安，少者之所以當懷，入井者之所以當怵惕，亦皆天命流行者然也，吾但與之流行，而不失其所懷、所安、所怵惕者耳。一或少有失焉，則天理便隔絶於仁民之際，而不流行矣。又遠而及於愛物之際，如方長之所以不折，胎之所以不殺，殀之所以不夭，亦皆天命流行者然也，吾但與之流行，而不害其所長、所胎、所殀者耳。一或少有害焉，則天理便隔絶於愛物之際，而不流行矣。凡日用間四端所應皆然。但一事不到，則天理便隔絶於一事之下；一刻不貫，則天理便隔絶於一刻之中。惟其千條萬緒皆隨彼天則之自爾，而心爲之周流貫匝無人欲之間焉，然後與元亨利貞流行乎天地之間者同一用矣。此程子所以指天地變化草木蕃，以形容恕心充擴得去之氣象也。然亦必有是天地同大之體，然後有是天地流通之用。亦必有是天地流通之用，然後有是天地同大之體。則其實又非兩截事也。或謂天命性心雖不可謂異物，然各有界分，不可誣也。今且當論心體，便一向與性與天袞同説去，何往而不可。若見得脱灑，一言半句亦自可見，更宜涵養體察。某思之，體與天地同大，用與天地流通，自原頭處論，竊恐亦是如此。然一向如此，則又涉於過高，而有不切身之弊。不若且只就此身日用見定言，渾然在中者爲體，感而應者爲用，爲切實也。又覺聖賢説話如平常然。曰：此説甚善。更寬著意思涵泳，則愈見精密矣。然又不可一向如此，向無形影處追尋，更宜於日用事物、經書指意、史傳得失上做工夫，即精粗表裏融會貫通，而無一理之不盡矣。○問：心存時也有邪處，故有人心道心，如佛氏所謂作用是性，也常常心存。曰：人心是箇無揀擇底心，道心是箇有揀擇底心。佛氏也不可謂之邪，只是箇無揀擇底心。到心存時，已無大段不是處了。

南軒張氏曰：人受天地之中以生，有是心也。天命之謂性，精微深奧，非言所可窮極，而妙其藴者心也。

象山陸氏曰：人心至靈，此理至明。人皆有是心，心皆具是理。

勉齋黄氏曰：古人以心配火，此義最精。○説虛靈知覺便是理，固不可。説虛靈知覺與理是兩項，亦不可。須當説虛靈知覺上見得許多道理。且如孩提之童知愛其親，長而知敬其兄，愛敬處便是道理，知愛知敬便是知覺。雖然如此説，若看不分明，又錯看成兩項，不若只將怵惕惻隱一句看爲尤切。蓋怵惕惻隱，因情以見理也；能怵惕惻隱，則知覺也。○心之能爲性情之主宰者，以其虛靈知覺也。此心之理炯然不昧，亦以其虛靈知覺也。自當隨其所指，各自體認，其淺深各自不同。心能主宰，則如謝氏常惺惺之謂，此只是能持敬，則便能如此。若此心之理炯然不昧，如《大學》所謂明德，須是物格知至，方能如此，正不須安排併合也。○人惟有一心，虛靈知覺者是也。心不可無歸藏，故有血肉之心。血肉之心不可無歸藏，故有此身體。身體不可無所蔽，故須裘葛。不可無所寄，故須棟宇。其主只在心而已。今人於屋宇、身體、衣服反切切求過人，而心上却全不理會。

北溪陳氏曰：心者，一身之主宰也。人之四肢運動，手持足履，與夫飢思食，渴思飲，夏思葛，冬思裘，皆是此心爲之主宰。如今心恙底人，只是此心爲邪氣所乘，内無主宰，所以日用飲食動作失其常度，與平人異。理義都喪了，只空有箇氣，往來於脈息之間未絕耳。大抵人得天地之理爲性，得天地之氣爲體。理與氣合，方成箇心。有箇虛靈知覺，便是身之所以爲主宰處。然這虛靈知覺有從理而發者，有從氣而發者，又各不同也。○心只似箇器一般，裏面貯底物便是性。康節謂心者性之郛郭，説雖粗而意極切。蓋郛郭者心也，郛郭中許多人煙便是心中所具之理相似。所具之理便是性，即這所具底便是心之本體。理具於心，便有許多妙用。知覺從理上發來，便是仁義禮智之心，便是道心。若知覺從形氣上發來，便是人心，便易與理相違。人只有一箇心，非有兩箇知覺，只是所以爲知覺者不同。且如飢而思食，渴而思飲，此是人心。至於食所當食，飲所當飲，便是道心。如有飢餓濱死而蹴爾嗟來等食皆不肯受，這心從何處發來？便是就裏面道理上發來。然其嗟也可去，其謝也可食，此等處禮義又隱微難曉，須是識見十分明徹，方辨別得。○心有體有用，具衆理者其體，應萬事者其用；寂然不動者其體，感而遂通者其用。體即所謂性，以其静者言也；用即所謂情，以其動者言也。聖賢存養工夫至到，方其静而未發也，全體卓然，如鑑之空，如衡之平，常定在這裏。及其動而應物也，大用流行，妍媸高下，各因物之自爾，而未嘗有絲毫銖兩之差。而所謂鑑空衡平之體亦常自若，而未嘗與之俱往也。○性只是理，全是善而無惡。心含理與氣，理固全是善，氣尚含兩頭在，未便全是善底物，纔動便易從不善上去。心是箇活物，不是帖静死定在這裏，常愛動。心之動是乘氣動，故文公《感興詩》曰「人心妙不測，出入乘氣機」，正謂此也。心之活處是因氣成便會活，其靈處是因理與氣合便會靈。所謂妙者，非是言至好，是言其不可測。忽然出，忽然入，無有定時；忽在此，忽在彼，亦無定處。操之便存在此，舍之便亡失了。故孟子曰「操則存，舍則亡，出入無時，莫知其鄉」者，惟心之謂與？存便是入，亡便是出。然出非是裏面本體走出外去，只是邪念感物逐他去，而本然之正體遂不見了。入非是自外面已放底牽入來，只一念提撕警覺便在此。人須是有操存涵養之功，然後本體常卓然在中，爲此身主宰，而無亡失之患。所貴於學問者，爲此也。故孟子曰「學問之道無他，求其放心而已矣」。此意極爲人深切。○心雖不過方寸大，然萬化皆從此出，正是原頭處。故子思以未發之中爲天下之大本，已發之和爲天下之達道。○仁者，心之生道也。敬者，心之所以生也。○此心之量極大，萬理無所不包，萬事無所不統。古人每言學，必欲其博。孔子所以學不厭者，皆所以極盡乎此心無窮之量也。孟子所謂盡心者，須是盡得箇極大無窮之量，無一理一物之或遺，方是真能盡得心。然孟子於諸侯之禮未之學，豈非爵禄法制之未詳聞，畢竟是於此心無窮之量，終有所欠缺未盡處。○心至靈至妙，可以爲堯舜，參天地，格鬼神。雖萬里之遠，一念便到。雖千古人情事變之祕，一照便知。雖金石至堅可貫，雖物類至幽至微可通。○横渠曰：「合虚與氣，有性之名；合性與知覺，有心之名。」虚是以理言，理與氣合，遂生人物。受得去成這性，於是乎方有性之名。性從理來不離氣，知覺從氣來不離理。合性與知覺，遂成這心，於是乎方有心之名。

潛室陳氏曰：人心如鏡，物來則應，物去依舊自在，不曾迎物之來，亦不曾送物之去，只是定而應，應而定。○問：明道言中有主則實，實則外患不能入。伊川云心有主則虚，虚則邪不能入，無主則實，實則物來奪之。所主不同何也？曰：「有主則實」謂有主人在内，先實其屋，外客不能入，故謂之實。「有主則虚」謂外客不能入，只有主人自在，故又謂之虚。知惟實故虚，蓋心既誠敬，則自然虚明。○問：伊川説「心本善，發於思慮，則有善有不善」，思慮從心生，心若善，思慮因何有不善？曰：思慮以交物而蔽，故有不善。○問：赤子之心與未發之中同否？曰：赤子之心只是真實無僞，然喜怒哀樂已是倚向一邊去了。如生下時便有嗜慾，不如其意便要號啼，雖是真實，已是有所倚著。若未發之中，却渾然寂然，喜怒哀樂都未形見，只有一片空明境界，未有倚靠，此時只可謂之中。要之赤子之心不用機巧，未發之中乃存養所致，二者實有異義。

西山真氏曰：北辰常不移，故能爲列宿之宗。人心常不動，故能應萬物之變。不動，非無所運用之謂也。順理而應，不隨物而遷，雖動猶静也。○收之使入者，大本之所以立。推之使出者，達道之所以行。不收是謂無體，不推是謂無用。太極之有動静，人心之有寂感，一而已矣。○大舜十六字開萬世心學之源，後之聖賢更相授受，雖若不同，然大抵教人守道心之正，而遏人心之流耳。孟子於仁義之心，則欲其存而不放，本心欲其勿喪，赤子之心欲其不失，凡此皆所謂守道心之正也。《易》言懲忿窒慾，孔子言克己，《大學》言好樂憂患則不得其正，孟子言寡欲，以小體之養爲戒，以飢渴之害爲喻，凡此皆所謂遏人心之流也。心一而已爾，由義理而發無以害之，可使與天地參；由形氣而發無以檢之，至於違禽獸不遠。始也特豪毛之間，終焉有霄壤之隔，此精一之功所以爲理學之要歟？

鶴山魏氏曰：人之一心至近而遠，至小而大，至微而著，所以包括神明，管攝性情者也。

臨川吴氏曰：心學之妙，自周子、程子發其祕，學者始有所悟，以致其存存之功。周子云無欲故静，程子云有主則虚，此二言者，萬世心學之綱要也。不爲外物所動之謂静，不爲外物所實之謂虚。静者其本，虚者其効也。

性理大全書卷之三十三

性理五

心性　情定性　情意　志氣志意　思慮附

程子曰：自性之有形者謂之心，自性之有動者謂之情。○問：喜怒出於性否？曰：固是。纔有生識便有性，有性便有情，無性安得有情？○問：喜怒出於外，如何？曰：非出於外，感於外而發於中也。問：性之有喜怒，猶水之有波否？曰：然。湛然平静如鏡者，水之性也。及遇沙石地勢不平，便有湍激，或風行其上，便爲波濤洶洶，此豈水之性也哉？人性中只有四端，人豈有許多不善底事？然無水安得波浪，無性安得情也？○問：性善而情不善乎？曰：情者性之動也，要歸之於正而已，亦何得以不善名之？

張子曰：心統性情者也。○有形則有體，有性則有情。○發于性則見于情，發于情則見于色，以類而應也。

龜山楊氏曰：六經不言無心，惟佛氏言之。亦不言修性，惟揚雄言之。心不可無，性不假修，故《易》止言洗心盡性，《記》言正心尊德性，孟子言存心養性。

河東侯氏曰：性之動便是情，主宰處便是心。

五峰胡氏曰：探視聽言動無息之本，可以知性；察視聽言動不息之際，可以會情。視聽言動，道義明著，孰知其爲此心？視聽言動，物欲引取，孰知其爲人欲？是故誠成天下之性，性立天下之有，情效天下之動，心妙性情之德。性情之德，庸人與聖人同。聖人妙而庸人之所以不妙者，拘滯於有形而不能通爾。今欲通之，非致知何適哉？○氣之流行，性爲之主；性之流行，心爲之主。

朱子曰：性猶太極也，心猶陰陽也。太極只在陰陽之中，非能離陰陽也。然至論太極自是太極，陰陽自是陰陽，惟性與心亦然。所謂一而二，二而一也。仁義禮智，性也；惻隱、羞惡、辭讓、是非，情也。以仁愛，以義惡，以禮讓，以智知者，心也。性者，心之理也。情者，性之動也。心者，性情之主也。○未動爲性，已動爲情，心則貫乎動静而無不在焉。○性對情言，心對性情言，合如此是性。動處是情，主宰是心。大抵心與性似一而二，似二而一，此處最當體認。○在天爲命，稟於人爲性，既發爲情，此其脈理甚實，仍更分明易曉。○惟心乃虚明洞徹，統前後而爲言耳。據性上説，寂然不動處是心亦得。據情上説，感而遂通處是心亦得。故孟子説「盡其心者，知其性也」，文義可見。性則具仁義禮智之端，實而易察。知此實理，則心無不盡。盡亦只是盡曉得耳，如云盡曉得此心者，由知其性也。○問：心性之别。曰：這箇極難説，且是難爲譬喻。如伊川以水喻性，其説本好，却使曉不得者生病。心大概似箇官人，天命便是君之命，性便如職事一般，此亦大概如此，要自理會得。如邵子云性者道之形體，蓋道只是合當如此，性則有一箇根苗，生出君臣之義，父子之仁。性雖虚，都是實理。心雖是一物，却虚，故能包含萬理，這箇要人自體察始得。又曰：性是心之道理，心是主宰於身者。四端便是情，是心之發見處，四者之萌皆出於心，而其所以然者，則是此性之理所在也。○問：未發之前心性之别。曰：心有體用，未發之前是心之體，已發之際乃心之用，如何指定説得？蓋主宰運用底便是心，性便是會恁地做底理。性則一定在這裏，到主宰運用却在心。情只是幾箇路子，隨這路子恁地做去底，却又是心。○問：静是性，動是情。曰：大抵都主於心。性字從心從生，情字從心從青。性是有此理，且如天命之謂性，要須天命箇心了，方是性。○人多説性方説心，看來當先説心。古人制字亦先制得心字，性與情皆從心。以人之生言之，固是先得這道理，然纔生這許多道理，却都具在心裏。且如仁義自是性，孟子則曰仁義之心。惻隱羞惡自是情，孟子則曰惻隱之心、羞惡之心。蓋性即心之理，情即性之用。今先説一箇心，便教人識得箇情性底總腦，教人知得箇道理存著處。若先説性，却似性中别有一箇心。横渠心統性情語極好，顛撲不破。○問：心性情。曰：孟子説「惻隱之心，仁之端也」一段極分曉。惻隱、羞惡、是非、辭讓是情之發，仁、義、禮、智是性之體。性中只有仁義禮智，發之爲惻隱、羞惡、辭讓、是非，乃性之情也。○問：性情心仁。曰：性無不善，心所發爲情，或有不善。説不善非是心，亦不得。却是心之本體本無不善，其流爲不善者，情之遷於物而然也。性是理之總名，仁義禮智皆性中一理之名。惻隱、羞惡、辭讓、是非是情之所發之名，此情之出於性而善者也。其端所發甚微，皆從此心出，故曰心統性情者也。性不是别有一物在心裏，心具此性情。心失其主，却有時不善。如我欲仁斯仁至，我欲不仁斯失其仁矣。「回也三月不違仁」，言「不違仁」是心有時乎違仁也。出入無時，莫知其鄉，存養主一使之不失仁，乃善。○性情心，惟孟子、横渠説得好。仁是性，惻隱是情，須從心上發出來，心統性情者也。性只是合如此底，只是理，非有箇物事。若是有底物事，則既有善亦必有惡；惟其無此物只是理，故無不善。○心統性情者也，寂然不動，而仁義禮智之理具焉，動處便是情。有言静處是性，動處是心，如此則是將一物分作兩處了。心與性不可以動静言。凡物有心而其中必虚，如雞心猪心之屬，切開可見。人心亦然。只這些虚處便包藏許多道理，彌綸天地，該括古今，推廣得來，蓋天蓋地，莫不由此，此所以爲人心之妙歟？理在人心，是之謂性。性如心之田地，充此中虛，莫非是理而已。心是神明之舍，爲一身之主宰，性便是許多道理得之於天而具於心者。發於智識念慮處皆是情，故曰心統性情者也。○問：明道云：「稟於天爲性，感爲情，動爲心。」伊川則又云：「自性之有形者謂之心，自性之有動者謂之情。」如二程説，則情與心皆自夫一性之所發。彼問性而對以情與心，則不可謂不切所問者。然明道以動爲心，伊川以動爲情，自不相侔。不知今以動爲心是耶？以動爲情是耶？或曰：「情對性言，静者爲性，動者爲情。」是説固然也。今若以動爲情是，則明道何得却云「感爲情，動爲心」哉？横渠云「心統性情者也」，既是心統性情，伊川何得却云「自性之有形者謂之心，自性之有動者謂之情」耶？如伊川所云，却是性統心情者也。不知以心統性情爲是耶？性統心情爲是耶？此性情心三者未有至當之論也。曰：《近思録》中一段云「心一也，有指體而言者」，注云「寂然不動」是也；「有指用而言者」，注云「感而遂通天下之故」是也。夫寂然不動是性，感而遂通是情，故横渠云心包性情者也，此説最爲穩當。如前二程先生説話，恐是記録者誤耳。如明道「感爲情，動爲心」，感與動如何分得？若伊川云「自性之有形者謂之心」，某直理會他説不得，以此知是門人記録之誤也。○問：人當無事時，其中虛明不昧，此是氣，自然動處便是性。曰：虛明不昧便是心，此理具足於中無少欠缺便是性，感物而動便是情。横渠説得好，「由太虛有天之名，由氣化有道之名」，此是總説。「合虛與氣有性之名，合性與知覺有心之名」，是就人物上説。○看横渠心統性情之説，乃知此話大有功，始尋得箇情字著落，與孟子説一般。孟子言「惻隱之心，仁之端也」。仁，性也；惻隱，情也。此是情上見得心。又曰「仁義禮智根於心」，此是性上見得心。蓋心便是包得那性情，性是體，情是用。○五峰云「心妙性情之德」，妙是主宰運用之意。五峰此説不是曾去研窮深體，如何直見得恁地？○問：論性有已發之性，有未發之性。曰：性纔發便是情，情有善惡，性則全善，心又是一箇包總性情底。大抵言性，便須見得是元受命於天，其所稟賦自有本根，非若心可以一概言也。却是漢儒解「天命之謂性」云「木神仁，金神義」等語，却有意思，非苟言者，學者要體會親切。又曰：若不用明破，只恁涵養，自有到處，亦自省力。○性是未動，情是已動，心包得已動未動。蓋心之未動則爲性，已動則爲情，所謂心統性情者也。欲是情發出來底。心如水，性猶水之静，情則水之流，欲則水之波瀾，但波瀾有好底，有不好底。欲好底，如我欲仁之類；不好底，則一向奔馳出去，若波濤翻浪；大段不好底欲則滅却天理，如水之壅決，無所不害。孟子謂情可以爲善，是説那情之正從性中流出來者，元無不好也。○心，主宰之謂也。動静皆主宰，非是静時無所用，及至動時方有主宰也。言主宰，則混然體統自在其中。心統攝性情，非儱侗與性情爲一物而不分别也。○心者，主乎性而行乎情。故喜怒哀樂未發則謂之中，發而皆中節則謂之和，心是做工夫處。○心之全體湛然虛明，萬理具足，無一毫私欲之間，其流行該徧，貫乎動静，而妙用又無不在焉。故以其未發而全體者言之，則性也；以其已發而妙用者言之，則情也。然心統性情，只就渾淪一物之中指其已發未發而爲言耳。非是性是一箇地頭，心是一箇地頭，情又是一箇地頭，如此懸隔也。○問：心性情之辨。曰：程子云：「心譬如穀種，其仁具生之理是性，陽氣發生處是情。」推而論之，物物皆然。○性具許多道理，昭昭然者屬性。未發理具，已發理應，則屬心；發動則情，所以存其心則養其性。心該備通貫，主宰運用。吕云：「未發時，心體昭昭。」程云：「有指體而言者，有指用而言者。」李先生云：「心者，貫幽明，通有無。」○心性指其寂然不動處，情指其發動處。○有是形則有是心，而心之所得乎天之理，則謂之性。仁義禮智是也。性之所感於物而動，則謂之情。惻隱、羞惡、辭讓、是非是也。是三者，人皆有之，不以聖凡爲有無也。但聖人則氣清而心正，故性全而情不亂耳。學者則當存心以養性而節其情也。今以聖人爲無心，而遂以爲心不可以須臾有事，然則天之所以與我者，何爲而獨有此贅物乎？○性只是理，情是流出運用處，心之知覺即所以具此理而行此情者也。以智言之，所以知是非之理，則智也、性也；所以知是非而是非之者，情也；具此理而覺其爲是非者，心也。此處分別只在毫釐之間，精以察之，乃可見耳。○問：横渠言：「由太虛有天之名，由氣化有道之名，合虛與氣有性之名，合性與知覺有心之名。」所謂性者，恐兼天地之性、氣質之性而言否？ 所謂心者，併人心、道心言否？ 曰：非氣無形，無形則性善無所賦，故凡言性者皆因氣質而言，但其中自有所賦之理耳。 人心、道心亦非有兩物也。○性是理，心是包含該載、敷施發用底。○康節云：「性者，道之形體；心者，性之郛郭；身者，心之區宇。」此語雖説得粗，畢竟大概好。○問：心之動，性之動。 曰：動處是心，動底是性。 又問：先生謂「動處是心，動底是性」，竊推此二句只在「底」「處」兩字上。 如穀種然，生處便是穀，生底却是那裏面些子。 曰：若以穀譬之，穀便是心，那爲粟、爲菽、爲禾、爲稻底便是性。 康節所謂「心者，性之郛郭」是也。 包裹底是心，發出不同底是性。○心以性爲體，心將性做餡子模樣。 蓋心之所以具是理者，以有性故也。○心有善惡，性無不善。 若論氣質之性，亦有不善。○心性理拈著一箇，則都貫穿，惟觀其所指處輕重如何。 如「養心莫善於寡欲，雖有不存焉者寡矣」，存雖指理言，然心自在其中。「操則存」，此存雖指心言，然理自在其中。○問：人之生稟乎天之理以爲性，其氣清則爲知覺，而心又不可以知覺言，當如何？ 曰：難説。 以天命之謂性觀之，則命是性，天是心。 心有主宰之義，然不可無分別，亦不可太説開成兩箇，當熟玩而默識其主宰之意可也。○有這性便發出這情，因這情便見得這性。 因今日有這情，便見得本來有這性。○性不可言，所以言性善者，只看他惻隱、辭讓四端之善，則可以見其性之善。 如見水流之清，則知源頭必清矣。 四端情也，性則理也。發者情也，其本則性也。如見影知形之意。○性不可說，情却可說，所以告子問性，孟子却答他情。蓋謂情可爲善，則性無有不善。所謂四端者，皆情也。仁是性，惻隱是情。惻隱是仁發出來底端芽，如一箇穀種相似。穀之生是性，發爲萌芽是情，所謂性只是那仁義禮智四者而已。四件無不善，發出來則有不善，何故？殘忍便是那惻隱反底，冒昧便是那羞惡反底。○仁義者，天理之目；而慈愛羞惡者，天理之施。於此看得分明，則性情之分可見。

北溪陳氏曰：情與性相對。情者，性之動也。在心裏面未發動底是性，事物觸著便發動出來底是情。寂然不動是性，感而遂通是情。這動底只是就性中發出來，不是別物。其大目則爲喜怒哀懼愛惡欲七者，《中庸》只説喜怒哀樂四箇，孟子又指惻隱、羞惡、辭讓、是非四端而言，大抵都是情。性中有仁，動出爲惻隱；性中有義，動出爲羞惡；性中有禮智，動出爲辭讓是非。端是端緒，裏面有這物，其端緒便發從外面來。若内無仁義禮智，則其發也，安得有許四端？大概心是箇物，貯此性，發出底便是情。孟子曰：「惻隱之心，仁之端也；羞惡之心，義之端也；辭讓之心，禮之端也；是非之心，智之端也。」惻隱、羞惡等以情言，仁義等以性言，必又言心在其中者，所以統情性而爲之主也。

問：明道云「在人爲性，主於身爲心，心發於思慮謂之情」。如此則性乃心情之本。而橫渠則以爲心統性情，如何？　潛室陳氏曰：心居性情之間，向裏即是性，向外即是情，心居二者之間而統之。所以聖賢工夫只在心裏著到，一舉而兼得之，橫渠此語大有功。

西山真氏曰：誠者，真實無妄之理，天之命於人，人之受於天，性此而已，故曰「誠成天下之性」。凡天下所有之理莫不具於一性之中，故曰「性立天下之有」。情者，性之動也。效，如「爻者效也」之效。天下之理不能無變動，卦之有爻所以像之，性之有情亦猶是也。未發則理具於性，既發則理著於情。情之動須因乎物，所以不能無動則理也，故曰「情效天下之動」。仁義禮智，性之德；惻隱以下，情之德。性情之德雖具，而發揮運用則在此心而已。故《中庸》論大本達道，必以戒懼慎獨爲主。蓋該寂感貫動靜者，心也。心得其正，然後性之本然者全，而情之發亦中節矣，故曰「心妙性情之德」。

張子問：定性未能不動，猶累於外物，何如？　程子曰：所謂定者，動亦定，靜亦定，無將迎，無內外。苟以外物爲外，牽己而從之，是以己性爲有內外也。且以性爲隨物於外，則當其在外時，何者爲在內？是有意於絕外誘，而不知性之無內外也。既以內外爲二本，則又烏可遽語定哉？夫天地之常，以其心普萬物而無心；聖人之常，以其情順萬事而無情。故君子之學，莫若廓然而大公，物來而順應。《易》曰：「貞吉悔亡，憧憧往來，朋從爾思。」苟規規於外誘之除，將見滅於東而生於西也，非惟日之不足，顧其端無窮，不可得而除也。人之情各有所蔽,故不能適道,大率患在於自私而用智。自私則不能以有爲爲應迹,用智則不能以明覺爲自然。今以惡外物之心而求照無物之地,是反鑑而索照也。《易》曰:「艮其背,不獲其身;行其庭,不見其人。」孟氏亦曰:「所惡於智者,爲其鑿也。」與其非外而是内,不若内外之兩忘也,兩忘則澄然無事矣。無事則定,定則明,明則尚何應物之爲累哉?聖人之喜,以物之當喜;聖人之怒,以物之當怒。是聖人之喜怒不繫於心而繫於物也,是則聖人豈不應於物哉?烏得以從外者爲非,而更求在内者爲是也?今以自私用智之喜怒,而視聖人喜怒之正爲如何哉?夫人之情易發而難制者,惟怒爲甚。第能於怒時遽忘其怒,而觀理之是非,亦可見外誘之不足惡,而於道亦思過半矣。已下論定性。

問:《定性書》也難理會。朱子曰:也不難。「定性」字説得也詫異,此「性」字是箇「心」字意。明道言語甚圓轉,初讀未曉得,都没理會,子細看却成段相應。此書在鄠時作,年甚少。○明道《定性書》自胸中瀉出,如有物在後面逼逐他相似,皆寫不辨。黄直卿曰:此正所謂有造道之言。曰:然。只是一篇之中,都不見一箇下手處。童蜚卿曰:廓然而大公,物來而順應,這莫是下工處否?曰:這是説已成處。且如今人私欲萬端,紛紛擾擾,無可奈何,如何得他大公?所見與理皆是背馳,如何便得他順應?楊道夫曰:這便是先生前日所謂也須存得這箇在。曰:也不由你存。此心紛擾,看著甚方法也不能得他住。這須是見得，須是知得天下之理，都著一毫私意不得方是，所謂知止而後有定也。不然只見得他如生龍活虎相似，更把捉不得。○《定性》一章，明道言不惡事物，亦不逐事物。今人惡則全絶之，逐則又爲物引將去。惟不拒不流，泛應曲當，則善矣。蓋横渠有意於絶外物而定其内，明道意以爲須是内外合一，動亦定，静亦定，則應物之際自然不累於物。苟只静時能定，則動時恐却被物誘去矣。○問：聖人動亦定，静亦定，所謂定者是體否？曰：是。曰：此是惡物來感時定，抑善惡來皆定？曰：惡物來不感，這裏自不接。曰：善物則如何？曰：當應便應，有許多分數來，便有許多分數應，這裏自定。曰：子哭之慟，而何以見其爲定？曰：此是當應，也須是廓然而大公，物來而順應。再三誦此語，以爲説得圓。○問：聖人定處未詳。曰：知止而後有定，只看此一句，便了得萬物各有當止之所。知得，則此心自不爲物動。曰：舜號泣于旻天，象憂亦憂，象喜亦喜，當此時何以見其爲定？曰：此是當應而應，當應而應便是定。若不當應而應，便是亂了。當應而不應，則又是死了。○問：天地之常，以其心普萬物而無心；聖人之常，以其情順萬事而無情。故君子之學，莫若廓然而大公，物來而順應。學者卒未到此，奈何？曰：雖未到此，規模也是恁地廓然大公，只是除却私意。事物之來，順他道理應之。且如有一事，自家見得道理是恁地，却有箇偏曲底意思要爲那人，便是不公，便逆了這道理，不能順應。聖人自有聖人大公，賢人自有賢人大公，學者自有學者大公。又問：聖賢大公固未敢請，學者之心當如何？曰：也只要存得這箇在，克去私意。這兩句是有頭有尾説話，大公是包説，順應是就裏面細説。公是忠，便是維天之命，於穆不已。順應便是乾道變化，各正性命。○廓然而大公，是寂然不動；物來而順應，是感而遂通。○問：《定性書》云：「大率患在於自私而用智，自私則不能以有爲爲應迹，用智則不能以明覺爲自然。」曰：此一書首尾只此兩項，伊川文字段數分明，明道多只恁成片説將去。初看似無統，子細理會，中間自有路脈貫串將去。君子之學莫若廓然而大公，物來而順應。自後許多説話，都只是此二句意。「艮其背，不獲其身；行其庭，不見其人。」此是説廓然而大公。孟子曰：「所惡於智者，爲其鑿也。」此是説物來而順應。第能於怒時遽忘其怒，而觀理之是非。遽忘其怒是應廓然而大公，而觀理之是非是應物來而順應。這須子細去看，方始得。○問：自私則不能以有爲爲應迹，用智則不能以明覺爲自然。所謂天地之常，以其心普萬物而無心；聖人之常，以其情順萬事而無情。所謂普萬物、順萬事者，即廓然而大公之謂。無心無情者，即物來而順應之謂。自私則不能廓然而大公，所以不能以有爲爲應迹。用智則不能物來而順應，所以不能以明覺爲自然。曰：然。○明道云「不能以有爲爲應迹」，應迹謂應事物之迹，若心則未嘗動也。○問：《定性書》所論，固是不可有意於除外誘，然此地位高者之事，在初學恐亦不得不然否？曰：初學也不解如此，外誘如何除得？有當應者亦只得順他，便看理如何。理當應便應，不當應便不應。此篇大綱只在「廓然而大公，物來而順應」兩句。其他引《易》《孟子》，皆是如此。末謂「第能於怒時遽忘其怒，而觀理之是非」，一篇著力緊要，只在此一句。遽忘其怒，便是廓然大公；觀理之是非，便是物來順應。明道言語渾淪，子細看節節有條理。曰：内外兩忘，是内不自私，外應不鑿否？曰：是。大抵不可以在内者爲是，而在外者爲非，只得隨理順應。○人情易發而難制者，惟怒爲甚。惟能於怒時，遽忘其怒，而觀理之是非。舊時謂觀理之是非，纔見己是而人非，則其争愈力。後來看，不如此。如孟子所謂「我必不仁也，其自反而仁矣，其横逆由是也，則曰：此亦妄人而已矣」。○人情易發而難制，明道云：「人能於怒時遽忘其怒，亦可見外誘之不足畏，而於道亦思過半矣。」此語可見。然有一説，若知其理之曲直，不必校却好；若見其直而又怒，則愈甚。大抵理只是此理，不在外求。若於外復有一理時，却難爲只有此理故。○問：聖人恐無怒容否？曰：怎生無怒容？合當怒時，必亦形於色。如要去治那人之罪，自爲笑容則不可。曰：如此則恐涉忿厲之氣否？曰：天之怒，雷霆亦震。舜誅四凶，當其時亦須怒。但當怒而怒便中節，事過便消了，更不積。○問：《定性書》是正心誠意工夫否？曰：正心誠意以後事。○定性者，存養之功至而得性之本然也。性定則動静如一，而内外無間矣。天地之所以爲天地，聖人之所以爲聖人，不以其定乎？君子之學亦以求定而已矣。故廓然而大公者，仁之所以爲體也；物來而順應者，義之所以爲用也。仁立義行，則性定而天下之動一矣，所謂貞也。夫豈急於外誘之除，而反爲是憧憧哉？然常人之所以不定者，非其性之本然也。自私以賊夫仁，用智以害夫義，是以情有所蔽而憧憧耳。不知自反以去其所蔽，顧以惡外物爲心，而反求照於無物之地，亦見其用力愈勞，而燭理愈昧，益以憧憧而不自知也。艮其背，則不自私矣。行無事，則不用知矣。内外兩忘，非忘也。一循於理，不是内而非外也。不是内而非外，則大公而順應，尚何事物之爲累哉？聖人之喜怒大公而順應，天理之極也；衆人之喜怒自私而用知，人欲之盛也。忘怒則公，觀理則順，二者所以爲自反而去蔽之方也。夫張子之於道，固非後學所敢議。然意其强探力取之意多，涵養之功少，故不能無疑於此。程子以是發之，其旨深哉！

勉齋黄氏曰：定性字當作定心看。若以心有内外，則不惟未可語定，亦且不識心矣。問：「天地之常」至「而順應」是第二段，此書大意不過此二句而已。❶廓然大公是不絶乎物，物來順應是不累乎物。曰：固是如此。然自心普萬物、情順萬事，便是不絶乎物。無情

❶「二」，原作「七」，今據重修本改。

無心，便是不累乎物。只是此兩意貫了一篇。又曰：自「《易》曰貞吉悔亡」至「而除也」是第三段，此乃引《易》以結上段之意。貞吉則虛中無我，不絶乎物而亦不累乎物也。憧憧則累乎物矣。自「人之情」至「索照也」是第四段，只是與前二段意相反。自私便是求絶乎物，用智是反累乎物。不能以有爲爲應迹，故求絶乎物。不能以明覺爲自然，故反累乎物。自「《易》曰艮其背」至「應物爲累哉」是第五段，亦引《易》以結上文。艮不獲其身則無我，無我則不自私。用智而鑿，則不以明覺爲自然，故不若内外之兩忘也。自「聖人之喜」至「爲如何哉」是第六段，以聖人喜怒明其廓然大公、物來順應也。後面是第七段，未嘗無怒而觀理是非，則未至於聖人而於道思過半矣。以此讀之，則自粲然明白矣。又曰：末一段專説順應一邊，然未嘗不怒，則是大公。朱文公舊説亦兼大公順應而言，蓋以遽忘其怒爲大公也。

西山真氏曰：定性者，理定於中而事不能惑也。理定于中，則當静之時固定也，動之時亦未嘗不定也。不隨物而往，不先物而動，故曰無將迎。理自内出而周於事，事自外來而應以理。理即事也，事即理也，故曰無内外。夫能定能應，有寂有感，皆心之妙也。所以然者，性也。若以定與寂爲是，而應與感爲非，則是以性爲有内外也。事物之來以理應之，猶鑑懸於此，而形不能遁也。鑑未嘗隨物而照，性其可謂隨物而在外乎？故事物未接，如鑑之本空者，性也。事物既接，如鑑之有形者，亦性也。内外曷嘗有二本哉？知此，則知事物不能累吾之性，雖酬酢萬變，未嘗不定也。

雙峰饒氏曰：君子之學，惟其知性之無内外也，故其存於中者，常豁然而大公。知應事接物各有當然之理，莫非吾性之理也，故其感於外者，常因事物之來，而順理以應之，此其所以能定也。衆人惟其不知此理，故不能豁然大公，而常梏於自私，不能物來順應，而每事常鑿智以爲用，此其所以不能定也。

問：意是心之運用處，是發處？朱子曰：運用是發了。問：情亦是發處，何以别？曰：情是性之發，情是發出恁地，意是主張要恁地。如愛那物是情，所以去愛那物是意。情如舟車，意如人去使那舟車一般。已下論情意。○心意猶有痕跡，如性則全無兆眹，只是許多道理在這裏。○問：意是心之所發，又説有心而後有意，則是發處依舊是心主之。到私意盛時，心也隨去。曰：固然。○問：情意之别。曰：情是會做底，意是去百般計較做底，意因有是情而後用。○問：情意如何體認？曰：性情則一。性是不動，情是動處，意則有主向。如好惡是情，好好色，惡惡臭，便是意。○未動而能動者，理也；未動而欲動者，意也。

北溪陳氏曰：意者，心之所發也，有思量運用之義。大抵情者，性之動；意者，心之發。情是就心裏面自然發動，改頭換面出來底，正與性相對。意是心上發起一念，思量運用要恁地底。情動是就全體上論，意是就一念處論。合數者而觀，纔應接事物時，便都呈露在面前。且如一件事物來接著，在内主宰者是心；動出來或喜或怒是情；裏面有箇物能動出來底是性；運用商量要喜那人，要怒那人是意；心向那所喜所怒之人是志；喜怒之中節處，又是性中道理流出來，即其當然之則處是理；其所以當然之根原處是命。一下許多物事都在面前，未嘗相離，亦粲然不相紊亂。○以意比心，則心大意小。以全體言，意是就全體上發起一念慮處。○毋意之意，是就私意説；誠意之意，是就好底意説。○人常言意思，（去聲。）思者思（平聲。）也。思慮、念慮之類，皆意之屬。

程子曰：志御氣則治，氣役志則亂。人忿慾勝志者有矣，以義理勝氣者鮮矣。（已下論志氣志意。）○問：人有少而勇，老而怯，少而廉，老而貪，何爲其然也？曰：志不立，爲氣所使故也。志勝氣，則一定而不可變也。曾子易簀之際，其氣微可知也，惟其志既堅定，則雖死生之際，亦不爲之動也，況老少之異乎！○問：志意之别。曰：志自所存主言之，發則意也。發而當，理也；發而不當，私也。

朱子曰：性者，即天理也，萬物稟而受之，無一理之不具。心者，一身之主宰。意者，心之所發。情者，心之所動。志者，心之所之，比於情意尤重。氣者，即吾之血氣而充乎體者也，比於他則有形器而較粗者也。○心之所之謂之志，日之所之謂之時。志字從之從心，時字從之從日。志是心之所之，一直去底。意又是志之經營往來底，是那志底脚。凡營爲謀度往來，皆意也。所以横渠云「志公而意私」。○問：意志。曰：横渠云「以意志兩字言，則志公而意私，志剛而意柔，志陽而意陰」。○志是公然主張要做事底，意是私地潛行間發處。志如伐，意如侵。

北溪陳氏曰：志者，心之所之。之猶向也，謂心之正面全向那裏去。如志於道，是心全向於道；志於學，是心全向於學。一直去求討要，必得那箇物事，便是志。若中間有作輟，或退轉底意，便不得謂之志。○志有趣向期必之意，趣向那裏去，期料要恁地，決然必欲得之，便是志。人若不立志，只泛泛地同流合汙，便做成甚人？須是立志，以聖賢自期，便能卓然拔出於流俗之中，不至隨波逐浪，爲碌碌庸輩之歸。若甘心於自暴自棄，便是不能立志。○立志須是高明正大。人多有好資質，純粹静淡甚近道，却甘心爲卑陋之歸，不肯志於道，只是不能立志。○孟子曰「士尚志」，立志要高，不要卑。○《論語》曰「博學而篤志」，立志要定，不要雜；要堅，不要緩。如顔子曰：「舜何人也？予何人也？有爲者亦若是。」若曰：「文王我師也，周公豈欺我哉？」皆以聖人自期，皆是能立志。孟子曰：「舜爲法於天下，可傳於後世，我猶未免爲鄉人也，是則可憂也。憂之如何？如舜而已矣。」孟子以舜自期，亦是能立志。

西山真氏曰：志者，心之用也。心無不正，而其用則有正邪之分。志者，進德之基，若聖若賢，莫不發軔乎此。志之所趨，無遠不達，窮山窮海不能限也。志之所向，無堅不入，鋭兵精甲不能禦也。善惡二途，惟道與利而已。志乎道，則理義爲之主，而物欲不能移。志乎利，則物欲爲之主，而理義不能入。堯桀舜蹠之所繇以異也，可不謹乎？

魯齋許氏曰：雲從龍，風從虎，氣從志。龍虎所在而風雲從之，志之所在而氣從之。

程子曰：思慮不得至於苦。已下論思慮。○要息思慮，便是不息思慮。○不深思則不能造於道。不深思而得者，其得易失。○欲知得與不得，於心氣上驗之。思慮有得，中心悦豫，沛然有裕者，實得也。思慮有得，心氣勞耗者，實未得也，强揣度耳。○人多思慮，不能自寧，只是做他心主不定。○未有不能體道而能無思者，故坐忘則坐馳，有忘之心，是則思而已矣。○泛乎其思，不若約之可守也。思則來，捨則去，思之不熟也。○吕與叔嘗言「患思慮多，不能驅除」。曰：此正如破屋中禦寇，東面一人來未逐得，西面又一人至矣，左右前後，驅逐不暇。蓋其四面空踈，盜固易入，無緣作得主定。又如虚器入水，水自然入。若以一器實之以水，置之水中，水何能入來？蓋中有主則實，實則外患不能入，自然無事。

問：思可去否？上蔡謝氏曰：思如何去？思曰睿，睿作聖，思豈可去？問：遇事出言，每思而發，是否？曰：雖不中，不遠矣。

問：程子云「要息思慮，便是不息思慮」。朱子曰：思慮息不得，只敬便都没了。○問：思慮紛擾。曰：公不思慮時，不識箇心是何物。須是思慮時，知道這心如此紛擾，漸漸見得，却有下工夫處。○問：知與思於人身最緊要。曰：然，二者也只是一事。知如手相似，思是教這手去做事也。思所以用夫知也。○人心無不思慮之理。若當思而思，自不當苦苦排抑，却反成不静也。

魯齋許氏曰：慎思，視之所見，聽之所聞，一切要箇思字。君子有九思，思曰睿是也。要思無邪，目望見山，便謂之青可乎？惟知故能思。○或問：心中思慮多，奈何？曰：不知所思慮者何事？果求所當知，雖千思萬慮可也。若人欲之萌，即當斬去，在自知之耳。人心虚靈，無槁木死灰不思之理，要當精於可思慮處。

臨川吴氏曰：常人非無思，而不見其有得，何也？不思其則，是謂妄思，惡有妄思而可以有得者哉？思必于其則，而後爲思之正；則必于其得，而後爲思之成。則也者，帝之衷，民之彝，性分所固有，事理之當然也。稽諸夫子之言，無邪其綱，九思其目也。無邪者，心之則，曰明曰聰、曰温曰恭、曰忠曰敬者。視聽色貌言，事之則也。思之思之，其有不得之者乎？

性理大全書卷之三十四

性理六

道

程子曰：道未始有天人之别，但在天則爲天道，在地則爲地道，在人則爲人道。○天之自然謂之天道。○天以生爲道，天命猶天道也。以其用言也，則謂之命。○觀生理可以知道。○《繫辭》云：「形而上者謂之道，形而下者謂之器。」又云：「立天之道，曰陰與陽；立地之道，曰柔與剛；立人之道，曰仁與義。」又曰：「一陰一陽之謂道。」陰陽亦形而下者也，而曰道者，惟此語截得上下最分明。元來只此是道，要在人默而識之。或者以清虚一大爲天道，此乃以器言，而非道也。○道即性也。若道外尋性，性外尋道，便不是。○《書》言天敘天秩，天有是理，聖人循而行之，所謂道也。○道之外無物，物之外無道，是天地之間無適而非道也。即父子而父子在所親，即君臣而君臣在所嚴，以至爲夫婦，爲長幼，爲朋友，無所爲而非道，此道所以不可須臾離也。故君子之於天下也，無適也，無莫也，義之與比。若有適有莫，則於道爲有間，非天地之全也。○冲漠無眹，萬象森然已具，未應不是先，已應不是後。如百尺木自根本至枝葉，皆是一貫，不可道上面一段事無形無兆，却待人旋要安排引入來教入塗轍。既是塗轍，却只是一箇塗轍。○今語道則須待要寂滅湛静，形使如槁木，心使如死灰，豈有直做牆壁木石而謂之道？所貴乎智周天地萬物而不遺，又幾時要如死灰？所貴乎動容周旋中禮，又幾時要如槁木？論心術無如孟子，也只謂「必有事焉」。今既如槁木死灰，則却於何處有事？○謂張子厚曰：道者，天下之公也，而學者欲立私説，何也？子厚曰：心不廣也。曰：彼亦是美事，好而爲之，不知迺所當爲，强私之也。○問：道無真假。曰：既無真，則是假耳。既無假，則是真矣。真假皆無，尚何有哉？必曰是者爲真，非者爲假，不亦顯然而易明乎？○問：何謂誠？何謂道？曰：自性言之謂之誠，自理言之謂之道，其實一也。

張子曰：道所以可久可大，以其肖天地而不雜也。與天地不相似，其違道也遠矣。○人知道爲自然，而未識自然之爲體。○天地之道無非以至虚爲實，人須於虚中求出實。聖人虚之至，故擇善自精。心之不能虚，由有物榛礙。金鐵有時而腐，山岳有時而摧，凡有形之物即易壞。惟太虚處無動摇，故爲至實。《詩》云：「德輶如毛，毛猶有倫。上天之載，無聲無臭。」至矣！○太虛者，自然之道。行之要在思，故又曰思誠。○事無大小，皆有道在其間。能安分，則謂之道；不能安分，謂之非道。顯諸仁，天地生萬物之功，則人可得而見也。所以造萬物，則人不可得而見，是藏諸用也。

藍田吕氏曰：人受天地之中以生，良心所發，莫非道也。在我者，惻隱、羞惡、辭遜、是非皆道也。在彼者，君臣、父子、夫婦、昆弟、朋友之交亦道也。在物之分，則有彼我之殊；在性之分，則合乎内外一體而已。是皆人心所同然，乃吾性之所固有也。

上蔡謝氏曰：聖人之道無顯微，無内外，由灑掃、應對、進退而上達天道，本末一以貫之。

和静尹氏謂吕堅中曰：吾道甚平易明白，須行到無内外、無思慮方得。

五峰胡氏曰：陰陽成象，而天道著矣。剛柔成質，而地道著矣。仁義成德，而人道著矣。○道者，體用之總名。仁其體，義其用。合體與用，斯爲道矣。○堯、舜、禹、湯、文王、仲尼之道，天地中和之至，非有取而後爲之者也。是以周乎萬物，通乎無窮，日用而不可離也。○道不能無物而自道，物不能無道而自物。道之有物，猶風之有動，水之有流也，夫孰能間之？故離物求道者，妄而已矣。

延平李氏曰：道之可以治心，猶食之充飢，衣之禦寒也。身有迫於飢寒之患者，遑遑焉爲衣食之謀，造次顛沛未始忘也。至於心之不治，有没世不知慮者，豈愛心不若口體哉？弗思甚矣！然飢而思食，不過乎菽粟之甘；寒而求衣，不過乎絺布之温。道之所可貴，亦不過君臣、父子、夫婦、長幼、朋友之間，行之以仁義忠信而已耳。捨此之不務，而必求夫誣詭譎怪可以駭人耳目者而學之，是猶飢寒切身者不知菽粟絺布之爲美，而必期乎珍異侈靡之奉焉。求之難得，享之難安，終亦必亡而已矣。

朱子曰：這道體浩浩無窮。○聖人之道如飢食渴飲。○聖人之道有高遠處，有平實處。○合内外，平物我，此見道之大端，蓋道只是致一公平之理而已。○道之常存，初非人所能預。只是此箇自是亘古亘今、常在不滅之物，雖被人作壞，終殄滅他不得。○鳶飛魚躍，道體隨處發見。○天高地下，人位乎中。天之道不出乎陰陽，地之道不出乎柔剛，是則舍仁與義，亦無以立人之道矣。然而仁莫大於父子，義莫大於君臣，是謂三綱之要，五常之本，人倫天理之至。○通天下只是一箇天機活物，流行發用，無間容息，據其已發者而指其未發者，則已發者人心，而凡未發者皆其性也，亦無一物而不備矣。夫豈别有一物拘於一時，限於一處而名之哉？即夫日用之間，渾然全體，如川流之不息，天運之不窮耳。此所以體用精粗，動静本末，洞然無一毫之間，而鳶飛魚躍，觸處朗然也。存者存此而已，養者養此而已。○問：昔有問伊川如何是道，伊川曰「行處是」。又問明道如何是道，明道令於君臣、父子、兄弟上求。諸先生之言不曾有高遠之説。曰：明道之説固如此。然君臣、父子、兄弟之間，各有當然之理，此便是道。○問：韓持國言道上無克，此説猶可。至説道無真假，則誤甚矣。曰：正緣其謂道無真假，所以言無克。若知道有真假，則知假者在所當克也。○道之大本豈别是一物？但日用中隨事觀省，久當自見。然亦須是虚心游意，積其功力，庶幾有得。○道是統名，理是細目。○道訓路，大概説人所共由之路，理各有條理界瓣。因舉康節云：「夫道也者，道也。道無形，行之則見於事矣。如道路之道，坦然使千億萬年行之人，知其歸者也。」○問：道與理如何分？曰：道便是路，理是那文理。問：如木理相似？曰：是。問：如此却似一般。曰：道字包得大，理是道字裏面許多理脉。又曰：道字宏大，理字精密。○問：程子云：「冲漠無眹，萬象森然已具。未應不是先，已應不是後。如百尺之木，自根本至枝葉，皆是一貫。不可道上面事無形無兆，却待人旋安排引入來教入途轍。」他所謂途轍者，莫只是以人所當行者言之。凡所當行之事，皆是先有此理，却不是臨行事時旋去尋討道理。曰：此言未有這事，先有這理。如未有君臣，已先有君臣之理。未有父子，已先有父子之理。不成元無此理，直待有君臣父子，却旋將道理入在裏面？又問：「既是途轍，却只是一箇途轍」，是如何？曰：是這一箇事，便只是這一箇道理。精粗一貫，元無兩樣。今人只見前面一段事無形無兆，將謂是空蕩蕩，却不知道冲漠無眹，萬象森然已具。又問：「未應不是先，已應不是後」，「應」字是「應務」之「應」否？曰：未應是未應此事，已應是已應此事。未應固是先，却只是後來事。已應固是後，却只是未應時理。○問：沖漠無眹一段。曰：未有事物之時，此理已具。少間應處，只是此理。所謂塗轍，即是所由之路。如父之慈、子之孝，只是一條路從源頭下來。○問：「未應不是先」一條。曰：未應如未有此物，而此理已具。到有此物，亦只是這箇道理。塗轍是車行處，且如未有塗轍，而車行必有塗轍之理。○答呂子約曰：道之得名，只是事物當然之理。元德直以訓行，則固不可。當時若但以當行之路答之，則因彼之説發吾之意，而沖漠之云亦自通貫矣。今且以來示所引一陰一陽，君臣父子，形而上下，沖漠氣象等説，合而析之，則陰陽也，君臣父子也，皆事物也。人之所行也，形而下者也，萬象紛羅者也。是數者各有當然之理，即所謂道也，當行之路也，形而上者也，沖漠之無眹者也。若以形而上者言之，則沖漠者固爲體，而其發於事物之間者爲之用。若以形而下者言之，則事物又爲體，而其理之發見者爲之用。不可概謂形而上者爲道之體，天下達道爲道之用也。○問：伊川云：「形而上者謂之道，形而下者謂之器，須着如此説。」曰：這是伊川見得分明，故云須着如此説。形而上者是理，形而下者是物。如此開説，方見分明。如此了，方説得道不離乎器，器不違乎道處。如爲君須止於仁，這是道理合如此。爲人臣止於敬，爲人子止於孝，爲人父止於慈，這是道理合如此。今人不解恁地說，便不索性兩邊說，怎生說得通？○問：形而上下如何以形言？曰：此言最的當，設若以有形無形言之，便是物與理相間斷了。所以明道謂截得分明者，只是上下之間分別得一箇界止分明。器亦道，道亦器，有分別而不相離也。○道須是合理與氣看，理是虛底物事，無那氣質，則此理無安頓處。《易》說「一陰一陽之謂道」，這便兼理與氣而言。陰陽氣也，一陰一陽則是理矣。猶言一闔一闢謂之變，闔闢非變也，一闔一闢則是變也。蓋陰陽非道，所以陰陽者道也。○道是道理，事事物物皆有箇道理。器是形迹，事事物物亦皆有箇形迹。有道須有器，有器須有道。凡有形有象者，皆器也。其所以爲是器之理者，則道也。這箇在人看始得。指器爲道固不得，離器於道亦不得。須知形而上者指理而言，形而下者指事物而言。○道即理也，以人所共由而言，則謂之道；以其各有條理而言，則謂之理。其目則不出乎君臣、父子、兄弟、夫婦、朋友之間，而其實無二物也。○經書中所言只是這一箇道理，都重三疊四說在裏，只是許多頭面出來。如《語》《孟》所載，也只是這許多話。一箇聖賢出來說一番了，一箇聖賢又出來從頭說一番。如《書》中堯之所說，也只是這箇；舜之所說，也只是這箇；以至於禹、湯、文、武所說，也只是這箇。又如《詩》中周公所贊頌文武之盛德，亦只是這箇。便若桀紂之所以危亡，亦只是反了這箇。道理若使別撰得出來，古人須自撰了。惟其撰不得，所以只共這箇道理。○道者，古今共由之理。如父之慈，子之孝，君仁臣忠，是一箇公共底道理。德便是得此道於身，則爲君必仁，爲臣必忠之類，皆是自有得於己，方解恁地。堯所以脩此道而成堯之德，舜所以脩此道而成舜之德，自天地以先，羲黄以降，都只是這一箇道理。亘古今未嘗有異，只是代代有一箇人出來做主，做主便即是得此道理於己。不是堯自是一箇道理，舜又是一箇道理，文王、周公、孔子又别是一箇道理。老子説失道而後德，他都不識，分做兩箇物事，便將道做一箇空無底物事看。吾儒説只是一箇物事，以其古今公共是這一箇，不着人身上説謂之道，德即是全得此道於己。他説「失道而後德，失德而後仁，失仁而後義」，若離了仁義便是無道理了，又更如何是道？○道不須别去尋討，只是這箇道理，非是别有一箇道被我忽然看見，攫拏得來，方是見道。只是如日用底道理，恁地是，恁地不是，事事理會得箇是處，便是道。○道者兼體用、該費隱而言也。○道體用雖極精微，聖人之言則甚明白。○問：汎觀天地間，日往月來，寒往暑來，四時行，百物生，這是道之流行發見處。即此而總言之，其往來生化無一息間斷處，便是道體否？曰：此體用説得是，但「總」字未當。總便成兼用説了，只就那骨處便是體。如水之或流或止，或激成波浪是用，即這水骨可流可止、可激成波浪處便是體。如這身是體，目視耳聽、手足運動處便是用。如這手是體，指之運動提掇處便是用。因舉《論語集注》曰：「往者過，來者續，無一息之停，乃道體之本然也。」曰：即是此意。○問：前說體用無定所，是隨處說如此。若合萬事爲一大體用，則如何？曰：體用也定。見在底便是體，後來生底便是用。此身是體，動作處便是用。天是體，萬物資始處便是用。地是體，萬物資生處便是用。就陽言，則陽是體，陰是用。就陰言，則陰是體，陽是用。○體是這箇道理，用是他用處。如耳聽目視，自然如此，是體也。開眼看物，着耳聽聲，便是用。人只是合當做底便是體，人做處便是用。譬如此扇子有骨有柄用紙糊，此則體也。人搖之，則用也。如尺與秤相似，上有分寸星銖，則體也。將去秤量物事，則用也。○問：去歲聞先生曰「只是一箇道理，其分不同」。所謂分者，莫只是理一而其用不同？如君之仁，臣之敬，子之孝，父之慈，與國人交之信之類是也。曰：其體已略不同。君臣父子國人是體，仁敬慈孝與信是用。

樂菴李氏曰：道非事不形，事非道不行。○道一而已，而以脩身爲本。自脩身以及於治國平天下，皆是道也。○或問：如何是道？曰：世所謂學道者，往往外求。不知向外去，又那得道？若能於父子親，於君臣義，於夫婦和，於兄弟敬，於朋友信，只此便是道，何必他求？今人更不去人倫上尋討，但曰吾學道，亦惑矣。

南軒張氏曰：道者，天命之全體，流行無間，貫乎古今，通乎萬物者也。衆人自昧之，而是理也何嘗有間斷？聖人盡之，而亦非有所增益也。未應不是先，已應不是後，立則俱立，達則俱達。蓋公天下之理非有我之得私，此仁之道所以爲大，而命之理所以爲微也。○當其可即是道。蓋事事物物之間，道無往而不存，然無適而不爲中也。○凡一飲食一起居之間，莫不有其道焉。賢者隨時而循理，在聖人則如影之隨形，道固不離乎聖人也。

象山陸氏曰：此道充塞宇宙天地，順此而動，故日月不過，而四時不忒。聖人順此而動，故刑罰清而民服。古人所以造次必於是，顛沛必於是也。

東萊吕氏曰：夫道非窮天以爲高，非極地以爲深，人之所性之中固有之矣。其體則純而不雜，其用則施之無方。

勉齋黄氏曰：陰陽分而五行具，人物生而萬事出，太極之妙爲之根柢，而周流其間，充塞宇宙，貫徹古今，不可須臾離也。形交氣感而稟受不齊，慾動情勝而好惡無節，心以形役，志以氣移，理以慾昏，性以情鑿，鄉之不可離者梏亡茅塞，莫之存矣。圖書出而天文始兆，聖賢生而人文始開。二儀肇分，仁義著矣。五氣順布，五事備矣。禮以天秩，典以天敘，而教行焉。因至顯之象驗至微之理，即人事之當然察天命之本然，加之以操存持養，則動容周旋，無適而不由於斯道之中矣。聖賢之功與天無間，凡有血氣莫不尊親，心之秉彝不可已也。○三才之植立，萬化之流行，自一息至於不可終窮，自一豪至於不可限量。所以綱維主宰者，道而已。道非他，行乎天理之當然，不雜以人欲之私而已。自古帝王參天地，贊化育，更堯舜禹湯六七君，上下數百千年，致治之盛常如一日，豈有出於此道之外哉？詩書載籍之傳，其詳可睹也。春秋戰國以來，異論滋熾，其術愈工，其説愈巧，其效愈邈，彼豈不知聖帝明王豐功偉績之可慕哉？陷人欲之私而昧天理之正，帝王體統卒以泯没，而民生不見隆古之盛，千有餘年於此矣，可勝歎哉！循乎道者如此，戾乎道者如彼，然則有志於世者，其轍迹可考也。然道之在天下，與三才並立，萬化並行，雖顯晦不同，未嘗亡也。神而明之，其惟人乎？○或問某在廬山時，聞饒師魯言道必三節看方密。如洒掃應對是事，必有當然之理，又必有所以然之故。以事對當然，則事是粗，當然者是精。以當然對所以然，則當然者是粗，所以然者是精。某既疑道之難以三節分，又疑道之不可以粗言也，遂求質於胡文伯量。胡文云朱文公嘗謂「心之神靈，妙衆理而宰萬事者也」，此乃「精中之精，粗中之精」。「精中之精，粗中之精」八字，朱文公語也。以此論之，則師魯之言未爲不然。今敢以質之先生。曰：昔人之言道，惟以道對器，體對用。道對器，則器可以包用。洒掃應對，即精義入神之類是也。體對用，則用可以包器。《中庸》之言費隱，孟子之言仁義禮智，惻隱、羞惡、恭敬、是非之類是也。又何嘗分三節？道亦豈可以粗言？今師魯之言既不是，伯量之舉例又不類，二者皆失之也。至於「粗中之精，精中之精」八字，往往朱文公之意亦不如此。前一段恐以魂魄爲粗，義理爲精；後一段則知又能運用此理者也。

噫，微言之絶而大義之乖，只在目前矣。可懼也哉！

北溪陳氏曰：道猶路也，當初命此字，是從路上起意。人所通行，方謂之路。一人獨行，不得謂之路。道之大綱只是日用間人倫事物所當行之理，衆人所共由底，方謂之道。大概是就日用人事上説，方見得人所通行底意親切。若就此推原來歷，不是就人事上剗然有箇道理如此，其根原皆是從天來。故横渠謂「由太虛有天之名，由氣化有道之名」。此便是推原來歷。天即理也，古聖賢説天，多是就理上論。理無形狀，以其自然而致，故謂之天。若就天之形體論，也只是箇積氣，恁蒼蒼茫茫，實有何形質。但横渠此「天」字是説理，理不成死定在這裏。一元之氣流出來，生人生物，便有箇路脉恁地，便是人物所通行之道，此就造化推原其所從始如此。至子思説率性之謂道，只是就人物已受得來處説。隨其所受之性，便自然有箇當行之路，不待人安排着。其實道之得名，須就人所通行處説，只是日用人事所當然之理，古今所共由底路，所以名之曰道。○道只是人事之理耳。形而上者謂之道，形而下者謂之器。自有形而上者言之，其隱然不可見底則謂之道。自有形而下者言之，其顯然可見底則謂之器。其實道不離乎器，道只是器之理。人事有形狀處都謂之器，人事中之理便是道。道無形狀可見，所以明道曰：「道亦器也，器亦道也。須着如此説，方截得上下分明。」○道流行乎天地之間，無所不在，無物不有，無一處欠缺。子思言「鳶飛魚躍，上下察」以證之，有以見道無不在，甚昭著分曉。在上則鳶飛戾天，在下則魚躍于淵，皆是這箇道理。程子謂「此子思喫緊爲人處，活潑潑地」。所謂「喫緊」云者，只是緊切爲人說。所謂「活潑潑」云者，只是實真見這道理在面前，如活底物相似。此正如顔子所謂「卓爾」，孟子所謂「躍如」之意，都是真見得這道理分明，故如此說。○《易》說「一陰一陽之謂道」。陰陽，氣也，形而下者也。道，理也，只是陰陽之理，形而上者也。孔子此處是就造化根原上論。大凡字義須是隨本文看得透方可。如「志於道」，「可與適道」，「道在邇」等類，又是就人事上論。聖賢與人説道，多是就人事上説。惟此一句，乃是贊《易》時説來歷根原。儒中竊禪學者又直指陰陽爲道，便是指氣爲理了。○學者求道，須從事物千條萬緒中磨鍊當來。若就事事物物上看，亦各有箇當然之理。且「足容重」，足是物，重是足當然之理。「手容恭」，手是物，恭是手當然之理。如「視思明，聽思聰」，明與聰便是視聽當然之理。又如「坐如尸，立如齊」，如尸如齊便是坐立當然之理。以類而推，大小高下皆有箇當然恰好道理，古今所通行而不可廢者。道之大原自是出於天，自未有天地之先，固是先有此理。然纔有理便有氣，纔有氣，此理便在乎氣之中，而不離乎氣。氣無所不在，則理無所不通。其盛著見於造化發育，而其實流行乎日用人事，千條萬緒。人生天地之内，物類之中，全具是道，與之俱生，不可須臾離。故欲求道者，須是就人事中盡得許多千條萬緒，當然之理，然後可以全體是道，而實具於我。非可舍吾身人事，超乎二氣之表，只管去窮索未有天地始初之妙爲道體，則在我此身有何干涉？○道非是外事物有箇虛空底，其實道不離乎物，離物則無所謂道。且如君臣有義，義底是道，君臣是器。若要看義底道理，須就君臣上看，不成脱了君臣之外，別有所謂義。父子有親，親底是道，父子是器，若要看得親底道理，須就父子上看，不成脱了父子之外，別有所謂親。即夫婦而夫婦在所別，即長幼而長幼在所序，即朋友而朋友在所信，亦非外夫婦、長幼、朋友而有所謂別、序與信。

或問：形而上者謂之道，何以言形？潛室陳氏曰：一物必有一理，道即器中之理。器既有形，道即因而顯，分開不得。先聖欲開悟後學，不奈何指開示人。所以俱言形者，見本是一物。若除了此字，止言上者謂之道，下者謂之器，却成二片矣。○道只是當行底理。天下事事物物與自家一身，凡日用常行，那件不各有當行底道理？那曾一歘走離得？才離得則物非物，事非事，吾身日用常行者皆非是矣。故道即路之謂也。之燕之越，無非是路。才無路，便是荆棘草莽。聖人之道只是眼前當然底，一時走離不得。後學求道只就此上看，不用窈窈冥冥，探索深遠。如此爲道，皆日用而不知者也。

西山真氏曰：器者，有形之物也。道者，無形之理也。明道先生曰：「道即器，器即道，兩者未嘗相離。」蓋凡天下之物有形有象者，皆器也，其理便在其中。大而天地亦形而下者，乾坤乃形而上者。天地以形體言，乾坤以性情言。乾健也，坤順也，即天地之理。日月星辰，風雨霜露，亦形而下者，其理即形而上者。以身言之，身之形體皆形而下者，曰性曰心之理，乃形而上者。至於一物一器，莫不皆然。且如燈燭者，器也。其所以能照物，形而上之理也。且如椅桌，器也。而其用，理也。天下未嘗有無理之器，無器之理。即器以求之，則理在其中。如即天地則有健順之理，即形體則有性情之理。精粗本末，初不相離。若舍器而求理，未有不蹈於空虛之見，非吾儒之實學也。

雙峰饒氏曰：道者，天下當然之理，原於天之所命，根於人之所性，而著見於日用事物之間。如大路然，本無難知難行之事，學者患不得其門而入耳。苟得其門而入，則由愚夫愚婦之可知可能，以至於盡性至命之地，無遠之不可到也。

理

程子曰：萬物各具一理，而萬理同出一原，所以可推而無不通也。○一物之理，即萬物之理。○物物皆有理，如火之所以熱，水之所以寒，至於君臣父子間皆是理。○理則天下只是一箇理，故推至四海而準。須是質諸天地、考諸三王不易之理，故敬則只是敬此者也，仁是仁此者也，信是信此者也。○理與心一，而人不能會爲一者，有己則喜自私，私則萬殊，宜其難一也。○隨時觀理，而天下之理得矣。○《詩》曰：「天生烝民，有物有則；民之秉彝，好是懿德。」萬物皆有理，順之則易，逆之則難。各循其理，何勞於己力哉！○所以謂萬物一體者，皆有此理，只爲從那裏來。生生之謂易，生則一時生，皆完此理。人則能推，物則氣昏推不得，不可道他物不與有也。○或問太虛。曰：亦無太虛。遂指虛曰：皆是理，安得謂之虛？天下無實於理者。○天理云者，這一箇道理更有甚窮已。○寂然不動，感而遂通者，天理具備，元無少欠，不爲堯存，不爲桀亡。父子君臣，常理不易，是不曾動來。因不動，故言寂然。雖不動，感便通，感非自外也。○視聽思慮動作，皆天也，人但於其中要識得真與妄尔。○天理，自然之理也。○莫之爲而爲，莫之致而致，便是天理。○觀天理亦須放開意思，開闊得心胸便可見。○有德者得天理而用之，既有諸己，所用莫非中理。○物有自得天理者，如蜂蟻知衛其君，豺獺知祭禮，亦出於人情而已。○天地生物，各無不足之理。常思天下君臣、父子、兄弟、夫婦，有多少不盡分處。○天地萬物之理，無獨必有對，皆自然而然，非有安排也。○萬物莫不有對，一陰一陽，一善一惡，陽長則陰消，善增則惡減。斯理也，推之其遠乎，人只要知此耳。○質必有文，自然之理也。理必有對，生生之本也。有上則有下，有此則有彼，有質則有文。一不獨立，二必爲文，非知道者孰能識之。

張子曰：所謂天理也者，能説諸心，能通天下之志之理也。上蔡謝氏曰：天，理也；人，亦理也。循理則與天爲一，與天爲一，我非我也，理也；理非理也，天也。唯文王有純德，故曰在帝左右。帝謂文王，帝是天之作用處。或曰：意、必、固、我有一焉，則與天地不相似矣。曰：然。理上怎安得箇字？《易》曰「與天地相似，故不違」，「相似」猶自是語。

朱子曰：萬物各具一理，萬理同出一原。萬物皆有此理，理皆同出一原。但所居之位不同，則其理之用不一。如爲君須仁，爲臣須敬，爲子須孝，爲父須慈，物物各具此理，而物物各異其用，然莫非理之流行也。○問：萬理粲然，還同不同。曰：理只是這一箇，道理則同，其分不同。君臣有君臣之理，父子有父子之理。○問：既是一理，又謂五常，何也？曰：謂之一理亦可，謂之五理亦可。以一包之則一，分之則五。問：分爲五之序。曰：渾然不可分。○理只是一箇理，理舉著全無欠闕。且如言著仁，則都在仁上。言著誠，則都在誠上。言著忠恕，則都在忠恕上。言著忠信，則都在忠信上。只爲只是這箇道理，自然血脉貫通。○理是有條理，有文路子。文路子當從那裏去，自家也從那裏去。文路子不從那裏去，自家也不從那裏去。須尋文路子在何處，只挨著理了行。○只是這箇理分做四段，又分做八段，又細碎分將去。四段者，意其爲仁義禮智。○理如一把綫相似，有條理。如這竹籃子相似，指其上行篾曰：一條子恁地去。又别指一條曰：一條恁地去。又如竹木之文理相似，直是一般理，横是一般理。有心便存得許多理。○理便是心之所有之理，心便是理之所會之地。○至微之理，至著之事，一以貫之。○形而上者謂之道，形而下者謂之器。形而上者指理而言，形而下者指事物而言。事事物物皆有其理，事物可見而其理難知。即事即物，便要見得此理。只是如此看，但要真實於事物上見得這箇道理，然後於己有益。爲人君止於仁，爲人子止於孝，必須就君臣、父子上見得此理。大學之道，不曰窮理而謂之格物，只是使人就實處窮竟事事物物上有許多道理，窮之不可不盡也。○天下之理，至虛之中，有至實者存。至無之中，有至有者存。夫理者，寓於至有之中，而不可以目擊而指數也。然而舉天下之事，莫不有理。且臣之事君便有忠之理，子之事父便有孝之理，目之視便有明之理，耳之聽便有聰之理，貌之動便有恭之理，言之發便有忠之理。只是常常恁地省察，則理不難知也。○問：性即理如何？曰：物物皆有性，便皆有其理。曰：枯槁之物亦有理乎？曰：不論枯槁，他本來都有道理。因指案上花瓶，便有花瓶道理，書燈便有書燈道理。水之潤下，火之炎上，金之從革，木之曲直，土之稼穡，一一都有性，都有理。人若用之，又着順他理始得。若把金來削做木用，把木來鎔做金用，便無此理。○天理既渾然，然既謂之理，則便是箇有條理底名字。故其中所謂仁義禮智四者，合下便各有一箇道理不相混雜，以其未發，莫見端緒，不可以一理名，是以謂之渾然。非是渾然裏面都無分别，而仁義禮智却是後來旋次生出四件有形有狀之物也。須知天理只是仁義禮智之總名，仁義禮智便是天理之件數。○問：理有能然，有必然，有當然，有自然處，皆須兼之，方於理字訓義爲備否？且舉其一二，如惻隱者，氣也；其所以能是惻隱者，理也。蓋在中有是理，然後能形諸外爲是事，外不能爲是事，則是其中無是理矣。此能然處也。又如赤子之入井，見之者必惻隱。蓋人心是箇活底，然其感應之理必如是，雖欲忍之，而其中惕然自有不能以已也。不然，則是槁木死灰，理爲有時而息矣。此必然處也。又如赤子入井，則合當爲之惻隱。蓋人與人類，其待之理當如此，而不容不如此也。不然，則是爲悖天理，而非人類矣。此當然處也。當然亦有二，一就合做底事上，直言其大義如此。如入井當惻隱，與夫爲父當慈，爲子當孝之類是也。一泛就事中又細揀別，其是是非非當做與不當做處。如視其所當視，而不視其所不當視；聽其所當聽，而不聽其所不當聽，則得其正而爲理。非所當視而視，與當視而不視；非所當聽而聽，與當聽而不聽，則爲非理矣。此亦當然處也。又如所以入井而惻隱者，皆天理之真，流行發見，自然而然，非有一毫人爲預乎其間，此自然處也。其他又如動靜者，氣也；其所以能動靜者，理也。動則必靜，靜必復動。其必動必靜者，亦理也。事至則當動，事過當靜者，亦理也。而其所以一動一靜，又莫非天理之自然矣。又如親親、仁民、愛物者，事；其所以能親親、仁民、愛物者，理。見其親則必親，見其民則必仁，見其物則必愛者，亦理也。在親則當親，在民則當仁，在物則當愛。其當親當仁當愛者，亦理也。而其所以親之，仁之，愛之，又無非天理之自然矣。凡事皆然，能然、必然者，理在事先。當然者正就事而直言其理，自然則貫事理言之也。四者皆不可不兼該，而止就事言者，必見理直截親切，在人道爲有力。所以《大學章句》《或問》論難處，惟專以當然不容已者爲言，亦此意，熟則其餘自可類舉矣。曰：此意甚備。《大學》本亦更有所以然一句，後來看得且要見得所當然是切要處。若果得不容已處，即自可默會矣。○問：程子云：「視聽思慮動作，皆天也，人但於中要識得真與妄耳。」真妄是於那發處别，識得天理人欲之分，如何？曰：皆天也，言視聽思慮動作皆是天理。其順發出來，無非當然之理，即所謂真。其妄者，却是反乎天理者也。雖是妄，亦無非天理，只是發得不當地頭。譬如一草木合在山上，此是本分，今却移在水中，其爲草木固無以異，只是那地頭不是。恰如善固性也，惡亦不可不謂之性之意。○問：天地萬物之理無獨必有對，對是物也，理安得有對？曰：如高下、小大、清濁之類皆是。曰：高下、小大、清濁又是物也，如何？曰：有高必有下，有大必有小，皆是理必當如此。如天之生物，不能獨陰必有陽，不能獨陽必有陰，皆是對。這對處不是理對，其所以有對者，是理合當恁地。○天地萬物之理無獨必有對。問：如何便至不知手之舞之，足之蹈之？曰：真箇是未有無對者，看得破時，真箇是差異好笑。

且如一陰一陽便有對，至於太極，却對甚底？曰：太極有無極對。曰：此只是一句。如金木水火土，即土亦似無對，然皆有對。太極便與陰陽相對，此是形而上者謂之道，形而下者謂之器，便對過，却是横對了。土便與金木水火相對，蓋金木水火是有方所，土却無方所，亦對得過。一云：四物皆資土故也。胡氏謂「善不與惡對」，惡是反善，如仁與不仁，如何不可對？若不相對，覺説得天下事都尖斜了，没箇是處。一云：湖南學者云善無對，不知惡乃善之對，惡者反乎善者也。○問：天下之理無獨必有對，有動必有静，有陰必有陽，以至屈伸、消長、盛衰之類，莫不皆然。還是他合下便如此邪？曰：自是他合下來如此。一便對二，形而上便對形而下。然就一言之，一中又自有對。且如眼前一物，便有背有面，有上有下，有内有外。二又各自爲對，雖説無獨必有對，然獨中又自有對。且如棊盤路兩兩相對，末稍中間只空一路，若似無對，然此一路對了三百六十路。此所謂一對萬，道對器也。○天下之物未嘗無對，有陰便有陽，有仁便有義，有善便有惡，有語便有嘿，有動便有静，然又却只是一箇道理。如人行出去是這脚，行歸亦是這脚；譬如口中之氣，嘘則爲温，吸則爲寒耳。○蔡季通云：理有流行，有對待。先有流行，後有對待。曰：難説先有後有。季通舉太極説，以爲道理皆然，且執其説。

東萊吕氏曰：天下事有萬不同，然以理觀之，則未嘗異。君子須當於異中而求同，則見天下之事本未嘗異。

勉齋黄氏曰：此身只是形氣神理，理精於神，神精於氣，氣精於形。形則一定，氣能呼吸，能冷暖。神則有知覺，能運用。理則知覺運用上許多道理。然有形則斯有氣，有氣斯有神，有神斯有理，只是一物分出許多名字。知此，則心性情之類，皆可見矣。

或問：伊川有云「在物爲理，處物爲義」。又曰「在義爲理」。何如？潛室陳氏曰：理對義言，則理爲體，而義爲用。理對道言，則道爲體，而理爲用。○又問：《遺書》云：「天地生物，各無不足之理，常思天下君臣、父子有多少不盡分處。」既曰「無不足」，如何又有「不盡分處」？曰：天理本無不足，人自虧欠他底。

北溪陳氏曰：理與義對説，則理是體，義是用。理是在物當然之則，義是所以處此理者。故程子曰「在物爲理，處物爲義」。○如君臣、父子、夫婦、兄弟、朋友等類，若不是實理如此，則便有時廢了。惟是實理如此，所以萬古常然，雖更亂離變故，終有不可得而殄滅者。○理與性字對説。理乃是在物之理，性乃是在我之理。在物底便是天地人物公共底道理，在我底乃是此理已具，得爲我所有者。○道與理大概只是一件物，然拆爲二字，亦須有分别。道是就人所通行上立字，與理對説，則道字較寬，理字較實，理有確然不易底意。故萬古通行者，道也；萬古不易者，理也。理無形狀，如何見得？只是事物上一箇當然之則便是理，則是準則法則，有箇確定不易底意。只是事物上正當合做處便是當然，無過些，亦無不及些。如爲君止於仁，仁便是爲君當然之則。爲臣止於敬，敬便是爲臣當然之則。爲父止於慈，爲子止於孝，孝慈便是父子當然之則。又如足容重，重便是足容當然之則。手容恭，恭便是手容當然之則。如尸便是坐中當然之則，如齊便是立中當然之則。古人格物窮理，要就事物上窮箇當然之則，亦不過只是窮到那合做恰好處而已。

或問：心也，性也，天也，一理也。何如？魯齋許氏曰：便是一以貫之。又問：理出於天，天出於理。曰：天即理也。有則一時有，本無先後。○有是理而後有是物。譬如木生，知其誠有是理，而後成木之一物。表裏精粗無不到，如成果實相似，如水之流滿出東西南北皆可。體立而用行，積實於中，發見於外，則爲惻隱，爲羞惡。内無而外自不應，凡物之生，必得此理而後有是形，無理則無形。孟子所謂「非人者無此理，何異於禽獸哉」？○事物必有理，未有無理之物。兩件不可離，無物則理何所寓？讀史傳事實文字，皆已往粗迹，但其中亦有理在。聖人觀轉蓬，便知造車。或觀擔夫争道，而得運筆意，亦此類也。但不可泥於迹，而不知變化。雖淺近事物，亦必有形而上者，但學者能得聖神功用之妙，以觀萬事萬物之理可也。則形而下者，事爲之間，皆粗迹而不可廢。

臨川吴氏曰：理之在人心，猶水之在地中，晝夜生生而不竭，是之謂有原。心理之發見，猶原泉之初出，毋滑壞，毋閼絶，將混混乎其常活而常清矣。○夫凡物必有所以然之故，亦必有所當然之則。所以然者，理也；所當然者，義也。程子曰：「在物爲理，處物爲義。」理之有義，猶形影聲響也，世豈有無義之理哉？理如玉之膚也，至微而至密，有旁通廣取，其義不一而足者。是以聖人之學必精義而入神。

德

程子曰：德者，得也，須是實到這裏須得。○一德立而百善從之。○存諸中爲德，發於外爲行。德之成其可見者，行也。○得之於心，謂之有德。自然睟然，見於面，盎於背，施於四體。四體不言而喻，豈待勉强也！○德性者，言性之可貴與言性善，其實一也。性之德者，言性之所有。○有德者，得天地而用之，既有諸己，所以莫非中理。○心是天德，心有不盡處，便是天德處未能盡。○人心莫不有知，惟蔽於人欲，則亡天德也。○聖賢論天德，蓋謂自家元是天然完全自足之物。若無所汙壞，即當直而行之。若小有汙壞，即敬以治之，使復如舊。

張子曰：德主天下之善，善原天下之一。○接物處皆是小德，統會處便是大德。○富貴之得不得，天也。至於道德則在己，求之而無不得也。○循天下之理之謂道，得天下之理之謂德，故曰「易簡之善配至德」。

龜山楊氏曰：仁義而足乎己，斯謂之德。

上蔡謝氏曰：德可以易言耶？動容周旋中禮，聖人之事也，止曰盛德之至。具天下之至善，止曰有德。爲天下之大惡，止曰失德。故禮樂皆得，謂之有德。

五峰胡氏曰：德有本，故其行不窮。孝悌也者，德之本歟？

朱子問吴必大，如何是德？曰：只是此道理，因講習躬行後，見得是我之所固有，故守而勿失耳。曰：尋常看「據於德」如何説？必大以横渠得寸守寸，得尺守尺對。曰：須先得了，方可守。如此説時，依舊認德字未着。今且説只是這道理，然須長長提撕，令在己者決定是做得如此。如方獨處默坐，未曾事君親，接朋友，然在我者已渾全是一箇孝悌忠信底人。以此做出事來，事親則必孝，事君則必忠，與朋友交則必信，不待旋安排。蓋存於中之謂德，見於事之謂行。《易》曰「君子以成德爲行」，正謂以此德而見諸事耳。○存之於中謂理，得之於心謂德，發見於行事爲百行。○德是得於天者，講學而得之，得自家本分底物事。○問：韓子道與德爲虚位，如何？曰：亦説得通。蓋仁義禮智是實，此道德字是通上下説，却虚。如有仁之道，義之道，仁之德，義之德，此道德只隨仁義上説，是虚位。他又自説道有君子小人，德有凶有吉，謂吉人則爲吉德，凶人則爲凶德，君子行之爲君子之道，小人行之爲小人之道，如「道二，仁與不仁」，「君子道長，小人道消」之類。若是志於道，據於德，方是好底，方是道德之正。○《中庸》分道德，曰父子君臣以下爲天下之達道，智仁勇爲天下之達德。君有君之道，臣有臣之道，德便是箇行道底。故爲君主於仁，爲臣主於敬。仁敬可喚做德，不可喚做道。

東萊呂氏曰：至德以道爲本。至德者，精粹而不可名者之謂。道體溥博淵深，無聲無臭，無下手處。惟至德以道爲本，則有所依據，識得體段。○今人不識德字，往往見一事之善則謂之德，殊不知此乃行也。實有諸己之謂德，見諸行事之謂行。既實有於己矣，須見於行事之間，然後吾之行全進。

或問：道也，德也，仁也，三者所處不同。潛室陳氏曰：道謂事事物物當然之理；德乃行是道，實得於心；仁謂本心之德，愛之理，乃諸德之總會處。在一人身上只是一箇物事，但一節密一節耳。

北溪陳氏曰：德者，得也，不能離得一箇得字。古經書雖是多就做工夫實有得上説，然亦有就本原來歷上論。如所謂明德者，是人生所得於天，本來光明之理具在吾心者，故謂之明德。如孩提之童無不知愛親敬兄，此便是得於天本明處。有所謂達德者，是古今天下人心之所同得，故以達言。有所謂懿德者，是得天理之粹美，故以懿言之。又有所謂德性者，亦只是在我所得於天之正理，故謂之德性。○道是天地間本然之道，不是因人做工夫處論，德便是就人做工夫處論。德是行是道而實有得於吾心者，故謂之德。何謂行是道而實有得於吾心？如實能事親，便是此心實得這孝。實能事兄，便是此心實得這悌。大概「德」之一字，是就人做工夫已到處論，乃是做工夫實有得於己了，不是就方做工夫時説。○道與德不是判然二物。道是公共的，德是實得於身，爲我所有的。○所謂天德者，自天而言，則此理公共，在天得之爲天德。其道流行賦予，爲物之所得，亦謂之天德。若就人論，則人得天之理以生，亦謂之天德。其所爲純得天理之真，無人僞之雜，亦謂之天德。

西山真氏曰：德者何，仁義禮智是也。此所謂體也。德專以其本體而言，才兼言其著於用者。聖人之所謂才，有與德合言之者。才難之才，即所謂德也。德全則才亦全矣。《中庸》謂：「天下至聖，爲能聰明睿知，足以有臨也。寬裕温柔，足以有容也。發彊剛毅，足以有執也。齊莊中正，足以有敬也。文理密察，足以有别也。」蓋惟聖人爲能兼五者之全，非五者之全不足以言聖。○《臯陶謨》有六德、三德之分，小大不同，而皆適於用。

性理大全書卷之三十五

性理七

仁

程子曰：天地之大德曰生。天地絪緼，萬物化醇，生之謂性，萬物之生意最可觀。此元者善之長也，斯所謂仁也。又曰：非仁則無以見天地。○仁者以天地萬物爲一體，莫非我也。如其皆我，何所不盡？不能有諸己，則其與天地萬物豈特相去千萬而已哉！○自古不曾有人解仁字之義，須是道與他分别出五常。若只是兼體，却只有四也。且譬一身，仁，頭也；其他四端，手足也。至如《易》雖言元者善之長，然亦須通四德以言之。○問仁。曰：此在諸公自思之，將聖賢所言仁處類聚觀之，體認出來。孟子曰：「惻隱之心，仁也。」後人遂以愛爲仁。惻隱固是愛也，愛自是情，仁自是性，豈可專以愛爲仁？孟子言惻隱爲仁，蓋爲前已言「惻隱之心，仁之端也」。既曰仁之端，則不可便謂之仁。退之言博愛之謂仁，非也。仁者固博愛，然便以博愛爲仁，則不可。○仁者必愛，指愛爲仁則不可。不仁者無所知覺，指知覺爲仁則不可。○觀物於静中皆有春意，切脉最可體仁。○觀鷄雛，此可觀仁。○仁之道，要之只消道一公字。公只是仁之理，不可將公便喚做仁。○公而以人體之，故爲仁。只爲公則物我兼照，故仁所以能恕，所以能愛。恕則仁之施，愛則仁之用也。○人之一肢病，不知痛癢，謂之不仁。人之不仁亦猶是也，蓋不知仁道之在己也。知仁道之在己而由之，乃仁也。○視聽言動一於禮，謂之仁。○仁則一，不仁則二。○大率把捉不定，皆是不仁。去不仁，則仁存。○學者識得仁體實有諸己，只要義理栽培，如求經義皆栽培之意。○仁者渾然與物同體，義禮智信皆仁也。識得此理，以誠敬存之而已。○至仁則天地爲一身，而天地之間，品物萬形爲四肢百體。夫人豈有視四肢百體而不愛者哉？聖人，仁之至也，獨能體是心而已。曷嘗支離多端，而求之自外乎？故能近取譬者，仲尼所以示子貢以爲仁之方也。醫書有以手足風頑謂之四體不仁，爲其疾痛不以累其心故也。夫手足在我，而疾痛不與知焉，非不仁而何？世之忍心無恩者，其自棄亦若是而已。○孟子云：「仁也者，人也。合而言之，道也。」《中庸》所謂「率性之謂道」是也。仁者，人此者也。敬以直内，義以方外，仁也。若以敬直内，則便不直矣。行仁義豈有直乎？必有事焉而勿正，則直也。夫能敬以直内，義以方外，則與物同矣。故曰：「敬義立而德不孤。」是以仁者無對，放之東海而準，放之西海而準，放之南海而準，放之北海而準。醫家言四體不仁，最能體仁之名也。

張子曰：虛者，仁之原；禮義者，仁之用。○虛則生仁，仁在理以成之。○敦厚虛靜，仁之本；敬和接物，仁之用。

龜山楊氏曰：《論語》言仁處，皆仁之方也。若正所謂仁，則未之嘗言也，故曰「子罕言利與命與仁」。要道得親切，唯孟子言「仁，人心也」，最爲親切。○李似祖問：何以知仁？曰：孟子以惻隱之心爲仁之端，平居但以此體究，久久自見。因問似祖：尋常如何說隱？似祖云：如有隱憂，勤恤民隱，皆疾痛之謂也。曰：孺子將入井，而人見之者，必有惻隱之心，疾痛非在己也，而爲之疾痛，何也？似祖曰：出於自然，不可已也。曰：安得自然如此？若體究此理，知其所從來，則仁之道不遠矣。

上蔡謝氏曰：心者何也？仁是已。仁者何也？活者爲仁，死者爲不仁。今人身體麻痺，不知痛癢，謂之不仁。桃杏之核可種而生者，謂之桃仁、杏仁，言有生之意。推此，仁可見矣。○問：一日靜坐，見一切事平等，皆在我和氣中，此是仁否？曰：此只是靜中工夫，只是心虛氣平也。須是應事時有此氣象方好。○仁者，天之理，非杜撰也。故哭死而哀，非爲生也。經德不回，非干祿也。言語必信，非正行也。天理當然而已矣。當然而爲之，是爲天之所爲也。聖門學者大要以克己爲本，克己復禮，無私心焉，則天矣。

和靖尹氏曰：鮑某嘗問伊川：「仁者愛人，便是仁乎？」伊川云：「愛人，仁之事耳。」焞時侍坐歸，因取《論語》中說仁事，致思久之，忽有所得，遂見伊川請益曰：「某以仁惟公可盡之。」伊川沉思久之云：「思而至此，學者所難及也。天心所以至仁者，惟公爾。人能至公，便是仁。」〇謝收嘗問學於伊川，伊川云：「學之大，無如仁。汝謂仁是如何？」謝久之無入處。一日再問：「愛人是仁否？」伊川云：「愛人乃仁之端，非仁也。」謝收去。焞因曰：「某謂仁者，公而已。」伊川云：「何謂也？」焞曰：「能好人，能惡人。」伊川云：「善涵養，不易見得到此。」

延平李氏答朱元晦書曰：仁字難說。《論語》一部只是說與門弟子求仁之方，知所以用心，庶幾私欲沉，天理見，則知仁矣。如顏子、仲弓之問，聖人所以答之之語，皆其切要用力處也。孟子曰：「仁，人心也。」心體通有無，貫幽明，無不包括，與人指示於發用處求之也。又曰：「仁者，人也。」人之一體便是天理，無所不備具。若合而言之，人與仁之名亡，則渾是道理也。來諭以謂仁是心之正理，能發能用底一箇端緒，如胎育包涵，其中生氣無不純備，而流動發生自然之機，又無頃刻停息。憤盈發洩，觸處貫通，體用相循，初無間斷。此說推擴得甚好。但又云：「人之所以爲人而異乎禽獸者，以是而已。若犬之性、牛之性，則不得而與焉。」若如此説，恐有礙。蓋天地中所生物，本源則一，雖禽獸草木，生理亦無頃刻停息間斷者，但人得其秀而最靈，五常中和之氣所聚，禽獸得其偏而已。此其所以異也。若謂流動發生自然之機，與夫無頃刻停息間斷，即禽獸之體亦自如此。若以爲此理唯人獨得之，即恐推測體認處未精，於他處便有差也。又云「須體認到此純一不雜處，方見渾然與物同體氣象」一段語，却無病。又云「從此推出分殊合宜處，便是義」以下數句，莫不由此，而「仁一以貫之。蓋五常百行無往而非仁也」，此説大概是，然細推之，却似不曾體認得伊川所謂「理一分殊」，龜山云「知其理一，所以爲仁；知其分殊，所以爲義」之意。蓋全在「知」字上用着力也。謝上蔡《語録》云：「不仁便是死漢，不識痛癢了。」「仁」字只是有知覺了了之體段。若於此不下工夫，令透徹，即何緣見得本源毫髮之分殊哉？若於此不了了，即體用不能兼舉矣。此正是本源體用兼舉處，人道之立，正在於此。「仁」之一字，正如四德之元。而「仁」「義」二字正如立天道之陰陽，立地道之柔剛，皆包攝在此二字爾。大抵學者多爲私欲所昏，故用力不精，不見其效。若欲於此進步，須把斷諸路頭，静坐默識，使之泥滓漸漸消去方可。不然，亦只是説也。更熟思之。

朱子曰：天地以生物爲心者也，而人物之生，又各得夫天地之心以爲心者也。故語心之德，雖其總攝貫通，無所不備，然一言以蔽之，則曰仁而已矣。蓋天地之心，其德有四，曰元亨利貞，而元無不統。其運行焉，則爲春夏秋冬之序，而春生之氣無所不通。故人之爲心，其德亦有四，曰仁義禮智，而仁無不包。其發用焉，則爲愛恭宜别之情，而惻隱之心無所不貫。故論天地之心者，則曰乾元、坤元，則四德之體用不待悉數而足。論人心之妙者，則曰「仁，人心也」，則四德之體用亦不待徧舉而該。蓋仁之爲道，乃天地生物之心即物而在，情之未發而此體已具，情之既發而其用不窮。誠能體而存之，則衆善之源，百行之本，莫不在是。此孔門之教所以必使學者汲汲於求仁也。其言有曰「克己復禮爲仁」，言能克去己私，復乎天理，則此心之體無不在，而此心之用無不行也。又曰「居處恭，執事敬，與人忠」，則亦所以存此心也。又曰「事親孝，事兄弟，及物恕」，則亦所以行此心也。又曰「求仁得仁」，則以讓國而逃，諫伐而餓，爲能不失乎此心也。又曰「殺身成仁」，則以欲甚於生，惡甚於死，爲能不害乎此心也。此心何心也？在天地則坱然生物之心，在人則温然愛人利物之心，包四德而貫四端者也。或曰：若子之言，則程子所謂「愛情，仁性，不可以愛爲仁」者，非歟？曰：不然。程子之所謂，以愛之發而名仁者也；吾之所論，以愛之理而名仁者也。蓋所謂情、性者，雖其分域之不同，然其脉絡之通，各有攸屬者，則曷嘗判然離絶而不相管哉？吾方病夫學者誦程子之言，而不求其意，遂至於判然離愛而言仁，故特論此以發明其遺意。而子顧以爲異乎程子之説，不亦誤哉。或曰：程氏之徒言仁多矣，蓋有謂愛非仁，而以萬物與我爲一爲仁之體者矣。陳淵問楊龜山曰：萬物與我爲一，其仁之體乎？曰：然。亦有謂愛非仁，而以心有知覺釋仁之名者矣。上蔡謝氏曰：心有所覺謂之仁，仁則心與事爲一。草木五穀之實謂之仁，取名於生也。生則有所覺矣。四體之偏痺謂之不仁，取名於不知覺也。不知覺則死矣。事有感而隨之以喜怒哀樂，應之以酬酢萬變者，非知覺不能也。身與事接而心漠然不省者，與四體不仁無異也。然則不仁者，雖生無以異於死，雖有心亦鄰於無心，雖有四體亦弗爲吾用也。故視而弗見，聽而弗聞，食而不知其味。此善學者所以急急於求仁也。今子之言若是，然則彼皆非歟？曰：彼謂物我爲一者，可以見仁之無不愛矣，而非仁之所以爲體之真也。彼謂心有知覺者，可以見仁之包乎智矣，而非仁之所以得名之實也。觀孔子答子貢博施濟衆之問，與程子所謂覺不可以訓仁者，則可見矣。予尚安得復以此而論仁哉？抑泛言同體者，使人含糊昏緩而無警切之功，其弊或至於認物爲己者有之矣。專言知覺者，使人張皇迫躁而無沉潛之味，其弊或至於認欲爲理者有之矣。一忘一助，二者蓋胥失之。而知覺之云者，於聖門所云「樂山」「能守」之氣象，尤不相似。予尚安得復以此而論仁哉？因并記其語，作《仁說》。

仁說圖

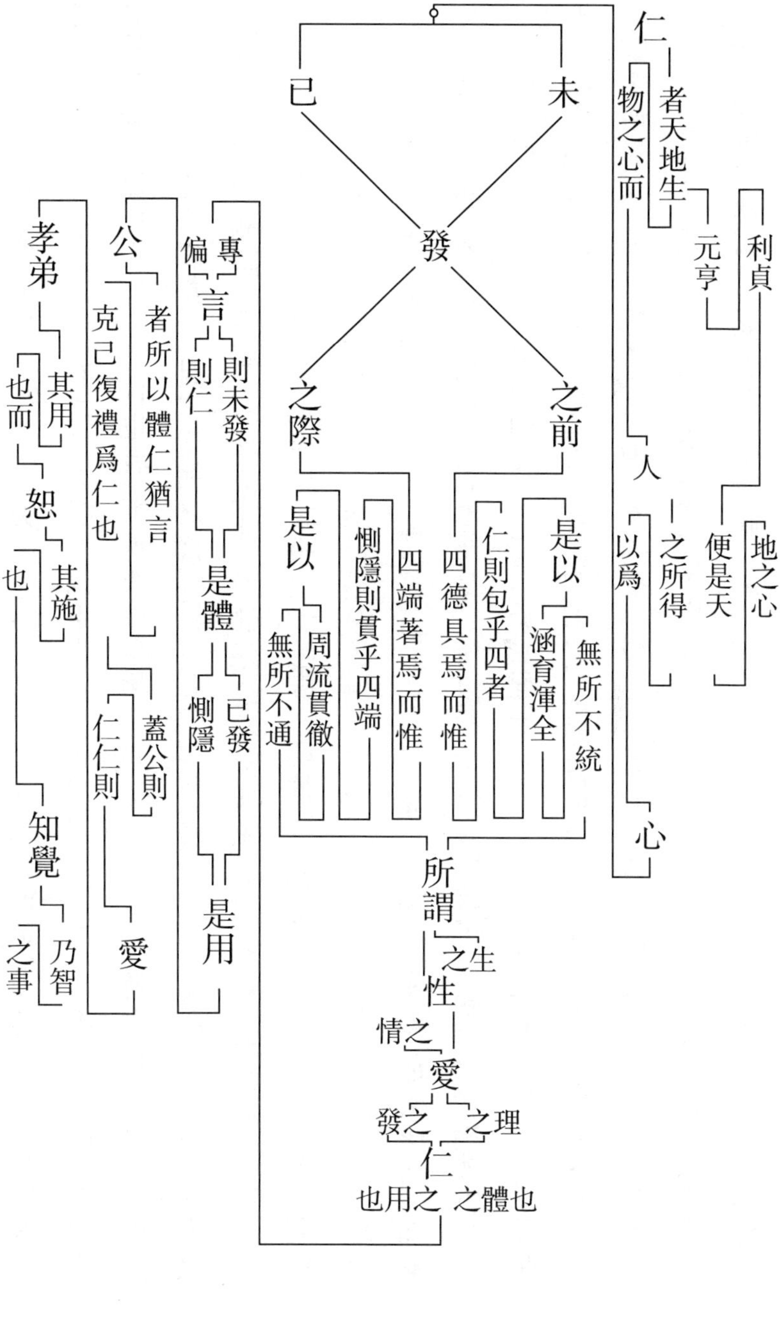
仁者天地生物之心而人之所得以爲心
元亨利貞
便是天地之心
未發之前
已發之際
發
四德具焉而惟仁則包乎四者
是以涵育渾全無所不統
四端著焉而惟惻隱則貫乎四端
是以周流貫徹無所不通
所謂
之生
性
情之
愛
之理
發之
仁
之體也
也用之
專言則未發是體
偏言則仁
已發惻隱是用
公者所以體仁猶言克己復禮爲仁也
蓋公則仁仁則愛
孝弟其用也而恕其施也
知覺乃智之事

○問：仁者天地生物之心。曰：天地之心只是箇生。凡物皆是生方有此物，如草木之萌芽、枝葉、條幹，皆是生方有之。人物所以生生不窮者，以其生也。才不生，便乾枯死了。這箇是統論一箇仁之體。○仁也者，天地所以生物之心，而人物之所得以爲心者也。惟其得夫天地生物之心以爲心，是以未發之前，四德具焉，曰仁、義、禮、智，而仁無不統；已發之際，四端著焉，曰惻隱、羞惡、辭遜、是非，而惻隱之心無所不通。此仁之體用所以涵育渾全，周流貫徹，專一心之妙，而爲衆善之長也。○問：四德之「元」猶五常之「仁」，偏言則一事，專言則包四者。曰：須先識得元與仁是箇甚物事，更就自家身上看甚麼是仁，甚麼是義、禮、智。既識得這箇，便見得這一箇能包得那數箇。元只是初底便是，如木之萌，如草之芽。其在人如惻然有隱，初來底意思便是。所以程子謂看鷄雛可以觀仁，爲是那嫩小底便是仁底意思在。楊道夫曰：如先生之言，正是程子説「復其見天地之心」，復之初爻便是天地生物之心也。曰：今只將公所見看，所謂「心譬如穀種，生之性便是仁，陽氣發處乃情也」，觀之便見。○問：仁者心之德，愛之理。曰：「仁者心之德」，猶言潤者水之德，燥者火之德。「愛之理」，猶言木之根、水之源。試以此意思之。○仁者愛之理，理是根，愛是苗。仁之愛，如糖之甜，醋之酸，愛是那滋味。○仁是根，愛是苗，不可便喚苗做根。然而這箇苗却定是從那根上來。○愛是惻隱，惻隱是情，其理則謂之仁。心之德，德又只是愛。謂之心之德，却是愛之本柄。○心之德是統言，愛之理是就仁、義、禮、智上分説。如義便是宜之理，禮便是別之理，智便是知之理。但理會得愛之理，便理會得心之德。又曰：愛雖是情，愛之理是仁也。仁者愛之理，愛者仁之事。仁者愛之體，愛者仁之用。愛是箇動物事，理是箇静物事。理便是性，緣裏面有這愛之理，所以發出來無不愛。程子曰：「心如穀種，其生之性乃仁也。」生之性便是愛之理。○問：渾然無私便是愛之理，行仁而有得於己便是心之德否？曰：如此解釋文義亦可，但恐本領上未透徹爾。○又問：一性禀於天而萬善皆具。仁義禮智，所以分統萬善而合爲一性者也。方寂然不動，此理完然，是爲性之本體。及因事感發而見於中節之時，則一事所形，一理隨著。一理之當，一善之所由得。仁固性也，而見於事親從兄之際，莫非仁之發也。有子謂孝弟行仁之本，説者於是以愛言仁，而愛不足以盡之。以心喻仁，而心實宰之。必曰「仁者愛之理」，然後仁之體明；曰「仁者心之德」，然後仁之用顯。學者識是愛之理，而後可以全此心之德。如何？曰：大意固如此。然説得未明，只看文字意脉不接續處，便是見得未親切。曰：莫是不合分體用言之否？曰：然。只是一箇心，便自具了仁之體用。喜怒哀樂未發處是體，發於惻隱處便却是情。因舉天地萬物同體之意，極問其理。曰：須是近裏著身推究，未干天地萬物事也。須知所謂「心之德」者，即程先生「穀種」之説；所謂「愛之理」者，則正謂仁是未發之愛，愛是已發之仁爾。只以此意推之，不須外邊添入道理。若於此處認得仁字，即不妨與天地萬物同體。若不會得，便將天地萬物同體爲仁，却轉無交涉矣。孔門之教説許多仁，却未曾正定説出。蓋此理直是難言，若立下一箇定説，便該括不盡。且只於自家身分上體究，久之自然通達。程子謂：「四德之元，猶五常之仁。偏言則一事，專言則包四者。」須是統看仁如何却包得數者，又却分看義、禮、智、信如何亦謂之仁？大抵於仁上見得盡，須知發於剛果處亦是仁，發於辭遜、是非亦是仁，且欵曲研究，識盡全體。正猶觀山，所謂横看成嶺，直看成峰。若自家見他不盡，初謂只是一嶺，及少時又見一峰出來，便是未曾盡見全山，到底無定據也。

○問：仁者以天地萬物爲一體，此即人物初生時驗之可見。人物均受天地之氣而生，所以同一體。如人兄弟異形，而皆出父母胞胎，所以皆當愛。故推老老之心則及人之老，推幼幼之心則及人之幼。惟仁者其心公溥，實見此理，故能以天地萬物爲一體否？曰：人與萬物均受此氣，均得此理，「所以皆當愛」，便是不如此。愛字不在同體上説，自不屬同體事，他那物事自是愛。這箇是説那無所不愛了，方能得同體。若愛則是自然愛，不是同體了方愛。惟其同體，所以無所不愛。所以愛者，以其有此心也。所以無所不愛者，以其同體也。「仁者愛之理」，只是愛之道理，猶言「生之性」。愛則是理之見於用者也。蓋仁，性也。性只是理而已。愛是情，情則發於用。性者指其未發，故曰「仁者愛之理」。情即已發，故曰

「愛者仁之用」。○問：仁者愛之理。曰：這一句只將心、性、情看便分明。一身之中，渾然自有箇主宰者，心也。有仁義禮智，則是性。發爲惻隱、羞惡、辭遜、是非，則是情。惻隱，愛也，仁之端也。仁是體，愛是用。又曰：愛之理，愛自仁出也。然亦不可離了愛去説仁。問：韓愈博愛之謂仁。曰：是指情爲性了。問：周子説愛曰仁，與博愛之説如何？曰：「愛曰仁」，猶曰「惻隱之心仁之端也」，是就愛處指出仁。若「博愛之謂仁」，「之謂」便是把博愛做仁了，終不同。○以生字説仁，生自是上一節事。當來天地生我底意，我而今須要自體認得。試自看一箇物，堅硬如頑石，成甚物事？此便是不仁。「藹乎若春暘之温，汎乎若醴酒之醇」，此是形容仁底意思。○仁是根，惻隱是萌芽。親親，仁民，愛物，便是推廣到枝葉處。○問：伊川云：「萬物之生意最可觀。」曰：物之初生，其本未遠，固好看。及榦成葉茂，便不好看。如赤子入井時，惻隱怵惕之心只些子仁，見得時却好看。到得發政施仁，其仁固廣，便看不見得何處是仁。○萬物之生，天命流行。自始至終，無非此理。但初生之際淳粹未散，尤易見爾。只如元亨利貞皆是善，而元則爲善之長，亨、利、貞皆是那裏來。仁義禮智亦皆善也，而仁則爲萬善之首，義、禮、智皆從這裏出爾。○仁自是箇和柔底物事。譬如物之初生，自較和柔。及至夏間長茂，方始稍堅硬。秋則收結成實，冬則斂藏。然四時生氣無不該貫。如程子説生意處，非是説以生意爲仁，只是説生物皆能發動，死物則都不能。譬如穀種，蒸殺則不能生也。又曰：以穀種譬之，一粒穀春則發生，夏則成苗，秋則結實，冬則收藏，生意依舊包在裏面。每箇穀子裏有一箇生意藏在裏面，種而後生也。仁義禮智亦然。又曰：仁與禮自是有箇發生底意思，義與智自是有箇收斂底意思。○或問：仁有生意如何？曰：只此生意心是活物，必有此心乃能知辭遜，必有此心乃能知羞惡，必有此心乃能知是非。此心不生，又烏能辭遜、羞惡、是非？且如春之生物也，至於夏之長則是生者長，秋之遂亦是生者遂，冬之成亦是生者成也。百穀之熟方及七八分，若斬斷其根，則生者喪矣，其穀亦只得七八分。若生者不喪，須及十分。收而藏之，生者似息矣。只明年種之，又復有生。○問：曩者論仁包四者，蒙教以初底意思看仁。昨觀《孟子》四端處，似頗認得此意。曰：如何？曰：仁者，生之理而動之機也。惟其運轉流通無所間斷，故謂之仁，故能貫通四者。曰：這自是難説。他自活，今若恁地看得來，只見得一邊，只見得他用處，不見他體了。問：生之理便是體否？曰：若要見得分明，只看程先生説心譬如穀種，生之性便是仁，便分明。若更要真實識得仁之體，只看夫子所謂克己復禮。克去己私，如何便喚得做仁？曰：若如此看，則程子所謂公字愈覺親切。曰：公也只是仁底殼子，盡他未得在，畢竟裏面是箇甚物事？生之性也只是狀得仁之體。○問：仁包四德，如元者善之長，從四時生物意思觀之，則陰陽都偏了。曰：如此則秋冬都無生物氣象。但生生之意至此退了，到得退未盡處，則陽氣依舊在。〇問：周子窗前草不除去，即是謂生意與自家一般。曰：他也只是偶然見與自家意思相契。又問：横渠驢鳴是天機自動意思？曰：固是。但也是偶然見他如此。如謂草與自家意一般，木葉便不與自家意思一般乎？如驢鳴與自家呼唤一般，馬鳴便不與自家一般乎？問：程子觀天地生物氣象也是如此？曰：他也只是偶然見如此，便説出來示人。而今不成只管去守看生物氣象。〇問：程子謂切脉可以體仁，莫是心誠求之之意否？曰：還是切脉底是仁，那脉是仁？曰：切脉是仁。曰：若如此，則當切脉時，又用着箇意思去體仁。復問童蜚卿曰：切脉體仁又如何？曰：脉是那血氣周流。切脉則便可以見仁。曰：然。恐只是恁地。脉理貫通乎一身，仁之理亦是恁地。又問：鷄雛如何是仁？楊道夫曰：先生嘗謂初與嫩底便是。曰：如此看較分明。蓋當是時飲啄自如，未有所謂争鬭侵陵之患者，只此便是仁也。〇問：觀鷄雛此可觀仁，何也？曰：凡物皆可觀，此偶見鷄雛而言耳。小小之物，生理悉具。〇問：聖賢言仁，有專指體而言者，有包體用而言者。曰：仁對義、禮、智言之，則爲體。專言之，則兼體用。〇孔子説仁多説體，孟子説仁多説用。如克己復禮、惻隱之心之類。〇以心之德而專言之，則未發是體，已發是用。以愛之理而偏言之，則仁便是體，惻隱是用。〇問：程子云，仁道難言，唯公近之，非以公訓仁。當公之時，仁之氣象自可嘿識。曰：公固非仁，然公乃所以仁也。仁之氣象於此固可默識，然學者之於仁，非徒欲識之而已。○仁是愛底道理，公是仁底道理。故公則仁，仁則愛。公却是仁發處，無公則仁行不得。○公之爲仁，公不可與仁比並看。公只是無私，纔無私，這仁便流行。程先生云：「唯公爲近之。」却不是「近似」之「近」。纔公，仁便在此，故云近。猶云：「知所先後，則近道矣。」不是道在先後上，只知先後，便近於道。如去其壅塞則水自流通，水之流通却不是去壅塞底物事做出來，水自是元有，只被塞了，纔除了塞便流。仁自是元有，只被私意隔了，纔克去己私，做底便是仁。葉賀孫問：公是仁之體，仁是理。曰：不用恁地說，徒然不分曉。只公是無私，無私則理無或蔽。今人喜也是私喜，怒也是私怒，哀也是私哀，懼也是私懼，愛也是私愛，惡也是私惡，欲也是私欲。苟能克去己私，擴然大公，則喜是公喜，怒是公怒，哀、懼、愛、惡、欲，莫非公矣。此處煞係利害。顔子所授於夫子，只是克己復禮爲仁。○或問：仁與公之别。曰：仁在内，公在外。又曰：惟仁然後能公。又曰：仁是本有之理，公是克己工夫極至處。故惟仁然後能公，理甚分明。故程子曰「公而以人體之」，則是克盡己私之後，只就自身上看便見得仁也。○「公而以人體之故爲仁。」蓋公猶無塵也，人猶鏡也，仁則猶鏡之光明也。鏡無纖塵則光明，人能無一豪之私欲則仁。然鏡之明非自外求也，只是鏡元來自有這光明，今不爲塵所昏爾。人之仁亦非自外得也，只是人心元來自有這仁，今不爲私欲所蔽爾。故人無私欲，則心之體用廣大流行而無時不仁，所以能愛能恕。「仁之道只消道一公字，非以公爲仁，須是公而以人體之。」伊川自曰「不可以公爲仁」，世有以公爲心而慘刻不恤者，須公而有惻隱之心。此功夫却在「人」字上。蓋人體之以公方是仁，若以私欲，則不仁矣。○仁是人心所固有之理，公則仁，私則不仁，未可便以公爲仁，須是體之以人方是仁。公、恕、愛，皆所以言仁者也。公在仁之前，恕與愛在仁之後。公則能仁，仁則能愛能恕故也。○問：「公而以人體之故爲仁」，竊謂此段之意，「人」字只是指吾此身而言，與《中庸》言「仁者人也」之「人」自不同，不必重看，緊要却在「體」字上。蓋仁者心之德，主性情，宰萬事，本是吾身至親至切底物。公只是仁之理，專言公，則只虛空説著理，而不見其切於己。故必以身體之，然後我與理合而謂之仁。亦猶孟子「合而言之，道也」。然公果如之何而體？如之何而謂之仁？亦不過克盡己私，至於此心豁然，瑩浄光潔，徹表裏純是天理之公，生生無間斷，則天地生物之意常存。故其寂而未發，惺惺不昧，如一元之德昭融於地中之「復」，無一事一物不涵在吾生理之中。其隨感而動也，惻然有隱，如春陽發達於地上之「豫」，無一事非此理之貫，無一物非此生意之所被矣。此體公之所以爲仁，所以能恕，所以能愛。雖或爲義爲禮爲智爲信，無所往而不通也。不審是否？曰：此説得之。○問：公所以能恕，所以能愛。恕則仁之施，愛則仁之用。愛是仁之發處，恕是推其愛之之心以及物否？

曰：如公所言，亦非不是，只是自是湊合不著，都無滋味。又問：莫是帶那上文公字説否？曰：然。恕與愛本皆出於仁，然非公則安能恕，安能愛。又問：愛只是合下發處便愛，未有以及物。在恕則方能推己以及物否？曰：仁之發處自是愛。恕是推那愛底，愛是恕之所推者。若不是恕去推那愛，也不能及物，也不能親親、仁民、愛物，只是自愛而已。若裏面元無那愛，又只推箇甚麽？如開溝相似。是裏面元有這水，所以開着便有水來。若裏面元無此水，如何會開着便有水。若不是去開溝，縱有此水，也如何得他流出來？愛，水也。開之者，恕也。又問：若不是推其愛以及物，縱有此愛，也無可得及物否？曰：不是無可得及物。若不能推則不能及物。○或問：恕則仁之施，愛則仁之用。施與用如何分别？曰：恕之所施，施其愛爾。不恕，則雖有愛而不能及人也。又曰：施是從這裏流出，用是就事説。推己爲恕，恕是從己流出去及那物，愛是才調恁地。愛如水，恕如水之流。又問：先生謂愛如水，恕如水之流。退而思，有所未合。竊謂仁如水，愛如水之潤，恕如水之流。不審如何。曰：説得好，昨日説過了。又曰：恕是分俵那愛底。如一桶水，愛是水，恕是分俵此水何處一杓，故謂之「施」。愛是仁之用，恕所以施愛者。又曰：「施」「用」兩字移動全不得。這般處惟有孔、孟能如此。下自荀、揚諸人便不能，便不移易者。昔有言盡己之謂忠，盡物之謂恕，伊川言盡物只可言信，推己之謂恕。蓋恕是推己，只可言施。如此等處極當細看。○上蔡以知覺言仁。只知覺得那應事接物底，如何便喚做仁？須是知覺那裏方是。且如一件事是合做與不合做，覺得這箇方是仁。喚着便應，抉着便痛，這是心之流注在血氣上底。覺得那理之是非，這方是流注在理上底。喚着不應，抉着不痛，這固是死人，固是不仁。喚得應，抉着痛，只這便是仁，則誰箇不會如此？須是分作三截看。那不聞痛癢底是不仁。只覺得痛癢，不覺得理底，雖會那一等，也不便是仁。須是覺這理方是。○或問：謝上蔡以覺言仁是如何？曰：覺者，是要覺得箇道理，須是分毫不差，方能全得此心之德，這便是仁。若但知得箇痛癢，則凡人皆覺得，豈盡是仁者邪？醫者以頑痺爲不仁，以其不覺，故謂之不仁。不覺固是不仁，然便謂覺是仁則不可。○問：程門以知覺言仁，《克齋記》乃不取，何也？曰：仁離愛不得。上蔡諸公不把愛做仁。他見伊川言博愛非仁也，仁是性，愛是情。伊川也不是道愛不是仁，若當初有人會問，必説道愛是仁之情，仁是愛之性，如此方分曉。惜門人只領那意，便專以知覺言之，於愛之説若將浼焉，遂蹉過仁地位去説，將仁更無安頓處。見孺子匍匐將入井，皆有怵惕惻隱之心，這處見得親切。聖賢言仁皆從這處説。又問：知覺亦有生意。曰：固是。將知覺説來冷了，覺在知上却多，些小搭在仁邊。仁是和底意。然添一句，又成一重。須自看得，便都理會得。○答張敬夫書曰：胡廣仲引孟子先知先覺以明上蔡「心有知覺」之説，已自不倫，其謂知此覺此，亦未知指何爲説。要之大本既差，勿論可也。今觀所示，乃直以此爲仁，則是以知此覺此爲知仁覺仁也。仁本吾心之德，又將誰使知之而覺之邪？若據《孟子》本文，則程子釋之已詳矣，曰：「知是知此事，知此事當如此也。覺是覺此理。」知此事之所以當如此之理也。意已分明，不必更求玄妙。且其意與上蔡之意亦初無干涉也。上蔡所謂知覺，正謂知寒暖飽飢之類爾。推而至於酬酢佑神，亦只是此知覺，無别物也。但所用有小大爾。然此亦只是智之發用處，但惟仁者爲能兼之，故謂仁者心有知覺則可，謂心有知覺謂之仁，則不可。蓋仁者心有知覺，乃以仁包四者之用而言，猶云仁者知所羞惡、辭讓云爾。若曰心有知覺謂之仁，則仁之所以得名初不爲此也。今不究其所以得名之故，乃指其所兼者便爲仁體，正如言仁者必有勇，有德者必有言，豈可遂以勇爲仁，言爲德哉？又答曰：來教云：「夫其所以與天地萬物一體者，以夫天地之心之所有，是乃生生之藴，人與物所公共，所謂愛之理也。」熹詳此數句，似頗未安。蓋仁只是愛之理，人皆有之。然人或不公，則於其所當愛者反有所不愛，惟公則視天地萬物皆爲一體而無所不愛矣。若愛之理，則是自然本有之理，不必爲天地萬物同體而後有也。熹向所呈，似《仁説》，其間不免尚有此意，方欲改之而未暇，來教以爲不如《克齋》之云，是也。然於此却有所未察。竊謂莫若將公字與仁字且各作一字，看得分明，然後却看中間兩字相近處之爲親切也。若遽混而言之，乃是程子所以訶以公便爲仁之失。

此毫釐間正當子細也。又看仁字當并義、禮、智字看，然後界限分明，見得端的。今舍彼三者而獨論仁字，所以多説而易差也。又謂體用一源、内外一致爲仁之妙，此亦未安。蓋義之有羞惡，禮之有恭敬，智之有是非，皆内外一致，非獨仁爲然也。南軒張氏與朱子書曰：仁之爲説，推原其本，人與天地萬物一體也。是以其愛無所不至，猶人之身無分寸之膚而不貫通，則無分寸之膚不愛也。故以「惟公近之」之語形容仁體，最爲親切。欲人體夫所以愛者言仁，然愛字只是明得其用。必曰「仁者愛之理」，乃更親切。夫其所以與天地一體者，以夫天地之心之所存，是乃生生之藴，人與物所公共，所謂愛之理者，此也。故探其本，則未發之前，愛之理存乎性，是乃仁之體；察其動，則已發之際，愛之施被乎物，是乃仁之用。體用一源，内外一致，此仁之所以爲妙也。又答曰：程子言仁，本末甚備。今撮其大要，不過數言。蓋曰仁者生之性也，而愛其情也，孝悌其用也。公者所以體仁，猶言克己復禮爲仁也。學者於前三言者，可以識仁之名義。於後一言者，可以知其用力之方矣。今不深考其本末指意之所在，但見其分别性、情之異，便謂愛之與仁了無干涉；見其以公爲近仁，便謂直指仁體最爲深切。殊不知仁乃性之德而愛之本，因其性之有仁，是以其情能愛。但或蔽於有我之私，則不能盡其體用之妙。惟克己復禮，廓然大公，然後此體渾全，此用昭著，動静本末，血脉貫通爾。程子之言，意蓋如此。非謂愛之與仁了無干涉也。此説前書言之已詳，今請復以兩言決之。如熹之説，則性發爲情，情根於性。未有無性之情，無情之性，各爲一物而不相管攝。二説得失，此亦可見。非謂公之一字便是直指仁體也。細觀來喻，所謂：「公天下而無物我之私，則其愛無不溥矣。」不知此兩句甚處是直指仁體處？若以愛無不溥爲仁之體，則陷於以情爲性之失，高明之見必不至此。若以公天下而無物我之私便爲仁體，則恐所謂公者漠然無情，但如虚空木石，雖其同體之物尚不能有以相愛，況能無所不溥乎？然則此兩句中初未嘗有一字説着仁體，須知仁是本有之性，生物之心惟公爲能體之，非因公而後有也。故曰：「公而以人體之故爲仁。」細看此語，却是人字裏面帶得仁字過來。由漢以來，以愛言仁之弊，正爲不察性、情之辨，而遂以情爲性爾。今欲矯其弊，反使仁字汎然無所歸宿，而性情遂至於不相管，可謂矯枉過直，是亦枉而已矣。其弊將使學者終日言仁而實未嘗識其名義，且又并與天地之心、性情之德而昧焉。竊謂程子之意必不如此。南軒書云：《仁説》如「天地以生物爲心」之語，平看雖不妨，然不若只云「天地生物之心，人得之爲人之心」似完全。「仁道難名，惟公近之，然不可便以公爲仁」，又曰：「公而以人體之故爲仁。」此意指仁之體極爲深切。愛只是情，蓋公天下而無物我之私焉，則其愛無不溥矣。如此看乃可。由漢以來，言仁者蓋未嘗不以愛爲言也。○問：愛之理實具于心，心之德發而爲愛否？曰：解釋文義則可，實下功夫當如何？曰：據其已發之愛，則知其爲心之德。指其未發之仁，則知其爲愛之理。曰：某記少時與人講論此等道理，見得未真，又不敢斷定，觸處問人，自爲疑惑，皆是臆度所致，至今思之可笑。須是就自己實做工夫處分明見得這箇道理，意味自别。如克己復禮則如何爲仁。居處恭，執事敬，與出門如見大賓之類亦然。克己復禮本非仁，却須從克己復禮中尋究仁在何處，親切貼身體驗出來，不須向外處求。周謨曰：平居持養只克去己私，便是本心之德流行發見，無非愛而已。曰：此語近。正如疏導溝渠，初爲物所壅蔽，才疏導得通，則水自流行。克己復禮便是疏導意思，流行處便是仁。○問：敦厚虛静者仁之本。曰：敦厚虛静是「爲仁」之本。又問：虛者仁之原。曰：虛只是無欲故虛。虛明無欲，此仁之所由生也。又問：此虛字與一、大、清、虛之虛如何？曰：這虛也只是無欲，渠便將這箇唤做道體。然虛對實而言，却不似形而上者。○程子云：「大率把捉不定皆是不仁。」問：心之本體湛然虛明，無一毫私欲之累，則心德未嘗不存矣。把捉不定，則爲私欲所亂，是心外馳而其德亡矣。曰：如公所言，則是把捉不定，故謂之不仁。今此但曰「皆是不仁」，乃是言惟其不仁，所以致把捉不定也。○余正叔謂無私欲是仁。曰：謂之無私欲然後仁，則可。謂無私便是仁，則不可。蓋惟無私欲而後仁始見，如無所壅底而後水方行。方叔曰：與天地萬物爲一體是仁。曰：無私是仁之前事，與天地萬物爲一體是仁之後事。惟無私然後仁，惟仁然後與天地萬物爲一體，要在二者之間，識得畢竟仁是甚模樣。欲曉得仁名義，須并義禮智三字看。欲真箇見得仁底模樣，須是從克己復禮做工夫去。今人説仁，如糖皆道是甜，不曾喫着，不知甜是甚滋味。聖人都不説破，在學者以身體之而已矣。○

問：程子云：「敬以直内，義以方外，仁也。」如何以此便謂之仁？曰：亦是仁也。若能到私欲浄盡，天理流行處，皆可謂之仁。○問：存得此心便是仁。曰：且要存得此心，不爲私欲所勝，遇事每每着精神照管，不可隨物流去，須要緊緊守着。若常存得此心應事接物，雖不中不遠。思慮紛擾于中，都是不能存此心。此心不存，合視處也不知視，合聽處也不知聽。或問：莫在於敬否？曰：敬非别是一事，常喚醒此心便是。人每日只鶻鶻突突過了，心都不曾收拾得在裏面。又曰：仁雖似有剛直意，畢竟本是箇温和之物，但出來發用時有許多般。須得是非、辭遜、斷制三者，方成仁之事。及至事定，三者各退，仁仍舊温和。緣是他本性如此。人但見有是非、節文、斷制，却謂都是仁之本意，則非也。春本温和，故能生物，所以説仁如春。○問求仁。曰：看來仁字只是箇渾淪底道理。如《大學》致知格物，所以求仁也。《中庸》博學、審問、謹思、明辨、力行，亦所以求仁也。○學者須是求仁。所謂求仁者，不放此心。聖人亦只教人求仁。蓋仁義禮智四者，仁足以包之。若是存得仁，自然頭頭做着，不用逐事安排。故曰：「苟志於仁矣，無惡也。」今看《大學》亦要識此意，所謂「顧諟天之明命」，無他，求其放心而已。○前輩教人求仁，只説是淵深温粹，義理飽足。○問仁。曰：聖賢説話有説自然道理處，如「仁人心」是也。有説做工夫處，如「克己復禮」是也。○二程先生之前，學者全不知有仁字。凡聖賢説仁處，不過只作愛字看了。自二先生以來，學者始知理會仁字，不敢只作愛說。然其流復不免有弊者，蓋專務說仁，而於操存涵泳之功不免有所忽略，故無復優柔厭飫之味，克己復禮之實。不但其蔽也愚而已，而又一向離了愛字，懸空揣摸，既無真實見處，故其爲說恍惚驚怪，弊病百端，殆反不若全不知有仁字而只作愛字看却之爲愈也。某竊嘗謂：若實欲求仁，固莫若力行之近。但不學以明之，則有擿埴冥行之患，故其蔽愚。若主敬、致知交相爲助，則自無此蔽矣。若且欲曉得仁之名義，則又不若且將愛字推求。若見得仁之所以愛，而愛之所以不能盡仁，則仁之名義意思瞭然在目矣，初不必求之於恍惚有無之間也。

南軒張氏曰：「仁者天下之正理」，此言仁乃天下之正理也。天下之正理而體之於人，所謂仁也。若一毫之偏，則失其正理而爲不仁矣。

勉齋黄氏曰：仁包四者。「包」字須看得出。嘗記朱先生云：「未發則有仁義禮智之性，而仁則包四德。已發則有惻隱、羞惡、恭敬、是非之情，而惻隱則貫四端。」「貫」字如一箇物串在四箇物裏面過，「包」字如四箇物都合在一箇物裏面。

北溪陳氏曰：仁道甚廣大精微。可以用處只爲愛，而發見之端爲惻隱。又曰：仁是此心生理全處常生生不息，故其端緒方從心中萌動發出來，自是惻然有隱。由惻隱而充及到那物上，遂成愛。故仁乃是愛之根，而惻隱則根之萌芽，而愛則又萌芽之長茂已成者也。

觀此，則仁者愛之理，愛者仁之用，自可見得脉絡相關處矣。○孔門教人，求仁爲大。只專言仁，以仁包萬善。能仁，則萬善在其中矣。至孟子乃兼仁義對言之，猶四時之陰陽也。○自孔門後，人都不識仁。漢人只把做恩愛説，是又太泥了愛，又就上起樓起閣，將仁看得全粗了。故韓子遂以博愛爲仁。至程子始分别得明白，謂仁是性，愛是情。然自程子此言一出，門人又將愛全掉了，一向求高遠去，不知仁是愛之性，愛是仁之情。愛雖不可以正名仁，而仁亦豈能離得愛？上蔡遂專以知覺言仁。夫仁者固能知覺，謂知覺爲仁則不可。若轉一步看，只知覺純是理，便是仁也。龜山又以萬物與我爲一爲仁體。夫仁者固能與萬物爲一，謂與萬物爲一爲仁，則不可。此乃是仁之量。若能轉來看，只於與物爲一之前，徹表裏純是天理流行無間，便是仁也。吕氏《克己銘》又欲克去有己，須與物合爲一體方爲仁，認得仁都曠蕩在外了，於我都無統攝。必己與物對時，方下得克己工夫。若平居獨處，不與物對時，工夫便無可下手處，可謂踈闊之甚。據其實，己如何得與物合一？洞然八方，如何得皆在我闥之内？此不過只是想像箇仁中大底氣象如此耳。仁實何在焉？殊失向來孔、顔傳授心法本旨。其他門人又淺，皆無有説得親切者。○仁有以理言者，有以心言者，有以事言者。以理言，則只是此心全體天理之公，如文公所謂心之德、愛之理，此是以理言者也。心之德乃專言，而其體也；愛之理乃偏言，而其用也。程子曰：「仁者天下之公，善之本也。」亦以理言者也。以心言，則知此心純是天理之公，而絕無一毫人欲之私以間之也。如夫子稱回心三月不違仁，程子謂「只是無纖毫私欲，少有私欲便是不仁」，及「雍也不知其仁」等類，皆是以心言者也。以事言，則只是當理而無私心之謂。如夷、齊求仁而得仁，殷有三仁，及子文之忠，文子之清，皆「未知焉得仁」等類是也。若以用工言，則只是去人欲，復天理，以全其本心之德而已矣。如夫子當時答群弟子問仁，雖各隨其才質病痛之不同，而其旨意所歸，大概不越乎此。

問：明道謂學者能識仁體，實有諸己，只要義理栽培，如講求經義皆栽培之意。若仁之在人心一耳，不學之人獨無仁乎？潛室陳氏曰：識得仁體，謂滿腔子是惻隱之心。既體認得分明，無私意夾雜，又須讀書涵泳義理以灌溉滋養之。○問：周子曰：「愛曰仁。」程子云：「愛自是情，仁自是性，豈可專以愛爲仁。」程子學周子者也，何故議論迥別？曰：善言性者必有驗於情，故孟子以惻隱爲仁之端，周子以愛言仁，皆是借情以明性。若便以愛爲仁，則是指情作性，語死不圓矣。韓子博愛之仁是。○問：仁者有知覺，知覺何可以盡仁哉？仁者特有之耳。竊以爲纔言知覺，已入智中來。曰：程門雖有以覺言仁，然不專主此説，其他話頭甚多。上蔡專主此説，所以晦翁絕口不言，只説愛之理、心之德。此一轉語，亦含知覺在中，可更思求。○問：仁者偏言之只一事，兼言之則包四端。四端皆心之德，頭面迴異。仁既是愛之理，則義、禮、智亦當謂之理，四者皆當用工夫。然孔門大率多去仁上着力，何邪？曰：所謂愛之理是偏言之，將四端分作四去看，截然界限不可相侵。心之德是兼言之，將四端只作仁字看，仁爲善之長，猶家之嫡長子包貫得諸子，故獨以理言。以心德言，須見移在諸位上用不同，方是諳理。○問：晦翁説仁爲愛之理、心之德，如何？曰：愛是情，理是性，心統情性者也。單説愛字與心字，猶是就情上看，必曰愛之理、心之德，方和性在裏面，是愛之所以爲愛，而心之所以爲心者也，是之謂仁。前輩謂心爲穀種，能生處即是他所以爲穀種處。故桃杏之核皆曰仁。孔門不曾正説仁之體段，只説求仁、爲仁之方。孟子方説怵惕惻隱處以狀仁之體段，又説仁人心也。須認得仁爲人心，方見仁着落。所以不仁之人全無人心，既無人心，問他恁麼羞惡、恭敬、是非？仁包四端，即此可見。心如穀種，所以生處是性，生許多枝葉處便是情。心亦是有形影底物事，情亦是有形影底物事，獨性無形影。○問：程子云「把捉不定皆是不仁者」。曰：仁，人心也。心走作不在腔子裏，則人形雖具而所以爲形者死矣，故謂之不仁。

西山真氏曰：仁之一字，從古無訓。且如義訓宜，禮訓理，又訓履，智訓知，皆可以一字名其義。惟仁不可以一字訓。孟子曰：「仁者，人也。」亦只是言仁者乃人之所以爲人之理，亦不是以人訓仁。蓋緣仁之道大，包五常，貫萬善，所以不可以一言盡之。自漢以後，儒者只將愛字説仁。殊不知仁固主乎愛，然愛不足以盡仁。孟子曰：「惻隱之心，仁之端也。」惻隱者，此心惻然有隱，即所謂愛也。然只是仁之發端而已。韓文公言博愛之謂仁，程先生非之，以爲仁自是性，愛自是情，以愛爲仁，是以情爲性也。至哉言乎。朱文公先生始以愛之理、心之德六字形容之。所謂愛之理者，言仁非止乎愛，乃愛之理也。蓋以體言之，則仁之道大，無所不包。發而爲用，則主乎愛。仁者，愛之體也。愛者，仁之用也。愛者，如見赤子入井而惻然欲有以救之，以至矜憐憫惜慈祥恩惠，愛之謂也。性中既有仁，發出來便是愛。如根上發出苗，以苗爲出於根則可，以苗便爲根則不可。以愛出於仁則可，以愛便作仁則不可。故文公以「愛之理」三字言之，方説得盡。又曰：心之德，何也？蓋心者此身之主，而其理則得於天。仁義禮智皆此心之德，而仁又爲五常之本。如元亨利貞皆乾之德，而元獨爲四德之長。天之元，即人之仁也。元爲天之全德，故仁亦爲人心之全德。然仁之所以爲心之德者，正以主乎愛故也。仁所以能愛者，蓋天地以生物爲心，而人得之以爲心，是以主乎愛也。愛之理、心之德六字之義，乃先儒所未發，而朱文公始發之，其有功於學者至矣。豈可不深味之乎。○自非聖人，未有不由恕而至仁者。故孟氏亦曰：「强恕而行，求仁莫近焉。」恕必以「强」言，❶蓋

❶「必以」，原作「必」，重修本作「以」，今據四部叢刊影印明正德本《西山先生真文忠公文集》改。

明用力之難，學者當以强矯自厲云爾。夫恕之所以難者，何也？道心惟微，物欲易錮，私見一立，人己異觀，天理之公於是遏絶而不行矣。有志於仁者，當知穹壤之間與吾並生，莫非同體。體同則性同，性同則情同。公其心，平其施，必均齊而毋偏吝，必方正而無頗邪，帥是以往，將無一物不獲者，此所謂絜矩之道也。然《大學》既言絜矩，而繼以義利者，豈異指哉？利則惟己是營，義則與人同欲。世之君子平居論説，孰不以平物我、公好惡爲當然，而私意横生，莫能自克者，以利焉爾。利也者，其本心之螟蝨，正塗之榛莽歟？《大學》丁寧於絶簡，孟子懇激於首章，聖賢深切爲人，未有先乎此者。然則士之求仁，當自絜矩始。而推其端，又自明義利之分始。○凡天下至微之物皆有箇心，發生皆從此出。緣是稟受之初，皆得天地發生之心以爲心，故其心無不能發生者。一物有一心，自心中發出生意，又成無限物。且如蓮實之中有所謂么荷者，便儼然如一根之荷。他物亦莫不如是。故上蔡先生論仁，以桃仁、杏仁比之，謂其中有生意，纔種便生故也。惟人受天地之中以生，全具天地之理，故其爲心又最靈於物，故其所藴生意纔發出，則近而親親，推而仁民，又推而愛物，無所不可。以至於覆冒四海，惠利百世，亦自此而推之爾。此人心之大，所以與天地同量也。然一爲利禄所汩，則私意横生，遂流而爲殘忍，爲刻薄，則生意消亡，頑如鐵石，便與禽獸相去不遠，豈不可畏也哉。今爲學須要常存此心，平居省察，覺得胸中盎然有慈祥惻怛之意，無忮忍刻害之私，此即所謂本心，即所謂仁也。便當存之養之使之不失，則萬善皆從此而生。○人得天地生物之心以爲心，其心本無不仁。只因有私欲，便有違仁之時。能克去私欲，則心常仁矣。心者，指知覺而言也。仁者，指心所具之理而言也。蓋圓外竅中者，是心之體。謂形質也，此乃血肉之心。虛靈知覺者，是心之靈。靈，謂精爽也，言其妙則謂神明不測。仁義禮智信，是心之理。理即性也。知覺屬氣，凡能識痛痒，識利害，識義理者，皆是也。此所謂人心。若仁義禮智信，則純是義理。此所謂道心。人能克去私欲，則所知覺者皆義理。不能克去私欲，則所知覺者，物我利害之私而已。純是理，即是不違仁。雜以私欲，便是違仁。○手足不仁者，非曰手足自不仁也，蓋手足本吾一體，緣風痺之人血氣不貫於手足，便與不屬己相似。人與物亦本吾一體，緣頑忍之人此心不貫於人物，亦與不屬己相似。風痺之人不仁於手足，頑忍之人不仁於民物，皆以其不屬己故也。殊不知天地吾之父母，與人雖有彼我之異，與物亦有貴賤之殊，要本同一體。只緣私意一生，天理泯絶，便以人己爲二致，亦如手足本是吾身之物，只緣風邪所中，血氣隔塞，遂以手足爲外物。手足，民物之比也。風邪，私意之比也。人無私意之害，則民物之休戚自然相關，一見赤子入井，則此心爲之怵惕。無風邪之病，則手足之痒痾亦自然相關，雖小小疾苦，此心亦爲之痛楚。當如此玩味，方曉程子「痿痺不仁」之意。

魯齋許氏曰：仁爲四德之長。元者善之長，前人訓元爲廣大，直是有理。心胸不廣大，安能愛敬，安能教思容保民無疆？○仁與元俱包四德而俱列並稱，所謂合之不渾，離之不散。仁者，性之至，而愛之理也。愛者，情之發，而仁之用也。公者，人之所以爲仁之道也。元者，天之所以爲仁之至也。仁者，人心之所固有，而私或蔽之，以陷於不仁。故仁者必克己，克己則公，公則仁，仁則愛。未至於仁，則愛不可以充體。若夫知覺，則知之用，而仁者之所兼也。元者，四德之長，故兼亨、利、貞。仁者，五常之長，故兼義、禮、智、信。此二者所以必有知覺，不可便以知覺名仁也。

臨川吴氏曰：天之爲天也，元而已。人之爲人也，仁而已。四序一元也，五常一仁也。人之有仁，如木之有本。木有本，榦枝所由生也；人有仁，萬善所由出也。人而賊其仁，猶木戕其本也。木無本，則其枝瘁而榦枯。人不仁，則其心死，而身雖生也奚取。○仁者壽，非聖人之言乎？天地生物之心曰仁，惟天地之壽最久。聖人之仁如天地，亦惟上古聖人之壽最久。人所稟受有萬不齊，豈能人人如聖人之仁哉？夫人全德固未易全，然禮儀三百，威儀三千，無一而非仁者。得三百、三千之一，亦可謂仁，則亦可以得壽矣。予嘗執此觀天下之人，凡氣之温和者壽，質之慈良者壽，量之寬洪者壽，貌之重厚者壽，言之簡默者壽。蓋温和也，慈良也，寬洪也，重厚也，簡默也，皆仁之一端。其壽之長，決非猛厲、殘忍、褊狹、輕薄、淺躁者之所能及也。○夫東南西北，地之四方也，而東爲先。元亨利貞，天之四德也，而元爲長。地之東，天之元，時之春，人之仁也。《易》曰「體仁足以長人」，仁者何？人之心也。苟能體此，則有我之私纖芥不留，及物之春洞徹無間，真足爲人之長矣。不然，失其本心，没於下流，而不能自拔也，又奚長之云。

性理大全書卷之三十六

性理八

仁義

程子曰：仲尼言仁，未嘗兼義，獨於《易》曰：「立人之道曰仁與義。」孟子言仁，必以義配。蓋仁者體也，義者用也。知義之爲用而不外焉者，可與論道矣。世之論仁義者多外之，不然，則混而無別，非知仁義之説也。○昔者聖人立人之道曰仁曰義。孔子曰：「仁者人也，親親爲大。義者宜也，尊賢爲大。」唯能親親，故老吾老以及人之老，幼吾幼以及人之幼。唯能尊賢，故賢者在位，能者在職。唯仁與義盡人之道，則謂之聖人。○人必有仁義之心，然後仁義之氣睟然達於外。

朱子曰：仁義如陰陽，只是一氣。陽是正長底氣，陰是方消底氣。仁便是方生底義，義便是收回頭底仁。要之，仁未能盡得道體。道則平鋪地散在裹，仁固未能盡得。然仁却是足以該道之體。若識得陽，便識得陰。識得仁，便識得義。識得一箇，便曉得其餘箇。○問：於仁也柔，於義也剛。曰：仁體柔而用剛，義體剛而用柔。又問：此豈所謂陽根陰，陰根陽邪？曰：然。○問：自太極之動言之，則仁爲剛而義爲柔。自一物中陰陽言之，則仁之用柔，義之用剛。曰：是如此。仁便有箇流動發越之意，然其用則慈柔。義便有箇商量從宜之義，然其用則決裂。○問：仁義體用動静何如。曰：仁固爲體，義固爲用。然仁義各有體用，各有動静。○仁義互爲體用動静。仁之體本静，而其用則流行不窮。義之用本動，而其體則各止其所。○義之嚴肅，即是仁底收斂。○尋常人施恩惠底，心便發得易。當刑殺時，此心便疑。可見仁屬陽屬剛，義屬陰屬柔。黄直卿云：「只將『舒』『斂』二字看，便見喜則舒，怒則斂。」○問：義者仁之質。曰：義有裁制割斷意，是把定處，便發出許多仁來。如非禮勿視聽言動，便是把定處。一日克己復禮，天下歸仁，便是流行處。○問：孟子以惻隱爲仁之端，羞惡爲義之端。周子云：「愛曰仁，宜曰義。」然以其存於心者而言，則惻隱與愛固爲仁心之發，然羞惡乃就恥不義上反説，而非直指義之端也。宜字乃是就事物上説。不知義在心上，其體段如何？曰：義之在心，乃是決裂果斷者也。○或曰：存得此心即便是仁。曰：此句甚好，但下面説合於心者爲之，不合於心者勿爲，却又從義上去了，不干仁事。今且只以孟子「仁人心也，義人路也」，便見得仁義之别。蓋仁是此心之德，才存得此心，即無不仁。如説克己復禮，亦只是要得私欲去後，此心常存耳。未説到行處也。纔説合於心行之，便侵過「義人路」底界分矣。然義之所以能行，却是仁之用處。學者須是此心常存，方能審度事理，而行其所當行也。此孔門之學，所以必以求仁爲先。蓋此是萬理之原，萬事之本，且要先識認得，先存養得，方有下手立脚處耳。○克己復禮爲仁，善善惡惡爲義。○仁只是那流行底，義是那合當做處。仁只是發出來底，及至發出來有截然不可亂處便是義。○仁存諸心，性之所以爲體也。義制夫事，性之所以爲用也。○天命之性，流行發用，見於日用之間，無一息之不然，無一物之不體。其大端全體，即所謂仁。而於其間事事物物，莫不各有自然之分，如方維上下，定位不易，毫釐之間，不可差謬，即所謂義。立人之道，不過二者，而二者則初未嘗相離也。○問：龜山説：「知其理一，所以爲仁。知其分殊，所以爲義。」仁便是體，義便是用否？曰：仁只是流出來底，義是合當做底。如水流動處是仁，流爲江河，匯爲池沼，便是義。如惻隱之心便是仁；愛父母，愛兄弟，愛鄉黨，愛朋友故舊，有許多等差便是義。

問：心無内外。心而有内外，是私心也，非天理也。故愛吾親而人之親亦所當愛，敬吾長而人之長亦所當敬。今吾有親則愛焉，而人之親不愛，有長則敬焉，而人之長不敬，是心有兩也，是二本也。且天之生物使之一本，而二本可乎？南軒張氏曰：此緊要處，不可毫釐差。蓋愛敬之心由一本，而施有差等，此仁義之道所以未嘗相離也。《易》所謂「稱物平施」，稱物之輕重而吾施無不平焉，此吾儒所謂理一而分殊也。

勉齋黄氏曰：《論語》一書未嘗以仁義對言，而孟子言仁義者不一而足。聖賢之教，宜無異指，而若是不同，何也？仁義性所有也，夫子言性，不可得聞，而孟子道性善也。夫子教人，無非仁義之道，使人油然入於仁義而不自知也。孟子憫斯世之迷惑，故開闢啓鑰，直指人心而明告之也。五常百行皆性所有，而獨言仁義，又何也？仁義蓋總其名，而五常百行，其支派也。孟子提綱挈領，使人由是而推之，無往而非仁義也。孟子之言仁義也，其强爲是名耶？抑亦有自來也？且何以知其爲性所有而五常百行之總名也？夫子固常言之矣：「立天之道曰陰與陽，立地之道曰柔與剛，立人之道曰仁與義。」三才之道，一而已。陰陽以氣言，剛柔以質言，仁義以理言也。人受氣於天，賦形於地，稟陰陽剛柔氣質以爲體，則具仁義之理以爲性。此豈人之所能强名，而五常百行，孰有出於仁義之外哉？○仁義之道不在他求。孟子曰：「惻隱之心，仁之端也。羞惡之心，義之端也。」又曰：「孩提之童，無不知愛其親者。及其長也，無不知敬其兄也。親親，仁也。敬長，義也。」仁義之道，根於吾心之固有，初非有甚高難能之事也。存之於虛静純一之中，推之於動作應酬之際，則仁義之道在我矣。試以吾平日設心者思之：果能事親而孝乎？果能處宗族而睦乎？

果能交於鄉黨朋友而兼所愛乎？果能視人如己乎？果能視民如傷乎？即是心而充之，以至於無一念之不公，則仁之道盡矣。果能從兄而順乎？果能事上而敬乎？果能應事接物而求其是乎？果能見利不趨乎？果能見害不避乎？即是心而充之，以至於無一事之不宜，則義之道盡矣。盡仁義之道，則仰不愧，俯不怍，而上下與天地同流矣。

北溪陳氏曰：仁義起發是惻隱、羞惡，及到那人物上方見得愛與宜，故曰愛之理、宜之理。

仁義禮智

問：仁義禮智，立名還有意義否？朱子曰：說仁便有慈愛底意思，説義便有剛果底意思。聲音氣象，自然如此。黄直卿云：六經中專言仁者，包四端也。言仁義而不言禮智者，仁包禮，義包智。○生底意思是仁，殺底意思是義。發見會通是禮，收一作深。藏不測是智。○仁與義是柔軟底，禮、智是堅實底。仁義是頭，禮智是尾。一似説春秋夏冬相似。仁義一作仁禮。是陽底一截，禮智一作義智。是陰底一截。○問：仁義禮智體用之别。曰：自陰陽上看下來，仁、禮屬陽，義、智屬陰。春夏是陽，秋冬是陰。只將仁義説，則春作夏長仁也，秋斂冬藏義也。若將仁義禮智説，則春仁也，夏禮也，秋義也，冬智也。仁、禮是敷施出來底，義便是肅殺果斷底，智便是收藏底。如人肚臟有許多事，如何見得？其智愈大，其臟愈深。正如《易》中道：「立天之道曰陰與陽，立地之道曰柔與剛，立人之道曰仁與義。」解者多以仁爲柔，以義爲剛，非也。却是以仁爲剛，以義爲柔。蓋仁是箇發出來了便硬而强，義便是收斂向裏底，外面見之便是柔。○仁、禮屬陽，義、智屬陰。袁機仲却説義是剛底物，合屬陽，仁是柔底物，合屬陰。殊不知舒暢發達便是那剛底意思，收斂藏縮便是那柔底意思。他只念得「於仁也柔，於義也剛」兩句，便如此説。殊不知正不如此。又云：以氣之呼吸言之，則呼爲陽，吸爲陰。吸便是收斂底意。《鄉飲酒義》云，温厚之氣盛於東南，此天地之仁氣也。嚴凝之氣盛於西北，此天地之義氣也。○仁、禮屬陽屬健，義、智屬陰屬順。問：義則截然有定分，有收斂底意思，自是屬陰、順，不知智如何解。曰：智更是截然，更是收斂。如知得是，知得非，知得便了，更無作用。不似仁、義、禮三者有作用。知只是知得了，便交付惻隱、羞惡、辭遜三者，他那箇更收斂得快。○人只是此仁義禮智四種心，如春夏秋冬，千頭萬緒，只是此四種心發出來。○仁義禮智便是元亨利貞。若春間不曾發生得，到夏無緣得長，秋冬亦無可收藏。○問：仁是天地之生氣，義、禮、智又於其中分別，然其初只是生氣，故爲全體。曰：然。問：肅殺之氣亦只是生氣？曰：不是二物，只是斂些。春夏秋冬亦只是一氣。○問：仁包義、禮、智，惻隱包羞惡、辭讓、是非，元包亨、利、貞，春包夏、秋、冬。以五行言之，亦如木是包得火、金、水。曰：木是生氣，有生氣然後物可得而生。若無生氣，則火金水皆無自而能生矣。故木能包此三者。仁、義、禮、智，性也。性無形影可以摸索，只是有這理耳。惟情乃可得而見，惻隱、羞惡、辭遜、是非是也。故孟子言性曰：「乃若其情，則可以爲善矣。」蓋性無形影，惟情可見。觀其發處既善，則知其性之本善必矣。○或問：《論語》言仁處。曰：理難見，氣易見，但就氣上看便見。如看元亨利貞是也。元亨利貞也難看，且看春夏秋冬。春時盡是溫厚之氣，仁便是這般氣象。夏秋冬雖不同，皆是陽春生育之氣行乎其中。故偏言則一事，專言則包四者。明道謂義禮智皆仁也。若見得此理，則聖人言仁處或就仁上説，或就事上説，皆是這一箇道理。程正叔云：「滿腔子是惻隱之心。」曰：仁便是惻隱之母。又曰：若曉得此理，便見得克己復禮，私欲盡去，便純是溫和沖粹之氣，乃天地生物之心。其餘人所以未仁者，只是心中未有此氣象。《論語》但云求仁之方者，是其門人必嘗理會得此一箇道理。今但問其求仁之方，故夫子隨其人而告之。趙致道云：李先生云：「仁是天理之體統。」曰：是。○仁有兩般，有作爲底，有自然底。看來人之生便自然如此，不待作爲。如説父子欲其親，君臣欲其義，是他自會如此，不待欲也。父子自會親，君臣自會義。既自會恁地，便活潑潑地，便是仁。孟子説乍見孺子入井時，皆有怵惕惻隱之心，最親切。人心自是會如此，不是内交要譽方如此。大凡人心中皆有仁義禮智，然元只是一物發用出來，自然成四派。如破梨相似，破開成四片。如東對著西，便有南北相對。仁對著義，便有禮智相對。以一歲言之，便有寒暑。以氣言之，便有春夏秋冬。以五行言之，便有金木水火土。且如陰陽之間，儘有次第。大寒後不成便熱，須是且做箇春温，漸次到熱田地。大熱後不成便寒，須是且做箇秋涼，漸次到寒田地。所以仁義禮智，自成四派，各有界限。仁流行到義處便成義，禮、智處便成禮、智。且如萬物收藏，何嘗休了，都有生意在裏面。如穀種桃仁杏仁之類，種著便生，不是死物，所以名之曰仁，見得都是生意。如春之生物，夏是生物之盛，秋是生意漸漸收斂，冬是生意收藏。又曰：春夏是行進去，秋冬是退後去。正如人呵氣，呵出時便熱，吸入時便冷。○問：仁是生底意，義禮智則如何？曰：天只是一元之氣，春生時全見是生，到夏時長也只是這底，到秋來成遂也只是這底，到冬天藏斂也只是這底。仁義禮智割做四段，一箇便是一箇，渾淪看只是一箇。○問：先生以爲一分爲二，二分爲四，四分爲八，又細分將去。程子説性中只有仁義禮智四者而已，只分到四便住，何也？曰：周先生亦只分到五行住。若要細分，則如《易》樣分。○若説仁義，便如陰陽。若説四端，便如四時。若分四端八字，便如八節。蓋嘗言仁義禮智只是一箇道理分爲兩箇，兩箇分爲四箇，一箇是仁，一箇是義，一箇是禮，一箇是智。這四箇便是箇種子，惻隱、羞惡、恭敬、是非便是種子所生底苗。○問：以愛名仁，是仁之迹。以覺言仁，是仁之端。程子云：「仁道難名，惟公近之，不可便以公爲仁。」畢竟仁之全體如何識認？克己復禮，天下歸仁，孟子所謂萬物皆備於我，是仁之體否？曰：覺決不可以言仁，雖足以知仁，自屬智了。愛分明是仁之迹。曰：惻隱是仁情之動處。要識仁，須是兼義禮智看。有箇宜底意思是義，有箇讓底意思是禮，有箇別白底意思是智，有箇愛底意思是仁。仁是天理，公是天理，故伊川謂「惟公近之」，又恐人滯著，隨即曰「不可便以公爲仁」。萬物皆備固是仁，然仁之得名却不然。○問：元亨利貞有次第，仁義禮智因發而感，則無次第。曰：發時無次第，生時有次第。○仁義禮智，性之大目，皆是形而上者，豈可分也。○問：仁得之最先，蓋言仁具義禮智。曰：先有是生理，三者由此推之。○仁渾淪言，則渾淪都是一箇生意，義禮智都是仁。對言，則仁與義禮智一般。○仁與智包得，義與禮包不得。○仁所以包三者，蓋義禮智皆是流動底物，所以皆從仁上漸漸推出。仁智、元貞是始終之事，這兩頭却重，如坎與震是始萬物、終萬物處，艮則是中間接續處。○問：孟子説仁義禮智，義在第二。《太極圖》以義配利，則在第三。曰：禮是陽，故曰亨。仁義禮智，猶言東西南北。元亨利貞，猶言東南西北。一箇是對説，一箇是從一邊説起。○四端猶四德，逐一言之，則各自爲界限。分而言之，則仁義又是一大界限。故曰：「仁，人心也。義，人路也。」如《乾·文言》既曰四德，又曰：「乾元者，始而亨者也。利貞者，性情也。」○或言性之四端迭爲賓主，然仁、智其總統也。「恭而無禮則勞」，是以禮爲主也。「君子義以爲質」，是以義爲主也。蓋四德未嘗相離，遇事則迭見層出，要在人默而識之。曰：説得是。○仁義禮智才去尋討他時便動了，便不是本來底。又曰：心之所以會做許多，蓋具得許多道理。又曰：何以見得有此四者？因其惻隱，知其有仁。因其羞惡，知其有義。又曰：伊川穀種之説最好。又曰：冬飲湯，是宜飲湯。夏飲水，是宜飲水。冬飲水，夏飲湯，便不宜。○童蜚卿問：仁恐是生生不已之意。人惟爲私意所汩，故生意不得流行。克去己私，則全體大用無時不流行矣。曰：此是衆人公共説底。畢竟緊要處不知如何。今要見仁字意思，須將仁義禮智四者共看，便見仁字分明。如何是義，如何是禮，如何是智，如何是仁，便仁字自分明。若只看仁字，越看越不出。曰：仁字恐只是生意，故其發而爲惻隱，爲羞惡，爲辭遜，爲是非？曰：且只得就惻隱字上看。楊道夫問：先生嘗説仁字就初處看，只是乍見孺子入井，而怵惕惻隱之心，蓋有不期然而然，便是初處否？曰：恁地靠著也不得。大抵人之德性上自有此四者意思，仁便是箇温和底意思，義便是箇慘烈剛斷底意思，禮便是箇宣著發揮底意思，智便是箇收斂無痕迹底意思。性中有此四者，聖門却只以求仁爲急者，緣仁却是四者之先。若常存得温厚底意思在這裏，到宣著發揮時便自然會宣著發揮，到剛斷時便自然會剛斷，到收斂時便自然會收斂。若將別箇做主，便都對副不著了。此仁之所以包四者也。直卿問：此恐如五行之木。若不是先有箇木，便亦自生下面四箇不得。曰：若無木便無火，無火便無土，無土便無金，無金便無水。又曰：仁字如人釀酒。酒方微發時帶些温氣便是仁，到發得極熱時便是禮，到得熟時便是義，到得成酒後却只與水一般，便是智。又如一日之間，早間天氣清明便是仁，午間極熱時便是禮，晚下漸凉便是義，到夜半全然收斂，無些形迹時，便是智。只如此看，甚分明。○當來得於天者只是箇仁，所以爲心之全體。却自仁中分四界子，一界子上是仁之仁，一界子上是仁之義，一界子是仁之禮，一界子是仁之智。一箇物事，四脚撑在裏面，唯仁兼統之。心裏只有此四物，萬物萬事皆自此出。○問：如温和之氣，固是見得仁。若就包四者意思看，便自然有節文，自然得宜，自然明辨。曰：然。○禮者，仁之發。智者，義之藏。且以人之資質言之：温厚者多謙遜，通曉者多刻剥。○仁字專言之則混然而難名，必以仁義禮智四者兼舉而並觀，則其意味情狀互相形比，乃爲易見。仁義禮智同具於性，而其體渾然莫得而見。至於感物而動，然後見其惻隱、羞惡、辭遜、是非之用，而仁義禮智之端於此形焉，乃所謂情。而程子以謂陽氣發處者，此也。但此四者同在一處之中，而仁乃生物之主，故雖居四者之一，而四者不能外焉。此《易傳》所以有「偏言則一事，專言則包四者」之説。固非獨以仁爲性之統體，而謂三者必已發而後見也。大抵仁義禮智，性也。惻隱、羞惡、辭遜、是非，情也。心則統乎性情者也。以此觀之，則區域分辯而不害其同，脈絡貫通而不害其別，庶乎其得之矣。○人之爲人，孰不具是性。若無是四端，則亦非人之道矣。然分而論之，其別有四，猶四體然。其位各置，不容相奪，而其體用互爲相須。合而言之，則仁蓋可兼包也。故言其未發，則仁之體立，而義禮智即是而存焉。循其既發，則惻隱之心形，而其羞惡、辭讓、是非亦由是而著焉。故孟子首舉不忍人之心，而後復詳於四端也。人有之而自謂不能，是自賊其良心者也。○性是太極渾然之體，本不可以名字言。但其中含具萬理，而綱領之大者有四，故命之曰仁義禮智。孔門未嘗備言，至孟子而始備言之者，蓋孔子時性善之理素明，雖不詳著其條而説自具；至孟子時異端蠭起，往往以性爲不善，孟子思有以明之，於是别而言之。蓋四端之未發也，雖寂然不動，而其中自有條理，自有間架，不是儱侗都無一物，所以外邊纔感，中間便應。如赤子入井之事感，則仁之理便應，而惻隱之心於是乎形。如過廟過朝之事感，則禮之理便應，而恭敬之心於是乎形。蓋由其中間衆理渾具，各各分明，故外邊所遇，隨感而應。所以四端之發，各有面貌之不同。是以孟子析而爲四，以示學者，使知渾然全體之中，而粲然有條若此，則性之善可知矣。然四端之未發也，所謂渾然全體，無聲臭之可言，無形象之可見，何以知其粲然有條如此？蓋是理之可驗，乃依然就他發處驗得。凡物必有本根。性之理雖無形，而端的之發最可驗。故由其惻隱，所以必知其有仁。

由其羞惡，所以必知其有義。由其恭敬，所以必知其有禮。由其是非，所以必知其有智。使其本無是理於内，則何以有是端於外？由其有是端於外，所以必知有是理於内而不可誣也。故孟子言：「乃若其情，則可以爲善矣，乃所謂善也。」是則孟子之言性善，蓋亦遡其情而逆知之耳。○問：仁兼四端意思理會不透。曰：謝上蔡見明道先生，舉史文成誦，明道謂其玩物喪志。上蔡汗流浹背，面發赤色。明道云：「此便見得惻隱之心。」且道上蔡聞得過失，恁地慚惶，自是羞惡之心，如何却説道「見得惻隱之心」？公試思。久之，先生曰：惟是有惻隱之心方會動，若無惻隱之心，却不會動。惟是先動了，方始有羞惡，方始有恭敬，方始有是非。動處便是惻隱。若不會動，却不成人。若不從動處發出，所謂羞惡者非羞惡，所謂恭敬者非恭敬，所謂是非者非是非。天地生生之理，這些動意未嘗止息。看如何梏亡，亦未嘗盡消滅，自是有時而動。學者只怕間斷了。

南軒張氏曰：四者具於性而根於心，猶木之著本，水之發源，由是而生生不息也。仁義禮智根於心而生色於外，充盛著見，自不可揜。故其睟然之和，見於面，盎於背，施於四體，四體不言而喻。涵養擴充，積久而熟，天理融會，動容周旋，無非此理。○人之性，仁義禮智四德具焉。其愛之理則仁也，宜之理則義也，讓之理則禮也，知之理則智也。是四者雖未形見，而其理固根於此，則體實具於此矣。性之中只有是四者，萬善皆管乎是焉。而所謂愛之理者，是乃天地生物之心，而其所由生者也。故仁爲四德之長，而又可以兼包焉。惟性之中有是四者，故其發見於情則爲惻隱、羞惡、是非、辭讓之端，而所謂惻隱者，亦未嘗不貫通焉。此性情之所以爲體用，而心之道則主乎性情者也。人惟己私蔽之，以失其性之理而爲不仁，甚至於爲忮爲忍，豈人之情也哉？其陷溺者深矣。是以爲仁莫要乎克己。己私既克，則廓然大公，而其愛之理素具於性者無所蔽矣。愛之理無所蔽，則與天地萬物血脈貫通，而其用亦無不周矣。故指愛以名仁則迷其體，程子所謂「愛是情，仁是性」，謂此。而愛之理則仁也。指公以爲仁則失其真，程子所謂「仁道難名，惟公近之，不可便指公爲仁」，謂此。而公者人之所以能仁也。夫静而仁義禮智之體具，動而惻隱、羞惡、辭讓、是非之端達。其名義位置，固不容相奪倫。然而惟仁者爲能推之而得其宜，是義之所存者也。惟仁者爲能恭讓而有節文，是禮之所存者也。惟仁者爲能知覺而不昧，是智之所存者也。此可見其兼能而貫通者矣。是以孟子於仁，統言之曰「仁人心也」，亦猶在《易》乾坤四德而統言乾元、坤元也。

勉齋黄氏曰：道固莫大於仁義，而孟子又曰：「惻隱之心，仁也。羞惡之心，義也。恭敬之心，禮也。是非之心，智也。」向之二者分而爲四，又何也？天固不外乎陰陽矣。陰陽互分而爲老少，則爲四矣。陰陽互分而爲老少，金木水火之所以流行也。木神則仁，金神則義，火神則禮，水神則智。五行既不外乎陰陽，則五性亦不外乎仁義也。嗟夫，人稟五行陰陽之秀氣以生，而具有仁義禮智之性，所以與天地並立而爲三也。自其氣稟所昏，物慾所汩，則惻隱者變而爲殘忍矣，羞惡者變而爲鄙賤矣，恭敬者變而爲傲慢矣，是非者變而爲昏愚矣。如是，則雖具人之形，而亦何異於禽獸哉！

北溪陳氏曰：人性之有仁義禮智，只是天地元亨利貞之理。仁在天爲元，於時爲春，乃生物之始，萬物於此方萌芽發露，如仁之生生，所以爲衆善之長也。禮在天爲亨，於時爲夏，萬物到此時一齊盛長，衆美所會聚，如經禮三百，曲禮三千，燦然文物之盛，亦衆美所會聚也。義在天爲利，於時爲秋，萬物到此時皆成遂，各得其所，如義斷制萬事，亦各得其宜。秋有肅殺氣，義亦有嚴肅底意。智在天爲貞，於時爲冬，萬物到此時皆歸根復命，收斂都定了，如智見得萬事是非都一定，確然不可易，便是貞固道理。貞後又生元，元又生亨，亨又生利，利又生貞。只管如此去，循環無端。總而言之，又只是一箇元。蓋元是箇生意，亨只是此生意之通，利只是此生意之遂，貞也只是此生意之藏。此元所以兼通四德。故曰：「大哉乾元，萬物資始，乃統天。」謂統乎天，則終始周流，都是一箇元。如仁兼統四者，義禮智都是仁。至其爲四端，則所謂惻隱一端，亦貫通乎羞惡、辭讓、是非之端而爲之統焉。今即就四端不覺發動之初，真情懇切時，便自見惻隱貫通處。故程子曰：「四德之元，猶五常之仁。偏言則一事，專言則包四者。」可謂示人親切，萬世不易之論矣。○問：何謂義禮智都是仁？曰：仁者此心渾是天理流行，到那禮儀三百，威儀三千，亦都渾是這天理流行。到那義之裁斷千條萬緒，各得其宜，亦都渾是這天理流行。到那智之分別萬事，是非各定，亦都渾是這天理流行。○仁義禮智四者判作兩邊，只是仁義兩箇。如春夏秋冬四時分來，只是陰陽兩箇。春夏爲陽，秋冬爲陰。夏之通暢只是春之發生盛大處，冬之斂藏只是秋之肅殺歸根處。

潛室陳氏曰：性是太極渾然之全體，本不可以名字言。但其中含具萬理，而綱領之大者有四，故命之曰仁義禮智。孔門未嘗備言，至孟子始備言之。苟但曰渾然本體，則恐爲無星之秤，無寸之尺，而終不足以曉天下。於是別而言之，界爲四破，而四端之説於是乎立。孟子之言，亦遡其情而逆知之耳。仁義禮智既見得他界分分明，又須知四者之中，仁義是一箇對立底關鍵。蓋仁，仁也，而禮者則仁之著；義，義也，而智者則義之藏。猶春夏秋冬，雖爲四時，然春夏皆陽之屬也，秋冬皆陰之屬也。故曰：「立天之道曰陰與陽，立人之道曰仁與義。」是知天地之道不兩則不能以立，故端有四而立之兩耳。仁義雖對立而成兩，然仁實通乎四者之中。蓋偏言則一事，專言則包四者。故仁者仁之本，禮者仁之節文，義者仁之節制，智者仁之分別。猶春夏秋冬雖不同，而同出於春。春則春之生，夏則春之長，秋則春之收，冬則春之藏也。自四而兩，自兩而一，則統之有宗，會之有元矣。故曰：「五行一陰陽，陰陽一太極。」是天地之理固然也。仁包四端，而智居四端之末者，蓋冬者藏也，所以終萬物而始萬物者也。智有藏之義焉，有終始之義焉，是惻隱、羞惡、恭敬三者皆有可爲之事，而智則無事可爲，但分別其爲是爲非耳。是以謂之藏也。又惻隱、羞惡、恭敬皆是一面底道理，而是非則有兩面，既別其所是，又別其所非，終始萬物之象也。故仁爲四端之首，而智則或終而或始。猶元爲四德之長，然元不生於元而生於貞。蓋天地之化，不翕聚則不能發散，理固然也。仁智交際之間，乃萬化之機軸，循環不窮，脗合無間，程子所謂「陰陽無端，動静無始」者，此也。

西山真氏曰：人之爲人，所以與天地並立而爲三者，蓋形有大小之殊，而理無大小之間故也。理者何？仁義禮智是也。人之有是理者，天與之也。自天道而言，則曰元亨利貞；自人道而言，則曰仁義禮智；其實一而已。人與天地本一無二，而其所以異者，天地無心而人有欲。天地惟無心也，是以於穆之命，終古常新，元而亨，亨而利，利而貞，貞而又元，一通一復，循環而無間。人之生也，初皆全具此理，惟其有形體之累，則不能無物欲之私。故當其惻隱之發而有以撓之，則仁不能充矣。當其羞惡之發而有以奪之，則義不能充矣。恭敬、是非之發亦然。此孟子所以惓惓於「充之」一言也。蓋善端之發，其始甚微，亦猶陰陽之氣兆於二至，初皆眇然而未著也。迨陽浸而長，至于正月，則天地之氣和，而物皆發達矣。陰浸而長，至于七月，則天地之氣肅，而物皆收斂矣。天地無心，其生成萬物之理，皆自微至著，無一歲不然者。人能體天地之心以爲心，因其善端之發，保養扶持，去其所以害之者。若火之然，因而噓之。若泉之達，因而導之。則一念之惻隱可以澤百世，一念之羞惡可以正萬民。堯、舜之仁，湯、武之義，所以與天地同其大者，以其能充之也。

性理大全書卷之三十七

性理九

仁義禮智信

程子曰：仁者，公也，人此者也。義者，宜也，權量輕重之極也。禮者，别也。智者，知也。信者，有此者也。萬物皆有性，此五常性也。〇仁義禮智信，於性上要言此五事，須要分别出。仁則固一，一所以爲仁。惻隱則屬愛，乃情也，非性也。恕者入仁之門，而恕非仁也。因其惻隱之心，知其有仁。惟四者有端，而信無端。只有不信，更無信。如東西南北已有定體，更不用信。若以東爲西，以南爲北，則有不可信。如東即東，西即西，則無信。〇仁載此四事，由行而宜之謂義，履此之謂禮，知此之謂智，誠此之謂信。〇仁義禮智信，五者性也。仁者全體，四者四支。仁，體也。義，宜也。禮，别也。智，知也。信，實也。〇凡有血氣之類，皆具五常，但不知充而已矣。

張子曰：仁不得義則不行，不得禮則不立，不得智則不知，不得信則不能守。此致一之道也。

朱子曰：在天只是陰陽五行，在人得之只是剛柔五常之德。○或問：仁義禮智，性之四德。又添箇信字，謂之五性，如何？曰：信是誠實此四者，實有是仁，實有是義，禮智皆然。如五行之有土，非土不足以載四者。○仁只是一箇渾然天理。義字如一横劍、一利刃相似。凡事物到前，便兩分去。胸中許多勞勞攘攘，到此一齊割斷了。君子義以爲質，義以爲上，義不食也，義弗乘也，精義入神以致用也。此是義十分精熟，用便見也。禮者節文也。智主含藏分别，有知覺，無運用。信是義理之全體本質，不可得而分析者。故明道言四端，不言信。○得此生意以有生，然後有禮智義信。以先後言之，則仁爲先。以大小言之，則仁爲大。○問：蒙喻仁意思，云義禮智信上著不得，又須見義禮智信上少不得，方見得仁統五常之意。今以樹爲喻：夫樹之根固有生氣，然貫徹首尾，豈可謂榦與枝，花與葉無生氣也。曰：固然。只如四時，春爲仁，有箇生意在，夏則見其有箇亨通意在，秋則見其有箇成實意在，冬則見其有箇貞固意在。夏、秋、冬，生意何嘗息？本雖凋零，生意則常存。大抵天地間只一理，隨其到處分許多名字出來。四者於五行各有配，惟信配土，以見仁義禮智實有此理，不是虚説。又如乾四德，元最重，其次貞亦重，以明始終之義。非元則無以生，非貞則無以終，非終則無以爲始，不始則不能成終矣。如此循環無窮也。○或問：人之所以爲性者五，而獨舉仁義，何也？曰：天地之所以生物者，不過乎陰陽五行，而五行實一陰陽也。故人之所以爲性者，雖有仁義禮智信之殊，然其曰仁義，則其大端已舉矣。蓋以陰陽五行而言，則木、火皆陽，金、水皆陰，而土無不在。以性而言，則禮者仁之餘，知者義之歸，而信亦無不在也。○人稟五行之秀以生，故木神曰仁，則愛之理也，而其發爲惻隱。火神曰禮，則敬之理也，而其發爲恭遜。金神曰義，則宜之理也，而其發爲羞惡。水神曰智，則別之理也，而其發爲是非。土神曰信，則實有之理也，而其發爲忠信。是皆天理之固然，人心之所以爲妙也。○答袁機仲曰：所論仁義禮智，分屬五行四時。蓋天地之間，一氣而已。分陰分陽，便是兩物。故陽爲仁，而陰爲義。然陰陽又各分而爲二。故陽之初爲木爲春爲仁，陽之盛爲火爲夏爲禮。陰之初爲金爲秋爲義，陰之極爲水爲冬爲智。蓋仁之惻隱方自中出，而禮之恭敬則已盡發於外。義之羞惡方自外入，而智之是非則已全伏於中。故其象類如此，非是假合附會。若能默會於心，便自可見。元亨利貞，其理亦然。五行之中，四者既各有所屬，而土居中宮，爲四行之地、四時之主。在人則爲信，爲真實之義，而爲四德之地、衆善之主也。五聲、五色、五臭、五味、五藏、五蟲，其分倣此。蓋天人一物，内外一理，流通貫徹，初無間隔。若不見得，則雖生於天地間而不知所以爲天地之理，雖有人之形貌而亦不知其所以爲人之理矣。○程珙問：《論語》多是説仁，孟子却兼説仁義。意者夫子説元氣，孟子説陰陽。仁恐是體，義恐是用。先生嘗曰：孔、孟之言，有同有異，固所當講。然今且當理會何者爲仁，何者爲義，如何説箇仁義二字底道理。大凡天之生物，各付一性。性非有物，只是一箇道理之在我者耳。故性之所以爲體，只是仁、義、禮、智、信五字。天下道理不出於此。韓文公云，人之所以爲性者五，其説最爲得之。却爲後世之言性者多雜，所以將性字作知覺心意看了，非聖賢所説性字本指也。五者之中所謂信者，是箇真實無妄底道理。如仁義禮智，皆真實而無妄者也。故信字更不須説。只仁義禮智四字，於中各有分别，不可不辯。蓋仁則是箇温和慈愛底道理，義則是箇斷制裁割底道理，禮則是箇恭敬撙節底道理，智則是箇分别是非底道理。凡此四者具於人心，是乃性之本體。方其未發，漠然無形象之可見。及其發而爲用，則仁者爲惻隱，義者爲羞惡，禮者爲恭敬，智者爲是非。隨事發見，各有苗脈，不相殽亂，所謂情也。故孟子曰：「惻隱之心，仁之端也。羞惡之心，義之端也。恭敬之心，禮之端也。是非之心，智之端也。」謂之端者，猶有物在中而不可見，必因其端緒發見於外，然後可得而尋也。蓋一心之中，仁義禮智各有界限，而其性情體用，又自各有分别。須是見得分明，然後就此四者之中，又自見得仁義兩字是箇大界限。如天地造化，四序流行，而其實不過於一陰一陽而已。於此見得分明，然後就此又自見得仁字是箇生底意思，通貫周流於四者之中。仁固仁之本體也，義則仁之斷制也，禮則仁之節文也，智則仁之分別也。正如春之生氣，貫徹四時。春則生之生也，夏則生之長也，秋則生之收也，冬則生之藏也。故程子謂：「四德之元，猶五常之仁。偏言則一事，專言則包四者。」正謂此也。孔子只言仁，以其專言者言之也，故但言仁而仁義禮智皆在其中。孟子兼言義，以其偏言者言之也。然亦不是於孔子所言之外添入一箇義字，但於一理之中分別出來耳。其又兼言禮智，亦是如此。蓋禮又是仁之著，智又是義之藏，而仁之一字，未嘗不流行乎四者之中也。若論體用，亦有兩説。蓋以仁存於心，而義形於外言之，則曰「仁人心也，『義人路也』，而以仁義相爲體用。若以仁對惻隱、義對羞惡而言，則就其一理之中，又以未發、已發相爲體用。若認得熟，看得透，則玲瓏穿穴，縱横顛倒，無處不通，而日用之間行著習察，無不是著工夫處矣。曰：孔門方説仁字，則是列聖相傳，到此方漸次説親切處爾。夫子所以賢於堯、舜，於此亦可見其一端也。○或問：仁義禮智信有本耶？曰：亦孝弟而已矣。但以愛親而言，則爲仁之本也。其順乎親，則爲義之本也。敬乎親，則爲禮之本也。其知此者，則爲智之本也。其誠此者，則爲信之本也。蓋人之所以爲五常百行之本，無不在此。孟子之論仁、義、禮、智樂之實者，正爲是爾。此其所以爲至德要道也歟？

北溪陳氏曰：仁者，心之全德，兼統四者。義禮智信，無仁不得。蓋仁是心中箇生理，常流行生生不息，徹終始，無間斷。苟無這生理，則心便死了。其待人接賓，恭敬何自而發，必無所謂禮。處事之際，必不解裁制，而無所謂義。其於是非也，亦頑然無所知覺，而無所謂智。既無是四者，又烏有所謂實理哉？就事物言：父子有親便是仁，君臣有義便是義，夫婦有別便是禮，長幼有序便是智，朋友有信便是信。此是豎觀底意。若横而觀之，以仁言，則所謂親、義、别、序、信皆莫非此心天理流行，又是仁；以義言，則只那合當親，合當義，合當别，合當序，合當信底，皆各當乎理之宜，又是義；以禮言，則所以行乎親、義、别、序、信中之節文又是禮；以智言，則所以知是五者當然而不昧又是智；以信言，則所以實是五者，誠然而不妄又是信。若又錯而言之，親親，仁也；所以愛親之誠，則仁之仁也；所以諫乎親，則仁之義也；所以温清定省之節文，則仁之禮也；自良知無不知是愛，則仁之智也；所以爲事親之實，則仁之信也。從兄，義也；所以愛兄之誠，則義之仁也；所以當敬在兄，❶則義之義也；所以徐行後長之節文，則義之禮也；自良知無不知是敬，則義之智也；所以爲從兄之實，則義之信也。敬賓，禮也；所以懇惻於中，則禮之仁也；所以接待之宜，則禮之義也；所以周旋之節文，則禮之禮也；所以酬酢而不亂，則禮之智也；所以爲敬賓

❶「當」，重修本作「常」，文淵閣四庫全書本《北溪字義》作「庸」。

之實，則禮之信也。察物，智也；是是非非之懇惻，則智之仁也；是是非非之得宜，則智之義也；是是非非之中節，則智之禮也；是是非非之一定，則智之智也；所以爲是非之實，則智之信也。復言，信也；由乎天理之公，則信之仁也；發而皆天理之宜，則信之義也；出而中節，則信之禮也；所以有條而不紊，則信之智也；所以爲是言之實，則信之信也。○仁義禮智信，五者謂之五常，亦謂之五性。就造化上推，原來只是五行之德。仁在五行爲木之神，在人性爲仁。義在五行爲金之神，在人性爲義。禮在五行爲火之神，在人性爲禮。智在五行爲水之神，在人性爲智。人性中只有仁義禮智四位，却無信位。如五行木位東，金位西，火位南，水位北，而土無定位，只寄處於四位之中。木屬春，火屬夏，金屬秋，水屬冬，土無專氣，只分寄旺於四季之間。四行無土，便都無所該載，猶仁義禮智無信，便都不實了。只仁義禮智之實理便是信。信却易曉。仁義禮智須逐件看得分明，又要合聚看得脈絡都不亂。○四者端緒，日用間常常發見，只是人看理不明，故茫然不知得。且如一事到面前，便自有箇是有箇非，須是知得此便是智。若是也不知，非也不知，便是心中頑愚無知覺了。既知得是非已明，便須判斷。只當如此做，不當如彼做，有可否、從違便是義。若要做此，又不能割捨得彼，只管半間不界，便是心中頑鈍而無義。既斷定了，只如此做，便看此事如何是太過，如何是不及，做得正中恰好，有箇節文，無過無不及，此便是禮。做事既得中，更無些子私意夾雜其間，便都純是天理流行，此便是仁。事做成了，從頭至尾皆此心真實所爲，便是信。此是從下説上去。若從上説下來，且如與箇賓客相接，初間纔聞之，便自有箇懇惻之心怛然動於中是仁。此心既怛然動於中，便肅然起敬去接見他是禮。既接見畢，便須合作如何待，輕重厚薄，處之合宜便是義。或輕或重，或厚或薄，明白一定是智。從首至末皆真實是信。此道理循環無端，若見得熟，則大用小用皆宜，横説豎説皆通。○程子論「心譬如穀種，生之性便是仁」，此一語説得極親切。只按此爲準去看，更兼所謂「仁是性，愛是情」，及「仁不可訓覺」，與「公而以人體之故爲仁」等數語相參照體認出來，則主意不差，而仁可得矣。義就心上論，則是心之裁制決斷處。「宜」字乃裁斷後事。裁斷當理，然後得宜。凡事到面前便須有剖判，是可是否。文公謂義之在心，如利刃然，物來觸之，便成兩片。若可否都不能剖判，便是此心頑鈍無義了。且如有一人來邀我同出去，便須能剖判當出不當出。若要出又不要出，於中遲疑不能決斷，更何義之有？此等處須是自看得破。如韓文公以行而宜之之謂義，則是就外面説成義外去了。「禮者天理之節文，而人事之儀則。」朱子以此兩句對言之，何也？蓋天理只是人事中之理而具於心者也，天理在中而著見於事，人事在外而根於中，天理其體而人事其用也。儀，謂容儀而形見於外者，有粲然可象底意，與文字相應。則，謂法則、準則，是箇骨子所以存於中者，乃確然不易底意，與節字相應。文而後儀，節而後則，必有天理之節文，而後有人事之儀則。禮者，心之敬而天理之節文也。心中有箇敬油然自生便是禮，見於應接便自有箇節文。節則無太過，文則無不及。如做事太質無文彩，是失之不及。末節繁文太盛，是流於太過。天理之節文，乃其恰好處，便是理合當如此，更無太過，更無不及，當然而然，便即是中。智只是心中一箇知覺處，知得是是非非恁地確定是智。孟子謂：「知斯二者弗去是也。」「知」是知識，「弗去」便是確定不易之意。信在性只是四者都實底道理，及發出來便爲忠信之信。由內面有此信，故發出來方有忠信之信。忠信只是一物，而判作二者，便是信之端緒，是就外面應接事物發原處說。

魯齋許氏曰：五常，性也。天命之性，性分中之所固有，君臣、父子、夫婦、長幼、朋友所行之道也。率性之道，職分之所當爲。

誠

程子曰：無妄之謂誠，不欺其次也。一本云：李邦直云：不欺之謂誠。便以不欺爲誠。徐仲車云不息之謂誠，《中庸》言「至誠無息」，非以無息解誠也。或以問先生，先生遂云然。○動以天爲無妄，動以人欲則妄矣。無妄者，至誠也。至誠者，天之道也。○信不足以盡誠，猶愛不足以盡仁。○閑邪則誠自存，不是外面捉一箇誠將來存著。○不誠則有累，誠則無累。○誠則無不敬。未至於誠，則敬然後誠。○主一者謂之敬，一者謂之誠。○誠之爲言，實而已矣。

張子曰：誠則實也。太虛者，天之實也。萬物取足於太虛，人亦出於太虛。太虛者，心之實也。○誠者，虛中求出實。

藍田吕氏曰：誠者理之實然，一而不可易者也。○實理不二，則其體無雜。其體不雜，則其行無間。故至誠無息。

上蔡謝氏曰：誠是實理，非專一也。

朱子曰：誠者實有此理。○誠，實理也，亦誠慤也。由漢以來，專以誠慤言誠，至程子乃以實理言。後學皆棄誠慤之説不觀。《中庸》亦有言實理爲誠處，亦有言誠慤爲誠處。不可只以實爲誠，而以誠慤爲非誠也。○問：「無妄之謂誠，不欺其次也。」曰：非無妄故能誠，無妄便是誠。無妄是四方八面都去得，不欺猶是兩箇物事相對。○無妄是兼天地萬物所同得底渾淪道理，不欺是就一邊人身説。○問：無妄誠之道，不欺則所以求誠否？曰：無妄者，聖人也。謂聖人爲無妄則可，謂聖人爲不欺則不可。又問：此正所謂誠者天之道，思誠者人之道否？曰：然。無妄是自然之誠，不欺是著力去做底。○無妄自是我無妄，故誠。不欺者對物而言之，故次之。○上蔡云「誠是實理，不是專説是理」。後人便只於理上説，不於心上説，未是。○問：誠與信如何分？曰：誠是箇自然之實，信是箇人所爲之實。《中庸》説「誠者天之道也」便是誠，若「誠之者人之道也」便是信。上是下不是。誠是自然底實，信是人做底實，故曰：「誠者天之道。」這是聖人之信。若衆人之信，只可喚做信，故信未可喚做誠。誠是自然無妄之謂，如水只是水，火只是火，仁徹底是仁，義徹底是義。○誠者，實有之理，自然如此。忠信，以人言之，須是人體出來方見得。○誠字以心之全體而言，忠字以其應事接物而言，此義理之本名也。至曾子所言忠恕，則是聖人之事，故其忠與誠，仁與恕，得通言之。○問性、誠。曰：性是實，誠是虚。性是理底名，誠是好處底名。性譬如這扇子相似，誠譬則這扇子做得好。又曰：五峰云：「誠者命之道乎，中者性之道乎，仁者心之道乎。」此語分得輕重虚實處却好。某以爲道字不若改做德字更親切。○問：誠是體，仁是用否？曰：理一也，以其實有，故謂之誠。以其體言，則有仁義禮智之實。以其用言，則有惻隱、羞惡、恭敬、是非之實。故曰：「五常百行，非誠，非也。」蓋無其實矣，又安得有是名乎。○問：「一心之謂誠，盡心之謂忠」，其分如何？又謂「忠，天道也」，其與盡心之義同否？曰：「一心之謂誠」，專以體言。「盡心之謂忠」是當體之用。「忠，天道也」對恕推己而言，正指盡心之義。○誠字，在道則爲實有之理，在人則爲實然之心，而其維持主宰，全在敬字。今但實然用力於敬，則日用工夫自然有總會處，而道體之中，名實異同，先後本末，皆不相礙。若不以敬爲事，而徒曰誠，則所謂誠者，不知其將何所錯。且五常百行，無非可願，雜然心目之間，又將何所擇而可乎？○問：誠敬二字如何看？輔廣云：先敬然後誠。曰：且莫理會先後。敬是如何，誠是如何？廣曰：敬是把捉工夫，誠則到自然處。曰：敬也有把捉時，也有自然時。誠也有勉爲誠時，亦有自然誠時。且説此二字義。敬只是箇收斂畏懼不縱放，誠只是箇朴直慤實不欺誑。初時須著如此，不縱放，不欺誑。到得工夫到時，則自然不縱放不欺誑矣。○誠是不欺妄底意思，敬是不放肆底意思。○妄誕欺詐爲不誠，怠惰放肆爲不敬，此誠敬之别。

勉齋黄氏曰：「無妄之謂誠，不欺其次矣。」無妄便是「誠者天之道」，不欺便是「誠之者人之道」。○誠字也隨人看。如説誠自不妄語入。不妄語只是不欺裏面一路，未及躬行底話。假如天下雷行，物與無妄，天地這一副當道理與你，都恁實剥剥地，仁便實是仁，義便實是義，更無一點虚。又如周天三百六十五度，循環不已，曷嘗有些子挫過？今年冬至一陽來復，明年冬至亦一陽來復，這是真實無妄。人體這實理，便莫以欺僞存心。所謂不欺，是外面爲事，裏面須實是如此。纔有七分爲善，更有兩三分爲不善底意，便是不實。如顔子三月不違仁，是三月間無不實。三月之後，未免有之。即是有些不實便屏去了。

北溪陳氏曰：誠字後世都説差了，到伊川方云「無妄之謂誠」，字義始明。至晦翁又增兩字，曰「真實無妄之謂誠」，道理分曉易明。後世説至誠兩字，動不動輒加諸人，只成箇謙恭敬謹底意思。不知誠者真實無妄之謂，至誠乃是真實極至而無一毫之不盡，惟聖人可以當之，如何可容易以加諸人。○誠字本就天道論。「維天之命，於穆不已。」只是一箇誠。天道流行，自古及今，無一毫之妄。暑往則寒來，日往則月來。春生了便夏長，秋殺了便冬藏。元亨利貞，終始循環，萬古常如此，皆是真實道理爲之主宰。如天行一日一夜一周而又過一度，與日月星辰之運行躔度，萬古不差，皆是誠實道理如此。又就果木觀之，甜者萬古甜，苦者萬古苦，青者萬古常青，白者萬古常白，紅者萬古常紅，紫者萬古常紫，圓者萬古常圓，缺者萬古常缺。一花一葉，文縷相等對，萬古常然，無一毫差錯。便待人力十分安排撰造來，終不相似。都是真實道理，自然而然，此《中庸》所以謂「其爲物不貳，其生物不測」，而五峰亦曰：「誠者命之道乎。」皆形容得親切。就人論，則只是這實理流行付與於人，自然發見出來底，未説到做工夫處。且誠之一字，不成受生之初便具這理，到賦形之後，未死之前，這道理便無了。在吾身日用，常常流行發見，但人之不察耳。如孩提之童，無不知愛親敬兄，都是這實理發見出來，乃良知良能，不待安排。又如乍見孺子將入井便有怵惕之心，至行道乞人饑餓瀕死，而蹴爾嗟來等食，乃不屑就，此皆是降衷秉彝真實道理，自然發見出來。雖極惡之人，物慾昏蔽之甚，及其稍息，則良心之實自然發見，終有不可殄滅者。此皆天理自然流行真實處，雖曰見於在人，而亦天之道也。及就人做工夫處論，則又是慤實不欺之理，是乃人事之當然，此人之道也。故存心全體慤實固誠也，若一言之實亦誠也，一行之實亦誠也。○誠與信相對論，則誠是自然，信是用力。誠是理，信是心。誠是天道，信是人道。誠是以命言，信是以性言。誠是以道言，信是以德言。

西山真氏曰：唐虞之時，未有誠字。《舜典》所謂「允塞」，即誠之義也。至伊尹告太甲，乃曰「鬼神無常享，享于克誠」，「誠」字始見於此。

臨川吴氏曰：誠者，中之實也。純乎天理之實爲誠，徇人欲則妄矣。

忠　信

程子曰：盡己無歉爲忠，體物無違爲信，表裏之義也。○盡己爲忠，盡物爲信。極言之，盡己者，盡己之性也；盡物者，盡物之性也。信者無僞而已，於天性有所損益，則爲僞矣。《易·無妄》曰：「天下雷行，物與無妄。」動以天理故也。○忠信者以人言之，要之則實理也。

朱子曰：盡己之謂忠，盡物之謂信，只是一理。但忠是盡己，信却是於人無所不盡，猶曰忠信内外也。○忠自裏面發出，信是就事上説。忠是要盡自家這箇心，信是要盡自家這箇道理。○信者，忠之驗。忠只是盡己，因見於事而爲信，又見得忠如此。○忠信只是一事，但自我而觀謂之忠，自彼而觀謂之信。此程子所以有「盡己爲忠，盡物爲信」之論也。○忠信只是一理。自中心發出來便是忠，著實便是信。謂與人説話時，説到底見得恁地了，若説一半不肯盡説，便是不忠。有這事説這事，無這事便説無，便是信。只是一箇理，自其發於心謂之忠，驗於事謂之信。○問：「發己自盡爲忠，循物無違爲信。」所謂發己，莫是奮發自揚之意否？「循物無違」，未曉其義。曰：「發己自盡」，但謂凡出於己者，必自竭盡，而不使其有苟簡不盡之意耳。非奮發之謂也。「循物無違」，謂言語之發，循其物之真實而無所背戾，如大則言大，小則言小，言循於物而無所違耳。

問：明道云：「發己自盡爲忠，循物無違爲信，表裏之謂也。」又曰：「盡己之謂忠，以實之謂信，忠信内外也。」蓋因其理之有定，當其可而無違，是之謂忠信。忠信本無二致，自其發於内而言之之謂忠，自其因物應之之謂信，故曰：「表裏之謂也。」明道以此釋曾子之言曰：「爲人謀而不忠，與朋友交而不信。爲人謀，則謀在我，是亦發於中之意；與朋友交，則朋友在外，是亦遇事而應之之意。」明道論忠信内外大概如此否？南軒張氏曰：盡於己爲忠，形於物爲信。忠信可以内外言，亦可以體用言也。要之形於物者即其盡於己者也。玩程子之辭，意義蓋包涵矣。

北溪陳氏曰：忠信二字，從古未有人解得分曉。諸家説忠，都只以事君不欺而言。夫忠固能不欺，而以不欺名忠則不可，如此則忠之一字，只事君方使得。説信又只以不疑而言。信固能不疑，而以不疑解信則不可，如此則所謂不疑者，不疑何事？説字骨不出。直至程子曰：「盡己之謂忠，以實之謂信。」方説得確定。盡己是盡自家心裏面以所存主者而言，須是無一毫不盡方是忠。如十分底話，只説得七八分，猶留兩三分，便是不盡，不得謂之忠。以實是就言上説，有話只據此實物説，無便曰無，有便曰有。若以無爲有，以有爲無，便是不以實，不得謂之信。忠信非判然二物。從内面發出，無一不盡是忠，發出外來皆以實是信。明道發得又明暢，曰：「發己自盡爲忠，循物無違爲信。」從己心中發出無一不盡是忠；循物之實而言無些子違背他，如是便曰是，不與是底相背，非便曰非，不與非底相背，便是信。伊川説得簡要確實，明道説得發越條暢。○信有就言上説，是發言之實；有就事上説，是做事之實。有以實理言，有以實心言。○忠信兩字近誠字。忠信只是實，誠也只是實。但誠是自然實的，忠信是做工夫實底。誠是就本然天賦真實道理上立字，忠信是就人做工夫上立字。○問：忠信之信，與五常之信，如何分别？曰：五常之信，以心之實理而言。忠信之信，以言之實理而言。須是逐一看得透徹。古人言語，有就忠信之信言者，有就五常之信言者，不可執一看，若泥著則不通。○聖人分上忠信便只是誠，是天道。賢人分上忠信只是思誠，是人道。○誠與忠信對，則誠天道，忠信人道。忠與信對，則忠天道，信人道。○孔子云：「主忠信。」主與賓相對，賓是外人，出入無常，主人是吾家之主，常存在這屋裏。以忠信爲吾心之主，是心中常要忠信，蓋無時而不在是也。心中所主者忠信，則其中許多道理便都實在這裏。若無忠信，則一切道理都虛了。主字下得極有力。○忠信等字骨看得透，則無往而不通。如事君之忠，亦只是盡己之心以事君。爲人謀之忠，亦只是盡己之心以爲人謀耳。○忠信是就人用工夫上立字。大抵性中只有仁義禮智四位，萬善皆從此而生。四位實爲萬善之總括。如忠信，如孝弟等類，皆在萬善之中。孝弟便只是仁之實，但到那事親事兄處，方始目之曰孝弟。忠信便只是五常實理之發，但到那接物發言處，方始名之曰忠信。

忠　恕

上蔡謝氏曰：昔人有問明道先生云：「如何斯可謂之恕心？」明道曰：「充廣得去則爲恕心。」「如何是充廣得去底氣象？」曰：「天地變化草木蕃。」「充廣不去時如何？」曰：「天地閉，賢人隱。」察此可以見盡不盡矣。○忠恕猶形影也，無忠，做恕不出來。

河東侯氏曰：無恕不見得忠，無忠做不出恕來。誠有是心之謂忠，見於功用之謂恕。

朱子曰：主於内爲忠，見於外爲恕。忠是無一毫自欺處，恕是稱物平施處。○忠因恕見，恕由忠出。○忠只是一箇忠，做出百千萬箇恕來。○忠恕只是體用，便是一箇物事，猶形影，要除一箇除不得。若未曉，且看過去，却時復潛玩，忠與恕不可相離一步。○忠是本根，恕是枝葉，非是别有枝葉，乃是本根中發出枝葉，枝葉即是本根。○忠恕猶曰中庸，不可偏舉。○人謂盡己之謂忠，盡物之謂恕。盡己之謂忠固是，盡物之謂恕則未盡。推己之謂恕，盡物之謂信。○忠者天下大公之道，恕所以行之也。忠言其體，天道也。恕言其用，人道也。○「維天之命，於穆不已」，不其忠乎？「天地變化草木蕃」，不其恕乎！○問：忠恕之别。曰：猶形影也。無忠則不能爲恕矣。○忠恕兩字，在聖人有聖人之用，在學者有學者之用。又曰：就聖人身上説，忠者天之天，恕者天之人。就學者身上説，忠者人之天，恕者人之人。要之只是箇小德川流、大德敦化意思。○問：程子言如心爲恕，如心之義如何？曰：萬物之心，便如天地之心。天下之心，便如聖人之心。天地之生萬物，一箇物裏面便有一箇天地之心。聖人於天下，一箇人裏面便有一箇聖人之心。聖人之心，自然無所不到，此便是「乾道變化，各正性命」，聖人之忠恕也。如「己所不欲，勿施於人」，便是推己之心，求到那物上，賢者之忠恕也。又曰：恕只是推得去。推不去底人，只要理會自己，不管别人。别人底事，便説不關我事。今如此人，便爲州爲縣，亦只理會自己，百姓盡不管他。直是推不去。又問：恕字恁地闊。曰：所以道一言而可以終身行之者其恕乎。又曰：也須是忠，無忠，把甚麽推出來。○忠者盡己之心，無少僞妄，以其必於此而本焉，故曰「道之體」。恕者推己及物，各得所欲，以其必由是而之焉，故曰「道之用」。○問：孔子言恕必兼忠，如何對子貢只言恕？曰：不得忠時不成恕，説恕時忠在裏面。

南軒張氏曰：忠體也，恕用也。體立而用未嘗不存其中。用之所形，體亦無乎不具也。

北溪陳氏曰：忠信，是以忠對信而論。忠恕，又是以忠對恕而論。伊川謂：「盡己之謂忠，推己之謂恕。」忠是就心説，是盡己之心無不真實者。恕是就待人接物處説，只是推己心之所真實者以及人物而已。字義，中心爲忠，是盡己之中心無不實故爲忠；如心爲恕，是推己心以及人，要如己心之所欲者便是恕。夫子謂「己所不欲勿施於人」，只是就一邊論，其實不止是勿施己所不欲者。凡己之所欲者，須要施於人方可。如己欲孝，人亦欲孝。己欲弟，人亦欲弟。必推己之所欲孝欲弟者以及人，使人亦得以遂其欲孝欲弟之心。己欲立，人亦欲立。己欲達，人亦欲達。必推己之所欲立欲達者以及人，使人亦得以遂其欲立欲達之心，便是恕。只是己心流底去到那物而已。然恕道理甚大，在士人只一門之内，應接無幾，其所推者有限。就有位者而言，則所推者大而所及者甚廣。苟中天下而立，則其所推者愈大。如吾欲以天下養其親，却使天下之人父母凍餓，不得以遂其孝。吾欲長吾長、幼吾幼，却使天下之人兄弟妻子離散，不得以安其處。吾欲享四海之富，却使海内困窮無告者不得以遂其生生之樂。如此便是全不推己，便是不恕。○大概忠恕只是一物。就中截作兩片，則爲二物。上蔡謂忠恕猶形影，説得好。蓋存諸中者既忠，則發出外來便是恕。應事接物處不恕，則在我者必不十分真實。故發出忠底心，便是恕底事。做成恕底事，便是忠底心。○有天地之忠恕，至誠無息而萬物各得其所是也。有聖人之忠恕，吾道一以貫之是也。有學者之忠恕，己所不欲勿施於人是也。皆理一而分殊。○聖人本無私意，此心豁然大公，物來而順應，何待於推？學者未免有私意錮於其中，視物未能無爾汝之間，須是用力推去，方能及到那物上。既推得去，則亦豁然大公矣。所以子貢問一言可以終身行之者，其恕乎。蓋學者須是著力推己以及物，則私意無所容，而仁可得矣。○自漢以來，恕字義甚不明，至有謂善恕己量主者，而范忠宣公亦謂以恕己之心恕人。不知恕之一字，就己上著不得。據他説恕字，只是箇饒人底意思。如此，則是己有過且自恕己，人有過又并恕人，是相率爲不肖之歸，豈古人推己如心之義乎？故忠宣公謂「以責人之心責己」一句説得是，「以恕己之心恕人」一句説得不是。其所謂恕，恰似今人説且恕，不輕恕之意。字義不明，爲害非輕。

西山真氏曰：忠之爲義，先儒以爲中心釋之，又以盡己言之。蓋本諸心而無僞者忠也，發乎己而必盡者亦忠也。然未有本諸心而不盡於己，盡乎己而不本諸心者，其亦一而已爾。聖賢之言忠，不顓於事君也。爲人謀必忠也，於朋友必忠告也，事親必忠養也。至於以善教人，以利教民，無適而非忠也。平居有一之可媿而能盡忠其君，無是道也。恕者如心之謂，非寬厚之謂也。如我能爲善，亦欲他人如我之善。我無惡，亦欲人如我之無惡。我欲立，亦欲人之立。我欲達，亦欲人之達。大概是視人如己，推己及物之謂。○忠者盡己之心也，恕者推己之心以及人也。忠盡乎内者也，恕形於外者也。己之心既無一毫之不盡，則形之於外亦無一毫之不當。如事親當孝，事兄當悌，處朋友當信，事事物物，各盡其所以當然之理以處之，即是恕也。有忠而後有恕，忠者形也，恕者影也。如有形而後有影也。在聖人則曰誠，在學者則曰忠。誠是自然而然，忠是須用著力。在聖人則不必言恕，在學者則當言恕。蓋聖人不待乎推，學者先盡己而後能及人，故有待乎推也。然學若能於忠恕二字上著力，於盡己盡人之間無不極其至，久之亦可以到至誠地位。

恭敬

程子曰：發於外者謂之恭，有諸中者謂之敬。

朱子嘗因言恭敬二字如忠信。或云：敬主於中者也，恭發於外者也。曰：凡言發於外，比似主於中者較大。蓋必充積盛滿而後發於外，則發於外者，豈不如主於中者？然主於中者却是本，不可不知。○恭主容，敬主事。有事著心做，不易其心而爲之，是敬。恭形於外，敬主於中。自誠身而言，則恭較緊。自行事而言，則敬爲切。○初學則不如敬之切，成德則不如恭之安。敬是主事，然專言則又如「脩己以敬」，敬是直内，只偏言是主事。恭是容貌上説。○問：恭敬二字，恭在外，工夫猶淺，敬在内，工夫大段細密。曰：二字不可以深淺論。恭敬猶忠信兩字。問：恭即是敬之發見。曰：本領雖在敬上，若論那大處，恭反大於敬。若不是裏面積盛，無緣發出來做得恭。○問：恭敬二字，《語》《孟》之言多矣。如「敬而無失，與人恭而有禮」，「居處恭，執事敬」。「行己也恭，事上也敬」，「責難於君謂之恭，陳善閉邪謂之敬」。伊川先生言：「發於外者謂之恭，有諸中者謂之敬。」蓋恭敬只一理。曰：恭主容，敬主事。自學者而言，則恭不如敬之力。自成德而言，則敬不如恭之安。○問：恭與敬如何？曰：恭是主容貌而言，貌曰恭。手容恭。敬是主事而言。執事敬。事思敬。問：敬如何是主事而言？曰：而今做一件事，須是專心在上面方得，不道是不好事。而今若讀《論語》，心又在《孟子》上，如何理會得？若做這一件事，心又在那事，永做不得。又曰：敬是畏底意思。又曰：敬是就心上説，恭是對人而言。又曰：若有事時，則此心便即專在這一事上，無事，則此心湛然。又曰：恭是謹，敬是畏，莊是嚴。嚴威儼恪，非所以事親，是莊於這處使不得。若以臨下，則須是莊。「臨之以莊則敬」，不莊以蒞之，則民不敬。○人常恭敬，則心常光明。

北溪陳氏曰：恭有嚴底意，敬字較實。○身體嚴整，容貌端莊，此是恭底意。但恭是敬之見於外者，敬是恭之存於中者。敬與恭不是二物，如形影然，未有内無敬而外能恭者，亦未有外能恭而内無敬者。此與忠信、忠恕相關一般。○「坐如尸，立如齊」，便是敬之容。「正其衣冠，尊其瞻視，儼然人望而畏之」，便是恭之容。敬工夫細密，恭氣象闊大。○且如恭敬，古人皆如此著力。如堯之欽明，舜之温恭，湯之聖敬日躋，文王之緝熙敬止，都是如此做工夫。○誠與敬字不相關，恭與敬字却相關。

性理大全書卷之三十八

道　統

朱子曰：道之在天下者未嘗亡，惟其託於人者或絶或續，故其行於世者有明有晦。是皆天命之所爲，非人智力之所能及也。夫天高地下，而二氣五行紛紜錯糅，升降往來於其間。其造化發育，品物散殊，莫不有固然之理。而其最大者，則仁義禮智之性，君臣、父子、昆弟、夫婦、朋友之倫是已。而其周流充塞，無所虧間，夫豈以古今治亂爲存亡者哉？然氣之運也，則有醇漓判合之不齊。人之稟也，則有清濁昏明之或異。是以道之所以託於人而行於世者，惟天所畀，乃得與焉。《河圖》出而八卦畫，《洛書》呈而九疇敘。而孔子於斯文之興喪，亦未嘗不推之於天。自周衰，孟軻氏没，而此道之傳不屬。至宋受命，五星集奎，開文明之運，而周子出焉。不由師傳，默契道體，建《圖》屬《書》，根極領要。當時見而知之有程氏者，遂擴大而推明之，而周公、孔子、孟氏之傳焕然復明於時。非天所畀，其孰能與於此？○「天不生仲尼，萬古如長夜。」唐子西嘗於一郵亭梁間見此語。蔡季通云：天先生伏羲、堯舜、文王，後不生孔子亦不得，後又不生孟子亦不得，二千年後又不生二程亦不得。此道更前後聖賢，其説始備。自堯、舜以下，若不生箇孔子，後人去何處討分曉？孔子後若無箇孟子，也未有分曉。孟子後數千載，乃始得程先生兄弟發明此理。今看來漢、唐以下諸儒説道理，見在史策者，直是説夢。只有箇韓文公依稀説得略似耳。○自鄒孟氏没，而聖人之道不傳。世俗所謂儒者之學，内則局於章句、文詞之習，外則雜於老子、釋氏之言。而其所以脩己治人者，遂一出於私智人爲之鑿，淺陋乖離，莫適主統。使其君之德不得比於三代之隆，民之俗不得躋於三代之盛。若是者，蓋已千有餘年於今矣。濂溪周子奮乎百世之下，乃始深探聖賢之奥，疏觀造化之原，而獨心得之。立象著書，闡發幽秘，詞義雖約，而天人性命之微，脩己治人之要，莫不畢舉。河南兩程先生既親見之而得其傳，於是其學遂行於世。士之講於其説者，始得以脱於俗學之陋、異端之惑，而其所以脩己治人之意，亦往往有能卓然不惑於世俗利害之私，而慨然有志於堯、舜其君民者。蓋三先生者，其有功於當世，於是爲不小矣。

勉齋黄氏曰：道原於天，具於人心，著於事物，載於方策。明而行之，存乎其人。聖賢迭興，體道經世，三綱既正，九疇既敘，則安且治。聖賢不作，道術分裂，邪説誣民，充塞仁義，則危且亂。世之有聖賢，其所關繫者甚大。生而榮，死而哀，秉彝好德之良心所不能自已也。堯、舜、禹、湯、文、武、周公生，而道始行。孔子、孟子生，而道始明。孔、孟之道，周、程、張子繼之。周、程、張子之道，文公朱先生又繼之。此道統之傳，歷萬世而可考也。○有太極而陰陽分，有陰陽而五行具。太極、二五妙合而人物生。賦於人者秀而靈，精氣凝而爲形，魂魄交而爲神，五常具而爲性，感於物而爲情，措諸用而爲事。物之生也，雖偏且塞，而亦莫非太極、二五之所爲，此道原之出於天者然也。聖人者，又得其秀之秀而最靈者焉。於是繼天立極，而得道統之傳。故能參天地，贊化育，而統理人倫，使人各遂其生，各全其性者，其所以發明道統以示天下後世者，皆可考也。堯之命舜，則曰：「允執厥中。」中者，無所偏倚，無過不及之名也。存諸心而無偏倚，措之事而無過不及，則合乎太極矣。此堯之得於天者，舜之得統於堯也。舜之命禹，則曰：「人心惟危，道心惟微，惟精惟一，允執厥中。」舜因堯之命而推其所以執中之由，以爲人心，形氣之私也；道心，性命之正也。精以察之，一以守之，則道心爲主，而人心聽命焉。則存之心，措之事，信能執其中。曰精曰一，此又舜之得統於堯，禹之得統於舜者也。其在成湯，則曰：「以義制事，以禮制心。」此又因堯之中，舜之精、一，而推其制之之法。制心以禮，制事以義，則道心常存，而中可執矣。曰禮曰義，此又湯之得統於禹者也。其在文王，則曰：「不顯亦臨，無射亦保。」此湯之以禮制心也。「不聞亦式，不諫亦入。」此湯之以義制事也。此文王之得統於湯者也。其在武王，受丹書之戒，則曰：「敬勝怠者吉，義勝欲者從。」周公繫《易》爻之辭曰：「敬以直内，義以方外。」曰敬者，文王之所以制心也。曰義者，文王之所以制事也。此武王、周公之得統於文王者也。至於夫子，則曰：「博學於文，約之以禮。」又曰「文行忠信」，又曰「克己復禮」。其著之《大學》，曰格物、致知、誠意、正心、脩身、齊家、治國、平天下。亦無非數聖人制心制事之意焉。此又孔子得統於周公者也。顔子得於博文約禮、克己復禮之言，曾子得之《大學》之義，故其親受道統之傳者如此。至於子思，則先之以戒懼謹獨，次之以知仁勇，而終之以誠。至於孟子，則先之以求放心，而次之以集義，終之以擴充。此又孟子得統於子思者然也。及至周子，則以誠爲本，以欲爲戒，此又周子繼孔、孟不傳之緒者也。至二程子，則曰：「涵養須用敬，進學則在致知。」又曰：「非明則動無所之，非動則明無所用。」而爲四箴以著克己之義焉。此二程得統於周子者也。先師文公之學，見之四書，而其要則尤以《大學》爲入道之序。蓋持敬也，自格物、致知、誠意、正心、脩身，而見於齊家、治國、平天下，外有以極其規模之大，而内有以盡其節目之詳，此又先師之得其統於二程者也。聖賢相傳，垂世立教，粲然明白，若天之垂象，昭昭然而不可易也。故嘗撮其要指而明之：居敬以立其本，窮理以致其知；克己以滅其私，存誠以致其實。以是四者而存諸心，則千聖萬賢所以傳道而教人者，不越乎此矣。

北溪陳氏曰：粤自羲皇作《易》，首闢渾淪。神農、黄帝相與繼天立極，而宗統之傳有自來矣。堯、舜、禹、湯、文、武更相授受，中天地爲三綱五常之主。臯陶、伊、傅、周、召又相與輔相，施諸天下，爲文明之治。孔子不得行道之任，乃集群聖之法，作六經，爲萬世師。而回、參、伋、軻實傳之。上下數千年，無二説也。軻之後失其傳，天下騖於俗學，蓋千數百餘年，昏昏冥冥，醉生夢死，不自覺也。及濂溪先生與河南二程先生，卓然以先知先覺之資相繼而出。濂溪不由師傳，獨得於天。提綱啓鑰，其妙具在《太極》一圖，而《通書》四十章又以發《圖》之所未盡。上與羲皇之《易》相表裏，而下以振孔、孟不傳之墜緒，所謂再闢渾淪。二程親受其旨，又從而光大之。故天理之微，人倫之著，事物之衆，鬼神之幽，與凡造道入德之方，脩己治人之術，莫不秩然有條理，備見於《易傳》《遺書》，使斯世之英才志士得以探討服行，而不失其所歸。河洛之間，斯文洋洋，與洙泗並聞而知者。有朱文公，又即其遺言遺旨，益精明而瑩白之。上以達群聖之心，下以統百家而會于一，蓋所謂集諸儒之大成而嗣周、程之嫡統，粹乎洙泗、濂洛之淵源者也。

果齋李氏曰：太極之妙，立乎形氣未具之先，而行乎氣形已具之内，蓋造化之樞紐，品彙之根柢也。人之生也，全而得之，其體則有仁義禮智之性，其用則有惻隱、羞惡、辭讓、是非之情，而心兼統焉。以之應事接物，莫不各有當然之則，而自不容已者，是則所謂道也。

斯道也，無物不有，大而至於天地之運，小而至於一塵之微，不能外也；無時不然，遠而至於古今之變，近而至於一息之頃，不能違也。分而言之，一物各具一太極也。合而言之，萬物體統一太極也。是故自一而萬，則體統燦然而不可亂。自萬而一，則根本渾然而未嘗離。體用一源也，隱顯無間也。朱子之道之至，其與太極爲一者歟？蓋自夫子設教洙泗，以博文約禮授學者，顔子、子思、孟子相與共守之，未嘗失墜。其後正學失傳，士各以意爲學。其務於該洽者，既以聞見積累自矜，而流於泛濫駁雜之歸。其溺於徑約者，又謂不立文字可以識心見性，而陷於曠蕩空虛之域。寥寥千載，而後周、程、張子出焉。歷時未久，浸失其真。朱子出，而後合伊洛之正傳，紹鄒魯之墜緒，前賢後賢之道，該偏全體，其亦可謂盛矣。蓋古者《易》更三古而混於八索，《詩》《書》煩亂，禮樂散亡，而莫克正也。夫子從而贊之定之，删之正之，又作《春秋》，六經始備，以爲萬世道德之宗主。秦火之餘，六經既已爛脱，諸儒各以己見妄穿鑿爲説，未嘗有知道者也。周、程、張子，其道明矣，然於經言未暇釐正。一時從游之士，或殊其旨，遁而入於異端者有矣。朱子於是考訂訛謬，探索深微，總裁大典，勒成一家之言。仰包純古之載籍，下採近世之文獻，集其大成，以定萬世之法，然後斯道大明，如日中天，有目者皆可觀也。夫子之經，得先生而正。夫子之道，得先生而明。起斯文於將墜，覺來裔於無窮，雖與天壤俱弊可也。後世雖有作者，其不可及也夫。

西山真氏曰：道之大原出於天，其用在天下，其傳在聖賢，此子思子之《中庸》所以有性、道、教之别也。蓋性者，智愚所同得。道者，古今所共由。而明道闡教以覺斯人，則非聖賢莫能與。故自堯、舜至于孔子，率五百歲而聖人出。孔子既没，曾子、子思與孟軻氏復先後而推明之。百有餘年之間，一聖三賢，更相授受，然後堯、舜、禹、湯、文、武、周公之所以開天常，立人紀者，粲然昭陳，垂示罔極。然則天之生聖賢也，夫豈苟然哉！不幸戰國、嬴秦以後，學術涣散，無所統盟。雖以董相、韓文公之賢，相望于漢、唐，而於淵源之正，體用之全，猶有未究其極者。故僅能著衛道之功於一時，而無以任傳道之責於萬世。迨至我宋，大儒繼出，以主張斯文爲己任。蓋孔孟之道至周子而復明，周子之道至二程子而益明，二程之道至朱子而大明。其視曾子、子思、鄒孟氏之傳，若合符節，豈人之所能爲也哉？天也！

臨川吴氏曰：道之大原出於天。羲、農、黄帝繼天立極，是謂三皇。道統之傳，實始於此。黄帝而後，少皞、顓帝、高辛繼之，通堯、舜謂之五帝。堯、舜、禹、皋君臣也，而並生唐虞之際，所以爲盛也。成湯、伊尹生於商之初興，而傳説生於商之中世。文、武、周、召生於周之盛際，而夫子生於周之既衰。夫子以來，始不得位，而聖人之道不行。於是始教授弟子，而惟顔、曾得其傳。顔子早死，曾子傳之子思，子思傳之孟子，孟子没而不得其傳焉。

至周子始有以接乎孟子之傳於千載之下。二程子則師於周子而傳其學。後又有朱子集周、程之大成。是皆得夫道統之傳者也。聖賢繼作,前後相承,吾道正脉,賴以不墜。

聖賢

總論

程子曰:氣化之在人與在天,一也。聖人於其間有功用而已。○問:揚子云觀乎天地,則見聖人。曰:不然。觀乎聖人,則見天地。○聖人即天地也。天地中善惡一切函容覆載,故聖人之志,止欲老者安之,朋友信之,少者懷之。○聖人,天地之用也。○聖人之心,如天地之造化,生養萬物而不尸其功,應物而見於彼,復何存於此乎。○聖人一言即全體用,不期然而然也。○因是人有可喜則喜之,聖人之心本無喜也。因是人有可怒則怒之,聖人之心本無怒也。○聖人之德無所不盛,古之稱聖人者,自其尤盛而言之。尤盛者,見於所遇也。而或以爲聖人有能有不能,非知聖人者也。○惟聖人善通變。○一行豈所以名聖人？至於聖則自不可見,何嘗道聖人孝,聖人廉。○聖人濟物之心無窮,而力或有所不及。○聖人之責人也常緩,便見只欲事正,無顯人過惡之意。○聖人無優劣,有則非聖人也。○凡人有己必用才。聖人忘己，何才之足言。○聖人責己感處多，責人應處少。○聖人之心未嘗有，志亦無不在。蓋其道合內外，體萬物。○聖人之心，雖當憂勞，未嘗不安静。其在安静，亦有至憂，而未嘗勞也。○元氣會則生賢聖。○體道，少能體即賢，盡能體即聖。○人多昏其心，聖賢則去其昏。○或曰：賢聖氣象何自而見之？曰：姑以其言觀之亦可也。○聖賢之處世，莫不於大同之中有不同焉。不能大同者，是亂常拂理而已。不能不同者，是隨俗習污而已。○學者必識聖賢之體。聖人猶化工也，賢人猶巧工也。翦綵以爲花，設色以畫之，非不宛然肖之，而欲觀生意之自然，則無之也。○聖人愈自卑，而道自高。賢人不高，則道不尊。聖賢之分也。○合天人，通義命，此大賢以上事。○或謂賢者好貧賤而惡富貴，是反人之情也。所以異於人者，以守義安命焉耳。

張子曰：賢人當爲天下知，聖人當受命。雖不受知，不受命，然爲聖爲賢，乃吾性分當勉爾。○洪鐘未嘗有聲，由扣乃有聲。聖人未嘗有知，由問乃有知。或謂：聖人無知，則當不問之時，其猶木石乎？曰：有不知則有知，無不知則無知。故曰：「聖人未嘗有知，由問乃有知也。」聖人無私無我，故功高天下，而無一介累於其心。蓋有一介存焉，未免乎私己也。

五峰胡氏曰：聖人之應事也，如水由於地中，未有可止而不止、可行而不行者也。○窮則獨善其身，達則兼善天下者，大賢之分也。達則兼善天下，窮則兼善萬世者，聖人之分也。

朱子曰：聖人萬善皆備。有一毫之失，此不足爲聖人。○聖人不知己是聖人。○問：聖人憂世覺民之心，終其身至死而不忘耶？抑當憂世覺民非其時，此意亦常在懷，但不戚戚發露也。若終其身常不忘，則不見聖人胸中休休焉和樂處。若時或恬然，不戚戚發露，則又不見聖人於斯人其心相關甚切處。若憂世之心與和樂之心並行而不悖，則二者氣象又爲如何？曰：聖人之心樂天知命者，其常也。憂世之心，則有感而後見爾。○聖賢之心正大光明，洞然四達，故能春生秋殺，過化存神，而莫知爲之者。學者須識得此氣象而求之，庶無差失。若如世俗常情，支離巧曲，瞻前顧後之不暇，則又安能有此等氣象。

魯齋許氏曰：聖人以中道、公道應物而已，無我無人，無作爲，以天下才治天下事，應之而已。但精微之理，聖人之能事也。○天運時刻不暫停，聖人明睿所照，見於無形，非常人智慮所及者。○先賢言語皆格言，然亦有一時一事有爲而言者，故或不可爲後世法，或行之便生弊。唯聖人言語，萬世無弊。雖有爲而言，皆可通行無弊。

孔　子

周子曰：道德高厚，教化無窮，實與天地參而四時同，其惟孔子乎！

程子曰：孔子之道著見於行，如《鄉黨》之所載者，自誠而明也。

朱子曰：孔子天地間甚事不理會過？若非許大精神，亦吞許多不得。○問：孔子不是不欲仕，只是時未可仕。曰：聖人無求仕之義，君不見用，只得且恁地做。○問：孔子當衰周時，可以有爲否？曰：聖人無有不可爲之事，只恐權柄不入手。若得權柄在手，則兵隨印轉，將逐符行。近温《左氏傳》，見定、哀時煞有可做底事。問：固是聖人無不可爲之事，聖人有不可爲之時否？曰：便是聖人無不可爲之時。若時節變了，聖人又自處之不同。又問：孔子當衰周，豈不知時君必不能用己？曰：聖人却無此心。豈有逆料人君能用我與否。到得後來説「吾不復夢見周公」，與「鳳鳥不至，河不出圖，吾已矣夫」時，聖人亦自知其不可爲矣。但不知此等話是幾時説，據陳恒弒其君，孔子沐浴而朝請討之時，是獲麟之年，那時聖人猶欲有爲也。○問：看聖人汲汲皇皇，不肯没身逃世，只是急於救世，不能廢君臣之義。至於可與不可，臨時依舊裁之以義。曰：固是。但未須説急於救世。自不可不仕。又問：若據危邦不入，亂邦不居，有道則見，無道則隱等語，却似長沮、桀溺之徒做得是。曰：此爲學者言之。聖人做作，又自不同。又問：聖人亦明知世之不可爲否？曰：也不是明知不可，但天下無不可爲之時。苟可以仕則仕，至不可處便止。

東萊吕氏曰：禹、稷思天下飢溺由己飢溺，孔子歷聘諸國以至誨人不倦，皆是合當做事。自古聖人之於天下皆如此。

顔　子

程子曰：聖人之德行固不可得而名狀，若顔子底一箇氣象，吾曹亦心知之。欲學聖人，且須學顔子。○學者要學得不錯，須是學顔子，有準的。○問：顔子如何學孔子到此深邃？曰：顔子所以大過人者，只是得一善則拳拳服膺與能屢空耳。○問：顔子勇乎？曰：孰勇於顔子。觀其言曰：「舜何人也，予何人也，有爲者亦若是。」孰勇於顔子？如「有若無，實若虛，犯而不校」之類，抑可謂大勇矣。○孔子弟子少有會問者，只顔子能問，又却終日如愚。○顔子作得禹、稷、湯、武事功，若德則别論。○問：陋巷貧賤之人亦有以自樂，何獨顔子。曰：貧賤而在陋巷，俄然處富貴，則失其本心者衆矣。顔子簞瓢由是，萬鍾由是。○問：顔子得淳和之氣，何故夭？曰：衰周天地和氣有限，養得仲尼，已是多也。

張子曰：顔子知當至而至焉，❶故見其進也。不極善則不處焉，故未見其止也。知必至者，如志於道，致廣大，極高明，此則儘遠大，所處則直是精約。極善者，須以中道方謂極

❶ 上「至」，原作「生」，今據重修本改。

善。蓋過則便非善，不及亦非善。此極善是顔子所求也，所以瞻之在前，忽焉在後。夫子高遠處又要求，精約處又要至。顔子之分，必是入神處又未能，精義處又未至。然顔子雅意，則直要做聖人。○學不能推究事理，只是心麤。至如顔子未至於聖人處，猶是心麤。

問：顔子初時只是天資明睿而學力精敏，於聖人之言皆深曉默識，未是於天下之理廓然無所不通。至於所謂卓爾之地，乃是廓然貫通。而知之至極，與聖人生知意味相似矣。不審是否？朱子曰：是如此。○問：顔子之學，莫是先於性情上著工夫否？曰：然。○問：顔子比湯如何？曰：顔子只據見在事業，未必及湯。使其成就，則湯又不得比顔子。前輩説禹與顔子雖是同道，禹比顔子又麤些。顔子比孟子，則孟子當麤看。磨稜合縫，猶未有盡處。○問：先生舊云顔子優於湯、武，如何見得？曰：這般處説不得。據自看，覺得顔子渾渾無痕迹。

南軒張氏曰：顔子之所至亞於聖人，孔門高弟莫得而班焉。及考《魯論》師友之所稱，有曰「不遷怒，不貳過」而已，有曰「以能問於不能，以多問於寡，有若無，實若虛，犯而不校」而已。自學者觀之，疑若近而易識。然而顔子之所以爲善學聖人者，實在乎此。則聖門之學，其大略亦可見矣。

問：張子云：「顔子未到聖人處，猶是心麤。」如何？潛室陳氏曰：聖人心如百分秤，體統光明，查滓渾化，故分毫處皆照。顔子未到查滓渾化地位，猶未免有暗處，故謂之心麤。

曾　子

程子曰：曾子傳聖人學，其德後來不可測，安知其不至聖人。如言「吾得正而斃」，且休理會文字，只看他氣象極好，被他所見處大。後人雖有好言語，只被氣象卑，終不類道。○曾子傳聖人道，只是一箇誠篤。《語》曰：「參也魯。」如聖人之門，子游、子夏之言語，子貢、子張之才辯，聰明者甚多。卒傳聖人之道者，乃質魯之人。人只要一箇誠實，聖人説忠信處甚多。曾子，孔子在時甚少，後來所學不可測。且易簀之事，非大賢已上作不得。❶曾子之後有子思便可見。○曾子易簀之際，志於正而已矣，無所慮也。與行一不義，殺一不辜而得天下不爲者同心。

朱子曰：曾子之爲人，敦厚質實，而其學專以躬行爲主。故其真積力久，而得以聞乎一以貫之之妙。然其所以自守而終身者，則固未嘗離乎孝敬信讓之規。而其制行立身，又專以輕富貴，守貧賤，不求人知爲大。是以從之游者，所聞雖或甚淺，亦不失爲謹厚脩潔之

❶「已」，四庫本作「以」。

人。所記雖或甚踈，亦必有以切於日用躬行之實。○曾子説話，盛水不漏。○曾子父子相反。參合下不曾見得，只從日用間應事接物上積累做去，及至透徹，那小處都是自家底了。點當下見得甚高，做處却又欠闕。○曾子之學，大抵力行之意多。

子　思

龜山楊氏曰：孔子殁，群弟子離散，分處諸侯之國，雖各以所聞授弟子，然得其傳者蓋寡。故子夏之後有田子方，子方之後爲莊周，其去本寖遠矣。獨曾子之後，子思、孟子之傳得其宗。子思之學，《中庸》是也。

朱子曰：曾子大抵偏於剛毅，這終是有立脚處。所以其他諸子皆無傳，惟曾子獨得其傳。到子思也恁地剛毅，孟子也恁地剛毅。惟是有這般人，方始湊合得著。惟是這剛毅等人，方始立得定。子思别無可考，只孟子所稱如「摽使者出諸大門之外，北面再拜稽首而不受」，如云「事之云乎，豈曰友之云乎」之類，這是甚麽樣剛毅！

孟　子

程子曰：孟子言己志，有德之言也。論聖人之事，造道之言也。

張子曰：孟子於聖人，猶是麤者。

龜山楊氏曰：道之不行久矣。自周衰以來，處士橫議，儒墨異同之辨起，而是非相勝，非一日也。孟子以睿智剛明之材，出於道學陵夷之後。非堯、舜之道不陳於王前，非孔子之行不行於身，思以道援天下，紹復先王之令緒，其自任可謂至矣。當是之時，人不知存亡之理，恃强威弱，挾衆暴寡，以謂久安之勢，在此而已。夫由其道，則七十里而興；不由其道，雖天下而亡，古今之常理也。彼方恃强挾衆，而驟以仁義之言誘之，動逆其所順，則不悟其理者，宜其迂闊而不足用也。故轍環於齊、魯、晉、宋之郊而道終不行，亦其勢然矣。雖膏澤不下於民，其志不施於事業，而世之賴其力，亦豈鮮哉。方世衰道微，使儒墨之辯息，而姦言詖行不得逞其志，無君無父之教不行於天下，而民免於禽獸，則其爲功非小矣。古人謂孟子之功不在禹下，亦足爲知言也。

和靖尹氏曰：趙岐謂孟子通五經，尤長於《詩》《書》，岐未爲知孟子者。某謂孟子精通於《易》，孟子踐履處皆是《易》也。試讀《易》一遍，然後看孟子便見。揚子謂孟子知言之要，知德之奥，非苟知之，亦允蹈之。此最善論孟子者。

五峰胡氏曰：孟子生世之大弊，承道之至衰，蘊經綸之大業，進退辭受執極而不變，用極而不亂，屹然獨立於横流，使天下後世曉然知强大威力之不可用。士所以立身，大夫所以立家，諸侯所以立國，天王所以保天下，必本諸仁義也。偉哉！○孟子云：「萬物皆備於我矣，反身而誠，樂莫大焉。」自孟子而後，天下之人能立身建功就事者，其言其行，豈不皆有合於道？然求如孟子知性者，不可得也。

朱子曰：孟子比之孔門原憲，謹守必不似他，然他不足以及人，不足以任道，孟子便擔當得事。○孟子不甚細膩，如大匠把得繩墨定，千門萬户自在。○答林擇之曰：近略整頓孟子説，見得此老直是把得定。但常放教到極險處，方與一斡轉。斡轉後，便見天理人欲直是判然。非有命世之才，見道極分明，不能如此。然亦只此便是英氣害事處，便是才高無可依據處，學者亦不可不知也。○問：孟子露其才，蓋亦時然而已。豈孟子亦有戰國之習否？曰：亦是戰國之習。如三代人物自是一般氣象，《左傳》所載春秋人物又是一般氣象，戰國人物又是一般氣象。○答吕伯恭曰：如孟子論愛牛制産，本末雖殊，然亦聲其説於立談之間。大抵聖賢之言隨機應物，初無理事精麤之别。其所以格君心者，自其精神力量有感動人處，非爲恐彼逆疑吾説之迂，而姑論無事之理以嘗試之也。若必如此，則便是世俗較計利害之私，何處更有聖賢氣象耶？

南軒張氏曰：孟子在戰國，多眷眷於齊宣王，其去也又遲遲而不去。只爲齊宣王有好善之資，難爲棄之耳。

程子曰：仲尼，元氣也。顔子，春生也。孟子并秋殺盡見。仲尼無所不包。顔子示不違如愚之學於後世，有自然之和氣，不言而化者也。孟子則露其才，時然而已。仲尼，天地也。顔子，和風慶雲也。孟子，泰山巖巖之氣象也。觀其言皆可以見之矣。仲尼無迹，顔子微有迹，孟子其迹著。以下論孔、顔、曾、思、孟。○孔子儘是明快人，顔子豈弟，孟子儘雄辯。○或謂：孔子尊周，孟子欲齊王行王政，何也？曰：譬如一樹，有可栽培之理則栽培之，不然須別種。聖賢何心，視天命之改與未改爾。○魯、衛、齊、梁之君不足與有爲，孔、孟非不知也。然自任以道，則無不可爲者也。○孔子爲宰則爲宰，爲陪臣則爲陪臣，皆能發明大道。孟子必得賓師之位，然後能明其道，猶之有許大形象然後爲泰山，許多水然後爲海，以此未及孔子。○孔子没，曾子之道日益光大。傳孔子之道者，曾子而已。曾子傳之子思，子思傳之孟子，孟子死不得其傳。至孟子而聖人之道益尊。○孔、孟之分，只是要別箇聖人賢人。如孟子若爲孔子事業則儘做得，只是難似聖人。譬如翦綵以爲花，花則無不似處，只是無他造化功。綏斯來，動斯和，此是不可及處。○仲尼聖人，其道大。當定、哀之時，人莫不尊之。後弟子各以其所學行，異端遂起，至孟子時不得不辨也。○問：使孔、孟同時，將與孔子並駕其説於天下耶？將學孔子耶？曰：安能並駕。雖顔子亦未達一間耳。顔、孟雖無大優劣，觀其立言，孟子終未及顔子。○顔子默識，曾子篤信。得聖人之道者，二人也。○顔回在陋巷，淡然進德，其聲氣若不可聞者，有孔子在焉。若孟子，安得不以行道爲己任哉。○孟子有功於道，爲萬世之師。其才雄，只見雄才，便是不及孔子處。人須當學顔子，便入聖人氣象。○孟子之於道，若温淳淵懿，未有如顔子者，於聖人幾矣。後世謂之亞聖，容有取焉。○顔子具體，顧微耳，在充之而已。孟子生而大全，顧未粹耳，在養之而已。○人有顔子之德，則有孟子之事功。孟子之事功與禹、稷並。○傳經爲難。如聖人之後纔百年，傳之已差。聖人之學，若非子思、孟子，則幾乎息矣。道何嘗息，只是人不由之。道非亡也，幽、厲不由也。

上蔡謝氏曰：孔子曰：「天之將喪斯文也，後死者不得與於斯文也。天之未喪斯文也，匡人其如予何。」於「天之將喪斯文」下，便言「後死者不得與於斯文」，則是文之興喪在孔子，與天爲一矣。蓋聖人德盛，與天爲一，出此等語自不覺耳。孟子地位未能到此，故曰：「天未欲平治天下也。如欲平治天下，當今之世，舍我其誰。」聽天所命，未能合一。○孔子曰：「事君盡禮，人以爲諂。」當時諸國君相，怎生當得他聖人恁地禮數。是他只管行禮，又不與你計較長短。與上大夫言，便誾誾如也。與下大夫言，便侃侃如也。冕者瞽者，見之便作，過之便趨。蓋其德全盛，自然到此，不是勉强做出來。氣象與孟子渾別。孟子説大人則藐之，勿視其巍巍然，猶自參較彼我，未有合一底氣象。○人之氣稟不同。顔子似弱，孟子似强。顔子具體而微，所謂具體者，合下來有恁地氣象，但未彰著耳。微，如《易》「知微知彰」，「微顯闡幽」之微。孟子强勇，以身任道。後車數十乘，從者數百人，所至王侯分庭抗禮，壁立萬仞，誰敢正覷著。非孟子恁地手脚，也撑拄此事不去。雖然，猶有大底氣象未能消磨得盡。不然，「藐大人」等語言不說出來。所以見他未至聖人地位。○顔子充擴其學，孟子能爲其大。孟子之才甚高，顔子之學粹美。

或問：古來誰好學。和靖尹氏曰：惟孔子好學。曰：孔子猶好學乎？曰：孔子言：「我非生而知之，好古敏以求之。」又言：「十室之邑，必有忠信如丘者焉，不如丘之好學也。」豈不是惟孔子好學？孔子又非妄言以欺天下後世者。其次莫如顔子。○問：晁以道謂：「以孔子賢於堯、舜，私孔子者也。以孟子配孔子，卑孔子也。」此語如何？曰：不須如此較優劣。惟韓退之說得最好，自堯、舜相傳至孔子、孟子，軻死不得其傳，便是。

五峰胡氏曰：皇皇天命，其無息也。體之而不息者，聖人也。是故孔子學不厭，教不倦。顔子晞夫子，欲罷而不能。孟子承先聖，周旋而不舍。我知其久於仁矣。○學之道，莫過乎繹孔子、孟軻之遺文。孔子定《書》、删《詩》、繫《易》、作《春秋》，何區區於空言？所以上承天意，下憫斯人，故丁寧反覆，三四不倦，使人知所以正心、誠意、修身、齊家、治國、平天下之本也。孟軻氏閑先聖之道，慨然憂世。見齊、梁之君，開陳理義。提世大綱，一掃東周五霸之弊，發興衰撥亂之心。其傳聖人之道，純乎純者也。

朱子曰：看聖賢代作，未有孔子，便無《論語》之書。未有孟子，便無《孟子》之書。○問：顔子合下完具，只是小，要漸漸恢廓。孟子合下大，只是未粹，要索學以充之。此莫是才具有異？曰：然。孟子覺有動蕩底意思。○問：伊川云：「聖人與理爲一，無過不及，中而已。」敢問顔子擇乎中庸，未見其止，嘆夫子瞻前忽後，則過不及雖不見於言行，而亦嘗動於心矣，此亦是失否？曰：此一段説得好。聖人只是一箇中底道理。問：若使曾子爲邦，比顔子如何？曰：想得不似顔子熟。然曾子亦大，故有力。曾子、子思、孟子大略皆相似。○孔門弟子如子貢後來見識煞高，然終不及曾子。今人只見曾子唯一貫之旨，遂得道統之傳。此雖固然，但曾子平日是箇剛毅有力量，壁立千仞底人，觀其所謂「士不可以不弘毅」，「可以託六尺之孤，可以寄百里之命，臨大節而不可奪」，「晉楚之富不可及也，彼以其富，我以吾仁，彼以其爵，我以吾義，吾何慊乎哉」底言語可見。雖是做工夫處比顔子覺麤，然緣他資質剛毅，先自把捉得定，故得卒傳夫子之道。後來有子思、孟子，其傳永遠。孟子氣象尤可見。○曾子本是魯拙，後既有所得，故守得夫子規矩定。其教人有法，所以有傳。若子貢則甚敏，見得易，然又雜，往往教人亦不似曾子守定規矩，故其後無傳。○問顔淵、仲弓不同。曰：聖人之德，自是無不備。其次，則自是易得不備。如顔子已是煞周全了，只比之聖人更有些未完。如仲弓則偏於淳篤，而少顏子剛明之意。○孔門只一箇顏子合下天資純粹。到曾子便過於剛，與孟子相似。世衰道微，人欲横流，不是剛勁有脚跟底人，定立不住。○孟子才高，學之無可依據，爲他元來見識自高。顏子才雖未嘗不高，然其學却細膩切實，所以學者有用力處。孟子終是麤。○伊川曰：學者須是學顏子。孟子説得麤，不甚子細，只是他才高自至那地位。若學者學他，或會錯認了他意思。若顏子説話，便可下手做。孟子底，更須解説方得。○問：孟子無可依據，學者當學顏子。如養氣處，豈得謂無可依據？曰：孟子皆是要用。顏子曾就己做工夫，所以學顏子則不錯。○問：顏子春生，孟子并秋殺盡見。曰：仲尼無不包，顏子方露出春生之意，如「無伐善，無施勞」是也。使此更不露，便是孔子。孟子便如秋殺都發出來，露其才，如所謂英氣，是發用處都見。○孟子明則動矣，未變也。顏子動則變矣，未化也。

潛室陳氏曰：顏子一身渾是義理，不知有人。孟子見義理之無窮，惟知反己。顏子之量無涯，孟子之言有迹。○問：謝顯道謂顏子學得親切如孟子。不知顏子所學甚處與孟子相似？曰：學顏子有依據，孟子才高難學。蓋顏子之學親切勝如孟子也。

雙峰饒氏曰：顏、孟均之爲大賢也，而一可學，一難學者，顏子如和風慶雲，人皆可以即之；孟子如泰山巖巖，可望而不可攀。其規模氣象之不同，亦以氣稟之有異故也。

魯齋許氏曰：陽貨以不仁不智劫聖人，聖人應得甚閒暇。他人則或以卑遜取辱，或以剛直取禍，或不能禦其勃然之勢，必不得停當。聖人則辭遜而不卑，道存而不亢。或曰：孟子遭此如何？曰：必露精神。

孔孟門人

程子曰：子貢之知亞於顔子，知至而未能至之者也。○强者易抑，子路是也。弱者難强，宰我是也。

或問：孔子許子路升堂，其品第甚高，何以見？龜山楊氏曰：觀其死猶不忘結纓，非其所養素定，何能爾耶？苟非其人，則遑遽急迫之際，方寸亂矣。

朱子曰：曾點之志如鳳凰翔于千仞之上。○曾點見得事事物物上皆是天理流行，良辰美景，與幾箇好朋友行樂。他看見日用之間莫非天理，在在處處莫非可樂。他自見得那「春服既成，冠者五六人，童子六七人，浴乎沂，風乎舞雩，詠而歸」處，此是可樂天理。○曾點見道無疑，心不累事。其胸次灑落，有非言語所能形容者。○曾點有康節底意思，將那一箇物玩弄。○曾點開闊，漆雕開深穩。○問曾點氣象。曰：曾點氣象固是從容灑落，然須見得他因甚得如此始得。若見得此意，自然見得他做得堯、舜事業處。○子路全義理。

〇孟子極尊敬子路。〇夫子乘桴之嘆，獨許子路之能從，而子路聞之，果以爲喜。且看此等處，聖賢氣象是如何。世間許多紛紛擾擾，如百千蚊蚋鼓發狂鬧，何嘗入得他胸次耶。若此等處放不下，更説甚克己復禮？直是無交涉也。〇子路仕衛之失，前輩論之多矣。然却是見不到，非知其非義而苟爲也。〇問：孔門學者如子張全然務外，不知如何地學却如此？曰：也干他學甚事。他在聖門，亦豈不曉得爲學之要。只是他資質是箇務外底人，所以終身只是這意思。子路是箇好勇底人，終身只是説出那勇底話。而今學者閑時都會説道理當如何，只是臨事時，依前只是他那本來底面目出來，都不如那閑時所説者。〇子張過高，子夏窄狹。〇子張是箇務外底人，子游是箇高簡虛曠不屑細務底人，子夏是箇謹守規矩嚴毅底人。〇子貢俊敏，子夏謹嚴。但將《論語》子夏之言看，甚嚴毅。孔子門人自曾、顔而下，惟二子後來想大，故長進。〇吴公言偃悦周公、仲尼之道，而北學於中國，身通受業，遂因文學以得聖人之一體，豈不可謂豪傑之士哉？今以《論語》考其話言，類皆簡易疎通，高暢宏達。其曰「本之則無」者，雖若見詘於子夏，然要爲知有本也。則其所謂文學，固宜有以異乎今世之文學矣。既又考其行事，則武城之政，不小其邑而必以《詩》《書》禮樂爲先務，其視有勇足民之效，蓋有不足爲者，至使聖師爲之莞爾而笑，則其與之之意，豈淺淺哉。及其取人，則又以二事之細而得滅明之賢，亦其意氣之感默有以相契者。以故近世論者意其爲人必當敏於聞道而不滯於形器。豈所謂南方之學得其精華者，乃自古而已然也耶？○問：孟子恁地，而公孫、萬章之徒皆無所得？曰：他只是逐孟子上上下下，不曾自去理會。又曰：孔子於門人恁地提撕警覺，尚有多少病痛。

西山真氏曰：閔子言行見於《論語》者唯四章，合而言之，見其躬至孝之行，辭不義之禄，氣和而正，言謹而確。此其所以亞於顔淵，而與曾子並稱也歟？

性理大全書卷之三十九

諸儒一

周　子名惇頤，字茂叔，號濂溪。

山谷黄氏曰：茂叔人品甚高，胸中洒落如光風霽月。好讀書，雅意林壑，初不爲人窘束。短於取名而惠於求志，薄於徼福而厚於得民。菲於奉身而燕及煢嫠，陋於希世而尚友千古。

程子曰：自再見茂叔後，吟風弄月以歸，有「吾與點也」之意。又曰：茂叔窗前草不除，問之，云：「與自家意思一般。」

延平李氏曰：黄山谷謂周子洒落如光風霽月，此善形容有道者氣象。

朱子曰：山谷謂周子洒落者，只是形容一箇不疑所行，清明高遠之意。若有一毫私吝心，何處更有此等氣象耶？只如此，有道者胸懷表裏亦自可見。○先生在當時，人見其政事精絶，則以爲宦業過人。見其有山林之志，則以爲襟懷洒落，有仙風道氣。無有知其學者。惟程太中知之，宜其生兩程夫子也。○先生博學力行，聞道甚早。遇事剛果，有古人風。爲政精密嚴恕，務盡道理。○先生信古好義，以名節自砥礪。奉己甚約，俸禄盡以周宗族，奉賓友，家無百錢之儲。襟懷飄洒，雅有高趣。尤樂佳山水，遇適意處，或徜徉終日。廬山之麓有溪焉，發源於蓮華峰下，潔清紺寒，下合於湓江。先生濯纓而樂之，因寓以濂溪之號。○濂溪清和。季通云其學精慤深密。孔經甫嘗祭以文曰：「公年壯盛，玉色金聲。從容和毅，一府皆傾。」墓碑亦謂其精密嚴恕。氣象可想矣。○周子看得這理熟，縱橫妙用，只是這數箇字都括盡了。周子從理處看，邵子從數處看，都只是這理。劉砥曰：畢竟理較精粹。曰：從理上看則用處大，數自是細碎。○問：周子是從上面先得？曰：也未見得是恁地否。但是周先生天資高，想見下面工夫也不大故費力。○今人多疑濂溪出於希夷。鄭可學曰：濂溪書具存，如《太極圖》，希夷如何有此説？曰：張忠定公嘗云：「公事有陰陽。」此説全與濂溪同。忠定見希夷，蓋亦有些來歷，但當時諸公知濂溪者未嘗言其有道。曰：此無足怪，程太中獨知之。曰：然。又問：明道之學後來故别，但其本自濂溪發之，只是此理推廣之耳，但不如後來程門授業之多。曰：當時既未有人知，無人往復，只得如此。○秦、漢以來，天下之士莫知所以爲學，是以天理不明而人欲熾，道學不傳而異端起，人挾其私智以馳騖一世。宋興，有濂溪者作，然後天理明，而道學之傳復續。蓋有以闡夫太極、陰陽、五行之奥，而天下之爲中正仁義者得以知其所自來。言聖學之有要，而下學者知勝私復禮之可以馴致於上達。明天下之有本，而言治者知誠心端緒之可以舉而措之於天下。其所以上接洙泗千載之統，下啓河洛百世之傳者，脉絡分明，而規模亦宏遠矣。○先生之學，性諸天，誠諸己，而合乎前聖授受之統。又得二程以傳之，而其流遂及於天下。非有爵賞之勸，刑辟之威，而天下學士靡然鄉之。○贊先生像曰：道喪千載，聖遠言堙。不有先覺，孰開我人？《書》不盡言，《圖》不盡意。風月無邊，庭草交翠。

南軒張氏曰：濂溪始學陳希夷，後來自有所見。其學問如此，而舉世不知。爲南安獄掾日，惟程太中始知之。可見無分毫矜誇。此方是朴實頭下工夫底人。○自孟子没，聖學失傳。歷世久遠，其間儒者非不知尊敬孔、孟而講習六經。至攷其所得，則不越於詁訓文義之間而止矣。於所謂聖人之心，所以本諸天地而措諸天下與來世者，蓋鮮克涉其藩，而况睹其大全者哉？惟周先生出乎千載之後，而有得於太極之妙。今其《圖》與《書》具存，道學有傳，實在乎此。○自秦、漢以來，言治者汩於五伯功利之習，求道者淪於異端空虚之説。故言治者若無預於學，而求道者反不涉於事。孔、孟之書僅傳，而學者莫得其門而入。生民不克睹乎三代之盛，可勝歎哉。惟濂溪先生崛起於千載之後，獨得微旨於殘編斷簡之中，推本太極，以及乎陰陽五行之流布，人物之所以生化，於是知人之爲至靈而性之爲至善。萬理有其宗，萬事循其則。舉而措之，則可見先王之所以爲治者，皆非私智之所出。孔孟之意，于以復明。○先生之學，淵源精粹，寔自得於其心，而其妙乃在《太極》一圖。窮二氣之所根，極萬物之所行，而明主静之爲本，以見聖人之所以立人極而君子之所當脩爲者。故其所養内充，闇然而日章。雖不得大施於時，而蒞官所至，如春風和氣，隨時發見，被飾萬物。百世之下，聞其風者，猶將咨嗟興起之不暇。○去古益遠，儒學陵夷。先生起於遠方，乃超然有所自得於其心。本乎《易》之太極，《中庸》之誠，以極乎天地萬物之變化。其教人，使之志伊尹之志，學顔子之學。推之於治，先王之禮樂刑政可舉而行，如指諸掌。於是河南二程先生兄弟從而得其説，推明究極之。廣大精微，殆無餘藴。學可以至於聖，治不可以不本於學。而道德性命，初不外乎日用之實，而詖淫邪遁之説皆無以自隱其形，可謂盛矣。然則先生發端之功，顧不大哉！

北山陳氏曰：昔夫子之道，其精微在《易》，而所以語門人者，皆日用常道，未嘗及《易》也。夫子殁，門人各以所聞傳道于四方者，其流或少差。獨曾子、子思之傳得其正。子思復以其學授孟軻氏。斯時也，百氏之説昌矣。孟軻氏殁，又曠千載而泯不傳。濂溪周子出，始發明孔子《易》道之藴，提其要以授哲人。既又手爲《圖》，筆爲《書》，然後孔氏之傳復續。凡今之學知有孔氏大《易》之藴，《大學》《中庸》《七篇》之旨歸者，皆自先生發之。先生之功在後學，深長且遠者，以此也。

鶴山魏氏曰：周子奮自南服，超然獨得，以上承孔、孟氏垂絶之緒。河南二程子神交心契，相與疏瀹闡明，而聖道復著。曰誠，曰仁，曰太極，曰性命，曰陰陽，曰鬼神，曰義利。綱條彪列，分限曉然。學者始有所準的，於是知身之貴，果可以位天地，育萬物，果可以爲堯、舜，爲周公、仲尼。而其求端用力，又不出乎暗室屋漏之隱，躬行日用之近，亦非若異端之虚寂，百氏之支離也。○濂溪奪乎百世之下，始探造化之至賾。建《圖》著《書》，闡發幽祕。即斯人日用常行之際，示學者窮理盡性之歸。使誦其遺言者，始得以曉然於洙泗之正傳。而知世之所謂學者，非滯於俗師則淪於異端，蓋有不足學者。於是二程親得其傳，而聖學益以大振。雖三人於時皆不及大用，而嗣往聖，開來哲，發天理，正人心，使孔孟絶學獨盛於宋朝而超出乎百代，功用所關，誠爲不小。

臧氏格曰：先生所得之奥，不俟師傳，匪由知索，神交心契，固已得其本流。不然，嗜溪流之紺寒，愛庭草之交翠，體夫子之無言，窮顔淵之所以樂，是果何味而獨嚅嚌之耶？故能發前聖之所未發，覺斯人之所未覺，使高遠者不墮於荒忽，循守者不淪於滯固，私意小智何所容其巧，詭經僻説何所肆其誣，功用豈不偉哉！

程　子名顥，字伯淳，號明道。

伊川序先生行實曰：先生資稟既異而充養有道，純粹如精金，温潤如良玉。寬而有制，和而不流。忠誠貫於金石，孝弟通於神明。視其色，其接物也如春陽之温。聽其言，其入人也如時雨之潤。胸懷洞然，徹視無間。測其藴，則浩乎若滄溟之無際。極其德，美言蓋不足以形容。其行己，内主於敬而行之以恕，見善若出諸己，不欲弗施於人。居廣居而行大道，言有物而動有常。自十五六時，聞汝南周茂叔論道，遂厭科舉之業，慨然有求道之志。未知其要，泛濫於諸家，出入於老釋者，幾十年，反求諸六經而後得之。明於庶物，察於人倫。知盡性至命必本於孝悌，窮神知化由通於禮樂。辨異端似是之非，開百代未明之惑。秦、漢而下，未有臻斯理也。謂孟子没而聖學不傳，以興起斯文爲己任。其言曰：「道之不明，異端害之也。昔之害近而易知，今之害深而難辨。昔之惑人也乘其迷暗，今之入人也因其高明。自謂之窮神知化，而不足以開物成務。言爲無不周徧，實則外於倫理。窮深極微，而不可入堯、舜之道。天下之學，非淺陋固滯，則必入於此。自道之不明也，邪誕妖異之説競起，塗生民之耳目，溺天下於污濁。雖高才明智，膠於見聞，醉生夢死，不自覺也。是皆正路之蓁蕪，聖門之蔽塞，闢之而後可以入道。」先生進將覺斯人，退將明之書，不幸早世，皆未及也。其言平易易知，賢愚皆獲其益。如群飲於河，各充其量。其教人，自致知至於知止，誠意至於平天下，洒掃應對至於窮理盡性，循循有序。其接物，辨而不間，感而能通，教人而人易從，怒人而人不怨。賢愚善惡，咸得其心。狡僞者獻其誠，暴慢者致其恭。聞風者誠服，覿德者心醉。

藍田吕氏曰：先生負特立之才，知大學之要。博聞强記，躬行力究。察倫明物，極其所止。涣然心釋，洞見道體。其造於約也，雖事變之感不一，應之以是心而無窮；雖天下之理至衆，知反之吾身而自足。其致於一也，異端並立而不能移，聖人復起而不與易。其養之成也，和氣充浹，見于聲容，然望之崇深，不敢慢也；遇事優爲，從容不迫，然誠心懇惻，弗之措也。其自任之重也，寧學聖人而未至，不欲以一善成名；寧以一物不被澤爲己病，不欲以一時之利爲己功。其自信之篤也，吾志可行，不苟潔其去就；吾義所安，小官有所不屑。

廣平游氏曰：時有同明道先生在臺列者，志未必同，然心慕其爲人。嘗語人曰：「他人之賢者猶可得而議也，乃若伯淳則如美玉然，反覆視之，表裏洞徹，莫見疵瑕。」

或曰：中心安仁者，天下一人而已。如伯淳莫將做天下一人看。龜山楊氏曰：固是。

上蔡謝氏曰：先生坐如泥塑人，接人則渾是一團和氣。○學者須是胸懷擺脱得開始得。有見先生在鄠縣作簿時詩云：「雲淡風輕近午天，傍花隨柳過前川。旁人不識予心樂，將謂偷閑學少年。」看他胸懷直是好，與曾點底事一般。又詩云：「閑來無事不從容，睡覺東窗日已紅。萬物静觀皆自得，四時佳興與人同。道通天地有形外，思入風雲變態中。富貴不淫貧賤樂，男兒到此是豪雄。」明道門擺脱得開，爲他所過者化。

華陽范氏曰：先生以獨智自得，去聖人千有餘歲，發其關鍵，直覩堂奥。一天地之理，盡事物之變。故其貌肅而氣和，志定而言厲。望之可畏，即之可親。叩之者無窮，從容以應之，其出愈新。真學者之師也。

河間劉氏曰：先生德性充完，粹和之氣盎於面背。樂易多恕，終日怡悦，未嘗見其忿厲之容。

河南朱氏曰：先生之學，以誠爲本。仰觀乎天，清明穹窿，日月之運行，陰陽之變化，所以然者，誠而已。俯察乎地，廣博持載，山川之融結，草木之蕃殖，所以然者，誠而已。人居天地之中，參合無間，純亦不已者，其在兹乎？先生得聖人之誠者也。才周萬物而不自以爲高，學濟三才而不自以爲足，行貫神明而不自以爲異，識照古今而不自以爲得。至於六經之奥義，百家之異説，研窮搜抉，判然胸中。天下之事，雖萬變交於前，而燭之不失毫釐，權之不失輕重。凡貧賤富貴死生，皆不足以動其心。非所得之深，所養之厚，能至是歟？蓋其所知，上極堯舜三代帝王之治，其所以包涵博大，悠遠纖悉，上下與天地同流。下至行師用兵戰陣之法，皆造其極。外之夷狄情狀，山川道路之險易，邊鄙防戍，斥堠控帶之要，靡不究知。其吏事操决，文法簿書，又皆精密詳練，而所有不試其萬一。

河間邢氏曰：先生德性絶人，外和內剛，眉目清峻，語聲鏗然。恕早從先生之弟學。初見先生於磁州，其氣貌清明夷粹，其接人和以有容，其斷義剛而不犯，其思索妙造精義，其言近而測之益遠。恕蓋始恍然自失，而知天下有成德君子所謂完人者，若先生是已。

武夷胡氏曰：聖人志在天下國家，與常人志在功名全別。孟子傳聖人之道，故曰：「予豈若是小丈夫哉？諫於其君而不受，則悻悻然見於其面，去則窮日之力。」且看聖人氣象則別。明道却是如此。元豐中，有詔起吕申公、司馬温公。温公不起，明道作詩送申公，又詩寄温公，其意直是眷眷在天下國家。雖然如此，於去就又却分明，不放過一步。

范陽張氏曰：明道書窗前有草茂覆砌，或勸之芟，明道曰：「不可，欲常見造物生意。」又置盆池畜小魚數尾，時時觀之。或問其故。曰：「欲觀萬物自得意。」草之與魚，人所共見。惟明道見草則知生意，見魚則知自得意，此豈流俗之見可同日而語。

陳恬贊曰：賢哉先生，始於孝弟。孝篤於親，弟友其弟。推以治人，不爲而化。民靡有争，揖讓于野。移之事君，讜言忠謨。姦邪之言，感動欷歔。舉以教人，粹然王道。天下英材，躬服允蹈。本以正身，惟德温温。如冬之日，如夏之雲。終其默識，洞暢今古。鈎深窮微，該世之務。賢哉先生，超然絶倫，大用甚邇，胡奪之年！先生之道，不在其弟。方其初起，天下咸喜。今其西矣，天下懷矣。誰爲有力，進之君矣。俾行其道，覺斯民矣。

朱子曰：明道説話渾淪，煞高。學者難看。○明道説底話，恁地動彈流轉。○贊先生像曰：揚休山立，玉色金聲。元氣之會，渾然天成。瑞日祥雲，和風甘雨。龍德正中，厥施斯普。

程　子名頤，字正叔，號伊川。

司馬光、吕公著嘗言於朝曰：程頤之爲人，言必忠信，動遵禮義，實儒者之高蹈，聖世之逸民。又曰：頤道德純備，學問淵博，有經天緯地之才，有制禮作樂之具，實天民之先覺，聖代之真儒也。公著又言曰：程頤年三十四，有特立之操，出群之姿，洞明經術，通古今治亂之要，實有經世濟物之才，非同拘士曲儒徒有偏長。使在朝廷，必爲國器。

王巖叟嘗言於朝曰：程頤學極聖人之精微，行全君子之純粹，與其兄顥俱以德名顯於時。又曰：頤抱道養德之日久，而潛神積累之功深，静而閲天下之義理者多，必有嘉言以新聖聽。

明道嘗曰：異日能尊師道是吾弟，若接引後學，隨人才而成就之，則不敢讓。

或謂：自秦、漢以下，卓乎天下之習不能蔽也，程正叔而已。觀正叔所言，未嘗務脱流俗，只是一箇是底道理，自然不墮流俗中。龜山楊氏曰：然。觀其論婦人不再適人，以謂寧餓死。若不是見得道理分明，如何敢説這樣話。

邵氏伯温曰：先生嘗渡漢江，中流船幾覆，舟中人皆懼，先生獨正襟安坐如常。問之。曰：心存誠敬爾。

河南朱氏曰：伊川先生以言乎道，則貫徹三才而無一毫之爲間。以言乎德，則并包衆美而無一善之或遺。以言乎學，則博通古今而無一物之不知。以言乎才，則開物成務而無一理之不總。

胡安國言於朝曰：程頤脩身行法，規矩準繩，獨出諸儒之表。雖崇寧間曲加防禁，學者私相傳習。其後門人稍稍進用，傳者浸廣，士大夫爭相淬勵。而其間志利禄者託其説以自售，分黨相排，衆論洶洶，深誚其徒，而乃上及於頤。竊以爲過矣。夫聖人之道所以垂訓萬世，無非中庸。然中庸之義，不明久矣。自頤兄弟始發明之，然後其義可思而得也。不然，則或謂高明所以處己，中庸所以應事接物。本末上下，析爲二途，而其義不明矣。士學宜師孔、孟，此其至論也。然孔、孟之道不傳久矣。自頤兄弟始發明之，而後其道可學而至也。不然，則或以六經、《語》《孟》之書資口耳，取世資以干禄，愈不得其門而入矣。今欲使學者蹈中庸，師孔、孟，而禁使不得從頤之學，是入室而不由户也。不亦誤乎？

范陽張氏曰：伊川之學自踐履中入，故能深識聖賢氣象。如曰孔子元氣也，顔子景星慶雲也，孟子有泰山巖巖氣象。自非以心體之，安能别白如此。

朱子曰：先生遊太學時，胡翼之方主教導，嘗以「顔子所好何學論」試諸生，得先生所試，大驚，即延見，處以學職。吕希哲與先生鄰齋，首以師禮事焉。既而四方之士從游者日益衆。○先生年十八，上書闕下，勸仁宗以王道爲心，生靈爲念，黜世俗之論，期非常之功。○問：前輩多言伊川似孟子。曰：不然。伊川謹嚴，雖大故以天下自任，其實不似孟子。○問：程先生當初進説，只以聖人之説爲可必信，先王之道爲可必行。不狃滯於近規，不遷惑於衆口，必期致天下如三代之世。何也？曰：也不得不恁地説。如今説與學者，也只得教他依聖人言語恁地做去。待他就裏面做工夫有見處，便自知得聖人底是確然恁地。○有咎伊川著書不以示門人者，再三誦之。先生不以爲然也。因坐復嘆曰：公恨伊川著書不以示人，某獨恨當時提撕也不緊，故當時門人弟子布在海内，炳如日星，自今觀之，皆不滿人意。只今《易傳》一書散滿天下，家置而人有之，且道誰曾看得他箇果有得其意者否？果曾有行得他箇否？○問：伊川臨終時，或曰：「平生學底正要今日用。」伊川開目曰：「説要用便不是。」此是如何？曰：説要用，便是兩心。○書伊川帖曰：近世學者閲理不精，正坐讀書太草草耳。況《春秋》大義數十，炳若日星，固已見於傳序。而所謂不容遺忘者，又非先生決不能道也。夫三綱五常大倫大法，有識以上即能言之，而臨小利害輒以失其所守，正以學不足以全其本心之正，是以無所根著而忘之耳。既有以自信其不容遺忘，又不覺因事而形於筆札之間，非先生之德盛仁熟，左右逢原，能及是耶？○贊先生像曰：規圓矩方，繩直準平。允矣君子，展也大成。布帛之文，菽粟之味，知德者希，孰識其貴。

張子曰：昔嘗謂伯淳優於正叔，今見之果然。其救世之志甚誠切，亦於今日天下之事儘記得熟。以下總論二程。○學者不可謂少年自緩，便是四十五十。二程從十四歲時便鋭然欲學聖人，今盡及四十，未能及顔、閔之徒。伊川可如顔子，然恐未如顔子之無我。

滎陽吕氏曰：二程之學，以聖人爲必可學而至，而已必欲學而至於聖人。

嵩山晁氏曰：伊川嘗謂明道云：「吾兄弟近日説話太多。」明道云：「使見吕晦叔，則不得不少。見司馬君實，則不得不多。」

武夷胡氏曰：程氏之文，於《易》則因理以明象而知體用之一源，於《春秋》則見諸行事而知聖人之大用，於諸經《語》《孟》則發其微指而知求仁之方、入德之序。程氏之行，其行己接物，則忠誠動於州里。其事親從兄，則孝悌顯於家庭。其辭受取舍，非其道義，則一介不以取與諸人，雖禄之千鍾不顧也。○昔嘗見鄒志完論近世人物，因問程明道如何。志完曰：此人得志，使萬物各得其所。又問伊川如何。曰：却不得比明道。又問：何以不得比？曰：爲有不通處。曰：伊川不通處必有言行可證，願聞之。志完色動，徐曰：有一二事恐門人或失其傳。後來在長沙再論二先生學術，志完却曰：伊川見處極高。因問何以言之。曰：昔鮮于侁曾問顔子在陋巷不改其樂，不知所樂者何事。伊川却問曰：「尋常道顔子所樂者何？」侁曰：「不過是説顔子所樂者道。」伊川曰：「若説有道可樂，便不是顔子。」以此知伊川見處極高。

五峰胡氏曰：二程倡久絶之學於今日，其功比於孔子作《春秋》，孟子闢楊、墨。

馮氏忠恕曰：王霖言明道、伊川隨侍太中知漢州，宿一僧寺，明道入門而右，從者皆隨之。伊川入門而左，獨行至法堂上相會。伊川自謂：「此是頤不及家兄處。」蓋明道和易，人皆親近；伊川嚴重，人不敢近也。

朱子曰：明道、伊川先生之學，以《大學》《論語》《孟子》《中庸》爲標指，而達於六經。使人讀書窮理以誠其意，正其心，脩其身，而自家而國，以及於天下，其道坦而明，其説簡而通，其行端而實，是蓋將有以振百代之沉迷，而内之聖賢之域。其視一時之事業、詞章、論議、氣節，所繫孰爲輕重，所施孰爲短長，當有能辨之者。○明道德性寬大，規模廣闊。伊川氣質剛方，文理密察。其道雖同而造德各異。故明道嘗爲條例司官，不以爲浼，而伊川所作《行狀》乃獨不載其事。明道猶謂青苗可且放過，而伊川乃於西監一狀較計如此。此可謂不同矣。然明道之放過，乃孔子之獵較爲兆；而伊川之一一理會，乃孟子之不見諸侯也。此亦何害其爲同耶？但明道所處是大賢以上事，學者未至而輕議之，恐失所守。伊川所處雖高，然實中人皆可跂及，學者只當以此爲法，則庶乎寡過矣。然又當觀用之淺深，事之大小，裁酌其宜，難執一意。此君子所以貴窮理也。○濂溪在當時無有知其學者，惟程太中獨知之。明道當初想明得煞容易，便無那查滓，只一再見濂溪。當時又不似而今有許多言語出來，不是他天資高見得易，如何便明得。或問：《遺書》中載明道語，便自然洒落明快。曰：自是他見得容易。伊川《易傳》却只管脩改，晚年方出其書。若使明道作，想無許多事。嘗見門人有祭明道文云：先生欲著樂書，有志未就。不知其書要如何作。○問：明道、濂溪俱高，不如伊川精切。曰：明道説話超邁，不如伊川説得的確。濂溪也精密，不知其他書如何，但今所説這些子無一字差錯。○明道之言，發明極致，通透洒落，善開發人。伊川之言，即事明理，質慤精深，尤耐咀嚼。然明道之言，一見便好，久看愈好，所以賢愚皆獲其益。伊川之言，乍見未好，久看方好，故非久於玩索者不能識其味。此其自任，所以有成人材、尊師道之不同。○明道渾然天成，不犯人力。伊川功夫造極，可奪天巧。○明道語宏大，伊川語親切。○明道所見甚俊偉，故説得較快。初看時便好，子細看亦好。○明道言語儘寬平，伊川言語初難看，細讀有滋味。某説大處自與伊川合，小處却時有意見不同。○問：明道曾看釋、老書，伊川則莊、列亦不曾看。曰：後來須著看，不看無緣知他道理。○伊川《好學論》十八時作。明道十四五便學聖人，二十及第出去做官，一向長進。《定性書》是二十二三時作，是時遊山，許多詩甚好。○問：明道可比顏子，伊川可比孟子否？曰：明道可比顏子。孟子才高，恐伊川未到孟子處。然伊川收束檢制處，孟子却不能到。○問：明道到處響應，伊川入朝成許多事，此亦可見二人用處。曰：明道從容，伊川都挨不行。問：伊川做時似孟子否？曰：孟子較活絡。問：孟子做似伊川否？先生首肯。○或謂二程之於濂溪，亦若横渠之於范文正公耳。曰：先覺相傳之祕，非後學所能窺測。誦其詩，讀其書，則周、范之造詣固殊，而程、張之契悟亦異。如曰仲尼、顏子所樂，吟風弄月以歸，皆是當時口傳心授的當親切處。後來二先生舉似後學亦不將作第二義看。然則《行狀》所謂「反求之六經然後得之」者，特語夫功用之大全耳。至其入處，則自濂溪，不可誣也。若横渠之於文正則異於是。蓋當時粗發其端而已。受學乃先生自言，此豈自誣者耶？大抵近世諸公知濂溪甚淺，如吕氏《童蒙訓》記其嘗著《通書》，而曰「用意高遠」。夫《通書》太極之説，所以明天理之根源，究萬物之終始，豈用意而爲之，又何高下遠近之可道哉？○問：學於明道恐易開發，學於伊川恐易成就。曰：在人用力。若不用力，恐於伊川無向傍處，明道却有悟人處。○聞伯夷、柳下惠之風者，頑廉薄敦，皆有興起，此孟子之善想象者也。孔子元氣也，顔子和風慶雲也，孟子泰山巖巖之氣象也，此程夫子之善想象者也。今之想象大程夫子者，當識其明快中和處；小程夫子者，當識其初年之嚴毅，晚年又濟以寬平處。豈徒想象而已哉，必還以驗之吾身者如何也。若言論風旨，則誦其詩，讀其書，字字而訂之，句句而議之，非惟求以得其所言之深旨，將併與其風範氣象皆得之矣。○某自十四五時讀程、張書，至今四十餘年，但覺其義之深，指之遠，而近世紛紛所謂文章議論者，殆不足復過眼。信乎孟氏以來一人而已。然非用力之深者，亦無以自信其必然也。

南軒張氏曰：二程先生始嘗受學于周先生，而其自得之深，充養之至，精粹純密，更益光大。聖門之大全，至是發明無遺憾矣。○讀諸先生之書，惟覺二程先生完全精粹，愈讀愈無窮，不可不詳味也。○二先生所以教學者，不越於居敬、窮理二事。取其書反覆讀之，則可以見。蓋居敬有力，則其所窮者愈精。窮理浸明，則其所居益有地。二者蓋互相發也。○二先生其猶一氣之周流乎？何其理之該而不偏，辭之平而有味也。讀《遺書》《易傳》，他書真難讀也。

張　子名載，字子厚，號横渠。

程子曰：子厚以禮教學者最善，使學者先有所據守。○某接人治一作談。經論道者亦甚多，肯言及治體者，誠未有如子厚。○子厚才高，其學更先從雜博中過來。○問：子厚立言，得無有幾於迫切者乎？曰：子厚之爲人謹且嚴，是以其言似之。方之孟子，則寬宏舒泰有不及也。然孟子猶有英氣存焉，是以未若顏子之懿，渾然無圭角之可見也。○某接人多矣，不雜者三人：張子厚、邵堯夫、司馬君實。○子厚之氣似明道。○答橫渠書曰：所論大概有苦心極力之象，而無寬裕温柔之氣，非明睿所照，而考索至此，故意屢偏而言多窒，小出入時有之。明睿所照者，如目所睹，纖微盡識之矣。考索至者，如揣料於物，約見彷彿耳，能無差乎？更望完養思慮，涵泳義理，他日自當條暢。

呂晦叔薦先生于朝曰：「張載學有本原，西方之學者皆宗之。」神宗即命召見。問治道，皆以復三代爲對。他日見執政，執政語之曰：「新政之更，懼不能任事，求助於子，何如？」先生曰：「朝廷將大有爲，天下士願與下風。若與人爲善，則孰敢不盡？如教玉人追琢，則人亦故有不能。」執政嘿然。

藍田呂氏曰：先生志氣不群，少孤自立，無所不學。與邠人焦寅游，寅喜談兵，先生説其言。當康定用兵時，年十八，慨然以功名自許，上書謁范文正公。公一見知其遠器，欲成就之，乃責之曰：「儒者自有名教，何事於兵。」因勸讀《中庸》。先生讀其書，雖愛之，猶未以爲足也。於是又訪諸釋老之書，累年盡究其説，知無所得，反而求之六經。嘉祐初，見洛陽程伯淳、正叔昆弟于京師，共語道學之要。先生涣然自信曰：「吾道自足，何事旁求。」乃盡棄異學，淳如也。間起從仕，日益久，學益明。方未第時，文潞公以故相判長安，聞先生名行之美，聘以束帛，延之學宫，異其禮際，士子矜式焉。晚自崇文移疾西歸，終日危坐一室，左右簡編，俯而讀，仰而思，有得則識之。或終夜起坐，取燭以書。其志道精思，未始須臾息，亦未嘗須臾忘也。學者有問，多告以知禮成性，變化氣質之道，學必如聖人而後已。聞者莫不動心，有進而自得之者。窮神知化，一天人，立大本，斥異學，自孟子以來未之有也。○先生氣質剛毅，德盛貌嚴，然與人居久而日親。其治家接物，大要正己以感人。人未之信，反躬自治，不以語人。雖有未喻，安行而無悔。故識與不識，聞風而畏。聞人之善，喜見顔色。答問學者，雖多不倦。有不能者，未嘗不開其端。有可語者，必丁寧以誨之，惟恐其成就之晚。

廣平游氏曰：子厚學成德尊與孟子比，然猶祕其學。明道曰：「處今之時，當隨其資教之，雖識有明暗，亦各有得焉。」子厚用其言，故關中學者躬行之多與洛人並。

或論横渠。龜山楊氏曰：正叔先生亦自不許他。曰：先生嘗言自孟子之後無他見識，何也？曰：如彼見識，秦、漢以來何人到得。

和靖尹氏曰：横渠昔在京，坐虎皮説《周易》，聽從甚衆。一夕二程先生至，論《易》，次日撤去虎皮，曰：「吾平日與諸公説者皆亂道，有二程近到，深明易道，吾所弗及，汝輩可師之。」乃歸陝西。

或問：横渠言十五年學恭而安不成。明道曰：「可知是學不成，有多少病在。」莫是如伊川説：「若不知得，只是覷却堯，學他行事，無堯許多聰明睿知，怎生得似他動容周旋中禮。」朱子曰：也是如此，更有多少病。良久曰：人便是被一箇氣質局定，變得些子了又有些子，變得些子又更有些子。問：横渠只是硬把捉，故不安否？曰：他只是學箇恭，自驗見不曾熟。不是學箇恭又學箇安。○横渠云：「吾學既得於心，則脩其辭。命辭無差，然後斷事。斷事無失，吾乃沛然。」看來理會道理，須是説得出。一字不穩，便無下落。所以横渠中夜便筆之於紙，只要有下落。而今理會得有下落底，臨事尚脚忙手亂，況不曾理會得下落？横渠如此，若論道理他却未熟，然他地位却要如此。高明底則不必如此。○横渠之學是苦心得之，乃是致曲，與伊川異。以孔子爲非生知，渠蓋執「好古敏以求之」，故有此説。不知「好古敏以求之」，非孔子做不得。○問：横渠之教，以禮爲先。某恐謂之禮，則有品節，每遇事須用秤停當禮，方可遵守。初學者或未嘗識禮，恐無下手處。敬則有一念之肅便已改容更貌，不費安排，事事上見得此意。如何？曰：古人自幼入小學便教以禮，及長自然在規矩之中。横渠却是以官法教人。禮也易學，今人乍見，往往以爲難。某嘗要取三禮編成一書，事多蹉過。若有朋友，只兩年工夫可成。○横渠教人，道夜間自不合睡，只爲無可應接，他人皆睡了，己不得不睡。他做《正蒙》時，或夜裏默坐徹曉，他直是恁地勇方做得。因舉曾子「任重道遠」一段曰：子思、曾子直恁地，方被他打得透。○問：程、張之門，於六經多指説道之精微，學之要領，與夫下手處。雖甚精切易見，然被他開了四至，便覺規模狹了。曰：横渠最親切，程氏規模廣大，學者少有能如横渠輩用功者。近看得横渠用工最親切，直是可畏。○問：横渠似孟子否？曰：横渠嚴密，孟子宏闊。又問：孟子平正，横渠高處太高，僻處太僻？曰：是。又曰：横渠之於程子，猶伯夷、伊尹之於孔子。○或云：諸先生説話皆不及小程先生，雖大程亦不及。曰：不然。明道説話儘高，邵、張説得端的處儘好。且如伊川説：「仁者天下之公，善之本也。」大段寬而不切。如横渠説「心統性情」，這般所在説得的當。又如伊川謂「鬼神者造化之迹」，却不如横渠所謂「二氣之良能」也。○明道之學從容涵泳之味洽，横渠之學苦心力索之功深。○曾子剛毅，立得牆壁在，而後可傳之子思、孟子。伊川、横渠甚嚴，游、楊之門倒塌了。若天資大段高，則學明道。若不及明道，則且學伊川、横渠。○贊先生像曰：早悦孫吴，晚逃佛老。勇撤皐比，一變至道。精思力踐，妙契疾書。《訂頑》之訓，示我廣居。

西山真氏曰：張子有言：「爲天地立心，爲生民立極，爲前聖繼絶學，爲萬世開太平。」

又曰：「此道自孟子後千有餘歲，若天不欲此道復明，則不使今人有知者。既使人有知者，則必有復明之理。」此皆先生以道自任之意。

邵　子名雍，字堯夫，號康節。

程子曰：邵堯夫先生始學於百原，堅苦刻厲，冬不爐，夏不扇，夜不就席者數年。衛人賢之。先生歎曰：「昔人尚友於古，而吾未嘗及四方，遽可已乎？」於是走吴適楚，過齊、魯，客梁、晉，久之而歸，曰：「道其在是矣。」蓋始有定居之意。先生少時自雄其材，慷慨有大志。既學，力慕高遠，謂先王之事爲可必致。及其學益老，德益邵，玩心高明，觀於天地之運化、陰陽之消長，以達乎萬物之變，然後頹然其順，浩然其歸。在洛幾三十年，始至，蓬蓽環堵，不蔽風雨，躬爨以養其父母，居之裕如。講學於家，未嘗强以語人，而就問者日衆。鄉里化之，遠近尊之。士人之道洛者，有不之公府而必之先生之廬。先生德氣粹然，望之可知其賢。然不事表襮，不設防畛，正而不諒，通而不汙，清明坦夷，洞徹中外，接人無貴賤親踈之間。群居燕飲，笑語終日，不敢甚異於人，顧吾所樂何如耳。病畏寒暑，常以春秋時行遊城中，士大夫家聽其車音，倒屣迎致，雖兒童奴隸皆知懽喜尊奉。其與人言，必依於孝弟忠信。樂道人之善，而未嘗及其惡。故賢者悦其德，不賢者服其化。所以厚風俗，成人材者，先生之功多矣。又曰：先生之學得之於李挺之，挺之得之於穆伯長。推其源流，遠有端緒。今穆、李之言及其行事概可見矣，而先生純一不雜，汪洋浩大，乃其所自得者多矣。○謂周純明曰：吾從堯夫先生游，聽其議論，振古之豪傑也，惜其無所用於世。周曰：所言何如？曰：内聖外王之道也。○堯夫襟懷放曠，如空中樓閣，四通八達也。○堯夫於物理上儘説得，亦大段漏泄他天機。○堯夫詩：「雪月風花未品題。」他便把這些事便與堯舜三代一般。此等語自孟子後無人曾敢如此言來，直是無端。又如言：「須信畫前元有易，自從删後更無詩。」這箇意思，元古未有人道來。○堯夫詩云：「梧桐月向懷中照，楊柳風來面上吹。」真風流人豪也。又詩云：「頻頻到口微成醉，拍拍滿懷都是春。」不止風月，言皆有理。萬事皆出於理。自以爲皆有理，故要得從心妄行總不妨。堯夫又得詩云：「聖人喫緊些兒事。」其言太急迫。此道理平鋪地放着裹，何必如此。○世之博文强識者衆矣，其終未有不入於禪學者。特立不惑，子厚、堯夫而已。然其説之流，亦未免於有弊也。○子厚、堯夫之學，善自開大者也。堯夫細行或不謹，而其卷舒運用亦熟矣。○邵堯夫病革，且言「試與觀化一遭」。子厚言：「觀化他人便觀得自家，自家又如何觀得化？」嘗觀堯夫詩意纔做得識道理，却於儒術未見所得。

上蔡謝氏曰：邵堯夫直是豪才。嘗有詩云：「當年志氣欲横秋，今日看來甚可羞。事到强爲終屑屑，道非心得竟悠悠。鼎中龍虎忘看守，碁上山河廢講求。」又有詩云：「斟有淺深存燮理，飲無多少繫經綸。卷舒萬古興亡手，出入千重雲水身。」此人在風塵時節，便是偏霸手段。學須是天人合一始得。又有詩云：「萬物之中有一身，一身中有一乾坤。能知造化備於我，肯把天人別立根。天向一中分體用，人於心上起經綸。天人安有兩般義，道不虛行只在人。」問：此詩如何？曰：説得大體亦是，但不免有病，不合説一中分體用。又問曰：此句何故有病？曰：昔富彥國問堯夫云：「一從甚處起？」曰：「公道從甚處起？」富曰：「一起於震。」邵曰：「一起於乾。」問：兩説如何？曰：兩説都得。震謂發生，乾探本也。若會得天理，更説甚一二。○問：堯夫所學如何？曰：與聖門却不同。問：何故却不同？曰：他也只要見物理到逼真處，不下工夫，便差却。問：何故却不着工夫？曰：爲他見得天地進退，萬物消長之理，便敢做大。於聖門下學上達底事，更不施功。堯夫精《易》之數，事物之成敗始終，人之禍福脩短，算得來無毫髮差錯。如指此屋便知起於何時，至某年月日而壞，無不如其言。然二程不貴其術。堯夫喫不過，一日問伊川曰：「今歲雷從甚處起？」伊川曰：「起處起。」如堯夫必用推算，某更無許多事。」邵即默然。

和靖尹氏曰：康節之學，本是經世之學。今人但知其明《易》數知未來事，却小了他學問。如陳叔易贊云：「先生之學，志在經綸。」最爲盡之。

《吕氏家塾》記曰：邵堯夫先生居洛四十年，安貧樂道，自云未嘗皺眉。所居寢息處爲「安樂窩」，自號「安樂先生」。又爲甕牖，讀書燕居其下，旦則焚香獨坐，晡時飲酒三四甌，微醺便止，不使至醉也。中間州府以更法不餉餽，寓賓乃爲薄粥以代之，好事者或載酒以濟其乏。嘗有詩曰：「莫道山翁拙於用，也能康濟自家身。」喜吟詩，作大字書，然遇興則爲之，不牽强也。大寒暑則不出，每出乘小車，用一人挽之，爲詩以自詠曰：「花似錦時高閣望，草如茵處小車行。」司馬公贈以詩曰：「林間高閣望已久，花外小車猶未來。」隨意所之，遇主人喜客，則留三五宿。又之一家亦如之。或經月忘返，雖性高潔，而接人無賢不肖貴賤，皆懽然如親。嘗自言：「若至大病，自不能支。其遇小疾，得有客對話，不自覺疾之去體也。」學者來從之問經義，精深浩博，應對不窮，思致幽遠，妙極道數。間與相知之深者開口論天下事，雖久存心世務者不能及也。

張氏崏曰：先生少受學於北海李之才挺之，又游河、汾之曲，以至淮海之濱。涉於濟、汶，達於梁、宋。苟有達者，必訪以道，無常師焉。乃退居共城，廬於百原之上。大覃思於《易經》，夜不設寢，日不再食，三年而學以大成。大名王豫天悅博達之士，尤長於《易》。聞先生之篤志，愛而欲教之。既與之語三日，得所未聞，始大驚服，卒捨其學而學焉，北面而尊師之。衛人乃知先生之爲有道也。年三十餘，來游于洛，以爲洛邑天下之中，可以觀四方之士，乃定居焉。先生清而不激，和而不流。遇人無貴賤賢不肖，一接以誠。長者事之，少者友之，善者與之，不善者矜之。故洛人久而益尊信之。四方之學者與大夫之過洛者，莫不慕其風而造其廬。先生之教人，必隨其才分之高下，不驟語而强益之。或聞其言，若不適其意，先生亦不屑也。故來者多而從者少，見之者衆而知之者尚寡。及接之久，察其所處，無不中於理。叩其所有，愈久而愈新。則皆心悦而誠服。先生未嘗有求於人。或餽之以禮者，亦不苟辭。洛人爲買宅，丞相富公爲買園以居之。年六十，始爲隱者之服。隆寒盛暑，閉門不出。曰：「非退者之宜也。」其於書無所不讀，諸子百家之學皆究其本原，而釋老技術之説，一無所惑其志。晚尤喜爲詩，平易而造於理。

歐陽氏棐曰：康節邵先生嘗以爲學者之患在於好惡先成乎心，而挾其私智以求於道，則蔽於所好而不得其真。故求之至於四方萬里之遠，天地陰陽屈伸消長之變，無所不可，而必折衷於聖人。雖深於象數，先見默識，未嘗以自名也。其學純一而不雜，居之而安，行之而成，平夷渾大，不見圭角，其自得深矣。

朱子曰：康節本是要出來有爲底人，然又不肯深犯手做，凡事直待可做處方試爲之。纔覺難，便拽身退，正張子房之流。○康節學於李挺之，請曰：「願先生微開其端，毋竟其説。」此意極好。學者當然。須是自理會出來便好。○伊川之學於大體上瑩徹，於小小節目上猶有踈處。康節能盡得事物之變，却於大體上有未瑩處。劉用之云：康節善談《易》，見得透徹。曰：然。伊川又輕之，嘗有簡與橫渠云：「堯夫説《易》好聽，今夜試來聽他説看。」某嘗説此便是伊川不及孔子處，只觀孔子便不如此。○程、邵之學固不同，然二程所以推尊康節者至矣。蓋以其信道不惑，不雜異端，班於温公、橫渠之間。則亦未可以其道不同而遽貶之也。又曰：康節之學抉摘窈微，與佛老之言豈無一二相似？而卓然自信無所污染，此其所見必有端的處。比之温公欲護名教而不言者，又有間矣。○或言康節心胸如此快活，如此廣大，如何得似他。曰：他是甚麼樣做工夫。○問：近日學者有厭拘檢，樂舒放，惡精詳，喜簡便者，皆欲慕邵堯夫之爲人。曰：邵子這道理豈易及哉。他腹裏有這箇學能包括宇宙終始古今，如何不做得大，放得下？今人却恃箇甚後敢如此？因誦其詩云：「日月星辰高照曜，皇王帝伯大鋪舒。」可謂人豪矣。○康節之學，其骨髓在《皇極經世》，其花草便是詩。黄直卿云：其詩多説閑静樂的意思，大煞把箇事了。曰：這箇未説聖人，只顏子之樂亦不恁地。看他詩篇篇只管説樂，次第樂得來厭了。聖人得底，如喫飯相似，只飽而已。他却如喫酒。又曰：他都是有箇自私自利底意，所以明道有「要之不可以治天下國家」之説。○康節詩儘好看。楊道夫問：舊張無垢引心贊云：「廓然心境大無倫，盡此規模有幾人。我性即天天即性，莫於微處起經綸。」不知如何？曰：是殆非康節之詩也。

林少穎云：朱内翰作。問：何以辨？曰：若是真實見得，必不恁地張皇。道夫曰：舊看此意似與性爲萬物之一原，而心不可以爲限量同。曰：固是。但只是摸空説，無着實處。如康節云：「天向一中分造化，人從心上起經綸。」多少平易。實見得者自别。又問：一中分造化。曰：本是一箇，而消息盈虚，便生陰陽。事事物物皆恁地，有消便有息。○問：康節詩嘗有莊老之説，如何？曰：便是他有些子這箇。曰：如此莫於道體有異否？曰：他嘗説老子得《易》之體，孟子得《易》之用。體用自分作兩截。曰：他又説經綸，如何？曰：看他只是以術去處得這事恰好無過，如張子房相似，他所以極口稱贊子房也。二程謂其粹而不雜，以今觀之，亦不可謂不雜。曰：他説風花雪月，莫是曾點意思否？曰：也是見得眼前這箇好。曰：意其有「與自家意思一般」之意？曰：也是他有這些子。若不是，却淺陋了。○邵堯夫詩：「雪月風花未品題。」此言事物皆有造化。○邵堯夫六十歲作《首尾吟》百三十餘篇，至六七年間終。渠詩玩侮一世，只是一箇「四時行焉，百物生焉」之意。○或問康節詩。曰：「施爲欲似千鈞弩，磨礪當如百鍊金。」問：千鈞弩如何？曰：只是不妄發。如子房之在漢，謾説一句，當時承當者便須百碎。○康節詩云：「幽暗巖崖生鬼魅，清平郊野見鸞凰。」聖人道其常，也只是就那光明處理會説與人，那幽暗處知得有多少怪異。○康節以品題風月自負，然實强似《皇極經世書》。○問：先生須得邵堯夫先知之術。先生久之，曰：吾之所知者，「惠迪吉，從逆凶」，「滿招損，謙受益」。若是明日晴，後日雨，吾又安能知耶。〇贊先生像曰：天挺人豪，英邁蓋世，駕風鞭霆，歷覽無際。手探月窟，足躡天根，閑中今古，醉裏乾坤。

性理大全書卷之四十

諸儒二

程子門人

程子曰：吕與叔閑居中，某嘗窺之，必見其儼然危坐，可謂敦篤矣。學者須恭敬，但不可令拘迫。拘迫則難久也。○吕和叔任道擔當，其風力甚勁。然深潛縝密，有所不逮於與叔。○游酢非昔日之游酢也。固是穎然資質温厚，讀《西銘》已能不逆於心。言語外立得箇意思，便道中庸矣。楊時雖不逮酢，然煞穎悟。○游酢、楊時是學得靈利，高才也。楊時於新學極精，今日一有所問，能盡知其短而持之。介甫之學，大抵支離。某嘗與楊時讀了數篇，其後盡能推類以通之。○林大節雖差魯，然所問便能躬行。○劉質夫久於其事，自小來便在此。聖學不傳久矣。吾生百世之後，將明斯道，興斯學於既絶，力小任重，而懼其難者亦有冀矣。以謂苟能使知之者廣，則用力者衆，何難之不易也？游吾門者衆矣，而信之篤，得之多，行之果，守之固，若質夫者，幾希。他人之學，敏則有矣，未易保也。質夫之至，吾無疑焉。○李端伯相聚雖不久，未見他操履。然才識穎悟，自是不能已也。○吕進伯可愛，老而好學，理會直是到底。○邢明叔明辨有才氣，其於世務練習，蓋美材也。晚溺於佛，所謂「日月至焉」而已者，豈不可惜哉。○范淳夫色温而氣和，其人如玉，尤可以開陳是非，導人主之意。○謝顯道爲切問近思之學，其才能充而廣之者也。吾道有望矣。○謝良佐因論求舉於方州與就試於大學，得失無以異，遂不復計較。明且勇矣。○謝良佐記問甚博。曰：賢却記得許多，可謂玩物喪志。良佐身汗面赤。曰：此便是惻隱之心。○與范巽之語，聞而多礙者，先入也。與吕與叔語，宜礙而信者，致誠也。○尹焞魯，張繹俊。俊恐過之，魯者終有守也。○楊應之在交游中，英氣偉度過絶於人，未見其比，可望以託吾道者。

吕氏大忠曰：蘇季明德性純茂，强學篤志。

龜山楊氏曰：游定夫與兄醇，俱以文行知名於時，所交皆天下豪英。定夫雖少，而一時老師宿儒，咸推先之。伊川以事至京師，一見謂其資可適道。時明道知扶溝縣，兄弟方以倡明道學爲己任，設庠序，聚邑人子弟教之，召定夫來職學事。定夫欣然往從之，得其微言，於是盡棄其學學焉。○伊川稱游定夫德宇粹然，問學日進，政事亦絶人遠甚。於師門見稱如此，其所造可知矣。○定夫筮仕之初，縣有疑獄，十餘年不決。公攝邑事，一問得其情而釋之，精練如素官者。人服其明。○定夫自幼不群，讀書一過目輒成誦。比壯，益自力，心傳目到，不爲世儒之習。誠於中，形諸外，儀容辭令，燦然有文，望之知爲成德君子也。其事親無違，交朋友有信，涖官遇僚吏有恩意，人樂於自盡而無敢慢其令者。惠政在民，戴之如父母，故去則見思，愈久而不忘。若其道學足以覺斯人，餘潤足以澤天下，遭時清明，不究所用，士論共惜之。

河東侯氏曰：明道先生謂謝子雖少魯，直是誠篤。理會事有不透，其顙有泚。其憤悱如此。○明道先生平和簡易，惟劉絢庶幾似之。

上蔡謝氏曰：昔在二程先生門下，明道最愛中立，伊川最愛定夫，觀二人氣象亦相似。

和靖尹氏曰：謝顯道習舉業已知名，往扶溝見明道先生受學，志甚篤。明道一日謂之曰：「爾輩在此相從，只是學某言語，故其學心口不相應。盍若行之？」請問焉。曰：「且静坐。」伊川每見人静坐，便嘆其善學。○周恭叔未三十，見伊川，持身嚴苦，塊然一室，未嘗窺牖。幼議母黨之女，登科後其女雙瞽，遂娶焉，愛過常人。伊川曰：頤未三十時亦做不得此事。○馮忠恕問：陳叔易言伊川嘗許良佐有王佐才，有諸？曰：無此語。先生晚年，顯道來見，留十餘日。先生謂焞：「如見顯道，試問此來所得如何。」焞即往問焉。謝曰：「良佐每常聞先生語，多疑惑。今次見先生，聞語判然無疑，所得如此。」焞具以告。先生曰：「某見得他也是如此。」不聞有此語爾。

華陽范氏曰：吕與叔脩身好學，行如古人。○朱光庭初受學於安定先生，告以爲學之本主於忠信，既終身力行之。及見二程先生而聞格物致知爲進道之門，正心誠意爲入德之方，服行其教，造次不忘。嘗謂百世以俟聖人而不惑者，惟孔、孟爲然。故力排異端，以扶聖道。

武夷胡氏曰：河南二程先生得孟子不傳之學於遺經，以倡天下。而升堂覩奥，號稱高弟，在南方則廣平游定夫、上蔡謝顯道、龜山楊中立三人是也。○龜山天資夷曠，濟以問學，充養有道，德器早成。積於中者，純粹而閎深。見於外者，簡易而平澹。閒居和樂，色笑可親。臨事裁處，不動聲氣。與之游者，雖群居終日，嗒然不語，飲人以和，而鄙薄之態自不形也。推本孟子性善之説，發明《中庸》《大學》之道。有欲知方者，爲指其攸趣，無所隱也。當時公卿大夫之賢者莫不尊信之。又曰：先生造養深遠，燭理甚明。混迹同塵，知之者鮮。知之者，知其文學而已。不知者以爲蔡氏所引，此公無求於人，蔡氏焉能浼之。行年八十，志氣未衰，精力少年殆不能及。朝廷方嚮意儒學，日新聖德，延禮此老，置之經席，朝夕咨訪，裨補必多。至如裁決危疑，經理世務，若燭照數計而龜卜也。○侯師聖安於羈苦，守節不移，固所未有。至於講論經術，則通貫不窮。商確時事，則纖微皆察。

陳氏淵曰：明道在潁昌時，龜山先生因往從學，明道甚喜。每言曰：「楊君最會得容易。」及歸，送之出門，謂坐客曰：「吾道南矣。」又曰：謝顯道爲人誠實，但聰悟不及先生。○明道每言楊君聰明，謝君如水投石，然亦未嘗不稱其善。伊川自涪歸，見學者凋落，多從佛學，獨先生與謝丈不變。因歎曰：「學者皆流於夷狄矣，惟有楊、謝二君長進。」

馮氏忠恕曰：和靖言嘗侍坐伊川，問曰：「張繹每聞先生語，往往言下解悟。焞聞先生語，須再三尋思，或更請問，然後解悟。然他日持守恐繹不及焞。」伊川以爲然。伊川没，未幾思叔亦殁。和靖被召，嘗曰：「思叔若在，到今自當召用，必能有爲於世。」

祁氏寬曰：張思叔三十歲方見伊川，後伊川一年卒。初以文聞於鄉曲，後來作文字甚少。伊川每云：「張繹朴茂。」

吕氏稽中曰：尹和靖應進士舉策問，議誅元祐貴人。和靖曰：「噫！尚可以干禄乎哉。」不對而出。告於程子曰：「吾不復應進士舉矣。」程子曰：「子有母在。」和靖歸告其母，母曰：「吾知汝以爲善養，不知汝以禄養。」於是退不復就舉。程子聞之，曰：「賢哉母也。」○大觀中，新學日興，有言者曰：「程頤倡爲異端，尹焞、張繹爲之左右。」和靖遂不欲仕。而聲聞益盛，德益成，同門之士皆尊畏之。伊川曰：「我死而不失其正，尹氏子也。」

呂氏本中曰：龜山天資仁厚，寬大能容物，又不見其涯涘。不爲崖異絶俗之行以求世俗名譽，與人交，終始如一。性至孝，幼喪母，哀毁如成人。事繼母尤謹。熙寧中，既舉進士得官，聞河南兩程先生之道，即往從學。既歸，閑居累年，沉浸經書，推廣師説，窮探力索，務極其趣，涵蓄廣大而不敢輕自肆也。本中嘗聞於先輩長者，以爲明道先生温然純粹，終身無疾言遽色，先生實似之。

章氏憲曰：龜山先生嘗云：「程門後來成就莫踰王信伯。」胡安國嘗薦其學有師承，識通世務，使司獻納，必有補於聖時。

朱子曰：呂與叔惜乎壽不永，如天假之年，必所見又别。程子稱其深潛縝密，可見他資質好，又能涵養。某若只如呂年，亦不見得到此田地矣。與叔本是箇剛底氣質，涵養得到，所以如此。故聖人以剛之德爲君子，柔爲小人。若有其剛矣，須除去那剛之病，全其爲剛之德，相次可以爲學。若不剛，終是不能成。○問：與叔論選舉狀，立士規以養德厲行，更學制以量才進藝，定貢法以取賢斂才，立試法以試用養才，立辟法以興能備用，立舉法以覆實得人，立考法以責任考功。曰：其論甚高。使其不死，必有可用。○與叔後來亦看佛書，朋友以書責之，呂云：「某只是要看他道理如何。」其文集上雜記亦多不純，想後來見二程了却好。○游定夫清德重望，皎如日星，雖奴隸之賤皆知之。其流風餘韻，足以師世範俗。

○定夫事業不得大施，獨有《中庸論孟説》垂於世。考其師友所稱，味其話言所傳，則夫造道之深，流風之遠，有可得而推者矣。○龜山天資高，朴實簡易，然所見一定，更不須窮究。某嘗謂這般人皆是天資出人，非假學力。○龜山解文字著述無綱要。詩文説道理之類，才説得有意思，便無收殺包揚。曰：是道理不透否？曰：雖然，亦是氣質弱。○問：龜山晚年出處不可曉，其召也以蔡京，然在朝亦無大建明。曰：以今觀之，則可以追咎當時無大建明。若自家處之，不知當時所當建明者何事？或云：不過擇將相爲急。曰：也只好説。擇將相固是急，然不知當時有甚人可做。當時將只説种師道，相只説李伯紀，然固皆嘗用之矣。又況自家言之，彼亦未便見聽。據當時事勢，亦無可爲者。不知有大聖賢之才如何爾。○問：龜山當時何意出來？曰：龜山做人也苟且，是時未免禄仕，故胡亂就之。苟可以少行其道，龜山之志也。然來得已不是，及至，又無可爲者，只是説得那没緊要底事。當此之時，苟有大力量，咄嗟間真能轉移天下之事，來得也不枉。既不能然，又只是隨衆鶻突。又曰：他當時一出，追奪荆公王爵，罷配享夫子，且欲毁劈三經板。士子不樂，遂相與聚問三經有何不可，輒欲毁之。當時龜山亦謹避而已。問：或者疑龜山此出爲無補於事，徒爾紛紛。或以爲大賢出處不可以此議。如何？曰：龜山此行固是有病，但只後人又何曾夢到他地位在？惟胡文定以柳下惠援而止之而止比之，極好。○龜山之出，人多議之。

惟胡文定之言曰：「當時若能聽用，決須救得一半。」此語最公。○上蔡爲人英果明決，强爲不倦。克己復禮，日有課程。所著《論語説》及門人所記《遺語》皆行於世。如以生意論仁，以實理論誠，以常惺惺論敬，以求是論窮理，其命意皆精當，而直指窮理居敬爲入德之門，則又最得明道教人之綱領。嘗宰德安府之應城，胡文定以典學使者行部過之，不敢問以職事，顧因介紹，請以弟子禮見。入門，見吏卒植立庭中，如土木偶人，肅然起敬，遂禀學焉。其同時及門之士，亦皆稱其言論閎肆，善啓發人。今讀其書，尚可想見也。某自少時妄意爲學，即賴先生之言以發其趣。而平生所聞先生行事，又皆高邁卓絶，使人興起，凛然常懼其一旦泯滅而無傳也。○上蔡語雖不能無過，然都是確實做工夫來。○問：人之病痛不一，各隨所偏處去。上蔡才高，所以病痛盡在矜字。曰：此説是。○明道以上蔡記誦爲玩物喪志，蓋爲其意不是理會道理，只是誇多鬬靡爲能。若明道看史不蹉一字，則意思自别。此正爲己爲人之分。○問：上蔡説横渠以禮教人，其門人下梢頭低，只溺於刑名度數之間，行得來困，無所見處。如何？曰：觀上蔡説得又自偏了，這都看不得禮之大體，所以都易得偏。如上蔡説横渠之非，以爲「欲得正容謹節」，這自是好，如何廢這箇得？如專去理會刑名度數固不得，又全廢了這箇也不得。○尹彦明見伊川後，半年方得《大學》《西銘》看，此意思也好，也有病。蓋且養他氣質，淘潩去了那許多不好底意思。如《學記》所謂「未卜禘，不視學，游其志也」之意。此意思固好，然也有病者。蓋天下有多少書，若半年間都不教他看一字，幾時讀得天下許多書？所以彥明終竟後來工夫少了。或曰：想得當時《大學》亦未成倫緒，難看在。曰：然。彥明看得好，想見煞著日月看。臨了連格物也看錯了，所以深不信伊川「今日格一件，明日格一件」之説。是看箇甚。○和靖持守有餘，而格物未至，故所見不精明，無活法。○和靖在程門直是十分鈍底，被他只就一箇敬字上做工夫，終被他做得成。○自其上者言之，有明未盡處。自其下者言之，有明得一半便謂只是如此。尹氏亦只是明得一半，便謂二程之教止此，孔、孟之道亦只是如此。惟是中人之性，常常要著力照管自家這心要常在，須是窮得透徹方是。○和靖只是一箇篤實，守得定。如涪州被召，祭伊川文云：「不背其師則有之，有益於世則未也。」因言：學者只守得某言語已自不易，少間又自轉移了。○和靖主一之功多，而窮理之功少。故説經雖簡約，有益學者，但推説不去，不能大發明。在經筵進講，少開悟啓發之功。紹興初入朝，滿朝注想，如待神明。然亦無大開發處。是時高宗好看山谷詩，尹云：「不知此人詩有何好處，陛下看他作什麽。」只説得此一言。然只如此説，亦何能開悟人主？大抵解經固要簡約。若告人主，須有反覆開導推説處，使人主自警省。蓋人主不比學者可以令他去思量。如孔子答哀公顔子好學之問，與答季康子詳略不同，此告君之法也。○和靖當經筵都説不出。張魏公嘗問：

『人有不爲也，而後可以有爲。』此孟子至論。」和靖曰：「未是。」張曰：「何者爲至？」和靖曰：「好善優於天下爲至。」張初不喜伊洛之學，此語極中其病。然正好發明，惜但此而止耳。○尹子之學有偏處。渠初見伊川，將朱公掞所抄語録去呈，想是他爲有看不透處，故伊川云：「某在，何必觀此書。」蓋謂不如當面與他説耳。尹子後來遂云語録之類不必看。不知伊川固云某在不必觀，今伊川既不在，如何不觀？又如云《易傳》是伊川所自作者，其他語録是學者所記，故謂只當看《易傳》，不當看語録。然則夫子所自作者，《春秋》而已，《論語》亦門人所記也，謂學夫子者只當看《春秋》，不當看《論語》，可乎？○朱公掞文字有幅尺，是見得明也。南軒云：「朱公掞奏狀説伊川不著。」曰：「不知如何方是説著？」「大意只要説得實便好。如伊川説物便到四凶上，及吕與叔《中庸》，皆説實話也。」○范淳夫純粹，精神短。雖知尊敬程子，而於講學處欠缺。如《唐鑑》極好，讀之亦不無憾。又曰：淳夫資質極平正，點化得，是甚次第。○李朴先之大概是能尊尚道學，但恐其氣剛，亦未能遜志於學問。○問：郭冲晦何如人。曰：西北人氣質重厚淳固，但見識不及。如兼山《易》《中庸》義多不可曉。不知伊川晚年接人是如何。問：游、楊諸公早見程子，後來《語》《孟》《中庸》説猶踈略，何也？曰：游、楊諸公皆才高，又博洽。略去二程處參較所疑，及病敗處各能自去求。雖其説有踈略處，然皆通明，不似兼山輩立論可駭也。○問：伊川門人如此其衆，不知何故後來更無一人見得親切。或云：游、楊亦不久親炙。曰：也是諸人無頭無尾，不曾盡心在上面也。各家去奔走仕宦，所以不能理會得透。如邵康節從頭到尾，極終身之力而後得之。雖其不能無偏，然就他這道理，所謂「成而安」矣。如茂叔先生資稟便較高，他也去仕宦，只他這所學自是從合下直到後來，所以有成。某看來這道理若不是拚生盡死去理會，終不解得。又曰：吕與叔高於諸公，大段有筋骨。惜其早死。若不早死，却須理會得到。○與叔《文集》煞有好處，他文字極是實。説得好處，如千兵萬馬，飽滿伉壯。上蔡雖有過當處，亦自是説得透。龜山文字却怯弱，似是合下會得易。○游、楊、謝諸公，當時已與其師不相似，却似别立一家。謝氏發明得較精彩，然多不穩貼。和靖語却實，然意短，不似謝氏發越。龜山《語録》與自作文又不相似，其文大段照管不到，❶前面説如此，後面又都反了。緣他只依傍語句去，皆是不透。龜山年高。與叔年四十七，他文字大綱立得脚來健，多有處説得好又切。若有壽，必煞進。游定夫學無人傳，無語録。○學者氣質上病最難救。如程門謝氏，便如「師也過」；游與楊便如「商也不及」，皆是氣質上病。○上蔡之學，初見其無礙，甚喜之。後細觀之，終不離禪底見解。如灑掃應對處，此只是小子之始學。

❶「段」，原作「故」，今據重修本改。

程先生因發明：雖始學，然其終之大者，亦不離乎此。上蔡於此類處便説得大了。道理自是有小有大，有初有終。若如此説時，便是不安於其小者初者，必知其中有所謂大者方安爲之。如曾子三省處，皆只是實道理。上蔡於小處説得亦大了。如游、楊解書之類，多使聖人語來反正。如解「不亦樂乎」，便云「學之不講爲憂，有朋友講習豈不樂乎」之類，亦不自在。大率諸公雖親見伊川，皆不得其師之説。○上蔡多説過了。龜山巧，又别是一般，巧得又不好。范諫議説得不巧，然亦好。和靖又忒不巧，然意思好。○伊川之門，上蔡自禪門來，其説亦有差。張思叔最後進，然深惜其早世。使天予之年，殆不可量。其他門人多出仕宦四方，研磨亦少。龜山最老，其所得亦深。○思叔持守不及和靖，乃伊川語，非特爲品藻二人，蓋有深意。和靖舉以語人，亦非自是，乃欲人識得先生意耳。若以其自是之嫌而不言，則大不是，將無處不窒礙矣。○問：上蔡議論莫太過。曰：上蔡好於事上理會理，却有過處。又問：和靖專於主敬，集義處少。曰：和靖主敬把得定，亦多近傍理。龜山説話頗淺狹。范淳夫雖平正而亦淺。又問：嘗見《震澤記善録》，彼親見伊川，何故如此之差？曰：彼只見伊川面耳。○問和靖立朝議論。曰：和靖不觀他書，只是持守得好。他語録中説涵養持守處，分外親切。有些朝廷文字，多是吕稽中輩代作。問：龜山立朝却有許多議論。曰：龜山雜博，是讀多少文字？龜山少年未見伊川時，先去看莊、列等文字。

後來雖見伊川，然而此念熟了，不覺時發出來。游定夫尤甚。羅仲素時復亦有此意。○一日論伊川門人，云多流入釋氏。陳文蔚曰：只是游定夫如此，恐龜山輩不如此。曰：只《論語序》便可見。○看道理不可不子細。程門高弟如謝上蔡、游定夫、楊龜山輩，下稍皆入禪學去。必是程先生當初説得高了，他門只晫見上一截，少下面著實工夫，故流弊至此。○問：程門誰真得其傳？曰：也不盡見得。如劉質夫、朱公掞、劉思叔輩，又不見他文字。看程門諸公力量見識，比之康節、横渠皆趕不上。○韓退之云：「孔子之道大而能博，門弟子不能偏觀而盡識也，故學焉而皆得其性之所近。」此説甚好。看來資質定了，其爲學也只就他資質所尚處添得些小好而已。所以學貴公聽並觀，求一箇是當處，不貴徒執己自用。今觀孔子諸弟子，只除了曾、顔之外，其他説話便皆有病。程子諸門人，上蔡有上蔡之病，龜山有龜山之病，和靖有和靖之病，無有無病者。問：也是後來做工夫不到故如此？曰：也是合下見得不周偏差了。又曰：而今假令親見聖人説話，盡傳得聖人之言，不差一字，若不得聖人之心，依舊差了。何況猶不得其言。若能得聖人之心，則雖言語各别，不害其爲同。如曾子説話，比之孔子又自不同。子思傳曾子之學，比之曾子，其言語亦自不同。孟子比之子思又自不同。然自孔子以後，得孔子之心者，惟曾子、子思、孟子而已。後來非無能言之士，如揚子雲《法言》模倣《論語》，王仲淹《中説》亦模倣《論語》，言愈似而去道亦遠。

及至程子方略明得四五十年，爲得聖人之心。然一傳之門人，則已皆失其真矣。其終卒歸於擇善固執，明善誠身，博文約禮而已，只是要人自去理會。

南軒張氏曰：磨而不磷，涅而不緇，須還孔子。吾人只當學子路。如龜山晚年一出，不是道要官職，當時意思亦是要去其間救正。直到後來圍城，不知救正得如何。磨不磷、涅不緇是聖人事，龜山自處地位太高爾。○吴晦叔言：上蔡自見二先生，爲克己之學。有一研，平生極愛惜，遂去之，然猶往來于心。其天資最高尚且如此，以見克己之難也。程褘因言：上蔡自謂後來於器物之類置之，只爲合要用，却無健羡心。此工夫極至處，可謂勇矣。曰：上蔡偏處雖多，惟其勇，故工夫亦極至。龜山天資粹美，矯厲之工少，而涵養之工多。問：游先生如何。曰：亞于二公。

覺軒蔡氏《近思後録》曰：楊應之勁挺不屈，自爲布衣以至官於朝，未嘗有求於人，亦未嘗假人以言色。篤信好學，至死不變。○劉質夫氣和而體莊，持論不苟合，跬步不忘學。○李端伯胸中閎肆開發。與人交，洞照其情，和而不流，時靡有争。遇事如控轡逐曲舞交，屈折如意。○吕和叔明善志學，性之所得者盡之於心，心之所知者踐之於身。妻子刑之，朋友信之，鄉黨宗之，可謂至誠敏德矣。○和叔與人語，必因其可及而喻諸義。治經説得於身踐而心解。其文章不作於無用。○楊遵道孝友和易，中外無間言，平居無喜愠色。與人辨論，綱振條析，發微指極，冰解的破，聞者欽聳。退而察其私，言若不能出諸口，蓋度不身踐，不苟言也。○劉安節貌温，望之知其有容。過人無貴賤小大一以誠，雖忤己者未嘗見其怒色恚辭。其與人遊，常引其所長而陰覆其不及。○張思叔因讀《孟子》「志士不忘在溝壑，勇士不忘喪其元」，始有得處。後更窮理造微，少能及之者。○馬時中天資重厚，雖勇於爲義，而恥以釣名。居朝凡所建明，輒削其藁，故人少知者。

西山真氏《讀書記》曰：呂希哲從安定胡先生於太學，與程先生並舍，察程先生學問淵源非他人比，首以師禮事之，由是知見日益廣大。然未嘗專主一説，不私一門，務略去枝葉，一意涵養，直截徑捷以造聖人。爲説書二年，日夕勸道人主以脩身爲本，脩身以正心誠意爲主，心正意誠，天下自化，不假他術。身不能脩，左右之人且不能喻，況天下乎？其行己務自省察校量，以自進益。晚年嘗言：「十餘年前在楚州，橋壞墮水中時，覺心動。數年前大病，已稍勝前。今次疾病，全不動矣。」其自力如此。嘗曰：「攻其惡，無攻人之惡。」蓋自攻其惡，日夜且自點檢，絲毫不盡，則慊於心矣，豈有工夫點檢他人耶？○范淳夫嘗與伊川論唐事，及爲《唐鑑》，盡用先生之意。先生謂門人曰：淳夫乃能相信如此。○元祐中，客有見伊川者，几案無他書，惟《唐鑑》一部。先生謂客曰：三代以來，無此議論。○劉質夫自髫齔即事明道先生程氏兄弟受學焉，所授有本末，所知造淵微。知所止矣，孜孜焉不知其他也。天性孝悌樂善，而不爲異端所惑，故其履也安。內日加重而無交戰之病，故其行也果。○劉安節天資近道而敏於學問，嘗從當世賢而有道者游。始以致知格物發其材，沉涵熟復，存心養性久之，於是有得。常曰：堯、舜之道不過孝悌，天下之理有一無二，迺若異端則有間矣。○尹和靖莊正仁實，不欺闇室。其於聖人六經之言，耳順心得，如出諸己。○吕和叔爲人質厚剛正，以聖門事業爲己任。所知信而力可及，則身遂行之，不復疑畏，故識者方之季路。潛心玩理，望聖賢之致剋期可到。自身及家，自家及鄉人，旁及親戚朋友，皆紀其行而述其事。○游定夫嘗問：謝顯道公於外物一切放得下否？曰：實在上面做工夫來。人要富貴，要他做甚，必須有用處。尋討用處病根，將來斬斷便没事。平生未嘗干人，在書局亦不謁政府。或勸之，曰：「他安能陶鑄我，自有命在。」○馬伸時中，崇寧中禁元祐學，姦人用事，出其黨爲諸路學使，專糾其事。伊川之門學者無幾，雖宿素從游，間以趨利叛去。時中方自吏部求爲西京司法曹事，鋭然爲親依之計，至則因張繹求見。先生辭焉。時中曰：「使伸得聞道，雖死何憾，況不至於死乎。」先生聞而歎曰：「此真有志者。」遂引而進之。自爾出入凡三年，公暇，雖風雨必一造焉。靖康初爲御史，以論汪、黄誤國，貶濮州監酒，死。嘗曰：「『志士不忘在溝壑，勇士不忘喪其元。』今日何時，溝壑乃吾死所也。」故其臨事奮不顧身如此。又嘗曰：「志在行道。使吾以富貴爲心，則爲富貴所累。使吾以妻子爲念，則爲妻子所累。是道不可行也。」

羅從彦字仲素，號豫章。

延平李氏曰：羅先生少從審律先生吴國華學，後見龜山，迺知舊學之差，三日驚汗浹背。曰：「幾枉過了一生。」於是謹守龜山之學，數年後，方心廣體胖。○先生性明而脩，行全而潔，充之以廣大，體之以仁恕。精深微妙，多極其至。漢、唐諸儒無近似者。至於不言而飲人以和，與人並立而使人化，如春風發物，蓋亦莫知其所以然也。凡讀聖賢之書粗有見識者，孰不願得授經門下，以質所疑。

朱子曰：龜山先生唱道東南，士之游其門者甚衆。然語其潛思力行，任重詣極如羅公，蓋一人而已。○羅先生嚴毅清苦，殊可畏。○李先生言羅仲素《春秋説》不及文定。蓋文定才大，設張羅落者大。○楊道夫言：羅先生教學者静坐中看喜怒哀樂未發謂之中，未發作何氣象。李先生以爲此意不惟於進學有力，兼亦是養心之要。而《遺書》有云：「既思則是已發。」昔嘗疑其與前所舉有礙，細看亦甚緊要，不可以不孜。黄直卿曰：此問亦甚切。但程先生剖析毫釐，體用明白。羅先生探索本原，洞見道體。二者皆有大功於世，善觀之則亦並行而不相悖矣。況羅先生於静坐觀之，乃其思慮未萌，虚靈不昧，自有以見其氣象，則初無害於未發。蘇季明以「求」字爲問，則求非思慮不可，此伊川所以力辨其差也。曰：公雖是如此分解羅先生説，終恐做病。如明道亦説静坐可以爲學，謝上蔡亦言「多著静不妨」，此説終是小偏，才偏便做病。道理自有動時，自有静時，學者只是敬以直内，義以方外，見得世間無處不是道理，雖至微至小處亦有道理，便以道理處之。不可專要去静處求。所以伊川謂只用敬，不用静，便説得平。也是他經歷多，故見得恁地正而不偏。若以世之大段紛擾人觀之，若會静得固好，若講學則不可有毫髮之偏也。如天雄、附子，冷底人喫得也好，如要通天下喫便不可。

陳氏協曰：先生可謂有德有言之隱君子矣。當徽廟時，居鄉授徒，守道尤篤，而同郡李公侗傳其學。厥後朱子又得李公之傳，其道遂彰明於世。學者仰之如泰山北斗者，其端皆自公發之。公没之後，既無子孫，及其遺言不多見於世。嘉定七年，郡守劉允濟始加搜訪，得公所著《遵堯録》八卷進之於朝，其書四萬言，大要謂藝祖開基，列聖繼統，若舜、禹遵堯而不變。至元豐改制，皆自王安石作俑，創爲功利之圖，浸兆裔夷之侮。是其畎畝不忘君之心，豈若沮溺輩素隱行怪之比邪。

周氏坦曰：先生不求聞達於世，胸次抱負不少概見。獨得其大者，所謂道德問學之淵源，上承伊洛之正派，下開中興以後諸儒之授受，昭然不可泯也。公受學龜山之門，其潛思力行，任重詣極，同門皆推敬之。義理之學正鬱於時，一綫之緒賴是得以僅存。觀其在羅浮山静坐三年，所以窮天地萬物之理，切實若此。著《遵堯録》一篇，述皇朝相傳宏規懿範，及名臣碩輔論建謨畫，下及元豐功利之人紛更憲度，貽患國家。撮要提綱，無非理亂安危之大者。公之學，其明體適用，略可推矣。

李　侗字愿中，號延平。

朱子曰：先生少遊鄉校有聲，已而聞郡人羅仲素得河洛之學於龜山之門，遂往學焉。羅公清介絶俗，雖里人鮮克知之，見先生從遊受業，或頗非笑。先生若不聞，從之累年。受《春秋》《中庸》《語》《孟》之説，從容潛玩，有會于心，盡得其所傳之奥。羅公少然可，亟稱許焉。於是退而屏居山里，結茅水竹之間，謝絶世故餘四十年，簞瓢屢空，怡然自適。中間郡將學官聞其名而招致之，或遣子弟從遊受學，州郡士人有以矜式焉。又曰：先生從羅仲素學，講誦之餘，危坐終日以驗夫喜怒哀樂未發之前氣象爲何如，而求所謂中者。若是者蓋久之，而知天下之大本真有在乎是也。蓋天下之理無不由是而出，既得其本，則凡出於此者，雖品節萬殊，曲折萬變，莫不該攝洞貫，以次融釋，而各有條理，如川流脈絡之不可亂。大而天地之所以高厚，細而品彙之所以化育，以至於經訓之微言，日用之小物，折之于此，無一不得其衷焉。由是操存益固，涵養益熟。精明純一，觸處洞然。泛應曲酬，發必中節。又曰：其接後學答問，窮晝夜不倦，隨人淺深，誘之各不同，而要以反身自得而可以入於聖賢之域。○先生喜黄太史稱濂溪「胸中灑落如光風霽月」爲善形容有道者氣象，嘗諷誦之，而顧謂學者曰：「存此於胸中，庶幾遇事廓然，而義少進矣。」○先生姿稟勁特，氣節豪邁而充養完粹，無復圭角。精純之氣，達於面目。色温言厲，神定氣和，語默動静，端詳閑泰，自然之中若有成法。平居恂恂，於事若無甚可否。及其酬酢事變，斷以義理，則有截然不可犯者。○先生之道德純備，學術通明，求之當世，殆絶倫比。然不求知於世，而亦未嘗輕以語人。故上之人既莫之知，而學者亦莫之識。是以進不獲施之於時，退未及傳之於後。而先生方且玩其所安樂者於畎畝之中，悠然不知老之將至。蓋所謂依乎中庸，遯世不見知而不悔者，先生庶幾焉。○先君子吏部府君亦從羅公問學，與先生爲同門友，雅敬重焉。嘗與沙縣鄧迪天啓語及先生，鄧曰：愿中如冰壺秋月，瑩徹無瑕，非吾曹所及。先君子深以爲知言，亟稱道之。○先生終日危坐而神彩精明，略無隤墮之氣。○問先生言行。曰：他却不曾著書，充養得極好。凡爲學也不過是恁地涵養將去，初無異義。只是先生睟面盎背，自然不可及。○先生初間也是豪邁底人，到後來也是磨琢之功。○先生少年豪勇，夜醉，馳馬數里而歸。後來養成徐緩，雖行二三里路，常委蛇緩步，如從容室中也。問：先生如何養？曰：先生只是潛養思索。他涵養得自是別，真所謂不爲事物所勝者。古人云：「終日無疾言遽色。」他真箇是如此。尋常人去近處必徐行，出遠處行必稍急。先生出近處也如此，出遠處亦只如此。尋常人叫一人，叫之一二聲不至則聲必厲。先生叫之不至，聲不加於前也。又如坐處壁間有字，某每常亦須起頭一看。若先生則不然，方其坐時，固不看也。若是欲看，則必起就壁下視之。其不爲事物所勝，大率若此。○先生居處有常，不作費力事。所居狹隘，屋宇卑小。及子弟漸長，逐間接起。又接起廳屋，亦有小書室，然甚整齊瀟灑，安物皆有常處。其制行不異於人。亦嘗爲任希純教授，延入學作職事，居常無甚異同，頹如也。真得龜山法門。○先生説一步是一步。如説「仁者其言也訒」，某當時爲之語云：聖人如天覆萬物。曰：不要如是廣説，須窮「其言也訒」前頭如何，要得一進步處。○先生不要人强行，須有見得處方行。所謂灑然處。然猶有偏在。灑落而行固好，未到灑落處不成不行，亦須按本行之，待其著察。○先生當時説學已有許多意思，只爲説敬字不分明，所以許多時無捉摸處。○先生好看《論語》，自明而已。謂孟子早是説得好了，使人愛看了也。其居在山間亦殊無文字看，讀《辨正》，更愛看《春秋左氏》。初學於仲素只看經，後侯師聖來沙縣，羅邀之至，問伊川如何看，云：「亦看《左氏》，要見曲折。」故始看《左氏》。○先生有爲，只用蠱卦，但有決烈處。○先生嘗云：人之念慮若是於顯然過惡萌動，此却易見易除，却怕於匹似閑底事爆起來，纏繞思念將去，不能除，此尤害事。熹向來亦是如此。○問：先生所作《李先生行狀》云：「終日危坐，以驗夫喜怒哀樂之前氣象爲如何，而求所謂中者。」與伊川之説若不相似。曰：這處是舊日下得語太重。今以伊川之語格之，則其下工夫處亦是有些子偏。只是被李先生静得極了，便自見得是有箇覺處，不似别人。今終日危坐，只是且收斂在此，勝如奔馳。若一向如此，又似坐禪入定。○問：延平先生何故驗於喜怒哀樂未發之前而求所謂中？曰：只是要見氣象。陳後之曰：持守良久，亦可見未發氣象？曰：延平即是此意。又問：此與楊氏體驗於未發之前者異同如何？曰：這箇亦有些病。那「體驗」字是有箇思量了，便是已發。若觀時恁著意看，便也是已發。問：此「體驗」是著意觀，只恁平常否？曰：此亦是以不觀觀之。○論李先生之學常在目前。曰：只是君子戒謹所不覩，恐懼所不聞，便自然常存。顔子非禮勿視聽言動，正是如此。○問：延平静坐之説，聞先生頗不以爲然，如何？曰：此亦難説。静坐理會道理自不妨，只是討要静坐則不可。若理會得道理明透，自然是静。常見先生説舊見羅先生説《春秋》，頗覺不甚好，不知到羅浮極静後又理會得如何。某心嘗疑之，以今觀之是如此。蓋心下熱鬧，如何看得道理出。○人若著些利害，便不免開口告人，却與不學之人何異？向見李先生説，若大段排遣不去，只思古人所遭患難有大不可堪者，持以自比，則亦可以少安矣。始者甚卑其說，以爲何至如此。後來臨事却覺有得力處，不可忽也。○舊見先生說：「少從師友，幸有所聞。中間無講習之助，幾成廢墮。然賴天之靈，此箇道理時常在心目間，未嘗敢忘。」此可見其持守之功矣。然則所見安得而不精，所養安得而不熟耶？○某舊見先生時說得無限道理，也曾去學禪。先生云：「汝恁地懸空理會得許多，面前事却又理會不得。道亦無玄妙，只在日用間著實做工夫處理會，便自見得。」後來方曉得他說，故今日不至無理會耳。

○祭先生文曰：道喪千載，兩程勃興。有的其緒，龜山是承。龜山之南，道則與俱。有覺其徒，望門以趨。惟時豫章，傳得其宗。一簞一瓢，凛然高風。猗歟先生，果自得師。身世兩忘，惟道是資。精義造約，窮深極微。凍解冰釋，發於天機。乾端坤倪，鬼祕神彰。風霆之變，日月之光。爰暨山川，草木昆蟲。人倫之正，王道之中。一以貫之，其外無餘。縷析毫差，其分則殊。體用渾圓，隱顯昭融。萬變並酬，浮雲太空。仁孝友弟，灑落誠明。清通和樂，展也大成。婆娑丘林，世莫我知。優哉游哉，卒歲以嬉。迨其季年，德盛道尊。有來摳衣，發其蔽昏。侯伯聞風，擁篲以迎。大本大經，是度是程。税駕云初，講議有端。疾病乘之，醫窮技殫。嗚呼先生，而止於斯！命之不融，誰實尸之？合散屈伸，消息滿虛。廓然大公，與化爲徒。古今一息，曷計短長。物我一身，孰爲窮通。嗟惟聖學，不絕如綫。先生得之，既厚以全。進未獲施，退未及傳。殉身已殁，孰云非天！熹也小生，丱角趨拜。恭惟先君，實共源派。闇闇侃侃，斂衽推先。冰壺秋月，謂公則然。施及後人，敢渝斯志。從游十年，誘掖諄至。春山朝榮，秋堂夜空。即事即理，無幽不窮。相期日深，見勵彌切。蹇步方休，鞭繩以掣。安車暑行，過我衡門。返旆相遭，涼秋已分。熹於此時，適有命召。問所宜言，反覆教詔。最後有言，吾子勉之：凡茲衆理，子所自知。奉以周旋，幸不失墜！歸裝朝嚴，訃音夕至。失聲長號，淚落懸泉。何意斯言，而決終天！病不舉扶，没不飯含。奔走後人，死有餘憾。儀刑永隔，卒業無期。墜緒茫茫，孰知我悲。伏哭柩前，奉奠以贄。不亡者存，鑑此誠意。

胡　安　國字康侯，謚文定。　子寅，字明仲，號致堂；宏，字仁仲，號五峰，附。

上蔡謝氏嘗語朱震曰：胡康侯正如大冬嚴雪，百草萎死，而松栢挺然獨秀也。使其困厄如此，乃天將降大任焉耳。

河東侯氏曰：視不義富貴如浮雲者，當今天下胡康侯一人耳。

朱子曰：公傳道伊洛，志在《春秋》。著書立言，格君垂後。所以明天理，正人心，扶三綱，敘九法者，深切著明，體用該貫。而其正色危言，據經論事，剛大正直之氣亦無所媿於古人。○問：文定却是卓然有立，所謂非文王猶興者。曰：固是資質好。然在太學，多聞先生師友之訓，所以能然。其學問多得潁昌靳裁之啓發。又曰：後來得之上蔡者多。○文定公《傳家録》議論極有力，可以律貪起懦。但以上工夫不到。○文定云：「知至，故能知言。意誠，故能養氣。」此語好。又云：「豈有見理已明而不能處事者？」此語亦好。○問：文定之學與董仲舒如何？曰：文定却信得於己者可以施於人，學於古者可以行於今。其他人皆謂得於己者不可施於人，學於古者不可行於今，所以淺陋。然文定比之仲舒較淺，仲舒比似古人又淺。○文定大綱説得正。微細處五峰尤精，大綱却有病。○致堂議論英發，人物偉然。向嘗侍之坐，見其數盃後歌孔明《出師表》，誦張才叔「自靖人自獻于先王」義，陳了翁奏狀等，可謂豪傑之士也。《讀史管見》乃嶺表所作，當時並無一册文字隨行，只是記憶，所以其間有牴牾處。○致堂説道理無人及得他，以他才氣，甚麼事做不得？只是不通檢點，如何做得事成。我欲做事，事未起而人已檢點我矣。○五峰善思，然思過處亦有之。《知言疑議》大端有八：性無善惡，心爲已發，仁以用言，心以用盡，不事涵養，先務知識，氣象迫狹，語論過高。○問：《知言》論中、誠、仁如何？曰：「中者性之道」，言未發也。「誠者命之道」，言實理也。「仁者心之道」，言發動之端也。問：道字疑可改爲德字。曰：亦可。一云：但言其自然，則謂之道，言其實體，則謂之德。德字較緊，然他是特地下此寬字。伊川答吕與叔書亦云「中者性之德」近之。吕伯恭云：「《知言》勝《正蒙》。」似此等處誠然，但不能純如此處爾。又問：中、誠、仁，一而已，何必别言？曰：理固未嘗不同，但聖賢説一箇物字時且隨處説，他那一箇意思，自是他一箇字中便有箇正意義如此，不可混説。聖賢書初便不用許多了。學者亦宜各隨他説處看之，方見得他所説字本相。如誠，如中，如仁。若便只混看，則下梢都看不出。○問：誠者性之德。曰：何者不是性之德？如仁義禮智皆是。恁地説較不切，不如胡氏「誠者命之道乎」説得較近傍。○問：誠者物之終始而命之道。曰：誠是實理，徹上徹下只是這箇，生物都從那上做來，萬物流形天地之間，都是那底做。○「誠者命之道，中者性之道，仁者心之道。」此數句説得密，如何大本處却含糊了，以性爲無善惡，天理、人欲都混了，故把做同體。問：同行語如何？曰：此却是只就事言之。黄直卿曰：他既以性無善惡，何故云「中者性之道」？曰：他也把中做無善惡。○「人有不仁，心無不仁」，此語有病。且如顔子「其心三月不違仁」，若纔違仁，其心便不仁矣，豈可謂心無不仁？○伊川初嘗言曰：「凡言心者，皆指已發而言。」後復曰：「此説未當。」五峰却守其前説，以心爲已發，性爲未發，將心、性二字對説。《知言》中如此處甚多。○《知言》固有好處，然亦大有差失。如論性，却曰：「不可以善惡辨，不可以是非分。」既無善惡，又無是非，則是告子湍水之説爾。如曰：「好惡，性也，君子好惡以道，小人好惡以己。」則是以好惡説性，而道在性外矣。不知此理却從何而出。問：所謂探視聽言動無息之際，可以會情。

此猶告子生之謂性之意否？曰：此語亦有病，下文謂：「道義明著，孰知其爲此心？物欲誘引，孰知其爲人欲？」便以道義對物欲，却是性中本無道義，逐旋於此處攙入兩端，則是性亦可以不善言矣。如曰：「性也者，天地鬼神之奥也，善不足以名之，況惡乎？孟子説性善云者，歎美之辭，不與惡對。」其所謂「天地鬼神之奥」，言語亦大故誇逞。某嘗謂聖賢言語自是平易，如孟子尚有些險處，孔子則直是平實。「不與惡對」之説，本是龜山與總老相遇，因論《孟子》説性，曾有此言。文定往往得之龜山，故有是言。然總老當時之語猶曰：「渾然至善，不與惡對。」猶未甚失性善之意。今去其「渾然至善」之語，而獨以「不與惡對」爲歎美之辭，則其失遠矣。如論齊王之愛牛，此良心之苗裔因私欲而見者，以答「求放心」之問。然雞犬之放，則固有去而不可收之理。人之放心只知求之，則良心在此矣。何必等待天理發見於物欲之間，然後求之？如此，則中間空闕多少去處？正如屋下失物，直待去城外求也。愛牛之事，孟子只就齊王身上説，若施之他人則不可。況操存涵養，皆是平日工夫，豈有等待發見然後操存之理？今胡氏子弟議論每每好高，要不在人下。纔説心，便不説用心，以爲心不可用。至如《易傳》中有連使「用心」字處，皆塗去「用」字。某以爲孟子所謂堯、舜之治天下，豈無所用其心哉？何獨不可以「用」言也。○黄直卿言：五峰説性，云：「好惡，性也。」本是要説得高，不知却反説得低了。曰：依舊是氣質上説。某常要與他改云：「所以好惡者性也。」○「好惡，性也。」既有好即具善，有惡即具惡。若只云有好惡，而善惡不定於其中，則是性中理不定也。既曰天，便有天命、天討。○《知言》云：「凡人之生，粹然天地之心，道義全具，無適無莫，不可以善惡辨，不可以是非分。無過也，無不及也，此中之所以名也。」即告子性無善無不善之論也。唯伊川「性即理也」一句甚切至。○問：五峰言天命不囿於善，不可以人欲對。曰：天理固無對，然有人欲，則天理便不得不與人欲對爲消長。善亦本無對，然既有惡，則善便不得不與惡對爲盛衰。且謂天命不囿於物，可也。謂不囿於善，則不知天之所以爲天矣。謂惡不足以言性，可也。謂善不足以言性，則不知善之所從來矣。○好善而惡惡，人之性也。爲有善惡，故有好惡。善惡字重，好惡字輕。君子順其性，小人拂其性。五峰言：「好惡，性也。君子好惡以道，小人好惡以欲。」是好人之所惡，惡人之所好亦是性也，而可乎？○問：天理人欲同體異用之説如何？曰：當然之理，人合恁地底便是體，故仁義禮智爲體。如五峰之説，則仁與不仁、義與不義、禮與不禮、智與不智皆是性。如此，則性乃一箇大人欲窠子。其説乃與東坡、子由相似，是大鑿脱，非小失也。「同行異情」一句却説得去。又曰：胡氏之病在於説性無善惡。體中只有天理，無人欲，謂之同體則非也。同行異情蓋亦有之。如口之於味，目之於色，耳之於聲，鼻之於臭，四肢之於安佚，聖人與常人皆如此，是同行也。然聖人之情不溺於此，所以與常人異耳。問：聖賢不視惡色，不聽惡聲，此則非同行者。曰：彼亦就其同行處説耳。某謂聖賢立言處處皆通，必不若胡氏之偏也。龜山云：「天命之謂性，人欲非性也。」胡氏不取其説，是以人欲爲性矣，此其甚差者也。又曰：天理、人欲如何同體得？如此，却是性可以爲善，亦可以爲惡，却是一團人欲窠子，將甚麽做體？却是韓愈説性自好，言人之爲性有五，仁義禮智信是也。指此五者爲性，却説得是。性只是一箇至善道理，萬善總名，才有一毫不善，自是情之流放處，如何却與人欲同體。今人全不去看。○人學當勉，不可據見定。蓋道理無窮，人之思慮有限。若只守所得以爲主，則其或墮於偏者不復能自明也。如五峰只就其上成就所學，亦只是忽，而不詳細反復也。○明仲嘗畏五峰議論精確，五峰亦嘗不有其兄，嘗欲焚其《論語解》并《讀史管見》。以今觀之，殊不然。如《論語》《管見》中雖有粗處，亦多明白。至五峰議論，反以好高之過，得一説便説，其實與這物事都不相干涉，便説得無著落。五峰辨《疑孟》之説，周遮全不分曉，若是恁地分疏，孟子剗地沈淪，不能得出世。○明仲甚畏仁仲議論，明仲亦自信不及。蓋人不可不遇敵己之人。仁仲當時無有能當之者，故恣其言説出來。然今觀明仲説較平正。

南軒張氏曰：文定雖不及河南之門，然與游、楊、謝遊而講於其説。其自得之奥，在於《春秋》。被遇明時，執經入侍，正大之論，竦動當世。所以扶三綱，明大義，抑邪説，正人心。亦可謂有功於斯文矣。〇五峰先生優游南山之下餘二十年，玩心神明，不捨晝夜。力行所知，親切至到。析太極精微之旨，窮皇王制作之原。綜事物於一原，貫古今於一息。指人欲之偏，以見天理之全。即形而下者而發無聲無臭之妙，使學者驗端倪之不遠，而造高深之無極。體用該備，可舉而行。先生之於斯道，可謂見之明而擴之至矣。〇《知言》一書乃其平日之所自著，其言約，其義精，誠道學之樞要，制治之蓍龜也。〇序《五峰文集》曰：先生非有意於爲文者也，其一時詠歌之所發，蓋所以紓寫其性情。而其他述作與夫問答往來之書，又皆所以明道義而參異同，非若世之爲文者，徒從事於言語之間而已也。粵自蚤歲服膺文定公之教，至于没齒，惟其進德之日新，故其發見於詞氣議論之間者，亦月異而歲不同。雖然，以先生之學而不得大施於時，又不幸僅得中壽，其見於文字間者，復止於此，豈不甚可歎息！至其所志之遠，所造之深，綱領之大，義理之精，後之人亦可以推而得焉。

性理大全書卷之四十一

諸儒三

朱子名熹，字仲晦，號晦庵。

屏山劉氏作《元晦字詞》曰：木晦於根，春容曄敷。人晦於身，神明内腴。昔者曾子稱其友，曰「有若無，實若虚」。不斥厥名，而傳于書。雖百世之遠，揣其氣象，知顔如愚。自諸子言志，回欲無伐。一宣於言，終身弗越。陋巷闇然，其光烈烈。從事於兹，惟參也無慚。貫道雖一，省身則三。夾輔孔門，翺翔兩驂。學的欲正，吾知斯之爲指南。惟先吏部，文儒之粹。彪炳育珍，又華其繼。來兹講磨，融融熹熹。真聰廓開，如源之方駛。望洋渺瀰，老我縮氣。古人不云乎，純亦不已。子德不日新，則時予之耻，勿謂此耳。充之益充，借曰合矣。宜養於蒙，言而思毖，動而思躓，凛乎惴惴，惟顔曾是畏。其後以元爲四德之首，不敢當，遂更曰仲。

延平李氏與其友羅博文書曰：元晦進學甚力，樂善畏義，吾黨鮮有。晚得此人商量所疑，甚慰。又云：此人極穎悟，力行可畏，講學極造其微處論辯。某因此追求有所省。渠所論難處，皆是操戈入室，須從原頭體認來，所以好説話。某昔於羅先生得入處，後無朋友，幾放倒了，得渠如此極有益。渠初從謙開善處下工夫來，故皆就裏面體認。今既論難，見儒者路脉，極能指其差誤之處。自見羅先生來，未見有如此者。又云：此子別無他事，一味潛心於此。初講學時，頗爲道理所縛，今漸能融釋，於日用處一意下工夫。若於此漸熟，則體用合矣。此道理全在日用處熟，若静處有而動處無，即非矣。

朱子自題畫像曰：從容乎禮法之場，沈潛乎仁義之府，是予蓋將有意焉，而力莫能與也。佩先師之格言，奉前烈之遺矩，惟闇然而日脩，或庶幾乎斯語。

勉齋黄氏曰：先生自少厲志聖賢之學，自韋齋得中原文獻之傳，聞河洛之學，推明聖賢遺意，日誦《大學》《中庸》，以用力於致知誠意之地。先生早歲已知其説，而心好之，韋齋病且亟，屬曰：「籍溪胡原仲，白水劉致中，屏山劉彦冲，三人吾友也。學有淵源，吾所敬畏。吾即死，汝往事之。而惟其言之聽，則吾死不恨矣。」先生既孤，則奉以告三君子而稟學焉。時年十有四，慨然有求道之志，博求之經傳，徧交當世有識之士。雖釋老之學亦必究其歸趣，訂其是非。延平於韋齋爲同門友，先生歸自同安，不遠數百里徒步往從之。延平稱之曰：「樂善好義，鮮與倫比。」又曰：「穎悟絶人，力行可畏，其所論難體認切至。」自是從遊累年，精思實體，而學之所造者益深矣。其爲學也，窮理以致其知，反躬以踐其實。居敬者，所以成始成終也。謂致知不以敬，則昏惑紛擾，無以察義理之歸。躬行不以敬，則怠惰放肆，無以致義理之實。持敬之方，莫先主一。既爲之箴以自儆，又筆之書，以爲小學、大學皆本於此。終日儼然端坐一室，討論典則，未嘗少輟。自吾一心一身以至萬事萬物，莫不有理。存此心於齊莊静一之中，窮此理於學問思辨之際，皆有以見其所當然而不容已，與其所以然而不可易。然充其知而見於行者，未嘗不反之於身也。不睹不聞之前，所以戒懼者愈嚴愈敬。隱微幽獨之際，所以省察者愈精愈密。思慮未萌，而知覺不昧。事物既接，而品節不差。無所容乎人欲之私，而有以全乎天理之正。不安於偏見，不急於小成，而道之正統在是矣。其爲道也，有太極而陰陽分，有陰陽而五行具。稟陰陽之氣以生，則太極之理各具於其中。天所賦爲命，人所受爲性。感於物爲情，統性情爲心。根於性，則爲仁義禮智之德；發於情，則爲惻隱、羞惡、辭讓、是非之端；形於身，則爲手足、耳目、口鼻之用；見於事，則爲君臣、父子、夫婦、兄弟、朋友之常；求諸人，則人之理不異於己；參諸物，則物之理不異於人。貫徹古今，充塞宇宙，無一息之間斷，無一毫之空闕。莫不析之，極其精而不亂；然後合之，盡其大而無餘。先生之於道，可謂建諸天地而不悖，質諸聖賢而無疑矣。故其得於己而爲德也。以一心而窮造化之原，盡性情之妙，達聖賢之藴。以一身而體天地之運，備事物之理，任綱常之責。明足以察其微，剛足以任其重，弘足以致其廣，毅足以極其常。其存之也，虚而静；其發之也，果而確；其用之也，應事接物而不窮；其守之也，歷變履險而不易。本末精粗，不見其或遺；表裏初終，不見其或異。至其養深積厚，矜持者純熟，嚴厲者和平，心不待操而存，義不待索而精。猶以爲義理無窮，歲月有限，常慊然有不足之意。蓋有日新又新不能自已者，而非後學之所可擬議也。其可見之行，則脩諸身者，其色莊，其言厲，其行舒而恭，其坐端而直。其閑居也，未明而起，深衣幅巾方履，拜於家廟以及先聖；退坐書室，几案必正，書籍器用必整。其飲食也，羹食行列有定位，匕箸舉措有定所。倦而休也，瞑目端坐。休而起也，整步徐行，中夜而寢，既寢而寤，則擁衾而坐，或至達旦。威儀容止之則，自少至老，祁寒盛暑，造次顛沛，未嘗有須臾之離也。行於家者，奉親極其孝，撫下極其慈，閨庭之間，内外斬斬，恩義之篤，怡怡如也。其祭祀也，事無鉅細，必誠必敬。小不如儀，則終日不樂。已祭無違禮，則油然而喜。死喪之際，哀戚備至。飲食衰絰，各稱其情。賓客往來，無不延遇。稱家有無，常盡其歡。於親故雖疎遠，必致其愛。於鄉閭雖微賤，必致其恭。吉凶慶吊，禮無所遺。賙卹問遺，恩無所闕。其自奉，則衣取蔽體，食取充腹。居止取足以障風雨，人不能堪，而處之裕如也。若其措諸事業，則州縣之施設，立朝之言論，經綸規畫，正大宏偉，亦可概見。雖達而行道不能施之一時，然退而明道，足以傳之萬代。謂聖賢道統之傳散在方册，聖賢之旨不明，則道統之傳始晦。於是竭其精力，以研窮聖賢之經訓。於《大學》《中庸》則補其闕遺，别其次第，綱領條目，粲然復明。於《語》《孟》則深原當時答問之意，使讀而味之者，如親見聖賢而面命之。於《易》與《詩》則求其本義，攻其末失，深得古人遺意於數千載之上。凡數經者，見諸傳註，其關於天命之微，人心之奥，入德之門，造道之閫者，既以極深研幾，探賾索隱，發其旨趣而無所遺矣。至於一字未安，一詞未備，亦必沈潛反復，或達旦不寐，或累日不倦，必求至當而後已。故章旨字義至微至細，莫不理明辭順，易知易行。於《書》則疑今文之艱澁，反不若古文之平易。於《春秋》則疑聖心之正大，決不類傳註之穿鑿。於《禮》則病王安石廢罷儀禮，而傳記獨存。於《樂》則憫後世律尺既亡，而清濁無據。是數經者亦嘗討論本末，雖未能著爲成書，然其大旨固已獨得之矣。若歷代史記，則又考論西周以來至於五代，取司馬公編年之書，緝以《春秋》紀事之法，綱舉而不繁，目張而不紊，國家之理亂，君臣之得失，如指諸掌。周、程、張、邵之書，所以繼孔孟道統之傳，歷時未久，微言大義鬱而不章，先生爲之裒集發明，而後得以盛行於世。太極先天圖精微廣博，不可涯涘，爲之解剥條畫，而後天地本原、聖賢藴奥不至於泯没。程、張門人祖述其學，所得有淺深，所見有疏密，先生既爲之區别，以悉取其所長。至或識見小偏、流於異端者，亦必研窮剖析，而不没其所短。南軒張公、東萊吕公同出其時，先生以其志同道合，樂與之友。至或識見少異，亦必講磨辨難，以一其歸。至若求道而過者，病傳註誦習之煩，以爲不立文字，可以識心見性；不假修爲，可以造道入德；守虛靈之識，而昧天理之真；借儒者之言，以文佛老之説。學者利其簡便，詆呰聖賢，捐棄經典，猖狂叫呶，側僻固陋，自以爲悟。立論愈下者，則又崇奬漢唐，比附三代，以便其計功謀利之私。二説並立，高者陷於空無，下者溺於卑陋，其害豈淺淺哉！先生力排之，俾不至亂吾道以惑天下，於是學者靡然向之。教人以《大學》《語》《孟》《中庸》爲入道之序，而後及諸經。以爲不先乎《大學》，則無以提綱挈領，而盡《語》《孟》之精微。不參之《論》《孟》，則無以融會貫通，而極《中庸》之旨趣。然不會其極於《中庸》，則又何以建立大本，經綸大經，而讀天下之書、論天下之事哉？其於讀書也，必使之辯其音釋，正其章句，玩其辭，求其義，研精覃思，以究其所難，平心易氣，以聽其所自得。然爲己務實，辯别義利，毋自欺，謹其獨之戒，未嘗不三致意焉。蓋亦欲學者窮理反身，而持之以敬也。從遊之士，迭誦所習，以質其疑。意有未喻，則委曲告之，而未嘗倦。問有未切，則反覆戒之，而未嘗隱。務學篤，則喜見於言；進道難，則憂形于色。講論經典，商略古今，率至夜半。雖疾病支離，至諸生問辯，則脱然沈痾之去體。一日不講學，則惕然常以爲憂。摳衣而來，遠自川蜀。文詞之傳，流及海外。至於夷虜，亦知慕其道，竊問其起居。窮鄉晚出，家蓄其書，私淑諸人者，不可勝數。先生既没，學者傳其書、信其道者益衆，亦足以見理義之感於人者深矣。繼往聖將微之緒，啓前賢未發之機，辨諸儒之得失，闢異端之訛繆，明天理，正人心，事業之大，又孰有加於此者？至若天文、地志、律歷、兵機，亦皆洞究淵微。文詞字畫，騷人才士疲精竭神，常病其難，至先生未嘗用意，而亦皆動中規繩，可爲世法。是非姿稟之異，學行之篤，安能事事物物各當其理，而造其極哉？學脩而道立，德成而行尊，見之事業者又如此。秦漢以來，迂儒曲學既皆不足以望其藩牆，而近代諸儒有志乎孔、孟、周、程之學者，亦豈能以造其閫域哉？嗚呼，是殆天所以相斯文焉，篤生哲人，以大斯道之傳也。道之正統待人而後傳。自周以來，任傳道之責，得統之正者，不過數人，而能使斯道章章較著者，一二人而止耳。由孔子而後，曾子、子思繼其微，至孟子而始著。由孟子而後，周、程、張子繼其絶，至先生而始著。蓋千有餘年之間，孔孟之徒所以推明是道者，既已煨燼殘闕，離析穿鑿。蠹壞之後，扶持植立，厥功偉然。未及百年，踳駁尤甚。先生出，而自周以來聖賢相傳之道一旦豁然，如大明中天，昭晰呈露。先生平居惓惓，無一念不在於國。聞時政之闕失，則戚然有不豫之色。語及國勢之未振，則感慨以至泣下。然謹難進之禮，則一官之拜，必抗章而力辭。厲易退之節，則一語不合，必奉身而亟去。其事君也，不貶道以求售。其愛民也，不徇俗以苟安。故其與世動輒齟齬。自筮仕以至屬纊，五十年間歷仕四朝，仕於外者僅九考，立於朝者四十日，道之難行也如此。然紹道統，立人極，爲萬世宗師，則不以用舍爲加損也。

果齋李氏曰：先生之道之至，原其所以臻斯閫者，無他焉，亦由主敬以立其本，❶窮理以致其知，反躬以踐其實。而敬者又貫通乎三者之間，所以成始而成終也。故其主敬也，一其内以制乎外，齊其外以養其内。内則無二無適，寂然不動，以爲酬酢萬變之主。外則儼然肅然，終日若對神明，而有以保固其中心之所存。及其久也，静虚動直，中一外融，而人不見其持守之力，則篤敬之驗也。其窮理也，虚其心，平其氣，字求其訓，句索其旨，未得乎前，則不敢求乎後，未通乎此，則不敢志乎彼。使之意定理明，而無躁易淩躐之患。心專慮一，而無貪多欲速之蔽。始以熟讀，使其言皆若出於吾之口。繼以精思，使其意皆若出於吾之心。自表而究裏，自流而遡源，索其精微，若别黑白，辯其節目，若數一二。而又反復以涵泳之，切己以體察之，必若先儒所謂沛然若河海之浸，膏澤之潤，涣然冰釋，怡然理順，而後爲有得焉。若乃立論以驅率聖言，鑿説以妄求新意，或援引以相糾紛，或假借以相

❶「由」，原作「曰」，今據重修本改。

混惑，麄心浮氣，意象匆匆，常若有所迫逐，而未嘗徘徊顧戀如不忍去，以待其浹洽貫通之功，深以爲學者之大病。不痛絶乎此，則終無入德之期。蓋自孔孟以降千五百年之間，讀書者衆矣，未有窮理若此其精者也。先生天姿英邁，視世之所屑者不啻如草芥。翛然獨與道俱，卓然獨與道立，固已迥出庶物之表。及夫理明義精，養深積盛，充而爲德行，發而爲事業。人之視之，但見其渾灝磅礴不可涯涘，而莫知爲之者。又曰：先生入以事君，則必思堯舜其君；出以治民，則必欲堯舜其民。言論風旨之所傳，政教條令之所布，固皆可爲世法。而其考諸先聖而不繆，建諸天地而不悖，百世以俟聖人而不惑者，則以訂正群書，立爲準則，使學者有所據依循守，以入於堯舜之道，此其勳烈之尤彰明盛大者。《語》《孟》二書，世所誦習，爲之説者亦多，而析理未精，釋言未備。《大學》《中庸》至程子始表章之。然《大學》次序不倫，闕遺未補。《中庸》雖爲完篇，而章句渾淪，讀者亦莫知其條理之粲然也。先生蒐輯先儒之説，而斷以己意，彙别區分，文從字順，妙得聖人之本旨，昭示斯道之標的。又使學者先讀《大學》以立其規模，次及《語》《孟》以盡其藴奥，而後會其歸於《中庸》。尺度權衡之既定，由是以窮諸經，訂群史，以及百氏之書，則將無理之不可精，無事之不可處矣。又嘗集《小學》，使學者得以先正其操履。集《近思録》，使學者得以先識其門庭，羽翼四子，以相左右。蓋此六書者，學者之飲食裘葛，準繩規矩，不可以須臾離也。聖人復起，不易斯言矣。其於《易》也，推卦畫之本體，辨三聖之旨歸，專主筮占，而實該萬變，以還潔静精微之舊。其於《詩》也，深玩辭氣，而得詩人之本意；盡削《小序》，以破後儒之臆説；妄言美刺，悉就芟夷，以復温柔敦厚之教。其於《禮》也，則以《儀禮》爲經，而取《禮記》及諸經史書所載有及於禮者，皆以附於本經之下，具列註疏諸儒之説。補其闕遺，而析其疑晦，雖不克就，而宏綱大要固已舉矣。謂《書》之出於口授者多艱澁，得於壁藏者反平易，學者當沈潛反復於其易，而不必穿鑿附會於其難。謂《春秋》正義明道，尊王賤霸，尊君抑臣，内夏外夷，乃其大義。而以爵氏、名字、日月、土地爲褒貶之例，若法家之深刻，乃傳者之鑿説。謂《周官》徧布周密，周公運用天理熟爛之書。學者既通四子，又讀一經而遂學焉，則所以治國平天下者，思過半矣。謂《通鑑》編年之體近古，因就繩以策牘之法，以綱提其要，以目紀其詳。綱倣《春秋》，而兼採群史之長。目倣左氏，而稽合諸儒之粹。褒貶大義，凜乎烈日秋霜。而繁簡相發，又足爲史家之矩範。謂諸子百家，其言多詭於聖人。獨韓子論性專指五常，最爲得之。因爲之考訂其集之同異，以傳于世。而屈原忠憤，千古莫白，亦頗爲發明其旨。樂律久亡，清濁無據，亦嘗討論本末，探測幽眇，雖未及著爲成書，而其大旨固已獨得之矣。若夫析世學之繆，辯異教之非，擣其巢穴，砭其隱微，使學者由於大中至正之則，而不躓於荆棘擭穽之塗，摧陷肅清之功，固非近世諸儒所能髣髴其萬一也。自夫子設教洙泗，以博文約禮授學者。顏、曾、思、孟相與守之，未嘗失墜。其後正學失傳，士各以意爲學。其騖於該洽者，既以聞見積累自矜，而流於泛濫駁雜之歸。其溺於徑約也，又謂不立文字，可以識心見性，而陷於曠蕩空虚之域。學者則知所傳矣，亦或悦於持敬之約，而憚於觀理之煩。先生身任道統，而廣覽載籍，先秦古書既加考索，歷代史記，國朝典章，以及古今儒生學士之作，靡不徧觀，取其所同而削其不合，稽其實用而翦其煩蕪，參伍辨證以扶經訓，而詰其舛差，秋毫不得遁焉。數千年間，世道學術、議論文詞之變，皆若身親歷於其間，而耳接目覩焉者。大本大根固已上達直遂，柯葉散殊亦皆隨其所至。究其所窮，條分派别，經緯萬端，本末巨細，包羅囊括，無所遺漏，故所釋諸書悉有依據，不爲臆度料想之説。外至文章字畫，亦皆高絶一世。蓋其包涵停蓄，溥博淵泉，故其出之者自若是其無窮也。學者據經辨疑，隨問隨析，固皆極其精要。暇而辨難古今，其應如響，愈扣愈深，亹亹不絶。及詳味而細察之，則方融貫於一理而已矣。嘗有言曰：「學者望道未見，固必即書以窮理。苟有見焉，亦當考諸書，有所證驗而後實，有所裨助而後安。不然，則德孤而與枯槁寂滅者無以異矣。潛心大業何有哉？」矧自周衰，教失禮樂，養德之具一切盡廢，所以維持此心者，惟有書耳。謂可轥轢經傳，遽指爲糟粕而不觀乎？要在以心體之，以身踐之，而勿以空言視之而已矣。以是存心，以是克己，仁豈遠乎哉？至於晚歲，德尊言立，猶以義理無窮，歲月有限，慊然有不足之意。洙泗以還，博文約禮，兩極其至者，先生一人而已。先生教人，規模廣大，而科級甚嚴，循循有序，不容躐等淩節而進。至於切己務實，辨別義利，毋自欺，謹其獨之戒，未嘗不丁寧懇到，提耳而極言之。每誦南軒張公「無所爲而然」之語，必三歎焉。晚見諸生繳繞於文義之間，深慮斯道之無傳，始頗指示本體，使深思而自得之，其望於學者益切矣。嗚呼，道之在天下未嘗亡也，而統之相傳苟非其人，則不得而與！自孟子没千有餘年，而後周、程、張子出焉，歷時未久，浸失其真。及先生出，而後合濂溪之正傳，紹鄒魯之墜緒，前聖後賢之道該徧全備，其亦可謂盛矣。蓋昔者《易》更三古，而混於八索，《詩》《書》煩亂，《禮》《樂》散亡，而莫克正也。夫子從而贊之、定之、删之、正之，又作《春秋》，六經始備，以爲萬世道德之宗主。秦火之餘，六經既已爛脱，諸儒各以己見妄穿鑿爲説，未嘗有知道者也。周、程、張子其道明矣，然於經言未暇釐正，一時從遊之士或昧其旨，遁而入於異端者有矣。先生於是考訂訛繆，探索深微，總裁大典，勒成一家之言，仰包粹古之載籍，下採近世之文獻，集其大成，以定萬世之法，然後斯道大明，如日中天，有目者皆可睹也。夫子之經得先生而正，夫子之道得先生而明，起斯文於將墜，覺來裔於無窮，雖與天壤俱弊可也。

吴氏壽昌曰：先生每觀一水一石，一草一木，稍清陰處，竟日目不瞬。飲酒不過兩三行，又移一處，大醉則趺坐高拱。經史子集之餘，雖記録雜説，舉輒成誦。微醺則吟哦古文，氣調清壯。某所聞見，則先生每愛誦屈原《楚騷》，孔明《出師表》，淵明《歸去來》詞，并杜子美數詩而已。

北溪陳氏曰：先生道巍而德尊，義精而仁熟。立言平正温潤，清巧的實，徹人心，洞天理，達群哲，會百聖，粹乎洙泗伊洛之緒。凡曩時有發端而未竟者，今悉該且備。凡曩時有疑辨而未瑩者，今益信且白。宏綱大義，如指諸掌，掃千百年之繆誤，爲後學一定不易之準則。辭約而理盡，旨明而味深，而其心度澄朗，瑩無查滓，工夫縝密，渾無隙漏，尤可想見於辭氣間。故孔孟周程之道，至先生而益明，所謂主盟斯世，獨惟先生一人而已。

鶴山魏氏曰：天生斯民，必有出乎其類者爲之君師，以任先覺之責。然而非一人所能自爲也，必並生錯出，交脩互發，然後道章而化成。是故有堯、舜，則有禹、皐陶。有湯、文，則有伊尹、萊朱、太公望、散宜生。各當其世，觀其會通，以盡其所當爲之分。然後天衷以位，人極以立，萬世之標準以定。雖氣數詘信之不齊，而天之愛人，閱千古如一日也。自比閭節授之法壞，射飲讀法之禮無所於行，君師之枋移於孔子，❶則又有冉、閔、顔、曾群弟子左右羽翼之，微言大義，天開日揭，萬物咸覩。自孔子没，則諸子已有不能盡得其傳者，於

❶「枋」，重修本作「道」。

是子思、孟子又爲之闡幽明微，著嫌辨似，而後孔氏之道歷萬世而亡弊。嗚呼，是不曰天之所命，而誰爲之？秦漢以來，諸儒生於籍去書焚、師異指殊之後，不惟孔道晦蝕，孟氏之説亦鮮知之。千數百年間，何可謂無人，則往往孤立寡儔，倡焉莫之和也，絶焉莫之續也。乃至國朝之盛，南自湖湘，北至河洛，西極關輔，地之相去何翅千餘里，而大儒輩出，聲應氣求，若合符節。曰極，曰誠，曰仁，曰道，曰中，曰恕，曰性命，曰氣質，曰天理、人欲，曰陰陽、鬼神，若此等類，凡皆聖門講學之樞要，而千數百年習浮踵漏莫知其説者，至是脱然如沈痾之間，大寐之醒。至于吕、謝、游、楊、尹、張、侯、胡諸儒，切磋究之，分别白之，亦幾無餘藴矣。然而絶之久而復之難，傳者寡而咻者衆也。朱文公先生始以彊志博見，淩高厲空，自受學延平李先生，退然如將弗勝，於是斂華就實，反博歸約。迨其蓄久而思渾，資深而行熟，則貫精粗，合外内，群獻之精藴，百家之異指，毫分縷析，如示諸掌。張宣公、吕成公同心協力，以閑先聖之道，而僅及中身，論述靡竟，惟先生巋然獨存。中更學禁，自信益篤。蓋自《易》《詩》《中庸》《大學》《論語》《孟子》悉爲之推明演繹，以至《三禮》《孝經》，下迨屈、韓之文，周、程、邵、張之書，司馬氏之史，先正之言行，亦各爲之論著。然後帝王經世之規，聖賢新民之學，粲然中興。學者習其讀，推其義，則知三才一本，道器一致。幽探乎無極、太極之妙，而實不離乎匹夫匹婦之所知。大至於位天地，育萬物，而實不外乎暗室屋漏之無愧。蓋至近而遠，至顯而微，非若棄倫絶學者之慕乎高，而諱世取寵者之安於卑也。猗其盛歟！嗚呼，帝王不作，而洙泗之教興，微孟子，吾不知大道之與異端果孰爲勝負也。聖賢既熄，而關洛之學興，微朱子，亦未知聖傳之與俗學果孰爲顯晦也。韓子謂孟子之功不在禹下，予謂朱子之功不在孟子下。

張　栻字敬夫，號南軒。

朱子曰：南軒張公生有異質，穎悟夙成，忠獻公愛之。❶自其幼學而所以教者，莫非忠孝仁義之實。既長，命往從胡仁仲之門問程氏學，先生一見，知其大器，即以所聞孔門論仁親切之指告之。公退而思，若有得也，以書質焉，而先生報之曰：「聖門有人，吾道幸矣。」公以是益自奮勵，直以古之聖賢自期，作《希顔録》一篇，蚤夜觀省，以自警策。所造既深遠矣，猶未敢自以爲足，則又取友四方，益務求其所未至。蓋玩索講評，踐行體驗，反覆不置者十有餘年，然後昔之所造愈深遠，而反以得乎簡易平實之地。其於天下之理，蓋皆瞭然心目之間，而實有以見其不能已者，是以決之勇，行之力，而守之固。其所以篤於君親、一

❶「公」，原脱，今據明嘉靖本《晦庵集》補。

於道義而没世不忘者，初非有所勉慕而强爲之也。公爲人坦蕩明白，表裏洞然，詣理既精，信道又篤，其樂於聞過而勇於徙義，則又奮厲明決，無毫髪滯吝意，故其德日新，業日廣，而所以見於論説行事之間者，上下信之至於如此。雖小人以其好惡之私，或能壅塞於一時，然至於公論之久長，蓋亦莫得而揜之也。公之教人，必使之先有以察乎義利之間，而後明理居敬以造其極。其剖析開明，傾倒切至，必竭兩端而後已。平生所著書，唯《論語説》最後出，而《洙泗言仁》《諸葛忠武侯傳》爲成書，其他如《書》《詩》《孟子》《太極圖説》《經世編年》之屬，則猶欲稍更定焉而未及也。然其提綱挈領，所以開悟後學，使不迷於所鄉，其功則已多矣。蓋其常言有曰：「學莫先於義利之辯，而義也者，本心之所當爲而不能自已，非有所爲而爲之者也。一有所爲而爲之，則皆人欲之私，而非天理之所存矣。」嗚呼，至哉言也！其亦可謂擴前聖所未發，而同於性善養氣之功者歟！又曰：靖康之變，國家之禍極矣。小大之臣，奮不顧身以任其責者，蓋無幾人。而其承家之孝，許國之忠，判決之明，計慮之審，又未有如公者。雖降命不長，不克卒就其業，然其志義偉然，死而後已，則質諸鬼神而不可誣也。○某嘗竊病聖門之學不傳，而道術遂爲天下裂。士之醇慤者拘於記誦，其敏秀者銜於詞章，既皆不足以發明天理，而見諸人事。於是言理者歸於老佛，而論事者騖於管商，則於理事之正反皆有以病焉，而去道益遠矣。中間河洛之間，先生君子得其不傳之緒而推明之，然今不能百年，而學者又失其指。近歲乃幸得吾友敬夫焉，而天下之士乃有以知理之未始不該於事，而事之未始不根於理也。○孟子没而義利之説不明於天下，董相仲舒、諸葛武侯、兩程先生屢發明之，而世之學者莫之能信。是以其所以自爲者，鮮不溺於人欲之私；而其所以謀人之國家，則亦曰功利焉而已爾。自魏國張忠獻公唱明大義，以斷國論，南陽胡文定公誦説遺經，以開聖學，其託於空言，見諸行事，雖若不同，而於孟子之言，董、葛、程氏之意，則皆有所謂千載而一轍者。張公敬夫，則又忠獻公之嗣子，而胡公季子五峰先生之門人也。自其幼壯，不出家庭，而固已得夫忠孝之傳。既又講於五峰之門，以會其歸，則其所以默契於心者，人有所不得而知也。獨其見於論説，則義利之間，毫釐之辨，蓋有出於前哲之所欲言而未及究者。措諸事業，則凡宏綱大用，鉅細顯微，莫不洞然於胸次，而無一毫功利之雜。是以論道於家，而四方學者争鄉往之。入侍經帷，出臨藩屏，則天子亦味其言，嘉其績，且將倚以大用。而敬夫不幸死矣。○敬夫最不可得，聽人説話便肯改。○敬夫見識純粹，踐行純實，使人望而敬之。○敬夫學問愈高，所見卓然，議論出人意表。近讀其語説，不覺胸中洒然，誠可歎服。○敬夫見處卓然不可及，從游之久，反復開益爲多。但其天姿明敏，從初不歷階級而得之，故今日語人，亦多失之太高。○南軒見處高，如架屋相似，大間架已就，只中間少裝折。○問：先生舊與南軒反復論仁，後來畢竟合否？曰：亦有一二處未合。敬夫説本出胡氏，胡氏之説惟敬夫獨得之，其餘門人皆不曉，但云當守師之説。向來往長沙，正與敬夫辨此。○敬夫高明，他將謂人都似他，纔一説時，便更不問人曉會與否，且要説盡他箇。故他門人敏底秖學得他説話，若資質不逮，依舊無着摸。某則性鈍，讀書極是辛苦，故尋常與人言，多不敢爲高遠之論。蓋爲是身曾親經歷過，故不敢以是責人爾。《學記》曰：「進而不顧其安，使人不由其誠。」今教者之病多是如此。○學者於理有未至處，切不可輕易與之説。而敬夫爲人明快，每與學者説話，一切傾倒説出，此非不可，但學者見未到這裏，見他如此説，便不復致思，亦甚害事。某則不然，非是不與他説，蓋不欲與學者語未至之理耳。○敬夫見識極高，却不耐事。吕伯恭學耐事，却有病。○南軒、伯恭之學皆疎略。南軒疎略從高處去，伯恭疎略從卑處去。伯恭説道理與作爲自是兩件事，如云仁義道德與度數刑政，介然爲兩塗不可相通。他在時不曾見與某説，他死後諸門人弟子此等議論方漸漸説出來，乃云皆原於伯恭也。○贊先生像曰：擴仁義之端，至於可以彌六合。謹義利之判，至於可以析秋毫。拳拳乎其致主之功，汲汲乎其幹父之勞。仡仡乎其任道之勇，卓卓乎其立心之高。知之者識其春風沂水之樂，不知者以爲湖海一世之豪。彼其揚休山立之姿，既與其不可傳者死矣。觀於此者，尚有以卜，其見伊、吕而失蕭、曹也耶。

性理大全書卷之四十二

諸儒四

呂祖謙字伯恭，號東萊。

朱子曰：伯恭説義理大多傷巧，未免杜撰。○問：東萊博學多識則有之矣，守約恐未也。曰：然。○某嘗謂人讀書寧失之拙，不可失之巧；寧失之低，不可失之高。伯恭之弊盡在於巧。○問東萊之學。曰：伯恭於史分外子細，於經却不甚理會。○東萊聰明，看文理却不子細。向嘗與較《程易》到噬嗑卦「和而且治」，一本「治」作「洽」，據「治」字於理爲是，他硬執要做「洽」字。「和」已有「洽」意，更下「洽」字不得。緣他先讀史多，所以看麄着眼。讀書須是以經爲本，而後讀史。○伯恭教人看文字也麄。有以《論語》是非問者，伯恭曰：「公不會看文字，管他是與非做甚？但有益於我者，切於我者，看之足矣。」且天下須有一箇是與不是，是處便是理，不是處便是咈理，如何不理會得？○東萊《文鑑》編得泛，然亦見得淺。○伯恭所編《奏議》皆優柔和緩者，亦未爲全是。今丘宗卿作序者，是舊所編，後脩《文鑑》不止乎此，更添入。○東萊自不合做這《大事記》，他那時自感疾了，一日要做一年，若不死，自漢武至五季只千來年，他三年自可了此文字。人多云其解題煞有工夫，其實他當初作題目却煞有工夫，只一句要包括一段意。解題只見成，檢令諸生寫。伯恭病後，既免人事應接，免出做官。若不死，大段做得文字。○問伯恭《少儀外傳》多瑣碎處。曰：人之所見不同。某只愛看人之大體大節、磊磊落落處，這般瑣碎便懶看。伯恭又愛理會這處，其間多引忍恥之説，最害義。緣他資質弱，與此意有合，遂就其中推廣得大。想其於忠臣義士死節底事，都不愛。他亦有詩，説張巡、許遠那時不應出來。○伯恭宗太史公之學，以爲非漢儒所及，某嘗痛與之辨。子由《古史》言馬遷「淺陋而不學，踈略而輕信」。此二句最中馬遷之失，伯恭極惡之。《古史》序云：「古之帝王，其必爲善，如火之必熱，水之必寒。其不爲不善，如騶虞之不殺，竊脂之不穀。」此語最好。某嘗問伯恭：「此豈馬遷所能及？」然子由此語雖好，又自有病處，如云「帝王之道以無爲爲宗」之類。他只説得箇頭勢大，下面工夫又皆空踈。亦猶馬遷《禮書》云：「大哉禮樂之道，洋洋鼓舞萬物，役使群動。」説得頭勢甚大，然下面亦空踈，却引荀子諸説以足之。又如《諸侯年表》盛言「形勢之利，有國者不可無」，末却云「形勢雖强，要以仁義爲本」。他上文本意主張形勢，而其末却如此説者，蓋他也知仁義是箇好底物事，不得不説，且説教好看。如《禮書》所云，亦此意也。伯恭極喜渠此等説，以爲遷知行夏之時，乘殷之輅，服周之冕，爲得聖人爲邦之法，非漢儒所及。此亦衆所共知，何必馬遷？然遷嘗從董仲舒游，《史記》中有「余聞之董生」云，此等語言亦有所自來也。遷之學也説仁義，也説詐力，也用權謀，也用功利，然其本意，却只在於權謀功利。孔子説伯夷「求仁得仁，又何怨」？他一傳中首尾皆是怨辭，盡説壞了伯夷。子由《古史》皆删去之，盡用孔子之語作傳，豈可以子由爲非，馬遷爲是？聖賢以六經垂訓，炳若丹青，無非仁義道德之説。今求義理不於六經，而反取踈略淺陋之子長，亦惑之甚矣。

○贊先生像曰：以一身而備四氣之和，以一心而涵千古之祕。推其有，足以尊主而庇民；出其餘，足以範俗而垂世。然而狀貌不踰於中人，衣冠不詭於流俗。迎之而不見其來，隨之而莫覩其躅。矧是丹青，孰形心曲？惟嘗見之者於此而復見之焉，則不但遺編之可續而已。

西山真氏曰：吕成公所傳，中原之文獻也；其所闡繹，河洛之微言也。扶持絶學，有千載之功；教育英材，有數世之澤。及慶元初，孽臣始竊大柄，大愚以一太府丞抗疏，顯斥其姦，孤忠凛然，之死不悔。迨其晚年，義精仁熟，有成公之風焉。

陸　九　淵字子静，號象山。

朱子曰：陸子静説只是一心，一邊屬人心，一邊屬道心，那時尚説得好在。○子静説克己復禮，云不是克去己私利欲之類，别自有箇克處，又却不肯説破。某嘗代之下語，云不過是要言語道斷，心行路絶耳。因言此是陷溺人之深坑，學者切不可不戒。○問：子静不喜人説性。曰：怕只是自理會不曾分曉，怕人問難，又長大了，不肯與人商量，故一截截斷了。然學而不論性，不知所學何事。○某向與子静説話，子静以爲意見。某曰：邪意見不可有，正意見不可無。子静説此是閑議論。某曰：閑議論不可議論，合議論則不可不議論。又曰：《大學》不曾説無意，而説誠意。若無意見，將何物去擇乎中庸？將何物去察邇言？《論語》無意，只是要無私意，若是正意，則不可無。又曰：他之無意見，則是不理會理，只是胡撞將去。若無意見，成甚麽人在這裏！○問：告子「不得於言，勿求於心」。曰：子静不著言語，其學正似告子，故常諱這些子。又問：陸嘗云人不惟不知孟子高處，也不知告子高處。曰：試説看，陸只鶻突説過。又曰：陸子静説告子也高，也是他尚不及告子。告子將心硬制得不動，陸遇事未必皆能不動。○向來見子静與王順伯論佛，云：「釋氏與吾儒所見亦同，只是義利公私之間不同。」此説不然，如此却是吾儒與釋氏同一箇道理。若是同時，何緣得有義利不同？只被源頭便不同，吾儒萬理皆實，釋氏萬理皆空。又曰：他尋常要説集義所生者，其徒包敏道至説成襲義而取，却不説義集而取之，他説如何？陳正淳曰：他説須是實得，如義集只是强探力取。曰：謂如人心知此義理，行之得宜，固自内發。人性質有不同，或有魯鈍，一時見未到得，別人説出來，反之於心，見得爲是而行之，是亦内也。人心所見不同，聖人方見得盡。今陸氏只是要自渠心裏見得底，方謂之内。若別人説底，一句也不是。才自別人説出，便指爲義外，如此乃是告子之説。如生而知之與學而知之、困而知之，安而行之與利而行之、勉强而行之，及其知之、行之則一也，豈可一一須待自我心而出，方謂之内？所以指文義而求之者，皆不爲内，故自家才見得如此，便一向執着。將聖賢言語便亦不信，更不去講貫，只是我底是，其病痛只在此。只是專主生知安行，而學知以下，一切皆廢。又只管理會一貫，理會一。且如一貫，只是萬理一貫，無内外本末隱顯精粗皆一以貫之。此政同歸殊塗，百慮一致，無所不備。今却不教人恁地理會，却只尋箇一，不知去那裏討頭處？○子静之學，看他千般萬般病，只在不知有氣稟之雜，把許多麄惡底氣都做心之妙理，合當恁地，自然做將去。向在鉛山，得他書云：「看見佛之所以與儒異者，止是他底全是利，吾儒止是全在義。」某答他云：「公亦只見得第二著。」看他意只説吾儒絶斷得許多利欲，便是千了百當，一向任意做出都不妨。不知初自受得這氣稟不好，今才任意發出許多不好底，也只都做好商量了，只道這是胸中流出自然天理。不知氣有不好底夾雜在裏，一齊衮將去，道害事不害事。看子静書，只見他許多麄暴底意思可畏。其徒都是這樣，才説得幾句，便無大無小，無父無兄，只我胸中流出底是天理，全不著得些工夫。看來這錯處，只在不知有氣稟之性。○或説象山説克己復禮，不但只是欲克去那利欲忿懥之私，只是有一念要做聖賢，便不可。曰：聖門何嘗有這般説話？人要去學聖賢，此是好底念慮，有何不可？若以爲不得，則堯舜之兢兢業業，周公之思兼三王，孔子之好古敏求，顔子之有爲若是，孟子之願學孔子之念，皆當克去矣。看他意思只是禪。誌公云：「不起纖毫修學心，無相光中常自在。」他只是要如此，然豈有此理？又曰：子静説話常是兩頭明，中間暗。或問暗是如何？曰：是他那不説破處。他所以不説破，便是禪家所謂「鴛鴦繡出從君看，莫把金針度與人」。他禪家自愛如此。子静説良知、良能、四端等處，且成片舉似經語，不可謂不是。但説人便能如此，不假脩爲存養，此却不得。譬如旅寓之人，自家不能送他回鄉，但與説云：「你自有田有屋，大段快樂，何不便回去？」那人既無資送，如何便回去得？又如脾胃傷弱，不能飲食之人，却硬要將飯將肉塞入他口，不問他喫得與喫不得。若是一頓便理會得，亦豈不好？然非生知安行者，豈有此理？便是生知安行，也須用學。大抵子思説率性，孟子説存心養性，大段説破。夫子更不曾説，只説孝弟忠信篤敬。蓋能如此，則道理便在其中矣。○子静云：「涵養是主人翁，省察是奴婢。」陳正己力排其説，曰：子静之説無定，常要云今日之説自如此，明日之説自不如此。大抵他只要拗，才見人説省察，他便反而言之，謂須是涵養。若有人向他説涵養，他又言須是省察以勝之。自渠好爲訶佛駡祖之説，致令其門人以夫子之道反害夫子。○問：象山道「當下便是」。曰：看聖賢教人，曾有此等語無？聖人教人，皆從平實地上做去。所謂「克己復禮，天下歸仁」，須是先克去己私方得。孟子雖云「人皆可以爲堯舜」，也須是「服堯之服，誦堯之言，行堯之行」方得。聖人告顔子以「克己復禮」，告仲弓以「出門如見大賓，使民如承大祭」，告樊遲以「居處恭，執事敬，與人忠」，告子張以「言忠信，行篤敬」，這箇是説甚底話？又平時告弟子，也須道是「學而時習」，「行有餘力，則以學文」，又豈曾説箇當下便是底語？大抵今之爲學者有二病，一種只當下便是底，一種便是如公平日所習底。却是這中間一條路，不曾有人行得。而今人既不能知，但有聖賢之言可以引路。聖賢之言分分曉曉，八字打開，無些子回互隱伏説話。○因説子静云：這箇只争些子，才差了便如此。他只是差過去了，更有一項却是不及。若使過底，拗轉來却好；不及底，趲向上去却好。只緣他纔高了，便不肯下；纔不及了，便不肯向上。過底便道只是就過裏面求箇中，不及底也道只就不及裏面求箇中。初間只差了些子，所謂「差之毫釐，繆以千里」。又曰：某看近日學問高者，便説做天地之外去，卑者便只管陷溺。高者必入於佛老，卑者必入於管商。定是如此，定是如此！〇陸氏會說，其精神亦能感發人，一時被他聳動底，亦便清明。只是虚，更無底簟。思而不學則殆，正謂無底簟便危殆也。「山上有木，漸，君子以居賢德善俗。」有階梯而進，不患不到。今其徒往往進時甚鋭，然其退亦速。纔到退時，便如墜千仞之淵。〇問：子静「君子喻於義」口義。曰：子静只是拗。伊川云「惟其深喻，是以篤好」。子静必要云「好後方喻」。看來人之於義利，喻而好者多。若全不曉，又安能好？然好之則喻矣，畢竟伊川説占得多。

朱子門人

朱子曰：蔡神與博學强記，高簡廓落，易象之文，地理之説，無所不通。季通承父志，學行之餘，尤邃律歷，討論定著，遂成一家之言，使千古之誤曠然一新，而遡其源流，皆有成法。〇季通有精詣之識，卓絶之才，不可屈之志，不可窮之辯。〇南軒云亡，吾道益孤，朋友亦難得十分可指擬者。黄直卿明睿端莊，造詣純篤，斯道有望於直卿者不輕。〇輔漢卿身在都城俗學聲利場中，而能閉門自守，味衆人之所不味，更幾勉力，卒究大業。〇陳安卿論顔子卓爾之説甚善，論大本達道意甚備。若得不容己處，即自可默會矣。〇陳才卿一室蕭然，有以自樂，令人敬歎。日用工夫精進如此，尤爲可喜。若知此心此理端的在我，則參前倚衡自有不容舍者。○徐子融志趣操守非他人所及，大率志氣剛決痛快，無支離纏繞之弊。余正叔在此無日不講説，終是葛藤不斷也。方叔看得道理儘自穩實。○廖德明學有根據，爲政能舉先王已墜之典，以活中路無告之人，固學道愛人之君子所樂聞而願爲者。○方賓王爲學之意親切的當，而不失其序，近日所見朋友講習，未有能及此者。○鄭子上説《易》《中庸》甚子細，論人心道心之説，比舊益精密矣。○晏亞夫進學意氣頗多激昂，而心志未甚凝定，於日用之間，益加持敬工夫，則見得本來明德之體用動静如一矣。

勉齋黄氏曰：晦翁先生之門從遊者多矣。季通之來，先生必留數日，往往通夕對床不暇寢。從先生游者，歸必過其家，聽其言論不忍去，去皆充然有所得也。其負英邁之氣，藴該洽之學，智極乎道德性命之原，行謹乎家庭唯諾之際，於先生之門可謂傑然者矣。

西山真氏曰：季通師事文公，文公顧曰「季通吾老友也」。凡性與天道之妙，他弟子不得聞者，必以語季通焉。異篇奥傳，微辭邃旨，先令討究而後折衷。先生於經無所不通，嘗語三子曰：「淵，汝宜紹吾易學。」曰：「沉，汝宜演吾皇極數。」而《春秋》則以屬知方焉。○仲默自勝衣趣拜，入則服膺父教，出則從晦庵游。晦庵晚年訓傳諸經略備，獨《書》未及爲，環眂門下生求可付者，遂以屬仲默。《洪範》之數，學者久失其傳，西山獨心得之，然未及論著，亦曰：「成吾書者，沉也。」

雲莊劉氏曰：季通天資高，聞道早，於書無所不讀，於事無所不講，明陰陽消長之運，達古今盛衰之理，上稽天時，下考人事，皆有明證。若禮樂兵制度數，皆正其流而會于一。方技曲學異端邪説，悉拔其根而辨其非。凡古書奇辭奧旨，人所不能讀者，一見即解。文公嘗曰：「人讀易書難，季通讀難書易。」又曰：「造化微妙，惟深於理者能識之。吾與季通言，而未嘗厭也。」先生處家，以孝弟忠信儀刑子孫；而其教人也，以性與天道爲先。自本而支，自源而流，聞者莫不興起。嘗言文公教人以訓詁文義爲先，下學上達固是常序，然世衰道微，邪説交作，學者未知本原，未必不惑於異端之説也，故文公晚年接引後學，亦無隱焉。

李士英《言行録》曰：西山從晦翁游最久，精識博聞，同輩皆不能及。義理大原固已心通意解，尤長於天文、地理、樂律、曆數、兵陣之説。凡古書盤錯肯綮，學者讀之不能以句，元定爬梳剖析，細入秋豪，莫不暢達。晦翁論《易》，推本河圖、洛書、邵氏《皇極經世書》先天圖，往往多與元定往復而有發焉。○仲默年僅三十，即屏去舉子業，一以聖賢爲師。平居仰觀俯察，默坐終晷，瞭然有見於天地之心，萬物之情，反求諸躬，衆理具備，信前聖之言不予欺也。○仲默父師之託，凜凜焉常若有負。蓋沉潛反復者數十年，然後克就。其於《書》也，考序文之誤，訂諸儒之説，以發明二帝三王群聖賢用心。《洪範》《洛誥》《秦誓》諸篇，往往有先儒所未及者。其於「洪範」數也，謂：「體天地之撰者，易之象；紀天地之撰者，範之數。數始於一奇，象成於二偶。奇者，數之所以立；偶者，象之所以在。故二二四而八，八卦之象也。三三而九，九疇之數也。由是八八而又八之爲四千九十六，而象備矣。九九而又九之爲五百六十一，而數周矣。《易》更四聖而象已著，《範》錫神禹而數不傳。後之作者昧象數之源，窒變通之妙，或即象而爲數，或反數而擬象。《洞極》有書，《潛虛》有圖，非無作也。牽合傅會，自然之數益晦焉。嗟夫，天地之所以肇，人物之所以生，萬事之所以得失，莫非數也。數之體著於形，數之用妙於理。非窮神知化者，曷足以語此？」仲默於二書闡發幽微至於如此，真不媿父師之託哉！

董氏訒曰：勉齋先生得紫陽之正傳，造詣精深，而見於講説者，特簡易明白，的當痛快，讀之使人興起。

黃氏瑞節曰：蔡氏祖子孫三世一轍。朱子云：「蔡神與所以教其子者，不干利禄而開之以聖賢之學，其志識高遠，非人所及。」

真　德　秀字景元，後更希元，號西山。

勉齋黃氏曰：西山在朝，屢進危言，力扶大義，公論藉以開明，善類爲之踴躍。

吴郡李氏曰：子朱子沉潛乎性命，而發越乎詞章。先生心得其傳，汪洋乎翰墨，沉浸乎仁義，所入雖不同，其見於道一也。子朱子之道不盡行於時，故私淑諸其徒。先生之道方大顯于世，蓋將公利澤於民物。所遭雖不同，其衣被萬世亦一也。

邵庵虞氏曰：先生《大學衍義》之書，本諸聖賢之學，以明帝王之治；據已往之跡，以待方來之事；慮周乎天下，憂及乎後世；君人之軌範，蓋莫備於斯焉。董仲舒曰：「人主而不知《春秋》，前有讒而不知，後有賊而不見。」此雖未敢上比於《春秋》，然有天下國家者，誠反覆於其言，則治亂之别，得失之故，情僞之變，其殆庶幾無隱者矣！

史傳云：自韓侂冑立僞學之名以錮善類，凡近世大儒之書皆顯禁以絶之。德秀晚出，獨慨然以斯文自任，講習而服行之。黨禁既開，而正學遂明于天下後世，多其力也。

魏　華　父字了翁，號鶴山。

邵庵虞氏曰：孔子、顔子殁，其學不傳。曾子以其傳授子思，而孔子之精微益以明著，孟子得以擴而充之。後千五百年以至于宋，汝南周氏始有以繼顔子之絶學，傳之程伯淳氏。而正叔氏又深有取於曾子之學，以成己而教人。而張子厚氏又多得於孟子者也。顔曾之學均出於夫子，豈有異哉？固其資之所及，而用力有不同焉者爾。朱元晦氏論定諸君子之言，而集其成。一時小人用事，惡其厲己，倡邪説以爲之禁，士大夫身蹈其禍，而學者公自絶以苟全。論世道者，能無衋然于兹乎？方是時，臨卭魏華父起於白鶴山下，奮然有以倡其説於摧廢之餘，拯其弊於口耳之末。故其立朝，惓惓焉以周程張朱四君子易名爲請，尊其統而接其傳，非直爲之名也。又曰：魏氏之爲學，即物以明義，反身以求仁，審夫小學文藝之細，以推乎典禮會通之大。本諸平居屋漏之隱，而充極於天地鬼神之著，巖巖然立朝之大節，不以夷險而少變。而立言垂世，又足以作新乎斯人，蓋庶幾乎不悖不惑者矣。若夫聖賢之書，實由秦漢以來諸儒誦而傳之，得至于今。其師弟子之所授受，以顓門相尚，雖卒莫得其要，然而古人之遺制，前哲之緒言，或者存乎其間，蓋有不可廢者。自濂洛之説行，朱氏祖述而發明之，於是學者知趨乎道德性命之本，廓如也。而從事於斯者，誦習而成言，惟日不足，所以博文多識之事若將略焉，則亦有所未盡者矣。况乎近世之弊，好爲鹵莽，其求於此者或未切於身心，而攷諸彼者曾弗及於詳博。於是傳注之所存者，其舛譌牴牾之相承，既無以明辨其非是。而名物度數之幸在者，又不察其本原。誠使有爲於世，何以徵聖人制作之意，而爲因革損益之器哉？魏氏又有憂於此也，故其致知之日，加意於《儀禮》《周官》、大小戴之《記》。及取九經注疏、正義之文，據事别類而録之，謂之《九經要義》。其志將以見夫道器之不離，而有以正其臆説聚訟之惑世。此正張氏以禮爲教，而程氏所以有徹上徹下之語者也。

許　衡字平仲，號魯齋。

牧庵姚氏曰：先生之學，一以朱子之言爲師，窮理以致其知，反躬以踐其實。始而行其家，中而及之人。故于魏、于輝、于秦，摳衣其門，所在林立，盛德之聲昭聞于時。官諸胄學，其教也，入德之門始惟由《小學》而四書。講貫之精，而後進于《易》《書》《詩》《春秋》耳。提面命者，莫不以孝弟忠信爲本，四方化之。雖吏爲師刀筆筐篋之流，父以之訓其子，兄以之勗其弟者，亦惟以是爲先。語述作固不及朱子之富，而扶植人極，開世太平之功，不慚德焉。

耶律氏有尚曰：雪齋姚樞隱蘇門，傳伊洛之學於南士趙復仁甫，先生即詣蘇門訪求之，得伊川《易傳》、晦庵《論孟集註》《大學中庸章句》《或問》《小學》等書。讀之深有默契于中，遂一一手寫以還。聚學者謂之曰：「昔所授受，殊孟浪也。今始聞進學之序，若必欲相從，當悉棄前日所學章句之習，從事於《小學》洒掃應對，以爲進學之基。不然，則當求他師。」衆皆唯。遂悉取向來簡帙焚之，使無大小皆自《小學》入。先生亦旦夕精讀不輟，篤志力行，以身先之，雖隆寒盛暑不廢也。○先生自得伊洛之學，冰釋理順，美如芻豢。嘗謂終夜以思，不知手之舞、足之蹈。○先生天資弘毅，卓然有守，其恭儉正直出於天性。雖艱危窮阨之際，所守益堅，而好學不倦。聞一善言，見一善行，不啻飢渴。於名利紛華，畏若探湯，誠心自然，人皆信之。建元以來十被召旨，未嘗不起，然卒不肯枉尺直尋而去。每入對，則衆皆注意而聽之，衛士或舉手加額曰：「是欲澤被生民者也。」

圭齋歐陽氏曰：先生自謹獨之功，充而至於天德、王道之藴，故告世祖治天下之要，惟曰王道。及問其功，則曰三年有成。是以啓沃之際，務以堯舜其君、堯舜其民爲己任。由其真積力久，至誠交孚，言雖剴切，終無以忤。至於其身之進退，則凛若萬夫之勇，何可以利禄誘而威武屈也？晚年義精仁熟，躬備四時，道出萬物之表。無事而静，則太空晴雲，舒卷自如；應物而動，則雷雨滿盈，草木甲拆。事至而不凝，事過而無迹。四方之人聞之而知敬，望之而知畏，親之而知愛，遠之而知慕。求其所以然，則惟見其胸中磅礴浩大，人欲浄盡，天理流行，動静語默，無往而非斯道之著形也。又曰：先生天資之高，固得不傳之妙於聖賢之遺言。然淳篤似司馬君實，剛果似張子厚，光霽似周茂叔，英邁似邵堯夫，窮理致知、擇善固執似程叔子、朱元晦。至於體用兼該，表裏洞徹，超然自得於不動而敬、不言而信之域者，又有濂洛數君子所未發者焉。宜夫抗萬鈞之勢而道不危，擅四方之名而行無毁。

邵庵虞氏曰：南北未一，許文正公先得朱子之書，伏讀而深信之，持其説以事世祖，而儒者之道不廢，許公實啓之。是以世祖以來，不愛名爵以起天下之處士，雖所學所造各有以自見，其質諸聖賢而不悖，俟乎百世而不惑者，論者尚慊然也。

陳氏剛曰：魏國文正公出，學者翕然師之。其學尊信朱子，而濂洛之道益明。使天下之人皆知誦習程朱之書以至於今者，公之力也。

吳　澄字幼清，號草廬。

邵庵虞氏曰：孟子殁，千五百年而周子出，河南兩程夫子爲得其傳。時則有若張子精思以致其道，其迥出千古，則又有邵子焉。邵子之學既無傳，而張子之殁，門人往往卒業於程氏。程門學者篤信師説，各有所奮力以張皇斯道，奈何世運衰微，民生寡佑，而亂亡隨之矣，悲夫！斯道之南，豫章、延平高明純潔，又得朱子而屬之。百有餘年間，師弟子之言折衷無復遺憾，求之書，蓋所謂集大成者。時則有若陸子静氏，超然有得於孟子「先立乎其大者」之旨。其於斯文互有發明，學者於焉可以見其全體大用之盛，而二家門人區區異同相勝之淺見，蓋無足論也。先生之生，炎運垂息，自其髫齓，特異常人。得斷簡於衆遺，發新知於卓識。盛年英邁，自任以天下斯文之重，蓋不可禦也。摧折窮山，壯志莫遂，艱難避地，垂十數年。其所以自致於聖賢之道者，日就月將矣。歷觀近代進學之勇，其孰能過之？○許文正公爲祭酒，門人守其法，久之寖失其舊。先生繼至，深閔乎學者之日就荒唐，而徒從事於利誘也。思有以作新之，於是六館諸生，以次授業。晝退堂後寓舍，則執經者隨而請問，先生懇懇循循，其言明白痛切。因其才質之高下，聞見之淺深，而開導誘掖之。使其刻意研窮，以究乎精微之藴；反身克治，以踐乎進脩之實。講論不倦，每至夜分，寒暑不廢。於是一時游觀之彦，雖不列在弟子員者，亦皆有所觀感而興起矣。嘗與人書曰：「天生豪傑之士不數也。夫所謂豪傑之士，以其知之過人，度越一世而超出等夷也。戰國之時，孔子徒黨盡矣，充塞仁義若楊墨之徒，又滔滔也。而孟子生乎其時，獨願學孔子，而卒得其傳。當斯時也，曠古一人而已，真豪傑之士哉！孟子殁，千有餘年，溺於俗儒之陋習，淫於老佛之異教，無一豪傑之士生於其間。至于周程張邵，一時迭出，非豪傑其孰能與於斯乎？又百年，子朱子集數子之大成，則中興之豪傑也。以紹朱子之統自任者，果有其人乎？」

揭氏傒斯曰：先生磨研六經，疏滌百氏，綱明目張，如禹之治水。雖未獲任君之政，而著書立言，師表百世，又豈一才一藝所得並哉？其學之源，則見于《易》《書》《春秋》《禮記》諸《纂言》。其學之敘，則見於《學基》《學統》諸書。而深造極詣，尤莫尚於邵子。其所著書及文章，皆行于世。公隱居時，有草屋數間，程文憲公過而署之，曰「草廬」。○元文敏公明善以學自命，問《易》《詩》《書》《春秋》，歎曰：「與吴先生言，如探淵海。」

性理大全書卷之四十三

學一

小學

程子曰：古人雖胎教與保傅之教，猶勝今日庠序鄉黨之教。古人自幼學，耳目游處所見皆善，至長而不見異物，故易以成就。今日自少所見皆不善，纔能言便習穢惡，日日銷鑠，更有甚天理？○古之人自能食能言而教之，是故大學之法以豫爲先。蓋人之幼也，智愚未有所主，則當以格言至論日陳於前，盈耳充腹，久自安習，若固有之者。日復一日，雖有讒説摇惑，不能入也。若爲之不豫，及乎稍長，意慮偏好生於内，衆口辨言鑠於外，欲其純全，不可得已。○人多以子弟輕俊爲可喜，而不知其可憂也。有輕俊之質者，必教以通經學使近本，而不以文辭之末習，則所以矯其偏質，而復其德性也。○勿謂小兒無記性，所歷事皆能不忘。故善養子者，當其嬰孩鞠之，使得所養，全其和氣。乃至長，而性美教之，示以好惡有常。至如養犬者，不欲其升堂，則時其升堂而扑之。若既扑其升堂，又復食之於堂，則使孰從？雖日撻而求其不升，不可得也。養異類且爾，況人乎？故養正者，聖人也。

朱子曰：古者初年入小學，只是教之以事，如禮、樂、射、御、書、數，及孝弟忠信之事。自十六七入大學，然後教之以理，如致知格物，及所以爲忠信孝弟者。○古人自入小學時，已自知許多事了。至入大學時，只要做此工夫。今人全未曾知此。古人只去心上理會，至去治天下，皆自心中流出。今人只去事上理會。○古人小學養得小兒子誠敬善端發見了。然而大學等事，小兒子不會推將去，所以又入大學教之。○古人便都從小學中學了，所以大來都不費力。如禮、樂、射、御、書、數，大綱都學了。及至長大，也更不大段學，便只理會窮理致知工夫。而今自小失了，要補填實是難。但須莊敬誠實，立其基本，逐事逐物理會道理。待此通透意誠心正了，就切身處理會，旋旋去理會禮、樂、射、御、書、數。今則無所用乎御，如禮、樂、射、書、數，也是合當理會底，皆是切用。但不先就切身處理會得道理，便教考究得些禮文制度，又干自家身己甚事？○古人小學教之以事，便自養得他心不知不覺自好了。到得漸長漸更歷，通達事物，將無所不能。今人既無本領，只去理會許多閑汩董，百方措置思索，反以害心。○問：大學與小學不是截然爲二，小學是學其事，大學是窮其理以盡其事否？曰：只是一箇事。小學是學事親，學事長，且直理會那事。大學是就上面委曲詳究那理，其所以事親是如何，所以事長是如何。古人於小學存養已熟，根基已深厚，到大學只就上面點化出些精彩。古人自能食能言，便已教了。一歲有一歲工夫，到二十時，聖人資質已自有二三分，大學只出治光彩。又曰：如今全失了小學工夫，只得教人且把敬爲主，❶收斂身心，却方可下工夫。或云敬當不得小學，某看來小學却未當得敬，敬已是包得小學。敬是徹上徹下工夫，雖做得聖人田地，也只放下這敬不得。如堯舜，也終始是一箇敬。如說「欽明文思」，頌堯之德，四箇字獨將這箇敬做擗初頭。如說「恭己正南面而已」，如說「篤恭而天下平」，皆是。○陸子壽言古者教小子弟，❷自能言能食即有教，以至灑掃應對之類，皆有所習，故長大則易語。今人自小即教做對，稍大即教作虛誕之文，皆壞其性質。○天命非所以教小兒，教小兒只說箇義理大概，只眼前事，或以灑掃應對之類作段子亦可。每嘗疑《曲禮》「衣毋撥，足毋蹶。將上堂，聲必揚。將入户，視必下」等叶韻處，皆是古人初教小兒語。《列女傳》孟母又添兩句曰：「將入門，問孰存。」○教小兒讀詩不可

❶ 「只得」二字，四庫本無。
❷ 「子弟」，四庫本作「弟子」。

破章。又曰：授書莫限長短，但文理斷處便住。若文勢未斷者，雖多授數行亦不妨。蓋兒時讀書，終身改口不得。嘗見人教兒讀書限長短，後來長大後都念不轉。如訓詁則當依古註。問：向謂小兒子讀書未須把近代解説底音訓教之，却不知解時如何？若依古註，恐他不甚曉。曰：解時却須正説始得。若大段小底，又却只是粗義，自與古註不相背了。○嘗訓其子曰：起居坐立，務要端莊，不可傾倚，恐至昏怠。出入步趨，務要凝重，不可剽輕，以害德性。以謙遜自牧，以和敬待人。凡事切須謹飭，無故不須出入。少説閑話，恐廢光陰。勿觀雜書，恐分精力。早晚頻自點檢所習之業，每旬休日將一旬内書温習數過。勿令心少有放佚，則自然漸近道理，講習易明矣。○問：女子亦當有教。自《孝經》之外，如《論語》只取其面前明白者教之，如何？曰：亦可。如曹大家《女戒》，温公《家範》亦好。○問：《小學》載樂一段，不知今人能用得否？曰：姑使知之。古人自小即以樂教之，乃是人執手提誨，到得大來涵養已成，稍能自立便可。今人既無此，非志大有所立，因何得成立？○因論小學，曰：古者教必以樂，後世不復然。問：此是作樂使之聽，或其自作？曰：自作。若自理會不得，自作何益？古者國君備樂，士無故不去琴瑟，日用之物無時不列於前。○《弟子職》「所受是極」，云受業去後，須窮究道理到盡處也。「毋驕恃力」，如恃氣力，欲胡亂打人之類。蓋自小便教之以德，教之以尚德不尚力之事。○後生初學，且看《小學》之書，那是做人底樣子。○《小學》多説那恭敬處，少説那防禁處。又曰：前賢之言須是真箇躬行佩服，方始有功。不可只如此説過，不濟事。○問：《小學》「父慈而教，子孝而箴」。曰：人既自有箇良知良能了，聖賢又恁地説，直要人尋教親切。「父慈而教，子孝而箴。」看我是能恁地不恁地。《小學》所説，教人逐一去上面尋許多道理。到著《大學》，亦只是這理。又教人看得親切實如此，不是胡亂恁地説去。○問：某今看《大學》，如《小學》中有未曉處，亦要理會？曰：相兼看亦不妨。學者於文爲度數，不可存終理會不得之心。須立箇大規模，都要理會得。至於其明其暗，則係乎人之才如何耳。

東萊吕氏曰：教小兒當以正，不可便使之情竇日開。○問：教小兒以何爲先？曰：先教以恭謹，不輕忽，不躐等，讀書乃餘事。今之有資質者，父兄便教以科舉之文，不容不躐等。皆因父兄無識見，至有以得一第便爲成材者。○後生學問，且須理會《曲禮》《少儀》《儀禮》等，學灑掃應對進退之事，及先理會《爾雅》訓詁等文字，然後可以語上。下學而上達，自此脱然有得，自然度越諸子也。不如此，則是躐等犯分陵節，終不能成。孰先傳焉，孰後倦焉，不可不察也。

西山真氏曰：《小學》之書，先載胎教之法，而後以《内則》之文繼之。《列女傳》曰：「古者婦人姙子，寢不側，坐不邊，立不蹕，不食邪味，割不正不食，席不正不坐，目不視邪色，耳不聽淫聲。夜則令瞽誦詩，道正事。如此則生子形容端正，才德過人矣。」❶此言姙子之時，必慎所感，感於善則善，感於惡則惡也。合《列女傳》與《内則》二篇觀之，則《小學》之教略備矣。

魯齋許氏曰：《小學》内明父子之親，言凡爲人子，爲人婦，幼男與未嫁女子，皆當盡愛盡敬，不敢自專，事親之道也。○凡人幼小時，不引得正，後便難了，如字畫端楷之類是也。

臨川吴氏曰：古之教者，子能食而教之食，子能言而教之言。欲其有别也，而教之以異處。欲其有讓也，而教之以後長。因其良知良能而導之，而未及乎讀誦也。教之數，教之方，教之日，與夫學書計，學幼儀，則既辨名物矣，而亦非事夫讀誦也。弟子之職曰孝、曰弟、曰謹、曰信、曰愛、曰親，行之有餘力而後學文。今世童子甫能言，不過教以讀誦而已。其視古人之教何如也？然古人豈廢讀誦哉？戴氏《記》拾《曲禮》遺經，句三言，或四言。管氏書載《弟子職》一篇，句四言，或五言、六言。皆韻語，句短而音諧，蓋取其讀誦之易，而便於童習也。古書闕而教法泯，俗間教子率以周興嗣《千文》、李瀚《蒙求》開其先，讀誦雖易，而竟何所用？士大夫之家頗欲知其無用而舍旃。童習之初，遽授《小學》《孝經》等書，

❶「德」，原脱，今據四部叢刊景明本《古列女傳》卷一補。

字語短長，參差不齊，往往不能以句。教者强揠，而學者苦其難，又胡能使之樂學哉？程子嘗欲作詩，略言教童子灑掃應對事長之節，而不果作。陳氏五言禮詩近之，而有未備，君子病焉。

總論爲學之方

程子曰：學也者，使人求於内也。不求於内而求於外，非聖人之學也。何謂求於外？以文爲主者是也。學也者，使人求於本也。不求於本而求於末，非聖人之學也。何謂求於末？考詳略、採同異者是也。是二者無益於德，君子弗之學也。○名數之學，君子學之而不以爲本也。言語有序，君子知之而不以爲始也。○義之精者，須是自求得之。如此，則善求義也。○學莫貴於自得。得非外也，故曰自得。學而不自得，則至老而益衰。○自得者，所守不變。自信者，所守不疑。○解義理若一向靠書册，何由得居之安，資之深？不惟自失，兼亦誤人。○古之學者優柔厭飫，有先後次序。今之學者却只做一場話説，務高而已。常愛杜元凱語「若江海之浸，膏澤之潤，涣然冰釋，怡然理順，然後爲得也」。今之學者往往以游、夏爲小不足學，然游、夏一言一事却總是實。○知之必好之，好之必求之，求之必得之。古人此箇學是終身事，果能顛沛造次必於是，豈有不得道理？○問：如何學可謂之有得？曰：大凡學問，聞之知之皆不爲得，❶得者須默識心通。學者欲有所得，須是要誠意燭理。上知則穎悟自别，其次須以義理涵養而得之。○凡志於求道者，可謂誠心矣。欲速助長而不中理，反不誠矣。故求道而有迫切之心，雖得之，必失之。觀天地之化一息不留，疑於速也。然寒暑之變極微，曷嘗遽哉？○學者須要知言。○凡人纔學便須知著力處，既學便須知得力處。○多聞識者，猶廣儲藥物也，知所用爲貴。○進學莫大於致知，養心莫大於理義。古人所養處多，若聲音以養其耳，舞蹈以養其血脉。今人都無，只有箇義理之養，人又不知求。○恥不知而不問，終於不知而已。以爲不知而必求之，終能知之矣。○學而未有所知者，譬猶人之方醉也，亦何所不至。及其既醒，必惕然而恥矣。醒而不以爲恥，末如之何也！○學者必知所以入德，不知所以入德，未見其能進也。故孟子曰：「不明乎善，不誠其身。」《易》曰：「知至至之。」○學者自治極於剛，則守道愈固；勇於進，則遷善愈速。○今之學者，如登山麓，方其迤邐，莫不闊步，及到峻處便逡巡。一云：或以峻而遂止，或以難而稍緩，苟能遇難而益堅，聞過則改，何遠弗至也？○人少長須激昂自進。中年已後，自至成德者事，方可自安。○君子之學必日新。日新者，日進也。不日新者必日

❶ 「不爲」，四庫本作「爲有」。

退，未有不進而不退者。唯聖人之道無所進退，以其所造者極也。○君子莫進於學，莫止於畫，莫病於自足，莫罪於自棄。進而不止，湯武所以反之而聖。○學者所見所期，不可不遠且大，然行之亦須量力有漸。志大心勞，力小任重，恐終敗事。○學貴乎成，既成矣，將以行之也。學而不能成其業，用而不能行其學，則非學矣。○百工治器，必貴於有用。器而不可用，工不爲也。學而無所用，學將何爲也？○力學而得之，必擴充而行之。不然者，局局其守耳。○學者有所聞，而不著乎心，不見乎行，則其所聞，故自他人之言耳，於己何與焉？○學莫大於平心，平莫大於正，正莫大於誠。○問：有因苦學失心者，何也？曰：未之聞也。善學者之於其心，治其亂，收其放，明其蔽，安其危，曾謂爲心害乎？○古之人十五而學，四十而仕。其未仕也，優游養德，無求進之心，故其所學必至於有成。後世之人，自其爲兒童從父兄之所教，與其壯長追逐時習之所尚，莫不汲汲於勢利也，善心何以不喪哉？○學而爲名，內不足也。○根本須是先培壅，然後可立趨向也。趨向既正，一作立。所造有淺深，則由勉與不勉也。○守之必嚴，執之必定。少怠而縱之，則存者亡矣。○君子之學，要其所歸而已矣。○有志於道，而學不加進者，是無勇也。○博奕，小技也，不專心致志，猶不可得。況學聖人之道，悠悠焉何能自得也？孔子曰：「吾嘗終日不食，終夜不寢，以思無益，不如學也。」又曰：「朝聞道，夕死可矣。」夫聖人何所爲而迫切至於如是其極哉？善學者當求其所以然之故，不當誦其文過目而已也。學如不及，猶恐失之。苟曰姑俟來日，斯自棄也。○無好學之志，則雖聖人復出，亦無益矣。○不知性善，不可以言學。知性之善，而以忠信爲本，是曰先立乎其大者也。○問：人有日記萬言，或妙絶技藝者，是可學乎？曰：不可。才可勉而少進，鈍者不可使利也。惟積學明理既久，而氣質變焉，則暗者必明，弱者必立矣。○質之美者，一明即盡，濁滓渾化，斯與天地同體矣。莊敬持養，抑其次也，及其至則一也。○氣質沉静，於受學爲易。○意、必、固、我既亡之後，必有事焉，此學者所宜盡心也。夜氣之所存者，良知也，良能也。苟擴而充之，化旦晝之所害爲夜氣之所存，然後可以至於聖人。○學禮義、考制度，必求聖人之意。得其意，則可以沿革矣。○人之於學，避其所難，而姑爲其易者，斯自棄也已。夫學者必志於大道，以聖人自期，而猶有不至者焉。○人皆可以爲聖人，而君子之學必至於聖人而後已。不至於聖人而已者，皆自棄也。孝其所當孝，悌其所當悌，自是而推之，是亦聖人而已矣。○學者不學聖人則已，欲學之，須是熟玩聖人氣象，不可止於名上理會，如是只是講論文字。○今之學者有三弊：溺於文辭，牽於詁訓，惑於異端。苟無是三者，則必求歸於聖人之道矣。○人之學當以大人爲標準，❶然上面更

❶「準」，原作「埻」，今據重修本改。

有化爾，人當學顔子之學。一作事。○君子之學貴乎一，一則明，明則有功。○學要在敬也、誠也，中間便一作更。有箇仁。博學而篤志，切問而近思，仁在其中矣之意。敬主事。○不思故有惑，不求故無得，不問故莫知。○學不貴博，貴於正而已，正則博。言不貴文，貴於當而已，當則文。○能盡飲食言語之道，則可以盡去就之道；能盡去就之道，則可以盡死生之道。飲食言語，去就死生，小大之勢一也。故君子之學自微而顯，自小而章。○問：立德進德先後。曰：此有二。有立而後進，有進而至于立。立而後進，則是卓然定後有所進。立則是三十而立，進則是吾見其進也。有進而至于立，則進而至于立道處也。此進是可與適道者也，立是可與立者也。

張子曰：在始學者得一義，須固執，從粗入精也。如孝事親，忠事君，一種是義，然其中有多少義理也。○聞見之善者，謂之學則可，謂之道則不可。須是自求，已能尋見義理，則自有旨趣。自得之，則居之安矣。○學者只是於義理中求。譬如農夫，是穮是蓘，雖有饑饉，必有豐年。蓋求之，則須有所得。發源端本處既不誤，則義可以自求。○人欲得正己而物正，大抵道義雖不可緩，又不欲急迫，在人固須求之有漸，於己亦然。蓋精思潔慮以求大功，則其心隘。惟是得心弘放得如天地易簡，易簡然後能應物皆平正。○玩心未熟，可求之平易，勿迂也。若始求太深，恐自兹愈遠。○爲學所急，在於正心求益。若求之不已，無有不獲，惟勉勉不忘爲要耳。○人若志趣不遠，心不在焉，雖學無成。人惰於進道，無自得達，自非成德君子。必勉勉至從心所欲不踰矩，方可放下，德薄者終學不成也。○學之不勤者，正猶七年之病，不蓄三年之艾。今之於學加工數年，自是享之無窮。人多是恥於問人，假使今日問於人，明日勝於人，有何不可？如是則孔子問於老聃、萇弘、郯子、賓牟賈，有甚不得？聚天下衆人之善者，是聖人也。豈有得其一端，而便勝於聖人也？○義理有疑，一作礙。則濯去舊見，以來一作求。新意。心中苟有所開，即便劄記，不思則還塞之矣。更須得朋友之助。一日間朋友論著，則一日間意思差別。須日日如此講論，久則自覺進也。○慕學之始，猶聞都會紛華盛麗，未見其美，而知其有美不疑。步步進則漸到，畫則自棄也。觀書解大義，非聞也，必以了悟爲聞。人之好强者以其所知少也，所知多則不自强滿。學然後知不足，有若無，實若虛，此顏子之所以進也。○變化氣質。孟子曰：「居移氣，養移體。」況居天下之廣居者乎！居仁由義，自然心和而體正。更要約時，但拂去舊日所爲，使動作皆中禮，則氣質自然全好。《禮》曰「心廣體胖」，心既弘廣，則自然舒泰而樂也。若心但能弘廣，不謹敬，則不立。若但能謹敬，而心不弘廣，則入于隘，須寬而敬。大抵有諸中者，必形諸外，故君子心和則氣和，心正則氣正。其始也，固亦須矜持。古之爲冠者，以重其首；爲履者，以重其足。至於盤盂几杖爲銘，皆所以慎戒之。○人之氣質美惡與貴賤夭壽之理，皆是所受定分。如氣質惡者，學即能移。今人所以多爲氣所使，而不得爲賢者，蓋爲不知學。○爲學大益，在自能變化氣質，不爾卒無所發明，不得見聖人之奥。故學者先須變化氣質，變化氣質與虚心相表裏。大中，天地之道也。得大中，陰陽鬼神莫不盡之矣。○天資美，不足爲功。惟矯惡爲善，矯惰爲勤，方是爲功。人必不能便無是心，須是思慮，但使常游心於義理之間。立本處以易簡爲是，接物處以時中爲是。易簡而天下之理得，時中則要博學素備。○有志於學者，都更不論氣之美惡，只看志如何。匹夫不可奪志也，惟患學者不能堅勇。○多求新意，以開昏蒙。吾學不振，非强有力者不能自奮，惟信篤持謹，何患不至？○書多閲而好忘者，只爲理未精耳，理精則須記了無去處也。仲尼一以貫之，蓋只著一義理都貫却。學者但養心識明静，自然可見。○下學而上達者兩得之，人謀又得，天道又盡。任私意以求是未必是，虚心以求是方爲是。夫道，仁與不仁，是與不是而已。○既學而先有以功業爲意者，於學便相害。既有意必穿鑿，創意作起事也。德未成而先以功業爲事，是代大匠斲，希不傷手也。○學者大不宜志小氣輕。志小則易足，易足則無由進。氣輕則虚而爲盈，約而爲泰，亡而爲有，以未知爲已知，未學爲已學。人之有恥於就問，便謂我勝於人，只是病在不知求是爲心，故學者當毋我。○明善爲本，固執之乃立，擴充之則大，易視之則小，在人能弘之而已。○富貴之得不得，天也。至于道德則在己，求之而無不得者也。

上蔡謝氏曰：學須是熟講，學不講，用盡工夫只是舊時人。學之不講，是吾憂也，仁亦在夫熟而已。○今之學須是如飢之須食，寒之須衣始得。若只欲彼善於此，則不得。○人須先立志，立志則有根本。譬如樹木，須先有箇根本，然後培養能成合抱之木。若無根本，又培養箇甚？○顔子工夫真百世軌範，舍此應無入路，無住宅。

龜山楊氏曰：今之學者只爲不知爲學之方，又不知學成要何用。此事體大，須是曾著力來，方知不易。夫學者學聖賢之所爲也，欲爲聖賢之所爲，須是聞聖賢所得之道。若只要博通古今，爲文章，作忠信愿愨、不爲非義之士而已，則古來如此等人不少，然以爲聞道則不可。且如東漢之衰，處士逸人與夫名節之士，有聞當世者多矣。觀其作處，責之以古聖賢之道，則略無毫髮髣髴相似，何也？以彼於道初無所聞故也。今時學者平居，則曰「吾當爲古人之所爲」，纔有一事到手，便措置不得。蓋其所學以博通古今爲文章，或志於忠信愿愨、不爲非義而已，而不知須是聞道，故應如此。由是觀之，學而不聞道，猶不學也。○爲己之學正猶飢渴之於飲食，非有悦乎外也。以爲弗飲弗食，則飢渴之病必至於致死。人而不學，則失其本心，不足以爲人，其病蓋無異於飢渴者，此固學之不可已也。然古之善學者必先知所止，知所止然後可以漸進。倀倀然莫知所之，而欲望聖賢之域，多見其難矣。

此理宜切求之，不可忽也。○六經之義驗之於心而然，施之於行事而順，然後爲得。驗之於心而不然，施之於行事而不順，則非所謂經義。今之治經者爲無用之文，徼幸科第而已，果何益哉！○學者必以孔孟爲師，學而不求諸孔孟之言，亦末矣。《易》曰：「君子多識前言往行，以蓄其德。」孟子曰：「博學而詳説之，將以反説約也。」世之學者欲以雕繪組織爲工，誇多鬭靡，以資見聞而已。故摭其華不茹其實，未嘗蓄德而反約也，彼亦焉用學爲哉？○自孟子没，聖學失傳，荀卿而下，皆未得其門而入者也。七篇之書具在，始終考之，不過道性善而已。知此則天下之理得，而諸子之失其傳，皆可見也。夫學道者捨先聖之書，何求哉？譬之適九達之衢，未知所之，六經能指其攸趣而已，因其所指而之焉，則庶乎其有至也。徒弊精神於章句之間，則末矣。○古之學者以聖人爲師，其學有不至，故其德有差焉。人見聖人之難爲也，故凡學者以聖人爲可至，則必以爲狂而竊笑之。夫聖人固未易至，若舍聖人而學，是將何所取則乎？以聖人爲師，猶學射而立的然，的立於彼，然後射者可視之而求中。若其中不中，則在人而已。不立之的，以何爲準？❶○顏淵請問其目，學也；請事斯語，則習矣。學而不習，徒學也。譬之學射而志於彀，則知所學矣。若夫承梃而

❶「以何」，重修本作「何以」。

目不瞬，貫虱而懸不絶，由是而求盡其妙，非習不能也。習而察故説，久而性成之，則説不足道也。○學者當有所疑，乃能進德，然亦須著力深，方有疑。今之士讀書爲學，蓋自以爲無可疑者，故其學莫能相尚。如孔子門人所疑，皆後世所謂不必疑者也。子貢問政，子曰：「足食，足兵，民信之矣。」子貢疑所可去，答之以去兵，於食與信猶有疑焉，故能發孔子民無信不立之説。若今之人問政，答之足食與兵，何疑之有？樊遲問仁，子曰愛人；問知，子曰知人。是蓋甚明白，而遲猶曰未達，故孔子以「舉直錯諸枉，能使枉者直」教之，由是而行之，於知之道，不其庶矣乎。然遲退而見子夏，猶再問舉直錯諸枉之義，於是又得舜舉皋陶、湯舉伊尹之事爲證，故仁知兼盡其説。如使今之學者方得其初問之答，便不復疑矣。蓋嘗謂古人以爲疑者，今人不知疑也，學何以進？

和靖尹氏曰：凡學問切忌間斷，便不是學。一日暴之，十日寒之，奚可哉！○學問不可有私心。私心，人欲也。人欲去，天理還。○問：如何仕而優則學。曰：學豈有休時？《書》曰：「念終始典于學。」荀子曰：「學至死乃已，是也。」

涑水司馬氏曰：學者所以求治心也，學雖多而心不治，安以學爲？○問：蘧伯玉五十而知四十九年非，信乎？曰：何啻其然也？古之君子好學者，有垂死而知其未死之前所爲非者，況五十乎？夫道如山也，愈升而愈高；如路也，愈行而愈遠。學者亦盡其力而止耳，自非聖人，有能窮其高遠者哉？

五峰胡氏曰：學欲博不欲雜，守欲約不欲陋。雜似博，陋似約，學者不可不察也。○學貴大成，不貴小用。大成者，參於天地之謂也。小用者，謀利計功之謂也。○人之生也，良知良能根於天，拘於己，汩於事，誘於物，故無所不用學也。學必習，習則熟，熟則久，久則天，天則神。天則不慮而行，神則不期而應。○以反求諸己爲要法，以言人不善爲至戒。○静觀萬物之理，得吾心之悦也易。動處萬物之分，得吾心之樂也難。是故智仁合一，然後君子之學成。○有之在己，知之在人。有之而人不知，從而與人較者，非能有者也。○學道者正如學射，纔持弓矢，必先知的，然後可以積習而求中的矣。若射者不求知的，不求中的，則何用持弓矢以射爲？列聖諸經千言萬語，必有大體，必有要妙。人自少而有志，尚恐奪於世念，日月蹉跎，終身不見也。若志不在於的，苟欲玩其辭而已，是謂口耳之學，曾何足云。夫滯情於章句之末，固遠勝於博奕戲豫者矣，特以一斑自喜，何其小也，何不志於大體以求要妙。譬如遊山，必上東岱，至於絶頂，坐使天下高峰遠岫，卷阿大澤，悉來獻狀，豈不偉歟？○脩身以寡欲爲要，行己以恭儉爲先，自天子至於庶人，一也。

延平李氏曰：講學切在深潛縝密，然後氣味深長，蹊徑不差。若概以理一而不察乎其分之殊，此學者所以流於疑似亂真之説，而不自知也。○學問之道不在多言，但默坐澄心，體認天理。若真有所見，雖一毫私欲之發，亦退聽矣。久久用力於此，庶幾漸明，講學始有力耳。○學者之病，在於未有洒然冰釋凍解處，縱有力持守，不過苟免顯然悔尤而已。若此者，恐未足道也。○孔門諸子，群居終日，交相切磨，又得夫子爲之依歸，日用之間，觀感而化者多矣。恐於融釋而脱落處，非言説所及也。不然，子貢何以言「夫子之言性與天道，不可得而聞也」耶！○大率有疑處，須静坐體究，人倫必明，天理必察。於日用處著力，可見端緒，在勉之爾。

朱子曰：聖門日用工夫，甚覺淺近，然推之理，無有不包，無有不貫，及其充廣，可與天地同其廣大。故爲聖爲賢，位天地育萬物，只此一理而已。○常人之學多是偏於一理，主於一説，故不見四旁以起争辯。聖人則中正和平，無所偏倚。○聖賢所説工夫都只一般，只是一箇擇善固執。《論語》則説學而時習之，孟子則説明善誠身，只是隨他地頭所説不同，下得字來各自精細，其實工夫只是一般。須是盡知其所以不同，方知其所謂同也。○學者工夫，但患不得其要，若是尋究得這箇道理，自然頭頭有箇著落，貫通浹洽，各有條理。如或不然，則處處窒礙。學者常談，多説持守，未得其要，不知持守甚底。説擴充，説體驗，説涵養，皆是揀好底言語做箇説話。必有實得力處方可，所謂要於本領上理會者，蓋緣如此。○爲學須先立得箇大腔當了，却旋去裏面修治壁落教綿密。今人多是未曾知得箇大規模，先去修治得一間半房，所以不濟事。○識得道理源頭，便是地盤。如人要起屋，須是先築教基址堅牢，上面方可架屋。若自無好基址，空自今日買得多少木去起屋，少間只起在別人地上，自家身己自没頓放處。○學問須是大進一番，方始有益。若能於一處大處攻得破，見那許多零碎，只是這一箇道理，方是快活。然零碎底非是不當理會，但大處攻不破，縱零碎理會得些少，終不快活。曾點、漆雕開已見大意，只緣他大處看得分曉。今且道他那大底是甚物事，天下只有一箇道理，學只要理會得這一箇道理。這裏纔通，則凡天理人欲、義利、公私、善惡之辨，莫不皆通。○或問：氣質之偏如何救得？曰：纔説偏了，又著一箇物事去救他偏，越見不平正了，越討頭不見。要緊只是看教大底道理分明，偏處自見得。如暗室求物，把火來便照見，若只管去摸索，費盡心力，只是摸索不見。若見得大底道理分明，有病痛處也自會變移不自知，不消得費力。○成己方能成物，成物在成己之中。須是如此推出，方能合義理。聖賢千言萬語，教人且從近處做去。如灑掃大廳大廊，亦只是如灑掃小室模樣，掃得小處浄潔，大處亦然。若有大處開拓不去，即是於小處便不曾盡心。學者貪高慕遠，不肯從近處做去，如何理會得大頭項底？而今也有不曾從裏做得底，外面也做得好，此只是才高，以智力勝將去。《中庸》説細處，只是謹獨、謹言、謹行，大處是武王、周公達孝，經綸天下無不載。小者便是大者之驗，須是要謹行謹言，從細處做起，方能充得如此大。又曰：如今爲學甚難，緣小學無人習得，如今却是從頭起。古人於小學、小事中，便皆存箇大學、大事底道理在。大學只是推將開闊去，向來小時做底道理存其中，正似一箇坯素相似。○學者做工夫，莫説道是要待一箇頓段大項目工夫後，方做得，即今逐些零碎積累將去，纔等待大項目後方做，即今便蹉過了。學者只今便要做去，斷以不疑，鬼神避之。需者，事之賊也。○如今學問未識箇入路，就他自做倒不覺。惟既識得箇入頭，却事事須著理會。且道世上多多少少事，既識得路頭，許多事都自是合著如此，不如此不得，自是天理合下當然。○若不見得入頭處，緊也不可，慢也不得。若識得些路頭，須是莫斷了，若斷了便不成。待得再新整頓起來，費多少力。如雞抱卵，看來抱得有甚煖氣，只被他常常恁地抱得成。若把湯去，湯便死了。若抱纔住，便冷了。然而實是見得入頭處，也自不解住了，自要做去。他自得些滋味了，如喫果子相似。未識滋味時，喫也得，不消喫也得。到識滋味了，要住自住不得。○爲學切須收斂端嚴，就自家身心上做工夫，自然有所得。○爲學功夫固當有先後，然亦不是截然今日爲此，明日爲彼也。且如所謂先明性之本體，而敬以守之，固是如此，然從初若都不敬，亦何由得有見耶？○或言學者工夫多間斷。曰：聖賢教人，只是要救一箇間斷。○收拾放心，乃是緊切下功夫處。講學乃其中之一事，今但專一於此下功，不須思前算後，計較得失，講學亦且看直截明白處，不要支蔓。○學問緊要是見處要得透徹，然不自主敬致知上著功夫，亦無入頭處也。○爲學不厭卑近，愈卑愈近，則功夫愈實，而所得愈高遠。其直爲高遠者，則反是，此不可不察也。○持敬讀書，表裏用力，切須實下功夫，不可徒爲虛説。然表裏亦非二事，但不可取此而舍彼耳，其實互相爲用，只是一事。○人須做功夫，方有疑。初做時定是觸著相礙，没理會處，只如居敬窮理，始初定分作兩段。居敬則執持在此，纔動則便忘了。問：始學必如此否？曰：固然。要知居敬在此，動時理便自窮。只是此話，功夫未到時難説。又曰：但能無事時存養教到，動時也會求理。○學者精神短底，看義理只到得半途，便以爲前面没了。或曰：若功夫不已，亦須有向進。曰：須知得前面有，方肯做功夫。今之學者大概有二病，一以爲古聖賢亦只此是了，故不肯做功夫；一則自謂做聖賢事不得，不肯做功夫。○學者須於主一上做功夫。若無主一功夫，則所講底義理無安著處，都不是自家物事。若有主一功夫，則外面許多義理方始爲我有，都是自家物事。功夫到時，纔主一，便覺意思好，卓然精明，不然便緩散消索了，没意思。做功夫只自脚下便做將去，固不免有散緩時，但纔覺，便收斂。將來漸漸做去，但得收斂時節多，散緩之時少，便是長進處。故孟子説：「學問之道無他，求其放心而已。」所謂求放心者，非是别去求箇心來存著。只纔覺放，心便在此。孟子又曰：「雞犬放則知求之，心放則不知求。」某嘗謂雞犬猶是外物，纔放了，須去外面捉將來。若是自家心更不用别求，纔覺便在這裏。雞犬放，猶有求不得時；自家心則無求不得之理。因言横渠説做功夫處，更精切，似二程。二程資稟高潔浄，不大段用工夫。横渠資稟有偏駁夾雜處，他大段用功夫來。觀其言曰：「心清時少，亂時多。其清時，視明聽聰，四體不待羈束而自然恭謹，其亂時反是。」説得來大段精切。○人生與天地一般，無些欠缺處。且去子細看秉彝常性是如何，將孟子言性善處看是如何善，須精細看來。○質敏不學，乃大不敏。有聖人之資必好學，必下問。若就自家杜撰更不學，更不問，便已是凡下了。聖人之所以爲聖，也只是好學下問。舜自耕稼陶漁以至于帝，無非取諸人以爲善。孔子説：「禮，吾聞諸老聃。」這也是學於老聃，方知得這一事。○或問：東萊謂變化氣質，方可言學。曰：此意甚善。但如鄙意，則以爲學乃能變化氣質耳。若不讀書窮理，主敬存心，而徒切切計較於昨非今是之間，恐亦勞而無補也。○待文王而後興者，凡民也。若夫豪傑之士，雖無文王猶興。豪傑質美，生下來便見這道理，何用費力？今人至於沉迷而不反，聖人爲之屢言，方始肯來，已是下愚了。况又不知求之，則終於爲禽獸而已。蓋人爲萬物之靈，自是與物異。若迷其靈而昏之，則與禽獸何别？○學問是自家合做底，不知學問，則是欠闕了自家底。知學問，則方無所欠闕。今人把學問來做外面添底事看了。○聖賢只是做得人當爲底事盡。今做到聖賢，止是恰好，又不是過外。○凡人須以聖賢爲己任。世人多以聖賢爲高，而自視爲卑，故不肯進。抑不知使聖賢本自高，而己别是一樣人，則早夜孜孜，别是分外事，不爲亦可，爲之亦可。然聖賢稟性與常人一同，既與常人一同，又安得不以聖賢爲己任？自開闢以來，生多少人，求其盡己者，千萬人中無一二，只是衮同枉過一世。《詩》曰：「天生烝民，有物有則。」今世學者往往有物，而不能有其則。《中庸》曰：「尊德性而道問學，極高明而道中庸。」此數句乃是徹首徹尾，人性本善，只爲嗜慾所迷，利害所逐，一齊昏了。聖賢能盡其性，故耳極天下之聰，目極天下之明。爲子極其孝，爲臣極其忠。或問：明性須以敬爲先。曰：固是，但敬亦不可混淪説。須是每事上檢點，論其大要，只是不放過耳。大抵爲己之學，於他人無一毫干預。聖賢千言萬語，只是使人反其固有，而復其性耳。○學者大要立志。所謂志者，不道將這些意氣去蓋他人，只是直截要學堯舜。孟子道性善，言必稱堯舜，此是真實道理。世子自楚反，復見孟子，孟子曰：「世子疑吾言乎？夫道一而已矣！」這些道理更無走作，只是一箇性善可至堯舜，别没去處了。下文引成覸、顔子、公明儀所言，便見得人人皆可爲也。學者立志，須教勇猛，自當有進。志不足以有爲，此學者之大病。○世俗之學，所以與聖賢不同者，亦不難見。聖賢直是真箇去做，説正心，直要心正；説誠意，直要意誠；脩身齊家，皆非空言。今之學者説正心，但將正心吟詠一餉；説誠意，又將誠意吟詠一餉；説脩身，又將聖賢許多説脩身處諷誦而已。或掇拾言語，綴緝時文，如此爲學，却於自家身上有何交涉？這裏須用著意理會。今之朋友固有樂聞聖賢之學，而終不能去世俗之陋者，無他，只是志不立爾。學者大要立志，纔學便要做聖人是也。○問：人氣力怯弱，於學有妨否？曰：爲學在立志，不干氣稟强弱事。又曰：爲學何用憂惱，但放令平易寬快去。或舉聖門弟子唯稱顔子好學，其次方説及曾子，以此知事大難。○曰：固是如此。某看來亦有甚難，有甚易？只是堅立著志，順義理做去，他無蹺欹也。○這箇物事要得不難。如飢之欲食，渴之欲飲，如救火，如追亡，似此年歲間，看得透，活潑潑地在這裏流轉，方是。○學者做工夫，當忘寢食做一上，使得些入處，自後方滋味接續。浮浮沉沉，半上落下，不濟得事。○而今緊要且看聖人是如何，常人是如何，自家因甚便不似聖人，因甚便只是常人。就此理會得透，自可超凡入聖。○爲學須覺今是而昨非，日改月化，便是長進。○今之學者全不曾發憤。○爲學不進只是不勇。○不可倚靠師友。○今人做工夫，不肯便下手，皆是要等待。如今日早間有事，午間無事，則午間便可下手。午間有事，晚間便可下手，却須要待明日。今月若尚有數日，必直待後月。今年尚有數月，不做工夫，必曰：「今年歲月無幾，直須來年。」如此，何緣長進？○凡人便是生知之資，也須下困學勉行底工夫，方得。蓋道理縝密，去那裏捉摸，若不下工夫，如何會了得？○大抵爲學，雖有聰明之資，必須做遲鈍工夫，始得。既是遲鈍之資，却做聰明底樣工夫，如何得？

○今人不肯做工夫，有是覺得難後，遂不肯做。有自知不可爲，公然遜與他人。如退産相似，甘伏批退，自己不願要。○爲學勿責無人爲自家剖析出來，須是自家去裏面講究做工夫，要自見得。○小立課程，大作工夫。○且理會去，未須計其得。纔計於得，則心便二，頭便低了。○嚴立功程，寬著意思。久之自當有味，不可求欲速之功。○人多言爲事所奪，有妨講學，此爲不能使船嫌溪曲者也。遇富貴，就富貴上做工夫。遇貧賤，就貧賤上做工夫。兵法一言甚佳，因其勢而利導之也。人謂齊人弱，田單乃因其弱以取勝。又如韓信特地送許多人安於死地，乃始得勝。學者若有絲毫氣在，必須進力。除非無了此氣，只口不會説話，方可休也。○爲學極要求把篙處著力，到工夫要斷絶處，又更增工夫，著力不放令倒，方是向進處。爲學正如撑上水船，方平穩處，儘行不妨。及到灘脊急流之中，舟人來這上，一篙不可放緩，直須著力撑上，不得一步不緊。放退一步，則此船不得上矣。○學者理會道理，當深沉潛思。又曰：讀書如煉丹，初時烈火煅煞，然後漸漸慢火養。又如煮物，初時烈火煮了，却須慢火養。讀書初勤敏著力，子細窮究，後來却須緩緩温尋，反復玩味，道理自出。又不得貪多欲速，直須要熟，工夫自熟中出。○大要須先立頭緒，頭緒既立，然後有所持守。《書》曰：「若藥弗瞑眩，厥疾弗瘳。」今日學者皆是養病。○須磨厲精神，去理會天下事，非燕安暇豫之可得。○陽氣發處，金石亦透，精神一到，何事不成？○人氣須是剛，方做得事。如天地之氣剛，故不論甚物事皆透過。人氣之剛，其本相亦如此。若只遇著一重薄物事，便退轉去，如何做得事？○進取得失之念放輕，却將聖賢格言處研窮考究。若悠悠地似做不做，如捕風捉影，有甚長進！今日是這箇人，明日也是這箇人。○學者只是不爲己，故日間此心，安頓在義理上時少，安頓在閑事上時多。於義理却生，於閑事却熟。○今學者要緊且要分別箇路頭，要緊是爲己、爲人之際。爲己者直拔要理會這箇物事，欲自家理會得，不是漫恁地理會。且恁地理會做好看，教人説道自家也曾理會來。這假饒理會得十分是當，也都不關自身己事。要須先理會這箇路頭，若分別得了，方可理會文字。○今之學者直與古異。今人只是强探向上去，古人則逐步步實做將去。○爲學須是切實爲己，則安静篤實，承載得許多道理。若輕揚淺露，如何探討得道理？縱使探討得，説得去，也承載不住。○入道之門，是將自家身己入那道理中去，漸漸相親，久之與己爲一。而今人道理在這裏，自家身在外面，全不曾相干涉。○或問爲學。曰：今人將作箇大底事説，不切己了，全無益。一向去前人説中乘虚接渺，捰取許多枝蔓，只見遠了，只見無益於己。聖賢千言萬語，儘自多了。前輩説得分曉了，如何不切己去理會？如今看文字，且要以前賢程先生等所解爲主，看他所説如何，聖賢言語如何。將己來聽命於他，切己思量體察，就日用常行中著衣喫飯，事親從兄，盡是問學。若是不切己，只是説話。今人只憑一己私意，瞥見些子説話，便立箇主張，硬要去説，便要聖賢從我言語路頭去，如何會有益？此其病只是要説高説妙，將來做箇好看底物事做弄。如人喫飯，方知滋味。如不曾喫，只要攤出在外面與人看，濟人濟己都不得。○或問：爲學如何做工夫？曰：不過是切己便的當。此事自有大綱，亦有節目。常存大綱在我，至於節目之間，無非此理。體認省察，一毫不可放過。理明學至，件件是自家物事，然亦須各有倫序。問：如何是倫序？曰：不是安排此一件爲先，此一件爲後，此一件爲大，此一件爲小。隨人所爲，先其易者，闕其難者，將來難者亦自可理會。且如讀書，二《禮》、《春秋》有制度之難明，本末之難見，且放下未要理會亦得。如《書》《詩》直是不可不先理會。又如《詩》之名數，《書》之盤誥，恐難理會。且先讀典謨之書，雅頌之詩，何嘗一言一句不説道理，何嘗深潛諦玩無有滋味，只是人不曾子細看。若子細看，裏面有多少倫序，須是子細參研方得，此便是格物窮理。如遇事亦然，事中自有一箇平平當當道理，只是人討不出，只隨事衮將去，亦做得，却有掣肘不中節處。亦緣鹵莽了，所以如此。聖賢言語何曾誤天下後世，人自學不至耳。○爲學須是專一，吾儒惟專一於道理，則自有得。○須是在己見得只是欠闕，他人見之却有長進，方可。○爲學之道，須先存得這箇道理，方可講究事情。○今人口略依稀説過，不曾心曉。○博學謂天地萬物之理，修己治人之方，皆所當學。然亦各有次序，當以其大而急者爲先，不可雜而無統也。○今之學者多好説得高，不喜平。殊不知這箇只是合當做底事。○譬如登山，人多要至高處，不知自低處不理會，終無至高處之理。○於顯處平易處見得，則幽微底自在裹許。○學者須是直前做去，莫起計獲之心。如今説底恰似畫卦影一般，吉凶未應時，一場鶻突，知他是如何？到應後，方始知元來是如此。○學者須是熟。熟時一喚，便在目前。不熟時，須著旋思索，到思索得來，意思已不如初了。

性理大全書卷之四十四

學　二

總論爲學之方

朱子曰：學問不只於一事一路上理會。○未有耳目狹而心廣者，其説甚好。○學者若有本領，相次千枝萬葉都來湊著，這裏看也須易曉，讀也須易記。○學問須嚴密理會，銖分豪析。又曰：愈細密，愈廣大；愈謹確，愈高明。○開闊中又著細密，寬緩中又著謹嚴。○如其窄狹，則當涵泳廣大氣象。頹惰，則當涵泳振作氣象。○學者須養教氣宇開闊弘毅。○常使截斷嚴整之時多，膠膠擾擾之時少方好。○《易》曰：「學以聚之，問以辨之，寬以居之，仁以行之。」《語》曰：「執德不弘，信道不篤，焉能爲有？焉能爲亡？」學問之後，斷以寬居，信道篤而又欲執德弘者，人之爲心不可促迫也。人心須令著得一善，又著一善，善之來無窮，而吾心受之有餘地方好。若只著得一善，第二般來又未便容得，如此無緣心廣而道積也。○自家猶不能快自家意，如何他人却能盡快我意？要在虚心以從善。○虚心順理，學者當守此四字。○聖人與理爲一是恰好，其它以心處這理，却是未熟，要將此心處理。○今人言道理説要平易，不知到那平易處極難，被那舊習纏繞，如何便擺脱得去？譬如作文一般，那箇新巧者易作，要平淡便難。然須還他新巧，然後造於平淡。又曰：自高險處移下平易處甚難。○學者當常令道理在胸中流轉。○今學者之於大道，其未及者，雖有遲鈍，却須終有到時。唯過之者，便不肯復回來耳。○師友之功，但能示之於始而正之於終爾。若中間二十分工夫，自用喫力去做，既有以喻之於始，又自勉之於中，又其後得人商量是正之，則所益厚矣。不爾，則亦何補於事？○或論人之資質，或長於此而短於彼。曰：只要長善救失。或曰：長善救失，不特教者當如此，人自爲學亦當如此。曰：然。○凡言誠實，都是合當做底事，不是説道誠實好了方去做，不誠實不好了方不做，自是合當誠實。○有一分心向裏，得一分力；有兩分心向裏，得兩分力。○世間萬事須臾變滅，皆不足置胸中。惟有窮理脩身，爲究竟法耳。○大凡人只合講明道理而謹守之，以無愧於天之所與者。若乃身外榮辱休戚，當一切聽命而已。○聖人千言萬語，只是要教人做人。○爲學只要至誠耐久，無有不得，不須別生計較，思前算後也。○爲學之要，只在著實操存，密切體認，自己身心上理會。切忌輕自表襮，引惹外人辯論，枉費酬應，分却向裏工夫。○人須打疊了心下閑思雜慮，如心中紛擾，雖求得道理也没頓處。須打疊了後，得一件方是一件，兩件方是兩件。○人固有終身爲善而自欺者，不特外面有，心中欲爲善而常有箇不肯底意思，便是自欺也。須是要打疊得盡。蓋意誠而後心可正，過得這一關後方可進。○學者須是培養，今不做培養工夫，如何窮得理？程子言：「動容貌，整思慮，則自生敬。敬只是主一也。」存此則自然天理明。又曰：整齊嚴肅則心便一，一則自是無非僻之干，此意但涵養久之，則天理自然明。今不曾做得此工夫，胸中膠擾駁雜，如何窮得理？一如他人不讀書，是不肯去窮理。今要窮理，又無持敬工夫。從陸子静學如揚敬仲輩，持守得亦好，若肯去窮理，須窮得分明。然他不肯讀書，只任一己私見，有似箇稊稗。今若不做培養工夫，便是五穀不熟，又不如稊稗也。○爲學之道更無他法，但能熟讀精思，久久自有見處。尊所聞，行所知，則久久自有至處。○書不記，熟讀可記。義不精，細思可精。唯有志不立，直是無著力處。只如而今貪利禄而不貪道義，要作貴人而不要作好人，皆是志不立之病。直須反復思量，究見病痛起處，勇猛奮躍，不復作此等人。❶一躍躍出，見得聖賢所説千言萬語，都無一字不是實語，方始立得此志。就此積累工夫，迤邐向上去，大有事在。○爲學之道無他，只是

❶「復」，原作「伏」，今據重修本改。

要理會得目前許多道理。世間事無大無小，皆有道理。如《中庸》所謂「率性之謂道」，也只是這箇道理。「道不可須臾離也」，只是這箇道理。見得是自家合當做底，便做將去；不當做底，斷不可做。只是如此。○爲學無許多事，只是要持守身心，研究道理，分别得是非善惡，直是「如好好色，如惡惡臭」，到這裏方是踏著實地，自住不得。○爲學當以存主爲先，而致知力行亦不可以偏廢。縱使已有一長，未可遽視以輕彼，而長其驕吝克伐之私，況其有無之實，又初未可定乎。凡日用間，知此一病而欲去之，則即此欲去之心，便是能去之藥。但當堅守，常自警覺，不必妄意推求，必欲舍此拙法而必求妙解也。○爲學之實固在踐履，苟徒知而不行，誠與不學無異。然欲行而未明於理，則所踐履者又未知其果何事也。故大學之道雖以誠意、正心爲本，而必以格物、致知爲先。所謂格物、致知，亦曰窮盡物理，使吾之知識無不精切而至到耳。夫天下之物莫不有理，而其精蘊則已具於聖賢之書，故必由是以求之。然欲其簡而易知，約而易守，則莫若《大學》《論語》《中庸》《孟子》之篇也。○學必貴於知道，而道非一聞可悟，一超可入也。循下學之則，加窮理之工，由淺而深，由近而遠，則庶乎其可矣。○自家既有此身，必有主宰，理會得主宰，然後隨自家力量窮理格物，而合做底事不可放過些子。因引程子言：「如行兵，當先做活計。」○主敬者，存心之要；而致知者，進學之功。二者交相發焉，則知日益明，守日益固，而舊習之非自將日改月化於冥冥之中矣。○講學貴於實見義理，要在熟讀精思，潛心玩味，不可貪多務得，搜獵敷衍，便爲究竟也。○爲學之要先須持己，然後分别義利兩字，令趨向不差，是大節目。其他隨力所及爲之，務在精審，而不貴於泛濫涉獵也。○聖賢之教不過博文約禮四字。博文則須多求博取，熟講而精擇之，乃可以浹洽而通貫。約禮則只敬之一字已是多了。日用之間，只以此兩端立定程課，不令間斷，則久之自有進步處矣。○問：横渠張氏云：「義理有疑，即濯去舊見，以來新意。」曰：此説甚當，最有理。若不濯去舊見，何處得新意來？今學者有二種病：一是主自家意思，一是舊有先入之説。雖欲擺脱，亦被他自來相尋。○看道理須要就那大處看，便前面開闊，不要就壁角裏地步窄，一步便觸，無去處了。而今且要看天理人欲，義利公私，分别得明，將自家日用底與他勘驗，須漸漸有見處，前頭漸漸開闊。那箇大壇場不去上面做，不去上面行，只管在壁角裏，縱理會得一句，只是一句透，道理小了。如《破斧》詩，須看那「周公東征，四國是皇」，見得周公用心始得。○天下無不可説底道理，如爲人謀而忠，朋友交而信，傳而習，亦都是眼前事，皆可説。只有一箇熟處説不得，除了熟之外，無不可説者。未熟時，頓放這裏又不穩帖，拈放那邊又不是。然終不成住了，也須從這裏更著力始得。到那熟處，頓放這邊也是，頓放那邊也是，七顛八倒無不是，所謂「居之安則資之深，資之深則左右逢其原」。譬如梨柹，生時酸澁喫不得，到熟後自是一般甘美。相去大遠，只在熟與不熟之間。○書有合講處，有不必講處。如主一處，定是如此了，不用講。只是便去下工夫，不要放肆，不要戲慢，整齊嚴肅，便是主一，便是敬。聖賢說話多方百面，須是如此說。但是我恁地說他箇無形無狀，去何處證驗？只去切己理會，此等事久自會得。○學則處事都是理，不學則看理便不恁地周匝，不恁地廣大，不恁地細密。然理亦不是外面硬生道理，只是自家固有之理。堯舜性之，此理元無失。湯武反之，已有些子失，但復其舊底，學只是復其舊底而已。蓋向也交割得來，今却失了，可不汲汲自脩而反之乎？此其所以爲急，不學則只是硬隄防，處事不見理，一向任私意，平時却也强勉去得，到臨事變便亂了。○爲學之道莫先於窮理，窮理之要必在於讀書，讀書之法莫貴於循序而致精，而致精之本則又在於居敬而持志，此不易之理也。夫天下之事莫不有理，爲君臣者有君臣之理，爲父子者有父子之理，爲夫婦、爲兄弟、爲朋友，以至於出入起居、應事接物之際，亦莫不各有理焉。有以窮之，則自君臣之大，以至事物之微，莫不知其所以然，與其所當然，而無纖芥之疑。善則從之，惡則去之，而無毫髮之累。此爲學所以莫先於窮理也。至論天下之理，則要妙精微，各有攸當，亘古亘今不可移易，唯古之聖人爲能盡之，而其所行所言，無不可爲天下後世不易之大法。其餘則順之者爲君子而吉，背之者爲小人而凶。吉之大者，則能保四海而可以爲法。凶之甚者，則不能保其身而可以爲戒。是其粲然之跡，必然之效，蓋莫不具於經訓史册之中。欲窮天下之理，而不即是而求之，則是正牆面而立爾。此窮理所以必在乎讀書也。若夫讀書則其不好之者，固怠忽間斷而無所成矣。其好之者又不免乎貪多而務廣，往往未啓其端，而遽已欲探其終，未究乎此，而忽已志在乎彼，是以雖復終日勤勞，不得休息而意緒忽忽，常若有所奔趨迫逐，而無從容涵泳之樂，是又安能深信自得，常久不厭，以異於彼之怠忽間斷而無所成者哉？孔子所謂欲速則不達，孟子所謂進鋭者退速，正謂此也。誠能鑑此而有以反之，則心潛於一，久而不移，而所讀之書文意接連，血脉貫通，自然漸漬浹洽，心與理會，而善之爲勸者深，惡之爲戒者切矣。此循序致精，所以爲讀書之法也。若夫致精之本，則在於心，而心之爲物，至虚至靈，神妙不測，常爲一身之主，以提萬事之綱，而不可有頃刻之不存者也。一不自覺，而馳騖飛揚，以徇物欲於軀殼之外，則一身無主，萬事無綱，雖其俯仰顧盻之間，蓋已不自覺其身之所在，而況能反覆聖言，參考事物，以求義理至當之歸乎？孔子所謂「君子不重則不威，學則不固」，孟子所謂「學問之道無他，求其放心而已矣」者，正謂此也。誠能嚴恭寅畏，常存此心，使其終日儼然，不爲物欲之所侵亂，則以之讀書，以之觀理，將無所往而不通。以之應事，以之接物，將無所處而不當矣。此居敬持志，所以爲讀書之本也。○生知之聖不待學而自至，若非生知，須要學問。學問之先，止是致知。所知果至，自然透徹，不患不進。問：知得須要踐履。曰：不真知得，如何踐履得？若是真知，自住不得，不可似他們只把來説過了。❶又問：今之言學者滿天下，家誦《中庸》《大學》《語》《孟》之書，人習《中庸》《大學》《語》《孟》之説，究觀其實，不惟應事接物與所學不相似，而其爲人舉足動步，全不類學者所爲。或做作些小氣象，或自治一等議論，專一欺人，此豈其學使然歟？抑踐履不至歟？抑所學之非歟？曰：此何足以言學。某與人説學問，止是説得大概，要人自去下工。譬如寶藏一般，其中至寶之物何所不有，某止能指與人説此處有寶，若不下工夫自去討，終不濟事。今人爲學多是爲名，不肯切己。○向見前輩有志於學，而性猶豫者，其内省甚深，下問甚切，然不肯沛然用力於日用間，是以終身抱不决之疑，此爲可戒而不可爲法也。○《與東萊吕氏書》曰：承喻整頓收斂，則入於著力，從容游泳，又墮於悠悠，此正學者之通患。然程子嘗曰：「亦須且自此去，到德盛後，自然左右逢其原。」今亦當且就整頓收斂處著力，但不可用意安排等候，即成病耳。○人看文字，多有淺迫之病。淺則於其文義多所不盡，迫故於其文理亦或不暇周悉。兼義理精微，縱横錯綜，各有意脉。今人多是見得一邊，便欲就此執定，盡廢他説。此乃古人所謂執德不弘者，非但讀書爲然也。要須識破此病，隨事省

❶「們」，原作「門」，今據重修本改。

察，庶幾可以深造而自得也。○横渠：「未能立心，惡思多之致疑。」此説甚好，便見有次序處。一云：事固當考索，然心未有主，却泛然理會不得。若是思慮紛然，趨向未定，未有箇主宰，如何地講學？○問：理有未窮，且只持敬否？曰：不消恁地説。持敬便只管持將去，窮理便只管窮將去。如説前面萬一有持不得、窮不得處，又去別生計較，這箇都是枉了思量，然亦只是不曾真箇持敬窮理。若是真箇曾持敬窮理，豈有此説？譬如出路，要乘轎便乘轎，要乘馬便乘馬，要行便行，都不消思量前面去不得時，又著如何，但當勇猛堅決向前，那裏要似公説居敬不得處又著如何，窮理不得處又著如何。古人所謂心堅石穿，蓋未嘗有箇不得底事。又曰：聖人之言本自直截，若裏面有屈曲處，聖人亦必説在上面。若上面無底，又何必思量從那屈曲處去，都是枉了工夫。○問：學者曰：「公今在此坐，是主静？是窮理？」久之未對。曰：便是公不曾做工夫。若不是主静，便是窮理，只有此二者。既不主静，又不窮理，便是心無所用，閑坐而已。如此做工夫，豈有長進之理？夫子嘗云：「造次必於是，顛沛必於是。」須是如此做工夫方得。公等每日只是閑用心，問閑事，説閑話底時節多；問要緊事，究竟自己事底時節少。若是真箇做工夫底人，他自是無閑工夫説閑話，問閑事。聖人言語有幾多緊要大節目，都不曾理會，小者固不可不理會，然大者尤緊要。○日用之間，隨時隨處提撕此心，勿令放逸，而於其中隨事觀理，講求思索，沈潛反復，庶於聖賢之教漸有默相契處，則自然見得天道性命真不外乎此身。而吾之所謂學者，舍是無有別用力處。○人無英氣，固安於卑陋而不足以語上。其或有之而無以制之，則又反爲所使，而不肯遜志於學，此學者之通患也。所以古人設教，自洒掃應對進退之節，禮樂射御書數之文，必皆使之抑心下首，以從事於其間而不敢忽，然後可以消磨其飛揚倔强之氣，而爲入德之階。今既皆無此矣，則唯有讀書一事，尚可以爲攝伏身心之助，然不循序而致謹焉，則亦未有益也。○主一之功，固須常切提撕，不令間斷；窮理之事，又在細心耐煩。將聖賢遺書從頭循序，就平實明白處玩味，不須貪多，但要詳熟，自然見得意緒。○讀書固不可廢，然亦須以主敬立志爲先，方可就此田地上推尋義理，見諸行事。若平居泛然，略無存養之功，又無實踐之志，而但欲曉解文義，説得分明，則雖盡通諸經，不錯一字，亦何所益？況又未必能通而不誤乎！○學問根本在日用間持敬集義功夫，直是要得念念省察，讀書求義，乃其間之一事耳。近日學者之弊，苦其説之太高太多。如此只見意緒叢雜，都無玩味工夫，不唯失却聖賢本意，亦分却日用實功，不可不戒也。○窮理涵養要當並進。蓋非稍有所知，無以致涵養之功；非深有所存，無以盡義理之奥。正當交相爲用，而各致其功耳。○今之學者不知古人爲己之意，不以讀書治己爲先，而急於聞道，是以文勝其質，言浮於行，而終不知所底止也。○讀書須嚴立課程，思慮亦不可過苦，但虛心游意，時時玩索，久之當自見縫罅意味。持守亦不必著意安排，但亦只且如此從容，纔覺放慢，即便提撕，即自常在此矣。○學者須虚心涵泳，未要生説，却且就日用間實下持敬工夫，求取放心，然後却看自家本性元是善與不善，自家與堯舜元是同與不同。若信得及，意思自然開明，持守亦不費力矣。○問：君子無終食之間違仁，不但終食之間而已也，雖造次必於是；不但造次而已也，雖顛沛必於是。蓋欲此心無頃刻須臾之間斷也，及稱顔子則曰「三月不違」，於衆人則曰「日月至焉」而已。今學者於日月至焉，且茫然不知其所謂，況其上者乎？克己工夫要當自日月至焉推而上之，至終食之間，以至造次、至顛沛，一節密一節去，庶幾持養純熟，而三月不違可學而至。不學則已，欲學聖人則純亦不已，此其進步之階歟？曰：下學之功誠當如此，其資質之高明者自應不在此限，但我未之見耳。○爲學雖有階漸，然合下立志，亦須略見義理大概規模。於自己方寸間，若有箇惕然愧懼、奮然勇決之志，然後可以加之討論玩索之功，存養省察之力，而期於有得。夫子所謂志學，所謂發憤，政爲此也。若但悠悠泛泛，無箇發端下手處，而便謂可以如此平做將去，則恐所謂莊敬持養、必有事焉者，亦且若存若亡，徒勞把捉，而無精明的確、親切至到之効也。○人之爲學當知其何所爲而爲學，又知其何所事而可以爲學，然後循其次第，勉勉而用力焉。必使此心之外更無異念，而舊習之能否，世俗之毁譽，身計之通塞，自無一豪入於其心，然後乃可幾耳。○道之體用雖極淵微，而聖賢言之則甚明白。學者誠能虛心静慮，而隨以求之日用躬行之實，則其規模之廣大，曲折之詳細，固當有以得之燕閒静一之中，其味雖淡而實腴，其旨雖淺而實深矣。然其所以求之者，不難於求而難於養。故程夫子之言曰：「學莫先於致知，然未有能致知而不在敬者。」而邵康節之告章子厚曰：「以君之材，於吾之學頃刻可盡，但須相從林下一二十年，使塵慮銷散，胸中豁豁無一事，乃可相授。」正爲此也。○爲學工夫不在日用之外，檢身則動静語默，居家則事親事長，窮理則讀書講義，大抵只要分别一箇是非，而去彼取此耳，無他玄妙之可言也。論其至近至易，則即今便可用力；論其至急至切，則即今便當用力。莫更遲疑，且隨深淺，用一日之力，便有一日之効。致有疑處，方好尋人商量，則其長進通達不可量矣。若即今全不下手，必待他日遠求師友，然後用力，則目下蹉過却合做底親切工夫，虛度了難得底少壯時節，正使他日得聖賢而師之，亦無積累憑藉之資可受鉗鎚，未必能真有益也。○夫義利之間，所差毫末，而舜跖之歸異焉。是以在昔君子之爲學也，莊敬涵養以立其本，而講於義理以發明之，則其口之所誦也有正業，而心之所處也有常分矣。至於希世取寵之事，不惟有所愧而不敢，實亦有所急而不暇焉。○問：致知以明之，持敬以養之，此學之要也。不致知則難於持敬，不持敬亦無以致知。曰：二者交相爲用，固如此。然亦當各致其力，不可恃此而責彼也。○大抵思索義理到紛亂窒塞處，須是一切掃去，放教胸中空蕩蕩地了，却舉起一看，便自覺得有下落處。此説向見李先生曾説來，今日方真實驗得如此，非虚語也。○天下之物，無一物不具天理，是以聖門之學，下學之序，始於格物以致其知，不離乎日用事物之間。别其是非，審其可否，由是精義入神以致其用。其間曲折纖悉，各有次序，而一以貫通，無分段，❶無時節，無方所。以爲精也，而不離乎粗；以爲末也，而不離乎本。必也優游潛玩，饜飫而自得之，然後爲至。固不可以自畫而緩，亦不可以欲速而急。譬如草木自萌芽生長，以至於枝葉華實，不待其日至之時，而揠焉以助之長，豈不無益而反害之哉？○人之所以爲學者，以吾之心未若聖人之心故也。心未能若聖人之心，是以燭理未明，無所準則，隨其所好，高者過，卑者不及，而不自知其爲過且不及也。若吾之心即與天地聖人之心無異矣，則尚何學之爲哉？故學者必因先達之言，以求聖人之意；因聖人之意，以達天地之理。求之自淺以及深，至之自近而及遠，循循有序，而不可以欲速迫切之心求也。夫如是，是以浸漸經歷，審熟詳明，而無躐等空言之弊，馴致其極，然後吾心得正，天地聖人之心不外是焉。非固欲畫於淺近而忘深遠，舍吾心以求聖人之心，棄吾説以徇先儒之説也。○鄉道之勤，衛道之切，不若求其所謂道者，而脩

❶「段」，四庫本作「限」。

之於己之爲本。用力於文詞，不若窮經觀史以求義理，而措諸事業之爲實也。蓋人有是身，則其秉彝之則初不在外。與其鄉往於人，孰若反求諸己？與其以口舌馳説而欲其得行於世，孰若得之於己而一聽其用舍於天耶？至於文詞，一小伎耳。以言乎邇，則不足以治己；以言乎遠，則無以治人。是亦何所與於人心之存亡，世道之隆替，而校其利害，勤懇反復，至於連篇累牘而不厭耶？〇爲學之序，必先成己，然後可以成物。此心此理元無間斷虧欠，聖賢遺訓具在方册。若果有意，何用遲疑等待，何用準擬安排，只從今日爲始，隨處提撕，隨處收拾，隨時體究，隨事討論。但使一日之間整頓得三五次，理會得三五事，則日積月累，自然純熟，自然光明矣。若只如此立得箇題目頓在面前，又却低徊前却，不肯果決向前，真實下手，則悠悠歲月豈肯待人，恐不免但爲自欺自誣之流，而終無得力可恃之地也。〇觀浮圖者，仰首注視而高談，不若俯首歷階而漸進。蓋觀於外者，雖足以識其崇高鉅麗之爲美，孰若入於其中者能使真爲我有，而又可以深察其層累結架之所由哉？自今而言，聖賢之言具在方册，其所以幸教天下後世者，固已不遺餘力。而近世一二先覺又爲之指其門户，表其梯級，而後學者由是而之焉，宜亦甚易而無難矣。而有志焉者或不能以有所至，病在一觀其外，粗覘彷彿，而便謂吾已見之，遂無復入於其中，以爲真有而力究之討。此所以驟而語之雖知可悦，而無以深得其味，遂至半途而廢，而卒不能以有成耳。〇問：今之學者不是忘，便是助長。曰：這只是見理不明耳。理是自家固有底，從中而出，如何忘得？使他見之之明，如饑而必食，渴而必飲，則何忘之有？如食而至於飽則止，飲而至於滿腹則止，又何助長之有？此皆是見理不明之病。○問：工夫有間斷，亦是氣質之偏使然。曰：固是氣質，然大患是不子細。嘗謂今人讀書得如漢儒亦好，漢儒各專一家，看得極子細。今人纔看這一件，又要看那一件，下梢都不曾理會得。○今須先正路頭，明辨爲己、爲人之别，直見得透，却旋旋下工夫，則思慮自通，知識自明，踐履自正，積日累月，漸漸熟，漸漸自然。若見不透，路頭錯了，則讀書雖多，爲文日工，終做事不得。○自天降衷，萬理皆具，仁義禮智，君臣、父子、兄弟、朋友、夫婦，自家一身都擔在這裏，須是理會了，體認教一一周足，略欠闕些子不得。須要緩心，直要理會教盡。須是大作規模，闊開其基，廣闢其地，少間到逐處，即看逐處都有頓放處。日用之間，只在這許多道理裏面轉，更無些子空闕處。堯、舜、禹、湯也只是這道理。○大凡學問不可只理會一端，聖賢千言萬語，看得雖似紛擾，然却都是這一箇道理。而今只就緊要處做固好，然别箇也須一一理會，湊得這一箇道理都一般方得。天下事硬就一箇做，終是做不成。如莊子説：「風之積也不厚，則其負大翼也無力。」須是理會得多，方始襯簟得起。且如籩豆之事，各有司存，非是説籩豆之事置之度外，不用理會。「動容貌」三句，亦只是三句是自家緊要合做底。籩豆是付與有司做底，其事爲輕。而今只理會三句，籩豆之事都不理會，萬一被有司喚籩做豆，若不曾曉得，便被他瞞。所以《中庸》先説箇博學之，孟子曰博學而詳説之。且看孔子雖曰生知，是事去問人，若問禮、問喪於老聃之類甚多。只如官名不曉得，莫也無害，聖人亦汲汲去問郯子。蓋是我不識底，須是去問人始得。因説南軒《洙泗言仁》編得亦未是。聖人説仁處固是仁，然不説處不成非仁。天下只有箇道理，聖人説許多説話，都要理會，豈可只去理會説仁處，不説仁處便掉了不管？○問：如古人詠歌舞蹈到動盪血脉、流通精神處，今既無之，專靠義理去研究，恐難得悦樂，不知如何？曰：只是看得未熟耳。若熟看，待浹洽則悦矣。而今且放置閑事，不要閑思量，只專心去玩味義理，便會心精，心精便會熟。涵養當用敬，進學則在致知。無事時，且存養在這裏，提撕警覺，不要放肆，到那講習應接，便當思量義理，用義理做將去。無事時，便著存養收拾此心。○問：爲學工夫，以何爲先？曰：亦不過如前所説，專在人自立志。既知這道理，辦得堅固心，一味向前，何患不進？只患立志不堅，只恁聽人言語，看人文字，終是無得於己。或云：須是做工夫，方覺言語有益。曰：别人言語亦當子細窮究。孟子説：「我知言，我善養吾浩然之氣。」知言便是窮理，别人言語，他自邪説，何與我事？被他謾過，理會不得，便有陷溺。所謂生於其心，害於其政；作於其政，害於其事。蓋謂此也。○問：講學須當志其遠者、大者。曰：固是，然細微處亦須研窮。

若細微處不研窮，所謂遠者、大者，只是揣作一頭詭怪之語，果何益？須是知其大小，測其淺深，又别其輕重。因問：平時讀書，因見先生説，乃知只得一模樣耳。曰：模樣亦未易得，恐只是識文句。○問：未知學問，知有人欲，不知有天理。既知學問，則克己工夫有著力處，然應事接物之際，苟失存主，則心不在焉。及既知覺，已爲間斷，故因天理發見，而收合善端，便成片段，雖承見教如此，而工夫最難。曰：此亦學者常理，雖顔子亦不能無間斷。正要常常點檢，力加持守，使動静如一，則工夫自然接續。○學問無賢愚，無大小，無貴賤，自是人合理會底事。且如聖賢不生，無許多書册，無許多發明，不成不去理會，也只當理會。今有聖賢言語，有許多文字，却不去做，師友只是發明得，人若不自向前，師友如何著得力？○問所觀書，滕璘以讀《告子》篇對。曰：古人興於詩，詩可以興。又曰：雖無文王猶興，人須要奮發興起必爲之心，爲學方有端緒。古人以詩吟詠起發善心，今既不能曉古詩。某以爲《告子》篇諸處，讀之可以興發人善心者，故勸人讀之。且如「理義之悦我心，猶芻豢之悦我口」，讀此句，須知義理可以悦我心否？果如芻豢悦口否？方是得。璘謂：理義悦心，亦是臨事見得此事合理義，自然悦懌。曰：今則終日無事，不成便廢了理義？便無悦處？如讀古人書，見其事合理義，思量古人行事，與吾今所思慮欲爲之事。纔見得合理義，則自悦；纔見不合理義，自有羞愧憤悶之心。不須一一臨事時看。○問：程子云：

「且省外事，但明乎善，唯進誠心。」只是教人鞭辟近裏，切謂明善是致知，誠心是誠意否？曰：知至即便意誠，善纔明，誠心便進。又問：其文章雖不中不遠矣，便是應那省外事一句否？曰：然。外事所可省者，即省之；所不可省者，亦强省不得。善只是那每事之至理，文章是威儀制度，所守不約，汎濫無功，説得極切。這般處只管將來玩味，則道理自然都見。○問：爲學大端。曰：且如士人應舉，是要做官，故其工夫勇猛，念念不忘，竟能有成。若爲學須立箇標準，我要如何爲學，此志念念不忘，工夫自進。蓋人以眇然之身與天地並立而爲三，常思我以血氣之身如何配得天地，且天地之所以與我者，色色周備，人自污壞了。因舉「萬物皆備於我，反身而誠，樂莫大焉」一章，今之爲學須是求復其初，求全天之所以與我者始得。若要全天之所以與我者，便須以聖賢爲標準，直做到聖賢地位，方是全得本來之物而不失。如此，則工夫自然勇猛；臨事觀書，常有此意，自然接續。若無求復其初之志，無必爲聖賢之心，只見因循荒廢了。○學問只要理會一箇道理，天生烝民，有物有則，有一箇物，便有一箇道理。所以大學之道，教人去事物上逐一理會得箇道理。若理會一件未得，直須反覆推究研窮，行也思量，坐也思量，早上思量不得，晚間又把出思量，晚間思量不得，明日又思量。如此，豈有不得底道理？若只略略地思量，思量不得便掉了，如此，千年也理會不得。○問：人固欲事事物物理會，然精力有限，不解一一都理會得。曰：

固有做不盡底，但立一箇綱程，不可先自放倒也。須静着心，實著意，沉潛反覆，終久自曉得去。○問：人之思慮有邪有正，若是大段邪僻之思，却容易制，惟是許多無頭面不緊要底思慮，不知何以制之？曰：此亦無他，只是覺得不當思量底，便莫要思，便從脚下做將去，久久純熟，自然無此等思慮矣。譬如人坐不定者，兩脚常要行，但纔要行時，便自省覺莫要行，久久純熟，亦自然不要行而坐得定矣。前輩有欲澄治思慮者，於坐處置兩器，每起一善念，則投白豆一粒於器中，每起一惡念，則投黑豆一粒於器中。初時黑豆多，白豆少，後白豆多，黑豆少，後來遂不復有黑豆，最後則雖白豆亦無之矣。然此只是箇死法，若更加以讀書窮理底工夫，則去那般不正當底思慮，何難之有？又如人有喜做不要緊事，如寫字作詩之屬，初時念念要做，更遏捺不得。若能將聖賢言語來玩味，見得義理分曉，則漸漸覺得此重彼輕，久久不知不覺，自然剥落消殞去。何必横生一念，要得别尋一捷徑，盡去了意見，然後能如此。此皆是不奈煩去脩治他一箇身心了，作此見解。譬如人做官，則當至誠去做職業，却不奈煩去做，須要尋箇倖門去鑽，道鑽得這裏透時，便可以超躐將去。今欲去意見者，皆是這箇心。學者但當就意見上分真妄，存其真者，去其妄者而已。若不問真妄，盡欲除之，所以游游蕩蕩，虚度光陰，都無下工夫處。因舉《中庸》曰：「喜怒哀樂未發謂之中，發而皆中節謂之和。中也者，天下之大本；和也者，天下之達道。致中和，天地位焉，萬物育焉。」只如喜怒哀樂，皆人之所不能無者，如何要去得？　只是要發而中節爾。　所謂致中，如孟子之求放心與存心養性是也。　所謂致和，如孟子論平旦之氣與充廣其仁義之心是也。今却不奈煩去做這樣工夫，只管要求捷徑去意見，只恐所謂去意見者，正未免爲意見也。聖人教人如一條大路，平平正正，自此直去，可以到聖賢地位。　只是要人做得徹，做得徹時，也不大驚小怪，只是私意剥落浄盡，純是天理融明爾。　又曰：興於詩，立於禮，成於樂，聖人做出這一件物事來，使學者聞之，自然歡喜，情願上這一條路去，四方八面攛掇他去這路上行。　又曰：所謂致中者，非但只是在中而已，纔有些子偏倚便不可，須是常在那中心十字上立，方是致中。　譬如射，雖射中紅心，然在紅心邊側亦未當，須是正當紅心之中，乃爲中也。　輔廣云：此非常存戒謹恐懼底工夫不可。　曰：固是。　只是箇戒謹恐懼便是工夫。又曰：博我以文，約我以禮，聖門教人只此兩事，須是互相發明。　約禮底工夫深，則博文底工夫愈明；博文底工夫至，則約禮底工夫愈密。　〇學者最怕因循，莫説道一下便要做成，今日知得一事亦得，行得一事亦得，只不要間斷，積累之久，自解做得徹去。　若有疑處，且須自去思量，不要倚靠人，道待去問他，若無人可問時，不成便休也？　人若除得箇倚靠人底心，學也須會進。　〇人説道頓段做工夫，亦難得頓段工夫。　莫説道今日做未得，且待來日做。　若做得一事，便是一事工夫。　若理會得這些子，便有這些子工夫。　若見處有積累，則見處自然貫通。若存養處有積累，則存養自然透徹。○問：横渠言「得尺守尺，得寸守寸」，先生却云「須放寬地步」，如何？曰：只是且放寬看將去，不要守殺了。横渠説自好，但如今日所論，却是大局促了。○問：動容周旋，未能中禮，於應事接物之間，未免有礙理處，如何？曰：只此便是學。但能於應酬之頃，逐一點檢，使一一合於理，久久自能中禮也。○語萬人傑曰：平日工夫須是做到極時，四邊皆黑，無路可入，方是有長進處，大疑則可大進。若自覺有些長進，便道我已到了，是未足以爲大進也。顔子「仰高鑽堅，瞻前忽後」，及至「雖欲從之，末由也已」，直是無去處了。至此可以語進矣。○洪慶將歸，先生召入與語曰：此去且存養，要這箇道理分明，常在這裏，久自有覺，覺後自是，此物洞然通貫圓轉。乃舉孟子求放心、操則存兩節，及明道語録中聖賢教人千言萬語、下學上達一條云：自古聖賢教人，也只就這理上用功。所謂放心者，不是走作向别處去。蓋一瞬目間便不見，纔覺得便又在面前，不是苦難收拾，公且自去提撕便見得。又曰：如今要下工夫，且須端莊存養，獨觀昭曠之原，不須枉費工夫鑽紙上語。待存養得此中昭明洞達，自覺無許多窒礙，恁時方取文字來看，則自然有意味，道理自然透徹，遇事時自然迎刃而解，皆無許多病痛。此等語不欲對諸人説，恐他不肯去看文字，又不實了。且教他看文字，撞來撞去，將來自有撞著處。○爲學之道，須先存得這箇道理，方可講究。若居處必恭，執事必敬，與人必忠，要如顏子直須就視聽言動上警戒到復禮處，仲弓出門如見大賓，使民如承大祭，是無時而不主敬。如今亦不須較量顏子、仲弓如何會如此，只將他那事就自家切己處便做他底工夫，然後有益。又曰：爲學之道如人耕種一般，先須辨了一片地在這裏了，方可在上耕種。今却就別人地上鋪排許多種作底物色，這田地元不是我底。又如人作商，亦須先安排許多財本，方可運動，若財本不贍，則運動未得。到論道處，如說水，只說是冷，不能以不熱字說得；如說湯，只說是熱，不能以不冷字說得。又如飲食，喫著酸底便知是酸底，喫著鹹底便知是鹹底，始得。○今學者不會看文字，多是先立私意，自主張己說，只借聖人言語做起頭，便自把己意接說將去。病痛專在這上，不可不戒。○問：治心脩身之要，以爲雖知事理之當爲，而念慮之間，多與日間所講論者相違。曰：且旋恁地做去。只是如今且說箇熟字，這熟字如何便得到這地位？到得熟地位，自有忽然不可知處，不是被你硬要得，直是不知不覺得如此。○問：學者忌先立標準如何？曰：如「必有事焉，而勿正」之謂。而今雖道是要學聖人，亦且從下頭做將去。若日日恁地比較也不得。雖則是曰：「舜何人也？予何人也？」若只管將來比較，不去做工夫，又何益？

性理大全書卷之四十五

學 三

總論爲學之方

朱子曰：爲學之道，聖經賢傳所以告人者，已竭盡而無餘，不過欲人存此一心，使自家身有主宰。今人馳騖紛擾，一箇心都不在軀殼裏。孟子曰：「學問之道無他，求其放心而已。」又曰：「存其心，養其性，所以事天也。」學者須要識此。○涵養工夫，如一粒菜子中間含許多生意，亦須是培壅澆灌方得成，不成説道有那種子在此，只待他自然生根生苗去。若只見道理如此，便要受用去，則一日止如一日，一年止如一年，不會長進。正如菜子無糞去培壅，無水去澆灌。也須是更將《語》《孟》《中庸》《大學》中道理來涵養。○人之爲學，惟患不自知其所不足；既知之，則亦即此而加勉焉耳。爲仁由己，豈他人所能與？惟讀書窮理之功，不可不講也。○涵養、致知、力行三者，便是以涵養做頭，致知次之，力行次之。不涵養則無主宰，如做事須用人，纔放下或困睡，這事便無人做主，都由别人，不由自家。既涵養又須致知，既致知又須力行。若致知而不力行，與不知同。亦須一時並了，非謂今日涵養，明日致知，後日力行也。要當皆以敬爲本，敬却不是將來做一箇事，今人多先安一箇敬字在這裏，如何做得？敬只是提起這心，莫教放散，恁地則心便自明。這裏便窮理格物，見得當如此便是，不當如此便不是，既見了便行將去。今且將《大學》來讀，便見爲學次第，初無許多屈曲。又曰：某於《大學》中所以力言《小學》者，以古人於《小學》中已自把捉成了，故於大學之道無所不可。今人既無小學之功，却當以敬爲本。○問：程子云「看雞雛可以觀仁」，如何？曰：既通道理後，這般箇久久自知之。《記》曰：「善問者如攻堅木，先其易者，後其節目。」所以游先生問「陰陽不測之謂神」，而程子問之曰：「公是揀難底問，是疑後問。」故昨日與公説，讀書須看一句後又看一句，讀一章後又讀一章，格物須格一物後又格一物，見這箇物事道理既多，則難者道理自然識得。童蜚卿曰：程子謂「近思只是比類推去」。曰：程子説得推字極好。又曰：比類莫是比這一箇意思推去否？曰：固是。如爲子則當止於孝，爲臣則當止於忠，自此節節推去，然只一愛字雖出於孝，畢竟千頭萬緒，皆當推去須得。○人之爲學，五常百行，豈能盡常常記得？人之性，惟五常爲大；五常之中，仁尤爲大。而人之所以爲是仁者，又但當守敬之一字。只是常求放心，晝夜相承，只管提撕，莫令廢惰，則雖不能常常盡記衆理，而義禮智信之用，自然隨其事之當然而發見矣。子細思之，學者最是此一事爲要，所以孔門只是教人求仁也。○爲學無許多事，只是要持守身心，研究道理，分別得是非善惡，直是如好好色，如惡惡臭，到這裏方是踏著實地，自住不得。○問：持敬豈不欲純一於敬，然自有不敬之念固欲與己相反，愈制則愈甚。或謂只自持敬，雖念慮妄發莫管他，久將自定。還如此得否？曰：要之邪正本不對立，但恐自家胸中無箇主，若有主，邪自不能入。又問：不敬之念非出於本心，如忿慾之萌，學者固當自克，雖聖賢亦無如之何。至於思慮妄發，欲制之而不能。曰：纔覺恁地，自家便挈起了，但莫先去防他。然此只是自家見理不透，做主不定，所以如此。《大學》曰：「物格而後知至，知至而後意誠。」纔意誠，則自然無此病。○爲學大要只在求放心，此心流濫無所收拾，將甚處做管轄處？其他用工總閑慢。須先就自心上立得定決不雜，則自然光明四達，照用有餘。凡所謂是非美惡，亦不難辨。況天理人欲決不兩立，須得全在天理上行，方見人欲消盡，義之與利不待分辨而明。至若所謂利者，凡有分毫求自利便處皆是，便與克去，不待顯著方謂之利。此心須令純純只在一處，不可令有外事參雜，遇事而發，合道理處，便與果決行去，勿顧慮。若臨事見義，方復遲疑，則又非也。仍須勤勤把將做事，不可俄頃放寬，日日時時如此，便須見驗。人之精神，習久自成。大凡人心若勤緊收拾，莫令寬縱逐物，安有不得其正者？若真箇提得緊，雖半月見驗可也。

○凡看文字，非是要理會文字，正要理會自家性分上事。學者須要主一，主一常要心存在這裏，方可做工夫。如人須尋箇屋子住，至於爲農工商賈，方惟其所之。主者無箇屋子，如小人趁得百錢，亦無歸宿。孟子説求其放心，已是兩截。如常知得心存這裏，則心自不放。又云：無事時須要知得此心，不知此心，恰似睡困，都不濟事。今看文字，又理會理義不出，亦只緣主一工夫欠闕。

○學者若不爲己，看做甚事都只是爲別人，雖做得好，亦不關己。自家去從師，也不是要理會身己；自家去取友，也不是要理會身己。只是漫恁地，只是要人説道也曾如此，要人説道好，自家又識得甚麽人？自家又有幾箇朋友，這都是徒然。説道看道理，不曾著自家身己，如何會曉得？世上如此爲學者多。只看爲己底是如何，他直是苦切，事事都是自家合做底事，如此方可，不如此定是不可。今有人苦學者，他因甚恁地苦？只爲見這物事是自家合做底事。如人喫飯，是自家肚饑，定是要喫。又如人做家主要錢使，在外面百方做計，壹錢也要將歸。這是爲甚如此，只爲自家身上事。若如此爲學，如何會無所得？

○學問之功，無內外身心之間，無粗細隱顯之分。初時且要大綱持守，勿令放逸而常切提撕，漸加嚴密。更讀聖賢之書，逐句逐字，一一理會，從頭至尾，不要揀擇。如此久之，自當見得分明，守得純熟矣。

○學道做工夫，須是奮厲警發，悵然如有所失，不尋得則不休。如自家有一大光明寶藏，被人偷將去，此心還肯放捨否？定是去追捕尋捉，得了方休，做工夫亦須如此。○或問：理會應變處。曰：今且當理會常，未要理會變。常底許多道理未能理會得盡，如何便要理會變？聖賢説話，許多道理平鋪在那裏，且要闊著心胸平去看，通透後自能應變。不是硬捉定一物，便要討常，便要討變。今也須如僧家行脚，接四方之賢士，察四方之事情，覽山川之形勢，觀古今興亡治亂得失之迹，這道理方見得周徧。士而懷居，不足以爲士矣。不是塊然守定這物事在一室，關門獨坐便了，便可以爲聖賢。自古無不曉事情底聖賢，亦無不通變底聖賢，亦無關門獨坐底聖賢。聖賢無所不通，無所不能，那箇事理會不得？如《中庸》天下國家有九經，便要理會許多物事。如武王訪箕子陳洪範，自身之視聽言貌思，極至於天人之際，以人事則有八政，以天時則有五紀，稽之於卜筮，驗之於庶徵，無所不備。如《周禮》一部書，載周公許多經國制度，那裏便有國家當自家做，只是古聖賢許多規模大體也要識。蓋這道理無所不該，無所不在。且如禮樂射御書數，許多周旋升降文章品節之繁，豈有妙道精義在？只是也要理會。理會得熟時，道理便在上面。又如律曆刑法、天文地理、軍旅官職之類，都要理會。雖未能洞究其精微，然也要識箇規模大概，道理方浹洽通透。若只守箇些子捉定在這裏，把許多都做閑事，便都無事了，如此只理會得門内事，門外事便了不得。所以聖人教人要博學，須是「博學之，審問之，慎思之，明辯之，篤行之」。子曰：「我非生而知之者，好古敏以求之者也。」文武之道布在方册，在人。賢者識其大者，不賢者識其小者。夫子焉不學，而亦何常師之有？聖人雖是生知，然也事事理會過，無一之不講。這道理不是只就一件事上理會見得便了，學時無所不學，理會時却是逐件上理會去。凡事雖未理會得詳密，亦有箇大要處，縱詳密處未曉得，而大要處已被自家見了。今只就一綫上窺見天理，便説天理只恁地了，便要去通那萬事，不知如何得？萃百物然後觀化工之神，聚衆材然後知作室之用。於一事一義上欲窺聖人之用心，非上智不能也，須開心胸去理會。天理大，所包得亦大。且如五常之教，自家而言，只有箇父子夫婦兄弟，纔出外便有朋友，朋友之中事已煞多。及身有一官，君臣之分便定。這裏面又煞多事，事事都合講過。他人未做工夫底，亦不敢向他説。如吾友於己分上已自見得，若不説與公，又可惜了。他人於己分上不曾見得，泛而觀萬事，固是不得。而今已有箇本領，却只捉定這些子便了，也不得。如今只道是持敬收拾身心，日用要合道理無差失，此固是好，然出而應天下事，應這事得時，應那事又不得。學之大本，《中庸》《大學》已説盡了。《大學》首便説格物致知，爲甚要格物致知？便是要無所不格，無所不知。物格知至，方能意誠心正身脩，推而至於家齊國治天下平，自然滔滔去都無障礙。○古人學問只是爲己而已，聖賢教人具有倫理，學問是人合理會底事，學者須是切己方有所得。今人知爲學者，聽人説一席好話，亦解開悟，到切己工夫却全不曾做，所以悠悠歲月無可理會。若使切己下工，聖賢言語雖散在諸書，自有箇通貫道理，須實有見處，自然休歇不得。今人事無小大，皆潦草過了。❶只如讀書一事，頭邊看得兩段，便揭過後面，或看得一二段，或看得三五行，殊不曾子細理會，如何會有益？○爲學大端在於求復性命之本，然求造聖賢之極致，須是便立志如此，便做去始得。若曰「我之志只是要做箇好人，識些道理便休」，宜乎工夫不進，日夕漸漸消靡。今須思量天之所以與我者，必須是光明正大，必不應只如此而止，就自家性分上儘做得去，不到聖賢地位不休。如此立志，自是歇不住，自是儘有工夫可做。如顏子之欲罷不能，如小人之孳孳爲利，念念自不忘。若不立志，終不得力。因舉程子云「學者爲氣所勝，習所奪，只可責志」。又舉云「立志以定其本，居敬以持其志」。此是五峰議論好處。又舉「士尚志」，何謂尚志？曰仁義而已矣。又舉「舜爲法於天下，可傳於後世，我猶未免爲鄉人也，是則可憂也」。憂之如何？如舜而已矣。又舉「三軍可奪帥，匹夫不可奪志也」。如孔門亦有不能立志者，如冉求「非不説子之道，力不足也」是也。所以其後志於聚斂，無足怪。○問：下學與上達固相對是兩事，然下學却當大段多著工夫。曰：聖賢教人多説下學

❶「潦」，原作「老」，今據重修本改。

事，少説上達事。説下學工夫要多也好，但只理會下學又局促了。須事事理會過，將來也要知箇貫通處。不去理會下學，只理會上達，即都無事可做，恐孤單枯燥。程先生云：「但是自然，更無玩索。」既是自然，便都無可理會了。譬如耕田，須是種下種子，便去耘鋤灌溉，然後到那熟處。而今只想像那熟處，却不曾下得種子，如何會熟？如一以貫之，是聖人論到極處了，而今只去想像那一，不去理會那貫，譬如討一條錢索在此，都無錢可穿。又問：爲學工夫大概在身則有箇心，心之體爲性，心之用爲情。外則目視耳聽，手持足履，在事則自事親事長，以至於待人接物，洒掃應對，飲食寢處，件件都是合做工夫處。聖賢千言萬語，便只是其中細碎條目。曰：講論時是如此講論，做工夫時須是著實去做。道理聖人都説盡了，《論語》中有許多，《詩》《書》中有許多，須是一一與理會過方得。程先生謂「或讀書講明道義，或論古今人物而别其是非，或應接事物而處其當否」。如何而爲孝？如何而爲忠？以至天地之所以高厚，一物之所以然，都逐一理會，不只是箇一便都了。又問：下學莫只是就切近處求否？曰：也不須恁地揀，事到面前便與他理會。且如讀書，讀第一章便與他理會第一章，讀第二章便與他理會第二章，今日撞著這事便與他理會這事，明日撞著那事便理會那事。萬事只是一理，不成只揀大底、要底理會，其他都不管。譬如海水，一灣一曲，一洲一渚，無非海水，不成道大底是海水，小底不是。程先生云：「窮理者，非謂必盡窮天下之理，又非謂止窮得一理便到。但積累多後，自當脱然有悟處。」又曰：「自一身之中以至萬物之理，理會得多，自當豁然有箇覺處。」今人務博者却要盡窮天下之理，務約者又謂反身而誠，則天下之物無不在我，此皆不是。且如一百件事，理會得五六十件了，這三四十件雖未理會，也大概可曉了。○問：爲學道理日用間做工夫，所以要步步縝密者，蓋緣天理流行乎日用之間，千條萬緒無所不在，故不容有所欠缺。若工夫有所欠缺，便於天理不湊得著。曰：也是如此。理只在事物之中。做工夫須是密，然亦須是那踈處斂向密，又就那密處展放開。若只拘要那縝密處，又却局促了。問：放開底樣子如何？曰：亦只是見得天理是如此，人欲是如此，便做將去。或云：無時不戒謹恐懼，則天理無時而不流行；有時而不戒謹恐懼，則天理有時而不流行。此語如何？曰：不如此也不得，然也不須得將戒謹恐懼説得太重，也不是恁地驚恐。只是常常提撕認得這物事，常常存得不失。今人只見他説得此四箇字重，便作臨事驚恐看了。如臨深淵，如履薄冰，曾子也只是順這道理常常恁地把捉去。一云：恁地兢謹把捉去，不成便恁地驚恐，學問只是要此心常存。若不用戒謹恐懼，而此理常流通者，惟天地與聖人耳。聖人不勉而中，不思而得，從容中道，亦只是此心常存，理常明，故能如此。賢人所以異於聖人，衆人所以異於賢人，亦只争這些子境界存與不存而已。嘗謂人無有極則處，❶便是堯舜周孔，不成説我是從容中道，不要去戒謹恐懼，那工夫亦自未嘗得息。子思説尊德性，又却説道問學；致廣大，又却説盡精微；極高明，又却説道中庸；温故，又却説知新；敦厚，又却説崇禮。這五句是爲學用工精粗全體説盡了。如今所説，却只偏在尊德性上去，揀那便宜多底占了，無道問學底許多工夫。只恐是占便宜自了之學，出門動步便有礙，做一事不得。今人之患，在於徒務末而不究其本。然只去理會那本，而不理會那末，亦不得。時變日新而無窮，安知他日之事，非吾輩之責乎？若是少間事勢之來，當應也只得應。若只是自了，便待工夫做得二十分到，終不足以應變。到那時，却怕人説道不能應變，也牽强去應，應得便只成杜撰，便只是人欲，又有誤認人欲作天理處。若應變不合義理，則平日許多工夫依舊都是錯了。一日之間，事變無窮，小而一身有許多事，一家又有許多事，大而一國，又大而天下，事業恁地多，都要人與他做。不是人做，却教誰做，不成我只管得自家。若將此樣學問去應變，如何通得許多事情，做出許多事業？學者須是立定此心，汎觀天下之事，精粗巨細，無不周徧。下梢打成一塊，亦是一箇物事，方可見於用。不是揀那精底放在一邊，粗底放在一邊。所謂天理人欲，只是一

❶「則」，重修本作「到」。

箇大綱如此，下面煞有條目。須是就事物上辯别那箇是天理，❶那箇是人欲。不可恁地空説，將大綱來罩却，籠統無界分，恐一向暗昧，更動不得。如做器具，固是教人要做得好，不成要做得不好。好底是天理，不好底是人欲。然須是較量所以好處，如何樣做方好做得。

南軒張氏曰：人之性善，然自非上智生知之資，其氣稟不容無所偏。學也者，所以化其偏而若其善也。氣稟之偏，其始甚微，惟夫習而不察，日以滋長，非用力之深，末由返也。○古人所以從事於學者，其果何所爲而然哉？天之生斯人也，則有常性。人之立于天地之間也，則有常事。在身有一身之事，在家有一家之事，在國有一國之事。其事也，非人之所能爲也，性之所有也。弗勝其事，則爲弗有其性；弗有其性，則爲弗克若天矣。克保其性而不悖其事，所以順乎天也。然則捨講學其能之哉？凡天下之事，皆人之所當爲。君臣、父子、兄弟、夫婦、朋友之際，人事之大者也。以至於視聽言動，周旋食息，至纖至悉，何莫非事者？一事之不貫，則天性以之陷溺也。然則講學其可不汲汲乎？學所以明萬事而奉天職也。雖然，事有其理而著於吾心，心也者，萬事之宗也。惟人放其良心，故事失其統

❶「别」，四庫本作「剖」。

紀。學也者，所以收其放而存其良也。夏葛而冬裘，饑食而渴飲，理之所固存，❶而事之所當然者。凡吾於萬事皆見其若是也，而後爲當其可，學者求乎此而已。嘗竊怪今世之學者，其所從事往往異乎是。鼓篋入學，抑亦思吾所謂學者果何事乎？聖人之立教者果何在乎？而朝廷建學群聚而教養者，又果何爲乎？嗟夫！此獨未之思而已矣。使其知所思，則必竦然動于中，而其朝夕所接，君臣、父子、兄弟、夫婦、朋友之際，視聽言動之間，必有不得而遁者，庶乎可以知入德之門矣！◯入德有門户，得其門而入，然後有進也。夫子之教人循循善誘，始學者聞之，即有用力之地，而至于成德，亦不外是。今欲求所持循而施吾弗措之功，其可不深考之於夫子之遺經乎？試舉一端而論，夫子之言曰：「弟子入則孝，出則弟，謹而信，汎愛衆，而親仁。行有餘力，則以學文。」嗟乎！是數言者，視之若易，而爲之甚難；驗之不遠，而測之愈深。聖人之言，化工也。學者如果有志，盍亦於所謂入孝出弟，所謂謹而信，所謂汎愛親仁者，學之而弗措乎？學然後知不足，其間精微曲折未易盡也，其亦問之而弗措乎？思之未至，終不爲己物，盍亦思之而弗措乎？思之而有疑，盍亦辨之而弗措乎？思而得，辨而明，又盍行之而弗措乎？是五者，蓋同體以相成，相資而互

❶「存」，重修本作「有」。

相發也。真積力久，所見益深，所履益固，而所以弗措者，蓋有不可以已，高明博厚端可馴而識矣。噫，學不躐等也。譬如燕人適越，其道里之所從，城郭之所經，山川之阻脩，風雨之晦冥，必一一實履焉。中道無畫，然後越可幾也。若坐環堵之室，而望越之渺茫，車不發軔，而欲乘雲駕風以遂抵越，有是理哉？且夫爲孝必自冬温夏清、昏定晨省始，爲弟必自徐行後長者始。故善言學者，必以洒掃、應對、進退爲先焉，惟夫弗措之爲貴也。○學必有序，故自洒掃、應對、進退而往，皆序也。由近以及遠，自粗以至精，學之方也。如適千里者，雖步步踏實，亦須循次而進。今欲闊步一蹴而至，有是理哉？自欺自誤而已。○講究義理，須要看得如饑食渴飲，只是平常事。若談高説妙，便是懸空揣度，❶去道遠矣。○近日學者論仁字，多只是要見得仁字意思，縱使逼真，亦終非實得。看《論語》中聖人所言，只欲人下工夫，升高自下，陟遐自邇，循序積習，自有所至。存養省察，固當並進，存養是本，工夫固不越於敬，敬固在主一。此事惟用力者方知其難。○講學不可以不精也，毫釐之差，則其弊有不可勝言者。故夫專於考索，則有遺本溺心之患；而騖於高遠，則有躐等憑虚之憂。二者皆其弊也。考聖人之教，固不越乎致知、力行之大端，患在人不知所用力耳。

❶「空」，原作「高」，今據重修本改。

莫非致知也，日用之間，事之所遇，物之所觸，思之所起，以至於讀書考古。苟知所用力，則莫非吾格物之妙也。其爲力行也，豈但見於孝悌忠信之所發，形於事而後爲行乎？自息養瞬存，以至於三千三百之間，皆合内外之實也。行之力，則知愈進；知之深，則行愈達。○如今一輩學者，往往希慕高遠，畢竟終無所得。要之仁之實，事親是也；義之實，從兄是也。當於事親從兄之際，踐履中體察之，此最親切。若升高必自下，若陟遐必自邇，須是下學而上達，雖洒掃應對，其中自有妙理。至如禮經三百，威儀三千，在吾儒爲之，雖若遲緩，然爲之不已，雖至聖人可也。更當博觀伊洛議論，涵泳於中，使之自得。且如聽人説他處市井如何，山川如何，比之親到氣象殊别。○責己須要備，人有片善，皆當取之。古人之學，只是爲己。如晏平仲其事君臨政未必皆是，然善與人交，聖人便取之。子産有君子之道四焉，其不合道處想多，只此四者，便是吾之師。責己而取人，不惟養吾之德，亦與人爲善也。

象山陸氏曰：學者大病在於師心自用。師心自用，則不能克己，不能聽言。雖使羲黄唐虞以來，❶群聖人之言畢聞於耳，畢熟於口，畢記於心，祇益其私，增其病耳。爲過益大，

❶ 「黄」，重修本作「皇」。

去道愈遠，非徒無益而又害之。○爲學但當孜孜進德脩業，使此心於日用間，戕賊日少，光潤日著，則聖賢垂訓，向以爲盤根錯節、未可遽解者，將涣然冰釋，怡然理順，有不加思而得之者矣。○學者且當大綱思省，平時雖號爲士人，雖讀聖賢書，其實何曾篤志於聖賢事業？往往從俗浮沉，與時俯仰，徇情縱欲，汩没而不能以自振。日月逾邁，而有泯然與草木俱腐之恥。到此能有愧懼，大決其志，乃求涵養磨礪之方。若有事役，未得讀書，未得親師，亦可隨處自家用力檢點，見善則遷，有過則改，所謂心誠求之，不中不遠。若事役有暇，便可親書册，無不有益者。

東萊吕氏曰：静多於動，踐履多於發用，涵養多於講説，讀經多於讀史。工夫至此，然後可久可大。○問：人之格局卑者，不知能進否？曰：中人以下固不可以語上，然如人坐暗室，久必自明。若人果有志，積以歲月之久，亦自有見。又問：必有所見，然後能立否？曰：人之初學，豈能一一自有所見，須去下工夫。工夫既深，其久乃有所見。○爲學須先識得大綱模樣，使志趣常在這裏。到做工夫，却隨節次做去，漸漸行得一節，又問一節，方能見衆理所聚。今學者病多在閑邊問人，路頭尚不知，大率問人，須是就實做工夫處商量方是。○凡勤學須是出於本心，不待父母先生督責，造次不忘，寢食在念，然後見功。苟有人則作，無人則輟，此之謂爲父母先生勤學，非爲己脩，終無所得。○持養之久，則氣漸和。

氣和，則温裕婉順。望之者意消忿解，而無招咈取怒之患矣。體察之久則理漸明，理明則諷導詳欵。聽之者心諭慮移，而無起争見郤之患矣。更須參觀物理，深察人情，體之以身，揆之以時，則無偏蔽之失也。○持養察識之功，要當並進，更當於事事物物試驗學力。若有窒礙齟齬處，即深求病源所在而鋤去之。○士生於三代之後，所見未必皆正人也，所聞未必皆正言也。一日暴之，十日寒之，其爲善難矣哉。處此者有道，善者以爲法，不善者以爲戒。善者以爲法，是見其善而從其善也。不善者以爲戒，是因其不善而知其善也。在人者雖有善不善之殊，在我者一歸於善而已矣。如此，則所遇之人無非碩師，所聽之言無非法語，何入而不自得哉！○凡見人有一行之善，則當學之，勿以其同時同處貴耳賤目焉。○爲人立基址，須是堅實。既堅實，須是就充擴，所謂士不可以不弘毅。○爲學必須於平日氣稟資質上驗之。如滯固者疏通，顧慮者坦蕩，智巧者易直。苟未如此轉變，要是未得力耳。○須要公平觀理，而撤户牖之小。嚴敬持身，而戒防範之踰。周密而非發於避就，精察而不安於小成。此病痛皆所素共點檢者耳。義理無窮，才智有限，非全放下，終難湊泊，然放下政自非易事也。○培養克治，殊不可緩。私意之根，若尚有眇忽未去，異日遇事接物，助發滋養，便張皇不可剪截，其害非特一身也。要須著實省察，令毫髮不留，乃善。○群居以和肅爲上。若爲學之志專，則自無暇及他事。

勉齋黄氏曰：静處下工，誠爲長策。然居敬集義，博文約禮，皆不可廢。朋友切磨，固欲相觀而善，然講習一事，尤爲至切。須將聖賢言語逐一研究，不可以爲非切己。若不自此用工，則義理不明，生出無限病痛。○人能於虚静處認得分曉，又於閒静時存得純固，此乃萬理之宅，萬事之原。看到惺惺處，則於一二疑義合商量處，肯細心磨講，則洞然無疑矣。○致知持敬，兩事相發。人心如火，遇木即焚，遇事即應。惟於世間利害得喪及一切好樂見得分明，則此心亦自然不爲之動，而所謂持守者始易爲力。若利欲爲此心之主，則雖是强加控制，此心隨所重而發，恐亦不易遏也。便使强制得下，病根不除，如以石壓草，石去而草復生矣。此不可不察也。○學問須是就險難窮困處試一過，真能不動，方是學者。人生最難克是利欲，利欲之大，是富貴貧賤。吾夫子只許顔淵、子路兩箇。若是此處打不過，❶便教説得天花亂墜，盡是閑話也。○進道之要固多端，且刊落世間許多利欲外慕，見得榮辱是非、得失利害皆不足道，只有直截此心，無愧無懼，方且見之動静語默皆是道理。不然，則浮湛出入，渾殽膠擾，無益於己，見窺於人，甚可畏也。○爲學須隨其氣質，察其所偏，與其所未至，擇其最切者而用吾力焉。譬如用藥，古人方書亦言其大法耳，而病

❶「不」，原作「一」，今據重修本改。

證多端，則亦須對證而謹擇之也。○古先聖賢言學，無非就身心上用功，人心道心，直内方外，都未説近講學處。夫子恐其識見易差，於是以博文約禮對言。博文先而約禮後，博文易而約禮難。後來學者專務其所易，而常憚其所難，此道之所以無傳。須是如《中庸》之旨，戒懼慎獨爲終身事業，不可須臾廢離。而講學窮理，所以求其明且正耳。若但務學而於身心不加意，恐全不成學問也。○人之爲學，但當操存涵養，使心源純静；探賾索隱，使義理精熟；力加克制，使私意不生。三者並行而日勉焉，則學進矣。○爲學只要收拾身心，勿令放逸，如臨深淵，如履薄冰，如見大賓，如承大祭。蓋理義非由外鑠，我固有之也。此心放逸，則固有之理先已昏惑紛擾而失其正矣。便説得天花亂落，亦於我何有干涉？況亦未見心不純静而能理明義精者。理義無窮，如登嵩華，如涉溟渤，且要根脚純實深厚，然後可以承載。初涉文義，便有跳踉自喜之意，又安能任重而致遠耶？世間固有全不識學問，而能質實重厚、小心謹畏者，不害爲君子。亦有親師取友，講明道義，而輕猥浮薄者，未免爲小人。此等處皆後生所當别識，先以戒謹厚重爲心，然後可以言學也。○古人爲學，大抵先於身心上用工，如危微精一之旨，制心制事之語，敬勝怠、義勝欲之戒，無非欲人檢點身心，存天理，去人欲而已。然學問之方難以人人口授，故必載之方策；而義理精微，亦難以意見揣度，故必參之聖賢。故初學之法，且令格物窮理考古驗今者，蓋欲知爲學之方，求義理之正，使知所以居敬集義而無毫釐之差，亦卒歸於檢點身心而已。年來學者但見古人有格物窮理之説，但馳心於辨析講論之間，而不務持養省察之實。所以辨析講論者，又不原切問近思之意，天之所以與我，與吾之所以全乎天者，大本大原漫不加省，而尋行數墨，入耳出口，以爲即此便是學問。退而察其胸中之所存，與夫應事接物，無一不相背馳。聖人教人，決不若是。○留意講習，若是實體之於心，見吾一身之中實具此理，操而存之，實有諸己，則不至流於口耳之學。○今世知學者少，都以易説了學問。但能斂束身心，便道會持敬；但曉文義，便道會明理。俯視世之不學者既有間，仰觀昔者聖賢之言學條目，又不過如此，便道爲學都了，不知後面都不是。惟孔子全不如此，逐日只見不足，如曰「學而不厭，誨人不倦」，乃曰：「何有於我哉？」如曰「德之不脩，學之不講」，乃曰：「是吾憂也。」豈聖人不情之語哉？此心直是歉然。今之學者須當體得此心，切實用功，逐日察之念慮心術之微，驗之出入起居之際，體之應人接物之間，真箇無歉，益當加勉，豈可一説便了著？○問：孟子才高，學之無可依據。❶學者當學顏子，入聖人爲近，有用力處，如何？曰：如博文約禮，克己復禮，不遷怒，不貳過等，皆用力處。就務實切己下工，所以入聖人爲

❶「可」，重修本作「所」。

近。○問：濂溪曰「聖希天，賢希聖，士希賢」一條。曰：纔説爲學，便以伊尹、顔子並言，若非爲己務實之論。蓋人之心量，自是有許多事，不然則褊狹了，然又不可不知輕重先後。故伊尹曰志，顔子曰學，《大學》既言明德，便言新民，聖賢無一偏之學。

北溪陳氏曰：道之浩浩，何處下手？聖門用工節目，其大要亦不過曰致知力行而已。致者，推之而至其極之謂。致其知者，所以明萬理於心，而使之無所疑也。力者，勉焉而不敢怠之謂。力其行者，所以復萬善於己，而使之無不備也。知不致，❶則真是真非無以辨，其行將何所適從？必有錯認人欲作天理，而不自覺者矣。行不力，則雖精義入神，亦徒爲空言，而盛德至善竟何有於我哉？此《大學》明明德之功，必以格物致知爲先，而誠意、正心、脩身繼其後。《中庸》擇善固執之目，必自夫博學、審問、慎思、明辨而篤行之。而顔子稱夫子循循善誘，亦惟在於博我以文，約我以禮而已，無他説也。然二者亦非截然判先後爲二事，猶之行者目視足履，動輒相應，蓋亦交進而互相發也。故知之明，則行愈遠；而行之力，則所知又益精矣。其所以爲致知力行之地者，必以敬爲主。敬者，主一無適之謂。所以提撕警省此心，使之惺惺，乃心之生道，而聖學所以貫動静徹終始之功也。能敬則中

❶「致」，原作「至」，今據重修本改。

有涵養而大本清明，由是而致知，則心與理相涵，而無頑冥之患；由是而力行，則身與事相安，而不復有扞格之病矣。雖然，人性均善，均可與適道，而鮮有能從事於斯者，由其二病。一則病於安常習故，而不能奮然立志以求自拔；二則病於偏執私主，而不能豁然虛心以求實見。蓋必如孟子以舜爲法於天下，而我猶未免爲鄉人者爲憂，必期如舜而後已，然後爲能立志。必如顔子以能問於不能，以多問於寡，有若無，實若虛，然後能爲虛心。既能立志而不肯自棄，又能虛心而不敢自是，然後聖門用工節目，循序而進，日有惟新之益，❶雖升堂入室，惟吾之所欲而無所阻矣。此又學者所當深自警也。

西山真氏曰：學者觀聖人論人之得失，皆當反而觀己之得失，然後爲有補云。○程子云：「涵養須用敬，進學則在致知。」蓋窮理以此心爲主，必須以敬自持，使心有主宰，無私意邪念之紛擾，然後有以爲窮理之基本。心既有所主宰矣，又須事事物物各窮其理，然後致盡心之功。欲窮理而不知持敬以養心，則私慮紛紜，精神昏亂，於義理必無所得。知持敬以養心矣，而不知窮理，則此心雖清明虛静，又只箇空蕩蕩底物事，而無許多義理以爲之主，其於應事接物必不能皆當，釋氏禪學正是如此。故必以敬涵養，而又講學、審問、慎思、

❶「惟」，重修本作「維」。

明辨以致其知，則於清明虛静之中，而衆理悉備。其静則湛然寂然而爲未發之中，其動則泛應曲當而爲中節之和。天下義理，學者工夫，無以加於此。自伊川發出，而文公又從而闡明之，《中庸》尊德性、道問學章，即此意也。○學問之道有三：曰省察也，克治也，存養也。是三者不容以一闕也。夫學者之治心，猶其治疾然。省察焉者，視脉而知疾也。克治焉者，用藥以去疾也。而存養者，則又調虞愛護以杜未形之疾者也。○聖賢大道爲必當蹊，異端邪徑爲不可蹈，此明趨向之要也。非義而富貴，遠之如垢污。不幸而賤貧，甘之如飴蜜。志道而遺利，重内而輕外，此審取舍之要也。欲進此二者，非學不能，學必讀書，然書不可以汎讀。先《大學》，次《論》《孟》，而終之以《中庸》。經既明，然後可觀史，此其序也。沈潛乎訓義，反覆乎句讀，以身體之，以心驗之，循序而漸進，熟讀而精思，此其法也。然所以維持此心而爲讀書之地者，豈無要乎？亦曰敬而已矣。子程子所謂主一無適者，敬之存乎中者也；整齊嚴肅者，敬之形於外者也。平居齊慄，如對神明，言動酧酢，不失尺寸，則心有定主而理義入矣。蓋操存固則知識明，知識明則操存愈固。子朱子之所以教人大略如此。

潛室陳氏曰：横渠云：「未知立心，患思多之致疑。」蓋立心，持敬之謂。先立箇主人翁了，方做得窮理格物工夫。○問：伊川云：「盡性至命，必本於孝弟；窮神知化，由通於禮樂。」不知孝弟，何以能盡性至命？不知禮樂，何以能窮神知化？曰：盡性至命，窮神知化，皆聖人事。欲學聖人，皆從實地上做起，升高必自下，陟遐必自邇。此聖門切實之學，積累之久，將自有融液貫通處，非謂一蹴便能。○問：明道以記誦博識爲玩物喪志，如何？曰：徒記誦該博而理學不明，不造融會貫通處，是逐其小者，忘其大者，反以無用之物累其空明之心，是爲玩物喪志。○問：明道謂：「學不言而自得者，乃自得也。有安排布置者，皆非自得也。」安排布置須是見於施設，以安排布置爲非自得，如何？曰：安排布置非是見於設施，謂此心此理未到純熟兩忘地位，必有營度計慮之勞，逆施偷作之病。纔到自得處，則心便是口，理便是心，心與理忘，口與心忘，處處安行自在，默識心通，不用安排布置也。○記問之學雖博而有限，中窒故也。義理之學至約而無窮。中明故也。

鶴山魏氏曰：氣質之稟，自非生知上知，寧能無偏？學則所以矯其偏而復於正也。然今之學者有二：繇博以致約，則斂華而就實，故志爲之主，愈斂則愈實，愈久則愈明。或者唯博之趨，若可以譁世取榮，然氣爲之主，氣衰則志索，於是有始鋭而終惰，始明而終闇者矣。

雙峰饒氏曰：爲學之方，其大略有四：一曰立志，二曰居敬，三曰窮理，四曰反身。若夫趨向卑陋，而此志之不立。持養踈略，而此心之不存。講學之功不加，而所知者昏蔽。

反身之誠不篤，而所行者悖戾。將見人欲愈熾，天理愈微，本心一亡，亦將何所不至哉！〇人之爲學，莫先於立志。立志之初，當先於分別古今人品之高下，孰爲可尊可慕而可法，孰爲可賤可惡而可戒，此入德之先務也。此志既立，然後講學以明之，力行以充之，則德之進也，浩乎其不可禦矣。〇君子之學不守諸約，則汎濫支離，固無以爲體道之本。不致其博，則陋陋偏黨，亦無以盡道體之全。存養省察，致知力行，闕一不可。〇誠之爲道，無所不體。自學者言之，敬所以存心也；敬立則内直，義所以制事也，義形則外方。二者皆學者切己之事。苟非有誠意以爲之，則敬非真敬，而其爲敬也必疎略；義非實義，而其爲義也必駁雜，所謂不誠無物也。〇今之學者所以不能學爲聖賢者，其大患在於無志，其次在於無所守。蓋人而無志，則趨向卑陋，不足與議高明光大之事業。勉之以道義，則曰難知難行。期之以聖賢，則曰不可企及。不過終身汩汩爲鄉里之庸人而已，何足與有爲哉？人而無守，則見利必趨，見害必避。平居非不粗知義理，至於臨事則爲利欲所驅，而有所不暇顧，何足與有所立哉？〇仁者，天地生物之心，而人得之以爲心。義禮智信之理皆具於中，而爲心之全德者也。此雖人心之所固有，然學者苟無存養體驗之功，則氣質物欲有以蔽之，而無以識其體之實有於己矣。幸而有以識其體之實有於己矣，然或不能博學於文，講求義理以栽培之，則如孤根獨立而無所壅培，非特無以助其生長而使之進於盛大，亦恐風霜彫摧，而其根將不能以自存也。

魯齋許氏曰：凡爲學之道，必須一言一句自求己事。如六經、《語》《孟》中我所未能，當勉而行之。或我所行不合於六經、《語》《孟》中，便須改之。先務躬行，非止誦書作文而已。

臨川吴氏曰：學者之於道，其立志當極乎遠大，而用功必循夫近小。遠大者何？究其源也。近小者何？有其漸也。漸者自流遡源，而不遽以探原爲務也。道之有原，如水之有原。人之學道，如禹之治水。禹之治水也，治河必自下流始。兖州之功爲多，而冀州次之，河之外名川三百，支川三千，無所不理。若甽若澮、田間水道爾，亦濬之以距于川，其不遺近小也如是。聖門教人，自庸言庸行之常，至一事一物之微，諄切平實，未嘗輕以道之大原示人也。仁道之大，子所罕言，聖人豈有隱哉？三百三千之儀，流分派别，殆猶三百三千之川，雖瑣細繁雜，然無一而非道之用。子貢之穎悟，曾子之誠篤，皆俟其每事用力，知之既徧，行之既周，而後引之會歸于一以貫之之地。無子貢、曾子平日積累之功，則一貫之旨不可得而聞也。近世程子受學於周子，太極一圖，道之大原也。程子之所手授而終身秘藏，一語曾莫之及，寧非有深慮乎？朱子演繹推明之後，此圖家傳人誦。宋末之儒高談性命者比比，誰是真知實行之人？蓋有不勝其弊者矣。夫小德之川流，道之派也；大德之敦化，道之原也。未周徧乎小德，而欲窺覘乎大德，舍派而尋原者也。○所貴乎學者，以其能變化氣質也。學而不足以變化氣質，何以學爲哉？世固有率意而建功立業者矣，亦有肆情而敗國殄民者矣。彼其或剛或柔，或善或惡，任其氣質之何如，而無復矯揉克治以成人。學者則不如是，昏可變而明也，弱可變而强也，貪可變而廉也，忍可變而慈也，學之爲用大矣哉！凡氣質之不美，皆可變而美，況其生而美者乎？○爲學而逐逐於欲，役役於利，汩没於卑污苟賤以終其身，與彼不學者曾不見其少異，是何也？所學非吾所謂學也。夫今之學者之學不過二端，讀書與爲文而已矣。讀書所以求作聖人之路逕，而或徒以資口耳。爲文所以述垂世之訓辭，而或徒以眩華采。如是而學，欲以變化其氣質，不亦難哉！宜其愈學而無益，雖皓首没世猶夫人也。○勉生於不足，不勉生於足。不足則勉，勉則進。足則不勉，不勉則止。昔之聖賢兢兢業業，孜孜汲汲，不自足故也。世之自以爲有餘者反是。○敏不敏，天也。學不學，人也。天者不可恃，而人者可勉也。蟹不如螾，駑可以及驥，何也？敏而不學，猶不敏也；不敏而學，猶敏也。夫子上聖也，而好學；顔子大賢也，而好學。古之人不恃其天資之敏也如此。既敏且學，則事半而功倍。

性理大全書卷之四十六

學　四

存　養持敬附

程子曰：學之而不養，養之而不存，是空言也。○學在知其所有，又養其所有。○見之既明，養之既熟，泰然而行之，其進曷禦焉？○學至涵養其所得而至於樂，則清明高遠矣。○或曰：惟閉目静坐爲可以養心。曰：豈其然乎？有心於息慮，則思慮不可息矣。○問：君子存之，如何其存也？曰：必有事焉而勿正，心勿忘，勿助長，乃存之之道也。○問：有言求中於喜怒哀樂未發之前，可乎？曰：求則是有思也，思則是已發也。然則何所據依，何以用功哉？曰：存養而已矣。及其久也，喜怒哀樂之發，不期中而自中矣。○今志于義理而心不安樂者，何也？此則正是剩一箇助之長。雖則心操之則存，捨之則亡，然而持之太甚，便是必有事焉而正之也。亦須且恁去，如此者只是德孤。德不孤，必有鄰。

到德盛後，自無窒礙，左右逢其原也。○問：每常遇事，即能知操存之意，無事時如何存養得熟？曰：古之人耳之於樂，目之於禮，左右起居，盤盂几杖，有銘有戒，動息皆有所養。今皆廢此，獨有理義之養心耳。但存此涵養意，久則自熟矣。敬以直內，是涵養意。言不莊不敬，則鄙詐之心生矣。貌不莊不敬，則怠慢之心生矣。○要脩持他這天理則在德，須有不言而信者，言難爲形狀。養之則須直不愧屋漏與慎獨，這是箇持養底氣象也。○或謂張繹曰：「吾至於閒靜之地，則洒然心悦，吾疑其未善也。」繹以告程子，程子曰：然。社稷宗廟之中，不期敬而自敬，是平居未嘗敬也。使平居無不敬，則社稷宗廟之中，何敬之改脩乎？然則以靜爲悦者，必以動爲厭。方其靜時，所以能悦，靜之心又安在哉？○德盛者，物不能擾，而形不能病。形不能病，以物不能擾也。故善學者臨死生而色不變，疾痛慘戚而心不動，由養之有素也，非一朝一夕之力也。○心之躁者，不熱而煩，不寒而慄，無所惡而怒，無所悦而喜，無所取而起。君子莫大於正其氣，欲正其氣，莫若正其志。其志既正，則雖熱不煩，雖寒不慄，無所怒，無所喜，無所取，去就猶是，死生猶是，夫是之謂不動心。○聖人不記事，所以常記得。今人忘事，以其記事。不能記事，處事不精，皆出於養之不完固。○問：獨處一室，或行暗中，多有憂懼，何也？曰：只是燭理不明。若能燭理，則知所懼者妄，又何懼焉？有人雖知此，然不免懼心者，只是氣不充。須是涵養久則氣充，自然物動不得。然有懼心，亦是敬不足。

張子曰：正心之始，當以己心爲嚴師，凡所動作，則知所懼。如此一二年間，守得牢固，則自然心正矣。○求心之始如有所得，久思則茫然復失，何也？夫求心不得其要，鑽研太甚則惑。心之要只是欲平曠，熟後無心，如天簡易不已。今有心以求其虚，則是已起一心，無由得虚。切不得令心煩，求之太切，則反昏惑，孟子所謂助長也。孟子亦只言存養而已，此非可以聰明思慮力所能致也。

龜山楊氏曰：古之學者，視聽言動無非禮，所以操心也。至於無故不徹琴瑟，行則聞珮玉，登車則聞和鸞，蓋皆欲收其放心，不使惰慢邪僻之氣得而入焉。

延平李氏《答朱元晦書》曰：常存此心，勿爲他事所勝，即欲慮非僻之念自不作矣。孟子有夜氣之説，更熟味之，當見涵養處也。於涵養處著力，正是學者之要。若不如此，存養終不爲己物也。○今之學者雖能存養，知有此理，然旦晝之間，一有懈焉，遇事應接舉處不覺打發機械，即離間而差矣。唯存養熟，道理明，習氣漸爾消鑠，道理油然而生，然後可進，亦不易也。

朱子曰：自古聖賢皆以心地爲本。○聖賢千言萬語，只要人不失其本心。○古人言志帥、心君，須心有主張始得。○心若不存，一身便無所主宰。○纔出門，便千岐萬轍，若不是自家有箇主宰，如何得是？〇心在，群妄自然退聽。〇人只有箇心，若不降伏得，更做甚麽人！一云：如何做得事成。〇人只一心，識得此心，便無走作。雖不加防閑，此心常在。〇人精神飛揚，心不在殼子裏面，便害事。〇未有心不定而能進學者。人心萬事之主，走東走西，如何了得？〇只外面有些隙罅，便走了。問：莫是功夫間斷，心便外馳否？曰：只此心纔向外，便走了。〇人昏時，便是不明。纔知那昏時，便是明也。〇今人心聳然在此，尚無惰慢之氣，況心常能惺惺者乎？故心常惺惺，自無客慮。〇人常須收斂箇身心，使精神常在這裏，似擔百十斤擔相似，須硬著筋骨擔。〇大抵是且收斂得身心在這裏，便已有八九分了。却看道理有窒礙處，却於這處理會。爲學且要專一，理會這一件，便只且理會這一件，若行時心便只在行上，坐時心便只在坐上。〇學者爲學，未問真知與力行，且要收拾此心，令有箇頓放處。若收斂都在義理上安頓，無許多胡思亂想，則久久自於物欲上輕，於義理上重。須是教義理心重於物欲，如秤令有低昂，即見得義理自端的，自有欲罷不能之意，其於物欲自無暇及之矣。苟操舍存亡之間無所主宰，縱説得，亦何益？〇存得此心，便是要在這裏常常照管。若不照管，存養要做甚麽用？〇今於日用間空閑時，收得此心在這裏截然，這便是喜怒哀樂未發之中，便是渾然天理。事物之來，隨其是非，便自見得分曉，是底便是天理，非底便是逆天理。常常恁地收拾得這心在，便如執權衡以度物。

○人若要洗刷舊習都净了，却去理會此道理者無是理。只是收放心把持在這裏，便須有箇真心發見，從此便去窮理。○大概人只要求箇放心，日夕常照管令在，力量既充，自然應接從容。○存心只是知有此身，謂如對客，但知道我此身在此對客。○但操存得在時，少間他喜怒哀樂自有一箇則在。○心存時少，亡時多，存養得熟後，臨事省察不費力。○平日涵養之功，臨事持守之力，涵養持守之久，則臨事愈益精明。平日養得根本固善，若平日不曾養得，臨事時便做根本工夫，從這裏積將去。若要去討平日涵養，幾時得？又曰：涵養之則，凡非禮勿視聽言動，禮儀三百，威儀三千，皆是。○明底人便明了，其他須是養。養非是如何椎鑿用工，❶只是心虛静，久則自明。○問：静中常用存養。曰：説得有病。一動一静，無時不養。○平居須是儼然若思。○須敬守此心，不可急迫。當栽培深厚，栽只如種得一物在此。但涵養持守之功繼繼不已，是謂栽培深厚。如此而優游涵泳於其間，則浹洽而有以自得矣。苟急迫求之，則此心已自躁迫紛亂，只是私己而已，終不能優游涵泳以達於道。○大凡氣俗不必問，心平則氣自和。惟心麤一事，學者之通病。横渠云：「顔子未至聖人，猶是心麤。」一息不存，即爲粗病。要在精思明辨，使理明義精，而操存涵養無須臾

❶「工」，四庫本作「功」。

離，無毫髮間，則天理常存，人欲消去，其庶幾矣哉！○人能操存此心，卓然而不亂，亦自可與入道。況加之學問探討之功，豈易量耶？○人心本明，只被物事在上蓋蔽了，不曾得露頭面，故燭理難。且徹了蓋蔽底事，待他自出來行兩匝看。他既喚做心，自然知得是非善惡。○心須常令有所主，做一事未了，不要做別事。心廣大如天地，虚明如日月。要閑，心却不閑，隨物走了。不要閑，心却閑，有所主。○心得其正，方能知性之善。○學者工夫，且去剪截那浮泛底思慮。○學者常用提省此心，使如日之升，則群邪自息。他本自光明廣大，自家只着些子力去提省照管他，便了。不要苦着力，著力則反不是。○大抵心體通有無，該動静，故工夫亦通有無，該動静，方無透漏。若必待其發而後察，察而後存，則工夫之所不至多矣。惟涵養於未發之前，則其發處自然中節者多，不中節者少。體察之際，亦甚明審，易爲着力。○問：心要在腔子裏。若慮事應物時，心當如何？曰：思慮應接亦不可廢，但身在此，則心合在此。曰：然則方其應接時，則心在事上，事去則此心亦合管着。曰：固是要如此。○人一箇心終日放在那裏去，得幾時在這裏，孟子所以只管教人求放心。今人終日放去，一箇身恰似箇無梢工底船，流東流西，船上人皆不知。某嘗謂人未讀書，且先收斂得身心在這裏，然後可以讀書，求得義理。而今硬捉在這裏讀書，心飛揚那裏去，如何得會長進？○問：心如何得在腔子裏？曰：敬便在腔子裏。又問：如何得會敬？

曰：只管恁地衮做甚麼？纔説到敬，便是更無可説。○以敬爲主，則内外肅然。不忘不助，而心自存。不知以敬爲主而欲存心，則不免將一箇心把捉一箇心。外面未有一事時，裏面已是三頭兩緒，不勝其擾擾矣。就使實能把捉得住，只此已是大病，況未必真能把捉得住乎！○涵養本原之功，誠易間斷。然纔覺得間斷，便是相續處。只要常自提撕，分寸積累將去，久之自然接續，打成一片耳。講學工夫亦是如此。莫論事之大小，理之淺深，但到目前，即與理會到底，久之自然浹洽貫通也。○今之人知求鷄犬，而不知求其放心，固爲大惑。然苟知其放而欲求之，則即此知求之處，一念悚然，是亦不待别求入處，而此心體用之全已在是矣。由是而持敬以存其體，窮理以致其用，則其日增月益，自將有欲罷而不能者矣。○學者日用之間，以敬爲主，不論感與未感，平日常是如此涵養，則善端之發，自然明著，少有間斷。而察識存養，擴而充之，皆不難乎爲力矣！○涵養須用敬，進學則在致知。無事時且存養在這裏，提撕警覺，不要放肆。到講習應接時，便當思量義理。○問：涵養須用敬，涵養甚難。心中一起一滅，如何得主一？曰：人心如何教他不思？如周公思兼三王，以施四事，豈是無思？但不出於私則可。曰：某多被思慮紛擾。思這一事，又牽走那事去。雖知得，亦自難止。曰：既知得不是，便當絶斷了。○涵養此心須用敬。譬之養赤子，方血氣未壯實之時，且須時其起居飲食，養之於屋室之中，而謹顧守之，則有向成之期。纔方乳保，却每日暴露於風日之中，偃然不顧，豈不致疾而害其生耶？○問：伊川謂敬是涵養一事，敬不足以盡涵養否？曰：五色養其目，聲音養其耳，義理養其心，皆是養也。○古人直自小學中涵養成就，所以大學之道只從格物做起。今人從前無此工夫，但見大學以格物爲先，便欲只以思慮知識求之，更不於操存處用力，縱使窺測得十分，亦無實地可據。大抵敬字徹上徹下之意，格物致知乃其間節次進步處耳。○或謂：人心紛擾時難把捉。曰：真箇是難，把持不能得久，又被事物及閑思慮引將去。孟子牛山之木一章，最要看「操之則存，舍之則亡」。或又謂：把持不能久，勝物欲不去。曰：這箇不干別人事。雖是難，亦是自着力把持，常惺惺不要放倒。覺得物欲來，便着緊不要隨他去，這箇須是自家理會。若説把持不得，勝他不去，是自壞了，更説甚「爲仁由己，而由人乎哉」。又曰：把心不定，喜怒憂懼四者皆足以動心。○問：心不能自把捉。曰：自是如此。蓋心便能把捉自家，自家却如何把捉得他？唯有以義理涵養耳。○問：某平時所爲，把捉這心教定。一念忽生，則這心返被他引去。曰：這箇亦只是認教熟，熟了便不如此。今日一念纔生，有以制之；明日一念生，又有以制之，久後便無。此理只是這邊較少，那邊較多，便被他勝了。如一車之火，以少水勝之，水撲處纔滅，而火又發矣。○問：學者於已發處用工，此却不枉費心力。曰：存養於未發之前則可，求中於未發之前則不可。然則未發之前，固有平日存養之功矣。不必須待已發，然後用工也。○問：涵養於未發之初，令不善之端旋消則易爲力，若發後則難制。曰：聖賢之論，正要就發處制。惟子思説「喜怒哀樂未發謂之中」，孔孟教人多從發處説。未發時固當涵養，不成發後便都不管。或云這處最難，因舉横渠戰退之説。曰：此亦不難，只要明得一箇善惡，每日遇事須是體驗。見得是善，從而保養取，自然不肯走在惡上去。○聖人之心，如明鏡止水，天理純全者即是存處。但聖人則不操而常存耳，衆人則操而存之。方其存時，亦是如此，但不操則不存耳。存者，道心也；亡者，人心也。心，一也，非是實有此二心各爲一物，不相交涉也，但以存亡而異其名耳。方其亡也，固非心之本然，亦不可謂别是一箇有存亡出入之心，却待反本還原，别求一箇無存亡出入之心來换却。只是此心，但不存便亡，不亡便存，中間無空隙處。所以學者必汲汲於操存，而雖舜禹之間，亦以精一爲戒也。○問：心思擾擾。曰：程先生云：「嚴威整肅，則心便一，一則自無非僻之干。」只纔整頓起處，便是天理，别無天理。但常常整頓起，思慮自一。○求放心不須注解，只日用十二時中常切照管，不令放出，即久久自見功效。義理自明，持守自固，不費氣力也。○《答胡季隨書》曰：近有問以放心求心者，嘗欲别下一語云：「放而知求，則此心不爲放矣。」此處間不容息，如夫子所言克己復禮功夫要切處，亦在爲仁由己一句也，豈藉外以求之哉？○《答張敬夫書》曰：來喻所謂「學者先須察識端倪之發，然後可加存養之功」，則熹於此不能無疑。蓋發處固當察識，但人自有未發時，此處便合存養，豈可必待於發而後察，察而後存耶？且從初不曾存養，便欲隨事察識，竊恐浩浩茫茫無下手處。而毫釐之差，千里之謬，將有不可勝言者。此程子所以每言「孟子才高，學之無可依據，人須是學顏子之學，則入聖人爲近，有用力處」。其微意亦可見矣。且如洒掃、應對、進退，此存養之事也，不知學者將先於此而後察之耶，抑將先察識而後存養也？以此觀之，則用力之先後判然可覩矣。來教又謂「言静則溺於虛無」，此固所當深慮。若以天理觀之，則動之不能無静，猶静之不能無動也。静之不能無養，猶動之不可不察也。但見得一動一静互爲其根，敬義夾持不容間斷之意，則雖下静字，元非死物，至静之中，蓋有動之端焉，是乃所以見天地之心者。而先王之所以至日閉關，蓋當此之時，則安静以養乎此爾。固非遠事絶物，閉目兀坐，而偏於静之謂。但未接物時，便有敬以主乎其中，則事至物來，善端昭著，而所以察之者益精明爾。伊川先生所謂「却於已發之際觀之」者，正謂未發則只有存養，而已發則方有可觀也。周子之言主静，乃就中正仁義而言。以正對中，則中爲重。以義配仁，則仁爲本爾。非四者之外，别有主静一段事也。來教又謂熹言以静爲本，不若遂言以敬爲本，此固然也。然敬字工夫通貫動静，而必以静爲本，故熹向來輒有是語。今若易爲敬，雖若完全，然却不見敬之所施有先有後，則亦未得爲諦當也。至如來教所謂「要須動以見静之所存，静以涵動之所本，動静相須，體用不離，而後爲無滲漏也」。此數句卓然意語俱到，謹以書之座右，出入觀省。○此心此性，人皆有之，所以不識者，物欲昏之耳。欲識此本根，亦須合下且識得箇持養功夫次第而加功焉，方始見得。見得之後，又不舍其持養之功，方始守得。蓋初不從外來，只持養得便自著見，但要窮理功夫互相發耳。

象山陸氏曰：古先聖賢未嘗艱難其途徑，支離其門户。夫子曰「吾道一以貫之」，孟子曰「夫道一而已矣」，曰「塗之人可以爲禹」，曰「人皆可以爲堯舜」，曰「人有四端而自不能者，自賊者也」。人孰無心，道不外索，患在人戕賊之耳，放失之耳。古人教人，不過存心養心，求放心。此心之良，人所固有，惟不知保養而反戕賊放失之耳。苟知其如此，而防閑其戕賊放失之端，日夕保養灌溉，使之暢茂條達，如手足之捍頭面，則豈有艱難支離之事？今曰向學而又艱難支離，遲回不進，則是未知其心，未知其戕賊放失，未知所以保養灌溉。此乃爲學之門，進德之地。得其門不得其門，有其地無其地，兩言而決耳。

勉齋黄氏曰：静養工夫，且認得性情部分，識得虚靈本體，端居默養，令根本完固，則成性存存，而道義自明矣。

程子曰：君子之遇事無巨細，一於敬而已。簡細故以自崇，非敬也。飾私智以爲奇，非敬也。要知無敢慢而已。《語》曰：「居處恭，執事敬，雖之夷狄不可棄也。」然則執事敬者，固爲人之端也。推是心而成之，則篤恭而天下平矣。以下論持敬。○入道莫如敬，未有能致知而不在敬者。今人操心不定，視心如寇賊而不可制，不是事累心，乃是心累事。當知天下無一物是合少得者，不可惡也。○學者先務，固在心志。有謂欲屏去聞見知思，則是絶聖棄智。有欲屏去思慮，患其紛亂，則是須坐禪入定。如明鑑在此，萬物畢照，是鑑之常，難爲使之不照。人心不能不交感萬物，亦難爲之不思慮。若欲免此，惟是心有主。如何爲主，敬而已矣。有主則虚，虚謂邪不能入。無主則實，實謂物來奪之。今夫瓶罌有水實内，則雖江海之浸，無所能入，安得不虚？無水於内，則停注之水不可勝注，安得不實？大凡人心不可二用，用於一事，則他事更不能入者，事爲之主也。事爲之主，尚無思慮紛擾之患。若主於敬，又焉有此患乎？所謂敬者，主一之謂敬。所謂一者，無適之謂一。且欲涵泳主一之義，一則無二三矣。言敬無如聖人之言，《易》所謂「敬以直内，義以方外」。須是直内，乃是主一之義。至於不敢欺，不敢慢，尚不愧于屋漏，皆是敬之事也。○執事須是敬，又不可矜持太過。○嚴威儼恪，非敬之道，但致敬須自此入。○敬而無失，便是喜怒哀樂未發謂之中。敬不可謂中，但敬而無失，即所以爲中也。○一不敬，則私欲萬端生焉，害仁此爲大。○動容貌，整思慮，則自然生敬，敬只是主一也。主一則既不之東，又不之西，如此則只是中。既不之此，又不之彼，如此則只是内。存此則自然天理明。學者須是將敬以直内，涵養此意，直内是本。〇或問：燕處倨肆，心不怠慢，有諸？曰：無之。入德必自敬始，故容貌必恭也，言語必謹也。雖然優游涵泳而養之可也，拘迫則不能入矣。

張子曰：學者欲其進，須敬其事，則有立，有立則有成。未有不敬而能立，不立則安可望有成？

上蔡謝氏曰：敬是常惺惺法，心齊是事事放下，其理不同。〇問：敬之貌如何？曰：於儼若思時可見。問：學爲敬，不免有矜持，如何？曰：矜持過當却不是。尋常作事，用心過當便有失，要在勿忘、勿助長之間耳。〇問：敬慎有異否？曰：執輕如不克，執虚如執盈，慎之至也。敬則慎在其中矣，敬則外物不能易。學者須去却不合做底事，則於敬有功。敬換不得，方其敬也，甚物事換得？因指所坐亭子曰：這箇亭子須只喚做白岡院亭子，却着甚底換得？曰：學者未能便窮理，莫須先省事否？曰：非事上做不得工夫，也須就事上做工夫。如或人説動中有静，静中有動，有此理。然静而動者多，動而静者少，故多着静不妨。人雖是卓立中塗，不得執一邊。〇或問：正其衣冠，端坐儼然，自有一般氣象。某嘗行之，果如其説，此是敬否？曰：不如執事上尋，便更分明。事思敬，居處恭，執事敬，若只是静坐時有之，却只是坐如尸也。

和靖尹氏曰：某初見伊川時，教某看敬字。某請益，伊川曰：「主一則是敬。」當時雖領此語，然不若近時看得更親切。祁寬問如何是主一？曰：敬有甚形影，只收斂身心，便是主一。且如人到神祠中致敬時，其心收斂，更著不得毫髮事，非主一而何？

朱子曰：聖人相傳，只是一箇字，堯曰欽明，舜曰温恭。聖敬日躋，君子篤恭而天下平。

○堯是初頭出治第一箇聖人，《尚書·堯典》是第一篇典籍，説堯之德都未下别字，欽是第一箇字。如今看聖賢千言萬語，大事小事，莫不本於敬。收拾得自家精神在此，方看得道理盡。看道理不盡，只是不曾專一。或云：主一之謂敬，敬莫只是主一？曰：主一又是敬字注解。要知事無小無大，常令自家精神思慮盡在此，遇事時如此，無事時也如此。○敬字工夫乃聖門第一義，徹頭徹尾，不可頃刻間斷。○敬之一字，真聖門之綱領，存養之要法。一主乎此，更無内外精粗之間。○敬則萬理具在。○聖人言語，當初未曾關聚，如説「出門如見大賓，使民如承大祭」等類，皆是敬之目。到程子始關聚，説出一箇敬來教人。然敬有甚物？只如畏字相似，不是塊然兀坐，耳無聞目無見，全不省事之謂。只收斂身心，整齊純一，不恁地放縱，便是敬。孔子之所謂克己復禮，《中庸》所謂致中和，尊德性，道問學，《大學》所謂明明德，《書》曰：「人心惟危，道心惟微。惟精惟一，允執厥中。」聖賢千言萬語只是教人明天理，滅人欲。人性本明，如寶珠沉溷水中，明不可見，去了溷水，則寶珠依舊自明。自家若得知是人欲蔽了，便是明處。只是這上便緊緊着力，主定一面格物，今日格一物，明日格一物，正如游兵攻圍拔守，人欲自消鑠去。所以程先生説敬字，只謂我自有一箇明底物事在這裏，把箇敬字抵敵，常常存箇敬在這裏，則人欲自然來不得。夫子曰：「爲仁由己，而由人乎哉？」緊要處正在這裏。○聖賢言語大約似乎不同，然未始不貫。只如夫子言非禮勿視聽言動，出門如見大賓，使民如承大祭，言忠信，行篤敬，這是一副當説話。到孟子又却説求放心，存心養性。《大學》則又有所謂格物致知，正心誠意。至程先生又專一發明一箇敬字。若只恁看，似乎參錯不齊，千頭萬緒，其實只一理。楊道夫曰：泛泛於文字間，祇覺得異，實下工則貫通之理始見。曰：然。只是就一處下工夫，則餘者皆兼攝在裏。聖賢之道如一室然，雖門户不同，自一處行來便入得，但恐不下工夫爾。因歎敬字工夫之妙，聖學之所以成始成終者皆由此。故曰脩己以敬，下面安人、安百姓皆由於此。只緣子路問不置，故聖人復以此答之。要之只是箇脩己以敬，則其事皆了。或曰：自秦漢以來，諸儒皆不識這敬字，直至程子方説得親切，學者知所用力。曰：程子説得如此親切了，近世程沙隨猶非之，以爲聖賢無單獨説敬字時，只是敬親、敬君、敬長，方着箇敬字，全不成説話。聖人説脩己以敬，曰敬而無失，曰聖敬日躋，何嘗不單獨説來？若説有君、有親、有長時用敬，則無君親無長之時，將不敬乎？○敬之一字，學者若能實用其力，則雖程子兩言之訓，猶爲剩語。如其不然，則言愈多，心愈雜，而所以病乎敬者益深矣。○敬不是萬慮休置之謂，只要隨事專一謹畏，不放逸耳。非專是閉目静坐，耳無聞，目無見，不接事物，然後爲敬。整齊收斂這身心，不敢放縱，便是敬。嘗謂敬字似甚字，恰似箇畏字相似。○敬只是收斂來。程夫子亦説敬，孔子説行篤敬，敬以直内，義以方外，聖賢亦是如此，只是工夫淺深不同。聖賢説得好，「人生而静，天之性也。感物而動，性之欲也。物至知知，然後好惡形焉。好惡無節於内，知誘於外，不能反躬，天理滅矣」。○爲學則自有箇大要，所以程子推出一箇敬字與學者説。要且將箇敬字收斂箇身心，放在模匣子裏面不走作了，然後逐事逐物看道。○學固不在乎讀書，然不讀書，則義理無由明。要知無事不要理會，無書不要讀。若不讀這一件書，便闕了這一件道理。不理會這一事，便闕這一事道理。要他底須着些精彩方得，然泛泛做又不得。故程先生教人以敬爲本，然後心定理明。孔子言「出門如見大賓，使民如承大祭」，也是散説要人敬。但敬便是箇關聚底道理。嘗愛古人説得「學有緝熙于光明」，此句最好。蓋心地本自光明，只被利欲昏了，今所以爲學者要令其光明處轉光明，所以下緝熙字。緝如緝麻之緝，連緝不已之意。熙則訓明字。心地光明，則此事有此理，此物有此理，自然見得。且如人心何嘗不光明，見他人做得是便道是，做得不是便知不是，何嘗不光明？然只是纔明便昏了。又有一種人自謂光明，而事事物物元不曾照見，似此光明亦不濟得事。○周先生只説「一者，無欲也」，然這話頭高，卒急難凑泊，尋常人如何便得無欲？故伊川只説箇敬字，教人只就這敬字上捱去，庶幾執捉得定，有箇下手處。縱不得，亦不至失。要之皆只要人於此心上見得分明，自然有得爾。然今之言敬者，乃皆裝點外事，不知直截於心上求功，遂覺累墜不快活，不若眼下於求放心處有功，則尤省力也。但此事甚易，只如此提惺，❶莫令昏昧，一二日便可見效，且易而省力，只在念不念之間耳，何難而不爲？○敬字前輩多輕説過了，唯程子看得重。人只是要求放心，何者爲心？只是箇敬。人纔敬時，這心便在身上了。○人之爲學，千頭萬緒，豈可無本領？此程先生所以有持敬之語，只是提撕此心，教他光明，則於事無不見，久之自然剛健有力。○程先生所以有功於後學者，最是敬之一字有力。人之心性，敬則常存，不敬則不存。○今人皆不肯於根本上理會，如敬字只是將來説，更不做將去。根本不立，故其他零碎工夫無湊泊處。明道、延平皆教人静坐，看來須是静坐。○問：敬者德之聚。曰：敬則德聚，不敬則都散了。○只敬則心便一。○敬只是此心自做主宰處。○敬是箇扶策人底物事，人當放肆怠惰時，纔敬便扶策得此心起。常常會恁地，雖有些放僻邪侈意思，也退聽。○敬不是只恁坐地，舉足動步，常要此心在這裏。○敬且定下，如東西南北各有去處，此爲根本，

❶「惺」，重修本作「醒」。

然後可明。若與萬物並流，則如眯目播糠，上下四方易位矣，如伊川說聰明睿知皆由是出。問：敬中有誠立明通道理。曰：然。○敬則天理常明，自然人欲懲窒消治。○人能存得敬，則吾心湛然，天理粲然，無一分着力處，亦無一分不着力處。○心走作不在此，便是放，夫人終日之間如是者多矣。博學、審問、謹思、明辯、力行，皆求之之道，也須是敬。○持敬之說不必多言，但熟味整齊，嚴肅、嚴威、儼恪，動容貌，整思慮，正衣冠，尊瞻視，此等數語，而實加工焉，則所謂直內，所謂主一，自然不費安排，而身心肅然，表裏如一矣。○問敬。曰：一念不存，也是間斷；一事有差，也是間斷。○問：敬何以用工？曰：只是內無妄思，外無妄動。○問：二程專教人持敬，持敬在主一，熟思之，若能每事加敬，則起居語嘿在規矩之內，久久精熟，有從心所欲不踰矩之理。顏子請事四者，亦只是持敬否？曰：學莫要於持敬，故伊川謂「敬則無己可克」，省多少事。然此事甚大，亦甚難，須是造次顛沛必於是，不可須臾間斷。如此方有功，所謂敏則有功。若還今日作，明日輟，放下了又拾起，幾時得見效？脩身、齊家、治國、平天下，都少箇敬不得，如湯之聖敬日躋，文王小心翼翼之類，皆是。只是他便與敬爲一，自家須用持著，稍緩則忘了。所以常要惺惺地，久之成熟，可知道從心所欲不踰矩，顏子止是持敬。○問：敬之一字初看似有兩體。一是主一無適，心體常存，無所走作之意。一是遇事小心謹畏，不敢慢易之意。近看得遇事小心謹畏，是心心念念常在這一事上，無多岐之惑，便有心廣體胖之氣象，此非主一無適而何？動而無二三之雜者，主此一也；静而無邪妄之念者，亦主此一也。主一蓋兼動静而言，静而無事，惟主於往來出入之息耳。未審然否？曰：謂主一兼動静而言，是也。出入之息，此句不可曉。○問主一。曰：做這一事，且做一事；做了這一事，却做那一事。今人做這一事未了，又要做那一事，心下千頭萬緒。○問：主一如何用工？曰：不當恁地問。主一只是主一，不必更於主一上問道理。如人喫飯喫了便飽，却問人如何是喫飯。先賢説得甚分明，也只得恁地説，在人自體認取，主一只是專一。○問：或人專守主一。曰：主一亦是。然程子論主一却不然，又要有用，豈是守塊然之主一？吕與叔問主一，程子云只是專一。今欲主一，而於事乃處置不下，則與程子所言自不同。○或謂：主一不是主一事，如一日萬機，須要並應。曰：一日萬機，也無並應底道理，須還他逐一件理會，但只是聰明底人却見得快。○問：閑邪則固一矣，主一則更不消言閑邪。曰：只是覺見邪在這裏，要去閑他，則這心便一了，所以説道閑邪則固一矣。既一則邪便自不能入，更不消説又去閑邪。恰如知得外面有賊，今夜須用防他，則便惺了。既惺了，不須更説防賊。○或問：閑邪主一如何？曰：主一似持其志，閑邪似無暴其氣。閑邪只是要邪氣不得入，主一則守之於内，二者不可有偏，此内外交相養之道也。○問：伊川云「主一之謂敬，無適之謂一」。又曰「人心常要活，則周流無窮而不滯於一隅」。或者疑主一則滯滯，則不能周流無窮矣。切謂主一，則此心便存，心存則物來順應，何有乎滯？曰：固是。然所謂主一者，何嘗滯於一事？不主一，則方理會此事，而心留於彼，這却是滯於一隅。又問：以大綱言之，有一人焉，方應此事未畢，而復有一事至，則當如何？曰：也須是做一件了，又理會一件，亦無雜然而應之理。但甚不得已，則權其輕重可也。○人有躁妄之病者，殆居敬之功有所未至，故心不能宰物，氣有以動志而致然耳。若使主一不二，臨事接物之際，真心現前，卓然而不可亂，則又安有此患哉？或謂子程子曰：「心術最難執持，如何而可？」程子曰：「敬。」又嘗曰：「操約者，敬而已矣。」惟其敬足以直内，故其義有以方外。義集而氣得所養，則夫喜怒哀樂之發，其不中節者寡矣。孟子論養吾浩然之氣，以爲集義所生，而繼之曰：「必有事焉，而勿正，心勿忘，勿助長也。」蓋又以居敬爲集義之本也。夫必有事焉者，敬之謂也，若曰「其心儼然，常若有所事」云爾。夫其心儼然肅然，常若有所事，則雖事物紛至而沓來，豈足以亂吾之知思？而宜不宜、可不可之幾，已判然於胸中矣。如此，則此心晏然，有以應萬物之變，而何躁妄之有哉？○問：下手工夫。曰：只是要收斂此心，莫要走作。若看見外面風吹草動，去看覷他，那得許多心去應他，便也是不收斂。問：莫是主一之謂敬。曰：主一是敬表德，只是要收斂處。宗廟只是敬處，朝廷只是嚴處，閨門只是和，便是持敬。○問：静時多爲思慮紛擾。曰：此只爲不主一，人心皆有此病。不如且將讀書程課繫縛此心，逐旋行去，到節目處自見功效淺深。大凡理只在人身中，不在外面，只爲人役役於不可必之利名，故本原固有者日加昏蔽，豈不可惜！○問：程子以敬教人，自言主一之謂敬，不之東又不之西，不之此又不之彼，如此則何時而不存，故近日又稍體究禮樂不可斯須去身之説。蓋禮則嚴謹，樂則和樂，兩者相須而后能，故明道先生既以敬教人，又自謂「於外事思慮儘悠悠」，又曰「既得後，便須放開，不然却只是守」。故謝子因之爲展托之論，又恐初學勢須把持，未敢便習展托，於斯二者孰從孰違？曰：二先生所論敬字，須該貫動静看方得。夫方其無事而存主不懈者，固敬也。及其應物而酬酢不亂者，亦敬也。故曰「毋不敬，儼若思」。又曰「事思敬，執事敬」。豈必以攝心坐禪而謂之敬哉？禮樂固必相須，然所謂樂者，亦不過謂胸中無事而自和樂耳，非是著意放開一路而欲其和樂也。然欲胸中無事，非敬不能，故程子曰「敬則自然和樂」，而周子亦以爲禮先而樂後，此可見也。既得後須放開，不然却只是守者，此言既自得之後，則自然心與理會，不爲禮法所拘而自中節也。若未能如此，則是未有所自得，纔方是守禮法之人爾。亦非謂既自得之，又却須放教開也。○問：敬而無失，則不偏不倚，斯能中矣。曰：説得慢了，只敬而無失，便不偏不倚，只此便是中。○問：敬而無失，莫是心純於敬，在思慮則無一毫之不敬，在事爲則無一事之不敬。曰：只是常敬，敬即所以中。○問：和靖論敬以整齊嚴肅，然專主於内。上蔡專於事上作工夫，故云敬是常惺惺法之類。曰：謝、尹二説難分内外，皆是自己心地工夫。事上豈可不整齊嚴肅，静處豈可不常惺惺乎？○問：主敬只存之於心，少寬四體，亦無害否？曰：心無不敬，則四體自然收斂，不待十分着意安排，而四體自然舒適。着意安排，則難久而生病矣。○今所謂持敬，不是將箇敬字做箇好物事樣，塞放懷裏，只要胸中常有此意，而無其名耳。○問：持敬患不能久，當如何下工夫？曰：某舊時亦曾如此思量，要得一箇直截道理。元來都無他法，只是習得熟，熟則自久。○問：先持敬，令此心惺惺了方可，應接事物何如？曰：不然。又問：須是去事物上求？曰：不然。若無事物時，不成須去求箇事物來理會。且無事物之時，要你做甚麽。○動出時也要整齊，平時也要整齊。問：乃是敬貫動静。曰：到頭底人，言語無不貫動静者。○問：敬通貫動静而言，然静時少，動時多，恐易得撓亂。曰：如何都静得？有事須着應。人在世間，未有無事時節。若事至前而自家却要主静，頑然不應，便是心都死了。無事時敬在裏面，有事時敬在事上，有事無事，吾之敬未嘗間斷也。且如應接賓客，敬便在應接上；賓客去後，敬又在這裏。若厭苦賓客而爲之心煩，此却是自撓亂，非所謂敬也。故程子説「學到專一時方好」，蓋專一則有事無事，皆是如此。程子此段，這一句是緊要處。○近世學者之病，只是合下欠却持敬工夫，所以事事滅裂。其言敬者，又只説能存此心，自然中理，至於容貌詞氣，往往全不加工。又況心慮荒忽，未必真能存得耶。程子言「敬必整齊嚴肅，正衣冠，尊瞻視爲先」，又言「未有箕踞而心不慢者」，如此乃是至論。○《答胡廣仲書》曰：「敬」之一字，真聖學始終之要。向來之論，謂必先致其知，然後有以用力於此，疑若未安。蓋古人由小學而進於大學，其於洒掃應對進退之間，持守堅定，涵養純熟，固已久矣。是以大學之序，特因小學已成之功，而以格物致知爲始。今人未嘗一日從事於小學，而曰必先致其知，然後敬有所施，則未知其以何爲主而格物以致其知也。故程子曰：「入道莫如敬，未有能致知而不在敬者。」又論敬云：「但存此久之，則天理明。」推而上之，凡古昔聖賢之言亦莫不如此者。試考其言而以身驗之，則彼此之得失見矣。○問：人如何發其誠敬，消其欲。曰：此是極處了。誠只是去了許多僞，敬只是去了許多怠慢，欲只是要窒。○誠、敬、寡欲，不可以次序做工夫。數者雖則未嘗不串，然其實各是一件事。不成道敬則欲自寡，却全不去做寡欲底工夫，則是廢了克己之功也。但恐一旦發作，又却無理會。譬如平日慎起居，節飲食，養得如此了，固是無病。但一日意外病作，豈可不服藥？敬只是養底工夫，克己是去病，須是俱到，無所不用其極。○敬如治田而灌溉之功，克己則是去其惡草也。○問：持敬與克己工夫。曰：敬是涵養操持不走作，克己則和根打併了，教他盡净。○問：且如持敬，豈不欲純一於敬？然自有不敬之念固欲與己相反，愈制則愈甚。或謂只自持敬，雖念慮妄發，莫管他，久將自定。還如此得否？曰：要之邪正本不對立，但恐自家胸中無箇主。若有主，邪自不能入。○問：嘗學持敬，讀書心在書，爲事心在事，如此頗覺有力。只是瞑目靜坐時，支遣思慮不去。或云只瞑目時，已是生妄想之端。讀書心在書，爲事心在事，只是收聚得心，未見敬之體。曰：靜坐而不能遣思慮，便是靜坐時不曾敬。敬只是敬，更尋甚敬之體？似此支離病痛愈多，更不做得工夫，只了得安排杜撰也。○大凡學者須先理會敬字。敬是立脚去處，常要自省得，纔省得便在此。或以爲此事最難。曰：患不省察爾。覺得間斷，便已接續，何難之有？操則存，舍則亡，只在操舍兩字之間。要之只消一箇操字，到緊要處，全不消許多文字言語。若此意成熟，雖操字亦不須用。○問：一向把捉，待放下，便覺恁衰颯，不知當如何？曰：這箇也不須只管恁地把捉，若要去把捉，又添一箇要把捉底心，是生許多事。若知得放下不好，便提掇起來，便是敬。曰：靜坐久之，一念不免發動，當如何？曰：也須看一念是要做甚麼事，若是好事合當做底事，須去幹了。或此事思量未透，須着思量教了。若是不好底事，便不要做。自家纔覺得如此，這敬便在這裏。○敬莫把做一件事看，只是收拾自家精神，專一在此。今看來學者所以不進，緣是但知說道格物，却於自家根骨上煞欠闕精神，意思都恁地不專一，所以工夫都恁地不精銳。未說道有甚底事分自家志慮，只是觀山玩水，也煞引出了心，那得似教他常在裏面好。如世上一等閑物事，一切都絶意，雖似不近人情，要之如此方好。○敬有死敬，有活敬。若只守着主一之敬，遇事不濟之以義，辯其是非，則不活。若熟後，敬便有義，義便有敬。静則察其敬與不敬，動則察其義與不義。如出門如見大賓，使民如承大祭，不敬時如何。坐如尸，立如齊，不敬時如何。須敬義夾持，循環無端，則内外透徹。○涵養須用敬，處事須是集義。○敬義只是一事。如兩脚立定是敬，纔行是義；合目是敬，開眼見物便是義。○方未有事時，只得説敬以直内。若事物之來，當辯别一箇是非，不成只管敬去。敬義不是兩事。○敬者，守於此而不易之謂；義者，施於彼而合宜之謂。○敬要回頭看，義要向前看。○問：讀《大學》已知綱目次第了，然大要用工夫，恐在敬之一字。前見伊川説「敬以直内，義以方外」處。曰：能敬以直内矣，亦須義以方外。能知得是非，始格得物。不以義方外，則是非好惡不能分别，物亦不可格。又問：恐敬立則義在其中，伊川所謂「弸諸中，彪諸外」是也。曰：雖敬立而義在也，須認得實方見得。今有人雖胸中知得分明，説出來亦是見得千了百當，及應物之時，顛倒錯謬，全是私意。亦不知聖人所謂敬義處，全是天理，安得有私意？○問持敬。曰：但因其良心發見之微，猛省提撕，使心不昧，則是做工夫底本領。本領既立，自然下學而上達矣。若不察於良心發見處，即渺渺茫茫，恐無下手處也。○問：主一工夫兼動静否？曰：若動静，收斂心神在一事上，不胡亂思想，東去西去，便是主一。又問：由敬可以至誠否？曰：誠自是真實，敬自是嚴謹。如今正不要如此看，但見得分曉了，便下工夫做將去。如整齊嚴肅，其心收斂，常惺惺數條，無不通貫。○或以此心不放動爲主敬之説。曰：主敬二字只恁地做不得，須是内外交相養。蓋人心活物，須是窮理。○問：敬先於知，然知至則敬愈分明。曰：此正如配義與道。○以身驗之，乃知伊洛拈出敬字，真是學問始終日用親切之妙。近與朋友商量，不若只於此處用力，而讀書窮理以發揮之，直到聖賢究竟地位，亦不出此。○《答何鎬書》曰：持敬之説甚善。但如所諭，則須是天資儘高底人，不甚假脩爲之力，方能如此。若顔、曾以下，尤須就視聽言動、容貌辭氣上做工夫。蓋人心無形，出入不定，須就規矩繩墨上守定，便自内外帖然。豈曰放僻邪侈於内，而姑正容謹節於外乎？且放僻邪侈，正與莊整齊肅相反。誠能莊整齊肅，則放僻邪侈決知其無所容矣。既無放僻邪侈，然後到得自然莊整齊肅地位，豈容易可及哉？此日用工夫至要約處，亦不能多談。請以一事驗之，儼然端莊，執事恭恪時，此心如何？怠惰頽靡，渙然不收時，此心如何？試於此審之，則知内外未始相離，而所謂莊整齊肅者，正所以存其心也。又曰：此心操之則存，而敬者所以操之之道也。今乃於覺而操之之際，指其覺者便以爲存，而於操之之道不復致力。此所以不惟立説之偏，而於日用工夫亦有所間斷而不周也。愚意竊謂正當就此覺處敬以操之，使之常存而常覺，是乃乾坤易簡交相爲用之妙。若便以覺爲存,而不加持敬之功,則恐一日之間存者無幾何,而不存者什八九矣。○劉黻因説學者先立心志爲難。曰:無許多事,只是一箇敬,徹上徹下,只是這箇道理。到剛健,便自然勝得許多物欲之私。温公謂人以爲如制悍馬,如幹盤石之難也。静而思之,在我而已。如轉户樞,何難之有?

性理大全書卷之四十七

學五

存養持敬 靜附

南軒張氏曰：持敬乃是切要工夫，然要將箇敬來治心則不可。蓋主一之所謂敬，敬是敬此也。只敬便在此。若謂敬爲一物，將一物治一物，非惟無益，而反有害。乃孟子所謂必有事焉，而正之，卒爲助長之病。以下論持敬。○誠者，天之道；敬者，人事之本。敬道之成，則誠而天矣。然則君子之學始終乎敬者也。人之有是心也，其知素具也。意亂而欲汩之，紛擾臬兀不得須臾以寧，而正理益以蔽塞，萬事失其統矣。於此有道焉，其惟敬而已乎？伊川先生曰：「主一之謂敬。」又曰：「無適之謂一。」夫所謂一者，豈有可玩而執者哉？無適乃一也，蓋不越乎此而已。嘗試於平居暇日深體其所謂無適者，則庶乎可識於言意之表矣。故儼若思，雖非敬之道，而於此時可以體敬焉。即是而存之，由是以察之，則事事物物不得遁焉。涵泳不舍，思慮將日以清明，而其知不蔽矣。知不蔽，則敬之意味無窮，而功用日新矣。天地之心，其在兹與？學者舍是而求入聖賢之門，難矣哉！至於所進有淺深，則存乎其人用力敏勇，與緩急之不同耳。○答潘叔昌曰：所謂思慮時擾之患，此最是合理會處。其要莫若主一，《遺書》中論此處甚多。須反復玩味，據目下看底意思用工。譬如汲井，漸汲漸清。如所謂未應事前，此事先在；既應之後，此事尚存。正緣主一工夫未到之故，須是思此事時，只思此事；做此事時，只做此事。莫教别底交互出來，久久自别。看時似乎淺近，做時極難。又曰：所諭收斂則失於拘迫，從容則失於悠緩，此學者之通患。於是二者之間，必有事焉，其惟敬乎？拘迫則非敬也，悠緩則非敬也。但當常存乎此，本原深厚，則發見必多。而發見之際，察之亦必精矣。若謂先識所謂一者，而後可以用力，則用力未篤。所謂一者，只是想象，何由意味深長乎？

勉齋黄氏曰：敬是束得箇虚靈知覺住。如火炬束得緊時，那燄頭直上，不束則散滅了。○主敬致知，兩事相爲經緯。但言敬而不能有所見者，恐亦於此有所未思耳。○持守之方，無出主敬。前輩所謂常惺惺法，已是將持敬人心胸内事模寫出了。更要去上面生支節，只恐支離，無緣脱灑。○問：前輩説主一無適，是説得已發時敬。如惺惺收斂，是説得未發時敬。曰：未須要辨未發已發，且就自家心一息之間，幾番已發未發，雖數千萬變，豈無可辨認？且如一箇大鏡相似，恁地光皎在這裏，人來照着便隨他賦形，人過去後，這光皎者自若。○敬是人之本體，人惟胡思亂想，便失了本然之體。恐懼警畏，正欲收拾他依元恁地。○人稟陰陽五行之氣以生，其爲是氣也，莫不各有是理。人得是氣以爲體，則亦具是理以爲性。又必有虛靈知覺者，存乎其間以爲心。事物未接，思慮未萌，虛靈知覺者感而遂通。一寂一感，而是理亦爲之寂感焉。使夫虛靈知覺者常肅然而不亂，炯然而不昏，則寂而理之體無不存，感而理之用無不行矣。惟夫虛靈知覺既不能不囿於氣，而又不能不動於欲也，則將爲氣所昏，爲欲所亂，而理之體用亦隨之而昏且亂矣。此敬之說所由以立也。虛靈知覺，我所有也。吾惟慢怠而無以檢之，則爲氣所昏，爲欲所亂矣。惕然悚然，常若鬼神父師之臨其上，常若深淵薄冰之處其下，則虛靈知覺者自不容於昏且亂矣。故嘗聞之先師曰：「敬字之說，惟畏爲近之。」誠能以所謂畏者驗之，則不昏不亂可見矣。曰：然則諸說之不同，何也？曰：惺惺者，不昏之謂也，主於一而不容一物撓亂之謂也。整齊嚴肅，則制於外以養其中也，是皆可以體夫敬之意矣。然而不昏不亂者，必先敬而後能如此。制於外以養其中者，必如此而後能敬。以之體敬之義，必欲真見夫所謂敬者，惟畏爲近之也。蓋畏即敬也，能敬則能整齊嚴肅，整齊嚴肅則能敬，能敬則不昏不亂矣。此朱子不得不取夫諸說以明夫敬，而又以畏字爲最近也。

北溪陳氏曰：程子謂「主一之謂敬，無適之謂一」，文公合而言之曰「主一無適之謂敬」，尤分曉。敬一字，從前經書説處儘多，只把做閑慢説過。到二程方拈出來，就學者做工夫處説，見得這道理尤緊切，所關最大。敬字本是箇虚字，與畏懼等字相似。今把做實工夫主意重了，似箇實物一般。○人心妙不可測，出入無時，莫知其鄉，惟敬便存在這裏。所謂敬者無他，只是此心常存在這裏，不走作，不散漫，常恁地惺惺便是敬。○上蔡所謂常惺惺，却是就心地上做工夫處，説得亦親切。蓋心常醒在這裏，便常惺惺恁地活，若不在便死了。心纔在這裏，則萬理森然於其中。古人謂敬德之聚，正如此。○《禮》謂「執虚如執盈，入虚如有人」。只就此二句體認持敬底工夫，意象最親切。且如人捧箇至盈底物，心若不在這上，纔移一步，便傾了。惟執之拳拳，心常在這上，雖行到那裏，也不傾倒。入虚如有人，雖無人境界，此心常嚴肅如對大賓然，此便是主一無適底意。○格物致知也須敬，正心誠意也須敬，齊家治國平天下也須敬。敬者，一心之主宰，萬事之根本。○程子説人心做工夫處，特注意此字。蓋以此道理貫動静，徹表裏，一始終，本無界限。閑静無事時也用敬，應事接物時也用敬。心在裏面也如此，動出外來做事也如此，初頭做事也如此，做到末梢也如此。此心常無間斷，纔間斷，便不敬。

西山真氏曰：伊川先生言「主一之謂敬」，又恐人未曉一字之義，又曰：「無適之謂一。」

適，往也。主於此事則不移於他事，是之謂無適也。主者，存主之義。伊川又云：「主一之謂敬，一者之謂誠。」主則有意，在學者用功，須當主於一。主者，念念守此而不離之意也。及其涵養既熟，此心湛然，自然無二無雜，則不待主而自一矣。不待主而自一，即所謂誠也。敬是人事之本，學者用功之要。至於誠，則達乎天道矣。此又誠敬之分也。○所謂主一者，静時要一，動時亦要一。平居暇日未有作爲，此心亦要主於一，此是静時敬。應事接物，有所作爲，此心亦要主於一，此是動時敬。静時能敬，則無思慮紛紜之患。動時能敬，則無舉措煩擾之患。如此，則本心常存而不失。爲學之要，莫先於此。○端莊静一，乃存養工夫。端莊，主容貌而言。静一，主心而言。蓋表裏交正之功，合而言之則敬而已。○二秦漢以下，諸儒皆不知敬爲學問之本。自程子始指以示人，而朱子又發明之極其切至。二先生有功於聖門，此其最大者也。○往昔百聖相傳，敬之一言實其心法。蓋天下之理惟中爲至正，惟誠爲至極。然敬所以中，不敬則無中也。敬而後能誠，非敬則無以爲誠也。氣之決驟軼於奔駟，敬則其銜轡也。情之横放甚於潰川，敬則其隄防也。故周子主静之言，程子主一之訓，皆其爲人最切者，而子朱子又丁寧反復之。學者倘於是而知勉焉，戒於思慮之未萌，恭於事物之既接，無少間斷，則德全而欲泯矣。

鶴山魏氏答張大監曰：敬字之義甚大，孔門説仁處，大抵多有敬意，如「四勿」「二如」之類是也。《左傳》「敬德之聚，能敬必有德」，此義極精。自聖學不傳，人多以擎跽曲拳正坐拱嘿之類爲敬。至周程以後，如「誠」字、「敬」字、「仁」字，方得聖賢本指。其所謂主一無適之謂敬，此最精切。

魯齋許氏曰：聖人之心如明鏡止水，物來不亂，物去不留。用工夫主一也，主一是持敬也。○東萊嘗云：「南軒言心在焉，則謂之敬。」且如方對客談論，而他有所思，雖思之善，亦不敬也。才有間斷，便是不敬。

臨川吴氏曰：《易》《書》《詩》《禮》之言敬者非一。及夫子答子路之問，則其辭重以專，而子路莫之悟也。再問三問，意若有所不足，聖人語以堯舜猶病，雖能已其問，而子路猶未悟也。嗚呼！子路聖門高第弟子也，果於從人，勇於治己，當時許其升堂，後人尊之爲百世之師，親承脩己以敬之誨於夫子，而未能心受也，況後聖人千數百載而掇拾其遺言者乎？伊洛大儒，嗣聖傳於已絶，提敬之一字爲作聖之梯階，漢唐諸儒所不得而聞也。新安大儒繼之，直指此爲一心之主宰，萬事之本根，❶其示學者切矣。夫人之一身，心爲之主。人之一心，敬爲之主。主於敬，則心常虚。虚者，物不入也。主於敬，則心常實。實者，我

❶ 「本根」，四庫本作「根本」。

不出也。敬也者，當若何而用力耶？必有事焉，非但守此一言而可得也。○仁義禮智之得於天者，謂之德。是德也，雖同得於有生之初，而或失於有生之後。能得其所得而不失者，君子也。蓋德具於心者也，欲不失其心，豈有他術哉？敬以持之而已矣。昔子路問君子，夫子以脩己以敬爲答。敬也者，所以成君子之德也。堯舜禹之欽，即敬也。傳之於湯，爲日躋之敬。傳之於文王，爲緝熙之敬。夫子脩己以敬之言，傳自堯、舜、禹、湯、文王，而傳之於顔、曾、子思、孟子者也。至于程子遂以敬字該聖功之始終，敬之法，主一無適也。學者遽聞主一無適之説。儻未之能，且當由謹畏入。事事知所謹，而於所不當爲者有不肯爲。念念知所畏，而於所不當爲者有不敢爲。充不肯爲、不敢爲之心而進退焉。凡事主於一而不二乎彼，凡念無所適而專在乎此，程子敬字之法不過如是。敬則心存，心存而一靜一動皆出於正。仁義禮智之得於天者，❶庶其得於心而不失矣乎！

程子曰：惟静者可以爲學。以下論静。○學者患心慮紛亂，不能寧静，此則天下公病。學者只要立箇心，此上頭儘有商量。○尹和靖、孟敦夫、張思叔侍坐，伊川指面前水盆語曰：清静中一物不可著，纔著物便摇動。

---

❶「天」，重修本作「心」。

張子曰：静有言得大處，有小處。如仁者静，大也。静而能慮，則小也。始學者亦要静以入德，至成德亦只是静。

上蔡謝氏曰：近道莫如静，齋戒以神明其德，天下之至静也。

延平李氏《答朱元晦書》曰：❶某曩時從羅先生學問，終日相對静坐，只説文字，未嘗及一雜語。先生極好静坐，某時未有知，退入室中，亦只静坐而已。先生令静中看喜怒哀樂未發之謂中，未發時作何氣象。此意不唯於進學有力，兼亦是養心之要。

朱子曰：明道教人静坐，李先生亦教人静坐。蓋精神不定，則道理無湊泊處。又云：須是静坐，方能收斂。○静坐無閑雜思慮，則養得來，便條暢。○或問：不拘静坐與應事皆要專一否？曰：静坐非是要如坐禪入定，斷絶思慮，只收斂此心，莫令走作閑思慮，則此心湛然無事，自然專一。及其有事，則隨事而應。事已，則復湛然矣。不要因一事而惹出三件兩件，如此則雜然無頭項，何以得他專一？只觀文王「雝雝在宫，肅肅在廟。不顯亦臨，無射亦保」，便可見敬只是如此。古人自少小時，便做了這工夫，故方其洒掃時加帚之禮，至於學詩、學樂舞、學弦誦，皆要專一。且如學射時，心若不在，何以能中？學御時，心若

❶「元晦」，重修本作「晦翁」。

不在，何以使得他馬？書數皆然。今既自小不曾做得，不奈何須着從今做去方得。若不做這工夫，却要讀書看義理，恰似要立屋無基地，且無安頓屋柱處。今且説那營營底心會與道理相入否？會與聖賢之心相契否？今求此心，正爲要立箇基址，得此心光明有箇存主處，然後爲學便有歸着不錯。若心雜然昏亂，自無頭當，却學從那頭去，又何處是收功處？故程先生須令就敬字上做工夫，正爲此也。○人也有静坐無思念底時節，也有思量道理底時節，豈可畫爲兩途説？静坐時與讀書時，工夫迥然不同。當静坐涵養時，正要體察思繹道理，只此便是涵養。不是説唤醒提撕，將道理去却那邪思妄念，只自家思量道理時，自然邪念不作。言忠信，行篤敬，立則見其參於前，在輿則見其倚於衡，只是常常見這忠信篤敬在眼前，自然邪妄無自而入。非是要存這忠信篤敬，去除那不忠不敬底心。今人之病，正在於静坐讀書時，二者工夫不一，所以差。○問：存養多用静否？曰：不必然。孔子却都就用處，教人做工夫。今雖説主静，然亦非棄事物以求静。既爲人，自然用事君親，交朋友，撫妻子，御僮僕，不成捐棄了，只閉門静坐。事物之來，且曰候我存養，又不可只茫茫隨他事物中走，二者須有箇思量倒斷始得。頃之復曰：動時，静便在這裏。動時也有静，順理而應，則雖動亦静也。故曰：「知止而後有定，定而後能静。」事物之來，若不順理而應，則雖塊然不交於物以求静，心亦不能得静。惟動時能順理，則無事時能静。静時能存，則動時得力。須是動時也做工夫，静時也做工夫，兩莫相靠，使工夫無間斷始得。若無間斷，静時固静，動時心亦不動，動亦静也。若無工夫，則動時固動，静時雖欲求静，亦不可得而静，静亦動也。動静如船之在水，潮至則動，潮退則止；有事則動，無事則静。一云：事來則動，事過了静。如潮頭高，船也高；潮頭下，船也下。雖然，動静無端，亦無截然爲動爲静之理。如人之氣吸則静，噓則動。又問答之際，答則動也，止則静矣。凡事皆然。且如涵養致知，亦何所始？但學者須自截從一處做去。程子謂學莫先於致知，是知在先。又曰未有致知而不在敬者，則敬也在先。從此推去，只管恁地。○心於未遇事時，須是静，及至臨事方用，便有氣力。如當静時不静，思慮散亂，及至臨事已先倦了。伊川解静專處云「不專一，則不能直遂」。閑時須是收斂定，做得事便有精神。○心要精一。方静時，須湛然在此，不得困頓，如鏡樣明，遇事時方好。心要收拾得緊，如顔子請事斯語，便直下承當，及犯而不校，却别。○静便定，熟便透。○静爲主，動爲客。静如家舍，動如道路。○静中動，起念時。動中静，是物各付物。○人身只有箇動静。静者，養動之根。動者，所以行其静。動中有静，如發而皆中節處，便是動中之静。○問：動静兩字，人日間静時煞少，動時常多。曰：若聖人動時亦未嘗不静，至衆人動時却是膠擾亂了。如今人欲爲一事，未嘗能專此一事，處之從容不亂。其思慮之發，既欲爲此，又欲爲彼，此是動時却無那静也。○爲人君，止於仁；爲人臣，止於敬。止於仁敬者，静也。要止於仁與敬者，便是動。只管是一動一静，循環無端，所以謂「動極復静，静極復動」。如人嘘吸，若嘘而不吸則須絶，吸而不嘘亦必壅滯著不得。嘘者，所以爲吸之基。尺蠖之屈，以求信也。龍蛇之蟄，以存身也。精義入神，以致用也。利用安身，以崇德也。大凡這箇都是一屈一信，一消一息，一往一來，一闔一闢。大底有大底闔闢消息，小底有小底闔闢消息，皆只是這道理。○問：伊川嘗教人静坐，如何？曰：亦是他見人要多思慮，且以此教人收拾此心耳。若初學者亦當如此。○主敬存養，雖説必有事焉，然未有思慮作爲，亦静而已。所謂静者，固非槁木死灰之謂。而所謂必有事者，亦豈求中之謂哉？○《答吴伯豐書》曰：學問臨事不得力，固是静中欠却工夫。然欲舍動求静，又無此理。蓋人之身心，動静二字循環反覆，無時不然。但常存此心，勿令忘失，則隨動隨静，無處不是用力處矣。○明道在扶溝時，謝、游諸公皆在彼問學。明道一日曰：「諸公在此，只是學某説話，何不去力行？」二公云：「某等無可行者。」明道曰：「無可行時，且去静坐。」蓋静坐時，便涵養得本原稍定。雖是不免逐物，及自覺而收斂歸來，也有箇着落。譬如人出外去，才歸家時，便自有箇着身處。若是不曾存養得箇本原，茫然逐物在外，便要收斂歸來，也無箇着身處也。○伊川見人静坐，如何便歎其善學？曰：這却是一箇總要處。○問：而今看道理不出，只是心不虚静否？曰：也是不曾去看。

會看底就看處自虚静，這箇互相發。○問汪長孺所讀何書，長孺誦《大學》所疑。曰：只是輕率。公不惟讀聖賢之書如此，凡説話及論人物亦如此，只是不敬。又云：長孺氣粗，故不子細，爲今工夫須要静，静多不妨。今人只是動多了静，静亦自有説話。程子曰：「爲學須是静。」又曰：「静多不妨。」才静事都見得，然總亦只是一箇敬。○問：初學精神易散，静坐如何？曰：此亦好，但不專在静處做工夫，動作亦當體驗。聖賢教人，豈專在打坐上？要是隨處着力，如讀書，如待人處事，若動若静，若語若默，皆當存此。無事時只合静心息念，且未説做他事，只自家心如何令把捉不定，恣其散亂走作，何有於學？孟子謂：「學問之道無他，求其放心而已矣。」不然，精神不收拾，則讀書無滋味，應事多齟齬，豈能求益乎？○問：伯羽如何用功？曰：且學静坐，痛抑思慮。曰：痛抑也不得，只是放退可也。若全閉眼而坐，却有思慮矣。又言：也不可全無思慮，無邪思耳。○問滕德粹近作何工夫。德粹云：静坐而已。曰：横渠云：「言有教，動有法，晝有爲，宵有得，息有養，瞬有存。」此語極好。君子終日乾乾，不可食息閑，亦不必終日讀書，或静坐存養亦是。天地之生物，以四時運動，春生夏長，固是不息。及至秋冬凋落，亦只藏於其中，故明年復生。若使至秋冬已絶，則來春無緣復有生意。學者常唤令此心不死，則日有進。○問：武侯寧静致遠之説。曰：静便養得根本深固，自可致遠。○問：宋傑尋常覺得資質昏愚，但持敬，則此心虚静，覺得好。若敬心稍不存，則裏面固是昏雜，而發於外亦鶻突，所以專於敬，而無失上用功。曰：這裏未消説敬與不敬在。蓋敬是第二節事，而今便把來夾雜説，則鶻突了，愈難理會。如且只要識得那一是一，二是二。便是虛静，也要識得這物事；不虛静，也要識得這物事。如未識得這物事時，則所謂虛静亦是箇黑底虛静，不是白底虛静。而今須是要打破那黑底虛静，换做箇白净底虛静，則八窗玲瓏，無不融通。不然，則守定那裏底虛静，終身黑淬淬地，莫之通曉也。○問：每日暇時，略静坐以養心，但覺意自然紛起，要静越不静。曰：程子謂：「心自是活底物事，如何窒定教他不思，只是不可胡亂思。」纔着箇要静底意思，便是添了多少思慮。且不要恁地拘迫他，須自有寧息時。又曰：要静，便是先獲，便是助長，便是正。○問：延平先生静坐之説如何？曰：這事難説。静坐理會道理自不妨，只是討要静坐則不可。理會得道理明透，自然是静。今人都是討静坐以省事，則不可。蓋心下熱鬧，如何看得道理出？須是静方看得出。所謂静坐只是打疊得心下無事，則道理始出，道理既出，則心下愈明静矣。

勉齋黄氏曰：寂然不動，心之體也。事物未接，思慮未萌，湛然純一，如水之止，如衡之平，則其本静矣。蔽交於前，其中則遷，情欲熾而益蕩，感物而動者既失其節，寂然不動者亦且紛紜膠擾而不能以頃刻寧。動静相因，展轉迷亂，天理日微，人欲日肆矣。故主静者所以制乎動，無欲者所以全乎静。此周子之意，而亦有所自來也。「艮其背，不獲其身；行其庭，不見其人」，主乎静也。旦晝之梏亡，則夜氣不足以存，無欲則静也。

問：程子云「静後見萬物皆有春意」如何，此還是指聖賢而言否？潛室陳氏曰：觀物内會，静者能之。固是聖賢如此，吾人胸次豈可不見此境界？静却不分聖賢。

省　察

程子曰：人爲不善於幽隱之中者，謂人莫己知也。而天理不可欺，何顯如之？或曰：是猶楊震所謂四知者乎？曰：幾矣。雖然，人我知之，猶有分也，天地則無二知也。○尸居却龍見，淵默却雷聲。○妄動由有欲。妄動而得者，其必妄動而失，一失也。其得之，必失之，二失也。况有凶咎隨之乎。是故妄得之福，災亦隨焉；妄得之得，失亦繼焉。苟或知此，亦庶幾乎不由欲而動矣！○學始於不欺闇室。

張子曰：求養之道，心只求是而已。蓋心弘則是，不弘則不是。心大則百物皆通，心小則百物皆病。悟後心常弘，觸理皆在吾術内，覩一物又敲點着此心，臨一事又記着此心，常不爲物所牽引去，視燈燭亦足以警道。大率因一事，長一智，只爲持得術博，凡物常不能出博大之中。○慎喜怒，此只矯其末，而不知治其本，宜矯輕警惰。

廣平游氏曰：曾子云「三省其身」，若夫學者之所省，又不止此。事親有不足於孝，事長有不足於敬歟？行或愧於心，而言或浮於行歟？慾有所未窒，而忿有所未懲歟？推是類而日省之，則曾子之誠身，庶乎可以跂及矣。○人所不睹，可謂隱矣。而心獨見之，不亦見乎？人所不聞，可謂微矣。而心獨聞之，不亦顯乎？知莫見乎隱，莫顯乎微，而不能慎獨，是自欺也，其離道遠矣！

和靖尹氏曰：莫大之禍起於須臾之不忍，不可不謹。

延平李氏曰：凡蹈危者慮深而獲全，居安者患生於所忽，此人之常情也。

朱子曰：要知天之與我者，只如孟子説：「無惻隱之心，非人也。無羞惡之心，非人也。無是非之心，非人也。無辭讓之心，非人也。」今人非無惻隱、羞惡、是非、辭讓發見處，只是不省察了。若於日用間試省察，此四端者分明迸贇出來，就此便操存涵養將去，便是下手處。只爲從前不省察了，此端纔見，又被物欲汩了。所以秉彝不可磨滅處雖在，而終不能光明正大，如其本然。○就日用間實下持敬工夫，求取放心，然後却看自家本性元是善與不善，自家與堯舜元是同與不同。若信得及，意思自然開明，持守亦不費力矣。○道體流行，初無間斷，是以無所不致其戒懼，非謂獨戒懼乎隱微，而忽略其顯著也。○天下之事，非艱難多事之可憂，而宴安酖毒之可畏，政使功成治定，無一事之可爲，尚當朝兢夕惕，居安慮危，而不可以少怠。○審微於未形，御變於將來，非知道者孰能。○人不自知其病者，是未嘗去體察警省也。○古人瞽史誦詩之類，是規戒警誨之意。有時不然，便被他恁地炒，自是使人住不着。大抵學問須是警省。○今説求放心，吾輩却要得此心主宰得定，方賴此做事業。如《中庸》説「天命之謂性」，即此心也；「率性之謂道」，亦此心也；「脩道之謂教」，亦此心也。以至於致中和，贊化育，亦只此心也。致知即心知也，❶格物即心格也，克己即心克也。非禮勿視聽言動，勿與不勿，只争毫髪地爾。所以明道説：「聖賢千言萬語，只是欲人將已放之心收拾入身來，自能尋向上去。」今且須就心上做得主定，方驗得聖賢之言有歸着，自然有契。如《中庸》所謂尊德性，致廣大，極高明，蓋此心本自如此廣大，但爲物欲隔塞，故其廣大有虧。本自高明，但爲物欲係累，故於高明有蔽。若能常自省察警覺，則高明廣大者常自若，非有所增損之也。其道問學、盡精微、道中庸等工夫，皆自此做，儘有商量也。若此心上工夫，則不待商量賭當，即今見得如此，則更無閑時。行時，坐時，讀書時，應事接物時，皆有着力處。大抵只要見得，收之甚易而不難也。○學者須是求放心，然後識得此性之善。人性無不善，只緣自放其心，遂流於惡。天命之謂性，即天命在人，便

❶「心知」，重修本作「心致」。

無不善處。發而中節亦是善，不中節便是惡。人之一性完然具足，二氣五行之所稟賦，何嘗有不善？人自不向善上去，兹其所以爲惡爾。韓愈論孟子之後不得其傳，只爲後世學者不去心上理會。堯舜相傳，不過論人心道心、精一執中而已。天下只是善惡兩端。譬如陰陽在天地間，風和日暖，萬物發生，此是善底意思。及群陰用事，則萬物彫瘁，惡之在人亦然。天地之理固是抑遏陰氣，勿使常勝。學者之於善惡，亦要於兩夾界處攔截分曉，勿使纖惡間絶善端。動静日用，時加體察持養，久之自然成熟。〇許多言語雖隨處説得有淺深大小，然而下工夫只一般。如存其心與持其志，亦不甚争。存其心，語雖大却寬；持其志，語雖小却緊。只持其志，便收斂；只持其志，便内外肅然。又曰：持其志，是心之方漲處便持着。〇問存心。曰：非是别將事物存心。一云非是活捉一物來存着。孔子曰：「居處恭，執事敬，與人忠」，便是存心之法。如説話覺得不是，便莫説。做事覺得不是，便莫做。亦是存心之法。〇静中私意横生，此學者之通患。能自省察至此，甚不易得。此當以敬爲主，而深察私意之萌多爲何事，就其重處痛加懲窒，久之純熟，自當見效。不可計功於旦暮，而多爲説以亂之也。〇文字講説得行，而意味未深者，正要本源上加功，須是持敬，持敬以静爲主。此意須要於不做工夫時頻頻體察，久而自熟。但是着實自做工夫，不干别人事。「爲仁由己，而由人乎哉！」此語的當，更看有何病痛。知有此病，必去其病，此便是療之之藥。如覺言語多，便用簡默。意思踈闊，便加細密。覺得輕浮淺易，便須深沉重厚。程先生所謂矯輕警惰，蓋如此。○人有此心，便知有此身。人昏昧不知有此心，便如人困睡，不知有此身。人雖困睡，得人喚覺，則此身自在。心亦如此，方其昏蔽，得人警覺，則此心便在這裏。○學者工夫只在喚醒上。問：人放縱時，自去收斂，便是喚醒否？曰：放縱只爲昏昧之故，能喚醒，則自不昏昧。不昏昧，則自不放縱矣。○心只是一箇心，非是以一箇心治一箇心。所謂存，所謂收，只是喚醒。○人心常炯炯在此，則四體不待羈束而自入規矩。只爲人心有散緩時，故立許多規矩來維持之。但常常提警教身入規矩內，則此心不放逸而炯然在矣。心既常惺惺，又以規矩繩檢之，此内外交相養之道也。○心不專静純一，故思慮不精明。要須養得此心，令虛明專静，使道理從裏面流出便好。問：何以能如此，莫只在静坐否？曰：自去檢點，且一日間試看此幾箇時在内，幾箇時在外。小説中載趙公以黑白豆記善惡念之起，此是古人做工夫處。如此檢點則自見矣。○李先生嘗云人之念慮若是於顯然過惡萌動，此却易見易除。却怕於匹似閑底事爆起來，纏繞思念，將去不能除，此尤害事。某向來亦是如此。○問：凡人之心不存則亡，而無不存不亡之時。故一息之頃，不加提省之力，則淪於亡而不自覺。天下之事不是則非，而無不是不非之處。故一事之微，不加精察之功，則陷於惡而不自知。近見如此，不知如何？曰：道理固是如此，然初學後亦未能便如此也。○問：進德之方。曰：大率要脩身窮理。若脩身上未有工夫，亦無窮理處。又問：脩身如何？曰：且先收放心。如心不在，無下手處，要去體察你平日用心是爲己爲人。若讀書計較利禄，便是爲人。○問：發於思慮，則有善不善，看來不善之發有二，有自思慮上不知不覺自發出來者，有因外誘然後引動此思慮者。閑邪之道，當無所不用其力，於思慮上發時，便加省察，更不使形於事爲。於物誘之際，又當於視聽言動上理會取，然其要又只在持敬。惟敬則身心内外肅然，交致其功，則自無二者之病。曰：謂發處有兩端固是。然畢竟從思慮上發者，也只是外來底。天理渾是一箇。只不善，便是不從天理出來；不從天理出來，便是出外底了。視聽言動，該貫内外，亦不可謂專是外面功夫。若以爲在内自有一件功夫，在外又有一件功夫，則内外支離，無此道理。須是誠之於思，守之於爲，内外交致其功可也。○問：人之手動足履，須還是都覺得始得。看來不是處，都是心不在後，挫過了。曰：須是見得他合當是恁地。問：立則見其參於前，在輿則見其倚於衡，只是熟後自然見得否？曰：也只是隨處見得那忠信篤敬，是合當如此。又問：舊見《敬齋箴》中云「擇地而蹈，折旋蟻封」。遂欲如行步時，要步步覺得他移動。要之無此道理，只是常常提撕。曰：這箇病痛，須一一識得方得。且如事父母，方在那奉養時，又自著注脚解説道，這箇是孝。如事兄長，方在那順承時，又自著注脚解説道，這箇是弟，便是兩箇了。問：只是如事父母，當勞苦有倦心之際，却須自省覺説這箇是當然。曰：是如此。○問：居常苦私意紛擾，雖即覺悟而痛抑之，然竟不能得潔静不起。曰：惟其此心無主宰，故爲私意所勝。若常加省察，使良心常在，見破了這私意只是從外面入。縱饒有所發動，只是以主待客，以逸待勞，自家這裏亦容他不得。此事須是平日着工夫，若待他起後方省察，殊不濟事。○問：不敬之念，非出於心。如忿慾之萌，學者固當自克，雖聖賢亦無如之何。至於思慮妄發，欲制之而不能。曰：纔覺恁地，自家便挈起了，但莫先去防他。然此只是自家見理不透，做主不定，所以如此。《大學》曰：「物格而后知至，知至而后意誠。」纔意誠，則自然無此病。○問：横渠先生謂范巽之云：「吾輩不及古人，病源何在？」巽之請問，横渠云：「此非難悟。設此語者，蓋欲學者存意之不妄，庶游心浸熟，有一日脱然如大寐之得醒耳。」曰：横渠先生之意，正要學者將此題目時時省察，使之積久貫熟而自得之耳，非謂只要如此説殺也。○或曰：每常處事，或思慮之發，覺得發之正者心常安，其不正者心常不安。然義理不足以勝私欲之心，少間安者却容忍，不安者却依舊被私欲牽將去。及至事過，又却悔，悔時依舊是本心發處否？曰：然。只那安不安處，便是本心之德。孔子曰：「志士仁人無求生以害仁，有殺身以成仁。」求生如何便害仁，殺身如何便成仁，只是箇安與不安而已。又曰：不待接事時，方流入於私欲；只那未接物時，此心已自流了。須是未接物時，也常剔抉此心，教他分明，少間接事便不至於流。上蔡解「爲人謀而不忠」云：「爲人謀而忠，非特臨事而謀。至於平居静慮，思所以處人者，一有不盡，則非忠矣。」此雖於本文説得來太過，然却如此。今人未到，爲人謀時方不忠。只平居静慮閑思念時，便自懷一箇利便於己，將不好處推與人之心矣。須是於此處常常照管得分明，方得。○問：於私欲未能無之。但此意萌動時，却知用力克除，覺方寸累省頗勝前日，更當如何？曰：此只是强自降伏。若未得天理純熟，一旦失覺察，病痛出來，不可知也。問：五峰所謂天理、人欲同行異情，莫須這裏要分别否？曰：同行異情，只如飢食渴飲等事，在聖賢無非天理，在小人無非私慾，所謂同行異情者如此。此事若不曾尋著本領，只是説得他名義而已。説得名義儘分曉，❶畢竟無與我事，須就自家身上實見得私欲萌動時如何，天理發見時如何，其間正有好用功夫處。蓋天理在人，亘古今而不泯，選甚如何蔽錮？而天理常自若，無時不自私意中發出，但人不自覺。正如明珠大貝混雜沙礫中，零零星星逐時出來，但只於這箇道理發見處，當下認取，打合零星，漸成片段。到得自家好底意思，日長月益，則天理自然純固。

❶「名」，原作「明」，今據重修本改。

向之所謂私欲者，自然消靡退散，❶久之不復萌動矣。若專務克治私欲，而不能充長善端，則吾心所謂私欲者日相鬭敵，縱一時按伏得下，又當復作矣。初不道隔去私意後，别尋一箇道理主執而行，纔如此，又只是自家私意。只如一件事見得如此爲是，如此爲非，便從是處行將去，不可只恁休。誤了一事，必須知悔，只這知悔處，便是天理。孟子説「牛山之木」，既曰「若此其濯濯也」，又曰「萌蘖生焉」，既曰「旦晝梏亡」，又曰「夜氣所存」。如説「求放心」，心既放了，如何又求得？只爲這些道理根於一性者，渾然至善，故發於日用者，多是善底道理。只要人自識得，雖至惡人亦只患他頑然不知省悟，若心裏稍知不穩，便從這裏改過，亦豈不可做好人？孟子曰：「人之所以異於禽獸者幾希，庶民去之，君子存之。」去只是去著這些子，存只是存得這些子，學者所當深察也。

吴晦叔言省克二字不可廢，南軒張氏曰：然。纔省了便克，既克了又省，當如循環然。

范陽張氏曰：一念之善，則天神地祇，祥風和氣，皆在于此。一念之惡，則妖星癘鬼，凶荒札瘥，皆在于此。是以君子慎其獨。

象山陸氏曰：人之資稟不同，有沉滯者，有輕揚者。古人有韋弦之義，固當自覺，不待

❶「靡」，重修本作「磨」。

人言。但有恣縱而不能自克者，有能自克而用功不深者。○念慮之正不正，在頃刻之間。念慮之不正者，頃刻而知之，即可以正。念慮之正者，頃刻而失之，即是不正。此事皆在其心。《書》曰：「惟聖罔念作狂，惟狂克念作聖。」

勉齋黄氏曰：理義之精微，心術之隱奥，所差甚微。而天理人欲之分，君子小人之判，自此而決，不可不察也。

魯齋許氏曰：凡事一一省察，不要逐物去了。雖在千萬人中，常知有己。此持敬大略也。○日用間若不自加提策，則怠惰之心生焉。怠惰心生，不止於悠悠無所成，而放僻邪侈隨至矣。○耳目聞見與心之所發，各以類應，如有種焉。今日之所出者，即前日之所入也。同聲相應，同氣相求，未嘗少差，不可不慎也。○庸人之目，見利而不見害，見得而不見失，以縱情極欲爲益己，以存心養性爲桎梏，不喪德殞身而不已。惟君子爲能見微而知著，遏人欲於將萌。

臨川吴氏曰：夫易以溺人污人者，色與貨也。非禮非義之事，雖甚不良之人，往往畏人之知而不敢肆。苟人所不知之地，一時不勝其利欲之私，則於所不當爲，能保其不爲之乎？若顔叔子之達旦秉燭，若楊伯起之暮夜却金，若司馬君實、趙閲道之所爲，無一不可與人言，無一不可與天知，真能慎獨者也。

性理大全書卷之四十八

學　六

知　行言行附

程子曰：須是識在所行之先。譬如行路，須得光照。○力行先須要知，非特行難，知亦難也。○君子以識爲本，行次之。今有人焉，力能行之，而識不足以知之，則有異端者出，彼將流蕩而不知反。內不知好惡，外不知是非，雖有尾生之信，吾弗貴矣。○如眼前諸人要特立獨行，煞不難得，只是要一箇知見難，人只被這箇知見不通透。人謂要力行，亦只是淺近語。人既能知見，豈有不能行？一切事皆所當爲，不必待着意做。纔着意做，便是有箇私心，這一點意氣能得幾時子？○始於致知，智之事也。行所知而極其至，聖之事也。○古之言知之非艱者，吾謂知之亦未易也。今有人欲之京師，必知所出之門，所由之道，然後可往。未嘗知也，雖有欲往之心，其能進乎？後世非無美材能力行者，然鮮能明道，蓋知之者難也。○未有知之而不能行者。謂知之而未能行，是知之未至也。○能明善，斯可謂明也已。能守善，斯可謂誠也已。○學者識得仁體，實有諸己，只要義理栽培。如求經義，皆栽培之意。○問：學者於聖人之門，非願其有異也，惟其不能知之，是以流於不同，敢問持正之道。曰：知之而後可守，無所知，則何所守也？故學莫先乎致知。窮理格物，則知無不盡，知之既盡，則守無不固。○問：致知力行，其功並進乎？曰：人謂非禮勿爲，則必强勉而從之。至於言穿窬不可爲，不必强勉而後能也。故知有淺深，則行有遠近，此進學之效也。循理而至於樂，則己與理一，殆非勉强之可能也。

張子曰：尊其所聞則高明，行其所知則光大。凡未理會至實處，如空中立，終不曾踏着實地。○盡得天下之物，方要窮理。窮得理，又須要實到。孟子曰：「萬物皆備於我矣，反身而誠，樂莫大焉。」實到其間，方可言知。未知者，方且言識之而已。既知之，又行之惟艱。萬物皆備於我矣，又却要强恕而行，求仁爲近。

和靖尹氏曰：觀理須要通會得一件，便與行一件。

朱子曰：學之之博，未若知之之要。知之之要，未若行之之實。○知行常相須，如目無足不行，足無目不見。論先後，知爲先；論輕重，行爲重。○論知之與行，曰：方其知之，而行未及之，則知尚淺。既親歷其域，則知之益明，非前日之意味。○聖賢説知，便説行，《大學》說「如切如磋，道學也」，便說「如琢如磨，自脩也」。《中庸》說學問思辨，便說篤行。顏子說博我以文，謂致知格物；約我以禮，謂克己復禮。○致知力行，用功不可偏。偏過一邊，則一邊受病。如程子云：「涵養須用敬，進學則在致知。」分明自作兩脚說。○問：須是先知後行否？曰：不成未明理，便都不持守了。且如曾點與曾子便是兩箇樣子，曾點便是理會得底，而行有不揜；曾子便是合下持守，旋旋明理到一唯處。○聖賢千言萬語，只是要知得守得。○學者以玩索踐履爲先。又曰：操存與窮格，不解一上做了。如窮格工夫，亦須銖積寸累，工夫到後，自然貫通。若操存工夫，豈便能常操？其始也操得一霎，旋旋到一食時，或有走作，亦無如之何。能常常警覺，久久自能常存，自然光明矣。○操存涵養，則不可不緊。進學致知，則不可不寬。○涵養中自有窮理工夫，窮其所養之理；窮理中自有涵養工夫，養其所窮之理。兩項都不相離，纔見成兩處便不得。○思索義理，涵養本原。○所謂窮理，大底也窮，小底也窮，少間都成一箇物事。所謂持守者，人不能不牽於物欲，纔覺得便收將來，久之自然成熟，非謂截然今日爲始也。○人之爲學，如今雨下相似。雨既下後到處濕潤，其氣易得蒸鬱，纔略晴，被日頭略照，又蒸得雨來。前日亢旱時，只緣久無雨下，四面乾枯，縱有些少都滋潤不得，故更不能蒸鬱得成。人之於義理，若見得後，又有涵養底工夫，日日在這裏面，便意思自好，理義也容易得見，正如雨蒸鬱得成後底意思。

若是都不去用力，日間只恁悠悠，都不曾有涵養工夫。設或理會得些小道理，也滋潤他不得，少間私欲起來，又間斷去，正如亢旱不能得雨相似也。○學者工夫，唯在居敬窮理，此二事互相發。能窮理，則居敬工夫日益進；能居敬，則窮理工夫日益密。譬如人之兩足，左足行則右足止，右足行則左足止。又如一物懸空中，右抑則左昂，左抑則右昂。其實只是一事。○人須做工夫方有礙。初做工夫時，欲做此一事，又礙彼一事。只如居敬窮理兩事，居敬是箇收斂執持底道理，窮理是箇推尋究竟底道理，此二者便是相妨。若是熟時，則自不相礙矣。○持敬是窮理之本，窮得理明，又是養心之助。○學者若不窮理，又見不得道理。然去窮理，不持敬又不得。不持敬，看道理便都散，不聚在這裏。○致知、敬、克己，此三事以一家譬之，敬是守門户之人，克己則是拒盗，致知却是去推察自家與外來底事。伊川言「涵養須用敬，進學則在致知」，不言克己，蓋敬勝百邪，便自有克。如誠則便不消言閑邪之意，猶善守門户，則與拒盗便是一等事，不消更言别有拒盗底。若以涵養對克己言之，則各作一事亦可。涵養則譬將息，克己則譬如服藥去病。蓋將息不到，然後服藥。將息到，則自無病，何消服藥？能純於敬，則自無邪僻，何用克己？若有邪僻，只是敬心不純，只可責敬，故敬則無己可克，乃敬之效。若初學則須是工夫都到，無所不用其極。○見不可謂之虚見，見無虚實，行有虚實。見只是見，見了後却有行，有不行。若不見後，只要硬做，便所成者窄狹。○士患不知學。知學矣，而知所擇之爲難。能擇矣，而勇足以行之。內不顧於私己，外不牽於俗習，此又難也。○程子言：「學者識得仁體，實有諸己，只要義理栽培。」識得與實有須做兩句看，識得是知之也，實有是得之也。若只識得，只是知有此物。却須實有諸己，方是己物也。○問：大抵學便要踐履，如何？曰：固然是。《易》云：「學以聚之，問以辨之。」既探討得是，當又且放頓寬大田地，待觸類自然有會合處。故曰「寬以居之」，何嘗便說「仁以行之」。○《答吳晦叔書》曰：夫泛論知行之理，而就一事之中以觀之，則知之爲先，行之爲後，無可疑者。如孟子所謂知皆擴而充之，程子所謂譬如行路，須得光照。及《易·文言》所謂「知至至之，知終終之」之類是也。然合夫知之淺深，行之大小而言，則非有以先成乎其小，亦將何以馴致乎其大者哉！如子夏教人以洒掃、應對、進退爲先，程子謂未有致知而不在敬者，又《易·文言》所言知至知終皆在忠信脩辭之後之類是也。蓋古人之教，自其孩幼而教之以孝弟誠敬之實，及其少長而博之以詩書禮樂之文，皆所以使之即夫一事一物之間，各有以知其義理之所在，而致涵養踐履之功也。此小學之事，知之淺而行之小者也。及其十五成童，學於大學，則其洒掃應對之間，禮樂射御之際，所以涵養踐履之者，略已小成矣。於是不離乎此，而教之以格物，以致其知焉。致知云者，因其所已知者推而致之，以及其所未知者而極其至也。是必至於舉天地萬物之理而一以貫之，然後爲知之至。而所謂誠意正心、脩身齊家、治國平天下者，至是而無所不盡其道焉。此大學之道，知之深而行之大者也。今就其一事之中而論之，則先知後行，固各有其序矣。誠欲因夫小學之成以進夫大學之始，則非涵養踐履之有素，亦豈能居然以夫雜亂紛糾之心，而格物以致其知哉？且《易》之所謂忠信修辭者，聖學之實事，貫始終而言者也。以其淺而小者言之，則自其常視毋誑，男唯女俞之時，固已知而能之矣。知至至之，則由行此而又知其所至也，此知之深者也。知終終之，則由知至而又進以終之也，此行之大者也。故《大學》之書雖以格物致知爲用力之始，然非謂初不涵養履踐而直從事於此也。又非謂物未格，知未至，則意可以不誠，心可以不正，身可以不脩，家可以不齊也。但以爲必知之至，然後所以治己治人者，始有以盡其道耳。若曰必俟知至而後可行，則夫事親從兄，承上接下，乃人生之所不能一日廢者，豈可謂吾知未至而暫輟，以俟其至而後行哉？抑聖賢所謂知者，雖有淺深，然不過如前所論，二端而已。但至於廓然貫通，則内外精粗，自無二致也。〇《答程允夫書》曰：窮理之要不必深求，此語有大病，殊駭聞聽。行得即是，固爲至論，然窮理不深，則安知所行之可否哉？宰予以短喪爲安，是以不可爲可也。子路以正名爲迂，是以可爲不可也。彼親見聖人，日聞善誘，猶有是失，況於餘人，恐但不如此而已。窮理既明，則理之所在，動必由之。無論高而不可行之理，但世俗以苟且淺近之見，謂之不可行耳。如行不由徑，固世俗之所謂迂；不行私謁，固世俗之所謂矯。又豈知理之所在？言之雖若甚高，而未嘗不可行哉。理之所在，即是中道，惟窮之不深，則無所準則而有過不及之患，未有窮理既深而反有此患也。《易》曰：「精義入神，以致用也。」蓋惟如此，然後可以應務。未至於此，則凡所作爲，皆出於私意之鑿，冥行而已。○問：致知後須持養，方力行。曰：如是則今日致知，明日持養，後日力行。只持養便是行，正心誠意豈不是行？但行有遠近，治國平天下則行之遠耳。○程子言「涵養須用敬，進學則在致知」，下「須」字、「在」字，便是皆要齊頭著力，不可道知得了方始行。有一般人儘聰明，知得而行不及，是資質弱。又有一般人儘行得，而知不得。○問：南軒云「致知力行互相發」。曰：未須理會相發，且各項做將去。若知有未至，則就知上理會；行有未至，則就行上理會，少間自是互相發。○未能博學，便要約禮，窮理處不曾用功，守約處豈免有差？若差之毫忽，便有不可勝言之弊。

南軒張氏曰：致知力行互相發也。然知常在先，博學審問，愼思明辨，皆致知之道。學者要當據所知便體而行之，由粗而至精，由著而至微也。○《答吴晦叔書》曰：所謂知之在先，此固不可易之論。但只一箇知字，用處不同，蓋有輕重也。如云知有是事，則用得輕，「匹夫匹婦可以與知」之類是也。如說知底事，則用得重，「知至至之」之知是也。在未識大體者，且當據所與知者爲之，則漸有進步處。工夫若到，則知至；知至矣，當至之；知終矣，當終之，則工夫愈有所施而無窮矣。所示有云「譬如行路，須識路頭」，誠是也。然要識路頭，親去路口尋求方得。若只端坐于室，想象跂而曰「吾識之矣」，則無是理也。元晦所論知字，乃是謂知至之知，要之此非躬行實踐則莫由至。但所謂躬行實踐者，先須隨所見端確爲之。此謂之知常在先，則可也。○知有精粗，行有淺深，然知常在先。固有知之而不能行者矣，未有不知而能行者也。《語》所謂「知及之，仁不能守之」，是知而不能行者也。所謂「知之者不如好之者，好之者不如樂之者」，是不知則無由能好而樂也。且以孝於親一事論之，自其粗者，知有冬温夏凊，昏定晨省，則當行温凊定省。行之而又知其有進於此者，則又從而行之。知之進，則行愈有所施。行之力，則知愈有所進，以至於聖人。人倫之至，其等級固遠，其曲折固多，然亦必由是而循循可至焉耳。蓋致知力行，此兩者工夫互相發也。尋常與朋友講論，欲其據所知者而行之，行而思之，庶幾所踐之實而思慮之開明。不然，貪高慕遠，莫能有之，果何爲哉？然有所謂知之至者，則其行自不能已。然須致知力行工夫至到，而後及此。如顏子是也，彼所謂欲罷不能者，知之至而自不能以已也。若學者以想象臆度，或一知半解爲知道，而曰「知之則無不能行」，是妄而已。曾皙詠歸之語，亦可謂見道體矣，而孟子猶以其行不掩爲狂，而況下此者哉！○問：吕伯恭説近日士人只務聞見，不務踐履，須是去踐履上做工夫。曰：此言雖好，只是少精神，須是致知力行互相發明始得。若不致知，將人欲做天理亦不可知，安知所謂私而去之？須是知而後能行，行而後有所知，互相發明方可。○問：聖門當學誰？曰：學顔子爲有準的。顔子爲人，聖人教之不過博文約禮。博文，所謂致知也；約禮，所謂力行也。又問：向上一節如何？曰：只恐不能致知力行耳。果能致知力行，久而不息，當自知之。譬如登山，只説得從此處去，至此山上，則在人努力耳。如真箇到山上，則許多景致自見得，不待先説也。○致知力行，要須自近步步踏實地，乃有所進。不然，貪慕高遠，終恐無益。

勉齋黄氏曰：蓋嘗求其所以爲學之綱領者，曰致知，曰力行而已。《大學》曰：「物格而後知至，知至而後意誠，意誠而後心正，心正而後身脩。」物格知至者，知之事也。意誠心正者，行之事也。《中庸》曰：「博學之，審問之，慎思之，明辨之，篤行之。」學問思辨者，知之事。篤行者，行之事也。《書》之所謂「惟精惟一」，《易》之所謂「知崇禮卑」，《論語》之所謂「知及仁守」，孟子所謂「始終條理」，無非始之以致知，終之以力行。蓋始之以致知，則天下之理洞然於吾心而無所蔽。終之以力行，則天下之理渾然於吾身而無所虧。知之不至，則如擿埴索塗，而有可南可北之疑。行之不力，則如弊車羸馬，而有中道而廢之患。然則有志於聖賢之域者，致知力行之外，無他道也。○學問之道，知與行而已。自昔聖人繼天立極，不曰知而曰精，不曰行而曰一。知不精，行不一，猶不知不行也。聖賢相傳，啓悟後學，言知必曰知至，言意必曰意誠，至則事物之理無不通，誠則念慮之發無不實。曰至與誠，其精一之謂歟！知與行者，學之塗轍；至與誠者，學之歸宿。有志於道者，可不孳孳求止於是歟！○聖賢一言一字，皆可師法。從之則吉，違之則凶。緊要一着，只要信得篤，行得力耳。

魯齋許氏曰：二程子以格物致知爲學，朱子亦然，此所以度越諸子。《大學》，孔氏之遺書也，其要在此。凡行之所以不力，只爲知之不真，果能真知，行之安有不力者乎？博學之，審問之，慎思之，明辨之，只是要箇知得真，然後道「篤行之」一句。○聖人教人，只是兩字，從「學而時習」爲始，便只是説知與行兩字。不惑，知命，耳順，是箇知字，只是精粗淺深之别耳。耳順是並無逆於心者，到此則何思何慮，不思而得也。從心不踰矩，則不勉而中。

程子曰：聖人之言，冲一作中。和之氣也，貫徹上下。以下論言行。○聖人之言遠如天，賢人近如地。其遠也，若不可得而及；其近也，亦可得而行。揚子曰：「聖人之言遠如天，賢人之言近如地。」非也。○有有德之言，有造道之言，有述事之言。有德者止言己分事。造道之言，如顔子言孔子，孟子言堯舜，止是造道之深，所見如是。○問：人言語緊急，莫是氣不定否？曰：此亦當習。習到言語自然緩時，便是氣質變也。學至氣質變，方是有功。○德盛者言傳，文盛者言亦傳。○凡立言欲涵蓄意思，不使知德者厭，無德者惑。○言愈多，於道未必明，故言以簡爲貴。○言而不行，自欺孰甚焉！○言行不足以動人，臨事而倦且怠，皆誠不至也。○行踐其言，而人不信者有矣，未有不踐言而人信之者。○凡諫説於君，論辯於人，理勝則事明，氣忿則招拂。

張子曰：天地之道，要一言而道盡亦可。有終日善言而只在一物者，當識其要，總其大體，一言而乃盡爾。

涑水司馬氏曰：言不可不重也。子不見鍾鼓乎？夫鍾鼓叩之，然後鳴鏗訇鏜鞳，人不以爲異也。若不叩自鳴，人孰不謂之妖邪？可以言而不言，猶叩之而不鳴也，亦爲廢鍾鼓矣。○言而無益，不若勿言。爲而無益，不若勿爲。余久知之，病未能行也。

五峰胡氏曰：先道而後言，故無不信之言。先義而後行，故無不果之行。○行慎則能堅其志，言慎則能崇其德。

延平李氏曰：古之德人言句皆自胸襟流出，非從領頰拾來，如人平居談話不慮而發。後之學者，譬如鸚鵡學人語言，所不學者則不能耳。

朱子曰：夫子云「不學《詩》，無以言」，先儒以爲心平氣和則能言。《易·繫辭》曰「易其心然後語」，謂平易其心而後語也。明道先生曰：「凡爲人言者，理勝則事明，氣忿則招拂。」告子云「不得於言，勿求於心」，孟子以爲不可。孟子之意，以言有不順，理不自得處，即是心有不順，理不自得處。故不得於言，須求之於心，就心上理會也。心氣和，則言順理矣，然亦須就言上做工夫始得。伊川曰「發禁躁妄，内斯静專」是也。内外表裏照管，無少空闕，始得相應。

臨川吴氏曰：言，心聲也。故知言者，觀言以知其心。世亦有巧僞之言，險也而言易，躁也而言澹，貪戀也而言閑適，意其言之可以欺人也。然人觀其易澹閑適之言，而洞照其險躁貪戀之心，則人不可欺也，而言豈可僞哉？

致知

程子曰：致知則有知，有知則能擇。○知者，吾之所固有，然不致則不能得之，而致之必有道，故曰致知在格物。○問：人之學非原有差，❶只爲不知之，故遂流於不同。不知如何持守？曰：且未説到持守，持守甚事，須先在致知。致知，盡知也，窮理格物便是致知。○問：今有志於學而知識蒙蔽，力不能勝其任，則如之何？曰：致知則明，明則無不勝其任者，在勉强而已。○問：學者多流於釋氏之説，何也？曰：不致知也。知之既至，孰得

❶「原」，原作「願」，今據重修本改。

而移之？知玉之爲寶，則人不能以石亂之矣。知醴之爲甘，則人不能以蘗亂之矣。知聖人之爲大中至正，則釋氏不能以説惑之矣。○無物無理，惟格物可以盡理。○人要明理，若止一物上明之，亦未濟事。須是集衆理，然後脱然自有悟處。○閲天下之事至於無可疑，亦足樂矣。○凡人於事有少自快，則其喜懌之意猶浹洽於心，而發見於外。至於窮理切切焉，而不得其所可悦者，則亦何以養心也？○多識於鳥獸草木之名，所以明理也。○至顯者莫如事，至微者莫如理，而事理一致，微顯一源。古之君子所以善學者，以其能通於此而已。○世之人務窮天地萬物之理，不知反之一身五臟六腑、毛髮筋骨之所存，鮮或知之。善學者取諸身而已，自一身以觀天地。○問：格物是外物，是性分中物。曰：不拘。凡眼前無非是物，物物皆有理。如火之所以熱，水之所以寒，至於君臣父子間皆是理。又問：只窮一物，見此一物，便還見得諸理否？曰：須是徧求，雖顔子亦只能聞一知十。若到後來達理了，雖億萬亦可通。○造道深處，雖聞常人語言淺近事，莫非義理。

張子曰：知德斯知言，己嘗自知其德，然後能識言也。人雖言之，己未嘗知其德，豈識其言？須知己知是德，然後能識是言。猶曰知孝之德，則知孝之言也。○窮理亦當有漸，見物多，窮理多，如此可盡物之性。

上蔡謝氏曰：聞見之知，非真知也。知水火自然不蹈，真知故也。真知，自然行之不難。不真知而行，未免有意，意有盡時。○學者須是且窮理，物物皆有理。窮理則能知天之所爲，知天之所爲，則與天爲一。與天爲一，無往而非理也。窮理則是尋箇是處。○問：天下多少事，如何見得是處？曰：窮理便見得。事不勝窮，理則一也。○所謂有知識，須是窮物理。只如黄金，天下至寶，先須辨認得他體性始得。不然，被人將鍮石來唤作黄金，辨認不過，便生疑惑，便執不定。故經曰：「物格而後知至，知至而後意誠。」

龜山楊氏曰：學者以致知格物爲先。知之未至，雖欲擇善而固執之，未必當於道也。夫鼎鑊陷阱之不可蹈，人皆知之也。世之人未有蹈鼎鑊陷阱者，以其知之審故也。致身下流，天下之惡皆歸焉，固無異於鼎鑊陷阱也，而士或蹈之而莫之避，以其未嘗真知故也。使其真知爲不善，如蹈鼎鑊陷阱，則人孰有爲不善耶？若夫物格而知至，則目無全牛，游刃自有餘地矣。

致堂胡氏曰：君子之知貴乎至。知之至者，如知水之濕，知火之熱，知美色之可愛，知惡臭之可惡，雖不幸瞽而聵，此知不可亂也。知之不至者，猶士而言學，言善，言道，言中，言誠，言性，言仁，言恕，言鬼神，得其形影之似而已。斷學以記誦，斷善以柔弱，斷道以玄妙，斷中以隨俗，斷誠以椎朴，斷性以静，斷仁以愛，斷恕以寬宥，斷鬼神以幽冥，是皆形影之似，而非其至也。窮理不至，則在我者有蔽而不盡。在我者有蔽而不盡，在人者安能洞達而無惑乎？

朱子曰：爲學先要知得分曉。○致知格物只是一事，非是今日格物，明日又致知。格物以理言，致知以心言。○致知工夫，亦既且據所已知者玩索推廣將去，具於心者本自無不足也。○問：致知涵養先後。曰：須先致知而後涵養。問：伊川言未有致知而不在敬，如何？曰：此是大綱説。要窮理，須是著意；不著意，如何會理會得分曉？○學聚問辯，明善擇善，盡心知性，此皆是知，皆始學之功也。人爲學須是要知箇是處。千定萬定，知得這箇徹底是，那箇徹底不是，方是見得徹，見得是，則這心裏方有所主。且如人學射，若志在紅心上，少間有時只射得那帖上。志在帖上，少間有時只射得那垜上。志在垜上，少間都射在別處去了。○只争箇知與不知，争箇知得切與不切。且如人要做好事，到得見不好事，也似乎可做；方要做好事，又似乎有箇做不好事底心從後面牽轉去，這只是知不切。○學者須常存此心，漸將義理只管去灌溉。若卒乍未有進，即且把見成在底道理將去看認，認來認去，更莫放着，便只是自家底。緣這道理不是外來物事，只是自家本來合有底，只是常常要點檢。○聖賢教人雖以恭敬持守爲先，而於其中又必使之即事即物，考古驗今，體會推尋，内外參合。蓋必如此，然後見得此心之真，此理之正，而於世間萬事一切言語，無不洞然了其黑白。《大學》所謂知至意誠，孟子所謂知言養氣，正謂此也。○問：窮理莫如隨事致察，以求其當然之則。曰：是如此。問：人固有非意於爲過，而終陷於過者，此則不知之失。然當不知之時，正私意物欲方蔽固，切恐雖欲致察而不得其真。曰：却恁地兩相擔閣不得，須是察。問：程子所謂「涵養須用敬，進學則在致知」，不可除一句。曰：如此方始是。又曰：知與敬，是先立底根脚。○問：窮理集義孰先？曰：窮理爲先，然亦不是截然有先後。曰：窮是窮在物之理，集是集處物之義否？曰：是。○萬事皆在窮理後。經不正，理不明，看如何地持守，也只是空。○痛理會一番，如血戰相似，然後涵養將去。因自云：某如今雖便静坐，道理自見得，未能識得，涵養箇甚？○問：或有只教人踐履者。曰：義理不明，如何踐履？曰：他説行得便見得。曰：如人行路，不見便如何行？今人多教人踐履，皆是自立標致去教人，自有一般資質好底人，便不須窮理格物致知。聖人作箇《大學》，便使人齊入於聖賢之域。若講得道理明時，自是事親不得不孝，事兄不得不弟，交朋友不得不信。○心包萬理，萬理具于一心。不能存得心，不能窮得理；不能窮得理，不能盡得心。○窮理以虚心静慮爲本。而今看道理不見，不是不知，只是爲物塞了。而今粗法，須是打疊了胸中許多惡雜方可。張子云：「義理有疑，則濯去舊見，以來新意。」人多是被那箇舊見戀不肯舍，除是大故聰明見得，不是便翻了。○理不是在面前别爲一物，即在吾心。人須是體察得此物誠實在我，方可。譬如脩養家所謂鉛汞龍虎，皆是我身内之物，非在外也。○問：窮事物之理，還當窮究箇總會處，如何？曰：不消説總會。凡是眼前底都是事物，只管恁地逐段窮教到極至處，漸漸多自貫通。然爲之總會者，心也。○今之學者，自是不知爲學之要。只要窮得這道理，便是天理，雖聖人不作，這天理自在天地間。天高地下，萬物散殊，流而不息，合同而化，天地間只是這箇道理流行周徧。不應説道聖人不言，這道理便不在，這道理自是常在天地間，只借聖人來説一遍過。且如《易》，只是一箇陰陽之理而已。伏羲始畫，只是畫此理，文王、孔子皆是發明此理，吉凶悔吝亦是從此推出。孔子言之則曰：「君子居其室，出其言善，則千里之外應之；出其言不善，則千里之外違之。言行，君子之樞機。樞機之發，榮辱之至也。言行，君子之所以動天地也，可不慎乎！」聖人只要人如此。且如《書》載堯舜禹許多事業，與夫都俞吁咈之言，無非是至理。○這道理若見得到，只是合當如此。如穿牛鼻，絡馬首，這也是天理合當如此。若絡牛首，穿馬鼻，定是不得。如説克己，伊川只説箇敬。今人也知道敬，只是不常如此。常常如此，少間自見得是非道理分明。若心下有些子不安穩，便不做。到得更有一項心下習熟底事，却自以爲安；外來卒未相入底，却有不安。這便着將前聖所説道理做様子看，教心下是非分明。○心熟後，自然有見理處，熟則心精微。不見理，只緣是心粗。○學者理會道理，當深沉潛思，不可去名上理會，須求其所以然。○義理儘無窮，前人恁地説亦未必盡。須是自把來横看竪看，儘入深，儘有在。○道理既知縫罅，但當窮而又窮，不可安於小成而遽止也。○大凡義理積得多後，貫通了，自然見效。不是今日理會得一件，便要做一件用。譬如富人積財積得多了，自無不如意。又如人學作文，亦須廣看多後，自然成文可觀。不是讀得這一件，却將來排湊做。韓昌黎論爲文，便也要讀書涵味多後，自然好。柳子厚云「本之於六經之意」，便是要將這一件做那一件，便不及韓。○大着心胸，不可因一説相礙，看教平闊，四方八面都見。○理會道理到紛然處，却好定着精神看一看。○看道理須是見得實，方是有功効處。若於上面添些玄妙奇特，便是見他實理未透。今之學者不曾親切見得，而臆度揣摸爲説，皆助長之病也。道理止平看，意思自見，不須先立説。○看義理難，又要寬着心，又要緊着心。這心不寬，則不足以見其規模之大，不緊則不足以察其文理一作義。之細密。若拘滯於文義，少間又不見他大規模處。○以聖賢之意觀聖賢之書，以天下之理觀天下之事。人多以私見自去求理，只是你自家所見，去聖賢之心尚遠在。○自家既有此身，必有主宰。理會得主宰，然後隨自家力量窮理格物，而合做底事不可放過些子。因引程子言「如行兵，當先做活計」。○思索譬如穿井，不解便得清水，先亦須是濁，漸漸刮將去，却自會清。○只是見不透，所以千言萬語，費盡心力，終不得聖人之意。《大學》説格物，都只是要人見得透。且如楊氏爲我，墨氏兼愛，他欲以此教人，他豈知道是不是，只是見不透。

此學所以貴窮理也。○務反求者以博觀爲外馳，務博觀者以内省爲狹隘。墮於一偏，此皆學者之大病也。○窮理者欲知事物之所以然，與其所當然者而已。知其所以然，故志不惑；知其所當然，故行不謬。非謂取彼之理而歸諸此也。程子所謂「物我一理，纔明彼，即曉此」。○須是事事從心上理會起，舉止動步，事事有箇道理。一豪不然，便是欠闕了他道理。固是天下事無不當理會，只是有先後緩急之序。須先立其本，方以次推及其餘。○世上萬般皆下品，若見得這道理高，見世間萬般皆低。故這一段緊要處，只在先明諸心上。蓋先明諸心了，方知得聖之可學有下手處，方就這裏做工夫。若不就此，如何地做？○明諸心知所往，窮理之事也。力行求至，踐履之事也。窮理非是要專明在外之理。如何而爲孝弟，如何而爲忠信，推此類通之，求處至當，即窮理之事也。○問：所謂窮理不知是反己求之於心，惟復逐物而求於物？曰：不是如此。事事物物皆有箇道理，窮得十分盡，方是格物。不是此心，如何去窮理？不成物自有箇道理，心又有箇道理。枯槁其心，全與物不接，却使此理自見，萬無是事。不用自家心，如何别向物上求一般道理？不知物上道理，誰去窮得？○窮理就事物上看，窮得這箇道理到底了，又却窮那箇道理。如此積之以久，窮理益多，自然貫通。窮理須是窮得到底，方始是。問：莫致知在格物否？曰：固是。《大學》論治國平天下許多事，却歸在格物上。凡事事物物各有一箇道理，若能窮得道理，則施之事物，莫不各當其位。如人君止於仁，人臣止於敬之類，各有一至極道理。又曰：凡萬物莫不各有一道理。若窮理，則萬物之理皆不出此。問：此是萬物皆備於我？曰：極是。○未嘗隨事以觀理，故天下之理多所未察。未嘗即理以應事，故天下之事多所未明。○無事時此理存，有事時此理亡。無他，只是把事作等閑，須是於事上窮理方可。理於事本無二，今見事來，别把做一般看，自然錯了。○凡看道理，須要求箇根源來處。如爲人父，如何便止於慈；爲人子，如何便止於孝；爲人君，爲人臣，如何便止於仁，止於敬。如論孝須窮箇孝根源來處，慈須窮箇慈根源來處，仁敬亦然。凡道理皆從根源來處窮究，方見得確定，不可只道我操守踐履便了。又曰：道理要見得真，須是表裏首末極其透徹，無有不盡。真見得是如此，決然不可移易，始得。不可只窺見一斑半點，便以爲是。如爲人父，須真知是決然止於慈，而不可易。爲人子，須真知是決然止於孝，而不可易。善須真見得是善，方始決然必做。惡須真見得是惡，方始決然必不做。如看不好底文字，固是不好，須自家真見得是不好。好底文字固是好，須自家真見得是好。聖賢言語，須是真看得十分透徹，如從他肚裏穿過，一字或輕或重，移易不得，始是。看理徹，則我與理一。然一下未能徹，須是浹洽始得。這道理甚活，其體渾然而其中粲然。上下數千年，真是昭昭在天地間。前聖後聖相傳，所以斷然而不疑。夫子之所教者，教乎此也。顔子之所樂者，樂乎此也。

圓轉處儘圓轉，直截處儘直截。先知所以覺後知，先覺所以覺後覺。問：顏子之樂，只是天地間至富至貴底道理樂去，樂可求之否？曰：非也。此一下未可便知，須是窮究萬理，要令極徹。程子謂：「將這身來放在萬物中一例看，大小大快活。」又謂：「人於天地間，須是直窮到底，至纖至悉，十分透徹，無所不盡，則與萬物爲一，無所窒礙，胸中泰然，豈有不樂？」○看道理若只恁地說過一遍，則都不濟事，須是常常把來思量始得。看過了後，無時無候，又把起來思量一遍。十分思量不透，又且放下，待意思好時，又把起來看。恁地將久，自然解透徹。延平先生嘗言：「道理須是日中理會，夜裏却去静處坐地思量，方始有得。」某依此說去做，真箇是不同。○這道理須是見得是如此了，驗之於物又如此，驗之吾身又如此，以至見天下道理皆端的如此了，方得。如某所見所言，又非自會說出來，亦是當初聖賢與二程所說推之，而又驗之於己，見得真實如此。○窮理亦無他法，只日間讀書應事處，每事理會便是。雖若無大頭段增益，然亦只是積累久後，不覺自浹洽貫通，正欲速不得也。○《答王欽之書》曰：所謂窮理不必泥古人言句，固是也。然亦豈可盡捨古人言句哉？程夫子曰：「窮理亦多端，或讀書，講明道理；或論古今人物，别其是非；或應事接物，求其當否，皆窮理也。」夫講道明理，别是非，而察之於應接事物之際，以克去己私，求乎天理，循循而進，無迫切陵節之弊，則亦何患夫與古人背馳也。若欲盡舍古人言句，道理之不明，是非之不別，泛然無所決擇。雖欲惟出處語默之察，譬之適越者不知東西南北之殊，而僕僕然奔走於途，其不北入燕，則東入齊、西入秦耳。○道理無形影，唯因事物言語乃可見得是非。理會極子細，即道理極精微。古人所謂物格知至者，不過是就此下工夫。近日學者說得太高了，意思都不確實，不曾見理會得一書一事徹頭徹尾。東邊綽得幾句，西邊綽得幾句，都不曾貫穿浹洽，此是大病。有志之士，尤不可以不深戒也。○問：以類而推之說。曰：是從己理會得處推將去，如此便不隔越。若遠去尋討，則不切於己。○問：程子言覺悟便是信，如何？曰：未覺悟時，不能無疑，便半信半不信。已覺悟了，別無所疑，即是信。○聖賢所謂博學，無所不學也。自吾身所謂大經大本，以至天下之事事物物，甚而一字半字之義，莫不在所當窮而未始有不消理會者。雖曰不能盡究，然亦只得隨吾聰明力量理會將去，久久須有所至，豈不勝全不理會者乎？若截然不理會者，雖物過乎前，不識其名，彼亦不管，豈窮理之學哉？

象山陸氏曰：凡人之病，患不能知。若真知之，病自去矣，亦不待費力驅除。真知之，却知說得「勿忘」兩字。所以要講論者，乃是辨明其未知處耳。

勉齋黃氏曰：致知乃入道之方，而致知非易事。要須默認實體，方見端的。不然，則只是講說文字，終日譊譊，而真實體段元不曾識。故其說易差，而其見不實，動靜表裏有未能合一，則雖曰爲善，而卒不免於自欺也。

問：伊川謂「致知在所養，養知莫過於『寡慾』二字」，往往寡慾，則知無不盡，如何？潛室陳氏曰：程子以持敬爲入德之門。蓋欲格物致知，須是心常存在方可。所以有寡慾之説，恐引出心向外去也。○問：伊川言「窮理非必盡窮天下之理」，又謂「非窮得一理便到」，又云：「格物者，非必謂欲盡格天下之物。但於一物上窮得盡，其他可以類推。」如何？曰：只格一物，便是致知，雖曾、顔不敢如此道。晦翁云：「日格一物，積久自有豁然貫通處。」此道儘着玩索。日格一物，豈是只格一物？積久貫通，到此境界即明睿洞照，不待物物盡窮矣。

問：窮理至於天下之物，必有所以然之故，與其所當然之則，所謂理也。魯齋許氏曰：博學審問，慎思明辨，此解説箇窮字。其所以然與其所當然，此説箇理字。所以然者是本原也，所當然者是末流也。所以然者是命也，所當然者是義也。每一事每一物，須有所以然與所當然。

臨川吴氏曰：夫見聞者，所以致其知也。夫子曰：「多聞闕疑，多見闕殆。」又曰：「多聞，擇其善者而從之，多見而識之。」蓋聞見雖得於外，而所聞所見之理則具於心。故外之物格，則内之知至。此儒者内外合一之學，故非如記誦之徒博覽於外而無得於内，亦非如釋氏之徒專求於内而無事於外也。

性理大全書卷之四十九

學七

力行克己　改過　雜論處心立事附

程子曰：居之以正，行之以和。○言而不行，是欺也。君子欺乎哉？不欺也。○知過而能改，聞善而能用，克己以從義，其剛明者乎？

上蔡謝氏曰：人須識其真心，見孺子將入井時，是真心也。非思而得也，非勉而中也。予嘗學射到一把處難去，半把處尤難去，則恁地放了底多。昔有一人學射，摸得鏃與把齊，然後放。學者纔有些所得便住，人多易住。唯顏子善學，故孔子有見其進、未見其止之歎。須是百尺竿頭更進，始得。

和靖尹氏曰：學貴力行，不貴空言。

東平馬氏曰：吾志在行道，使吾以富貴爲心，則爲富貴所累；使吾以妻子爲念，則爲妻子所累，是道不可行也。

朱子曰：善在那裏，自家却去行他。行之久，則與自家爲一。爲一，則得之在我。未能行，善自善，我自我。○凡日用之間，動止語默，皆是行處。且須於行處警省，須是戰戰兢兢方可。若悠悠泛泛地過，則又不可。○若不用躬行，只是説得便了，則七十子之從孔子，只用兩日説便盡，何用許多年隨著孔子不去。不然，則孔門諸子皆是獃無能底人矣，恐不然也。古人只是日夜皇皇汲汲去理會這箇身心，到得做事業時，只隨自家分量以應之。如由之果，賜之達，冉求之藝，只此便可以從政，不用他求。若是大底功業，便用大聖賢做；小底功業，便用小底賢人做。各隨他分量做出來，如何强得？○人於道理不能行，只是在我之道理有未盡耳。不當咎其不可行，當反而求盡其道。○爲學就其偏處著工夫亦是。其平正道理自在，若一向矯枉過直，又成偏去。如人偏於柔自可見，只就這裏用工，須存平正底道理。雖要致知，然不可恃。《書》曰：「知之非艱，行之惟艱。」工夫全在行上。○嘗誨學者曰：某此間講説時少，踐履時多。事事都用人自去理會，自去體察，自去涵養。書用自去讀，道理用自去究索。某只是做得箇引路底人，做得箇證明底人，有疑難處同商量而已。○人所以易得流轉立不定者，只是脚跟不點地。點，平聲。○問學如登塔，逐一層登將去，上面一層，雖不問人，亦自見得。若不去實踏過，却懸空妄想，便和最下底層不曾理會得。○

學問亦無箇一超直入之理，直是銖積寸累做將去。某是如此喫辛苦，從漸做來。若要得知，亦須是喫辛苦了做，不是可以坐談僥倖而得。○問：向因子夏大德小德之説，遂只知於事之大者致察，而於小者苟且放過。德之不脩，實此爲病。張子云：「纖惡必除，善斯成性矣。察惡未盡，雖善必粗矣。」學者須是豪髮不得放過，德乃可進。曰：若能如此，善莫大焉。以小惡爲無傷，是誠不可。○而今只理會下手做工夫處，❶莫問他氣稟與習，只是是底便做，不是底莫做。一直做將去，任你氣稟物欲，我只是不恁地。如此則雖愚必明，雖柔必强，氣習不期變而變矣。○人之一身，應事接物，無非義理之所在。人雖不能盡知，然要在力行其所已知，而勉求其所未至。則自近及遠，由粗至精，循循有序而日有可見之功矣。○問：力行如何説是淺近語？曰：不明道理，只是硬行。又問：何以爲淺近？曰：他只是見聖賢所爲，心下愛，硬依他行。這是私意，不是當行。若見得道理時，皆是當恁地行。○學者實下工夫，須是日日爲之，就事親從兄、接物處事理會，取其有未能，益加勉行。如此之久，則日化而不自知，遂只如常事做將去。○務實一事，觀今日學者不能進步，病痛全在此處。但就實做工夫，自然有得，未須遽責效驗也。

---

❶「下手」，四庫本作「得于」。

東萊吕氏曰：賢士大夫，蓋有學甚正，識甚明，而其道終不能乎格遠近者，只爲實地欠工夫耳。

南軒張氏曰：學貴力行。然所謂力行者，煞有事。聖門教人，循循有序，始終條理，一毫潦草不得，❶工夫蓋無窮也。○學者若能務實，便有所得。或問務實之説。曰：於踐履中求之。仁之實，事親是也；義之實，從兄是也。日用常行之際，無非實用。

象山陸氏曰：聖人教人，只是就人日用處開端。如孟子言「徐行後長者可爲堯舜」，不成在長者後行，便是堯舜。怎生做得堯舜樣事，須是就上面著工夫。

程子曰：難勝莫如己私，學者能克之，非大勇乎？以下論克己。○多驚多怒多憂，只去一事所偏處自克。克得一件，其餘自正。○目畏尖物，此事不得放過，便與克下。室中率置尖物，須以理勝他，尖必不刺人也，何畏之有？

張子曰：凡所當爲，一事意不過則推類，如此善也。一事意得過，以爲且休，則百事廢，其病常在。謂之病者，爲其不虚心也。病根不去，隨所居所接而長。人須一事事消了病，則常勝，故要克己。克己，下學也。下學上達交相養，蓋不行，則成何德行哉！○人當平

❶「潦」，原作「老」，今據重修本改。

物我，合内外，如是以身鑑物便偏見；以天理中鑑，則人與己皆見。猶持鏡在此，但可鑑彼，於己莫能見也。以鏡居中則盡照，只爲天理常在，身與物均見，則自不私，己亦是一物。人常脱去己身則自明，然身與心常相隨，不奈何有此身假以接物，則舉措須要是。今見人意、我、固、必以爲當絶，於己乃不能絶，即是私己。是以大人正己而物正，須待自己者皆是著見，於人物自然而正。以誠而明者，既實而行之明也，明則民斯信矣。己未正而正人，便是有意、我、固、必。鑑己與物皆見，則自然心洪而公平。意、我、固、必，只爲有身便有此。

上蔡謝氏曰：某與伊川别一年，往見之，伊川曰：「别又一年，做得甚工夫？」曰：「也只是去箇矜字。」曰：「何故？」曰：「子細點檢得來，病痛盡在這裏。若按伏得這箇罪過，方有向進處。」伊川點頭，因語在坐同志者曰：「此人爲學，切問近思者也。」或問：矜字罪過，何故恁地大？曰：今人做事，只管要誇燿别人耳目，渾不關自家受用事。有底人食前方丈，便向人前喫；只蔬食菜羹，却去房裏喫。爲甚恁地？

和靖尹氏曰：克己唯在克其所好，便是下手處。然人未有不自知所好處，而能克之者。若不自知，却克箇甚？如好財即於財上克，好酒即於酒上克。今人只爲事事皆好，便没下手處，然須擇其偏好甚處先克。

五峰胡氏曰：自反則裕，責人則蔽，君子不臨事而恕己，然後有自反之功。自反者，脩身之本也，本得則用無不利。

朱子曰：克己亦别無巧法。譬如孤軍猝遇彊敵，只得盡力舍死向前而已，尚何問哉？

○克己固學者之急務，亦須見得一切道理了了分明，方見日用之間，一言一動，何者是正，何者是邪，便於此處立定脚跟。凡是己私，不是天理者，便克將去。○問：明道曰「目畏尖物」，某未曉其説。曰：人有目畏尖物者，明道先生教以室中率置尖物，便見之熟，而知尖之不刺人也，則知畏者妄而不復畏矣。○問：前輩説治懼，室中率置尖物。曰：那箇本不能害人，心下要恁地懼。且習教，不如此妄怕。問：習在危堦上行底，亦此意否？曰：那箇却分明是危，只教習教不怕著。問：習得不怕，少間到危疑之際，心亦不動否？曰：是如此。○問：克己功夫要當自日月至焉，推而上之，至終食之間，以至造次，以至顛沛，一節密一節去，庶幾持養純熟，而三月不違，可學而至。不學則已，欲學聖人，則純亦不已。如此做功夫可否？曰：下學之功，誠當如此。其資質之高明者，自應不在此限，但我未之見耳。○問：某欲克己而患未能。曰：此更無商量。人患不知耳，既已知之，便合下手做，更有甚商量。爲仁由己，而由人乎哉？○問：每常遇事時也分明，知得理之是非，這是天理，那是人欲。然到做處，又却爲人欲引去，及至做了又却悔。此是如何？曰：此便是無克己工夫，這樣處極要與他掃除打疊。如一條大路，又有一條小路，自家也知得合行大路，然被小路有箇物事引著，不知不覺走從小路去。及至前面荆棘蕪穢，又却生悔，此便是天理人欲交戰之機。須是遇事時便與克下，❶不得苟且放過。明理以先之，勇猛以行之。若是上智聖人底資質，他不用著力，自然循天理而行，不流於人欲。若賢人之資，次於聖人者，到得遇事時固不會錯，只是先也用分別，教是而後行之。若是中人之資，須大段著力，無一時一刻不照管克治始得。曾子曰：「仁以爲己任，不亦重乎？死而後已，不亦遠乎？」須是如此做工夫。其言曰：「戰戰兢兢，如臨深淵，如履薄冰，而今而後，吾知免夫。小子！」直是恁地用功方得。○問：張子云：❷「以心克己即是復性，復性便是行仁義。」竊謂克己便是克去私心，却云以心克己，莫剩却「以心」兩字否？曰：克己便是此心克之。公但看「爲仁由己，而由人乎哉」，非心而何？「言忠信，行篤敬，立則見其參於前，在輿則見其倚於衡。」這不是心是甚麽？凡此等皆心所爲，但不必更著「心」字，所以夫子不言心，但只說在這裏教人做。又問：復性便是行仁義，復是方復得此性，如何便說行得？曰：既復得此性，便恁地行。纔去得不仁不義，則所行便是仁義。那得一箇在不仁不義與仁義之中底物事。不是

❶「與」，四庫本作「慾」。
❷「張子」，原作「子張」，今據明成化本《朱子語類》卷一〇〇改。

人欲，便是天理；不是天理，便是人欲。所以謂欲知舜與跖之分者，無他，利與善之間也。所隔甚不多，但聖賢把得這界定爾。

南軒張氏曰：克己之偏之難，當用大壯之力，然而力貴於壯，而工夫貴於密。若工夫不密，雖勝於暫而終不能持於久，而銷其端。觀諸顔子沈潛積習之功爲如何哉？有不善未嘗不知，知之未嘗復行，非工夫篤至久且熟也，其能若是乎？

魯齋許氏曰：責得人深者必自恕，責得己深者必薄責於人，蓋亦不暇責人也。自責以至於聖賢地面，何暇有工夫責人？見人有片善，早去倣學他，蓋不見其人之可責，惟責己也，顔子有之。以衆人望人則皆可，以聖賢望人則無完人矣。子曰：「賜也，賢乎哉！夫我則不暇。」○責己者可以成人之善，責人者適以長己之惡。○喜怒哀樂愛惡欲，一有動於心，則氣便不平。氣既不平，則發言多失。七者之中惟怒爲難治，又偏招患難。須於盛怒時堅忍不動，俟心氣平時，審而應之，庶幾無失。忿氣劇炎火，焚如徒自傷。觸來勿與競，事過心清涼。

程子曰：凡夫之過多矣，能改之者猶無過也。惟格趣汙下之人，其改之爲最難，故其過最甚。以下論改過。○行之失莫甚於惡，則亦改之而已矣。事之失莫甚於亂，則亦治之而已矣。苟非自暴自棄者，孰不可與爲君子？○有過必改，罪己是也。改而已矣，常有歉悔之意，則反爲心害。○罪己責躬不可無，然亦不當長留在心胸爲悔。

涑水司馬氏曰：去惡而從善，捨非而從是，人或知之而不能徙，以爲如制駻馬，如斡磻石之難也。静而思之，在我而已，如轉户樞，何難之有？

朱子曰：知得如此是病，即便不如此是藥，若更問何由得如此，則是騎驢覓驢，只成一場間説話矣。○《答蔡季通書》曰：所謂一劍兩段者，改過之勇，固當如此。改過貴勇而防患貴怯，二者相須，然後真可以脩慝辨惑，而成徙義崇德之功。自今以往，設使真能一劍兩段，亦不可以此自恃。而平居無事，常存祗畏警懼之心，以防其源，則庶乎其可耳。○問：氣質昏蒙，作事多悔。有當下便悔時，有過後思量得不是方悔時，或經久所爲，因事機觸得悔時。方悔之際，惘然自失，此身若無所容，有時恚恨至於成疾，不知何由可以免此？曰：既知悔時，第二次莫恁地便了，不消得常常地放在心下。那未見能見其過而内自訟底，便是不悔底。今若信意做去，後蕩然不知悔固不得。若既知悔，後次改便了，❶何必常常恁地悔。又曰：悔字難説，既不可常存在胸中以爲悔，又不可不悔。若只説不悔，則今番做錯且休，明番做錯又休，不成説話。問：如何是著中底道理？曰：不得不悔，但不可留滯。既

❶「改便」，重修本作「便改」。

做錯此事，他時更遇此事，或與此事相類，便須懲戒，不可再做錯了。

南軒張氏曰：著是去非，改過遷善，此經語也。非不去，安能著是？過不改，安能遷善？不知其非，安能去非？不知其過，安能改過？自謂知非而不能去非，是不知非也。自謂知過而不能改過，是不知過也。真知非，則無不能去。真知過，則無不能改。人之患在不知其非，不知其過而已。所貴乎學者，在致其知，改其過也。

象山陸氏曰：學者不長進，只是好己勝。出一言，做一事，便道全是，豈有此理？古人惟貴知過則改，見善則遷。今各自執己是，被人點破，便愕然，所以不如古人。

西山真氏曰：過雖聖賢不能無。蓋過者，過誤之謂也。知其爲過而速改，則無過矣。故《論語》曰：「過而不改，是謂過矣。」《左傳》曰：「人誰無過，過而能改，善孰大焉！」❶子貢曰：「君子之過，如日月之食焉，過也人皆見之，更也人皆仰之。」孟子曰：「古之君子，過則改之；今之君子，過則順之。」成湯之聖，猶且改過不吝；顏子之賢，猶曰不貳過。以此可見，雖聖賢必以改過爲貴。若知其爲過，不肯速改，則是文過遂非，而流於惡矣。蓋無心而誤則謂之過，有心而爲則謂之惡。不待別爲不善，方謂之惡；只知過不改是有心，便謂之

❶「孰」，重修本作「莫」。

惡。《易》曰：「風雷益，君子以見善則遷，有過則改。」天下之至迅疾者莫如風雷，故聖人以此爲遷善改過之象，此即過勿憚改之意也。

程子曰：欲當大任，須是篤實。以下雜論處心立事。○有志之士，不以天下萬物撓己。己立矣，則運天下濟萬物，必有餘裕。○厚責於吾所感，薄責於人所應，惟君子能之。○天下之事，苟善處之，雖悔可以成功。不善處之，雖利反以爲害。○人當審己如何，不必恤浮議。志在浮議，則心不在内，不可應卒處事。○大凡利害禍福，亦須致命始得。致之爲言，直如人以力自致之謂也。得之不得，命固已定，君子須知他命方得。不知命無以爲君子，蓋命苟不知，無所不至。故君子於困窮之時，須致命便遂得志。其得禍得福，皆以自致，只要申其志而已。○人之於患難，只有一箇處置，盡人謀之後，却須泰然處之。有人遇一事，則心心念念不肯捨，畢竟何益？若不會處置了放下，便是無義無命也。○人莫不知命之不可遷也。臨患難而能不懼，處貧賤而能不變，視富貴而能不慕者，吾未見其人也。○處患難，知其無可奈何，遂放意而不反，非安於義命者。○當爲國之時，既盡其防慮之道矣，而猶不免，則命也。苟惟致其命，安其然，則危塞險難無足以動其心者，行吾義而已，斯可謂之君子。○儒者只合言人事，不得言有數。直到不得已處，然後歸之於命可也。○或謂：人莫不知和柔寬緩，然臨事則反至於暴厲。曰：只是志不勝氣，氣反動其心也。又曰：事以急而敗者十常七八。○君子不欲才過德，不欲名過實，不欲文過質。才過德者不祥，名過實者有殃，文過質者莫之與長。○有實則有名，名實一物也。若夫好名者，則徇名爲虚矣。如君子疾没世而名不稱，謂無善可稱耳，非徇名也。

張子曰：天下事大患只是畏人非笑。不養車馬，食粗衣惡，居貧賤，皆恐人非笑。不知當生則生，當死即死；今日萬鐘，明日棄之；今日富貴，明日饑餓；亦不卹，惟義所在。○欲事立須是心立，心不敬則怠惰，事無由立。況聖人誠立，故事無不立也。道義之功甚大，又極是尊貴之事。○某平生於公勇，於私怯，於公道有義，真是無所懼。大凡事不惟於法有不得，更有義之不可，尤所當避。

上蔡謝氏曰：懷固蔽自欺之心，長虚驕自大之氣，皆好名之故。

龜山楊氏曰：物有圭角，多刺人眼目，亦易玷缺。故君子處世當渾然天成，則人不厭棄矣。○士不患無名，患實之不至。

和靖尹氏曰：後世人臨事多錯，只爲不知道。若知道了，臨事安得錯？○人有避事欲不爲者。曰：事當爲者，豈可不爲？廢事便是廢人道。莊子猶曰：「匿而不可不爲者，事也。」

五峰胡氏曰：一身之利無謀也，而利天下者則謀之。一時之利無謀也，而利萬世者則謀之。○處己有道，則行艱難險危之中，無所不利。失其道，則有不能堪而忿慾興矣。是以君子貴有德也。

延平李氏曰：受形天地，各有定數。治亂窮通，斷非人力。惟當守吾之正而已。然而愛身明道，修己俟時，則不可一日忘於心，此聖賢傳心之要法。或者放肆自佚，惟責之人，不責之己，非也。

朱子曰：耳目口鼻之在人，尚各有攸司。況人在天地間，自農商工賈等而上之，不知其幾階。其所當盡者，小大雖異，界限截然。本分當爲者，一事有闕，便廢天職。居處恭，執事敬，與人忠，推是心以盡其職者。此固爲不易之論，但必知夫所處之職乃天職之自然，而非出於人爲，則各司其職，以辦其事，不出於勉强不得已之意矣。○有是理，方有這物事。如草木有箇種子，方生出草木。如人有此心去做這事，方始成這事。若無此心，如何會成這事？○世事無緊要底不要做，先去其粗，却去其精，磨去一重，又磨一重，天下事都是如此。且如《中庸》説「戒慎乎其所不睹，恐懼乎其所不聞」，先且就睹處與聞處做了，然後就不睹不聞處用工，方能細密。而今人每每跳過一重做事，睹處與聞處元不曾有工夫，却便去不睹不聞處做，可知是做不成。下梢一齊擔閣，且如屋漏暗室中工夫，如何便做得？須從十目所視，十手所指處做起，方得。○且須立箇粗底根脚，却正好著細處工夫。今人於無義理底言語儘説了，無義理底事儘做了，是於粗底根脚猶未立，却求深微，縱理會得，干已甚事？○人多是要求濟事，而不知自身已不立，事決不能成。人自心若一毫私意未盡，皆足以敗事。如上有一毫差，下便有尋丈差。今若見得十分透徹，待下梢遇事轉移，也只做得五六分。若今便只就第四五著理會，下梢如何？○常先難而後易，不然則難將至矣。如樂毅用兵，始常懼難，乃心謹畏不敢忽易，故戰則雖大國堅城，無不破者。及至勝則自驕膽大而恃兵强，因去攻二城，亦攻不下。○作事若顧利害，其終未有不陷於害也。○古人臨事，所以要回互時是一般。國家大事係死生存亡之際，有不可直情徑行處，便要權其輕重而行之。今則事事用此，一向回互，至於枉尋直尺而利，亦可爲歟，是甚意思？○問：學者講明義理之外，亦須理會時政。凡事要一一講明，使先有一定之説，庶他日臨事不至牆面。曰：學者若得胸中義理明，從此去量度事物，自然泛應曲當。人若有堯舜許多聰明，自做得堯舜許多事業。若要一一理會，則事變無窮，難以逆料，隨機應變，不可預定。今世文人才士開口便説國家利害，把筆便述時政得失，終濟得甚事？只是講明義理，以淑人心，使世間識義理之人多，則何患政治之不舉耶？○某看人也須是剛，雖則是偏，然較之柔不同。《易》以陽剛爲君子，陰柔爲小人。若是柔弱不剛之質，少間都不會振奮，只困倒了。○天下事亦要得危言者，亦要得寬緩者，皆不可少。隨其人所見，看其人議論。如狄梁公辭雖緩，意甚懇切。如中邊皆緩，則不可。翕受敷施，九德咸事，聖人便如此做。○今人大抵皆先自立一箇意見。若其性寬大，便只管一向見得一箇寬大底路。若性嚴毅底人，便只管見得一箇廉介底路，更不平其心看事物自有箇合寬大處，合嚴毅處。○人最不可曉。有人奉身儉嗇之甚，充其操，上食槁壤，下飲黄泉底，却只愛官職。有人奉身清苦而好色，他只緣私欲不能克，臨事只見這箇重，都不見别箇了。或云：似此等人，分數勝已下底。曰：不得如此説。纔有病，便不好，更不可以分數論。他只愛官職，便弑父與君也敢。○古人尊貴，奉之者愈備，則其養德也愈善。後之奉養備者，賊之而已矣。○爲血氣所使者，只是客氣。惟於性理説話涵泳，自然臨事有别處。○須是慈祥和厚爲本。如勇決剛果，雖不可無，然用之有處所。○事至於過當，便是僞。○學常要親細務，莫令心麤。○問：避嫌是否？曰：合避豈可不避？如瓜田不納履，李下不整冠，豈可不避？如君不與同姓同車，與異姓同車不同服，皆是合避處。○問：程子説：「避嫌之事，賢者且不爲，况聖人乎？」若是有一項合委曲而不可以直遂者，這不可以爲避嫌。曰：自是道理合如此。如避嫌者，却是又怕人道如何，這却是私意。如十起與不起，便是私，這便是避嫌。只是他見得這意思，已是大段做工夫，大段會省察了。又如人遺之千里馬，雖不受，後來薦人未嘗忘之，後亦竟不薦。不薦自是好，然於心終不忘，便是喫他取奉意思不過，這便是私意。又如如今立朝，明知這箇是好人，當薦舉之，却緣平日與自家有恩意往來，遂避嫌不舉他。又如有某人平日與自家有怨，到得當官，彼却有事當治，却怕人説道因前怨治他，遂休了。如此等皆蹉過多了。○問：人心不可狹小，其待人接物，胸中不可先分厚薄，有所別異否？曰：惟君子爲能通天下之志，放令規模寬闊，使人人各得盡其情，多少快活。問：待人接物，隨其情之厚薄輕重而爲酬酢邪？一切不問而待之以厚邪？曰：知所以處心持己之道，則所以接人待物自有準則。○事有不當耐者，豈可全學耐事？學耐事，其弊至於苟賤不廉。○學者須要有廉隅牆壁，便可擔負得大事去。如子路世間病痛都没了，親於其身爲不善，直是不入，此大者立也。○恥有當忍者，有不當忍者。○人須有廉恥。孟子曰：「恥之於人大矣。」恥便是羞惡之心，人有恥，則能有所不爲。今有一様人不能安貧，其氣銷屈以至立脚不住，不知廉恥，亦何所不至？因舉吕舍人詩云：「逢人即有求，所以百事非。」如《論語》必先説：「富與貴是人之所欲也，不以其道得之，不處也。貧與賤是人之所惡也，不以其道得之，不去也。」然後説：「君子去仁，惡乎成名？」必先教取舍之際界限分明，然後可做工夫。不然，則立脚不定，安能有進？又云：學者不於富貴貧賤上立定，則是入門便差了也。人之所以戚戚於貧賤，汲汲於富貴，只緣不見這箇道理。若見得這箇道理，貧賤不能損得，富貴不曾添得，只要知這道理。○學者當常以志士不忘在溝壑爲念，則道義重而計較死生之心輕矣。況衣食至微末事，不得未必死，亦何用犯義犯分，役心役志，營營以求之邪？某觀今人因不能咬菜根，而至於違其本心者衆矣，可不戒哉！○困厄有輕重，力量有小大。若能一日十二辰點檢自己念慮動作都是合宜，仰不愧，俯不怍，如此而不幸填溝壑，喪軀殞命，有不暇恤，只得成就一箇是處。如此則方寸之間全是天理，雖遇大困厄，有致命遂志而已。亦不知有人之是非向背，惟其是而已。○問：死生是大關節處，須是日用間雖小事亦不放過。一一如此用工夫，當死之時，方打得透。曰：然。○以利害禍福言之，此是至粗底，此處人都信不及，便講學得待如何，亦没安頓處。今人開口亦解説「一飲一啄自有定分」，及遇小小利害，便生趨避計較之心。古人刀鋸在前，鼎鑊在後，視之如無物者，蓋緣只見得這道理，不見那刀鋸鼎鑊。○身勞而心安者爲之，利少而義多者爲之。○惟君子，然後知義理之所必當爲，與義理之必可恃。利害得失既無所入於其心，而其學又足以應事物之變，是以氣勇謀明，無所懾憚，不幸蹉跌，死生以之。小人之心，一切反是。○人有此身，便有所以爲人之理與生俱生，乃天之所付，而非人力所能爲也。所以凡爲人者，只合講明此理而謹守之，不可昏棄。若乃身外之事，榮悴休戚，即當一切聽天所爲而無容心焉。○問：事有最難底奈何？曰：亦有數等，或是外面阻遏做不得，或是裏面紛亂處不去。亦有一種紛拏時，及纖毫委曲微細處難處，全只在人自去理會。大概只是要見得道理分明，逐事上自有一箇道理。《易》曰：「探賾索隱。」賾處不是奥，是紛亂時；隱是隱奥也，全在探索上。紛亂是他自紛亂，我若有一定之見，安能紛亂得我？○問：事來斷制不下，當何以處之？曰：也只得隨力量做去。又問：事有至理，理有至當，十分處今已看得七八分，待窮來窮去，熟後自解到那分數足處。曰：雖未能從容，只是熟後便自會，只是熟，只是熟。○問：貧者舉事有費財之浩瀚者，不能不計度繁約而爲之裁處，此與正義不謀利意相妨否？竊恐謀利者是作這一事，更不看道理合當如何，只論利便於己與不利便於己，得利便則爲之，不得則不爲。若貧而費財者只是目下恐口足不相應，因斟酌裁處而歸之中，其意自不同否？曰：當爲而力不及者量宜處，乃是義也。力可爲而計費吝惜，則是謀利而非義矣。○問：欲窮理而事物紛紜，未能有灑落處。近惟見得富貴果不可求，貧賤果不可逃耳。曰：此是就命上理會，須更就義上看當求與不當求，當避與不當避。更看自家分上所以求之避之之心是欲如何，且其得喪榮辱，與自家義理之得失利害，孰爲輕重，則當有以處此矣。○大抵事只有一箇是非，是非既定，却揀一箇是處行將去。必欲回互得人人道好，豈有此理？然事之是非，久却自定，時下須是在我者無慊，仰不愧，俯不怍，别人道好道惡管他。○讀書則實究其理，行己則實踐其迹，念念鄉前，不輕自恕，則在我者雖甚孤高，然與他人元無干預，亦何必私憂過計，而陷於同流合汙之地乎？

南軒張氏曰：義之所在，君子蹈之，如飢之必食，渴之必飲，不可改也。若一毫私意亂之，則顧藉牽滯，而卒失其正矣。○論伊川説子貢貨殖，便生計較，纔計較便是不受命，只計較便不是。因言人逐日自思量如何是計較處，纔有計較作爲便不是。若都不計較，則是無所爲。如何應事接物，要得不計較，又要得應事接物，於此可以涵泳本心。

東萊吕氏曰：大凡人資質各有利鈍，規模各有大小，此難以一律齊。要須常不失故家氣味，所向者正，凡聖賢前輩學問操履，我力雖未能爲，而心向慕之，是謂所向者正。若隨俗輕笑，以爲世法不須如此，不當如此，則所向者不正矣。所存者實。如己雖未免有過，而不敢文飾遮藏，又如處親戚朋友間，不敢不用情之類。信其所當信，謂以聖賢語言、前輩教戒爲必可信，而以世俗苟且、便私之論爲不可信。耻其所當耻。謂以學問操履不如前輩爲耻，而不以官職不如人，服飾資用不如人，巧詐小數不如人爲耻。持身謙遜而不敢虚驕，遇事審細而不敢容易。如此，則雖所到或遠或近，要是君子路上人也。

西山真氏曰：一事有一事之理，人能安定其心，順其理以應之，則事既得所，心亦不勞苦。擾擾焉以私心處之，則事必不得其當，而其心亦無須臾之寧。人徒知爲事之累心，不知乃心之累事也。

魯齋許氏曰：天地間當大著心，不可拘於氣質，局於一己貧賤憂戚，不可過爲隕穫。貴爲公相不可驕，當知有天地國家以來多少聖賢在此位。賤爲匹夫不必耻，當知古昔志士仁人多少屈伏、甘於貧賤者。無入而不自得也，何忻戚之有？○凡事物之際有兩件，有由自己的，有不由自己的。由自己的有義在，不由自己的有命在，歸於義命而已。○世人懷智挾詐而欲事之善，豈有此理？必盡去人僞，忠厚純一，然後可善其事。至於死生福禍，則一歸之天命而已。人謀孔臧，亦可以保天命。人能攝生，亦可以保神氣。自暴自棄而有凶禍，皆自取之也。○巧言令色，人欲勝，天理滅矣。人但當脩心自理，不問與他人合與不合。果能自脩，天下人皆能合。若只以巧言令色求合，則其所合者可知矣。○汲汲焉毋欲速也，循循焉毋敢惰也。非止學問如此，日用事爲之間，皆當如此，乃能有成。○禍福榮辱，死生貴賤，如寒暑晝夜相代之理，若以私意小智妄爲迎避，大不可也。○不聽父母命者，則爲不孝；不聽君命者，則爲不敬；其或不聽天命者，獨無責耶？君父之命或時可否之間，設教者猶曰「勿逆勿怠」。況乎天命大公至正，無有不善，何苦而不受命乎？○毀不可遽，譽亦不可遽。喜不可遽，怒亦不可遽。處人須要重厚，待人須要久遠，顧歲晏如何耳。一時一暫，便動摇去從他做毀譽，後段便難收拾。○有不虞之譽，有求全之毁。不虞之譽，無故而致譽也。無實而得譽可乎？大譽則大毁至，小譽則小毁至，必然之理也。惟聖賢得譽，則無所可毀。大名之下難處，在聖賢則異於是，無難處者。無實而得名，故難處。名，美器也。造物者忌多取，非忌多取，忌夫無實而得名者。

北京大學《儒藏》編纂與研究中心 編

《儒藏》精華編選刊

性理大全書（四）

〔明〕胡廣 等撰
程林 彭榮 校點

北京大學出版社
PEKING UNIVERSITY PRESS

性理大全書卷之五十

學八

力行理欲義利君子小人之辨　論出處附

程子曰：人心莫不有知，惟蔽於人欲，則亡天理也。以下理欲、義利、君子小人之辨。○欲利己者必損人，欲利財者必斂怨。○人於天理昏者，是只爲嗜欲亂著他。莊子言：「其嗜欲深者，其天機淺。」此言却最是。○利者，衆人之所同欲也。專欲益己，其害大矣。貪之甚，則昏蔽而忘理義。求之極，則争奪而致怨仇。○大凡出義則入利，出利則入義。天下之事，惟義利而已。○孟子辯舜跖之分，只在義利之間。言間者，謂相去不甚遠，所争豪末耳。義與利，只是箇公與私也。出義，便以利言也。只那計較，便是爲有利害。若無利害，何用計較？利害者，天下之常情也。人皆知趨利而避害，聖人則更不論利害，惟看義當爲不當爲，便是命在其中也。○所謂利者，不獨財利之利，凡有利心便不可。如作一事，須尋自家穩便處，皆利心也。聖人以義爲利，義安處便爲利。〇守道當確然而不變，得正則遠邪，就非則違是，無兩從之理。〇雖公天下事，若用私意爲之便是私。〇人能放這一箇身，公共放在天地萬物中一般看，則有甚妨礙？雖萬身曾何傷？〇公則同，私則異，同者天心也。〇公則一，私則萬殊。至當歸一，精義無二。人心不同如面，只是私心。〇可欲莫如善，以有諸己爲貴。若存若亡焉，而不爲物所誘、俗所移者，吾未之見也。〇堯舜之爲善，與桀跖之爲惡，其自信一也。〇天下善惡皆天理，謂之惡者本非惡，但或過或不及便如此，如楊墨之類。又曰：天理中物須有美惡。蓋物之不齊，物之情也。但當察之，不可自入於惡，流於一物。〇何以謂之君子？何以謂之小人？君子則所見者大且遠，小人則所見者小且近。君子之志，所慮者豈止其一身，直慮及天下千萬世。小人之慮，一朝之忿，曾不遑恤其身。〇天地之間皆有對，有陰則有陽，有善則有惡。君子小人之氣常相停，但六分君子則治，六分小人則亂；七分君子則大治，七分小人則大亂。如是則一無此三字，作「雖」字。堯舜之世不能無小人。蓋堯舜之世只是以禮樂法度驅而之善，盡其道而已。然言比屋可封者，以其有教，雖欲爲惡不能成其惡。〇君子好成物故吉，小人好敗物故凶。〇義理與客氣常相勝，只看消長分數多少，爲君子小人之别。義理所得漸多，則自然知得客氣消散得漸少。消盡客氣者是大賢。〇問：君子之與小人處也，必有侵陵困辱之患，則如之何？曰：於是而能反己兢謹，以遠其禍，則德益進矣。《詩》不曰：「他山之石，可以攻玉。」

張子曰：人多言安於貧賤，其實只是計窮、力屈、才短，不能營畫耳。若稍動得，恐未肯安之。須是誠知義理之樂於利欲也，乃能。○天下之富貴假外者，皆有窮已，蓋人欲無饜而外物有限。惟道義則無爵而貴，取之無窮矣。○利，利於民則可謂利，利於身，利於國，皆非利也。利之言利，猶言美之爲美。利誠難言，不可以概而言。

藍田呂氏曰：辭受有義，得不得有命，皆理之所必然。有命有義，是有可得可受之理，故舜可以受堯之天下。無命無義，是無可得可受之理，故孔子不主彌子以受衛卿。二者義命有自合之理，無從而間焉。有義無命，雖有可受之義，而無可得之命，究其理安得而受之？是謂義合於命，故益避啓而不受禹之天下。有命無義，雖有可得之命，而無可受之義，亦安得而受之？是謂命合於義，故中國受室養弟子以萬鍾，爲孟子之所辭。二者義命有正合之理，時中而已焉。

上蔡謝氏曰：格物窮理，須是識得天理始得。所謂天理者，自然底道理。今人乍見孺子將入井，皆有怵惕惻隱之心，方乍見時，其心怵惕，所謂天理也。要譽於鄉黨朋友，內交於孺子父母，惡其聲而然，即人欲耳。天理與人欲相對，有一分人欲，即滅却一分天理。存一分天理，即勝得一分人欲。

和靖尹氏曰：君子之心不係於利害，惟其是而已。

五峰胡氏曰：人欲盛，則天理昏。天理素明，則無欲矣。處富貴，與天地同其通；處貧賤，與天地同其否；安死順生，與天地同其變化。又何宫室妻妾、衣服飲食、存亡得喪而以介意乎？○君子畏天命、順天時，故不行驚衆駭俗之事，而常中。小人不知天命，以利而動，肆情妄作，故行驚衆駭俗之事，必其無忌憚而然也。○知人之道，驗之以事，而觀其辭氣，從人反躬者，鮮不爲君子；任己蓋非者，鮮不爲小人。

朱子曰：有箇天理，便有箇人欲。蓋緣這箇天理，須有箇安頓處。纔安頓得不恰好，便有人欲出來。○天理人欲分數有多少。天理本多，人欲也便是天理裏面做出來。雖是人欲，人欲中自有天理。問：莫是本來全是天理否？曰：人生都是天理，人欲却是後來没巴鼻生底。○人之一心，天理存則人欲亡，人欲勝則天理滅，未有天理人欲夾雜者。學者須要於此體認省察之。○大抵人能於天理人欲界分上立得脚住，則儘長進在。○天理人欲之分只争些子，故周先生只管説幾字。然辯之又不可不早，故横渠每説豫字。○天理人欲，幾微之間。○問：飲食之間，孰爲天理？孰爲人欲？曰：飲食者，天理也。要求美味，人欲也。○不爲物欲所昏，則渾然天理矣。○天理人欲無硬定底界，此是兩界上工夫。❶這邊工夫多，那邊不到占過來。若這邊工夫少，那邊必侵過來。○人只有箇天理人欲，此勝則彼退，彼勝則此退，無中立不進退之理。凡人不進便退也。譬如劉項相拒於滎陽成皋間，彼進得一步，則此退一步；此進一步，則彼退一步。初學者則要牢劄定脚與他捱，捱得一豪去，則逐旋捱將去。此心莫退，終須有勝時，勝時甚氣象。○人只是此一心。今日是明日非，不是將不是底換了是底；今日不好明日好，不是將好底換了不好底。只此一心，但看天理私欲之消長如何爾。以至千載之前，千載之後，與天地相爲始終，只此一心。○學者須是革盡人欲，復盡天理，方始是學。又曰：人欲與天理，此長彼必短，此短彼必長。○未知學問，此心渾爲人欲。既知學問，天理自然發見，而人欲漸漸消去者固是好矣，然克得一層又有一層，大者固不可有，而纖微尤要密察。○凡一事便有兩端，是底即天理之公，非底乃人欲之私。須事事與剖判極處，即克治擴充工夫，隨事著見。然人之氣稟有偏，所見亦往往不同。如氣稟剛底人則見剛處多，而處事必失之太剛；柔底人則見柔處多，而處事必失之太柔。須先就氣稟偏處克治。○義理，身心所自有，失而不知所以復之。富貴，身外之物，求之惟恐不得。縱使得之，於身心無分豪之益，況不可必得乎！若義理

❶「此」，原作「至」，今據重修本改。

求則得之，能不喪其所有，可以爲聖爲賢，利害甚明。人心之公每爲私欲所蔽，所以更放不下。但常常以此兩端體察，若見得時，自須猛省，急擺脱出來。○問：水火，明知其可畏，自然畏之，不待勉强。若是人欲，只緣有愛之之意，雖知之而不能不好之，奈何？曰：此亦未能真知而已。又問：真知者還當真知人欲是不好物事否？曰：如克伐怨欲，却不是要去就克伐怨欲上面要知得到，只是自就道理這邊看得透，則那許多不待除而自去。若實是看得大底道理，要去求勝做甚麽？要去矜誇他人做甚麽？求仁而得仁，又何怨？怨箇甚麽？耳目口鼻四肢之欲，惟分是安，欲箇甚麽？見得大處分明，這許多小小病痛，都如冰消凍解，無有痕迹矣。○今人日中所爲，皆苟而已。其實只將講學做一件好事，求異於人，然其設心依舊只是爲利。其視不講者，又何以大相遠？天下只是善惡兩言而已，於二者始分之中，須著意看教分明。及其流出去，則善者一向善，但有淺深爾。如水清泠，便有極清處，有稍清處。惡者一向惡，惡有淺深。如水渾濁，亦有極渾處，有稍渾處。問：此善惡分處，只是天理之公、人欲之私耳。曰：此却是已有説後，方有此名。只執此爲説不濟事，須要驗之此心，真知得如何是天理，如何是人欲。幾微間極索理會，此心常常要惺覺，莫令頃刻悠悠憒憒。問：此只是持敬爲要。曰：敬不是閉眼默坐便爲敬，須是隨事致敬。方其當格物時，便敬以格之。當誠意時，便敬以誠之。以至正心脩身以後，節節常要惺覺執持，令此心常在，方是能持敬。今之言持敬者只是説敬，非是持敬。若此心常在軀殼中爲主，便須常如烈火在身，有不可犯之色。事物之來便成兩畔去，又何至如是纏繞。○氣不從志處，乃是天理人欲交戰處也。○天理人欲並行，論其本然之妙，則唯有天理而無人欲。是以聖人之教，必欲其盡去人欲而復全天理，所謂「人心惟危，道心惟微，惟精惟一，允執厥中」者，堯舜禹相傳之密旨也。夫人自有生而梏於形體之私，則固不能無人心矣。然而必有得乎天地之正，則又不能無道心矣。日用之間，二者並行，迭爲勝負，而一身之是非得失，天下之治亂安危，莫不係焉。是以欲其擇之精，而不使人心得以雜乎道心；欲其守之一，而不使天理得以流於人欲。則凡其所行，無一事之不得其中，而於天下國家無所處而不當。夫豈任人心之自危，而以有時而泯者爲當然；任道心之自微，而幸其須臾之不泯也哉？○聖賢千言萬語，只是明天理，滅人欲。天理明，自不消講學。人性本明，如寶珠沉溷水中，明不可見，去了溷水，則寶珠依舊自明。自家若得知是人欲蔽了，便是明珠，只從這上便緊緊著力主定一面格物。今日格一物，明日格一物，正如遊兵攻圍拔守，人欲自消鑠將去。所以程子説敬字，只是謂我身有一箇明底物事在這裏。把箇敬字抵敵，常常存箇敬在這裏，則人欲自然來不得。夫子曰：「爲仁由己，而由人乎哉？」緊要處正在這裏。○問：五峰言「天理人欲同行而異情，同體而異用」兩句，頗疑同體異用之説，然猶未見真有未安處。今者得之，天理乃自然之理，人欲乃自欺之情。不順自然，即是私僞。不是天理，即是人欲。二者面目自别，發於人心自不同，常驗之舉動間。苟出於天理之所當爲，胸中自是平正，無有慊愧；自是寬泰，無有不足；接人待物，自是無乖迕。學者雖不常會如此，要是此心存時便如此。此心不存，則不如此。須是讀書講義理，常令此心不間斷，則天理常存矣。若有放慢時節，任人欲發去，則胸中自是急迫麤率，自是不公不正。爲不善事，雖不欲人之知，胸中自是有愧赧，然亦自不可揜。如何要去天理中見得人欲，人欲中見得天理？二者敻然判别，恐説同體不可，亦恐無同行之理。若曰心本爲利，却假以行，與那真於爲義者其迹相似。如此説同行猶可，今下天理人欲字似少分别，未審是然否？曰：頃與敬夫商量此兩句，謂同行異情者是，同體異用者非。○學無淺深，並要辨義利。○看道理須要就那箇大處看，須要前面開闊，不要就那箇壁角裏去。如今須要天理人欲、義利公私分别得明白，將自家日用底與他勘驗，須是漸漸有見處。若不去那大壇場上行，理會得一句透，只是一句，道理小了。○人貴剖判心下，令其分明，善理明之，惡念去之。若義理，若善惡，若是非，毋使混淆不别於其心。譬如處一家之事，取善舍惡。又如處一國之事，取得舍失。處天下之事，進賢退不肖。蓄疑而不決者，其終不成。○或問義利之别。曰：只是爲己爲人之分。纔爲己，這許多便自做一邊去，義也是爲己，天理也是爲己。若爲人，那許多便自做一邊去。○須於日用間，令所謂義了然明白。或言心安處便是義，亦有人安其所不當安，豈可以安爲義也？○義利之辨，初時尚相對在，若少間主義功深後，那利如何著得？如小小竊盜，不勞而却矣。○事無大小，皆有義利。今做好底事了，其間更包得有多少利私在。所謂以善爲之而不知其道，皆是也。○纔有欲順適底意思，即是利。○以「敬」「義」二字隨處加功，久久自當得力。義利之間只得著力分別，不當預以難辨爲憂。聖門只此便是終身事業。○利是那義裏面生出來底，凡事處制得合宜，利便隨之。所以云「利者，義之和」，蓋是義便兼得利。若只理會利，却是從中間半截做下去，遺了上面一截義底。小人只理會後面半截，君子從頭來。○問：程子言「義安處便爲利」，只是當然而然便安否？曰：是。也只萬物各得其分便是利。君得其爲君，臣得其爲臣，父得其爲父，子得其爲子，何利如之？此利字即《易》所謂「利者，義之和」。利便是義之和處。義初似不和而却和，截然不可犯似不和，分別後萬物各得其所便是和。不和生於不義，義則和而無不利矣。一云義則無不和，和則無不利矣。○學者做切己工夫要得不差，先須辨義利所在。如思一事，非特財利利欲，只每事求自家安利處便是，推此便不可入堯舜之道。切須勤勤提省，察之於纖微豪忽之間，不得放過，如此便不會錯用工夫。○人只有一箇公私，天下只有一箇邪正。○將天下正大底道理去處置事，便公；以自家私意去處之，便私。○凡事只去看箇是非。

假如今日做得一件事，自心安而無疑，便是是處。一事自不信，便是非處。○閑居無事，且試自思之，其行事有於所當是而非，當非而是，當好而惡，當惡而好，自察而知之，亦是工夫。○講學固不可無，須是更去自己分上做工夫。若只管說，不過一兩日都說盡了，只是工夫難。且如人雖知此事不是不可爲，忽然無事，又自起此念。又如臨事時，雖知其不義，不要做，又却不知不覺自去做了，是如何？又如好事初心本自要做，又却終不肯做，是如何？蓋人心本善，方其見善欲爲之時，此是真心發見之端，然纔發，便被氣稟物欲隨即蔽固之，不教他發。此須自去體察存養看得，此最是一件大工夫。○學者工夫只求一箇是，天下之理不過是與非兩端而已。從其是則爲善，徇其非則爲惡。事親須是孝，不然則非事親之道。事君須是忠，不然則非事君之道。凡事皆用審箇是非，擇其是而行之。聖人教人諄諄不已，只是發明此理。○事事物物上都有箇道理，都有是有非，所以舜好問而好察邇言，雖淺近閑言語中，莫不有理，都要見得破。隱惡而揚善，自家這裏善惡便分明。然以聖明昭鑑，纔見人不好，便說出來也不得，只是揚善，那惡底自有不得掩之理。纔說揚善，自家已自分明，這亦聖人與人爲善之意。又云：一件事走過眼前，譬似閑也有箇道理，有箇是非，緣天地之間，上蟠下際，都無別事，都只是這道理。○天下事只有一箇是，一箇非，是底便是，非底便非。問：是非自有公論。曰：如此說便不是了。是非只是是非，如何是非之外更有一箇公論？纔説有箇公論，便又有箇私論也，此却不可不察。○天下只有一理，此是即彼非，此非即彼是，不容並立。故古之聖賢心存目見，只有義理，都不見有利害可計較。日用之間，應事接物，直是判斷得直截分明，而推以及人，吐心吐膽，亦只如此，更無回互。若信得及，即相與俱入聖賢之域；若信不及，即在我亦無爲人謀而不盡底心，而此理是非昭著明白。○凡事都分做兩邊，是底放一邊，非底放一邊。是底是天理，非底是人欲。是即守而勿失，非即去而勿留。此治一身之法也。治一家則分別一家之是非，治一邑則分別一邑之邪正，推而一州一路，以至天下，莫不皆然。此直上直下之道。若其不分黑白，不辨是非，而猥曰無黨，是大亂之道也。○學大抵只是分別箇善惡，而去就之爾。○論陰陽，則有陰必有陽。論善惡，則一豪著不得。○凡事莫非心之所爲，雖放僻邪侈，亦是此心。善惡但如反覆手，翻一轉便是惡，只安頓不著，亦便是不善。○好惡是情，好善惡惡是性。性中當好善，當惡惡。泛然好惡，乃是私也。○天理有未純，是以爲善常不能充其量。人欲有未盡，是以除惡常不能去其根。爲善而不能充其量，除惡而不能去其根，是以雖以一念之頃，而公私邪正、是非得失之幾，未嘗不朋分角立，而交戰於其中。○《答何叔京書》曰：人欲云者，正天理之反耳。謂因天理而有人欲則可，謂人欲亦是天理則不可。蓋天理中本無人欲，惟其流之有差，遂生出人欲來。程子謂：「善惡皆天理，此句若甚可駭。謂之惡者本非惡，此句便都轉了。但過與不及便如此。」所引惡亦不可不謂之性，意亦如此。○問：程子云「天下善惡皆天理」，何也？曰：惻隱是善，於不當惻隱處惻隱即是惡。剛斷是善，於不當剛斷處剛斷即是惡。雖是惡，然原頭若無這物事，却如何做得？本皆天理，只是被人欲翻了，故用之不善而爲惡耳。○問：天下善惡皆天理，楊墨之類只是過不及，皆出於仁義。謂之天理則可，如世之大惡謂之天理可乎？曰：本是天理，只是翻了便如此。如人之殘忍便是翻了惻隱，如放火殺人可謂至惡，若把那火去炊飯，殺其人之所當殺，豈不是天理？只緣翻了，道理有背有面，順之則是，背之則非。緣有此理，方有此惡。如溝渠至濁，當初若無清泠底水，緣何有此？○問：既是翻了天理，如何又說皆天理也？莫是殘賊底惡初從羞惡上發，淫溺貪慾底惡初從惻隱上發，後來多過差了，原其初發都是天理。曰：如此說亦好。但所謂翻者，亦是四端中自有相反處。如羞惡自與惻隱相反，是非自與辭讓相反。如公說也是好意思，因而看得舊一句不通處出。如用人之智去其詐，用人之勇去其暴，這兩句意分曉，惟是「用人之仁去其貪」一句没分曉。今公說貪是愛上發來，也是。思之是淳善底人易得含胡苟且，姑息貪戀。○善只是當恁地底，惡只是不當恁地底。善惡皆是理，但善是那順底，惡是翻轉來底。然以其反而不善，則知那善底自在。故善惡皆理也，然却不可道有惡底理。○知人之難，堯舜以爲病，而孔子亦有聽言觀行之戒。然以予觀之，此特爲小人設耳。若皆君子，則何難知之有哉？蓋天地之間，有自然之理。凡陽必剛，剛必明，明則易知。凡陰必柔，柔必暗，暗則難測。故聖人作《易》遂以陽爲君子，陰爲小人。其所以通幽明之故，類萬物之情者，雖百世不能易也。予嘗竊推《易》説以觀天下之人，凡其光明正大，疎暢洞達，如青天白日，如高山大川，如雷霆之爲威，而雨露之爲澤，如龍虎之爲猛，而麟鳳之爲祥，磊磊落落，無纖芥可疑者，必君子也。而其依阿淟涊，回互隱伏，糾結如蛇蚓，瑣細如蟣虱，如鬼蜮狐蠱，如盜賊詛呪，閃倐狡獪，不可方物者，必小人也。君子小人之極既定於内，則其形於外者，雖言談舉止之微，無不發見。而況於事業文章之際，尤所謂粲然者。彼小人者雖曰難知，而亦豈得而逃哉？

南軒張氏曰：人欲横流，强止遏之，未有不奔潰湍决者。此鯀治水也，水之性無有不下。禹能順而治之，行其所無事也，自然平治。人之良心，豈無發見之時？引而伸之，涵養而擴充之，天理明，人欲自消。伊川所謂「明得一分天理，滅却一分人欲」。○問：程子謂：「視聽思慮動作皆天也，但其中要識得真與妄耳。」胡伯逢疑云：「既是天，安得妄？」某以謂此六者，人生皆備，故知均稟於天。但順其理則是真，違其理則是妄，妄即人爲之私耳。如此言之，知不謬否？曰：有物必有則，此天也。若非其則，則是人爲亂之，妄而已矣。○道二，義與利而已矣。義者，亘古今，通天下之正逵；而利者，犯荆棘，入險阻之私徑也。人之秉彝，固有坦然正逵之可遵，而乃不由之，而反犯荆棘，冒險阻，顛冥終身而不悔，獨何歟？血氣之動於欲也，動於聲色，動於貨財；以至於爵禄之可慕，則進以求達；知名之可利，則鋭於求名。不寧惟是，凡一日夕之間，起居飲食，遇事接物，苟私己自便之事，意之所向無不趨之，則天理滅而人道或幾乎息矣。其胸次營營，豈得須臾寧處於斯世？亦僥倖以苟免耳。徒知有六尺血氣之軀，而不知其體元與天地相周流也，豈不可惜乎？雖然，義内也，本其良心之不可以自已者，反而求之，夫豈遠哉？○學者潛心孔孟，必得其門而入，愚以爲莫先於義利之辨。蓋聖學無所爲而然也。無所爲而然者，命之所以不已，性之所以不偏，而教之所以無窮也。凡有所爲而然者，皆人欲之私，而非天理之所存。此義利之分也。自未嘗省察者言之，終日之間，鮮不爲利矣，非特名位貨殖而後爲利也。斯須之頃，意之所向，一涉於有所爲，雖有淺深之不同，而其徇己自私，則一而已，如孟子所謂内交、要譽、惡其聲之類是也。是心日滋，則善端遏塞，欲邇聖賢之門牆以求自得，豈非却行以望及前人乎？使談高説妙，不過渺茫臆度，譬猶無根之木，無本之水，其何益乎？學者當立志以爲先，持敬以爲本，而精察於動静之間，豪釐之差，審其爲霄壤之判，則有以用吾力矣。學然後知不足，平時未覺吾利欲之多也，灼然有見於義理之辨，將日救過不暇，由是而不舍，則趣益深，理益明，而不可已也。孔子曰：「古之學者爲己，今之學者爲人。」爲人者，無適而非利；爲己者，無適而非義。嗟乎！義利之辨大矣。豈特學者治己之所當先，施之天下國家一也。王者所以建立邦本，垂裕無疆，以義故也。而伯者所以陷溺人心，貽毒後世，以利故也。孟子當戰國横流之時，發揮天理，遏止人欲，深切著明，撥亂反正之大綱也。○人之所以不正大者，果何由哉？有所偏黨，則不正矣；有所係吝，則不大矣。是二者皆私也。纖豪之萌，則正大之體亡矣。是當涵泳乎義理之中，敬恭乎動静之際，察夫偏黨係吝而克去之，則所謂正大者，蓋可存其體而得其用矣。

勉齋黄氏曰：人稟陰陽五行之秀氣以生，而太極之理已具。其根於心也，未發則爲仁義禮智之性，已發則爲惻隱羞惡辭讓是非之情。其施於身也，則爲貌之恭，言之從，視之明，聽之聰，思之睿。其見於事也，則爲君臣之義，父子之恩，夫婦之别，長幼之序，朋友之信，與凡百行之當然者。是其稟賦之初，内外之分，固莫非天理之所具，然少有不謹則人欲得以間之，合乎天理則順直端方而無邪曲偏詖之累。人欲間之，則反是矣。是故存養省察於幾微之間，其惟敬義乎？主一之謂敬，合宜之謂義。主於一，則思慮不雜，天理常存而内直矣。合於宜，則品節不差，天理常行而外方矣。内直外方，則所謂具衆理，宰萬事，有以全吾心本然之妙矣。

潛室陳氏曰：五峰云：「天理人欲，同行異情。」此語儘當玩味。如飲食男女之欲，堯舜與桀紂同，但中理中節即爲天理，無理無節即爲人欲。

西山真氏曰：義者，天理之公也；利者，人欲之私也。二者如冰炭之相反，然一於義，則利自在其中。蓋義者宜也，利亦宜也。苟以義爲心，則事無不宜矣。不惟宜於己，亦且宜於人。人己兩得其宜，何利如之？若以徇利爲心，則利於己必害於人，爭鬭奪攘於是乎興，己亦豈能享其利哉！○《大學》所謂利，專指財利而言。伊川先生云：「利不獨財利之利，凡有一豪自便之心即是利。」此論尤有補於心術之微。至南軒先生又謂：「無爲而爲皆義也，有所爲而爲即利也。」其言愈精且微，學者不可不知也。且如見赤子入井，有惻隱之心，此乃天理自然形見，非有所爲而然，此即義也。若有一豪納交要譽之心，即是有所爲而爲，即利心也。二者相去豪釐之間，而公私邪正之分則天淵矣。故朱子謂：「南軒此語，乃發先賢所未發，有功於聖門，學者所宜深味也。」○學者存心行事，只當以義理爲主。義所當然，雖害不卹；義所不當然，雖利不計。如此，方合乎天理之正。若此心一出一入於義利之間，終是爲利所勝。正如白黑相和，黑必揜白；薰蕕共器，蕕必揜薰。立志之初，不可不察也。

程子曰：賢者在下，豈可自進以求於君？苟自求之，必無能信用之理。以下論出處。○擇才而用雖在君，以身許國則在己。道合而後進，得正則吉矣。汲汲以求遇者，終必自失，非君子自重之道也。故伊尹、武侯救世之心非不切，必待禮至而後出者，以此。○賢聖於亂世，雖知道之將廢，不忍坐視而不救也，必區區致力於未極之間，强此之衰，艱彼之進，圖其暫安，而冀其引久。苟得爲之，孔孟之屑爲也。王允之於漢，謝安之於晉，亦其庶矣。○問：家貧親老，應舉求仕，不免有得失之累，何脩而可以免此？曰：此只是志不勝氣，若志勝，自無此累。家貧親老，須爲禄仕，然得之不得爲有命。曰：在己固可，爲親奈何？曰：爲己爲親，止是一事。若不得，其如命何？孔子曰：「不知命，無以爲君子。」人苟不知命，見患難必避，遇得喪必動，見利必趨，其何以爲君子？○古之仕者爲人，今之仕者爲己。○士之處高位，則有拯而無隨。在下位，則有當拯有當隨，拯之不得而後隨。○問：聖人有爲貧之仕乎？曰：爲委吏乘田是也。或曰：抑爲之兆乎？曰：非也。爲魯司寇，則爲之兆也。或人因以是勉程子從仕，曰：至於飢餓不能出門户之時，又徐爲之謀耳。

龜山楊氏曰：方太公釣於渭，不遇文王，特一老漁父耳。及一朝用之，乃有鷹揚之勇，非文王有獨見之明，誰能知之。學者須體此意，然後進退隱顯，各得其當。○正叔云：「古之學者四十而仕，未仕以前二十餘年，得盡力於學問，無他營也，故人之成材可用。」今之士十四五以上，便學綴文覓官，豈嘗有意爲己之學？夫以不學之人，一旦授之官，而使之事君、長民、治事，宜其效不如古也。故今之在仕路者，人物多凡下不足道，以此。○仕道與禄仕不同。常夷甫家貧，既召入朝，神宗欲優厚之，令兼數局，如登聞鼓染院之類，庶幾俸給可贍其家，夷甫一切受之不辭。及正叔以白衣擢爲勸講之官，朝廷亦使之兼他職，則固辭。蓋前日所以不仕者，爲道也；則今日之仕，須其官足以行道，乃可受，不然是苟禄也。然後世道學不明，君子之辭受取舍，人鮮能知之。故常公之不辭，人不以爲非；而程公之辭，人亦不以爲是。

和靖尹氏曰：君子或出或處，歸潔其身而已矣。人之行己各有其志，出處去就雖有不同，要看所存如何耳。

東平馬氏曰：人之利鈍自有時，但當行直道，無用于人也。

致堂胡氏曰：古之君子不苟就，不俯從。使去就從違之重，在我而不在人，在義而不在利。庶乎招不來，麾不去，足以取信於其上也。

朱子曰：士大夫之辭受出處，又非獨其身之事而已。其所處之得失，乃關風俗之盛衰，故尤不可以不審也。○聖賢固不能自爲時，然其仕止久速皆當其可，則其所以自爲時者，亦非他人之所能奪矣。豈以時之不合而變吾所守以徇之哉！○今人皆不能脩身。方其爲士，則役役求仕。既仕則復患禄之不加，趨走奔馳無一日閑，何如山林布衣之士？道義足於身，道義既足於身，則何物能嬰之哉！○諸葛武侯未遇先主，只得退藏，一向休了也没奈何。孔子弟子不免事季氏，亦事勢不得不然，捨此則無以自活。如今世之科舉亦然。如顔閔之徒自把得住，自是好，不可以一律看。人之出處最可畏。如漢魏之末，漢末則所事者止有箇曹氏，魏末所事者止有箇司馬氏耳。○名義不正，則事不可行，無可爲者有去而已。然使聖人當之，又不知如何，恐於義未精也。○今人只爲不見天理本原，而有汲汲以就功名之心。故其議論見識往往卑陋，多方遷就，下梢頭只是成就一箇私意，更有甚好事！○當官勿避事，亦勿侵事。

南軒張氏曰：廷對最是直言，蓋士人初見君父，此是第一步。此時可欺，則無往而非欺，須是立得脚教是。

勉齋黄氏曰：古之君子非仁不存，非禮不立，非義不行，所貴者良貴，所樂者真樂。人之知不知，世之用不用，於我何與焉？貧富貴賤，生死禍福，日交乎前，不暇顧也。後之君子心之所固有，事之所當行，何者爲禮，何者爲義，何者爲智，懵然莫覺也，功名而已耳，利禄而已耳。以區區之私意小智，汲汲然求售於人，慮人之不己用也，委曲遷就，以求順於人。幸而得志，哆然以爲莫己若也。小不如意，則戚戚然，幾不能以終日矣。

魯齋許氏曰：志伊尹之所志，學顔子之所學。出則有爲，處則有守，丈夫當如此。出無所爲，處無所守，所志所學將何爲？

性理大全書卷之五十一

學　九

教　人

程子曰：君子之教人，或引之，或拒之，各因其所虧者成之而已。孟子之不受曹交，以交未嘗知道固在我而不在人也，故使歸而求之。○語學者以所見未到之理，不惟所聞不深徹，久將理低看了。○人之知識未嘗不全，其蒙者猶寐也，呼而覺之，斯不蒙矣。○射中鵠，舞中節，御中度，皆誠也。古人教人以射、御、《象》《勺》，所養之意如此。○以書傳道，與口相傳煞不相干。相見而言，因事發明，則并意思一時傳了。書雖言多，其實不盡。○禁人之惡者，獨治其惡而不絶其爲惡之原，則終不得止。《易》曰「豶豕之牙吉」，見聖人處機會之際也。○聖人責人緩而不迫，事正則已矣。○胡安定在湖州置治道齋，學者有欲明治道者講之於中，如治兵、治民、水利、算數之類。嘗言劉彝善治水利，後累爲政，皆興水利有功。○問：人之於善也，必其誠心欲爲，然後有所得。其不欲，不可以强人也。曰：是不然。任其自爲，聽其不爲，則中人以下自棄自暴者衆矣。聖人所以貴於立教也。○賢人君子未得其位，❶無所發施其素藴，則推其道以淑諸人。講明聖人之學，開道後進，使其教益明，其傳益廣。故身雖隱而道光，跡雖處而教行。出處雖異，推己及人之心則一也。

張子曰：聖人設教，便是人人可以至此，人人可以爲堯舜。若是言且要設教，在人有所不可到，則聖人之語虚設耳。○教之而不受，則雖强告之無益。莊子謂「内無受者不入，外無正者不行」。○常人教小童，亦可取益。絆己不出入，一益也；授人數次，己亦了此文義，二益也；對之必正衣冠，尊瞻視，三益也；嘗以因己而壞人之才爲憂，則不敢惰，四益也。

藍田吕氏曰：自洒掃應對上達乎天道性命，聖人未嘗不竭以教人，但人所造自有淺深，故所得亦有小大也。仲尼曰：「吾無隱乎爾。」又曰：「有鄙夫問於我，我叩其兩端而竭焉。」然子貢高第猶未聞乎性與天道，非聖人之有隱，而人自不能盡爾。如天降時雨，百果草木皆甲拆，其盛衰小大之不齊，膏澤豈私於物哉？○横渠張子教學者，多告以知禮成性、變化氣質之道，學必如聖人而後已。聞者莫不動心，有自得之者。

---

❶「未」，原作「木」，今據重修本改。

上蔡謝氏曰：横渠教人以禮爲先，大要欲得正容謹節，其意謂世人汗漫無守，便當以禮爲地，教他就上面做工夫。然其門人下梢頭溺於刑名度數之間，故其學無傳之者。明道先生則不然，先使學者有知識，却從敬入。○或問：横渠教人以禮爲先，與明道使學者從敬入，何故不同？曰：既有知識，窮得物理，却從敬上涵養出來，自然是别。正容謹節，外面威儀，非禮之本。又曰：横渠以禮教人，明道以忠信爲先。

廣平游氏曰：張子厚學成德尊，然猶秘其學，不多爲人講之。其意若曰：「雖復多聞，不務蓄德，徒善口耳而已。」故不屑與之言。明道先生謂之曰：「道之不明於天下久矣，人善其所習，自謂至足，必欲如孔門不憤不啓、不悱不發，則師資勢隔而先王之道或幾乎熄矣。趨今之時，且當隨其資而誘之，雖識有明暗，志有淺深，亦各有得焉，而堯舜之道庶可馴致。」子厚用其言，故關中學者躬行之多與洛人並。推其所自，先生發之也。

問：昔人教人必因其才之所可而教之，不以其所不可而强之，如陳圖南之教錢若水是也。近時師匠不論人材所可，❶只一律以其所見教之，是以有不得盡其材者。和靖尹氏曰：固是初學之人，豈可便説與十分話，然亦不可以逆料其才之不可而不以盡告，只看他志

❶「時」，四庫本作「世」。

趣所向，氣質如何，隨量而得也。如陳希夷之於錢，是因其氣質志趣以教之，非謂其才不可也。如公孫丑、萬章之徒，不是不信孟子，豈不願爲聖人，亦豈其才之不可？只爲他見得未如孟子，又志趣不同，氣質或異，所見膚淺，便差七差八。謂告之者其言太高，若不可及，大率人未有箇入處，便語以高者、大者，徒令驚疑以止其進學之心，固非善教者。然謂其才不可而不以告之，得爲善教歟？如公孫丑曰：「道則高矣、美矣，宜若登天然，似不可及，何不使彼爲可幾及而日孳孳也。」又豈是才不迨者，是未見得，便知才不堪，可乎？孟子只曰：「大匠不爲拙工改廢繩墨，羿不爲拙射變其彀率。君子引而不發，躍如也。中道而立，能者從之。」又曰：聖人只是引得他，只顔子便會此意，謂夫子循循然善誘人也。

東萊呂氏曰：前輩嘗教少年毋輕議人，毋輕説事，惟退而自脩可也。《學記》曰：「幼者聽而弗問。」皆使人自脩，不敢輕發，養成德器也。○衣服之制，飲食之度，字畫之別，以至音聲笑語之高下，行步進趨之遲速，當一以古人爲法。古之善教人者，必以此爲本，所以養誠閑邪而反人道之正也。若於此數事少有舛異，若不能自克，久久之間必至喪志失身。

朱子曰：聖人教人，大概只是説孝弟忠信、日用常行底話。人能就上面做將去，則心之放者自收，性之昏者自著。如心性等字，到子思、孟子方説得詳。○聖人教人有定本。舜使契爲司徒，教以人倫，父子有親，君臣有義，夫婦有別，長幼有序，朋友有信。夫子對顔淵曰：「克己復禮爲仁，非禮勿視，非禮勿聽，非禮勿言，非禮勿動。」皆是定本。○自昔聖賢教人之法，莫不使之以孝弟、忠信、莊敬、持養爲下學之本，❶而後博觀衆理，近思密察，因踐履之實以致其知。其發端啓要又皆簡易明白，初若無難解者，而及其至也，則有學者終身思勉而不能至焉。蓋非思慮揣度之難，而躬行默契之不易，故曰：「夫子之文章可得而聞也，夫子之言性與天道不可得而聞也。」夫聖門之學所以從容積累，涵養成就，隨其淺深，無非實學者，其以此與？○聖賢教人下學上達，循循有序，故從事其間者博而有要，約而不孤，無妄意凌躐之弊。今之言學者類多反此，故其高者淪於空幻，卑者溺於見聞，倀倀然未知其將安所歸宿也。○聖門教學循循有序，無有先求頓悟之理，但要持守省察，漸久漸熟，自然貫通。○《周禮》師氏之官以三德教國子，一曰至德，以爲道本；二曰敏德，以爲行本；三曰孝德，以知逆惡。至德云者，誠意正心、端本清源之事。道則天人性命之理，事物當然之則，脩身齊家治國平天下之術也。敏德云者，彊志力行、崇德廣業之事。行則理之所當爲，日可見之跡也。孝德云者，尊祖愛親，不忘其所由生之事。知逆惡，則以得於己者篤實深固，有以真知彼之逆惡而自不忍爲也。凡此三者，雖曰各以其才品之高下、資質之所宜而

❶「持」，四庫本作「存」。

教之，然亦未有專務其一而可以爲成人者也。是以别而言之，以見其相須爲用而不可偏廢之意。蓋不知至德，則敏德者散漫無統，固不免乎篤學力行而不知道之譏。然不務敏德而一於至，則又無以廣業而有空虚之弊。不知敏德，則孝德者僅爲匹夫之行，而不足以通乎神明。然不務孝德而一於敏，則又無以立本而有悖德之累。是以兼陳備舉而無所遺，此先王之教所以本末相資，精粗兩盡，而不倚於一偏也。其又曰教三行。一曰孝行，以親父母；二曰友行，以尊賢良；三曰順行，以事師長。蓋德也者，得於心而無所勉者也，行則其所行之法而已。蓋不本之以其德，則無所自得，而行不能以自修。不實之以其行，則無所持循，而德不能以自進。是以既教之以三德，而必以三行繼之，則雖其至末至粗亦無不盡，而德之修也不自覺矣。然是三者，似皆孝德之行而已，至於至德、敏德則無與焉。蓋二者之行，本無常師，必協于一，然後有以獨見而自得之，固非教者所得而預言也。唯孝德則其事爲可指，故又推其類而兼爲友順之目以詳教之。以爲學者雖或未得於心，而事亦可得而勉，使其行之不已而得於心焉，則進乎德而無待於勉矣。況其又能即是而充之，以周於事而泝其源，則孰謂至德、敏德之不可至哉！或曰三德之教，大學之學也；三行之教，小學之學也。鄉三物之爲教也，亦然。○周人以鄉三物教萬民，而賓興之。其德六，曰智、仁、聖、義、中、和。其行六，曰孝、友、睦、婣、任、恤。其藝六，曰禮、樂、射、御、書、數。是於學者日用起居飲食之間，既無事而非學；於其群居藏脩游息之地，亦無學而非事。至於所以開發其聰明，成就其德業者，又皆交相爲用而無所偏廢。○孟子教人，多言理義大體，孔子則就切實做工夫處教人。○學者議論工夫，當因其人而示以用功之實，不必費辭，使人知所適從，以人於坦易明白之域可也。若泛爲端緒，使人迫切而自求之，適恐資學者之病。○博文約禮，博文功夫雖頭項多，然於其中尋將去，自將有箇約處。聖人教人有序，未有不先於博者。孔門三千人，顔子固不須説，只曾子、子貢得聞一貫之誨，謂其餘人不善學，固可罪。然夫子亦不叫來駡一頓，教便省悟，則夫子於其門人告之亦不忠矣。是夫子亦不善教人，致使宰我、冉求之徒後來狼狽也。要之無此理。只得且待他事事理會得了，方可就其上欠闕處告語之。如子貢事，亦不是許多時只教他多學，使他枉做功夫，直到後來方傳以此秘妙，正是待他多學之功到了，方可以言此耳。○教道後進，須是嚴毅，然亦須有以興起開發之方得。只恁嚴，徒拘束之，亦不濟事。○某嘗喜那鈍底人，他若是做得工夫透徹時極好。却煩惱那敏底，只是略綽看過，不曾深去思量，當下説也理會得，只是無滋味，工夫不耐久。敏底人又却用做那鈍底工夫方得。○南軒之教人，必使之先有以察乎義利之間，而後明理居敬以造其極。其剖析精明，傾倒切至，必竭兩端而後已。○籍溪教諸生於功課餘暇，以片紙書古人懿行，或詩文銘贊之有補於人者，粘置壁間，俾往來誦之，咸令精熟。○學者之志，固不可不以遠大自期，然觀孔門之教，則其所從言之者至爲卑近，不過孝弟忠信持守誦習之間，而於所謂學問之全體，初不察察言之也。若其高第弟子，多亦僅得其一體。夫以夫子之聖、諸子之賢，其於道之全體，豈不能一言盡之以相授納，而顧爲是拘拘者以狹道之傳、畫人之志，何哉？蓋所謂道之全體雖高且大，而其實未嘗不貫乎日用細微切近之間。苟悦其高而忽於近，慕其大而略於細，則無漸次經由之實，而徒有懸想跂望之勞，❶亦終不能以自達矣。故聖人之教循循有序，不過使人反而求之至近至小之中。博之以文，以開其講學之端；約之以禮，以嚴其踐履之實。使之得寸則守其寸，得尺則守其尺。如是久之，日滋月益，然後道之全體乃有所鄉望而漸可識，有所循習而漸可能。自是而往，俛焉孳孳，斃而後已，而其所造之淺深，所就之廣狹，亦非可以必詣而預期也。故夫子嘗謂先難後獲爲仁，又以先事後得爲崇德。蓋於此小差，則心失其正，雖有鑽堅仰高之志，而反爲謀利計功之私矣。仁何自而得，德何自而崇哉？○因學者少寬舒意，曰：公讀書恁地縝密固是好，但恁地逼截成一團，此氣象最不好，這是偏處。如一項人恁地不子細，固是不成道理；若一向蹙密，下梢却展拓不去。明道一見謝顯道，曰：「此秀才展拓得開，下梢可望。」又曰：於

❶「想」，重修本作「相」。

詞氣間亦見得人氣象。如明道語言固無甚激昂，看來便見寬舒意思。龜山，人只道恁地寬，看來不是寬，只是不解理會得，不能理會得。范純夫語解比諸公說理最平淺，但自有寬舒氣象儘好。○賢輩但知有營營逐物之心，不知有真心，故識慮皆昏。觀書察理皆草草不精，眼前易曉者亦看不見，皆由此心雜而不一故也。所以前輩語初學者必以敬，曰未有致知而不在敬者。今未知反求諸心，而胸中方且叢雜錯亂，未知所守，持此雜亂之心以觀書察理，故凡工夫皆從一偏一角做去，何緣會見得全理？某以爲諸公莫且收斂身心，盡掃雜慮，令其光明洞達，方能作得主宰，方能見理。不然，亦終歲而無成耳。○天下道理自平易簡直，人於其間，只是爲剖析人欲以復天理，教明白洞達，如此而已。今不於明白處求，却求之於偏旁處，縱得些理，其能幾何？○某煞有話要與諸公說，只是覺次序未到。而今只是面前小小文義，尚如此理會不透，如何說得到其他事？這箇事須是四方上下、小大本末一齊貫穿在這裏，一齊理會過。其操存踐履處固是緊要，不可間斷。至於道理之大原固要理會，纖悉委曲處也要理會，制度文爲處也要理會，古今治亂處也要理會，精粗大小無不當理會。四邊一切合起，工夫無些罅漏。東邊見不得，西邊須見得；這下見不得，那下須見得。既見得一處，則其他處亦可類推。而今只從一處去攻擊他，又不曾著力，濟得甚事？這箇須是勇猛奮厲、直前不顧做去，四方上下一齊著到，方有箇入頭。孔子曰：「仁遠乎哉？我欲仁，斯仁至矣。」這箇全要人自去做。孟子所謂弈秋只是争些子，一箇進前要做，一箇不把當事。某八九歲時讀《孟子》到此，未嘗不慨然奮發，以爲爲學須如此做工夫。當初便有這箇意思如此，只是未知得那棋是如何著，是如何做工夫。自後更不肯休，❶一向要去做工夫。今學者不見有奮發底意思，只是如此悠悠地過，今日見他是如此，明日見他亦是如此。○學者悠悠是大病，今覺諸公都是進寸退尺，每日理會些小文義，都輕輕地拂過，不曾動得皮毛上。這箇道理規模大，體面闊，須是四面去包括，方無走處。今只從一面去，又不曾著力，如何可得？且如曾點、漆雕開兩處，漆雕開事言語少，難理會。曾點底須子細看他是樂箇甚底，是如何地樂？不只是聖人説這箇事可樂，便信著他。須是自見得箇可樂底，依人口説不得。又曰：而今持守便打疊教浄潔，看文字須著意思索，應接事物都要是當，四面去討他，自有一面通處。○聖門之教，下學上達，自平易處講究討論，積慮潛心，優柔饜飫，久而漸有得焉，則日見其高深遠大而不可窮矣。程夫子所謂「善學者求言必自近，易於近者，非知言者也」，亦謂此耳。○《答葉賀孫書》曰：學者須是理會到十分是始得，是底直是是，非底直是非，少間做出便會是。若依希底也唤作是便了，下梢只是非。須是

❶ 「更」，重修本作「便」。

要做第一等人。若決是要做第一等人，若才力不逮，也只做得第四、五等人。今合下便要做第四、五等人，説道就他才地如此，下梢成甚麽物事？又曰：須是先理會本領端正，其餘事物漸漸理會到上面。若不理會本領了，假饒你百靈百會，若有些子私意便粉碎了。只是這私意如何卒急除得？如顔子天資如此，孔子也只教他克己復禮，其餘弟子告之雖不同，❶莫不以此意望之。公書所説冉求、仲由，當初他是只要做到如此。聖人教由、求之徒，莫不以曾、顔望之，無奈何他才質只做到這裏。如可使治其賦，可使爲之宰，他當初也不止是要恁地。又曰：胡氏開治道齊，亦非獨只理會這些，如所謂頭容直，足容重，手容恭，許多説話都是本原。又曰：人須是理會身心如一片地相似，須是用力子細開墾。未能如此，只管説種東種西，其實種得甚麽物事？又曰：公今且收拾這心下，勿爲事物所勝。且如一日全不得去講明道理，不得讀書，只去應事也，須使這心常常在這裏。若不先去理會得這本領，只要去就事上理會，雖是理會得許多骨董，只是添得許多雜亂，只是添得許多驕吝。某這説的定是恁地，雖孔子復生不能易其説，這道理只一而已。○問：學者理會文字，又却昏了，若不去看，恐又無路可入。曰：便是難，且去看聖賢氣象，識他一箇規模。若欲盡窮天

❶「告之雖」，四庫本作「雖告之」。

下之理，亦甚難。且隨自家規模大小做去，若是迫切求益，亦害事，豈不是私意？○今人所以懶，未必是真箇怯弱，自是先有畏事之心。纔見一事，便料其難而不爲，緣先有箇畏縮之心，所以習成怯弱而不能有所爲也。問：某平生自覺血氣弱，日用功夫多只揀易底事做。或尚論人物，亦只取其與己力量相近者學之，自覺難處進步不得也。曰：便當因這易處而益求其所謂難，因這近處而益求其所謂遠，不可只守這箇而不求進步。縱自家力量到那難處不得，然不可不勉慕而求之。今人都是未到那做不得處，便先自懶怯了。雖是怯弱，然豈可不向前求其難者、遠者？但求之，無有不得，若真箇著力求而不得，則無如之何也。○今人做一件没緊要底事，也著心去做，方始會成，如何悠悠會做得事？且如好寫字底人，念念在此，則所見之物無非是寫字底道理。又如賈島學作詩，只思「推敲」兩字，在驢上坐，把手作推敲勢，大尹出有許多車馬人從，渠更不見，不覺犯了節。只此「推敲」二字計甚利害，他直得恁地用力，所以後來做得詩來，極是精高。今吾人學問是大小，大事却全悠悠，若存若亡，更不著緊用力，反不如他人做没要緊底事，可謂倒置。○「學如不及，猶恐失之。」此君子所以孜孜焉愛日不倦，而競尺寸之陰也。今或聞諸生晨起入學，未及日中而已散去，此豈愛日之意也哉？夫學者所以爲己，而士者或患貧賤，勢不得學，與無所於學而已。勢得學，又不爲無所於學，而猶不勉，是亦未嘗有志於學而已矣。然此非士之罪也，教不素明而學不素講也。今之世父所以詔其子，兄所以勉其弟，師所以教其弟子，弟子之所以學，舍科舉之業則無爲也。使古人之學止於如此，則凡可以得志於科舉斯已爾。所以孜孜焉愛日不倦，以至乎死而後已，果何爲而然哉？今之士唯不知此，以爲苟足以應有司之求矣，則無事乎汲汲爲也。是以至於惰遊而不知反，終身不能有志於學，而君子以爲非士之罪也。使教素明於上，而學素講於下，則士者固將有以用其力，而豈有不勉之患哉？○古之學者八歲而入小學，學六甲五方書記之事。十五而入大學，學先聖之禮樂焉。非獨教之，固將有以養之也。蓋理義以養其心，聲音以養其耳，采色以養其目，舞蹈、降登、疾徐、俯仰以養其血脉，以至於左右起居，盤盂几杖，有銘有戒，其所以養之之具可謂備至爾矣！夫如是，故學者有成材，而庠序有實用，此先王之教所以爲盛也。自學絶而道喪，至今千有餘年，學校之官有教養之名，而無教之養之之實。學者挾策而相與嬉其間，其傑然者乃知以干禄蹈利爲事，至於語聖賢之餘旨，究學問之本原，則罔乎莫知所以用其心者。其規、爲、動、息、舉，無以異於凡民而有甚者焉。嗚呼！此教者過也，而豈學者之罪哉！然君子以爲是亦有罪焉爾，何則？今所以異於古者，特聲音、采色之盛，舞蹈、降登、疾徐、俯仰之容，左右起居、盤盂几杖之戒，有所不及爲。至推其本，則理義之所以養其心者固在也，諸君日相與誦而傳之，顧不察耳。然則此之不爲，而彼之久爲，又豈非學者之罪哉？○君子之學以誠其身，非直爲觀聽之美而已。古之君子以是行之其身，而推之以教其子弟，莫不由此，此其風俗所以淳厚而德業所以崇高也。近世之俗不然，自父母所以教其子弟，固已使之假手程文以欺罔有司矣。新學小生自爲兒童時，習見其父兄之誨如此，因恬不以爲愧，而安受其空虚無實之名。内以傲其父兄，外以驕其閭里，終身不知自力，以至卒就小人之歸者，未必不由此也。故爲今之父兄有愛其子弟之心者，當爲求明師良友，使之究義理之指歸，而習爲孝弟馴謹之行，以誠其身而已。禄爵之不至，❶名譽之不聞，非所憂也。何必汲汲使之俯心下首，務欲因人成事，以幸一朝之得而貽終已之羞哉？○《與長子受之書》曰：早晚受業請益隨衆例，不得怠慢。日間思索有疑，用册子隨手劄記，候見質問，不得放過。所聞誨語，歸安下處思省。要切之言，逐日劄記，歸日要看。見好文字，亦録取歸來。不得自擅出入，與人往還。初到，問先生有合見者見之，不令見則不必往。人來相見，亦啓稟，然後往報之，此外不得出入一步。居處須是恭敬，不得倨肆惰慢。言語須要諦當，不得戲笑諠譁。凡事謙恭，不得尚氣凌人，自取恥辱。不得飲酒，荒思廢業，亦恐言語差錯，失己忤人，尤當深戒。不可言人過惡，及説人家長短是非，有來告者亦勿酬答。於先生

❶「禄爵」，四庫本作「爵禄」。

之前，尤不可説同學之短。交游之間，尤當審擇，雖是同學，亦不可無親疎之辨。此皆當請於先生，聽其所教。大凡敦厚忠信、能攻吾過者，益友也。其諂諛輕薄、傲慢褻狎、導人爲惡者，損友也。推此求之，亦自合見得五七分，更問以審之，百無所失矣。但恐志趣卑凡，不能克己從善，則益者不期疏而日遠，損者不期近而日親。此須痛加檢點而矯革之，不可荏苒漸習，自趨小人之域。如此，則雖有賢師長，亦無救拔自家處矣。見人嘉言善行，則敬慕而紀録之。見人好文字勝己者，則借來熟看，或傳録之而咨問之，思與之齊而後已。不拘長少，惟善是取。以上數條切宜謹守，其所未及，亦可據此推廣。大抵只是勤謹二字，循之而上，有無限好事，吾雖未敢言，而竊爲汝願之。反之而下，有無限不好事，吾雖不欲言，而未免爲汝憂之也。蓋汝若好學，在家足可讀書作文，講明義理，不待遠離膝下，千里從師。汝既不能如此，即是自不好學，已無可望之理。然今遣汝者，恐汝在家汩於俗務，不得專意。又父子之間不欲晝夜督責及無朋友聞見，故令汝一行。汝若到彼，能奮然勇爲力改故習，一味勤謹，則吾猶有望。不然，則徒勞費，只與在家一般。他日歸來，又只是舊時伎倆人物，不知汝將何面目歸見父母、親戚、鄉黨、故舊耶？念之念之，夙興夜寐，無忝爾所生，在此一行，千萬努力。〇《白鹿洞規》：父子有親，君臣有義，夫婦有别，長幼有序，朋友有信。右五教之目，堯舜使契爲司徒，敬敷五教，即此是也。學者學此而已。而其所以學之之序亦有五焉，其别如左。博學之，審問之，慎思之，明辨之，篤行之。右爲學之序，學、問、思、辨四者，所以窮理也。若夫篤行之事，則自脩身以至于處事接物，亦各有要，其别如左。言忠信，行篤敬，懲忿窒慾，遷善改過。右脩身之要。正其義不謀其利，明其道不計其功。右處事之要。己所不欲，勿施於人。行有不得，反求諸己。右接物之要。熹竊觀古昔聖賢所以教人爲學之意，莫非使之講明義理以脩其身，然後推以及人，非徒欲其務記覽爲詞章，以釣聲名取利禄而已也。今人之爲學者，則既反是矣。然聖賢所以教人之法，具存於經，有志之士固當熟讀深思而問辯之。苟知其理之當然，而責其身以必然，則夫規矩禁防之具，豈待他人設之而後有所持循哉？近世於學有規，其待學者爲已淺矣，而其爲法又未必古人之意也，故今不復以施於此堂。而特取凡聖賢所以教人爲學之大端，條列如右，而揭之楣間，諸君其相與講明遵守而責之於身焉。則夫思慮云爲之際，其所以戒謹而恐懼者，必有嚴於彼者矣。其有不然而或出於此言之所棄，則彼所謂規者必將取之，固不得而略也。諸君其亦念之哉！○《增損吕氏鄉約》：凡鄉之約四，一曰德業相勸，二曰過失相規，三曰禮俗相交，四曰患難相恤。衆推一人有齒德者爲都約正，有學行者二人副之，約中月輪一人爲直月。都副正不與之。置三籍，凡願入約者書于一籍，德業可觀者書于一籍，過失可規者書于一籍。直月掌之，月終則以告于約正而授于其次。○德業相勸。德謂見善必行，聞過必改，能治其身，能治其家，能事父兄，能教子弟，能御僮僕，能肅政教，能事長上，能睦親故，能擇交遊，能守廉介，能廣施惠，能受寄託，能救患難，能導人爲善，能規人過失，能爲人謀事，能爲衆集事，能解鬬爭，能決是非，能興利除害，能居官舉職。業謂居家則事父兄，教子弟，待妻妾；在外則事長上，接朋友，教後生，御僮僕。至於讀書治田，營家濟物，畏法令，謹租賦，好禮樂射御書數之類，皆可爲之。非此之類，皆爲無益。右件德業，同約之人各自進脩，互相勸勉。會集之日，相與推舉其能者書于籍，以警其不能者。○過失相規。過失謂犯義之過六，犯約之過四，不脩之過五。犯義之過，一曰酗博鬬訟，酗謂縱酒喧競，博謂賭博財物，鬬謂鬬毆罵詈，訟謂告人罪惡，意在害人，誣賴爭訴，得已不已。若事干負累，及爲人侵損而訴之者非。二曰行止踰違，踰禮違法，衆惡皆是。三曰行不恭遜，侮慢齒德者，持人短長者，恃强凌人者，知過不改、聞諫愈甚者。四曰言不忠信，或爲人謀事，陷人於惡。或與人要約，退即背之。或妄説事端，熒惑衆聽者。五曰造言誣毁，誣人過惡，以無爲有，以小爲大，面是背非。或作嘲咏匿名文書，及發揚人之私隱，無狀可求，及喜談人之舊過者。六曰營私太甚。與人交易傷於掊克者，專務進取不恤餘事者，無故而好干求假貸者，受人寄託而有所欺者。犯約之過，一曰德業不相勸，二曰過失不相規，三曰禮俗不相成，四曰患難不相恤。不脩之過，一曰交非其人，所交不限士庶，但凶惡及游惰無行、衆所不齒者。而己朝夕與之游處，則爲交非其人。若不得已而暫往還者非。二曰游戲怠惰，游謂無故出入，及謁見人止務閑適者。戲謂游笑無度，及意在侵侮，或馳馬擊鞠而不睹財物者。怠惰謂不脩事業，及家事不治，門庭不潔者。三曰動作無儀，謂進退太疎野，及不恭者。不當言而言，及當言而不言者。衣冠太華飾，及全不完整者。不衣冠而入街市者。四曰臨事不恪，主事廢忘，期會後時，臨事怠慢者。五曰用度不節，謂不計有無，過爲多費者。不能安貧，非道營求者。右件過失，同約之人各自省察，互相規戒，小則密規之，大則衆戒之。不聽則會集之日，直月以告于約正，約正以義理誨諭之，謝過請改，則書于籍以俟。其争辯不服，與終不能改者，皆聽其出約。○禮俗相交。禮俗之交，一曰尊幼輩行，二曰造請拜揖，三曰請召送迎，四曰慶弔贈遺。尊幼輩行凡五等，曰尊者，謂長於己三十歲以上在父行者。曰長者，謂長於己十歲以上在兄行者。曰敵者，謂年上下不滿十歲者，長者爲稍長，少者爲稍少。曰少者，謂少於己十歲以下者。曰幼者。謂少於己二十歲以下者。造請拜揖凡三條，曰凡少者、幼者於尊者、長者，歲首、冬至、四孟月朔辭見賀謝皆爲禮見。皆具門狀，用幞頭、公服、腰帶、靴笏。無官具名紙，用幞頭、襴衫、腰帶、繫鞋。唯四孟通用帽子、皂衫、腰帶。凡當行禮而有恙故，皆先使人白之，或遇雨雪，則尊長先使人喻止來者。此外候問起居，質疑白事，及赴請召，皆爲燕見。深衣、涼衫皆可，尊長令免，即去之。尊者受謁不報。歲首冬至，具己名榜子，令子弟報之，如其服。長者歲首冬至具榜子報之，如其服，餘令子弟以己名榜子代行。凡敵者，歲首、冬至辭見賀謝，相往還。門狀名紙同上，唯止服帽子。凡尊者、長者無事而至少者、幼者之家，唯所服。深衣、涼衫、道服、背子可也，敵者燕見亦然。曰凡見尊者、長者，門外下馬，俟於外次，乃通名。凡往見人，入門必問主人食否？有他客否？有他幹否？度無所妨，乃命展刺。有妨則少俟，或且退，後皆放此。主人使將命者先出迎客，客趨入至廡間，主人出降階，客趨進，主人揖之升堂，禮見四拜而後坐，燕見不拜。旅見則旅拜，少者、幼者自爲一列。幼者拜，則跪而扶之。少者拜，則跪扶而答其半。若尊者、長者齒德殊絶，則少者、幼者堅請納拜，尊者許，則立而受之。長者許，則跪而扶之。拜訖，則揖而退。主人命之坐，則致謝訖，揖而坐。退凡相見，主人語終不更端，則告退。或主人有倦色，或方幹事而有所俟者，皆告退可也。後皆放此。則主人送于廡下，若命之上馬，則三辭。許，則揖而退，出大門乃上馬。不許，則從其命。凡見敵者，門外下馬，使人通名，俟于廡下或廳側，禮見則再拜。稍少者先拜，旅見則特拜。退則主人請就階上馬。徒行則主人送于門外。凡少者以下，則先遣人通名，主人具衣冠以俟，客入門下馬，則趨出迎揖升堂，來報禮，則再拜謝。客止之則止。退則就階上馬。客徒行，則迎于大門之外，送亦如之。仍隨其行數步，揖之則止，望其行遠乃入。曰凡遇尊長於道皆徒行，則趨進揖。尊長與之言則對，不則立於道側以俟。尊長已過，乃揖而行。或皆乘馬，於尊者則回避之，於長者則立馬道側揖之，俟過，乃揖而行。若己徒行而尊長乘馬，則回避之。凡徒行遇所識乘馬皆放此。若己乘馬而尊長徒行，望見則下馬前揖，己避亦然。過既遠，乃上馬。若尊長令上馬，則固辭。遇敵者皆乘馬，則分道相揖而過。彼徒行而不及避，則下馬揖之，過則上馬。遇少者以下皆乘馬，彼不及避，則揖之而過。彼徒行不及避，則下馬揖之。於幼者則不必下可也。請召迎送凡四條。曰凡請尊長飲食，親往投書。禮薄則不必書。專召他客，則不可兼召尊長。既來赴，明日親往謝之。召敵者以書簡，明日交使相謝。召少者用客目，明日客親往謝。曰凡聚會皆鄉人，則坐以齒。非士類則不。若有親則別序，若有他客有爵者，則坐以爵。不相妨者猶以齒。若有異爵者，雖鄉人亦不以齒。異爵謂命士大夫以上，今陞朝官是。若特請召或迎勞出餞，皆以專召者爲上客。如昏禮則姻家爲上客，皆不以齒爵爲序。曰凡燕集，初坐，別設卓子於兩楹間，置大盃於其上，主人降席立於卓東西向，上客亦降席立於卓西東向。主人取盃親洗，上客辭。主人置盃卓子上，親執酒斟之，以器授執事者，遂執盃以獻上客，上客受之，❶復置卓子上。主人西向再拜，上客東向再拜。興取酒東向跪祭遂飲，以盃授贊者，遂拜，主人答拜。若少者以下爲客，飲畢而拜，則主人跪受如常。上客酢主人，如前儀。主人乃獻衆賓，如前儀。唯獻酒不拜。若衆賓中有齒爵者，則特獻如上客之儀，不酢。若婚會，姻家爲上客，則雖少亦答其拜。曰凡有遠出遠歸者，則送迎之。少者、幼者不過五里，敵者不過三里。各期會於一處，拜揖如禮，有飲食，則就飲食之。少者以下，

❶「受」，四庫本作「辭」。

俟其既歸，又至其家省之。慶弔贈遺凡四條，曰凡同約有吉事則慶之，冠子、生子、預薦、登第、進官之屬皆可賀。婚禮雖曰不賀，然禮有曰賀娶妻者，蓋但以物助其賓客之費而已。有凶事則弔之。喪葬水火之類。每家只家長一人與同約者俱往，其書問亦如之。若家長有故，或與所慶弔者不相接，則其次者當之。曰凡慶禮如常儀，有贈物。用幣帛酒食果實之屬，衆議量力定數，多不過三五千，少至一二百。如情分厚薄不同，則從其厚薄。或其家力有不足，則同約爲之借助器用及爲營幹。曰凡弔禮，聞其初喪聞喪同。未易服，則率同約者深衣而往哭弔之，凡弔尊者，則爲首者致辭而旅拜，敵以下則不拜。主人拜則答之，少者以下則扶之。不識生者則不弔，不識死者則不哭。且助其凡百經營之事。主人既成服，則相率素幞頭、素襴衫、素帶，皆以白生紗絹爲之。具酒果食物而往奠之。死者是敵以上則拜而奠，以下則奠而不拜。主人不易服，則亦不易服。主人不哭，則亦不哭。情重，則雖主人不變不哭，亦變而哭之。賻禮用錢帛，衆議其數如慶禮。及葬，又相率致賵。俟發引，則素服而送之。賵如賻禮，或以酒食犒其役夫及爲之幹事。及卒哭，及小祥，及大祥，皆常服弔之。曰凡喪家不可具酒食衣服以待弔客，弔客亦不可受。曰凡聞所知之喪，或遠不能往，則遣使致奠。就外次，衣弔服再拜，哭而送之。唯至親篤友爲然。過朞年則不哭，情重則哭其墓。右禮俗相交之事，直月主之。有期日者爲之期日，當糾集者督其違慢，凡不如約者以告于約正而詰之，且書于籍。○患難相恤。患難之事七，一曰水火，小則遣人救之，甚則親往，多率人救且弔之。二曰盜賊，近者同力追捕，有力者爲告之官司。其家貧，則爲之助出募賞。三曰疾病，小則遣人問之，甚則爲訪醫藥，貧則助其養疾之費。四曰死喪，闕人則助其幹辦，乏財則賻贈借貸。五曰孤弱，孤遺無依者，若能自贍，則爲之區處，稽其出內。或聞于官司，或擇人教之，及爲求婚姻。貧者協力濟之，無令失所。若有侵欺之者，衆人力爲之辨理。若稍長而放逸不檢，亦防察約束之，無令陷之於不義。六曰誣枉，有爲人誣枉過惡不能自伸者，勢可以聞於官府，則爲言之。有方略可以救解，則爲解之。或其家因而失所者，衆共以財濟之。七曰貧乏。有安貧守分而生計大不足者，衆以財濟之。或爲之假貸置產，以歲月償之。右患難相恤之事，凡有當救恤者，其家告于約長，急則同約之近者爲之告，約正命直月徧告之，且爲之糾集而程督之。凡同約者財物、器用、車馬、人僕皆有無相假。若不急之用及有所妨者，則不必借。可借而不借，及踰期不還，及損壞借物者，論如犯約之過，書于籍。隣里或有緩急，雖非同約，而先聞知者亦當救助。或不能救助，則爲之告于同約而謀之。有能如此者，則亦書其善於籍，以告鄉人。以上鄉約四條本出藍田吕氏，今取其他書及附己意稍增損之，以通于今，而又爲月旦集會、讀約之禮如左方。曰凡預約者月朔皆會，朔日有故，則前期三日別定一日，直月報會者。所居遠者唯赴孟朔，又遠者歲一再至可也。直月率錢具食。每人不過一二百，孟朔具果酒三行，麵飯一會，餘月則去酒果，或直設飯可也。會日夙興，約正、副正、直月、本家行禮。若會族罷，皆深衣俟于鄉校，設先聖先師之像于北壁下，無鄉校，則别擇一寬閑處。先以長少序拜于東序。凡拜，尊者跪而扶之，長者跪而答其半，稍長者俟其俯伏而答之。同約者如其服而至，有故，則先一日使人告于直月。同約之家子弟雖未能入籍，亦許隨衆序拜。未能序拜，亦許侍立觀禮，但不與飲食之會，或别率錢略設點心於他處。俟於外次。既集，以齒爲序，立於門外東向北上，約正以下出門西向南上，約正與齒最尊者正相向。揖迎入門，至庭中，北面皆再拜。約正升堂上香，降，與在位者皆再拜。約正升降皆自阼階。揖分東西向立，如門外之立。約正三揖，客三讓，約正先升，客從之，約正以下升自阼階，餘人升自西階。皆北面立。約正以下西上，餘人東上。約正少進西向立，副正、直月次其右少退，直月引尊者東向南上，長者西向南上。皆以約正之年推之，後放此。西向者其位在約正之右少進，餘人如故。約正再拜，凡在位者皆再拜。此拜尊者。尊者受禮如儀，唯以約正之年爲受禮之節。退北壁下南向東上立。直月引長者東面如初禮，退則立於尊者之西東上。此拜長者，拜時唯尊者不拜。直月又引稍長者東向南上，約正與在位者皆再拜，稍長者答拜，退立于西序東向北上。此拜稍長者，拜時尊者、長者不拜。直月又引稍少者東面北上，拜約正，約正答之，稍少者退立于稍長者之南。直月以次引少者東北向西北上，拜約正，約正受禮如儀，拜者復位。又引幼者亦如之。既畢，揖各就次。同列未講禮者，拜於西序如初。頃之，約正揖就坐。約正坐堂東南向，約中、年最尊者坐堂西南向，副正、直月次約正之東南向西上，餘人以齒爲序，東西相向，以北爲上。若有異爵者，則坐於尊者之西南向東上。直月抗聲讀約一過，副正推説其意，未達者許其質問。於是約中有善者衆推之，有過者直月糾之。約正詢其實狀于衆，無異辭，乃命直月書之。直月遂讀記善籍一過，命執事以記過籍徧呈在坐，各默觀一過。既畢乃食，食畢少休，復會于堂上，或説書，或習射，講論從容，講論須有益之事，不得輒道神怪邪僻悖亂之言，及私議朝廷州縣政事得失，及揚人過惡，違者直月糾而書之。至晡乃退。

南軒張氏曰：二程先生所以教學者，不越於居敬、窮理二事，取其書反覆讀之，則可以見。蓋居敬有力，則其所窮者愈精。窮理浸明，則其所居者益有地。二者實互相發也。○謂學者曰：謹飭則有餘，且放教胸襟開闊。又曰：不要强自開闊，只涵泳義理，便自然開闊去。

勉齋黄氏曰：孔孟之教人，曰守死善道，曰舍生取義。夫死生亦大矣！至於道義之可樂，則生不足戀而死不足顧。生不足戀而死不足顧，則於聖賢之道，如飢者不忘食，渴者不忘飲，行者不忘歸，病者不忘起，猶未足以諭其切也。○讀書且摸得心路直，方有商量。每學者來，且教他磨勵了箇心歸去。譬如人持一箇鑿石錐來，如何鑽得？入且寄他兩面磨得恁地十分尖利，看去甚處都破開了，他便自會去尋揣得。不恁地，見聞儘多也不濟事。○學者初且令識得性情部伍，認得虛靈體面，庶幾於讀書存養不至全無著落。然學者之患在於志卑氣弱，度量淺狹，規模褊陋，則雖與之細講，恐終無任道之意。故須是有大規模，又有細工夫，方且成箇人物。故常以此提撕之，恐《中庸》所謂高明、中庸、廣大、精微亦此意也。

問：明道以記誦博識爲玩物喪志，謝顯道聞之不服，是邪非邪？潛室陳氏曰：明道是明睿内照，故書無不記，却不是記問上做工夫。此語正欲點化顯道，惜其爲記問所障，領會不去。

西山真氏曰：孔子答門人問仁孝，皆是隨其資質而成就之。聖人之教人，猶化工之生物，因材而篤，於此可見。

魯齋許氏曰：聖人是因人心固有良知、良能上扶接將去，他人心本有如此意思。愛親敬兄，藹然四端，隨感而見，聖人只是與發達推擴，就他元有的本領上進將去，不是將人心上元無的强安排與他。後世却將良知、良能去斲喪了，却將人性上元無的强去安排裁接，如雕蟲小技。以此學校廢壞，壞却天下人才。及去做官，於世事人情殊不知遠近，不知何者爲天理民彝。似此，民何由嚮方？如何養得成風俗？他於風化人倫本不曾學，他家本性已自壞了，如何化得人？○稱人之善，宜就迹上言。議人之失，宜就心上言。蓋人之初心本自無惡，特以利欲驅之，故失正理。其始甚微，其終至於不可救。仁人雖惡其去道之遠，然亦未嘗不愍其昏暗無知、誤至此極也。故議之必從始失之地言之，使其人聞之足以自新而無怨，而吾之言亦自爲長厚切要之言。善迹既著，即從而美之，不必更求隱微主爲一定之論。在人聞則樂於自勉，在我則爲有實驗而又無他日之弊也。○善惡消長，善少惡多，則長其善而不敢攻其惡；善多惡少，然後敢攻。治病亦然，痼病之人且當扶護元氣。至如聖人於門弟子教養之際，亦如此。○教人，使人必先使有恥，無恥則無所不爲。既知此，又須養護其知恥之心，督責之使有所畏，榮耀之使有所慕。督責、榮耀皆非所以爲教也，到無所畏、不知慕時，都行不將去。❶

❶「不將」，四庫本作「將不」。

性理大全書卷之五十二

學　十

人　倫師友附

問：盡其道謂之孝弟。夫以一身推之，則身者，資父母血氣以生者也。盡其道者，則能敬其身。敬其身者，則能敬其父母矣。不盡其道，則不敬其身。不敬其身，則不敬父母。其斯之謂歟？程子曰：今士大夫受職於君，期盡其職。受身於父母，安可不盡其道？○問：第五倫視其子之疾與兄子之疾不同，自謂之私，如何？曰：不特安寢與不安寢，只不起與十起，便是私也。父子之愛本是公，纔著些心做便是私也。又問：視己子與兄子有間否？曰：聖人立法曰「兄弟之子猶子也」，是欲視之猶子也。又問：天性自有輕重，疑若有間然？曰：只爲今人以私心看了。孔子曰：「父子之道，天性也。」此只就孝上説，故言父子天性。若君臣、兄弟、賓主、朋友之類，亦豈不是天性？只爲今人小看，却不推其本所由來故爾。己之子與兄之子所争幾何？是同出於父者也。只爲兄弟異形，故以兄弟爲手足。人多以異形，故親己之子異於兄弟之子，甚不是也。○問：人子事親學醫如何？曰：最是大事。今有璞玉於此，必使玉人彫琢之。蓋百工之事，不可使一人兼之，故使玉人彫琢之也。若更有珍寶物，須是自看，却必不肯任其自爲也。今人視父母疾，乃一任醫者之手，豈不害事？必須識醫藥之道理，别病是如何，藥當如何，故可任醫者也。或曰：己未能盡醫者之術，或偏見不到，適足害事，奈何？曰：且如識圖畫人，未必畫得如畫工，然他却識别得工拙。如自己曾學，令醫者説道理，便自見得。或己有所見，亦要説與他商量。○君臣朋友之際，其合不正，未有久而不離者。故賢者順理而安行，智者知幾而固守。○問：妻可出乎？曰：妻不賢，出之何害？如子思亦嘗出妻。今世俗乃以出妻爲醜行，遂不敢爲。古人不如此。妻有不善，便當出也。只爲今人將此作一件大事，隱忍不敢發。或有隱惡，爲其陰持之。以至縱恣養成不善，豈不害事？人脩身、刑家最急，纔脩身，便到刑家上也。又問：古人出妻，有以對姑叱狗、藜蒸不熟者，亦無甚惡而遽出之，何也？曰：此古人忠厚之道也。古之人交絶不出惡聲，君子不忍以大惡出其妻，而以微罪去之，以此見其忠厚之至也。且如叱狗於親前者，亦有甚大故不是處，只爲他平日有故，因此一事出之爾。或曰：彼以此細故見逐，安能無辭？兼他人不知是與不是，則如之何？曰：彼必自知其罪，但自已理直可矣，何必教他人知？然有識者當自知之也。如必待彰暴其妻之不善，使他人知之，是亦淺丈夫而已，君子不如此。大凡人説話，多欲令彼曲我直，若君子自有一箇含容意思。或曰：古語有之：「出妻令其可嫁，絶友令其可交。」乃此意否？曰：是也。○問：再娶皆不合禮否？曰：大夫以上無再娶禮。凡人爲夫婦時，豈有一人先死，一人再娶、一人再嫁之約？只約終身夫婦也。但自大夫以下，有不得已再娶者，蓋緣奉公姑或主内事爾。如大夫以上至諸侯、天子，自有嬪妃可以供祀，禮所以不許再娶也。○世人多慎於擇壻而忽於擇婦，其實壻易見，婦難知，所繫甚重，可忽哉？○問：事兄盡禮，不得兄之歡心奈何？曰：但當起敬起孝，盡至誠不求伸己，可也。曰：接弟之道如何？曰：盡友愛之道而已。○周公之於兄，舜之於弟，皆一類。觀其用心爲何如哉？推此心以待人，亦只如此，然有差等耳。

涑水司馬氏曰：某事親無以踰於人，能不欺而已矣，其事君亦然。○受人恩而不忍負者，其爲子必孝，爲臣必忠。

滎陽吕氏曰：孝子事親須事事躬親，不可委之使令也。嘗觀《穀梁》言：「天子親耕以供粢盛，王后親蠶以供祭服。」國非無良農工女也，以爲人之所盡事其祖禰，不若以己所自親者也。此説最盡事親之道。又説：「爲人子者視於無形，聽於無聲，未嘗頃刻離親也。」事親如天，頃刻離親，則有時而違天，天不可得而違也。

藍田吕氏曰：君子之道莫大乎孝，孝之本莫大乎順親。故仁人孝子欲順乎親，必先乎妻子不失其好，兄弟不失其和，室家宜之，妻孥樂之，致家道成，然後可以養父母之志而無違也。故身不行道，不行於妻子。文王刑于寡妻，至于兄弟，則治家之道必自妻子始。

豫章羅氏曰：君明，君之福。臣忠，臣之福。君明臣忠，則朝廷治安，得不謂之福乎？父慈，父之福。子孝，子之福。父慈子孝，則家道隆盛，得不謂之福乎？俗人以富貴爲福，陋哉！

韋齋朱氏曰：父子主恩，君臣主義，是爲天下之大戒，無所逃於天地之間。如人食息呼吸於元氣之中，一息之不屬理，必至於斃。是以自昔聖賢立法垂訓，所以維持防範於其間者，未嘗一日而少忘。

朱子曰：聖人之於天地，猶子之於父母。○人之所以有此身者，受形於母而資始於父。雖有强暴之人，見子則憐。至於襁褓之兒，見父則笑。果何爲而然哉？初無所爲而然，此父子之道所以爲天性而不可解也。然父子之間或有不盡其道者，是豈爲父而天性有不足於慈，亦豈爲子而天性有不足於孝者哉？人心本明，天理素具，但爲物欲所昏，利害所蔽，故小則傷恩害義而不可開，大則滅天亂倫而不可救也。○君臣父子之大倫，天之經，地之義，而所謂民彝也。故臣之於君，子之於父，生則敬養之，殁則哀送之。所以致其忠孝之誠者，無所不用其極而非虚加之也。以爲不如是，則無以盡吾心云爾。○父子欲其親，君臣欲其敬，非是欲其如此。蓋有父子則便自然有親，有君臣則便自然有敬。○問：父母之於子，有無窮憐愛，欲其聰明，欲其成立，此之謂誠心邪？曰：父母愛其子，正也。愛之無窮而必欲其如此，則邪矣。此天理人欲之間，正當審決。○問：人不幸處繼母、異兄弟不相容，當如何？曰：從古來自有這樣子，只看舜如何。後來此樣事多有，只是爲人子止於孝。○問：妻有七出，此却是正當道理，非權也。曰：然。○葉賀孫問：朋友之義，自天子至於庶人皆須友以成，而陳安卿只説以類聚，莫未該朋友之義否？曰：此亦只説本來如此。自天子至于庶人未有不須友以成，乃是後來事，説朋友功效如此。人自與人同類相求，牛羊亦各以類相從。朋友乃彝倫之一，今人不知有朋友之義者，只緣但知有四箇要緊，而不知朋友亦不可闕。又曰：朋友之於人倫，所關至重。○問：與朋友交，後知其不善，欲絶則傷恩，不與之絶，則又似匿怨而友其人。曰：此非匿怨之謂也。心有怨於人而外與之交，則爲匿怨。若朋友之不善，情意自是當疏，但疏之以漸，若無大故，則不必峻絶之。所謂親者毋失其爲親，故者毋失其爲故者也。○人之大倫，其别有五，自昔聖賢皆以爲天之所敘，而非人之所能爲也。然以今考之，則惟父子、兄弟爲天屬，而以人合者居其三焉，是則若有可疑者。然夫婦者，天屬之所由以續者也。君臣者，天屬之所賴以全者也。朋友者，天屬之所賴以正者也。是則所以紀綱人道，建立人極，不可一日而偏廢。雖或以人而合，其實皆天理之自然，有不得不合者，此其所以爲天之所敘，而非人之所能爲者也。然是三者之於人，或能具其形矣，而不能保其生；或能保其生矣，而不能存其理。必欲君臣、父子、兄弟、夫婦之間，交盡其道而無悖焉，非有朋友以責其善，輔其仁，其孰能使之然哉？故朋友之於人倫，其勢若輕而所繫爲甚重，其分若踈而所關爲至親，其名若小而所職爲甚大，此古之聖人脩道立教，所以必重乎此而不敢忽也。然自世教不明，君臣、父子、兄弟、夫婦之間既皆莫有盡其道者，而朋友之倫廢闕爲尤甚。世之君子雖或深病其然，未必深知其所以然也。予嘗思之，父子也，兄弟也，天屬之親也，非其乖離之極，固不能輕以相棄。而夫婦、君臣之際，又有雜出于物情、事勢而不能自已者，以故雖或不盡其道，猶得以相牽聯比合而不至於盡壞。至於朋友，則其親不足以相維，其情不足以相固，其勢不足以相攝，而爲之者，初未嘗知其理之所從，職之所任，其重有如此也。且其於君臣、父子、兄弟、夫婦之間，猶或未嘗求盡其道，則固無所藉於責善輔仁之益。此其所以恩疏而義薄，輕合而易離，亦無怪其相視漠然，如行路之人也。夫人倫有五，而其理則一。朋友者，又所藉以維持是理而不使悖焉者也。由夫四者之不求盡道，而朋友以無用廢。然則朋友之道盡廢，而責善輔仁之職不舉，彼夫四者又安得獨立而久存哉？

南軒張氏曰：天地位而人生乎其中，其所以爲人之道者，以其有父子之親，長幼之序，夫婦之别，而又有君臣之義，朋友之交也。是五者，天之所命而非人之所能爲，有是性則具是道，初不爲聖愚而加損也。聖人能盡其性，故爲人倫之至，衆人則有所蔽奪而淪失之耳。然聖人有教焉，所以化其欲而反其初也。舜之命契曰：「敬敷五教在寬。」「寬」云者，漸濡涵養之，使其所固有者自發也。而《臯繇》亦曰：「天敘有典，敕我五典五惇哉。」「敕」云者，所以正其綱；而「惇」云者，所以厚其性也。降及三代，庠序之教尤詳。故孟子曰：「學則三代共之，皆所以明人倫也。」「明」云者，講明之而使之識其性之所以然也。然則人之所以爲聖賢，與夫聖賢之教人，舍是五者，其何以哉？

勉齋黄氏曰：五典者，天敘之常理，人道之大端也。析而言之，則君臣、夫婦、朋友者，人之屬。而天屬之親惟父子、兄弟爲然，其四肢百體皆一氣之所生，其入孝出弟爲萬善之根本，則兄弟之義可不謂重乎！〇朋友者，人類之中志同而道合者也，故曰「天敘有典」，豈人力也哉？君臣、父子、夫婦、長幼一失其序，則天典不立，人道化爲夷狄矣。朋友道絶，則此四者雖欲各居其分，不可得也。善而莫予告也，過而莫予規也。觀感廢而怠心生，講習踈而實理晦，則五常百行顛倒錯繆而不可勝救矣。然則朋友者，列於人倫而又所以紀綱人倫者也。所可重者若此，而世莫之重焉，可不爲之屢歎也邪！

西山真氏曰：夫之道在敬身以帥其婦，婦之道在敬身以承其夫。故父之醮子，必曰勉帥以敬。親之送女，必曰敬之戒之。夫婦之道盡於此矣。

魯齋許氏曰：學則三代共之，皆所以明人倫也。人倫明於上，則小民親於下。舜明於庶物，察於人倫。後世君臣、父子、兄弟、夫婦、朋友，此五者禍亂相尋，只是人倫不明，故致如此。且如大舜處頑、嚚、傲三者之間，孜孜如此，只是人之大倫合如此，故無怨尤。愛之則喜而弗忘，惡之則勞而弗怨，人只於此處明得，然後盡得人道。○事親大節目是養體、養志，致愛、致敬，四事中致愛、敬尤急，所以孝只是愛親、敬親兩事耳。天子之孝推愛敬之心以及天下，亦惟此二事爲能刑於四海，固結人心。舍此則法術矣，其效與聖人不相似。父母在，不遠遊。爲子者恃血氣何所不往，但父母思念之心宜深體，當以父母之心爲心。○父子之親，君臣之義，與夫夫婦、長幼、朋友亦莫不各有當然之則，此天倫也。苟無學問以明之，則違遠人道，與禽獸殆無少異。○自古及今，天下國家唯有箇三綱五常。君知君道，臣知臣道，則君臣各得其所矣。父知父道，子知子道，則父子各得其所矣。夫知夫道，婦知婦道，則夫婦各得其所矣。三者既正，則他事皆可爲之。此或未正，則其變故不可測知者，又奚暇他爲也？○正倫理，篤恩義，家人之道也。人之處家，在骨肉父子之間，大抵以情勝理，以恩奪義。惟剛立之人，則能不以私愛失其正理，故家人卦大要以剛爲善。○兄弟同受父母一氣所生，骨肉之至親者也。今人不明理義，悖逆天性。生雖同胞，情同吴越。居雖同室，迹如路人。以至計分毫之利而棄絶至恩，信妻子之言而結爲死怨。豈知兄弟之義哉！

程子曰：學者必求其師。記問文章不足以爲人師，以所學者外也，故求師不可不慎。所謂師者，何也？曰理也，義也。以下兼論師友。○古之人得其師傳，故因經以明道。後世失其師傳，故非明道不能以知經。○朋友講習，更莫如相觀而善工夫多。○人之於朋友，脩身誠意以待之，疎戚在人而已。不巧言令色，曲從苟合，以求人之與己也，雖鄉黨親戚亦然。○孔子弟子自孔子没後，各自離散，只有曾子便别。如子夏、子張欲以所事孔子事有若，獨曾子便道不可，自子貢以上必皆不肯。某自涪陵歸，見門人皆已支離，不知他日身後又如何也。但得箇信時，便自有長進處。孔子弟子甚多，亦不能皆合於孔子。如子路言「子之迂也」，又曰「末之也已」，及其退思，終合於孔子。只爲他信，便自然思量到也。○問：某與人居，視其有過而不告，則於心有所不安，告之而人不受，則奈何？曰：與之處而不告其過，非忠也。要使誠意之交通在於未言之前，則言出而人信矣。不信，誠不至也。

張子曰：師不立服，不可立也。當以情之厚薄，事之大小處之。如顔、閔於孔子，雖斬衰三年可也，其成己之功與君父並。其次各有淺深，稱其情而已。下至曲藝，莫不有師，豈可一概制服？○聖人不制師之服，師無定體。如何是師？見彼之善而己效之，便是師也。故有得其一言一義如朋友者，有相親炙而如兄弟者，有成就己身而恩如天地父母者，豈可一概服之？故聖人不制其服，心喪之可也。孔子死，弔服加麻，亦是服也，却不得謂無服也。

華陽范氏曰：與賢於己者處，則自以爲不足。與不如己者處，則自以爲有餘。自以爲不足則日益，自以爲有餘則日損。

藍田呂氏曰：古者憲老而不乞言。憲者，儀刑其德而已，無所事於問也。其次則有問有答，問答之間，然猶不憤則不啓，不悱則不發。又其次則有講有聽，講者不待問也，聽者不致問也。學至於有講有聽，則師益勤而道益輕，學者之功益不進矣。又其次則有講而未必聽，學至於有講而未必聽，則無講可矣。○人之患在好爲人師，故舍我而去者不追呼之使來。有教無類，故從我而來者不拒逆之使去。但能以此求道之心至，則受而教之。《論語》稱：「互鄉難與言，童子見，門人惑。子曰：『與其進也，不與其退也。人潔己以進，與其潔也，不保其往也。』」故聖賢在下，其所以取人，苟有向善之心皆取之，亦以進人爲善，不爲異日之不保，而廢其今日與人爲善之意。

上蔡謝氏曰：申顔自謂不可一日無侯無可，或問其故，曰：無可能攻人之過，一日不見，則吾不得聞吾過矣。

廣平游氏曰：孟子之論尚友也，以一鄉之善士爲未足而求之一國，以一國之善士爲未足而求之天下，以天下之善士爲未足而求之古人。無友不如己者，尚友之道也。求得賢者尚而友之，則聞其所不聞，見其所不見，而德日起矣，此仲尼所以期子夏之日進也。

龜山楊氏曰：古之人，其道足以師世範俗，惟孔孟足以當之。東漢而下，師道益嚴，然稽其所知所行，皆不足以勝其任也。唐之韓愈固嘗欲以師道自居矣，其視李翺、張籍輩，皆謂從吾游。今翺、籍之文具在，考其言，未嘗以弟子自列，則師果可好爲乎？苟其道未足以成德達財，雖欲爲之，而人不與也。愈且如是，況其下者乎！

和靖尹氏曰：學問雖是要從師，然賴朋友相成處甚多。師只是開其大端，又體貌嚴重。若於從容閑暇之際，委曲論難，須是朋友便發明得子細。

河東侯氏曰：朱公掞來見明道于汝，歸謂人曰：「光庭在春風中坐了一箇月。」游、楊初見伊川，伊川瞑目而坐，二子侍立，既覺，顧謂曰：「賢輩尚在此乎？今既晚，且休矣。」及出門，門外之雪深一尺。

五峰胡氏曰：能攻人實病者，至難也。能受人實攻者，爲尤難。人能攻我實病，我能受人實攻，朋友之義其庶幾乎？不然，其不相陷而爲小人者幾希矣。

延平李氏曰：某聞之天下有三本焉。父生之，師教之，君治之，闕其一則本不立。古之聖賢莫不有師，其肄業之勤惰，涉道之淺深，求益之先後，若存若亡，其詳不可得而考。惟洙泗之間，七十二弟子之徒議論問答，具在方册，有足稽焉，是得夫子而益明也。孟子之後，道失所傳，枝分派别，自立門户，天下真儒不復見於世。其聚徒成群，所以相傳授者，句讀文義而已耳，謂之熄焉可也。夫巫醫樂師百工之人，其術淺，其能小，猶且莫不有師。儒者之道可以善一身，可以理天下，可以配神明而參造化，一失其傳而無所師，可不爲之大哀邪！❶○大率今人與古人學殊不同，如孔門弟子群居終日相切磨，又有夫子爲之依歸，日用間相觀感而化者甚多，恐於融釋而脱落處，非言説可及也。不然，子貢何以謂「夫子之言性與天道，不可得而聞」邪？

朱子曰：夫道雖若大路，然非上智生知之質，亦豈能不藉師友而獨得之哉？要當有以發其端倪，然後有餘師者可得而求耳。○朋友之交，責善所以盡吾誠，取善所以益吾德，非以相爲賜也。然各盡其道而無所苟焉，則麗澤之益自有不能已者。○問：人倫不及師。

---

❶「爲」，四庫本作「謂」。

曰：師與朋友同類，而勢分等於君父，唯其所在則致死焉。或云：如在君旁則爲君死，在父旁則爲父死。曰：也是如此。如在君，雖父有罪不能爲父死。又曰：人倫不及師者，朋友多而師少，以其多者言之。問：服中不及師，何也？曰：正是難處。若論其服，則當與君父等，故《禮》謂「若喪父而無服」。又曰：「平居則絰。」

東萊吕氏曰：歐陽脩有云：「古之學者必嚴其師，師嚴然後道尊，道尊然後篤敬，篤敬然後能自守，能自守然後果於用，果於用然後不畏而不遷。三代之衰，學校廢。至兩漢，師道尚存，故其學者各守其經以自用。是以漢之政理文章與其當時之事，後世莫及者，其所從來深矣。後世師法漸壞，而今世無師，學者不尊嚴，故自輕其道。輕之則不能至，不至則不能篤信，信不篤則不知所守，守不固則有所畏而物可移。是故學者惟俯仰徇時，以希禄利爲急，至於忘本趨末，流而不返。夫以不信不固之心，守不至之學，雖欲果於自用，莫知其所以用之之道，又况有禄利之誘，刑禍之懼以遷之哉！」

象山陸氏曰：人生而不知學，學而不求師，其可乎哉？秦漢以來，學絶道喪，世不復有師，以至于唐曰師曰弟子云者，反以爲笑，韓退之、柳子厚猶爲之屢歎。惟本朝理學遠過漢唐，始復有師道。雖然，學者不求師，與求而不能虛心，不能退聽，此固學者之罪。學者知求師矣，能退聽矣，所以導之者乃非其道，此則師之罪也。○吾嘗謂揚子雲、韓退之雖未知道，而識度非常人所及，其言時有所到而不可易者。揚子雲謂：「務學不如務求師。師者，人之模範也。模不模，範不範，爲不少矣。」韓退之謂：「古之學者必有師。師者，所以傳道、授業、解惑也。人非生而知之，孰能無惑？惑而不求師，其爲惑也終不解矣。」近世諸儒反不及此，然後知二公之識不易及也。吾亦謂論學不如論師，得師而不能虛心委己，則又不可以罪師。○天下若無著實師友，不是各執己見，便是恣情縱欲。○道廣大，學之無窮，古人親師求友之心亦無有窮已。以夫子之聖猶曰「學不厭」，況在常人，其求師友之心豈可不汲汲也？然師友會聚不可必得，有如未得會聚，則隨己知識，隨己力量，親書册，就事物，豈皆蒙然懵然略無毫髮開明處？曾子曰：「尊其所聞則高明，行其所知則光大。」非欺人也。

勉齋黄氏曰：斯道之顯晦，係於人物之盛衰。蓋義理以講習而明，德性以相觀而善。孑然獨立而無與爲侶，則學問廢而識見淺，繩約弛而怠慢生。古之人所以重朋來之樂者，豈不以此歟？

雙峰饒氏曰：師道立，則天下之不善者皆可變而爲善，天下之不中者皆可化而爲中，而善人豈不衆哉？善人衆，則國家之用隨取隨足，上焉可以格君心，中焉可以立政事，下焉可以移風俗，而朝廷豈有不正，天下豈有不治者哉？若昔唐虞，五典之敷掌之於契，寬栗直温之教典之於夔。至于成周，順先王詩書禮樂以造士，而教之中和者，亦惟擇有道有德者主之。皆所以立師道也。是以天下後世稱人才之盛，美治功之盛者，必曰唐虞、成周。及周之衰，則學校之政不脩而師道闕矣。於是洙泗之間，有吾夫子者出而任其責焉。一時及門之士，如顔、曾、冉、閔之流，固已如時雨之化矣，故其德行、政事、言語、文學莫不卓然皆有可稱。使夫子而得時行道，引其類而進之，則唐虞、成周之治有不難致者。夫子既没，而得其道者或以傳授於來嗣，或以友教於諸侯，隨其大小，亦皆於世道有所補焉。後世師道不立，學者無復講明道義、磨礲氣質之益矣。至本朝安定胡公首倡體用之學，以淑其徒，使學者明於經義，講於時務，篤於踐履，而不爲口耳之習，故一時賢士大夫多出其門，而散在四方者亦皆循循雅飭，師道之立蓋昉乎此。是後周子復得孔孟不傳之道於遺經，建圖屬書，以覺來學。而程子兄弟實紹其傳，於是益推古者《大學》教人之法，以淑諸人，以傳諸後。而我文公先生又從而光大之。淵源所漸，徧及海内，有志之士探討服行。而推其所得以正主庇民者不絶于時，能使大義既乖而復正，公道久屈而復伸者，皆夫人之力也。師道之立，於是爲盛。

魯齋許氏曰：凡取友必須趨向正當，切磋琢磨有益於己者。若乃邪僻卑汙，與夫柔佞不情，相誘爲非者，謹勿近之。○凡在朋儕中，切戒自滿，惟虚故能受，滿則無所容。人不我告，則止於此爾，不能日益也。故一人之見不足以兼十人，我能取之十人，是兼十人之能矣。取之不已，至於百人千人，則在我者可量也哉！○凡求益之道在於能受盡言。或議論經旨有見不到，或撰文字有所未工，以至凡在己者或有未善，人能爲我盡言之，我則致恭盡禮虛心而納之。果有可從，則終身服膺而不失。其或不可從，則退而自省也。

性理大全書卷之五十三

學十一

讀書法一

程子曰：讀書將以窮理，將以致用也。今或滯心於章句之末，則無所用也，此學者之大患。○凡觀書不可以相類泥其義，不爾則字字相梗。當觀其文勢上下之意，如充實之謂美，與詩之美不同。○嘗覺讀書有令人喜時，❶有令人手舞足蹈時。或問：莫是古人之意與先生之意相合後如此否？曰：是也。○《論語》《孟子》只剩讀著，便自意足。學者須是玩味，若以語言解著，意便不足。○問世有以讀書爲文爲藝者。曰：爲文謂之藝，猶之可也。讀書謂之藝，則求諸書者淺矣。

❶「覺」，四庫本作「觀」。

張子曰：觀書必總其言而求作者之意。○讀書少，則無由考校得義精。蓋書以維持此心，一時放下，則一時德性有懈。讀書則此心常在，不讀書則終看義理不見。書須成誦，精思多在夜中，或静坐得之，不記則思不起。但通貫得大原後，書亦易記。所以觀書者釋己之疑，明己之未達。每見每加新益，則學進矣。於不疑處有疑，方是進。

上蔡謝氏曰：學者先學文，鮮有能至道。至如博觀泛覽，亦自爲害。故明道先生教余嘗曰：「賢讀書，慎不要尋行數墨。」

龜山楊氏語羅仲素曰：某嘗有數句教學者讀書之法云：「以身體之，以心驗之，從容默會於幽閒静一之中，超然自得於書言象意之表。」此蓋某所自爲者如此。

和靖尹氏曰：吕獻可嘗言：「讀書不須多，讀得一字，行取一字。」伊川亦嘗言：「讀得一尺，不如行得一寸，行得便是會讀書。」二公之意正同。○讀書須是看聖人用心處，自家臨事時一一要使。

延平李氏曰：讀書者知其所言莫非吾事，而即吾身以求之，則凡聖賢所至而吾所未至者，皆可勉而進矣。若直以文字求之，説其詞義以資誦説，其不爲玩物喪志者幾希。

朱子曰：讀書須是虚心切己，虚心方能得聖賢意，切己則聖賢之言不爲虚説。○讀書須且虚心静慮，依傍文義，推尋句脉，看定此句指意是説何事，略用今人言語襯貼替换一兩字，説得古人意思出來。先教自家心裏分明歷落，如與古人對面説話，彼此對答，無一言一字不相肯可。此外都無閒雜説話，方是得箇入處。○讀書先要虛心平氣，熟讀精思，令一字一句皆有下落，諸家注解一一通貫，然後可以較其是非，以求聖賢立言之本意。雖已得之，亦且更如此反復玩味，令其義理浹洽於中，淪肌浹髓，然後乃可言學耳。○觀書但當虛心平氣，以徐觀義理之所在。如其可取，雖世俗庸人之言有所不廢。如有可疑，雖或傳以爲聖賢之言，亦須更加審擇。自然意味平和，道理明白，脚踏實地，動有據依，無籠罩自欺之患矣。○讀書須是優游玩味，徐觀聖賢立言本意所向如何，然後隨其遠近、淺深、輕重、緩急而爲之説，如孟子所謂以意逆志者，庶乎可以得之。若便以吾先入之説横於胸次，而驅率聖賢之言以從己意，設使義理可通，已涉私意穿鑿而不免於郢書燕説之誚，況又義理窒礙亦有所不可行者乎？○嘗見人云，大凡不公底人讀書不得，今看來是如此。如解説聖經，一向都不有自家身己，全然虛心，只把他道理自看其是非。恁地看文字，猶更自有牽於舊習失點檢處。全然把一己私意去看聖賢之書，如何看得出？○讀書有箇法，只是刷刮淨了那心後去看。若不曉得，又且放下，待他意思好時又將來看。而今却説要虛心，心如何解虛得？而今正要將心在那上面。○讀書須是要身心都入在這一段裏面，更不問外面有何事，方見得一段道理出。如博學而篤志，切問而近思，如何却説箇仁在其中？蓋自家能常常存得此心，莫教走作，則理自然在其中。今人却一邊去看文字，一邊去思量外事，只是枉費了工夫。不如放下了文字，待打疊教意思静了，却去看。○觀書當平心以觀之，不可穿鑿。看從分明處，不可尋從隱僻處去。聖賢之言多是與人説話，若是嶢崎，却教當時人如何曉？○聖賢立言本自平易，而平易之中其旨無窮。今必推之使高，鑿之使深，是未必真能高深，而固已離其本指，喪其平易無窮之味矣。○問：方讀書時，覺得無静底工夫。須有讀書之時，有静虚之時。曰：某舊見李先生嘗教令静坐，後來看得不然，只是一箇敬字好。方無事時敬於自持，及應事時敬於應事，讀書時敬於讀書，便自然該貫動静，心無時不存。○初學於敬不能無間斷，只是纔覺間斷，便提起此心，只是覺處，便是接續。某要得人只就讀書上體認義理，日間常讀書，則此心不走作。或只去事物中衮，則此心易得汩没。知得如此，便就讀書上體認義理，便可唤轉來。○本心陷溺之久，義理浸灌未透，且宜讀書窮理。常不間斷，則物欲之心自不能勝，而本心之義理自安且固矣。○學者觀書多走作者，亦恐是根本上工夫未齊整，只是以紛擾雜亂心去看，不曾以湛然凝定心去看。不若先涵養本原，且將已熟底義理玩味，待其浹洽，然後去看書，便自知只是如此。老蘇自述其學爲文處，有云：「取古人之文而讀之，始覺其出言用意與己大異，及其久也，讀之益精，胸中豁然以明，若人之言固當然者。」此是他於學文上工夫有見處，可取以喻今日讀書，其工夫亦合如此。又曰：看得一兩段，却且放心胸寬閒，不可貪多。○放寬心，以他説看他説，以物觀物，無以己觀物。○張子云：「書所以維持此心，一時放下，則一時德性有懈也。」是説得「維持」字好。蓋不讀書，則此心便無用處。今但見得些子，便更不肯去窮究那許多道理，陷溺其心於清虚曠蕩之地，却都不知，豈可如此？○昔陳烈先生苦無記性，一日讀《孟子》「學問之道無他，求其放心而已矣」。忽悟曰：「我心不曾收得，如何記得書？」遂閉門静坐，不讀書百餘日，以收放心。却去讀書，遂一覽無遺。○讀書固收心之一助，然今只讀書時收得心，而不讀書時便爲事所奪，則是心之存也常少，而其放也常多矣。且胡爲而不移此讀書工夫向不讀書處用力，使動静兩得，而此心無時不存乎！○學問就自家身己上切要處理會方是，那讀書底已是第二義。自家身上道理都具，不曾外面添得來。然聖人教人須要讀這書時，蓋爲自家雖有這道理，須是經歷過方得，聖人説底是他曾經歷過來。○讀書以觀聖賢之意，因聖賢之意以觀自然之理。○人之爲學，固是欲得之於心，體之於身。但不讀書，則不知心之所得者何事。○讀書窮理，當體之於身。凡平日所講貫窮究者，不知逐日常見得在心目間否？不然，則隨文逐義趕趁期限，不見悦處，恐終無益。○讀書不可只專就紙上求義理，須反來就自家身上推究。秦漢以後無人説到此，亦只是一向去書册上求，不就自家身上理會。自家見未到，聖人先説在那裏，自家只借他言語來就身上推究始得。如説仁義禮智，曾認得自家如何是仁，自家如何是義，如何是禮，如何是智，須是著己體認方得。如讀「學而時習之」，自家曾如何學？自家曾如何習？「不亦説乎」，曾見得如何是説？須慿地認始得。若只逐段解過去，解得了便休，也不濟事。○讀聖人書，當反身而求。亦須是講學，不講學遇事便有嵲屼不自安處。講學明，則坦坦地行將去。此道理無出聖人之言，但當熟讀深思。且如人看生文字與熟文字，自是兩般。既熟時，他人説底便是我底。讀其他書，不如讀《論語》最要，蓋其中無所不有。若只躬行而不講學，只是箇鶻突底好人。○問：平日讀書時似亦有所見，既釋書則別是一般。又每苦思慮紛擾，雖持敬亦未免弛慢，不知病根安在？曰：此乃不求之於身而專求之於書，固應如此。古人曰：「爲仁由己，而由人乎哉？」凡吾身日用之間無非道，書則所以接湊此心耳。故必先求之於身，而後求之於書，則讀書方有味。○大凡讀書，且要讀，不可只管思。口中讀，則心中閒而義理自出。某之始學亦如是爾，更無別法。○或問讀書未知統要。曰：統要如何便會知得？近來學者有一種則舍去册子，却欲於一言半句上便要見道理；又有一種則一向汎濫不知歸著處。此皆非知學者。須要熟看熟思，久久之間自然見箇道理四停八當，而所謂統要者自在其中矣。○書只貴讀，讀多自然曉。今只思量得寫在紙上底，也不濟事，終非我有。只貴乎讀，這箇不知如何自然心與氣合，舒暢發越，自是記得牢。縱饒熟看過，心裏思量過，也不如讀。讀來讀去，少間曉不得底自然曉得，已曉得者越有滋味。若是讀不熟，都没這般滋味。而今未説讀得注，且只熟讀正經，行住坐卧，心常在此，自然曉得。嘗思之，讀便是學，夫子説：「學而不思則罔，思而不學則殆。」學便是讀。讀了又思，思了又讀，自然有意。若讀而不思，又不知其意味。思而不讀，縱使曉得，終是𣏌𣏌不安。一似倩得人來守屋相似，不是自家人，終不屬自家使唤。若讀得熟而又思得精，自然心與理一，永遠不忘。某舊苦記文字不得，後來只是讀，今之記得者皆讀之功也。老蘇只取《孟子》《論語》《韓子》與諸聖人之書，安坐而讀之者七八年，後來做出許多文字如此好。他資質固不可及，然亦須著如此讀。只是他讀時便只要摸寫他言語做文章，若移此心與這樣資質去講究義理，那裏得來？是知書只貴讀，别無方法。○讀書須是成誦，方精熟。今所以記不得，説不去，心下若存若亡，皆是不精不熟之患。若曉得義理，又皆記得，固是好。若曉文義不得，只背得，少間不知不覺自然相觸發，曉得這義理。蓋這一段文義横在心下，自是放不得，必曉而後已。若曉不得，又記不得，更不消讀書矣。横渠云「讀書須是成誦」，今人所以不如古人處，只争這些子。古人記得，故曉得。今人鹵莽記不得，故曉不得。緊要處、慢處皆須成誦，自然曉得也。○韓退之謂：「沈潛乎訓義，反復乎句讀。」須有沈潛反復之功方得。所謂「審問之」，須是表裏内外無一豪之不盡，方謂之審。恁地竭盡心力猶有見未到處，却不奈何。如今人不曾竭盡心力，只見得三兩分了，便草草揭過，少間只是鶻突無理會，枉著日月，依舊似不曾讀相似。只如退之、老蘇作文章，本自没要緊事，然他大段用功，少間方會漸漸掃去那許多鄙俗底言語，換了箇心胸，説這許多言語出來。如今讀書須是加沉潛之功，將義理去澆灌胸腹，漸漸盪滌去那許多淺近鄙陋之見，方會見識高明。因説如今讀書，多是不曾理會得一處通透了，少間却多牽引前面疑難來説，此最學者大病。○講論一篇書，須是理會得透，把這一篇書與自家衮作一片方是。去了本子時，許多節目次第都歷歷落落在心中，皆説得去方好。○爲學雖是立志，然書亦不可不讀，須將經傳本文熟復。若專一静坐，如浮屠氏塊然獨處，更無酬酢，然後爲得，吾徒之學正不如此。遇無事則静坐，有書則讀書，以至接物處事，常教此心光喧喧地，便是存心。豈可凡百放下，秖是静坐？○古人讀書與今人異。如孔門學者於聖人纔問仁問知，終身事業已在此。今人讀書，仁義禮智總識，而却無落泊處，此不熟之故也。昔五峰於京師問龜山讀書法，龜山云先讀《論語》，五峰問《論語》二十篇以何爲緊要，龜山曰事事緊要，看此可見。○讀書工夫莫草略，近日學者多緣草略過了，故下梢頭儹無去處，一齊棄了。大凡看書粗則心粗，看書細則心細。若研窮不熟，得些義理，以爲是亦得，以爲非亦得。須是見得差之豪釐，繆以千里，方可。○聖人千言萬語，只是説箇當然之理。恐人不曉，又筆之於書。自書契以來，二典、三謨，伊尹、武王、箕子、周公、孔、孟都只是如此，可謂盡矣。只就文字間求之，句句皆是。做得一分，便是一分工夫，非茫然不可測也，但患人不子細求索之耳。須要思量聖人之言是説箇甚麽，要將何用，若只讀過便休，又何必讀？○問讀書之法。如今看來聖賢言行本無相違，其間所以有可疑者，只是不逐處研究得通透，所以見得牴牾。若真箇逐處逐節逐段見得精切，少間却自到貫通地位。曰：固是。如今若苟簡看過，只一處便自未曾理會得了，却要別生疑義，徒勞無益。○讀書須是子細，逐句逐字要見去著。若用工麤鹵，不務精思，只道無可疑處，非無可疑，理會未到，不知有疑爾。○觀書須靜著心，寬著意思，沉潛反覆，將久自會曉得去。○聖賢之言須常將來眼頭過，口頭轉，心頭運。○讀書之法，先要熟讀，須是正看背看，左看右看，看得是了，未可便説道是，更須反覆玩味。○讀書當擇先儒舊説之當於理者，反覆玩味，朝夕涵泳，便與本經正言之要通貫浹洽於胸中，然後有益。不必段段立説，徒爲觀美，而實未必深有得於心也。講學正要反復研窮，方見義理歸宿處，不可只略説過便休也。○讀書玩味其意，理會未得處且記著，時時拈起看，久之須有得力處。○爲學讀書，須是耐煩細意去理會，切不可麤心。若曰何必讀書，自有箇捷徑法，便是悞人底深坑也。未見道理時，恰如數重物色包裹在裏許，無緣可以便見得。須是今日去了一重，又見得一重；明日又去了一重，又見得一重。去盡皮方見肉，去盡肉方見骨，去盡骨方見髓，使麤心大氣不得。○聖人言語一重又一重，須入深去看。若只要皮膚，便有差錯，須深沉方有得。○讀書理會一件了又一件。不止是讀書，如遇一件事，且就這事上思量合當如何做，處得來當，方理會別一件。書不可只就皮膚上看，事亦不可只就皮膚上理會。天下無書不是合讀底，無事不是合做底。若一箇書不讀，這裏便闕此一書之理；一件事不做，這裏便闕此一事之理。大而天地陰陽，細而昆蟲草木，皆當理會。一物不理會，這裏便闕此一物之理。○讀書是格物一事，今且須逐段子細玩味，反來覆去，逐旋捱得多後，却見頭頭道理都到。這工夫須用行思坐想，或將已曉得者再三思省，却自有一箇曉悟處出，不容安排。書之句法義理雖只是如此解說，但一次看有一次見識，所以某書一番看有一番改。亦有已說定，一番看一番見得穩當，愈加分曉。○或問：先生謂講論固不可無，須是自去體認，如何是體認？曰：體認是把那聽得底自去心裏重復思繹過。伊川曰：「時復思繹，浹洽於中，則說矣。」某向來從師，日間所聞說話，夜間如温書一般，一一子細思量過。纔有疑，明日又問。○學者當以聖賢之言反求諸身，一一體察，須是曉然無疑，積日既久，當自有見。但恐用意不精，或貪多務廣，或得少爲足，則無由明耳。○讀書須要切己體驗，不可只作文字看，又不可助長。○學者讀書，須要斂身正坐，緩視微吟，虛心涵泳，切己省察。讀一句書，須體察這一句，我將來甚處用得。○觀書以己體驗固爲親切，然亦須遍觀衆理而合其歸趣乃佳。若只據己見，却恐於事理有所不周，欲徑急而反疎緩也。○讀書須是以自家之心體驗聖人之心，少間體驗得熟，自家之心便是聖人之心。某自二十時看道理，便要看那裏面。嘗看《上蔡語録》，其初將紅筆抹出，後又用青筆抹出，又要黄筆抹出。三四番後，又用黑筆抹出，是要尋那精底看。道理須是漸漸向裏尋到那精英處方是。○山谷《與李幾仲帖》云：「大率學者喜博而常病不精，汎濫百書，不若精於一也。有餘力然後及諸書，則涉獵諸篇亦得其精。蓋以我觀書，則處處得益；以書博我，則釋卷而茫然。」某深喜之，以爲有補於學者。○學者只知觀書，都不知有四邊，方始有味。○嘗看横渠成誦之説，最爲捷徑。蓋未論看得義理如何，且是收得此心有歸著處，不至走作。然亦須是專一精研，使一書通透爛熟，都無記不起處，方可别换一書，乃爲有益。若但輪流通念而覈之不精，則亦未免枉費工夫也。須是都通透後，又却如此温習，乃爲佳耳。○讀書須讀到不忍舍處，方是見得真味。若讀之數過，略曉其義即厭之，欲别求書看，則是於此一卷書猶未得趣也。蓋人心之靈，天理所在，用之則愈明。只提醒精神，終日著意看得多少文字，窮得多少義理，徒爲懶倦，則精神自是憒憒，只恁昏塞不通，可惜。舊見李先生説：「理會文字須令一件融釋了後，方更理會一件。」「融釋」二字下得極好。此亦伊川所謂「今日格一件，明日又格一件，格得多後自脱然有貫通處」。此亦是他真曾經歷來，便説得如此分明。今若一件未能融釋，而又欲理會一件，則第二件又不了。推之萬事，事事不了，何益？○讀書之法，須是從頭至尾逐句玩味，看上字時如不知有下字，看上句時如不知有後句。看得都通透了，又却從頭看此一段，令其首尾通貫，然方其看此段時，亦不知有後段也。如此漸進，庶幾心與理會，自然浹洽，非惟會得聖賢言語意脉不差，且是自己分上身心義理日見純熟。若只如此匆匆，檢閲一過，便可隨意穿鑿，排布硬説，則不唯錯會了經意，於己分上亦有何干涉？○讀書之法，當循序而有常，致一而不懈，從容乎句讀文義之間，而體驗乎操存踐履之實，然後心静理明，漸見意味。不然，則雖廣求博取，日誦五車，亦奚益於學哉？故程子曰：「善學者求言必自近，易於近者非知言者也。」此言殊有味。○夫學非讀書之謂，然不讀書，又無以知爲學之方，故讀之者貴專而不貴博。蓋唯專爲能知其意而得其用，徒博則反苦於雜亂淺略而無所得。必也致精一書，優柔厭飫，以求聖學工夫次第之實。俟其心通意解，書册之外别有實下工夫處，然後更易而少進焉，則得尺得寸雖少，而皆爲吾有矣。○學者且將一件書讀，聖人之言即聖人之心，聖人之心即天下之理。且逐段看，令分曉，一段分曉又看一段，如此至一二十段亦未解，便見箇道理。但如此心平氣定，不東馳西騖，則道理自逐段分明。去得自家心上一病，便是一箇道理明也。道理固是自家本有，但如今隔一隔了，須逐旋揩磨呼喚得歸，然無一喚便見之理。如金溪只要自得，若自得底是固善，若自得底非却如何？不若且虚心讀書，切不可自謂理會得了。便理會得，且只做理會不得，方有長進。○學者理會文義，只是要先理會難底，遂至於易者亦不能曉。《學記》曰：「善問者如攻堅木，先其易者，後其節目。」所謂攻瑕則堅者瑕，攻堅則瑕者堅，不知道理好處又却多在平易處。○觀書須從頭循序而進，不以淺深難易有所取舍，自然意味詳密。至於浹洽貫通，則無緊要處所下工夫亦不落空矣。今人多是揀難底好底看，非惟聖賢之言不可如此間別，且是只此心意便不定疊。縱然用心探索得到，亦與自家這裏不相干。突兀聱牙，無田地可安頓，此病不可不知也。○讀書且就那一段本文意上看，不必又生枝節，看一段須反復看來看去，要十分爛熟，方見意味，方快活，令人都不愛去看别段始得。人多是向前趲去，不曾向後反復，只要去看明日未讀底，不曾去紬繹前日已讀底，須玩味反復始得。用力深便見意味長，意味長便受用牢固，亦不可信口依希略綽説過，須是心曉。❶○讀書不可貪多，常使自家力量有餘。萬正淳云：「欲將諸書循環看。」曰：不可如此，須看得一書徹了，方再看一書。若雜然並進，却反爲所困。如射弓有五斗力，且用四斗弓，便可拽滿，己力欺得他過。今學者不忖自己力量去觀書，恐自家照管他不過。○讀書只恁逐段子細看，積累

❶「須」，四庫本作「便」。

去，則一生讀多少書。若務貪多，則反不曾讀得。須是緊著工夫，不可悠悠，又不須忙，只常抖擻得此心醒，則看愈有力。○讀書小作課程，大施功力。如會讀得二百字，只讀得一百字，却於百字中猛施工夫理會，子細讀誦教熟。如此，不會記性人自記得，無識性人亦理會得。若泛泛然念多，只是皆無益耳。○書宜少看，要極熟。小兒讀書記得，大人多記不得者，只爲小兒心專。一日授一百字則只是一百字，二百字則只是二百字。大人一日或看百板，不恁精專。人多看一分之十，今宜看十分之一。寬著期限，緊著課程。○今人讀書，看未到這裏，心已在後面；纔看到這裏，便欲舍去了。如此，只是不求自家曉解，須是徘徊顧戀如不欲去，方會認得。○讀書須是偏布周滿。某嘗以爲寧詳毋略，寧下毋高，寧拙毋巧，寧近毋遠。○書雖是古人書，今日讀之，所以蓄自家之德。却不是欲這邊讀得些子，便搬出做那邊用。○讀書將以求道，不然讀作何用？今人不去這上理會道理，皆以涉獵該博爲能，所以有道學、俗學之别。○學者讀書，須是於無味處當致思焉。至於群疑並興，寢食俱廢，乃能驟進。因歎「驟進」二字最下得好，須是如此。若進得些子，或進或退，若存若亡，不濟事。如用兵相殺，争得些兒小可一二十里地，也不濟事。須大殺一番，方是善勝。爲學之要亦是如此。○讀書須見得有曉不得處，方是長進。又更就此闕其所疑而反復其餘，則庶幾得聖人之意，識事理之真，而其不可曉者不足爲病矣。○某向時與朋友説讀書，也教他去思索，求所疑。近方見得讀書只是且恁地虚心，就上面熟讀，久之自有所得，亦自有疑處。蓋熟讀後自有窒礙不通處，是自然有疑，方好較量。今若先去尋箇疑，便不得，這般也有時候。舊日看《論語》，合下便有疑。蓋自有一樣事，被諸先生説成數樣，所以便著疑。今却有《集注》了，且可傍本看，教心熟，少間或有説不通處，自見得疑，只是今未可先去疑著。又曰：讀書無疑者須教有疑，有疑者却要無疑，到這裏方是長進。○讀書若有所見，未必便是。不可便執著，且放在一邊，益更讀書以來新見。若執著一見，則此心便被此見遮蔽了。譬如一片浄潔田地，若上面纔安一物，便須有遮蔽了處。聖人七通八達，事事説到極致處。學者須是多讀書，使互相發明，事事窮到極致處。所謂「本諸身，徵諸庶民，考諸三王而不謬，建諸天地而不悖，質諸鬼神而無疑，百世以俟聖人而不惑」。直到這箇田地方是。《語》云：「執德不弘。」《易》云：「寬以居之。」聖人多説箇廣大寬弘之意，學者要須體之。○讀書之法無他，唯是篤志虚心、反復詳玩爲有功耳。近見學者多是卒然穿鑿，便爲定論。或即信所傳聞，不復稽考，所以日誦聖賢之書而不識聖賢之意。其所誦説，只是據自家見識杜撰成耳。如此，豈復能有長進？前輩蓋有親見有道而其所論終不免背馳處者，想亦正坐此耳。○近日讀書人少，也緣科舉時文之弊也。纔把書來讀，便先立箇意思要討新奇，都不理會他本意著實。纔討得新奇，便準擬作時文使，下梢弄得熟，只是這箇將來使。雖是朝廷甚麽大典禮，也胡亂信手捻合出來使，不知一撞百碎。○某嘗謂爲學老少不同。年少精力有餘，須用無書不讀，無不究竟其義。若年齒向晚，却須擇要用功，讀一書便覺後來難得工夫再去理會，須沉潛玩索，究極至處可也。蓋天下義理，只有一箇是與非而已。是便是是，非便是非。既有著落，雖不再讀，自然道理浹洽，省記不忘。譬如飲食，從容咀嚼，其味必長，大嚼大咽，終不知味也。○精神長者，博取之，所得多。精神短者，但以詞義簡易者涵養。中年以後之人，讀書不要多，只少少玩索，自見道理。○温公答一學者書説爲學之法，舉荀子四句云：「誦數以貫之，思索以通之，爲其人以處之，除其害以持養之。」荀子此説亦好。誦數云者，想是古人誦書亦記遍數。貫字訓熟，如習貫，如自然，又訓通。誦得熟，方能通曉，若誦不熟，亦無可得思索。○讀書不可不先立程限，政如農功，如農之有畔，爲學亦然。今之始學者不知此理，初時甚鋭，漸漸懶去，終至都不理會了，此只是當初不立程限之故。○問：嘗聞先生爲學者言「讀書須有箇悦處方進」。又嘗自言「某雖如此，屢覺有所悦」。因請曰：此先生進德日新工夫，不知學者如何到得悦處？曰：亦只是時習，時習故悦。○讀書之道，用力愈多，收功愈遠，先難而後獲，先事而後得，皆是此理。○讀書看義理，須是胸次放開，磊落明快恁地去。第一不可先責效，纔責效便有憂愁底意。只管如此，胸中便結聚一餅子不散。今且放置閑事，不要閑思量，只專心去玩味義理，便會心精，心精便會熟。○人言讀書當從容玩味，此乃自怠之一説。若是讀此書未曉道理，雖不可急迫，亦不放下，猶可也。若徜徉終日，謂之從容，却無做工夫處。譬之煎藥，須是以大火煮滚，然後以慢火養之却不妨。○讀書不可有欲了底心，纔有此心，便心只在背後白紙處了，無益。○讀書須是看著他那縫罅處，方尋得道理透徹。若不見得縫罅，無由入得。看見縫罅時，脉絡自開。○讀書閑暇且静坐，教他心平氣定，見得道理漸次分曉，這箇却是一身總會處。且如看《大學》「在明明德」一句，須常常提醒在這裏，他日長進亦只在這裏。人只是一箇心做本，須存得在這裏，識得他條理脉絡，自有貫通處。○讀書須是有精力。楊至之曰：亦須是聰明。曰：雖是聰明，亦須是静，方運得精神。昔見延平説：「羅先生解《春秋》也淺，不似胡文定。後來隨人入廣，在羅浮山住三兩年，去那裏心静，須看得較透。」某初疑解《春秋》干心静甚事？後來方曉，蓋静則心虚，道理方看得出。○看書與日用工夫皆要放開心胸，令其平易廣闊，方可徐徐旋看道理，浸灌培養。切忌合下便立己意，把捉得太緊了，即氣象急迫，田地陋隘，無處著工夫也。○凡讀書處事，當煩亂疑惑之際，正當虚心博采以求至當。或未有得，亦當且以闕疑闕殆之意處之。若遽以己所粗通之一説，而盡廢己所未究之衆論，則非惟所處之得失或未可知，而此心之量亦不宏矣。○讀書且當隨文熟看，俟其詞旨曉析貫通，然後自有發明。未可遽捨本文，别立議論，徒長虛見，無益於實也。○讀書先且虛心，考其文詞指意所歸，然後可以要其義理之所在。近見學者多是先立己見，不問經文向背之勢，而横以義理加之，其説雖不背理，然非經文本意也。如此，則但據己見自爲一書亦可，何必讀古聖賢之書哉？所以讀書政恐吾之所見未必是，而求正於彼耳。惟其闕文斷簡、名器物色有不可考者，則無可奈何。其他在義理中可推而得者，切須字字句句反復精詳，❶不可草草説過也。○今人觀書，先自立了意後方觀，盡率古人語言入做自家意思中來。如此，只是推廣得自家意思，如何見得古人意思？須是虛此心，將古人語言放前面，看他意思倒殺向何處去。如此玩心，方可得古人意，有長進處。且如孟子説詩，要以意逆志，是爲得之。逆者，等待之謂也。如前途等待一人，未來時且須耐心等待，將來自有來時。候他未來，其心急切，又要進前尋求，却不是以意逆志，是以意捉志也。如此，只是牽率古人言語入做自家意中來，終無進益。○讀書理會道理，只是將勤苦睚將去，不解得不成，文王猶勤，而況寡德乎？今世上有一般議論，成就後生懶惰。如云不敢輕議前輩，不敢妄立論之類，皆中怠惰者之意。前輩固不敢妄議，然論其行事之是非何害？固不可鑿空立論，然讀書有疑、有所見，自不容不立論。其不立論者，

❶「精」，原作「消」，今據重修本改。

只是讀書不到疑處耳。將諸家説相比並以求其是，便自有合辨處。○學者觀書，病在只要向前，不肯退步看。愈向前，愈看得不分曉，不若退步却看得審。大概病在執著，不肯放下。正如聽訟，心先有主張乙底意思，便只尋甲底不是；先有主張甲底意思，便只見乙底不是。不若姑置甲乙之説，徐徐觀之，方能辨其曲直。横渠云：「濯去舊見，以來新意。」此説甚當。若不濯去舊見，何處得新意來？今學者有二種病，一是主私意，一是舊有先入之説。雖欲擺脱，亦被他自來相尋。○讀書須是知貫通處，東邊西邊都觸著這關捩子方得。而今説已前不曾做得，又怕遲晚，又怕做不及，又怕那箇難，又怕性格遲鈍，又怕記不起，都是閑説。只認下著頭去做，莫問遲速，少間自有至處。既是已前不曾做得，今便用工夫去補填，莫要瞻前顧後，思量東西，少間檐閣一生，不知年歲之老。○如今看一件書，須是著力至誠去看一番，將聖賢説底一句一字都理會過，直要見聖賢語脉所在。這一句一字是如何道理，及看聖賢因何如此説，直是用力理會教分曉，然後將來玩味，方盡見得意思出來。若是泛濫看過，今次又見是好，明次又見是好，終是無工夫，不得力。○東坡教人讀書小簡，某取以示學者，曰讀書要當如是。東坡與王郎書云：少年爲學者，每一書皆作數次讀之。當如入海，百貨皆有，人之精力不能兼收盡取，但得其所欲求者爾。故願學者每次作一意求之。如欲求古今興亡治亂聖賢作用，且只作此意求之，勿生餘念。又別作一次求事迹文物之類，亦如之，他皆放此。若學成，八面受敵，與涉獵者不可同日而語。○問：伊川說「讀書當觀聖人所以作經之意與聖人所以用心」一條。曰：此條程先生說讀書最爲親切。今人不會讀書是如何，只緣不曾求聖人之意。纔拈得些小，便把己意硬入放裏面，胡說亂說，故教他就聖人意上求看如何。○講習孔孟書，孔孟往矣。口不能言，須以此心比孔孟之心，將孔孟心作自己心。要須自家說時，孔孟點頭道是方得。不可謂孔孟不會說話，一向任己見說將去。○今人所以讀書苟簡者，緣書皆有印本多了。如古人皆用竹簡，除非大段有力底人方做得，若一介之士如何置？所以後漢吴恢欲殺青以寫《漢書》，其子吴祐諫曰：「此書若成，則載之兼兩。昔馬援以薏苡興謗，王陽以衣囊徼名，正此謂也。」如黄霸在獄中從夏侯勝受書，凡再踰冬而後傳。蓋古人無本，除非首尾熟背得方得。至於講誦者也是都背得，然後從師受學。如東坡作《李氏山房藏書記》，那時書猶自難得。晁以道嘗欲得《公穀傳》，遍求無之，後得一本，方傳寫得。今人連寫也自厭煩了，所以讀書苟簡。○讀書便是做事，凡做事有是有非，有得有失，善處事者不過稱量其輕重耳。讀書而講究其義理，判別其是非，臨事即此理。○學得此事了，不可自以爲了，恐怠意生。如讀得此書，須終身記之。○讀書推類反求，固不害爲切己，但却又添了一重事。不若且依文看，逐處各自見箇道理，久之自然貫通，不須如此費力也。

性理大全書卷之五十四

學十二

讀書法二

朱子曰：讀書先讀《大學》，以定其規模；次讀《論語》，以立其根本；次讀《孟子》，以觀其發越；次讀《中庸》，以求古人之微妙處。《大學》一篇有等級次第，總作一處，易曉，宜先看。《論語》却實，但言語散見，初看亦難。《孟子》有感激興發人心處。《中庸》亦難讀，看三書後，方宜讀之。又曰：《中庸》工夫密，規模大，讀書且從易曉、易解處去讀。四書道理粲然，人只是不去看。若理會得此四書，何書不可讀？何理不可究？何事不可處？○學者於《庸》《學》《論》《孟》四書果然下工夫，句句字字涵泳切己，看得透徹，一生受用不盡。只怕人不下工，雖多讀古人書無益。書只是明得道理，却要人做出書中所說聖賢工夫來。若果看此數書，他書可一見而決矣。○《大學》一篇乃入德之門户，學者當先講習，知得爲學次第規模，乃可讀《語》《孟》《中庸》。先見義理根原體用之大略，然後徐攷諸經，以極其趣，庶幾有得。蓋諸經條制不同，工夫浩博，若不先讀《大學》《論》《孟》《中庸》，令胸中開明，自有主宰，未易可遽求也。爲學之初，尤當深以貪多躐等、好高尚異爲戒耳。然此猶是知見邊事，若但入耳出口，以資談説，則亦何所用之？既已知得，便當謹守力行，乃爲學問之實耳。○《論》《孟》《中庸》待《大學》通貫浹洽無可得看後，方看乃佳。道學不明，元來不是上面欠却工夫，乃是下面元無根脚。若信得及脚踏實地，如此做去，良心自然不放，踐履自然純熟，非但讀書一事也。○問：初學當讀何書？曰：六經、《語》《孟》皆聖賢遺書，皆當讀，但初學且須知緩急。《大學》《語》《孟》最是聖賢爲人切要處，然《語》《孟》却是隨事答問，難見要領，唯《大學》是曾子述孔子説古人爲學之大方，門人又傳述以明其旨，體統都具，玩味此書，知得古人爲學所鄉，讀《語》《孟》便易入。後面工夫雖多，而大體已立矣。○爲學須是先立大本，其初甚約，中間一節甚廣，大到末梢又約。孟子曰：「博學而詳説之，將以反説約也。」故必先觀《論》《孟》《大學》《中庸》以考聖賢之意，讀史以考存亡治亂之迹，讀諸子百家以見其駁雜之病，其節目自有次序，不可踰越。近日學者多喜從約而不於博求之，不知不求於博，何以考驗其約？○《論》《孟》《中庸》《大學》乃學問根本，尤當專一致思，以求其指意之所在。今乃或此或彼，泛然讀之，此則尤非所以審思明辨而究聖學之淵源也。此四書者，當以序進，每畢一書，首尾通貫，意味浹洽，然後又易一書，乃能有益。其餘亦損其半，然後可以研味從容，深探其立言之旨，而無迫切泛濫之累矣。○某嘗説讀書之序，須是且著力去看《大學》，又著力去看《論語》，又著力去看《孟子》。看得三書了，這《中庸》半截都了，不用問人，只略略恁看過。不可掉了易底，却先去攻那難底。《中庸》多説無形影，如鬼神、如天地參等類説得高，説下學處少，説上達處多，若且理會文義則可矣。○程氏教人以《論》《孟》《大學》《中庸》爲本，學者須於此數書熟讀詳味，有會心處方自見得。如其未然，讀之不厭熟，講之不厭煩。非如指理爲障，而兀然坐守無義之語，以俟其僥倖而一得也。○看《孟子》與《論語》不同，《論語》要冷看，孟子要熟讀。《論語》逐文逐意各是一義，故用子細静觀。《孟子》成大段，首尾通貫，熟讀文義自見，不可逐一句一字上理會也。○講學莫先於《語》《孟》，而讀《論》《孟》者，又須逐章熟讀，切己深思。不通，然後考諸先儒之説，以發明之。如二程先生説得親切處，直須看得爛熟，與經文一般成誦在心，乃可加省察之功。蓋與講學互相發明，但日用應接思慮隱微之間，每每加察。其善端之發慊於吾心而合於聖賢之言，則勉勵而力行之。其邪志之萌愧於吾心而戾於聖賢之訓，則果決而速去之。大抵見善必爲，聞惡必去，不使有頃刻悠悠意態，則爲學之本立矣。異時漸有餘力，然後以次漸讀諸書，旁通當世之務，蓋亦未晚。○或問：讀書之法，其用力也奈何？

曰：循序而漸進，熟讀而精思可也。曰：然則敢問循序漸進之説？曰：以《論》《孟》二書言之，則先《論》而後《孟》，通一書而後及一書。以一書言之，其篇章文句、首尾次第亦各有序而不可亂也，量力所至，約其程課而謹守之。字求其訓，句索其旨。未得乎前，則不敢求其後；未通乎此，則不敢志乎彼。如是循序而漸進焉，則意定理明而無踈易凌躐之患矣。不惟讀書之法，是乃操心之要，尤學者不可不知。曰：其熟讀精思者何耶？曰：《論語》一章不過數句，易以成誦，成誦之後，反復玩味於燕閒静一之中，以須其浹洽可也。《孟子》每章或千百言，反復論辨，雖若不可涯者，然其條理踈通，語意明潔，徐讀而以意隨之，出入往來以十百數，則其不可涯者，將可以得於指掌間矣。大抵觀書先須熟讀，使其言皆若出於吾之口，繼以精思，使其意皆若出於吾之心，然後可以有得。至於文義有疑，衆説分錯，則亦虚心静慮，勿遽取舍於其間，先使一説自爲一説，而隨其意之所之以驗其通塞，則其尤無義理者，不待觀於他説而先自屈矣。復以衆説互相詰難，而求其理之所安，以考其是非，則似是而非者，亦將奪於公論而無以立矣。大抵徐行却立，處静觀動。如攻堅木，先其易者而後其節目。如解亂繩，有所不通則姑置而徐理之。此讀書之法也。○爲學之序，爲己而後可以及人，達理然後可以制事，故程夫子教人先讀《論》《孟》，次及諸經，然後看史，其序不可亂也。若恐其徒務空言，但當就《論》《孟》、經書中教以躬行之意，庶不相遠。至於左氏奏疏之言，則皆時事利害，而非學者切身之急務也。○凡讀書，須看上下文意是如何，不可泥著一字。如揚子「於仁也柔，於義也剛」，到《易》中又將剛來配仁，柔來配義。如《論語》「學不厭智也，教不倦仁也」，到《中庸》又謂「成己仁也，成物智也」。此等須是各隨本文意看，便自不相礙。○凡看文字，少看熟讀，一也。不要鑽研立説，但要反復體驗，二也。埋頭理會，不要求效，三也。三者，學者所當守。○看文字傷太快，恐不子細，須是理會得底，更須將來看，此不厭熟，熟後更看，方始滋味出。○看文字須是如猛將用兵，直是鏖戰一陣；如酷吏治獄，直是推勘到底，決是不恕他方得。○大凡文字有未曉處，須下死工夫，直要見得道理是自家底方佳。○看文字當如高艘大艑，順風張帆，一日千里方得。如今只纔離小港，便著淺了，濟甚事？文字不當如此看。❶○問：看文字爲衆説雜亂如何？曰：且要虚心逐一説看去，看得一説，却又看一説，看來看去，是非長短皆自分明。譬如人欲知一箇人是好人、是惡人，且隨他去看，隨來隨去，見他言語動作，便自知他好惡。○凡人看文字，初看時心尚要走作，道理尚見得未定，猶没奈他何。到看得定時，方入規矩，又只是在印板上面説相似，都不活，不活則受用不得。須是玩味反復，到得熟後，方始會活，方始

❶「當」，原作「通」，今據重修本改。

會動，方有得受用處。若只恁生記去，這道理便死了。○看文字若便以爲曉得，則便住了。須是曉得後，更思量後面尚有也無。且如今有人把一篇文字來看，也未解盡知得他義。況於義理，前輩説得恁地雖是易曉，但亦未解便得其意，須是看了又看，只管看，只管有。○看文字有兩般病。有一等性鈍底人，向來未曾看，看得生，卒急看不出，固是病。又有一等敏鋭底人，多不肯子細，易得有忽略之意，不可不戒。○看文字須子細，雖是舊曾看過，重温亦須子細。每日可看三兩段，不是於那疑處看，正須於那無疑處看，蓋工夫都在那上。○看文字要急迫不得，有疑處且漸漸思量。若一下便要理會得，也無此理。○看文字須是退步看，方可見得。若一向近前迫看，反爲所遮蔽，轉不見矣。○看文字先有意見，恐只是私意。謂如粗厲者觀書，必以勇果强毅爲主；柔善者觀書，必以慈祥寬厚爲主。書中何所不有？○看文字不可過於疎，亦不可過於密。蓋太謹密，則少間看道理從那窮處去，更插不入，不若且放下，放開闊看。○看文字須逐字看得無去處，譬如前後門塞定，更去不得，方始是。○文字大節目痛理會三五處，後當迎刃而解。學者所患在於輕浮，不沈著痛快。○學者初看文字，只見得箇渾淪物事，久久看作三兩片，以至於十數片，方是長進，如庖丁解牛，目視無全牛是也。○看文字且自用工夫，先已切至，方可舉所疑與朋友講論。假無朋友，久之能自見得，蓋蓄積多者忽然爆開，便自然通，此所謂「何天之衢亨」也。蓋蓄極則通，須是蓄之極則通。○問：看文字只就本句，固是見得古人本意，然不推廣之，則用處又易得不相浹，如何？曰：須是本句透熟，方可推。若本句不透熟，不惟推便錯，於未推時已錯了。○凡看文字，諸家説異同處最可觀。某舊日看文字，專看異同處。如謝上蔡之説如彼，楊龜山之説如此，何者爲得？何者爲失？所以爲得者是如何？所以爲失者是如何？○看文字須大段著精彩看，聳起精神，豎起筋骨，不要困，如有刀劍在後一般。就一段中須要透，擊其首則尾應，擊其尾則首應，方始是。不可按册子便在，掩了册子便忘却。○凡看文字，專看細密處而遺却緩急之間者，固不可；專看緩急之間而遺却細密者，亦不可。今日之看，所以爲他日之用。須思量所以看者何爲，非只是空就言語上理會得多而已也。須是切己用功，使將來自得之於心，則視言語誠如糟粕，然今不可便視爲糟粕也，但當自期向到彼田地爾。○看文字不可落於偏僻，須是周匝看得四通八達，無些窒礙，方有進益。某解《語》《孟》，訓詁皆存。學者觀書不可只看緊要處，閑慢處要都周匝。今説求放心，未問其他，只此便是博學而篤志，切問而近思，仁在其中矣。博學而篤志，切問而近思，方是讀書，却説仁在其中，蓋此便是求放心也。○看文字且依本句，不要添字，那裏元有縫罅，如合子相似，自家只去抉開，不是渾淪底物硬去鑿。亦不可先立説，牽古人意來湊。○看文字專要看做裏面去如何，裏面也更無去處，不著得許多言語，這裏只主一無適、敬以直内涵養去。嘗謂文字寧是看得淺，不可太深；寧是低看，不可太高。蓋淺近雖未能到那切近處，更就上面推尋，却有見時節。若太深遠，更無回頭時。○凡看文字，先須曉其文義，然後可求其意，未有文義不曉而見意者也。○某嘗説文字不難看，只是讀者心自嶢崎了，看不出。若大著意思，反復熟看，那正當道理自湧出來。不要將那小意智私見識去間亂他，如此無緣看得出。如千軍萬馬從這一條大路去，行伍紀律自是不亂。若撥數千人從一小路去，空攪亂了正當底行陣，無益於事。○凡看文字，須看古人下字意思是如何。且如前輩作文，一篇中須看他用意在那裏，如杜子美詩云「更覺良工用心苦」。一般人看畫，只見得是畫。一般識底人看，便見得他精神妙處，知得他用心苦也。○看注解時，不可遺了緊要字。蓋解中有極散緩者，有緩急之間者，有極緊要者。某下一字時，直是稱輕等重方敢寫出。○讀書須是將本文熟讀，字字咀嚼教有味。若有理會不得處，深思之，又不得，然後却將註脚看，方有意味。如人飢而後食，渴而後飲，方有味。不飢不渴而强飲食之，終無益也。又曰：某所集註《論語》，至於訓詁，皆子細者。蓋要人字字與某著意看，字字思索到，莫要只作等閑看過了。○凡人讀書，若窮得到道理透處，心中也替他一本作「潛地」。快活。若有疑處，須是參諸家解熟看，看得有差互時，此一段終是不穩在心頭，不要放過。○前輩解説，恐後學難曉，故《集註》盡撮其要，已説盡了，不須更去註脚外又添一段説話，只把這箇熟看，自然曉得，莫枉費心去外面思量。○看講解不可專徇他説，不求是非，便道前賢言語皆的當，如《遺書》中語，豈無過當失實處？亦有説不及處。又云：初看時便先斷以己意，前聖之説皆不可入，此正當今學者之病，不可不知。○聖人言語本自明白，不須解説，只爲學者看不見，所以做出註解，與學者省一半力。若註解上更看不出，却如何看得聖人意出？又曰：凡看文字，端坐熟讀，久久於正文邊自有細字註解迸出來，方是自家見得。只於外面捉摸箇影子説，終不濟事。○問：明道説話。曰：最難看，須是輕輕地挨傍他，描摸他意思方得。若將來解，解不得，須是看得道理大段熟，方可看。

東萊吕氏曰：讀書有思索，人往往不苟。不曾讀書與曾讀書識理趣者，觀其所爲便可見。○凡讀書必務精熟，若或記性遲鈍，則多誦遍數，自然精熟，記得堅固。若是遍數不多，只務强記，今日成誦，來日便忘，其與不曾讀誦何異？○凡爲學之道，必先至誠，不誠未有能至焉者也。何以見其誠？居處齊莊，志意凝定，不妄言，不苟笑，開卷伏讀必起恭敬如對聖賢，掩卷沉思必根義理以閑邪僻，行之悠久，習與性成，便有聖賢前輩氣象。○爲學之本，莫先於讀書。讀書之法，須令日有課程。句讀有未曉，大義有未通，不惜與人商確，不惜就人授讀，凡人多以此爲耻，曾不知不如是，則有終身之耻也。○後學讀書未曾識得目前大略，便要説性命，此極是害事，爲學自有等級。○後生學問聰明，强記不足畏，惟思索尋究者爲可畏耳。

象山陸氏曰：大抵讀書，訓詁既通之後，但平心讀之，不必勉加揣量，則無非浸灌培益、鞭策磨勵之功。或有未通曉處，姑缺之無害。且以其明白昭晰者日加涵泳，則自然日充日明。後日本原深厚，則向來未曉者將亦有渙然冰釋者矣。○讀書作文亦是吾人事，但讀書本不爲作文，作文其末也。有其本必有其末，未聞有本盛而末不茂者。若本末倒置，則所謂文者亦可知矣。

勉齋黄氏曰：平居當以敬自持，令心慮寧静。至於讀書，則平心定氣，端莊儼肅。須以吾心默觀聖賢之語，常使聖賢之意自入於吾心。如以鏡照物，妍醜自見，鏡何心哉？今人所以不善讀書，非是聖賢之意難明，乃是吾心紛擾，反以汩亂聖賢之意。讀書只是沉静精密，則自然見得分明，切不可萌輕易自喜之心。便解得六經通徹，亦何足自喜，亦豈敢輕易？纔如此，便不足以任重。後生且收斂静退，慊然常若不足，方能有進。○觀書者最怕氣不平。且如「公冶長」一章，謝上蔡則謂「聖人擇壻，驚人如此」。楊龜山則謂「聖人所以求於人者薄，可免於刑戮而不累其家，皆可妻也」。上蔡氣高者也，龜山氣弱者也，故所見各别如此。要之當隨文平看，方見得聖人之本意，此觀書之大法。

北溪陳氏曰：讀四書之法，毋過求，毋巧鑿，毋旁搜，毋曲引，亦惟平心以玩其旨歸，而切己以察其實用而已爾。果能於是四者融會貫通，而義理昭明，胸襟灑落，則在我有權衡尺度。由是而稽諸經，與凡讀天下之書，論天下之事，皆莫不冰融凍釋，而輕重長短截然一定，自不復有錙銖分寸之或紊矣。

范陽張氏曰：朋友講習，固天下樂事，不幸獨學，則當尚友古人可也。故讀《論語》，如對孔門聖賢；讀《孟子》，如對孟子；讀杜子美詩、蘇文，則又凝神静慮，如目擊二公。如此用心，雖生千載之下，可以見千載人矣。

以下讀諸經法。

程子曰：凡看書各有門庭，《詩》《易》《春秋》不可逐句看，《尚書》《論語》可以逐句看。○六經之言在涵滀中默識，心通精義爲本。○讀書者當觀聖人所以作經之意，與聖人所以爲聖人而吾之所以未至者，求聖人之心而吾之所以未得焉者。晝誦而味之，中夜而思之，平其心，易其氣，闕其疑，其必有見矣。○古之學者皆有傳授，如聖人作經，本欲明道，今人若不先明義理，不可治經，蓋不得傳授之意云爾。如《繫辭》本欲明《易》，若不先求卦義，則看《繫辭》不得。○聖人之道，如河圖、洛書，其始止於畫上便出義，後之人既重卦，又繫辭，求之未必得其理。至如《春秋》是其所是，非其所非，不過只是當年數人而已。學者不觀他書，只觀《春秋》，亦可盡道。○卦爻始立，義既具，即聖人别起義以錯綜之。如《春秋》已前既已立例，到近後來書得全别。一般事便書得别有意思，若依前例觀之，殊失之也。○蘇季明嘗以治經爲傳道居業之實，居常講習，只是空言無益，質之兩先生。伯淳先生曰：脩辭立其誠，不可不子細理會。言能脩省言辭，便是要立誠。若只是脩飾言辭爲心，只是爲僞也。若脩其言辭，正爲立己之誠意，乃是體，當自家敬以直內、義以方外之實事。道之浩浩，何處下手？惟立誠纔有可居之處，有可居之處則可以脩業也。終日乾乾，大小大事，却只是忠信所以進德爲實下手處，脩辭立其誠爲實脩業處。正叔先生曰：治經，實學也。譬諸草木，區以別矣。道之在經，大小遠近，高下精粗，森列於其中。譬如日月在上，有人不見者，一人指之，不如衆人指之自見也。如《中庸》一卷書，自至理便推之於事，如國家有九經及歷代聖人之迹，莫非實學也，如登九層之臺自下而上者爲是。人患居常講習、空言無實者，蓋不自得也。爲學治經最好，苟不自得，則盡治五經亦是空也。今有人心得識達，所得多矣，雖亦好讀書，却患在空虛者，未免此弊。

張子曰：經籍亦須記得。雖有舜禹之智，吟而不言，不如聾盲之指麾，故記得便説得，便行得，故始學亦不可無誦數。

龜山楊氏因言秦漢以下事，曰：亦須是一一識別得過，欲識別得過，須用著意六經，六經不可容易看了。今人多言要作事須看史，史固不可不看，然六經先王經世之迹在焉，是亦足用矣。必待觀史，未有史書以前，人以何爲據？蓋孔子不存史而作《春秋》，《春秋》所以正史之失得也。今人自是不留意六經，故就史求道理，是以學愈博而道愈遠。若經術明，自無工夫及之。使有工夫及之，則取次提起一事，便須斷遣處置得行，何患不能識別？

朱子曰：讀六經時，只如未有六經，只就自家身上討道理，其理便易曉。○人惟有私意，聖賢所以留千言萬語以掃滌人私意，使人人全得惻隱羞惡之心。六經不作可也，裏面著一點私意不得。○看經書與看史書不同。史是皮外物事，没緊要，可以劄記問人。若是經書有疑，這箇是切己病痛，如人負痛在身，欲斯須忘去而不可得，豈可比之看史，遇有疑則記之紙邪？○問：爲學只是看六經、《語》《孟》，其他史書雜學皆不必看，如何？曰：如此即不見古今成敗，便是荆公之學。書那有不可讀者？只怕無許多心力讀得。六經是三代以上之書，曾經聖人手，全是天理。三代以下文字有得失，然而天理却在這邊自若也。要有主，覷得破，皆是學。○看經傳有不可曉處，且要旁通，待其浹洽，則當觸類而可通矣。○治經者必因先儒已成之説而推之，借曰未必盡是，亦當究其所以得失之故，而後可以反求諸心而正其繆，此漢之諸儒所以專門名家，各守師説，而不敢輕有變焉者也。但其守之太拘，而不能精思明辨以求真是，則爲病耳。然以此之故，當時風俗終是淳厚。近年以來，習俗苟偷，學無宗主，治經者不復讀其經之本文與夫先儒之傳註，但取近時科舉中選之文，諷誦摹倣，擇取經中可爲題目之句，以意扭捏，妄作主張，明知不是經意，但取便於行文，不暇恤也。○大抵所讀經史，切要反復精詳，方能漸見旨趣。誦之宜舒緩不迫，令字字分明，更須端莊正坐如對聖賢，則心定而義理易究。不可貪多務廣，涉獵鹵莽，纔看過了，便爲已通。小有疑處，即便思索。思索不通，即置小册子逐日抄記，以時省閲，俟後日逐一理會。切不可含糊護短，恥於資問，而終身受此黯暗以自欺也。今之談經者往往有四者之病，本卑也而抗之使高，本淺也而鑿之使深，本近也而推之使遠，本明也而必使至於晦。此今日談經之大患也。○六經浩渺，乍難盡曉，且見得路逕後，各自立得一箇門庭。問：如何是門庭？曰：是讀書之法。如讀此一書，須知此書當如何讀。伊川教人看《易》，以王輔嗣、胡翼之、王介父三人《易》解看，此便是讀書之門庭。緣當時諸經都未有成説，學者乍難捉摸，故教人如此。或問：如詩是吟詠情性，讀詩者便當以此求之否？曰：然。○讀書只就一直道理看，剖析自分曉，不必去偏曲處看。《易》有箇陰陽，《詩》有箇邪正，《書》有箇治亂，皆是一直路逕可見，别無嶢崎。○學者只是要熟，工夫純一而已。讀時熟，看時熟，玩味時熟。如《孟子》《詩》《書》全在讀時工夫。孟子每章説了，又自解了，蓋他直要説得盡方住。其言一大片，故後來老蘇亦拖他來做文章説。須熟讀之，便得其味。今觀《詩》，既未寫得傳，且除了小序而讀之，亦不要將做好底看，亦不要將做惡底看，只認本文語意，亦須得八九。○聖人作經以詔後世，將使讀者誦其文，思其義，有以知事理之當然，見道義之全體，而身力行之，以入聖賢之域也。其言雖約，而天下之故，幽明巨細，靡不該焉。欲求道以入德者，舍此爲無所用其心矣。然去聖既遠，講誦失傳，自其象數、名物、訓詁、凡例之間，老師宿儒尚有不能知者，況於新學小生驟而讀之，是亦安能遽有以得其大指要歸也哉？故河南程夫子之教人，必先使之用力乎《大學》《論語》《中庸》《孟子》之書，然後及乎六經。蓋其難易遠近大小之序，固如此而不可亂也。○問看《易》。曰：未好看，《易》自難看。《易》本因卜筮而設，推原陰陽消長之理，吉凶悔吝之道。先儒講解，失聖人意處多。待用心力去求，是費多少時光，不如且先讀《論語》。又問讀《詩》。曰：《詩》固可以興，然亦自難，先儒之説亦多失之。某枉費許多年工夫，近來於《詩》《易》略得聖人之意。今學者不如且看《大學》《語》《孟》《中庸》四書，且就見成道理精心細求，自應有得。待讀此四書精透，然後去讀他經，却易爲力。○問：近看胡氏《春秋》，初無定例，止説歸忠孝處便爲經義，不知果得孔子意否？曰：某嘗説《詩》《書》是隔一重兩重説，《易》《春秋》是隔三重四重説。《春秋》義例、《易》爻象雖是聖人立下，今説者用之，各信己見。然於人倫大綱皆通，但未知曾得聖人當初本意否。且不如讓渠如此説，且存取大意，得三綱五常不至廢墜足矣。今欲直得聖人本意不差，未須理會經，先須於《論語》《孟子》中專意看他，切不可忙。虛心觀之，不須先自立見識，徐徐以俟之，莫立課程。○問《左傳》疑義。曰：公不求之於六經、《語》、《孟》之中，而用功於《左傳》，且《左傳》有甚麽道理？只看聖人所說，無不是這箇大本，如云「天高地下，萬物散殊，而禮制行矣。流而不息，合同而化，而樂興焉」。不然子思何故說箇「天命之謂性，率性之謂道，脩道之謂教」。此三句是怎如此說？是乃天地萬物之大本大根，萬化皆從此出。人若能體察得，方見得聖賢所說道理皆從自己胸襟流出，不假他求。又曰：人須是於大原本上看得透，自然心胸開闊，見世間事皆瑣瑣不足道矣。又曰：每日開眼便見這四箇字在面前，仁義禮智這四箇字若看得熟，於世間道理沛然若決江河而下，莫之能禦矣。若看得道理透，方見得每日所看經書無一句一字、一點一畫不是此理之流行，見天下事無大無小、無一名一件不是此理之發見。如此方見得這箇道理渾淪周遍、不偏枯，方見得所謂天命之謂性底全體。今人只是隨所見而言，或見得一二分，或見得二三分，都不曾見那全體，不曾到那極處，所以不濟事。○學者觀書，先須讀得正文，記得註解，成誦精熟，註中訓釋文意事物名義、發明經指相穿紐處，一一認得，如自己做出來底一般，方能玩味反復，向上有透處。若不如此，只是虛設議論，如舉業一般，非爲己之學也。曾見汪端明說沈元用問和靖「伊川《易傳》何處是切要」？尹云：「體用一源，顯微無間。此是切要處。」後舉似李先生，先生曰：「尹說固好，然須是看得六十四卦三百八十四爻都有下落，方始説得此話。若學者未曾子細理會，便與他如此説，豈不誤他？」某聞之悚然，始知前日空言無實不濟事，自此讀書益加詳細云。

魯齋許氏曰：講究經旨，須是且將正本反復誦讀，求聖人立言指意務於經内，自有所得。若反復讀誦至於二三十遍，以至五六十遍，求其意義不得，然後以古註證之。古註訓釋不明，未可通曉，方攷諸家解義，擇其當者，取一家之説以爲定論，不可汎汎莫知所適從也。○誦經習史，須是專志屏棄外物，非有父母師長之命，不得因他而輟。

程子曰：凡解文字，但易其心自見理，理只是義。理甚分明，如一條平坦底道路。且如隨卦言「君子向晦入宴息」，解者多作遵養時晦之晦。或問作甚晦字？曰：此只是隨時之大者，向晦則宴息也，更别無甚義。或曰：聖人之言恐不可以淺近看他。曰：聖人之言自有近處，自有深處，如近處怎生强要鑿教深遠得。以下論解經。○漢儒之談經也，以三萬餘言明「堯典」二字，可謂知要乎？惟毛公、董相有儒者氣象，東京士人尚名節，加之以明禮義，則皆賢人之德業矣。

朱子曰：經之有解，所以通經。經既通，自無事於解。借經以通乎理耳，理得則無俟乎經。今意思只滯在此，則何時得脱然會通也？且所貴乎簡者，非謂欲語言之少也，乃在中與不中爾。若句句親切，雖多何害？若不親切，愈少愈不達矣。某嘗説讀書須細看得意思通融後，都不見註解，但見有正經幾箇字在方好。○聖經字若箇主人，解者猶若奴僕。今人不識主人，且因奴僕通名，方識得主人，畢竟不如經字也。○解經當如破的。○經書有不可解處，只得闕。若一向去解，便有不通而謬處。○後世之解經者有三：一儒者之經；一文人之經，東坡、陳少南輩是也；一禪者之經，張子韶輩是也。○解經須先還他成句，次還他文義，添無緊要字却不妨。添重字不得，今人新添者恰是重字。○某解書如訓詁一二字等處，多有不必解處，只是解書之法如此，亦要教人知得看文字不可忽略。○問：解經有異於程子説者如何？曰：程子説或一句自有兩三説，其間必有一説是，兩説不是。理一而已，安有兩三説皆是之理？蓋其説或後嘗改之，今所以與之異者，安知不曾經他改來？蓋一章而衆説叢然，若不平心明目，自有主張，斷入一説，則必無衆説皆是之理。○程先生經解，理皆在解語内。某集註《論語》，只是發明其辭，使人玩味經文，理皆在經文内。《易傳》不看本文，亦自成一書。杜預《左傳》解，不看傳、經文，亦自成一書。鄭箋不識經大旨，故多隨句解。○解經不必做文字，止合解釋得文義通，則理自明，意自足。今多去上做文字，少間説來説去，只説得他自一片道理，經意却蹉過了。要之經之於理，亦猶傳之於經。傳所以解經也，既通其經，則傳亦可無。經所以明理也，若曉得理，則經雖無亦可。○解經已是不得已，若只就註解上説將來何濟？如畫那人一般，畫底却識那人，別人不識。須因這畫去求那人始得，今便以畫喚做那人不得。○凡學者解書切不可與他看本，看本則心死在本子上。只教他恁地説，則他心便活，亦且不解失忘了。

程子曰：某每讀史到一半，便掩卷思量，料其成敗，然後却看，有不合處又更精思，其間多有幸而成，不幸而敗。今人只見成者便以爲是，敗者便以爲非，不知成者煞有不是，敗者煞有是底。以下讀史。○讀史須見聖賢所存治亂之機，賢人君子出處進退便是格物。今人只將他見成底事便做是使，不知煞有誤人處。○凡讀史，不徒要記事跡，須要識治亂安危興廢存亡之理。且如讀高帝一紀，便須識得漢家四百年終始治亂當如何，是亦學也。

朱子曰：今人讀書未多，義理未至融會處，若便去看史書，攷古今治亂，理會制度典章，譬如作陂塘以溉田，須是陂塘中水已滿，然後決之，則可以流注滋殖田中禾稼。若是陂塘中水方有一勺之多，遽決之以溉田，則非徒無益於田，而一勺之水亦復無有矣。讀書既多，義理已融會，胸中尺度一一已分明，而不看史書，攷治亂，理會制度典章，則是猶陂塘之水已滿而不決以溉田。若是讀書未多，義理未有融會處，而汲汲焉以看史爲先務，是猶決陂塘一勺之水以溉田也，其涸也可立而待也。○讀史當觀大倫理、大機會、大治亂得失。○凡觀書史，只有箇是與不是。觀其是求其不是，觀其不是求其是，然後便見得義理。○史且如此看讀去，待知首尾稍熟後，却下手理會，讀書皆然。○讀史有不可曉處，❶劄出待去問人，便且讀過。有時讀别處撞著，有文義與此相關，便自曉得。○先看《語》《孟》《中庸》，更看一經，却看史，方易看。先讀《史記》，《史記》與《左傳》相包，次看《左傳》，次看《通鑑》，有餘力則看全史。只是看史不如今之看，史有許多嶢崎，看治亂如此，成敗如此，與治同道罔不興，與亂同事罔不亡，知得次第。○凡讀書先讀《語》《孟》，然後觀史，則如明鑑在此而妍醜不可逃。若未讀徹《語》《孟》《中庸》《大學》，便去看史，胸中無一箇權衡，多爲所惑。○讀史之法，先讀《史記》及左氏，却看《西漢》《東漢》及《三國志》，次看《通鑑》。温公初作編年起於威烈王，後又添至共和，後又作《稽古録》，始自上古，然共和以上之年已不能推矣。獨邵康節却推至堯元年，《皇極經世書》中可見。温公又作《大事記》，若欲看本朝事，當看《長編》。若精力不及，其次則當看《國紀》，《國紀》只有長編十分之二耳。○史亦不可不看，看《通鑑》固好，然須看正史一部，却看《通鑑》。一代帝紀，更逐件大事立箇綱目，其間節目疏之于下，恐可記得。○《通鑑》難看，不如看《史記》《漢書》，《史記》《漢書》事多貫穿，《紀》裏也有，《傳》裏也有，《表》裏也有，《志》裏也有。《通鑑》是逐年事，逐年過了更無討

❶「史」，四庫本作「書」。

頭處。一云更無蹤跡。問：《通鑑》歷代具備，看得大概，且未免求速耳？曰：求速却依舊不曾看得，須用大段有記性者方可。且如東晉以後有許多小國夷狄姓名，頭項最多。若是看正史後却看《通鑑》，見他姓名，却便知得他是某國人。某舊讀《通鑑》，亦是如此。且草草看正史一上，❶然後却來看他。○觀史只是以自家義理斷之，大概自漢以來只是私意，其間有偶合處爾。只如此看他，已得大概。范《唐鑑》亦是此法，然稍踈，更看得密如他尤好，然得似他亦得了。○問陳芝史書記得熟否？蘇丞相頌看史都在手上輪得，他那資性直是會記。芝曰：亦緣多忘。曰：正緣如此，也須大約記得某年有甚麽事，某年有甚麽事纔記不起，無緣會得浹洽。芝曰：正緣是不浹洽。曰：合看兩件，且看一件。若兩件是四百字，且看二百字，有何不可？○人讀史書，節目處須要背得始得。如讀《漢書》高祖辭沛公處，義帝遣沛公入關處，韓信初説漢王處，與《史贊》《過秦論》之類，皆用背得方是。若只是略蹿看過，心下似有似無，濟得甚事？讀一件書，須心心念念只在這書上，令徹頭徹尾讀教精熟，這説是如何，那説是如何，這説同處是如何，不同處是如何，安有不長進？○楊至之患讀史無記性，須三五遍方記得，而後又忘了。曰：只是一遍讀時須用功作相别計，止此更不

❶「上」，重修本作「遍」。

再讀，便記得。有一士人讀《周禮疏》，讀第一板訖則焚了，讀第二板則又焚了，便作焚舟計。若初且草讀一遍，準擬三四遍，讀便記不牢。○士居平世，處下位，視天下之事意若無足爲者。及居大位，遭事會，便覺無下手處。信乎義理之難窮，而學問之不可已也。病中信手亂抽得《通鑑》一兩卷看，正值難處置處，不覺骨寒毛聳，心膽墮地，向來只作文字看過，却全不自覺，真是枉讀了他古人書也。○《匡衡傳》、司馬温公《史論》、《稽古録》、范《唐鑑》不可不讀。

南軒張氏曰：觀史工夫要當考其治亂興壞之所以然，察其人之是非邪正。至於幾微節目，與夫疑似取舍之間，尤當三復也。若以博聞見，助文辭，抑末矣！○于定國爲廷尉，天下無冤民，史氏將誰欺？趙蓋、韓楊之死皆在定國之手，冤莫大焉！大凡看史不可被史官謾過。張釋之爲廷尉，有驚乘輿馬者，上欲誅之，釋之以爲當罰金。且曰：「法者，天下之公共也。且方其時，上使誅之則已。今已下廷尉，廷尉天下之平也。釋之知廷尉爲天下之平，而不知人君爲天下之平。」○問：讀《通鑑》之法。曰：治亂得失源流，人才邪正是非，財賦本末用兵，法制嘉言善行，皆當熟究之。

東萊吕氏曰：觀史先自《書》始，然後次及《左氏》《通鑑》，欲其體統源流相承接耳。

范陽張氏曰：如看唐朝事，則若身預其中。人主情性如何？所命相如何？當時在朝士大夫孰爲君子？孰爲小人？其處事孰爲當？孰爲否？皆令胸次曉然，可以口講而指畫，則機會圓熟，他日臨事必過人矣。凡前古可喜可愕之事，皆當蓄之於心，以此發之筆下，則文章不爲空言矣。

魯齋許氏曰：閱子、史必須有所折衷，六經、《語》《孟》乃子、史之折衷也。譬如法家之有律令格式，賞功罰罪合於律令格式者爲當，不合於律令格式者爲不當。諸子百家之言合於六經、《語》《孟》者爲是，不合於六經、《語》《孟》者爲非。以此夷考古之人而去取之，鮮有失矣。〇閱史必且專意於一家，其餘悉屏去。候閱一史畢，歷歷默記，然後别取一史而閱之。如此有常，不數年諸史可以備記。苟閱一史未了，雜以他史，紛然交錯於前，則皓首不能通一史矣。惟是讀《三傳》，當參以《史記》，讀《史記》當參以《前漢》。文辭繁要，亦各有法，不可不知。〇看史書當先看其人之大節，然後看其細行。善則效之，惡則以爲戒焉，所以爲吾躬行之益。徒記其事而誦其書，非所謂學也。

性理大全書卷之五十五

學十三

史學

程子曰：古者諸侯之國各有史記，故其善惡皆見於後世。自秦罷侯置守令，則史亦從而廢矣。其後自非傑然有功德者或記之循吏，與夫凶忍殘殺之極者以酷見傳，其餘則泯然無聞矣。如漢唐之有天下皆數百年，其間郡縣之政可書者宜亦多矣，然其見書者率纔數十人。使賢者之政不幸而無傳，其不肖者復幸而得蓋其惡，斯與古史之意異矣。○司馬遷爲近古，書中多有前人格言。如作紀本《尚書》，但其間有曉不得書意，有錯用却處。李嘉仲問：項籍作紀如何？曰：紀只是有天下方可作。又問：班固嘗議遷之失如何？曰：後人議前人固甚易。○史遷云：「天與善人，伯夷善人非也。」此以私意度天道也。必曰顔何爲而夭，跖何爲而壽，指一人而較之，非知天者也。○君實脩《資治通鑑》至唐事，正叔問曰：

「敢與太宗、肅宗正篡名乎？」曰：「然。」又曰：「敢辨魏徵之罪乎？」曰：「何罪？魏徵事皇太子，太子死，遂忘戴天之讎而反事之，此王法所當誅，後世特以其後來立朝風節而掩其罪。有善有惡，安得相掩？」曰：「管仲不死子糾之難而事桓公，孔子稱其能不死，曰：『豈若匹夫匹婦之爲諒也，自經於溝瀆而莫之知也。』與徵何異？」曰：「管仲之事與徵異。齊侯死，公子皆出，小白長而當立，子糾少亦欲立，管仲奉子糾奔魯，小白入齊既立。仲納子糾以抗小白，以少犯長，又所不當立，義已不順。既而小白殺子糾，管仲以所事言之則可死，以義言之則未可死。故《春秋》書齊小白入于齊，以國繫齊，明當立也。又書公伐齊納糾，糾去子，明不當立也。至齊人取子糾殺之，此復係子者，罪齊大夫既盟而殺之也，與徵之事全異。」○客有見伊川者，几案間無他書，惟印行《唐鑑》一部。曰：近方見此書，三代以後無此議論。

涑水司馬氏曰：李延壽之書，亦近世之佳史也。雖於禨祥詼嘲小事無所不載，然敘事簡徑，比於南北正史，無煩冗蕪穢之辭。竊謂陳壽之後，唯延壽可以亞之。但恨延壽不作志，使數代制度沿革皆没不見耳。

和靖尹氏曰：太史公不明理，只是多聞，如《伯夷序傳》引盗跖是也。若孔子雖顔子之夭，只説不幸短命死，則知盗跖乃罔之生也，幸而免者也。

元城劉氏問馬永卿近讀何書？對曰：讀《西漢》到《酷吏傳》。曰：班氏特恕杜、張，何也？曰：太史公時，湯、周之後未顯，至班氏獨以爲有子孫以贖父罪，故入列傳。曰：孟子云「名之曰幽厲，雖孝子慈孫百世不能改也」。而班氏固輒没其酷吏之名，何也？曰：世之論者以謂二人皆有意，太史公之意欲以教後世人臣之忠，班氏之意欲以教後世人子之孝。曰：此固然也，然班固於此極有深意。張湯之後，至後漢猶盛。有恭侯純者，雖王莽時亦不失爵，至建武中歷位至大司空。故班固不使入《酷吏傳》，以張純之故也。曰：是時杜氏之絶已久，而亦不入《酷吏傳》，何也？曰：杜、張，一等人也。若獨令張湯入列傳，則世得以議己，故并貸杜周，此子産立公孫洩之義也。永卿退而檢《左氏》，鄭卿良霄字伯有，既死爲厲，國人大懼。子産以謂鬼有所歸，乃不爲厲，乃立公孫洩、良止以止之。公孫洩，子孔之子也。良止，良霄之子也。鄭殺子孔，子孔雖不爲厲，故亦立之。且伯有以罪死，立後非義也，恐惑民，故立洩，使若自以大義存誅絶之後，不因其爲厲也。○《新唐書》敘事好簡略其辭，故其事多鬱而不明，此作史之弊也。且文章豈有繁簡也？意必欲多，則冗長而不足讀。必欲其簡，則僻澀令人不喜讀。假令《新唐書》載卓文君事，不過止曰少嘗竊卓氏以逃，如此而已。班固載此事乃近五百字，讀之不覺其繁也。且文君之事亦何補於天下後世哉？然作史之法不得不如是，故可謂之文如風行水上，出於自然也。若不出於自然而有意於繁簡，則失之矣。《唐書》進表云：「其事則增於前，其文則省於舊。」且《新唐書》所以不及兩漢文章者，其病正在此兩句也。又反以爲工，何哉？然新舊《唐史》各有長短，❶未易優劣也。

朱子曰：司馬遷才高，識亦高，但粗率。○太史公書疎爽，班固書密塞。○或謂《五帝紀》所取多古文《尚書》及《大戴禮》爲主，爲知所考信者。然伏羲、神農見《易大傳》，乃孔聖之言，而八卦列於六經，爲萬世文字之祖。不知史遷何故乃獨遺而不録，遂使《史記》一書如人有身而無首。此尚爲知所考信耶？○司馬子長動以孔子爲證，不知是見得，亦且是如此說？所以吕伯恭發明得非細，只恐子長不敢承領爾。○《史記》亦疑當時不曾得刪改脱藁，《高祖紀》記迎太公處稱高祖，此樣處甚多。高帝未崩，安得高祖之號？《漢書》盡改之矣。《左傳》只有一處云陳桓公有寵於王。○或謂史遷不可謂不知孔子，然亦知孔子之粗耳。歷代世變，即《六國表序》是其極致，乃是俗人之論，知孔子者固如是耶？正朔服色乃當時論者所共言，如賈生、公孫臣、新垣平之徒皆言之，豈獨遷也？○問：《伯夷傳》得孔子而名益彰。曰：伯夷當初何嘗指望孔子出來發揮他？又問：「黄屋左纛，朝以十月，葬

❶「史」，四庫本作「書」。

長陵。」此是大事，所以書在後。曰：某嘗謂《史記》恐是箇未成底文字，故記載無次序，有疎闊不接續處，如此等是也。○《伯夷傳》辨許由事固善，然其論伯夷之心，正與求仁得仁者相反。其視蘇氏之古史，孰爲能考信於孔子之言耶？○或以史遷能貶卜式，與桑弘羊爲伍。又能不與管仲、李克，爲深知功利之爲害。不知《六國表》所謂世異變，成功大，議卑易行，不必上古，《貨殖傳》譏長貧賤而好語仁義爲可羞者，又何謂耶？○或謂遷言公孫弘以儒顯，爲譏弘之不足爲儒，不知果有此意否？彼固謂儒者博而寡要，勞而少功，是以其事難盡從。然則彼所謂儒者，其意果何如耶？○班固作《漢書》不合要添改《史記》字，行文亦有不識當時意思處。如七國之反，《史記》所載甚疎略，却都是漢道理。班固所載雖詳，便却不見此意思。呂東萊甚不取班固。如載文帝建儲詔云：「楚王，季父也，春秋高，閱天下之義理多矣，明於國家之大體。吴王於朕兄也，惠仁以好德。淮南王，弟也，秉德以陪朕。豈不爲豫哉？」固遂節了吴王一段，只於淮南王下添「皆」字，云「皆秉德以陪朕」。蓋「陪」字訓「貳」，以此言弟則可，言兄可乎？今《史記》中却載全文。又曰：屛山却云固作《漢紀》，有學《春秋》之意，其《敘傳》云爲《春秋》考紀。又曰：遷史所載，皆是隨所得者載入，正如今人草藁。如酈食其踞洗，前面已載一段，末後又載與前説不同。蓋是兩處説，已寫入了，又據所得寫入一段耳。○《漢書》有秀才做底文章，有婦人做底文字，亦有載當時獄辭者。秀才文章便易曉，當時文字多碎句難讀，《尚書》便有如此底。《周官》只如今文字，太齊整了。○孔明治蜀，不曾立史官。陳壽檢拾而爲《蜀志》，故甚略。孔明極是子細者，亦恐是當時經理王業之急，有不暇及此。○《晉書》皆爲許敬宗胡寫入小説，又多改壞了。東坡言《孟嘉傳》陶淵明之「自然」，今改云「使然」，更有一二處。一作此類甚多。東坡此文亦不曾見。包揚因問：《晉書》説得晉人風流處好。曰：《世説》所載説得較好，今皆改之矣。○《載記》所紀夷狄祖先之類特甚，此恐其故臣追記而過譽之。○問：《班史》《通鑑》，二氏之學如何？曰：讀其書自可見。又曰：温公不取孟子取揚子，至謂王伯無異道。夫王伯之不侔，猶碱砆之於美玉，故荀卿謂粹而王，駁而伯。孟子與齊梁之君力判其是非者，以其有異也。○《史記》功臣表與《漢史》功臣表，其户數先後及姓名多有不同，二史各有是非，當以傳實證之，不當全以《史記》所傳爲非真也。如淮陰爲連敖典客，《漢史》作票客，顔師古謂其票疾而以賓客之禮禮之。夫淮陰之亡，以其不見禮於漢也。蕭何追之而薦於漢王，始爲大將。若己以賓禮禮之，淮陰何爲而亡哉？此則《史記》之所載爲是。三代表是其疎謬處，無可疑者，蓋他説行不得。若以爲堯舜俱出黄帝，是爲同姓之人，堯固不當以二女嬪于虞，舜亦豈容受堯二女而安於同姓之無別？又以爲湯與王季同世，由湯至紂凡十六傳，王季至武王纔再世爾，是文王以十五世之祖事十五世孫紂，武王以十四世祖而伐之，豈不甚謬戾耶？《通鑑》先後之不同者，却不必疑。史家敘事或因時而記之，或因事而見之。田和遷康公，《通鑑》載於安王十一年，是因時而紀之也。《史記》載於安王十六年，是因事而見之也。何疑之有？只有伐燕一節，《史記》以爲湣王，《通鑑》以爲宣王。《史記》却是攷他源流來，《通鑑》只是憑信孟子。温公平生不喜孟子，到此又却信之，不知其意如何？張敬夫説《通鑑》有未盡處，似此一節亦是可疑。○遷、固之史大概只是計較利害，范曄更低，只主張做賊底，後來他自做却敗。温公《通鑑》凡涉智數險詐底事，往往不載，却不見得當時風俗。如陳平説高祖間楚事亦不載上一段，不若全載了，可以見當時事情，却於其下論破乃佳。又如亞夫得劇孟事，《通鑑》亦節去，意謂得劇孟不足道。不知當時風俗事勢，劇孟輩亦係輕重。如周休且能一夜得三萬人，只緣吴王敗後各自散去，其事無成。温公於此事却不知不覺載之，蓋以周休名不甚顯，不若劇孟耳。想温公平日叵耐劇孟，不知温公爲將，設遇此人，奈得他何否？又如論唐太宗事，亦殊未是。吕氏《大事記》周赧後添繫秦，亦未當。當如記楚漢事並書之，項籍死後，方可專書漢也。○《通鑑》文字有自改易者，仍皆不用《漢書》上古字，皆以今字代之。《南》《北史》除了《通鑑》所取者，其餘只是一部好笑底小説。○胡明仲看節《通鑑》，文定問：當是温公節否？明仲云：豫讓好處是不以死生二其心，故簡子云真義士也。今節去之，是無見識，必非温公節也。○《通鑑》例，每一年或數次改年號者，只取後一號，故石晉冬始篡而以此年繫之。曾問吕丈，吕丈曰：到此亦須悔，然多了不能改得，某只以甲子繫年，下面注所改年號。○或謂温公舊例，年號皆以後改者爲正，此殊未安。如漢建安二十五年之初，漢尚未亡，今便作魏。黄初元年，奪漢太速，與魏太遽，大非《春秋》存陳之意，恐不可以爲法。此類尚一二條，不知前賢之意果如何爾？○問：温公論才德如何？曰：他便專把朴者爲德，殊不知聰明果敢、正直中和，亦是才，亦是德。○才有好底，有不好底。德有好底，有不好底。德者，得之於己。才者，能有所爲。如温公所言，才是不好底。既才是不好底，又言才德兼全謂之聖人，則聖人一半是不好底。温公之言多説得偏，謂之不是則不可。○問：温公言聰察彊毅之謂才，聰明恐只是才，不是德。曰：温公之言便是有病。堯舜皆曰聰明，又曰欽明，又曰文明，豈可只謂之才？如今人不聰明，更將何者唤作德也？○問：温公以正直中和爲德，聰明彊毅爲才。曰：皆是德也。聖人以仁智勇爲德，聰察便是智，彊毅便是勇。○問諸儒才德之説。曰：合下語自不同。如説才難，須是那有德底才。高陽氏才子八人，這須是有德而有才底。若是將才對德説，則如周公之才之美樣，便有是才更要德。這箇合下説得自不同。又問智伯五賢。曰：如説射御足力之類，也可謂之才。○《通鑑》告姦者與斬敵首同賞，不告姦者與降敵同罰。《史記》商君議更法，首便有斬敵首、降敵兩條賞罰，後面方有此兩句比類之法。

其實秦人上戰功，故以此二條爲更法之首，温公却節去之，只存後兩句比類之法，遂使讀之者不見來歷。温公脩書，凡與己意不合者即節去之，不知他人之意不如此，《通鑑》此類多矣。○問：温公《通鑑》不信四皓輔太子事，謂只是叔孫通諫得行，意謂子房如此則是脅其父。曰：子房平生之術只是如此。唐太宗從諫亦只是識利害，非誠實。高祖只是識事機，明利害，故見四人者輔太子，便知是得人心，可以爲之矣。叔孫通嫡庶之説如何動得他？又謂高祖平生立大功業過人，只是不殺人，温公乃謂高祖殺四人甚異，事見《攷異》。其後一處所在，又却載四人。又不信劇孟事，意謂劇孟何以爲輕重。然又載周休，其人極無行，自請於吴，去呼召得數萬人助吴。如子房、劇孟皆温公好惡所在，然著其事而立論以明之可也，豈可以有無其事爲褒貶？温公此樣處議論極純。因論章惇言温公義理不透。曰：温公大處占得多，章小黠何足以知大處。○胡致堂云《通鑑》久未成書，或言温公利餐錢，故遲遲，温公遂急結末了，故唐五代多繁冗。見《管見》後唐莊宗六月甲午條下。○温公之言如桑麻穀粟，且如《稽古録》極好看。常思量教太子諸王，恐《通鑑》難看，且看一部《稽古録》。人家子弟若先看得此，便是一部古今在肚裏了。○《稽古録》有不備者，當以《通鑑》補之。温公作此書，想在忙裏做成，原無義例。○《稽古録》一書可備講筵宫僚進讀，小兒讀六經了，令接續讀去亦好。末後一表，其言如蓍龜，一一皆驗。宋莒公《歷年通譜》與此書相似，但不如温公之有法也。○《唐鑑》欠處多，看底辨得出時好。○《唐鑑》多説得散開無收殺，如姚崇論擇十道使患未得人，他自説得意好，不知范氏何故却貶其説？○或謂史贊唐太宗，止言其功烈之盛，至於功德兼隆，則傷夫自古未之有。曰：恐不然。史臣正贊其功德之美，無貶他意，其意亦謂除隋之亂是功，致治之美是德。自道學不明，故言功德者如此分別。以聖門言之，則此兩事不過是功，未可謂之德。○范《唐鑑》首一段專是論太宗本原，然亦未盡。太宗後來做處儘好，只爲本領不是，與三代便別。問：歐陽以除隋之亂比迹湯武，致治之美庶幾成康，贊之無乃太過？曰：只爲歐公一輩人，尋常亦不曾理會本領處，故其言如此。○范氏以武王釋箕子封比干事比太宗誅高德儒，此亦據他眼前好處恁地比並，也未論到他本原處。似此樣且寬看，若一一責以全，則後世之君不復有一事可言。○范《唐鑑》第一段論守臣節處不圓，要做一書補之，不曾做得。范此文草草之甚，其人資質渾厚，説得都如此平正，只是疎多不入理。終守臣節處，於此亦須有些處置，豈可便如此休了？如此議論，豈不爲英雄所笑。○《唐鑑》白馬之禍，歐公論不及此。○《唐鑑》意正有疎處，孫之翰《唐論》精練，説利害如身處親歷之，但理不及《唐鑑》耳。○吕伯恭晚年謂人曰「孫之翰《唐論》勝《唐鑑》」，要之也是切於事情，只是大綱却不正了。《唐鑑》也有緩而不精確處，如言租庸調及楊炎二税之法，説得都無收殺，只云在於得人不在乎法。有這般苟且處，審如是，則古之聖賢徒法云爾。他也是見熙寧間詳於制度，故有激而言，要之只那有激便不平正。○五代舊史，温公《通鑑》用之，歐公蓋以此作文。因有失實處，如宦者張居翰當時但言緩取一日則一日固，二日則二日固，歐公直將作大忠，説得太好了。○致堂《管見》方是議論，《唐鑑》議論弱，又有不相應處。前面説一項事，末又説别處去。○子由《古史》舜紀所論三事，其一許由者是已然，當全載史遷本語，以該卞隨、務光之流，不當但斥一許由而已也。然太史公又言箕山之上有許由冢，則又明其實有是人，亦當世之高士，但無堯讓之事耳。此其曲折之意，蘇子亦有所未及也。其一瞽象殺舜，蓋不知其有無。今但當知舜之負罪引慝，號泣怨慕，象憂亦憂，象喜亦喜，與夫小杖則受，大杖則走，父母欲使之，未嘗不在側，欲求殺之，則不可得而已爾，不必深辨瞽象殺舜之有無也。其一舜禹避丹朱、商均而天下歸之，則蘇子慮其避之足以致天下之逆。至益避啓而天下歸啓，則蘇子又譏其避之爲不度而無耻。於是凡孟子、史遷之所傳者，皆以爲誕妄而不之信。今固未暇質其有無，然蘇子之所以爲説者，類皆以世俗不誠之心度聖賢，則不可以不之辨也。聖賢之心淡然無欲，豈有取天下之意哉？顧辭讓之發，則有根於所性而不能已者。苟非所據，則雖卮酒豆肉猶知避之，況乎秉權據重而天下有歸己之勢，則亦安能無所惕然於中，而不遠引以避之哉？避之而彼不吾釋，則不獲已而受之，何病於逆？避之而幸其見舍，則固得吾本心之所欲，而又何耻焉？　唯不避而强取之，乃爲逆。偃然當之而彼不吾歸，乃可耻耳。如蘇子之言，則是凡世之爲辭讓者，皆陰欲取之而陽爲遜避，是以其言反於事實至於如此，則不自知其非也。舜禹之事，世固不以爲疑，今不復論。至益之事，則亦有不能無惑於其説者。殊不知若太甲賢而伊尹告歸，成王冠而周公還政，宣王有志而共和罷，此類多矣。當行而行，當止而止，而又何耻焉？　蘇子蓋賢共和，而尚何疑於益哉？　若曰受人之寄，則當遂有之而不可歸，歸之則爲不度而無耻，則是王莽、曹操、司馬懿父子之心，而楊堅夫婦所謂騎虎之勢也。乃欲以是而語聖賢之事，其亦誤矣。○《古史》言馬遷淺陋而不學，疎略而輕信，此二句最中馬遷之失，吕伯恭極惡之。《古史》序云：「古之帝王其必爲善，如火之必熱，水之必寒。其不爲不善，如騶虞之不殺，竊脂之不穀。」此語最好。某嘗問伯恭：「此豈馬遷所能及？」然子由此語雖好，又自有病處，如云帝王之道以無爲爲宗之類。他只説得箇頭勢大，下面工夫又皆空踈，亦猶馬遷《禮書》云：「大哉禮樂之道，洋洋乎鼓舞萬物，役使群動。」説得頭勢甚大，然下面亦空踈，却引荀子諸説以足之。又如諸侯年表，盛言形勢之利，有國者不可無，末却云形勢雖强，要以仁義爲本。他上文本意主張形勢，而其末却如此説者，蓋他也知仁義是箇好底物事，不得不説，且説教好看。如《禮書》所云，亦此意也。伯恭極喜渠此等説，以爲遷知行夏之時，乘殷之輅，服周之冕，爲得聖人爲邦之法，非漢儒所及。此亦衆所共知，何必馬遷？然遷嘗從董仲舒游，《史記》中有「余聞之董生」云。此等語言，亦有所自來也。遷之學也説仁義，也説詐力，也用權謀，也用功利，然其本意却只在於權謀功利。孔子説伯夷求仁得仁又何怨，他一傳中首尾皆是怨辭，盡説壞了伯夷。子由《古史》皆删去之，盡用孔子之語作傳。豈可以子由爲非，馬遷爲是？聖賢以六經垂訓，炳若丹青，無非仁義道德之説。今求義理，不於六經，而反取踈略淺陋之子長，亦惑之甚矣。

○温公《通鑑》以魏爲主，故書蜀丞相亮寇何地，從《魏志》也，其理都錯。某所作《綱目》以蜀爲主，後劉聰、石勒諸人皆晉之故臣，故東晉以君臨之。至宋、後魏諸國，則兩朝平書之，不主一邊年號，只書甲子。○問正統之説。自三代以下，如漢唐亦未純乎正統，乃變中之正者。如秦、西晉、隋則統而不正者，如蜀、東晉則正而不統者。曰：何必恁地論？只天下爲一，諸侯朝覲，獄訟皆歸，便是得正統。其有正不正，又是隨他做，如何恁地論？有始不得正統而後方得者，是正統之始。有始得正統而後不得者，是正統之餘。如秦初猶未得正統，及始皇并天下，方始得正統。晉初亦未得正統，自泰康以後，方始得正統。隋初亦未得正統，自滅陳後，方得正統。如本朝至太宗并了太原，方是得正統。又有無統時，如三國、南北、五代皆天下分裂，不能相君臣，皆不得正統。一作此時便是無統。某嘗作《通鑑綱目》，有無統之説。此書今未及脩，後之君子必有取焉。温公只要編年號相續，此等處須把一箇書帝書崩，而餘書主書殂，既不是他臣子，又不是他史官，只如旁人立看一般，何故作此尊奉之態？此等處合只書甲子，而附註年號於其下，如魏黄初幾年，蜀章武幾年，吴青龍幾年之類，方爲是。又問：南軒謂漢後當以蜀漢年號繼之，此説如何？曰：如此亦得。他亦以蜀漢是正統之餘，如東晉亦是正統之餘也。又問東周如何？曰：畢竟周是天子。又問唐後來多藩鎮割據，一云唐末天子不能有其土地，亦可謂正統之餘否？則如何？曰唐之天下甚闊，所不服者只河北數鎮之地而已。一云安得謂不能有其土地？○問：宋齊梁陳正統如何書？曰：自古亦有無統時，如周亡之後，秦未帝之前，自是無所統屬底道理，南北亦只是並書。又問：東晉如何書？曰：宋齊如何比得東晉。又問：三國如何書？曰：以蜀爲正，蜀亡之後無多年便是西晉，中國亦權以魏爲正。又問：後唐亦可以繼唐否？曰：如何繼得。○問：《綱目》主意。曰：主在正統。問：何以主在正統？曰：三國當以蜀漢爲正，而温公乃云「某年某月諸葛亮入寇」，是冠履倒置，何以示訓？緣此，遂欲起意成書，推此意脩正處極多。若成書當亦不下《通鑑》許多文字，但恐精力不逮，未必能成耳。若度不能成，則須焚之。○《綱目》於無正統處，並書之，不相主客。《通鑑》於無統處，須立一箇爲主。某又參取史法之善者，如權臣擅命，多書以某人爲某王某公。范曄却書曹操自立爲魏公，《綱目》亦用此例。○揚雄、荀彧二事，按温公舊例，凡莽臣皆書死，如太師王舜之類。

獨於揚雄匿其所受莽朝官稱，而以卒書，似涉曲筆不免。却按本例書之曰「莽大夫揚雄死」，以爲足以警夫畏死失節之流，而初亦未改温公直筆之正例也。荀彧却是漢侍中光禄大夫而參丞相軍事，其死乃是自殺，故但據實書之曰「某官某人自殺」，而系於「曹操擊孫權至濡須」之下，非故以彧爲漢臣也。然悉書其官，亦見其實漢天子近臣，而附賊不忠之罪，非與其爲漢臣也。此等處當時極費區處，不審竟得免於後世之公論否？胡氏論彧爲操謀臣，而刼遷、九錫二事皆爲董昭先發，故欲少緩九錫之議，以俟他日徐自發之，其不遂而自殺，乃劉穆之之類，而宋齊丘於南唐事亦相似。此論竊謂得彧之情。○因説《通鑑》提綱例，凡逆臣之死皆書曰死，至狄仁傑則甚疑之。李氏之復雖出於仁傑，然畢竟是死於周之大臣，不奈何也教相隨入死例，書云「某年月日狄仁傑死也」。○伯恭《大事記》辨司馬遷、班固異同處最好。渠一日記一年，渠大抵謙退，不敢任作書之意，故《通鑑》《左傳》已載者皆不載，其載者皆《左傳》《通鑑》所無者耳。有太纖巧處，如指出公孫弘、張湯姦狡處，皆説得羞愧人。伯恭少時被人説他不曉事，故其論事多指出人之情僞，云我亦知得有此意思不好。

東萊吕氏曰：史官者，萬世是非之權衡也。禹不能褒鯀，管蔡不能貶周公，趙盾不能改董狐之書，崔氏不能奪南史之簡。公是公非，舉天下莫之能移焉。自古有國家者皆設史官，典司言動，凡出入起居，發號施令，必九思三省，奠而後發，兢兢慄慄，恐播於汗簡，貽萬世之譏。是豈以王者之利勢而下制於一臣哉？亦以公議所在，不得不畏耳。漢紹堯運，置太史令以紀信書，而司馬氏仍父子纂其職，軼材博識，爲史臣首。遷述黃帝以來至于麟止，勒成一家，世號實録。武帝乃惡其直筆，刊落其書。嗚呼，亦惑矣！公議之在天下，抑則揚，塞則決，窮則通，縱能削一史官之書，安能盡柅天下之筆乎？

問：馬遷既漢武時人，必能詳記武帝故實。及觀《武紀》，止言封禪、禱祠、神仙、方士等事，他全不及。至《八書》中固有略及武帝者，然《封禪書》不過又述武紀所言，《平準書》又何獨詳述武帝生財法，至《律書》言兵，又言文帝而不及武帝。遷謂夫子《春秋》於定、哀也則微，亦須略舉宏綱，而或詳載，或不載，既自不同若《武紀》猶可疑者。潛室陳氏曰：《史記》不專爲漢史，乃歷代之史，故其紀漢事略於《漢書》，而紀武帝事獨詳。若《封禪》《平準》二書，雖謂之南史家風可也。○問：《漢史》上自天文地理，下至溝洫刑法，皆爲立《志》，而選士之法最爲近古，何乃不爲立《志》？曰：《漢書》缺典處，兵無志，選舉無志，爲太史公未作得此書，故孟堅因陋就簡。○問：太史公作《史記》，上自唐虞，而《八書》之作止言漢事。班孟堅作《漢史》，合紀漢一代事，而乃作《古今人表》，何耶？曰：《八書》未必皆言漢事，獨《平準書》專言武帝，其贊却說古今，《漢志》雖爲一代作，然皆自古初述起，獨《古今人表》專説古而不説今，自悖其名，先輩嘗譏之。中間科等分别人物，又煞有可議，此却班史之贅畫蛇添足。

字學

程子曰：某寫字時甚敬，非是要字好，只此是學。○問：張旭學草書，見檐夫與公主争道，及公孫大娘舞劍，而後悟筆法。莫是心常思念，至此而感發否？曰：然。須是思，方有感悟處。若不思，怎生得如此？然可惜張旭留心於書，若移此心於道，何所不至？

張子曰：草書不必近代有之，必自筆劄已來便有之。但寫得不謹，便成草書。其傳已久，只是法備於右軍，附以己書爲説。既有草書，則經中之字傳寫失其真者多矣。以此詩書之中，字儘有不可通者。

問：蒼頡作字，亦非細人。朱子曰：此亦非自撰出，自是理如此。如心性等字，未有時如何撰得？只是有此理自流出。○二王書，某曉不得，看著只見俗了。今有箇人書得如此，好俗。法帖上王帖中亦有寫唐人文字底，亦有一釋名底，此皆僞者。○字被蘇、黄胡亂寫壞了。近見蔡君謨一帖，字字有法度，如端人正士，方是字。○山谷不甚理會得字，故所論皆虚。米老理會得，故所論皆實。嘉祐前，前輩如此厚重。胡安定於義理不分明，然是甚氣象。○南海諸蕃書煞有好者，字畫遒勁，如古鐘鼎欵。識諸國各不同，風氣初開時，此等事到處，皆有開其先者，不獨中國也。或問古今字畫多寡之異。曰：古人篆籀筆畫雖多，然無一筆可減。今字如此簡約，然亦不可多添一筆。便是世變自然如此。○問：何謂書窮八法？曰：只一點一畫皆有法度，人言永字體具八法。蔡行夫問：張于湖字何故人皆重之？曰：也是好，但是不把持，愛放縱。本朝如蔡忠惠以前皆有典則，及至米元章、黄魯直諸人出來，便不肯恁地，要之這便是世態衰下，其爲人亦然。○問：明道先生云：「某寫字時甚敬，非是要字好，只此是學。」意謂此正在勿忘勿助之間也。今作字忽忽，則不復成字，是忘也。或作意令好，則愈不能好，是助也。以此知持敬者正勿忘勿助之間也。曰：若如此說，則只是要字好矣，非明道先生之意也。○問：禮樂射御書數，書莫只是字法否？曰：此類有數法，如日月字是象其形也，江河字是諧其聲也，考老字是假其類也。如此數法若理會得，則天下之字皆可通矣。

臨川吴氏曰：聲音用三十六字母尚矣，俗本傳訛而莫或正也。群當易以芹，非當易以威。知徹牀娘四字宜廢，圭缺群危四字宜增。樂安陳晉翁以《指掌圖》爲之節要，卷首有《切韻須知》。於「照穿牀娘」下註曰「已見某字母下」；於「經堅輕牽槃虔」外，别出「扃涓傾圈瓊拳」，則宜廢宜增，蓋已瞭然矣。○倉頡字，世謂之古文，其别出者謂之古文奇字。自黄帝以來至于周宣王二千年間，中國所通行之字惟此而已。史籀始略變古法，謂之大篆。李斯又略變籀法，謂之小篆。小篆、大篆、古文，名則三，實則小異而大同。今世字書惟許氏《説文》最先，然所纂皆秦小篆爾，古文大篆僅存一二。宋薛氏集古鐘鼎之文爲《五聲韻》，雖其所據有可信者，有不可信者，然使學者因是頗見三代以前之遺文，其功實多。○秦丞相斯燔滅聖經，負罪萬世，而能損益倉史二家文字爲篆書，至今與日月相昺焕，是固不可以罪掩其功也。斯誅之後，工其書以名世者誰歟？七八百年廑見唐李陽冰，又二百年僅見宋初徐鉉而已。宋人能者多於唐，而表表者不一二。噫，何其孤也哉！蓋亦有其故矣。秦人苟簡煩碎，峻迫以爲治，壹惟刀筆吏是任。至以衡石程其書，厭篆書繁難，省徑爲隸，以便官府。人惟便之趨，則孰肯背時所向而甘心繁難者哉！篆學之孤，殆其勢之所必至。噫，篆之興繇於秦，而篆之廢實亦繇於秦。推所從來，任吏之過也。○自隸興於秦，而篆廢於漢，其初不過圖簡便以適己而已。漢隸之流爲晉隸，則又專務姿媚以悦人，妍巧千狀，見者無不愛，學者竭其精力以模擬之，而患不似也。夫字者，所以傳經載道，述史記事，治百官，察萬民，貫通三才，其爲用大矣！縮之以簡便，華之以姿媚，偏旁點畫，浸浸失真，弗省弗顧，惟以悦目爲姝，何其小用之哉！漢晉而後，若唐若宋，聲明文物之盛各三百年，頗有肯尋斯籀之緒，上追科斗鳥迹之遺者，視漢晉爲優，然亦間見爾，不易得也。就二代而論，唐之能者超於宋，宋之能者多於唐。

科舉之學

程子曰：漢策賢良猶是人舉之，如公孫弘者，猶强起之乃就對。至如後世賢良，乃自求舉耳。若果有曰我心只望廷對，欲直言天下事，則亦可尚矣。若志在富貴，則得志便驕縱，失志則便放曠與悲愁而已。○人有習他經，既而舍之習《戴記》，問其故，曰「決科之利也」。某曰：汝之是心，已不可入於堯舜之道矣。夫子貢之高識，曷嘗規規於貨利哉？❶特於豐約之間，不能無留情耳。且貧富有命，彼乃留情於其間，多見其不信道也，故聖人謂之不受命。有志於道者，要當去此心，而後可語也。一云：明道知扶溝縣事，伊川侍行。謝顯道將歸應舉，伊川曰：何不止試於太學？顯道對曰：蔡人尠習《禮記》，決科之利也。先生因云，顯道乃止。○人多説某不教人習舉業，某何嘗不教人習舉業也。人若不習舉業而望及第，却是責天理而不脩人事。但舉業既可以及第即已，若更去上面盡力求必得之道，是惑也。○或謂科舉事業奪人之功，是不然。且一月之中，十日爲舉業，餘日即可爲學。然人不志於此，必志於彼，故科

❶「曷」，四庫本作「何」。

舉之事，不患妨功，惟患奪志。

龜山楊氏曰：試教授宏辭科，乃是以文字自售，古人行己似不如此。今之進士，使豪傑者出，必不肯就。然以謂舍此則仕進無路，故爲不得已之計，或是爲貧，或欲緣是少試其才。既得官矣，又以僥求榮達，此何義哉？

朱子曰：今來專去理會時文，少間身己全做不是，這是一項人。又有一項人，不理會時文，去理會道理，少間所做底事却與所學不相關。又有依本分，就所見，定是要躬行，也不須去講學，這箇少間只是做得會差，亦不至大狼狽，只是如今這般人已是大段好了。○義理，人心之所同然，人去講求，却易爲力。舉業乃分外事，倒是難做，可惜舉業壞了多少人。○士人先要分別科舉與讀書兩件孰輕孰重。若讀書上有七分志，科舉上有三分，猶自可。若科舉七分，讀書三分，將來必被他勝却。況此志全是科舉，所以到老全使不著，蓋不關爲己也。聖人教人，只是爲己。○或以不安科舉之業請教。曰：道二，仁與不仁而已，二者不能兩立。知其所不安，則反其所不安以就吾安爾。聖賢千言萬語，只是教人做人而已。前日科舉之習，蓋未嘗不談孝弟忠信，但用之非爾。若舉而反之於身，見於日用，則安矣。○專做時文底人，他説底都是聖賢説話。且如説廉，他且會説得好。説義，他也會説得好。待他身做處，只自不廉，只自不義。緣他將許多話只是就紙上説，廉是題目上合説廉，義是題目上合説義，都不關自家身己些子事。○告或人曰：看今人心下自成兩樣，如何却專向功名利禄底心去，却全背了這箇心，不向道理邊來。公今赴科舉是幾年？公文字想不爲不精，以公之專一理會做時文，宜若一舉便中高科、登顯仕都了，到今又却不得，亦可自見得失，不可必如此。若只管没溺在裏面，都出頭不得，下梢只管衰塌。若將這箇自在一邊，須要去理會道理是要緊，待去取功名，却未必不得。○專一做舉業工夫，不待不得後枉了氣力，便使能竭力去做，又得到狀元時，亦自輸却這邊工夫了。人於此事從來只是强勉，不能捨命去做，正似今人强勉來學義理然。某平生窮理，惟不敢自以爲是。士人亦有略知向者，然那下重掉不得，如何知此下事？如今凝神静慮，積日累月，如此尚只今日見得一件，明日見得一件，未有廓然貫通處。況彼千頭萬緒，支離其心，未嘗一日用其力於此者耶。○科舉累人不淺，人多爲此所奪。但有父母在，仰事俯育，不得不資於此，故不可不勉爾，其實甚奪人志。○以科舉爲爲親而不爲爲己之學，只是無志。以舉業爲妨實學，不知曾妨飲食否，只是無志也。○或以科舉作館廢學自咎者。曰：不然，只是志不立，不曾做工夫爾。孔子曰：「不怨天，不尤人。」自是不當怨尤，要你做甚耶？伊川曰：「學者爲氣所勝，習所奪，只可責志。」正爲此也。若志立則無處無工夫，而何貧賤患難與夫夷狄之間哉？○舉業亦不害爲學，前輩何嘗不應舉？只緣今人把心不定，所以有害。纔以得失爲心理會文字，意思都別了。○嘗論科舉云：非是科舉累人，自是人累科舉。若高見遠識之士讀聖賢之書，據吾所見而爲文以應之，得失利害置之度外，雖日日應舉，亦不累也。居今之世，使孔子復生，也不免應舉，然豈能累孔子耶？自有天資不累於物，不須多用力以治之者。某於科舉，自小便見得輕，初亦非有所見而輕之也。正如人天資有不好啖酒者，見酒自惡，非知酒之爲害如何也。又有人天資不好色者，亦非是有見如何，自是他天資上看見那物事無緊要。若此者省得工夫去治此一項。今或未能如此，須用力勝治方可。○問：許叔重太貪作科舉文字。曰：既是家貧親老，未免應舉，亦當好與他做舉業。舉業做不妨，只是先以得失横置胸中，却害道。○或問科舉之學。曰：做舉業不妨，只是把格式檃括自家道理，都無那追逐時好，回避忌諱底意思便好。

北溪陳氏曰：聖賢學問未嘗有妨於科舉之文，理義明則文字議論益有精神光采。躬行心得者有素，則形之商訂時事，敷陳治體，莫非溢中肆外之餘，自有以當人情中物理，藹然仁義道德之言，一一皆可用之實也。

潛室陳氏曰：應舉求合程度，此乃道理當爾。乃若不合程度而萌僥倖之心，不守尺寸而起冒爲之念，此則妄矣。應舉何害義理？但克去此等妄念，方是真實舉子。

雙峰饒氏曰：義理與舉業初無相妨。若一日之間，上半日將經傳討論義理，下半日理會舉業，亦何不可？ 況舉業之文，未有不自義理中出者。 若講明得義理通透，則識見高人，行文條暢，舉業當益精。 若不通義理，則識見凡下，議論淺近，言語鄙俗，❶文字中十病九痛，不自知覺，何緣做得好舉業？ 雖没世窮年從事於此，亦無益也。

❶ 「鄙」，四庫本作「陋」。

性理大全書卷之五十六

學十四

論詩

問：詩可學否？程子曰：既學時，須是用功，方合詩人格。既用功，甚妨事。古人詩云：「吟成五箇字，用破一生心。」又謂：「可惜一生心，用在五字上。」此言甚當。某素不作詩，亦非是禁止不作，但不欲爲此閑言語。○邵堯夫詩云：「梧桐月向懷中照，楊柳風來面上吹。」真風流人豪也。○石曼卿詩云：「樂意相關禽對語，生香不斷樹交花。」此語形容得浩然之氣。

龜山楊氏曰：作詩不知風雅之意，不可以作詩。詩尚譎諫，唯言之者無罪，聞之者足以戒，乃爲有補。若諫而涉於毁謗，聞者怒之，何補之有？觀蘇東坡詩，只是譏誚朝廷，殊無温柔敦厚之氣。以此，人故得而罪之。若是伯淳詩，則聞者自然感動矣。因舉伯淳《和温公諸人禊飲詩》云：「未須愁日暮，天際是輕陰。」又《泛舟詩》云「只恐風花一片飛」，何其温柔敦厚也！○君子之所養，要令暴慢邪僻之氣不設於身體。陶淵明詩所不可及者，冲澹深粹出於自然。若曾用力學詩，然後知淵明詩非著力之所能成。私意去盡，然後可以應世。

朱子曰：詩者，志之所之，在心爲志，發言爲詩。然則詩者豈復有工拙哉？亦視其志之所向者高下如何耳。是以古之君子德足以求其志，必出於高明純一之地，其於詩固不學而能之。至於格律之精粗，用韻屬對、比事遣辭之善否，今以魏晉以前諸賢之作考之，蓋未有用意於其間者，而況於古詩之流乎！近世作者乃始留情於此，故詩有工拙之論，而葩藻之詞勝，言志之功隱矣！○或言今人作詩多要有出處。曰：「關關雎鳩」，出在何處？○古樂府只是詩，中間却添許多泛聲，後來人怕失了那泛聲，逐一聲添箇實字，遂成長短句，今曲子便是。○作詩間以數句適懷亦不妨，但不用多作，蓋便是陷溺爾。當其不應事時，平淡自攝，豈不勝如思量詩句？至其真味發溢，又却與尋常好吟者不同。○古詩須看西晉以前，如樂府諸作皆佳。杜甫夔州以前詩佳，夔州以後自出規模，不可學。蘇、黄只是今人詩，蘇才豪，然一衮説盡無餘意，黄費安排。○《選》中劉琨詩高，東晉詩已不逮前人，齊梁益浮薄。鮑明遠才健，其詩乃《選》之變體，李太白專學之。如：「腰鎌刈葵藿，倚杖牧鷄豚。」分明説出箇倔强不肯甘心之意。如：「疾風衝塞起，砂礫自飄揚。馬毛縮如蝟，角弓不可張。」分明説出邊塞之狀，語又俊健。○陶淵明詩平淡，出於自然，後人學他平淡，便相去遠矣。某後生見人做得詩好，鋭意要學，遂將淵明詩平側用字一一依他做。到一月後，便解自做，不要他本子，方得作詩之法。○蘇子由愛《選》詩：「亭皋木葉下，隴首秋雲飛。」此正是子由慢底句法。某却愛「寒城一以眺，平楚正蒼然」。十字却有力。○齊梁間人詩，讀之使人四肢皆懶慢不收拾。○晉人詩惟謝靈運用古韻，如「祐」字協「燭」字之類。唐人惟韓退之、柳子厚、白居易用古韻，如《毛穎傳》「牙」字、「資」字、「毛」字皆協「魚」字韻是也。○唐明皇資稟英邁，只看他做詩出來是什麼氣魄。今唐百家詩首載明皇一篇《早渡蒲津關》，多少飄逸氣概，便有帝王底氣燄。越州有石刻唐朝臣送賀知章詩，亦只有明皇一首好，有曰：「豈不惜賢達，其如高尚何。」❶○李太白詩不專是豪放，亦有雍容和緩底，如首篇《大雅久不作》，多少和緩。陶淵明詩，人皆説是平淡。據某看他自豪放，但豪放得來不覺耳。其露出本相者，是《詠荆軻》一篇，平淡底人如何説得這樣言語出來？○杜詩初年甚精細，晚年横逆不可當，只意到處便押一箇韻。如《自秦州入蜀》諸詩，分明如畫，乃其少作也。李

❶「何」，據明《津逮秘書》本《全唐詩話》卷一，當作「心」。

太白詩非無法度，乃從容於法度之中，蓋聖於詩者也。《古風》兩卷多效陳子昂，亦有全用其句處。太白去子昂不遠，其尊慕之如此。然多爲人所亂，有一篇分爲三篇者，有二篇合爲一篇者。○李太白終始學《選》詩，所以好。杜子美詩好者，亦多是倣《選》詩。漸放手，《夔州》諸詩則不然也。○問：李白「清水出芙蓉，天然去雕飾」。前輩多稱此語，如何？曰：自然之好，又不如「芙蓉露下落，楊柳月中踈」。則尤佳。○人多說杜子美《夔州》詩好，此不可曉。魯直一時固自有所見，今人只見魯直說好，便却說好，如矮人看場耳。問：韓退之《潮州》詩，東坡《海外》詩，如何？曰：却好。東坡晚年詩固好，只文字也多是信筆胡說，全不看道理。○文字好用經語亦一病。老杜詩「致遠思恐泥」，東坡寫此詩到此句云：「此詩不足爲法。」○杜子美「暗飛螢自照」，語只是巧。韋蘇州云：「寒雨暗深更，流螢度高閣。」此景色可想，但則是自在說了。因言《國史補》稱韋爲人高潔，鮮食寡欲，所至之處，掃地焚香，閉閤而坐。其詩無一字做作，直是自在，其氣象近道，意常愛之。問：比陶如何？曰：陶却是有力，但語健而意閑，隱者多是帶性負氣之人爲之。陶欲有爲而不能者也，又好名。韋則自在，其詩則有做不著處便倒塌了底。晉宋間詩多閑淡，杜工部等詩常忙了。陶云：「身有餘勞，心有常閑。」乃《禮記》「身勞而心閑則爲之也」。○韋蘇州詩高於王維、孟浩然諸人，以其無聲色臭味也。○韓詩平易，孟郊喫了飽飯，思量到人不到處，《聯句》中被他牽得亦著如此做。○人不可無戒謹恐懼底心，莊子説庖丁解牛神妙，然纔到那族，必心怵然爲之一動，然後解去，心動便是懼處。韓文《鬭鷄聯句》云：「一噴一醒然，再接再礪乃。」謂雖困了，一以水噴之便醒，一噴一醒即所謂懼也。此是孟郊語也，説得好。又曰：「争觀雲填道，助叫波翻海。」此乃退之之豪。「一噴一醒然，再接再礪乃。」此是東野之工。○李賀較怪得些子，不如太白自在。又曰：賀詩巧。○詩須是平易不費力，句法混成。如唐人玉川子輩，句語雖險怪，意思亦自有混成氣象。因舉陸務觀詩「春寒催唤客嘗酒，夜静卧聽兒讀書」，不費力好。○白樂天《琵琶行》云：「嘈嘈切切錯雜彈，大珠小珠落玉盤。」這是和而淫。至「凄凄不似向前聲，滿座重聞皆掩泣」，這是淡而傷。○「行年三十九，歲暮日斜時。孟子心不動，吾今其庶幾。」此樂天以文滑稽也，然猶雅馴，非若今之作者村裏雜劇也。○唐文人皆不可曉，如劉禹錫作詩説張曲江無後，及武元衡被刺，亦作詩快之。白樂天亦有一詩暢快李德裕，樂天人多説其清高，其實愛官職，詩中凡及富貴處，皆説得口津津底涎出。杜子美以稷、契自許，未知做得與否。然子美却高，其救房琯亦正。○偶誦寒山數詩，其一云：「城中蛾眉女，珠佩何珊珊。鸚鵡花間弄，琵琶月下彈。長歌三日響，短舞萬人看。未必長如此，芙蓉不耐寒。」云如此類，煞有好處，詩人未易到此。○石曼卿詩極有好處，如：「仁者雖無敵，王師固有征。無私乃時雨，不殺是天聲。」○曼卿詩極雄豪，而縝密方嚴極好。如《籌筆驛》詩「意中流水遠，愁外舊山青」之句極佳，可惜不見其《全集》，多於小説、詩話中略見一二爾。曼卿胸次極高，非諸公所及，其爲人豪放，而詩詞乃方嚴縝密，此便是他好處，可惜不曾得用。○山谷詩精絶，知他是用多少工夫。今人卒乍如何及得，可謂巧好無餘，自成一家矣。但只是古詩較自在，山谷則刻意爲之。又曰：山谷詩忒巧了。○陳後山初見東坡時，詩不甚好，到得爲正字時，筆力高妙。如《題趙大年所畫高軒過圖》云：「晚知書畫真有益，却悔歲月來無多。」極其筆力。○張文潛詩有好底多，但頗率爾多重用字。如《梁甫吟》一篇筆力極健，如云「永安受命堪垂涕，手挈庸兒是天意」等處説得好，但結末差弱耳。又曰：張文潛大詩好，崔德符小詩好。○古人詩中有句，今人詩更無句，只是一直説將去，這般詩一日作百首也得。如陳簡齋詩：「亂雲交翠壁，細雨濕青林。」「暖日薰楊柳，濃陰醉海棠。」他是甚麽句法！○今時婦人能文，只有李易安與魏夫人。李有詩大略云：「兩漢本繼紹，新室如贅疣。」所以嵇中散，至死薄殷周。」中散非湯武得國，引之以比王莽。如此等語，豈女子所能？○近世諸公作詩，費工夫要何用？元祐時有無限事合理會，諸公却盡日唱和而已。今言詩不必作，且道恐分了爲學工夫，然到極處，當自知作詩果無益。○今人所以事事做得不好者，緣不識之故。只如箇詩，舉世之人盡命去奔去聲。做，只是無一箇人做得成詩。他是不識，好底將做不好底，不好底將做好底，這箇只是心裏鬧，不虚静之故。不虚不静故不明，不明故不識。若虚静而明，便識好物事。雖百工技藝做得精者，也是他心虚理明，所以做得來精，心裏鬧如何見得？○詩社中人言詩皆原於賡歌，今觀其詩，如何有此意？○作詩先用看李、杜，如士人治本經。本既立，次第方可看蘇、黄，以次諸家詩。○今人不去講義理，只去學詩文，已落第二義，況又不去學好底，却只學去做那不好底。作詩不學六朝，又不學李、杜，只學那嶢崎底，今便學得十分好，後把作甚麽用？莫道更不好，如近時人學山谷詩，然又不學山谷好底，只學得那山谷不好處。林擇之云：後山詩恁地深，他資質儘高，不知如何肯去學山谷？曰：後山雅健，强似山谷，然氣力不似山谷較大，但却無山谷許多輕浮底意思。然若論序事，又却不及山谷。山谷善敘事，情敘得盡，後山敘得較有疎處。若散文，則山谷大不及後山。○或謂梅聖俞長於詩。曰：詩亦不得謂之好。或曰：其詩亦平淡。曰：他不是平淡，乃是枯槁。○江西之詩自山谷一變，至楊庭秀又再變。楊大年雖巧，然巧之中猶有混成底意思，便巧得來不覺。及至歐公，早漸漸要説出來。然歐公詩自好，所以他喜梅聖俞詩，蓋枯淡中有意思。歐公最喜一人送别詩兩句，云：「曉日都門道，微凉草樹秋。」又喜王建詩：「曲徑通幽處，禪房花木深。」歐公自言平生要道此語不得。今人都不識這意思，只要嵌事使難字便云好。○明道詩：「旁人不識余心樂，將謂偷閑學少年。」此是後生時氣象，眩露無含蓄。

南軒張氏曰：作詩不可直説破，須如詩人婉而成章。楚詞最得詩人之意，如言「沅有芷兮澧有蘭，思公子兮未敢言」。思是人也而不言，則思之之意深，而不可以言語形容也。若説破如何思如何思，則意味淺矣！

象山陸氏曰：詩之學尚矣，原於賡歌，委於《風》《雅》。《風》《雅》之變，壅而溢焉者也。湘纍之《騷》，又其流也。《子虛》《長楊》之賦作，而《騷》幾亡矣。黄初而降，日以澌薄，惟彭澤一源來自天稷，與衆殊趣，而淡薄平夷，玩嗜者少。隋唐之間，否亦極矣。杜陵之出，愛君悼時，追躡《騷》《雅》，而才力宏厚，偉然足以鎮浮靡，詩家爲之中興。

西山真氏曰：古者《雅》《頌》陳於閒燕，二《南》用之房中，所以閑邪僻而養中正也。衛武公作《抑》，戒以自警，卒爲時賢相。以楚靈王之無道，一聞《祁招》愔愔之語，凛焉爲之弗寧，詩之感人也如此。于後斯義浸亡，凡日接其君之耳者，樂府之新聲，梨園之法曲而已，其不蕩心而溺志者幾希。○古今詩人吟諷弔古多矣，斷煙平蕪、凄風澹月、荒寒蕭瑟之狀，讀者往往慨然以悲。工則工矣，而於世道未有云補也。惟杜牧之、王介甫高才遠韻，超邁絶出，其賦息嬀、留侯等作，足以訂千古是非。

臨川吴氏曰：詩之變不一也。虞廷之歌，邈矣弗論。余觀三百五篇，南自南，雅自雅，頌自頌，變風自變風，以至於變雅亦然，各不同也。詩亡而楚騷作，騷亡而漢五言作。訖于魏晉顏、謝以下，雖曰五言，而魏晉之體已變。變而極于陳隋，漢五言至是幾亡。唐陳子昂變顏、謝以下，上復晉魏漢。而沈、宋之體別出，李、杜繼之，因子昂而變，柳、韓因李、杜又變，變之中有古體，有近體，體之中有五言，有七言，有雜言。❶詩之體不一，人之才亦不一。各以其體，各以其才，各成一家言。如造化生物，洪纖曲直，青黄赤白，均爲大巧之一巧。自三百五篇已不可一概齊，而況後之作者乎？宋時王、❷蘇、黄三家各得杜之一體。涪翁於蘇迥不相同，蘇門諸人其初略不之許，坡翁獨深器重以爲絶倫，眼高一世，而不必人之同乎己者如此。近年乃或清圓倜儻之爲尚，而極詆涪翁。噫，群兒之愚爾。不會詩之全，而該夫不一之變，偏守一是而悉非其餘，不合不公，何以異漢世專門之經師也哉？〇詩《雅》《頌》《風》《騷》尚矣。漢魏晉五言迄于陶，其適也。顏、謝而下弗論，浸微浸滅。至唐陳子昂而中興，李、韋、柳因而因，杜、韓因而革。律雖始於唐，然深遠蕭散，不離於古爲得，非但句工語工字工而可。〇詩以道情性之真。十五《國風》有田夫閨婦之辭，而後世文士不能及者，何也？發乎自然，而非造作也。漢魏迨今，詩凡幾變。其間宏才實學之士縱横放

❶「言」，四庫本作「詩」。
❷「時」，原作「氏」，今據四庫本改。

肆，千彙萬狀，字以鍊而精，句以琢而巧，用事取其切，模擬取其似，功力極矣。而識者乃或舍旃而尚陶、韋，則亦以其不鍊字，不琢句，不用事，而情性之真近乎古也。今之詩人隨其能而有所尚，各是其是，孰有能知真是之歸者哉！

論　文

程子曰：聖賢之言不得已也。蓋有是言，則是理明；無是言，則天下之理有闕焉。如彼耒耜陶冶之器一不制，則生人之道有不足矣。聖賢之言雖欲已得乎，然其包涵盡天下之理，亦甚約也。後之人始執卷，則以文章爲先，平生所爲動多於聖人，然有之無所補，無之靡所闕，乃無用之贅言也。不止贅而已，既不得其要，則離真失正，反害於道必矣。○問：作文害道否？曰：害也。凡爲文，不專意則不工，若專意則志局於此，又安能與天地同其大也？《書》曰「玩物喪志」，爲文亦玩物也。吕與叔有詩云：「學如元凱方成癖，文似相如殆類俳。獨立孔門無一事，只輸一作「惟傳」。顔氏得心齋。」此詩甚好。古之學者惟務養情性，其他則不學。今爲文者專務章句，悦人耳目，既務悦人，非俳優而何？曰：古者學爲文否？曰：人見六經，便以爲聖人亦作文，不知聖人亦一作只。攄發胸中所藴，自成文耳。一作章。所謂有德者必有言也。曰：游、夏稱「文學」，何也？曰：游、夏亦何嘗秉筆學爲詞章也？且如「觀乎天文，以察時變。觀乎人文，以化成天下」。此豈詞章之文也？○聖人文章自然與學爲文者不同。如《繫辭》之文，後人決學不得。譬之化工生物，且如生出一枝花，或有剪裁爲之者，或有繪畫爲之者，看時雖似相類，然終不若化工所生，自有一般生意。○孟子論王道便實。徒善不足爲政，徒法不能自行，便先從養生上説將去。既庶既富，然後以飽食暖衣而無教爲不可，故教之也。孟子而後，却只有《原道》一篇，其間語固多病，然要之大意儘近理。若《西銘》，則是《原道》之宗祖也。《原道》却只説到道，元未到得《西銘》意思。據子厚之文醇，然無出此文也。自孟子後，蓋未見此書。○韓退之文不可漫觀，晚年所見尤高。○退之晚年爲文，所得處甚多。學本是脩德，有德然後有言，退之却倒學了。因學文日求所未至，遂有所得。如曰「軻之死不得其傳」，似此言語，非是蹈襲前人，又非鑿空撰得出，必有所見。若無所見，不知言所傳者何事。《原性》等文皆少時作。○退之作《琴操》有曰：「臣罪當誅兮，天王聖明。」此善道文王意中事者，前後文人道不到也。

龜山楊氏曰：作文字要只説目前話，令自然分明，不驚怛人。不能得，然後知孟子所謂言近，非聖賢不能也。○爲文要有温柔敦厚之氣，對人主語言及章疏文字，温柔敦厚尤不可無。如子瞻詩多所譏玩，殊無惻怛愛君之意。荆公在朝論事多不循理，惟是争氣而已，何以事君？○六經，先聖所以明天道，正人倫，致治之成法也。其文自堯舜歷夏商周之季，興衰治亂成敗之跡，救敝通變、因時損益之理，皆煥然可考。網羅天地之大，文理象器幽明之故，死生終始之變，莫不詳諭曲譬，較然如數一二。宜乎後世高明超卓之士，一撫卷而盡得之也。予竊怪唐虞之世，六籍未具，士於斯時，非有誦記操筆綴文，然後爲學也。而其藴道懷德，優入聖賢之域者何多耶？其達而位乎上，則昌言嘉謨足以亮天工而成大業。雖困窮在下，而潛德隱行猶足以經世勵俗，其芳猷美績又何其章章也？自秦焚詩書，坑術士，六藝殘缺。漢儒收拾補綴，至建元、元狩之間，文辭粲如也。若賈誼、董仲舒、司馬遷、相如、揚雄之徒，繼武而出，雄文大筆馳騁古今，沛然如決江漢，浩無津涯，後雖有作者，未有能涉其波流也。然賈誼明申、韓，仲舒陳灾異，馬遷之多愛，相如之浮侈，皆未足與議。惟揚雄爲庶幾於道，然尚恨其有未盡者。積至於唐，文籍之備，蓋十百前古。元和之間，韓、柳輩出，咸以古文名天下。然其論著，不詭於聖人蓋寡矣。自漢訖唐千餘歲，而士之名能文者，無過是數人。及考其所至，卒未有能唱明道學，窺聖人閫奥如古人者。然則古之時，六籍未具，不害其善學，後世文籍雖多，亡益於得也。

人有語及爲文者。和靖尹氏曰：嘗聞程先生云「聖人文章載爲六經，自左丘明作傳，文章始壞，文勝質也」。

朱子曰：有治世之文，有衰世之文，有亂世之文。六經，治世之文也。如《國語》委靡繁絜，真衰世之文耳。是時語言議論如此，宜乎周之不能振起也。至於亂世之文，則《戰國》是也。然有英偉氣，非衰世《國語》之文之比也。楚漢間文字真是奇偉，豈易及也！○楚詞不甚怨君，今被諸家解得都成怨君，不成模樣。《九歌》是托神以爲君，言人間隔不可企及，如已不得親近於君之意。以此觀之，他便不是怨君。至《山鬼》篇，不可以君爲山鬼，又倒說山鬼欲親人而不可得之意。今人解文字不看大意，只逐句解，意却不貫。○問《離騷》《卜居》篇内字。曰：字義從來曉不得，但以意看可見。如突梯滑稽，只是軟熟迎逢，隨人倒隨人起底意思。如這般文字更無些小窒礙，想只是信口恁地說，皆自成文。林艾軒嘗云：「班固、揚雄以下，皆是做文字。已前如司馬遷、司馬相如等，只是恁地說出。」今看來是如此。古人有取於登高能賦，這也須是敏，須是會說得通暢。如古者或以言揚，說得也是一件事。後世只就紙上做。如就紙上做，則班、揚便不如已前文字。當時如蘇秦、張儀都是會說，《史記》所載，想皆是當時說出。又云：漢末以後，只做屬對文字。直至後來，只管弱。如蘇頲著力要變，變不得。直至韓文公出來，盡掃去了，方做成古文。然亦止做得未屬對合偶以前體格，❶然當時亦無人信他。故其文亦變不盡，纔有一二大儒略相効，以下並只依

❶ 「未」，重修本作「來」。

舊。到得陸宣公奏議，只是雙關做去。又如子厚亦自有雙關之文，向來道是他初年文字。後將年譜看，乃是晚年文字。蓋是他効世間模樣做，則劇耳。文氣衰弱，直至五代，竟無能變。到尹師魯、歐公幾人出來，一向變了。其間亦有欲變而不能者，然大概都要變。所以做古文自是古文，四六自是四六，却不衮雜。○「楚些」，沈存中以「些」爲咒語，如今釋子念「娑婆訶」三合聲，而巫人之禱亦有此聲。此却説得好。蓋今人只求之於雅，而不求之於俗，故下一半都曉不得。《離騷》叶韻到篇終，前面只發兩例。後人不曉，却謂只此兩韻如此。○古人文章，大率只是平説而意自長。後人文章，務意多而酸澀。如《離騷》初無奇字，只恁説將去，自是好。後來如魯直恁地著力做，却自是不好。○古賦須熟看屈、宋、韓、柳所作，乃有進步處。○楚詞平易，後人學做者反艱深了，都不可曉。○漢初，賈誼之文質實，晁錯説利害處好，答制策便亂道。董仲舒之文緩弱，其答賢良策，不答所問切處，至無緊要處，又累數百言。東漢文章尤更不如，漸漸趨於對偶。如楊震輩皆尚讖緯，張平子非之。然平子之意，又却理會風角鳥占，何愈於讖緯？陵夷至於三國兩晉，則文氣日卑矣。古人作文作詩，多是模倣前人而作之。蓋學之既久，自然純熟。如相如《封禪書》，模倣極多。柳子厚見其如此，却作《貞符》以反之，然其文體亦不免乎蹈襲也。○司馬遷文雄健，意思不帖帖，有戰國文氣象。賈誼文亦然。老蘇文亦雄健，似此皆有不帖帖意。仲舒文實，劉向文又較實亦好，無些虚氣象。比之仲舒，仲舒較滋潤發揮。大抵武帝以前文雄健，武帝以後便實。到杜欽、谷永書又太弱，無歸宿了。匡衡書多有好處，漢明經中皆不似此。○司馬遷《史記》，用字也有下得不是處。賈誼亦然，如《治安策》説教太子處，云「太子少長知妃色，則入于學」。這下面承接便用解説此義，忽然掉了，却説上學去，云「學者，所學之官也」。又説「帝入東學，上親而貴仁」一段了，却方説上太子事。云「及太子既冠成人，免於保傅之嚴」。都不成文義，更無段落，他只是乘才快胡亂寫去。這般文字也不可學。董仲舒文字却平正，只是又困善。仲舒、匡衡、劉向諸人文字皆善弱無氣燄。司馬遷、賈生文字雄豪可愛，只是逞快，下字時有不穩處，段落不分明。匡衡文字却細密，他看得經書極子細，能向裏做工夫，只是做人不好，無氣節。仲舒讀書不如衡子細，疎略甚多，然其人純正開闊，衡不及也。荀子云：「誦數以貫之，思索以通之。」誦數，即今人讀書記遍數也。古人讀書亦如此，只是荀卿做得那文字不帖律處也多。○仲舒文大概好，然也無精彩。○孔氏《書序》不類漢文，❶似李陵答蘇武書。問：董仲舒三策文氣亦弱，與鼂賈諸人文章殊不同，何也？曰：仲舒爲人寬緩，其文亦如其人。大抵漢自武帝後，文字要入細，皆與漢初不同。○林艾軒

❶「氏」，重修本作「子」。

云：司馬相如賦之聖者，揚子雲、班孟堅只填得他腔子，一作「腔子滿」。如何得似他自在流出？左太冲、張平子竭盡氣力，又更不及。○問：吕舍人言古文衰自谷永。曰：何止谷永，鄒陽獄中書已自皆作對子了。又問：司馬相如賦似作之甚易。曰：然。又問：高適焚舟決勝賦甚淺陋。曰：《文選》齊梁間江揔之徒，賦皆不好了。○問：西漢文章與韓退之諸公文章如何？曰：而今難說。便說某人優，某人劣，亦未必信得及。須是自看得這一人文字某處好，某處有病。識得破了，却看那一人文字，便見優劣如何。若看這一人文字未破，如何定得優劣？便說與公優劣，公亦如何便見其優劣處？但子細自看，自識得破。而今人所以識古人文字不破，只是不曾子細看。又兼是先將自家意思横在胸次，所以見從那偏處去，說出來也都是横說。又曰：人做文章，若是子細看得一般文字熟，少間做出文字意思語脉自是相似。讀韓文熟，便做出韓文底文字。讀得蘇文熟，便做出蘇文底文字。若不曾子細看，少間却不得用。大率古人文章皆是行正路，後來杜撰底皆是行狹隘邪路去了。而今只是依正底路脉做將去，少間文章自會高人。又云：蘇子由有一段論人做文章，自有合用底字，只是下不著。又如鄭齊叔云：「做文字自有穩底字，只是人思量不著。」横渠云：「發明道理，惟命字難。」要之做文字，下字實是難。不知聖人說出來底，也只是這幾字，如何鋪排得恁地安穩？或曰：子瞻云「都來這幾字，只要會安排」。然而人之文章，也只是三十歲以前氣格都定，但有精與未精耳。然而掉了底便荒疎，只管用功底又較精。向見韓無咎説他晚年做底文字，與他二十歲以前做底文字不甚相遠，此是自驗得如此。人到五十歲，不是理會文章時節，前面事多，日子少了。若後生時，每日便偷一兩時閑做這般工夫。若晚年，如何有工夫及此。或曰：人之晚年知識却會長進。曰：也是後生時都定，便長進也不會多。然而能用心於學問底，便會長進。若不學問，只縱其客氣底，亦如何會長進？日見昏了。有人後生氣盛時，説盡萬千道理，晚年只恁地闒靸底。或引程先生曰：人不學便老而衰。曰：只這一句説盡了。又云：某人晚年日夜去讀書，某人戲之曰：「吾丈老年讀書也須還讀得入，不知得入，如何得出？」謂其不能發揮出來，爲做文章之用也。其説雖麤，似有理。又云：人晚年做文章，如秃筆寫字，全無鋒鋭可觀。又云：某四十以前，尚要學人做文章，後來亦不暇及此矣。然而後來做底文字，便只是二十左右歲做底文字。又曰：劉季章近有書云，他近來看文字覺得心平正。某答他，令更掉了這箇虚心看文字。蓋他向來便是硬自執他説，而今又是將這一説來罩，正是未理會得。大率江西人都是硬執他底横説，如王介甫、陸子静都只是横説。且如陸子静説文帝不如武帝，豈不是横説？又云：介甫諸公取人，如資質淳厚底，他便不取。看文字穩底，他便不取。如那決裂底，他便取。説他轉時易，大率都是硬執他底。○韓文力量不如漢文，漢文不如先秦戰國。○某方脩《韓文考異》而學者至，因曰：韓退之議論正，規模闊大，然不如柳子厚較精密。如辨《鶡冠子》，及說《列子》在《莊子》前，及非《國語》之類，辨得皆是。黄達才言柳文較古。曰：柳文是較古，但却易學，學便似他，不似韓文規模闊。學柳文也得，但會衰了人文字。○因論韓文公謂如何用功了，方能辨古書之真僞。曰：《鶡冠子》亦不曾辨得。柳子厚謂其書乃寫賈誼鵩賦之類，故只有此處好，其他皆不好。柳子厚看得文字精，❶以其人刻深，故如此。韓較有些王道意思，每事較含洪，❷便不能如此。○退之要說道理，又要則劇，有平易處極平易，有險奇處極險奇。且教他在潮州時好，止住得一年。柳子厚却得永州力也。○柳學人處便絶似，《平淮西雅》之類甚似詩，詩學陶者便似陶。韓亦不必如此，自有好處，如《平淮西碑》好。○問：韓柳二家文體孰正？曰：柳文亦自高古，但不甚醇正。又問：子厚論封建是否？曰：子厚說封建非聖人意也，勢也，亦是。但說到後面有偏處，後人辨之者亦失之太過。如廖氏所論封建，排子厚太過。且封建自古便有，聖人但因自然之理勢而封之，乃見聖人之公心。且如周封康叔之類，亦是古有此制，因其有功有德有親，當封而封之，却不是

❶「得」，四庫本作「他」。
❷「洪」，四庫本作「宏」。

聖人有不得已處。若如子厚所説，乃是聖人欲吞之而不可得，❶乃無可奈何而爲此。不知所謂勢者，乃自然之理勢，非不得已之勢也。○有一等人專於爲文，不去讀聖賢書。又有一等人知讀聖賢書，亦自會作文，到得説聖賢書却别做一箇詫異模樣説。不知古人爲文，大抵只如此，那得許多詫異？韓文公詩文冠當時，後世未易及。到他上宰相書，用《菁菁者莪》詩注一齊都寫在裏面。若是他自作文，豈肯如此作？最是説「載沈載浮，沈浮皆載也」可笑，載是助語分明。彼如此説了，他又如此用。○問：韓文李漢序頭一句甚好。曰：公道好，某看來有病。曰：文者，貫道之器。且如六經是文，其中所説皆是這道理。如何有病？曰：不然。這文皆是從道中流出，豈有文反能貫道之理？文是文，道是道，文只如喫飯時下飯耳。若以文貫道，却是把本爲末，以末爲本，可乎？其後作文者皆是如此。因説蘇文害正道甚於老佛。且如《易》所謂「利者，義之和」，却解爲：「義無利則不和，故必以利濟義，然後合於人情。」若如此，非惟失聖言之本指，又且陷溺其心。○柳子厚文有所模倣者極精，如《自解》諸書是倣司馬遷《與任安書》。劉原父作文便有所倣。○韓千變萬化，無心變，歐有心變。《杜祁公墓誌》説一件未了，又説一件。韓《董晉行狀》尚稍長，權德輿作

❶「吞」，重修本作「貪」。

《宰相神道碑》只一板許，歐、蘇便長了。蘇體只是一類。柳《伐原議》極局促不好，東萊不知如何喜之？陳後山文，如《仁宗飛白書記》大段好，曲折亦好。墓誌亦好，有典有則方是文章。其他文亦有太局促不好者。○東坡文字明快，老蘇文雄渾，儘有好處。如歐公、曾南豐、韓昌黎之文，豈可不看？柳文雖不全好，亦當擇。合數家之文，擇之無二百篇，下此則不須看，恐低了人手段。但採他好處，以爲議論足矣。若班、馬、孟子，則是大底文字。○韓文高，歐陽文可學。曾文一字挨一字謹嚴，然太迫。又云：今人學文者，何曾作得一篇？枉費了許多氣力。大意主乎學問以明理，則自然發爲好文章。詩亦然。○國初文章皆嚴重老成，嘗觀嘉祐以前，誥詞等言語有甚拙者，而其人才皆是當世有名之士。蓋其文雖拙，而其辭謹重，有欲工而不能之意，所以風俗渾厚。至歐公文字，好底便十分好，然猶有甚拙底，未散得他和氣。到東坡文字，便馳騁忒巧了。及宣政間，則窮極華麗，都散了和氣。所以聖人取先進於禮樂，意思自是如此。○劉子澄言本朝只有四篇文字好，《太極圖》《西銘》《易傳序》《春秋傳序》。因傷時文之弊，謂張才叔書義好，《自靖人自獻于先王義》，胡明仲醉後每誦之。又謂劉棠舜《不窮其民論》好，歐公甚喜之。其後姚孝寧《易義》亦好。一云：或問《太極》《西銘》。曰：自孟子已後，方見有此兩篇文章。○嘗以伊川《答方道輔書》示學者，曰：他只恁平鋪無緊要説出來，只是要移易他一兩字也不得，要改動他一句也不得。○

李泰伯文實得之經中，雖淺然皆自大處起議論。首卷《潛書》《民言》好，如《古潛夫論》之類。《周禮論》好，如宰相掌人主飲食男女事。某意如此，今其論皆然。文字氣象大段好，甚使人愛之，亦可見其時節方興如此好。老蘇父子自史中《戰國策》得之，故皆自小處起議論，歐公喜之，李不軟貼不爲所喜。范文正公好處，歐不及。○嘗讀宋景文《張巡贊》曰：其文自成一家，景文亦服人。嘗見其寫《六一瀧岡阡表》二句云：「求其生而不得，則死者與我皆無恨也。」○六一文一唱三嘆，今人是如何作文？○六一文有斷續不接處，如少了字模樣。如《祕演詩集序》「喜爲歌詩，以自娱十年間」兩節不接。六一居士傳意凡文弱，《仁宗飛白書記》文不佳，制誥首尾四六皆治平間所作，非其得意者。恐當時亦被人催促，加以文思緩不及子細，不知如何。然有紆餘曲折辭少意多玩味不能已者，又非辭意一直者比。《黄夢升墓誌》極好，某所喜者《豐樂亭記》。○歐公文字鋒刃利，文字好，議論亦好。嘗有詩云：「玉顔自古爲身累，肉食何人爲國謀。」以詩言之，是第一等好詩；以議論言之，是第一等議論。○問：歐公文字愈改愈好。曰：亦有改不盡處。如《五代史·宦者傳》末句云「然不可不戒」，當時必是載張承業等事在此，故曰「然不可不戒」，後既不欲載之於此而移之於後，則此句當改，偶忘削去故也。○歐公爲蔣潁叔輩所誣，既得辨明，謝表中自敘一段，只是自胸中流出，更無些窒礙，此文章之妙也。又曰：歐公文亦多是脩改到妙處。頃有人買一作見。得他《醉翁亭記》藁，初説「滁州四面有山」，凡數十字，末後改定，只曰「環滁皆山也」，五字而已。如尋常不經思慮，信意所作言語。亦有絶不成文理者，不知如何。○歐公文章及三蘇文好處，只是平易説道理。初不曾使差異底字换却那尋常底字。○文章到歐、曾、蘇，道理到二程，方是暢。荆公文暗。○歐公文字敷腴温潤，曾南豐文字又更峻潔。雖議論有淺近處，然却平正好。到得東坡，便傷於巧，議論有不正當處。後來到中原見歐公諸人了，文字方稍平。老蘇尤甚。大抵已前文字都平正，人亦不會大段巧説。自三蘇文出，學者始日趨於巧。如李泰伯文尚平正明白，然亦已自有些巧了。輔廣問：荆公之文如何？曰：他却似南豐文，但比南豐文亦巧。荆公曾作《許氏世譜》，寫與歐公看，歐公一日因曝書見了，將看不記是誰作，意中以爲荆公作。又云：介甫不解做得恁地，恐是曾子固所作。廣又問：後山文如何？曰：後山煞有好文字，如《黄樓銘》《館職策》皆好。廣又問：後山是宗南豐文否？曰：他自説曾見南豐于襄漢間，後見一文字説南豐過荆襄，後山携所作以謁之，南豐一見愛之，因留欵語。適欲作一文字，事多因托後山爲之，且授以意。後山文思亦澁，窮日之力方成，僅數百言。明日以呈南豐，南豐云大略也好，只是冗字多，不知可爲略删動否？後山因請改竄，但見南豐就坐取筆抹數處，每抹處連一兩行，便以授後山，凡削去一二百字。後山讀之，則其意尤完。因嘆服，遂以爲法。所以後山文字簡潔如此。○歐公文字大綱好處多，晚年筆力亦衰。曾南豐議論平正耐點檢，李泰伯文亦明白好看。錢木之問：老蘇文議論不正當。曰：議論雖不是，然文字亦自明白洞達。○歐陽子云：「三代而上，治出於一而禮樂達於天下。三代而下，治出於二而禮樂爲虚名。」此古今不易之至論也。然彼知政事禮樂之不可不出於一，而未知道德文章之尤不可使出於二也。夫古之聖賢其文可謂盛矣，然初豈有意學爲如是之文哉！有是實於中，則必有是文於外。如天有是氣，則必有日月星辰之光耀。地有是形，則必有山川草木之行列。聖賢之心既有是精明純粹之實以旁薄充塞乎其内，則其著見於外者，亦必自然條理分明，光輝發越而不可揜。蓋不必託於言語，著於簡册，而後謂之文。但自一身接於萬事，凡其語默動静，人所可得而見者，無所適而非文也。姑舉其最而言，則《易》之卦畫，《詩》之詠歌，《書》之記言，《春秋》之述事，與夫《禮》之威儀，《樂》之節奏，皆已列爲六經而垂萬世。其文之盛，後世固莫能及。然其所以盛而不可及者，豈無所自來，而世亦莫之識也。故夫子之言曰：「文王既没，文不在兹乎？」蓋雖已決知不得辭其責矣，然猶若逡巡顧望而不能無所疑也。至於推其所以興衰，則又以爲是皆出於天命之所爲，而非人力之所及。此其體之甚重，夫豈世俗所謂文者所能當哉？孟軻氏没，聖學失傳，天下之士背本趨末，不求知道養德以充其内，而汲汲乎徒以文章爲事業。然在戰國之時，若申、商、孫、吴之術，蘇、張、范、蔡之辨，列禦寇、莊周、荀況之言，屈平之賦，以至秦漢之間，韓非、李斯、陸生、賈傅、董相、史遷、劉向、班固，下至嚴安、徐樂之流，猶皆先有其實，而後託之於言。唯其無本，而不能一出於道，是以君子猶或羞之。及至宋玉、相如、王褒、揚雄之徒，則一以浮華爲尚，而無實之可言矣。雄之《太玄》《法言》，蓋亦長楊較獵之流，而粗變其音節，初非實爲明道講學而作也。東京以降，訖于隋唐，數百年間，愈下愈衰，則其去道益遠，而無實之文亦無足論。韓愈氏出，始覺其陋，慨然號於一世，欲去陳言，以追《詩》《書》六藝之作，而其弊精神，縻歲月，又有甚於前世諸人之所爲者。然猶幸其略知不根無實之不足恃，因是頗泝其原而適有會焉。於是《原道》諸篇始作，而其言曰：「根之茂者其實遂，膏之沃者其光燁，仁義之人其言藹如也。」其徒和之，亦曰：「未有不深於道而能文者，則亦庶幾其賢矣。」然今讀其書，則其出於謟諛戲豫放浪而無實者，自不爲少。若夫所原之道，則亦徒能言其大體，而未見有探討服行之效。使其言之爲文者，皆必由是以出也。故其論議古人，則又直以屈原、孟軻、馬遷、相如、揚雄爲一等，而猶不及於董、賈。其論當世之弊，則但以詞不已出，而遂有神徂聖伏之嘆。至於其徒之論，亦但以剽掠潛竊爲文之病，大振頽風，教人自爲爲韓之功。則其師生之間，傳受之際，蓋未免裂道與文以爲兩物，而於其輕重緩急本末賓主之分，又未免於倒懸而逆置之也。自是以來，又復衰歇，數十百年而後，歐陽子出，其文之妙，蓋已不愧於韓氏。而其曰

「治出於一」云者，則自荀揚以下皆不能及，而韓亦未有聞焉，是則疑若幾於道矣。然考其終身之言，與其行事之實，則恐其亦未免於韓氏之病也。抑又嘗以其徒之説考之，則誦其言者既曰「吾老將休，付子斯文矣」，而又必曰「我所謂文，必與道俱」，其推尊之也。既曰「今之韓愈矣」，而又必引夫「文不在兹者」，以張其説。由前之説，則道之與文，吾不知其果爲一耶？爲二耶？由後之説，則文王孔子之文，吾又不知其與韓歐之文果若是其班乎否也？嗚呼，學之不講久矣！習俗之謬，其可勝言也哉！吾讀唐書而有感，因書其説以訂之。○因言文士之失，曰：今曉得義理底人少，間被物慾激搏，猶自一强一弱，一勝一負。如文章之士，下梢頭都靠不得。且如歐陽公初間做本論，其説已自大段拙了，然猶是一片好文章，有頭尾。他不過欲封建井田，與冠婚喪祭蒐田燕饗之禮，使民朝夕從事於此。少間無工夫，被佛氏引去，自然可變。其計可謂拙矣，然猶是正當議論也。到得晚年，自做《六一居士傳》，宜其所得如何，却只説有書一千卷，集古録一千卷，琴一張，酒一壺，棋一局，與一老人爲六，更不成説話，分明是自納敗闕。如東坡一生讀盡天下書，説無限道理，到得晚年過海，做昌化《峻靈王廟碑》，引唐肅宗時，一尼恍惚升天見上帝，以寶玉十三枚賜之，云中國有大灾，以此鎮之。今此山如此，意其必有寶。更不成議論，似喪心人説話。其他人無知，如此説尚不妨，你平日自視爲如何，説盡道理，却説出這般話，是可怪否？觀於海者難爲水，游於聖人之門者難爲言，分明是如此了，便看他門這般文字不入。○問：東坡文不可以道理并全篇看，但當看其大者。曰：東坡文説得透，南豐亦説得透。如人會相論底，一齊指摘説盡了。歐公不説盡，含蓄無盡意又好。因謂張定夫言南豐《秘閣諸序》好。曰：那文字正是好。《峻靈王廟碑》無見識，《伏波廟碑》亦無意思。伏波當時蹤跡在廣西，不在彼中，記中全無發明。或曰：不可以道理看他，然二碑筆健。曰：然。又問：《潛真閣銘》好。曰：這般閑戲文字便好，雅正底文字便不好。如韓文公廟碑之類，初看甚好讀，子細點檢，疎漏甚多。○人老氣衰，文亦衰。歐陽公作古文，力變舊習，老來照管不到。爲某詩序，又四六對偶，依舊是五代文習。東坡晚年文雖健不衰，然亦疏魯。如《南安軍學記》，海外歸作，而有「弟子揚觶序點者三」之語，序點是人姓名，其疏如此。○老蘇之文高，只議論乖角。○老蘇文字初亦喜看，看後覺得自家意思都不正，當以此知人不可看。此等文字，固宜以歐曾文字爲正。○坡文雄健有餘，只下字亦有不貼實處。○東坡《墨君堂記》，只起頭不合説破「竹」字，不然便似《毛穎傳》。○東坡《歐陽公文集序》，只恁地文章儘好，但要説道理便看不得。首尾皆不相應，起頭甚麽樣大，末後却説詩賦似李白，記事似司馬遷。○統領商榮以温公神道碑爲餉，因命吏約楊道夫同視。且曰：「坡公此文，説得來恰似山摧石裂。」道夫問：不知既説誠，何故又説一？曰：這便是他看道理不破處。頃之，黄直卿至，復問：若説誠之，則説一亦不妨否？曰：不用恁地説，蓋誠則自能一。問：大凡作這般文字，不知還有布置否？曰：看他也只是據他一直恁地説將去，初無布置。如此等文字，方其説起頭時，自未知後面説甚麽在。以手指中間曰：到這裏自説盡，無可説了，却忽然説起來。如退之、南豐之文，却是布置。某舊看二家之文，復看坡文，覺得一段中欠了句，一句中欠了字。又曰：向嘗聞東坡作《韓文公廟碑》，一日思得頗久，一云不能得一起頭，起行百十遭。忽得兩句云：「匹夫而爲百世師，一言而爲天下法。」遂掃將去。道夫問：看老蘇文似勝坡公，黄門之文又不及東坡。曰：黄門之文衰，遠不及也，只有《黄樓賦》一篇爾。道夫因言歐陽公文平淡，曰：雖平淡，其中却自美麗有好處，有不可及處，却不是闒茸無意思。又曰：歐文如賓主相見，平心定氣説好話相似。坡公文如説不辨後對人鬧相似，都無恁地安詳。童蜚卿問范太史文，曰：他只是據見定説將去，也無甚做作。如《唐鑑》雖是好文字，然多照管不及，評論總意不盡。只是文字本體好，然無精神。所以有照管不到處，無氣力，到後面多脱了。道夫因問黄門《古史》一書，曰：此書儘有好處。道夫曰：如他論西門豹投巫事，以爲他本循良之吏，馬遷列之於滑稽不當，似此議論甚合人情。曰：然。《古史》中多有好處，如論《莊子》三四篇譏議夫子處，以爲決非《莊子》之書，乃是後人截斷《莊子》本文攙入。此其考據甚精密。但今觀之，《莊子》此數篇，亦甚鄙俚。○問：蘇子由之文比東坡稍近理否？曰：亦有甚道理？但其説利害處，東坡文字較明白，子由文字不甚分曉。要之，學術只一般。○看子由《古史序》説聖人，「其爲善也，如水之必寒，火之必熱。其不爲不善也，如騶虞之不殺，竊脂之不穀」。此等議論極好，程張以後文人無有及之者。○因説《欒城集》，曰：舊時看他議論亦好，近日看他文字煞有害處。如劉原父高才傲物，子由與他書，勸之謙遜下人，此意甚好。其間却云：「天下以吾辯而以辯乘我，以吾巧而以巧困我。不如以拙養巧，以訥養辯。」如此，則是怕人來困我，故卑以下之。此大段害事。如東坡作《刑賞忠厚之至論》，却説「懼刑賞不足以勝天下之善惡，故舉而歸之仁」。如此，則仁只是箇鶻突無理會底物事。故又謂「仁可過，義不可過」。大抵今人讀書不子細，此兩句却緣疑字上面生許多道理。若是無疑，罪須是罰，功須是賞，何須更如此？或曰：此病原起於老蘇。曰：看老蘇《六經論》，則是聖人全是以術欺天下也。子由晚年作《待月軒記》，想他大段自説見得道理高，而今看得甚可笑。如説軒是人身，月是人性，則是先生下一箇人身，却外面尋箇性來合湊。○范淳夫文字純粹，下一箇字便是合當下一箇字，東坡所以伏他。東坡輕文字不將爲事，若做文字時，只是胡亂寫去，如後面恰似少後添。○劉原父才思極多，湧將出來，每作文多法古，絶相似，有幾件文字學《禮記》《春秋》，説學公穀。文勝貢父，貢父文字工於摹倣。○問：南豐文如何？曰：南豐文却近質，他初亦只是學爲文，却因學文，漸見些子道理。故文字依傍道理做，不爲空言。只是關鍵緊要處，也説得寬緩不分明。緣他見處不徹，本無根本工夫，所以如此。但比之東坡，則較質而近理，東坡則華豔處多。○曾所以不及歐處，是紆徐曲折處。曾喜模擬人文字，《擬峴臺記》是放《醉翁亭記》，不甚似。○南豐擬制内有數篇，雖雜之三代誥命中，亦無愧。○南豐作宜黄筠州二學記好，説得古人教學意出。○南豐《列女傳序》説二南處好。○南豐《范貫之奏議序》，氣脉渾厚，説得仁宗好。東坡《趙清獻神道碑》説仁宗處，其文氣象不好。第一流人等句，南豐不説。子由挽南豐詩甚服之。○問：嘗聞南豐令後山一年看《伯夷傳》，後悟文法如何？曰：只是令他看一年，則自然有自得處。○江西歐陽永叔、王介甫、曾子固文章如此好，至黄魯直一向求巧，反累正氣。○陳後山之文有法度，如《黄樓銘》，當時諸公都斂衽。一云：便是今人文字，都無他抑揚頓挫。因論當時人物有以文章記問爲能，而好點檢他人不自點檢者，曰：所以聖人説益者三樂，樂節禮樂，樂道人之善，樂多賢友。○李清臣文比東坡較實。○論胡文定公文，字字皆實，但奏議每件引《春秋》，亦有無其事而遷就之者。大抵朝廷文字，且要論事情利害是非令分曉，今人多先引故事。如論青苗，只是東坡兄弟説得有精神，他人皆説從别處去。○張子韶文字沛然猶有氣，開口見心，索性説出，使人皆知。近來文字開了又闔，闔了又開，開闔七八番，到結末處又不説，只恁地休了。○諸公文章馳騁好異，止緣好異，所以見異端新奇之説從而好之。這也只是見不分曉，所以如此。看仁宗時制詔之文極朴，固是不好看，只是他意思氣象自恁地深厚久長。固是拙，只是他所見皆實。看他下字都不甚恰好，有合當下底字却不下，也不是他識了不下，只是他當初自思量不到。然氣象儘好，非如後來之文一味纖巧不實。且如進卷，方是二蘇做出恁地壯偉發越，已前不曾如此。看張方平進策，更不作文，只如説鹽鐵一事，他便從鹽鐵原頭直説到如今，中間却載着甚麽年、甚麽月，後面更不説措置。如今只是將虛文漫演，前面説了，後面又將這一段翻轉。這只是不曾見得，所以不曾見得，只是不曾虛心看聖賢之書。固有不曾虛心看聖賢書底人，到得要去看聖賢書底，又先把他自一副當排在這裏，不曾見得聖人意。待做出，又只是自底。○今人作文，皆不足爲文。大抵專務節字，更易新好生面辭語。至説義理處，又不肯分曉。觀前輩歐蘇諸公作文，何嘗如此？聖人之言坦易明白，因言以明道，正欲使天下後世由此求之。使聖人立言要教人難曉，聖人之經定不作矣。若其義理精奥處，人所未曉，自是其所見未到耳。學者須玩味深思，久之自可見，何嘗如今人欲説又不敢分曉説，不知是甚所見。畢竟是自家所見不明，所以不敢深言，且鶻突説在裏。○前輩文字有氣骨，故其文壯浪。歐公、東坡亦皆於經術本領上用功，今人只是於枝葉上粉澤爾。如舞訝鼓然，其間男子婦人僧道雜色無所不有，但都是假底。舊見徐端立言，石林嘗云今世安得文章，只有箇減字換字法爾。如言湖州，必須去州字，只稱湖，此減字法也。不然則稱霅上，此換字法也。一云：今來文字，至無氣骨。向來前輩雖是作時文，亦是朴實頭鋪字，朴實頭引援，朴實頭道理。看著雖不入眼，却有骨氣。今人文字全無骨氣，便似舞訝鼓者，塗眉畫眼，只不是本樣人。然皆足以惑衆，真好笑也。或云：此是禁懷挾所致。曰：不然，自是時節所尚如此。只是人不知學，全無本柄，被人引動，尤而效之。且如而今作件物事，一箇做起，一人學起，有不崇朝而徧天下者。本來合當理會底事，全不理會，直是可惜。○貫穿百氏及經史，乃所以辨驗是非，明此義理，豈特欲使文詞不陋而已？義理既明，又能力行不倦，則其存諸中者必也光明四達，何施不可？發而爲言以宣其心志，當自發越不凡，可愛可傳矣。今執筆以習研鑽華采之文，務悅人者外而已，可恥也已。○道者，文之根本。文者，道之枝葉。惟其根本乎道，所以發之於文，皆道也。三代聖賢文章皆從此心寫出，文便是道。今東坡之言曰「吾所謂文必與道俱」，則是文自文，而道自道。待作文時旋去討箇道來入放裏面，此是他大病處。只是他每常文字華妙包籠將去，到此不覺漏逗，説出他本根病痛所以然處，緣他都是因作文却漸漸説上道理來。不是先理會得道理了方作文，所以大本都差。歐公之文則稍近於道，不爲空言。如唐《禮樂志》云：「三代而上，治出於一。三代而下，治出於二。」此等議論極好，蓋猶知得只是一本。如東坡之説，則是二本，非一本矣。○纔要作文章，便是枝葉害著，學問反兩失也。○問：要看文以資筆勢，言語須要助發義理。曰：可看《孟子》、韓文。韓不用科段，直便説起去，至終篇自然純粹成體無破綻。如歐、曾却各有一箇科段。舊曾學曾爲其節次定了，今覺得要説一意，須待節次了了，方説得到。及這一路定了，左右更去不得。因言陳阜卿教人看柳文了，却看韓文，不知看了柳文便自壞了，如何更看韓文？○作文字須是靠實説得有條理乃好，不可駕空細巧。大率要七分實，只二三分文。如歐公文字好者，只是靠實而有條理。如張承業及宦者等傳自然好，東坡如《靈壁張氏園亭記》最好，亦是靠實。秦少游《龍井記》之類，全是架空説去，殊不起發人意思。○文章要理會本領，謂理。前輩作者多讀書，亦隨所見理會。○每論著述文章，皆要有綱領。文定文字有綱領，龜山無綱領，如《字説》《三經辨》之類。○前輩用言語，古人有説底固是好，如世俗常説底亦用。後來人都要別撰一般新奇言語，下梢與文章都差異了。○要做好文字，須是理會道理，更可以去韓文上一截，如西漢文字用工。問：《史記》如何？曰：《史記》不可學，學不成却顛了，不如且理會法度文字。問：後山學《史記》。曰：後山文字極有法度，幾於太法度了，然做許多碎句子，是學《史記》。又曰：後世人資禀與古人不同，今人去學《左傳》《國語》，皆一切踏踏地説去，没收煞。○文字奇而穩方好，不奇而穩，只是闒靸。○作文何必苦留意，又不可太頽塌，只略教整齊足矣。○前輩作文者，古人有名文字皆模擬作一篇，故後有所作時，左右逢原。○嘗見傅安道説爲文字之法，有所謂筆力，有所謂筆路。筆力到二十歲許便定了，便後來長進也只就上面添得些子。筆路則常拈弄時轉開拓，不拈弄便荒廢。此説本出於李漢老，看來作詩亦然。○因説吕伯恭所批文，曰：文章流轉變化無窮，豈可限以如此？某因説陸教授謂伯恭有箇文字腔子，纔作文字時，便將來入箇腔子，故文字氣脉不長。曰：他便是眼高見得破。○東萊教人作文，當看《獲麟解》，也是其間多曲折。又曰：某舊最愛看陳無己文，他文字也多曲折。謂諸生曰：韓柳文好者，不可不看。○嘗與後生説，若會將《漢書》及韓柳文熟讀，不到不會做文章。舊見某人作《馬政策》云：「觀戰奇也，觀戰勝又奇也，觀騎戰勝又大奇也。」這雖是麤，中間却有好意思。如今時文一兩行便做萬千屈曲，若一句題也要立兩脚，三句題也要立兩脚，這是多少衰氣。○人有才性者，不可令讀東坡等文。有才性人，便須收入規矩，不然蕩將去。○凡人做文字不可太長，照管不到，寧可説不盡。歐蘇文皆説不曾盡，東坡雖是宏闊瀾翻，成大片衮將去，他裏面自有法。今人不見得他裏面藏得法，但只管學他一衮做將去。○前輩云文字自有穩當底字，只是始者思之不精。又曰：文字自有一箇天生成腔子，古人文字自貼這天生成腔子。○今世士大夫好作文字，論古今利害，比並爲説。曰：不必如此，只要明義理，義理明，則利害自明。古今天下只是此理，所以今人做事多暗與古人合者，只爲理一故也。○人做文字不著，只是説不著，説不到，説自家意思不盡。○

文章須正大，須教天下後世見之明白無疑。○看前人文字，未得其意，便容易立說，殊害事。蓋既不得正理，又枉費心力，不若虛心静看，即涵養究索之功，一舉而兩得之也。

或誦退之《聖德頌》至「婉婉弱子，赤立傴僂，牽頭曳足，先斷腰膂」處，梁世榮舉子由之說，曰：「此李斯誦秦所不忍言，而退之自謂無媿於風雅，何其陋也？」此說如何？南軒張氏曰：退之筆力高，得斬截處即斬截。他豈不知此，所以爲此言者必有說。蓋欲使藩鎮聞之，畏罪懼禍不敢叛耳。今人讀之至此，猶且寒心，況當時藩鎮乎？此正是合於《風》《雅》處。只如《牆有茨》《桑中》諸詩。或以爲不必載，而龜山乃曰：「此衛爲夷狄所滅之由。」退之之言，亦此意也。退之之意過於子由遠矣，大抵前輩不可輕議。

象山陸氏曰：文以理爲主，荀子於理有蔽，所以文不馴雅。

慈湖楊氏曰：孔子謂巧言鮮仁，又謂辭達而已矣，而後世文士之爲文也，異哉。琢切雕鏤，無所不用其巧，曰語不驚人死不休，又曰惟陳言之務去。夫言惟其當而已矣，繆用其心，陷溺其意至此，欲其近道，豈不大難？雖曰無斧鑿痕，如太羹玄酒，乃巧之極工，心外起意益深益苦，去道愈遠。❶如堯之文章，孔子之文章，由道心而達，始可以言文章。若文

❶「愈」，四庫本作「益」。

士之言，止可謂之巧言，非文章。

魯齋許氏曰：凡立論必求事之所在，理果如何，不當馳騁文筆，如程試文字捏合抑揚。且如論性説孟子，却繳得荀子道性惡，又繳得揚子道善惡混，又繳出性分三等之説。如此等文字，皆文士馳騁筆端，如策士説客不求真是，只要以利害惑人。若果真見是非之所在，只當主張孟子，不當説許多相繳之語。○宋文章近理者多，然得實理者亦少。世所謂彌近理而大亂真，宋文章多有之，讀者直須明著眼目。○論古今文字，曰：二程、朱子不説作文，但説明德新民，明明德是學問中大節目。此處明得，三綱五常九法立，君臣父子井井有條，此文之大者。細而至於衣服飲食起居，洒掃應對，亦皆當於文理。今將一世精力專意於文，鋪敘轉換，極其工巧，則其於所當文者闕漏多矣。今者能文之士，道堯、舜、周、孔、曾、孟之言，如出諸其口，由之以責其實，則霄壤矣。使其無意於文，由聖人之言求聖人之心，則其所得亦必有可觀者。文章之爲害，害於道。優孟學孫叔敖，楚王以爲真叔敖也，是寧可責以叔敖之事，文士與優孟何異？上世聖人何嘗有意於文，彼其德性聰明，聲自爲律，身自爲度，豈後世小人筆端所能模放？德性中發出，不期文而自文，所謂出言有章者也。不在事物之間，其節文詳備，後人極力爲之，有所不及，何者？無聖人之心，爲聖人之事，不能也。○讀魏晉唐以來諸人文字，其放曠不羈誠可喜，身心即時便得快活，但須思慮究竟是如何，果能終身爲樂乎？ 果能不隳先業而澤及子孫乎？ 天地間人各有職分、性分之所固有者，不可自泯也。 職分之所當爲者，不可荒慢也。 人而慢人之職，雖曰飽食煖衣，安樂終身，亦志士仁人所不取也，故昔人謂之幸民。 凡無檢束、無法度、豔麗不羈諸文字，皆不可讀，大能移人性情。 聖人以義理誨人，力挽之不能迴，而此等語一見之入骨髓，使人情志不可收拾。 從善如登，從惡如崩，古語有之，可不慎乎！ ○或論凡人爲詩文出於何而能若是？ 曰：出於性。 詩文只是禮部韻中字，已能排得成章，蓋心之明德使然也。 不獨詩文，凡事排得着次第，大而君臣父子，小而鹽米細事，總謂之文，以其合宜又謂之義，以其可以日用常行又謂之道。 文也，義也，道也，只是一般。

性理大全書卷之五十七

諸子一

老子

程子曰：老氏之言雜權詐，秦愚黔首，其術蓋有所自。○老子語道德而雜權詐，本末舛矣，申、韓、蘇、張皆其流之弊也。申、韓原道德之意而爲刑名，後世猶或師之。蘇、張得權詐之説而爲縱横，其失益遠矣，是以無傳焉。○老子言甚雜，如《陰符經》却不雜，然皆窺測天道之未盡者也。○老子曰無爲，又曰無爲而無不爲，當有爲而以無爲爲之，是乃有爲爲也。聖人作《易》，未嘗言無爲，惟「無思也，無爲也」。此戒夫作爲也。然下即曰：「寂然不動，感而遂通天下之故。」是動静之理，未嘗爲一偏之説矣。○老氏言虚能生氣，非也。陰陽之開闔相因，無有先也，無有後也。可謂今日有陽而後明日有陰，則亦可謂今日有形而後明日有影也。○予奪翕張，理所有也，而老子之言非也。與之之意乃在乎取之，張之之意乃在乎翕之，權詐之術也。○老子曰：「失道而後德，失德而後仁，失仁而後義，失義而後禮。」則道德仁義禮分而爲五也。○君子之學也，使先知覺後知，使先覺覺後覺，而老子以爲「非以明民，將以愚之」。其亦自賊其性歟？○問：老子言「天地不仁，聖人不仁」如何？曰：謂「天地不仁，以萬物爲芻狗」是也，謂「聖人不仁，以百姓爲芻狗」非也。聖人豈有不仁？所患者不仁也。天地何意於仁？鼓舞萬物而不與聖人同憂。聖人則仁，此其爲能弘道也。○老子書，其言自不相入處如冰炭，其初意欲談道之極玄妙處，後來却入做權詐者上去。如「將欲取之，必固與之」之類。然老子之後有申、韓，看申、韓與老子道甚懸絶，然其原乃自老子來。蘇秦、張儀則更是取道遠。

朱子曰：老子之術謙沖儉嗇，全不肯役精神。須自家占得十分穩便方肯做，纔有一毫於己不便，便不肯做。○老子之學，只要退步柔伏，不與你争。纔有一毫主張計較思慮之心，這氣便麤了。故曰：「致虛極，守静篤。」又曰：「專氣致柔，能如嬰兒乎？」又曰：「知其雄，守其雌，爲天下谿。知其白，守其黑，爲天下谷。」所謂谿，所謂谷，只是低下處。讓你在高處，他只要在卑下處，全不與你争。他這工夫極難。常見畫本老子，便是這般氣象，笑嘻嘻地，便是箇退步占便宜底人。雖未必肖他，然亦是他氣象也。只是他放出無狀來，便不可當。如曰：「以正治國，以奇用兵，以無事取天下。」他取天下便是用此道。○老子之學，大抵以虚静無爲、沖退自守爲事。故其爲説，常以懦弱謙下爲表，以空虛不毁萬物爲實。其爲治，雖曰「我無爲而民自化」，然不化者則亦不之問也。其爲道，每每如此，非特「載營魄」一章之指爲然也。若曰「旁日月，挾宇宙，揮斥八極，神氣不變」者，是乃莊生之荒唐。其曰「光明寂照，無所不通，不動道場，徧周沙界」者，則又瞿曇之幻語。老子則初曷嘗有是哉？今世人論老子者，必欲合二家之似而一之，以爲神常載魄而無所不之，則是莊、釋之所談，而非老子之意矣。○問：老子與鄉原如何。曰：老子是出人理之外，不好聲，不好色，又不做官，然害倫理。鄉原猶在人倫中，只是箇無見識底好人。○人皆言孟子不排老子，老子便是楊氏。問：楊氏愛身，其學亦淺近，而舉世崇尚之，何也？曰：其學也不淺近，自有好處，便是老子之學。今觀老子書，自有許多説話，人如何不愛？其學也要出來治天下，清虛無爲，所謂「因者君之綱」，事事只是因而爲之。如漢文帝、曹參，便是用老氏之效，然又只用得老子皮膚，凡事只是包容因循將去。老氏之學最忍，他閒時似箇虛無卑弱底人，莫教緊要處發出來，更教你支梧不住，如張子房是也。子房皆老氏之學。○問：楊朱似老子，頃見先生如此説，看來楊朱較放退，老子又要以此治國，以此取天下。曰：大概氣象相似，如云「致虛極，守静篤」之類。老子初間亦只是要放退，未要放出那無狀來。及至反一反，方説以無事取天下，如云「反者道之動，弱者道之用」之類。○問：程子云老子之言竊弄闔闢者，何也？曰：如「將欲取之，必固與之」之類，是他亦窺得些道理將來竊弄。如所謂代大匠斲則傷手者，謂如人之惡者不必自去治他，自有別人與他理會，只是占便宜，不肯自犯手做。○程子論《老子》《陰符經》，可謂言約而理盡，括盡二書曲折。○康節嘗言「老氏得易之體，孟子得易之用」，非也。老子自有老子之體用，孟子自有孟子之體用。「將欲取之，必固與之」，此老子之體用也。存心養性，充廣其四端，此孟子之體用也。○問：橫渠云「言有無，諸子之陋也」。曰：無者無物，却有此理，有此理則有矣。老氏乃云：「物生於有，有生於無。」和理也無，便錯了。○老子之術，自有退後一著事也，不攙前去做，説也不曾説將出，但任你做得狼狽了，自家徐出以應之。如人當紛争之際，自出僻静處坐，任其如何，彼之利害長短，一一都冷看破了，從旁下一著，定是的當。此固是不好底術數，然較之今者浮躁胡説亂道底人，彼又較勝。因舉老子語「豫兮若冬涉川，猶兮若畏四鄰，儼若客，涣若冰將釋」。子房深於老子之學，曹參學之有體而無用。○問：老子「道可道」章，或欲以常無、常有爲句讀，而「欲」字屬下句者，如何？曰：先儒亦有如此做句者，不妥貼。不若只作常有欲、無欲點。○問：「道可道」如何解？曰：道而可道，則非常道。名而可名，則非常名。又問玄之義。曰：玄只是深遠而至於黑窣窣地處，那便是衆妙所在。又問「寵辱若驚，貴大患若身」。曰：從前理會此章不得。○「常有欲以觀其徼」，徼之義是那邊徼，如邊界相似，說那應接處。谷神，谷只是虛而能受，神謂無所不應。他又云「虛而不屈，動而愈出」，有一物之不受，則虛而屈矣。有一物之不應，是動而不能出矣。玄牝，或云玄是衆妙之門，牝是萬物之祖，不是。牝只是木孔承筍能受底物事，如今門樞謂之牡，鐶則謂之牝，鎖管便是牝，鎖鬚便是牡，雌雄謂之牝牡。可見玄者謂是至妙底牝，不是那一樣底牝。問谷神不死。曰：谷之虛也，聲達焉則響應之，乃神化之自然也。「是謂玄牝」，玄，妙也。牝是有所受而能生物者也，至妙之理，有生生之意焉。程子所以取老氏之說也。又曰：玄牝蓋言萬物之感而應之不窮，又言受而不先。如言「聖人執左契而不責於人」，契有左右，左所以銜右。言左契，受之義也。○問：「三十輻共一轂，當其無，有車之用。」無是車之坐處否？曰：恐不然。若以坐處爲無，則上文自是就輻轂而言，與下文户牖埏埴是一例語。某嘗思之，無是轂中空處，惟其中空，故能受軸而運轉不窮，猶傘柄上木管子。衆骨所會者不知名何，緣管子中空，又可受傘柄而開闔下上，車之轂亦猶是也。莊子所謂「樞始得其環中，以應無窮」，亦此意也。○「載營魄抱一，能無離乎？」一便是魄，抱便是載，蓋以火養水也。魄是水，以火載之。營字恐是熒字，光也。古字或通用不可知。蘇潁濱解云「神載魄而行」。言魄是箇沈滯之物，須以神去載他，令他升舉。其説云「聖人則以魄隨神而動，衆人則神役於魄」。他全不曉得老子大意。他解神載魄而行，便是箇剛强升舉底意思。老子之意正不如此，只是要柔伏退步耳。觀他這一章盡説柔底意思，云：「載營魄抱一，能無離乎？專氣致柔，能無嬰兒乎？❶天門開闔，能無雌乎？」《老子》一書意思都是如此，他只要退步不與你争。如一箇人叫哮跳躑，我這裏只是不做聲，只管退步，少間叫哮跳躑者自然而屈，而我之柔伏應自有餘。老子心最毒，其所以不與人争者，乃所以深争之也，其設心措意都是如此。閒時他只是如此柔伏，遇著那剛强底人，他便是如此待你。如云：「惟天下之至柔，馳騁天下之至堅。」又云「以無爲取天下」，便是他柔之發用功效處。又曰：魄是一，魂是二。一是水，二是火。二抱一，火守水，魂載魄，動守静也。「專氣致柔」，只看他這箇甚麽樣工夫。專非守之謂也，只是專一無間斷。致柔是到那柔之極處，纔有一毫發露便是剛，這氣便粗了。○「豫兮若冬涉川，猶兮若畏四隣，儼若客。」老子説話大抵如此，只是欲得退步占姦，❷不要與事物接。如「治人事天莫若嗇」，迫之而後動，不得已而後起，皆是這樣意思。故爲其學者多流於術數，如申韓之徒皆是也。其後兵家亦祖其説，如《陰符經》之類是也。○問：柔能勝剛，弱能勝强之説。曰：他便揀便宜底先占了，若這下則剛柔寬猛

❶「無」，據《老子》，疑當作「如」。

❷「姦」，四庫本作「强」。

各有用時。○問：他云「禮，忠信之薄而亂之首」，孔子又却問禮於他，不知何故？曰：他曉得禮之曲折，只是他説這是箇無緊要底物事，不將爲事。某初間疑有兩箇老聃，横渠亦意其如此，今看來不是如此。他曾爲柱下史，故禮自是理會得，所以與孔子説得如此好。只是他又説這箇物事不用得亦可，一似聖人用禮時反若多事，所以如此説。○問：「反者，道之動。弱者，道之用。」曰：老子説話都是這樣意思，緣他看得天下事變熟了，都於反處做起。且如人剛强咆哮跳躑之不已，其勢必有時而屈，故他只務爲弱。人纔弱時，却蓄得那精剛完全，及其發也，自然不可當。故張文潛説老子惟静，故能知變。然其勢必至於忍心無情，視天下之人皆如土偶，爾其心都冷冰冰地了，便是殺人也不恤，故其流多入於變詐刑名。太史公將他與申韓同傳，非是强安排，其源流實是如此。○一便生二，二便生四，老子却説二生三，便是不理會得。○多藏必厚亡，老子也是説得好。○儉德極好，凡事儉則鮮失。老子言：「治人事天莫若嗇。夫惟嗇，是謂早服，早服是謂重積德。」被他説得曲盡。早服者，言能嗇，則不遠而復便在此也。嗇只是吝嗇之意，是要收斂，不要放出。重積德者，言先已有所積，復養以嗇，是又加積之也。如脩養者，此身未有所損失，而又加以嗇養，是謂早服而重積。若待其已損而後養，則養之方足以補其所損，不得謂之重積矣，所以貴早服。早服者，早覺未損而嗇之也。○敬夫言：老子云「不善人，善人之資。善人，不善人之師」，與孔子見賢思齊、見不賢内省之意不同，爲老子不合有資之之意，不善也。

或問：如何是天得一以清？樂庵李氏曰：夫物不一，而各有其一。如日月之照臨，星辰之輝粲，風雷之鼓舞，雨露之滲漉，各有其一而不相亂。天惟得此不一之一，是以清淨無爲而化。推此言之，地得一以寧，神得一以靈，谷得一以盈，萬物得一以生，侯王得一以爲天下正，亦只是這箇道理。且如人君治天下，亦何容心哉？公卿大夫各依其等列，士農工商各就其職分，如此則尊卑貴賤不相混殽，好惡取舍不相貿亂，天下自然而治。

鶴山魏氏曰：道家者流，其始不見於聖人之經。自老聃氏爲周柱下史，著書以自明其説，亦不過恬養虚應，以自淑其身者之所爲爾。世有爲老氏而不至者，初無得於其約，而徒有慕乎其高，直欲垢濁斯世，妄意於六合之外，求其所謂道者。於是神仙荒誕之術，或得以乘間抵巇，而蕩揺人主之侈心。歷世窮年，其説猶未泯也。

或問：黄老，清淨無爲之學也。申韓之學出於黄老，流入於刑名慘刻，前輩謂無情之極，至於無恩，然否？潛室陳氏曰：纔無情，便無恩，意脈如此。

魯齋許氏曰：老氏言道德仁義禮智，與吾儒全别，故其爲教大異，多隱伏退縮，不肯光明正大做得去。吾道大公至正，以天下公道大義行之，故其法度森然，明以示人。雖然，三代以前人忠厚篤實，必不如老氏所説。老氏衰世之書也，其流必變詐刻薄。知老氏之所長，復知老氏之所短可也。後世澆薄，不如三代篤實，或可以老氏濟之，如文帝、子房之所爲是也。○老氏以道德仁義皆失，然後至於禮，禮爲忠信之薄而亂之首。又謂：「以智治國，國之賊。不以智治國，國之福。」孟子曰：「智之實，知斯二者弗去是也。」又謂：「若禹之行水，行其所無事。」非老氏所見之智也。孟子開口便説仁義，蓋不可須臾離也。道指鴻荒之世，又謂上德不德，皆所見之異，不必概舉。

臨川吴氏曰：老子云：「天下萬物生於有，有生於無。」萬物者指動植之類而言，有字指陰陽之氣而言，無字指無形之道體而言，此老子本旨也。理在氣中，元不相離。老子以爲先有理而後有氣，横渠張子詆其有生於無之非，晦庵先生詆其有無爲二之非，其無字是説理字，有字是説氣字。

列　子

朱子曰：列子平淡疎曠。○列子所謂「生之所生者死矣，而生生者未嘗終。形之所形者實矣，而形形者未嘗有爾」。豈子思《中庸》之旨哉？其言「精神入其門，骨骸反其根，我尚何存」者，即佛書「四大各離，今者妄身當在何處」之所由出也。他若此類甚衆，聊記其一二於此，可見剽掠之端云。

莊子

問：莊周何如？程子曰：其學無禮無本，然形容道理之言則亦有善者。○問：商開丘之事信乎？❶曰：大道不明於天下，莊列之徒窺測而言之者也。○問：《齊物論》如何？曰：莊子之意欲齊物理邪？物理從來齊，何待莊子而後齊？若齊物形，物形從來不齊，如何齊得？此是莊子見道淺，不奈胸中所得何，遂著此論也。○學者後來多耽莊子，若謹禮者不透，則是他須看莊子，爲他極有膠固纏縛，則須求一放曠之説以自適。譬之有人於此，久困纏縛，則須覓一箇出身處。如東漢末尚節行太甚，須有東晉放曠，其勢必然。

五峰胡氏曰：莊周云伯夷死名於首陽之下，非知伯夷者也。若伯夷可謂全其性命之情者矣，謂之死名可乎？周不爲一世用，以保其身可矣，而未知天下之大本也。

朱子曰：莊周書都讀來，所以他説話都説得也是，但不合没拘撿，便凡百了。❷或問康節近似莊周。曰：康節較穩。○問：莊子、孟子同時，何不一相遇，又不聞相道及，如何？

❶「開丘」，據《列子》，疑當作「丘開」。

❷「凡」，原作「九」，今據《朱子語類》卷一二五改。

曰：莊子當時也無人宗之，他只在僻處自説，然亦止是楊朱之學。但楊氏説得大了，故孟子力排之。○問：孟子與莊子同時否？曰：莊子後得幾年，然亦不争多。或云莊子都不説著孟子一句。曰：孟子平生足跡只在齊魯滕宋大梁之間，不曾過大梁之南，莊子自是楚人，想見聲聞不相接。大抵楚地便多有此樣差異底人物學問，所以孟子説陳良之非。曰：如今看許行之説如此鄙陋，當時亦有數十百人從他是如何？曰：不特此也，如莊子書中説惠施、鄧析之徒，與夫堅白異同之論，是甚麽學問？然亦自名家。或云他恐是借此以顯理。曰：便是禪家要如此。凡事須要倒説，如所謂「不管夜行，投明要到」，如「人上樹，口銜樹枝，手足懸空，却要答話」。皆是此意。○因者，君之綱，道家之説最要這因，萬件事且因來做。《史記》老子傳贊云：「虚無因應，變化於無窮。」虚無是體，與因應字當爲一句，蓋「因應」是用因而應之之義云爾。○因論庖丁解牛一段，至「恢恢乎其有餘刃」，曰：理之得名以此，所見無全牛，熟。○莊子云「各有儀則之謂性」，此謂各有儀則，如有物有則，比之諸家差善。○問：「野馬也，塵埃也，生物之以息相吹也。」是如何？曰：他是言九萬里底風，也是這箇推去，息是鼻息出入之氣。○問：莊子「實而不知以爲忠，當而不知以爲信」。此語似好。曰：以實當言忠信也好，只是他意思不如此。雖實而我不知以爲忠，雖當而我不知以爲信。問：莊生他都曉得，只是却轉了説。曰：其不知處便在此。○莊子云：「天其運乎，地其處乎，日月其爭於所乎，孰主張是？孰綱維是？孰居無事推而行是？意者其有機緘而不得已邪？意者其運轉不能自止邪？雲者爲雨乎？雨者爲雲乎？孰隆施是？孰居無事淫樂而勸是？」這數語甚好，是他見得方説到此，其才高如老子。《天下》篇言「《詩》以道志，《書》以道事，《禮》以道行，《樂》以道和，《易》以道陰陽，《春秋》以道名分」。若見不分曉，焉敢如此道？要之他病，我雖理會得，只是不做。又曰：《莊》《老》二書解注者甚多，竟無一人説得他本義出，只據他臆説，某若拈出便别，只是不欲得。○「爲善無近名，爲惡無近刑，緣督以爲經。」督舊以爲中。蓋人身有督脈，循脊之中，貫徹上下，故衣背當中之縫亦謂之督，皆中意也。❶老莊之學不論義理之當否，而但欲依阿於其間，以爲全身避患之計，❷正程子所謂閃姦打訛者。故其意以爲爲善而近名者，爲善之過也。爲惡而近刑者，亦爲惡之過也。唯能不大爲善，不大爲惡，而但循中以爲常，則可以全身而盡年矣。然其爲善無近名者，語或似是而實不然。蓋聖賢之道但教人以力於爲善之實，初不教人以求名，亦不教人以逃名也。蓋爲學而求名者，自非爲己之學，蓋不足道。若畏名之累己，而不

❶「中」，重修本作「此」。
❷「患」，重修本作「害」。

敢盡其爲學之力，則其爲心亦已不公，而稍入於惡矣。至謂爲惡無近刑，則尤悖理。夫君子之惡惡如惡惡臭，非有所畏而不爲也。今乃擇其不至於犯刑者而竊爲之，至於刑禍之所在，巧其途以避之而不敢犯。此其計私而害理，又有甚焉。乃欲以其依違苟且之兩間，爲中之所在而循之，其無忌憚亦益甚矣。客嘗有語予者曰：昔人以誠爲入道之要，恐非易行。不若以中易誠，則人皆可行而無難也。予應之曰：誠而中者，君子之中庸也。不誠而中，則小人之無忌憚耳。今世俗苟偷恣睢之論，蓋多類此，不可不深察也。或曰：然則莊子之意得無與子莫之執中者類耶？曰：不然。子莫執中，但無權耳，蓋猶擇於義理而誤執此一定之中也。莊子之意則不論義理，專計利害，又非子莫比矣。蓋即其本心，實無以異乎世俗鄉原之所見，而其揣摩精巧，校計深切，則又非世俗鄉原之所及，是乃賊德之尤者。所以清談盛而晉俗衰，蓋其勢有所必至，而王通猶以爲非老莊之罪，則吾不能識其何説也。

魯齋許氏曰：莊子好將來大見趣，及義理粗淺處徹説得不知大小無邊際，緘縢得深密，教人窺測不著。讀此等書，便須大著眼目與看破，休教被他瞞了引了。

或問：《史記》稱莊子作《漁父》《盜跖》《胠篋》以詆訾孔子之徒，當時去戰國未遠也，而已莫辨其書之異同矣。且其書汪洋恣縱乎繩墨之外，而乃規規焉、局局焉議其篇章，得無陋哉？臨川吴氏曰：得意固可以忘言，將欲既其實，而謂不必既其文欺也。

程子曰：莊生形容道體之語儘有好處，老氏「谷神不死」一章最佳。已下總論老、莊、列。

○問：學者何習莊老之衆也？❶曰：謹禮而不達者，爲其所膠固焉。放情而不莊者，畏法度之拘己也。必資其放曠之説以自適，其勢則然。

朱子曰：老子猶要做事在，莊子都不要做了。又却説道他會做，只是不肯做。○莊周是箇大秀才，他都理會得，只是不肯做事。觀其第四篇《人間世》及《漁父》篇以後，多是説孔子與諸人語，只是不肯學孔子，所謂「知者過之」者也。如説「《易》以道陰陽，《春秋》以道名分」等語，後來人如何下得？他直是似快刀利斧劈截將去，字字有著落。李公晦曰：莊子較之老子較平帖些。曰：老子極勞攘，莊子得些只也乖。莊子跌蕩，老子收斂，齊脚斂手。莊子却將許多道理掀飜説，不拘繩墨。○問：老子與莊子似是兩般説話。曰：莊子於篇末自説破矣。問：先儒論老子多爲之出脱，云老子乃矯時之説。以某觀之，不是矯時，只是不見實理，故不知禮樂刑政之所出而欲去之。曰：渠若識得寂然不動，感而遂通天下之故，自不應如此。他本不知下一節，欲占一簡徑言之。然上節無實見，故亦不脱洒。○問：原壤看來也是學老子。曰：他也不似老子，老子却不恁地。周莊仲曰：却似莊子。曰：

❶「莊老」，重修本作「老莊」。

是，便是夫子時已有這樣人了。莊仲曰：莊子雖以老子爲宗，然老子之學尚要出來應世，莊子却不如此。曰：莊子説得較開闊、較高遠，然却較虚，走了老子意思。若在老子當時看來，也不甚喜他如此説。○莊子比老子便不同，莊子又轉調了精神，發出來麤。列子比莊子又較細膩。問：御風之説亦寓言否？曰：然。○問：程先生謂莊生形容道體之語，儘有好處，老氏「谷神不死」一章最佳。莊子云「嗜欲深者天機淺」，此言最善。又曰：「謹禮不透者，深看莊子。」然則莊老之學未可以爲異端而不講之耶？曰：君子不以人廢言，言有可取，安得而不取之？如所謂「嗜欲深者天機淺」，此語甚的當，不可盡以爲虚無之論，而妄訾之也。周謨曰：平時慮爲異教所汩，未嘗讀莊老等書，今欲讀之如何？曰：自有所主，則讀之何害？要在識其意所以異於聖人者如何爾。○楊朱之學出於老子，蓋是楊朱曾就老子學來，故莊列之書皆説楊朱。孟子闢楊朱，便是闢莊老了。○莊子全寫列子，又變得峻奇，列子語温純。○列莊本楊朱之學，故其書多引其語。莊子説：「子之於親也，命也，不可解於心。」至臣之於君，則曰：「義也，無所逃於天地之間。」是他看得那君臣之義，却似是逃不得，不奈何，須著臣服他，更無一箇自然相胥爲一體處，可怪。故孟子以爲無君，此類是也。○儒教自開闢以來，二帝三王述天理，順人心，治世教民惇典庸禮之道，後世聖賢遂著書立言以示後世。及世之衰亂，方外之士厭一世之紛拏，畏一身之禍害，耽空寂以求全身於亂世而已。及老子唱其端，而列禦寇、莊周、楊朱之徒和之。孟子嘗闢之，以爲無父無君，比之禽獸。然其言易入，其教易行，當漢之初，時君世主皆信其説，而民亦化之。雖以蕭何、曹參、汲黯、太史談輩亦皆主之，以爲真足以先於六經，治世者不可以莫之尚也。及後漢以來，米賊張陵、海島寇謙之之徒，遂爲盜賊。曹操以兵取陽平，陵之孫魯即納降款，可見其虛謬不足稽矣。

西山真氏曰：魏正始中，何晏等祖述老莊，以清談相尚，至晉此風益甚。晏嘗立論，以天地萬物皆以無爲本，由是士大夫皆以浮誕爲美。裴頠著《崇有論》以釋其蔽，然不能救也。陳頵嘗遺王導書，以老莊之俗傾惑朝廷，今宜改張，然後大業可舉，導不能從。一時名士如庾亮輩，皆以清談爲風流之宗。國子祭酒袁瓌嘗請立太學，而士大夫習尚莊老，儒術終以不振。會稽王昱等又從而扇之，雖謝安石之賢，不免爲習俗所移，終於晉亡而不能革。至梁武帝好佛，而太子又講莊老，詹事何敬容歎曰：「西晉尚浮虛，使中原淪於胡羯。今江東復爾，江南其爲戎乎？」其後元帝好玄談，於龍光殿講《老子》，胡氏論之曰：「老子之言，其害非釋氏比也，然棄仁義、捐禮樂以爲道，遺物離人，趨於澹泊，而生人之治忽矣。」或問：曹參治齊，師蓋公，其相漢也以清浄。文景之治大率依本黄老，約躬省事，薄斂緩獄，不言兵而天下富。老子之教亦何負歟？曰：蓋公之語參曰：「治道貴清浄而民自定」，此在老子書中一語爾。此一語非有槌提仁義、絶滅禮樂之失也，故參用之，務爲休息不擾，至於文景，斯極功矣。雖然庶矣富矣，而未及於教也，比之二帝三王化民成俗之道，可同日語哉？仲尼又況掇拾其玄談清論，而不切於事理，有如西晉至使胡羯氐羌腥羶岱華，幾三百年。之道豈有此禍哉？彼蕭繹曾何足云。然方在漂摇陧杌中，不思保國之計，而講老子，近有簡文不知監也，其亦愚蔽之甚矣。又曰：自何晏、王弼以老莊之書訓釋《大易》，王衍、葛玄競相慕效，專事清談，糟粕五經，蔑棄本實，風流波蕩，晉遂以亡。又曰：爲清談者，以心與迹二，道與事殊，形器法度皆芻狗之餘，視聽言動非性命之理，此其所以大失而不自知也。何晏、王衍自喪其身，喪人之國者如出一軌。胡氏之論至矣。而文中子乃曰：「清談盛而晉室衰，非老莊之罪也。」夫清談之弊正祖於老莊，謂非其罪可乎？近歲文士又謂：「自正始以風流相命，賞好成俗，士雖坐談空解，不畏臨戎，紈袴子弟能破百萬兵矣。清言致效，而非喪邦也。」夫却敵者臨戎之功，而喪邦由清談所致，其得失自不相掩，而曰清言致效可乎？此所謂反理之評，不得不辨。

墨子

程子曰：墨子之德至矣，而君子弗學也，以其舍正道而之他也。○問：韓退之《讀墨篇》如何？曰：此篇意亦甚好，但言不謹嚴，便有不是處。且孟子言「墨子愛其兄之子猶鄰之子」，《墨子》書中何嘗有如此等言？但孟子拔本塞源，知其流必至於此。大凡儒者學道，差之毫釐，繆以千里。楊朱本是學義，墨子本是學仁，但所學者稍偏，故其流遂至於無父無君。孟子欲正其本，故推至此。退之欒取人善之心，可謂忠恕，然持教不知謹嚴，故失之。

朱子曰：楊墨皆是邪説，但墨子之説尤出於矯僞，不近人情而難行。孔墨並稱乃退之之繆，然亦未見得其《原道》之作孰先孰後也。

管　子

朱子曰：管子之書雜。管子以功業著者，恐未必曾著書。如《弟子職》之篇全似《曲禮》，他篇有似莊老。又有説得太卑，直是小意智處，不應管仲如此之陋。其内政分鄉之制，《國語》載之却詳。○管仲當時任齊國之政事甚多，稍閒時又有三歸之溺，決不是閒工夫著書底人。著書者是不見用之人也，其書想只是戰國時人收拾仲當時行事言語之類著之，并附以他書。○問：《管子》中説辟雍言不是學，只是君和也。曰：既不是學，君和又是箇甚物事？而今不必論。《禮記》所謂疑事毋質，蓋無所考據，不必恁地辨析。且如辟雍之義，古不可考，或以爲學名，或以爲樂名，無由辨證。某初解詩亦疑放那裏，但今說作學，亦說得好了。亦有人說辟雍是天子之書院，太學又別。

或問：内政何名寓軍令？潛室陳氏曰：自伯圖之興，大抵兵不詭，則不能謀人國；政不詭，則不能自謀其國。故春秋善戰者，兵有所不交。善詭者，城有所不守。詭道相高，求以得志，乃於治民之中而默寓治兵之法。陽爲治民以欺其人，陰爲治兵以壯其勢。其言於桓公曰：「君欲正卒伍，脩甲兵，大國亦將修之，而小國設備，則難以速得志，不若隱其事而寄其政，於是作内政而寓軍令焉。」今觀自五家爲軌，軌有長，積而至十連之鄉，鄉有良人，以爲内政。自伍人爲伍，軌長率之，積而至於萬人爲軍，五鄉之帥帥之，以爲軍令，名爲内政，實則軍令寓焉。寓之云者，猶旅之有寓，非其所居而暫居之謂也。夷吾志在强國内政之作，豈在於民乎？特假内政之名，以行軍令耳。是故外假王政之名，内修强國之利，夷吾巧於用詭，固如是哉！嗟夫，有爲爲善，雖善實利；有意爲公，雖公實私。成周自五家爲比，至五州爲鄉，居民之法也。自五人爲伍，至五師爲軍，會萬民之法也。其事暴白於天下，而無非王道之公。夷吾之法，能髣髴其一二矣，獨奈何以詭道行之，以欺其隣國，則安得不爲伯者之私哉？

孫子

朱子曰：鄭厚《藝圃折衷》云：「《孫子》十三篇，不惟武人之根本，文士亦當盡心焉。其詞約而縟，易而深，暢而可用，《論語》《易大傳》之流，孟、荀、揚著書皆不及也。以正合，以奇勝，非善也。正變爲奇，奇變爲正，非善之善也。即奇爲正，即正爲奇，善之善也。」而余隱之，辨曰：昔吾夫子對衛靈公以軍旅之事未之學，答孔文子以甲兵之事未之聞，及觀夾谷之會，則以兵加萊人而齊侯懼，費人之亂則命將士以伐之，而費人北。嘗曰：「我戰則克。」而冉有亦曰：「聖人文武並用。」孔子豈有真未學、未聞哉！特以軍旅甲兵之事，非所以爲訓也。乃謂「《孫子》十三篇，不惟武人根本，文士所當盡心。其詞可用，《論語》《易大傳》之流，孟、荀、揚著書皆不及」，是啓人君窮兵黷武之心，庸非過歟！叛吾夫子已甚矣，何立言之不審也。以予觀之，此段本不必辨，但其薄三王、罪孟子而尊堯舜似矣，乃取孫武之書厠之《易》《論語》之列，何其駁之甚歟！予嘗謂鄭氏未能真知堯舜，而好爲太高之論以駭世，若商鞅之談帝道，於是信矣。

孔叢子

朱子曰：《家語》雖記得不純，却是當時書。《孔叢子》是後來白撰出。○《家語》只是王肅編古録雜記，其書雖多疵，然非肅所作。《孔叢子》乃其所註之人僞作。讀其首幾章，皆法《左傳》句，已疑之。及讀其後序，乃謂渠好《左傳》，便可見。○《孔叢子》鄙陋之甚，理既無足取，而詞亦不足觀。○《孔叢子》説話多類東漢人文，其氣軟弱，又全不似西漢人文。兼西漢初若有此等話，何故不略見於賈誼、董仲舒所述？恰限到東漢方突出來，皆不可曉。

申韓

或問：《史記》云：「申子卑卑，施於名實。韓子引繩墨，切事情，明是非，其極慘覈少恩，皆原於道德之意。」朱子曰：張文潛之説得之。宋齊丘《化書》序中所論也。楊道夫曰：東坡謂商鞅、韓非得老子所以輕天下者，是以敢爲殘忍而無疑。曰：也是這意，要之只是孟子所謂「楊氏爲我，是無君也」。

荀　子

周子曰：荀子云「養心莫善於誠」，荀子元不識誠。既誠矣，心安用養邪？

程子曰：荀子謂「博聞多見，可以取道」。欲力行堯禹之所行，其所學皆外也。○有學不至而言至者，循其言可以入道。門人曰：何謂也？曰：眞積力久則入，荀卿之言也。優而柔之，使自求之。饜而飫之，使自趨之。若江河之浸，膏澤之潤，渙然冰釋，怡然理順，杜預之言也。思之思之，又重思之，思而不通，鬼神將通之，非鬼神之力也，精誠之極也，管子之言也。此三者，循其言皆可以入道，而三子初不能及此也。

朱子曰：荀子説能定而後能應，此是荀子好話。○或言性，謂荀卿亦是教人踐履。曰：須是有是物，而後可踐履。今於頭段處既錯，又如何踐履？天下事從其是。曰同，須求其眞箇同；曰異，須求其眞箇異。今則不然，只欲立異，道何由明？○問：荀子言性惡禮僞，其失蓋出於一。大要不知其所自來，而二者亦互相資也。其不識天命之懿，而以人慾横流者爲性。不知天秩之自然，而以出於人爲者爲禮，所謂不知所自來也。至於以性爲惡，則凡禮文之美，是聖人制此以返人之性而防遏之，則禮之僞明矣。以禮爲僞，則凡人之爲禮，皆反其性，矯揉以就之，則性之惡明矣，此所謂互相資也。告子杞柳之論，則性惡之意也；義外之論，則禮僞之意也。曰：亦得之。

西山真氏曰：荀子云：「水火有氣而無生，草木有生而無知，禽獸有知而無義，人有氣有生有知，亦且有義，故最爲天下之貴也。」其論似矣。至其論性則以爲惡，論禮則以爲僞，何其自相戾耶？○荀子論心，如「君子大心則天而道，小心則畏義而節」等語，皆可取。若所謂「湛濁在下，而清明在上」，則有可疑。蓋心之虛靈知覺者，萬理具焉，初豈有一毫之汙濁哉？自夫汩於物欲，而後有汙濁耳。學者必盡去物慾之害，則本然之清明自全。今曰「湛濁在下，而清明在上」，是物慾之害初未嘗去，但伏而未作耳，其可恃以爲安耶？水不能不遇風，長川巨浸，泓澄無底，雖大風不能使之濁。心不能不應物，慾盡理明，表裏瑩徹，雖酬酢萬變不能使之昏。無風則清，有風則濁者，塵滓之伏于下也。静之則明，動之則昏者，利欲之藏于中也。

董　子

程子曰：董子言仁人「正其誼不謀其利，明其道不計其功」，度越諸子遠矣。○漢儒近似者三人，董仲舒、大毛公、揚雄。

朱子曰：董仲舒資質純良，摸索道得數句著，如正誼不謀利之類。然亦非他真見得這道理。○仲舒識得本原，如云正心。修身可以治國平天下，如説仁義禮樂皆其具，此等説話皆好。○問：仲舒云「性者，生之質也」。曰：不是。只當云「性者，生之理也。氣者，生之質也」。問：其以情爲人之欲，如何？曰：也未害。蓋欲爲善，欲爲惡，皆人之情也。○問：董仲舒見道不分明處。曰：也見得鶻突。如「命者，天之令。性者，生之質。情者，人之欲。命非聖人不行，性非教化不成，情非制度不節」等語，似不識性善模樣。又云「明於天性，知自貴於物。知自貴於物，然後知仁義。知仁義，然後重禮節。重禮節，然後安處善。安處善，然後樂循理」。又似見得性善模樣。終是説得騎牆，不分明端的。○仲舒言「命者，天之令。性者，生之質」。如此説固未害。下云「命非聖人不行」，便牽於對句，説開去了。如正誼明道之言，却自是好。問：或謂此語是有是非，無利害，如何？曰：是。不論利害，只論是非，理固然也。要亦當權其輕重方盡善，無此亦不得。只被今人只知計利害，於是非全輕了。○正其誼不謀其利，明其道不計其功。誼必正，非是有意要正。道必明，非是有意要明。功利自是所不論，仁人於此，有不能自已者。師出無名，事故不成，明其爲賊，敵乃可服。此便是有意立名以正其誼。○問：諸葛誠之云：「仁人正其誼不謀其利，明其道不計其功。仲舒説得不是。只怕不是誼，是誼必有利。只怕不是道，是道必有功。」曰：才如此，人必求功利而爲之，非所以爲訓也。固是得道誼則功利自至，然而有得道誼而功利不至者，人將惟功利之徇而不顧道誼矣。○仲舒所立甚高，後世之所以不如古人者，以道誼功利關不透耳。其議匈奴一節，婁敬、賈誼智謀之士爲之，亦不過如此。○問：正其誼，明其道，道誼如何分別？曰：道誼是箇體用，道是大綱説，誼是就一事上説。誼是道中之細分別，功是就道中做得功效出來。○問：正其誼者，凡處此一事，但當處置使合宜，而不可有謀利占便宜之心。明其道，則處此事便合義，是乃所以爲明其道，而不可有計後日功效之心。正義不謀利，在處事之先。明道不計功，在處事之後。如此看可否？曰：恁地説也得。他本是合掌説，看來也須微有先後之序。○仲舒本領純正。如説「正心以正朝廷」，與「命者，天之令也」以下諸語皆善。班固所謂醇儒極是。至於天下國家事業，恐施展未必得。○《三策》説得稍親切，終是脱不得漢儒氣味。

西山真氏曰：仲舒醇正近理之言，見稱於諸老先生外。如曰「彊勉學問，則聞見博而智益明。彊勉行道，則德日起而大有功」。又引曾子尊聞行知之説。此二條最有功於學者。蓋學道之要，致知力行而已。《虞書》之精一，《論語》之知及仁守，《中庸》之博學篤行，皆是也。秦漢以下，未有識之者。而仲舒能言之，此豈諸儒所可及哉？其曰：「道之大原出於天」，則天命率性之意，尤所謂知其本源者。至謂「有國者不可不知《春秋》」，其言亦有補於世。《本傳》稱其「進退容止，非禮不行」。兩相驕主，正身率下。方公孫弘以阿意容悦取相位，仲舒獨終始守正，卒老于家。以其質之美，守之固，使得從游於聖人之門，淵源所漸，當無慚於游夏矣！惜其生於絶學之後，雖潛心大業，終未能窺大道之全，至或流於災異之術。吁，可歎哉！

性理大全書卷之五十八

諸子二

揚子

程子曰：林希嘗謂揚雄爲禄隱。揚雄後人只爲見他著書，便須要做他是，怎生做得是？因問：如《劇秦》文莫不當作？曰：或云非是美之，乃譏之也。然王莽將來族誅之，亦未足道，又何足譏？譏之濟得甚事？或云且以免死，然已自不知明哲煌煌之義，何足以保身？作《太玄》本要明《易》，却尤晦如《易》，其實無益，真屋下架屋，牀上疊牀。他只是於《易》中得一數爲之，於曆法雖有合，只是無益。○《太玄·中首》：「中：陽氣潛萌於黄宫，信無不在乎中。」《養首》：「一：藏心于淵，美厥靈根。」《測》曰：「藏心于淵，神不外也。」揚子雲之學，蓋嘗至此地位也。○問：《太玄》之作如何？曰：是亦贅矣。必欲撰《玄》，不如明《易》。邵堯夫之數似《玄》而不同。數只是一般，但看人如何用之。雖作十玄亦可，况一玄乎！○漢儒之中，吾必以揚子雲爲賢，然於出處之際不能無過也。其言曰：「明哲煌煌，傍燭無疆。孫于不虞，以保天命。」孫于不虞則有之，傍燭無疆則未也。光武之興，使雄不死，能免誅乎？觀於朱泚之事可見矣。古之所謂言遜者，迫不得已。如《劇秦美新》之類，非得已者乎？○揚子雲云：「明哲煌煌，傍燭無疆。」悔其蹈亂無先知之明也。其曰：「孫于不虞，以保天命。」欲以苟容爲全身之道也。使彼知聖賢見幾而作，其及是乎？○世之議子雲者，多疑其投閣之事。以《法言》觀之，蓋未必有。又天祿閣世傳以爲高百尺，宜不可投。然子雲之罪特不在此。黽勉於莽賢之間，畏死而不敢去，是安得爲大丈夫哉？○揚子謂「老子言道德則有取，至如搥提仁義，絶滅禮樂則無取」。若以剖斗折衡，聖人不死，大盜不止，爲救時反本之言爲可取，却尚可恕。如言失道而後德，失德而後仁，失仁而後義，失義而後禮，則自不識道，已不成言語。却言其言道德有取，此自是揚子不見道處。又謂「學行之上也，名譽以崇之」，皆揚子之失。

龜山楊氏曰：揚雄云：「多聞則守之以約，多見則守之以卓。」其言終有病，不如孟子言「博學而詳説之，將以反説約也」爲無病。蓋博學詳説，所以趨約。至於約，則其道得矣。謂之守以約卓於多聞多見之中，將何守？見得此理分明，然後知孟子之後其道不傳，知孟子所謂天下可運於掌爲不妄。○揚子雲作《太玄》，只據他立名便不是。既定却三方九州二十七部八十一家，不知如何相錯得？八卦所以可變而爲六十四者，只爲可相錯，故可變耳。惟相錯，則其變出於自然也。

朱子曰：揚子雲出處非是，當時善去，亦何不可？○問：揚子避礙通諸理之説是否？曰：大概也似，只是言語有病。問：莫是避字有病否？曰：然。少間處事，不看道理當如何，便先有箇依違閃避之心矣。○學之爲王者事，不與上文屬，只是言人君不可不學底道理。所以下文云「堯舜禹湯文武汲汲，仲尼皇皇」。以數聖人之盛德，猶且如此。問：仲尼皇皇如何？曰：夫子雖無王者之位，而有王者之德，故作一處稱揚。○德隆則晷星，星隆則晷德。晷，影也，猶影之隨形也。蓋德隆則星隨德而見，星隆則人事反隨星而應。○揚子云：「月未望則載魄于西，既望則終魄于東，其遡於日乎？」載者，加載之義，如老子云載營魄，左氏云從之載，正是這箇載字。諸家都亂説，只有古注解云：「月未望則光始生於西面，以漸東滿。既望則光消虧於西面，以漸東盡。」此兩句略通而未盡，此兩句盡在「其遡於日乎」一句上。蓋以日爲主，月之光也，日載之；光之終也，日終之。載，猶加載之載。又訓上，如今人上光上采色之上。蓋初一二間時，日落於酉，月是時同在彼。至初八九，日落在酉，則月已在午。至十五日相對，日落於酉，而月在卯，此未望而載魄于西。蓋月在東而日在西，日載之光也。及日與月相去逾遠，則光漸消而魄生。少間月與日相蹉過，日却在東，月却在西，故光漸至東盡，則魄漸復也。當改古注云：「日加魄於西面，以漸東滿。日復魄於西面，以漸東盡。其載也，日載之。其終也，日終之。皆繫於日。」又説：秦周之士貴賤拘肆，皆繫于上之人，猶月之載魄終魄皆繫於日也，故曰其遡於日乎？其載其終皆向日也。温公云「當改載魄之魄作朏」，都是曉其説不得。○雄之學似出於老子。如《太玄》曰「潛心于淵，美厥靈根」，《測》曰「潛心于淵，神不昧也」，乃老氏説話。問：《太玄》分贊於三百六十六日下，不足者乃益以踦贏，固不是。如《易》中卦氣如何？曰：此出於京房，亦難曉。如《太玄》中推之，蓋有氣而無朔矣。問：伊川亦取雄《太玄》中語，如何？曰：不是取他言，他地位至此耳。○問：《太玄》如何？曰：聖人説天一地二，天三地四，天五地六，天七地八，天九地十，甚簡易。今《太玄》説得却支離。《太玄》如他立八十一首，却是分陰陽，中間一首半是陰半是陽。若看了《易》後去看那《玄》，不成物事。又問：揚雄也是學焦延壽推卦氣？曰：焦延壽《易》也不成物事。今人説焦延壽卦氣不好，是取《太玄》，不知《太玄》却是學他。○天地間只有陰陽二者而已，便會有消長。今《太玄》有三箇了。如冬至是天元，到三月便是地元，七月便是人元，夏至却在地元之中，都不成物事。○《太玄》甚拙。歲是方底物，他以三數乘之，皆算不著。○《太玄》紀日而不紀月，無弦望晦朔。○《太玄》中高處只是黄老，故其言曰「老子之言道德，吾有取焉」。○《太玄》之説只是老莊，康節深取之者，以其書亦挨傍陰陽消長來説道理。

或問：《易》與《太玄》數有何不同？潛室陳氏曰：《易》是加一倍法，《太玄》加三倍法。《易》卦六十四，《太玄》卦八十一。《太玄》模放《周易》，只起數不同耳。先儒謂將《易》變作十部《太玄》亦得，但無用耳。

西山真氏曰：揚子默而好深湛之思，故其言如此。潛之一字，最宜玩味。天惟神明，故照知四方。惟精粹，故萬物作類。人心之神明精粹，本亦如此。惟不能潛，故神明者昏而精粹者雜，不能燭理而應物也。

臨川吴氏曰：揚子雲擬《易》以作《太玄》，《易》自一而二，二而四，四而八，八而十六，十六而三十二，三十二而六十四。《太玄》則自一而三，三而九，九而二十七，二十七而八十一。易之數乃天地造化之自然，一豪知力無所與於其間也。異世而同符，惟邵子《皇極經世》一書而已。至若焦延壽《易林》、魏伯陽《參同契》之屬，雖流而入於伎術，尚不能外乎《易》之爲數。子雲《太玄》名爲擬《易》，而實則非《易》矣。其起數之法既非天地之正，又强求合於曆之日。每首九贊，二贊當一晝夜，合八十一首之贊，凡七百二十九，僅足以當三百六十四日有半。外增一踦贊以當半日，又立一嬴贊以當四分日之一。吁，亦勞且拙矣！

文中子

程子曰：文中子本是一隱君子，世人往往得其議論，傅會成書。其間極有格言，荀揚道不到處。又有一件事，半截好，半截不好。如魏徵問：「聖人有憂乎？」曰：「天下皆憂，吾獨得不憂？」問疑。曰：「天下皆疑，吾獨得不疑？」徵退。謂董常曰：「樂天知命，吾何憂？窮理盡性，吾何疑？」此言極好。下半截却云：「徵所問者，迹也；吾告女者，心也。心迹之判久矣。」便亂道。○王通當時有些言語，後來被人傅會。若《續經》之類，皆非其作。○文中子續經甚謬，恐無此。如《續書》始於漢，自漢以來制詔，又何足記？《續詩》之備六代，如晉、宋、後魏、北齊、後周、隋之詩，又何足采？○問：文中子云「圓者動，方者静」。曰：此正倒說了。静體圓，動體方。○文中子言「古之學者聚道」，不知道如何聚得？

朱子曰：文中子他當時要爲伊周事業，見道不行，急急地要做孔子。他要學伊周，其志甚不卑，但不能勝其好高自大欲速之心，反有所累。二帝三王却不去學，❶却要學兩漢，此是他亂道處。○問：文中子好處與不好處。曰：見得道理透後，從高視下，一目瞭然，今要

❶「三」，原作「二」，今據重修本改。

去揣摩不得。○文中子其間有見處也，即是老氏。又其間被人夾雜，今也難分別。但不合有許多事，全似孔子。孔子有荷蕢等人，他也有許多人，便是粧點出來。其間論文史及時事世變煞好。○文中子《中説》被人亂了。説治亂處與其他好處極多，但向上事只是老釋。問：過《法言》否？曰：大過之。○文中子論時事及文史處，儘有可觀。於文取陸機，史取陳壽。曾將陸機文來看，也是平正。○房、杜於河汾之學，後來多有議論。且如《中説》，只是王氏子孫自記，亦不應當時開國文武大臣盡其學者。何故盡無一語言及其師？兼記其家世事，攷之傳記無一合者。○文中子看其書忒裝點，所以使人難信。如説諸名卿大臣，多是隋末所未見有者。兼是他言論大綱雜伯，凡事都要硬做。如説禮樂治體之類，都不消得從正心誠意做出。又如説「安我所以安天下，存我所以厚蒼生」，都是爲自張本，做雜伯鎡基。問：《續書》：「天子之義，制、詔、志、策，有四；大臣之義，命、訓、對、讚、議、誡、諫，有七。」如何？曰：這般所在極膚淺，中間説話大綱如此。但看世俗所稱道便喚做好，都不識。如云晁、董、公孫之對，據道理看，只有董仲舒爲得，如公孫已是不好，晁錯是説箇甚麽。又如《自敘》許多説話，盡是夸張。考其年數，與唐煞遠，如何唐初諸名卿皆與説話？若果與諸名卿相處，一箇人恁地自標致，史傳中如何都不見説？○文中子議論多是中間暗了一段，無分明。其間弟子問答，姓名多是唐輔相，恐亦不然。蓋諸人更無一語及其師。

人以爲王通與長孫無忌不足，故諸人懼無忌而不敢言，亦無此理。如鄭公豈畏人者哉！七制之主亦不知其何故以七制名之，此必因其《續書》中曾採七君事迹以爲書，而名之曰七制。如二典體例，今無可攷，大率多是依倣而作。如以董常爲顔子，則是以孔子自居。謂諸公可爲輔相之類，皆是撰成要安排七制之君爲他之堯舜。考其事迹，亦多不合。劉禹錫作《歙池江州觀察王公墓碑》，乃仲淹四代祖，碑中載祖諱多不同。及阮逸所注并載關朗等事，亦多不實。王通大業中死，自不同時。如推説十七代祖，亦不應遼遠如此。唐李翺已自論《中説》可比太公家教，則其書之出亦已久矣。伊川謂文中子有些格言，被後人添入壞了。看來必是阮逸諸公增益張大，復借顯顯者以爲重耳。○問：文中子之學。曰：他有箇意思，以爲堯舜三代也只與後世一般，也只是偶然做得著。問：他《續詩》《續書》意是如此，因舉答賈瓊數處説。曰：近日陳同父便是這般説話。他便忌程先生説「帝王以道治天下，後世只是以智力把持天下」。正緣這話説得他病處。問：《元經》尤可疑。只縁獻公奔北，便以爲天命已歸之，遂帝魏。曰：今之注本是阮逸注，龔鼎臣别有一本注，後面敘他祖，都與文中子所説不同。説他先已仕魏，不是後來方奔去。又問：他説「權義舉而皇極立」，如何？曰：説權義不是。義是活物，權是稱錘，義是稱星，義所以用權。今似他説，却是以權爲嫂溺援之之義，以義爲授受不親之禮。問：義便有隨時底意思。曰：固是。問：他只縁以《元經》帝魏，生此説。曰：便是他大本領處不曾理會，縱有一二言語可取，但偶然耳。其《續經》猶小兒豎瓦屋然。世儒既無高明廣大之見，因遂尊崇其書。○問：文中子説「動静見天地之心」，説得似不然。曰：他意思以方圓爲形，動静爲理，然亦無意思。而今自家若見箇道理了，見他這説話，都似不曾説一般。○「天下皆憂，吾獨得不憂。天下皆疑，吾獨得不疑。」又曰：「樂天知命吾何憂，窮理盡性吾何疑。」蓋有當憂疑者，有不當憂疑者，然皆心也。文中子以爲有心迹之判，故伊川非之。又曰：「惟其無一己之憂疑，故能憂疑以天下。惟其憂以天下，疑以天下，故無一己之憂疑。」○道之在天下未嘗亡，而其明晦通塞之不同，則如晝夜寒暑之相反。故二帝三王之治，《詩》《書》六藝之文，後世莫能及之。蓋非功效語言之不類，乃其本心事實之不侔也。雖然，「維天之命，於穆不已」。彼所謂道者，則固未嘗亡矣。而大學之教所謂明德、新民、止於至善者，又已具有明法，若可階而升焉。後之讀其書攷其事者，誠能深思熟講以探其本，謹守力行以踐其實。至於一旦豁然而晦者明，塞者通，則古人之不可及者，固已倏然而在我矣。夫豈患其終不及哉？苟爲不然，而但爲模放假竊之計，則不惟精粗懸絶，終無可似之理。政使似之，然於其道亦何足以有所發明？此有志爲己之士所以不屑，而有所不暇爲也。王仲淹生乎百世之下，讀古聖賢之書，而粗識其用，則於道之未嘗亡者，蓋有意焉。而於明德新民之學，亦不可謂無其志矣。

然未嘗深探其本，而盡力於其實，以求必得夫至善者而止之。顧乃挾其窺覘想像之彷彿，而謂聖之所以聖，賢之所以賢，與其所以修身，所以治人，而及夫天下國家者，舉皆不越乎此。是以一見隋文而陳《十二策》，則既不自量其力之不足以爲伊周，又不知其君之不可以爲湯武。且不待其招而往，不待其問而告，則又輕其道以求售焉。及其不遇而歸，其年蓋亦未爲晚也。若能於此反之於身，以益求其所未至，使明德之方、新民之具皆足以得其至善而止之，則異時得君行道，安知其卒不逮於古人？政使不幸終無所遇，至於甚不得已而筆之於書，亦必有以發經言之餘藴，而開後學於無窮。顧乃不知出此，而不勝其好名欲速之心，汲汲乎日以著書立言爲己任，則其用心爲已外矣。及其無以自託，乃復捃拾兩漢以來文字言語之陋，功名事業之卑，而求其天資之偶合，與其竊取而近似者，依倣六經，次第采輯，因以牽挽其人，强而躋之二帝三王之列。今其遺編雖不可見，然考之《中說》，而得其規模之大略。則彼之贊《易》，是豈足以知先天後天之相爲體用？而高、文、武、宣之制，是豈有精一執中之傳？曹、劉、沈、謝之詩，是豈有物則秉彝之訓？叔孫通、公孫述、曹褒、荀勖之禮樂，又孰與伯夷、后夔、周公之懿？至於宋魏以來，一南一北，校功度德，蓋未有以相君臣也。則其天命人心之向背，統緒繼承之偏正，亦何足論？而欲攘臂其間，奪彼予此，以自列於孔子之《春秋》哉？蓋既不自知其學之不足以爲周孔，又不知兩漢之不足以爲三王，而徒欲以是區區者，比而效之於形似影響之間，傲然自謂足以承千聖而詔百王矣，而不知其初不足以供兒童之一戲，又適以是而自納於吴楚僭王之誅。使夫後世知道之君子，雖或有取於其言，而終不能無恨於此，是亦可悲也已。至於假卜筮，象《論語》，而强引唐初文武名臣以爲弟子，是乃福郊、福畤之所爲，而非仲淹之雅意。然推原本始，乃其平日好高自大之心有以啓之，則亦不得爲無罪矣。或曰：然則仲淹之學固不得爲孟子之倫矣，其視荀、揚、韓氏亦有可得而優劣者耶？曰：荀卿之學雜於申商，子雲之學本於黄老，而其著書之意，蓋亦姑託空文以自見耳。非如仲淹之學，頗近於正而粗有可用之實也。至於退之《原道》諸篇，則於道之大原若有非荀、揚、仲淹之所及者。然考其平生意鄉之所在，終不免文士浮華放浪之習，時俗富貴利達之求，而其覽觀古人之變，將以措諸事業者，恐亦未若仲淹之致懇惻而有條理也。是以予於仲淹獨深惜之，而有所不暇於三子，是亦《春秋》責備賢者之遺意也，可勝歎哉！○王通也有好處。只是也無本原工夫，却要將秦漢以下文飾做箇三代。他便自要比孔子，不知如何比得。他那斤兩輕重自定，你如何文飾得？如《續詩》《續書》《元經》之作，盡要學箇孔子，重做一箇三代，如何做得？如《續書》要載漢以來詔令，他那詔令便載得，發明得甚麽義？理發明得甚麽政事？只有高帝時三詔令稍好，然已不純。如曰「肯從我游者，吾能尊顯之」。此豈所以待天下之士哉？都不足録。三代之書誥詔令，皆是根源學問，發明義理，所以粲然可爲後世法。如秦漢以下詔令，濟得甚事？緣他都不曾將心子細去讀聖人之書，只是要依他箇模子。見聖人作六經，我也學他作六經。只是將前人腔子，自做言語填放他腔中，便説我這箇可以比並聖人。聖人做箇《論語》，我便做《中説》。如揚雄《太玄》《法言》亦然，不知怎生比並。○問：王氏《續經》説荀卿固不足以望之。若房杜輩觀其書，則固嘗往來于王氏之門。其後來相業，還亦有得於王氏之道否？曰：房杜如何敢望文中子之萬一。其規模事業無文中子髣髴。某常説房杜只是箇村宰相，文中子不干事，他那制度規模誠有非後人之所及者。

韓　子總論荀揚王韓附

程子曰：古之君子修德而已。德成而言，則不期於文而自文矣。退之乃因學爲文章，力求其所未至以至於有得也。其曰軻死不得其傳，非卓然見其所傳者，語不及此。○韓愈道他不知，又不得。其言曰「《易》奇而法，《詩》正而葩，《春秋》謹嚴，《左氏》浮誇」。其名理皆善。○韓退之頌伯夷甚好，然只説得伯夷介處。要知伯夷之心，須是聖人。《語》曰：「不念舊惡，怨是用希。」此甚説得伯夷心也。○《原道》之作，其言雖未盡善，然孟子之後識道之所傳者，非誠有所見，不能斷然言之如是其明也。其識大矣！○韓愈亦近世豪傑之士，如《原道》中言語雖有病，然自孟子而後，能將許大見識尋求者，纔見此人。至如斷曰「孟子醇乎醇」，❶又曰：「荀與揚擇焉而不精，語焉而不詳。」若不是他見得，豈千餘年後，便能斷得如此分明也？

朱子曰：韓退之却有些本領，非歐公比。《原道》其言雖不精，然皆實，大綱是。○問：博愛之謂仁。曰：程先生之説最分明，只是不子細看。要之仁便是愛之體，愛便是仁之用。後段云「以之爲人則愛而公」，「愛」「公」二字却甚有義。○問：《原道》起頭四句恐説得差，且如「博愛之謂仁」，愛如何便盡得仁？曰：只爲他説得用，又遺了體。○問：「由是而之焉之謂道。」曰：此是説行底，非是説道體。問：「足乎己無待於外之謂德。」曰：此是説行道而有得於身者，非是説自然得之於天者。○問：「仁與義爲定名，道與德爲虛位。」虛位之義如何？曰：亦説得通，蓋仁義禮智是實，此道德字是通上下説却虛。如有仁之道，義之道，仁之德，義之德。此道德只隨仁義上説，是虛位。他又自説「道有君子小人，德有凶有吉」。謂吉人則爲吉德，凶人則爲凶德，君子行之爲君子之道，小人行之爲小人之道。如「道二，仁與不仁」「君子道長，小人道消」之類。若是志於道，據於德，方是好底，方是道德

❶「子」，原作「氏」，今據重修本改。

之正。○自古罕有人説得端的，惟退之《原道》庶幾近之，却説見大體。程子謂能作許大識見，尋求真箇如此，他資才甚高。○《原性》，人多忽之，却不見他好處。如言「所以爲性者五，曰仁、義、禮、智、信」，此語甚實。○問：韓文公説人之所以爲性者五，是他實見得到後如此説邪？爲復是偶然説得着？曰：看他文集中説多是閒過日月，初不見他做工夫處，想只是才高，偶然見得如此。及至説到精微處，又却差了。○問：《原性》三品之説是否？曰：退之説性，只將仁義禮智來説，便是識見高處。如論三品亦是。但以某觀人之性，豈獨三品，須有百千萬品。退之所論却少了一氣字。程子曰：「論性不論氣不備，論氣不論性不明。」此皆前所未發。如夫子言「性相近」，若無「習相遠」一句，便説不行。如人生而静，静固是性，只着一生字便是帶着氣質言了，但未嘗明説着氣字。惟周子《太極圖》，却有氣質底意思。程子之論又自《太極圖》中見出來也。○《原鬼》不知鬼神之本，只是在外説箇影子。○問：《讀墨》篇言孔子尚同、兼愛與墨子同。曰：未論孔墨之同異，只此大小便不相敵，不可以對待言也。以此而論，則退之全未知孔子所以爲孔子者。○問：孟子謂「楊墨之道不息，孔子之道不著」。韓文公推尊孟氏闢楊墨之功以爲不在禹下，而《讀墨》一篇却謂孔子必用墨子，墨子必用孔子者，何也？曰：韓文公第一義是去學文字，第二義方去窮究道理，所以看得不親切。如云「其行己不敢有愧於道」，他本只是學文，其行己但不敢有愧於道爾，把這箇做第二義。似此様處甚多。○問：觀昌黎與孟簡書，其從大顛，是當時已有議論，而與之分解，不審有崇信之意否？曰：真箇是有崇信底意，他是貶從那潮州去，無聊後被他説轉了。黄義剛曰：韓公雖有心學問，但於利禄之念甚重。曰：他也是不曾去做工夫。他於外面皮殼子上都見得，安排位次是恁地。如《原道》中所謂「寒然後爲之衣，飢然後爲之食，爲宫室，爲城郭」等皆説得好。只是不曾向裏面省察，不曾就身上細密做工夫。只從麄處去，不見得原頭來處。如一港水，他只見得是水，却不見那源頭來處是如何。把那道别做一件事，道是可以行於世，我今只是恁地去行。故立朝議論風采，亦有可觀，却不是從裏面流出。平日只以做文吟詩飲酒博戲爲事，及貶潮州，寂寥無人共吟詩，無人共飲酒，又無人共博戲，見一箇僧説道理，便爲之動。如云「所示廣大深迴，非造次可喻」。不知大顛與他説箇什麽？得恁地傾心信向。韓公所説底，大顛未必曉得。大顛所説底，韓公亦見不破。但是他説得恁地好，後便被他動了。陳安卿曰：博愛之謂仁等説，亦可見其無原頭處。曰：以博愛爲仁，則未有博愛之前，不成是無仁。黄義剛曰：他説明明德，却不及致知格物。緣其不格物，所以恁地。曰：他也不曉那明明德。若能明明德，便是識原頭來處了。又曰：孟子後，荀揚淺，不濟得事。只有箇王通、韓愈好，又不全。安卿曰：他也只是見不得十分，不能止於至善也。曰：也是。○問：韓子稱「孟子醇乎醇，荀與揚大醇而小疵」。程子謂韓子稱孟子甚善。竊謂韓子既以失大本，不識性者爲大醇，則其稱孟氏醇乎醇，亦只是説得到，未必真見得到。曰：韓子説荀揚大醇是泛説，與田駢、慎到、申不害、韓非之徒觀之，則荀揚爲大醇。韓子只説那一邊，湊不着這一邊。若是會説底，説那一邊，亦自湊着這一邊。程子説「荀子極偏駮」，「揚子雖少過」，此等語皆是就分金秤上説下來。今若不曾看荀子、揚子，則所謂偏駮、雖少過等處亦見不得。○問：昌黎學者莫是李翶最識道理否？曰：也只是從佛中來。問：渠有去佛齋文，闢佛甚堅。曰：只是麄迹，至説道理却類佛。又問：退之見得不甚分明。曰：他於大節目處又却不錯，亦未易議。問：莫是説傳道是否？曰：亦不止此，他氣象大抵大。又歐陽只説韓李，不曾説韓柳。○韓退之著書立言，觝排佛老，不遺餘力。然讀其《謝潮州表》《答孟簡書》及張籍侑奠之詞，則其所以處於禍福死生之際，有愧於異學之流者多矣，其不能有以深服其心也宜哉！○韓退之、歐陽永叔所謂扶持正道、不雜釋老者也。然到得緊要處，更處置不行，更説不去。便説得來，也拙不分曉。緣他不曾去窮理，只是學作文，所以如此。○韓退之及歐、蘇諸公議論，不過是主於文詞，少間却是邊頭帶説得些道理。其本意終自可見。

北溪陳氏曰：韓公學無原頭處。如《原道》一篇，鋪敘許多節目，亦可謂見得道之大用流行於天下底分曉。但不知其體本具於吾身，故於反身内省處殊無細密工夫。只是與張籍輩吟詩飲酒度日，其中自無所執守。致得後來潮陽之貶，寂寞無聊中遂不覺爲大顛説道理動了。故俛首與之從遊，而忘其平昔排佛老之説。

西山真氏曰：《唐史》韓愈本傳云：「其《原道》《原性》《師説》等數十篇，皆奥衍閎深，與孟軻、揚雄相表裏，而佐佑六經云。」又曰：「自晉迄隋，老佛顯行，諸儒倚天下正議，助爲怪神。愈獨喟然引聖，争四代之惑，雖蒙訕笑，跲而復奮，始若未之信，卒大顯于時。昔孟軻拒楊墨，去孔子才二百年。愈排二家，乃去千載餘，撥衰反正，功與齊而力倍之，所以過況雄爲不少矣。自愈没，其言大行，學者仰之如泰山北斗云。」史氏之稱愈者如此，而程朱二先生議論乃或是非相半。蓋史氏存乎奬善，而二先生講學明道，則雖毫釐必致其察，此所以不同歟。又曰：昔者聖人言道必及器，言器必及道。盡性至命而非虚也，灑掃應對而非末也。自清静寂滅之教行，乃始以日用爲粃糠，天倫爲疣贅。韓子憂之，於是《原道》諸篇相繼而作。其語道德也必本於仁義，而其分不離父子君臣之間，其法不過禮樂刑政之際。飲食裘葛即正理所存，斗斛權衡亦至教所寓，道之大用粲然。復明者，韓子之功也。

程子曰：荀、揚性已不識，更説甚道！已下總論荀、揚、王、韓。○荀卿才高學陋，以禮爲僞，以性爲惡，不見聖賢。雖曰尊子弓，然而時相去甚遠，聖人之道至卿不傳。揚子雲仕莽，謂之「旁燭無疆」可乎？隱可也，仕不可也。○荀卿才高，其過多。揚雄才短，其過少。

韓子稱其大醇，非也。若二子可謂大駁矣。然韓子責人甚恕。○揚子無自得者也，故其言蔓衍而不斷，優柔而不決。其論性，則曰：「人之性也善惡混，修其善則爲善人，修其惡則爲惡人。」荀子悖聖人者也，故列孟子於十二子，而謂人之性惡。

朱子曰：荀子儘有好處，勝似揚子，然亦難看。○諸子百家書亦有説得好處，如荀子曰：「君子大心則天而道，小心則畏義而節。」此二句説得好。問：荀子資質也是箇剛明底人。曰：只是麄，他那物事皆未成箇模樣，便將來説。問：揚子工夫比之荀子，恐却細膩。曰：揚子説到深處，止是走入老莊窠窟裏去，如清静寂寞之説，皆是也。又如《玄》中所説靈根之説之類，亦只是老莊意思，止是説那養生底工夫爾。○問：東坡言三子言性，孟子已道性善，荀子不得不言性惡，固不是。然人之一性無自而見，荀子乃言其惡。他莫只是要人修身，故立此説。曰：不須理會荀卿，且理會孟子性善，渠分明不識道理。如天下之物有黑有白，此是黑，彼是白，又何須辯？荀揚不惟説性不是，從頭到底皆不識。當時未有明道之士，被他説用於世千餘年。韓退之謂荀揚大醇而小疵，伊川曰韓子責人甚恕，自今觀之，他不是責人恕，乃是看人不破。今且於自己上作工夫，立得本，本立則條理分明不待辯。○問：揚子與韓文公優劣如何？曰：各自有長處。韓文公見得大意已分明，但不曾去子細理會，如《原道》之類，不易得也。揚子雲爲人深沉，會去思索，如陰陽消長之妙，他直是去推求。然而如《太玄》之類，亦是拙底工夫，道理不是如此。蓋天地間只有箇奇耦，奇是陽，耦是陰，春是少陽，夏是太陽，秋是少陰，冬是太陰。自二而四，自四而八，只恁推去，都走不得。而揚子却添兩作三，謂之天地人，事事要分作三截。又且有氣而無朔，有日星而無月，恐不是道理。亦如孟子既說性善，荀子既說性惡，他無可得說，只得說箇善惡混。若有箇三底道理，聖人想自說了，不待後人說矣。看他裏面推得辛苦，却就上面說些道理，亦不透徹。看來其學似本於老氏，如惟清惟静惟淵惟默之語，皆是老子意思。韓文公於仁義道德上看得分明，其綱領已正，却無他這箇近於老子底說話。又問：文中子如何？曰：《文中子》之書，恐多是後來人添入，真僞難見，然好處甚多。但一一似聖人，恐不應恰限有許多事相湊得好。如見其荷蓧隱者之類，❶不知如何得恰限有這人。若道他都是粧點來，又恐粧點不得許多。然就其中惟是論世變因革處說得極好。又問：程子謂揚子之學實，韓子之學華，是如何？曰：只緣韓子做閒雜言語多，故謂之華。若揚子雖亦有之，不如韓子之多。○揚子雲、韓退之二人，也難說優劣。但子雲所見處多得之老氏，在漢末年難得人似他。亦如荀子言語亦多病，但就彼時亦難得一人如此。子雲所見多老氏者，往往蜀人有

❶「其」，原作「甚」，今據重修本改。

嚴君平源流。問：温公最喜《太玄》。曰：温公全無見處。若作《太玄》，何似作曆？老泉嘗非《太玄》之數，亦説得是。又問：與康節如何？曰：子雲何敢望康節，康節見得高又超然自得。退之却見得大綱，有七八分見識。如《原道》中説得仁義道德煞好，但是他不去踐履玩味，故見得不精微細密。伊川謂其學華者，只謂愛作文章，如作詩説許多閒言語，皆是華也。看得來退之勝似子雲。○問：程子言「近世豪傑，揚子雲豈得如愈」，如何？曰：只以言性論之，則揚子善惡混之説，所見僅足以比告子。若退之見得到處，却甚峻絶。性分三品，正是説氣質之性。至程門説破氣字，方有去著，此退之所以不易及也。○嘗令學者論董仲舒、揚子雲、王仲淹、韓退之四子優劣。曰：董仲舒自是好人，揚子雲不足道，這兩人不須説。只有文中子、韓退之這兩人疑似，學者多主退之。曰：看文中子根脚淺，然却是以天下爲心，分明是要見諸事業。天下事他都一齊入思慮來，雖是卑淺，然却是循規蹈矩、要做事業底人，其心却公。如韓退之雖是見得箇道之大用是如此，然却無實用功處。他當初本只是要討官職做，始終只是這心。他只是要做得言語似六經，便以爲傳道。至其每日工夫，只是做詩博弈、酣飲取樂而已。觀其詩便可見，都襯貼那《原道》不起。至其做官臨政，也不是要爲國做事，也無甚可稱，其實只是要討官職而已。○問：荀、揚、王、韓四子。曰：凡人著書，須自有箇規模，自有箇作用處。或流於申韓，或歸於黄老，或有體而無用，或有用而無體，不可一律觀。且如王通，這人於世務變故、人情物態、施爲作用處，極見得分曉，只是於這作用曉得處却有病。韓退之則於大體處見得，而於作用施爲處却不曉。如《原道》一篇，自孟子後無人似他見得。「郊焉而天神格，廟焉而人鬼享。以之爲人則愛而公，以之爲心則和而平，以之爲天下國家無所處而不當。」説得極無疵，只是空見得箇本原如此。下面工夫都空踈，更無物事撑柱襯簟，所以於用處不甚可人意。如論文章云自屈原、荀卿、孟軻、司馬遷、相如、揚雄之徒，却把孟軻與數子同論，可見無見識。荀卿則全是申韓，觀《成相》一篇可見。他見當時庸君暗主戰鬬不息，憤悶惻怛，深欲提耳而誨之，故作此篇。然其要卒歸於明法制、執賞罰而已。他那做處粗，如何望得王通？揚雄則全是黄老。某嘗説揚雄最無用，真是一腐儒。他到急處只是投黄老，如反《離騷》、并老子道德之言，可見這人更無足説。自身命也奈何不下，如何理會得别事？如《法言》一卷，議論不明快，不予決，如其爲人。荀揚二人自不可與王韓同日語。問：王通病處如何？曰：這人於作用處曉得，急欲見之於用，故便要做周公底事業，便去上書，要興太平。及知時勢之不可爲，做周公事業不得，則急退而《續詩》《續書》《元經》，又要做孔子底事業。殊不知孔子之時，接乎三代，有許多典謨訓誥之文，有許多禮樂法度，名物度數，數聖人之典章皆在，於是取而纘述，方做得這箇家具成。王通之時有甚麼典謨訓誥，有甚麼禮樂法度，乃欲取漢魏以下者爲之。書則欲以七制命議之屬爲《續書》，詩則欲取曹、劉、沈、謝者爲《續詩》，續得這般詩書，發明得箇甚麽道理？自漢以來，詔令之稍可觀者不過數箇。如高帝《求賢詔》雖好，已自不純。文帝勸農，武帝薦賢、制策、輪臺之悔，只有此數詔略好，此外盡無那一篇比得典謨訓誥。便求一篇如《君牙》《冏命》《秦誓》也無。曹、劉、沈、謝之詩，又那得一篇如《鹿鳴》《四牡》《大明》《文王》《關雎》《鵲巢》。亦有學爲四句古詩者，但多稱頌之詞，言皆過實，不足取信。樂如何有《雲英》《咸韶》《濩武》之樂，禮又如何有伯夷、周公制作之禮。他只是急要做箇孔子，又無佐證，故裝點幾箇人來做堯舜湯武，皆經我删述，便顯得我是聖人。如《中説》一書，都是要學孔子《論語》説泰伯三以天下讓，他便説陳思王善讓。《論語》説殷有三仁，他便説荀氏有二仁。又捉幾箇公卿大夫來相答問，便比當時門人弟子。正如梅聖俞説歐陽永叔，他自要做韓退之，却將我來比孟郊。王通便是如此，便胡亂捉别人來爲聖爲賢。殊不知秦漢以下君臣人物，斤兩已定，你如何能加重？《中説》一書固是後人假託，非王通自著，然畢竟是王通平生好自夸大。《續詩》《續書》紛紛述作，所以起後人假託之過。後世子孫見他學周公孔子學不成，都冷淡了，故又取一時公卿大夫之顯者，纘緝附會以成之。畢竟是王通有這樣意思在，雖非他之過，亦他有以啓之也。如世人説坑焚之禍起於荀卿，荀卿著書立言，何嘗教人焚書坑儒？只是觀他無所顧藉，敢爲異論，則其末流便有坑焚之理，然王通比荀揚又夐別，王通極開爽，説得廣闊，緣他於事上講究得精。故於世變興亡，人情物態，更革沿襲，施爲作用，先後次第，都曉得，識得箇仁義禮樂都有用處。若用於世，必有可觀。只可惜不曾向上透一著，於大體處有所欠闕，所以如此。若更曉得高處一著，那裏得來。只細看他書，便見他極有好處。非特荀揚道不到，雖韓退之也道不到。然王通所以如此者，其病亦只在於不曾子細讀書。若是子細讀書，知聖人所説義理之無窮，自然無工夫閑做。他死時只三十餘歲，他却火急要做許多事。❶問：若少假之年，必有可觀。曰：不然，他氣象局促只如此了。他做許多書時，方只二十餘歲。孔子七十歲方繫《易》作《春秋》，而王通未三十皆做了，聖人許多事業氣象去不得了。又曰：《中説》一書，如子弟記他言行，也煞有好處。雖云其書是後人假託，不會假得許多，須真有箇人坯模如此，方裝點得成。假使懸空白撰得一人如此，則能撰之人亦自大有見識，非凡人矣。

歐陽子

蘇氏軾曰：自漢以來，道術不出於孔氏，而亂天下者多矣。晉以老莊敗，梁以佛亡，莫

❶「急」，重修本作「速」。

或正之。五百餘年而後得韓愈，學者以配孟氏，蓋庶幾焉。愈之後三百有餘年，而後得歐陽子，其學推韓愈、孟子，以達於孔氏，故天下翕然師尊之。曰歐陽子，今之韓愈也。宋興七十餘年，民不知兵，富而教之，至天聖景祐極矣，而斯文終有愧於古。士亦因陋守舊，論卑而氣弱。自歐陽氏一出，天下争自濯磨，以通經學古爲高，以救時行道爲賢，以犯顔納諫爲忠，長育成就，至嘉祐末號稱多士，歐陽子之功爲多。

蘇氏轍曰：公權知貢舉，是時進士爲文以詭異相高，號太學體，文體大壞。公患之，所取率以詞義近古爲貴，比之險怪知名者黜去殆盡。牓出，怨議紛然，久之乃服。然文章自是變而復古。

龜山楊氏曰：《孟子》一部書，只是要正人心，教人存心養性，收其放心。至論仁義禮智，則以惻隱、羞惡、辭讓、是非之心爲之端。論邪説之害，則曰：「生於其心，害於其政。」論事君，則欲格君心之非。千變萬化，只説從心上來，人能正心，則事無足爲者矣。《大學》之脩身、齊家、治國、平天下，其本只是正心、誠意而已。心得其正，然後知性之善。孟子遇人便道性善，永叔却言聖人之教人，性非所先。永叔論别是非利害，文字上儘去得，但於性分之内全無見處，更説不行。人性上不可添一物，堯舜所以爲萬世法，亦只率性而已。所謂率性，循天理是也。外邊用計用數，假饒立得功業，只是人欲之私，與聖賢作處天地懸隔。

問：歐公如何？朱子曰：淺。久之，又曰：大概皆以文人自立，平時讀書，只把做考究古今治亂興衰底事要做文章，都不曾向身上做工夫，平日只是以吟詩飲酒戲謔度日。○歐公文字大綱好處多，晚年筆力亦衰。○《言行録》曰：公於古文，得之自然，非學所至。超然獨騖，衆莫能及。譬夫天地之妙，造化萬物，動者植者，無細與大，不見痕迹，自極其工。

蘇　子王安石附

朱子曰：嘗聞之師云，二蘇聰明過人，所説《語》《孟》，儘有好處。蓋天地間道理不過如此，有時便見得到，皆聰明之發也。但見到處却有病，若欲窮理，不可不論也。○蘇氏之學，以雄深敏妙之文煽其傾危變幻之習，以故被其毒者淪肌浹髓而不自知。今日正當拔本塞源，以一學者之聽，庶乎其可以障狂瀾而東之。若方且懲之，而又遽有取其所長之意，竊恐學者未知所擇。一取一舍之間，又將與之俱化而無以自還。○或謂蘇學，以爲世人讀之，止取文章之妙，初不於此求道，則其失自可置之。夫學者之求道，固不於蘇氏之文矣。然既取其文，則文之所述，有邪有正，有是有非，是亦皆有道焉，固求道者之所不可不講也。講去其非以存其是，則道固於此乎在矣，而何不可之有？若曰惟其文之取，而不復議其理之是非，則是道自道、文自文也。道外有物，固不足以爲道，且文而無理，又安足以爲文乎？蓋道無適而不存者也。故即文以講道，則文與道兩得而一以貫之，否則亦將兩失之矣。中無主，外無擇，其不爲浮誇險詖所入，而亂其知思也者幾希。況彼之所以自任者，不但曰文章而已，既亡以考其得失，則其肆然而談道德於天下，夫亦孰能禦之？〇《答汪尚書書》曰：蘇學邪正之辨，終未能無疑於心。❶蓋熹前日所陳，乃論其學儒不至，而流於詖淫邪遁之域。竊味來教，乃病其學佛未精，而滯於智慮言語之間，此所以多言而愈不合也。夫其始之闢禪學也，豈能明天人之藴，推性命之原，以破其荒誕浮虚之説，而反之正哉？如《大悲閣中和院記》之屬，直掠彼之粗以角其精，據彼之外以攻其内，是乃率子弟以攻父母，信枝葉而疑本根，亦安得不爲之詘哉？近世攻釋氏者，如韓、歐、孫、石之正，龜山猶以爲一杯水救一車薪之火。況如蘇氏以邪攻邪，是束緼灌膏而往赴之也，直以身爲燼而後已耳！來教又以爲蘇氏乃習氣之弊，雖不知道而無邪心，非若王氏之穿鑿附會，以濟其私邪之學也。熹竊謂學以知道爲本，知道則學純而心正，見於行事，發於言語，亦無往而不得其正焉。如王氏者，其始學也蓋欲陵跨揚韓，掩迹顔孟，初亦豈遽有邪心哉？特以不能知道，故其學不純，而設心造事遂流入於邪。又自以爲是，而大爲穿鑿附會以文之。此其所

❶「未」，重修本作「不」。

以重得罪於聖人之門也。蘇氏之學雖與王氏若有不同者，然其不知道而自以爲是則均焉。學不知道，其心固無所取則以爲正，又自以爲是而肆言之，其不爲王氏者，特天下未被其禍而已。其穿鑿附會之巧，如來教所稱論成佛、説老子之屬，蓋非王氏所及，而其心之不正，至乃謂湯武簒弑，而盛稱荀彧以爲聖人之徒。凡若此類，皆逞其私邪，無復忌憚，不在王氏之下。借曰不然，而原情以差其罪，則亦不過稍從末減之科而已，豈可以是爲當然而莫之禁乎？《書》曰：「天討有罪，五刑五用哉。」此刑法之本意也。若天理不明，無所準則，而屑屑焉惟原情之爲務，則無乃徇情廢法，而縱惡以啓姦乎！楊朱學爲義者也，而偏於爲我。墨翟學爲仁者也，而流於兼愛。本其設心，豈有邪哉？皆以善而爲之耳。特於本原之際，微有毫釐之差，是以孟子推言其禍，以爲無父無君而陷於禽獸，辭而闢之不少假借。孟子亦豈不原其情而過爲是刻核之論哉？誠以其賊天理、害人心於幾微之間，使人陷溺而不自知，非若刑名狙詐之術，其禍淺切而易見也。是以拔本塞源，不得不如是之力。《書》曰：「予畏上帝，不敢不正。」又曰：「予弗順天，厥罪惟均。」孟子之心亦若是而已爾。以此論之，今日之事，王氏僅足爲申韓儀衍，而蘇氏學不正而言成理，又非楊墨之比。愚恐孟子復生，則其取舍先後，必將有在矣。○《答程允夫書》曰：來書謂熹之言乃論蘇氏之粗者，不知如何而論乃得蘇氏之精者？此在吾弟必更有説，然熹則以爲道一而已，正則表裏皆正，譎則表裏皆譎，豈可以析精粗爲二致？ 此正不知道之過也。 又謂洗垢索瘢，則孟子以下皆有可論，此非獨不見蘇氏之失，又并孟子而不知也。 夫蘇氏之失著矣，知道愈明，見之愈切，雖欲爲之覆藏而不可得，何待洗垢而索之耶？ 若孟子則如青天白日，無垢可洗，無瘢可索，今欲掩蘇氏之疵而援以爲比，豈不適所以彰之耶？ 黄門比之乃兄，似稍簡静，然謂簡静爲有道，則與子張之指清忠爲仁何以異？ 第深考孔子所答之意，則知簡静之與有道，蓋有間矣。 況蘇公雖名簡静而實陰險，元祐末年規取相位，力引小人楊畏使傾范忠宣公，而以己代之。 既不效矣，則誦其彈文於坐，以動范公，此豈有道君子所爲哉！ 此非熹之言，前輩固已筆之於書矣。 吾弟乃謂其躬行不後二程，何其考之不詳而言之之易也。 二程之學始焉未得其要，是以出入於佛老，及其反求而得諸六經也，則豈固以佛老爲是哉？ 如蘇氏之學，則方其年少氣豪，固嘗妄觝禪學；及其中歲，流落不耦，鬱鬱失志，然後匍匐而歸焉。 始終迷惑，進退無據，以比程氏，正傷子先病後瘳、先瘳後病之説。 吾弟比而同之，是又欲洗垢而索孟子之瘢也。 又謂：「程氏於佛老之言皆陽抑而陰用之，夫竊人之財猶謂之盜，況程氏之學以誠爲宗，今乃陰竊異端之説，而公排之以蓋其跡，不亦盜憎主人之意乎？」必若是言，則所謂誠者安在？ 而吾弟之所以裁抑之意果何謂也？ 挾天子以令諸侯，乃權臣跋扈借資以取重於天下，豈真尊主者哉？ 若儒者論道而以是爲心，則亦非真尊六經者。此其心跡之間，反覆畔援，去道已不啻百千萬里之遠，方且自爲邪説誠行之不暇，又何暇攻百氏而望其服於己也？凡此皆蘇氏心術之蔽，故其吐辭立論出於此者十而八九。吾弟讀之，愛其文辭之工，而不察其義理之悖。日往月來，遂與之化，如入鮑魚之肆，久則不聞其臭矣。而此道之傳，無聲色臭味之可娱，非若侈麗閎衍之辭，縱横捭闔之辨，有以眩世俗之耳目而蠱其心。自非真能洗心滌慮以入其中，真積力久，卓然自見道體之不二，不容復有毫髮邪妄雜於其間，則豈肯遽然舍其平生之所尊敬向慕者，而信此一夫之口哉？故伊川爲明道墓表曰：「學者於道，知所向，然後見斯人之爲功；知所至，然後見斯名之稱情。」蓋爲此也。然世衰道微，邪僞交熾，士溺於見聞之陋，各自是其所是。若非痛加剖析，使邪正真僞判然有歸，則學者將何所適從以知所向？况欲望其至之乎？又曰：蘇氏文辭偉麗，近世無匹，若欲作文，自不妨模範。但其辭意矜豪譎詭，亦有非知道君子所欲聞。是以平時每讀之，雖未嘗不喜，然既喜未嘗不厭，往往不能終帙而罷，非故欲絶之也，理勢自然，蓋不可曉。然則彼醉於其説者，欲入吾道之門，豈不猶吾之讀彼書也哉！亦無怪其一胡一越而終不合矣。又曰：東坡善議論，有氣節。○蘇子由云：「學聖人不如學道。」他認道與聖人做兩箇物事，不知道便是無軀殻底聖人，聖人便是有軀殻底道。學道便是學聖人，學聖人便是學道，如何將做兩箇物事看。○或謂蘇程之學，二家當時自相排斥，蘇氏以程氏爲姦，程氏以蘇氏爲縱横。以某觀之，只有荆公脩仁宗實録，言老蘇之書大抵皆縱横者流，程子未嘗言也。如《遺書》賢良一段，繼之以得志不得志之説，却恐是説他。坡公在黄州猖狂放恣，不得志之説恐指此而言。楊道夫問：坡公苦與伊洛相排，不知何故？曰：他好放肆，見端人正士以禮自將，却恐他來檢點，故恁詆訾。道夫曰：坡公氣節有餘，然過處亦自此來。曰：固是。又云老蘇辨姦，初間只是私意如此，後來荆公做不著，遂中他説。然荆公氣習，自是一箇要遺形骸、離世俗底模樣，喫物不知飢飽。嘗記一書載公於飲食絶無所嗜，唯近者必盡，左右疑其爲好也，明日易以他物，而置此品於遠，則不食矣，往往於食未嘗知味也。至如食釣餌，當時以爲詐，其實自不知了。近世吕伯恭亦然，面垢身汙似所不卹，飲食亦不知多寡。要之，即此便是放心。辨姦以此等爲姦，恐不然也。老蘇之出，當時甚敬崇之，惟荆公不以爲然，故其父子皆切齒之。然老蘇詩云「老態盡從愁裏過，壯心偏旁醉中來」，如此無所守，豈不爲他荆公所笑？如《上韓公書》求官職，如此所爲，又豈不爲他荆公所薄？至如坡公著述，當時使得盡行所學，則事亦未可知。從其遊者皆一時輕薄輩，無少行檢，就中如秦少游則其最也。諸公見他説得去，更不契勘。當時若使盡聚朝廷之上，則天下何由得平？更是坡公首爲無稽，游從者從而和之，豈不害事？但其用之不久，故他許多敗壞之事未出，兼是後來群小用事，又費力似他，故覺得他箇好。

○又曰：蘇黄門謂之近世名卿則可，以顔子方之，某不得不論也。大抵學者貴於知道，蘇公早拾蘇張之緒餘，晚醉佛老之糟粕，謂之知道可乎？《古史》中論黄帝、堯、舜、禹、益、子路、管仲、曾子、子思、孟子、老聃之屬，皆不中理，未易概舉。但其辯足以文之，世之學者窮理不深，因爲所眩耳。某數年前亦嘗惑焉，近歲始覺其繆。○問：荆公與坡公之學。曰：二公之學皆不正，但東坡之德行那裏得似荆公。東坡初年若得用，未必其患不甚於荆公。但東坡後來見得荆公狼狽，所以都自改了。初年論甚生財，後來見青苗之法行得狼狽，便不言生財。初年論甚用兵，如曰「用臣之言，雖北取契丹可也」。後來見荆公用兵用得狼狽，更不復言兵。他分明有兩截底議論。

性理大全書卷之五十九

歷代一

唐虞三代

堯　舜

程子曰：得天理之正、極人倫之至者，堯舜之道也。○堯舜知他幾千年，其心至今在。○泰山雖高矣，絕頂之外，無預乎山也。唐虞事業自堯舜觀之，亦猶一點浮雲過於太虛爾。

龜山楊氏曰：舜在側微，堯舉而試之。慎徽五典，則五典克從。納于百揆，則百揆時敘。賓于四門，則四門穆穆。以至以天下授之而不疑。觀其所施設，舜之所以爲舜，其才其德可謂大矣。宜非深山之中所能久處而爲舜者，當堯未之知，方且飯糗茹草，若將終身。若使今人有才氣者雖不得時，其能自已其功名之心乎？以此見人必能不爲，然後能有爲也。非有爲之難，其不爲猶難矣！

禹

南軒張氏曰：禹之有天下也，無所與於己。又曰：禹之爲聖，本由學而成，皆其工夫至到者也。

湯　文　武

程子曰：聖人無過，湯武反之也。其始未必無過，所謂如日月之食，乃君子之過。○或問：高宗之於傅説，文王之於太公，知之素矣，恐民之未信也，故假夢卜以重其事。曰：然則是僞也，聖人無僞。

或問：湯之伐桀也，衆以爲我后不恤我衆，舍我穡事而割正夏，而湯告以必往，是聖人之任者也。文王三分天下有其二，以服事商，是聖人之清者也。龜山楊氏曰：非也。湯之伐桀，雖其衆有不悦之言，憚勞而已。若夏之人則不然，曰：「時日曷喪，予及汝偕亡。」故攸徂之民，室家相慶，簞食壺漿以迎王師。湯雖欲不往，不可得矣。文王之時，紂猶有天下三分之一，民猶以爲君，則文王安得而不事之？至於武王，而受罔有悛心，賢人君子不爲所殺，則或爲囚奴，或去國，紂之在天下爲一夫矣，故武王誅之，亦不得已也。由此觀之，湯非樂爲任，而文王非樂爲清也，會逢其適而已。

宣

華陽范氏曰：昔周宣王任賢使能，吉甫征伐於外，而王之所與處者，張仲孝友也。夫使文武之臣征伐，而左右前後得正良之士，善其君心，則讒言不至，而忠謀見用，此所以能成功也。苟使憸邪之人從中制之，則雖吉甫無以成其功。宣王能復文武之業以致中興者，内順治而外威嚴也。

伊尹　傅説

程子曰：伊尹之耕于莘，傅説之築于巖，天下之事非一一而學之，天下之賢才非人人而知之也，明其在我者而已。

朱子曰：伊尹是兩截人。方其耕于莘野，若將終身焉，是一截人。及湯三聘，翻然而往，便以天下之重爲己任，是一截人。

總論

程子曰：五帝公天下，故與賢。三王家天下，故與子。論善之盡，則公而與賢，不易之道也。然賢人難得而争奪興焉，故與子以定萬世，是亦至公之法也。○堯與舜更無優劣，及至湯武便别。孟子言性之、反之，自古無人如此説，只孟子分别出來，便知得堯舜是生而知之，湯武是學而能之。文王之德則似堯舜，禹之德則似湯武，要之皆是聖人。○聖人無優劣，堯舜之讓，禹之功，湯武之征伐，伯夷之清，柳下惠之和，伊尹之任，周公在上而道行，孔子在下而道不行，其道一也。

張子曰：稽衆捨己，堯也。與人爲善，舜也。聞善言則拜，禹也。用人惟己，改過不吝，湯也。不聞亦式，不諫亦入，文王也。皆虚其心以爲天下也。

華陽范氏曰：象日以殺舜爲事，舜爲天子則封之。管蔡啓商以叛周，周公爲相也則誅之。其迹不同，其道一也。舜知象之將殺己也，故象憂亦憂，象喜亦喜，盡其誠以親之而已矣，象得罪於舜，故封之。管蔡流言於國，將危周公，以間王室，得罪於天下，故誅之，非周公誅之，天下之所當誅也。周公豈得而私之哉？後世如有王者，不幸而有害兄之弟如象，則當如舜封之是也；不幸而有亂天下之兄如管蔡，則當如周公誅之是也。舜處其常，周公處其變，此聖人所以同歸于道也。

五峰胡氏曰：堯舜以天下與人，而無人德我之望。湯武有人之天下，而無我取人之嫌。是故天下無大事，我不能大，則以事爲大而處之也難矣。

庸齋許氏曰：五帝之禪，三代之繼，皆數然也。其間如堯舜有子之不肖，變也。堯舜能通之以揖遜，而不能使己子之不朱均。湯武遇君之無道，變也。湯武能通之以征伐，而不能使夏商之無桀紂。聖人遇變而通之，亦惟達於自然之數，一毫之己私無與也。

春秋戰國

魯 衛

程子曰：蒯聵得罪於父，不得復立。輒亦不得背其父而不與共國，委於所可立，使不失先君之社稷，而身從父，則義矣。

五峰胡氏曰：欲撥亂興治者，當正大綱。知大綱，然後本可正而末可定。大綱不知，雖或善於條目，有一時之功，終必於大綱不正之處而生大亂。然大綱無定體，各隨其時事。故魯莊之大綱，在於復讎也；衛國之大綱，在於正名也。讎不復，名不正，雖有仲尼之德，亦不能聽魯衛之政矣。

管　仲

或言使管仲而未死，内嬖復六人，何傷桓公之霸乎？程子曰：管仲爲國政之時，齊侯之心未蠱也。既蠱矣，雖兩管仲將如之何？未有蠱心於女色，而能盡心於用賢也。

涑水司馬氏曰：孔子稱管仲之器小哉，先儒以爲管仲得君如此，不勉之以王，而僅止於霸，此其所以爲小也。愚以爲周天子存，而管仲勉齊桓公以王，是教之篡也。此管仲所耻，而不爲孔子顧欲其爲之邪？夫大人者，顧時不用則已，用則必以禮樂正天下，使綱紀文章粲然有萬世之安，豈直一時之功名而已邪？管仲相桓公，霸諸侯，禹迹所及，冠帶所加，未能使之皆率職也，而偃然自以天下爲莫己若也。朱紘而鏤簋，反坫而三歸，此其器豈不小哉？揚子曰：「大器其猶規矩準繩乎？先自治而後治人。」斯言得之矣。

荀　息

涑水司馬氏曰：晉獻公使荀息傅奚齊，荀息曰：「臣竭其股肱之力，不濟則以死繼之。」及里克殺奚齊，荀息死之。君子曰：《詩》所謂「白圭之玷，尚可磨也；斯言之玷，不可爲也」，荀息有焉。杜元凱以爲荀息有此詩人重言之義。以愚觀之，元凱失左氏之意多矣。彼生與君言、死而背之者，是小人穿窬之行，君子所不譏也。夫立嫡以長，正也。獻公溺於嬖寵，廢長立少，荀息爲國正卿，君所倚信，不能明白禮義以格君心之非，而遽以死許之。是則荀息之言玷於獻公未没之前，而不可救於已没之後也。然則左氏之志所以貶荀息，而非所以爲褒也。

狐偃　趙衰

西山真氏曰：狐偃、趙衰，晉文之以父師事之者也。從亡十有九年，其所以輔翼扶持者，不遺餘力矣。然聖賢脩身治國之道，二子蓋未嘗講也。故其始霸也，請王者之隧，圍天子之邑，勤天王之狩。❶使二子嘗從事於格心之學，素以義禮迪其君，詎至於是哉？以行事考之，惟用人一節頗得古人推賢遜能之意，其餘則皆孔門之所羞言者也。然自二人而觀，則子餘之言論風旨，又非舅犯可及。❷

❶「王」，四庫本作「子」。
❷「舅」，原作「咎」，今據重修本改。

趙文子

東萊呂氏曰：趙文子其中退然如不勝衣，其言呐呐然如不出諸其口。及宋之盟，談笑當衷甲之變，神閑氣定而不亂。晏子長不滿六尺，及崔慶之盟，白刃在前，毅然賁育不能奪。蓋其怯者，血氣也；其勇者，義也。

西山真氏曰：趙文子之賢出於天資，而未嘗輔之學，故志不能帥氣，年未及耄而偷惰形焉。其視畢公弼四世而克勤小物，衛武過九十而以禮自防，何相去之遠耶？此無他，有理義以養其心，則雖老而神明不衰。苟爲不然，則昏於豢養，敗於戕賊，未老而已然矣。有志之士，可不戒諸！

子產

或問：子產相鄭，鑄刑書，作丘賦，時人不以爲然。是他不達爲國以禮底道理，徒恃法制以爲國，故鄭國日以衰削。朱子曰：是他力量只到得這裏。觀他與韓宣子争時，似守得定。及到伯有子晳之徒撓他時，則度其可治者治之，若治他不得，便只含糊過亦然。當時列國世卿，每國須有三兩族强大，根株盤互，勢力相依倚，卒急動他不得。不比如今大臣才被人論，便可逐去。故當時自有一般議論，如韓獻子分謗之説，只是要大家含糊過，不要見得我是你不是。又如魯以相忍爲國，意思都如此。後來張文潛深取之，故其所著，雖連篇累牘，不過只是這一意。

西山真氏曰：鄭子産以鄭簡公十二年爲卿，明年得政，簡公在位三十六年乃卒。又歷事定公、獻公、聲公，合凡四十餘年。方其始也，内則有諸大夫之争權，互相誅殺，外則晉楚之兵無歲不至城下。國之危且弱，幾不可爲矣。子産於此從容回斡，皆有次第。其於内也，務息諸大夫之争，而去其猶不可令者。然根之難拔者不輕動以激其變，惡之既稔者不緩治以失其機。有勸懲之公，而無忿疾之過。故自子南逐，子皙死，豪宗大姓弭然聽順，無復有梗其政者。其於外也，事大國以禮而不苟徇其求，故終其身免於諸侯之討。而鄭能以弱爲强，考其所爲，惟作丘賦、鑄刑書見譏當世，其餘鮮不合於理者。❶然大人格心之業，則未之聞焉。豈其所事四公，皆凡庸之主，不足與有進耶？不然，何其無有以一善著者？至於用人，各以所長，蓋得聖門所謂器使之道，春秋卿大夫未有能及之者。後之以權衡人物爲職者，當觀法焉。

❶「其」，原作「自」，今據四庫本改。

商鞅

或問：商鞅説孝公帝王道不從，乃説以霸道。鞅亦不曉帝王道，但是先將此説在前者，渠知孝公决不能從，且恁地説，庶可以堅後面霸道之説耳。朱子曰：鞅又如何理會得帝王之道？但是大拍頭去揮那孝公耳。他知孝公是行不得，他恁地説，只是欲人知道我無所不曉。○問開阡陌。曰：阡陌便是井田。陌，百也。阡，千也。東西曰阡，南北曰陌。或問：南北曰阡，東西曰陌，未知孰是？但却是一箇横，一箇直。且如百夫有遂，遂上有涂，這便是陌。若十箇涂恁地直在横頭，又作一大溝，謂之洫。洫上有路，這便是阡。阡陌只是疆界，自阡陌之外有空地，則只恁地閑在那裏。所以先王要如此者，也只是要正其疆界，怕人相侵互。而今商鞅却開破了，遇可做田處便墾作田，更不要恁地齊整。這開字非開創之開，乃開闢之開也。

或問：商君初變法，秦民不悦，言不便者以千數，令行之後，秦道不拾遺，鄉邑大治，秦民後來言令便。潛室陳氏曰：始言不便，猶是三代直道之民；終復言便，則戰國刑戮之民矣。不下毒手，如何得他合口？當看商鞅行法始末。○問：秦謫戍法，先發吏有謫籍及贅婿、賈人，又父母有市籍者，所以重困商賈，何故？曰：秦自商君立法，欲民務農力戰，故重耕戰之賞。以商賈務末，不能耕戰，故重爲謫罰以抑之，所以立致富彊。

樂毅　孫臏

或問：樂毅伐齊，文中子以爲善藏其用，東坡則責其不合妄效王者事業以取敗，二説孰是？朱子曰：這只是他每愛去立説，後都不去攷教子細。這箇是那田單會守，後不奈他何。當時樂毅自是兼秦魏之師，又因人怨湣王之暴，故一旦下齊七十餘城。及既殺了湣王，則人心自是休了。他又怕那三國來分他底，連忙發遣了他。以燕之力量，也只做得恁地。更是那田單也忠義，盡死節守那二城。樂毅不是不要取他，也煞費氣力，被他善守，後不奈他何。樂毅也只是戰國之士，又何嘗是王者之師？他當時也恣意去鹵掠，政如孟子所謂「毁其宗廟，遷其重器」，不過如此舉措。他當時那鼎也去扛得來，他豈是不要他底？但是田單與他皆會，兩箇相遇，智勇相角，至相持三年，便是樂毅也煞費氣力，但取不得。及騎刼用，則是大段無能，後被田單使一箇小術數子，便乘勢殺將去。便是國不可以無人，如齊但有一田單盡死節恁地守，便不奈他何。○樂毅莒即墨之圍，乃用師之道適當如此，用速不得。又齊湣王人多叛之，及死而其子立于莒，則人復惜之，不忍盡亡其國。即墨又有田單，故下之難。使毅得盡其策，必不失之。

或問：孫臏料龐涓暮當至馬陵，如何料得如此好？沈僩曰：使其不燭火看白書，則如之何？曰：臏料龐涓是箇絮底人，必看無疑。此有三樣，上智底人，他曉得必不看；下智獃底人，亦必不看；中智底人必看，看則墮其機矣。嘗思古今智士之謀略詭譎，固不可及。然記之者能如此曲折書之而不失其意，則其智亦不可及矣。

毛遂　趙括　魯仲連

潛室陳氏曰：毛遂上不數於其主，下不齒於其徒，而卒能奮身決起，著名楚趙，苟非見棄於人，安能以有激乎？吾觀戰國游士，所以策名當時，致身將相，快平生之憤，酧夙昔之願，往往皆因所激而能致之。蘇秦之相六國，其家激之也。張儀之相秦，其友激之也。范睢談笑而取秦柄，其讎激之也。故善用人者，於其凌厲頓挫之時，而乘其感慨奮激之氣，則雖尋常之人，皆能以自效於尺寸。如其習安於豢養之餘，而生平之意願已足，則雖奇人節士，亦或無以自見也。

趙括虛張無實，言大而才踈，其父母知之，趙廷之臣知之，而敵國之人亦知之。獨其君不之知者，蓋當是時，應侯行千金於趙以爲反間，是必左右近臣陰受秦賂，相與蒙蔽主知，故其君不悟至此。人多以名用人，失之趙括，不知括之在趙，未嘗以名聞也。使括而以名聞於趙，則秦當忌之矣，而胡爲利括之爲將也？ 是括虛張踈繆之實，已久聞於隣國，其主不知之耳！ ○問趙長平之敗。 曰：長平之敗，豈不哀哉！ 此不惟一趙括爲之，兵端一開，平原君實爲之也。 蓋當是時，秦嘗有事於魏韓，而馮亭欲嫁禍於隣國，故以上黨自歸於趙。夫秦拔野王而上黨路絶，是上黨之在韓也，有已亡之形，而秦有垂得之勢。 今韓以空名歸趙，實欲嫁秦兵於趙，此蓋馮亭狙詐之術耳。 夫秦日夜勞心苦力，以蠶食於韓，今上黨有垂得之勢，而趙乃欲安坐而利之，則雖彊大不能得之弱小，而弱小顧能得之彊大乎？ 且無故之獲，有道之所深憂也；非望之福，哲人之所甚禍也。 平原不見天下之大勢，暗於狙詐之術，棄龜鑑之名言，而自速危亡之禍，則長平之敗豈獨趙括爲之哉！

魯仲連亦戰國策士耳，而奇氣踈節，憤激陳義，有非策士所能及者。 鷹隼高飛於雲漢，虎豹長嘯於山林，其頡頏飛騰之氣，豈人之所能近哉！ 一旦受人之羈縶，而豢養於韝圈之中，則與雞犬何異？ 何者，惟其有所欲故也。 戰國游士大抵不勝其利欲之私心，擔簦而往，鼓篋而遊，夫孰非有富貴之心者？ 故一受人之羈縻，甘人之豢養，則雖有奇氣踈節，將無所用之，而俛首帖尾，碌碌人下者，往往而是也。 尚何望其憤激陳義哉！ 仲連惟不見其所欲，故不受人之羈縻，不甘人之豢養，是以高飛長嘯，而足以頡頏於一世。 雖未必爲天下士，而人固以天下士奇之矣。

藺相如

龜山楊氏曰：周室之季，天下分裂爲戰國，游談之士出於其間，各挾術以干時君，視其喜怒悲懼而捭闔之，徼名射利，固無足道者。間有感憤激昂以就一時之功，其材力有足過人，而鮮克自重其身者何多耶！予讀藺相如傳，未嘗不壯其爲人，而惜其如此也。夫秦藉累世之資，肆虎狼之暴，搏噬天下，有并吞諸侯之心，非可與禮義接而論曲直也。相如區區掉三寸舌，入睚眦不測之秦，卒能以完璧歸，亦足壯哉！然當其捧璧睨柱，示以必死，蓋亦摩虎牙矣。夫死非難，死不失義，不傷勇，君子所難也。且秦趙之不敵，蓋雄雌之國也。身之存亡，非特一璧之重，而社稷安危之機，亦不在夫璧之存亡也。然則趙之有璧，存可也，亡可也。初相如捧璧入秦，趙之君臣計議，非有親秦之心，特迫其威彊耳。夫以小事大，古之人有以皮幣犬馬珠玉而不得免者，至棄國而逃，況一璧乎？雖與之可也。相如計不出此，乃以孤單之使，逞螳怒之威，抗臂秦庭，當車轍之勢，其危如一髮引千鈞，豈不殆哉！當是時，使秦知趙璧終不可得，則欲徼幸不死難矣。若是則尚安得爲不失義，不傷勇乎？不三數年，趙卒有覆軍陷城之禍者，徒以璧爲之祟也。然則全璧歸趙何益哉？至於澠池之會，則其危又甚矣。方趙王之西也，廉頗約以一月不返，則立太子以絶秦望，則是行也，非有萬全之計，雖無往可也。《傳》曰：「智者慮，義者行，仁者守，然後可以會。」三者一闕焉，則危事矣。挾萬乘之君蹈危事，非得計也。相如爲趙卿相，其智勇不足重趙，使秦不敢惴焉，乃欲以頸血濺之，豈孔子所謂暴虎馮河、死而無悔者歟？嗚呼！周道衰，士無中行久矣。區區戰國之際，尚足追議其失哉！予於相如，惜其雄傑俊偉，於戰國士有足稱者，而其失如此，故特爲之論著云。

或曰：藺相如其始能勇於制秦，其終能和以待廉頗，可謂賢矣。以某觀之，使相如能以待頗之術待秦，乃爲善謀。蓋柔乃能制剛，弱乃能勝强。今乃欲以匹夫之勇，恃區區之趙而鬬强秦，若秦奮其虎狼之威，將何以處之？今能使秦不加兵者，特幸而成事耳。朱子曰：子由有一段説，大故取他，説他不是戰國之士，此説也太過。其實他只是戰國之士。龜山亦有一説，大概與公説相似，説相如不合要與秦争那璧。要之恁地説也不得。和氏璧也是趙國相傳，以此爲寶，若當時驟然被人將去，則國勢也解不振。古人傳國皆以寶玉之屬爲重，若子孫不能謹守，便是不孝。當時秦也是强，但相如也是料得秦不敢殺他後，方恁地做。若其他人，則是怕秦殺了，便不敢去。如藺相如豈是孟浪恁地做？他須是料度得那秦過了。戰國時如此等也多，黄歇取楚太子也是如此。當時被他取了，秦也不曾做聲，只恁休了。

廉頗　蘇秦　張儀

東萊吕氏曰：趙使武襄君樂乘代廉頗，頗怒攻武襄君，廉頗出犇魏。以是推之，則向者肉袒負荆之悔，特感相如之義而非真悔也。悔不發於己而發於人，烏可久邪？○蘇秦約從，説齊王曰：「夫韓魏所以畏秦者，爲其與秦接境壤也。韓魏戰而勝秦，則兵半折，四境不守；戰而不勝，國已危亡。故韓魏所以重與秦戰而輕爲之臣也。」吾不知蘇秦之説韓魏敢出此語乎？此蘇秦之所以爲蘇秦也。○蘇秦、張儀，同門友也。蘇秦將止秦兵，不以情而遣儀，乃以術而激儀，何邪？蓋平昔師友之間未嘗用情，故臨事不可以情告也。

屈　原

朱子曰：屈原之心，其爲忠清潔白，固無待於辨論而自顯。若其爲行之不能無過，則亦非區區辨説所能全。故君子之於人，取其大節之純全而略其細。行之不能無弊，則雖三人猶必有師者，況如屈子乃千載而一人哉！孔子曰：「人之過也，各於其黨。觀過，斯知仁矣。」此觀人之法也。夫屈原之忠，忠而過者也。屈原之過，過於忠者也。故論其大節，則其他可以一切置之不問。論其細行，而必其合於聖賢之榘度，則吾固已言其不能皆合於中庸矣。尚何説哉！

范　睢

涑水司馬氏曰：穰侯相秦，秦益彊，宰制諸侯，如嚴主之役僕夫，左右前後無不如志，此穰侯之功也。范睢非能爲秦忠謀，亦非有怨於穰侯也，欲行其説，而穰侯適妨其路，故搤其喉，拊其背而奪之位。秦王視聽之不明，遂至於遷逐母弟，況穰侯何有哉？穰侯雖擅權，未至如睢之所言，孔子惡夫佞者，豈以此夫？

總　論

庸齋許氏曰：春秋上下二百餘年，其間人材有一節一行之可稱者，固難以指而數。若夫宏碩之器，明敏之識，端實之行，正大之議論，未嘗不相望于世。今試舉其材美之著者言之，如齊之鮑叔、管仲，晉之舅犯、先軫、郤克、趙衰，宋之華元，楚之子文、蔿賈，秦之百里奚，鄭之子産，吴之季札。此十數輩者，皆足以尊主而庇民，皆足以捍災而制變，皆足以繼絶世而興治平。若較之三代王佐之才，固未可同日語。若求之漢唐全盛之際，未見有出其右者。然考諸人之事業，其大者僅能輔其君以主夏盟，餘皆保全境内，幸免社稷之變遷而已。遂使後之議者，謂其規模淺狹，皆無能用於天下，而止足以用一國。斯言也，果足以病諸人乎？愚竊以爲春秋之時，吾道與元氣會合者，皆支離於光岳之分裂。天綱地維，一墜而難振；民彝國政，一壞而難修；事物統類，一紛亂而未易以整齊。當是之時，陰陽氣運之厄，方有以成吾道之厄，雖有偉人特起，欲以天下爲己任，吾知其材力無所施。

秦

始皇

或云：秦始皇用王翦，將兵伐楚，翦請田宅甚衆，或者非之。翦曰：「王怛中而不信人，今空國中之甲士盡以委我，儻不多請田宅爲子孫業，則王疑我矣。」范陽張氏曰：君臣至於此，衰世之風也。君不信其臣，故以術而御其臣。臣不信其君，故以術而防其君。君臣上下，無非以術相與，欲其終始無間難矣！然當此時，三綱五常既已淪斁，使秦皇不疑其臣，則臣下必移其權；使王翦不防其君，則後日必被其禍。君臣之風喪至此，天下可知矣。

或問：自秦始皇變法之後，後世人君皆不能易之，何也？朱子曰：秦之法盡是尊君卑臣之事，所以後世不肯變。且如三皇稱皇，五帝稱帝，三王稱王，秦則兼皇帝之號。只此一事，後世如何肯變？ 又問：賈生仁義攻守之説，恐秦如此，亦難以仁義守之。曰：他若延得數十年，亦可扶持整頓，只是犯衆怒多，下面逼得來緊，所以不旋踵而亡。如三皇五帝三王以來，皆以封建治天下，秦一切掃除，不留種子。秦視六國之君，如坑嬰兒，今年捉一人，明年捉兩人，絶滅都盡，所以犯天下衆怒。當時但聞秦字，不問智愚男女，盡要起而亡之。陳涉便做陳王，張耳便做趙王，更阻遏他不住。漢高祖自小路入秦，由今襄陽、金、商、藍田入關，項羽自河北大路入關。及項羽盡殺秦人，想得秦人亦悔不且留取子嬰在也。

茅蕉　陳勝

潛室陳氏曰：秦遷太后於離宫，諫死者二十七人，而後來之輸忠者猶未已。夫秦無道極矣，而在廷何多直節臣也？ 且其諫者非必皆社稷之臣，皆貴戚之卿也。非必皆析秦之圭，皆儋秦之爵也。又非必皆秦之所産，皆直言之士也。而爲是奮死而不顧，蓋生乎戰國之世，無一而非口舌之士；仕於危亡之朝，無一而非口舌之功。故常喜出於波濤洶湧之間，游人之所不能泳，與濟俱没，與汩俱出，而幸不死焉，是其所以爲工耳。若夫潢汙行潦，弱翁稚子，可褰裳而濟，彼豈以是而動其心哉？ 此所以積尸秦庭，而後來者愈出而愈奇也。雖然，亦危矣。逆驪龍之頷下而取其珠，料虎口而奪之食，若茅蕉者亦幸矣。

陳涉之王也，其事至微淺，然縉紳先生抱祭器而往歸之。張耳、陳餘、房君之徒，又皆以興王之業説之。至其再三致意也，猶曰其所置王侯將相竟足以亡秦，且涉所置王侯將相微矣，而史誇之。舊史按其行事，謂其不幸如是而致敗。設不如是，其事當復如何耶？若曰夫涉起謫戍而首事，志在免死而已，其大要不過偷一時之欲，其用軍行師未嘗有一日之規，徒不勝其憤憤之心，決一旦之死爲天下首事，蓋未知烏止誰屋也。在天下後世，正不當以興王之事責之，舊史猶復云云。至今尚論涉事者，猶惜其孰得而孰失也。吁，亦悲矣！天下苦秦之禍，故家遺俗，豪人俠士，喪氣略盡。乃其所不慮之戍卒，猶能爲天下而首事，雖其人物卑陋，事至微淺，而古今猶幸之。蓋積萬年之憾，而發憤於陳王，猶曰此秦民之湯武耳。

總論

五峰胡氏曰：一氣太息，震蕩無垠，海宇變動，山勃川湮，人消物盡，舊迹亡滅，是所以爲鴻荒之世歟！氣復而滋，萬物化生，日以益衆，不有以道之則亂，不有以齊之則争。敦倫理，所以道之也。飭封井，所以齊之也。封井不先定，則倫理不可得而敦。堯爲天子，憂之而命舜。舜爲宰臣，不能獨任憂之而命禹。禹周視海内，奔走八年，辨土田肥瘠之等而定之，立井牧多寡之制而授之，定公侯伯子男之封而建之，然後五典可敷，而兆民治矣。此夏后氏之所以王天下也。後王才不出庶物，大侵小，强侵弱，智詐愚，禹之制浸隳浸紊，以至于桀，天下大亂，而成湯正之。明其等，申其制，正其封，以復大禹之舊，而人紀脩矣。此殷之所以王天下也。後王才不出庶物，大侵小，强吞弱，智詐愚，湯之制浸隳浸壞，以至于紂，天下大亂，而周武王征之。明其等，申其制，正其封，以復成湯之舊，而五教可行矣。此周之所以王天下也。後王才不出庶物，大吞小，强侵弱，智詐愚，武王之制浸隳浸亂，先變於齊，後變於魯，大壞於秦，而仁覆，天下之政亡矣。仁政既亡，有天下者，漢唐之盛，其不王，人也，非天也。其後亡，天也，非人也。噫，孰謂而今而後，無繼三王之才者乎？病在世儒不知王政之本，議三王之有天下，不以其道，而反以亡秦爲可法也。

或問：關中形勝，周用以興。到得後來，秦又用以興。朱子曰：此亦在人做。當春秋時，秦亦爲齊晉所軋不得伸。到戰國時，六國又皆以夷狄擯之，使不得與中國會盟。及孝公，因此發憤，致得商鞅而用之，遂以强大。後來又得惠、文、武、昭、襄皆是會做底，故相繼做起來。若其間有一二君昏庸，則依舊做壞了。以此見得形勝也須是要人相副。因言昭王因范睢傾穰侯之故，却盡收得許多權柄，秦遂益强，豈不是會？○問：温公《稽古録·秦論》謂：「知及之，仁不能守之。雖得之，必失之。秦之謂矣。」又引賈生之論曰：「仁義不施，而攻守之勢異也。」某竊謂秦以虎狼并天下，設使守之以道且不可保，況又非其道耶。論者不當徒咎其守之非道，而不論其攻之已不善也。曰：賈生、温公之論，若究其極，固爲有病，然彼其立論，非爲攻取者謀，以爲可以如是取之而無害也；乃爲既得之後而謀，以爲如是則或可以守耳。今且試以身處胡亥、子嬰之地，而自謀所以處之之宜，則彼前日取之之逆者既不可及矣，吾乃可以拱手安坐以待其亡耶。

性理大全書卷之六十

歷代二

西漢

高帝

程子曰：高祖其勢可以守關，不放入項王，然而須放他入來者有三事：一是有未阬二十萬秦子弟在外，恐内有父兄爲變；二是漢王父母妻子在楚；三是有懷王。

元城劉氏與馬永卿論圍棋。曰：棋中有一事，今與公論之。某嘗見高棋云：「高低棋不甚相遠，但高棋識先後着耳。若低棋即以後着爲先着，故敗。」昔有高棋曰：「漢高帝方黥布以窮來歸，故洗足不起，以挫其鋭。布欲自殺，後見張御從官如漢王，則又大喜過望。」此識先後着也。又有低棋曰：「梁武帝方侯景以窮來歸，遽裂地而王之。其後景凡有所須，輒痛挫抑之，故景反而梁亡。」此以後著爲先著也。又曰：圍棋有過行者，必須皆是高棋。而當局者爲利害所昏，故藉傍人指之爾。若低棋雖是提耳而明告之，亦不悟也。昔漢高帝聞韓信欲爲假王，輒大怒慢駡，良、平躡足，此過行法也。且高帝見處不甚相遠，但高帝當局而迷爾。使良、平遇暗主，雖累千萬言，亦何益哉？

或問：高祖爲義帝發喪是詐，後如何却成事？朱子曰：只緣當時人和詐也無，如五伯假之，亦是諸侯皆不能假故也。○漢高祖取天下，所謂仁義者，豈有誠心哉？其意本謂項羽背約，及到新城，遇三老董公遮道之言，方假此之名，以正彼之罪。所謂縞素發喪之舉，其意何在？似此之謀，看當時未必不是欲項羽殺之而後罪之也。○廣武之會，太公既已爲項羽所執，高祖若去求告他，定殺了。只得以兵攻之，他却不敢殺。時高祖亦自知漢兵已强，羽亦知殺得無益，不若留之，庶可結漢之懽心。一云：使高祖屈意事楚，則有俱斃而已。惟其急於攻楚，所以致太公之歸也。問：舜棄天下猶敝屣。曰：如此則父子俱就戮爾，亦救太公不得。若分羹之語，自是高祖説得不是。○高祖斬丁公，赦季布，非誠心欲伸大義，特私意耳。季布所以生，蓋欲示天下功臣，是時功臣多，故不敢殺季布。既是明大義，陳平、信、布皆項羽之臣，信、布何待反而誅之？

南軒張氏曰：惟仁義足以得天下之心，三王是也。高帝之興，亦有合乎此，是以能剪暴秦、滅强項，而卒基漢業。方懷王遣將入關，諸老將固以爲沛公素寬大長者而心歸之。至於三章之約，其所以得乎民者深矣。此非其所謂仁者歟？予每愛三老董公之説，以爲順德者昌，逆德者亡。兵出無名，事故不成。名其爲賊，敵可乃服。三軍之衆爲義帝縞素，聲項羽之罪而討之，於是五十六萬之師不謀而來從，義之所感也。使斯時高帝不入彭城，置酒高會，率諸侯窮羽所至而誅之，天下即定矣。惜其誠意不篤，不能遂收湯武之功，然漢卒勝、楚卒亡者，良由於此名正義立故也。○問：高祖規模弘遠，何事可驗？曰：約法三章，用三老、董公仁義之説，此二事可驗。○嘗讀漢史至平城之圍，内外不通者七日，用陳平秘計，僅而獲免，未嘗不爲高帝危之。班固號良史，於陳平之計，亦莫得聞，意必猥陋可羞之甚，故平亦恥諱，不欲自貽笑於後世也。猶幸有平計可用耳。脱或無策，則漢家社稷豈不寒心？雖欲斬十使，封婁敬，尚及爲乎？一聽之誤，爲禍如此！幸免而悔，所失已多。曷若審聽於初，而不輕用以取辱乎。又曰：高祖平生，好謀能聽，自起布衣以有天下，用人之言，鮮有誤者。至此忽輕信十輩之言，其病安在？蓋由急於功利之故。❶惟帝貪易擊之利，遂欲邀功於遠夷。此念既萌，利害倒置，故十輩之言得以入之，雖有婁敬之忠，反怒其妄言沮軍也。是故爲人主者，又當端其一心，勿以小功淺利自惑其聰明，則臣下是非之言

❶「故」，四庫本作「過」。

可以坐照，而挾功利之説者亦無隙之可乘矣。

潛室陳氏曰：楚懷王之立也，天將以興漢乎？懷王之死也，天將以亡楚乎？夫懷王項氏所立，此宜深德於項。今觀懷王在楚，曾無絲粟之助於楚，而獨屬意於沛公。方其議遣入關也，羽有父兄之怨於秦，所遣宜莫如羽者，顧不遣羽而遣沛公，曰吾以其長者不殺也，沛公之帝業蓋於是乎興矣。至其與諸將約也，曰先入關者王之。沛公先入關，而羽有不平之心，使人致命於懷王，蓋以爲懷王爲能右己也，而懷王之報命但如約而已。以草莽一時之言，而重於山河丹書之誓，羽雖欲背其約，其如負天下之不直何？是沛公之帝業又於此乎定矣。夫項氏之興，本假於亡楚之遺孽，顧迫於亞父之言，起民間牧羊子而王之，蓋亦謂其易制無他，而豈料其賢能若是邪？始而爲項氏之私人，而今遂爲天下之義主。始以爲有大造於楚，而今則視羽蔑如也。則羽此心之鬱鬱悔退，豈能久居人下者？自我立之，自我廢之，或生或殺，羽以爲此吾家事，而不知天下之英雄得執此以爲辭也。故自三軍縞素之義明，沛公之師始堂堂於天下，而羽始奄奄九泉下人矣。懷王之立，曾不足以重楚；而懷王之死，又適足以資漢。然則范增之謀欲爲楚也，而秖以爲漢也。嗚呼，此豈沛公智慮所能及哉？其所得爲者天也。此豈范增、項羽智慮之所不及哉？其所不得爲者，亦天也。○高帝之爲義帝發喪也，三軍縞素，天下之士歸心焉。雖然，帝亦詭而用之耳。夫帝之於懷王也，君臣之分未定也。生則嘗以天下之義主而事之，死則以爲天下之義主而喪之。此蓋項氏之短，而大其辭以執之，是三老、董公之善謀，豈出於帝之本情哉？○問：高帝約法三章如何？曰：沛公之始入關也，與秦父老約法三章。是時沛公猶未王關中也，而輒與其民私約如此，殆類於兒曹嘔呴之爲者。當雌雄未定之時，務爲寛大長者，以媚悦斯民，❶孰不能者？及項氏既滅，天下一家，正高帝創法定令之時也，而三章之法不移如山，豈兒輩呴嘔之恩，姑以媚悦於一時者哉？使其仁心仁聞出於至誠憐恤之意，雖草莽私約，遂以爲漢世不刊之典。真主一言，其利博哉！○問：高祖大封同姓，卒有尾大不掉之患。高祖明達，何不慮此？曰：懲戒亡秦孤立之弊，故大封同姓。聖人謂百世損益可知，此類是也。周以封建亡，故秦必損之。秦以不封建亡，故漢必益之。事勢相因，必至於此。兼漢初户口減少，封諸王時計地，故封三庶孽，分天下半。其後户口日蕃，所以彊大。○問：漢高，人謂其寛仁長者。韓、彭、英、盧曾未免於誅死，何耶？曰：方事之殷，能奪諸公死力，是高祖善將將處。及事之定，置諸公於死，即將將之餘習未忘。寛仁其天資，殘忍是無學問。○問：漢高祖爲義帝發喪，與曹操挾天子以令天下，未審如何？曰：爲義帝發喪，

❶「斯」，四庫本作「其」。

因人之短而執之；挾天子以令天下，負己之有而挾之。雖皆詭之爲名，但一則豪傑起事，舉動光明；一則奸雄不軌，蹤跡暗昧。爲義帝發喪，無君之罪在項羽。挾天子以令諸侯，無君之責在曹操。

魯齋許氏曰：高祖自有取天下才量。如推車子，須是自推得六七分，則人扶領二三分，雖陡峻處都行得。若全推不得，全仰別人，平地上也行不得，況陡險乎？諸功臣但輔翼之也。躡足不悟，後大害事。

文帝

程子曰：漢文帝殺薄昭，李德裕以爲殺之不當，温公以爲殺之當，説皆未是。據史不見他所以殺之之故，須是權事勢輕重論之。不知當時薄昭有罪，漢使人治之，因殺漢使也；還是薄昭與漢使飲酒，因忿怒而致殺之也。漢文帝殺薄昭，而太后不安，奈何？既殺之，太后不食而死，奈何？若漢治其罪而殺漢使，太后雖不食不可免也。須權他那箇輕，那箇重，然後論他殺得當與不當也。

龜山楊氏曰：文帝以竇廣國有賢行，欲相之，恐天下以爲私，不用，用申屠嘉。此乃文帝以私意自嫌，而不以至公處己也。廣國果賢邪，雖親不可廢。果不賢邪，雖疎不可用，吾何容心哉？當是時，承平日久，英才間出，擇可用者用之可也，必曰高帝舊臣，過矣！

朱子曰：三代以下，漢之文帝可謂恭儉之主。○問：文帝好黄老，亦不免有慘酷處。莫是纔好清浄，便至於法度不立，必至慘酷，而後可以服人。曰：自清浄至慘酷，中間大有曲折，却如此説不得。惟是自家好清浄，便一付之法。有犯罪者都不消問自家，但看法如何，只依法行，自家這裏更不與你思量得。此所以流而爲慘酷。或曰：黄老之教本不爲刑名，只要理會自己，亦不説要慘酷，但用之者過耳。曰：緣黄老之術，凡事都先退一着做，教人不防他，到得逼近利害，也便不讓别人。寧可我殺了你，定不容你殺了我，他術多是如此，所以文景用之如此，文帝猶善用之。如南越反，則卑辭厚禮以誘之；吴王不朝，賜以几杖等事。這退一着都是術數。到他教太子，晁錯爲家令，他謂太子亦好學，只欠識術數，故以晁錯傅之。到後來七國之變，弄成一場紛亂。看文景許多慈祥愷悌處，都只是術數。然景帝用得不好，如削之亦反，不削亦反。○問：文帝欲短喪，或者要爲文帝遮護，謂非文帝短喪，乃景帝之過。曰：恐不是恁地。文帝當時遺詔，教大功十五日，小功七日，纖三日。或人以爲當時當服大功者只服十五日，當服小功者只服七日，當服纖者只三日。恐亦不解恁地。臣爲君服，不服則已，服之必斬衰三年，豈有此等級？或者又説古者只是臣爲君服三年服，如諸侯爲天子，大夫爲諸侯，及畿内之民服之。於天下吏民無三年服，道理必不可行。此制必是秦人尊君卑臣，却行這三年，至文帝反而復之耳。

南軒張氏曰：文帝初政，良有可觀。蓋制事周密，爲慮深遠，懇惻之意有以得人之心。三代而下，亦未易多見也。文帝以庶子居藩國，入踐大統，知己之立爲漢社稷，非爲己也，故不敢以爲己私。有司請建太子，則先示博求賢聖之義，而又推之於吴王、淮南王。有司請王諸子，則先推諸兄之無後者而立之。其辭氣温潤不迫，其義誠足以感人也。凡所以施惠於民者，類非虚文，皆有誠意存乎其間。千載之下，即事而察之，不可掩也。史於其編年曰：「帝既施惠天下，諸侯四夷，遠近驩洽，乃修代來功。」觀諸此，又可見其明先後之宜，而不敢私己。記史者亦可謂善發明矣。其待夷狄，蓋亦有道。以南越尉佗之强恣，自高帝猶難於服之，而帝特施恩惠遣使，遺以一書，而佗即自去帝制，下令國中稱漢皇帝賢天子，皇恐報書不敢慢。予嘗詳味帝所與書，則知忠信之可行於蠻貊也如此。書之首辭曰：「朕高皇帝側室子也，棄外奉北藩于代。」蓋後世之待夷狄，往往好爲夸辭，於是等皆在所蓋覆矯飾以示之者也。而帝一以其實告語之，彼亦豪傑也，見吾推誠如此，則又安得不服？故其報書首曰：「老夫故越吏也。」文帝不以高帝側室之子爲諱，則佗敢以越吏爲歉哉？若吾以驕辭蓋之，則彼亦且慢以應我必然矣。推此一端，忠信可行於蠻貊，可不信哉！以文帝天資之美，初政小心畏忌之時，得道學之臣佐之，治功之起，豈不可追三代之餘風？惜其大臣不過絳、灌、申屠嘉之徒，獨有一賈誼爲當時英俊，而誼之身蓋自多所可恨，而卒亦不見庸也。故以帝之賢，僅能爲一時之小康，無以垂法於後世。如淮南、薄昭之事，未免陷於刑名之家衰世之事。至於即位歲久，怠肆亦萌，新垣平之邪説，故得以入之。然終以其天資之高，旋即悟也。其終詔有曰：「惟年之久長，懼于不終。」蓋可見帝之能察乎此矣。嗚呼，亦賢矣哉！故予猶重惜其諸臣之無以佐下風也。

或問：肉刑始于苗，堯因之而不革，更虞、夏、商、周而又不革，漢文以一女子之言而革之，何唐虞三代不知出此也？文帝除之而刑亦措，何邪？潛室陳氏曰：先儒謂井田、學校、封建、肉刑四者，廢一不可。不知秦變古法，凡古人教民養民處掃地不存，單獨留肉刑以濟其虐。雖微文帝，必有變之者。此蓋損益盈虛，理勢必至，能通變宜民，雖成康復起，不能易也。○問：漢文平生所爲，大抵出於黄老，至其得力處，亦是黄老，不聞有無情少恩之病，何邪？曰：文帝天資粹美，却能轉得黄老不好處作好處。景帝天資刻忍，却將黄老好處轉作不好處。○問：漢文殺薄昭，李德裕以爲殺之不當，温公以爲殺之當，未知孰是？曰：雖未免少恩，然以文帝仁厚之資爲之，乃是借一人以行法，於仁厚中有神武焉。○問：漢文時，吴王不朝，賜以几杖，此與唐之陵夷藩鎮邀節旄者何異？不幾於姑息之政歟？曰：文帝是純任德教，權綱在上，伸縮由己。唐一向姑息，權柄倒持于下，予奪由人。兩事不可同日語。○問：晦翁以三代而下皆人欲而非天理。且如漢文帝資稟純粹，如何斷以人欲？曰：晦翁此語止謂秦漢而下，不曾有徹底理會學問人，其中好者只是天資粹美，暗合聖賢，元不從學問中來。文帝是。若似此人主更從學問中徹底理會，便是湯文以上人。○問：天下之患，莫大於本小末大。周之內輕外重宜若難久，而卒綿遠；漢之內重外輕，宜若足以相制，而猶有七國之禍。何邪？曰：周雖諸侯彊大，猶能支吾數百年，先史喻爲百足蟲，所以難死者，扶之者多也。漢七國之禍亦自外重，自此以後日以輕矣。

景帝

五峰胡氏曰：漢景以郅都、甯成爲中尉，以嚴酷治宗室貴戚，人人惴恐。夫親親尊尊之道，必選天下有節行賢德之人，爲之師傅，爲之交遊，則將有大人君子可爲天下用，何有憂其犯法耶？治百姓亦然，修崇學校所以教也。刑以助教而已，非爲治之正法也。

武帝

朱子曰：武帝病痛固多，然天資高，志向大，足以有爲。使合下便得箇真儒輔佐，豈不大有可觀？惜乎無真儒輔佐，不能勝其多欲之私，做從那邊去了。欲討匈奴，便把呂后嫚書做題目，要來揜蓋其失。他若知得此，豈無修文德以來道理？又如討西域，初一番去不透，又再去，只是要得一馬，此是甚氣力！若移來就這邊做，豈不可？末年海内虚耗，去秦始皇無幾。若不得霍光收拾，成甚麽！輪臺之悔，亦是天資高，方如此。嘗因人言太子仁柔，不能用武，荅以「正欲其守成，若朕所爲，是襲亡秦之迹」。可見他當時已自知其罪。向若能以仲舒爲相，汲黯爲御史大夫，豈不善？

南軒張氏曰：武帝奢侈窮黷之事，與秦皇相去何能尺寸？然不至於亂亡者，有四事焉。高帝寬大，文景惠養，其得民也深，流澤滲漉，未能遽泯。非若秦自商鞅以來，根本已蹶，民獨迫於威而强服耳。此一也。武帝所爲，每與六經戾，夫豈真能尚儒者？然猶表章六經，聘召儒生，爲稽古禮文之事，未至蕩然盡棄名教，如秦之爲。此二也。輪臺之詔，雖云已晚，然詳味其辭，蓋真知悔者。誠意所動，固足以回天人之心。自詔下之後，不復萌前日之爲，思與民休息矣。與卒死於行而不之悟者，蓋甚有間。秦穆之誓，聖人取其悔過列之於書。予於輪臺之詔，每三復焉，蓋以爲存亡之幾所係耳。此三也。惟其能悔過也，故自是之後，侈欲之機息，而清明之慮生，是以能審於付託。昭帝之初，霍光當政，述文景之事，以培植本根，於是興利之源窒，而惠澤復流，有以祈天永命矣。此四也。以四者相須而維持，是以能保其祚。然向使武帝老不知悔，死於熾然私欲之中，則決不能善處其後。雖使賴高、文、景之澤以免其身，旋即殆矣。故予深有取於輪臺之詔，以爲存亡之幾所係也。然其能卒知悔者，則以其平日猶知誦習六經之言，聽儒生之論。❶至於力衰而意怠，則善端有時而萌故耳。然則其所以不至亂亡者，亦豈偶然也哉？

潛室陳氏曰：武帝之伐匈奴也，不絶大漠，不襲王庭，則不足以泄其怒。其通西域也，不窮河源，不歷懸度，則不足以快其欲。其事土木也，不千門萬户則不息。其聚斂也，不告緡則不休。其深刑也，不根株則不已。其崇儒也，不辟雍則不樂。其務農也，不代田則不爲。至其老而悔過，不下輪臺之詔則不足。蓋天地之間，凡可以力致者，武帝皆能以力致之。而有不容於力致者，獨其終身用力於神仙，曾不獲如其意。蓋嘗凝神於蓬萊，蜕形於海上，魂交黄帝，而夢接安期矣。亦嘗父事少君，師事文成，五利公孫卿，而賓齊魯之士矣。而卒莫能致也，豈其力尚不足耶？嗚呼，武帝窮奢極欲，以從富貴之樂，使神仙道家之事爲不無，蓋非帝之所可冀，矧其實無有哉！今徒狃於力之所可爲，而謂神仙可以力致，曾不察其理之有無也。使天下而有是理，則須帝之力而可致。如其無是理也，則雖帝之力何所用哉？觀諸此，世之言神仙者，亦可以已矣。○問：漢法，宰相必出於列侯，武帝變而通

---

❶「聽」，四庫本作「習」。

之，是耶，非耶？曰：漢法，非軍功不侯，非列侯不相。儒者既無軍功可論，永無入相之路，此高祖馬上之陋規，非三代之宏規。至武帝元朔中，始下詔，嘉先聖之道，招四方之士，遂以御史大夫公孫弘代薛澤爲丞相，封平津侯，丞相封侯自弘始也。其後遂爲故事。夫武帝崇儒之君子，厭文吏武功之不學無識，陋國初淺近之規，以爲儒道不能光顯，遂革其故習。不吝厚爵重封以激厲儒者，則武帝之美意，人亦孰得而非之也。然公孫弘起自徒步之中，以明《春秋》一經，不四年而超取相位，貴至封侯，則論者不能不於是而有憾焉。蓋武帝以利而用儒，儒者見利而求用，自弘以明經而爲相後之爲儒者，孰不欲競章句之末習，以僥倖於一遇？利禄之門一開，而士大夫之心術自兹蠱壞矣。況漢家以軍功立國，必以列侯爲相，雖漢之規陋，然而非軍功不侯，則漢之良法。使儒者而不相則已，使儒者而可相，則自版築而遽登相位乎何慊？而猶欲假封侯以爲重，此又武帝之不善變也。故自弘之侯平津也，而由相封侯者，漢史自爲恩澤侯。自是以恩澤侯者相望於前後，使恩澤而可侯，則無復軍功之足競矣。故自侯法之既壞，至元成之間，士大夫之氣習豢養於富貴之餘，無復剛心鋭氣之可畏，而委靡巽懦之風，猶婦人女子生長于閨房之中，求欲如周昌、趙堯、申屠嘉、張蒼輩，愈不可得矣。夫相者既非真儒，侯者又非軍功，是武帝更張之善意，不免一舉而兩失。蓋自命相之法變，而儒者之心術壞。自封侯之法變，而士大夫之氣習壞。更張之善者猶若此，更張而不善則奈何？此變法之所以難也。

宣帝

豫章羅氏曰：漢宣帝詰責杜延年治郡不進，乃善識治體者。夫治郡不進，非人臣之大罪，而宣帝必欲詰責之，何耶？蓋中興之際，内之朝廷，外之郡縣，法度未備，政事未修，民人未安堵。或治郡不進，則百職廢矣，烏可不責之？夫一郡尚爾，況天下乎？予謂漢宣帝識治勢。

或問：宣帝言漢雜王伯，此説也似是。朱子曰：這箇先須辨别得王伯分明，方可去論他是與不是。胡叔器云：如約法三章，爲義帝發喪之類，做得也似好。曰：這箇是他有意無意？叔器曰：有意。曰：既是有意，便不是王。又曰：宣帝也不識王伯，只是把寬慈底便唤做王，嚴酷底便唤做伯。

南軒張氏曰：宣帝謂漢家雜伯，固其所趨若此。然在漢家論之，則蓋亦不易之論也。自高祖取天下，固以天下爲己利，而非若湯武弔民伐罪之心。故其即位之後，反者數起而莫之禁。利之所在，固其所趨也。至其立國規模，大抵皆因秦舊，而無復三代封建井田公共天下之心矣。其合於王道者，如約法三章，爲義帝發喪，要亦未免有假之之意，其誠不孚也，則其雜伯固有自來。夫王道如精金美玉，豈容雜也？雜之，則是亦伯而已矣。惟文帝天資爲近之，然其薫習操術，亦雜於黄老刑名。考其施設，動皆有術，但其資美而術高耳，深攷自可見。至於宣帝，則又伯之下者，桓文之罪人也。西京之亡，自宣帝始。蓋文景養民之意，至是而盡消靡矣。且宣帝豈真知所謂德教者哉？而以爲不可用也。如元帝之好儒生，蓋竊其近似之名，委靡柔懦，敗壞天下者，其何德教之云？夫惟王者之政，其心本乎天理，建立人紀，施於萬事，仁立義行，而無偏弊不舉之處，此古人之所以制治保邦，而垂裕乎無疆者。後世未嘗真知王道，顧曰儒生之説迂闊而難行，蓋亦未之思矣。

或問：孝宣綜覈名實，而王成以僞增户口褒賞，遂起天下俗吏之僞，然綜覈者安在？潛室陳氏曰：刑名術數之家，各是執一實以御百虚，老蘇所謂「人服吾之識其一，而不知吾之不識其九也」。宣帝殆用此術，間有受人欺處，不害他大體也。

元帝

涑水司馬氏曰：甚矣！闇君之不可與言也。天實剥喪漢室，而昏塞孝元之心，使如木石不可得入，至於此乎！哀哉，京房之言如此其深切著明也，而曾不能喻，何哉？《詩》云：「匪面命之，言提其耳。匪手携之，言示之事。」又云：「誨爾諄諄，聽我藐藐。」噫，後之人可不以孝元爲監乎！

項　羽范增附

涑水司馬氏曰：世皆以項羽不能用韓生之言，棄關中之險，故失天下，竊謂不然。夫秦據函谷，東嚮以制天下，然孝、惠、昭、襄以之興，而二世子嬰以之亡，顧所以用之之道何如耳，地形不足議也。項羽放殺其君，不義之名明於日月，宰制天下王諸侯，廢公義而任私意，逐其君以置其臣，其受封者争奪不服，踈斥忠良，猜忌有功，使臣下皆無親附之意。推此道以行之，雖重金襲湯，不能以一日守也，況三秦之險哉！

龜山楊氏曰：予讀《漢紀》，至高祖謂「項王有一范增不能用，故爲我禽」。常以爲信然。及讀《項羽傳》，觀范增所以佐羽者，然後知羽雖用增，無益於敗亡也。夫秦人齮齕其民，天下背而去之，莫肯反顧。當是時，民之就有道，正猶飢者之嗜食，不必芻豢稻粱，而皆可於口也。項籍以閭閻匹夫之資，首天下豪傑西向而並争，視秦車之覆曾不知戒，猶蹈其故轍，欲以力致天下，所過燒夷殘滅，是以秦攻秦也。范增曾無一言及此，乃區區欲立楚後，爲足以懷民望，何其謬哉？其後項王卒有弑義帝之名，爲敵國之資，增實兆之也。增之得計，不過數欲害沛公耳。使項王不改其轍，則前日之亡秦是也。借令沛公死，天下其無沛公乎？

或問：高祖言「項羽有一范增不能用，所以亡」。夫項羽之失無數，初未聞范增之有諫。使項羽而終用范增，又將如何？潛室陳氏曰：係興亡處，但看人物有無是第一節。范增豈三傑比耶？但就項羽人物言之，有此人耳。

董　公

庸齋許氏曰：方楚漢争雄之時，能使沛公激發天下之大機括者，誰歟？三老董公説之以三軍素服，共誅楚之弒義帝者。順德逆德之辭，昭然與日月争光。人心稍知義者，其從順去逆，已於此決擇矣。董公之説又豈蕭何文墨議論之比？以子房號爲帝師，籌幄之間亦未見有此大計。當時仗義而西，天下爲之響應者，董公力也。

蕭　何

龜山楊氏曰：高帝收民於暴秦傷殘之餘，而蕭何秉國鈞，盡革秦苛法，與之更始。天下宜之，作畫一之歌。其法令終漢世守之，莫能損益也。班固謂爲一代宗臣，豈虚語哉！然高皇帝既平天下，於功臣猶多忌刻，何爲宰輔，至出私財以助軍費，買田宅以自汙，以是媚上僅能免。其甚至於械繫之，猶不知引去，豈工於爲天下而拙於謀身耶？蓋不學無聞，暗於功成身退之義。貪冒榮寵，惴惴然如持重寶，惟恐一跌，然而幾踣者亦屢矣。蓋高帝慢而侮人，而輕與人爵邑，故不得廉節之士，而一時頑鈍嗜利無耻者多歸之。以何之賢，猶不免是，惜夫！

元城劉氏曰：蕭何治未央宫之意深矣。高帝、項王皆楚人，豐沛臨淮，相去至近，二人之心豈一日忘山東哉？羽見秦地皆已燒殘，乃思東歸。使其如昔日之盛，未必不都關中也。漢五年夏，雖自雒陽駕之關中，然長安宫殿未成，寄治櫟陽，又高帝之在關中無幾時矣。五年秋，親征臧荼，復至雒。六年十二月，取韓信還至雒陽。七年冬十月，自征韓信，又自雒陽至長安。時宫闕已成，乃自櫟陽徙都長安，則高帝都長安之心方定矣。然何欲順適其意，以就大事，不欲令窺其秘也。故假辭云爾，此何之深意也。而史氏見蕭何之意，又不欲明言之，又不欲不言之，乃書上説兩字，以見高帝在何術中，而且樂都關中也。

南軒張氏曰：蕭何佐高帝，定一代規模，亦宏遠矣。高帝征伐多在外，何守關中，營緝根本。漢所以得天下者，以關中根本先壯故也，此何相業之大者。又何爲相之初，首薦韓信爲大將，而三秦之計遂定，此亦得爲相用人之體。曹參雖不逮何，然以摧鋒陷陣、勇敢果鋭之氣而施之治民，乃能盡斂芒角，以清浄爲道，遵何約束，不務變更，其人亦寬裕有識矣，此參相業也。然二子惜皆未之學，以高帝之資質，何不能贊助遠追三代之法，創業垂統，貽之後嗣？一時所定，未免多襲秦故，如井田封建等事皆不能復古。在高帝之世，反者固已數起，此在何爲可憾也。至參但知以清浄不擾爲善，而不知吕氏之禍已復著見，當逆爲之處，以折其謀。惠帝憂不知所出，但爲淫樂不聽政，而曾不能引義以强其君心，爲可罪也矣。

東萊吕氏曰：蕭何治未央，但欲高帝安於此，不欲之他爾。要之，創業之君自當以儉爲先，何慮不及此也。

潛室陳氏曰：沛公之入關也，諸將争走金帛財物之府庫，蕭何獨先入收丞相府圖籍藏之，以故沛公得知天下阸塞户口多少强弱之處。世常以刀筆吏少何，此特書生之論耳。何非刀筆吏，何以知丞相府之有圖籍耶？然刀筆吏多矣，而何獨知丞相府之有圖籍，則自其爲郡縣小吏時，固已習於國家之體要若此，此其器已不在人下矣。況當草莽角逐之時，見秦氏府庫宫室之盛，雖沛公不能不垂涎者，而何之器度越人如此，沛公之有愧多矣。及項羽王沛公於漢中也，沛公意大不滿，自絳灌以下，莫不勸攻項羽，何獨諫曰：「能屈於一人之下而伸於萬乘之上者，湯武是也。願大王王漢中，養其民，以致賢人，收用巴蜀，還定三秦，天下可圖也。」嗚呼，何之器度若此，其位當不在人下矣！昔者晉重耳之亡也，從亡三人者皆相國之器也。夫以羈旅喪亡之餘，而其從者皆可以相國。君子曰：「用臣如三人，公子何患於喪乎？」吁，此固沛公所以興也。〇問：蕭何未央之營前殿，建北闕，周匝二十重，九十五步，街道周迴七十里，臺殿四十三所，宫門闥凡九十五，壯麗如此，宜高帝之所以怒。温公譏其非，元城乃以爲蕭何堅漢高都長安之深意。當從何説爲正？曰：高帝都關中之意猶豫未決，蓋嫌殘破故也。何大建宫室以轉其機，至其自夸壯麗，今人皆譏其無識，不知何不欲以據形勢定根本正言於高帝，恐費分疏，姑假世俗之言以順適其意。與買田宅自污意同。

韓信

龜山楊氏曰：韓信以機變之才，因思歸之衆以臨江東，而燕代趙齊之間無堅城彊敵矣。其用奇無窮，所向風靡，自漢興名將，未有倫儗也。至其軍脩武也，又輔以張耳，二人皆勇略蓋世。余竊怪漢王自稱漢使，晨馳入壁，即卧内奪其印符，麾召諸將易置之，而耳、信未之知也。此其禁防闊踈，與棘門霸上之軍何異耶？使敵人投間竊發，則二人者可得而虜也。豈古所謂有制之兵者？信亦有未逮歟！

或問：太史公書項籍垓下之敗，實被韓信布得陣好，是以一敗而竟斃。朱子曰：不特此耳。自韓信左取燕齊趙魏，右取九江英布，收大司馬周殷，而羽漸困于中而手足日翦，則不待垓下之敗，而其大勢蓋已不勝漢矣。

張　良

程子曰：張良亦是箇儒者，進退間極有道理。人道漢高祖能用張良，却不知是張良能用高祖。良計謀不妄發，發必中。如後來立太子事，皆是能使高祖必從，使之左便左，使之右便右。豈不是良用高祖乎？

或言：正叔云人言沛公用張良，沛公幾曾用得張良，張良用沛公耳。良之從沛公，以爲韓報秦也。既滅秦，於是置沛公關中，辭歸韓。已而見沛公有可以取天下之勢，故又從之。已取天下，便欲棄人間事，從赤松子遊。良不爲高祖之臣可見矣。此論甚好，以前無人及此。龜山楊氏曰：此論亦未盡。張良蓋終始爲韓者。方沛公爲漢王之國，遣良歸韓，良因説沛公燒絶棧道，此豈復有事漢之意？及良歸至韓，聞項羽以良從漢王，故不遣韓王成之國，與俱東至彭城殺之。先是良説項梁以韓諸公子横陽君成可立，梁遂使良求韓成立爲韓王，良爲韓司徒。良以韓見殺之故，於是又間行歸漢，其意蓋欲爲韓報項羽也。至漢高祖用其謀，已破項羽，平定天下，從高祖西都關中，於是始導引辟穀，有從赤松子之語。蓋爲韓報仇之心，於是方已故也。據良當時説高祖燒絶棧道，然後歸韓，此亦似有意使韓王成若在，良輔之，并天下未可知。良意以謂可與之争天下者，獨高祖。高祖既阻蜀不出，其他不足慮矣。不幸韓王成爲項羽所殺，故無以自資，而卒歸漢也。如高祖亦自用張良不盡，良之術亦不止於如此，須更有事在。其臣高祖，非其心也，不得已耳。○子房起布衣徒步，以三寸舌爲帝者師，其奇謀秘計轉敗爲成，出於困急之中者數矣。故高祖稱之，配蕭韓爲三傑。天下既平，功高者往往以才見忌，疑釁一開，雖韓信有解衣推食之誠，猶不克終竟以葅醢。蕭何雖能以功名自全，而見疑亦屢矣。是三人者，惟子房功成智隱，不邇權勢，視去權利如脱敝屣，雖寄身朝市，而翛然如江湖萬里之遠，鴻冥鳳舉，矰繳不及，方諸范蠡其優矣哉！夫漢興將相於去就之際，皆中機會而不違理義者，吾獨於子房得之矣。

或問：養虎自遺患事，張良當時若放過，恐大事去矣，如何？朱子曰：若只計利害，即無事可言者。當時若放過未取，亦不出三年耳。問：幾會之來，間不容髮，況沛公素無以繫豪傑之心，放過即事未可知。曰：若要做此事，先來便莫與項羽講解。既已約和，即不可爲矣。大抵張良多陰謀。如入關之初，賂秦將之爲賈人者，此類甚多。問：伊川却許以有儒者氣象，豈以出處之際可觀耶？曰：爲韓報仇事亦是，是爲君父報仇。○三代以下人品皆稱子房、孔明。子房今日説了脱空，明日更無愧色。畢竟只是黄老之學，及後疑戮功臣時，更尋討他不著。○問：子房、孔明人品。曰：子房全是黄老，皆自《黄石》一編中來。又問：一編非今之《三略》乎？曰：又有《黄石公素書》，然大率是這樣説話。輔廣云：觀他博浪沙中事也甚奇偉。曰：此又忒煞不黄老，爲君報仇，此是他資質好處。後來事業，則都是黄老了。凡事放退一步，若不得那些清高之意來緣飾遮蓋，則其從衡詭譎殆與陳平輩一律耳。問：邵子云：「智哉留侯，善藏其用。」如何？曰：只燒絶棧道，其意自在韓而不在漢。及韓滅無所歸，乃始歸漢，則其事可見矣。

南軒張氏曰：子房蓋有儒者氣象，三代之後未易得也。五世相韓，篤《春秋》復讎之義，始終以之。其狙擊嬴政，非輕舉也。其復讎之心，苟得以一擊而遂焉，則亦慊矣。此其大義根諸心，建諸天地而不可泯者也。子房之心，非以功利也，始終爲韓，而漢之爵禄不足以羈縻之。故予以爲有儒者之氣象，三代之後未易多得，此其出處大致也。至於從容高帝之旁，其計策不汲汲於售，而所發動中節會，使高帝從之有不庸釋者，蓋子房非有求於高帝，故能屈伸在己，而動無不得。此豈獨可以知計名哉？〇高帝之英武慢侮士大夫，其視隨何、酈食其、陸賈輩，皆撫而忽之。至如蕭相國之功，一旦下之廷尉，亦不顧也。獨於子房蓋敬而不敢慢，順而不可强，則以子房所守在義而不以利故爾。嗟乎，秦漢以來，士賤君肆，正以在下者急於爵禄，而上之人持此以爲真足以驕天下之士故也。若子房者，其可得而驕之哉？雖然，以高帝之英武，而能虚己以聽信子房，蓋亦可謂明也已矣，可謂遠也已矣！

或問：高帝暮年猜忌功臣，張良不能開釋帝意，及見諸將沙中偶語，乃指示曰「此屬相聚謀反」，毋乃益其猜忌之心？而温公反謂因事納忠，何也？潛室陳氏曰：子房言無虚發，平生智謀都因事方用，所以撥轉主心，如轉户樞。○問：子房之於漢高，言無不盡，晚年廢立，乃不敢言，至四皓之來而後定。豈天下既定，子房之言不足以動帝之聽耶？曰：此事子房自度，不能得之於口舌之間，故於人主機括中撥轉來。伊川生平不喜人用智，獨喜子房，此著具見《易傳》，可玩味。自是轉移君心一道理，未可以一筆勾斷。○沛公有三傑，故雖遷漢中，而卒定三秦。項羽無三傑，故雖王三將，而終不能有三秦。嗚呼，羽非失險也，失人也。夫項羽遷沛公於巴蜀，而王三降將以拒漢，漢勢若已屈矣。吁，彼豈知巴蜀果非死地也耶？羽以巴蜀爲死地而謀遷沛公，沛公亦以死地視巴蜀而忿嫉項羽。當是時也，取捨屈伸之理，惟蕭何知之。故何勸王王漢中，收用巴蜀，還定三秦。及其既就國也，項羽肺肝之謀惟張良知之，故良説王燒絶棧道，以示項羽無東意。此蕭何之所以强沛公之行也，而張良所以安沛公之心也。使巴蜀而果能爲死地也，則蕭何、張良之謀是置沛公於死也。蕭何、張良可謂見之明，計之熟矣。至於韓信登壇之日，畢陳平生之畫略，論楚之所以失，及漢之所以得。漢一日舉兵而東，秦民其爲沛公耶？爲三降將耶？此三秦還定之謀，所以卒定於韓信之手也。噫，三傑宜人傑也！向也蕭何、張良有卓越之見，而始勸沛公之入，今也韓信乘罅漏之餘，而徑勸沛公之出。其入也，所以養其出也；其出也，所以用其入也。三子之見，智謀略同，故蹙楚之效同。孰謂關中非沛公囊中物耶？善乎史臣之論高祖曰從諫如轉圜也。夫天下之勢，成敗未易料也。見近者昧其勢，而慮遠者審其勢。蓋勢者成敗之所係也。一舉措之不謹，則俄頃之間，大事去矣。方羽之王三降將於三秦，而王高祖於漢中也。高祖蓋不勝其忿而欲奮於一擊之間，周勃等又從而從更之。❶當是時，高帝死固未可定，❷而何以成敗爲也？及蕭相國進諫，而高祖翻然改悟，罷兵就國，徐起而還定之，如取諸寄。此豈有他術也，知成敗之勢在己而已。己能屈之，亦能伸之。是以高帝之還定三秦也，不在於引兵故道之時，而在於不攻項羽之日；不在於拜將之後，而在於聽諫之初。

❶「從更」，重修本作「協贊」。
❷「定」，原作「保」，今據四庫本改。

彭　越

龜山楊氏曰：天下之禍莫大乎不明分，分之不明，由較材程力之過也。予觀韓、彭之亡，皆以此歟！蓋西漢之初，高皇帝以匹夫起阡陌之中，一時名將非屠販亡命輕猾之徒，則里巷齠齔布衣之交也。其平居握手，素非有君臣等威也。論其材力，亦豈足相過哉？天下未平，而大者已王，小者已侯，皆連城數郡，一摇足則秦項之争復搆矣。漢方收民於百戰凋瘵之餘，而臨諸侯王之上，凜乎其猶蹈春冰而常恐其潰也，故疑隙一開，則葅醢隨之矣。嗚呼，是豈知先王所以維持天下者哉？雖朝委裘植遺腹而不亂者，亦有名義以正其分耳，故君君臣臣而天下治。如將較材程力，以彊弱勝負爲君臣，則天下之禍何時已哉？漢之君臣不知出此，卒至相夷而不悟，悲夫！

或問：司馬温公言漢之所以得天下者，大抵皆韓信之功，則知彭越又其次耶。今考其本末，二子各有所長，其功一也。故張漢家之勢者，信之功多於越，破魏取代，仆趙脅燕，擊齊滅楚是也。困項氏之勢者，越之功多於信，焚楚積聚而項氏敗，擾梁地而項氏急是也。未審如何？潛室陳氏曰：彭越人物功勳皆非信比，但其常以游兵出入梁楚間，爲項氏腹心之疾，所以有功於漢。

曹參

程子曰：曹參去齊，以獄市爲託。後之爲政者，留意於獄者則有之矣，未聞有治市者。

龜山楊氏曰：曹參從高帝起豐沛間，與之並馳者皆一時熊羆之士。而陷敵攻堅必以參爲首，宜其勇悍彊鷙，果於擊斷。天下已定，參爲齊相，乃退然不自用，盡召長老諸先生，問所以安集百姓者。既得蓋公，避正堂舍之，尊用其言而齊大治。其後爲漢相，亦以治齊者治天下，故其効如之。觀參所爲，其始以戰鬬爲功，而終則以清淨無爲自守，何其不相侔也？非其資務學，樂用人言，而勇於自克，其何能爾？若參者，可不謂賢矣夫！初參與蕭何有隙，何且死，所推賢唯參。參代何爲相國，舉事無所變更，一遵用何法。二人者，苟無體國之誠心，忘一己之私忿，則排陷紛更，將無所不至。推之以爲賢，守之而勿失，尚何有哉？其卒爲一代宗臣，蓋有以也。○後世如曹參，可謂能克己者。觀參本武人，攻堅陷敵，是其所長，至其治國爲天下，乃以清淨無爲爲事，氣質都變了。

婁敬

龜山楊氏曰：婁敬建和親之策，欲以適長公主妻單于，以謂冒頓在固爲子壻，子壻死，外孫爲單于，豈聞孫敢與大父亢禮哉？可毋戰以漸臣也。其説何謬哉！且子壻之與外孫，孰與父子親也？彼且殺父以代立，況妻之父乎？其何足恃哉？然屬人主厭兵，故以一言之謬而遂成千載之患，惜夫！

周勃

程子曰：周勃入北軍，問曰：「爲劉氏左袒，爲吕氏右袒。」既知爲劉氏，又何必問？若不知而問，設或右袒當如之何？已爲將乃問士卒，豈不謬哉？當誅諸吕時，非陳平爲之謀，亦不克成。及迎文帝至霸橋，曰「願請間」，此豈請間時耶？至於罷相就國，每河東守行縣至絳，必令家人被甲執兵而見，此欲何爲？可謂至無能之人矣。

或問：周勃雖則重厚少文，可屬大事，然其畏誅，令家人持兵自衛，似未得人臣事君之義，而班固以爲漢伊周，何耶？潛室陳氏曰：周勃處事煞有周章處，如既入軍，復問左右袒，迎文帝至渭橋，却欲入私謁，皆非召之不來、麾之不去舉動，安劉事特幸成耳。

性理大全書卷之六十一

歷代三

陳平

或問：陳平當王諸吕時，何不諫？程子曰：王陵廷争，不從則去其位。平自意，復諫者未必不激吕氏之怒也。夫漢初君臣徒以智力相勝，勝者爲君，其臣之者非心説而臣事之也。當王諸吕時，而責平等以死節，庯肯苟死乎？○陳平只是幸而成功，當時順却諸吕，亦只是畏死。漢之君臣，當恁時，豈有樸實頭爲社稷者？使後來少主在，事變那時他也則隨却。如令周勃先入北軍，陳平亦不是推功讓能底人，只是占便宜，令周勃先試難也。其謀甚拙，其後成功亦幸。如人臣之義，當以王陵爲正。○陳平雖不知道，亦知學。如對文帝以宰相之職，非知學，安能此？

龜山楊氏曰：吕后問宰相，高祖曰：「陳平智有餘，難以獨任；王陵少戇，可以佐之。」

則高祖固有疑平之心矣，然終其世不見其隙。蓋天下初定，國家多故，諸侯内叛，夷狄外陵，平爲護軍，常從征伐，不據重兵，不親國柄，故能免也。然高祖謂平難獨任，王陵可以佐之，而陵終以戇見踈，無益於國。其後平專爲丞相，天下無間言，卒以功名終，不其反歟？知人惟帝難之，信矣夫！

或問：文帝問陳平錢穀刑獄之數，而平不對，乃述所謂宰相之職。或以爲錢穀刑獄一得其理，則陰陽和，萬物遂，而斯民得其所矣。宰相之職莫大於是，惜乎平之不知此也。朱子曰：平之所言，乃宰相之體。此之所論，亦是一説。但欲執此以廢彼，則非也。要之，相得其人，則百官各得其職。擇一户部尚書，則錢穀何患不治？而刑部得人，則獄事亦清平矣。

或問：良、平，漢之功臣也，十八侯之次，良、平何以不與？高后四年，差次功臣，其位愈下，何歟？潛室陳氏曰：漢封功臣，其盟誓之辭曰「非軍功不侯」。於軍功中又三事最重：一曰從起豐沛，二曰從入關中破秦，三曰從定三秦。十八侯位次全論此三事。良、平皆後附，良雖從沛公，但其時自有故君韓氏。所以不在此數。又良、平皆帷幄謀議，不履行陣，所以諸軍功者率在先。

王陵

或問：王陵、周勃、陳平處吕后之事，如何？南軒張氏曰：夫以吕氏之凶暴，欲王諸吕，其誰扼之？獨問此三人者，蓋亦有所憚也，非特憚此三人，蓋實憚高帝之餘威流澤之在天下也。陵引高帝白馬之盟以對，其言明切，固足以折其姦心，如砥柱之遏横流也。使二子者對復如陵，吾知吕氏將悚焉，若高帝臨之在上，且懼天下之變，或縮而不敢，未可知也。彼二子者，乃唯然從之，反有以安其邪志，而遂其凶謀。既分王諸吕，而吕氏羽翼成就，氣燄增長。然則吕氏之欲簒漢，二子實助之。予謂二子方對吕氏時，其心特畏死耳，未有安漢之謀也。退而聞王陵之責，顧高帝之眷，思天下後世之議，於是而不遑，則有卒安社稷之言耳。雖然，使二子未及施計，先吕氏而死，則是乃畔漢輔吕，不忠之臣尚何道哉？抑二子安劉氏之計亦踈矣，不遏之於爪牙未就之初，而捄之於搏擊磔裂之後。觀其閒居深念，與刼酈寄入北軍等事，亦可謂窘迫僥倖之甚。夫豈全謀哉？酈寄不可刼，北軍不可入，吕嬃之謀行，則亦殆矣。忠於人國者，固如是哉？人臣之立朝，徇義而已，利害所不當顧也。功業之成，不必蕲出於吾身也；義理苟存，則國家可存矣。借使王陵以正對，平、勃又以正對，吕氏一日而尸三子於朝。三子雖死，而大義固已皎然如白日，轟然如震霆，天下之義士將不旋踵，四面並起，而亡吕氏矣！安劉氏者，豈獨三子爲能哉？使人臣當變故之際，畏死貪生，不知徇義，而曰吾欲用權以濟事于後，此則國家何所賴焉？亂臣賊子所以接踵於後世也，其弊至於如荀彧、馮道之徒。而論者猶或賢之，豈不哀哉？夫所貴乎權者，謂其委曲以行其正也。若狄仁傑是已，其始終之論，皆以母子天性爲言，拳拳然日以復廬陵王爲事。然其所以紆餘曲折而卒成其志者，則用功深矣。潛授五龍夾日以飛，仁傑豈必功業於其身者哉？人臣之義，當以王陵爲正；濟大事者，當以狄仁傑爲法。

叔孫通

朱子曰：叔孫通爲綿蕝之儀，其效至於群臣震恐，無敢喧譁失禮者。比之三代燕享群臣氣象，便大不同，蓋只是秦人尊君卑臣之法。魯二生之不至，亦是見得如此，未必能傳孔孟之道。只是他深知叔孫通之爲人，不肯從他耳。

或問：叔孫通定禮樂，召兩生不至，曰「禮樂積德百年而後可興」。漢初朝廷無禮，群臣拔劍擊柱。若從兩生，無救於目前。從叔孫，則又因陋就簡。揚子雲獨以大臣許兩生，如何？潛室陳氏曰：人有所不爲也，而後可以有爲。叔孫通盜儒，稍有節操人便不因之而進。兩生不是欲待百年，但以叔孫通非興禮樂之人，故設辭以拒之耳。子雲以其自重難進，有所不爲，故以大臣許之。蓋因其出處之間，可卜其事業也。

四　皓

朱子曰：漢之四皓，元稹嘗有詩譏之，意謂楚漢分争却不出，只爲吕氏以幣招之便出來，只定得一箇惠帝，結裹小了。然觀四皓，恐不是儒者，只是智謀之士。○問：四皓是如何人品？曰：是時人材都没理會，學術權謀混爲一區。如安期生、蒯通、蓋公之徒，皆合做一處。四皓想只是箇權謀之士。觀其對高祖言語重，如願爲太子死，亦脅之之意。又問：高祖欲易太子，想亦是知惠帝人才不能負荷。曰：固是，然便立如意，亦了不得。蓋題目不正，諸將大臣不心服。到後來吕氏横做了八年，人心方憤悶不平，故大臣誅諸吕之際，因得以誅少帝。少帝但非張后子，或是後宫所出，亦不可知。史謂大臣陰謀以少帝非惠帝子，意亦可見。少帝畢竟是吕氏黨，不容不誅耳。杜牧之詩云：「南軍不袒左邊袖，四老安劉是滅劉。」

趙堯　季布　劉章　張蒼　酈寄

龜山楊氏曰：予讀漢史至吕戚之事，未嘗不爲之廢卷太息也。以高帝之明，惓惓於趙王，其念深矣。然卒用趙堯之策，可謂以金注也。且吕后以堅忍之資，濟之以深怨積怒，其於趙王也，欲得而甘心焉久矣。雖韓、彭之强，有弗利於己，去之猶發蒙耳。一貴强相，何足以重趙哉？善爲高皇計者，盍亦反諸己而已。不以衽席燕好之私，亂嫡妾之分，使貴者不陵，賤者不逼，夫夫婦婦而家道正矣。是將化天下以婦道，如《關雎》之詩，❶豈特無母禍而已哉？

桓公殺公子糾，召忽死之，管仲不死，孔子稱其仁。管仲之不死，繩以《春秋》之法，則其義固有在矣，世莫有能窺之者。方季布髡鉗奴辱於朱家，非有深計遠慮也，期以免死而已。班固謂「賢者誠重其死」。夫死非其所，固賢者所重也。然君子固有舍生而取義者。固之爲此説，豈非以管仲之事與之乎？是皆未明《春秋》之法也。揚子曰「明哲不終事項」，其義得之矣。

予讀《高五王傳》，至劉章言田事，及誅諸吕一人亡酒者，未嘗不爲之寒心也。方高后欲强諸吕，雖大臣平、勃等皆俛首取容而已，其志非忘漢也，觀王陵之事，則可鑑矣。使章以才見忌，不得宿衛禁中，則後雖欲有爲也，尚何及哉？

---

❶「詩」，原作「時」，今據重修本改。

張蒼吹律調樂，定律令，若百工作程品，其有意乎推本之也。當是時，漢廷公卿皆武夫軍吏，無能知書者。唯蒼自秦時爲柱下史，明習天下圖書，尤邃於律曆，有所建明，宜無不從也。然其術學踈陋，猶以漢當水德之盛，正朔宜因秦弗革，卒以此絀，惜夫！

諸吕之王非漢約，天下莫與也。産、禄擅兵欲危劉氏，忠臣所共切齒，而酈寄固與之友善，而商亦莫之禁，何也？其謀吕禄也。刼之而後從，則商、寄之罪均矣。雖絳侯賴之以入北軍，功不足以贖其罪也。使商不就刼，而吕氏得志，則寄之父子得無非望乎？其賣友非其本心也。

張釋之

龜山楊氏曰：君子欲訥於言而敏於行，利口捷給，古人賤之。若上林尉居其位不知其任，至十餘問不能對，是謂不任職，非訥於言者也。張釋之以絳侯張相如方之，過矣。文帝問絳侯天下一歲決獄幾何，絳侯不能對。又問天下錢穀一歲出入幾何，又不能對。帝以問陳平，平條析甚辨，文帝善之。絳侯愧汗洽背，自以其能不及平遠甚。若是以絳侯爲賢，平爲喋喋可乎？予謂上林尉真亡賴，而虎圈嗇夫雖口對響應亡窮，然上所問乃其職事，非利口捷給也，豈足深過之歟？

或問：張釋之爲廷尉，天下無冤民。于定國爲廷尉，民自以不冤。二者何以異？東萊呂氏曰：以史氏之辭論之，則民自以爲不冤者，勝於天下無冤民。蓋天下無冤民者，所斷皆當其罪，罪人未必皆心服也。然以實攷之，則定國實不勝釋之。

或問：張釋之爲廷尉，天下無冤民。于定國爲廷尉，民自以不冤。若趙、蓋、韓、楊之死，謂之不冤可乎？或者說宣帝時，廷尉不獨一于定國，雖不獨在定國，❶而定國坐視四子之死，亦不能效張釋之之守法，如何？潛室陳氏曰：漢卿有罪，未必悉下廷尉，自有詔獄，多丞相御史大夫治之，或下中二千石雜議。廷尉所謂平者，非必皆寬縱之謂。剛不吐，柔不茹者，平也。趙、蓋、韓、楊之死，今作文人但浪説耳。

周亞夫

五峰胡氏曰：周亞夫、霍光不學不知道，能進不能退，殺身亡宗，是功名富貴誤之也。知道者，屈伸通變與天地相似，功名富貴何足以病之？張子房進於是矣！

或問：周亞夫軍中聞將軍令，不聞天子詔，不知是否？朱子曰：此軍法。又問：大凡

---

❶「不獨」，原作「獨不」，今據重修本改。

爲將之道，首當使軍中尊君親上。若徒知有將而不知有君，則將皆亞夫，固無害也。設有姦將一萌非意，則軍中之人豈容不知有君？曰：若説到反時，更無説。凡天子命將，既付以一軍，只當守法。

賈　誼

或問賈誼。程子曰：誼之言曰「非有孔子、墨翟之賢」，孔與墨一言之，其識末矣，其亦不善學矣。

龜山楊氏曰：賈誼以少年英鋭之資，抱負其器，頗見識拔，慨然遂以身任天下。而絳、灌之徒出於織薄販繒之武夫，先王之典章文物，彼烏足與議哉？高帝所與平天下，定法令，又皆其身親見之也。誼以疎逖晚進之人，欲一日悉更奏之，彼其心豈能恝然耶？此讒釁之所由起也。古之君子自重其身，常若不得已而後進，非固要君也。蓋天下重器不可易爲之，王業之大必遲久而後成，故人君非有至誠不倦之心，則不足以有爲也。其尊德樂義，一有不至，則引而去之，萬鍾於我何加焉？非忘天下，道固然也。誼之草具儀法，與夫三表五餌，其術固踈矣。當是時，人君方且謙讓未遑也。誼身非宰輔，及汲汲然自進其説，蓋亦不自重矣。在我者不重，故人聽之也輕。及夫以才見忌，不容於朝，出爲王傅，其論國事，猶曰「陛下曾不與如臣者議之」，則是欲嬰撫在廷之臣而出其上也，豈不召禍歟？孔子曰「爲國以禮，其言不讓」，於誼有之。○漢之儒者，若賈誼用力亦勤矣。其文宏妙，殆非後儒能造其域。然稽其道學淵源，論篤者終莫之與也。

朱子曰：賈誼之學雜。他本是戰國縱横之學，只是較近道理，不至如儀、秦、蔡、范之甚爾。他於這邊道理見得分數稍多，所以説得較好，然終是有縱横之習，緣他根脚只是從戰國中來故也。漢儒惟董仲舒純粹，其學甚正，非諸人比。只是困苦無精彩，極好處也只有正義、明道兩句。下此諸子皆無足道。如張良、諸葛亮固正，只是太麄。

南軒張氏曰：賈生，英俊之才；若董相，則知學者也。《治安》之策，可謂通達當世之務，然未免乎有激發暴露之氣，其才則然也。《天人》之對，雖若緩而不切，然反復誦味，淵源純粹，蓋有餘意，以其自學問涵養中來也。讀其奏篇，則二子氣象如在目中，而其平生出處語默，亦可驗於是矣。以武帝好大喜功多欲之心，使其聽仲舒之言，則天下蒙其福矣。孰謂緩而不切也耶？

或問：賈誼陳《治安策》，論民俗奢侈，盜賊乘時而發。夫文帝躬修玄默，移風易俗，以誼言觀之，所謂移風易俗者安在？潛室陳氏曰：誼煞有疎密太過處，惟文帝能受盡言。史臣謂誼之言亦略施行，文帝風俗好處，誼不爲無助。

袁盎　賈山　馮唐　鄒陽　枚乘

龜山楊氏曰：淮南王之驕恣，其荏禍久矣。然徵之即至，則反形未具，以檻車遷之，是將置之必死也。不早辨之，養成其禍，卒至乎敗國亡身，文帝不無罪也。鄭共叔不義得衆，詩人以刺莊公，而《春秋》交譏之，正謂此也。然則人君不幸有弟如淮南者，宜奈何？若舜之於象，放之有庳可也。袁盎不能明義以正其君，乃以無稽之言譖之，不亦過乎？若七國之反，聞晁錯之欲治己也，反以奇禍中之，此戰國策士之常也。然二人之相賊，其志一也，特繫其發之先後耳。不念國家之大計，乃欲因禍以釋一己之私怨，若二人，又何足誅哉？而班固謂盎仁心爲質，誤矣。

孝文之恭儉慈仁，而賈山乃借秦爲諭，盛言其侈靡、貪狠、暴虐，宜若過矣！然君臣儆戒，正在無虞之時。故舜之臣猶以丹朱戒其君，則山之借秦不爲過也。後世驕君諛臣，恃天下無虞而不知儆戒，有聞斯言必以爲訕矣，其取禍敗，不亦宜乎！

馮唐謂文帝不能用頗、牧，其言雖有激，然亦深中其病也。夫李牧之爲趙將也，軍市之租皆自用，賞賜皆決於外，不從中覆，故能有成功。魏尚守雲中，上功首虜，差六級文吏即以法繩之。以是較之，文帝不能用李牧，信矣。揚雄謂文帝親詘帝尊，以信亞夫之軍，曷爲不能用頗、牧？夫孫武斬吴王之寵姬，穰苴斬齊君之寵臣，與其使者僕車之左駙馬之左驂，皆在軍不受君令也。古之爲將者皆然，豈獨亞夫乎？然則文帝未嘗詘，而亞夫之軍未嘗信也。謂之有激云爾，則得矣。

吴王怨望，陰有邪謀，鄒陽、枚乘之徒不能明義以導其君，而區區以利説之，宜乎其無益也。及吴兵西嚮，而枚乘猶以民之輕重、國之大小爲言，則是使吴重大而漢輕小，則吴兵可得而進也。吴亡，乘不及禍而卒以取重於世，幸矣夫！

田　叔

龜山楊氏曰：班固謂田叔隨張敖赴死如歸，彼誠知所處。予謂田叔之隨王，雖以身死之，何益於趙？此與婢妾賤人感慨自殺者，何以異哉？烏在其爲知所處？孟舒爲雲中守，而士争臨城死敵，此誠長者。而田叔乃以隨張王事首稱之，斯言豈特爲舒而發？抑亦自賢耳。夫譽人以自賢，是豈長者之言乎？

五峰胡氏曰：田叔悉燒梁獄詞，空手來見，可謂善處人子母兄弟之間者也。漢景，忌刻之君也，而能賢田叔有過人之聰明、越人之度量者，何歟？以太后在上，不敢肆故也。天理存亡在敬肆之間耳。孔子作《春秋》，必記災異警乎人君，萬世不死也。

晁　錯

龜山楊氏曰：晁錯云「人君必知術數」，又云「五帝神聖，其臣莫能及，而自親事」。操是説，蓋未嘗知治體也。夫天下大器，非智力所能勝也。舜之惇五典，庸五禮，用五刑，皆因天而已，未嘗自爲也。雖股肱耳目付之臣而不自用，況以術數而自親事乎？使後世懷諂者誤其君挾術以自用，必資是言也。其爲禍豈淺哉？若吴楚之反不在錯，天下户知之矣。景帝用讒邪之謀以誅錯，其失計不已甚乎？當是時，兵之勝負，國之安危，未可知也，而誅其謀首，豈不殆哉？而在廷之臣，無一人爲錯言者，蓋變起倉卒，各欲僥幸於無事，而莫敢以身任之也。然而錯亦有以取之矣。夫漢之有七國，未若魯之三家也。孔子墮三都之城，而三家無敢不受命者，則其處之必有道矣。孟子曰：「子以爲有王者作，則魯在所損乎，在所益乎？」使孟子而得志，固將損之也。錯無碩德重望以鎮服其心，而强爲之謀，其召亂而取禍，蓋無足怪者。武帝時，淮南王欲反，獨畏汲黯之節義，視公孫弘輩如發蒙耳，則天下果非智力可爲也。以一汲黯猶足以寢淮南之謀，況不爲黯者乎？

南軒張氏曰：晁錯在當時，只合使居論思獻納之職，觀其言之是者、行之不是者置之，而使之爲御史大夫，則過其才矣。至如馬謖不是孔明錯看他，亦是用過其才。謖平生參軍事煞有籌畫，一旦使之自將兵，所以敗耳。使參謀爲都統，如何做得？

竇嬰　灌夫　田蚡

龜山楊氏曰：景帝燕兄弟，欲以天位傳梁王，竇嬰以漢約直之，忤大后旨，可謂不阿矣。及爲丞相，推轂士類，尊用儒術，雖藉福之辨，不能遷惑其所守，直己以往，不撓權貴，其節義有足稱者。至晚節末路，失位不得志，而與灌夫相爲引重，二人者並位公侯，顯名當世，其平生意氣何其壯哉！田蚡以外戚進顯，淫奢無度，尊己以下人，壯夫義士宜恥出其門，而二人者乃幸其臨況以爲名高，其志慕又何其汙也？蓋鶩勢榮者，勢窮則辱，而氣隨以奪，其理然矣。若灌夫者，勇悍不遜，有死之道焉，終以一朝之忿亡其身，非自取歟？竇嬰區區復鋭於爲救，果何益哉？故卒與俱滅，是亦不知量也。田蚡規利賣國，其不族，幸矣。

卜　式

潛室陳氏曰：漢方事匈奴，而卜式願輸助邊；方事南越，而式願父子俱死；天下方事匿財，而式猶欲就助公家之費。凡式之所樂爲者，皆衆人之所難爲；而武帝之所欲爲者，式輒揣其意而逆爲之。故天下因式獲罪者，十室而九，而式之褒寵眷遇，自以爲有用於天下。

及武帝當封禪，而式獨以不習文章見棄，式乎式乎！何不先衆人而爲之乎？

公孫弘

程子曰：觀武帝問賢良：「禹湯水旱，厥咎何由？」公孫弘曰：「堯遭洪水，不聞禹世之有洪水也。」而不對所由，姦人也。

元城劉氏曰：公孫弘，姦詐人也。亦有長處，諫罷西南夷，不用卜式、郭解是也。且武帝之好征伐，天下皆欲諫而止之，而式身爲庶人，乃願以家財助邊，以迎合人主，其後又欲父子死南越。帝由是移怒列侯不肯從軍，坐酎金失侯者百六人，實式激其怒也。故弘以式爲非人情不軌之臣，不可以爲化而亂法，且郭解以匹夫而奪人主死生之權。且聖人之作五刑，固有輕重，今一言不中意而立殺之，此何理也？考其唱此悖亂之風，解實爲之魁，故弘之言解布衣爲任俠行權，以睚眦殺人。解不知，此罪甚於解知。此二事得大臣之體。

張湯

涑水司馬氏曰：或稱張湯矯僞刻薄，而後嗣顯榮，七葉不絶，意者積善餘慶、積惡餘殃近虛語耶？應之曰：不然。所謂積者，繼世相因之謂也。故傳稱八元八凱，世濟其美；饕饕三族，世濟其凶。此非積善積惡之謂耶？欒書有惠於晉，晉人思之，黶雖剛愎，猶得保其宗廟。至盈無德，卿族遂亡，然則黶之所以存，書之餘慶也；盈之所以亡，黶之餘殃也。祖父有德，子孫爲不善，未免禍敗，慶何有焉？祖父不善，而子孫有德，福禄將集，殃何有焉？祖父爲不善，而子孫又無德，以蓋前人之愆，則餘殃被之。是以堯、舜雖至德，朱、均不能免其災；瞽、鯀雖大惡，舜、禹無所虧其聖。若張湯者，雖險詖人也，而有子安世保輔漢室，寔有大功，子孫嗣之，率皆忠恪信厚，恭儉周密，邦有道不廢，邦無道免於刑戮，以是光顯於後，彌歷永世，固其宜矣，又何異焉？

霍　光

朱子曰：霍光臨大節，亦大有虧欠處。○問：君臣之變不可不講，且如霍光廢昌邑，正與伊尹同。然尹能使太甲自怨自艾而卒復辟，光當時被昌邑説天子有争臣七人兩句後，他更無轉側。萬一被他更咆勃時，也惡模樣。曰：到這裏也不解恤得惡模樣了。又問：光畢竟是做得未宛轉。曰：做到這裏，也不解得宛轉了。良久，又曰：人臣也莫願有此。萬一有此時，也十分使那宛轉不得。○問：霍光小心謹厚，而許后之事不可以爲不知。馬援戒諸子以口過，而裹屍之禍乃口過之所致。二人之編在《小學》，無亦取其一節耶？曰：采葑采菲，無以下體。取人之善，爲己師法，正不當如此論也。

南軒張氏曰：霍光天資重厚，如朝謁進止常不差尺寸，似乎知學者。後人往往輕加詆毁，使之當大事必不能，然立君豈易事？呂氏之難，或言齊王可立，大臣以爲王舅駟鈞虎而冠，即立齊王，復爲呂氏矣，遂定議立文帝。須謹擇於其初，至如昌邑王在國素狂縱，光不能察知而輕立之，豈得無罪？其後幸而能立宣帝，劉元城謂取其無黨，此則未然。○霍光天資重厚，故可以當大事，而其所以失，則由於不學之故也。人臣之功，至於周公無以加矣，而詩人形容其盛德，則曰：「公孫碩膚，赤舄几几。」夫何其温恭謙厚也？是則雖以天子叔父之尊，處人臣之極位，有蓋世之功業，而玩其氣象，豈有一毫權勢之居！而人之視之也，但見其道德之可尊，而亦豈覺權勢之可憚哉？孟子曰「事親若曾子可也」，而後之君子亦曰「事君若周公可也」。如曾子之事親，適爲人子之能盡其分者耳，非有加也。如周公之事君亦然，蓋在其身所當爲者而何一毫有於己也？周公惟無一毫有於己也，是故德盛而愈恭，事業爲無窮也。光之所建立，想負於其身，横於其心，而不能以弭忘。惟其不能以弭忘，故其氣燄不可掩，威勢日以盛。權利之途，人争趨之，非惟家人子弟門生故吏，馴習驕縱而不可戢，光之身亦不自知其安且肆矣。此凶于乃國，敗于乃家之原也，可不畏哉？故其一時用舍進退，例出於私意。以蘇武之忠節，進不由己，僅得典屬國。而大司馬、長史雖如楊敞之庸謬，亦得爲宰相。至於如魏相、蕭望之之才，皆擯不用。田千秋小不當意，則其壻即論死。作威作福蓋如此。陰妻之邪謀未論，其不能白發於後，使其妻邪謀至此，而人敢爲之助，而無復言其姦，則履霜堅冰、馴致其道，夫豈一日之故哉？光至此亦無全理矣！原其始，皆由於其心以寵利居成功，不知爲人臣之分，故曰不學之過也。雖然，後之儒生如班固輩，蓋知以不學病光矣，然使其當小利害僅如毫髮，鮮不喪其所守，望其如光凜然當大事，屹如山嶽，其可得哉？然則光雖有不學之病，而其自得於天資者，蓋有不可及。後之儒生雖自號爲學者，譏議前人，而反無以自立，則亦何貴乎學哉？予謂人才如光輩，學者要當觀其大節，先取其所長，而後議其所蔽，反身而察焉，則庶幾爲蓄德之要。不然，所論雖似高，亦爲虛言而已矣。

或問：周勃、霍光在漢均有擁立之功，優劣如何？潛室陳氏曰：霍光仗忠義，舉動光明。平勃任智術，蹤跡踈昧。

汲　黯

龜山楊氏曰：周勃起布衣，蓋椎朴鄙人，以其重厚故可屬大事，則天下重任固非狷忿褊迫者所能勝也。武帝時，淮南王欲反，獨畏汲黯之節義。至論公孫弘輩，若發蒙爾。夫汲黯之直，爲天下敬憚如此。予獨疑其狷忿褊迫，臨大事不能無輕動，輕動則失事機，難與成功，故武帝謂古有社稷臣，黯近之矣，其有得於此乎？

疏廣　受

或論二疏不合徒享爵位而去，又不合不薦引剛直之士代己輔導太子。朱子曰：疏廣父子亦不必苛責之，雖未盡出處之正，然在當時親見元帝懦弱，不可輔導，他只得去，亦是避禍而已。觀渠自云「不去懼貽後悔」，亦自是省事恬退底，世間自有此等人。他性自恬退，又見得如此只得去，若不去，蕭望之便是樣子。望之即剛直之士。

魏相　趙充國

南軒張氏曰：魏相所存不得爲正，觀其有許史之累，則可見矣。夫欲其說之行，而假許史以爲重，此詭遇獲禽之心，君子不道也。然其爲相亦有可取者，四方有異聞，或有逆賊災變，輒奏言之，此誠宰相事也。其諫伐匈奴書有曰：「今郡國守相多不實選，風俗猶薄，水旱不時。按今年子弟殺父兄、妻殺夫者，凡二百二十二人。臣愚以此非小變也。」凡此在他人不知爲憂者，而相獨知憂之，亦概乎有聞矣。故予甚惜其進之不能以正也。進不以正，則牽制徇從之事必多，而感格正捄之風或鮮矣。

漢將誠當以趙充國爲最。凡將之病，患於勇而不詳也。充國蓋更軍事多矣，及聞西羌之事，則不敢以遽，而曰兵難遥度，願馳至金城圖上方略，其不敢忽如此。蓋思慮之深，經歷之多，孔子所謂臨事而懼，好謀而成者也。將之病，在於急近功也。充國則圖其萬全，陳屯田十二利，持久而爲不可動之計。其規模與孔明渭上之師，何以異哉？將之病，在果於殺而不恤百姓也。充國任閫外之寄，而爲國家根本之慮。要使百姓安邊圉彊，而西戎坐消焉。此殆三代之將，非戰國以來摧鋒折敵者所可班也。反覆究其規模，味其風旨，遠大周密，拔出倫輩。予謂充國在宣帝時，且不獨爲賢將，殆可相也。使其爲相，必能爲國家圖回制度，爲後世慮，安養百姓，爲邦本計。如魏相輩，皆當在其下風耳。

丙　吉

涑水司馬氏曰：丙吉爲丞相，出逢群盜格鬬，死傷横道，過之不問，見牛喘而問之。以爲詰禁盜賊，守令之事；陰陽不調，此乃宰相職耳。談者美之，愚竊以爲不然。夫宰相所以治陰陽者，豈拱手端冕無所施設，而陰陽自調？蓋亦佐人主，治庶政，安四海，使和氣洋洋，薄於宇宙，旁暢周達，浸潤滲漉，明則百姓洽，幽則鬼神諧，然後寒暑時至，萬物阜安，雖古昔聖人之治天下，至於陰陽和、寒暑時，而至治極矣，豈庸人所能致哉？當丙吉爲政之時，政治之不得，刑罰之失中，不肖之未去，忠賢之未進，可勝紀哉！釋此不慮，而慮於牛喘以求陰陽，不亦踈乎？且京邑之内，盜賊縱横，政之不行，孰甚於此！詩云：「商邑翼翼，四方之極。」近不能正，如遠人何？若曰守令之職，守令不賢，當責何人？非執政者之過，而又誰歟？昔士會爲政，晉國之盜逃奔于秦；子産爲政，桃李垂於街者莫援。若盜賊不禁而曰長安令之職，風俗不和而曰三老之職，刑罰不當而曰廷尉之職，衣食不足而曰司農之職，推而演之，天下之事各有其官，則宰相居於其間，悉無所與，而曰主調陰陽，陰陽固可坐而調耶？愚以爲丙吉自知居其位而無益於世，飾智譎問以揜其迹，抑亦自欺而已矣。

南軒張氏曰：丙吉深厚不伐，在他人亦無所難者，其德厚可稱也。其爲相若寛緩者，雖天資則然，意亦以宣帝之政尚猛，而有矯之之意歟？然抑亦太甚矣。至於韓延壽、楊惲之死，則亦莫能救也。吉見謂不親小事，知大體，二卿之死，夫豈事之小者耶？濫刑若是，其於大體何有？若語其才識，蓋不逮魏相遠矣。

黄　霸

象山陸氏曰：黄霸爲潁川守，鰥寡孤獨死無以葬者，霸爲區處曰：「某所木可爲棺，某亭豬可以祭。」吏往皆如其言。遣吏司察事，既還而勞其食於道傍，爲烏所攫肉，事每得實，人無敢欺，皆以爲神。史家載其得之之由，以爲語次尋繹，問他陰伏以相參考，後世儒者乃以爲鉤距而鄙之。此在黃霸雖未盡善，而後儒非之者猶爲無知。蓋不論其本而論其末，不觀其心而遽議其行事，則皆不足以論人。原霸之心，本欲免人之欺，求事之實而已。

匡　衡

朱子曰：嘗見一人云，匡衡做得相業全然不是，只是所上疏議論甚好，恐是收得好懷挾。又云：如答淮陽王求史遷書，其詞甚好。又曰：如宣元間詔令及戒諸侯王詔令皆好，不知是何人做。漢初時却無此議論，漢初却未曾講貫得恁地。又曰：匡衡説《詩·關雎》等處甚好，亦是有所師授，講究得到。

劉向　蕭望之

龜山楊氏曰：漢武元鼎元封之間，燕齊之士争言神仙祭祀致福之術者以萬數，故淫祠於漢世爲多。雖當時名儒碩德，繼登宰輔，莫有能是正之者。元成之際，衡、譚用事，始奮然欲盡去淫祠，正以古義，又幸世主從之，其志行矣。未幾，以劉向一言而廢祠復興，豈不惜哉？蓋人情狃於禍福而易動，鬼神隱於無形而難知。以易動之情稽難知之理，而欲正百年之謬，宜乎其難矣！以劉向之賢，猶溺於習見，況餘人乎？○自孟子没，王道不傳，故世無王佐之才。既無王佐之才，故其治效終不如古。若要行道，纔説做計較要行便不是。何故自家先負一箇不誠了，安得事成？劉向多少忠於漢，只爲做計較大甚，纔被見破，手足俱露，是甚模樣。○初，孝宣循武帝故事，招置名儒，劉更生以通達善屬文，與選中，可謂遇主矣。其後上復興神仙方術之士，而更生得淮南枕中鴻寶秘書獻之，言黄金可成，其所爲未免長君之過也。豈其逢世希合而爲之歟？抑年少學猶未能無惑於異端歟？其後與望之堪猛輩並立于朝，爲群小側目，更生乃令外親上變事，其義安在哉？夫君子小人相爲盛衰，蓋天地之大義也。消息盈虚，天地且不能不以其漸，況於人乎？且許史恭顯之於漢也，憑藉私昵寵嬖之恩，非一日矣。其培根深，其滋蔓遠，非所以朝升而暮罷。而君子之去小人，又非智謀之足恃也，亦有吾之仁義而已。彼方欲肆欺以罔吾之信，爲數以敗吾之義，而吾且欲決而去之，而自爲不信，其見乘也，不亦宜乎？予讀更生傳，見其惓惓於其君，未嘗不爲之歎息也。惜其不知義命之歸，故一蹶而不振，悲夫！

南軒張氏曰：蕭望之、劉更生輔元帝初政，以元帝天資之弱，而外有史高總朝廷之事，内有恭顯制樞機之權，二子居其間，可謂孤弱之勢，危疑之時矣。所以處之之道，要當艱深其慮，正固其守，誠意懇惻以廣上心，人才兼收以彊國勢。謹其爲，勿使有差；密其機，勿使或露。積之以久，上心開明，人才衆多，群心歸而理勢順，庶幾有可爲者。此在《易·屯》「膏小貞」之義也。而二子處之，蓋甚踈矣。其綢繆經理未嘗有一日之功也，遽白罷中書宦官，其機蓋已盡露而無餘策。既不蒙信用，而中外小人並起而乘之，身之死逐不足道，而當時之事遂不可復救。甚矣，二子之踈也！況其所爲自多不正，用人要當公天下之選，而二子者不惟其賢，惟其附己。不知小人迎合於外者，詎可保耶？故以鄭朋之傾邪而使之待詔，至於華龍之汙穢，亦欲入其黨，彼蓋有以召之也。在《易》有之，「君子以遠小人，不惡而嚴」。所謂嚴者，嚴其在我者也。二子處群小之間，而不嚴如是，其可得乎？袁安、任隗當梁冀强横之時，非惟不能加害，而卒能去之，以安、隗所處之嚴故也。故史稱安、隗素行高，冀未有以害之，斯言誠有味也，二子曾不知此耶？至於使外親上變事與子上書，則又其甚矣！予觀二子所執雖正，然懇誠之心不篤，勢利之念相交，以天下之公義，而行之以一己之私，蓋不知學之弊也。吁，可惜哉！然而昔人未可以一失斷其平生，若更生經歷憂患，晚歲氣象殊勝於前，處王氏之際，庶幾爲憂國敦篤者矣。

龔　勝

涑水司馬氏曰：王莽慕龔君賓之名，訹以尊爵厚禄，刼以淫威重勢而必致之，君賓不勝逼迫，絶食而死。班固以薰膏之語譏焉，未聞有爲辨之者也，可不大哀歟！昔者紂爲不道，毒痛四海，武王不忍天下困窮而征之，斯則有道天子，誅一亂政之匹夫爾，於何不可？而伯夷、叔齊深非之，義不食周粟而餓死，狷隘如此，仲尼猶稱之曰仁，以爲不殞其節而已。況於王莽憑漢累世之恩，因其繼嗣衰絶，飾詐僞而盜之，又欲誣洿清士，以其臭腐之爵禄，甘言諛禮，期於必致，不可以智免，不可以義攘，則志行之士，舍死何以全其道哉？或者謂其不能黜芳棄明，保其天年，然則虎豹之鞹何以異於犬羊之鞹，庸人之行孰不如此？又責其不詭辭曲對若薛方然，然則將未免於諂，豈曰能賢？故君賓遭遇無道，及此窮矣。失節之徒排毁忠正以遂己非，不察者又從而和之，太史公稱伯夷、叔齊，不有孔子，則西山之餓夫誰識知之？信矣哉！

王　莽

潛室陳氏曰：莽拔於族屬，繼四父而輔政，時人未之信也。於是刻心厲行以著其節，禮賢下士以釣其名，分布黨與以承其意，諂事母后以市其權，延見吏民以致其恩意，上下之勢既成，而人皆知有莽矣。於是力爲險異之行，以焜耀當時。封邑不受，位號不居，視天下爵禄若將浼焉。天下之人見其苦心如此，遂以其無他，而謂伊、周復出。故其避丁傅也，莫不稱其賢；其罷歸也，天下莫不訟其冤。一辭采女，而詣闕上書者千數。辭益封，而吏民上書者八千人。辭新野田，而前後上書者至四十八萬。蓋當時惟恐莽之一日去漢，舉國以授之惟恐其不受。夫莽斗筲之才，賈孺之智，兒曹之恩，妾婦之行，徒以驅委庸人，籠絡小孺，媚事婦人女子可也。而乃掩竊大物，豈非厄會然歟？

總　論

朱子曰：漢興之初，人未甚繁，氣象剗地較好。到武、宣極盛時，便有衰底意思。○周人繁密，秦人盡掃了，所以賈誼謂秦專用苟簡自恣之行。秦又太苟簡自恣，不曾竭其心思。○董仲舒才不及陸宣公，而學問過之。張子房近黄老，而隱晦不露。太史公、董仲舒論漢事，皆欲用夏之忠，不知漢初承秦，掃去許多繁文，已是質了。○董仲

南軒張氏曰：西漢末世，風節不競，居位大臣號爲有正論者，不過王嘉、何武、師丹耳。在波蕩風靡之中，誠亦可取。比之光、禹，則甚有間矣。然西漢末年，正如病者元氣先敗，

凡疾皆得以入之，而皆得以亡之。爲當時大臣者，要當力陳國勢根本之已蹶，勸人主以自强於德，多求賢才以自輔，庶可以扶助元氣，消靡沉痼。若不循其本，而姑因一事之謬、一人之進而指陳之，縱使一事之正，一人之去，亦將有繼其後者，終無益也。故哀帝之末，董賢雖去，而王氏即起，遂以亡漢矣。自成帝以來，受病之痼且大者，乃在王氏。如丁傅、董賢之徒，又特一時乘間之疾耳。在位者當深以王氏爲慮，以王氏爲慮，當如予所言，先勸人主以自强於德。自强於德，則不宜少有差失。顧反尊傅氏，寵董賢，以重失天下之心，是益自削而增助王氏之勢耳，故莽得以拱手而乘其後。惜當時論者皆不知及此也，可勝歎哉！

性理大全書卷之六十二

歷代四

東漢

光武

南軒張氏曰：光武之不任功臣爲三公，蓋鑑高帝之弊而欲保全之，前史莫不以爲美談。以予觀之，光武之保全功臣，使皆得以福禄終身，是固美矣，然於用人之道，則有未盡也。蓋用人之道，先以一説横於胸中，則爲私意，非立賢無方之義矣。高祖之待功臣誠非也。如韓、彭、黥布之徒，雖有大功，要皆天資小人。在《易》之《師》：「開國承家，小人勿用。」蓋於用師既終成功之後，但當寵之以富貴，而不可使之有國家而爲政也。高帝正犯此義，是以不能保功臣之終。爲光武者，要當察吾大臣有如韓、彭之徒者乎，則當以是待之。若光武之功臣則異於是，至寇、鄧、賈復，則又識明而行脩，量洪而器遠。以光武時所用之大臣論之，若三子者類過之遠甚，與共圖政，豈不可乎？顧乃執一概之嫌，廢大公之義，是反爲私意而已矣。抑光武之所責於大臣者特爲吏事，大臣之職顧如是乎？惟其不知大臣所當任之職，故不知用大臣之道，而獨以吏事之督責爲憂，抑亦末矣。方當亂定之後，正宜登用賢才，與共圖紀綱，以爲垂世長久之計，而但知吏事責三公，其貽謀之不競亦宜矣！

東萊吕氏曰：光武治天下，規模不及高帝。其禮嚴光，用卓茂，所以養得後來許多名節。○光武罷郡縣材官等事，其識見與秦皇相去不遠。

或問：光武之失正在攬權，而史乃稱其總攬權綱，舉無過事，何耶？潛室陳氏曰：光武再造於僵仆之後，如何不總攬權綱？但末流之弊，至不任三公，乃矯枉過正，非謂全不是。

和帝

致堂胡氏曰：和帝幼冲，能誅竇憲，自是威權不失，無大過舉，尊信儒術，友愛兄弟，禮賢納諫，中國乂安，方之章帝，實過之矣。

鄧禹　吴漢

朱子曰：古人年三十時，都理會得了，便受用行將去。如鄧禹十三歲學於京師，已識光武爲非常人，後來杖策謁軍門，只以數言定天下大計。

古之名將能立功名者，皆是謹重周密，乃能有成。如吴漢、朱然，終日欽欽，常如對陳，須學這樣底方可。如劉琨恃才傲物，驕恣奢侈，卒至父母妻子皆爲人所屠。今人率以才自負，自待以英雄，以至恃氣傲物，不能謹嚴，以此臨事，卒至於敗而已。要做大功名底人，越要緊密，未聞粗魯闊略而能有成者。

嚴光

南軒張氏曰：嘗怪嚴子陵竟不爲帝少屈，何邪？ 攷子陵之言論風旨，亦非素隱行怪，必欲長往而不反者。彼與光武少而相從，知其心度爲最詳也。以謂光武欲爲當時之治，則當時之人才固足辨之，而無待乎己。若欲進乎兩漢之事，則又懼有未能信從者。不然徒受其高位，饗其尊禮之虚名，則非子陵之本心也，故寧不就之。然而以子陵爲光武之故人，名高一世，而竟高卧不屈，光武亦不敢以屈之。其所以激頑起懦，扶植風化，助成東京風俗之美，人才之盛，其爲力固亦多矣，豈不美哉！

黄　憲

龜山楊氏曰：黄叔度學充其德，雖顔子可至矣。

或問：黄憲不得似顔子。朱子曰：畢竟是資稟好。又問：若得聖人爲之依歸，想是煞好。曰：又不知他志向如何？顔子不是一箇衰善底人，看他多少聰明，便敢問爲邦，孔子便告以四代禮樂。

李固　杜喬

南軒張氏曰：李、杜二公精忠勁節，不憚殺身，百世之下，凛乎猶有生氣。其視胡廣、趙戒輩，真不翅如糞土也。但恨於幾會節目之間，處之未盡，要是於《春秋》提綱之法，講之不素耳。李固方舉於朝，即就梁商之辟，商雖未有顯過，然如固之志業，其進也將以正邦，殆不可以苟也。一爲之屬，即涉梁氏賓客，事必有牽制者矣，此其失之於前也。方質帝之弑也，固爲首相，又質帝忍死有語之以被毒之事，則任是責者，非固而誰？質帝既不幸，固便當召尚書發冀姦，正大義，顯言于朝，則忠臣義士孰不應固？冀雖勢盛，然名其爲賊，逆順理殊，蓋可誅也。此間不容髮之時，而固昧夫大幾，獨推究侍醫等，舉動迂緩，使冀得以措手，大義不白，人心日以懈弛。其幾既失，固身據大位，當大權，持大義，而反聽命受制於賊，豈不惜哉？此其失之於後也。夫以冀之悖逆，而固且奏記與議所立，固豈不知冀心之所存哉？失太阿之柄，而陵遲至此耳。度固之不白發冀罪，非黨梁氏也，恐事之不成無益，故欲隱忍以待清河王之立，庶幾可扶社稷。而不知天下大變，已爲冢宰，理當明義以正之，事之成與不成，蓋非所問。況如前所論逆順之理，冀決無以逭死邪。固之隱忍，乃所以成冀姦謀，殺身不足道，而社稷重受害矣。若固者，盡其忠國之心，而無克亂之才，可勝惜哉！杜喬在九卿中若懷是見，必贊固爲之矣。及繼固爲相，已制命於冀矣。相與就死，嗚呼悲夫！

朱穆

龜山楊氏曰：蔡邕謂朱穆貞而孤，有羔羊之節。觀其立朝論議有足稱者，然乃從梁冀之辟，何也？孟子曰：「觀近臣以其所爲主，觀遠臣以其所主。」以穆之賢而主梁冀，烏在其爲貞孤哉？然邕之從董卓，無異於梁冀，宜其不以朱穆爲過也。

荀　淑

朱子曰：近看温公論東漢名節處，覺得有未盡處。但知黨錮諸賢趨死不避，爲光武明章之烈。而不知建安以後，中州士大夫只知有曹氏，不知有漢室，却是黨錮殺戮之禍有以毆之也。且以荀氏一門論之，則荀淑正言於梁氏用事之日，而其子爽已濡跡於董卓專命之朝。及其孫彧則遂爲唐衡之壻，曹操之臣，而不知以爲非。蓋剛大直方之氣折於凶虐之餘，而漸圖所以全身就事之計，故不覺其淪胥而至此耳。想其當時父兄師友之間，亦自有一種議論文飾，蓋覆使驟而聽之者不覺其爲非，而真以爲是，必有深謀奇計可以活國救民於萬分有一之中也。邪説横流，所以甚於洪水猛獸之害，孟子豈欺予哉！

陳　寔

勉齋黄氏曰：陳太丘送張讓父之喪，人以爲善類賴以全活者甚衆，前輩亦以爲太丘道廣。嘗竊疑之，如此則枉尺直尋而可爲歟？士君子行己立身，自有法度，有義有命，豈宜以此爲法？天地如此其廣，古今如此其遠，人物如此其衆，便使東漢善類盡爲宦官所殺，世亦曷嘗無善類哉？若使是真丈夫，又豈畏宦官之禍，而藉太丘如此之屈辱以全其身哉？吾人於此等處，直須見得分明，不然，未有不墮坑落塹者也。

竇武　何進　陳蕃

龜山楊氏曰：桓靈之間，昏弱相仍，女后臨朝，權移近習久矣。王甫、曹節以臺厮之賤，便嬖寵暱之私，竊弄神器，固天下之所同疾也。竇武倚元舅之親，操國重柄，招集天下名儒碩德，布在王庭，相與仗義協謀，勦絶凶類，正猶因迅風之勢以揚稃粃耳，豈不易哉？然而身敗功頹，貽國後患者，幾事不密，而禍成於猶豫也。方武之不受詔，馳入步軍營，召會北軍五校士數千人，勢猶足以有爲也。張奂，北州人豪，素非中人之黨，可以義動也。不能乘機決策，收爲己用，而乃遲回達旦，使逆賊得與奂等合，豈不惜哉？何進親見竇氏之敗，而不用陳琳、鄭公業之諫，躬蹈覆轍，引姦凶而授之柄，卒成移鼎之禍，進實兆之也。范曄乃引天廢商之言，豈不謬哉？

朱子曰：東漢誅宦官事，前輩多論之。然嘗細考其事，恐禍根不除，終無可安之理。後人據紙上語，指點前人甚易爲力，不知事到手頭實要處斷，毫髮之間，便有成敗，不是容易事。若使陳、竇只誅得首惡一二人，後來未必不取王允五王之禍也。

南軒張氏曰：竇武、陳蕃雖據權處位，而事當至難。主弱，一也；政在房闥，二也；宦者盤錯，其勢已成，三也。武等雖漸引類於朝，而植根未固，上則太后之心未明禍亂之原，下則中外之情未識朝廷之尊，而武等之謀，但欲速決爲誅小人之計。夫當時宦者雖有罪，然豈無輕重先後之倫？乃一概欲施之，舉動草草，今日誅數輩，明日誅數輩，輕重失其權，先後失其序，非天討矣。且使之人人自疑，反締其黨與而速其姦謀，善處大事者顧如是邪？觀朱瑀所謂「中官放縱者自可誅耳，我曹何罪而當盡族滅？」使蕃、武施之有道，行之有序，則雖此曹蓋亦有心服者矣。殲厥渠魁，脅從罔治，此待盜與小人之法，而亦天心也，況其所自處者又自有失。方是時，非衆志允從，其何以濟事？宦者竊柄已久，人知有此曹而已。爲大臣者要當深自刻苦，至誠惻怛，舉動無失，而後人有以孚信而趨向於我。人心向信，則勢立而形成，然後可以消弭禍亂。而武於靈帝踐位之初，一門三侯，妄自封殖，如此其誰心服乎？故王甫後來亦得以藉口，則可見此曹平日之所竊議，而衆志之所不平者矣。及難之作，雖曰忠義，而無或應之。以張奐之賢，猶且被紿而莫知逆順之所在，則以武平日所爲，未有以慰士大夫故也。蕃雖辭爵，而不能力止武之封，是亦潔身之爲耳。任天下之重，顧止如是哉？然予每讀蕃辭爵之疏，未嘗不三復歎息。其辭達，其義正，東京之文若此者蓋鮮，亦足以見其忠義之氣也，可勝惜哉！

趙苞

程子曰：東漢趙苞爲邊郡守，虜奪其母，招以城降，苞遽戰，而殺其母，非也。以君城降而求生其母固不可，然亦當求所以生母之方，奈何遽戰乎？不得已，身降之可也。王陵母在楚，而使楚，質以招陵，陵降可也。徐庶得之矣。

臧洪

龜山楊氏曰：臧洪初爲張超功曹，後遇袁紹以爲青州刺史。二人之遇洪，其義均矣，而洪之報二人者何其異哉？方曹公圍超於雍丘也，洪欲赴難，而請兵於紹。袁、曹方睦，而紹之與超素無一日之歡，則雍丘之圍非切於己也。欲其背好用師，以濟不切之難，則紹之不聽未爲過，而洪之絶紹，豈亦不量彼己歟？其不屈而死也，蓋亦匹夫匹婦之爲諒也已。

總論

或有問「甯武子邦有道則智，邦無道則愚。其智可及，其愚不可及」。初理會不得。武子當衛成公無道失國之時，周旋其間，盡心竭力而不去。及成公囚京師，武子求掌橐饘，賂醫薄酖，免衛侯於死，終以復國。及元咺之訟，武子又獨以忠而獲免。其能保身以濟其君如此，雖謂之知可也，而夫子曰：「其愚不可及。」又嘗曰：「君子哉蘧伯玉，邦有道則仕，邦無道則可卷而懷之。」以伯玉之事責武子，雖謂之愚不識時亦可也。然惓惓忠君，不避險艱，能爲人所不能爲，抑亦難矣，故謂之愚，蓋閔之也。其稱南容曰「邦有道則仕，邦無道則免於刑戮」。武子之免亦幸矣。然武子仕衛兩世，其君信任之，義不可棄之而去，其幾於東漢王允乎！允又不免被害。伊尹以天下爲己任，治亦進，亂亦進，使成湯不興，聘幣不至，雖五就桀，其志曷施？陳蕃，漢代人豪，驅馳險阨之中，與刑人腐夫同朝争衡，屢退而不去者，以仁爲己任，非人倫莫相卹也。卒以謀踈見殺，亦昧於夫子免刑戮之戒。然陳蕃、王允猶是當時朝廷倚任，身居鼎軸，義當與國存亡，故程子曰：「亦有不當愚者，比干是也。」若無言責官守，則如東海逢萌，當先漢之亂，憤三綱之既絶，挂冠東都門，浮海而去，惟恐其或緩也。君子之道，詎可不識時幾？朱子曰：所疑甯武子事，大概得之。但爲蘧伯玉、南容之愚則易，爲武子之愚則難，所以聖人有不可及之歎。陳蕃、王允固不得爲伯玉、南容之愚，然蕃事未成而謀已泄，允功未就而志已驕，則又不能爲甯武子之愚，此其所以取禍也。然爲逢萌則甚易，爲二公則甚難，又不可以彼而責此。但當問其時義之如何，與其所處之當否可也。

南軒張氏曰：高祖洪模大略，非光武所及也。高祖起匹夫，提三尺取天下，光武則以帝室之冑，因人心之思漢而復舊業，其難易固有間矣。而高祖之對乃項籍，亦蓋世之豪也。光武所與周旋者，獨張步、隗囂、公孫述輩，其去籍蓋萬萬相遠矣。至於韓信、彭越之徒，皆如泛駕之馬，實難駕御，而盡在高祖掌握之中，指麾使令，無不如意。使光武有臣如此，未必能用也。然而創業之難，光武固不及高祖。而至於光武之善守，則復非高祖所及也。大抵高祖天資極高，所不足者學爾。即位之後，所以維持經理者，類皆踈略。雄傑之氣不能自斂，卒至平城之辱。一時功臣，處之不得其道，類皆赤族。此則由其學不足之故也。光武天資雖不逮高祖，而自其少時從諸生講儒學，謹行義，故天下既定，則知兵之不可不戢。審黄石，存包桑，閉玉關以謝西域之質。安南定北，以爲單于久遠之計。處置功臣，假以爵寵而不使之任事，卒保全其始終。凡此皆思慮縝密，要自儒學中來。至於尊禮隱逸，褒崇風節，以振起士氣，後之人君尤未易及此，非特高祖也。嗟乎，以高祖之天資，使之知學爲當務，則湯武之聖亦豈不可至哉！是尤可歎息也。○名節之稱起於衰世，昔之儒者學問素克，其施於用，隨時著見，不蘄於立節而其節不可奪，不蘄乎徇名而其名隨之，在己初無一毫加意也。至於世衰道微於陵遲委靡之中，而其能拔然自立者，則世以名節歸之，而士君子道學未至，則亦以此自負。吁，亦小矣。然而名節之稱雖起於衰世，而於衰世之中實亦有賴乎此，使併與是焉而俱亡，則亦無以爲國矣。西漢之儒者，予甚病之。蓋自董相、申公數人之外，其餘往往以佔畢詁訓爲儒，❶無復氣象。上焉既不能推尋問學之源流，而其次又不能以名節立於衰世，其亦何所貴於儒也。考其所自，亦由上之人有以致之。自高帝鄙薄儒生，文景則尚黄老，武帝雖號爲表章，然徇其文而不究其實，適足以爲害，至宣帝則又明示所以不崇尚之意矣。則其挫抑摧沮之餘，不復自振固宜。然儒者之學，豈必爲一時貴尚而後勉邪？待文王而後興者，凡民也。漢之儒者，自叔孫通師弟子，固皆以利禄爲事，至於公孫丞相取相印封侯，學士皆歆慕之。其流如夏侯勝之剛果，猶有明經取青紫之言，況他人乎？蓋其習俗胥靡之陋一至於此，宜乎王莽簒竊之日，貢符獻瑞一朝成群，而能自潔者，班班僅有見於史也。故光武中興，力矯斯弊，尊德義、貴隱逸，以變其風。而中世以後，人才輩出，雖視昔之儒者有愧，然在衰世之中守義不變，蓋有足尚者矣。至於桓靈之後，國勢奄奄，群狡並起，睥睨神器未敢即取者，亦一時君子維持之力也。然則名節之稱，在君子則爲未盡，而於國家亦何負哉？蓋不可不思也。○人言東漢之亡，黨錮趣之也。曾不知東漢若無數君子，其亡也尤速。譬如羸病者之服丹，一旦死則歸罪於丹，不知其所

---

❶「其」，原作「自」，今據重修本改。

以能延數日之命者，丹之力。使其不服丹，則其死必速矣。○東京黨錮諸君子，蓋嘉其志氣之美，而惜其所處之未盡；重其天資之高，而歎其於學有所未足也。方是時，乾綱解紐，陰邪得路，天下之勢日入於頹敗矣。而諸君子曾不少貶以徇於世，慷慨所激，視死如歸，至於患難得喪，寧復肯顧，其志氣可謂美矣。雖然，昔之君子，其出處屈伸之際，蓋各有義。故當困之時，則有居困之道；當屯之時，則有亨屯之法。時不我用，則晦處自脩，危行而言遜，其進不可苟也。若乃居位，則思其艱而慮其周，扶持根本，漸以圖濟，其爲不可驟也。黨錮諸君子在下，則嘘枯吹生，自爲題榜，圭角眩露，昧夫處困之道矣。及其有位於朝，不過奮袂正色，搏擊豪强數輩，以爲事業在是矣。又進而居高位，則果於有爲，直欲一施之而不復顧，身死非所問，而國勢愈傾，是又失亨屯之法矣。是豈非有所未盡爲可恨歟！若諸君子之不爲死生禍福易操，其間如李膺、杜密、陳蕃輩卓然一時，其天資可謂剛特不群矣。然惟其未知從事於聖門也，故所行雖正，立節雖嚴，未免發於意氣之所動，而非循乎義理之安；出於惡其聲之所感，而未盡夫惻隱之實。處之有未盡，固其宜也。豈非於學有不足歟！使其在聖門，則當入於仲由之科，聖人抑揚矯揉之，其必有道矣。或以爲陳太丘之事爲得其中，以予觀之，太丘在諸君子之中持心最平，蓋天資又加美焉耳。而其所處張讓之事，亦非中節，在當時隱迹自晦，豈無其方，何至送宦者之葬？此又爲矯失之過。以此免禍，君子亦不貴也。不然，則郭有道乎？識高而量洪，才優而慮遠，足爲當時人物之領袖，然收斂之功猶未之盡，要亦於學有欠也。不然，則黄叔度乎？言論風旨，雖不盡見，然其氣象温厚，圭角渾然，見之者有所感於心，其爲最高乎？使在聖門作成之，當居顔氏之科矣。

或問：高帝不免韓、彭之誅，而光武乃能全功臣之世，何耶？潛室陳氏曰：此大有説。一則逐鹿之勢，外相臣服，事定難制；一則高祖之業，名位素定，事已相安。一則草昧功臣，豪傑難收；一則中興功臣，謹守規矩。一則大度中有嫚駡之失，人心素疑；一則大度中能動如節度，人心素定。一則劫其死力，封爵過度，不計後患；一則赤心在人，監戒覆轍，務在保全。○問：高帝只因請苑事，便疑蕭何，欲置之辟。光武於馮異，或譖其威權太重，百姓歸心，而帝信之愈篤。何高帝之介介於其小，而光武乃釋然於其大？曰：高帝因諸將而疑元臣，光武鑑往事而全功臣。

三　國

漢　昭　烈

或云：昭烈知有權而不知有正。朱子曰：先主見幾不明，經權俱失，當劉琮迎降之際，不能取荆州，烏在其知權耶？至於狼狽失據，乃不得已而出於盜竊之計，善用權者正不如此。若聲罪致討，以義取之，乃是用權之善。蓋權不離正，正自有權，二者初非二物也。○劉備之敗於陸遜，雖言不合輕敵，亦是自不合連營七百餘里，先自做了敗形。是時孔明在成都督運餉，後云法孝直若在，不使主上有此行。孔明先不知曾諫止與否，今皆不可考。但孔明雖正，然盆。去聲。法孝直輕快，必有術以止之。○先主不忍取荆州，不得已而爲劉璋之圖。若取荆州，雖不爲當，然劉表之後君弱勢孤，必爲他人所取，較之取劉璋，不若得荆州之爲愈也。學者皆知曹氏爲漢賊，而不知孫權之爲漢賊也。若孫權有意興復漢室，自當與先主協力并謀，同正曹氏之罪，如何先主纔整頓得起時，便與壞倒，如襲取關羽之類是也。權自知與操同是竊據漢土之人，若先主事成，必滅曹氏，且復滅吴矣。權之姦謀蓋不可掩，平時所與先主交通，姑爲自全計爾。或曰：孔明與先主俱留益州，獨令關羽在外，遂爲陸遜所襲。當時只先主在内，孔明在外，如何？曰：正當經理西向宛洛，孔明如何可出？此特關羽恃才踈鹵，自取其敗。據當時處置如此，若無意外齟齬，曹氏不足平，兩路進兵何可當也？此亦漢室不可復興，天命不可再續而已，深可惜哉！

或問：蜀先主以國委孔明，無言不聽。伐吴之役，先主誠失計也，而孔明曾不以爲非，及其既敗，乃曰「法孝直若在，必能制主上東行」。何孔明不能諫於知己之主，而猶有待於孝直也？潛室陳氏曰：只緣孔明規模在據荆、益，方成伯業，以荆州爲必争之地，争而不得，後方悔耳。

魏曹操　吴孫權

元城劉氏謂馬永卿曰：温公退居洛，一日語某曰：「昨夕看《三國志》，識破一事。」因令取《三國志》及《文選》示某，乃理會武帝遺令也。公曰：「遺令之意如何？」某曰：「曹公平生姦至此盡矣，故臨死諄諄作此令也。」公曰：「不然，此乃操之微意也。遺令者，世所謂遺囑也。必擇緊要言語付囑子孫，至若纖細不緊要之事，則或不暇矣。且操身後之事，有大於禪代者乎？今操之遺令諄諄百言，下至分香賣履之事，家人婢妾無不處置詳盡，無一語語及禪代之事，其意若曰：『禪代之事自是子孫所爲，吾未嘗教爲之。』是實以天下遺子孫，而身享漢臣之名，此遺令之意歷千百年無人識得，昨夕偶窺破之。」公似有喜色，且戒某曰：「非有識之士，不足以語之。」或云：非温公識高不能至此。曰：此無他也，乃一「誠」字爾。惟以誠意讀之，且誠之至者可以開金石。况此虚僞之事，一看即解散也。某因此歷觀曹操平生之事，無不如此。夜卧枕圓枕，噉野葛至尺許，飲鴆酒至一盞，皆此意也。操之負人多矣，恐人報己，故先揚此聲以誑時人，使人無害己意也。然則遺令之意，亦揚此聲以誑後世耳。

或論三國形勢。朱子曰：曹操合下便知據河北可以爲取天下之資，既被袁紹先説了，他又不成出他下，故爲大言以誑之。胡致堂説史臣後來代爲文辭以欺後世，看來只是一時無説了，大言耳。此著被袁紹先下了，後來崎嶇萬狀，尋得箇獻帝來，爲挾天子令諸侯之舉。此亦是第二大著。若孫權據江南，劉備據蜀，皆非取天下之勢，僅足以自保耳。○曹操用兵煞有那幸而不敗處，却極能料。如征烏桓，便能料得劉表不從其後來。○孫權與劉備同禦曹操，亦是其勢不得不合。孫權若不與劉備，即當迎降於操。然此兩人終非好相識，到利害處便不相顧。劉備纔得荆州，權便遣吕蒙去擒關羽。○人謂曹操父子爲漢賊，以某觀之，孫權真漢賊耳。先主孔明正做得好時，被孫權來戰兩陣，到這裏便難向前了，權又結托曹氏父子。權之爲人，正如偷去劉氏一物，知劉氏之興必來取此物，不若結托曹氏，以賊托賊。使曹氏勝，我不害守得一隅；曹氏亡，則吾亦初無利害。

諸葛亮

程子曰：孔明有王佐之心，道則未盡。王者如天地之無私心焉，行一不義而得天下不爲。孔明必求有成而取劉璋，聖人寧無成耳，此不可爲也。若劉表子琮將爲曹公所并取，而興劉則可也。孔明不死，三年可以取魏。且宣王有英氣，久不得伸必沮，死不久也。○孔明營五丈原，宣王言無能爲，此僞言安三軍耳。兵自高地來可勝，先主嘗自觀五丈原，曰：「此地不可據。」英雄欺人，不可盡信。○問：文中子謂：「諸葛亮無死，禮樂其有興乎？」諸葛亮可以當此否？曰：禮樂則未敢望他，只是諸葛亮已近王佐。又問：如取劉璋事，如何？曰：只有這一事大不是，便是計較利害。當時只爲不得此，則無以爲資。然豈有人特地出迎，他却於座上執之。大段害事，只是箇爲利。君子則不然，只一箇義不可便休，豈可苟爲？又問：如湯兼弱攻昧，如何？曰：弱者兼之，非謂并兼取他，只爲助他與之相兼也。昧者乃攻，亂者乃取，亡者乃侮。○諸葛亮近王佐之才。或問：亮果王佐才，何爲僻守一蜀而不能有爲於天下？曰：孔明固言明年欲取魏，幾年定天下，其不及而死則命也。某嘗謂孫覺曰：「諸葛武侯有儒者氣象。」孫覺曰：「不然。聖賢行一不義，殺一不辜，雖得天下不爲，武侯區區保完一國，不知殺了多少人邪！」某謂之曰：「行一不義，殺一不辜，以利一己則不可，若以天下之力誅天下之賊，殺戮雖多亦何害？陳恒弑君，孔子請討，孔子豈保得討陳恒時不殺一人耶？蓋誅天下之賊，則有所不得顧爾。」曰：「三國之興孰爲正？」曰：「蜀志在興復漢室則正也。」

元城劉氏曰：淮陰、武侯二人不同。若論人品，則淮陰不及孔明遠甚；若論功業，而武侯何寥寥也？馬永卿曰：西南者，漢始終之地也。故漢起於西南，而卒終於此。而淮陰當漢之初興，故能卓卓如此。而武侯之時，火將燼矣，故無所成也。曰：此固然矣。然淮陰所以得便宜者，以平日名太卑。而武侯所以無成者，以平日名太高也。淮陰有乞食胯下之辱也，而武侯即隱於隆中，而當時謂之卧龍，此一事也。又淮陰既從項梁，又事項羽，又歸漢，而武侯則必待三顧而後起，此又一事也。又楚漢之時，用兵者皆非淮陰之敵而嘗易之，故淮陰能取勝也。三國之時，若司馬仲達輩乃武侯等輩人也，而又素畏孔明，故武侯不能取勝也。譬知奕碁有二國手，一國手未有名而對之乃低碁，不知其爲國手而嘗易之，故狼狽大敗。有一國手已有名，對局者亦國手而差弱焉，謹以待之，故勝敗未分也。且淮陰既平魏趙，而功業如此其卓犖也，而龍且尚且輕之，曰：「吾平生知韓信爲人易與耳，寄食於漂母，無資身之策；受辱於胯下，無兼人之勇。」以淮陰平日名素卑也。孔明與司馬宣王對壘，不能取尺寸地，宣王受其巾幗之辱而不敢出兵。至其已死，按行軍壘，猶曰天下奇材也。故當時有「死諸葛走生仲達」之嘲，以孔明平日名素高故也。人品高下不同，而其功業反相去之遠者由此。

豫章羅氏曰：西漢人才可與適道，東漢人才可與立，三國人才可與權。杜欽、谷永可與適道而不可與立，故附王氏。陳蕃、竇武可與立而不可與權，故困於宦官。至於諸葛孔明然後可與權，夫人才至可與權而不可以有加。張良近太公之材略，諸葛近伊尹之出處。然良佐高祖，論其時則宜，語其德則合。亮處三國，則材大任小，惜哉！

朱子曰：孔明天資甚美，氣象宏大，但所學不盡純正，故亦不能盡善。取劉璋一事，或以爲先主之謀，未必是孔明之意，然在當時多有不可盡曉處。如先主東征之類，不見孔明一語議論，後來壞事，却追恨法孝直若在，則能制主上東行。孔明得君如此，猶有不能盡言者乎！○南軒言孔明體正大，問學未至，此語也好。但孔明本不知學，全是駁雜了，然却有儒者氣象，後世誠無他比。○程先生云：「孔明有王佐之心，然其道則未盡。」其論極當。魏延請從間道出關中，侯不聽。侯意中原已是我底物事，何必如此？故不從。不知先主當時只從孔明，不知孔明如何取荆取蜀。若更從魏延間道出關中，所守者只是庸人，從此一出，是甚聲勢？如拉朽然，後竟不肯爲之。○問孔明出處。曰：當時只有蜀先主可與有爲耳。如劉表、劉璋之徒，皆了不得。曹操自是賊，既不可從。孫權又是兩間底人。只有先主名分正，故只得從之。○問：孔明殺劉璋是如何？曰：這只是不是。初間教先主殺劉璋，先主不從。到後來先主見事勢迫，也打不過，便從他計。要知不當恁地行計殺了他。若明大義，聲罪致討，不患不服。看劉璋欲從先主之招，傾城人民願留之。那時郡國久長，能得人心如此。○孔明之事，其於荆蜀亦合取。當日草廬亦是商量準擬在此，但此時不當恁地。若是恁地取時，全不成舉措。如二人視魏而不伐，自合當取。兼在是時，捨此無以爲資。若能聲其罪，用兵而取之却正。但當時劉焉父子亦得人情，恐亦未易取。或問：「聖人處此合如何？」曰：「亦須别有箇道理。若似如此，寧可事不成。只爲後世事欲苟成，功欲苟就，便有許多事。孔明大綱却好，只爲如此便有斑駁處。」○義利之大分，武侯知之，有非他人所及者，亦其天資有過人處。若其細微之間，則不能無未察處，豈其學有未足故耶？觀其讀書之時，他人務爲精熟，而已則獨觀大旨。此其大者固非人所及，而不務精熟，亦豈得無欠闕耶？○或論孔明事，以爲天民之未粹者，此論甚當。然以爲略數千户而歸，不肯徒還，乃常人之態，而孔明於此亦未能免俗者，則熹竊疑之。夫孔明之出祁山，三郡響應，既不能守而歸，則魏人復取三郡，必齮齕首事者墳墓矣。拔衆而歸，蓋所以全之，非賊人諱空手之謂也。近年南北交兵，淮漢之間，數有降附，而吾力不能守。虜騎復來，則委而去之，使忠義遺民爲我死者肝腦塗地而莫之收省。此則孔明之所不忍也。故其言曰：「國家威力未舉，使赤子困於豺狼之吻。」蓋傷此耳。此見古人忠誠仁愛之心，招徠懷附之略，恐未必如或者之論也。○孔明失三郡，非不欲盡徙其民，意其倉卒之際，力之所及止是而已。若其心則豈有窮哉？以其所謂困於豺狼之吻者觀之，則亦安知前日魏人之暴其邊境之民，不若今之胡虜哉？孔明非急近功、見小利、詭衆而自欺者，徙民而歸，殆亦昭烈不肯棄民之意歟？○問：孔明興禮樂如何？曰：也不見得孔明都是禮樂中人，也只是粗底禮樂。○孔明擇婦，正得醜女，奉身調度，人所不堪。彼其正大之氣，經綸之藴，固已得於天資。然竊意其智慮之所以日益精明，威望之所以日益隆重者，則寡欲養心之助與爲多焉。○看史策自有該載不盡處。如後人多説武侯不過子午谷路，往往那時節必有重兵守這處，不可過。今只見子午谷易過，而武侯自不過。史只載魏延之計，以爲夏侯楙是曹操壻，怯而無謀，守長安甚不足畏。這般所在，只是該載不盡。亮以爲此危計，不如安從坦道。又揚聲由斜谷，又使人據箕谷，此可見未易過。○問：孔明出師每乏糧。古人做事須有道理，須先立些根本。曰：孔明是殺賊不得不急，如人有箇大家被賊來占了，趕出在外牆下住，殺之豈可緩？一纔緩，人便一切都忘了。孔明亦自言一年死了幾多人，不得不急爲之。意司馬懿甚畏孔明，便使得辛毗來遏，令不出兵，其實是不敢出也。○諸葛公是忠義的司馬懿，司馬懿是無狀底諸葛公，劉禪備位而已。

南軒張氏曰：諸葛武侯左右昭烈父子立國於蜀，明討賊之義，不以强弱利害二其心，蓋凛凛乎三代之佐也。侯之言曰：「漢賊不兩立，王業不偏安。」又曰：「臣鞠躬盡力，死而後已。至於成敗利鈍，非臣之明所能逆睹。」嗟乎！誦味斯言，則侯之心可見矣！雖不幸功業未究，中道而殞，然其扶皇極，正人心，挽回先王仁義之風，乘之萬世，與日月同其光明可也。夫有天地，則有三綱，中國之所以異於夷狄，人類之所以別於庶物者，以是故耳。若汩於利害之中，而亡夫天理之正，則雖有天下，不能一朝居。此侯所以不敢斯須而忘討賊之義，盡其心力至死不悔者也。方天下雲擾之初，侯獨高卧，昭烈以帝室之胄，三顧其廬，而後起從之。則夫出處之際，固已有大過人者。其治國，立經陳紀而不爲近圖；其用兵，正義明律而不以詭計。凡其所爲，悉本大公，曾無纖毫姑息之意，類皆非後世所可及。至讀其將没自表之辭，則知天下物欲舉不足以動之。所養者深，則所發者大，理固然也。曾子曰：「士不可以不弘毅。」若侯者，其所謂弘且毅者歟！孟子曰：「富貴不能淫，貧賤不能移，威武不能屈。此之謂大丈夫。」若侯者，所謂大丈夫非耶？○問：孔明不死，能取中原否？曰：屯田渭上，根本已固，必能取中原。司馬懿亦是能者，常不敢與戰。又問：蔣琬特守常之才乎？曰：誠不可以應變。○馬謖議論與孔明略相似，其才非不可用，但置之帷幄則可，以之爲將帥則違其才。孔明使之領衆爲前鋒，於此小有差爾。

或問：魯兩生謂禮樂必百年可興，文中子輕許孔明，何也？潛室陳氏曰：叔孫通人物污下，故兩生却之。孔明人物正大，故文中子許之。○問：文中子曰：「諸葛亮而無死，禮樂其有興乎？」《近思録》程子亦以此許之。敢問孔明自比管、樂，使果能興復漢室，恐未必便能興禮樂如三代。曰：孔明是天資帶得，又從學問中攧出來。據他用事行師調度，若當升平之時，做出必須光明，不止漢唐人物。○問：巴蜀四塞，非進取之地。惟一江陵，然諸葛亮不勸先主都之。及關羽之危，又不聞救之。何也？曰：江陵屬荆州，武侯首陳取荆州之策，先主不能用，其後争之於吴而不得，吴止分數郡以與之。至關羽之敗，并數郡而失之，況得而都之耶？況荆襄爲南北咽喉，在三國爲必争之地，乃戎馬之場，非帝之都也。

魯齋許氏曰：不問利害，只求義理，孔明見得真。當時只有復漢討賊爲當然，至於成敗利鈍，非臣之明所能逆睹，歸之於天而已。只得如此做，便是聖賢之心，常人則必計其成敗利害也。

臨川吴氏曰：「開誠心，布公道，集衆思，廣忠益，諸有忠慮於國，但勤攻吾之闕。」漢丞相諸葛忠武侯語也，可以爲萬世相天下者之法矣。孔明豈不知爲相之體哉？於主簿楊顒之諫也，生既謝之，死又哀之。孔明豈不知其言之忠哉？然而罰二十以上皆親覽，食少事繁，至爲敵國所窺，而慶幸其不久。孔明豈不知愛重其身哉？其若是者何也？嗚呼！是未可以常情度，淺識議也。夫知相之體而未免自勞，知言之忠而未見樂取，知一身繫國之存亡而竟取敵國慶幸之計，苟非甚愚者，或有所不爲，而謂蓋世絶人之智者爲之乎？予故曰：「是未可以常情度，淺識議也。」且當時事勢如何耶？以一木支大厦之傾，事君而致其身，盡瘁於國，遑恤其他，夫豈可已而不已者？楊顒之諫，謂之愛孔明則可，謂之知孔明則未也。杜子美詩云：「三分割據紆籌策，萬里雲霄一羽毛。」又云：「運移漢祚難恢復，志決身殲軍務勞。」此詩字字有意，細味之，庶乎知孔明之心，而豈常情淺識之所能測度擬議者哉？

荀　彧

龜山楊氏曰：議者謂曹公非取天下於漢，其説非也。方曹公以强忍之資，因亂假義，挾主威以利諸侯，其包藏禍心，天下庸人知之矣。而荀彧間關河冀，擇其所歸，卒從曹氏，志欲扶義奮謀，以舒倒懸之急。迹其行事，可謂勇智兼人矣。乃獨不知曹氏之無君乎？其拒董昭之議何也？夫豈誠有忠貞之節歟，抑欲以晚節蓋之歟？由前則不智，由後則不忠，不智不忠而求免於亂臣，宜乎其難矣！嗚呼，荀君安得無罪歟？觀其臨大義，斷大謀，操弄强敵於股掌之間，輔成曹氏之霸業。至其威加海内，下陵上逼，乃欲潛杜其不軌，是猶揚瀾潰堤，以成滔天之勢，而後徐以一葦障之，尚可得乎？而范曄猶謂彧有殺身成仁之美，吾不知其説也。○東坡謂荀文若其才似子房，其道似伯夷。予以謂其才似子房則有之矣。伯夷不事非君，不立於惡人之朝，寧忍事操乎？以爲其道似伯夷，吾不知其説。

朱子曰：荀彧之死，胡文定引宋景文説，以爲劉穆之宋齊丘之比，最爲得其情狀之實，無復改評矣。考其議論本末，未見其有扶漢之心，其死亦何足悲。又據本傳，彧乃唐衡之壻，則彧之失其本心久矣。

性理大全書卷之六十三

歷代五

晉

元帝

或問：晉元帝所以不能中興者，其病安在？朱子曰：元帝與王導元不曾有中原志，收拾吴中人情，惟欲宴安江左耳。

南軒張氏曰：爲國有大幾，大幾一失，則其弊隨起而不可禁。所謂大幾，三綱之所存是也。晉元帝初以懷帝之命來臨江左，當時之意，固以時事艱難，分建賢王以爲屏翰，庶幾增國家之勢，折姦宄之心，緩急之際，實賴其糾率義旅入衛王室，其責任蓋不輕矣。而瑯琊之入建業，考觀其規模，以原其心度之所安，蓋有自爲封殖之意，而無慷慨謀國之誠。懷帝卒以蒙塵，迄不聞勤王之舉。愍帝之立，增重寄委，制詔深切，而亦自若也。祖逖擊楫渡江，聊復以兵應其請，反從而制之，使不得有爲，則其意不在中原也審矣。坐視神州板蕩，戎馬縱横，不以動其心，不過欲因時自利云耳。愍再蒙塵，懼天下之議己，則陽爲出師之勢，遷延顧望，終歸罪於運餉稽緩，斬一無辜令史以塞責，赤眚之異亦深切矣。吾誰欺，欺天乎？夫受君父之委託，而坐視其禍變；因時事之艱難，而覬幸以自利。三綱淪矣！惟其大幾既失，故其所以建國規模亦復不競。亂臣賊子如王敦輩，不旋踵而起，蓋其弊有以致之也。使元帝痛懷、愍之難，篤君臣之義，念家國之讎，率江東英俊，鼓忠義之氣，北向討賊，名正理順，安知中原無響應者？以區區一祖逖，倔强自立於群雄之間，猶幾以自振。況肺腑之親，總督之任，數路之勢，何所不濟哉？惟其不以大公爲心，而私意蔽之，甚可歎息也！

温　嶠

南軒張氏曰：温太真忠義慷慨，風節表著，足以爲晉室名臣，古今所共推，不待詳言。然吾獨有所恨者，絶裾之事也。太真少時，嘗以孝友篤至稱。❶一旦奉劉琨之檄，將命江左，母崔固止之不可，至於絶裾而行。噫，太真有母在，此身固不得以許琨矣！獨不見徐

❶「嘗」，重修本作「常」。

元直之事乎？元直所謂方寸亂矣，蓋其天性不可已者也，而太真獨忍於此乎？若既以委質爲人之臣，當危難而無避可也。將命之舉，豈無他人？太真念母獨不得辭乎？度其意不過以江左將興，奉檄勸進，徼倖投富貴之機，赴功名之會耳。而其所喪，不過甚乎？或曰：使太真不來江左，則寧復有後世之事業？太真固不得以兩全矣。此殆不然，昔人之事業皆非有所爲而爲之，事理至前，因而有成之耳。若懷希慕求必之心，則其私欲而已。苟可以就異日之事，則凡背親賊性，皆可以屑爲。此三綱之所由壞，而弊之所由生也。故伯夷、叔齊不受其國，夫子以爲求仁而得仁。商之三臣，微子不得不去，箕子不得不爲奴，比干不得不死，皆素其位而行也。豈直太真之事業爲不足道，就使太真能佐晉室，克復神州，一正天下，勳烈如此，浮雲之過太虛耳！豈足以塞其天性之傷也？夫太真順母之心而終其身，雖泯滅無聞於後，顧其所全者大，於身無愧，烏能以此易彼哉？故予謂太真稱爲功名之士則可，尚論古人則可憾矣！

顧榮　賀循

朱子曰：東晉時所用人才皆中州浮誕者之後，惟顧榮、賀循有人望，不得已而用之。

王導　謝安　殷浩

或云：庾亮欲移鎮石城，興兵討趙，王導許之，郗鑒、蔡謨等皆以爲不可也。范陽張氏曰：晉以寡弱之師，一旦討强暴之寇，是無異驅群羊以攻猛虎，不格明矣。使王導不知利害，則導爲不智。知而許之，則導爲不忠。不智不忠，何以爲導？予竊料其意，蓋當是時，導與庾亮有隙，亮欲起兵以廢導，於此復沮其謀，適所以激彼之怒，故不若陽且許之以快其情，陰使郗鑒等拒之以絶其議。此乃君子之待小人，不得不然耳。觀史者當逆其意可也。

或問：老子之道，曹參、文帝用之皆有效，何故以王、謝之力量反做不成？朱子曰：王導、謝安又何曾得老子妙處？然謝安又勝王導。石林説「王導只是隨波逐流底人，謝安却較有建立，也煞有心於中原」。此説也是。但謝安也被這清虛絆了，都做不得。王導自渡江來，只是恁地，都無取中原之意。○謝安之待桓温本無策，温之來，廢了一君，幸而要討九錫，要理資序，未至太甚，猶是半和秀才。若他便做箇二十分賊，如朱全忠之類，更進一步，安亦無如之何。王儉平日自比謝安，王儉是已敗闕底謝安，謝安特幸未踈脱底王儉耳。安比王儉只是有些英氣，苻堅之來亦無措置。前輩云非晉人之善，乃苻堅之不善耳。然堅只不合擁衆來，謝安必有以料之。兼秦人國内自亂，晉亦必知之，故安得以鎮静待之。堅之來，在安亦只得發兵去迎敵當來，符堅若不以大衆來，只以輕兵時擾晉邊，便坐見狼狽。因問萬正淳曰：桓温移晉祚時，安能死節否？曰：必不能，却須逃去。曰：逃將安往？若非死節，即北面事賊耳。到這裏是築底處，中間更無空地。因説韋孝寬智略如此，當楊堅篡周時，尉遲迥等皆死，孝寬乃獻金熨斗。始嘗疑之，既不與他爲異，亦何必如此結附之？元來到這地位，便不與辨，亦不免死。既不能死，便只得失節耳。又曰：謝安之於符堅，❶如近世陳魯公之於完顔亮，幸而捱得他死耳。又曰：如前代多有幸而不敗者。如謝安，桓温入朝，已自無策，從其廢立，九錫已成，但故爲遷延以俟其死。不幸而病小甦，則將何以處之？擁重兵上流而下，何以當之？於此看，謝安果可當伏節死義之資乎？或曰：坦之倒持手板，而安從容閒雅，似亦有執者。曰：世間自有一般心膽大底人。如廢海西公時，他又不能拒，廢也得，不廢也得，大節在那裏？

南軒張氏曰：符堅掃境入寇，方是時，晉室之勢亦甚殆矣。梁、益既非吾有，而襄、沔復爲所破，在他人宜恐懼失措之不暇，而謝安方且從容應敵，不過以江北軍事付之謝玄及劉牢之輩，卒以成功。蓋其方略素定，非僥倖苟然也。安明於用人，考察既精，不以親疎而

❶「於」，原作「與」，今據重修本改。

廢。玄有謀慮，善使人，而牢之勇鋭出衆，安所施置，各得其宜。蓋用兵之道當以奇正相須，使玄將重兵于後，此正也；使牢之將精兵迎擊于前，此奇也。秦兵既近洛澗，牢之攖其鋒，直搏而勝之，固以奪其心矣。淝水之戰，其勝算已在目中，故秦兵一退，風聲鶴唳，以至山川草木皆足以懼之，惟牢之先奪其心故也。安之方略，可謂素定矣。惟其素定，故安静而不撓，其矯情鎮物，豈固爲是哉！夫有所恃故耳。至於却上流之兵，又其一奇也。得上流之兵不足以助益，而適足以銷薄聲勢，摇動人心，桓冲是舉亦無謀矣。吾慮既定，一却其兵，而戰士之心益固，國内之情舉安，安見之明且審矣。嗟乎，國之所恃者人才耳。以當時晉室之勢，獨任一謝安，足以當符秦百萬之師。以予觀之，非特安方略之妙，抑其所存忠義純固，負荷國事，直欲與晉室同存亡，故能運用英豪，克成勳業，誠與才合故也。大抵立大事者，非誠與才合，不足以濟。若安者，其在東晉人物中傑出者哉！

或問：晉殷浩、謝安少有重名，方其隱而未用也，人皆以公輔期之。或曰：「淵源不起，❶如蒼生何？」或曰：「謝安不起，當如蒼生何？」及其既用也，謝安却符秦，安晉室，功業亦可無負。而殷浩舉兵北伐，師徒屢敗，桓温因朝野之怨而廢之，如棄草芥。夫人之擬

❶「淵」，原作「深」，今據重修本改。

二子則同，而二子事業何其相遠？潛室陳氏曰：東晉諸賢大抵務養名節，不務實用。幸而成功則爲謝安，如其無成則爲殷浩。然安能矯情鎮物，浩則遇事周章，較是輸他一着也。

符堅

程子曰：符堅養民而用之，一敗不復振，無本故也。

或問：符堅立國之勢亦堅牢，治平許多年，百姓愛戴，何故一敗塗地，更不可救？朱子曰：他是掃土而來，所以一敗更救不得。又問：他若欲滅晉，遣一良將提數萬之兵以臨之，有何不可？何必掃境而來？曰：他是急要做正統，恐後世以其非正統，故急欲亡晉。此人性也急躁，初令王猛滅燕，猛曰：「既委臣，陛下不必親臨。」及猛入燕，忽然堅至，蓋其心又恐猛之功大，故親來分其功也。便是他器量小，所以後來如此。○孔明臨陣對敵，意思安閒，如不欲戰。而符堅踴踊不寐而行師，此其敗不待至淝水而決矣。

桓温

朱子曰：桓温入三秦，王猛來見，眼中不識人，却謂：「三秦豪傑未有至，何也？」三秦豪傑非猛而誰？可笑！

陶　潛

朱子曰：陶淵明有高志遠識，不能俯仰時俗，故作《歸去來詞》以見志。抑以其自謂晉臣恥事二姓，自劉裕將移晉祚，遂不復仕，則其意亦不爲不悲矣。然其詞義夷曠蕭散，雖託楚聲而無其尤怨切蹙之病云。○張子房五世相韓，韓亡，不愛萬金之産，弟死不葬，爲韓報讎。雖博浪之謀不遂，横陽之命不延，然卒藉漢滅秦誅項，以攄其憤。然後棄人間事，導引辟穀，託意寓言，將與古之形解銷化者相期於八紘九垓之外。使千載之下聞其風者，想像歎息，不知其心胸面目爲何如人。其志可謂壯哉！陶元亮自以晉世宰輔子孫，恥復屈身後代。自劉裕篡奪勢成，遂不肯仕。雖其功名事業不少概見，而其高情逸想播於聲詩者，後世能言之士皆自以爲莫能及也。蓋古之君子，其於天命民彝，君臣父子，大倫大法之所在，惓惓如此。是以大者既立，而後節概之高，語言之妙，乃有可得而言者。如其不然，則紀逡、唐林之節非不苦，王維、儲光羲之詩非不翛然清遠也。然一失身於新莽、禄山之朝，則其平生之所辛勤而僅得以傳世者，適足爲後人嗤笑之資耳！

鶴山魏氏曰：世之辯證陶氏者曰：「前後名字之互變也，死生歲月之不同也，彭澤退休之年，史與集所載之各異也。」然是所當考而非其要也。其稱美陶公者曰：「榮利不足以易其守也，聲味不足以累其真也，文詞不足以溺其志也。」然是亦近之。而公之所以悠然自得之趣，則未之深識也。風雅以降，詩人之詞樂而不淫，哀而不傷，以物觀物而不牽於物，吟咏性情而不累於情，孰有能如公者乎？有謝康樂之忠而勇退過之，有阮嗣宗之達而不至於放，有元次山之漫而不著其迹，此豈小小進退所能窺其際耶？先儒所謂經道之餘，因閒觀時，因静照物，因時起志，因物寓言，因志發詠，因言成詩，因詠成聲，因詩成音者，陶公有焉。

臨川吴氏曰：靖節先生高志遠識，超越古今，而設施不少概見。其令彭澤也，不過一時牧伯辟舉相授，❶俾得公田之利以自養，如古人不得已而爲禄者爾，非受天子命而仕也。曾幾何時，不肯屈於督郵而去。充此志節，異時詎肯忍恥於二姓哉？觀《述酒》《荆軻》等作，殆欲爲漢相孔明之事，而無其資。責子有詩，與子有疏，志趣之同，苦樂之安，一家父子夫婦又如此。夫人道三綱爲首，先生一身而三綱舉無愧焉。忘言於真意，委運於大化，則幾於同道矣。誰謂漢魏以降，而有斯人者乎！

❶ 「相」，原作「扳」，今據四庫本改。

崔　浩

或問：崔浩如何？朱子曰：也是箇博洽的人。他雖自比子房，然却學得子房獃了。子房之辟穀，姑以免禍耳，他却真箇要做。

總　論

五峰胡氏曰：桀紂秦政皆窮天下之惡，百姓之所同惡。故商、周、劉漢因天下之心伐而代之，百姓親附，居之安久，所謂仁義之兵也。魏晉以來，莫不假人之柄，而有隳三綱之罪，仁義不立，綱紀不張，無以締固民心，而欲居之安久，可乎？

象山陸氏曰：燕昭王之於樂毅，漢高帝之於蕭何，蜀先主之於孔明，符秦之於王猛，相知之深，相信之篤，這般處所不可不理會，讀其書不知其人可乎？

臨川吴氏曰：楚三間大夫竭其忠志，欲强宗國，懷王信讒踈之，國事日非，竟客死於秦。襄王又信讒，放之江南，原不忍見宗國駸駸趨於亡，遂沈江而死。韓爲秦所滅，韓臣之子子房，自以五世相韓，散財結客，爲韓報讎。博浪之椎不中，則匿身下邳以俟時。山東兵起，從沛公入關，立韓公子成續韓後。秦亡而楚霸，王沛公於漢，又殺韓成，良乃輔漢滅楚，而從隱去。諸葛孔明初見昭烈，已知賊之必亡漢，而勸昭烈跨有荆、益，圖霸業，復帝室，後卒償其所言。晉陶淵明自其高祖長沙桓公爲晉忠臣，及桓玄篡逆，劉裕起自布衣誅玄，又滅秦滅燕，挾震主之威，晉祚將易，既無昭烈可輔以興復，又無高皇可倚以報復，志願莫伸，其憤悶之情往往發見於詩。蓋四賢者，其遇時不同，其爲人不同，而君臣之義重，則其心一也。

唐

高祖

或問：劉武周兵勢甚鋭，關中震駭，上出手敕曰：「賊勢如此，難與争鋒。宜棄大河以東，謹守關西而已。」秦王世民上表請行，如何？范陽張氏曰：高祖可謂謬而無策矣。且唐所以能守關西者，以河東爲之障蔽也。今舉而棄之，則賊兵深入，是棄關西也，豈不謬哉？以此推之，高祖之取天下賴有世民耳。不然，事未可知也。○問：李密據洛口倉，流民就食日以萬數，何也？曰：隋失其鹿，豪傑並起而逐之。李密據洛口，王世充據東都，竇建德據山東，以至蕭銑、薛軌之徒莫不各據險要以争進取。惟唐高祖用秦王策，獨決計入關。關中既定，遂尊立代王以號令天下，除隋苛法以陰結民心，收攬豪傑以經營四方，則天下之柄已在唐掌握中矣。彼李密輩雖横鶩於外，果何益哉？

朱子曰：唐高祖辭得九錫，却是。

太　宗

或問：貞觀之治不幾於三代之盛乎？程子曰：《關雎》《麟趾》之意安在？

或問：范祖禹《唐鑑》譏太宗曰：「陷父之罪，脅以起兵。古人行一不義而得天下弗爲也，太宗終守臣節可也。愚歷觀唐史，隋煬帝既遣江都之使，唐高祖不宜坐處夷滅。況大業之末，生民塗炭，太宗苟不爲此，必無以濟蒼生之困。」范氏正大之說，果可用否？使聖賢處此，當守臣節乎？將權以濟事乎？潛室陳氏曰：孤隋之暴，何止桀紂！若欲行湯武之事，但當正名弔伐，不當自陷於盜賊之地而脅以起兵。以斯舉事，是以亂易亂也，大桀小桀也。惜乎！太宗有濟世之志，傷於欲速迫切，反以堂堂禮義之師自陷於亂臣賊子之倫。世上有理明義直之事，只爲學術不正，舉動不明，便壞了事體。○問：唐太宗誅高德儒之諂諛，薄宇文士及之不忠，豈不知姦邪讒諂之士不可厠文墨議論之臣，而定十八學士之選，而許敬宗之姦獨録而不棄，何耶？曰：知人甚難。太宗不但失於許敬宗，以李勣可任大事，此失之尤者。

中宗武后附

朱子曰：唐中宗事，致堂、南軒皆謂五王合併廢中宗，因誅武氏，別立宗英。然當時事勢，中宗却未有過。正緣無罪被廢，又是太宗孫、高宗子，天下之心思之，爲他不憤，五王亦因此易於成功耳。中宗後來所爲固是謬，然當時便廢他不得。○問：狄梁公雖復正中宗，然大義終不明，做得似鶻突。曰：當此時，做得到恁地。狄梁公終死於周，然薦得張柬之，迄能反正。又問：吕后事勢倒做得只如此，然武后却可畏。曰：吕后只是一箇村婦人，因戚姬遂迤邐做到後來許多不好。武后乃是武功臣之女，合下便有無君之心。❶自爲昭儀，便鴆殺其子，以傾王后。中宗無罪而廢之，則武后之罪已定。只可便以此廢之，拘於子無廢母之義，不得。胡文定謂武后之罪當告于宗廟社稷而誅之。○問武后之禍曰：前輩云當廢武后所出，別立太宗子孫。曰：此論固善。但當時宗室爲武后殺盡，存者皆愚暗，豈可恃？

❶「君」，原作「稽」，今據《朱子語類》卷一三二改。

南軒張氏曰：致堂胡氏論五王不誅武后事，曰：「武氏誠當誅，但既立其子，難誅其母。或者以爲予奪輕重之間，不過告于唐家宗廟，廢置幽處之耳。然以中宗之昏庸，其復之如反手耳，亦豈是長策？以愚觀之，五王若有伊周之見，則當時復唐家社稷，何必須立中宗？中宗雖爲武后所廢，然嘗欲傳位與后父。是其得罪宗廟，不可負荷，已自著見。五王若正大義於唐家，見存子孫中，公選一人以承天序，告于宗廟，誅此老媪，則義正理順，唐祚有泰山之安矣。」

玄　宗

元城劉氏嘗與馬永卿論唐史，及明皇信任姚、宋事。曰：此二人與張説乃天后時相也，非己自用，故敬憚之。至於張九齡輩，乃己所自用，故於進退輕也。永卿曰：人主用相，必要專一。明皇用二相專，故能成開元之治。曰：明皇仰面不對除吏，雖是好事，然未也。明皇之任用宰相是也，其以情告宦官者非也。使力士以誠告崇固可，若加以誕謾之語，則崇何從質之？曷若以語力士之言面諭崇，則君臣之情洞然無疑矣。又曰：以明皇之任韓休一事觀之，信忠臣之難遇，而佞臣之難去也。藉使令知其人，曰某人忠、某人姦，亦未必能任且去之也。明皇分明知韓休之忠，乃速去之；分明知蕭嵩之佞，乃久任之。後來任李林甫又更好笑，分明知其姦，至用之二十來年，至死乃罷。人主唯患不能分别忠佞，今分明知之乃如此，欲天下不亂可乎？又曰：雖大無道之君亦惡亂亡，而明皇中材之主，知姦邪而用之，何也？曰：此蔽於左右之佞幸耳。蓋所謂佞幸者，嬪御也，内臣也，戚里也，幸臣也，此皆在人主左右而可以進言者也。賢相不與佞幸交結，彼有所倖求，則執法而抑之，人人與之爲讎，必旦旦而譖之，而人主之眷日衰矣。姦臣則交結佞幸，彼有所僥求，則謹奉而行之，人人感其私恩，必旦旦而譽之，則人主之眷日深矣。人主雖欲用忠臣而去佞臣，不可得也。李林甫所以作相二十年不去者，正緣得高力士、安禄山、陳希烈等内外贊助之也。

或問：唐明皇開元天寶之治，何始之不克終耶？潛室陳氏曰：開元之世乃無妄之時，雖四夷時有不靖，乃無妄之疾。緣小人以邊功動之，致令邊釁一開，生出萬端病痛，乃無病服藥之故。

肅　宗

致堂胡氏曰：玄宗既有傳位之命，太子非真叛也。其失在玄宗命不亟行，而裴冕諸人急於榮貴，是以致此咎也。使肅宗著於父子君臣之義，豈爲諸人所移？得以移之，則其心有以來之爾。唐高祖、睿、玄之逼，不見幾故也。而太宗、明、肅之惡，欲速見小利。故父不父，子不子，豈非後世之大鑑歟？

朱子曰：肅宗之收復京師，其功固可稱。至不待父命而即位，分明是篡。功過當作兩項説，不以相揜可也。

憲　宗

朱子曰：退之云：「凡此蔡功，惟斷乃成。」今須要知他斷得是與不是。古今煞有以斷而敗者，如唐德宗非不斷，却生出事來。要之只是任私意。帝剛愎不明理，不納人言。惟憲宗知蔡之不可不討，知裴度之不可不任。若使他理自不明，胸中無所見，則何以知裴公之可任？若只就斷字上看，而遺其左右前後，殊不濟事。

王珪　魏徵

程子曰：天下寧無魏公之忠亮，而不可無君臣之義，昔事建成而今事太宗可乎？

或云王、魏事，後世人不當盡繩以古人禮法，畢竟高祖不當立建成。朱子曰：建成既如此，王、魏何故不見得？又何故不知太宗？如此便須莫事建成，亦只是望僥倖。問：二人如此機敏，何故不見得？曰：王、魏亦只是直。

馬周　褚遂良　狄仁傑

龜山楊氏曰：馬周言事，每事須開人主一綫路，終是不如魏徵之正。如諫太宗避暑，論事親之道甚善。然又云鑾輿之出有日不可遽止，願示還期，若事非是。即從而止之，何用如此？此正孟子所謂月攘一鷄者，豈是以堯舜望其君乎？

褚遂良脩《起居注》，唐太宗曰：「朕有不善，卿亦當記之乎？」或爲之言曰：「借使遂良不記，天下亦記之。」曰：此語亦善。但人主好名，則可以此動之耳，未盡也。夫君子居室，出其言善，則千里之外應之；出其言不善，則千里之外違之。故言行，君子之樞機，不可不謹。縱使史官不記，而民之應違如此，雖欲自掩其不善，其可得乎？

狄仁傑在武后時，能撥亂反正，謂之社稷之臣可也，然亦何嘗挾數任術？觀史氏所載，其議論未嘗不以正。當時但以母子天性之説告武后，其濱於死者亦屢矣，卒至武后怒而言曰「還汝太子」。夫豈嘗姑務柔從，以陰幸事之成乎？孟子曰：「君子創業垂統，爲可繼也。若夫成功，則天也。」人臣之事君，或遠或近，或去或不去，歸潔其身而已可也，豈可枉己以求難必之功乎？

陸　贄

龜山楊氏曰：陸宣公當擾攘之際，説其君未嘗用數，觀其奏議可見。欲論天下事，當以此爲法。宣公在朝，自以不恤其身，知無不言，言無不盡。至於遷貶，唯杜門集古方書而已，可謂知進退者。

或問：陸宣公既貶避謗，闔户不著書，秖爲古今集驗方。朱子曰：此亦未是，豈無聖經賢傳可以玩索，可以討論？終不成和這箇也不得理會。○陸宣公奏議末數卷，論税事極盡纖悉，是他都理會來。此便是經濟之學。○史以陸宣公比賈誼，誼才高似宣公。宣公諳練多，學更純粹。大抵漢去戰國近，故人才多是不粹。○問：陸宣公比諸葛武侯如何？曰：武侯氣象較大，恐宣公不及。武侯當面便説得，如説孫權一段，雖辯士不及。其細密處不知比宣公如何？只是武侯也密，如橋梁、道路、井竈、圊溷，無不脩繕，市無醉人，更是密。只是武侯密得來嚴，其氣象剛大嚴毅。

楊　綰

朱子曰：楊綰用，而大臣損音樂，減騶御，則人豈可不有以養素自重耶？

東萊吕氏曰：楊綰爲吏部，欲去科舉，後世皆以爲不可，但未之知耳。及爲相，半年而死，志遂不及施。唐時如陸贄、楊綰論治道，皆有規模。

陽城

或論及陽城事，謂永叔不取，純夫取之，其言曰：「陽城蓋有待而爲者也，後世猶責之無已，其不成人之美亦甚哉！」此論似近厚。龜山楊氏曰：陽城固可取，然以爲可法則不可。裴延齡之欲相，其來非一朝一夕，何不救之於漸乎？至於陸贄之貶，然後論延齡之姦佞無益矣。觀古人退小人之道不然。《易》之《姤》卦曰：「女壯，勿用取女。」夫姤一陰生未壯也，而曰壯者生而不用，固有壯之理也。取女則引而與之齊也，引而與之齊，則難制矣。陰者，小人之象也。小人固當制之於漸也。故當陰之生，則知其有壯之理。知其有壯之理，則勿用娶女可也。是以《姤》之初爻曰：「繫于金柅，貞吉。有攸往，見凶。」金柅，止車之行也。陰之初動，必有以柅之，其制之於漸乎！蓋小人之惡，制之於未成則易，制之於已成則難。延齡之用事，權傾宰相，雖不正名其爲相，其惡自若也。何更云待其爲相，然後取白麻壞之耶？然城之所爲，當時所難能也。取之亦是，但不可以爲法耳。

朱子曰：説者謂陽城居諫職，與屠沽出没。果然，則豈能使其君聽其言哉？

張　巡

涑水司馬氏曰：天授之謂才，人從而成之之謂義，發而著之事業之謂功。精敏辯博，拳捷趫勇，非才也。驅市井數千之衆，摧胡虜百萬之師，戰則不可勝，守則不可拔，斯可謂之才矣。死黨友，存孤兒，非義也。明君臣之大分，識天下之大義，守死而不變，斯可謂之義矣。攻城拔邑之衆，斬首捕虜之多，非功也。控扼天下之咽喉，蔽全天下之大半，使其國家定於已傾，存於既亡，斯可謂之功矣。嗚呼！以巡之才如是，義如是，功如是，而猶不免於流俗之毀，況其曖曖者邪！

總　論

或問百世可知之道。程子曰：以三代而後觀之，秦以反道暴政亡。漢興，尚德行，崇經術，鑑前失也。學士大夫雖未必知道，然背理甚者亦鮮矣。故賊莽之時，多伏節死義之士。世祖興而褒尚之，勢當然也。節久而苦，視死如歸，而不明乎理義之中也。故魏晉一變，而爲曠蕩浮虛之習，人紀不立，相胥爲夷，五胡亂華，行之弊也。陰極則陽生，亂極則治形。隋驅除之，唐混一之，理不可易也。唐室三綱不立，自太宗啓之，故後世雖子弟不用父兄之命。玄宗使其子篡，肅宗使其弟反。選武才人以剌王妃入也，納壽王妃以武才人進也。終唐之世，夷狄數爲中國患，而藩鎮陵犯，卒以亡唐。及乎五季之甚，人爲而致也。

元城劉氏曰：嘗考前世已然之事，蓋有真朋黨而不能去，亦有非朋黨而不能辨者。此實治亂消長之機，不可不察也。東漢之衰，姦人先以黨事誅戮禁錮天下之賢者，而在朝皆小人也，故漢以之亡。此所謂非朋黨而不能辨者也。唐之季世，牛李之徒迭進相毁，巧相傾覆，而善人君子廢斥無餘，其所用者皆庸鄙不肖也，故唐以之亂。此所謂真朋黨而不能去者也。蓋君子之進，則至公引類以報國；小人之進，則徇私立黨以固寵。雖世主深疾臣下之背公成朋，而小人窺見間隙，鄉原上意，閉匿其私，陽若可信，反指君子引類之公以爲有黨。黨之與類相似而不同，是非虚實，間不容髮，辨之不早，遂生亂階。此正人所以常被誣，而小人所以常得志也。

五峰胡氏曰：漢唐以來，天下既定，人君非因循自怠，則沉溺聲色；非沉溺聲色，則開拓邊境；非開拓邊境，則崇飾虚文。其下乃有惑於神仙真空之術者。曷若講明先王之道，存其心，正其情，大其德，新其政，光其國，爲萬世之大君乎？後世必有高於漢唐賢君之聰明者，然後能行之矣。而漢唐賢君志趣識量亦未易及也，可輕棄哉？又況三代之盛王，行一不義，殺一不辜，而得天下不爲者，其仁何可及乎？

豫章羅氏曰：漢武帝知汲黯之賢而不用，唐太宗知宇文士及之佞而不去，何其誤耶？夫人主知賢而不能用，未若不知之爲善。知佞而不能去，未若不知之爲愈。苟知賢而不能用，則善無所勸。知佞而不能去，則惡無所懲。雖然，武帝知賢而不用，猶愈於元帝知蕭望之之賢而反罪焉。太宗知佞而不去，猶愈於德宗知盧杞之姦而復用焉。觀元帝、德宗之與武帝、太宗，豈不相寥絶哉？○石守道採摭唐史中女后、姦臣、宦官事，各以其類作三卷，目之曰《唐鑑》。而言曰：「巍巍巨唐，女后亂之於前，姦臣壞之於中，宦官覆之於後。」考其所論，可爲萬世鑑。惜乎不推其本而言之。故人主欲懲三者之患，其本不過有二，以内則清心，以外則知人。能清心，則女后不能亂之。能知人，則姦臣不能壞之，宦官不能覆之。請借明皇一君而論，開元能清心矣，能知人矣，武惠妃、蕭嵩、楊思勉豈能易其志？及天寶之際，不能清心矣，不能知人矣，而楊貴妃、李林甫、高力士遂亂其心。清心知人，其人主致治之本歟？○人主欲明而不察，仁而不懦。蓋察常累明，而懦反害仁也。漢昭帝明而不察，章帝仁而不懦，孝宣明矣而失之察，孝元仁矣而失之懦。若唐德宗則察而不明，高宗則懦而不仁，兼二者之長，其惟漢文乎？

樂庵李氏曰：人讀書須是識字。固有讀書而不識字者，如漢之孔光、張禹，唐之許敬宗、柳宗元。非不讀書，但不識字。或問其説。曰：孔光不識進退字，張禹不識剛正字，許敬宗不識忠孝字，柳宗元不識節義字。

朱子曰：漢高祖取天下却正當，爲他直截恁地做去，無許多委曲。唐初，隋大亂如此，高祖、太宗因群盜之起，直截如此做去，只是誅獨夫。爲他心中打不過，又立恭帝，假援回護，委曲如此，亦何必耳？所以不及漢之創業也。○漢高祖私意分數少，唐太宗一切假仁借義，以行其私。○劉漢而下，高祖、太宗亦是如此。都是自智謀功力中做來，不是自聖賢門户中來，不是自自家心地義理中流出。使高祖、太宗當湯武，固自不得。若當桓文，尚未可知。問：使二君與桓文同時，還在其上，還在其下？曰：桓公精密，做工夫多年。若文公只是六年，已自甚快。但管仲作内政，盡從脚底做出，所以獨盛於諸侯。漢高從初起至入秦，只是虜掠將去，與項羽何異？但寬大不甚殺人耳。秦以苛虐亡，故高祖不得不寬大。隋以拒諫失國，故太宗不得不聽人言。皆是他天資高，見得利害分明，稍不如此，則天下便叛而去之。如太宗從諫甚不得已，然當時只有這一處服得人。○太宗從魏鄭公仁義之説，只是利心，意謂如此，便可以安居民上。漢文帝資質較好，然皆老氏術也。○太宗功高，天下所係屬，亦自無安頓處，只高祖不善處置了，又建成乃欲立功蓋之。如玄宗誅韋氏有功，睿宗欲立宋王成器，宋王成器便理會得事，堅不受。○論三代而下，以義爲之，只有一箇諸葛孔明，若魏鄭公全只是利。漢唐之興，皆是爲利。須是有湯武之心始做得。❶ 太宗亦只是爲利，亦做不得。曰：漢高祖見始皇出，謂丈夫當如此耳，項羽謂彼可取而代也，其利心一也。○問：唐宦官與東漢末如何？曰：某嘗説唐時天下尚可爲，唐時猶有餘策。東漢末直是無著手處，且是無主了。如唐昭宗、文宗直要除許多宦官，那時若有人，似尚可爲。那時只宣宗便度得事勢不能誅，便一向不問他，也是老練了如此。伊川《易解》也失契勘，説「屯其膏」云：「又非恬然不爲，若唐之僖、昭也。」這兩人全不同，一人是要做事，一人是不要做，與小黄門啗果食度日，呼田令孜爲阿父。不知東漢時，若一向盡引得忠賢布列在内，不知如何？只那都無主可立。天下大勢，如人衰老之極，百病交作，略有些少變動，便成大病。如乳母也聒噪一場，如單超、徐璜也作怪一場，如張讓、趙忠之徒纔有些小權柄，便作怪一場。這是甚麽時節！或云：從那時直到唐太宗，天下大勢方定疊。曰：這許多時節，直是無著手處。然亦有幸而不亡者，東晉是也。汪莘作詩史，以爲竇武、陳蕃誅宦者，不合前收鄭颯，而未收曹節、王甫、侯覽。若一時便收却四箇便了。陽球誅宦者，不合前誅王甫、段熲，而未誅曹節、朱瑀。若一時便誅却四箇亦自定矣。此説是。

❶「心」，原作「興」，今據《朱子語類》卷一三六改。

東萊吕氏曰：自古以來，雖經太康之亂，三代之季只是一變，其罪皆由商君。雖漢文帝、唐太宗出來扶持天下，然此骨子終不换得。井田最先壞，其次封建，其他亦未盡壞。府兵尚存古制，及張説方壞盡。兩税壞於楊炎。自然有此等人來。〇兩漢以來，明君良臣屬意於邦本者多矣。賈誼治安之策，言雖忠而道則踈。義府承華之箴，言雖切而心則詐。元積教本之書，言雖華而要則寡。用智囊爲家令，則輔之非其人。開博望延賓客，則處之非其地。養之無素，導之無術，無惑乎其治效之卑污蹇淺也。

潛室陳氏曰：漢高祖事事不能，只有一箇帝王器度。本不擬到此地位，自是天人推出來，所以規模比三代。太宗事事了得，本是唐之第一君。爲其必欲做帝王，不待天人自安排，所以只做得魏晉規模。〇問：高祖之興，計謀有人。光武之起，既身爲之謀，又身爲之戰，遂復故物。馬援乃以爲光武不及高帝，意者用人者大，自用者小邪？曰：光武、太宗身經百戰，真千古英雄之將。所以不似漢高者，蓋漢高不能爲將而善將將，此光武、太宗所以見容於漢高也。〇問：漢宣帝之麒麟閣，明帝之雲臺二十八將，及唐太宗之十八學士凌煙閣，皆所以圖畫功臣也。須觀漢之人主務實不務名，唐之太宗務名而無實。以許敬宗之姦佞，而與十八學士之選。以侯君集之小人，而與凌煙之數。皆失實也。不然，漢唐之世皆有得失否？❶曰：此未免以成敗論。所可論處者亦多，却不只在二子，二子不足爲輕重。唐學士之選，即淮南王安之招致賓客，羽翼既多，便有相軋之勢。淩煙雖祖麒麟、雲臺，然漢時却有教化之意寓其間。如以蘇武而與麒麟，以馬援而不與雲臺，此殆有深意，唐則無之。○問：唐太宗恭儉不若孝文，而功烈過之，何耶？曰：三代而下，英主無出文帝。太宗止做得創業功臣，君德上可議處甚多，不止恭儉。文帝不是無功，但當守文時，故不以征伐顯耳。太宗只是削平盪定之功，而德在人心處少。○問：漢七制，景帝、昭帝何爲不與？唐三宗，宣宗、武宗何爲不録？願聞其說。曰：景帝天資刻薄，無人君之度，但以不失文帝之恭儉，故史人之辭稱曰「文景」。昭帝雖聰明早成，而享國不永，所以不在七制之數。唐三宗已不似漢，更添宣、武何爲？

庸齋許氏曰：高祖天資本明，而將之以寬大。太宗識見固高，而將之以詳審。惟其寬大，故事爲常暗與道合，而間失之踈。惟其詳審，故事爲每關於念慮，而或過於密。

❶「世」，原脱，今據重修本補。

性理大全書卷之六十四

歷代六

五代

後唐明宗

致堂胡氏曰：明宗美善頗多，過舉亦不至甚，求於漢唐之間，蓋亦賢主也。其尤足稱者，内無聲色，外無遊畋，不任宦官，廢内藏庫，賞廉吏，治臧蠹。若輔相得賢，則其過舉當又損矣。其焚香祝天之言發於誠心，天既厭亂，遂生聖人。用是觀之，天人交感之理不可誣矣！

後周世宗

朱子曰：周世宗規模雖大，然性迫無甚寬大氣象，做好事亦做教顯顯地，都無些含洪之意，亦是數短而然。○晉悼公幼年聰慧似周世宗，只是世宗却得太祖接續他做將去。雖不是一家人，以公天下言之，畢竟是得人接續，所做許多規模不枉却。且如周武帝一時也自做得好，只是後嗣便如此弱了。後來雖得一箇隋文帝，終是不甚濟事。○周世宗亦可謂有天下之量，纔見元稹《均田圖》，便慨然有意。○周世宗天資高，於人才中尋得箇王朴來用，不數年間做了許多事業。且如禮樂律曆等事，想見他都會得，故能用其說，成其事。

馮道

程子曰：馮道更相數主，皆其讐也。安定以爲當五代之季，生民不至於肝腦塗地者，道有力焉，雖事讐，無傷也。荀彧佐曹操誅伐，而卒死於操。君實以爲東漢之衰，彧與攸視天下無足與安劉氏者，惟操爲可依，故俯首從之。方是時，未知操有他志也。君子曰：「在道爲不忠，在彧爲不智。」如以爲事固有輕重之權，吾方以天下爲心，未暇卹人議己也。則枉己者，未有能直人者也。

涑水司馬氏曰：忠臣不二君，賢女不二夫。策名委質，有死無二，天之制也。彼馮道者，存則何心以臨前代之民，死則何面以見前代之君？自古人臣不忠，未有如此比者。然而尊官重禄，老以没齒，何哉？夫爲國家者，明理義，奬忠良，褒義烈，誅姦回，以厲群臣，群臣猶愛死而忘其君。況相印將節以寵叛臣，其不能永享天命，宜矣。然庸愚之人，往往猶稱其智。蓋五代披攘，人主歲易，群臣失節，比踵於朝，因而譽之，欲以自釋。余恐後世以道所爲爲合於理，君臣之道將大壞矣。臣而不臣，雖云其智，安所用哉？

宋

太祖

元城劉氏曰：太祖極好讀書，每夜於寢殿中看歷代史，或至夜分，但人不知，及口不言耳。至與大臣論事，時出一語，往往盡利害之實。又曰：太祖既平孟蜀，而兩浙錢王入朝，群臣自趙普以下争欲留之，聖意不允。一日，趙相拉晉王於後殿，奏事畢，晉王從容言錢王事，太祖曰：「我平生不曾欺善怕惡，不容易留住這漢，候捉得河東薛王，令納土。」於後數日錢王陛辭，太祖封一軸文字與錢王，曰：「到杭州開之。」錢王至杭，會其下開視，乃滿朝臣僚乞留錢王表劄，君臣北面再拜謝恩。至太平興國四年，河東已平，乃令錢王納土。太祖此意何也？馬永卿對曰：此所謂不欺善也。曰：此固然也。錢氏久據兩浙，李氏不能侵。藉使錢王納土，使大將鎮之，未必能用其民。須本朝兵去鎮服，又未必能守。兩浙必不敢附李氏，李氏既平，則兩浙安歸乎？此聖模之宏遠也。

或言：太祖受命，盡除五代弊法，用能易亂爲治。朱子曰：不然。只是去其甚者，其他法令條目多仍其舊。大凡做事底人多是先其大綱，其他節目可因則因，此方是英雄手段。○問：藝祖平定天下如破竹，而河東獨難取，何耶？以爲兵强，則一時政事所爲皆有敗亡之勢，不知何故如此？曰：這却本是他家底，郭威乘其主幼而奪之，劉氏遂據有并州。若使柴氏得天下，則劉氏必不服，所以太祖以書喻之，謂本與他無讐隙。渠答云，不忍劉氏之不血食也。此其意可見矣。被他辭直理順了，所以難取。

太宗　真宗　仁宗

朱子曰：太宗、真宗之朝可以有爲而不爲。太宗每日看《太平廣記》數卷，若能推此心去講學，那裏得來。不過寫字作詩，君臣之間以此度日而已。真宗東封西祀，糜費巨萬計，不曾做得一事。仁宗有意於爲治，不肯安於小成，要做極治之事。只是資質慈仁，却不甚通曉用人，驟進驟退，終不曾做得一事。然百姓戴之如父母。契丹初陵中國，後來却服仁宗之德，也是慈仁之效。緣他至誠惻怛，故能動人如此。

神　宗

朱子曰：神宗鋭意爲治，用人便一向傾信他。初用富鄭公，甚傾信。及論兵，鄭公曰：「願陛下二十年不可道著用兵二字。」神宗只要做，鄭公只要不做，説不合。後來傾信王介甫，終是坐此病。只管好用兵，用得又不著，費了無限財穀，殺了無限人，殘民蠹物之政皆從此起。○神宗極聰明，於天下事無不通曉，真不世出之主，只是頭頭做得不中節拍。如王介甫爲相，亦是不世出之資，只緣學術不正當，遂誤天下。使神宗得一真儒而用之，那裏得來，此亦氣數使然。天地生此人，便有所偏了。

欽　宗

朱子曰：欽宗勤儉慈仁，出於天資。當時親出詔答，所論事理皆是。但於臣下賢否邪正，辨別不分明。又無剛健勇決之操，纔説著用兵便恐懼，遂致播遷之禍，言之使人痛心。

孝宗

問：或言孝宗於内殿置御屏，書天下監司帥臣郡守姓名，作揭帖于其上，❶果否？朱子曰：有之。孝宗是甚次第英武。劉恭甫奏事便殿，嘗見一馬在殿庭間不動，疑之。一日問王公明，公明曰：「此刻木爲之者，上萬機之暇即御之，以習據鞍騎射故也。」〇孝宗小年極鈍。高宗一日出對廷臣，云「夜來不得睡」。或問何故，云「看小兒讀書念不得，甚以爲憂」。某人進云：「帝王之學，只要知興亡治亂，初不在記誦。」上意方少解。後來却恁地聰明。

寧宗

寧宗即位踰月，留揆以一二事忤旨，特批逐之，人方服其英斷。朱子被召至上饒，聞之有憂色，曰：「人心易驕如此，某今方知可懼。」或問曰：「某人專恣當逐，何懼之有？」曰：「大臣進退，亦當存其體貌，豈宜如此？」又問：「恐是廟堂諸公難其去，故以此勸上逐之。」

❶「帖」，原作「貼」，今據重修本改。

曰：「亦不可如此。何不使其徒諭之以物論不佳，恐丞相久勞機務，或欲均佚。俟其請去而後許之，則善矣。幼主新立，豈可導之以輕逐大臣邪？」

向敏中　王隨

程子曰：本朝向敏中號有度量，至作相，却與張齊賢争取一妻，爲其有十萬囊橐故也。王隨亦有德行，仁宗嘗稱「王隨德行，李淑文章」。至作相，蕭端公欲得作三路運使，及退，隨語堂中人曰：「何不以溺自照面，看做得三路運使無？」皆量所動也。今人何嘗不動？只得綾寫一卷便動，又干他身分甚事。

楊　億

朱子曰：楊億工於纖麗浮巧之文，已非知道者所爲。然資稟清介，立朝獻替，略有可觀。而釋子特以爲知道者，以其有「八角磨盤」之句耳。然既謂之知釋氏之道，則於死生之際，宜亦有過人者。而方丁謂之逐萊公也，以他事召億至中書，億乃恐懼，至於便液俱下，面無人色。當此時也，八角磨盤果安在哉？

范仲淹

程子曰：張橫渠謂范文正才氣老成。

朱子曰：范文正傑出之才。○近得周益公書，論吕、范解仇事，曰：「初范公在朝，大臣多忌之。及爲開封府，又爲百官圖以獻。因指其遷進遲速次序，曰某爲超遷，某爲左遷，如是而爲公，如是而爲私，意頗在吕相。吕不樂，由是落職，出知饒州。未幾，吕亦罷相。後吕公再入，元昊方犯邊，乃以公經略西事，公亦樂爲之用。嘗奏記吕公云『相公有汾陽之心之德，❶仲淹無臨淮之才之力』。後歐陽公爲范公神道碑，有『懽然相得，戮力平賊』之語，正謂是也。」公之子堯夫乃以爲不然，遂刊去此語。前書今集中亦不載，疑亦堯夫所删。他如《叢談》所記，説得更乖。某謂吕公方寸隱微雖未可測，然其補過之功，使天下實被其賜，則有不可得而掩者。范公平日胸襟豁達，毅然以天下國家爲己任。既爲吕公而出，豈復更有匿怨之意？況公嘗自謂平生無怨惡於一人，此言尤可驗。忠宣固是賢者，然其規模廣狹與乃翁不能無間。意謂前日既排申公，今日若與之解仇，前後似不相應，故諱言之。却不

❶「心」，四庫本作「才」。

知乃翁心事政不如此。○范文正公自做秀才時，便以天下爲己任，無一事不理會過。一旦仁宗大用之，便做出許多事業。今則所謂負剛大之氣者，且先一筆勾斷。秤停到第四五等人，器宇厭厭，布列臺諫，如何得事成？故某向謂姓名未出，而内外已知其非天下第一流矣。○問：范文正公振作士大夫之功爲多，不知使范公處韓公受顧命之時，處事亦能如韓公否？曰：看范公才氣，亦須做得。又曰：祖宗以來，名相如李文靖、王文正諸公，只恁地善，亦不得。至范文正時，便大厲名節，振作士氣，故振作士大夫之功爲多。

韓琦

程子嘗與韓公、范公泛舟於潁湖，有屬吏求見韓公，公既已見之，退而不悦，曰：「謂其以職事來也，乃求薦舉耳。」程子曰：「公爲州太守，不能求之，顧使人求君乎？」范公曰：「子之固每若是也。夫今世之仕者求舉於其上，蓋常事耳。」程子曰：「是何言也？不有求者，則遺而不及知也，是以使之求之歟？」韓公無以語，愧且悔者久之。程子顧范公曰：「韓公可謂服義矣。」

朱子曰：韓魏公爲相，或謂公之德業無愧古人，但文章有所不逮。公曰：「某爲相，歐陽永叔爲翰林學士，天下之文章莫大於是。」○韓魏公作相，温公在言路，凡事頗不以魏公爲然，魏公甚被他激撓。後來温公作《魏公祠堂記》，却説得魏公事分明，見得魏公不可及處，温公方心服他。記中所載魏公之言曰：「凡爲臣者，盡力以事君，死生以之，顧事之是非何如耳！至於成敗，天也，豈可豫憂其不成，遂輟不爲哉！」公爲此言時，乃仁宗之末，英宗之初，蓋朝廷多故之時也。

南軒張氏曰：韓魏公登第時，唱名未終，太史奏五色雲見。未幾，色映殿庭。此不偶然，魏公後來果有大功於社稷。

司　馬　光

程子曰：司馬君實能受盡言，故與之言必盡。又曰：能受盡言，儘人迕逆終不怒，便是好處。○君實之語，自謂如人參甘草，病未甚時可用也，病甚則非所能及。觀其自處，必是有救之之術。○問：司馬公辭副樞，名冠一時，天下無賢不肖浩然歸重，吕申公亦以論新法不合罷歸。熙寧末，取公起知河陽，先生以詩送行，復爲詩與温公，蓋恐其以不出爲高也。及申公自河陽乞在京宮祠，神宗大喜，召登樞府。人以二公出處爲優劣。曰：吕公世臣，不得不歸見上。司馬公諍臣，不得不退處。

朱子曰：温公可謂知仁勇，他那活國救世處是甚次第！其規模稍大，又有學問，其人嚴而正。

南軒張氏曰：司馬温公改新法，或勸其防後患。使他人答之，必曰「苟利社稷，遑恤其他」。只如此説已自好。使某答之，亦不過如此。温公乃曰：「天若祚宋，必無此事。」更不論一己利害，想其平日所養，故臨事發言能如是中理，雖聖人不過如此説，近於終條理者矣。

呂　公　著

呂申公嘗薦處士常秩，秩既起，他日稍變其節。申公謂知人實難，以語程子，且告之悔。程子曰：「然，不可以是而懈好賢之心也。」申公矍然謝之。

上蔡謝氏曰：申公寡言，在中書議事，衆人議畢，然後以一語去取之，人亦不能易其議。至於用人，於己分合除得若干人，須教是。當初自洛中上《君道》十篇，不止可用於當時，爲君之道幾無出此。

王　安　石

程子曰：介甫之言道，以文焉耳矣。言道如此，己則不能然，是己與道二也。夫有道者，不矜於文學之門，啓口容聲，皆至德也。○或曰：未有大臣如介甫得君者。曰：介甫自知之。其求去，自表於上曰：「忠不足取信，事事待於自明。」使君臣之契果深，而有是言乎？○王介甫當初只是要行己志，恐天下有異同，故只去上心上把得定，他人不能搖。以是拒絶言路，進用柔佞之人，使之奉行新法。今則是他已去，不知今日却留下害事！

涑水司馬氏曰：介甫文章、節義過人處甚多，但性不曉事，而喜遂非。致忠直踈遠，讒佞輻輳，敗壞百度，以至于此。

龜山楊氏曰：神宗嘗問伯淳：「王安石如何人？」伯淳云：「安石博學多文則有之，守約則未也。」又嘗問：「是聖人否？」伯淳云：「《詩》稱周公：『公孫碩膚，赤舄几几。』聖人蓋如此。若安石剛褊自任，恐聖人不然。」○荆公云：「利者，陰也，陰當隱伏。義者，陽也，陽當宣著。」此説源流發於董仲舒，然此正是王氏心術之蔽。觀其所爲，雖名爲義，實爲利。以此觀王氏之學，其治天下專講求法度。如彼脩身之潔，宜足以化民矣。然卒不逮王文正、吕晦叔、司馬君實諸人者，以其所爲無誠意故也。明道嘗曰：「有《關雎》《麟趾》之意，然後可以行周官之法度。」蓋深達乎此。

元城劉氏謂馬永卿曰：金陵有三不足之説，聞之乎？永卿曰：未聞。曰：金陵用事，同朝起而攻之。金陵闢衆論，進言於上曰：「天變不足懼，祖宗不足法，人言不足卹。」此三句非獨爲趙氏禍，乃爲萬世禍也。司馬温公嘗云：「人主之勢，天下無能敵者。或有過舉，人臣欲回之，必思有大於此者把攬，庶幾可回也。」天子者，天之子也。今天變，乃天怒也，必有災禍，或可回也。今乃教人主使不畏天變，不法祖宗，不卹人言，則何等事不可爲也？永卿曰：此言爲萬世禍，或有術可以絶此言，使不傳於後世乎？曰：安可絶也？此言一出，天下人皆聞之，不若著論明辯之，曰「此乃禍天下後世之言，雖聞之，不可從也」。譬如毒藥不可絶，而神農與歷代名醫言之曰「此乃毒藥，如何形色，食之必殺人」。故後人見而識之，必不食也。今乃絶之，不以告人，既不能絶，而人誤食之，死矣。

樂菴李氏曰：荆公長處甚多，亦不易得。方其執政時，豈有意壞亂天下？第所見有不到處，故温公曰：「介甫無他，但執拗爾。」此言正中荆公之病，可謂公論。

或論荆公云：他當時不合於法度上理會。朱子曰：法度如何不理會？只是他所理會，非三代法度耳。○問：荆公節儉恬退，素行亦好。曰：他當時作此事，已不合中。如孔子於飲食衣服之間，亦豈務滅裂？他當初便只苟簡，要似一苦行然。○問：王介甫其心本欲救民，後來弄壞者，乃過誤致然。曰：不然。正如醫者治病，其心豈不欲活人？却將砒霜與人喫，及病者死，却云我心本欲捄其病，死非我之罪，可乎？介甫之心固欲捄人，然其術足以殺人，豈可謂非其罪？

南軒張氏曰：王介甫執拗，只是不曉事。若是曉事，言有當于吾心者，當幡然而改矣。

范　純　仁

程子曰：范公堯夫之寬大也。昔余過成都，公時攝帥，有言公於朝者，朝廷遣中使降香峨眉，實察之也。公一日訪予欵語，予問曰：「聞中使在此，公何暇也？」公曰：「不爾則拘束。」已而中使果怒，以鞭傷傳言者耳。屬官喜，謂公曰：「此一事足以塞其謗，請聞於朝。」公既不折言者之爲非，又不奏中使之過，其有量如此。

鄒　浩

或曰：鄒浩以極諫得罪，世疑其賣直也。程子曰：君子之於人，當於有過中求無過，不當於無過中求有過。

曾　肇

龜山楊氏曰：曾子開不以顔色語言假借人，其慎重爲得大臣之體。於今可以庶幾前輩風流者，惟此一人耳。

宗澤　李綱

朱子曰：宗澤守京城，治兵禦戎，以圖恢復之計，無所不至。上表乞回鑾，數十表乞不南幸，乞脩二聖宫殿，論不割地。其所建論，所謀畫是非利害，昭然可觀。觀其勢，駸駸乎中興之基矣。耿南仲沮之於南京時，使不歸京城。汪黄沮之淮甸時，動相掣肘，使不得一有所爲。

惟天下之義，莫大於君臣。其所以纏綿固結而不可解者，是皆生於人心之本然，而非有所待於外也。然而世衰俗薄，學廢不講，則雖其中心之所固有，亦且淪胥陷溺而爲全軀保妻子之計。以後其君者，往往接迹於當世。有能奮然拔起於其間，如李公之爲人，知有君父而不知有其身，知天下之有安危而不知其身之有禍福。雖以讒間竄斥，屢瀕九死，而其愛君憂國之志，終有不可得而奪者，是亦可謂一世之偉人矣！

汪伯彦　黄潛善

朱子曰：舜舉十六相，誅四凶，如此方恰好，兩邊方停匀。後世都不然，惟小人得志耳。方天下無事之時，則端人正士，行義謹飭之士，爲小人排擯，不能一日安于朝廷，遷竄貶謫。

及擾攘多故之秋，所謂忠臣義士者，犯水火，蹈白刃，以捐其軀。而小人者，平世固是他享富貴，及亂世亦是他獨寬，縱横顛倒，無非是他得志之日。君子者常不幸，而小人者常幸也。如汪、黄在高宗初年爲宰相，後來竄廣中，正中原多故之日，却是好好送他去廣中避盜。及事稍定，依舊取他出來爲官。高宗初啓中興，而此等人爲宰相，如何有恢復之望？在維揚時，番人兵矢簇在胸前了，他猶自不管，世間有此愚人。

趙　鼎

或問：中興賢相皆推趙忠簡公，如何？朱子曰：看他做來做去，亦只是王茂洪規模。當時廟論大概亦主和議，使當國久，未必不出於和。但就和上，却須有些計較。如歲幣、稱呼、疆土之類，不至一一聽命，如秦檜之樣草草地和了。❶後來秦没意智，乃以不合沮撓和議爲詞貶之，却十分送箇好題目與他。問趙好處何如？曰：意思好，又孜孜汲引善類。但其行事，亦有不强人意處。○趙丞相中興名臣，一人而已。然當時不滿人意處亦多。且如好伊洛之學，又不大段理會得，故皆爲人以是欺之。○沈公雅言：「趙丞相鎮静德量之懿，

❶「檜」，原作「會」，今據重修本改。

而諳練事機，則恐於秦公不逮。」張子恭以爲不然，且曰：「燾在都司日，忠簡爲相，有建議者，公必計曰：『如是則利在上而害在民，如是則害在上而利在民。今須如此行，則利澤均而公私便。』至秦公，則僚屬凡有關白，默無一語，而屬諸吏。事出，則皆吏輩所爲，而非復前日之所擬。」

或問趙忠簡公。南軒張氏曰：人品甚高，如元祐黨籍至忠簡始除。○五峰云：過江來，如趙丞相做得五分宰相。若充之以學，須做成十分。

洪　皓

西山真氏曰：蘇武之還自匈奴也，詔拜爲典屬國，賜錢二百萬緡，田宅副焉。洪忠宣公之節亡媿蘇武，而高宗皇帝之所以寵錫者有過漢庭。其褒表忠義，皆可爲後世法。然武不幸見抑於霍光，公亦不幸逢怒於秦檜。武之見抑，不過不爲公卿爾。而公方違陰山之北，復貶瘴海之南，是公之不幸，視子卿爲甚。而檜之罪，又浮於博陸也。

張浚　張俊　韓世忠　劉光世　岳飛

朱子曰：張魏公材力雖不逮，而忠義之心雖婦人孺子亦皆知之。故當時天下之人，惟恐其不得用。○張魏公不與人共事，有自爲之意。也是當時可共事之人少，然亦不可如此。天下事未有不與人共而能濟者。○問：如張、韓、劉、岳之徒，富貴已極，如何責他死了，宜其不可用。若論數將之才，則岳飛爲勝。然飛亦横，只是他猶欲向前厮殺。曰：便是如此。有才者又有些毛病，然亦上面人不能駕馭他。若撞著周世宗、趙太祖，那裏怕他？駕馭起，皆是名將。緣上之舉措無以服其心，所謂得罪於巨室者也。又問：劉光世本無能，然却軍心向他，其裨將亦多可用者。張魏公撫師淮上，督劉光世進軍。是時虜人正大舉入寇，光世恐懼，遂背後愬趙忠簡。是時趙爲相，折彦質爲樞密。折助之請樞密院，遂命劉光世退軍。魏公聞之大怒，遂趕回劉光世。約束云「如一人一馬渡江者，皆斬」。光世遂不敢渡江，便回淮上。樞府一面令退軍，而宣撫令進軍淮上，然終退怯。魏公既還朝，遂力言光世巽懦不堪用，罷之，而命吕安老董其軍。及安老爲瓊等所殺，降劉豫，魏公由是得罪，而趙忠簡復相。趙既相，遂復舉劉光世爲將，都弄成私意。魏公已自罷得劉光世好了，雖吕安老敗事，然復舉能者而任之，亦足矣，何必須光世哉？此皆趙之私意。以某觀之，必竟魏公去得光世是，而趙所爲非。豈有虜人方入，你却欲掉了去？一邊令進軍，一邊令退軍，如何作事？因言諸將驕横，張與韓較與高宗密，故二人得全。岳飛較踈，高宗又忌之，遂爲秦所誅，而韓世忠破膽矣。只有韓世忠在大儀鎮，算殺得虜人一陣好。高宗初遣魏良臣往虜中講和，令韓世忠退師渡江。韓聞魏將至，知其欲講和也，遂留之，云：「某方在此措置得略好，正抵當得虜人住，大功垂成，而主上乃令追還，何也？」魏云：「主上方與大金講和，以息兩國之民，恐邊將生事敗盟，故欲召公還，慎勿違上意。」韓再三嘆息，以爲可惜。又云：「既上意如此，只得抽軍歸耳。」遂命士卒束裝，即日爲歸計。魏遂渡淮，兀术問以韓世忠已還否？魏答以：「某來時，韓世忠正治疊行，即日起離矣。」兀术再三審之，知其然，遂稍弛備。世忠乘其懈，回軍奮擊之，兀术大敗。魏良臣皇恐無地，再三求哀，云「實見韓將回，不知其紿己」。乃得免。

岳飛恃才不自晦。郭子儀晚節保身甚闒茸，然當緊要處又不然，單騎見虜是也。飛作副樞，便直是要去做。張、韓知其謀，便只依違。然便不做亦不免，直是忠勇故也。

秦檜

或問胡文定公與秦丞相厚善之故。朱子曰：秦會之嘗爲密教，翟公巽時知密州，薦試宏詞。游定夫過密，與之同飯于翟，奇之。後康侯問人才於定夫，首以會之爲對，云其人類荀文若。又云無事不會。京城破，虜欲立張邦昌，執政而下，無敢有異議，惟會之抗疏以爲不可。康侯亦義其所爲，力言於張德遠諸公之前。後會之自海上歸，與聞國政，康侯屬望尤切，嘗有書疏往來講論國政。康侯有詞掖講筵之召，則會之薦也。然其雅意堅不欲就，是必已窺見其微隱有難處者，故以老病辭。後來會之做出大疏脱，則康侯已謝世矣。定夫之後及康侯諸子，會之皆擢用之。又曰：此老當國，却留意故家子弟，往往被他牢籠出去，多墜家聲。獨胡明仲兄弟却有樹立，終是不歸附他。嘗問和仲先世遺文，因曰：「先公議論好，但只是行不得。」和仲曰：「聞之先人，所以謂之好議論。政以其可以措諸行事，何故却行不得？」答曰：「公不知，便是六經也有説得行不得處。」此是這老子由中之言。看來聖賢説話，他只將做一件好底物事安頓在那裏。又曰：此老千鬼百怪，如不樂這人，貶竄將去，却與他通慇懃不絶。一日忽招和仲飯，意極拳拳。比其還家，則臺章已下，又送白金爲贐。如欲論去之人，章疏多是自爲以授言者，做得甚好。傅安道諸公往往認得，如見彈洪慶善章，曰此秦老筆也。○秦老倡和議以誤國，挾虜勢以邀君，終使彝倫斁壞，遺親後君，此其罪之大者。至於戮及元老，賊害忠良，攘人之功以爲己有，又不與也。

胡　銓

南軒張氏語門人曰：胡澹庵大節極好，曾見其諫書否？門人對曰：見之。曰：雖與日月争光可也。

張九成　李椿

朱子曰：張子韶人物甚偉。高廟時除講筵，嘗有所奏陳，上云：「朕只是一箇至誠。」張奏云：「陛下對群臣時如此，退居禁中時不知如何？」云：「亦只是箇誠。」又問對宮嬪時如何，上方經營答語間，張便奏云：「只此便是不誠。」蓋高宗容諫，故臣下得以盡言。

直敷文閣李公椿莊重簡淡，嶷然有守，泊然無欲，喜怒不形見於色，故人不可得而親踈。而中夷易平直，廉不近名，介不絶物，應事存心，悉主於厚。平生未嘗失節於權倖，❶然非有意以矯厲爲高也。

總　論

程子曰：熙寧中，洛陽以清德爲朝廷尊禮者，大臣曰富、韓公，侍從曰司馬温公、吕申公。位卿監以清德早退者十餘人，好學樂善、有行義者幾二十人。邵先生隱居謝聘，皆相從，忠厚之風聞於天下。里中後生皆知畏廉恥，欲行一事，必曰：「無爲不善，恐司馬端明、

❶「於」，原重，今據四庫本删。

邵先生知。」○嘗觀自三代而下，本朝有超越古今者五事。如百年無内亂，四聖百年，受命之日，市不易肆。百年未嘗誅殺大臣，至誠以待夷狄。此皆大抵以忠厚廉耻爲之綱紀，故能如此。蓋睿主開基，規模自别。

武夷胡氏曰：自熙寧元祐靖國間，事變屢更。當其時，固有名蓋天下，致位廟堂，得行所學者。然夷考其事，猶有憾焉。如張天祺、朱光掞等可謂奮不顧身，盡忠許國，而議論亦多過矣。乃知理未易窮，義未易精，言未易知，心未易盡，聖賢事業未易到也。

臨川吴氏曰：韓司徒張文成侯，漢丞相諸葛忠武侯，唐司空狄文惠公，宋参知政事范文正公，四人之功業不盡同，而其爲百代殊絶之人物則一。文成身事漢，而心在報韓仇。文惠身事周，而心在復唐祚，常人莫能測知，卒克遂其志，故邵子稱其忠且智焉。忠武扶漢於末造，文正佐宋於盛際，器局公平廣大，設施精審詳密，心事如青天白日，遘時雖異，易地則皆然，故朱子稱其磊磊落落，無纖芥之可疑也。

性理大全書卷之六十五

君道

程子曰：君道以至誠仁愛爲本。又曰：大要以正心窒欲，求賢育材爲先。又曰：人主當防未萌之欲。○君道以人心悦服爲本。○君道稽古正學，明善惡之歸，辨忠邪之分，曉然趨道之至正，君志定而天下之治成矣。夫義理不先定，則多聽而易惑；志意不先定，則守善而或移。必也以聖人之訓爲先當從，以先王之治爲必可法。不爲後世駁雜之政所牽滯，不爲流俗因循之論所遷改。信道極於篤，自知極於明，去邪勿疑，任賢勿貳，必期致治如三代之隆而後已也。然患常生於忽微，而志亦戒乎漸習。故古之人君雖從容燕閒，必有誦訓箴諫，左右前後罔匪正人，輔成德業。誠能尊禮老成，訪求儒學之士，不必勞以官職，俾日親便坐，講論道義，又博延俊彦，陪侍法從，朝夕延見，講磨治體，則睿智益明，王猷允塞矣。○人君欲附天下，當顯明其道。誠意以待物，恕己以及人，發政施仁，使四海蒙其惠澤可也。若乃暴其小惠，違道干譽，欲致天下之親己，則其道狹矣。○古之聖王所以能化姦宄爲善良，綏仇敵爲臣子者，由弗之絶也。苟無含弘之道，而與己異者一皆棄絶之，不幾於棄天下以讎君子乎？故聖人無棄物，王者重絶人。

涑水司馬氏曰：夫道者，萬世無弊。夏商周之子孫苟能常守禹湯文武之法，何衰亂之有乎？故武王克商，曰：「乃反商政，政由舊。」然則雖周室亦用商之舊政也。《書》曰：「無作聰明，亂舊章。」《詩》曰：「不愆不忘，率由舊章。」然則祖宗舊法何可廢也？

元城劉氏曰：《書》稱堯之德曰：「稽于衆，舍己從人。」舜戒其臣曰：「予違汝弼，汝無面從，退有後言。」伊尹之告太甲曰：「有言逆于汝心，必求諸道；有言遜于汝志，必求諸非道。」傅説之復于高宗曰：「惟木從繩則正，后從諫則聖。」然則古之聰明睿智之君所以能大過於人者，未有不以求諫爲先務也。○昔之聖人深居九重，以謂竭其聰明猶不足以盡天下之聞見，遂以耳目之任付之臺諫之官。而臺諫之論每以天下公議爲主。公議之所是，臺諫必是之；公議之所非，臺諫必非之。人君所以不出戶庭，而四海九州之遠物無遁情者，用此道也。

龜山楊氏曰：人君所以御其臣，只有一箇名分不可易。名分既正，上下自定，雖有幼冲之主在上，而臣下不亂。若以智籠臣下，智有時乎困，則彼不爲用矣。○問：或謂人主之權當自主持，是否？曰：不爲臣下奪其威柄，此固是也。《書》稱湯曰「用人惟己」，而孟子亦曰「見賢焉然後用之」。則人君之權，豈可爲人所分？然孟子之論用人、去人、殺人，雖不聽左右諸大夫之毁譽，亦不聽國人之公。因國人之公，是非吾從而察之，必有見焉而後行。如此則權常在我矣。若初無所見，姑信己意爲之，亦必終爲人所惑，不能固執矣。

上蔡謝氏曰：帝王之功，聖人之餘事。有内聖之德，必有外王之業。其所以存心，一言以蔽之，曰公而已。

華陽范氏曰：人君以一人之身，而御四海之廣，應萬務之衆。苟不以至誠與賢，而役其獨智以先天下，則耳目心志之所及者，其能幾何？是故人君必清心以涖之，虚己以待之。如鑑之明，如水之止，則物至而不能罔矣。夫權衡設而不可欺以輕重者，唯其平也。繩墨設而不可欺以曲直者，唯其正也。我以其正，彼以其邪；我以其真，彼以其僞。何患乎邪之不察，佞之不辨？一爲不誠，則心且蔽矣，邪正何能辨乎？是故鑑垢，則物不能察也；水動，則形不能見也。己不明故也。且待物以誠，猶恐其不動也，況不誠而能動物乎？○《易》曰：「天下之動貞夫一。」朝廷者，四方之極也。非至公無以絶天下之私，非至正無以止天下之邪。人君一不正其心，則無以正萬事。苟以術御下，是自行詐也，何以禁臣下之欺乎？是以術行而欺愈多，智用而心愈勞。蓋以詐勝詐，未有能相一者也。《禮》曰：「王中心無爲也，以守至正。」夫惟正不可得而欺，欺則不容於誅矣。豈不約而易守哉？○鼂錯有言：「五帝神聖，其臣莫能及，故自親事。」此本刑名之言也，豈足以知帝王之道哉？然而後世或稽其説以諛人主，至使爲上者行有司之事，宰相失職，天下不治，由其臣不學之過也。夫人主任一相，一相舉賢材，賢者各引其類，豈不易而有成功乎？是故上不可代其下，下不可勤其上。若爲上而親有司之事，豈獨治天下不可爲也，一縣亦不可爲也。奚獨一縣也，一家亦不可爲也。

武夷胡氏曰：君遇臣下，恩禮雖一，而崇高嚴恪常行於介胄爪牙之夫，以折其驕悍難使之氣。柔遜謙屈必施於林壑退藏之士，以礪其廉靖無求之節。乃能駕馭人才，表正風俗，威有所當加，勢有所可屈。加於所當加以立威則强，屈於所可屈以忘勢則昌。

致堂胡氏曰：夫以違拂對順從，則有恭與不恭之似。以恣肆對儆戒，則有樂與不樂之殊。惟聰明睿智之君，則知違拂之爲恭，而順從之爲大不恭也。知儆戒之可樂，而恣肆之有大不樂也。

五峰胡氏曰：人皆生於父，父道本乎天，謂人皆天之子可乎？曰：不可。天道至大至正者也。王者至大至正，奉行天道，乃可謂之天之子也。○養天下而享天下之謂君，先天下而後天下之謂君。❶反是者有國危國，有天下危天下。○人君不可不知乾道，不知乾道

❶「君」，四庫本作「臣」。

是不知君道也。君道如何？曰：天行健。人君不可頃刻忘其君天下之心也。如天之行，一息或不繼，則天道壞矣。○天下有三大，大本也，大幾也，大法也。大本，一心也。大幾，萬變也。大法，三綱也。有大本然後可以有天下，見大幾然後可以取天下，行大法然後可以理天下。是故君克以天下自任，則皇天上帝畀付以天下矣。君以從上列聖之盛德大業自期，則天下仁人争輔之矣。君以保養天下爲事，而不自奉養，則天下黎民趨戴之矣。上得天心，中得聖賢心，下得兆民心，夫是之謂一心。心一，天下一矣。天下之變無窮也，其大幾有四：一曰救弊之幾，二曰用人之幾，三曰應敵之幾，四曰行師之幾。幾之來也，變動不測，莫可先圖，必寂然不動，然後能應也。其大法有三：一曰君臣之法，二曰父子之法，三曰夫婦之法。夫婦有法，然後家道正。父子有法，然後人道久。君臣有法，然後天地泰。天地泰者，禮樂之所以興也。禮樂興，然後賞罰中，而庶民安矣。○人君盡下則聰明開，而萬里之遠親於衽席。偏信則昏亂，而父子夫婦之間有遠於萬里者矣。人君欲救偏信之禍，莫先於窮理，莫要於寡欲。窮理寡欲，交相發者矣。○天下有二難。以道義服人難，難在我也。以勢力服人難，難在人也。由道義而不舍，禁勢力而不行，則人心服而天下安。○《易》《詩》《春秋》者，聖人之道也。聖人之道若何？曰：聖人者，以一人理億兆人之德性，息其争奪，遂其生養者也。○天下之臣有三：有好功名而輕爵禄之臣，是人也名得功成而止矣；有貪爵禄而昧功名之臣，是人也必忘其性命矣，鮮不及哉；有由道義而行之臣，是人也爵禄功名得之不以爲重，失之不以爲輕，顧吾道義如何耳。君天下，臨百官，是三臣者雜然並進，爲人君者烏乎知而進退之？孟子曰：「君仁莫不仁。」○義理，群生之性也。義行而理明，則群生歸仰矣。敬愛，兆民之心也。敬立而愛施，則人心誠敬矣。感應，鬼神之情性也。誠則能動，而鬼神來格矣。

豫章羅氏曰：祖宗法度不可廢，德澤不可恃。廢法度，則變亂之事起；恃德澤，則驕佚之心生。自古德澤最厚，莫若堯舜。向使子孫可恃，則堯舜必傳其子。至於法度，則莫若周家之最明。向使子孫世守，則歷年至今猶存可也。○人君納諫之本，先於虚己。禹拜昌言，故能納諫。德宗强明自任，必能拒諫。❶

朱子曰：天下之紀綱不能以自立，必人主之心術公平正大，無偏黨反側之私，然後紀綱有所繫而立。君心不能以自正，必親賢臣，遠小人，講明義理之歸，閉塞私邪之路，然後乃可得而正。○天子至尊無上，其居處則内有六寢六宮，外有三朝五門。其嬪御、侍衛、飲食、衣服、貨賄之官，皆領於冢宰。其冕弁、車旗、宗祝、巫史、卜筮、瞽侑之官，皆領於宗伯。

❶「必」，四庫本作「故」。

有師以道之教訓，有傅以傅其德義，有保以保其身體，有師氏以媺詔之，有保氏以諫其惡。前有疑，後有丞，左有輔，右有弼。其侍御僕從，罔匪正人，以旦夕承弼厥辟。出入起居，罔有不欽。發號施令，罔有不臧。在輿有旅賁之規，旅賁，勇士，掌執戈楯，夾車而趨。位宁有官師之典，門屏之間謂之宁。倚几有訓誦之諫，工師所誦之諫，書之於几也。居寢有暬御之箴，暬，近也。臨事有瞽史之道，宴居有工師之誦。史爲書，太史，君舉則書。瞽爲詩，工誦箴諫，大夫規誨，士傳言，庶人謗，商旅于市，旅，陳也。陳其貨物，以示時所貴尚。百工獻藝，獻其技藝，以喻政事。動則左史書之，言則右史書之，其書《春秋》《尚書》有存者。御瞽幾聲之上下。幾，猶察其樂。不幸而至於有過，則又有争臣七人，面折廷争，❶以正捄之。蓋所以養之之備至於如此，是以恭己南面，中心無爲以守至正，而貌之恭足以作肅，言之從足以作乂，視之明足以作哲，聽之聰足以作謀，思之睿足以作聖，然後能以八柄馭群臣，八統馭萬民，而賞無不慶，刑無不威，遠無不至，邇無不服。傅説所謂「奉若天道，建邦設都，樹后王君公，承以大夫師長，不惟逸豫，惟以亂民」。武王所謂「亶聰明作元后，元后作民父母」。所謂「天降下民，作之君，作之師，惟其克相上帝，寵綏四方」。箕子所謂「皇建其有極，斂時五福，用敷錫厥庶民。惟

❶「折」，原作「列」，今據重修本改。

時厥庶民于汝極，錫汝保極」。董子所謂「正心以正朝廷，正朝廷以正百官，正百官以正萬民，正萬民以正四方」者，正謂此也。○天無私覆，地無私載，日月無私照。故王者奉三無私以勞於天下，則兼臨博愛，廓然大公，而天下之人莫不心悦而誠服。儻於其間，復以新舊而爲親踈，則其偏黨之情，褊狹之度，固已使人憪然有不服之心。而其好惡取舍，又必不能中於義理，而甚則至於沮謀敗國，妨德亂政，而其害有不可勝言者。○天下之本在國，國之本在家。故人主之家齊，則天下無不治。人主之家不齊，則未有能治其天下者也。是以三代之盛，聖賢之君能修其政者，莫不本於齊家。蓋男正位乎外，女正位乎内，而夫婦之别嚴者，家之齊也。妻齊體於上，妾接承於下，而嫡庶之分定者，家之齊也。采有德，戒聲色，近嚴敬，遠技能者，家之齊也。内言不出，外言不入，苞苴不達，請謁不行者，家之齊也。然閨門之内，恩常掩義，是以雖以英雄之才，尚有困於酒色，溺於情愛而不能自克者。苟非正心修身，動由禮義，使之有以服吾之德，而畏吾之威，則亦何以正其宫壼，杜其請託，檢其姻戚，而防禍亂之萌哉？《書》曰：「牝雞之晨，惟家之索。」《傳》曰：「福之興莫不本乎室家，道之衰莫不始乎梱内。」○一念之萌，則必謹而察之，此爲天理耶，爲人欲耶？果天理也，則敬以擴之，而不使其少有壅閼。果人欲也，則敬以克之，而不使其少有凝滯。推而至於言語動作之間，用人處事之際，無不以是裁之。知其爲是而行之，則行之惟恐其不力，而不當憂其力之過也。知其爲非而去之，則去之惟恐其不果，而不當憂其果之甚也。知其爲賢而用之，則任之惟恐其不專，聚之惟恐其不衆，而不當憂其爲黨也。知其爲不肖而退之，則退之惟恐其不速，去之惟恐其不盡，而不當憂其有偏也。如此則聖心洞然，中外融徹，無一毫之私欲得以介乎其間，而天下之事將惟所欲爲，無不如志矣。○古先聖王所以立師傅之官，設賓友之位，置諫諍之職，凡以先後縱臾，左右維持，惟恐此心頃刻之間，或失其正而已。原其所以然者，誠以天下之本在是。一有不正，則天下萬事將無一物得其正者，故不得而不謹也。○天下之事千變萬化，其端無窮，而無一不本於人主之心者，此自然之理也。故人主之心正，則天下之事無一不出於正。人主之心不正，則天下之事無一得由於正。蓋不惟其賞之所勸，刑之所威，各隨所向，勢有不能已者。而其觀感之間，風動神速，又有甚焉。是以人主以眇然之身，居深宫之中，其心之邪正，若不可得而窺者。而其符驗之著於外者，常若十目所視，十手所指，而不可掩。此大舜所以有惟精惟一之戒，孔子所以有克己復禮之云，皆所以正吾此心，而爲天下萬事之本也。此心既正，則視明聽聰，周旋中禮，而身無不正。是以所行無過不及，而能執其中。雖以天下之大，而無一人不歸吾之仁者。然邪正之驗著於外者，莫先於家人，而次及於左右，然後有以達於朝廷，而及於天下焉。若宫闈之内，端莊齊肅，后妃有關雎之德，後宫無盛色之譏，貫魚順序，而無一人敢恃恩私以亂典常，納賄賂而行請謁，此則家之正也。退朝之後，從容燕息，貴戚近臣、攜僕奄尹陪侍左右，各恭其職。而上憚不惡之嚴，下謹戴盆之戒。❶無一人敢通内外，竊威福，招權市寵，以紊朝政，此則左右之正也。内自禁省，外徹朝廷，二者之間洞然，無有毫髪私邪之間。然後發號施令，群聽不疑，進賢退姦，衆志咸服，紀綱得以振而無侵撓之患，政事得以修而無阿私之失，此所以朝廷百官、六軍、萬民無敢不出於正，而治道畢也。心一不正，則是數者固無從而得其正。是數者一有不正，而曰心正，則亦安有是理哉？是以古先聖王兢兢業業，持守此心，雖在紛華波動之中，幽獨得肆之地，而所以精之一之，克之復之，如對神明，如臨淵谷，未嘗敢有須臾之怠。然猶恐其隱微之間，或有差失而不自知也。是以建師保之官以自開明，列諫諍之職以自規正。而凡其飲食酒漿，衣服次舍，器用財賄，與夫宦官宫妾之政，無一不領於冢宰之官，使其左右前後，一動一静，無不制以有司之法，而無纖芥之隙，瞬息之頃，得以隱其毫髪之私。蓋雖以一人之尊深居九重之邃，而懔然常若立乎宗廟之中，朝廷之上。此先王之治所以由内及外，自微至著，精粹純白，無少瑕翳，而其遺風餘烈，猶可以爲後世法程也。○人主當務聰明之實，而不可求聰明之名。信任大臣，日與圖事，反

❶「戴」，四庫本作「覆」。

覆辯論，以求至當之歸，此聰明之實也。偏聽左右，輕信其言，此聰明之名也。務其實者，今雖未明，久必通悟。務其名者，或一時可以竦動觀聽，然中實未明，愈久而愈暗矣。二者之間所差毫釐，而其得失則有大相遠者。○講學所以明理而導之於前，定計所以養氣而督之於後，任賢所以修政而經緯乎其中，天下之事無出乎此者矣。○問聖人兼三才而兩之。曰：上至天，下至地，中間是人。塞于兩間者，無非此理。雖是聖人出來，左提右挈，原始要終，無非欲人有以全此理，而不失其本然之性。天佑下民，作之君，作之師，只是爲此道理。所以作箇君師以輔相裁成，左右民，使各全其秉彝之良，而不失其本然之善而已。故聖人以其先得諸身者與民共之，只是爲這一箇道理。

南軒張氏曰：人主尤不可孤立。堯舜明四目，達四聰，通天下爲一身。若紂則爲獨夫矣。○漢武謂多欲不宜君國子民，此言極是。既是多欲，豈可使之君國子民？武帝雖能言此，他却亦自多欲。然此言不可以人廢。○人主不可以蒼蒼者便爲天，當求諸視聽言動之間。一念纔是，便是上帝鑑觀，上帝臨汝，簡在帝心。一念纔不是，便是上帝震怒。

西山真氏曰：知父母之心者，可以知天心。知人君之道者，可以知天道。蓋父母之於子也，鞠育而遂字之，仁也；鞭扑而教戒之，亦仁也。君之於臣也，爵賞以褒勸之，仁也；刑罰以聳礪之，亦仁也。天佑民而作之君，其愛之深，望之切，無異親之於子，君之於臣也。

故君德無媿，則天爲之喜，而祥瑞生焉。君德有闕，則天示之譴，而災異形焉。災祥雖異，所以勉其爲善一也。天之愛君如此，爲人君者，其可不以天之心爲心乎？

鶴山魏氏曰：古之人君以天位爲至艱至危，如履虎尾，如蹈春冰，如恫瘝乃身。是故師氏司朝，僕臣正位，太史奉諱，工師誦詩，御瞽幾聲，巫史後先，卜筮左右，人主無一時可縱弛也。虞賓在位，三恪助祭，夏士在庭，殷士在廟，甿民在甸，夷隸在門，人主無一事不戒懼也。蟲飛而會盈，日出而視朝，朝退而路寢聽政，日中而考政，夕而糾虔天刑，日入而絜奉粢盛，然後即安，人主無一刻可暇逸也。后妃御見有度，應門擊柝，鼓人上堂，女史授環，彤管記過，人主無一息可肆欲也。夫以貴爲天子，富有四海之內，而自朝至昃，兢兢業業，居内之日常少，居外之時常多，蓋所以養壽命之源，保身以保民也。豈惟可以保民，雖子孫千億亦自此始！自秦人蕩滅古制，爲人上者深居穆清，而受事於婦寺，出令於房闥，四方文書非暬御之臣不得上聞。千數百年以來，相尋一轍，於是宦官外戚，女寵嬖倖，代操政柄。人主僅擁虛器以寄于民上，其接士大夫不過視朝數刻之外。凡以傷生伐性者畢陳於前，豈惟湮政事之原，抑以傷壽命之本。身不得康，嗣不得蕃，凡以是耳。

魯齋許氏曰：民生有欲，無主乃亂。上天眷命作之君師，必予之聰明剛斷之資，重厚包容之量，使首出庶物，表正萬邦。此蓋天以至難任之，非予之可安之地而娛之也。堯舜以來，聖帝明王莫不兢兢業業，小心畏慎，日中不暇，未明求衣，誠知天之所畀至難之任，初不可以易心處也。知其爲難而以難處，則難或可易。不知爲難而以易處，則他日之難有不可爲者矣。孔子謂人之言曰：「爲君難，爲臣不易。」則其説所由來遠矣。○人君不患出言之難，而患踐言之難。知踐言之難，則其出言不容不慎矣。昔劉安世見司馬温公，問盡心行己之要可以終身行之者。公曰：「其誠乎？」劉公問行之何先？公曰：「自不妄語始。」劉公初甚易之，及退而自檃括平日之所行，與凡所言自相掣肘矛盾者多矣。力行七年而後成。自此言行一致，表裏相應，遇事坦然，常有餘裕。夫劉安世一士人也，所交者一家之親，一鄉之衆，同列之臣不過數十百人而止耳。然以言行相較，猶有自相掣肘矛盾者。況夫天下之大，兆民之衆，事有萬變，日有萬幾，而人君以一身一心酧酢之，欲言之無失，豈易能哉？故有昔之所言而今日不記者，今之所命而後日自違者，可否異同，紛更變易，紀綱不得布，法度不得立，臣下雖欲黽勉而無所持循，徒汩没於瑣碎之中，卒於無補。況因之爲弊者，又日新月盛而不可遏。在下之人疑惑驚眩，且議其無法無信一至於此也。此無他，至難之地不以難處而以易處之故也。苟從古者大學之道，以修身爲本，凡一事之來，一言之發，必求其所以然，與其所當然。不牽於愛，不蔽於憎，不因於喜，不激於怒，虚心端意，熟思而審處之，雖有不中者，蓋鮮矣。奈何爲人上者多樂舒肆，爲人臣者多事容悦。容悦本爲私也，私心盛則不畏人矣。舒肆本爲欲也，欲心熾則不畏天矣。以不畏天之心與不畏人之心，感合無間，則所務者皆快心事耳。快心則口欲言而言，身欲動而動，又豈肯兢兢業業以修身爲本，一言一事熟思而審處之乎？此人君踐言之難，所以又難於天下之人也。〇人君處億兆之上，所操者予奪進退、賞罰生殺之權。不幸見欺，以非爲是，以是爲非，其害可勝既耶！人君惟無喜怒也，有喜怒則贊其喜以市恩，鼓其怒以張勢。人君惟無愛憎也，有愛憎則假其愛以濟私，藉其憎以復怨。甚至本無喜也，誑之使喜；本無怒也，激之使怒；本不足愛也，强譽之使愛；本無可憎也，强短之使憎。若是則進者未必爲君子，退者未必爲小人。予之者或無功，而奪之者或有功也。以至賞之罰之，生之殺之，鮮有得其正者。人君不悟，日在欺中，方仗若曹擿發細隱，以防天下之欺。欺而至此，欺尚可防耶？大抵人君以知人爲貴，以用人爲急。用得其人，則無事於防矣。既不出此，則所近者，争進之人耳，好利之人耳，無耻之人耳。彼挾詐用術，千蹊萬徑，以蠱君心。於此欲防其欺，雖堯舜不能也。〇爲人君止於仁，天地之心仁而已矣。

君德

程子曰：爲宗社生靈長久之計，惟是輔養上德。而輔養之道非徒涉書史、覽古今而已。

要使跬步不離正人，乃可以涵養薰陶，成就聖德。

河東侯氏曰：君德，天德也。有此盛德，故能上順天理，下達人情，無一事之繆，無一物之戾。如天之高，如淵之深。見而民莫不敬，言而民莫不信，行而民莫不悦。其聲名之洋溢也，無遠無近，無内無外，極天地之所覆載，日月之所照臨，霜露之所墜。凡有血氣者無不尊親，故曰配天，聖人之事盡於是矣。

華陽范氏曰：《書》曰「自成湯至于帝乙，成王畏相」。其稱中宗曰「嚴恭寅畏」。大王、王季曰「克自抑畏」。《詩》曰「維此文王，小心翼翼」。夫爲人君動必有所畏，此盛德也。不然，以一人肆於民上，其何所不至哉？

豫章羅氏曰：仁義者，人主之術也。一於仁，天下愛之而不知畏；一於義，天下畏之而不知愛。三代之主仁義兼隆，所以享國至於長久。自漢以來，或得其偏，如漢文帝過於仁，宣帝過於義。夫仁可過也，義不可過也。

朱子曰：修德之實在乎去人欲，存天理。人欲不必聲色貨利之娱，宫室觀遊之侈也，但存諸心者小失其正，便是人欲。必也存祗懼之心以畏天，擴寬弘之度以盡下，不敢自是而欲人必己同，不循偏見而謂衆無足取，不甘受佞人而外敬正士，不狃於近利而昧於遠猷。出入起居，發號施令，念兹在兹，不敢忘怠。而又擇端人正士、剛明忠直、能直言極諫者，朝夕與居左右。不使近習便利捷給之人得以窺伺間隙，承迎指意，污染氣習，惑亂聰明。務使此心虛明廣大，平正中和，表裏洞然，無一毫私意之累，然後爲德之脩。而上可以格天，下可以感人，凡所欲爲，無不如志。

西山真氏曰：三代聖王以敬爲修身立政之本。故伊尹告太甲曰「嗣王祗厥身，念哉」。又曰「欽厥止，率乃祖攸行」。周公之戒成王，一則曰「嚴恭寅畏，天命自度」，二則曰「治民祗懼，不敢荒寧」，三則曰「克自抑畏」，四則曰「皇自敬德」。而召公之誥，一則曰「嗚呼，奈何弗敬」？二則曰「王其疾敬德」，三則曰「王敬作所，不可不敬德」，四則曰「惟不敬厥德，乃早墜厥命」。伊、周、召公皆古聖賢，而所以啓迪其君者，如出一口。又考之《書》「昏迷不恭，侮慢自賢」，禹之所以征有苗也。「威侮五行，怠棄三正」，啓之所以伐有扈也。「狎侮五常，荒怠弗敬」，謂「己有天命」，謂「敬不足行」，武王之所以誅獨夫受也。蓋敬則爲堯舜，爲禹湯，爲文武。不敬則爲有苗，爲有扈，爲獨夫受。聖狂之所以分，治亂之所由判，未有不出乎此者。○先聖贊《易》，於乾曰「君子以自强不息」，謂其體天之剛健也。於坤曰「君子以厚德載物」，謂其法地之博厚也。不體乎乾，無以宰萬物。不法乎坤，無以容萬物。汎觀古昔，凡過於剛者，爲亢，爲暴，爲强明自任。偏於柔者，爲闇，爲懦，爲優柔不斷。雖其失不同，而害治一也。○誠之爲道，可以參天地，贊化育，其功用大矣。然求其用力之地，不過曰無妄也，不欺也，悠久不息也。盡此三者，而誠之體具矣。何謂無妄，就乎真實而不雜以虛僞是也。何謂不欺，戒謹乎其所不睹，恐懼乎其所不聞是也。何謂不息，終始惟一，時乃日新是也。此三者有一之未至焉，則去聖遠矣。姑舉其概言之，實奢而文之以儉，實暴而掩之以仁；所樂者諛佞，而外爲納諫之名；所愛者姦邪，而謬爲敬賢之貌。此妄也，非誠也。修飾於大庭廣衆之中，而放肆於深宮燕閑之地；矯揉於親近君子之際，而發露於昵比小人之時。此欺也，非誠也。敬畏未幾而慢忽繼之，儉約未幾而侈泰隨之，勤怠之靡常而暴寒之不一。凡此者，皆非誠也。《易》曰「鳴鶴在陰，其子和之」，言其應之速也。《詩》曰「鼓鐘于宮，聲聞于外」，言其實之易彰也。苟意念少差，則觀感立異，豈不甚可畏哉？

聖學

程子曰：人心廣大無垠，萬善咸備，盛德大業由此而成。故欲傳堯舜禹湯文武之道，擴充是心焉爾。帝王之學與儒士異尚，儒生從事章句文義，帝王務得其要，措之事業。蓋聖人經世大法備在方册，苟得其要，舉而行之無難也。○人主之學惟當務爲急，辭命非所先也。○古之人君守成業而致盛治者，莫如周成王。其所以成德，則由乎周公。周公之輔成王也，幼而習之，所見必正事，所聞必正言，左右前後皆正人，故習與智長，化與心成。今輔養之道不可不至也。所謂輔養之道，非謂告詔以言過而後諫也，尤在涵養薰陶之而已矣。今夫一日之間，接賢士大夫之時多，親寺人宦官之時少，則氣質自化，德器自成。謹選賢德之士以待勸講，講讀既罷，常留以備訪問，從容燕語，不獨漸摩。至於人情物態，稼穡艱難，日積既久，自然通達。比之常處深宫，爲益多矣。夫傅德義者在乎防聞見之非，節嗜欲之過。保身體者在乎適起居之宜，存畏謹之心。故左右近侍宜選老成重厚小心之人，服飾器用皆須質朴之物。俾華巧靡麗不至於前，淺俗之言不入於耳。凡動作言語，必使勸講者知之，庶幾隨物箴規，應時諫正，調護聖躬，莫過乎此矣。人君居崇高之位，持威福之柄，百官畏懼而莫敢仰視，萬方崇奉而所欲必得。苟非知道畏義所養如此，則中常之君無不驕肆，英明之主自然滿假。此古今同患，治亂所由也。所以周公告成王，稱前王之德以寅恭祇懼爲首云。○歷觀前古成就幼主，莫備於周公，爲萬世之法。考之《立政》之書，其言常伯、常任之尊，與綴衣、虎賁之賤，同以爲戒。要在得人以爲知恤者，鮮也。終篇反覆，惟此一事而已。夫僕臣正，厥后克正。左右侍御僕從罔匪正人，旦夕承弼，然後起居出入無違禮也，發號施令無不善也。後世不復如此，以謂人主就學，所以涉書史，覽古今也。夫此一端而已。苟曰如是而足，則能文，宫人可以備勸講；知書，内侍可以充輔導。又何必置官設職，求賢德之士哉？自古帝王才質鮮不過人，完德有道之君至少，其故何哉？皆輔養不得其道，而勢位使之然也。

華陽范氏曰：人主學與不學，繫天下之治亂。如好學，則天下之君子欣慕，願立於朝，以直道事上，輔助德業而致太平矣。如不好學，則天下之小人皆動其心，欲立於朝，以邪諂事上，竊取富貴而專權利矣。

龜山楊氏曰：古之聖人固宜莫如舜也。舜之在側微，與木石居，鹿豕遊，固無異於深山之野人也，是豈以文采過人邪？伏羲畫八卦，《書》斷自《堯典》，當是時，六經蓋未有也。而舜之所以聖者，果何自哉？然則聖人之所以爲聖，其學必有在矣。

武夷胡氏曰：明君以務學爲急，聖學以正心爲要。心者，事物之宗。正心者，揆事宰物之權也。六經所載古訓，不可不攷。若夫分章析句，牽制文義，無益於心術者，非帝王之學也。○心者，身之本也。正心之道，先致其知而誠意，故人主不可不學也。蓋戡定禍亂，雖急於戎務，必本於方寸。不學以致知，則方寸亂矣，何以成帝王之業乎？

致堂胡氏曰：古之人君既得賢材布之列位矣，於是朝以聽政，則公卿在前，史在左右，諫諍七人，訓告教誨，而無怠朝矣。晝以訪問，則監于成憲，學於古訓，多識前言往行，與萬民之疾苦，物情之幽隱，而無怠晝矣。夕以修令，則思夫應違，慮夫榮辱，慎而後出，奠而後發，不敢苟也，而無怠夕矣。而又無淫于觀、于逸、于遊、于畋、于酒、于樂，而又盤有銘，几有戒，杖有詔，器有箴，圖有規，藝有諫。夫所以夤畏祇懼，不使放心邪氣得溺焉者如此。夜而寢息，則又有《雞鳴》之賢妃，《卷耳》之淑女，警戒相成，不懷宴安，昧爽丕顯，坐以待旦，此乃憂勤之事也。憂勤如此，乃所以端拱無爲也。是故勤勞者，非衡石程書、衛士傳餐之謂也。無爲者，非遺棄萬務、嘿然兀然之謂也。稽《無逸》周公之言，則人君之法具矣。

豫章羅氏曰：人主讀經則師其意，讀史則師其迹。然讀經以《尚書》爲先，讀史以《唐書》爲首。蓋《尚書》論人主善惡爲多，《唐書》論朝廷變故最盛。

朱子曰：天下之事，其本在於一人。而一人之身，其主在於一心。故人主之心一正，則天下之事無有不正。人主之心一邪，則天下之事無有不邪。如表端則影直，源濁則流汙，其理有必然者。是以古先哲王欲明其德於天下者，莫不一以正心爲本。然本心之善，其體至微，而利欲之攻不勝其衆。嘗試驗之，一日之間，聲色臭味，游衍馳驅，土木之華，貨利之殖，雜進於前，日新月盛，其間心體湛然、善端呈露之時，蓋絶無而僅有也。苟非講學之功，有以開明其心，而不迷於是非邪正之所在；又必信其理之在我，而不可以須臾離焉，則亦何以得此心之正，勝利欲之私，而應事物無窮之變乎？然所謂學，則又有邪正之别焉。味聖賢之言，以求義理之當；察古今之變，以驗得失之幾，而必反之身以踐其實者，學之正也。涉獵記誦，而以雜博相高；割裂裝綴，而以華靡相勝，反之身則無實，措之行則無當者，學之邪也。學之正而心有不正者鮮矣，學之邪而心有不邪者亦鮮矣。故講學雖所以爲正心之要，而學之邪正其繫於所行之得失，而不可不審者又如此。《易》曰：「正其本，萬事理。差之毫釐，繆以千里。」○舜之戒禹曰：「人心惟危，道心惟微。惟精惟一，允執厥中。」而必繼之曰：「無稽之言勿聽，弗詢之謀勿庸。慎乃有位，敬脩其可願。四海困窮，天禄永終。」孔子之告顔淵，既曰：「克己復禮爲仁，一日克己復禮，天下歸仁焉。爲仁由己，而由人乎哉？」而又申之曰：「非禮勿視，非禮勿聽，非禮勿言，非禮勿動。」既告之以損益四代之禮樂，而又申之曰：「放鄭聲，遠佞人。鄭聲淫，佞人殆。」嗚呼，此千聖相傳心法之要。其所以極夫天理之全而察乎人欲之盡者，可謂兼其本末巨細而舉之矣。兩漢以來，非無願治之主，而莫克有志於此。是以雖或隨世以就功名，而終不得以與乎帝王之盛。其或耻爲庸主，而思用力於此道，則又不免蔽於老子、浮屠之説。静則徒以虚無寂滅爲樂，而不知有所謂實理之原。動則徒以應緣無礙爲達，而不知有所謂善惡之幾。是以日用之間，内外乖離，不相爲用，而反以害於政事。蓋所謂千聖相傳心法之要者，於是不復講矣。○帝王之學雖與韋布不同，經綸之業固與章句有異，然其本末之序，竊以爲無二道也。聖賢之言平鋪放著，自有無窮之味，於此從容潛玩默識而心通焉，則學之根本於是乎立，而其用可得而推矣。患在立説貴於新奇，推類欲其廣博，是以反失聖言平淡之真味，而徒爲學者口耳之末習。至於人主能之，則又適所以爲作聰明自賢聖之具，不惟無益而害有甚焉。○人主所以制天下之事者，本乎一心。而心之所主，又有天理人欲之異。二者一分，而公私邪正之塗判矣。蓋天理者，此心之本然，循之則其心公而且正。人欲者，此心之疾疢，循之則其心私而且邪。公而正者逸而日休，私而邪者勞而日拙。其效至於治亂安危有大相絶者，而其端特在夫一念之間而已。舜禹相傳，所謂「人心惟危，道心惟微。惟精惟一，允執厥中」者，正謂此也。○人主之學當以明理爲先。是理既明，則凡所當爲而必爲，所不當爲而必止，莫非循天之理，而非有意必固我之私也。○周武王之言曰：「惟天地萬物父母，惟人萬物之靈。亶聰明，作元后，元后作民父母。」而孟子又曰：「堯舜性之，湯武反之。」蓋嘗因此二説而深思之。天地之大無不生育，固爲萬物之父母矣。人於其間，又獨得其氣之正，而能保其性之全，故爲萬物之靈。若元后者，則於人類之中，又獨得其正氣之盛，而能保其全性之尤者。是以能極天下之聰明，而出乎人類之上，以覆冒而子畜之，是則所謂作民父母者也。然以自古聖賢觀之，惟帝堯、大舜生而知之，安而行之，爲能履此位、當此責而無媿。若成湯、武王，則其聰明之質固已不能如堯舜之全矣。惟其能學而知，能利而行，能擇善而固執，能克己而復禮，是以有以復其德性聰明之全體，而卒亦造夫堯舜之域，以爲億兆之父母。蓋其生質雖若不及，而其反之之至，則未嘗不同，孔子所謂及其成功一也，正此之謂也。誠能於日用之間，語默動静必求放心，以爲之本。而於玩經觀史，親近儒學，已用力處益用力焉。數召大臣，切劘治道，俾陳要急之務。至於群臣進對，亦賜温顔，反復詢訪，以求政事之得失，民情之休戚。而又因以察其人材之邪正短長，庶於天下之事各得其理。經歷詳盡，浹洽貫通，聰明日開，志氣日强，德聲日聞，治效日著，四海之内瞻仰畏愛如親父母，則是反之之至，而堯舜湯武之盛不過如此。

勉齋黄氏曰：帝王之學必先格物致知，以極夫事物之變，使義理所存纖悉畢照，則自然意誠心正，而可以應天下之務。

西山真氏曰：惟學可以養此心，惟敬可以存此心，惟親近君子可以維持此心。蓋義理之與物欲，相爲消長者也。篤志于學，則日與聖賢爲徒，而有自得之樂。持身以敬，則凛如神明在上而無非僻之侵。親賢人君子之時多，則規儆日聞，諂邪不得而惑。三者交致其力，則聖心湛然，如日之明，如水之清，義理爲之主，而物欲不能奪矣。〇人主之學，其要在於誠意、正心、修身、齊家，以爲出治之本，非徒琱鎪詞藝，破析章句，爲書生之末技而已。

魯齋許氏曰：凡人之情，敬慎於憂危，惰慢於暇豫，惟聖人不如此。堯舜只兢兢業業無已時，憂危暇豫處之如一，一日二日萬幾，何得惰慢？程子謂「惟慎獨可以行王道」，初未然之，徐而思之，不如此不能行王道。蓋功夫有間斷故也。以太宗之英明，猶於此不能進。兩漢文帝、光武敬慎終身，然聖學不足以成就之，惜哉！

儲　嗣

涑水司馬氏曰：古之明王教養太子，爲之擇方正敦良之士，以爲保傅師友，朝夕與之遊處，左右前後，無非正人，出入居處，無非正道。

五峰胡氏曰：養太子不可以不慎也，望太子不可以不仁也。○大本正，然後可以保國一天下。

朱子曰：賈誼作《保傅傳》，其言有曰：「天下之命繫於太子，太子之善在於早諭教與選左右。教得而左右正，則太子正，太子正而天下定矣。」此天下之至言，萬世不可易之定論也。至論所以教諭之方，則必以孝仁禮義爲本。而其條目之詳，則至於容貌詞氣之微，衣服器用之細，纖悉曲折，皆有法度。一有過失，則史書之策，宰撤其膳。而又必有進善之旌，誹謗之木，敢諫之鼓，瞽詩史書，工誦箴諫，士傳民語，必使至於化與心成，中道若性，而猶不敢怠焉。其選左右之法，則有三公之尊，有三少之親，有道有充，有弼有承。上之必得周公、太公、召公、史佚之流，乃勝其任；下之猶必取於孝弟博聞有道術者。不幸一有邪人厠乎其間，則必逐而去之。是以太子朝夕所與居處出入，左右前後，無非正人，而未嘗見一惡行。此三代之君所以有道之長，至於累數百年而不失其天下也。當誼之時，固已病於此法之不備。然考孝昭之詔，則猶知誦習誼之所言，而有以不忘乎先王之意。降而及於近世，則帝王所以教子之法益踈略矣。蓋其所以教者，不過記誦書札之工，而未嘗開以仁孝禮義之習。至於容貌詞氣，衣服器用，則雖極於邪侈，而未嘗有以裁之也。寮屬具員，而無保傅之嚴。講讀備禮，而無箴規之益。至於朝夕所與出入居處而親密無間者，則不過宦官近習掃除趨走之流而已。夫以帝王之世，當傳付之統，上有宗廟社稷之重，下有四海烝民之生，前有祖宗垂創之艱，後有子孫長久之計，而所以輔養之具踈略如此，是猶家有明月之珠、夜光之璧，而委之衢路之側，盜賊之衝也。豈不危哉？

魯齋許氏曰：有家有國所以立適，嗣無所争者，出於無爲而分定故也。如走兔在野，人競逐之；積兔在市，過而不顧。此之謂分定。

君　臣

程子曰：君貴明，不貴察；臣貴正，不貴權。

華陽范氏曰：《書》曰：「元首明哉，股肱良哉，庶事康哉！」又曰：「元首叢脞哉，股肱惰哉，萬事墮哉！」此舜、皋陶所以賡歌而相戒也。夫君以知人爲明，臣以任職爲良。君知人，則賢者得行其所學。臣任職，則不賢者不得苟容於朝。此庶事所以康也。若夫君行臣職，則叢脞矣。臣不任君之事，則惰矣。此萬事所以墮也。當舜之時，禹平水土，稷播百穀，土穀之事，舜不親也。契敷五教，皋陶明五刑，教刑之事，舜不治也。伯夷典禮，夔典樂，禮樂之事，舜不與也。益爲虞，垂作共工、虞工之事，舜不知也。禹爲一相總百官，自稷以下分職以聽焉。君人者，如天運於上，而四時寒暑各司其序，則不勞而萬物生矣。君不可以不逸也，所治者大，所司者要也。臣不可以不勞也，所治者寡，所職者詳也。不明之君不能知人，故務察而多疑。欲以一人之身代百官之所爲，則雖聖智亦日力不足矣。故其臣下事無大小，皆歸之君，政有得失，不任其患，賢者不得行其志，而持禄之士得以保其位，此天下所以不治也。

五峰胡氏曰：人君剛健中正純粹，首出庶物者也。人臣柔順利貞，順承乎天而時行者也。○寡欲之君，然後可與言王道；無欲之臣，然後可與言王佐。○自三代之道不行，君臣之義不明，君誘其臣以富貴，臣干其君以文行。夫君臣相與之際，萬化之原也。既汩於利矣，末流其可禁乎？此三代之治所以不復也。

朱子曰：君臣之際，權不可略重，纔重則無君。且如漢末，天下唯知有曹氏而已，魏末唯知有司馬氏而已。魯當莊、僖之際，也得箇季友整理一番，其後季氏遂執其權，歷三四世，魯君之勢全無了，但有一季氏而已。葉賀孫問：也是合下君臣之間，其識慮不遠。曰：然。所以聖人垂戒謂：「臣弑君，子弑父，非一朝一夕之故，其所由來者漸矣，由辨之不早辨也。」這箇事體，初間只争些小，到後來全然只有一邊。聖人所以一日二日萬幾，常常戒謹恐懼。《詩》稱文王之盛，於後便云：「殷之未喪師，克配上帝。宜鑑于殷，駿命不易。」此處甚多。○問：忠只是實心，人倫日用皆當用之，何獨只於事君上説忠字？曰：父子、兄弟、夫婦皆是天理自然，人皆莫不自知愛敬。君臣雖亦是天理，然是義合，世之人便自易得苟且。故須於此説忠，却是就不足處説。如莊子説：「命也，義也，天下之大戒。」看這説，君臣自是有不得已意思。○問：君臣父子同是天倫，愛君之心終不如愛父，何也？曰：離畔也只是庶民，賢人君子便不如此。韓退之云：「臣罪當誅兮，天王聖明。」此語何故程子云是好，文公豈不知紂之無道，却如此説？是非欺誑衆人，直是有説。須是有轉語，方説得文王心出。看來臣子無説君父不是底道理，此便見得是君臣之義處。莊子云：「天下之大戒二：命也，義也。子之於父，無適而非命也。臣之於君，無適而非義也。無所逃於天地之間。」

東萊吕氏曰：畢公弼亮四世爲周父師，而康王之册尚有「罔曰弗克，罔曰民寡」之戒。

康王非敢少畢公，蓋規警勉飭，此是君臣間常法，❶初不以耆艾廢也。

臣　道

程子曰：臣之於君，竭其忠誠，致其才力，用否在君而已。不可阿諛逢迎，以求君之厚己也。○事君者知人主不當自聖，則不爲諂諛之言；知人臣義無私交，則不爲阿黨之計。○君子之事君也，不得其心，則盡其誠以感發其志而已。誠積而動，則雖昏蒙可開也，雖柔弱可輔也，雖不正可正也。古之人事庸君常主而克行其道者，以己誠上達，而其君信之之篤耳。○人臣身居大位，功蓋天下，而民懷之，則危疑之地也。必也誠積於中，動不違理，威福不自己出，人惟知君而已，然後位極而無逼上之嫌，勢重而無專權之過，斯可謂明哲君子矣。周公、孔明其人也。郭子儀有再造社稷之功，威震人主，而上不疑之也，亦其次歟。○臣賢於君，則輔君以所不能，伊尹之於太甲，周公之於成王，孔明之於劉禪是也。臣不及君，則贊助之而已。○剛健之臣事柔弱之君，而不爲矯飾之行者鮮矣。夫上下之交，不誠而以僞也，其能久相有乎？○人臣之義，位愈高，而思所以報國者當愈勤。饑則爲用，飽

❶「是」，原作「自」，今據四庫本改。

則飛去，是以鷹犬自期也，曾是之謂愛身乎？○問：世傳成王幼，周公攝政。荀卿亦曰：「履天下之籍，聽天下之斷。」周公果踐天子之位，行天子之事乎？曰：非也。周公位冢宰，百官總己以聽之而已，安得踐天子之位？又問：君薨，百官聽於冢宰者三年爾，周公至於七年，何也？曰：三年謂嗣王居憂之時也，七年爲成王幼故也。又問：賜周公以天子之禮樂，當否？曰：始亂周公之法度者，是賜也。人臣安得用天子之禮樂哉？成王之賜，伯禽之受，皆不能無過。《記》曰：「魯郊非禮也，其周公之衰乎？」聖人嘗譏之矣。説者乃云周公有人臣不能爲之功業，因賜以人臣所不得用之禮樂，則妄也。人臣豈有不能爲之功業哉？借使功業有大於周公，亦是人臣所當爲爾。人臣而不當爲，其誰爲之？豈不見孟子言事親若曾子可也？曾子之孝亦大矣，孟子纔言可也。蓋曰子之事父，其孝雖過於曾子，畢竟是以父母之身做出來，豈是分外事？若曾子者，僅可以免責爾。臣之於君，猶子之於父也。臣之能立功業者，以君之人民也，以君之勢位也。假如功業大於周公，亦是以君之人民、勢位做出來，而謂人臣所不能爲，可乎？使人臣恃功而懷怏怏之心者，必此言矣。

張子曰：近臣守和。和，平也。和其心以備顧對，不可徇其喜怒好惡。

龜山楊氏曰：人臣之事君，豈可佐以刑名之説？如此，是使人主失仁心也。人主無仁心，則不足以得人。故人臣能使其君視民如傷，則王道行矣。○問：以匹夫一日而見天子，天子問焉，盡所懷而陳之，則事必有窒礙者，不盡則爲不忠，如何？曰：事亦須量深淺。孔子曰：「信而後諫，未信則以爲謗己也。」《易》之《恒》曰：「浚恒凶。」此恒之初也，故當以漸而不可以浚，浚則凶矣。假如問人臣之忠邪，其親信者誰歟？遽與之辨别是非，則有失身之悔。君子於此，但不可以忠爲邪，以邪爲忠，語言之間，故不無委曲也。至於論理則不然，如惠王問孟子「何以利吾國」，則當言「何必曰利」。宣王問孟子卿不同，則當以正對，蓋不直則道不見故也。

和靖尹氏每赴經筵前夕，必沐浴更衣，衣皆薰香。設香案，以來日所當講書置案上，朝服再拜，拈香又再拜，齊于燕室，初夜乃寢。次日入侍講筵，學者問焉，曰：「必欲以所言感悟君父，安得不盡敬？人君其尊如天，必須盡己之誠意。」又曰：「以吾所言得入，則天下蒙其利。不能入，則反之。安敢不盡誠敬？」

致堂胡氏曰：忠愛其君者，必思納諸無過之地，而不計一身之安危。不忠不愛者，惟其身之營，使君荒怠昏亂而不恤也。○莫難强如怠心，莫難制如慾心，莫難降如驕心，莫難平如怒心，莫難抑如忌心，莫難開如惑心，莫難解如疑心，莫難正如偏心，然皆放心也。大人格君心之非者，格此等也。未至乎大人而當大人之任，亦當勉勉焉，思齊以事其君。君心怠則强之，慾則制之，驕則降之，怒則平之，忌則抑之，惑則開之，疑則解之，偏則正之，要使君心常收而不放，則善日起，惡日消，治可立，安可保矣。夫水源濁則流汙，源清則流潔，古之人所以惡夫逢君之惡者，爲病其源也。○事功出於臣下，效智謀，輸才力，及其有成，必曰此君之德，非臣所能也。君亦安然受之，不幾於僞乎？蓋道固當然，非僞也。在《易》《坤》之六三曰：「含章可貞，或從王事，無成有終。」謂有功善，則隱晦其美，而歸之於君，不敢當其成，然後下得恭順之道，而上無忌惡之心也。在《師》之九二曰：「在師中吉，承天寵也。」爲衆之主專制其事，所以能吉者以受委於君，非己無因而致者也。是故智如良、平，不侍帷幄爲謀主，則滅秦梟羽之事何以效？略如英、衛，不授鈇鉞制閫外，則征伐四克之績何以著？故自古有成功而知此道者，必謙虚退讓，沖然而若無。不然，既非所以蓄德，又非所以全身也。夫矜伐生於氣盈，貪戀生於氣歉，❶所以然者，爲利禄耳。有大勳勞於天下，孰若周公？使周公以勳勞自居，既以翦商受賞，又以東征受賞，又以踐奄受賞，又以滅國五十受賞，又以制禮樂頒度量受賞，必見於《詩》《書》。今可考者爲太師，位冢宰，開國曲阜，以侯伯禽而已，不聞賞而又賞也。太師冢宰，其所當爲也。俾侯于東，衆建親賢，非私於周公也。然則周公有大勳勞，而未嘗取賞明矣。故曰：「以周公之才之美，使驕且吝，其

❶「歉」，四庫本作「慊」。

餘不足觀也已。」驕吝者，盈而歉之謂歟？○忠賢之於事有所不可，亦陳其正理，開悟君心而已。聽否，雖仲尼、孟子不能必其説之行也。苟必其説之行，將用智任術，與小人無異矣。故曰：「若夫成功，則天也。」

五峰胡氏曰：守身以仁。以守身之道正其君者，大臣也。漢唐之盛，忠臣烈士攻其君之過，禁其君之欲，糾其政之謬，彈其人之佞而已。求其大正君心，引之志於仁者，則吾未之見也。惟董生其庶幾乎？

豫章羅氏曰：士之立朝，要以正直忠厚爲本。正直則朝廷無過失，忠厚則天下無嗟怨，二者不可偏也。一於正直而不忠厚，則漸入於刻。一於忠厚而不正直，則流入於懦。汲黯正直，所以闢公孫弘之阿諛，忠厚所以闢張湯之殘刻。武帝享國五十五年，其臣之賢，獨此一人而已。○立朝之士當愛君如愛父，愛國如愛家，愛民如愛子，然三者未嘗不相賴也。凡人愛君則必愛國，愛國則必愛民，未有以君爲心而不以民爲心者。故范希文謂：「居廟堂之上，則憂其民。處江湖之遠，則憂其君。」諒哉！○士之立身，要以名節忠義爲本。有名節，則不枉道以求進。有忠義，則不固寵以欺君矣。

朱子曰：古之君子居大臣之任者，其於天下之事知之不惑，任之有餘，則汲汲乎其時而勇爲之。知有所未明，力有所不足，則咨訪講求以進其知，拔援汲引以求其助。如捄火追亡，尤不敢以少緩。上不敢愚其君，以爲不足與言仁義。下不敢鄙其民，以爲不足以興教化。中不敢薄其士大夫，以爲不足共成事功。一日立乎其位，則一日業乎其官。一日不得乎其官，則不敢一日立乎其位。有所愛而不肯爲者，私也。有所畏而不敢爲者，亦私也。屹然中立，無一毫私情之累，而惟知其職之所當爲者。夫如是，是以志足以行道，道足以濟時，而於大臣之責可以無愧。○臣子無愛身自佚之理。○今之仕官不能盡心盡職者，是無那先其事而後其食底心。○誠以天下之事爲己任，則當自格君心之非始。欲格君心，則當自身始。○夫宰相以得士爲功，下士爲難。而士之所守，乃以不自失爲貴。○於天下之事有可否，則斷以公道，而勿牽於内顧偏聽之私。於天下之議有從違，則開以誠心，而勿誤以陽開陰闔之計，則庶乎德業盛大，表裏光明，中外遠邇心悦誠服。

南軒張氏曰：伊尹云：「予弗克俾厥后惟堯舜，其心愧耻，若撻于市。一夫不獲，時予之辜。」君不堯舜，心便愧耻。民有不獲，是爲己辜。真所謂任天下之重者。人須存伊尹之心方得。○畢公以四朝元老，方且克勤小物。若在吾人，則合當如此也。古人未嘗不謙，至周公方説謙。蓋周公以天子之叔父，而又爲宰相，猶且自處以謙。若在吾人，則亦合當爲者也。《謙》之九三，伊川專以指周公。「德言盛，禮言恭。」德只要盛，禮只要恭。又曰：某於世間無所愛慕，亦無所享用，惟有報君愛民之事在所當爲耳。

象山陸氏曰：古人所以不屑屑於間政適人，而必務有以格君心者，蓋君心未格，則一邪黜，一邪登，一弊去，一弊興，如循環然，何以窮已？及君心既格，則規模趨鄉有若燕越，邪正是非有若蒼素。大明既升，群陰畢伏，是瑣瑣者亦何足污人牙頰間哉！

勉齋黄氏曰：臣子之於君父，與生俱生，而不可懈於心者也。食人之禄者當任其事，此亦不待智者而後知也。

西山真氏曰：古今事業未嘗無所本。諸葛武侯平生所立事業奇偉，然求其所以，則開誠心，布公道，集衆思，廣忠益而已。蓋此四者，乃武侯事業之本。而誠之與公，又其本也。○忠臣之心，常欲君身之强固，君德之清明，故動以聲色遊畋爲藥石之戒。古之人有行之者，周公是也。姦臣之心則不然。君身强固，則必不倦於政機，而威權在己。君德清明，則必不謬於邪正，而用舍合宜。此正人君子之所深願，而憸夫壬人之所甚不便者也。故必蠱之以逸欲，導之以奢淫，然後其君恣肆昏荒，而惟己之聽。後之人有行之者，趙高、仇士良是也。二人刀鋸之餘，何足深罪？而春秋名卿如管仲、趙武者，亦安視其君有六嬖四姬之惑，而不能救焉。彼其人非姦慝也，其志非蠱媚也，迺至於是者，由不知古人保傅之職，而以强兵制敵爲功故也。有志愛君者，其可不以周公爲法，以管仲、趙武爲戒哉！

魯齋許氏曰：臣子執威權，未有無禍者。豈唯人事，在天道亦不許。夫月陰魄也，借日爲光，與日相遠則光盛。猶臣遠於君，則聲名大，威權重。與日相近，則光微，愈近愈微。臣道陰道，理當如此。大臣在君側而擅權，此危道也。古人舉善薦賢，不敢自名，欲恩澤出於君也，刑人亦然。恩威豈可使出於己？使人知恩威出於己，是生多少怨敵，其危亡可立待也。故月星皆借日以爲光，及近日却失其光，此理殊可玩索。

性理大全書卷之六十六

治道一

總論

程子曰：論治者貴識體。○治身齊家以至平天下者，治之道也。建立綱紀，分正百職，順天揆事，創制立度，以盡天下之務，治之法也。法者，道之用也。○聖王爲治，脩刑罰以齊衆，明教化以善俗，刑罰立則教化行矣，教化成而刑罰措矣。雖曰尚德而不尚刑，顧豈偏廢哉？○治則有爲治之因，亂必有致亂之因，在人而已矣。○立治有體，施治有序。酌而應之，臨時之宜也。○治道之要有三，曰立志、責任、求賢。○必井田，必肉刑，必封建，而後天下可爲，非聖人之達道也。善治者放井田而行之，而民不病；放封建而臨之，而民不勞；放肉刑而用之，而民不怨。得聖人之意而不膠其迹。迹者，聖人因一時之利而利焉者耳。○天地之生，萬物之成，合而後遂。天下國家至於事爲之末，所以不遂者，由不合也。

所以不合者，由有間也。故間隔者，天下之大害，聖王之所必去也。○事事物物各有其所，得其所則安，失其所則悖。聖人所以能使天下順治，非能爲物作則也，惟止之各於其所而已。止之不得其所，則無可止之理。○養民者以愛其力爲本。民力足則生養遂，然後教化可行，風俗可美。是故善爲政者必重民力。○教人者，養其善心則惡自消；治民者，導以敬遜則争自止。○聖人爲戒，必於方盛之時。方盛慮衰，則可以防其滿極而圖其永久。至於既衰而後戒，則無及矣。自古天下之治，未有久而不亂者，蓋不能戒於其盛也。狃安富則驕侈生，樂舒肆則紀綱壞，忘禍亂則釁孽萌。是以浸淫滋蔓，而不知亂亡之相尋也。○守國者必設險，山河之固，城郭溝洫之阻，特其大端耳。若夫尊卑貴賤之分，明之以等威，異之以物采，凡所以杜絶陵僭，限隔上下，皆險之大用也。○治道亦有從本而言，亦有從事而言。從本而言，惟從格君心之非，正心以正朝廷，正朝廷以正百官。若從事而言，不救則已，若須救之必須變，大變則大益，小變則小益。○爲天下安可求近効？才計校著利害，便不是。○王者高拱於穆清之上，而化行於禆海之外，何脩何飾而致哉？以純王之心行純王之政爾。老吾老以及人之老，幼吾幼以及人之幼，此純王之心也。使老者得其養，幼者得其所，此純王之政也。尚慮其未也，則又尊國老而躬事之，優庶老而時養之。風行海流，民陶其化，孰有怠於親而慢於長者哉！虞夏商周之盛王，由是道也，人倫以正，風俗以厚，鰥寡孤獨無不得其養焉。後世禮廢法壞，教化不明，播棄耆老、饑寒、轉死者往往而是。嗚呼，率是而行，而欲王道之成，猶却行而求及前，抑有甚焉爾。○安危之本在乎人情，治亂之機繫乎事始。衆心睽乖，則有言不信；萬邦協和，則所爲必成。○先王之世以道治天下，後世只是以法把持天下。○民可明也，不可愚也。民可教也，不可威也。民可順也，不可强也。民可使也，不可欺也。○又嘗與客語爲政，曰：甚矣，小人之無行也。牛壯食其力，老則屠之。客曰：不得不然也。牛老不可用，屠之猶得半牛之價，復稱貸以買壯者，不爾則廢耕矣。且安得芻粟養無用之牛乎？曰：爾之言，知計利而不知義者也。爲政之本莫大於使民興行，民善俗而衣食不足者，未之有也。水旱螟蟲之災，皆不善之致也。○天下之事無一定之理，不進則退，不退則進，時極道窮，理當必變。惟聖人爲能通其變於未窮，使其不至於極，堯舜時也。○三代忠質文，其因時之尚然也。夏近古，人多忠誠，故爲忠。忠弊故捄之以質，質弊故捄之以文，非道有弊也。後世不守，故浸而成弊，雖不可以一二事觀之，大概可知。如堯舜禹之相繼，其文章氣象亦自小異也。○識變知化爲難，古今風氣不同，故器用亦異宜。是以聖人通其變，使民不倦，各隨其時而已矣。後世雖有作者，虞帝爲不可及已。蓋當是時，風氣未開，而虞帝之德又如此，故後世莫可及也。若三代之治，後世決可復。不以三代爲治者，終苟道也。○自古聖人之救難而定亂也，設施有未暇及焉者，既安之矣，然後爲可久可繼之治。自漢而下，禍亂既除，則不復有爲，始隨時維持而已，所以不能髣髴於三代歟。○三代而後有聖王者作，必四三王而立制矣。或曰：夫子云三重既備，人事盡矣，而可四乎？曰：三王之治以宜乎今之世，則四王之道也。若夫建亥爲正，則事之悖繆者也。

張子曰：大都君相以父母天下爲王道，不能推父母之心於百姓，謂之王道，可乎？所謂父母之心，非徒見於言，必須視四海之民如己之子。設使四海之内皆爲己之子，則講治之術必不爲秦漢之少恩，必不爲五伯之假名。○井田而不封建，猶能養而不能教。封建而不井田，猶能教而不能養。封建井田而不肉刑，猶能教養而不能使。然此未可遽行之。○秦爲月令，必取先王之法以成文字，未必實行之。道千乘之國，敬事而信，節用而愛人，使民以時，此皆法外之意。秦苟有愛民爲惠心方能行，徒法不能以自行，須實有其心也。有其心而無其法，則是雖有仁心仁聞，不行先王之道，不能爲政於天下。

華陽范氏曰：治天下之繁者必以至簡，制天下之動者必以至静。是故號令簡則民聽不惑，心慮静則事變不撓，此所以能成功也。○民莫不惡危而欲安，惡勞而欲息，以仁義治之則順，以刑罰治之則咈矣，故治天下在順之而已。咈之而能治者，未之聞也。

龜山楊氏曰：《書》曰：「德惟善政。」孔子曰：「爲政以德。」離道德而爲政事，非先王之政事也。○《書》曰：「德惟善政。」則以德爲政也。伯夷降典，折民惟刑，則以禮用刑也。有德禮，則刑政在其中矣。○政者，正也。王中心無爲，以守至正，而天下從之。○或謂經綸天下須有方法，亦須才氣運轉得行。曰：《天保》以上治内，《采薇》以下治外，先王經綸之迹也，其効博矣。然觀其作處，豈嘗費力？本之誠意而已。今《鹿鳴》《四牡》諸詩皆在，先王所歌以燕群臣、勞使臣者也。若徒取而歌之，其有効乎？然則先王之用心，蓋有在矣。如《書·堯典》序言「克明俊德」，以至「親睦九族，平章百姓，協和萬邦」。法度蓋未及也，而其効已臻。黎民於變時雍，然後乃命羲和以欽若昊天之事。然則法度雖不可廢，豈所宜先？○正心一事，自人未嘗深知之。若深知而體之，自有其効。觀後世治天下者，皆未嘗識此。然此亦惟聖人力做得徹。蓋心有所忿懥恐懼，好樂憂患，一毫少差即不得其正。自非聖人，必須有不正處。然有意乎此者，隨其淺深，必有見効，但不如聖人之効著耳。○爲政要得厲威嚴，使事事齊整甚易，但失於不寬，便不是古人作處。孔子言「居上不寬，吾何以觀之哉」！又曰「寬則得衆」，若使寬非常道，聖人不只如此說了。今人只要事事如意，故覺見寬政悶人。不知權柄在手，不是使性氣處，何嘗見百姓不畏官人，但見官人多虐百姓耳。然寬亦須有制始得。若百事不管，唯務寬大，則胥吏舞文弄法，不成官府。須要權常在己，操縱予奪總不由人，儘寬不妨。程伯淳作縣，常於坐右書「視民如傷」四字，云「某每日常有愧於此」。觀其用心，應是不錯決撻了人。古人於民，若保赤子，爲其無知也。常以無知恕之，則雖有可怒之事，亦無所施其怒。無知則固不察利害所在，教之趨利避害，全在保者。今赤子若無人保，則雖有坑穽在前，蹈之而不知。故凡事疑有後害而民所見未到者，當與他做主始得。

上蔡謝氏曰：君君臣臣，父父子子，親親而尊尊，所謂民彝也。爲政之道，保民而已。不然，人類幾何其不相噬嚙也。

五峰胡氏曰：造車於室，而可以通天下之險易。鑄鑑於冶，而可以定天下之妍醜。蓋得其道而握其要也。治天下者，何獨不觀乎此，反而求諸身乎？是故一正君心而天下定矣。○下之於上德，不待聲色而後化。人之於其類，不待聲色而後從。禍福於善惡，不待聲色而後應。《詩》云「民之秉彝，好是懿德」，是故君子篤恭而天下平。○事成則極，極則變；物盈則傾，傾則革。聖人裁成其道，輔相其宜，百姓於變而不知，此堯舜之所以爲聖也。○處之以義而理得，則人不亂；臨之以敬而愛行，則物不争；守之以正，行之以中，則事不悖而天下理矣。○聖人尚賢，使民知勸；教不能，使民不争。明善惡之歸，如日月之照白黑，然民猶有惑於欲而陷於惡。故孔子觀上世之化，喟然而歎曰：「甚哉，知之難也。」雖堯舜之民比屋可封，能使之由而已，亦不能使之知也。夫人目於五色，耳於五聲，口於五味，其性固然，非外來也。聖人因其性而道之，由於至善，故民之化之也易。○馬牛，人畜也。御之失道，則奮其角踶，雖有猛士莫之敢攖。得其道，則三尺童子用之周旋，無不如志焉。天下分裂，兆民離散，欲以一之，固有其方。患在人不仁，雖與言而不入也。○井法行，然後愚智可擇，學無濫士，野無濫農，人才各得其所而游手鮮矣。君臨卿，卿臨大夫，大夫臨士，士臨農與工商，所受有分制，多寡均而無貧苦者矣。人皆受地，世世守之，無交易之侵牟也。無交易之侵牟，則無争奪之訟獄。無争奪之訟獄，則刑罰省而民安。刑罰省而民安，則禮樂脩而和氣應矣。○養民惟恐不足，此世之所以治安也。取民惟恐不足，此世之所以敗亡也。○財出於九職，兵起於鄉遂，學校起於鄉行，士選於庠塾，政令行乎世臣，然後政行乎百姓而仁覆天下矣。

豫章羅氏曰：三代之治在道而不在法，三代之法貴實而不貴名，後世反之，此享國與治安所以不同。○教化者，朝廷之先務；廉恥者，士人之美節；風俗者，天下之大事。朝廷有教化，則士人有廉恥；士人有廉恥，則天下有風俗。或朝廷不務教化，而責士人之廉恥；士人不尚廉恥，而望風俗之美，其可得乎？○天下之變，不起於四方而起於朝廷。譬如人之傷氣，則寒暑易侵；木之傷心，則風雨易折。故内有李林甫之姦，則外有禄山之亂；内有盧杞之邪，則外有朱泚之叛。《易》曰：「負且乘，致寇至。」不虚言哉！

延平李氏曰：治道必以明天理，正人心，崇節義，厲廉耻爲先。本末備具，可舉而行。

元城劉氏曰：嘗考《禮記》春夏月令，以謂「無聚大衆，無置城郭，掩骼埋胔，毋起土功」。有以見聖人奉順陰陽，取法天地，力役之事不奪農時，行道之墐亦順生氣。是以風雨時若，災害不生，天人和同，上下交泰。其或賦政違道，役使過中，人力疲勞，養氣摇動，則國有水旱之變，民罹疾疫之災。此繼天奉元之君，所以夙夜恭敬而不敢忽也。

朱子曰：天下萬事有大根本，而每事之中，又各有要切處。所謂大根本者，固無出於人主之心術；而所謂要切處者，則必大本既立，然後可推而見也。如論任賢相，杜私門，則立政之要也。擇良吏，輕賦役，則養民之要也。公選將帥，不由近習，則治軍之要也。樂聞警戒，不喜導諛，則聽言用人之要也。推此數端，餘皆可見。然未有大本不立，而可以與此者。此古之欲平天下者，所以汲汲於正心誠意以立其本也。若徒言正心，而不足以識事物之要，或精覈事情，而特昧夫根本之歸，則是腐儒迂闊之論，俗士功利之談，皆不足與論當世之務矣。○天下之事有本有末，正其本者雖若迂緩，而實易爲力；捄其末者雖若切至，而實難爲功。是以昔之善論事者，必深明夫本末之所在，而先正其本。本正，則末之不治非所憂矣。○古聖賢之言治，必以仁義爲先，而不以功利爲急。夫豈故爲是迂闊亡用之談，以欺世眩俗，而甘受實禍哉？蓋天下萬事本於一心，而仁者此心之存之謂也。此心既存，乃克有制，而義者此心之制之謂也。誠使是説著明於天下，則自天子以至於庶人，人人得其本心，以制萬事，無一不合宜者，夫何難而不濟？不知出此，而曰「事求可，功求成，吾以苟爲一切之計而已」，是申、商、吳、李之徒所以亡人之國，而自滅其身。國雖富其民必貧，兵雖彊其國必病，利雖近其爲害也必遠，顧弗察而已矣。○天下之事有緩急之勢，朝廷之政有緩急之宜。當緩而急，則繁細苛察無以存大體，而朝廷之氣爲之不舒。當急而緩，則怠慢廢弛無以赴事幾，而天下之事日入於壞。均之二者，皆失也。然愚以爲當緩而急者，其害固不爲小；若當急而反緩，則其害有不可勝言者。不可以不察也。○天下國家之大務莫大於恤民，而恤民之實在省賦，省賦之實在治軍。若夫治軍省賦以爲恤民之本，則又在夫人君正其心術以立紀綱而已矣。董子所謂正心以正朝廷，正朝廷以正百官，正百官以正萬民，正萬民以正四方，蓋謂此也。○治道別無説，若使人主恭儉好善，有言逆于心必求諸道，有言孫于志必求諸非道，這如何會不治？這別無説，從古來都有見成樣子，直是如此。○人主以論相爲職，宰相以正君爲職，二者各得其職，然後體統正而朝廷尊，天下之政必出於一而無多門之弊。苟當論相者，求其適己而不求其正己，取其可愛而不取其可畏，則人主失其職矣。當正君者，不以獻可替否爲事，而以趨和承意爲能；不以經世宰物爲心，而以容身固寵爲術，則宰相失其職矣。二者交失其職，是以體統不正，綱紀不立，而左右近習皆得以竊弄威權，賣官鬻獄，使政體日亂，國勢日卑。雖有非常之禍伏於冥冥之中，而上恬下熙，亦莫知以爲慮者。是可不察其所以然者而反之，以汰其所已用而審其所將用者乎？選之以其能正己而可畏，則必有以得自重之士，而吾所以任之不得不重。任之既重，則彼得以盡其獻可替否之志，而行其經世宰物之心。而又公選天下直諒敢言之士，使爲臺諫給舍，以參其議論，使吾腹心耳目之寄常在於賢士大夫，而不在於群小；陟罰臧否之柄常在於廊廟，而不出於私門。如此，而主威不立，國勢不彊，綱維不舉，刑政不清，民力不裕，軍政不脩者，吾不信也。《書》曰：「成王畏相。」語曰：「和臣不忠。」且以唐太宗之聰明英特，號爲身兼將相，然猶必使天下之事關由宰相，審熟便安，然後施行。蓋謂理勢之當然，有不可得而易者。〇四海之廣，兆民至衆，人各有意欲行其私。而善爲治者乃能總攝而整齊之，使之各循其理而莫敢不如吾志之所欲者，則以先有綱紀以持之於上，而後有風俗以驅之於下也。何謂綱紀？辨賢否以定上下之分，核功罪以公賞罰之施也。何謂風俗？使人皆知善之可慕而必爲，皆知不善之可羞而必去也。然綱紀之所以振，則以宰執秉持而不敢失，臺諫補察而無所私，人主又以其大公至正之心恭己於上而照臨之。是以賢者必上，不肖者必下；有功者必賞，有罪者必刑，而萬事之統無所闕也。綱紀既振，則天下之人自將各自矜奮，更相勸勉以去惡而從善。蓋不待黜陟刑賞一一加於其身，而禮義之風、廉恥之俗已丕變矣。惟至公之道不行於上，是以宰執臺諫有不得人，黜陟刑賞多出私意，而天下之俗遂至於靡然。不知名節行檢之可貴，而唯阿諛軟熟奔競交結之爲務，一有端言正色於其間，則群讒衆排，必使無所容於斯世而後已。此其形勢如將傾之屋，輪奐丹雘，雖未覺其有變於外，而材木之心已皆蠹朽腐爛，而不可復支持矣。苟非斷自聖志，洒濯其心，而有以大警敕之，使小大之臣各舉其職，以明黜陟，以信刑賞，則何以振已頽之綱紀，而厲已壞之風俗乎？管子曰：「禮義廉恥，是謂四維。四維不張，國乃滅亡。」賈誼嘗爲漢文誦之，而曰：「使管子而愚人也則可，使管子而少知治體，是豈可不爲寒心也哉？」二子之言明白深切，非虚語者。○天下豈有兼行正道邪術，雜用君子小人，而可以有爲者？○人情不能皆正，故古人治世以大德，不以小惠。然則固有不必皆順之人情者，若曰順人心，則氣象差正當耳。井田、肉刑二事儘有曲折，恐亦未可遽以爲非。○欲整頓一時之弊，譬如常洗澣不濟事，須是善洗者一一拆洗，乃不枉了，庶幾有益。○爲政如無大利害，不必議更張，則所更一事未成，必閧然成紛擾，卒未已也。至於大家，且假借之。故子産引《鄭書》曰：「安定國家，必大焉先。」○古人爲政一本於寬，今必須反之以嚴，蓋必如是矯之，而後有以得其當。今人爲寬，至於事無統紀，緩急予奪之權皆不在我。下梢却是姦豪得志，平民既不蒙其惠，又反受其殃矣。○問：爲政更張之初，莫亦須稍嚴以整齊之否？曰：此事難斷定説，在人如何處置，然亦何消要過於嚴？今所難者，是難得曉事底人。若曉事底人歷練多，事纔至面前，他都曉得，依那事分寸而施以應之，人自然畏服。今人往往過嚴者，多半是自家不曉，又慮人欺己，又怕人慢己，遂將大拍頭去拍他，要他畏服。若自見得，何消過嚴？○問：政治當明其號令，不必嚴刑以爲威。曰：號令既明，刑罰亦不可弛。苟不用刑罰，則號令徒掛牆壁爾。與其不遵以梗吾治，曷若懲其一以戒百。與其覆實檢察於其終，曷若嚴其始而使之無犯。做大事，豈可以小不忍爲心。○問：爲政者當以寬爲本，而以嚴濟之。曰：某謂當以嚴爲本，而以寬濟之。《曲禮》謂：「涖官行法，非禮威嚴不行。」須是令行禁止，若曰令不行，禁不止，而以是爲寬，則非也。○或問：程子云：「論治便要識體。」這體字是事理合當做處，凡事皆有箇體，皆有箇當然處。」問：是體段之體否？曰：也是如此。又問：如爲朝廷有朝廷之體，爲一國有一國之體，爲州縣有州縣之體否？曰：然。是箇大體有格局當做處。如作州縣，便合治告訐，除盜賊，勸農桑，抑末作。如朝廷，便須開言路，通下情，消朋黨。如爲大吏，便須求賢才，去贓吏，除暴斂，均力役。這箇都是定底格局，合當如此做。

南軒張氏曰：周家建國，自后稷以農事爲務，歷世相傳，其君子則重稼穡之事，其室家則躬織紝之勤，相與咨嗟歎息，服習乎艱難，詠歌其勞苦，此實王業之根本也。如周公之告成王，其見於《詩》，有若《七月》，皆言農桑之候也；其見於《書》，有若《無逸》，則欲其知稼穡之艱難，知小人之依也。帝王所傳心法之要，端在乎此。夫治常生於敬，而亂常起於驕肆。使爲國者而每念乎稼穡之勞，而其后妃又不忘乎織紝之事，則心不存焉寡矣。何者？其必嚴恭朝夕而不敢怠也，其必懷保小民而不敢康也，其必思天下之饑寒若己饑寒之也。是心常存，則驕矜放肆何自而生，豈非治之所由興也歟？美哉！周之家法也。聖哲相繼，固不待論，而其后妃之賢見於簡編。太王之妃則姜女也，而文王之母則太任，妃則太姒，而武王之后又邑姜也，皆助其君子焦勞于內，以成風化之美。觀后妃，則太王、文、武之德可知矣。以此垂世，而其後世猶有若幽王者，惑褒姒而廢正后，以召犬戎之禍，而詩人刺之曰：「婦無公事，休其蠶織。」蓋推其禍端，良由稼穡織紝之事不聞於耳，不動於心，以至於此。故誦「服之無斁」之章，則知周之所以興；誦「休其蠶織」之章，則知周之所以衰。其得失所自，豈不較著乎？以是意而考秦漢以下，其治亂成壞之源，皆可見矣。

問三代治天下。曰：井田、封建、肉刑，後世變井田爲阡陌，變封建爲郡縣，變肉刑爲鞭笞，而末流愈不勝其弊。今欲追復舊制，於斯三者何先？潛室陳氏曰：復古，惟唐得之。世業府兵，六典建官，分晝措置，最有法度。其不傳遠者，非作法不善，自是家法不正，無賢子孫耳。先儒謂必有《關雎》《麟趾》之化，而後可以行周官之法度。古人所以兢業寅畏、左規右矩者，正欲立箇人樣，以爲守法之地耳。

西山真氏曰：世之言政者，有曰「寬以待良民，而嚴以馭姦民也」。或曰「撫民當寬而束吏貴嚴也」。或曰「始嚴而終之以寬也」。然則治人之術，其果盡於此乎？如其盡於此也，夫人之所知也，吾何庸思？且世之能是者亦衆矣，抑何其合於聖賢者寡也？嗚呼！吾患不能存吾心焉爾。吾之心存，則藴之爲仁義，發之爲惻隱羞惡，隨物以應而無容心焉，則寬與嚴在其中矣。且獨不觀諸天乎？熙然而春，物無不得其生者；凛然而秋，物無不遂其成者。是果孰爲之哉？曰陰與陽而已。人知天道之妙若是，而不知吾之所謂仁義者，即天之陰陽也。昔者聖人繫《易》，蓋並言之，以見夫人之與天其本則一。自夫汩之以私，亂之以欲，於是乎與天不相似矣。盍亦反其本而觀之，怵惕於情之所可矜，顙泚於事之所可愧，此固有之良心，而非由外鑠者也。吾能存之使勿失，養之亡以害，則天理渾然，隨感輒應。於其當愛者，憫惻施焉，非吾愛之也，仁發乎中而不能不愛也。於其當惡者，懲艾加焉，非吾惡之也，義動乎中而不能不惡也。吾之愛惡以天不以人，故雖寬而寬之名不聞，雖嚴而嚴之迹不立，以之治人其庶矣乎！○嘗觀古今之變，大抵盛衰强弱之分，不在兵力而在國勢，不在財用而在人心。誠使國勢尊安，人心豫附，運掉伸縮，惟所欲爲，以之治財則財可豐，以之治兵則兵可强，其機易回，而其事易察也。惟吾之所恃者國勢也，而操持不定，無以遏其趨。吾之所恃者人心也，而繫屬不加，無以保其固。百度搶攘，衆志涣散，天下之患，方倀然未知底止之地，雖兵財之畫，日討月究，何益哉！○或者患國勢未張，而欲振以威刑，患財用未豐，而欲益以聚斂。謂誠信不如權譎，謂忠厚不如刻深，有一于兹，皆伐國之斧斯，蠹民之螟螣也。

鶴山魏氏曰：自三代以還，王政不明，而天下無善治。寥寥千百載間，豈無明君令辟，脩立法度，講明政刑，欲以挈其國於久安長治之域者哉？然撑東而西傾，捉衿而肘見，治之形常浮於亂之意，則亦未明乎紀綱而已矣。

魯齋許氏曰：孔子曰：「政寬則民慢，慢則糾之以猛。猛則民殘，殘則施之以寬。寬以濟猛，猛以濟寬，政是以和。」斯不易之常道也。○革人之非，不可革其事，要當先革其心。其心既革，其事有不言而自革者也。○爲天下國家有大規摹，規摹既定，循其序而行之，使無過焉，無不及焉，則治功可期。否則心疑目眩，變易紛更，日計有餘而歲計不足，未見其可也。昔子産處衰周之列國，孔明用西蜀之一隅，且有定論，而終身由之。況堂堂天下，可無一定之論而妄爲之哉！古今立國規摹雖各不同，然其大要在得天下心。得天下心無他，愛與公而已矣。愛則民心順，公則民心服，既順且服，於爲治也何有？然開創之始，重臣挾功而難制，有以害吾公；小民雜屬而未一，有以梗吾愛。於此爲計，其亦難矣。自非英睿之君，賢良之佐，未易處也。勢雖難制，必求其所以制；衆雖未一，必求其所以一。前慮却顧，因時順理，予之奪之，進之退之，内主甚堅，日戞月摩，周還曲折，必使吾之愛、吾之公達於天下而後已。至是則紀綱法度施行有地，天下雖大，可不勞而理也。然其先後之序，緩急之宜，密有定則，可以意會而不可以言傳也，是之謂規摹。

禮樂

程子曰：禮儀三百，威儀三千，非絶民之慾，而强人以不能也。所以防其欲，戒其侈，而使之入道也。○禮者，人之規範。守禮，所以立身也。安禮而和樂，斯爲盛德矣。○禮者，理也，文也。理者，實也，本也。文者，華也，末也。理文若二而一道也。文過則奢，實過則儉，奢自文至，儉自實生，形影之類也。○學禮者考文，必求先王之意，得意乃可以沿革。○禮之本出於民之情，聖人因而道之耳。禮之器出於民之俗，聖人因而節文之耳。聖人復出，必因今之衣服器用而爲之節文。其所謂貴本而親用者，亦在時王斟酌損益之爾。○行禮不可全泥古，須當視時之風氣自不同，故所處不得不與古異。若全用古物，亦不相稱。雖聖人作，須有損益。○大凡禮必須有意。禮之所尊，尊其義也。失其義，陳其數，祝史之事也。○人或勸先生以加禮近貴。曰：何不見責以盡禮，而責之以加禮？禮盡則已，豈有加也？○禮者，因人情者也。人情之所宜，則義也。三年之服，禮之至，義之盡也。○禮樂大矣。然於進退之間，則已得性情之正。○樂隨風氣，至《韶》則極備。若堯之洪水方割，四凶未去，和有未至也。至舜以聖繼聖，治之極，和之至，故《韶》爲備。○先王之樂，必須律以考其聲。今律既不可求，人耳又不可全信，正惟此爲難。求中聲須得律，律不得則中聲無由見。律者，自然之數。至如今之度量權衡，亦非正也。今之法且以爲準則可，非如古法也。此等物雖出於自然，一有「之數」字。亦須人爲之。但古人爲之，得其自然。至於規矩，則極盡天下之方圓。

張子曰：禮所以持性，蓋本出於性，持性反本也。凡未成性，須禮以持之。能守禮，已不畔道矣。禮即天地之德也。如顏子者方勉勉於非禮勿言，非禮勿動。勉勉者，勉勉以成性也。禮非止著見於外，亦有無體之禮。蓋禮之原在心。禮者，聖人之成法也，除了禮，天下更無道矣。欲養民當自井田始，治民則教化刑罰俱不出於禮外。五常出於凡人之常情，五典人日日爲，但不知耳。時措之宜便是禮，禮即時措時中見之事業者。非禮之禮，非義之義，但非時中者皆是也。非禮之禮，非義之義，又不可一概言，如孔子喪出母，子思不喪出母，又不可以子思守禮爲非也。❶又如制禮以小功不稅，使曾子制禮，又不知如何。以此

❶「不喪出母又不可以子思」十字，原脱，今據四部叢刊景宋本《張子語録下》補。

不可易言，時中之義甚大，須是精義入神以致用，觀其會通以行典禮，此則真義理也。行其典禮而不達會通，則有非時中者矣。禮亦有不須變者，如天敘天秩，如何可變？禮不必皆出於人，至如無人，天地之禮自然而有，何假於人？天之生物便有尊卑大小之象，人順之而已，此所以爲禮也。學者有專以禮出於人，而不知禮本天之自然。告子專以義爲外，而不知所以行義由内也。皆非也，當合内外之道。○學者且須觀禮。蓋禮者滋養人德性，又使人有常業守得定，又可學便可行，又可集得義。○能答曾子之問，能教孺悲之學，斯可以言知禮矣。進人之速，無如禮學。○學之行之，而復疑之，此習矣而不察者也。故學禮所以求不疑，仁守之者在學禮也。學者行禮，時人不過以爲迂，彼以爲迂，在我乃是徑捷，此則從吾所好。文則要密察，心則要弘放，如天地自然從容中禮者，盛德之至也。○古人無椅卓，智非不能及也。聖人之才豈不如今人？但席地則體恭，可以拜伏。今坐椅卓，至有坐到起不識動者，主人始親一酌，已是非常之敬，蓋後世一切取便安也。○禮文參校，是非去取，不待已自了當。蓋禮者理也，須是學窮理，禮則所以行其義，知理則能制禮，然則禮出於理之後。今在上者未能窮，則在後者烏能盡？今禮文殘缺，須是先求得禮之意，然後觀禮。合此理者即是聖人之制，不合者即是諸儒添入，可以去取。今學者所以宜先觀禮者，類聚一處，他日得理，以意參校。○禮但去其不可者，其他取力能爲之者。○大凡禮不可大段駭俗，不知者以爲怪，且難之，甚者至于怒之、疾之。故禮亦當有漸，於不可知者，少行之已爲多矣，但不出户庭，親行之可也，毋强其人爲之。己德性充實，人自化矣，正己而物正也。○古樂不可見，蓋爲今人求古樂太深，始以古樂爲不可知，只以《虞書》「詩言志，歌永言，聲依永，律和聲」求之，得樂之意，蓋盡於是。詩只是言志，歌只是永其言而已，只要轉其聲，令人可聽。今日歌者亦以轉聲而不變字爲善歌，長言後却要入於律，律則知音者知之，知此聲入得何律。古樂所以養人德性中和之氣，後之言樂者止以求哀，故晉平公曰：「音無哀於此乎？」哀則止以感人不善之心。歌亦不可以太高，亦不可以太下，太高則入於噍殺，太下則入於嘽緩。蓋窮本知變，樂之情也。○聲音之道與天地同和，與政通。蠶吐絲而商絃絶，正與天地相應。方蠶吐絲，木之氣極盛之時，商金之氣衰，如言「律中太簇」「律中林鐘」，於此盛則彼必衰。方春木當盛，却金氣不衰，便是不和，不與天地之氣相應。

五峰胡氏曰：等級至嚴也，失禮樂則不威；山河至險也，失禮樂則不固。禮乎樂乎，天下所日用，不可以造次顛沛廢焉者乎！

朱子曰：「天敘有典，勑我五典五惇哉。天秩有禮，自我五禮有庸哉。」這箇典禮自是天理之當然，欠他一毫不得，添他一毫不得。惟是聖人之心與天合一，故行出這禮無一不與天合，其間曲折厚薄淺深，莫不恰好。這都不是聖人白撰出，都是天理決定合著如此。後之人此心未得似聖人之心，只得將聖人已行底，聖人所傳於後世底，依這樣子做，做得合時，便是合天理之自然。○禮即理也，但謂之理，則疑若未有形迹之可言。制而爲禮，則有品節文章之可見矣。人事如五者，固皆可見其大概之所宜，然到禮上，方見其威儀法則之詳也。○問：冠昏之禮，如欲行之，當須使冠昏之人易曉其言，乃爲有益。如三加之辭，出門之戒，若只以古語告之，彼將謂何？曰：只以今之俗語告之，使之易曉乃佳。○禮，時爲大。古禮如此零碎繁冗，今豈可行？亦且得隨時裁損爾。孔子從先進，恐已有此意。或曰：禮之所以亡，正以其太繁而難行耳。曰：然。○古人於禮，直如今人相揖相似，終日周回於其間，自然使人有感他處，後世安得如此？○聖人有作，古禮未必盡用，須别有箇措置，視許多瑣細制度，皆若具文，且是要理會大本大原。曾子臨死丁寧說：「君子所貴乎道者三：動容貌，斯遠暴慢矣；正顏色，斯近信矣；出辭氣，斯遠鄙倍矣。籩豆之事，則有司存。」上許多正是大本大原。如今所理會許多，正是籩豆之事。曾子臨死，教人去不要理會這箇。夫子焉不學，而亦何常師之有？非是孔子，如何盡做這事？到孟子已是不說到細碎上，只說：「諸侯之禮，吾未之學也。吾嘗聞之矣，三年之喪，齊疏之服，飦粥之食，自天子達於庶人。」這三項便是大原大本。○嘗見劉昭信云：「禮之趨翔、登降、揖遜，皆須習。」也是如此。漢時如大射等禮，雖不行，却依舊令人習，人自傳得一般。今雖是不能行，亦須是立一科，令人習得，也是一事。○六經之道同歸，而禮樂之用爲急。遭秦滅學，禮樂先壞。漢晉以來，諸儒補緝，竟無全書，其頗存者三禮而已。《周官》一書固爲禮之綱領，至其儀法度數，則《儀禮》乃其本經，而《禮記》《郊特牲》、《冠義》等篇乃其義疏耳。若乃樂之爲教，則又絶無師授。律尺短長，聲音清濁，學士大夫莫有知其説者，而不知其爲闕也。○古禮繁縟，後人於禮日益疎略。然居今而欲行古禮，亦恐情文不相稱，不若只就今人所行禮中刪修，令有節文、制數、等威足矣。古樂亦難遽復。且如今樂中去其噍殺促數之音，并攷其律吕，令得其正。更令掌詞命之官製撰樂章，其間略述教化訓戒，及賓主相與之情，及如人主待臣下恩意之類，令人歌之，亦足以養人心之和平。○古者教法，禮、樂、射、御、書、數不可闕一。就中樂之教尤親切，夔教胄子只用樂，大司徒之職也是用樂。蓋是教人朝夕從事於此物，得心長在這上面。蓋爲樂有節奏，學他底急也不得，慢也不得，久之都換了他一副當情性。○古者太子生，則太師吹管以度其聲，看合甚律。及長，其聲音高下皆要中律。○今之士大夫，問以五音十二律，無能曉者。要之，當立一樂學，使士大夫習之，久後必有精通者出。○人今都不識樂器，不聞其聲，故不通其義。如古人尚識鐘鼓，然後以鐘鼓爲樂，如孔子云：「樂云樂云，鐘鼓云乎哉！」今人鐘鼓已自不識。○音律只是氣，人亦只是氣，故相關。○樂律自黄鐘至中吕皆屬陽，自蕤賓至應鐘皆屬陰，此是一箇大陰陽。黄鐘爲陽，大吕爲陰，太簇爲陽，夾鐘爲陰，每一陽間一陰，又是一箇小陰陽。○自黄鐘至中吕皆下生，自蕤賓至應鐘皆上生，以上生下皆三生二，以下生上皆三生四。

北溪陳氏曰：禮樂有本有文。禮只是中，樂只是和，中和是禮樂之本，然本與文二者不可一闕。禮之文如俎豆玉帛之類，樂之文如聲音節奏之類，須是有這中和，而文以玉帛俎豆與聲音節奏，方成禮樂。○就心上論，禮只是箇恭敬底意，樂只是箇和樂底意，本是裏面有此敬與和底意。然此意何自而見？須於賓客祭祀時，將之以玉帛，寓之於籩豆，播之於聲音節奏間，如此則内外本末相副，方成禮樂。○禮樂亦不是判然二物，不相干涉。禮只是箇序，樂只是箇和，纔有序便順而和，失序便乖戾而不和。如父子、夫婦、兄弟所以相戕相賊，相怨相仇，如彼其不和者，都先緣無父子、君臣、兄弟、夫婦之禮，無親義序别，便如此。○禮樂無所不在，所謂明則有禮樂，幽則有鬼神，如何離得？如盜賊至無道，亦須上下有統屬，此便是禮底意。纔有統屬，便自相聽從，自相和睦，這便是樂底意。又如行路人，兩箇同行，纔存箇長少次序，長先少後，便相和順而無争。其所以有争鬭之心，皆緣是無箇少長之序，先自亂了，安得有和順底意？○人徒見升降裼襲有類乎美觀，鏗鏘節奏有近乎末節，以爲禮樂若無益於人者。抑不知釋回增美，皆由於禮器之大備，而好善聽過，皆本於樂節之素明。禮以治躬，則莊敬不期而自肅；樂以治心，則鄙詐不期而自銷。蓋接於視聽者，所以養其耳目，而非以娛其耳目。形於舞蹈者，所以導其血氣，而非以亂其血氣。則禮樂之用可知矣。

西山真氏曰：敬者，禮之本。制度威儀者，禮之文。和者，樂之本。鐘鼓管磬者，樂之文。禮樂二者闕一不可，《記》曰：「樂由陽來，禮由陰作，天高地下，萬物散殊，而禮制行焉。」天尊於上，地卑於下。萬物散殊，有大有小。此即制之所由起，蓋禮主乎別故也。流而不息，合同而化，而樂興焉。陰陽二氣流行於天地之間，未嘗止息。二氣和合而化生萬物，此樂之所由興，蓋樂主乎和故也。所謂陰陽二氣者，日月雷霆，風雨寒暑之類皆是。二氣和合，方能生成萬物。故禮屬陰，凡天地間道理一定而不可易者皆屬陰。樂屬陽。凡天地間流行運轉者皆屬陽。禮樂之不可闕一，如陰陽之不可偏勝。一歲之間，寒暑之相易，雨露霜雪之相濟，方能氣候和平，物遂其生。陽太勝則亢而爲旱，陰太勝則溢而爲水。有陰無陽，則物不生。有陽無陰，則生而不成。禮勝則離，以其太嚴而不通乎人情，故離而難合。樂勝則流，以其太和而無所限節，則流蕩忘返。所以有禮須用有樂，有樂須用有禮，此禮樂且是就性情上説。然精粗本末，亦初無二理。○禮中有樂，言嚴肅之中有自然之和，此即是禮中之樂。樂中有禮。言和樂之中有自然之節，此即是樂中之禮。朱文公謂嚴而泰，此即禮中有樂。和而節。此即樂中有禮。

鶴山魏氏曰：人生莫不有仁義之性，具乎其心。禮儀三百，威儀三千，聖人所以合内外之道，而節文乎仁義者也。昔之教人者，必以是爲先。

魯齋許氏曰：凡天倫，如父子、兄弟、夫婦、長幼，禮應如法，不可妄意增損。簡易者略之，細密者過之，皆非也。禮者，人事之儀則，天理之節文。聖人之於儀則節文，乃所以當然者，不可易也。○禮只是箇敬之節文，不可令人後來有悔心，亦不可使己有悔心，故曰：「已辭者猶可受，已與者不可奪。」饋獻亦然。○聖人感人心，天下和平。聖人和順積於中，發之爲禮樂，禮樂之本在是。古人所以作樂，寓情性風化於其中，非爲鐘鼓之鏗鏘也。小雅盡廢，四夷交侵，禮壞樂崩，不能固結人心。人心無所係屬，元氣虚隙，邪氣乘之以入。三百篇古樂章也，與後世樂章大異，尤以見古人敦本業，厚人倫，念念在是，未嘗流於邪僻也。傷人倫之廢，哀刑政之苛，禮樂廢故也。

宗　廟

張子曰：宗子爲士，立二廟；支子爲大夫，當立三廟。是曾祖之廟爲大夫立，不爲宗立。然不可二宗别統，故其廟亦立于宗子之家。

朱子曰：《王制》「天子七廟，三昭三穆，與太祖之廟而七」，諸侯、大夫、士降殺以兩。而

《祭法》又有適士二廟、官師一廟之文，大抵士無太祖，而皆及其祖考也。鄭氏曰：夏五廟，商六廟，周七廟。今按《商書》已云七世之廟，鄭説恐非。顔師古曰：父爲昭，子爲穆，孫復爲昭。昭，明也。穆，美也。後以晉室諱昭，故學者改昭爲韶。其制皆在中門外之左，外爲都宫，内各有寢廟，别有門垣。太祖在北，左昭右穆，以次而南。天子太祖百世不遷，一昭一穆爲宗，亦百世不遷。宗亦曰世室，亦曰祧。鄭注《周禮·守祧》曰：宗亦曰祧，亦曰世室。《周禮》有守祧之官。鄭氏曰：遠廟爲祧，周爲文武之廟，遷主藏焉。又曰：遷主所藏曰祧，先公之遷主，藏于太祖后稷之廟；先王之遷主，藏於文武之廟。群穆於文，群昭於武。《明堂位》有文世室、武世室。鄭氏曰：世室者，不毁之名也。二昭二穆爲四親廟，高祖以上，親盡則毁而遞遷。昭常爲昭，穆常爲穆。昭之二廟，親盡則毁，而遷其主于昭之宗，曾祖遷于昭之二，新入廟者祔于昭之三，而高祖及祖在穆如故。穆廟親盡放此。新死者如當爲昭，則祔於昭之近廟，而自近廟遷其祖於昭之次廟，而於主祭者爲曾祖。自次廟遷其高祖于昭之世室，蓋於主祭者爲五世，而親盡故也。其穆之兩廟如故不動，其次廟於主祭者爲高祖，其近廟於主祭者爲祖也。主祭者没，則祔于穆之近廟，而遞遷其上放此。凡毁廟遷主，改塗易檐，示有所變，非盡毁也。見《穀梁傳》及注。諸侯則無二宗，大夫又無二廟，其遷毁之次，則與天子同。《傳》：毁廟之主，藏於太祖。《儀禮》所謂以其班祔，《檀弓》所謂祔于祖父者也。《曲禮》云「君子抱孫不抱子」，此言孫可以爲王父尸，子不可以爲父尸。鄭氏云，以孫與祖昭穆同也。周自后稷爲太祖，不窋爲昭，鞠陶爲穆，以下十二世至太王復爲穆，十三世至王季復爲昭，十四世至文王又爲穆，十五世至武王復爲昭，故《書》稱文王爲穆考，《詩》稱武王爲昭考。而《左氏傳》曰：太伯、虞仲，太王之昭也。虢仲、虢叔，王季之穆也。又曰：管、蔡、魯、衛，文之昭也。邘、晉、應、韓，武之穆也。蓋其次序一定，百世不易，雖文王在右，武王在左，嫌於倒置，而諸廟别有門垣，足以各全其尊，初不以左右爲尊卑也。三代之制，其詳雖不得聞，然其大略不過如此。漢承秦敝，不能深考古制，諸帝之廟各在一處，不容合爲都宫，以序昭穆。《韋元成傳》云：宗廟異處，昭穆不序。但考周制，先公廟在岐周，文王在豐，武王在鎬，則都宫之制亦不得爲，與漢亦無甚異。未詳其説。貢禹、韋元成、匡衡之徒雖欲正之，而終不能盡合古制，旋亦廢罷。後漢明帝又欲遵儉自抑，遺詔無起寢廟，但藏其主於光武廟中更衣别室。其後章帝又復如之，後世遂不敢加，而公私之廟皆爲同堂異室之制。見《後漢·明帝紀》。《祭祀志》又云：其後積多無别，而顯宗但爲陵寢之號。自是以來，更歷魏晉，下及隋唐，其間非無奉先思孝之君，據經守禮之臣，而皆不能有所裁正，其弊至使太祖之位下同孫子，而更僻處於一隅。既無以見其爲七廟之尊，群廟之神，則又上厭祖考，而不得自爲一廟之主。以人情而論之，則生居九重，窮極壯麗，而没祭一室，不過尋丈之間，甚或無地以容鼎俎，而陰損其數，孝子順孫之心於此宜亦有所不安矣。肆我神宗，始獨慨然深詔儒臣，討論舊典，蓋將以遠迹三代之隆，一正千古之繆，甚盛舉也。不幸未及營表，世莫得聞，秉筆之士又復不能特書其事，以詔萬世。今獨其見於陸氏之文者，爲可考耳。然其所論昭穆之説，亦未有定論。獨原廟之制，外爲都宫，而各爲寢廟門垣，乃爲近古。但其禮本不經，義亦非古，故儒者得以議之。如李清臣所謂略于七廟之室，而爲祠於佛老之側，不爲木主，而爲神象，不爲禘祫烝嘗之祀，而行一酌奠之禮。楊時所謂舍二帝三王之正禮，而從一繆妄之叔孫通者，其言皆是也。然不知其所以致此，則由於宗廟不立，而人心有所不安也。不議復此，而徒欲廢彼，亦安得爲至當之論哉！○祖有功而宗有德，是爲百世不遷之廟。商六百年只三宗，皆以有功德當百世祀，故其廟稱宗。至後世始不復問其功德之有無，一例以宗稱之。○古人七廟，恐是祖宗功德者不遷。胡氏謂如此，則是子孫得以去取其祖宗。然其論續謚法，又謂謚乃天下之公義，非子孫得以私之。如此，則廟亦然。○問：漢儒所論如何？曰：劉歆説得較是。他謂宗不在七廟中者，謂恐有功德者多，則占了那七廟數也。○或問：遠廟爲祧如何？曰：天子七廟，如周文武之廟不祧。文爲穆，則凡後之屬乎穆者，皆歸於文之廟。武爲昭，則凡後之屬乎昭者，皆歸乎武之廟也。○昭穆，昭常爲昭，穆常爲穆，中間始祖。太廟門向南，兩邊分昭穆。周家則自王季以上之主，皆祧于后稷始祖廟之夾室。❶自成王、昭王以下，則隨昭穆遞遷于昭穆之首廟而止。如周，則文王爲穆之首廟。凡新崩者祔廟，則看昭穆。但昭則從昭，穆

❶「廟」，原脱，今據《朱子語類》卷九〇補。

則從穆，不交互兩邊也。又云諸廟皆有夾室。○問：廟主自西而列，何所據？曰：此也不是古禮。如古時一代只奉之於一廟，如后稷爲始封之廟，文王自有文王之廟，武王自有武王之廟，不曾混雜共一廟。○古者一世自爲一廟，有門有堂有寢，凡屋三重，而牆四周焉。自後漢以來，乃爲同堂異室之廟，一世一室而以西爲上。如韓文中家廟碑，有祭初室、祭東室之語。今國家亦只用此制，故士大夫家亦無一世一廟之法，而一世一室之制亦不能備。故温公諸家祭禮皆用以右爲尊之說，獨文潞公嘗立家廟。今《温公集》中有碑，載其制度頗詳，亦是一世一室而以右爲上，自可檢看。伊川之說亦誤，昭穆之說則又甚長。《中庸或問》中已詳言之，更當細考。大抵今士大夫家，只當且以温公之法爲定也。○家廟要就人住居，神依人，不可離外做廟。又在外時，婦女遇雨時難出入。

臨川吴氏曰：古之大夫、元士有家，有家者何謂？都邑有食采之田，以奉宗廟。子孫雖不世爵，而猶世禄。承家之宗子世世守其宗廟所在，而支子不得與焉。宗子出在他國而不復，然後命其兄弟若族人主之。此古者大夫士之家，所以與國咸休而無時或替也。

性理大全書卷之六十七

治道二

宗法

程子曰：宗子繼别爲宗，言别則非一也。如别子五人，五人各爲大宗。所謂兄弟宗之者，謂别子之子、繼禰者之兄弟宗其小宗子也。○宗子無法，則朝廷無世臣。立宗子，則人知重本，朝廷之勢自尊矣。古者子弟從父兄，今也父兄從子弟，由不知本也。人之所以順從而不辭者，以其有尊卑上下之分而已。苟無法以聯屬之，可乎？○凡小宗以五世爲法，親盡則族散。若高祖之子尚存，欲祭其父，則見爲宗子者，雖是六世七世，亦須計會今日之宗子，然後祭其父。宗子有君道。○後世骨肉之間，多至仇怨忿争，其實爲争財。使之均布，立之宗法，官爲法則無所争。○立宗非朝廷之所禁，但患人自不能行之。○凡大宗與小宗，皆不在廟數。○禮，長子不得爲人後。若無兄弟，又繼祖之宗絶，亦當繼祖。禮雖不言，可以義起。○凡人家法，須令每有族人遠來，則爲一會以合族。雖無事，亦當每月一爲之。古人有花樹韋家會法可取也。然族人每有吉凶嫁娶之類，更須相與爲禮，使骨肉之意常相通。骨肉日疎者，只爲不相見，情不相接爾。

張子曰：宗子之法不立，則朝廷無世臣。且如公卿一日崛起於貧賤之中，以至公相，宗法不立，既死遂族散，其家不傳。宗法若立，則人人各知來處，朝廷大有所益。或問朝廷何所益？曰：公卿各保其家，忠義豈有不立？忠義既立，朝廷之本豈有不固？今驟得富貴者，止能爲三四十年之計，造宅一區，及其所有；既死則衆子分裂，未幾蕩盡，則家遂不存。如此，則家且不能保，又安能保國家？○夫所謂宗者，以己之旁親兄弟來宗己，所以得宗之名。是人來宗己，非己宗於人也。所以繼禰，則謂之繼禰之宗。繼祖，則謂之繼祖之宗。曾、高亦然。○言宗子者，謂宗主祭祀。宗子爲士，庶子爲大夫，以上牲祭於宗子之家。非獨宗子之爲士，爲庶人亦然。○宗子之母在，不爲宗子之妻服，非也。宗子之妻，與宗子共事宗廟之祭者，豈可夫婦異服？故宗子雖母在，亦當爲宗子之妻服也。東酌犧象，西酌罍尊，須夫婦共事，豈可母子共事也？未娶而死則難立後，爲其無母也。如不得已，須當立後，又須并其妾母與之，大不得已也。未娶而死，有妾之子，則自是妾母也。○古所謂支子不祭也者，惟使宗子立廟主之而已。支子雖不得祭，至於齊戒致其誠意，則與祭者不異。

與則以身執事，不可與則以物助之，但不别立廟爲位行事而已。後世如欲立宗子，當從此義。雖不與祭，情亦可安。

朱子曰：宗子法，雖宗子庶子孫死，亦許其子孫别立廟。○問：周制有大宗之禮，乃有立適之義，立適以爲後，故父爲長子權其重者若然。今大宗之禮廢，無立適之法，而子各得以爲後，則長子、少子當爲不異。庶子不得爲長子三年者，不必然也。父爲長子三年者，亦不可以適、庶論也。曰：宗子雖未能立，然服制自當從古，是亦愛禮存羊之意，不可妄有改易也。如漢時宗子法已廢，然其詔令猶云賜民當爲父後者爵一級，是此禮意猶在也。豈可謂宗法廢，而諸子皆得爲父後乎？

北溪陳氏曰：神不歆非類，民不祀非族。古人繼嗣，大宗無子，則以族人之子續之，取其一氣脉相爲感通，可以嗣續無間。此亦至正大公之舉，而聖人所不諱也。後世理義不明，人家以無嗣爲諱，不肯顯立同宗之子，多是潛養異姓之兒，陽若有繼，而陰已絶矣。蓋自春秋鄫子取莒公子爲後，故聖人書曰：「莒人滅鄫，非莒人滅之也。」以異姓主祭祀，滅亡之道也。秦以吕政絶，晉以牛睿絶，亦皆一類。然在今世論之，立同宗又不可泛。蓋姓出於上世聖人之所造，正所以别生分類。自後有賜姓匿姓者，又皆混雜，故立宗者又不可恃同姓爲憑，須擇近親有來歷分明者立之，則一氣所感，父祖不至失祀。今世多有以女子之子爲後，以姓雖異而有氣類相近，似勝於姓同而屬疏者。然賈充以外孫韓謐爲後，當時太常博士秦秀已議其昏亂紀度。是則氣類雖近，而姓氏實異，此説亦斷不可行。

潛室陳氏曰：宗法爲諸子之庶子設，恐其後流派寖多，姓氏紛錯，易至殽亂，故於源頭有大宗以統之，則人同知尊祖。分派處有小宗以統之，則人各知敬禰。且始封之君，其適子襲封，則庶子爲大夫，大夫不得以禰諸侯，故自别爲大夫之祖，是謂别子爲祖也。别子之適子則爲大宗，使繼其祖之所自出。從此直下，適子世爲大宗，合族同宗之，是謂繼别爲宗也。别子之庶子又不得以禰别子，却待其子繼之而自别爲禰，繼禰者遂爲小宗。凡小宗之適子服屬未盡，常爲小宗。凡小宗之庶子，又别爲禰，而其適子又各爲小宗，兄弟同宗之，謂繼禰爲小宗是也。大宗是始祖正派下，雖其後支分派别，皆同宗此祖，則合族皆服齊衰九月，初不以親屬近遠論，是爲百世不遷之宗。小宗是禰正派下，親盡則絶。如繼禰者，親兄弟宗之，爲之服朞。繼祖者，則從兄弟宗之，爲之服大功。繼曾祖者，再從兄弟宗之，爲之服小功。繼高祖者，三從兄弟宗之，爲之服緦。自此以後，代常遷一代，是爲五世則遷之宗。宗法之立，嫡長之尊，有君道焉。大宗所以統其宗族，凡合族中有大事，當稟大宗而後行。小宗所以統其兄弟，如同禰者有大事，則同禰之兄弟當稟繼禰之小宗而後行。一族之中，大宗只是一人，小宗儘多。故一人之身，從下數至始祖，大宗惟一；數至高祖，小宗則四。此古者宗族，人情相親，人倫不亂，豈非明嫡庶之分，有君臣之義，由大宗小宗之法而然歟？

謚　法

程子曰：古之君子之相其君，而能致天下於大治者，無他術，善惡明而勸懲之道至焉爾。勸得其道而天下樂爲善，懲得其道而天下懼爲惡，二者爲政之大權也。然行之必始於朝廷，而至要莫先於謚法。何則？刑罰雖嚴，可警於一時；爵賞雖重，不及於後世。惟美惡之謚一定，則榮辱之名不朽矣。故歷代聖君賢相，莫不持此以勵世風也。○或問：臣子加謚於君父，當極其美，有諸？曰：正終，大事也。加君父以不正之謚，知忠孝者不爲也。

涑水司馬氏答程子書曰：承問及張子厚謚，倉卒奉對，以漢魏以來，此例甚多，無不可者。退而思之，有所未盡。竊惟子厚平生用心，欲率今世之人復三代之禮者也。漢魏以下，蓋不足法。《郊特牲》曰：「古者生無爵，死無謚。」爵，謂大夫以上也。《檀弓》記禮所由失，以謂士之有誄自縣賁父始。子厚官比諸侯之大夫，則已貴，宜有謚矣。然《曾子問》曰：「賤不誄貴，幼不誄長，禮也。唯天子稱天以誄之。」諸侯相誄，猶爲非禮，況弟子而誄其師乎？孔子之没，哀公誄之，不聞弟子復爲之謚也。子路欲使門人爲臣，孔子以爲欺天。門人厚葬顔淵，孔子嘆不得視猶子也。君子愛人以禮，今關中諸君欲謚子厚而不合於古禮，非子厚之志。與其以陳文範、陶靖節、王文中子、孟貞曜爲比，其尊之也，曷若以孔子爲比乎？

和靖尹氏曰：謚法最公。以成周之時，其子孫自以幽、厲、赧爲謚，此孝子慈孫所不能改也。文王只用箇「文」字，武王只用箇「武」字，大小大公。

五峰胡氏曰：昔周公作謚法，豈使子議父，臣議君哉？合天下之公，奉君父以天道耳，孝愛不亦深乎？所以訓後世爲君父者，以立身之本也。知本，則身立、家齊、國治、天下平。不知本，則縱慾恣暴，惡聞其過，入於滅亡。天下知之，而不自知也，唯其私而已。是故不合天下之公，則爲子議父，臣議君。夫臣子也，君父有不善，所當陳善閉邪，引之當道。若生不能正，既亡而又黨之，是不以天道奉君父，而不以人道事君父也，謂之忠孝可乎？今夫以筆寫神者，必欲其肖。不肖吾父，則非吾父；不肖吾君，則非吾君。奈何以謚立神而不肖之乎？是故不正之謚，忠孝臣子不忍爲也。

封　建

問：封建可行否？程子曰：封建之法，本出於不得已。柳子厚有論，亦窺測得分數。

秦法固不善，亦有不可變者，罷侯置守是也。柳子厚論曰：天地果無初乎？吾不得而知之也。生人果有初乎？吾不得而知之也。然則孰爲近？曰有初爲近。孰明之？由封建而明之也。彼封建者，更古聖王堯、舜、禹、湯、文、武而莫能去之。蓋非不欲去之也，勢不可也。勢之來，其生人之初乎？不初，無以有封建。封建，非聖人意也。彼其初與萬物皆生，草木榛榛，鹿豕狉狉，人不能搏噬，而且無毛羽，莫克自奉自衛。荀卿有言：「必將假物以爲用者也。」夫假物者必争，争而不已，必就其能斷曲直者而聽命焉。其智而明者，所伏必衆，告之以直而不改，必痛之而後畏，由是君長刑政生焉。故近者聚而爲群，群之分，其争必大，大而後有兵有德。又有大者，衆群之長又就而聽命焉，以安其屬。於是有諸侯之列，則其争又有大者焉。德又大者，諸侯之列又就而聽命焉，以安其封。於是有方伯、連帥之類，則其争又有大者焉。德又大者，方伯、連帥又就而聽命，以安其人，然後天下會於一。是故有里胥而後有縣大夫，有縣大夫而後有諸侯，有諸侯而後有方伯、連帥，有方伯、連帥而後有天子。自天子至於里胥，其德在人者，死必求其嗣而奉之。故封建非聖人意也，勢也。夫堯、舜、禹、湯之事遠矣，及有周而甚詳。周有天下，列土田而瓜分之，設五等，邦群后。布履星羅，四周于天下，輪運而輻集。合爲朝覲會同，離爲守臣扞城。然而降于夷王，害禮傷尊，下堂而迎覲者。歷于宣王，挾中興復古之德，雄南征北伐之威，卒不能定魯侯之嗣。陵夷迄於幽、厲，王室東徙，而自列爲諸侯。厥後問鼎之輕重者有之，射王中肩者有之，伐凡伯、誅萇弘者有之，天下乖戾，無君君之心。余以爲周之喪久矣，徒建空名於公侯之上耳。得非諸侯之盛强，末大不掉之咎歟？遂判爲十二，合爲七國，威分於陪臣之邦，國殄於後封之秦，則周之敗端，其在乎此矣。秦有天下，裂都會而爲之郡邑，廢侯衛而爲之守牢，據天下之雄圖，都六合之上游，攝制四海，運於掌握之内，此其所以爲得也。不數載而天下大壞，其有由矣。亟役萬人，暴其威刑，竭其貨賄，負鋤梃謫戍之徒，圜視而合從，大呼而成群，時則有叛人而無叛吏，人怨于下而吏畏于上，天下相合，殺守刼令而並起。咎在人怨，非郡邑之制失也。漢有天下，矯秦之枉，徇周之制，剖海内而立宗子，封功臣。數年之間，奔走扶傷而不暇，困平城，病流矢，陵遲不救者三代。後乃謀臣獻畫，而離削自守矣。然而封建之始，郡國居半，時則有叛國而無叛郡，秦制之得亦以明矣。繼漢而帝者，雖百代可知也。唐興，制州邑，立守宰，此其所以爲宜也。然猶桀猾時起，虐害方域，失不在於州而在於兵，時則有叛將而無叛州。州縣之設，固不可革也。或者曰：「封建者，必私其土，子其人，適其俗，修其理，施化易也。守宰者，苟其心思遷其秩而已，何能理乎？」余又非之。周之事迹斷可見矣。列侯驕盈，黷貨事戎，大凡亂國多，理國寡。侯伯不得亂其政，天子不得變其君，私土子人者百不有一。失在於制，不在於政，周事然也。秦之事迹，亦斷可見矣。有理人之制，而不委郡邑是矣。有理人之臣，而不使守宰是矣。郡邑不得正其制，守宰不得行其理。酷刑苦役，而萬人側目。失在於政，不在於制，秦事然也。漢興，天子之政行於郡，不行於國，制其守宰，不制其侯王。侯王雖亂，不可變也；國人雖病，不可除也。及夫大逆不道，然後掩捕而遷之，勒兵而夷之耳。大逆未彰，奸利浚財，怙勢作威，大刻于民者，無如之何。及夫郡邑，可謂理且安矣。何以言之？且漢知孟舒於田叔，得魏尚於馮唐，聞黄霸之明審，覩汲黯之簡靖，拜之可也，復其位可也，卧而委之以輯一方可也。有罪得以黜，有能得以賞。朝拜而不道，夕斥之矣；夕受而不法，朝斥之矣。設使漢室盡城邑而侯王之，縱令其亂，人戚之而已。孟舒、魏尚之術莫得而施，黄霸、汲黯之化莫得而行。明譴而導之，拜受而退已違矣。下令而削之，締交合從之謀周於同列，則相顧裂眦，勃然而起。幸而不起，則削其半，削其半，民猶瘁矣，曷若舉而移之以全其人乎？漢事然也。今國家盡制郡邑，連置守宰，其不可變也固矣。善制兵，謹擇守，則理平矣。或者又曰：「夏、商、周、漢封建而延，秦郡邑而促。」尤非所謂知理者也。魏之承漢也，封爵猶建；晉之承魏也，因循不革；而二姓陵替，不聞延祚。今矯而變之，垂二百祀，大業彌固，何繫於諸侯哉？或者又以爲：「殷周聖王也，而不革其制，固不當復議也。」是大不然。夫殷周之不革者，是不得已也。蓋以諸侯歸殷者三千焉，資以黜夏，湯不得而廢。歸周者八百焉，資以勝殷，武王不得而易。徇之以爲安，仍之以爲俗，湯武之所不得已也。夫不得已，非公之大者也，私其力於己也，私其衛於子孫也。秦之所以革之者，其爲制，公之大者也；其情私也，私其一己之威也，私其盡臣畜於我也。然而公天下之端自秦始。夫天下之道，理安斯得人者也。使賢者居上，不肖者居下，而後可以理安。今夫封建者，繼世而理。繼世而理者，上果賢乎，下果不肖乎？則生人之理亂未可知也。將欲利其社稷以一其人之視聽，則又有世大夫世食禄邑，以盡其封略。聖賢生于其時，亦無以立於天下。封建者爲之也，豈聖人之制使至於是乎？吾固曰：「非聖人之意也，勢也。」

張子曰：古者諸侯之建，繼世以立，此象賢也。雖有不賢者，象之而已。天子使吏治其國，彼不得暴其民，故舜封象，是不得已。周禮建國，大小必參相得。蓋是建大國其勢不能相下，皆小國則無紀，以小事大，莫不有法。

五峰胡氏曰：封建之法始於黄帝，成於堯舜，夏禹因之，至桀而亂，成湯興而脩之，天下以安。至紂而又亂，文王武王興而脩之，天下亦以安。至幽王而又亂，齊桓、晉文不能脩而益壞之，故天下紛紛不能定。及秦始皇而掃滅之，故天下大亂，爭起而亡秦，猶反覆手於須臾間也。○黄帝、堯、舜安天下，非封建一事也，然封建其大法也。夏禹、成湯安天下，亦非封建一事也，然封建其大法也。文王、武王安天下，亦非封建一事也，然封建其大法也。齊桓、晉文之不王，非一事也，然不能封建，其大失也。秦二世而亡，非一事也，然掃滅封建，其大繆也。故封建也者，帝王之所以順天理，承天心，公天下之大端大本也。○聖人制四海之命，法天而不私己，盡制而不曲防，分天下之地以爲萬國，而與英才共焉，誠知興廢之無常，不可以私守之也。故農夫受田百畝，諸侯百里，天子千里；農夫食其力，諸侯報其功，天子享其德。此天之分也。○郡縣天下，可以持承平，而不可以支變故。封建諸侯，可以持承平，可以支變故。

朱子曰：柳子厚以封建爲非，胡明仲輩破其説，則專以封建爲是。要之，天下制度無全利而無害底道理，但看利害分數如何。封建則根本較固，國家可恃；郡縣則截然易制，然來來去去，無長久之意，不可恃以爲固也。○封建實是不可行。若論三代之世，則封建好處便是君民之情相親，可以久安而無患。不似後世郡縣一二年輒易，雖有賢者善政亦做不成。○封建只是歷代循襲，勢不容已，柳子厚亦説得是。賈生謂樹國必相疑之勢甚，然封建後來自然有尾大不掉之勢。成周盛時能得幾時，到春秋列國强盛，周之勢亦浸微矣。後來到戰國東西周分治，赧王但寄於西周公耳。雖是聖人法，豈有無弊？○問：後世封建、郡縣何者爲得？曰：論治亂，畢竟不在此。以道理觀之，封建之意是聖人不以天下爲己私，分與親賢共理，但其制則不過大，此所以爲得。賈誼於漢言衆建諸侯而少其力，其後主父偃竊其説用之於武帝。○或論郡縣、封建之弊。曰：大抵立法必有弊，未有無弊之法，其要只在得人。若是箇人，則法雖不善，亦占分數多了。若非其人，則有善法，亦何益於事？且如説郡縣不如封建，若封建非其人，且是世世相繼，不能得他去。如郡縣非其人，却只三兩年任滿便去，忽然换得好底來，亦無定。范太史《唐鑑》議論，大率皆歸於得人。某初嫌他恁地説，後來思之，只得如此説。○或疏胡五峰論封建井田數事以質疑。曰：封建井田乃聖王之制，公天下之法，豈敢以爲不然，但在今日恐難下手。設使强做得成，亦恐意外别生弊病，反不如前，則難收拾耳。○因論封建，曰：此亦難行，恐膏粱之子弟不學而居士民上，其爲害豈有涯哉！且以漢諸王觀之，其荒縱淫虐如此，豈可以治民？故主父偃勸武帝分王子弟，而使吏治其國，故禍不及民。所以後來諸王也都善弱，蓋漸染使然。積而至於魏之諸王，遂使人監守，雖飲食亦皆禁制，更存活不得。及至晉懲其弊，諸王各使之典大藩，總强兵，相屠相戮，馴致大亂。沈僩云：監防太密，則有魏之傷恩；若寬去繩勒，又有晉之禍亂。恐皆是無古人教養之法故爾。曰：那箇雖教，無人奈得他何。或言今之守令亦善，曰：却無前代尾大不掉之患，只是州縣之權太輕，卒有變故，更支撑不住。○問：封建，《周禮》説公五百里，孟子説百里，如何不同？曰：孟子説恐是夏商之制，孟子不詳考，亦只説嘗聞其略也。若夏商時諸處廣闊，人各自聚爲一國，其大者止百里，故禹合諸侯，執玉帛者萬國。到周時漸漸吞併，地里只管添，國數只管少，到周時只千八百國，較之萬國，五分已減了四分已上。❶此時諸國已自大了，到得封諸公，非五百里不得。如周公封魯七百里，蓋欲優於其他諸公。如左氏説云「大國多兼數圻」，也是如此。後來只管併來併去，到周衰便制他不得，也是尾大了。到孟子時只有七國，這是事勢必到這裏，雖有大聖大智，亦不能遏其衝。今人只説漢封諸侯王，土地太過，看來不如此不得。初間高祖定天下，不能得韓、彭、英、盧許多人來使，所得地又未定是我底，當時要殺項羽，若有人説道中分天下與我，我便與你殺項羽，也没奈何與他。到少間封自子弟，也自要狹小不得，須是教當得許多異姓過。

❶ 下「已」，重修本作「以」。

學校

程子曰：古者八歲入小學，十五入大學，擇其才可教者聚之，不肖者復之田畝。蓋士農不易業，既入學則不治農，然後士農判。在學有養，若士大夫之子，則不慮無養；雖庶人之子，既入學，則亦必有養。古之士者自十五入學，至四十方仕，中間自有二十五年學，又無利可趨，則所志可知。須去趨善，便自此成德。後之人自童穉間，已有汲汲趨利之意，何由得向善？故古必使四十而仕，然後志定。只營衣食却無害，惟利禄之誘最害人。人有養，便方定志於學。○古者家有塾，黨有庠，三老坐於里門，察其長幼出入揖遜之序。詠歌諷誦，無非禮義之言。今也上無所學，而民風日以偷薄，父子兄弟惟知以利相與耳。以古所習如彼，欲不善得乎？以今所習如此，欲其善得乎？○生民之道，以教爲本，故古者自家黨遂至于國，皆有教之之地。民生八年，則入于小學，是天下無不教之民也。既天下之民莫不從教，小人脩身，君子明道，故賢能群聚於朝，良善成風於下，禮義大行，習俗粹美，刑罰雖設而不犯，此三代盛治由教而致也。後世不知爲治之本，不善其心，而驅之以力，法令嚴於上，而教不明於下，民放僻而入於罪，然後從而刑之。噫，是可以美風俗而成善治乎？

朱子曰：昔者聖王作民君師，設官分職，以長以治，而其教民之目，則曰父子有親，君臣有義，夫婦有别，長幼有序，朋友有信，五者而已。蓋民有是身，則必有是五者，而不能以一日離。有是心則必有是五者之理，而不可以一日離也。是以聖王之教，因其固有，還以導之，使不忘乎其初。然又慮其由而不知，無以久而不壞也，則爲之擇其民之秀者，群之以學校，而聯之以師儒，開之以詩書，成之以禮樂。凡所以使之明是理而守之不失，傳是教而施之無窮者，蓋亦莫非因其固有而發明之，而未始有所務於外也。夫如是，是以其教易明，其學易成，而其施之之博，至於無遠之不暨，而無微之不化。此先王教化之澤所以爲盛，而非後世所能及也。○古者學校選舉之法，始於鄉黨而達於國都。教之以德行道藝，而興其賢者能者。蓋其所以居之者無異處，所以官之者無異術，所以取之者無異路，是以士有定志而無外慕，蚤夜孜孜，唯懼德業之不脩，而不憂爵禄之未至也。若夫三代之教，藝爲最下，然皆猶有實用而不可闕。其爲法制之密，又足以爲治心養氣之助，而進於道德之歸。此古之爲法，所以能成人材而厚風俗，濟世務而興太平也。○道不遠人，理不外事，故古之教者，自其能食能言，而所以訓導整齊之者，莫不有法，而况於家塾黨庠遂序之間乎？彼其學者所以入孝出弟，行謹言信，群居終日，德進業脩，而暴慢放肆之氣不設於身體者，繇此故也。○天生斯人，而予之以仁義禮智之性，而使之有君臣、父子、兄弟、夫婦、朋友之倫，所謂民彝者也。惟其氣質之稟不能一於純秀之會，是以欲動情勝，則或以陷溺而不自知焉。古先聖王爲是之故，立學校以教其民，而其爲教必始於洒掃、應對、進退之間，禮、樂、射、御、書、數之際，使之敬恭朝夕，脩其孝弟忠信而無違也。然後從而教之格物致知以盡其道，使之所以自身及家，自家及國而達之天下者，蓋無二理。其匡直輔翼，優柔漸漬，必使天下之人皆有以不失其性，不亂其倫而後已焉。此二帝三王之盛，所以化行俗美，黎民醇厚，而非後世之所能及也。○古者聖王設爲學校，以教其民，由家及國，大小有序，使其民無不入乎其中而受學焉。而其所以教之之具，則皆因其天賦之秉彝，而爲之品節以開導而勸勉之，使其明諸心，脩諸身，行於父子、兄弟、夫婦、朋友之間，而推之以達乎君臣、上下、人民、事物之際，必無不盡其分焉者。及其學之既成，則又興其賢且能者，寘之列位。是以當是之時，理義休明，風俗醇厚，而公卿大夫列士之選，無不得其人焉。此先王學校之官所以爲政事之本，道德之歸，而不可以一日廢焉者也。至于後世學校之設，雖或不異乎先王之時，然其師之所以教，弟子之所以學，則皆忘本逐末，懷利去義，而無復先王之意。以故學校之名雖在，而其實不舉，其效至於風俗日敝，人材日衰。雖以漢唐之盛隆，而無以彷彿乎三代之叔季。然猶莫有察其所以然者，顧遂以學校爲虛文，而無所與於道德政理之實，於是爲士者求道於老子釋氏之門，爲吏者責治乎簿書期會之最。蓋學校之僅存而不至於遂廢者，亦無幾耳。○學校之政不患法制之不立，而患理義之不足以悅其心。夫禮義不足以悦其心，而區區於法制之末以防之，是猶決湍水注之千仞之壑，而徐翳蕭葦以捍其衝流也，亦必不勝矣。

南軒張氏曰：惟民之生，其典有五，君臣、父子、兄弟、夫婦、朋友是也。而其德有四，仁義禮智是也。人能充其德之所固有，以率夫典之所當然，則必無力不足之患，惟人之不能是也，故聖人使之學焉。自唐虞以來，固莫不以是教矣。至于三代之世，立教人之所，設官以董莅之，而其法益加詳焉。然其所以爲教，則一道耳。故曰學則三代共之，皆所以明人倫也。嗟夫！人倫之在天下，不可一日廢，廢則國隨之。然則有國者之於學，其可一日而忽哉！○先王所以建學造士之本意，蓋將使士者講夫仁義禮智之彝，以明夫君臣、父子、兄弟、朋友之倫，以之脩身、齊家、治國、平天下，其事蓋甚大矣。而爲之則有其序，教之則有其方，故必先使之從事於小學，習乎六藝之節，講乎爲弟爲子之職，而躬乎洒掃、應對、進退之事，周旋乎俎豆羽籥之間，優游乎絃歌誦讀之際，有以固其肌膚之會，筋骸之束，齊其耳目，一其心志，所謂大學之道，格物致知者，由是可以進焉。至於物格知至，而仁義禮智之彝得於其性，君臣、父子、兄弟、夫婦、朋友之倫皆以不亂，而脩身、齊家、治國、平天下無不宜者，此先王之所以教，而三代之所以治，後世不可以跂及者也。後世之學校，朝夕所講，不過綴緝文辭，以爲規取利禄之計，亦與古人之道大戾矣。上之人所以教養成就之者，夫豈端爲是哉？○三代之學至周而大備，自天子之國都以及於鄉黨，莫不有學，使之朝夕優游於絃誦詠歌之中，而服習乎進退揖遜之節，則又申之以孝弟之義，爲之冠昏喪祭之法，春秋釋菜，與夫鄉飲酒養老之禮，其耳目手足肌膚之會，筋骸之束，無不由於學。在上則司徒總其事，樂正崇其教，下而鄉黨亦莫不有師，其教養之也密，故其成材也易。士生斯時，藏脩游息於其間，誦言而知味，玩其文而會其理，德業之進，日引月長，自宜然也。於是自鄉論其行而升之司徒，司徒又論之而升之國庠，大樂正則察其成以告于王，定其論而官之。其官之也，因其才之大小。蓋有一居其官，至于終身不易者，士脩其身而已，非有求於君也，身脩而君舉之耳。夫然，故禮義興行，人材衆多，風俗醇厚，至於班白者不負戴於道路，而王道成矣。

東萊吕氏曰：學校之設，非爲士之貧而食之也，又非欲群其類而習爲文辭也。不農不商，若何而可以爲士？非老非釋，若何而可以爲儒？事親從兄，當以何者爲法？希聖慕賢，當自何門而入？道德性命之理，當如何而明？治亂興衰之故，當何由而達？考之古，以爲得失之鑑；驗之今，以爲因革之宜。此士之所當用心也。自孔門高弟猶勤勤於問仁問孝，問智問政，所以爲士，請之於師，辨之於友，後世之士不逮遠矣。儻離群索居，而蔽其所習，則固陋乖僻無自進於道，聖人憂之，著爲成書，以詔萬世，教養漸摩，以俾之講習，立師儒之官以董正之，此開設學校之本意也。

西山真氏曰：按古教法，其近民者教彌數，故二十五家爲閭，閭有塾，民朝夕處焉。四閭爲族，則歲之讀法者十有四。法者何？大司徒所頒之三物也。士生斯時，不待舍去桑梓，而有學有師。敬敏任恤，則閭胥書之；孝弟睦姻，則族師書之。其所以教，又皆因性牖民，而納諸至善之域。禮鎔樂冶，以成其德，達其材，古者作人之功蓋如此。然士之於學，豈直處庠序爲然哉？雞鳴夙興，嚮晦宴息，皆學之時。微而暗室屋漏，顯而鄉黨朝廷，皆學之地。動容周旋，洒掃應對，皆學之事。知無時之非學，則晝而有爲、夜而計過者，其敢懈？知無地之非學，則警於冥冥、惕於未形者，其敢忽？知無事之非學，則矜細行、勤小物者，其敢或遺？

魯齋許氏曰：先王設學校，養育人材，以濟天下之用。及其弊也，科目之法愈嚴密，而士之進於此者愈巧，以至編摩字樣，期於必中。上之人不以人材待天下之士，下之人應此者，亦豈仁人君子之用心也哉？雖得之，何益於用？上下相待其弊如此，欲使生靈蒙福，其可得乎？先王設學校，後世亦設學校，但不知先王何爲而設也。上所以教人，人所以爲學，皆本於天理民彝，無他教也，無異學也。〇學則三代共之，皆所以明人倫也。司徒之職，教以人倫而已。凡不本於人倫，皆非所以爲教。樹之君以立政，謹此教也。作之師以立教，教以此也。先王皆本於人心之所固有，不强以其所無有，故人易從而風俗美，非後世所謂學，所謂教也。文公《小學》《四書》次第本末甚備，有王者起，必須取法。

臨川吴氏曰：古者盛時，萬二千五百家之鄉有鄉學，鄉大夫主之，頒教法于州黨族閭，俾教其民。二千五百家之州，則州長屬民讀法以時，習鄉射于學，而尚功。五百家之黨，則黨正屬民讀法以時，習鄉飲酒于學，而尚齒。雖二十五家之閭，巷口亦有塾，閭内致仕之老，朝夕坐其中，民之出入者必受教。此所以教成俗善，而人人有士君子之行也。

用人

程子曰：海宇之廣，億兆之衆，一人不可以獨治，必賴輔弼之賢，然後能成天下之務。自古聖王未有不以求任輔相爲先者也。❶在商王高宗之初，未得其人，則恭默不言，蓋事無當先者也。及其得傅説而命之，則曰：「濟川作舟楫，歲旱作霖雨，和羹惟鹽梅。」其相須倚賴之如是，此聖人任輔相之道也。夫圖任之道，以慎擇爲本。擇之慎，故知之明；知之明，故信之篤；信之篤，故任之專；任之專，故禮之厚而責之重。擇之慎，則必得其賢；知之

❶「王」，四庫本作「人」。

明，則仰成而不疑；信之篤，則人致其誠；任之專，則得盡其才；禮之厚，則體貌尊而其勢重；責之重，則自任切而功有成。是故推誠任之，待以師傅之禮，坐而論道，責之以天下治，陰陽和。故當之者自知禮尊而任專，責深而勢重，則挺然以天下爲己任，故能稱其職也。雖有姦諛巧佞，知其交深而不可間，勢重而不可揺，亦將息其邪謀，歸附於正矣。後之任相者異於是，其始也不慎擇。擇之不慎，故知之不明；知之不明，故信之不篤；信之不篤，故任之不專；任之不專，故禮之不厚，而責之亦不重矣。擇不慎，則不得其人；知不明，則用之猶豫；信不篤，則人懷疑慮；任不專，則不得盡其能；禮不厚，則其勢輕而易揺；責不重，則不稱其職。是故任之不盡其誠，待之不以其禮，僕僕趨走若吏史然，文案紛冗，下行有司之事，當之者自知交不深而其勢輕，動懷顧慮，不肯自盡。上懼君心之疑，下虞群議之奪，故蓄縮不敢有爲，苟循常以圖自安爾，君子弗願處也。姦邪之人亦知其易揺，日伺間隙，如是其能自任以天下之重乎？若曰「非任之艱，知之惟艱」，且何以知其賢而任之？或失其人，治亂所繫，此人君所以難之也。○天地生一世人，自足了一世事，但恨人不能盡用天下之才，此其不能大治。

涑水司馬氏曰：用人者無親疏新故之殊，惟賢不肖之爲察。其人未必賢也，以親故而取之，固非公也。苟賢以親故而捨之，亦非公也。夫天下之賢，固非一人所能盡也，若必待素識熟其才，行而用之，所遺亦多矣。古之爲相者則不然，舉之以衆，取之以公。衆曰賢矣，己雖不知其詳，姑用之，待其無功然後退之，有功則進之；所舉得其人則賞之，非其人則罰之。進退賞罰，皆衆人所共然也，己不置毫髮之私於其間。苟推是心以行之，又何遺賢曠官之足病哉？

元城劉氏曰：朝廷之務，莫先於用人。君子進，則治之本也；小人用，則亂之階也。王者深居於九重，不能盡知臣下之邪正，是以設諫官御史之職，俾司耳目之任，而採中外之公議，是非可否，惟衆之從。故蔽賢之言不能害君子，黨姦之論無以助小人。明君無所用心，而賢不肖自辨。知人則哲，其道不過於此。○天下之治亂在朝廷，朝廷輕重在執政。論執政才否而進退之者，人主之職也。使廟堂之上皆得當時之賢，而都俞戒敕以圖天下之治，則善日進，而君子道長，此《易》之卦所以爲泰。使公卿輔相非其人，而姦邪朋黨更相比周，以蔽人君之聰明，則惡日滋，而小人道長，此《易》之卦所以爲否也。自古雖至聖之君，不能無惡人立朝，堯之四凶是已。雖甚衰之世，未嘗無君子在位，商之三仁是已。聖人之興賢者衆，則惡人不能勝其善，故雖有四凶而或竄或殛，卒無幸免。暴君在上，讒諂並進，則善人不能勝其惡，故雖有三仁而或去或死，終莫能用。此乃治亂盛衰之機，不可不察也。○自古及今，未有任君子而不治，用小人而不亂者。蓋甘言美辭足以感移人意，小節僞行足以欺惑世俗。及其得志，苟患失之，陰引姦邪，廣布心腹，根深蔕固，牢莫可破，則其爲國家之害，將有不可勝言者矣。故陸贄之論，以爲操兵以刃人，天下不委罪於兵，而委罪於所操之主；蓄蠱以殃物，天下不歸咎於蠱，而歸咎於所蓄之家。此言雖小，可以喻大。○齊桓公之郭，問其父老曰：「郭何故亡。」父老曰：「以其善善而惡惡也。」桓公曰：「若子之言，乃賢君也，何至於亡？」父老曰：「不然。郭君善善而不能用，惡惡而不能去，所以亡也。」每讀至此，未嘗不掩卷太息，以謂鄙夫固陋，燭理不明，人之所非，反以爲是，衆之所惡，覆以爲美，此乃愚者偏暗之常態，固不足論。若夫能知天下之善惡，如辨白黑而無疑惑之心，蓋非智者有所不及，然而郭君反以此而亡國，其故何也？夫郭君能知善之爲善，惡之爲惡，則不可謂之不智。特以其見善而不能用，使君子無以自立；知惡而不能去，使小人得以成朋。因循積累，其害遂至於亡國。然則有天下者，可不視此以爲戒乎？

華陽范氏曰：才有君子之才，有小人之才。古之所謂才者，君子之才也。後世之所謂才者，小人之才也。高陽氏有子八人，天下以爲才，其所以爲才者，曰齊聖廣淵，明允篤誠。高辛氏有子八人，天下以爲才，其所以爲才者，曰忠肅恭懿，宣慈惠和。周公制禮作樂，孔子以爲才。然則古之所謂才者，兼德行而言也。後世之所謂才者，辯給以禦人，詭詐以用兵，僻邪險詖，趨利就事，是以天下多亂，職斯人之用於世也。在《易·師》之上六曰：「開國承家，小人勿用。」《象》曰：「小人勿用，必亂邦也。」《未濟》曰：「高宗伐鬼方，三年克之，小人勿用。」王者創業垂統，敷求哲人，以遺後嗣，故能長世也。豈以天下未定，而可專用小人之才歟？○人君勞於求賢，逸於任人。古者疇咨僉諧，然後用之。苟得其人，則任而勿疑，乃可以責成功。○明君用人而不自用，故恭己而成功。多疑之君自用而不用人，故勞心而敗事。自古征伐或勝或負，多由於此二者矣。○自古君子易疏，小人易親。蓋君子難於進而果於退，小人不恥於自售，而戚於不見知，其進也無所不至。人君一爲所惑，不能自解，鮮有不至禍敗者也。

五峰胡氏曰：唐文宗云：「宰相薦人當不間踈戚，若親故果才避嫌而棄之，亦不爲公。」誠哉是言也！

豫章羅氏曰：名器之貴賤以其人，何則？授於君子則貴，授於小人則賤。名器之所貴，則君子勇於行道，而小人甘於下僚。名器之所賤，則小人勇於浮競，而君子恥於求進。以此觀之，人君之名器可輕授人哉？○君子在朝，則天下必治。蓋君子進，則常有亂世之言，使人主多憂而善心生，故天下所以必治。小人在朝，則天下必亂。蓋小人進，則常有治世之言，使人主多樂，而怠心生，故天下所以必亂。

朱子曰：天下之治固必出於一人，而天下之事則有非一人所能獨任者。是以人君既正其心、誠其意於堂阼之上、突奧之中，而必深求天下敦厚誠實、剛明公正之賢以爲輔相，使之博選士大夫之聰明達理、直諒敢言、忠信廉節足以有爲有守者，隨其器能寘之列位，使之交脩衆職，以上輔君德，下固邦本，而左右私褻使令之賤，無得以奸其間者。有功則久其任，不稱則更求賢者而易之。蓋其人可退，而其位不可以苟充；其人可廢，而其任不可以輕奪。此天理之當然，而不可易者也。人君察於此理，而不敢以一毫私意鑿於其間，則其心廓然大公，儼然至正，泰然行其所無事，而坐收百官衆職之成功。一或反是，則爲人欲私意之病，其偏黨反側，黯闇猜嫌，固日擾擾乎方寸之間，而姦僞讒慝，叢脞眩瞀，又將有不可勝言者。此亦理之必然也。○尋常之人將欲屬人以一至微至細之事，猶必先爲規模使其盡善，然後所屬之人有所持循，而不失吾之所以屬之之意。況有天下者，將以天下至大之事屬之於人，而不先爲盡善可守之規以授之乎？○蓬生麻中，不扶而直；白沙在泥，不染而黑。故賈誼之言曰：「習與正人居之，不能無正，猶生長於齊之地，不能不齊言也。習與不正人居之，不能無不正，猶生長於楚之地，不能不楚言也。」是以古之聖賢欲脩身以治人者，必遠便嬖，以近忠直。蓋君子小人如冰炭之不相容，薰蕕之不相入，小人進則君子必退，君子親則小人必疎，未有可以兼收並蓄而不相害者也。能審乎此，以定取舍，則其見聞之益，薰陶之助，所以謹邪僻之防，安義理之習者，自不能已。而其舉措刑賞所以施於外者，必無偏陂之失。一有不審，則不惟其妄行請託，竊弄威權，有以害吾之政事。而其導諛薰染，使人不自知覺而與之俱化，則其害吾之本心正性，又有不可勝言者。然而此輩其類不同，蓋其本出下流，不知禮義而稍通文墨者，亦有服儒衣冠，叨竊科第，而實全無行檢者，是皆國家之大賊，人主之大蜮。苟非心正身脩，有以灼見其情狀，如臭惡之可惡，則亦何以遠之而來忠直之士，望德業之成乎？○伏節死義之士當平居無事之時，誠若無所用者。然古之人君所以必汲汲以求之者，蓋以如此之人，臨患難而能外死生，則其在平世必能輕爵祿；臨患難而能盡忠節，則其在平世必能不詭隨。平日無事之時得而用之，則君心正於上，風俗美於下，足以逆折姦萌，潛消禍本，自然不至真有伏節死義之事，非謂必知後日當有變故，而預蓄此人以擬之也。惟其平日自恃安寧，便謂此等人材必無所用，而專取一種無道理、無學識、重爵祿、輕名義之人，以爲不務矯激而尊寵之，是以綱紀日壞，風俗日偷，非常之禍伏於冥冥之中，而一旦發於意慮之所不及，平日所用之人交臂降叛，而無一人可同患難，然後前日擯棄流落之人，始復不幸而著其忠義之節。以天寶之亂觀之，其將相貴戚近幸之臣皆已頓顙賊庭，而起兵討賊卒至於殺身湛族而不悔，如巡、遠、杲卿之流，則遠方下邑，人主不識其面目之人也。使明皇早得巡等而用之，豈不能銷患於未萌？巡等早見用於明皇，又何至真爲伏節死義之舉哉？○自古君子小人雜居並用，非此勝彼即彼勝此，無有兩相疑而終不決者，此必然之理也。故雖舉朝皆君子，而但有一二小人雜於百執事之間，投隙抵巇，已足爲患，況居侍從之列乎？況居丞弼之任，而潛植私黨布滿要津乎？蓋二三大臣者，人主之所與分別賢否，進退人材，以圖天下之事，自非同心一德，協恭和衷，彼此坦然，一以國家爲念，而無一毫有己之私間於其間，無以克濟。若以小人參之，則我之所賢而欲進之者，彼以爲害己而欲退之；我之所否而欲退之者，彼以爲助己而欲親之。且其可否異同，不待勉争力辨而後決，但於相與進退之間，小爲俯仰前郤之態，而已足以敗吾事矣。是豈可不先以爲慮，而輕爲他計以發其害我之機哉？

象山陸氏曰：銖銖而稱之，至石必繆；寸寸而度之，至丈必差。石稱丈量，徑而寡失，此可爲論人之法。且如其人大概論之，在於爲國、爲民、爲道義，此則君子人矣。大概論之，在於爲私己、爲權勢，而非忠於國、徇於義者，則是小人矣。若銖稱寸量，校其一二節目，而違其大綱，則小人或得爲欺，君子反被猜疑，邪正賢否，未免倒置矣。

東萊吕氏曰：用人之道，詎可信其虛言而不試之以事乎？是以明君將欲付大任於是人，必納之於膠擾繁劇之地，以觀其材；處之於間暇寂寞之鄉，以觀其量；使之嘗險阻艱難，以觀其操；使之當盤根錯節，以觀其斷；投之州縣，磨之歲月，習之既久，養之既深，異時束帶立於朝，天下之事莫不迎刃而解也。

西山真氏曰：《易》君子在内，小人在外，則謂之泰。泰者，通而治也。君子在外，小人在内，則謂之否。否者，閉而亂也。君子小人並生於天地間，不能使之無也，但當區處得宜，使有德者布列朝廷，有才者奔走任事於外，如此則治矣。

鶴山魏氏曰：嘗聞朱熹云：「天地之間，有自然之理。凡陽必剛，剛必明，明則易知。凡陰必柔，柔必闇，闇則難測。故光明正大，疏暢通達，無纖芥可疑者，必君子也。回互隱伏，閃倏狡獪，不可方物者，必小人也。」某嘗以是爲察言觀人之鑑，邪正之辨了不可掩，則取舍之極定於内矣。

魯齋許氏曰：賢者以公爲心，以愛爲心，不爲利回，不爲勢屈，寘之周行，則庶事得其正，天下被其澤，賢者之於人國，其重固如此也。然或遭世不偶，務自韜晦，有舉一世而人不知者。雖或知之，而當路之人未有同類，不見汲引，獨人君有不知者。人君雖或知之，召之命之，泛如廝養，而賢者有不屑就者。雖或接之以貌，待之以禮，而其所言不見信用，有超然引去者。雖或信用，復使小人參於其間，責小利，期近效，有用賢之名，無用賢之實，賢者亦豈肯尸位素餐，徒費廩禄，取譏誚於天下也？雖然，此特論難進者然也，又有難合者焉。人君位處崇高，日受容悦，大抵樂聞人之過，而不樂聞己之過，務快己之心，而不務快民之心。賢者必欲匡而正之，扶而安之，使如堯舜之正，堯舜之安而後已，故其勢難合。況姦邪佞倖醜正惡直，肆爲詆毀，多方以陷之，將見罪戾之不免，又可望庶事得其正，天下被其澤邪？自古及今，端人雅士所以重於進而輕於退者，蓋以此尔。大禹聖人，聞善即拜，益戒之曰：「任賢勿貳，去邪勿疑。」貳之一言，在大禹猶當警省，後世人主宜如何哉？此任賢之難也！○任用人材，興作事功，自己已有一定之見，然不可獨用己意。獨用己意，則排沮者必多，吾事敗矣。稽於衆，取諸人以爲善，然後可。堯之禪舜也，以聖人見聖人，不待三載之久而後知也，當一見便知之。然而不敢以己之見便以天位付之，必也賓于四門，納于大麓，歷試諸難，使天下之人共知之，四岳十二牧共推之，若不出於堯之意也。然後居天位，理天職，人無間言，後世稱聖。後之任用人材立事功者，皆獨出己意，憲宗淮蔡功成，而裴中立不得安於朝矣，況大於此者乎？○姦邪之人，其爲心險，其用術巧。惟險也，故千態萬狀，而人莫能知。如以甘言卑辭誘人入於過失，然後發之之類。惟巧也，故千蹊萬徑，而人莫能禦。如勢在近習，則諂近習。勢在宫闈，則諂宫闈之類。人君不察，以諛爲恭，以訐爲公，以欺爲可信，以佞爲可近。喜怒愛惡，人主固不能無，然有可者有不可者。而姦邪之人一於迎合，竊其勢以立己之威，濟其欲以結主之愛，愛隆於上，威擅於下，大臣不敢議，近親不敢言，毒被天下而上莫之知，此前人所謂城狐也，所謂社鼠也。至是而求去之，不亦難乎？雖然，此由人主不悟，誤至於此，猶有說也。如宇文化及之佞，太宗灼見其情而竟不能斥；

李林甫妬賢疾能，明皇洞見其姦而卒不能退。邪之惑人有如此者，可不畏哉？○天下之務，固不勝其煩也。然其大要，在用人立法而已。古人謂得士者昌，自用則小，意正如此。夫賢者，識治之體，知事之要，與庸人相懸，蓋十百而千萬也。布之周行，百職具舉，然人之賢否未能灼知其詳，固不敢用。或已知其孰爲君子，孰爲小人，復畏首畏尾，患得患失，坐視其弊而不能進退之，徒曰知人，而實不能用人，亦何益哉？○生民休戚，係於用人之當否。用得其人，則民賴其利；用失其人，則民被其害。自古論治道者，必以用人爲先務。用既得人，則其所謂善政者，始可得而行之，以善人行善政，其於爲治也何有？

臨川吴氏曰：治天下者在得人，相天下者在用人，用人必自好賢始。周公大聖也，而急於見賢，一食三吐其哺，一沐三握其髮。趙文子賢大夫也，所舉筦庫之士七十有餘家。嗚呼！當時周公所見，文子所舉，豈必皆其親舊而有所請求者哉？好賢之臣能容人而天下治，妬賢之臣不能容人而天下亂，此《大學》平天下章所以引《秦誓》之言，而深切教戒也。

性理大全書卷之六十八

治道三

人才

程子曰：善言治者，必以成就人才爲急務。人才不足，雖有良法，無與行之矣。欲成就人才者，不患其稟質之不美，患夫師學之不明也。師學不明，雖有美質，無由成之矣。○作新人才難，變化人才易。今諸人之才皆可用，且人豈肯甘爲小人？在君相變化如何爾。若宰相用之爲君子，孰不爲君子？○才高者多過，過則一出焉，一入焉。才卑者多不及，不及者殆且弛矣。

元城劉氏曰：所謂長養成就人才，非如今學校之類也，但於人才愛惜保全之爾。譬如富家養山林，不旦旦伐之，乃可爲棟梁之具；若非理摧折之，及至造屋，無材可用也。是愛惜人才，乃人主自爲社稷計耳。

龜山楊氏曰：當先王之盛，禮義之澤，漸摩浸灌，天下亹亹向風承德，敦厚而成俗。於斯時也，士游乎校庠術序之間，攬六藝之英華，而充飫乎道德之實。凡耳目之所習聞者，皆足以迪己而勵行，優游自得，不見異物而遷焉。此三代之士，所以彬彬多全德也。陵夷至于戰國，暴君汙吏各逞其私欲，磨牙摇毒相呑噬者，天下相環也。機會之變，間不容髮，故從人合之以效其謀，衡人離之以攻其後，掉三寸之舌鬭天下之諸侯，斂爲己功，由是靡靡日入於亂也。漢興襲秦遺俗，而高皇帝起於布衣户伍之中，一呼而有天下，慢而侮人，尤不喜儒士，故一時貪利頑頓無恥者多歸之。雖秉國鈞衡爲一代宗臣者，猶且囚拘縲紲而不知去，況其餘人乎？光武中興，尤旌節義之士，而依違附逆之臣多見戮辱，故宏儒遠智、累行高舉、激揚風流者，方軌而出。及其衰也，懷濟時之志，則以觸權而嬰禍；謝事丘壑，則以黨錮而陷刑。雖輿敗轃脱，猶不忍改轍，一犯清議，則蹈鼎伏鑕而不悔。東漢之社稷僅如垂髮而不絶者，亦衆君子之力也。東晉之興，士懲前軌，皆遺世絶俗，視天下治亂，恝然如秦人視越人之肥瘠也，而晉從而亡。此氣俗之不同，然亦興衰治亂之所繫也。故戰國之士務奇謀而不徇正道，西漢之士喜功名而不務奇節，東漢之士貴節義而不通時變，東晉之士樂恬曠而不乎實用，是皆爲世變所移而昧夫中行者也。惟古之聖賢則不然，不以世治而堅其操，世亂而改其度，雖變故日更，而吾之所守自若也。○周之士也貴，秦之士也賤。周之士非獨上之人貴之也，士亦知自貴焉。秦之士非獨上之人賤之也，士亦輕且賤焉。自秦而來迄于今千有餘歲，士之知自貴者何其少，而輕自賤者何多耶？蓋古之士雖一介之賤，厠於編户齊民之間，短褐不完，含菽飲水，裕然有餘，而不知王公之爲尊，與夫膏粱文繡之爲美也。三旌之位，非其道也，有弗屑焉。萬金之餽，非其義也，有弗受焉。夫如是，上之人雖欲挾貴自尊以輕天下之士，其可得乎？後世之士，顛冥利欲而不知有貴於己者，故守道循理之志薄，而偷合苟得之行多，伺候公卿之門，奔走形勢之塗，脅肩諂笑，以取容悦，其自處如是，而欲人貴之，其可得乎？故愚竊謂士之貴賤雖視勢盛衰，然其所以貴賤者，皆其自取也。

朱子曰：世間有才底人若能損那有餘，勉其不足時節，却做得事，却出來擔當得事，與那小廉曲謹底不同。

東萊吕氏曰：不離莘野而割烹之鼎已調，不離傅巖而濟川之舟已具，不離磻溪而牧野之陣已成。彼爲伊、傅、太公者，曷嘗徒勞州縣，屈首簿書，然後知之哉？殊不知有非常之才，而後有非常之舉也。

魯齋許氏曰：大聖大賢本末具舉，極其規模之大，盡其節目之詳，先勤小物而後盡於大事。降此一等，亦豪傑之士，然舉其大則遺其細，盡其小則惛於大。材具稍大，便不謹細行，所以有材大便疎之語。謹於細小者，多不識大體，不能謀大事。用人者宜知之。後世功名之士，到禮樂制度便進不去，蓋到此稍細密，亦精力有所不及，故須別用一般人物。○傳記中人才傑然可觀，以道理觀之，只是偏才。聖人則圓融渾全，百理皆具。古今人才多是血氣用事，故多偏。聖人純是德性用事，只明明德便自能圓成不偏。

求賢

程子曰：古之聖王所以能致天下之治，無他術也，朝廷至於天下公卿大夫百職群吏，皆稱其任而已。何以得稱其任？賢者在位，能者在職而已。何以得賢能而任之？求之有道而已。雖天下常用易得之物，未有不求而得者也。金生於山，木生於林，非匠者採伐，不登於用。況賢能之士，傑出群類，非若山林之物，廣生而無極也。非人君搜擇之有道，其可得而用乎？自昔邦家張官置吏，未嘗不取士也，顧取之之道如何爾。○歷觀前史，自古以來稱治之君，有不以求賢爲事者乎？有規規守常以資任人而能致大治者乎？有國家之興不由得人者乎？由此言之，用賢之驗，不其甚明？若曰非不欲賢也，病求之之難也，竊以爲不然。夫以人主之勢，心之所嚮，天下風靡景從，設若珍禽異獸、瓌寶奇玩之物，雖遐方殊域之所有，深山大海之所生，志所欲者無不可致。蓋上心所好，奉之以天下之力也。

若使存好賢之心如是，則何巖穴之幽不可求？何山林之深不可致？所患好之不篤爾。

龜山楊氏曰：三代兩漢人才之盛，風俗之美，後世莫能及者，取士以行，不專以言故也。今雖詔内外官舉經明行修之士，中第之日，優其恩典，不獨取之以言，又本其行，庶乎近古。然徒使舉之而不由鄉里之選，又無考察之實，與斯舉者隨衆牒試於有司，糊名謄録，校一日之長，不惟士失自重之義，且於課試之際，無以别異於衆人，則所謂本其行者，亦徒虚文而已。謂宜别立一科，稍倣三代兩漢取士官人之法，因今之宜，斟酌損益，要之無失古意而已。至於投牒乞試，糊名謄録之類，非古制者，一切罷之。待遇恩數，盡居詞賦經義等科之上，庶使學者尊經術，惇行義，人人篤於自修，則人才不盛，風俗不美，未之有也。○明道在鄠邑，政聲流聞，當路欲薦之朝，而問其所欲，對曰：「夫薦士者，皆才之所堪，不問志之所欲。」

五峰胡氏曰：人君聯屬天下，以成其身者也。内選於九族之親，禮其賢者，表而用之，以聯屬其親。外選於五方之人，禮其英傑，引而進之，以聯屬其民。是故賢者，衆之表，君之輔也。不進其親之賢者，是自賊其心腹也。不進其人之賢者，是自殘其四肢也。○古者舉士於鄉，自十年出就外傅，學於家塾州序，其學者何事也？曰六禮也，七教也，八政也。三歲大書其資性近道，才行合理，鄉老、鄉吏會合鄉人，於春秋之祭祀鬼神而書之者也。

比，鄉老、鄉吏及鄉大夫審其性之不悖於道也，行之不反於理也，質其書之先後無變也，乃入其書於司徒，謂之選士。選士學於鄉校，其書之如州序。三歲大比，鄉大夫及司徒審之如初，乃入其書於樂正，謂之俊士。俊士入國學，春秋教以禮樂，冬夏教以詩書，以上觀古道，樂正官屬以時校其業之精否而勉勵之。三歲大比，樂正升其精者於王，謂之進士。王命冢宰會天下之進士，論其資性才行學業，某可以爲卿歟？某可以爲大夫歟？某可以爲士歟？卿闕則以可以爲卿者補之，大夫闕則以可以爲大夫者補之，士有闕則以可以爲士者補之。三年一考其績，三考黜其不職，陟其有功者。是故朝無幸官，野無遺賢，毁譽不行，善惡不眩，德之大小當其位，才之高下當其職，人務自脩而不僥倖於上，人知自守而不冒昧求進，人知自重而不輕用其身，人能有恥而不苟役於利。此所以仕路清，政事治，風俗美，天下安寧，四夷慕義，而疆埸不聳也。

朱子曰：德行之於人大矣，然其實則皆人性所固有，人道所當爲。以其得之於心，故謂之德；以其行之於身，故謂之行。非固有所作爲增益，而欲爲觀聽之美也。士誠知用力於此，則不唯可以脩身，而推之可以治人，又可以及夫天下國家。故古之教者，莫不以是爲先。若舜之命司徒以敷五教，命典樂以教冑子，皆此意也。至於成周，而法始大備，故其人才之盛，風俗之美，後世莫能及之。漢室之初，尚有遺法，其選舉之目必以敬長上，順鄉里，肅政教，出入不悖所聞爲稱首。魏晉以來，雖不及古，然其九品中正之法，猶爲近之。及至隋唐，遂專以文詞取士，而尚德之舉不復見矣。○夫古之人教民以德行道藝，而興其賢者能者，其法備而意深矣。今之爲法不然，其教之之詳，取之之審，反復澄汰，至于再三，而其具不越乎無用之空言而已。深求其意，雖或亦將有賴於其用，然彼知但爲無用之空言，而便足以要吾之爵禄，則又何暇復思吾之所以取彼者，其意爲何如哉？○古之大臣以其一身任天下之重，非以其一耳目之聰明，一手足之勤力，爲能周天下之事也。其所賴以共正君心，同斷國論，必有待於衆賢之助焉。是以君子將以其身任此責者，必咨詢訪問，取之於無事之時；而參伍校量，用之於有事之日。蓋方其責之必加於己而未及也，無旦暮倉卒之頃，則其觀之得以久；無利害紛拏之惑，則其察之得以精。誠心素著，則其得之多；歲引月長，則其蓄之富。自重者無所嫌而敢進，則無幽隱之不盡；欲進者無所爲而不來，則無巧僞之亂真。久且精，故有以知其短長之實而不差；多且富，故有以使其更迭爲用而不竭。幽隱畢達，則讜言日聞而吾德脩；取舍不眩，則望實日隆而士心附。此古之君子所以成尊主庇民之功於一時，而其遺風餘韻猶有稱思於後世者也。○天下之事，決非一人之聰明才力所能獨運，是以古之君子雖其德業智謀足以有爲，而未嘗不博求人才以自裨益。方其未用，而收實門牆，勸奬成就，已不勝其衆。是以至於當用之日，推挽成就，布之列位，而無事之不成也。○古之君子有志於天下者，莫不以致天下之賢爲急。而其所以急於求賢者，非欲使之綴緝言語，彎道功德，以爲一時觀聽之美而已。蓋將以廣其見聞之所不及，思慮之所不至，且慮夫處己接物之間，或有未盡善者，而將使之有以正之也。是以其求之不得不博，其禮之不得不厚，其待之不得不誠，必使天下之賢，識與不識，莫不樂自致於吾前，以輔吾過，然後吾之德業得以無媿乎隱微，而寖極乎光大耳。○朝廷設官求賢，故在上者不當以請託而薦人；士人當有禮義廉恥，故在下者不當自衒鬻而求薦。

東萊吕氏曰：井田之制，士與兵，國之重事皆取於農，工商不與。古者取士於田野，取其民之秀者，以其質朴故也。

臨川吴氏曰：古之爲士者，苟可以仕，則選於里，舉於鄉，而長治其鄉里之民。在公得以行己志，在私得以資禄養。此古之士所以自安於内，而無願外之想也。後世取士之法不一，雖存選舉之名，而實與古不同。何也？所取不于其可用之實能，而于其不可用之虚伎。可以仕者或不得仕，而不可以仕者乃或得仕，時之多失人，士之多失志，往往由是。

論　官蒞政附

程子曰：古者使以德，爵以功，世禄而不世官，故賢才衆而庶績成。及周之衰，公卿大夫皆世官，政由是敗矣。○三代之時，人君必有師、傅、保之官。師，道之教訓；傅，傅之德義；保，保其身體。後世作事無本，知求治而不知正君，知規過而不知養德。傅德義之道固已踈矣，保身體之法無復聞焉。○古之時，分義和以職天道，以正四時，遂司其方，主其時政，在堯謂之四岳，周乃六卿之任，統天下之治者也。後世學其法者不復知其道，故星曆爲一技之事，而與政分矣。○禮院，關天下之事。得其人，則凡舉事可以考古而立制；非其人，未免隨俗而已。○或曰：治獄之官不可爲。曰：苟能充其職，則一郡無冤民矣。○四海之利病，係於斯民之休戚；斯民之休戚，係於守令之賢否。然而監司者，守令之綱也；朝廷者，監司之本也。欲斯民之皆得其所，本原之地亦在乎朝廷而已。

元城劉氏曰：左右之史紀人主之言動，職清地要，他官莫比。非器識端方，上下所信，才學優贍，中外所推者，不虛授也。

華陽范氏曰：夫天地之有四時，如百官之有六職，天下萬事備盡於此。如綱之在綱，裘之挈領，雖百世不可易也。人君如欲稽古以正名，苟不於《周官》，未見其可也。

朱子曰：宰相擇監司，吏部擇郡守，如此則朝廷亦可無事，又何患其不得人。

臨川吴氏曰：予閒居思天下之治法，以爲禹、稷、伊尹之志，苟得一縣亦可小試，何也？

縣之於民最近，令之福惠所及最速，莫是官若也。❶而舉世瞀瞀，孰知其任之爲不輕？專務己肥，遑恤民瘠，壅閼吾君之德，使不得下達，愁怨之氣瀰漫兩間，以至上干陰陽之和者，十而八九也。聚群羊而牧之以一狼，恣其啖食，何辜斯民而至斯極？於斯之時，倏有人焉，慰愜其蘇息之望，則民之愛之也，烏得不如子之愛其父母哉？世固有廉者矣，其見不明，則爲吏所蔽，雖廉何補？亦有廉而且明者矣，其心不仁，則自謂無取於民，不眩於事，而深刻嚴酷，又縱其下漁獵躪躒，略無惻隱之意。或其心雖仁而短於剸裁，徒有仁心而民不被澤，仁而不能故也。或其才雖能，而意之所向不無少偏，終亦不免於小疵，能而未公故也。全此五善，難矣哉！

程子曰：談經論道則有之，少有及治體者。如有用我者，正心以正身，正身以正家，正家以正朝廷百官，至于天下，此其序也。其間則又係用之淺深，臨時裁酌而應之，難執一意也。以下論涖政。〇斟酌去取古今，恐未易言，須尺度權衡在胸中無疑，乃可處之無差。〇古者鄉田同井，而民之出入相友，故無争鬭之獄。今之郡邑之訟往往出於愚民以戾氣相搆，善爲政者勿聽焉可也。又時取强暴而好譏侮者痛懲之，則柔良者安，鬭訟可息矣。〇

❶「是官若」，四庫本作「若縣官」。

韓持國常患在下者多欺，曰：「欺有三：有爲利而欺者，則固可罪；有畏罪而欺者，在所恕；事有類欺者，在所察。」○問：臨政無所用心，求於恕如何？曰：推此心行恕，可也。用心求恕，非也。恕，己所固有，不待求而後得，舉此加彼而已。○呂進明使河東，伊川問之曰：爲政何先？對曰：莫要於守法。曰：拘於法而不得有爲者，舉世皆是也。若某之意，謂猶有可遷就不害於法而可以有爲者也。昔明道爲邑，凡及民之事，多衆人所謂於法有礙焉者。然明道爲之，未嘗大戾於法，人亦不以爲駭也。謂之得伸其志則不可，求小補焉則過之，與今爲政遠矣。人雖異之，不至指爲狂也。至謂之狂，則心大駭，盡誠爲之，不容而後去之，又何嫌之有？○或問：爲官僚而言事於長，理直而不見從也，則如之何？曰：亦權其輕重而已。事重於去，則當去；事輕於去，則當留。事大於争，則當争；事小於争，則當已。雖然，今之仕於官，其有能去者，必有之矣，而吾未之見也。○一命之士，苟存心於愛物，於人必有所濟。○問臨民。曰：使民各得輸其情。問御吏。曰：正己以格物。

人有語及爲政者，和靖尹氏曰：子張問政，子曰「居之無倦」。倦最害事，若能無倦，推而行之，爲尉爲邑爲郡，以至爲宰相，皆可了。若倦，則雖居家至小事，也不能了。

五峰胡氏曰：事有大變，時有大宜。通其變，然後可爲也。務其宜，然後有功也。

朱子曰：作縣固非易事，然盡心力而爲之，必無不濟。今人多是自放懶了，所以一綱弛，而衆目紊也。○仕宦只是廉勤自守，進退遲速自有時節，切不可起妄念也。○大抵守官只要律己公廉，執事勤謹，晝夜孜孜，如臨淵谷，便自無他患害。纔是有所依倚，便使人怠惰放縱，不知不覺錯做了事也。○大率天下事，循理守法，平心處之，便是正當。如賊盜入獄而加以桎梏箠楚，乃是正理。今欲廢此，以誘其心，欲其歸恩於我，便是挾私任術，不行衆人公共道理。況恩既歸己，怨必歸於他人，彼亦安得無忿疾於我耶？○事變無窮，幾會易失，酬酢之間，蓋有未及省察而謬以千里者。是以君子貴明理也，理明則異端不能惑，流俗不能亂，而德可久，業可大矣。○問：班朝治軍，莅官行法，非禮威嚴不行；禱祠祭祀，非禮不誠不莊。先生謂古人以誠莊對威嚴，蓋爲政以嚴爲本，寬以濟嚴之太過也。某竊謂居上以寬爲本，寬則得衆，嚴以濟寬之不及耳。若一意任威，其弊將有至於法令如牛毛者。然先王爲政之本，寬嚴先後之異施者，不敢不講。曰：爲政以寬爲本者，謂其大體規模意思當如此耳。古人察理精密，持身整肅，無偷惰戲豫之時，故其政不待作威而自嚴，但其意則以愛人爲本耳。及其施之於政事，便須有綱紀文章，關防禁約，截然而不可犯，然後吾之所謂寬者，得以隨事及人，而無頹敝不舉之處。人之蒙惠於我，亦得以通達明白，實受其賜，而無間隔欺蔽之患。聖人說政以寬爲本，而今反欲其嚴，正如古樂以和爲主，而周子反欲其淡。蓋今之所謂寬者乃縱弛，所謂和者乃哇淫，非古之所謂寬與和者。故必以是矯之，乃得其平耳。如其不然，則雖有愛人之心，而事無統紀，緩急、先後、可否、與奪之權皆不在己，於是姦豪得志，而善良之民反不被其澤矣。此事利害只在目前，不必引書傳，考古今，然後知也。但爲政必有規矩，使姦民猾吏不得行其私，然後刑罰可省，賦斂可薄，所謂以寬爲本，體仁長人，孰有大於此者乎？○平易近民，爲政之本。

南軒張氏曰：爲政須是先平其心，不平其心，雖好事亦錯。如抑强扶弱，豈不是好事？往往只這裏便錯。須是如明鏡然，妍者自妍，醜者自醜，何預我事？若是先以其人爲醜，則相次見此人無往而非醜矣。○問：趙德莊知建寧府，問於晦庵，爲政寬則是？猛則是？晦庵云：「若教公寬一尚，猛一尚，則如發瘧子相似。以某之意，御善良以寬，治强暴以嚴。」此語如何？曰：若胸中著一寬字，寬必有弊；著一猛字，猛必有弊。吾徒處事，當如持衡，高者下之，低者平之，若聖人之秤則常平矣。

東萊吕氏《官箴》曰：凡治事有涉權貴，須平心看理之所在。若其有理，固不可避嫌，故使之無理。直須平心看，若有一毫畏禍自恕之心，則五分有理，便看作十分有理。若其無理，亦不可畏禍，曲使之有理。政使見得無理，只須作尋常公事看斷，過後不須拈出説。尋常犯權貴取禍者，多是張大其事，邀不畏彊禦之名，所以彼不能平。若處得平穩妥帖，彼雖不樂，視前則有間矣。然所以不欲拈出者，本非以避禍，蓋此乃職分之常，若特然看做一件事，則發處已自不是矣。○當官之法唯有三事，曰清，曰慎，曰勤。知此三者，則知所以持身矣。然世之仕者，臨財當事不能自克，常自以爲必不敗，持必不敗之意，則無不爲矣。然事常至於敗而不能自已，故設心處事，戒之在初，不可不察。借使役用權智，百端補治，幸而得免，所損已多，不若初不爲之爲愈也。司馬子微《坐忘論》云：「與其巧持於末，孰若拙戒於初。」此天下之要言，當官處事之大法，用力寡而見功多，無如此言者。人能思之，豈復有悔吝耶？○事君如事親，事官長如事兄，與同僚如家人，待群吏如奴僕，愛百姓如妻子，處官事如家事，然後爲能盡吾之心。如有毫末不至，皆吾心有所不盡也。故事親孝，故忠可移於君；事兄弟，故順可移於長；居家治，故事可移於官。豈有二理哉？○當官處事，常思有以及人。如科率之行既不能免，便就其間求所以使民省力，不使重爲民患，其益多矣。○當官者難事勿辭而深避嫌疑，以至誠遇人而深避文法，如此則可免。○前輩嘗言小人之性專務苟且，明日有事，今日得休且休，當官者不可徇其私意，忽而不治。諺有之曰「勞心不如勞力」，此實要言也。○當官既自廉潔，又須關防小人。如文字曆引之類，皆須明白，以防中傷，不可不至謹，不可不詳知也。○當官者，凡異色人皆不宜與之相接，巫祝尼媪之類尤宜疎絶，要以清心省事爲本。○後生少年乍到官守，多爲猾吏所餌，不自省察，所得毫末。而一任之間，不復敢舉動，大抵作官嗜利，所得甚少，而吏人所盜不貲矣。以此被重譴，良可惜也。○當官者先以暴怒爲戒。事有不可，當詳處之，必無不中。若先暴怒，只能自害，豈能害人？前輩嘗言凡事只怕待。待者，詳處之謂也。蓋詳處之，則思慮自出，人不能中傷也。嘗見前輩作州縣，或獄官，每一公事難決者，必沉思静慮累日，忽然若有得者，則是非判矣。是道也，唯不苟者能之。○處事者不以聰明爲先，而以盡心爲急。不以集事爲急，而以方便爲上。○畏避文法，固是常情。然世人自私者，率以文法難事委之於人，殊不知人之自私，亦猶己之自私也。以此處事，其能有濟乎？○當官大要，直不犯禍，和不害義，在人消詳斟酌之爾。然求合於道理，本非私心專爲己也。○當官處事，但務著實。如塗擦文書，追改日月，重易押字，萬一敗露，得罪反重，亦非所以養誠心事君不欺之道也。百種姦僞，不如一實；反復變詐，不如慎始；防人疑衆，不如自慎；智數周密，不如省事。不易之道也。○事有當死不死，其詬有甚於死者，後亦未必免死。當去不去，其禍有甚於去者，後亦未必得安。世人至此，多惑亂失常，皆不知義命輕重之分也。此理非平居熟講，臨事必不能自立，不可不預思。古之欲委質事人，其父兄日夜先以此教之矣。中材以下，豈臨事一朝一夕所能至哉？教之有素，其心安焉，所謂有所養也。○忍之一字，衆妙之門，當官處事，尤是先務。若能清慎勤之外，更行一忍，何事不辦？《書》曰：「必有忍，其乃有濟。」此處事之本也。諺有之曰「忍事敵災星」，少陵詩云「忍過事堪喜」，此皆切於事理，爲世大法，非空言也。王沂公嘗説：「喫得三斗釅醋，方做得宰相。」蓋言忍受得事也。○居官臨事，外有齟齬，必内有窒礙。蓋内外相應，毫髮不差，只有反己兩字，更無别法也。

魯齋許氏曰：恐害於己者，必思所以害人也，豈知利人則未有不利於己者也。至於推勘公事，已得大情，適當其法，不旁求深入，是亦利人之一端也。彼俗吏不達此理，專以出罪爲心，謂之陰德，予曰不然。履正奉公，嫉惡舉善，人臣之道也。有違于此，則惡者當害之而反利之，善者當利之而反害之。顯不能逃其刑責，幽不能欺於神明，顧陰德何有焉？○每臨事且勿令人見喜，既令見喜，必是偏於一處，隨後便有弊。蓋喜悦非久長之理，既不令人喜，亦不令人怒，便是得中。

諫　諍

程子曰：有翦桐之戲，則隨事箴規。違養生之戒，則即時諫止。○人臣以忠信善道事其君者，須體納約自牖之意，必違其所蔽而因其所明，乃能入矣。雖有所蔽，亦有所明，未有冥然而皆蔽者也。古之善諫者必因君心所明，而後見納。是故訐直强果者，其説多忤；温厚明辯者，其説多行。愛戚姬將易嫡庶，是其所蔽也。素重四老人之賢而不能致，是其所明也。四老人之力，孰與夫公卿及天下之心？其言之切，孰與周昌、叔孫通也？高祖不從彼而從此者，留侯不攻其蔽而就其明也。趙王太后愛其少子長安君，不使爲質於齊，是其蔽也。愛之欲其富貴久長於齊，是其所明也。左師觸龍所以導之者，亦因其明爾，故其受命如響。夫教人者，亦如此而已。

元城劉氏曰：嘗讀《國語》，以謂天子聽政，使公卿至於列士獻詩，瞽獻曲，史獻書，師箴，瞍賦，矇誦，百工諫，庶人傳語，近臣盡規，親戚補察，瞽史教誨，耆艾修之，而後王斟酌焉。是三代之前，上則公卿大夫朝夕得以納忠，下則百工庶民猶執藝事以諫。故忠言嘉謀日聞於上，而天下之情無幽不燭，無遠不通，所爲必成，所舉必當者，諫諍之效也。後世之士不務獻納於君，而多爲自全之謀，正論遠猷鮮有入告，於是設員置職？而責之以諫矣。夫進言者日益少，而聽言者不加勤，此天下之治所以終愧於先王之盛時也。

華陽范氏曰：人臣諫而不聽，則當去位。苟不能彊諫，而視其君之過舉，至於天下咸怨，其臣則曰：「非我不諫，君不能用我也。」始則擇利以處其身，終則引謗以歸於君，此不忠之大者也。○國之將興，必賞諫臣；國之將亡，必殺諫臣。故諫而受賞者，興之祥也；諫而被殺者，亡之兆也。天下如人之一身，夫身必氣血周流無所壅底，而後能存焉。諫者使下情得以上通，上意得以下達，如氣血之周流於一身也。故言路開則治，言路塞則亂。治亂者，繫乎言路而已。

五峰胡氏曰：事物之情以成則難，以毁則易。足之行也亦然，升高難，就卑易。舟之行也亦然，泝流難，順流易。是故雅言難入，而淫言易聽；正道難從，而小道易用。伊尹之訓太甲曰：「有言逆于汝心，必求諸道；有言遜于汝志，必求諸非道。」蓋本天下事物之情而戒之耳，非謂太甲質凡而故告之以如是也。英明之君能以是自戒，則德業日新可以配天矣。

朱子曰：内自臣工，外及甿庶，有能開寤聖心，指陳闕政者，無間疎賤，使咸得以自通。然後差擇近臣之通明正直者一二人，使各引其所知有識敢言之士三數人，寓直殿門。凡四方之言有來上者，悉令省閲，舉其盡忠不隱者，日以聞于聰聽，則夫天人之際，將有粲然畢陳於前者，然後兼總條貫，稱制臨決，晝爲科品，以次施行。○問《淵源録》折柳事。程伊川在經筵，一日講罷未退，哲宗忽起，憑檻戲折柳枝，進曰：方春發生，無故不可摧折。曰：有無不可知，但劉公非妄語人。而《春秋》有傳疑之法，不應遽削之也。且伊川之諫，其至誠惻怛，防微慮遠，既發乎愛君之誠，其涵養善端，培植治本，又合乎告君之道，皆可以爲後世法，而於輔導少主，尤所當知。至其餘味之無窮，則善學者雖以自養可也。

南軒張氏曰：某每登對，必先自盟其心曰：「切不可見上喜，便隨順將去，恐一時隨順，後來收拾不得。」上嘗曰：「伏節死義之臣難得。」某對曰：「陛下未得所以求之之道。」上曰：「何如？」曰：「當於犯顔敢諫中求，則臨事可以得伏節死義之士矣。若平時不能犯顔敢諫，他日安能望其伏節死義乎？」○武昭儀稱制，長孫無忌欲諫，褚遂良曰：「公，國之元舅，諫而得罪，使上有殺元舅之名，不如遂良先諫，諫而不從，公却繼之。」遂諫至於棄笏。此非不美也，然費了多少氣力，終亦不成事。孰若高宗初幸尼寺，取才人入宫之時，大臣一言可去矣。大凡事豈可不辨於幾微，小處放過，却來大處旋争，無益矣。

東萊吕氏曰：自古進言於君者，必以責難爲恭。蓋宴安之適，聲色之娱，環麗之玩，畋游之佚，實爲治之大蠹。其樂難捨，其惑難移，忠臣義士乃冒萬死而欲奪其君之所嗜，此自古及今所共謂之責難也。○大凡爲人須識綱目。辭氣是綱，言事是目。言事雖正，辭氣不和亦無益。自古亂亡之國，非無敢言之臣，既殺其身，國亦從之，政坐此耳。○諫之道有三難焉，曰遠，曰疎，曰驟。遠則勢不接，疎則情不通，驟則理不究。其言之不行也，固也。彼周設師氏之官，淵乎其用意之深乎！師氏之官實居虎門之左，而詔王以媺者也。其勢近，其情親，其言漸，若江海之浸，膏澤之潤，日加益而不知焉。周公之設官三百六十，官必掌一事，事必寓一意，而師氏獨列地官之屬，實周公致意之深者。想夫成周之隆，出入起居同歸於欽，發號施令同歸於臧者，師氏抑有助焉。昔周太史辛甲命百官箴王闕，而虞人之箴獨傳。竊意師氏之所獻，必反復紬繹，辭順意篤，足以爲百代箴規之法。然求之於蠹書漆簡之中，雖斷章片辭，邈不可得，是可歎已。

西山真氏曰：天下之務至廣也，軍國之機至要也，雖明主聽斷，賢相謀議，思慮之失，亦不能免。一失則爲害不細，必藉忠良之士諫正。夫忠良之士論治體，補國事，乃其志爾。能密有所助，則亦志伸而道行，豈必彰君過而取高名哉？當君相議事之際，使諫官預聞，得以關說，或有闕失，從而正之。天下但覩朝政之得宜，不知諫者之何言，上下誠通，國體豈不美乎？況大臣論事，以諫官規正於人君之前，安有不公之議？兹亦制御大臣，使之無過之術爾。若以諫官小臣不可預聞國議，必衆知闕失，方許諫正，事或已行而不可救，過或已彰而不可言。故剛直之臣有激訐不顧以争之者，君從之，猶掩其過。君或不從，則君之過大，臣之罪愈大矣。○君子小人之分，義利而已矣。君子之心純乎爲義，故其得位也，將以行其道。小人之心純乎爲利，故其得位也，將以濟其欲。二者操術不同，故所以道其君者亦異。夫爲人君者，受諫則明，拒諫則昏，明則君子得以自盡，昏則小人得以爲欺。故爲君子者，惟恐其君之不受諫；爲小人者，惟恐其君之不拒諫。彼小人者，豈以受諫爲不美哉？蓋正論勝則邪説不容，公道行則私意莫逞，故其術不得不出諸此。○欲諫其君者，必先能受人之諫。儻在己則知盡言以諫君，而於人則不欲盡言以諫我，是以善責君而未嘗以善責己也，其可乎哉？故爲大臣，必以群下有言爲救己之過而不以爲形己之短，以爲愛己而不以爲輕己，以爲助己而不以爲異己，然後可稱宰相之度矣。

魯齋許氏曰：後世臣子諫於君，只説利害有如此，以利害相恐動，則利害不應時，都不信了。或者於君前説旱災可畏，稅課害人，爲害不細，後皆無損，再有便難説。後來雖因此壞了天下，也説不得。唐懿宗爲諫驪山事，曰彼叩頭何足信，此其驗也。人只當言義理可與不可，當與不當。且如天道福善禍淫，有時而差，是禍福亦不足信也。人只得當於義理而已，利害一切不恤也。

法令

程子曰：三王之法各是一王之法，故三代損益，文質隨時之宜。若孔子所立之法，乃通萬世不易之法。孔子於他處亦不見説，獨答顔回云：「行夏之時，乘殷之輅，服周之冕，樂則韶舞。」此是於四代中舉這一箇法式，其詳細雖不可見，而孔子但亦言其大法，使後人就上修之，二千年來亦無一人識者。○居今之時，不安今之法令，非義也。若論爲治，不爲則已，如復爲之，須於今之法度内處得其當，方爲合義。若須更改而後爲，則何義之有？○古之人重改作，變政易法，人心始以爲疑者，有之矣。久而必信，乃其改作之善者也。始既疑之，終復不信，而能善治者，未之有也。○爲政必立善法，俾可以垂久而傳遠。若後世變之，則末如之何矣。

龜山楊氏曰：立法要使人易避而難犯，至於有犯，則必行而無赦，此法之所以行也。

元城劉氏曰：嘗考載籍以推先王之道，雖禮樂刑政號爲治具，而所以行之者，特在於命令而已。昔之善觀人之國者，不視其勢之盛衰，而先察其令之弛張；未論其政之醇疵，而先審其令之繁簡。惟其慮之既熟，謀之已臧，發之不妄，而持以必行，則堅如金石，信如四時，敷天之下莫不傾耳承聽，聳動厭服，此聖人所恃以鼓舞萬民之術也。《書》曰：「愼乃出令，令出惟行，弗惟反。」《易》曰：「涣汗其大號。」《傳》曰：「令重則君尊。」又曰：「國之安危在出令。」凡此皆聖人愼重之意也。○人君命令雖在必行，苟處之得其理，則執之不可變。惟其不合衆望，違咈人情，關天下之盛衰，繫朝廷之輕重，所宜擇善，何憚改爲？

五峰胡氏曰：荀子云：「有治人，無治法。」竊譬之欲撥亂反之正者。如越江湖，法則舟也，人則操舟者也。若舟破楫壞，雖有若神之技，人人知其弗能濟矣。故乘大亂之時必變法，法不變而能成治功者，未之有也。○法制者，道德之顯爾。道德者，法制之隱爾。天地之心，生生不窮者也。必有春秋冬夏之節，風雨霜露之變，然後生物之功遂。有道德結於民心而無法制者，爲無用，無用者亡。劉虞之類。有法制繫於民身而無道德者，爲無體，無體者滅。暴秦之類。是故法立制定，苟非其人，亦不可行也。

朱子曰：古人立法只是大綱，下之人得自爲。後世法皆詳密，下之人只是守法。法之所在，上之人亦進退下之人不得。○朝廷紀綱尤所當嚴，上自人主以下至於百執事，各有職業，不可相侵。蓋君雖以制命爲職，然必謀之大臣，參之給舍，使之熟議以求公議之所在，然後揚于王庭，明出命令而公行之。是以朝廷尊嚴，命令詳審，雖有不當，天下亦皆曉然知其謬之出於某人，而人主不至獨任其責。臣下欲議之者，亦得以極意盡言而無所憚，此古今之常理也。

賞罰

程子曰：聖人所知宜無不至也，聖人所行宜無不盡也，然而《書》稱堯舜，不曰「刑必當罪，賞必當功」，而曰：「罪疑惟輕，功疑惟重。與其殺不辜，寧失不經。」異乎後世刻核之論矣。○萬物皆只是一箇天理，己何與焉？至如言天討有罪，五刑五用哉；天命有德，五服五章哉。此都只是天理自然當如此。人幾時與，與則便是私意。有善有惡，善則理當喜。如五服自有一箇次第，以章顯之惡則理當惡，彼自絶於理，故五刑五用，曷嘗容心喜怒於其間哉？舜舉十六相，堯豈不知，只以他善未著，故不自舉。舜誅四凶，堯豈不察，只爲他惡未著，那誅得他。舉與誅，曷嘗有毫髮厠於其間哉？只有一箇義理，義之與比。

元城劉氏曰：人主所以鼓動天下，制馭臣民之柄莫大於賞罰。使賞必及於有功，罰必加於有罪，則四海之内竦然向風而無不心服者矣。惟其無功者虚受，有罪者幸免，遂容僭濫，而其弊將至於無所勸懲。然則爲天下者，安可不以至公而慎用之乎？

華陽范氏曰：人君賞一人而天下莫不勸，罰一人而天下莫不懼，豈其力足以勝億兆之衆哉？處之中理而能服其心也。用一不肖而四方莫不解體，殺一無罪而百姓莫不怨怒，豈必人人而害之哉？處之不中理而不能服其心也。

武夷胡氏曰：人主以天下爲度者也，所好當遵王道，不可以私勞行賞；所惡當遵王路，不可以私怨用刑。其喜怒則當發必中節，和氣絪緼而育萬物也。

吕氏本中曰：賞必當功，罰必當罪，刻核之論也。罪疑惟輕，功疑惟重，君子長者之心也。以君子長者之心爲心，則自無刻核之論。如君子不盡人之歡，不竭人之忠。去其臣也，必可使復仕；去其妻也，必可使復嫁。如此等論，上下薰蒸，則太平之功可立致也。芝草生，甘露降，醴泉出，皆是此等和氣薰蒸所生。

朱子曰：古之欲爲平者，必稱其物之大小高下，而爲其施之多寡厚薄，然後乃得其平。若不問其是非曲直而待之如一，則是善者常不得伸，而惡者反幸而免。以此爲平，是乃所以爲大不平也。故雖堯舜之治，既舉元凱，必放共兜。此又《易・象》所謂「遏惡揚善，順天休命」者也。蓋善者，天理之本然；惡者，人欲之邪妄。是以天之爲道，既福善而禍淫，又以賞罰之權寄之司牧，使之有以補助其禍福之所不及。然則爲人君者，可不謹執其柄，而務有以奉承之哉？

性理大全書卷之六十九

治道四

王伯

程子曰：得天理之正，極人倫之至者，堯舜之道也。用其私心，依仁義之偏者，伯者之事也。王道如砥，本乎人情，出乎禮義，若履大路而行，無復回曲。伯者崎嶇反側於曲徑之中，而卒不可與入堯舜之道。故誠心而王則王矣，假之而伯則伯矣。二者其道不同，在審其初而已。《易》所謂「差若毫釐，繆以千里」者，其初不可不審也。故治天下者必先立其志，志先立，則邪説不能移，異端不能惑，故力進於道而莫之禦也。苟以伯者之心而求王道之成，是衒石以爲玉也。故仲尼之徒無道桓文之事，而曾西恥比管仲者，義所不由也，況下於伯者哉！○王道奉若天道，動無非天者，故稱天王。命則天命也，討則天討也。盡天道者，王道也。後世以智力持天下者，伯道也。

涑水司馬氏曰：合天下而君之之謂王，王者必立三公，三公分天下而治之曰二伯，一公處乎内，皆王官也。周衰，二伯之職廢，齊桓、晉文糾合諸侯以尊天子，天子因命之爲侯伯，修舊職也。伯之語轉而爲霸，霸之名自是興。

問：如管仲之才，使孔子得志行乎天下，還用之否？龜山楊氏曰：管仲高才自不應廢，但綱紀法度不出自他，儘有用處。曰：若不使他自爲，或不肯退聽時，如何？曰：如此，則聖人廢之，不問其才。又曰：王道本於誠意，觀管仲亦有是處，但其意别耳。如伐楚事，責之以包茅不貢，其言則是，若其意豈爲楚不勤王，然後加兵？但欲楚尊齊耳。尊齊而不尊周，管仲亦莫之詰也。若實尊周，專封之事，仲豈宜爲之？故孟子曰：「五伯，假之也。」蓋言其不以誠爲之也。又曰：自孟子後，人不敢小管仲，只爲見他不破。近世儒者如荆公雖知卑管仲，其實亦識他未盡，況於餘人。人若知王良羞與嬖奚比，比而得禽獸，雖若丘陵弗爲之意，則管仲自然不足道。又曰：管仲只爲行詐，故與王者别。若王者，純用公道而已。○問：或謂衛於王室爲近，懿公爲狄所滅，齊桓公攘戎狄而封之。當是時，夷狄横而中國微，桓公獨能如此，故孔子曰：「微管仲，吾其被髮左衽矣。」爲其功如此也。觀晉室之亂，胡羯猖獗於中原，當是時，只爲無一管仲，故顛沛如此。然則管仲之功，後世信難及也。曰：若以後世論之，其功不可謂不大。自王道觀之，則不可以爲大也。今人只爲見管仲有此，故莫敢輕議，不知孔孟有爲，規模自別。見得孔孟作處，則管仲自小。曰：孔孟如何？曰：必也以《天保》以上治内，以《采薇》以下治外。雖有夷狄，安得遽至中原乎？如《小雅》盡廢，則政事所以自治者俱亡，四夷安得而不交侵？中國安得而不微？方是時，縱能救之於已亂，雖使中國之人不至被髮左衽，蓋猶賢乎周衰之列國耳，何足道哉？如孟子所以敢輕鄙之者，蓋以非王道不行故也。曰：然則孔子何爲深取之？曰：聖人之於人，雖有毫末之善必録之，而況於仲乎？若使孔子得君如管仲，則管仲之事蓋不暇爲矣。

問：管仲之功，孔子與之。其曰「如其仁」，何也？和靖尹氏曰：如，似也。與其功而不與其仁。問：何故不與其仁？曰：只爲大本錯了。問：如何是大本錯？曰：且如初相子糾，其錯亦大矣。問：如何是錯？曰：觀《春秋》所書「莊公九年夏，公伐齊，納子糾，齊小白入于齊。九月，齊人取子糾殺之」可見也。管仲功高，豈可補過？但只是忍恥能就其功，故孔子與其功也，其於仁也何有？若夫舍王道而行伯道，以富國强兵爲本，則更不待論也。如責包茅不入，昭王不返，亦謂假仁以行其伯。孟子雖説久假而不歸，然怎生謂之假？豈能久而不歸？若到得不歸處時，只是假之以成功也。然桓公尚在五伯中爲盛者也，孟子責管仲功烈如此其卑者，以其不能行王道以至于仁也。孔子謂九合諸侯、一正天下者，以其功也。孔孟之意則同，舍此皆穿鑿也。問：孔門羞稱五伯，❶何也？曰：七十子之徒皆未必能作得管仲之功，然所以羞稱者，只爲錯了大本，不知學者也。學者不可不知此也。

五峰胡氏曰：三王正名興利者也，故其利大而流長。五伯假名争利者也，故其利小而流近。

豫章羅氏曰：王者富民，伯者富國。富民，三代之世是也。富國，齊晉是也。至漢文帝行王者之道，欲富民而告戒不嚴，民反至於奢。武帝行伯者之道，欲富國而費用無節，國反至於耗。

南軒張氏曰：學者要須先明王伯之辨，而後可論治體。王伯之辨，莫明於孟子。大抵王者之政皆無所爲而爲之，伯者則莫非有爲而然也。無所爲者天理，義之公也。有所爲者人欲，利之私也。考左氏所載齊桓晉文之事，其間豈無可喜者？要莫非有所爲而然，考其迹，而其心術之所存固不可掩也。

問：王伯如何分別？潛室陳氏曰：司馬温公無王伯之辨。要之源頭，只是「王伯」兩

❶「門」，四庫本作「孟」。

字。以其爲天下王，故謂之王。以其爲方伯，故謂之伯。以王天下言之謂之王，猶伯之爲伯也，未見其美玉珷玞之辨。後來制字有不備，故伯字有霸字，王字只是王字，點發爲之，然伯字亦無詐力之義。故言三王，以其王天下也。言五伯，以其伯諸侯也。自其有三王之至公，有五伯之智力，而後有王伯是非誠僞之分。故今之言王伯之分者，當以孟子德行仁、力假仁爲正。

西山真氏曰：義信禮爲國之本，不可一日離。古之王者動必由之，非有所爲而爲之也。子犯之爲晉文公謀，必曰：「示之義，示之信，示之禮。」則皆有爲而爲之矣。王伯粹駁之異，其不以此哉！

田　賦

或問：井田今可行否？程子曰：豈古可行而今不可行者？或謂今人多地少。不然，譬諸草木，山上著得許多，便生許多，天地生物常相稱，豈有人多地少之理？〇問：古者百畝，今四十一畝餘。若以土地計之，所收似不足以供九人之食。曰：百畝九人固不足，通天下計之則亦可。家有九人，只十六已別受田，其餘皆老少也，故可供。有不足者，又有補助之政，又有鄉黨賙捄之義，故亦可足。○又嘗與張子厚論井地。❶曰：地形不必謂寬平可以畫方，只可用算法折計地畝以授民。子厚謂：「必先正經界，經界不正，則法終不定。地有坳垤不管，只觀四標竿，中間地雖不平，饒與民無害。就一夫之間所争亦不多，又側峻處田亦不甚美，又經界必須正南北，假使地形有寬狹尖斜，經界則不避山河之曲，其田則就得井處爲井，不能就成處，或五七，或三四，或一夫，其實四數則在，又或就不成一夫處，亦可計百畝之數而授之，無不可行者。如此，則經界隨山隨河，皆不害於畫之也。苟如此畫定，雖便使暴君汙吏亦數百年壞不得。經界之壞，亦非專在秦時，其來亦遠，漸有壞矣。」又曰：井田今取民田，使貧富均，則願者衆，不願者寡。正叔言：「亦未可言民情怨怒，正論可不可爾。須使上下都無怨怒，方可行。」

藍田吕氏曰：古之取民，貢、助、徹三法而已。校數歲之中以爲常，是爲貢。一井之地八家，八家皆私百畝，同治公田百畝是爲助。不爲公田，俟歲之成，通以十一之法取于百畝，是爲徹。

龜山楊氏曰：先王爲比閭、族黨、州鄉以立軍政，居則爲力耕之農，出則爲敵愾之士。

❶「地」，四庫本作「田」。

蓋當是時，天下無不受田之夫，故均無貧焉，而人知食力而已。游惰姦凶不軌之民，無所容於其間也。

五峰胡氏曰：仁心，立政之本也。均田，爲政之先也。田里不均，雖有仁心而民不被其澤矣。井田者，聖人均田之要法也。恩意聯屬，姦宄不容，少而不散，多而不亂，農賦既定，軍制亦明矣。三王之所以王者，以其能制天下之田里。政立仁施，雖匹夫匹婦，一衣一食，如解衣衣之，如推食食之，其於萬物誠有調燮之法，以佐贊乾坤化育之功。

華陽范氏曰：自井田廢而貧富不均，後世未有能制民之産，使之養生送死而無憾者也。立法者未嘗不欲抑富而或益助之，不知富者所以能兼并，由貧者不能自立也。貧者不能自立，由上之賦斂重而力役繁也。爲國者必曰財用不足，故賦役不可以省，盍亦反其本矣。昔哀公以年饑用不足問於有若，有若曰「盍徹乎」？夫徹非所以裕用，然欲百姓與君皆足，必徹而後可也。後之爲治者，三代之制雖未能復，❶唯省其力役，薄其賦斂，務本抑末，尚儉去奢，占田有限，困窮有養，使貧者足以自立，而富者不得兼之，此均天下之本也。不然，雖有法令，徒文具而已，何益於治哉？

❶「制」，四庫本作「治」。

問：橫渠謂「世之病井田難行者，以亟奪富人之田爲辭，然處之有術，期以數年不刑一人而可復」。不審井議之行於今果如何？朱子曰：講學時且恁講，若欲行之，須有機會。經大亂之後，天下無人，田盡歸官，方可給與民。如唐口分世業，是從魏晉積亂之極，至元魏及北齊後周，乘此機方做得。荀悦《漢紀》一段正説此意甚好，若平世則誠爲難行。

東萊吕氏曰：孔子言王道，曰：「道千乘之國，敬事而信，節用而愛人，使民以時。」孟子言王道，須説百畝之田、八口之家，及材木不可勝用之類。何故須説許多？以此見得春秋時井田尚在，戰國時已自大故廢，須要人整頓。如《史記》説決裂阡陌以静天下之業，又以此見得井田亦不易廢。

理　財

龜山楊氏曰：古之制國用者，量入以爲出，故以九賦斂之，而後以九式均節之，使用財無偏重不足之處，所謂均節也。取之有藝，用之有節，然後足以服邦國，以致其用。先王所謂理財者，亦均節之，使當理而已。○《周官》泉府之官，以市之征布斂市之不售，貨之滯於民用，以其價買之，物揭而書之，以待不時而買者。夫物貨之有無，民用之贏乏，常相因而至也。不售者有以斂之，蓋將使行者無滯貨，非以其賤故買之也。不時買者有以待之，蓋將使居者無乏用，非以其貴故賣之。蓋所以阜通貨賄也，此商賈所以願藏於王之市，而有無贏乏皆濟矣。○先王所謂理財者，非盡籠天下之利而有之也。取之以道，用之有節，各當於義之謂也。取之不以其道，用之不以其節，而不當於義，則非理矣。故《周官》以九職任之，而後以九賦斂之，其取之可謂有道矣。九賦之入，各有所待，如關市之賦以待王之膳服，邦中之賦以待賓客之類是也。邦之大用，内府待之；邦之小用，外府受焉，有司不得而侵紊之也。冢宰以九式均節之，下至工事芻秣之微，匪頒好用，皆有式焉，雖人主不得而逾之也。所謂惟王及后、世子不會，特膳服之類而已。有不如式，雖有司不會，冢宰得以式論之矣。○什一，天下之中制，自堯舜以來，未之有改也。取其所當取，則利即義矣。故曰：「國不以利爲利，以義爲利。」則義利初無二致焉。

朱子曰：古者荒歲方鑄錢，《周禮》所謂「國凶荒札喪，則市無征而作布」。既可因此以養飢民，又可以權物之重輕。蓋古人錢闕，方鑄錢以益之。

節　儉

程子曰：仁宗一日問折米折幾分？曰「折六分」。怪其太甚也，有旨只令折五分。次供進偶覺藏府，痛曰「習使然也」，却令如舊。又一日思生荔枝，有司言已供盡，近侍曰：「有鬻者，請買之。」上曰：「不可。今買，來歲必增上供之數，流禍百姓無窮。」又一日夜中甚飢，思燒羊頭，近侍乞宣取，上曰：「不可。今次取之，後必常備，日殺三羊，暴殄無窮。」竟夕不食。

元城劉氏曰：仁宗恭儉出於天性，故四十二年如一日也，《易》所謂有始有卒者。世以明皇初節儉，後奢侈，疑相去遼絶。此説非也，此正是一箇見識耳。夫錦繡珠玉，世之所有也，已不好之則不用，何至焚之？焚之必於前殿，是欲人知之，此好名之弊也。夫恭儉不出於天性，而出於好名，好名之心衰，則其奢侈必甚，此必至之理也。故當時識者見其焚珠玉，知其必有末年之弊。若仁宗則不然，若非大臣問疾，則無由見其黄絁被、漆唾壺。

五峰胡氏曰：上侈靡而細民皆衣帛食肉，此飢寒之所由生，盗賊之所由作也。天下如是，上不知禁，又益甚焉，然而不亡者，未之有也。

朱子曰：先聖之言治國，而有節用愛人之説。蓋國家財用皆出於民，如有不節而用度有闕，則横賦暴斂必將有及於民者。雖有愛人之心，而民不被其澤矣。是以將愛人者必先節用，此不易之理也。

東萊吕氏曰：古人自奉簡約，類非後人所能及。如飲食高下，自有制度。諸侯無故不殺牛，大夫無故不殺羊，士無故不殺犬豕，此猶是極盛時制度也。大抵古人得食肉者至少，如食肉之禄，冰皆與焉。肉食者謀之，肉食無墨，此言貴者方得肉食也。比之後人，簡約甚矣。

魯齋許氏曰：地力之生物有大數，人力之成物有大限。取之有度，用之有節，則常足。取之無度，用之無節，則常不足。生物之豐歉由天，用物之多少由人。○天地間爲人爲物皆有分限，分限之外，不可過求，亦不得過用。暴殄天物，得罪於天。

賑恤

元城劉氏曰：昔堯有九年之水，湯遇七年之旱，而國無捐瘠之民者，蓋備之有素而已。○聖王爲國，必有九年之蓄，故雖遇旱乾水溢之災，民無菜色。今歲一不登，人且狼狽，若有司不度事勢，拘執故常，必俟春夏之交，方行祈禱之禮，❶民已艱食，旋爲賑貸之計，所謂大寒而後索衣裘，亦無及矣。

龜山楊氏曰：先王之時，三年耕有一年之積，故凶年飢歲民免於死亡，以其豫備故也。不知爲政，乃欲髡其人而取其資，以爲賑飢之術，正孟子所謂「雖得禽獸若丘陵，弗爲也」。

❶「禮」，原作「理」，今據清光緒七年浙江書局刻本《續資治通鑑長編》卷四二二改。

朱子曰：夫先王之世，使民三年耕者必有一年之蓄，故積之三十年，則有十年之蓄，而民不病於凶飢，此可謂萬世之良法矣。其次則漢之所謂常平者，其法亦未嘗不善也。○救荒之政，蠲除賑貸固當汲汲於其始，而撫存休養尤在謹之於其終。譬如傷寒大病之人，方其病時，湯劑砭灸固不可以少緩，而其既愈之後，飲食起居之間，所以將護節宣少失其宜，則勞復之證百死一生，尤不可以不深畏也。○自古救荒自有兩説，第一是感召和氣以致豐穰，其次只有儲蓄之計。若待他餓時理會，更有何策？○或説救荒賑濟之意固善，而取出之數不節不可。黄直卿云：制度雖只是這箇制度，用之亦在其人。如糴米賑飢，此固是，但非其人，則做這事亦將有不及事之患。曰：然。○嘗謂爲政者當順五行，修五事，以安百姓。若曰賑濟於凶荒之餘，縱饒措置得善，所惠者淺，終不濟事。○賑飢無奇策，不如講求水利，到賑濟時成甚事！

象山陸氏曰：社倉固爲農之利，然年常豐，田常熟，則其利可久。苟非常熟之田，一遇歉歲，則有散而無斂，來歲闕種糧時，乃無以賑之。莫若兼置平糴一倉，豐時糴之，使無價賤傷農之患；闕時糶之，以摧富民閉廩騰價之計。析所糴爲二，每存其一以備歉歲，代社倉之匱，實爲長利也。

禎異

程子曰：陰陽運動有常而無忒，凡失其度，皆人爲感之也，故《春秋》災異必書。漢儒傳其説而不得其理，是以所言多失。○或問：鳳鳥不至，河不出圖，不知符瑞之事果有之否？曰：有之。國家將興，必有禎祥。人有喜事，氣見面目。聖人不貴祥瑞者，蓋因災異而修德，則無損；因祥瑞而自恃，則有害也。問：五代多祥瑞，何也？曰：亦有此理，譬如盛冬時發出一花相似。和氣致祥，乖氣致異，此常理也。然出不以時，則是異也。如麟是太平和氣所生，然後世有以麟駕車者，却是怪也。譬如水中物生於陸，陸中物生於水，豈非異乎？又問：漢文多災異，漢宣多祥瑞，何也？曰：且譬如小人多行不義，人却不説；至君子未有一事，便生議論，此是一理也。至白者易污，此是一理也。《詩》中幽王大惡爲小惡，宣王小惡爲大惡，此是一理。又問：日食有常數，何治世少而亂世多，豈人事乎？曰：理會此到極處，煞燭理明也。天人之際甚微，宜更思索。曰：莫是天數、人事看那邊勝否？曰：似之，然未易言也。又問：魚躍于王舟，火復于王屋流爲烏，有之否？曰：魚與火則不可知，若兆眹之先，應亦有之。○或問：東海殺孝婦而旱，豈國人冤之所致邪？曰：國人冤固是，然一人之意自足以感動天地，不可道殺孝婦不能致旱也。或曰：殺姑而雨，是衆人冤釋否？曰：固是衆人冤釋，然孝婦冤亦釋也。其人雖亡，然冤之之意自在，不可道殺姑不能釋婦冤而致雨也。

五峰胡氏曰：變異見於天者，理極而通，數窮而更，勢盡而反，氣滋而息，興者將廢，成者將敗。人君者，天命之主，所宜盡心也。德動於氣，吉者成，凶者敗，大者興，小者廢，夫豈有心於彼此哉？謂之譴告者，人君覩是宜以自省也。若以天命爲恃，遇災不懼，肆淫心而出暴政，未有不亡者也。

朱子曰：商中宗時，有桑穀並生于朝，一莫大拱，中宗能用巫咸之言，恐懼修德，不敢荒寧，而商道復興，享國長久，至于七十有五年。高宗祭于成湯之廟，有飛雉升鼎耳而鳴，高宗能用祖己之言，克正厥事，不敢荒寧，而商用嘉靖，享國亦久，至于五十有九年。古之聖王遇災而懼，修德正事，故能變災爲祥，其效如此。

象山陸氏曰：昔之言災異者多矣，如劉向、董仲舒、李尋、京房、翼奉之徒，皆通乎陰陽之理，而陳於當時者非一事矣。然君子無取焉者，爲其著事應之説也。孔子書災異於《春秋》以爲後王戒，而君子有取焉者，爲其不著事應故也。夫旁引物情，曲指事類，不能無偶然而合者，然一有不合，人君將忽焉而不懼。孔子於《春秋》著災異不著事應者，實欲人君無所不謹，以答天戒而已。

西山真氏曰：祥多而恃，未必不危。異衆而戒，未必不安。顧人主應之者如何耳。

魯齋許氏曰：三代而下，稱盛治者，無若漢之文景。然考之當時，天象數變，如日食、地震、山崩、水潰、長星、彗星、孛星之類，未易遽數。前此後此凡若是者，小則有水旱之應，大則有亂亡之應，未有徒然而已者。獨文景克承天心，消弭變異，使四十年間，海内殷富，黎民樂業，移告訐之風爲醇厚之俗，且建立漢家四百年不拔之業，猗歟偉歟，未見其比也。秦之苦天下久矣，加以楚漢之戰，生民糜滅，户不過萬，文帝承諸吕變故之餘，入繼正統，專以養民爲務。其憂也，不以己之憂爲憂，而以天下之憂爲憂。其樂也，不以己之樂爲樂，而以天下之樂爲樂。今年下詔勸農桑也，恐民生之不遂；明年下詔減租税也，慮民用之或乏。懇愛如此，宜其民心得而和氣應也。○或問天變。曰：胡氏一説好，如父母嗔怒，或是子婦有所觸瀆而怒，亦有父母别生憂惱時，爲子者皆當恐懼修省。此言殊有理。

論　兵

程子曰：兵以正爲本，動衆以毒天下而不以正，則民不從而怨敵生，亂亡之道也。是以聖王重焉，東征西怨，義正故也。又曰：行師之道，以號令節制。行師無法，幸而不敗且勝者，時有之矣，聖人之所戒也。○用兵以能聚散爲上。○兵陣須先立定家計，然後以遊騎旋，旋量力分外面與敵人合，此便是合内外之道。若遊騎太遠，則却歸不得。至如聽金鼓聲，亦不忘却自家如何，如符堅一敗便不可支持，無本故也。〇技擊不足以當節制，節制不足以當仁義，使人人有子弟衛父兄之心，則制挺以撻秦楚之兵矣。〇韓信多多益辦，分數明而已。〇管轄人亦須有法，徒嚴不濟事。今帥千人，能使千人依時及節得飯喫，只如此者能有幾人？嘗謂軍中夜驚，亞夫堅卧不起。不起善矣，然猶夜驚，何也？亦是未盡善。〇善兵者有二萬人未必死，彼雖十萬人，亦未必能勝二萬人。古者以少擊衆而取勝者多，蓋兵多亦不足恃。昔者袁紹以十萬阻官渡，而曹操只以萬卒取之。王莽百萬之衆，而光武昆陽之衆有八千，仍有在城中者，然則只是數千人取之。符堅下淮百萬，而謝玄纔二萬人，一麾而亂。以此觀之，兵衆則易老，適足以資敵人，一敗不支，則自相蹂踐。至如聞風聲鶴唳，皆以爲晉軍之至，則是自相殘也。譬之一人軀榦極大，一人輕捷，兩人相當，則擁腫者遲鈍，爲輕捷者出入左右之，則必困矣。〇餽運之術，雖自古亦無不煩民、不動摇而足者。然於古則有兵車，其中載糗糧，百人破二十五人。然古者行兵在中國，又不遠敵，若是深入遠處，則決無省力。且如秦運海隅之粟以饋邊，率三十鍾而致一石，是二百倍以來。今日師行，一兵行，一夫饋，只可供七日，其餘日必俱乏食也。且計之，須三夫而助一兵，仍須十五日便回，一日不回，則一日乏食。以此校之，無善術。故兵也者，古人必不得已而後用者，知此耳。

龜山楊氏曰：自黄帝立丘，乘之法以寓軍政，歷世因之，未之有改也。至周爲尤詳，居則爲比閭、族黨、州鄉，出則爲伍兩軍師之制，使之相保相愛，刑罰慶賞相及，用一律也。天子無事，歲三田以供祭祀賓客，充君之庖而已。其事宜若緩而不切也，而王執路鼓親臨之，教以坐作進退，有不用命者，則刑戮隨之，其教習之嚴如此。故六鄉之兵出則無不勝，以其威令素行故也。丘井之廢久矣，兵農不可以復合，而伍兩軍師之制不可不講。無事之時，使之相保相愛，刑罰慶賞相及。用之於有事之際，則申之以卒伍之令，督之以旌旗指揮之節，臨難而不相救，見敵而不用命，必戮無赦，使士卒畏我而不畏敵，然後可用。若夫伍法不脩，雖有百萬之師，如養驕子，不可用也。《傳》曰：「秦之鋭士，不可當齊晉之節制；齊晉之節制，不可以當湯武之仁義。」某竊謂雖有仁義之兵，苟無節制，亦不可以取勝。《甘誓》曰：「左不攻于左，汝不恭命，右不攻于右，汝不恭命。弗用命則孥戮之。」《牧誓》曰：「不愆于六步、七步，乃止齊焉；不愆于四伐、五伐、六伐，乃止齊焉。」其節制之嚴蓋如此，故聖人著之於經，以爲後世法也。故諸葛孔明曰：「有制之兵，無能之將，不可以敗；無制之兵，有能之將，不可以勝。」此之謂也。○韓信用兵在楚漢之間，則爲善矣。方之五伯，自已不及，以無節制故也。如信之軍脩武，高祖即其卧内奪之印，易置諸將，信尚未知，此與棘門霸上之軍何異？但信用兵能以術驅人，使自爲戰，當時亦無有以節制之兵當之者，故信數得以取勝也。王者之兵未嘗以術勝人，然亦不可以計敗。後世惟諸葛亮、李靖爲知兵。如諸葛亮已死，司馬仲達觀其行營軍壘，不覺歎服；而李靖惟以正出奇。此爲得法制之意，而不務僥倖者也。古人未嘗不知兵，如《周官》之法，雖坐作進退之末，莫不有節。若平時不學，一旦緩急，何以應敵？如此，則學者於行師、御衆、戰陣、營壘之事，不可不講。○或問：今之爲將帥者，不必用狙詐固是。奈兵官武人之有智略者，莫非狙詐之流。若無狙詐，如何使人？曰：君子無所往而不以誠，但至誠惻怛，則人自感動。曰：至誠惻怛可也。然今之置帥，朝除暮易，若以至誠爲務，須是積久，上下相諳，其效方見，卒然施之，未必有補。曰：誠動於此，物應於彼，速於影響，豈必在久？如郭子儀守河陽，李光弼代之，一號令而金鼓旗幟爲之精明，此特其號令各有體耳。

華陽范氏曰：古之明王，天下有不順者，必諄諄而告教之，至于再，至于三。告之不可，然後征之，則其民知罪，而用兵有辭矣。

朱子曰：先王之制，內有六鄉六遂都鄙之兵，外有方伯連帥之兵。內外相維，緩急相制。○本强則精神折衝，不强則招殃致凶。○兵法以能分合爲變，不獨一陣之間有分合，天下之兵皆然。○兵之勝負全在勇怯。又曰：用兵之要，敵勢急，則自家當委曲以纏繞之；敵勢緩，則自家當勁直以衝突之。○厮殺無巧妙，只是死中求生。兩軍相拄，一邊立得脚住不退即贏矣。須是死中求生，方勝也。○晝則聽金鼓，夜戰看火候。嘗疑夜間不解戰，蓋只是設火候，防備敵來刼寨之屬。古人屯營，其中盡如井形，於巷道十字處置火候。如有間諜，一處舉火，則盡舉，更走不得。○管仲内政士鄉十五，乃戰士也，所以教之孝悌忠信，尊君親上之義。夫子曰：「以不教民戰，是謂棄之。」故雖伯者之道，亦必如此。○五代時兵甚驕矣。周世宗高平一戰既敗，却忽然誅不用命者七十餘人，三軍大振，遂復合戰而克之。凡事都要人有志。○或言：古人之兵，當如子弟之衛父兄；而孫吴之徒，必曰與士卒同甘苦而後可。是子弟必待父兄施恩而後報也。曰：巡而拊之，三軍之士皆如挾纊，此意也少不得。○陣者，定也。八陣圖中有奇正，前面雖未整，猝然遇敵，次列便已成正軍矣。○或問：《史記》所書高祖垓下之戰，季通以爲正合八陣之法。曰：此亦後人好奇之論。大凡有兵須有陣，不成有許多兵馬相戰鬭，只衮作一團。又只排作一行，必須左右前後，部伍行陣，各有條理方得。今且以數人相撲言之，亦須擺布得所而後相角。今人但見《史記》所書甚詳，《漢書》則略之，便以司馬遷爲曉兵法，班固爲不曉，此皆好奇之論。不知班固以爲行陣乃用兵之常，故略之，從省文爾。看古來許多陣法，遇征戰亦未必用得。所以張巡用兵，未嘗倣古兵法，不過使兵識將意，將識士情，蓋未論臨機應變，方略不同。只如地圓則須布圓陣，地方則須布方陣，亦豈容概論也？又曰：常見老將説，大要臨陣，又在番休遞上，分一軍爲數替。將戰，則食第一替人，既飽遣之入陣，便食第二替人。覺第一替人力將困，即調發第二替人往代，第三替人亦如之。只管如此更番，則士常飽健而不至困乏。○問：選擇將帥之術。曰：當無事之時，欲識得將，須是具大眼力，如蕭何識韓信方得。

南軒張氏曰：君子於天下之事，無所不當究。況於兵者，世之興廢，生民之大本存焉，其可忽而不講哉？夫兵政之本在於仁義，其爲教根乎三綱，然至於法度紀律，機謀權變，其條不可紊，其端爲無窮，非素考索，烏能極其用？一有所未極，則於酬酢之際，其失將有間不容髮者，可不畏哉！

東萊吕氏曰：後世用兵者，以爲《黄石》一書無與比者。不知黄石公未出之前，三代之兵一舉而無敵於天下，兵書何在？黄石公有一秘法在人間，人自不識。三代之得天下，亦不過此道，唯仁一字爾。

西山真氏曰：古之用武者，不急於治兵，而急於擇將。將之勇怯，兵實係焉。故天下無必勝之兵，而有不可敗之將。昔人未嘗不用民兵也，然既募之後，則有紀律焉，馬燧之練成精卒是也。方募之始，則有差擇焉，馬隆之立標揀試是也。

鶴山魏氏曰：余少讀書，於十三卦制作之象，見所謂「門柝以待暴客，弧矢以威天下」，每嘆風氣既開，人情易動，雖黄帝、堯、舜有不容不先事而爲慮者。及觀古制之詳，莫備於周。有井牧之田，有伍兩之兵，有溝樹之固，有郊關之限，有巡鑿之警，有壺欜之守。不得已而用民也，則鄉遂、三邑、三等、采地以次召發。不止，則諸侯。又不止也，則有遍境出之法。乃知古人雖以禮義廉恥爲域民固國之道，然未嘗不設險用師以輔之也。

論　刑

龜山楊氏曰：文帝之去肉刑，其用志固善也。夫紂作炮烙之刑，其甚至於刳剔孕婦，則雖秦之用刑不慘於是矣，而商之頑民亦非素教，不聞周繼之而廢肉刑也，豈武王、周公皆忍人哉？若文帝之承秦，蓋亦務爲厚養而素教之耳，不思所以教養之而去肉刑，是亦圖其末也。則王通謂其傷於義，恐未爲過論。及夫廢之已久，而崔鄭之徒乃驟議復之，則其不知本末也甚矣！○或曰：特旨乃人君威福之權，不可無也。曰：不然。古者用刑，王三宥之。若案法定罪而不敢赦，則在有司。夫惟有司守法而不移，故人主得以養其仁心。今也法不應誅，而人主必以特旨誅之，是有司之法不必守，而使人主失仁心矣。○因論特旨曰：此非先王之道，先王只是好生，故《書》曰：「好生之德，洽于民心。」爲天子豈應以殺人爲己任？孟子曰：「國人皆曰可殺，然後殺之，故曰國人殺之也。」謂國人殺之，則殺之者非一人之私意，不得已也。古者司寇以獄之成告于王，王命三公參聽之，三公以獄之成告于王，王三宥然後致刑。夫宥之者，天子之德；而刑之者，有司之公。天子以好生爲德，有司以執法爲公，則刑不濫矣。若罪不當刑，而天子必刑之，寧免於濫乎！然此事其漸有因，非獨人主之過，使法官得其人，則此弊可去矣。舜爲天子，若瞽瞍殺人，皐陶得而執之，舜猶不能禁也。且法者天下之公，豈宜徇一人之意？嘗怪張釋之論渭橋犯蹕事，謂宜罰金，文帝怒，釋之對曰：「法者，天子所與天下公共也。今法如是更重之，是法不信於民也。」此説甚好。然而曰「方其時，上使人誅之則已」，以謂爲後世人主開殺人之端者，必此言也。夫既曰「法，天子與天下公共」，則得罪者，天子必付之有司，安得擅殺？使當時可使人誅之，今雖下廷尉，越法而誅之，亦可也。

五峰胡氏曰：生刑輕則易犯，是教民以無恥也。死刑重則難悔，是絶民自新之路也。死刑生刑輕重不相懸，然後民知所避，而風化可興矣。

豫章羅氏曰：朝廷立法不可不嚴，有司行法不可不恕。不嚴則不足以禁天下之惡，不恕則不足以通天下之情。漢之張釋之，唐之徐有功，以恕求情者也。常衮一切用法，四方奏請莫有獲者，彼庸人哉！天下後世典獄之官，當以有功爲法，以衮爲戒。

朱子曰：昔者帝舜以百姓不親，五品不遜，而使契爲司徒之官，教以人倫，父子有親，君臣有義，夫婦有别，長幼有序，朋友有信。又慮其教之或不從也，則命臯陶作士，明五刑以弼五教，而期于無刑焉。蓋三綱五常，天理民彝之大節，而治道之本根也。故聖人之治，爲之教以明之，爲之刑以弼之。雖其所施或先或後，或緩或急，而其丁寧深切之意，未嘗不在乎此也。乃若三代王者之制，則亦有之，曰：「凡聽五刑之訟，必原父子之親，立君臣之義以權之。」蓋必如此，然後輕重之序可得而論，淺深之量可得而測。而所以悉其聰明、致其忠愛者，亦始得其所施而不悖。此先王之義刑義殺，所以雖或傷民之肌膚、殘民之軀命，然刑一人，而天下之人聳然不敢肆意於爲惡，則是乃所以正直輔翼，而若其有常之性也。後世之論刑者，不知出此。其陷於申商之刻薄者，既無足論矣。至於鄙儒姑息之論，異端報應之説，俗吏便文自營之計，則又一以輕刑爲事。然刑愈輕而愈不足以厚民之俗，往往反以長其悖逆作亂之心，而使獄訟之愈繁，則不講乎先王之法之過也。○以舜命臯陶之辭考之，士官所掌，惟象流二法而已。鞭扑以下，官府學校隨事施行，不領於士官，事之宜也。其曰「惟明克允」，則或刑或宥，亦惟其當而無以加矣，又豈一於宥而無刑哉？今必曰堯舜之世有宥而無刑，則是殺人者不死，而傷人者不刑也，是聖人之心不忍於元惡大憝，而反忍於銜冤抱痛之良民也，是所謂怙終賊刑、刑故無小者，皆爲空言以誤後世也。其必不然也亦明矣。

夫刑雖非先王所恃以爲治，然以刑弼教，禁民爲非，則所謂傷肌膚以懲惡者，亦既竭心思而繼之以不忍人之政之一端也。今徒流之法，既不足以止穿窬淫放之姦，而其過於重者，則又有不當死而死。如强暴贓滿之類者，苟采陳群之議，一以宫剕之辟當之，則雖殘其支體，而實全其軀命，且絶其爲亂之本，而使後無以肆焉，豈不仰合先王之意，而下適當世之宜哉？況君子得志而有爲，則養之之具，教之之術，亦必隨力之所至而汲汲焉。固不應因循苟且，直以不養不教爲當然，而熟視其争奪相殺於前也。○獄事，人命所繫，尤當盡心。近世流俗惑於陰德之論，多以縱出有罪爲能，而不思善良之無告，此最弊事，不可不戒。然哀矜勿喜之心，則不可無也。○今人説輕刑者，只見所犯之人爲可憫，而不知被傷之人尤可念也。如刼盜殺人者，人多爲之求生，殊不念死者之爲無辜，是知爲盜賊計，而不爲良民計也。❶若如飢荒竊盜之類，猶可以情原其輕重大小而處之。○今人獄事，只管理會要從厚，不知不問是非善惡，只務從厚，豈不長姦惠惡？大凡事付之無心，因其所犯，考其實情輕重厚薄，付之當然可也。若從薄者固不是，只云我只要從厚，則此病所係亦不輕。○今之法家惑於罪福報應之説，多喜出人罪，以求福報。夫使無罪者不得直，而有罪者得倖免，是

---

❶「計」，原作「地」，今據四庫本改。

乃所以爲惡爾，何福報之有？《書》曰：「欽哉，欽哉！惟刑之恤哉！」所謂欽恤者，欲其詳審曲直，令有罪者不得免，而無罪者不得濫刑也。今之法官惑於欽恤之説，以爲當寬人之罪而出其死。故凡罪之當殺者，必多爲可出之塗，以俟奏裁，則率多減等。當斬者配，當配者徒，當徒者杖，當杖者笞，是乃賣弄條貫，舞法而受賕者耳，何欽恤之有？罪之疑者從輕，功之疑者從重。所謂疑者，非法令之所能決，則罪從輕而功從重。惟此一條爲然耳，非謂凡罪皆可以從輕，而凡功皆可以從重也。

南軒張氏曰：治獄所以多不得其平者，蓋有數説。吏與利爲市固所不論，而或矜知巧以爲聰明，持姑息以惠姦慝，上則視大官之趨向而重輕其手，下則惑胥吏之浮言而二三其心，不盡其情而一以威怵之，不原其初而一以法繩之，如是而不得其平者抑多矣。無是數者之患，郵罰麗於事，而深存哀矜勿喜之意，其庶矣乎。在上者又當端其一心，勿以喜怒好惡一毫先之，聽獄之成而審度其中，隱於吾心。竭忠愛之誠，明教化之端，以期無訟爲本，則非惟可以臻政平訟理之效，而收輯人心，感召和氣，其於邦本所助，豈淺也哉？

象山陸氏曰：獄訟惟得情爲難。唐虞之朝，惟皐陶見道甚明，群聖所宗，舜乃使之爲士。《周書》亦曰「司寇蘇公式敬爾由獄」。《賁·象》亦曰「君子以明庶政，無敢折獄」。賁乃山下有火，火爲至明，然猶言無敢折獄，此事正是學者用工處。噬嗑，離在上則曰「利用獄」。豐，離在下則曰「折獄致刑」。蓋貴其明也。○夫五刑五用，古人豈樂施此於人哉？天討有罪，不得不然耳。是故大舜有四裔之罰，孔子有兩觀之誅。善觀大舜、孔子寬仁之實者，於四裔兩觀之間而見之矣。近時之言寬仁者，則異於是。蓋不究夫寬仁之實，而徒欲爲容姦廋慝之地，殆所謂以不禁姦邪爲寬大，縱釋有罪爲不苛者也。罪疑惟輕，罪而有疑固宜惟輕，與其殺不辜，寧失不經，謂罪疑者也。使其不輕甚明而無疑，則天討所不容釋，豈可失也？宥過無大，刑故無小，使在趨走使令之間，簿書期會之際，偶有過誤，宥之可也。若其貪黷姦宄，出於其心，而至於傷民蠹國，則何以宥爲？於其所不可失而失之，於其所不可宥而宥之，則爲傷善，爲長惡，爲悖理，爲不順天，殆非先王之政也。

夷狄

或問：蠻狄猾夏，處之若何而後宜？程子曰：諸侯方伯明大義以攘却之，義也。其餘列國，謹固封疆可也。若與之和好，以苟免侵暴，則亂華之道也。是故《春秋》謹華夷之辨。

元城劉氏曰：中國與夷狄爲鄰，正如富人與貧人鄰居，待之以禮，結之以恩，高其牆垣，威以刑法。待之以禮，則國家每有使命往來，有立定條貫禮數束縛之也。結之以恩，則歲時嘗以遺餘之物厭飽之也。高其牆垣，則平日講和而不失邊備也。威以刑法，待其先犯邊，然後當用兵也。

龜山楊氏曰：邊事之興，多出於饕功幸利之人，黷武玩寇，不以朝廷大計爲念，視生靈荼毒若非己事，恬不以爲戚。夫蠻獠猖獗，自古然也。緩之則豺噬豨勇，干紀而不受命；急之則鳥驚魚散，依險以自匿。蓋其常態也。不務撫馴之使恩威兩行，乃欲幸其有事草薙而獸獮之，以求有功。一有失律，則敗衄不支，上貽朝廷憂，此邊吏之大弊也。○觀戰國用兵，中原之戰也。若今之用兵，禦夷狄耳。力可以戰則戰，勢利於守則守，來則拒之，去則勿追，則邊鄙自然無事。蓋夷狄之戰與中原之戰異，夷狄難與較曲直是非，惟恃力耳，但以禽獸待之可也。以禽獸待之，如前所爲是矣。

五峰胡氏曰：中原無中原之道，然後夷狄入中原也。中原復行中原之道，則夷狄歸其地矣。○制井田，所以制國也。制侯國，所以制王畿也。王畿安彊，萬國親附，所以保衛中夏，禁禦四夷也。先王建萬國，親諸侯，高城深池偏天下，四夷雖虎猛狼貪，安得肆其欲而逞其志乎？此三王爲萬世慮，禦四夷之上策也。王公設險以守其國，孔子之所以書於習坎之《彖》也。城郭溝池以爲固，孔子之所以答言偃之問也。

朱子曰：益之戒舜曰：「儆戒無虞，罔失法度，罔遊于逸，罔淫于樂，任賢勿貳，去邪勿疑。」而終之曰：「無怠無荒，四夷來王。」周之文武亦以《天保》以上治內，《采薇》以下治外，始於憂勤，終於逸樂。其後中微，《小雅》盡廢，四夷交侵，中國衰削。宣王承之，側身脩行，任賢使能，内脩政事，外攘夷狄，而周道粲然復興。某嘗以是觀之，然後知古先聖王所以制御夷狄之道，其本不在乎威彊而在乎德業，其備不在乎邊境而在乎朝廷，其具不在乎兵食而在乎紀綱，蓋決然矣。

西山真氏曰：爲國者當示人以難犯之意，不可示人以易窺之形。昔春秋時，晉師入齊，齊使國佐求盟于晉，其勢亟矣。一聞「齊之封内盡東其畝」之言，雖僨軍之餘，不肯苟從，以紓一旦之禍。蓋敵國之相與，有以折其謀，則爲和也易；有以啓其嫚，則爲和也難。況戎狄豺狼，變詐百出，又非可以中國常理待之乎。○中國有道，夷狄雖盛不足憂；内治未脩，夷狄雖微有足畏。蓋昔者五胡之紛擾，與單于争立之事同，而拓拔氏之東西，與匈奴之分南北，亦無以異。然宣帝因呼韓之朝，而益彊其國。劉石、符姚之變，晉迄不能以成寸功。光武因南單于之歸，拓地千里。而侯景内附，適以兆蕭梁之釁。所遇略同，而成敗以異者，豈固有幸不幸哉？蓋光武之政脩，而晉、梁之政失也。

魯齋許氏曰：天下事常是兩件相勝負，從古至今如此，大抵只是陰陽剛柔相勝。前人謂如兩人角力相抵，彼勝則此負，此勝則彼負。但勝者不能止於其分，必過其分然後止。負者必極甚，然後復。各不得其分，所以相報復到今不已。如中國與夷狄，中國勝，窮兵四達，臣伏戎夷；夷狄勝，必潰裂中原，極其慘酷。如此報復，何時能已？三代盛時，分別中夏夷狄，君子小人，各安其分，所以大治，後世不及也。且如周成康、漢文景世，所謂大治者，然土宇廣狹可見。彼四君者，未嘗事遠略也。治吾所當治者而已，不取其勝夷狄也，故亦不至爲夷狄所敗。

性理大全書卷之七十

詩

古　選

乾坤吟

邵　子

用九見群龍，首能出庶物。用六利永貞，因乾以爲利。四象以九成，遂爲三十六。四象以六成，遂成二十四。如何九與六，能盡人間事？

皇極經世一元吟

天地如蓋軫，覆載何高極。日月如磨蟻，往來無休息。上下之歲年，其數難窺測。且以一元言，其理尚可識。一十有二萬，九千餘六百。中間三千年，迄今之陳迹。治亂與廢興，著見于方策。吾能一貫之，皆如身所歷。

觀物詩

地以静而方，天以動而圓。既正方圓體，還明動静權。静久必成潤，動極遂成然。潤則水體具，然則火用全。水體以器受，火用以薪傳。體在天地後，用起天地先。熊氏剛大曰：此用字，妙用之用，如所謂「冲漠無眹，萬象森然已具」也。○此篇論陰陽動静之理。

偶得吟

日爲萬象精，人爲萬物靈。萬象與萬物，由天然後生。言由人而信，月由日而明。由人與由日，何嘗不太平。

心安吟

心安身自安，身安室自寬。心與身俱安，何事能相干。誰謂一身小，其安若泰山。誰謂一室小，寬如天地間。

答人書意

仲尼言正性，子輿言踐形。二者能自得，殆不爲虚生。所交若以道，所感若以誠。雖三軍在前，而莫得之淩。

此日不再得示學者

龜山楊氏

此日不再得，頽波注扶桑。熊氏剛大曰：此言光陰之易過也。躚躚黄小群，唐《食貨志》云：人始生爲黄，四歲爲小。毛髮忽已蒼。願言媚學子，共惜此日光。術業貴及時，勉之在青陽。行矣慎所之，戒哉畏迷方。舜跖善利間，所差亦毫芒。富貴如浮雲，苟得非所臧。貧賤豈吾羞，逐物乃自戕。胼胝奏艱食，一瓢甘糟糠。所逢義適然，未殊行與藏。熊氏剛大曰：道行則爲禹，不行則爲顔，所異者時，不異者理。斯人已云没，簡編有遺芳。睎顔亦顔徒，要在用心剛。譬猶千里馬，駕言勿彷徨。驅馬日云遠，誰謂阻且長。末流學多岐，倚門誦韓莊。出入四寸間，雕鐫事辭章。學成欲何用，奔趨利名場。挾策博簺遊，異趣均亡羊。熊氏剛大曰：挾簡策以讀書，志在圖名之人，與博奕爲事以圖利之人，其志趣雖不同，均爲失其所守。言臧、穀二人牧羊，臧貪書，穀貪博，俱亡其羊。我懶心意衰，撫事多遺忘。念子方妙齡，壯圖宜自强。至寶在高深，不憚勤梯航。熊氏剛大曰：天理高深，須强力以求之也。芒芒定何求，所得安能常。萬物備吾身，求得舍即亡。雞犬猶知尋，自棄良可傷。欲爲君子儒，勿謂予言狂。熊氏剛大曰：此篇論爲學當在少年，能擇向方。

送元晦

南軒張氏

君侯起南服，豪氣蓋九州。頃登文石陛，忠言動宸旒。坐令聲利場，縮頸仍包羞。却來卧衡門，無愧知日休。❶盡收湖海氣，仰希洙泗游。不遠關山阻，爲我再月留。遺經得紬繹，心事兩綢繆。超然會太極，眼底無全牛。惟兹斷金友，出處寧殊謀。南山對床語，匪爲林壑幽。白雲正在望，歸袂風颼颼。朝來出別語，已抱離索憂。妙質貴强矯，精微更窮搜。毫釐有不察，體用豈周流。驅車萬里道，中途可停輈。勉哉共無斁，邈矣追前修。熊氏剛大曰：此篇述朋友相得之情。

❶「知」，原作「自」，今據四庫本改。

感興二十首

朱子

昆侖大無外，旁礴下深廣。陰陽無停機，寒暑互來往。皇羲古聖神，妙契一俯仰。不待窺馬圖，人文已宣朗。渾然一理貫，昭晰非象罔。珍重無極翁，爲我重指掌。熊氏剛大曰：此篇論天地陰陽寒暑運行之氣，有理融貫其間以爲之主。

吾觀陰陽化，升降八紘中。前瞻既無始，後際那有終。至理諒斯存，萬世與今同。誰言混沌死，幻語驚盲聾。熊氏剛大曰：此篇論陰陽一太極。

人心妙不測，出入乘氣機。凝冰亦焦火，淵淪復天飛。至人秉元化，動靜體無違。珠藏澤自媚，玉韞山含輝。神光燭九垓，玄思徹萬微。塵編今寥落，歎息將安歸。熊氏剛大曰：此篇論人心出入之機。

静觀靈臺妙，萬化從此出。云胡自蕪穢，反受衆形役。厚味分朵頤，熊氏剛大曰：朵，垂貌。頤，口旁也。言欲食。妍姿坐傾國。崩奔不自悟，馳騖靡終畢。君看穆天子，萬里窮轍迹。不有祈招詩，徐方御宸極。熊氏剛大曰：此篇論人心陷溺之過。所舉穆天子之事，特借此以喻人心之馳騖流蕩。若不知止，則心失主宰，而物欲反據而爲之主矣。此六經之比也。

涇舟膠楚澤，熊氏剛大曰：此言周室衰替之由。蓋自昭王無道，南游於楚濟漢，船人惡之，即涇水之舟膠合以進，至中流而膠液，遂沉没於楚江焉。周綱已陵夷。況復王風降，故宫黍離離。玄聖作春秋，哀傷實在兹。祥麟一以蹐，反袂空漣洏。漂淪又百年，僭侯荷爵珪。王章久矣喪，何復嗟嘆爲。馬公述孔業，託始有餘悲。拳拳信忠厚，無乃迷先機。❶熊氏剛大曰：此篇論周室君臣之失。

東京失其御，刑臣弄天綱。西園植姦穢，五族沉忠良。青青千里草，乘時起陸梁。當塗轉凶悖，炎精遂無光。桓桓左將軍，仗鉞西南疆。伏龍一奮躍，鳳雛亦飛翔。祀漢配彼天，出師驚四方。天意竟莫回，王圖不偏昌。晉史自帝魏，後賢盍更張。世無魯連子，千載徒悲傷。熊氏剛大曰：此篇論漢室君臣之失，秉史筆者不能黜魏而尊蜀。

晉陽啓唐祚，王明紹巢封。垂統已如此，繼體宜昏風。麀聚瀆天倫，牝晨司禍凶。乾綱一以墜，天樞復崇崇。淫毒穢宸極，虐焰燔蒼穹。向非狄張徒，誰辦取日功。云何歐陽子，秉筆迷至公。唐經亂周紀，凡例孰此容。侃侃范太史，受説伊川翁。春秋二三策，萬古開群蒙。熊氏剛大曰：此篇論唐室君臣之失，秉史筆者不能黜武后而尊唐。

朱光遍炎宇，微陰眇重淵。寒威閉九野，陽德昭窮泉。文明昧謹獨，昏迷有開先。幾

❶「機」，原作「幾」，今據重修本改。

微諒難忽，善端本綿綿。掩身事齋戒，及此防未然。閉關息商旅，絶彼柔道牽。熊氏剛大曰：此篇論姤乃陰之始，復乃陽之始。

微月墜西嶺，爛然衆星光。明河斜未落，斗柄低復昂。感此南北極，樞軸遥相當。太一有常居，仰瞻獨煌煌。中天照萬國，三辰環侍旁。人心要如此，寂感無邊方。熊氏剛大曰：此篇論天之北極，則人心之太極。

放勳始欽明，南面亦恭己。大哉精一傳，萬世立人紀。猗歟嘆日躋，穆穆歌敬止。戒獒光武烈，待旦起周禮。恭惟千載心，秋月照寒水。魯叟何常師，删述存聖軌。熊氏剛大曰：此篇言堯、舜、禹、湯、文、武、周公傳心之法在乎敬。

吾聞庖羲氏，爰初闢乾坤。乾行配天德，坤布協地文。仰觀玄渾周，一息萬里奔。俯察方儀静，頹然千古存。悟彼立象意，契此入德門。勤行當不息，敬守思彌敦。熊氏剛大曰：此篇論《易》首乾坤，庖羲畫此以示後世，君子當體乾坤以進德。

大《易》圖象隱，《詩》《書》簡編訛。《禮》《樂》矧交喪，《春秋》魚魯多。瑶琴空寶匣，絃絶將如何。興言理餘韻，龍門有遺歌。熊氏剛大曰：此篇論六經散失已久，千載之下，惟有程伊川能繼孔子六經之絶學。

顔生躬四勿，曾子日三省。《中庸》首謹獨，衣錦思尚絅。偉哉鄒孟氏，雄辨極馳騁。

操存一言要，爲爾挈裘領。丹青著明訓，今古垂焕炳。何事千載餘，無人踐斯境。熊氏剛大曰：此篇論顔、曾、思、孟傳孔子之道，亦惟能潛其心，又重嘆後人之不能。

元亨播群品，利貞固靈根。非誠諒無有，五性實斯存。世人逞私見，鑿智道彌昏。未若林居子，幽探萬化原。熊氏剛大曰：此篇言異端詞章之學害道妨教，故先發此以明吾道之本原也。

飄飄學仙侣，遺世在雲間。盜啓玄命祕，竊當生死關。金鼎蟠龍虎，三年養神丹。刀圭一入口，白日生羽翰。我欲往從之，脱屣諒非難。但恐逆天理，偷生詎能安。熊氏剛大曰：此篇論仙學之失。

西方論緣業，卑卑喻群愚。流傳世代久，梯接凌空虚。顧瞻指心性，名言超有無。捷徑一以開，靡然世争趨。號空不踐實，躓彼荆榛塗。誰哉繼三聖，爲我焚其書。熊氏剛大曰：此篇論佛學之非。

聖人司教化，黌序育群材。因心有明訓，善端得深培。天序既昭陳，人文亦褰開。云何百代下，學絶教養乖。群居競葩藻，争先冠倫魁。淳風久淪喪，擾擾胡爲哉。熊氏剛大曰：此篇論大學之教。蓋道者文之本，文者道之末。古人當於本者加意，故設學教育，惟以天理人倫爲重。文藝之間，特餘力游意云耳。後世於末者用工，故設學教育，惟以文詞葩藻爲尚，天理人倫曾不講明，此朱子所以深嘆也。

童蒙貴養正，遜弟乃其方。雞鳴咸盥櫛，問訊謹暄涼。奉水勤播灑，擁篲周室堂。進趨極虔恭，退息常端莊。劬書劇嗜炙，見惡逾探湯。庸言戒戲誕，時行必安詳。聖途雖云遠，發軔且勿忙。十五志于學，及時起高翔。熊氏剛大曰：此篇論小學之教。

哀哉牛山木，斧斤日相尋。豈無萌蘖生，牛羊復來侵。恭惟皇上帝，降此仁義心。物慾互攻奪，孤根孰能任。反躬艮其背，肅容正冠襟。保養方自此，何年秀穹林。熊氏剛大曰：此篇借牛山之木形容仁義之心所當保養。

玄天幽且默，仲尼欲無言。動植各生遂，德容自清溫。彼哉夸毗子，呫囁徒啾喧。但騁言辭好，豈知神鑑昏。曰予昧前訓，坐此枝葉繁。發憤永刊落，奇功收一原。熊氏剛大曰：此篇論天道不言，聖人無言，後世多言之弊。

酬南軒

昔我抱冰炭，從君識乾坤。始知太極蘊，要眇難名論。謂有寧有跡，謂無復何存。惟應酬酢處，特達見本根。萬化自此流，千聖同玆源。曠然遠莫禦，惕若初不煩。云何學力微，未勝物慾昏。涓涓始欲達，已被黃流吞。豈知一寸膠，救此千丈渾。勉哉共無斁，此語期相敦。熊氏剛大曰：此篇論太極之理，萬化自出。

觀物二首　魯齋許氏

物産天地間，精粗據兩偏。兩偏互倚伏，一氣常周旋。善善不可緩，安安貴能遷。人生喻此意，自當心乾乾。

事物形雖同，中間勢各異。推遷無寧期，倏忽幾易位。智者識幾微，安焉處平易。人生貴無私，莫使聞見累。

律

復卦詩　邵子

冬至子之半，天心無改移。一陽方動處，萬物未生時。玄酒味方淡，大音聲正希。此言如不信，更請問庖犧。熊氏剛大曰：此篇論陰剥於坤，陽萌於復，坤復中間爲無極，天之心尚未變動。

天道吟

天道不難知，人情未易窺。雖聞言語處，更看作爲時。隱几功夫大，揮戈事業卑。春秋賴乘興，出用小車兒。

爲善吟

人之爲善事，善事義當爲。金石猶能動，鬼神其可欺。事須安義命，言必道肝脾。莫問身之外，人知與不知。

閑吟

忽忽閑拈筆，時時樂性靈。何嘗無對景，未始便忘情。句會飄然得，詩因偶爾成。天機難狀處，一點自分明。

觀物

萬物備吾身，身貧道未貧。觀時見物理，主敬得天真。心爽星辰夜，情忻草木春。自憐斵喪後，能作太平人。

仁　術

在昔賢君子，存心每欲仁。求端從有術，及物豈無因。惻隱來何自，虚明覺處真。擴充從此念，福澤遍斯民。入井倉皇際，牽牛觳觫辰。向來看楚越，今日備吾身。

聞善決江河

大舜深山日，靈襟保太和。一言分善利，萬里決江河。可欲非由外，惟聰不在他。勇如争赴壑，進豈待盈科。學海功難並，防川患益多。何人親祖述，耳順肯同波。

秋　日　　程　子

閑來無事不從容，睡覺東窗日已紅。萬物静觀皆自得，四時佳興與人同。道通天地有形外，思入風雲變態中。富貴不淫貧賤樂，男兒到此是豪雄。熊氏剛大曰：此篇形容心體曠大，超乎天地萬物之上，外物不足爲累。

和堯夫打乖吟

打乖非是要安身，道大方能混世塵。陋巷一生顔氏樂，清風千古伯夷貧。客求墨妙多攜卷，天爲詩豪剩借春。儘把笑談親俗子，德言猶足畏鄉人。熊氏剛大曰：此篇形容堯夫居貧樂道，雖混處塵俗，而至德之容自使人畏。

和堯夫首尾吟

先生非是愛吟詩，爲要形容至樂時。醉裏乾坤都寓物，閑來風月更輸誰。死生有命人何與，消長隨時我不悲。直到希夷無事處，先生非是愛吟詩。

龍門道中

邵　子

物理人情自可明，何嘗慼慼向平生。卷舒在我有成算，用舍隨時無定名。滿目雲山俱是樂，一毫榮辱不須驚。侯門見説深如海，三十年前掉臂行。熊氏剛大曰：此篇言觀物達理，泰然自處，是非榮辱不足爲吾累。

天　意

天意無他只自然，自然之外更無天。不欺誰怕居暗室，絶利須求在一源。未喫力時猶有説，到收功處更何言。熊氏剛大曰：此乃無聲無臭底意。聖人能事人難繼，無價明珠止在淵。熊氏剛大曰：此篇言天道自然，人當絶利慾之心，以求造聖人之極致。

極　論

下有黄泉上有天，人人許住百來年。還知虚過死萬遍，却似不曾生一般。要識明珠須巨海，如求良玉必名山。熊氏剛大曰：此言欲求衆理，當求之此心。先能了盡世間事，熊氏剛大曰：此即三綱五常、四端萬善也。然後方言出世間。熊氏剛大曰：此篇言人生天地間，只有百年，必須反己以求至貴，而爲出人之事。

觀　易

一物其來有一身，一身還有一乾坤。能知萬物備於我，肯把三才別立根。天向一中分造化，熊氏剛大曰：一即太極。人於心上起經綸。熊氏剛大曰：一與心，即上文所謂立根也。天人焉有兩般義，道不虛行只在人。熊氏剛大曰：此篇言天以一爲太極，人以心爲太極，天人之理則一，當充而廣之。

觀　物

耳目聰明男子身，洪鈞賦予不爲貧。須探月窟方知物，未躡天根豈識人。乾遇巽時爲月窟，地逢雷處見天根。天根月窟閑來往，三十六宫都是春。熊氏剛大曰：三十六宫，乾一兑二，則三宫也。離三震四，合三與四則爲七。則以三乘七，十宫也。巽五坎六，合五與六爲十一。以十乘十一，則二十一宫也。艮七坤八，合七與八則十五。以二十一乘十五，則三十六宫也。〇三十六宫，此就先天八卦圖看。以八卦圓圖言之，乾三畫，坤六畫，則數九也。震坎艮各五畫，則數十五也。巽離兑各四畫，則數十二也。合之爲三十六。此篇言姤復陰陽及八卦之數。

首尾吟三首

堯夫非是愛吟詩，詩是堯夫可愛時。寶鑑造形難隱髪，鸞刀迎刃豈容絲。風埃若不來侵路，塵土何由上得衣。欲論誠明是難事，堯夫非是愛吟詩。熊氏剛大曰：此篇借物形容本體清明，纖毫人慾不能惑。

堯夫非是愛吟詩，詩是堯夫不强時。事到强爲須涉迹，人能知止是先機。面前自有好田地，天下豈無平路岐。省力事多人不做，堯夫非是愛吟詩。熊氏剛大曰：此篇言凡事不可强爲，當知所止，况吾身自有寬平田地，天下亦有平坦路岐，正不消如此。

堯夫非是愛吟詩，詩是堯夫喜老時。明著衣冠爲士子，高談仁義作男兒。敢於世上明開眼，肯向人間浪皺眉。六十七年無事客，堯夫非是愛吟詩。熊氏剛大曰：此篇言其平生脩身窮理，所見高，所處泰，不爲物慾昏撓。

先天吟示邢和叔

一片先天號太虚，當其無事見真腴。胸中美物肯自衒，天下英才敢厚誣。理順是言皆可放，義安何地不能居。直從宇泰收功後，始信人間有丈夫。

仁者吟

仁者難逢思有常，平居慎勿恃無傷。争先徑路機關惡，近後語言滋味長。爽口物多須作疾，快心事過必爲殃。與其病後能求藥，不若病前能自防。

安樂窩中自貽

物如善得終爲美，事到巧圖安有公。不作風波於世上，自無冰炭到胸中。災殃秋葉霜前墜，富貴春花雨後紅。造化分明人莫會，枯榮消得幾何功。

次卜掌書落成白鹿佳句 朱 子

重營舊館喜初成，要共群賢聽《鹿鳴》。三爵何妨奠蘋藻，一編詎敢議明誠。深源定自閑中得，妙用元從樂處生。莫問無窮菴外事，此心聊與此山盟。

白鹿講會次卜丈韻

宫牆蕪没幾經年，秖有寒煙鎖澗泉。結屋幸容追舊觀，題名未許續遺編。青雲白石聊同趣，霽月光風更别傳。珍重箇中無限樂，諸郎莫苦羨騰騫。

蒼蒼吟寄答曹州李審言龍圖 邵 子

一般顔色正蒼蒼，今古人曾望斷腸。日往月來無以異，陽舒陰慘不相妨。迅雷震後山川裂，甘露零時草木香。幽暗巖崖生鬼魅，清平郊野見鸞凰。千花爛爲三春雨，萬木凋因一夜霜。此意分明難理會，直須賢者入消詳。

絶 句

書春陵門扉 周 子

有風還自掩，無事晝常關。開闔從方便，乾坤在此間。

月到梧桐上吟 邵 子

月到梧桐上，風來楊柳邊。院深人復静，此景共誰言。熊氏剛大曰：此篇借物形容聖人清温之德。蓋月到梧桐，天光瑩也。風來楊柳，天氣温也。必聖人德性昭融，方足語此。故末復云此景共誰言，厥有旨哉。

清 夜 吟

月到天心處，風來水面時。一般清意味，料得少人知。熊氏剛大曰：此篇借物形容聖人本體清明，人慾浄盡。蓋月到天心，則雲翳盡掃。風來水面，則波濤不興。此正人慾浄盡，天理流行時也。

安分吟

安分身無辱，知幾心自閑。雖居人世上，却是出人間。熊氏剛大曰：此篇論安分知幾，乃是出人之事。

天聽吟

天聽寂無音，蒼蒼何處尋。非高亦非遠，都只在人心。熊氏剛大曰：此篇論上天之道，只是人心之理。

感事吟

芝蘭種不榮，荊棘剪不去。二者無奈何，徘徊歲將暮。熊氏剛大曰：此篇言善根難培，惡習難克，因循荏苒，老將至矣。堯夫詠此，以警後學也。

至靈吟

至靈之謂人，至貴之謂君。明則有日月，幽則有鬼神。

人鬼吟

既不能事人，又焉能事鬼。人鬼雖不同，其理何嘗異。

仁聖吟

盡道之謂聖，如天之謂仁。如何仁與聖，天下莫敢倫。

心耳吟

意亦心所至，言須耳所聞。誰云天地外，別有好乾坤。

偶成　　程子

雲淡風輕近午天，熊氏剛大曰：此正陽明勝、陰濁消之時也。傍花隨柳過前川。熊氏剛大曰：取其生意春融與己一也。時人不識予心樂，將謂偷閑學少年。熊氏剛大曰：此篇借物形容陽勝陰消，生意春融。

謝王佺寄丹

至誠通聖藥通靈，遠寄衰翁濟病身。我亦有丹君信否，熊氏剛大曰：此指儒道言也。用時還解壽斯民。熊氏剛大曰：此篇言丹藥之丹，不如吾道之丹能壽一世。

酬韓資政湖上獨酌見贈

對花酌酒公能樂，飯糗羹藜我自貧。若語至誠無内外，却因分别更迷真。

恍惚吟　　邵子

恍惚陰陽初變化，氤氲天地乍迴旋。中間些子好光景，安得功夫入語言。

誠明吟

孔子生知非假習，孟軻先覺亦須脩。誠明本屬吾家事，自是今人好外求。

莫春吟

林下居常睡起遲，那堪車馬近來稀。春深晝永簾垂地，熊氏剛大曰：此可見其静定氣象。庭院無風花自飛。熊氏剛大曰：此可見其天理流行，從容洒落氣象。

芭蕉

張子

芭蕉心盡展新枝，熊氏剛大曰：猶人之爲學已有新益矣。新卷新心暗已隨。熊氏剛大曰：猶人心之義理無窮，方其得新益之時，又有新益存於其間也。願學新心養新德，旋隨新葉起新知。熊氏剛大曰：此篇借物形容人心生生之理無窮。細玩此四句，上兩句是狀物，下兩句是體物。新心養新德，尊德性功夫也。新葉起新知，道問學功夫也。横渠先生觀物性之生生不窮，以明義理之源源無盡，學者當深味之，毋徒以詩句觀也。

和陳瑩中了齋自警五首

龜山楊氏

畫前有易方知易，曆上求玄恐未玄。白首紛如成底事，蠹魚徒自老青編。

八荒同宇混車書，一視那知更有渠。憑軾自應由砥道，徑蹊無處問歸愚。

行藏須信執中難，時措應容道屢遷。一目全牛無肯綮，騞然投刃用方安。
聖門事業學須彊，俚耳從來笑折楊。詭遇得禽非我事，但知無有是吾鄉。
盈科日進幾時休，到海方能止衆流。只恐達多狂未歇，坐馳還愛鏡中頭。

水口行舟

朱子

昨夜扁舟雨一蓑，滿江風浪夜如何。今朝試揭孤蓬看，依舊青山緑樹多。熊氏剛大曰：此篇形容人慾之波自在泛溢，天理常常昭著。

詠開窗

昨日土牆當面立，今朝竹牖向陽開。此心若道無通塞，明暗如何有去來。熊氏剛大曰：此篇詠塞者既去，明者自來。

克己

寶鑑當年照膽寒，向來埋没太無端。秪今垢盡明全見，還得當年寶鑑看。

觀書有感二首

半畝方塘一鑑開，天光雲影共徘徊。問渠那得清如許，爲有源頭活水來。
昨夜江邊春水生，蒙衝巨艦一毛輕。向來枉費推移力，此日中流自在行。

公濟和詩見閔耽書，勉以教外之樂，以詩請問二首

至理無言絶淺深，塵塵刹刹不相侵。如云教外傳真的，却是瞿曇有兩心。
未必瞿曇有兩心，莫將此意攪儒林。欲知陋巷憂時樂，只向韋編絶處尋。

石子重兄示詩留別，次韻爲謝三首

此道知君著意深，不嫌枯淡苦難禁。更須涵養鑽研力，彊矯無忘此日心。
克己功夫日用間，知君此意久晞顔。摛文妄意輸朋益，何似書紳有訂頑。
喜見薰成百里春，更慚謙誨極諄諄。願言勉盡精微藴，風俗期君使再淳。

送林熙之二首

仁體難明君所疑，欲求直截轉支離。聖言妙緼無窮意，涵泳從容只自知。

天理生生本不窮，要從知覺驗流通。若知體用元無間，始笑前來説異同。

春　日

勝日尋芳泗水濱，無邊光景一時新。等閑識得東風面，萬紫千紅總是春。

春日偶成

聞道西園春色深，急穿芒屩去登臨。千葩萬蕊争紅紫，誰識乾坤造化心。

敬　義　堂

高臺巨牓意何如，住此知非小丈夫。浩氣擴充無内外，肯誇心月夜同孤。

答袁機仲論啓蒙

忽然半夜一聲雷，萬户千門次第開。若識無心含有象，許君親見伏羲來。

易二首

立卦生爻事有因，兩儀四象已前陳。須知三絶韋編者，不是尋行數墨人。

潛心雖出重爻後，著眼何妨未畫前。識得兩儀根太極，此時方好絶韋編。

文　贊

原象贊　朱子

太一肇判，陰降陽升。陽一以施，陰兩而承。惟皇昊羲，仰觀俯察。奇耦既陳，兩儀斯設。既幹迺支，一各生兩。陰陽交錯，以立四象。奇加以奇，曰陽之陽。奇而加耦，陰陽以章。耦而加奇，陰内陽外。耦復加耦，陰與陰會。兩一既分，一復生兩。三才在目，八卦指掌。奇奇而奇，初一曰乾。奇奇而耦，兑次二焉。奇耦而奇，次三曰離。奇耦而耦，四震以隨。耦奇而奇，巽居次五。耦奇而耦，坎六斯睹。耦耦而奇，艮居次七。耦耦而耦，八坤以畢。初畫爲儀，中畫爲象。上畫成卦，人文斯朗。因而重之，一貞八悔。六十四卦，由内達外。交易爲體，往此來彼。變易爲用，時静而動。降帝而王，傳夏歷商。有占無文，民用弗彰。文王繫彖，周公繫爻。視此八卦，二純六交。乃乾斯父，乃坤斯母。震坎艮男，巽離兑女。離南坎北，震東兑西。乾坤艮巽，位以四維。建官立師，命曰周易。孔聖傳之，是爲十翼。遭秦弗燼，及宋而明。邵傳羲畫，程演周經。象陳數列，言盡理得。彌億萬年，永著常式。

述旨贊

昔在上古，世質民淳。是非莫判，利害不分。風氣既開，乃生聖人。聰明睿知，出類超群。仰觀俯察，始畫奇耦。教之卜筮，以斷可否。作爲君師，開鑿户牖。民用不迷，以有常守。降及中古，世變風移。淳澆質喪，民僞日滋。穆穆文王，身蒙大難。安土樂天，惟世之患。乃本卦義，繫此彖辭。爰及周公，六爻是資。因事設教，丁寧詳密。必中必正，乃亨乃吉。語子惟孝，語臣則忠。鈎深闡微，如日之中。爰暨末流，淫于術數。僂句成欺，黄裳亦誤。大哉孔子，晚好是書。韋編既絶，八索以祛。乃作彖象，十翼之篇。專用義理，發揮經言。居省象辭，動察變占。存亡進退，陟降飛潛。曰毫曰氂，匪差匪繆。假我數年，庶無大咎。恭惟三古，四聖一心。垂象炳明，千載是臨。惟是學者，不本其初。文辭象數，或肆或拘。嗟予小子，既微且陋。鑽仰没身，奚測奚究。匪警滋荒，匪識滋陋。維用存疑，敢曰垂後。

明筮贊

倚數之元，參天兩地。衍而極之，五十乃備。是曰大衍，虚一無爲。其爲用者，四十九蓍。信手平分，置右於几。取右一蓍，掛左小指。乃以右手，揲左之策。四四之餘，歸之于扐。初扐左手，无名指間。右策左揲，將指是安。再扐之奇，通掛之算。不五則九，是謂一變。置此掛扐，再用存策。分掛揲歸，復準前式。三亦如之，奇皆四八。三變既備，數斯可察。數之可察，其辨伊何。四五爲少，八九爲多。三少爲九，是曰老陽。三多爲六，老陰是當。一少兩多，少陽之七。孰八少陰，少兩多一。既得初爻，復合前蓍。四十有九，如前之爲。三變一爻，通十八變。六爻發揮，卦體可見。老極而變，少守其常。六爻皆守，彖辭是當。變視其爻，兩兼首尾。變及三爻，占兩卦體。或四或五，視彼所存。四二五一，二分一專。皆變而化，新成舊毀。消息盈虛，舍此視彼。乾占用九，坤占用六。泰愕匪人，姤喜來復。

稽類贊

八卦之象，說卦已全。考之於經，其用弗專。彖以情言，象以像告。惟是之求，斯得其要。乾健天行，坤順地從。震動爲雷，巽入木風。坎險水泉，亦雲亦雨。離麗文明，電日而火。艮止爲山，兑說爲澤。以是舉之，其要斯得。凡卦六虛，奇耦殊位。奇陽耦陰，各以其類。得位爲正，二五爲中。二臣五君，初始上終。貞悔體分，爻以位應。陰陽相求，乃得其正。凡陽斯淑，君子居之。凡陰斯慝，小人是爲。常可類求，變非例測。非常曷變，謹此爲則。

警學贊以上易五贊

讀易之法，先正其心。肅容端席，有翼其臨。于卦于爻，如筮斯得。假彼象辭，爲我儀則。字從其訓，句逆其情。事因其理，意適其平。曰否曰臧，如目斯見。曰止曰行，如足斯踐。毋寬以略，毋密以窮。毋固而可，毋必而通。平易從容，自表而裏。及其貫之，萬事一理。理定既實，事來尚虛。用應始有，體該本無。稽實待虛，存體應用。執古御今，由静制動。潔静精微，是之謂易。體之在我，動有常吉。在昔程氏，繼周紹孔。奥旨宏綱，星陳極拱。惟斯未啓，以俟後人。小子狂簡，敢述而申。

復卦贊

萬物職職，其生不窮。孰其尸之，造化爲工。陰闔陽開，一静一動。於穆無疆，全體妙用。奚獨於斯，潛陽壯陰。而曰昭哉，此天地心。蓋翕無餘，斯闢之始。生意闖然，具此全美。其在于人，曰性之仁。斂藏方寸，包括無垠。有茁其萌，有惻其隱。于以充之，四海其準。曰惟兹今，眇綿之間。是用齋戒，掩身閉關。仰止羲圖，稽經協傳。敢贊一辭，以詔無倦。

復卦義贊

南軒張氏

天地之心，其體則微。于動之端，斯以見之。其端伊何，維以生生。群物是資，而以日亨。其在於人，純是惻隱。動匪以斯，則非天命。曰義禮智，位雖不同，揆厥所基，脉絡該通。曷其保之，日乾夕惕。斯須不存，生道或息。養而無害，敬立義集。是爲復亨，出入無疾。

心經贊

西山真氏

舜禹授受，十有六言。萬世心學，此其淵源。人心伊何，生於形氣。有好有樂，有忿有懥。惟慾易流，是之謂危。須臾或放，衆慝從之。道心伊何，根於性命。曰義曰仁，曰中曰正。惟理無形，是之謂微。毫芒或失，其存幾希。二者之間，曾弗容隙。察之必精，如辨白黑。知及仁守，相爲始終。惟精惟一，惟一故中。聖賢迭興，體姚法姒。持綱挈維，昭示來世。戒懼謹獨，閑邪存誠。曰忿曰慾，必窒必懲。上帝實臨，其敢或貳？屋漏雖隱，寧使有愧。四非當克，如敵斯攻。四端既發，皆廣而充。意必之萌，雲捲席撤。子諒之生，春噓物茁。雞犬之放，欲知其求。牛羊之牧，濯濯是憂。一指肩背，孰貴孰賤。簞食萬鍾，辭受必辨。克治存養，交致其功。舜何人哉？期與之同。維此道心，萬善之主。天之與我，此其大者。斂之方寸，太極在躬。散之萬事，其用弗窮。若寶靈龜，若奉拱璧。念兹在兹，其可弗力？相古先民，以敬相傳。操約施博，孰此爲先。我來作州，茅塞是懼。爰輯格言，以滌肺腑。明窗棐几，清晝爐熏。開卷肅然，事我天君。

箴

敬齋箴　　朱子

正其衣冠，尊其瞻視。潛心以居，對越上帝。足容必重，手容必恭。擇地而蹈，折旋蟻封。出門如賓，承事如祭。戰戰兢兢，罔敢或易。守口如瓶，防意如城。洞洞屬屬，毋敢或輕。不東以西，不南以北。當事而存，靡他其適。勿貳以二，勿參以三。惟精惟一，萬變是監。從事於斯，是曰持敬。動静弗違，表裏交正。須臾有間，私欲萬端。不火而熱，不冰而寒。毫釐有差，天壤易處。三綱既淪，九法亦斁。於乎小子，念哉敬哉。墨卿司戒，敢告靈臺。

主一箴　　南軒張氏

人稟天性，其生也直。克慎厥彝，則靡有忒。事物之感，紛綸朝夕。動而無節，生道或息。惟學有要，持敬勿失。驗厥操捨，乃知出入。曷爲其敬，妙在主一。曷爲其一，惟以無適。居無越思，事靡他及。涵泳于中，匪忘匪亟。斯須造次，是保是積。既久而精，乃會于極。勉哉勿倦，聖賢可則。

勿齋箴

西山真氏

天命之性，得之者人。人之有心，其孰不仁。人而不仁，曰爲物役。耳蕩於聲，曰眩於色。以言則肆，以動則輕。人欲放紛，天理晦冥。於焉有道，禮以爲準。惟禮是由，匪禮勿徇。曰禮伊何，理之當然。不雜以人，一循乎天。勿之爲言，如防止水。孰其尸之，曰心而已。聖言十六，一字其機。機牙既斡，鈞石必隨。我乘我車，駟馬交驟。孰範其驅，維轡在手。是以君子，必正其心。翼翼兢兢，不顯亦臨。萬夫之屯，一將之令。霆鍧飈馳，孰敢干命。衆形役之，統于心官。外止弗流，内守愈安。其道伊何，所主者敬。表裏相維，動静俱正。莠盡苗長，醨化醴醇。方寸盎然，無物不春。惟勿一言，萬善自出。念兹在兹，其永無斁。

思誠齋箴

誠者天道，本乎自然。誠之者人，以人合天。曰天與人，其本則一。云胡差殊，蓋累於物。心爲物誘，性逐情移。天理之真，其存幾希。豈惟與天，邈不相似。形雖人斯，實則物只。皇皇上帝，命我以人。我顧物之，抑何弗仁？維子思子，深憫斯世。指其本源，祛俗之蔽。學問辨行，統之以思。擇善固執，惟日孜孜。狂聖本同，其忍自棄。人十己千，弗止弗已。雲披霧卷，太虚湛然。塵掃鏡空，清光自全。曰人與天，既判復合。渾然一真，諸妄弗作。孟氏繼之，命曰思誠。更兩鉅賢，其指益明。大哉思乎，作聖之本。歸而求之，實近非遠。

夜氣箴

子盍觀夫冬之爲氣乎？木歸其根，蟄坯其封，凝然寂然，不見兆眹。而造化發育之妙，實胚胎乎其中。蓋闔者，闢之基；正者，元之本；而艮所以爲物之始終。夫一晝一夜者，三百六旬之積。故冬四時之夜，而夜乃一日之冬。天壤之間，群動俱閴，窈乎如未判之鴻濛。維人之身，嚮晦宴息，亦當以造物而爲宗。必齋其心，必肅其躬，不敢弛然自放於牀笫之上，❶使慢易非辟得以賊吾之衷。雖終日乾乾，靡容一息之間斷，而昏冥易忽之際，尤當致戒謹之功。蓋安其身，所以爲朝聽晝訪之地。而夜氣深厚，則仁義之心亦浩乎其不窮。本既立矣，而又致察於事物周旋之頃，敬義夾持，動静交養，則人欲無隙之可入，天理

❶「第」，重修本作「簀」。

皦乎其昭融。然知及之而仁弗能守之，亦空言其奚庸。爰作箴以自砭，常凛凛瘝恫。

理一箴

臨川吴氏

或問予天，予對曰理。陰陽五行，化生萬類，其用至神，然特氣爾。必先有理，而後有氣。蒼蒼蓋高，包含無際。其體至大，然特形只。形氣之凝，理實主是。無聲無臭，於穆不已。天之爲天，斯其爲至。分而言之，名則有異。乾其性情，天其形體。妙用曰神，主宰曰帝。以其功用，曰神曰鬼。專而言之，曰理而已。大哉至哉，理之一言。天以此理，位上爲天，物資以始，是謂乾元。地以此理，而位下焉，物資以生，實承乎乾。人生其間，眇然有己。乃位乎中，而參天地。惟其理一，所以如此。天地與人，理固一矣。人之與物，抑又豈二？天地人物，萬殊一實。其分雖殊，其理則一。天地無情，純乎一真。至誠不息，終古常新。曰天地人，理則惟鈞。或不相似，以人有身。氣質不齊，私欲相因。惟聖無欲，與天地參。理渾然一，形肖而三。下聖一等，于時保之。未能樂天，畏天之威。畏天伊何，無終日違。及其至也，與聖同歸。一者謂誠，惟天惟聖。希聖之賢，主一持敬。敬而戒懼，弗聞弗見。敬而謹獨，莫見莫顯。敬而窮理，則明乎善。如臨如履，心常戰戰。一而無適，有失者鮮。如或不爾，禽獸不遠。人物之初，理同一原。人靈於物，曷爲其然。形氣之稟，物得其偏。是以於理，不通其全。人得其正，固非物比。全體貫通，性爲最貴。最貴之中，又有不同。氣有清濁，質有美惡。曰聖賢愚，其品殊途。濁者惡者，愚不肖也。其清其美，則爲賢知。得美之美，得清之清，無過不及，純粹靈明。天理渾然，無所虧喪，斯爲聖人，至誠無妄。聖性而安，賢學而行。愚而能學，雖愚必明。愚而不學，是自暴棄。下愚不移，正此之謂。乾父坤母，民胞物與。四而實一，窮亘今古。四者之内，物爲最賤。天地與人，則無少間。胡世之人，多間以私。上不化贊，下甘物爲。上智下愚，學知困知。就人而論，亦分四岐。理焉本一，人自爲四。下愚之人，蓋不足齒。困知可賢，聖可學能。奈何爲人，不求踐形。理在兩間，一本殊分。散爲百行，别爲四端。或謂之道，或謂之誠。千言萬語，一之異名。萬事萬物，胥此焉出。理一之義，周遍詳密。理萬而一，心爲主宰。心一而萬，理之宗會。在天曰理，在人曰心。理一曰實，心一曰欽。

銘

東銘

張子

戲言出於思也，戲動作於謀也。發於聲，見乎四支。謂非己心，不明也；欲人無己疑，不能也。過言非心也，過動非誠也。失於聲，繆迷其四體。謂己當然，自誣也；欲他人己從，誣人也。或者謂出於心者，歸咎於己戲；失於思者，自誣爲己誠。不知戒其出汝者，反歸咎其不出汝者。長敖且遂非，不知孰甚焉？

顔樂亭銘

程　子

天之生民，是爲物則。非學非師，孰覺孰識？聖賢之分，古難其明。有孔之遇，有顔之生。聖以道化，賢以學行。萬世心目，破昏爲醒。周爰闕里，惟顔舊止。巷汙以榛，井湮而圮。鄉閭蚩蚩，弗視弗履。有卓其誰，師門之嗣。追古念今，有惻其心。良價善諭，發帑出金。巷治以闢，井渫而深。清泉澤物，佳木成陰。載基載落，亭曰顔樂。昔人有心，予忖予度。千載之上，顔惟孔樂。百世之下，顔居孔作。盛德彌光，風流日長。道之無疆，古今所常。水不忍廢，地不忍荒。嗚呼正學，其何可忘？

克己銘

藍田吕氏

凡厥有生，均氣同體。胡爲不仁，我則有己。立己與物，私爲町畦。勝心横生，擾擾不齊。大人存誠，心見帝則。初無吝驕，作我蟊賊。志以爲帥，氣爲卒徒。奉辭于天，誰敢侮予？且戰且徠，勝私窒慾。昔焉寇讎，今則臣僕。方其未克，窘我室廬。婦姑勃谿，安取其餘？亦既克之，皇皇四達。洞然八荒，皆在我闥。孰曰天下，不歸吾仁。痒痾疾痛，舉切吾身。一日至之，莫非吾事。顔何人哉？晞之則是。

敬恕齋銘

朱子

出門如賓，承事如祭。以是存之，敢有失墜？己所不欲，勿施於人。以是行之，與物皆春。胡世之人，恣己窮物。惟我所便，謂彼奚卹。孰能反是？斂焉厥躬。于牆于羹，仲尼子弓。内順于家，外同于鄰。無小無大，罔時怨恫。爲仁之功，曰此其極。敬哉恕哉，永永無斁。

學古齋銘

相古先民，學以爲己。今也不然，爲人而已。爲己之學，先誠其身。君臣之義，父子之仁。聚辨居行，無怠無忽。至足之餘，澤及萬物。爲人之學，燁然春華。誦數是力，纂組是誇。結駟懷金，煌煌煒煒。世俗之榮，君子之鄙。維是二者，其端則微。眇綿不察，胡越其歸。卓哉周侯，克承先志。日新此齋，以迪來裔。此齋何有？有圖有書。厥裔伊何，衣冠進趨。夜思晝行，咨詢謀度。絶今不爲，惟古是學。先難後獲，匪亟匪徐。我則銘之，以警厥初。

求放心齋銘

天地變化，其心孔仁。成之在我，則主于身。其主伊何，神明不測。發揮萬變，立此人極。晷刻放之，千里其奔。非誠曷有？非敬曷存？孰放孰求，孰亡孰有。屈伸在臂，反覆惟手。防微慎獨，兹守之常。切問近思，曰惟以相。

尊德性齋銘

維皇上帝，降此下民。何以予之，曰義曰仁。雖義與仁，維帝之則。欽斯承斯，猶懼弗克。孰昏且狂，苟賤污卑。淫視傾聽，惰其四肢。褻天之明，慢人之紀。甘此下流，衆惡之委。我其監此，祗栗厥心。有幽其室，有赫其靈。執玉奉盈，須臾顛沛。任重道悠，其敢或怠。

志道齋銘

曰趨而挹者，孰履而持？曰飢而寒者，誰食而衣？故道也者，不可須臾離。子不志於道，獨罔罔其何之。

據德齋銘

語道術則無往而不通，談性命則疑獨而難窮。惟其厚於外而薄於內，故無地以崇之。

依仁齋銘

舉之莫能勝，行之莫能至。雖欲依之，安得而依之？爲仁由己，而由人乎哉？雖欲違之，安得而違之？

游藝齋銘

禮云樂云，御射數書。俯仰自得，心安體舒，是之謂游。以游以居，嗚呼游乎。非有得於內，孰能如此？其從容而有餘乎？

崇德齋銘

尊我德性，希聖學兮。玩心神明，蜕污濁兮。

廣業齋銘

樂節禮樂，道中庸兮。克勤小物，奏膚公兮。

居仁齋銘

勝己之私，復天理兮。宅此廣居，純不已兮。

由義齋銘

羞惡爾汝，勉擴充兮。遵彼大路，行無窮兮。

蒙齋銘

物盈兩間，有萬其數。天理流行，無一不具。維象之顯，理寓乎中。反而求之，皆切吾躬。觀天之行，其敢遑息。察地之勢，亦厚于德。天人一體，物我一源。驗之羲經，厥旨昭然。卦之有蒙，内險外止。止莫如山，險莫如水。曷不曰水，而謂之泉？濫觴之初，厥流涓涓。其生之微，若未易達。其行之果，則不可遏。有崇兹山，潤澤所鍾。維静而正，出乃不窮。始焉一勺，終則萬里。問奚以然，有本如是。是以君子，法取於斯。維義所在，必勇于爲。維行有本，繄德焉出。是滋是培，其體乃立。静而養源，澄然一心。動而敏行，萬善畢陳。厚化川流，初豈二致。溥博淵泉，其用弗匱。於惟簡肅，宜有此孫。揭名齋扉，目擊道存。養正於蒙，奚必童穉。終身由之，作聖之地。

敬義齋銘

惟坤六二，其德直方。君子體之，爲道有常。内而立心，曰直是貴。惟敬則直，不偏以陂。外而制事，曰方是宜。惟義則方，各當其施。曰敬伊何，惟主乎一。凛然自持，神明在側。曰義伊何，惟理是循。利害之私，罔汩其真。静而存養，中則有主。動而酬酢，莫不中矩。大哉敬乎，一心之方。至哉義乎，萬事之綱。敬義夾持，不二不忒。表裏洞然，上達天德。昔有哲王，師保是詢。丹書有訓，西面以陳。敬與怠分，義與欲對。一長一消，禍福斯在。怠心之萌，闟焉沉昏。欲心之熾，蕩乎狂奔。惟此二端，敗德之賊。必壯乃猶，如敵斯克。怠欲既泯，敬義斯存。直方以大，協德于坤。一念小差，秪此齋扁。嚴師在前，永詔無倦。

克齋銘

南軒張氏

惟人之生，父乾母坤。允受其中，天命則存。血氣之萌，物欲斯誘。日削月朘，噫鮮能久。越其云爲，匪我之自。營營四馳，擾擾萬事。聖有謨訓，克己是宜。其克伊何，本乎致知。其致伊何，格物是期。動静以察，晨夕以思。良知固有，匪緣事物。卓然獨見，我心皦日。物格知至，萬理可窮。請事克己，日新其功。莫險於人欲，我其平之。莫危於人心，我其安之。我視我聽，勿蔽勿流。我言我動，是出是由。涵濡泳游，不競不絿。允蹈彝則，靡息厥脩。逮夫既克，曰人而天。悠久無疆，匪然而然。爲仁之功，於斯其至。我稽古人，其惟顔氏。於穆聖學，具有始終。循循不舍，與天同功。請先致知，以事克己。仁遠乎哉？勉旃吾子。

敬齋銘

天生斯人，良心則存。聖愚曷異，敬肆是分。事有萬變，統乎心君。一頹其綱，泯焉絲勞。自昔先民，脩己以敬。克持其身，順保常性。敬匪有加，惟主乎是。履薄臨深，不昧厥理。事至理形，其應若響。而實卓然，不與俱往。動静不違，體用無忒。惟敬之功，協乎天德。嗟爾君子，敬之敬之。用力之久，其惟自知。勿憚其艱，而或怠遑。亦勿迫切，而以不常。毋忽事物，必精吾思。察其所發，以會于微。忿慾之萌，則杜其源。有過斯改，見善則遷。是則天命，不遏于躬。魚躍鳶飛，仁在其中。於焉有得，學則不窮。知至而至，知終而終。嗟爾君子，勉哉敬止。成己成物，匪曰二致。任重道遠，其端伊邇。毫釐有差，繆則千里。惟建安公，自力古義。❶我作銘詩，以諗同志。

敦復齋銘

惟聖作易，研幾極深。惟卦有復，於昭天心。六爻之義，各隨所乘。其在於五，敦復是明。其敦如何，篤志允蹈。順保其中，而以自考。我觀爻義，厥有戒辭。君子體之，敬戒是資。人欲易萌，天理難存。毫釐之間，消長所分。凡百君子，奈何不敬。祇于夙宵，以若天命。惟積惟久，匪倏乎外。敢曰無悔，庶幾寡悔。

❶「力」，四庫本作「立」。

恕齋銘

刑成不變，君子盡心。明動麗止，象著羲經。所存曷先，其恕之云。自盡於己，以察其情。意有所先，則弗敢成。見雖云獨，亦靡敢輕。幽隱之枉，是達是由。毫釐之疑，是析是明。俾爾寡弱，無有或困。于爾强慝，靡詠靡遁。及得其情，又以勿喜。古人於此，恕有餘地。我名于齋，意實在兹。嗟嗟來者，尚克念之。

主一齋銘

人之心，一何危？紛百慮，走千岐。惟君子，克自持。正衣冠，攝威儀。澹以整，儼若思。主于一，復何之。事物來，審其幾。應以專，匪可移。理在我，寧彼隨。積之久，昭厥微。静不偏，動靡違。嗟勉哉，自邇卑。惟勿替，日在兹。

敬銘

臨川吴氏

維人之心，易於放逸。操存舍亡，或入或出。敬之一字，其義精密。學者所當，服膺弗失。收斂方寸，不容一物。如入靈祠，如奉軍律。整齊嚴肅，端莊静一。戒慎恐懼，兢業戰栗。如見大賓，罔敢輕率。如承大祭，罔敢慢忽。視聽言動，非禮則勿。忠信傳習，省身者悉。把捉於中，精神心術。檢束於外，形骸肌骨。常令惺惺，又新日日。敢以此語，鏤于虛室。

和銘

和而不流，訓在中庸。顔之豈弟，孔之温恭。孔顔往矣，孰繼遐蹤。卓彼先覺，元公淳公。元氣之會，淳德之鍾。瑞日祥雲，霽月光風。庭草不除，意思冲冲。天地生物，氣象融融。萬物静觀，境與天通。四時佳興，樂與人同。泯若圭角，春然心胸。如玉之潤，如酒之醲。睟面盎背，辭色雍容。待人接物，德量含洪。和粹之氣，涵養之功。敢以此語，佩于厥躬。

自新銘

齒本白，一朝不漱，其污已積。面本白，一旦不頮，其垢已黑。體本白，一日不浴，其形已墨。齒雖污，漱之則即無。面雖垢，頮之則即不。體雖墨，其形浴之，則瑩然如玉潔且清。是知齒本無污，其污也實自吾。面本無垢，其垢也實自取。體本潔且清，其形之墨也實自成。齒本白，而我自污，誰之辜？面本白，而我自垢，誰之咎？體本白，而我自墨，誰之慝？幸而一朝漱其齒，白者復爾。一旦頮其面，白者復見。一日潔其體而浴，白者復如玉。盍曰向也吾身，白者已塵；今焉澡雪，舊染維新。而今而後，殆不可復。士子守己，當如女子。文人治身，當如武人。女子居室，必無一毫點污，介然自守，如此是謂守己如女。武人殺敵，必須直前不顧，勇於自治，如此是謂治身如武。女不女，易所謂不有躬也。武不武，傳所謂我非夫者。身之白者，渾全而未壞，貴常以不女之女爲戒。身之白者，既壞而求全，謹無若不武之武人然。

自脩銘

養天性，治天情，正天官，盡天倫。奚而養，奚而治，奚而正，奚而盡。未知之，則究之。既知之，則踐之。究者何？窮其理。踐者何？履其事。若何而爲仁義禮智之道？若何而爲喜怒哀懼愛惡之節？若何而爲耳目鼻口手足四支之則？若何而爲君臣父子夫婦長幼朋友之常？探其所以然，求其所當然，是之謂窮其理。存之於心則如此，見之於事則如此，行之於身則又如此。内而施之於家則如此，外而推之於人則如此，大而措之於天下則又如此。躬行之焉，力踐之焉，是之謂履其事。然則其先如之何？曰立誠而居敬。

消人欲銘

人欲之極，惟色與食。食能殞軀，色能傾國。紾兄摟子，食色乃得。將紾將摟，不亦大惑。必也謀道，必也好德。而勿謀食，而勿好色。飲食男女，大欲存焉。不爲欲流，乃可聖賢。我思古人，以理制欲。常戒以懼，惟慎其獨。賢賢易色，好善不足。何暇色耽，恣情悦目。食無求飽，志學惟篤。何暇食求，以極其腹。如或不然，是人其天。貪淫蠱惑，有愧格言。好色是欲，德未見好。惡食是恥，未足議道。嗚呼食色，今其戒兹。戒之如何，剛以治之。

長天理銘

天理之至，惟仁與義。仁只在孝，義只在弟。苟孝於親，是能爲子。苟弟於兄，是能爲弟。能爲子弟，他不外是。此之不能，何況他事？盡乎人倫，堯舜爲至。然其爲道，孝弟而已。知斯二者，即所謂知。節斯二者，即所謂禮。實有二者，即信之謂。安行二者，樂則生矣。五常百行，不離斯二。窮神知化，亦由此始。如或不然，流入佛氏。名爲周遍，實外倫理。事親從兄，豈不甚易？人非不能，特不爲耳。嗚呼仁義，爲之由己。尚勉之哉，毋自暴棄。

克己銘

去病非難，當拔其根。己私既克，天理復還。克他未得，但加裁抑。固不猖獗，終尚潛匿。克者伊何，譬如破敵。戰而勝之，是之謂克。二者異情，學者當明。人欲如敵，入據吾城。被吾戰勝，遠屏退聽。不敢復來，攻城犯命。或敵在內，敺之城外。閉門固拒，控守要害。雖不得入，禍胎猶在。守備一踈，又被攻壞。一戰有功，敵自服從。區區固守，敵敢力鬬。一日克己，隨即復禮。天下歸仁，其效如此。克伐怨欲，苟徒力制。而使不行，仁則猶未。去惡之道，如農去草。既已芟夷，復藴崇之。絶其本根，勿使能殖。則善者信，無復蟊賊。不能勝敵，其何能國。爲學亦然，其可弗力。以士希賢，顔真凖的。力到功深，優入聖域。

賦

拙賦

周子

巧者言，拙者默。巧者勞，拙者逸。巧者賊，拙者德。巧者凶，拙者吉。嗚呼！天下拙，刑政徹，上安下順，風清弊絶。

白鹿洞賦

朱子

承后皇之嘉惠，宅廬阜之南畺。閔原田之告病，惕農扈之非良。粵冬孟之既望，夙余駕乎山之塘。徑北原以東騖，陟李氏之崇岡。揆厥號之所繇，得頹址於榛荒。曰昔山人之隱處，至今永久而流芳。自昇元之有土，始變塾而爲庠。儼衣冠而弦誦，紛濟濟而洋洋。在叔季之且然，矧休明之景運。皇穆穆以當天，一軌文而來混。念敦篤於化原，乃搜剔乎遺遯。盼黄卷以置郵，廣青衿之疑問。樂菁莪之長育，拔儁髦而登進。逮繼照於咸平，又增修而罔倦。旋錫冕以華其歸，琛以肯堂而詒孫。悵茂草於熙寧，尚兹今其奚論。天既啓予以堂壇，友又訂予以册書。謂此前修之逸迹，復關我聖之宏撫。亦既震于余衷，乃謀度而咨諏。尹悉心以綱紀，吏竭蹷而奔趨。士釋經而敦事，工殫巧而獻圖。曾日月之幾何，屹厦屋之渠渠。山蔥瓏而遶舍，水汩㶁而循除。諒昔人之樂此，羌異世而同符。偉章甫之峩峩，抱遺經而來集。豈顓眺之爲娱，實宫牆之可入。愧余修之不敏，何子望之能給。❶矧

❶「給」，重修本作「續」。

道體之無窮，又豈一言之可緝。請姑誦其昔聞，庶有開於時習。曰明誠其兩進，抑敬義其偕立。允莘摯之所懷，謹巷顔之攸執。彼青紫之勢榮，亦何心於俛拾。亂曰：澗水觸石，鏘鳴璆兮。山木苯蓴，枝相樛兮。彼藏以修，息且游兮。德崇業茂，聖澤流兮。往者弗及，余心憂兮。來者有繼兮，我將焉求兮。

遂初堂賦

皇降衷于下民兮，粤惟其常。猗歟穆而難名兮，維生之良。翕眾美而具存兮，不顯其光。彼孩提而知愛親兮，豈外鑠緊中藏。年燁燁而寖長兮，紛事物之交相。非元聖之生知兮，懼日遠而日忘。緣氣稟之所偏兮，横流始夫濫觴。感以動兮不止，乃厥初之或戕。既志帥之莫御，氣決驟以翺翔。六情放而曷禦，百骸弛而莫强。自青陽而逆旅，暨黄髮以茫茫。儻矍然於中道，盍反求於厥初。厥初伊何，夫豈遠歟？彼匍匐以向井，我惻隱之拳如。驗端倪之所發，識大體之權輿。如寐而聰，如迷而途。知睍視之匪遐，乃本心之不渝。嗚呼，予既知其然兮，予惟以遂之。若火始然而泉始達兮，惟不息以終之。予視兮毋流，予聽兮毋從，予言兮毋易，予動兮以躬。惟日反兮于理，兹日新兮不窮。逮充實而輝光，信天資而本同。極存神而過化，亘萬古而常通。嗚呼，此羲文之所謂復，而顔氏之所謂爲萬世道學之宗歟！

太極賦

黄溍

厥初馮翼以瞢闇兮，維玄黄其孰分。爰揭揭予中立兮，配天地以爲人。曩既學而有志兮，紛遑遑其求索。曰道不可名兮，孰無徵而有獲？繄皇羲之神聖兮，感龍馬之負圖。得妙契於俯仰兮，何有畫而無書。豈至道之玄遠兮，非名言之可摹。懿尼丘之降神兮，廓人文以宣朗。揭日月於中天兮，啓群昏之罔象。指道妙於難名兮，曰以一而生兩。是謂太極兮，非虚無與惚怳。高下以位兮，天尊地卑。燥濕以類兮，五行順施。南乾北坤兮，西坎東離。物錯綜兮，殊鉅細與妍蚩。孰主張是兮，兹一本之所爲。歷兩都而江左兮，胡論説之紛霏。豈清言之弗美兮，去道遠而愈失。❶偉先哲之獨詣兮，重指掌於無極。揭座右以爲圖兮，❷開盲聾於千億。謂斯道之匪他兮，在夫人而曰誠。幾善惡猶陰陽兮，兹吉凶之所生。嗟奇論之後出兮，穴牆垣爲户牖。析同異於一言兮，或曰無而曰有。蕕終不可使薰

❶「愈失」，原闕，今據清光緒知服齋叢書本《元儒考略》卷四補。

❷「座」，原作「坐」，今據重修本改。

兮，堊終不可使黝。道惟辨而愈明兮，貽話言於不朽。昔聖門之多賢兮，繽入室而升堂。端木氏之穎悟兮，僅有覩其文章。雖亞聖之挺生兮，猶歎其前後之無方。疇敢索無聲於窅默兮，孰能求無形於渺茫。惟下學而上達兮，炳聖謨之洋洋。嗟諸生之貿貿兮，❶方鈎深而摘隱。探賜也之未聞兮，誇神奇而捷敏。持空言於繫影兮，曾不滿夫一哂。曰予未有知兮，何太極之敢言。秉思誠之遺訓兮，矢顛沛而弗諼。庶返觀而有得兮，明萬理之一原。申誦言以自詔兮，聊抒意於斯文。

全書終

❶ 「嗟」，原闕，今據重修本補。

《儒藏》精華編選刊

已出書目

白虎通德論
誠齋集
春秋本義
春秋集傳大全
春秋左氏傳賈服注輯述
春秋左氏傳舊注疏證
春秋左傳讀
道南源委
桴亭先生文集
復初齋文集
廣雅疏證
龜山先生語録
郭店楚墓竹簡十二種校釋
國語正義
涇野先生文集
康齋先生文集
孔子家語　曾子注釋
論語全解
毛詩後箋
毛詩稽古編
孟子正義
孟子注疏
閩中理學淵源考
木鐘集
群經平議
三魚堂文集　外集

上海博物館藏楚竹書十九種校釋
尚書集注音疏
詩本義
詩經世本古義
詩毛氏傳疏
詩三家義集疏
書疑　東坡書傳　尚書表注
書傳大全
四書集編
四書蒙引
四書纂疏
宋名臣言行録
孫明復先生小集　春秋尊王發微
文定集
五峰集　胡子知言

小學集註
孝經注解　温公易説　司馬氏書儀　家範
孾經室集
伊川擊壤集
儀禮圖
儀禮章句
易漢學
游定夫先生集
御選明臣奏議
周易口義　洪範口義
周易姚氏學